針灸總部

諸病證治部

論說

《素問·金匱真言論》所以欲知陰中之陰，陽中之陽者何也。爲冬病在陰，夏病在陽，春病在陰，秋病在陽，皆視其所在爲施針石也。

〔馬蒔注〕所以欲知陰中之有陰，陽中之有陽者，何也？爲冬者陰也，而冬病在陰經，故當知陰中之有陰也。夏者陽也，而夏病在陽經，故當知陽中之有陽也。春則去冬未遠，有病猶在於陰經，秋則去夏未遠，其病猶在於陽經，各視其病之所在爲施針石耳。用藥亦然。

〔張介賓注〕此舉一歲之候，以明病治之陰陽也。冬氣伏藏故在陰，夏氣發越故在陽，春病在陰者，以春陽尚微而餘陰尚盛也。秋病在陽者，以秋陰尚微而餘陽尚盛也，必當體察氣宜，庶無悮治。此雖以四時針石言，而凡藥食之類，無不皆然，不可不爲詳察也。

〔張志聰注〕陰中有陰者，陰氣在內也。陽中有陽者，陽氣在外也。此陰陽開闔外內之道也。鷄鳴至平旦，陽氣始生，應春升之氣，故爲陰中之陽。平旦至日中，陽氣正隆，應夏長之氣，故爲陽中之陽。日中至黄昏，陽氣始衰，應秋收之氣，故爲陽中之陰。合夜至鷄鳴，陽氣在內，應冬藏之氣，故爲陰中之陰。故曰一日之中，亦有四時，人之陰陽出入，一日之中，而亦有四時也。故平人之脈法而亦應之。下則論經脈之道，經脈內連臟腑，外絡形身，陰陽出入，外內循環，是以四時之生長收藏，以應平人脈法，人之形身臟腑，以應天之陰陽。夫人之始生也，負陽而抱陰，是以背爲陽，腹爲陰，督脈循於背，總督一身之陽，任脈循於腹，統任一身之陰也。夫外爲陽，而有腹背之陰陽者，陽中有陰陽也。內爲陰，而臟腑之陰陽者，陰中有陰陽也。經脈生於地之五行，而上應天之六氣，故凡論經脈先配合五臟五行，而後論及於六腑。冬病在腎，腎爲陰中之陰，故冬病在陰。夏病在心，心爲陽中之陽，故夏病在陽。春病在肝，肝爲陰中之陽，故春病在陰。秋病在肺，肺爲陽中之陰，故秋病在陽。針石所以治經脈者也，故當知陰中之陰，陽中之陽，皆視其五臟之經俞所在而施治之。雌雄，臟腑也。輸應，交相授受也。蓋臟腑之經脈互相連結，表裏外內循環無端，與天之晝夜四時出入相應，故以應天之陰陽。

《素問·陰陽應象大論》故善用針者，從陰引陽，從陽引陰。以右治左，以左治右。以我知彼，以表知裏，以觀過與不及之理，見微得過，用之不殆。

〔王冰注〕凡此皆深明用針之法也。

〔馬蒔注〕此言善針者之有法也。上文言由皮毛而漸入臟腑，則在外爲表，在內爲裏，在表爲陽，在裏爲陰。善用針者，知陽病必行於陰也，故從陰以引之而出於陽，知陰病必行於陽也，故從陽以引之而入於陰。《難經》六十七難曰：五臟募皆在陰，而俞在陽者何謂也？然。陰病行陽，陽病行陰，故令募在陰，俞在陽。此乃指背腹爲陰陽，特一端耳，然針法之從陰引陽，從陽引陰，不止於此。《靈樞》終始、禁服、四時氣篇人迎脈盛爲陽經病，則瀉陽補陰；氣口脈盛爲陰經病，則瀉陰補陽。補瀉施而陰陽和，亦從陰引陽，從陽引陰法也。凡人身經絡，左與右同，我與彼同，表與裏同，故以右治左，以左治右，以我知彼，以表知裏。如繆刺論以邪之入於經者爲巨刺，流溢於大絡而生奇病者爲繆刺。繆刺者，以左取右，以右取左。其所謂大絡者，十五絡也；巨刺者，正刺也；繆刺者，與經脈異處也。凡病之邪氣盛，則實者失之太過；正氣奪，則虛者失之不及。當觀過與不及之理，所見精微，而知其病在何經，則施以用針之法，庶不至於危殆矣。

〔張介賓注〕善用針者，必察陰陽。陰陽之義不止一端，如表裏也，氣血也，經絡也，藏府也，上下左右有分也，時日衰王有辨也。從陰引陽者，病在陽而治其陰也。從陽引陰者，病在陰而治其陽也。以右治左，以左治右者，繆刺之法也。以我知彼者，推己及人也。以表知裏者，有無相求也。能因此以觀過與不及之理，則幾微可見，過失可則，用之可不殆矣。則，度也。

〔張志聰注〕此言用針者，當取法乎陰陽也。夫陰陽氣血外內左右交相貫通，故善用針者，從陰而引陽分之邪，從陽而引陰分之氣，病在左者取之

右，病在右者取之左，以我之神，得彼之情，以表之證，知裏之病，觀邪正虚實之理而補瀉之，見病之微萌，而得其過之所在，以此法用之，而不至於危殆矣。

《素問・血氣形志篇》　足太陽與少陰爲表裏，少陽與厥陰爲表裏，陽明與太陰爲表裏，是謂足之陰陽也。手太陽與少陰爲表裏，少陽與心主爲表裏，陽明與太陰爲表裏，是謂手之陰陽也。今知手足陰陽所苦，凡治病必先去其血，乃去其所苦，伺之所欲，然後瀉有餘，補不足。〔王冰注〕先去其血，謂見血脈盛滿，獨异於常者，乃去之。不謂常刺，則先去其血也。

〔馬蒔注〕此言手足各有陰陽兩經爲之表裏也。表裏者，内外也。足太陽者，膀胱也。足少陰者，腎也。膀胱之井滎俞原經合，始於足小指之外側，腎之井滎俞經合，始於足心，故皆稱曰足。膀胱爲腑，故曰表，腎爲臟，故曰裏，是足太陽與足少陰爲表裏者如此。足少陽者，膽也。足厥陰者，肝也。膽之井滎俞原經合，始於足之第四指之端，肝之井滎俞經合，始於足大指外側之端，故皆稱曰足。膽爲腑，故曰表，肝爲臟，故曰裏，是足少陽與厥陰爲表裏者如此。足陽明者，胃也。足太陰者，脾也。胃之井滎俞原經合，始於足次指之端，脾之井滎俞經合，始於足大指内側之端，故皆稱曰足。胃爲腑，故曰表，脾爲臟，故曰裏，是足陽明與太陰爲表裏者如此。此乃所以爲足之陽經陰經也。手太陽者，小腸也。手少陰者，心也。小腸之井滎俞原經合，始於手小指外側之端，心之井滎俞經合，始於手小指内之端，故皆稱曰手。小腸爲腑，故曰表，心爲臟，故曰裏，是手太陽與少陰爲表裏者如此。手少陽者，三焦也。手厥陰者，心包絡經也。三焦之井滎俞原經合，始於手第四指之端，心包絡經之井滎俞經合，始於手中指之端，故皆稱之曰手。夫曰手心主者，蓋包絡居心之下，代心主以行事，心不受邪，而治病者亦治手心主，故即稱之曰心主。三焦爲腑，故曰表，心主爲臟，故曰裏，是手少陽與心主爲表裏者如此。手陽明者，大腸經也。手太陰者，肺也。大腸之井滎俞原經合，始於手次指之端，肺之井滎俞經合，始於手大指之端，故皆稱曰手。大腸爲腑，故曰表，肺爲臟，故曰裏，是手陽明與太陰爲表裏者如此。此乃所以爲手之陽經陰經也。今欲知手足陰經陽經所苦之疾，果在何經，乃去其所苦，如肝苦急，心苦酸，脾苦濕，肺苦氣上逆，腎苦燥之類，又伺其所欲，如肝欲散，心欲耎，肺欲收，脾欲燥，腎欲堅之類，然後於有餘之經而瀉之，不足之經而補之，則用針之道盡矣。

〔張志聰注〕夫手有三陰三陽，足有三陰三陽，以合十二經脈，陰陽並交，表裏相應，是以聖人持診之道，先後陰陽而持之，診合微之事，追陰陽之變，章五中之情，取虚實之要，知此乃足以診。如切陰不得陽，診消亡，得陽不得陰，守學不湛，是故臟腑陰陽，相爲表裏，此皆診候之要，不可不知。知所苦者，知邪病在手足之何經也。先去其血，除宛陳也，宛陳去則無所苦矣。伺之所欲者，伺其欲散欲軟欲緩欲收，蓋必先定五臟之病，五臟已定，九候已備，而後乃存針。有餘者邪氣盛也，不足者精氣奪也。有餘則瀉之，不足則補之。

《素問・水熱穴論》　帝曰：春取絡脈分肉，何也？岐伯曰：春者木始治，肝氣始生，肝氣急，其風疾，經脈常深，其氣少不能深入，故取絡脈分肉間。

〔馬蒔注〕此言春時行刺法者，所以必取絡脈分肉之義也。蓋以春屬木，木始治時，肝屬木，臟氣始生，斯時肝氣雖急，天之風亦疾，然人之經脈常深，而風木之氣常少，不能深入於經脈之内，僅在絡脈分肉之間，故刺之者必取此所也。如列缺爲肺之絡脈，其手腕側後爲列缺分肉也。

〔張志聰注〕按《靈樞・四時氣》篇内風水膚脹爲五十七痏，取皮膚之血者，盡取之，而首論四時各有淺深之所在，帝復引經而問，故曰，春取絡脈分肉，何也？東方生風，風生木，木生肝，風木之氣其性急疾而直達於絡脈分肉之間，其經脈之氣，隨冬令伏藏，久深而始出，其在經之氣尚少，故不能深入而取之經，當淺取之絡脈分肉間也。按針刺之道，有皮肉筋骨之淺深，病有浮沉，刺有淺深，此病之有淺深也。四時各有所取，四時之有淺深也。故曰，四時之氣，各有所在。灸刺之道，得氣穴爲定。

帝曰：夏取盛經分腠，何也？岐伯曰：夏者火始治，心氣始長，脈瘦氣弱，陽氣留溢，〔林億等新校正〕按别本留作流。熱熏分腠，内至於經，故取盛經分腠。絶膚而病去者，邪居淺也。〔王冰注〕絶謂絶破，令病得出也。所謂盛經者，陽脈也。

〔馬蒔注〕此言夏時行刺法者，所以必取盛經分腠之義也。蓋以夏屬火，火始治時，心屬火，臟氣始長，其脈尚瘦，其氣尚弱。火者陽氣也，陽氣留溢於人身，熱氣熏蒸於分腠内，而遂至於盛經，故盛經者，人身陽經之脈也。

用刺法者，必取此盛經分腠以治之。先以左手按絶其皮膚，而右手刺之，即病去者，邪尚淺也。然所謂盛經者，乃陽經之脈也。

〔張志聰注〕南方生熱，熱生火，火生心，而心主血脈，故脈氣尚瘦弱也。其陽盛之氣，留溢於外，而外之暑熱，熏蒸於分腠內，至於經脈，故當取之盛經分腠。絶膚者，謂絶其膚腠之邪，不使內入於經脈，蓋邪居膚腠之淺也。其陽脈謂浮見於皮膚之脈，陽盛於外，故曰盛經。按此二節，論取氣而不論脈。

帝曰：秋取經俞，何也？岐伯曰：秋者金始治，肺將收殺，〔王冰注〕三陰已升，故火將收殺。金將勝火，〔王冰注〕金王火衰，故云金將勝火。陽氣在合，陰氣初勝，濕氣及體，以漸於雨濕霧露，故云濕氣及體。陰氣未盛，未能深入，故取俞以瀉陰邪，取合以虛陽邪，陽氣始衰，故取於合。〔林億等新校正〕按皇甫士安云，是謂始秋之治變。

〔馬蒔注〕此言秋時行刺法者，所以必有取於經俞之義也。經俞者，據下節井滎推之，則是各經之經穴俞穴也。蓋以秋屬金，金始治時，肺亦屬金，臟氣將收將殺，金氣旺反欲勝火，正以金旺火衰故也。然而火氣方在陽經之合穴，斯時陰氣初勝，濕氣及體，陰氣未盛，未得深入，故取陰經之俞穴，以瀉陰經之火邪，取陽經之合穴，以瀉陽經之火邪，則陽氣始衰矣。陽氣者，火氣也，所以取陰穴耳。

〔張志聰注〕夫秋刑官也，於時爲金，其令收降，故肺氣將收而萬物當殺，清肅之氣將勝炎熱，陽氣始降，而在所合之腑，其臟陰之氣始升而初勝也。夫立秋處暑，乃太陰濕土主氣，故濕氣及體，其陰氣未盛，故未能深入而取之，當刺俞土以瀉太陰之濕，取合穴以虛陽腑之邪，以陽氣始衰，故取之於合。蓋秋時陽氣下降，始歸於腑，而後歸於陰也。

帝曰：冬取井滎，何也？岐伯曰：冬者水始治，腎方閉，陽氣衰少，陰氣堅盛，巨陽伏沉，陽脈乃去，〔王冰注〕去謂下去。故取井以陰逆，取滎以實陽氣。〔林億等新校正〕按全元起本實作遺，《甲乙經》、《千金方》作通。故曰冬取井滎，春不鼽衄，〔林億等新校正〕按皇甫士安云，是謂未冬之治變。此之謂也。〔林億等新校正〕按此與《四時逆從論》及《診要經終論》義頗不同，與九卷之義相通。

〔馬蒔注〕此言冬時行刺法者，所以必有取於井滎之義也。蓋以冬屬水，水始治時，腎亦屬水，其臟方閉，陽經之氣始衰，少陰腎經之氣堅盛。故巨陽者，太陽也，與腎爲表裏，其脈亦伏沉，而陽脈乃下去矣。故取陰經之井穴，以陰邪之欲下逆故也。故陽經之滎穴，以實其陽氣，而不使陰邪之下逆故也。經有之曰，冬取井滎，春不鼽衄，此之謂也。

〔張志聰注〕腎爲水臟，冬令閉藏，陽氣已衰，而陰寒之氣，堅盛於外，太陽之氣伏沉，其陽脈亦乃去陽而歸伏於內矣，故當取井以下陰逆之氣，取滎以實沉伏之陽，順時令也。夫井，木也，木生於水，故取井木以下陰氣，勿使其發生而上逆也。滎，火也，故取滎穴以實陽氣，乃助其伏藏也。蓋冬令閉藏，以奉春生之氣，故冬取井滎，助藏太陽少陰之氣，至春時陽氣外出，衛固於表，不使風邪有傷膚腠絡脈，故春不鼽衄，此之謂也。以上論刺風水所取五十七俞，而又有四時之分別也。

《素問·調經論》 黄帝問曰：余聞刺法言有餘瀉之，不足補之。何謂有餘，何謂不足？岐伯對曰：有餘有五，不足亦有五。帝欲何問？帝曰：願盡聞之。岐伯曰：神有餘有不足，氣有餘有不足，血有餘有不足，形有餘有不足，志有餘有不足。凡此十者，其氣不等也。〔王冰注〕神屬心，氣屬肺，血屬肝，形屬脾，志屬腎，以各有所宗，故不等也。

〔馬蒔注〕此言神氣血形志，各有有餘不足也。

〔張介賓注〕神屬心，氣屬肺，血屬肝，形屬脾，志屬腎，各有虛實，故其氣不等。

〔張志聰注〕其氣謂五者之氣，各有虛實之不等。

帝曰：人有精氣津液，四肢九竅，五臟十六部，三百六十五節，乃生百病。百病之生，皆有虛實。今夫子乃言有餘有五，不足亦有五，何以生之乎？〔王冰注〕《針經》曰：兩神相薄，合而成形，常先身生，是謂精。上焦開發，宣五穀味，熏膚充身澤毛，若霧露之溉，是謂氣。腠理發泄，汗出腠理，是謂津。液之滲於空竅，留而不行者爲液也。十六部者，謂手足二，九竅九，五臟五，合爲十六部也。三百六十五節者，非謂骨節，是神氣出入之處也。《針經》曰：所謂節之交三百六十五會，皆神氣遊行出入之所也。言人身所有則多，所舉則少，病生之數何以論之？岐伯曰：皆生於五臟也。〔王冰注〕謂五神臟也。夫心藏神，肺藏氣，肝藏血，脾藏肉，腎藏志，而此成形。〔王冰注〕言所以病皆生於五臟者，何哉？以內藏五神而成形也。志意通內連骨髓，而成身形五臟。〔王冰注〕志意者，通言五神之大凡也；骨髓者，通言表裏之成化也。言五神通泰，骨髓化成，身形既立，乃五臟互相爲有矣。〔林億等新校正〕按《甲乙經》無五臟二字。五臟之

道，皆出於經隧，以行血氣，血氣不和，百病乃變化而生，是故守經隧焉。〔王冰注〕隧，潛道也，經脈伏行而不見，故謂之經隧焉。血氣者，人之神，邪侵之則血氣不正，血氣不正，故變化而百病乃生矣。然經脈者，所以決死生，處百病，調虛實，故守經隧焉。〔林億等新校正〕按《甲乙經》經隧作經渠，義各通。

〔馬蒔注〕此言人有虛實而生百病者，以血氣之不和也。四肢者，手足也，手足各二。九竅者，陽竅七，在面部；陰竅二，前陰後陰也，在下部。五臟者，心肝脾肺腎也，共爲十六部，及有三百六十五節。《靈樞・九針十二原》篇有曰：所謂節之交三百六十五會。又云：所言節者，神氣之所遊行出入也，非皮肉筋骨也。是皆能生百病者也。百病之生，各有虛有實，是虛者即所謂不足也，實者即所謂有餘也。今約有餘不足而分之則爲五，統之則爲十。果何以生此不足有餘也？伯言皆生於五臟也。夫所謂神氣血肉志者，皆藏之於五臟，而人之形始成焉。唯志意通暢，内連骨髓，而身形五臟，始無百病，正以五臟之道，皆出於經隧，如《靈樞・經脈》篇論各經脈氣之流行，所以行血氣者也。血氣不和，則爲有餘不足，而百病乃生。是故善治生者，必守此經隧焉，眞可以決死生處百病調虛實也。

〔張介賓注〕精氣津液義詳藏象類二十五。四支，手足也，合九竅五藏，共爲十六部。三百六十五節者，言脈絡之會，如《九針十二原》篇曰，節之交，三百六十五會。所謂節者，神氣之所遊行出入也，非皮肉筋骨也。凡此諸部，皆所以生百病者，陰陽表裏，無非五藏之所主也。正以見形成於外，神藏於內，惟此五者而已。志意者，統言人身之五神也。骨髓者，極言深邃之化生也。五神藏於五藏，而心爲之主。故志意通調，內連骨髓，以成身形五藏，則互相爲用矣。隧，潛道也。經脈伏行，深而不見，故曰經隧。五藏在內，經隧在外，脈道相通，以行血氣。血氣不和，乃生百病。故但守經隧，則可以治五藏之病。

〔張志聰注〕《靈樞經》云：兩神相搏，合而成形，常先身生，是謂精。上焦開發，宣五穀味，熏膚充身澤毛，若霧露之溉，是謂氣。腠理開發，汗出溱溱，是謂津。穀入氣滿，淖澤注於骨，骨肉屈伸洩澤，補益腦髓，皮膚潤澤，是謂液。中焦受氣，取汁變化而赤，是謂血。壅遏營氣，令無所避，是謂脈。四肢爲諸陽之本，九竅爲水注之氣。五臟者，所以藏精神血氣魂魄者也。十六部者，十六部之經脈也，手足經脈十二，蹻脈二，督脈一，任脈一，共十六部脈，計十六丈二尺，而一周於身。節之交三百六十五會，神氣之所遊行出入，乃百病之所從而生，皆有虛有實。然五者之氣，皆生於五臟，而五臟所藏之血氣神志以成此形也。志意者，所以御精神，收魂魄，適寒溫，和喜怒者也。志意通內連骨髓而成身形五臟。上言有形之五臟，以生無形之五志，此言無形之五志，以成有形之身形。五志者，心藏神，肝藏魂，肺藏魄，脾藏意，腎藏志也。然五臟之道，皆歸於經隧，經隧者，五臟之大絡以行血氣者也。血氣不和，百病乃變化而生，是故調治之道，亦守其經隧焉。

《**素問・調經論**》 帝曰：夫子言虛實者有十，生於五藏，五藏五脈耳，夫十二經脈，皆生其病，〔林億等新校正〕按《甲乙經》云，皆生百病。《太素》同。今夫子獨言五藏。夫十二經脈者，皆絡三百六十五節，節有病，必被經脈。經脈之病，皆有虛實，何以合之？岐伯曰：五藏者，故得六府與爲表裏，經絡支節各生虛實，其病所居，隨而調之。〔王冰注〕從其左右經氣支節而調之。病在脈，調之血。〔王冰注〕脈者血之府，脈實血實，脈虛血虛，由此脈病而調之血也。〔林億等新校正〕按全元起本及《甲乙經》云，病在血，調之脈。病在血，調之絡。〔王冰注〕血病則絡脈易，故調之於絡也。病在氣，調之衛。〔王冰注〕衛主氣，故氣病而調之衛也。病在肉，調之分肉。〔王冰注〕候寒熱而取之。病在筋，調之筋。〔王冰注〕適緩急而刺熨之。病在骨，調之骨。〔王冰注〕察輕重而調之。燔針劫刺其下，及與急者，〔王冰注〕調筋法也，筋急則燒針而劫刺之。病在骨，焠針藥熨。〔王冰注〕調骨法也，焠針，火針也。病不知所痛，兩蹻爲上。〔王冰注〕兩蹻謂陰陽蹻脈，陰蹻之脈出於照海，陽蹻之脈出於申脈，申脈在足外踝下陷者中容爪甲。〔林億等新校正〕按《刺腰痛》注云，在踝下五分。刺可入同身寸之三分，留六呼。若灸者可灸三壯。照海在足內踝下，刺可入同身寸之四分，留六呼。若灸者可灸三壯。身形有痛，九候莫病，則繆刺之。〔王冰注〕莫病謂無病也，繆刺者刺絡脈，左痛刺右，右痛刺左。痛在於左而右脈病者，巨刺之。〔王冰注〕巨刺者刺經脈，脈左痛刺右，右痛刺左。必謹察其九候，針道備矣。

〔馬蒔注〕此言臟腑虛實之病，相爲表裏，隨病而當施以治法也。神氣血肉志，各有虛實，是計之有十也，生於五臟，則似於十二經脈有所遺也，故帝疑而問之。殊不知五臟六腑相爲表裏，所生諸病各有虛實，其病所在，隨處可以調之。在脈則調之血，以脈者血之腑，脈實則血實，脈虛則血虛也；在血則調之絡，以血病則絡脈結也；在氣則調之衛，以衛爲陽氣也；

在肉則調之分肉，以分肉爲肉之部也；在筋則調之筋，下文用燔針以劫刺其下，及其所急處是也；在骨則調之骨，下文用焠針及藥熨者是也；病有不知所痛者，刺兩蹻之上，謂申脈照海二穴也；身形有痛，九候莫病，則用繆刺法以刺其絡穴，左痛刺右，右痛刺左也。痛在於左，而右脈病者，則用巨刺法，以刺其經穴，左痛刺右，右痛刺左者是也。繆刺巨刺，特有經絡之不同耳，必謹察其九候之脈而刺之，針道備矣。

〔張志聰注〕神志血氣肉五者，各有虛實，故虛實有十，而皆生於五臟。三百六十五節乃筋骨之會，十二經脈，支分三百六十五絡，而皆絡於節，節有病，必被及於經脈，蓋言筋骨血脈外内之相通耳。五臟者，内合五行，外合脈肉筋骨，故得六腑與爲表裏，以應十二經脈，故五者之虛實，止歸於五臟。若經絡支節，各生其虛實，則隨其病處而調之。如病在心包絡所主之脈，即調之脈；在心臟所主之血，即調之絡；在肺臟所主之氣，即調之於衛；在脾臟所主之肉，即調之分肉；在肝臟所主之節，即調之筋；在腎臟所主之骨，即調之骨。蓋五臟者，五行之所生也，故先言其五臟，地之五行，化生六氣，六氣之中，有二火一合，心臟之陽火一合，包絡之陰火共爲六臟，得六腑與爲表裏，以應十二經脈，以合血氣脈肉筋骨。此論五臟之氣不和，以致外合之血氣筋骨爲病，各以其氣而調之。若風雨寒濕，爲病於脈肉筋骨之間者，亦各有取刺之法也。按《靈樞·官針》篇曰：九曰焠刺，焠刺者，刺燔針則取痹也。又曰：刺寒痹之法，刺布衣者，以火焠之，刺大人者，以藥熨之。蓋陽受之風雨寒濕，客於脈肉筋骨之間，皆能爲痹，故當以燔針，劫刺其所病之下，而及與筋痹之急者。若病在骨，又當用焠針及藥熨之。若痛而不知其所者，當取之蹻脈也。按兩蹻脈起於足踝，上入陰，上循胸裏，故痛在蹻脈之上者，不知痛處也。其有痹在於肌肉，而不及於經脈者，當繆刺之。按《繆刺篇》曰：凡痹往來行無常者，在分肉間，痛而刺之，左刺右，右刺左，病已止，不已復刺之如法。又有病在於經別者，當巨刺也。《繆刺篇》曰：邪客於經，左盛則右病，右盛則左病，亦有移動者，左痛未已，而右脈先痛，如此者，必巨刺之巨大也。《九針論》曰：八曰長針，取法於綦針，長七寸，主取深邪遠痹者也。蓋經脈在裏而入深，故當用長大之針以取之。九候，三部九候也，九候外合九竅。内合九臟，循行於上中下之三部，皆五臟所生之血氣也。此篇首論五藏之神志血氣，有虛有實，復總歸於血氣陰陽，復調之於皮肉筋骨，并取邪痹於身形蹻脈之間，然必察其九候之脈，而知病之所在，調經之道，於斯備矣。

《靈樞·九針十二原》 凡用針者，虛則實之，滿則泄之，宛陳則除之，邪勝則虛之。

〔馬蒔注〕此承上文而言用針之要，全憑虛實以爲補瀉也。凡用針者，其氣口虛則當補之，故曰虛則實之也。其氣口盛則當瀉之，故曰滿則泄之也。氣口爲百脈所朝，故候此以知盛虛。《素問·陰陽別論》云：氣口成寸，以決死生。血脈相結，則當去之，故曰宛陳則除之也。諸經邪盛，則當瀉之，故曰邪勝則虛之也。

〔張介賓注〕此篇言用針之要，全憑虛實以爲補寫，實即補也，泄即寫也。宛，鬱同。陳，積也。除之去其滯，虛之泄其邪也。

〔張志聰注〕所謂虛則實之者，氣口虛而當補之也。滿則泄之者，氣口盛而當瀉之也。宛陳則除之者，去脈中之蓄血也。邪氣則虛之者，言諸經有盛者皆瀉其邪也。

今夫五臟之有疾也，譬猶刺也，猶污也，猶結也，猶閉也。刺雖久，猶可拔也；污雖久，猶可雪也；結雖久，猶可解也；閉雖久，猶可決也。或言久疾之不可取者，非其説也。夫善用針者，取其疾也，猶拔刺也，猶雪污也，猶解結也，猶決閉也，疾雖久，猶可畢也。言不可治者，未得其術也。

〔馬蒔注〕此詳喻久疾，猶可治也。

《靈樞·本輸》 春取絡脈諸滎大經分肉之間，甚者深取之，間者淺取之。夏取諸腧孫絡肌肉皮膚之上。秋取諸合，餘如春法。冬取諸井諸腧之分，欲深而留之。此四時之序，氣之所處，病之所舍，藏之所宜。轉筋者，立而取之，可令遂已。痿厥者，張而刺之，可令立快也。

〔馬蒔注〕此言四時各有所刺，而善刺者其病立已也。絡脈者，十二經皆有絡穴，如手太陰肺經列缺、手陽明大腸經偏歷之類。諸滎者，十二經皆有滎穴，如肺經魚際、大腸經二間之類。大經者，十二經皆有經穴，如肺經經渠、大腸經陽谿之類。春則取此絡脈諸滎大經之分肉間，且以病之間甚，而爲刺之淺深也。諸腧者，十二經皆有俞穴，如肺經太淵、大腸經三間之類。孫絡者，大絡之小絡也，夏則取此諸俞孫絡於肌肉皮膚之上。諸合者，十二經皆有合穴，如肺經尺澤、大腸經曲池之類。秋則取此諸合穴及

絡穴諸滎大經等穴之分肉，如春時之所刺也。諸井者，十二經皆有井穴，如肺經少商、大腸經商陽之類。諸俞者，即前太淵、三間之類。冬則取此諸井、諸俞之分，但比他時所刺，則深而留之，以冬氣入藏也。此乃四時之序，脈氣之所處，各病所舍，各臟之所宜刺也。故有轉筋病者，當立而取此各穴，可令病之遂已也。有痿病厥病者，當張而取此各穴，可令病之即快也。張者，提其手足而取之也，此當與《素問·水熱穴論》第三節參看。

〔張志聰注〕此論陰陽氣血，又隨四時之生長收藏，而淺深出入者也。春時天氣始開，人氣在脈，故宜取絡脈。夏氣在孫絡，長夏氣在肌肉，故宜取孫絡肌肉皮膚之上。此春夏之氣，從內而外也。秋氣降收，故如春法，蓋復從孫絡而入於絡脈也。冬氣收藏，故欲深而留之。此四時出入之序，人氣之所處，病之所舍，五臟應五時之所宜也。春取滎，夏取腧，秋取合，冬取井，皆從子以行母氣也。轉筋者，病在筋。痿者，兩臂不舉。厥者，兩足厥逆也。張者，仰卧而張大其四肢。立之張之，應天地之上下四旁，四時之氣，得以往來流行而無陰滯矣。故伸舒其四體，則筋脈血氣之厥逆者，可令立快也，此言人之氣血，隨四時之氣流行，阻則爲攣厥之病，故當伸舒四體，以順四時之氣焉。

《靈樞·根結》　黃帝曰：形氣之逆順奈何？岐伯曰：形氣不足，病氣有餘，則邪勝也，急寫之。形氣有餘，病氣不足，急補之。形氣不足，病氣不足，此陰陽氣俱不足也，不可刺之，刺之則重不足，重不足則陰陽俱竭，血氣皆盡，五藏空虛，筋骨髓枯，老者絕滅，壯者不復矣。形氣有餘，病氣有餘，此謂陰陽俱有餘也，急寫其邪，調其虛實。故曰，有餘者寫之，不足者補之，此之謂也。故曰，刺不知逆順，眞邪相搏，滿而補之，則陰陽四溢，腸胃充郭，肝肺內䐜，陰陽相錯。虛而寫之，則經脈空虛，血氣竭枯，腸胃偪辟，皮膚薄著，毛腠夭膲，子之死期。故曰，用針之要，在於知調陰與陽，調陰與陽，精氣乃光，合形與氣，使神內藏。故曰，上工平氣，中工亂脈，下工絕氣危生。故曰，下工不可不愼也，必審五藏變化之病，五脈之應，經絡之實虛，皮之柔麤，而後取之也。

〔馬蒔注〕此詳言補瀉當知逆順，而反此者有害，所以當明用針之要也，人之形氣本不足，病氣反有餘，是邪勝也，急瀉之。人之形氣本有餘，病氣則衰弱，是正衰也，急補之。若形氣病氣皆不足，此陰陽諸經之氣皆不足也，不可刺之。刺之則重不足，而陰陽俱竭，血氣皆盡，五臟空虛，筋骨髓枯，年老者必至絕滅其氣，壯者其氣終不能復矣。形氣病氣皆有餘，此謂陰陽諸經之氣皆有餘也，急瀉其邪而後調其正氣之虛實，此正有餘則瀉，不足則補，其理爲順。若有餘則補，不足則瀉，其理爲逆。故所刺不知逆順，則眞邪相搏，滿者當瀉而反補之，所以邪氣有餘，當有陰陽四溢，腸胃充郭，肝肺內䐜，陰陽相錯之害，虛者當補而反瀉之，所以正氣不足，當有經脈空虛，血氣枯竭，腸胃偪辟，皮膚薄著，毛腠夭膲之害，皆當與之以死期也。故用針之要，在於知調陰陽，自然精氣生光，形氣相合，而神氣內藏，此乃上工平氣之法。彼中工下工，則亂脈與絕氣耳。凡若此者，必審五臟有變化之病，五脈之異，經絡之有虛實，皮膚之有柔脆，而後可以用針取氣也。

〔張介賓注〕貌雖不足，而神氣病氣皆有餘，此外似虛而內則實，邪氣勝也，當急寫之。形雖壯偉，而病氣神氣則不足，此外似實而內則虛，正氣衰也，當急補之。陽主外，陰主內，若形氣病氣俱不足，此表裏陰陽俱虛也，最不可刺。若再刺之，是重虛其虛，而血氣盡，筋髓枯，老者益竭，故臻絕滅，壯者必衰，故不能復其元矣。形氣病氣俱有餘，邪之實也，故當急寫。既當急寫，其實無疑。何以又云調其虛實？蓋未刺之前，防其假實，既刺之後，防其驟虛，故宜調之也。凡用針者，虛則實之，滿則泄之。故曰虛實之要，九針最妙，補寫之時，以針爲之。又曰虛則實之者，氣口虛而當補之也。滿則泄之者，氣口盛而當寫之也。此用針之大法。似乎諸虛可補矣。何以又云形氣不足，病氣不足，此陰陽氣俱不足也，不可刺之。實命全形論曰，人有虛實，五虛勿近，五實勿遠。五閱五使篇曰，血氣有餘，肌肉堅緻，故可苦以針。奇病論曰，所謂無損不足者，身羸瘦無用鑱石也。本神篇曰，是故用針者，察觀病人之態，以知精神魂魄之存亡得失之意。五者以傷，針不可以治之也。《小針解》曰，取五脈者死，言病在中氣不足，但用針盡大寫其諸陰之脈也。脈度篇曰，盛者寫之，虛者飲藥以補之。《邪氣藏府病形》篇曰，諸小者，陰陽形氣俱不足，勿取以針，而調以甘藥也。諸如此者，又皆言虛不宜針也。及詳考本經諸篇，凡所言應刺之疾，必皆邪留經絡，或氣逆藏府，大抵皆治實證。此針之利於寫，不利於補也，明矣。然則諸言不足者補之，又何爲其然也？蓋人身血氣之往來，經絡之流貫，或補陰可以配陽，或固此可以攻彼，不過欲和其陰陽，調其血氣，使無偏勝，

欲得其平，是即所謂補寫也。設有不明本末，未解補虛之意，而凡營衛之虧損，形容之羸瘦，一切精虛氣竭等證，槩欲用針調補，反傷眞元，未有不立敗者也。故曰針有寫而無補，於此諸篇之論可知矣。凡用針者，不可不明此針家大義。補寫反施，乃爲之逆。不知逆順，則眞氣與邪氣相搏，病必甚也。益其有餘，故病如此。損其不足，故病如此。懾，畏怯也。辟，邪僻不正也。薄著，瘦而濇也。夭，短折也。予，與同。懾，丑涉切。辟，僻同。膲，焦同。上工知陰陽虛實，故能平不平之氣，中工無的確之見，故每多淆亂經脈。下工以假作眞，以非作是，故絕人之氣危人之生也。五脈，五藏之脈應也。

〔張志聰注〕形氣，謂皮肉筋骨之形氣。病氣，謂三陰三陽之經氣爲邪所病也。病氣之有餘不足者，陰陽血氣之虛實也。邪氣勝者急瀉之，血氣虛者急補之。刺者，所以取氣也，故陰陽氣俱不足者，不可刺之。血氣皆盡，五臟空虛者，血氣之內榮於五臟也。筋骨髓枯者，血氣之外濡於筋骨也。陰陽俱有餘者，當瀉其邪，調其虛實。蓋邪之所湊，其正必虛，故當瀉其邪而兼調正氣之虛實也。滿而補之，則陰陽四溢於外也。腸胃充郭，肝肺內䐜，溢於內也。外內皆溢，則陰陽相錯矣。懾，虛怯也。辟，僻積也。血氣盛則充膚熱肉，血獨盛則澹滲皮膚，生毫毛，經脈空虛，血氣竭枯，是以腸胃懾辟，皮膚薄著，毛腠夭膲，而可與之死期矣。調陰與陽，精氣乃光，陰陽精氣之相合也。合形與氣，使神內藏形氣，爲神之外固也。言能調其陰陽，則精神形氣外華而內藏矣。夫三陰三陽之經氣，有因於外邪所傷者，有因於五臟之病而變應於脈者，故當審其外內虛實而調之，斯可爲上工也。

《靈樞·壽夭剛柔》 黃帝問於少師曰：余聞人之生也，有剛有柔，有弱有強，有短有長，有陰有陽，願聞其方。少師答曰：陰中有陰，陽中有陽，審知陰陽，刺之有方。得病所始，刺之有理，謹度病端，與時相應，內合於五藏六府，外合於筋骨皮膚。是故內有陰陽，外亦有陰陽。在內者五藏爲陰，六府爲陽。在外者筋骨爲陰，皮膚爲陽。是故病在陰之陰者，刺陰之滎輸。病在陽之陽者，刺陽之合。病在陽之陰者，刺陰之經。病在陰之陽者，刺絡脈。

〔馬蒔注〕此詳言病有陰陽，而刺之者必分陰陽也。帝問人分剛柔強弱長短陰陽，然治之者必有其方。少師言陰陽之義，足以概之。但陰中有陰，陽中有陽，能審知之，則刺之者可獲其方。病者所始有其端，得其始，故刺之爲有理，度其端，故應之合其時。其內合於五臟六腑而分陰分陽，故五臟爲陰，六腑爲陽；外合於筋骨皮膚而亦分陰分陽，故筋骨爲陰，皮膚爲陽。是以病有在陰之陰者，即五臟有病，而在於筋骨，當刺陰經之滎腧，如刺手太陰肺經之魚際爲滎、太淵爲腧之類。病有在陽之陽者，即六腑有病，而在於皮膚，當刺陽經之合，如刺手陽明大腸經曲池爲合之類。病有在陽之陰者，即六腑有病，而在於筋骨，當刺陰經之經，如刺手太陰肺經經渠爲經之類。病有在陰之陽者，即五臟有病，而在於皮膚，當刺陽經之絡，如刺手陽明大腸經偏歷爲絡之類。

〔張介賓注〕剛柔強弱短長，無非陰陽之化，然曰陰曰陽，人皆知之。至若陰中復有陰，陽中復有陽，則人所不知也。故當詳審陰陽，則刺得其方矣。得病所始者，謂知其或始於陰，或始於陽，故刺之有理也。謹度病端者，謂察其風因木化，熱因火化，濕因土化，燥因金化，寒因水化，故與時相應也。內而五藏六府，外而筋骨皮膚，莫非此理。合而求之，得其病之原矣。內爲陰，外爲陽，理之常也。然內有陰陽，外亦有陰陽。故在內者五藏爲陰，藏屬裏也。六府爲陽，府屬表也。在外者筋骨深而爲陰，皮膚淺而爲陽。所以陰陽之中，復有陰陽，即如五藏皆有血氣，六府亦有血氣，血在六府則陽中之陰，氣則陽中之陽也。氣在五藏，則陰中之陽，血則陰中之陰也。皮膚筋骨，無不皆然。故《天元紀大論》曰：天有陰陽，地亦有陰陽，其義即此。由此觀之，可見陰陽。合一之道，則無往不在。陰之陰者，陰病在陰分也，當刺其滎輸。以諸經滎輸氣微，亦陰之類，如手太陰經魚際爲滎，太淵爲輸者是也。陽之陽者，陽病在陽分也，當刺其合穴。蓋所入爲合，猶在陽分，刺此以防深入，如手陽明經曲池之類是也。陽之陰者，陽病在陰也。當刺陰之經穴，蓋所行爲經，其氣正盛，即陰中之陽，如手太陰經渠之類是也。陰之陽者，陰病在陽也，當刺諸絡脈。蓋絡脈浮淺，皆在陽分，如手陽明經偏歷之類是也。

〔張志聰注〕此章論人秉天地陰陽而生，在天爲氣，在地成形，形與氣相任則壽，不相任則夭，剛柔陰陽之道也。立天之道曰陰與陽，立地之道曰柔與剛，是故陰中有陰，陽中有陽，內有陰陽，外亦有陰陽也。所謂強弱短長者，如四時之有寒暑，晝夜之有長短，蓋人與萬物皆稟此天地陰陽形氣，與

時相應，故各有剛柔長短之不同也。夫陽者，天氣也，主外；陰者，地氣也，主內。然天地陰陽之氣，上下升降，外內出入，是故內有陰陽，外亦有陰陽。皮肉筋骨五臟六腑，外內相合與時相應者也。五臟爲陰，六腑爲陽，在內之陰陽也；筋爲陰，皮膚爲陽，在外之陰陽也。病在陰之陰者，病內之五臟，故當刺陰之滎輸。病在陽之陽者，病在外之皮膚，故當刺陽之合，謂六腑外合於皮膚，故當取腑經之合穴也。病在陽之陰者，病在外之筋骨，故當刺陰之經，謂五臟外合於筋骨，故當取陰之經也。病在陰之陽者，病在內之六腑，故當刺絡脈。

黄帝問於伯高曰：余聞形氣病之先後，外內之應奈何？伯高答曰：風寒傷形，憂恐忿怒傷氣。氣傷臟，乃病臟。寒傷形，乃應形。風傷筋脈，筋脈乃應。此形氣內外之相應也。黄帝曰：刺之奈何？伯高答曰：病九日者，三刺而已；病一月者，十刺而已。多少遠近，以此衰之。久痺不去身者，視其血絡，盡出其血。黄帝曰：外內之病，難易之治奈何？伯高答曰：形先病而未入藏者，刺之半其日。藏先病而形乃應者，刺之倍其日。此月內難易之應也。

〔馬蒔注〕此言形氣與病之相應，而刺法有難易也。風寒傷人之形，故寒氣傷形，乃病於形而應之於外。憂恐忿怒，傷人之氣，故氣傷臟，乃病於臟而應之於內。至於風傷筋脈，則筋脈爲應，而應之於內外之間，此形氣與病外內之相應者如此。然刺之之法，病有九日，則三次刺之而病可已；病有一月，則十次刺之而病可已。其間人之感病不同，日數各有多少遠近，以此大略，病三日而刺一次者之法，等而殺之。惟久痺而其身不能往來者，則視其血絡，盡出其血，不必拘於三日一刺之法也。然而病有內外，治有難易。風寒傷形，形先病，而未入臟者，其病尚在於表，猶甚淺也，刺之日數，一半而已。如病九日而刺二次，病一月而刺五次之謂也。憂恐喜怒傷氣，氣傷臟，而外形又應者，其病表裏皆然，殊爲深也，刺之日數，必加倍之。如病九日而刺三次，病一月而刺十次之謂也。此乃月內病有多少遠近，而刺之有難易之應耳。

〔張介賓注〕形見於外，氣運於中。病傷形氣，則或先或後，必各有所應。風寒外襲，故傷於形。情慾內勞，故傷於氣。內傷則病在藏府，外傷則應於皮毛。若風傷筋脈，則居於外內之間，故應於筋脈。此形氣表裏之有辨也。大約病三日者，可一刺而已。故九日者，當三刺，一月者當十刺。凡病之多少遠近，當推此以衰去之，是刺之大法也。人痺不去身者，其身不能往來，以陰邪在於血脈，故當視其血絡而盡去之。言久近之難易，故此復問外內之難易。外病而內不病者，其病淺，故當半其日。謂減於前法日數之半。如病有一月者，可五刺而已也。內病而應於外者，其病深，故當倍其日。如淺者一月五次，重者一月十刺也。病有淺深，故治有難易耳。

〔張志聰注〕此論外因之病，從外而內，內因之病，從內而外，形氣外內之相應也。風寒者，外受之邪，故病形。憂恐忿怒，在內之氣，故病臟。夫外爲陽，內爲陰。病九日者，病發於陽，故用三之奇，病一月者，病發於陰，故用十之偶。此以針之奇偶，應病之陰陽也。出絡血者，通地之脈道也；形先病而未入臟者，病發於陽而未入於裏也，故刺三時而可愈矣。臟先病而形乃應者，病發於陰而出於外也，刺之倍其日而愈矣。夫病發於陰而出於外者易愈，留於內者難已。故刺有十日者，有倍其日，而刺兩日者，此一月之病在內者，有難易之應也。

《靈樞·終始》陰盛而陽虛，先補其陽，後瀉其陰而和之。陰虛而陽盛，先補其陰，後瀉其陽而和之。

〔馬蒔注〕此承上文而言陰經陽經之補瀉，其法當有先後也。夫脈口盛而六陰爲病，是陰經盛而陽經虛也，然必先補其陽而後瀉其陰以和之。又人迎盛而六陽爲病，是陽經盛而陰經虛也，必先補其陰而後瀉其陽以和之。何也？邪氣雖當去，而尤以扶正氣爲先也。

〔張介賓注〕此以脈口人迎，言陰陽也。脈口盛者，陰經盛而陽經虛也，當先補其陽後寫其陰而和之。人迎盛者，陽經盛而陰經虛也，當先補其陰後寫其陽而和之。何也，以治病者皆宜先顧正氣，後治邪氣。蓋攻實無難，伐兌，用針用藥，其道皆然。

〔張志聰注〕此復論調和經脈之陰陽，所謂盛則瀉之，虛則補之者，調和三陰三陽之氣也。不盛不虛以經取之者，謂陰陽之氣已調，無虛實之偏僻，而經脈不調者，又當取之於經也。夫經脈之血氣，本於臟腑所生，故當先補其正虛，而後瀉其邪實。

刺諸痛者，其脈皆實。

〔馬蒔注〕此承上文而言脈實者當瀉，以凡刺諸痛者，其脈必實故也。

〔張介賓注〕此言痛而可刺者。脈必皆實者也。然則脈虛者，其不宜刺可知矣。

〔張志聰注〕諸痛者，其脈皆實，言四方之氣，歸於中央而爲實也。

故曰：從腰以上者，手太陰陽明皆主之。從腰以下者，足太陰陽明皆主之。

〔馬蒔注〕此言病有所主之經見，治之者當分經也。《素問·六微旨大論》曰：天樞之上，天氣主之，天樞之下，地氣主之。本經《陰陽繫日月》篇曰：腰以上爲天，腰以下爲地。故曰：從腰以上，手太陰肺經、手陽明大腸經主之，蓋肺經自胸行手，大腸經自手行頭也。從腰以下，足太陰脾經、足陽明胃經主之，蓋脾經自足入腹，胃經自足上至下。四經各有所主，則各經宜各有所取耳。天樞在臍旁二寸。

〔張介賓注〕此近取之法也。腰以上者，天之氣也，故當取肺與大腸二經。蓋肺經自胸行手，大腸經自手上頭也。腰以下者，地之氣也，故當取脾胃二經。蓋脾經自足入腹，胃經自頭下足也。病之在陰在陽，各察其所主而刺之。

〔張志聰〕手太陰陽明主天，足太陰陽明主地。身半以上爲天，身半以下爲地。故乾承上文而言，言人之形氣，生於六六之內，應天地之上下四旁，故曰天地爲生化之宇。

病在上者，下取之。病在下者，高取之。病在頭者，取之足。病在腰者，取之膕。

〔馬蒔注〕此言治病在遠取之法也。有病雖在上，其脈與下通，當取之下。病雖在下，其脈與上通，當取之高。故病在於頭而取之於足，病在於腰而取之於膕，皆在上取下之法也。至於在下取高之義，可類推矣。

〔張介賓注〕此遠取之法也。有病在上而脈通於下者，當取於下。病在下而脈通於上者，當取於上。故在頭者取之足，在腰者取之膕。蓋疏其源而流自通，故治諸經皆有井滎俞原經合之辨。

〔張志聰注〕此言形身之上下，應天地之氣交。《六微旨論》曰：天氣下降，氣流於地，地氣上升，氣騰於天，上下相召，升降相因。是以病在上者下取之，病在下者高取之，因氣之上下升降也。《邪客》篇曰：天圓地方，人頭圓足方以應之。病在頭者取之足，以頭足之應天地也。病在腰者取之膕，以腎臟膀胱之水氣應天泉之上下也。夫謹奉天道，請言終始，知血氣之生始出入，應天地之五運六氣，上下四旁，天道畢矣。

病生於頭者頭重，生於手者臂重，生於足者足重。治病者，先刺其病所從生者也。

〔馬蒔注〕此言治病有先取之法也。病生於頭者，其頭必重，餘病皆從此始。故治病者，先取之頭。至於手病而臂重，足病而足重，其法亦猶是耳，即先求其本之義也。

〔張介賓注〕先刺所從生，必求其本也。

〔張志聰注〕上節論上下之氣交，此論天地之定位。頭以應天，足以應地，手足應四旁。蓋天地四方之氣，各有所生之本位，故生於頭者頭重，生於足者足重，隨其所生而取之。重者，守而不動也。

〔張開之注〕前節論四方之氣流行，故有一方實，一方虛，如金行乘木，則東方實而西方虛矣。此論上下四方之定位，故生於手者臂重，生於足者足重。

病痛者，陰也。痛而以手按之不得者，陰也，深刺之。病在上者，陽也；病在下者，陰也。癢者，陽也，淺刺之。

〔馬蒔注〕此言病有陰陽，故刺之有深淺也。陰經爲陰，陽經爲陽；痛爲陰，癢爲陽；上爲陽，下爲陰。病在陰者深刺之，病在陽者淺刺之。

〔張介賓注〕陽主升，故在上者爲陽。陰主降，故在下者爲陰。癢者散動於膚腠，故爲陽。凡病在陽者，皆宜淺刺之。深刺無疑也。

〔張志聰注〕此論表裏上下之陰陽。夫表爲陽，裏爲陰；身半以上爲陽，身半以下爲陰。病在陽者名曰風，故癢者陽也，病在皮膚之表陽也；病在陰者名曰痺，痺者痛也，故病痛者陰也。以手按之不得者，留痺之在內也。此言表裏之爲陰陽也。病在上者爲陽，病在下者爲陰，以形身之上下分陰陽也。

病先起陰者，先治其陰，而後治其陽。病先起陽者，先治其陽，而後治其陰。

〔馬蒔注〕此言病有所由起，故刺有所先也。陰陽者，陰經陽經也。按此節大義，與上病生於頭者頭重一節相同。

〔張介賓注〕此以經絡部位言陰陽也。病之在陰在陽，起有先後，先者病之

本，後者病之標，治必先其本，即上文所謂先刺其病所從生之義。

〔張志聰注〕此承上文而言表裏上下陰陽之氣，交相貫通，故有先後之分焉。《内經》云：陽病者上行極而下，陰病者下行極而上。從内之外者，先調其内；從外之内者，先治其外。

《靈樞・經脈》 盛則寫之，虛則補之，熱則疾之，寒則留之，陷下則灸之，不盛不虛以經取之。

〔馬蒔注〕然盛則當瀉之，虛則當補之。熱則瀉者，疾去其針。寒則補者，久留其針。脈陷下者，則用艾以灸之。若不盛不虛，則止以本經取之，而不必求之手陽明也。所謂盛者，何以知之？寸口較人迎之脈，三倍而躁，則肺經爲實，如《終始》篇所謂瀉手太陰肺，而補手陽明大腸者是也。虛者何以知之？寸口較人迎之脈，三倍而小，則肺經爲虛，如《終始》篇所謂補手太陰肺，而瀉手陽明大腸者是也。

〔張介賓注〕盛寫虛補，雖以針言，藥亦然也。熱則疾之，氣至速也。寒則留之，氣至遲也。陷下則灸之，陽氣内衰，脈不起也。不盛不虛，以病有不因血氣之虛實，而惟逆於經者，則當隨經所在，或飲藥，或刺灸以取之也。下文諸經之治，義與此同。此節與《禁服》篇大同，詳針刺類二十九。

《靈樞・寒熱病》 春取絡脈，夏取分腠，秋取氣口，冬取經輸。凡此四時，各以時爲齊，絡脈治皮膚，分腠治肌肉，氣口治筋脈，經輸治骨髓。

〔馬蒔注〕此言四時各有所刺者，以其各有所治也。春取絡脈者，以絡脈治皮膚也，如肝經蠡溝爲絡之類。夏取分腠者，以分腠治肌肉也，如夏取心與小腸分肉腠理之類。秋取氣口者，以氣口治筋脈也，秋屬肺經，故取之。多取經輸者，以經輸治骨髓也，如腎經太谿爲俞、復溜爲經之類。

〔張介賓注〕《靈樞・寒熱病》篇。春夏之取，與前《四時氣》篇、《水熱穴論》皆同。秋取氣口者，手太陰肺脈，應秋金也。多取經輸者，經穴通藏氣，藏主冬也。絡脈浮淺，故治皮膚。分腠有理，故治肌肉。氣口者，脈之大會，故治筋脈。經輸連藏，故治骨髓。按此言經輸者，總言經穴也，非上文經俞之謂。蓋彼以五輸言，故云秋取經俞，冬取井榮，此以内外言。故云絡脈治皮膚，經輸治骨髓也。當解其意。

〔張志聰注〕此以人之形層淺深，與四時之氣爲齊也。蓋人之血氣，應天地之陰陽出入，故春取絡脈，夏取分腠，春夏之氣從内而外也；秋取氣口，冬取經輸，秋冬之氣復從外而内也。此人之氣血，隨天地四時之氣，而外内出入者也。齊者，所以一之也。凡此四時，以應人之陰陽出入，故各以時爲齊。故取絡脈者以治皮膚，取分腠以治肌肉，取氣口以治筋脈，取經輸以治骨髓，此又以四時之法，以治皮肉筋骨之淺深。蓋天氣有四時之出入，而人有陰陽之形層，故各以時爲齊也。

《靈樞・熱病》 痱之爲病也，身無痛者，四肢不收，智亂不甚，其言微知，可治。甚則不能言，不可治也。病先起於陽，後入於陰者，先取其陽，後取其陰，浮而取之。

〔馬蒔注〕此言刺痱病之法也。痱者，風痱也，其病身體無痛，但四肢不收耳。上節偏枯曰痛，而此痱病 曰不痛；上節身偏曰不用，而此曰四肢俱不收。此其所以爲偏枯與痱病之辨也。如神智雖亂而不至於甚，人言雖不盡曉，而亦微有所知，此病尚有可治。若智亂太甚，自己全不能言，則不可治也。如病先起於陽經，而後入於陰經者，必先取其陽而後取其陰，當浮其針以取之。蓋陽在表，病先起於表，故宜浮而取。但經文不言病先起於陰，後入於陽者，先取其陰，後取其陽，沉而取之之意。須知病先起於陰者，其病終不可治，故不言之。抑亦即病先起於陽者，以反推之耶？以理詳之，終爲不治之證，否則經文言之悉矣，觀前後篇可知也。

〔張志聰注〕痱者，風熱之爲病也。身無痛者，邪入於裏也。風木之邪，賊傷中土，脾藏智而外屬四肢，四肢不收，智亂不甚者，邪雖内入，尚在於表裏之間，臟真之氣未傷也。其言微者，此傷於氣，故知可治。甚則不能言者，邪入於臟，不可治也。夫外爲陽，内爲陰，病先起於分腠之間，而後入於裏陰者，先取其陽，後取其陰，浮而取之者，使外受之邪仍從表出也。沈亮宸曰：風之爲病也，善行而數變，上節論偏客於形身，此論在於表裏之間，入内而干臟則死。浮而取之，外出則愈。二節之中，有左右外内出入邪正虛實死生之别。

《靈樞・官能》 用針之理，必知形氣之所在，左右上下，陰陽表裏，血氣多少，行之逆順，出入之合，謀伐有過。知解結，知補虛寫實，上下氣門，明通於四海，審其所在，寒熱淋露以輸異處，審於調氣，明於經隧，左右肢絡，盡知其會。寒與熱爭，能合而調之。虛與實鄰，知決而通之。左右不調，把而行之。明於逆順，乃知可治。陰陽不奇，故知起時，審於本末，察其寒熱，得邪

所在，萬刺不殆。知官九針，刺道畢矣。

〔馬蒔注〕此帝詳刺道以問伯也。凡用針之道，必知人之形氣有餘不足，或形盛氣衰，或氣盛形衰，或形氣皆盛，或形氣皆衰。病之在左在右，在上在下，在陰在陽，在表在裏。或血多氣少，或血少氣多，或血氣皆多，或血氣皆少。其脈之所行，有逆有順。如手太陰經自中府而出於少商者爲順，自少商而至於中府者爲逆。有出有入，如自表而之裏爲入，自裏而之表爲出。然後即其犯病而爲有過者，則謀伐之。知解其所結，知虛者則補，實者則瀉，又知脈之上下於氣門，即氣穴也。又知脈之流通於四海，審其所在之有病。或爲寒熱，或爲淋露，疑即《歲露》篇之所謂遇歲露也。以其輸穴必皆異處，當審於調其脈氣之往來，明於十二經脈之經隧，及左右支絡，盡知其會可也。若寒與熱爭，則能合陰陽而調之。若虛與實鄰，則知決虛實而通之。設不能調其左右，是謂犯而行之也。故必明於逆順，乃知可治。況人身陰陽諸經，相爲配合，未嘗有奇行者，能知各經之所起，審於本末寒熱，得邪所在而刺之，則雖萬刺，可以不殆矣。然九針不同，各有所宜，能任而用之，此刺道之所以畢也。左右者，言在病人則左右穴相同，在醫人則針時用左右手也。逆順者，言脈之所行有逆順，而針法亦有逆順也。

〔張介賓注〕一紀者，彙言也。義如脈色類三十二三。詳經絡陰氣從足上行至頭類二十。陰氣從足上行至頭，而下行循臂，陽氣從手上行至頭，而下行至足，故陽病者上行極而下，陰病者下行極而上，反者皆謂之逆。經氣自內而出，自外而入，俞有不同，詳經絡類十四十六二章。知其出入則可固過而伐之也。合字一本作會。詳本類後三十五。補虛寫實，義見前。上下氣門，即經絡類諸經標本氣街之義。一曰手經爲上，足經爲下，氣脈必由之處是爲門戶，亦通。人之四海，詳經絡類三十二。淋於雨，露於風，邪感異處，當審其經也。淋露義又見運氣類三十五。調氣者，察其虛實往來而調和之也。經隧支別及各經脈會之義，詳經絡類。合陰陽而調其平也。鄰，近也。近則易疑，疑則以似爲是，冰炭相反矣。故當知決而通之。邪客大絡者，左注右，右注左，把而行之，即繆刺也。詳後三十。把字一本作犯。順者可治，逆者不可治。如脈色疾病類之死證死期，及本類之刺禁刺害，皆逆奇，不遇也。不奇則和矣，故知起時。奇，音基。本末，標本也。寒熱，陰陽也。所在三部九候之病脈處也。官，任也。九針不同，各有所宜，能知以上之法而任用之，則刺道畢矣。

〔張志聰注〕此篇論用針之理，必明知陰陽血氣之流行出入，逆順淺深，五臟六腑之經輸配合，虛實疾徐，而針論畢矣。形氣之所在，左右上下，陰陽表裏，血氣多少，此形中之陰陽血氣也。行之逆順者，皮膚經脈之血氣，交相逆順而行也。出入之合者，經脈外內之氣血，有本標之出入，有離而有合也。謀伐有過者，謂有過之脈，宜伐而去之。知解結者，謂契紹之門戶，有所結而不通者，宜解之，此言血氣之流行於經脈外內之間，或留積於脈內，或陰滯於氣街之門也。知補虛瀉實，上下氣門者，知六腑氣街之門戶，虛實之堅軟者，則知補瀉之所在也。明通於四海者，知膻中衝脈胃腑腦髓之出入也。寒熱陰陽，血氣也。淋露，中焦所生之津液也。審其所在，以輸異處者，當知膻中之宗氣，輸於經脈之外內，以應呼吸漏下者也。衝脈之血氣，半輸於十二經脈之中，半散於皮膚之外者也。胃腑所生之津液，淖澤注於骨而補益腦髓者也。審於調氣，明於經隧者，知胃腑所出之血氣，注於經隧，經隧者，五臟六腑之大絡也。左右支絡盡知其會者，左注右而右注左。左右上下，與經相干，布於四肢，出於絡脈，與脈外之氣血，相會於皮膚分肉間也。寒與熱爭者，陰陽之氣不和也，故當合而調之。虛與實鄰者，血與氣之不和也，故知決而通之。左右不調者，人迎氣口之不調，故當犯而行之。陰陽不奇者，臟腑陰陽交相配合，十二經脈交相貫通也。故知起時者，如乘秋則肺先受邪，乘春則肝先受邪之類也。如正月太陽寅，故爲腰脽腫痛，陽明者午也，陽盛而一陰加之，故洒洒振寒之類也。如手太陽之筋病名曰仲春痺，足少陽之筋病名曰孟秋痺也。蓋知臟腑之陰陽，故知病起之時也。本末，病之本標也。寒熱，陰陽之邪也。用針之理，知陰陽血氣之流行出入，則知邪之所在矣。按此篇乃全經之總綱，帝平時詳析諮訪於伯，已得其宗旨，故復宣揚以發明之。故曰，余聞九針於夫子衆多矣，不可勝數，余推而論之，以爲一紀。紀，綱也。

明於五輸，徐疾所在，屈伸出入，皆有條理。言陰與五合於五行，五藏六府，亦有所藏，四時八風，盡有陰陽，各得其位，合於明堂各處色部，五藏六府，察其所痛，左右上下，知其寒溫，何經所在。審皮膚之寒溫滑濇，知其所苦，膈有上下，知其氣所在，先得其道，稀而疏之，稍深以留，故能徐入之。大

熱在上，推而下之。從下上者，引而去之。視前痛者，常先取之。大寒在外，留而補之。入於中者，從合寫之。針所不爲，灸之所宜。上氣不足，推而揚之；下氣不足，積而從之，陰陽皆虛，火自當之。厥而寒甚，骨廉陷下，寒過於膝，下陵三里。陰絡所過，得之留止。寒入於中，推而行之，經陷下者，火則當之。結絡堅緊，火所治之，不知所苦，兩蹻之下，男陰女陽，良工所禁，針論畢矣。

〔馬蒔注〕此帝詳針論以問伯也。五臟有井滎腧經合之五腧，六腑有井滎腧原經合之六輸，然六腑之原並於腧，則皆可稱爲五輸也。徐疾者，針法也。屈伸出入者，經脈往來也。言陰與陽，合於五行者，泛言陰陽分而精致行也。五臟六腑亦有所藏者，指人身有陰陽五行也。如肺爲陰，大腸爲陽，肺爲金，肝爲木之類。四時八風，盡有陰陽者，指天道有陰陽五行也。各得其位，合於明堂各處色部者，言人身之面部，各得其五行之位，合於明堂及各處之色部也。其面部之分爲五臟六腑者，可以察其身形之所痛，其色見於左右上下者，可以知其何經之寒溫。又審皮膚之寒溫滑濇，斯能知其病之所苦也。且膈有上下，謂心肺居於膈上，脾居中州，肝腎居於膈下，必知其病氣之所在，先得其經脈之道，然後可以用針。稀者，針之少也。疏者，針之闊也。深者，深入其針也。留者，久留其針也。即如有大熱在上，則當推針而使之下，所謂高者仰之也。熱從下而上，則當引針而去其邪，所謂外者發之也。視先痛者，常先取穴以刺之，所謂凡病必先治其本也。又如大寒在外，則留其針以補之。大寒入中，則從合穴以瀉之。凡病有針所不當用者，則用灸以治之。又如有上氣不足，則推入其針以揚之，而使上氣之足。下氣不足，則積其針以順之，而使下氣之足。若陰陽皆虛，而針所難用，則用火以灸之。又有厥而寒甚，或骨廉下陷，或寒過於膝，則取二陵三里以補之。又有陰絡所過，爲寒留止，或寒入於中，則必推其針而行以散之。又有經脈陷下者，則惟灸以當之。又有絡脈結而堅緊者，亦用灸以治之。倘不知病之所苦，及男子以陽蹻爲經，陰蹻爲絡，女子以陰蹻爲經，陽蹻爲絡，故男子忌取陰蹻，女子忌取陽蹻，乃良工所禁。此針論之所以畢也。

〔張介賓注〕邪在於中，色形於外，察之面部，疾可知也。出《五色》篇，詳脈色類三十二。此下復詳明針論也。五輸，井滎俞經合也。徐疾，針法也，屈伸出入，經脈往來也。陰陽之化，是爲五行。藏府所藏，亦惟此耳。天道之陰陽五行也。寒者多陰，溫者多陽，滑者多實，澀者多虛。膈之上，膻中也，爲上氣海，心肺所居。膈之下，脾肝腎所居，丹田爲下氣海也。此下兼言針灸法也。先得其經絡之道，然後可以用針，稀而疏之，貴精少也，稍深以留，欲徐入也。推而逐之，抑其高也。引而去之，泄於下也，先取其本也。大寒在外，補中氣可以拒之。寒入於中，寫合穴可以除之。凡不宜於針者，當灸以治之。推而揚之，引致其氣以補上也。積而從之，留針隨氣以實下也。火自當之，宜於灸也。若厥而寒甚，陽氣大虛，當灸下陵，即陽明經三里穴也。寒留於絡而入於經，當用針推散而行之。寒氣凝聚，或陷於經，或結於絡，皆當以火逐之。寒邪在肌肉血脈之間，有不痛不仁不知所苦者，當灸兩蹻之下，即足太陽申脈，足少陰照海二穴也。然男子數陽，女子數陰，若男陰女陽，則反用矣，故爲良工之所禁。《調經論》亦曰：病不知所痛，兩蹻爲上，與此法同。

〔張志聰注〕五輸者，五臟五輸，五五二十五輸；六腑六輸，六六三十六輸。本經云，因其氣之實虛疾徐而取之，故明知五輸之實虛，則知疾徐之所在矣。其臟腑之十二經脈，屈伸出入，皆有循度之條理也。言陰與陽，合於五行者，言五臟六腑，合於天之陰陽，地之五行也。五臟六腑，亦有所藏者，五臟藏五神志，六腑傳導水穀，膽爲中精之腑，膀胱爲津液之所藏也。四時八風，盡有陰陽，各得其位，合於明堂者，在身形之左右上下，則知寒溫之邪，在於臟腑之何經也。審皮膚之寒溫滑濇，知其所苦者，邪氣臟腑篇之所謂脈滑者，尺之皮膚亦滑，脈濇者，尺之皮膚亦濇，心脈滑甚爲善渴，濇甚爲瘖是也。膈有上下，知其氣所在者，膈上爲宗氣之海，上焦開發，宣五穀味，熏膚充身澤毛者也。膈下乃胃腑中焦之分，三焦出氣，以溫肌肉，充皮膚者也。故知其氣之所在，先得其所出之道路，稀而疏之，以導氣之出也。稍深以留，以致穀氣，知穀氣已至，故能徐而入之，復使氣之入也。身半以上爲陽，身半以下爲陰，大熱在上，故當推而下之，使下和於陰也。從下上者，熱厥也。熱厥之爲熱也，起於足而上，故當引行於上而去之。夫大熱在上，由中焦之所生，熱厥於下，因酒入於胃，氣聚於脾，中不得散，故視身以前痛者，常先取之，此氣因於中，當先取之中焦也。太陽之上，寒氣主之。太陽之氣主於膚表，大寒在外，寒水之氣在表也。故當留

而補之，候陽氣至而針下熱，補其陽以勝其寒也。如寒邪上入於中者，從合以瀉之。夫合治內腑，使寒邪從腸胃以瀉出之也。夫寒氣之甚於外而入於中者，因陽氣之在下也，故針所不能爲者，灸之所宜也。上氣不足者，推而揚之，下氣不足者，積而從之，謂氣本於下之所生也。陰陽皆虛，火自當之，蓋艾能於水中取火，能啓陽氣於陰中也。厥而寒甚，起於廉骨下之陷中，而上逆於膝，此寒厥也。寒厥起於足五指之里，集於膝下，而聚於膝上，蓋氣因於中，陽氣衰不能滲榮其經絡，陽氣日損，陰氣獨在，故爲之寒，是以取陽明之下陵三里以補之，此寒厥之在氣也。若寒氣從絡之所過，得之則留而止之，如寒入於中，則當推而行之，此治寒厥之法也。經氣陷下，以火灸之，結絡堅緊者，中有著血，血寒故火以治之。調經論曰：病不知所痛，兩蹻爲上，蓋陽蹻陰蹻，並起於足踝，上循胸裏，故痛在蹻脈之上者，不知痛處也。是以不知所苦痛者，當取兩蹻於踝下也。男子數其陽，女子數其陰，故男取陰而女取陽，此良工之所禁也。能知臟腑陰陽，寒熱虛實，表裏上下，補瀉疾徐，針論畢矣。

用針之服，必有法則，上視天光，下司八正，以辟奇邪，而觀百姓，審於虛實，無犯其邪。是得天之露，遇歲之虛，救而不勝，反受其殃。故曰，必知天忌。

〔馬蒔注〕此言用針之事，必當知天忌也。服，事也。上視天光，即八正神明論之所謂天寒無刺，天溫無凝，月生無瀉，月滿無補，月郭空無治者是也。下司八正，即八正神明論之所謂八正者，所以候八風之虛邪以時至者也。蓋四立、二分、二至爲八節之正氣，九宮八風篇有八風八正，當以避八風，故八正神明論謂八正之虛邪而避之勿犯也。所謂得天之露者，本經《歲露》篇黃帝曰：願聞歲之所以皆同病者，何因而然？少師曰：此八正之候也。候此者，常以冬至之日，太乙立於葉蟄之宮，其至也，天必應之以風雨者矣。風雨從南方來者爲虛風，入客於骨而不發於外，至其立春陽氣大發。風從西方來，萬民又皆中於虛風，此兩邪相搏，經氣結代者矣。故諸逢其風而遇其雨者，命曰遇歲露焉，蓋指天之風雨爲露也。所謂遇歲之虛者，本經《歲露》篇曰：乘年之衰，逢月之空，失時之和，因爲賊風所傷，是謂三虛，逢年之盛，遇月之滿，得時之和，雖有賊風邪氣，不能危之也。故得天之風雨，而又遇歲之虛，則雖救之而不能勝，反受其所害矣。故八正神明論又曰天忌不可不知者，此也。

〔張介賓注〕此下言當知天忌也，天光八正義俱見下章。兼人己而言也。辟，避同。虛風實風，皆能傷人，故無犯其邪。天之風雨不時者，皆謂之露。歲露論曰，故諸逢其風而遇其雨者，命曰遇歲露焉。歲之虛者，乘年之衰，逢月之空，失時之和，因爲賊風所傷，是謂三虛。詳運氣類三十六。

乃言針意。法於往古，驗於來今，觀於窈冥，通於無窮，麤之所不見，良工之所貴，莫知其形，若神髣髴。

〔馬蒔注〕此承上文而言針意之妙，無形而至神者也。八正神明論岐伯曰：法往古者，先知《針經》也。驗於來今者，先知日之寒溫，月之虛盛，以候氣之浮沉，而調之於身，觀其立有驗也。觀於窈冥者，言形氣營衛之不形於外，而工獨知之，以日之寒溫，月之虛盛，四時氣之浮沈，參伍相合而調之，工常先見之，然而不形於外，故曰觀於窈冥焉。通於無窮者，可以傳於後世也。是故工之所以異也。然而不形見於外，故俱不能見也。視之無形，嘗之無味，故莫知其形，若神髣髴。

〔張介賓注〕此下皆言針法也。凡下文無注者，詳義俱見下章。

《靈樞·刺節真邪》 用針者，必先察其經絡之實虛，切而循之，按而彈之，視其應動者，乃後取之而下之。

〔馬蒔注〕此言用針者，有先察後取之義，亦承上文先熨後行之意而推廣之也。凡用針者，必先察其經絡之或虛或實，則實者當瀉，虛者當補，穴在何經，切而循之，按而彈之，視其氣之來應而動者，然後取其穴而下針斯可也。

〔張志聰〕此申明血氣之行於脈中也。《內經》云：絡滿經虛，瀉陽補陰；經滿絡虛，瀉陰補陽。蓋以裏之經脈爲陰，外之絡脈爲陽，血氣之行於脈中，從經而脈，脈而絡，絡而孫，故必先察其經絡之虛實而後取之。

六經調者，謂之不病，雖病，謂之自已也。一經上實下虛而不通者，此必有橫絡盛加於大經，令之不通，視而寫之，此所謂解結也。

〔馬蒔注〕此言六經調者爲不病，而一經病者，即用解結之法也。手足各有三陰三陽，謂之六經也。六經之脈各調和者，謂之不病，內有一經之脈，上實下虛而不通，此則足經之氣，厥逆而上，故上實而下虛。其在外必有橫絡之脈，盛加於大經之中，令其不通，乃視之可見者也。當視而瀉之，此亦

所謂解結之法也。

〔張志聰注〕此申明血氣之行於脈外也。六經者，手足之十二經別也。大經者，經隧也。經隧者，五臟六腑之大絡也。胃腑所出之氣血，充於皮膚分肉之間者，從臟腑之大經，而外出於皮膚橫絡者，經脈之支別也。如一經上實下虛而不通者，此必有經脈之橫絡，盛加於大經而令之不通也。故視而瀉之，此所謂解結也。此二節論水穀所生之血氣，榮於脈中，充於膚腠，各有道路也。閔士先曰：以此二節列於篇中者，分別合并而充身之眞氣各別也，當以自費之義參之。

《**太素·九針·量繆刺**》黃帝問岐伯曰：余聞繆刺，未得意也，何謂繆刺？岐伯曰：夫邪之客於形也，必先舍於皮毛，留而不去，入舍於孫脈，留而不去，入舍於絡脈，留而不去，入舍於經脈，內連五藏，散於腸胃，陰陽更盛，五藏乃傷，此邪之從皮毛而入極於五藏之次也，此陰陽二邪俱盛，從於皮毛，至於五藏，故以五藏爲次也。如此則治其經焉。今邪客於皮毛，入舍於孫絡，留而不去，閉塞不通，不得入於經，流溢於大絡，而生奇病焉。夫邪客大絡者，左注右，右注左，上下與經相干，布於四末，其氣無常處，不入於經輸，命曰繆刺。如此至經，可療經之脈輸。若邪客皮毛孫絡，溢於大絡，而生奇病，左右相注，與經相干，乃至於布四末，其氣居無常處而不入經，可以繆刺之。黃帝曰：願聞繆刺，以左取右，以右取左，爲之奈何？其與巨刺，何以別之？此問繆刺、巨刺之異。岐伯曰：邪客於經也，左盛則右病，右盛則左病。先言巨刺也。邪氣中乎經也，左箱邪氣有盛，則刺右之盛經。以刺左右大經，故曰巨刺。巨，大之也。病亦有易移者，左病未已而右脈先病，如此者必巨刺之，必中其中經，非絡脈也。左箱病已，右箱次病，名後病。今左箱病之未已，即右箱病起，故曰先病，名曰易移，如此之類，可巨刺之。故絡病者，其痛與經脈繆處，故名曰繆刺矣。痛病在於左右大絡，異於經絡，故名繆。繆，異也。

《**太素·寒熱·癰疽**》切而調之，從虛去實，寫則不足，疾則氣減，留則先後，從實去虛，補則有餘。血氣已調，形神乃持，余已知血氣之平與不平，未知癰疽之所從生，成敗之時，死生之期，期有遠近，何以度之，可得聞乎？切，專至也。用心專至，調虛實也。寫者必須順於虛，專去盛實，寫之甚者，則不足也。氣至因而疾寫，則便氣盛。氣至留而不寫，則針與氣先後不相得也。若順實唯去於虛，補之甚者，則有餘也。是以切而調之者，得之於心，不可過虛實也。故善調者，補寫血氣，使形與神相保守也。持者，保守也。如此調養，血氣平與不平，言已知之，然猶未通癰疽三種之論，故請所聞。

《**太素·邪論·七邪**》黃帝曰：其非常經也，卒然多卧者，何氣使然？岐伯曰：邪氣留於上焦，上焦閉而不通，已食若飲湯，衛反留於陰而不行，故卒然多卧。邪氣留於上焦，上焦之氣不行，或因飲食，衛氣留於心肺，故悶而多卧。此爲第七邪也。黃帝曰：善。治此諸邪奈何？岐伯曰：先其府藏，誅其小過，後調其氣，盛者寫之，虛者補之，必先明知其形氣之苦樂，定乃取之。療此七邪之法，先取五藏六府諸募等藏府之上諸穴，除其微過，然後調其藏府五輸六輸而補寫之。補寫之前，須明知形氣虛實苦樂之志，然後取之。

《**金匱要略·臟腑經絡先後病脈證**》若人能養慎，不令邪風干忤經絡，適中經絡，未流傳藏府，即醫治之。四肢才覺重滯，即導引、吐納、針灸、膏摩，勿令九竅閉塞，更能無犯王法、禽獸災傷，房室勿令竭乏，服食節其冷熱苦酸辛甘，不遺形體有衰，病則無由入其腠理。腠者，是三焦通會元眞之處，爲血氣所注。理者，是皮膚藏府之文理也。

《**甲乙經·陰陽清濁精氣津液血脈**》曰：夫陰清而陽濁，濁中有清，清中有濁，別之柰何？曰：氣之大別，清者上注於肺，濁者下流於胃，胃之清氣上出於口，肺之濁氣下注於經，內積於海。曰：諸陽皆濁，何陽獨甚？曰：手太陽獨受陽之濁，手太陰獨受陰之清。其清者上走孔竅，其濁者下行諸經，故諸陰皆清，足太陰獨受其濁。曰：治之柰何？曰：清者其氣滑，濁者其氣濇，此氣之常也。故刺陰者，深而留之，刺陽者，淺而疾取之。清濁相干者，以數調之也。

《**甲乙經·逆順病本末方宜形志大論**》東方濱海傍水，其民食魚嗜鹹，魚者，使人熱中，鹹者勝血，其民皆黑色疏理，其病多壅腫，其治宜砭石。西方水土剛強，其民華食而脂肥，故邪不能傷其形體，其病生於內，其治宜毒藥。北方風寒冰冽，其民樂野處而乳食，藏寒生滿病，其治宜灸焫。南方其地下，水土弱，霧露之所聚也，其民嗜酸而食腂，故緻理而赤色，其病攣痹，其治微針。中央其地平以濕，天地所生物者衆，其民食雜而不勞，故其病多痿厥寒熱，其治宜導引按蹻。故聖人推令以治，各得其宜。

形樂志苦，病生於脈，治之以灸刺。形苦志樂，病生於筋，治之以熨引。形樂志樂，病生於肉，治之以針石。形苦志苦，病生於咽喝，一作困竭。治之以甘藥。形數驚恐，經絡不通，病生於不仁，治之以按摩醪醴。是謂五形。

故志曰：刺陽明出血氣，刺太陽出血惡氣，刺少陽出氣惡血，刺太陰出氣惡

血，刺少陰出血惡血，刺厥陰出血惡氣。

《甲乙經·五藏六腑虛實大論》神有餘，則笑不休，不足則憂。血氣未并，五藏安定，邪客於形，悽厥《素問》作洒淅。起於毫毛，未入於經絡，故命曰神之微。神有餘則寫其小絡之血，出血勿之深斥，無中其大經，神氣乃平。神不足者，視其虛絡，切而致之，刺得和之，無出其血，無泄其氣，以通其經，神氣乃平。曰：刺微柰何？曰：按摩勿釋，著針勿斥，移氣於足，《素問》作不足。神氣乃得復。

氣有餘則喘欬上氣，不足則息利少氣，血氣未并，五藏安定，皮膚微病，命曰白氣。微泄有餘，則寫其經渠，無傷其經，無出其血，無泄其氣。不足則補其經渠，無出其氣。曰：刺微奈何？曰：按摩勿釋，出針視之。曰：我將深之，適人必革，精氣自伏，邪氣亂散，無所休息，氣泄腠理，眞氣乃相得。

血有餘則怒，不足則悲。《素問》作恐。血氣未并，五藏安定，孫絡外溢，則經有留血。有餘則刺其盛經，出其血。不足則視其虛，內針其脈中，久留之血至。《素問》作而視。脈大疾，出其針，無令血泄。曰：刺留血奈何？曰：視其血絡，刺出其血，無令惡血得入於經，以成其病。

形有餘則腹脹，涇溲不利，不足則四肢不用，血氣未并，五藏安定，肌肉蠕一作溢。動，名曰微風。有餘則寫其陽經，不足則補其陽絡。曰：刺微奈何？曰：取分肉間，無中其經，無傷其絡，衛氣得復，邪氣乃索。

曰：陰與陽并，血氣已并，病形已成，刺之奈何？曰：刺此者，取之經渠，取血於營，取氣於衛，用形哉，因四時多少高下。曰：血氣已并，病形已成，陰陽相傾，補寫奈何？曰：寫實者氣盛乃內針，針與氣俱內，以開其門，如利其戶，針與氣俱出，精氣不傷，邪氣乃下，外門不閉，以出其疾，搖大其道，如利其路，是謂大寫，必切而出，大氣乃屈。曰：補虛奈何？曰：持針勿置，以定其意，候呼內針，氣出針入，針空四塞，精無從去，方實而疾出針，氣入針出，熱不得還，閉塞其門，邪氣布散，精氣乃得存，動後時，《素問》作動氣後時。近氣不失，遠氣乃來，是謂追之。曰：虛實有十，生於五藏五脈耳。夫十二經脈者，皆生百《素問》作其。病，今獨言五藏，夫十二經脈者皆絡三百六十五節，節有病，必被經脈，經脈之病者，皆有虛實，何以合之乎？曰：五藏與六府爲表裏經絡肢節，各生虛實，視其病所居，隨而調之。病在脈調之血，病在血調之絡，病在氣調諸衛，病在肉調之分肉，病在筋調之筋，病在骨調之骨。燔針劫刺其下，及與急者病在骨，焠針藥熨，病不知所痛，兩蹻爲上，身形有痛，九候莫病，則繆刺之。病在於左而右脈病者，則巨刺之。必謹察其九候，針道畢矣。

《甲乙經·陰陽大論》故善用針者，從陰引陽，從陽引陰，以右治左，以左治右，以我知彼，以表知裏，以觀過與不及之理，見微則過，用之不殆。善診者，察色按脈，先別陰陽，審清濁而知部分，視喘息，聽聲音而知病所苦。觀權衡，視規矩，而知病所生。按尺寸，觀浮沉滑濇，而知病所生。以治則無過，以診則無失矣。故曰：病之始起，可刺而已，其盛也可待衰而已。故因其輕而揚之，因其重而減之，因其衰而彰之。形不足者，溫之以氣，精不足者，補之以味。其高者，因而越之。其下者，引而竭之。中滿者，寫之於內。其有形者，漬形以爲汗。其在皮者，汗而發之。其慓悍者，按而收之。其實者，散而寫之。審其陰陽，以別柔剛，陽病治陰，陰病治陽，定其血氣，各守其鄉，血實宜決之，氣實宜掔之引之，陽從右，陰從左。

《甲乙經·五臟傳病發寒熱》黃帝問曰：五臟相通，移皆有次，五臟有病，則各傳其所勝，不治法三月，若六月，若三日，若六日，傳五臟而當死。《素問》下有順傳所勝之次。故曰：別於陽者，知病從來。別於陰者，知死生之期。言至其所困而死者也。是故風者，百病之長也，今風寒客於人，使人毫毛畢直，皮膚閉而爲熱，當是之時，可汗而發，或痺不仁，腫痛。當是之時，可湯熨，及一本作足字。火灸，刺而去。弗治病入舍於肺，名曰肺痺，發欬上氣。弗治肺即傳而行之肝，病名曰肝痺，一名曰厥。脇痛出食，當是之時，可按可刺。弗治肝傳之脾，病名曰脾風，發癉，腹中熱，煩心汗出，黃癉，《素問》無汗癉二字。當此之時，可汗可藥，可烙。一本作浴。弗治脾傳之腎，病名曰疝瘕，少腹煩冤而痛，汗出。《素問》作出白。一名曰蠱，當此之時，可按可藥。弗治腎傳之心，病筋脈相引而急，名之曰瘈，當此之時，可灸可藥。

《子午流注針經·流注指微賦》移疼住痛如有神，針下獲□。

得其針刺之要，移疼住痛，獲效如神。

暴疾沉痾至危篤，刺之勿悞。

沉痾久病，虛弱之人，忽暴感疾於榮衛，傳於藏府，其病必危篤而沉重也。明上是時深慮損益，愼勿輕忽，自待聽俊，當須察其何經所苦，補瀉針刺，去之勿悞也。

觀虛實與肥瘦。

經云：虛則補之，實則瀉之，不實不虛，以經取之。若虛實不明，投針有失，聖人所謂實實虛虛，若明此，則無損不足益有餘之過。觀肥瘦者，用針之法，必先觀其形之肥瘦，方明針刺之淺深，若以身中分寸肥與瘦同用，□□淺深不得，返爲大賊也。故肥人刺深，瘦人刺淺，以與本藏所屬部分齊平爲期，所以無過不及之傷也。

□痛察於久新府藏寒熱。

痛者病也，夫人病有久新，藏病府病，寒熱虛實，宜細詳審調。設針形短長鋒類不等，窮其補瀉，各隨病所宜用之。

裏外之絕羸盈必別。

夫五藏裏外者，謂心肺在鬲上，通於天氣也。心主於脈，肺主於氣，外華榮於皮膚，故言外也。腎肝在下，通於地氣，以藏精血，實於骨髓。心肺外絕，則皮聚毛落。腎肝內絕，則骨痿筋緩。其時學者不能別裏外虛實，致使針藥悞投，所以實實虛虛，損不足益有餘，如此死者，醫殺之耳。

《針灸問對·卷上·或曰形氣病氣何以別之》 經曰：形氣不足，病氣有餘，是邪勝也，急寫之。形氣有餘，病氣不足，急補之。形氣不足，病氣不足，此陰陽俱不足也，不可刺之，刺之則重不足，老者絕滅，壯者不復矣。形氣有餘，病氣有餘，此陰陽俱有餘也，急寫其邪，調其虛實。故曰：有餘者寫之，不足者補之，此之謂也。夫形氣者，氣謂口鼻中喘息也，形謂皮肉筋骨血脈也。形勝者，爲有餘。消瘦者，爲不足。其氣者，審口鼻中氣。勞役如故，爲氣有餘也。若喘息、氣促、氣短，或不足以息者，爲不足。故曰：形氣也，乃人之身形中氣血也。當補當寫，不在於此，只在病來潮作之時，病氣精神增添者，是病氣有餘，乃邪氣勝也，急當寫之。病來潮作之時，精神困窮，語言無力，及懶語者，爲病氣不足，乃眞氣不足也，急當補之。若病人形氣不足，病來潮作之時，病氣亦不足，此陰陽俱不足也，禁用針，宜補之以甘藥。不已，臍下氣海穴取之。

《針灸大成·經絡迎隨設為問答》 問，刺有大小。答曰：有平補平瀉，謂其陰陽不平而後平也。陽下之曰補，陰上之曰瀉。但得內外之氣調則已。

《景岳全書·傳忠録·氣味篇》 當汗而不汗，則使人毛孔閉塞，悶絕而終。合吐而不吐，則使人結胸上喘，水食不行，經絡不利，邪漸勝眞，冒昧而昏。宜導引而不導引，則使人邪侵關節，固結難通。宜按摩而不按摩，則使人淫歸肌肉，久留不消。宜蒸熨而不蒸熨，則使人冷氣潛伏，漸成痺厥。宜煖洗而不煖洗，則使人陽氣不行，陰邪相害。不當下而下，則使人開腸蕩胃，洞泄不禁。不當汗而汗，則使人肌肉消絕，津液枯耗。不當吐而吐，則使人心神煩亂，臟腑奔衝。不當灸而灸，則使人重傷經絡，內蓄火毒，反害中和，致不可救。不當針而針，則使人血氣散失，機關細縮。不當導引而導引，則使人眞氣勞敗，邪氣妄行。不當按摩而按摩，則使人肌肉䐜脹，筋骨舒張。不當蒸熨而蒸熨，則使人陽氣偏行，陰氣內聚。不當煖洗而煖洗，則使人濕著皮膚，熱生肌體。不當悅愉而悅愉，則使人氣停意折，健忘傷志。大凡治療，要合其宜，脈狀病候，少陳於後：凡脈不緊數，則勿發其汗。脈不實數，不可以下。心胸不閉，尺脈微弱，不可以吐。關節不急，營衛不壅，不可以針。陰氣不盛，陽氣不衰，勿灸。內無客邪，勿導引。外無淫氣，勿按摩。皮膚不痺，勿蒸熨。肌肉不寒，勿煖洗。神不凝迷，勿愉悅。氣不奔急，勿和緩。順此者生，逆此者死耳。

《醫學源流論·針灸失傳論》 《靈》、《素》兩經，其詳論臟腑經穴疾病等說，爲針法言者，十之七八，爲方藥言者，十之二三。上古之重針法如此，然針道難而方藥易，病者亦樂於服藥，而苦於針。所以後世方藥盛行，而針法不講，今之爲針者，其顯然之失有十，而精微尚不與焉。兩經所言，十二經之出入起止，淺深左右，交錯不齊，其穴隨經上下，亦參差無定。今人祗執同身寸，依左右一直豎量，並不依經曲折，則經非經而穴非穴，此一失也。兩經治病，云某病取某穴者固多，其餘則指經而不指穴。如《靈·終始》篇云：人迎一盛，瀉足少陽，補足厥陰。《厥病》篇云：厥頭痛，或取足陽明、太陰，或取手少陽、足少陰。耳聾取手陽明，嗌乾取足少陰。皆不言其穴，其中又有瀉子補母等義。今則每病指定幾穴，此二失也。兩經論治，井滎輸經合最重，冬刺井，春刺滎，夏刺輸，長夏刺經，秋刺合。凡只言某經，而不言某穴者，大都皆指井滎五者爲言。今則皆不講矣，此三失也。補瀉之法，《內經》云：吸則內針，無令氣忤，靜以久留，無令邪布，吸則轉針，以得氣爲故，候呼引針，呼盡乃去，大氣皆出爲瀉。呼盡內針，靜以久留，以氣至爲故，候吸引針，氣不得出，各在其處，推闔其門，令神氣存，大氣留止爲補。又必迎其經氣，疾內而徐出，不按其痏爲瀉；隨其經氣徐內而疾出，即按其痏爲補，其法多端。今則轉針之時，以大指推出爲瀉，搓入爲補，此四失也。納針之後，必候其氣。刺實者，陰氣隆至乃去針。刺虛者，陽氣隆至乃出針。氣不至，無問其

數，氣至即去之，勿復針。《難經》云：先以左手壓按所針之處，彈而努之，爪而下之。其氣來如動脈之狀，順而刺之。得氣因推內之，是謂補。動而伸之，是謂瀉。今則時時轉動，俟針下寬轉，而後出針，不問氣之至與不至，此五失也。凡針之深淺，隨時不同。春氣在毛，夏氣在皮膚，秋氣在肌肉，冬氣在筋骨，故春夏刺淺，秋冬刺深，反此有害。今則不論四時，分寸各有定數，此六失也。古之用針，凡瘧疾、傷寒、寒熱咳嗽，一切臟腑七竅等病，無所不治。今則止治經脈形體痿痺屈伸等病而已，此七失也。古人刺法，取血甚多，《靈樞》血絡論言之最詳。而頭痛腰痛，尤必大瀉其血，凡血絡有邪者，必盡去之。若血射出而黑，必令變色，見赤血而止，否則病不除而反有害。今人則偶爾見血，病者醫者已惶恐失據，病何由除？此八失也。《內經》刺法，有九變十二節。九變者，輸刺、遠道刺、經刺、絡刺、分刺、大寫刺、毛刺、巨刺、焠刺。十二節者，偶刺、報刺、恢刺、齊刺、揚刺、直針刺、輸刺、短刺、浮刺、陰刺、傍刺、贊刺。以上二十一法，視病所宜，不可更易，一法不備，則一病不愈。今則祇直刺一法，此九失也。古之針制有九：鑱針、員針、鍉針、鋒針、鈹針、員利針、毫針、長針、大針，亦隨病所宜而用，一失其制，則病不應。今則大者如員針，小者如毫針而已，豈能治痼疾暴氣？此十失也。其大端之失，已如此，而其尤要者，更在神志專一，手法精嚴。經云：神在秋毫屬意，病者審視血脈，刺之無殆。又云：經氣已至，慎守勿失，深淺在志，遠近若一，如臨深淵，手如握虎，神無營於衆物。又云：伏如橫弩，起如發機，其專精敏妙如此。今之醫者，隨手下針，漫不經意，即使針法如古，志不凝而機不達，猶恐無效，況乎全與古法相背乎？其外更有先後之序，迎隨之異，貴賤之殊，勞逸之分，肥瘦之度，多少之數，更僕難窮。果能潛心體察，以合聖度，必有神功。其如人之畏難就易，盡違古法，所以世之視針甚輕，而其術亦不甚行也。若灸之一法，則較之針所治之病，不過十之一二，知針之理，則灸又易易耳。

《醫學源流論·水病針法論》 凡刺之法，不過補瀉經絡，袪邪納氣而已。其取穴甚少，惟水病風㽷膚脹，必刺五十七穴。又云：皮膚之血盡取之，何也？蓋水旺必尅脾土，脾土衰，則遍身皮肉皆腫，不特一經之中有水氣矣。若僅刺一經，則一經所過之地，水自漸消，而他經之水不消，則四面會聚幷一經，已瀉之水亦仍滿矣。故必周身腫滿之處，皆刺而瀉之，然後其水不復聚耳。此五十七穴者，皆臟之經絡，水之所容也。此與大禹治洪水之法同。蓋洪水泛溢，必有江淮河濟，各引其所近之衆流以入海，必不能使天下之水祇歸一河以入海也。又出水之後，更必調其飲食。經云：方飲無食，方食無飲。欲使飲食異居則水不從食，以至於脾土受濕之處也。無食他食百三十五日，此證之難愈如此。余往時治此病，輕者多愈，重者必復腫。蓋由五十七穴未能全刺，而病人亦不能守戒一百三十五日也。此等大證，少違法度，即無愈理，可不慎哉。

《羅遺編·針灸要穴論》 銓按：週身六百六十六，主治多端，妙用無窮。歷來用針灸者，究竟何能盡舉，遇藥力之不到，每出奇思，取一二穴便足勝病。原夫穴名雖異，主治多有統同，選穴各有精專焉。如《標幽賦》中有云：高皇抱疾，李氏刺巨闕而復甦。太子暴厥，越人針會維而復醒。他如甄權刺臂痛，而即射，取肩井、曲池。華陀刺躄足而立行，取懸鍾、環跳。諸如此者，是皆取一二穴，用即通神者也。是編穴名，圖形悉載原各經具穴若干，不離宗派以備忝考也。至主治不集多穴，以泛而求之，不如博而約之之爲要也。若仍以多爲貴，則開卷茫如，似是而非，穴之不眞，針灸何益。必識此意，乃知古之爲高醫者，不在穴之妙用無窮，而在善用穴之妙用無窮也。

《醫醫病書·證治要論·世醫不知通補守補法論》 時人悉以黃耆、地黃等呆笨之藥爲補，少涉流動之品，便謂之消導。不知補五臟補以守，補六腑補以通，補經絡筋經亦補以通也，補九竅亦補以通，《周禮》謂滑以養竅是也。補肌肉則有守有通，守補處所用者少。五臟爲地氣，其形小也，通補處所用者多。六腑與外廓爲天氣，其形大也。

炳章按：世人皆知虛者補之，實者瀉之，不知能去邪即是補也，故燕醫生補丸以補爲名，實則瀉也，留邪不去而可以補正乎？吳氏雖分通補守補，其意亦以通爲補者多。

《針灸逢源·群書彙粹》 子母補瀉迎隨　六十九難曰：虛者補其母，實者瀉其子，當先補之，然後瀉之。此以別經爲子母也，母生我之經，如肝虛則補腎經也，母氣實則生之益力，子我生之經，如肝實則瀉心經也，子氣衰則食其母益甚。不虛不實以經取之者，是正經自生病不中他邪也，當自取其經，故言以經取之。即於本經取所當刺之穴，不必補母瀉子也。

七十五難曰：東方實，西方虛，瀉南方，補北方。何謂也？然金木水火

土，當更相平。言金尅木，木尅土，循環相制，不合一藏獨盛而生病也。東方木也，西方金也，木欲實，金當平之，火欲實，水當平之，土欲實，木當平之，金欲實，火當平之，水欲實，土當平之。東方者肝也，則知肝實。西方者肺也，則知肺虚。瀉南方火，補北方水，火者木之子也，木者火之母也。水勝火，瀉火者，一則以奪木之氣，一則以去金之尅。補水者，一則以益金之氣，一則以制火之光，故曰木勝火。子能令母實，母能令子虚，故瀉火補水，欲令金得平木也。母能令子實，子能令母虚，乃五行之生化。即虚者補母，實者瀉子之義。今言子能令母實，母能令子虚者，用針之予奪也。經曰：不能治其虚，何問其餘，此之謂也。虚指肺虚而言也。

七十二難曰：所謂迎隨者，知營衛之流行，經脈之往來也，隨其逆順而取之，故曰迎隨。迎者針鋒逆其來處爲瀉，隨者針鋒順其往處爲補。

瀉南方補北方論

王安道曰：夫子能令母實，母能令子虚，以常情觀之，則曰心火實，致肝木亦實，此子能令母實也。脾土虚致肺金亦虚，此母能令子虚也。心火實，固由自旺，脾土虚，乃由肝木制之，法當瀉心補脾，則肝肺皆平矣。越人則不然，其子能令母實，子謂火，母謂水，固與常情無異。其母能令子虚，母謂水，子謂木，則與常情不同矣。故曰：水者木之母也。子能令母實一句言病因也，母能令子虚一句言治法也。蓋火爲木之子，子助其母，使之過分而爲病矣，水爲木之母，若補木之虚，使力可勝火，火熱退而木熱亦退，此則母能虚子之義，所謂不治之治也。此虚謂抑其過而欲虚之也。水勝火三字，此越人寓意處，雖瀉火補水並言，而其要又在於補水耳。然水不虚而火獨暴旺者，固不必補水也。若先因水虚而致火旺者，不補水可乎？且夫肝之實也，其因有二，心助肝，肝實之一因也。肺不能制肝，肝實之二因也。肺之虚也，其母亦有二，心尅肺，肺虚之一因也，脾受肝尅而不能生肺，肺虚之二因也。今補水而瀉火，火退則木氣削，又金不受尅而制木，東方不實矣。金氣得平，又土不受尅而生金，西方不虚矣。若以虚則補母言之，肺虚則當補脾，豈知肝勢正盛，尅土之深，雖每日補脾，安能敵其正盛之勢哉。縱使土能生金，金受火尅亦所得不償所失矣，此所以不補土而補水也。或疑木旺補水，恐水生木而木愈旺，殊不知木已旺矣，何待生乎。况水之虚，雖峻補尚不能復其本氣，安有餘力生木哉。若能生木則能勝火矣，瀉火補水，使金得平木，正所謂能治其虚，不補土不補金，乃瀉火補水，使金自平。此法之巧而妙者，苟不能曉此法，而不能治此虚，則不須問其他，必是無能之人矣。

《**神灸經綸・手足證略**》手足爲諸陽之本，陽之氣主動以應天。經曰：天有十日，人有手十指以應之，天有十二行，人有足十指莖垂以應之。又曰：足受血而能步，掌受血而能握，指受血而能攝，故凡人之日用動作，無不藉力於手足，血氣盛者則健舉輕便，血氣衰者則委頓沉重。其中於病也，或傷於風，或傷於寒，或傷於濕，所傷之因有不同，而手足上下之病亦有異。經云：風爲百病之長，其變無常，濕留關節，令人四肢不仁，風邪從陽而親上，濕邪從陰而親下，惟陰寒之氣挾風濕而來，因人之虚隙以乘之，上下中外無定處。故寒氣積而不瀉，則溫氣去血凝濇，脈不通，手足爲之攣痛，經所謂冬氣滿在四肢是也。又肺心有邪，其氣留於兩肘。肝有邪，其氣留於兩股。脾有邪，其氣留於兩髀。腎有邪，其氣留於兩膝，此五臟有邪，留爲手足之病，而其要皆統於脾。蓋脾主四肢，脾脈太過爲病，在外則令人四肢不舉，脾藏在體爲肉，形不足則四肢不用，此可以驗脾之虚實而手足致病之大略也。

臂痛，人皆謂風寒襲臂，而然不知邪之所湊，其氣必虚，宜分別經絡而治之。先令病者以兩手伸直，其臂貼身垂下，大指居前，小指居後，其臂臑之前廉痛者屬陽明經，後廉痛者屬太陽經，外廉痛者屬少陽經，內廉痛者屬厥陰經，內前廉痛者屬太陰經，內後廉痛者屬少陰經。視其何經受病，按經取穴，以行灸法，庶無南轅北轍之誤。若手腫痛，或指掌連臂膊痛，謂之手氣。或臂痛不舉，或癰毒仆傷，皆是氣血凝滯。臂連肩背痠痛，兩手軟痺由痰飲流人四肢。又有血不榮筋而致臂痛者，當養其血，痛自止也。又血燥筋攣，遇寒則劇，此肝氣虚弱，風寒客於經絡故也。若手足拘攣麻木，又爲脾肺氣虧，濕邪不化以致此耳。

痺之爲言，閉也。經云：風寒濕三氣雜至，合而爲痺。其風氣勝者爲行痺，寒氣勝者爲痛痺，濕氣勝者爲着痺。其有筋脈肌皮骨五痺之目，以明春夏四季秋冬五氣之所感受，各主一臟也，非三氣之外又別有此五證也。所謂行痺者，痛無定處，俗名鬼箭風，又名流火。古云歷節風，又曰白虎歷節風，晝則靜，夜則動，其痛徹骨，如虎嚙之狀。風痺痛有定處，或四肢拘攣關節疼痛，名曰痛風。着痺者，麻木不仁。《素問》云：營氣虚則不仁，衛氣虚則不用，營衛俱虚則不仁且不用。《靈樞》曰：衛氣不行則爲麻木。東垣宗之，以麻痺之證，必補衛氣而行之。景岳云：治痺之法，祗峻補其

陰，宣通脈絡，不宜過用風燥之劑，亦《內經》之旨也。又風痺流行上中下三部，乘人臟腑之虛與血氣相搏，聚於關節而作痛。若腿腳生瘡，渾身搔癢，是其人本血虛，因風濕傷脾，脾主肌肉，肌肉腠理爲邪壅閉，不得宣達而作癢，此二者專主風濕而言。然，又有冷痺、熱痺、痰痺、胞痺、腸痺、周痺，當詳證脈分別。治之要，不外劉李二氏所論，一以攻邪爲主，邪去則正氣自安。一以補正爲要，正復則邪氣自卻。當攻當補，在執經者善行其權也。

腿叉風，憎寒發熱，或筋攣腫痛，當陰股溝間，足厥陰之脈上膕內廉，循股陰入毛中，人有鬱怒肝氣積而不行，下注於腿叉而作痛，或風寒內犯肝腎，陽氣留止，亦有此證。人多以爲濕熱下流，是知其一而不知其二也。

鶴膝風，兩膝腫大，胻腿枯細，象如鶴膝之形，俗謂之鼓槌風，總不過風寒濕三氣之爲病。然腫病必有邪滯，枯細者必因血虛，初起用葱熨消法，久宜養氣滋血爲主，再視其外證何如，兼治之可也。

足發熱，多屬陰虛。如腎水虧耗，脛膝痠軟而足熱。肝血不足，筋脈隱痛而足熱。脾陽下陷，腹脹腿痠而足熱。虛勞之人每有此證，然亦有濕熱下注，壅遏營衛常行之道，兩不相下，其氣蒸騰而發熱，是又不可視爲陰虛而一例治之也。

腳氣之疾，東垣謂實水濕之所爲也。初覺即灸患處二三十壯，以道引濕氣外出，遂不至成大患。按古無是名稱，自晉蘇敬始，其頑痲腫痛者，即經所謂痺厥也，痿軟不收者，即經所謂痿厥也，其衝心者，即經所謂厥逆也。自東垣發寒濕濕熱之論，後李泥之，遂成甫北二派。不知人在氣交之中，正變邪感，何地不然，非南人不患北病，北人不患南病也。在善治者，察明經絡所起，復審六氣中何氣當之。如病者頭痛，目眩，項強，腰脊身體經絡外踝之後，循京骨至小指外皆痛，太陽經證也。如翕翕寒熱，呻欠口鼻乾，腹脹，髀膝臏中循胻外臁下足跗入中指內間皆痛，陽明經證也。如口苦上喘，脇痛，面垢，體無光澤，頭目痛，缺盆并腋下如馬刀腫，自汗，振寒發熱，胸中脇肋髀膝外至胻絕骨外踝及諸節指皆痛，少陽經證也。如腹滿，夾咽連舌系急，胸膈痞滿，循胻骨下股膝內前廉內踝，過核骨後連足大指之端內側皆痛，太陰經證也。如腰脊痛，小指之下連足心循內踝入跟中上腨內，出膕中內廉股肉皆痛，上衝胸咽，饑不能食，面黑，小便淋閉，欬唾不已，善恐，心惕惕如人將捕之，小腹不仁者，難治，此少陰經證也。如腰脇偏疼，從足大指連足趺上廉上膕，至內廉循股環陰、抵小腹夾臍諸處脹痛，兩腳攣急，嗌乾，嘔逆，洞泄，厥陰經證也。以上六經各隨其氣所勝者而調之，庶無有悞。

痿證又名軟風，手足痿軟而無力，百節緩縱而不收，經分五藏之熱名病，其所屬皮脈筋肉骨五痿是也。肺熱葉焦，則皮毛虛弱，急薄着則生痿躄。心氣熱，則下脈厥而上，上則下脈虛，虛則生脈痿。肝氣熱，則膽泄，口苦，筋膜乾，筋膜乾則筋急而攣，發爲筋痿。脾氣熱，則乾而渴，肌肉不仁，發爲肉痿。腎氣熱，則腰脊不舉，骨枯而髓減，發爲骨痿。此五痿者，經從臟氣所要者，各舉其一以爲例，會而通之，則五勞五志六淫盡得成五臟之熱，以爲痿也。丹溪會合經旨，謂瀉南方則肺金清而東方不實，何脾傷之有？補北方則心火降而西方不虛，何肺熱之有？誠爲治痿之大法。又諸痿之病，未有不因陽明虛而得者，治痿獨取陽明，確有眞見，外此無餘義矣。

轉筋病，仲景謂其臂腳直脈上下行，微弦，足太陽之下，血氣皆少，則善轉筋，踵下痛。又云：諸筋者，皆屬於節。又云，肝血虛，筋無所養，轉結而痛，此與傷寒異也。夫傷寒霍亂者，其本在於陽明胃經也，陰陽反戾，清濁相干，上下相離，營衛不能相維，故轉筋攣痛，經絡亂行，暴熱吐瀉，中焦衛氣所主也。有從標而得之者，有從本而得之者，有從標本而得之者，六經之變，治各不同，察其脈色知犯何經，隨經標本各施其治，則撥亂反正之功，可收效於須臾之頃也。

《神灸經綸·外科證略》 證見五善，病在腑者輕，證見七惡，病在臟者危。凡五善之中，見一二善證，瘡可治也。七惡之內，忽見一二惡證，宜深懼之。太抵虛中見惡證者，不可救。實證無惡候者，自愈。臨證之時，最宜詳細明察，須分經絡部分，血氣多少，腧穴遠近，有宜內治者，有宜外治者。元戎云：自外而入者，不宜灸。自內而出者，宜灸。外入者托之而不內，內出者接之而令外。故經云陷者灸之，灸乃從治之意。凡瘡瘍初起，七日以前即用灸法，大能破結化堅，引毒外出，移深就淺，功效勝於藥力，惟頭爲諸陽所聚，艾炷宜小而少。若少陽分野，尤不可灸，灸之多致不救。亦有因灸而死者，蓋虛甚，孤陽將絕，其脈必浮數而大且鼓，精神必短而昏，無以抵當火氣，宜其危也。又《精要》云：腦爲諸陽之會，頸項近咽喉腎俞爲致命之所，俱不

可灼艾，苟不知宜忌，一概混施，非徒無益，而反害之。瘍醫雖屬外科，然其觀色脈，辨陰陽，晰經絡，分虛實，未有不精乎內而能明乎外者也。

《理瀹駢文·續增略言》 仲景《傷寒論》有火熏令其汗，冷水噀之，赤豆納鼻，豬膽汁蜜煎導法，皆外治也。汗下之法具矣，用之失宜，非法之咎也。後賢於痞氣結胸，又有醴法熨法，是病發於陰而誤治者，與病發於陽而誤治者皆有法也。至於無陽者宜蒸，臟結者宜灸，於無法之中更出一法，至周且詳矣。而特以才高識妙，不必專主外治，故外治方不若內治之備，然博采諸書，未始不粗有其規模，或謂溫證斷不能用外治，吾謂溫證治法，皆從傷寒推出，能者特於源流辨之分明耳。如吳鞠通《溫證條辨》，大旨在手太陰足太陽，傷陽傷陰上認得清，至所用瀉心白虎等法，豈能外於傷寒。而傷寒外治於熱邪傳裏，有黃連水洗胸法，皮硝水搨胸法，芫花水拍胸法，石膏和雪水敷胸法，老蚓和鹽搗敷胸法。發斑有膽汁青黛水、升麻水掃法，吐衄有井水噀法搭法，蓄血有蘇葉湯摩法，通有犀角地黃熬貼法，其餘傷寒兼證變證，無不各有外治法。凡熱病應用之藥，傷寒皆有之，即傷寒所未有，不難以傷寒之所有者比類求之，然則以外治法治溫證，即可從外治傷寒之法推之已。或又謂溫證傳變至速，非膏藥所及，不知湯丸不能一日數服，而膏與藥，可一日數易，只在用者之心靈手敏耳。惟是法由我造，不能爲撿方治病者道也，破習見化拘牽，是所望於聰明理達者。寒溫傳變往往藥煎成而證已換，醫何能待？膏可預截，較昔人先用葛根斷陽明，蒼朮安大陰，尤穩。

古膏除太乙觀音霏雲外，治四時傷寒有兩萬靈膏，治脾胃有金絲萬應膏，治勞損有五養膏，又有暖臍膏湧泉膏，可見內證用膏，古原有是法。特其藥龐雜，并治及外證，與湯頭之純一者不同，醫家多訾之，而耳食者遂概以爲膏藥不足恃，至於服藥無效，事勢危急，始用膏藥，安能有濟，此古膏之所以不行也。王晉三論本事四神丸方云：删去背謬之藥，複以相須相使之品，自奏奇功，此眞古之功臣，安得今更有晉三其人者，爲古膏一開生面，而并創製數十種膏方藥方爲世指南也。葉天士有臨證指南，外治得更有高手指南，則臨證亦有所遵行矣。

膏藥貼法，不專主一穴，如經治熱病五十九刺，頭上五行，行五者以越諸陽之熱逆也，頭中行督脈。上星，囟會，前項，百會，後項五穴也，兩傍膀胱。承光，通天，腦蓋，玉枕，天樞十穴也，又兩傍膽經。臨泣，目窗，正營，承靈，腦空十穴也，天柕，膺俞，即中府穴。缺盆，背俞即風門穴。八者，瀉胸中之熱氣衝，三里，巨虛，上下廉八者，瀉胃中之熱。雲門，髃骨，即肩髃穴。委中，即腿灣穴。髓穴即腰俞穴。八者，瀉四肢之熱，五臟俞傍五十者，瀉五臟之熱，共五十九刺，所以分殺其勢也。證雖重，得此分殺其勢，其病亦減。膏藥治太陽經外感，初起以膏貼兩太陽，頭痛，本穴。風池，風門，疏通來路。膻中穴，於心取汗。更用藥敷天庭，熏頭面腿灣，擦前胸後背，兩手心兩足心，皆取汗。分殺其勢，即從刺法推出，諸經可倣此推。瘧疾血證均有截法。若臟腑，則視病所在，上貼心口，中貼臍眼，下貼丹田，或兼貼心俞與心口對，命門與臍眼對，足心與丹田應。外證除貼患處外，用一膏貼心口，以護其心，或用開胃膏使進飲食以助其力。

《太乙神針集解·交正本經釋》 交正者，如大腸與肺，爲傳送之府。心與小腸，爲受感之宮。脾與胃，爲消化之宮。肝與膽，爲清淨之位。膀胱合腎，陰陽相通，表裏相應也。本經者，受病之經。如心之病，必取小腸之穴兼之，餘倣此言。能識本經之病，又要認交經正經之理，則功必速矣。故曰：寧失其穴，勿失其經，寧失其時，勿失其氣。

《醫醫醫·醫者自醫之醫方》 凡治病，必先明六經之界，始知賊邪所從來，知某方是某府來路，某方是某郡去路。來路如邊關三陽是也，去路如內境三陰是也。六經來路各不同，太陽是大路，少陽是僻路，陽明是直路，太陰近路也，少陰後路也，厥陰斜路也。客邪多從三陽來，主邪多由三陰起，猶外寇自邊關至，亂民自內地生也。明六經地形，始得握萬病之樞機，詳六經來路，乃能操治病之規則。

漢以後之方書所云不治者，今非必皆不治也。必須神明變化，殫慮竭思，以盡其法。如湯液不治者，或針灸可治，針灸不治者，或又湯液可治，此不可爲古人所囿也。古人立言，或一時不盡其詞，或散佚不盡其傳，此正古人留餘地，以待後之學者。況《內經》治病之法，針灸爲本，而佐之以砭石、熨浴、按摩、導引、酒醴等法。病各有宜，缺一不可，今世只一湯劑了事。湯者，盪也，其行速，其質輕，其力易過而不留。唯病在經絡營衛腸胃者，其效最速，其餘諸病，有宜丸者，宜散者，宜膏者，非各適宜則難奏效。若邪在筋骨肌肉之中，則病屬有形，藥之氣味不能奏功也，必用針灸等法以適其宜，而委曲施治，病始無遁形。

《針灸學·辨證》 針灸難，認病尤難。未習針灸，先習認病。欲認病，先讀歧黃、仲景等書，未有不讀歧黃仲景等書，而見病能辨寒熱虛實者，亦未有不辨寒熱虛實，而施針施灸，能收效驗者。夫六氣之感人也不一，有在三陽者，有在三陰者，又有陰陽兼病者。在三陽，則針三陽，在三陰，則針三陰，陰陽兼病，則陰陽兼針。然同一陰陽病，而有在手在足之分。同一手足病，而有在經在絡之異。同一手足陰陽經絡病，而又有虛實淺深之別。病情各異，則施治多殊。針有不效者，辨病未確也。辨病不確，則針灸妄用，而補瀉且有害。如弈棋然，一子失着，全局皆輸，針不效而謂古法不靈者，古人不認其咎也。故精於方劑，而不悉針灸者，不成爲良醫，徒學針灸，而不讀他書者，猶不得謂爲上工。針灸創於歧黃，而望聞問切之理無不散見於《素問》、《靈樞》諸篇中。其他闡《內經》之微旨，詳六經之證治者，莫如漢之仲景《傷寒》《金匱》，雖詳於湯液，略於針灸，而辨證立方，知藥石之所治者，則知針灸之所施。不讀是書者，不可與言針灸。

《針灸學·針病宜識標本先後法》 《內經》曰：病有標本，刺有逆從。有在標而求之於標者，有在本而求之於本者，在本而求之於標者，有逆取而得者，有從取而得者。本者，先成之病，舊病也。標者，後成之病，新病也。逆取者，如在標治本，在本治標也。從取者，如在標治標，在本治本也。故又曰：先病而後逆者，治其本。先逆而後病者，治其本。先寒而後生病者，治其中。先病而後生寒者，治其本。先熱而後生病者，治其本。先熱而後生中滿者，治其標。先病而後泄者，治其本。先泄而後生他病者，治其本。必且調之，乃治其他病。先病而後生中滿者，治其標。先中滿而後煩心者，治其本。人有客氣，有同氣，小大不利，治其標。小大利，治其本。病發而有餘，本而標之，先治本，後治標。病發而不足，標而本之，先治其標，從治其本，謹察間甚，以意調之。間者并行，甚者獨行，先小大不利，而後生病者，治其本。按此，凡以針治病者，先治其本。惟中滿及大小便不利者，則不分標本，而必先治之也。

綜　述

《素問·玉機真藏論》 故風者，百病之長也。〔王冰注〕言先百病而有之。〔林億等新校正〕《生氣通天論》云：風者百病之始。今風寒客於人，使人毫毛畢直，皮膚閉而爲熱，〔王冰注〕客，謂客止於人形也。風鬱於皮膚，寒勝腠理，故毫毛畢直，玄府閉密而熱生也。當是之時，可汗而發也。〔王冰注〕邪在皮毛，故可汗泄也。《陰陽應象大論》曰：善治者治皮毛，此之謂也。或痹不仁，腫痛，〔王冰注〕病生而變，故如是也。熱中血氣，則膚痹不仁。寒氣傷形，故爲腫痛。《陰陽應象大論》云：寒傷形，熱傷氣，氣傷痛，形傷腫。當是之時，可湯熨及火灸，刺而去之。〔王冰注〕皆謂釋散寒邪，宣揚正氣。弗治，病入舍於肺，名曰肺痹，發欬上氣。〔王冰注〕邪入諸陰則病而爲痹，故入於肺，名曰痹焉。《宣明五氣論》曰：邪入於陽則狂，邪入於陰則痹。肺在變動爲欬，故欬則氣上，故上氣也。弗治肺，即傳而行之肝，病名曰肝痹，一名曰厥，脅痛出食，〔王冰注〕肺金伐木，氣下入肝，故曰弗治行之肝也。肝氣通膽，膽善爲怒，怒者氣逆，故一名厥也。肝厥陰脈，從少腹屬肝絡膽，上貫鬲，布脅肋，循喉嚨之後，上入頏顙，故脅痛，而食入腹則出，故曰出食。當是之時，可按若刺耳。弗治，肝傳之脾，病名曰脾風，發癉，腹中熱，煩心，出黃，〔王冰注〕肝氣應風木勝脾土，土受風氣，故曰脾風，蓋爲風氣通肝而爲名也。脾之爲病，善發黃癉，故發癉也。脾太陰脈，入腹屬脾，絡胃，上鬲俠咽，連舌本，散舌下，其支別者，復從胃別上鬲，注心中。故腹中熱而煩心，出黃色於便瀉之所也。當此之時，可按可藥可浴。弗治，脾傳之腎，病名曰疝瘕，少腹冤熱而痛，出白，一名曰蠱，〔王冰注〕腎少陰脈，自股內後廉，貫脊屬腎，絡膀胱。故少腹冤熱而痛，溲出白液也。冤熱內結，消鑠脂肉，如蟲之食，日內損削，故一名曰蠱。當此之時，可按可藥。弗治，腎傳之心，病筋脈相引而急，病名曰瘛，〔王冰注〕腎不足則水不生，水不生則筋燥急，故相引也。陰氣內弱，陽氣外燔，筋脈受熱而自跳掣，故名曰瘛。當此之時，可灸可藥。弗治，滿十日法當死。〔王冰注〕至心而氣極則如是矣。若復傳行當如下說。腎因傳之心，心即復反傳而行之肺，發寒熱，法當三歲死，〔王冰注〕因腎傳心，心不受病，即而復反，傳與肺金，肺已再傷，故寒熱也。三歲者，肺至腎一歲，腎至肝一歲，肝至心一歲，火又乘肺，故云三歲死。此病之次也。〔王冰注〕謂傳勝之次第。〔馬蒔注〕此亦言五臟病傳之次，亦自其相剋者而言之也。風寒客於人，正以邪從外來，如客之至，故不曰感而曰客，使人毫毛盡直，皮膚受之，則閉而爲熱，當是之時，可汗而發。漸至爲痲痹，爲痛養，不知爲腫爲痛，此時可用湯熨灸刺等法以去之，即上文可汗而發也。弗治則爲肺痹之證，蓋邪入於陰，則病必爲痹，而肺主皮毛，故爲肺痹，肺變動則爲欬也。弗治，則金來剋木，乃傳之肝，名曰肝痹，一名曰厥。脅痛，蓋肝之經絡皆在脅也，

食入即出，木來侮土之漸也，當是之時，可按可刺。弗治，則木來剋土，乃傳之脾，名曰脾風，發爲癉熱也。腹中亦熱，心中必煩，表裏皆熱也。其所出者，黄色，黄者土也，亦主熱也，當此之時，可按可藥可浴。弗治，則土來剋水，乃傳之腎，病名曰疝瘕，腎之經絡在少腹，故少腹煩冤作熱而痛，其所洩出者白液也。如蠱之食物内損，故一名曰蠱，當此之時，可按可藥。弗治，則水來剋火，乃傳之心，其病筋脈相引而急，病名曰瘈，當此之時，可灸可藥。弗治，則心不宜受病，今既受病，則滿十日，法當死也。若腎傳於心之時，其心不受，病即復反傳於肺，則病不在心，不必以十日爲期也。但肺金再傷，宜發寒熱，法當延至三歲而死。蓋肺至腎一歲，腎至肝一歲，肝至心一歲，火又乘肺，故云三歲死也。由第七節至此觀之，則病傳之次有三，一則如肝受病氣於心，傳之於脾，病氣舍於其腎，傳至於肺而死，謂之逆傳之次也。一則三月若六月，三日若六日，由三陽以至一陰，自外而内，謂之順傳之次也。一則如此節始感於風，成爲肺痹，而五臟相剋，漸至於死，亦謂之逆傳之次也，特死期不同耳。

〔張介賓注〕客者，如客之自外而至，居非其常也。畢，盡也。風寒客於皮膚，則腠理閉密，故毫毛盡直。寒束於外，則陽氣無所疏泄，故鬱而爲熱。斯時也，寒邪初中在表，故可取汗而愈。邪在皮毛，不極去之，則入於經絡。故或爲諸痺，或爲不仁，或爲腫痛，故當用湯熨灸刺之法，以去經絡之病。風寒自表入藏，必先於肺。蓋肺合皮毛，爲藏之長也。宣明五氣篇曰：邪入於陰則痺，故肺受風寒則病爲肺痺，而其變動爲欬，欬則喘急，故爲上氣。在肺弗治，則肺金乘木，故及於肝，是爲肝痺。肝氣善逆，故一名曰厥。厥在肝經，故脇痛，厥而犯胃，故出食，可按，若刺則厥逆散而肝邪平矣。在肝弗治，則肝木乘土。風熱入脾，病名脾癉。其在内則腹中熱而煩心，在外則肌體出黄，可按可藥可浴，在解其表裏之風熱耳。在脾弗治，則土邪乘腎，病名疝瘕。邪聚下焦，故小腹冤熱而痛，溲出白濁也。熱結不散，虧蝕眞陰，如蟲之吸血，故亦名曰蠱。瘕，加駕二音。腎邪克火則傳於心，心主血脈。心病則血燥，血燥則筋脈相引而急，手足攣掣，病名曰瘛。邪氣至心，其病已極，此而弗治，故不出十日當死。瘛，音翅。若腎傳於心，未至即死而邪未盡者，當復傳於肺。而金火交爭，金勝則寒，火勝則熱，故發寒熱。三歲死者，凡風邪傳偏五藏，本當即死，其不死者，以元氣未敗，勢猶在緩。故肺復受邪，再一歲則肺病及肝，二歲則肝病及脾，三歲則脾病及腎，三陰俱敗，故當死也。此即順傳所勝之次第也。

〔張志聰注〕此復言外因之邪，亦逆傳於所勝而死。風爲陽邪，傷人陽氣。爲百病之長者，言四時八方之邪風，雖從陽分而入，而善行數變，乃爲他病。氣主皮毛，風寒之邪，始傷陽氣，故使人毫毛畢直。太陽之氣，主表而主開，病則反閉而爲熱矣。言風寒之邪，始傷表陽之時，可發汗而愈也。氣傷痛，形傷腫，痹不仁而腫痛者，氣傷而病及於形也，如在皮膚氣分者，可用湯熨，在經絡血分者，可灸刺而去之。皮毛者肺之合，邪在皮毛，弗以汗解，則邪氣乃從其合矣。夫皮膚氣分爲陽，五臟爲陰。病在陽者名曰風，病在陰者名曰痹。病舍於肺，名肺痹也。邪閉於肺，故欬而上氣。失而弗治，肺即傳其所勝而行之肝，病名曰肝痹。厥者逆也，脅乃肝之分，逆於脅下而爲痛，故一名厥。脅痛，蓋言痹乃厥逆之痛證也。食氣入胃，散精於肝，肝氣逆，故食反出也。按者，按摩導引也。木鬱欲達，故可按而導之。肝主血，故若可刺也。所謂肺痹肝痹者，非病在肝肺，乃在肝肺之分耳。失而弗治，肝因傳之脾，病名曰脾風，蓋肝乃風木之邪，賊傷脾土，故名脾風。風淫濕土而成熱，故濕熱而發癉也。濕熱之氣，上蒸於心則煩心，火熱下淫則溺黄，蓋熱在中土，而變及於上下也。夫病在形身者，可按可浴，病在内者可藥，發癉，濕熱發於外也，腹中熱煩心出黄，熱在内也，是以當此之時，可按可藥可浴而治之。在脾弗治，則土邪乘腎，病名疝瘕，邪聚下焦，故少腹冤熱而痛，溲出淫濁也。蠱者，言其陰邪居下，而壞事之極也。心主血脈而屬火，火熱盛則筋脈燥縮而手足拘急也，當此危邪之證，尚可灸可藥，言不可以其危篤而棄之也。失而弗治，滿十日法當死，五傳已周，當盡十干而死矣。心主神明而多不受邪，如腎傳之心，心不受邪則反傳之肺，是從肺而再傳矣，邪復出於皮膚絡脈之間，陰陽氣血相乘，是以發往來之寒熱，法當至三歲而死。蓋心不受邪而復傳，故又有三年之久，此邪病復傳之次第也。夫瘕痹之病，不即傳行，而亦不即速死。是初傳而死者，法當三歲。如心不受邪而復再傳者，是又當三歲矣，所謂若三歲若六歲也。夫病發於五臟之陰者，若三月若六月，若三日若六日，病發於五臟之陽者，若三歲若六歲。所謂其生五，其數三，是五臟之氣生於五行，而終於三數，三而兩之，則爲六數矣。

《素問·長刺節論》刺家不診，聽病者言。

〔馬蒔注〕此言刺家不能診脈者，當審病者之言以刺之也。夫病形於脈，脈有虛實，則補瀉可施。按《靈樞·九針十二原》篇云：凡將用針，必先診脈，視氣之劇易，乃可以治也。但後世之士，既不能診，又不詳審病源，故神聖言此，爲不能診脈者設耳，非謂刺家不必診脈也。觀前後諸篇之言脈者可知矣。

〔張介賓注〕善刺者不必待診，但聽病者之言，則發無不中。此以得針之神者爲言，非謂刺家槩不必診也。今後世之士，針既不精，又不能診，則虛實補寫，焉得無悞。故《九針十二原》篇又曰：凡將用針，必先診脈，視氣之劇易，乃可以治。其義爲可知矣。

〔張志聰注〕按《針經·刺節論》曰：刺有五節，一曰振埃，二曰發矇，三曰去爪，四曰徹衣，五曰解惑。此刺之大約，針之極也，神明之類也。故曰：刺家不診，謂用針之妙，神而明之，不待診而後知之也。

在頭，頭疾痛，爲藏針之，刺至骨病已，上無傷骨肉及皮，皮者道也。〔王冰注〕藏猶深也，言深刺之。故下文曰。〔林億等新校正〕按全元起本云，爲針之，無藏字。皮者，針之道，故刺骨無傷骨肉及皮也。

〔馬蒔注〕此言刺頭痛之法也。言頭痛者，其病在腦，腦即骨也，乃深入其針，如藏物然，故曰爲藏針之，直刺至骨，則病自已也。病所在骨已上，無傷骨上之肉及皮，蓋皮乃經脈往來之道，不可傷也。

〔張介賓注〕藏針之，藏言裏也，即深入其針之謂。頭疾痛者其病深，故當刺至骨分則病已，然既刺至骨，何得上無傷骨肉及皮乎？蓋謂無得妄施補寫，謬傷骨肉皮分之氣也，不過借皮肉爲入針之道耳。

〔張志聰注〕此陽氣大逆，故疾痛在頭也。藏，隱也，謂隱針而藏刺之也。蓋頭之皮肉最薄，易至於骨，故刺至骨而無傷骨，淺之而又無傷皮。蓋皮者針之道路也，針必由皮而進，淺則傷之，深則傷骨，在淺深之間則傷肉，此言淺深在意，而頭刺之更難也。能難其所難，則易其所易矣。按《靈樞·刺節》篇首言陽氣大逆，上滿於胸中。蓋陽氣從胸膈而上升，或逆滿於胸中，或上逆於巔頂。故曰：補《靈樞》之未盡，而以下諸病，大義相同。

陰刺，入一旁四處，治寒熱。〔王冰注〕頭有寒熱，則用陰刺法治之。陰刺，謂卒刺之如此數也。〔林億等新校正〕按別本卒刺一作平刺。按《甲乙經》陽刺者，正內一傍內四。陰刺者，左右卒刺，此陰刺疑是陽刺也。深專者，刺大臟。〔王冰注〕寒熱病氣深專攻中者，當刺五臟以拒之。迫臟刺背，背俞也，〔王冰注〕漸近於臟，則刺背五臟之俞也。言刺近於臟者何也？是以臟氣之會發也。刺之迫臟，臟會，腹中寒熱去而止。〔王冰注〕言刺背俞者，無問其數，要以寒熱去乃止針。與刺之要，發針而淺出血。若與諸俞刺之則如此。

〔馬蒔注〕此言治寒熱之法也。凡腹中有寒熱病者，則陽刺之，正入一，旁入四。若寒熱病氣深而且專，則病在五臟，當刺大臟以治之。惟其邪氣迫臟，故刺五臟之俞在於背者，即肺俞、心俞、肝俞、脾俞、腎俞。蓋五臟爲大臟，而刺五俞，即所以刺大臟也。然刺之迫近於臟，以五俞爲臟氣之所會耳。刺之無問其數，必使腹中寒熱去而止針，且刺之要，不宜出血太多，須發針而淺，少出其血耳。按《靈樞·官針》篇云：五曰揚刺，揚刺者，正納一，旁納四而浮之，以治寒氣之博大者也。本篇乃揚刺之法，則陰當作陽。

〔張志聰注〕按《靈樞·官針》篇曰：凡刺有十二節，以應十二經。五曰揚刺，揚刺者，正內一旁內四而浮之，以治寒氣之淺者也。十曰陰刺，陰刺者，左右卒刺之，以治寒厥，中寒厥，足踝後少陰也。今此篇以陰刺而取少陰之俞，用揚刺之法以治寒熱之病，所謂寒與熱爭，能合而調之，又一法也。

《素問·經脈別論》太陽藏獨至，厥喘虛氣逆，是陰不足陽有餘也，〔王冰注〕陰謂腎，陽謂膀胱也。表裏當俱寫，取之下俞。〔王冰注〕陽獨至謂陽氣盛至也，陽獨至爲陽有餘。陰不足則陽邪入，故表裏俱寫，取足六俞也，下俞，足俞也。〔林億等新校正〕詳六當爲穴字之誤也。按府有六俞，藏止五俞，今藏府俱寫，不當言六俞，六俞則不能兼藏，言六俞則藏府兼舉。陽明藏獨至，是陽氣重并也，當寫陽補陰，取之下俞。〔王冰注〕蹻謂陽蹻脈，在足外踝下，足少陽脈行抵絕骨之端，下出外踝之前，循足跗。然蹻前卒大，則少陽之氣盛也。故取足俞少陽也。少陽獨至者，一陽之過也。〔王冰注〕一陽，少陽也。過謂太過也。以其太過，故蹻前卒大焉。太陰藏搏者，用心省眞。〔王冰注〕見太陰之脈伏鼓，則當用心省察之，若是眞藏之脈，不當治也。五脈氣少，胃氣不平，三陰也。〔王冰注〕三陰，太陰脾之脈也。五藏脈少，胃氣不調，是亦太陰之過也。宜治其下俞，補陽寫陰。〔王冰注〕以陰氣大過故。一陽獨嘯，少陽厥也，〔王冰注〕嘯謂耳中鳴如嘯聲也。膽及三焦脈皆入耳，故氣逆上則耳中鳴。〔林億等新校正〕詳此上明三陽，此言三陰，今此再言少陽而不及少陰者，疑此一陽乃二陰之誤也。又按，全元起本此爲少陰厥，顯知此即

二陰也。陽幷於上，四脈爭張，氣歸於腎。〔王冰注〕心脾肺四脈，爭張陽幷於上者，是腎氣不足，故氣歸於腎也。宜治其經絡寫陽補陰。〔王冰注〕陰氣足，則陽氣不復幷於上矣。一陰至，厥陰之治也，眞虛痟心，厥氣留薄，發爲自汗，調食和藥，治在下兪。

〔馬蒔注〕此言三陽三陰脈證各見者，宜分經而治也。太陽臟者，足太陽膀胱經也，其脈獨至，厥者氣逆，喘者難息，虛者不實，諸證上行，是腎經不足，膀胱經有餘也。蓋膀胱與腎爲表裏，裏不足，則在表有餘之邪乘之，其表裏俱當瀉，取之下兪。蓋下者足也，兪者膀胱經之兪穴，束骨腎經之兪穴太谿，由是三陽入於二陽，則爲足陽明胃經矣。陽明脈氣獨至，是足太陽之邪重幷於陽明也。胃屬陽，脾屬陰，惟陽氣重幷，當瀉足陽明胃經之兪穴陷谷，足太陰脾經之兪穴太白，由是二陽入於一陽，則爲足少陽膽經矣。少陽脈氣獨至，是足少陽之氣逆也。然足少陽之脈，起於絶骨之端，當外踝之前，循足跗，故陽蹻者，本於足太陽經之申脈，而陽蹻之前，乃足少陽之脈，今猝然而大，是少陽之氣盛也，當瀉膽經之兪穴臨泣，蓋少陽獨至者，正一陽之有過也，故即此經治之，而其肝經則無及耳，由是一陽入於三陰，則爲足太陰脾經矣。太陰臟搏者，下節之所謂伏鼓脈者是也。眞者，眞臟之脈也，宜用心省之，若眞臟脈來則不可治矣。此臟之脈搏者，何也？五臟之脈氣少而胃氣不平，故言此三陰眞臟之脈來見也，當補足陽明胃經之兪穴陷谷，瀉足太陰脾經之兪穴太白，由是三陰入於二陰，則爲足少陰腎經矣。《陰陽應象大論》曰：腎在竅爲耳。今二陰獨嘯，是少陰之氣逆於上也。足太陽之氣幷於上而行，而太陽、陽明、少陽、太陰之四脈爭張而有餘，故邪氣歸之於腎，宜瀉足太陽膀胱經之經穴崑崙、絡穴飛揚，補足少陰腎經之經穴復溜、絡穴大鍾，由是而二陰入於一陰，則一陰之脈至者，乃足厥陰肝經治事也，至此則虛者眞，痟者在心，其逆氣留薄，發爲白汗，白汗者，肝虛爲金所乘也，宜調和藥食，幷取肝經之兪穴太衝。不言補瀉者，上文腎經尚補，而此肝經亦宜曰補，況既曰眞虛，則豈可再瀉乎？

〔張介賓注〕此言藏氣不和，而有一藏太過者，氣必獨至。諸證不同，針治亦異也。太陽者，膀胱經也，太陽獨至，則爲厥逆，爲喘氣，爲虛氣衝逆於上。蓋膀胱與腎爲表裏，皆水藏也。以水藏而陽氣獨至，則陽有餘陰不足矣。當於二經，取其下兪。膀胱下兪名束骨，腎經之兪名太谿，腎陰不足而亦寫之，以陽邪俱盛也，故必表裏兼寫，而後可遏其勢。陽明者，足陽明胃經也。陽明爲十二經脈之海，而行氣於三陽。若其獨至，則陽氣因邪而重幷於本藏，故當寫胃之陽，補脾之陰，而取之下兪也。陽明之兪名陷谷，太陰之兪名太白。少陽者，足少陽膽經也。膽經之病連於肝，其氣善逆。故少陽獨至者，是厥氣也。然厥氣必始於足下，故於蹻前察之。蹻，陽蹻也。屬足太陽經之申脈，陽蹻之前，乃少陽之經，少陽氣盛則蹻前卒大。故當取少陽之下兪，穴名臨泣。卒，猝同。蹻有五音，蹺皎喬腳，又極虐切。此釋獨至之義，爲一藏之太過，舉少陽而言，則太陽陽明之獨至者，其爲三陽二陽之太過可知矣。一陽，少陽也。六經次序，詳疾病類七。太陰者，足太陰脾經也。搏，堅強之謂，即下文所謂伏鼓也。太陰脾脈，本貴和緩，今見鼓搏類乎眞藏，若眞藏果見，不可治也。故當用心省察其眞。今太陰藏搏，即太陰之獨至，太陰獨至則五藏之脈氣俱少，而胃氣亦不平矣，是爲三陰之太過也。故宜治其下兪，補足陽明之陷谷，寫足太陰之太白。一陽，當作二陰。少陽，當作少陰。詳此上明三陽，下明三陰，今此復言少陽而及少陰，《新校正》疑其誤者是。蓋此前言太陰，後言厥陰，本節言氣歸於腎，末節復有二陰搏至之文。又按全元起本亦云爲少陰厥，以四者合之，則其爲二陰少陰之誤無疑。二陰者，足少陰腎經也。獨嘯，獨熾之謂，蓋嘯爲陽氣所發，陽出陰中，相火上炎，則爲少陰熱厥。而陽幷於上，故心肝脾肺四脈爲之爭張，而其氣則歸於腎，故曰獨嘯。宜治其表裏之經絡，而寫足太陽，補足少陰也。太陽經穴名崑崙，絡穴名飛陽，少陰經穴名復溜，絡穴名大鍾。一陰者，足厥陰肝經也。至即獨至之義。治，主也。肝邪獨至，眞氣必虛，木火相干，故心爲痟痛。厥氣，逆氣也。逆氣不散，則留薄於經，氣虛不固，則表爲白汗，調和藥食，欲其得宜，用針治之，乃在下兪。厥陰之兪，名曰太衝。愚按此篇，何以知其皆言足經，蓋以下兪二字爲可也。亦如《熱論》篇傷寒言足不言手之義。又如諸經皆言補寫，而惟少陽一陰不言者，以少陽承三陽而言，一陰承三陰而言。因前貫後，義實相同，虛補實寫，皆可理會也。至若一陰調食和藥一句，蓋亦總結上文而言，不獨一經爲然。古經多略，當會其意。痟，音淵，酸疼也。

〔張志聰注〕此言臟腑經脈有陰陽相合之常度，如偏陰偏陽之獨至，則爲厥喘諸病，所謂先知經脈，今識病脈也。太陽臟獨至者，太陽之經氣獨至，而

無陰氣之和也，陽氣惟上，故下厥上，而虛氣上逆也，是陰不足而陽有餘，表裏俱當瀉。蓋太陽經氣發原於下，而上出於膚表，故當表裏俱瀉而取之下俞。陽明之獨至，是太少重并於陽明，陽盛故陰虛矣。此言陰陽并合，乃經脈之常，如陽并於陽，陰并於陰，則爲病脈矣。故曰持雌守雄，棄陰附陽，不知并合，診故不明。夫少陽主初生之氣，生氣厥逆於下，致臟脈之獨大於蹻前也。蹻者，奇經之蹻脈，足少陽經脈在陽蹻之前，故蹻前卒大，然而經氣之各有別也。夫一陰一陽，分而爲三陰三陽；三陰三陽，合於手足十二經脈；十二經脈合於十二臟腑，所以藏物，故亦名臟也。所謂太陽、陽明、少陽臟獨至者，言三陽經之獨盛也。三陽經脈之獨盛者，是三陽氣之太過也。夫三陰三陽之經氣，皆有手有足也。手之太陰，足之太陰，是爲三陰，是以太陰之臟脈相搏者，須用心省察其爲手之太陰、足之太陰乎？如五脈氣少者，手太陰之過也，蓋肺朝百脈而輸精於臟腑，肺氣搏而不行，則五脈之氣皆少，是以五脈氣少者，知在手之太陰也。脾主爲胃行其津液，脾氣搏而不行，是以胃氣不平，胃氣不平者，知在足之太陰也。手之太陰，足之太陰，而後謂之三陰也。足之三陰，從足走腹，手之三陰，從腹走手，手足經氣交相貫通，然陰陽之氣皆從下而上，故獨取之下俞。夫氣激於喉中而濁，謂之言，氣激於舌端而清，謂之嘯，蓋氣鬱而欲伸出之，一陽之氣獨嘯者，蓋因少陽之經氣厥逆也，所謂少陽獨至一陽之過者，言氣盛而及於經也。一陽獨嘯，少陽厥者，言經逆而及於氣也。分而論之，有氣有經，合而論之，經氣之相關也。陽并者，太陽、陽明之氣相并也。四脈者，太陽之小腸膀胱，陽明之胃與大腸，即四形臟之脈也。四脈爭張，以致陽并於上，亦經厥而及於氣也。腎爲生氣之原，此三陰之氣虛陷於下，不能與陽相接，故宜瀉其陽之絡，補其陰之經，陰陽平而經氣和矣。一陰者，厥陰也，是以一陰氣至，當厥陰主治，而反見臟眞之虛，心爲痟痛，蓋厥陰之氣發於命門，爲心主之包絡，厥陰氣逆，以至眞虛而心痛也。厥逆之氣留薄於心下，則上迫於肺，故發爲白汗。夫眞虛痟心，病在內也，經氣厥逆，病在外也。病在內者，治以藥食。病在外者，治以針砭。故宜調食和藥，治其下俞。夫所謂一陽、二陽、三陽，一陰、二陰、三陰者，陰陽之二也。所謂太陽、陽明、少陽、太陰、厥陰、少陰者，概臟腑經氣而言也。人稟天地陰陽之氣而成此形，是有有形之臟腑經脈，有無形之陰陽六氣也。雖然，臟不離乎經，經不離乎氣，氣不離乎臟，經氣貫通，臟氣并合，陰陽出入，上下循環，是以有論三陽之獨至者，有論在手經足經者，有論經病而及於氣，氣病而及於經者，有論陰陽之不相合者，有論經氣逆而病及於臟者，此皆陰陽之道，可合可分，書不盡言，舉一以概十，學者當知一經之氣若是，則十二經可知，能引而伸之，進乎技矣。朱衛公曰：言蹻前卒大者，釋明三陽之脈，候足之三陽也。蓋生陽之氣，皆從下而上，則陰而陽，故俱取之下俞。又申明三陰三陽之候，候十二經之本脈也，如蹻前少陽之脈卒大，而厥陰之動脈微小者，是爲少陽獨至也。

《素問·骨空論》 其上氣有音者，治其喉中央，在缺盆中者。〔王冰注〕中謂缺盆兩間之中天突穴，在項結喉下同身寸之四寸中央宛宛中，陰維任脈之會。低針取之，刺可入同身寸之一寸，留七呼，若灸者可灸三壯。其病上衝喉者治其漸，漸者，上俠頤也。〔王冰注〕陽明之脈漸上頤而環脣，故以俠頤名爲漸也，是謂大迎，大迎在頷前骨同身寸之一寸三分陷中，動脈，足陽明脈氣所發。刺可入同身寸之三分，留七呼，若灸者可灸三壯。

〔馬蒔注〕此言上息有音者，當治天突，而上衝喉者，當治大迎也。

〔張介賓注〕謂氣喘急而喉中有聲也。喉中央者，兩缺盆之中，任脈之天突穴也。氣喘滿而上衝於喉者，當治足陽明經俠頤之大迎穴。陽明之脈由此漸上頤面，故名俠頤爲漸也。

督脈生病治督脈，治在骨上，甚者在齊下營。〔王冰注〕此亦正任脈之分也。衝任督三脈異名同體，亦明矣。骨上謂腰，橫骨上髦際中曲骨穴也，任脈，足厥陰之會，刺可入同身寸之一寸半，若灸者，可灸三壯。齊下，謂齊直下同身寸之一寸陰交穴，任脈陰衝之會，刺可入同身寸之八分，若灸者可灸五壯。

〔馬蒔注〕所以謂之督脈者，以其督領經脈之海也。由此三用，故其脈相交引，病亦互名耳。且此督脈爲病，而欲治之者，治在橫骨之上，毛際之中名曲骨穴者是也。病之甚者，則在臍下之營，乃陰交穴耳。陰交，曲骨所在。刺灸分壯，已詳《氣府》篇中。

〔張介賓注〕骨上，謂橫骨上毛際中曲骨穴也。齊下營，謂臍下一寸陰交穴也，皆任脈之穴而治此督脈之病。正以本篇所發明者，雖分三脈，其所言治，則但云督脈而不云任衝，故所用之穴，亦以任爲督。可見三脈本同一體，督即任衝之綱領，任衝即督之別名耳。

〔張志聰注〕督脈同衝任並起於胞間，故在女子則爲不孕。如病在前後兩陰之間，而男女皆爲癃痔，如在於廷孔陰莖之內，則皆爲遺溺，如上入於喉，則咸爲嗌乾。此在腹之督脈生病，而所治當在骨上，若病甚而不已者，兼取於齊下之營。營謂腹間肉穴，骨謂脊背骨穴也。

《素問·調經論》帝曰：神有餘不足何如？岐伯曰：神有餘則笑不休，神不足則悲。〔王冰注〕心之藏也。《針經》曰：心藏脈，脈舍神。心氣虛則悲，實則笑不休也。悲一爲憂，誤也。〔林億等新校正〕詳王注云：悲一爲憂誤也。按《甲乙經》及《太素》并全元起注本並作憂。皇甫士安云：心虛則悲，悲則憂；心實則笑，笑則喜。夫心之與肺，脾之與心，互相成也。故喜發於心，而成於肺；思發於脾，而成於心。一過其節，則二藏俱傷。楊上善云：脾之憂在心，變動也。肺之憂在肺之志，是則肺主秋憂爲正也。心主於夏，變而生憂也。血氣未并，五藏安定，邪客於形，洒淅起於毫毛，未入於經絡也，故命曰神之微。〔王冰注〕并謂并合也，未與邪合，故曰未并也。洒淅，寒貞也。始起於毫毛，尚在於小絡，神之微病，故命曰神之微也。〔林億等新校正〕按《甲乙經》洒淅作悽厥，《太素》作洫。楊上善云：洫，毛孔也。水逆流曰洫，謂邪氣入於腠理，如水逆流於洫。帝曰：補寫奈何？岐伯曰：神有餘，則寫其小絡之血，出血勿之深斥，無中其大經，神氣乃平。〔王冰注〕邪入小絡，故可寫其小絡之脈，出其血，勿深推針，針深則傷肉也。以邪居小絡，故不欲令針中大經也。絡血既出，神氣自平。斥，推也。小絡，孫絡也。《針經》曰：經脈爲裏，支而横者爲絡，絡之别者爲孫絡。平謂平調也。〔林億等新校正〕詳此注引《針經》曰，與《三部九候論》注兩引之，在彼云《靈樞》，而此曰《針經》，則王氏之意，指《靈樞》爲《針經》也。按今《素問》注中引《針經》者多《靈樞》之文，但以《靈樞》今不全，故未得盡知也。神不足者，視其虛絡，按而致之，刺而利之，無出其血，無泄其氣，以通其經，神氣乃平。〔王冰注〕但通經脈令其和利，抑按虛絡令其氣致，以神不足，故不欲出血及泄氣也。〔林億等新校正〕按《甲乙經》按作切，利作各。帝曰：刺微奈何。〔王冰注〕覆前，初起於毫毛，未入於經絡者。岐伯曰：按摩勿釋，著針勿斥，移氣於不足，神氣乃得復。〔王冰注〕按歷其病處，手不釋散，著針於病處，亦不推之，使其人神氣內朝於針。移其人神氣令自充足，則微病自去，神氣乃得復常。

〔馬蒔注〕此言神有虛實爲病者，皆當刺之，而復有刺邪之法也。神者，心之所藏也。《靈樞·本神》篇言心藏脈，脈舍神，心氣虛則悲，實則笑不休，然則有餘不足者，正虛實之謂也。觀此則知有餘不足，皆能爲病者矣。蓋心在聲爲笑，在志爲喜，故實則笑不休。肺在志爲憂，在聲爲哭，故心氣衰而不能勝肺，則不足而悲，此乃血氣已并，所以爲虛實而成病也。然方其血未并於氣，氣未并於血，而五臟安定之時，邪或客之，則邪在小絡，起於毫毛，有洒淅惡寒之貌，尚未入於大經與大絡也。故命曰神之微病耳。帝復疑神爲有餘不足，而病有爲笑爲悲，則不可無補瀉法也。伯言神有餘者病也，過猶不及也，當瀉小絡之脈出血，勿深推其針，恐針深則傷肉也。又無中其大經，恐因小絡而兼傷大經也。蓋以經脈爲裏，支而横者爲絡，絡之别者爲孫絡，孫絡者，小絡也。神本無形，宜其善針之若此。必使神氣既平，不至於有餘而爲笑不休，斯已矣。神不足者，其絡必虛，當治其心經之絡，爲虛者治之，按而致其氣之來，刺而令其氣之和利也。無出血泄氣以通其經脈，使神氣乃平，不至於不足而爲悲，斯已矣。且其邪客於形，而初起於毫毛，未入於經絡，則乘其微而刺之者，當按摩其病處，勿釋其手，著針其病處，勿推其針，使移邪氣於不足而爲衰，復其眞氣之如故而無虧，則神氣自全矣。愚按此節當分爲四段，其曰神有餘則笑不休，神不足則悲，言有餘不足皆能爲病也。是乃本體之病，自血氣未并至，故曰神之微，言始時皆能感邪，其病必微，是乃外感之病。其曰神有餘者，至神氣乃平，言刺其有餘之法，非刺其邪也。其曰神不足，至神氣乃平，言刺其不足之法，亦非刺其邪也。至於刺微奈何，至末方與第二段相應，此微字正是命曰神之微也，乃所以刺其邪也。若以第二段爲三，第三段爲二，則文理自無不明。王注以第三四段皆爲有邪，則末段又何爲有刺微之問？又奚必另有刺法？反有不明者矣。又按按摩勿釋四句，似爲空虛，未著何經。愚意即第七節志有虛實爲病，乃腎經也，故刺然谷、復溜本經之穴。則刺神者當在心包絡經，刺氣者當在肺經，刺血者當在肝經，刺形者當在脾經。否則週身之內，何以知其爲神之病，或氣之病？又何以知其爲何經之病乎？

〔張介賓注〕心藏神，火之精也。陽勝則神王，故多喜而笑。陽衰則陰慘乘之，故多憂而悲。《本神》篇曰：心藏脈，脈舍神。心氣虛則悲，實則笑不休。行針篇曰：多陽者多喜，多陰者多怒，皆此義也。此外邪之在心經也。并，偏聚也。邪之中人，久而不散，則或并於氣，或并於血，病乃甚矣。今血氣未并，邪猶不深，故五藏安定。但洒淅起於毫毛，未及經絡，此以浮淺微邪在脈之表，神之微病也，故命曰神之微。小絡，孫絡也。斥，棄除也。心主血脈而藏神，神本無形，故神有餘者但寫其小絡之血，勿去血太

深，及中其經，神自平矣。按而致之，致其氣也。刺而利之，補不足以行其滯也。病以神不足，故不宜出血及泄其氣，但欲通其經耳。此刺外邪之在心經者，即上文所謂神之微也。微邪在心經之表，故當按摩勿釋，欲散其外也。著針勿斥，毋傷其内也，乃可移氣於不足，邪去而神自復矣。

〔張志聰注〕針刺之道，通利經脈，無泄其氣血，即所以補虛也。蓋血氣流通，而形神自生矣。人之爲病，因鬱滯而成虛者，十居其半。醫者但知補虛，不知通利之中，更有補虛之妙。用著針者，如以布憿著之，乃從單布上刺，謂當刺之極淺，而勿推内其針，移其邪氣於不足，而神氣乃自復矣。張兆璜曰：血氣相并，則有虛有實，邪入深而客於肌肉經脈，亦有虛有實，此血氣平而邪客之淺者也。

帝曰：善。有餘不足奈何？岐伯曰：氣有餘則喘欬，上氣不足，則息利少氣。〔王冰注〕肺之藏也，肺藏氣息不利，則喘。《針經》曰：肺氣虛則鼻息利，少氣。實則喘喝，胸憑，仰息也。血氣未并，五藏安定，皮膚微病，命曰白氣微泄。肺合脾，其色白，故皮膚微病，命曰白氣微泄。帝曰：補寫奈何。岐伯曰：氣有餘，則寫其經隧，無傷其經，無出其血，無泄其氣。不足，則補其經隧，無出其氣。〔王冰注〕氣，謂榮氣也。針寫若傷其經，則血出而榮氣泄脱，故不欲出血泄氣，但寫其衛氣而已。針補則又宜謹閉穴俞，然其衛氣亦不欲泄之。〔林億等新校正〕按楊上善云，經隧者，手太陰之別，從手太陰走手陽明，乃是手太陰向手陽明之道，欲道藏府陰陽，故補寫皆從正經別走之絡，寫其陰經別走之路，不得傷其正經也。帝曰：刺微奈何？〔王冰注〕覆前白氣微泄者。岐伯曰：按摩勿釋，出針視之，曰我將深之，適人必革，精氣自伏，邪氣散亂，無所休息，氣泄腠理，眞氣乃相得。〔王冰注〕亦謂按摩其病處也。革，皮也。我將深之適人必革者，謂其深而淺刺之也。如是脇從，則人懷懼色，故精氣潛伏也。以其調適於皮，精氣潛伏，邪無所據，故亂散而無所休息，發泄於腠理也。邪氣既泄，眞氣乃與皮腠相得矣。〔林億等新校正〕按楊上善云，革，改也。夫人聞樂至則身心忻悅，聞痛及體情必改異，忻悅則百體俱縱，改革則情志必拒，拒則邪氣消伏。

〔馬蒔注〕此言氣有虛實爲病者，皆當刺之而復有刺邪之法也。氣者，肺之所藏也。《靈樞·本神》篇言肺藏氣，氣舍魄，肺虛則鼻塞不利。少氣即本文之少氣也。實則喘喝，胸盈仰息，即本文之喘欬上氣也。此乃氣血已并，所以爲虛實而成病也。然方其血未并於氣，氣未并於血，而五臟安定之時，邪來客之。肺主皮膚，皮膚微病，命曰白氣微泄，蓋肺屬金，爲色之白也。然而氣有餘者，則審其有餘之在肺經。而瀉其經隧，無得傷經出血，及泄其榮氣也。氣不足者，則審其不足之在肺經，而補其經隧，雖衛氣亦不泄之，斯可也。且其邪客於形，當按摩其病處，勿釋其手，出針視之，仍駭此病人，曰我將深此針以刺之，適致此人革其常度，不能自寧，則精氣必斂伏，邪氣必散亂，此邪且無所安息，外泄腠理，眞氣乃相得矣。

〔張介賓注〕此肺藏之虛實也。本神篇曰：肺氣虛則鼻塞不利少氣，實則喘喝胸盈仰息，大略同也。此肺經之表邪也，血氣未并，義俱如前。肺主皮膚而屬金，微邪客之，故命曰白氣微泄。經隧義如前，寫其經隧者，謂察其有餘之脈，寫其邪氣而已。無傷其大經，出其血，泄其正氣，此刺氣之法也。有餘尚爾，不足可知矣。此刺肺經之微邪也。適，至也。革，變也。先行按摩之法，欲皮膚之氣流行也。次出針而視之，曰我將深之，欲其恐懼而精神内伏也。適人必革者，謂針之至，人必變革前説而刺仍淺也。如是則精氣既伏於内，邪氣散亂無所止息而泄於外，故眞氣得其所矣。

〔張志聰注〕肺主氣而司呼吸，故有餘則喘欬上逆，不足則呼吸不利而少氣也。肺合皮，其色白，微邪客於皮膚，命曰白氣微泄，謂微傷其肺氣也。經隧，大絡也，五臟之所以出血氣者也，故有餘則瀉其經隧之氣，而勿再傷其經脈之血氣也。不足則補其經隧之血氣，而無洩其經隧之氣焉。出針，出而淺之也。視之，視其淺深之義也。曰我將深之，適人之邪淺客於皮，必與正氣相格，庶邪散而正氣不泄，故曰我將深之，謂將持内之而使精神自伏。復放而出之，令邪無散亂，迎之隨之，以意和之，無所休息。使邪氣泄於皮毛腠理，而眞氣乃相得復於肌表。此用針淺深之妙法也。

帝曰：善。血有餘不足，奈何？岐伯曰：血有餘則怒，不足則恐。〔王冰注〕肝之藏也。《針經》曰：肝藏血，肝氣虛則恐，實則怒。〔林億等新校正〕全元起本恐作悲，《甲乙經》及《太素》並同。血氣未并，五藏安定，孫絡水溢，則經有留血。〔王冰注〕絡有邪，盛則入於經，故云孫絡水溢，即經有留血。帝曰：補寫奈何。岐伯曰：血有餘，則寫其盛經，出其血。不足，則視其虛經内針其脈中，久留而視。〔林億等新校正〕按《甲乙經》云久留之血至。《太素》同。脈大，疾出其針，無令血泄。〔王冰注〕脈盛滿則有餘，故出之。經氣虛則血不足，故無令血泄也，久留疾出是謂補之。《針解》論曰：徐而疾則實，義與此同。帝曰：刺留血奈何。岐伯曰：視其血絡，刺出其血，無令惡血得入於經，以成其疾。〔王冰注〕血絡滿者，刺按出之，則惡色之血不得入

於經脈。

〔馬蒔注〕此言血有虛實爲病者，皆當刺之，而復有刺邪之法也。血者，肝所藏也。《靈樞・本神》篇言肝藏血，血舍魄，肝氣虛則恐，實則怒，正與此同。蓋以肝在志爲怒，腎在志爲恐，不足則母氣虛而爲恐也。此血氣已幷，所以有虛實而爲病耳。然方其血未幷於氣，氣未幷於血，而五臟安定之時，孫絡爲濕所勝，其水泛溢，則入於經而有留血，此乃邪之爲病也。然而血有餘者，則審其在肝經之盛，而瀉之以出其血，血不足者，則視其在肝經之虛而補之，針其脈中，久留而視，所謂如待貴人，不知日暮者是也。候脈已大疾，則氣已至矣，乃出其針，無令出血可也。且邪之所感，致有留血，則當視其血在絡時，即刺出其血，無令惡血入經，以成他疾可也。

〔張介賓注〕此肝藏之虛實也。《本神》篇曰：肝藏血，肝氣虛則恐，實則怒。此肝經之表邪也。邪不在藏而在經，但察其孫絡之脈有外溢者，則知其大經之內，有留止之血也。血有餘則盛經滿溢，故當寫而出之。不足則察其經之虛者，內針補之。然補虛之法，必留針以候氣。所謂如待所貴，不知日暮者是也。留針既久，但視其脈已大，是氣已至，則當疾出其針矣。血去則愈虛，故無令血泄也。此刺肝經之表邪也，邪血在絡，但速去之，自可免入經之患矣。

〔張志聰注〕肝志怒，腎志恐，故血有餘則肝盛而主怒，不足則母氣衰而幷於脾，故恐。蓋以木氣不足則土氣盛，土氣盛則幷於所不勝之腎臟而爲恐也。然下文之所謂病在脈調之血者，心包絡所主之血也。此所謂血者，肝臟之所主也。肝臟之血本於衝脈，衝脈起於胞中，其浮而外者，循腹上行，散於皮膚肌肉之間，充膚熱肉，生毫毛。卧則歸於肝臟，寤則隨衛氣而行於脈外。孫絡水溢者，胞中之津水也，水穀之津，流溢於中，奉心神化赤而爲血。故曰水入於經，而血乃成。夫經脈之血，從經而脈，脈而絡，絡而孫，脈外之血，從皮膚而轉注於孫脈，從孫絡而入於經俞，此脈內脈外之血氣互相交通者也，故曰孫絡水溢，則經有留血。此肝有微病，致經水之溢於經也。盛經，衝脈也。衝脈爲經絡之海，故曰盛經。虛經，虛而不盛也。久留，候氣至也。脈大疾，氣至而血復也。經云：經脈爲裏，支而横者爲絡，絡之別者爲孫，盛而血者疾誅之，盛者瀉之，蓋血在於絡，是孫絡之水溢留於絡中，而成敗惡之血矣，此將入於經，故當疾刺以瀉出之。

〔張兆璜注〕凡病虛中有實，實中有虛，出針視之曰：我將深之，適人必革，此瀉邪而兼補其正氣也。久留而視脈大，疾出其針，此補虛而兼出其微邪也。迎之隨之，淺深在意，斯盡調經之妙用。

帝曰：善。形有餘不足奈何？岐伯曰：形有餘則腹脹涇溲不利，不足則四支不用。〔王冰注〕脾之藏也。《針經》曰：脾氣虛則四支不用，五藏不安，實則腹脹涇溲不利。涇，大便，溲，小便也。〔林億等新校正〕按楊上善云，涇作經，婦人月經也。血氣未幷，五藏安定，肌肉蠕動，命曰微風。〔王冰注〕邪薄肉分，衛氣不通，陽氣內鼓，故肉蠕動。〔林億等新校正〕按全元起本及《甲乙經》蠕作溢，《太素》作濡。帝曰：補寫奈何？岐伯曰：形有餘則寫其陽經，不足則補其陽絡。〔王冰注〕並胃之經絡。帝曰：刺微奈何？岐伯曰：取分肉間，無中其經，無傷其絡，衛氣得復，邪氣乃索。〔王冰注〕衛氣者，所以溫分肉而充皮膚，肥腠理而司開闔。故肉蠕動即取分內間，但開肉分以出其邪，故無中其經，無傷其絡，衛氣復舊而邪氣盡。索，散盡也。

〔馬蒔注〕此言形有虛實爲病者，皆當刺之，而復有刺邪之法也。形者，脾所藏也，蓋形成於肉，脾主肌肉故也。《靈樞・本神》篇言脾藏營，營舍意，脾氣虛則四肢不用，五臟不安，實則腹脹，涇溲不利，正與此同。此氣血已幷，所以爲虛實而成病耳。然方其血未幷於氣，氣未幷於血，而五臟安定之時，則風或客之，肌肉如蠕蟲之動，然而風氣尙微，命曰微風。故形之有餘，則當瀉足陽明胃經。形之不足，則當補足陽明胃絡。正以脾胃爲土，土主肌肉，而今曰陽經，非胃而何？且也微風所客，必當刺之，取其感風之分肉間，無中其經，無傷其絡，使衛氣得復，而邪氣乃盡矣。

〔張介賓注〕此脾藏之虛實也。涇，水名也。溲，溺也。脾濕勝則氣壅不行，故腹脹而涇溲不利。脾主四支，故虛則四支不用，此與本神篇義同。涇，音經。溲，音搜。此脾經之表邪也，脾主肌肉，故微邪未深者，但肌肉間蠕動，如有蟲之微行也。脾土畏風木，風主動，故命曰微風。蠕，音軟，又乳久切。經穴絡穴皆足陽明者，以胃爲脾之陽也。故實者寫之，寫脾之陽邪也。虛者補之，補脾之陽氣也。此刺脾經之微邪也，邪在肌肉，故但當刺其分肉間，使衛氣得復，則邪氣自索，索者散也。

〔張志聰注〕腹乃脾土之郛郭，故有餘則脹。《靈樞經》云：脾氣實則涇溲不利。蓋土氣盛實，則剋制其水而不流。脾主四肢，故虛而不用。蠕，蟲行動貌。蓋風傷衛，衛氣行於肌肉之間，故蠕動也。陽，謂陽明也。陽明

與太陰爲表裏，蓋皮膚氣分爲陽，脾所主在肌肉，故當從陽以補瀉，瀉刺其經者，從内而出於外也。補刺其絡者，從外而入於内也。微風傷衛，衛氣行於脈外，故當取之分肉，而無傷其經絡，所謂病在肉，調之分肉也。

帝曰：善。志有餘不足奈何？岐伯曰：志有餘則腹脹飧泄，不足則厥。〔王冰注〕腎之藏也。《針經》曰：腎藏精，精舍志，腎氣虚則厥，實則脹，脹謂脹起，厥謂逆行上衝也。足少陰脈下行，令氣不足，故隨衝脈逆行而上衝也。血氣未并，五藏安定，骨節有動。〔王冰注〕腎合骨，故骨有邪薄則骨節段動，或骨節之中如有物鼓動之也。帝曰：補寫奈何？岐伯曰：志有餘則寫然筋血者。〔林億等新校正〕按《甲乙經》及《太素》云，寫然筋血者出其血。楊上善云，然筋當是然谷下筋。再詳諸處引然谷者，多云然谷之前血者，疑少骨之二字，前字誤作筋字。不足則補其復溜。〔王冰注〕然謂然谷，足少陰滎也，在内踝之前大骨之下陷者中。血絡盛則泄之，其刺可入同身寸之三分，留三呼，若灸者可灸三壯。復溜足少陰經也，在内踝上同身寸之二寸陷者中，刺可入同身寸之三分，留三呼，若灸者可灸五壯。帝曰：刺未并奈何？岐伯曰：即取之，無中其經，邪所乃能立虚。〔王冰注〕不求穴俞而直取居邪之處，故云即取之。〔林億等新校正〕按《甲乙經》邪所作以去其邪。

〔馬蒔注〕此言志有虚實爲病者，皆當刺之，而復有刺邪之法也。《靈樞·本神》篇言腎藏精，精藏志，腎氣虚則厥，實則脹，五臟不安，正與此同。蓋以腎脈上行於腹，下行於足故也。此乃血氣已并，所以爲虚實而成病耳。然方其血未并於氣，氣未并於血，而五臟安定之時，腎主骨，骨感於邪，則骨節有動，此乃邪之爲病也。然而志有餘者，則瀉腎經之滎穴名然谷者，其筋有血，乃刺出之。志不足者，則補腎經之經穴名復溜者，無出血泄氣可也。帝問血氣未并之時，感邪而骨中有動，則所以刺未并者，必有法也。伯言即取之邪所以刺之，無中其大經，則邪所自能立去而虚矣。

〔張介賓注〕此腎藏之虚實也。腎藏志，水之精也，水化寒，故腎邪有餘，則寒氣在腹，而爲腹脹食泄。腎氣不足，則陰虚陽勝而爲厥逆上衝。《本神》篇曰，腎藏精，精舍志，腎氣虚則厥，實則脹。《解精微論》曰：厥則陽氣并於上，陰氣并於下，陽并於上則火獨光也，陰并於下則足寒，足寒則脹也。此腎經之微邪也，腎主骨，邪未入藏而薄於骨，故但於骨節之間有鼓動之狀。然筋，當作然谷，足少陰之滎穴也。出其血可以寫腎之實。復溜，足少陰之經穴也。致其氣可以補腎之虚。此刺腎經骨節之邪也，即取之，即其邪居之所而取之。故無中其經穴，則邪自能去，而可以立虚矣。

〔張志聰注〕腎者，胃之關也，關門不利，則聚水而爲腹脹食泄矣。腎爲生氣之原，故不足則厥逆而冷，骨節有動者，亦爲微風所傷也。故下文曰，邪所以能立虚。然谷穴，足少陰之滎穴也，滎爲火，故有餘則當瀉其坎中之滿。復溜，足少陰之經穴也，經屬金，虚則補其母也。即取之者，即於骨節有動之處而取之也。邪所，謂邪客而有動之所也。此病在骨者調之骨，故無中其經。

《素問·繆刺論》 帝曰：願聞繆刺奈何，取之何如？岐伯曰：邪客於足少陰之絡，令人卒心痛，暴脹，胸脇支滿，〔王冰注〕以其絡支別者並正經，從腎上貫肝鬲，走於心包，故邪客之則病如是。無積者，刺然骨之前出血，如食頃而已。〔王冰注〕然骨之前，然谷穴也，在足内踝前起大骨下陷者中，足少陰滎也。刺可入同身寸之三分，留三呼，若灸者可灸三壯。刺此多見血，令人立饑欲食。不已，左取右，右取左。〔王冰注〕言痛在左取之右，痛在右取之左，餘如此例。病新發者取五日已。〔王冰注〕素有此病而新發，先刺之，五日乃盡已。

〔張介賓注〕足少陰別絡並本經上腎，從腎上貫肝膈，走於心包，故病如此。疾雖如上而内無積聚者，刺然骨之前。即足少陰之滎然谷穴也。食頃，一飯頃也。後倣此。王氏曰：刺此多出血，令人立饑欲食。如病不已，在左者取右然谷，在右者取左然谷。此即繆刺之法也，餘準此。病新發者，邪未深也，雖不即愈，亦不過五日而已矣。

〔張志聰注〕足少陰之絡，名曰大鍾，當踝後遶跟，別走太陽，其別者，并經上走於心包下，外貫腰脊。故邪客之，令人卒心痛暴脹，胸脅支滿。無積者，無盛血之結也。刺然骨之前，出血不已，繆刺之。

邪客於手少陽之絡，令人喉痺舌卷，口乾心煩，臂外廉痛，手不及頭。〔王冰注〕以其脈循手表，出臂外上肩，入缺盆，布膻中，散絡心包。其支者，從膻中上出缺盆，上項。又心主其舌，故病如是。刺手中指次指爪甲上，去端如韭葉各一痏。〔王冰注〕謂關衝穴，少陽之井也。刺可入同身寸之一分，留三呼，若灸者，可灸三壯。左右手皆刺之，故言各一痏。痏，瘡也。〔林億等新校正〕按《甲乙經》關衝穴出手小指次指之端，今言中指者，誤也。壯者立已，老者有頃已，左取右，右取左。此新病數日已。

〔馬蒔注〕此言三焦絡爲病，當有繆刺之法也。三焦經之絡穴，即外關也，在腕後二寸兩筋間，陽池上一寸。左病則取右之關衝，右病則取左之關

衝，此乃新病，刺之數日，當自已。

〔張介賓注〕手少陽之支別，上出缺盆，上項，注胸中，合心主。其經出臂外兩骨之間，貫肘上肩，故病如此。中指，當作小指。謂手少陽之井，關衝穴也。左右皆刺，故言各一痏。痏，委偉二音。刺瘢也。上言左右各一痏，以左右俱病也。此言左取右右取左，以病有偏著也，皆繆刺之法，後準此。新病數日已，蓋言有不即已者。若係新病，亦不出數日而已也。

〔張志聰注〕手少陽之別，名曰外關，去腕二寸，外遶臂，注胸中，合心主。夫手少陽乃三焦相火主氣，注胸中而合於心主包絡，故邪客之，令人喉痺舌卷，口乾心煩。脈循臂，故痛不能舉也，當刺中指心包絡之中衝，次指手少陽之關衝。去爪甲如韭葉許，各一痏。壯者之氣盛，故立已。老者之氣衰，故有頃。此言手少陽三焦之主氣也。如不已者，乃左注右而右注左，當繆刺之。此爲新病，當數日已。蓋言邪始客於皮毛孫絡，而流溢於大絡者，非久病也。

邪客於足厥陰之絡，令人卒疝暴痛，〔王冰注〕以其絡去內踝上同身寸之五寸，別走少陽，其支別者，循脛上睾，結於莖，故令人卒疝暴痛。睾，陰丸也。刺足大指爪甲上與肉交者各一痏。〔王冰注〕謂大敦穴，足大指之端，去爪甲角如韭葉，厥陰之井刺可入同身寸之三分，留十呼，若灸者可灸三壯。男子立已，女子有頃已，左取右，右取左。

〔馬蒔注〕此言肝絡爲病，而有繆刺之法也。肝經絡穴，蠡溝也，在內踝肉前上五寸。其支別者，循脛上睾結於莖，故令人卒暴疝痛也。睾，陰丸也。當刺足大指爪甲上與肉交者大敦穴，左右各一痏，男子立已，女子少頃亦已。左痛者取右足之大敦，右痛者取左足之大敦，在足大指端去爪甲如韭葉，厥陰之井也，刺三分，留七呼，灸三壯。

〔張介賓注〕陰之別，循脛上睾結於莖，故爲疝痛。此足厥陰之井，大敦穴也。男陽女陰，陽氣至速，陰氣至遲也。

〔張志聰注〕男子之血盛，故立已。女子之生，不足於血，故有頃。此言厥陰肝經之主血也。如不已，再繆取之。

邪客於足太陽之絡，令人頭項肩痛，〔王冰注〕以其經之正者從腦出別下項，支別者從髆內左右別下，又其絡自足上行循背上頭，故項頭肩痛也。〔林億等新校正〕按《甲乙經》云，其支者從巔入絡腦，還出別下項。王氏云，經之正者，正當作支。刺足小指爪甲上，與肉交者各一痏立已。〔王冰注〕謂至陰穴太陽之井也，刺可入同身寸之一分，留五呼，若灸者可灸三壯。〔林億等新校正〕按《甲乙經》云，在足小指外側去爪甲角如韭葉。不已，刺外踝下三痏，左取右，右取左，如食頃已。〔王冰注〕謂金門穴，足太陽郄也，在外踝下。刺可入同身寸之三分，若灸者可灸三壯。

〔馬蒔注〕此言膀胱絡脈爲病，當有繆刺之法也。膀胱經之絡穴，即飛揚也，在外踝骨上七寸。頭項肩痛者，支絡之所過也，刺足小指爪甲上與肉交者名至陰穴，左右各一痏，立已。如不已，刺外踝下金門穴，即足太陽之郄三痏。左痛取右金門，右痛取左金門，如食頃則病自已。

〔張介賓注〕足太陽支者，從巔下行，還出別下項，循肩髆內，故爲是病。足太陽之井，至陰穴也。外踝下足太陽之郄，金門穴也。三痏，三刺也。一日一刺，得效乃已。食頃義見前。

〔張志聰注〕足太陽爲諸陽主氣，其氣上升於頭項，故邪客於絡，而致頭項肩痛也。

邪客於手陽明之絡，令人氣滿胸中，喘息而支胠，胸中熱，〔王冰注〕以其經自肩端入缺盆，絡脈其支別者，從缺盆中直而上頭，故病如是。刺手大指次指爪甲上，去端如韭葉，各一痏，左取右，右取左，如食頃已。〔王冰注〕謂商陽穴，手陽明之井也。刺可入同身寸之一分，留一呼，若灸者可灸一壯。〔林億等新校正〕按《甲乙經》云，商陽在手大指次指內側，去爪甲角如韭葉。

〔馬蒔注〕此言大腸經絡脈爲病，有繆刺之法也。大腸經之絡即偏歷也，在腕中後三寸。刺手大指之次指爪甲上，去端如韭葉者名商陽也，左右各一痏。如不已，左病取右商陽，右病取左商陽，如食頃則病自已。

〔張介賓注〕手陽明之脈，下入缺盆，絡肺下膈。其支者從缺盆上頸，故爲此病。手陽明之井，商陽穴也。

〔張志聰注〕邪客於手陽明之絡，令人氣滿胸中喘息，及支胠胸熱者，蓋手太陰主氣以司呼吸，而脈循於胸中者。

邪客於臂掌之間，不可得屈，刺其踝後，〔林億等新校正〕按全元起云，是人手之本節踝也。先以指按之痛，乃刺之，以月死生爲數，月生一日一痏，二日二痏，十五日十五痏，十六日十四痏。〔王冰注〕隨日數也。月半已前謂之生，月半以後謂之死，虧滿而異也。

〔馬蒔注〕此言心包絡經，客邪爲病，當刺心經之通里穴也，在腕後一寸陷中。手少陰心脈之絡，邪客於臂掌之間，不可得屈，乃手厥陰心包絡受邪

也，刺通里穴，先以手按之，痛則乃刺通里。以月死生爲數，自初一以至十五月生數也。故一日一痏，一痏者，即一刺也，至十五日當增至十五刺矣。自十六日至三十日，月死數也，故十六日十四刺，至三十日當減至一刺矣，皆言每日一刺也。以心包絡之邪，而刺心經之絡，正以心爲五臟六腑之大主，與別經不同，故其所以刺者，非左右互取之謂也。

〔張介賓注〕邪客於臂掌之間，手厥陰經也。踝後者以兩踝言，踝中之後，則內關也。內關爲手厥陰之絡，故當取之。月之死生隨日盈縮以爲數也。故自初一至十五，月日以盈，爲之生數，當一日一痏。一痏即一刺也。至十五日，漸增至十五痏矣。自十六至三十日，月日以縮，爲之死數，當日減一刺，故十六日止十四痏，減至月終，惟一刺矣。蓋每日一刺，以朔望爲進止也。

〔張志聰注〕臂掌之間，手厥陰之絡也。厥陰之絡，名曰內關，去腕二寸，出於兩筋之間，循經以上，繫於心包絡，故當刺其腕踝之後，循臂而上，按其痛處乃刺之，以月生死爲數。蓋手厥陰心主主血脈，是謂得時而調之也。

邪客於足陽蹻之脈，令人目痛從內眥始，〔王冰注〕以其脈起於足上，行至頭而屬目內眥。故病令人目痛從內眥始也。何以明之？《八十一難經》曰：陽蹻脈者，起於跟中，循外踝上行入風池。《針經》曰：陰蹻脈入鼽，屬目內眥，合於太陽陽蹻而上行，尋此則至於目內眥也。刺外踝之下半寸所各二痏，謂申脈穴陽蹻之所生也，在外踝下陷者中容爪甲。刺可入同身寸之三分，留六呼，若灸者，可灸三壯。〔林億等新校正〕詳血脈痛，注云，外踝下五分。左刺右，右刺左，如行十里頃而已。

〔馬蒔注〕此申言陽蹻客邪爲病，當有繆刺之法也。病目痛從內眥始者，陽蹻脈之所過也，刺外踝之下半寸所，即申脈穴左右各二痏。如不已，左刺右申脈，右刺左申脈，如人行十里頃而病自已。

〔張介賓注〕陰陽蹻脈俱起於足跟，其氣上行，皆屬於目內眥，故病如此。外踝之下半寸所，足太陽申脈也。陽蹻所生，故宜刺之。

〔張志聰注〕此言陽蹻之脈，亦左右互交會於睛明，所當繆刺者也。陽蹻者，足太陽之別，起於足外踝下，太陽之申脈穴，當踝後遶跟，以僕參爲本，上外踝三寸，以附陽爲郄，循股脅上肩髆，上人迎俠口吻至目內眥，會於足太陽之睛明穴，故邪客之，令人目痛從內眥始也，當刺外踝下之僕參、申脈，左右各二痏。如痛在左目者，取之右；痛在右目者，取之左。蓋蹻脈俠口吻左右互交，而上於目內眥也。按《靈樞·寒熱》篇曰：足太陽有通項入於腦者，正屬目本，名曰眼系，乃別陰蹻陽蹻，陰陽相交，陽入陰，陰入陽，交於目銳眥，是陰蹻陽蹻，左右交轉於面，故病在上者，當繆取之下也。

人有所墮墜，惡血留內，腹中滿脹，不得前後，先飲利藥，此上傷厥陰之脈，下傷少陰之絡，刺足內踝之下，然骨之前血脈出血。〔王冰注〕此少陰之絡也。〔林億等新校正〕詳血脈出血，脈字疑是絡字。刺足跗上動脈，〔王冰注〕謂衝陽穴，胃之原也。刺可入同身寸之三分，留十呼，若灸者可灸三壯。主腹大不嗜食，以腹脹滿，故爾取之。不已，刺三毛上各一痏，見血立已，左刺右，右刺左。〔王冰注〕謂大敦穴，厥陰之井也。善悲驚不樂，刺如右方。〔王冰注〕善悲驚不樂，亦如上法刺之。

〔馬蒔注〕此言惡血爲病，當有繆刺之法也。人以墮墜，而惡血積內，腹中滿脹，前後不通，先曾用通利藥，上傷厥陰肝經之脈，下傷少陰腎經之絡，當刺內踝之下，然骨之前，曰然谷者出血，此乃少陰之絡也。及足跗上動脈，即衝陽穴，乃胃經之原也。如不已，刺三毛上大敦穴，左右各一痏，見血立已，左刺右大敦，右取左大敦也。如病善悲善驚而不樂，則亦刺如右方之然谷與衝陽耳。

〔張介賓注〕先飲利藥，逐留內之瘀血也。凡墮墜者，必病在筋骨，故上傷厥陰之脈，肝主筋也。下傷少陰之絡，腎主骨也。刺然骨之前出血，即少陰絡也。足厥陰之腧，太衝穴也。按王氏謂爲陽明之衝陽，似與此無涉。足厥陰之井，大敦穴也。墮跌傷陰，神氣散失，故善悲驚不樂。

〔張志聰注〕此言墮傷者，亦當用繆刺之法也。惡血留內，則氣脈不通，是以腹中滿脹。肝主疏泄，腎開竅於二陰，故不得前後也。先服利藥以去惡血，所謂先治其標也。夫墮墜者，有傷筋骨，筋即爲肝，骨即爲腎，是以上傷厥陰之脈，下傷少陰之絡，當刺足內踝下厥陰之中封，然谷前少陰之絡脈血脈，出血以調其經，再刺足跗上陽明之動脈，以消腹脹，如不已，再刺三毛上肝經之大敦。蓋墮墜者，傷筋骨與血，肝主筋而主血也。如悲驚不樂者，亦刺如前法。蓋墮傷血脈筋骨，傷五臟外合之有形，悲驚不樂，傷五臟內藏之神志，皆當以針調之。

〔張兆璜注〕神有餘不足，志有餘不足，皆調之於經，蓋言用針之神妙，匪惟調之於有形也。

邪客於手陽明之絡，令人耳聾，時不聞音，〔王冰注〕以其經支者，從缺盆上頸

貫頰，又其絡支別者入耳會於宗脈，故病令人耳聾，時不聞聲。刺手大指次指爪甲上去端如韭葉各一痏，立聞。〔王冰注〕亦同前商陽穴。不已，刺中指爪甲上與肉交者，立聞。〔王冰注〕謂中衝穴，手心主之井也，在手中指之端去爪甲如韭葉陷者中。刺可入同身寸之一分，留三呼，若灸者，可灸三壯。古經脫簡，無絡可尋之，恐是刺小指爪甲上與肉交者。何以言之？下文云：手少陰絡會於耳中也，若小指之端，是謂少衝，手少陰之井。刺可入同身寸之一分，留一呼，若灸者，可灸一壯。〔林億等新校正〕按王氏云，恐是小指爪甲上少衝穴。按《甲乙經》手心主之正，上循喉嚨，出耳後，合少陽完骨之下。如是則安得不刺中衝，而疑爲少衝也。其不時聞者，不可刺也。〔王冰注〕不時聞者絡氣已絕，故不可刺。耳中生風者，亦刺之如此數，左刺右，右刺左。

〔馬蒔注〕此言大腸經絡脈爲病，當有繆刺之法也。大腸經之絡，即偏歷穴，病耳聾者，其經絡之支別之所過也。手大指次指爪甲上，去端如韭葉名商陽穴，左右各刺一痏，當立聞。如不已，刺中指爪甲上與肉交者，即中衝穴也，當立聞。其不聞者，絡氣已絕，不可復刺也。有等耳中生風者，亦刺商陽一痏。左耳病者刺右商陽，右耳病者刺左商陽也。

〔張介賓注〕手陽明之別者入耳，故爲耳聾。手陽明之井，商陽穴也，中指爪甲上。手厥陰之井，中衝穴也。以心主之脈出耳後，合少陽完骨之下，故宜取之。時或有聞者尙爲可治，其不聞者絡氣已絕，刺亦無益，故不可刺也。耳中如風聲者，雖聾猶有所聞，故宜刺如前數，當左右繆取之。

〔張志聰曰〕手陽明之絡，其別者入耳，合於宗脈，故邪客之，令人耳聾，時不聞音，謂有時聞而有時不聞也。蓋邪客於絡，絡脈閉塞，則有時而不聞，脈氣有時而通，則有時而聞矣。亦當取手太陰之少商，手陽明之商陽。蓋耳者，宗脈之所聚也，宗脈出於陽明，而合於手太陰，故刺之立聞。如不已，刺中指心主之中衝。蓋十二經脈，三百六十五絡，皆上於面，而走空竅，心主脈而開竅於耳也。其不時有聞者，乃內傷之聾證，非邪客於絡，不可刺也。耳中生風者，耳鳴如風生也。此邪在於絡，從外竅而欲出，故刺之亦如此數。

凡痺往來行無常處者，在分肉間痛而刺之，以月死生爲數，用針者隨氣盛衰，以爲痏數，針過其日數則脫氣，不及日數則氣不寫，左刺右，右刺左，病已止。不已，復刺之如法。〔王冰注〕言所以約月死生爲數者，何以隨氣之盛衰也。月生一日一痏，二日二痏，漸多之。十五日十五痏，十六日十四痏，漸少之。〔王冰注〕如是刺之則無過數無不及也。

〔馬蒔注〕此言痺病無常，當有繆刺之法也。凡痺痛往來，行無常處者，即其所痛在何經之絡，分肉之間刺之，以月之死生爲數，正以人之用針，當隨氣盛衰以爲痏，數月之死生，乃氣之盛衰所係也。若針數過其日數，則脫氣，針數不及日數，則邪氣不瀉，此所以必如月之死生爲數也。左痛者，刺右之分肉；右痛者，刺左之分肉。痛已則止針，若不已則復刺之如前法耳。夫所謂以月生數爲針數者，初一日一痏，一痏者，一刺也。刺有痏瘡，故不曰刺而曰痏也。初二日二痏，日漸多之。至十五日則十五痏矣。以月死數爲針數者，十六日十四痏，十七日十三痏。日漸少之，至三十日則止一痏，如初一日矣。

〔張介賓注〕在分肉間痛而刺之，謂隨痛所在，求其絡而繆刺之也。此即月死生之數，義如前。按本篇以月死生爲數，如上節曰用針者，隨氣盛衰以爲痏數，針過其日數則脫氣，不及日數則氣不寫，此氣候之刺數也。觀前二十九章曰，厥陰少陽，日一取之。太陰陽明，日二取之。少陰太陽，二日一取之。此又諸經亦有刺數，當與此參酌爲用，而別其盛衰，庶乎盡善。

〔張志聰注〕此言邪痹於肌腠之氣分者，亦當以繆取也。凡痹往來，行無常處者，邪隨氣轉，謂之行痹，故當於分肉間，隨其痛處而取之。夫月始生則血氣始精，衛氣始行，月郭滿則血氣實，肌肉堅，月郭空則肌肉減，經絡虛，衛氣去，形獨居。是以邪客於手厥陰心主之血分，客於肌腠分肉之衛分，皆當以月生死盈虧而加減之。

邪客於足陽明之經，令人鼽衄上齒寒，〔王冰注〕以其脈起於鼻交頞中，下循鼻外，入上齒中，還出俠口環脣，下交承漿，卻循頤後下廉出大迎，循頰車，上耳前。故病令人鼽衄，上齒寒也。復以其脈左右交於面部，故舉經脈之病以明繆處之類，故下文云。〔林億等新校正〕按全元起本與《甲乙經》陽明之經作陽明之絡。刺足中指次指爪甲上，與肉交者各一痏，左刺右，右刺左。〔王冰注〕中當爲大，亦傳寫中大之誤也。據《靈樞經》、《孔穴圖經》中指次指爪甲上無穴，當言刺大指次指爪甲上，乃厲兌穴，陽明之井，不當更有次指二字也。厲兌者，刺可入同身寸之一分，留一呼，若灸者可灸一壯。〔林億等新校正〕按《甲乙經》云，刺足中指爪甲上，無次指二字，蓋以大指次指爲中指，義與王注同。下文云足陽明中指爪甲上，亦謂此穴也。厲兌在足大指次指之端，去爪甲角如韭葉。

〔馬蒔注〕此言胃絡爲病，當有繆刺之法也。刺足大指之次指上與肉交者，

即厲兌穴也，左右各一痏。如不已，左病刺右厲兌，右病刺左厲兌也。

〔張介賓注〕足陽明之脈，起於鼻之交頞中，下循鼻外入上齒，故絡病如此。中指次指，皆足陽明所出之經，即厲兌穴次也。

〔張志聰注〕此言經脈之有互交者，亦當以繆取也。經謂陽明之經脈，邪客陽明之經，而令人鼽衄上齒寒者，亦當以繆刺也。足陽明之脈，下入中指外間，其支者別跗上，入大指間，出其端，故當取中指間之內庭，大指次指間之厲兌，各一痏而繆刺之。此言臟腑之經脈，如左右互交而爲病於相交之上者，亦當左取右，而右取左也。

邪客於足少陽之絡，令人脇痛不得息，欬而汗出。〔王冰注〕以其脈支別者，從目銳眥下大迎，合手少陽，於頔下加頰車，下頸合缺盆，以下胸鬲。絡肝膽循脇，故令人脇痛，欬而汗出。刺足小指次指爪甲上，與肉交者各一痏，〔王冰注〕謂竅陰穴少陽之井也，刺可入同身寸之一分，留一呼，若灸者，可灸三壯。〔林億等新校正〕按《甲乙經》竅陰在足小指次指之端，去爪甲角如韭葉。不得息立已，汗出立止，欬者溫衣飲食，一日已。左刺右，右刺左，病立已。不已，復刺如法。

〔馬蒔注〕此言膽絡爲病，當有繆刺之法也。足少陽經之絡，光明穴也，病脅痛不得息，欬而汗出者，以支絡之所過也。刺足小指之次指爪甲上與肉交者，即竅陰穴也，左右各一痏。其不得息，汗出之證立止。其欬之證，當溫衣煖食，一日則欬遂已。如不已，左病刺右竅陰，右病刺左竅陰，亦當立已。又不已，當復刺如前法耳。

〔張介賓注〕足少陽支者，下胸中，貫膈循脇，故爲此病。足少陽之井，竅陰穴也。溫衣飲食，言飲食俱宜煖也。

〔張志聰注〕足少陽之絡，名曰光明，去踝五寸，別走厥陰，下絡足跗。一呼一吸曰息，肺所司也。足少陽厥陰之脈，並循於脅，厥陰之脈，上注肺，循喉嚨。邪客於少陽之絡，令人脅痛不得息者，陽邪而走於陰絡，病而及子脈，蓋陰陽經脈之相通也。足少陽所生病者，汗出上逆於肺則欬也，當刺足小指之竅陰穴，蓋此穴在四指五指之間，故各刺一痏。其不得息，汗出立已。欬者，邪干肺也，故宜溫衣及溫煖飲食。若形寒飲冷，是謂重傷矣。

邪客於足少陰之絡，令人嗌痛，不可內食，無故善怒，氣上走賁上，〔王冰注〕以其經支別者，從肺出絡心注胸中。又其正經有上貫肝鬲，入肺中，循喉嚨，俠舌本。故病，令人嗌乾痛不可內食，無故善怒，氣上走賁上也，賁謂氣奔也。〔林億等新校正〕詳王注以賁上爲氣奔者，非。按《難經》胃爲賁門。楊玄操云，賁，鬲也，是氣上走鬲上也。經既云氣上走，安得更以賁爲奔上之解邪？刺足下中央之脈各三痏，凡六刺，立已。左刺右，右刺左。〔王冰注〕謂涌泉穴，少陰之井也，在足心陷者中，屈足踡指宛宛中。刺可入同身寸之三分，留三呼，若灸者，可灸三壯。嗌中腫不能內唾，時不能出唾者，刺然骨之前，出血立已，左刺右，右刺左。〔王冰注〕亦足少陰之絡也，以其絡並大經喉嚨，故爾刺之。此二十九字本錯簡，在邪客手足少陰太陰足陽明之絡前，今遷於此。〔林億等新校正〕詳王注以其絡並大經，循喉嚨差互。按《甲乙經》足少陰之絡並經上走心包，少陰之經循喉嚨。今王氏之注，經與絡交互，當以《甲乙經》爲正也。

〔馬蒔注〕此又言腎絡爲病，當有繆刺之法也。腎經之絡，大鍾穴也，其支別者，從肺出絡心，注胸中，又正經從腎上貫肝鬲，入肺中，循喉嚨，俠舌本，故病如是也，當刺足心下中央之脈，即涌泉也，左右各三痏，其病立已。如不已，左痛則刺右足涌泉，右痛則刺左足涌泉。有等嗌中作痛，不但不能納食，雖唾亦不能出納者，當刺本經然骨之前曰然谷者，以出其血，病自立已。如不已，則左病而刺其右之然谷，右病而刺其左之然谷也。

〔張介賓注〕足少陰之脈循喉嚨，故嗌痛不可內食。其別者幷經上走於心包，故善怒而氣上走於賁門之上。蓋邪在少陰，腎水必虛，陰火上熾，故爲嗌痛善怒等病。內，納同。賁，奔秘二音。足下中央，少陰之井，涌泉穴也。左右俱痛者，各刺三痏。痛在一邊者，繆刺。然骨之前，足少陰之滎，然谷穴也。

〔張志聰注〕此邪客於絡而幷於經者，亦當以繆取也。邪客於足少陰之絡，而幷入於經，迫其心火上炎，故令人嗌痛，不可內食。上逆於肝膈，則無故善怒也。賁者，胃之賁門，腎氣上通於胃，故氣上走賁上，宜刺足下中央之涌泉，左右各三痏，凡六刺立已。如甚至嗌中腫而唾亦不能出內者，此君相之火並熾也，當刺然谷前之絡脈出血立已。此邪客於絡而幷於經，經脈上張於心，絡脈上走於心包，下先見經證，故先刺經脈之涌泉，後幷見絡證，故復刺然谷前之絡脈。蓋大絡乃經脈之別，血氣之相通者也。

邪客於足太陰之絡，令人腰痛，引少腹控𦝫，不可以仰息，〔王冰注〕足太陰之絡從髀合陽明，上貫尻骨中，與厥陰少陽結於下髎，而循尻骨內，入腹，上絡嗌，貫舌中。故腰痛則引少腹控於𦝫中也。𦝫，謂季脇下之空軟處也。受邪氣，則絡拘急，故不可以仰伸而喘息也。《刺腰痛》篇中無息字。〔林億等新校正〕詳王注云足太陰之絡，按《甲乙經》乃太陰

之正，非絡也。王氏謂之絡者，未詳其旨。　刺腰尻之解，兩胂之上，是腰俞，以月死生爲痏數，發針立已，左刺右，右刺左。〔王冰注〕腰尻骨間曰解，當中有腰俞，刺可入同身寸之二寸。〔林億等新校正〕按《氣府論》注作二分，《刺熱論》注作二分，《水穴篇》注作二分，《熱穴篇》注作二寸，《甲乙經》作二寸。留七呼，主與經同，《中誥孔穴經》云：左取右，右取左，穴當中不應爾也。次腰下俠尻有骨空各四，皆主腰痛，下髎主與經同，是足太陰、厥陰、少陽所結，刺可入同身寸之二寸，留十呼。若灸者，可灸三壯。胂，謂兩髁胂也，腰俞髁伸皆當取之也。〔林億等新校正〕按此邪客足太陰之絡，并刺法一項，已見《刺腰痛》篇中，彼注甚詳，此特多『是腰俞』三字耳，別按全元起本舊無此三字。王氏頗知腰俞無左右取之理而注之，而不知全元起本舊無。

〔馬蒔注〕此言脾絡之爲病，當有繆刺之法也。脾經之絡，公孫穴是也。在足大指內廉本節後一寸，其病腰痛，引少腹控䏚，不可仰息者，以絡之所過也。尻骨之間曰解，夾脊之肉曰胂。腰尻之解，兩胂之上，是骨空，當刺之，而隨氣之盛衰以爲痏數。若針過其日數則脫氣，不及日數則邪氣不泄，此所以必如月之死生爲數也。刺之當立已，如不已，則左病而刺其右之骨空，右病而刺其左之骨空也。

〔張介賓注〕足太陰之脈絡，上入腹，布胸脇，而筋著於脊，故爲病如此。控，引也。䏚，季脇下也。腰尻骨解兩胂之上者，督脈腰俞之傍也。以月死生爲痏數義如前。腰俞止一穴居中，本無左右，此言左取右右取左者，必腰俞左右，即足太陽之下髎穴也。腰尻兩胂義，詳九。胂，音申。

〔張志聰注〕以月生死爲痏數，發針立已。蓋脾主肌肉，肌腠之間，乃衛氣之出入，故以月爲痏數。

　邪客於足太陽之絡，令人拘攣背急，引脇而痛。〔王冰注〕以其經從踝內左右別下貫胂，合腰中。故病令人拘攣背急，引脇而痛。〔林億等新校正〕按全元起本及《甲乙經》引脇而痛，下更云內引心而痛。刺之從項始數脊椎，俠脊疾按之，應手如痛，刺之傍三痏，立已。〔王冰注〕從項始數脊椎者，謂從大椎數之，至第二椎兩傍各同身寸之一寸五分，內循脊兩傍按之，有痛應手，則邪客之處也。隨痛應手深淺，即而刺之。邪客在脊骨兩傍，故言刺之傍也。

〔張介賓注〕足太陽經挾脊抵腰中，故拘攣背急。其筋從腋後入腋下，故引脇而痛。此刺不拘俞穴，但自項大椎爲始，從下數其脊椎，或開一寸半，或開三寸，俠脊處疾按之，應手而痛，即刺處也。脊之兩傍各刺三痏，病當自已。

〔張志聰注〕此邪客於絡而入於經者，即當取之經也。夫筋攣背急，引脅而痛，足太陽之經證也，故刺之當從項之大椎始，數脊椎而下俠脊，疾按之應手如痛，即於脊骨之旁，刺之三痏立已。蓋十五大絡，乃十二經脈之別，交相貫通者也。故邪客於絡，而爲絡病者，則繆取之。如邪客於絡，轉入於經，而爲經病者，即隨經脈之痛處而取之也。

　邪客於足少陽之絡，令人留於樞中痛，髀不可舉，〔王冰注〕以其經出氣街，繞髦際，橫入厭中，故痛。令人留於髀樞後，痛解不可舉也。樞，謂髀樞也。刺樞中以毫針，寒則久留針，以月死生爲數，立已。〔王冰注〕髀樞之後則環跳穴也，正在髀樞後，故言刺髀樞後也。環跳者，足少陽脈氣所發，刺可入同身寸之一寸，留二十呼，若灸者，可灸三壯。毫針者，第七針也。〔林億等新校正〕按《甲乙經》環銚在髀樞中，《氣穴論》云有兩髀厭分中，此經云刺樞中，而王氏以謂髀樞之後者，誤也。

〔馬蒔注〕此言膽絡爲病，當有刺之之法也。膽經之絡，光明穴也。痛留於髀樞之中，其髀不可舉者，乃其脈之所過也，當以毫針刺髀樞中之環跳穴。若寒者，則久留其針，以月死生爲數，其病立已。

〔張介賓注〕樞中，髀樞也，足少陽脈所由行者。髀樞中，足少陽環跳穴也。若寒者，須久留針，則寒邪乃去，故以月死生爲數。

〔張志聰注〕此言邪留其處而爲痛者，亦當隨其痛處而取之也。樞中，髀樞之中，兩髀厭分中，即環跳二穴。毫針取法於毫毛，長一寸六分，主寒熱痛痺之在絡者，故當以毫針刺樞中。寒則久留針以待陽熱之氣至，以月死生爲數，立已。按邪舍於絡，有隨絡氣而留行者，則繆取之。有客於絡而轉入於經者，有客於絡而留其處者，皆隨其痛處而刺之。蓋邪氣之無經常也。少陽主初生之氣，故亦以月死生爲痏數。

　治諸經刺之所過者，不病，則繆刺之。〔王冰注〕上言也，經不病則邪在絡，故繆刺之。若經所過有病，是則經病，不當繆刺矣。

〔馬蒔注〕此言各經有病者，當巨刺之，而邪在於絡，則當繆刺之也。凡治諸經，當刺之有過者，蓋經旨以病爲有過也。經不病則邪在絡，乃繆刺之耳。

〔張介賓注〕諸經所過者不病，言病不在經而在絡也，故繆刺之。若病刺在經，則謂之巨刺矣。

〔張志聰注〕此復申明治諸經者，亦有繆刺之法也。經，經別走。足太陽之

正別入膕中，其一道下尻五寸，別入於肛，屬於膀胱，散之腎。足少陰之正至膕中，別走太陽而合上至腎。足少陽之正，繞髀入毛際，合於厥陰，別者，入季脅之間，循胸裏屬膽，散之上肝。足厥陰之正，別跗上，上至毛際，合於少陽。足陽明之正，上至髀，入於腹裏，屬胃，散之脾。足太陰之正，上至髀，合於陽明。手太陽之正，列於肩解，入腹走心，繫小腸。手少陰之正，別入淵液兩筋之間，屬於心，上走喉嚨，出於面，合目內眥。手少陽之正，指天別於巔下，走三焦，散於胸中。手心主之正，別下淵液三寸，入胸中，別屬三焦。手陽明之正，從手循膺乳下，走大腸，屬於肺，上循喉嚨。手太陰之正，別入淵液，少陰之前，入走肺，散之太陽，上出缺盆，復合陽明。此十二經之別脈，亦陽走陰而陰走陽者也，故治在諸經者巨刺之。如邪在所過者不病，是邪盛於左而病反在右，邪在於右而病反在左，或邪在於陽之經而移易於陰經者，或在陰之經而移易於陽經者，又當左取右而右取左也。按以上十二經別，亦皆繫於五臟，是以下文論邪客於五臟之間，引脈而痛者，當繆取之也。

耳聾，刺手陽明，不已，刺其通脈出耳前者。〔王冰注〕手陽明謂前，手大指次指去端如韭葉者也，是謂商陽。據《中誥孔穴圖經》，手陽明脈中商陽、合谷、陽谿、偏歷四穴並主目龍耳，今經所指，謂前商陽，不謂此合谷等穴也。耳前通脈，手陽明脈，正當聽會之分，刺入同身寸之四分，若灸者，可灸三壯。

〔馬蒔注〕此言耳聾者，當刺大腸經之商陽穴。若不已，則刺其聽宮穴也。商陽在手大指次指之端，去爪甲如韭葉，針三分，留一呼，灸三壯。聽宮，手太陽小腸經穴，針三分，灸三壯。

〔張介賓注〕此復言手陽明之耳聾，當刺商陽如前也。刺其通脈出耳前者，手陽明脈，正當足少陽聽會之分也。

〔張志聰注〕此言經別之與經脈相通也。夫十二經正及十二經脈之別，道路雖分，其源流通貫，故刺經不已，當復刺其別焉。通脈出於耳前者，謂手陽明之脈，上出於耳前，循禾髎、迎香，而通於足陽明胃脈者。耳聾刺手陽明者，承上文而言。邪客於手陽明之經，而病耳聾者，則當治其經。如不已，此邪入於脈，即取耳前之脈以刺之，則其病立已矣。

齒齲，刺手陽明。不已，刺其脈入齒中，立已。〔王冰注〕據《甲乙》流注圖經手陽明脈中商陽、二間、三間、合谷、陽谿、偏歷、溫留七穴並主齒痛。陽明脈貫頰，入下齒中。足陽明脈循鼻外，入上齒中也。

〔馬蒔注〕此言齒病者當刺大腸經之商陽穴。若不已，則刺其脈之入齒中者。手陽明脈，貫頰入下齒中，故不已則刺之也。

〔張介賓注〕齲齒痛也，手陽明之脈貫頰入下齒中，故當刺大腸經之商陽也。如不已，則刺其痛脈之入齒中者。按《甲乙經》注手陽明脈商陽，二間，三間，合谷，陽谿，偏歷，溫溜，七穴皆主齒痛。齲，丘禹切。

〔張志聰注〕齒齲，齒痛也。此言邪客於手陽明之經別而爲齒痛者，則當取之經。如不已，此邪入於脈，即刺其入齒中之脈，舉一經而十二經可類推矣。然獨提手陽明者，何也？手陽明之脈，交人中而左之右，右之左，如病在耳而取之耳，痛在齒而取之齒，是隨其病之所在而取之。若病在上而取之下，又當以繆刺者也。上論大絡與經脈相通，此論經別與經脈相通。上論邪客於足陽明之經，下論繆傳引上齒痛，皆病在上而取之下，所當繆刺。此論邪在於手陽明之脈，病在上而取之上者，不必繆刺。蓋手足陽明經，皆左右相交於人中承漿之間。言繆刺證，不則大絡之奇病。如十二經別，足陽蹻之脈及手足陽明二經，皆有繆刺之證。當知繆刺者，因經脈之左右互交而取之也。

邪客於五藏之間，其病也，脈引而痛，時來時止，視其病，繆刺之，於手足爪甲上，〔王冰注〕各刺其井，左取右，右取左。視其脈，出其血，間日一刺，一刺不已，五刺已。〔王冰注〕有血脈者則刺之如此數。

〔馬蒔注〕此言五臟客邪爲病，當有繆刺之法也。邪客於五臟之間，脈引而痛，來止不常，當視其病而繆刺其手足爪甲之上，即井穴是也。夫曰繆刺，則亦左取右，右取左也。視其經穴以出其血，間日一刺。一刺不已，則五刺之，而病必已矣。此亦自其絡脈爲病者而言之耳。

〔張介賓注〕邪客於五藏之間，必各引其經而痛，但視病處，各取其井而繆刺之。有血絡者，當刺去其血亦如數。

〔張志聰注〕此邪客於五臟之間，而病及於經別也。蓋十二經別，內散通於五臟，外交絡於形身，故邪在五臟之間，其爲病也，引脈而痛者，當取手足之井穴，隨其所病之經而繆刺之。時來時止者，邪隨氣而或出或入也。視其脈者，視其皮部有血者，即瀉出之。間日一刺者，邪客之深也。五刺已者，五臟之氣平也。

〔張兆璜注〕以其時來時止，始知邪客於五臟之間。

繆傳引上齒，齒脣寒痛，視其手背脈血者去之。〔王冰注〕若病繆傳而引上齒，齒脣寒痛者，刺手背陽明絡也。足陽明中指爪甲上一痏，手大指次指爪甲上各一痏，立已，左取右，右取左。〔王冰注〕謂第一指厲兌穴也。手大指次指謂商陽穴，手陽明井也。《針經》曰：齒痛不惡清飲，取足陽明。惡清飲，取手陽明。〔林億等新校正〕詳前文，邪客足陽明，刺中指次指爪甲上是誤，剩次指二字當如此，只言中指爪甲上乃是也。

〔馬蒔注〕此言齒脣寒痛者，當刺其手陽明之絡穴，手足陽明之井穴也。病有繆傳而脈引上齒，齒脣寒痛者，視其手背脈之有血者去之，蓋指手陽明之絡穴偏歷也。在腕中後三寸，針三分，留七呼，灸三壯。足陽明胃經之足次指，去爪甲上之厲兌穴，及手次指爪甲上之商陽穴各一痏，其病立已。病左病而取右之厲兌、商陽，右病而取左之厲兌、商陽也。此亦自絡脈爲病而言之耳。

〔張介賓注〕繆傳者，病在下齒而引及上齒也，上齒屬足陽明，下齒屬手陽明。今上下引痛者，當視手陽明之絡，有血者先去之。足陽明中指爪甲上，謂厲兌穴也。手大指次指爪甲上，手陽明商陽穴也。

〔張志聰注〕繆傳者，謂手陽明之邪，繆傳於足陽明之脈也。足陽明之脈，入上齒中，還出俠口，左右相交於承漿。此邪客於手陽明之經別，而繆傳於足陽明之脈，致引入上齒，而使齒脣寒痛，當先視其手背之脈，有留血者去之，以瀉手陽明經別之邪，取足陽明中指之內庭，以瀉上齒之痛。再刺手大指之少商，手次指之商陽，以瀉手陽明經別之本病。此左右相交於承漿，而取刺在下，故當繆刺者也。此章論十二經別與十二經脈相通，而手之陽明又可通於足陽明者也。

邪客於手足少陰太陰足陽明之絡，此五絡，皆會於耳中，上絡左角。〔王冰注〕手少陰眞心脈，足少陰腎脈，手太陰肺脈，足太陰脾脈，足陽明胃脈，此五絡皆會於耳中，而出絡左額角也。五絡俱竭，令人身脈皆動，而形無積壓也，其狀若尸，或曰尸厥。〔王冰注〕言其卒冒悶而如死尸，身脈猶如常人而動也。然陰氣盛於上，則下氣熏上而邪氣逆，邪氣逆則陽氣亂，陽氣亂則五絡閉結而不通，故其狀若尸也。以是從厥而生，故或曰尸厥。刺其足大指內側爪甲上，去端如韭葉，〔王冰注〕謂隱白穴，足太陰之井也。刺可入同身寸之一分，留三呼，若灸者，可灸三壯。後刺足心，〔王冰注〕謂涌泉穴，足少陰之井也，刺同前取涌泉穴法。後刺足中指爪甲上各一痏，〔王冰注〕謂第二指，足陽明之井也，刺同前取厲兌穴法。後刺手大指內側，去端如韭葉，〔王冰注〕謂少商穴，手太陰之井也，刺可入同身寸之一分，留三呼，若灸者，可灸三壯。後刺手心主，〔王冰注〕謂中衝穴，手心主之井也。刺可入同身寸之一分，留三呼，若灸者，可灸一壯。〔林億等新校正〕按《甲乙經》不刺手心主，詳此五絡之數，亦不及手心主，而此刺之，是有六絡未會。王冰相隨注之，不爲明辨之旨也。少陰銳骨之端各一痏，立已。〔王冰注〕謂神門穴，在掌後銳骨之端陷者中，手少陰之俞也。刺可入同身寸之三分，留三呼，若灸者，可灸三壯。不已，以竹管吹其兩耳，〔王冰注〕言使氣入耳中，內助五絡，令氣復通也。當內管入耳，以手審擫之，勿令氣泄，而極吹之，氣蹷然從絡脈通也。〔林億等新校正〕按陶陷居云，吹其左耳極三度，復吹其右耳三度也。鬄其左角之髮方一寸，燔治，飲以美酒一杯，不能飲者灌之，立已。〔王冰注〕左角之髮是五絡血之餘，故鬄之燔治，飲之以美酒也。酒者所以行藥，勢又炎上，而內走於心，心主脈，故以美酒服之。

〔馬蒔注〕此言五絡爲病，當有刺治之法也。邪客於手少陰心經，足少陰腎經，手太陰肺經，足太陰脾經，足陽明胃經，則是心腎肺脾胃之五絡，而皆有邪矣。此五絡者，皆會於耳中，上絡於左耳之額角，惟五絡俱竭，則足經之腎脾胃者，其脈逆於上而不得下，手經之心肺者，其脈逆於上而不得通，令人身脈雖動，而昏暈迷心，其形任人推呼，而無有知覺，狀類於尸，名曰尸厥。刺之者，亦惟取五井及神門而已。脾之隱白，腎之涌泉，胃之厲兌，肺之少商，心包之中衝，心之神門，刺左右各一痏，其病立已。夫自脾以至於心，其刺皆有先後，故皆指之曰後也。如不已，以兩竹管納入兩耳，以手密擫之，勿令氣泄，左右吹之，令氣入耳內，助五絡令氣可復通也。又鬄其左角之髮，內與五絡相通者，方一寸許，燔而治之以爲末，用美酒一杯以送之，如不能飲則灌之。蓋髮爲血餘，而以左髮治左絡，酒行藥勢，且入於心，此病之所以立已也。少商刺三分，留三呼，灸三壯。餘穴所在刺灸分壯，並同王注。

〔張介賓注〕手少陰，心也。足少陰，腎也。手太陰，肺也。足太陰，脾也。足陽明，胃也。五絡皆會於耳中，上絡左額之角。五絡俱竭，陰陽離散也，身脈皆動，筋惕肉瞤也，上下離竭厥逆氣亂，昏憒無知，故名尸厥。足太陰之井，隱白穴也。足少陰之井，涌泉穴也。足陽明之井，厲兌穴也。手太陰之井，少商穴也。手厥陰之井，中衝穴也。凡邪之在心者，皆在於心之包絡，故取之。謂神門穴，手少陰之腧也。以小竹管納對耳孔，用力吹之，

勿令氣泄，所以溫助五絡，氣可復通也。《新校正》云：按陶隱居謂吹其左耳極三度，復吹其右耳三度也。鬄，剃同。左角之髮，五絡之血餘也。燔治，燒製爲末也。飲以美酒，助藥力行血氣也。補以其類，故可使尸厥立已。

〔張志聰注〕此申明諸脈生始出入之原。耳者，宗脈之所聚也。所謂宗脈者，百脈之宗也。百脈皆始於足少陰腎，生於足陽明胃，輸於足太陰脾，主於手少陰心，朝於手太陰肺，是以五脈之氣，皆會於耳中。絡左角者，肝主血而居左，其氣直上於巔頂也。五絡俱竭，則榮衛不行，故令人身脈振振而形無知也，其狀若尸，或曰尸厥。蓋人之所以生動者，藉氣呴而血濡，血氣不行，則其形若尸矣。刺隱白、涌泉、厲兌、少商、神門，使血氣疏通，其厥立已。如不已，用竹管吹其兩耳，以通宗脈之氣，鬄其左角之髮，方一寸燔治，飲以美酒一杯，不能飲者灌之。蓋髮者血所生也，充膚熱肉，生毛髮之血，肝所主也。肝居左，故鬄其左角之髮，以通榮血。酒者，熟穀之悍液也。衛者，水穀之悍氣也。故飲酒者，隨衛氣先行皮膚，先充絡脈，故飲以美酒一杯以通衛氣，榮衛運行，則其人立甦矣。此復結大絡之氣，先行於皮膚，先充絡脈，是以皮膚孫絡之邪，不入於經，則流溢於大絡而生奇病也。按《神農本草經》髮者血之餘，服之仍自還神化。蓋血者神氣也，中焦之汁，奉心神化赤而爲血，故服之有仍歸於神化之妙。曰方寸者，言其心所主也。灌者，欲其灌溉於四旁也。

《靈樞·順氣一日分為四時》 黃帝曰：何謂藏主冬，時主夏，音主長夏，味主秋，色主春，願聞其故。岐伯曰：病在藏者，取之井。病變於色者，取之榮。病時間時甚者，取之輸。病變於音者，取之經。經滿而血者，病在胃及以飲食不節得病者，取之於合。故命曰味主合。是謂五變也。

〔馬蒔注〕此申言五變治五輸之義也。本節釋義已具上第三節中。

〔張介賓注〕此申明上文之義也。注如前。

《靈樞·邪氣臟腑病形》 黃帝曰：願聞六腑之病。岐伯答曰：面熱者足陽明病，魚絡血者手陽明病，兩跗之上脈豎陷者足陽明病，此胃脈也。大腸病者，腸中切痛而鳴濯濯，冬日重感於寒即泄，當齊而痛，不能久立，與胃同候，取巨虛上廉。胃病者，腹䐜脹，胃脘當心而痛，上肢兩脅，膈咽不通，食飲不下，取之三里也。

〔馬蒔注〕此言手足陽明經之病，而有刺之之穴也。足陽明者，胃也。胃脈上於面，故面熱者足陽明病。又手陽明者，大腸也，魚絡在魚際之下，陽谿、列缺之間，大腸之脈行於此，故魚絡有血者，手陽明病。又足面爲跗，兩跗之上，其脈或豎或陷者，乃衝陽、解谿等穴也，故知其爲足陽明胃經之有病耳。且大腸經有病者，腸中切痛而鳴濯濯。切痛者，痛之緊也。濯濯者，腸中有水，而往來氣衝則有聲也。若冬日重感於寒，則即泄矣。其當齊而痛，不能久立，以大腸正在齊也。彼胃經有巨虛上廉，爲大腸之合，故曰與胃同候，取之巨虛上廉也。又胃經有病者，腹必䐜脹，其胃脘當心而痛，上肢兩脅膈咽等處，氣不能通，飲食不下，當取本經三里穴也。

〔張介賓注〕足陽明之脈行於面，故爲面熱。手陽明之脈行於手魚之表，故爲魚絡血。足面爲跗，兩跗之上脈，即衝陽也。豎者堅而實，陷者弱而虛，皆足陽明胃脈之病。觀下文云，大腸病者與胃同候，則此胃脈也，蓋兼手陽明而言。日，當作月。大腸屬胃，故與胃同候。巨虛上廉，大腸合也，故當取之。三里乃陽明之合，故胃病者當取之。䐜，音嗔。

〔張志聰注〕此復申明脈外之氣血，從手足陽明之所出也。衛氣者，乃陽明之悍氣，上衝於頭，循目眥耳前，散行於三陽，復循牙車合陽明，幷下人迎，合於頷脈，注足陽明以下，行至跗上。故曰面熱者足陽明病，蓋以徵衛氣之悍熱太過，而上行於面也。兩跗之上，其脈或豎或陷者足陽明病，蓋以徵陽明之氣，合於頷脈以下，行至跗上也。陽明之氣，下合於胃脈，故曰此胃脈也。夫五臟六腑之經脈，外合於六氣，則爲陽明，爲太陽，爲太陰，內合於臟腑，則爲胃脈，爲心脈、腎脈。蓋臟腑之氣，內合五行，外合六氣者也。胃腑所出之血氣，別走於脈外者，注臟腑之大絡，從大絡而外滲孫絡皮膚，循手陽明之經，大會於尺膚以上魚，猶脈內之血氣，大會於手太陰之尺寸也。故曰魚絡血者手陽明病，蓋以徵脈外之氣血，大會於手陽明也。此帝問六腑之病，而伯先答手足陽明，後及六腑，蓋明氣血出於手足之陽明。本經多因病假針，以明陰陽血氣之生始出入，臟腑經脈之外內貫通也。大腸者，傳道之官，故病則腸中切痛而鳴濯濯。陽明秉清金之氣，故冬日重感於寒即瀉，當齊而痛。大腸主津液，津液者淖澤注於骨，故病而不能久立也。大腸屬胃，故與胃同候，取胃經之巨虛上廉。夫腹者，腸胃之郛郭，胃脘在鳩尾內，正當心處，故胃病則腹䐜脹，胃脘當心而痛。上

肢，心肺之分。兩脅，肝之分也。食飲入胃，散精於肝，濁氣歸心，輸布於肺，胃病則氣逆而不能轉輸，是以上肢兩脅，膈咽不通，食飲不下，當取之三里也。

小腸病者，小腹痛，腰脊控睾而痛，時窘之後，當耳前熱，若寒甚，若獨肩上熱甚，及手小指次指之間熱，若脈陷者，此其候也。手太陽病也，取之巨虛下廉。

〔馬蒔注〕此言小腸經之病，而有刺之之穴也。小腸近小腹之內，後附腰脊，下連睾丸，故小腹痛，腰脊按期引睾丸而痛，痛時窘甚而欲去後也。小腸脈自手外側出踝中，上臂出肘後端，出肩解，繞肩胛，交肩上，故耳前熱，或耳前寒甚，或肩上熱甚，又手小指連及次指之間熱，若由小指而上，至前腕處，脈有下陷，皆本經有病之候也。彼胃經有巨虛下廉穴，爲小腸經之合，故當取此以刺之。

〔張介賓注〕小腸氣化於小腹，後附腰脊，下引睾丸，故爲諸痛，及不得大小便而時窘之後，蓋即疝之屬也。耳前，肩上，小指次指之間皆手太陽之經。故其病如此，其候則脈有陷者，巨虛下廉，小腸合也。故當取之。睾，音高，陰丸也。

〔張志聰注〕小腸病者，謂病小腸之腑氣也。小腸名赤腸，爲受盛之腑，上接於胃，下通大腸，從闌門濟泌別汁，而滲入膀胱，其氣與膀胱相通，是以小腹痛，腰脊控睾而痛。時窘之後，當耳前熱者病腑氣，而痛窘之後，則入於手之經脈矣。手太陽之脈，起於小指之端，循臂出肩解，上頰，入耳中，至目眥。脈陷者，此太陽之經脈病也。故首提曰小腸病，末結曰手太陽病，是腑氣之從下而上合於手太陽之經，故當取之巨虛下廉。

三焦病者，腹氣滿，小腹尤堅，不得小便，窘急溢則水留，即爲脹。候在足太陽之外大絡，大絡在太陽少陽之間，亦見於脈，取委陽。

〔馬蒔注〕此言三焦之病，而有刺之之穴也。手少陽三焦經之脈，入缺盆，布膻中，絡心包，下膈，循屬三焦，故腹氣滿，小腹尤堅也。三焦爲決瀆之官，故病則不得小便而窘急也，甚則水溢留內而爲脹。彼委陽穴者，足太陽膀胱經之大絡也，其穴在足太陽經之外，足少陽經之前，出於委中外廉兩筋間，爲三焦之合，故三焦有病，則脈必下陷，當取此穴以刺之。按此三焦，是後三焦，非前三焦也。

〔張介賓注〕三焦受病，則決瀆之官失其職，水道不利，故爲腹堅滿。爲小便窘急，爲溢則水留而脹也。委陽爲三焦下腧，故當取而治之。

〔張志聰注〕三焦者，下約膀胱，爲決瀆之腑，病則氣不輸化，是以腹氣滿而不得小便也。不得小便則窘急而水溢於上，留於腹中而爲脹，候在足太陽經外之大絡。大絡在太陽少陽經脈之間，其脈亦見於皮部，當取之委陽。此言六腑之氣，皆從足三陽之別絡，而通於經脈者也。

膀胱病者，小腹偏腫而痛，以手按之即欲小便而不得，肩上熱，若脈陷及足小指外廉及脛踝後皆熱，若脈陷，取委中央。

〔馬蒔注〕此言膀胱經之病，而有刺之之穴也。膀胱有病，則欲小便時，奈小腹中偏腫而痛，以手按痛處，即欲小便而不可得。其肩上熱，脈或陷，以膀胱之脈，凡大杼等穴，皆在肩背也。足小指外廉及脛踝後皆熱，脈亦若陷，以其脈自至陰、通谷、束骨、金門、申脈、僕參、崑崙、附陽、飛陽等穴，皆在足小指外廉與脛踝等處也。委中者，乃本經之合穴，故當取此穴以刺之。

〔張介賓注〕此皆膀胱之府病，取委中央者，足太陽經之合也。

〔張志聰注〕膀胱者，津液之腑，氣化則出，腑氣病，故小腹腫痛而不得小便也。肩上足小指外廉及脛踝後，乃足太陽經脈之所循，若熱而脈陷，此病腑而及於經矣，故當取委中之中央。

膽病者，善太息，口苦，嘔宿汁，心下澹澹，恐人將捕之，嗌中吤吤然，數唾。在足少陽之本末，亦視其脈之陷下者，灸之。其寒熱者，取陽陵泉。

〔馬蒔注〕此言膽經之病而有刺之之穴也。膽病者，善太息，口苦嘔宿膽汁，心下澹澹然，如人將捕之，蓋以膽氣之虛也。嗌中吤吤然有聲，且數多唾，以膽之有邪也，在取足少陽經之本末而視之。蓋以經穴之始爲本，經穴之終爲末也。其本末脈有陷下者，當灸之。若有寒熱往來，則取陽陵泉之合穴而刺之。

〔張介賓注〕澹澹，失意貌，吤吤然，有聲也。本末者，在府爲本，在經爲末也。其脈之陷下者爲不足，故宜灸。其寒熱者爲有邪，故宜取之陽陵泉，即足少陽經之合也。嗌，音隘。吤，音介。

〔張志聰注〕膽病則膽氣不升，故太息以伸出之。足少陽經脈之本在下，其末在頸嗌之間，宜灸之以起陷下之脈氣。其寒熱者，少陽之樞證也，當以

經取之，少陽之經氣外内出入者也。

《靈樞·壽夭剛柔》 黄帝曰：余聞刺有三變，何謂三變？伯高答曰：有刺營者，有刺衛者，有刺寒痺之留經者。黄帝曰：刺三變者奈何？伯高答曰，刺營者出血，刺衛者出氣，刺寒痺者内熱。

〔馬蒔注〕此言刺法之異者有三也。刺有三變，法有不同，謂之變也。蓋有刺營氣者，必出其血，正以血者營氣之所化。《營衛生會》篇云：營氣化血，以奉生身。今營氣有餘則陽不勝陰，不足則陰不勝陽，所以寒熱往來而氣衰甚少，其血爲陽所搏，當上下行，此皆血之爲病，故刺之者必出其血耳。《素問·調經論》云：取血於營也。有刺衛氣者，必出其氣，正以衛氣屬陽。痺論謂衛氣循於皮膚之中，分肉之間，熏於肓膜，散於胸中。今衛氣受病，其病當時來時去，病之或在内而或在外也。怫愾者，怒意也，以其有賁響之聲，故曰怫愾。風寒之氣，客於腸胃之間，病之在於内也。此皆氣之爲病，故刺之者必出其氣耳。調經論云：取氣於衛也。有刺寒痺之留於經者，必熨之，以使之内熱，其法見下節。正以寒痺爲病，留而不去，時或作痛，及皮膚不知痛癢而爲不仁也。

〔張介賓注〕刺營者刺其陰，刺衛者刺其陽，刺寒痺者溫其經，三刺不同，故曰三變。《調經》論亦曰，取血於營，取氣於衛，内熱義如下文。

〔張志聰注〕夫形舍氣，氣歸形，形氣之相任也。然下焦所藏之精水，中焦所生之營衛，所以溫分肉，充皮膚，濡筋骨，利關節，水隨氣而運行於膚表，環轉無端。如營衛留阻，水道不行，則形氣消索矣。故刺有三變，變者使之運行而變化也。營之血，衛之氣，道之出行於外，寒之痺，使之熱散於内。夫營衛血氣，主出入於外内，故病則止上下行而爲寒熱氣痛矣。若怫愾賁響，此乃風寒客於腸胃之中，蓋以分别營衛之生病。寒痺之爲病，本於自生，非外因之邪也。痺者，閉也。寒痺者，寒水之爲病也。腎爲水臟而主骨。在外者皮膚爲陽，筋骨爲陰。病在陰者名曰痺，留而不去，時痛而皮不仁者，謂腎臟寒水之痺，痛在於外合之骨，而及於皮之不仁，病從内而外也。

〔張玉師注〕風寒客於腸胃之中，照應病而形肉脱氣勝形者句。蓋本篇先論秉氣之壽夭，後復論病氣之壽夭。然病氣有二，一因於風寒之病氣，所謂氣勝形者是也。一因於營衛稽留，水道不行之病氣，所謂形勝氣者是也。

《靈樞·終始》 三脈動於足大指之間，必審其實虚。虚而寫之，是謂重虚，重虚病益甚。凡刺此者，以指按之，脈動而實且疾者疾寫之，虚而徐者則補之，反此者病益甚。其動也，陽明在上，厥陰在中，少陰在下。

〔馬蒔注〕此言足之三經，當驗其虚實而補瀉之也。按本節後文，則三脈者，足陽明胃經、足厥陰肝經、足少陰腎經也。三脈動於足大指之間者，正以陽明動於大指次指之間，凡厲兑、陷谷、衝陽、解谿皆在足跗上也。厥陰動於大指次指之間，正以大敦、行間、太衝、中封在足跗内也。少陰則動於足心，其穴涌泉乃足跗之下也。必審其脈之虚實，若虚者而瀉之，是謂重虚，病之所以益甚也。凡刺此者，須以指按之，脈動而實且疾者爲實，宜急瀉之。脈動而虚且徐者爲虚，宜急補之。否則重虚其虚，重實其實，其病當益甚也。且視其脈之所動者，陽明則在於足之上，厥陰則在於二經之中，少陰則在於足之下耳。

〔張介賓注〕三脈動者，陽明起於大指次指之間，自厲兑以至衝陽皆是也。厥陰起於大指之間，自大敦以至太衝皆是也。少陰起於足心，自涌泉以上太谿皆是也。三者皆在大指之後，故曰動於足大指之間也。虚而寫之，故病益甚。寫虚補實，是爲反也。陽明行足跗之上，厥陰行足跗之内，而在二經之中，少陰行足跗之下也。

〔張志聰注〕此篇論三陰三陽之氣，本於五臟五行之所生，而五臟之氣，生於後天水穀之精，始於先天之水火，蓋水生木而火生土金也。以上數節，論三陰三陽之氣候於人迎氣口，謂本於陽明水穀之所生，從五臟之經隧出於皮膚而見於尺寸，此復論五行之氣，本於先天之腎臟，下出於脛氣之街，散於皮膚，復從下而上。本經《動腧》篇曰：衝脈者，十二經之海也，與少陰之大絡起於腎下，出於氣街，循陰股内廉，斜入膕中，循脛骨内廉，並少陰之經，下入内踝之後，入足下。其别者斜入踝，出屬跗上，入大指之間，注諸絡以溫足脛。是先天水火之氣，下出於脛氣之街，故陽氣起於足五指之表，陰氣起於足五指之裏，此水火陰陽之氣，出氣街而散於足五指也。其别者，斜入踝出屬跗上，入大指之間，是先天之水火，化生五行之氣，隨衝脈與少陰之大絡，注於足大指之間，而復上行。故少陰在下者，謂天一之水，地二之火。厥陰在中者，謂天三之木。陽明居中土，而主秋金

之氣，陽明在上者，謂地四生金，天五生土也。此言五臟五行之氣，生於中焦之陽明，始於下焦之少陰。其上行者，出於陽明，而走尺膚。其下行者，出於少陰，而動於足大指之間。

邪氣之中人也，洒淅動形。正邪之中人也，微先見於色，不知於其身，若在若無，若亡若存，有形無形，莫知其情。是故上工之取氣，乃救其萌芽。下工守其已成，因敗其形。

〔馬蒔注〕此言邪氣之微，而上工能早救之也。洒淅，惡寒貌。動形者，振動其形也。八正神明論曰：虛邪者，八正之虛邪氣也。正邪者，身形若用力，汗出腠理開，逢虛風，其中人也微，故莫知其情，莫見其形。《邪氣臟腑病形》篇曰：虛邪之中身也，洒淅動形。正邪之中人也，微先見於色，不知於身，若有若無，若亡若存，有形無形，莫知其情。又《八正神明論》曰：上工救其萌芽，必先見三部九候之氣，盡調不敗而救之，故曰上工。下工救其已成者，言不知三部九候之相失，因病而敗之也。上工論氣不論形，所以預取其氣而早救其萌芽，彼下工則反是矣。

〔張介賓注〕邪氣，言虛邪也。虛邪之中人也甚，故洒淅動形。正邪之中人也微，故但先見於色而不知於身。此節與下章互有發明，所當參閱。此數句與邪氣藏府病形論同，詳疾病類三。因敗其形者，不知其難而反傷之也。所在，即三部九候之義。

膺腧中膺，背腧中背，肩膊。虛者取之。

〔馬蒔注〕此言凡取穴者，必當各中其所也。胸之兩旁謂之膺，故膺內有腧，如胃經氣戶、庫房、屋翳、膺窗，腎經腧府、彧中、神藏、靈墟之類。凡刺膺腧者，當中其膺可也。背內有腧，如督脈經諸穴居脊之中，膀胱經諸穴居背之四行之類。凡刺背腧者，當中其背與肩膊可也。按其分肉虛者則取之耳。

《靈樞·四時氣》　腹中常鳴，氣上衝胸，喘不能久立，邪在大腸。刺肓之原，巨虛上廉，三里。

〔馬蒔注〕此言刺邪在大腸者之法也。腹中常鳴者，以水與火相激而成聲也。氣上衝於胸，發而爲喘，不能久立，乃邪在大腸，故病如是也。當刺肓之原，又取巨虛上廉及三里穴以刺之。蓋大腸屬上廉，小腸屬下廉，故此篇邪在大腸宜刺巨虛上廉，而下節邪在小腸宜刺巨虛下廉也。

〔張介賓注〕《九針十二原》篇曰：肓之原出於脖胦，即任脈之下氣海也。巨虛上廉、三里，皆足陽明經穴。按《本輸》篇曰，大腸屬上廉，此以邪在大腸，故當刺巨虛上廉。若下文之邪在小腸者，則當取巨虛下廉也。

〔張志聰注〕此邪在大腸而爲病也。大腸爲傳導之官，病則其氣反逆，是以腹中常鳴，氣上衝胸，喘不能久立。膏肓即臟腑之募原，膏在上而肓在下，肓之原在臍下一寸五分，名曰脖胦，乃大腸之分。巨虛上廉在三里下三寸。取巨虛、三里者，大腸屬胃也。

小腹控睾引腰脊，上衝心，邪在小腸者。連睾系屬於脊，貫肝肺，絡心系，氣盛則厥逆上衝，腸胃燻肝，散於肓，結於臍。故取之肓原以散之，刺太陰以予之，取厥陰以下之，取巨虛下廉以去之，按其所過之經以調之。

〔馬蒔注〕此言刺邪在小腸之法也。人有小腹中控其睾丸，引腰脊間，上衝於心者，邪在小腸也。蓋小腸連睾系屬於脊，貫肝與肺，絡心之系。今邪氣盛則厥逆上衝於腸胃，熏於肝，散於任脈，經肓之原，結於臍中之神闕，故當刺肓之原以散其經，又刺手太陰肺經穴以予其補，又取足厥陰肝經穴以下其邪，以小腸之脈，連睾屬脊貫肝肺也。又取足陽明胃經下巨虛以去其邪，又按小腸脈所過之經以調其氣可也。

〔張介賓注〕控，引也。睾，陰丸也。小腸連於小腹，若其邪盛，則厥逆自下上衝心肺，燻於肝胃，引於腰脊，下及肓臍睾系之間也。肓義詳疾病類六十七。睾，音高。取肓原以散之，散臍腹之結也。刺太陰以予之，補肺經之虛也。取厥陰以下之，寫肝經之實也。取巨虛下廉以去之，求小腸之所屬也。按其所過之經，謂察其邪之所在以調之也。

善嘔，嘔有苦，長太息，心中憺憺恐人將捕之，邪在膽，逆在胃。膽液泄則口苦，胃氣逆則嘔苦。故曰：嘔膽取三里，以下胃氣。逆則刺少陽血絡，以閉膽逆，卻調其虛實以去其邪。

〔馬蒔注〕此言刺邪在膽者之法也。病有善嘔而嘔出苦味，又長太息，其心中憺憺然之靜中，似恐有人將捕之，此邪在膽經也。蓋膽邪逆於胃，故膽液泄則口苦而嘔，故曰嘔膽。此證當取足陽明胃經三里以下胃氣之逆。則刺當作側刺，蓋膽之經絡在肋之後旁，故曰側刺足少陽膽經之血絡以出其血，而止膽之逆。卻又調兩經之虛實，虛則補而實則瀉，以終去其邪而不使之復也。

〔張介賓注〕憺憺，心虛貌。邪在膽，逆在胃，水乘土也。膽液泄則苦，胃氣逆則嘔，故嘔苦者謂之嘔膽。三里，足陽明經穴，故可下胃氣之逆。又刺足少陽血絡以平其水，則膽液不泄，故曰以閉膽逆，然必調其虛實，或補或寫，皆可以去其邪也。

〔張志聰注〕此邪在膽而爲病也。嘔有苦，膽氣逆在胃也。膽氣欲升，故長太息以伸之。病則膽氣虛，故心中憺憺，恐人將捕之。病在膽，逆在胃者，木邪乘土也。膽汁通於廉泉玉英，故膽液泄則口苦。膽邪在胃，故胃氣逆則嘔苦也。取三里以下胃氣之逆，刺少陽之血絡以閉膽逆，調其虛實以去其邪。

《靈樞·五邪》 邪在肺，則病皮膚痛，寒熱，上氣喘，汗出，欬動肩背。取之膺中外腧，背三節五藏一本作五觀，又五節。之傍，疾按之，快然，乃刺之，取之缺盆中以越之。

〔馬蒔注〕此言刺肺邪諸病之法也。凡邪在於肺，皮爲肺之合，故皮膚痛，發爲寒熱，氣上而喘。汗出者，以腠理疏也。欬動肩背者，以肺爲五臟華蓋，而肩乃肺經脈氣所行也。當取膺中外俞雲門、中府等穴以刺之，又取背三節旁之肺俞，及取五椎旁之心俞穴，然先以手速按其處，自覺快爽，乃刺之耳。又必取缺盆穴，使邪氣從此而上越也。

〔張介賓注〕皮膚痛而寒熱者，皮毛爲肺之合也。氣喘汗出者，肺主氣而腠理疏也。肺爲藏府之華蓋，居於膈上，故欬則動及肩背。膺中之外腧，雲門中府也，手太陰本經穴，但雲門忌深，能令人逆息。三椎之傍，肺腧也。五椎之傍，心腧也，皆足太陽經穴。以手疾按其處，覺快爽者，即其眞穴，乃可刺之。缺盆，足陽明經穴也。手太陰之脈上出於此，故當取之以散越肺邪，但忌太深，令人逆息。

〔張志聰注〕此承上章復論邪在五臟而病於外也。夫六腑之應於皮肉筋骨者，臟腑雌雄之相合也。五臟之外應者，陰陽之氣，皆有出有入也。肺主皮毛，故邪在肺則病皮膚痛。寒熱者，皮寒熱也。蓋臟爲陰，皮膚爲陽。表裏之氣，外內相乘，故爲寒爲熱也。上氣喘者，肺氣逆也。汗出者，毛腠疏也。欬動肩背者，欬急息肩，肺俞之在肩背也。膺中外俞，肺脈所出之中府、雲門處。背三節五臟之旁，乃肺俞旁之魄戶也。缺盆中者，手陽明經之扶突，蓋從腑以越陰臟之邪。

邪在肝，則兩脇中痛，寒中，惡血在內，行善掣，節時腳腫，取之行間以引脇下，補三里以溫胃中，取血脈以散惡血，取耳間青脈，以去其掣。

〔馬蒔注〕此言刺肝邪諸病之法也。凡邪在於肝，則兩脅中痛，蓋肝之經脈貫胸中，布脅肋也。胃中必寒，木旺則土衰也。惡血在內，以肝氣不疏也。行善牽掣其關節，時或腳腫，以肝之經脈自足大指上行內踝，入陰器以上季脅及肋也。當取足厥陰肝經行間穴以引出脅下之邪，補足陽明胃經三里以溫其胃中之寒，取肝經血脈外見者以散其在內之惡血，取耳間青脈以去其所行之掣節。

〔張介賓注〕兩脇中痛，肝之經也。寒中，木乘脾胃也。惡血在內，肝所主也。行善牽掣其關節，肝主筋而邪居之也。肝經自足大指上行內踝，故時爲腳腫。行間，足厥陰本經之滎，故可以引去肝邪而止脇痛。三里足陽明經穴，補以溫胃，可去寒中。取肝經血絡外見者，可以散在內之惡血。足少陽經循耳前後，足厥陰主諸筋而與少陽爲表裏，故取耳間青脈，可以去掣節。

〔張志聰注〕肝脈循於兩脅，故邪在肝則脅中痛。兩陰交盡，是爲厥陰，病則不能生陽，故爲寒中。蓋邪在肝，脅中痛，乃病經臟之有形。寒中，厥陰之氣也。內，脈內也。行善掣節者，行則掣節而痛，此惡血留於脈內，脈度循於骨節也。時腳腫者，厥陰之經氣下逆也。當取足厥陰肝經之行間以引脅下之痛，補足陽明之三里以溫寒中，取血脈以散在內之惡血。耳間青脈，乃少陽之絡，循於耳之前後，入耳中，蓋亦從腑陽以去其掣節。

邪在脾胃，則病肌肉痛，陽氣有餘，陰氣不足，則熱中善饑。陽氣不足，陰氣有餘，則寒中腸鳴腹痛。陰陽俱有餘，若俱不足，則有寒有熱，皆調於三里。

〔馬蒔注〕此言刺脾胃諸病之法也。凡邪在脾胃，則病肌肉痛，以脾主肌肉也。胃爲陽經，若邪氣有餘，則不足者不能勝有餘也，其病爲胃勝，當爲熱中而善饑。蓋火與陽爲類，而火消穀則易饑耳。反此而脾爲陰經，胃之正氣不足，脾之邪氣有餘，其病爲脾勝，當爲寒中而腸鳴腹痛也。設脾胃俱邪氣有餘，或正氣俱不足，則胃當爲熱而脾當爲寒也。當取足陽明胃經三里穴以調之，有餘則瀉，而不足則補耳。

〔張介賓注〕邪在脾胃則肌肉痛，脾主肌肉也。陽有餘則陰不足，陽邪入

府，病在陽明，故爲熱中善饑。陽不足則陰有餘，陰邪入藏，病在太陰，故爲寒中腸鳴腹痛。若脾胃之邪氣皆盛，陰陽俱有餘也。脾胃之正氣皆虚，陰陽俱不足也。故有寒有熱，隨之而見。此足陽明之合，可兼治脾胃之病。

〔張志聰注〕脾胃主肌肉，故邪在脾胃，則肌肉痛。脾乃陰中之至陰，胃爲陽熱之腑，故陽明從中見太陰之化，則陰陽和平，雌雄相應。若陽氣有餘，陰氣不足，則熱中而消穀善饑。若陽氣不足，陰氣有餘，則寒中而腸鳴腹痛。陰陽俱有餘者，邪病之有餘，俱不足者，正氣之不足，皆當調之三里而補瀉之，亦從腑而和臟也。

邪在腎，則病骨痛陰痺者，按之而不得，腹脹腰痛，大便難，肩背頸項痛，時眩，取之涌泉，崑崙，視有血者盡取之。

〔馬蒔注〕此言刺腎邪諸病之法也。邪在於腎則病骨痛，以腎主骨，而陰痺當在陰分也。陰痺者，痛無定所，按之而不可得，即痺論之所謂以寒勝者爲痛痺也。其小腹脹，以腎脉入小腹也。其腰痛，以腰爲腎之腑也。其大便難，以腎通竅於二便也。其肩背頸項痛，此皆膀胱經脉所行，以腎與膀胱爲表裏也。且時時眩暈，亦兼膀胱與腎邪也。當取腎經之涌泉穴，又取膀胱經之崑崙穴，視有血者，則二經盡取之可也。

〔張介賓注〕腎屬少陰而主骨，故其病爲骨痛陰痺。又至眞要大論陰痺義更詳。見運氣類二十五。涌泉爲足少陰之井，崑崙爲足太陽之經。按《經脉》篇以腰脊肩背頸項痛，爲足太陽病，故當取崑崙。餘爲少陰病，故當取涌泉。二經表裏，凡有血絡者，皆當取之。

〔張志聰注〕在外者筋骨爲陰，病在陰者名曰痺。陰痺者，病在骨，按之而不得者，邪在骨髓也。腹脹者，臟寒生滿病也。腰者腎之腑，腎開竅於二陰，大便難者，腎氣不化也。肩背頸項痛，時眩者，臟病而及於腑也。故當取足少陰之涌泉，足太陽之崑崙，視有血者盡取之。

邪在心，則病心痛喜悲，時眩仆，視有餘不足而調之其輸也。

〔馬蒔注〕此言刺心邪諸病之法也。邪在心，故心必痛，且善悲，時或眩仆，或邪氣有餘，或正氣不足，皆病如是也。當視其有餘不足而調之，實則瀉而虚則補，皆取其神門之爲俞穴者以刺之耳。本經邪客篇云：少陰心脉，心者五臟六腑之大主，精神之所舍也，其臟堅固，邪弗能容，容之則心傷，心傷則神去，神去則死矣。故諸邪之在心者，皆在心之包絡，包絡者，心主之脉，故獨無腧焉。其外經病而内不病，故獨取其經於掌後鋭骨之端。

〔張介賓注〕邪在心者，皆在心之包絡，其應補應寫，皆當取手厥陰心主之輸。

〔張志聰注〕邪在心，邪薄於心之分也。喜爲心志，心氣病則虚，故喜悲，神氣傷，故時眩仆，視有餘不足而調其輸也。按皮脉肉筋骨，五臟之外合也。邪在心而不病脉者，手厥陰心主包絡主脉也。諸邪在於心者，皆在於心之包絡，包絡者，心主之脉也。本輸者，皆因其氣之虚實疾徐以取之，故邪在心。邪在於包絡，心之分也。視有餘不足而調之者，因心氣之虚實而調之也。此邪薄於心之分，以致心氣之有餘不足，邪不在心，故不外應於脉。沈亮宸曰：邪干臟則死，非獨傷於心也。曰邪在肺、邪在肝者，邪薄於五臟之分，病臟氣而不傷其臟眞，故首言三節五臟之旁，以手疾按之，快然，乃刺之。蓋五臟之旁，乃五臟之氣舍也，病在氣當取之氣，取之氣，故以手按之則快然。曰三節、曰五臟之旁，俱宜體會。

《靈樞・寒熱病》病始手臂者，先取手陽明太陰而汗出。

〔馬蒔注〕此承上文而言，病始手臂者，而有先刺之法也。手臂乃手陽明大腸經、手太陰肺經脉氣所行，故病始手臂者，先取此二經刺之以出汗，則其邪可去矣。

〔張志聰注〕此分别形身上下，各有所主之陰陽也。夫身半以上，手太陰陽明皆主之，故病始於臂者，先取手陽明太陰而汗出。

病始頭首者，先取項太陽而汗出。

〔馬蒔注〕此承上文而言，病始於頭首者，而有先刺之法也。項上於頭，乃是太陽膀胱經脉氣所行，故病始於頭首者，先取此經刺之以出汗，其邪可去矣。

〔張志聰注〕太陽之氣，生於膀胱，而上出於頭項，故病始於頭首者，先取項太陽而汗出。

病始足脛者，先取足陽明而汗出。

〔馬蒔注〕此承上文而言，病始足脛者，而有先刺之法也。足脛外廉，乃足陽明胃經脉氣所行，故病始於足脛者，先取此經刺之以出汗，其邪可去矣。

〔張介賓注〕刺癰疽者，法當取汗，則邪從汗散而癰自愈。然必察其始病之

經，而刺有先後也。此節義當與《刺熱篇》參看，詳疾病類四十四。

（張志聰注）身半以下，足太陰陽明皆主之，故病始足脛者，先取足陽明而汗出。曰始者，謂病始於下者下行極而上，始於上者上行極而下。曰先者，謂手足之陰陽，雖各有所主，然三陰三陽之氣，上下升降，外內出入，又互相交通者也。

臂太陰可汗出，足陽明可汗出。故取陰而汗出甚者，止之於陽；取陽而汗出甚者，止之於陰。

（馬蒔注）此承上文而言，肺胃兩經，皆可以發汗。若汗多者，陰取之陽，陽取之陰也。臂太陰者，即手太陰肺經也。此經與足陽明胃經皆可發汗。若刺肺經而汗出太甚，則瀉胃經以止之，蓋陽瀉則陰勝也。刺胃經而汗出太多，則瀉肺經以止之，蓋陰瀉則陽勝也。

（張介賓注）臂太陰肺經也，足陽明胃經也。按《熱病》篇曰，脈順可汗者，取之魚際、太淵、大都、太白，寫之則熱去，補之則汗出。按以上四穴，皆手足太陰經之滎腧也。此言臂太陰者，即魚際、太淵二穴。然則足陽明者，亦當取之滎腧，則内庭陷谷是也。詳義見本類前四十。補太陰而汗出甚者，陰之勝也。當補陽明，可以止之。寫太陰而汗出甚者，陽之勝也，當寫陽明可以止之。蓋以陰陽平而汗自止也。取陽而汗出甚者，其止法亦然。

（張志聰注）汗乃陰液，生於陽明。太陰主氣行於膚表，水津四布乃氣化以通調，故臂太陰可汗出。水穀之津液，從腠理發泄，汗出溱溱，故足陽明可汗出。然汗液必由氣之宣發，氣得液而後能充身澤毛，故取陰而汗出甚者，止之於陽，取陽而汗出甚者，止之於陰，蓋陽爲陰之固，陰爲陽之守也。

《靈樞·厥病》 厥頭痛，面若腫，起而煩心，取之足陽明太陰。厥頭痛，頭脈痛，心悲善泣，視頭動脈反盛者，刺盡去血，後調足厥陰。厥頭痛，貞貞頭重而痛，瀉頭上五行行五，先取手少陰，後取足少陰。厥頭痛，意善忘，按之不得，取頭面左右動脈，後取足太陰。厥頭痛，項先痛，腰脊爲應，先取天柱，後取足太陽。厥頭痛，頭痛甚，耳前後脈涌有熱，瀉出其血，後取足少陽。眞頭痛，頭痛甚，腦盡痛，手足寒至節，死不治。頭痛不可取於腧者，有所擊墮，惡血在於内。若肉傷痛未已，可則刺，不可遠取也。頭痛不可刺者，大痺爲惡，日作者，可令少愈，不可已。頭半寒痛，先取手少陽陽明，後取足少陽陽明。

（馬蒔注）此言頭痛有厥痛，有眞痛，其諸證皆有刺之之法也。厥頭痛者，邪氣逆於他經，上干於頭而痛也。其氣不循經隧，而有逆行之意，故亦名之曰厥。眞頭痛者，邪氣專入頭腦而痛，非由他經之所干也。有厥頭痛者，面腫於外，心煩於内，當取足陽明胃經、足太陰脾經以刺之。有厥頭痛者，心悲而善泣，當視其頭之動脈反盛者刺之，以盡去其血，後調足厥陰肝經以刺之。有厥頭痛者，貞貞然而不移，其頭甚重而痛，當瀉頭上之五行，每行有五，共二十五穴，其中行督脈經之上星、囟會、前頂、百會、後頂穴是也。次兩旁，即足太陽膀胱經之五處、承光、通天、絡卻、玉枕穴是也。又次兩旁，即足少陽膽經之臨泣、目窗、正營、承靈、腦空穴是也。又先取手少陰心經，後取足少陰腎經之穴以刺之。有厥頭痛者，其意善忘，按其痛處又無定所，當取頭面左右之動脈，後取足太陰脾經之穴以刺之。有厥頭痛者，其項先痛，而腰脊隨痛以應之，當取足太陽膀胱經之天柱穴，復取本經之他穴以刺之。有厥頭痛者，頭痛已甚，其耳前後之脈，涌起而熱，當瀉其熱脈之血，後取足少陽膽經之穴以瀉之。有眞頭痛者，頭痛最甚，其腦盡痛，如手足盡冷，皆至於節，當爲死不治也。有頭痛不可取腧穴以刺之者，以其有所擊墮，惡血在於内，亦能令人頭痛，所以不可取於腧穴也。若擊墮之處，肉有所傷，而頭痛未已，可取針以側刺其頭痛之處，不必遠取諸穴以刺之也。則，同側。有頭痛不可刺者，以其素成大痺而爲惡患，亦能令人頭痛，若此痛日發者，止可令其略愈，不能使之終已也。有頭之半冷痛者，先取手少陽三焦經、手陽明大腸經，後取足少陽膽經、足陽明胃經以刺之。

（張志聰注）此章論經氣五臟厥逆爲病也。夫三陰三陽，天之六氣也，木火土金水，地之五行也。在天呈象，在地成形。地之五行，化生五臟。天之六氣，配合六經。是五臟相通，移皆有次，六氣旋轉，上下循環，若不以次相傳，則厥逆而爲病矣。再按在天丹黅蒼素元之氣，經於五方之分，化生地之五行，地之五行，上呈三陰三陽之六氣，此天地陰陽五運六氣互相生成者也，而人亦應之。故曰，東方生風，風生木，木生酸，酸生肝。南方生熱，熱生火，火生苦，苦生心。此五臟之形氣，生於地之五行而本於天之六氣，十二經脈外合六氣而本於臟腑之所生，臟腑經氣之相合也。《靈》、《素》經中，凡曰太陽、少陽、陽明、太陰、厥陰，此論在六氣，或有及於六經，

若曰肝心脾肺腎，此論在臟腑經脈，而或涉於六氣，此陰陽離合之道也。夫陰陽出入，寒暑往來，皆從地而出，自足而上，是以賢人上配天以養頭，下象地以養足，中傍人事以養五臟。苛失其養，則氣厥而爲頭痛，臟厥而爲心痛矣。陽明之氣，上出於面，厥氣上逆於頭，故爲頭痛面腫，陽明是動則病心欲動，故起而心煩，此陽明之氣上逆於頭而爲厥頭痛也，故當取之足陽明。陽明從中見太陰之化，故兼取之太陰。此厥逆在氣而不及於經也。夫三陰三陽之氣，皆從下而上，有厥在氣而不及於經者，有厥在氣而轉入於經脈者，經氣外內相通，可離而可合也。是以上文止論氣，此以下論氣厥而上及於經脈焉。逆在脈，故頭脈痛，厥陰爲闔，闔折則氣絕而喜悲。逆在氣，故心悲善泣。視頭動脈反盛者，刺之盡去其血，以瀉脈厥，後調足厥陰以通其氣逆焉。此厥陰之氣厥逆於上，轉入於經而爲厥頭痛也。貞貞，固而不移也。頭上五行，取足太陽經之五處、承光、通天、絡卻、玉枕。少陰太陽主水火陰陽之氣，上下標本相合，是以先瀉太陽，次取手少陰，後取足少陰也。此少陰之氣厥逆於上，轉及於太陽之經而爲厥頭痛也。經云：氣並於上，亂而喜忘。脾藏意，太陰之氣厥逆，則脾臟之神志昏迷，故意善忘也。頭主天氣，脾主地氣。按之不得者，地氣上乘於天，入於頭之內也。先取頭面左右之動脈，以瀉其逆氣，後取足太陰以調之，蓋頭面左右之動脈，足陽明之脈也，此太陰之氣，厥逆於上，及於頭面之脈，而爲厥頭痛也。夫陰陽六氣，皆循經而上，太陽之脈，從頭項而下循於腰脊，太陽之厥頭痛，項先痛而腰脊爲應，此逆在氣而應於經，故先取項上之天柱以瀉其逆，後取足太陽以調之。此太陽之氣上逆於頭而爲厥頭痛也。少陽之上，相火主之，火氣上逆，故頭痛甚，而耳前後脈涌有熱，先瀉出其血，而後取其氣。此少陽之氣厥入於頭項經脈而爲厥頭痛也。上論三陰三陽之氣厥而爲頭痛，不因於外邪也。若眞頭痛者，非六氣之厥逆，乃客邪犯腦，故頭痛甚腦盡痛。頭爲諸陽之首，腦爲精水之海。手足寒至節，此眞氣爲邪所傷，故死不治。至於擊墮傷頭而爲頭痛者，不可取之俞也。夫有所擊墮，惡血在於內，若肉傷痛未已，可則在此痛處而刺之，不可遠取之俞。蓋言痛在頭而取之下者，乃在下之氣厥逆於上，經氣上下交通，若有所傷而痛者，非經氣之謂也。其大痹而爲頭痛者，亦不可刺其俞也。大痹者，風寒客於筋骨而爲惡也。日作者，當取之筋骨，可令少愈，如不止，不可已，宜再取。蓋風寒之邪，深入於筋骨，故不可取之俞，而亦不能即愈。若寒邪客於經脈，則爲偏頭痛。蓋寒傷榮，故爲寒痛。手足三陽之脈，上循於頭，左者絡左，右者絡右，傷於左則左痛，傷於右則右痛，非若厥氣上逆而通應於頭也。手足少陽陽明之脈，皆分絡於頭之左右，先取手而後取足者，手經之脈，上於頭而交於足經也。不取太陽者，太陽之在中也。按《靈》《素》二經，凡論六氣後列經證一條，論六經後列氣證一則，此先聖之婆心，欲後學之體認。沈亮宸曰：千般疢難，不越三因。厥頭痛者，內因之氣厥也。眞頭痛者，淫邪犯腦也。大痹者，風寒逆於脈外也。頭半痛者，寒邪客於脈中也，此外因之疾也。有所擊墮者，不內外因也。以此詳之，病由都盡。若人能愼養，內使血氣和調，陰陽順序，外使元眞通暢，腠理固密，不令淫邪干忤，更能保身忍性，無有擊墮之虞，可永保其天年，而無夭枉之患矣。

《靈樞・口問》　黄帝曰：人之自齧舌者，何氣使然？此厥逆走上，脈氣輩至也。少陰氣至則齧舌，少陽氣至則齧頰，陽明氣至則齧脣矣。視主病者，則補之。

〔馬蒔注〕此言人之所以嚙頰嚙脣者，各有刺之之法也。凡人之嚙舌者，皆氣逆走上所致也。且各經脈氣以輩而至，故手少陰心經之氣至則嚙舌，以舌爲心經之竅也。手少陽三焦之氣至則嚙頰，以頰爲三焦經之脈路也。手陽明大腸經之氣至則嚙脣，以脣爲大腸經之脈路也。各視主病之經以補之耳。

〔張介賓注〕輩者類也。厥逆走上，則血湧氣騰至生奇疾，所至之處，各有其部。如少陰之脈循舌本，少陽之脈循耳頰，陽明之脈環唇口。故或爲腫脹，或爲怪癢，各因其處，隨而齧之，不獨止於舌也。齧，尼結切。察主病之經以補之也。

〔張志聰注〕此總結脈氣生於中焦後天之水穀，本於下焦先天之陰陽，中下之氣相合而行者也。齒者，腎氣之所生也，少陰之脈挾舌本，少陽之脈循於頰，陽明之脈挾口環脣下。如腎臟之生氣厥逆走上，與中焦所生之脈氣相輩而至，則舌在齒之內而反向外矣，脣在齒之外而反向內矣，頰在齒之旁而反向中矣，此蓋假嚙舌嚙唇以明陽明所生之血脈，本於先天之生氣相合而偕行者也。

《靈樞·五亂》黃帝曰：經脈十二者，別爲五行，分爲四時，何失而亂？何得而治？岐伯曰：五行有序，四時有分，相順則治，相逆則亂。黃帝曰：何謂相順？岐伯曰：經脈十二者以應十二月，十二月者分爲四時，四時春夏秋冬，其氣各異，營衛相隨，陰陽已和，清濁不相干。如是則順之而治。黃帝曰：何謂逆而亂？岐伯曰：清氣在陰，濁氣在陽，營氣順脈，衛氣逆行，清濁相干，亂於胸中，是謂大悗。故氣亂於心則煩心密嘿，俛首靜伏。亂於肺則俛仰煩喝，接手以呼。亂於腸胃則爲霍亂。亂於臂脛則爲四厥，頭重眩仆。

〔馬蒔注〕此言人有五亂，而諸證各有所見也。夫脈與四時相合，是謂順也。惟清氣宜升，當在於陽，反在於陰；濁氣宜降，當在於陰，而反在於陽。榮氣陰性，精專固順，宗氣以行於經隧之中，衛氣陽性，慓悍滑利，宜行於分肉之間。今晝不行於陽經，夜不行於陰經，其氣逆行，乃清濁相干，亂在胸中，是之謂大悶也。故氣亂於心，或亂於肺，或亂於腸胃，或亂於臂脛，或亂於頭，各有其證候者如此。

〔張介賓注〕在陽則亂，營氣陰性精專，行常順脈。衛氣陽性慓悍，晝當行陽，夜當行陰。若衛氣逆行，則陰陽相犯，表裏相干，亂於胸中而爲悗悶，總由衛氣之爲亂耳。悗，母本切。氣亂於內者，上則在心肺，下則在腸胃也。嘿，默同。俛，俯同，又音免。氣亂於外者，下在於四肢，上在於頭也。

〔張志聰注〕本經《邪客》篇云：五穀入於胃也，其糟粕津液宗氣分爲三隧。故宗氣積於胸中，出於喉嚨，以貫心脈而行呼吸焉。榮氣者，泌其津液，注之於脈，化而爲血，以榮四末，內注五臟六腑以應刻數焉。此言宗氣積於胸中，上貫心脈，同榮氣行於脈中，以應呼吸漏下。《五味》篇曰：穀始入於胃，其精微者，先出於胃之兩焦，以溉五臟，別出兩行榮衛之道，其大氣之摶而不行者，積於胸中，命曰氣海，出於肺，循喉咽，故呼則出，吸則入。此言宗氣積於胸中，上出於肺，偕衛氣行於脈外，以應呼吸漏下。此榮行脈中，衛行脈外，宗氣兩行榮衛之道，一呼一吸，脈行六寸，漏下二刻，人二百七十息，脈行十六丈二尺爲一周。漏下百刻，人一萬三千五百息，脈行五十度而大周於身。此清氣在陰，濁氣在陽，榮行脈中，衛行脈外，清濁之不相干也。又曰：衛氣者，出其悍氣之慓疾，而先行於四末分肉皮膚之間而不休者也。晝日行於陽，夜行於陰，常從足少陰之分間，行於五臟六腑，此榮衛相將，偕行於脈外，晝行陽二十五度，夜行陰二十五度，與榮行脈中衛行脈外之各走其道，清濁之不相干也。經脈十二以應十二月者，六臟六腑之經脈，循度環轉，行十六丈二尺爲一周也。分爲四時者，一日之中有四時，朝則爲春，日中爲夏，日入爲秋，夜半爲冬。衛氣晝行於陽，夜行於陰，其氣各異。榮衛相隨，陰陽相和，而清濁不相干也。夫循脈之榮衛宗氣從胸而上出於心肺，順脈而行，以榮四末，內注五臟六腑，以應刻數。其榮衛相隨，晝行陽而夜行陰者，與脈逆行，從頭注於臂胻，以行三陽之分，夜則內行臟腑之陰，與榮行脈中衛行脈外之氣不相干也。所謂清濁相干者，循脈之榮衛，與行陰行陽之榮衛相干，是以亂於胸，亂於心肺，及亂於腸胃臂胻頭也。

黃帝曰：五亂者，刺之有道乎？岐伯曰：有道以來，有道以去。審知其道，是謂身寶。黃帝曰：善。願聞其道。岐伯曰：氣在於心者，取之手少陰心主之輸。氣在於肺者，取之手太陰滎、足少陰輸。氣在於腸胃者，取之足太陰陽明，不下者取之三里。氣在於頭者，取之天柱大杼，不知，取足太陽滎輸。氣在於臂足，取之先去血脈，後取其陽明少陽之滎輸。

〔馬蒔注〕此言刺五亂之穴也。道者，脈路也。邪之來也，必有其道，則邪之去也，亦必有其道，審知其道而善去之，斯謂養身之寶。故氣亂於心者，當取之手少陰心經之輸穴神門，手心主即厥陰心包絡經之輸穴大陵。氣亂於肺者，取足太陰脾經滎穴魚際，足少陰腎經之輸穴太谿。氣在於腸胃者，取之足太陰脾經之輸穴太白，足陽明胃經之輸穴陷谷。如刺之而邪氣不下，當取足陽明胃經之三里。若氣在於頭者，取之足太陽膀胱經之天柱，又取於本經之大杼。如取之而病尚不知，又當取本經之滎穴通谷、輸穴束骨。若氣在於臂足者，當先去其臂足之血脈，然後在臂則取手陽明大腸經之滎穴二間，輸穴三間，手少陽三焦經之滎穴液門、輸穴中渚。在足則取足陽明滎穴內庭，輸穴陷谷，足少陽膽經之滎穴俠谿，輸穴臨泣。

〔張介賓注〕道，言所由也。邪之來去，必有其道。知其道則取病甚易，是謂保身之寶也。按，此四句雖以針刺爲言，然實治法之要領，不可不知也。大凡疾病之生，必有所自，是有道以來也；知其所自而徑拔之，是有道以去也。能審其道，則自外而入者，自表而逐之，自內而生者，自裏而除之。自上來者可越之，自下來者可竭之，自熱來者不遠寒，自寒來者不遠熱。自虛而實者，先顧其虛，無實則已。自實而虛者，先去其實，無虛則已。皆

求去之道也。俗云來處來，去處去，此言雖淺，殊有深味，誠足爲斯道之法。手少陰之輸，神門也。心主之輸，手厥陰大陵也。手太陰之滎，魚際也。足少陰之輸，太谿也。氣在肺而取腎者，以少陰脈貫腎絡肺也。取足太陰之輸，太白也。足陽明之輸，陷谷也。三里亦足陽明穴。天柱，大杼，俱足太陽經穴，不知，不應也。當復取其滎輸二穴，通谷、束骨也。臂足之絡有血者，必先去其血。在手者取手，在足者取足。手陽明之滎輸二間、三間也，手少陽之滎輸，液門、中渚也。足陽明之滎輸，內庭、陷谷也。足少陽之滎輸，俠谿、臨泣也。

〔張志聰注〕道者，謂各有循行之道路。有道以來，有道以去者，言有道以來，而清濁相干，亦當有道以去，而陰陽相和也。故審知逆順之道，是謂養身之寶。取手少陰手太陰之滎輸者，取氣以順其宗氣之上行也。本經云：宗氣流於海，其上者走於息道，其下者注於氣街。又曰：衝脈者，十二經之海也，與少陰之大絡起於腎下，出於氣街。取足少陰輸者，順宗氣之下行也。取足太陰陽明而復取之三里者，先取氣而後取脈也。取天柱大杼而復取之滎輸者，先取脈而後取氣也。蓋清濁相干，乃經脈外內之血氣厥逆也。《經脈》篇曰：六經絡手陽明少陽之大絡，起於五指間，上合肘中。逆氣在於臂足，取之先去血脈，後取其陽明少陽之滎輸者，先去其脈中之逆，使脈外之血氣，溜注於脈中，而陰陽已和也。

《靈樞·順氣一日分為四時》 黃帝曰：善。余聞刺有五變，以主五輸，願聞其數。岐伯曰：人有五藏，五藏有五變，五變有五輸，故五五二十五輸，以應五時。黃帝曰：願聞五變。岐伯曰：肝爲牡藏，其色青，其時春，其音角，其味酸，其日甲乙。心爲牡藏，其色赤，其時夏，其日丙丁，其音徵，其味苦。脾爲牝藏，其色黃，其時長夏，其日戊己，其音宮，其味甘。肺爲牝藏，其色白，其音商，其時秋，其日庚辛，其味辛。腎爲牝藏，其色黑，其時冬，其日壬癸，其音羽，其味鹹。是爲五變。黃帝曰：以主五輸奈何？藏主冬，冬刺井。色主春，春刺滎。時主夏，夏刺輸。音主長夏，長夏刺經。味主秋，秋刺合。是謂五變，以主五輸。

〔馬蒔注〕此詳言刺五藏者有五變，五變主於五輸也。法有不同之謂變。五輸者，即井、滎、輸、經、合也。刺五藏而有五變者，以五藏有不同也。肝爲陰中之陽，心爲陽中之陽，故皆稱曰牡藏。脾爲陰中之至陰，肺爲陽中之陰，腎爲陰中之陰，故皆稱曰牝藏。其各藏之曰色、曰時、曰音、曰味、曰日，不同如此，是之謂五變也。然五變主於五輸者何也？蓋五藏主於冬，故凡病在於藏者，必取五藏之井，如肝取大敦，必取少衝之類。色主於春，故凡病在於色者，必取五藏之滎，如肝取行間，心取少府之類。時主於夏，故凡病時間時甚者，必取五藏之輸，如肝取太衝，心取神門之類。音主於長夏，故凡病在於音者，心取五藏之經，如肝取中封，心取靈道之類。味主於秋，故凡病在於胃及飲食不節得病者，必取五藏之合，如肝取曲泉，心取少海之類。是之謂五變以主五輸，所謂五五二十五輸，以應五時者如此。

〔張介賓注〕肝屬木，爲陰中之少陽，故曰牡藏。心屬火，爲陽中之太陽，故曰牡藏。脾屬土，爲陰中之至陰，故曰牝藏。肺屬金，爲陽中之少陰，故曰牝藏。腎屬水，爲陰中之太陰，故曰牝藏。按五藏配合五行，而惟肝心爲牡藏，脾肺腎皆爲牝藏，蓋木火爲陽，土金水皆爲陰也。此言五輸之主五時也。本節缺岐伯曰三字。五藏主藏，其氣應冬，井之氣深，亦應乎冬，故凡病之在藏者，當取各經之井穴也。五色蕃華，其氣應春，滎穴氣微亦應乎春，故凡病見於色者，當取各經之滎也。五時長養其氣應夏，輸穴氣盛，亦應乎夏，故凡病之時作時止者，當取各經之輸也。五音繁盛，氣應長夏，經穴正盛，亦應長夏，故凡病在聲音者，當取各經之經也。三味成熟，以養五藏，其氣應秋，合穴氣斂，亦應乎秋，故凡經滿而血者病在胃，及因飲食內傷者，當取各經之合也。按：本篇五時之刺以應五輸，謂冬刺井，春刺滎，夏刺輸，長夏刺經，秋刺合者，以井應冬，滎應春，輸應夏，經應長夏，合應秋也。如本輸、四時氣、水熱穴等論所載皆同，不可易者。考之六十五難曰：井者東方春，合者北方冬也。七十四難曰：經言春刺井，夏刺滎，季夏刺俞，秋刺經，冬刺合，皆與本經不合，必《難經》之誤也，當以本經爲正，不可不辨。五變各應五輸，是謂五五二十五輸。

《靈樞·禁服》 人迎大一倍於寸口，病在足少陽，一倍而躁，病在手少陽。人迎二倍，病在足太陽，二倍而躁，病在手太陽。人迎三倍，病在足陽明，三倍而躁，病在手陽明。盛則爲熱，虛則爲寒，緊則爲痛痹，代則乍甚乍間。盛則瀉之，虛則補之，緊痛則取之分肉，代則取血絡且飲藥，陷下則灸之，不盛不虛以經取之，名曰經刺。人迎四倍者，且大且數，名曰溢陽，溢陽爲外格，死不治。必審按其本末，察其寒熱，以驗其臟腑之病。

〔馬蒔注〕此言人迎大於寸口之脈，可以驗足手六陽經之病而治之也。人迎較寸口之脈大者一倍，則病在足少陽膽經。若一倍而躁，乃手少陽三焦經有病也。躁者，一倍之中而有更躁之意。下文二倍、三倍、四倍，其躁可以意會。較寸口之脈大者二倍，則病在足太陽膀胱經，若一倍而躁，乃手太陽小腸經有病也。較寸口之脈大者三倍，則病在足陽明胃經；若三倍而躁，乃手陽明大腸經有病也。其各陽經之脈，盛則爲熱，虚則爲寒，脈緊則爲痛痺，脈代則病爲乍甚乍間，即下文之乍痛乍止也。然所以治之者，脈盛則分經以瀉之，脈虚則分經以補之。脈緊爲痛痺，則取其分肉之病在何經，脈代則取其血絡，使之出血，及飲食以調之。脈陷下者，則血結於中，中有著血，血寒，故宜灸之。若不盛不虚，則止以本經取之。如一盛瀉膽以補肝，二盛瀉膀胱以補腎之類。茲則取之於膽而不取之肝，取之膀胱而不取之腎之類，或用針、或用灸、或用藥，止在本經而不求之他經，故名之曰經刺也。夫治法固已如此，及夫人迎之脈大於寸口者四倍，且大且數，則陽脈甚盛，名曰溢陽，溢陽者爲外格，蓋格者拒也，拒六陰脈於內，而使不得運於外也，其證當爲死不治。凡此者，必宜審按其本末，蓋先病爲本，而後病爲末，及察其寒熱，以驗其臟腑之病可也。

〔張介賓注〕此言人迎脈也，乍甚乍間，即下文乍痛乍止之謂。緊則爲痛痺，故當取分肉。代因血氣不調，故當取血絡，且飲調和之藥。脈陷下不起者有寒滯，故宜灸之。若不固血氣之盛處，而病有留於經絡者，則當隨經所在，或飲藥，或灸刺以取之也。經刺義見前第五。脈之偏盛至於四倍者，乃爲關格不治之證。若一倍二倍三倍，不過爲病，而但有輕重之分耳，故當審其致病之本末，察其寒熱藏府而施之治也。

〔張志聰注〕此論陰陽之氣偏盛，而脈見於人迎氣口，及病之在氣在脈，以證明血氣之相應相合也。三陽之氣偏盛，則人迎大二倍、三倍，此氣血之相應也。脈大以弱，則欲安靜，此血氣之相合也。痛痺者，病在於皮膚之氣分，氣傷故痛。氣血相搏，其脈則緊，此病在氣而見於脈也。代則乍甚乍間，乍痛乍止者，病在血氣之交，或在氣，或在脈，有交相更代之義，故脈代也。盛則瀉之者，氣盛宜瀉之也。虚則補之者，氣虚宜補之也。緊痛之在氣分，故當取之分肉，代則病在血氣之交，故當刺其血絡，且飲藥者，助其血脈臟腑，勿使病從絡脈而入於經脈，從經脈而入於臟腑也。陷下則灸之者，氣之下陷也。不盛不虚者，氣之和平也。以經取之者，病不在氣，而已入於經，則當取之於經矣。若人迎大於四倍，且大且數，名曰溢陽。溢陽者，死不治。夫始言人迎大一倍、二倍、三倍者，此陽氣太盛而應於脈也，後言以經取之，名曰經刺。人迎四倍者且大且數，名曰溢陽，此陽盛之氣，溢於脈中，氣血之相合也。此以陰陽氣之偏盛，病之在氣在脈，以明氣之應於脈而合於脈也。故必審按其本末，察其寒熱，以驗其臟腑之病。本者，以三陰三陽之氣爲本，末者，以左右之人迎氣口爲標。蓋言陰陽血氣，渾束爲一，外可以候三陰三陽之六氣，內可以候五臟六腑之有形，此陰陽離合之大道，天運常變之大數也。

寸口大於人迎一倍，病在足厥陰，一倍而躁，病在手心主。寸口二倍，病在足少陰，二倍而躁，病在手少陰。寸口三倍，病在足太陰，三倍而躁，病在手太陰。盛則脹滿寒中，食不化，虚則熱中，出糜少氣，溺色變，緊則痛痺，代則乍痛乍止。盛則瀉之，虚則補之，緊則先刺而後灸之，代則取血絡而後調之，陷下則徒灸之。陷下者，脈血絡於中，中有著血，血寒，故宜灸之。不盛不虚，以經取之，名曰經刺。寸口四倍者，名曰內關。內關者，且大且數，死不治。必審察其本末之寒溫，以驗其臟腑之病。

〔馬蒔注〕此言寸口大於人迎之脈，可以驗足手六陰經之病而治之也。寸口較人迎之脈大者一倍，則病在足厥陰肝經。若一倍而躁，乃手厥陰心包絡經有病也。較人迎之脈大者二倍，則病在足少陰腎經。若二倍而躁，乃手少陰心經有病也。較人迎之脈大者三倍，則病在足太陰脾經。若三倍而躁，乃手太陰肺經有病也。其各陰經之脈盛則爲脹滿，其胃中必寒，而食亦不化，虚則其中必熱，而所出之糜亦不化，且氣亦少，溺色亦必變也。脈緊則爲痛痺，脈代則爲乍痛乍止，然所以治之者，盛則分經以瀉之，虚則分經以補之。緊則取其痛痺之分肉在於何經，先刺而後灸之，代則取其血絡使之出血，及飲藥以調之。脈陷下者，則徒灸之，脈既陷下，則血結於中，中有著血，血結，故宜灸之。若不盛不虚，則以本經取之，或用藥，或用針，或用灸，名之曰經刺也。夫治法固已如此，及夫寸口之脈大於人迎者四倍，且大且數，則陰經甚盛，名曰內關。內關者，閉六陽在外，而使之不得以入於內也，其證當爲死不可治。凡此者，必宜審按其本末，及察其寒熱，以驗其臟腑之病可也。

〔張介賓注〕人迎寸口，相爲表裏，故上文云人迎一倍，病在足少陽，此云寸口一倍，病在足厥陰。膽與肝爲表裏也，一倍而躁，人迎在手少陽，寸口在手心主，三焦包絡爲表裏也。凡後二倍三倍表裏皆然。此言寸口脈也，盛則外實中虛，故爲脹滿，寒中，食不化。虛則眞陰不足，故爲熱中出糜，少氣溺色變。糜，謂泄瀉糜爛之物。緊則爲寒，故宜先刺後灸。欲其經易通，寒易去也。脈陷下者，以寒著於血而血結爲滯，故宜灸之也。代則取血絡，及不盛不虛義見上文。

〔張志聰注〕夫在天蒼黅丹素元之氣經於十干之分，化生地之五行，地之五行，上呈天之六氣，六氣合六經，五行生五臟，是六氣本於五臟之所生，故陰氣太盛則脹滿寒中，虛則熱中出糜溺色變，氣從內而外，由陰而陽也。是以候人迎氣口，則知陰陽六氣之盛虛，內可以驗其臟腑之病，陰陽外內之相通也。夫痛痺在於分腠之氣，分腠者皮膚臟腑之肉理，故病在陽者取之分肉，病在陰者先刺而後灸之。蓋灸者，所以啓在內在下之氣也。代則氣分之邪交於脈絡，故先取血絡而後飲藥以調之。陷下則徒灸之，蓋言氣陷下者宜灸，今入於脈中，又當取之於經矣。如陷於脈而宜灸者，乃脈受絡之留血而陷於中，中有著血，血寒故宜灸，若氣并於血，又非灸之所宜也。此蓋因氣之盛虛，病之外內，以證明血氣之有分有合，有邪病有和調，反復辨論，皆所以明約束之道。所謂邪病者，中有著血，猶囊滿而弗約則輸泄矣。和調者，氣并於血，神與氣俱，渾束爲一，陰陽已和，則欲安靜，毋用力煩勞，不可灸也。

通其營輸，乃可傳於大數。大數曰，盛則徒瀉之，虛則徒補之，緊則灸刺且飲藥，陷下則徒灸之，不盛不虛以經取之。所謂經治者，飲藥，亦曰灸刺。脈急則引，脈大以弱，則欲安靜，用力無勞也。

〔馬蒔注〕此承上文而申言以叮嚀之，正約方之大術數也。凡爲醫工者，固以明《經脈》篇爲始，然必先明本經《本輸》篇，如井滎輸經合之義，則經脈始可明也，遂可傳以大數，如上文盛則徒瀉之云云也。所謂盛則徒瀉之者，但瀉而無補也。虛則徒補之者，但補而無瀉也。緊則爲痛痺，或灸，或刺，或飲藥，三者可兼行也。脈陷下則但灸之而已。不盛不虛以經取之，則取陽經者不取陰經，取陰經者不取陽經，此之謂經治。其飲藥灸刺三者，亦可兼行也。且其脈急者，可加導引之功，或脈大而弱者，則當主於安靜，雖有用力，不至大勞也。此乃大法之所在，即約方之要者，而外揣渾束爲一之義盡矣，庶可以爲天下師。若未滿而約之，則是不知經脈，而欲知術數也，僅足以爲工耳，豈非以下材自限者哉？

〔張介賓注〕營，經脈也。輸，滎輸也。大數，大法也。即《經脈》、《本輸》、《終始》、《禁服》等篇之義。徒，但也。陷下，義見上文。經取之，即所謂經治者，或飲藥，或灸刺，皆可隨經所宜而治也。脈急者邪盛也，宜設法引去之。脈大以弱者，陰不足也，宜安靜以養陰，用力無勞也。凡此皆大數大法也。故確知其盛，則但寫之，確知其虛，則但補之，確知其宜灸刺，則以灸刺，宜藥餌，則以藥餌。然必資學力，庶能無惑。是即約方之要，渾束爲一之義也。若未滿而云約者，必不學無術之下材耳，焉得爲工，尙敢曰人之師哉。學者於此，必不可自欺以欺人也。

〔張志聰注〕此總結上文，以申明約束爲一之道。通其營輸者，謂血氣之相合，從營輸而溜注於脈也。大數者，謂合一之道，通天道也，故知其大數，則曰盛則徒瀉之，虛則徒補之，陷下則徒灸之。蓋謂氣盛者宜瀉，氣虛者宜補，氣陷下者宜灸。今氣與血合，渾束爲一，有病者則當取之於經氣，盛於脈中者，又當引而伸之，血氣和平而相合者，則欲安靜調養，是徒瀉，徒補，徒灸也。所謂經治者，飲藥，亦曰灸刺，此病入於經，所當以經治之。脈急則引者，陰陽偏盛之氣并於脈中，故脈數急，又當引而伸之，蓋囊滿勿約則輸泄矣。若脈大以弱者，此平和之氣與血相合而已。和調則欲安靜以調養，無用力以傷其血脈，無煩勞以傷其氣也。此篇假人迎氣口之盛躁，以明氣血之合一，故曰脈急則引者，先言盛躁之氣而合於脈中也。繼言脈大以弱者，乃平和之氣血渾束於一也。氣并於脈中，故脈大，血氣和調，故柔耎也。外揣篇論渾束爲一而合於天道，天地有外內上下之氣交，若司外可以揣內，司內可以揣外，此天地之合一也。此篇論陰陽六氣，與血脈渾束爲一，應司天在上，在泉在下，如水鏡之察，不失其形，此水天之合一也。愚按此篇大義，謂陰陽六氣，外合於手足六經，內合於五臟六腑，可分可合，可外可內者也。候人迎氣口者，候六氣之在外而不涉於經也。陷下則灸之者，謂氣陷於內而不陷於脈也。故曰審察衛氣爲百病母。衛氣外行於皮膚分肉，內行於臟腑之募原，六氣在外，同衛氣而在膚表之間，陷於內則入於臟腑之募原矣。故曰審察其本末之寒溫，以驗其臟腑之病，

蓋以內爲本而外爲末，血爲本而氣爲標，審其病之在氣在脈，在外在內也。如病在外之六氣，而不涉於六經者，有病在氣而轉入於經者，有陷於內而不干於臟腑者，有陷於募原之中而病及於臟腑者，此六氣之於經脈臟腑，可分而可合也。緊則爲痛痹者，病形而傷氣也。代則乍甚乍間者，氣始入於脈也。蓋六氣本於五臟之所生，而外出於膚表，合而爲一，則從絡而脈，脈而經，經而臟腑也。六氣出入於臟腑經脈之間，有離有合，運行無息者也。春夏人迎微大，秋冬寸口微大，此六氣行於脈外也。脈大以弱則欲安靜，此氣與血合，混束而爲一矣。即如中風傷寒，六經相傳，七日來復，此病在六氣而不涉於經也。如病一二日，即見嘔吐泄瀉諸證者，此陷於內而入腑也。有病一二日，即見神昏氣促煩躁諸證者，此陷於臟腑之募原而爲半死半生之證矣。蓋客於臟外者生，干藏者死。干臟而臟眞完固不爲邪傷者生，臟眞傷而神昏躁盛者死。故曰治五臟者，半死半生也。如傷寒之黃連阿膠、桃花、小陷胸證，此病在氣而溜於經也。蓋邪入於經，其臟氣實，不必動臟則溜於腑，若血脈傳溜，大氣入臟，腹痛下淫，可以致死，而不可以致生矣。夫邪氣淫泆，不可勝數，有病一二日或即溜於經、或即陷於內、或即干臟入腑者，有病多日而漸次溜經陷內干臟入腑者，有病久而止在氣在形不入於內者，此邪病之有重輕，正氣之有虛實也。此篇論血氣之離合出入，審病氣之輕重死生，大有關於至道，使後學知正氣之出入，則知邪病之淺深，治其始蒙，救其未逆，弗使邪氣內入而成不救也。

《靈樞・衛氣失常》 黃帝曰：衛氣之留於腹中，稸積不行，苑蘊不得常所，使人肢脅胃中滿，喘呼逆息者，何以去之？伯高曰：其氣積於胸中者，上取之。積於腹中者，下取之。上下皆滿者，傍取之。黃帝曰：取之奈何？伯高對曰：積於上，寫人迎、天突、喉中。積於下者，寫三里與氣街。上下皆滿者，上下取之，與季脇之下一寸。一本云季脇之下深一寸。重者，雞足取之。診視其脈大而弦急，及絕不至者，及腹皮急甚者，不可刺也。黃帝曰：善。

〔馬蒔注〕此言衛氣之積於內者有所當刺之處，及有不可刺之時也。《素問・痺論》有云：衛者，水穀之悍氣也，其氣慓悍滑利，不能入於脈也，故循皮膚之中，分肉之間，熏於肓膜，散於胸腹。今衛氣不能行於皮膚肓膜，而乃留於腹中，稸積不行，苑蘊不得常所，使人在旁病於肢脅，在中病於胃中，則爲胸爲腹在其中矣。其病膹滿發爲喘呼逆息者，此皆何以去之？伯高言凡衛氣之積於胸中，當取之於上，如足陽明胃經之大迎穴，任脈經之天突、廉泉穴。積於在下之腹中，當取之於下，瀉足陽明胃經三里、氣街穴。胸中與腹中俱滿，則爲上下皆滿，當取之於旁及上下皆取之，即大迎、天突、廉泉、三里、氣街皆是也。與季脅下一寸，即足厥陰肝經章門穴。其積重者，即攢針以刺之，如雞足之狀然。又診視其脈大而弦急，乃邪氣正盛，宜避其來銳，若脈絕不至，則正氣極衰，宜防其過洩，及腹皮急甚，亦邪盛正衰所致，皆不可輕刺之也。

〔張介賓注〕衛氣者，水穀之悍氣也。其氣循皮膚之中，分肉之間，熏於肓膜，散於胸腹，此衛氣之常也。失其常，則隨邪內陷，留於腹中，稸積不行，而苑蘊爲病。故《禁服》篇曰：衛氣爲百病母也。苑，鬱同。積於上者爲喘呼逆息，故當寫之於上。人迎，足陽明經穴。天突，喉中，俱任脈穴。喉中，即廉泉也。積於腹中者，當寫其下。三里，氣街，俱足陽明經穴。上下皆病，則上下俱當取之，如以上五穴是也。季脇之下一寸，當是足厥陰經章門穴。病之重者仍當雞足取之，謂攢而刺之也。即《官針》篇合谷刺之謂。詳見前六。一本云：季脇之下深一寸。脈大而弦急，陰虛而眞藏見也。絕不至者，營氣脫也。腹皮急甚者，中和氣絕而脾元敗也，不宜刺矣。

〔張志聰注〕此篇論衛氣失常，以明衛氣所出所主之常所，有浮沉淺深太過不及之別。按第七十六之《衛氣行》篇論衛氣晝行於陽，夜行於陰，外內出入之循度，此篇論衛氣始生始出之道路，主於皮肉筋骨之間，所以溫分肉、充皮膚、肥腠理而司開闔者也。夫衛氣者，陽明水穀之悍氣也。穀入於胃，其精微者，先出於胃之兩焦以溉五臟，別出兩行營衛之道，營行脈中，衛行脈外。所謂別出者，與穀入於胃乃傳之肺，流溢於中，布散於外，精專者行於經隧，常營無已，終而復始之，營氣所出之道路各別也，衛氣與宗氣所出之道路各別也。兩行者，謂營氣出於氣分而行於脈中，衛氣出於脈中而散於脈外，此陰陽血氣交互之妙道也。夫精專者行於經隧之營血，始於手太陰肺，終於足厥陰肝，臟腑相通，外內相貫，環轉無端，終而復始，與營行脈中一呼一吸，脈行六寸，日行二十五度，夜行二十五度之道路各別也。所謂營行脈中以應呼吸漏下者，乃中焦所生之津液，隨三焦出氣，外注於皮膚谿谷之氣分，滲入於孫脈，絡脈化而爲赤者也。《五癃》篇之所謂三焦出氣以溫肌肉充皮膚者爲津，其流而不行者爲液。《決氣》篇之所謂糟粕

津液宗氣分爲三隧，營氣者，泌其津液，注之於脈，化而爲血以榮四末，内注五臟六腑以應刻數。癰疽篇之所謂中焦出氣如露，上注谿谷而滲孫脈，津液和調變化而赤爲血，血和則孫脈先滿溢，乃注於絡脈，皆盈，乃注於經脈，陰陽已張，因息乃行，行有經紀，周有道理，與天合同，不得休止。是行於脈中以應呼吸之營氣，乃中焦所生之津液，隨三焦之出氣，注於皮膚分肉之氣分，滲於孫絡，變化而赤爲血，因息乃行，行有經紀，與營氣篇之始於手太陰肺，終於足厥陰肝之道路各別也。宗氣積於胸中，上出於肺，循咽喉，呼則出，吸則入。夫肺主皮毛，人一呼則氣出，而八萬四千毛竅皆闔，一吸則氣入，而八萬四千毛竅皆開，此宗氣之應呼吸而司開闔者也。衛氣者，出其悍氣之慓疾，而先行於四末分肉皮膚之間，晝日行於陽，夜行於陰，司晝夜之開闔者也。呼吸之開闔，人之開闔也。晝夜之開闔，應天之開闔也。是以營氣衛氣之所出所行，各有其道，故曰別出兩行營衛之道。此篇論衛氣之始生始出，從陽明之脈絡分行於上下四旁，而布散於形身之外，搐積菀蘊者，猶草木之生長茂盛於内也。不得常所者，不得所主所出之常處也。故内積於上者，取之大迎、天突，蓋衛氣之上出者，從胃之大迎，任之天突，而外出於皮膚也。積於下者，取之三里，蓋衛氣之下出者，從胃之三里而外出於皮膚也。積於中者，取之氣街與季脅之帶脈，蓋衛氣之布於四旁者，從腹之氣街，帶脈之章門，而外出於四旁也。夫衛氣乃胃腑水穀所和氣，足陽明與任脈會於中脘，上會於承漿，與帶脈會於臍之左右，而出於腹氣之街，是陽明所生之氣，從陽明之經脈而出散於皮膚，此衛氣始出之常所也。夫衛爲陽，從脈而出，由内而外，自陰而出於陽；營爲陰，從谿谷氣分而入於孫脈經脈，自外而内，由陽而入於陰。此陰陽血氣外内交互之妙道也。鷄足者，以足緩伸緩縮，如雞足之踐地，蓋以疏陽明之經脈，以通衛氣之所出也。診視其脈大而弦急及絶不至者，及腹皮急甚者，此衛氣留滯於始生之處，非稸蘊於所行所出之道路，故不可取之外穴也。此論衛氣始生始出之常所，與行陽行陰之度數不同，故反論其失常以證明之。

《靈樞·刺節真邪》 黃帝問於岐伯曰：余聞刺有五節，奈何？岐伯曰：固有五節。一曰振埃，二曰發矇，三曰去爪，四曰徹衣，五曰解惑。黃帝曰：夫子言五節，余未知其意。岐伯曰：振埃者，刺外經去陽病也。發矇者，刺府輸去府病也。去爪者，刺關節肢絡也。徹衣者，盡刺諸陽之奇輸也。解惑者，盡知調陰陽，補寫有餘不足，相傾移也。〔楊上善注〕節，約也，謂刺道節約也。此言其名也。以下言刺道五節之意也。外經者，十二經脈入府藏者以爲内經，行於四支及皮膚者以爲外經也。六府三十六輸，皆爲府輸也。關，四支也。四關諸節，人餘大節也。支絡，孫絡也。諸陽奇輸，謂五十九刺，故曰盡也。瀉陰補陽，瀉陽補陰，使平，故曰相傾移也。

〔馬蒔注〕此言刺有五節，而先指各經之所用也。振埃者，如振絡塵埃也，共法刺其外經，以去陽氣大道之病耳。發矇者，開發矇聵也，其法刺其府輸，以去其府病耳。去爪者，如脱去其爪也，其法刺其關節肢絡耳。徹衣者，如徹去衣服也，其法盡刺諸陽經之奇輸耳。解惑者，如解其迷惑也，其法盡知調陰陽諸經之虛實，以移其病耳。

〔張介賓注〕振埃者，猶振落塵埃，故取其外經，可以去陽病也。發矇者，猶開發矇聵，故刺其府輸，可以治府病也。去爪者，猶脱去餘爪，故取關節肢絡，可以治血道不通之病也。徹衣者，猶徹去衣服，故當盡刺諸陽之輸也。解惑者，猶解其迷惑，故在盡知陰陽，調其虛實，可以移易其病也。

黃帝曰：刺節言振埃，夫子乃言刺外經，去陽病，余不知其所謂也，願卒聞之。岐伯曰：振埃者，陽氣大逆，上滿於胸中，憤䐜肩息，大氣逆上，喘喝坐伏，病惡埃煙，䭇音噎。不得息，請言振埃，尚疾於振埃。黃帝曰：善。取之何如？岐伯曰：取之天容。黃帝曰：其欬上氣窮詘胸痛者，取之奈何？岐伯曰：取之廉泉。黃帝曰：取之有數乎？岐伯曰：取天容者，無過一里，取廉泉者，血變而止。帝曰：善哉。

〔馬蒔注〕此承上文而詳言振埃之義也。刺法用振埃者，以其陽氣大逆，上滿於胸中，氣憤而脹，竦肩而息，大氣逆於上，爲喘爲喝，坐伏不常，病勢内煩，甚惡埃煙，䭇不得息，乃行振埃之法，效亦甚捷。其法當取之天容，係手太陽小腸經；如有欬而上氣，窮詘胸痛，則當取之廉泉，係任脈經穴。但所取之數在天容者，無過人行一里許而止；針在廉泉者，至其血變而即止針耳。

〔張介賓注〕陽邪在上，故滿於胸中，爲憤䐜肩息，氣逆喘喝，如埃如煙，䭇不得息等證。治在上者，尚疾於振埃，謂其疾如拂塵也。䐜，昌眞切，䭇，古噎字，食不下也。天容，手太陽經穴。廉泉，任脈穴。詘，音屈，不伸也。無過一里，如人行一里許也。血變，血色變也。

〔張志聰注〕此陽氣逆於內，而不得充行於形身也。陽氣者，陽明水穀所生之氣。大氣，宗氣也。陽氣大逆，故憤䐜肩息，大氣逆上，故喘喝坐伏也。六元正紀論曰：陽明所至爲埃煙。病惡埃煙，餇不得息，陽明之氣病也。陽明者，土也，請言振發其陽明之氣，疾如振發其塵埃也。天容手太陽小腸之經，刺之以通陽氣之逆。詘者，語塞也。其欬上氣窮詘胸痛者，所受於天之氣，上逆不得，合並而充身也。故取任脈之廉泉，以通腎臟之逆氣。一里者，如人行一里，其氣已通，言其速也。血變者，通其血絡也。

黃帝曰：刺節言發矇，余不得其意。夫發矇者，耳無所聞，目無所見，夫子乃言刺府輸，去府病，何輸使然，願聞其故。岐伯曰：妙乎哉問也。此刺之大約，針之極也，神明之類也，口說書卷，猶不能及也，請言發矇耳，尚疾於發矇也。黃帝曰：善。願卒聞之。岐伯曰：刺此者，必於日中，刺其聽宮，中其眸子，聲聞於耳，此其輸也。黃帝曰：善。何謂聲聞於耳。岐伯曰：刺邪以手堅按其兩鼻竅而疾偃，其聲必應於針也。黃帝曰：善。此所謂弗見爲之，而無目視，見而取之，神明相得者也。

〔馬蒔注〕此承上文而詳言發矇之義也。夫發矇者，其人耳無所聞，目無所見，今言刺腑輸以去腑病，其輸不知何在。伯言此乃刺法之大約，即此一腑以觀之，眞足以發矇也。如耳目無所聞見者，即於日中刺其手太陽小腸經之聽宮穴，其氣與眸子相通，當中其眸子也。若聲則與耳自相聞矣。何也？以手堅按兩鼻之竅，而急偃其聲，頃則聲必應於耳也。此所謂彼雖弗見所爲，而不必以有目以爲視，吾能見而取之，眞有神明相得之妙也。

〔張介賓注〕耳無所聞，目無所見者，刺府輸可愈，故曰發矇。疾於發矇，取效之速也。日中，陽王氣行之時也。聽宮，手太陽府輸也，其脈與目相通，故能中其眸子，刺之而聲應於耳，乃其穴也。此驗聲之法也，刺其穴以手堅按鼻孔而疾爲偃卧，其聲則應於針也。謂病無形見，有不必相見而取者，眞有神明相得之妙也。

〔張志聰注〕此言神氣之通於七竅也。矇者，耳無所聞，目無所見，上竅之不通也。聽宮，手太陽之經，心之腑輸也。眸子，耳中之珠，刺耳之聽宮，尚疾於發目之矇，是耳竅與目竅之相通也。以手堅按其兩鼻竅而疾偃，其聲必應其耳中之針，是耳竅與鼻竅口竅之相通也。在上之七竅不通，獨取手太陽以通心神之氣，而七竅皆利，是神明之通於七竅也。心爲陽中之太陽，故必於日中取之。

黃帝曰：刺節言去爪，夫子乃言刺關節肢絡，願卒聞之。岐伯曰：腰脊者，身之大關節也。肢脛者，人之管以趨翔也。莖垂者，身中之機，陰精之候，津液之道也。故飲食不節，喜怒不時，津液內溢，乃下於睾，血道不通，日大不休，俛仰不便，趨翔不能，此病滎然有水，不上不下，鈹石所取，形不可匿，常不得蔽，故命曰去爪。帝曰：善。

〔馬蒔注〕此詳言去爪之義也。夫去爪之法，所以爲刺關節肢絡者，正以腰脊爲身之大關節，肢脛爲人之管，莖垂爲身中之機，陰精之候，津液之道也。故飲食喜怒不調，津液內溢，乃下留於睾，血道不通，其狀日以益大，俛仰甚有不便，趨翔甚有不能，此病滎然有水，凝稸不行，所以不上且不下也。若用鈹石之針以取之，則形雖大而不可復匿，日常不得隱蔽其水矣。

〔張介賓注〕腰脊所以立身，故爲身之大關節。肢脛所以趨翔，故爲人之管。管，鍵也。莖垂者，前陰宗筋也，命門元氣盛衰，具見於此，故爲身中之機。精由此泄，故可以候陰精，而爲津液之道。飲食不節，病在太陰陽明。喜怒不時，病在少陰厥陰。故其津液內溢則下留於睾，爲日大不休，不可蔽匿等證，蓋即㿗疝之類。治之者，當察在何經，以取其關節肢絡，故命曰去爪者，猶去其贅疣也。睾，音高，陰丸也。鈹，音披，義見前。

〔張志聰注〕此言津液隨神氣者，滲灌於諸節者也。津液生於中焦陽明，淖澤於骨，所以濡筋骨而利關節。腰脊者，從大椎至尾骶，乃身之大關節也。手足肢脛之骨節，人之管以趨翔，蓋津液淖澤於肢脛，則筋骨利而脛能步趨，肢能如翼之翔也。莖垂者，腎之前陰，乃宗筋之會。腎者胃之機關，主受藏津液。夫腎臟所藏之道也。從宗脈而上濡於空竅，故曰，莖垂者，身中之機，陰精之候，津液之道也。此言胃腑所生之津液，隨神氣而淖注於骨節，腎臟所藏之津液，從宗脈而上濡於空竅。故飲食不節，喜怒不時，則津液內溢，乃下留於睾囊，血道不通，日大不休，俛仰不便，趨翔不能，此病滎然有水，不上不下，當用鈹石取之。形謂前陰，爪者筋之餘，謂形不可藏匿，常不得遮蔽，有若去其宗筋，故命曰去爪。

黃帝曰：刺節言徹衣，夫子乃言盡刺諸陽之奇輸，未有常處也，願卒聞之。岐伯曰：是陽氣有餘而陰氣不足，陰氣不足則內熱，陽氣有餘則外熱，內熱相搏，熱如懷炭，外畏綿帛，不可近身，又不可近席，腠理閉塞，則汗不

出，舌焦唇槁，臘乾嗌燥，飲食不讓美惡。黃帝曰：善。取之奈何？或之於其天府、大杼三痏，又刺中膂以去其熱，補足手太陰以出其汗，熱去汗稀，疾於徹衣。黃帝曰：善。

〔馬蒔注〕此承上文而詳言徹衣之義也。夫徹衣之法，以爲盡刺陽經之奇輸者，正以陽氣有餘而陰氣不足。惟陰氣不足，則內有熱，如陽氣有餘，則外有熱，其內熱甚如懷炭，其外熱，畏綿帛而不可近身與席，時則腠理閉塞，汗不得出，其舌焦，其唇槁而臘乾，其嗌燥，凡口中無味，美惡莫辨。刺之者，亦惟取其手太陰肺經之天府穴，足太陽膀胱經之大杼穴，各三次，其刺瘡有三，故爲三痏也。又取足太陽膀胱經之中膂內俞以去其熱，又補足太陰脾經，手太陰肺經以出其汗，由是熱去而汗少，其速如徹衣也。

〔張介賓注〕陽氣有餘，陰氣不足，陽邪盛而眞陰衰也。熱於懷炭，熱之甚也。外畏綿帛，近不欲衣也。不可近身，畏人氣也。不可近席，憎寒也。臘乾，肌肉乾燥也。飲食不讓美惡，滋味不能辨也。臘，音昔。天府，手太陰經穴。大杼，中膂俞，俱足太陽經穴。刺此皆可以去熱，又補足太陰脾經，手太陰肺經以出其汗。熱去汗止而病除，其速有如徹衣。此蓋傷寒邪熱之類也。

〔張志聰注〕此因津液不外濡於皮毛，以致陽熱盛而不可近席，不上濟於心臟，以致內熱盛而熱如懷炭。蓋陽氣者，火熱之氣，陰氣者，水陰之氣也，故曰盡刺諸陽之奇輸。奇輸者，六腑之別絡也。津液生於胃腑水穀之精，大腸主津液，小腸主液，膽者，中精之腑，膀胱者，州都之官，津液藏焉，是六腑之津液，從大絡而外濡於皮膚分肉者也。心爲陽中之太陽，太陽膀胱爲水腑，水火上下相濟者也。水液不上滋於心，以致心火盛而熱如懷炭，舌焦唇槁，臘乾嗌燥，心不和，故飲食不知味也。或之於其者，謂水穀之津液，皆藏於膀胱，水液隨太陽之氣，運行於膚表，或不必盡刺諸陽之奇輸，取之於其天府、大杼三痏，使膀胱所藏之津外濡於皮毛。又刺太陽經之中膂，通津液，上滋於心臟以去其熱。手太陰乃金水之生源，而外主皮毛，足太陰主脾，而外主肌肉，脾主爲胃行其津液者也，故當補足手太陰以出其汗。熱去汗稀，疾於徹衣之去熱也。

黃帝曰：刺節言解惑，夫子乃言盡知調陰陽，補瀉有餘不足，相傾移也，惑何以解之？岐伯曰：大風在身，血脈偏虛，虛者不足，實者有餘，輕重不得，傾側宛伏，不知東西，不知南北，乍上乍下，乍反乍復，顛倒無常，甚於迷惑。黃帝曰：善。取之奈何？岐伯曰：瀉其有餘，補其不足，陰陽平復，用針若此，疾於解惑。黃帝曰：善。請藏之靈蘭之室，不敢妄出也。

〔馬蒔注〕此承上文而詳言解惑之義也。夫解惑以補虛瀉實爲法者，正以大風在身，血脈偏虛，其虛者爲不足而輕，其實者爲有餘而重，大體當傾側宛伏，雖四方上下，皆已反復顛倒，其狀甚於迷惑，刺之者即其有餘而瀉之，不足而補之，則陰陽諸經，自然平復，眞如解惑之速也。

〔張介賓注〕風邪在身，血脈必虛，正不勝邪，故爲輕重傾側等病。以其顛倒無常，故曰甚於迷惑，此即中風之類。盡知陰陽，平其虛實，用針若此，疾無不瘳矣。故曰疾於解惑。

〔張志聰注〕此言陰陽不調，致神志之迷惑也。夫火爲陽，水爲陰。水火者，陰陽之徵兆也。火之精爲神，水之精爲志，大風在身，則血脈偏虛，虛者不足，實者有餘，血脈偏虛，則輕重傾側矣。陰陽不調，則神志迷惑矣。神志迷惑，是以不知東西，不知南北，而反復顛倒也。故當瀉其有餘，補其不足。陰陽平復，疾於解惑。夫血者，神氣也，心臟所主，而發原於腎，是以風傷血脈，則陰陽不調，陰陽不調，則神志昏而甚於迷惑也。此五節論神氣不調，故曰刺節。節者，神氣之所遊行出入，神遊最速，故曰疾於徹衣，疾於解惑。

黃帝曰：余聞刺有五邪。岐伯曰：病有持癰者，有容大者，有狹小者，有熱者，有寒者，是謂五邪。黃帝曰：刺五邪奈何？岐伯曰：凡刺五邪之方，不過五章，癉熱消滅，腫聚散亡，寒痹益溫，小者益陽，大者必去，請道其方。

〔馬蒔注〕此言刺分五邪，當用五章之法也。凡刺五邪之方，不過五章而已。五章者，五事也。故邪有熱者，今行刺法，則癉熱消滅。邪有持癰者，今行刺法，則腫聚散亡。邪有寒者，今行刺法，則小者益陽。蓋小者不使之大，則其在外爲陽者，無害而有陽也。邪有容大者，今行刺法，則大者必去。此五章者，所以刺五邪也，下文乃析言之。

〔張志聰注〕此節言眞氣通會於皮膚肌腠之間，而有壅滯大小寒熱之病。邪者，謂不得中正之和調也。章，法也。謂陽盛於外而爲癉熱者使之消滅，氣聚而爲壅腫者使之散亡，寒者致其神氣以和之，眞氣小者益其陽，大

者必使之歸去，各有平調之法也。

凡刺癰邪，無迎隴，易俗移性。不得膿，脆道更行，去其鄉，不安處所，乃散亡。諸陰陽過癰者，取之其輸瀉之。

〔馬蒔注〕此承上文而言腫聚散亡之法也。凡刺癰邪，迎其氣之來隆，所謂避其來鋭者是也。如易風俗，如移性情相似，須緩以待之。若不得膿，則揉以脆之，導以行之，去其癰腫之鄉，彼當不安處所，乃自散亡矣。凡諸陰陽經之有病生癰者，取其本經之輸穴以瀉之，如手太陰輸穴太淵之類，手陽明輸穴三間之類。

〔張介賓注〕隴，盛也。《營衛生會》篇曰：日中而陽隴。《生氣通天論》作隆。蓋隴隆通用也。無迎隴者，癰邪之來鋭所當避也，易俗移性，謂宜從緩調和。如移易俗性，不宜欲速，此釋上文腫聚散亡也。隴，音籠。脆柔脆潰堅之謂。凡癰毒不化，則不得膿，故或托其內，或溫其外，或刺以針，或灸以艾，務化其毒，皆脆道更行也。鄉，向也。安，留聚也。去其毒氣所向，不使安留處所，乃自消散矣。故於諸陰經陽經，但察其過於壅滯者，皆當取輸穴以寫其鋭氣，是即所謂去其鄉也。

〔張志聰注〕此氣滯於皮膚肌腠之間而爲腫聚也。癰者，壅也，此因氣壅而腫，非癰膿也。《離合眞邪論》曰：天暑地熱，則經水波涌而隴起，經之動脈，其至也亦時隴起。蓋言此氣壅於皮膚分肉而腫，無迎刺隴起之經脈也。俗，猶習俗。性者，心之所生也。謂心所生之神氣習聚於此，當移易其流行。非癰膿故不得膿。脆道，肌肉之理路也。聚氣從脆道更行，去其所聚之鄉，不使安其處，則聚氣乃行散矣。諸陰陽之脈，所過於壅處者，取其輸而瀉之。蓋皮膚分肉之氣，從經輸絡脈而出，恐聚氣之流於脈絡也。言此合并充身之眞氣，亦運行環轉之無端也。

凡刺大邪，日以小泄，奪其有餘乃益虛，剽其通，針其邪，肌肉親視之，毋有反其眞。刺諸陽分肉間。

〔馬蒔注〕此承上文而詳言大者必去之法也。凡刺邪之大者，日漸使之小焉可也。彼大者成於有餘，當泄奪之，則邪益虛，遂乃剽竊其通流之所，針其大邪之移，又即其分部肌肉以親視之，毋使之反其眞氣可也。其所取之穴，當刺諸陽經之分肉間耳。

〔張介賓注〕大邪實邪也，邪氣盛大，難以頃除，日促小之，自可漸去。去其有餘，實者虛矣。此釋上文大者必去也。剽，砭刺也。通，病氣所由之道也。針無妄用，務中其邪。剽，音票。言邪正脈色，必當親切審視，若以小作大則反其眞矣。盛大實邪，多在三陽，故宜刺諸陽分肉間。

〔張志聰注〕大者，謂眞氣容大於肌腠之間，故當使之日小。夫有餘於外則不足於內，若泄奪其有餘，乃益虛其內矣。蓋言日以小者，使之復反於內，非奪其外泄也。故剽切其眞氣通會之處，針其有餘之氣，以通於內。親，近也。視其肌肉致密而小，則外內和平矣。若毋有反其眞者，再刺諸陽分肉間。蓋眞氣者，神氣也，從關節而出於肌腠之外，故剽通其關節，其有未反者，再取之肌肉也。

凡刺小邪，日以大，補其不足乃無害，視其所在迎之界，遠近盡至，其不得外侵而行之，乃自費。刺分肉間。

〔馬蒔注〕此承上文而詳言小者益陽之法也。凡刺邪之小者，慮其日以益大，故必補其不足，則眞氣當復而無害。又視其分部所在，以迎其氣來之界而奪之，此乃先補不足之經，而後瀉其有餘之經，是以遠近之眞氣盡至，其邪不得外侵而行之，乃自廢而無留也。所謂小者益陽之義如此。然刺之之法，當取其有邪之分肉間耳。

〔張介賓注〕小邪，虛邪也。虛邪補之，則正氣日大而邪自退也。不足而補，乃可無害，若寫其虛，斯不免矣。此釋上文小者益陽也。〇迎之界者，迎其氣行之所也。先補不足之經，後寫有餘之經，邪去正復，則遠近之眞氣盡至。邪氣不得外侵，則必貫散無留矣。小邪隨在可刺，故但取分肉間也。

〔張志聰注〕小者，通會於肌腠之氣虛小，故當使日以漸大，即追而補之，乃無害。視其氣至之所在，而迎之於界。界者，節之交也。使上焦之神氣，中焦之穀氣，下焦之天眞，遠近盡至，則日以大矣。侵，漸進也。費，用也。其不得外侵而行之者，乃中焦之穀氣自用，不與下焦之天眞合并而充身，故當刺分肉間以通其穀氣。

凡刺熱邪，越而蒼，出遊不歸，乃無病，爲開辟門戶，使邪得出，病乃已。

〔馬蒔注〕此承上文而詳言癉熱消滅之法也。凡刺熱邪，其熱盛則神思外越，而意氣蒼茫，若出遊不歸，乃欲無病，當開辟之以通其門戶，使熱邪得出，所謂瀉其有餘也，則病乃自已矣。

〔張介賓注〕越，發揚也。蒼，卒疾也。出遊，行散也。歸，還也。凡刺熱邪者，貴於速散，散而不復，乃無病矣。此釋上文痺熱消滅也。開通壅滯，辟其門戶，以熱邪之宜寫也。

〔張志聰注〕熱邪者，陽氣盛而留於肌腠之間，故爲熱也。蒼者，天之正色也。越而蒼者，使邪熱發越，而天眞之氣色見矣。出遊不歸，謂神氣遊行於外，而不返其眞，此爲開辟門戶，使邪得出而後病乃已。故雖出遊不歸，乃無病。此蓋言眞氣外內出入環轉無息者也。

凡刺寒邪，日以除，徐往徐來致其神，門戶已閉，氣不分，虛實得調，其氣存也。

〔馬蒔注〕此承上文而詳言寒痺益溫之法也。凡刺寒邪，一日之內即當除之。用針之間，徐往徐來，以致其神氣，使門戶已閉，分氣不泄，則虛實得調，其眞氣自存，而寒者溫矣。

〔張介賓注〕溫者，溫其正氣也，徐往徐來，欲和緩也。致其神，致其陽氣，則寒邪自除。此釋上文寒痺益溫也。補其虛則門戶閉而氣不泄，故虛實可調，眞氣可存，此寒邪之宜溫也。

〔張志聰注〕寒氣者，所得於天之水寒。神者，火之精也。水火相感，神志合精，是爲和平。故刺寒邪者，日以除其寒，徐往徐來以致其神氣，即閉其門戶，使氣不分，而寒熱之虛實得調，其眞氣乃存矣。上節論開辟門戶以去邪，此論門戶已閉乃存正。

《太素・輸穴・骨空》 黃帝問於岐伯曰：余聞風者百病之始也，以針治之奈何？岐伯曰：風從外入，令人振寒、汗出、頭痛、身重、惡風寒，治在風府，調其陰陽，不足則補，有餘則寫。風爲百病之源，風初入身凡有五種：一者振寒，二者汗出，三者頭痛，四者身重，五者惡風寒。□觀虛實，取之風府。風府，受風要處也。大風頸項痛，刺風府，風府在上椎。大風，謂眉鬢落，大風病也。在上椎者，大椎上入腦戶而至風府。大風汗出，灸譩譆，譩譆在背下俠脊傍三寸所，厭之令病者呼譩譆，譩譆應手。從風增風，刺眉頭。上譩，一之反，下譆，火之反，謂病聲也。風起則風病發，故曰從風，皆取於攢竹也。失枕，在肩上之橫骨間。失枕爲病，可取肩上橫骨間，謂柱骨間。折使揄臂齊肘，正灸脊中。除眇絡季脇引少腹而痛。折使中也，謂使引臂當肘，灸脊中，除眇絡季脇與少腹相引痛病也。脹，刺譩譆。譩譆在足太陽，故大腸脹，刺譩譆也。腰痛不可以轉搖，急引陰卵，刺九窌與痛上，九窌在腰尻分間。八窌與腰輸爲九窌，此經窌字音聊，空穴也。鼠瘻寒熱，還刺寒府，寒府在膝外解營。寒熱府在膝外解之營穴也，名曰髖關也。瘻，音漏也。取膝上外者使之拜，取足心者使之跪。凡取膝上外解使拜者，屈膝伏也。取涌泉者，屈膝至地，身不伏爲跪也。督脈起少腹以下骨中央，女子入繫庭孔，其孔溺孔之端，骨中，尻下大骨空中也。下入骨空中，女子繫尾穴端，男子循陰莖也。其絡循陰器合纂間，繞纂後，別繞臀，至少陰與巨陽中絡者，合少陰上股內後廉，貫脊屬腎，與太陽起於目內眥，督脈絡也。繞陰器合於纂間，繞纂後復合，然後亦分爲二道，繞臀至足少陰及足太陽二絡，合足少陰之經，上陰股後廉，至脊屬腎，尋足太陽脈，從頏顙上至目內眥而出也。上額交顚上，入絡腦，還出別下項，循肩髆內，俠脊抵腰中，入循膂絡腎而止。其男子，循莖下至纂，與女子等。從目內眥出已，兩道上額，至頂上相交已，左右入腦中，還出兩箱別下項，各循肩髆之內，俠脊下至腰中，各循脊膂，還復絡腎，從頏顙出兌端，上鼻上，下項，下至骶骨，氣發於穴，餘行之處，並不發之穴也。其少腹直上者，貫齊中央，上貫心入喉，上頤環脣，上繫兩目之下中央。有人見此少腹直上者，不細思審，謂此督脈以爲任脈，殊爲未當也。此生病，從少腹上衝心而痛，不得前後，爲衝疝。其女子不字，癃痔遺溺嗌乾，督脈生病治督脈，此八種病，循督脈而生，故療督脈之穴也。治在骨上，甚者在齊下營。以下言療督脈穴。骨上，量是骶骨。骨上，督脈標也。齊下營者，督脈本也，營亦穴處也。其上氣有音者，治其喉中央，在缺盆中者。有音，上氣喘鳴聲也。喉中央，廉泉也。缺盆中央，天突穴也。其病上衝喉者治漸，漸者上俠頤。上俠頤者，是大迎穴道也。蹇膝伸不屈，治其楗。伸不得屈，骨病。蹇，紀偃反。在髀輔骨以上，橫骨以下，名楗也。坐而膝痛，治其機。俠髖骨相接之處，爲機。立而暑解，治其厭關。人立支節解處熱，治其厭關。厭關，骸關也，□膝骨相屬，屈伸之處也。膝痛，痛及母指，治其膕。母指，小母指也。足少陰、足太陽皆行膕中至足小指，故療其膕也。坐而膝痛如物隱者，治其關。膕上髀樞爲關也。膝痛不可屈伸，治其背內。背內，謂足太陽背輸內也。連骺若折，治陽明中輸窌。膝痛不得屈伸，連腳骺其痛若折者，療足陽明中輸，謂是巨虛上廉也。窌，輸穴也。若別，治巨陽少陽榮。若骺痛若別。可治足太陽、足少陽二脈榮穴也。淫濼不能久立，治少陽之維，在外踝上四寸。淫濼，羅各反。淫濼，膝胻痹痛無力也。外踝上五寸，足少陽光明穴也。少陽維者，在四寸中也。輔骨上橫骨下爲楗，俠髖爲機，膝解爲骸關，俠膝之骨爲患骸，骸下爲輔，輔上爲膕，膕上爲關，項橫骨爲枕。膝輔骨上橫骨下爲楗，當膝解處爲骸也。項橫骨，項上頭後玉枕也。髖，孔昆反，又音完。水輸五十七穴者，尻上五行，行五，伏

菀上兩行，行五，左右各一行，行六穴。前已言水輸，今復重言者，此言水骨空，水輸主骨，故重言也。髓空腦後三分，在顱際兌骨之下，一在新纂下，一在項中復骨下，一在脊骨上空，在風府上，脊骨下空，在尻骨下空。數髓空在面俠鼻，或骨空右口下當兩肩。兩髆骨空，在髆中之陽。臂骨空在陽，去踝四寸兩骨之間。股骨上空在股陽，出上膝四寸。胻骨空在輔骨之上端。股際骨空在毛中動脈下。尻骨空在髀骨之後，相去四寸。遍骨有滲理，毋髓空，易髓無空。言骨上有空，五穀津液入此骨，資腦髓也。此骨空種數所在難分，此皆可知者，不可知者故置而不數也。兩肩，有本爲脣也。

《太素·九針之二·五藏刺》　邪在肺，則病皮膚寒熱，上氣，喘，汗出，欬動肩背。肺病有五。取之膺中外輸，背三椎五椎之傍，以手疾按之快然，乃刺之，取之缺盆中以起之。膺中內輸，在膺前也。膺中外輸，肺輸也，在背第三椎兩傍，心輸在第五椎兩傍，各相去三寸，按之快然，此爲輸也。肺之五病，取於肺輸及肺缺盆中也。邪在肝，則兩脇中痛，寒中，惡血在內行者，善瘛節時腫。肝病有四也。取之行間以引脇下，行間，足厥陰脈滎，肝脈也，在大指間。肝在脇下，故引兩脇下痛，與《明堂》少異也。補三里以溫胃中，三里，足陽明胃脈。人病寒中，陽虛也。故取三里補足陽明，即胃中溫也。取血脈以散惡血，惡血在內上下行者，取其病處脈血見者，刺而散之也。取耳間青脈以去其瘈。耳間青脈，附足少陽脈瘈脈，一名資脈，在耳本，如雞足青脈絡，刺出血如豆，可以去瘈也。邪在脾胃，則肌肉痛。陽氣有餘，陰氣不足，則熱中善饑。陽氣不足，陰氣有餘，則寒中腸鳴腹痛。陰陽俱有餘，若俱不足，則有寒有熱，皆調於三里。陽氣，即足陽明也。陰氣，即足太陰也。此脾之七病，皆取三里以行補瀉，故曰調之。邪在腎，則骨痛陰痹。陰痹者，按如不得，腹脹腰痛，大便難，肩背頸項痛，時眩。取之湧泉、崑崙，視有血者盡取之。湧泉，足少陰脈井，足心陷中，屈足捲指宛中。崑崙，足太陽經，在外踝後跟骨上陷中。腎之痹病，皆取此二穴，刺去血也。邪在心，則病心痛，喜悲，時眩仆。視有餘不足而調之其輸。心病三種，皆調其手心主經脈之輸也。

《太素·九針之二·五節刺》　黄帝曰：刺節言振埃，夫子乃言刺外經去陽病，余不知其所謂也，願卒聞之。岐伯曰：振埃者，陽氣大逆，滿於胸中，煩瞋肩息，大氣逆上，喘喝坐伏，病惡埃烟，饐不得息，以下問答解釋五刺節義。謂此三種陽疾，惡於埃塵烟氣，其病令人氣滿閉塞，得喘息，言其埃也。饐音噎。請言振埃而疾於振埃也。以下言其振埃也。刺之去病，疾於振埃，故曰振埃也。黄帝曰：善。取之何如？岐伯曰：取之天容也。天容，在耳下曲頰後，足少陽脈氣所發也。黄帝曰：其欬上氣窮詘胸痛者，取之奈何？岐伯曰：取之廉泉也。詘音屈，窮詘，氣不申也。廉泉，在頷下結喉上也。廉，斂鹽反。黄帝曰：取之有數乎？岐伯曰：取天容者，無過一里而止。取廉泉者，血變而止。黄帝曰：善。一里，一寸也。故《明堂》刺天容□一寸也。

黄帝曰：刺節言發矇，余未得其意。夫發矇者，耳無所聞，目無所見。夫子乃言刺府輸，何使然？願聞其故。矇，莫東反，謂目不明也。岐伯曰：妙乎哉問也。此刺之約，針之極也，神明類也，刺節發矇，謂□刺去矇者也。神明，謂是耳目去矇得明，故曰神明類也。口說書卷，猶不敢及也，發矇愈疾之速得於神，言書所不及也。請言發矇，尚疾於發矇也。岐伯望請自言發矇之速也。黄帝曰：善。願手受之。岐伯曰：刺此者，必於日中，刺其聽宮，中其眸子，聲聞於耳，此其輸也。黄帝曰：善。何謂聲聞於耳？岐伯曰：邪刺以手堅按其兩鼻竅而疾偃，其聲必應於針也。黄帝曰：善。此所謂弗見爲之而無目視，見而取之神明得者矣。日中正陽，故開耳目，取日中也。手太陽脈支者，至目兌眥，卻入耳中。手足少陽脈支者，從耳後入耳中，出走耳前，至目兌眥。故此三脈皆會耳目聽宮，俱連目中眸子。眸子，目中瞳子也。刺聽宮輸時，矇矓速愈，故得聲聞於耳也。針聽宮時按鼻仰卧者，感氣合出於耳目，即耳通目明矣。此之妙者，得之於神明，非由有目而見者也。

黄帝曰：刺節言去爪，夫子乃言刺關節之支絡，願卒聞之。岐伯曰：腰脊者，身之大關節也。股胻者，人之所以趨翔也。莖垂者，中身之機，陰精之候，津液之道也。爪，謂人之爪甲，肝之應也。肝足厥陰脈循於陰器，故陰器有病，如爪之餘，須去之也。或水字錯爲爪字耳。腰脊於手足關節爲大，故曰大關節也。陰莖在腰，故中身。陰莖垂動有造化，故曰機也。精從莖中出，故爲陰精□□爲津液道也。故飲食不節，喜怒不時，飲食不節，言飲食過度。言其喜怒不時，反春夏也。津液內溢，乃下溜於臯，言飲食多，水溢，流入陰器囊中也。臯音高。水道不通，日大不休，俛仰不便，趨翔不能，此病滎然有水，不上不下，水道既閉，日日長大也。滎然，水聚也。不上者，上氣不通。不下者，小便及氣下不洩也。鈹石所取，形不可匿，常不得蔽，故命曰去爪。黄帝曰：善。以下言去爪也。蔽，塞也。言下鈹針，使水形不得匿而不通，不常閉塞。

黄帝曰：刺節言徹衣，夫子乃言盡刺諸陽之奇輸，未有常處也，願卒聞之。岐伯曰：是陽氣有餘而陰氣不足，陰氣不足則內熱，陽氣有餘則外熱，

與熱相薄，熱於懷炭，外重絲帛衣，不可近身，又不可近席，腠理閉塞不汗，舌焦脣槁臘，嗌乾欲飲，不讓美惡也。藏之陰氣在內，府之陽氣在外。陰氣在外，陰氣不足，陽乘之，故內熱薄停也。重絲帛衣，複衣也。臘，肉乾也。內熱甚渴，故飲不擇美惡也。臘，性亦反。黃帝曰：善。取之奈何？岐伯曰：取之其府大杼三痏，有刺中膂以去其熱，大杼、內輸，皆是足太陽脈氣所發，寫陽氣之要穴也。補手足太陰以出其汗，熱去汗希，疾於徹衣。黃帝曰：善。手太陰主氣，足太陰主穀氣。此二陰氣不足，爲陽所乘，陰氣不洩以爲熱病，故寫盛陽，補此二陰，陽去二陰得實，陰氣得通流液，故汗出熱去得愈，疾於徹衣，故曰徹衣也。

黃帝曰：刺節言解惑，夫子乃言盡知調陰陽，補寫有餘不足，相傾移也，惑何以解之？岐伯曰：大風在身，血脈偏虛，虛者不足，實者有餘，大風，謂是痱風等病也。輕重不得，傾側宛伏，手足及身不能傾調也。宛，謂宛轉也。不知東西，又不知南北。心無知也。乍上乍下，乍反覆，顛倒無常，甚於迷惑。志昏性失也。

黃帝曰：善。取之奈何？岐伯曰：寫其有餘，補其不足，陰陽平復，用針若此，疾如解惑。盡知陰陽虛實，行於補寫使和也。黃帝曰：善。請藏之靈蘭之室，不敢妄出也。靈蘭之室，黃帝藏書之府，今之蘭臺故□者也。

《太素・九針之三・量繆刺》黃帝曰：願聞繆刺奈何？取之如何？以上請廣言繆刺也。岐伯曰：邪客於足少陰之絡，令人卒心痛暴脹，胸脇支滿，足少陰直脈，從腎上入肺中，支者，從肝出絡心，注胸中，故卒心痛也。從腎而上，故暴脹也。注於胸中，胸脇支滿也。以足少陰大鍾之絡傍經而上，故少陰脈行處，絡爲病也。毋積者，刺然骨之前出其血，如食頃而已，左取右，右取左，病新發者五日已。聚，陽病也。積，陰病也。其所發之病，未積之時，刺然骨前出血也。然骨在足內踝下大骨，刺此大骨之前絡脈也。邪客於手少陽之絡，令人喉痹舌卷，口乾煩心，臂內廉痛，手不及頭，刺小指次指爪甲上內去端如韭葉各一痏，壯者立已，老者有頃已，左取右，右取左，此新病數日者。手少陽外關之絡，從外關上繞臂內廉，上注胸，合心主之脈，胸中之氣上薰，故喉痹舌卷、口乾煩心、臂內廉痛、手不上頭也。老者氣血衰，故有頃已也。邪客於足厥陰之絡，令人卒疝暴痛，刺足大指爪甲上與肉交者各一痏，男子立已，女子有頃乃已，左取右，右取左。足厥陰蠡溝之絡，其別者循脛上鼻結於莖，故病卒疝暴痛也。疝痛者，陰之病也。女子陰氣不勝於陽，故有頃已也。邪客於足太陽之絡，令人頭項痛肩痛，刺足小指爪甲上與肉交者各一痏，立已。不已，刺外踝下三痏，左取右，右取左。足太陽支正之絡，別者上走肘絡肩髃，故頭項痛也。足小指甲上與肉交處，此絡所出處也。外踝下，亦此絡行處也。邪客於手陽明之絡，令人氣滿胸中，喘息而支胠，胸中熱，刺手大指次指爪甲上去端如韭葉各一痏，左取右，右取左，如食頃已。手陽明偏歷之絡，其支者，上臂垂肩髃上曲頰。不言至於胸胠，而言胸胠痛者，手陽明之正，膺乳別上入柱骨下，走大腸屬於肺，故胸滿喘息支胠胸熱也。以此推之，正別脈者皆爲絡。邪客於臂掌之間，不可得屈，刺其踝後，先以指按之痛，乃刺之，以月死生爲痏數，月生一日一痏，二日二痏，十六日十四痏。腕前爲掌，腕後爲臂，手外踝後，是手陽明脈所行之處，有脈見者是手陽明絡，臂掌不得屈者，取此絡也。邪客於陽蹻，令人目痛從內眥始，刺外踝之下半寸所合各二痏，左刺右，右刺左，如行十里頃而已。陽蹻從足上行，至目內眥，故目痛刺足外踝之下中脈所生絡也。人有所墮墜，惡血在內，腹中滿脹，不得前後，先飲利藥，此上傷厥陰之脈，下傷少陰之絡，刺足內踝之下，然骨之前血脈出血，刺足跗上動脈，不已，刺三毛上各一痏，見血立已，左刺右，右刺左。人有墮傷，惡血在腹中，不得大小便者，可飲破血之湯，利而出之。若不愈者，可刺足內踝之下，大骨之前，足少陰之絡，又取三毛厥陰之絡。善悲善驚不樂，刺如右方。厥陰之脈入眼，故傷厥陰，虛而善悲及不樂也。志主驚懼，故傷少陰之脈，令人驚喜。俱用前方，刺三處也。邪客於手陽明之絡，令人耳聾時不聞，刺手大指爪甲上去端如韭葉各一痏，立聞。不已，刺中指爪甲上與肉交者，立聞。其不時聞者，不可刺也。手陽明偏歷之絡，別者入耳會於宗脈，故邪客令人耳聾也。不時聞者，病成不可療。耳中生風者，亦刺之如此數，左刺右，右刺左，人覺耳中有風出者，是邪客手陽明絡，故用方同之。痹往來行無常處者，在分肉間，痛而刺之，以月死生爲數。有痹往來手陽明絡分肉間，爲痛痹也。從月一日至十五日，爲月生也。從十六日至三十日，爲月死也。用針者，隨氣盛衰，以爲痏數，針過其月數則脫氣，不及月數則氣不寫，左刺右，右刺左，病已止，不已，復刺如法，用針之數，隨氣盛衰，盛則益數，衰則減數，輒過其數，必即脫氣，不增其數邪氣不寫，增減病仍不愈，刺如前法也。月生一日一痏，二日二痏，十五日十五痏，十六日十四痏。月生氣血漸增，故其痏從增至十五日也。十六日後減，入氣漸衰，故從十四痏減至月盡，名曰月死也。邪客於足陽明之絡，令人鼽衄下齒寒，刺中指爪甲上與肉交者各一痏，左刺右，右刺左。足陽明豐隆之絡，別者上絡頸，合諸經之氣，下絡喉嗌，故從鼽入於下齒，所以邪客令人鼽衄下齒冷也。手陽明經入下齒中，足陽明經入上齒中，不入下齒。今言齒寒者，足陽明絡入下齒也。又尋絡之生病處，不是大絡行處者，乃是大絡支分小絡發病者也。傳寫之誤。《甲乙經》注云：《素問》注云：刺大指次指。《新校正》云：按《甲乙經》云刺足中指爪甲上，無次指二字，蓋以大指次指爲中指義，與王注同。邪客於足少陽之絡，

令人脇痛欬汗出，刺足小指次指爪甲上與肉交者各一痏，不得息立已，汗出立止，欬者溫衣飲食，一日已，左刺右，右刺左，病立已，不已，復刺之如法。又足少陽光明之絡，去足踝五寸，別走厥陰，下絡足跗，不至於脇。足少陽正別者，入季脇之間，循胸裏屬膽，散之上肝貫心，上挾咽，故脇痛也。貫心上肺，故欬也。貫心，故汗出也。與肉交處刺絡邪客處不得息者，亦肺病也。肺以惡寒，故刺出血已，須溫衣暖飲食也。邪客於足少陰之絡，令人咽痛不可內食，無故善怒，氣上走賁上，刺足下中央之脈各三痏，凡六刺，立已，左刺右，右刺左。足少陰大鍾之絡，別者傍經上走心包，故咽痛不能內食也。少陰正經，直者上貫肝膈，絡既傍經而上，故癢怒氣走賁上也。賁，膈也。足下中央有湧泉穴，少陰脈也。邪客於足大陰之絡，令人腰痛引少腹控眇，足太陰公孫之絡，別者入絡腸胃。足太陰別，上至髀合於陽明，與別俱行，上絡於咽，貫舌中。故舌中央脈者，即足太陰別脈者也。此絡既言至髀上行，則貫腰入少腹過眇，所以腰痛引少腹控眇者也。不可以仰息，刺其腰尻之解，兩胂之上，以月死生爲痏數，發針立已，左刺右，右刺左。尻解之兩胂上，此絡之腰刺也。胂，以眞反。邪客於足大陽之絡，令人拘攣背急，引脇而痛，內引心而痛，足太陽飛陽之絡，去踝七寸，別走少陽不至腰膕。足太陽正別，入膕中，其一道下尻五寸，別入於肛，屬於膀胱，攻之腎，從膂當心入散，直者從膂上於項，復屬太陽，故邪客拘攣背急引脇引心痛。刺之從項始，數脊椎俠背疾按之，應手而痛，刺之傍，三痏立已。脊有二十一椎，以兩手俠脊當椎按之，痛處即是足太陽絡，其輸兩傍，各刺三痏也。邪客於足少陽之絡，令人留於樞中痛，髀不舉，刺樞中以豪針，以月死生爲痏數，立已。又足少陽光明之絡，去踝五寸，別走少陰，不至樞中。足少陽正別，繞髀入毛際，合厥陰，別者入季肋間，故髀樞中久痛及髀不舉也。留，停久也。豪針，如毫毛也，如蟲虻喙也，靜以徐往，微養之久留，以取痛痹也。治諸經刺之所過者不痛，則繆刺之。刺十二經所過之處不痛者，病在於絡，故繆刺也。耳聾，刺手陽明，不已，刺其通脈出耳前者。巨刺手陽明並商陽等穴，不已，巨刺手太陽出走耳聽會之穴也。齒齲，刺手陽明，不已，刺其脈入齒中者，立已。刺手陽明輸三間等穴，不已，刺手陽明兌端穴。邪客於五藏之間，其病也，脈引而痛，時來時止，視其病脈，繆刺之，於手足爪甲上，視其脈，出其血，間日一刺，一刺不已，五刺已。五藏之脈，引而有痛，視其左右病脈所在，可繆刺之。手足爪甲上，十二經脈井之絡脈，故取之也。亦是取經井以療絡病也。齒脣寒痛，視其手背脈血者去之，足陽明中指爪甲上一痏，手大指次指爪甲上各一痏，立已，左取右，右取左。手陽明脈，入下齒中，還出俠口交人中，足陽明脈，人上齒中，還出俠口環脣，下交承漿，故取手陽明血絡，以去齒脣痛也。足中指爪甲上，足陽明絡，故亦取之。手大指次指爪甲上，亦是手陽明絡，故亦取之。皆視其病左右，繆刺之。嗌中腫，不能內唾，時不能出唾者，繆刺然骨之前出血，立已，左刺右，右刺左。足少陰經，出然骨而上肺中，循喉嚨，俠舌本，故嗌中腫，刺然骨前絡脈也。邪客於手足少陰太陰足陽明絡，此五絡皆會於耳中，上絡左角，手少陰、足少陰、手太陰、足太陰、足陽明，此五經脈，手少陰通里，入心中，繫舌本，孫絡至耳中。足少陰經至舌本，皮部絡入耳也。手太陰正別，從喉嚨，亦孫絡入耳中。足太陰經，連舌本下，散舌下，亦皮部絡入耳中。足陽明經，上耳前，過客主人前，亦皮部絡入耳中。此之五絡，入於耳中，相會通已，上絡於左角。左角，陽也。五絡俱竭，令人身脈皆動而形無知也，其狀如尸厥，此之五絡，爲身綱紀，故此脈絕，諸脈亂動，形不知人，與尸厥死之相似，非尸厥也。刺足大指內側甲下去端如韭葉，此刺足太陰隱白穴也。後刺足心，刺足少陰湧泉穴也。後刺足中指甲上各一痏，刺足陽明厲兌穴也。後刺手大指之內去端如韭葉，刺手太陰少商穴也。後刺少陰兌骨之端各一痏，立已，刺手少陰神門穴也。此前五刺，皆中其經穴，以調絡病。不已，以竹筒吹其兩耳，鬄其左角之髮方寸燔治，飲以美酒一杯，不能飲者灌之，立止。鬄，恥歷反，除也。耳中，五絡會處也。左角，五絡絡處也。凡刺之數，必先視其經脈，切而順之，審其虛實而調之，不調者經刺之，不調者，偏有虛實也。偏有虛實者，可從經穴調其氣也。有痛而經不病者繆刺之，循經候之不見有病，仍有痛者，此病有異處，故左痛刺右等，名曰繆刺。因視皮部有血絡者盡取之，此繆刺之數也。繆刺之處皮部絡邪血，皆刺去之，名曰繆刺之法。數，法也。

《太素・邪論・十二邪》 黃帝曰：人之欠者，何氣使然？岐伯曰：衛氣晝日行於陽，夜則行於陰。陰者主夜，夜者主卧。陽者主上，陰者主下。故陰氣積於下，陽氣未盡，陽引而上，陰引而下，陰陽相引，故數欠。陽氣盡而陰氣盛，則目瞑。陰氣盡而陽氣盛，則寤矣。陽氣主晝在上，陰氣主夜在下。陰氣盡，陽氣盛，則寤。陽氣盡，陰氣盛，則瞑。今陽氣未盡，故引陰而上，陰氣已起，則引陽而下，陰陽相引上下，故數欠也。寫足少陰，補足太陽。寫於腎脈足少陰實，補於膀胱脈足太陽虛，令陰陽氣和，故欠愈也。有本作足太陰。黃帝曰：人之噦者，何氣使然？岐伯曰：穀入於胃，胃氣上注於肺，今有故寒氣與新穀氣俱還入於胃，新故相亂，眞邪相攻並相逆，復於胃，故爲噦。穀入胃已，清氣上注於肺，濁氣下留於胃，有故寒氣與新穀氣俱入於胃，新故眞邪在於胃中相攻相逆，復從胃出，故爲之噦。補手太陰，寫足少陰。宜補肺脈手太陰，寫腎脈足少陰。以足少陰主寒，故須寫之，手太陰主氣，故先補之。黃帝曰：人之唏者，何氣使然？岐伯曰：此陰氣盛而陽氣虛，陰氣疾而

陽氣徐，陰氣盛，陽氣絶，故爲唏。大兒反，笑也。陰氣盛而行疾，陽氣虛而行徐，是以陽氣絶爲唏也。補足太陽，寫足少陰。以府膀胱太陽氣絶，故須補之。腎藏少陰氣盛，故須寫之。黄帝曰：人之振寒者，何氣使然？岐伯曰：寒氣客於皮膚，陰氣盛，陽氣虛，故振寒寒慄。補諸陽。以陽虛陰盛，陽虛故皮膚虛，陰盛故寒客皮膚，故振寒寒慄，宜補三陽之脈。黄帝曰：人之噫者，何氣使然？岐伯曰：寒氣客於胃，厥逆從下上散，復出於胃，故爲噫。寒氣先客於胃，厥而逆上消散，復從胃中出，故爲噫。補足太陰、陽明，一曰補眉本。脾胃府藏皆虛，故補斯二脈。眉本是眉端攢竹穴，足太陽脈氣所發也。黄帝曰：人之嚏者，何氣使然？岐伯曰：陽氣和利，滿於心，出於鼻，故爲嚏。陽之和氣利，滿於心中，上衝出於鼻，故爲嚏也。補足太陽榮、眉本，一曰眉上。陽虛而利，故補陽脈。太陽起鼻上兩箱，發於攢竹。太陽榮在通谷，足指外側本節前陷中。黄帝曰：人之撣者，何氣使然？岐伯曰：胃不實則諸脈虛，諸脈虛則筋肉懈惰，筋肉懈惰，行陰用力，氣不能復，故爲撣。胃氣不實，穀氣少也。穀氣既少，脈及筋肉並虛懈惰，因此行陰。行陰，入房也。此又入房用力，氣不得復，四支緩縱，故名爲撣。撣，云干反，牽引也，謂身體懈惰，牽引不收也。補分肉間。筋脈皆虛，故取病所在分肉間補之。

黄帝曰：人之哀而涕泣出者，何氣使然？涕泣多，目無所見，何氣使然也？岐伯曰：心者，五藏六府之主也。涕泣出之所以有三，心者神明藏府之生一也。目者，宗脈之所聚，上液之道也。手足六陽及手少陰足厥陰等諸脈湊目，故曰宗脈所聚。大小便爲下液之道，涕泣以爲上液之道，二也。口鼻者，氣之門戶也。目者唯足液之道也，口鼻二竅，氣液之道，三也。故悲哀愁憂則心動，動則五藏六府皆搖，搖則宗脈盛，宗脈盛則液道開，液道開故涕泣出焉。有物相盛遂即心動，以其心動，即心藏及餘四藏并六府亦皆搖動，藏府既動，藏府之脈皆動，藏府宗脈搖動，則目鼻液道並用，以液道開，故涕泣出也。液者，所以灌精而濡空竅者也，故上液之道開，泣出不止則液竭，液竭則精不灌，精不灌則目無所見矣，故命曰奪精。五穀液以灌目，五穀之精潤於七竅，今但從目鼻而出不止，則竭也。諸精不得其液，則目眼無精，故目無所見，以奪精也。補天柱經俠項。天柱經，足太陽也。天柱俠項後髮際大筋外廉陷中，足太陽脈氣所發，故補之。黄帝曰：人之太息者，何氣使然？岐伯曰：憂思則心系急，心系急則氣道約，氣道約則不利，故太息從中出。憂思勞神，故心系急。心系連肺，其脈上迫肺系，肺系爲喉通氣之道，既其被迫，故氣道約不得通也，故太息取氣以中出之。補手少陰、心主、足少陽留之。手少陰、手心主二經皆是心經，足少陽膽經，以心系急引於肝膽，故二陰一陽並須留針以緩。黄帝曰：人之涎下者，何氣使然？岐伯曰：飲食者皆入於胃，胃中有熱，熱則蟲動，蟲動則胃緩，胃緩則廉泉開，故涎下。蟲者，穀蟲在於胃中也。廉泉，舌下孔，通涎道也。人神守，則其道不開；若爲好味所感，神者失守，則其孔開涎出也。亦因胃熱蟲動，故廉泉開，涎因出也。補足少陰。腎足少陰脈，上俠舌本，主於津涎，今虛故涎下是也。黄帝曰：人之耳中鳴者，何氣使然？岐伯曰：耳者宗脈之所聚也，故胃中空則宗脈虛，虛則下，溜脈有所竭者，故耳鳴。人耳有手足少陽太陽及手陽明等五絡脈皆入耳中，故曰宗脈所聚也。溜脈，人耳之脈溜行之者也。有竭不通，虛故耳鳴也。補客主人、手大指爪甲上與肉交者。手陽明入耳，過客主人也。手大指爪甲上手太陰脈，是手陽明之裏，此陰陽皆虛，所以耳鳴，故並補之。黄帝曰：人之自齧舌者，何氣使然？岐伯曰：此厥逆走上脈氣輩至也，輩，類也。厥逆之氣上走於頭，故上頭類脈所至之處，即自齧舌也。少陰氣至則齧舌，少陽氣至則齧頰，陽明氣至則齧脣矣。視主病者則補之。此輩諸脈以虛厥逆，故視其所病之脈補也。凡此十二邪者，皆奇邪之走空竅者也。故邪之所在，皆爲之不足。此十二邪皆令人虛，故曰奇邪。空竅，謂是輸竅者也。此之邪氣所至之處，損於正氣，故令人不足爲病也。故上氣不足，腦爲之不滿，耳爲之善鳴，頭爲之傾，目爲之瞑。頭爲上也。邪氣至頭，耳鳴。頭不能正，目暗者也。中氣不足，溲便爲之變，腸爲之喜鳴；腸及膀胱爲中也。邪至於中，則大小便色皆變於常，及腸鳴也。下氣不足，則爲痿厥足悶，補足外踝下留之。邪氣至足，則足痿厥撣緩，其足又悶，可補之外踝之下。一本，刺足大指間上二寸留之。黄帝曰：治之奈何？岐伯曰：腎主爲欠，取足少陰。肺主爲噦，取手太陰、足少陰。唏者，陰與陽絶，故補足太陽，寫足少陰。振寒，補諸陽。噫，補足太陰、陽明。嚏，補足太陽、眉本。撣，因其所在，補分肉間。泣出，補天柱經俠項，俠項者，頭中分也。太息，補手少陰、心主、足少陽留之。涎下，補足少陰。耳鳴，補客主人、手大指爪甲上與肉交者。自齧頰，視主病者則補之。目瞑項強，足外踝下留之。痿厥足悶，刺足大指間上二寸留之，一曰足外踝下留之。以下委言療方。與陽者，陰盛不絶不可寫，不得言與，可爲盛也。頭中分者，取宗脈所行頭中之分。撣、痿厥同爲一病，名字有異，此文信之也。

《甲乙經·繆刺》曰：繆刺取之何如？曰：邪客於足少陰之絡，令人卒心痛，暴脹，胸脇反滿，無積者，刺然谷之前出血，如食頃而已，左取右，右取左。病新發者，五日已。

邪客於手少陰，一作陽。之絡，令人喉痺舌卷，口乾心煩，臂外廉痛，手不及頭。刺手中指當作小指。次指、爪甲上去端如韭葉，各一痏，音悔。壯者立已，老者有頃已，左取右，右取左。此新病，數日已。

邪客於足厥陰之絡，令人卒疝暴痛。刺足大指爪甲上與肉交者，各一痏。男子立已，女子有頃已。左取右，右取左。

邪客於足太陽之絡，令人頭項痛，肩痛，刺足小指爪甲上與肉交者，各一痏，立已。不已，刺外踝上三痏，左取右，右取左。如食頃已。

邪客於手陽明之絡，令人氣滿胸中，喘急而支胠，胸中熱。刺手大指次指爪甲上去端如韭葉，各一痏，左取右，右取左。如食頃已。

邪客於臂掌之間，不得屈。刺其踝後，先以指按之，痛乃刺之。以月死生爲數。月生一日一痏，二日二痏，十五日十五痏，十六日十四痏。

邪客於足陽蹻之脈，令人目痛，從內眥始。刺外踝之下半寸所，各二痏，左取右，右取左，如行十里頃而已。人有所墮墜，惡血留內，腹中脹滿，不得前後，先飲利藥。此上傷厥陰之脈，下傷少陰之絡，刺足內踝之下。然骨之前，血脈出血，刺跗上動脈。不已，刺三毛上各一痏，見血立已。左取右，右取左。善驚善悲不樂，刺如右方。

邪客於手陽明之絡，令人耳聾，時不聞音。刺手大指次指爪甲上端如韭葉，各一痏，立聞。不已，刺中指爪甲上與肉交者，立聞。其不時聞者，不可刺也。耳中生風者，亦刺之如此數。右取左，左取右。凡痺行往來無常處者，在分肉間，痛而刺之，以月生死爲數。用針者，隨氣盛衰，以爲痏數，針過其日數則脫氣，不及其日數則氣不寫，左刺右，右刺左。病如故，復刺之如法，以月死生爲數，月生一日一痏，二日二痏，漸多之，十五日十五痏，十六日十四痏，漸少之。

邪客於足陽明之絡，《素問》作經。王冰云：以其脈左右交於面部，故舉經脈之病，以明繆刺之類。令人鼽衄，上齒寒，刺足中指《素問》注云：刺大指次指。爪甲上與肉交者，各一痏。左取右，右取左。

邪客於足少陽之絡，令人脇痛不得息，欬而汗出，刺足小指《素》有次指二字。爪甲上與肉交者各一痏。不得息立已，汗出立止。欬者溫衣飲食，一日已，左刺右，右刺左，病立已。不已，復刺如法。

邪客於足少陰之絡，令人咽痛，不可內食，無故善怒，氣上走賁上，刺足中央之絡，各三痏，凡六刺，立已。左刺右，右刺左。

邪客於足太陰之絡，令人腰痛，引少腹控眇，不可以仰息。刺其腰尻之解，兩胂之上，是腰俞，以月死生爲痏數，發針立已。左刺右，右刺左。

邪客於足太陽之絡，令人拘攣，背急引脇而痛，內引心而痛。刺之從項始，數脊椎，俠疾按之，應手而痛，刺入傍三痏，立已。

邪客於足少陽之絡，令人留於樞中痛，髀不得氣，一作髀不可舉。刺樞中以毫針，寒則留針，以月生死爲痏數，立已。諸經刺之，所過者不病，則繆刺之。耳聾刺手陽明，不已，刺其過脈出耳前者。齒齲刺手陽明立已，不已，刺其脈入齒中者立已。

邪客於五藏之間，其病也，脈引而痛，時來時止。視其病脈，繆刺之於手足爪甲上，視其脈，出其血，間日一刺，一刺不已，五刺已。繆傳引上齒，齒唇寒，《素》多一痛字。視其手背脈血者去之，刺足陽明中指爪甲上一痏，手大指次指爪甲上各一痏，立已。左取右，右取左。嗌中腫，不能內唾，不能出唾者，繆刺然骨之前出血，立已。左取右，右取左。自嗌腫至此二十九字《素問》王冰注：原在邪客足少陰絡之下，今移在此。邪客於手足少陰、太陰、一作陽。足陽明之絡，此五絡者，皆會於耳中，上絡左角，五絡俱竭，令人身脈皆動而形無知也，其狀若尸，或曰尸厥。刺足大指內側爪甲上去端如韭葉，後刺足心，後刺足中指爪甲上各一痏，後刺手大指內側爪甲上端如韭葉，後刺手少陰兑骨之端各一痏，立已。《素問》云：後刺手心主者，非也。不已以竹筒吹其兩耳中，剔其左角之髮方寸，燔治，飲以美酒一杯，不能飲者，灌之立已。

凡刺之數，先視其經脈，切而循之，審其虛實而調之，不調者，經刺之。有痛而經不病者，繆刺之。目視其皮部，有血絡者，盡取之，此繆刺之數也。

《甲乙經·五藏六腑虛實大論》 志有餘，則腹脹飧泄，不足則厥。血氣未幷，五藏安定，骨節有動，有餘則瀉於筋血者出其血，不足則補其復溜。曰：刺未幷奈何？曰：即取之無中其經，以去其邪，乃能立虛。

《甲乙經·陰陽清濁順治逆亂大論》 故氣亂於心，則煩心密默，俛首靜伏。亂於肺，則俛仰喘喝，按手以呼。亂於腸胃，則爲霍亂。亂於臂脛，則爲四厥。亂於頭，則爲厥逆，頭痛，一作頭重。眩仆。氣在心者，取之手少陰心主之俞。氣在於肺者，取之手太陰滎，足少陰俞。氣在於腸胃者，取之手足太陰陽明，不下者，取之三里。氣在於頭者，取之天柱、太杼。不知取足《靈

樞》作手。太陽之榮俞。氣在臂足者，先去血脈，後取其陽明少陽之榮俞。徐入徐出，是謂之導氣，補寫無形，是謂之同精，是非有餘不足也，亂氣之相逆也。

《甲乙經·内外形論老壯肥瘦病旦慧夜甚大論》黄帝問曰：人之生也，有剛有柔，有弱有強，有短有長，有陰有陽，願聞其方。岐伯對曰：陰中有陽，陽中有陰，審知陰陽，刺之有方，得病所始，刺之有理，謹度病端，與時相應，内合於五藏六府，外合於筋骨皮膚。是故内有陰陽，外有陰陽。在内者，五藏爲陰，六府爲陽。在外者，筋骨爲陰，皮膚爲陽。故曰病在陰之陰者，刺陰之榮俞。陽之陽者，刺陽之合。病在陽之陰者，刺陰之經。病在陰之陽者，刺陽之絡。病在陽者，名曰風病，在陰者，名曰痺，陰陽俱病，名曰風痺。病有形而不痛者，陽之類。無形而痛者，陰之類。無形而痛者，其陽完《九墟》完作緩，下同。而陰傷，急治其陽，無攻其陰。《九墟》作急治其陰無攻其陽。有形而不痛者，其陰完而陽傷，急治其陰，無攻其陽。《九墟》作急治其陽無攻其陰。陰陽俱動，乍有乍無，加以煩心，名曰陰勝其陽，此謂不表不裏，其形不久也。曰：形氣病之先後，内外之應奈何？曰：風寒傷形。憂恐忿怒傷氣，氣傷藏，乃病藏，寒傷形乃應形，風傷筋脈，筋脈乃應，此形氣内外之相應也。曰：刺之奈何？曰：病九日者，三刺而已。病一月者，十刺而已。多少遠近，以此衰之。久痺不去身者，視其血絡，盡去其血。曰：外内之病，難易之治奈何？曰：形先病而未入藏者，刺之半其日。藏先病而形乃應者，刺之倍其日。此外内難易之應也。

曰：何以知其皮肉血氣筋骨之病也？曰：色起兩眉間薄澤者，病在皮。唇色青黄赤白黑者，病在肌肉。營氣濡然者，病在血氣。目色青黄赤白黑者，病在筋。耳焦枯受塵垢者，病在骨。曰：形病何如，取之奈何？曰：皮有部，肉有柱，氣血有俞，骨有屬。皮之部俞在於四末，肉之柱在臂胻，諸陽肉分間與足少陰分間，氣血之俞在於諸絡脈。氣血留居，則盛而起，筋部無陰無陽，無左無右。候病所在骨之屬者，骨空之所以受液而溢腦髓者也。曰：取之奈何？曰：夫病之變化，浮沉淺深，不可勝窮，各在其處，病間者淺之，甚者深之。間者少之，甚者衆之。隨變而調氣，故曰上工也。

《甲乙經·足陽明脈病發熱狂走》黄帝問曰：足陽明之脈病，惡人與火，聞木音，則惕然而驚，欲獨閉戶牖而處，願聞其故。岐伯對曰：陽明者胃脈也，胃土也，聞木音而驚者，土惡木也。陽明主肌肉，其血氣盛，邪客之則熱，熱甚則惡火，陽明厥則喘悶，悶則惡人，陰陽相薄，陽盡陰盛，故欲獨閉戶牖而處。按陰陽相薄至此，本《素問》脈解篇，士安移續於此。曰：或喘而生者，或喘而死者，何也？曰：厥逆連藏則死，連經則生。曰：病甚則棄衣而走，登高而歌，或至不食數日，踰垣上屋，非其素所能，病反能者何也？曰：陰陽急而外并於陽，此八字亦《素問·脈解篇》文。邪盛則四肢實，實則能登高而歌。熱盛於身，故棄衣而欲走。陽盛，故妄言，罵詈不避親疏。大熱遍身，故狂言而妄見妄聞，視足陽明及大絡取之，虚者補之，血如實者寫之，因令偃卧，居其頭前，以兩手四指按其頸動脈久持之，卷而切推之，下至缺盆中，復止如前，熱去乃已，此所謂推而散之者也。身熱狂走，譫語見鬼，瘈瘲，身柱主之。狂，妄言怒，惡火，善罵詈，巨闕主之。熱病汗不出，鼽衄，眩時仆而浮腫，足脛寒，不得卧，振寒，惡人與木音，喉痺齲齒，惡風，鼻不利，多善驚，厲兑主之。四厥手足悶者，使人久持之，厥熱，一本作逆冷。脛痛，腹脹，皮痛，善伸數欠，惡人與木音，振寒，嗌中引外痛，熱病汗不出，下齒痛，惡寒目急，喘滿寒慄，齗口噤僻，不嗜食，内庭主之。狂歌，妄言，怒，惡人與火，罵詈，三里主之。

《甲乙經·邪在心膽及諸藏腑發悲恐太息口苦不樂及驚》黄帝問曰：有口苦取陽陵泉，口苦者，病名爲何，何以得之？岐伯對曰：病名曰膽癉。夫膽者，中精之腑，《素問》無此句。肝者，中之將也，取決於膽，咽爲之使，此人者，數謀慮不決，膽氣上溢，《素問》下有虚字。而口爲之苦，治之以膽募俞，在陰陽十二官相使中。膽病者，善太息，口苦，嘔宿水，《靈樞》作宿汁。心下澹澹，善恐，如人將捕之，嗌中吤吤然，數欬唾，候在足少陽之本末，亦視其脈之陷下者灸之。其寒熱者，取陽陵泉。邪在膽，逆在胃，膽液泄，則口苦，胃氣逆則嘔苦汁，故曰嘔膽，取三里以下，胃逆則刺足少陽，血絡以閉膽逆，調其虚實以去其邪。

《甲乙經·脾胃大腸受病發腹脹滿腸中鳴短氣》邪在脾胃，則病肌肉痛，陽氣有餘，陰氣不足，則熱中善饑。陽氣不足，陰氣有餘，則寒中腸鳴腹痛。陰陽俱有餘，若俱不足則有寒有熱，皆調其三里。飲食不下，鬲塞不通，邪在胃脘，在上脘則抑而下之，在下脘則散而去之。胃病者，腹䐜脹，胃脘當心而痛，上榰兩脇，鬲咽不通，食飲不下，取三里。

腹中雷一本作常。鳴，氣常衝胸，喘不能久立，邪在大腸也，刺肓之原、巨

虛上廉、三里。腹中不便，取三里，盛則瀉之，虛則補之。大腸病者，腸中切痛而鳴濯濯，冬日重感於寒，當臍而痛，不能久立，與胃同候，取巨虛上廉。

大腸實，則腰背痛，痺寒轉筋，頭眩痛。虛則鼻衄癲疾，腰痛濈濈然汗出，令人欲食而走，承筋主之。取腳下三折，橫視盛者出血。

《甲乙經·腎小腸受病發腹脹痛引背少腹控睾》 邪在腎，則病骨痛陰痺。陰痺者，按之而不得，腹脹腰痛，大便難，肩背頸項強痛，時眩，取之湧泉、崑崙，視有血者，盡取之。

少腹控睾，引腰脊，上衝心肺，邪在小腸也。小腸者，連睾系屬於脊，貫肝、肺，絡心系，氣盛則厥逆，上衝腸胃，熏肝肺，散於胸，結於臍，故取肓原以散之，刺太陰以予之，取厥陰以下之，取巨虛下廉以去之，按其所過之經以調之。小腸病者，少腹痛，腰脊控睾而痛，時窘之後，耳前熱，若寒甚，若獨肩上熱甚，及手小指次指間熱，若脈陷者，此其候也。

《甲乙經·三焦膀胱受病發少腹腫不得小便》 少腹腫痛，不得小便，邪在三焦約，取之足太陽大絡，視其結絡脈與厥陰小結絡而血者，腫上及胃脘取三里。

三焦病者，腹脹氣滿，少腹尤甚，堅不得小便，窘急，溢則爲水，留則爲脹，候在足太陽之外大絡，絡在太陽少陽之間，亦見於脈，取委中。

膀胱病，在少腹偏腫而痛，以手按之，則欲小便而不得，眉一本作肩。上熱，若脈陷及足小指外側，及脛踝後皆熱者，取委中。病在少腹痛，不得大小便，病名曰疝，得寒則少腹脹，兩股間冷，刺腰髁間，刺而多之盡炅，病已。少腹滿大，上走胸至心，索索然身時寒熱，小便不利，取足厥陰。

《脈經·平三關陰陽二十四氣脈》 左手關前寸口陽絕者，無小腸脈也，苦臍痺，小腹中有疝瘕王月王字一本作五。即冷上搶心，刺手心主經，治陰，心主在掌後橫理中。即太陵穴也。

左手關前寸口陽實者，小腸實也，苦心下急痺，一作急痛。小腸有熱，小便赤黃，刺手太陽經，治陽，一作手少陽者，非。太陽在手小指外側本節陷中。即後谿穴也。

左手關前寸口陰絕者，無心脈也，苦心下毒痛，掌中熱，時時善嘔，口中傷爛，刺手太陽經，治陽。

左手關前寸口陰實者，心實也，苦心下有水氣，憂恚發之，刺手心主經，治陰。

左手關上陽絕者，無膽脈也，苦膝疼，口中苦，眯目善畏如見鬼狀，多驚少力，刺足厥陰經，治陰，在足大指間，即行間穴也。或刺三毛中。

左手關上陽實者，膽實也，苦腹中實不安，身軀習習也，刺足少陽經，治陽，在足上第二指本節後一寸。第二指當云小指次指，即臨泣穴也。

左手關上陰絕者，無肝脈也，苦癃遺溺，難言，脅下有邪氣，善吐，刺足少陽經，治陽。

左手關上陰實者，肝實也，苦肉中痛，動善轉筋，刺足厥陰經，治陰。

左手關後尺中陽絕者，無膀胱脈也，苦逆冷，婦人月使不調，王月則閉，男子失精，尿有餘瀝，刺足少陰經，治陰，在足內踝下動脈。即太谿穴也。

左手關後尺中陽實者，膀胱實也，苦逆冷，脅下有邪氣相引痛，刺足太陽經，治陽，在足小指外側本節後陷中。即束骨穴也。

左手關後尺中陰絕者，無腎脈也，苦足下熱，兩髀裏急，精氣竭少，勞倦所致，刺足太陽經，治陽。

左手關後尺中陰實者，腎實也，苦恍惚健忘，目視䀮䀮，耳聾悵悵，善鳴，刺足少陰經，治陰。

右手關前寸口陽絕者，無大腸脈也，苦少氣，心下有水氣，立秋節即欬，刺手太陰經，治陰，在魚際間。即太淵穴也。

右手關前寸口陽實者，大腸實也，苦腸中切痛，如錐刀所刺，無休息時，刺手陽明經，治陽，在手腕中。即陽谿穴也。

右手關前寸口陰絕者，無肺脈也。苦短氣欬逆，喉中塞，噫，逆，刺手陽明經，治陽。

右手關前寸口陰實者，肺實也，苦少氣，胸中滿彭彭，與肩相引，刺手太陰經，治陰。

右手關上陽絕者，無胃脈也，苦吞酸頭痛，胃中有冷，刺足太陰經，治陰，在足大指本節後一寸。即公孫穴也。

右手關上陽實者，胃實也，苦腸中伏伏一作愊愊。不思食物，得食不能消，刺足陽明經，治陽，在足上動脈。即衝陽穴也。

右手關上陰絕者，無脾脈也，苦少氣下利，腹滿身重，四肢不欲動，善嘔，刺足陽明，治陽。

右手關上陰實者，脾實也，苦腸中伏伏如堅狀，大便難，刺足太陰經，治陰。

右手關後尺中陽絶者，無子戶脈也，苦足逆寒，絶產帶下，無子，陰中寒，刺足少陰經，治陰。

右手關後尺中陽實者，膀胱實也，苦少腹滿引腰痛，刺足太陽經，治陽。

右手關後尺中陰絶者，無腎脈也，苦足逆冷，上搶胸痛，夢入水見鬼，善厭寐黑色物來掩人上，刺足太陽經，治陽。

右手關後尺中陰實者，腎實也，苦骨疼腰脊痛，內寒熱，刺足少陰經，治陰。

《脈經·平三關病候并治宜》寸口脈浮，中風發熱，頭痛，宜服桂枝湯葛根湯，針風池，風府，向火灸，身摩治風膏，覆令汗出。

寸口脈緊，苦頭痛，骨肉疼，是傷寒，宜服麻黄湯發汗，針眉衝，顳顬，摩治傷寒膏。

寸口脈數，即爲吐，以有熱在胃管，熏胸中，宜服藥吐之及針胃管，服除熱湯，若是傷寒七八日至十日，熱在中煩滿渴者，宜服知母湯。

寸口脈緩，皮膚不仁，風寒在肌肉，宜服防風湯，以藥薄熨之，摩以風膏，灸諸治風穴。

寸口脈滑，陽實，胸中壅滿，吐逆，宜服前胡湯，針太陽巨闕瀉之。

寸口脈絃，心下愊愊微頭痛，心下有水氣，宜服甘遂，圓針期門瀉之。

寸口脈弱，陽氣虛，自汗出而短氣，宜服茯苓湯內補散，適飲食，消息勿極勞，針胃管補之。

寸口脈澀，是胃氣不足，宜服乾地黄湯，自養調和飲食，針三里補之。三里一作胃管。

寸口脈芤，吐血微芤者，衄血空虛，去血故也，宜服竹皮湯黄土湯，灸膻中。

寸口脈伏，胸中逆氣噎塞不通，是胃中冷氣上衝心胸，宜服前胡湯，大三建圓，針巨闕，上管，灸膻中。

寸口脈沉，胸中引脅痛，胸中有水氣，宜服澤漆湯，針巨闕瀉之。

寸口脈濡，陽氣弱，自汗出，是虛損病，宜服乾地黄湯，署預圓，內補散，牡蠣散并粉，針太衝補之。

寸口脈細，發熱吸吐，宜服黄芩龍膽湯。吐不止，宜服橘皮桔梗湯，灸中府。

寸口脈洪大，胸脇滿，宜服生薑湯，白薇圓，亦可紫菀湯下之，針上管，期門，章門。

右上部寸口十七條

關脈浮，腹滿不欲食，浮爲虛滿，宜服平胃圓，茯苓湯，生薑前胡湯，針胃管，先瀉後補之。

關脈緊，心下苦滿急痛，脈緊者，爲實，宜服茱萸當歸湯，又大黄湯兩治之良，針巨闕，下管瀉之。

關脈微，胃中冷，心下拘急，宜服附子湯，生薑湯，附子圓，針巨闕補之。

關脈數，胃中有客熱，宜服知母圓，除熱湯，針巨闕，上管瀉之。

關脈緩，其人不欲食，此胃氣不調，脾氣不足，宜服平胃圓，補腸湯，針章門補之。

關脈滑，胃中有熱，滑爲熱，實以氣滿，故不欲食，食即吐逆，宜服紫菀湯下之，大平胃圓，針胃管瀉之。

關脈絃，胃中有寒，心下厥逆，此以胃氣虛故爾，宜服茱萸湯溫調飲食，針胃管補之。

關脈弱，胃氣虛，胃中有客熱，脈弱爲虛熱作病，其說云：有熱不可大攻之，熱去則寒起，正宜服竹葉湯，針胃管補之。

關脈濇，血氣逆冷，脈濇爲血虛，以中焦有微熱，宜服乾地黄湯、內補散，針足太衝上補之。

關脈芤，大便去血數斗者，以膈輸傷故也，宜服生地黄，并生竹皮湯，灸膈輸。若重下去血者，針關元，甚者宜服龍骨圓，必愈。

關脈洪，胃中熱，必煩滿，宜服平胃圓，針胃管，先瀉後補之。

右中部關脈十八條

尺脈浮，下熱風小便難，宜服瞿麥湯，滑石散，針横骨、關元瀉之。

尺脈緊，臍下痛，宜服當歸湯，灸天樞，針關元補之。

尺脈微，厥逆，小腹中拘急有寒氣，宜服小建中湯，針氣海。

尺脈數，惡寒，臍下熱痛，小便赤黄，宜服雞子湯、白魚散，針横骨瀉之。

尺脈緩，腳弱，下腫，小便難，有餘瀝，宜服滑石湯，瞿麥散，針横骨瀉之。

尺脈滑，血氣實，婦人經脈不利，男子尿血，宜服朴消煎、大黃湯，下去經血，針關元瀉之。

尺脈絃，小腹疼，小腹及腳中拘急，宜服建中湯、當歸湯，針氣海瀉之。

尺脈弱，陽氣少，發熱骨煩，宜服前胡湯、乾地黃湯、茯苓湯，針關元補之。

尺脈澀，足脛逆冷，小便赤，宜服附子四逆湯，針足太衝補之。

尺脈芤，下焦虛，小便去血，宜服竹皮生地黃湯，灸丹田、關元，亦針補。

尺脈伏，小腹痛，癥疝，水穀不化，宜服大平胃圓、桔梗圓，針關元補之。

尺脈沈，腰背痛，宜服腎氣圓，針京門補之。

尺脈濡，苦小便難，宜服瞿麥湯、白魚散，針關元瀉之。

尺脈遲，下焦有寒，宜服桂枝圓，針氣海、關元補之。

尺脈實，小腹痛，小便不禁，宜服當歸湯加大黃一兩，以利大便，針關元補之，止小便。

尺脈牢，腹滿陰中急，宜服葶藶子茱萸圓，針丹田、關元、中極。

《脈經·平奇經八脈病》 脈來中央浮直，上下痛者，督脈也。動苦腰背膝寒，大人癲，小兒癎也，灸頂上三圓正當頂上。

尺寸脈俱牢一作芤，直上直下，此爲衝脈，胸中有寒疝也。脈來中央堅實，徑至關者，衝脈也，動苦少腹痛，上搶心，有瘕疝，絶孕，遺矢溺，脅支滿煩也。橫寸口邊丸丸，此爲任脈。苦腹中有氣，如指，上搶心不得俛仰，拘急。脈來緊細，實長至關者，任脈也。動苦少腹繞臍下引橫骨陰中切痛，取臍下三寸。

《千金要方·肝臟·肝臟脈論》 左手關上陰絶者，無肝脈也。若癃遺溺難言，脅下有邪氣，善吐，刺足少陽，治陽。

左手關上陰實者，肝實也。苦肉中痛，動善轉筋，吐，刺足厥陰，治陰。

肝病其色青，手足拘急，脅下苦滿，或時眩冒，其脈弦長，此爲可治。宜服防風竹瀝湯、秦艽散，春當刺大敦，夏刺行間，冬刺曲泉，皆補之。季夏刺太衝，秋刺中郄，皆瀉之。又當灸期門百壯，背第九椎五十壯。

邪在肝，則兩脅中痛，寒中，惡血在內，胻善瘈，節時腫，取之行間，以引脅下，補三里以溫胃中，取血脈以散惡血，取耳間青脈以去其瘈。

《千金要方·膽腑·膽腑脈論》 左手關上陽絶者，無膽脈也。苦膝疼，口中苦，眯目善畏，如見鬼，多驚少力。刺足厥陰，治陰，在足大指間，或刺三毛中。

左手關上陽實者，膽實也。苦腹中不安，身軀習習也。刺足少陽，治陽，在足上第二指本節後一寸是。

膽病者，善太息，口苦，嘔宿汁，心澹澹恐如人將捕之，咽中介介然，數唾。候在足少陽之本末，亦見其脈之陷下者，灸之。其寒熱刺陽陵泉。若善嘔有苦，長太息，心中澹澹善悲，恐如人將捕之，邪在膽，逆在胃。膽液則口苦，胃氣逆則嘔苦汁，故曰嘔膽，刺三里以下。胃氣逆，刺足少陽血絡以閉膽，卻調其虛實，以去其邪也。

《千金要方·膽腑·膽虛實》 胸中膽病，灸濁浴隨年壯。穴在俠膽輸傍行相去五寸。

膽虛，灸三陰交各二十壯。穴在內踝上一夫。

《千金要方·小腸腑·小腸腑脈論》 少腹控睪引腰脊上衝心，邪在小腸者，連睪系屬於脊，貫肝肺，絡心系。氣盛則厥逆上衝腸胃，動肝肺，散於肓，結於臍。故取之肓原以散之，刺太陰以與之，取厥陰以下之，取巨虛下廉以去之，按其所過之經以調之。

左手關前寸口陽絶者，無小腸脈也。苦臍痺，小腹中有疝瘕，主月即冷，上搶心，刺手心主，治陰。心主在掌後橫文中入一分。

左手關前寸口陽實者，小腸實也。苦心下急熱痺，小腸內熱，小便赤黃，刺手太陽，治陽。手太陽在手小指外側本節陷中。

《千金要方·小腸腑·小腸虛實》 小腸熱滿灸陰都，隨年壯。穴俠中管兩邊相去一寸。

小腸泄痢膿血，灸魂舍一百壯，小兒減之。穴在俠臍兩邊相去各一寸。又灸小腸腧七壯。

《千金要方·脾臟·脾臟脈論》 凡脾病之狀，必身重，善饑，足痿不收。行善瘈，腳下痛，虛則腹滿腸鳴飧泄，食不化。取其經足太陰、陽明、少陰血者。

脾脈沉之而濡，浮之而虛，苦腹脹煩滿，胃中有熱，不嗜食，食而不化，大便難，四肢苦痺，時不仁，得之房內，月使不來，來而頻併。脾病其色黃，飲食不消，腹苦脹滿，體重節痛，大便不利，其脈微緩而長。此爲可治，宜服平胃

丸，瀉脾丸，茱萸丸，附子湯，春當刺隱白，冬刺陰陵泉，皆瀉之。夏刺大都，季夏刺公孫，秋刺商丘，皆補之。又當灸章門五十壯，背第十一椎百壯。

邪在脾胃，肌肉痛，陽氣有餘，陰氣不足，則熱中善饑。陽氣不足，陰氣有餘，則寒中。腸鳴腹痛，陰陽俱有餘。若俱不足，則有寒有熱，皆調其三里。

《千金要方·胃腑·胃腑脈論》 胃病者腹䐜脹，胃管當心而痛，上支兩脇，膈咽不通，飲食不下，下取三里。

飲食不下，膈塞不通，邪在胃管。在上管則抑而刺之，在下管則散而去之。

胃脹者，腹滿胃管痛，鼻聞焦臭，妨於食，大便難。

胃瘧，令人且病也，善饑而不能食，食而支滿腹大。刺足陽明太陰橫脈出血。

《千金要方·肺臟·肺臟脈論》 右手關前寸口陰絶者，無肺脈也。苦短氣欬逆喉中塞，噫逆。刺手陽明，治陽。

右手關前寸口陰實者，肺實也。苦少氣胸中滿膨膨，與肩相引。刺手太陰，治陰。

凡肺病之狀，必喘欬逆氣，肩息背痛，汗出，尻陰股膝攣，髀腨胻足皆痛。虛則少氣不能報息，耳聾，嗌乾。取其經手太陰足太陽之外，厥陰內，少陰血者。

肺病，其色白，身體但寒無熱，時時欬，其脈微遲，爲可治。宜服五味子大補肺湯，瀉肺散。春當刺少商，夏刺魚際，皆瀉之。季夏刺大淵，秋刺經渠，冬刺尺澤，皆補之。又當灸膻中百壯，背第三椎二十五壯。

邪在肺，則皮膚痛，發寒熱，上氣，氣喘汗出，欬動肩背。取之膺中外輸，背第三椎之傍，以手痛按之快然，乃刺之。取之缺盆中以越之。

秋金肺脈色白，主手太陰脈也。秋取經輸，秋者金始治，肺將收殺，金將勝火，陽氣在合，陰氣初勝，濕氣及體，陰氣未盛，未能深入，故取輸以瀉陰邪，取合以虛陽邪，陽氣始衰，故取於合。其脈本在寸口之中，掌後兩筋間二寸中，應在腋下動脈，其脈根於太倉，太倉在臍上三寸一夫是也。

扁鵲云：灸心肺二輸，主治丹毒白狸病，當依源爲療，調其陽，理其陰，則藏腑之病不生矣。

《千金要方·大腸腑·大腸腑脈論》 右手關前寸口陽絶者，無大腸脈也。苦少氣，心下有水氣，立秋節即欬。刺手大陰，治陰，在魚際間。

右手關前寸口陽實者，大腸實也。苦腸中切痛，如針刀所刺，無休息時。刺手陽明，治陽，在手腕中，瀉之。

大腸病者，腸中切痛而鳴濯濯，冬日重感於寒則泄，當臍而痛，不能久立，與胃同候，取巨虛上廉。

腸中雷鳴，氣上衝胸，喘，不能久立，邪在大腸，刺肓之原，巨虛上廉，三里。

《千金要方·大腸腑·大腸虛實》 腸中臚脹不消，灸大腸輸四十九壯。

大腸有熱，腸鳴腹滿，俠臍痛，食不化，喘，不能久立，巨虛上廉主之。

腸中雷鳴，相逐痢下，灸承滿五十壯。穴在俠巨闕相去五寸。巨闕在心下一寸，灸之者，俠巨闕兩邊各二寸半。

食飲不下，腹中雷鳴，大便不節，小便赤黄，陽綱主之。

腹脹腸鳴，氣上衝胸，不能久立，腹中痛濯濯，冬日重感於寒則泄，當臍而痛，腸胃間遊氣切痛，食不化，不嗜食，身腫俠臍急，天樞主之。

腸中常鳴，時上衝心，灸臍中。

腸鳴而痛，溫留主之。

《千金要方·腎臟·腎臟脈論》 左手關後尺中陰絶者，無腎脈也。苦足下熱，兩髀裏急，精氣竭少，勞倦所致。刺足太陽，治陽。左手關後尺中，陰實者，腎實也。苦恍惚健忘，目視䀮䀮，耳聾悵悵善鳴。刺足少陰，治陰。

右手關後尺中陰絶者，無腎脈也。苦足逆冷上搶胸痛，夢入水見鬼，善魘寐，黑色物來掩人上。刺足太陽，治陽。

右手關後尺中陰實者，腎實也。苦骨疼腰脊痛，內寒熱。刺足少陰，治陰。

凡腎病之狀，必腹大脛腫痛，喘欬身重，寢汗出，憎風虛，即胸中痛，大腹小腹痛，清厥，意不樂。取其經足少陰太陽血者。

腎病其色黑，其氣虛弱，吸吸少氣，兩耳苦聾，腰痛時時失精，飲食減少，膝以下清，其脈沉滑而遲少，爲可治。宜服內補散，建中湯，腎氣丸，地黄煎。春當刺涌泉，秋刺伏留，冬刺陰谷，皆補之。夏刺然谷，季夏刺太谿，皆瀉之。又當灸京門五十壯，背第十四椎百壯。

邪在腎，則骨痛陰痺，陰痺者撫之而不得，腹脹腰痛，大便難，肩背頸項強痛，時眩。取之涌泉，崑崙。視有血者盡取之。

《千金要方·膀胱腑·三焦虛實》 五藏六腑心腹滿，腰背疼，飲食吐逆，寒熱往來，小便不利，羸瘦少氣，灸三焦輸隨年壯。

腹疾腰痛，膀胱寒，澼飲注下，灸下極輸隨年壯。

三焦寒熱，灸小腸輸隨年壯。

三焦膀胱腎中熱氣，灸水道隨年壯。穴在俠屈骨相去五寸。屈骨在臍下五寸，屈骨端。水道俠兩邊各二寸半。

《千金翼方·針灸中·膽病》 左手關上陽絕者，無膽脈也。苦口中無味，一云苦眯目。恐畏如見鬼，多驚少力，刺足厥陰，治陰。在足大指間，或刺三毛中。

左手關上陽實者，膽實也。苦腹中不安，身軀習習，刺足少陽，治陽，在足第二指本節後一寸。

俠膽俞傍行相去五寸，名濁浴，主胸中膽病，隨年壯。

膽虛，灸足內踝上一夫，名三陰交，二十壯。

《千金翼方·針灸中·小腸病》 左手關前寸口陽絕者，無小腸脈也。苦臍痺少腹中有疝瘕，主月即冷上搶心。刺手心主，治陰，在掌後橫文中入一分。

左手關前寸口陽實者，小腸實也。苦心下急熱痺小腸內熱，小便赤黃，刺手太陽，治陽。在手第二指本節後一寸動脈，俠中管兩邊相去半寸，名曰陰都。灸隨年壯，主小腸熱病。俠臍兩邊相去一寸，名魂舍。灸一百壯，主小腸洩利膿血，小兒減之。

又灸小腸俞七壯。

《扁鵲心書·五等虛實》 凡看病要審元氣虛實，實者不藥自愈，虛者即當服藥，灸關元穴，以固性命，若以溫平藥，亦難取效，淹延時日，漸成大病。溫平之藥，近世所尚，旁人稱其穩當醫士，習於兩岐，及至變成大病，惶急錯投，誤而又誤，總由識見不眞遂爾，因循貽害。虛病多般，大略分爲五種，有平氣，微虛，甚虛，將脫，已脫之別。平氣者，邪氣與元氣相等，正可敵邪，止以溫平藥調理，緩緩而愈，如補中益氣，小柴胡，八物湯是也。微虛者，邪氣旺，正氣不能敵之，須服辛溫散邪之藥，當補助元氣，使邪氣易伏，宜蓽澄茄散，全眞丹，來復丹，理中丸，薑附湯之類是也。甚虛者，元氣大衰，則成大病，須用辛熱之藥，厚味之劑，大助元陽，不暇攻病也。經云：形不足者溫之以氣，精不足者補之以味，即官桂、附子、鹿茸、河車之類是也。將脫者，元氣將脫也，尚有絲毫元氣未盡，惟六脈尚有些小胃氣，命若懸絲，生死立待，此際非尋常藥餌所能救，須灸氣海、丹田、關元，各三百壯，固脾腎。夫脾爲五藏之母，腎爲一身之根，故傷寒必診太谿、衝陽二脈者，即脾腎根本之脈也，此脈若存則人不死，故尚可灸，內服保元丹，獨骸大丹，保命延壽丹，或可保性命。單顧脾腎乃先生學力大有根柢之論，蓋腎爲先天之原，脾爲後天之本，資生資始莫不由茲，故病雖甚而二脈中有一脈未散，扶之尚可延生。若已脫，則眞氣已灘，脈無胃氣，雖灸千壯亦無用矣。此五種證，當於平時細心探討，自然隨機應變不致差訛。近世之醫多尚寒涼，專行尅伐，致使平氣變虛，虛變脫，及至三焦失運，神氣改常，出入道乖，升降機息，而猶執邪氣未盡，火熱未除之說，朝涼暮削，不死不休，良可悲痛。

《扁鵲心書·黃帝灸法》 男婦虛勞，灸臍下三百壯。男婦水腫，灸臍下五百壯。陰疽骨蝕，灸臍下三百壯。久患脾瘧，灸命關五百壯。肺傷寒，灸臍下三百壯。氣厥尸厥，灸中脘五百壯。纏喉風，灸臍下三百壯。黃黑疸，灸命關二百壯。急慢驚風，灸中脘四百壯。老人二便不禁，灸臍下三百壯。老人氣喘，灸臍下三百壯。久患腳氣，灸湧泉穴五十壯。產後血暈，灸中脘五十壯。暑月腹痛，灸臍下三十壯。鬼邪著人，灸巨闕五十壯，臍下三百壯。婦人臍下或下部出膿水，灸臍下三百壯。婦人無故風搐發昏，灸中脘五十壯。久患傴僂不伸，灸臍俞一百壯。鬼魘著人昏悶，灸前頂穴五十壯。婦人半產，久則成虛癆水腫，急灸臍下三百壯。死脈及惡脈見，急灸臍下五百壯。婦人產後腹脹水腫，灸命關百壯，臍下三百壯。腎虛面黑色，灸臍下五百壯。嘔吐不食，灸中脘五十壯。婦人產後熱不退，恐漸成癆瘵，急灸臍下三百壯。

《論經絡迎隨補瀉法·潔古刺諸痛法》 《內經》曰：留瘦不移節，而刺之十二經，無過絕。假令如見十二經中是何經絡不通行，當針不通，以凝滯俱令氣過節。次無問其病，以平爲期。如諸經俱虛，補之諸經，俱實瀉之。補當隨而濟之，瀉當迎而奪之。又補母亦名隨而濟之，瀉子亦名迎而奪之。又隨呼吸出納，亦名迎隨也。

兩脇痛，少陽丘墟。

心痛，少陰，太谿，湧泉，足厥陰原穴。

腰痛，崑崙及委中出血。

喘滿痰實，口中如膠，足少陰太谿。

嘔噦無度，手厥陰太陵。

頭痛，手足太陽原穴。

熱無度不可止，陷谷出血。

百節疼痛，實無所知，三稜刺絕骨出血。

小腸疝痛，足厥陰太衝。

血衄不止，大小便血，婦人血不止，刺足太陰井。

喉閉，手足少陽井，并少商，手足太陰井穴。

大煩熱不止，晝夜無度，刺十指間出血，謂八關大刺。

眼發睛欲出者，亦須大刺八關。

陰頭中痛不可忍，卒疝痛，婦人陰中痛，皆刺足厥陰井。

眼痛，大眥痛，刺手太陽井。

小眥痛，少陽井。

骨熱不可治。前板齒乾燥，當灸骨會大椎。

心痛脈沉，腎原穴。弦，肝原穴。濇，肺原穴。浮，心原穴。緩，脾原穴。

腰痛，身之前足陽明原穴，身之後足太陽原穴，身之側足少陽原穴。此針之撮要也。

《普濟方・針灸門・論五臟六腑治證》 假令膽病，善潔，面青，善怒，得弦脈，人病心下滿，當刺膽井。如見善潔，面青，善怒，脈又弦，人病身熱，當刺肝榮。如依前色脈，人病體重節痛，當刺膽俞。如見善潔，面青，善怒，脈又弦，人病喘咳寒熱，當刺膽經。如依前色脈，又病逆氣而洩，當刺膽合。餘經依例皆倣此。

假令肝病，淋溲難，兼轉筋，人病或心下滿，或身熱，或體重節痛，或喘咳，或逆氣而泄，依前刺之，謂刺肝經諸穴也。脈沉而弦，假令小腸經病，面赤口乾，喜笑，或心下滿，刺井。或身熱刺榮，或體重節痛刺俞，或喘咳寒熱刺經，或逆氣而瀉刺合。脈浮而洪，假令心經病，煩心，心痛，掌中熱，噦，脈沉而洪，或心下滿，刺井。或身熱刺榮，或體重節痛刺俞，或喘咳寒熱刺經，或逆而泄刺合。假令胃經病，面黃善噫，善思善味，脈浮而緩，依上法刺之。假令脾經病，腹脹滿，食不消，怠墮嗜卧，脈沉而緩，依上法刺之。假令大腸經病，面白善嚏，非愁不樂，欲哭，脈浮而濇，依上法刺之。假令膀胱經病，面黑，若恐欠，脈俱沉，依上法刺之。假令腎經病，瀉如下重，足脛寒而逆，脈俱沉，依上法刺之。

《針灸大全・八法主治病證》 公孫二穴通衝脈，脾之經，在足大指內側本節後一寸陷中。令病人坐，合兩掌相對取之，主治三十一證。

凡治後證，必先取公孫爲主，次取各穴應之。

九種心疼，一切冷氣，大陵二穴，中脘一穴，隱白二穴。

痰膈涎悶，胸中隱痛，勞宮二穴，膻中一穴，間使二穴。

臍腹脹滿，氣不消化，天樞二穴，水分一穴，內庭二穴。

脇肋下痛，起止艱難，支溝二穴，章門二穴，陽陵泉二穴。

泄瀉不止，裏急後重，下脘一穴，天樞二穴，照海二穴。

胸中刺痛，隱隱不樂，內關二穴，大陵二穴，彧中二穴。

兩脇脹滿，氣攻疼痛，陽陵泉二穴，章門二穴，絕骨二穴。一名懸鍾。

中滿不快，翻胃吐食，中脘一穴，太白二穴，中魁二穴。一名陽谿。

氣膈五噎，飲食不下，膻中一穴，三里二穴，太白二穴。

胃脘停痰，口吐清水，巨闕一穴，厲兑二穴，中脘一穴。

中脘停食，疼刺不已，解谿二穴，太倉一穴。一名中脘穴。 三里二穴。

嘔吐痰涎，眩暈不已，豐隆二穴，中魁二穴，膻中一穴。

心瘧令人心內怔忡，神門二穴，心俞二穴，百勞一穴。即大椎穴。

脾瘧令人怕寒，腹中痛，商丘二穴，脾俞二穴，三里二穴。

肝瘧令人氣色蒼蒼，惡寒發熱，中封二穴，肝俞二穴，絕骨二穴。

肺瘧令人心寒怕驚，列缺二穴，肺俞二穴，合谷二穴。

腎瘧令人洒熱，腰脊強痛，大鍾二穴，腎俞二穴，申脈二穴。

瘧疾大熱不退，間使二穴，百勞一穴，絕骨二穴。

瘧疾先寒後熱，後谿二穴，曲池二穴，勞宮二穴。

瘧疾先熱後寒，曲池二穴，百勞一穴，絕骨二穴。

瘧疾心胸疼痛，內關二穴，上脘一穴，大陵二穴。

瘧疾頭痛眩暈，吐痰不已，合谷二穴，中脘一穴，列缺二穴。

瘧疾骨節痠痛，魄戶二穴，百勞一穴，然谷二穴。

瘧疾口渴不已，關衝二穴，人中一穴，間使二穴。

胃瘧令人善饑而不能食，厲兌二穴，胃俞二穴，大都二穴。

膽瘧令人惡寒怕驚，睡卧不安，臨泣二穴，膽俞二穴，期門二穴。

黄疸四肢俱腫，汗出染衣，至陽一穴，百勞一穴，腕骨二穴，中脘一穴，三里二穴。

黄疸，遍身皮膚及面目小便俱黄，脾俞二穴，隱白二穴，百勞一穴，至陽一穴，三里二穴，腕骨二穴。

穀疸，食畢則頭眩心中拂鬱，遍體發黄，胃俞二穴，内庭二穴，至陽一穴，三里二穴，腕骨二穴，陰谷二穴。

酒疸，身目俱黄，心中俱痛，面發赤斑，小便赤黄，膽俞二穴，至陽一穴，委中二穴，腕骨二穴。

女癆疸，身目俱黄，發熱惡寒，小便不利，關元一穴，腎俞二穴，然骨二穴，至陽一穴。

内關二穴，陰維脈。心包絡之經，在掌後二寸兩筋之間陷中，令患人穩坐仰手取之，主治二十五證。

中滿不快，胃脘傷寒，中脘一穴，大陵二穴，三里二穴。

中焦痞滿，兩脇刺痛，支溝二穴，章門二穴，膻中一穴。

脾胃虚冷，嘔吐不已，内庭二穴，中脘一穴，氣海一穴，公孫二穴。

脾胃氣虚，心腹脹滿，太白二穴，三里二穴，氣海一穴，水分一穴。

脇肋下疼，心脘刺痛，氣海一穴，行間二穴，陽陵泉二穴。

痞塊不散，心中悶痛，大陵二穴，中脘一穴，三陰交二穴。

食癥不散，人漸羸瘦，腕骨二穴，脾俞二穴，公孫二穴。

食積血瘕，腹中隱痛，胃俞二穴，行間二穴，氣海一穴。

五積氣塊，血積血癖，膈俞二穴，肝俞二穴，大敦二穴，照海二穴。

臟腑虚冷，兩脇痛疼，支溝二穴，建里一穴，章門二穴，陽陵泉二穴。

風壅氣滯，心腹刺痛，風門二穴，膻中一穴，勞宫二穴，三里二穴。

大腸虚冷，脱肛不收，百會一穴，命門一穴，長強一穴，承山二穴。

大便艱難，用力脱肛，照海二穴，百會一穴，支溝二穴。

臟毒腫痛，便血不止。承山二穴，肝俞二穴，膈俞二穴，長強一穴。

五種痔疾，攻痛不已，合陽二穴，長強一穴，承山二穴。

五癇等證，口中吐沫，後谿二穴，神門二穴，心俞二穴，鬼眼四穴。

心性呆痴，悲泣不已，通里二穴，後谿二穴，神門二穴，大鍾二穴。

心驚發狂，不識親疏，少衝二穴，心俞二穴，中脘一穴，十宣十穴。

健忘易失，言語不記，心俞二穴，通里二穴，少衝二穴。

心氣虚損，或歌或笑，靈道二穴，心俞二穴，通里二穴。

心中驚悸，言語錯亂，少海二穴，少府二穴，心俞二穴，後谿二穴。

心中虚惕，神思不安，乳根二穴，通里二穴，膽俞二穴，心俞二穴。

心驚中風，不省人事，中衝二穴，百會一穴，大敦二穴。

心臟諸虚，心怔驚悸，陰郄二穴，心俞二穴，通里二穴。

心虚膽寒，四體顫掉，膽俞二穴，通里二穴，臨泣二穴。

臨泣二穴，通帶脈，膽之經，在足小指次指間，去俠谿一寸五分。令患者垂足取之。主治二十四證。

足跗腫痛，久不能消，行間二穴，申脈二穴。

手足麻痺，不知癢痛，太衝二穴，曲池二穴，大陵二穴，合谷二穴，三里二穴，中渚二穴。

兩足顫掉，不能移步，太衝二穴，崑崙二穴，陽陵泉二穴。

兩手顫掉，不能握物，曲澤二穴，腕骨二穴，合谷二穴，中渚二穴。

足指拘攣，筋緊不開，丘墟二穴，公孫二穴，陽陵泉二穴。

手指拘攣，伸縮疼痛，尺澤二穴，陽谿二穴，中渚二穴，五處二穴。

足底下發熱，名曰濕熱，湧泉二穴，京骨二穴，合谷二穴。

足外踝紅腫，名曰穿踝風，崑崙二穴，丘墟二穴，照海二穴。

足跗發熱，五指節痛，衝陽二穴，俠谿二穴，足十宣十穴。

兩手發熱，五指疼痛，陽池二穴，液門二穴，合谷二穴。

兩膝紅腫疼痛，名曰鶴膝風，膝關二穴，行間二穴，鶴頂二穴，陽陵泉二穴。

手腕起骨痛，名曰遶踝風，太淵二穴，腕骨二穴，大陵二穴。

腰胯疼痛，名曰寒疝，五樞二穴，委中二穴，三陰交二穴。

臂膊痛連肩背，肩井二穴，曲池二穴，中渚二穴。

腿胯疼痛，名曰腿叉風，環跳二穴，委中二穴，陽陵泉二穴。

白虎歷節風疼痛，肩井二穴，三里二穴，曲池二穴，委中二穴，合谷二穴，行間二穴，天應一穴，遇痛處針，強針出血。

走注風遊走，四肢疼痛，天應一穴，曲池二穴，三里二穴，委中二穴。

浮風，渾身搔癢，百會一穴，太陽紫脈，百勞一穴，命門一穴，風市二穴，絕骨二穴，水分一穴，氣海一穴，血海二穴，委中二穴，曲池二穴。

頭項紅腫強痛，承漿一穴，風池二穴，肩井二穴，風府一穴。

腎虛腰痛，舉動艱難，腎俞二穴，脊中一穴，委中二穴。

閃挫腰痛，起止艱難，脊中一穴，腰俞一穴，腎俞二穴，委中二穴。

虛損濕滯，腰痛，行動無力，脊中一穴，腰俞一穴，腎俞二穴，委中二穴。

諸虛百損，四肢無力，百勞一穴，心俞二穴，三里二穴，關元一穴，膏肓俞二穴。

脇下肝積，氣塊刺痛，章門二穴，支溝二穴，陽陵泉二穴，中脘一穴，大陵二穴。

外關二穴，陽維脈，三焦之經。在手背腕背二寸陷中。令患人穩坐，覆手取之。主治三十六證。

臂膊紅腫，肢節疼痛，肘髎二穴，肩髃二穴，腕骨二穴。

足內踝骨紅腫痛，名曰遶踝風，太谿二穴，丘墟二穴，臨泣二穴，崑崙二穴。

手指節痛，不能伸屈，陽谷二穴，五處二穴，腕骨二穴，合谷二穴。

足指節痛，不能行步，內庭二穴，太衝二穴，崑崙二穴。

五臟結熱，吐血不已，取五臟俞穴，并血會治之。心俞二穴，肝俞二穴，脾俞二穴，肺俞二穴，腎俞二穴，膈俞二穴。

六腑結熱，血妄行不已，取六腑俞，并血會治之。膽俞二穴，胃俞二穴，小腸俞二穴，膀胱俞穴，三焦俞穴，大腸俞二穴，膈俞二穴。

鼻衄不止，名血妄行，少澤二穴，心俞二穴，膈俞二穴，湧泉二穴。

吐血昏暈，不省人事，肝俞二穴，膈俞二穴，通里二穴，大敦二穴。

虛損氣逆，吐血不已，膏肓二穴，膈俞二穴，丹田一穴，肝俞二穴。

吐血衄血，陽乘於陰，血熱妄行，中衝二穴，肝俞二穴，膈俞二穴，三里二穴，三陰交二穴。

血寒亦吐，陰乘於陽，名心肺二經嘔血，少商二穴，心俞二穴，神門二穴，肺俞二穴，膈俞二穴，三陰交二穴。

舌強難言，及生白苔，關衝二穴，中衝二穴，承漿一穴，聚泉一穴。

重舌腫脹，熱極難言，十宣十穴，海泉一穴，在舌理中。金津一穴，在舌下左邊。玉液一穴。在舌下右邊。

口內生瘡，名曰枯曹風，兌端一穴，支溝二穴，承漿一穴，十宣十穴。

舌吐不收，名曰陽強，湧泉二穴，兌端一穴，少衝二穴，神門二穴。

舌縮不能言，名曰陰強，心俞二穴，膻中一穴，海泉一穴。

唇吻裂破，血出乾痛，承漿一穴，少商二穴，關衝二穴。

項生瘰癧，遶頸起核，名曰蟠蛇癧，天井二穴，風池二穴，肘尖二穴，缺盆二穴，十宣十穴。

瘰癧延生胸前連腋下者，名曰瓜藤癧，肩井二穴，膻中一穴，大陵二穴，支溝二穴，陽陵泉二穴。

左耳根腫核者，名曰惠袋癧，翳風二穴，後谿二穴，肘尖二穴。

右耳根腫核者，名曰蜂巢癧，翳風二穴，頰車二穴，後谿二穴，合谷二穴。

耳根紅腫痛，合谷二穴，翳風二穴，頰車二穴。

頸項紅腫不消，名曰項疽，風府一穴，肩井二穴，承漿一穴。

目生翳膜，隱澀難開，睛明二穴，合谷二穴，肝俞二穴，魚尾二穴。在眉外頭。

風沿爛眼，迎風冷淚，攢竹二穴，絲竹空穴，二間二穴，小骨空穴。在手小指二節尖上。

目風腫痛，努肉攀睛，禾窌二穴，睛明二穴，攢竹二穴，肝俞二穴，委中二穴，合谷二穴，肘尖二穴，照海二穴，列缺二穴，十宣十穴。

牙齒兩頷腫痛，人中一穴，合谷二穴，呂細二穴。即太谿穴也。

上片牙痛及牙關緊急不開，太淵二穴，頰車二穴，合谷二穴，呂細二穴。

下片牙疼及頰項紅腫痛，陽谿二穴，承漿一穴，頰車二穴，太谿二穴。

耳聾氣痞疼痛，聽會二穴，腎俞二穴，三里二穴，翳風二穴。

耳內或鳴或癢或痛，客主人穴，合谷二穴，聽會二穴。

雷頭風暈，嘔吐痰涎，百會一穴，中脘一穴，太淵二穴，風門二穴。

腎虛頭痛，頭重不舉，腎俞二穴，百會一穴，太谿二穴，列缺二穴。

陰厥頭暈，及頭目昏沉，大敦二穴，肝俞二穴，百會一穴。

頭頂痛，名曰正頭風，上星一穴，百會一穴，腦空二穴，湧泉二穴，合谷二穴。

目暴赤腫及疼痛，攢竹二穴，合谷二穴，迎香二穴。

後谿二穴，通督脈，小腸之經，在手小指本節後，握拳尖上是穴。令疾者穩坐，仰手握拳取之。主治二十四證。

手足攣急，屈伸艱難，三里二穴，曲池二穴，尺澤二穴，合谷二穴，行間二穴，陽陵泉二穴。

手足俱顫，不能行步握物，陽谿二穴，曲池二穴，腕骨二穴，陽陵泉二穴，絕骨二穴，公孫二穴，太衝二穴。

頸項強痛，不能回顧，承漿一穴，風池二穴，風府一穴。

兩腮頰痛紅腫，大迎二穴，頰車二穴，合谷二穴。

咽喉閉塞，水粒不下，天突一穴，商陽二穴，照海二穴，十宣十穴。

雙鵝風，喉閉不通，此乃心肺二經熱，少商二穴，金津一穴，玉液一穴，十宣十穴。

單鵝風，喉中腫痛，肺三焦經熱，關衝二穴，天突一穴，合谷二穴。

偏正頭風及兩頤角痛，頭臨泣穴，絲竹空穴，太陽紫穴，列缺二穴，合谷二穴。

兩眉角痛不已，攢竹二穴，陽白二穴，印堂一穴，兩眉中間。合谷二穴，頭維二穴。

頭目昏沉，太陽痛，合谷二穴，太陽紫脈，頭維二穴。在額角髮尖處。

頭項拘急，引肩背痛，承漿一穴，百會一穴，肩井二穴，中渚二穴。

醉頭風，嘔吐不止，惡聞人言，湧泉二穴，列缺二穴，百勞一穴，合谷二穴。

眼赤痛腫，風淚下不已，攢竹二穴，合谷二穴，小骨空穴，臨泣二穴。

破傷風，因他事搐發，渾身發熱顛強，大敦二穴，合谷二穴，行間二穴，十宣十穴，太陽紫脈。

申脈二穴，通陽蹻脈，膀胱之經。在足外踝下二寸，微前赤白肉際是穴，令人垂足取之。主治二十四證。

腰背強，不可俛仰。腰俞一穴，膏肓二穴，委中二穴。決紫脈出血。

肢節煩痛，牽引腰腳疼，肩髃二穴，曲池二穴，崑崙二穴，陽陵泉二穴。

中風不省人事，中衝二穴，百會一穴，大敦二穴，印堂一穴。

中風不語，少商二穴，前頂一穴，人中一穴，膻中一穴，合谷二穴，啞門一穴。

中風半身癱瘓，手三里穴，腕骨二穴，合谷二穴，絕骨二穴，行間二穴，風市二穴，風市二穴，三陰交二穴。

中風偏枯，痛疼無時，絕骨二穴，太淵二穴，曲池二穴，肩髃二穴，三里二穴，崑崙二穴。

中風四肢麻痺不仁，肘髎二穴，上廉二穴，魚際二穴，風市二穴，膝關二穴，三陰交二穴。

中風手足搔癢，不能握物，臑會二穴，腕骨二穴，合谷二穴，行間二穴，風市二穴，陽陵泉二穴。

中風口眼喎斜，牽連不已，頰車二穴，針入一分，沿皮肉透地倉穴。喎右瀉左，可灸二七壯。人中一穴，合谷二穴，太淵二穴，十宣十穴，瞳子髎二穴。

中風角弓反張，眼目盲視，百會一穴，百勞一穴，合谷二穴，曲池二穴，行間二穴，十宣十穴，陽陵泉二穴。

中風口禁不開，言語蹇澀，地倉二穴，宜針透。頰車二穴，人中一穴，合谷二穴。

且夫中風者，有五不治也。開口閉眼，撒手遺尿，喉中雷鳴，皆惡候也。

且中風者，爲百病之長，至其變化各有不同焉。或中於臟或中於腑，或痰或氣，或怒或喜，逐其隙而害成也。中於臟者，則令人不省人事，痰涎上壅，喉中雷鳴，四肢癱瘓，不知疼痛，語言蹇澀，故難治也。中於腑者，則令人半身不遂，口眼喎斜，知癢痛，能言語，形色不變，故易治也。治之先審其證而後刺之，其中五臟六腑形證各有名，先須察其源，而名其證，依標本刺之，不無效也。

一、肝中之狀，無汗惡寒，其色青，名曰怒中。

二、心中之狀，多汗怕驚，其色赤，名曰思慮中。

三、脾中之狀，多汗身熱，其色黃，名曰喜中。

四、肺中之狀，多汗惡風，其色白，名曰氣中。

五、腎中之狀，多汗身冷，其色黑，名曰氣勞中。

六、胃中之狀，飲食不下，痰涎上壅，其色淡黃，名曰食後中。

七、膽中之狀，自侵牽連，鼾睡不醒，其色綠，名曰讐中。

腰脊項背疼痛，腎俞二穴，人中一穴，肩井二穴，委中二穴。

腰疼頭項強，不得回顧，承漿一穴，腰俞一穴，腎俞二穴，委中二穴。

腰痛，起止艱難，然谷二穴，膏肓二穴，委中二穴，腎俞二穴。

足背生毒，名曰背發，內庭二穴，俠谿二穴，行間二穴，委中二穴。

手背生毒，名曰附筋，液門二穴，中渚二穴，合谷二穴，外關二穴。

手臂背生毒，名曰附骨疽，天府二穴，曲池二穴，委中二穴，治之無不愈矣。

照海二穴，通陰蹻脈，腎之經，在足內踝下微前，赤白肉際陷中是穴。主治二十九證。

小便淋瀝不通，陰陵泉穴，三陰交穴，關衝二穴，合谷二穴。

小腹冷痛，小便頻數，氣海一穴，關元一穴，三陰交穴，腎俞二穴。

膀胱七疝，賁豚等證，大敦二穴，蘭門二穴，丹田一穴，三陰交穴，湧泉二穴，章門二穴，大陵二穴。

偏墜水腎，腫大如升，大敦二穴，曲泉二穴，然谷二穴，三陰交穴，歸來二穴，蘭門二穴，在曲骨兩傍各三寸脈是穴。膀胱俞穴，腎俞二穴。橫紋可灸七壯。

乳絃疝氣，發時衝心痛，帶脈二穴，湧泉二穴，太谿二穴，大敦二穴。

小便淋血不止，陰器痛，陰谷二穴，湧泉二穴，三陰交二穴。

遺精白濁，小便頻數，關元一穴，白環俞穴，太谿二穴，三陰交穴。

夜夢鬼交，遺精不禁，中極一穴，膏肓二穴，心俞二穴，然谷二穴，腎俞二穴。

婦人難產，子掬母心不能下，巨闕一穴，合谷二穴，三陰交穴，至陰二穴灸效。

女人小便不通，申脈二穴，陰陵泉穴，三陰交穴，太谿二穴。

婦人產後臍腹痛，惡露不已，水分一穴，關元一穴，膏肓二穴，三陰交穴。

婦人脾氣，血蠱、氣蠱，膻中一穴，水分一穴，關元一穴，氣海一穴，三里二穴，行間二穴，治血。公孫二穴，治氣。內庭二穴，支溝二穴，三陰交穴。

女人血分，單腹氣喘，下脘一穴，膻中一穴，氣海一穴，三里二穴，行間二穴。

女人血氣勞倦，五心煩熱，肢體皆痛，頭目昏沉，百會一穴，膏肓二穴，曲池二穴，合谷二穴，絕骨二穴，腎俞二穴。

老人虛損，手足轉筋，不能舉動，承山二穴，陽陵泉穴，臨泣二穴，太衝二穴，尺澤二穴，合谷二穴。

霍亂吐瀉，手足轉筋，京骨二穴，三里二穴，承山二穴，曲池二穴，腕骨二穴，尺澤二穴，陽陵泉穴。

寒濕腳氣，發熱大痛，太衝二穴，委中二穴，三陰交二穴。

腎虛腳氣紅腫，大熱不退，氣衝二穴，血海二穴，太谿二穴，公孫二穴，委中二穴，三陰交穴。

乾腳氣，膝頭并內踝及五指疼痛，膝關二穴，崑崙二穴，絕骨二穴，委中二穴，陽陵泉，三陰交穴。

渾身脹滿，浮腫生水，氣海一穴，三里二穴，曲池二穴，合谷二穴，內庭二穴，行間二穴，三陰交穴。

單腹蠱脹，氣喘不息，膻中一穴，氣海一穴，水分一穴，三里二穴，行間二穴，三陰交穴。

心腹脹大如盆，中脘一穴，膻中一穴，水分一穴，行間二穴，三陰交穴。

四肢面目浮腫，大熱不退，人中一穴，合谷二穴，三里二穴，臨泣二穴，曲池二穴，三陰交二穴。

婦人虛損形瘦，赤白帶下，百會一穴，腎俞二穴，關元一穴，三陰交二穴。

女人子宮久冷，不受胎孕，中極一穴，三陰交穴，子宮二穴。在中極兩旁各二寸。

女人經水正行，頭暈小腹痛，陰交一穴，內庭二穴，合谷二穴。

室女月水不調，臍腹疼痛，天樞一穴，氣海一穴，三陰交二穴。

室女月水不調，淋瀝不斷，腰腹痛，腎俞二穴，關元一穴，三陰交二穴。

婦人產難，不能分娩，三陰交穴，合谷二穴，獨陰二穴。即至陰穴灸。

列缺二穴，通任脈，肺之經，在手腕後一寸五分，以兩穴相叉鹽指頭盡處是穴，兩筋間。主治三十三證。

鼻流濁涕臭，名曰鼻淵，曲差二穴，上星一穴，百會一穴，風門二穴，迎香二穴。

鼻生息肉，閉塞不通，印堂一穴，迎香二穴，上星一穴，風門二穴。

傷風面赤，發熱頭痛，通里二穴，曲池二穴，絕骨二穴，合谷二穴。

傷風感寒，咳嗽脹滿，膻中一穴，風門二穴，合谷二穴，風府一穴。

傷風四肢煩熱，頭痛，經渠二穴，曲池二穴，合谷二穴，委中二穴。

腹中腸痛，下利不已，內庭二穴，天樞二穴，三陰交二穴。

赤白痢疾，腹中冷痛，水道二穴，氣海一穴，外陵二穴，天樞二穴，三里二穴，三陰交二穴。

胸前兩乳紅腫痛，少澤二穴，大陵二穴，膻中一穴。

乳癰紅腫痛，小兒吹乳，中府二穴，膻中一穴，少澤二穴，大敦二穴。

腹中寒痛，泄瀉不止，天樞二穴，中脘一穴，關元二穴，三陰交二穴。

婦人血積痛，敗血不止，肝俞二穴，腎俞二穴，膈俞二穴，三陰交穴。

婦人血積痛，敗血不止，肝俞二穴，腎俞二穴，膈俞二穴，三陰交穴。

咳嗽寒痰，胸膈閉痛，肺俞二穴，膻中一穴，三里二穴。

久咳不愈，咳唾血痰，風門二穴，太淵二穴，膻中一穴。

哮喘氣促，痰氣壅盛，豐隆二穴，俞府二穴，膻中一穴，三里二穴。

吼喘胸膈急痛，彧中二穴，天突一穴，肺俞二穴，三里二穴。

吼喘氣滿，肺脹不臥，俞府二穴，風門二穴，太淵二穴，膻中一穴，中府二穴，三里二穴。

鼻塞不知香臭，迎香二穴，上星一穴，風門二穴。

鼻流清涕，腠理不密，清涕不止，神庭一穴，肺俞二穴，太淵二穴，三里二穴。

婦人血瀝，乳汁不通，少澤二穴，大陵二穴，膻中一穴，關衝二穴。

乳頭生瘡，名曰妬乳，乳根二穴，少澤二穴，肩井二穴，膻中一穴。

胸中噎塞痛，大陵二穴，內關二穴，膻中一穴，三里二穴。

五癭等證。夫項癭之證有五：一曰石癭，如石之硬。二曰氣癭，如綿之軟。三曰血癭，如赤脈細絲。四曰筋癭，乃無骨。五曰肉癭，如袋之狀。此乃五癭之形也。扶突二穴，天突一穴，缺盆二穴，俞府二穴，膺俞一穴，喉上。膻中一穴，合谷二穴，十宣十穴。出血。

口內生瘡，臭穢不可近，十宣十穴，人中一穴，金津一穴，玉液一穴，承漿一穴，合谷二穴。

三焦熱極，舌上生瘡，關衝二穴，外關二穴，人中一穴，迎香二穴，金津一穴，玉液一穴，地倉二穴。

口氣衝人，臭不可近，少衝二穴，通里二穴，人中一穴，十宣十穴，金津一穴，玉液一穴。

冒暑大熱，霍亂吐瀉，委中二穴，百勞一穴，中脘一穴，曲池二穴，十宣十穴，三里二穴，合谷二穴。

中暑自熱，小便不利，陰谷二穴，百勞一穴，中脘一穴，委中二穴，氣海一穴，陰陵泉穴。

小兒急驚風，手足搐搦，印堂一穴，百會一穴，人中一穴，中衝二穴，大敦二穴，太衝二穴，合谷二穴。

小兒慢脾風，目直視，手足搐，口吐沫，百會一穴，上星一穴，人中一穴，大敦二穴，脾俞二穴。

消渴等證。三消其證不同，消脾、消中、消腎。《素問》云：胃府虛，飲食斗不能充饑，腎臟渴，飲百杯不能止渴，及房勞不稱心意，此爲三消也。乃土燥承渴，不能克化，故成此。人中一穴，公孫二穴，脾俞二穴，中脘一穴，照海二穴，三里二穴，治食不充饑。太谿二穴，治房不稱心。關衝二穴。

黑砂，腹痛頭疼，發熱惡寒，腰背強痛，不得睡臥，百勞一穴，天府二穴，委中二穴，十宣十穴。

白砂，腹痛吐瀉，四肢厥冷，十指甲黑，不得睡臥，大陵二穴，百勞一穴，大敦二穴，十宣十穴。

黑白砂，腹痛頭疼，發汗口渴，大腸泄瀉，惡寒，四肢厥冷，不得睡臥，名曰絞腸砂，或腸鳴腹響，委中二穴，膻中一穴，百會一穴，丹田一穴，大敦二穴，竅陰二穴，十宣十穴。

已上八脈主治諸證，用之無不捷效，但臨時看證，先取主治之穴，次取隨證各穴而應之。或行針，或著艾，在乎用之者能以臨時機變，活法施之，不可獨拘於針也。

《針灸聚英·東垣針法》 東垣曰：三焦元氣衰王。《黃帝針經》云：上氣不足，腦爲之不滿，耳爲之苦鳴，頭爲之傾，目爲之瞑。中氣不足，溲便爲之變，腸爲之苦鳴。下氣不足，則爲痿厥心悗，補足外踝，留之。

東垣曰：一富者前陰臊臭，又因連日飲酒，腹中不和，求先師治之。曰：夫前陰，足厥陰之脈絡，循陰器出其挺末，凡臭者，心之所主，散入五方爲五臭，入肝爲臊，此其一也。當於肝經中瀉行間，是治其本，後於心經中瀉少衝，乃治其標。

東垣針法悉本《素》、《難》，近世醫者，止讀《玉龍》、《金針》、《標幽》等歌賦，

而於先生之所以垂教者廢而不講，宜其針之不古若，而病之不易瘳也。茲故表而出之，引伸觸類，應用不窮矣。

東垣曰：《黃帝針經》：胃病者，胃脘當心而痛，上支兩脇，膈咽不通，飲食不下，取三里以補之。脾胃虛弱，感濕成痿，汗大泄，妨食，三里、氣衝以三稜針出血，若汗不減，不止者，於三里穴下三寸上廉穴出血，禁酒濕麵。

東垣曰：《黃帝針經》云：從下上者，引而去之，上氣不足，推而揚之。此蓋上氣者，心肺上焦之氣，陽病在陰，從陰引陽，去其邪氣於腠理皮毛也。又云：視前痛者，當先取之，是先以謬刺，瀉其經絡之壅者，爲血凝而不流，故先去之而治他病。

東垣曰：胃氣下溜，五藏氣皆亂，其爲病互相出見。黃帝曰：五亂刺之有道乎？岐伯曰：有道以來，有道以去，審知其道，是謂身寶。帝曰：願聞其道。岐伯曰：氣在於心者，取之手少陰心主之輸神門、大陵，同精導氣，以復其本位。

氣在於肺者，取之手太陰滎足少陰輸魚際、太谿，成痿者，以導溫熱引胃氣出陽道，不令濕土尅腎，其穴在太谿。

氣在於腸胃者，取之足太陰陽明，不下者，取之三里、章門、中脘。因足太陰虛者，於募穴中導引之於血中，有一說，腑輸去腑病也。胃虛而致太陰無所稟者，於足陽明之募穴中引導之，如氣逆爲霍亂者，取三里，氣下乃止，不下復始。

氣在於頭，取之天柱、大杼。不足，取之足太陽滎輸通谷、束骨，先取天柱、大杼，不補不瀉，以導氣而已。取足太陽膀胱經中，不補不瀉，深取通谷、束骨，丁心火己脾土穴中以引導去之。

氣在於臂足，取之先去血脈，後取其陽明少陰之滎輸二間、三間，深取之，內庭、陷谷深取之，視其足臂之血絡盡取之，後治其痿厥，皆不補不瀉，從陰深取，引而上之，上者出也，去也，皆陰火有餘，陽氣不足，伏匿於地中者，滎血也。當從陰引陽，先於地中升奉陽氣，次瀉陰火，乃導氣同精之法。

帝曰：補瀉奈何？曰：徐入徐出，謂之導氣，補瀉無形，謂之同精，是非有餘不足也，亂氣之相逆也。帝曰：允乎哉道，明乎哉問，請著之玉版，命曰治亂也。

東垣曰：陰病治陽，陽病治陰。《陰陽應象論》云：審其陰陽，以別柔剛，陽病治陰，陰病治陽，定其血脈，各守其鄉。血實宜決之，氣虛宜掣引之。夫陰病在陽者，是天外風寒之邪，乘中而外入，在人之背上腑腧臟腧，是人之受天外客邪。亦有二說，中於陽，則流於經，此病始於外寒，終歸外熱，故以治風寒之邪，治其各臟之俞，非止風寒而已。六淫濕燥火，皆五臟所受，乃筋骨血脈受邪，各有背上五臟腧以除之。傷寒一說，從仲景，中八風者，有風論，中暑者，治在背上小腸俞。中濕者，治在胃俞。中燥者，治在大腸俞。此皆六淫客邪有餘之病，皆瀉其背之腑俞。若病久傳變，有虛有實，各隨病之傳變，補瀉不定，只治在背腑俞。別有上熱下寒，經曰：陰病在陽，當從陽引陰，必須先去絡脈經隧之血，若陰中火旺，上騰於天，致六陽反不衰而上充者，先去五藏之血絡，引而下行，天氣降下，則下寒之病自去矣。慎勿獨瀉其六陽，此病陽亢，乃陰火之邪滋之，只去陰火，只損脈絡經隧之邪，勿悮也。陽病在陰者，病從陰引陽，是水穀之寒熱，感則害人六腑。又曰：飲食失節，及勞役形質，陰火乘於坤土之中，致穀氣、營氣、淸氣、胃氣、元氣不得上升，滋於六腑之陽氣，是五陽之氣先絕於外。外者天也，下流伏於坤土陰火之中，皆先由喜怒悲憂恐爲五賊所傷，而後胃氣不行，勞役飲食不節，繼之則元氣乃傷，當從胃俞合三里穴中，推而揚之，以伸元氣，故曰從陰引陽。若元氣愈不足，治在腹上諸腑之募穴。若傳在五藏，爲九竅不通，隨各竅之病，治其各藏之募於腹。故曰：五藏不平，乃六腑元氣閉塞之所生也。又曰：五藏不和，九竅不通，皆陽氣不足，陰氣有餘，故曰陽不勝其陰。凡治腹之募，皆爲元氣不足，從陰引陽，勿悮也。若錯補四末之腧，錯瀉四末之腧，皆非也。錯瀉者，差尤甚矣。按岐伯所說，只取穴於天上，天上者，人之背上，五藏腑之俞，不當瀉而瀉，豈有生者乎。興言及此，寒心切骨，若六淫客邪，及上熱下寒，筋骨皮肉血脈之病，苟錯取穴於胃之合，及諸腹之募者必危。亦岐伯之言，下工豈可不愼哉。

《外科理例・論須針決》 凡瘡不起者，托而起之，不成膿者，補而成之，使不內攻。膿成宜及時針之，若畏痛而不肯針之，又有恐傷良肉而不肯針，殊不知瘡雖發於肉薄之處，若膿成，其腫亦高寸餘，瘡皮又厚分許，用針深不過二分。若發於背，腫高必有三四寸，針入止於寸許，况患處肉已壞矣，何痛之有？何傷之慮？怯弱之人及患附骨疽，待膿自通，必致大潰不能收斂，血氣瀝盡而亡者多矣。

《針久問對》卷上　或曰：六府病形、刺法何如？

經曰：大腸病者，腸中切痛而鳴，冬日重感於寒則瀉，當臍痛，不能久立，與胃同候，取巨虛上廉。胃病者，腹脹，胃脘當心而痛，上支兩脅，膈咽不通，食飲不下，取之三里。小腸病者，小腹痛，腰脊控睾而痛，時窘之後，當耳前熱，若寒甚，若獨肩上熱甚，及手小指次指間熱，若脈陷者，此其候也，取之巨虛下廉。三焦病者，腹脹，小腹尤堅，不得小便，窘急，溢則水留爲脹，取之委陽。膀胱病者，小腹偏腫而痛，以手按之，即欲小便而不得，肩上熱，若脈陷，及脛踝後足小指外廉皆熱，取之委中。膽病者，善太息，口苦，嘔宿汁，心中澹澹，恐人將捕之，嗌中介介然，數唾。在足少陽之本末，亦視其脈之陷下者，灸之，取陽陵泉。凡刺此者，必中氣穴，無中肉節。中肉節，則皮膚痛，中筋，則筋緩。邪氣不出，補寫反，則病益篤。

或曰：病有在氣分者，在血分者，不知針家亦分氣與血否？

曰：氣分、血分之病，針家亦所當知。病在氣分，游行不定，病在血分，沉著不移。以積塊言之，腹中或上或下，或有或無者，是氣分也。或在兩脅，或在心下，或在臍上下左右，一定不移，以漸而長者，是血分也。以病風言之，或左足移於右足，或右手移於左手，移動不常者，氣分也。或常在左足，或偏在右手，著而不走者，血分也。凡病莫不皆然，須知在氣分者，上有病，下取之，下有病，上取之，在左取右，在右取左。在血分者，隨其血之所在，應病取之。苟或血病寫氣，氣病寫血，是謂誅伐無過，咎將誰歸？

或曰：三陰三陽，氣血多少之刺，可得聞乎？

曰：經曰：手陽明大腸、足陽明胃經，多血多氣。手少陽三焦、足少陽膽、手少陰心、足少陰腎、手太陰肺、足太陰脾六經，少血多氣。手厥陰心包絡、足厥陰肝、手太陽小腸、足太陽膀胱四經，多血少氣。故刺陽明，出血氣。刺太陽、厥陰，出血惡氣。刺少陽、太陰、少陰，出氣惡血。故曰：知藏府血氣之多少，而用補寫是也。

或曰：病有藏府、陰陽、內外、高下，何別何治？願詳言焉。

經曰：內有陰陽，外亦有陰陽。在內者，以五藏爲陰，六府爲陽。在外者，筋骨爲陰，皮膚爲陽。故曰：病在陰之陰者，刺陰之滎腧。病在陽之陽者，刺陽之合。病在陽之陰者，刺陰之經。病在陰之陽者，刺脈絡。

又曰：病有形而不痛者，陽之類也。無形而痛者，陰之類也。無形而痛者，其陽完而陰傷之也，急治其陰，無攻其陽。有形而不痛者，其陰完而陽傷之也，急治其陽，無攻其陰。陰陽俱動，乍有形無形，加以煩心，命曰陰勝其陽。此謂不表不裏，其形不久。

經曰：風寒傷形，憂恐忿怒傷氣。氣傷藏乃病，藏傷形乃應，風傷筋脈，筋脈乃應，此形氣外內之相應也。治此者，病九日，三刺而已。病一月，十刺而已。多少遠近，以此衰之。久痹不去身者，視其血絡，盡出其血。帝曰：內外之病，難易之治，何如？伯高曰：形先病而未入藏者，刺之半其日，藏先病而形乃應者，刺之倍其日。

經曰：刺諸熱者，如以手探湯，刺寒淸者，如人不欲行。陰有陽疾者，取之下陵三里，正往無殆，氣下乃止，不下復始也。疾高而內者，取之陰之陵泉，疾高而外者，取之陽之陵泉。經曰：病在上者，陽也。病在下者，陰也。痛者，陰也，以手按之不得者，陰也，深刺之。癢者，陽也，淺刺之。病先起陰者，先治其陰，後治其陽。病先起陽者，先治其陽，後治其陰。病在上者，下取之，在下者，上取之。病在頭者，取之足。在腰者，取之膕。病生於頭者，頭重。生於手者，臂重。生於足者，足重。治病者，先刺其病所從生者也。

經曰：病始手臂者，先取手陽明、太陰而汗出。病始頭首者，先取項太陽而汗出。病始足脛者，先取足陽明而汗出。足太陰可汗出，足陽明可汗出。故取陰而汗出甚者，止之於陽。取陽而汗出甚者，止之於陰。

或曰：有正經自病，有五邪所傷，針治亦當別乎？

經曰：憂愁思慮則傷心，形寒飲冷則傷肺，恚怒氣逆，上而不下則傷肝，飲食勞倦則傷脾，久坐濕地，強力入水則傷腎，此正經自病也。蓋憂思喜怒、飲食動作之過而致然也。風喜傷肝，暑喜傷心，飲食勞倦喜傷脾，勞倦亦自外至。寒喜傷肺，濕喜傷腎。此五邪所傷也。蓋邪由外至，所謂外傷也。凡陰陽、藏府、經絡之氣，虛實相等，正也。偏實偏虛，失其正，則爲邪矣。由偏實也，故內邪得而生。由偏虛也，故外邪得而入。機按：經言凡病皆當辨別邪正、內外、虛實，然後施針補寫，庶不致悞。

《針灸素難要旨·五藏病刺》　肝病者兩脇下滿引小腹，令人善怒，虛則目䀮䀮無所見，耳無所聞，善恐，如人將捕之，取其經，厥陰與少陽氣逆則頭痛耳聾不聰，取血者。

心病者胸中痛，脇支滿脇下痛，膺背肩甲間痛，臂內痛，虛則胸腹大，脇

下與腰相引而痛，取其經。少陰太陽舌下血者，其變病，刺郄中血者。

脾病者身重，善饑肉痿，足不收行，善瘈，腳下痛，虛則腹滿腸鳴，飧泄，食不化，取其經，太陰陽明少陰血者。

肺病者喘咳逆氣肩背痛，汗出尻冷，陰股膝脾腨胻足皆痛，虛則少氣不能報息，耳聾嗌乾，取其經，太陰足太陽之外，厥陰內血者。

腎病者腹大脛腫，喘咳身重，寢汗出憎風，虛則胸中痛，大腹小腹痛，清厥意不樂，取其經，少陰太陽血者。

太陽藏獨至，厥喘虛氣逆，是陰不足，陽有餘也，表裏俱當瀉，取之下俞。

陽明藏獨至，是陽氣重併也，當瀉陽補陰，取下俞。

少陽藏獨至，是厥氣也，蹻前卒大，取之下俞，少陽獨至者一陽之過也。

太陰藏搏者，用心省眞，五脈氣少，胃氣不平，三陰也。宜治其下俞補陽瀉陰。一陽獨嘯，少陽厥也，陽併於上，四肢爭張，氣滿於腎，宜治其經絡，瀉陽補陰，一陰至，厥陰之治也。眞虛痟心，厥氣留薄，發爲自汗，調食和藥，治在下俞。

五藏有疾，當取十二原者，五藏之所稟，三百六十五節氣味也。五藏有疾也，應出十二原，十二原各有所出，明知其原，觀其應而知五藏之害。陽中之少陰肺也，其原出於太淵，太淵二。陽中之太陽心也，其原出於大陵，大陵二。陰中之少陽肝也，其原出於太衝，太衝二。陰中之至陰脾也，其原出於太白，太白二。陰中之太陰腎也，其原出於太谿，太谿二。膏之原出於鳩尾，鳩尾一。肓之原出於脖胦，脖胦一。凡此十二原者，主治五藏六府之有疾者也。

《針灸素難要旨·人身左右上下虛實不同刺》 故邪風之至，疾如風雨，故善治者治皮毛，其次治肌膚，其次治筋脈，其次治六府，其次治五藏，治五藏者，半死半生也。故天之邪氣感則害人，五藏水穀之寒熱感則害於六府，地之濕氣感則害皮肉筋脈。故善用針者，從陰引陽，從陽引陰，以右治左，以左治右，以我知彼，以表知裏，以觀過與不及之理，見微則過，用之不殆。

《針灸素難要旨·五亂刺》 清氣在陰，濁氣在陽，榮氣順脈，衛氣逆行，清濁相干，亂於胸中，是謂大悗。故氣亂於心則煩心密嘿，俛首靜伏。亂於肺則俛仰喘喝，按手以呼。亂於腸胃則爲霍亂，亂於臂脛則爲四厥，亂於頭則爲厥逆，頭重眩仆。曰：五亂刺者，刺之有道乎？曰：有道以來，有道以去，審知其道，是謂身寶。曰：願聞其道。曰：氣在於心者，取之手少陰心主之俞。氣在於肺者，取之於手太陰榮，足少陰俞。氣在於腸胃者，取之足太陰陽明，不下者，取之三里。氣在於頭者，取之天柱、大杼，不知，取足太陽榮俞。氣在臂足，取之先去血脈，後取其陽明少陽之榮俞。曰：補瀉奈何？曰：徐入徐出，謂之道氣，補瀉無形，謂之同精，是非有餘不足也，亂氣之相逆也。

《針灸素難要旨·全真刺》 帝曰：人虛即神遊失守位，使鬼神外干，是致夭亡，何以全眞，願聞刺法。岐伯曰：昭乎哉問。謂神移失守，雖在其體，然不致死，或有邪干，故令夭壽，只如厥陰失守，天以虛，人氣肝虛，感天重虛，即魂遊於上，邪干厥陰，大氣身溫，獨可刺之，刺其足少陽之所過，次刺肝之俞。人病心虛，又遇君相二火司天失守，感而三虛，遇火不及，黑尸鬼犯之，令人暴亡，可刺手少陽之所過，復刺心俞。人脾病，又遇太陰司天失守，感而三虛，又遇土不及，靑尸鬼邪犯之於人，令人暴亡，可刺足陽明之所過，復刺脾之俞。人肺病，遇陽明司天失守，感而三虛，又遇金不及，有赤尸鬼干人，令人暴亡，可刺手陽明之所過，復刺肺俞。人腎病，又遇太陽司天失守，感而三虛，又遇木運不及之所，有黃尸鬼干犯人正氣，吸人神魂，致暴亡，可刺足太陽之所過，刺足少陰之俞。

《針灸素難要旨·十二藏邪干刺》 帝曰：十二藏之相使，神失位，使神彩之不圓，恐邪干犯，治之可刺，願聞其要。岐伯曰：悉乎哉問，至理道眞宗，此非聖帝，焉究斯源，是謂氣神合道，契符上天。心者君主之官，神明出焉，可刺手少陰之源。肺者相傳之官，治節出焉，可刺手太陰之源。肝者將軍之官，謀慮出焉，可刺足厥陰之源。膽者中正之官，決斷出焉，可刺足少陽之源。膻中者臣使之官，喜樂出焉，可刺心包絡所流。脾爲諫議之官，知周出焉，可刺脾之源。胃爲倉廩之官，五味出焉，可刺胃之源。大腸者傳送之官，變化出焉，可刺大腸之源。小腸者受盛之官，化物出焉，可刺小腸之源。腎者作強之官，伎巧出焉，可刺腎之源。三焦者決瀆之官，水道出焉，刺三焦之源。膀胱者州都之官，精液藏焉，氣化則能出矣，刺膀胱之源。凡此十二官者，不得相失也，是故刺法有全神養眞之理，亦法有修眞之道，非治疾也，故要修養和神也。

《針灸大成·治證總要》 東垣針法 《聚英》 東垣曰：《黃帝針經》：

胃病者，胃脘當心而痛，上支兩脇膈咽不通，飲食不下，取三里以補之。

脾胃虛弱感濕成痿，汗大泄，妨食，三里，氣街，以三稜針出血，若汗不減，不止者，於三里穴下三寸，上廉穴出血，禁酒，忌濕面。

東垣曰：《黃帝針經》云：從下上者，引而去之，上氣不足，推而揚之，蓋上氣者，心臍上焦之氣，陽病在陰，從陰引陽，去其邪氣於腠理皮毛也。又云：視前痛者，當先取之，是先以繆刺，瀉其經絡之壅者，爲血凝而不流，故先去之，而治他病。

東垣曰：胃氣下溜，五臟氣皆亂，其爲病互相出見。黃帝曰：五亂刺之有道乎？岐伯曰：有道以來，有道以去，審知其道，是謂身寶。帝曰：願聞其道。岐伯曰：氣在於心者，取之手少陰心主之俞神門、大陵，同精導氣，以復其本位。

氣在於肝者，取之手太陰滎俞、魚際、太淵。成痿者以導濕熱，引胃氣出陽道，不令濕土尅腎，其穴在太谿。

氣在於腸胃者，取之足太陰陽明。不下者取之三里、章門、中脘。因足大陰虛者，於募穴中導引之，於穴中有一說。腑俞，去腑病也，胃虛而致太陰無所稟者，於足陽明之募穴中引導之，如氣逆爲霍亂者，取三里，氣下乃止，不下復治。

氣在於頭取之天柱、大杼。不足，取之足太陽滎俞通谷、束骨，先取天柱、大杼，不補不瀉，以導氣而已。取足太陽膀胱經中，不補不瀉，深取通谷、束骨，丁心火、己脾土穴以引導去之。

氣在於臂足取之，先去血脈，後取其手足陽明之滎俞二間、三間，深取之。內庭、陷谷，深取之。視其足臂之血絡，盡取之。後治其痿厥，皆不補不瀉，從陰深取，引而上之上者出也，去也，皆陰火有餘，陽氣不足，伏匿於地中者，榮血也，當從陰引陽，先於地中，升舉陽氣，次瀉陰火，乃導氣同精之法。

帝曰：補瀉奈何？曰：徐入徐出，謂之導氣。補瀉無形，謂之同精，是非有餘不足也，亂氣之相逆也。帝曰：允乎哉道，明乎哉問，請著之玉版，命曰治亂也。

東垣曰：陰病治陽，陽病治陰。《陰陽應象論》云：審其陰陽，以別柔剛，陰病治陽，陽病治陰，定其血脈，各守其鄉，血實宜決之，氣虛宜導引之。

夫陰病在陽者，是天外風寒之邪，乘中而外入，在人之背上腑俞臟俞，是人之受天外寒邪。亦有二說，中於陽則流於經，此病始於外寒，終歸外熱，故以治風寒之邪，治其各臟之俞。非止風寒而已，六淫濕暑燥火皆五臟所受，乃筋骨血脈受邪，各有背上五臟俞以除之。傷寒一說，從仲景中八風者有風論，中暑者治在背上小腸俞，中濕者治在胃俞，中燥者治在大腸俞，此皆六淫客邪有餘之病，皆瀉其背之腑俞。若病久傳變，有虛有實，各隨病之傳變，補瀉不定，治只在背腑俞。

另有上熱下寒。經曰：陰病在陽者，當從陽引陰，必須先去絡脈經隧之血，若陰中火旺，上騰於天，致六陽反不衰而上充者，先去五臟之血絡，引而下行，天氣降下，則下寒之病自去矣。慎勿獨瀉其六陽，此病陽亢，乃陰火之邪滋之，只去陰火，只損脈絡經隧之邪，勿悞也。陽病在陰者，當從陰引陽，是水穀之寒熱，感則害人六腑。又曰：飲食失節，又勞役形質，陰火乘於坤土之中，致穀氣、榮氣、清氣、胃氣、元氣不得上升，滋於六腑之陽氣，是五陽之氣，先絕於外。外者天也，下流伏於坤土陰火之中，皆先由喜怒悲憂恐爲五賊所傷，而後胃氣不行，勞役飲食不節，繼之則元氣乃傷，當從胃合三里穴中，推而揚之，以伸元氣，故曰從陰引陽。若元氣愈不足，治在腹上諸腑之募穴。若傳在五臟，爲九竅不通，隨各竅之病，治其各臟之募穴於腹。故曰：五臟不平，乃六腑元氣閉塞之所生也。又曰：五臟不和，九竅不通，皆陽氣不足，陰氣有餘，故曰陽不勝其陰，凡治腹之募，皆爲元氣不足，從陰引陽勿悞也。若錯補四末之俞，錯瀉四末之滎，錯瀉者差尤甚矣。按岐伯所說，只取穴於天上。天上者，人之背上五臟六腑之俞，豈有生者乎。興言及此，寒心切骨，若六淫客邪及上熱下寒，筋骨皮肉血脈之病，錯取穴於胃之合，及諸腹之募者，必危。亦岐伯之言，下工豈可不慎哉。

東坦曰：三焦元氣衰王。黃帝《針經》云：上氣不足，腦爲之不滿，耳爲之苦鳴，頭爲之傾，目爲之瞑。中氣不足，溲便爲之變，腸爲之苦結。下氣不足，則爲痿厥，心悶，補足外踝留之。

《類經·疾病類·藏腑諸脹》凡此諸脹者，其道在一，明知逆順，針數不失，寫虛補實，神去其室，致邪失正，眞不可定，麤之所敗，謂之夭命。補虛寫實，神歸其室，久塞其空，謂之良工。〔張介賓注〕此下言治脹之得失也。脹有虛實，而當補當寫，其道惟一，無二岐也。能察者謂之良工，彼粗者誤用，則傷人之命矣。黃帝曰：脹者焉生？何因而有？岐伯曰：衛氣之在身也，常然並脈循分肉，行有

逆順，陰陽相隨，乃得天和，五藏更始，四時循序，五穀乃化。〔張介賓注〕此衛氣之常度也。然後厥氣在下，營衛留止，寒氣逆上，眞邪相攻，兩氣相搏，乃合爲脹也。〔張介賓注〕上節言衛氣之順，此節明衛氣之逆也。厥逆之氣，自下而上，營衛失常，故眞邪相攻而合爲脹也。黃帝曰：善。何以解惑？岐伯曰：合之於眞，三合而得。帝曰：善。〔張介賓注〕不得其眞，所以生惑。脹雖由於衛氣，然有合於血脈之中者，在經絡也。有合於藏者，在陰分也。有合於府者，在陽分也。三合既明，得其眞矣。黃帝問於岐伯曰：脹論言無問虛實，工在疾寫，近者一下，遠者三下，今有其三而不下者，其過焉在？〔張介賓注〕不下者，言脹不退也。岐伯對曰：此言陷於肉肓而中氣穴者也。〔張介賓注〕上文云一下三下者，言針當必陷於肉肓，亦必中於氣穴，然後可以取效也。肓義見本類後六十七。不中氣穴則氣內閉，針不陷肓則氣不行，上越中肉則衛氣相亂，陰陽相逐。〔張介賓注〕不中穴，不陷肓，則妄中於分肉間矣。故衛氣相亂，而陰陽之邪，反相逐以乘之也。其於脹也當寫不寫，氣故不下。〔張介賓注〕不得其氣穴肉肓也。

《靈樞集注·百病始生》 痛者，爲積之痛於內也。察其所痛，知其所應者，如着於孫絡之積，則外應於手臂之孫絡。着於陽明之經積，則外應於光明。着於腸胃募原之積，則外應於谿谷之穴會。着於伏衝之積，則外應於氣衝太赫。着於膂筋之積，則應於足少陰太陽之筋。結於緩筋之積，則應於足太陰陽明之筋。成於六輸之積，則外應於內關外關，通里列缺，支正偏歷。積於空郭之中，則外應於陽明之五里，臂腕之尺膚。積於五藏，察其左右上下，則外應於五藏之經俞。審其有餘不足，當補則補，當瀉則瀉，隨四時之序，氣之所處，病之所舍，藏府之所宜，毋逆天時，是謂至治。

《串雅內編·截藥·外治門》 走醫有四驗，以堅信流俗。一取牙、二點痣、三去翳、四捉蟲，四者皆憑藥力手法。有四要，用針要知補瀉，推拿要識虛實，揉拉在緩而不痛，鉗取在速而不亂。志欲敖禮欲恭，語欲大心欲小，持此勿失，遂踞上流。

《繪圖針灸易學·認證定穴》 凡認眞病名，詳察後書諸先生認證定穴，相對不二，病名之下，開用何穴，有二三五六穴不等者。即病，知用何穴，再查穴目錄，穴下有號，查號知穴在何處，記心其穴。或針幾分，或灸幾壯，或補或瀉，或迎或隨，或半補半瀉，以活經絡，或飛經走氣，引導血氣，或人留，或去疾，或提或插，或出血或不出血，俱在前手法之內也，先屢用屢效。

凡後言穴不言針灸者，以針刺之。言灸不言針者，禁針也，言針不言灸者，禁灸也。又言三分五分者，針刺三分五分深也。言三壯五壯者，艾灸三壯五壯也。

《靈樞·雜證》論人身上部病，取手陽明太陽。中部病，取足太陰脾經。下部病，取足厥陰肝經。前膺病，取足陽明胃經。後背病，取足太陽膀胱經。取經者，取經中之穴也，一病可選一二穴治之。

紀氏曰：井之所治，皆主心下滿。滎之所治，皆主身熱。俞之所治，皆主體重節痛。經之所治，皆主喘嗽寒熱。合之所治，皆主逆氣而泄。

《繪圖針灸易學·以言治病》 天地之氣，常則安，變則病。聖人如持至寶，庸人妄爲而傷太和。諸病皆生於氣分而爲九，如喜怒悲恐寒熱驚思勞也。蓋怒則氣上，爲嘔血，爲飧泄。喜則氣緩，爲笑不休。悲則氣消，爲酸鼻。恐則氣下，爲暴下清水。寒則氣收，爲冷。熱則氣泄，暴下爲汗。驚則氣亂，神無所歸，爲痴爲癎。勞則氣耗，男少精，女不月，喘息汗出。思則氣結，心有所存，神有所歸。悲可以治怒，治以愴惻苦楚之言感之。喜可以治悲，治以謔浪褻狎之言娛之。恐可以治喜，治以遽迫死亡之言怖之。怒可以治思，治以污辱欺罔之言觸之。思可以治恐，治以慮彼忘此之言奪之。五者必詭詐百出，無所不至，方可動人耳目，若無才之人，不能用此法也。熱可以治寒，寒可以治熱，逸可以治勞，勞可以治逸，習可以治驚。經曰：驚者卒然臨之，使習見習聞，則不驚矣。

習學須知橫看堅推表

五方	中	東	西	南	北
	脾土	肝木	肺金	心火	腎水
	主思	主怒	主悲	主笑	主恐
	思傷脾	怒傷肝	憂傷肺	喜傷心	恐傷腎
	怒勝思	憂勝怒	喜勝憂	恐勝喜	思勝恐
	濕傷肉	風傷筋	潤傷皮毛	熱傷氣	寒傷血
	風勝濕	燥勝風	寒勝熱	寒勝熱	燥勝寒
	甘傷肉	酸傷筋	辛傷皮毛	苦傷氣	鹹傷血
	酸傷甘	辛勝酸	苦勝辛	鹹勝苦	甘勝鹹
虛針 補穴	大都穴	曲泉穴	大淵穴	少衝穴	復溜穴
實針 瀉穴	商邱穴	行間穴	尺澤穴	神門穴	湧泉穴

《理瀹駢文·續增略言》 不能下藥者，每用窒鼻法，得嚏而喉自寬。又治魚卡喉者，用大蒜窒鼻不令透氣，其骨自下。蓋其氣能達到也，故窒鼻亦能得效。虛人或叅以吸法，如治血虛頭痛，用熟地煎湯置壺中，吸其氣法。產婦有用四物煎湯，令藥氣滿房吸受法。膈冷嗅附子，脾寒嗅肉桂，即以窒鼻爲嗅亦無不可，此代內服之一法也。吸與內服同，但不對即可去之，不至於留患耳。至上焦之病，尚有塗頂，頂爲百會穴，此一穴與腿上三里穴，背後膏肓穴，腳底湧泉穴，百病皆治。覆額，額屬天庭，主百病，病人黑氣出天庭者，凶。故急證多用生薑擦天庭。罨眉心，心屬肺，主咽喉。呂祖有一枝梅試法，小兒多治此。點眼，眼主五藏，肝病尤宜治此。塞耳，耳屬肝肺腎，又鼻口相通，故鼻衄，齒牙痛及瘧疾者，每治耳。擦項，項爲太陽經風門、天柱所屬，風常從此入腦，又截衄有塗項方。及肩。又有扎指，中指屬心，鼻衄分男左女右扎此，產婦鼻衄非此不救，瘧疾亦有扎指法。又大指外側一韭葉許，名少商穴，治喉證，用三棱針刺之，即散。握掌，掌亦屬心，心主汗，故握藥能發汗，治積聚及老人虛寒便秘，握藥又能下積，中風。用車麻仁半粒，搗爛塗掌上，攤掌於紙薄，掌上置碗，以熱水衝入碗中，靜坐片時，亦汗。敷手腕大指，二指，手背微窩處爲經渠穴，治牙痛，久而不愈，用蒜泥敷之，過夜起一小泡，挑破愈。并治喉痺。塗臂，黃疸有塗臂大肉方，又內關穴在腕上，積三個中指長即是。曲澤穴在臂膊灣上三寸是，瘧疾治此。又曲池穴即臂灣，爲手三陰所匯之處，乃治手經要穴也。之法。膻中，即心口爲上焦諸病之所生也，凡病，皆宜治此。其皮最薄，易透，或連下胃脘穴貼。背心前後心相應，病多從俞入，故有擦背法，及心背兩面夾貼之法。兩處，尤爲上焦要穴，治病握揔之處，太陽穴則頭疼者所必治也。方法俱見文中，茲略舉其端以醒眼目。

中焦之病以藥切粗末炒香，布包縛臍上，爲第一捷法。炒香則氣易透，且鼻亦可兼嗅。如古方治風寒用葱薑豉鹽炒熱，布包掩臍上。治霍亂用炒鹽，布包置臍上，以碗覆之，腹痛即止。治痢用平胃散炒熱縛臍上，冷則易之。治瘧用常山飲炒熱縛臍上，其發必輕，再發再捆，數次必愈是也。此法無論何病，無論何方皆可照用。昔人治黃疸用百部根放臍上，酒和糯米飯蓋之，以口中有酒氣爲度。又有用乾薑、白芥子敷臍者，以口中辣去之，則知由臍而入無異於入口中，且藥可逐日變換也。又治傷寒食積寒熱不調者，用一寒一熱之藥爲餅置臍上，以熨斗盛炭火熨之，或空中運之。治陰證者用炮薑、附子、肉桂、麝香、吳萸末，綿裹放臍內，上蓋生薑片，以葱切成碗粗一大束，扎好放薑上，熨斗熨之，或鐵烙烙之，葱爛再易，此是加一倍法，皆所以偪藥氣入肚也。治風痛者，敷藥後以桑枝燃火偪之。治乳癰者，搗葱鋪乳上，以瓦罐盛炭火偪之，汗出而愈，亦是此意。畏炭火者，用瓦罐盛熱湯，或糠火熨，或手摩之皆可治。大熱證不用火，以冷水偪之。治寒熱交混者，冷熱互熨之，此在臨證制宜矣。至背後脾俞，胃俞有須兼治者，又有熏臍蒸臍塡臍法，太乙熏臍法，附子塡臍法。及布包輪熨等法，如脾實者，用枳殼，陳皮炒熨。脾虛者，用糯米炒熨之類。俱見文中，可隨證酌用。

再下焦之病有摩腰法，腰爲腎府簡便方，用黃蠟麻油爲丸，如胡桃大，摩腰，俟腰熱扎之，并可摩腹中諸病。暖腰法，痧肚法。又命門，火衰治此。臍下，臍下三寸爲下丹田，即關元也。臍下二寸爲氣海，一寸爲陰交，皆肝腎要穴。古灸法治陰證，每於此回陽。如欲用肉桂引火歸元，用破故紙納氣歸腎者，糝敷臍下最妙。膝蓋腿灣，即委中穴。膝蓋腿灣皆足三陰所匯，故陰證及三陰瘧皆敷膝蓋。又治陽虛者，有蔽膝縛法，方見文中傷寒，有熏腿灣法，喉證有刺委中穴法，治痧者亦有之。又治魚禽獸骨卡喉者，用灰麵四兩，冷水調敷膝蓋，一時之久，其骨不知消歸何處。愚按：亦是引下法，但未解其用意，錄此以俟知者，如能推之，則用法可無窮矣。腿肚，三里穴在膝蓋下三寸外旁，屬陽明胃經，亦是下部要穴。西醫治肺病，有白芥貼腿肚引下法。腳跟，與肺腎俱相通，治肺腎宜知此。腳指，腳指與手指同，灸穴甚多，亦有掐法，宜參看。足心。湧泉穴，凡治下部肝腎之病，皆宜貼足心又引熱下行，如衄血，吐血，水瀉，噤口痢，赤眼，牙痛耳痛，喉風，口瘡等證，又假陽證，皆宜用附子、吳

萸、川烏等藥敷足心，或微火烘之，亦有貼大蒜片者，又有囊盛川椒踏者，浸熱湯者，亦有如牛膝蚓泥爲導者。治孕婦熱證，保胎，用涼藥敷臍下，並用井泥塗足心。云勝用罩胎飲治陽虛者，古有湧泉膏，又縮陽有擦足心法，皆見文中。諸法，下焦之法備矣。

五臟之系咸在於背，臟腑十二俞皆在背，其穴並可入邪，故臟腑病皆可治背。如某病灸某俞是也，擦法不必拘。前與後募俞亦相應，故心腹之病皆可兼治背，言背而心腹不必言也。他如留飲令背冷，伏飲令背痛，乃飲之由胸膈而深藏於背者。背爲胸之腑也，未至於背則治胸，既至於背，倘必令還反胸膈，始得趨胃趨腸而順下，喻嘉言說。豈不費手，治背極妙。又如瘧疾是少陽病，脇爲少陽之樞，脊背爲瘧上下之道路，則用柴胡湯煎抹脇與背，亦勝於以柴胡湯內服，此又法之可推者也。傷寒往來寒熱與瘧疾同，水結胸證與停飲同，並可仿用。熟於《內經》經絡，《內經》刺法皆按其所過之經以調之。而又融會乎先賢內治處方用藥之理，以之外治皮毛肌膚筋脈五臟六腑，隨處皆有神解。一法即千萬法之所生也，是在善悟者。

所謂衆古針灸法以知上下左右前後之所取者，何也？針灸之法，上取頭面胸喉，下取少腹脛足，氣反者，病在上取之下，謂通其下而上病愈。病在下取之上，謂升其上而下病愈。仲景少陰病下利灸百會穴是也。蓋此證陽虛，當用溫，而陰弱又不宜於溫，溫其上以升其陽，使陽不下陷，以迫其陰，陰乃安靜不擾而利自止。此即法也，用古方須知其意。病在中旁取之，謂經絡行於左右，針灸熨藥旁取之也。從陽引陰，從陰引陽，以右治左，以左治右。此是濟所不勝。前有腹，後有背，腹爲陰，背爲陽，募在陰，俞在陽，陰病行陽治俞，陽病行陰治募。穴詳文中。督循脊，奇經八脈督任衝帶與陽蹻陽維陰維也。督脈主風寒外邪。任起胞，任與衝同起於胞中，衝爲血海任主胞胎。男子內結七疝，女子帶下瘕聚。衝俠臍以直行，其病逆氣而裏急。帶垂腰而橫束，帶脈起季脇，周圍一身如束帶然，其病腹滿，腰溶溶如坐水中。治督在脊，腰背強痛。治任在胞，少腹繞臍引陰中痛。治衝在臍下，治帶在腰間。嚏法上取也，頭面胸喉。亦可上取而治下，坐法下取也，治少腹並能到脛足。亦可下取而治上。炒熨煎抹與縛之法中取也，亦可旁取而治中。脾胃有病或旁取之甲膽。左取右，右取左，前取後，而後取前，脊胞臍腰各隨其取，與針灸之取穴同一理，亦可與針灸並用。如《準繩》、《病機沙篆》載針灸法甚備，仲景傷寒有刺風府，刺大椎，刺期門法，期門在乳旁一寸半，直下一寸半，治血結非此不可。喉證刺少商穴，委中穴，霍亂轉筋刺委中穴出血，腰痛有瘀滯於下者亦治此，所謂病腰取膕也，此穴忌灸。瘧疾刺十指尖，見《內經》。痧氣刺十指尖并委中穴，中風中惡合兩手於中指尖灸之，詳見文中。傷寒熱證不宜灸，若寒中三陰及男女陰證厥逆無脈，灸臍下氣海、關元。手足煖者生。陰證腹痛，灸小指外側上紋尖。暴聾用菖蒲或蒼朮削光插耳灸之，此借藥氣是一法。破傷風，胡桃殼填人糞襯槐皮覆患處灸之。衄血不止，濕紙貪囟門熨之，乾即愈，此灸之變。或用線纏足小指，左孔取右，右孔取左，於小指頭上灸三壯。或屈手大指就骨節上灸之，左取右，右取左。或灸項後髮際兩筋宛宛中三壯，即啞門穴也，可以截血路，少林塗項膏本此，可悟膏藥與針灸取穴相通處。產後血衄，扎中指已，見駢文。頭風，蒜片貼太陽即是灸法。喘嗽不止，灸天突穴，肺俞穴。呃逆不止，灸膻中，中脘，期門，氣海。九種心疼，灸大拇指。反胃，男左女右灸肩井三壯，又灸膻中穴，三里穴，膏肓穴。水腫灸肩井三壯，又灸膻中穴，三里穴，膏肓穴。水腫灸水分穴，在臍上一寸，此穴能分水穀，利小便，又灸中脘，神闕，用鹽填臍，麵作圈護住再灸，此證忌刺。黃疸變黑，烙口中黑脈，灸心俞，關元。久瀉不止，氣脫及不利，厥逆無脈者，並灸天樞氣海。霍亂轉筋入腹，鹽填臍中灸之，并灸大椎，中脘，氣海。遺精，白濁灸心俞，腎俞，關元，氣海，三陰交精宮，精宮在關元對面。疝氣灸大敦穴及三陰交。婦人血崩燈火爆大敦穴，再發仍於原處爆之。難產灸足小指外側至陰穴即產。產後血暈不語，此氣血兩脫，灸眉心，不若刺眉心，此穴上通腦下通舌，而其系則連於心，刺其眉心則腦與舌皆通，而心之清氣上升，瘀血自然下降矣。凡外治須知經絡相通，即此可推。小兒初生，灸囟門。臍風灸青筋處，筋縮可愈。急驚刺少商穴。慢驚，燈火爆手足心各三次。角弓反張燒手背接腕處三次。龜背風邪入脊，灸心俞，肺俞，膈俞。按：刺灸不可輕用，備法而已。外若點眼，眼主五臟，點法甚多，傷寒時疫皆用之，又心痛用王瓜挖空填明礬於內，挂風處，俟霜出點眼，即法也。塞耳，瘧用半夏蛇蛻塞耳，治少陽也可推。握掌，掌屬心，能發汗，又能清火，傷寒時疫等均有握掌發汗法，喉證初起用鹽搓手心，則清火也，可推。塗足凡引熱下行宜用之。諸法，詳見文中，并前略言，亦可參用，其應用膏者，則諸膏主之。

《針灸集成·頭面部》 頭者，諸陽之會。故曰：頭無冷痛，欲以針治，宜刺手足諸陽經，不宜頭部者。何也？針者能於引氣，若刺頭部，則諸陽之氣并鬱於頭，其熱難可止抑，或爲不省人事者，必須引瀉手足諸陽經。故曰：揚湯止沸，莫如抽薪。若氣不能引氣者，或痰厥頭痛者，必灸頭部穴，乃能獲痊者何？則艾之性熱者灸之，則使其熱發散。寒者灸之，則使其寒溫和。入藥則上行，艾灸則下行故也。手之三陽從手走之頭，足之三陽從頭走之足，足陽明胃經面絡入上齒挾口，下交承漿，下頤前至耳前，循喉嚨。手陽明大腸經入下齒挾口，交人中，左之右，右之左，上挾鼻孔，上下陽明經皆挾鼻孔也。欲瀉諸陽之氣，先刺百會，次引諸陽熱氣使之下行，比之如開硯滴之上孔也。若熱極不能下氣者，以紬繫頸，則頭額太陽及當陽血絡自現，即以三

稜針貫刺其血絡，棄血如糞，神效。

此法與惜血如金之言大不同，然奇效良方之法也。老人不宜多出血，然可以出血者施。

頭痛及眼疾赤目等證，全用瀉，去其他諸證宜平補平瀉。

《針灸便覽·切要灸穴歌》 灸法切要少人知，灸風百會與風池。灸勞膏肓百勞穴，灸氣氣海正相宜。灸水取諸水分位，腹病三里定不移。頭目之疾灸合骨，腰腿環跳風市取。手臂曲池肩髃取，餘照經絡有何疑。

子午流注針法分部

論說

《子午流注針經·流注經絡井滎圖》 夫流注者，爲刺法之深源，作針術之大要，是故流者行也，注者住也。蓋流者要知經脈之行流也，注者謂十二經脈各至本時，皆有虛實邪正之氣，注於所括之穴也。夫得時謂之開，失時謂之闔。夫開者針之必除其病，闔者刺之難愈其疾，可不明茲二者？況乎經氣內干五藏，外應支節，針刺之道，經脈爲始。若識經脈，則知行氣部分，脈之短長，血氣多少，行之逆順，祛逐有過，補虛瀉實，則萬舉萬痊。若夫經脈之源而不知，邪氣所在而不辨，往往病在陽明，反攻少陰，疾在厥陰，卻和太陽，遂致賊邪未除，本氣受弊，以此推之，經脈之理不可不通也。昔聖人深慮此者，恐後人勞而少功也，廣因閑暇之際，爰取前經，以披舊典，緣柯摘葉，採摭精華，以明流注之幽微，庶免討尋之倦怠。不揆荒拙，列圖於後，凡我同聲之者，見其違闕，改而正之，不亦宜乎？

《子午流注針經·流注指微賦》 知本時之氣開，說經絡之流注。

本論云，流者，行也。注者，住也。流謂氣血之行流也，一呼脈行三寸，一吸脈行三寸，呼吸定息，脈行六寸，如流水走蟻，涓涓不息，不可暫止。又云，流而爲榮衛，彰而爲顏色，發而爲音聲。速則生熱，遲則生寒，結而爲瘤贅，陷而爲癰疽，故知流者不可止，若人悞中，則有顛倒昏悶之□。

又云，注者住也。十二經絡各至本時，皆有虛實邪正之氣，注於所括之穴，所謂得時謂之開，失時謂之闔，氣開當補瀉，氣閉忌針刺。聖人深慮此者，恐人勞而無功，豈可昧氣開流注之道哉。其氣開注穴之法，七韻中說多。

《玉龍經·流注序》 天有十干，地支十二。以干加支常遺其二，二一合化，五運六炁，是以甲乙丙丁戊己庚辛一，而不重壬癸。壬癸乃重，其位陰陽，不質五行，質炁炁質既形，胎生墓死。所以甲猶草木，原因壬癸炁行於天，質具於地。質氣之分陰質陽氣。故陽主變化，陰主專靜，而莫自製。是以陽府示原，陰藏隱祕然。夫自子至巳，六陽化合，自午至亥，六陰變化，惟壬得一，癸二從之，爲陰陽動靜之樞紐。氣數欲兆之時，故氣運一周，一會於壬癸，交結揮持，莫違其紀。故子午流注針訣，甲始於戊，而壬亥爲終，壬子癸丑爲終始之地。一順一逆，一縱一橫，一起一止，一變一互，一合一化，一君一臣，一佐一使，一生一克，一母一子，一夫一婦，交神合氣，變化無窮。所以一歲總六十穴，月日時刻，一刻備六十穴。歲明月日如之，其何以然哉。日月三十日則一會於河圖。一穴居北而括萬極，此皇極先天之數所由，起五行五氣所由，化合子午流注針法之心要也，神之變化淵乎哉。

詩曰

甲膽乙肝丙小腸，丁心戊胃己脾鄉，庚是大腸辛是肺，壬屬膀胱癸腎詳。

地支十二屬

十二經行十二時，子原是膽丑肝之，肺居寅位大腸卯，辰胃流傳巳在脾，午字便隨心藏定，未支須向小腸宜，申膀酉腎戌包絡，惟有三焦亥上推。

陰陽經絡所屬

手之三陰　肺太陰，心少陰，心包厥陰。

足之三陰　脾太陰，腎少陰，肝厥陰。

手之三陽　小腸太陽，三焦少陽，大腸陽明。

足之三陽　膀胱太陽，膽少陽，胃陽明。

十二經原穴

手陽明大腸　合谷庚。手少陰心　通里丁。手太陰肺　列缺辛。手太陽小腸　腕骨丙。手厥陰心包　內關己。足厥陰肝　中都乙。手少陽三焦　陽池戊。足少陽膽　丘墟甲。

足太陰脾 公孫己。足太陽膀胱 京骨壬。

足陽明胃 衝陽戊。足少陰腎 水泉癸。

夫婦配合原穴

大腸金	合谷庚		心火	通里丁
		合		合
肝木	中都乙		膀胱水	京骨壬
心包	內關己		小腸火	腕骨丙
		合		合
三焦	陽池戊		肺金	列缺辛
膽木	丘墟甲		胃土	衝陽戊
		合		合
脾土	公孫己		腎水	水泉癸

六脈次第

手太陰肺丑	手陽明大腸卯
手厥陰心主亥	手少陽三焦申
手少陰心午	手太陽小腸戌
足厥陰肝巳	足少陽膽寅
足太陰脾未	足陽明胃酉
足太陽膀胱辰	足少陰腎子

日\時	子	丑	寅	卯	辰	巳	午	未	申	酉	戌	亥
甲	陽池	腕骨	丘墟	衝陽	腕骨	陽池	衝陽	合骨	合谷	京骨	京骨	丘墟
	內關	列缺	公孫	水泉	列缺	內關	水泉	中都	中都	通里	通里	公孫
乙	丘墟	中都	腕骨	通里	衝陽	公孫	合谷	列缺	京骨	水泉	陽池	內關
	公孫	合谷	列缺	京骨	水泉	丘墟	中都	腕骨	通里	衝陽	內關	陽池
丙	腕骨	中都	衝陽	內關	合谷	通里	京骨	公孫	丘墟	列缺	陽池	水泉
	列缺	合谷	水泉	陽池	中都	京骨	通里	丘墟	公孫	腕骨	內關	衝陽
丁	衝陽	公孫	合谷	列缺	京骨	水泉	丘墟	中都	陽池	內關	腕骨	通里
	水泉	丘墟	中都	腕骨	通里	衝陽	公孫	合谷	內關	陽池	列缺	京骨
戊	合谷	內關	京骨	公孫	丘墟	列缺	腕骨	水泉	陽池	中都	衝陽	通里
	中都	陽池	通里	丘墟	公孫	腕骨	列缺	衝陽	內關	合谷	水泉	京骨
己	京骨	水泉	丘墟	中都	腕骨	通里	陽池	內關	衝陽	公孫	合谷	列缺
	通里	衝陽	公孫	合谷	列缺	京骨	內關	陽池	水泉	丘墟	中都	腕骨
庚	丘墟	列缺	腕骨	水泉	衝陽	中都	陽池	通里	合谷	公孫	京骨	內關
	公孫	腕骨	列缺	衝陽	水泉	合谷	內關	京骨	中都	丘墟	通里	陽池
辛	腕骨	通里	衝陽	公孫	陽池	內關	合谷	列缺	京骨	水泉	丘墟	中都
	列缺	京骨	水泉	丘墟	內關	陽池	中都	腕骨	通里	衝陽	公孫	合谷
壬	衝陽	中都	合谷	通里	陽池	公孫	京骨	列缺	丘墟	內關	腕骨	水泉
	水泉	合谷	中都	京骨	內關	丘墟	通里	腕骨	公孫	陽池	列缺	衝陽
癸	合谷	列缺	陽池	內關	京骨	水泉	丘墟	中都	腕骨	通里	衝陽	公孫
	中都	腕骨	內關	陽池	通里	衝陽	公孫	合谷	列缺	京骨	水泉	丘墟
壬子	京骨	列缺	丘墟	內關	腕骨	水泉	衝陽	中都	合谷	通里	陽池	公孫
	通里	腕骨	公孫	陽池	列缺	衝陽	水泉	合谷	中都	京骨	內關	丘墟
癸丑	京骨	水泉	丘墟	中都	腕骨	通里	衝陽	公孫	合谷	列缺	陽池	內關
	通里	衝陽	公孫	合骨	列缺	京骨	水泉	丘墟	中都	腕骨	內關	陽池

今有壬子癸丑二日在外，不同此二日，計二十四日圖，逐日配合刺，切要。

陽日陽時針陰穴，陰日陰時針陽穴，陽日陰時針陽穴，陰日陽時針陰穴。

針有劫病之功，其言信矣。移疼住痛，在乎撚指。經云：醫療有方，針灸有法，得師徑路，補瀉分明，疾無不愈也。

《針灸大全・論子午流注之法》 夫子午流注者，剛柔相配，陰陽相合，氣血循環，時穴開闔也。何以子午言之？曰：子時一刻，乃一陽之生，至午時一刻，乃一陰之生。故以子午分之，而得乎中也。流者，往也，注者，住也。天干有十，經有十二，甲膽、乙肝、丙小腸、丁心、戊胃、己脾、庚大腸、辛肺、壬膀胱、癸腎，餘兩經者，乃三焦、包絡也。三焦乃陽氣之父，包絡乃陰血之母。此二經雖寄於壬癸，亦分派於十干。且每經之中，有井、滎、俞、經、合，以配金、水、木、火、土。是故陰井木而陽井金，陰滎火而陽滎水，陰俞土而陽俞木，陰經金而陽經火，陰合水而陽合土矣。經中必有返本還原者，乃十二經出入之門戶也。陽經有原，遇俞穴并過之，陰經無原，以俞穴即代之。是以

甲出丘墟乙太衝之例。又按《千金》云：六陰經亦有原穴，乙中都、丁通里、己公孫、辛列缺、癸水泉，包絡內關也。故陽日氣先行而血後隨也，陰日血先行而氣後隨也。得時爲之開，失時爲之闔。陽干注腑，甲丙戊庚壬而重見者，氣納於三焦。陰干注臟，乙丁己辛癸而重見者，血納包絡。如甲日戌時，以開膽井，至戊寅時，正當胃俞，而又幷過膽原，重見甲申時，氣納三焦滎穴，屬水，甲屬木，是以水生木，謂甲合還元化本。又如乙日乙酉時，以開肝井，至己丑時，當脾之俞，幷過肝原，重見乙未時，血納包絡滎穴，屬火，乙屬木，是以木生火也。餘皆依此。俱以子午相生，陰陽相濟也。陽日無陰時，陰日無陽時。故甲與己合，乙與庚合，丙與辛合，丁與壬合，戊與癸合也。何以甲與己合？曰：中央戊己屬土，畏東方甲乙之木所尅，戊屬陽爲兄，己屬陰爲妹，戊兄遂將己妹嫁與木家，與甲爲妻，庶得陰陽和合而不相傷。所以甲與己合，餘皆然。子午之法，盡於此矣。

綜　述

納支法

《子午流注針經·流注指微賦》 生我者號母，我生者名子。

夫五行者，在人爲五藏，注穴爲井滎俞經合。相合爲夫妻，我克者爲七傳，克我者爲鬼，我生者爲子，生我者爲母也。

《子午流注針經·手足井滎六十六穴圖》 凡人兩手足，各有此三陽三陰之脈，合爲十二經脈，每一經中各有井滎俞經合，皆出於井，入於合。經云，所出者爲井，所流者爲滎，所注者爲俞，所行者爲經，所入則爲合。井者，東方春也，萬物之始生，故言所出爲井也。合者，北方冬也，陽氣入藏，故言所入爲合也。故春刺井，夏刺滎，季夏刺俞，秋刺經，冬刺合者，聖人所謂因其時而取之，以瀉邪毒出也。

井滎所屬：

陰井木，陽井金。陰滎火，陽滎木。陰俞土，陽俞水。陰經金，陽經火。陰合水，陽合土。昔聖人先立井滎俞經合配象五行，則以十二經中各有子母，故刺法云，虛則補其母，實則瀉其子。假令肝自病實，則瀉肝之滎，屬火是子。若虛則補肝之合，屬水是母，餘皆倣此。若他邪相乘，陰陽偏勝，則先補其不足，後瀉其有餘。此爲針醫之大要，若深遠洞明，則爲上工者也。

《子午流注針經·流注指微賦》 疼實癢虛，瀉子隨母要指

病之虛實者，癢則爲虛，痛者爲實。刺法云，虛則補其母，實則瀉其子。假令肝藏實，瀉肝之滎行間穴，屬火是子。肝藏虛，補肝之合曲泉穴，屬水是母。凡刺只取木經井滎俞經合五行，子母補瀉，此乃大要也。

《針灸雜説·釋流注十二經絡所屬法》 手太陰肺經穴

少商魚際與太淵，經渠尺澤肺相連。肺之經辛。

手陽明大腸經穴

商陽二三間合谷，四穴。陽谿曲池大腸原。大腸經庚。

手少陰眞心經穴

少衝少府屬於心，神門靈道少海尋。心之經丁。

手太陽小腸經穴

少澤前谷後谿腕，陽谷小海小腸經。小腸經丙。

足厥陰肝經穴

大敦行間太衝看，中封曲泉屬於肝。肝之經乙。

足少陽膽經穴

竅陰俠谿臨泣膽，丘墟陽輔陽陵泉。膽之經甲。

足太陰脾經穴

隱白大都太白脾，商丘陰陵切要知。脾之經己。

足少陰腎經穴

湧泉然谷太谿穴，復溜陰谷腎之經。腎之經癸。

足陽明胃經穴

厲兌內庭陷骨胃，衝陽解谿三里隨。胃之經戊。

足太陽膀胱經穴

至陰通谷東京骨，二穴。崑崙委中是膀胱。膀胱經丑。

手厥陰心包經穴

中衝勞宮心包絡，大陵間使曲澤傳。心包絡經。

手少陽三焦經穴

關衝液門并中渚，陽池支溝天井原。三焦經申。

《針灸雜説·十二經配十二支》　寅屬肺，卯屬大腸，辰屬胃，巳屬脾，午屬心，未屬小腸，申屬膀胱，酉屬腎，戌屬心主，亥屬三焦，子屬膽，丑屬肝。

《針經指南·古法流注》　經云：其氣始從中焦注手太陰陽明，陽明注足陽明太陰，太陰注手少陰太陽，太陽注足太陽少陰，少陰注手心主少陽，少陽注足少陽厥陰，厥陰注還於手太陰。如環無端，週流不息，晝夜行流，與天同度。此法如氣血所王之經絡，於一經中井滎俞經合，迎隨而補瀉之。亦用東方實而西方虛，瀉南方而補北方是也。

《針灸大全·十二經納地支歌》　肺寅大卯胃辰宮，脾巳心午小未中，申胱酉腎心包戌，亥三子膽丑肝通。

《針灸大全·十二經之原歌》　甲出丘墟乙太衝，丙居腕骨是原中。丁出神門原內過，戊胃衝陽氣可通。己出太白庚合谷，辛原本出太淵同。壬歸京骨陽池穴，癸出太谿大陵中。

《針灸大全·子午流注十二經井滎俞原經合歌》

手大指內太陰肺，少商爲井滎魚際，太淵之穴號俞原，行入經渠尺澤類。
鹽指陽明曰大腸，商陽二間三間詳，合谷陽谿依穴取，曲池爲合正相當。
中指厥陰心包絡，中衝掌中勞宮索，大陵爲俞本是原，間使從容求曲澤。
無名指外是三焦，關衝尋至液門頭，俞原中渚陽池取，經合支溝天井求。
手小指內少陰心，少衝少府井滎尋，神門俞穴爲原穴，靈道仍須少海眞。
手小指外屬小腸，少澤流於前谷內，後谿腕骨之俞原，陽谷爲經合少海。
足大指內太陰脾，井滎隱白大都推，太白俞原商丘穴，陰陵泉合要須知。
足大指端厥陰肝，大敦爲井滎行間，太衝爲俞原都是，經在中封合曲泉。
足第二指陽明胃，厲兑內庭須要會，陷谷衝陽經解谿，三里膝下三寸是。
足掌心中少陰腎，湧泉然谷天然定，太谿腎俞又爲原，復溜陰谷能醫病。
足第四指少陽經，竅陰爲井俠谿滎，俞原臨泣丘墟穴，陽輔陽陵泉認眞。
足小指外屬膀胱，至陰通谷井滎當，束骨次尋京骨穴，崑崙經合委中央。

《醫經小學·經絡·經脈流注》　肺寅大卯胃辰經，脾巳心午小未中，申膀酉腎心包戌，亥三子膽丑肝通。

《針灸聚英·十二經病井滎俞經合補虛瀉實》　手太陰肺經屬辛金，起中府，終少商，多氣少血，寅時注此。是動病，邪在氣，氣爲是動病。肺脹滿，膨膨而喘欬，缺盆中痛，甚則交兩手而瞀，是謂臂厥。所生病，邪在血，血爲所生病。欬嗽上氣，喘喝煩心，胸滿臑臂內前廉痛，掌中熱。氣盛有餘，則肩背痛風寒，汗出中風，小便數而欠，寸口大三倍於人迎。虛則肩背痛寒，少氣不足以息，溺色變，卒遺失無度，寸口反小於人迎也。補，虛則補之。用卯時，隨而濟之。太淵。穴在掌後陷中，爲經，土，土生金爲母。經曰：虛則補其母。瀉，盛則瀉之。用寅時，迎而奪之。尺澤。爲合，水，金生水，實則瀉其子，穴在肘中約紋動脈中。

手陽明大腸經爲庚金，起商陽，終迎香，氣血俱多，卯時注此。是動病，齒痛頰腫，是主津。所生病，目黃口乾，鼽衄喉痺，肩前臑痛，大指次指不用。氣有餘，則當脈所過者熱腫，人迎大三倍於寸口。虛則寒慄不復，人迎反小於寸口也。補，用辰時，曲池。穴在肘外輔骨，屈肘曲骨之中，拱胸取之。爲合，土，土生金，虛則補其母。瀉，用卯時，二間。穴在食指本節前內側陷中。爲滎，水，金生水，爲子，實則瀉其子。

足陽明胃經屬戊土，起承泣，終厲兑，氣血俱多，辰時氣血注此。是動病，洒洒然振寒，善伸數欠，顔黑，病至惡人與火，聞木音則惕然而驚，心動欲獨閉戶牖而處，甚則欲上高而歌，棄衣而走，賁響腹脹，是謂骭厥，主血。所生病，狂瘧溫淫，汗出鼽衄，口喎唇胗，喉痹，大腹水腫，膝臏腫痛，循胸乳、氣衝、股、伏兔、骭外廉、足跗上皆痛，中指不用。氣盛則身以前皆熱，其有餘於胃，則消穀善饑，色黃，人迎大三倍於寸口。氣不足，則身以前皆寒慄，胃中寒則脹滿，人迎反小於寸口也。補，用巳時，解谿。穴在衝陽後一寸五分，腕上陷中。爲經，火，火生土。經曰：虛則補其母。瀉，用辰時，厲兑。穴在足大指次指去甲如韭葉。爲金，井，土生金。經曰：實則瀉其子。

足太陰脾經屬己土，起隱白，終周榮，多氣少血，巳時氣血注此。是動病，舌本強，食則嘔，胃脘痛，腹脹善噫，得後出與氣，則快然如衰，身體皆重，是主脾。所生病，舌本痛，體不能動搖，食不下，煩心，心下急痛，寒瘧，溏瘕泄水閉，黃疸，不能臥，強立，膝股內腫厥，足大指不用。盛者，寸口大三倍於人迎。虛者，寸口小三倍於人迎也。補，用午時，大都。穴在足大指本節後陷中。爲滎，火，火生土，爲母，虛則補其母。瀉，用巳時，商丘。穴在足內踝下微前陷中。爲經，金，土生金，實則瀉其子。

手少陰心經屬丁火，起極泉，終少衝，多血少氣，午時注此。是動病，嗌

乾心痛，渴而欲飲，是爲臂厥，主心。所生病，目黃脇痛，臑臂內後廉痛厥，掌中熱。盛者，寸口大再倍於人迎。虛者，寸口反小於人迎也。補，用未時，少衝。穴在手小指內廉端，去爪甲如韭葉。爲井，木，木生火，爲母，經曰：虛則補其母。瀉，用午時，靈道。穴在掌後一寸五分。爲經，土，土生金，爲子，實則瀉其子。

手太陽小腸經屬丙火，起少澤，終聽宮，多血少氣，未時注此。是動病，嗌痛頷腫，不可回顧，肩似拔，臑似折，是主液。所生病，耳聾目黃，頰腫，頸、頷、肩、臑、肘臂外後廉痛。盛者，人迎大再倍於寸口。虛者，人迎反小於寸口也。補，用申時，後谿。穴在手小指外側本節後陷中。爲俞，木，木生火，虛則補其母。瀉，用未時，小海。穴在肘內大骨外，肘端五分陷中。爲合，土，火生土，爲子，實則瀉其子。

足太陽膀胱經屬壬水，起睛明，終至陰，多血少氣，申時注此。是動病，頭痛，目似脫，項似拔，脊痛，腰似折，髀不可以曲，膕如結，腨似裂，是爲踝厥，是主筋。所生病，痔瘧狂癲，頭囟項痛，目黃淚出，鼽衄，項背、腰尻、膕、腨、腳皆痛，小指不用。盛者，人迎大再倍於氣口，虛者，人迎反小於氣口也。補，用酉時，至陰。穴在足小指外側，去爪甲角如韭葉。爲井，金，金生水，爲母，虛則補其母。瀉，用申時，束骨。穴在足小指外側本節後陷中。爲俞，木，水生木，爲子，實則瀉其子。

足少陰腎經屬癸水，起湧泉，終俞府，多血少氣，酉時注此。是動病，饑不欲食，面黑如炭色，欬唾則有血，喝喝而喘，坐而欲起，目䀮䀮然如無所見，心如懸饑狀，氣不足，則善恐，心惕然，如人將捕之，是謂骨厥，是主腎。所生病，口熱舌乾咽腫，上氣嗌乾及痛，煩心心痛，黃疸腸澼，脊股內後廉痛，痿厥，嗜卧，足下熱而痛。盛者，寸口大再倍於人迎，虛者，寸口反小於人迎也。補，用戌時，復溜。穴在足內踝上二寸動脈陷中。爲經，金，金生水，虛則補其母。瀉，用酉時，湧泉。穴在足心陷中。爲井，木，水生木，木爲水之子，實則瀉其子。

手厥陰心包絡經，配腎，相火。起天池，終中衝，多血少氣，戌時注此。是動病，手心熱，臂肘攣痛，腋腫，甚則胸脇肢滿，心中澹澹大動，面赤目黃，喜笑不休，是主心包絡。所生病，煩心心痛，掌中熱。盛者，寸口大三倍於人迎。虛者，寸口反小於人迎。補，用亥時，中衝。穴在手中指端，去爪甲如韭葉。爲井，木，木生火，爲母，虛則補其母。滑氏曰，井者，肌肉淺薄，不足爲使也，補井者，當補合。瀉，用戌時，大陵。穴在掌後兩筋間陷中。爲俞，土，火生土，爲子，實則瀉其子。

手少陽三焦經，屬相火配心包。起關衝，終絲竹空，多氣少血，亥時注此。是動病，耳聾，渾渾焞焞，咽腫喉痹，是主氣。所生病，汗出，目銳眥痛，頰痛，耳後、肩、臑、肘臂外皆痛，小指次指不用。盛者，人迎大一倍於寸口。虛者，人迎反小於氣口也。補，用子時，中渚。穴在手小指次指本節後陷中。爲俞，木，木生火，爲母，虛則補其母。瀉，用亥時，天井。穴在肘外大骨後上一寸，兩筋間陷中，屈肘得之。甄權云：屈肘一寸，叉手按膝頭，取之兩筋骨罅。爲合，土，火生土，爲子，實則瀉其子。

足少陽膽經，屬甲木，起瞳子窌，終竅陰，多氣少血，子時注此。是動病，口苦善太息，心脇痛，不能轉側，甚則面微有塵，體無膏澤，足外反熱，是爲陽厥，是主骨。所生病，頭角頷痛，目銳眥痛，缺盆中腫痛，腋下腫，馬刀挾癭，汗出振寒，瘧，胸中、脇肋、髀膝外至脛絶骨外踝前及諸節皆痛，小指次指不用。盛者，人迎大三倍於寸口。虛者，人迎反小於寸口也。補，用丑時，俠谿。穴在足小指次指岐骨間，本節前陷中。爲滎，水，水生木，爲母，虛則補其母。丘墟。穴在足外踝下，去臨泣三寸。爲原，皆取之。瀉，用子時，陽輔。穴在足外踝上四寸，輔骨前絶骨端，去丘墟七寸。爲經，火，木生火，爲子，實則瀉其子。

足厥陰肝經，屬乙木，起大敦，終期門，多血少氣，丑時注此。是動病，腰痛不可俯仰，丈夫㿗疝，婦人小腹腫，甚則嗌乾，面塵脫色，是主肝。所生病，胸滿嘔逆，洞泄，狐疝，遺溺癃閉。盛者，寸口大一倍於人迎。虛者，寸口反小於人迎也。補，用寅時，曲泉。穴在膝內輔骨下，大筋上小筋下陷中，屈膝得之，在膝橫文頭是。爲合，水，水生木，爲母，虛則補其母。瀉，用丑時，行間。穴在足大指間，動脈應手。爲滎，火，木生火，爲子，實則瀉其子。右針法，井滎俞經合補瀉，皆本《素》、《難》也。

《針灸大成・流注開闔》 人每日一身週流六十六穴，每時週流五穴。除六原穴，乃過經之所。相生相合者爲開，則刺之。相尅者爲闔，則不刺。陽生陰死，陰生陽死。如甲木死於午，生於亥，乙木死於亥，生於午。丙火生於寅，死於酉，丁火生於酉，死於寅。戊土生於寅，死於酉，己土生於酉，死於寅。庚金生於巳，死於子。辛金生於子，死於巳。壬水生於申，死於卯，癸水生於卯，死於申。凡値生我我生，及相合者，乃氣血生旺之時，故可辨虛實刺之。尅我我尅及闔閉時穴，氣血正直衰絶，非氣行未至，則氣行已過。誤刺妄引邪氣壞亂眞氣，實實虛虛，其害非小。

《針灸大成·十二經病井滎俞經合補虛瀉實》 手太陰肺經屬辛金，起中府，終少商，多氣少血，寅時注此。是動病，邪在氣，氣留而不行，爲是動病。肺脹膨膨而喘咳，缺盆中痛，甚則交兩手而瞀，是謂臂厥。所生病，邪在血，血壅而不濡，爲所生病。咳嗽上氣，喘渴煩心，胸滿，臑臂內前廉痛，掌中熱。氣盛有餘，則肩背痛，風寒疑寒字衍。汗出中風，小便數而欠，寸口大三倍於人迎。虛則肩背痛寒，少氣不足以息，溺色變，卒遺矢無度，寸口反小於人迎也。補，虛則補之。用卯時，隨而濟之。太淵。爲俞，土，土生金，爲母，經曰：虛則補其母。瀉，盛則瀉之。用寅時，迎而奪之。尺澤。爲合，水，金生水，爲子，實則瀉其子。

手陽明大腸經爲庚金，起商陽，終迎香，氣血俱多，卯時氣血注此。是動病，齒痛，頔腫，是主津。所生病，目黄口乾，鼽衄，喉痺，肩前臑痛，大指次指不用。氣有餘，則當脈所過者熱腫，人迎大三倍於寸口。虛則寒慄不復，人迎反小於寸口也。補，用辰時，曲池。爲合，土，土生金，虛則補其母。瀉，用卯時，二間。爲滎，水，金生水，實則瀉其子。

足陽明胃經屬戊土，起頭維，終厲兑，氣血俱多，辰時注此。是動病，洒洒然振寒，善呻，數欠，顔黑，病至惡人與火，聞木音則惕然而驚，心動，欲獨閉戶牖而處，甚則欲登高而歌，棄衣而走，賁嚮，腹脹，是謂骭厥，主血。所生病，狂瘧，溫淫汗出，鼽衄，口喎，唇裂，喉痺，大腹水腫，膝臏腫痛，循胸乳氣膺、伏兔、胻外廉、足跗上皆痛，中指不用。氣盛則身已前皆熱，其有餘於胃，則消穀善饑，溺色黄，人迎大三倍於寸口。氣不足，則身已前皆寒慄，胃中寒則脹滿，人迎反小於寸口也。補，用巳時，解谿。爲經，火，火生土，虛則補其母。瀉，用辰時，厲兑。爲井，金，土生金，實則瀉其子。

足太陰脾經，屬己土，起隱白，終大包，多氣少血，巳時注此。是動病，舌本強，食則嘔，胃脘痛，腹脹善噫，得後出與氣則快然如衰，身體皆重，是主痺。所生病，舌本痛，體不能動搖，食不下，煩心，心下急痛，寒瘧，溏瘕泄水，身黄疸不能卧，強立，股膝內腫厥，足大指不用。盛者，寸口大三倍於人迎。虛者，寸口小三倍於人迎也。補，用午時，大都。爲滎，火，火生土，虛則補其母。瀉，用巳時，商丘。爲經，金，土生金，實則瀉其子。

手少陰心經，屬丁火，起極泉，終少衝，多氣少血，午時注此。是動病，咽乾心痛，渴而欲飲，是爲臂厥，主心。所生病，目黄脇痛，臑臂內後廉痛厥，掌中熱。盛者，寸口大再倍於人迎。虛者，寸口反小於人迎也。補，用未時，少衝。爲井，木，木生火，虛則補其母。瀉，用午時，神門。爲俞，土，火生土，實則瀉其子。

手太陽小腸經，屬丙火，起少澤，終聽宮，多血少氣，未時注此。是動病，嗌痛頷腫，不可回顧，肩似拔，臑似折，是主液。所生病，耳聾目黄，頰腫，頸、頷、肩、臑、肘臂外後廉痛。盛者，人迎大再倍於寸口。虛者，人迎反小於寸口也。補，用申時，後谿。爲俞，木，木生火，虛則補其母。瀉，用未時，小海。爲合，土，火生土，實則瀉其子。

足太陽膀胱經，屬壬水，起睛明，終至陰，多血少氣，申時注此。是動病，頭痛似脱，項似拔，脊痛，腰似折，髀不可以曲，膕如結，腨似裂，是爲踝厥，是主筋。所生病，痔、瘧，狂癲，頭囟項痛。目黄，淚出，鼽衄，項背、腰尻、膕、腨、脚皆痛，小指不用。盛者，人迎大再倍於氣口。虛者，人迎反小於氣口也。補，用酉時，至陰。爲井，金，金生水，虛則補其母。瀉，用申時，束骨。爲俞，木，水生木，實則瀉其子。

足少陰腎經，屬癸水，起湧泉，終俞府，多氣少血，酉時注此。是動病，饑不欲食，面黑如炭色。欬唾則有血，喝喝而喘，坐而欲起，目䀮䀮然如無所見，心懸如饑狀，氣不足則善恐，心惕然如人將捕之，是謂骨厥，是主腎。所生病，口熱，舌乾，咽腫，上氣，嗌乾及痛，煩心，心痛，黄疸，腸澼，脊股內後廉痛，痿厥，嗜卧，足下熱而痛。盛者寸口大再倍於人迎。虛者，寸口反小於人迎也。補，用戌時，復溜。爲經，金，金生水，虛則補其母。瀉，用酉時，湧泉。爲井，木，水生木。實則瀉其子。

手厥陰心包絡經，配腎，屬相火。起天池，終中衝，多血少氣，戌時注此。是動病，手心熱，肘臂攣痛，腋下腫，甚則胸脇支滿，心中澹澹，或大動，面赤，目黄，善笑不休，是主心包絡。所生病，煩心，心痛，掌中熱。盛者，寸口大三倍於人迎。虛者，寸口反小於人迎也。補，用亥時，中衝。爲井，木，木生火，虛則補其母。瀉，用戌時，大陵。爲俞，土，火生土，實則瀉其子。

手少陽三焦經，配心包絡，屬相火。起關衝，終耳門，多氣少血，亥時注此。是動病，耳聾，渾渾焞焞，咽腫，喉痺，是主氣。所生病，汗出，目鋭眥痛，頰痛，耳後、肩、臑、肘臂外皆痛，小指次指不用。盛者，人迎大一倍於寸口。虛者，人迎反小於寸口也。補，用子時，中渚。爲俞，木，木生火，虛則補其

母。瀉，用亥時，天井。爲合，土，火生土，實則瀉其子。

足少陽膽經，屬甲木，起童子髎，終竅陰，多氣少血，子時注此。是動病，口苦，善太息，心脇痛，不能轉側，甚則面微有塵，體無膏澤，足外反熱，是爲陽厥，是主骨。所生病，頭角頷痛，目銳眦痛，缺盆中腫痛，腋下腫，馬刀挾癭，汗出振寒，瘧，胸中脇肋、髀膝外至脛絶骨外踝前及諸節皆痛，小指次指不用。盛者，人迎大三倍於寸口。虛者，人迎反小於寸口也。補，用丑時，俠谿。爲滎，水，水生木，虛則補其母。丘墟，爲原，皆取之。瀉，用子時，陽輔。爲經，火，木生火，實則瀉其子。

足厥陰肝經，屬乙木，起大敦，終期門，多血少氣，丑時注此。是動病，腰痛不可俯仰，丈夫㿉疝，婦人小腹腫，甚則咽乾，面塵脱色，是主肝。所生病，胸滿，嘔逆，洞泄，狐疝，遺溺，癃閉。盛者，寸口脈大一倍於人迎。虛者，寸口脈反小於人迎也。補，用寅時，曲泉。爲合，水，水生木，虛則補其母。瀉，用丑時，行間。爲滎，火，木生火，實則瀉其子。

《類經圖翼·經絡·十二經流注時序歌》 肺寅大卯胃辰宮，脾巳心午小未中，膀申腎酉心包戌，亥三子膽丑肝通。此歌出《子午流注》等書，及張世賢等注釋。其以十二時分配十二經，似乎近理，然而經之長短，穴之多寡，大相懸絶，又安能按時分配，且失五十周於身之義。今亦錄之，以俟辨正。

《醫宗金鑒·編輯刺灸心法要訣》 地支十二經流注歌

每日寅時從肺起，卯時流入大腸經，辰胃巳脾午心火，未時應注小腸經，申屬膀胱酉屬腎，戌走包絡亥焦宮，子膽丑肝寅又肺，十二經脈週環行。

注：人有十二經，晝夜有十二時，每一經主一時，先從寅時入肺起，卯入於大腸，辰入於胃，巳入於脾，午入於心，未入於小腸，申入於膀胱，酉入於腎，戌入於包絡，亥入於三焦，子入於膽，丑入於肝，至於寅時則又從肺起，此十二經與十二時，相循環而行者也。

納甲法

《子午流注針經·針經井滎歌訣》 足少陽膽之經　陽干注府，陰干注藏。甲日，甲與己合，膽引氣行，木原在寅。

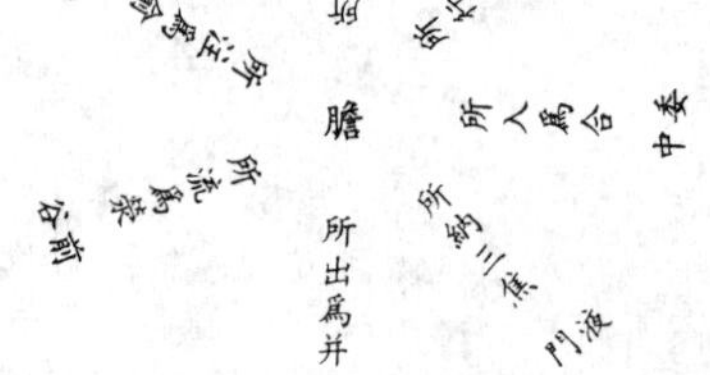

甲日甲戌時膽爲井金，
丙子時小腸爲滎水，
戊寅時胃爲俞木，并過本原丘墟穴，木原在寅，
庚辰時大腸爲經火，
午時膀胱爲合土，
甲申時氣納三焦。謂諸甲合還原化本。

膽：竅陰爲井膽中行，脅痛煩熱又頭疼，喉痺舌乾并臂痛，一針難步卻須行。

小腸：前谷爲滎屬小腸，喉痺頷腫嗌咽乾，頸項臂痛汗不出，目生翳膜並除康。

胃：陷谷胃俞節後邊，腹痛腸鳴痎瘧纏，面目浮腫汗不出，三分針入得復痊。

膽原：丘墟爲膽是爲原，胸脇滿痛瘧安纏，腋腫髀樞腿疼痛，目生翳膜並除痊。

大腸：陽谿爲經表腕邊，顛狂喜笑鬼神言，心煩目赤風頭痛，熱病心驚針下痊。

膀胱：委中合穴膕文中，腰脊沉沉溺失頻，髀樞痛及膝難屈，取其經血使能平。

足厥陰肝之經　乙日，乙與庚合，肝與血行。

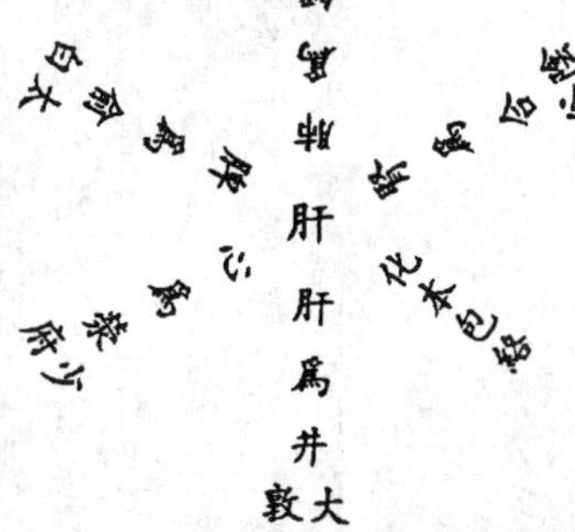

乙日乙酉時肝爲井木，
丁亥時心爲滎火，
己丑時脾爲俞土，
辛卯時肺爲經金，
癸巳時腎爲合水，
乙未時血納包絡。

肝：大敦爲井注肝家，心疼腹脹陰汗多，中熱尸厥如死狀，血崩臍痛用針加。
心：少府心滎本節中，少氣悲憂虛在心，心痛狂顛實譫語，寒熱胸中便下針。
脾：太白脾俞骨下分，身熱腹脹血便膿，吐逆霍亂胸中痛，下針一刺得安寧。
肺：經渠肺經熱在胸，掌後寸口脈陷中，熱病喘疼心吐逆，禁灸神針有大功。
腎：陰谷腎合膝後分，腳痛難移好用針，小腹急痛共漏下，小便黃赤建時尋。

手太陽小腸之經　丙日，丙與辛合，小腸引氣出行。火原在子，火入水鄉。

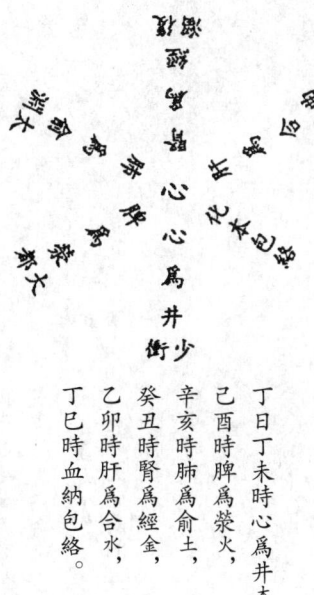

丙日丙申時小腸爲井金，
戊戌時胃爲滎水，
庚子時大腸爲俞木，并過本原腕骨穴，
故火原在子，
壬寅時膀胱爲經火，
甲辰時膽爲合土，
丙午時氣納三焦。

小腸：少澤元本手太陽，井注喉痺舌生瘡，臂痛咳嗽連項急，目生翳膜一針康。
胃：內庭胃滎本陷中，四肢厥逆滿腹疼，口喎牙痛依穴用，使下神針便去根。
大腸：三間爲俞本節後，喉痺咽梗齒齲痛，胸滿腸鳴洞泄頻，唇焦氣喘針時定。
小腸：腕骨爲原手踝中，熱病相連汗出頻，目中淚出兼生翳，偏枯臂舉只神針。
膀胱：崑崙爲經外後跟，腰疼腳重更難行，頭疼吐逆并腹脹，小兒癎搐一齊針。
膽：陽陵泉穴膽合間，腰伸不舉臂風癎，半身不遂依針刺，膝勞冷痺下針安。

手少陰心之經　丁日，丁與壬合，心引血行。

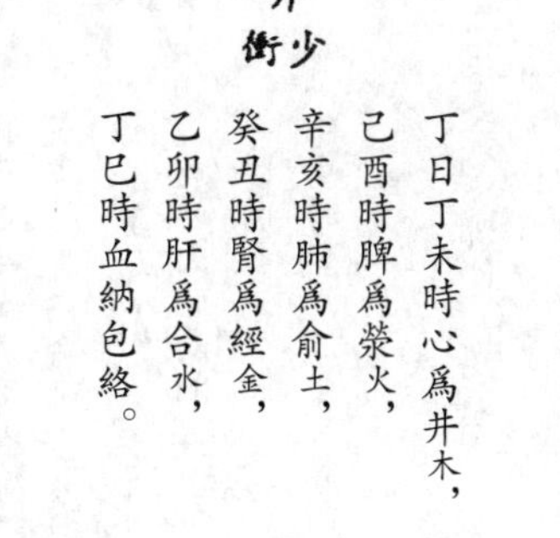

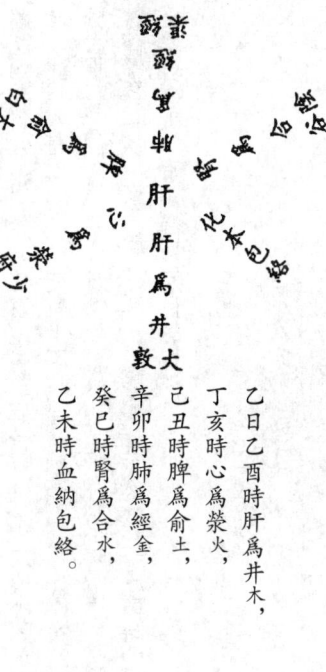

丁日丁未時心爲井木，
己酉時脾爲滎火，
辛亥時肺爲俞土，
癸丑時腎爲經金，
乙卯時肝爲合水，
丁巳時血納包絡。

心：少衝爲井是心家，熱病煩滿上氣多，虛則悲驚實喜笑，手攣臂痛用針加。
脾：大都脾滎本節中，熱病相連是逆行，腹滿煩悶并吐逆，神針一刺即時寧。
肺：太淵肺俞掌後尋，嘔吐咳嗽腹膨膨，眼目赤筋白翳膜，心疼氣上一般針。
腎：復溜腎經魚肚中，面目睆睆喜怒停，腹內雷鳴并脹滿，四肢腫痛刺時靈。
肝：曲泉肝合胕骨中，女人血瘕腹腫疼，身熱喘中風勞病，足疼泄利又便膿。

足陽明胃之經　戊日，戊與癸合，胃引氣出行，土原在戊。

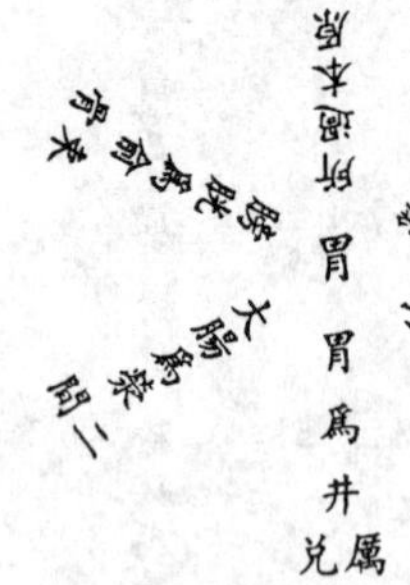

戊日戊午時胃爲井金，
庚申時大腸爲滎水，
壬戌時膀胱爲俞木，
并過本原衝陽穴，故土原在戊，
甲子時膽爲經火，
丙寅時小腸爲合土，
戊辰時氣納三焦。

胃：厲兌爲井主胃家，尸厥口噤腹腸滑，汗病不出如瘧狀，齒痛喉痺針刺佳。
大腸：二間庚滎本節中，喉痺鼻衄在心驚，肩背疼時依此用，下針牙痛更無根。
膀胱：束骨主俞本節中，耳聾項急本穴尋，惡風目眩幷背痛，針之必定有神功。
胃：衝陽爲原動脈中，偏風口眼注牙疼，寒熱往來如瘧狀，建時取效有同神。
膽：陽輔膽經四寸間，筋攣骨痛足腫寒，風痺不仁依此用，神針一刺不須難。
小腸：小海爲合肘上中，寒熱風腫頂頭疼，四肢無力難舉步，建時針刺有神靈。

足太陰脾之經　己日，甲與己合，脾引血行。

己巳時脾爲井木，
辛未時肺爲滎火，
癸酉時腎爲俞土，
乙亥時肝爲經金，
丁丑時心爲合水，
己卯時血納包絡。

脾：隱白爲井足太陰，腹脹喘滿吐交橫，鼻衄滑腸食不化，月經不止血山崩。
肺：魚際爲滎熱汗風，咳嗽頭痛痺主胸，目眩少氣咽乾燥，嘔吐同針有大功。
腎：太谿腎俞內踝下，足厥心疼嘔吐涎，咳嗽上氣幷脈短，神針到後病伏潛。
肝：中封爲經內踝前，振寒痎瘧色蒼蒼，臍腹痛時兼足冷，寒疝相纏針下康。
心：少海心合曲節間，齒疼嘔逆滿胸心，頭頸痛時涕與笑，用針一刺管驚人。

手陽明大腸之經　庚日，庚與乙合，大腸引氣出行，金原在申。

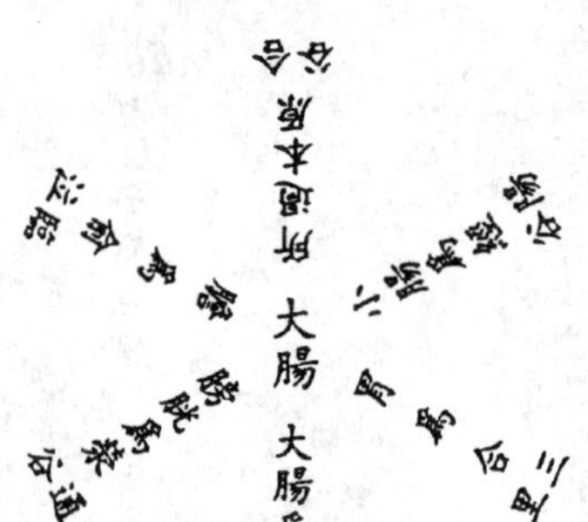

庚日庚辰時大腸爲井金，
壬午時膀胱爲滎水，
甲申時膽爲俞木，
并過本原合谷穴，金原在申也，
丙戌時小腸爲經火，
戊子時胃爲合土，
庚寅時氣納三焦。

大腸：商陽爲井大腸中，次指指上氣注胸，喘逆熱病幷牙痛，耳聾寒熱目赤紅。
膀胱：通谷爲滎本節遊，頭重鼻衄項筋刺，目視䀮䀮胸脹滿，食飲不化即時休。
膽：臨泣膽前節後邊，中滿缺盆腫項咽，月事不調依此用，氣噎如瘧當時安。
大腸：合谷爲原歧骨中，痺瘻漏下熱生風，目視不明幷齒痛，牙關口噤一針功。
小腸：陽谷爲經側腕中，癲疾狂走妄言驚，熱病過時汗不出，耳聾齒痛目眩針。
胃：三里胃合膝下分，諸般疾病一般針，須去日上如晴下，方知世上有名人。

手太陰肺之經　辛日，丙與辛合，肺引血出行。

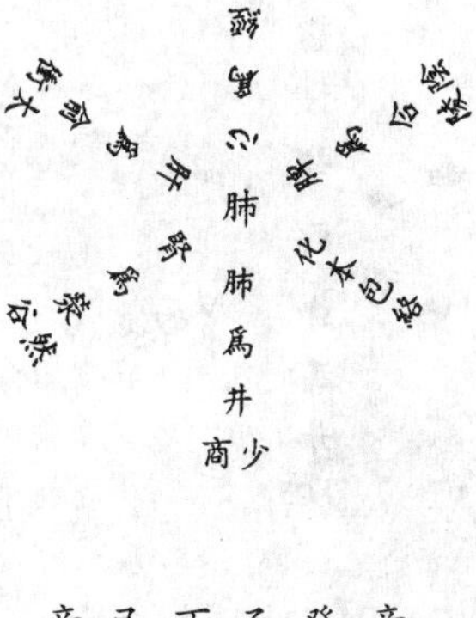

辛日辛卯時肺爲井木，
癸巳時腎爲滎火，
乙未時肝爲俞土，
丁酉時心爲經金，
己亥時脾爲合水，
辛丑時血納包絡。

肺：少商肺井注心中，寒熱咳逆喘脹衝，飲食不下咽喉痛，三棱針刺血爲功。
腎：然谷腎滎內踝尋，喘呼少氣足難行，小兒臍風并口噤，神針並灸得安寧。
肝：太衝肝俞本節後，腰引少腹小便膿，淋瀝足寒并嘔血，漏下女子本中疼。
心：靈道爲經掌後眞，心痛肘攣悲恐驚，暴瘖即便難言語，建時到後即宜針。
脾：陰陵泉穴脾之合，腹堅喘逆身難卧，霍亂疝瘕及腰疼，小便不利針時過。

足太陽膀胱經　壬日，丁與壬合，膀胱引氣出行，水原在午，水入火鄉。

壬日壬寅時膀胱爲井金，
甲辰時膽爲滎水，
丙午時小腸爲俞木，
并過本原京骨，水原在午，水入火鄉，故壬丙子午相交也，
戊申時胃爲經火，
庚戌時大腸爲合土，
壬子時氣納三焦，還原化本。

膀胱：至陰爲井是膀胱，目生翳膜頭風狂，胸脅痛時依法用，小便不利熱中傷。
膽：俠谿膽滎小節中，胸脇脹滿足難行，寒熱目赤頸項痛，耳聾一刺便聞聲。

小腸：後谿爲俞節陷中，寒熱氣瘧目生筋，耳聾鼻衄并喉痺，肘臂筋攣同用針。
膀胱：京骨爲原肉際間，骭痠膝痛屈伸難，目眥內赤頭頸強，寒瘧腰疼針下安。
胃：解谿穴是胃之經，腹脹骭腫脚轉筋，頭痛霍亂面浮腫，大便下重也同針。
大腸：曲池爲合肘外陷，半身不遂語難言，肘中痛急伸無力，喉痺針下也痊然。

手少陽三焦之經　三焦與包絡合爲表裏。

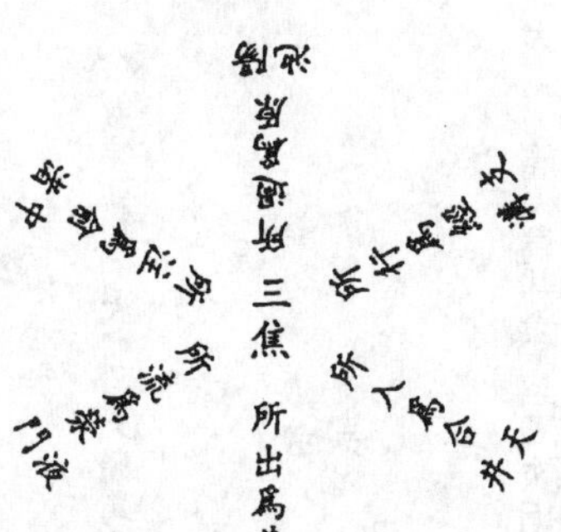

壬子時三焦關衝爲井金，
甲寅時爲滎水，
丙辰時爲俞木，
并過本原陽池，
戊午時爲經火，
庚申時爲合土，
壬戌時氣入行。

金：三焦之井號關衝，目生翳膜注頭疼，臂肘痛攻不能舉，喉痺針刺取其靈。
水：液門爲滎次陷中，驚悸癇熱共頭疼，目赤齒血出不定，三棱針刺即時靈。
木：中渚爲俞節後尋，熱病頭疼耳不聞，目生翳膜咽喉痛，針入三分時下明。
三焦原：陽池爲原腕表中，寒熱如瘧積心胸，臂痛身沉難舉步，一針當面有神功。
火：支溝爲經腕後眞，熱病臂肘腫兼疼，霍亂吐時并口噤，下針得氣便醒醒。
土：天井爲合肘外尋，風痺筋攣及骨疼，咳嗽不食并驚悸，心胸氣上即時針。

手厥陰心主包絡之經　心主與三焦爲表裏。

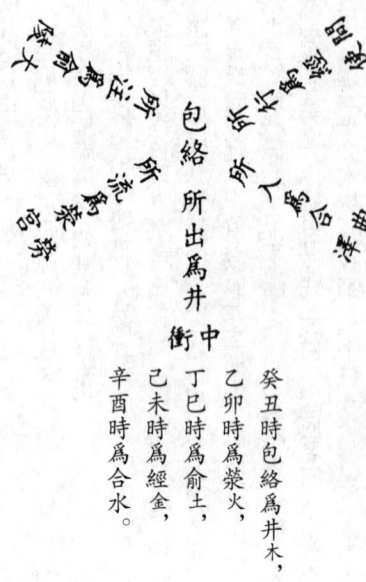

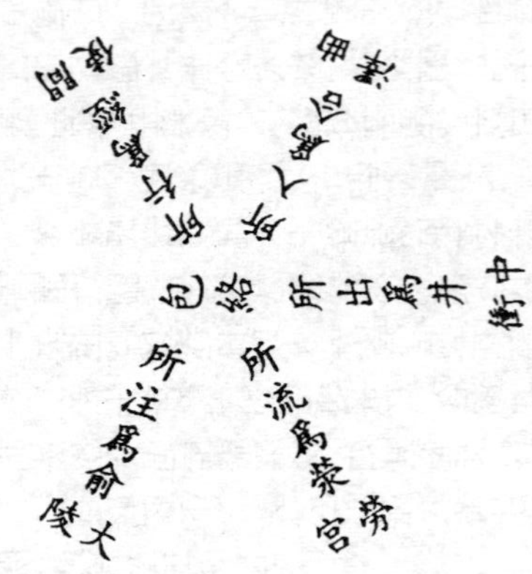

癸丑時包絡爲井木，
乙卯時爲滎火，
丁巳時爲俞土，
己未時爲經金，
辛酉時爲合水。

木：中衝爲井厥陰心，掌中煩熱及頭疼，熱病煩悶汗不出，舌強針時得自平。
火：勞宮心滎手掌中，中風攣痺口中腥，狂笑顛疾同日用，氣粗喘逆也須寧。
土：大陵心俞腕後尋，喜笑悲哀氣上衝，目赤小便如赤色，狂言頭痛建時中。
金：間使心經掌後間，心痛嘔逆惡風寒，熱時咽痛并驚悸，神針和忤也須安。
水：曲澤爲合肘裏存，心疼煩悶口乾中，肘臂筋攣多嘔血，呼吸陰陽去病根。

足少陰腎之經　癸日，戊與癸合，腎引血行。

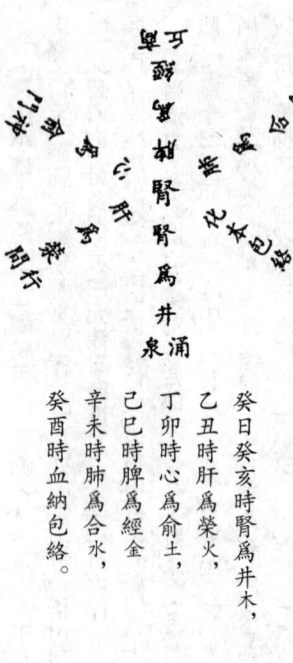

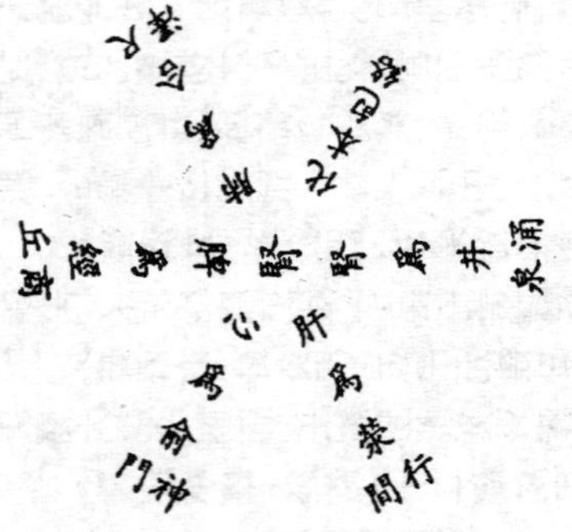

癸日癸亥時腎爲井木，
乙丑時肝爲滎火，
丁卯時心爲俞土，
己巳時脾爲經金
辛未時肺爲合水，
癸酉時血納包絡。

腎：涌泉爲井腎中尋，大便祕結與心疼，身熱喘時同日刺，足寒逆冷也定平。
肝：行間肝滎大指間，咳逆嘔血更咽乾，腰痛心疼如死狀，溺難寒疝下針安。
心：神門心俞掌後尋，惡寒心疼不食中，身熱嘔血多癇病，下針得刺有神功。
脾：商丘脾經踝下尋，腹脹腸鳴痛作聲，身寒逆氣并絕子，血氣輪流此處存。
肺：尺澤肺合在肘中，手攣風痺氣衝胸，咳嗽口舌乾喉痛，五子元建法中尋。
五行造化：甲猶草木芽初出，乙屈知同離土生，原因壬癸爲胎氣，翻成十干五行亨。

《子午流注針經·流注指微賦》　詳夫陰日血引，值陽氣流。

賈氏云：陽日氣先脈外，血後脈內。陰日血先脈外，氣後脈內。交貫而行於五藏五府之中，各注井滎俞經合五穴，共五十穴。唯三焦受十經血氣，次傳包絡，又各注五穴，通前十二經，共六十穴。

《子午流注針經·流注指微賦》　況乎甲膽乙肝，丁心壬水。

甲膽乙肝者，謂五藏五府，拘之十干，陽干主府，陰干主藏。故《天元冊》又曰：膽甲肝乙，小腸丙心丁，胃戊脾己，大腸庚肺辛，膀胱壬腎癸，五藏五府，收血化精合處，便是三焦包絡二經元氣也，合爲十二經遍行也。賈氏各分頭首，十日一終，運行十干，皆以五子元建日時爲頭也。

《針經指南·夫婦配合》　大言陰與陽，小言夫與婦，陰日陰時則當刺陰干，陽日陽時則當刺陽干，故陰陽者氣血也。陰日血先氣後，陽日氣先血後。經云：榮行脈中，衛行脈外。故陰日雖遇陽時，刺陰干者何也？蓋陰日血先行引氣，後隨血入脈中而行，此爲婦有氣，夫往從之者，故陰干是也。故陽日雖遇陰時，刺陽干者何也？蓋陽日氣先行引血，後隨氣流注在脈外而行，此爲夫有氣，婦往從之者，故陽干是也。如斯之論，此之謂也。

《針灸雜説·釋運氣定日下血氣法》　井滎逐日建時功，十日循還是一宮。血氣相迎行臟腑，通流十干本元宗。陽日從衛先行氣，陰日從榮血可通。陽日氣先脈出外，陰日脈內血先從。氣先血後還行府，行藏榮先氣後攻。陽干五行補五府，陰干行藏五行同。井滎流注俞經合，用建通流日下窮。連轉五遭成五十，遍行藏府五行終。

《針灸雜説·十二經配合》　膀胱配腎，膽配肝，脾配胃，肺配大腸，心包絡配三焦，心配小腸。

《針灸雜説·釋流注十二經動脈源穴所出法》　甲出丘墟乙太衝，丙歸腕骨是原中，丁出大陵原內過，戊胃衝陽氣可通，己出太白庚合谷，辛緣本出太

淵同，壬歸京谷期中過，癸出之時太谿竅。

《針灸雜説·釋流注逐日時開穴法》 甲竅陰，乙大敦，丙少澤，丁少衝，戊厲兑，己隱白，庚商陽，辛少商，壬至陰，癸湧泉。

《醫經小學·經絡·十二經納甲》 甲膽乙肝丙小腸，丁心戊胃己脾鄉。庚屬大腸辛屬肺，壬屬膀胱癸腎臟。三焦亦向壬中寄，包絡同歸入癸方。

《普濟方·針灸門·五子元建日時歌》 甲己之日丙作首，乙庚之辰戊爲頭，丙辛便從庚上起，丁壬壬寅順行流，戊癸甲寅定時候，六十首法助醫流。

《普濟方·針灸門·井滎俞經合部分》 凡人兩手足各有此三陽三陰之脈，合爲十二經脈。每一經中，各有井滎俞經合，皆出於井，入於合。經云：所出者爲井，所流者爲滎，所注者爲俞，所行者爲經，所入者爲合。井者，東方春也，萬物之始生，故言所出爲井也。合者，北方冬也，陽氣入藏，故言所入爲合也。故春刺井，夏刺滎，季夏刺俞，秋刺經，冬刺合者，聖人所謂，因其時而取之，以瀉邪毒出也。

井滎所屬：陰井木，陽井金；陰滎火，陽滎水；陰俞土，陽俞木；陰經金，陽經火；陰合水，陽合土。昔聖人先立井、滎、俞、經、合，配象五行，則以十二經中各有子母。故刺法云：虛則補其母，實則瀉其子。假令肝自病，實則瀉肝之滎，屬火，是子；若虛，則補肝之合，屬水，是母。餘皆倣此。若他邪相乘，陰陽偏勝，則先補其不足，後瀉其有餘。此爲針醫之大要，若深達洞明，則爲上工者也。

足取膝下三陰、三陽脈穴流注，手取臂下三陰、三陽脈穴流注。用其針刺法遂有過補虛瀉實，如其施兵伐叛也。

六十首俞穴，細而審之，各逐其藏府井、滎、俞、經、合，常以五行定，方無一失也。以逐日取六十首，爲井、滎、俞、經、合，足不過膝，手不過臂，當時剋者謂之闕，可以針，醫無不愈疾也。時刻未至者謂之闔，無能愈其疾也。

賈氏云：凡六十首者，原有二種也：有外行脈經六十首，又有内行血脈六十首。此法微妙，古聖人隱之，恐世人曉會，只載一説，今不傳。愚自少歲，索隱井滎之法，始可著題。或曰：因何名曰六十首也？答曰：謂氣血一晝夜行過六十俞穴也，各分頭首，十日一終，運行十干，皆以五子建元日時爲頭是也。明廣今輒將賈氏各分頭首運行十干六十首注穴之法，集其樞要述之，庶令覽者易悉。第一包括五藏五府，各至本時相生五度，注穴之法。第二言陰中有陽，陽中有陰，剛柔相配相生注穴之法。人多只知陽干注府，陰干注藏，刺陰待陰干，刺陽候陽時，如是者，非秘訣云。假令甲日甲戌時，膽引氣出爲井，甲中暗有其己，乙中暗有其庚，故大言陰與陽，小言夫與婦，夫有氣則婦從夫，婦有氣則夫從婦，故甲戌時膽出氣爲井，脾從夫行，脾亦入血爲井，如是，則一時辰之中，陰陽之經，相生所注之穴皆有。他皆倣此。陽日氣先脈外，血後脈内；陰日血先脈外，氣後脈内。交貫而行於五藏六府之中，各注井滎俞經合無休矣，或不得時，但取其原亦得。

《普濟方·針灸門·五藏六府井滎俞經合》 足少陽膽之經

甲日，甲與己合。

膽：膽爲井竅陰，小腸爲滎前谷，胃爲俞陷谷，膽爲原丘墟，大腸爲經陽谿，膀胱爲合委中。

膽引氣行，木原在寅。

甲日甲戌時膽爲井金，丙子時小腸爲滎水，戊寅時胃爲俞木，幷過本原丘墟穴，木原在寅，庚辰時大腸爲經火，壬午時膀胱爲合土。

甲申時氣納三焦，謂甲合還原化本。

膽：竅陰爲井膽中行，脅痛煩熱及頭疼，喉痺口乾幷臂痛，一針難步卻須行。

小腸：前谷爲滎屬小腸，喉痺頷腫嗌咽乾，頸項臂痛汗不出，目生翳膜並除痊。

胃：陷谷胃俞節後邊，腹痛腸鳴痎瘧纏，面目浮腫汗不出，三分針入得獲全。

膽原：丘墟爲膽是爲原，胸脇滿痛瘧安纏，腋腫髀樞腿酸痛，目生翳膜幷除痊。

大腸：陽谿爲經表腕邊，顛狂喜笑鬼神言，心煩目赤頭風痛，熱痛心驚針下痊。

膀胱：委中合穴膕紋中，腰脊沉沉溺失頻，髀樞痛及膝難屈，取其經血使能平。

足厥陰肝之經

乙日，乙與庚合。

肝：肝爲井大敦，心爲滎少府，脾爲俞太白，肺爲經經渠，腎爲合陰谷。

化本包絡，肝引血行。

乙日乙酉時肝爲井木，丁亥時心爲榮火，己丑時脾爲俞土，辛卯時肺爲經金，癸巳時腎爲合水，乙未時血納包絡。

肝：大敦爲井主肝家，心痛腹脹陰汗賒，中熱尸厥如死狀，血崩臍痛用針加。

心：少府心榮本節中，少氣悲憂虛在心，心痛狂顛實譫語，寒熱胸中便下針。

脾：太白脾俞骨下分，身熱腹脹血便膿，吐逆霍亂心中痛，下針一刺得安寧。

肺：經渠肺經熱在胸，掌後寸口脈陷中，熱喘病疼心吐逆，禁灸神針有大功。

腎：陰谷腎合膝後分，腳痛難移好用針，小腹急痛并漏下，小便黃赤建中尋。

手太陽小腸之經

丙日，丙與辛合。

小腸：小腸爲井少澤，胃爲榮內庭，大腸爲俞三間，小腸爲原腕骨，膀胱爲經崑崙，膽爲合陽陵泉。

小腸引氣行，火原在子，火入水鄉。

丙日丙申時小腸爲井金，戊戌時胃爲榮水，庚子時大腸爲俞木，并過本原腕骨穴，故火原在子，壬寅時膀胱爲經火，甲辰時膽爲合土，丙午時氣納三焦。

小腸：少澤元本手太陽，井注喉痺舌生瘡，臂痛咳嗽連項急，目生翳膜一針康。

胃：內庭胃榮本節中，四肢厥逆滿腹疼，口喎牙痛依穴用，使下神針便去根。

大腸：三間爲俞本節後，喉痺咽哽齒齲疼，胸滿腸鳴洞泄頻，唇焦氣喘針時定。

小腸：腕骨爲原手踝中，熱病相連汗出頻，目中淚出兼生翳，偏枯臂舉只神針。

膀胱：崑崙爲經外後跟，腰疼腰重更難行，頭疼吐逆并腹脹，小兒癇搐一齊針。

膽：陽陵泉穴膽合間，腰伸不舉臂風痛，半身不遂依針刺，膝勞冷痺一針安。

手少陰心之經

丁日，丁與壬合。

心：心爲井少衝，脾爲榮大都，肺爲俞太淵，腎爲經復溜，肝爲合曲泉。

化本包絡，心引血行。

丁日丁未時心爲井木，己酉時脾爲榮火，辛亥時肺爲俞土，癸丑時腎爲經金，乙卯時肝爲合水，丁巳時血納包絡。

心：少衝爲井是心家，熱病煩滿上氣賒，虛則悲驚實喜笑，手攣臂痛用針加。

脾：大都脾榮本節中，熱病相連是逆行，腹滿煩悶并吐逆，神針一刺即時寧。

肺：太淵肺俞掌後尋，嘔吐咳逆腹膨膨，眼目赤筋白翳膜，心疼氣上一般針。

腎：腹溜腎經魚肚中，兩目䀮䀮喜怒停，腹內雷鳴并脹滿，四肢腫痛刺時靈。

肝：曲泉肝合胕骨中，女人血瘕腹腫疼，身熱喘中氣勞病，足疼洩利又便膿。

足陽明胃之經

戊日，戊與癸合。

胃：胃爲井厲兌，大腸爲榮二間，膀胱爲俞束骨，所過本原衝陽，膽爲經陽輔，小腸爲合少海。

胃引氣行，土原在戌。

戊日戊午時胃爲井金，庚申時大腸爲榮水，壬戌時膀胱爲俞木，并過本原衝陽穴，故土原在戌，甲子時膽爲經火，丙寅時小腸爲合土，戊辰時氣納三焦。

胃：厲兌爲井主胃家，尸厥口噤腹腸滑，汗病不出如瘧狀，齒痛喉痺針刺佳。

大腸：二間庚榮本節中，喉痺鼻衄在心驚，肩臂疼時依此用，下針牙痛

更無根。

膀胱：束骨壬俞本節中，耳聾頊急本穴尋，腰風目眩并背痛，針之必定有神功。

胃原：衝陽爲原動脈中，偏風口眼注牙疼，寒熱往來如瘧狀，建時取效有同神。

膽：陽輔膽經四寸間，筋攣骨痛足腫寒，風痺不仁依此用，神針一刺不須難。

小腸：少海爲合肘上中，寒熱風腫項頭疼，四肢無力難舉步，建時針刺有神靈。

足太陰脾之經

己日，甲與己合。

脾：脾爲井隱白，肺爲滎魚際，腎爲俞太谿，肝爲經中封，心爲合少海。

脾引血行。

己日己巳時脾爲井木，辛未時肺爲滎火，癸酉時腎爲俞土，乙亥時肝爲經金，丁丑時心爲合水，己卯時血納包絡。

脾：隱白爲井足太陰，腹脹喘滿吐交橫，鼻衄滑腸食不化，月經不止血山崩。

肺：魚際爲滎熱汗風，咳嗽頭痛痺主胸，目眩少氣咽乾噪，嘔吐同針有大功。

腎：太谿腎俞內踝下，足厥心疼嘔吐涎，咳嗽上氣并脈短，神針到後病伏潛。

肝：中封爲經內踝前，振寒痎瘧色蒼蒼，臍腹痛時兼足冷，寒疝相纏針下康。

心：少海心合曲節間，齒痛嘔逆滿胸心，頭項痛時涕與笑，用針一刺管驚人。

手陽明大腸之經

庚日，庚與乙合。

大腸：大腸爲井商陽，膀胱爲滎通谷，膽爲俞臨泣，所過本原合谷，小腸爲經陽谷，胃爲合三里。

大腸引氣引，金原在申。

庚日庚辰時大腸爲井金，壬午時膀胱爲滎水，甲申時膽爲俞木，并過本原合谷穴，金原在申也，丙戌時小腸爲經火，戊子時胃爲合土，庚辰時氣納三焦。

大腸：商陽爲井大腸中，次指指上氣主胸，喘逆熱病并牙痛，耳聾寒熱目赤紅。

膀胱：通谷爲滎本節遊，頭痛鼻衄項筋收，兩目睆睆胸脹滿，飲食不化即時休。

膽：臨泣膽俞節後邊，中滿缺盆腫項咽，月事不調依此用，氣噎如瘧當時安。

大腸原：合谷爲原岐骨中，痺瘻漏下熱生風，目視不明并齒痛，牙關口噤一針功。

小腸：陽谷爲經側腕中，癲疾狂走妄言驚，熱病過時汗不出，耳聾齒痛目眩瞑。

胃：三里胃合膝下分，諸般疾病一般針，須去日上加時下，方知世上有名人。

手太陰肺之經

辛日，丙與辛合。

肺：肺爲井少商，腎爲滎然谷，肝爲俞太衝，心爲經靈道，脾爲合陰陵泉。化本包絡，肺引血行。

辛日辛卯時肺爲井木，癸巳時腎爲滎火，乙未時肝爲俞土，丁酉時心爲經金，己亥時脾爲合水，辛丑時血納包絡。

肺：少商肺井注心中，寒熱咳逆喘脹衝，飲食不下咽喉痛，三棱針刺血爲功。

腎：然谷腎滎內踝尋，喘呼少氣足難行，小兒臍風并口噤，神針并灸得安寧。

肝：太衝肝俞本節後，腰引少腹小便膿，淋瀝足寒并嘔血，漏下女子體中痛。

心：靈道爲經掌後眞，心痛肘攣悲恐驚，暴瘖即便難言語，建時到後即宜針。

脾：陰陵泉穴脾之合，腹腎喘逆身難卧，霍亂疝瘕及腰疼，小便不利針

時過。

足太陽膀胱之經

壬日，丁與壬合。

膀胱：膀胱爲井至陰，膽爲榮俠谿，小腸爲俞後谿，所過本原京骨，胃爲經解谿，大腸爲合曲池。

膀胱引氣行，水原在午，水入火鄉。

壬日壬寅時膀胱爲井金，甲辰時膽爲榮水，丙午時小腸爲俞木，并過本原京骨穴，水原在午，水入火鄉，故壬，子午相交也，戊申時胃爲經火，庚戌時大腸爲合土，壬子時氣納三焦，還原化本。

膀胱：至陰爲井是膀胱，目生翳膜頭風狂，胸脇痛時依法用，小便不利熱中傷。

膽：俠谿膽榮小節中，胸脇脹滿足難行，寒熱目赤頸項痛，耳聾一刺便聞聲。

小腸：後谿爲俞節陷中，寒熱氣瘧目生筋，耳聾鼻衄并喉痺，肘臂筋攣同用針。

膀胱原：京骨爲原肉際間，骱痠膝痛屈伸難，目眥內赤頭頸強，寒熱腰疼針下安。

胃：解谿穴是胃之經，腹脹骱腫腳轉筋，頭痛霍亂面浮腫，大便下重也同針。

大腸：曲池爲合肘外邊，半身不遂語難言，肘中痛急身無力，喉痺針下也痊然。

手少陽三焦之經

三焦者，是十二經之根本，生氣之原，主宣通榮衛，經歷五藏六府。三焦與包絡合爲表裏。

三焦：所出爲井關衝，所流爲榮液門，所注爲俞中渚，所過爲原陽池，所行爲經支溝，所入爲合天井。

壬子時三焦關衝爲井金，甲寅時爲榮水，丙辰時爲俞木，并過本原陽池，戊午時爲經火，庚申時爲合土，壬戌時氣入行。

金：三焦之井號關衝，目生翳膜注頭疼，臂肘痛攻不能舉，喉痺針刺取其靈。

水：液門爲榮刺陷中，驚悸癎熱共頭疼，目赤齒血出不定，三棱針刺即時靈。

木：中渚爲俞節後尋，熱病頭疼耳不聞，目生翳膜咽喉痛，及時應下三分針。

三焦原：陽池爲原腕表中，寒熱如瘧積心胸，臂痛身沉難舉步，一針當面有神功。

火：支溝爲經腕後眞，熱病臂肘腫廉疼，霍亂吐時并口噤，下針得氣便醒醒。

土：天井爲合肘外尋，風痺筋攣入骨深，咳嗽不食并驚悸，心胸氣上即時針。

手厥陰心主包絡之經

心主與三焦爲表裏。

包絡：所出爲井中衝，所流爲榮勞宮，所注爲俞大陵，所行爲經間使，所入爲合曲澤。

癸丑時包絡中衝爲井木，乙卯時爲榮火，丁巳時爲俞土，己未時爲經金，辛酉時爲合水。

木：中衝爲井厥陰心，掌中煩熱及頭疼，熱病煩悶汗不出，舌強針時得自平。

火：勞宮心榮手掌中，中氣攣痺口中腥，狂笑頭疼同時用，氣粗喘逆也須寧。

土：大陵心俞腕後尋，喜笑悲哀氣上衝，目赤小便如赤色，狂言頭痛建中行。

金：間使心經掌後間，心痛嘔逆惡風寒，熱時咽痛并驚悸，神針邪忤也須安。

水：曲澤爲合肘裏存，心疼煩悶口乾頻，肘臂筋攣多嘔血，呼吸陰陽去病根。

足少陰腎之經

癸日，戊與癸合。

腎，爲井湧泉，肝爲榮行間，心爲俞神門，脾爲經商丘，肺爲合尺澤。

化本包絡，腎引血行。

癸日癸亥時腎爲井木，乙丑時肝爲榮火，丁卯時心爲俞土，己巳時脾爲經金，辛未時肺爲合水，癸酉時血納包絡。

腎：湧泉爲井腎中尋，大便秘結與心疼，身熱喘時同日刺，足寒逆冷也安平。

肝：行間肝榮大指間，咳逆嘔血更咽乾，腰痛心疼如死狀，溺難寒疝下針安。

心：神門心俞掌後尋，惡寒心痛不食中，身熱嘔血多癇病，下針得刺有神功。

脾：商邱脾經踝下尋，腹脹腸鳴痛作聲，身寒逆氣幷絕子，血氣輪流此處存。

肺：尺澤肺合在肘中，手攣風痺氣衝胸，咳嗽口舌乾喉痛，五子建元法中尋。

《普濟方·針灸門·十二經脈各至本時剛柔相配内行注穴》 十經血氣，皆出於井，入於合，各注井、榮、俞、經、合無休矣。或曰：脈有十二經，又因何只言十經，其餘二經不言者何？答曰：其二經者，三焦是陽氣之父，心包絡是陰血之母也，此二經尊重，不係五行所攝，主受納十經血氣養育，故只言十經陰陽二脈，逐日各注井、榮、俞、經、合各五時辰畢，則歸其本，此二經亦各注井、榮、俞、經、合五穴，方知十二經遍行也。

三焦經

關衝陽井，液門榮，中渚俞，陽池原，支溝經，天井合，每日遇陽干合處，注此六穴。如甲日甲戌時，至甲申時，爲陽干合也。

心包經

中衝陰井，勞宮榮，大陵俞，間使經，曲澤合，每日遇陰干合處，注此五穴。假令甲日甲戌時，膽氣初出爲井，己巳時脾出血爲井，陰陽幷行，陽日氣先血後，陰日氣後血先，己巳時至己卯時爲陰干合也。餘干日辰，皆依此。

連前共六十穴，合成六十首，每一穴分得一刻六十分六釐六毫六絲六忽六秒，此是一穴之數。六十穴合成一日百刻，每一時辰相生養子五度，各注井、榮、俞、經、合五穴。晝夜十二時辰，氣血行過六十俞穴也。欲知人氣所在，用五子建元日時，可見六十首是活法，依此井榮刺病甚妙。

《針灸大全·子午流注逐日按時定穴訣》 甲日戌時膽竅陰，丙子時中前谷榮，戊寅陷谷陽明俞，返本丘墟木在寅，庚辰經注陽谿穴，壬午膀胱委中尋，甲申時納三焦水，榮合天干取液門。

乙日酉時肝大敦，丁亥時榮少府心，己丑太白太衝穴，辛卯經渠是肺經，癸巳腎宮陰谷合，乙未勞宮水穴榮。

丙日申時少澤當，戊戌內庭治脹康，庚子時在三間俞，本原腕骨可祛黃，壬寅經火崑崙上，甲辰陽陵泉合長，丙午時受三焦木，中渚之中子細詳。

丁日未時心少衝，己酉大都脾土逢，辛亥太淵神門穴，癸丑復溜腎水通，乙卯肝經曲泉合，丁巳包絡大陵中。

戊日午時厲兌先，庚申榮穴二間遷，壬戌膀胱尋束骨，衝陽土穴必還原，甲子膽經陽輔是，丙寅小海穴安然，戊辰氣納三焦脈，經穴支溝刺必痊。

己日巳時隱白始，辛未時中魚際取，癸酉太溪太白原，乙亥中封内踝比，丁丑時合少海心，己卯間使包絡止。

庚日辰時商陽居，壬午膀胱通谷之，甲申臨泣爲俞木，合谷金原返本歸，丙戌小腸陽谷火，戊子時居三里宜，庚寅氣納三焦合，天井之中不用疑。

辛日卯時少商本，癸巳然谷何須忖，乙未太衝原太淵，丁酉心經靈道引，己亥脾合陰陵泉，辛丑曲澤包絡準。

壬日寅時起至陰，甲辰膽脈俠谿榮，丙午小腸後谿俞，返求京骨本原尋，三焦寄有陽池穴，返本還原似的親，戊申時注解谿胃，大腸庚戌曲池眞，壬子氣納三焦寄，井穴關衝一片金，關衝屬金壬屬水，子母相生恩義深。

癸日亥時井湧泉，乙丑行間穴必然，丁卯俞穴神門是，本尋腎水太谿原，包絡大陵原幷過，己巳商丘内踝邊，辛未肺經合尺澤，癸酉中衝包絡連，子午截時安定穴，留傳後學莫忘言。

右子午流注之法，無以考焉。雖《針灸四書》所載，尤且不全。還元返本之理，氣血所納之穴，俱隱而不具，予今將流注按時定穴，編成歌括一十首，使後之學者，易爲記誦，臨用之時，不待思忖。且後圖乃先賢所綴，故不敢廢，備載於後，庶有所證耳。原圖十二，今分十耳。

足少陽膽之經　甲主，與己合，膽引氣行。

甲日

甲戌時，開膽，爲井，金，
丙子時，小腸，滎，水，
戊寅時，胃，俞，木，
所過膽原丘墟穴，木原在寅，
庚辰時，大腸，經，火，
壬午時，膀胱，合，土，
甲申時氣納三焦，爲水，故水能生木，謂甲合還元化本也。後皆倣此。

足厥陰肝之經　乙主，與庚合，肝引血行。

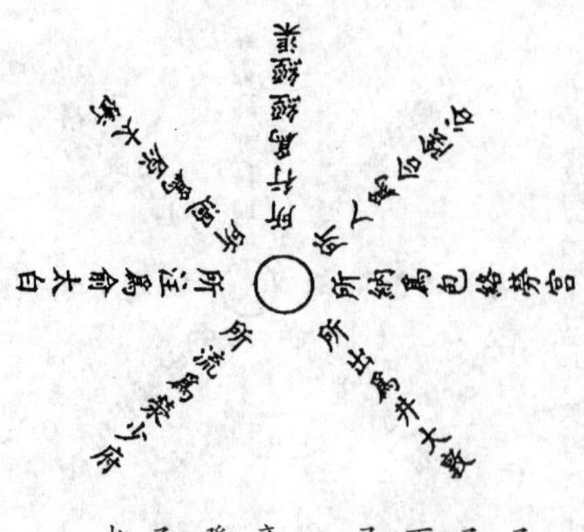

乙日

乙酉時，開肝，爲井，木，
丁亥時，心，滎，火，
己丑時，脾，俞，土，
所過肝原，
辛卯時，肺，經，金，
癸巳時，腎，合，水，
乙未時血納包絡，穴屬火，是謂木能生火，俱以子母相生。後皆倣此。

手太陽小腸之經　丙主，與辛合，小腸引氣行。

丙日

丙申時，開小腸，爲井，金，
戊戌時，胃，滎，水，
庚子時，大腸，俞，木，
並過小腸之原，
壬寅時，膀胱，經，火，
甲辰時，膽，合，土，
丙午時氣納三焦之木，理同前。

手少陰心之經　丁主，與壬合，心引血行。

丁日

丁未時，開心，爲井，木，
己酉時，脾，滎，火，
辛亥時，肺，俞，土，
並過心原，
癸丑時，腎，經，金，
乙卯時，肝，合，水，
丁巳時血納包絡之俞土，義同前。

足陽明胃之經　戊主,與癸合,胃引氣行。

戊日
戊午時,開胃,井,金,
庚申時,大腸,滎,水,
壬戌時,膀胱,俞,木,
並過胃原,
甲子時,膽,經,火,
丙寅時,小腸,合,土,
戊辰時氣納三焦之經火也。

足太陰脾之經　己主,與甲合,脾引血行。

己日
己巳時,開脾,井,木,
辛未時,肺,滎,火,
癸酉時,腎,俞,土,
並過脾原,
乙亥時,肝,經,金,
丁丑時,心,合,水,
己卯時血納包絡之經金也。

手陽明大腸之經　庚主,與乙合,大腸引氣行。

庚日
庚辰時,開大腸,井,金,
壬午時,膀胱,滎,水,
甲申時,膽,俞,木,
並過大腸之原,
丙戌時,小腸,經,火,
戊子時,胃,合,土,
庚寅時氣納三焦之合土也。

手太陰肺之經　辛主,與丙合,肺引血行。

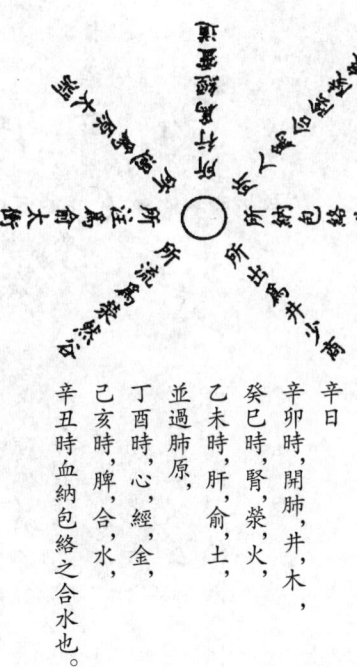

辛日
辛卯時,開肺,井,木,
癸巳時,腎,滎,火,
乙未時,肝,俞,土,
並過肺原,
丁酉時,心,經,金,
己亥時,脾,合,水,
辛丑時血納包絡之合水也。

足太陽膀胱之經　壬主，與丁合，膀胱引氣行。

壬日
壬寅時，開膀胱，井，金，
甲辰時，膽，滎，水，
丙午時，小腸，俞，木，
並過本原京骨，水原在午，水入火鄉，
故壬丙子午相交也，兼過三焦之原，
戊申時，胃，經，火，
庚戌時，大腸，合，土，
壬子時氣納三焦之井金。

足少陰腎之經　癸主，與戊合，腎引血行。

癸日
癸亥時，開腎，井，木，
乙丑時，肝，滎，火，
丁卯時，心，俞，土，
並過腎原太谿，又過包絡之原，
己巳時，脾，經，金，
辛未時，肺，合，水，
癸酉時血納包絡之井水也。

《針灸大全·十二經納天干歌》　甲膽乙肝丙小腸，丁心戊胃己脾鄉，庚屬大腸辛屬肺，壬屬膀胱癸腎臟，三焦亦向壬中寄，包絡同歸入癸方。

《針灸聚英·子午流注膠穴開闔》　膽甲日：甲與己合，膽引氣行，木原在寅。甲戌時竅陰，井膽。丙子時前谷，滎小腸。戊寅時陷谷，俞胃。幷過本原丘墟，庚辰時陽谿，經大腸。壬午時委中，合膀胱。甲申時氣納三焦。

肝乙日：乙與庚合。肝與血行。乙酉時大敦，井肝。丁亥時少府，滎心。己丑時太白，俞脾。辛卯時經渠，經肺。癸巳時陰谷，合腎。乙未時血納包絡。

小腸丙日：丙與辛合，小腸引氣出行，火原在子，火入水鄉。丙申時少澤，井小腸。戊戌時內庭，滎胃。庚子時三間，俞大腸。過本原腕骨。原，火，原在子。壬寅時崑崙，經膀胱。甲辰時陽陵泉，合膽。丙午時氣納三焦。

心丁日：丁與壬合，心引血行。丁未時少衝，井心。己酉時大都，滎脾。辛亥時太淵，俞肺。癸丑時復溜，經腎。乙卯時曲泉，合肝。丁巳時血納包絡。

胃戊日：戊與癸合，胃引氣出行，土原在戌。戊午時厲兌，井胃。庚申時三間，滎大腸。壬戌時束骨，俞膀胱。過本原衝陽。土原在戌。甲子時陽輔，經膽。丙寅時少海，合小腸。戊辰時氣納三焦。

脾己日：甲與己合，脾引血行。己巳時隱白，井脾。辛未時魚際，滎肺。癸酉時太谿，俞腎。乙亥時中封，經肝。丁丑時少海，合心。己卯時血納包絡。

大腸庚日：庚與乙合，大腸引氣出行，金原在申。庚辰時商陽，井大腸。壬午時通谷，滎膀胱。甲申時臨泣，俞膽。過本原合谷金原在申。丙戌時陽谷經小腸。戊子時三里，合胃。庚寅時氣納三焦。支溝。

肺辛日：丙與辛合，肺引血出行。辛卯時少商，井肺。癸巳時然谷，滎腎。乙未時太衝，俞肝。丁酉時靈道，經心。己亥時陰陵泉，合脾。辛丑時血納包絡。

膀胱壬日：丁與壬合，膀胱引氣出行，水原在午，水入火鄉。壬寅時至陰，井膀胱。甲辰時俠谿，滎膽。丙午時後谿俞小腸。過本原京骨，水原在午，火入水鄉，故壬丙子午相交。戊申時解谿，經胃庚戌時曲池，合大腸。壬子時氣納三焦。還原化本。

腎癸日：戊與癸合，腎引血行。癸亥時湧泉，井腎。乙丑時行間，滎肝。丁卯時神門，俞心。己巳時商丘，經脾。辛未時尺澤，合肺。癸酉時血納包絡。

三焦：十二經之本，生氣之原，主通行榮衛，經歷五藏六府。壬子時關衝，井三焦。甲寅時液門，滎。丙辰時中渚，俞。過本原陽池，原。戊午時支溝，經。庚申時天井，合。壬戌時氣入行。

心包絡：心主與三焦爲表裏。癸丑時中衝，井。乙卯時勞宮，滎。丁巳時大陵，俞。己未時間使，經。辛酉時曲澤，合。癸亥血入行。

右子午流注開闔時，原有方圓二圖，今直錄之，以便記誦。舊方圖以甲己爲九，乙庚爲八，丙辛爲七，丁壬爲六，戊癸爲五，子午爲九，丑未爲八，寅申爲七，卯酉爲六，辰戌爲五，巳亥爲四，圓圖無此，而缺三焦包絡。大抵書之有圖，所以彰明其理耳，今反晦之，是以不錄。竇氏井滎俞經合應日

開闔，有圖有說，今人泥其圖而不詳其說，妄言今日某日某時其穴開，凡百病皆針灸此開穴。明日某日某時某穴開，凡百病針灸明日開穴，誤人多矣。今去其圖，直錄其說，使人知某病宜針灸某經某穴，當用某日某時開方針。如東垣治前陰臊臭，刺肝經行間，用乙丑時矣。又刺少衝，則宜丁未日矣。豈東垣治一病而有首尾越四十三日刺兩穴哉？此又不通之論也。

《針灸聚英・五子元建歌》 甲己之日丙作首，乙庚之日戊爲頭，丙辛之日庚上起，丁壬壬寅順行求，戊癸甲寅定時候，六十首法助醫流。

《針灸聚英・十二經納天干歌》 甲膽乙肝丙小腸，丁心戊胃己脾鄉，庚屬大腸辛屬肺，壬屬膀胱癸腎藏，三焦亦向壬中寄，包絡同歸入癸方。

《針灸聚英・脚不過膝手不過肘歌》 陽日陽時氣在前，血在後兮脈在邊。陰日陰時血在前，氣在後兮脈歸原。陽日陽時針左轉，先取陽經府病看。陰日陰時針右轉，行屬陰經藏病痊。

《針灸聚英・子午流注逐日按時定穴歌》 甲日戌時膽竅陰，丙子時中前谷滎，戊寅陷谷陽明俞，返本丘墟木在寅，庚辰經注陽谿穴，壬午膀胱委中尋，甲申時納三焦水，滎合天干取液門。乙日酉時肝大敦，丁亥時滎少府心，己丑太白太衝穴，辛卯經渠是肺經，癸巳腎宮陰谷合，乙未勞宮水穴滎。丙日申時少澤當，戊戌內庭治脹康，庚子時在三間俞，本原腕骨可祛黃，壬寅經水崑崙上，甲辰陽陵泉合長，丙午時受三焦火，中渚之中仔細詳。丁日未時心少衝，己酉大都脾土逢，辛亥太淵神門穴，癸丑復溜腎水通，乙卯肝經曲泉合，丁巳包絡大陵中。戊日午時厲兌先，庚申滎穴二間遷，壬戌膀胱尋束骨，衝陽土穴必還原，甲子膽經陽輔是，丙寅小海穴安然，戊辰氣納三焦脈，經火支溝刺必痊。己日巳時隱白始，辛未時中魚際取，癸酉太溪太白原，乙亥中封內踝比，丁丑時合少海心，己卯間使包絡止。庚日辰時商陽居，壬午膀胱通谷之，甲申臨泣爲俞木，合谷金原返本歸，丙戌小腸陽谷穴，戊子時居三里宜，庚寅氣納三焦合，天井之中不用疑。辛日卯時少商木，癸巳然谷何須忖，乙未太衝原太淵，丁酉心經靈道引，己亥脾合陰陵泉，辛丑曲澤包絡準。壬日寅時起至陰，甲辰膽脈俠溪滎，丙午小腸後谿俞，返求京骨本原尋，三焦寄在陽池穴，反本還原是的親，戊申時注解谿胃，大腸庚戌曲池眞，壬子氣納三焦寄，井穴關衝一片金，關衝屬金壬屬水，子母相生恩義深。癸日亥時井湧泉，乙丑行間穴必然，丁卯俞穴神門是，本尋腎水太谿原，包絡大陵原並過，己巳商丘內踝邊，辛未肺經合尺澤，癸酉中衝包絡連，子午截時安定穴，留傳後學莫忘言。

右流注歌，徐氏所撰，還原化本之理，血氣所納之穴，斯昭昭矣。

《醫學入門・針灸》 以經觀之，甲乙者日之春也；丙丁者，日之夏也；戊己者，日之四季也；庚辛者，日之秋也；壬癸者，日之冬也。寅卯者，時之春也，巳午者，時之夏也；辰戌丑未者，時之四季也；申酉者，時之秋也；亥子者，時之冬也。括其要者，惟明堂二詩。一詩，甲膽乙肝丙小腸，一詩，肺寅大卯胃辰經，見《運氣總論》。凡人秉天地，壬之氣生膀胱、命門，癸生腎，甲生膽，乙生肝，丙生小腸，丁生心，戊生胃，己生脾，庚生大腸，辛生肺，地支亦然。一氣不合，則不生化，故古聖立子午流注之法，以全元生成之數也。先聖推衍其義法，以天干戊土起甲逆行，甲丙戊庚壬爲陽，井滎俞經合；乙丁己辛癸爲陰，井滎俞經合。起例，甲己還加甲，乙庚丙作初，丙辛從戊起，丁壬庚子居，戊癸何方是，壬子是眞從。陽則金井、水滎、木俞、火經、土合；陰則木井、火滎、土俞、金經、水合。每日一身週流六十六穴，每時週流五穴，余六原穴乃過經之所。相生相合者爲開，則刺之。相剋者爲闔，則不刺。陽生陰死，陰生陽死。如甲木死於午，生於亥；乙木死於亥，生於午；丙火生於寅，死於酉；丁火生於酉，死於寅；戊土生於寅，死於酉；己土生於酉，死於寅；庚金生於巳，死於子；辛金生於子，死於巳；壬水生於申，死於卯；癸水生於卯，死於申。凡值生我我生及相合者，及氣血生旺之時，故不辨虛實刺之。剋我我剋及闔閉時，穴氣血正值衰絕，非氣行未至，則氣行已過，誤刺妄引邪氣，壞亂眞氣，實實虛虛，其禍非小。假如甲日膽經行氣，脈弦者，本經自病也。當竅陰爲主。乙日肝行間，餘倣此。本經自病者，不中他邪，非因子毋虛實，乃本經自生病也，當自取其經。故以竅陰井爲主，而配之以井，或心井，胃井，或俞穴爲主，亦配以心胃俞穴滎經合，主應皆然。如虛則補其母，當刺腎之湧泉井，或膀胱之至陰井，實則瀉其子，可取心之中衝井，或小腸之少澤井。甲木能制戊土，則不宜針。甲日膽木能制戊土，乙日肝木能制己土，丙日小腸火能制庚金，丁日心火能制辛金，戊日胃土能制壬水，己日脾土能制癸水，皆不宜針。然陰陽相制者，並無變化之機，故甲與己合而化土，亦可取脾之隱白。蓋見肝之病，則知肝當傳之脾，故先實其脾，無令受肝之邪，所謂上工不治已病治未病是也。實脾者，必先於足太陰經，補土，字一針，又補火，字一針，後於足厥陰經瀉木，字一針，又瀉火，字一針，其邪即散，加經即平，此與後迎隨條有以虛實言者互看。推之六甲、六乙、六丙、六丁、六戊、

六己、六庚、六辛、六壬、六癸皆然。

徐氏有歌云：甲日戌時膽竅陰，丙子時中前谷滎，戊寅陷谷陽明俞，返本丘墟木在寅，庚辰經注陽谿穴，壬午膀胱委中尋，甲申時納三焦水，滎合天干取液門。

六甲日，甲戌時開穴膽井竅陰，或合脾井隱白，相生膀胱井至陰，腎井湧泉，小腸井少澤，心井中衝，相剋肺、大腸、脾胃井及闔穴。乙亥時不錄，後倣此。丙子時開穴小腸滎前谷，或合肺滎魚際，相生膽滎俠谿，肝滎行間，胃滎內庭，脾滎大都。戊寅時開穴胃俞陷谷，或合腎俞太谿，相生小腸俞後谿，心俞神門，大腸俞三間，肺俞太淵，又本原生在寅，可取膽原穴丘墟。庚辰時開穴大腸經陽谿，或合肝經中封，相生胃經解谿，脾經商丘，膀胱經崑崙，腎經伏溜。壬午時開穴膀胱合委中，或合心合少海，相生穴腸合曲池，肺合尺澤，胃合三里，脾合陰陵泉。甲申時乃三焦引氣歸元，可取液門滎穴，水生木也。返本還元。

乙日酉時肝大敦，丁亥時滎少府心，己丑太白太衝穴，辛卯經渠是肺經，癸巳腎宮陰谷合，乙未勞宮水穴滎。

六乙日，乙酉時開穴肝井大敦，或合大腸井商陽，相生腎井湧泉，膀胱井至陰，心井少衝，小腸井少澤。丁亥時開穴心滎少府，或合膀胱滎通谷，相生肝滎行間，膽滎俠谿，脾滎大都，胃滎內庭。己丑時開穴脾俞太白，或合膽俞臨泣，相生心俞神門，小腸俞後谿，肺俞太淵，大腸俞三間，又丑時可刺肝原穴大衝。辛卯時開穴肺經經渠，或合小腸經陽谷，相生脾經商丘，胃經解谿，腎經復溜，膀胱經崑崙。癸巳時開穴腎合陰谷，或合胃合三里，相生肺合尺澤，大腸合曲池，肝合曲泉，膽合陽陵泉。乙未時乃胞絡引血歸元，可刺勞宮滎穴，木能生火也，俱以子母相生，後皆倣此。

丙日申時少澤當，戊戌內庭治脹康，庚子時在三間俞，本原腕骨可祛黄，壬寅經水崑崙上，甲辰陽陵泉合長，丙午時受三焦木，中渚之中子細詳。

六丙日，丙申時開穴小腸井少澤，或合肺井少商，相生膽井竅陰，肝井大敦，脾井隱白，胃井厲兑。戊戌時開穴胃滎內庭，或合腎滎然谷，相生小腸滎前谷，心滎少府，大腸滎二間，肺滎魚際。庚子時開穴大腸俞三間，或合肝俞太衝，相生胃俞陷谷，脾俞太白，膀胱俞束骨，腎俞太谿，又子時刺小腸原穴腕骨。壬寅時開穴膀胱經崑崙，或合心經靈道，相生大腸經陽谿，肺經經渠，膽經陽輔，肝經中封。甲辰時開穴，膽合陽陵泉，或合脾合陰陵泉，相生膀胱合委中，腎合陰谷，小腸合小海，心合少海。丙午時，三焦引氣歸元，可取中渚俞穴，木生火也。

丁日未時心少衝，己酉大都脾土逢，辛亥太淵神門穴，癸丑復溜腎水通，乙卯肝經曲泉合，丁巳胞絡大陵中。

六丁日，丁未時開穴心井少衝，或合膀胱井至陰，相生肝井大敦，膽井竅陰，脾井隱白，胃井厲兑。己酉時開穴脾滎大都，或合膽滎俠谿，相生心滎少府，小腸滎前谷，肺滎魚際，大腸滎二間。辛亥時開穴肺俞太淵，或合小腸俞後谿，相生脾俞太白，胃俞陷谷，腎俞太谿，膀胱俞束骨，又亥時刺心原穴神門。癸丑時開穴腎經復溜，或合胃經解谿，相生肺經經渠，大腸經陽谿，肝經中封，膽經陽輔。乙卯時開穴肝合曲泉，或合大腸合曲池，相生腎合陰谷，膀胱合委中，心合少海，小腸合小海。丁巳時包絡引血歸元，可取大陵俞穴，火生土也。

戊日午時厲兑先，庚申滎穴二間廷，壬戌膀胱尋束骨，衝陽土穴必還原，甲子膽經陽輔是，丙寅小海穴安然，戊辰氣納三焦脈，經火支溝刺必痊。

六戊日，戊午時開穴胃井厲兑，或合腎井湧泉，相生小腸井少澤，心井少衝，大腸井商陽，肺井少商。庚申時開穴大腸滎二間，或合肝滎行間，相生脾滎大都，胃滎內庭，膀胱滎通谷，腎滎然谷。壬戌時開穴膀胱俞束骨，或合心俞神門，相生大腸俞三間，肺俞太淵，膽俞臨泣，肝俞太衝，又戌時刺胃原穴衝陽。甲子時開穴膽經陽輔，或脾經商丘，相生膀胱經崑崙，腎經復溜，小腸經陽谷，心經靈道。丙寅時開穴小腸合小海，或合肺合尺澤，相生膽合陽陵泉，肝合曲泉，胃合三里，脾合陰陵泉，戊辰時三焦引氣歸元，可取支溝，經穴，火生土也。

己日巳時隱白始，辛未時中魚際取，癸酉太谿太白原，乙亥中封內踝比，丁丑時合少海心，己卯間使胞絡止。

六己日，己巳時開穴脾井隱白，或合膽井竅陰，相生心井少衝，小腸井少澤，肺井少商，大腸井商陽。辛未時開穴肺滎魚際，或合小腸滎前谷，相生脾滎大都，胃滎內庭，腎滎然谷，膀胱滎通谷。癸酉時開穴腎俞太谿，或合胃俞陷谷，相生肺俞太淵，大腸俞三間，肝俞太衝，膽俞臨泣，又酉時刺脾原穴太白。乙亥時開穴肝經中封，或合大腸經陽谿，相生腎經復溜，膀胱經崑崙，心經靈道，小腸經陽谷。丁丑時開穴心合少海，或合膀胱合委中，相生膽合陽陵泉，肝合曲泉，脾合陰陵泉，胃合三里。己卯時胞絡引血歸元，可取間使經穴，土生金也。

庚日辰時商陽居，壬午膀胱通谷之，甲申臨泣俞爲木，合谷金原返本歸，丙戌小腸陽谷火，戊子時居三里宜，庚寅氣納三焦合，天井之中不用疑。

六庚日，庚辰時開穴大腸井商陽，或合肝井大敦，相生胃井厲兑，脾井隱白，膀胱井至陰，腎井湧泉。壬午時開穴膀胱滎通谷，或合心滎少府，相生大腸滎二間，肺滎魚際，膽滎俠谿，肝滎行間。甲申時開穴膽俞臨泣，或合脾俞太白，相生膀胱俞束骨，腎俞太谿，小腸俞後谿，心俞神門，又申時刺大腸原穴合谷。丙戌時開穴小腸經陽谷，或合肺經經渠，相生膽經丘墟，肝經中封，胃經解谿，脾經商丘。戊子時開穴胃合三里，或合腎合陰谷，相生小腸合小海，心合少海，大腸合曲池，肺合尺澤。庚寅時三焦引氣歸元，可取天井，合穴，土生金也。

辛日卯時少商本，癸巳然谷何須忖，乙未太衝原太淵，丁酉心經靈道引，己亥脾合陰陵泉，辛丑曲澤胞絡準。

六辛日，辛卯時開穴肺井少商，或合小腸井少澤，相生脾井隱白，胃井厲兑，膀胱井至陰，腎井湧泉。癸巳時開穴腎滎然谷，或合胃滎內庭，相生肺滎魚際，大腸滎二間，肝滎行間，膽滎俠谿。乙未時開穴肝俞太衝，或合大腸俞三間，相生腎俞太谿，膀胱俞束骨，心俞神門，小腸俞後谿，又未時刺肺原穴太淵。丁酉時開穴心經靈道，或合膀胱經崑崙，相生肝經中封，膽經丘墟，脾經商丘，胃經解谿。己亥時開穴脾合陰陵泉，或合膽合陽陵泉，相生心合少海，小腸合小海，肺合尺澤，大腸合曲池。辛丑時胞絡引血歸元，可取曲澤，合穴，金生水也。

壬日寅時起至陰，甲辰膽脈俠谿滎，丙午小腸後谿俞，返求京骨本原尋，三焦寄有陽池穴，返本還元似的親，戊申時注解谿胃，大腸

庚戌曲池眞，壬子氣歸三焦寄，井穴關衝一片金，關衝屬金壬屬水，子母相生恩義深。六壬日，壬寅時開穴膀胱井至陰，或合心井少衝，相生大腸井商陽，肺井少商，膽井竅陰，肝井大敦。甲辰時開穴膽滎俠谿，或合脾滎大都，相生腎滎然谷，膀胱滎通谷，心滎少府，小腸滎前谷。丙午時開穴小腸俞後谿，或合肺俞太淵，相生膽俞臨泣，肝俞太衝，胃俞陷谷，脾俞太白，又午時可刺膀胱原穴京骨，乃木原在午，水入火鄉，故壬丙子午相交也，兼刺三焦原穴陽池。戊申時開穴胃經解谿，或合腎經復溜，相生小腸經陽谷，心經靈道，大腸經陽谿，肺經經渠。庚戌時開穴大腸合曲池，或合肝合曲泉，相生胃合三里，脾合陰陵泉，膀胱合委中，腎合陰谷，壬子時三焦引氣歸元，可取關衝，井穴，金生水也。癸日亥時井湧泉，乙丑行間穴必然，丁卯俞穴神門是，本尋腎水太谿原，胞絡大陵原並過，己巳商丘內踝邊，辛未肺經合尺澤，癸酉中衝胞絡連，子午截時安定穴，留傳後學莫忘言。六癸日，癸亥時開穴腎井湧泉，或合胃井厲兌，相生肺井少商，大腸井商陽，肝井大敦，膽井竅陰。乙丑時開穴肝滎行間，或合大腸滎二間，相生腎滎然谷，膀胱滎通谷，心滎少府，小腸滎前谷。丁卯時開穴心俞神門，或合膀胱俞束骨，相生肝俞太衝，膽俞臨泣，脾俞太白，胃俞陷谷，又卯時可刺腎原穴太谿，及胞絡原穴大陵。己巳時開穴脾經商丘，或合膽經陽輔，相生心經靈道，小腸經陽谷，肺經經渠，大腸經陽谿。辛未時開穴肺合尺澤，或合小腸合小海，相生脾合陰陵泉，胃合三里，腎合陰谷，膀胱合委中。癸酉時胞絡引血歸元，可取中衝，井穴，水生木也。大要：陽日陽時陽穴，陰日陰時陰穴，陽以陰爲闔，陰以陽爲闔，闔者，閉也，閉則以本時天干與某穴相合者針之。故又曰開合。陽日遇陰時，陰日遇陽時，則前穴已閉，取其合穴針之。合者，甲與己合化土，乙與庚合化金，丙與辛合化水，丁與壬合化木，戊與癸合化火。賦云：五門十變，十干相合爲五，陰陽之門戶，十變即十干臨時變用之謂也。其所以然者，陽日注腑，則氣先至而血後行，陰日注臟，則血先至而氣後行，順陰陽者，所以順氣血也。陽日六腑值日者引氣，陰日六臟值日者引血。或曰：陽日陽時已過，陰日陰時已過，遇有急疾奈何？曰：夫妻子母互用，必適其病爲貴耳。妻閉則針其夫，夫閉則針其妻，子閉針其母，母閉針其子，必穴與病相宜，乃可針也。噫，用穴則先主而後客，用時則棄主而從賓。假如甲日膽經爲主，他穴爲客，針必先主後客，其甲戌時乃癸日戌時則不必用，只用丙子時起，餘倣此，愚反覆思玩，乃悟，徐氏諸書未嘗明言。按日起時，循經尋穴，時上有穴，穴上有時，分明實落，不必數上衍數，此所以寧守子午，而舍爾靈龜也。靈龜八法，專爲奇經八穴而設，其法具載徐氏針灸，乃竇文眞公之妙悟也。但子午法自上古，其理易明。其八穴亦肘膝內穴，又皆以陰應陰，以陽應陽，豈能逃子午之流注哉。

《針灸問對》卷上

或曰：南唐何若愚謂三焦是陽氣之父，心包絡是陰氣之母，二經尊重，不繫五行所攝，主受納十經血氣養育，故只言十經。陰陽二脈，逐日各注井、滎、俞、經、合，各五時辰畢，每日遇陽干合處，注於三焦。遇陰干合處，注於包絡。此二經亦各注井、滎、俞、經、合五穴也。陽干注府，陰干注藏。如甲日甲戌時，膽氣初出爲井，然甲與己合，己巳時，脾出血爲井。又如乙日乙酉時，肝出血爲井。然乙與庚合，庚辰時，大腸出血爲井。陰陽並行，流注無休。陽日氣先脈外，血後脈內。陰日血先脈外，氣後脈內，交貫而行。甲戌時至甲申爲陽干合處，己巳時至己卯爲陰干合處。餘經日辰皆依此推。陽日陽時，則陽經穴開，病在陽經宜俟陽經穴開針之。陰經亦然。假如膽屬足少陽陽木，故甲日甲戌時，膽引氣出竅陰。井木。丙子時，流於小腸前谷。滎火。戊寅時，注於胃陷谷，俞土。幷過本原丘墟。庚辰時，經於大腸陽谿。經金。壬午時，入於膀胱委中。合水。此五府井、滎、俞、經、合穴開時也。至甲申時，氣納三焦之關衝、井。液門、滎。中渚、俞。陽池、原。支溝、經。天井合。穴亦開焉。肝屬足厥陰乙木，故乙日乙酉時，肝引血出大敦。井木。丁亥時，流於心之少府。滎火。己丑時，注於脾之太白。俞土。辛卯時，經於肺之經渠。經金。癸巳時，入於腎之陰谷。合水。此五藏井、滎、俞、經、合穴開時也。至乙未時血納包絡之中衝、井。勞宮、滎。大陵、俞。間使、經。曲澤，合。穴亦開焉。小腸屬手太陽陽火，故丙日丙申時，小腸引氣出少澤。井火。戊戌時，流於胃內庭。滎土。庚子時，注於大腸三間，俞金。過本原腕骨。壬寅時，經膀胱崑崙，經水。甲辰時，入膽腕骨。合木。丙午時，氣納三焦。心屬手少陰陰火，故丁日丁未時，心引血行少衝。井火。乙酉時，流於脾大都。滎土。辛亥時，注於肺太淵。俞金。癸丑時，經於腎復溜。經水。乙卯時，入於肝曲泉。合木。丁巳時，血納包絡。胃屬足陽明陽土，故戊日戊午時，胃引氣出厲兌。井土。庚辰時，流於大腸二間。滎金。壬戌時，注於膀胱束骨，俞水，併過本原衝陽。甲子時，經於膽陽輔。經木。丙寅時，入於小腸少海。合火。戊辰時，氣納三焦。脾屬足太陰陰土，故己日己巳時，脾引血行隱白。井土。辛未時，流於肺魚際。滎金。癸酉時，注於腎太谿。俞水。乙亥時，經於肝中封。經木。丁丑時，入於心少海。合火。己卯時，血納包絡。大腸屬手陽明陽金，故庚日庚辰時，大腸引血出商陽。井金。壬午時，流於膀胱通谷。滎水。甲申時，注於膽臨泣。俞木。丙戌時，經於小腸陽谷。經火。戊子時，入於胃三里。合土。庚寅時，氣納三焦。肺屬手太陰陰金，故辛日辛卯

時，肺引血行少商。井金。癸巳時，流於腎然谷。榮水。乙未時，注於肝太衝。俞木。丁酉時，經於心靈道。經火。己亥時，入於脾陰陵泉。合土。辛丑時，血納包絡。膀胱屬足太陽水，故壬日壬寅時，膀胱引氣出至陰。井水。甲辰時，流於膽俠谿。榮木。丙午時，注於小腸後谿。俞火。并過本原京骨。戊申時，經於胃俠谿。經土。庚戌時，入於大腸曲池。合金。壬子時，氣納三焦。腎屬足少陰陰水，故癸日癸亥時，腎引血出湧泉。井水。乙丑時，流於肝行間。榮木。丁卯時，注於心神門。俞火。己巳時，經於脾商丘。經土。辛未時，入於肺尺澤。合金。癸亥時，血納包絡。三焦屬手少陽，壬子時，三焦出關衝。井金。甲寅時，流於液門。榮水。丙辰時，注於中渚。俞木。并過本原陽池。戊午時，經於支溝。經火。庚申時，入於天井。合土。心主包絡屬手厥陰，癸丑時，包絡出中衝。井木。乙卯時，流於勞宮。榮火。丁巳時，注於太谿。俞土。己未時，經於間使。經金。辛酉時，入於曲澤。合水。何公此法刊布，古今名曰子午流注。蓋謂左轉從子，能外行諸陽。右轉從午，能內行諸陰。於經亦有據乎？

曰：此皆臆說，《素》、《難》不載。不惟悖其經旨，而所說亦自相矛盾者多矣。彼謂陽日陽時陽經穴開，故甲子日甲戌時甲膽竅陰井開，此固然也。丙子時，屬於乙丑日辰，乃陰日陽時也，而謂丙小腸前谷榮穴開，其與陽日陽時之說合乎否乎？經曰：邪氣者，常隨四時之氣血而入客也。因其陰氣則入陰經，因其陽氣則入陽脈，不可爲度。然必從其經氣，辟除其邪，則亂氣不生。四時之氣所在，如春氣在經脈，夏氣在孫絡，秋氣在皮膚，冬氣在骨髓之類。故曰：春刺井，夏刺榮，季夏刺俞，秋刺經，冬刺合，亦因四時之氣所在而刺之也。又曰：謹候其時，病可與期。蓋言謹候其氣之所在之時而刺之，是謂逢時。如病在三陽，必候其氣在於陽分而刺之。病在三陰，必候其氣在於陰分而刺之。故古人刺法，惟以氣之所在之處穴俞爲開，氣之不在之處穴俞爲闔，並無所謂陽日陽時陽穴開、陰日陰時陰穴開之說。又嘗考之經曰：補瀉以時，與氣開闔相合者。氣當時刻謂之開，已過未至謂之闔。蓋邪來朝應之時，如波隴起，察其在何穴分，即於此時而刺之，謂之開。若依何公某穴某時某穴開，宜刺某穴，或遇邪至所定時穴刺之固宜，或邪已過未至，亦依其所定時穴刺之，寧不反增其病耶？經曰：刺不知四時之經病之所在，反之則生亂氣，此之謂也。經曰：陰井木，陽井金，陰榮火，陽榮水，陰經土，陽經木，陰俞金，陽俞火，陰合水，陽合土。今何公盡變其法，皆以十干配之十經，取干旺日時而注井、榮、俞、經、合。故甲日甲時取屬甲膽，而甲膽陽井之金，亦依日干而變爲木。小腸前谷榮水，亦依日干而變爲火。然三焦、包絡又依《難經》而無所變。顛倒錯亂如此，與經合乎否乎？周身十二經，各有井、榮、俞、經、合，其所主病，亦各不同。假如病在肝，宜針肝之榮穴行間，乃曰乙日肝之榮穴不屬行間，而屬心之榮穴少府。舍肝之榮而針心之榮，是謂亂經，病可去乎？不可去乎？又謂陽日氣先血後，陰日氣後血先，此亦不通之論。就以彼之所言，證之彼云，甲與己合，己日己巳時，脾引血出，甲戌時，膽引氣行，固合陰日血先氣後說矣。然甲日己巳時居前，而脾亦可引血先出，甲戌時居後，而膽亦可引氣後行，如此則陽日血亦可先，氣亦可後矣。何其言之不審耶？機按：經曰：榮者水穀之精氣，其始從中焦，注手太陰、陽明，以次相傳，至足厥陰，復還注手太陰，入於脈，與息數呼吸應，此經脈行度終始也。榮氣一周於身，外至身體四肢，內至五藏六府，無不周徧，故其五十周無陰陽晝夜之殊，與衛氣之行不同。衛者，水穀之悍氣，出於上焦，行於脈外，溫分肉，充皮膚，司開闔，不與脈同行，不與息數同應，晝但周陽於身體四肢之外，不能入五藏六府之內，夜但周陰於五藏六府之內，不能出身體四肢之外，故必五十周，至平旦方與榮大會於肺手太陰也。榮衛之行，各有常度如此，而謂陽日氣先血後，陰日氣後血先，不自知其亂經旨也大矣！豈可爲法於天下，可傳於後世哉？《難經》言：榮氣之行，常與衛氣相隨上下，由息而動。巢元方謂氣行則血行，氣住則血住，似皆未達榮衛異行之旨也。

或曰：《指微賦》言養子時刻注穴者，謂逐時干旺氣，注藏府井榮之法也。每一時辰相生養子五度，各注井、榮、俞、經、合五穴，晝夜十二時，氣血行過六十俞穴也。假令甲日甲戌時，膽統氣出竅陰穴爲井，木氣。流至小腸爲榮，火氣。過前谷穴，注至胃爲俞，土氣。過陷谷穴，并過本原丘墟穴，行至大腸爲經，金氣。過陽谿穴，入於膀胱爲合，水氣。入委中穴而終。是甲戌時木火土金水相生，五度一時辰，流注五穴畢也。與《七韻》中所說，亦相通否？

曰：榮衛晝夜各五十度周於身，皆有常度，無太過，無不及，此平人也，爲邪所中，則或速、或遲，莫得而循其常度矣。今何公於《七韻》中謂：井、榮、俞、經、合五穴，每一穴占一時。如甲日甲戌時，膽出竅陰。丙子時，流於

小腸前谷。戊寅時，流於胃合谷，并過本原丘墟。庚辰時，行於大腸陽谿。壬午時，入於膀胱委中。再遇甲申時，注於三焦。六穴帶本原，共十二穴，是一日一夜，氣但周於此數穴也。且五藏五府十經，井滎俞經合，每一穴占一時，獨三焦六穴占一時，包絡五穴占一時，而《賦》乃言：甲戌一時，木火土金水相生，五度一時，流注五穴畢。與韻中所語大不相合。《賦》與《韻》出於一人，何其言之牴牾若是？不知不善於措辭耶？不知《賦》、《韻》兩不相通耶？《賦》注又言：晝夜十二時，血氣行過六十俞穴。考其針刺定時晝夜周環六十首圖，乃知一時辰相生養子五度之説矣。假如甲日甲戌時，甲，陽木也。故膽始竅陰木，木生前谷火，火生陷谷土，過丘墟原，土生陽谿金，金生委中水。再遇甲申時，注於三焦關衝、液門、中渚、陽池、支溝、天井六穴。不特甲戌時爲然，一日之中，凡遇甲時皆如甲戌時所注之穴也。又如乙日乙酉時，乙，陰木也。故肝始大敦木，木生少府火，火生太白土，土生經渠金，金生陰陵水。再遇乙未時，注於包絡中衝、勞宫、大陵、間使、曲澤五穴。不特乙日乙酉時爲然，一日之中凡遇乙時，皆如乙酉時所注之穴也。所注皆在本日本時本經，注於井穴，已後時辰不注井穴。已前時辰，如癸日癸亥時，主腎注於井。次至甲子時，膽經所注，一如甲日甲戌時所注穴也。次至乙丑時，肝經所注，一如乙日乙酉時所注之穴也。次至丙寅時，小腸所注，一如丙日丙申時所注之穴也。舉此爲例，餘可類推。此所謂晝夜十二時，氣血行過六十俞穴也。但與《七韻》所説不合，莫若删去《七韻》，祗存此説，庶免後人心蓄兩疑，猶豫而不決也。雖然二説俱與《素》、《難》不合，無用其法，猶辨論之不置者，將使讀者不待思索，一覽即解其意矣。

《針灸大成·流注時日》 陽日陽時陽穴，陰日陰時陰穴，陽以陰爲闔，陰以陽爲闔，闔者，閉也。閉則以本時天干與某穴相合者，針之。

陽日遇陰時，陰日遇陽時，則前穴已閉，取其合穴針之。合者，甲與己合化土，乙與庚合化金，丙與辛合化水，丁與壬合化木，戊與癸合化火。五門十變，此之謂也。其所以然者，陽日注腑，則氣先至而後血行。陰日注臟則血先至而氣後行。順陰陽者，所以順氣血也。

陽日六腑值日者引氣，陰日六臟值日者引血。

或曰：陽日陽時已過，陰日陰時已過，遇有急疾奈何？曰：夫妻子母互用，必適其病爲貴耳。妻閉則針其夫，夫閉則針其妻，子閉針其母，母閉針其子，必穴與病相宜，乃可針也。噫，用穴則先主而後客，用時則棄主而從賓。假如甲日膽經爲主，他穴爲客，針必先主後客。其甲戌等時主穴不開，則針客穴。按日起時，循經尋穴，時上有穴，穴上有時，分明實落，不必數上衍數，此所以寧守子午，而舍爾靈龜也。靈龜八法專爲奇經八穴而設，其圖具後。但子午法，其理易明，其穴亦肘膝内穴，豈能逃子午流注哉。

《針灸逢源·群書彙粹·十二經病井滎腧經合補瀉》 《針灸聚英》今較正

手太陰肺屬辛金。辛日乙未時，血行本原太淵。補虛，又，丁日辛亥時。太淵爲腧土。土生金，爲母，經曰：虛則補其母。瀉實，用甲日辛未時。尺澤爲合水。金生水爲子，經曰：實則瀉其子。手陽明大腸屬庚金。庚日甲申時氣行本原合谷。補，用壬日庚戌時。曲池爲合土。瀉，用戊日庚申時。二間爲滎水。足陽明胃屬戊土。戊日壬戌時，氣行本原衝陽。補，用壬日戊申時。解谿爲經火。瀉，用戊日戊午時。厲兑爲井金。足太陰脾屬己土。己日癸酉時，血行本原太白。補，用丁日己酉時。大都爲滎火。瀉，用甲日己巳時。商丘爲經金。手少陰心屬丁火，丁日辛亥時，血行本原神門。補，用丁日丁未時。少衝爲井木。瀉，又甲日丁卯時。神門爲腧土。手太陽小腸屬丙火。丁日庚子時，氣行本原腕骨。補，用壬日丙午時。後谿爲腧木。瀉，用己日丙寅時。小海爲合土。足太陽膀胱屬壬水。壬日丙午時，氣行本原京骨。補，用壬日壬寅時。至陰爲井金。瀉，用戊日壬戌時。束骨爲腧土。足少陰腎屬癸水。甲日丁卯時，血行本原太谿。補，用戊日癸丑時。復溜爲經金。瀉，用癸日癸亥時。湧泉爲井木。手厥陰心包絡寄丁屬相火。丁日辛亥時，血行本原大陵。補，用甲日癸酉時。中衝爲井木。瀉，又戊日丁巳時。大陵爲腧土。手少陽三焦寄丙屬相火，丁日庚子時，氣行本原陽池。補，用丁日丙午時。中渚爲腧木。瀉，用辛日庚寅時。天井爲合土。足少陽膽屬甲木。乙日戊寅時氣行本原丘墟。補，用壬日甲辰時。俠谿爲滎水。瀉，用己日甲子時。陽輔爲經火。足厥陰肝屬乙木。丙日乙丑時，血行木原太衝。補，用戊日乙卯時。曲泉爲合水。瀉，用甲日乙丑時。行間爲滎火。按：藏府各有五行生合之義，井滎俞經合各有氣血流注日時，令合爲一法，則學者易曉也。又如心病虛者補其肝木，實者瀉其脾土。是亦補母瀉子之謂。又如心虛者，取少海之水，所以伐其勝也。心實者，取少府之火，所以泄其實也。餘藏皆同。論治者，當於此會而通之。

《醫宗金鑑·編輯刺灸心法要訣》 天干十二經表裏歌

甲膽乙肝丙小腸，丁心戊胃己脾鄉，庚屬大腸辛屬肺，壬屬膀胱癸腎藏，

三焦陽府須歸丙，包絡從陰丁火旁，陽干爲表陰干裏，藏府表裏配陰陽。

〔吳謙等注〕舊云：三焦亦向壬中寄，包絡同歸入癸方。夫三焦爲決瀆之官，猶可言壬，而包絡附於心主，烏可云癸，況二藏表裏皆相火也，故改正之。

甲丙戊庚壬陽干也，乙丁己辛癸陰干也。陽干爲表，爲府，陰干爲裏，爲藏，故曰藏府表裏配陰陽也。

養子時刻注穴法

《子午流注針經·流注指微賦》養子時尅，注穴必須依

養子時尅注穴者，謂逐時干旺氣注藏府井滎之法也。每一時辰，相生養子五度，各注井滎俞經合五穴。晝夜十二時，氣血行過六十俞穴也。每一穴血氣分得一刻六十分六釐六毫六絲六忽六杪，此是一穴之數也。六十穴共成百刻，要求日下井滎，用五子元建日時取之。設令甲日甲戌時，膽統氣初出竅陰穴爲井木，流至小腸爲滎火，氣過前谷穴注至胃爲俞土，氣過陷谷穴并過本原丘墟穴。但是六府各有一原穴，則不係屬井滎相生之法，即但陰陽二氣出入門戶也。行至大腸金經，合氣過陽谿穴，所入膀胱爲合水，氣入委中穴終。此是甲戌時木火土金水相生五度一時辰流注五穴畢也。他皆倣此。

《子午流注針經·井滎俞經合部分圖》十經血氣皆出於井，入於合，各注井滎俞經合無依矣。或曰：脈有十二經，又因何只言十經，其餘二經不言者何？答曰：其二經者，三焦是陽氣之父，心包絡是陰血之母也。此二經尊重，不係五行所攝，主受納十經血氣養育，故只言十經。陰陽二脈，逐日各注井滎俞經合各五時辰畢，則歸其本。此二經亦各注井滎俞經合五穴，方知十二經遍行也。三焦經：關衝陽井，液門滎，中渚俞，陽池原，支溝經，天井合。

心包經，中衝陰井，勞宮滎，大陵俞，間使經，曲澤合。

每日遇陽干合處，注此六穴。如甲日甲戌時，至甲申時，爲陽干合也。

每日遇陰干合處，注此五穴。假令甲日甲戌時，膽氣初出爲井，己巳時脾出血爲井，陰陽並行。陽日，氣先血後，陰日，氣後血先。己巳時至己卯時爲陰干合也。餘干日辰皆依此。

通前共六十穴，合成六十首，每一穴分得一刻六十分六釐六毫六絲六忽六杪，此是一穴之數。六十穴合成百刻，每一時辰相生養子五度，各注井滎俞經合五穴，晝夜十二時辰，氣血行過六十俞穴也。欲知人氣所在，用五子元建日時歌，觀前圖可見六十首，是活法。依此井滎刺病甚妙。

五子元建日時歌

甲己之日丙作首，乙庚之辰戊爲頭。丙辛便從庚上起，丁壬壬寅順行求。戊癸甲寅定時候，六十首法助醫流。

《針灸聚英·六十六穴陰陽二經相合相生養子流注歌》甲時竅陰前陷谷，丘墟陽谿委中續。己合隱白魚際連，太溪中封少海屬。甲與己合，己合甲。甲膽竅陰，井金。欬逆弗能息，轉筋，耳不聞，心煩并舌強，穴在竅陰分。小腸前谷，滎火。熱病汗不出，痎瘧及強癲，白翳生於目，刺其前谷痊。胃陷谷，俞土。面目浮虛腫，身心怯振寒，須針陷谷穴，休作等閑看。丘墟，原。痿厥身難轉，髀樞痛不甦，胻痠并腳痺，當下刺丘墟。大腸陽谿，經火。狂言如見鬼，熱病厥煩心，齒痛并瘡疥，陽谿可下針。膀胱委中，合水。腰腫不能舉，髀樞腳痺風，委中神應穴，針下便亨通。

乙時大敦少府始，太白經渠陰谷止。庚合商陽與通谷，臨泣合陽合三里。乙與庚合，庚合乙。乙肝大敦，井木。卒疝小便數，亡陽汗似淋，血崩臍腹痛，須向大敦針。心少府，滎火。水氣胸中滿，多驚恐懼人，肘攣并掌熱，少府效如神。脾太白，俞土。煩心連臍脹，嘔吐及便膿，霍亂臍中痛，神針太白攻。肺經渠，經金。膨膨而喘嗽，胸中痛急攣，暴痺足心熱，經渠刺得安。腎陰谷，合水。臍腹連陰痛，崩中漏下深，連針陰谷穴，一訣值千金。

丙時少澤內庭三，腕骨崑崙陽陵泉。辛合少商然谷穴，太衝靈道陰陵泉。丙與辛合，辛合丙。丙小腸少澤，井金。雲翳覆瞳子，口乾舌強時，寒瘧汗不出，少澤莫遲疑。胃內庭，滎水。四肢厥逆冷，胸煩肚腹䐜，齒齲咽中痛，當針足內庭。大腸三間，俞木。腸鳴并洞泄，寒瘧及唇焦，三間針入後，沉痾立便消。腕骨，原。迎風流冷淚，癱瘓及黃軀，腕骨神針刺，千金價不如。膀胱崑崙，經火。腳腕痛如裂，腰尻疼莫任，崑崙如刺畢，即便免呻吟。膽陽陵泉，合土。冷痺身麻木，偏身筋骨疼，陽陵神妙穴，隨手便安寧。

丁時少衝大都先，太淵復溜并曲泉。壬合至陰夾後谿，京骨解谿曲池邊。丁與壬合，壬合丁。丁心少衝，井木。少陰多恐驚，冷痰潮腹心，乍寒并

乍熱，宜向少衝針。脾大都，滎火。傷寒汗不出，手足厥而虛，腫滿并煩嘔，大都針便除。肺太淵，俞土。缺盆中引痛，喘息病難蠲，心痛掌中熱，須當針太淵。腎復溜，經金。五淋下水氣，赤白黑黃青，腹脹腫水蠱，宜於復溜針。肝曲泉，合水。血瘕并癃閉，筋攣痛日深，咽喉臍腹脹，應驗曲泉針。

戊時厲兑二束骨，衝陽陽輔小海入。癸合湧泉行間濱，神門商丘兼尺澤。戊與癸合，癸合戊。戊胃厲兑，井金。寒熱無心食，惡風多恐驚，胃家諸孔穴，厲兑最精英。大腸二間，滎水。喉閉牙齒痛，心驚鼻衄腥，口喎連頷腫，二間刺安寧。膀胱束骨，俞木。腰背腨如結，風寒目眩朧，要痓如此疾，束骨穴中窮。衝陽，原。腹臍如結硬，口眼忽喎斜，狂病棄衣走，衝陽穴内佳。膽陽輔，經火。節痛無常處，諸風痺莫伸。膽經雖六穴，陽輔效如神。小腸小海，合土。頭項痛難忍，腹臍疼莫禁，若還逢此疾，小海便宜針。

己合甲，己隱白，井木。足寒并暴泄，月事過其時，隱白脾家井，詳經可刺之。肺魚際，經火。衄血喉中燥，頭疼舌上黃，傷寒汗不出，魚際一針康。腎太谿，俞土。溺黃并尿血，欬嗽齒牙難，痃癖諸濕痺，太谿針便安。肝中封，經金。繞臍腹走疼，身體及頑痲，疝引腰間痛，中封刺可差。心少海，合水。目眩連頭痛，發強嘔吐涎，四肢不能舉，少海刺安然。

庚合乙。庚大腸商陽，井金。耳聾并齒痛，寒熱往來攻，痰瘧及中滿，商陽刺便通。膀胱通谷，滎水。積結留諸飲，睆睆目不明，頭風并項痛，通谷可回生。膽臨泣，俞木。婦人月事閉，氣喘不能行，囟骨合巔痛，須針臨泣安。合谷，原。熱病連牙痛，傷寒汗過期，目疼風口噤，合谷穴中推。小腸陽谷，經火。耳鳴頰頷腫，脇痛發在陽，陽谷迎經刺，如神助吉祥。胃三里，合土。四體諸虛損，五勞共七傷，骱瘦連膝腫，三里刺安康。

辛合丙。辛肺少商，井木。膨膨腹脹滿，欬逆共喉風，五臟諸家熱，少商針有功。腎然谷，滎火。婦人長不孕，男子久遺精，洞泄并消渴，連針然谷滎。肝太衝，俞土。小便淋瀝數，心脹步難行，女子崩中漏，太衝須細看。心靈道，經金。卒中不能語，心疼及恐悲，問云何所治，靈道穴偏奇。脾陰陵泉，合水。腹中寒積冷，膈下滿吞酸，疝癖多寒熱，陰陵刺即安。

壬合丁。壬膀胱至陰，井金。心煩足下熱，小便更遺精，誰知至陰穴，能教死復生。膽俠溪，滎水。耳聾頰頷腫，走注痛無常，胸脇連肢滿，俠溪可料量。小腸後溪，俞木。癲癇并項強，目赤翳還生，一刺後溪穴，神功妙不輕。京骨，原。髀樞足骱痛，腰背苦難禁，只可刺京骨，休於別處尋。胃解溪，經火。膝旁連骱骨，霍亂共頭風，一刺解溪穴，狂癲亦有功。大腸曲池，合土。半身痲不遂，兩臂痛難支，汗後多餘熱，宜針手曲池。

癸合戊。癸腎湧泉，井木。胸中藏結熱，偏體復黃痿，諸厥并無子，湧泉當奪魁。肝行間，滎火。厥逆四肢冷，膝頭腫莫當，遺尿并目疾，行間要消詳。心神門，俞土。咽乾不嗜食，心痛及狂悲，痴呆兼嘔血，神門刺莫違。脾商丘，經金。身寒苦太息，痔病共脾虛，但見如斯證，商丘刺便除。肺尺澤，合水。手臂拘攣急，四肢暴腫時，口乾勞欬嗽，尺澤善扶持。

每遇陽干合，刺三焦。遇陰干合，刺心包絡。陽干關衝液門靜，中渚陽池支溝并。陰干中衝勞宮前，大陵間使曲澤并。陽干：三焦關衝，井金。目中生翳膜，舌上發焦乾，霍亂心胸噎，關衝刺即安。液門，滎水。手臂痛寒厥，妄言驚悸昏，偏頭疼目眩，當以液門論。中渚，俞木。熱病時無汗，咽喉腫有瘡，如逢肩背重，中渚刺安康。陽池，原。手腕難持物，如因打損傷，陽池針刺後，疼痛應時康。支溝，經火。脇疼牽筋痛，傷風啞痺喉，明醫須識此，疾早刺支溝。天井，合土。瘰癧并風疹，上氣痛衝心，瘈瘲兼驚悸，當於天井尋。陰干：包絡中衝，井木。一身如火熱，滿腹痛連心，醫法當遵治，中衝急下針。勞宮，滎火。衄血并黃疸，胃翻心痛攻，大便兼尿血，急急刺勞宮。大陵，俞土。善笑還悲泣，狂言病莫禁，心胸如熱悶，當下大陵針。間使，經金。嘔吐卒心痛，心懸懸若饑，失心語不出，間使實能醫。曲澤，合水。逆氣身潮熱，煩心唇口乾，問君何以治，曲澤下針安。

右六十六穴歌，竇桂芳原有七言叶句，今錄五言者，便於記誦也，其治證相同耳。

靈龜八法

《針灸大全·八脈配八卦歌》 乾屬公孫艮內關，巽臨震位外關還。離居列缺坤照海，後谿兑坎申脈間。補瀉浮沉分逆順，得時呼吸不爲難。祖傳秘訣神針法，萬病如拈立便安。

《針灸大全·八法逐日干支歌》 甲己辰戌丑未十，乙庚申酉九爲期。丁壬寅卯八成就，戊癸巳午七相依。丙辛亥子亦七數，逐日干支即得知。

《針灸大全·八法臨時干支歌》

甲己子午九宜用，乙庚丑未八無疑。丙辛寅申七作數，丁壬卯酉六須知。戊癸辰戌各有五，巳亥單加四共齊。陽日除九陰除六，不及零餘穴下推。

按：靈龜飛騰圖有二，人莫適從，今取其效驗者錄之耳。假如甲子日，戊辰時，就數逐日支干內。甲得十數，子得七數。又算臨時支干內，戊得五數，辰得五數。共成二十七數。此是陽日，該除二九十八數，餘有九數，離九列缺穴也。

又如乙丑日，壬午時，就算逐日支干內。乙得九數，丑得十數。又算臨時支干內，壬得六數，午得九數，共成三十四數。此是陰日，該除五六方三十數，零有四數，是巽四臨泣也。餘皆倣此。

《針灸聚英·生成數歌》陰不過陽，陽不過陰。 天一生水地六成，地二生火天七成，天三生木地八成，地四生金天九成，天五生土地十成。

此是河圖五行生成之數，一三五七九者奇也，屬之天；二四六八十者偶也，屬之地。一二三四五六七八九十者數，何以能生出五行來？蓋自天開地闢之後，落下便有水，此天一地六所生成也。如父母生子，頭生男女第行曰一，故曰一六也。第二胎生男女第行曰二，是二七生火。餘皆如此。曰生者，生如父之資始。曰成者，如母之胎育也。

《針灸聚英·十干相生流注歌》 甲丙戊庚壬，乙丁己辛癸，丙戊庚壬甲，丁己辛癸乙，戊庚壬甲丙，己辛癸乙丁，庚壬甲丙戊，辛癸乙丁己，壬甲丙戊庚，癸乙丁己辛。

《針灸聚英·八法八穴歌》西江月調。 九種心疼涎悶，結胸翻胃難停，酒食積聚胃腸鳴，水食氣疾膈病。臍痛腹疼脇脹，腸風瘧疾心疼，胎衣不下血迷心，泄瀉公孫立應。中滿心胸痞脹，腸鳴泄瀉脫肛，食難下膈酒來傷，積塊堅橫脇搶。婦女血痛心疼，結胸裏急難當，傷寒不解結胸堂，瘧疾內關獨當。手足中風不舉，痛痲發熱拘攣，頭風痛腫項腮連，眼腫赤痛頭旋。齒痛耳聾咽腫，浮風搔癢筋牽，腿疼脇脹肋肢偏，臨泣針時有驗。肢節腫痛臂冷，四肢不遂頭風，背胯內外骨筋攻，頭項眉稜皆痛。手足熱麻盜汗，破傷眼腫睛紅，傷寒自汗表烘烘，獨會外關爲重。手足急攣戰掉，中風不語癇癲，頭疼眼腫淚漣漣，腿膝背腰痛遍。項強傷寒不解，牙齒腮腫喉咽，手麻足麻破傷牽，盜汗後谿先砭。腰背強痛腿腫，惡風自汗頭疼，雷頭赤目痛眉稜，手足麻攣臂冷。吹乳耳聾鼻衄，癇癲肢節煩憎，遍身腫滿汗頭淋，申脈先針有應。痔瘧便腫泄痢，唾紅溺血欬痰，牙痛喉腫小便難，心胸腹疼飲噎。產後發強不語，腰痛血疾臍寒，死胎不下膈中寒，列缺乳癰多散。喉塞小便淋澀，膀胱氣痛腸鳴，食黃酒積腹臍并，嘔瀉胃翻便緊。難產昏迷積塊，腸風下血常頻，膈中決氣氣痃侵，照海有功必定。

《針灸聚英·八法手訣歌》 春夏先深而後淺，秋冬先淺而後深。隨處按之呼吸輕，迎而吸之尋內關。補虛瀉實公孫是，列缺次當照海深。臨泣外關和上下，後谿申脈用金針。先深後淺行陰數，前三後二卻是陰。先淺後深陽數法，前二後三陽數定。臨泣公孫腸中病，脊頭腰背申脈攻。照海咽喉并小腹，內關行處治心疼。後谿前上外肩背，列缺針時脈氣通。急按慢提陰氣升，急提慢按陽氣降。取陽取陰皆六數，達人刺處有奇效。

《醫學入門·針灸》 竇師曰：公孫衝脈胃心胸，內關陰維下總同。臨泣膽經連帶脈，陽維目銳外關逢。後谿督脈內眥頸，申脈陽蹻絡亦通。列缺任脈行肺系，陰蹻照海膈喉嚨。又云：陽蹻陽維并督脈，三脈屬陽。主肩背腰腿在表之病。陰蹻陰維任衝帶，五脈屬陰。去心腹脇肋在裏之疴。此奇經主病要也。蘭江賦云：先將八法爲定例，流注之中分次第。胸中之病內關擔，臍下公孫用擱法。頭部須逢尋列缺，痰涎壅塞及咽乾。噤口喉風針照海，三稜出血刻時安。傷寒在表并頭疼，外關瀉動自然安。眼目之證諸疾苦，更用臨泣使針擔。後谿專治督脈病，顛狂此法治還輕。申脈能除寒與熱，頭風偏正及心驚，耳鳴鼻塞胸中滿，好用金針此穴尋。蓋公孫配內關，爲子母合於心胸胃衝脈。臨泣配外關，爲妻夫合於目銳眥，耳後、頰車、肩、頸、缺盆、胸。後谿配申脈，爲夫妻合於小腸、膀胱、內眥、頸、耳、肩髆屬。列缺配照海，爲母子合於肺及肺系、喉嚨、胸膈。此八脈交會也。凡脾經左右四十二穴統於公孫二穴，一切脾病皆治。餘經倣此。心胞絡內關，膽臨泣，三焦外關，小腸後谿，膀胱申脈，肺列缺，腎照海。

《醫學入門·針灸》 配卦後天，乾、坎、艮、震、巽、離、坤、兌。以五行生旺爲次，就乾宮起甲順行，則甲膽竅陰配乾，乙肝大敦附乾。丙小腸少澤配坎，丁心少衝配艮，戊胃厲兌配震，己脾隱白配巽，庚大腸商陽配離，辛肺少

商配坤，壬膀胱至陰附坤。癸腎湧泉配兌，三焦寄壬，胞絡寄癸。此論天干然也。地支乾宮起子順行，則子屬乾，午屬巽，卯屬艮，酉屬坤。即子午卯酉四正也。寅屬坎，申屬離，巳屬震，亥屬兌，即寅申巳亥四旁也。辰戌丑未寄旺，故不入卦，但在卦則爲老陰、老陽，少陰、少陽。乾三男，震、坎、艮。坤三女，巽、離、兌。在十二經脈與奇經，則爲太陰、太陽、少陰、少陽。卦爲虛，穴爲實，猶地理用卦不用卦，卦向穴中作也。經曰：邪客大絡者，左注右，右注左，上下左右，其氣無常，不入經俞，命曰繆刺。繆刺者，刺絡脈也，言絡脈與經脈繆處，身有踡攣疼痛，而脈無病，刺其陰陽交貫之道。此八穴配合定位，刺法之最奇者也，是故頭病取足而應之以手，足病取手而應之以足，左病取右而應之以左，右病取左而應之以右，散針亦當如是也。頭爲陽，足爲陰，頭病取足者，頭走足也，足病不取頭者，足不走頭也，左右病必互針者，引邪復正故也。散針者，治雜病而散用其穴，因病之所宜而針之，初不拘於流注也。若夫折傷跌撲損逆走痛，因其病之所在而針之，雖穴亦不顧其得與否也。指痛針痛徐氏謂之天應穴。此穴法之大槩也。

《楊敬齋針灸全書·八法五虎建元日時歌》 甲巳之辰起丙寅，乙庚之日戊寅行。丙辛便起庚寅始，丁卯壬寅一順尋。戊癸甲寅定時候，五門得合是元因。

《楊敬齋針灸全書·八法臨時支干歌》 甲巳子午九宜用，乙庚丑未八無疑。丙辛寅申七作數，丁壬卯酉六須知。戊癸辰戌各有五，己亥單加四共齊。陽日除九陰除六，不及零餘穴下推。【略】假如甲子日戊辰時，就數逐日支干內，甲得十數，子得七數，又算臨時支干內戊當五數，辰得五數，共成二十七數，此是陽日該除二九一十八數，除有九數，是離九列缺穴也。又如乙丑日壬午時，就算逐日支干內乙得九數，丑得十數，又算臨時支干內壬得六數，午得九數，共成三十九數，此是陰日該除五六方三十數，零有四數，是巽四臨泣也，餘皆倣此。

《針灸大成·八法交會八脈》

公孫二穴父，通　衝脈，

內關二穴母，通陰維脈，合於心胸胃。

後谿二穴夫，通　督脈，

申脈二穴妻，通陽蹻脈，合於目內眥、頸項、耳、肩膊。小腸、膀胱。

臨泣二穴男，通　帶脈，

外關二穴女，通陽維脈，合於目鋭眥，耳後、頰、頸、肩。

列缺二穴主，通　任脈，

照海二穴客，通陰蹻脈，合於肺系、咽喉、胸膈。

八法交會歌

內關相應是公孫，外關臨泣總相同。列缺交經通照海，後谿申脈亦相從。

八脈交會八穴歌

公孫衝脈胃心胸，內關陰維下總同。臨泣膽經連帶脈，陽維目鋭外關逢。後谿督脈內眥頸，申脈陽蹻絡亦通。列缺任脈行肺系，陰蹻照海膈喉嚨。

八脈配八卦歌

乾屬公孫艮內關，巽臨震位外關還。離居列缺坤照海，後谿兌坎申脈聯。補瀉浮沉分逆順，隨時呼吸不爲難。仙傳秘訣神針法，萬病如拈立便安。

八穴配合歌

公孫偏與內關合，列缺能消照海痾。臨泣外關分主客，後谿申脈正相和。左針右病知高下，以意通經廣按摩。補瀉迎隨分逆順，五門八法是眞科。

刺法啓玄歌五言

八法神針妙，飛騰法最奇。砭針行內外，水火就中推。上下交經走，疾如應手驅。往來依進退，補瀉逐迎隨。用似船推舵，應如弩發機。氣聚時間散，身疼指下移。這般玄妙訣，料得少人知。

《針灸大成·靈龜取法飛騰針圖》　徐氏九宮圖

戴九履一，左三右七，二四爲肩，八六爲足，五十居中，寄於坤局。

八法歌

坎一聯申脈，照海坤二五。
震三屬外關，巽四臨泣數。
乾六是公孫，兌七後谿府。
艮八繫內關，離九列缺主。

按靈龜飛騰圖有二，人莫適從，今取其效驗者錄之耳。

甲巳之辰起丙寅，乙庚之日戊寅行。丙辛便起庚寅始，丁壬壬寅亦順尋。戊癸甲寅定時候，五門得合是元因。

八法逐日干支歌

甲己辰戌丑未十，乙庚申酉九爲期。丁壬寅卯八成數，戊癸巳午七相宜。丙辛亥子亦七數，逐日支干即得知。

八法臨時干支歌

甲己子午九宜用，乙庚丑未八無疑。丙辛寅申七作數，丁壬卯酉六順知。戊癸辰戌各有五，己亥單加四共齊。陽日除九陰除六，不及零餘穴下推。

其法如甲丙戊庚壬，爲陽日。乙丁己辛癸，爲陰日。以日時干支算計何數，陽日除九數，陰日除六數，陽日多，或一九、二九、三九、四九，陰日多，或二六、三六、四六、五六，剩下若干，同配卦數，日時得何卦，即知何穴開矣。假如甲子日戊辰時，以日上甲得十數，子得七數，以時上戊得五數，辰得五數，共成二十七數，此是陽日，以九除去二九一十八，餘有九數，合離卦，即列缺穴開也。假如乙丑日壬午時，以日上乙爲九，丑爲十，以時上壬爲六，午爲九，共成三十四數，此是陰日，以六除去五六三十數，零下四數，合巽四，即臨泣穴開也。餘倣此。

推定六十甲子日時穴開圖例

甲子日　丙寅臨卯照，戊辰列巳外，庚午後未照，壬申外酉申。
乙丑日　戊寅申卯臨，庚辰照巳公，壬午臨未照，甲申照酉外。
丙寅日　庚寅外卯申，壬辰內巳公，甲午公未臨，丙申照酉列。
丁卯日　壬寅照卯外，甲辰公巳臨，丙午照未公，戊申臨酉申。

戊辰日　甲寅公卯臨，丙辰照巳列，戊午臨未後，庚申照酉外。
己巳日　丙寅申卯照，戊辰外巳公，庚午臨未照，壬申公酉臨。
庚午日　戊寅申卯臨，庚辰照巳列，壬午臨未照，甲申照酉外。
辛未日　庚寅照卯公，壬辰臨巳照，甲午照未外，丙申申酉照。

壬申日　壬寅外卯申，甲辰臨巳照，丙午公未臨，戊申照酉照。
癸酉日　甲寅照卯公，丙辰臨巳照，戊午公未外，庚申申酉照。
甲戌日　丙寅後卯照，戊辰外巳公，庚午甲未內，壬申公酉臨。
乙亥日　戊寅臨卯申，庚辰照巳外，壬午申未照，甲申照酉公。

丙子日　庚寅照卯列，壬辰後巳照，甲午照未外，丙申申酉內。
丁丑日　壬寅申卯照，甲辰照巳公，丙午臨未照，戊申公酉外。
戊寅日　甲寅臨卯照，丙辰列巳後，戊午照未照，庚申外酉申。
己卯日　丙寅照卯公，戊辰臨巳申，庚午照未外，壬申申酉照。

庚辰日　戊寅臨卯後，庚辰照巳外，壬午後未照，甲申內酉公。
辛巳日　庚寅照卯外，壬辰申巳照，甲午照未公，丙申照酉照。
壬午日　壬寅申卯內，甲辰照巳列，丙午臨未照，戊申列酉外。
癸未日　甲寅外卯申，丙辰照巳外，戊午申未臨，庚申照酉公。

甲　丙寅公卯臨，乙　戊寅公卯外，丙　庚寅照卯外，丁　壬寅臨卯照，
　　戊辰照巳照，　　庚辰申巳照，　　壬辰申巳後，　　甲辰照巳外，
申　庚午列未後，酉　壬午外未申，戌　甲午內未公，亥　丙午申未照，
日　壬申照酉外。日　甲申臨酉照。日　丙申臨酉照。日　戊申外酉公。

戊　甲寅外卯申，己　丙寅臨卯照，庚　戊寅照卯照，辛　庚寅公卯臨，
　　丙辰內巳公，　　戊辰公巳外，　　庚辰外巳申，　　壬辰照巳公，
子　戊午申未臨，丑　庚午臨未照，寅　壬午照未外，卯　甲午外未申，
日　庚申照酉列。日　壬申外酉申。日　甲申公酉臨。日　丙申照酉外。

壬　壬寅臨卯照，癸　甲寅公卯臨，甲　丙寅臨卯照，乙　戊寅申卯臨，
　　甲辰照巳外，　　丙辰照巳公，　　戊辰列巳外，　　庚辰照巳公，
辰　丙午後未照，巳　戊午臨未申，午　庚午照未臨，未　壬午臨未照，
日　戊申申酉公。日　庚申照酉外。日　壬申外酉申。日　甲申照酉外。

丙　庚寅臨卯照，丁　壬寅公卯臨，戊　甲寅公卯臨，己　丙寅申卯照，
　　壬辰列巳後，　　甲辰申巳照，　　丙辰照巳列，　　戊辰外巳公，
申　甲午後未照，酉　丙午外未申，戌　戊午臨未後，亥　庚午臨未照，
日　丙申外酉申。日　戊申照酉照。日　庚申照酉外。日　壬申公酉臨。

庚　戊寅申卯臨，辛　庚寅照卯公，壬　壬寅照卯列，癸　甲寅申卯照，
　　庚辰照巳列，　　壬辰臨巳照，　　甲辰外巳申，　　丙辰外巳申，
子　壬午臨未照，丑　甲午照未外，寅　丙午照未外，卯　戊午照未照，
日　甲申照酉外。日　丙申申酉照。日　戊申申酉臨。日　庚申公酉臨。

甲　丙寅後卯照，乙　戊寅臨卯申，丙　庚寅照卯列，丁　壬寅申卯照，
　　戊辰外巳公，　　庚辰照巳外，　　壬辰後巳照，　　甲辰照巳公，
辰　庚午申未內，巳　壬午申未照，午　甲午照未外，未　丙午臨未照，
日　壬申公酉臨。日　甲申照酉公。日　丙申申酉內。日　戊申公酉外。

戊　甲寅照卯外，己　丙寅外卯申，庚　戊寅臨卯後，辛　庚寅照卯外，
　　丙辰申巳內，　　戊辰照巳照，　　庚辰照巳外，　　壬辰申巳照，
申　戊午外未公，酉　庚午公未臨，戌　壬午後未照，亥　甲午照未公，
日　庚申臨酉照。日　壬申照酉公。日　甲申內酉公。日　丙申臨酉照。

壬　壬寅申卯內，癸　甲寅外卯申，甲　丙寅照卯外，乙　戊寅照卯照，
　　甲辰照巳列，　　丙辰照巳外，　　戊辰申巳臨，　　庚辰公巳臨，
子　丙午臨未照，丑　戊午申未臨，寅　庚午內未公，卯　壬午照未公，
日　戊申列酉外。日　庚申照酉公。日　壬申臨酉照。日　甲申外酉申。

丙　庚寅照卯外，丁　壬寅臨卯照，戊　甲寅外卯申，己　丙寅臨卯照，
　　壬辰申巳內，　　甲辰照巳外，　　丙辰內巳公，　　戊辰公巳外，
辰　甲午內未公，巳　丙午申未照，午　戊午申未臨，未　庚午後未照，
日　丙申臨酉照。日　戊申外酉公。日　庚申照酉列。日　壬申外酉申。

庚　戊寅外卯公，辛　庚寅申卯照，壬　壬寅臨卯照，癸　甲寅公卯臨，
　　庚辰臨巳照，　　壬辰外巳申，　　甲辰照巳外，　　丙辰照巳公，
申　壬午公未臨，酉　甲午臨未照，戌　丙午後未照，亥　戊午臨未申，
日　甲申後酉照。日　丙申公酉臨。日　戊申外酉公。日　庚申照酉外。

右圖乃預先推定六十甲子，逐日逐時，某穴所開，以便用針，庶臨時倉卒

之際，不致有差訛之失也。

飛騰八法

《玉龍經·飛騰八法起例》 甲己子午九　乙庚丑未八　丙辛寅申七　丁壬卯酉六　戊癸辰戌五　己亥屬之四

右並以日時天干地支配合得數，以九除之，取零數合卦定穴。

卦數例：

一坎　二坤　三震　四巽　五中男寄坤，女寄艮。　六乾　七兌　八艮　九離

右以干支九數除零合卦。

乾屬公孫艮內關，震宮居外巽谿間，外關後谿。離居列缺坤申脈，照海臨泣兌坎觀。兌照海，坎臨泣。

右以九除零數，合卦定穴。

合穴　公孫、內關；臨泣、外關；後谿、申脈；照海、列缺。

定八穴所在：

公孫二穴，足太陰脾之經，在足大趾內側本節後一寸陷中，令病人坐，蹺兩足底相取之，合內關穴。內關二穴，手厥陰心之經，在手掌後二寸，令病人穩坐仰手取之。臨泣二穴，足少陽膽之經，在足小趾次趾本節後一寸陷中，一云去俠谿一寸五分，令病人垂足取之。亦合於外關。外關二穴，手少陽三焦經，在手腕後二寸，別起心主，令病人穩坐，覆手取之。後谿二穴，手太陽小腸之經，在手小指外側本節後陷中，令病人穩坐，覆手取之。申脈二穴，足太陽膀胱經，在足外踝下赤白肉際陷中，令病人垂腳坐取之，合於後谿。照海二穴，足少陰腎之經，在足內踝下赤白肉際陷中，令病人穩坐，足底相對取之，合列缺。列缺二穴，手太陰肺之經，在腕後一寸半，兩手相叉，食指頭盡處，筋骨罅間，是合照海。

《針灸大全·飛騰八法歌》 壬甲公孫即是乾，丙居艮上內關然。戊午臨泣生坎水，庚屬外關震相連。辛上後谿裝巽卦，乙癸申脈到坤傳。己土列缺南離上，丁居照海兌金全。其法只取本時天干爲例，假如甲巳日戊辰時，即取戊干臨泣穴，己巳時，即列缺，庚午時，即外關。餘皆倣此。

愚謂奇經八脈之法，各有不相同。前靈龜八法，有陽九陰六、十干十變開闔之理，用之得時，無不捷效。後飛騰八法，亦明師所授，故不敢棄，亦載於此，以示後之學者。

《針灸聚英·八法飛騰定十干八卦歌》 壬甲之日公孫乾，乙癸坤宮申脈連。庚日外關屬震卦，丙從艮位內關便。戊日臨泣坎象卦，後谿辛日巽宮遷。丁日兌宮針照海，己應列缺與離前。

內科病證治分部

綜　述

傷　寒

《傷寒論·平脈法》 少陰脈不至，腎氣微，少精血，奔氣促迫上入胸膈，宗氣反聚，血結心下，陽氣退下，熱歸陰股，與陰相動，令身不仁，此爲屍厥，當刺期門、巨闕。

《傷寒論·辨太陽病脈證并治上》 太陽病，頭痛至七日以上自愈者，以行其經盡故也。若欲作再經者，針足陽明，使經不傳則愈。

《傷寒論·辨太陽病脈證并治中》 傷寒腹滿譫語，寸口脈浮而緊，此肝乘脾也，名曰縱，刺期門。

傷寒發熱，嗇嗇惡寒，大渴欲飲水，其腹必滿，自汗出，小便利，此肝乘肺也，名曰橫，刺期門。

《傷寒論·辨太陽病脈證并治下》 太陽少陽併病，心下鞕，頸項強而眩者，刺大椎、肺俞、肝俞，慎勿下之。

《傷寒論·辨太陽病脈證并治下》 太陽與少陽併病，頭項強痛，或眩冒，

時如結胸，心下痞鞕者，當刺大椎第一間、肺俞、肝俞，慎不可發汗，發汗則譫語，脈弦，五日譫語不止，當刺期門。

婦人中風，發熱惡寒，經水適來，得之七八日，熱除而脈遲身涼，胸脇下滿，如結胸狀，譫語者，此爲熱入血室也，當刺期門，隨其實而取之。

《傷寒論・辨少陰病脈證并治》 少陰病，下利，便膿血者，可刺。

《傷寒論・辨厥陰病脈證并治》 傷寒脈促，手足厥逆，可灸之。

《傷寒論・辨可發汗病脈證并治》 太陽病，初服桂枝湯，反煩不解者，先刺風池、風府，卻與桂枝湯則愈。

燒針令其汗，針處被寒，核起而赤者，必發奔豚，氣從少腹上撞心者，灸其核上各一壯，與桂枝加桂湯。

《脈經・病可刺證第十三》 太陽病，頭痛至七日自當愈，其經竟故也。若欲作再經者，當針足陽明，使經不傳則愈。

太陽病，初服桂枝湯而反煩不解者，當先刺風池、風府，乃卻與桂枝湯則愈。

傷寒腹滿而譫語，寸口脈浮而緊者，此爲肝乘脾，名縱，當刺期門。

傷寒發熱，嗇嗇惡寒，其人大渴欲飲酢漿者，其腹必滿而自汗出，小便利，其病欲解。此爲肝乘肺，名曰橫，當刺期門。

陽明病，下血而譫語，此爲熱入血室，但頭汗出者，當刺期門，隨其實而瀉之，濈然汗出者則愈。

婦人中風，發熱惡寒，經水適來，得之七八日，熱除脈遲身涼，胸脇下滿如結胸狀，其人譫語，此爲熱入血室，當刺期門，隨其虛實而取之。平病云：熱入血室無犯胃氣及上三焦，與此相反，豈謂藥不謂針耶。

太陽與少陽併病，頭痛，頸項強而眩，時如結胸，心下痞堅，當刺大杼第一間，肺輸、肝輸，慎不可發汗，發汗則譫語，譫語則脈弦，譫語五日不止，當刺期門。

少陰病，下利便膿血者，可刺。

婦人傷寒，懷身腹滿，不得小便，加從腰以下重，如有水氣狀，懷身七月，太陰當養不養，此心氣實，當刺瀉勞宮及關元，小便利則愈。

傷寒喉痺，刺手少陰，少陰在腕，當小指後動脈是也，針入三分，補之。

問曰：病有汗出而身熱煩滿，煩滿不爲汗解者何？對曰：汗出而身熱者，風也。汗出而煩滿不解者，厥也。病名曰風厥也。太陽主氣，故先受邪，少陰與爲表裏也，得熱則上從之，從之則厥，治之表裏刺之，飲之湯。

《千金要方・傷寒上・發汗吐下後》 江南諸師秘仲景要方不傳。

初得病或先頭痛身寒熱，或濇濇欲守火，或腰背強直，面目如飲酒狀，此傷寒初得一二日。但列火灸心下三處：第一處，去心下一寸，名巨闕；第二處，去心下二寸，名上管；第三處，去心下三寸，名胃管；各灸五十壯。然或人形大小不同，恐寸數有異，可繩度，隨其長短寸數最佳，取繩從心頭骨名鳩尾頭度取臍孔，中屈繩取半，當繩頭名胃管，又中屈半繩更分爲二分，從胃管向上度一分即是上管，又上度取一分即是巨闕。大人可灸五十壯，小兒可三壯，亦隨其年，灸之大小以意斟量也。若病者三四日以上，宜先灸胸上二十壯，以繩度鼻正上盡髮際，中屈繩斷去半，便從髮際入髮中，灸繩頭，名曰天聽，又灸兩顳顬，又灸兩風池，又灸肝輸百壯，餘處各二十壯，又灸太衝三十壯，神驗。

《千金翼方・傷寒下・宜灸》 少陰病一二日，口中和，其背惡寒，宜灸之。

少陰病吐利，手足逆而脈不足，灸其少陰七壯。

少陰病下利，脈微濇者即嘔，汗者必數更衣，反少者宜溫其上，灸之。一云灸厥陰五十壯。

下利手足厥無脈，灸之主厥，厥陰是也，灸不溫反微喘者死。傷寒六七日，其脈微，手足厥煩躁，灸其厥陰，厥不還者死。

脈促手足厥者宜灸之。

《外臺秘要》卷三《天行陰陽易方》 深師療丈夫得婦人陰易之病，若兩房室及諸虛勞，少腹堅，絞痛陰縮，困篤欲死方：灸陰頭一百壯便差，可至三百壯皆愈，良無比，後生子如故無妨。范汪同，無所忌。

《聖惠方・辨可灸形證》 少陰病，其人雖裏和，其病惡寒者，宜灸之。

少陰病吐利，手足逆而發熱，脈不足者，灸其少陰。

夫吐下手足厥無脈者，當其厥陰灸之，不溫及微喘者死。

傷寒六七日，脈數，手足厥，煩躁不已，灸厥陰，不順者死。

《本事方・傷寒時疫下》 治結胸灸法。陰毒傷寒，關格不通，腹脹喘促，四肢逆冷，亦依此灸之，氣通可治。

巴豆十四枚。 黃連七寸，和皮用。

右搗細，用津唾和成膏，塡入臍心，以艾灸其上，腹中有聲，其病去矣。不拘壯數，病去爲度，纔灸了，便以溫湯浸手帕拭之，恐生瘡也。

《本事方·傷寒時疫下》 陰毒漸深候：積陰感於下，則微陽消於上，故其候沉重，四肢逆冷，腹痛轉甚，或咽喉不利，或心下脹滿，結鞕躁渴，虛汗不止，或時狂言，指甲面色靑黑，六脈沉細，而一息七至以來，有此證者，速宜於氣海或關元二穴，灸三二百壯，以手足和暖爲效。仍服金液丹、來甦丹、玉女散、還陽散、退陰散。

陰毒沉困候：沉困之候，與前漸深之候皆同，而更加困重。六脈附骨，取之方有，按之即無，一息八至已上，或不可數也。至此，則藥餌難爲功矣。但於臍中灼艾，如半棗大，三百壯以來，手足不和暖者，不可治也。偶復和暖，則以前硫黃及熱藥助之，若陰氣散陽氣來，即漸減熱藥而和治之，以取差矣。

《扁鵲心書·要知緩急》 傷寒第五日，昏睡譫語，六脈洪大，以爲胃中有熱，以承氣下之，四更即死矣。六脈之大，非洪也，乃陽氣將脫，故見此耳。治以下藥，更虛其陰，則陽無所附而死速矣。若先於臍下灸三百壯，固住脾腎之氣，內服保元丹、斂陽丹，飲薑附湯，過三日自然汗出而愈。余治一傷寒，亦昏睡妄語，六脈弦大。余曰：脈大而昏睡。定非實熱，乃脈隨氣奔也。強爲之治，用烈火灸關元穴，初灸病人覺痛，至七十壯遂昏睡不疼，灸至三鼓，病人開眼思飲食，令服薑附湯，至三日后方得元氣來復，大汗而解。〔胡鈺注〕今時姑息成風，灸法難行，余嘗嘆曰：人參雖救命之品，薑附尤有回陽之功，無如世人不識，俗醫痛掃，良可慨也。余思前證，少陰病也，發昏譫語，全似陽證，若時投以承氣，豈得不死。故耳聾不呻吟，身生赤黑靨，十指冷至腳面，身重如山，口多痰唾，時發躁熱者，皆少陰證也。仲景以耳聾係之少陽，譫語歸之陽明，用柴胡承氣輩，誤人不少。夫但知少陽脈循脇絡耳，卻不思耳竅屬腎，以耳聾歸少陽，此仲景所未到之處也。

《扁鵲心書·附竇材灸法》 傷寒少陰證，六脈緩大，昏睡自語，身重如山，或生黑靨，噫氣吐痰，腹脹，足指冷過節，急灸關元三百壯，可保。

傷寒太陰證，身涼，足冷過節，六脈弦緊，發黃紫班，多吐涎沫，發燥熱，噫氣，急灸關元、命關各三百壯。傷寒惟此二證害人甚速，仲景只以舌乾口燥爲少陰，腹滿自利爲太陰，餘皆歸入陽證條中，故致害人。然此二證，若不早灸關元，以救腎氣，灸命關以固脾氣，則難保性命。蓋脾腎爲人一身之根蒂，不可不蚤圖也。

《扁鵲心書·傷寒》 六脈緊大，或弦細，不呻吟，多睡，耳聾，足指冷，肢節痛，發黃，身生赤黑靨，時發噫氣，皆陰也，灸關元三百壯，服金液丹、薑附湯，過十日半月，出汗而愈。若不早灸，反與涼藥者死。〔胡鈺注〕辨別陰陽不止於此，然熟體此二條，則治傷寒證誤謬亦少。其灸法雖不能偏行，若貧家無力而遇難起之病，不能備參藥，勉告以灸能活命，倘肯依從，未必非仁術之一端。予每見時疫盛行之際，鄉陬死者比戶，心切憐之，倘盡心力，並合丹藥以濟之，不特己身蒙福，子孫亦必昌大。若吐逆而心下痞，灸中脘五十壯。若微微發顫者，欲作汗，服薑附湯而愈。若少年壯實之人，傷寒至五六日，發狂，踰垣上屋，胃中有積熱也，服大通散，輕者知母散亦愈。

《扁鵲心書·太陽見證》 太陽寒水，內屬膀胱，故脈來浮緊，外證頭疼發熱，腰脊強，惟服平胃散，至六七日，出汗而愈。蓋胃氣不虛，傳偏經絡自愈也。仲景以爲陽證，乃與涼藥，隨經而解，反攻出他病，甚者變爲陰證，六脈沉細，發厥而死。急灸關元，乃可復生。如本經至六七日發戰者，欲作解而陽氣少也，服薑附湯，出汗而愈。

《扁鵲心書·少陰見證》 少陰君火內屬於腎，其脈弦大，外證肢節不痛，不呻吟，但好睡，足指冷，耳聾口乾，多痰唾，身生赤黑靨，時發噫氣，身重如山，煩躁不止，急灸關元三百壯，內服保元丹、薑附湯，過十日汗出而愈。若作陽證，誤服涼藥，以致發昏譫語，循衣摸牀，吐血脈細，乃眞氣虛，腎水欲涸也。仲景反曰，急下之以救腎水，此誤也。眞氣既虛，反用涼藥，以攻其裏，是促其死也，急灸關元三百壯，可保無虞。

《扁鵲心書·陰陽換氣》 凡傷寒陽證欲作汗，陰證已加灸，眞元欲復，與邪氣分爭，必發寒戰，鼻衄昏迷，牙關微緊，四肢微厥，乃陰陽換氣也，一二時辰，自然腋下汗出而愈。

傷寒譫語：凡傷寒譫語，屬少陰，仲景屬陽明，誤也。陽明內熱必發狂，今止譫語，故爲少陰。急灸關元三百壯，若灸後仍不止者死。

傷寒衄血：凡鼻衄不過一二盞者，氣欲和也，不汗而愈。若衄至升斗者，乃眞氣脫也，針關元入三寸，留二十呼，血立止，再灸關元二百壯，服金液丹，不然恐成虛勞中滿。

勞復：傷寒瘥後，飲食起居勞動則復發熱，其候頭痛，身熱煩躁，或腹疼，脈浮而緊，此勞復也。服平胃散、分氣丸，汗出而愈。若連服三四次，不除者，此元氣大虛故也，灸中脘五十壯。

《扁鵲心書・傷寒》 治驗

一人傷寒至八日，脈大而緊，發黃，生紫斑，噫氣，足指冷至腳面，此太陰證也，最重難治。爲灸命關五十壯，關元二百壯，服金液丹、鍾乳粉，四日汗出而愈。

一人患傷寒，至六日，脈弦緊，身發黃，自汗，亦太陰證也，先服金液丹，點命關穴，病人不肯灸，傷寒惟太陰少陰二證死人最速，若不早灸，雖服藥無效。不信，至九日，瀉血而死。

一人病傷寒，至六日，微發黃，一醫與茵陳湯，次日更深黃色，偏身如梔子，此太陰證，誤服涼藥，而致肝木侮脾，余爲灸命關五十壯，服金液丹而愈。

肺傷寒：

肺傷寒一證，方書多不載，誤人甚多，與少陰證同，但不出汗而愈。每發於正二臘月間，亦頭疼肢節痛，發熱惡寒，咳嗽，脈緊，與傷寒略同，但多咳嗽耳，不宜汗，服薑附湯三日而愈。若素虛之人，邪氣深入，則昏睡譫語，足指冷，脈浮緊，乃死證也，急灸關元三百壯可生，不灸必死，服涼藥亦死，蓋非藥可療也。

治驗

一人患肺傷寒，頭痛發熱，惡寒咳嗽，肢節疼，脈沉緊，服華蓋散，黃耆建中湯，略解，至五日，昏睡譫語，四肢微厥，乃腎氣虛也，灸關元百壯，服薑附湯，始汗出愈。

《針灸資生經・傷寒》 凡熱病，刺陷谷，足先寒，寒上至膝，乃出針，身痺洗淅振寒，季脇支滿痛。熱病先腰脛酸，喜渴數飲，身清，清則項痛而寒且酸，足熱不欲言，頭痛顛顛然，先取湧泉，及太陽井、滎，熱中少氣厥寒灸之，熱去，灸湧泉三壯，煩心不嗜食，灸湧泉。熱去四逆喘氣，偏風，身汗出而清，皆取俠谿。凡溫病身熱五日以上，汗不出，刺太泉，留針一時取針，若未滿五日者，禁針。凡好太息，不嗜食，多寒熱汗出，病至則喜嘔，嘔已乃衰，即取公孫及井俞，實則腸中切痛厥，頭面腫起，煩心狂，多飲，不嗜卧，虛則鼓脹，腹中氣大滿熱痛，不嗜食，霍亂，公孫主之。凡熱病煩心，足寒清多汗，先取然谷，後取太谿，大指間動脈，皆先補之。凡溫病可針刺五十九穴，又身之穴六百五十有五，其三十六穴，灸之有害，七十九穴，刺之爲災。江南諸師秘仲景要方不傳。顱顖穴，針灸治溫病。《指迷方》灸陰毒傷寒法，其狀不躁不渴，唇青腰背重，咽喉及目睛痛，心腹煩疼，舌縮面青，吃噫氣喘，嘔逆冷汗，向暗不語，以生葱約十餘莖去根粗皮，顛倒紙卷徑闊二寸，勿令緊，欲通氣，以快刀切，每一餅子高半寸，安在臍心，用熨斗火熨，葱軟易之，不過十餘次，患人即甦，後服正氣藥。灸結胸傷寒法，其狀胸滿短氣，按之即痛，或吐逆滿悶，或大便不通，諸藥不能救者，巴豆七粒，和皮，肥黃連七寸，去鬚，同搗爛作一圓，安在臍心上，以手按下稍實緊，捻艾皂子大，於藥上灸，甚者不過三五壯立愈，續用補藥一二日，若病半月微有氣，皆療。治氣虛陽脫，體冷無脈，氣息欲絶，不省人事，及傷寒陰厥，百藥不效，葱熨法：葱以索纏如盞許大，切去根及葉，惟存白，長二寸許，如大餅餤，先以火脅一面，令通熱艾，勿令灼人，及以熱處搭病人臍，連臍下，其上以熨斗滿貯火熨之，令葱餅中熱氣，熨入肌肉中，須預作三四餅，一餅壞不可熨，又易一餅。良久，病人當漸醒，手足溫，有汗則差，更服四逆湯輩，溫其內，萬萬無憂。予伯兄病傷寒，冥冥不知人八日，四體堅冷如石，藥不復可入，用此遂差。集賢校理胡全夫用此拯人之危，不可縢數。初得病，或先頭痛身寒熱，或濇濇欲守火，或腰背強直，面目如飲酒狀，此傷寒初得一二日，但列火灸心下三處：第一處去心下一寸，名巨闕；第二處去心下二寸，名上管；第三處去心下三寸。名胃管。各灸五十壯，大人可五十壯，小兒可三壯，亦隨其年灸之，大小以意斟量。若病者三四日以上，宜先灸胸上二十壯，以繩度鼻正，上盡髮際，中屈繩斷去半，便從髮際入髮中，灸繩頭，名曰天聰，又灸兩顳顬，又灸兩風池，又灸肝俞百壯，餘處各二十壯，又灸太衝三十壯，神驗。

凡治傷寒，惟陰證可灸，餘皆當針。故《千金方》惟云刺取，而《素問》亦云病甚者爲五十九刺，所以瀉諸陽胸中胃中四支五藏之熱也。若溫病身熱五日以上，汗不出，可刺太泉，未滿五日，禁針爾。而《千金》於頭痛身寒熱病，乃灸巨闕、上、中管三處，豈亦是陰證耶，其狀蓋云或濇濇欲守火是也，醫者當辨之。

通里，治熱病，卒心中懊憹，數欠頻伸，悲恐，目眩頭痛，面赤而熱，心悸，

肘臂臑痛，實則支腫，虛則不能言，苦嘔，喉痺，少氣遺溺。期門，治婦人傷寒過經不解，當針期門，使經不傳。中管，療天行傷寒。曲澤，療傷寒病溫濕，身熱口乾。鬲俞，主傷寒嗜卧，怠惰不欲動搖，身常濕，不能食。少衝，治熱病煩滿，上氣心痛，痰冷少氣，悲恐善驚，掌熱胸痛，口熱咽酸，乍寒乍熱，手攣不伸，引眼痛。曲池，治傷寒餘疾，皮膚乾燥。通里，主熱病，先不樂數日。魚際、陽谷，主熱病，振慄鼓頷，腹滿陰痿，色不變。尺澤，主氣隔喜嘔，鼓頷，不得汗。腎俞，主頭身熱赤，振慄，腰中四支淫濼，欲嘔。三間，主氣熱，身熱喘。《甲》云：寒熱口乾，身熱喘息，目急痛，善驚。魚際，治熱病寒慄鼓頷，腹滿陰痿，色不變。中衝、少衝、關衝、勞宮、太陵、陽谿、天窌，主熱病煩心，心悶汗不出，掌中熱，心痛身熱如火，舌本痛。間使，主熱病煩心，喜噦，胸中澹澹，喜動而熱。巨闕，主煩心喜嘔。曲澤，主傷寒溫病，身熱煩心，口乾。支正、少海，主熱病先腰脛酸，喜渴數飲食，身熱項強痛。天井，主振寒頸項痛。委中，主熱病夾脊痛。風門，治傷寒頸項強，目瞑，多嚏鼻鼽，出清涕。

陰毒沉困，藥餌難爲工，但灸臍中三百壯，艾如半棗，手足不暖，不可治也。或心迷耳聾叫不應，因食冷得疾者，予以理中湯救數人矣，若復渴則煎五苓散與服，或煎人參湯服，皆效。《千金》云：傷寒多從風寒得之，始表中風寒，入裏則不消矣，未有溫覆而不消也。

《針灸資生經·傷寒寒熱》 支正、少海，主熱病，先腰脛酸，喜渴，身熱項強，振寒寒熱。《甲》云：主振寒寒熱，頸項腫，實則肘攣頭眩痛，虛則生疣痂。曲澤，主傷寒溫病，身熱煩心口乾，《甲》云：主心澹善驚，身熱煩心。口乾手清，逆氣嘔唾，肘瘈，善搖頭顏青，汗出不過肩。三間，主氣熱身熱喘。《甲》云：寒熱口乾，身熱喘息，口急痛，善驚。肩貞，主寒熱項適歷，《甲》云：耳鳴無聞，引缺盆肩中熱痛痲，小不舉。溫溜，主傷寒寒熱頭痛。商丘，主寒熱好嘔。大椎，主傷寒熱盛煩嘔。鬲俞、中府，主寒熱，皮肉骨痛，少氣不得卧。支滿、肩井、關衝，主寒熱悽索，氣上不得卧。列缺，主寒熱掌中熱。曲池，主傷寒餘熱不盡。天井，主傷寒振寒，頸項痛。衝陽，主振寒而欠。後谿，主身熱惡寒。

《針經摘英集·治病直刺訣》 治傷寒在表，發熱惡寒，頭項痛，腰脊強，無汗，尺寸脈俱浮，宜刺手陽明經。合谷二穴，依前法刺之，候偏體汗出即出針，此穴解表發汗，大妙。

治傷寒結胸者，別使人以手於心蔽骨下，正痛處左伴，揉之，以毫針刺左伴，手少陽經支溝二穴，在腕后三寸，兩骨之間，坐而側臂取之，針入二分。次至手厥陰經間使穴即止，名曰雙關刺。次針右伴，足厥陰經行間穴，在足大指間動脈應手陷中，卧而取之，針入六分，此支溝、行間穴，下針至分數，內撚針，令病人五吸，次外撚針，三呼，又次內撚針五吸訖，長呼一口氣出針，即左伴一壁，結胸立效，右伴依上刺之，慢慢呼吸，停騰用針，獲時而愈，無有不效。治傷寒飲水過多，腹脹氣喘，心下痛不可忍，刺任脈中脘、氣海二穴，立愈。如少腹上有氣衝者，兼刺足陽明經天樞、氣衝、三里等穴，次針足太陰經三陰交穴，如無此證，祗刺前穴而已。治男子婦人血結胸，面赤大燥，口乾痟渴，胸中疼痛不可忍者，刺足厥陰經期門二穴，次針任脈關元一穴，若妊娠不得刺關元穴，刺之胎死不出，子母俱亡，切須慎之。

治傷寒過經不解，刺足厥陰經期門二穴，使經不傳。凡治傷寒。辨其足三陰三陽經，審而刺之，仲景傷寒傳足經，不傳手經，此之謂也。

治傷寒手足逆冷，刺足太陰經大都二穴，在足大指內側本節後陷中，針入三分，次針足陽明經內庭二穴，次針足少陰經太谿二穴，在內踝後跟骨上動脈陷中，針入三分，次針足厥陰經行間二穴。

治傷寒交汗不出，刺足少陽經風池二穴，俠谿二穴，在足小指次指岐骨間，本節前陷中，針入三分，次手太陰經魚際二穴，在手大指本節後內側散脈中，針入二分，留三呼。次經渠二穴，在手寸口陷中，針入二分。次足陽明經內庭二穴，應時汗出。

治傷寒胸中熱不已，瀉足太陽經大杼二穴，在項後第一椎下，兩傍相去各一寸五分陷中，針入五分。次風門二穴，第二椎下兩傍，相去各一寸五分，針入五分，留七呼。次手太陰經中府二穴，在乳上三肋間動脈應手，針入三分。次足陽明經缺盆二穴，在肩下橫骨陷中，針入三分。

治傷寒胃中熱不已，瀉任脈中脘一穴，足陽明經三里二穴，次上廉二穴，在三里下三寸，舉足取之，針入三分。次下廉二穴，在上廉下三寸，當舉足取之，針入八分。氣衝二穴，一名氣街。

治傷寒四肢熱不已，瀉手太陰經雲門二穴，在結喉下四寸，兩傍相去各六寸，巨骨下，針入三分，不宜深刺，可灸五壯。次針手陽明經肩髃二穴，在肩端兩骨間陷者宛宛中，舉臂取之，針入二分。次太陽經委中二穴，次督脈

腰俞一穴，督脈氣之所發也，在二十一椎節下間宛宛中，以挺腹地舒身，兩手相重支額，縱四體，然後乃取得其穴，針入五分，留七呼，可灸七七壯。

《論經絡迎隨補瀉法·刺傷寒結胸痞氣》 傷寒下後結胸痞氣者，皆足三陰之終，手三陰之始，胸中結痞，過在足少陰腎，手厥陰包絡，刺兩經之井、原，以瀉胸中之氣。心中結痞，過在足太陰脾，手少陰心，刺兩經之井、原，以瀉心中之氣。胃中結痞，過在足厥陰肝，手太陰肺，刺兩經之井、原，以瀉胃中之氣，或上脘、中脘、下脘。應痞結而瀉之。

《論經絡迎隨補瀉法·刺熱病汗不出》 夫傷寒熱病汗不出者，榮衛不交，陰陽不和，故汗不出，當解結雪汗，通其經絡，和其陰陽，令汗得出。

手陽明有商陽、合谷，手太陽有腕骨，陽谷，足少陽有俠谿，足陽明有厲兌，手厥陰有勞宫。

凡此七穴皆刺。熱病汗不出，隨經辨脈，調其陰陽，和其榮衛，令汗得出。又，十二經之榮皆治身熱，爲主身熱，皆南方火，故經曰：榮主身熱，皆可刺也。

《論經絡迎隨補瀉法·刺傷寒三陽頭痛法》 傷寒三陽頭痛，何法刺之？答曰：手之三陽，足之三陽，皆會於頭者，謂諸陽之會其受邪，伏留而不去，故曰三陽頭痛，視其色脈，知在何經而取之。

如脈浮而頭痛，過在手足太陽，刺腕骨、京骨。

如脈浮而長，過在手足陽明，刺合谷、衝陽。

如脈浮而弦，過在手足少陽，刺陽池，丘墟、風府、風池。已上數穴，刺三陽頭痛之法也。

《論經絡迎隨補瀉法·刺傷寒三陰腹痛法》 傷寒邪在三陰，内不得交通，故爲腹痛，手足之經皆會於腹，隨經取之。

如脈弦而腹痛，過在足厥陰肝，手太陰肺，刺太衝、太淵、大陵。

如脈沉而腹痛，過在足少陰腎，手厥陰心包，刺太谿、大陵。

如脈細沉而腹痛，過在足太陰脾，手少陰心，刺太白、神門、三陰交。

已上數穴，刺三陰腹痛之法也。

《論經絡迎隨補瀉法·辨傷寒藥附針灸法》 傷寒經與表合，針與藥，自汗遂漏不止，刺風池、風府，卻與桂枝湯。傷寒經與裏合，灸太谿七壯，與通脈四逆湯，此太陽少陰表裏之法。故表可針太陽也，裏可灸少陰也。

《論經絡迎隨補瀉法·灸少陰原救脈法》 傷寒陰病脈欲絶，當灸太谿穴，太谿者，足少陰腎之原，少陰病屬水，陰氣太盛，陽氣不得營，故瀉陰補陽。陰毒傷寒，體沉四肢俱重，腹痛，脈微遲，當灸氣海或關元。脈屬少陰，故同法瀉陰補陽也。

《論經絡迎隨補瀉法·傷寒刺期門》 太陽病頭痛眩冒、心下痞者，刺肺俞、肝俞，不可發汗，發汗則譫語不止，當刺期門穴。

頭痛冒眩，太陽經病，可發汗。心下痞滿，邪傳裏也，不可發汗。刺肺俞、肝俞，奪其邪氣，二穴皆在太陽經也，是高下之刺也。妄發其汗，内亡津液，傳屬陽明，故譫語不止，未太實者，當瀉肝經刺期門，恐傳於脾胃也。

傷寒腹滿譫語，寸口脈浮而緊，此肝乘脾也，名曰縱。刺期門。

腹滿譫語，太陰陽明也，脈浮而緊，肝脈也，故夫乘妻，名曰縱。當刺期門。

傷寒發熱，嗇嗇惡寒，大渴欲水，其腹必滿，自汗出，小便利，肝乘肺也，名曰横，刺期門。發熱，嗇嗇惡寒者，肺病也。大渴也，上焦有熱也。自汗者，表虚也。小便利者，裏和也。妻來乘夫。名曰横，當刺期門。

《扁鵲神應針灸玉龍經·盤石金直刺秘傳》 傷寒：有陰有陽，用意忝詳，不問陰陽，七日過經不汗，合谷、補。復溜，瀉，汗出立愈，此穴解表發汗神妙。

傷寒虚汗不止，大凡虚弱盜汗同。合谷、復溜。補。

傷寒一二日，發熱如火：曲池、瀉。委中。

傷寒一二日，頭目腰背面節疼痛，不可轉側，氣喘，睡卧不安，虚汗不止，上體熱，下體寒戰：曲池，瀉。復溜、補。委中、刺不愈。合谷。瀉。

傷寒寒戰不已：曲池、補。關元，灸，針補。

傷寒咳嗽寒痰：少商、列缺。瀉。

傷寒結胸，氣攻脇肋，同治：支溝。瀉。

傷寒小便不通：支溝、瀉。水通、陰谷。瀉。

頭風偏痛不可忍，半邊口燥熱：合谷、瀉。解谿。左疼取右，右疼取左。

《普濟方·針灸門·傷寒》 治熱病，先腰脛酸，喜渴數飲，身清，清則項痛而寒且酸，足熱不欲言，頭痛顛顛然。先取湧泉及太陽井、滎，熱中少氣厥寒，灸之熱去，灸涌泉三壯。煩心不嗜食，灸湧泉熱去，四逆喘氣，偏風

身汗出而清，皆取俠谿。

治溫病身熱五日以上，汗不出，刺太泉留針一時取針，若未滿五日者，禁針。

凡好太息，不嗜食，多寒，熱汗出，病至則喜嘔，嘔已乃衰，即取公孫、井俞，實則腸中切痛，厥頭面腫，起煩心狂，多飲，不嗜卧，虛則鼓脹，腹中氣大滿，熱痛不嗜食，霍亂，公孫主之。

治熱病煩心，足寒清，多汗，先取然谷，後取太谿。皆先補之。

治溫病，穴：顖顬。

灸陰毒傷寒法：其狀不躁，不渴，唇青，腰背重，咽喉及目睛痛，心腹煩疼，舌縮面青，吃噫氣喘，嘔逆冷汗，向暗不語。以生葱約十餘莖，去根粗皮，顛倒紙卷，徑闊二寸，勿令緊，欲通氣，以快刀切，每一餅子高半寸，安在臍心，用熨斗火熨葱，軟易之，不過十餘次，患人即甦，後服正氣藥。

灸結胸傷寒法：其狀胸滿短氣，按之即痛，或吐逆滿悶，或大便不通，諸藥不能救者。以巴豆七粒和皮，肥黃連七寸，去鬚，同擣爛作一丸，安在臍心上，以手按之，稍實，捻艾皂子大，於藥上灸，甚者，不過三五壯立愈，續用補藥一二日，若病半月，微有氣皆療。

治氣虛陽脫，體冷無脈，氣息欲絕，不省人事，及傷寒陰厥，百藥不效，葱熨法：以葱用索纏如盞許大，切去根及葉，惟存白，長二寸許，如大餅餤，先以火脅一面，令通熱艾，勿令灼人，及以熱處，搭病人臍，連臍下，其上以熨斗滿貯火熨之，令葱餅中熱氣，熨入肌肉中。須預作三四餅，一餅壞不可熨，又易一餅。良久，病人當漸醒，手足溫，有汗則差，更服四逆湯輩，溫其內，萬萬無憂。王氏云：予伯兄病傷寒，冥冥不知人八日，四體堅冷如石，藥不復可入，用此遂差。集賢校理胡全夫，用此拯人之危，不可勝數。

初得病，或先頭痛身寒熱，或澀澀欲守火，或腰背強直，面目如飲酒狀，此傷寒初得一二日，但烈火灸心下三處，穴：巨闕、上脘、胃脘，各灸五十壯，大人可五十壯，小兒可三壯，亦隨其年灸之，大小以意酌量。

治傷寒若病者三四日以上，宜先灸胸上二十壯，又灸顖顬二穴，又灸風池二穴，又灸太衝三十壯，神驗，又灸肝俞百壯，餘處各二十壯，又以繩度鼻正，上盡髮際，中屈繩斷去半，便從髮際入髮中，灸繩頭，名曰天聰。

治熱病，卒心中懊憹，數欠頻伸，悲恐，目眩頭痛，面赤而熱，心悸，肘臂臑痛，實則支腫，虛者不能言，若咽喉痺，少氣遺溺，穴：通里。

療天行傷寒，穴：中脘。

治傷寒嗜卧，怠惰不欲動搖，身常濕，不能食，穴：膈俞。

治熱病煩滿，上氣心痛，痰冷少氣，悲恐善一作喜。驚及掌熱，胸痛，口熱咽酸，乍寒乍熱，手攣不伸，引眼痛，穴：少衝。

治傷寒餘疾，皮膚乾燥，穴：曲池。

治熱病先不樂數日，穴：通里。

治熱病，振慄，鼓頷，腹滿，陰痿色不變，穴：魚際、陽谷。

治氣膈善嘔，鼓頷不得汗，穴：尺澤。

治頭身熱赤，振慄，腰中四肢淫濼，欲嘔，穴：腎俞。

治氣熱身熱，氣喘寒熱，口乾，身熱喘息，目急痛，善驚，穴：三間。

治熱病，寒慄，鼓頷，腹滿，陰痿色不變，穴：魚際。

治熱病煩心，悶汗不出，掌中熱，心痛，身熱如火，舌本痛，穴：中衝、少衝、關衝、勞宮、大陵、陽谿、天髎、間使。

治熱病，煩心喜噦，胸中澹澹，喜動而熱，穴：間使。

治煩心喜嘔，穴：巨闕。

治傷寒溫病身熱，煩心口乾，穴：曲澤。

治熱病先腰脛酸，喜渴數飲食，身熱項強痛，振寒，寒熱，頸項腫，實則肘攣、頭眩痛，虛則生疣，小者如疥，穴：支正、少海。

治振寒頸項痛，穴：天井。

治熱病挾脊痛，穴：委中。

治傷寒頸項強，目瞑多噎，鼻鼽出清涕，穴：風門。

治傷寒結胸，穴：支溝、間使、行間。

治傷寒在表，發熱惡寒，頭項痛，腰脊強無汗，尺寸俱浮，穴：合谷。

治傷寒飲水過多，腹脹氣喘，心下痛不可忍，穴：中脘、氣海。

治傷寒小腹上有氣衝者，穴：天樞、氣衝、三里、三陰交。

治傷寒手足逆冷，穴：大都、內庭、太谿、行間。

治傷寒交汗不出，穴：風池、俠谿、魚際、經渠、內庭。

治傷寒胸中熱不已，穴：大杼、風門、中府、缺盆。

治傷寒胃中熱不已，穴：中脘、三里、上廉、下廉、氣衝。

治傷寒四肢熱不已，穴：雲門、肩髃、委中、腰腧。

治急食不通，并傷寒水結，穴：三間、合谷、承山。

治陰證傷寒，四肢厥冷，腹痛吐利，身强煩躁自汗，脈沉細，或面赤，凡三陰中寒皆灸之，穴：陷谷，灸三七壯，體溫脈通汗出效，不爾，再灸，加艾倍之。

治卒得食病似傷寒，其人但欲臥，七日不療，殺人，又按其脊兩邊，當有陷處，正灸陷處兩頭各七壯，則愈。

治傷寒始得一二日，右便可灸項三壯，又灸大椎三壯，各加至五炷益良，用之驗，大椎平肩斜齊，高大者是也，仍不得侵項分取之則非也，上接項骨，下齊肩，在椎骨節上是，餘穴盡在節下，凡灸刺不得失之毫釐。今崔氏不定高下，是以言之，出《黄帝針灸經》。

治斷溫病，令不相染着，及治時氣瘴疫，右用蜜艾灸病人床四角各一壯，不得令知之，佳也。

治陰毒傷寒灸法：用乾艾葉擣熟去灰，作艾炷，灸臍下一寸三分，名氣海，二寸丹田，三寸關元，五十壯至二三百壯，以手足漸溫，人事稍甦爲可治。

治陰證傷寒灸法：於臍下一寸半氣海穴，二七壯，小作艾炷於臍心，以鹽填實，灸七壯立效，二寸丹田，三寸關元，皆可灸。

治熱病後發豌豆瘡，灸兩手腕研子骨尖上三炷，男左女右。

治傷寒熱盛煩嘔，穴：大椎。

治熱病偏頭痛，引目外眥，穴：懸釐、鳩尾。

治時氣病起，諸復勞灸法：男初覺，便灸陰三七壯，若已盡，甚至百壯即愈，眼無妨，陰道瘡復常。

治傷寒熱甚五十九刺：五十九刺者，爲頭上五行，以越諸陽之熱逆也，穴：大杼、膺俞、缺盆、背俞，此八者以瀉胸中之熱也。氣衝、三里、巨虚上、下廉、此八者瀉胃中之熱也。雲門、巨骨、委中、(腦)(髓)空，此八者，以瀉四肢熱也。五臟俞傍五，此十者，以瀉臟之熱也。凡此五十九穴者，背之左右，故病甚者，當刺之。凡刺之法，吸則納針，得氣則瀉，勿令遲緩，起似發機，故《針經》曰：熱者疾之。

刺熱病汗不出，夫傷寒熱病汗不出者，榮衛不交，陰陽不和，故汗不出，當刺腹結、腹舍，通其經絡，和其陰陽，令汗得出。

手陽明有商陽、合谷，手太陽有腕骨、陽谷，足少陽有俠谿，足陽明有厲兑，手厥陰有勞宫。凡此七穴，皆刺熱病汗不出，隨經辨脈，調其陰陽，合其榮衛，令得汗出，又十二經之榮，皆治身熱爲主，身熱皆南方火，故經曰：榮主身熱，皆可刺也。

刺傷寒結胸痞氣：傷寒下後結胸痞氣者，皆足三陰之終，手三陰之始，胸中結痞，過在足少陰腎，手厥陰包絡。刺兩經之井、原，以瀉胸中之氣。心中結痞，過在足太陰脾，手少陰心，刺兩經之井、原，以瀉心中之氣。胃中結痞，過在足厥陰肝，手太陰肺，刺兩經之井、原，以瀉胃中之氣，或上腕、中腕、下腕，應痞結而瀉之。

治傷寒三陽頭痛法：傷寒三陽頭痛，何法刺之？答曰：手之三陽，足之三陽，皆會於頭者，謂諸陽之會，其受邪伏留而不去，故曰：三陽頭痛，視其色脈，知在何經而取之。

如脈浮而頭痛，過在手足太陽，刺，穴：腕骨、京骨。

如脈浮而長，過在手足陽明，刺，穴：合谷、衝陽。

如脈浮而弦，過在手足少陽，刺，穴：陽池、丘墟、風府、風池，以上數穴，刺三陽之頭痛法也。

治傷寒三陰腹痛法：傷寒邪在三陰內，不得交通，故爲腹痛，手足之經，皆會於腹，隨經取之。

如脈弦而腹痛，過在足厥陰肝，手太陰肺，刺，穴：太衝、太淵、大陵。

如脈沉而腹痛，過在足少陰腎，手厥陰心胞，刺，穴：太谿、大陵。

如脈細沉而腹痛，過在足太陰脾，手少陰心，刺，穴：太白、神門、三陰交。以上數穴，刺三陰腹痛之法也。

灸少陰原救脈法：治傷寒陰病脈欲絶，當灸太谿穴。太谿者，足少陰腎之原，少陰病屬水，陰氣太盛，陽氣不得營，故瀉陰補陽，陰毒傷寒，體沉四肢俱重，腹痛脈微遲，當灸氣海，或關元，脈屬少陰，故同法瀉陰補陽也。

辨傷寒藥附針灸法：傷寒經與表合，針與藥，自汗出，遂漏不止，刺風府、風池，卻與桂枝湯。傷寒經與裏合，灸太谿七壯，與通脈四逆湯，此太陽少陰表裏之法，故表可針太陽也，裏可灸少陰也。

傷寒刺期門：太陽病頭痛眩冒，心下痞者，刺肺俞、肝俞。不可發汗，發汗則譫語不止，當刺期門穴。頭痛冒眩，太陽經病，可發汗，心下痞滿，邪傳裏也，不可發汗，刺肺俞奪其邪氣，二穴皆在太陽經也，是高下之刺也。妄發其汗，內亡津液，傳屬陽明，故譫語不止，未太實者，當瀉肝經，刺期門，恐傳入於脾胃也。

傷寒腹滿譫語，寸口脈浮而緊，此肝乘脾也，名曰從。刺期門。腹滿譫語，太陰陽明經也，脈浮而緊，肝脈也，故夫乘妻，名曰從，當刺期門。

傷寒發熱，嗇嗇惡寒，大渴欲水，其腹必滿，自汗出，小便利，肝乘肺也，名曰橫，刺期門。發熱，嗇嗇惡寒者，肺病也。大渴者，上焦有熱也。自汗者，表虛也，小便利者，裏和也。妻來乘夫，名曰橫，當刺期門。

灸傷寒咳逆法：《十便良方》云：有患霍亂吐痢者，垂困，忽發咳逆，半日之間，遂至困，始有人云，有灸咳逆法，凡傷寒及患疾得咳逆，皆爲惡候，投藥皆不效者，灸之必愈。予遂令灸之，火至，咳逆已定，其法：乳下一指許，正與乳相直，骨間陷中，婦人即屈乳頭度之，乳頭齊處是穴，艾炷如小豆許，灸三壯，男灸左，女灸右，只一處，火到當即瘥，若不瘥，則多不救矣。

治脈微細不見，一時無脈者，以圓利針，刺足少陰經復溜二穴，在內踝上二寸陷中，針至骨順針往下刺之，候迴陽脈生大，乃出針。

治傷寒飲水過多，腹脹氣喘，穴：中脘。

治熱病身痺，洒淅振寒，季脇支滿痛，穴：刺陷谷，足先寒上至膝，乃出針。

治傷寒氣熱，身熱喘，穴：三間。

治傷寒過經不解，刺足厥陰經期門二穴，使經不傳，凡治傷寒，辨其足三陰三陽經，審而刺之，仲景傷寒傳足經不傳手經，此之謂也。

《普濟方・針灸門・傷寒頭痛》治傷寒寒熱頭痛，噦，衄，肩不舉，穴：溫溜。

治熱病頭痛，身熱引目外眥而急，煩滿汗不出，引頷齒面赤皮痛，穴：懸顱。

治熱病，偏頭痛，引目外眥，穴：懸釐。

治振寒，小指不用，頭痛，穴：少澤。

治身熱頭痛，進退往來，穴：神道、關元。

治頭痛食不下，穴：三焦俞。

治熱病先頭重項痛，煩悶，心身熱，熱爭則腰痛不可俯仰，又熱病滿悶不得卧，身重骨痛不相知，穴：太白。

治傷寒身熱，頭痛，噦逆，肩不得舉，穴：溫溜。

治頭痛，穴：魚際、液門、中渚、通里。

治頭痛，穴：天池。

治頭眩痛，穴：支正。

治頭痛顛顛然，穴：通里。

治頭痛汗不出，穴：魚際。

《資生經》云：治傷寒頭痛藥多矣，惟濃煎五苓散服，必效，不必針灸，予屢與人，皆效故也。

治頭痛，穴：風池。

《普濟方・針灸門・傷寒寒熱》治熱病，先腰脛酸，喜渴，身熱，項強，振寒，寒熱，頸項腫，實則肘攣，頭眩痛，虛則生疣痂，穴：少海、支正。

治傷寒溫病，身熱煩心，口乾心澹善驚，手清，逆氣嘔唾，肘瘈善搖，頭顔清，汗不過肩，穴：曲澤。

治傷寒餘熱不盡，穴：曲池。

治寒熱好嘔，穴：商丘。

治寒熱皮肉骨痛，少氣不得卧，穴：中府、膈俞。又云：膈俞主嗜卧怠惰，不欲動搖，身當濕，不能飲食。

治寒熱悽索，氣上不得卧，穴：支滿、肩井、關衝。

治寒熱掌中熱，穴：列缺。

治傷寒振寒，頸項痛，穴：天井。

治振寒而欠，穴：衝陽。

治身熱惡寒，穴：後谿。

治傷寒熱盛，煩嘔，穴：大椎。

《普濟方・針灸門・傷寒嘔噦》治傷寒煩心，喜嘔，心腹脹噫，煩熱，鬲中不利，穴：巨闕。

治熱病煩心，喜嘔，胸中澹澹，穴：間使。

治傷寒，寒熱頭痛嘔衄，穴：溫溜。

治汗出而嘔痙，穴：百會。

治寒熱好嘔，穴：商丘。

治傷寒熱盛，煩嘔，穴：大椎。

治頭身熱赤欲嘔，穴：腎俞。

治熱病煩滿嘔噦，穴：勞宫。

治傷寒逆氣嘔吐，穴：曲澤。

治傷寒嘔逆，噫噦，鬲中氣閉塞，穴：溫溜。灸腋下聚毛下，附肋宛宛中，五十壯。

治傷寒嘔逆，若氣自腹中起，上築咽喉，逆氣連屬不能出，或至數十聲上下不得喘息，此由寒傷胃脘，腎氣先虛，逆氣上乘於胃，與氣相倂，不止者難治，謂之噦，穴：灸中脘、關元百壯。未止，灸腎俞百壯，宜茱萸丸。此用方論，噦者，俗云，咳逆也，針灸者，當以此求之。

《神應經·傷寒部》 身熱頭疼：攢竹、大陵、神門、合谷、魚際、中渚、液門、少澤、委中、太白。

洒淅惡寒，寒慄鼓頷：魚際。

身熱：陷谷、吕細、足寒至膝乃出針，三里、復溜、俠谿、公孫、太白、委中、涌泉。

寒熱：風池、少海、魚際、少衝、合谷、復溜、臨泣、太白。

傷寒汗不出：風池、魚際、經渠、各瀉。二間。

過經不解：期門。

餘熱不盡：曲池、三里、合谷。

腹脹：三里、内庭。

陰證傷寒：灸神闕。二三百壯。

大熱：曲池、三里、復溜。

嘔噦：百會、曲澤、間使、勞宫、商丘。

腹寒熱氣：少衝、陰陵、商丘、太衝、三陰交、行間、隱白。

發狂：百勞、間使、合谷、復溜。

不省人事：中渚、三里、大敦。

秘塞：照海、章門。

小便不通：陰谷、陰陵。

《針灸聚英·雜病歌》 傷寒

身熱頭疼攢竹穴，大陵神門與少澤，合谷魚際中渚間，液門委中與太白。洒淅惡寒慄鼓頷，治之宜在魚際端。身熱陷谷針吕細，三里復溜兼涌泉，公孫太白委中穴，兼治俠谿病自安。寒熱風池與少海，魚際少衝合谷在，復溜太白臨泣中，八穴治之病自差。傷寒汗不出風池，魚際二間兼經渠。過經不解期門上，餘熱不盡先曲池，次及三里與合谷，二穴治之餘熱除。腹脹三里内庭中，陰證傷寒神闕攻，灸壯須及二三百，庶幾能保命不終。大熱曲池及三里，復溜不失患者起。嘔噦百會曲池中，間使勞宫商丘底。腹寒熱氣少衝中，商丘太衝行間同，三陰交兮與隱白，陰陵三壯炷火紅。發狂間使與百勞，合谷復溜四穴焦。不省人事中渚穴，三里大敦二穴燒。秘塞照海與章門，小便不通陰谷焚，更兼陰陵通二穴，治之患者效自臻。

《玉機微義·寒門》 傷寒

陰厥脈絶，氣海。藏結，陰汗不止，腹脹腸鳴，面黑，指甲青，石關、關元，宜灸百壯。陽陵泉，潔古曰：煩滿囊縮者灸此。太谿灸七壯，治少陰皆利，手足不冷，反發熱，脈不至者。劉氏曰：大抵不可刺者，宜灸之。一則沉痼冷，二則無脈，知陽絶也，三則腹皮急而陽陷也，舍此三者，餘皆不可灸。《醫學發明》云：陷下則灸之，天地間陰陽二氣而已，陽在外在上，陰在内在下，今言陷下者，陽氣下陷入陰血之中，是陰反居其上而覆其陽，脈證俱見寒在外者，則灸之。《異法方宜論》云：北方之人，宜灸焫也，爲冬寒火旺，伏陽在内，皆宜灸之。以至理論，則腎主藏，藏陽氣在内，冬三月，主閉藏是也，若太過則病，固宜灸焫，此陽明陷入陰水之中是也。《難經》曰：熱病在内，取會之氣穴，爲陽陷入陰中，取陽氣通天之竅穴，以火引火而道之，此宜灸焫也。若將有病，一概灸之，豈不悮哉。如仲景云：微數之脈，愼不可灸，因火爲邪，則爲煩逆，追虛逐實，血散脈中，火氣雖微，内攻有力，焦骨傷筋，血難復也。又云：脈浮宜以汗解，用火灸之，邪無從出，因火而盛，病從腰以下必重而痹，名火逆也。脈浮熱甚而灸之，此爲實實而虛虛治，因火而動，必咽燥唾血。又云：身之穴三百六十有五，其三十穴灸之有害，七十九穴刺之爲災，并中髓也，此仲景傷寒例。

按《明堂針經》條下，所說禁忌明矣。《內經》云：脈之所見，邪之所在，脈沉者，邪氣在內，脈浮者，邪氣在表，世醫只知脈之說，而不知病證之禁忌。若表見寒證，身汗出常清，數慄而寒，不渴，欲覆厚衣，常惡寒，手足厥，皮膚乾枯，其脈必沉細而遲，但有一二證，皆宜灸之，陽氣陷故也。若身熱惡熱，時見躁作，或面赤黃，咽乾，嗌乾，口乾，舌上黃赤，時渴，咽嗌痛，皆熱在外也，但有一二證，皆不宜灸，其脈必浮數，或但數，亦不可灸，灸之，災害立生。若有鼻不聞香臭，鼻流清涕，或欠或嚏，惡寒，其脈必沉，是脈證相應也，或輕手得弦緊者，是陰伏其陽也，雖面赤，宜灸之，不可拘於面赤色而禁之也。

《玉機微義·寒門·論陰毒》 王海藏云：陰毒本因腎氣虛寒，因慾事，或食生冷物而後傷風，內既伏陰，外又傷寒，或先感外寒而後伏陰，內外皆陰，則陽氣不守，遂發陰毒。身重，眼睛疼，身體倦怠而甚熱，四肢厥逆冷，額上及手背冷汗不止，或多煩渴，精神恍惚，如有所失，三二日間或可起行，不甚覺重。診之，則六脈沉細而疾，尺部短小，寸口或無。若服涼藥，則渴轉甚，躁轉急。有此證者，急服還陽退陰之藥則安，惟補虛和氣而已，宜服正元散之類。陰證不宜發汗，如氣正脈大，身熱未差，用藥發汗無妨。或寸口小而尺脈微大，亦同。積陰感於下，則微陽消於上，故其候沉重，四肢逆冷，腹痛轉甚，或喉不利，或心下脹滿結硬，躁渴，虛汗不止，或時狂言，爪甲面色青黑，六脈沉細而一息七至以來。有此證者，速宜於氣海、關元二穴灸三二百壯，以手足和暖爲效，仍服金液丹、來復丹之類，隨證治之。

《古今醫統大全·傷寒門·傷寒刺灸》 傷寒三陽頭痛，何法刺之？答曰：手之三陽，足之三陽，皆會於頭者，謂諸陽之會，其受邪伏留而不去，故曰三陽頭痛，視其色脈，知在何經。

如脈浮而緊，過在足太陽，宜刺：腕骨、火。京骨、水。

如脈浮而長，過在手陽明，宜刺：合谷、衝陽，土。

脈浮而弦，過在手足少陽，宜刺：陽池、丘虛、風府、風池。

傷寒邪在三陰，內不得通，以爲腹痛，手足三陰皆會於腹，如脈弦而腹痛，過在足厥陰肝經、手太陰肺經，宜刺：太衝、木。太淵、金。大陵。

如脈沉而腹痛，過在足少陰腎經、手厥陰心包經絡，宜刺：太谿、大陵。

脈沉細而腹痛，過在足太陰脾經、手少陰心經，宜刺：太白、神門、三陰交。

傷寒下後結胸痞氣者，足三陰之終，手三陰之始，胸中結痞，過在少陰腎經、手厥陰包絡，宜刺兩經之井、原，以瀉胸中之氣。

如心中結痞，過在足太陰脾經、手少陰心經，宜刺兩經之井、原，以瀉心中之氣。

胃中痞結，過在足厥陰肝經、手太陰肺經，宜刺兩經之井、原，以瀉胃中之氣。或上、中、下三脘，應痞結而瀉之。

灸法惟直中陰經眞寒證，四肢厥冷，腹痛唇青，指甲青，下利清，俱宜灸氣海、關元二穴。在臍下，隨灸其一穴，陽氣回，止。其餘三陽證候，俱不宜灸。

《楊敬齋針灸全書·傷寒發熱》

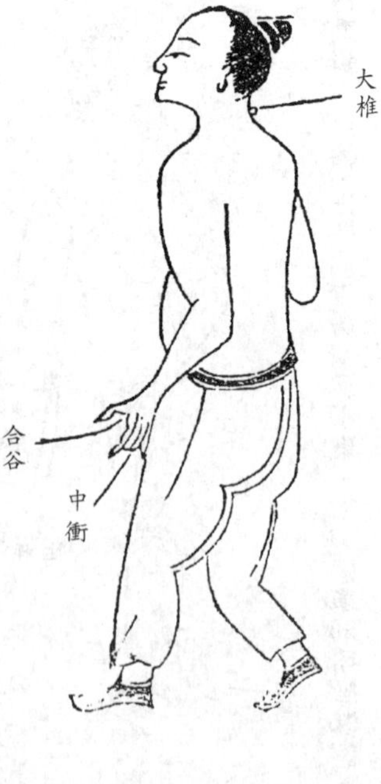

《楊敬齋針灸全書·傷寒惡寒發熱》

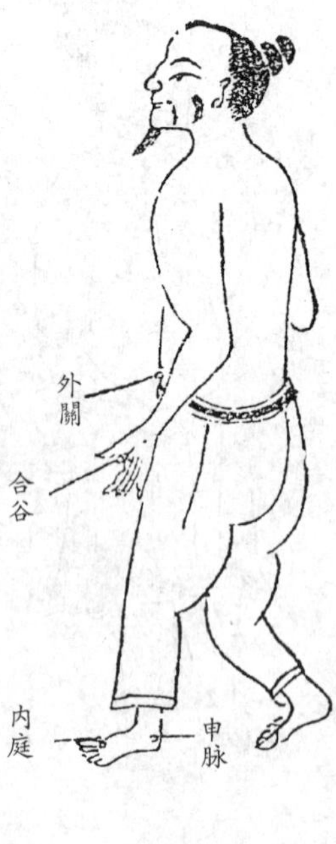

《楊敬齋針灸全書·傷寒大熱不退》

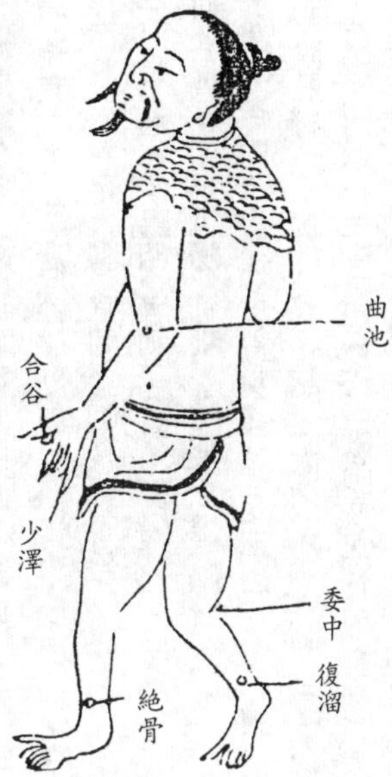

《楊敬齋針灸全書·傷寒熱退再發》

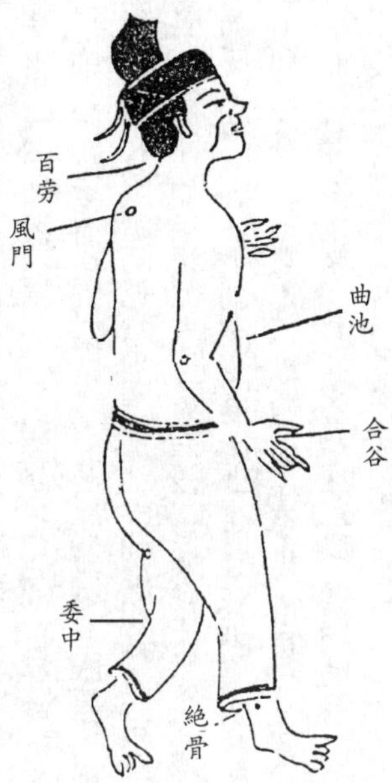

《楊敬齋針灸全書·傷寒熱病》

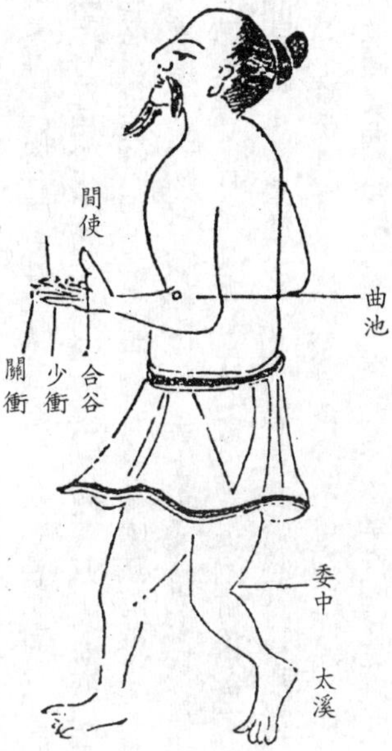

《楊敬齋針灸全書·傷寒温病》

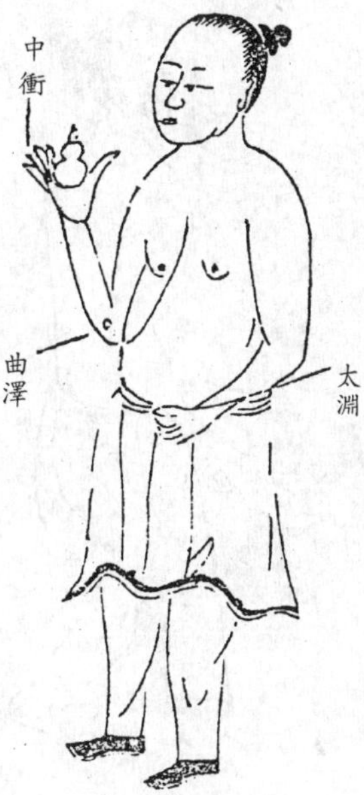

《楊敬齋針灸全書·傷寒咽喉閉》

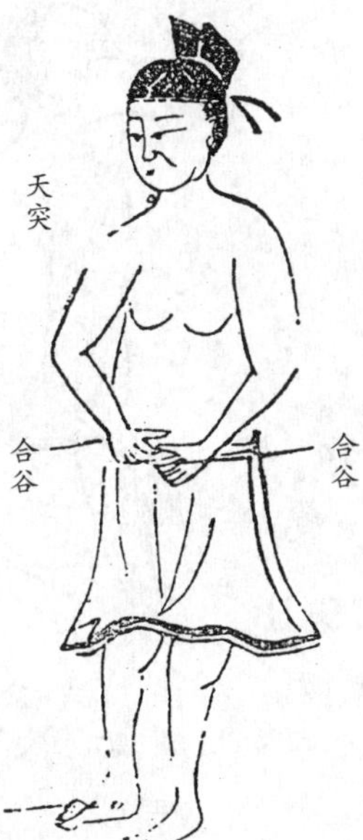

《楊敬齋針灸全書·傷寒病後鼻清涕腠理不密肺感寒邪所致其證》

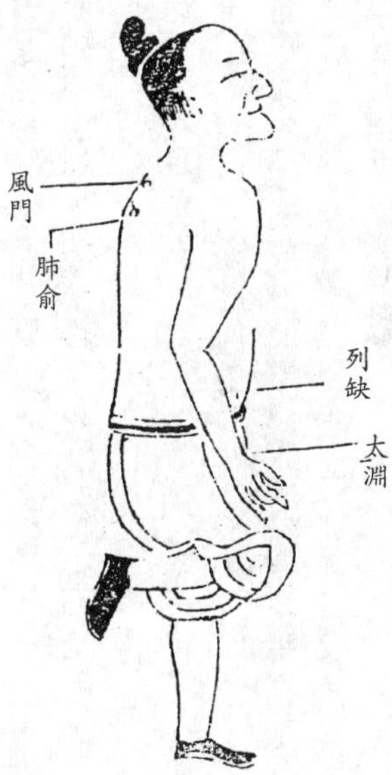

《楊敬齋針灸全書·傷寒發斑》

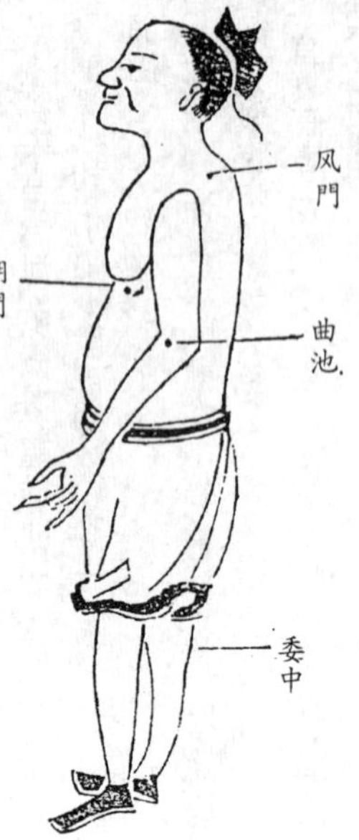

《楊敬齋針灸全書·傷寒過經不解》

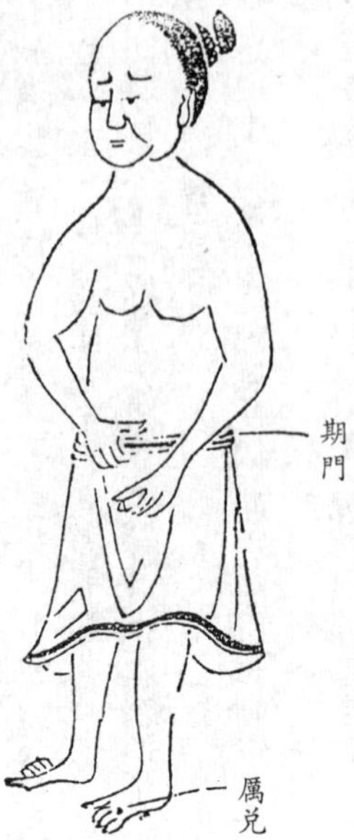

《楊敬齋針灸全書·傷寒陰毒》

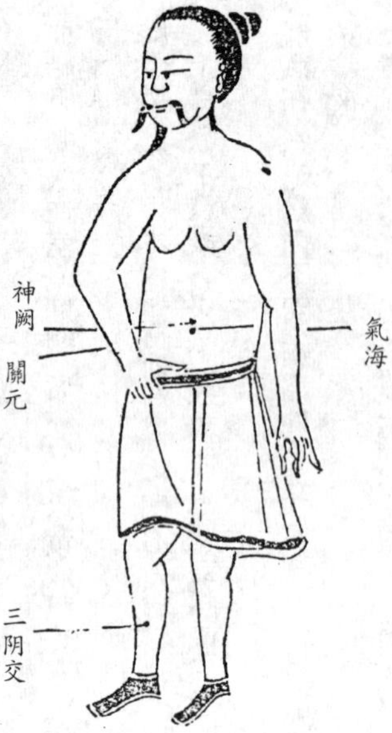

《楊敬齋針灸全書·傷寒譫語》

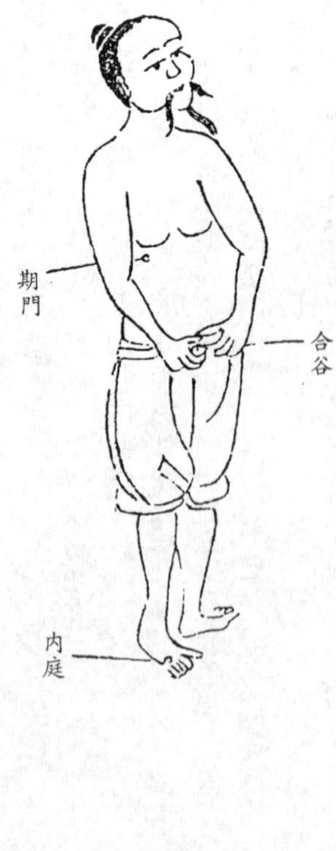

《針灸大成·續增治法·傷寒》發熱：風寒客於皮膚，陽氣拂鬱所致，此表熱也。陽氣下陷，入陰分蒸薰，此裏熱也。

汗不出，悽悽惡寒：玉枕、大杼、肝俞、鬲俞、陶道。

身熱惡寒：後谿。

身熱汗出，足厥冷：大都。

身熱頭痛，食不下：三焦俞。

汗不出：合谷、後谿、陽池、厲兌、解谿、風池。

身熱而喘：三間。

餘熱不盡：曲池。

煩滿汗不出：風池、命門。

汗出寒熱：五處、攢竹、上脘。

煩心好嘔：巨闕、商丘。

身熱頭痛，汗不出：曲泉、神道、關元、懸顱。巳上見《針經》。

六脈沉細，一息二三至：氣海、灸。關元。灸。

少陽發熱：太谿。灸。

惡寒：有熱惡寒者，發於陽；無熱惡寒者，發於陰。背惡寒，口中和，關元。灸。

惡風：有汗爲中風，傷衛。無汗惡風爲寒，傷榮。先刺風府、風池，後飲桂枝葛根湯。

胸脇滿，兼譫語，邪氣自表傷裏，先胸脇，次入心：期門。

結胸：臟氣閉而不流布也，按之痛爲小結，不按自痛爲大結。期門、針。肺俞。針。

婦人因血結胸，熱入血室：期門。針。又，以黄連巴豆七粒作餅子，置臍中，以火灸之，得利爲度。

欬逆：胸中氣不交也，水火相搏而有聲，期門，針。

小腹滿：上爲氣，下爲溺，當出不出，積而爲滿，或腹中急痛，刺委中，或奪命穴等處。

煩躁：邪氣在裏，煩爲内不安，躁爲外不安，傷寒六七日，脈微，手足厥冷，煩躁，灸厥陰俞。

畜血：熱毒流於下而瘀血。少陰證，下利，便膿血。陽明證，下血譫語，必熱入血室，頭汗出，刺期門。

嘔吐：表邪傳裏，裏氣上逆也，口中和，脈微濇，溺，灸厥陰。

戰慄：戰者正氣勝，慄者邪氣勝，邪與正爭，心戰而外慄，爲病欲解也。邪氣内盛，正氣太虚，心慄而鼓頷，身不戰者，已而遂成寒逆者，灸魚際。

四逆：四肢逆冷，積冷成寒，六腑氣絶於外。足脛寒逆，少陰也。身寒者，厥陰也。灸氣海、腎俞、肝俞。

厥：手足逆冷，陽氣伏陷，熱氣逆伏，而手足冷也，刺之。脈促而厥者，灸之。

欝冒：欝爲氣不舒，冒爲神不清，即昏迷也。多虚極，乘寒所致，或吐下使然，刺太陽、少陽井。病頭痛，或冒悶如結胸狀，刺大椎、肺俞、肝俞，慎不可汗。

自利：不經攻下自溏泄，脈微濇，嘔而汗出，必更衣，反小者，當溫上灸之，以消陰。小便吐利，手中不冷，反發熱，脈不至，灸太谿。少陰下利，便膿血，刺之。通用。

霍亂：上吐下利，揮霍撩亂，邪在中焦，胃氣不治，陰陽乖隔，遂上吐下泄，躁擾煩亂也，或腹中痛絞刺，針委中。

腹痛：有實有虚，寒熱，燥屎舊積，按之不痛爲虚，痛爲實。合灸不灸，令病人冷結，久而彌困，刺委中。

陰毒陰證：陰病盛則微陽消於上，故沉重，四肢逆冷，臍腹築痛，厥逆或冷，六脈沉細，灸關元、氣海。

太陽少陽併病：刺肺俞、肝俞。如頭痛，刺大椎。

小便不利：邪畜於内，津液不行，陰寒甚，下閉者，灸之。陰證小便不利，陰囊縮，腹痛欲死者，灸石門。

不仁：不柔和，癢痛寒，正氣爲邪氣閉伏，欝而不散，血氣虚少故也。若越人診虢太子尸厥，以欝冒不仁爲可治，刺之而痊者，神醫之診也。設脈浮洪，汗如油，喘不休，體不仁，越人豈能治哉。

《針灸大成・續增治法・雜病》寒，見傷寒。陰寒及陷下脈絶者，宜灸之。

《針灸大成・治證總要》第一百一十：傷寒頭痛：合谷、攢竹、太陽，眉後紫脈上。

第一百十一：傷寒脇痛：支溝、章門、陽陵泉、委中。出血。

第一百十二：傷寒胸脇痛：大陵、期門、膻中、勞宫。

第一百十三：傷寒大熱不退：曲池、絶骨、三里、大椎、湧泉、合谷。俱宜瀉。

第一百十四：傷寒熱退後餘熱：風門、合谷、行間、絶骨。

第一百十五：發狂，不識尊卑：曲池、絶骨、百勞、湧泉。

第一百十六：傷寒發痓，不省人事：曲池、合谷、人中、復溜。

第一百十七：傷寒無汗：内庭，瀉。合谷，補。復溜，瀉。百勞。

第一百十八：傷寒汗多：内庭、合谷，瀉。復溜，補。百勞。

第一百十九：大便不通：章門、照海、支溝、太白。

第一百二十：小便不通：陰谷、陰陵泉。

第一百二十一：六脈俱無：合谷、復溜、中極。陰證多有此。

第一百二十二：傷寒發狂：期門、氣海、曲池。

第一百二十三：傷寒發黄：腕骨、申脈、外關、湧泉。

《壽世保元・灸法・灸諸病法》一治陰毒腹痛脈欲絶者，先以男左女右手足中指盡頭處，各灸三壯，又灸臍下一寸五分，名氣海穴，三寸名關元穴，各灸七壯，極效。

一論眞陰證，四肢厥冷，腹痛如錐，脹急，服大附、薑桂如水，此中焦寒冷之甚。宜急灸臍上二穴，臍下一穴，臍左右兩穴，每七壯，神效。

一論中寒陰證神法，但手足溫暖，脈至，知人事，無汗，要有汗即生，不暖不醒者死。

氣海穴在臍下一寸五分，丹田在臍下二寸，關元在臍下三寸，艾灸二七壯。

《醫門法律·中寒門·比類仲景治寒論陽虛陰盛治法并死證三十二則》

《卒病論》雖亡，《傷寒論》固存也。仲景於傷寒陽微陰盛惡寒之證，尚不俟其彰著，早用附子、乾薑治之，并灸之矣，況於卒病乎，況於卒病彰著之極者乎。茲特重加剖繹，非但治卒病有據，即遇傷寒危證，毫髮莫遁耳。

《醫門法律·中寒門·少陰經七法》　少陰病，得之一二日，口中和，其背惡寒者，用灸及附子湯，外內相攻之法。

《醫門法律·中寒門諸方列於左》　附薑白通湯：　治卒暴中寒，厥逆嘔吐，瀉利色清，氣冷肌膚凜慄無汗，盛陰沒陽之證。

附子、炮，去皮、臍。乾薑、炮。各五錢。葱白、五莖，取汗。豬膽。大者半枚。

右用水三大盞煎附、薑二味至一盞，入葱汁并豬膽汁和勻溫服。再用葱一大握以帶緊束，切去兩頭留白寸許，以一面熨熱安臍上，用熨斗盛炭火熨葱白上面，取其熱氣從臍入腹，甚者連熨二三餅，又甚者再用艾炷灸關元、氣海各二三十壯，內外協攻，務在一時之內令得陰散陽回，身溫不冷，次用第三方。

《醫門法律·中寒門·厥陰死證四條》　傷寒六七日，脈微，手足厥冷，煩躁，灸厥陰，厥不還者死。

灸，所以通陽也，厥不還，則陽不回可知矣。

《醫門法律·中寒門》　傷寒脈促，手足厥逆者，有灸之之法。

脈見喘促，陽氣內陷，急遽不舒之狀也，加以手足厥逆，陽微陰盛，必罹滅頂之凶，故當灸之，以通其陽也。

《太乙神針心法·傷寒門》　治法

陰證傷寒：（針）〔灸〕神闕三百。

發狂傷寒：　針百勞、間使、合谷、復溜。

身熱頭疼：　針攢竹、大陵、神門、合谷、魚際、中渚、液門、少澤、委中、太白。

大便閉塞：　針照海、章門。

小便不通：　針陰谷、陰陵泉。

七日汗不出：　針風池、魚際、經渠、二間。

十四日汗不出：　針百會、天根。

二十一日汗不出：　針湧泉、百會、三里。

淅瀝惡寒，寒慄鼓頷：　針魚際。

過經不解：　針期門。

餘熱不盡：　針曲池、三里、合谷。

不省人事：　針中渚、三里、大敦。

嘔噦：　針百會、曲澤、間使、勞宮、商丘。

《針灸易學·認證定穴》　傷寒門

寒，一日刺風府，陰陽分經次第取。

一日太陽風府，督脈。二日陽明之滎，大腸二間，胃內庭。三日少陽之俞，膽臨泣，三焦中渚。四日太陰之井，脾隱白，肺少商。五日少陰之俞，腎太谿，心神門。六日厥陰之經。肝中封，包絡間使。在表刺三陽經穴，在裏刺三陰經穴，六日過經未汗，刺期門、三里，古法也，惟陰證灸關元穴爲妙。汗吐下法非有他，合谷內關陰交杵。汗法：　針合谷，入二分，行九九數，搓數十次，男左搓，女右搓，得汗行瀉法，汗止身溫出針。如汗不止，針陰市，補合谷。吐法：　針內關，入三分，先補六次，瀉三次，行子午搗臼法三次，提氣上行，又推戰一次，病人多呼幾次即止。如吐不止，補九陽數，調勻呼吸三十六度，吐止，徐出針，急捫穴。吐不止，補足三里。下法：　針三陰交入三分，男左女右，以針盤右轉，六陰數畢，用口鼻閉氣，吞鼓腹中。將瀉，插一下其人即泄，鼻吸手瀉三十六遍，方開口鼻之氣，針插即泄。如泄不止，針合谷，升九陽數。凡汗吐下，仍分陰陽補瀉。

寒頭痛，合谷、攢竹、太陽。無汗，內庭、合谷、復溜、百勞。胸脇痛，大臨、期門、膻中，勞宮。狂不識尊卑，曲池、絕骨、百勞、湧泉。大熱不退，曲池、絕骨、三里、大椎、湧泉、合谷，俱瀉。退後餘熱，風門、合谷、行間、絕骨。汗多，內庭、合谷、復溜，百勞。大便不通，章門、照海、支溝、太白。小便不通，陰谷、陰陵泉。六脈俱無，合谷、復溜，中極。發痙不省人事，曲池、合谷、人中、復溜。發黃，腕骨、申脈、外關，湧泉。脇痛，支溝、章門、陽陵泉、委中。經過不汗，期門。如四肢厥逆冷，復溜，順骨刺之。如脈浮，寒瀉絕骨，熱補

絶骨。如浮洪，瀉之。如沉細，補之。口噤目閉藥不下，合谷。狐惑口生瘡，黄連犀角湯。蟲在内食，地倉。傷寒吐蚘，烏梅湯，灸中脘。痞結脇積疼，期門。當汗不汗，合谷。自汗，復溜。牙關緊急，項強反張，目直視，列缺。如痞氣結胸，兩目昏花汗不通，湧泉三分，出汗。

《針灸逢源・證治參詳・傷寒熱病門》

頭痛身熱：風池、風府、上星、攢竹、懸顱、商陽、魚際、神道、期門、足三里、陷谷、太谿。一名呂細。

汗不出：腕骨、陽谷、合谷、瀉。復溜。補。

汗出寒熱：風池、五處、攢竹、上脘、少商、合谷、補，復溜。瀉。

熱無度汗不出：陷谷。泄陽明之熱。

大煩熱晝夜不息，刺十指間出血，謂之八關大刺。

惡寒：後谿。

喘：三間。

結胸，藏氣閉而不流布也，按之痛爲小結，不按自痛爲大結：肺俞、期門。

熱入血室，譫語：期門。

腹脹：三里、内庭。

發狂，此陽明胃經邪熱熾盛，燥火鬱結於中所致。百會、合谷、間使、足三里、復溜。

鬱冒，鬱爲氣不舒，冒爲神不清，即昏迷也。關衝、少澤、竅陰、至陰。厥，三陰三陽之脈，俱相接於手足，陰主寒，陽主熱，陽氣内陷，不與陰經相順接，則手足厥冷也。支溝、内庭、太谿、大都、行間。

若脈絶者：間使、氣海、復溜。

餘熱不盡：風池、間使、合谷、後谿。

過經不解：期門。

發黄，陽明瘀熱在裏，身必發黄，大率溫熱之黄如橘色，寒濕之黄如薰色。外關、腕骨、申脈、湧泉。

小便不利，邪蓄於内，津液不行也。陰谷、陰陵泉、關元、寒鬱不通者，用炒熱鹽熨關元。石門。陰寒甚，小便不利，囊縮腹痛欲死者，灸石門。

大便秘塞：章門、照海。

《針灸逢源・論治補遺・傷寒論》太陽病，頭痛至七日以上自愈者，以行其經盡故也。若欲再作經者，針足陽明，使經不傳則愈。七日，太陽一經行盡之期，而曰再作經者，太陽過經不解，復病陽明而爲併病也，當刺足陽明之厲兑、陷谷、衝陽等穴。如太陽病脈浮頭痛，刺宛骨、京骨。頭疼惡寒發熱，刺合谷，以解太陽之餘邪也。

太陽病，初服桂枝湯，反煩不解者，先刺風池、風府，卻與桂枝湯則愈。風邪不僅在衛，而在太陽之經，故刺之以解其結。

陽明病，脈長、身熱目疼、鼻乾，不得卧。下血譫語者，此爲熱入血室，但頭汗出者，刺期門。陽明熱盛，侵及血室，血室不藏，溢出前陰，故下血。刺期門，則中焦營氣之結滯易散。婦人中風，發熱惡寒，經水適來，得之七八日，熱除而脈遲，胸脇下滿，如結胸狀，譫語者，此爲熱入血室也，當刺期門，隨其實而瀉之。熱入血室屬陽明經，男女皆有之。

太陽少陽併病，脈弦，頭項強痛，或眩冒，時如結胸，心下痞鞕，當刺大椎、肺俞、肝俞，肺主氣，肝主血，此調其氣血也。慎不可發汗，發汗則譫語，若譫語不止，當刺期門。

少陰病，脈沉，口燥舌乾而渴。吐利，手足不逆冷，反發熱者不死。脈不至者，灸少陰七壯。灸太谿、復溜，能還大脈，若太谿脈絶，則死矣。

傷寒六七日，脈微，手足厥冷，煩躁，灸厥陰，厥不還者死。按：《聚英》云，傷寒煩躁者灸厥陰俞，即太衝穴。

病者手足厥冷，（言我）〔脈沉細，〕不結胸，小腹滿，按之痛者，此冷結在膀胱、關元也。灸關元穴。

下利，手足逆冷無脈者灸之。少陰經太谿，任脈氣海、丹田，各灸七壯，可救萬一。不溫，若脈不還，反微喘者死。下利後，脈絶，手足厥逆，晬時脈還手足溫者生，脈不還者死。

傷寒腹滿，譫語，寸口脈浮而緊，此肝乘脾也，名曰縱，刺期門。傷寒發汗，嗇嗇惡寒，大渴欲飲水，其腹必滿，此肝乘肺也，名曰横，刺期門。肝乘脾曰縱者，放縱不收，剋其所勝，其病難愈。肝乘肺曰横者，木反乘金，横犯其所不勝，其病易安。刺期門，皆所以泄肝之盛氣也。

《針灸全生・傷寒》汗不出，悽悽惡寒：大杼、肝俞、膈俞、陶道。

身熱惡寒：後谿。

身熱汗出，足厥冷：大都。

身熱頭痛食不下：三焦俞。
身熱而喘：三間。
汗不出：合谷、後谿、陽池、禁灸，厲兌、解谿、風池。
煩滿汗不出：風池、命門。
汗出寒熱：五處、攢竹、上腕。
身熱頭痛汗不出：曲泉、神道、關元、懸顱。
少陽發熱：太谿。
煩心喜嘔：巨闕、商丘。
傷寒：一日太陽、風府；二日陽明、內庭；三日少陽、足臨泣；四日太陰、隱白；五日少陰、太谿；六日厥陰、中封。
過經不解：期門。
餘熱不盡：曲池、三里、合谷。
又法：風門、合谷、行間、懸鍾。
身熱頭疼：攢竹、大陵、神門、合谷、魚際、禁灸，中渚、液門、少澤、委中、太白。
惡寒鼓頷：魚際。
身熱：陷谷、太谿、三里、復溜、夾谿、公孫、太白、委中、湧泉。
寒熱：風池、少海、魚際、少衝、合谷、復溜、太白、足臨泣。
汗不出：風池、魚際、經渠、二間。
又法，無汗：內庭，瀉，合谷，補，復溜，瀉，大椎。
多汗：內庭，補，合谷，瀉，復溜，補，大椎，無補瀉。
大熱不退：曲池、三里、復溜、懸鐘、大椎、湧泉、合谷。
嘔噦：百會、曲澤、間使、勞宮、商丘。
發狂：大椎、間使、合谷、復溜、曲池、懸鐘、湧泉。
不省人事：中渚、三里、大敦。
小便不通：陰谷、陰陵泉。
大便閉塞：照海、章門、支溝、太白。
脇痛：支溝、章門、陽陵泉、委中。
胸脇痛：大陵、膻中、期門、勞宮。
陰證傷寒：神闕，灸，關元，灸，氣海，二三百壯，百會，灸。
發痓：曲池、合谷、復溜。
發黃：腕骨、申脈、外關、湧泉。
背惡寒，口中和：關元，灸。
惡風：先刺風府、風池，後飲桂枝葛根湯。
胸脇滿兼譫語：期門，針。
結胸：期門，針，肺俞，針。
欬逆，胸中氣不交也，水火相搏而有聲：期門，針。
小腹滿，腹中急痛：委中，或奪命穴等處。
煩躁，傷寒六七日，脈微，手足冷，煩躁：厥陰俞，灸。
畜血：期門。
嘔吐：太衝、中封，灸。
四逆：氣海、腎俞、肝俞。
鬱冒：關衝、少澤、至陰、竅陰。
頭痛或冒悶如結胸狀：刺大椎、肺俞、肝俞，慎不可汗。
霍亂腹痛：委中。
婦人因血結胸熱入血室：刺期門。
又，以黃連、巴豆七粒作餅子置臍中，以火灸之，得利爲度。
太陽少陽併病：刺肺俞、肝俞。如頭痛，刺大椎。
小便不利，陰寒甚，下閉者，灸之。陰證小便不利，陰囊縮，腹痛欲死者，灸石門。
頭痛身熱：二間、合谷、神道、風池、期門、間使、足三里。
汗不出：合谷、腕骨、通里、期門、足三里、復溜。
發狂：百會、間使、復溜、陰谷、足三里。
陰證：期門、百會、間使、氣海、關元。
聲啞：期門、間使、合谷，刺，太衝，刺。
耳聾：腎俞、偏歷、聽會。
小便閉：陽谷、關元、陰陵泉。
舌捲囊縮：天突、廉泉、合谷、腎俞、復溜、然谷、血海。
腹脹：太白、復溜、足三里。
餘熱：曲池、間使、後谿。

《神灸經綸·傷寒宜灸》 少陰病，得之二三日，口中和，其背惡寒者，當灸之。

常器之云：足太陽鬲關二穴，專灸背惡寒，其穴在第七椎下兩旁，相去各三寸陷中，正坐取之，灸五壯。

少陰病，吐利，手足不厥冷，反發熱者，不死，脈不至，灸少陰七壯。

常器之云：當灸少陰太谿二穴。經曰：腎之原出於太谿，其穴在内踝後跟骨動脈陷中。

少陰病，下利便膿血者，可刺。

常器之云：可刺足少陰幽門、交信二處。

郭雍曰：可灸。考幽門二穴，在鳩尾下一寸，巨闕兩旁各五分陷者中，治瀉利膿血，刺五分，灸五壯。交信二穴在内踝上二寸，少陰前太陰後廉筋骨間，治瀉利赤白，刺四分，留五呼，灸三壯。

少陰病，下利脈微濇，嘔而汗出，必數更衣，反少者，當溫其上，灸之。

常器之云：灸太衝。

郭雍云：灸太谿。此穴皆不治嘔而汗出裏急下利，惟幽門主治。乾噦嘔吐，裏急下利，亦當灸幽門爲是。

傷寒六七日，脈微，手足厥冷而煩燥，灸厥陰。厥不還者，死。

常器之云：可灸太衝，以太衝二穴爲足厥陰之所注，凡病診太衝脈可決人之生死，其穴在足大指本節後二寸跗間陷者中，動脈應手是其穴也，灸三壯。

傷寒脈促，厥逆者可灸之。

常器之云：太衝穴，前條手足厥逆，灸太衝，此條亦手足厥逆，亦當灸太衝。

傷寒頭痛身熱：灸二間、合谷、神道、風池、期門、間使、足三里。

傷寒汗不出，目紅耳聾，胸痛頷腫，口禁：灸俠溪、復溜。

傷寒發熱，煩燥口乾，灸曲澤、陰竅。

嘔吐氣逆：曲澤。

手足逆冷：大都。

遍身發熱：百勞。

發狂：百會、間使、復溜、陰谷、足三里。

陰證：期門、間使、氣海、關元。

聲啞：天突、期門、間使。

耳聾：腎俞、偏歷、聽會。

小便閉：陰谷、關元、陰陵泉。

舌捲囊縮：天突、廉泉、腎俞、合谷、復溜、然谷、血海。

腹脹：太白、復溜、足三里。

餘熱：曲池、間使、後谿。

婦人熱入血室：期門。

《針灸集成·傷寒及瘟疫》 太陽經病，一日二日發熱惡寒，頭疼腰脊強痛，尺脈俱浮，屬膀胱經。

陽明經病，二日三日身熱目痛，鼻乾不得卧，尺脈俱長，屬胃土。

少陽經病，三日四日胸脇痛，而耳聾，或口苦舌乾，或往來寒熱而嘔，尺脈俱弦，屬膽木。

太陰經病，四日五日腹滿咽乾，手足自濕，或自痢而渴，或腹痛，尺脈俱沉細，屬脾土。

少陰經病，五日六日口躁舌乾而惡寒，尺脈俱沉，屬腎水。

厥陰經病，六日七日煩懣囊縮，尺脈俱微緩，屬肝木。

是三陰三陽證也。方書云，初起只傳足經，不傳手經。

又云，五行順傳者生，逆傳者死。順，金生水，水生木，木生火，火生土，土生金。逆，金剋木，木剋土，土剋水，水剋火，火剋金。

又云，一日治風府穴，二日治三間穴，三日治中渚、臨泣，四日治少商、隱白，五日治神門、太谿，六日治靈道、中封，間使穴。在表主腑：陽谷、支溝、陽谿，陽輔。在裏主臟：商丘、復溜、經渠、靈道、間使。

痓病似中風證，中濕證，口噤反張，又似癇證，以傷寒逐日例行針。

傷寒流注，太衝、内庭穴針，此二穴總治，能退寒熱。

在手，太衝、内庭，手三里幷針。在足，太衝、内庭幷針。在背，太衝、内庭，間使幷針。在腹，太衝、内庭，下三里幷針。

傷寒犯色發熱，飲食咽塞而還出鼻孔，然谷針，使之飲食即呑，神效。

陰證傷寒，彌留不能退熱，乃中氣不足之致，臍中百壯，不愈，加灸五十壯，或塡鹽煉臍。

傷寒過六日不解者，期門、關元、太衝、下三里、內庭。

餘熱未盡：曲池、合谷、太衝、下三里、內庭。

傷寒悲恐：太衝、內庭、少衝、通里。

挾脊痛：太衝、內庭、委中、崑崙。

口乾：曲澤、神門。

項強目瞑：風門、委中、太衝、內庭、下三里、三陰交。

熱病煩心，足寒多汗：先針然谷、太谿、行間，皆補。

熱病煩心，汗不出：中衝、勞宮、少衝、關衝、大陵、陽谿、曲澤、孔最，三壯至五壯即汗。

又方，五日以上汗不出，太淵留針一時，若未滿五日，曲澤穴禁針。

熱病極熱，頭痛引飲三日，以柔索纏肩下臂上左右尺澤穴，上下青絡血貫，刺多出血，稟如糞汁，神效。出血與汗出同，故也。

《針灸集成·脈》 傷寒六脈俱無，取復溜。

《針灸穴法》 傷寒毒，腰背重痛，心腹滿脹，指甲黑，舌捲唇黑，神闕一穴，氣海一穴，關元一穴，三陰交二穴。

傷寒胸隔痛：內關二穴，期門二穴，大陵二穴。不省人事，併大指頭合掌灸之。

傷寒腹內脹滿：中脘一穴，氣海一穴，肩井二穴，分水一穴，三里二穴，三陰交二穴，內庭二穴。

傷寒發痓。身體強直有汗，此柔痓。無汗，此剛痓。百會一穴，人中一穴，風門二穴，曲池二穴，合谷二穴。

傷寒結胸：神闕一穴，公孫二穴，湧泉二穴。

傷寒熱病：曲池二穴，間使二穴，合谷二穴，關衝二穴，委中二穴，太谿二穴，合谷二穴，復溜二穴，內庭二穴。

傷寒惡風自汗：百會一穴，合谷二穴，復留二穴。

傷寒無汗：命門一穴，風池二穴，肝俞二穴，合谷二穴，關衝二穴。

傷寒小便不通：關元一穴，天樞二穴，陰陵二穴，絕谷一穴，太衝二穴。

傷寒小便不通，咽喉閉：天突一穴，少商二穴，合谷二穴，丹田一穴，陽陵二穴，三陰交二穴。

傷寒大便不通：章門二穴，支溝二穴，照海二穴，內庭二穴，丹田一穴，大腸俞二穴，水道二穴。

傷寒大便不通，嘔吐：膻中一穴，氣海一穴，中脘一穴，天樞二穴，章門二穴，三里二穴，支溝二穴，照海二穴，內關二穴。

傷寒大熱不退，汗出不止及頭痛：合谷二穴，內庭二穴，風池二穴，解谿二穴，少澤二穴，委中二穴，復溜二穴，曲池二穴，列缺二穴，太淵二穴。

發班，紅班可治，黑班難治，乃熱極之證：風門二穴，期門二穴，曲池二穴，委中二穴，三陰交二穴，三里二穴，公孫二穴，照海二穴，大敦二穴。

傷寒咳嗽，鼻流清涕：風門二穴，合谷二穴。傷寒小腹痛，十指青，六脈無：分水二穴，天樞二穴，石門一穴，各灸五壯，魚腹二穴，灸三壯。

傷寒譫語，見神鬼：期門二穴，合谷二穴，內庭二穴，巨厥一穴，陰交一穴，支溝二穴，膏肓二穴。

《灸法秘傳·傷寒》 傷寒者，由冬令傷於寒邪，法當辛散。其誤治也，變爲結胸，宜灸期門。若婦人經水適來，邪熱入於血室，晝則明了，夜則譫語，亦灸期門之穴。若飲水過多，腹脹者，灸其中脘。餘熱解不盡者，當灸曲池可也。

《針灸摘要·任脈》 傷寒面赤，發熱頭痛：通里、曲池、絕骨、合谷。

傷風感寒，咳嗽咳滿：膻中、風門、合谷、風府。

傷風四肢煩熱頭痛：經渠、曲池、合谷、委中。

《針灸學·刺傷寒》 《針灸大成》引《神應經》諸書傷寒刺法曰：傷寒頭痛，取合谷、攢竹、太陽刺之。傷寒身熱，取陷谷、呂細、三里、復溜、俠谿、公孫、太白、委中、湧泉刺之。傷寒汗不出，取風池、魚際、經渠刺之。傷寒過經不解，取期門刺之。傷寒餘熱不盡，取曲池、三里、合谷刺之。傷寒腹脹，取三里、內庭刺之。傷寒脇痛，取支溝、章門、陽陵泉、委中刺之。傷寒發痓，不省人事，取曲池、合谷、人中、復溜，刺之。傷寒大便不通，取章門、照海、支溝、太白刺之。小便不通，取陰谷、陰陵泉刺之。傷寒發狂，取期門、氣海刺之。傷寒發黃，取腕骨、申脈、外關、湧泉刺之。傷寒寒熱不已，取風池、少海、魚際、合谷、復溜、臨泣、太白刺之。傷寒吐噦，取百會、曲澤、間使、勞宮、商丘刺之。按此所舉諸穴，可治各條所列之病是矣。然拘於各條所列之病者，不足以盡傷寒之狀也，泥守各條所舉之穴者，不足以愈所列之病也。傷寒變象不一，順傳逆傳，十二經各有病狀，亦即十二經各有當刺之穴，加之男

女體質不同，貴賤勞逸多殊，而喜怒哀樂七情之感，又各有所異，故同日得病，同時傷寒，而見象各不同形。有頭痛難忍者，有腹痛莫禁者，有素患吼喘，欬嗽較甚者，種種異象，無非強弱不同，舊病有無之故。是以刺此人之法，施之彼人而不效，泥執所舉之穴，能治所列之病，失之多多矣。傷寒刺法，有宜先攻表者，有宜先攻裏者，有宜表裏兼攻者。初傷寒則取風池、風府三穴刺之，原無不當行出汗者。然遇先病痢疾而傷寒，先病便閉而傷寒，先病塊邪發作，失血未愈而傷寒者，又必先取治痢通閉、洩塊調血諸穴以刺之，裏疾攻後，再理表邪，所謂急則攻其裏，緩則治其表是也。大抵傷寒病貴在早治，辨證不差，取穴無訛，刺法合度者，一二日即可全愈，萬無卧床不起，延遲時日之患。若治之稍遲，依次傳經，在何經則就何經取穴以瀉其邪，見何狀則就何狀辨證以循其經，一經病者刺一經，多經病者刺多經，辨明標本，針分主客，謂病有不愈者，吾不信也。傷寒變象極多，各樣雜病由傷寒後得者，筆難盡述，故能刺各樣雜病者，而後可以刺傷寒。仲景《金匱雜病》，即羽翼《傷寒》書也，實即傷寒未盡之遺義也。傷寒之變病百出，而治傷寒諸病各穴亦難以預拘。拘於所列之穴者，不能無病不愈也。試以傷寒頭痛論之，《神應經》諸書刺傷寒頭痛，舉合谷、攢竹、太陽爲主穴，夫合谷是陽明經穴，攢竹是太陽經穴，若係陽明、太陽兩經頭痛，刺此二穴固無不愈。然頭痛不止太陽、陽明兩經病也，加之吾人身體多異，因新邪惹舊邪，各經之虛實不同，則頭痛之病根有別。查《內經》厥頭疼篇，各經頭疼刺法，有宜先取頭面左右動脈，後取足太陰者，有宜先取頭上盛脈，後取足厥陰者，有宜先瀉頭上五行，并手足少陰者，有宜先取天柱，後取足太陰者，有宜先取手少陽、陽明，後取足少陽、陽明者。頭病在各經之痛狀不同，則就病循經取穴之方法各異，若獨拘太陽、陽明兩經各穴，豈足以盡傷寒頭痛之刺法乎？又如所言傷寒腹脹刺法，僅舉三里、內庭二穴，以爲腹脹既係陽明所致，故獨舉足陽明二穴以爲刺，其說尤爲舉一漏十，不可奉爲定法也。夫三里、內庭固可以去胃中之邪，然腹病不僅脹，腹脹不獨由於胃，太陽膀胱病有脹滿狀，大腸、小腸病有脹滿狀，肝木脾土病有脹滿狀，其他因塊邪積聚致腹脹滿者，不一而足，僅舉三里、內庭二穴，以盡腹滿脹大之病，不亦求詳反略乎。蓋《神應經》所列治病諸穴，不過示人以規矩，可憑而不可盡憑也。人無論何病，不必傷寒，傷寒無論見何狀，不必頭痛、腹脹，只要臨證行針時辨脈色，審病情，知六氣標本之所在，行先後主客補瀉之針法，不必廢針灸諸書所舉之穴，亦不必泥針灸諸書所舉之穴，對證施針，按經取穴，宜補即補，宜瀉即瀉，何穴可以出血，何穴可以用行針，不泥法而法自存，豈獨傷寒一證而已哉。至傷寒發熱，熱甚昏憒者，十有七八，《內經》所謂寒甚則爲熱也，《神應經》獨舉陷谷、呂細、三里、復溜、俠谿、公孫、太白、委中、湧泉諸穴以爲刺，尤未足以盡刺熱之法也。《內經·刺熱篇》載五臟各有熱狀，即各有當刺之穴，且云病甚者爲五十九刺。又《水熱穴論》篇載岐伯論五十九刺之法，曰：頭上五行行五者，以越諸陽之熱逆也，大杼、膺俞、缺盆、背俞此八者，以瀉胸中之熱也。氣街、三里、巨虛上、下廉此八者，以瀉胃中之熱也。雲門、髃骨、委中、髓空此八者，以瀉四肢之熱也。五臟俞旁五，此十者，以瀉五臟之熱也。凡此五十九穴者，皆熱之左右也。按此刺熱之處，多至五十九穴。則《神應經》所舉刺熱諸穴，不足以盡熱病之邪也明矣。况熱穴既有如是之多，則有宜用三稜針出血者，有宜用細針行瀉法者，輕則擇要而泄其邪，重則盡刺以清其熱，熱不盡則刺亦不已。僅執《神應經》所取九穴，豈能無熱不愈哉。况傷寒病久，百病叢生，非多取幾經，多刺幾穴，一針再針，無以清其源而絕其本。故云，刺雜病之穴，即是刺傷寒之穴。能治雜病，即能治傷寒。在醫者審病辨脈，循經取穴耳，豈可拘泥哉。

《古今醫統大全·針灸直指·古人有不行針要知針理》 許學士視一婦人熱入血室，醫者皆不識，用補血藥，數日成結胸證。學士曰：小柴胡湯已遲，不可行也，可刺期門。予不能針。請善針者針之，如言而愈。

《針灸大成·醫案》 壬申歲，大尹夏梅源公，行次至蛾眉菴寓，患傷寒，同寅諸公，迎視六脈微細，陽證得陰脈。經云：陽脈見於陰經，其生也可知；陰脈見於陽經，其死也可許。予居玉河坊，正值考績，不暇往返之勞，若辭而不治，此公在遠方客邸，且莅政清苦，予甚憫之。先與柴胡加減之劑，少效，其脈尚未合證，予竭精殫思，又易別藥，更針內關，六脈轉陽矣。遂次第進以湯散而愈。後轉陞戶部，今爲正郎。

感冒、熱病

《素問·刺熱篇》 肝熱病者小便先黃，腹痛多卧，身熱。〔王冰注〕肝之脈環

陰器抵少腹而上，故小便不通先黄，腹痛多卧也，寒薄生熱，身故熱焉。熱爭，則狂言及驚，脇滿痛，手足躁，不得安卧。〔王冰注〕經絡雖已受熱，而神藏猶未納邪，邪正相薄，故云爭也。餘爭同之。又肝之脈從少腹上俠胃、貫鬲、布脇肋、循喉嚨之後，絡舌本，故狂言脇滿痛也。肝性靜而主驚駭，故病則驚，手足躁擾，卧不得安。【略】刺足厥陰少陽。〔王冰注〕厥陰肝脈，少陽膽脈也。【略】心熱病者，先不樂，數日乃熱。熱爭則卒心痛，煩悶善嘔，頭痛面赤無汗。〔王冰注〕心手少陰脈起於心中，其支別者，從心系上俠咽，小腸之脈直行者，循咽下鬲抵胃。其支別者，從缺盆循頸上頰至目外眥。故卒心痛，煩悶、善嘔、頭痛面赤也。心在液爲汗，今病熱，故無汗以出。【略】刺手少陰、太陽。〔王冰注〕少陰，心脈，太陽，小腸脈。脾熱病者，先頭重頰痛煩心顔青，欲嘔身熱。〔王冰注〕胃之脈起於鼻交頞中，下循鼻外，入上齒中，還出俠口，環脣，下交承漿，卻循頤後下廉，出大迎，循頰車，上耳前，過客主人，循髮際，至額顱。故先頭重、頰痛、顔青也，脾之脈支別者，復從胃別上鬲，注心中，其直行者上鬲，俠咽，故煩心欲嘔而身熱也。熱爭則腰痛不可用俯仰，腹滿泄，兩頷痛。〔王冰注〕胃之脈支別者，起胃下口，循腹裏，下至氣街中而合以下髀。氣街者，腰之前，故腰痛也。脾之脈入腹，屬脾絡胃。又胃之脈自交承漿，卻循頤後下廉，出大迎，循頰車，故腹滿泄而兩頷痛。【略】刺足太陰陽明。〔王冰注〕太陰脾脈，陽明胃脈。肺熱病者，先淅然厥，起毫毛，惡風寒，舌上黄，身熱。〔王冰注〕肺主皮膚，外養於毛，故熱中之則先淅然惡風寒起毫毛也。肺之脈起於中焦，下絡大腸，還循胃口，今肺熱入胃，胃熱上升，故舌上黄而身熱。熱爭，則喘欬痛走胸膺背，不得大息，頭痛不堪，汗出而寒。〔王冰注〕肺居鬲上，氣主胸膺，復在變動爲欬，又藏氣而主呼吸，背復爲胸中之府，故喘欬痛走胸膺背，不得大息也。肺之絡脈上會耳中，今熱氣上熏，故頭痛不堪，汗出而寒。【略】刺手太陰陽明，出血如大豆，立已。〔王冰注〕太陰肺脈，陽明大腸脈，當視其絡脈盛者乃刺而出之。腎熱病者，先腰痛䯒痠，苦渴數飲，身熱。〔王冰注〕膀胱之脈，從肩髆内俠脊抵腰中，又腰爲腎之府，故先腰痛也。又腎之脈，自循内踝之後上腨内，出膕内廉，又直行者從腎上貫肝鬲，入肺中，循喉嚨，俠舌本，故䯒痠苦渴數飲身熱。熱爭則項痛而強，䯒寒且痠，足下熱，不欲言。〔王冰注〕膀胱之脈從腦出別下項，又腎之脈起於小指之下，斜趨足心，出於然骨之下，循内踝之後，別入跟中，以上䯒内，又其直行者從腎上貫肝鬲，入肺中，循喉嚨，俠舌本，故項痛而強，䯒寒且痠，足下熱，不欲言也。其逆，則項痛員員澹澹然。〔王冰注〕腎之筋循脊内，俠膂上至項，結於枕骨，與膀胱之筋合膀胱之脈，又並下於項，故項痛員員然也，澹澹爲似欲不定也。【略】刺足少陰、太陽。〔王冰注〕少陰腎脈，太陽膀胱脈。諸汗者，至其所勝日，汗出也。〔王冰注〕氣王日爲所勝，王則勝邪，故各當其王日汗。肝熱病者，左頰先赤。〔王冰注〕肝氣合木，木氣應春，南面正理之，則其左頰也。心熱病者，顔先赤。〔王冰注〕心氣合火，火氣炎上，指象明候，故候於顔。顔，額也。脾熱病者，鼻先赤。〔王冰注〕脾氣合土，土王於中，鼻處面中，故占鼻也。肺熱病者，右頰先赤。〔王冰注〕肺氣合金，金氣應秋，南面正理之，則其右頰也。腎熱病者，頤先赤。〔王冰注〕腎氣合水，水惟潤下指象明候，故候於頤也。病雖未發，見赤色者刺之，名曰治未病。〔王冰注〕聖人不治已病治未病，不治已亂治未亂，此之謂也。熱病從部所起者，至期而已。〔王冰注〕期爲大汗日也，如肝甲乙，心丙丁，脾戊己，肺庚辛，腎壬癸，是爲期日也。其刺之反者，三周而已。〔王冰注〕反，謂反取其氣也，如肝病刺脾，脾病刺腎，腎病刺心，心病刺肺，肺病刺肝者，皆是反刺五藏之氣也。三周，謂三陰三陽之脈狀也。又太陽病而刺瀉陽明，陽明病而刺瀉少陽，少陽病而刺瀉太陰，太陰病而刺瀉少陰，少陰病而刺瀉厥陰，如此是爲反取三陰三陽之脈氣也。重逆則死。〔王冰注〕先刺已反病，氣流傳又反刺之，是爲重逆，一逆刺之，尚至三周乃已，況其重逆而得生邪。諸當汗者，至其所勝日，汗大出也。〔王冰注〕王則勝邪，故各當其王日汗。諸治熱病，以飲之寒水，乃刺之，必寒衣之，居止寒處，身寒而止也。〔王冰注〕寒水在胃，陽氣外盛，故飲寒乃刺，熱退則涼生，故身寒而止針。熱病先胸脇痛，手足躁，刺足少陽，補足太陰。〔王冰注〕此則舉正取之例，然足少陽木病而瀉足少陽之木氣，補足太陰之土氣者，恐木傳於土也。胸脇痛，丘墟主之，丘墟在足外踝下如前陷者中，足少陽脈之所過也，刺可入同身寸之五分，留七呼，若灸者可灸三壯。熱病手足躁，經無所主治之旨，然補足太陰之脈，當於井、滎取之也。病甚者，爲五十九刺。〔王冰注〕五十九刺者，謂頭上五行行五者，以越諸陽之熱逆也，大杼、膺俞、缺盆、背俞，此八者，以瀉胸中之熱也。氣街、三里、巨虚上、下廉此八者，以瀉胃中之熱也，雲門、髃骨、委中、髓空，此八者，以瀉四支之熱也，五藏俞傍五，此十者以瀉五藏之熱也，凡此五十九穴者，皆熱之左右也，故病甚則爾刺之。然頭上五行者，當中行謂上星、囟會、前頂、百會、後頂，次兩傍謂五處、承光、通天、絡卻、玉枕，又次兩傍謂臨泣、目窗、正營、承靈、腦空也。上星在顱上直鼻中央入髮際同身寸之一寸陷者中，容豆，刺可入同身寸之四分。熱病始手臂痛者，刺手陽明、太陰而汗出止。〔王冰注〕手臂痛，列缺主之。列缺者，手太陰之絡，去腕上同身寸之一寸半，別走陽明者也，刺可入同身寸之三分，留三呼，若灸者可灸五壯。欲出汗，商陽主之，商陽者，手陽明脈之井，在手大指次指内側去爪甲角如韭葉，手陽明脈之所出也，刺可入同身寸之一分，留一呼，若灸者可灸三壯。熱病始於頭首者，刺項太陽而汗出止。〔王冰注〕天柱主之，天柱在俠項後髮際大筋外廉陷者中，足太陽脈氣所發，刺可入同身寸之二分，留六呼，若灸者可灸三壯。熱病始於足脛者，刺足陽明而汗出止。熱病先身重骨痛，耳聾好瞑，刺足少陰。熱病甚，爲五十九刺。熱病先眩冒而熱，胸脇滿，刺足少陰、少陽。【略】熱病，

氣穴三椎下間主胸中熱，四椎下間主鬲中熱，五椎下間主肝熱，六椎下間主脾熱，七椎下間主腎熱，榮在骶也。〔王冰注〕脊節之謂椎，脊窮之謂骶，言腎熱之氣外通尾骶也。尋此文，椎間所主神藏之熱，又不正當其藏俞，而云主療，在理未詳。項上三椎陷者中也。〔王冰注〕此舉數脊椎大法也，言三椎下間主胸中熱者，何以數之，言皆當以陷者中爲氣發之所。

《素問・評熱病論》 岐伯曰：汗出而身熱者，風也。汗出而煩滿不解者，厥也。病名曰風厥。帝曰：願卒聞之？岐伯曰：巨陽主氣，故先受邪，少陰與其爲表裏也，得熱則上從之，從之則厥也。〔王冰注〕上從之，謂少陰隨從於太陽而上也。帝曰：治之奈何？岐伯曰：表裏刺之，飲之服湯。〔王冰注〕謂瀉太陽，補少陰也，飲之湯者，謂止逆上之腎氣也。

《素問・骨空論》 黄帝問曰：余聞風者百病之始也，以針治之，奈何？〔王冰注〕始，初也。岐伯對曰：風從外入，令人振寒，汗出頭痛，身重惡寒，〔王冰注〕風中身形則腠理閉密，陽氣內拒，寒復外勝，勝拒相薄，榮衛失所，故如是。治在風府。〔王冰注〕風府，穴也，在項上入髮際同身寸之一寸宛宛中，督脈足太陽之會，刺可入同身寸之四分，若灸者可灸五壯。調其陰陽，不足則補，有餘則瀉。〔王冰注〕用針之道必法天常，盛瀉虛補，此其常也。大風頸項痛，刺風府，風府在上椎。〔王冰注〕上椎謂大椎上入髮際同身寸之一寸。大風汗出，灸譩譆，譩譆在背下俠脊傍三寸所，厭之令病者呼譩譆，譩譆應手。〔王冰注〕譩譆，穴也，在肩髆內廉俠第六椎下兩傍各同身寸之三寸，以手厭之，令病人呼譩譆之聲，則指下動矣。足太陽脈氣所發，刺可入同身寸之六分，留七呼，若灸者可灸五壯。譩譆者，因取爲名爾。從風憎風，刺眉頭。〔王冰注〕謂攢竹穴也，在眉頭陷者中，脈動應手，足太陽脈氣所發，刺可入同身寸之三分，若灸者可灸三壯。失枕在肩上横骨間。〔王冰注〕謂缺盆穴也，在肩上横骨陷者中，手陽明脈氣所發，刺可入同身寸之二分，留七呼，若灸者可灸三壯，刺入深令人逆息。折使榆臂臍肘正，灸脊中。〔王冰注〕榆讀爲搖，搖謂搖動也。然失枕非獨取肩上横骨間，乃當正形灸脊中也，欲而驗之，則使搖動其臂，屈折其肘，自項之下横臍肘端，當其中間，則其處也，是曰陽關，在第十六椎節下間，督脈氣所發，刺可入同身寸之五分，若灸者可灸三壯。【略】灸寒熱之法，先灸項大椎，以年爲壯數，〔王冰注〕如患人之年數。次灸橛骨，以年爲壯數，〔王冰注〕尾窮謂之橛骨。視背俞陷者灸之，〔王冰注〕背胛骨際有陷處也。舉臂肩上陷者灸之，〔王冰注〕肩髃穴也，在肩端兩骨間手陽明蹻脈之會，刺可入同身寸之六分，留六呼，若灸者可灸三壯。兩季脇之間灸之，〔王冰注〕京門穴，腎募也，在髂骨與腰中季脇本俠脊，刺可入同身寸之三分，留七呼，若灸者可灸三壯。外踝上絶骨之端灸之。〔王冰注〕陽輔穴也，在足外踝上輔骨前絶骨之端，如前同身寸之三分，所去丘墟七寸，足少陽脈之所行也，刺可入同身寸之五分，留七呼，若灸者可灸三壯。足小指次指間灸之，〔王冰注〕俠谿穴也，在足小指次指歧骨間本節前陷者中，足少陽脈之所流也，刺可入同身寸之三分，留三呼，若灸者可灸三壯。腨下陷脈灸之，〔王冰注〕承筋穴也，在腨中央陷者中，足太陽脈氣所發也，禁不可刺，若灸者可灸三壯。外踝後灸之，〔王冰注〕崑崙穴也，在足外踝後跟骨上陷者中，細脈動應手，足太陽脈之所行也，刺可入同身寸之五分，留十呼，若灸者可灸三壯。缺盆骨上切之堅痛如筋者，灸之，〔王冰注〕經闕其名，當隨其所有而灸之。膺中陷骨間灸之，〔王冰注〕天突穴也，所在灸刺分壯與前缺盆中者同法。掌束骨下灸之，〔王冰注〕陽池穴也，在手表腕上陷者中，手少陽脈之所過也，刺可入同身寸之二分，留六呼，若灸者可灸三壯。臍下關元三寸灸之。〔王冰注〕正在臍下，同身寸之三寸也。足三陰任脈之會，刺可入同身寸之二寸，留七呼，若灸者可灸七壯。毛際動脈灸之，〔王冰注〕以脈動應手爲處，即氣街穴也。膝下三寸分間灸之，〔王冰注〕三里穴也，在膝下同身寸之三寸䯒骨外廉兩筋肉分間，足陽明脈之所入也，刺可入同身寸之一寸，留七呼，若灸者可灸三壯。足陽明跗上動脈灸之，〔王冰注〕衝陽穴也，在足跗上同身寸之五寸骨間動脈，足陽明脈之所過也，刺可入同身寸之三分，留十呼，若灸者可灸三壯。巔上一灸之。〔王冰注〕百會穴也。在頂中央旋毛中，陷容指。

《素問・水熱穴論》 帝曰：夫子言治熱病五十九俞，余論其意，未能領別其處，願聞其處，因聞其意。岐伯曰：頭上五行行五者，以越諸陽之熱逆也。〔王冰注〕頭上五行者，當中行謂上星、囟會、前頂、百會、後頂，次兩傍謂五處、承光、通天，絡卻、玉枕，又次兩傍謂臨泣、目窗、正營、承靈、腦空也。上星在顱上直鼻中央入髮際同身寸之一寸陷者中，容豆，刺可入同身寸之三分。囟會在上星後同身寸之一寸陷者中，刺可入同身寸之四分。前頂在囟會後同身寸之一寸五分骨間陷者中，刺如囟會法。百會在前頂後同身寸之一寸五分，頂中央旋毛中陷容指，督脈足太陽脈之交會，刺如上星法。後頂在百會後同身寸之二寸五分枕骨上，刺如囟會法。然是五者皆督脈氣所發也，上星留六呼，若灸者並可灸五壯。次兩傍穴五處，在上星兩傍同身寸之一寸五分，承光在五處後同身寸之一寸，通天在承光後同身寸之一寸五分，絡卻在通天後同身寸之一寸五分，玉枕在絡卻後同身寸之七分，然是五者並足太陽脈氣所發，刺可入同身寸之三分，五處、通天各留七呼，絡卻留五呼，玉枕留三呼，若灸者可灸三壯。大杼、膺俞、缺盆、背俞，此八者，以瀉胸中之熱也。〔王冰注〕大杼在項第一椎下兩傍相去各同身寸之之一寸半陷者中，督脈別絡，手足太陽三脈氣之會，刺可入同身寸三分，留七呼，若灸者可灸五壯。膺俞者，膺中之俞也，正名

中府，在胸中行兩傍相去同身寸之六寸，雲門下一寸，乳上三肋間動脈應手陷者中，仰而取之，手足太陰脈之會，刺可入同身寸之三分，留五呼，若灸者可灸五壯。缺盆在肩上橫骨陷者中，手陽明脈氣所發，刺可入同身寸之二分，留七呼，若灸者可灸三壯。背俞即風門、熱府俞也，在第二椎下兩傍各同身寸之一寸三分，督脈足太陽之會，刺可入同身寸之五分，留七呼，若灸者可灸五壯，今《中誥孔穴圖經》雖不名之，既曰風門、熱府，即治熱之背俞也。氣街、三里、巨虛上、下廉，此八者，以瀉胃中之熱也。〔王冰注〕氣街在腹臍下橫骨兩端鼠鼷上同身寸之一寸，動脈應手，足陽明脈氣所發，刺可入同身寸之三分，留七呼，若灸者可灸三壯。三里在膝下同身寸之三寸，䯒外廉兩筋肉分間，足陽明脈之所入也，刺可入同身寸之一寸，留七呼，若灸者可灸三壯。巨虛上廉足陽明與大腸合，在三里下同身寸之三寸，足陽明脈氣所發，刺可入同身寸八分，若灸者可灸三壯。巨虛下廉足陽明與小腸合，在上廉下同身寸之三寸，足陽明脈氣所發，刺可入同身寸之三分，若灸者可灸三壯也。雲門、髃骨、委中、髓空，此八者，以瀉四支之熱也。〔王冰注〕雲門在巨骨下胸中行兩傍相去同身寸之六寸，動脈應手，足太陰脈氣所發。舉臂取之，刺可入同身寸之七分，若灸者可灸五壯。驗今《中誥孔穴圖經》無髃骨穴，有肩髃穴，穴在肩端兩骨間，手陽明蹻脈之會，刺可入同身寸之六分，留六呼，若灸者可灸三壯。委中在足膝後屈處膕中央約文中動脈，足太陽脈之所入也，刺可入同身寸之五分，留七呼，若灸者可灸三壯。按今《中誥孔穴圖經》云：腰俞穴一名髓空，在脊中第二十一椎節下，主汗不出，足清不仁，督脈氣所發也。刺可入同身寸之二寸，留七呼，若灸者可灸三壯。五藏俞傍五，此十者，以瀉五藏之熱也。〔王冰注〕俞傍五者，謂魄戶、神堂、魂門、意舍、志室五穴，俠脊兩傍各相去同身寸之三寸，並足太陽脈氣所發也。魄戶在第三椎下兩傍，正坐取之，刺可入同身寸之五分，若灸者可灸五壯。神堂在第五椎下兩傍，刺可入同身寸之三分，若灸者可灸五壯。魂門在第九椎下兩傍，正坐取之，刺可入同身寸之五分，若灸者可灸三壯。意舍在第十一椎下兩傍，正坐取之，刺可入同身寸之五分，若灸者可灸三壯。志室在第十四椎下兩傍，正坐取之，刺可入同身寸之五分，若灸者可灸五壯也。凡此五十九穴者，皆熱之左右也。

《靈樞·九針十二原》 陰有陽疾者，取之下陵三里，正往無殆，氣下乃止，不下復始也。疾高而內者，取之陰之陵泉。疾高而外者，取之陽之陵泉也。

《靈樞·經脈》 凡刺寒熱者，皆多血絡，必間日而一取之，血盡而止，乃調其虛實，其小而短者少氣，甚者瀉之則悶，悶甚則仆，不得言，悶則急坐之也。

《靈樞·寒熱病》 皮寒熱者，不可附席，毛髮焦，鼻槁臘，不得汗。取三陽之絡，以補手太陰。肌寒熱者，肌痛，毛髮焦而脣槁臘，不得汗，取三陽於下，以去其血者，補足太陰以出其汗。骨寒熱者，病無所安，汗注不休，齒未槁，取其少陰於陰股之絡；齒已槁，死不治。骨厥亦然。【略】振寒洒洒鼓頷，不得汗出，腹脹煩悗，取手太陰。

《靈樞·熱病》 熱病三日，而氣口靜，人迎躁者，取之諸陽，五十九刺，以瀉其熱而出其汗，實其陰以補其不足者。身熱甚，陰陽皆靜者，勿刺也；其可刺者，急取之，不汗出則泄。所謂勿刺者，有死徵也。熱病七日八日，脈口動喘而短一本作弦。者，急刺之，汗且自出，淺刺手大指間。【略】熱病先膚痛，窒鼻充面，取之皮，以第一針，五十九，苛軫鼻，索皮於肺，不得索之火，火者心也。熱病先身濇，倚而熱，煩悗，乾脣口嗌，取之皮，以第一針，五十九；膚脹口乾，寒汗出，索脈於心，不得索之水，水者腎也。熱病嗌乾多飲，善驚，臥不能起，取之膚肉，以第六針，五十九，目眥青，索肉於脾，不得索之木，木者肝也。熱病面青腦痛，手足躁，取之筋間，以第四針，於四逆，筋躄目浸，索筋於肝，不得索之金，金者肺也。熱病數驚，瘛瘲而狂，取之脈，以第四針，急瀉有餘者，癲疾毛髮去，索血於心，不得索之水，水者腎也。熱病身重骨痛，耳聾而好瞑，取之骨，以第四針，五十九，刺骨病不食，齧齒耳青，索骨於腎，不得索之土，土者脾也。熱病不知所痛，耳聾不能自收，口乾，陽熱甚，陰頗有寒者，熱在髓，死不可治。熱病頭痛，顳顬目瘳，脈痛善衄，厥熱病也，取之以第三針，視有餘不足。寒熱痔熱病，體重，腸中熱，取之以第四針，於其俞及下諸指間，索氣於胃胳，得氣也。熱病挾臍急痛，胸脇滿，取之湧泉與陰陵泉，取以第四針，針嗌裏。熱病而汗且出，及脈順可汗者，取之魚際、太淵、大都、太白，瀉之則熱去，補之則汗出，汗出大甚，取內踝上橫脈以止之。【略】熱病不可刺者，有九：一曰，汗不出，大顴發赤噦者，死。二曰，泄而腹滿甚者，死。三曰，目不明，熱不已者，死。四曰，老人嬰兒，熱而腹滿者，死。五曰，汗不出，嘔下血者，死。六曰，舌本爛，熱不已者，死。七曰，欬而衄，汗不出，出不至足者，死。八曰，髓熱者，死。九曰，熱而痙者，死。腰折，瘛瘲，齒噤齘也。凡此九者，不可刺也。所謂五十九刺者，兩手外內側各三，凡十二痏；五指間各一，凡八痏，足亦如是。頭入髮一寸傍三分各三，凡六痏；更入髮三寸邊五，凡十痏；耳前後口下者各一，項中一，凡六痏；巔上一，囟會一，髮際一，廉泉一，風池二，天柱二。

《靈樞·口問》 黃帝曰：人之振寒者，何氣使然？岐伯曰：寒氣客於皮

膚，陰氣盛，陽氣虛，故爲振寒寒慄。補諸陽。【略】振寒者，補諸陽。

《靈樞·刺節真邪》黃帝曰：刺節言徹衣，夫子乃言盡刺諸陽之奇輸，未有常處也，願卒聞之。岐伯曰：是陽氣有餘而陰氣不足，陰氣不足則內熱，陽氣有餘則外熱，內熱相搏，熱於懷炭，外畏綿帛近，不可近身，又不可近席，腠理閉塞，則汗不出，舌焦脣槁，腊乾嗌燥，飲食不讓美惡。黃帝曰：善。取之奈何？岐伯曰：或之於其天府、大杼三痏，又刺中膂以去其熱，補足手太陰以去其汗，熱去汗稀，疾於徹衣。

《靈樞·刺節真邪》上寒下熱，先刺其項太陽，久留之，已刺則熨項與肩胛，令熱下合乃止，此所謂推而上之者也。上熱下寒，視其虛脈而陷之於經絡者，取之，氣下乃止，此所謂引而下之者也。大熱徧身，狂而妄見、妄聞、妄言，視足陽明及大絡取之，虛者補之，血而實者瀉之，因其偃臥，居其頭前，以兩手四指挾按頸動脈，久持之，卷而切，推下至缺盆中，而復止如前，熱去乃止，此所謂推而散之者也。

《太素·寒熱·寒熱雜說》皮寒熱，皮不可附席，毛髮焦，鼻槁臘，不得汗，取三陽之絡，補手太陰。肺主皮毛，風盛爲寒熱，寒熱之氣在皮毛，故皮毛熱不可近席。以熱甚，故皮毛焦。鼻是肺官，氣連於鼻，故槁臘，不得汗也。臘，肉乾也。三陽絡在手上大支脈，三陽有餘，可瀉之。太陰氣之不足，補之也。肌寒熱，肌痛，毛髮焦而脣槁臘，不得汗，取三陽於下以去其血者，補太陰以出其汗。寒熱之氣在於肌中，故肌痛毛髮焦也。脣口爲脾官，氣連肌肉，故肌肉熱，脣口槁臘，不得汗也。是爲足三陽盛，故去其血也。足太陰虛，故補之出汗。骨寒熱，病無所安，汗注不休，齒未槁，取其少陰於陰股之絡；齒已槁，死不治。骨厥亦然。寒熱之氣在骨，骨熱故無所安，汗注不休也。齒槁，骨死之候。齒不槁者，可取足少陰股間絡，以足少陰內主於骨故也。

《太素·寒熱·寒熱雜說》寒厥，取陽明、少陰於足，留之。失逆寒氣從足而上，令足逆冷，可取足少陰脈太谿，太谿在足內踝後骨上動脈陷中；取足陽明脈解谿，解谿在足衝陽後一寸半。熱厥，取足太陰、少陽，失逆熱氣從足起者，可取足少陽絡光明，在外踝上五寸別走厥陰者，及足太陰脈療主病者也。舌縱涎下煩悗，取足少陰。足少陰脈從足心上行屬腎絡膀胱，貫肝膈入肺，循喉嚨俠舌本，支者從肺絡心注胸中，故其脈厥熱，涎下心中煩悗，取足少陰然谷穴。然谷在足內踝前起大骨下陷者中也。振寒洒洒鼓頷，不得汗出，腹脹煩悗，取手太陰。洒音洗。手太陰脈起於中焦，下絡大腸，還循胃口上膈屬肺，別者上出缺盆，循喉嚨合手陽明，從缺盆上頸貫頰入下齒中。肺以惡寒故虛，病振寒鼓頷也。循胃屬肺，故腹脹煩悗。悗音悶。可取手太陰少商穴。少商在手大指端內側，去爪甲角如韭葉。刺虛者，刺其去也；謂營衛氣已過之處爲去，故去者虛也，補之令實。刺實者，刺其來也。謂營衛氣所至之處爲來，故來者爲實，瀉之使虛也。春取絡脈，春時肝氣始生，風疾氣急，經氣尚深，故取絡脈分肉之間，療人皮膚之中病也。夏取分腠，夏時心氣始長，脈瘦氣弱，陽氣流於經隧溝洫，熏熱分腠，內至於經，故取分腠，以去肌肉之病也。秋取氣口，秋時肺氣將斂，陽氣在合，陰氣初勝，濕氣及體，陰氣未盛，故取氣口，以療筋脈之病，氣口即合也。冬取經輸，冬時腎氣方閉，陽氣衰，少陰氣緊，太陽沉，故取經井之輸以下陰氣，取滎輸實於陽氣，療於骨髓五藏之病也。凡此四時，各以爲臍。絡脈治皮膚，分腠治肌肉，氣口治筋脈，經輸治骨髓五藏。臍音劑也。身有五部：伏兔一；伏兔在膝上六寸起肉，足陽明氣發，禁不可灸，又不言得針，此要禁爲第一部，故生癰疽者死也。腓二，腓者腨也；腓音肥。承筋一名腨腸，一名直腸，脈在腨中央陷中，足陽明太陽氣所發，禁不可刺，故腨爲要害之處，生癰疽者死也。背三；自要輸已上二十一椎兩箱稱背，去藏府甚近，皮肉至薄，若生癰疽，陷而必死也。五藏之輸四；五藏手足二十五輸，當於輸穴生癰疽者死也。項五，項之前曰頸，後曰項，三陽督脈在項，故項生癰疽致死也。五部有癰疽者死。癰疽害甚，故生人之要處致死。病始手臂者，先取手陽明、太陰而汗出；以下言療熱病取脈先後。熱病等所起，起於四支及頭，故病起兩手者，可取手陽明井商陽，在手大指次指內側，去爪甲角如韭葉，以手陽明穀氣盛也；及手太陰郄孔最，在腕上七寸也。病始頭首者，先取項太陽而汗出；有熱等病起於頭者，可取於項足太陽脈天柱之穴，天柱在俠項後髮際大筋外陷也。病始足胻者，先取足陽明而汗出。病起足者，可取陽明合三里穴，三里在膝下三寸胻外廉。臂太陰可出汗，手太陰脈主氣，故出汗取之也。足陽明可出汗。足陽明主水穀，多氣血，故出汗取之。取陰而汗出甚者，止之於陽；取陽而汗出甚者，止之於陰。取陰脈出汗不止，可取陽脈所主之穴止；若取陽脈出汗不止，可取陰脈所主之穴止之也。

《太素·寒熱·灸寒熱法》灸寒熱之法，先取項大椎，以年爲壯數，大椎穴，三陽督脈之會，故灸寒熱氣取。《明堂》大椎有療傷寒病，不療寒熱。次灸厥骨，以年爲壯數，視背輸陷者灸之，此脈中血寒而少，故取背輸陷也。厥骨，脊骶骨也。有本厥與骨通爲一字，巨月反。與臂肩上陷者灸之，臂肩亦取脈陷，療寒熱之輸，肩貞等穴也。兩季脅之間灸之。季脇本俠脊京門穴也。外踝之上絕骨之端灸之。陽輔等穴。足小指次指間灸之，臨泣等穴也。腨下陷脈灸之，承山等穴。外踝之後灸之，崑崙等穴也。缺盆骨上切之堅痛如筋者灸之，膺中陷骨間灸之，髑骬骨下灸之，

臍下關元三寸灸之，毛際動脈灸之，膝下三寸分間灸之，足陽明灸之，跗上動脈灸之，巔上動脈灸之，犬所齧之處灸之三壯，即以犬傷痛壯數灸也，凡當灸二十七處。骭音干。髃骭，穴也，衝陽等，穴也。題云灸寒熱法，此總數之二十七處中，有依其輸穴，亦取氣指而灸之，不可爲定，可量取也。傷食灸不已者，必視其經之過於陽者，數刺之輸血，藥之也。傷食爲病，灸之不得愈者，可刺之。刺法，可刺大經所過之絡出血，及飲藥調之陽絡脈也。

《甲乙經·六經受病發傷寒熱病》肝熱病者，小便先黃，腹痛多卧，身熱，熱爭則狂言及驚，胸中脇滿痛，手足燥，不得安卧，庚辛甚，甲乙大汗，氣逆則庚辛死，刺足厥陰、少陽，其逆則頭疼貞貞，脈引衝頭痛也。心熱病者，先不樂，數日乃熱，熱爭則心煩悶，善嘔，頭痛，面赤，無汗，壬癸甚，丙丁大汗，氣逆則壬癸死，刺手少陰、太陽。脾熱病者先頭重，頰痛煩心，欲嘔，身熱，熱爭則腰痛不可用俯仰，腹滿泄，兩頷一本作額。痛，甲乙甚，戊己大汗，氣逆則甲乙死，刺足太陰、陽明。肺熱病者，先悽悽然厥，起皮毛，惡風寒，舌上黃，身熱，熱爭則喘咳，痛走胸膺背，不得大息，頭痛不甚，《素》作堪，汗出而寒，丙丁甚，庚辛大汗，氣逆則丙丁死，刺手太陰、陽明，出血如大豆，立已。腎熱病者，先腰痛胻痠，苦渴數飲，身熱，熱爭則項痛而強，胻寒且痠，足下熱，不欲言，其逆則項痛貞貞然，戊己甚，壬癸大汗，氣逆則戊己死，刺足少陰、太陽，諸當汗者，至其所勝日汗甚。肝熱病者，左頰先赤。心熱病者，顔先赤。脾熱病者，鼻先赤。肺熱病者，右頰先赤。腎熱病者，頤先赤。病雖未發者，見赤色者，刺之，名曰治未病。熱病從部所起者，至期而已，其刺之反者，三周而已，重逆則死。諸治熱病，先飲之寒水，乃刺之，必寒衣之，居止寒處，身寒而止。病甚者，爲五十九刺。熱病先胸脇痛滿，手足躁，刺足少陽，補足太陰，病甚者爲五十九刺。熱病先身重骨痛，耳聾好瞑，刺足少陰，病甚者爲五十九刺。熱病先眩冒而熱，胸脇滿，刺足少陰、少陽。太陽之脈，色榮顴骨，熱病也，榮未夭，曰，今且得汗，待時自已，與厥陰脈爭見者死，其死不過三日。熱病，氣內連腎，少陽之脈，色榮頰前，熱病也，榮未夭，曰，今且得汗，待時自已，與手少陰脈爭見者死，其死不過三日。其熱病氣穴，三椎下間主胸中熱，四椎下間主胃中熱，五椎下間主肝熱，六椎下間主脾熱，七椎下間主腎熱。榮在骶也，項上三椎骨陷者中也。頰下逆顴爲大瘕，下牙車爲腹滿，顴後爲脇痛，頰上者，鬲上也。【略】曰：刺節言徹衣者，盡刺諸陽之奇俞，未有常處，願卒聞之。曰：是陽氣有餘而陰氣不足，陰氣不足則內熱，陽氣有餘則外熱，兩熱相薄，熱於懷炭，衣熱不可近身，身熱不可近席，腠理閉塞而不汗，舌焦唇槁腊，嗌乾，欲飲，取天府、大杼三痏，刺中膂以去其熱，補手足太陰以去其汗，熱去汗晞，疾於徹衣。

《甲乙經·六經受病發傷寒熱病》頭腦中寒，鼻衄目泣出，神庭主之。頭痛身熱，鼻窒，喘息不利，煩滿汗不出，曲差主之。頭痛目眩，頸項強急，胸脇相引，不得傾側，本神主之。熱病汗不出，上星主之，先取譩譆，後取天牖、風池。熱病汗不出，而苦嘔煩心，承光主之。頭項痛重，暫起僵仆，鼻窒鼽衄，喘息不得通，通天主之。頭項惡風，汗不出，悽厥惡寒，嘔吐，目系急，痛引頞，頭重項痛，玉枕主之。頰清不得視，口沫泣出，兩目眉頭痛，臨泣主之。腦風頭痛，惡見風寒，鼽衄鼻窒，喘息不通，承靈主之。頭痛身熱，引兩頷急，腦空主之。醉酒風熱，發兩角眩痛，不能飲食，煩滿嘔吐，率谷主之。項強，刺瘖門。熱病汗不出，天柱及風池、商陽、關衝、掖門主之。頸痛項不得顧，目泣出，多眵䁾，鼻鼽衄，目內眥赤痛，氣厥，耳目不明，咽喉僂引項筋攣不收，風池主之。傷寒熱盛，煩嘔，大椎主之。頭重目瞑悽厥，寒熱汗不出，陶道主之。身熱頭痛，進退往來，神道主之。頭痛如破，身熱如火，汗不出，瘈瘲寒熱汗不出，惡寒裏急，腰腹相引痛，命門主之。頸項痛不可以俯仰，頭痛振寒瘈瘲，氣實則脇滿，俠脊有并氣，熱，汗不出，腰背痛，大杼主之。風眩頭痛，鼻不利，時嚏，清涕自出，風門主之。悽悽振寒，數欠伸，鬲俞主之。熱病汗不出，上窌及孔最主之。肩髆間急悽厥惡寒，魄戶主之。項背痛，引頸，魄戶主之。肩痛胸腹滿，悽厥脊背急強，神堂主之。喘逆鼽衄，肩甲內廉痛，不可俯仰，眇季脇引少腹而痛脹，譩譆主之。背痛惡寒脊強，俯仰難，食不下，嘔吐多涎，鬲俞主之。胸脇脹滿，背痛惡風寒，飲食不下，嘔吐不留住，魂門主之。善嚏，頭痛身熱，頷厭主之。熱病頭痛，引目外眥而急，煩滿汗不出，引頷齒，面赤皮痛，懸釐主之。熱病偏頭痛，引目外眥，懸釐主之。頭自瞳子痛，不可以視，挾項強急，不可以顧，陽白主之。頭風痛，鼻鼽衄，眉頭痛，善嚏，目如欲脫，汗出寒熱，面赤頰中痛，項椎不可左右顧，目系急，瘈瘲，攢竹主之。寒熱悽厥鼓頷，承漿主之。身熱痛，胸脇痛不可反側，顱息主之。肩背痛，寒熱，瘰癧遶頸，有大氣暴聾，氣蒙瞀，耳目不開，頭頷痛，淚出鼻衄，不知香臭，風眩喉痺，天牖主之。熱病胸中

澹澹，腹滿暴痛，恍惚不知人，手清，少腹滿，瘈瘲，心痛，氣滿不得息，巨闕主之。頭眩病身熱，汗不出，上脘主之。身寒熱，陰都主之。熱病象瘧，振慄鼓頷，腹脹脾睨，喉中鳴，少商主之。寒厥及熱，煩心，少氣不足以息，陰濕癢，腹痛不可以食飲，肘攣支滿，喉中焦乾渴，魚際主之。熱病振慄鼓頷，腹滿陰萎，欬引尻溺出，虛也，鬲中虛，食飲嘔，身熱汗不出，數唾血下，肩背寒熱，脫色目泣出，皆虛也，刺魚際補之。病溫身熱，五日已上，汗不出，刺太淵，留針一時，取之，若未滿五日，禁不可刺也。熱病先手臂瘈瘲，脣口聚，鼻張目下，汗出如轉珠，兩乳下二寸堅脇滿悸，列缺主之。

《甲乙經·六經受病發傷寒熱病》振寒瘈瘲，手不伸，咳嗽，唾濁，氣鬲善嘔，鼓頷，不得汗，煩滿，因爲瘲衄，尺澤主之，左窒刺右，右窒刺左。兩脇下痛，嘔泄，上下出，胸滿，短氣，不得汗，補手太陰以出之。熱病煩心，心悶而汗不出，掌中熱，心痛，身熱如火，浸淫煩滿，舌本痛，中衝主之。熱病發熱，煩滿而欲嘔，噦，三日以往，不得汗，怵惕，胸脇痛，不可反側，欬滿溺赤，大便血，衄不止，嘔吐血，氣逆，噫不止，嗌中痛，食不下，善渴，舌中爛，掌中熱，飲嘔，勞宮主之。熱病煩心而汗不止，肘攣腋腫，善笑不休，心中痛，目赤黃，小便如血，欲嘔，胸中熱，苦不樂，太息，喉痺嗌乾，喘逆，身熱如火，頭痛如破，短氣胸痛，大陵主之。熱病煩心，善嘔，胸中澹澹，善動而熱，間使主之。面赤皮熱，熱病汗不出，中風熱，目赤黃，肘攣腋腫，實則心暴痛，虛則煩心，心惕惕不能動，失智，內關主之。心澹澹然，善驚，身熱，煩心，口乾，手清，逆氣，嘔血時瘈，善搖頭，顏青，汗出不過肩，傷寒溫病，曲澤主之。多卧善唾，肩髃痛，寒，鼻鼽赤多血，浸淫起面，身熱，喉痺如哽，目眥傷，忽振寒，肩疼，二間主之。鼻鼽衄，熱病汗不出，䁘音迷目，目痛瞑，頭痛，齲齒痛，泣出，厥逆頭痛，胸滿不得息，陽谿主之。熱病腸澼，臑肘臂痛，虛則氣鬲滿，有一作手。不舉，溫留主之。傷寒餘熱不盡，曲池主之。頭痛振寒，清冷淵主之。頭痛，項背急，消濼主之。振寒小指不用，寒熱汗不出，頭痛喉痺，舌卷，小指之間熱，口中熱，煩心心痛，臂內廉及脇痛，聾，咳，瘈瘲，口乾，頭痛不可顧，少澤主之。振寒寒熱，肩、臑、肘、臂痛，頭不可顧，煩滿，身熱惡寒目赤痛眥爛，生翳膜，暴痛，鼽衄，發聾，臂重痛，肘攣痂疥，胸中引臑，泣出而驚，頸項強，身寒，頭不可以顧，後谿主之。熱病汗不出，胸痛不可息，頷腫寒熱，耳鳴，聾無所聞，陽谷主之。泄風汗出，腰項急，不可以左右顧及俯仰，肩弛肘廢，目痛，痂疥，生疣，瘈瘲，頭眩目痛，陽谷主之。振寒熱，頸項腫，實則肘攣，頭項痛，狂易，虛則生疣，小者痂疥，支正主之。風眩頭痛，少海主之。氣喘，熱病，衄不止，煩心善悲，腹脹逆息，熱氣，足脛中寒，不得卧，氣滿胸中，熱暴泄，仰息，足下寒，中悶，嘔吐，不欲食飲，隱白主之。熱病汗不出且厥，手足清，暴泄，心痛腹脹，心尤痛甚，此胃心痛也，大都主之，并取隱白，腹滿，善嘔煩悶，此皆主之。熱病先頭重，額痛，煩悶身熱，熱爭則腰痛不可以俯仰，胸滿，兩頷痛甚，善泄，饑不欲食，善噫，熱中，足清腹脹，食不化，善嘔，泄有膿血，若嘔無所出，先取三里，後取太白、章門主之。熱病滿悶不得卧，太白主之。熱中少氣厥陽寒，灸之熱去。煩心不嗜食，欬而短氣，善喘，喉痺，身熱，脊脇相引，忽忽善忘，湧泉主之。熱痛煩心，足寒清多汗，先取然谷，後取太谿，大指間動脈，皆先補之。目痛引眥，少腹偏痛，背傴瘈瘲，視昏嗜卧，照海主之，瀉左陰蹻，取足左右少陰前，先刺陰蹻，後刺少陰，氣在橫骨上。熱病汗不出，默默嗜卧，溺黃少腹熱，嗌中痛，腹脹內腫，漾，音涎。心痛，如錐針刺，太谿主之。手足寒至節，喘息者死。熱病刺然谷。足先寒，寒上至膝，乃出針。善齧頰、齒脣，熱病汗不出，口中熱痛，衝陽主之，胃脘痛，時寒熱，皆主之。熱病汗不出，善噫，腹脹滿，胃熱譫語，解谿主之。厥頭痛，面浮腫，煩心，狂見鬼，善笑不休，發於外有所大喜，喉痺不能言，豐隆主之。陽厥悽悽而寒，少腹堅，頭痛，脛股腹痛，消中，小便不利，善嘔，三里主之。脇痛欬逆，不得息，竅陰主之，及爪甲與肉交者，左取右，右取左，立已，不已復取。手足清，煩熱汗不出，手肢轉筋，頭痛如錐刺之，循熱不可以動，動益煩心，喉痺，舌卷乾，臂內廉不可及頭，耳聾鳴，竅陰皆主之。膝外廉痛，熱病汗不出，目外眥赤痛，頭眩，兩頷痛，寒逆泣出，耳鳴聾，多汗目癢，胸中痛，不可反側，痛無常處，俠谿主之。厥四逆，喘，氣滿風身，汗出而清，髖髀中痛，不可得行，足外皮痛，臨泣主之。目視不明，振寒目翳，瞳子不見，腰兩脇痛，腳痠轉筋，丘墟主之。身懈寒，少氣，熱甚惡人，心惕惕然，取飛揚及絕骨跗下臨泣，立已，淫濼脛痠，熱病汗不出，皆主之。頭重鼻衄，及瘈瘲，汗不出，煩心，足下熱，不欲近衣，項痛，目翳，鼻及小便皆不利，至陰主之。身疼痛，善驚，互引鼻衄，通谷主之。暴病頭痛，身熱痛，肌肉動，耳聾惡風，目眥爛赤，項不可以顧，髀樞痛，泄腸澼，束骨主之。鼽衄血不止，淫濼頭痛，目白翳，跟尻瘈，頭頂腫痛，泄注，上搶心，目赤眥爛，無所見，痛從內眥始，腹滿頸項強，腰脊

不可俛仰，眩心痛，肩背相引，如從後觸之狀，身寒從脛起，京骨主之。下部寒，熱病汗不出，體重，逆氣頭眩，飛揚主之。鼽衄，腰脊腳腨痠重，戰慄不能久立，腨如裂，腳跟急痛，足攣引少腹痛，喉咽痛，大便難，䐜脹，承山主之。熱病俠脊痛，委中主之。

《甲乙經·五臟傳病發寒熱》 寒熱頭痛，喘喝，目不能視，神庭主之。其目泣出頭不痛者，聽會主之。寒熱頭痛如破，目痛如脫，喘逆煩滿，嘔吐，流汗難言，頭維主之。寒熱刺腦戶。

《甲乙經·五臟傳病發寒熱》 寒熱取五處，及天池、風池、腰俞、長強、大杼、中膂內俞、上窌、齗交、上關、關元、天牖、天容、合谷、陽谿、關衝、中渚、陽池、消濼、少澤、前谷、腕骨、陽谷、少海、然谷、至陰、崑崙，主之。寒熱骨痛，玉枕主之。寒熱懈爛一本作懶。淫濼脛痠，四肢重痛，少氣難言，至陽主之。肺氣熱，呼吸不得臥，上氣嘔沫，喘，氣相追逐，胸滿脇膺急，息難振慄，脈鼓，氣膈，胸中有熱，支滿不嗜食，汗不出，腰脊痛，肺俞主之。寒熱心痛，循循然與背相引而痛，胸中悒悒不得息，咳，唾血，多涎，煩中善饐，食不下，欬逆汗不出，如瘧狀，目䀮䀮，淚出悲傷，心俞主之。欬而嘔，鬲寒，食不下，寒熱，皮肉膚痛，少氣不得臥，胸滿支兩脇，鬲上兢兢脇痛，腹䐜，胸脘暴痛，上氣，肩背寒痛，汗不出，喉痺，腹中痛，積聚，默然嗜臥，怠惰不欲動，身常濕濕，心痛無可搖者，脾俞主之。欬而脇滿急，不得息，不得反側，腋脇下與臍相引筋急而痛，反折，目上視，眩，目中循循然，肩項痛，驚狂，衄，少腹滿，目䀮䀮，生白翳，欬引胸痛，筋寒熱，唾血短氣，鼻酸，肝俞主之。寒熱食多，身羸瘦，兩脇引痛，心下賁痛，心如懸，下引臍，少腹急痛，熱面急，一本作黑。目䀮䀮，久喘欬，少氣，溺濁赤，腎俞主之。骨寒熱溲難，腎俞主之。寒熱頭痛，水溝主之。寒熱頸瘰癧，大迎主之。肩痛引項寒熱，缺盆主之。身熱汗不出，胸中熱滿，天窌主之。寒熱肩腫，引胛中痛，肩臂酸，臑俞主之。寒熱項癧，適耳無聞，引缺盆肩中熱痛，麻痺不舉，一本作手臂不舉。肩貞主之。寒熱癧，目不明，欬上氣，唾血，肩中俞主之。寒熱癧適胸中滿，有大氣，缺盆中滿痛者，死。外潰不死。肩引項不舉，缺盆中痛，汗不出，喉痺，欬嗽血，缺盆主之。欬上氣，喘，暴瘖不能言，及舌下挾縫青脈，頸有大氣，喉痺，咽中乾，急不得息，喉中鳴，翕翕寒熱，項腫肩痛，胸滿腹皮熱，衄，氣短哽心痛，隱疹頭痛，面皮赤熱，身肉盡不仁，天突主之。肺系急，胸中痛，惡寒胸滿，悒悒然善嘔膽，胸中熱，喘逆氣，氣相追逐，多濁唾，不得息，肩背風，汗出，面腹腫，鬲中食饐，不下食，喉痺，肩息肺脹，皮膚骨痛，寒熱煩滿，中府主之。寒熱胸滿，頭痛，四肢不舉，腋下腫，上氣，胸中有聲，喉中鳴，天池主之。欬脇下積聚，喘逆，臥不安席，時寒熱，期門主之。寒熱，腹脹䐜，怏怏然不得息，京門主之。寒濯濯，舌煩，手臂不仁，唾沫，唇乾引飲，手腕攣，指肢痛，肺脹，上氣，耳中生風，欬喘逆，痺，臂痛，嘔吐，飲食不下，膨膨然，少商主之。唾血，時寒時熱，瀉魚際，補尺澤。臂厥，肩膺胸滿痛，目中白翳，眼青轉筋，掌中熱，乍寒乍熱，缺盆中相引痛，數欬，喘不得息，臂肉廉痛，上鬲飲已，煩滿，太淵主之。寒熱胸背急，喉痺，欬上氣喘，掌中熱，數欠伸，汗出善忘，四逆厥，善笑，溺白，列缺主之。胸中彭彭然，甚則交兩手而瞀，暴痺喘逆，刺經渠及天府，此謂之大俞。寒熱欬嘔沫，掌中熱，虛則肩臂寒慄，少氣不足以息，寒厥，交兩手而瞀，口沫出，實則肩背熱痛，汗出，四肢暴腫，身濕，一本作溫。搖時寒熱，饑則煩，飽則善，面色變，口噤不開，惡風泣出，列缺主之。煩心欬，寒熱善噦，勞宮主之。寒熱，唇口乾，喘息，目急痛，善驚，三間主之。胸中滿，耳前痛，齒痛，目赤痛，頸腫，寒熱，渴飲輒汗出，不飲則皮乾熱，曲池主之。寒熱頸癧，適欬呼吸難，灸五里，左取右，右取左。寒熱頸癧，適肩臂不可舉，臂臑俞主之。風寒熱，腋門主之。寒熱頸頷腫，後谿主之。寒熱善嘔，商丘主之。嘔厥寒，時有微熱，脇下支滿，喉痛，嗌乾，膝外廉痛，淫濼脛痠，腋下腫，馬刀瘻，肩腫，吻傷痛，太衝主之。心如懸《千金》作心痛。陰厥腳腨後廉急，不可前卻，血癰腸澼，便膿血，足跗上痛，舌卷不能言，善笑，足痿不收履，溺青赤白黃黑，青取井，赤取滎，黃取輸，白取經，黑取合。血痔泄後重，腹痛如癃狀，狂什必有所扶持，及大氣涎出，鼻孔中痛，腹中常鳴，骨寒熱無所安，汗出不休，復溜主之。男子如蠱，女子如阻，寒熱少腹偏腫，陰谷主之。少腹痛，泄出糜，次指間熱，若脈陷寒熱身痛，唇渴不乾，汗出，毛髮焦，脫肉少氣，內有熱，不欲動搖，泄膿血，腰引少腹痛，暴驚，狂言非常，巨虛下廉主之。胸中滿，腋下腫，馬刀瘻，善自嚙舌頰，天牖中腫，淫濼脛痠，頭眩，枕骨頷腮腫，目澀身痺，洒淅振寒，季脇支滿，寒熱，脇腰腹膝外廉痛，臨泣主之。寒熱頸腫，丘墟主之。寒熱頸腋下腫，申脈主之。寒熱痠痟，四肢不舉，腋下腫，馬刀瘻，喉痺，髀膝頸骨搖，酸痺不仁，陽輔主之。寒熱痺頸不收，陽交主之。寒熱腰痛如折，束骨主之。寒熱目䀮䀮，善欬，喘逆，通谷主之。寒熱善唏，頭重足寒，不欲食，

腳攣，京骨主之。寒熱篡反出，承山主之。寒熱篡後出，瘈瘲，腳腨痠重，戰慄不能久立，腳急腫，跗痛筋足攣，少腹引喉嗌，大便難，承筋主之。跟厥膝急，腰脊痛引腹，篡陰股熱，陰暴痛，寒熱膝痠重，合陽主之。

《甲乙經・欠嚏唏振寒噫嚏嚲泣出太息涕下耳鳴嚙舌善忘善饑》 曰：人之振寒者何？曰：寒氣客於皮膚，陰氣盛陽氣虛，故爲振寒寒慄，補諸陽。

《肘後方・治時氣病起諸復勞方》 又方：男初覺，便灸陰三七壯，若已盡，甚至百壯即愈，眼無妨陰道瘡復常。

《千金要方・針灸下・熱病》 魚際、陽谷，主熱病振慄鼓頷，腹滿陰痿，色不變。

經渠、陽池、合谷、支溝、前谷、內庭、後谿、腕骨、陽谷、厲兌、衝陽、解谿，主熱病汗不出。孔最，主臂厥熱痛，汗不出，皆灸刺之，此穴可以出汗。

列缺、曲池，主熱病煩心，心悶，先手臂身熱瘈瘲，脣口聚，鼻張目下，汗出如珠。

中衝、勞宮、大陵、間使、關衝、少衝、陽谿、天窌，主熱病煩心，心悶而汗不出，掌中熱，心痛身熱如火，浸淫煩滿，舌本痛。

勞宮，主熱病三日已往不得汗，怵惕。

間使，主熱病煩心喜噦，胸中澹澹，喜動而熱。

曲澤，主傷寒溫病身熱煩心口乾。

通理，主熱病，先不樂數日。

掖門、中渚、通理，主熱病先不樂，頭痛面熱無汗。

三間，主氣熱身熱喘。

溫留，主傷寒，寒熱頭痛，噦，衄，肩不舉。

曲池，主傷寒餘熱不盡。

上管、曲差、上星、陶道、天柱、上窌、懸釐、風池、命門、膀胱輸，主煩滿，汗不出。

飛揚，主下部寒熱，汗不出體重。

五處、攢竹、正營、上管、缺盆、中府，主汗出寒熱。

承漿，主汗出衄血不止。

巨闕，主煩心喜嘔。

百會，主汗出而嘔痓。

商丘，主寒熱好嘔。

懸顱，主熱病，頭痛身熱。

玉枕、大杼、肝俞、心俞、膈俞、陶道，主汗不出，悽厥惡寒。

懸釐、鳩尾，主熱病，偏頭痛，引目外眥。

少澤，主振寒，小指不用，頭痛。

大椎，主傷寒熱盛煩嘔。

膈輸、中府，主寒熱皮肉骨痛，少氣不得臥，支滿。

列缺，主寒熱掌中熱。

神道、關元，主身熱，頭痛，進退往來。

曲泉，主身熱，頭痛，汗不出。

膈輸，主嗜臥，怠惰不欲動搖，身當濕，不能食。

三焦俞，主頭痛，食不下。

魚際，主頭痛，不甚汗出。

腎輸，主頭身熱赤，振慄，腰中四肢淫濼，欲嘔。

天井，主振寒，頸項痛。

肩井、關衝，主寒熱悽索氣上，不得臥。

尺澤，主氣隔喜嘔，鼓頷不得汗，煩心身痛。

肩貞，主寒熱項歷適。

委中，主熱病俠脊痛。

大都，主熱病汗出且厥，足清。

太白，主熱病，先頭重顏痛，煩悶，心身熱，熱爭則腰痛不可以俯仰，又熱病滿悶不得臥，身重骨痛不相知。

支正、少海，主熱病，先腰脛酸，喜渴數飲食，身熱項痛而強，振寒寒熱。

衝陽，主振寒而欠。

後谿，主身熱惡寒。

復留，主寒熱無所安，汗出不止，風逆四肢腫。

光明，主腹足清寒熱，汗不出。

凡熱病煩心，足寒清多汗，先取然谷，後取太谿、大指間動脈，皆先補之。

熱病先腰脛酸，喜渴數飲，身清，清則項痛而寒且酸，足熱不欲言，頭痛顛顛然，先取涌泉及太陽井滎，熱中少氣厥寒，灸之熱去，灸涌泉三壯。煩心

不嗜食，灸湧泉，熱去四逆，喘氣，偏風，身汗出而清，皆取俠谿。

凡熱病刺陷谷，足先寒，寒上至膝乃出針，身痺洗淅振寒，季脇支滿痛。

凡溫病身熱，五日已上，汗不出，刺太泉，留針一時取針。若未滿五日者，禁不可刺。

凡好太息，不嗜食，多寒熱汗出，病至則喜歐，歐已乃衰，即取公孫及井輸。實則腸中切痛，厥頭面腫起，煩心狂，多飲，不嗜卧，虛則鼓脹，腹中氣大滿，熱痛不嗜食，霍亂，公孫主之。

《千金要方·針灸上·灸例》 若治諸陰陽風者，身熱脈大者，以鋒針刺之，間日一報之。若治諸邪風鬼注，痛處少氣，以毫針去之，隨病輕重用之。表針內藥，隨時用之，消息將之，與天同心，百年永安，終無橫病。此要略說之，非賢勿傳，秘之。凡微數之脈，慎不可灸。

《千金翼方·針灸上·時行法》 初得一日二日，但灸心下三處，第一，去心下一寸，名巨闕，第二，去心下二寸，名上管，第三，去心下三寸，名胃管，各灸五十壯。然或人形小大不同，恐寸數有異，可以繩度之，隨其長短寸數最佳。取繩從心骨鳩尾頭少度至臍孔，中屈之取半，當繩頭名胃管，又中屈更爲二分，從胃管向上度是上管。上度取一分是巨闕。大人可五十壯，小兒可一七、二七壯，隨其年灸，以意量之。

若病者三四日以上，宜先灸囟上二十壯，以繩度鼻正上盡髮際，中屈繩斷去半，便從髮際度入髮中，灸繩頭名天窗，又灸兩顳顬，又灸風池，又灸肝俞百壯，餘處各二十壯。

又灸太衝三十壯，神驗無比。

豌肉瘡，灸兩手腕研子骨尖上三壯，男左女右。

《千金翼方·針灸中·治頭重臂肘重法》 諸煩熱、時氣、溫病，灸大椎百壯，針入三分瀉之，橫三間寸，灸之。

心煩上氣，灸肺俞，針入五分。

心煩短氣，灸小腸俞。

又，灸巨闕、期門各一百壯，針入五分。

又，灸心俞百壯，針入五分。

頭身熱，灸胃管百壯，勿針。

煩悶憂思，灸大倉百壯。

煩熱頭痛，針虎口，入三分。

煩躁恍惚，灸間使三十壯，針入三分。

骨熱煩，胸滿氣悶，針三里，入五分。

身體煩熱，針中府。

又，灸絕骨五十壯。

《聖濟總録·奇經八脈·治熱病灸刺法》 熱病汗不出，上星主之，先取譩譆，後取天牖、風池。熱病汗不出而苦嘔煩心，承光主之。

熱病汗不出，天柱及風池、商陽、關衝、液門主之。

傷寒熱盛煩嘔，大椎主之。

身熱頭痛，進退往來，神道主之。

熱病汗不出，上髓、孔最主之。《千金》云：臂厥熱病汗不出，皆灸刺之，此穴可以出汗。

熱病頭痛，引目外眦而急，煩滿汗不出，引頷齒，面赤皮痛，懸顱主之。

熱病偏頭痛，引目外眦，懸釐主之。

熱病胸中澹澹，腹滿暴痛，恍惚不知人，手清，少腹滿，瘛瘲，心疝滿不得息，巨闕主之。

熱病煩心，心悶而汗不出，掌中熱，心痛，身熱如火浸淫，煩滿，舌本痛，中衝主之。

熱病發熱，滿而欲嘔噦，三日以往，不得汗，怵惕，胸脇痛，不可反側，咳滿溺赤，大便血，衄不止，嘔吐，血氣逆，噫不止，嗌中痛，食不下，善渴，口中爛，掌中熱，勞宮主之。

熱病煩心善噦，胸中澹澹善動，間使主之。

傷寒寒熱頭痛，噦，衄，肩不舉，溫溜主之。

傷寒餘熱不盡，曲池主之。

熱病汗不出，脇痛不得息，頸頷腫，寒熱耳鳴，聾無所聞，陽谷主之。

熱病滿悶不得卧，太白主之。《千金》云：不得卧，身重骨痛，熱中少氣厥寒，灸之熱去。

熱病汗不出，善噫腹脹滿，胃熱譫言，解谿主之。

初得病，或先頭痛身寒熱，或濇濇欲守火，或腰背強直，面目如飲酒狀，此傷寒初得一二日，但灸心下三處。第一處，去心下一寸，名巨闕，第二處，

去心下二寸，名上脘。第三處，去心下三寸，名胃脘，各灸五十壯。然或人形大小不同，恐寸數有异，可繩度，隨其長短寸數最佳。取繩從心頭骨名鳩尾頭度取臍孔中，屈繩取半，當繩頭名胃脘，又中屈半繩，更分爲二分，從胃脘向上度一分，即是上脘。又上度取一分，即是巨闕。大人可灸五十壯，小兒三壯，亦隨年灸之，大小以意斟量。若病者三四日以上，宜先灸胸上二十壯，以繩度鼻正上盡髮際，中屈繩，斷去半，便從髮際入髮中，灸繩頭。又灸兩顳顬，又灸兩風池，又灸肝俞百壯，餘處各二十壯，又灸太衝三十壯。

凡溫病可針刺五十九穴，又身之穴三百六十有五，其三十六穴，灸之有害，七十九穴，刺之爲災。

《聖濟總録·奇經八脈·治寒熱灸法》 先灸項大椎，以年爲壯數。次灸撅骨，尾窮骨也。以年爲壯數。

視背腧陷者，灸之。

舉臂肩上陷者，灸之。髃髃穴也。

兩季脇之間，灸之。章門穴也。

外踝上絶骨之端，灸之。陽輔穴也。

足小指次指間，灸之。俠谿穴也。

腨下陷脈，灸之。承筋穴也。

外踝後，灸之。崑崙穴也。

缺盆骨上，切之堅痛如筋者，灸之。經闕其名。

膺中陷骨間，灸之。天突穴也。

掌束骨下，灸之。陽池穴也。

臍下三寸，灸之。關元穴也。

毛際動脈，灸之。氣街穴也。

膝下三寸分間，灸之。三里穴也。

足陽明跗上動脈，灸之。衝陽穴也。

巔上一，灸之。百會穴也。

《扁鵲心書·傷脾發潮熱》 此因飲食失節，損及脾胃，致元氣虚脱，令頭昏腳弱，四肢倦怠，心下痞悶，午後發熱，乃元氣下入陰分也，服全眞丹、華澄茄散，三月而愈。若服滋陰降火凉藥，其病轉甚。若俗醫用下藥，致病危篤，六脈沉細，灸中脘五十壯、關元一百壯可保，遲則脾氣衰脱而死。

《素問病機氣宜保命集·針之最要》 熱無度不可止，刺陷骨穴出血。骨熱不可治，前板齒乾燥，當灸骨會大椎。

《素問病機氣宜保命集·針之最要》 大煩熱晝夜不息，刺十指間出血，謂之八關大刺。目疾睛痛欲出，亦大刺八關。

《針灸資生經·寒熱》 復溜，治骨寒熱汗注不止。至陽，治寒熱解散，淫濼脛酸，四支重痛，少氣難言。光明，治身解寒，淫濼骺痠，不能久立。瘂門，治寒熱風痙，脊強反折。陶道、神堂、風池，治洒淅寒熱。陰郄，治洒淅畏寒，厥逆。魚際，治洒淅惡風寒，虛熱，舌黄身熱，頭痛咳嗽，汗不出，痺走胸背痛，不得息。浮白，治發寒熱。腎俞，治頭重身熱。顱囟，治身熱頭重，脇痛不得轉側。太白、陽綱，治身熱。曲差，治身體煩熱。腦空，治勞疾羸瘦體熱。肺俞，治寒熱喘滿。天池，治寒熱胸鬲滿。少衝，治乍寒乍熱。神道、少海，治寒熱。膽俞，治振寒。臨泣，治洒淅振寒。魚際，療虛熱洒洒毛豎惡風寒，舌上黄，身熱咳嗽喘，痺走胸背不得息，頭痛甚，汗不出，熱煩心，少氣不足。鬲俞，療寒熱骨痛。天突，療身寒熱。腦空，療身寒熱，引項強急。飛揚、光明，主寒熱。藏府積聚，心腹滿，腰背痛，飲食不消，吐逆，寒熱往來，小便不利，羸瘦少氣，三焦俞隨年。又胃管百壯。至千壯佳。小腸俞，主三焦寒熱，隨年，又膀胱三焦津液下大小腸，寒熱赤泄洞痢，腰脊痛，又小便不利，婦人帶下，五十壯。四支寒熱，腰疼不得俯仰，身黄腹滿，食嘔，舌根直，灸脾俞幷椎三穴，各七壯。盜汗寒熱惡寒，肺俞隨年壯，針五分，又陰都百壯。多汗寒熱，玉枕五十。涌泉，主身體腰脊如解。

《論經絡迎隨補瀉法·辨傷寒熱甚五十九刺》 五十九刺者，爲頭上五行以兌越諸陽之熱也。

大杼、膺俞、缺盆、背俞。此八者以瀉胸中之熱也。

氣衝、三里、巨虛上下廉。此八者以瀉胃中之熱也。

雲門、髃骨、委中、髓空。此八者以瀉四肢之熱也。

五藏腧傍五。此十者，以瀉五藏之熱也。凡此五十九穴者，背之左右，故病甚則當刺之。凡刺之法，吸則納針，得氣則瀉，勿令遲緩，起似發機。故《針經》曰：熱者疾之。

《普濟方·針灸門·寒熱》 治骨寒熱，汗注不止，穴：復溜。

治寒熱解散，淫濼頸酸，四肢重痛，少氣難言，穴：至陽。

治身解寒淫濼，骭疫不能久立，穴：光明。

治寒熱風痓，脊強反折，穴：瘂門。

治洒淅寒氣，穴：陶道、神堂、風池。

治洒淅畏寒，厥逆，穴：陰郄。

治洒淅惡風寒，虛熱，舌黃身熱，頭痛咳嗽，汗不出，痺走胸背，痛不得息，穴：魚際。

治發寒熱，穴：浮白。

治頭重身熱，穴：腎俞。

治身熱頭重，脇痛，不得轉側，穴：顱囟。

治身熱，穴：太白、陽綱。

治身體煩熱，穴：曲差。

治勞疾羸瘦，體熱，穴：腦空。

治寒熱喘滿，穴：肺俞。

治寒熱胸膈滿，穴：天池。

治乍寒乍熱，穴：少衝。

治寒熱，穴：神道、少海。

治振寒，穴：膽俞。

治洒淅振寒，穴：臨泣。

治虛熱洒淅，毛豎惡風寒，舌上黃，身熱咳嗽喘，痺走胸背，不得息，頭痛甚，汗不出，熱煩心，少氣不足，穴：魚際。

治寒熱骨痛，穴：膈俞。

治身寒熱，穴：天突。

治身寒熱，引項強急，穴：腦空。

治寒熱，穴：飛揚、光明。

治臟腑積聚，心腹滿，腰背痛，飲食不消，吐逆，寒熱往來，小便不利，羸瘦少氣，穴：三焦俞，隨年壯。又胃脘穴灸百壯，乃灸至千壯止。

治四肢寒熱，腰疼不得俯仰，身黃，腹滿，食嘔，舌根直，穴：脾俞，并椎三穴，各灸七壯。

治盜汗，寒熱惡寒，穴：肺俞，隨年壯，針五分。陰都百壯。

治多汗寒熱，穴：玉枕，五十壯。

治三焦寒熱，穴：小腸俞，灸隨年壯。

治膀胱三焦津涎下，大小腸寒熱，赤泄，洞痢，腰脊痛，小便不利，婦人帶下，穴：三焦俞，灸五十壯。

治身體腰脊如解，及治寒熱，先灸項大椎，以年爲壯數，次灸撅骨，尾竅骨也，以年爲壯數，視背輪陷者灸之，舉背肩上陷者灸之，髑髏穴也。兩季脇之間灸之，章門穴也。外踝上絕骨之端灸之，陽輔穴也。足小指次指間灸之，俠谿穴也。缺盆骨上，切之堅痛如筋者，灸之，經闕其名。腨下陷脈灸之，承筋穴也。外踝後灸之，崑崙穴也。膺中陷骨間灸之，天突穴也。掌束骨下灸之陽池穴也。臍下三寸灸之，關元穴也。毛際動脈灸之，氣衝穴也。膝下三寸分間灸之，三里穴也。足陽明跗上動脈灸之，衝陽穴也。巔上一寸灸之。百會穴也。

治身體腰脊如解，穴：湧泉。

《普濟方·針灸門·傷寒熱氣》　治腹痛而熱，穴：行間。

治腹中熱，穴：中極。

治五臟熱，及身體熱，脈弦急，灸第十四椎與臍相當，五十壯，老少增損之，若虛寒至百壯，橫間三寸灸之。

治身體熱腹痛，穴：氣衝。

治腹中熱，喜渴涎出，是蛔也，手持之物令得移，穴刺中脘穴，亦不可容易針。

治腹中大熱不安，穴：氣衝。

治寒熱入腹，穴：關元。

治久冷，穴：天樞，灸百壯。

治腹寒，穴：陰陵泉、三陰交。

治腹中寒熱，穴：隱白。

療熱風冷痺，穴：下廉。

治寒熱，穴：上關。

治寒熱，亦主下部寒熱，穴：飛揚。

治寒熱，穴：瘂門。

治乍寒乍熱，穴：少衝。

治但是積冷虛乏病，穴：宜灸關元。

治臟腑久積冷氣，心腹脹滿，穴：三里。

治久積冷氣，繞臍切痛，時上衝心，穴：天樞。

治冷氣，穴：中極。

治冷氣，穴：漏谷、會陽。

治六腑氣寒，不嗜食，穴：下脘。

治冷氣上衝心，穴：氣海。

治腹中寒，冷氣脹滿，穴：隱白。

治上氣冷發，腹中雷鳴，穴：太衝。

治結氣寒冷，穴：太倉，灸百壯。

治臍下絞痛，流入陰中，發作無時，此冷氣也，穴：關元，灸百壯。

治心下寒，穴：商丘。

治心寒冷氣上，穴：鳩尾、少衝、商丘、龍頷，灸百壯。

治寒厥驚狂，穴：陽交。

治腹寒氣滿，穴：衝門。

治胃中熱，穴：三里，灸三十壯。

治三焦膀胱腎中熱氣，穴：水道，灸隨年壯。

《針灸聚英·傷寒》 發熱

風寒客於皮膚，陽氣怫鬱所致，此表熱也。陽氣下陷入陰分蒸薰，此裏熱也。

汗不出，悽悽惡寒，取玉枕、大杼、肝俞、鬲俞、陶道。身熱惡寒，後谿。身熱汗出足厥冷，取大都。身熱頭痛食不下，取三焦俞。汗不出，取合谷、後谿、陽池、厲兑、解谿、風池。身熱而喘，取三間。餘熱不盡，取曲池。煩滿汗不出，取風池、命門。汗出寒熱，取五處、攢竹、上脘。煩心好嘔，取巨闕、商丘。身熱頭痛，汗不出，取曲泉。身熱進退頭痛，取神道、關元、懸顱。已上出《針經》。

六脈沉細，一息二三至，灸氣海、關元。少陰發熱，灸太谿。

欬逆

胸中氣不交也，水火相搏而有聲，故欬逆也，刺期門。

小腹滿

物聚而滿，上爲氣，下爲溺與血。小腹硬，小便自利，其人如狂，血證也，當出不出，積而爲滿，中痧腹虛脹，或腹中急痛，刺括委中，或奪命穴等處。

煩躁

邪氣在裏，煩爲內不安，躁爲外不安，傷寒六七日，脈微，手足厥冷，煩躁，灸厥陰俞穴。

畜血

熱毒流於下而瘀血者，少陰證下利，便膿血者，可刺。陽明病，下血譫語，必熱入血室，頭汗出者，當刺期門。

嘔吐

表邪傳裏，裏氣上逆，則爲嘔吐。口中和，脈微濇弱，皆灸厥陰。《脈經》、《千金翼》林氏本曰：灸厥陰五十壯。

戰慄

戰者正氣勝，慄者邪氣勝，邪與正爭，心戰而外慄，爲病欲解也。心氣內盛，正氣大虛，心慄而鼓頷，身不戰者，已而遂成寒逆者，宜灸之。

四逆

四肢逆冷而不溫，積涼成寒。六府氣絶於外，四肢手足寒冷，足脛寒逆，少陰也。四肢厥冷，身寒者，厥陰也。四逆灸氣海、腎俞、肝俞。

厥

手足逆冷，陽氣伏陷，熱氣逆伏而手足冷也，刺內庭、大都。

龐氏曰：脈促而厥者，灸之。

鬱冒

鬱爲氣不舒，冒爲神昏不清，即昏迷是也，多虛極乘寒所致，或吐下使然。

鬱冒，刺太陽、少陽。幷病頭痛，或冒悶，如結胸狀，當刺大椎第一間，及肺、肝二俞，慎不可汗。

自利

不經攻下，自溏泄。下利脈微濇，嘔而汗出，必更衣，反小者，當溫上，灸之，以消陰。小便自利，手中不冷，反發熱，脈不至，灸少陰太谿穴。少陰下利，便膿血者，可刺之，宜通用之。

熱入血室

男子由陽明而傷，下血譫語，婦人則隨經而入，月水適來，邪乘虛入。七八日熱除而脈遲，胸脇滿，如結胸狀，譫語，此熱入血室，刺期門。用甘草芍

藥湯，不已，刺隱白。

霍亂

上吐下利，揮霍撩亂，邪在中焦，胃氣不治，陰陽乖隔，遂上吐下利，躁擾煩亂也。乾霍亂或腹中急痛絞刺，宜刺委中及奪命穴。

腹痛

有實有虛，寒熱燥屎舊積，按之不痛爲虛，痛爲實，合灸不灸，令病人冷結，久而彌困，氣衝心而死，刺括委中穴。

陰毒陰證

陰病盛，則微陽消於上，故沉重，四肢逆冷，臍腹築痛，厥逆或冷，六脈沉細。陰毒灸關元、氣海。

太陽少陽併病

刺肺俞、肝俞，如頭痛刺大椎。

小便不利

邪畜於內，津液不行。陰寒甚，下閉者，灸之。陰證，小便不利，必陰囊縮入小腹，痛欲死者，灸石門。

不仁

不柔和，癢痛寒熱皆不知，正氣爲邪氣閉伏，鬱而不散，血氣虛少故也。若越人入診虢太子尸厥，以鬱冒不仁爲可治，刺之而濟痊者，神醫之診也。設脈浮洪，汗如油，喘不休，體不仁，越人其能治哉？已上見劉氏《傷寒治例》。

《針灸聚英·雜病》 發熱

有寒熱、潮熱、煩熱、往來熱。

熱病汗不出：商陽、合谷、陽谷、俠谿、厲兑、勞宮、腕骨以導氣。

熱無度不止：陷谷，血以泄熱。

《古今醫統大全·針灸直指·諸證針灸經穴》 身熱惡寒：後谿。

身熱汗出足冷：大都。

汗不出，凄凄惡寒：玉枕、大杼、肝俞、膈俞、陶道。

身熱汗不出：曲池、合谷、厲兑、解谿。

身熱而喘：三間。

煩心好嘔：巨闕、商丘。

六脈沉細，一息三至，宜灸下穴：氣海、關元。

少陰發熱，宜灸下穴：太谿。

惡寒：關元，灸。

惡風：風池、風府，宜刺。

胸脇滿：期門，宜刺。

結胸：期門、肺俞，宜刺。

欬逆：胸中氣不交，水火相搏，而聲逆上也。期門、乳根，刺灸任行。

小腹滿：委中、奪命穴、關元，灸。

煩燥：厥陰俞，灸。

蓄血熱入血室：期門，刺。

嘔吐：厥陰，灸五十壯。

戰慄，宜灸，四逆，宜灸：氣海、腎俞、肝俞。

鬱冒：宜刺，大杼、第一門，肺俞、肝俞。

自利：太谿，宜灸。

腹痛：委中，刺，關元、灸，太衝、太淵，俱刺之以瀉實。

《楊敬齋針灸全書·雜病大寒大熱》

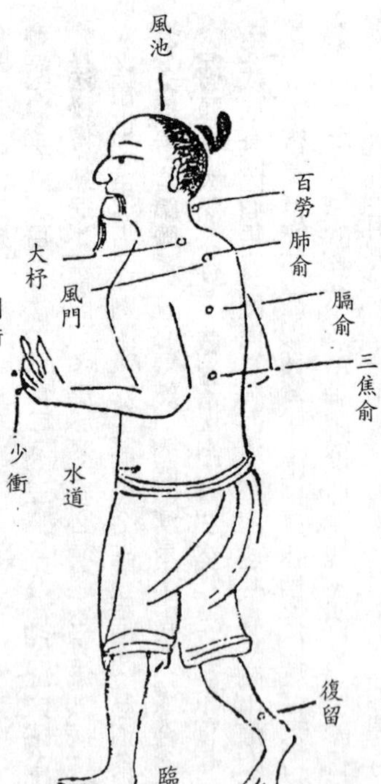

《針灸大成·續增治法·雜病》 發熱，有寒潮熱，煩熱，往來熱。

熱病汗不出：商陽、合谷、陽谷、俠谿、厲兑、勞宮、腕骨，以導氣。

熱無度，汗不止：陷谷，以泄熱。

《類經圖翼・針灸要覽・諸證灸法要穴》頭疼身熱：二間、合谷、神道、風池、期門、間使、足三里。

汗不出：合谷、腕骨、通里、期門、足三里、復溜。

發狂：百會、間使、復溜、陰谷、足三里。

陰證：期門、間使、氣海、關元。

聲啞：天突、期門、間使、合谷，刺，太衝，刺。所謂開四關者，即合谷、太衝也。

耳聾：腎俞、偏歷、聽會。

小便閉：陰谷、關元、陰陵泉。

舌捲囊踡：天突、廉泉、合谷、腎俞、復溜、然谷、血海。

腹脹：太白、復溜、足三里。

餘熱：曲池、間使、後谿。

《太乙神針心法・感冒門》治法

頭疼發熱：針百會、上脘、中脘。

身熱不退：針百勞。

鼻塞氣喘：針百會、神庭、天突。

喘急難卧：針中脘、期門。

咳嗽：針列缺、經渠、肺俞、膻中。

痰在喉中，不能吐，不能下：針天突、肺俞、膻中。

因嗽咳血：針列缺、三里、百勞、肺俞、乳根、風門、肝俞。

數欠而喘：針太淵。

咳嗽隔食：針膈俞。

喘滿：針三間、商陽。

喘急不能行：針中脘、期門、上廉。

乾嘔：針間使、膽俞、通谷、隱白。

痰涎：針陰谷、然谷、復溜。

《羅遺編・針灸要穴論》熱毒：大陵。

《針灸逢源・證治參詳・傷寒熱病門》瘟疫

瘟疫六七日不解，以致熱入血室，發黃，身如烟熏，目如金色，口燥而熱結，砭刺曲池出惡血，或用鋒針刺肘中曲澤之大絡，使邪毒隨惡血而出，極效。

《針灸穴法》發熱：風池二穴、膏肓二穴、肺俞二穴、委中二穴、承漿一穴、內關二穴、外關二穴。

身熱如火，汗不出：巨闕一穴、關元一穴、神門二穴、肝俞二穴、命門一穴、大陵二穴、中渚二穴。

雜病大寒大熱：百勞二穴、肺俞二穴、三焦二穴、風門二穴、太衝二穴。

《灸法秘傳・熱病》經曰：冬傷於寒，春必病溫，至夏爲熱病。熱病者，皆傷寒之類也，當用辛涼之劑，設未效者，當灸上脘，若煩悶者，須灸行間。

《針灸摘要・陰蹻脈》五心煩熱：內關、湧泉、十宣、大陵、合谷、四花。

《名醫類案・大頭天行》羅謙甫治中書右丞姚公茂六旬有七，宿有時毒，至元戊辰春，因酒再發，頭面耳腫而疼，耳前後腫尤甚，胸中煩悶，咽嗌不利，身半以下皆寒，足脛尤甚，熱壅於上。由是以牀相接作炕，身半以上卧於牀，身半以下卧於炕，飲食減少，精神困倦而體痛。命羅治之，診得脈浮數，按之弦細，上熱下寒明矣。若以虛治則誤。《內經》云：熱勝則腫。又曰：春氣者，病在頭。《難經》云：畜則腫熱，砭射之也。蓋取其易散故也。急則治標。遂於腫上約五十餘刺，其血紫黑如露珠之狀，頃時腫痛消散。治上熱。又於氣海中大艾炷灸百壯。灸法佳。乃助下焦陽虛，退其陰寒，次於三里二穴，各灸三七壯，治足胻冷，亦引導熱氣下行故也。

咳嗽

《素問・咳論》帝曰：治之奈何？岐伯曰：治臟者治其俞，治腑者治其合，浮腫者治其經。

《太素・氣論・咳論》黄帝曰：治之奈何？岐伯曰：治藏者治其輸，治府者治其合，浮腫者治其經。黄帝曰：善。療五藏欬，宜療藏經第三俞也。療六府欬者，宜療藏經第六合也。有浮腫者，不可治絡，宜療經穴也。

《千金要方・肺臟・肺勞》喉痺氣逆，欬嗽口中涎唾，灸肺俞七壯，亦可隨年壯至百壯。

《千金要方・大腸腑・咳嗽》寒欬、支欬、肝欬，刺足太衝；心欬，刺手神門；脾欬，刺足太白；肺欬，刺手太泉；腎欬，刺足太谿；膽欬，刺足陽陵

泉；厥陰欬，刺手大陵。

論曰：凡上氣多有服吐藥得差，亦有針灸得除者，宜深體悟之。嗽，灸兩乳下黑白際，各百壯，即差。

又，以蒲當乳頭周匝圍身，令前後正平，當脊骨解中，灸十壯。

又，以繩橫量口中折繩，從脊灸繩兩頭邊，各八十壯，三報之，三日畢，兩邊者，是口合度。

灸從大椎數下行，第五節下，第六節上，穴在中間，隨年壯，并主上氣。此即神道穴。

上氣欬嗽短氣，氣滿食不下，灸肺募五十壯。

上氣欬逆短氣，風勞百病，灸肩井二百壯。

上氣短氣欬逆，胸背痛，灸風門、熱府百壯。

上氣欬逆短氣，胸滿多唾，唾惡冷痰，灸肺俞五十壯。

上氣閉欬逆，咽冷聲破喉猜猜，灸天瞿五十壯，一名天突。

上氣胸滿，短氣欬逆，灸雲門五十壯。

上氣欬逆，胸痺背痛，灸胸堂百壯，不針。

上氣欬逆，灸膻中五十壯。

上氣欬逆，胸滿短氣牽背痛，灸巨闕、期門各五十壯。

嗽，灸手屈臂中有橫文外骨捻頭得痛處，十四壯，良。

逆氣虛勞，寒損憂恚，筋骨攣痛，心中欬逆，泄注腹滿，喉痺，頸項強，腸痔逆氣，痔血陰急，鼻衄，骨痛，大小便澀，鼻中乾，煩滿狂走易氣，凡二十二病，皆灸絕骨五十壯，穴在外踝上三寸宛宛中。

《醫心方》卷九引《僧深方》　僧深方云：灸近兩乳下黑白肉際各百壯，即日愈。范、汪方同之。又方：以繩當乳頭圍周身令前後平正，當乳脊骨解中，灸之九十壯。又方：橫度口中折繩，從脊灸繩兩邊，灸八十壯，三日報畢。又方：從大椎數下行，第五節下，第六節上，穴間中一處，灸隨年壯，并治上氣秘方。

《扁鵲心書·咳嗽》　咳嗽

久咳而額上汗出，或四肢有時微冷，間發熱困倦者，乃勞咳也，急灸關元三百壯，服金液丹、保命丹、薑附湯，須早治之，遲則難救。

欬暇病

此證方書名爲哮喘，因天寒飲冷，或過食鹽物，傷其肺氣，故喉常如風吼聲，若作勞則氣喘而滿，須灸天突穴五十壯，重者灸中脘穴五十壯，服五膈散或研蚯蚓二條，醋調服立愈。

《扁鵲心書·附竇材灸法》　欬嗽病，因形寒飲冷，冰消肺氣，灸天突穴五十壯。

久嗽不止，灸口俞二穴，各五十壯即止。若傷寒後，或中年久嗽不止，恐成虛癆，當灸關元三百壯。

《針灸資生經·咳嗽》　三里，主咳嗽多唾。缺盆、膻中、巨闕，主咳嗽。魚際，療咳嗽喘，又療肺心痛，咳引尻溺出。肺俞，療肺嗽。少澤、心俞、庫房療咳嗽。天突，療咳嗽上氣噎，胸中氣，喉內如水聲。廉泉，療咳嗽少氣。膻中，療咳嗽上氣，下云：療咳嗽氣短。經渠，療嗽逆上氣。天池，療上氣咳嗽，胸中氣滿，喉鳴，四支不舉，腋下腫。解谿，療上氣咳嗽，喘息急，腹中積氣上下行。魚際、列缺、少澤、缺盆，治咳嗽。尺澤，治咳嗽唾濁。肩中俞，治咳嗽上氣唾血。大杼，治風勞氣咳嗽。風門，治喘氣臥不安。肺俞，治肺痿咳嗽。膻中，治肺氣咳嗽。湧泉，治婦人無子，咳嗽身熱。《明下》：咳嗽氣短。前谷，治咳嗽衄血，項頸痛。太谿，治痃癖咳嗽，不嗜食。上氣咳嗽，灸肺募五十壯。嗽，灸手屈臂中有橫文外骨捻頭得痛處，十四壯良。嗽，灸兩乳下黑白際，各百壯，即差。又以蒲當乳頭周匝圍身，令前後正平，當脊骨解中，灸十壯云云。廉泉、天井、太淵，治咳嗽。

久嗽，最宜灸膏肓穴，其次則宜灸肺俞等穴，各隨證治之，若暴嗽則不必灸也。有男子忽氣出不絕聲，病數日矣。以手按其膻中穴而應，微以冷針頻頻刺之而愈，初不之灸，何其神也。

《千翼》十二種風，風入肺，則咳逆短氣，又肝咳刺足太衝，心咳刺神門，脾咳刺太白，肺咳刺太泉，腎咳刺太谿，膽咳刺陽陵泉，又第五節下、第六節上穴中間隨年，并主上氣。

《直指方·咳嗽·咳嗽證治》　針灸法：風門二穴、肺俞二穴、三里二穴。

《聖濟總録·治咳嗽灸刺法》　《內經》治咳之法，治藏者治其腧，治府者治其合，浮腫者治其經，以穴考之，各有定處。諸咳而喘息有音，甚則唾血者，太淵主之。浮腫則治在經渠。咳而兩脇下痛不可轉者，太衝主之。浮腫則治在中封。咳而右胠下痛，陰陰引肩背，甚則不可動者，太白主之，浮腫則

治在商丘。咳而腰背相引痛，甚則咳涎者，太谿主之，浮腫則治在復溜。咳而心痛，喉中介介如鯁，甚則咽腫喉痹者，神門主之，浮腫則治在靈道。咳而遺矢者，曲池主之，浮腫則治在陽谿。咳而失氣者，小海主之，浮腫則治在陽谷。咳而遺溺者，委中主之，浮腫則治在崑崙。咳而嘔，嘔甚則長蟲出者，三里主之，浮腫則治在解谿。咳而嘔苦汁者，陽陵泉主之，浮腫則治在陽輔。久咳不已，咳而腹滿者，天井主之。浮腫則治在支溝。凡此五藏六府之咳，治之常也，俞合之外，別有遺法，附之於後云。

上氣咳嗽短氣，氣滿食不下，灸肺募五十壯。

上氣咳逆短氣，風勞百病，灸肩井二百壯。

上氣短氣咳逆，胸背痛，灸風門、熱府百壯。

上氣咳逆短氣，胸滿多唾冷痰，灸肺腧五十壯。

上氣閉咳逆，咽冷聲破，灸天突五十壯，一名天瞿。

上氣胸滿，短氣咳逆，灸雲門五十壯。

上氣咳逆，胸痺背痛，灸胸堂百壯。

上氣咳逆，胸滿短氣牽背痛，灸巨闕、期門各五十壯

逆氣虛勞，寒損憂恚，筋骨攣痛，咳逆泄注，腹滿喉痺，頸項強，腸痔逆氣，痔血陰急，鼻衄骨痛，大小便澀，鼻中乾，煩滿狂走，凡此諸病，皆灸絕骨五十壯，穴在外踝上三寸宛宛中。

上氣咳逆，灸膻中三壯，穴在兩乳間，《甲乙經》云：一名元兒，在玉堂下一寸六分，直乳兩間陷中，任脈氣所發，炷如半棗核大。

上氣，灸三里二穴。《甲乙經》云：在膝下三寸，胻外廉，足陽明脈之所入也，各灸三壯。《外臺秘要》云：人年三十以上，若不灸三里穴，令人氣上兩眼昏暗，三里所以下氣也。

咳嗽，灸心俞穴。《甲乙經》云：在背第五椎下，兩邊各一寸半，各灸五壯，炷如半棗核大。

嗽，灸手屈臂中有横紋，外骨捻頭得痛處，十四壯。

嗽，灸兩乳下黑白際，各百壯。又以蒲當乳頭，周匝圍身，令前後正平，當脊骨解中，灸十壯。又以繩横量口中折繩，從脊灸繩兩頭，各八十壯，三報之，三日畢。又灸從大椎數下行，第五節下，第六節上，穴在中間，隨年壯，并主上氣。此即神道穴。

《世醫得效方·咳逆》灸咳逆法：乳下一指許，正與乳相直，骨間陷處，婦人即屈乳頭度之，乳頭齊處是穴，艾灸炷如小豆大，灸三壯，男左女右，只灸一處，火到肌即差，不差，不可治也，其穴只當取乳下骨間動脈處是。

《世醫得效方·咳嗽》灸法：上氣咳逆，短氣，胸滿多唾，唾惡冷痰，灸肺俞五十壯。

又法：灸兩乳下黑白際各百壯，即差。咳嗽咽冷，聲破喉猜猜，灸天突五十壯，穴與灸喘急同。膏肓俞在四椎下五椎上各去脊三寸，近胛骨僅容一指許，多灸之亦效。

《普濟方·針灸門·風勞》治風勞氣咳嗽，胸中鬱鬱，身熱目眩，穴：大杼。

《普濟方·針灸門·咳逆》治咳逆不止，穴：維道。

治咳逆寒熱發，穴：大陵。

治咳逆喘，穴：大陵、少商。

治咳逆胸滿，喘不得息，穴：太淵。

治咳逆多吐，穴：三里。

治肺系急，咳輒胸痛，穴：中府。

治咳而胸滿，穴：前谷。

治喜咳，穴：經渠、行間。

治咳，乾嘔煩滿，穴：俠白。

治咳面赤而熱，穴：支溝。

治咳唾善噫，咳氣無所出，穴：三里、太白、章門、孔最、天泉、太谿、行間、俞府、神封、腹結、少商。

治咳逆，穴：浮白。

治咳引兩脇，急痛不得息，轉側難，撅脇下與脊相引而反折目上視，目眩，循眉頭痛，驚狂鼻衄，起則目䀮䀮，目生白翳，咳引胸中痛，寒疝，小腹痛，唾血短氣，及治咳逆兩脇滿悶，穴：肝俞。

治咳引尻痛，穴：魚際。

治脇痛，咳逆不得息，穴：竅陰。

治咳逆疝積，胸滿不得喘息，穴：浮白。

治咳逆煩心，不得卧，穴：太淵。

治咳逆，穴：乳下一指許，與乳相直骨間陷中，婦人即屈乳頭度之，乳頭盡處是穴。炷如小豆許，灸三壯，男左女右，只一處，火到肌即瘥。《良方》云：族中有霍亂吐利，垂困忽發咳逆，遂至危殆，與鄜延陳中裕，病傷寒咳逆氣甚之屬，皆一灸而愈。故凡傷寒及久病，得咳逆皆爲惡候，投藥不效者，灸之必瘥，若不瘥，則多不救。

治一切咳逆不止《濟生拔粹方》。男左女右，乳下黑盡處，一韭葉許，灸三壯，甚者二七壯。

治咳而胸滿，喘息，卒咳逆逆氣，穴：曲澤，出血立已。

《普濟方·針灸門·婦人諸疾》 治女子逆氣，穴：幽門。

治咳逆，其法：婦人屈乳頭向下盡處骨間是穴，丈夫及乳小者，以一指爲率正，男左女右，與乳相直間陷中，動脈處是穴，艾炷如小豆許，灸三壯，又期門穴在兩乳下一寸，艾炷如小豆大，灸三壯即止，婦人則屈乳頭下盡骨間動脈陷中是穴。

《普濟方·針灸門·咳嗽》 治久喘嗽，咯膿血，有痰不愈者：右用白表紙數重折之，於涼水內浸濕了，然後燃艾炷，仍蘸些許雄黃末同燃，或艾炷子安在紙上，用火點着，隨即放在舌頭上正中爲妙，下手灸人，拿着一個銅匙頭於患人口內，上脬膈住艾烟，呼吸令患人如常，灸畢，令患人吃蒸餅一小塊，壓下，仍用秫米粥飲之，其灸炷數，隨年壯多少灸之爲良。

治咳嗽，穴：缺盆、膻中、巨闕。

治咳嗽喘，又療肺心痛，咳引尻溺出，穴：魚際。

治肺嗽，穴：肺俞。

治咳嗽，穴：少澤、心俞、庫房。

治咳嗽上氣，噎，胸中氣，喉內如水鷄聲，穴：天突。

治咳嗽少氣，穴：廉泉。

治咳嗽上氣，氣短，穴：膻中。

治咳逆上氣，穴：經渠。

治上氣咳嗽，胸中氣滿喉鳴，四肢不舉，腋下腫，穴：天池。

治上氣咳嗽，喘息，及腹中鳴，積氣上下行，穴：解谿。

治咳嗽，穴：魚際、列缺、少澤、缺盆。

治咳嗽喘渴，穴：尺澤。

治咳嗽上氣，唾血，穴：肩中俞。

治風勞氣咳嗽，穴：大杼。

治肺氣咳嗽，穴：膻中。

治痃癖咳嗽，衄血，項頸痛，穴：前谷。

治痎癖咳嗽，不嗜食，上氣咳嗽，穴：肺募，灸五十壯。【略】

治咳嗽，穴：廉泉、天井、太淵。【略】

治咳嗽，穴：心俞。灸五壯，炷如半棗核大。

《普濟方·針灸門·雜病》 治咳嗽久不瘥，灸肺俞五壯，在第三椎下兩傍各一寸半，治咳而泄，不欲食，穴：商丘。

《神應經·痰喘咳嗽部》 咳嗽：列缺、經渠、尺澤、魚際、少澤、前谷、三里、解谿、崑崙、肺俞、百壯，膻中。七壯。

咳嗽飲水：太淵。

引兩脇痛：肝俞。

引尻痛：魚際。

唾膿：膻中。

唾濁：尺澤、間使、列缺、少商。

《神應經·諸般積聚部》 咳逆：支溝、前谷、大陵、曲泉、三里、陷谷、然谷、行間、臨泣、肺俞。

咳逆無所出者：先取三里，後取太白、三里、魚際、太谿、竅陰、肝俞。

咳逆振寒：少商、天突，灸三壯。

久病咳：少商、天突，灸三壯。

《奇效良方·咳嗽通治方》 秘方烟筒兒：治遠年近日一切咳嗽，婦人胎前產後嗽皆治。雄黃半兩。人參、艾葉各三錢。款冬花、佛耳草各二錢半。右爲細末，以蠟紙厚紙闊四寸，長八寸，長捲一眼，裝藥在內，燒烟薰喉。

《醫學正傳·咳嗽》 嗽而有痰，宜灸天突穴、肺俞穴，以泄火熱，瀉肺氣。

《針灸聚英·雜病》 欬嗽

風、寒、火、勞、痰、肺脹、濕：灸天突、肺俞、肩井、少商、然谷、肝俞、期門、行間、廉泉、扶突，針曲澤、出血立已，前谷。面赤熱欬，支溝。多唾，三里。

《針灸聚英·玉機微義針灸證治》 欬嗽

《千金方》曰：寒欬，肝欬，刺足太衝；心欬，刺手神門；脾欬，刺足大白；肺欬，刺手太淵；腎欬，刺足太谿；膽欬，刺足陽陵泉；厥陰欬，刺手大陵。劉氏曰：經有三焦而無心主，此有心主而無三焦，然已發其祕矣，惜乎胃、大小腸、膀胱欬及針治，皆略之而不議。《千金》云：欬者，灸兩乳下黑白際，各數十壯即差。又以蒲當乳頭，周匝圍身，令前後正中，當脊骨灸十壯。上氣欬逆，嗽，短氣氣滿，食不下，灸肺募五十壯。上氣欬逆，短氣，風勞病，灸肩井二百壯。上氣欬逆，短氣胸滿，多唾，唾噁冷痰，灸肺俞五十壯。

欬逆

丹溪曰：氣逆也，氣自臍下直衝，上出於口，而作聲也。人之陰氣，依胃爲養，胃土傷損，則木氣侮之，陰爲火乘，不得內守，木挾相火乘之，故直衝清道而上出，言胃弱者，陰弱也。

嚴氏曰：灸乳下一指，男左女右，與乳相直間陷中，灸三壯。婦人屈乳頭向下盡處。《寶鑑》曰：病甚者，灸二七壯。高武按：此穴名乳根也。

《古今醫統大全・針灸直指・諸證針灸經穴》 肺俞，灸。少商、行間、廉泉，宜灸。脾俞、肝俞、上脘、隱白。宜刺。

《本草綱目・百病主治藥・咳嗽》 生薑寒濕嗽，燒含之。灸嗽，以白錫或蜜煮食。小兒寒嗽，煎湯浴之。

《楊敬齋針灸全書・傷寒咳嗽》

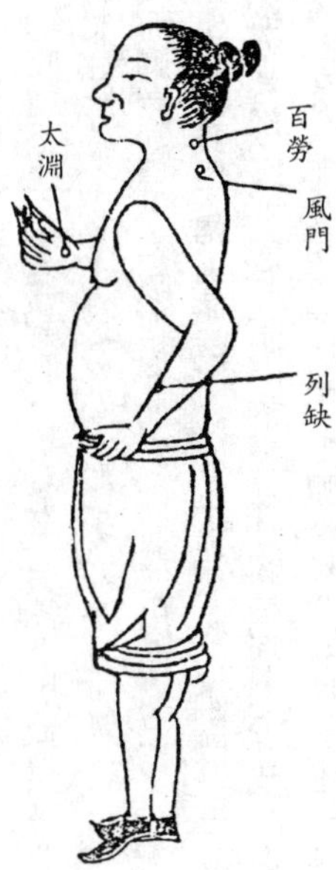

《楊敬齋針灸全書・冷氣咳嗽久不愈》

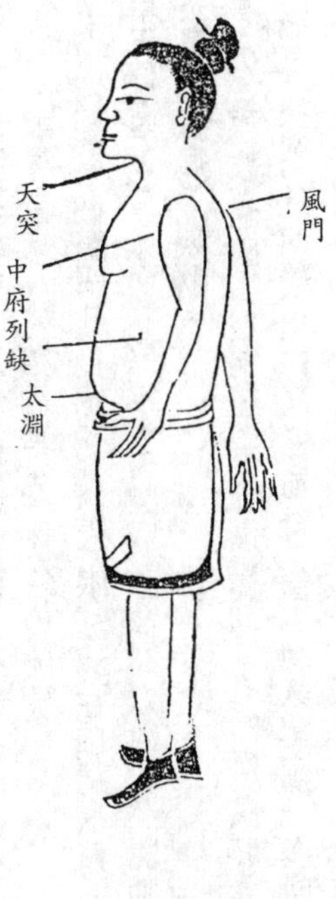

《針灸大成・諸般積聚門》 咳逆：支溝、前谷、大陵、曲泉、三里、陷谷、然谷、行間、臨泣、肺俞。

咳逆無所出者：先取三里，後取太白、肝俞、太淵、魚際、太谿、竅陰。

咳逆振寒：少商、天突灸三壯。

久病咳：少商、天柱，灸三壯。

《針灸大成・續增治法・雜病》 欬嗽：有風寒、火、勞、痰、肺脹、濕。灸天突、肺俞、肩井、少商、然谷、肝俞、期門、行間、廉泉、扶突，針曲澤，出血立已。前谷。面赤熱欬，針支溝。多睡：針三里。

《針灸大成・治證總要》 第八十二：肺癰咳嗽：肺俞、膻中、支溝、大陵。

問曰：此證從何而得？答曰：因而傷風，表裏未解，咳嗽不止，吐膿血，是肺癰也，復刺後穴：風門、三里、支溝。

第八十三：久嗽不愈：肺俞、三里、膻中、乳根、風門、缺盆。

問曰：此證從何而得？答曰：皆因食鹹物傷肺，酒色不節，或傷風不解，痰流經絡，咳嗽不已，可刺前穴。

《壽世保元・灸法・灸諸病法》 一論灸遠年咳嗽不愈者：將本人乳下大約離一指頭，有其低陷之處，與乳直對不偏者，此名爲直骨穴，如婦人即按其乳頭直向下，看其乳頭所到之處即是直骨穴之地位。灸艾三炷，其艾祇可如赤豆大，男灸左，女灸右，不可差錯，其嗽即愈。如不愈，則其病再不可治矣。

《類經圖翼・針灸要覽・諸證灸法要穴》 欬嗽：天突、七壯，俞府、七壯，

華蓋、乳根、三壯，風門、七壯，肺俞、身柱、至陽、十四壯，列缺。

寒痰嗽：肺俞、膏肓、靈臺、九壯不可多，至陽、合谷、列缺。

熱痰嗽：肺俞、膻中、尺澤、太谿。

《**採艾編翼·大人科·治證綜要**》總：列缺、尺澤、肺俞、彧中、乳根、足三里。

藥：二陳湯。病深加膻中、上脘、氣海。

《**針灸逢源·證治參詳·咳嗽哮喘門**》欬嗽：有聲無痰曰欬，傷於肺氣也。有痰無聲曰嗽，動於脾濕也。有聲有痰名曰欬嗽，因傷肺氣復動脾濕也。天突、膻中、乳根、三壯，風門、肺俞、經渠、列缺、魚際、前谷、三里。

欬逆：因喘欬以至氣逆，欬嗽之甚者也。肺俞、肺募、大陵、三里、行間。一法刺期門。

風勞百病：風勞初起，原因欬嗽鼻塞，久則風邪傳裏，漸變成勞，在表令人自汗，在裏令人內熱，在肺欬嗽，在肝吐血，在脾體瘦，在腎遺精。肩井，灸二百壯。

《**針灸全生·咳嗽哮喘**》咳嗽：列缺、尺澤、少澤、三里、崑崙、經渠、魚際、前谷、解谿、肺俞、膻中。

風寒咳嗽：列缺、膻中、風門、合谷、風府、太淵、肺俞。

咳引脇痛：肝俞。痰涎：陰谷、然谷、復溜。

久咳不愈，咳唾血痰：風門、太淵、膻中、列缺。

嗽而脇胸閉痛：肺俞、肝俞、膻中、三里。

咳嗽紅痰：百勞、即大椎，肺俞、腎俞、中脘、三里、膏肓、乳根。

久咳不愈：肺俞、三里、膻中、乳根、風門、缺盆。

肺癰咳嗽：肺俞、膻中、支溝、大陵、風門、三里。

咳嗽多痰：肺俞、豐隆。

咳嗽：灸天突、肺俞、肩井、少商、然骨、肝俞、期門、行間、廉泉、扶突，針曲澤，出血立已，前谷。

《**針灸全生·噎膈**》咳嗽：天突、七壯，俞府、七壯，華蓋、乳根、三壯，風門、七壯，肺俞、身柱、至陽、十四壯，列缺。

寒嗽：肺俞、膏肓、靈臺、至陽、合谷、列缺。

熱嗽：肺俞、膻中、尺澤、太谿。

《**針灸便覽·中風**》久咳不愈：肺俞、三里、膻中、風門。

《**神灸經綸·身部證治**》欬嗽：丹田、膻中、身柱、列缺、天突、俞府、華蓋、乳根、風門、肺俞、至陽。

寒嗽：肺俞、膏肓、靈臺、至陽、合谷、列缺、天突、三里。

熱嗽：肺俞、膻中、尺澤、太谿。

咳嗽紅痰：列缺、百勞、肺俞、中脘。

諸喘氣急：天突、璇璣、華蓋、膻中、乳根、期門、氣海。

欬逆：膏肓、解谿、陰竅。

哮喘：五哮中惟水哮、乳哮、酒哮爲難治。璇璣、華蓋、俞府、膻中、太淵、足三里、肩井，治冷風哮，有孕勿灸，肩中俞，治風哮。

小兒鹽哮：法於男左女右手小指尖上，用小艾炷灸七壯，無不除根，未除再灸。

《**傳悟靈濟録·諸欬喘嗽嘔噦呃逆氣**》諸喘氣急：天突、璇璣、華蓋、膻中、乳根、期門、氣海、七椎骨節下，三壯神效。

《**針灸集成·咳嗽**》咳逆不止：自大椎至五椎節上灸，隨年壯。

又方：期門三壯，立止。

又方：在乳下容一指許正與乳相直肋間陷中，灸三壯，女人則屈乳頭取之灸，男左女右，到肌立止。

《**針灸集成·咳嗽**》針灸法：咳嗽有痰，宜灸天突、肺俞，以泄火熱，瀉肺氣。肺脹痰嗽不得卧，但可一邊眠者，可左側者灸右足三陰交，可右側者灸左足三陰交，立安。

《**針灸穴法**》咳嗽流清涕，腠理不密，乃肺感寒邪之證。神門二穴、肺俞二穴、列缺二穴、太淵二穴。

諸般咳嗽：膻中一穴、肝俞二穴、乳根二穴、風門二穴、列缺二穴、天井二穴。

冷氣咳嗽：風門二穴、列缺二穴、太淵二穴、彧中二穴、天突一穴。

《**針灸摘要·督脈**》咳嗽寒痰：列缺、湧泉、申脈、肺俞、天突、絲竹空。

《**針灸摘要·任脈**》咳嗽寒痰，胸膈閉痛：肺俞、膻中、三里。

久嗽不愈，咳唾血痰：風門、太淵、膻中。

《**針灸學·咳嗽刺法**》昔岐伯論欬曰：五臟六腑皆令人欬，不獨肺也。

皮毛者，肺之合也，皮毛先受邪氣，邪氣以從其合也。其寒飲食入胃，從肺脈上至於肺，則肺寒，肺寒則內外合邪，因而客之，則爲肺欬。五臟各以其時受病，非其時各傳以與之。人與天地相參，故五臟各以治時，感於寒，則受病，微則爲欬，甚則爲泄爲痛。【略】

治臟者治其俞，治腑者治其合，浮腫者治其經。治臟者治其俞，張隱庵謂：是五臟背俞各穴，即肺俞、心俞、肝俞、脾俞、腎俞各穴也。馬元臺謂：是五臟在手足之俞穴，即肺俞太淵、脾俞太白、心俞神門、腎俞太谿、肝俞太衝也。其實在背之俞穴，與在手足之俞穴，或鍼或灸，皆能瀉泄各臟之邪，不必拘泥。治腑者治其合，辭明而尚無疑義，胃之合曰三里，小腸之合曰小海，膀胱之合曰委中，三焦之合曰天井，膽之合曰陽陵泉，大腸之合曰曲池。浮腫者治其經，張隱庵謂：取肺胃之經脈以刺之，蓋以欬係水邪，無不聚於胃，關乎肺，故獨取肺胃以爲治。豈知五臟六腑皆令人欬，若因他經病欬而致浮腫，則獨取肺胃無效矣。上文既有俞穴、合穴之治，則浮腫治經爲經穴明矣。脈之所行爲經，臟腑各有一經穴，肺之經穴曰經渠，大腸之經穴曰陽谿，胃之經穴曰解谿，脾之經穴曰商丘，心之經穴曰靈道，小腸之經穴曰陽谷，膀胱之經穴曰崑崙，腎之經穴曰復溜，心包絡之經穴曰間使，三焦之經穴曰支溝，膽之經穴曰陽輔，肝之經穴曰中封，分經施治，欬無愈？若獨針肺胃兩經，難收全功也。

《內經》所論欬嗽，概多實證，並未説及失血、虛勞欬嗽治法，尚不完全。蓋陰虛則精液不足，而陽有餘，陽虛則下焦不化氣，而陰液不升，俱足以使人欬嗽而久不愈。《金匱》所列四飲肺萎，及唐容川欬嗽論，均可參觀，若徒憑針灸施治，未能無嗽不愈、必也先施針灸，以通其氣，再調甘藥，以益其虛，針藥並進，治法乃全。《內經》欬論，見《素問》。

哮喘

《靈樞·刺節真邪》 黃帝曰：刺節言振埃，夫子乃言刺外經，去陽病，余不知其所謂也，願卒聞之。岐伯曰：振埃者，陽氣大逆，上滿於胸中，憤䐜肩息，大氣逆上，喘喝坐伏，病惡埃烟，䭇不得息，請言振埃，尚疾於振埃。黃帝曰：善。取之何如？岐伯曰：取之天容。黃帝曰：其欬上氣，窮詘胸痛者，取之奈何？岐伯曰：取之廉泉。黃帝曰：取之有數乎？岐伯曰：取天容者，無過一里。取廉泉者，血變而止。

《靈樞·熱病》 氣滿胸中喘息，取足太陰大指之端，去爪甲如薤葉，寒則留之，熱則疾之，氣下乃止。

《靈樞·雜病》 氣逆上，刺膺中陷者與下胸動脈。

《太素·雜病·氣逆滿》 氣逆上，刺膺中陷者與下胸動脈。胸下動脈，中府等量取也。【略】

氣滿胸中息喘，取足太陰大指之端，去端如韭葉，寒則留之，熱則疾之，氣下乃止。足太陰脈，起足大指端，隱白穴也。

《甲乙經·邪在肺五臟六腑受病發欬逆上氣》 邪在肺，則病皮膚痛，發寒熱，上氣喘，汗出，欬動肩背，取之膺中外俞，背三椎之傍，以手疾按之，快然，乃刺之，取缺盆中以越之。

【略】曰：《九卷》言振埃，刺外經而去陽病，願卒聞之。曰：陽氣大逆，上滿於胸中，憤䐜肩息，大氣逆上，喘喝坐伏，病咽噎不得息，取之天容。其欬上氣，窮詘胸痛者，取之廉泉。取之天容者，深無一里，里字疑誤。取廉泉者，血變乃止。欬逆上氣，譩譆主之。欬逆上氣，魄戶及氣舍主之。欬逆上氣，咽喉鳴，喝喘息，扶突主之。欬逆上氣唾沫，天容及行間主之。欬逆上氣，咽喉癰腫，呼吸短氣，喘息不通，水突主之。一本作天突。欬逆上氣，喘不能言，華蓋主之。欬逆上氣，唾喘短氣不得息，口不能言，膻中主之。欬逆上氣，喘不得息，嘔吐胸滿不得飲食，俞府主之。欬逆上氣，漾出多唾，呼吸哮，坐臥不安，彧中主之。胸滿欬逆，喘不得嘔吐，煩滿不得飲食，神藏主之。胸脇榰音支。滿，欬逆上氣，呼吸多喘，濁沫膿血，庫房主之。咳喘不得坐，不得臥，呼吸氣素咽不得，胸中熱，雲門主之。胸脇榰滿不得俯仰，瘄癧欬逆上氣，咽喉喝有聲，太谿主之。欬逆不止，三焦有水氣不能食，維道主之。欬逆煩悶不得臥，胸中滿，喘不得息，背痛，太淵主之。欬逆上氣，舌乾脇痛，心煩肩寒，少氣不足以息，腹脹喘，尺澤主之。欬乾嘔滿，俠白主之。欬，上氣喘不得息，暴痺內逆，肝肺相傳，鼻口出血，身脹，逆息不得臥，天府主之。凄凄寒嗽，吐血，逆氣，驚，心痛，手陰郄主之。欬而胸滿，前谷主之。欬面赤熱，支溝主之。欬喉中鳴，欬唾血，大鍾主之。

《肘後方·治卒上氣咳嗽方第二十二》 又方：度手拇指折度心下，灸三

壯差。

又方：從大椎下第五節下六節上空間灸一處，隨年，并治上氣。

又方：灸兩乳下黑白肉際各百壯即愈，亦治上氣。灸胸前對乳一處，須隨年壯也。

《千金要方·針灸下·心腹》 欬逆上氣

天容、廉泉、魄戶、氣舍、譩譆、扶突，主欬逆上氣，喘息，歐沫齒噤。

頭維，主喘逆煩滿，歐沫流汗。

缺盆、心俞、肝俞、巨闕、鳩尾，主欬唾血。

期門，右手屈臂中横文外骨上，主欬逆上氣。

缺盆、膻中、巨闕，主欬嗽。

然谷、天泉、陷谷、胸堂、章門、曲泉、天突、雲門、肺俞、臨泣、肩井、風門、行間，主欬逆。

維道，主欬逆不止。

天府，主上氣喘不得息。

扶突，主欬逆上氣，咽中鳴喘。

魄戶、中府，主肺寒熱，呼吸不得臥，欬逆上氣，嘔沫喘氣相追逐。

肺俞、腎俞，主喘欬少氣百病。

或中、石門，主欬逆上氣，涎出多唾。

大包，主大氣不得息。

天池，主上氣喉鳴。

天突、華蓋，主欬逆上氣喘暴。

紫宫、玉堂、太谿，主欬逆上氣心煩。

膻中、華蓋，主短氣不得息，不能言。

俞府、神藏，主欬逆上氣，喘不得息。

或中、雲門，主欬逆上氣，涎出多唾，呼吸喘悸，坐不安席。

步郎、安都，主膈上不通，呼吸少氣喘息。

氣戶、雲門、天府、神門，主喘逆上氣，呼吸肩息，不知食味。

庫房、中府、周榮、尺澤，主欬逆上氣，呼吸多喘，濁沫膿血。

中府，主肺系急，欬輒胸痛。

經渠、行間，主喜欬。

鳩尾，主噫喘胸滿欬嘔。

期門，主喘逆卧不安席，欬脇下積聚。

經渠，主欬逆上氣，喘，掌中熱。

俠白，主欬乾歐，煩滿。

大陵，主欬逆寒熱發。

少海，主氣逆，呼吸噫噦嘔。

少商、大陵，主欬逆，喘。

大泉，主欬逆胸滿，喘不得息。

勞宫，主氣逆，噫不止。

三里，主欬嗽多唾。

支溝，主欬面赤而熱。

肩俞，主上氣。

前谷，主欬而胸滿。

欬喘，曲澤出血立已；又，主卒欬逆逆氣。

欬唾噫，善欬，氣無所出，先取三里，後取太白、章門。

章門、石門、陰交，主賁豚，上氣。

關元，主賁豚寒氣入小腹。

中極，主賁豚上搶心，甚則不得息。

天樞，主賁豚脹疝。

歸來，主賁豚，卵上入引莖痛。

期門，主賁豚上下。

然谷，主胸中寒，脈代時不至寸口，少腹脹上搶心。

《千金要方·肺臟·肺虚實》 肺脹氣搶，脇下熱痛，灸陰都，隨年壯，穴在俠胃管兩邊相去一寸，胃管在心下三寸。

肺脹，脇滿，嘔吐，上氣等病，灸大椎幷兩乳上第三肋間，各止七。凡肺風氣痿絶，四肢滿脹，喘逆胸滿，灸肺俞各二壯。肺俞，對乳引繩度之，在第三椎下兩傍相去各一寸五分，肺與大腸俱虚。

《千金翼方·針灸中·肺病》 肺脹氣搶，脇下熱痛，灸俠胃管兩邊相去一寸，名陰都，隨年壯。

又刺手太陰出血，主肺熱氣上欬嗽，寸口是也。

肺脹，脇滿，嘔吐，上氣等，灸大椎并兩乳上第三肋間各三壯。凡肺風氣痿絶，四肢脹滿，喘逆胸滿，灸肺俞各兩壯，肺俞，對乳引繩度之。

《扁鵲心書·附寶材灸法》 老人氣喘，乃腎虛，氣不歸海，灸關元二百壯。

《扁鵲心書·老人口乾氣喘》 老人脾虛，則氣逆衝上逼肺，令人動作便喘，切不可用削氣苦寒之藥，重傷其脾，致成單腹脹之證，可服草神丹、金液丹、薑附湯而愈。甚者灸關元穴。腎脈貫肺，繫舌本，主運行津液，上輸於肺，若腎氣一虛，則不上榮，故口常乾燥，若不早治，死無日矣。當灸關元五百壯，服延壽丹半斤而愈。

《素問病機氣宜保命集·針之最要》 太陽喘滿痰實，口中如膠，針太谿穴。

《針灸資生經·喘》 崑崙，主腹痛，喘暴滿。崑崙，治咳喘暴滿。三間，治氣喘。神門、譩譆，治喘逆。不容，治喘咳。商陽，治喘咳支腫，《明下》云：胸鬲氣滿喘急。大鍾，治胸張喘息。期門，治大喘不得卧。俞府，治咳逆上喘，嘔吐胸滿，不得食。或中，治咳逆，喘不能食。天府，治逆氣，喘不得息。雲門、人迎、神藏，治咳逆，喘不得息。氣戶，治喘逆上氣。步郎，治喘息不得舉臂。足臨泣，治喘。魄戶、中府，主喘氣相追逐。天突、華蓋，主喘暴。俞府、神藏，主喘不得息。天容等，主喘息嘔沫。曲澤，主咳喘。顱息，療小兒癇，喘不得息，耳聾。魄戶，療咳逆上喘。浮白，療不得喘息。經渠，療掌中熱生，咳逆上氣喘數，久熱病汗不出，暴痺喘逆，心痛欲嘔。中府、魄戶、脇堂，療喘逆。璇璣，療咳逆上喘，喉鳴。三間，療傷寒氣熱，身熱喘。天突，療咳逆氣喘。肺俞，療肺喘。解谿，療喘息急。魚際，療咳喘。膻中，治咳嗽上喘。水突，治喘息不得。扶突，治喘息如水雞鳴。頭維，主喘逆煩滿，嘔沫流汗。肺俞、腎俞，主喘咳少氣百病。俞府、神藏、天府，主上氣喘不得息。扶突，主咽中鳴喘。天突、華蓋，主喘暴。經渠，主咳逆上氣喘，掌中熱。少商、大陵，主咳逆喘。天突、華蓋，主喘暴。太泉，主咳逆胸滿，喘不得息。期門，主喘逆，卧不安席，咳，脇下積聚。咳喘，曲澤出血，立已。或中等，主呼吸喘。氣逆喘鳴，取天容。上廉，治喘息不能行。經渠，主喘。大陵等，主喘。天府，主喘不得息。廉泉，治喘息。魚際，療喘。

有貴人久患喘，夜卧不得而起行，夏月亦衣夾背心，予知是膏肓病也，令灸膏肓而愈。亦有暴喘者，予知是痰爲梗，令細剉厚樸七八錢重，以薑七片，水小碗煎七分服，滓再煎服，不過數服愈。若不因痰而喘者，當灸肺俞。凡有喘與哮者，爲按肺俞，無不痠疼，皆爲繆刺肺俞，令灸而愈。亦有只繆刺不灸而愈，此病有淺深也。舍弟登山，爲雨所搏，一夕氣悶，幾不救，見昆季必泣，有欲別之意。予疑其心悲，爲刺百會不效，按其肺俞，云其疼如錐刺，以火針微刺之即愈。因此與人治哮喘，只繆肺俞，不繆他穴。惟按肺俞不疼痠者，然後點其它穴云。

《針灸資生經·肺氣》 肺脹氣搶，脇下熱痛，灸陰都，隨年壯。肺脹脇滿，嘔吐上氣等病，灸大椎并兩乳上第三肋間，各止七壯，肺與大腸俱實。中府，主肺寒熱。膻中，治肺氣咳嗽，上喘唾膿，不得下食，胸中如塞。天突，治肺癰，咯唾膿血，咽乾舌下急，喉生瘡。中府，治肺系急，胸痛悚悚，膽熱，嘔逆上氣，咳唾濁涕，肩背痛，風汗出，腹脹食不下，《明下》云：肺急胸滿，喘逆唾濁，善噎皮痛。太淵，治肺脹滿膨膨。《明下》云：療胸中氣滿不得卧，肺脹滿膨膨。肺俞，療肺寒熱，肺痿，上喘咳嗽，嗽血，胸脇氣滿，不得卧，不嗜食，汗不出，及背急強。凡肺風氣痿絶，四支滿脹，喘逆胸滿，灸肺俞各二壯。水溝，療面腫唇動，葉葉肺風，狀如蟲行。風池，療肺風。

《針灸資生經·咳逆》 然谷、天泉、陷谷、胸堂、章門、曲泉、天突、雲門、肺俞、臨泣、肩井、風門、行間，主咳逆。維道，主咳逆不止。大陵，主咳逆寒熱發。大陵，少商，主咳逆喘。大泉，主咳逆胸滿，喘不得息。三里，主咳逆多吐。中府，主肺系急，咳輒胸痛。前谷，主咳而胸滿。經渠，行間，主喜咳。俠白，主咳，乾嘔煩滿。支溝，主咳，面赤而熱。咳唾噫，善咳，氣無所出，先取三里，後取太白、章門。

孔最、天泉、太谿、行間、俞府、神封、腹結、少商、浮白，治咳逆。肝俞，治咳引兩脇急痛，不得息，轉側難，橛脇下與脊相引而反折，目上視，目眩，循眉頭痛，驚狂鼽衄，起則目䀮䀮，目生白翳，咳引胸中痛，寒疝小腹痛，唾血短氣，《明下》云：療咳逆，兩脇滿悶。魚際，治咳引尻痛。竅陰，治脇痛，咳逆不得息。浮白，療咳逆，疝積胸滿，不得喘息，胸瘵。太淵，療咳逆煩心，不得卧。灸咳逆法，乳下一指許，正舉乳相直骨間陷中，婦人即屈乳頭度之，乳頭齊處是穴，炷如小豆許。灸三壯，男左女右，只一處火到肌，即差。《良方》云：族中有霍亂吐痢垂困，忽發咳逆，遂至危殆，與鄭延陳中裕病傷寒，咳逆甚，氣

已不屬，皆一灸而愈云。凡傷寒及久病，得咳逆，皆爲惡候，投藥不效者，灸之必差，若不差，則多不救。

咳病有十，曰：風咳、寒咳、支咳、膽咳、厥陰咳、與五藏咳。《千金》載其刺法詳矣。而傷寒咳爲惡證，施秘監尊人患傷寒咳甚，醫告技窮，施檢《灸經》於結喉下灸三壯即差。蓋天突穴也，神哉神哉。

《針灸資生經·咳逆上氣》魄戶、氣舍、譩譆、期門，右手屈臂中横文外骨上，主咳逆上氣。天容等，主咳逆上氣，喘息嘔沫。魄戶、中府，主肺寒熱，呼吸不得卧，咳逆上氣，嘔沫，喘氣相追逐。天突、華蓋，主咳逆上氣，喘暴。俞府、神藏，主咳逆上氣，喘不得息。經渠，主咳逆上氣喘，掌中熱。扶突，主咳逆上氣，咽中鳴喘。咳喘，曲澤出血立已，又主卒咳逆，逆氣。紫宫、玉堂、太谿，主咳逆上氣，心煩。或中、石門，主咳逆上氣，涎出多唾。或中、雲門，主咳逆上氣，涎出多唾，呼吸喘悸，坐不安席。庫房、中府、周榮、尺澤，主咳逆上氣，呼吸多唾，濁沫膿血。氣舍，治咳逆上氣，瘤癭，喉痺咽腫，頸項強。水突，治咳逆上氣，咽喉癰腫，呼吸短氣，喘息不得。厥陰俞，治逆氣嘔吐，心痛留結，胸中煩悶。扶突，治咳多唾上氣，咽引喘息，喉如水雞鳴。魄戶，治背膊痛，咳逆上氣，嘔吐煩滿。庫房、屋翳、膏肓俞，治上氣咳逆。天突，治咳逆上氣，胸中氣噎，喉中如水雞聲。《下》云：胸中氣鯁鯁。天谿、中府，治吐逆上氣。氣海，治一切氣。《明下》云：療五藏氣逆上攻。經渠，治咳嗽上氣，數欠。幽門，治逆氣數咳，女子逆氣。魚際，療短氣心痹，悲怒逆氣，狂惕，胃氣逆。建里，療嘔吐上氣，心痛身腫。厥陰俞，療逆氣嘔逆，牙痛，留結胸滿。石門，療身寒熱，咳逆上氣，嘔吐血。庫房，療胸脅滿，咳逆上氣，呼吸不至息。建里，治嘔逆上氣。氣戶，治喘逆上氣。凡上氣多有服吐藥得差，亦有針灸得除者，宜深體悟之。上氣咳嗽，短氣，氣滿食不下，灸肺募五十壯。上氣咳逆，短氣，風勞百病，肩井二百壯。上氣短氣，咳逆，胸背痛，風門、熱府百壯。上氣咳逆，短氣胸滿，多唾惡冷痰，肺俞五十壯。上氣，氣閉咳逆，咽冷聲破，喉腫痛，天瞿五十壯。上氣胸滿，短氣咳逆，雲門五十壯。上氣咳逆，胸痺背痛，胸堂百壯，不針。上氣咳逆，膻中五十壯。上氣咳逆，胸滿短氣，牽背痛，巨闕、期門各五十壯。逆氣，虛勞寒損，憂恚，筋骨攣痛，心中咳逆，泄注，腹滿，喉痺，頸項強，腸痔逆氣，痔血，陰急，鼻衄，骨痛，大、小便澀，鼻中乾，煩滿，狂走，易氣，凡二十二病，皆灸絕骨五十壯。凡上氣冷發，腹中雷鳴轉叫，嘔逆不食，灸太衝，不限壯數，從痛至不痛，從不痛至痛止。上氣厥逆，灸胸堂百壯，穴在兩乳間。嘔吐上氣，灸尺澤，不三則七壯。肩俞，主上氣。天府，主上氣喘不得息。天池，主上氣喉鳴。陽氣大逆，上滿於胸中，憤䐜肩息，大氣逆上喘鳴，坐伏不得息，取之天容，上氣胸痛，取之廉泉。天井，治咳嗽上氣。廉泉，治咳嗽上氣，喘息嘔沫。風門，治嘔逆上氣。肺俞，治上氣嘔吐支滿，不嗜食，汗不出。玉堂，治上氣。云門，治氣上衝心。氣衝，治腸中大熱，不得安卧，腹有逆氣上攻，心腹脹滿淫濼。雲門，療嘔逆氣上，胸脅徹背痛。天突、膻中、天池、解谿、肩中俞，療咳嗽上氣。

《直指方·喘嗽·喘嗽方論》針灸法：璇璣一穴、氣海一穴、三里二穴。

《世醫得效方·喘急》灸法：肺俞各十一壯，穴在第三椎下兩旁各去一寸五分，天突穴在頸結喉下五寸宛宛中，灸七壯，立效。

《普濟方·針灸門·咳逆上氣》治肺寒熱，呼吸不得卧，咳逆上氣，嘔沫，喘氣相追逐，穴：魄戶、中府。

治咳逆上氣，喘暴不能言，穴：天突、華蓋。

治咳逆上氣，喘不得息，穴：俞府、神藏。

治咳逆上氣，喘急，掌中熱，穴：經渠。

治咳逆上氣，咽中鳴喘，及咽喉鳴喝喘息，穴：扶突。

治咳喘，又主卒咳逆上氣，穴：曲澤，出血立已。

治咳逆上氣，心煩，穴：紫宫、玉堂、太谿。

治咳逆上氣，涎出多唾，穴：或中、石門。

治咳逆上氣，涎出多唾，呼吸喘悸，坐不中席，穴：或中　雲門。

治咳逆上氣，呼吸多唾，濁沫膿血，穴：庫房、中府、周榮、尺澤。

治咳逆上氣，瘤癭，喉痺咽腫，頸項強，穴：氣舍。

治咳逆上氣，咽喉壅塞，呼吸短氣，喘息不得，穴：水突。

治逆氣喘吐，心痛留結，胸中煩悶，穴：厥陰俞。

治背膊痛，咳逆上氣，嘔吐煩滿，穴：魄戶。

治咳逆上氣，喘息，喉如水鷄鳴，穴：扶突。

治上氣咳逆，穴：庫房、屋翳、膏肓俞。

治咳逆上氣，胸中氣噎，喉中如水鷄聲，胸中氣鯁鯁，穴：天突。

治一切氣，及療五臟氣逆上攻，穴：氣海。

治咳嗽上氣，數欠，穴：經渠。

治逆氣數咳。穴：幽門。

治身寒熱，咳逆上氣，嘔吐血，穴：石門。

治胸脇滿，咳逆上氣，呼吸不得息，穴：庫房。

治喘逆上氣，穴：氣戶。凡上氣，多有服吐藥得瘥，亦有針灸得除者，宜深體悟之。

治上氣，咳嗽短氣，氣滿食不下，穴：肺募，灸五十壯。

治上氣，咳逆短氣，風勞百病，穴：肩井，灸二百壯。

治上氣短氣咳逆，胸背痛，穴：風門，灸百壯。

治上氣，咳逆短氣，胸滿，多唾惡冷痰，穴：肺俞，灸五十壯。

治上氣，氣閉咳逆，咽冷聲破，喉腫痛，穴：天突，灸五十壯。

治上氣胸滿，短氣咳逆，穴：雲門，灸五十壯。

治上氣咳逆，胸痺背痛，穴：胸堂，灸百壯，不宜針。

治上氣咳逆，穴：膻中，灸五十壯。又云灸三壯。

治上氣咳逆，胸滿短氣，牽背痛，穴：巨闕、期門灸，各五十壯。

治逆氣，虛勞，寒損，憂恚，筋骨攣痛，心中咳逆，泄注，腹滿，喉痺，頸項強，腸痔逆氣，痔血，陰急，鼻衄，骨痛，大、小便澀，鼻中乾，煩滿，狂走，易氣，凡二十二病，穴：絕骨，皆灸五十壯。

治上氣，穴：肩俞。

治上氣喘不得息，穴：天府。

治上氣喉鳴，陽氣大逆，上滿於胸中，膹脹肩息，穴：天池、天容。

治大氣逆上，喘鳴，坐卧不得息，穴：天容。

治上氣胸滿，穴：廉泉。

治咳嗽上氣，穴：天井。

治咳嗽上氣，喘息嘔沫，穴：廉泉。

治上氣，穴：玉堂。

治上氣衝心，穴：雲門。

治咳嗽上氣，穴：天突、膻中、天池、解谿、肩中俞。

治咳逆上氣，喘息嘔沫，齒噤，穴：天容、廉泉、魄戶、氣舍、譩譆、扶突。

治咳逆上氣，及喘逆，卧不安席，胸脇積聚，穴：期門。

治熱勞上氣喘滿，腰背強痛，穴：刺肺俞二穴，針入五分，留七呼，可灸百壯即止。次針尺澤二穴。

《普濟方·針灸門·膈痛》治五膈氣喘息不止，刺任脈中脘一穴，一名太倉，胃之募也。經云：腑會太倉，在上脘穴下一寸，當臍上蔽骨下當中是也，手太陽足陽明所生，任脈之會，上紀者，中脘也，用毫針針入八分，次針足厥陰經期門二穴，凡刺腹部諸俞穴，氣虛人內息大七八口，下入丹田，閉氣刺之。

《普濟方·針灸門·喘》治氣喘，穴：三間。

治喘逆，穴：神門、譩譆。

治喘咳，穴：不容。

治咳喘支腫，胸膈氣滿，喘息，穴：商陽。

治胸脹喘息，穴：大鍾。

治大喘不得卧，穴：期門。

治咳逆上氣，嘔吐，胸滿，不得食，穴：俞府。

治咳逆，喘不能食，穴：彧中。

治咳逆，氣喘不得息，穴：天府。

治咳逆，氣喘不得息，穴：雲門、人迎、神藏。

治喘逆上氣，穴：氣戶。

治喘息不得舉臂，穴：步廊。

治喘，穴：足臨泣。

治喘氣相追逐，穴：魄戶、中府。

治暴喘，穴：華蓋、天突。

治喘不得息，穴：俞府、神藏。

治喘息嘔沫，穴：天容。

治咳喘，穴：曲澤。

治咳逆上喘，穴：魄戶。

治喘不得息，穴：浮白。

治掌中熱生。嗽逆上氣，喘數欠，熱病汗不出，暴痺喘逆，心痛欲嘔，穴：經渠。

治喘逆，穴：中府、魄戶、脇堂。

治咳逆上喘喉鳴，穴：璇璣。

治喘逆卧不安席，咳，脇下積聚，穴：期門。
治咳逆氣喘，穴：天突。
治肺喘，穴：肺俞。
治喘息急，穴：解谿。
治呼吸喘，穴：彧中。
治氣逆喘鳴，穴：天容。
治喘息不能行，穴：上廉。
治喘，穴：經渠。
治喘，穴：大陵。
治喘不得息，穴：天府。
治喘息，穴：廉泉。
治喘，穴：魚際。
治大腸有熱，腸鳴腹滿，俠臍痛，食不化，喘不能久立，灸巨虛上廉。
治喘逆上氣，呼吸肩息，不知食味，穴：氣戶、雲門、天府、神門。
治腹痛，喘暴滿，穴：崑崙。
治咳逆，穴：魚際。
治咳嗽上喘，穴：膻中。
治喘息不得，穴：水突。
治喘息如水鷄鳴，穴：扶突。
治喘逆煩滿，嘔沫流汗，穴：頭維。
治咳喘少氣百病，穴：肺俞、腎俞、俞府。
治咳喘，穴：曲澤，出血立已。
治咽中鳴喘，穴：扶突。
治咳逆上氣，喘，掌中熱，穴：經渠。
治咳逆喘，穴：少商、大陵。
治咳逆胸滿，喘不得息，穴：大陵。
《普濟方·針灸門·咳嗽》 治喘氣卧不安，穴：風門。
《普濟方·針灸門·肺氣》 治肺風，穴：風池。
治肺寒熱，穴：中府。
治肺脹脇滿，嘔吐上氣等病，穴：大椎，并兩乳上第三肋間灸各止七壯，肺與大腸俱實也。
治肺張滿膨脹，及療胸中氣滿不得卧，穴：太淵。
《神應經·痰喘咳嗽部》 肺脹膨膨，氣搶脇下熱滿痛：陰都，灸。太淵、肺俞。
喘嘔欠伸：經渠。
上喘：曲澤、大陵、神門、魚際、三間、商陽、解谿、崑崙、膻中、肺俞。
數欠而喘：太淵。
咳喘隔食：膈俞。
喘滿：三間、商陽。
喘息不能行：中脘、期門、上廉。
《神應經·諸般積聚部》 氣逆：尺澤、商丘、太白、三陰交。
喘逆：神門、陰陵、崑崙、足臨泣。
胸腹膨脹，氣喘：合谷、三里、期門、乳根。
《神應經·諸般積聚部》 灸哮法：天突、尾窮骨尖。又，背上一穴，其法以線一條，套頸上，垂下至鳩尾尖上，截斷，牽往後脊骨上，線頭盡處是穴，灸七壯妙。
《針灸聚英·雜病》 喘
有痰、氣虛，陰虛，灸中府、雲門、天府、華蓋、肺俞。
《針灸聚英·雜病歌》 痰喘欬嗽
欬嗽列缺與經渠，須用百壯灸肺俞，尺澤魚際少澤穴，前谷解谿崑崙隈，膻中七壯不可少，再兼三里實相宜。欬嗽飲水治太淵，引兩脇痛肩俞間，引尻痛兮魚際上，欬血列缺三里灣，肺俞百勞乳根穴，風門肺俞欬血關，唾血內損治勞宮，間使神門太淵同，魚際瀉兮尺澤補，曲泉太谿只在中，肝脾三壯肺俞兮，終及然谷與太衝。唾血振寒治太谿，三里列缺太淵宜，嘔血曲池神門穴，魚際通前三穴醫。吐膿不愈治膻中，吐濁尺澤間使攻，列缺少商與前穴，此患治之四穴同。嘔食不化治太白，嘔吐通里與曲澤，勞宮陰陵太谿中，照海太衝大都穴，通谷胃俞與肺俞，再兼一穴是隱白。患者嘔逆治大陵，嘔噦太淵治之寧，喘嘔欠伸經渠上，治之無恙樂昇平。上喘曲澤大陵中，神門魚際三間攻，商陽解谿崑崙穴，膻中肺俞十穴同。喘嗽隔食治膈俞，喘滿三間商陽宜，肺脹氣搶脇下痛，陰都太淵肺俞除。喘息難行治中脘，期門上廉三

穴善。諸虚百損等極病，五勞七傷失精證，大椎膏肓脾胃肺，下脘三里首肩井。傳屍骨蒸肺瘵法，膏肓肺俞四花穴，乾嘔間使三十壯，膽俞通谷及隱白，乳下寸半要識眞，灸之神效勝服藥。噫氣勞宫與大敦，少商太淵與神門，太谿陷谷與太白，八穴治之神效臻。痰涎陰谷與前谷，復溜三穴不可忽。結積留飲病不瘳，膈俞五壯通谷灸。數嗽而喘治太淵，一穴治之病自痊。

《**針灸聚英・雜病歌**》 哮

醫者若欲灸人哮，天突尾窮骨尖高。又法背上有一穴，量穴須用線一條，環頸垂下至鳩尾，尖上截斷牽脊背，線頭盡處是穴端，灸至七壯眞爲貴。

《**古今醫統大全・針灸直指・諸證針灸經穴**》 喘證：中府、膻中、雲門、天府、華蓋、肺俞、天突、脊中七節下。灸一壯。

《**楊敬齋針灸全書・傷寒氣喘**》

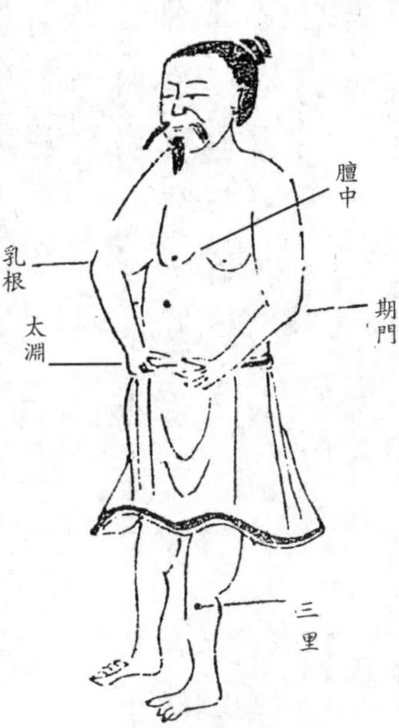

《**楊敬齋針灸全書・氣喘急哮咳嗽**》

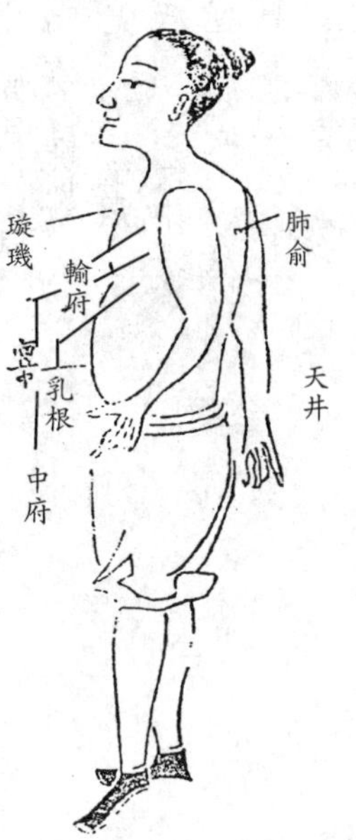

《**針灸大成・痰喘咳嗽門**》 喘嘔欠伸：經渠。

上喘：曲澤、大陵、神門、魚際、三間、商陽、解谿、崑崙、膻中、肺俞。

數欠而喘：太淵。

咳喘隔食：膈俞。

喘滿：三間、商陽。

肺脹膨膨，氣搶脇下，熱滿痛：陰都灸、太淵、肺俞。

喘息不能行：中脘、期門、上廉。

諸虚百損，五勞七傷，失情勞證：肩井、大椎、膏肓、脾俞、胃俞、肺俞、下脘、三里。

傳屍骨蒸，肺瘵：膏肓、肺俞、四花穴。

《**針灸大成・諸般積聚門**》 胸腹膨脹，氣喘：合谷、三里、期門、乳根。

灸哮法：天突、尾閭骨尖。又：背上一穴，其法以線條套頸上，垂下至鳩尾尖上截斷。牽往後脊骨上，線頭盡處是穴，灸七壯，其效不可言。

《**針灸大成・續增治法・雜病**》 喘：有痰喘、氣虚、陰虚。灸中府、雲門、天府、華蓋、肺俞。

《**針灸大成・治證總要**》 第七十九：哮吼嗽喘：俞府、天突、膻中、肺俞、三里、中脘。

問曰：此證從何而得？答曰：皆因好飲熱酸魚腥之物，及有風邪痰飲之類，串入肺中，怒氣傷肝，乘此怒氣，食物不化，醉酒行房，不能節約，此亦非一也。有水哮，飲水則發。有氣哮，怒氣所感，寒邪相搏，痰飲壅滿則發。鹹哮，則食鹹物發，或食炙煿之物則發，醫當用意推詳，小兒此證尤多，復治後穴：膏肓、氣海、關元、乳根。

《**壽世保元・灸法・灸諸病法**》 一論哮吼神法：胸中兩邊名彧中二穴，百會一穴，用艾灸之，立已。

《**類經圖翼・針灸要覽・諸證灸法要穴**》 諸喘氣急：天突、璇璣、華蓋、膻中、乳根、期門、氣海。背脊中第七椎骨節下穴，灸三壯神效。

哮喘：五哮中惟水哮、乳哮、酒哮爲難治。璇璣、華蓋、俞府、膻中、肩井冷風哮妙，有孕勿灸。肩中俞、風哮，妙。太淵、足三里。

《**羅遺編・針灸要穴論**》 哮喘：五哮中，惟水哮、酒哮爲難治，璇璣、華蓋、俞府、膻中針、太淵、肩井、冷風哮，妙，有孕勿灸。肩中俞、風哮，妙，足三里。

小兒鹽哮：於男左女右，手小指尖上，用小艾炷灸七壯，無不除根，未除再灸。

諸喘氣急：天突、璇璣、華蓋、膻中、乳根、期門、氣海。背脊中七椎骨節下穴，灸三壯，神效。

《**針灸逢源·證治參詳·咳嗽哮喘門**》 喘：凡喘促而喉中如水雞聲者，謂之哮，氣急而連續不能以息者，謂之喘。

氣喘不能卧，風冷久嗽：六椎下靈臺，灸三壯愈。

諸喘氣急：七椎下至陽，灸三壯。

哮：哮病有五，水哮，飲水則發，氣哮，怒氣所感，痰飲壅滿則發，鹹哮，多食鹹味則發，乳哮，小兒初生便哮，酒哮，醉酒行房所致，飲酒則發。水哮、乳哮、酒哮，俱難治。

天突、華蓋、膻中、俞府、三里、肩中俞，治風哮。

又法：以線一條套頸上，垂下至鳩尾尖截斷，牽往後脊中，線頭盡處是穴，灸七壯效。

小兒鹹哮：男左女右，手小指尖上，用小艾炷灸七壯，無不除根。

《**針灸全生·咳嗽哮喘**》 哮吼嗽喘：腧府、天突、膻中、肺俞、三里、中脘、膏肓、氣海、關元、乳根。

哮喘氣促痰盛：列缺、豐隆、俞府、膻中、三里。

哮喘胸膈急痛：列缺、或中、天突、肺俞、三里。

又，取璇璣、氣海、天突、膻中。

哮喘不得卧：列缺、太淵、俞府、風門、中府、三里、膻中。

喘不能行：中脘、期門、上廉。

《**針灸全生·噎膈**》 諸喘氣急：天突、璇璣、華蓋、膻中、乳根、期門、氣海、至陽，七壯。

哮喘：璇璣、華蓋、俞府、膻中、肩井冷風哮，妙，有孕勿灸。太淵、肩中俞、風哮，妙。足三里。

《**理瀹駢文·存濟堂藥局修合施送方并加藥法**》 凡風寒客於肺，咳喘上氣，宜九寶飲，紫蘇、杏仁、麻黃、桂枝、生薑等，煎抹。或生冷傷肺，咳喘上氣，宜厚樸、乾薑等。或中焦脾胃虛寒，有痰水冷氣，心下汪洋嘈雜，時吐清水者，宜加味理中，半夏、陳皮、官桂、細辛、白朮、乾薑、五味，炒熨。或下焦無火，腎水泛上爲痰，水冷金寒者，宜用八味丸料。或肺胃兩虛，氣上逆者，胃虛則氣上逆，喘而不休，宜參用溫胃膏。或肺腎兩虛，不納氣者，宜參用溫腎固眞膏。亦治冷哮，遇冷而發，冷痿，肺有虛寒而痿者，等證。上貼心口，中貼臍眼，下貼丹田，或並貼。

凡老年心怯，病後神不歸舍，糝硃砂龍骨末。又少年相火旺，心腎不交，怔忡夢遺，糝黃連、肉桂末。亦有因驚而不能寐者。糝膽星塗犀角。皆貼膻中穴，惟胸有濕痰梗塞者勿用。

或酒煿過度，邪火傷肺致喘者。用黃連、枳實、瓜蔞、青黛，膏，皆貼胸口及背心，看證加藥。

《**理瀹駢文·續增略言**》 摩芥芷輕粉於背，治哮喘咳嗽及痰結胸，白鳳仙花根葉熬濃汁，擦背上極熱，再用白芥於三兩，白芷、輕粉三錢，蜜調作餅，貼背心第三骨節，雖熱痛勿揭，正是拔動病根，不論寒熱虛實，鹽醬哮喘，並治，數餅除根。又，痰實氣喘者，用紫蘇子、白芥子、蘿蔔子，炒熨亦良。 寒熱，且薄桃芫。肺熱喘急，寒熱往來，桃皮、芫花煎湯擦胸口，數刻即止，并治水氣乘肺而喘者。又，痛如打，芫花、黃菊、躑躅花，布包蒸熨。 定喘，鼻塞巴霜。巴霜、薑汁爲丸，橘皮裏塞。又，痰喘上氣者，生南星或白芥子、薑汁，調敷足心。 哮須紅信。冷哮宜用紅砒少許，調入阿膠膏，貼，或哮喘膏亦可。按古方治遠年近日哮喘痰嗽，有用蟬蛻去足，輕粉、馬兜鈴，各一兩，生靈脂、生雄黃、杏仁、生砒，各五錢，淡豆豉四十九粒，以生薑、葶藶、自然汁，丸如黃豆大，亦可以薑汁化一丸，臨卧擦胸。西法喘者，用紙入硝水中浸濕，曬乾，置盆內燃點，乘烟燄熏騰時，吸其養氣入肺，或用醉仙桃葉曬乾置烟筒中吸之。又法，用熱油搓擦胸膈，此與前治嗽之法相參。

《**針灸集成·咳嗽**》 唾喘：上星、七壯，合谷、三壯，太淵、後谿、然谷、天突。

喘急：上星、合谷、太谿、大陵、列缺、下三里。久留針，下其氣。

哮喘：天突、五壯，又以細索套頸量鳩尾骨尖，其兩端旋後脊骨上，索盡處點記，灸七壯或三七壯。

痰喘：膏肓俞、灸，肺俞、灸，腎俞、灸，合谷、針，太淵、針，天突、灸七壯，神道、三七壯，膻中、七七壯。

咳喘飲水：太淵、神門、支溝、中渚、合谷。

喘嘔欠伸：太淵、中脘、下三里、三陰交、並針。

喘脹不能行：期門、五壯，中脘、下三里、並針，合谷、上星、並灸。

《針灸穴法・》　吼喘：膻中一穴、乳根二穴、期門二穴、太淵二穴、三里二穴。

喘氣：華蓋一穴、天突一穴、至陽一穴、中脘一穴。

氣喘急咳嗽：膻中一穴、肺俞二穴、傳氣二穴、乳根二穴、天井二穴。

《灸法秘傳・喘證》　喘病之因有四，有因寒邪入肺而喘者，有因病阻肺氣而喘者，有因水停心下而喘者，有因腎不納氣而喘者。統宜先灸天突，次灸中脘，甚則兼灸肺俞。所有哮喘不得卧者，須灸靈臺。行動遂喘急者，須灸氣海，得能按穴灸之，去沉疴猶拔刺耳。

《針灸摘要・任脈》　哮喘氣促，痰氣壅盛：豐隆、俞府、膻中、三里。

吼喘胸膈急痛：彧中、天突、肺俞、三里。

吼喘氣滿，肺脹不得卧：俞府、風門、太淵、中府、三里、膻中。

《續名醫類案・喘》　王叔權治一貴人，久患喘，夜卧不得而起行，夏月亦衣夾背心，知是膏肓病也，令灸膏肓而愈。亦有暴喘者，知是痰爲梗，令細剉厚樸七八錢重，以姜七片，二小碗，煎七分服，滓再煎服，不過數服愈。若不因痰而喘者，當灸肺俞。凡有喘與哮者，爲按肺俞，無不痠疼，皆爲繆刺肺俞，又令灸而愈。亦有只繆刺不灸而愈者，此病有淺深也。

舍弟登山爲雨所搏，一夕氣悶幾不救，見昆季必泣，有欲別之意，疑其心悲，爲刺百會不效。按其肺俞，云疼如錐刺，以火針微刺之即愈。因此與人治哮喘，只繆刺肺俞，不刺他穴，惟按肺俞痠疼者然後點灸，其他穴非是。並《資生經》。

《外臺秘要》卷九《十咳方》　《必效》療上氣唾膿血方：灸兩乳下黑白際各一百壯，良。

肺痿、肺癰

《直指方・附肺痿肺癰・肺痿方論》　針灸法：肺俞二穴、膻中一穴。

《普濟方・針灸門・咳嗽》　治肺痿咳嗽，穴：肺俞。

《普濟方・針灸門・肺氣》　治肺寒熱，肺痿上喘，咳嗽，嗽血，胸脇氣滿不得卧，不嗜食，汗不出，及背急強，穴：肺俞。

治肺風氣痿絕，四肢腫脹，喘逆胸滿，穴：肺俞，灸各二壯。

治肺氣咳嗽上喘，唾膿，不得下食，胸中如塞，穴：膻中。

治肺癰，咳唾膿血，咽乾，舌下急，喉生瘡，穴：天突。

治肺系急，胸痛，悚悚喘，寒熱，嘔逆上氣，咳唾濁涕，肩背痛風汗出，腹脹食不下，及治肺急胸滿，喘逆，唾濁，善噎，皮痛，穴：中府。

《普濟方・針灸門・發背癰疽》　療肺癰唾膿血，氣壅不通，穴：天突。

治肺癰，咳嗽上氣，唾血，不下食，胸中氣滿如塞，穴：膻中。

治肺癰正作，吐膿血不止，灸肺俞二七壯，在三椎下兩傍各一寸半，及灸譩譆二穴七壯，其穴在第六椎兩旁各三寸，抱肘取之。

《針灸逢源・證治參詳・肺痿肺癰》　肺癰：欬嗽吐臭痰，胸中隱隱痛，自汗喘急，呼吸不利便是肺癰之候。尺澤、太淵、列缺、少商、合谷、間使、大陵、支溝、肺俞灸三壯、庫房。

按《金匱》云：熱在上焦者，因欬爲肺痿，肺痿之病，從亡津液得之，爲陰虛之證，如欬久肺痛，喉啞聲嘶，咯血，多不可治。肺癰由感受風寒，停留肺中，蘊發爲熱，或挾濕熱痰涎，蒸淫肺竅，以致血爲凝滯，幾成癰膿，治法大忌溫補。凡初受風寒欬嗽，即見上氣喘急，將成肺痿肺癰之候，可施以灸法。若肺痿熱已深，肺癰膿已成，吐出如米粥者，皆不宜灸，灸則助邪傷肺，反爲害矣。

《針灸逢源・證治參詳・肺痿肺癰》　肺痿：欬嗽上氣喘急，口中反有濁唾涎沫，爲肺痿之病。肺俞灸三壯、氣戶、太淵。

《針灸全生・瘡毒》　肺癰吐膿：腎俞三七壯、合谷、太淵俱二七壯。

失枕偏項：風門、風池、風府。

《神灸經綸・外科證治》　肺癰：膻中、肺俞、支溝、大陵、腎俞、合谷、太淵。

《針灸集成・咳嗽》　肺癰，咳嗽上氣：天突、膻中、膏肓俞、肺俞，皆灸，騎竹馬穴、七壯，諸穴之效無逾於此穴也。

《針灸集成・諸危惡證》　肺癰：胸脇引痛，呼吸喘促，身熱如火，咳嗽唾痰，不能飲食，晝歇夜劇。即灸騎竹馬穴七壯，尺澤、太淵、內關、神門，并針刺通氣以泄毒氣，若不愈，更灸騎竹馬穴七壯。腫脈宜洪緊數滑。欲知膿，計自初痛日過四十五十日後，察病人眼目，白睛無精采，亦微蒼黑細如絲，赤血絡縱橫亂纏於白睛，則已膿矣。即以邊刃大針刺破痛邊，乳傍腋下向前肋

間使之出膿後，即插紙撚，插與拔逐日行之，使不塞孔，兼用石衣，巖上青白苔是，不拘多少，濃煎連服限差。

《灸法秘傳·肺癰》久咳不已，胸中隱隱而疼，吐痰腥臭，或吐血膿，是爲肺癰。癰者，壅也。良由風寒內鬱，鬱久成火，火刑金臟而成。法當灸其天突，兼服清肺之方，庶幾有效。

《灸法秘傳·肺痿》久嗽肺虛，而成肺痿。痿者，萎也，猶枝葉之萎落也。時吐涎沫，聲音不揚，或嗽血絲，形容枯槁。斯證屬虛者多，非肺癰屬實之可比。當先灸其肺俞。兼灸膏肓可也。

胸滿、胸痛

《靈樞·雜病》厥胸滿面腫，唇漯漯，然暴言難，甚則不能言，取足陽明。

《甲乙經·寒氣客於五臟六腑發卒心痛胸痹三蟲》胸痺引背時寒，間使主之。胸痺心痛，肩肉麻木，天井主之。胸痺心痛，不得息，痛無常處，臨泣主之。

《甲乙經·肝受病及衛氣留積發胸脇滿痛》邪在肝，則病兩脇中痛，寒中，惡血在內，胻節時腫，善瘈，取行間以引脇下，補三里以溫胃中，取血脈以散惡血，取耳間青脈以去其瘈。

黄帝問曰：衛氣留於脈中，搐積不行，苑蘊不得常所，榰脇中滿，喘呼逆息者，何以去之？伯高對曰：其氣積於胸中者，上取之。積於腹中者，下取之。上下皆滿者，傍取之。積於上者瀉人迎、天突喉中，積於下者瀉三里與氣街，上下皆滿者，上下皆下之，與季脇之下深一寸，重者，雞足取之。

診視其脈，大而強急，及絕不至者，腹皮絞甚者，不可刺也。氣逆，上刺膺中陷者，與脇下動脈。胸滿嘔無所出，口苦舌乾，飲食不下，膽俞主之。胸滿呼吸喝，窮詘窘不得息，刺入人迎，入四分，不幸殺人。胸滿痛，璇璣主之。胸脇榰滿，痛引胸中，華蓋主之。胸脇榰滿，痺痛骨疼，飲食不下，嘔逆，氣上煩心，紫宮主之。胸中滿，不得息，脇痛骨疼，喘逆上氣，嘔吐煩心，玉堂主之。胸脇榰滿，鬲塞飲食不下，嘔吐食復出，中庭主之。胸中榰滿，痛引膺，不得息，悶亂煩滿，不得飲食，靈墟主之。胸脇榰滿，不得息，欬逆，乳癰，洒淅惡寒，神封主之。胸脇榰滿，鬲逆不通，呼吸少氣，喘息不得舉臂，步郎主之。胸脇榰滿，喘滿上氣，呼吸肩息，不知食味，氣戶主之。喉痺，胸中暴逆，先取衝脈，後取三里、雲門，皆瀉之。胸脇榰滿，卻引背痛，臥不得轉側，胸鄉主之。傷憂悁思氣積，中脘主之。胸滿馬刀，臂不得舉，淵腋主之。大氣不得息，息即胸脇中痛，實則其身盡寒，虛則百節盡縱，大包主之。胸中暴滿，不得眠，輒筋主之。胸脇榰滿，瘈瘲引臍，腹痛，短氣煩滿，巨闕主之。腹中積氣結痛，梁門主之。傷食脇下滿，不能轉展反側，目青而嘔，期門主之。胸脇榰滿，勞宮主之。多卧善唾，胸滿腸鳴，三間主之。胸滿不得息，頭頷腫，陽谷主之。胸脇脹，腸鳴切痛，太白主之。暴脹胸脇榰滿，足寒大便難，面唇白，時嘔血，太衝主之。胸脇榰滿，惡聞人聲與木音，巨虛上廉主之。胸脇榰滿，寒如風吹狀，俠谿主之。胸滿善太息，胸中膨膨然，丘墟主之。胸脇榰滿，頭痛，項內寒，外丘主之。脇下榰滿，嘔吐逆，陽陵泉主之。

《甲乙經·動作失度內外傷發崩中瘀血嘔血唾血》胸中瘀血，胸脇榰滿，鬲痛不能久立，膝痿寒，三里主之。

《千金要方·心臟·脈極》胸中痛引腰背，心下嘔逆，面無滋潤，灸上門，隨年壯，穴在俠巨闕兩邊相去各半寸。顏色焦枯，勞氣失精，肩臂痛不得上頭，灸肩髃百壯，穴在肩外頭近後，以手按之有解宛宛中。

《千金要方·心臟·胸痺》胸痺引背時寒，間使主之。

胸痺心痛，天井主之。

胸痺心痛不得息，痛無常處，臨泣主之。

胸痺心痛，灸亶中百壯，穴在鳩尾上一寸，忌針。

胸脇滿心痛，灸期門隨年壯，穴在第二肋端乳直下一寸半。

《千金要方·針灸下·心腹》胸脇：通谷、章門、曲泉、膈輸、期門、食竇、陷谷、石門，主胸脇支滿。

本神、顱息，主胸脇相引不得傾側。

大杼、心輸，主胸中鬱鬱。

肝輸、脾輸、志室，主兩脇急痛。

腎輸，主兩脇引痛。

神堂，主胸腹滿。

三間，主胸滿腸鳴。

期門、缺盆，主胸中熱，息賁，脇下氣上。

陽谿、天容，主胸滿不得息。

曲池、人迎、神道、章門、中府、臨泣、天池、璇璣、府輸，主胸中滿。

支溝，主脇腋急痛。

腕骨、陽谷，主脇痛不得息。

豐隆、丘墟，主胸痛如刺。

竅陰，主脇痛欬逆。

臨泣，主季脇下支痛，胸痺不得息。

陽輔，主胸脇痛。

陽交，主胸滿腫。

環銚、至陰，主胸脇痛無常處，腰脇相引急痛。

太白，主胸脇脹切痛。

然骨，主胸中寒欬唾有血。

大鍾，主胸喘息脹。

膽輸、章門，主脇痛不得臥，胸滿歐無所出。

大包，主胸脇中痛。

華蓋、紫宮、中庭、神藏、靈墟、胃輸、俠谿、步郎、商陽、上廉、三里、氣戶、周榮、上管、勞宮、涌泉、陽陵泉，主胸脇柱滿。

膻中、天井，主胸心痛。

膺窗，主胸脇癰腫。

乳根，主胸下滿痛。

雲門，主胸中暴逆。

雲門、中府、隱白、期門、肺輸、魂門、大陵，主胸中痛。

鳩尾，主胸滿欬逆。

巨闕、間使，主胸中澹澹。

大泉，主胸滿噭呼，胸膺痛。

中管、承滿，主脇下堅痛。

梁門，主胸下積氣。

關元、期門、少商，主脇下脹。

經渠、丘墟，主胸背急，胸中彭彭。

尺澤、少澤，主短氣脇痛心煩。間使，主胸痺背相引。

魚際，主痺走胸背不得息。

少衝，主胸痛口熱。

凡胸滿短氣不得汗，皆針補手太陰以出汗。

《聖濟總録·奇經八脈·治胸痺灸刺法》　胸痺引背時寒，間使主之。

胸痺心痛，天井主之。

胸痺心痛不得息，痛無常處，臨泣主之。

胸痹心痛，灸膻中百壯，穴在鳩尾上一寸，忌針。

胸痹滿痛，灸期門，隨年壯，穴在第二肋端，乳直下一寸半。

《聖濟總録·治癰疽瘡腫灸刺法》　胸下滿痛，膺腫，乳根主之。

《針灸資生經·膺痛》　玉堂，療胸滿膺痛。玉堂，治胸膺骨疼。紫宮，治胸膺骨疼。大谿，治乳腫賁膺。

《針灸資生經·胸滿》　凡胸滿短氣，不得汗，皆針補手太陰以出汗。神堂，主胸腹滿。三間，主胸滿腸鳴。陽谿、天容，主胸滿不得息。曲池、人迎、神道、章門、中府、臨泣、天池、璇璣、府俞，主胸中滿。陽交，主胸滿腫。鳩尾，主胸滿咳逆。大泉，主胸滿噭呼，胸膺痛。巨闕、間使，主胸中淡淡。梁門，主胸下積氣。期門、缺盆，主胸中熱，息賁，脅下氣上。云門，主胸中暴逆。心俞、大杼，主胸中鬱鬱。然谷，主胸中寒，脈代，時不至寸口，小腹脹，上搶心。胸脅滿，灸期門。玉堂，療胸滿膺痛。三間，療胸滿腸鳴。亶中，療胸中氣滿如塞。乳根，療胸下滿悶。陽交、臨泣，治胸滿。委陽，治胸滿膨膨。璇璣，治胸皮滿痛。《下》云胸脅支滿。俞府，治胸滿。商陽，治胸中氣滿，喘咳支腫。鬲關，治胸中噎悶。陽谿、神封，治胸滿不得息，咳逆。肺俞，治胸中氣滿，背僂如龜，腰強頭目眩，令人失顏色。輒筋，治胸中暴滿，不得臥，喘息。鬲俞，治胸滿支腫。胃俞，治胸脅支滿。涌泉、神堂，治胸腹滿。中庭，治胸脅支滿，噎塞食不下，嘔吐，食還出。云門，治喉痹，胸煩滿，氣上衝心，咳喘不得息，胸脅短氣，肩痛，不得舉臂。天池，治胸中有聲。曲池，治胸中煩滿。胸鄉，治胸脅滿引胸背痛，不得轉側。周榮，治胸脅滿，不得俛仰，食不下，咳唾稠膿。彧中，治胸脅支滿，咳逆喘，不能食。神藏，治胸脅支滿，咳逆喘不得息，嘔吐，胸滿，不嗜食。氣戶，治胸脅支滿，喘逆上氣，胸背急，不得息，不知食味。食竇，治胸脅支滿，膈間雷鳴，常有水聲。靈墟，治胸脅支滿，痛引胸不得息，咳逆嘔吐，胸滿，不嗜食。步郎，治胸脅支滿，鼻塞不

通，呼吸少氣，喘息，不得舉臂。章門，治胸脅支滿。庫房，治胸脅支滿，咳逆上氣，多唾濁沫膿血。期門，治產後胸脅支滿。外丘，治胸脅脹滿。俠谿，治胸脅支滿，寒熱汗不出。云門，療胸脅徹背痛。華蓋，療胸脅滿痛引胸。紫宮、中庭、涌泉，治胸脅支滿。通谷、章門、曲泉、鬲俞、期門、食竇、陷谷、石門，主胸脅支滿。胃俞、三里、紫宮、華蓋、中庭、神藏、靈墟、俠谿、步郎、商陽、上廉、氣戶、周榮、上管、勞宮、涌泉、陽陵泉，主胸脅柱滿。膽俞、章門，主脅痛不得臥，胸滿，嘔無所出。前谷，主咳而胸滿。陽氣逆上滿胸，取天容。肺俞、巨闕，主胸滿。大泉，治胸脅支滿。天髎，治胸中煩悶。肝俞，療兩脅滿。浮白，療胸滿。庫房，療胸腹兩脅滿。天池，治寒熱胸鬲煩滿，頭痛，四支不舉，腋下腫，上氣，胸中有聲，喉鳴。膺窗，治胸滿短氣。魂門，療胸背痛。小兒龜胸，緣胎熱脹滿攻胸鬲所生，又緣乳母食熱麵五辛，胸轉起高，灸兩乳前各寸半上兩行三骨罅間，六處各三壯，春夏從下灸上，秋冬從上灸下，若不依此法灸，十不愈一二。

《針灸資生經·胸脇痛》 本神、顱息，主胸脅相引，不得傾側。太白，主胸脅脹切痛。陽輔，主胸脅痛。環跳、至陰，主胸脅痛無常處，腰脅相引急痛。大包，主胸脅中痛。豐隆、丘墟，主胸痛如刺。胸脅滿心痛，灸期門隨年壯。乳根，主胸下滿痛。亶中，百壯。天井，主胸痹心痛。大泉，主胸膺痛。肺俞、云門、中府、隱白、期門、魂門、大陵，主胸中痛。少衝，主胸痛，口熱，胸中痛引腰背，心下嘔逆，面無滋潤，灸上門隨年壯，穴在俠巨闕兩邊相去各半寸。一云一寸。經渠、丘墟，主胸背急，胸中膨膨。大谿，治胸滿痛，乳腫賁膺，咳逆上氣，喉中作聲。肝俞，治咳引胸痛。少衝、中府，治胸痛。乳根，治胸滿痛。華蓋，治胸脅支滿，痛引胸中，咳逆上氣，喘不能言。紫宮，治胸脅支滿，胸膺骨疼，飲食不下，嘔逆，上氣煩心。玉堂，治胸滿不得喘息，胸膺骨疼，嘔吐寒痰，上氣煩心。幽門，治胸中引痛，心下煩悶，逆氣裏急，支滿不嗜食，數咳，健忘。豐隆，治厥逆，胸痛如刺，腹切痛，《明》云氣刺不可忍。太淵，治胸痹，逆氣寒厥，善噦嘔，飲水咳嗽，煩怒不得臥。胸痹引背，時寒，間使主之。間使，主胸痹，背相引。臨泣，主胸痹不得息。魚際，主痹走胸，不得息。浮白，療胸滿胸痛。俞府，療胸中痛。胸痹心痛不得息，痛無常處，臨泣主之。胸痹灸胸堂。廉泉、中府，主胸痛。膽俞，治胸脅不能轉，《明》云胸脅滿。丘墟，治胸脅滿痛，不得息，《明下》云胸滿。下廉，治胸脅小腹痛。大包，治胸脅痛。腎俞，主兩脅引痛。肝俞、脾俞、志室，主兩脅急痛。支溝，主脅腋急痛。中管、承滿，主脅下堅痛。腕骨、陽谷，主脅痛不得息。膽俞、章門，主脅痛不得臥。竅陰，主脅痛咳逆。尺澤、少澤，主短氣，脅痛心煩。關元、期門、少商，主脅下脹。極泉，治脅下滿痛。鬲俞、中膂俞、竅陰、陽谷，顱囟治脅痛。肝俞，治兩脅急痛。腕骨，治脅下痛，不得息。腎俞，治脅滿引小腹痛。上廉，治飧泄，腹脅痛滿，狂走，俠臍腹痛，食不化，喘息不能行。太谿，治腹脅痛連脊，手足厥冷。云門，療胸脅徹背痛。華蓋，療胸脅痛。三里，主脅鬲痛。

《普濟方·針灸門·胸滿》 治胸腹滿，穴：神堂。

治胸滿腸鳴，穴：三間。

治胸中滿，穴：神堂、人迎、神道、章門、中府、臨泣、天池、璇璣、俞府。

治胸滿不得息，穴：天容、陽谿。

治胸滿腫，穴：陽交。

治胸滿咳逆，穴：鳩尾。

治胸滿叫呼膺痛，穴：水泉。

治胸中淡淡，穴：巨闕、間使。

治胸下積氣，穴：梁門。

治胸中熱，息賁，脅下氣上，穴：期門、缺盆。

治胸中暴逆，穴：雲門。

治胸中寒，脈代，時不可止，寸口小，腹脹上搶心，咳唾有血，穴：然谷。

治胸中鬱鬱，穴：大杼、心俞。

治胸脅滿，穴：期門。

療胸滿腹鳴，穴：三間。

療胸中氣滿，如塞胸脾，心痛，穴：膻中。

療胸下滿悶，穴：乳根。

治胸滿，穴：陽交、臨泣。

治胸滿，穴：俞府。

療胸滿膨膨，穴：委陽。

治胸滿痛，胸脅支滿，穴：璇璣。

治胸中氣滿，喘咳支腫，穴：商陽。

治胸中噎悶，穴：鬲關。

治胸滿不得息，咳逆，穴：陽谿、神封。

治胸中氣滿，背僂如龜，腰強頭目眩，令人失顔色，穴：肺俞。

治胸中暴滿，不得卧，喘息，穴：輒筋。

治胸滿支腫，穴：鬲俞。

治胸脅支滿，穴：胃俞。

治胸滿腹滿，穴：涌泉、神堂。

治胸脅支滿，噎塞，食不下，嘔吐食還出，穴：中庭。

治胸煩滿，氣上衝心，喉痹，咳嗽喘不得息，胸脅短氣，肩痛不得舉臂，穴：雲門。

治胸中有氣，穴：天池。

治胸中煩滿，穴：曲池。

治胸脅滿，引胸背痛，不得轉側，穴：胸鄉。

治胸脅滿，不得俛仰，食不下，咳唾稠膿，穴：周榮。

治胸脅支滿，咳逆，喘不能食，穴：彧中。

治胸脅支滿，咳逆，喘不得息，嘔吐胸滿不嗜食，穴：神藏。

治胸脅支滿，喘逆上氣，胸背急不得息，不知食味，穴：氣戶。

治胸脅支滿，膈間雷鳴，常有水聲，穴：食竇。

治胸脅支滿痛引胸，不得息，咳逆嘔吐，胸滿不嗜食，穴：靈墟。

治胸脅支滿，鼻塞不通呼吸，少氣喘息，不得舉臂，穴：步廊。

治胸脅支滿，穴：章門。

治胸脅䐜滿，穴：外丘。

治胸脅支滿，咳逆上氣，多唾濁沫膿血，穴：庫房。

治胸脅支滿，寒熱汗不出，穴：俠谿。

療胸脅徹背痛，穴：雲門。

療胸脅滿痛引胸，穴：華蓋。

治胸脅支滿，穴：紫宫、中庭、涌泉、通谷、章門、曲泉、鬲俞、期門、食竇、陷谷、石門。

治胸脅支柱滿，穴：胃俞、三里、紫宫、華蓋、中庭、神藏、靈墟、俠谿、步廊、商陽、上廉、氣戶、周榮、上脘、勞宫、涌泉、陽陵泉。

治脅痛不得卧，胸滿嘔無所出，穴：膽俞、章門。

治咳而胸滿，陽氣逆上滿胸，穴：天容、前谷。

治胸滿，穴：肺俞、巨闕。

治胸脅支滿，穴：大泉。

治胸中煩悶，穴：天髎。

療兩脅滿，穴：肝俞。

療胸滿，穴：浮白。

療胸腹兩脅滿，穴：庫房。

治寒熱，胸膈煩滿，頭痛，四肢不舉，腋下腫，上氣，胸中有聲，喉鳴，穴：天池。

治胸滿短氣，胸脅癰腫，穴：膺窗。

治胸背痛，穴：魂門。

治胸下積氣，穴：梁門。

治胸脅支滿，頭目癰腫，穴：陷谷，刺出血，立已。

治胸滿，心腹積聚痞痛，穴：肝俞，灸百壯，三報。

《普濟方·針灸門·膺痛》治胸脅滿膺痛，穴：玉堂。

治胸膺骨疼，穴：玉堂、紫宫。

治乳腫賁膺，穴：太谿。

《普濟方·針灸門·胸脇痛》治胸脅脹切痛，穴：太白。

治胸脅痛，穴：陽輔。

治胸脅痛無常處，腰脅相引急痛，穴：環跳、至陰。

治胸脅中痛，穴：大包。

治胸痛如刺，穴：豐隆、丘墟。

治胸脅滿心痛，穴：期門，灸隨年壯。

治胸下滿痛，穴：乳根、亶中，灸百壯。

治胸痹心痛，穴：天井。

治胸膺痛，穴：太淵。

治胸中痛，穴：肺俞、雲門、中府、隱白、期門、魂門、大陵。

治胸痛口熱，胸中痛引腰背，心下嘔逆，面無滋潤，穴：期門，灸隨年壯，少衝。

治胸背急，胸中膨膨，穴：經渠、丘墟。
治胸滿痛，乳腫賁膺，咳逆上氣，喉中作聲，穴：太谿。
治咳引胸痛，穴：肝俞。
治胸痛，穴：少衝、中府。
治胸脅支滿，痛引胸中，咳逆上氣，喉中作聲，喘不能言，穴：華蓋。
治胸脅支滿，胸膺骨疼，飲食不下，嘔逆上氣煩心，穴：紫宮。
治胸滿不得喘息，胸膺骨疼，嘔吐寒痰，上氣煩心，穴：玉堂。
治胸中引痛，及心下煩悶，逆氣裏急，及支滿不嗜食，並數咳健忘，穴：幽門。
治厥逆，胸痛如刺，腹切痛，氣刺不可忍，穴：豐隆。
治胸痺逆氣，寒厥善噦嘔，飲水咳嗽，煩怒不得卧，穴：太淵。
治胸痺引背時寒，穴：間使。
治胸脅支滿不得息，穴：臨泣。
治胸滿背痛，穴：浮白。
治痺走背胸不得息，穴：魚際。
治胸中痛，穴：俞府。
治胸痺心痛不得息，痛無常處，穴：臨泣。
治胸痛，穴：廉泉、中府。
治胸脅不能轉側，及胸脅滿，穴：膽俞。
治胸脅滿痛不得息，穴：丘墟。
治胸脅小腹痛，穴：下廉。
治胸脅痛，穴：大包。
治胸中痰病，穴：束骨，灸隨年壯。
治胸痺，灸胸堂。
治胸下滿痛，膺腫，穴：乳根。
治胸脅痛不可忍，穴：刺期門。針入四分，可灸七壯。次針章門。針入六分，可灸七壯，至七七壯。行間、丘墟、涌泉。

《普濟方·針灸門·膈痛》 療胸膈悶，咳嗽氣短，喉鳴，穴：亶中。
療膈痛，穴：膈俞。
療胸膈氣滿，穴：商陽。
療胸膈滿悶，穴：臨泣。足臨泣。
療胸中膈，氣聚痛好吐，穴：厥陰俞，灸隨年壯。
治膈中不利，穴：隱白、巨闕。
治腹中雷鳴，察察隱隱，常有水聲，穴：食竇。
治胸膈中氣，穴：厥俞，灸隨年壯。
治胸膈煩滿，穴：天池。
治膈氣嘔吐涎沫，穴：亶中。
治膈胃寒痰，穴：率谷、膈俞。
治氣哽，穴：扶突。
療氣鯁鯁，穴：天突。
療噎，穴：章門。
治胸脅支滿噎塞，穴：中庭。
治食噎不下，胸喘息脹，穴：大鍾。
治胸中氣噎，穴：關衝、天突。
治胸中如塞，及聚氣成乾噎，穴：亶中。
治膈氣不下食，噎病，穴：乳根。
療久瘧，背氣滿悶，胸中氣噎，穴：噫譆。
療善噎，穴：神堂、中府。
治膈中不利，穴：巨闕。
治五噎：
治氣噎，灸亶中。
治憂噎，灸心俞。
治食噎，灸乳根。
治勞噎，灸膈俞。
治思噎，灸天府。
治五噎，黄癉，醋心多唾，嘔吐不止，刺任脈天突一穴，在結喉下一寸宛宛中，陰維、任脈之會，針入五分，留三呼，得氣即瀉，次針足少陰經通關二穴，在中脘穴兩傍，同身寸之相去各五分，用長針入八分，左撚針，能進飲食，右撚針，能和脾胃。許氏云：此穴一針四效，凡下針後良久，先脾磨食，覺針動爲一效，次針破病根，腸中作聲爲二效，次覺流入膀胱爲三效，然後覺氣流

行入腰後腎堂間,爲四效矣。

治結氣胸中膈氣,扁鵲曰:第四椎下兩傍各一寸半,名厥陰俞,灸隨年壯。

《神應經・胸背脇部》 胸滿:經渠、陽谿、三間、間使、陽陵、三里、曲泉、足臨泣。

胸脇痛:天井、支溝、間使、大陵、三里、太白、丘墟、陽輔。

胸中澹澹:間使。

胸滿支腫:內關、膈腧。

胸脇滿引腹:下廉、丘墟、俠谿、腎俞。

胸煩:期門。

心胸痛:曲澤、內關、大陵。

胸中寒:亶中。

胸滿血膨有積塊,霍亂,腸鳴,善噫,三里、期門。向外刺二寸,不補不瀉。

胸痺:太淵。

胸膊悶:肩井。

胸連脇痛:期門、先針。章門、丘墟、行間、涌泉。

《針灸聚英・雜病歌》 胸背脇

胸滿經渠與陽谿,後谿三間間使宜,陽陵三里曲泉穴,足臨泣等九穴醫。假如胸痹治太淵,胸膊悶兮肩井痊。胸脇痛者天井穴,支溝間使太白連,三里大陵丘墟等,陽輔八穴實爲便。胸中淡者間使宜,胸滿支腫治膈俞,再兼內關通二穴,得效最速定不遲。胸脇引滿腹下廉,丘墟俠谿腎俞連,假如胸煩期門穴,胸中煩者亶中安。肩背痠疼治風門,肩井中渚支溝焚,後谿腕骨委中穴,次第治之病不存。心胸痛者治尺澤,內關大陵三穴著。胸滿血膨有積塊,霍亂腸鳴喜噫帶,三里期門向外針,二寸不補亦不瀉。假如脇滿章門奇,脇痛陽谷腕骨宜,支溝膈俞及申脈,缺盆腫足臨泣醫,脇與脊引肝俞燒,背膊項急大椎焦,腰背強直難轉側,腰俞肺俞二穴高,腰脊痛楚委中頭,再兼一穴是復溜。腰背傴僂風池穴,並治肺俞病即瘳,背拘急者治經渠,肩背相引二間宜,商陽委中崑崙穴。假如偏脇背痹痛,須治魚際委中穴,可保此病無根株,背痛魚際與經渠,崑崙京骨及丘墟,脊膂強痛委中穴,腰背俱疼治風池,天牖合谷崑崙等,四穴善治身不疲,脊肉牽疼難屈伸,合谷復溜崑崙眞,胸連脇痛期門穴,宜於此處先入針,章門穴與丘墟穴,行間涌泉須細尋。肩痹痛者治肩髃,宜兼天井與曲池,並治關衝與陽谷,五穴仔細疾不居。

《醫學綱目・合病併病汗下吐後等病》 治結胸灸法

巴豆、十四箇。黃連。七寸,去皮用。

右擣細,津唾和成膏,塡入臍中,以艾灸其上,腹中有聲,其病去矣。不拘壯數,病去爲度,纔灸了,便以溫湯浸手帕拭之,恐生瘡也。

傷寒結胸。先使人心蔽骨下正痛處左畔揉之,以毫針刺左畔支溝穴。正坐側臂,取之,二分。次刺左間使,名曰雙關刺,次左行間。卧取之,針入六分。此支溝行間穴下針至分數內,撚針令病人五吸,次外撚針三呼,又次內撚針五吸訖,長呼一口氣,出針,即左畔一壁結胸立效。右畔依上刺之,慢慢呼吸停針用針,獲時而愈,無有不效。

傷寒結胸痞氣

胸中結痞:涌泉、太谿、中衝、大陵。

心中結痞:隱白、太白、少衝、神門。

胃中結痞:少商、太淵、大敦、太衝,並上、下、中脘瀉之。

結胸身黃:涌泉。

血結胸,面赤,大燥口乾,消渴,胸中疼痛不可忍:期門、大陵、關元。妊娠不得刺關元,胎死不出,子母俱亡,愼之。

傷寒胸膈痛:期門、大陵。

《楊敬齋針灸全書・傷寒結胸》

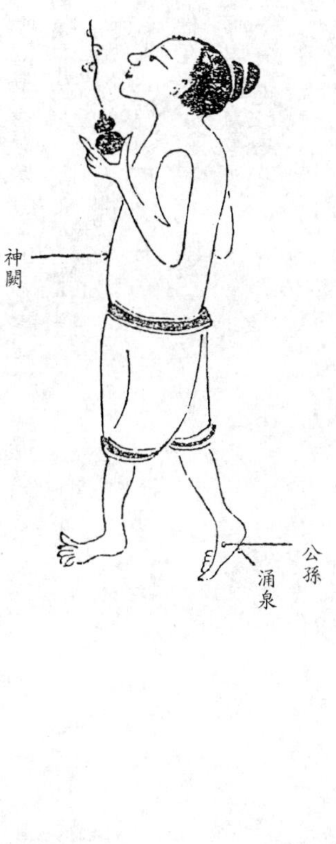

《楊敬齋針灸全書·胸膈疼痛》

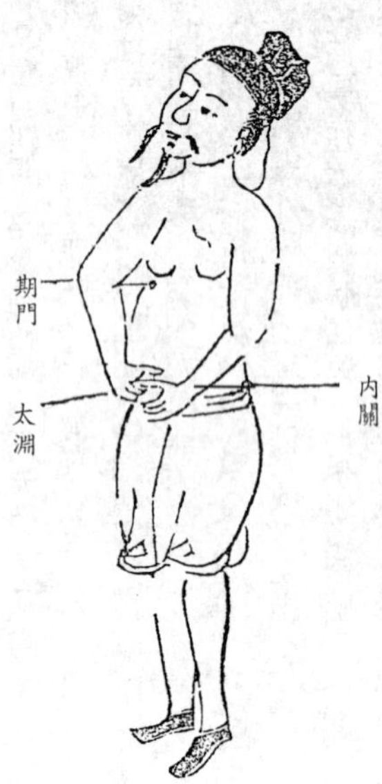

《楊敬齋針灸全書·傷寒胸膈痛》

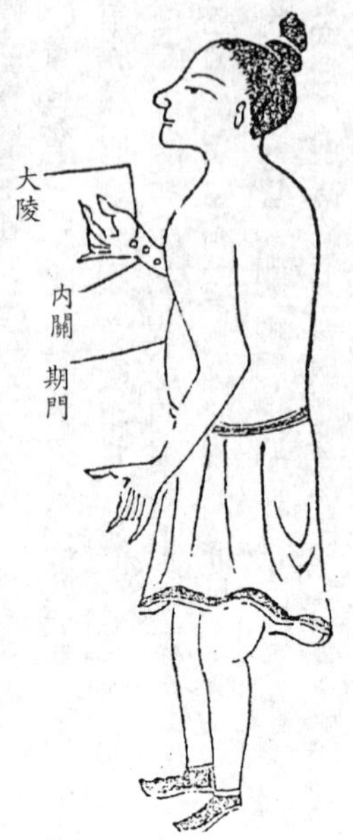

《針灸大成·胸背脇門》 胸滿：經渠、陽谿、後谿、三間、間使、陽陵、三里、曲泉、足臨泣。

胸痺：太淵。

胸膊悶：肩井。

胸脇痛：天井、支溝、間使、大陵、三里、太白、丘墟、陽輔。

胸中澹：間使。

胸滿支腫：內關、膈俞。

胸脇滿引腹：下廉、丘墟、俠谿、腎俞。

胸煩：期門。

胸中寒：亶中。

心胸痛：曲澤、內關、大陵。

胸滿血膨有積塊，霍亂，腸鳴，善噫：三里、期門。向外刺二寸，不補不瀉。

《類經圖翼·針灸要覽·諸證灸法要穴》 胸背痛：風門。

《太乙神針心法·胸背脇門》 胸滿：針經渠、陽谿、後谿、三間、間使、陽陵、三里、曲泉、足臨泣。

胸痹：針太淵。

胸膊悶：針肩井。

胸脇痛：針天井、支溝、間使、大陵、三里、太白、丘墟、陽輔。

胸中澹：針間使。

胸滿支腫：針內關、膈腧。

胸脇滿引腹：針下廉、丘墟、俠谿、腎腧。

胸煩：針期門。

胸中寒：針膻中。

心胸痛：針曲澤、內關、大陵。

胸滿血膨有積塊，霍亂，腸鳴，善噫：針三里、期門。向外刺二寸，不補不瀉。

《羅遺編·針灸要穴論》 上氣胸背滿痛：肺俞、肝俞、雲門、乳根、巨闕、期門、梁門、內關、尺澤。

諸氣痛，氣膈，上氣不下：天突、膻中、中府、膈俞。

《針灸全生·心腹胸脇脹痛》 上氣胸背滿痛：肺俞、肝俞、雲門、乳根、巨闕、期門、梁門、內關、尺澤。

氣痛，氣膈，上氣不下：天突、膻中、中府、膈俞。

《針灸全生·心胸脇腹》 胸中刺痛：內關、大陵，或中、公孫。又法：如屬痰者，勞宮、膻中、間使、公孫。

胸中滿痛：勞宮、大陵、膻中、通里、公孫。胸膈痞結：涌泉、少商、膻中、內關、列缺。

氣攻胸痛：通里、大陵、照海。胸腹脹，氣喘：合谷、三里、期門、乳根。

胸中噎塞痛：列缺、大陵、內關、亶中、三里。

《針灸全生·胸背腰膝》 胸背痛：風門。

《神灸經綸·身部證治》 胸滿：期門、至陽。

胸背切痛：風門、期門、少府。

上氣胸背滿痛：肺俞、肝俞、雲門、乳根、巨闕、期門、梁門、內關、尺澤。

諸氣膈痛上氣不下：天突、亶中、中府、膈俞。

《傳悟靈濟録・心腹胸脇痛脹》 上氣胸背滿：肺俞、肝俞、雲門、乳中、巨闕、期門、梁門、内關、尺澤。

諸氣痛氣膈上氣不下：天突、膻中、中府、膈俞。

《針灸集成・心胸》 胸腹痛或痰厥胸痛：量三椎下近四椎上從脊骨上兩傍各五分，灸三七壯至七七壯立差，神效。

卒心胸痛汗出：間使、神門、列缺、大敦，刺出血。

胸滿逆氣悶熱：心俞二七壯，膈俞三壯，厥陰俞隨年壯。

積年胸痛：足大指爪甲之本根，爪甲之半當中，灸七壯，男左女右，太衝三壯，獨陰五壯，章門七壯，立愈。若或不愈更灸。

胸痛吐冷酸水：太衝三壯，内關二壯，獨陰五壯，足大指内初節横紋中三壯，尾窮骨灸五十壯。

胸痛如刺，手卒青：間使、内關、下三里、支溝、太谿、少衝、膈俞，七壯。

胸引兩脇痛：肝俞、内關、魚際、絶骨。

胸痛口噤：期門三壯，大陵、神門、陰囊下十字紋三壯。

胸連脇痛：期門、章門、絶骨、神門、行間、涌泉。

胸中瘀血：下三里、内關、神門、大淵。

《針灸穴法》 胸隔疼痛：巨厥一穴。中宛一穴。大陵二穴。曲池二穴。内關二穴。公孫。二穴。

胸中刺痛：内關二穴。大陵二穴。彧中。二穴。

痰隔悶中隱痛：勞宫二穴。間使二穴。亶中。一穴。

胸隔氣痛：期門二穴。内關二穴。大衝。二穴。

氣痛：亶中一穴。肺俞一穴。氣海二穴。三里。二穴。

《針灸摘要・衝脈》 痰膈涎悶胸中隱痛：勞宫、膻中、間使。

胸中刺痛隱隱不樂：内關、大陵、彧中。

胸中滿痛：勞宫、通里、大陵、膻中。痰熱結胸：列缺、大陵、涌泉。四肢風痛：曲池、風市、外關、陽陵泉、三陰交、手三里。

《針灸摘要・任脈》 胸膈痞結：涌泉、少商、膻中、内關。

《針灸摘要・陰蹻脈》 氣攻胸痛：通里、大陵。心内怔忡：心俞、内關、神門。

中暑

《千金翼方・針灸下・卒死》 治熱暍，灸兩乳頭七壯。

《扁鵲心書・附竇材灸法》 暑月發燥熱，乃冷物傷脾胃腎氣所致，灸命關二百壯。或心膈脹悶作疼，灸左命關五十壯。若作中暑服涼藥，即死矣。

《楊敬齋針灸全書・中暑不省人事》

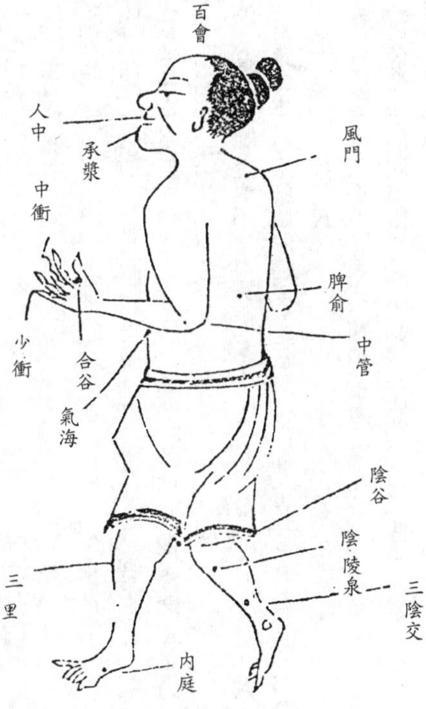

《病機沙篆・中暑》 中暑，忽然不省人事，宜灸百會、中脘、三里、脾俞、合谷、人中、陰谷、三陰交，斟酌灸，或針亦可。

冒暑大熱，霍亂吐瀉，百勞、委中、合谷、曲池、十宣等穴，酌選針灸。

《針灸逢源・證治參詳・傷寒熱病門》 中暑：暑乃天之氣，所以中手少陰心經，初病即渴，其脈虛弱。人中、中脘、氣海、曲池、合谷、中衝、三里、内庭。

暑鬱中焦，腹痛上下攻絞，不得吐瀉，用生熟水調白礬三錢，少頃，探吐去其暑毒。如胸背四肢發紅點者，以菜油燈火遍焠之。

《神灸經綸·厥逆灸治》 中暑神昏：證見卒倒無知，名曰暑風。大率有虛實兩途，實者痰之實也，平素積痰充滿經絡，一旦感召盛暑，痰阻其氣，卒倒流涎，此濕暍合病之最劇者也，宜先吐其痰，後清其暑，猶易爲也。虛者陽之虛也，平素陽氣衰微不振，陰寒久已用事，一旦感召盛暑，邪湊其虛，此濕暍病得自虛寒者也，宜回陽藥中兼清其暑，最難爲也。丹溪謂：夏令火盛之時，爍石流金，何陰寒之有？此其見偏主於熱，治宜清涼，灸法似不可用，然亦不盡然也。天有非時之氣，人即有非時之病，如夏行秋令，冬行春令，寒時得熱證，熱時得寒證，往往有之。況盛暑之氣，外陽而內陰，中之者，卒暴面垢，冷汗出，手足微冷，或吐或瀉，或喘或滿，甚至不省人事，宜灸：百會、中脘、三里、脾俞、合谷、人中、陰谷、三陰交。

冒暑霍亂：百勞、委中、合谷、曲池、三里、十宣。

《針灸集成·急死》 中暑幾死：急灸兩乳頭各七壯。

《針灸摘要·任脈》 中暑自熱，小便不利：陰谷、百勞、中脘、委中、氣海、陰陵泉。

《儒門事親·九氣感疾更相為治衍》 余嘗治大暑之病，諸藥無效，余從其頭，數刺其痏，出血立愈。

瘧　疾

《素問·瘧論》 岐伯曰：瘧之且發也，陰陽之且移也，必從四末始也，陽已傷，陰從之，故先其時堅束其處，令邪氣不得入，陰氣不得出，審候見之在孫絡盛堅而血者皆取之，此眞往而未得并者也。

《素問·刺瘧篇》 足太陽之瘧，令人腰痛頭重，寒從背起，〔王冰注〕足太陽脈從巔入絡腦，還出別下項，循肩髆內，俠脊抵腰中，其支別者從髆內左右別下貫胛，過髀樞，故令腰痛，頭重，寒從背起。先寒後熱，熇熇暍暍然。〔王冰注〕熇熇，甚熱狀，暍暍亦熱盛也。太陽不足，故先寒，寒極則生熱，故後熱也。熱止汗出，難已。〔王冰注〕熱生是爲氣虛，熱止則爲氣復，氣復而汗反出，此爲邪氣盛而眞不勝，故難已。刺郄中出血。〔王冰注〕太陽之郄是謂金門，金門在足外踝下，一名曰關梁，陽維所別屬也。刺可入同身寸之三分，若灸者，可灸三壯，《黃帝中誥圖經》云：委中主之，則古法以委中爲郄中也，委中在膕中央約文中動脈，足太陽脈之所入也，刺可入同身寸之五分，留七呼，若灸者可灸三壯。足少陽之瘧，令人身體解㑊，寒不甚，熱不甚，〔王冰注〕陽氣未盛故令其然。惡見人，見人，心惕惕然，〔王冰注〕膽與肝合，肝虛則恐，邪薄其氣，故惡見人，見人心惕惕然也。熱多汗出甚，〔王冰注〕邪盛則熱多，中風故汗出。刺足少陽，〔王冰注〕俠谿主之，俠谿在足小指次指歧骨間本節前陷者中，少陽之滎，刺可入同身寸之三分，留三呼，若灸者可灸三壯。足陽明之瘧，令人先寒，洒淅洒淅，寒甚久乃熱。熱去汗出，喜見日月光火氣，乃快然。〔王冰注〕陽虛則外先寒，陽虛極則復盛，故寒甚久乃熱也，熱去汗已，陰又內強，陽不勝陰，故喜見日月光火氣乃快然也。刺足陽明跗上。〔王冰注〕衝陽穴也，在足跗上同身寸之五寸骨間動脈上，去陷谷同身寸之三寸，陽明之原，刺可入同身寸之三分，留十呼，若灸者可灸三壯。足太陰之瘧，令人不樂，好大息，〔王冰注〕心氣流於肺則喜，今脾藏受病，心母救之，火氣下入於脾，不上行於肺，又太陰脈支別者復從胃上鬲注心中，故令人不樂，好大息也。不嗜食，多寒熱汗出，〔王冰注〕脾主化穀，營助四傍，今邪薄之，諸藏元稟土寄四季王則邪氣交爭，故不嗜食，多寒熱而汗出。病至則善嘔，嘔已乃衰。〔王冰注〕足太陰脈入腹，屬脾絡胃，上鬲俠咽，故病氣來至則嘔，嘔已乃衰退也。即取之。〔王冰注〕待病衰去即而取之，其言衰，即取之井俞及公孫也，公孫在足大指本節後同身寸之一寸，太陰絡也，刺可入同身寸之四分，留七呼，若灸者可灸三壯。足少陰之瘧，令人嘔吐甚，多寒熱，熱多寒少，〔王冰注〕足少陰脈貫肝鬲，入肺中，循喉嚨，故嘔吐甚多寒熱也。腎爲陰藏，陰氣生寒，今陰氣不足，故熱多寒少。欲閉戶牖而處，其病難已。〔王冰注〕胃陽明脈病欲獨閉戶牖而處，今謂胃土病證反見腎水之中，土刑於水，故其病難已也。太鍾、太谿悉主之，太鍾在足內踝後街中，少陰絡也，刺可入同身寸之二分，留七呼，若灸者可灸三壯。太谿在足內踝後跟骨上動脈陷者中，少陰俞也，刺可入同身寸之三分，留七呼，若灸者可灸三壯也。足厥陰之瘧，令人腰痛少腹滿，小便不利，如癃狀，非癃也，數便，意恐懼，氣不足，腹中悒悒，〔王冰注〕足厥陰脈循股陰，入髦中，環陰器，抵少腹，故病如是。癃謂不得小便也，悒悒，不暢之貌。刺足厥陰。〔王冰注〕太衝主之，在足大指本節後同身寸之二寸陷者中，厥陰俞也，刺可入同身寸之三分，留十呼，若灸者可灸三壯也。肺瘧者，令人心寒，寒甚熱，熱間善驚，如有所見者，刺手太陰、陽明。〔王冰注〕列缺主之，列缺在手腕後同身寸之一寸半，手太陰絡也，刺可入同身寸之三分，留三呼，若灸者可灸五壯。陽明穴合谷主之，合谷在手大指次指歧骨間，手陽明脈之所過也，刺可入同身寸之三分，留六呼，若灸者可灸三壯。心瘧者，令人煩心甚，欲得清水，反寒多，不甚熱，刺手少陰。〔王冰注〕神門主之，神門在掌後銳骨之端陷者中，手少陰俞也，刺可入同身寸之三分，留七呼，若灸者可灸三壯。肝瘧者，令人色蒼蒼然太息，其狀若死者，刺足厥陰見血。〔王冰注〕中封主之，中封在足內踝前同身寸之一寸半陷者中，仰足而取之，伸

足乃得之，足厥陰經也，刺出血止，常刺者可入同身寸之四分，留七呼，若灸者可灸三壯。脾瘧者，令人寒，腹中痛，熱則腸中鳴，鳴已汗出，刺足太陰。〔王冰注〕商丘主之，商丘在足内踝下微前陷者中，足太陰經也，刺可入同身寸之三分，留七呼，若灸者可灸三壯。腎瘧者，令人洒洒然，腰脊痛宛轉大便難，目眴眴然，手足寒，刺足太陽、少陰。〔王冰注〕太鍾主之，取如前足少陰瘧中法。胃瘧者，令人且病也，善饑而不能食，食而支滿腹大。〔王冰注〕胃熱脾虚，故善饑而不能食，食而支滿腹大也，是以下文兼刺太陰。刺足陽明、太陰横脈出血。〔王冰注〕厲兑、解谿、三里主之，厲兑在足大指次指之端去爪甲如韭葉，陽明井也，刺可入同身寸之一分，留一呼，若灸者可灸一壯。解谿在衝陽後同身寸之三寸半腕上陷者中，陽明經也，刺可入同身寸之五分，留五呼，若灸者可灸三壯。三里在膝下同身寸之三寸䯒骨外廉兩筋肉分間，陽明合也，刺可入同身寸之一寸，留七呼，若灸者可灸三壯。然足陽明取此三穴，足太陰刺其横脈出血也。横脈，謂足内踝前斜過大脈則太陰之經脈也。瘧發身方熱，刺跗上動脈〔王冰注〕則陽明之脈也。開其空出其血，立寒。〔王冰注〕陽明之脈多血多氣，熱盛氣壯，故出其血而立可寒也。瘧方欲寒，刺手陽明、太陰、足陽明、太陰。〔王冰注〕亦謂開穴而出其血也，當隨井俞而刺之也。瘧脈滿大，急刺背俞，用中針傍伍胠俞各一，適肥瘦出其血也。〔王冰注〕瘦者淺刺少出血，肥者深刺多出血，背俞謂大杼，五胠俞謂譩譆。瘧脈小實，急灸脛少陰，刺指井。〔王冰注〕灸脛少陰是謂復溜，復溜在内踝上同身寸之二寸陷者中，足少陰經也，刺可入同身寸之三分，留三呼，若灸者可灸五壯。刺指井謂刺至陰，至陰在足小指外側去爪甲角如韭葉，足太陽井也，刺可入同身寸之一分，留五呼，若灸者可灸三壯。瘧脈滿大，急刺背俞，用五胠俞背俞各一，適行至於血也，〔王冰注〕謂調適肥瘦，穴度深淺，循三備法而行針，令至於血脈也，背俞謂大杼，五胠俞謂譩譆主之。瘧脈緩大虚，便宜用藥，不宜用針。〔王冰注〕緩者中風，大爲氣實，虚者血虚，血虚氣實，風又攻之，故宜藥治以遣其邪，不宜針瀉而出血也。凡治瘧，先發如食頃乃可以治，過之則失時也。〔王冰注〕先其發時，眞邪異居，波隴不起，故可治。過時則眞邪相合，攻之則反傷眞氣，故曰失時。諸瘧而脈不見，刺十指間出血，血去必已，先視身之赤如小豆者盡取之。十二瘧者，其發各不同時，察其病形，以知其何脈之病也。〔王冰注：〕隨其形證而病脈可知。先其發時如食頃而刺之，一刺則衰，二刺則知，三刺則已，不已，刺舌下兩脈出血，〔王冰注〕釋具下文。不已，刺郄中盛經出血，又刺項已下俠脊者必已。〔王冰注〕並足太陽之脈氣也，郄中則委中也，俠脊者謂大杼、風門、熱府穴也，大杼在項第一椎下兩傍相去各同身寸之一寸半陷者中，刺可入同身寸之三分，留七呼，若灸者可灸五壯。風門、熱府在第二椎下兩傍各同身寸之一寸半，刺可入同身寸之五分，留七呼，若灸者可灸五壯。舌下兩脈者，廉泉也，〔王冰注〕廉泉穴名，在頷下結喉上舌本下，陰維任脈之會，刺可入同身寸之三分，留三呼，若灸者可灸三壯。刺瘧者必先問其病之所先發者，先刺之，先頭痛及重者，先刺頭上及兩額兩眉間出血。〔王冰注〕頭上，謂上星、百會，兩額，謂懸顱，兩眉間謂攢竹等穴也。先項背痛者，先刺之。〔王冰注〕項，風池、風府主之，背，大杼、神道主之。先腰脊痛者，先刺郄中出血，先手臂痛者，先刺手少陰、陽明十指間。先足脛痠痛者，先刺足陽明十指間出血。風瘧，瘧發則汗出惡風，刺三陽經背俞之血者，〔王冰注〕三陽，太陽也。䯒痠痛甚，按之不可，名曰胕髓病，以鑱針，針絶骨出血立已。〔王冰注〕陽輔穴也，取如氣穴論中府俞法。身體小痛，刺至陰。諸陰之井無出血，間日一刺。〔王冰注〕諸井皆在指端，足少陰井在足心宛宛中。瘧不渴，間日而作，刺足太陽，渴而間日作，刺足少陽。溫瘧汗不出，爲五十九刺。

《靈樞·雜病》瘧不渴，間日而作，取足陽明，渴而日作，取手陽明。

《靈樞·四時氣》溫瘧汗不出，爲五十九痏。

《太素·傷寒·十二瘧》黄帝曰：瘧而不渴，間日而作，奈何？岐伯曰：瘧而不渴，間日而作，刺足太陽；渴而間日作，刺足少陽。溫瘧者，汗不出，爲五十九刺。足太陽在陰主水，故不渴，間日發也。足少陽在陽，故渴而間日作也。此二皆寒瘧也。溫瘧，傷寒所爲，故汗不出，以五十九刺也。足太陽瘧，令人腰痛頭重，寒從背起，先寒後熱渴，渴止汗出，難已，日刺郄中出血。足太陽脈從頭下背下腰，邪客之故寒從背起。《明堂》：足太陽合委中，療經瘧，狀與此同也。足少陽瘧，令人身體解㑊，寒不甚，熱不甚，惡見人，見人心惕惕然，熱多汗，汗出甚，刺足少陽。足少陽脈羈絡身之支節，故此脈病身體解㑊。足少陽與厥陰合，故寒熱俱不甚，惡見人也。若熱多，即汗出甚也，可取足少陽風池、丘虚等穴也。足陽明瘧，令人先寒，洒淅洒淅，寒甚久乃熱，熱去汗出，喜見日月光火氣乃快然，刺陽明跗上。足陽明兩陽合明，故汗出，喜見日月光明，見之快心也。足跗上，足陽明脈行也。足太陰瘧，令人不樂，好太息，不嗜食，多寒熱汗出，病至則喜歐，歐已乃衰，即取之。足太陰脈從胃別上膈，注心中，故瘧令人不樂，好太息也。脾胃主食，故脾脈病不嗜食。其脈入腹屬脾絡胃，上膈俠咽，故病將極喜歐。歐已乃衰時，即宜取之也。足少陰瘧，令人吐歐，甚多寒熱，熱多寒少，欲閉户而處，其病難已。足少陰脈貫肝膈入肺中，從肺出絡心，注胸中，故足少陰瘧，令人吐歐，甚則寒熱俱多於餘經瘧，其足少陰爲陽乘之，故熱多寒少。以其腎陰脈傷，故欲閉户而處，病難已也。足厥陰瘧，令人腰痛，少腹滿，小便不利，如

癃狀，非癃已，數小便，意恐懼，氣不足，腸中邑邑，刺足厥陰。足厥陰脈環陰器抵少腹，故腰痛少腹滿，小便不利如癃。癃，淋也，小便不利如淋也。其脈屬肝絡膽，膽爲足厥陰府，故膽傷，恐懼，氣不足，腸中邑邑也。可刺足厥陰五輸、中封等穴也。肺瘧者，令人心寒，寒甚熱間，喜驚如有見者，刺手太陰、陽明。以上言經病爲瘧，以下言藏病瘧。肺以逼心，故肺病，心寒喜驚，妄有所見。宜取肺之藏府表裏之脈也。心瘧者，令人煩心，甚欲得清水及寒多，寒不甚，熱甚，刺手少陰。心中煩熱，故欲得冷水及欲得寒。以其是陽，得寒發熱，故使得寒多也，其寒不甚，其熱甚也。心經手少陰受病，遂令心煩，非心受病，人心有神，不可多受邪氣，非脈不受邪也，故令煩心。療在手少陰少海之穴也。肝瘧，令人色倉倉然，太息，其狀若死者，刺足厥陰見血。肝瘧病甚則正色見，故倉倉然也。倉，青也。病甚氣奔，故太息出之。可取肝之經絡，見血得愈也。脾瘧，令人疾寒，腹中痛，熱則腸中鳴，已汗出，刺足太陰。脾脈足太陰脈屬脾絡胃連腸，以穀氣盛，故寒疾腹痛腸鳴。可取脾之經脈大都、公孫、商丘等穴也。腎瘧，令人洒洒，腰脊痛宛轉，大便難，目詢詢然，手足寒，刺足太陽、少陰。詢，請也，謂有詢請，舉目求之。其詢詢，舉目視專也。洒音洗，謂惡寒也。腎脈貫脊屬腎絡膀胱，故腰脊痛宛轉，大便難也。其脈從腎上貫肝膈，肝脈入目，故詢詢然。又或爲眩，腎府膀胱足太陽脈起目內眥，故令目眩也。足少陰太陽上連手之少陰太陽，故手足寒也。取此腎之藏府二脈也。胃瘧，令人疸病也，喜饑而不能食，食而支滿腹大，刺足陽明、太陰橫脈出血。疸音旦，內熱病也。胃受飲食，飲食非理，致有寒熱，故胃有瘧也。胃脈足陽明屬胃絡脾，故胃中熱，喜饑不能食，腹擆滿也。足陽明大絡即大橫脈也。瘧以發，身方熱，刺跗上動脈，開其空立寒。以前諸瘧中，溫瘧將欲熱時，可刺足跗上動脈。動脈即衝脈，爲五藏六府之海，故刺之以療十二瘧也。開空者，搖大其穴，熱去立寒也。瘧方欲寒，刺手陽明、太陰，足陽明、太陰。以前諸瘧之中，寒瘧可刺手足陽明太陰。手陽明脈商陽、三間、合谷、陽谿、偏歷、溫溜、五里等，足陽明神庭、開明、天樞、解谿、衝陽、陷谷、厲兌等，手太陰列缺、太泉、少商，足太陰大都、公孫、商丘等穴。或熱衰方寒也。諸瘧而脈不見者，刺十指間見血，血去必已，先視身之熱赤如小豆者盡取之。十二種瘧各有絡脈見者，依刺去之。若絡不見，足陰陽脈，刺足十指間，手陰陽脈不見，刺手十指間，皆出血必已。又諸瘧將衰，身上有如赤小豆結起者，皆刺去之也。十二瘧者，其發各不同時，察其病形，以知其何脈之病也。先其病發時，如食頃而刺之，此言通療十二種瘧，並於瘧未發先一食之頃，刺之必已。一刺則衰，二刺則知，三刺則已；一刺病衰，病人未覺有愈；二刺知愈，其病未盡；三刺病氣都盡也。不已，刺舌下兩脈出血，不已，刺郄中盛經出血，有刺項以下俠脊者，必已。舌下兩脈者，廉泉也。如前刺之不已，可變法刺，凡有三刺：一刺舌下足少陰脈、任脈廉泉之穴；二刺膕內委中，檢無郄中，或可刺於膕內郄穴委中之中，足太陽盛經出血；三刺項下俠脊足太陽大杼、譩譆等穴。刺瘧者，必先問其病之所先發者，先刺之。先問者，問其瘧發之先，欲療其始，問而知之也。頭先痛及重，先刺頭上，先取督脈神庭、上星、囟會、百會等穴。及兩頷兩眉間出血。兩頷眉間取絡出血。先項背痛者，先刺之。先起項及背者，先刺項及背療瘧之處也。先腰脊痛者，刺郄中出血。刺委中之郄也。先手臂痛者，先刺陰陽十指間。手表裏陰陽之脈，十指之間也。先足胻痠痛者，先刺足陽明十指間出血。足陽明爲三陽之長，故刺足十指間出血，皆稱足陽明也。風瘧之發，則汗出惡風，刺三陽經背俞之血。此風瘧狀也，風瘧候手足三陽經之背俞，有瘧於穴處取之。胻痠痛甚，按之不可，名曰胕髓，以鑱，鑱絕骨出其血，立已。身體小痛，刺之諸陰之井，毋出血，間日一刺。人足胻痠痛，按之不可，名曰胕髓之病。可以鑱，鑱出血也。五藏諸陰之井起於木，宜取勿出血也，有本髓爲體。

《太素·雜病·刺瘧節度》 瘧病脈滿大急，刺背俞，用中針，傍五胠俞各一，適肥瘦，出其血。滿，盛也。脈大，多氣少血也。急，多寒也。瘧病寸口脈盛，氣多血少而寒，可取背俞有療瘧者，用中針刺俞傍五取，及胠俞兩脇下胠中之俞有療瘧者，左右各一取之。取之適於肥瘦，出血多少。傍，左右箱也。瘧脈小而實急，灸脛少陰，刺指井。瘧病診得寸口之脈血氣皆少而實而多寒，可灸足少陰療瘧之俞，並指有療瘧之井也。瘧脈滿大急，刺背俞，用第五針，胠俞各一，適行至於血也。第五鈹針，以取大膿，今用刺瘧背俞，可適行至血出而已也。瘧脈緩大虛，便用藥所宜，不宜用針。脈緩者，多熱。瘧病診寸口脈得多熱多氣少血虛者，可用藥。用藥者，取所宜之藥以補也。凡治瘧者，先發如食頃，乃前可以治，過之則失時。此療瘧時節也。瘧不渴，間日而作，取足陽明；渴而日作，取手陽明。瘧不渴取足陽明，渴取手陽明，皆取所主俞。

《金匱要略·瘧病脈證并治第四》 師曰：瘧脈自弦，弦數者多熱，弦遲者多寒，弦小緊者下之差，弦遲者可溫之，弦緊者可發汗，針灸也。浮大者可吐之，弦數者風發也，以飲食消息止之。

《甲乙經·陰陽相移發三瘧》 曰：經言有餘者瀉之，不足者補之。今熱爲有餘，寒爲不足，夫瘧之寒，湯火不能溫，及其熱，冰水不能寒，此皆有餘不足之類，當此之時，良工不能止，必待其自衰乃刺之，何也？曰：經言無刺熇熇之熱，無刺渾渾之脈，無刺漉漉之汗，爲其病逆，未可治也。【略】瘧脈滿大

急，刺背俞，用中針，傍五胠俞各一遍，肥瘦出血。瘧脈小實急，灸脛少陰，刺指井。瘧脈緩大虛，便用藥，不宜用針。凡治瘧，先發如食頃，乃可以治，過之則失時。一瘧不渴，間日而作，《九卷》曰取足陽明，《素問》刺太陰，渴而間日作，《九卷》曰取手少陽，《素問》刺足少陽。一瘟瘧汗不出，爲五十九刺。一足太陽瘧，令人腰痛頭重，寒從背起，先寒後熱，渴，渴止汗乃出，難已，間日作，刺膕中出血。一足少陽瘧，令人身體解㑊，寒不甚，惡見人，心惕惕然，熱多汗出甚，刺足少陽。一足陽明瘧，令人先寒洒淅，洒淅寒甚，久乃熱，熱去汗出，喜見日月光火氣乃快然，刺陽明跗上，及調衝陽。一足太陰瘧，令人不樂，好太息，不嗜食，多寒少熱，汗出，病至則善嘔，嘔已乃衰，即取之足太陰。一足少陰瘧，令人嘔吐甚，多寒少熱，欲閉戶牖而處，其病難已，取太谿。一足厥陰瘧，令人腰痛，少腹滿，小便不利如癃狀，非癃也，數便，意恐懼，氣不足，腹中悒悒，刺足厥陰。一肺瘧令人心寒甚熱，熱間善驚，如有所見者，刺手太陰、陽明。一心瘧令人煩心甚，欲得見清水，寒多，不甚熱，刺手少陰，是謂神門。一肝瘧令人色蒼蒼然，其狀若死者，刺足厥陰見血。一脾瘧令人病寒，腹中痛，熱則腸中鳴，鳴已汗出，刺足太陰。一腎瘧令人悽悽然，腰脊痛，宛轉，大便難，目眴眴然，手足寒，刺足太陽、少陰。一胃瘧令人且病寒，善饑而不能食，食而支滿腹大，刺足陽明、太陰橫脈出血。一瘧發身熱，刺跗上動脈，開其空，出血立寒。一瘧方欲寒，刺手陽明、太陰，足陽明、太陰。一諸瘧如脈不見者，刺十指間出血，血去必已，先視身之赤如小豆者，盡取之。一十二瘧者，其發各不同時，察其病形，以知其何脈之病，先其發時，如一食頃而刺之，一刺則衰，二刺則知，三刺則已，不已，刺舌下兩脈出血，不已，刺郄中盛經出血，又刺項已下俠脊者必已，舌下兩脈者，廉泉穴也。一刺瘧者，必先問其病之所先發者，先刺之，先頭痛及重者，先刺頭上及兩額兩肩間出血。先項背痛者，先刺之，先腰脊痛者，先刺郄中出血。先手臂痛者，先刺手少陰、陽明十指間。先足脛痠痛者，先刺足陽明十指間出血。風瘧，發則汗出惡風，刺足三陽經背俞之血者，脛痠痛，按之不可，名曰胕髓病，以鑱針，針絕骨出其血，立已。身體小痛，刺諸陰之井無出血，間日一刺。痎瘧，神庭及百會主之。痎瘧，上星主之，先取譩譆，後取天牖、風池、大杼。痎瘧，取完骨及風池、大杼、心俞、上窌、譩譆、陰都、太淵、三間、合谷、陽池、少澤、前谷、後谿、腕骨、陽谷、俠谿、至陰、通谷、京骨，皆主之。瘧振寒，熱甚狂言，天樞主之。瘧熱盛，列缺主之。瘧寒厥，及熱厥，煩心善噦，心滿而汗出，刺少商出血立已。熱瘧口乾，商陽主之。瘧寒甚，陽谿主之。風瘧汗不出，偏歷主之。瘧面赤腫，溫溜主之。痎瘧心下脹滿痛，上氣，灸手五里，左取右，右取左。瘧項痛，因忽暴逆，掖門主之。瘧發有四時，面上赤，睆睆無所見，中渚主之。瘧食時發，心痛，悲傷不樂，天井主之。風瘧，支正主之。瘧背膂振寒，項痛引肘腋，腰痛引少腹，四肢不舉，少海主之。瘧不知所苦，大都主之。瘧多寒少熱，大鍾主之。瘧欬逆心悶，不得卧，嘔甚，熱多寒少，欲閉戶牖而處，寒厥足熱，太谿主之。瘧熱少間寒，不能自溫，䐜脹，切痛引心，復溜主之。瘧，不嗜食，厲兌主之。瘧瘈瘲驚股，膝重，胻轉筋，頭眩痛，解谿主之。瘧日西發，臨泣主之。瘧振寒，腋下腫，丘墟主之。瘧從胻起，束骨主之。瘧多汗，腰痛不能俯仰，目如脫，項如拔，崑崙主之。瘧實腰背痛，虛則鼽衄，飛揚主之。瘧頭重寒背起，先寒後熱，渴不止，汗乃出，委中主之。瘧不渴，間日作，崑崙主之。

《肘後方·治寒熱諸瘧方第十六》 又方：大開口度上下唇，以繩度心頭，灸此度下頭百壯，又灸脊中央五十壯，過發時灸二十壯。

《千金要方·傷寒下·温瘧》 肝瘧，刺足厥陰見血。

心瘧，刺手少陰。

脾瘧，刺足太陰。

肺瘧，刺手太陰、陽明。

腎瘧，刺足少陰、太陽。

胃瘧，刺足太陰、陽明橫脈出血。

凡灸瘧者，必先問其病之所先發者先灸之。從頭項發者，於未發前預灸大椎尖頭，漸灸過時止，從腰脊發者，灸腎輸百壯，從手臂發者，灸三間。

瘧，灸上星及大椎，至發時令滿百壯，灸艾炷如黍米粒，俗人不解取穴，務大炷也。

覺小異，即灸百會七壯。若後更發，又七壯。極難愈者不過三灸。以足踏地以線圍足一匝，中折，從大椎向百會，灸線頭三七壯，炷如小豆。

又，灸風池二穴三壯。一切瘧，無問遠近，正仰卧，以線量兩乳間，中屈，從乳向下，灸度頭，隨年壯，男左女右。

五藏一切諸瘧，灸尺澤七壯，穴在肘中約上動脈是也。

諸瘧而脈不見者，刺十指間出血，血去必已。先視身之赤如小豆者，盡取之。瘧，刺足少陰，血出愈。

痎瘧，上星主之，穴在鼻中央直髮際一寸陷容豆是也，灸七壯，先取譩譆，後取天牖、風池。

瘧，日西而發者，臨泣主之，穴在目眥上入髮際五分陷者，灸七壯。

瘧，實則腰背痛，虛則鼽衄，飛揚主之，穴在外踝上七寸，灸七壯。

瘧，多汗腰痛不能俛仰，目如脫，項如拔，崑崙主之，穴在足外踝後跟骨上陷中，灸三壯。

《千金要方·針灸下·熱病》列缺、後谿、少澤、前谷，主瘧寒熱。

陽谷，主瘧脇痛不得息。

飛揚，主狂瘧頭眩，痛痓反折。

太鍾，主多寒少熱。

太谿，主熱多寒少。

商丘，主寒瘧腹中痛。

中封，主色蒼蒼然，太息振寒。

丘墟，主瘧振寒。

崑崙，主瘧多汗。

衝陽，主瘧先寒洗淅甚久而熱，熱去汗出。

臨泣，主瘧日西發。

俠谿，主瘧足痛。

然谷，主溫瘧汗出。

天府，主瘧病。

少海，主瘧背振寒。

天樞，主瘧振寒，熱盛狂言。

少商，主振慄鼓頷。

商丘、神庭、上星、百會、完骨、風池、神道、掖門、前谷、光明、至陰、大杼，主痎瘧熱。

陰都、少海、商陽、三間、中渚，主身熱瘧病。

太泉、太谿、經渠，主瘧欬逆，心悶不得卧，寒熱。

列缺，主瘧甚熱。

陽谿，主瘧甚苦寒，欬歐沫。

大陵、腕骨、陽谷、少衝，主乍寒乍熱瘧。

合谷、陽池、俠谿、京骨，主瘧寒熱。

譩譆、支正、小海，主風瘧。

偏歷，主風瘧，汗不出。

溫溜，主瘧面赤腫。

三里、陷谷、俠谿、飛揚，主痎瘧少氣。

天井，主瘧食時發，心痛悲傷不樂。

少澤、復留、崑崙，主瘧寒汗不出。

厲兌、內庭，主瘧不嗜食惡寒。

衝陽、束骨，主瘧從腳胻起。

《千金翼方·針灸上·瘧病》瘧，灸上星及大椎，至發時令滿百壯，艾炷如黍米粒，俗人不解，務大炷。

又覺小異，灸百會七壯，若更發，更七壯，極難差，不過三灸。

又灸風池二穴三壯。又灸腎俞百壯。

又灸三間在虎口第二指節下一寸，三年瘧欲發即下火。

治一切瘧，無問處所，仰卧，以繩量兩乳間，中屈，從乳向下，灸度頭，隨年壯，男左女右。

治瘧，刺足少陰出血，愈。

治諸瘧而脈不見者，刺十指間見血，血去必已，先視身赤如小豆者，皆取之。

瘧日西發者，臨泣主之。

瘧實則腰背痛，虛則鼻衄，飛揚主之。

瘧多汗，腰痛不能俛仰，目如脫，項如拔，崑崙主之。

灸一切瘧，尺澤主之。

凡瘧有不可差者，從未發前灸大椎，至發時滿百壯，無不差。

《外臺秘要》卷五《山瘴瘧方一十九首》又療瘴瘧服藥後灸法：

灸大椎三四十壯無不斷。若先寒者，將欲寒，預前以炭火安床下令背煖，幷灸鼈甲末一方寸匕煖酒和服。至發時令得三服，被覆過時無不斷。此是陶氏法。比欲寒時，但以火灸其背亦乃即差者，縱發亦輕，效驗。

《外臺秘要》卷五《灸瘧法》 《千金》療瘧灸法：灸上星及大椎。至發時令滿一百壯，艾炷如黍粒，俗人不解取穴，務大炷。

又法：覺小異，則灸百會七壯。若後更發，又灸七壯。極難愈者，不過三灸。

又法：以足蹋地，以繩圍足一匝，中折，從大椎向百會，灸繩頭三七壯，炷如小豆許大。

又法：灸風池二穴各三壯。

又法：從手發者灸三間。三年痎瘧，欲發慘慘則下火。

又法：從頭項發者，未發前，預灸大椎尖頭，漸灸過時止。

又法：從腰發者，灸腎俞百壯。

又療一切瘧，無問遠近法：正仰卧，以繩量兩乳間，中屈，從乳向下，灸度頭，隨年壯，男左女右灸。

又療五藏瘧，及一切諸瘧法：灸尺澤七壯。

又療痎瘧法：上星主之，灸七壯。

又療瘧日西而發者法：臨泣主之，灸七壯。

又療瘧多汗，腰痛不能俯仰，目如脱，項如拔者法：崑崙主之，灸三壯。

又療瘧實則腰背痛，虚則鼻衄法：飛揚主之，灸七壯。

《醫心方·治傳屍病方》引《玄感傳屍方》 如瘧等灸之方：大椎上穴，又兩傍纔下少許對椎節間各相去一寸半二穴，名大杼。又兩肋下名章門二穴，又當心脊骨上兩傍各相去一寸二穴。

合七穴，日取正午，各灸七壯，滿一百五十壯即覺漸差。

《醫心方·治瘧方》引《集驗方》 又方：桃葉二七枚安心上，艾灸葉上十四壯。

《聖濟總録·奇經八脈·治瘧疾灸刺法》 足太陽瘧，令人腰痛頭重，寒從背起，先寒后熱，熱止汗出，難已，刺郄中出血。足少陽瘧，令人身體解㑊，寒不甚，熱不甚，惡見人，見人心惕惕然，熱多汗，刺足少陽。足陽明瘧，令人先寒，洒淅寒甚，久乃熱，熱去汗出，喜見日光火氣，乃快然，刺足陽明腳趺上。足太陰瘧，令人不樂，好太息，不嗜食，多寒熱，汗出病至則嘔，嘔已乃衰，即取之。足少陰瘧，令人吐嘔甚，又寒熱，熱多寒少，欲閉戶而處，其病難已。足厥陰瘧，令人腰痛，少腹滿，小便不利，如癃狀，非癃也，數小便，意恐懼，氣不足，腹中悒悒，刺足厥陰。諸瘧而脈不見者，刺十指間出血，血去必已，先視身之赤如小豆者，盡取之。

肝瘧刺足厥陰見血，心瘧刺手少陰，脾瘧刺足太陰，肺瘧刺手太陰、陽明，腎瘧刺足少陰、太陽，胃瘧刺足太陰、陽明橫脈出血。

尺澤二穴，主五藏瘧，穴在肘中約上動脈中。《甲乙經》云：手太陰之所入也，各灸三壯，炷如半棗核大，發時灸。

凡灸瘧者，必先問其病之所先發者，先灸之。

從頭項發者，於未發前，預灸大椎尖頭，漸灸，過時止。從腰脊發者，灸腎腧百壯，從手臂發者，灸三間。

又灸上星，及大椎，至發時令滿百壯。灸艾炷如黍米粒，若覺小异，即灸百會七壯。若后更發，又七壯，極難愈者，不過三灸，以足踏地，以綫圍足一匝，中折，從大椎向百會，灸綫頭三七壯。炷如小豆。

又灸風池二穴三壯。

又正仰卧，以綫量兩乳間，中屈，從乳向下，灸度頭，隨年壯，男左女右。

痎瘧，上星主之，穴在鼻中央直髮際一寸陷容豆是也，灸七壯。先取譩譆，后取天牖、風池。瘧日西而發者，臨泣主之，穴在目眦上入髮際五分陷者，灸七壯。

瘧實則腰背痛，虚則鼽衄，飛揚主之，穴在外踝上七寸，灸七壯。

瘧多汗，腰痛不能俯仰，目如脱，項如拔，崑崙主之。穴在足外踝後跟骨上陷中，灸三壯。

又大開口，度上下唇，以繩度心頭，灸此度下頭百壯，又灸脊中央五十壯，過發時，灸二十壯。

《扁鵲心書·附竇材灸法》 瘧疾乃冷物積滯而成，不過十日半月，自愈，若延綿不絶，乃成脾瘧，氣虚也，久則元氣脱盡而死，灸中脘及左命關各百壯。

《扁鵲心書·脾瘧》 凡瘧病，由於暑月多吃冰水冷物，傷其脾胃，久而生痰，古今議論皆差，或指暑邪，或分六經，或云邪祟，皆謬説也。但只有脾胃之分，胃瘧易治，脾瘧難調，或初起一日一發，或間日一發，乃陽明證也，清脾飲、截瘧丹皆可。若二三日一發，或午後發綿延不止者，乃脾瘧也。此證若作尋常治之，誤人不少，正法當服全眞、草神、四神等丹。若困重日久，肌膚

漸瘦，飲食減少，此爲最重，可灸左命關百壯自愈。窮人難於服藥，只灸命關亦可愈。凡久瘧，止灸命關，下火便愈，實祕法也。

治驗

一人病瘧月餘，發熱未退，一醫與白虎湯，熱愈甚。余曰：公病脾氣大虛，而服寒涼，恐傷脾胃。病人云：不服涼藥，熱何時得退？余曰：《內經》云：瘧之始發，其寒也，烈火不能止，其熱也，冰水不能遏，當是時，良工不能措其手，且扶元氣，待其自衰，公元氣大虛，服涼劑退火，吾恐熱未去而元氣脫矣。因爲之灸命關，纔五七壯，脇中有氣下降，三十壯全愈。

胃瘧

《素問》論瘧而無治法，《千金》雖傳治法，試之無效。凡人暑月過啖冷物，輕則傷胃，重則傷脾。若起初先寒後熱，一日一發，乃胃瘧也，易治，或吐或下不過十日而愈。扁鵲正法服四神丹，甚者灸中脘穴三十壯愈。

《針灸資生經·瘧》 治瘧之方甚多，惟小金丹最佳，予嘗以予人皆效。然人豈得皆有此藥哉，此灸之所以不可廢也。鄉居人用旱蓮草椎碎，置在手掌上一夫四指間也。當兩筋中，以古文錢壓之，繫之以故帛，未久即起小泡，謂之天灸，尚能愈瘧，况於灸乎。故詳著之。

譩譆，治溫瘧、寒瘧，《下》云療瘧久不愈。腰俞、中管，治溫瘧痎瘧。鬲俞、命門、太谿，療痎瘧。陰蹻，治暴瘧。上廉，治寒瘧。三間，治瘧寒熱，唇口乾，身熱喘，目急痛。至陰，治瘧發寒熱，頭重煩心。液門、合谷、陷谷、天池，治寒熱痎瘧。偏歷，治發寒熱瘧久不愈，目視晾晾。大椎，治痎瘧久不愈。少府，治痎瘧久不愈者，煩滿少氣，悲恐畏人，臂酸掌熱，手握不伸。陶道，治痎瘧寒熱洒淅。命門，治寒熱痎瘧，腰腹相引痛。足臨泣，治瘧日西發。療小兒瘧久不愈，灸足大指次指外間陷中，各一壯。太谿、照海、中渚，治久瘧。丘墟，治久瘧振寒。陷谷，治瘧。中封，治痎瘧色蒼蒼《千》云太息。振寒，小腹腫，食快快繞臍痛，足逆冷，不嗜食，身體不仁。液門，治痎瘧寒熱，目眩頭痛，暴得耳聾。腕骨，治痎瘧頭痛煩悶。商陽，治寒熱痎瘧，口乾，《明下》云治瘧口乾。譩譆、中脘、白環俞，治溫瘧。上髎、偏歷，治寒熱瘧。三間，治寒瘧，唇焦口乾，氣喘。脾俞，治痎瘧寒熱。

有人患久瘧，諸藥不效，或教之以灸脾俞，即愈。更一人亦久患瘧，聞之亦灸此穴而愈。蓋瘧多因飲食得之，故灸脾俞作效。

內庭、厲兌、公孫，治寒瘧不嗜食。京骨，治瘧寒熱，喜驚不欲食。神門，治瘧心煩甚，欲得飲冷，惡寒則欲處溫中，咽乾不嗜食。合谷、陽谿、後谿、陽池、陰都，治身寒熱瘧，病心下煩滿氣逆。天樞，治寒瘧。列缺，治寒瘧嘔沫，善笑縱唇口。少商，治痎瘧振寒，腹滿，唾沫，唇乾，引飲不下，膨膨，手攣指痛，寒慄鼓頷，喉鳴。經渠，治瘧寒熱，胸背拘急，胸滿膨膨。大椎、腰俞，治溫瘧痎瘧。大杼，療瘧頸項強，不可俯仰，頭痛振寒。前谷、風池、神道、百會，治痎瘧。上星，治痎瘧振寒，熱汗不出。偏歷，主風瘧汗不出。少澤、《明》云頭痛，《銅》云，寒熱。復溜、崑崙，主瘧寒汗不出。衝陽，主瘧先寒洒淅，甚久而熱，熱去汗出。然谷、崑崙，主瘧多汗，《甲》云主瘧多汗，腰痛不可俯仰，目如脫，項如拔。列缺、後谿、少澤、前谷，主瘧寒熱。太泉、太谿、經渠，主瘧咳逆，心悶不得卧，寒熱。大陵、腕骨、陽谷、少衝，主乍寒乍熱瘧。天樞，主瘧振寒，熱甚狂言。太鍾，主瘧多寒少熱，《甲》云瘧悶嘔甚，熱多寒少，欲閉戶而處，寒厥足熱。商丘，主寒瘧腹痛。少海，主瘧背振寒，《甲》云項痛引肘腋，腰痛引少腹，四支不舉。陽谿，主瘧甚苦寒，咳嘔沫。厲兌、內庭，主瘧不嗜食，惡寒。少商，主瘧振慄鼓頷。商丘、神庭、上星、百會、完骨、風池、神道、掖門、前谷、光明、至陰、大杼，主痎瘧熱。陰都、少海、商陽、三間、中渚，主瘧身熱。列缺，主瘧甚熱。陽谷，主瘧脇痛不得息。俠谿，主瘧足痛。衝陽、束骨，主瘧從腳胻起。飛揚，主狂瘧頭眩痛，痓反折。溫溜，主瘧面赤腫。天井，主瘧食時發，心痛，悲傷不樂。天府，主瘧病。譩譆、支正、小海，主風瘧。三里、陷谷、俠谿、飛揚，主痎瘧少氣。

《扁鵲神應針灸玉龍經·盤石金直刺秘傳》 五種瘧疾：間使寒補，熱瀉。未愈者，百勞。

《世醫得效方·痎瘧》 灸法：大椎，在第一椎下陷中宛宛中，灸三七壯至四十九壯止，或灸第三骨節亦可，大陵穴，在掌後兩骨間，灸三壯，立效。

譩譆二穴，在肩膊內廉第六椎兩傍三寸，其穴抱肘取之，灸二七壯至一百壯止。凡灸瘧，必先問其病所發之處，先尋穴灸之亦可。

針法：於十指近甲梢針出血，及看兩舌下，有紫腫紅筋，亦須針去血效。

《普濟方·針灸門·瘧論》 治溫瘧寒瘧，療瘧久不愈，穴：譩譆。治溫瘧痎瘧，穴：腰俞、中脘。

治痎瘧，穴：鬲俞、命門、太谿。

治暴瘧，穴：陰蹻。

治寒瘧，穴：上廉。

治瘧寒熱，唇口乾，身熱喘，目急痛，穴：三間。

治瘧發寒熱，頭重煩心，穴：至陰。

治寒熱痎瘧，穴：液門、合谷、陷谷、天池。

治發寒熱，瘧久不愈，目視眈眈，穴：偏歷。

治痎瘧久不愈，穴：大椎。

治痎瘧久不愈者，煩滿少氣，悲恐畏人，臂酸掌熱，手握不伸，穴：少府。

治痎瘧寒熱洒淅，穴：陶道。

治寒熱痎瘧，腰腹相引痛，穴：命門。

治瘧日西發，又云治瘧日發。穴：足臨泣。

治久瘧，穴：太谿、照海、中渚。

治久瘧振寒及腋下腫，穴：丘墟。

治瘧，穴：陷谷。

治痎瘧色蒼蒼振寒，小腹腫，食怏怏，遶臍痛，足逆冷，不嗜食，身體不仁，太息，穴：中封。

治痎瘧寒熱，目眩頭痛，暴得耳聾，穴：液門。

治痎瘧頭痛煩悶，穴：腕骨。

治寒熱痎瘧口乾，穴：商陽。

治溫瘧，穴：譩譆、中脘、白環俞。

治寒熱瘧，穴：上髎、偏歷。

治痎瘧寒熱，穴：脾俞。

治寒瘧，唇焦口乾，氣喘，穴：三間。

《資生經》云：有人患久瘧，諸藥不效，或教之以灸脾俞即愈，更一人亦久患瘧，聞之，亦灸此穴而愈。蓋瘧多因飲食得之，故灸脾俞自效。

治寒瘧不嗜食，穴：內庭、厲兌、公孫。

治瘧寒熱，喜驚不欲食，穴：京骨。

治瘧心煩甚，欲得飲冷，惡寒則欲處溫中，咽乾不嗜食，穴：神門。

治身寒熱瘧病，心下煩滿，氣逆，穴：合谷、陽谿、後谿、陽池、陰都。

治寒瘧，穴：天樞。

治寒瘧嘔沫，喜笑縱唇口，穴：列缺。

治痎瘧振寒，腹滿煩心，善噦唾味，唇乾，引飲不下，膨脹，手攣指痛，寒慄鼓頷，喉鳴，穴：少商。

治瘧寒熱，胸背拘急，胸滿膨脹，穴：經渠。

治溫瘧痎瘧，穴：大椎、腰俞。

治瘧，頭項強不可俯仰，頭痛振寒，穴：大杼。

治痎瘧，穴：百會、前谷、風池、神道。

治痎瘧振寒，熱汗不出，穴：上星。

治風瘧汗不出，穴：偏歷。

治瘧寒汗不出，穴：少澤、復溜、崑崙。

治瘧先寒，洒淅甚久而熱，熱去汗出，穴：衝陽。

治瘧多汗，又云，主瘧多汗，腰痛不可俯仰，目如脫，項似拔，穴：然谷、崑崙。

治瘧寒熱，穴：列缺。又云，主瘧甚熱。後谿、少澤、前谷。

治瘧咳逆，心煩不得卧，寒熱，穴：太泉、太谿、經渠。

治乍寒乍熱瘧，穴：大陵、腕骨、陽谷、少衝。

治瘧振寒，熱盛狂言，穴：天樞。

治瘧多寒少熱，又治瘧悶嘔甚，熱多寒少，欲閉戶而處，寒厥足熱，穴：大鍾。

治寒瘧腹痛，穴：商丘。

治瘧背振寒，項痛，引肘腋腰痛少腹痛，四肢不舉，穴：少海。

治瘧甚苦寒，咳嘔沫，穴：陽谿。

治瘧不嗜食，惡寒，穴：厲兌、內庭。

治瘧振寒，寒慄鼓頷，穴：小商。

治痎瘧熱，穴：商丘、神庭、上星、百會、完骨、風池、神道、液門、前谷、光明、至陰、大杼。

治瘧身熱，穴：陰都、少海、商陽、三間、中渚。

治瘧身熱，穴：列缺。

治瘧脇痛不得息，穴：陽谷。

治瘧足痛，穴：俠谿。

治瘧從腳胻起，穴：衝陽、束骨。

治狂瘧頭眩，痛瘈反折，穴：飛揚。

治瘧面赤腫，穴：溫溜。

治瘧食時發，心痛悲傷不樂，穴：天井。

治瘧病，穴：天府。

治風瘧，穴：譩譆、支正、少海。

治痎瘧少氣，穴：三里、陷谷、俠谿、飛揚。【略】

治痎瘧，穴：上星主之，灸七壯，先取譩譆，從取天牖、風池，瘧日西而發者，臨泣主之，灸七壯。

治瘧，實則腰背痛，虛則鼽衄，穴：飛揚，灸七壯。

治瘧多汗，腰痛不得俯仰，目如脫，項如拔，穴：崑崙，灸三壯。又大開口，度上下唇，以繩度心頭，灸此度下頭百壯。又灸脊中央五十壯，遇發時灸二十壯。

治熱多寒少，又云：瘧悶嘔甚，欲閉戶而處，寒厥足熱，穴：太谿。

治瘧，穴：刺足少陰血出愈。

治瘧寒熱，穴：合谷、陽池、俠谿、京骨。

治瘧病，醫不能救者，以繩量病人腳，圍繞足跟，及五指匝訖，截斷繩不用，所量得繩，置項上，著反向背上，當繩頭處，中脊骨上灸，三十壯則定，候看復惡寒，急灸三十壯則定，此至過發一炊久候之，雖饑，勿與食，盡日。此法神驗，男左足，女右足。

治瘴瘧服藥後，穴：灸大椎三四十壯，無不斷。若先寒者，將欲寒者，預前以炭火安牀下，令背暖，并取鼈甲末一方寸匕，煖酒和服，至發時，令得三服被覆，過時無不斷，此是陶氏法，比欲寒時但以火灸其背，亦乃即差者，縱發亦輕，效驗。

治瘧，從手發者，灸三間，三年痎瘧欲發，慘慘則下火，從腰發者，灸腎俞百壯。

治瘧疾久不愈，不問男女，於大椎中第一骨節盡處，先針後灸三七壯，立效，或灸第三骨節亦可。

治瘧疾，穴：灸大椎、百會，各隨年壯。

《普濟方·針灸門·瘧》治小兒瘧疾，灸大椎、百會，各隨年壯。

治小兒溫瘧，灸兩乳下一指，三壯。

治小兒瘧久不愈，灸足大指次指外間陷者中，各一壯，內庭穴也。

《奇效良方·瘧疾通治方》灸法：治瘧疾久不愈，不問男女皆治。其法於大椎中第一骨節盡處，先針後灸，三七壯，立效，或第三骨節亦可。

《奇效良方·足太陽膀胱瘧》夫太陽瘧之狀，《內經》謂令人腰痛頭重，寒從背起，先寒後熱，熇熇暍暍然，熱止汗出難已，刺郄中出血，蓋膀胱經下抵腰中，上巔絡腦，故腰痛頭重，寒從背起也。經虛受邪，故先寒後熱也。熱止汗出難已，以眞氣不勝邪故也。

《奇效良方·足陽明胃瘧》夫足陽明胃瘧，在經則令人先寒洒淅，寒甚久乃熱，熱去汗出，喜見日月光火氣快然，當刺足陽明跗上。在胃則令人且病善饑，而不能食，食則支滿腹大。當刺足陽明、太陰橫脈出血。蓋胃圍衝氣，爲水穀之海，邪氣客之，則衝氣不和，故善饑不能食，食則支滿腹大，傳於經者爲寒熱，陽不勝於陰，故喜見日月光及火氣也。

《針灸聚英·雜病》瘧

有風、暑、山嵐瘴氣、食、老瘧、瘧母、寒濕痺、五藏瘧、五府瘧，針合谷、曲池、公孫。灸不拘男女，於大椎中第一節處，先針後灸三七壯，立效，或灸第三節亦可。

《針灸聚英·雜病歌》瘧疾

瘧疾百會與經渠，前谷三穴實相宜。溫瘧中脘大椎穴，乃若痎瘧治腰俞。假如瘧疾發寒熱，合谷液門商陽別。痎瘧寒熱後谿穴，兼治合谷隨即歇。瘧疾振寒治上星，丘墟陷谷得安寧。頭痛脘骨神效得，寒瘧三門治之精。假如心煩治神門，寒瘧不食治公孫，內庭厲兌共三穴，久瘧中渚商陽焚，此疾兼治丘墟穴，叮嚀醫者識此文。熱多寒少間使中，再兼三里有神功，脾寒發瘧大椎穴，間使乳根三穴同。

《神應經·瘧疾部》瘧疾：百會、經渠、前谷。

溫瘧：中脘、大椎。

痎瘧：腰俞。

瘧疾發寒熱：合谷、液門、商陽。

痰瘧寒熱：後谿、合谷。

瘧疾振寒：上星、丘墟、陷谷。
頭痛：腕骨。
寒瘧：三間。
心煩：神門。
寒瘧不食：公孫、內庭、厲兌。
久瘧：中渚、商陽、丘墟。
熱多寒少：間使、三里。
脾寒發瘧：大椎、間使、乳根。

《古今醫統大全・針灸直指・諸證針灸經穴》 瘧疾：合谷、曲池、公孫、並刺。大陵、內關並宜灸。大椎第一節、灸。第三節、小指尖。男左女右灸。

《本草綱目・百病主治藥・瘧》 醉魚花、鯽魚釀煨服，治久瘧成癖，并擣花貼之。蜘蛛、蝦蟆、燒人場上黑土，並繫臂。吳葵華，挼手。魚腥草，擦身，取汗。烏頭末，發時，酒調塗背上。鬼箭羽，同鯪鯉甲末，發時嗃鼻。燕屎，泡酒，熏鼻。野狐糞，同夜明砂，醋糊丸，把嗅。野狐肝，糊丸，緋帛裹，繫中指。虎睛、虎骨、虎爪皮、麝香、狸肝、野豬頭骨、驢皮骨、牛骨、天牛、馬陸、兩頭蛇，佩。蛇蛻。塞耳。

《楊敬齋針灸全書・發瘧寒熱》

《針灸大成・瘧疾門》 瘧疾：百會、經渠、前谷。
溫瘧：中脘、大椎。
痎瘧：腰俞。
瘧疾發寒熱：合谷、液門、商陽。
痰瘧寒熱：後谿、合谷。
瘧疾振寒：上星、丘墟、陷谷。
頭痛：腕骨。
寒瘧：三間。
心煩：神門。
久瘧不食：公孫、內庭、厲兌。
久瘧：中渚、商陽、丘墟。
熱多寒少：間使、三里。
脾寒發瘧：大椎、間使、乳根。

《針灸大成・續增治法・雜病》 瘧：有風、暑、山嵐瘴氣、食、老、寒濕痹、五臟瘧、五腑瘧。針合谷、曲池、公孫，先針後灸大椎第一節，三七壯。

《針灸大成・治證總要》 第七十二：脾寒發瘧：後谿、間使、大椎、身柱、三里、絕骨、合谷、膏肓。

第七十三：瘧先寒後熱：絕骨、百會、膏肓、合谷。

第七十四：瘧先熱後寒：曲池、先補後瀉。絕骨、先瀉後補。膏肓、百勞。

第七十五：熱多寒少：後谿、間使、百勞、曲池。

第七十六：寒多熱少：後谿、百勞、曲池。

問曰：此證從何感來？答曰：皆因脾胃虛弱，夏傷於暑，秋必成瘧，有熱多寒少，單寒單熱，氣盛則熱多，痰盛則寒多，是皆痰飲停滯，氣血耗散，脾胃虛敗，房事不節所致。有一日一發，間日一發，或三日一發者，久而不治，變成大患。瘧後有浮腫，有虛勞，有大便利，有腹腫蠱脹者，或飲水多，腹內有瘧母者，須用調脾進食化痰飲，穴法依前治之。

《壽世保元・灸法・灸諸病法》 治瘧如神，令病人跣足於平正處并腳立，用繩一條，自腳板周匝截斷，卻於項前搬過背上，兩繩頭盡處脊骨中是穴，先點記，待將發，急以艾灸之三七壯，其寒熱自止。此法曾遇至人傳授，妙不可言，名曰背鑑穴也。

《類經圖翼・針灸要覽・諸證灸法要穴》 瘧疾：大椎，三壯立愈，一曰百壯，三椎，骨節上灸亦可愈，譩譆，多汗，章門、間使、久瘧，後谿，先寒後熱，環跳、承山、飛揚、崑崙、太谿、寒瘧，公孫，爲主治，至陰，寒瘧無汗，合谷。

久瘧不愈，黃瘦無力者，灸脾俞七壯即止。蓋瘧由寒濕飲食傷脾而然，故此穴甚效。

《病機沙篆・瘧》 外治方：蛇退塞耳，或生半夏塞鼻，男左女右立止。

針法：間使穴在手掌下臂上三寸兩筋間是。

瘧疾久不止：百勞、間使、後谿、足三里。針之。

《太乙神針心法·瘧疾門》 治法

寒瘧：針大椎、間使、乳根。

熱瘧：針間使、三里。

風瘧：針百會、經渠、前谷、風池。

痰瘧：針後谿、合谷。

溫瘧：針中脘、大椎。

癉瘧：針百會、心俞。

牝瘧：針關元、氣海。

痎瘧：針腰腧、湧泉。

勞瘧：針大椎、膏肓。

濕瘧：針間使、足三里。

食瘧：針中脘。

胃瘧：針胃腧。

瘴瘧：針神庭、腎腧。

瘦瘧：針膏肓。

胎瘧：針月窟、天根、命蒂。

瘧毋：有形者針本處，用梅花針法。無形者針天突、膻中。

瘧瘕：針氣海。

久瘧不食：針公孫、内庭、厲兑。

久瘧心煩：針神門。

《羅遺編·針灸要穴論》 瘧疾：大椎、三灸立愈，一曰百壯，三椎，骨節上灸亦可愈，譩譆、多汗，章門、間使、久瘧，後谿、先寒後熱，環跳、承山、飛揚、崑崙、太谿、寒瘧，公孫，爲主治，至陰、寒瘧無汗，合骨。

久瘧不愈，黃瘦無力，灸脾俞七壯，即止。蓋瘧由寒濕飲食傷脾而然，故灸之甚效。

《針灸易學·認證定穴》 瘧疾門

黄帝問曰：刺瘧奈何？岐伯對曰：瘧疾，《素問》分各經，危氏刺指，即十宣穴也。舌紅紫。出舌下紫血筋也。

足太陽：先寒後熱，腰疼頭重，汗出不止，刺委中。三分，五壯。

足少陽：寒熱不甚，見人心惕，汗多，刺俠谿。二分，三壯。

足陽明：寒久乃熱生汗出，喜見日光火光，刺衝陽。三分，三壯。

足太陰：寒熱善嘔，嘔已乃衰，刺公孫。四分，三壯。

足少陰：熱多寒少，嘔吐甚，欲閉戶，刺大鍾。二分。

足厥陰：小腹滿，小便不利，刺太衝。二分，三壯。 心肝瘧：神門、中封。

脾肺瘧：商丘、列缺。 腎胃瘧：太谿、厲兑。

歌曰：瘧疾將針刺曲池，經渠合谷共相宜，五分針刺於二穴，瘧疾纏身便得離。未愈更加三間刺，五分深刺莫憂疑，又兼氣痛憎寒熱，間使行針莫要遲。

《針灸逢源·證治參詳·傷寒熱病門》 痎瘧寒熱：合谷、曲池、後谿。

久瘧熱多寒少：間使、太谿、丘墟。治振寒。

久瘧不食：公孫、内庭、商丘。治嘔。

瘧由寒濕飲食傷脾，若久不愈，黃瘦無力者，灸脾俞七壯。

凡治瘧先針而後灸大椎，三七壯，一曰三壯愈。又灸三椎骨脊上三壯。

《針灸全生·瘧疾》 足太陽瘧，腰痛頭重，寒從背起，先寒後熱，熱甚貌熇熇暍暍然，熱止汗出難已，刺委中。出血。金門。

足少陽瘧，身體解㑊，寒不甚熱不甚，惡見人，見人心惕惕然，熱多汗出甚，俠溪主之。

足陽明瘧，先寒洒淅洒淅，寒甚久乃熱，熱去汗出，喜見日月光火氣乃快然，刺衝陽。

足太陰瘧，令人不樂，好太息，不嗜食，多寒熱汗出，病至則善嘔，嘔已乃衰，取公孫、隱白、太白。

足少陰瘧，令人嘔吐甚，多寒熱，熱多寒少，欲閉戶牖而處，其病難已，可取大鍾、太溪。

足厥陰瘧，令人腰痛少腹滿，小便不利如癃狀，非癃也，數便意，恐懼氣不足，腹中悒悒，刺太衝。

肺瘧，令人心寒，善怕驚，列缺、合谷、肺俞、公孫。

心瘧，令人煩心，欲得清水，寒多不甚熱，神門、心俞、公孫。

肝瘧，令人色蒼太息，其狀若死，中封、肝俞、絶骨、公孫。

脾瘧，令人寒，腹中痛，熱則腸中鳴，鳴已汗出，商丘、脾俞、三里、公孫。

腎瘧，令人洒洒然，腰脊痛，目眴手足寒，大鐘、太谿、申脈、腎俞、公孫。

胃瘧，令人饑而不能食，食而支滿腹大。厲兑、解谿、三里、商邱、胃俞、公孫。

瘧才欲熱，刺衝陽出血立寒。方欲寒，刺商陽、厲兑、隱白、少商、三間、陷谷、太白、太淵。

凡瘧先頭痛及重者，刺上星、百會、懸顱、攢竹。先項背痛者，刺風池、風府、大杼、神道。先腰脊痛者，刺委中出血。先足脛痛者，刺厲兑、陷谷及十指間出血。

風瘧，發則汗出惡風，膀胱俞、胃俞、膽俞。

膽瘧，令人善驚，睡眠不安，臨泣、膽俞、期門、公孫。

先寒後熱：後谿、曲池、勞宮、公孫。

先熱後寒：曲池、百勞、絶骨、公孫。

大熱不退：間使、百勞、絶骨、公孫。

口渴不已：關衝、間使、人中、公孫。

頭眩吐痰：合谷、膻中、列缺、中脘、公孫。

骨節痠痛：魄戶、然谷、百勞、公孫。

痎瘧：腰俞。痎瘧：後谿、合谷。

久瘧不食：公孫、內庭、厲兑。

久瘧：中渚、商陽、丘墟。

溫瘧：中脘、大椎。

溫瘧汗不出，爲五十九刺，熱病亦宜之，少澤、關衝、商陽、少商、中衝、少衝，左右共十二穴。後溪、中渚、三間、少府，左右共八穴。五處、承光、通天，左右共六穴。臨泣、目窗、正營、承靈、腦空，左右共十穴。聽會、完骨，各二。承漿、啞門、百會、囟會、神庭、風府、廉泉、風池、風門。各二。又刺熱病五十九俞，頭上五行，每行五穴，以越諸陽之熱逆也。上星、囟會、前頂、百會、後頂，凡五穴。次兩旁二行。五處、承光、通天、絡卻、玉枕。左右凡十穴。次旁三行，臨泣、目窗、正營、承靈、腦空，左右凡十穴。大杼、中府、缺盆、風門，左右八穴。以瀉胸中之熱也。氣街、三里、上廉、下廉，左右共八穴。以瀉胃中之熱也。雲門、肩髃、委中、腰俞，八穴以瀉四支之熱也。魄戶、神堂、魂門、意舍、志室，左右凡十穴。以瀉五臟之熱也。凡此五十九穴者，皆熱之左右也。

《針灸便覽·中風》 瘧疾：委中、出血、金門、隱白、太谿、太衝。

《神灸經綸·身部證治》 瘧疾：大椎、三椎、譩譆、多汗。章門、環跳、承山、飛揚、崑崙、公孫、合谷。

寒瘧：太谿、至陰、間使。

久瘧：後溪、間使、百勞、中脘、脾俞、胃俞、少府、內關、足三里、曲池、陷谷、溫瘧。然谷、大陵。

痰瘧痃癖：膈俞。

《針灸集成·瘧疾》 瘧病從頭項發者：當痛日未發前一時，預灸百會、大椎尖頭，各三壯。

從手臂發者：預灸三間、間使，各三壯。

從腰背發者：腎俞，百壯，委中。

溫瘧：中脘，針神效。

痎瘧：謂老瘧也，作於子午卯酉者，少陰瘧也，神道、七壯，絶骨、三壯。作於辰戌丑未者，太陰瘧也，後谿、膽俞。作於寅申巳亥者，厥陰瘧也。

諸瘧：先針間使，仍針鬼邪十三等穴，而雖勿用火鋥，只用針刺，累施神效。

瘧母：痰水及瘀血成塊，腹脇脹而痛，每上下弦日，章門針後即灸三七壯。

《針灸穴法·》 心瘧，心內怔忡：神門二穴、心俞二穴、百勞一穴。

肝瘧，惡寒發熱：中封二穴、脾俞二穴、絶骨二穴。

脾瘧，怕寒腹痛：商丘二穴、脾俞二穴、三里二穴。

肺瘧，心傷怕驚：列缺二穴、肺俞二穴、合谷二穴。

腎瘧，腰脊強痛：大鐘二穴、腎俞二穴、申脈二穴。

瘧疾火熱不退：間使二穴、百勞一穴、絶骨二穴。

瘧疾先寒後熱：後谿二穴、曲池二穴、勞宮二穴。

瘧疾心胸疼痛：內關二穴、上脘一穴、大陵二穴。

瘧病骨節疼痛：魄戶二穴、百勞一穴、然骨二穴。

膽瘧：惡寒怕驚，睡卧不安。臨泣二穴、膽俞二穴、大都二穴。

《灸法秘傳·瘧疾》 瘧疾之病，由夏令先受暑邪，至秋時發爲瘧疾。秋

風欲入，伏暑欲出，表裏交爭，寒熱成矣。連日發者則淺，隔日發者則深，隔兩日發者則更深矣。諸般瘧疾，法當先灸大椎。痰盛之體，灸其尺澤。日久不已，灸其內庭，按穴灸之，則瘧自遁。

《儒門事親·瘧非脾寒及鬼神辯》 又嘗觀《刺瘧論》五十九刺，一刺則衰，再刺則去，三刺則已。會陳下有病瘧二年不愈者，止服溫熱之劑，漸至衰羸，命予藥之。余見其羸，亦不敢便投寒涼之劑，乃取《內經·刺瘧論》詳之曰：諸瘧不已，刺十指間出血。正當發時，余刺其十指出血，血止而寒熱立止，咸駭其神。

《續名醫類案·瘧》 竇材治一人病瘧月餘，發熱未退，一醫與白虎湯，熱愈甚。竇曰：公病脾氣大虛，而服寒涼，恐傷脾胃。病人曰：不服涼藥，病何時得退？竇曰：《內經》云：瘧之始發，其寒也，烈火不能止，其熱也，冰水不能遏。當是時良工莫能措其手，且扶元氣，待其自衰。公元氣大虛，服涼藥退火，吾恐熱未去而元氣脫矣。因爲之灸命關，纔五七壯，脇中有氣下降，三十壯全愈。

子和治陳下一人，病瘧二年不愈，止服溫熱之劑，漸至衰羸，求張治。張見其羸，亦不敢便投寒涼之劑，張公原自細心。乃取《內經·刺瘧論》詳之曰：諸瘧不已，刺十指間出血，正當發時，令刺其十指出血，血止而寒熱立止，咸駭其神。

有人患久瘧，諸藥不效，或教之以灸脾俞即愈。更一人亦久患瘧，聞之亦灸此穴而愈。蓋瘧多因飲食得之，故灸脾俞即效。

痰飲

《甲乙經·水漿不消發飲》 溢飲，脇下堅痛，中脘主之。腰清脊強，四肢懈惰，善怒，欬，少氣，鬱然不得息，厥逆肩不可舉，馬刀瘻，身瞤，章門主之。溢飲，水道不通，溺黃，小腹痛，裏急，腫，洞泄，體痛引骨，京門主之。飲渴身伏多唾，隱白主之。腠理氣，臑會主之。

《千金要方·大腸腑·痰飲》 結積留飲，澼囊胸滿，飲食不消，灸通谷五十壯。

《千金翼方·針灸中·大腸病》 諸結積，留飲澼囊，胸滿飲食不消，灸通谷五十壯。

又灸胃管三百壯，三報之。

心下堅，積聚冷熱，腹脹，灸上管百壯，三報之。

《聖濟總録·治水飲不消灸刺法》 溢飲，脇下堅痛，中脘主之。

腰清脊強，四肢解惰，善怒，咳少氣，鬱鬱然不得息，厥逆肩不可舉，馬刀瘻，身瞤，章門主之。

溢飲，水道不通，溺黃，少腹痛，裏急，腫，洞泄，體痛，京門主之。一云髀痛引背。

飲渴，身體痛，多唾，隱白主之。

寒中傷飽，食飲不化，五藏䐜脹，心腹胸脇支滿，脈虛則生百病，上脘主之。

腹脹腸鳴，氣上衝胸，不能久立，腹中痛濯濯，冬日重感於寒則泄，當臍而痛，腸胃間游氣切痛，食不化，不嗜食，身腫一作重。俠臍急，天樞主之。

《針經摘英集·治病直刺訣》 治胸中痰飲，蠱毒、霍亂、驚悸、腹脹、暴痛，恍惚不止，吐逆不食。刺任脈巨闕一穴，心之募也，在臆前蔽骨下一寸五分，鳩尾下一寸，用毫針，針入六分，即止，此穴化氣除涎，大妙。次針足陽明經三里二穴，應時立愈。

《普濟方·針灸門·唾》 治多唾濁沫膿血，穴：庫房。

治咳唾稠膿，穴：周榮。

治腹滿唾沫，穴：少商。

治唾沫，穴：百會。

治多唾嘔沫，穴：石關。

治肺寒咳嗽唾膿，穴：庫房。

治嘔沫吐涎喜唾，穴：幽門。

治脊強不開多唾，穴：石關。

治多唾，穴：日月。

治心胸痛，咳嗽上氣，唾膿，不嗜食，穴：天井。

治吐血及唾如白膠，穴：紫宮。

《普濟方·針灸門·痰涎》 治結積留飲，胸滿，食不化，穴：通谷。

治痰癖，穴：不容。

治痰冷，穴：少衝。

治痰沫，胸中痛，不得喘息，穴：浮白。

治膈胃寒痰，傷酒，酒風發腦，兩角強痛，不能飲食，煩滿吐不止，穴：率谷。

治癲疾，吐涎沫，穴：本神。

治涎沫，穴：絲竹空。

治涎出，穴：然谷，復溜。

治涎不止，穴：陰谷。

治痰飲吐逆，汗出，寒熱骨痛，虛脹支滿，痰瘧，穴：膈俞。

治痰悶，穴：膽俞。

治痰多吐涎，穴：上脘。

治結積留飲，穴：通谷，灸。

治涎出不覺，穴：下廉。

治吐沫，穴：少海、兌端、本神。

治嘔沫，穴：絲竹空、通谷、商丘。

治嘔沫，穴：兌端。

治吐涎，穴：溫溜。

治沫出，穴：上關。

治涎出多唾，穴：彧中、雲門。

治多唾濁沫，穴：庫房。

治嘔沫喘息，穴：廉泉。

治胸中痰飲，蠱毒，霍亂，驚悸，腹脹暴痛，恍惚不止，吐逆不食，刺巨闕，用毫針針入六分即止，此穴化氣除涎大妙，次針足陽明經三里二穴，應時立愈。

治唾沫，穴：天容。

治痰涎壅塞，聲如牽鋸，服藥不效，灸關元，丹田。

《普濟方・針灸門・水飲不消》 治溢飲脇下堅痛，穴：中脘。

治溢飲水道不通，溺黃，少腹痛，裏急後重，洞泄體痛，髀痛引背，穴：京門。

治飲渴，身體痛多唾，穴：隱白。

《神應經・痰喘咳嗽部》 痰涎：陰谷、然谷、復溜。

結積溜飲：膈俞，五壯。通谷。灸。

《神應經・腹痛脹滿部》 痰癖腹寒：三陰交。

《神灸經綸・身部證治》 痰證

痰飲吐水：巨闕。

痰火：百會，膏肓。發狂。

陰證冷痰：氣海，三陰交。

痰眩：中脘。

傷酒嘔吐痰眩：率谷。

《針灸集成・咳嗽》 痰涎：然谷、復溜、腎俞，並灸。

結積留飲：膈俞，五壯，照海，三壯，中脘，針留十呼而出。

《灸法秘傳・痰疾》 痰屬濕，津液所化也，流則爲津，行則爲液，聚則爲痰，上則爲涎，其實百病兼痰爲多也。灸其上脘，痰自化矣。

《針灸摘要・衝脈》 胃脘停痰，口吐清水：巨闕、中脘、厲兌。

《針灸大成・醫案》 己巳歲，蔡都尉長子碧川公，患痰火，藥餌不愈。辱錢誠齋堂翁，薦予治之。予針肺俞等穴愈。

腹痛

《靈樞・厥病》 腸中有蟲瘕及蛟蛕，皆不可取以小針。心腸痛，憹作痛，腫聚，往來上下行，痛有休止，腹熱喜渴涎出者，是蛟蛕也。以手聚按而堅持之，無令得移，以大針刺之，久持之，蟲不動，乃出針也。

《靈樞・雜病》 腹痛，刺臍左右動脈，已刺按之，立已。不已，刺氣街，已刺按之，立已。

《太素・寒熱・蟲癰》 黄帝曰：刺之奈何？岐伯曰：微按其癰，視氣所行，以手輕按癰上以候其氣，取知癰氣所行有三：一欲知其癰氣之盛衰，二欲知其癰之淺深，三欲知其刺處之要，故按以視也。先淺刺其傍，稍內益深，遂而刺之，毋過三行，候其癰傍氣之來處，先漸淺刺，後以益深者，欲導氣令行也。還，復也。如此更復刺，不得過於三行也。察其沈浮，以爲深淺，沈浮淺深也，察癰之淺深以行針也。已刺必熨，令熱入中，日使熱內，邪氣益衰，大癰乃潰。寒汁邪氣聚以爲癰，故癰塞也。令刺已熨之令熱入中者，以寒，溫使其日有內熱，寒去癰潰也。以參伍禁，以除其內，亦可含於豕膏，

無冷食，三日其病已矣。參伍，揣量也。恬惔無爲，乃能行氣，夫情有所在則氣有所幷，氣有所幷則不能營衛，故忘情恬惔無爲，則氣將自營也。後以酸苦，化穀乃下。酸爲少陽，苦爲太陽，此二味爲溫，故食之化穀也。

《甲乙經·經絡受病入腸胃五臟積發伏梁息賁肥氣痞氣奔肫》 息賁時唾血，巨闕主之。腹中積上下行，懸樞主之。疝積胸中痛，不得窮屈，天容主之。暴心腹痛，疝橫發上衝心，雲門主之。心下大堅，肓俞、期門及中脘主之。臍下疝繞臍痛，衝胸不得息，中極主之。賁肫上腹䐜堅痛引陰，中不得小便，兩丸騫，陰交主之。臍下疝繞臍痛，石門主之。奔肫氣上，腹䐜痛，強不能言，莖腫先引腰，後引小腹，腰髖堅痛，下引陰中，不得小便，兩丸騫，石門主之。奔肫寒氣入小腹，時欲嘔，傷中溺血，小便數，背臍痛，引陰腹中，窘急欲湊，後泄不止，關元主之。奔肫上搶心，甚則不得息，忽忽少氣，尸厥心煩痛，饑不能食，善寒中腹脹，引䐜而痛，小腹與脊相控暴痛，時窘之後，中極主之。腹中積聚時切痛，商曲主之。臍下積疝瘕，胞中有血，四滿主之。臍疝繞臍而痛，時上衝心，天樞主之。氣疝噦嘔，面腫奔肫，天樞主之。奔肫卵上入痛引莖，歸來主之。奔肫上下，期門主之。疝瘕，髀中急痛，循脇，上下搶心，腹痛積聚，府舍主之。奔肫腹脹腫，章門主之。少腹積聚，勞宮主之。環臍痛陰騫兩丸縮，堅痛不得卧，太衝主之。寒疝下至腹腠，膝腰痛，如清水，大腹諸疝，按之至膝上，伏兔主之。寒疝痛，腹脹滿，痿厥少氣，陰市主之。大疝腹堅，丘墟主之。

《肘後方·治卒腹痛方第九》 又方：令卧枕高一尺許拄膝，使腹皮踧氣入胸，令人抓其臍上三寸便愈，能乾咽吞氣數十遍者彌佳，此方亦治心痛，此即伏氣。

《千金翼方·針灸中·肺病》 臍下結痛，流入陰中，發作無時，此冷氣。灸關元百壯，又灸天井百壯。

《扁鵲心書·陰毒》 或腎虛人，或房事後，或胃發冷氣，即腹痛煩燥，甚者囊縮，昏悶而死，急灸關元一百壯，內服薑附湯，保元丹，可救一二，若遲則氣脫，雖灸亦無益矣。

《針灸資生經·小腹痛》 陰蹻，療小腹偏痛嘔逆嗜卧。中極，療小腹痛，積聚堅如石，小便不利，失精絕子，面䵟。腎俞、復溜、中封、承山、大敦，主小腹痛。石門、商丘，主小腹堅痛，下引陰中。石門、水分，主小腹拘急痛。湧泉，主風入腹中，小腹痛。臍中等，主小腹疝氣痛。太谿，主小腹熱而偏痛。肝俞、小腸俞、蠡溝、照海、下廉、丘墟、中都，治小腹痛。太衝，治腰引小腹痛。帶脈，治婦人小腹堅痛，月脈不調，帶下赤白，裏急瘈瘲。五樞，主小腹痛。曲泉，主女子小腹腫，婦人陰痛，引心下。小腹絞痛，灸膝外邊上去一寸宛宛中。

《針灸資生經·腸痛》 太白，主腸痛。陷谷等，主腸痛。商曲，治腸切痛。建里，療腸中疼，嘔逆上氣，心痛身腫。氣衝，治腸中之熱。

腸痛亦多端，若疼甚者，乃腸癰，急宜服內補十全散等藥，其它宜隨證灸之。有老嫗大腸中常若裏急後重，甚苦之，自言我必無老新婦〔痊日〕。此奇疾也，爲按其大腸俞疼甚，令歸灸之而愈。

腸癰爲病，小腸重，小便數似淋，或繞臍生瘡，或膿從臍出，大便出膿血，屈兩肘正，灸肘頭銳骨各百壯，則下膿止，差。

《針灸資生經·腹痛》 氣海，主小腹疝氣，游行五藏，腹中切痛。鬲俞、陰谷，主腹脹，胃管暴痛，及腹積聚，肌肉痛。高曲，一名商曲。主腹中積聚，時切痛。衝門，主寒氣滿，腹中積痛，癃淫濼。四滿，主腹僻切痛。天樞、外陵，主腹中盡疼。崑崙，主腹痛，喘暴滿。復留，主腹厥痛。巨闕、上管、石門、陰蹻，主腹中滿，暴痛汗出。太谿，主腹中相引痛。豐隆，主胸痛如刺，腹若刀切痛。鳩尾，主腹皮痛搔癢。肓俞，主腹切痛。氣衝，主身熱腹痛。中極，主腹中熱痛。行間，主腹痛而熱，上柱心，心下滿。分水，療腹腫不能食，腸堅腹痛，胃脹不調堅硬。大杼，療腹痛。腎俞，療寒熱，腹痛雷鳴，氣逆心痛。不容，療腹弦急，不得食，腹痛如刀刺，脇積氣膨膨。上管，療腹疞刺痛。太白、溫溜、三里、陷谷，治腹痛。腹哀，治大便膿血，寒中食不化，腹中痛。魚際，治腹痛不下食。肓俞，治大腹寒疝，大便燥，腹切痛。地機，治腹脇氣脹。外陵，治腹痛心如懸，下引臍腹痛。下脘，治腹痛，六府之氣寒，穀不轉，不嗜食，小便赤，腹堅硬，癖塊，臍上厥氣動，日漸瘦。脾俞，治腹痛不嗜食。三焦俞，治腹痛欲泄。膀胱俞，治腹痛。天樞，治女人腹痛。石關，治婦人惡血上衝，腹痛不可忍。胃俞，治腹痛。中管，主腹中甚痛，作膿。小兒卒患肚皮青黑，不急治，須臾即死，酒和胡粉塗，乾則再塗之，又灸臍四邊各半寸，幷鳩尾骨下一寸，各三壯。

《針灸資生經·臍痛》 中極，療臍下塊如覆杯。《銅》云結如覆杯。關

元，治臍下疠痛，小便赤澀，不覺遺瀝，小便處痛狀如散火，溺血，暴疝痛，臍下結血，狀如覆杯，轉胞不得。陰交，治臍下疠痛，女子月事不絶，帶下，產後惡露不止，繞臍冷痛。中封、水分、神闕，治繞臍痛。曲泉，主痛引臍中。予舊苦臍中疼，則欲溏瀉，常以手中指按之少止，或正瀉下，亦按之，則不疼，它日灸臍中，遂不疼矣，後又嘗溏利不已，灸之則止，凡臍疼者，宜灸神闕。

關門，治氣游走，夾臍急。下脘，治臍上厥氣動。氣海，治臍下冷氣上衝心，血結成塊，狀如覆杯，小便赤澀。腹結，治繞臍痛，上搶心。腹寒，泄痢咳逆。天樞，治夾臍切痛，時上衝心煩滿，嘔吐霍亂。《明下》云冷氣臍痛。《千》云冬感寒臍痛。外陵，主心如懸，下引臍腹痛。上廉，治夾臍腹痛。四滿，治臍下切痛。分水，療水腫繞臍痛。小兒臍腫，灸腰後對臍骨節間三壯。然谷，主兒臍風口不開，善驚。繞臍絞痛，灸天樞百壯。臍下絞痛，灸關元百壯。臍中、石門等，主疝繞臍。臍中、石門、天樞，主臍疝繞臍。蠡溝，療臍中積氣。

《針灸資生經·腹寒熱氣》 行間，主腹痛而熱。中極，主腹中熱。五藏熱，及身體熱，脈弦急，著灸第十四椎，與臍相當，五十壯，老少增損之，若虛寒至百壯，橫三間寸灸之。氣衝，主身熱。凡腹中熱，喜渴涎出，是蛔也，手持之，勿令得移，以針刺中管。亦不可容易針。氣衝，主腹中大熱不安。關元，主寒氣入腹。久冷，灸天樞百壯。陰陵泉、三陰交，治腹寒。隱白，療腹中寒熱。下廉，療熱風冷痹。上關等，主寒熱。飛揚等，治寒熱。瘂門等，治寒熱。少衝，治乍寒乍熱。岐伯云，但是積冷虛乏之病，皆宜灸關元。三里，療藏府久積冷氣，心腹脹滿。天樞，療久積冷氣，繞臍切痛，時上衝心。中極，療冷氣。漏谷、會陽，治冷氣。下管，治六府氣寒，不嗜食。氣海，治冷氣上衝心。隱白，主腹中寒冷氣，脹滿。太衝，主上氣冷發，腹中雷鳴。結氣寒冷，灸太倉百壯。凡臍下絞痛，流入陰中，發作無時，此冷氣，灸關元百壯。商丘，主心下寒。鳩尾、少衝、商丘，主心寒。冷氣上，灸龍頷百壯。陽交，主寒厥驚狂。衝門，治腹寒氣滿。

《千金翼》云：五勞六極，復生七傷，變生七氣，積聚堅牢如杯，留在腹內，心痛煩冤，不能飲食，時來時去，發作無常，寒氣爲病，則吐逆心滿，熱氣爲病，則恍惚悶亂，長如眩冒，又復失精云云，宜服局方七氣湯，若冷氣忽作，藥灸不及，只用火針微刺諸穴與疼處，須臾即定，神效。

《針經摘英集·治病直刺訣》 治脾胃虛弱，心腹脹滿，不思飲食，腸鳴腹痛食不化，刺足陽明經三里二穴，次針足太陰經三陰交二穴。凡刺腹痛諸俞穴，須針三里穴，下氣良。

治腹有逆氣，上攻心腹脹滿，上搶心痛不得息。氣衝腰痛，不得俯仰，灸足陽明經氣衝二穴，在臍下七寸，兩傍相去各二寸，鼠鼷上一寸，動脈應手宛宛中，可灸七壯，炷如大麥，禁針，次針三里二穴而愈。

治小腹疼痛不可忍者，刺任脈關元一穴，次針足陽明經三里二穴。

《普濟方·針灸門·腹脹》 治腹中熱，喜渴涎出，是蛔也。刺中脘，久持之，以手聚而按之。

《普濟方·針灸門·胃痛》 治腸胃不調，腹痛，穴：下脘。

《普濟方·針灸門·脾疼》 治疝癖，脾中急痛，循脇上下搶心，腹痛積聚厥氣兩乳，穴：府舍。

《普濟方·針灸門·腹痛》 治腹中積聚，時切痛，穴：商曲。

治寒氣脹滿，腹中積痛，癃，淫濼，穴：衝門。

治腹癖切痛，穴：四滿。

治腹中盡痛，穴：天樞、外陵。

治腹痛喘暴滿，穴：崑崙。

治腹厥痛，穴：復溜。

治腹中滿，暴痛汗出，穴：巨闕、上脘、石門、陰蹻。

治腹中相引痛，穴：太谿。

治腹皮痛搔癢，穴：鳩尾。

治胸痛如刺，腹若刀切痛，穴：豐隆。

治身熱腹痛，穴：氣衝。

治腹切痛，穴：肓俞。

治腹中熱痛，穴：中極。

治腹痛而熱，上注心，心下脹滿，穴：行間。

治腹腫不能食，腸堅腹痛，胃脹不調，大便堅硬，穴：水分。

治腹腫，穴：大杼。

治寒熱腹痛，雷鳴氣逆，心痛，穴：腎俞。

治腹強急不得食，腹痛如刀刺，兩脇積氣膨膨，穴：不容。
治腹疞刺痛，穴：上脘。
治腹痛，穴：太白、溫溜、三里、陷谷。
治大便膿血，寒中，食不化，腹中痛，穴：腹哀。
治腹痛，不下食，穴：魚際。
治大腹寒疝，大便燥，腹切痛，穴：肓俞。
治腹脇氣脹，穴：地機。
治腹痛心如懸，下引臍腹痛，穴：外陵。
治腹痛，六腑之氣寒，穀不轉，不嗜食，小便赤，腹堅硬，癖塊，臍上厥氣動，日漸瘦，穴：下脘。
治腹痛不嗜食，穴：脾俞。
治腹痛欲泄，穴：三焦俞。
治腹痛不嗜食，穴：膀胱俞。
治腹痛，穴：胃俞。
治腹中甚痛作膿，穴：中脘。
治腹有逆氣，上攻心腹脹滿，上搶心痛，不得息，氣衝腰痛不得俯仰，穴：氣衝。灸七壯，炷如大麥，禁針，次針三里二穴而愈。

《普濟方·針灸門·小腹痛》 治小腹痛，積聚堅如石，小便不利，失精絕子，面黚，穴：中極。
治小腹痛，穴：腎俞、復溜、中封、承筋、承山、大敦、陰包。
治小腹堅痛，下引陰中，穴：石門、商丘。
治下腹拘急痛，穴：石門、水分。
治風入腹中小腹痛，穴：湧泉。
治小腹熱而偏痛，穴：太谿。
治小腹痛，穴：肝俞、小腸俞、蠡溝、照海、下廉、丘墟、中都。
治腰引小腹痛，穴：太衝。
治小腹痛，穴：五樞。
治小腹痛，穴：復溜、中封、腎俞、承筋、大敦。
治小腹熱而偏痛，穴：關元、委中、照海、太谿。
治小腹疼痛不可忍者，穴：刺任脈關元一穴，次針足陽明經三里二穴。

《普濟方·針灸門·臍痛》 治臍下疞痛，小便澀赤，不覺遺瀝，小便處痛狀如散火，溺血。暴疝痛，臍下結血，狀如覆杯，轉胞不得，穴：關元。
治臍下疞痛，穴：陰交。
治繞臍痛，穴：中封、水分、神闕。
治痛引臍中，穴：曲泉。
治凡臍痛者，灸神闕。
治氣遊走，夾臍急，穴：關門。
治臍下厥氣動，穴：下脘。
治臍下冷氣上衝心，血結成塊狀，如覆杯，小便赤澀，穴：氣海。
治繞臍腹痛，上搶心腹，寒熱泄痢，咳逆，穴：腹結。
治夾臍切痛，時上衝心，煩滿，嘔吐霍亂，冷氣臍痛，冬感寒臍痛，穴：天樞。
治心如懸，下引臍腹痛，穴：外陵。
治夾臍腹痛，穴：上廉。
治臍下切痛，穴：四滿。
治水腫，繞臍腹痛，穴：水分。
治繞臍攪痛，穴：天樞，灸百壯。
治臍下絞痛，穴：關元，灸百壯。
治疝繞臍，穴：臍中、石門。
治疝繞臍痛，穴：臍中、石門、天樞。
治臍中積氣，穴：蠡溝。
治男子元臟發動，臍下痛不可忍，穴：刺任脈氣海一穴，次針足太陰經三陰交二穴立愈。

《普濟方·針灸門·腸痛》 治腸痛，穴：陷谷。
治腸切痛，穴：商曲。
治腸中疼，嘔逆上氣，心痛身腫，穴：建里。
治腸中大熱，穴：氣衝。
腸痛亦多端，若疼甚者，乃腸癰，急宜服十全大補散等藥，其他宜隨證灸之。有老嫗，大腸中常若裏急後重，甚苦，自言，我必無痊日，此奇疾也，為按其大腸俞疼甚，令歸灸之而愈。

治腸癰爲病，小腸重，小便數似淋，或繞臍生瘡，或膿從臍出。或從大便出膿血，穴：屈兩肘正，灸肘頭鋭骨各百壯，則下膿血立瘥。

《普濟方·針灸門·婦人血氣痛》 治女人腹痛，穴：天樞。

《神應經·腹痛脹滿部》 腹痛：内關、三里、陰谷、陰陵、復溜、太谿、崑崙、陷谷、行間、太白、中脘、氣海、膈俞、脾俞、腎俞。

小腹急痛不可忍及小腸氣，外腎吊疝氣，諸氣痛，心痛，灸足大指次指下中節横紋當中，灸五壯，男左女右，極妙，二足皆灸亦可。

小腹脹痛：氣海。

繞臍痛：水分、神闕、氣海。

小腹痛：陰市、承山、下廉、復溜、中封、大敦、小海、關元、腎俞。隨年壯。

夾臍痛：上廉。

臍痛：曲泉、中封、水分。

引腰痛：太衝、太白。

《針灸聚英·雜病》 腹痛

有實有虛、有寒、氣滯、死血、積熱、風濕、痰驚、痰食、瘡、痧、疝，實痛宜刺瀉之，太衝、三陰交、太白、太淵、大陵。邪客經絡，藥不能及者，宜灸氣海、關元、中脘。

《針灸聚英·雜病歌》 腹痛脹滿

腹痛三里與内關，陰陵復溜太谿連，崑崙陰谷陷谷穴，太白中脘與行間，氣海膈俞脾俞穴，兼治腎俞病即痊。食不下兮治内關，魚際三里三穴間。小腹急痛不可忍，兼治小腸氣腎吊，疝氣心痛諸氣痛，足之大指次指下，中節横紋灸五壯，男左女右無虛假，兩足幷灸無所分，細按《神經》亦云可。小腹脹痛氣海焚，繞臍痛兮治水分，小腹痛兮治陰市，承山下廉及中封，復溜小海關元穴，肩俞隨年壯大敦，夾臍痛兮治上廉，臍痛中封與曲泉，再兼水分通三穴，太衝太白引腰痊。少商陰市腹滿袪，三里曲泉崑崙穴，隱白大都陷谷中，商丘通谷與太白，行間一穴不可遺，十二穴治勝服藥。腹肋滿兮治陽陵，三里上廉三穴精，心腹脹滿絶骨上，更兼一穴是内庭。小腹脹滿痛中封，然谷内庭大敦中。腹脹陰市與尺澤，三里曲泉陰谷穴，陰陵商丘公孫中，内庭太谿與太白，厲兑膈俞及腎俞，中脘大腸俞太白。脹而胃滿治膈俞，腹堅大兮治丘墟，三里陰陵解谿上，衝陽期門水分宜，此病治之通九穴。更有神闕膀胱俞，寒熱堅大衝陽焚，鼓脹復溜與公孫，中封太白三陰交，更兼一穴是水分。腹寒不食陰陵燒，痃癖腹寒三陰交，腹鳴寒熱復溜上，一穴治之命堅牢。胸腹膨脹氣鳴疾，合谷三里期門高。

《古今醫統大全·針灸直指·諸證針灸經穴》 臍下痛：關元，灸。

《醫學綱目·腹痛》 刺灸，腹痛有四法：

其一取脾胃。經云：邪在脾胃，陽氣不足，陰氣有餘，則寒中腸鳴腹痛，皆調於三里。又云：足太陰之别，名曰公孫，去本節之後一寸，實則腹中切痛，取之所别也。又云：腹痛刺臍左右動脈，已刺按之，立已，不已，刺氣衝，已刺，按之立已是也。

其二取大腸。經云：大腸病者，腸中切痛而鳴濯濯，感於寒即泄，當臍而痛，取巨虛上廉是也。

其三取督脈。經云：腎虛則胸中痛，大腹小腹痛，清厥，意不樂，取其經少陰、太陽血者是也。

其四取任脈。任脈之别，名曰尾翳，下鳩尾，散於腹，實則腹皮痛，取之所别也。

治絞腸沙證，手足厥冷，腹痛不可忍者，以手蘸溫水，於病者膝灣内拍打，有紫黑處，以針刺去惡血即愈。

腹痛，幷治氣塊：内關、支溝、照海。

氣痛，幷治積痛，食不化：氣海一寸半，灸五十壯。中脘、二寸半，灸十壯。隱白，二分，瀉之，灸七壯。

又法：巨闕、足三間。

腹痛腸鳴：氣衝，在氣海旁各一寸，針入二寸半，灸五十壯。

臍腹痛：陰陵泉、太衝、三里、支溝。不已，取下穴：中脘、關元、天樞。

繞臍痛：公孫、三陰交、陰谷。

胃脘暴痛，臍中堅痛：石門、商丘、陰谷、大腸俞、膈俞。

腹中盡疼，外陵主之。大腸寒中，《千金》作「寒疝」，大便乾，腹中切痛者，肓俞主之。繞臍痛，搶心，膝寒，注利，腹結主之。

《楊敬齋針灸全書·傷寒腹内脹痛》

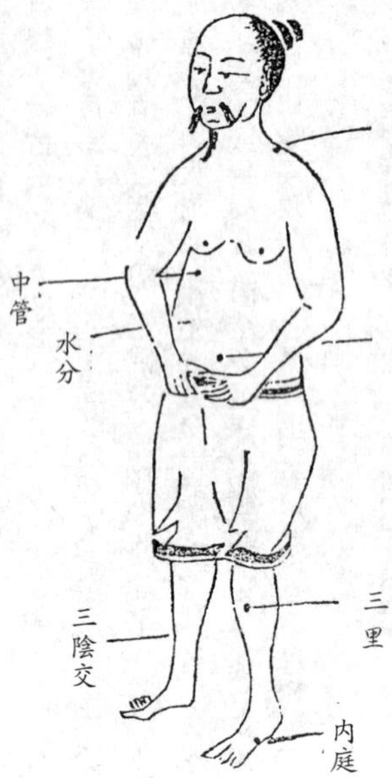

《楊敬齋針灸全書·傷寒腹痛》

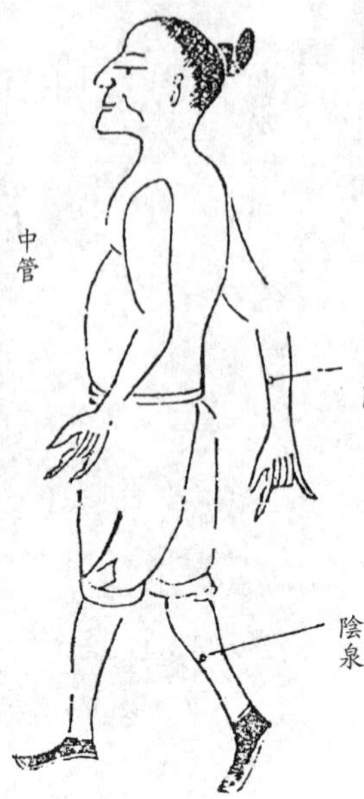

《針灸大成·腹痛脹滿門》 腹痛：内關、三里、陰谷、陰交、復溜、太谿、崑崙、陷谷、行間、太白、中脘、氣海、膈俞、脾俞、腎俞。

食不下：内關、魚際、三里。

小腹急痛不可忍，及小腸氣，外腎吊，疝氣，諸氣痛心痛。灸足大指次指下，中節橫紋當中，灸五壯，男左女右極妙，二足皆灸亦可。

小腹脹痛：氣海。

繞臍痛：水分、神闕、氣海。

小腹痛：陰市、承山、下廉、復溜、中封、大敦、小海、關元、腎俞。隨年壯。

俠臍痛：上廉。

臍痛：曲泉、中封、水分。

引腰痛：太衝、太白。

《針灸大成·續增治法·雜病》 腹痛：有虛實，寒氣滯，死血積熱，風濕，宿食，瘡，痧，疝。實痛宜瀉：太衝、太白、太淵、大陵、三陰交。邪客經絡，藥不能及，宜灸：氣海、關元、中脘。

《針灸大成·治證總要》 第四十七：腹内疼痛：内關、三里、中脘。問曰：腹内疼痛如何治療？答曰：失饑傷飽，血氣相爭，榮衛不調，五臟不安，寒濕中得此，或冒風被雨，飽醉行房，飲食不化，亦有此證，必急治療，爲腎虛敗，毒氣衝歸臍腹，故得此證，如不愈，復刺後穴：關元、水分、天樞。寒濕饑飽。

《類經圖翼·針灸要覽·諸證灸法要穴》 陰寒腹痛欲死 人有房事之後，或起居犯寒，以致臍腹痛極頻危者，急用大附子爲末，唾和作餅，如大錢厚，置臍上，以大艾炷灸之。如倉卒難得大附，只用生薑，或葱白頭切片代之亦可。若藥餅焦熱，或以津唾和之，或另換之，直待灸至汗出體溫爲止，或更於氣海、丹田、關元各灸二七壯，使陽氣内通，逼寒外出，手足溫煖，脈息起發，則陰消而陽復矣。

腹痛腹脹：膈俞、脾俞、胃俞、腎俞、大腸俞、中脘、脾寒。水分、天樞、石門、心下堅滿。内關、足三里、商丘、脾虛腹脹。公孫。

少腹脹痛：三焦俞、章門、陰交、臍下冷疼。足三里、氣海、治臍下三十六疾，小腹痛欲死者，灸之即生。丘墟、太白、行間。寒濕。

諸氣痛氣膈上氣不下：天突、膻中、中府、膈俞。

繞臍痛：大腸病也。水分、天樞、陰交、足三里。

《景岳全書·雜證謨·諸蟲》《厥病》篇曰：腸中有蟲瘕及蛟蛕，皆不可取以小針。心腸痛，憹作痛，腫聚，往來上下行，痛有休止，腹熱喜渴，涎出者，是蛟蛕也。以手按聚而堅持之，無令得移，以大針刺之，久持之，蟲不動，乃出針也。

《景岳全書·古方八陣·因陣》 事後中寒腹痛方：凡房事後中寒厥冷，嘔噁腹痛者，用葱、薑搗爛衝熱酒服之，睡少頃，出汗即愈。如腹痛甚者，以葱白頭搗爛攤臍上，以艾灸之或熨之亦可解。鼻尖有汗，其痛即止。

《病機沙篆·腹痛》 針法：凡刺腹痛，須針足三里，下氣爲良。

脾虛腹滿，腸鳴，切痛：内關、中脘、三里、三陰交。

遶臍痛，大腸病也，天樞、三里。

胃脘痛：內關、脾俞、胃俞。

臍下冷疼：灸氣海。

脾虛腹脹：公孫、三里、內庭。

霍亂吐瀉欲死及小腹滿痛，委中刺出血。

《採艾編翼・大人科・治證綜要》 腹痛：治上脘、天樞、關門、胃俞、足上廉。

《太乙神針心法・積滯脹痛門》 腹痛：針內關、三里、陰谷、陰陵、中脘、氣海、膈腧、脾腧、腎腧。

食不下：針內關、魚際、三里。

小腹急痛不可忍及小腸氣，外腎吊疝氣，諸氣痛及心痛：針足大趾次趾下中節橫紋當中。

小腹脹痛：針氣海。

繞臍痛：針水分、神闕、氣海。

夾臍痛：針上廉。

臍痛：針曲泉、中封、水分。

心腹脹痛：針絕骨、內庭。

脹而胃痛：針膈腧。

肚腹堅大：針三里、陰交、丘墟、解谿、神闕、衝陽、期門、水分、膀胱俞。

鼓脹：針復溜、中封、公孫、太白、三陰交、水分。

膨脹氣鳴：針合谷、三里、期門。

《羅遺編・針灸要穴論》 陰寒腹痛欲死：人有房事之後，或起居犯寒，以致臍腹痛極頻危者，急用大附子爲末，唾和作餅，如大錢厚，置臍上，以大艾灸之。如倉卒難得大附，只用生姜或葱白頭，切片代之，亦可。若藥餅焦熱，或以津唾和之，或另換之，直待灸至汗出體溫爲止。或更於氣海、丹田、關元，各灸二七壯，使陽氣內通，逼寒外出，手足溫煖，脈息起發，則陰消而陽復矣。

腹痛脹：膈俞、脾俞、胃俞、腎俞、大腸俞、中脘、脾寒。水分、天樞、石門、心下堅滿。內關、足三里、商丘、脾虛腹脹。公孫。

少腹脹痛：三焦俞、章門、陰交、臍下冷痛。足三里、氣海、治臍下三十六疾，小腹痛欲死者灸之即生。丘墟、太白、行間。寒濕。

繞臍痛：大腸病也，水分、天樞、陰交、足三里。

《針灸逢源・證治參詳・心胸胃脘腹痛門》 腹痛：內關、膈俞、脾俞、腎俞、中脘、三里、陷谷、太白、商丘、行間。

繞臍痛：天樞、氣海、水分。

小腹脹滿痛：陰交、氣海、凡臍下三十六疾，小腹痛甚欲死者，灸之即生。三里、內庭、太白、大敦、中封。

陰寒腹痛欲死：人有房事之後，或起居犯寒，致臍腹痛極者，急用大附子爲末，唾和作餅如錢厚，置臍上以大艾炷灸之。如倉卒難得大附，即用生薑或葱白頭切片代之，若藥餅焦，或以津唾和之，或另換之，宜待灸至汗出體溫而止。或更於氣海、丹田、關元各灸二七壯，使陽氣內通，逼寒外出，手足溫脈息起，則陰消而陽復矣。

《針灸全生・心胸脇腹》 腹痛：內關、三里、陰谷、陰陵、復溜、太谿、陷谷、行間、太白、中脘、氣海、膈俞、崑崙、脾俞、腎俞。

又法：肓俞、天樞、氣衝。

又法：內關、三里、中脘、關元、水分、天樞。

腹臍脹滿：公孫、天樞、水分、內庭。

臍腹疼痛：列缺、膻中、大敦、陰交、中府、少澤、太淵。

腹痛下利：列缺、內庭、天樞、陰交。

寒痛泄瀉：列缺、天樞、中脘、關元、陰交。

繞臍痛：水分、神闕、氣海。

脾胃氣虛，心腹脹滿：內關、太白、三里、氣海、水分。

小腹痛：陰市、承山、下廉、復溜、中封、大敦、小海、關元、腎俞。

小腹脹滿：內庭、三里、陰交、照海、大敦、中脘。氣海，通治婦人血塊攻築疼痛，小便不利，婦人諸班氣痛。

小腹冷痛：照海、氣海、腎俞、關元、三陰交。

小腹脹痛：中封、然谷、內庭、大敦、氣海。

臍痛：曲泉、中封、水分。

夾臍痛：上廉。腹脇痛：陽陵、三里、上廉。

脇痛：竅陰、行間。

《**針灸全生·虛勞**》　陰寒腹痛：急用大附子末唾和作餅如錢厚，安臍中，以大艾灸之。若倉卒難得，用生姜、葱白切片代之，灸焦另换，待灸至體溫汗出乃止，更灸氣海、丹田、關元各二七壯。

《**針灸全生·心腹胸脇脹痛**》　腹痛腹脹：脾俞、膈俞、胃俞、腎俞、大腸俞、中脘。脾寒。水分、天樞、內關、石門。心下堅滿：足三里、商丘。脾虛腹脹：公孫。

小腹脹痛：三焦俞、章門、陰交。臍下冷痛：足三里、邱墟、氣海、治臍下三十六疾，小腹痛欲死者，灸之即生，太白、行間，寒溫痛。

繞臍痛：大腸病也，水分、天樞、陰交、足三里。

《**針灸便覽·中風**》　腹痛：內關、三里、陰谷、陰陵。

腹痛下利：列缺、天樞、內庭、陰交。

寒痛泄瀉：列缺、天樞、中脘、關元。

小腹痛：陰市、中封、承山、腎俞。

小腹有積：厥陰俞、期門、章門。

寒疝腹痛：陰市、太谿。

腹痛：內關、三里、陰谷、陰陵。

腹痛吐瀉：大陵、百勞、大敦。

《**神灸經綸·身部證治**》　臍下冷痛：氣海、膀胱俞、曲泉。

繞臍痛：大腸病也。水分、天樞、三陰交、足三里。

《**傳悟靈濟録·心腹胸脇痛脹**》　腹痛腹脹：膈俞、脾俞、胃俞、腎俞、大腸俞、中脘、脾寒。水分、天樞、內關、石門、心下堅滿。商丘、脾虛腹脹。公孫、足三里。

小腹脹痛：三焦俞、章門、陰交、臍下冷疼。足三里、氣海、能治臍下三十六疾，小便脹痛甚欲死者，灸之即生。丘墟、太白、行間，寒濕。

繞臍痛：乃大腸病，水分、天樞、陰交、足三里。

《**針灸集成·腹脇**》　腹無熱痛，治在足三陰經及五臟俞穴。

飲食不下、腹中雷鳴，大便不節，小便黄赤：中脘、針，大腸俞、膀胱俞、魂門，在九椎下兩傍各三寸半，可灸三壯。

冷熱不調，繞臍攻注疼痛：氣海、三七壯，天樞、百壯，大腸俞、三壯，太谿、三壯。

《**針灸穴法**》　陰證痛：手足二指外側紋尖上灸三壯，男左女右。陰證冷極，熱救不回者，手足冷，陰囊縮入，牙關緊閉，死在須臾，用大艾炷臍中，預先將蒜搗爛，擦臍後，放艾灸之，其臍各開一寸四處用小艾灸三壯。

腹中寒痛，泄瀉不止：中脘一穴、天樞二穴、關元一穴、陰交二穴。

《**針灸摘要·任脈**》　腹中腸痛，下利不已：內庭、天樞、三陰交。

臍腹疼痛：膻中、大敦、中府、少澤、太淵、三陰交。

《**名醫類案·心脾痛**》　予長子年三十二歲，素飲食無節，性懶於動作，丙戌秋，從予自燕都抵家，舟行飽飡，多晝寢，有時背脹，腹微痛。初冬過蘇州，夜赴酒筵後，脫衣用力，次早遂覺喉口有敗卵臭，厭厭成疾，瘦減，日吐酸水，背脹腹痛。一日忽大痛垂死，欲人擊打，又炒熱鹽熨之，稍寬快，頃刻吐紫黑血二碗許，連日不食，食入即吐，痛止即能食，生機在此。食飽又復痛，諸藥不應，遞發遞愈，六脈弦而搏指。此食傷，太陰脾虛氣滯，與香砂橘半枳朮丸，灸中脘、夾臍、膏肓，禁飽食，兩月而愈。

心　痛

《**素問·氣穴論**》　臣請言之，背與心相控而痛，所治天突與十椎及上紀，〔王冰注〕天突，在頸結喉下同身寸之四寸中央宛宛中，陰維任脈之會，低針取之，刺可入同身寸之一寸，留七呼，若灸者可灸三壯。按今《甲乙經》、《經脈流注孔穴圖經》當脊十椎下並無穴目，恐是七椎也，此則督脈氣所主之。上紀之處，次如下說。上紀者，胃脘也。〔王冰注〕謂中脘也，中脘者胃募也，在上脘下同身寸之一寸，居心蔽骨與齊之中，手太陽、少陽、足陽明三脈所生，任脈氣所發也，刺可入同身寸之一寸二分，若灸者可灸七壯。下紀者，關元也。〔王冰注〕關元者，少陽募也，在齊下同身寸之三寸，足三陰任脈之會，刺可入同身寸之二寸，留七呼，若灸者可灸七壯。背胸邪繫陰陽左右，如此其病前後痛澀，胸脇痛而不得息，不得卧，上氣短氣，偏痛。脈滿起斜出尻脈，絡胸脇支心貫鬲，上肩加天突，斜下肩交十椎下。

《**靈樞·熱病**》　心疝暴痛，取足太陰、厥陰，盡刺去其血絡。

《**靈樞·厥病**》　厥心痛，與背相控，善瘛，如從後觸其心，傴僂者，腎心痛也。先取京骨、崑崙，發狂不已，取然谷。厥心痛，腹脹胸滿，心尤痛甚，胃心

痛也。取之大都、太白。厥心痛，痛如以錐針刺其心，心痛甚者，脾心痛也。取之然谷、太谿。厥心痛，色蒼蒼如死狀，終日不得太息，肝心痛也。取之行間、太衝。厥心痛，卧若徒居，心痛，間動作，痛益甚，色不變，肺心痛也。取之魚際、太淵。眞心痛，手足凊至節，心痛甚，旦發夕死，夕發旦死。心痛不可刺者，中有盛聚，不可取於俞。

《靈樞·雜病》　心痛引腰脊，欲嘔，取足少陰。心痛腹脹，嗇嗇然，大便不利，取足太陰。心痛引背，不得息，刺足少陰，不已，取手少陽。心痛引小腹滿，上下無常處，便溲難，刺足厥陰。心痛，但短氣不足以息，刺手太陰。心痛，當九節刺之，按，已刺按之，立已，不已，上下求之，得之立已。

《太素·寒熱·厥心痛》　厥心痛，與背相控，如從後觸其心，傴僂者，腎心痛也，先取京骨、崑崙，發針不已，取然谷。腎脈足少陰貫脊屬腎絡心，故腎氣失逆，令心痛控背。腎在於後，故腎病痛心，如物從後觸心而痛，脊背傴僂也。京骨，在足外側大骨下赤白肉際，腎府足太陽脈所過，崑崙，在足外踝跟骨上，足太陽脈所行。然骨，在足內踝前起大骨下，足少陰脈所流，故腎心痛皆取之也。厥心痛，腹脹胸滿，心尤痛甚，胃心痛也，取之大都、太白。胃脈足陽明屬胃絡脾。脾脈足太陰流於大都，在足大指本節後陷中，注於太白，在足內側覈骨下陷中，支者別胃上膈注心中。脾胃主水穀，水穀有餘則腹脹胸滿尤大也。此府病取於藏輸也。厥心痛，痛如錐針刺其心，心痛甚者，脾心痛也，取之然谷、太谿。然谷，足少陰脈所流，在足內踝前起大骨下陷中，太谿，足少陰脈所注，在足外踝骨上動脈陷中，並是足少陰流注。脾氣乘心，心痛，可療脾之輸穴。今療腎足少陰流注之穴者，以脾是土，腎爲水，土當剋水，水反乘脾，脾乃與心爲病，故遠療病輸也。厥心痛，色倉倉如死狀，終日不得太息，肝心痛也，取之行間、太衝。倉倉，青色也，肝病也。不得太息，肝主吸氣，今吸氣已痛，不得出氣太息也。太衝，右足大指本節後二寸陷者，足厥陰脈所注。厥心痛，卧若徒居，心痛間，動作痛益甚，色不變，肺心痛也，取之魚際、太泉。肺主於氣，氣以流動，流動之氣乘心，故心痛卧若移居至於他處也。以氣流動，故心痛間也。動作益氣所病，故益甚也。肺氣是心微邪，不能令色變。魚際，在大指本節後內側散脈中，手太陰脈之所留。太泉，在手掌後陷者中，手太陰脈之所注也。眞心痛，手足凊至節，心痛甚，旦發夕死，夕發旦死。心不受邪，受邪甚者痛聚於心，氣亦聚心，故手足冷，所以死速也。心痛不可刺者，中有盛聚，不可取於輸，腸中有蟲瘕及蛟蛕，皆不可取小針。心痛甚取輸無益者，乃是腸中有蟲瘕蛟蛕。腸中長蟲也，音犮。可以手按，用大針刺之，不可用小針。心腹痛，憹作痛腫聚，往來上下行，痛有休止，腹熱善渴涎出者，是蛟蛕也，以手聚按而堅持之，姑令得移，以大針刺之，久持之，蟲不動，及出針也，恲腹憹痛形中上者。憹，聚結也，奴通反。謂心腹之內，蟲聚而痛憹，懊憹然也。蟲食而聚，猶若腫聚也。食已而散，故休止也。又聚擾於胃，故熱渴涎出也。若蛟相犮，所以蛕稱蛟也。恲亦怦，普耕反，滿也。謂蟲聚心腹滿，如腫聚高起，故曰形中上者也。

心痛，引腰脊，欲歐，取足少陰。足少陰脈行腰脊，上至心，故心痛引腰脊欲歐，取少陰脈輸穴也。心痛，腹脹嗇嗇然，大便不利，取足太陰。足太陰脈主腹，故取足太陰輸穴。嗇嗇，惡寒之貌也。心痛，引背不得息，刺足少陰，不已，取手少陽。足少陰脈貫脊絡心，手少陽脈主三焦氣，故心痛引背不得息，取此二經輸穴療主病者也。心痛，少腹滿，上下無常處，便溲難，刺足厥陰。足厥陰脈環陰器抵少腹，故少腹滿便溲難，取此脈輸穴所主病者。【略】心痛，但短氣不足以息，刺手太陰。手太陰主於氣息，故氣短息不足，取此脈療主輸穴。心痛，當九節刺之，不已，刺按之立已，不已，上下求之，得之立已。《明堂》第九節下兩傍是肝俞，中央是筋縮，皆不言療心痛。此經言療取之，刺此節不已，於上下背俞尋之，有療心痛取之。

心疝暴痛，取足太陰、厥陰，盡刺去其血絡。足太陰注心中，足厥陰從肝注肺，故心暴疝，取此二脈，去其血絡也。

《甲乙經·寒氣客於五臟六腑發卒心痛胸痺三蟲》　厥心痛，與背相引，善瘈，如從後觸其心，身傴僂者，腎心痛也。先取京骨、崑崙，發針立已，不已取然谷。厥心痛，暴泄，腹脹滿，心痛尤甚者，胃心痛也，取大都、太白。厥心痛，如錐刺其心，心痛甚者，脾心痛也，取後谷、太谿。厥心痛，色蒼蒼如死狀，終日不得太息者，肝心痛也，取行間、太衝。厥心痛，卧若徒居，心痛乃間，動行痛益甚，色不變者，肺心痛也，取魚際、太淵。眞心痛，手足青至節，心痛甚，旦發夕死，夕發旦死，心下不可刺者，中有盛聚，不可取於俞，腸中有蟲瘕，有蛕蛟，不可取以小針。心腹痛，發作腫聚，往來上下行，痛有休止，腹中熱，渴，渼音涎。者，是蛕蛟也，以手聚按而堅持之，無令得移，以大針刺之，久持之，蟲不動，乃出針。心痛引腰脊，欲嘔，刺足少陰。心痛腹脹，濇濇然，大便不利，取足太陰。心痛引背不得息，刺足少陰，不已，取手少陰。心痛引少腹滿，上下無常處，溲便難，刺足厥陰。心痛，但短氣不足以息，刺手太陰。心腹中卒痛而汗出，石門主之。心痛有三蟲，多渼不得反側，上脘主之。心痛有寒，難以俯仰，心疝氣衝胃死不知人，中脘主之。心痛上搶心，不欲食，

支痛引鬲，建里主之。胸脇背相引痛，心下溷溷，嘔吐多唾，飲食不下，幽門主之。脾逆氣寒厥急，煩心善唾，噦噫，胸滿激呼，胃氣上逆心痛，太淵主之。心膨膨痛，少氣不足以息，尺澤主之。心痛，俠白主之。卒心中痛，瘈瘲互相引肘內廉痛，心敖敖然，間使主之。心痛，衄噦嘔血，驚恐畏人，神氣不足，郄門主之。心痛，卒欬逆，尺澤主之，出血則已。卒心痛，汗出，大敦主之，出血立已。【略】心疝暴痛，取足太陰、厥陰，盡刺之血絡。喉痺舌卷，口乾煩心，心痛，臂表痛，不可及頭，取關衝，在手小指次指爪甲去端如韭葉許。

《肘後方·治卒心痛方第八》 又方：灸手中央長指端三壯。

又方：灸心鳩尾下一寸名巨闕及左右一寸並百壯。又與物度頸及度脊如之令正相對也，凡灸六處。

《千金要方·心臟·心腹痛》 邪在心，則病心痛，善悲，時眩仆，視有餘不足而調其輸。

腎心痛，先取京骨、崑崙，發針不已，取然谷。

胃心痛，取大都、太白。

脾心痛，取然谷、太谿。

肝心痛，取行間、太衝。

肺心痛，取魚際、太淵。

心痛引腰脊欲嘔，刺足少陰。

心痛引背不得息，刺足少陰，不已，取手少陰。

心痛腹脹，濇濇然，大便不利，取足太陰。

心痛少腹上下無常處，溲便難，刺足厥陰。

心痛短氣，不足以息，刺手太陰。

心痛不可按，煩心，巨闕主之。

心痛有三蟲，多涎，不得反側，上管主之。

心痛身寒，難以俯仰，心疝衝冒，死不知人，中管主之。

心痛如針錐，刺然谷及太谿主之。

心腹中卒痛，石門主之。

心疝暴痛，取足太陰。

心懊憹微痛煩逆，灸心俞百壯。

心痛如錐刀刺，氣結，灸膈俞七壯。

心痛冷氣上，灸龍頷百壯，在鳩尾頭上行一寸半，不可刺。

心痛惡氣上，脇急痛，灸通谷五十壯，在乳下二寸。

心痛暴絞急絕欲死，灸神府百壯，在鳩尾正心，有忌。

心痛暴，惡風，灸巨闕百壯。

心痛堅煩氣結，灸太倉百壯。

心痛，灸臂腕橫文三七壯，又灸，兩虎口白肉際七壯。

《千金要方·針灸下·心腹》 心病：支溝、太谿、然谷，主心痛如錐刺，甚者手足寒至節，不息者死。大都、太白，主暴泄心痛，腹脹心痛尤甚。臨泣，主胸痺心痛，不得反側。行間，主心痛，色蒼蒼然如死灰狀，終日不得太息。通谷、巨闕、大倉、心俞、膻中、神府，主心痛。

通里，主卒痛煩心，心中懊憹，數欠頻伸，心下悸悲恐。期門、長強、天突、俠白、中衝，主心痛短氣。尺澤，主心痛彭彭然，心煩悶亂，少氣不足以息。

腎輸、復留、大陵、雲門，主心痛如懸。

章門，主心痛而嘔。大泉，主心痛肺脹，胃氣上逆。建里，主心痛上搶心不欲食。鳩尾，主心寒脹滿不得食，息賁唾血，厥心痛，善噦，心疝太息。上管，主心痛有三蟲，多涎，不得反側。中管，主心痛難以俯仰。不容、期門，主心切痛，喜噫酸。靈道，主心痛悲恐，相引瘈瘲。肓門，主心下大堅。間使，主心懸如饑。然谷，主心如懸，少氣不足以息。郄門、曲澤、大陵，主心痛。少衝，主心痛而寒。

商丘，主心下有寒痛，又主脾虛令人病不樂好太息。凡卒心痛汗出，刺大敦出血立已。

凡心實者則心中暴痛，虛則心煩，惕然不能動，失智，內關主之。

《千金翼方·針灸中·心病》 卒心疝，暴痛汗出，刺大敦，左取右，右取左，男左女右，刺之出血，立已。

當下心一寸名巨闕，主心悶痛上氣引少腹冷，灸二七壯。脈不出，針不容兩穴，在幽門兩傍各一寸五分。

心裏懊憹，徹背痛，煩逆，灸心俞百壯。

心痛如錐刀刺氣結，灸膈俞七壯。

心痛冷氣上，鳩尾上二寸半名龍頷，灸百壯，不針。

心痛惡氣上脇痛急，灸通谷五十壯，在乳下二寸。

心痛暴惡氣叉心，灸巨闕百壯。

心痛胸脇滿，灸期門，隨年壯。

心痛堅煩氣結，灸太倉百壯。

心痛暴絞急欲絶，灸神府百壯，附鳩尾，正當心，有忌。

胸痺心痛，灸膻中百壯，忌針兩乳間。

心痛，灸臂腕横文三七壯。

心痛，灸兩虎口白肉際七壯。

心俞各灸二七壯，主心病，老小減之，不能食，胸中滿，膈上逆，氣悶熱，皆灸之。

《扁鵲心書·心痛》　皆由鬱火停痰而作，飲食生冷，塡於陽明、太陰分野，亦能作病，宜全眞丹。若胃口寒甚，全眞丹或薑附湯，不愈，灸中脘七十壯。若脾心痛發而欲死，六脈尚有者，急灸左命關五十壯而甦，内服來復丹、蓽澄茄散。若時痛時止吐清水者，乃蛔攻心包絡也，服安蟲散。若卒心痛，六脈沈微，汗出不止，爪甲青，足冷過膝，乃眞心痛也，不治。

《針灸資生經·心痛》　凡心實者則心中暴痛，虚則心煩，惕然不能動，失智，内關主之。凡卒心痛汗出，刺大敦出血立已。心俞、膻中、通谷、巨闕、太倉，神府，郄門、曲澤、大陵，主心痛。期門、長強、天突、俠白、中衝，主心痛短氣。尺澤，主心痛彭彭然，心煩亂悶，少氣不足息。然谷，主心如懸，少氣不足以息。心悶痛上氣，牽引小腸，灸巨闕二七壯。腎俞、復溜、大陵、雲門，主心痛如懸。間使，主心懸如饑。支溝、太谿、然谷，主心痛如錐刺，甚者，手足寒至節者死。行間，主心痛，色蒼蒼然如死灰狀，終日不得太息。鳩尾，主心寒脹滿不得食，息賁唾血，厥心痛，善噦，心疝太息。中管，主心痛，難俯仰。臨泣，主胸痺心痛，不得反側。腹結、行間，主痛搶心。通里，主卒痛煩心，心中懊憹，數欠頻伸，心下悸悲。靈道，主心痛悲恐，相引瘈瘲。建里，主心痛上搶心，不欲食。章門，主心痛而嘔。太泉，主心痛肺脹，胃氣上逆。鳩尾，主心寒脹滿，不得食。大都、太白，主暴泄心痛，腹脹，心痛尤甚。上管，主心痛，有三蟲，多涎，不得反側。不容、期門，主心切痛，喜噫酸。少衝，主心痛而寒。商丘，主心下有寒痛。胸痺心痛，天井、臨泣主之，或灸膻中百壯。膻中、天井，主胸心痛，心腹諸病。心痛灸太倉、肝俞。心腹、胸滿痞痛，灸肝俞。中管，治心痛。建里，療心痛。鬲俞，治心痛周痺。足臨泣，治心痛周痺，痛無常處。魚際，療心痺。

荆婦舊侍親疾，累日不食，因得心脾疼，發則攻心腹，後心痛亦應之，至不可忍，則與兒女别，以藥飲之，疼反甚，若灸則遍身不勝灸矣，不免令兒女各以火針微刺之，不拘心腹，須臾痛定，即欲起矣，神哉。

治心腹冷痛玉抱肚法：針砂四兩，炒似烟出，入白礬半兩，硇砂、粉霜各半錢，新水拌勻，微濕，以皮紙貼安懷中，候熱發，置臍中、氣海、石門、關元穴，大補本元，或置其他冷處，汗出立差。予自用驗。此藥燥則不熱，再以新水拌，再熱，可用十餘次，如藥力盡，卻曝乾，再入礬等，依舊熱。舍弟叔浩傳一方，只用針砂、泥礬，功效亦同，豈以硇砂、粉霜價不廉而不用耶。

予舊患心痺，發則疼不可忍，急用瓦片置炭火中，燒令通紅，取出投米醋中，漉出，以紙三二重裹之，置疼處，稍止，冷即再易，耆舊所傳也。後閲《千金方》有云，凡心腹冷痛，熬鹽一半熨，或熬蠶沙、燒磚石，蒸熨，取其裏溫暖止，或蒸土亦大佳，始知予家所用，蓋出《千金方》也。它日心疼甚，急灸中管數壯，覺小腹兩邊有冷氣自下而上，至灸處即散，此灸之功也。《本事方》載王思和論心忪非心忪也，胃之大絡，名曰建里，絡胸鬲及兩乳間，虚而有痰則動，更須與發一陣熱，是其證也，審若是，又當灸建里矣，但不若中管爲要穴云。

靈道，治心痛，悲恐相引，瘈瘲肘攣，暴瘖不能言。俠白，治心痛乾嘔煩滿。極泉，治心痛乾嘔。太淵，治心痛唾血，振寒咽乾，狂言口僻。陰郄、中衝，治心痛煩滿舌強。厥陰俞、神門、臨泣，治心痛。齦交，治面赤，心煩痛。天井，治心胸痛。下管，治心痛不可忍。外陵，治心如懸下痛。大陵、上管，治心痛不可忍。章門，治喘息心痛。湧泉、建里，治心下痛，不欲食。許云：心疼是有涎，宜針建里。幽門，治女子心痛，逆氣善吐，食不下。期門，治産餘疾，食不下，胸脇滿，心切痛，善噫。巨闕，療凡心痛有數種，冷痛、蛔蟲心痛，蠱毒、霍亂不識人，《銅》云：治蛔蟲心痛，蠱毒。中管，治心霻不能食，反胃，霍亂心痛。曲澤、督俞、鬲俞，療心痛。湧泉，療心痛不嗜食。少衝，療卒心痛。心俞，療寒熱心痛，背相引痛，胸滿悶，咳嗽不得息，煩心多涎。巨闕，療心痛不可忍，嘔血煩心。張仲文療卒心痛，不可忍，吐冷酸水，及元藏氣，灸足大指次指内横文中各一壯，炷如小麥，立愈。心懊憹，微痛煩逆，灸心

俞百壯。心痛如錐刀刺，氣結，灸鬲俞七壯。心痛冷氣上，灸龍頷百壯，在鳩尾頭上行一寸半，不可刺。心痛惡氣上脇急痛，灸通谷五十壯，在乳下二寸。心痛暴絞，急絕欲死，灸神府百壯，在鳩尾正心，有忌。心痛暴惡風，灸巨闕百壯。心痛堅煩氣結，灸太倉百壯。心痛，灸臂腕橫文三七壯，又灸兩虎口白肉際七壯。腎心痛，先取京骨、崑崙，發針不已，取然谷。胃心痛，取大都、太白。脾心痛，取然谷、太谿。肝心痛，取行間、太衝。肺心痛，取魚際、太淵。心痛不可按，煩心，巨闕主之。心痛有三蟲，多涎，不得反側，上管主之。心痛身寒，難以俯仰，心疝衝冒，死不知人，中管主之。心痛如針錐刺，然谷及太谿主之。心腹中卒痛，石門主之。行間、陰郄，主心痛。間使，治卒心痛，多驚，瘖不得語，咽中如鯁。曲澤，治心痛善驚。郄門，治心痛衄血，嘔噦，驚恐畏人，神氣不足。天泉，治心痛，胸脇支滿，咳逆，膺背胛臂內廉痛。太谿，治久瘧咳逆，心痛如錐刺，手足寒至節，喘息者死。

《聖濟總録·奇經八脈·治心腹灸刺法》 心痛短氣，手掌煩熱，或啼笑罵詈，悲思愁慮，面赤身熱，其脈實大而數，此爲可治。春當刺中衝，夏刺勞宮，季夏刺大陵，皆補之。秋刺間使，冬刺曲澤，皆瀉之。此是手心主包絡經也，又當灸巨闕，五十壯，背第五椎，百壯。

腎心痛，先取京骨、崑崙，針不已，取然谷。

胃心痛，取大都、太白。

脾心痛，取然谷、太谿。

肝心痛，取行間、太衝。

肺心痛，取魚際、太淵。

心痛引腰脊，欲嘔，刺足少陰。

心痛引背不得息，刺足少陰，不已，取手少陰。

心痛腹脹，澀澀然，大便不利，取足太陰。

心痛少腹滿，上下無常處，溲便難，刺足厥陰。

心痛短氣，不足以息，刺手太陰。

心痛不可按，煩心，巨闕主之。

心痛有三蟲，多涎，不得反側，上脘主之。

心痛身寒，難以俯仰，心疝衝冒，死不知人，中脘主之。

心腹中卒痛，石門主之。

心疝暴痛，取足太陰。

心懊憹，微痛煩逆，灸心俞百壯。

心痛如錐刀刺，氣結，灸膈腧七壯。

心痛冷氣上，灸龍頷百壯，在鳩尾頭上行一寸半，不可刺。

心痛惡氣上，脇急痛，灸通谷五十壯，在乳下二寸。

心痛暴，惡風，灸巨闕百壯。

心痛堅煩氣結，灸太倉百壯。

心痛，灸臂腕橫紋，三七壯，又灸兩虎口白肉際，七壯。

卒心痛，灸手中央長指端，三壯。又橫度病人口折之，以度心厭下，灸度頭三壯。心疝激痛難忍，灸巨闕及左右一寸，并百壯。又以繩度頸及度脊如之，令正相對，凡灸六處。卒心腹滿痛，灸乳下一十七壯。又灸兩手大拇指內邊，爪後第一紋頭，各一壯。又灸兩手中央長指爪下一壯，愈。

腹結，主繞臍痛搶心。

腹痛 針灸衝門，主寒氣滿腹中，積痛疼淫濼。

間使，主寒中少氣。

隱白，主腹中寒冷氣，脹喘。

復溜，主腹厥痛。

水分、石門，主少腹中拘急痛。

巨闕、上脘、石門、陰蹻，主腹中滿，暴痛汗出。

中極，主腹中熱痛。

行間，主腹痛而熱上拄心，心下滿。

太谿，主腹中相引痛。

湧泉，主少腹痛。

豐隆，主胸痛如刺，腹若刀切痛。

《素問病機氣宜保命集·流注針法》 心痛：脈沉，腎經原穴；弦，肝經原穴；澀，肺經原穴；浮，心經原穴；緩，脾經原穴。

《素問病機氣宜保命集·針之最要》 心痛，針少陰經太谿、湧泉，及足厥陰原穴。

《備急灸法·卒暴心痛》 甄權治卒暴心痛，厥逆欲死者，灸掌後三寸兩筋間，左右各十四壯。

《流注指要賦・刺心痛諸穴》 心痛引腰脊，欲嘔，刺足少陰。

心痛腹脹嗇嗇然大便不利，取足太陰。

心痛引小腹滿，上下無常處，便溺難，刺足厥陰。

心痛但短氣不足以息，刺手太陰。 太谿穴可灸三壯或五七壯，此瀉熱厥心痛。崑崙穴可灸三壯或五七壯，瀉熱厥痛。

接經法

心痛與背相接，善恐，如從後觸其心，傴僂者，腎心痛也，先刺京骨、崑崙，不已，刺合谷。

心痛腹脹胸滿，心尤痛者，胃心痛也，刺大都、太白二穴。

心痛如錐刺，乃心痛也，刺然骨、太谿。

心痛蒼蒼然如死狀，終日不得太息，乃肝心痛，取行間、太衝。

心痛卧若徒居，間動作痛益甚，其色不變，此肺心痛也，刺魚際、太淵，宣通氣行，無所凝滯則病愈也。

假令膽病，善潔，面青，善怒，得弦脈，人病心下滿，當刺膽井。 如見善潔、面青、善怒、脈又弦，人病身熱，當刺膽滎。 如依前色脈，人病體重節痛，當刺膽俞。 如見善潔、面青、善怒、脈又弦，人病喘咳寒熱，當刺膽經。 如依前色脈，又病逆氣而泄，當刺膽合。 餘經例皆倣此。

假令肝病，淋溲難，轉筋，兼人病或心下滿，或身熱，或體重節痛，或喘欬，或逆氣而泄，依前刺之，謂刺肝經諸穴也。 脈沉而弦。

假令小腸經病，面赤口乾，喜笑，或心下滿，刺井，或身熱，刺滎，或體重節痛，刺俞。 或喘欬寒熱，刺經，或逆氣而泄，刺合。 脈浮而洪。

假令心經病，煩心心痛，掌中熱而噦，脈沉而洪，或心下滿，刺井。 或身熱，刺滎。 或體重節痛，刺俞。 或喘欬寒熱，刺經。 或逆而泄，刺合。

假令胃經病，面黃善噫，善思，善味，脈浮而緩，依上法刺之。

《針經摘英集・治病直刺訣》 治心悶不已，刺手少陽經支溝二穴，足陽明經三里二穴。

治卒心痛不可忍，刺任脈上脘一穴，在蔽骨下三寸，足陽明、手太陽之會，針入八分，先補後瀉之，其穴下針，令患人覺針下氣行，如滾雞子入腹爲度，次針氣海二穴，足少陰湧泉二穴，無積者刺之如食頃而已，有積者先飲利藥後，刺之立愈。 如不已，刺手厥陰包絡經，間使二穴，在掌後三寸兩筋間陷

中。次針手少陽三焦經支溝二穴。 次針足陽明經三里二穴，如灸冷心痛，燔針針任脈巨闕穴，如五藏氣相干心痛者，刺之無不愈，有小腸氣，痃癖膀胱氣、脇痛等疾，皆痛至心，宜審諦不可執一而刺之。

《扁鵲神應針灸玉龍經・盤石金直刺秘傳》 寒氣攻注心脾，疼發時口吐清水，飲食不進，中脘，灸。 大陵。

《世醫得效方・真心痛》 灸法：心痛有三蟲，多涎，不得反側，上管穴主之。 若心痛身寒，難以俯仰，心疝，衝冒不知人，中管主之。 陰都二穴，在通谷穴下一寸，灸三壯，主心腹絞刺，痛不可忍。

《普濟方・針灸門・心痛》 治卒心痛汗出，穴：大敦，刺出血，立已。

治心痛，穴：心俞、膻中、通谷、巨闕、太倉、神府、郄門、曲澤、大陵。

治心痛氣短，穴：期門、長強、天突、俠白、中衝。

治心痛彭彭然，心煩亂悶，少氣不足以息，穴：尺澤。

治心如懸，少氣不足以息，穴：然谷。

治心悶痛，上氣牽引小腸，穴：巨闕，灸二七壯。

治心痛如懸，穴：腎俞、復溜、大陵、雲門。

治心懸如饑，穴：間使。

治心痛如錐刺，甚者，手足寒至節不息者死，《保命集》。 穴：支溝、太谿、然谷。

治心痛色蒼蒼然，如死灰狀，終日不得太息，穴：行間。

治心寒脹滿不得食，息賁唾血，厥心痛，善噦，心疝太息，穴：鳩尾。

治胸脾心痛，不得反側，及不得息，痛無常處，穴：臨泣。

治心痛難俯仰，及治身寒心疝衝冒，死不知人，穴：中脘。

治痛搶心，穴：腹結、行間。

治卒痛煩心，心中懊憹，數欠頻伸，心下悸悲，穴：通里。

治心痛悲恐，相引瘈瘲，穴：靈道。

治心痛上搶心，不欲食，及身腫，穴：建里。

治心痛而嘔，穴：章門。

治心痛肺脹，胃氣上逆，穴：湧泉。

治心寒脹滿不得食，穴：鳩尾。

治暴泄，心痛腹脹，心痛尤甚，《保命集》。 穴：大都、太白。

治心痛有三蟲，多涎不得反側，穴：上脘。
治心切痛，喜噫酸，穴：不容、期門。
治心痛而寒，穴：少衝。
治心下有寒痛，又治脾虛令人病不樂，好太息，穴：商丘。
治胸痺心痛，穴：天井、臨泣、膻中，或灸百壯。
治胸心痛，心腹諸病心痛，穴：膻中、天井、灸大倉、肝俞。
治心腹胸滿，痞痛，灸肝俞。
治心痛，穴：中脘。
治心痛，穴：建里。
治心痺，穴：魚際。
治心痛周痺，穴：膈俞。
治心痛周痺，痛無常處，穴：臨泣。
治心痛乾嘔煩滿，穴：俠白。
治心痛悲恐，相引瘈瘲肘攣，暴瘖不能言，穴：靈道。
治心痛乾嘔，穴：極泉。
治心痛唾血，振寒咽乾，狂言口僻，穴：太淵。
治心痛煩滿，舌強，穴：陰郄、中衝。
治心痛，穴：厥陰俞、神門。
治面赤心煩痛，穴：齦交。
治心胸痛，穴：天井。
治心痛不可忍，及不得卧，穴：下脘。
治心如懸下痛，穴：大陵。
治心痛不可忍，穴：上脘、大陵。
治喘息心痛，穴：章門。
治心下痛，不欲飲食，及心痛有涎，穴：建里、湧泉。
治凡心痛有數種，冷痛，蛔蟲心痛，蠱毒，霍亂不識人，及治蛔蟲心痛，蠱毒，穴：巨闕。
治心痛不能食，反胃，霍亂心痛，穴：中脘。
治心痛，穴：曲澤、督俞、鬲俞。
治心痛不嗜食，穴：湧泉。
治卒心痛，穴：少衝。
治寒熱心痛，背相引痛，胸滿悶，咳嗽不得息，煩心多涎，穴：心俞。
治心痛不可忍，嘔血煩心，穴：巨闕。
療卒心痛不可忍，吐冷酸水，及無臟氣，灸足大指次指內橫文中各一壯，炷如小麥，立愈。
治心懊憹微痛，煩逆，穴：心俞，灸百壯。
治心痛如錐刀刺，氣結，穴：鬲俞，灸七壯。
治心痛冷氣上，穴：龍頷，灸百壯。
治心痛惡氣上脇急痛，穴：通谷，灸五十壯。
治心痛暴絞，急絕欲死，穴：神府，灸百壯，在鳩尾正心有忌。
治心暴痛惡氣，穴：巨闕，灸百壯。
治心痛堅急氣結，穴：大倉，灸百壯。
治心痛，灸臂腕橫文三七壯，又灸兩虎口白肉際七壯。
治腎心痛，先取京骨、崑崙，發針不已，取然谷。
治胃心痛，取大都、太白。
治脾心痛，取然谷、太谿。
治肝心痛，色蒼蒼然如死灰狀，終日不得休息，《保命集》。取行間、太衝。
治肝心痛，取魚際、太淵。
治心痛不可按，煩心，穴：巨闕。
主心痛有三蟲，多涎不得反側。《危氏方》。穴：上脘。
主心痛身寒，難以俯仰，心疝衝胃，死不知人，穴：中脘。
主心痛如錐針刺，穴：然谷、太谿。
主心腹中卒痛，穴：石門。
主心痛，穴：陰郄、行間。
治卒心痛多驚，瘖不得語，咽中如鯁，穴：間使。
治心痛善驚，穴：曲澤。
治心痛衄血嘔噦，驚恐畏人，神氣不足，穴：郄門。
治心痛胸脇支滿，咳嗽，膺痺，臂內廉痛，穴：天泉。
治久瘧咳逆，心痛如錐刺，手足寒過節，喘息者死，穴：太谿。
心痛內九種乃心脾痛，而非眞心痛。眞心痛，則朝發夕死，夕發朝死，如

《難經疏》所載是已。然此疾亦有所自産，論嘗謂産後心痛，若誤以爲有所傷療之，則虚極而心絡寒甚，傳心之正經則變爲眞心痛，此一説也。巫臣以夏姬之故，怨子反曰，余必使汝疲於奔命以死，子反於是一歲也七奔命，遂遇心疾而卒，則又因用心而成疾矣。然則如之何，平居當養其心，使之和平，疾自不作，其次當服鎮心丹之類，補養可也，若疾將作而針灸，抑亦可以爲次矣。

治心痛，足心亂文中，以麥粒大艾炷，灸三壯，男左女右，每遇痛盛時，灸。

治眞心痛，論手足青至節，心痛甚者，旦發夕死，夕發旦死，療心痛及已死。《保命集》。

治心痛，但短氣不足以息，《保命集》。刺手太陰。

治瀉熱厥心痛，《保命集》。太谿灸三壯，或五七壯。

治瀉熱厥痛，《保命集》。崑崙灸三壯，或五七壯。

治心痛與背相接，善恐，如從後觸其心，傴僂者，腎心痛也，《保命集》。先刺京骨、崑崙，不已，刺合谷。

治心痛久卧，若徒居間動作，痛益甚者，其色不變，此肺心痛也，《保命集》。刺魚際、太淵，宣通氣行，無所礙滯，則病愈。

治卒心痛不可忍，刺任脈上脘，針入八分，先補後瀉之。其穴下針，令患人覺針下氣行如滚鷄子，入腹爲度。次針氣海二穴，足少陰湧泉二穴，無積者，刺之如食頃而已，有積者，先飲利藥，後刺之立愈。如不已，刺間使二穴。針支溝二穴，次針三里二穴，如灸冷心痛，燔針斜針任脈巨闕穴，如五臟氣相干心痛者，刺之無不愈，有小腸氣痃癖，膀胱氣脇痛等疾，皆痛至心，宜審諦，不可執一而刺之，如汗出，刺大敦出血，立已。

治心痛週痺，穴：鬲俞、臨泣。

治心痛短氣，手掌煩熱，或啼哭罵詈，悲思愁慮，面赤身熱，其脈實大用數，此爲可治。春當刺中衝，夏刺勞宮，季夏刺大陵，皆補之，秋刺間使，冬刺曲澤，皆瀉之，又當灸巨闕五十壯，背第五椎百壯。

治心疝暴痛，取足太陰。

治卒心痛，《肘後方》。手中央長指端，灸三壯，又横度病人口，折之以度心厭下，度頭灸三壯。

治心腹絞刺，痛不可忍，陰郄二穴，灸三百壯。

治心疼及治小兒心疼，足大拇指中節上，灸三壯即止，男左女右，其有蛔蟲鑽心疼甚，醫者不明其證，但服止疼等藥，大相遠也。如是蟲痛，作時面必青黑，仰身撲手，悶亂欲絶，止而口吐清水者是也。

右高其枕，拄其膝，欲令腹皮壓柔，灸其臍上三寸胃脘，有頃，其人患痛短氣，欲令人舉手者，小舉手間痛差緩。

治蛔心痛，以手按而堅持之，勿令得移，以大針刺之，後久持之，蟲不動乃出針。心下不事刺中有成聚不可取於俞，腸中有蛔蟲咬皆不取以小針。

治心痛引腰脊欲嘔，及不得息，《保命集》。刺足少陰，不已，取手少陰。

治心痛腹脹，嗇嗇然大便不利，《保命集》。刺足太陰。

治心痛引小腹滿，上下無常處，便溺難，《保命集》。刺足厥陰。

治腹有逆氣，上攻心腹脹滿，上搶心痛不得息，氣衝腰痛不得俯仰，氣衝各灸七壯，炷如大麥，禁針，次針三里二穴而愈。

治卒心腹滿痛，《肘後方》。乳下一寸灸七壯，又兩手大拇指肉邊爪後第一紋頭，各灸一壯，又兩手中央長指爪下，各灸一壯，愈。

治心腹疼痛不可忍，足大拇指甲頭，當中肉甲之間，男左女右，灸五壯，艾炷如麥粒大。《經驗方》云：景齊芳爲省倉日，一婢病此，痛不可忍，同官郭魯望傳是法，立愈。

治心腹痛嘔逆，中脘灸三百壯。

《普濟方·針灸門·少氣》 治心痛如錐刀刺，氣結，穴：膈俞，灸七壯。

治心腹滿，吐逆短氣，痰悶食難下，不消，穴：膽俞。

治心腹諸病，堅滿煩痛，憂鬱結氣，寒冷霍亂，心痛吐下，食不消，腸鳴泄痢，穴：太倉，灸百壯。

治氣結，穴：太倉，灸百壯。

治五臟六腑，心腹滿，腰背痛，飲食吐逆，寒熱往來，小便不利，羸瘦少氣，穴：三焦俞，灸隨年壯。

《神應經·諸般積聚部》 心氣痛連脇：百會、上脘、支溝、大陵、三里。

《神應經·心脾胃部》 心痛：曲澤、間使、内關、大陵、神門、太淵、太谿、通谷、心俞百壯、巨闕七壯。

心痛食不化：中脘。

胃脘痛：太淵、魚際、三里、兩乳下各一寸，各三十壯、膈俞、胃俞、腎俞。

隨年壯。

卒心疼不可忍，吐冷酸水：灸足大指次指內紋中，各一壯，炷如小麥大，立愈。

《奇效良方·心痛門》《病機要》曰：諸心痛者，皆少陰、厥陰氣上衝也，有熱厥心痛者，身熱足寒，痛甚煩躁而吐，額自汗出，知爲熱也，其脈浮大而洪，當灸太谿及崑崙，謂表裏俱瀉之，是謂熱病，汗不出，引熱下利，長汗通身而出者愈也。灸畢，服金鈴子散則愈，痛止，服枳朮丸去其餘邪也。

《針灸聚英·雜病》 心痛

有風寒、氣血虛、食積熱，針太谿、然谷、尺澤、行間、建里、大都、太白、中脘、神門、湧泉。

《針灸聚英·雜病歌》 心脾胃

心痛間使與曲池，內關大陵神門醫，太淵太谿通谷穴，巨闕百壯通心俞。心痛食不化中脘，胃脘痛兮治太淵，魚際三里兩乳下，一寸三十壯爲便。膈俞肺俞獨腎俞，隨年壯兮病即痊。心煩陽谿與神門，魚際腕骨少商焚，解谿穴與太白穴，更兼至陰與公孫。煩渴心熱與曲澤，心煩怔忡魚際穴，卒心疼兮不可忍，吐冷酸水難服藥，此患灸足最爲良，得效最速不虛謔，大指次指內紋中，各一壯炷如小麥。思慮過多無心緒，少力忘前失後起，尋穴須從百會中，患者灸之病自除。心風灸心俞中脘。患者煩悶腕骨觀，虛煩口乾肺俞攻。煩悶不卧治太淵，公孫隱白陰陵泉，肺俞三陰交六穴，治之何患病不痊。煩心喜噫治少商，再兼太谿陷谷康。心痺悲恐神門穴，大陵魚際定吉昌。懈惰須治照海中。心驚恐兮曲澤攻，天井靈道神門穴，大陵魚際二間同，液門百會厲兌上，通谷巨闕與少衝，章門通前十四穴，治之立見有神功。嗜卧百會與天井，二間三間太谿頂，照海厲兌及肝俞，嗜卧不言膈俞應。不得卧兮治太淵，公孫隱白陰陵泉，并治三陰交穴上，通宵得寢期安然。支滿不食治肺俞，振寒不食衝陽宜。胃熱不食下廉穴，胃脹不食水分宜。心中恍惚天井上，再兼巨闕與心俞。心喜笑兮陽谿中，陽谷神門大陵同，列缺魚際復溜上，再兼肺俞與勞宮。胃痛太淵與魚際，三里腎俞肺俞治，胃俞再兼兩乳下，一寸廿一壯病愈。翻胃下脘取之先，後取三里瀉宜然，胃俞脾俞及中脘，膈俞百壯患者安。噎食不下治勞宮，少商太白公孫同，三里中脘中魁穴，膈俞心俞胃俞中，三焦俞兮大腸俞，食兮下咽有神功。不能食兮治胃俞，少商三里然谷宜，再及大腸膈俞穴，通前六穴皆常醫。若不嗜食治中封，然谷內庭厲兌中，隱白陰陵泉上穴，脾俞胃俞小腸同。食多身疲脾胃俞，脾寒二間與中渚，液門合谷商丘中，中封照海陷谷裏，太谿至陰腰俞端，兼治三陰交乃止。乃若胃熱治懸鍾，胃寒有痰膈俞攻，脾虛腹脹穀不消，只治三里最爲高。脾病溏泄若不愈，此病須治三陰交，脾虛不便治商丘，三陰交灸三十休。膽虛嘔逆兼帶熱，若治氣海病即瘳。

《古今醫統大全·針灸直指·諸證針灸經穴》 心痛，宜刺，宜灸，犯寒者多灸：太谿、然谷、尺澤、行間、建里、大都、太白、中脘、神門、陰都、通谷。

諸氣逆上腹中雷鳴嘔逆煩滿憂思結氣心痛：太衝、太倉、胃脘，並宜灸。

《楊敬齋針灸全書·心氣疾痛》

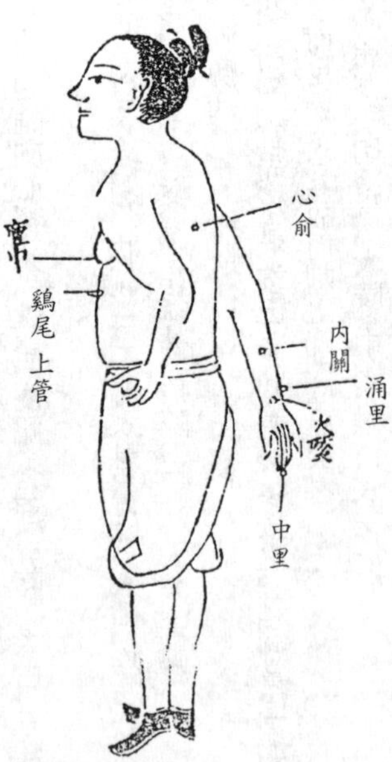

《針灸大成·心脾胃門》 心痛：曲澤、間使、內關、大陵、神門、太淵、太谿、通谷、心俞、百壯，巨闕，七壯。

心痛食不化：中脘。

卒心疼不可忍，吐冷酸水：灸足大指次指內紋中各一壯，炷如小麥大，立愈。

《針灸大成·續增治法·雜病》 心痛：有風寒、氣血虛、食積熱。針太谿、然谷、尺澤、行間、建里、大都、太白、中脘、神門、湧泉。

《針灸大成·治證總要》 第四十五：心胸疼痛：大陵、內關、曲澤。

問曰：心胸痛從何而得？答曰：皆因停積，或因食冷，胃脘冷積作楚。心痛有九種，有蟲食痛者，有心痺冷痛者，有陰陽不升降者，有怒氣衝心者，

此證非一，推詳其證治之。中脘、上脘、三里。

《壽世保元·灸法·灸諸病法》　一論治心疼神法：兩手肘後陷處疼痛是穴。先用香油半鍾，重湯煮，溫服，即用艾入水粉，揉爛爲炷，每處灸五壯，其痛立止。

《類經圖翼·針灸要覽·諸證灸法要穴》　肺心痛：卧若伏龜。太淵、五壯。尺澤、五壯。上脘、膻中、胸痺痛。

脾心痛：痛如針刺。內關、大都、五壯。太白、五壯。足三里、連承山。公孫。

肝心痛：色蒼蒼如死狀，終日不得休息。行間、七壯。太衝、七壯。

腎心痛：悲懼相控。太谿、然谷、各七壯。

胃心痛：腹脹胸滿，或蚘結痛甚，蚘心痛也。巨闕、二七壯。大都、太白、足三里，連承山。

胃脘痛：膈俞、脾俞、胃俞、內關、陽輔、商丘。

《病機沙篆·心痛》　針灸法：心脾疼痛：灸上脘、中脘、脾俞、胃俞、腎俞、足三里。刺內關、三里、三陰交、內庭、公孫，十一穴。

心痛欲絶，一時無藥，急灸大拇足指甲，男左女右，三壯立效。

《太乙神心法·心脾胃病門》　治法

心痛：針曲澤、間使、內關、大陵、神門、太淵、太谿、通谷、心腧、巨闕。

心痛食不化：針中脘。

卒心疼不可忍，吐冷吞酸：針足大趾次趾內中節紋。

《羅遺編·針灸要穴論》　心、腹、胸脇痛脹：太淵、尺澤俱五壯。上脘、膻中，胸痺痛。

脾心痛：痛如針刺，內關、大都五壯，太白，五壯。足三里、連承山。公孫。

肝心痛：色蒼蒼如死狀，終日不得休息，行間、太衝，俱七壯。

腎心痛：悲懼相控，太谿、然谷。俱七壯。

胃心痛：腹脹胸滿，或蚘結痛甚，蚘心痛也，巨闕，二七壯。大都、太白、足三里。連承山。

胃脘痛：膈俞、脾俞、胃俞、內關、陽輔、商丘。

《針灸逢源·證治參詳·心胸胃脘脹痛門》　心痛：心痛在岐骨陷中，胸痛則橫滿膈間，胃脘痛在心之下。曲澤、內關、大陵、神門、中脘。

諸心痛者，皆少陰厥氣上衝也，有熱厥心痛者，甚則煩燥而吐，額自汗出知爲熱也，其脈洪大，當灸太谿、崑崙各三壯，謂表裏俱瀉之，熱病汗不出，引熱下行，表汗通身出者愈也。

又：心痛，針湧泉、太衝。

胸脇痛：支溝、天井、大陵、期門、三里、章門、丘墟、陽輔、行間。

腋下痛或腫：陽輔、邱墟、臨泣。

《針灸全生·心胸脇腹》　心痛：曲澤、間使、內關、大陵、神門、太淵、太谿、通谷、心俞、巨闕。

腎心痛：痛引背善瘈，如從後觸其心，曲不能伸者，京骨、崑崙、然谷、太谿。

胃心病：胸腹脹滿，心尤痛甚，大都、太白、隱白、巨闕、足三里。連承山。

脾心痛：如錐刺心，然谷、太谿、內關、大都、五壯，太白、五壯，足三里、連承山。

肝心痛：色蒼蒼如死狀，終日不得太息，行間、太衝，均七壯。

肺心痛：色不改變，動作益甚，魚際、三壯，太淵、五壯，尺澤、五壯，上脘、膻中。胸痹痛。

心痛：筋縮，宜先按之，按已而刺，刺後復按之，其痛當已，如不已則上而手經，下而足經，求其故而刺之，則立已矣。

九種心痛：一切冷氣，大陵、中脘、隱白、公孫。

霍亂心痛：嘔吐痰涎，巨闕，灸。

心痞悶痛：內關、大陵、中脘、陰交。

心痛，食不化：中脘。

心煩：神門、陽谿、解谿、魚際、腕骨、少商、公孫、太白、至陰。

卒心痛不可忍，吐冷酸水：灸足大指次指內橫紋中各七壯，炷如小麥大，立時即愈。蕭福庵按：此穴能治諸氣痛及外腎吊疝，小腸氣等證，灸男左女右。

煩渴心熱：曲澤。

心煩怔忡：魚際。

心腹脹滿：懸鐘、內庭。

心胸疼痛：大陵、內關、曲澤、上脘、中脘、三里。

心氣痛連脇：百會、上脘、支溝、大陵、三里。

風壅氣滯，心腹刺痛：風門、膻中、勞宮、三里、内關。

《針灸便覽·中風》 心痛：曲澤、間使、内關、心俞、巨闕。

九種心痛：大陵、中脘、隱白、公孫。

卒心痛：灸足大指次指内横紋中，各七壯。

心胸疼痛：大陵、内關、曲澤、上脘、下脘。

胸中刺痛：大陵、内關、公孫、膻中。

心痛連脇：上脘、支溝、大陵、三里。

心胸痛：曲澤、内關、大陵。

心痛：曲澤、間使、内關、大陵。

《神灸經綸·身部證治》 九種心痛：巨闕、靈道、曲澤、間使、通谷。穴在乳下二寸。《千金》治心痛，惡氣上脇痛，急灸五十壯。

鬼擊心痛欲絶：支溝。又急灸大拇指足甲，男左女右，三壯。

肺心痛：卧若伏龜。太淵、尺澤、上脘、膻中。胸痺痛。

又：治心痛，灸虎口白肉際，各七壯。

脾心痛：痛如針刺。内關、大都、太白、足三里、連承山。公孫。

肝心痛：色蒼蒼如死狀，終日不得休息。行間、太衝。

腎心痛：悲懼相控。太谿、然谷。

《傳悟靈濟録·心腹胸脇痛脹》 肺心痛：卧若伏龜。太淵、尺澤、上腕、膻中。灸胸痺痛。

脾心痛：痛如針刺。内關、大都、太白、公孫、足三里。

肝心痛：色蒼蒼如死狀，終日不得休息，行間、太衝。

腎心痛：悲懼相控。太谿、然谷。

胃心痛：腹脹胸滿，或蚘結痛，即蚘心痛也。巨闕、大都、太白、足三里、承山。

《針灸集成·心胸》 心胸：手三陰經主之。《資》云：心邪實則心中暴痛，虚則心煩，惕然失智。

冷氣衝心痛：内關、太衝，三壯，獨陰，五壯，臍下六寸兩傍各一寸，灸三七壯。又：以蠟繩量患人口兩角爲一寸，作三摺成三角，以一角安臍心，兩角在臍下兩傍盡處點記，灸二七壯，立差。

驚恐心痛：神門、少衝、然谷、陽陵泉、内關。

心痛，面蒼黑欲死：尺澤，針，支溝，瀉，下三里，留針，合谷，二七壯，大陵，三壯，太衝。

心痛嘔涎：有三蟲則多涎，上脘，七壯。

《針灸穴法》 氣痛：膻中一穴、肺俞二穴、氣海一穴、三里二穴。

心氣痛：膻中一穴、鳩尾一穴、心俞二穴、内關二穴、通里二穴、大陵二穴、太衝二穴。

心氣痛：上脘一穴、大陵二穴、隱白二穴、三里二穴。

男女心氣痛：氣海一穴、章門二穴、魚腹二穴、三里二穴、命門一穴。

心氣，一切冷氣：中脘一穴，或中二穴、大陵二穴、公孫二穴。

九種心痛一切冷氣：大陵二穴、中脘一穴、隱白二穴。

《灸法秘傳·心腹痛》 眞心痛者不可治。今云心痛者，皆胸中胃脘痛也。若胸腹痛者，灸上脘。痛而不已，灸行間並灸膈俞。臍下冷痛，灸氣海、關元。少腹寒痛，灸中極。夾臍而痛，上衝心痛，灸天樞。

《針灸摘要·衝脈》 九種心疼，一切冷氣：大陵、中脘、隱白。

胃脘停食，疼刺不已：中脘、三里、解谿。

《名醫類案·心脾痛》 羅謙甫治江淮漕運使崔君長子，年二十五，體豐肥，奉養膏粱，時有熱證。友人勸食寒涼物，因服寒藥。至元庚辰秋，病瘧久不除，醫投以砒霜等藥，新汲水送下，禁食熱物，瘧病不除，反加吐利。脾胃復傷，中氣愈虚，腹痛腸鳴，時復胃脘當心而痛，屢易醫罔效。至冬還家，百療不瘥，延至四月間，瘧病久。因勞役煩惱，前證大作。羅診之，脈弦細而微，弦主痛，微細則爲虚寒。手足稍冷，面色青黄而不澤，情思不樂，惡煩冗，食少微飽則心下痞悶，嘔吐酸水，發作疼痛，冷汗時出，氣促悶亂不安，須人頬相抵而坐，少時易之。《内經》云：中氣不足，溲爲之變，腸爲之苦鳴。下氣不足，則爲痿厥心悗。又曰：寒氣客於腸胃之間，則卒然而痛，得炅則已。炅者，熱也。非甘辛大熱之劑，則不能愈。乃製扶陽助胃湯，方以炮乾薑錢半，人參、豆蔻仁、炙甘草、官桂、白芍各一錢，陳皮、白朮、吳茱萸各五分，黑附子炮去皮二錢，益智仁五分，作一服，水三盞，薑三片，棗二枚，食前溫服。三服大勢皆去，痛減過半。至秋，先灸中脘三七壯，以助胃氣，次灸氣海百餘壯，生發元氣，滋榮百脈，以還少丹服之，則善飲食，添肌肉，潤皮膚。明年春灸三里二七壯，乃胃之合穴也，亦助胃氣，又引氣下行。春以芳香助脾，復以育

氣湯加白檀香平治之，戒以懲忿，窒慾，慎言，節食，一年而平復。

《續名醫類案·心胃痛》 王叔權曰：荆婦舊侍疾，累日不食，因得心脾痛，發則攻心腹，後心痛亦應之，至不可忍，則與兒女別，以藥飲之，疼反甚，若灸，則遍身不勝灸矣。不免令兒女各以火針微刺之，不拘心腹，須臾痛定，即欲起矣。神哉。

王叔權舊患心脾痛，發則疼不可忍，急用瓦片置炭火中燒令通紅，取出投米醋中灑出，以紙三三重裹之，置於痛處稍止，冷即再易，耆舊所傳也。後閱《千金方》有云：凡心腹冷痛，熬鹽一升熨。或熬蠶沙，燒磚石蒸熨，取其溫裡暖中，或蒸土亦大佳，始知予家所用，蓋出《千金方》也。他日心疼甚，急灸中脘數壯，覺小腹兩邊有冷氣自下而上，至灸處即散，此灸之功也。

胃　痛

《針灸資生經·胃痛》 魚際，療胃氣逆。分水治胃脹不調，《銅》云，胃虛脹不嗜食。鬲俞，治胃脘暴痛。下管，治腹胃不調腹痛。腎俞，主胃寒脹。胃俞，治胃中寒。水分，治胃虛脹。三里，治胃中寒，心腹脹滿，胃氣不足，惡聞食臭，腸鳴腹痛，食不化。下廉，懸鍾治胃熱不嗜食。心俞，療胃中弱，食不下。太淵，療胃氣上逆，唾血。治胃補胃，胃俞百壯。胃寒不能食，食多身瘦，腸鳴腹滿，胃脹胃熱，三里三十壯。反胃，食即吐，上氣，灸兩乳下各一寸，以差爲期。又臍上一寸二十壯，又內踝下三指稍斜向前穴三壯。

《針灸資生經·脾疼》 府舍，治疝癖，脾中急痛，循脇上下搶心，腹滿積聚，厥氣兩乳。商丘，治脾虛令人不樂。三陰交，治脾病身重。

予嘗久患脾疼，服治脾藥，反膨脹不得已，依《耆域方》用麵裹火炮蓬莪茂末，水與酒醋煎服，立愈。已而告人，人亦云，高良薑末米飲調服，亦作效。後鄭教授傳一方云，草果、延胡索、靈脂、幷沒藥，酒調三兩錢，一似手拈卻。草果子、五靈脂四味等分爲末，此亦平穩藥也，有此疾者宜服之。或不吐不瀉，心中疼甚，日輕夜甚者，用乾鹽梅幷茶煎服，神效。若灸者，宜上管、中管、下管、脾俞、三陰交等穴。

《普濟方·針灸門·胃痛》 治胃氣逆，穴：魚際。

治胃氣上逆，唾血，穴：太淵。

治胃脹不調，胃虛，不嗜食，穴：水分。

治胃弱補胃，穴：胃俞，灸百壯。

治胃寒不能食，食多身瘦，腸鳴腹滿，胃脹胃熱，穴：三里，三十壯。

治胃寒脹，穴：腎俞。

治胃中寒，穴：胃俞。

治胃虛脹，穴：水分。

治胃中寒，心腹脹滿，胃氣不足，惡聞食臭，腸鳴腹痛，食不化，穴：三里。

治胃熱不嗜食，穴：下廉、懸鍾。

治胃中弱，食不下，穴：心俞。

治胃脘暴痛，穴：鬲俞。

《神應經·心脾胃部》 胃痛：太淵、魚際、三里、腎俞、肺俞、胃俞、兩乳下。灸一寸各二十壯。

《針灸大成·心脾胃門》 胃脘痛：太淵、魚際、三里、兩乳下，各一寸，各三十壯。膈俞、胃俞、腎俞。隨年壯。

胃痛：太淵、魚際、三里、腎俞、肺俞、胃俞、兩乳下。灸一寸，各二十一壯。

《針灸逢源·證治參詳·心胸胃脘腹痛門》 胃脘痛：胃之上口曰賁門，與心相連，故胃脘當心而痛，亦由痰食積氣鬱遏清陽，濁陰不降，阻礙道路而爲痛，其或滿脹，或嘔吐，噯氣吞酸，不能食，或大便難，或瀉痢不止，或面浮面黃，本病與客邪雜見也。內關、膈俞、胃俞、商丘。

《針灸全生·脾胃》 胃脘痛：太淵、魚際、三里、兩乳下各一寸，各三十壯，膈俞、胃俞、腎俞。

胃脘停食，刺痛：中脘、三里、解谿。

胃脘停痰，口吐清水：中脘、厲兌、巨闕、公孫。

《針灸全生·心腹胸脇脹痛》 胃脘痛：膈俞、脾俞、腎俞、內關、陽輔、商丘。

《針灸便覽·中風》 胃脹不食：水分、下廉。

《神灸經綸·身部證治》 胃心痛：巨闕、大都、太白、足三里。連承山。

胃脘痛：膈俞、脾俞、胃俞、內關、陽輔、商丘。

心脾脹痛：上脘、中脘、脾俞、胃俞、胷俞、隱白、足三里。

腹中脹痛：膈俞、脾俞、胃俞、腎俞、大腸俞、中脘、脾寒，水分、天樞、石門、心下堅滿，內關、足三里、商丘。脾虛。

小腹脹痛：三焦俞、章門、三陰交、足三里、丘墟、太白、行間、氣海。治臍下三十六疾，小腹痛欲死者，灸之即生。

《傳悟靈濟録・心腹胸脇痛脹》 胃脘痛：脾俞、膈俞、胃俞、內關、陽輔、商丘。

《針灸集成・腹脇》 胃脘痛：肝俞、脾俞、下三里、膈俞、太衝、獨陰、兩乳下各一寸，灸二十壯。

《針灸穴法》 中脘停食刺疼不止：解谿二穴、中脘一穴、三里二穴。

飲食不化，脾胃痛：中脘一穴、氣海二穴、脾俞二穴。

《針灸摘要・陰維脈》 中滿不快，胃脘傷寒：中脘、大陵、三里、膻中。

脾胃氣虛，心腹脹滿：太白、三里、氣海、水分。

風壅氣滯，心腹刺痛：風門、膻中、勞宮、三里。

《針灸大成・醫案》 甲戌歲，觀政田春野公迺翁，患脾胃之疾，養病天壇，至敝宅數里，春野公每請必親至，竭力盡孝。予感其誠，不憚其遠，出朝必趨視。告曰：脾胃乃一身之根蒂，五行之成基，萬物之父母，安可不由其至健至順哉？苟不至健至順，則沉痾之咎，必致矣。然公之疾，非一朝所致，但脾喜甘燥，而惡苦濕，藥熱則消於肌肉，藥寒則減於飲食，醫治久不獲當，莫若早灸中脘、食倉穴。忻然從之，每穴各灸九壯，更針行九陽之數，瘡發漸愈。春野公今任兵科給事中，迺翁迺弟，俱登科而盛壯。

脇痛

《素問・骨空論》 眇絡季脇引少腹而痛脹，刺譩譆。（王冰注）眇，謂俠脊兩傍空軟處也。少腹，齊下也。

《太素・雜病・息積病》 黃帝問於岐伯曰：病脇下滿，氣逆行，二三歲不已，是爲何病？岐伯曰：名曰息積，此不妨於食，不可灸，刺精爲引服藥，藥不能獨治也。脇下滿，肝氣聚也。因於喘息，則氣逆行，故氣聚積，經二三歲，名曰息積，無妨於食，而不可灸，可以刺引精並服藥，藥行不可更刺。

《扁鵲心書・附竇材灸法》 脇痛不止，乃飲食傷脾，灸左命關一百壯。兩脇連心痛，乃恚怒傷肝脾腎三經，灸左命關二百壯，關元三百壯。

《扁鵲心書・兩脇連心痛》 此證由憂思惱怒，飲食生冷，醉飽入房，損其脾氣，又傷肝氣，故兩脇作痛。庸醫再用寒涼藥，重傷其脾，致變大病，成中滿番胃而死。或因惱怒傷肝，又加青陳皮、枳殼實等，重削其肝，致令四肢羸瘦，不進飲食而死。治之正法：若重者，六脈微弱，羸瘦，少飲食，此脾氣將脱，急灸左命關二百壯，固住脾氣，則不死。後服金液、全眞、來復等丹，及蓽澄茄散，隨證用之自愈。

《扁鵲心書・老人兩脇痛》 此由胃氣虛，積而不通，故脇下脹悶，切不可認爲肝氣，服削肝寒涼之藥，以速其斃。服草神金液十日，重者灸左食竇穴，一灸便有下氣而愈，再灸關元百壯，更佳。

《素問病機氣宜保命集・針之最要》 兩脇痛，針少陽經丘墟。

《針經摘英集・治病直刺訣》 治胸脇痛不可忍，刺足厥陰經期門二穴，肝之募也，在不容傍一寸五分，直兩乳第二肋端，足太陰、陰維之會，針入四分。次針章門二穴，脾之募也，在大橫外直臍季肋端，側卧，屈上足伸下足，舉臂取之，足少陽之會，針入六分，可灸七壯，至七七壯。次針足厥陰經行間二穴，足少陽經丘墟二穴，足少陰經湧泉二穴。

《扁鵲神應針灸玉龍經・盤石金直刺秘傳》 一切遊走氣攻胸脇疼痛，語言咳嗽難，不可轉側，支溝、右疼瀉左，左疼瀉右。委中，出血。

《普濟方・針灸門・胸脇痛》 治兩脇急痛，穴：肝俞、脾俞、志室。

治脇支急痛，穴：支溝。

治脇下堅痛，穴：中脘、承滿。

治脇痛不得息，穴：腕骨、陽谷。

治脇痛不得卧，胸滿喘無所出，穴：膽俞、章門。

治脇痛咳逆，穴：竅陰。

治短氣，脇痛心煩，穴：尺澤、少澤。

治脇下脹，穴：關元、期門、少商。

治脇下滿痛，穴：極泉。

治脇痛，穴：膈俞、中膂俞、竅陰、陽谷、顱囟。

治兩脇急痛，穴：肝俞。

治脇下痛不得息，穴：腕骨。

治脇滿引小腹痛，穴：腎俞。

治飧泄，腹脇痛滿，狂走，夾臍腹痛，食不化，喘息不能行，穴：上廉。

治腹脇痛連脊，手足厥冷，穴：太谿。

療胸脇徹背痛，穴：雲門。

治脇膈痛，穴：三里。

治胸脇痛，穴：華蓋。

治脇卒痛如打出，《肘後方》。穴：以繩横度兩乳中間，屈繩從乳，横度以趨痛脇下，灸繩下屈處三十壯，便愈。

治兩脇引痛，穴：腎俞。

《神應經・胸背脇部》 脇滿：章門。

脇痛：陽谷、腕骨、支溝、膈俞、申脈。

脇與脊引：肝俞。

《針灸聚英・雜病》 脇痛：肝火盛，木氣實，有死血、痰注、肝急，針丘墟、中瀆。

《古今醫統大全・針灸直指・諸證針灸經穴》 脇痛：木氣實，肝火盛，有死血、痰。丘墟、中瀆。宜刺。

《楊敬齋針灸全書・傷寒脇肋痛》

《針灸大成・胸背脇門》 脇痛：章門。

脇痛：陽谷、腕骨、支溝、膈俞、申脈。

缺盆腫：太淵、商陽、足臨泣。

脇與脊引：肝俞。

胸連脇痛：期門先針。章門、丘墟、行間、湧泉。

《針灸大成・續增治法・雜病》 脇痛：肝火盛，木氣實，有死血瘀注，肝急，針丘墟、中瀆。

《針灸大成・治證總要》 第四十六：脇肋疼痛：支溝、章門、外關。

問曰：此證從何得之？答曰：皆因怒氣傷肝，血不歸元，觸動肝經，肝藏血，怒氣甚，肝血不歸元，故得是證。亦有傷寒後脇痛者，有挫閃而痛者，不可一例治也，宜推詳治之，復刺後穴：行間，瀉肝經，治怒氣。中封、期門，治傷寒後脇痛。陽陵泉，治挫閃。

《類經圖翼・針灸要覽・諸證灸法要穴》 脇肋脹痛：膈俞、章門、七壯，陽陵泉、丘墟。三壯。

《景岳全書・雜證謨・脇痛》 治卒脇痛不可忍者，用蠟繩横度兩乳中，半屈繩，從乳斜趨痛脇下，繩盡處灸三十壯，更灸章門、七壯。丘墟，三壯，可針入五分。

《病機沙篆・脇痛》 針法：怒傷肝氣，血不歸原，脇痛不止，取：行間、期門。

肝積氣塊脇痛，及藏府虚冷，兩脇刺痛，取：支溝、章門、陽陵泉、臨泣。

胸脇痛不可忍，取：章門、行間、期門、丘墟。

兩脇下痛，奄奄欲絶，此爲奔豚，急以熱湯浸兩手足，頻頻易之，次灸：氣海、關元、期門各百壯。

《太乙神針心法・胸背脇門》 脇滿：針章門。

脇痛：針陽谷、腕骨、支溝、膈腧、申脈。

缺盆腫：針太淵、商陽、足臨泣。

脇與脊引：針肝腧。

《羅遺編・針灸要穴論》 脇肋脹痛：膈俞、章門、七壯。陽陵泉、丘墟。

《針灸全生・心胸脇腹》 脇肋痛：支溝、章門、期門、外關、行間、中封、陽陵泉。

脇肋痛，心脘疼：内關、氣海、行間、陽陵。

痞塊不散，胸中悶痛：内關、大陵、中脘、陰交。

胸連脇痛：期門、章門、邱墟、行間、湧泉。

跌撲停瘀，腹脇脹滿：然骨、出血，太衝、大敦。

心痛暴脹，胸脇支滿：然骨，出血，令人立饑欲食。

《針灸全生·心腹胸脇脹痛》 脇肋脹痛：膈俞、章門七壯。陽陵泉、邱墟。三壯。

《神灸經綸·身部證治》 胸脇支滿：俠溪。

胸脇疼：膈俞、支溝、邱墟。

胸膈痰壅：公孫。

脇痛：奄奄欲絶，此爲奔豚，急以熱湯浸兩手足，頻頻易之。氣海、關元、期門、陰竅。

左脇積痛：肝俞。此穴若同命門一並灸，兩目昏暗者可使復明。

兩脇脹滿：膽俞、意舍、陰陵泉。

脇肋脹痛：膈俞、章門、陽陵泉、丘墟。

《傳悟靈濟録·心腹胸脇痛脹》 脇肋脹痛：膈俞、章門、丘墟、三壯。陽陵泉。

《針灸穴法》 兩脇刺痛：支溝二穴、章門二穴、膻中一穴。

心脘脇肋刺痛：氣海一穴、行間二穴、陽陵泉二穴。

脇下起止艱難：支溝二穴、章門二穴、陽陵二穴。

兩脇脹滿，氣攻痛：陽陵二穴、章門二穴、絶骨二穴。

《灸法秘傳·脇痛》 脇痛在左，肝經受邪。在右，肝邪入肺，宜灸臨泣可愈。臨泣，從兩目中直上入髮際五分陷中。

《針灸摘要·衝脈》 脇肋下痛，起止艱難：支溝、章門、陽陵泉。

兩脇脹滿，氣攻疼痛：絶骨、章門、陽陵泉。

《針灸摘要·陰維脈》 中焦痞滿，兩脇刺痛：支溝、章門、膻中。

脇肋下疼，心脘刺痛：氣海、行間、陽陵泉。

臟腑虛冷，兩脇疼痛：支溝、通里、章門、陽陵泉。

腹脹、腹滿

《素問·太陰陽明論》 腹暴滿，按之不下，取手太陽經絡者，胃之募也。〔王冰注〕太陽爲手太陽也。手太陽，太陽經絡之所生，故取中脘穴，即胃之募也。《中誥》曰：中脘，胃募也，居蔽骨與齊中，手太陽、少陽、足陽明脈所生，故云經絡者胃募也。 少陰俞去脊椎三寸傍五，用員利針。〔王冰注〕謂取足少陰俞外去脊椎三寸兩傍穴，各五痏也。少陰俞謂第十四椎下兩傍，腎之俞也。

《靈樞·九針十二原》 脹取三陽。

《靈樞·雜病》 厥而腹嚮嚮然，多寒氣，腹中穀穀，便溲難，取足太陰。

腹滿大便不利，腹大亦上走胸嗌，喘息喝喝然，取足少陰。腹滿食不化，腹嚮嚮然不能大便，取足太陰。

小腹滿大，上走胃，至心，淅淅身時寒熱，小便不利，取足厥陰。

《靈樞·脹論》 凡此諸脹者，其道在一，明知逆順，針數不失，瀉虛補實，神去其室，致邪失正，眞不可定。麤之所敗，謂之夭命。補虛瀉實，神歸其室，久塞其空，謂之良工。

黃帝問於岐伯曰：脹論言無問虛實，工在疾瀉，近者一下，遠者三下，今有其三而不下者，其過焉在？岐伯對曰：此言陷於肉肓，而中氣穴者也，不中氣穴，則氣內閉，針不陷肓，則氣不行，上越中肉，則衛氣相亂，陰陽相逐，其於脹也，當瀉不瀉，氣故不下，三而不下，必更其道，氣下乃止，不下復始，可以萬全。烏有殆者乎？其於脹也，必審其胗，當瀉則瀉，當補則補，如鼓應桴，惡有不下者乎。

《太素·雜病·刺腹滿數》 少腹滿大，上走胃至心，泝泝身時寒熱，小便不利，取足厥陰。水氣聚於少腹，上走至於心下，泝泝惡寒寒熱，小便不利，下熱也。是足厥陰所由，故取其俞穴也。 腹滿，大便不利，腹大，上走胸嗌，喘息喝喝然，取足少陰。此皆足少陰脈所行之處，故取其脈之俞穴。有本少陰爲少陽。【略】腹滿食不化，腹嚮嚮然不便，取足太陰。腹滿食不化，腹虛脹不大便，皆足太陰脈所主，故取之輸穴也。 腹痛，刺臍左右動脈，已刺，按之，立已。不已，刺氣街，已刺按之，立已。腹痛，足陽明脈所主，故臍左右動脈，足陽明動也。氣街亦是足陽明動脈，故不已取之也。 腹暴滿，按之不下，取太陽經絡。經絡者，則人募者也。少陰輸，去脊椎三寸，傍五，用員利針。足太陽與足少陰爲表裏。足少陰上行貫肝膈，發腹諸穴。故腹暴滿，故取太陽經絡。經脈絡脈，人之盛募之氣。腹滿亦取足少陰之俞，俠脊相去三寸，俞旁五取之，用員利針。募，有本爲幕也。

《武威漢代醫簡》 瀗㥯出箴，寒氣在胃莞。[腹][瀗][腸]□□□□留

箴，病者呼四五十乃出箴，次刺〔19〕膝下五寸分間榮深三分，留箴如炊一升米頃出箴，名曰三里。次刺項從上下十一椎俠椎兩刺榮〔20〕深四分，留箴百廿息乃出箴，名曰肺輸，刺後三日病僉平復。黃帝治病神魂忌，人生一歲毋灸心〔21〕，十日而死，人生二歲毋灸腹，五日而死，人生三歲毋灸背，廿日死，人生四歲毋灸頭，三日而死，人生五〔22〕歲毋灸足，六日而死，人生六歲毋灸手，二日死，人生七日毋灸脛，卅日而死，人生八歲毋灸肩，九日而死，人〔23〕〔有脫簡〕者與五歲同，六十至七十者與六歲同，七十至八十者與七歲同，八十至九十者與八歲同，九十至〔24〕百歲者與九歲同，年已過百歲者不可灸刺，氣脈壹絕，灸刺者隨箴灸死矣。獨〔25〕

右列諸簡，記述古代針灸醫術及禁忌。

自簡19首端有「瀌僉出箴」四字，是另方之尾，原簡脫。簡20文中「兩」下疑脫一「傍」字。簡23與簡24文義不銜接，有脫簡。簡25文義未盡，疑有脫簡。

簡19至簡21，是記錄針療腹脹病方法。簡文中「三里」、「肺輸」均穴名。惟肺輸部位與《針灸甲乙經》不同。肺腧《針灸甲乙經》謂：「第三椎下兩傍各一寸五分」，而十一椎下兩傍各一寸五分之穴，則是脾腧。「俠椎」即「俠脊」。《針灸甲乙經》：「背自第一椎兩傍俠脊各一寸五分」。文中兩提刺「榮」。《靈樞・壽夭剛柔第六》論針刺有三變：「有刺榮者，有刺衛者，有刺寒痹之留經者……刺榮者出血，刺衛者出氣，刺寒痹者內熱」。所謂「榮」、「衛」等，有深淺、氣血等概念。「息」，呼吸謂之息。

自簡21至簡25系記錄針灸禁忌。記人從一歲至一百歲的各個年齡階段針灸治療時，應禁忌的器官部位。所謂「神魂忌」，系封建迷信語言。

簡文中多異體字或通假字。如：「瀌」即「滿」字；「箴」即「針」字；「刺」即「刺」字；「炰」即「灸」字；「歲」、「歳」、「蔵」、「葳」，皆爲「歲」字。「久」用作「灸」。簡23的「七日」爲七歲之誤。

《甲乙經・脾胃大腸受病發腹脹滿腸中鳴短氣》 腹滿大便不利，腹大，直走胸嗌，喝喝然，取足少陽。腹滿食不化，嚮嚮然不得大便，取足太陽。腹痛刺臍左右動脈，已刺，按之立已，不已，刺氣街，按之立已。腹暴痛滿，按之不下，取太陽經絡血者則已，又刺少陰去脊椎三寸傍五，用員利針，刺已，如食頃久，立已，必視其經之過於陽者數刺之。腹滿不能食，刺脊中。腹中氣脹引脊痛，食飲而身羸瘦，名曰食㑊，先取脾俞，後取季脇。大腸轉氣，按之如覆杯，熱引胃痛，脾氣寒四肢，不嗜食，脾俞主之。胃中寒脹，食多身體羸瘦，腹中滿而鳴，腹䐜風厥，胸脇榰滿，嘔吐，脊急痛，筋攣，食不下，胃俞主之。頭痛，食不下，腸鳴，臚脹，欲嘔時泄，三焦俞主之。腹滿臚脹，大便泄，意舍主之。臚脹水腫，食飲不下，多寒，胃倉主之。寒中傷飽，食飲不化，五臟䐜滿脹，心腹胸脇榰滿脹，則生百病，上脘主之。腹脹不通，寒中傷飽，食飲不化，中脘主之。食飲不化，入腹還出，下脘主之。腸中常鳴，時上衝心，灸臍中。心滿氣逆，陰都主之。大腸寒中，大便乾，腹中切痛，肓俞主之。腹中盡痛，外陵主之。腸鳴相逐，不可傾倒，承滿主之。腹脹善滿，積氣，關門主之。食飲不下，腹中雷鳴，大腸不節，小便赤黃，陽綱主之。腹脹腸鳴，氣上衝胸，不能久立，腹中痛濯濯，冬日重感於寒則泄，當臍而痛，腸胃間遊氣切痛，食不化，不嗜食，身腫，俠臍急，天樞主之。腹中有大熱不安，腹有大氣如相俠暴，腹脹滿，癃淫濼，氣衝主之。腹滿痛，不得息，正臥屈一膝，伸一股，並刺氣衝，針上入三寸，氣至瀉之。寒氣腹滿，癃淫濼，身熱，腹中積聚疼痛，衝門主之。腹中腸鳴，盈盈然，食不化，脇痛不得臥，煩熱中不嗜食，胸脇榰滿，喘息而衝鬲嘔，心痛及傷飽，身黃疾，骨羸瘦，章門主之。腸鳴而痛，溫溜主之。腸腹時寒，腰痛不得臥，手三里主之。腹中有寒氣，隱白主之。腹滿嚮嚮然，不便，心下有寒痛，商丘主之。腹中熱，若寒，腹善鳴，強欠，時內痛，心悲氣逆，腹滿，漏谷主之，已刺外踝，上氣不止，腹脹而氣快然引肘脇下，皆主之。腹中氣脹，嗑嗑不嗜食，脇下滿，陰陵泉主之。喘，少氣不足以息，腹滿，大便難，時上走胸中鳴，脹滿，口舌中吸吸，善驚，咽中痛，不可內食，善怒恐不樂，大鍾主之。嗌乾腹瘈痛，坐臥目䀮䀮，善怒多言，復溜主之。寒，腹脹滿，厲兌主之。腹大不嗜食，衝陽主之。厥氣上榰，太谿主之。大腸有熱，腸鳴腹滿，俠臍痛，食不化，喘不能久立，巨虛上廉主之。腸中寒，脹滿善噫，聞食臭，胃氣不足，腸鳴腹痛泄，食不化，心下脹，三里主之。腹滿胃中有熱，不嗜食，懸鍾主之。

《甲乙經・五臟六腑脹》 心脹者，心俞主之，亦取列缺。肺脹者，肺俞主之，亦取太淵。肝脹者，肝俞主之，亦取太衝。脾脹者，脾俞主之，亦取太白。腎脹者，腎俞主之，亦取太谿。胃脹者，中脘主之，亦取章門。大腸脹者，天

樞主之。小腸脹者，中窌主之。膀胱脹者，曲骨主之。三焦脹者，石門主之。膽脹者，陽陵泉主之。五臟六腑之脹，皆取三里，三里者，股之要穴也。

胸滿心腹積聚痞痛，灸肝輸百壯，三報。

《千金要方·胃腑·脹滿》 臚脹脇腹滿，灸膈俞百壯，三報。

脹滿水腫，灸脾俞，隨年壯，三報。

腹中氣脹引脊痛，食飲多，身羸瘦，名曰食晦。先取脾俞，後取季脇。

藏府積聚脹滿，羸瘦不能飲食，灸三焦俞，隨年壯。

脹滿雷鳴，灸大腸俞百壯，三報。

脹滿氣聚寒冷，灸胃管百壯，三報，穴在鳩尾下三寸。

腹脹滿遶臍結痛，堅不能食，灸中守百壯，穴在臍上一寸，一名水分。

脹滿瘕聚，滯下疼冷，灸氣海百壯，穴在臍下一寸，忌不可針。

脹滿氣如水腫狀，小腹堅如石，灸膀胱募百壯，穴在中極，臍下四寸。

脹滿腎冷，瘕聚泄痢，灸天樞百壯，穴在臍傍相對橫去臍兩傍各二寸。

《千金要方·針灸下·心腹》 腹病：復溜、中封、腎俞、承筋、陰包、承山、大敦，主小腹痛。

氣海，主少腹疝氣，遊行五藏，腹中切痛。

石門、商丘，主少腹堅痛，下引陰中。

關元、委中、照海、太谿，主少腹熱而偏痛。

膈俞、陰谷，主腹脹胃管暴痛，及腹積聚肌肉痛。

高曲，主腹中積聚時切痛。一名商曲。

四滿，主腹僻切痛。

天樞，主腹中盡痛。

外陵主腹中盡疼。

崑崙，主腹痛喘暴滿。

氣衝主身熱腹痛。

腹結，主繞臍痛搶心。

衝門，主寒氣滿，腹中積痛疼淫濼。

間使，主寒中少氣。

隱白，主腹中寒冷，氣脹喘。

復留，主腹厥痛。

鳩尾，主腹皮痛搔癢。

水分，石門，主少腹中拘急痛。

巨闕、上管、石門、陰蹻，主腹中滿暴痛汗出。

中極，主腹中熱痛。

行間，主腹痛而熱上柱心，心下滿。

太谿，主腹中相引痛。

湧泉，主風入腹中，少腹痛。

豐隆，主胸痛如刺，腹若刀切痛。

《千金要方·針灸下·心腹》 脹滿病：中極，主少腹積聚，堅如石，小腹滿。

通谷，主結積留飲癖囊，胸滿飲食不消。

膀胱俞，主堅結積聚。

胃管、三焦俞，主少腹積聚，堅大如盤，胃脹，食飲不消。

上管，主心下堅積聚冷脹。

三里、章門、京門、厲兑、內庭、陰谷、絡卻、崑崙、商丘、陰陵泉、曲泉、陰谷，主腹脹滿不得息。

隱白，主腹脹逆息。

尺澤，主腹脹喘振慄。

解谿，主腹大下重。

大鍾，主腹滿便難。

肝俞、包肓，主少腹滿。

水道，主少腹脹滿，痛引陰中。

日月、大横，主少腹熱欲走太息。

委中，主少腹堅腫。

關元，主寒氣入腹。

懸樞主腹中積上下行。

懸鍾，主腹滿。

脾俞、大腸俞，主腹中氣脹引脊痛，食飲多而身羸瘦，名曰食晦，先取脾俞，後取季肋。

陰市，主腹中滿痿厥少氣。

丘墟，主大疝腹堅。

京門，主寒熱䐜脹。

高曲，主腹中積聚。

肓俞，主大腹寒疝。

天樞，主腹脹腸鳴氣上衝胸。

氣衝，主腹中大熱不安，腹有大氣，暴腹脹滿，癃淫濼。

太衝，主羸瘦恐懼，氣不足，腹中悒悒。

期門，主腹大堅，不得息，脹痺滿，少腹尤大。

太陰郄，主腹滿積聚。

衝門，主寒氣腹滿，腹中積聚疼痛。

巨闕、上管，主腹脹五藏脹心腹滿。

中管，主腹脹不通，疰大便堅，憂思損傷，氣積聚，腹中甚痛，作膿腫，往來上下。

陰交，主五藏遊氣。

中極，主寒中腹脹。

太谿，主腹中脹腫。

三里、行間、曲泉，主腹䐜滿。

陷谷，主腹大滿喜噫。

衝陽，主腹大不嗜食。

解谿，主厥氣上柱腹大。

隱白，主腹滿喜嘔。

五里，主心下脹滿而痛上氣。

太白、公孫，主腹脹食不化，鼓脹腹中氣大滿。

商丘，主腹中滿，嚮嚮然不便，心下有寒痛。

漏谷，主腸鳴，強欠，心悲，氣逆，腹䐜滿急。陰陵泉，主腹中脹不嗜食，脇下滿，腹中盛水脹，逆不得卧。

蠡溝，主數噫恐悸，氣不足，腹中悒悒。

凡腹中熱，喜渴涎出，是蛔也。以手聚而按之，堅持勿令得移，以大針刺中管，久持之，中不動，乃出針。

凡腹滿痛不得息，正仰卧，屈一膝，申一腳，並氣衝針入三寸，氣至瀉之。

陰都，主心滿氣逆腸鳴。

陷谷、溫溜、漏谷、復留、陽綱，主腸鳴而痛。

上廉，主腸鳴相追逐。

胃俞，主腹滿而鳴。

章門，主腸鳴盈盈然。

膺窗，主腸鳴泄注。

太白、公孫，主腸鳴。

臍中，主腸中常鳴上衝於心。

陰交，主腸鳴濯濯如有水聲。

《千金翼方·針灸中·胃病》 臚脹脇腹滿，灸膈俞百壯，三報之。

脹滿水腫，灸脾俞，隨年壯，三報之。

脹滿雷鳴，灸大腸俞，百壯，三報之。

脹滿氣聚寒冷，灸胃管，在心鳩尾下三寸，百壯，三報之。

脹滿繞臍結痛，堅不能食，灸中守百壯，在臍上一寸，一名水分。

脹滿瘕聚滯下疼，灸氣海百壯，在臍下一寸，忌針。

脹滿氣如水腫狀，少腹堅如石，灸膀胱募百壯，在中極，臍下四寸。

脹滿腎冷，瘕聚泄痢，灸天樞百壯。

胸滿，心腹積聚痞疼痛，灸肝俞百壯。

《千金翼方·針灸中·大腸病》 大腸俞，主腸中臚脹，食不消化，灸四十壯。

俠巨闕相去五寸，名承滿，主腸中雷鳴，相逐痢下，兩邊一處各灸五十壯。

《外臺秘要》卷七《灸諸脹及結氣法》 《千金》療臚脹脇腹滿法：灸膈俞百壯，三報，穴在第七椎下兩傍各一寸半。

又療脹滿水腫法：灸脾俞，隨年壯，穴在第十一椎下兩傍各一寸半。

又療脹滿雷鳴洒沸法：灸大腸俞百壯，三報，穴在第十六椎下兩傍各一寸半。

又療脹滿氣聚寒冷法：灸胃管，穴在心鳩尾下三寸，灸百壯，三報之。

又療脹滿繞臍結痛堅不能食法：灸中守百壯，穴在臍上一寸，一名水分。

又療脹滿瘕聚帶下疼痛法：灸氣海百壯，穴在臍下一寸半，忌不可針。

又療脹滿結氣如水腫狀小腹堅如石法：灸膀胱募百壯，穴在中極，臍下四寸。

又療脹滿腎冷瘕聚泄痢法：灸天樞百壯。

又療冷脹胸滿心腹積聚痞疼痛法：灸肝俞百壯，穴在第九椎下兩傍各一寸半。

又療五藏六腑積聚脹滿羸瘦不能飲食法：灸三焦俞隨年壯，穴在第十三椎下兩傍各一寸半。並出第十六卷中。

又療結氣法：扁鵲曰：第四椎下兩傍各一寸半，名闕俞，主胸中膈氣，灸隨年壯。

又主心腹諸病，堅滿煩痛，憂思結氣，寒冷霍亂，心痛吐下，食不消，腸鳴泄痢法：灸太倉穴，一名胃募，在心下四寸胃管下一寸，灸百壯。

又主結氣囊裏，針藥所不及法：灸肓募二穴，在從乳頭邪度至臍，中屈去半，從乳下行，度頭是，灸隨年壯。

又凡臍下㰩痛，流入陰中，發作無時，此冷氣，療之法：灸臍下三寸，名關元，百壯。

《醫心方·治心腹脹滿方》引秘方　秘方又方：灸乳下一寸七壯。

《扁鵲心書·痞悶》　凡飲食冷物太過，脾胃被傷，則心下作痞，此爲易治，宜全眞丹，一服全好。大抵傷胃則胸滿，傷脾則腹脹，腹脹者易治，宜草神丹、金液、全眞、來復等，皆可服，寒甚者薑附湯。此證庸醫多用下藥，致一時變生，腹大水腫，急灸命關二百壯，以保性命，遲則難救。

治驗

一小兒食生杏，致傷脾脹悶欲死，灸左命關二十壯即愈，又服全眞丹五十丸。

一人每飯後飲酒，傷其肺氣，致胸膈作脹，氣促欲死，服鍾乳粉、五膈散而愈。若重者灸中府穴亦好，服涼藥則成中滿難治矣。

一人慵懶，飲食即卧，致宿食結於中焦，不能飲食，四肢倦怠，令灸中脘五十壯，服分氣丸、丁香丸即愈。

《針灸資生經·小腹脹滿》　大巨，治小腹脹滿，煩渴，㿉疝，偏枯，四支不舉。曲骨，治小腹脹滿，小便淋澀不通，㿉疝，小腹痛。然谷，治小腹脹。幽門，治小腹脹滿，嘔沫吐涎喜唾。京門、蠡溝、中封，治小腹腫。胞肓，治小腹堅急。水道，治小腹滿，引陰中痛，腰背強急，膀胱有寒，三焦結熱，小便不利。大敦，治小腹痛，中熱，喜寐，小便不利。小腹脹滿，虛乏，灸小腸俞隨年。五藏虛勞，小腹弦急脹熱，灸腎俞五十壯，老小損之，若虛冷，可百壯。委中，主小腹堅腫。

《銅人》云：小腸俞治小便赤澀淋瀝，小腹痛。《千金》亦云：治小腹脹滿。此治小腹脹痛要穴也，若灸不效，方灸其它穴云。

《針灸資生經·腸鳴》　不容，治腹虛鳴。三間，主胸滿腸鳴。胃俞，主腹滿而鳴。臍中，主腸中常鳴，上衝於心。天樞，主腹脹腸鳴，氣上衝胸。陰都，主心滿氣逆腸鳴。太白、公孫、大腸俞、三焦俞等，主腸鳴。陰交，主腸鳴濯濯，有如水聲。上廉，主腸鳴相追逐。漏谷，主腸鳴，強欠，心悲氣逆。膺窗，主腸鳴泄注。陷谷、溫溜、漏谷、復留、陽綱，主腸鳴而痛。下窌，主婦人腸鳴注泄。胸脅脹，腸鳴切痛，太白主之。三里、三間、京門、關門、三陰交、陷谷、水分、神闕、承滿、溫溜、三焦俞、大腸俞、胃俞、天樞，治腸鳴。章門，治腸鳴盈盈然，食不化，脇痛不得卧，煩熱口乾，不嗜食，胸脇支滿，喘息心痛，腰痛不得轉側。上廉，治腸鳴氣走疰痛。商丘，治腹脹腸鳴不便，脾虛令人不樂，身寒善太息，心悲氣逆。復溜，治腹雷鳴。督俞，療腹痛雷鳴。承滿，療腸鳴腹脹，上喘氣逆。陽綱，療食飲不下，腹中雷鳴，腹滿䐜脹，大便泄，消渴身熱面目黃，不嗜食，怠惰。《千》云主腸鳴。三焦俞，療腹脹腸鳴。腸中雷鳴，相逐痢下，灸承滿五十壯。天樞，主腹脹腸鳴，氣上衝胸，不能久立，腹痛濯濯，冬日重感於寒則泄，食不化，嗜食身腫，夾臍急。腹中雷鳴，灸太衝，無限壯數。

《針灸資生經·腹滿》　凡腹滿痛不得息，正仰卧，屈一膝伸一腳，并氣衝針入三寸，氣至瀉之。大鍾，主腹滿便難。陷谷、懸鍾，主腹滿。陰市，主腹中滿，痿厥少氣。太陰郄，主腹滿積聚。衝門，主寒氣腹滿，腹中積聚痛。隱白，主腹滿喜嘔。三里、行間、曲泉，主腹䐜滿。商丘，主腹中滿，嚮嚮然不便，心下有寒痛。漏谷，主腸鳴，強欠，心悲氣逆，腹䐜滿急。巨闕、上管、石門、陰蹻，主腹中滿，暴痛汗出。期門，主傷食腹滿。通谷，主結積留飲癖。石關，主心堅滿。陰都，主心滿氣逆腸鳴。聽宮，治心腹滿。衝門，治腹寒氣滿。大都，治熱病汗不出，手足逆冷，腹滿善嘔，煩熱悶亂，吐逆目眩。厲兑、

漏谷，治心腹脹滿。腹滿，灸絶骨。巨闕等，主腹滿。崑崙，主腹暴滿。太白等，主腹大滿。譩譆、三里，療腹滿。中管，治心下脹滿，傷飽，食不化，霍亂，出泄不自知，心痛。心腹諸病心痛，灸太倉。心腹痁痛，灸肝俞。膽俞，療心脹滿。府舍，治腹滿。四滿，治大腹有水。神堂，治胸腹滿。魚際等，治腹滿。石門，主腹滿疝積。分水，療腹腫不能食。意舍，治腹滿虚脹。

《針灸資生經·腹脹》 鬲俞等，主腹脹。脾俞、大腸俞，主腹中氣脹，引脊痛，食飲多而身羸瘦。中極，主寒中腹脹。上管，主心下堅，積聚冷脹。隱白，主腹脹逆息，又主腹中寒冷，氣脹喘。尺澤，主腹脹，喘振慄。天樞，主腹脹，氣衝胸。中管，主腹脹不通，疰，大便堅，憂思損傷，氣積聚，腹中甚痛，作膿腫，往來上下。太谿，主腹中脹腫。京門，主寒熱䐜脹。三里、章門、京門、厲兌、内庭、陰谷、絡卻、崑崙、商丘、陰陵泉、曲泉，主腹脹滿不得息。氣衝，主腹中大熱不安，腹有大氣，暴腹脹，滿癃淫濼。期門，主腹大堅不得息，脹痹滿，小腹尤大。巨闕、上管，主腹脹心腹滿。五里，主心下脹滿而痛，上氣。太白、公孫，主腹脹食不化，鼓脹，腹中氣大滿。陰陵泉，主腹中脹，不嗜食，脇下滿，腹中盛水，脹逆不得臥。凡頭目癰腫，胸脇支滿，刺陷谷，出血立已。大鍾，主胸喘息脹。關元、期門、少商，主脇下脹。石門，治腹脹堅硬，水腫支滿。解谿、血海、商丘，治腹脹。膽俞，治心腹脹滿，嘔則食無所出，口苦舌乾咽痛，食不下。中膂俞、譩譆、鬲俞，治腹脹。脾俞，治腹脹引胸背痛，食飲倍多，身漸羸瘦，黄疸善欠，脇滿洩利，體重，四支不收，痃癖腹痛，不嗜食。胃俞，治胃寒腹脹，不嗜食，羸瘦，腸鳴腹痛，胸脇支滿，脊痛筋攣。三焦俞，治腸鳴腹脹，水穀不化，腹痛欲泄注，目眩頭痛，吐逆，飲食不下。腎俞，治心腹膨脹。三里、懸鍾，治心腹脹滿。大腸俞，治腹脹繞臍切痛，大小便不利，洞洩食不化，脊強不得俯仰。中膂，治腹脹下利。陽綱，治腹滿脹，大便洩利，小便赤澀，身熱目黄。太白，治身熱煩滿，腹脹食不化，嘔吐，泄膿血。意舍，治腹滿虚脹，大便滑泄，背痛惡風寒，食飲不下，嘔吐消渴，目黄。胃倉，治腹虚脹，水腫，食飲不下，惡寒，背脊不得俯仰。中府，治腹脹食不下。中脘，治傷寒飲水過多，腹脹氣喘。陰谷，治腹脹滿不得息，小便黄，男如蠱，女如妊娠。承滿，治腸鳴腹脹，上喘氣逆，食飲不下，肩息唾血。大敦，治腹脹滿。三陰交，治脾病身重，四支不舉，腹脹，腸鳴溏泄，食不化。隱白，治腹脹喘滿，不得臥，嘔吐，食下暴泄。隱白，療腹中有寒熱起，氣喘，衄血不止，腹中脹逆，脛寒熱不得臥，氣滿，胸中熱，暴泄，鬲中嘔吐，不欲食。上管，療腹脹。臚脹，脇腹滿，灸鬲俞百壯，三報。胸滿，心腹積聚痞痛，灸肝俞百壯，三報。脹滿、水腫，脾俞隨年壯，三報。腹中氣脹，引脊痛，食飲多，身羸瘦，名曰食晦，先取脾俞，後取季肋。藏府積聚脹滿，羸瘦，不能飲食，三焦俞隨年壯。脹滿雷鳴，大腸俞百壯，三報。脹滿，氣聚寒冷，胃管百壯，三報，在鳩尾下三寸。腹脹滿，繞臍結痛堅，不能食，中守百壯，在臍上一寸，一名水分。脹滿瘕聚，滯下疼，氣海百壯，忌針。脹滿氣如水腫狀，小腹堅如石，膀胱募百壯，在中極，臍下四寸。脹滿腎冷，瘕聚泄痢，天樞百壯。

《針灸資生經·心腹堅大》 下管，療腹胃不調，腹痛不能食，小便赤，腹堅硬癖塊，脈厥厥動。衝陽，治腹堅大，不嗜食，振寒。期門，治腹堅硬。次髎，治心下堅脹。石門，治腹堅硬。肓門，治心下肓大堅。分水，治腹堅如鼓。志室，治腹堅急。陰陵泉、地機、下脘，治腹堅硬。膀胱俞，主堅結積聚。上管，主心下堅，積聚冷脹。肓門，主心下大堅。丘墟，主大疝腹堅。期門，主腹大堅。衝陽，主腹大，不嗜食。解谿，主腹大下重，又主厥氣上柱腹大。三里，療腹滿堅塊，不能食，胃氣不足，反胃，胸脅腹積氣。天樞，療腹大堅。小兒腹大，灸分水。水分，療腹痛，胃脹堅硬。石關，主心堅滿，積如盤。

《聖濟總録·奇經八脈·治脹滿灸刺法》 脹滿雷鳴，灸大腸俞百壯，三報。

脹滿氣聚寒冷，灸胃脘百壯。三報。

脹滿繞臍結痛堅，不能食，灸中守百壯，穴在臍上一寸，一名水分。

脹滿瘕聚，滯下痛冷，灸氣海百壯。

脹滿氣如水腫狀，小腹堅如石，灸膀胱募百壯，穴在中極，臍下四寸。

腹滿瘕聚泄痢，灸天樞百壯。

臚脹脇腹滿，灸膈俞百壯，三報。

腹中氣脹引脊痛，食飲多，身羸瘦，名曰食亦，先取脾俞，後取季脇。

《直指方·脹滿·脹滿證治》 針灸法：脾俞二穴、肝俞二穴。

《針經摘英集·治病直刺訣》 治腹暴脹，按之不下，刺任脈中脘、氣海二穴，次針足陽明經三里二穴。

治男子元藏發動，臍下痛不可忍，刺任脈氣海一穴，次針足太陰經三陰交二穴，立愈。

《普濟方·針灸門·腹滿》治腹滿便難，《資生經》。穴：大鍾。

治腹滿及治小兒腹滿不食，穴：陷谷、懸鍾。

治腹中滿，痿厥少氣，穴：陰市。

治腹滿積聚，穴：陰郄。

治寒氣腹滿，腹中積聚痛，穴：衝門。

治腹滿喜嘔，穴：隱白。

治腹䐜滿，穴：三里、行間、曲泉。

治腹中滿響響然，不便，心下有寒痛，穴：商丘。

治腹鳴強欠，心悲氣逆，腹腫滿急，穴：漏谷。

治傷食腹滿，穴：期門。

治結積留飲癖，穴：通谷。

治心堅滿，穴：石關。

治心滿，氣逆，腸鳴，穴：陰都。

治心腹滿，穴：聽宮。

治腹寒氣滿，穴：衝門。

治腹滿喜嘔，煩熱悶亂，吐逆目眩，及治熱病汗不出，手足逆冷，穴：大都。

治心腹脹滿，穴：厲兌、漏谷。

治腹滿。穴：巨闕。

治腹暴滿，穴：崑崙。

治腹大滿，穴：太白。

治腹滿，穴：三里、譩譆。

治心下脹滿，傷飽，食不化，霍亂吐泄不自知，心痛，穴：中脘。

治心腹諸病心痛，灸太倉。

治心腹痞痛，灸肝俞。

治心脹滿，穴：膽俞。

治腹滿，穴：府舍。

治大腹有水。穴：四滿。

治胸腹滿，穴：神堂。

治腹滿，穴：魚際。

治腹滿疝疾，穴：石門。

治腹腫不能食，穴：水分。

治腹滿虛脹，穴：意舍。

治腹滿，灸絕骨。

治小腹積聚堅如石，小腹滿，穴：中極。

治小腹滿，穴：肝俞、肓俞。

治腹大滿喜噫，穴：陷谷。

治羸瘦，恐懼氣不足，腹中悒悒，穴：太衝。

治腹滿痛不得息，穴：氣衝。

治腹滿，穴：懸鍾。

《普濟方·針灸門·腹脹》治臟腑積聚，脹滿，羸瘦，不能飲食，吐逆，寒熱往來，小便不利，少氣，穴：三焦俞，灸隨年壯。

治肺脹，氣搶脇下熱痛，穴：陰都，灸隨年壯。

治肺脹脇滿，嘔吐上氣等病，灸大椎并兩乳上第三肋間，各止七壯。

治腹滿，痛不得息，穴：氣衝。

治寒中腹脹，穴：中極。

治腹中氣脹引脊痛，食飲多而身羸瘦，穴：大腸俞、脾俞。

治心下堅，積聚冷脹，穴：上脘。

治腹脹不通，逆息，又主腹中寒，冷氣脹喘，穴：隱白。

治腹脹喘振慄，穴：尺澤。

治腹脹氣衝胸，穴：天樞。

治腹脹不通，大便堅，憂思損傷氣積聚，腹中甚痛，作膿腫往來上下，穴：中脘。

治腹中脹腫，穴：太谿。

治寒熱䐜脹，穴：京門。

治腹脹滿，不得息，穴：三里、章門、京門、厲兌、內庭、陰谷、絡卻、崑崙、商丘、陰陵泉、曲泉。

治腹中大熱不安，腹有大氣，腹暴脹，臍下堅滿，癃淫濼，穴：氣衝。

治腹大堅不得息，脹痺滿，小腹尤大，穴：期門。

治腹脹心腹滿，穴：巨闕、上脘。

治心下脹滿而痛，上氣，穴：五里。

治腹脹食不化，鼓脹，腹中氣大滿，穴：公孫、太白。

治腹中脹，不嗜食，脇下滿，腹中盛水脹逆，不得卧，穴：陰陵泉。

治大腸有熱，腸鳴，腹滿腫，挾臍痛，食不化，喘不能久立，灸巨虚上廉。

治胸喘息脹，穴：大鍾。

治脇下脹，穴：關元、期門、少商。

治腹脹堅硬，水腫支滿，穴：石門。

治腹脹，穴：解谿、血海、商丘。

治心腹脹滿，嘔則食無所出，口苦舌乾，咽痛食不下，穴：膽俞。

治腹脹，穴：鬲俞、譩譆、中膂俞。

治腹脹引胸背痛，食飲倍多，身漸羸瘦，黄疸，善欠，脇滿泄痢，體重四肢不收，痃癖，腹痛不嗜食，穴：脾俞。

治胃寒，腹脹不嗜食，羸瘦，腸鳴腹痛，胸脇支滿，脊痛筋攣，穴：胃俞。

治腸鳴腹脹，水穀不化，腹痛欲洩注，目眩頭痛，吐逆，飲食不下，穴：三焦俞。

治心腹膨脹，穴：腎俞。

治心腹脹滿，穴：三里、懸鍾。

治腹脹繞臍切痛，大小便不利，洞洩，食不化，脊強不得俯仰，穴：大腸俞。

治腹脹下痢，穴：中髎。

治腹脹滿，大便泄痢，小便赤澀，身熱目黄，穴：陽綱。

治身熱煩滿，腹脹食不化，嘔吐泄膿血，穴：太白。

治腹滿虚脹，大便滑泄，背痛惡風寒，食飲不下，嘔吐，消渴，目黄，穴：大腸俞。

治腹虚脹，水腫，食飲不下，惡寒，背脊不得俯仰，穴：胃倉。

治腹脹食不下，穴：中府。

治脹滿氣如水腫狀，小腹堅如石，穴：膀胱募，灸百壯。

治腹脹滿不得息，小便黄，男如蠱，女如妊娠，穴：陰谷。

治腸鳴腹脹，上喘氣逆，食飲不下，肩息唾血，穴：承滿。

治腹脹滿，穴：大敦。

治脾病身腫四肢不舉，腹脹腸鳴，溏泄食不化，穴：三陰交。

治腹脹喘滿不得卧，嘔吐不食，暴泄，穴：隱白。

治腹中有寒熱起，氣喘衄血不止，腹中脹逆，脛寒熱，不得卧，氣滿胸中熱暴洩，膈中嘔吐，不欲食，穴：隱白。

治腹脹，穴：上脘。

治腹脹胸腹滿，穴：鬲俞，灸百壯，三報。

治肺氣痿絶，四肢滿脹，喘逆胸滿，灸肺俞，各二壯。

治脹滿水腫，穴：脾俞，灸隨年壯，三報。

治腹中氣脹，引脊痛，飲食多，身羸瘦，名曰食晦，先取脾俞，後取季肋。

治脹滿雷鳴酒沸，穴：大腸俞，灸百壯，三報。

治脹滿氣聚寒冷，穴：胃脘，灸百壯，三報。

治腹脹滿，繞臍結痛堅，不能食，《危氏方》。穴：中極，灸百壯。

治脹滿瘕聚，滯下疼，《危氏方》。穴：氣海，灸百壯，忌針。

治脹滿腎冷，瘕聚泄痢，穴：天樞，灸百壯。

治腹暴脹，按之不下，刺任脈中脘、氣海二穴，次針足陽明經三里二穴。

治小腹脹滿，痛引陰中，穴：水道。

治腹中膨脹不消，灸大腸俞四十九壯。

治脾胃虚弱，心腹脹滿，不思飲食，腸鳴腹痛，食不化，刺三里，三陰交。

凡刺腹痛諸俞穴，須針三里穴，下氣良。

治腹脹腸鳴，氣上衝胸，不能久立，腹中痛濯濯，冬日重感於寒則泄，當臍而痛，腸胃間遊氣切痛，食不化，不嗜食，身腫一作俠臍重。急，穴：天樞。

治寒中傷飽，食飲不化，五臟䐜脹，心腹胸脇支滿，脈虚則生百病，穴：上脘。

治心腹諸病堅滿煩痛，憂思結氣，寒冷霍亂，心痛，吐下，食不消，腸鳴泄痢，穴：大倉，中脘灸百壯。

治寒氣入腹，穴：關元。

治五臟遊氣，穴：陰交。

《普濟方·針灸門·心腹堅大》 治小腹脹滿，小便淋澀不通，㿗疝，小腹痛，穴：曲骨。

治腹堅大，不嗜食，振寒，穴：衝陽。

治腹堅硬，穴：期門。
治心下堅脹，穴：次髎。
治腹堅硬，穴：石門。
治心下大堅，穴：肓門。
治腹堅如鼓，穴：水分。
治腹堅硬，穴：陰陵泉、地機、下脘。
治腹堅急，穴：志室。
治心下堅，積聚，冷熱腹脹，穴：上脘。
治大疝腹堅，穴：丘墟。
治堅結積聚，穴：膀胱俞。
治腹大脹，穴：期門。
治腹大不嗜食，穴：衝陽。
治腹大下腫，又主厥氣，上柱腹大，穴：解谿。
治腹堅大，穴：天樞。
治腹滿堅塊，不能食，胃氣不足，反胃，胸脇腹積氣，穴：三里。
治腹痛，胃脹堅硬，穴：水分。
治心堅滿，積如盤，穴：石關。
治小腹積聚，堅大如盤，腹脹，食飲不消，穴：胃脘、三焦俞。

《普濟方·針灸門·小腹脹滿》 治小腹脹滿，小便淋澀不通，㿉疝，小腹痛，穴：曲骨。
治小腹脹，穴：然谷。
治小腹脹滿，嘔沫吐涎，喜唾，穴：幽門。
治小腹脹，穴：京門、蠡溝、中封。
治小腹堅急，穴：胞肓。
治小腹滿，引陰中痛，腰背強急，膀胱有寒，三焦結熱，小便不利，穴：水道。
治小腹痛，中熱，喜寐，小便不利，小腹脹滿，虛乏，穴：大敦、灸。小腸俞，隨年壯。
治五臟虛勞，小腹弦急脹熱，灸腎俞五十壯，老小損之，若虛冷可百壯。
治小腹堅腫，穴：委中。
治小腹熱欲走太息，穴：日月、大橫。

《普濟方·針灸門·鼓脹》 治腹虛脹如鼓，穴：公孫、神闕。
治鼓脹并水腫，穴：中封，灸二百壯。
治腹中雷鳴，腹脹如鼓，四肢腫，五種水病，穴：復溜。
治身黃羸瘦，四肢怠惰，腹脹如鼓，兩脇積氣如卵石，穴：章門。
治鼓脹，穴：中封、四滿。
治腹鼓脹，腹中氣大滿，穴：太白、公孫。
治水脹，小腹皮敦敦然，穴：陰交、石門。
治鼓脹腸鳴，穴：水分。

《神應經·腹痛脹滿部》 腹滿：少商、陰市、三里、曲泉、崑崙、商丘、通谷、太白、大都、隱白、陷谷、行間。
腹脇滿：陽陵、三里、上廉。
心腹脹滿：絶骨、內庭。
小腹脹滿痛：中封、然谷、內庭、大敦。
腹脹：尺澤、陰市、三里、曲泉、陰谷、陰陵、商丘、公孫、內庭、太谿、太白、厲兑、隱白、膈俞、腎俞、中脘、大腸俞。
脹而胃痛：膈俞。
腹堅大：三里、陰陵、丘墟、解谿、衝陽、期門、水分、神闕、膀胱俞。
寒熱堅大：衝陽。
鼓脹：復溜、中封、公孫、太白、水分、三陰交。
腹鳴寒熱：復溜。
胸腹膨脹氣鳴：合谷、三里、期門。

《神應經·心脾胃部》 脾虛，腹脹穀不消：三里。

《本草綱目·百病主治藥·脹滿》 半夏。消心腹痰熱滿結，除腹脹。小兒腹脹，以酒和丸，薑湯下。仍薑汁調貼臍中。

《楊敬齋針灸全書・小腹脹滿》小腹脹滿，大小便結滯而脹，非氣滿也，宜下之。

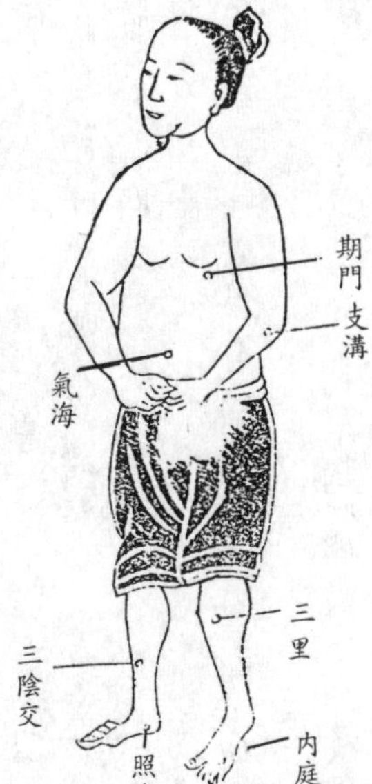

《楊敬齋針灸全書・傷寒腹脹大便閉結》

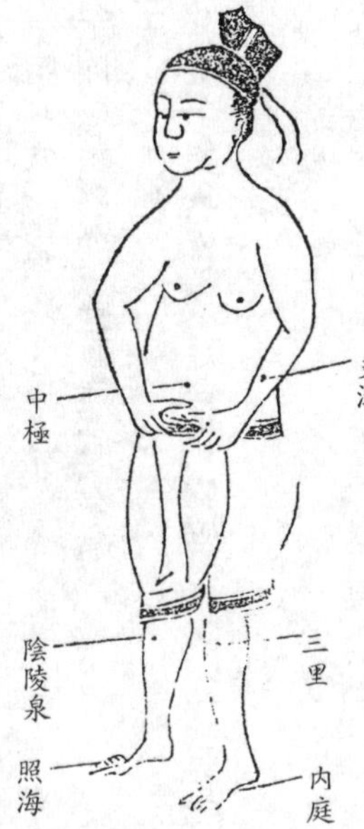

《針灸大成・腹痛脹滿門》腹滿：少商、陰市、三里、曲泉、崑崙、商丘、通谷、太白、大都、隱白、陷谷、行間。

腹脇滿：陽陵、三里、上廉。

心腹脹滿：絕骨、內庭。

小腹脹滿痛：中封、然谷、內庭、大敦。

腹脹：尺澤、陰市、三里、曲泉、陰谷、陰陵、商丘、公孫、內庭、太谿、太白、厲兌、隱白、膈俞、腎俞、中脘、大腸俞。

脹而胃痛：膈俞。

腹堅大：三里、陰陵、丘墟、解谿、衝陽、期門、水分、神闕、膀胱俞。

寒熱堅大：衝陽。

鼓脹：復溜、中封、公孫、太白、水分、三陰交。

腹寒不食：陰陵泉。灸。

痃癖腹寒：三陰交。

腹鳴寒熱：復溜。

胃腹膨脹，氣鳴：合谷、三里、期門。

《針灸大成・治證總要》第四十八：小腹脹滿：內庭、三里、三陰交。問曰：此證針入穴法不效何也？答曰：皆因停飲不化，腹脹，此證非一，有膀胱疝氣，冷築疼痛，小便不利，脹滿疼痛，大便虛結，脹滿疼痛。推詳治之，再刺後穴：照海、大敦、中脘、先補後瀉，氣海專治婦人血塊攻築疼痛，小便不利，婦人諸般氣痛。

《病機沙篆・脹滿》脾胃氣虛，心腹脹滿，灸法：取太白、足三里、水分、氣海。又法：先灸中脘七壯，引胃中生發之氣，上行陽道，兼服東垣木香順氣湯，使濁陰降而脹平矣。

虛勞浮腫：針太衝，腎俞，補之。

小腹脹滿：三陰交、三里、內庭。單脹：石門、氣海、內庭。雙脹：合谷、曲池、支溝、氣海、三陰交。十三穴。

一切水腫：針水溝，灸用水分、氣海、天樞，四穴。

《針灸全生・心胸脇腹》心腹脹大如盤：照海、中脘、膻中、水分、三陰交。腹引腰痛：太衝、太白。

腹滿：少商、陰市、三里、曲泉、崑崙、商丘、通谷、太白、大都、隱白、陷谷、行間。

腹脹：尺澤、三里、曲泉、陰谷、陰市、陰陵、商邱、公孫、內庭、太谿、太白、厲兌、隱白、膈俞、腎俞、中脘、大腸俞。

腹堅大：三里、陰陵、丘墟、解谿、衝陽、期門、水分、神闕、膀胱俞。

鼓脹：復溜、中封、公孫、太白、水分、三陰交。

《神灸經綸・身部證治》腹硬：期門。

《針灸集成・腹脇》腹脹堅，臍小腹亦堅：水分、中極，各百壯，三焦俞、膈俞，各三壯，腎俞，以年壯，太谿、太衝、三陰交、脾俞、中脘，針。

腸鳴痛：三陰交、公孫。

腹脇及諸處流注刺痛不可忍：用體長缸，而缸口以手三指容入，乃能吸

毒也。隨其痛，每一處以三稜針刺四五穴，並入缸口內，付缸灸七壯隨痛隨針，亦付缸灸，累次，神效。

《針灸穴法》 胃脘傷寒：中脘一穴、大陵二穴、三里二穴。

心腹脹滿：太白二穴、三里二穴、氣海一穴、水分一穴。

風雍氣滯，心腹刺痛：風門二穴、膻中一穴、勞宮二穴、三里二穴。

脾虛腹脹，飲食不化，脾積不消：日月門二穴，在期門下五分。

小腹脹滿，乃有結糞：中極一穴、支溝二穴、陰陵二穴、三里二穴、內關二穴。

諸般脹：上脘一穴、下脘一穴、三陰交二穴、三里二穴、幽門二穴。

《灸法秘傳·腹鳴》 腹鳴者，腹中鳴響也。其因痰飲者，灸上脘穴。因胃寒而腸鳴者，灸胃俞穴，或灸足三里穴。

《續名醫類案·痞》 韓貽豐治昝中翰如潁，病數日，二旬不食矣，已治木。韓視之，病色如灰，聲低喉澀，瞳神黯然無光，私語其子曰：此甚難治。病者覺之，乃哀懇曰：我今年六十七矣，即死不爲夭，但遇神針而不一用而死，死且不瞑目，我生平好酒，而不好色，幸爲我下一針。於是乃勉爲用針，令卧床坦腹，拊其臍下有一痞，周圍徑七寸，堅硬如石，乃以梅花針法，重重針之，又針其三脘，又針其百勞，百會，皆二十一針，針畢，令飲醇酒一盃，乃搖手，曰：惡聞酒氣已兩月矣。強之，初攢眉，既而滿引如初。

便　秘

《甲乙經·三焦約內閉發不得大小便》 大便難，中渚及太白主之。大便難，大鍾主之。

《千金要方·脾臟·秘澀》 大小便不利，欲作腹痛，灸榮衛四穴百壯，穴在背脊四面各一寸。

腹熱閉時，大小便難，腰痛連胸，灸團岡百壯，穴在小腸俞下二寸橫三寸間，灸之。

大小便不通，灸臍下一寸三壯；又，灸橫文百壯。

大小便不利，灸八窌百壯，穴在腰目下三寸，俠脊相去四寸，兩邊各四穴，計八穴，故名八窌。

小兒大小便不通，灸口兩吻各一壯。

小便不利，大便數注，灸屈骨端五十壯。

小便不利，大便注泄，灸天樞百壯，穴在俠臍相去三寸，魂魄之舍，不可針。大法在臍傍一寸，合臍相去可三寸也。

《千金要方·脾臟·秘澀》 大便難，灸第七椎兩傍各一寸七壯。

又，灸承筋二穴各三壯，在腨中央陷內。

大便不通，灸俠玉泉相去各二寸，名曰腸遺，隨年壯。

又，灸大敦四壯，在足大指聚毛中。

大便閉塞，氣結心堅滿，灸石門百壯。

後閉不通，灸足大都，隨年壯。

治老人、小兒大便失禁，灸兩腳大指去甲一寸三壯，又灸大指奇間各三壯。

《千金要方·針灸下·心腹》 大小便病：豐隆，主大小便澀難。

長強、小腸俞，主大小便難，淋癃。

水道，主三焦約，大小便不通。營衛四穴，主大小便不利。

秩邊、包肓，主癃閉下重，大小便難。

會陰，主陰中諸病，前後相引痛，不得大小便。

大腸俞、八窌，主大小便利。

陽綱，主大便不節，小便赤黃，腸鳴泄注。

承扶，主尻中腫，大便直出，陰胞有寒，小便不利。

屈骨端，主小便不利，大便泄數，并灸天樞。

勞宮，主大便血不止，尿赤。

太谿，主尿黃，大便難。大鍾，主大便難。

中窌、石門、承山、太衝、中管、大鍾、太谿、承筋，主大便難。

崑崙，主不得大便。

肓輸，主大便乾，腹中切痛。

石關，主大便閉，寒氣結，心堅滿。中注、浮郄，主少腹熱，大便堅。

上廉、下廉，主小便難黃。

腎輸，主小便難，赤濁，骨寒熱。會陰，主小便難，竅中熱。橫骨、大巨、期門，主小腹滿，小便難，陰下縱。大敦、箕門、委中、委陽，主陰跳遺，小便

難。少府、三里，主小便不利，癃。

中極、蠡溝、漏谷、承扶、至陰，主小便不利，失精。陰陵泉，主心下滿，寒中，小便不利。關元，主胞閉塞，小便不通，勞熱，石淋。京門、照海，主尿黄水道不通。京門，主溢飲，水道不通，溺黄。包肓、秩邊，主癃閉下重，不得小便。陰交、石門、委陽，主小腹堅，痛引陰中，不得小便。關元，主石淋，臍下三十六疾，不得小便，并灸足太陽。列缺，主小便熱痛。

大陵，主目赤，小便如血。承漿，主小便赤黄或時不禁。

完骨、小腸俞、白環輸、膀胱輸，主小便赤黄。中管，主小腸有熱，尿黄。前谷、委中，主尿赤，難。陰谷，主尿難，陰痿不用。中封、行間，主振寒，溲白，尿難痛。

關元，主傷中尿血。凡尿青黄赤白黑，青取井，黄取輸，赤取榮，白取經，黑取合。復留主淋。關元、涌泉，主胞轉氣淋，又主小便數。陰陵泉、關元，主寒熱不節，腎病不可以俯仰，氣癃尿黄。氣衝，主腹中滿，熱淋閉，不得尿。

曲泉，主癃閉陰痿。交信，主氣淋。然谷，主癃疝。行間，主癃閉，莖中痛。復留，主血淋。懸鍾，主五淋。

太衝，主淋，不得尿，陰上痛。大敦、氣門，主五淋不得尿。曲骨，主小腹脹，血癃，小便難。通里，主遺溺。關門、中府、神門，主遺尿。陰陵泉、陽陵泉，主失禁，遺尿不自知。

《千金翼方·針灸中·脾病》 治大便難法：灸第七椎兩傍各一寸七壯。灸俠玉泉相去二寸半，名腸遺，隨年壯。又灸承筋二穴三壯。又灸大都隨年壯。又灸大敦四壯。腹中熱閉，時大小便難，腰痛連胸，灸團岡百壯，在小腸俞下二寸横三間寸灸之。大便閉塞，氣結心堅滿，灸石門百壯。大小便不利，欲作腹痛，灸榮衛四穴，各百壯，在背脊四面各一寸。大小便不利，灸八窌百壯，在腰目下三寸，俠脊相去四寸，兩邊各四穴。小兒大小便不通，灸口兩吻各一壯。

大小便不通：灸臍下一寸三壯，又灸横文百壯。

《外臺秘要》卷二十七《大便不通方》 《千金》療大便難方：灸承筋二穴，三炷，在腨中央陷中。

《千金》療大便不通方：灸第七椎兩傍各一寸七壯。

《外臺秘要》卷二十七《大便失禁併關格大小便不通方》 又療大小便不通方：灸臍下一寸三壯。

又方：灸横文一百壯。

《醫心方·治大便不通方》引秦承祖方 秦承祖方不得大便數日方：作熱湯着瓮中，人居其中，湯未冷則差。

又方：灸下部後五分，卅壯差，大良。

《針灸資生經·大便不通》 大鍾、中窌、石門、承山、太衝、中管、太谿、承筋，主大便難。崑崙，主不得大便。肓俞，主大便乾，腹中切痛。石關，主大便閉，寒氣結，心堅滿。承山、太谿，治大便難。大鍾、石關，治大便秘澀。肓俞，治大便燥。中注，治小腹有熱，大便堅燥不利。太白，治腰痛大便難。太衝，治足寒，大便難。石關、膀胱俞，療腹痛，大便難。大便難，灸七椎旁各一寸七壯，又承筋三壯。大便不通，大敦四壯。大便閉塞，氣結，心堅滿，石門百壯。腹中有積，大便秘，巴豆肉爲餅，置臍中，灸三壯即通，神效。《耆域》蜜兑，治大便秘。

《針灸資生經·大小便不通》 豐隆，主小大便澀難。長強、小腸俞，主大小便難，淋癃。包肓，主癃閉下重，大小便難。水道，主三焦約，大小便不通。營衝四穴，主大小便不利。太谿，主大便難，尿黄。中注、浮郄，主小腹熱，大便堅。白環俞、承扶、大腸俞，治大小便不利。會陰，治不得大小便。浮郄，治小腸熱，大腸結。膀胱俞，療大小便難，尿赤。交信，療大小便難。

《針經摘英集·治病直刺訣》 治大便不通，刺任脈氣海一穴，在臍下一寸五分，用長針，針入八分，令病人覺急，便三五次爲度。

次針足陽明經三里二穴，在膝下三寸，䯒外廉兩筋分肉間，極重按之，則足跗上動脈止矣，當舉足取之，針入五分。

凡大便不通，勿便攻之，先刺氣海穴訖，令人下俠臍揉胃之經，即刺三里穴，覺腹中鳴三五次，即透矣。

《普濟方·針灸門·大便不通》 治不得大便，穴：崑崙。

治大便乾，腹中切痛，穴：肓俞。

治大便閉塞，氣結，心堅滿，穴：石關。

治大便難，穴：承山、太谿。

治大便秘澀，穴：石關、大鍾。

治大便燥，穴：肓俞。

治小腹有熱，大便堅燥不利，穴：中注。

治腰痛，大便難，穴：太白。

治足寒，大便難，穴：太衝。

治腹痛，大便難，穴：石關、膀胱俞。

治大便難，灸七椎旁各一寸，七壯，又承筋三壯。

治大便不通，穴：大敦，灸四壯。

治大便寒氣結，心堅滿，穴：石門，灸百壯。

治大便秘，腹中有積，大便秘，以巴豆爲餅，寘臍中，灸三壯，即通，神效。

治大小便不利，欲作腹痛，灸榮衛四氣穴百壯，穴在背脊四面各一寸。

治腹熱閉，時大小便難，腰痛連胸，灸團岡百壯，穴在小腸俞下二寸橫三寸，灸之。

《耆域》蜜，公丸。〔兌〕亦治大便秘。

治大便不通，灸俠玉泉相去各二寸，名曰腸遺，隨年壯，一云二寸半。

治大便難，穴：玉泉，灸隨年壯，又灸大敦四壯。

治大便不通，刺任脈氣海一穴，在臍下一寸五分，用長針入八分，令病人覺急便三五次爲度，次針足陽明經三里二穴，在膝下三寸，䯒外廉兩筋分肉間，極重按之，則足附上動脈止矣，當舉足取之。針入五分。

凡大便不通，勿便攻之，先刺氣海穴訖，令人俠臍揉胃之經，即刺三里穴，覺腹中鳴三五次，即透矣。

治後閉不通，穴：大都，灸隨年壯。

《普濟方·針灸門·大小便不通》 治大便難，尿黃，穴：太谿。

治小腹熱，大便堅，穴：中注、浮郄。

治大小便不利，穴：白環俞、承扶、大腸俞。

治不得大小便，穴：會陰。

治小腸熱，大腸結，穴：浮郄。

《神應經·心脾胃部》 脾虛不便：商丘。

《神應經·腸痔大便部》 大便不通：承山、太谿、照海、太衝、小腸俞、太白、章門、膀胱俞。

閉塞：照海、太白、章門。

大小便不通：胃脘。灸三百壯。

《本草綱目·百病主治藥·心下痞滿》 巴豆。陰證寒實結胸，大便不通，貼臍灸之。

《楊敬齋針灸全書·傷寒大便閉》

《針灸大成·治證總要》 第六十七：大便秘結不通：章門、太白、照海。

問曰：此證從何得？答曰：此證非一，有熱結，有冷結，宜先補後瀉。

《類經圖翼·針灸要覽·諸證灸法要穴》 大便秘結：章門、二七壯，陰交、氣海、刺。石門、足三里、三陰交、照海、刺。太白、刺。大敦、大都。

《太乙神針心法·腸痔大便門》 大小二便不通：灸胃脘。三百壯。

《針灸逢源·證治參詳·腫脹門》 大便秘結：章門、太白、照海。

脾虛，不大便：三陰交、灸二十壯。商丘。

《針灸全生·腸痔大便》 大便不通：承山、照海、太白、小腸俞、太谿、太衝、章門、膀胱俞。

閉塞：照海、章門、太白、支溝。

《針灸全生·二陰病》 大便秘結：章門、陰交、氣海、石門、足三里、三陰交、大敦、大都、照海、刺。太白。刺。

《針灸便覽·中風》 大便不通：承山、照海、太谿、章門。

大便不通：承山、太谿、照海、太衝。

《神灸經綸·二陰證治》 大便秘結，腹中積痛：章門、巨闕、太白、支溝、照海、大都、神闕。即臍中，用巴豆爲餅填入臍中，灸三五壯。

《傳悟靈濟録·二陰病》 大便秘結：章門，二七壯。陰交、氣海，刺。石門、足三里、三陰交、照海，刺。太白，刺。大敦、大都。

《針灸集成·大小便》 大小便：膀胱有寒，三焦熱結，小便不利，關格不通者：邪在六腑則陽脈盛，邪在五臟則陰脈盛。合谷、太衝。

大小便不通：膀胱兪，三壯，丹田，二七壯，胞門，五十壯，營衝，在足内踝前後陷中，三壯，經中穴，在臍下寸半兩傍各三寸，灸百壯，大腸兪，三壯。

大小便不利：大腸兪，營衝，三壯，小腸兪，三壯，經中，在臍下寸半兩傍各三寸，灸百壯，中膂。

小便不通，臍下冷：膀胱兪、胞門、丹田、神闕、營衝，皆灸。

小便難：灸對臍脊骨上，三壯。

小便色變：青取湧泉，赤取然谷，黄取太谿，白取復溜、列缺，黑取陰谷。

《針灸摘要·陰蹻脈》 女人大便不通：申脈、陰陵泉、三陰交、太谿。

臟腑癰

《靈樞·上膈》 黄帝曰：氣爲上膈者，食飲入而還出，余已知之矣。蟲爲下膈，下膈者，食晬時乃出，余未得其意，願卒聞之。岐伯曰：喜怒不適，食飲不節，寒溫不時，則寒汁流於腸中，流於腸中則蟲寒，蟲寒則積聚，守於下管，則腸胃充郭，衛氣不營，邪氣居之。人食則蟲上食，蟲上食則下管虚，下管虚則邪氣勝之，積聚已留，留則癰成，癰成則下管約。其癰在管内者，即而痛深；其癰在外者，則癰外而痛浮，癰上皮熱。

黄帝曰：刺之奈何？岐伯曰：微按其癰，視氣所行，先淺刺其旁，稍内益深，還而刺之，毋過三行。察其沉浮，以爲深淺，已刺必熨，令熱入中，日使熱内，邪氣益衰，大癰乃潰。伍以參禁，以除其内，恬惔無爲，乃能行氣，後以鹹苦，化穀乃下矣。

《千金要方·痔漏·腸癰》 腸癰，屈兩肘正，灸肘頭鋭骨各百壯，則下膿血，即差。

《千金翼方·針灸下·痔漏》 灸腸癰法：屈兩肘正，尖頭骨各灸百壯，則下膿血者愈。

《聖濟總録·治癰疽瘡腫灸刺法》 腸癰，灸兩手後肘尖上，各一七壯，左右同，又灸兩足大指岐間，各三壯，兼主諸癰腫病。

腸癰，屈兩肘正，灸肘頭鋭骨，各百壯，下膿血即差。

大人小兒癰腫，灸兩足大拇指奇中，仍隨病左右。

《扁鵲心書·腸癰》 此由膏粱飲酒太過，熱積腸中，久則成癰，服當歸建中湯自愈。若近肛門者，用針刺之，出膿血而愈。

《癰疽神秘灸經·手太陰肺經》 肺之爲臟，六葉兩耳，四垂，如蓋，附着脊之第三椎中。有二十四行，分布諸臟清濁之氣，爲主宰華蓋。手太陰之脈起於中焦，下絡大腸，還循胃，上膈，肺間起發也，經，逶也，還，復也，循，巡也。中焦者，胃中脘臍上四寸是也。憂思太過，則當胃發爲疽，内堅如石，外皮走動，不赤微腫，惡寒惡心，偏於右者，胃癰也；偏於左者，胃疽也。三毒之發，無有不先寒而後熱，引臍走疼，欲吐不吐，甚則咳嗽膿痰。脈浮大，面赤者，不治。治法當灸曲池二穴，七壯，毒左灸右，毒右灸左，遂愈。

愚按：《針灸經》云：曲池二穴，在肘外輔骨，曲肘，以手拱胸取之，紋盡處是穴。又治風刺癮疹，或癢痛，或遍身疼痛，或皮膚頑疥如蟲嚙，搔之皮脱成瘡。隨患人年歲壯數灸之。上部疔腫發背，癰疽，渾身瘡毒，小兒丹毒，及癱瘓四肢拘攣，或紅腫疼痛，歷節諸風，尤效。

肺疽一名肺癰，其證之發，蓋因心火太盛，尅於肺金之故也。得此疾者，無不戰寒，鼻塞，咳嗽，口臭，咽乾，胸悶，氣短。當急灸合谷七壯。甚者，吐痰如米粞者，莫治。尤當灸腎兪三七壯，令益腎水，水能尅火，火靜而金自安也。

愚按：《針灸經》云：合谷二穴，在手大指岐骨間陷中。又治鼻痔及不聞香臭，牙齦久爛不愈，及風熱癮疹，手背紅腫作痛，有殊效。凡瘡毒久不合，灸此穴各七壯至七七壯，極驗。更服托裡藥。腎兪二穴在十四椎下兩旁各寸半，與臍平。

肩癰在肩上，按之至痛，酸半體者是也。甚者令人身熱惡寒。當灸太淵穴三七壯，便毒流通而自愈也。

愚按：《發揮》云：太淵二穴在掌後横紋陷中。又治面上白疔、肺癰、咳嗽，吐膿血，或氣攻兩乳作痛，及上牙疼，臂癰。治法：太淵穴灸七壯。

《癰疽神秘灸經·看内癰疽訣法》 癰疽生於外可見，内者難治。况隱於臟腑者，宜乎詳審，生於背，看兪穴，生於腹内，當看募穴。

中府穴在乳上三肋間，手太陰肺經募。此穴處隱隱痛而不已者，肺中生癰疽也，穴痛處內覺微凸起者是也，咳嗽，喉中腥臭，吐痰黃色如米粞塊，若抱壞鷄子臭，或吐痰、瘀血、穢血，此內潰也。初起，先以小青龍湯發散之方，在仲景書次以各藥。凡內癰疽俱在大便出膿血，惟肺癰從口出膿血。經云：膿盡則愈，膿盡則死。常治潰後脈短濇者生，脈洪大者死。其心膈之疽在氣分，屬上焦，宜瓜蔞飲子、拔毒飲，在肚腹屬中焦、下焦，氣血之分，宜桃仁承氣湯、薏苡仁湯治之。

巨闕穴在心窩下蔽骨下一寸，足陽明胃經之募。在手厥陰心包絡地方，起於胸中，此處隱隱內痛，心生癰疽也，痛處肉微凸起者是也。

期門穴在乳下兩肋端，足厥陰肝經之募，穴處隱隱內痛，肝生癰疽也，痛處肉微凸起者是也。

章門穴在季脇端，足厥陰肝經之募，穴內隱痛不已，脾生癰疽也，痛處微凸起者是也。

中脘穴在臍上四寸，足陽明胃經之募，穴痛不已，胃生癰疽也，痛處肉微凸起者是也。

京門穴在脇下季脇，本足少陽膽經之募，穴內痛不止，痛處肉微凸起者，腎生癰疽也。

天樞穴在臍旁二寸，足陽明胃經，內痛不已，大腸生癰疽也，痛處肉微凸起者是也。

丹田穴在臍下二寸，足陽明胃經，穴處內痛不已，肉微凸起，三焦生癰，乃膀胱之毒也。

關元穴在臍下三寸，足陽明胃經，穴內痛不已，小腸生癰，痛處肉微凸起者是也。

凡心之下內癰疽，腹皮皆甲錯，內如刀刺，腹急，按之則濡，小便如淋不調，發熱無汗惡寒，脈遲緊，膿未成可下，有血，脈洪數，膿已成，身無熱，腹無積，按之濡，爲癰。

《神應經·腸痔大便部》 腸癰痛：太白、陷谷、大腸俞。

《類經圖翼·針灸要覽·諸證灸法要穴》 肺癰吐膿：腎俞，三七壯。合谷，二七壯。太淵。二七壯。

項上偏枕：風門，二七壯。

胃癰：生於左者胃口疽，生於右者胃口癰。曲池，二穴各三七壯。內關。七壯。

腎癰：自腎俞穴起。會陽。二七壯。

《羅遺編·針灸要穴論》 胃癰：生於左者胃口疽，生於右者胃口癰，曲池二穴，各三七壯。內關。七壯。

腎癰：自腎俞穴起，會陽。二七壯。

《針灸逢源·證治參詳·癰疽門》 胃癰：生於左者曰胃口疽，生於右者曰胃口癰，曲池，灸三七壯。內關。七壯。

腎癰：自腎俞穴起，會陽。灸二七壯。

腸癰：小腹重強按之痛，小便如淋，汗出惡寒，身皮甲錯，腹皮急如腫狀，脈洪數者，膿已成，若大便膿血爲直腸癰，易治，若繞臍生瘡，或臍間出膿，爲盤腸癰，難治。一方用生菜油日幾服，有效。以其利腸解毒也。 大腸俞、陷谷、太白。

《千金方》屈兩肘，正肘頭銳骨，灸百壯，下膿血而安。大腸脈合曲池，小腸脈合小海，故灸此。

《針灸全生·瘡毒》 腎癰：自腎俞穴起。會陽。二七壯。

胃癰：曲池，二穴三七壯。內關。七壯。

一切熱毒：大陵。

《傳悟靈濟録·外科》 胃癰：右曰癰，左曰疽。曲池、內關。各三七壯。

腎癰：自腎俞穴起。會陽，二七壯。

附骨癰：爲環跳穴處痛，恐生附骨疽，先灸。大陵、懸鐘。

《針灸集成·腸癰》 腸癰，小腹連腰痛或蹇一腳，身熱如火，小便數而欠，晝歇夜劇，三十餘日後成膿。未膿前，預灸騎竹馬穴各七壯，神效。已膿後，肘尖百壯，膿汁注下一二鉢，神效。

《續名醫類案·腸癰》 周漢卿治義烏陳氏子，腹有塊，捫之如罌。漢卿曰：此腸癰也。用大針灼而刺之，入三寸許，膿隨針迸出有聲，愈。《明史》

泄　瀉

《靈樞·九針十二原》 飧泄取三陰。

《靈樞・四時氣》飧泄，補三陰之上，補陰陵泉，皆久留之，熱行乃止。

《金匱要略・驚悸吐衄下血胸滿瘀血病脈證治第十六》下利，手足厥冷，無脈者，灸之不溫，若脈不還，反微喘者，死，少陰負趺陽者，爲順也。

《甲乙經・足太陰厥脈病發溏泄下痢》飧泄，補三陰交，上補陰陵泉，皆久留之，熱行乃止。病注下血，取曲泉、五里。腸中有寒熱泄注，腸澼便血，會陽主之。腸鳴澼泄，下窌主之。腸澼泄切痛，四滿主之。便膿血，寒中，食不化，腹中痛，腹哀主之。繞臍痛，搶心，膝寒注利，腹哀主之。溏瘕，腹中痛，臟痺，地機主之。飧泄，太衝主之。溏，不化食，寒熱不節，陰陵泉主之。腸澼，中郄主之。飧泄，大腸痛，巨虛上廉主之。

《千金要方・妊娠諸病・下痢》婦人水洩痢，灸氣海百壯，三報。

《千金翼方・針灸中・脾病》小便不利，大便數洩注，灸屈骨端五十壯，又灸天樞百壯，在俠臍相去各二寸，魂魄之舍，不可下針。

《扁鵲心書・老人便滑》凡人年少，過食生冷硬物麪食，致冷氣積而不流，至晚年脾氣一虛，則脇下如水聲，有水氣，則大便隨下而不禁，可服四神丹，薑附湯，甚者灸命關穴，此病須早治，遲則多有損人者。又脾腎兩虛，則小便亦不禁，服草神丹五日即可見效。

《扁鵲心書・附竇材灸法》脾泄注下，乃脾腎氣損，二三日能損人性命，亦灸命關、關元各二百壯。

《扁鵲心書・暴注》凡人腹下有水聲，當即服丹藥，不然變脾泄，害人最速。暴注之病由暑月食生冷太過，損其脾氣，故暴注下泄。不早治，三五日瀉脫元氣。方書多作尋常治之，河間又以爲火，用涼藥，每害人性命。治法：當服金液丹、草神丹、霹靂湯、薑附湯皆可。若危篤者，灸命關二百壯可保，若灸遲，則腸開洞泄而死。

治驗

一人患暴注，因憂思傷脾也，服金液丹、霹靂湯不效，蓋傷之深耳，灸命關二百壯，小便始長，服草神丹而愈。

《扁鵲心書・暑月傷食泄瀉》凡暑月飲食生冷太過，傷人六府，傷胃則注下暴泄，傷脾則滑泄米穀不化，傷大腸則瀉白，腸中痛，皆宜服金液丹、霹靂湯，三日而愈。不愈，則成脾泄，急灸神闕百壯。《難經》雖言五泄，不傳治法，凡一應泄瀉，皆依此法治之。

《針灸資生經・泄瀉》曲泉，治泄痢，四支不舉。腹結，治腹寒泄痢。神闕，治泄痢不止，小兒奶利不絕，腹大，繞臍痛。氣穴，治婦人泄痢不止。陽綱，治大便泄痢。意舍，治大便滑泄。梁門，治大腸滑泄，穀不化。關門，治泄痢，不欲食。天樞，治泄痢，食不化。三焦俞，治水穀不化，欲泄注。懸樞，治水穀不化，下利。脊中，治溫病積聚下利。中髎，治腹脹下利食泄。脾俞，治泄痢。膀胱俞，治泄痢腹痛。大腸俞、腎俞，治洞洩食不化。會陽，治腹中冷氣，洩利不止。京門，治小腹急腫，腸鳴洞洩，髎樞引痛。三間，治腹滿腸鳴洞洩。然谷治兒洞洩。關元，療腹洩不止。京門、然谷、陰陵泉，主洞泄不化。腎俞、章門，主寒中洞泄不化。京門、崑崙，主洞泄體痛。長強，主頭重洞泄。《明下》云，洞洩不禁。陰陵泉、隱白，主胸中熱，暴泄。大腸俞，主腸鳴腹䐜腫，暴洩。三焦俞、小腸俞、下窌、意舍、章門，主腸鳴腹脹欲泄注。會陽，主腹中有寒泄注，腸澼便血。束骨，主腸澼泄。天樞，主冬月重感於寒則泄，當臍痛，腸胃間游氣切痛。若心腹痛而後泄，此寒氣客於腸間云云，灸關元百壯，服當歸縮砂湯。泄瀉宜先灸臍中，次灸關元等穴。

《針灸資生經・飧泄》中窌，主腹脹飧泄。下廉，治小腹痛飧洩，次指間痛，唇乾，涎出不覺，不得汗出，毛髮焦，脫肉少氣，胃中熱，不嗜食。上廉，治飧洩。陰陵泉，主婦人飧泄。

《針灸資生經・腸澼》復留、束骨、會陽，主腸澼。中都，治腸澼，㿗疝，小腹痛。四滿，治腸澼切痛。結積留飲澼囊，胸滿飲食不消，灸通谷五十壯。大腸俞，主風，腹中雷鳴，大腸灌沸，腸澼洩痢，食不消化，小腹絞痛，腰脊疼強，大小便難，不能飲食，灸百壯，三報之。諸結積留飲澼囊，胸滿飲食不消通谷五十壯，又胃管三百，三報之。第十五椎名下極俞，主腹中疾，腰痛，膀胱寒，澼飲注下，隨年壯。會陽，主腹中有寒泄注，腸澼便血。束骨，主腸澼泄。膺窗，主腸鳴泄注。陽綱，主大便不節，小便赤黃，腸鳴泄注。三焦俞、小腸俞、下窌、意舍、章門，主腸鳴腹脹欲泄注。

《針灸資生經・溏泄》三陰交，治溏泄食不化。地機，治溏泄。地機，主溏瘕腹痛藏痺。太衝等，主溏泄。

予嘗患痺疼，既愈而溏利者久之，因灸臍中，遂不登溷，連三日灸之，三夕不登溷。若灸溏泄，臍中第一，三陰交等穴，乃其次也。

《直指方・泄瀉・泄瀉證治》針灸法：脾腧二穴、中脘一穴、關元一穴、

天樞二穴、大腸俞二穴。

《扁鵲神應針灸玉龍經·灸法雜抄切要》 灸冷傷僡臟腑，洩利不止，中風不省人事等疾，宜灸神門。

《世醫得效方·泄瀉》 灸法：泄痢不止，灸臍中名神闕穴五壯或七壯，艾柱如小筋頭大，及關元穴三十壯，其穴在臍下三寸。

《普濟方·針灸門·瀉利》 治瀉利不止，小兒奶利不絕，腹大繞臍痛，穴：神闕。

治大便瀉利，穴：陽綱。

治大便滑瀉，穴：意舍。

治大便滑瀉，水穀不化，穴：梁門。

治瀉利不欲食，穴：關門。

治瀉利食不化，穴：天樞。

治水穀不化，穴：三焦俞。

治水穀不化，穴：懸樞。

治溫病積聚不利，穴：脊中。

治腹脹下利食瀉，穴：中髎。

治瀉利，穴：脾俞。

治瀉利腹痛，穴：膀胱俞。

治洞瀉食不化，穴：大腸俞、腎俞。

治腹中冷氣，瀉利不止，穴：會陽。

治小腹急腫，腸鳴洞瀉，髎樞引痛，穴：京門。

治腹滿腸鳴洞瀉，穴：京門。

治腹瀉不止。穴：關元。

治洞瀉不化，穴：京門、然谷、陰陵泉。

治寒中，洞瀉不化，穴：腎俞、章門。

治洞瀉體痛，穴：崑崙、京門。

治頭重，洞瀉不禁，穴：長強。

治胸中熱暴瀉，穴：陰陵泉、隱白。

治腸鳴腹脹腫暴瀉，穴：大腸俞。

治腸鳴腹脹欲瀉注，穴：三焦俞、小腸俞、下髎、意舍、章門。

治腹中有寒，瀉注，腹澼，便血。穴：會陽。

治腸澼瀉，穴：束骨。

治冬月重感於寒則瀉，當臍痛腸胃間，遊氣切痛，穴：天樞。

治心腹疼而後瀉，此寒客於腸間，穴：關元，灸百壯。服當歸縮砂湯。

治泄瀉，先灸臍中，次灸關元。

治瀉利四肢不舉，穴：曲泉。

《普濟方·針灸門·溏泄》 治溏泄腹痛藏痹，穴：地機。

治溏泄，穴：太衝。

《普濟方·針灸門·飧泄》 治飧泄，穴：上廉。

《普濟方·針灸門·腸鳴》 治腹滿腸鳴，穴：胃俞。

治腸中常鳴，上衝於心，及治婦人，穴：臍中。

治腸鳴，穴：太白、公孫、大腸俞、三焦俞。

治腹脹腸鳴，氣上衝胸，穴：天樞。

治心滿氣逆腸鳴，穴：陰都。

治腸鳴濯濯有如水聲，穴：陰交。

治腸鳴相追逐，穴：上廉。

治腸鳴強欠，心悲氣逆，穴：漏谷。

治腸鳴泄注，穴：膺窗。

治腸鳴而痛，穴：陷谷、濕溜、漏谷、復溜、陽綱。

治胸脅脹鳴切痛，穴：太白。

治腸鳴，穴：三里、三間、京門、關門、三陰交、陷谷、水分、神闕、承滿、溫溜、三焦俞、大腸俞、胃俞、天樞。

治腸鳴盈盈然，食不化，脅痛不得臥，煩熱口乾，不嗜食，胸脅支滿，喘息心痛，腰痛不得轉側，穴：章門。

治腸鳴氣走疰痛，穴：上廉。

治腹脹腸鳴不便痺虛，令人不樂，身寒善太息，心悲氣逆，穴：商邱。

治腹雷鳴，穴：復溜。

治腸痛雷鳴，穴：督俞。

治腸鳴腹脹，上氣喘逆，穴：承滿。

治食飲不下，腹中雷鳴，相逐痢下，灸：承滿，五十壯，三焦俞。

治腹脹腸鳴，氣上衝胸，不能久立，腹痛濯濯，冬月重感於寒則泄，食不化，嗜食，身腫，夾臍急，穴：天樞。

治腹中雷鳴，灸太衝，無限壯數。

治腸鳴泄注，刺下髎入二寸，留七呼，灸三壯。

《普濟方・針灸門・腸澼》 治腸澼，穴：復溜、束骨、會陽。

治腸澼切痛，穴：四滿。

治結積留飲，澼囊胸飲，食不消，穴：通谷，灸五十壯。

治風冷，腹中雷鳴，大腸灌沸，及腹澼洩利，食不消化，小腹絞痛，腰脊強疼，大小便難，不能飲食，穴：大腸俞，灸百壯，三報之。

治諸結積留飲，澼囊胸滿，飲食不消，穴：胃脘，三百壯，三報之。

治腹中疾腰痛，膀胱寒，澼飲注下，穴：下極俞，灸隨年壯。

治腹中有寒，泄注，腸澼便血，穴：會陽。

治腸澼泄，穴：束骨。

治腸鳴泄注，穴：膺窗。

治大便不節，小便赤黄，腸鳴泄注，穴：陽綱。

治腸鳴腹脹，欲泄注，穴：三焦俞、小腸俞、下髎、意舍、章門。

《普濟方・針灸門・婦人諸疾》 治婦人泄痢不止，穴：氣穴。

治婦人飧泄，穴：陰陵泉。

治婦人水洩痢，穴：灸氣海百壯，三報。

治婦人腸鳴注泄，穴：下髎。

《神應經・心脾胃部》 脾病溏泄：三陰交。

《神應經・腸痔大便部》 腸鳴：三里、陷谷、公孫、太白、章門、三陰交、水分、神闕、胃俞、三焦俞。

腸鳴而泄：神闕、水分、三間。

食泄：上廉、下廉。

暴泄：隱白。

洞泄：腎俞。

溏泄：太衝、神闕、三陰交。

泄不止：神闕。

出泄不覺：中脘。

泄瀉：曲泉、陰陵、然谷、束骨、隱白、三焦俞、中脘、天樞、脾俞、腎俞、大腸俞。

《續醫説・神針・讀易悟治法》 江西醫士黃子厚，爲術精詣，其治往往出人意表。有富翁病泄瀉彌年，禮致子厚，診療浹旬莫效。子厚曰：予未得其説，求歸。一日讀《易》，至乾卦，天行健，朱子有曰：天之氣運轉不息，故閣得地在中間，如人弄椀珠，只運動不住，故在空中不墜，少有息，則墜矣。因悟向者富翁之病，乃氣不能舉，爲下脱也。又作字，持水滴吸水，初以大指按滴上竅，則水滿筒，放其按，則水下溜無餘，乃豁然悟曰：吾可治翁證矣。即治裝往，翁家驚喜，至即爲治，艾灸百會穴，未三四十壯，泄瀉止矣。

《楊敬齋針灸全書・一切瀉肚》

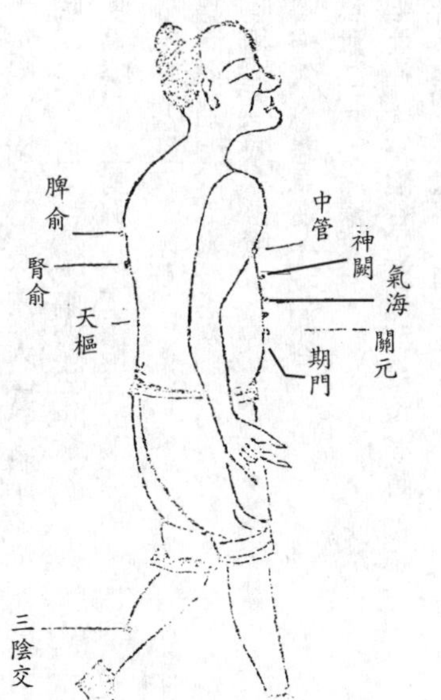

《針灸大成・腸痔大便門》 腸鳴：三里、陷谷、公孫、太白、章門、三陰交、水分、神闕、胃俞、三焦俞。

腸鳴而泄：神闕、水分、三間。

食泄：上廉、下廉。

暴泄：隱白。

洞泄：腎俞。

溏泄：太衝、神闕、三陰交。

泄不止：神闕。

出泄不覺：中脘。

痢疾：曲泉、太谿、太衝、丹田、脾俞、小腸俞。

便血：承山、復溜、太衝、太白。

大便不禁：丹田、大腸俞。

大便不通：承山、太谿、照海、太衝、小腸俞、太白、章門、膀胱俞。

大便下重：承山、解谿、太白、帶脈。

閉塞：照海、太白、章門。

泄瀉：曲泉、陰陵、然谷、束骨、隱白、三焦俞、中脘、天樞、脾俞、腎俞、大腸俞。

《針灸大成·治證總要》 第六十八：大便泄瀉不止：中脘、天樞、中極。

《壽世保元·灸法·灸諸病法》 一論泄瀉三五年不愈者，百會穴五、七壯即愈。有灸至二三十壯而愈者。

《類經圖翼·針灸要覽·諸證灸法要穴》 瀉痢：百會、久瀉滑脫下陷者，灸三壯，脾俞、腎俞、洞泄不止，五壯，命門、長強、赤白雜者。承滿、腸鳴者。梁門、中脘、神闕、中氣虛寒腹痛瀉痢甚妙。天樞、腹痛。氣海、石門、腹痛。關元、久痢冷痢腹痛。三陰交。腹滿泄瀉。

脾泄：色黑。脾俞。

胃泄：色黃。胃俞、天樞。

大腸泄：色白。大腸俞。

小腸泄：色赤。小腸俞。

大瘕泄：裏急後重。天樞、水分。上各三七壯。

腎泄：夜半後及寅卯之間泄者。命門、天樞、氣海、關元。

《病機沙篆·水瀉》 灸法：大瀉氣脫，不知人事，口眼俱閉，呼吸欲絕，急灸氣海如年壯，大進人參、附子，稍緩則不及救矣。又法，加灸天樞。泄瀉水穀不分，灸水分七壯，此穴能分水穀，利小便也，三穴。久痢，體重滑泄不止，用止澀諸藥不效，宜灸天樞、氣海二穴即止。水漬入胃，名曰溢飲，滑泄不止，渴而飲水，水下又泄，泄又大渴，此無藥證，宜急灸大椎一穴。

腸鳴不已，時上衝心，灸神闕一穴。

裏急後重：灸下脘、天樞、照海。

下利，手足厥冷無脈者，急灸天樞、氣海，灸之不溫，脈亦不至，及微喘者死。

《太乙神針心法·腸痔大便門》 治法

腸鳴：針三里、陷谷、公孫、太白、三陰交、章門、水分、神闕、胃腧、三焦腧。

腸鳴而泄：針神闕、水分、三間。

食泄：針上廉、下廉。

暴泄：針隱白。

洞泄：針腎腧。

溏泄：針太衝、神闕、三陰交。

泄不止：針神闕。

出泄不覺：針中脘。

泄瀉：針曲泉、陰陵、然谷、束骨、隱白、中脘、天樞、脾腧、三焦腧、大腸腧、腎腧。

《羅遺編·一灸之屢效》 泄瀉三五年不愈穴，灸百會穴五七壯即愈，有灸至二三十壯而愈者。產後子腸不收。灸百會穴三五壯即上如神。

泄瀉日久垂死穴，無論大小，一切但於天樞、氣海、中腕，灸五七壯，神效無比。

霍亂已死氣舍穴，看腹中尚有暖氣，即以炒乾鹽納滿臍中，以艾灸，不計其數。

此穴在諸家俱不言灸，只云禁針。《銅人》云：宜灸百壯。有徐平者，卒中不省。得桃源爲灸臍中百壯始甦，更數月復不起。鄭糾云：有一親卒中風，醫者灸五百壯而生，後年逾八十。向使徐平灸至三五百壯，安知其不永年耶。故此穴之灸，須塡細鹽，然後灸之，以多爲良也。若灸多不惟愈疾，亦且延年。灸少則時或暫愈，後恐復發，必難救矣。但夏月人神在臍，乃不宜灸。此穴主治陰證腹中虛冷，傷憊腸鳴，泄瀉不止，水腫鼓脹，小兒乳痢不止，腹大，風癇，角弓反張，脫肛，等證。又治婦人血冷不受胎者，灸此永不脫胎。《千金》云：灸三壯，治淋病。又云：并治脹滿。【略】

膏肓俞穴：主治百病，無所不療，胎前產後。可灸二七至七七壯。

《百證賦》云：兼魄戶，治勞瘵傳尸。

《靈光賦》云：治背脊痛，風勞一切。

《乾坤生意》云：兼陶道，身柱，肺俞，治虚損五勞七傷緊要之穴。

取穴法：令病人兩手交在兩膊上，灸時亦然，胛骨遂開，其穴立見。以手指摸索第四椎下兩旁各三寸，四肋三間之中，按之痠疼是穴。灸至千壯，少亦七七壯。取此穴當除第一椎小骨不算，若連此椎算之，當在五椎下，兩旁共折七寸，分兩旁按有痠疼處，乃是眞穴。一云：灸後當灸足三里，以引火實下。論曰：昔在和緩不救晉侯之疾，其云膏之上肓之下，即此穴也。人不能求得此穴，所以宿病難遣。若能用心，此方便灸無疾不愈。出《千金》、《外臺》上。

又法：如其人骨節分明，則以椎數爲準。若脊背肌厚骨節難尋，須以大椎至尾骶量分三尺折取之。或以平臍十四椎命門爲則，逐椎分寸取之，則穴無不眞。然取大椎之法，除項骨三節，不在内。然人亦有項骨短而無可尋者，當以平肩之處爲第一椎，以次求之，可無差也。

《羅遺編·針灸要穴論》 腎泄：夜半後及寅卯之間瀉者，命門、天樞、氣海、關元。

《針灸逢源·證治參詳·腫脹門》 瀉痢：胃泄：色黄，飲食不化，胃俞。

脾泄：腹脹滿泄注，食即嘔吐逆。脾俞。

大腸泄：色白，食已窘迫，腸鳴切痛。大腸俞。

小腸泄：溲濇，便膿血，少腹痛。小腸俞。

大瘕泄：腹痛，裏急後重，數至圊而不能便，莖中痛，瘕結也。天樞、水分。以上名爲五泄。

腎泄：五更溏泄，久而不愈。氣海、關元。

洞泄不止：腎俞、中脘。

中氣虚寒腹痛瀉痢：天樞、神闕。

水洩有渴引飲者，是熱在膈上，水多入則下膈入胃中，胃中本無熱，不勝其水，名曰水恣，故使米穀一時下。此證當灸大椎三五壯立已。如用藥，宜車前子、擂丸、白朮、茯苓之類，及五苓散，可選用之。又諸瀉痢入胃名曰溢飲，渴能飲水，水下復瀉而又渴，此無藥證，當灸大椎。

《針灸全生·脾胃》 脾寒：三間、中渚、液門、合谷、商邱、陰交、中封、照海、陷谷、太谿、至陰、腰俞。胃熱：懸鍾。

脾虚腹脹穀不消：三里。胃寒有痰：膈俞。

脾病溏泄：三陰交。脾虚不便：商邱、三陰交，三十壯。

《針灸全生·泄瀉》 曲泉、然谷、隱白、陰陵、束骨、中脘、天樞、脾俞、腎俞、三焦俞、大腸俞。

食泄：痛即欲泄，泄而痛減者是也，上廉、下廉。暴泄洞泄：隱白、腎俞。

溏泄：太衝、神闕、三陰交。出泄不覺：中脘。泄不止：中脘、天樞、中極、神闕。

泄瀉不止，裏急後重：下脘、照海、天樞、公孫。寒泄：天樞、關元、中脘、列缺、三陰交。

腸鳴而泄：神闕、水分、三間。

《針灸全生·腸痔大便》 腸鳴：三里、公孫、章門、水分、陷谷、太白、三陰交、神闕、胃俞、三焦俞。

《針灸便覽·中風》 泄瀉：曲泉、然谷、陰陵、中脘、束骨。

腸鳴而泄：灸神闕、水分、三間。

泄不止：神闕。洞泄：腎俞。

《神灸經綸·身部證治》 泄瀉

久瀉滑脱下陷：百會、脾俞、腎俞。

虚寒久瀉：關元、中極、天樞、腹痛手足冷，三陰交、腹滿，中脘、梁門、氣海，手足厥冷。

大瀉氣脱：氣海、天樞、水分，水穀不分。

脾泄色黑：脾俞。

胃泄色黄：胃俞。

大腸泄色白：大腸俞。

小腸泄色赤：小腸俞。

大瘕泄：天樞、水分。各三七壯。

腎泄：夜半後及寅卯之間泄者，命門、天樞、氣海、關元。

水漬入胃：名曰溢飲，喝而飲水，水下又泄，泄又大渴，大椎。穴在一椎之上。

腸鳴：神闕、陷谷、承滿。

老人虛人泄瀉：神闕、關元、脾俞、大腸俞。

《**針灸集成·心胸**》 胸腹痛暴泄：大都、陰陵泉、太白、中脘，針。

《**針灸集成·痢疾**》 溏泄：如鴨之泄，故曰溏泄。中脘、針，三陰交、脾俞，各三壯至三七壯。

《**針灸集成·大小便**》 腸鳴溏泄腹痛：神闕，百壯，三陰交，三壯。

《**針灸穴法**》 泄瀉急后重：下脘一穴、天樞二穴、公孫二穴。

腹中寒痛，一切瀉不止：天樞二穴、三陰交二穴、中脘一穴、關元一穴。

冷瀉：中脘一穴、關元一穴、長強一穴、脾俞二穴、小腸俞二穴、崩沙二穴，在鼻柱兩傍，人中一穴、承漿一穴。

睡中發驚：巨厥一穴、小衝二穴、肩尖二穴、肘尖二穴、三陰交二穴、合谷二穴，足三里二穴，曲池二穴。

《**灸法秘傳·泄瀉**》 泄瀉有五，乃脾虛、腎虛、濕寒、濕熱、食積也。脾虛則食少便頻，腎虛則五更作瀉，濕寒則便溏溺白，濕熱則下利腸垢，食瀉則吞酸噯腐，在醫家當分而治。在灸家先取天樞，其次會陽之穴。

《**針灸摘要·任脈**》 腹中寒痛，泄瀉不止：天樞、中脘、關元、三陰交。

《**針灸摘要·衝脈**》 泄瀉不止，裏急後重：下脘、天樞、照海。

《**儒門事親·推原補法利害非輕說**》 昔維陽府判趙顯之，病虛羸，泄瀉褐色，乃洞泄寒中證也，每聞大黃氣味即注泄。余診之，兩手脈沉而軟，令灸分水穴一百餘壯，次服桂苓甘露散、胃風湯、白朮丸等，藥不數月而愈。

《**名醫類案·瀉**》 黃子厚治一富翁，病泄瀉彌年，禮致子厚，診療浹旬不效。子厚曰：予未得其說，求歸。一日讀《易》至乾卦天行健，朱子有曰：天之氣運行不息，故閣得地在中間，如人弄椀珠，只運動不住，故在空中不墜，少有息，則墜矣。因悟向者富翁之病，乃氣不能舉，爲下脫也。又作字，持水滴吸水，初以大指按滴上竅，則水滿筒。放之，則水下溜無餘，乃豁然悟曰：吾能治翁證矣，即往，至則爲治，艾灸百會穴，未三四十壯而泄瀉止矣。

一人吐瀉三日垂死，爲灸天樞、氣海三穴，立止。

《**續名醫類案·泄瀉**》 舊傳有人年老而顏如童子者，蓋每歲以鼠糞灸臍中神闕穴一壯故也。予嘗患久溏利，一夕灸三七壯，則次日不如廁，連數夕灸，則數日不如廁，足見經言主泄痢不止之驗也。又予年踰壯，覺左手足無力，偶灸此而愈。

《**千金翼方·針灸中·脾病**》 治老小大便失禁法：灸兩腳大指去甲一寸三壯，又灸大指奇間各三壯。

《**外臺秘要**》**卷二十七**《**大便失禁併關格大小便不通方**》 《千金》療老人小兒大便失禁方：灸兩腳大拇指去爪甲一寸，三壯。

又方：灸大指奇間，各三壯。

《**扁鵲心書·附竇材灸法**》 老人滑腸困重，乃陽氣虛脫，小便不禁，灸神闕三百壯。

老人大便不禁，乃脾腎氣衰，灸左命關、關元各二百壯。

《**針灸資生經·大便不禁**》 大腸俞、次窌，主大小便利。陽綱，主大便不節，腸鳴泄注，小便赤黃。承扶，主尻中腫，大便直出，陰胞有寒，小便不利。屈骨端，主大便泄數，小便不利，并灸天樞。丹田，主泄痢不禁，小腹絞痛。關元，療洩痢虛脹，小便難。魂門，治大便不節。老小大便失禁，灸兩足大指去甲一寸三壯，又灸大指岐間各三壯。三里，主霍亂遺矢。

大便不禁，病亦惙矣，神闕、石門、丹田、屈骨端等，皆是穴處，宜速灸之。予頃患脾泄，醫謂有積，以冷藥利之，大便不禁，服鎮靈丹十餘元，午、夜各數元而愈。今人服此丹三五元不效，則不服，是以一勺水救輿薪火也，可乎哉。

《**普濟方·針灸門·大便不通**》 治老人小兒大便失禁，灸兩腳大指，去甲一寸，三壯，又灸大指岐間，各三壯。

《**普濟方·針灸門·大便不禁**》 治大便不解，腸鳴泄注，小便赤黃，穴：陽綱。

治尻中腫，大便直出，陰胞有寒，小便不利，穴：承扶。

治大便泄數，小便不利，穴：曲骨端、天樞，灸。

治泄痢不禁，小腹絞痛，穴：丹田。

治泄痢虛脹，小便難，穴：關元。

治大便不節，穴：魂門。

治老人小兒大便失禁，灸兩足大指，去甲一寸三壯，又灸大指岐間三壯。

治霍亂遺矢，大便不禁，病亦惙矣，神闕，石門、丹田、屈骨端等，皆是穴處，宜速灸。

《**神應經·腸痔大便部**》 大便不禁：丹田、大腸俞。

《**太乙神針心法·腸痔大便門**》 大便不禁：針丹田、大腸腧

大便不通：針承山、太谿、照海、太衝。

大便下重：針承山、解谿、太白、帶脈。

閉塞：針照海、太白、章門。

《針灸全生·腸痔大便》 大便不禁：丹田、大腸俞。

《針灸便覽·中風》 大便不禁：丹田、大腸俞。

痢疾

《千金要方·膀胱腑·三焦虛實》 膀胱三焦津液下，大小腸中，寒熱赤白泄痢，及腰脊痛小便不利，婦人帶下，灸小腸輸五十壯。

《千金要方·脾臟·熱痢》 泄痢食不消，不作肌膚，灸脾輸隨年壯。

泄注五痢便膿血，重下腹痛，灸小腸輸百壯。

泄痢久下，失氣勞冷，灸下腰百壯，三報，穴在八魁正中央脊骨上，灸多益善也，三宗骨是忌針。

泄痢不禁，小腹絞痛，灸丹田百壯，三報，穴在臍下二寸，針入五分。

泄痢不嗜食，食不消，灸長谷五十壯，三報，穴在俠臍相去五寸，一名循際。

泄痢赤白漏，灸足太陰五十壯，三報。

久泄痢百治不差，灸足陽明下一寸高骨之上陷中，去大指岐三寸，隨年壯。

又屈竹，量正當兩胯脊上，點訖，下量一寸，點兩傍各一寸，復下量一寸，當脊上，合三處，一灸三十壯，灸百壯以上，一切痢皆斷，亦治濕𧏾冷，脊上當膀點處不灸。

又，灸臍中稍稍二三百壯。

又，灸關元三百壯，十日灸，幷治冷痢腹痛，在臍下三寸也。

赤白下，灸窮骨，惟多爲佳。

《千金要方·膀胱腑·三焦虛實》 四肢不可舉動，多汗洞痢，灸大橫，隨年壯，穴在俠臍兩邊各二寸五分。

《千金要方·針灸下·心腹》 泄痢病：京門、然谷、陰陵泉，主洞泄不化。

交信，主泄痢赤白漏血。

復留，主腸僻便膿血，泄痢後重，腹痛如痓狀。

脾輸，主泄痢不食，食不生肌膚。

小腸輸，主泄痢膿血五色，重下腫痛。

丹田，主泄痢不禁，小腹絞痛。

關元、太谿，主泄痢不止。京門、崑崙，主洞泄體痛。

天樞，主冬月重感於寒則泄，當臍痛，腸胃間遊氣切痛。

腹哀，主便膿血，寒中食不化，腹中痛。

尺澤，主嘔泄上下出，兩脇下痛。

束骨，主腸澼泄。

太白，主腹脹食不化喜嘔，泄有膿血。

地機，主溏瘕腹中痛藏痺。

陰陵泉、隱白，主胃中熱暴泄。

太衝、曲泉，主溏泄痢泄下血。

長強，主頭重洞泄。

腎輸、章門，主寒中洞泄不化。

會陽，主腹中有寒泄注，腸澼便血。

三焦輸、小腸輸、下窌、意舍、章門，主腸鳴臚脹欲泄注。

中窌，主腹脹飧泄。

大腸輸，主腸鳴腹䐜腫暴洩。

《千金翼方·針灸中·脾病》 大便下血，灸第二十椎，隨年壯。

赤白下痢，灸窮骨頭百壯，多多益佳。

食不消化，洩痢不作肌膚，灸脾俞隨年壯，洩注五痢便膿血，重下腹痛，灸小腸俞百壯。洩痢久下，失氣勞冷，灸下腰百壯，三報之，在八魁正中脊骨上，灸多益佳，三宗骨是忌針。少腹絞痛，洩痢不止，灸丹田百壯，三報之，在臍下二寸，針入五分。

下痢不嗜食，食不消，灸長谷五十壯，三報之，在俠臍相去五寸，一名循際。

下痢赤白，灸足太陰五十壯，三報之。

久冷五痔便血，灸脊中百壯。

五痔便血失屎，灸迴氣百壯，在脊窮骨上，赤白下，灸窮骨惟多爲佳。

久痢百治不差，灸足陽明下一寸高骨之上中去大指奇間三寸，灸隨年壯。

又，灸關元三百壯，十日灸，并治冷痢腹痛。

又，先屈竹，量正當兩胯脊上，點訖，下量一寸，點兩旁各一寸，復下量一寸，當脊上，合三處，一灸三十壯，灸百壯以上，一切痢皆差，亦主疳濕，脊上當胯點處不灸。

又，灸臍中稍稍至二三百壯。

《外臺秘要》卷六《中焦熱及寒洩痢方》　又療中焦虛寒四肢不可舉動多汗洞痢方：灸大横隨年壯，大横俠臍傍行相去兩邊各兩寸五分。

《外臺秘要》卷二十五《冷痢方》　灸臍下一寸五十壯，良。

《扁鵲心書・附竇材灸法》　休息痢下五色膿者，乃脾氣損也，半月間則損人性命，亦灸命關、關元各三百壯。

《扁鵲心書・休息痢》　痢因暑月食冷及濕熱太過，損傷脾胃而致，若傷氣則成白痢，服如聖餅、全眞丹、金液丹亦可。若傷血則成赤痢，服阿膠丸、黃芩芍藥湯。初起腹痛者亦服如聖餅，下積血而愈，此其輕者也。若下五色魚腦，延綿日久，飲食不進者，此休息痢也。最重，不早治，十日半月害人性命。治法：先灸命關二百壯，服草神丹、霹靂湯，三日便愈。過服寒涼下藥必死。

治驗　一人病休息痢已半年，元氣將脫，六脈將絶，十分危篤。余爲灸命關三百壯，關元三百壯，六脈已平，痢已止，兩脇刺痛。再服草神丹、霹靂湯方愈，一月後大便二日一次矣。

一人病休息痢，余令灸命關二百壯，病愈二日，變注下一時五七次，令服霹靂湯，二服立止。後四肢浮腫，乃脾虛欲成水脹也，又灸關元二百壯，服金液丹十兩，一月而愈。

《針灸資生經・痢》　《素問》言泄痢有五種，一曰胃泄，飲食不化而色黃，胃與脾合，故黃也。二曰脾泄，腹脹而注泄無休，又上逆嘔，此爲寒熱之患也。三曰大腸泄，食畢腸鳴切痛，而痢白色，大腸與肺合，故白也。四曰小腸泄，身瘦而便膿血，小腸與心合，心主血也。五曰大瘕泄，裏急後重，數至圊不能便，莖中痛，此腎泄也。諸家方有二十餘種，此唯言五種，蓋舉其綱也。《必用方》亦有赤白疳蟲之別，其大概則藏府寒也，廩丘公所謂諸下悉寒是也。予數治人痢，惟與以鎮靈丹，無有不效，或未效，更加丸數，則效矣。若蠱利，則用柏葉、黃連煎服。諸痢惟《耆域方》用厚朴、櫻粟殼末最佳。後人又加木香、黃連、陳皮等分，甘草拌之，黃穀葉數片，姜棗烏梅水煎，予嘗用之驗，故載於此。然痢本無惡證，而有患此而死者，或者世醫以痢爲熱病，多服冷藥故也。若其急難，亦當灼艾，不可專用藥云。

復溜，主腸澼便膿血，泄痢後重，腹痛如痓狀。交信，主泄痢赤白，漏血。太衝、曲泉，主溏泄痢注下血。小腸俞，主泄痢膿血五色，重下腫痛。丹田，主泄痢不禁，小腹絞痛。關元、太谿，主泄痢不止。脾俞，主泄痢不食，食不生肌。五樞，主婦人赤白，裏急瘈瘲。曲泉，治泄水下利膿血。中膂俞，治腸冷赤白痢。膀胱俞，療泄痢腹痛。脊俞，療溫病積聚下痢。關元，療洩痢。

小兒痢下赤白，秋末脫肛，每廁腹痛不可忍，灸十二椎下節間名接脊穴一壯。

黃帝療小兒疳痢脫肛，體瘦渴飲，形容瘦悴，諸藥不差，灸尾翠骨上三寸骨陷間三壯。岐伯云：三伏內用桃水浴孩子，午正時當日灸之，用青帛拭，似見疳蟲隨汗出，神效。小兒秋深冷痢不止，灸臍下二寸三寸間動脈中三壯。婦人水洩痢，灸氣海百壯。泄痢食不消，不作肌膚，灸脾俞隨年壯。泄注五痢便膿，重下腹痛，灸小腸俞百壯。泄痢不禁，小腹絞痛，灸石門百壯，三報。久痢百治不差，灸足陽明下一寸高骨上陷中，去大指岐三寸，隨年壯。又臍中二三百壯。又關元三百。十日灸。赤白下，灸窮骨多爲佳，四支不舉，多汗洞痢，灸大横隨年。痢暴下如水云云，氣海百壯。

《聖濟總録・治泄痢灸刺法》　泄痢不禁，食不化，小腹疞痛者，灸丹田，穴在臍下二寸，日灸七壯至百壯止。

泄痢食不消，不作肌膚，灸脾腧，隨年壯。

泄注五痢，大便膿血重下腹痛，灸小腸腧百壯，泄痢久下矢氣勞冷，灸下腰百壯，三報，穴在八魁正中央脊骨上，灸多益善，忌針。又灸臍中稍稍二三百壯。又灸關元三百壯，十日灸，并治冷痢腹痛，穴在臍下三寸。

久泄痢不差，灸足陽明下一寸高骨之上陷中，去大指岐三寸，隨年壯。又屈竹，量正當兩胯脊上，點記，下量一寸，點兩傍各一寸，復下量一寸，當脊上，合三處，一日灸三十壯。灸百壯以上，一切痢皆斷，亦治濕䘌。

泄痢不嗜食，食不消，灸長谷五十壯，三報，穴在俠臍相去五寸。四肢不可舉動，多汗洞痢，灸大横，隨年壯。膿血痢不止，灸幽門，二穴

在巨闕傍各半寸，各灸三壯，兼主小腹堅逆。

泄痢赤白，灸足太陰五十壯，三報。

小腸泄痢膿血，灸魂舍百壯，小兒減之，穴在俠臍兩邊，相去各一寸。

腸中有寒，泄注腸澼便血，會陽主之。

便膿血，寒中食不化，腹中痛，腹哀主之。

《針經摘英集·治病直刺訣》 治水痢不止，食不化，刺足陽明經天樞二穴，大腸之募也，在夾臍兩傍各二寸，針入五分，留十呼，可灸百壯。

《世醫得效方·下痢》 灸法：泄痢食不消，不作肌膚，灸脾腧隨年壯，其穴在第十一椎下兩傍各去一寸半。

泄痢不禁，小腹絞痛，灸丹田百壯，其穴在臍下一寸，又灸臍中一二十壯，灸關元穴百壯。泄痢不嗜食，雖食不消，灸三報，穴在俠臍相去五寸，一名循際。

《普濟方·針灸門·痢》 治泄痢赤白，漏血，穴：交信。

治溏泄痢注下血，穴：太衝、曲泉。

治泄痢膿血，五色重下，腫痛，穴：小腸俞。

治泄痢不禁，小腹絞痛，食不化，穴：丹田、臍中、關元。

治痢不止，穴：關元、太谿。

治泄痢不食，食不生肌膚，穴：脾俞。

治泄水痢膿血，穴：曲泉。

治腸冷赤白痢，穴：中膂俞。

治泄痢腹痛，穴：膀胱俞。

治溫病積聚下痢，穴：脊俞。

治洩痢，穴：關元。

治泄痢食不消，穴：脾俞，灸隨年壯。

治泄注五痢，便膿重下，腹痛，穴：小腸俞，灸百壯。

治泄痢不禁，小腹絞痛，穴：石門，灸百壯，三報。

治久痢，百治不差，幷治冷痢腹痛，灸足陽明下一寸，高骨上陷中，去大指岐三寸，隨年壯，又灸臍中三二百壯，又灸關元三百壯。十日灸。

治赤白下，穴：窮骨，灸多爲佳。

治四肢不舉，多汗洞痢，穴：大橫，灸隨年壯。

治泄痢不止，灸臍中，名神闕穴，五壯，或七壯，艾炷如小筋頭大，及關元穴，三十壯。

治泄痢不嗜食，雖食不消，灸循股際，穴在俠臍相去五寸，又灸長強五十壯。

治痢久下，矢氣勞冷，灸下腰百壯，三報，穴在八魁正中央脊骨上，灸數多尤佳，三宗是骨。忌針。

治泄痢赤白濁，灸足太陰五十壯，三報。

治久泄痢百治不差，屈肘量正當兩膀脊上點記，下量一寸，點兩傍各一寸，復下量一寸，當脊上合三處，一灸三十壯，灸百壯以上，一切痢皆斷。亦治濕匿冷脊，上當膀點處不灸。

治大腸泄痢膿血，穴：意舍，灸一百壯，小兒減之。又灸小腸俞七壯。

治下痢白如鼻涕者，灸臍下一寸，五十壯，良，即三陰交。

治膿血利不止，兼治小腹堅逆，灸幽門二穴，各三壯。

治水痢不止，食不化，刺足陽明經天樞二穴，大腸之募也，在臍兩傍各二寸，針入五分，留十呼，可灸百壯。

《衛生寶鑒》云：至元乙亥，廉臺王千戶，四十餘，駐兵漣水，卑濕之地，勞役過度，飲食失節，至秋深，瘧痢併作，月餘不愈，飲食全減，形容羸瘦，乘馬轎以歸。時已仲冬，求治於予，具陳其由，診得脈弦細，而微如蛛絲，身體沉重，手足寒逆，時復麻痺，皮膚痂疥，如厲風之狀，無力以動，腹痞滿，嘔逆不止，皆寒濕爲病久淹，眞氣衰弱，形氣不足，病氣亦不足，陰陽皆不足。《針經》曰：陰陽皆虛，針所不爲，灸之所宜。《內經》曰：損者益之，勞者溫之。《十劑》云：補可去弱。以理中丸加附子，溫養脾胃，散寒濕，澀可去脫，服養臟湯加附子，固腸胃，止瀉利，仍灸諸穴，以併除之。經曰：府會太倉，即中脘也，先灸五七十壯，以溫養胃氣，進美飲食，次灸氣海百壯，生發元氣，滋榮百脈，充實肌肉，復灸足三里胃之合穴，三十。壯，引陽氣下交陰分，亦助氣復，灸陽輔穴二七壯，接續陽氣，令足脛溫煖，散清溫之邪，迨月餘後，病氣皆去，漸至平復，精神不減壯年。

《神應經·腸痔大便部》 痢疾：曲泉、太谿、太衝、丹田、脾俞、小腸俞。

大便下重：承山、解谿、太白、帶脈。

《針灸聚英·雜病》 瀉痢 氣虛兼寒熱、食積、風邪、驚邪、熱濕、陽氣下

陷，痃積，當分治，瀉輕痢重。

陷下則灸之，脾俞、關元、腎俞、復溜、腹哀、長強、太谿、大腸俞、三里、氣舍、中脘。白痢，大腸俞。赤痢，小腸俞。

《古今醫統大全・針灸直指・諸證針灸經穴》 瀉痢：脾氣下陷者，脾俞、灸，關元、腎俞、復溜、腹哀、大谿、長強、中脘、氣舍、大腸俞、小腸俞。

《本草綱目・百病主治藥・痢》 木鱉子，大箇，研，以熱麪餅挖孔安一半，熱貼臍上，少頃再換即止。芥子，同生薑擣膏封臍。黄丹，同蒜擣，封臍，仍貼足心。水龜，入麝擣，貼臍。田螺，入麝擣，貼臍。蓖麻，同硫黄擣，貼臍。針砂。同官桂，枯礬，水調，貼臍。

《針灸大成・續增治法・雜病》 瀉痢：氣虛兼寒熱，食積，風邪，驚邪，熱濕，陽氣下陷，痃積，當分治，瀉輕痢重。

陷下，灸脾俞、關元、腎俞、復溜、腹哀、長強、太谿、三里、氣舍、中脘、大腸俞。

白痢，灸大腸俞。赤痢，灸小腸俞。

《針灸大成・治證總要》 第六十九：赤白痢疾，如赤，内庭、天樞、隱白、氣海、照海、内關。如白，裏急後重，大痛者，外關、中脘、隱白、天樞、申脈。

《景岳全書・雜證謨・痢疾》 久痢陽虛，或因攻擊寒涼太過，致竭脾腎元神而滑脱不止者，本源已敗，雖峻用溫補諸藥，亦必不能奏效矣。宜速灸百會、氣海、天樞、神闕等穴以回其陽，庶或有可望生者。

《病機沙篆・痢》 針灸法：久痢不止：中脘、脾俞、天樞、足三里、三陰交，五穴。

裏急後重：下脘、天樞、照海，三穴。

虛寒久瀉：關元、中極、天樞、三陰交，四穴。

附氣痢方：牛乳半斤，蓽撥三錢，同煎減半，空心頓服良。

《太乙神針心法・腸痔大便門》 痢疾：針曲泉、太谿、太衝、丹田、脾腧、小腸腧。

《羅遺編・針灸要穴論》 瀉痢：百會、久瀉滑脱，脾俞、腎俞、洞泄不止五壯，命門、長強、赤白雜者，承滿、腸鳴，梁門、中脘、神闕、中氣虛寒，腹痛瀉痢甚妙，天樞、腹痛，氣海、石門、腹痛，關元、久痢冷痢腹痛，三陰交，腹滿泄瀉。

大瘕泄：裏急後重，天樞、水分。上各三七壯。

《針灸逢源・證治參詳・小兒病門》 脇下滿，瀉痢，體重不收，痃癖積聚，腹痛，不嗜食，痎瘧寒熱或腹脹引背，食飲多，漸漸黄瘦者，十一椎下各開一寸五分灸七壯，黄疸灸三壯，當是脾俞二穴。

肚大青筋，堅如鐵石，於臍之上、下、左、右，離五分地，各灸三壯即消。

秋深冷痢：臍下三寸。灸七壯或隨年壯。

《針灸全生・痢疾》 曲泉、太谿、太衝、丹田、脾俞、小腸。

赤白痢疾：赤者，天樞、隱白、内庭、内關、氣海、照海。如白裏急後重大痛者：外關、隱白、中脘、天樞、申脈。下痢不止：内庭、天樞、三陰交。

赤白痢疾腹中冷痛：水道、外陵、氣海、天樞、三陰交、三里、列缺。

白痢：灸大腸俞。赤痢：灸小腸俞。

《針灸全生・噎膈》 瀉痢：百會、久瀉滑脱下陷者，灸三壯七壯。脾俞、神闕、中氣虛寒腫痛泄痢甚妙。腎俞、洞泄不止七壯。承滿、腸鳴。梁門、中脘、天樞、腹痛。石門、腹痛。氣海、關元、久痢冷痢腹痛者。三陰交。腹滿瀉泄。

《針灸便覽・中風》 痢疾：曲泉、太谿、太衝、丹田、脾俞。

赤白痢：内庭、天樞、氣海、照海

痢疾：曲泉、太谿、太衝、丹田。

赤白痢疾：水道、氣海、外陵。

《傳悟靈濟録・瀉痢》 瀉痢：百會、久瀉滑脱下陷，三壯。脾俞、腎俞、洞泄不止五壯。命門、神闕、中氣虛寒腹痛泄痢。長強、赤白雜痢。承滿、腹鳴。梁門、中腕、天樞、腹痛。氣海、石門、腹痛。關元、久痢冷痢腹痛。三陰交。

脾泄：色黑。脾俞。

胃泄：色黄。胃俞、天樞。

大腹泄：色白。大腸俞、小腸俞。

大瘕泄：色赤裏急後重。天樞、水分。各三七壯。

腎泄：夜半後及寅卯間泄者。命門、天樞、氣海、關元。

《針灸集成・痢疾》 痢疾：中氣虛弱，三焦不和之致。若大便秘結，取巴豆肉作餅安臍中，灸三壯。

水痢不止：中脘，針，神效。

赤白痢：臍中，百壯，神效。

泄痢小腹痛：大腸俞、膀胱，俞。各三壯，關元、百壯，丹田穴，一名石門，二七壯至百壯止。

冷痢食不化：脾俞、年壯，天樞、五十壯，胃俞、三壯，臍中、一名神闕，百壯。

《灸法秘傳・痢疾》古人以赤痢爲濕熱，傷於血分。白痢爲濕寒，傷於氣分。凡初患赤白痢積者，法當灸其天樞，兼之中脘，如日久不愈，脾腎兩傷者，當灸脾俞，兼之會陽也。

《針灸摘要・任脈》赤白痢疾，腹中冷痛：水道、氣海、外陵、天樞、三陰交、三里。

《針灸學・刺痢疾》以藥治之者，不外按病立方。以針刺之者，亦不外辨經取穴。如係下利清穀，裏寒外熱，汗出而厥者，服藥宜通脈四逆湯，用針則宜取腹上氣海、天樞及三陰交等穴，用平補平瀉法，以調和其氣，針後各灸十數壯，則寒退而陽回，利疾自愈。如係熱利下重，服藥宜用白頭翁湯者，用針則宜取肝之期門、章門及三陰交等穴，以瀉其鬱熱之本，再取胃之三里、天樞、上下廉，以瀉腸胃火熱之標，針後不宜多灸，以熱利故也。膿多無血者，責在水分，則宜取肺經、膀胱經，及腹上水分、天樞、三焦募穴，腿上復溜、陰陵、三陰交諸穴，以瀉之，惟水分宜灸，不宜多針。獨血無膿者，責在血分，則宜取肝之期門，脾募章門，及腹上關元、帶脈，腿上三陰交諸穴，刺之。膿血兼下者，是水分血分皆病，則照上所取調血調水各穴擇刺之。如係下利脈滑，或心下堅者，是因宿食而致利，服藥宜大承氣湯者，用針則宜取中脘、三里、天樞及上下廉，各穴刺之。下利譫語，有燥屎，服藥宜小承氣湯者，用針亦宜照大承氣證所取諸穴擇刺之。如下利後脈絶，手足厥冷者，此證最爲危險，一日夜，脈不還，手足不溫者，十有九死。故治之刻不容緩，急於腹上氣海、關元、天樞、三里等處，不住用艾行灸，以脈還，手足溫爲度，灸至百壯之多不爲過量，蓋陰寒凝聚，陽厥不回，不多灸病不愈也。如下利後腹脹滿，身體疼痛者，是外感內傷表裏兼病之狀，服藥者是先攻裏後攻表，攻裏用四逆湯，攻表用桂枝湯，行針者亦宜先取腹上氣海、天樞等穴，多灸以溫其裏，再取風池、風府等穴，以通其表，則表裏兼治矣。總之，刺痢之法不外少陰、厥陰、太陰、陽明諸經耳，有兼證者，再兼刺他經。昔人云：無積不成痢。故刺痢疾者，多瀉而少補，用補針者，必是因痢久不愈，脾胃虛弱，先瀉他經之邪，審係脾胃虛弱不化者，乃取三里、氣海略補之。以藥治痢者，嘗云痢無補法。行針者，亦何獨不然。《針灸大成》引《神應經》刺痢諸穴，概歉詳明，又未能分經施刺，故學者苦無所遵，一遇痢疾，混爲針灸，刺不效而謂痢疾難治，且云針灸不能獨收全功者，誤之甚焉。夫針藥並進，病愈更速，若謂針灸不能治痢者，是辯證取穴失實也，蓋痢久病深，針一二經，刺一二穴，未能即愈。余等嘗針一村農痢疾，取穴至二十餘處，行刺至六次之多，灸氣海、三里至百壯，而疾始愈。可見針一不效，而輒停刺停灸者，積邪莫除也，治痢疾者盍審諸。

《名醫類案・痢》羅謙甫治廉臺王千戶，年四十五，領兵鎮漣水，此地卑溼，因勞役過度，飲食失節，至秋深瘧痢並作，月餘不愈，飲食全減，形羸瘦，仲冬輿疾歸。羅診脈弦細而微如蛛絲，身體沉重，溼也。手足寒逆，寒也。時復麻痺，虛。皮膚痂疥，如癘風之狀，無力以動，心腹痞滿，嘔逆不止。皆寒溼爲病久淹，斷之寒溼，妙，宜細玩之。眞氣衰弱，形氣不足，病氣亦不足。《針經》云：陰陽皆不足也，針所不爲，灸之所宜。《內經》曰：損者益之，勞者溫之。《十劑》云：補可去弱。先以理中湯加附子，溫養脾胃，散寒溼。澀可去脫，養臟湯加附子，固腸胃，止瀉痢。仍灸諸穴，以併除之。經云：府會太倉，即中脘也。先灸五七壯，以溫養脾胃之氣，進美飲食。次灸氣海百壯，生發元氣，滋榮百脈，充實肌肉。復灸足三里，胃之合也，三七壯，引陽氣下交陰分，亦助胃氣。後灸陽輔足少陽膽穴。二七壯，接續陽氣，令足脛溫煖，散清溼之邪，迨月餘，病氣去，神完如初。

《針灸大成・醫案》戊寅冬，張相公長孫，患瀉痢半載，諸藥不效，相公命予治之，曰：昔翰林時，患肚腹之疾，不能飲食，諸藥不效，灸中脘、章門即飲食，其針灸之神如此。今長孫患瀉痢，不能進食，可針灸乎？予對曰：瀉痢日久，體貌已變，須元氣稍復，擇日針灸可也。華岑公子云：事已危篤矣，望即治之，不俟再擇日期，即針灸中脘、章門，果能飲食。

甲戌夏，員外熊可山公患痢，兼吐血不止，身熱欬嗽，繞臍一塊痛至死，脈氣將危絶。衆醫云：不可治矣。工部正郎隗月潭公素善，迎予視其脈，雖危絶，而胸尚煖，臍中一塊高起如拳大，是日不宜針刺，不得已，急針氣海，更灸至五十壯而蘇，其塊即散，痛即止。後治痢，痢愈，治嗽血，以次調理得痊。次年陞職方，公問其故。予曰：病有標本，治有緩急，若拘於日忌，而不針氣

海，則塊何由而散？塊既消散，則氣得以疏通，而痛止脈復矣。正所謂急則治標之意也。公體雖安，飲食後不可多怒氣，以保和其本，否則正氣乖而肝氣盛，致脾土受剋，可計日而復矣。

嘔吐、惡心

《肘後方·治卒心腹煩滿第十一》 治卒吐逆方：灸乳下一寸七壯即愈。

又方：灸兩手大拇指內邊爪後第一文頭各一壯，又灸兩手中央長指爪下一壯愈。

《千金要方·肺臟·氣極》 嘔吐上氣，灸尺澤，不三則七壯，尺澤者，在腕後肘中横文。腹中雷鳴相逐食不化逆氣，灸上管下一寸，名太倉，七壯。

《千金要方·胃腑·嘔吐噦逆》 乾嘔不止，粥食湯藥皆吐不停，灸手間使三十壯，若四肢厥，脈沈絶不至者，灸之便通，此起死人法。

乾嘔，灸心主、尺澤亦佳。

又，灸乳下一寸三十壯。

《千金要方·針灸下·心腹》 嘔吐病：商丘，主脾虛，令人病寒不樂，好太息，多寒熱，喜嘔。

兪府、靈墟、神藏、巨闕，主嘔吐胸滿。

率谷，主煩滿嘔吐。天容，主欬逆嘔沫。

胃輸、腎輸，主嘔吐。中庭、中府，主嘔逆吐食下還出。

曲澤，主逆氣嘔涎。石門，主嘔吐。

維道，主嘔逆不止。陽陵泉，主嘔宿汁，心下澹澹。

少商、勞宮，主嘔吐。絶骨，主病熱欲嘔。

商丘、幽門、通谷，主喜嘔。大鍾、太谿，主煩心滿嘔。

魂門、陽關，主嘔吐不住多涎。隱白，主膈中嘔吐不欲食。

巨闕、胸堂，主吐食。膈輸，主吐食，又，灸章門、胃管。

大敦，主噦噫，又，灸石關。內廷，主喜頻伸數欠，惡聞人音。

《千金要方·胃腑·嘔吐噦逆》 吐逆嘔不得食，灸心輸百壯。

吐嘔逆不得下食，今日食明日吐者，灸膈輸百壯。

吐變不得下食，灸胸堂百壯。

吐逆不得食，灸巨闕五十壯。

吐逆食不住，灸胃管百壯，三報。

吐逆飲食卻出，灸脾募百壯，三報。

吐嘔宿汁吞酸，灸神光，一名膽募百壯，三報。

吐逆霍亂吐血，灸手心主五十壯。

噫、噦、膈中氣閉塞，灸腋下聚毛下附肋宛宛中五十壯。

噦、噫、嘔逆，灸石關百壯。

嘔吐上氣，灸尺澤，在肘中，不三則七。

《千金翼方·針灸中·胃病》 吐逆不得食，灸心兪百壯。

吐逆不得下食，今日食明日吐，灸膈兪百壯。

卒吐逆，灸乳下一寸，七壯。

吐變不下食，灸胸堂百壯。

又灸巨闕五十壯，又灸胃管百壯，三報之。

又灸脾募百壯，一名章門，在大横外直臍季肋端，三報之。

嘔吐宿汁吞酸，灸神光，一名膽募，百壯，三報之。

嘔吐欬逆，霍亂吐血，灸手心主五十壯。

噫、噦、膈中氣閉塞，灸腋下聚毛下附肋宛宛中，五十壯，神良。

噫、噦、嘔逆，灸石關百壯。

乾嘔不止，所食即吐不停，灸間使三十壯，若四肢厥，脈沉絶不至者，灸之便通，此法起死人。

又，灸心主、尺澤亦佳。

又，灸乳下一寸，三十壯。

《醫心方·治乾嘔方》引《新録方》 又方：灸腋下一寸，又灸胃管穴。

《扁鵲心書·嘔吐反胃》 凡飲食失節，冷物傷脾，胃雖納受，而脾不能運，故作吐，宜二聖散、草神丹，或金液丹。若傷之最重，再兼六慾七情有損者，則飲蓄於中焦，令人朝食暮吐，名曰番胃。乃脾氣太虛，不能健運也，治遲則傷人，若用攻尅重傷元氣，立死。須灸左命關二百壯，服草神丹而愈，若服他藥則不效。

《針灸資生經·嘔吐》 胃兪，主嘔吐，筋攣，食不下。商丘，主脾虛，令人病寒不樂，好太息，多寒熱，喜嘔。商丘、幽門、通谷，主喜嘔。陽陵泉，主嘔

宿汁，心下澹澹。天容，主欬逆嘔沫。曲澤，主逆氣嘔涎。維道，主嘔逆不止。大鍾、太谿，主煩心滿嘔。絶骨，主病熱欲嘔。俞府、靈墟、巨闕、率谷、神藏，主嘔吐胸滿。胃俞、腎俞、石門、中庭等、少商、勞宫，主嘔吐。隱白，主鬲中嘔吐不欲食。魂門、陽關，主嘔吐不住，多涎。巨闕、胸堂，主吐食。鬲俞，主吐食，又灸章門。胃管、魚際，療膈虚食飲嘔，身熱汗出，唾嘔，吐血，唾血。中庭，療嘔吐。云門，療嘔逆。神藏、靈墟，治嘔吐胸滿。承光、大都，治嘔吐。太衝，治嘔逆發寒。大鍾，治嘔逆多寒。勞宫，治氣逆嘔噦。維道，治嘔逆不止，三焦不調，水腫，不嗜食。上髎，治嘔逆。鬲關，治嘔噦多涎唾。率谷，治嘔吐不止。肺俞，治上氣嘔吐。玉堂，治嘔吐寒痰上氣。心俞，治嘔吐不下食。中庭、腧府、意舍，治嘔吐。鬲俞，治欬逆嘔逆，鬲胃寒痰，食飲不下，胸滿支腫，脅痛腹脹，胃脘暴痛。膽俞，治嘔則食無所出。魄戶，治嘔吐煩滿。亶中，治吐涎。太谿，治嘔吐口中如膠，善噫。顱囟，治小兒嘔吐涎沫。瘈脈，治小兒嘔吐洩利。築賓、少海，治嘔吐涎沫。廉泉，療喘息嘔沫。築賓，療嘔吐不止。幽門，療善吐，食飲不下，兼唾多吐涎，乾噦嘔沫。上管，療嘔吐食不下，腹脹氣滿，心忪驚悸，時吐嘔血，腹疠痛，痰多吐涎。小兒吐奶，灸中庭一壯。粥食湯藥皆吐不停，灸間使。吐逆嘔不得食，灸心俞百壯，或胸堂百壯，或巨闕五十。嘔吐宿汁，吞酸，灸日月百壯，三報，或鹽半斤炒，故帛裹就熱熨痛處，主嘔吐。若心腹痛而嘔，此寒熱客於腸胃云云，灸中脘。三焦俞，主飲食吐逆。隱白，療嘔吐。太白，治嘔吐。三焦俞，治吐逆。

《針灸資生經·乾嘔》 極泉、俠白，治心痛，乾嘔煩滿。通谷，療乾嘔無所出，又治勞食飲隔結。膽俞，療胸脅支滿，嘔無所出，口苦乾，飲食不下。幽門，療乾噦。乾嘔不止，粥食湯藥皆吐不停，灸手間使三十壯，若四厥脈沉絶不至，灸便通，此起死法。乾嘔，灸心主、尺澤亦佳，又灸乳下一寸三十壯。霍亂乾嘔，間使七壯，不差，更灸。隱白，主腹滿喜嘔。凡噦，令人惋恨。承漿七壯如麥大，又臍下四指七壯，卒噦，亶中、中府、胃管，各數十壯，尺澤、巨闕，七壯。

《聖濟總録·治嘔吐灸法》 神藏二穴，治嘔吐不止。《甲乙經》云：穴在或中下一寸六分陷者中，足少陰脈氣所發，仰而取之，各灸五壯，炷用竹筯爲之。

嘔吐氣逆不得下食，灸心腧百壯。

吐嘔氣逆不得下食，今日食，明日吐者，灸膈腧百壯。

吐逆不得下食，灸胸堂百壯，又灸巨闕五十壯，又灸胃脘百壯，三報。

吐逆飲食卻出，灸脾募百壯，三報。章門穴也。

吐嘔宿汁吞酸，灸神光，一名膽募，百壯三報。《甲乙》亦在日月。膽募。經云：期門下五分。

吐逆霍亂吐血，灸手心主五十壯。

反胃食即吐出，上氣，灸兩乳下各一寸，又灸臍上一寸，二十壯，又灸内踝下，三指稍斜向前有穴，三壯。

乾嘔不止，粥食湯藥，皆吐不停，灸手間使三十壯，若四肢厥，脈沉絶不至者，灸之便通。此起死人法，又灸心主尺澤，亦佳。

《素問病機氣宜保命集·針之最要》 噦嘔無度，針手厥陰太陵穴。

《世醫得效方·嘔吐》 灸法：乾嘔，灸尺一，穴在肘約上動脈，灸三壯，又灸乳下一寸，三十壯。乾嘔不止，粥藥皆吐，灸間使穴三十壯，其穴在掌後三寸兩筋間。若四肢厥，脈沉絶不至者，亦灸之便通，此起死人法。吐嘔宿汁，吞酸，灸神光穴百壯，其穴在二肋傍二寸，上直兩乳。嘔逆噦噫，灸石關百壯，其穴在陰都穴下一寸。

《普濟方·針灸門·風勞》 治風勞，嘔逆上氣，胸背痛，喘氣卧不安，穴：風門。

《普濟方·針灸門·欬逆上氣》 治吐逆上氣，穴：太谿、中府。

治短氣，心痺，悲怒逆氣，狂惕，胃氣逆，穴：魚際。

治嘔吐上氣，心痛身腫，穴：建里。

治逆氣嘔逆，牙痛，留結胸滿，穴：厥陰俞。

治嘔逆上氣，穴：建里。

治上氣，冷發，腹中雷鳴，轉叫，嘔逆不食，穴：太衝，灸不限壯數，從痛至不痛，從不痛至痛止。

治上氣厥逆，穴：胸堂，灸百壯。

治嘔吐上氣，穴：尺澤，灸七壯。

治嘔逆上氣，穴：風門。

治上氣嘔吐。支滿脊強。寒熱不嗜食。汗不出，穴：肺俞。

治上氣嘔吐，腸中大熱，不得安卧，腹有逆氣上攻，心腹脹滿，淫濼，穴：

氣衝。

治嘔逆，氣上胸脅徹背痛，穴：雲門。

治不能食，胸中滿，膈上逆氣悶熱，穴：心俞，灸二七壯，小兒減之。

治逆氣腹中雷鳴相逐，食不化，穴：大倉，灸七壯。

治上氣，穴：三里，二穴各灸三壯。

《普濟方・針灸門・嘔吐》 治脾虛，令人病寒不樂，好太息，多寒熱，喜嘔，穴：商丘。

治喜嘔，穴：商丘、幽門、通谷。

治嘔宿食，心下澹澹，穴：陽陵泉。

治欬逆嘔沫，穴：天容。

治逆氣嘔涎，穴：曲澤。

治嘔逆不止，穴：維道。

治煩心滿嘔。穴：大鍾、太谿。

治病熱欲嘔，穴：絕骨。

治嘔吐胸滿，穴：俞府、靈墟、巨闕、率谷、神藏。

治嘔吐，穴：胃俞、腎門、石門、中庭、少商、勞宮。

治膈中嘔吐，不欲食，穴：隱白。

治嘔吐不住多涎，穴：魂門、陽關。

治吐食，穴：巨闕、胸堂。

治吐食，穴：膈俞、章門，灸。胃管。灸。

治膈虛食欲嘔，身熱汗出，唾嘔吐血唾血，穴：胃管、魚際。

治嘔吐，穴：中庭。

治嘔逆，穴：雲門。

治嘔吐胸滿，穴：神藏、靈墟。

治嘔吐，穴：承光、大都。

治嘔逆發寒，穴：太衝。

治嘔逆多寒，穴：大鍾。

治氣逆嘔噦，穴：勞宮。

治嘔逆不止，三焦不調，水腫，不嗜食，穴：維道。

治嘔逆，穴：上髎。

治嘔吐不止，穴：率谷。

治上氣嘔吐，穴：肺俞。

治嘔吐寒痰，上氣，穴：玉堂。

治嘔吐氣逆，不得下食，穴：心俞，灸百壯。

治嘔吐，穴：中庭、俞府、意舍。

治嘔則食，無所出，穴：膽俞。

治嘔吐煩滿，穴：魄戶。

治欬逆嘔逆，膈胃寒痰，食飲不下，胸滿支腫，脅痛腹脹，胃脘暴痛，穴：膈俞。

治吐涎，穴：膻中。

治嘔吐，口中如膠，善噫，穴：太谿。

治嘔吐涎沫，穴：築賓、少海。

治喘息嘔沫，穴：廉泉。

治嘔吐不止，穴：築賓。

《神應經・痰喘欬嗽部》 乾嘔：間使，三十壯。膽俞、通谷、隱白，灸乳下一寸半。

嘔吐：曲澤、通里、勞宮、陽陵、太谿、照海、太衝、大都、隱白、通谷、胃俞、肝俞。

嘔食不化：太白。

嘔逆：大陵。

嘔噦：太淵。

《神應經・心脾胃部》 膽虛嘔逆熱上氣：三陰交。三十壯。

《針灸聚英・雜病》 惡心：因痰、熱、虛，灸胃俞、幽門、商丘、中府、石門、鬲俞、陽關。

《古今醫統大全・針灸直指・諸證針灸經穴》 惡心：胃俞、中府、膈俞、石門、商丘、陽關。並宜灸。

《醫學綱目・嘔吐膈氣總論》 針灸　嘔吐取法有二：

其一取脾。經云：脾足太陰之脈，是動則病食則嘔，視盛虛熱寒陷下取之也。

其二取肝。經云：肝足厥陰之脈，所生病者，胸滿嘔逆，視盛虛熱寒陷

下取之也。

嘔盛無度幷乾嘔：大陵、間使。

嘔逆：中脘、尺澤。

胸中痰飲，霍亂驚悸，腹脹暴痛，恍惚，吐逆不食：巨闕、六分，三里。立愈。

《楊敬齋針灸全書·傷寒嘔吐》

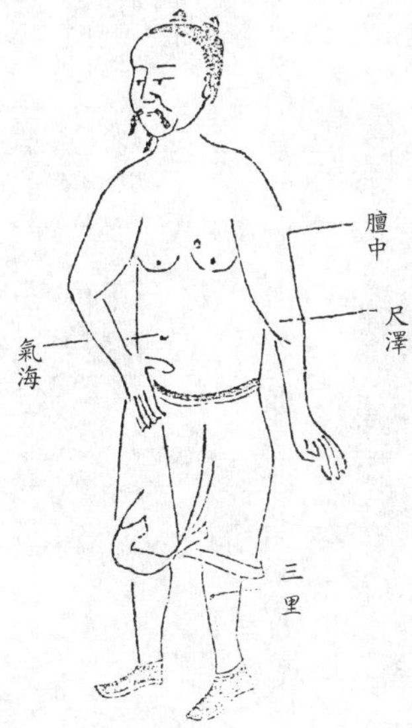

《楊敬齋針灸全書·嘔吐》

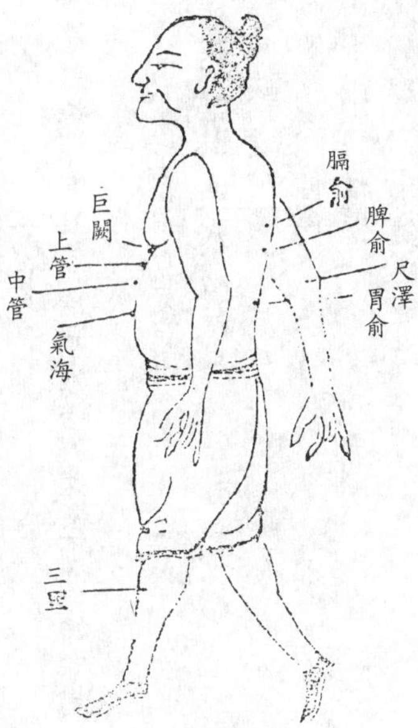

《針灸大成·痰喘欬嗽門》 嘔膿：亶中。

唾濁：尺澤、間使、列缺、少商。

嘔食不化：太白。

嘔吐：曲澤、通里、勞宮、陽陵、太谿、照海、太衝、大都、隱白、通谷、胃兪、肺兪。

嘔逆：大陵。

嘔噦：太淵。

乾嘔：間使、三十壯。膽兪、通谷、隱白、灸乳下一寸半。

《針灸大成·續增治法·雜病》 惡心：因痰熱，虛。灸胃兪、幽門、商丘、中府、石門、鬲兪、陽關。

《類經圖翼·針灸要覽·諸證灸法要穴》 嘔吐氣逆：膈兪、三焦兪、巨闕、不下食。上脘、中脘、三七壯，治嘔吐不思飲食。氣海、章門、大陵、嘔逆。間使、乾嘔吐食。後谿、吐食。尺澤、太衝。冷氣嘔逆不食。

吞酸嘔吐食不化：日月、中脘、脾兪、胃兪。

《羅遺編·針灸要穴論》 嘔吐氣逆：膈兪、三焦兪、巨闕、不下食，上脘、中脘、三七壯，治嘔吐不思食。氣海、章門、大陵、嘔逆。間使、乾嘔吐食。後谿、吐食。尺澤、太衝。冷氣嘔逆不食。

噦逆：乳根、三壯，火到即定，否則不可救也，承漿、中府、風門、肩井、膻中、中脘、期門、氣海、足三里、三陰交。

《針灸逢源·證治參詳·傷寒熱病門》 惡心：胃口有邪，見飲食便生畏惡，心下欲吐不吐，若寒氣惡心者嘔清水。痰火惡心，嘔酸水，煩渴。胃兪、幽門、中脘、商邱。

嘔吐：吐屬太陽，有物無聲乃血病也。嘔屬陽明，有物有聲，氣血俱病也。太淵、太陵、兩乳穴即乳根灸三壯。中脘、氣海、足三里、通谷。

《針灸全生·脾胃》 胃寒嘔吐：內關、內庭、中脘、氣海、公孫。

《針灸全生·嘔吐》 曲澤、通里、通谷、太溪、太衝、胃兪、肺兪、勞宮、陽陵、照海、大都、隱白。

嘔逆：大陵。嘔噦：太淵。嘔膿食：膻中、太白。

胃寒嘔吐：內關、內庭、中脘、氣海、公孫。

乾嘔：間使、三十壯，膽兪、通谷、隱白。嘔吐痰涎：公孫、中魁。

昏眩不已：膻中、豐隆。

霍亂：附老人虛損手足轉筋，承山、臨泣、太衝、尺澤、合谷、陽陵泉、照海、陰陵、解谿、承山、太白。

霍亂吐瀉：關衝、尺澤、支溝、三里、太白，先取太谿，後取太倉。

嘔吐轉筋：支溝。吐瀉轉筋：京骨、三里、承山、曲池、腕骨、尺澤、陽陵泉、中封。又法：吐瀉取中脘、天樞。

《針灸全生·噎膈》嘔吐氣逆：膈俞、三焦俞、巨闕，不下食，上脘、中脘，嘔吐不思飲食，氣海、章門、大陵，嘔逆，間使，乾嘔吐食，後谿，吐食，尺澤、太衝，冷氣吐逆不食。

噦逆：乳根，三壯，火到即定，其不止者不可救也，承漿、中府、風門、肩井、膻中、中脘、期門、氣海、足三里、三陰交。

《針灸便覽·中風》胃寒嘔吐：內關、內庭、中脘、氣海。

嘔食不化：太白。嘔逆：大陵。

嘔吐：曲澤、通里、太谿、胃俞。

《傳悟靈濟録·諸欬喘嗽嘔噦呃逆氣》嘔吐氣逆：膈俞、三焦俞、巨闕，食不下。上脘、中腕，嘔吐不思飲食，三七壯。氣海、章門、大陵，嘔逆。間使，乾嘔吐食。後谿，吐食。尺澤、太衝冷氣嘔逆不食。

噦逆：乳根，三壯，承漿、中府、風門、肩井、膻中、中腕、期門、氣海、足三里、三陰交。

《傳悟靈濟録·吞酸嘔吐食不化》吞酸嘔吐食不化：日月、中腕、脾俞、胃俞。

噯氣：經曰：足太陰之脈，是動則病腹脹善噫，視其盛虛熱寒陷下者取之，即此。中腕。

善太息：中封、商丘、公孫。

善悲：經曰：悲者取之厥陰，視其有餘不足，厥陰根於大敦，結於玉堂，絡於膻中也。心俞、大陵、大敦、玉堂、膻中。

《針灸集成·咳嗽》嘔吐不下食：中脘、然谷，針，心俞，二十壯。

翻胃，酒及粥湯皆吐：間使，三壯，中脘，針，神效。

乾嘔：期門，三壯。

《針灸集成·嘔吐》嘔吐：心腹痛而嘔者，寒熱或痰飲客於腸胃也。凡嘔吐：陰氣上逆而陽不勝故也。

上吐下閉：關格宜瀉四關穴，謂合谷、太衝是。

嘔吐：中脘、內關，並針，三陰交，留針，神效。

乾嘔：尺澤、章門、間使、關衝、中渚、隱白，乳下一寸，三壯。

《針灸穴法》嘔吐不止：內庭，二穴。中腕，一穴。氣海，一穴。公孫，二穴。

嘔吐不食：中宛，一穴。氣海，一穴。天樞，二穴。

吐瀉：中宛，一穴。神厥，一穴。氣海，一穴。關元，一穴。期門，二穴。脾俞，二穴。腎俞，二穴。天樞，二穴。三陰交，二穴。

吐瀉嘔：膽俞，二穴。脾俞，二穴。胃俞，二穴。巨闕，一穴。上宛，一穴。中宛，一穴。曲澤，二穴。三里，二穴。氣海，一穴。

《針灸摘要·陰維脈》脾胃虛冷，嘔吐不已：內庭、中脘、氣海、公孫。

翻　胃

《千金要方·胃腑·反胃》反胃，食即吐出，上氣，灸兩乳下各一寸，以差爲度。

又，灸臍上一寸，二十壯。

又，灸內踝下三指稍邪向前有穴，三壯。

《千金翼方·針灸中·胃病》反胃，食即吐出，上氣，灸兩乳下各一寸，以差爲限。

又，灸臍上一寸，二十壯。

又，灸內踝下三指稍斜向前有穴，三壯。一云一指。

《外臺秘要》卷八《療諸痰飲方》又主胃反食則吐出上氣者方：灸兩乳下各一寸，以差爲度。

又方：灸臍上一寸，二十壯。

又方：灸內踝下三指稍邪向前有穴，三壯，即差。

《扁鵲心書·附竇材灸法》翻胃食已即吐，乃飲食失節，脾氣損也，灸命關三百壯。

《針灸資生經·反胃》凡食飲不化，入腹還出，先取下管，後取三里瀉之。章門，主食飲不化，入腹還出。中庭、中府，主鬲寒食不下，嘔吐還出，又主嘔逆吐食不得出。中庭，療胸脅支滿，心下滿，食不下，嘔逆，吐食還出。三里，療胃氣不足，反胃。胃俞，療吐食。意舍，療吐食不留住。

吐逆食不住，胃管百壯。吐嘔逆不得下食，今日食，明日吐，灸鬲俞百壯。

有人久患反胃，予與鎭靈丹服，更令服七氣湯，遂能立食，若加以著艾，尤爲佳也。有老婦人患反胃，飲食至晚即吐出，見其氣繞臍而轉，予爲點水分、氣海，幷夾臍邊兩穴，旣歸，只灸水分、氣海即愈，神效。

《世醫得效方・翻胃》 灸法：兩乳下各一寸，以差爲度，又灸臍上一寸二十壯，又灸內踝下三指稍斜向前三壯，中脘一穴在臍上四寸，足三里二穴在膝下三寸，各灸七壯或九壯，其效尤著。

《普濟方・針灸門・反胃》 治食飲不化，入腹還出，穴：先取下脘，後取三里，瀉之。

治食飲不化，入腹還出，穴：章門。

治鬲寒，食不下，嘔逆，吐食，不得出，穴：中庭、中府。

治吐食，穴：胃俞。

治胸脅支滿，心下滿，食不下，嘔逆，吐食，入腹還出，穴：中庭。

治胃氣不足，反胃，穴：三里。

治吐食不留住，穴：意舍。

治吐逆，食不住，穴：胃脘，灸百壯。

治嘔逆不得下食，今日食，明日吐，穴：鬲俞，灸百壯。

治反胃食即噎氣，灸兩乳下各一寸，以差爲期。又臍上一寸一十壯，又內踝下三指稍斜向前穴三壯，一云一指。中脘一穴，在臍上四寸，足三里二穴在膝下三寸，各灸七壯或九壯，其效尤著。

《神應經・心脾胃部》 翻胃：先取下脘，後取三里，瀉，胃俞，膈俞，百壯。中脘、脾俞。

《古今醫統大全・針灸直指・諸證針灸經穴》 翻胃：乳根、中脘、下脘、建里、三里，俱可灸。內踝下三指斜向前，宜灸七壯。

《醫學綱目・嘔吐膈氣總論》 翻胃：勞宮一分。中脘，灸，瀉之。心腧，一分，沿皮向外一寸半，補之。

翻胃吐食：中魁，中指第三節，灸瀉之。中脘，寸半，腕骨，一分瀉之，灸。

吐食不化：上脘、中脘、下脘。

食飲不化，入腹還出，下脘主之。又法：三里、陰陵泉。不應，取下穴：中脘、天樞。又法：中脘、脾脇、中魁、三里。又法：腋聚毛下宛宛中、五十壯，石關，五十壯。

今日食，明日吐：心腧，沿皮，寸半。膈腧，沿皮，寸半。胸堂，七壯，即膻中。巨闕、胃脘，寸半，各灸五十壯。又翻胃：商丘、通谷、巨闕、然谷、隱白、陽陵泉、內庭、膈關。

背痛惡寒，脊強俯仰難，食不下，嘔吐多痰：鬲關主之。

《楊敬齋針灸全書・翻胃吐食》

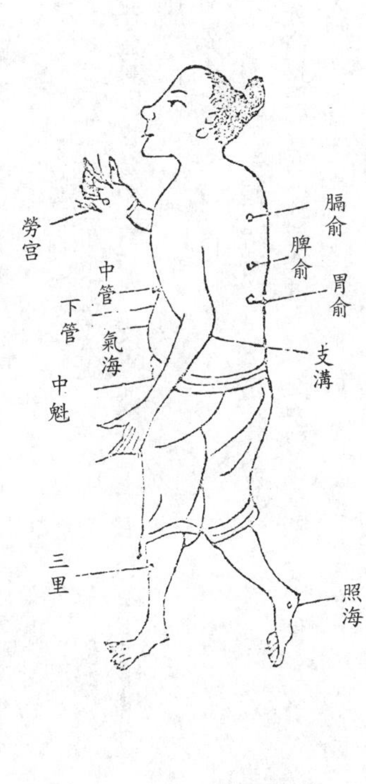

《針灸大成・心脾胃門》 翻胃：先取下脘、後取三里、瀉，胃俞、膈俞、百壯，中脘、脾俞。

《針灸大成・治證總要》 第七十七：翻胃吐食：中脘、脾俞、中魁、三里。

第七十八：飲水不能進，爲之五噎：勞宮、中魁、中脘、三里、大陵、支溝、上脘。

問曰：翻胃之證，從何而得，針法所能療否？答曰：此證有可治，有不可治者。病初來時，皆因酒色過度，房事不節，胃家受寒，嘔吐酸水，或食物即時吐出，或飲食後一日方吐者，二三日方吐者。隨時吐者，可療。三兩日吐者，乃脾絕胃枯，不能剋化水谷故，有五噎者，氣噎、水噎、食噎、勞噎、思噎，宜推詳治之。復刺後穴：

脾俞、胃俞，以上補多瀉少。亶中、太白、下脘、食關。

《壽世保元・灸法・灸諸病法》 一論反胃垂死：男左女右手拿棍一條，

伸手放在地上，與肩一般高，肩上有窩名肩井穴，灸三壯即效。

一論反胃噎膈神效：膏肓二穴，令病人兩手交在兩膊上，則胛骨開，以手指揣摸第四椎骨下兩旁各開三寸，四肋三間之中，按之痠痛是穴，灸時手按兩膊上，不可放下，灸至百壯爲佳。膻中一穴，在膺部中行兩乳中間陷中，仰卧取之，灸七壯。三里二穴，在膝下三寸䯒外臁兩筋間，灸七壯。

《類經圖翼·針灸要覽·諸證灸法要穴》 翻胃：脾俞、胃俞、膻中、乳根、上脘、二七壯。中脘二七壯。下脘、二七壯。水分、天樞、三七壯。大陵、足三里。

《景岳全書·雜證謨·反胃》 上脘、中脘、下脘、各二七壯。天樞。三七壯。

《醫宗金鑒·刺灸心法要訣·灸翻胃穴歌》 翻胃上下灸奇穴，上在乳下一寸也，下在內踝之下取，三指稍斜向前者。

〔吳謙等注〕灸翻胃奇穴，上穴在兩乳下一寸，下穴在內踝下，用手三指稍斜向前，排之即是穴也。

《針灸逢源·證治參詳·翻胃噎膈》 翻胃：上焦吐者氣上衝胸，食已即吐。中焦吐者胸中痞悶，或先痛後吐，或先吐後痛。下焦吐者，朝食暮吐，暮食朝吐，四肢冷，小便清，大便不通或飲食後兩日吐者，脾絶胃枯不可治也。

膈俞、脾俞、上脘、中脘、各灸二七壯。天樞、氣海、三里、太白。

《針灸全生·脾胃》 翻胃：先取下脘，後取三里，瀉。胃俞、膈俞、百壯。中脘、脾俞。

又法：中脘、脾俞、中魁、穴在中指第二節尖上。三里、大白。

《針灸全生·噎膈》 翻胃：脾俞、胃俞、膻中、乳根、上脘、中脘、下脘、二七壯，水分、天樞、三七壯，足三里、大陵

《傳悟靈濟録·翻胃》 翻胃：脾俞、胃俞、膻中、乳根、上脘、二七壯。中腕、二七壯。下腕、二七壯。水分、天樞、大陵、足三里。

《傳悟靈濟録·灸翻胃穴歌》 翻胃上下灸奇穴，上在乳下一寸也，下在內踝之下取，三指稍斜向前者。注：灸翻胃奇穴上穴在兩乳下一寸，下穴在內踝下，用手三指稍斜向前排之即是穴也。

《針灸集成·食不化》 翻胃：公孫、中脘。針。

《針灸集成·嘔吐》 反胃，灸肩井三壯即愈，乃神灸也。

《灸法秘傳·反胃》 反胃者，飲食能入，入而反出，故曰反胃。良由脾胃陽虚，運行失職，不能熟腐水穀，變化精微，朝食暮吐，暮食朝吐，即王太僕云，食入反出是無火也。法當灸中脘、下脘，兼灸膈俞。若未效者，再灸脾俞、胃俞，甚則灸足三里。

《針灸摘要·衝脈》 中滿不快，翻胃吐食：中脘、太白、中魁。

噎膈

《靈樞·四時氣》 飲食不下，膈塞不通，邪在胃脘，在上脘則刺抑而下之，在下脘則散而去之。

《醫心方·治氣噎方》引《病源論》 又方：灸膻中穴。

又方：灸第五椎，又灸內踝上三寸。

《扁鵲心書·噎病》 肺喜暖而惡寒，若寒氣入肺，或生冷所傷，又爲庸醫下涼藥，冰脱肺氣成膈噎病，覺喉中如物塞，湯水不能下，急灸命關二百壯，自然肺氣下降而愈。

《針灸資生經·膈痛》 承滿、乳根，療鬲氣。膻中，療胸鬲悶，咳嗽氣短，喉鳴。鬲俞，療鬲痛。商陽，療胸鬲氣滿。足臨泣，療胸鬲滿悶。胸中鬲氣聚痛，好吐，灸厥陰俞隨年壯。隱白、巨闕，主鬲中不利。食竇，主鬲中雷鳴，察察隱隱，常有水聲。胸鬲中氣，灸闕俞隨年壯。天池，治胸鬲煩滿。膻中，治鬲氣，嘔吐涎沫。率谷、鬲俞，治鬲胃寒痰。扶突等，主氣哽。天突，療氣鯁鯁。章門，療噎。中庭，治胸脇支滿噎塞。大鍾，治食噎不下。關衝、天突，治胸中氣噎。膻中，治胸中如塞。天突、關衝，治氣噎。乳根，療鬲氣，不下食，噎病。譩譆，療久瘧，背氣滿悶，胸中氣噎。神堂、中府，療善噎。

《備急灸法》 治噎疾灸法：脚底中指中節，灸柒壯，男左女右。

《針經摘英集·治病直刺訣》 治五噎、黄疸、醋心多睡，嘔吐不止，刺任脈天突一穴，在結喉下一寸，宛宛中，陰維任脈之會，針入五分，留三呼，得氣即瀉。次針足少陰經通關二穴，在中脘穴兩傍，同身寸之相去各五分，用長針，針入八分，左撚針，能進飲食，右撚針，能和脾胃。許氏云：此穴一針四效，凡下針後良久，先脾磨食覺針動，爲一效；次針破病根，腹中作聲，爲二效；次覺流入膀胱，爲三效；然後覺氣流行入腰後腎堂間，爲四效矣。【略】

治五膈氣喘息不止，刺任脈中脘一穴，一名太倉，胃之募也。經云：腑會太倉，在上脘穴下一寸，兼臍上蔽骨下當中是也，手太陽足陽明所生，任脈

之會上紀者，中脘也，用毫針針入八分，次針足厥陰經期門二穴。凡刺腹部諸俞穴，氣虛入內息大七八口，下入丹田，閉氣刺之。

治熱勞上氣喘滿，腰背強痛，刺足太陽經肺俞二穴，在背俞部第三椎下兩傍，相去同身寸之各一寸五分，針入五分，留七呼，可灸百壯即止。次針手太陰經尺澤二穴。

《神應經·心脾胃部》 噎食不下：勞宮、少商、太白、公孫、三里、中魁、在中指第二節尖。膈俞、心俞、胃俞、三焦俞、中脘、大腸俞。

《針灸聚英·雜病》 膈噎

因血虛、氣虛、熱、痰火、血積、癖積，針天突、石門、三里、胃俞、胃脘、鬲俞、水分、氣海、胃倉。

《古今醫統大全·針灸直指·諸證針灸經穴》 嗝噎：石關、三里、胃俞、胃脘、胃倉、膈俞、水分。並宜灸。

《醫學綱目·嘔吐膈氣總論》 五噎，吞酸多唾，嘔吐不止：天突、五分，留三呼，得氣即瀉三吸。通關、在中脘旁各五分，針入八分，左撚能進飲食，右撚能和脾胃。許氏云：此穴一針四效，凡下針後，良久覺脾磨食，覺針動爲一效；次針破病根，腹中作聲爲二效；次覺流入膀胱爲三效；又次，覺氣流行腰後骨空間爲四效。

治五噎：膻中、中魁，中指大三節尖灸之，以口吹火滅。

噎塞膈氣：通谷。

五噎分治：氣噎：膻中。憂噎：心俞。灸。食噎：乳根。乳左下一寸八分，灸。勞噎：鬲俞。灸。思噎：天府。灸。

五噎：勞宮、中魁、中脘、三里、太陰、支溝、上脘。不已，再取後穴：膻中、太白、下脘、石關、脾俞、胃俞。

《針灸大成·心脾胃門》 噎食不下：勞宮、少商、太白、公孫、三里、中魁、在中指第二節尖。膈俞、心俞、胃俞、三焦俞、中脘、大腸俞。

《針灸大成·續增治法·雜病》 膈噎：因血虛、氣虛、熱、痰火、血積、癖積。針天突、石關、三里、胃俞、胃脘、鬲俞、水分、氣海、胃倉。

《類經圖翼·針灸要覽·諸證灸法要穴》 諸膈證：心俞、七壯。膈俞、七壯。膏肓、百壯，以多爲佳。脾俞、膻中、七壯。乳根、七壯。中脘、七壯。天府、七壯。足三里。三七壯。

氣噎：天突、膈俞、脾俞、腎俞、乳根、關衝、三五壯。足三里、解谿氣逆噎將死。大鍾。

勞噎：勞宮。

思慮噎：神門、脾俞。

《景岳全書·雜證謨·噎膈》 膏肓、百壯，以多爲佳。膻中、七壯。中脘、七壯。膈俞、七壯。天府、七壯，乳根、七壯。三里。三七壯。

《病機沙篆·噎膈反胃補論》 噎膈灸法：憂噎：心俞。思噎：天府。勞噎：膈俞。氣噎：膻中。食噎：乳根。各七壯。

五噎五膈，食飲不下，並灸膻中、中脘、內關、食倉、三里、膏肓，六穴。

反胃吐食：灸用脾俞、鬲俞、中脘、氣海、下脘、三里，六穴。

命門火衰，不能熟腐水穀，朝食暮吐，暮食朝吐，須灸腎俞、肩井、命門、中脘、關元、食關，各七壯。

《羅遺編·針灸要穴論》 噎膈諸證：心俞、七壯。膈俞、七壯。膏肓、百壯，以多爲佳。脾俞、膻中、七壯。乳根、七壯。中脘、七壯。天府、七壯。足三里。

氣噎：天突、膈俞、脾俞、腎俞、乳根、關衝、三五壯。足三里、解谿氣逆噎將死。大鍾。

勞噎：勞宮。

思慮噎：神門、脾俞。

《針灸逢源·證治參詳·翻胃噎膈》 噎病：憂噎，胸中痞滿，氣逆時嘔，食不下。思噎，心悸健忘。氣噎，心下痞，噎噦不食，胸背痛。勞噎，氣上膈支滿，背痛。食噎，食急胸痛，不得喘息。噎是神思間病，惟內觀靜養者可治。天突、胃俞、中脘、氣海、三里、膏肓俞、脾俞、思噎更效。膻中、治氣噎。膈俞。治勞噎。

《針灸全生·脾胃》 噎食不下：勞宮、少商、太白、公孫、三里、心俞、膈俞、胃俞、三焦俞、大腸俞、中脘、中魁。

五噎：飲水不能進，勞宮、中魁、中脘、三里、大陵、支溝、上脘、胃俞、脾俞、膻中、太白、下脘、食關。

《針灸全生·噎膈》 諸膈證：心俞、膈俞、膏肓、百壯。脾俞、乳根、膻中、中脘、天府、足三里。俱七壯。氣噎：天突、腎俞、脾俞、膈俞、乳根、關衝、二五壯。足三里、解谿、氣逆噎將死。大鐘。勞噎：勞宮。思慮噎：神門、脾俞。

《針灸便覽·中風》 噎膈：心俞、膏肓、膻中、中脘。

膈噎：灸天突、石關、三里、胃俞。

《神灸經綸・身部證治》噎證

膈噎：膻中、中脘、膏肓、灸百壯。內關、食倉、即胃倉。足三里、心俞、膈俞、脾俞、天府、乳根。

憂噎：心俞。

思噎：天府、神門、脾俞。

勞噎：膈俞、勞宮。

氣噎：膻中、天突、膈俞、脾俞、腎俞、乳根、關衝、足三里、大鍾、解谿。

食噎：乳根。

《傳悟靈濟録・噎膈》

諸膈證：心俞、膈俞、膏肓、以多爲佳。脾俞、膻中、乳根、中脘、天府、足三里。

氣噎：天突、膈俞、脾俞、腎俞、乳根、關衝、足三里、解谿、氣逆噎將死。大鍾。

勞噎：勞即發。勞宮。

思慮噎：神門、脾俞。

《針灸集成・心胸》胸噎不嗜食：間使、關衝、中脘、針，期門、三壯，然谷。

《針灸穴法》氣隔五噎飯食不下：膻中一穴、三里二穴、太白二穴。

五種噎病：氣噎，膻中一穴。憂噎，心俞二穴。食噎，乳根二穴。勞噎，膈俞二穴。思噎，天府二穴。

《灸法秘傳・噎膈》噎膈之因有五，有氣滯者，有血瘀者，有火炎者，有痰凝者，有食積者，雖分五種，總屬七情之變。凡藥不能效者，上宜灸天突，中宜灸中脘，下灸足三里爲要。

《針灸摘要・衝脈》氣膈五噎，飲食不下：膻中、三里、太白。

《針灸摘要・任脈》胸中噎塞痛：大陵、內關、膻中、三里。

呃逆、噫氣

《靈樞・雜病》歲，以草刺鼻，嚏，嚏而已。無息而疾迎引之，立已。大驚之，亦可已。

《靈樞・口問》黃帝曰：人之噫者，何氣使然？岐伯曰：寒氣客於胃，厥逆從下上散，復出於胃，故爲噫。補足太陰、陽明。一曰補眉本也。【略】噫者，補足太陰、陽明。

人之噦者，何氣使然？岐伯曰：穀入於胃，胃氣上注於肺，今有故寒氣與新谷氣俱還入於胃，新故相亂，眞邪相攻，氣並相逆，復出於胃，故爲噦。補手太陰，瀉足少陰。

肺主爲噦，取手太陰、足少陰。

《甲乙經・欠噦唏振寒噫嚏嚲泣出太息漾下耳鳴嚙舌善忘善饑》曰：人之噦者何？曰：穀入胃，胃氣上注於肺，今有故寒氣，與新穀氣俱還入於胃，新故相亂，眞邪相攻，相逆，復出於胃，故爲噦。肺主噦，故補手太陰，瀉足太陰，亦可以草刺其鼻，嚏而已，無息而疾引之，立已，大驚之，亦可已。

曰：人之噫者何？曰：寒氣客於胃，厥逆從下上散，復出於胃，故爲噫，補足太陰、陽明。

《太素・雜病・療噦》噦，以草刺鼻嚏而已；無息而疾迎引之，立已；大驚之，亦可。疾迎引之者，以草刺無息，可疾迎更刺，引大驚，令噦愈。

《千金要方・胃腑・嘔吐噦逆》噦，灸承漿七壯，炷如麥大。

又：灸臍下四指七壯。

《千金翼方・雜病上・治嘔噦方》卒噦，爪眉頭亦可，針此主實噦，實噦者，醉飽得之，虛噦者，吐下得之，又失血虛後亦得之。方：炭末蜜和，細細咽少許，即差。

又方：男噦，女人丁壯氣盛者噓其肺俞；女子，男子噓之。

《千金翼方・針灸中・胃病》凡噦令人惋恨，灸承漿，炷如麥大，七壯。

又：灸臍下四指七壯。

治卒噦，灸亶中、中府、胃管各數十壯，灸尺澤、巨闕各七壯。

《針灸資生經・噫》蠡溝，主數噫，恐悸，氣不足。陷谷，主腹大滿，喜噫。鳩尾，主噫喘胸滿咳嘔。少海，主氣逆呼吸噫噦嘔。勞宮，主氣逆噫不止。咳唾噫善咳，氣無所出，先取三里，後取太白、章門。大敦，主噦噫，又灸石關。太谿，治善噫。蠡溝，治數噫。神門，治數噫恐悸。陷谷、期門，治產後善噫。太淵，治噫氣噦逆。少商，治煩心善噦，心下滿，汗出而寒，咳逆。

太淵，治善噦嘔。溫溜，治傷寒噦逆噫噦。鬲中氣閉寒，灸腋下聚毛下附脇宛宛中五十壯。《千》噫噦嘔逆，灸石關百壯。

《針灸資生經·傷寒嘔噦》 巨闕，主傷寒煩心喜嘔。《甲》云，主心腹脹噫，煩熱善嘔，鬲中不利。間使，主熱病煩心喜噦，胸中澹澹。溫溜，主傷寒寒熱頭痛噦衄。百會，主汗出而嘔痓。商丘，主寒熱好嘔。大椎，主傷寒熱盛煩嘔。腎俞，主頭身熱赤欲嘔。勞宮，主熱病煩滿，欲嘔噦。曲澤，主傷寒逆氣嘔唾。

《必用方》論噦者，俗云克逆也，針灸者當以此求之。

若氣自腹中起，上築咽喉，逆氣連屬不能出，或至數十聲上下不得喘息，此由寒傷胃脘，腎氣先虛，逆氣上乘於胃，與氣相併不止者，難治，謂之噦，宜茱萸丸，灸中脘、關元百壯，未止，灸腎俞百壯。

《聖濟總録·治噦灸法》 少商二穴主噦。《甲乙經》云：在手大指內側，去爪甲如韭葉，手太陰脈之所出也，各灸三壯，炷如小麥大。

噦噫膈中氣閉塞，灸腋下聚毛下附脇宛宛中，五十壯。

噦噫嘔逆，灸石關百壯。

噦，灸承漿七壯，炷如麥大，又灸臍下四指，七壯。

嘔啘，灸心主各七壯，在掌腕上約中，吐不止，更灸如前數。

嘔噦而手足逆冷者，灸三陰交各七壯，在足內踝直上三寸廉骨際，未差更灸如前數。

《醫説·針灸·灸欬逆法》 予族中有病霍亂吐痢，垂困，忽發欬逆，半日之間，遂至危殆。有一客云：有灸欬逆法，凡傷寒及久疾得欬逆，皆爲惡候，投藥皆不效者，灸之必愈。予遂令灸之，火至肌，欬逆已定。元豐中，予爲鄜延經略使，有幕官張平序病傷寒，已困，一日，官屬會飲，通判延州陳平裕忽言張平序已屬纊，求往見之。予問何遽至此，云：欬逆甚。氣已不屬。予忽記灸法，試令灸之。未食頃，平裕復來，喜笑曰：一灸遂差。其法：乳下一指許，正與乳相直，骨間陷中，婦人即屈乳頭度之，乳頭齊處是穴。艾炷如小豆許，灸三壯，男灸左，女灸右，只一處，火到肌即差，若不差，則多不救矣。

《普濟方·針灸門·噫》 治善噦嘔，穴：太淵。

治煩，心善噦，心下滿，汗出而寒，咳逆，穴：少商。

治腹大滿，喜噫，穴：陷谷。

治噫喘，胸滿咳嘔，穴：鳩尾。

治氣逆，呼吸噫，噦嘔，穴：少海。

治氣逆噫不止，穴：勞宮。

治咳唾噫，善咳，氣無所出，先取三里，後取太白、章門。

治噦噫，穴：大敦、石關，灸。

治善噫，穴：太谿。

治數噫，穴：蠡溝。

治數噫，恐悸，穴：神門。

治噫氣上逆，穴：太淵。

《普濟方·針灸門·噦》 治噦，穴：少商，灸三壯。

治噦噫嘔逆，穴：石關，灸百壯。

治噦噫，膈中氣閉塞，灸腋下聚毛附脇宛宛中，五十壯。

治噦，穴：承漿，灸七壯，又臍下四指，灸七壯。

治嘔啘，灸心主各七壯，在掌腕上約中，吐不止，更灸如前數。

治嘔噦而手足厥冷者，灸三陰交七壯，未瘥者，更灸如前數。

治一切噦逆不止，男左女右，乳下黑根盡處韮葉許，三壯立止。

治乾噦，穴：幽門。

治卒噦，穴：膻中、中府、胃管，灸數十壯。尺澤、巨闕，各灸七壯。

《玉機微義·咳逆門·灸法》 嚴氏云：咳逆治法，婦人屈乳頭向下，盡處骨間是穴。丈夫及乳小者，以一指爲率正，男左女右，與乳相直間陷中動脈處是穴。艾炷如小豆許，灸三壯。

《神應經·痰喘咳嗽部》 噫氣：神門、太淵、少商、勞宮、太谿、陷谷、太白、大敦。

《神應經·諸般積聚部》 噫氣上逆：太淵、神門。

《壽世保元·灸法·灸諸病法》 一論呃逆即咳逆：灸氣海三、五壯。氣海，直臍下一寸半。

一論灸瘧秘法，無問新久。令病人仰卧，以線量兩乳中間，折其半，從乳比至下頭盡處是穴，男左女右灸之。

《針灸大成·痰喘咳嗽門》 噫氣：神門、太淵、少商、勞宮、太谿、陷谷、太白、大敦。

痰涎：陰谷、然谷、復溜。

結積留：膈俞、五壯。通谷。灸。

《針灸大成·治證總要》第一百四十一：咳逆發噫：亶中、中脘、大陵。

問曰：此證從何而得，答曰：皆因怒氣傷肝，胃氣不足，亦有胃受風邪，痰飲停滯得者，亦有氣逆不順者，故不一也。刺前未效，復刺後穴：三里、肺俞、行間。瀉肝經怒氣。

《類經圖翼·針灸要覽·諸證灸法要穴》噦逆：乳根、三壯，火到肌即定，其不定者，不可救也。承漿、中府、風門、肩井、膻中、中脘、期門、氣海、足三里、三陰交。

噯氣：中脘。經曰：足太陰之脈，是動則病腹脹善噫，視其盛虛熱寒陷下者取之，即此。

《針灸全生·噫膈》噯氣：中脘。善太息：中封、商丘、公孫。

《針灸全生·諸氣》噫氣：神門、太淵、太白、少商、勞宮、太谿、陷谷、大敦。

《針灸逢源·論治補遺·嘔吐噦》肺主爲噦，取手太陰、太淵，足少陰、俞府、石關。

《蘇沈良方·灸欬逆法》予族中有病霍亂吐痢，垂困，忽發欬逆，半日之間，遂至危殆。有一客云：有灸欬逆法，凡傷寒及久疾得欬逆，皆爲惡候，投藥皆不效者，灸之必愈。予遂令灸之。火至肌，欬逆已定。元豐間，予爲鄜延經略使，有幕官張平序病傷寒，已困，一日官屬會飲，通判延州陳平裕忽言：張平序已屬纊，求往見之。予問何遽至此。云：欬逆甚，氣已不屬。予忽記灸法，試令灸之，未食頃，平裕復來，喜笑曰：一灸遂差。其法：乳下一指許，正與乳相直，骨間陷中，婦人即屈乳頭度之，乳頭齊處是穴。艾炷如小豆許，灸三壯。男灸左，女灸右，只一處，火到肌即差。若不差，則多不救矣。

《名醫類案·欬逆》有病霍亂吐痢，垂困，忽發欬逆，半日間遂至危殆。一醫云：凡傷寒及久病得欬逆，皆惡候，投藥不效者灸之愈。遂令灸之，火至肌，欬逆隨定。元豐中，壺爲鄜延經略使，有幕官張平序病傷寒，已困，欬逆甚，氣已不屬。忽記灸法，試令灸之。未食頃，遂瘥。其法乳下一指許，足陽明乳根穴。正與乳相直，骨間陷中，婦人即屈乳頭度之，乳頭齊處是穴。艾炷如小豆大，灸三壯，男左女右，只一處，火到肌即瘥，若不瘥，則多不救矣。

一人得傷寒證，七日熱退而欬，連聲不絕，舉家徬徨，召虞診其脈，皆沉細無力，人倦甚，以補中益氣湯作大劑，加炮薑、附子一錢，一日三貼，兼與灸氣海、任穴。乳根胃穴。三處，當日欬止，脈亦充而平安。胃虛。

飲食

《千金要方·脾臟·脾虛實》凡身重不得食，食無味，心下虛滿時時欲下，喜臥者，皆針胃管、太倉，服建中湯及服此平胃丸方。

《千金要方·針灸下·心腹》不能食病：豐隆，主不能食。石門，主不欲食，穀入不化。

然谷、內庭、脾輸，主不嗜食。

天樞、厲允、內庭，主食不化，不嗜食，俠臍急。

維道，主三焦有水氣不能食。中封，主身黃有微熱，不嗜食。

胃輸、腎輸，主胃中寒脹，食多身羸瘦。

胃輸，主嘔吐筋攣，食不下，不能食。

大腸輸、周榮，主食不下，喜飲。

陽綱、期門、少商、勞宮，主飲食不下。

章門，主食飲不化，入腹還出，熱中不嗜食，苦呑而聞食臭，傷飽，身黃酸疼，羸瘦。

中庭、中府，主膈寒，食不下，嘔吐還出。

食竇，主膈中雷鳴，察察隱隱，常有水聲。

巨闕，主膈中不利。上管、中管，主寒中傷飽，食飲不化。

中極，主饑不能食。

凡食飲不化，入腹還出，先取下管，后取三里瀉之。

凡不嗜食，刺然谷多見血，使人立饑。

《千金翼方·針灸中·胃病》治胃補胃，灸胃俞百壯，主胃中寒不能食，食多身羸瘦，腸鳴腹滿胃脹。

灸三焦俞，主五藏六腑積聚心腹滿，腰背痛，飲食不消，吐逆，寒熱往來，小便不利，羸瘦少氣，隨年壯。

又，灸心下二寸名胃管，百壯至千壯，佳。

小腸俞，主三焦寒熱，灸隨年壯。

治胃中熱病，膝下三寸名三里，灸三十壯。

《千金翼方・針灸中・肺病》 腹中雷鳴，相逐食不化，逆氣，灸上管下一寸，名太倉，七壯。

《醫心方・治宿食不消方》引《新録方》 又方：灸大倉穴二三百壯。又方：灸齊左右相去三寸名魂舍，並依年壯，唯多益佳。又方：灸第五椎並左右相去一寸五分。

《針灸資生經・食不下》 魂門，治飲食不下，腹中雷鳴。三焦俞，治吐逆飲食不下。胃倉、意舍、鬲關，治食飲不下。胃俞，主嘔吐筋攣，食不下。大腸俞、周榮，主食不下，喜飲。中庭、中府，主鬲寒食不下。陽綱、期門、少商、勞宮，主飲食不下。三焦俞，主傷寒頭痛食不下。心俞，治胃弱食飲不下。鬲俞，治鬲寒食飲不下，腹脅滿，胃弱，食少，嗜卧怠惰，不欲動，身濕不能食，《千》云，主吐食。陽綱，治食不下，腹中雷鳴，大小便不節，黄水。紫宫、中庭、膻俞，治飲食不下。三里、大腸俞、三陰交、下脘、三焦俞、懸樞、梁門，治穀不化。天樞、志室、腎俞，治食不化。腹哀，治寒中食不化。三焦俞，治水穀不消，腹脹腰痛，吐逆。腹哀、太白，主食不化。凡食飲不化，入腹還出，先取下管，後取三里瀉之。石門，主不欲食，穀入不化。天樞、厲兑、内庭，主食不化，不嗜食，夾臍痛。章門，主食飲不化。上管、中管，主寒中傷飽，食飲不化。中庭，治胸脅滿，食不下。胃管、三焦俞，主小腹積聚，堅大如盤，胃脹食不消。志室，療食不下。太白、公孫，主食不化。中府、胃倉、承滿、魚際、周榮，治食不下。中管、三陰交，治食不化。

《針灸資生經・不能食》 然谷，治腦痛不能食。豐隆，主不能食。中極，主饑不能食。胃俞，主嘔吐筋攣，食不下，不能食。維道，主三焦有水氣，不能食。鬲俞，主傷寒嗜卧，怠惰不欲動，身濕不能食。石門，主不欲食，穀入不化。率谷，主醉酒風熱發，不能飲食，嘔吐。少商，療不能食，腹中氣滿，喫食無味。分水，療不能食。胃俞，療煩滿吐食，腹脹不能食，《下》云，療胃中寒氣不能食。胸脅滿，身瘦不能食，胸滿，鬲上逆氣悶熱，灸大腸俞二七壯，小兒減之。三里，療腹滿不能食，胃氣不足，反胃。不能飲食見腸澼，臟府積聚及飲食不消見寒熱，涌泉主心痛不嗜食，咽中痛，不可内食，見虚勞。脾俞、胃俞，治不嗜食。

《針灸資生經・不嗜食》 凡不嗜食，刺然谷多見血，使人立饑。隱白、然谷、脾俞、内庭，主不嗜食。天樞、厲兑、内庭，主食不化，不嗜食，夾臍急。中封，主身黄有微熱，不嗜食。章門，主食飲不化，入腹還出，熱中不嗜食，苦呑而聞食臭，傷飽，身黄酸疼羸瘦。肺俞，治上氣嘔吐，支滿不嗜食。胃俞，脾俞，治腹痛不嗜食。地機、陰陵泉、水分、幽門、小腸俞，治不嗜食。下脘，治六府氣寒不嗜食。下廉、懸鍾，治胃熱不嗜食。陰蹻，療病饑不欲食。懸鍾，療腹滿，中焦客熱不嗜食。又云心腹脹滿，胃熱不嗜食。陽綱，療不嗜食。分水，治胃虚脹不嗜食。

扁鵲曰：凡人心風，灸心俞、肝俞，主心風腹脹滿，食不消化，四支羸露不欲食。曲泉，主不嗜食。

《針灸資生經・食氣》 三里，治食氣，惡聞食臭。大杼，治食氣。百會、少商，療喫食無味。凡身重不得食，食無味，心下虚滿，時時欲下，喜卧，皆針胃管、太倉，服建中湯及平胃元。

《針灸資生經・食多》 脾俞，治食飲多，身瘦。腎俞，療食多，身瘦。胃俞、腎俞，主胃中寒脹，食多身瘦。脾俞、大腸俞，主食多身瘦。

《針經摘英集・治病直刺訣》 治急食不通，並傷寒水結，刺手陽明經三間二穴。

下針至合谷穴，三補三瀉，候腹中通，出針。次取足太陽經承山二穴，在兑腨腸下，分肉之間陷中，針入七分，瀉之。

《扁鵲神應針灸玉龍經・盤石金直刺秘傳》 脾濕氣傷不思飲食：公孫，補。

《扁鵲神應針灸玉龍經・灸法雜抄切要》 食多而身瘦者名食晦，宜灸脾俞。

飲食不消，心腹脹，面色痿黄，世謂之脾腎病，宜灸中脘。

食罷而貪睡卧者名脾困，宜灸中脘。

《世醫得效方・宿食》 灸法：癸亥夜二更，六神皆聚之時，解去上體衣服，於腰上兩傍微陷處，謂之腰眼，直身平立，用筆點定，然後上床合面而卧，每灼小艾炷七壯，蟲或吐出，或瀉下，即安。

又法：四花穴灸，見《蘇沈良方》及《資生經》，效。

又法：膏肓、肺腧穴，每穴各灸九壯，仍依前蟲醉日，各穴腧多灸爲妙，

灸後百日，忌煎煿、生冷、熱物、毒食，仍戒房事，避風寒，减喜怒，安心靜處，將息若一月，尤覺未差，於初穴上再灸。

《普濟方·針灸門·食不下》 治飲食不下，腹中雷鳴，穴：魂門。

治吐逆，飲食不下，穴：三焦俞。

治飲食不下，穴：胃倉、意舍、鬲關。

治嘔吐筋攣，食不下，穴：胃俞。

治食不下，喜飲，穴：大腸俞、周榮。

治鬲氣食不下，穴：中庭、中府。

治飲食不下，穴：鬲關。期門、少商、勞宮。

治胃弱，食飲不下，穴：心俞。

治鬲寒，食飲不下，腹脅滿，胃弱少食，嗜卧，怠惰不欲動，身溫不能食，又云主吐食，穴：鬲俞。

治食不下，腹中雷鳴，大小便下黄水，穴：陽綱。

治飲食不下，穴：紫宫、中庭、膽俞。

治完穀不化，穴：三里、大腸俞、三陰交、下脘、三焦俞、懸樞、梁門。

治食不化，穴：天樞、志室、腎俞。

治寒中食不化，穴：腹哀。

治水穀不消，腹脹腰痛，吐逆，穴：三焦俞。

治食不化，穴：腹哀、太白。

治不欲食，穀入食不化，穴：石門。

治食不化，不嗜食，夾臍痛，穴：天樞、厲兑、内庭。

治食飲不化，穴：章門。

治寒中傷飽，食飲不化，穴：上脘、中脘。

治胸脅滿，食不下，穴：中庭。

治小腹積聚，堅大如盤，胃脹食不消，穴：胃脘、三焦俞。

治食不下，穴：志室。

治食不化，穴：太白、公孫。

治食不下，穴：中府、胃倉、承滿、魚際、周榮。

治食不化，穴：中脘、三陰交。

《普濟方·針灸門·不能食》 治不能食，穴：豐隆。

治饑不能食，穴：中極。

治嘔吐筋攣，食不下，不能食，穴：胃俞。

治三焦有水氣，不能食，穴：維道。

治不欲食，穀入不化，穴：石門。

治醉酒風，熱發不能飲食，嘔吐，穴：率谷。

治不能食，腹中氣滿，吃食無味，穴：少商。

治不能食，穴：水分。

治煩滿吐食，腹脹不能食，穴：胃俞。

治胃中寒氣，不能食，胸脅滿，身瘦，鬲上逆氣悶熱，穴：大腸俞，灸二七壯，小兒減之。

治腹滿不能食，胃氣不足，反胃不能飲食，腸癖，臟腑積聚，及飲食不消，寒熱，穴：三里。

治不能食，胸中滿，膈上逆氣悶熱，灸心俞二七壯，小兒減之。

《普濟方·針灸門·不嗜食》 治不嗜食，穴：隱白、然谷、脾俞、内庭。

治食不化，不嗜食，挾臍急，穴：天樞、厲兑、内庭。

治身黄有微熱，不嗜食，穴：中封。

治飲食不化，入腹還出，熱中不嗜食，苦吞而聞食臭，傷飽，身黄，酸疼羸瘦，穴：章門。

治上氣嘔吐，支滿不嗜食，穴：肺俞。

治腹痛不嗜食，穴：胃俞、脾俞。

治不嗜食，穴：地機、陰陵泉、水分、幽門、小腸俞。

治六腑氣寒，不嗜食，穴：下脘。

治胃熱不嗜食，穴：下廉、懸鍾。

治病饑不欲食，穴：陰交。

治腹滿，中焦客熱不嗜食，心腹脹滿，胃熱不嗜食，穴：懸鍾。

治不嗜食，穴：陽綱。

治胃虚脹不嗜食，穴：水分。

扁鵲治心風腹脹滿，食不消化，四肢羸露，不欲食，穴：灸心俞、肝俞。

治心痛不嗜食，穴：曲泉。

治心痛不嗜食，通身浮腫，男子如蠱，女子如妊娠，五指端盡痛，足不得

履地，宜灸針。《千金》云：忽忽喜忘，身體腰脊如解，大便難，小便不利，足冷至膝，咽中痛，不可納食，瘖不能言，衄不止，穴：涌泉。

治食多，身瘦，洩利，體重，四肢不收，腹痛不嗜食，穴：脾俞。

治胃寒，腹脹不嗜食，羸瘦，穴：胃俞。

《普濟方・針灸門・食多》　治食飲多身瘦，穴：脾俞。

治食多身瘦，穴：腎俞。

治胃中寒脹，食多身瘦，穴：胃俞、腎俞。

治食多身瘦，穴：脾俞、大腸俞。

《普濟方・針灸門・食氣》　治食氣惡聞食臭，穴：三里。

治食氣，穴：大杼。

治吃食無味，穴：百會、少商。

治身重不得食，食無味，心下虛滿，時時欲下，喜卧，穴：針胃脘、太倉。又服建中湯及平胃丸良。

《普濟方・針灸門・虚損》　治飲食不息，心腹膨脹，面色萎黃，世謂之脾腎病者，穴：宜灸中脘。

《神應經・腹痛脹滿部》　食不下：內關、魚際、三里。

腹寒不食：陰陵泉。

《神應經・心脾胃部》　支滿不食，肺俞。

振寒不食：衝陽。

胃熱不食：下廉。

胃脹不食：水分。

不能食：少商、三里、然谷、膈俞、胃俞、大腸俞。

不嗜食：中封、然谷、內庭、厲兌、隱白、陰陵泉、肺俞、脾俞、胃俞、小腸俞。

食氣，飲食聞食臭：百會、少商、三里、灸亶中。

食多身疲：脾俞、胃俞。

《針灸大成・心脾胃門》　支滿不食：肺俞。

振寒不食：衝陽。

胃熱不食：下廉。

胃脹不食：水分。

不能食：少商、三里、然谷、膈俞、胃俞、大腸俞。

不嗜食：中封、然谷、內庭、厲兌、隱白、陰陵泉、肺俞、脾俞、胃俞、小腸俞。

食氣，飲食聞食臭：百會、少商、三里、灸亶中。

《病機沙篆・不能食》　針法：內關、中脘、足三里、內庭、公孫五穴。

又法：灸間使三十壯，若四肢厥冷，脈沉不至，乾嘔不食，藥粥皆吐，灸之使通，此起死回生之法也，二穴。

《太乙神針心法・心脾胃病門》　支滿不食　針肺腧。

振寒不食：針衝陽。

胃熱不食：針下廉。

胃脹不食：針水分。

胃痛：針太淵、魚際、三里、腎腧、肺腧、胃腧。

翻胃：先針下脘，後針足三里、胃腧、膈腧、中脘、脾腧。

噎食不下：針勞宮、少商、太白、公孫、三里、中魁、膈腧、心腧、胃腧、三焦腧、中脘、大腸腧。

飲食聞食臭：針百會、少商、三里、膻中。

食多身瘦：針脾腧、胃腧。

不能食：針少商、三里、然谷、膈腧、胃腧、大腸腧。

不嗜食：針中封、然谷、內庭、厲兌、陰陵泉、隱白、肺腧、脾腧、胃腧、小腸腧。

脾寒：針天樞、三間、中渚、腰腧、三陰交。

胃熱：針懸鐘。

胃寒有痰：針膈腧。

脾虛腹脹穀不消：針三里。

脾病溏泄：針天樞、三陰交。

脾虛不便：針商丘、三陰交。

膽虛嘔逆熱上氣：針氣海。

《針灸全生・脾胃》　胃熱不食：下廉。胃脹不食：水分。支滿不食：肺俞。不能食：少商、三里、然谷、膈俞、胃俞、大腸俞。

不嗜食：中封、然骨、內庭、厲兌、隱白、陰陵、肺俞、脾俞、胃俞、小腸俞。

《針灸集成·食不化》 飲食倍多，身漸羸瘦，痃癖腹痛：脾俞，三壯至年壯，章門、期門、太白、中脘針。

腹脹不嗜食，食不化：中脘，針，肝俞，七壯，胃俞，年壯，脾俞，三壯。

嘔逆不得食：心俞，百壯，只針中脘穴，神效。

食積善渴：勞宮、中渚、支溝、中脘。

惡聞食氣：下三里、中脘，針。

傷飽瘦黃：章門、中脘，針，神效。

《針灸集成·內傷》 胃病飲食不下，取三里。吐宿汁，呑酸，取章門、神光。

《針灸穴法》 胃虛饑而不食：厲兌二穴、胃俞二穴。

《灸法秘傳·飲食》 胃司納受，脾主消導，一納一消，運行不息。設脾胃衰弱，則失消納之權。若飲食不思，灸其上脘。飲食少減，灸其中脘。飲食不化，灸其下脘，或灸天樞。食不下欲乾嘔者，宜灸膽俞穴也。

《針灸摘要·衝脈》 臍腹脹滿，食不消化：天樞、水分、內庭。

霍亂

《素問·太陰陽明論》 霍亂，刺俞傍五。〔王冰注〕霍亂者，取少陰俞傍志室穴。足陽明及上傍三。〔王冰注〕足陽明言胃俞也，取胃俞兼取少陰俞外兩傍向上第三穴，則胃倉穴也。

《靈樞·經脈》 足太陰之別，名曰公孫，去本節之後一寸，別走陽明。其別者入絡腸胃，厥氣上逆則霍亂，實則腸中切痛，虛則鼓脹，取之所別也。

《太素·雜病·刺霍亂數》 霍亂，刺輸傍五，足陽明及上傍三。霍亂，刺主療霍亂輸傍，可五取之，及足陽明下脈與上有療霍亂輸傍，可三取之也。

《甲乙經·氣亂於腸胃發霍亂吐下》 霍亂刺俞傍五，足陽明及上傍三。嘔吐煩滿，魄戶主之。陽逆霍亂，刺人迎，刺入四分，不幸殺人。霍亂，泄出不自知，先取太谿，後取太倉之原。霍亂，巨闕、關衝、支溝、公孫、解谿主之。霍亂泄注，期門主之。厥逆霍亂，府舍主之。胃逆霍亂，魚際主之。霍亂逆氣，魚際及太白主之。霍亂遺矢氣，三里主之。暴霍亂，僕參主之。霍亂轉筋，金門、僕參、承山、承筋主之。霍亂脛痺不仁，承筋主之。轉筋於陽理其陽，轉筋於陰理其陰，皆卒刺之。

《肘後方·治卒霍亂諸急方第十二》 熱湯著甕中漬足，令至膝，並銅器貯湯以著腹上，衣藉之，冷復易亦可，以熨斗貯火著腹上，如此而不淨者便急灸之，但明案次第莫爲亂灸，須有其病乃隨病灸之，未有病，莫預灸，灸之雖未即愈，要萬不復死矣，莫以灸不即而止。灸霍亂，艾丸苦不大，壯數亦不多，本方言七壯爲可，四五十無不便，火下得活，服舊方用理中丸及厚樸、大豆豉、通脈半夏湯，先輩所用藥皆難得，今但疏良灸之法及單行數方用之，有效不減於貴藥，已死未久者猶可灸。

卒得霍亂，先腹痛者灸臍上十四壯，名太倉，在心厭下四寸，更度之。

先洞下者，灸臍邊一寸，男左女右十四壯，甚者至三十四十壯，名大腸募，洞者宜瀉。

先吐者，灸心下一寸十四壯，又並治下痢不止上氣，灸五十壯，名巨闕，正心厭尖頭下一寸是也。

先手足逆冷者灸兩足內踝上一尖骨是也，兩足各七壯，不愈加數，名三陰交，在內踝尖上三寸是也。

轉筋者，灸蹶心，當拇指大聚筋上六七壯，名涌泉，又灸足大指下約中一壯，神驗。

又方：灸大指上爪甲際七壯。

轉筋入腹痛者，令四人捉手足，灸臍左二寸十四壯，灸股中大筋上去陰一寸。

若啘者，灸手腕第一約理中七壯，名心主，當中指。

下利不止者，灸足大指本節內側寸白肉際，左右各七壯，名大都。

乾嘔者，灸手腕後三寸兩筋間是，左右各七壯，名間使，若正厥嘔絕，灸之便通。

《小品方》起死：吐且下利者，灸兩乳連黑外近腹白肉際各七壯，亦可至二七壯。

若吐止而利不止者，灸臍一夫納中七壯，又云臍下一寸二七壯。

若煩悶湊滿者，灸心厭下三寸七壯，名胃管。

又方：以鹽內臍中，上灸二七壯。

若繞臍痛急者，灸臍下三寸三七壯，名關元，良。

治霍亂神秘起死灸法：以物橫度病人口中屈之，從心鳩尾飛度以下灸，先灸中央，畢，更橫灸左右也。

又灸脊上，以物圍令正當心厭，又夾脊左右一寸，各七壯，是腹背各灸三處也。

華佗治霍亂已死，上屋喚魂，又以諸治皆至而猶不差者，捧病人腹卧之，伸臂對，以繩度兩頭肘尖頭，依繩下夾背脊大骨空中，去脊各一寸，灸之百壯，不治者，可灸肘椎，已試數百人，皆灸畢，即起坐。佗以此術傳子孫，代代皆秘之。

右此前並是灸法。

《千金要方·膀胱腑·霍亂》論曰：凡霍亂，灸之或時雖未立差，終無死憂，不可逆灸，或但先腹痛，或先下後吐，當隨病狀灸之。

若先心痛及先吐者，灸巨闕七壯，在心下一寸，不效更灸如前數。

若先腹痛者，灸太倉二七壯，穴在心厭下四寸，臍上一夫，不止，更灸如前數。

若先下利者，灸穀門二七壯，在臍傍二寸，男左女右，一名大腸募，不差，更灸如前數。

若吐下不禁，兩手陰陽脈俱疾數者，灸心蔽骨下三寸，又灸臍下三寸，各六七十壯。

若下不止者，灸大都七壯，在足大指本節後內側白肉際。

若泄痢所傷，煩欲死者，灸慈宮二十七壯，在橫骨兩邊各二寸半，橫骨在臍下橫門骨是。

若乾嘔者，灸間使各七壯，在手腕後三寸兩筋間，不差，更灸如前數。

若嘔啘者，灸心主各七壯，在掌腕上約中，吐不止，更灸如前數，若手足逆冷，灸三陰交各七壯，在足內踝直上三寸廉骨際，未差更灸如前數。

轉筋，在兩臂及胸中者，灸手掌白肉際七壯，又，灸亶中、中府、巨闕、胃管、尺澤，并治筋拘頭足皆愈。

走哺轉筋，灸踵踝白肉際各三七壯，又灸小腹下橫骨中央，隨年壯。

轉筋四厥，灸兩乳根黑白際各一壯。

轉筋，灸踴泉六七壯，在足心下，當拇指大筋上，又，灸足大指下約中一壯。

轉筋不止，灸足踵聚筋上白肉際七壯，立愈。

轉筋入腹痛欲死，四人持手足，灸臍上一寸，十四壯，自不動，勿復持之，又，灸股裏大筋去陰一寸。

霍亂轉筋，令病人合面正卧，申兩手着身，以繩橫量兩肘尖頭，依繩下俠脊骨，兩邊相去各一寸半，灸一百壯，無不差。

霍亂已死有暖氣者，灸承筋，取繩量圍足從指至跟，匝捻取等折一半以度，令一頭至跟踏地處，引延上至度頭即是穴，灸七壯，起死人。

又，以鹽內臍中，灸二七壯。

《千金要方·針灸下·熱病》霍亂：

巨闕、關衝、支溝、公孫、陰陵泉，主霍亂。

期門，主霍亂泄注。

太陰、大都、金門、僕參，主厥逆霍亂。

魚際，主胃逆霍亂。太白，主霍亂逆氣。

三里，主霍亂遺矢失氣。解谿，主膝重，腳轉筋，濕痺。

太泉，主眼青，轉筋，乍寒乍熱，缺盆中相引痛。

金門、僕參、承山、承筋，主轉筋霍亂。

承筋，主瘈瘲腳酸。

丘墟，主腳急腫痛，戰掉不能久立，附筋足攣。

竅陰，主四肢轉筋。

委中、委陽，主筋急身熱。

凡霍亂頭痛胸滿，呼吸喘鳴，窮窘不得息，人迎主之。

凡霍亂泄出不自知，先取太谿，後取太倉之原。

《千金翼方·針灸中·膀胱病》凡霍亂，灸之或雖未即差，終無死憂，不可逆灸，或但先腹痛，或先下後吐，當隨病狀灸之，內鹽臍中，灸二七壯，並主脹滿。

治霍亂轉筋，令病人正合面卧，伸兩手著身，以繩橫兩肘尖頭，依繩下俠脊骨兩傍相去一寸半，灸一百壯，無不差者。

若先心痛先吐，灸巨闕二七壯，不差，更二七壯。

若先腹痛，灸太倉二七壯，不差，更二七壯。

若先下痢，灸穀門在臍傍二寸，男左女右，一名大腸募，灸二七壯，不止，

更灸二七壯。

吐痢不禁，三陰三陽但數者，灸心蔽骨下三寸。

又灸臍下三寸各六七十壯。

霍亂上下吐瀉，灸臍下十四壯。

又灸關元三七壯。

手足逆冷，灸三陰交各七壯，不差，更七壯。

轉筋，灸涌泉三七壯，不止，灸足踵聚筋上白肉際七壯，立愈，又灸慈宮二七壯。

走哺轉筋，灸踵踝白肉際左右各二十一壯。

又灸少腹下横骨中央，隨年壯。

轉筋四厥，灸兩乳根黑白際各一壯。

轉筋在兩臂及胸中，灸手掌白肉際七壯。

又灸亶中、中府、巨闕、胃管、尺澤。

又灸承筋五十壯。

又灸承山一百壯。

下若不止，灸大都，在足大拇指本節内側白肉際，各七壯。

若轉筋入腹欲死，四人持其手足，灸臍上一寸十四壯，四五壯自不動，勿持之。

又，中管、建里二穴，皆主霍亂，腸鳴，腹痛脹滿，弦急上氣，針入八分，留七呼，瀉五吸，疾出針，可灸百壯，日二七壯。

《外臺秘要》卷六《霍亂雜灸法》 《肘後》療霍亂先腹痛者法：灸臍上一夫十四壯，名太倉，在心厭下四寸更度之。《千金》、《備急》、崔氏、《古今錄驗》並同。

又療先洞下者法：灸臍邊二寸，男左女右，十四壯，甚者至三十、四十壯，名大腸募也。《千金》、《備急》、崔氏、《古今錄驗》同。

又療轉筋者法：灸腳心下名涌泉。

又灸當足大母指聚筋上六七壯神驗。

又灸足大指下約中一壯。《千金》及《翼》同。

又療轉筋入腹痛者法：令四人捉手足，灸臍左二寸十四壯。

又灸股中大筋上去陰一寸。

又療若啘者法：灸手腕第一約理中七壯，名心主，當中指。

又療下痢不止者法：灸足大指本節内側一寸白肉際，左右七壯，名大都。《千金》同。

又療吐且下痢者法：灸兩乳邊連黑外近腋白肉際各七壯，可至二七壯。

又療若煩悶湊滿法：灸心厭下三寸七壯，名胃管。文仲同。

又法：以鹽内臍中，灸上二七壯。文仲、《千金翼》同。

又療若繞臍痛急者法：灸臍下三寸三七壯，名關元，良。文仲同。

又療先吐者方：灸心下一寸十四壯，又並療下痢不止，上氣，灸五十壯，名巨闕，正心厭尖頭下一寸是也。《千金翼》、文仲、崔氏、《備急》同。

又療霍亂神秘起死灸法：以物横度病人口中，屈之，從心鳩尾度以下，灸度下頭五壯，横度左右，復灸五壯，此三處併當先灸中央畢，更横度左右也。又灸脊上，以物圍令正當心厭，又夾脊左右一寸，各七壯，是腹背各灸三處。崔氏、文仲同。

又華佗療亂已死，上屋喚魂者，又以諸療皆至而猶不差治法：捧病人覆卧之，伸臂對，以繩度兩肘尖頭，依繩下夾背脊大骨空中，去脊各一寸，灸之百壯，無不活者。所謂灸肘椎空，囊歸已試數百人，皆灸畢，即起坐，佗以此術傳其子孫，世世皆秘之不傳。《千金》、崔氏、《備急》同。並出第一卷中。

《千金》凡得霍亂，灸之，或時雖未立差，終無死憂，不可逆灸，或但先腹痛，或先下後吐，當隨病灸之。

又療霍亂灸法：灸穀門穴，在臍傍二寸，男左女右，一名大腸募，灸二七壯，不止，又灸如前數。

又療吐下不禁，兩手三陰三陽脈俱疾數者法：灸心厭骨下三寸，又灸臍下三寸，各六七十壯。

又療乾嘔者法：灸間使穴，在手掌後三寸兩筋間，左右各灸七壯，不差，更灸如前數。《翼》、文仲、《肘後》同。

又療手足逆冷者法：灸三陰交，穴在足内踝直上三寸廉骨際陷中，左右七壯，不差，更灸如前數。《肘後》、《古今錄驗》同。

又療轉筋不止者法：灸足踵聚筋上白肉際七壯，立愈。

又療走哺轉筋者法：灸踝白肉際，左右各二十一壯。又灸小腹下横骨中央，隨年壯。

又療轉筋四厥者法：灸兩乳根黑際各一壯。

又療轉筋在兩脅及胸中法：灸手掌白肉際七壯，又灸亶中、中府、巨闕、胃管、尺澤以上，并療筋拘頭足掌皆愈。

又療轉筋不止者法：若是男子，手挽其陰牽之，女子挽其乳，逐左右邊。

又療轉筋欲死者方：令四人手持足，灸臍上一寸十四壯，自不動，勿復持之。

又療霍亂泄痢所傷煩欲死者方：灸慈宮各二十壯，慈宮在横骨兩邊各二寸半，横骨在臍下横門骨是也。並出第二十卷中。

《救急》療霍亂心腹痛脹吐痢，煩悶不止則宜灸之方：令病人覆卧，伸兩臂膊著身，則以小繩正當兩肘骨尖頭，從背上量度，當脊骨中央繩下點之，去度，又取繩量病人口至兩吻截斷，便中折之，則以度向所點背下兩邊，各依度長短點之，三處一時下火，灸絕便定神驗，艾炷大稍加也。

又療霍亂轉筋不止，漸欲入腹，凡轉筋能殺人，起死之法，無過於灸，灸法唯三處要穴，第一承筋穴，在腨腸下際取穴法：以繩從腳心下，度至腳踵便截斷度，則迴此度，從腳踵縱量向上盡度頭，當腨下際宛宛中是穴，灸三七壯則定。

又不止，則灸涌泉，在足心下，當足大指中節後一寸半，正當大筋上是穴。又灸足跟後黑白肉交際當中央。此三處要穴，灸之不過二三七壯，必定。並出第一卷中。

《扁鵲心書·附竇材灸法》 霍亂吐瀉，乃冷物傷胃，灸中脘五十壯。若四支厥冷、六脈微細者，其陽欲脫也，急灸關元三百壯。

《扁鵲心書·霍亂》 霍亂由於外感風寒，內傷生冷，致陰陽交錯變成吐瀉，初起服珍珠散二錢即愈，或金液丹百粒亦愈。如寒氣入腹，搏於筋脈，致筋抽轉，即以瓦片燒熱，紙裹烙筋轉處立愈。若吐瀉後，胃氣大損，六脈沉細，四肢厥冷，乃眞陽欲脫，灸中脘五十壯，關元百壯，六脈復生，不灸則死也。

《針灸資生經·霍亂轉筋》 凡霍亂，頭痛胸滿，呼吸喘鳴，窮窘不得息，人迎主之。巨闕、關衝、支溝、公孫、陰陵泉，主霍亂。太陰、大都、金門、僕參，主厥逆霍亂。太白，主霍亂逆氣。魚際，主胃逆霍亂。承筋，主霍亂脛不仁。承筋、僕參、解谿、陰陵泉，治霍亂。金門、僕參、承山、承筋，轉筋霍亂。

承山，治霍亂轉筋，大便難。金門，治霍亂轉筋。曲泉、懸鍾、陽輔、京骨、胃俞，治筋攣。僕參、竅陰、至陰、解谿、丘墟，治轉筋。髀關，治筋絡急。浮郄，治小腸熱，大腸結，股外經筋急，髀樞不仁。曲池，治筋緩，捉物不得，挽弓不開，屈伸難，風臂肘細無力。中瀆，治寒氣客於分肉間，痛攻上下，筋痹不仁。承筋，治寒搏轉筋支腫，大便難，腳腨痠重，引小腹痛。委中、跗陽、承山，療筋急。張仲文灸腳筋急，岐伯療腳轉筋發不可忍者，灸腳踝上一壯，內筋急灸內，外筋急灸外。解谿，主膝重腳轉筋濕痹。竅陰，主四支轉筋。太淵，主眼青轉筋，乍寒乍熱，缺盆中相引痛。丘墟，主腳急腫痛，戰掉不能久立，跗筋足攣。委中、委陽，主筋急身熱。肝俞，主筋寒熱痙，筋急手相引。心俞、肝俞，主筋急手相引，轉筋入腹，痛欲死者，使四人捉手足，灸臍左邊二寸十四壯。《千》云：臍上一寸十四壯。轉筋，灸涌泉六七壯。轉筋四厥，灸乳根黑白際一壯，若手足厥冷，三陰交二七壯。霍亂已死有暖氣者，承筋七壯，起死人，又鹽內臍中，灸二七壯。腰背不便，轉筋急痹筋攣，二十一椎隨年，轉筋在兩臂及胸中，灸手掌白肉際七壯。又灸亶中、中府、巨闕、胃管、尺澤，並治筋拘頭足皆愈。腹脹轉筋，臍上一寸二七壯。人有身屈不可行，亦有膝上腫疼動不得，予爲灸陽陵泉皆愈，已救百餘人矣，神效無比。有吐瀉轉筋者，予教灸水分即止。轉筋十指攣急，不得屈伸，灸腳外踝骨上七壯。

《針灸資生經·霍亂吐瀉》 凡霍亂泄出不自知，先取太谿，後取太倉之原。三里，主霍亂遺矢失氣。期門，主霍亂泄注。尺澤，主嘔泄上下出脅下痛。太白，主腹脹食不化，喜嘔泄有膿血。關衝，治霍亂胸中氣噎，不嗜食，臂肘痛不舉。人迎，治吐逆霍亂，胸滿喘呼不得息。期門，治胸中煩熱，賁豚上下，目青而嘔，霍亂洩利，腹堅硬，大喘不得卧，脅下積氣。上脘，治霍亂吐利，身熱汗不出。隱白，治吐洩。中脘，治霍亂出洩不自知。支溝、天樞，治嘔吐霍亂。太白，治氣逆霍亂腹痛，又吐洩膿血。陰郄，治心痛霍亂，胸滿。上管，治霍亂心痛，不可卧，吐利。巨闕，治胸脅滿，霍亂吐利不止，困頓不知人。吐逆霍亂，吐血，灸手心主五十壯。凡霍亂先心痛及先吐，灸巨闕七壯，若先腹痛，大倉二七壯，若先下利，灸大腸募，臍旁二寸，男左女右。若吐下不禁，兩手脈疾數，灸蔽骨下三寸，又臍下三寸，各七十壯，若下不止，大都七壯，若泄痢傷煩欲死，慈宮二七壯。

霍亂吐瀉，尤當速治。宜服來復丹、鎮靈丹等藥，以多爲貴，尤宜灸上

管、中脘、神闕、關元等穴，若水分穴，尤不可緩，蓋水穀不分而後泄瀉，此穴一名分水，能分水穀故也，或兼灸中管穴，須先中管而後水分可也。

《聖濟總録·奇經八脈·治霍亂灸法》 上脘一穴，主霍亂。《甲乙經》曰：在巨闕下一寸五分，去蔽骨下三寸，任脈、足陽明、手太陽之會，灸五壯，炷如半棗核大。

霍亂心先痛，及先吐者，灸巨闕七壯，穴在心下一寸，不效，更灸如前數。

霍亂先腹痛者，灸太倉二七壯，穴在心厭下四寸，臍上一夫，不止，更多灸如前數。

霍亂先下利者，灸谷門二七壯，穴在臍傍二寸，男左女右，一名大腸募，不差，更灸如前數。

霍亂吐下不禁，兩手陰陽脈俱疾數者，灸心蔽骨下三寸，又灸臍下三寸，各六七十壯。

霍亂下不吐者，灸大都七壯，穴在足大指本節后，內側白肉際。

霍亂下利，煩悶欲死者，灸慈宫二七壯，穴在横骨兩邊，各二寸半，横骨在臍下横門骨是。

霍亂干嘔，灸間使各七壯，在手腕后三寸兩節間，不差，更灸如前數。

霍亂吐則灸兩乳連黑外近腹白肉際，各七壯，亦可至二七壯。

霍亂若吐止而利不止者，灸臍約中一夫，七壯，又云臍下一寸，二七壯。

霍亂手足逆冷，灸三陰交各七壯，不愈，加壯數，穴在内踝尖上三寸。

霍亂若啘者，灸手腕第一約紋中，七壯，名心主，當中指。

霍亂煩悶，灸心厭下三寸，七壯，又以鹽内臍中，鹽上灸二七壯。

霍亂繞臍痛急，灸臍下三寸，三七壯，名關元。

霍亂欲死者，以物横度病人口中，屈之，從心鳩尾度以下灸，先灸中央畢，更横灸左右，又灸脊上，以物圍令正當心厭，又夾脊左右一寸，各七壯。

霍亂危困諸治不差者，捧病人腹卧之，伸臂相對，以繩度兩頭肘尖，依繩下夾背脊大骨肉中，去脊各一寸，灸之百壯，未愈者，可灸肘餌，灸畢即起。

《備急灸法·霍亂》 葛仙翁治霍亂已死，諸般符藥不效者，云此法特異，起死回生，不在方藥，大抵理趣精玄，非凡俗所知，急灸兩肘尖各十四炷，炷如菉豆大。

《世醫得效方·霍亂》 灸法：治霍亂，轉筋欲死，氣絶，惟腹中有暖氣者可用，其法納鹽於臍中令實，就鹽上灸二七壯，名神闕穴，立效，並灸臍下一寸半，名氣海穴二七壯，妙。

《普濟方·針灸門·霍亂吐瀉》 治霍亂泄注，穴：期門。

治嘔泄上下出，脅下痛，穴：尺澤。

治腹脹食不化，喜嘔，泄痢膿血，穴：太白。

治霍亂，胸中氣噎，不嗜食，臂肘痛不舉，穴：關衝。

治吐逆霍亂，胸滿，喘呼不得息，穴：人迎。

治胸中煩熱，賁豚上下，目青而嘔，霍亂泄痢，腹堅硬大，喘不得卧，脅下積氣，穴：期門。

治霍亂吐痢，身熱，汗不出，穴：上脘。

治吐洩，穴：隱白。

治霍亂吐泄不自知，穴：中脘。

治嘔吐霍亂，穴：支溝、天樞。

治氣逆，霍亂腹痛，又吐洩膿血，穴：太白。

治心痛，霍亂胸滿，穴：陰郄。

治霍亂心痛不可卧，吐痢，穴：上脘。

治胸脅滿，霍亂，吐痢不止，困頓不知人，穴：巨闕。

治吐逆，霍亂吐血，穴：手心主，灸五十壯。

治霍亂先心痛及先吐，穴：巨闕，灸七壯。

治先腹痛，穴：太倉，灸二七壯。即中脘。

治先下痢，穴：灸大腸募，臍傍二寸。男左女右，又灸谷門。

治吐下不禁，兩手脈疾數，灸蔽骨下三寸，又臍下三寸，各灸七十壯。

治霍亂下不止，穴：大都，灸七壯。

治泄痢傷煩欲死，穴：慈宫灸二七壯。即衝門穴。

霍亂吐瀉，尤當速治，宜服來復丹，鎖靈丹等藥，以多爲貴。尤宜灸上脘、中脘、神闕、關元等穴，若水分穴，尤不可緩，蓋水穀不分，而後泄瀉，此穴一名分水，以能分水穀故也，或兼灸中脘穴，須先中脘，而後水分可也。

治霍亂乾嘔，穴：間使，灸各七壯，不差，更灸如前數。

治霍亂而吐，若不止，而痢不止者，穴：臍一大約中，灸七壯，又云臍下一寸灸二七壯。

治霍亂若死者，穴：手腕第一約紋中，灸七壯，名心主，當中指。

治霍亂煩悶，穴：心厭下三寸，灸七壯，又以鹽納臍中，鹽上灸二七壯。

治霍亂繞臍痛，穴：關元，灸三七壯。

治霍亂欲死者，以物橫度病人人中，屈之，從心鳩尾度以下灸，先灸中央畢，更橫灸左右，又灸脊上，以物圍令正當心厭，又灸夾脊左右一寸，各七壯，是腹背各灸三處也。

治霍亂危困，諸治不瘥者，捧病人腹卧之，伸臂相對，以繩度量兩頭肘尖，依繩下夾背，間。脊大骨肉中，去脊各一寸，灸之百壯，如未愈者，可灸肘椎，灸畢即起。

凡灸霍亂，或雖未能立瘥，終無死憂，但不可逆灸，或但先腹痛，或先下後吐，當隨病狀灸之。

治霍亂泄出，不自知，穴：先取太谿，後取太倉之原。

治嘔泄，上下出，兩脅下痛，穴：尺澤。

治霍亂吐痢，穴：灸兩乳連黑外近腹白肉際，各七壯，亦可至二七壯。

治霍亂手足逆冷，穴：三陰交，灸各七壯，不愈，加壯數。

《普濟方・針灸門・霍亂轉筋》 治霍亂頭痛，胸滿，呼吸喘氣不得息，穴：人迎。

治霍亂不識人，穴：巨闕。

治霍亂，穴：關衝、支溝、公孫、陰陵泉、巨闕。

治厥逆霍亂，穴：足太陰、大都、金門、僕參。

治霍亂逆氣，穴：太白。

治胃逆霍亂，穴：魚際。

治霍亂脛不仁，穴：承筋。

治霍亂，穴：承筋、僕參、解谿、陰陵泉。

治轉筋霍亂，穴：金門、僕參、承山、承筋。

治霍亂轉筋，大便難，穴：承山。

治筋攣，穴：曲泉、懸鐘、陽輔、京骨、胃俞。

治轉筋，穴：僕參、竅陰、至陰、解谿、丘墟。

治筋絡急，穴：髀關。

治大小腸熱，大腸結，股外經筋急，髀樞不仁，穴：浮郄。

治筋緩，捉物不得，挽弓不開，屈伸難，偏風，臂肘細無力，穴：曲池。

治眼青，轉筋，乍寒乍熱，缺盆中相引痛，穴：大泉。

治寒氣客於分肉間，痛攻上下，筋痹不仁，穴：中瀆。

治寒搏轉筋，支腫，大便難，腳腨痠重，引小腹痛，穴：承筋。

治筋急，及治腳筋急，穴：委中、輔陽、承山。

岐伯治腳氣轉筋，發不可忍者，穴：灸腳踝上一壯，內筋急灸內，外筋急灸外。

治膝腫，腳轉筋，濕痹，穴：解谿。

治四肢轉筋，穴：竅陰。

治腳急腫痛，戰掉不能久立，附筋足攣，穴：丘墟。

治筋急身熱，穴：委中、委陽。

治筋寒熱痙，筋急，手相引，穴：肝俞。

治筋急，手相引，轉筋入腹痛欲死者，穴：心俞、肝俞，又臍上一寸十四壯，使四人捉手足，灸臍左邊二寸，十四壯。

治轉筋，穴：灸涌泉，六七壯。

治轉筋四厥，穴：乳根黑白際，一壯。

治手足厥冷，穴：三陰交，二七壯。

治霍亂已死，有暖氣者，穴：承筋，七壯，能起死人，又鹽納臍中，灸二七壯。

治腰背不便，轉筋急痹，筋攣，穴：二十一椎，灸隨年壯。

治轉筋，在兩臂及胸中，穴：灸手掌白肉際，七壯，又灸膻中、中府、巨闕、胃脘、尺澤，並治筋拘頭足，皆愈。

治腹脹轉筋，穴：臍上一寸，灸二七壯。

治有人身屈不可，亦有膝上腫疼動不得，灸陽陵泉皆愈。

王氏云：已救百餘人矣，神效無比。

治吐瀉轉筋者，穴：水分，灸即止。

治轉筋十指攣急，不得屈伸，穴：灸腳外踝骨上，七壯。

治轉筋，脛骨痛不可忍，穴：灸屈膝下廉橫筋三壯。

治轉筋急，穴：僕參二穴，各灸七壯。

治走哺轉筋，穴：踵踝白肉際，各灸三七壯，又灸小腹下橫骨中央，隨年

壯。

治轉筋不止，穴：足踵聚筋上白肉際，灸七壯立愈。

治轉筋入腹痛欲死，四人持手足，於臍上一寸灸十四壯，自不動，勿復持之，又灸股內大筋去陰一寸。

治霍亂轉筋，穴：灸大指爪甲際，七壯。

治霍亂轉筋，令病人合面正卧，伸兩手着身，以繩橫量兩肘尖頭，依繩下俠脊骨兩邊，相去各一寸半，灸一百壯，無不瘥。《肘後方》云：此華佗法。

治腳轉筋，穴：灸兩大拇指爪甲後連肉處，當中央三壯。

治轉筋入腹痛，穴：灸腳心下當拇指上七壯，又灸足大拇指下，約中一壯。

《神應經·霍亂部》 霍亂：陰陵、承山、解谿、太白。

霍亂嘔吐：支溝。

霍亂吐瀉：關衝、支溝、尺澤、三里、太白，先取太谿，後取太倉。

霍亂轉筋：支溝、關衝、陰陵、承山、陽輔、中封、解谿、丘墟、公孫、太白、大都。

《奇效良方·霍亂通治方》 四順附子湯：治吐瀉過多，手足逆冷，六脈沉細，氣少不語，急服，及治霍亂轉筋，肉冷汗出，嘔啘。附子生用。白薑炮。人參、甘草。炒，各等分。

右剉碎，每服四錢，用水二盞，煎至一盞，去滓空心服，如腹痛加桂，小便不利加茯苓，仍用炒鹽熨臍中。

一方附子炮去皮臍，下甚者加龍骨，腹痛不止者加當歸。

灸法：霍亂已死，腹中尚有煖氣，右用鹽內臍中，灸二七壯，仍灸氣海穴。

《醫學正傳·霍亂》 祖傳灸法：治霍亂已死而胸中尚有暖氣者，灸之立甦，其法以鹽填滿臍孔，灸之，不計壯數。

又法，治霍亂吐瀉不止，灸天樞、氣海、中脘四穴立愈。

《針灸聚英·雜病歌》 霍亂

霍亂陰陵承山穴，次及解谿與太白，霍亂吐瀉治關衝，支溝三里與尺澤，再及太白一穴內，三穴治之勝服藥。霍亂嘔吐支溝中，霍亂轉筋支溝同，逆數大都太白穴，公孫丘墟解谿攻，再及中封承山穴，陰陵陽輔與關衝。

《古今醫統大全·針灸直指·諸證針灸經穴》 霍亂：臍中、納鹽灸，氣海。

《古今醫統大全·霍亂門·針灸法》 刺委中穴出血，或刺十指頭出血，皆是良法。今北方人凡病悉刺兩手膕中出血，謂之打寒，此則傷寒熱入血室而用此法也。霍亂證亦以此法，所謂血去惕出，非此二證，悉皆用之誤也。轉筋十指拘攣，不能屈伸，灸腳外踝骨尖上七壯。

霍亂將死者，用鹽填臍中，灸七壯立愈。

霍亂吐瀉不止，灸天樞、氣海、中脘四穴立愈。

《楊敬齋針灸全書·霍亂吐瀉》

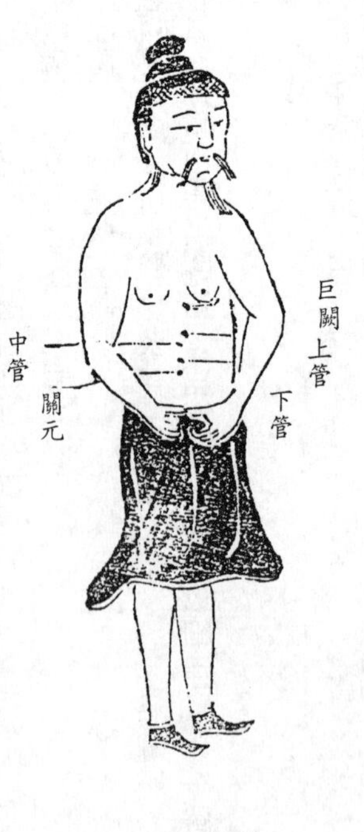

《針灸大成·霍亂門》 霍亂：陰陵、承山、解谿、太白。

霍亂吐瀉：關衝、支溝、尺澤、三里、太白，先取太谿，後取太倉。

霍亂嘔吐轉筋：支溝。

逆數：關衝、陰陵、承山、陽輔、太白、大都、中封、解谿、丘墟、公孫。

《針灸大成·治證總要》 第一百三十九：霍亂轉筋：承山、中封。

第一百四十：霍亂吐瀉：中脘、天樞。

《壽世保元·灸法·灸諸病法》 一論小兒大人吐瀉日久垂死者：天樞、二穴。氣海、一穴。中脘。一穴。

一論霍亂已死而腹中尚有暖氣者：以鹽納臍中，以艾灸不計其數。

《類經圖翼·針灸要覽·諸證灸法要穴》 霍亂：巨闕、中脘、建里、水分、最效。承筋。轉筋。承山、三陰交、逆冷。照海、大都、涌泉。

轉筋十指拘攣，不能屈伸，灸足外踝骨尖上七壯。

凡霍亂將死者，用鹽填臍中，灸七壯立愈。

凡霍亂吐瀉不止，灸中脘、天樞、氣海四穴立愈。

乾霍亂：即俗名攪腸沙也。急用鹽湯探吐，並以細白乾鹽填滿臍中，以艾灸二七壯，則可立甦。

《景岳全書·雜證謨·霍亂》 刺委中穴出血，或刺十指頭出血，皆是良法。今西北人，凡病傷寒熱入血分而不解者，悉刺兩手、膕中出血，謂之打寒，蓋寒隨血去，亦即紅汗之類也。故凡病受寒霍亂者，亦宜此法治之。今東南人有括沙之法，以治心腹急痛，蓋使寒隨血聚，則邪達於外而臟氣始安，此亦出血之意也。

霍亂吐瀉不止，灸天樞、氣海、中脘四穴，立愈。

霍亂危急將死，用鹽填臍中，灸二七壯，立愈。

轉筋，十指拘攣不能屈伸，灸足外踝骨尖上七壯。

《病機沙篆·霍亂》 霍亂欲死，灸法：肘尖七壯，取令病人端坐，又手平胸，肘后突出尖骨罅中是穴，用指甲按切酥麻爲眞，背後灼艾，一穴。針法：將委中出血。又法：以水將手拍兩腿彎，立止，二穴。

《太乙神針心法·霍亂》 霍亂：針陰陵、承山、解谿、太白。

霍亂吐瀉：針關衝、支溝、尺澤、三里、太白、先太谿、後太倉。

霍亂嘔吐轉筋：針支溝。

逆數：針關衝、陰陵、承山、陽輔、太白、大都、中封、解谿、丘墟、公孫。

《串雅外編·灸法門·干霍亂死灸法》 心頭微熱者，以鹽填臍內，納艾灸，不計數，以醒爲度。

《羅遺編·針灸要穴論》 霍亂：水分，最效。三陰交，逆冷。承筋。轉筋。

轉筋十指拘攣，不能屈伸，灸足外踝骨尖上七壯。附奇兪類。

凡霍亂將死者，用鹽填臍中，灸七壯，立愈。

凡霍亂吐瀉不止，灸中脘、天樞、氣海三穴，立愈。

乾霍亂：即俗名攪腸沙也，急用鹽湯探吐，並以細白乾鹽填滿臍中，以艾灸二七壯，則可立甦。

《針灸逢源·證治參詳·傷寒熱病門》 霍亂：揮霍撩亂也，邪在上焦則吐，在下焦則瀉，在中焦則吐瀉交作，此濕霍亂，易治。若不能吐利，邪不得出，壅遏正氣，關格陰陽也，至於舌卷陽縮入腹者不治。又，霍亂爲胃氣反逆，誤犯穀食米飲必死。

關衝、支溝、委中、承山、三陰交、公孫、太白、太谿，吐瀉神效。夾脊穴。

吐瀉不止者：中脘、天樞、氣海。或針或灸立愈。

霍亂將死者，以細白乾鹽填滿臍中，艾灸七壯立甦。

《針灸全生·噎膈》 霍亂：崑崙、水分、天樞。

《針灸逢源·證治參詳·小兒病門》 霍亂：巨闕、建里、承筋、中脘、水分，最妙，承山。

轉筋：三陰交、大都、照海、涌泉。

轉筋十指拘攣：灸足外踝尖上七壯。

凡霍亂將死者，用鹽填臍中，灸七壯立愈。

凡霍亂吐瀉不止，灸中脘、天樞、氣海四穴，立止。

乾霍亂：急用鹽湯探吐，並用鹽填臍中，灸之可甦。

《神灸經綸·身部證治》 霍亂逆冷：巨闕、中脘、建里、水分、承山、三陰交，逆冷。照海、大都。

霍亂轉筋：涌泉。灸三七壯，如不應灸，足踵聚筋上白肉際七壯立愈。又法：灸足外踝骨尖上七壯。

夾脊穴：《千金》云：令病者合面卧，伸兩手着身，以繩横牽兩肘尖，當脊間繩下兩旁相去各一寸半所。灸百壯。

霍亂吐瀉：中脘、天樞、氣海。

凡霍亂將死者，用鹽填臍中，灸七壯立愈。又法：灸肘尖骨罅中，七壯。

乾霍亂：即俗所謂絞腸痧也，急用鹽湯探吐，並以細白乾鹽填滿臍中，以艾灸二七壯效。

噯氣：中脘。

善太息：中封、商邱、公孫。

善悲：心兪、大陵、大敦、玉英、膻中。

氣短：大椎、肺兪、肝兪，不語。內關、足三里、太衝、尺澤，不語。天突、肩井、氣海。陽脫。

《傳悟靈濟録·霍亂》 霍亂：巨闕、中脘、建里、水分，最妙。承筋，轉筋。承山、照海、大都、涌泉、三陰交。

凡霍亂吐瀉不止，灸中脘、氣海、天樞四穴立愈。又霍亂將死者，納鹽於臍中即神闕，灸七壯，立愈。如轉筋十指拘攣不能屈伸者，灸足外踝骨尖上七壯。

乾霍亂：俗名攪腸痧。如病此，急用鹽湯探吐，納鹽滿臍中，灸二七壯，可以立甦。

《針灸集成·霍亂》 霍亂：脾胃及三焦不和，上吐下泄，胸腹痛悶，是關格者，不得吐瀉也。四關穴主之，四關謂合谷、太衝是也。

霍亂悶亂：即以柔物回縛男左女右之肩下臂上，側卧壓縛臂入睡，則即止效。

又方：臍中，七壯，下火即差。又臍上三寸，三壯，三焦俞、合谷、太衝，并針關衝，刺出血立差，中脘，針，亦能治霍亂吐瀉。

轉筋霍亂：手中、關衝，皆刺出血，至陰、絶骨、太衝。

霍亂心胸滿痛吐食腸鳴：中脘、內關、關衝，出血，列缺、三陰交。

暴泄：大都、崑崙、期門、陰陵泉、中脘，針。

乾嘔：間使，七壯。若不差更灸。

霍亂遺矢：下三里、中脘，針，陰陵泉。

霍亂頭痛胸痛呼吸喘鳴：人迎、內關、關衝、三陰交、下三里。

霍亂已死而有煖氣者：承山在腳腨腸中央分肉間，去腳根七寸，起死穴，灸七壯。

又方：以鹽填臍中，灸二七壯，仍灸氣海穴百壯，大敦穴。

絞腸沙證：手足厥冷，腹痛不可忍者，以手蘸溫水於病者膝腕上拍打，有紫黑點處以針刺去惡血即愈，驗。又法：用麻弦小行弓蘸香油或熱水，刮手、足、胸、背、額、項即愈，驗。乾霍亂者，乃寒濕太甚，脾被絆而不能動，氣被鬱而不能行，所以卒痛而手足厥冷，俗名絞腸沙者，蓋言痛之甚也，北方刺青筋以出氣血，南方刮胸背手足以行氣血，俱能散病，然出氣血不如行氣血之爲愈也。

《灸法秘傳·霍亂》 霍亂證，猝然心腹作痛，上吐下瀉，謂之濕霍亂也，欲吐不吐，欲瀉不瀉，謂之乾霍亂也。急灸期門可愈。

《醫學衷中參西録·論霍亂治法》 時賢申濟人，順義縣人。曰：『霍亂有陰陽之辨，若於六七月間，或栖當樓窗，或夜卧露地，忽患上吐下瀉，兩腿筋抽，眼窩青，唇黑，身涼，有汗，脈沉伏者，此陰證也，急以針刺尺澤、少澤、委中，此穴宜深寸許。十宣，若吐瀉不止，刺中脘、水分，其病立愈。若身熱，無汗、脈沉緊、腹疼甚、嘔而不得上出、脹而不得下瀉，此陽證也，急用針刺少商、委中、尺澤，腹疼不止，刺氣海、章門、足三里，依法灸刺，無不愈者。按：此論辨陰陽之證頗精確。其謂陰證腿筋抽者，非轉筋也，即《傷寒論》所謂四肢拘急也。若轉筋，則陰陽之證皆有矣。其謂眼窩青、唇黑者，斯實陰證之明征。其謂身涼、脈沉伏者，陽證亦間有之，然陰證至此時恆惡寒，身欲厚復；陽證則始終不惡寒，即復以單被亦不欲。至其謂陰證有汗，陽證無汗，此論最確。又其論陰證，未言腹疼，論陽證則言腹疼甚，蓋陽證邪正相爭，仍有抗拒之力，其吐不得吐、瀉不得瀉者，必然腹疼，即吐瀉頻頻者亦恆腹疼；至陰證則邪太盛，正太衰，毫無抗拒之力，初得或猶有腹疼者，至吐瀉數次後即不腹疼矣。至其以腹疼、吐不能吐、瀉不能瀉，名爲干霍亂者，專屬於陽證，尤具有特識。所論針刺十餘穴皆爲治此證要着，即不諳針灸者亦宜單習此十余穴，以備不時之需，且臨時果能針藥并用，證愈必速。總之證無論涼熱，凡驗其病原蟲若蝌蚪形而曲其尾者，皆霍亂也。又天津醫友鮑云卿曰：『余遇純陰霍亂，分毫不覺熱者，恆用大塊生薑切成方片，密排臍上兩層，搏艾絨如棗大灸之，其吐瀉轉筋可立止。』

《針灸摘要·陰蹻脈》 霍亂吐瀉，手足轉筋：京骨、三里、承山、曲池、腕骨、尺澤、陽陵泉。

老人虛損，手足轉筋，不能舉動：承山、陽陵泉、臨泣、太衝、尺澤、合谷。

《針灸摘要·任脈》 胃熱大暑，霍亂吐瀉：委中、百勞、中脘、曲池、十宣、三里、合谷。

黄疸

《甲乙經·五氣溢發消渴黄疸》 黄疸刺脊中。黄疸善欠，脇下滿欲吐，脾俞主之。黄疸目黄，勞宮主之。嗜卧，四肢不欲動搖，身體黄，灸手五里，左取右，右取左。黄癉熱中善渴，太衝主之。身黄時有微熱，不嗜食，膝內內踝前痛，少氣，身體重，中封主之。

《千金要方·傷寒上·針灸黄疸法》 針灸黄疸法：寅門穴，從鼻頭直入髮際度取，通繩分爲三，斷繩，取一分入髮際，當繩頭針，是穴，治馬黄、黄疸等病。上齶裏穴，正當人中及脣，針三鋥，治馬黄、黄疸等病。上腭穴，入口裏邊在上縫赤白脈是，針三鋥，治馬黄、黄疸、四時等病。舌下穴，俠舌兩邊

針，治黄疸等病。脣裏穴，正當承漿裏邊逼齒齦，針三鋥，治馬黄、黄疸、寒暑溫疫等病。顳顬穴，在眉眼尾中間上下有來去絡脈是，針灸之，治四時寒暑所苦、疸氣溫病等。俠人中穴，火針，治馬黄、黄疸、疫通身並黄，語音已不轉者。俠承漿穴，去承漿兩邊各一寸，治馬黄、急疫等病。巨闕穴，在心下一寸，灸七壯，治馬黄、黄疸、急疫等病。上管穴，在心下二寸，灸七壯，治馬黄、黄疸等病。男陰縫穴，拔陰反向上，灸，治馬黄、黄疸等病。若女人玉門頭是穴，男女針灸無在。風府穴，在項後入髮際一寸，去上骨一寸，針之，治頭中百病，馬黄、黄疸等病。熱府穴，在第一節下兩傍相去各一寸五分，針灸無在，治馬黄、黄疸等病。肺輸穴，從大椎數第三椎兩傍相去各一寸五分，灸，主黄疸，通治百毒病。心輸穴，從肺輸數第二椎兩傍相去各一寸五分。肝輸穴，從心輸數第四椎兩傍相去各一寸五分。脾輸穴，從肝輸數第三椎兩傍相去各一寸五分。腎輸穴，從脾輸數第三椎兩傍相去各一寸五分。腳後跟穴，在白肉後際，針灸隨便，治馬黄、黄疸、寒暑諸毒等病。耳中穴，在耳門孔上横梁是，針灸之，治馬黄、黄疸、寒暑疫毒等病。頰裏穴，從口吻邊入往對頰裏去口一寸，針，主治馬黄、黄疸、寒暑溫疫等病，頰兩邊同法。手太陽穴，手小指端，灸隨年壯，治黄疸。臂石子頭穴，還取病人手自捉臂，從腕中太淵文向上一寸接白肉際，灸七壯，治馬黄、黄疸等病。錢孔穴，度乳至臍中屈肋頭骨是，灸百壯，治黄疸。太衝穴，針灸隨便，治馬黄、瘟疫等病。

《千金要方·脾臟·脾虛實》 四肢寒熱，腰疼不得俯仰，身黄，腹滿，食嘔，舌根直，灸第十一椎上及左右各一寸五分三處，各七壯。

《千金要方·針灸下·熱病》 然谷，主黄疸，一足寒一足熱，喜渴。章門，主傷飽身黄。中封、五里，主身黄，時有微熱。太衝，主黄疸，熱中喜渴。脊中，主黄疸，腹滿不能食。脾輸，主黄疸，喜欠不下食，脇下滿欲吐，身重不欲動。中管、大陵，主目黄振寒。勞宫，主黄疸目黄。大谿，主黄疸。脾輸、胃管，主黄疸。

《千金翼方·雜病上·黄疸》 灸黄法貳拾穴

第十一椎下俠脊兩邊各一寸半，灸脾俞百壯。兩手小指端灸手少陰隨年壯。手心中，灸七壯。胃管，主身體痿黄，灸百壯，治十，差，忌針。耳中，在耳門孔上横梁，主黄疸。上腭，入口裏邊在上縫赤白脈上是，針三鋥。舌下，俠舌兩邊針鋥。頰裏，從口吻邊入往對頰裏去口一寸，鋥。上腭裏，正當人中及脣，針三分鋥。巨闕、上管，右二穴並七壯，狂言浪走者灸之差。寅門，從鼻頭直入髮際，度取通繩分爲三，斷繩，取一分入髮際，當繩頭鋥。脊中椎上七壯。屈手大指節理各七壯。中管、大陵、勞宫、三里、然谷、大谿。右八穴皆主黄疸。

論曰：黄疸之爲病，若不急救，多致於死，所以具述古今湯藥灸鋥方法，按據此無不差也。有人患之，皆昏昧不識好惡，與茵陳湯一劑不解，亦有惺惺如常，身形似金色，再服亦然，隔兩日一劑，其黄不變，於後與灸諸穴乃差，瘡上皆黄水出，然此大慎麪、肉、醋、魚、蒜、熱食，犯之即死。

《千金翼方·針灸上·黄疸》 脣裏，正當承漿邊，逼齒齦針三鋥，治馬黄、黄疸。顳顬，在眉眼尾中間上下有來去絡脈是，針灸之，治疸氣溫病。夾人中，火針，治馬黄疸通身並黄，語音已不轉者。灸錢孔百壯，度乳至臍中屈肋頭骨是，灸百壯，治黄疸。夾承漿兩邊各一寸，治馬黄急疫。灸太衝七壯。又云針灸隨便。又灸風府、熱府、肺俞、心俞、肝俞、脾俞、腎俞、男陰縫，拔陰反向上，灸治馬黄、黄疸，若女人玉門頭是穴，針灸無在。腳跟，在白肉後際，針灸隨便，治馬黄、黄疸。臂石子頭，還取病人手自捉臂，從腕中太淵文向上一夫接白肉際，灸七壯，治馬黄、黄疸。黄疸灸第七椎七壯，黄汁出。

《外臺秘要》卷四《急黄方》 崔氏療黄疸年六十以上方：茅根一把，細切。豬肉一斤。

右二味合作羹，盡一服愈，當灸臍上下兩邊各一寸半，一百壯，手魚際白肉側各一，灸隨年壯。《備急》、《范汪》同。

《扁鵲心書·附竇材灸法》 黄疸，眼目及遍身皆黄，小便赤色，乃冷物傷脾所致，灸左命關一百壯，忌服涼藥。若兼黑疸，乃房勞傷腎，再灸命關三百壯。

《扁鵲心書·黄疸》 暑月飲食冷物損傷脾腎，脾主土，故見黄色，又脾氣虛脫，濁氣停於中焦，不得升降，故眼目遍身皆黄，六脈沈細，宜服草神丹及金液、全眞、來復之類，重者灸食竇穴百壯，大忌寒涼。

治驗

一人偏身皆黄，小便赤色而澀，灸食竇穴五十壯，服薑附湯、全眞丹而愈。

黑疸，由於脾腎二經，縱酒貪色則傷腎，寒飲則傷脾，故兩目偏身皆黄黑

色，小便赤少，時時腸鳴，四肢困倦，飲食減少，六脈弦緊，乃成腎癆。急灸命關三百壯，服草神丹、延壽丹而愈，若服涼藥必死。

《聖濟總録·奇經八脈·治黃疸灸刺法》 寅門穴，從鼻頭直入髮際度取，通繩分爲三，斷繩，取一分入發際，當繩頭針是穴，治馬黃、黃疸等病。

上齶裏穴，正當人中及唇，針三鋥，治馬黃、黃疸等病。

上腭穴，入口里邊，在上縫赤白脈是，針三鋥，治馬黃黃疸四時等病。

舌下穴，俠舌兩邊針，治黃疸等病。

唇裏穴，正當承漿裏邊，逼齒齦，針三鋥，治馬黃、黃疸、寒暑溫疫等病。

顳顬穴，在眉眼尾中間，上下有來去絡脈是，針灸之，治四時傷暑傷寒所苦，疸氣溫病等。

俠人中穴，火針，治馬黃、黃疸通身并黃，語音已不轉者。

俠承漿穴，去承漿兩邊各一寸，治馬黃、急疫等病。

巨闕穴，在心下一寸，灸七壯，治馬黃、黃疸急疫等病。

上脘穴，在心下二寸，灸七壯，治馬黃、黃疸等病。

風府穴，在項後入髮際一寸，去上骨一寸，針之，治頭中百病，馬黃、黃疸等病。

熱府穴，在第二節下，兩傍相去各一寸五分，治馬黃、黃疸等病。

肺腧穴，從大椎數第三椎，兩傍相去各一寸五分，灸主黃疸，通治百毒病。

腳後跟穴，在白肉後際，針灸隨便，治馬黃、黃疸、寒暑諸毒等病。

耳中穴，在耳門孔上橫梁是，針灸之，治馬黃、黃疸、寒暑疫毒等病。

手太陽穴，手小指端，灸隨年壯，治黃疸。

臂石子頭穴，還取病人手自捉臂，從腕中太淵紋，向上一夫，接白肉際，灸七壯，治馬黃黃疸等病。

錢孔穴，度乳至臍中屈肋頭骨是，灸百壯，治黃疸。

太衝穴，針灸隨便，治馬黃、瘟疫等病。

魚際二穴，在手大指本節後內側散脈中，各灸三壯，主熱病惡寒舌上黃，頭痛汗不出。

又灸黃疸法，在臍兩傍各一寸半，各灸五壯，出《普濟針灸經》。

《針灸資生經·黃疸》 脾俞、胃管、太谿，主黃疸。然谷，主黃疸，一足寒一足熱，喜渴。太衝，主黃疸，熱中，喜渴。中封、五里，主身黃，時有微熱。脊中，主黃疸腹滿不能食。脾俞，主黃疸喜欠，不下食，脇下滿欲吐，身重不欲動。勞宮，主黃疸目黃。中管、大陵，主目黃振寒。脾俞，治黃疸。脾俞，療腰身黃脹滿，腹肚泄痢，身重，四支不收，黃疸邪氣積聚，腹痛寒熱。章門，療身黃羸瘦。寅門穴，治馬黃、黃疸。上齶裏穴，針三鋥，治馬黃、黃疸。上腭穴，針三鋥，治馬黃、黃疸四時等病。舌下穴，俠舌兩邊，針治黃疸。唇裏穴，針三鋥，治馬黃、黃疸，寒暑溫疫。顳顬穴，針灸治四時寒暑所苦，疸氣溫病。俠人中穴，火針，治馬黃、黃疸疫，通身并黃，語音已不轉者。俠承漿穴，治馬黃、急疫。巨闕，七壯，治馬黃、黃疸急疫等病。上管，灸七壯，治馬黃、黃疸。男陰縫穴，扳陰反向上灸，治馬黃、黃疸。風府，針之，治頭中百病，馬黃、黃疸。熱府，針灸治馬黃、黃疸。肺俞灸，主黃疸，通治百毒。心俞、肝俞、脾俞、腎俞、腳後跟，針灸治馬黃、黃疸，寒暑諸毒。耳中穴，灸治馬黃、黃疸，寒暑疫毒。頰裏穴，針，主治馬黃、黃疸，寒暑溫疫，頰兩邊同法。手太陽，灸隨年壯，治黃疸臂。石子頭穴，灸七壯，治馬黃、黃疸。錢孔穴，灸百壯，治黃疸。太衝穴，針灸治馬黃瘟疫。

《直指方·五疸·五疸證治》 針灸法：至陽一穴，在第七椎下，灸二七壯，治渾身發黃，穀疸、酒疸、黃汗、心中痛、女勞疸、發熱，脾俞二穴、胃俞二穴、膽俞、百勞一穴，中脘一穴，三里二穴。

《扁鵲神應針灸玉龍經·盤石金直刺秘傳》 黃疸四肢無力：中脘，灸。三里，瀉。

渾身發黃：至陽，灸。委中，出血。

《普濟方·針灸門·黃疸》 治黃疸，穴：脾俞、胃脘、太谿。

治黃疸一足寒，一足熱，喜渴，及舌縱煩滿，穴：然谷。

治黃疸熱中喜渴，穴：太衝。

治身黃，時有微熱，不嗜食，少氣，身體重，膝內廉內踝前痛，穴：中封、五里。

治黃疸腹滿不能食，穴：脊中。

治黃疸喜欠，不下食，脇下滿欲吐，身重不欲動，穴：脾俞。

治黃疸目黃，穴：勞宮。

治目黃振寒，穴：中脘、大陵。

治黃疸，穴：脾俞。

療腰身黃，脹滿，腹肚瀉痢身重，四肢不收，黃疸，邪氣積聚，腹痛寒熱，穴：脾俞。

療身黃羸瘦，穴：章門。

治馬黃、黃疸等病，穴：寅門穴。從鼻頭直入髮際度取，通繩分爲三，斷繩，取一分入髮際，當繩頭針是穴。

治馬黃、黃疸，上齗裏穴，正當人中及唇，針三鋥。

治馬黃、黃疸，四時等病，上腭穴，入口裏邊，在上縫赤白脈是，針三鋥。

治馬黃、黃疸，寒暑瘟疫，唇裏穴，正當承漿裏邊，逼齒齗，針三鋥。

治黃疸，舌下穴，俠舌兩邊針。

治馬黃、黃疸疫通身并黃，語音已不轉者，俠人中穴，火針。

治四時寒暑所苦，疸氣溫病，穴：顋顬，針灸。

治馬黃急疫，俠承漿穴。

治馬黃、黃疸急疫等病，穴：巨闕。灸穴七壯。

治馬黃、黃疸，穴：上脘，灸七壯。

治馬黃、黃疸，男陰縫穴，拔陰反向上灸，若女人玉門是穴，男女針灸無在。

治頭中百病，馬黃、黃疸，穴：風府，針灸之。

治馬黃、黃疸，熱府穴在第二節下兩傍，相去各一寸五分。

治馬黃、黃疸，寒暑諸毒，穴：心俞、肝俞、脾俞、腎俞、腳後跟穴，在白肉後際，針灸隨便。

治黃疸，通治百毒，穴：肺俞。灸。

治馬黃、黃疸寒暑疫毒，耳中穴，在耳門孔上橫梁是，針灸之。

治馬黃、黃疸，寒暑溫疫，頰裏穴，從口吻邊入往對頰裏去口一寸，針頰兩邊同法。

治馬黃、黃疸，臂石子頭穴。還取病人手自提臂從腕中太淵紋向上一尺接白肉際。灸七壯。

治黃疸，乳孔穴，度乳至臍中屈筋頭骨是，灸百壯。

治馬黃瘟疫，穴：太衝，針灸隨便。

治傷泡身黃，穴：章門。

治三十六黃確應用俞穴處，穴：肝俞、心俞、脾俞、肺俞、腎俞、膽俞、小腸俞、胃俞、大腸俞、膀胱俞、風門、百會，接脊一穴，在背當中心，天窗、明堂、神庭、風府、風池、玉枕、承漿、太陽、鳩尾、巨闕、上脘、中脘、下脘、胃脘、陰倍二穴，在胃兩傍各一寸半，章門、手太陽、手陽明、勞宮、三里、上廉、下廉、承山、絶骨、足陽明、太衝、伏兔、氣海、丹田、關元、曲骨、魂舍、玉泉。

治黃疸，穴：手太陽，灸隨年壯。

治黃疸，穴：魚際，灸七壯。

治疸善噦，氣走咽喉而不能言，手足清，大便難，嗌中腫痛，吐血，口中熱唾如膠，穴：太谿。

《普濟方・針灸門・雜病》 治小兒飲水不歇，面目黃者，灸陽剛各一壯。

《神應經・腫脹部》 紅疸：百會、曲池、合谷、三里、委中。

傷飽身黃：章門。

黃疸：百勞、腕骨、三里、湧泉、中脘、膏肓、大陵、勞宮、太谿、中封、然谷、太衝、復溜、脾俞。

《本草綱目・百病主治藥・黃疸》 百條根，同糯米飯搗，罨臍上，黃腫自小便出。牛脂，走精黃，面目俱黃，舌紫面裂，同豉煎，熱綿裹，烙舌上。

《楊敬齋針灸全書・黃腫》

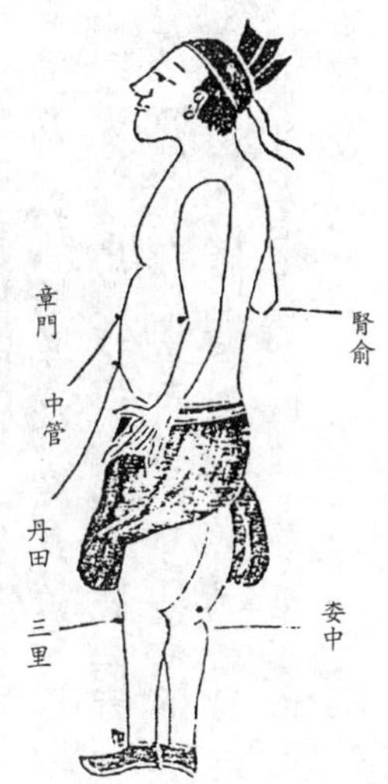

《針灸大成・腫脹門》 傷飽身黃：章門。

紅疸：百會、曲池、合谷、三里、委中。

黃疸：百勞、腕骨、三里、湧泉、中脘、膏肓、大陵、勞宮、太谿、中封、然谷、太衝、復溜、脾俞。

《針灸大成・治證總要》 第一百二十九：黃疸發虛浮：腕骨、百勞、三

里、湧泉、治渾身黃。中脘、膏肓、丹田、治色黃。陰陵泉。治酒黃。

《壽世保元·灸法·灸諸病法》 一論黃疸：病人脊骨自上數至下第十三椎下，兩旁各量一寸，灸三七壯，效。

《類經圖翼·針灸要覽·諸證灸法要穴》 黃疸：公孫。

《太乙神針心法·腫脹門》 消癉：針太谿。

傷飽身黃：針章門。

紅疸：針百會、曲池、合谷、三里、委中。

黃疸：針百勞、腕骨、三里、湧泉、中脘、膏肓、大陵、勞宮、太谿、中封、然谷、太衝、復溜、脾俞。

《羅遺編·針灸要穴論》 黃疸：公孫。

《針灸逢源·證治參詳·積聚門》 黃疸發浮：百勞、膏肓俞、腕骨、中脘、三里、陰陵泉。治酒疸。丹田。治色疸。

遍身面目俱黃，小便黃赤或不利：脾俞、然谷、湧泉。并以上各穴選用。

脾疸：口甘病。脾俞、陰陵泉。

膽疸：口苦病。膽俞、日月、陽陵泉。

《針灸全生·黃疸》 黃疸：百勞、三里、中脘、大陵、太谿、然谷、復溜、腕骨、湧泉、膏肓、勞宮、中封、太衝、脾腧。

黃疸身腫，汗出染衣：至陽、百勞、即大椎穴，脘骨、中脘、三里、公孫。

黃疸遍身：皮膚面目小便俱黃，公孫、脾俞、隱白、大椎、至陽、三里、腕骨。

穀疸：食畢則心眩，心中拂鬱，遍身發黃，公孫、胃俞、內庭、三里、陰骨、至陽、脘骨、湧泉。

酒疸：心中隱痛，面發赤班，身目俱黃，公孫、膽俞、至陽、委中、脘骨、陰陵泉。

女勞疸：身目俱黃，發熱惡寒，小便不利，公孫、關元、腎俞、至陽、然骨。

紅疸：百會、曲池、合谷、三里、委中。

傷飽身黃：章門。

傷寒發黃：脘骨、申脈、外關、湧泉。

《針灸便覽·中風》 黃疸：百勞、三里、中脘、太衝。

《神灸經綸·身部證治》 黃疸：公孫、至陽、脾俞、胃俞。

酒疸，目黃，面發赤斑：膽俞。

女勞疸：腎俞。

《傳悟靈濟録·黃疸》 黃疸：有濕傷，公孫。

《針灸集成·黃疸》 腎疸：風門，五壯，腎俞，年壯，少澤，一壯，三陰交，三壯至三十壯，合谷三壯。

黃疸：百勞，三七壯，下三里，中脘，針，神效。

酒疸：身目俱黃，心痛面赤斑，小便不利：公孫、膽俞、至陽、委中、腕骨，中脘、神門、小腸俞。

三十六黃疸方云：先灸脾俞，心俞，各三壯，次灸合谷，三壯，灸氣海，百壯，只針中脘穴，神效。

女勞疸：公孫、關元、腎俞、然谷、至陽，在七椎下俯而取之，三壯。

食疸：下三里，神門，間使，列缺，中脘針。

《針灸穴法》 面目皮膚俱黃，小便黃：脾俞二穴、隱白二穴、百勞二穴、至陽一穴、三里二穴、腕骨二穴。

頭眩，心中拂鬱，遍身黃：胃俞二穴、內庭二穴、至陽一穴、三里二穴、腕骨二穴、陰谷二穴。

酒疸面赤，目身俱黃，心中痛，小便赤黃：膽俞二穴、至陽一穴、委中二穴、腕骨二穴。

面目身黃，發熱惡寒，小便不利：關元一穴、腎俞二穴、然骨二穴、至陽一穴。內關二穴，陰維脈包絡之經，在掌後二寸，兩觔間陷中，令患人穩坐，仰手取之。主治二十五證。

《灸法秘傳·黃疸》 黃疸有五，曰陽黃、陰黃、酒疸、穀疸，及女勞疸。其病本皆不離乎濕也。應灸之穴有四，即上脘、肝俞、膽俞、脾俞是也。

《針灸摘要·衝脈》 黃疸，四肢俱腫，汗出染衣：至陽、百勞、腕骨、中脘、三里。

黃疸，遍身皮膚，面目，小便俱黃：脾俞、隱白、百勞、至陽、三里、腕骨。

穀疸，食畢則心眩，心中拂鬱，遍身發黃：胃俞、內庭、至陽、三里、腕骨、陰谷。

酒疸，身目俱黃，心中痛，面發赤斑，小便赤黃：膽俞、至陽、委中、腕骨。

女癆疸，身目俱黃，發熱惡寒，小便不利：關元、腎俞、至陽、然谷。

臌脹

《靈樞·四時氣》徒㽷，先取環谷下三寸，以鈹針針之，已刺而筩之，而內之，入而復之，以盡其㽷，必堅，來緩則煩悗，來急則安靜，間日一刺之，㽷盡乃止。

《靈樞·水脹》黄帝曰：膚脹鼓脹可刺邪？岐伯曰：先瀉其脹之血絡，後調其經，刺去其血絡也。

《太素·氣論·脹論》營氣循脈爲脈脹，衛氣幷脈循分爲膚脹。三里而瀉，近者一下，遠者三下，毋問虛實，工在疾瀉。以下謂營衛二氣爲脹。營氣循脈周於腹郭爲脹，名爲脈脹。衛氣在於脈外，傍脈循於分肉之間，聚氣排於分肉爲腫，稱爲膚脹。三里以爲脹之要穴，故不問虛實，皆須瀉之。其病日近者，可以針一瀉，其日遠者，可三瀉之。下者，脹消也。終須疾瀉，可不致疑矣。【略】黄帝問岐伯曰：《脹論》言曰：毋問虛實，工在疾瀉，近者一下，遠者三下。今有其三而不下，其過焉在？前言瀉虛補實，神去其室，今言無問虛實，工在疾瀉，其故何也？所謂初病未是大虛，復取三里，故工在疾瀉。若虛已成，又取餘穴，虛者不可也。今至三取不消，請言過之所由也。岐伯曰：此言陷於肉肓而中氣穴者也。肉肓者，皮下肉上之膜也，量與肌膚同類。氣穴，謂是發脹脈氣所發穴也。不中氣穴，則氣內閉；針其餘處，不中脹之氣穴，則脹不泄也。針不陷肓，則氣不行。不陷肓膜，則氣不行分肉間也。不越中肉，則衛氣相亂，陰陽相遂。其於脹也，當瀉不瀉，氣故不下，三而不下，必更其道，氣下乃止，不下復始，可以萬全，惡有殆者乎？針入其皮，起而不下其肉，則衛氣行而失次，陰陽之氣幷也。遂，幷也。由於當瀉不瀉，故三取不下也。必須更取餘穴，以行補瀉，以脹消爲工，故得萬全，必無危生之禍也。其於脹也，必審其診，當瀉則瀉，當補則補，如鼓之應桴，惡有不下者乎？言診審者，如鼓應桴，何有不當者也。【略】黄帝曰：膚脹、鼓脹可刺耶？岐伯曰：先刺其腹之血絡，後調其經，亦刺去其血脈。黄帝曰：善。腸覃、石瘕二病，皆婦人病也。水病刺而去之，腸覃、石瘕可以針刺導而下之，未知膚鼓二脹可刺已不？先瀉其血絡以去惡血，後調其經，亦去血絡也。

《太素·雜病·如蠱如妲病》男子如蠱，女子如妲，身體腰脊如解，不欲食，先取湧泉見血，視跗上盛者，盡見血。蠱音古。妲音但。女惑男爲病，男病名蠱；其狀狂妄，失其正理，不識是非，醉於所惑。男惑女爲病，女病爲妲，其狀痿黄羸瘦，醉於所惑。今有男子之病如蠱，女子之病如妲，可並取腎之井，可息相悅之疾也。問曰：喜怒憂思乃生於心，今以針灸療之，不亦迂乎？答曰：病有生於風寒暑濕，飲食男女，非心病者，可以針石湯藥去之。喜怒憂思傷神爲病者，先須以理，清神明性，去喜怒憂思，然後以針藥裨而助之，但用針藥者，不可□□又加身體骨脊解別不欲食者，先取足少陰於足下湧泉之輸去血，及循少陰於足跗上絡盛之處去血也。

《甲乙經·水膚脹鼓脹腸覃石瘕》膚脹鼓脹可刺耶？曰：先刺其腹之血絡，後調其經，亦刺去其血脈。曰：有病心腹滿，旦食則不能暮食，此爲何病？曰：此名爲鼓脹。治之以雞矢醴，一劑知，二劑已。曰：其時有復發者何也？曰：此食飲不節，故時有病也，雖然其病且已，因當風氣聚於腹也。

風水膚脹爲五十九刺，取皮膚之血者，盡取之。徒水，先取環谷下三寸，以排針刺之而藏之，引而內之，入而復出，以盡其水，必堅束之，束緩則煩悶，束急則安靜，間日一刺之，水盡乃止。飲則閉藥，方刺之時徒飲之，方飲無食，方食無飲，無食他食，百三十五日。水腫，人中盡滿，唇反者死，水溝主之。水腫，大臍平，灸臍中，無理腹臍無紋也。不治。水腫，水氣行皮中，陰交主之。水腫腹大，水脹，水氣行皮中，石門主之。石水，痛引脇下脹，頭眩痛，身盡熱，關元主之。振寒大腹石水，四滿主之。石水，刺氣衝。石水，章門及然谷主之。石水，天泉主之。腹中氣盛，腹脹逆，不得臥，陰陵泉主之。水中留飲，胸脇支滿，刺陷谷，出血，立已。水腫脹，皮腫，三里主之。胞中有大疝瘕積聚，與陰相引而痛，苦涌泄，上下出，補尺澤、太谿，手陽明寸口皆補之。

《千金翼方·針灸下·水病》鼓脹，灸中封二百壯。

《外臺秘要》卷二十《石水方》《集驗》療石水，痛引脇下脹，頭眩痛，身盡熱，灸法：灸關元。

又灸石水法：灸章門、然谷。

《扁鵲心書·膨脹》此病之源與水腫同，皆因脾氣虛衰而致，或因他病攻損胃氣，致難運化，而腫大如鼓也。病本易治，皆由方書多用利藥，病人又喜於速效，以致輕者變重，重者變危，甚致害人。黄帝正法：先灸命關百壯固住脾氣，灸至五十壯，便覺小便長，氣下降。再灸關元三百壯，以保腎氣，五日內便安。服金液丹、草神丹。減後止許吃白粥，或羊肉汁泡蒸餅食之，瘥後常服全眞丹、來復丹。凡臌脹脈弦緊易治，沉細難痊。

治驗

一人因飲冷酒吃生菜成泄瀉，服寒涼藥反傷脾氣，致腹脹。命灸關元三百壯，當日小便長，有下氣，又服保元丹半斤，十日即愈，再服全眞丹，永不發矣。

《**針灸資生經·鼓脹**》水分，治腹堅如鼓，水腫腹鳴，胃虛脹不嗜食，繞臍痛，衝胸不息。神闕、公孫，治腹虛脹如鼓。水分，治腹堅如鼓，《明下》云：療鼓脹。復溜，治腹中雷鳴，腹脹如鼓，四支腫十水病。章門，療身黃羸瘦，四支怠惰，腹脹如鼓，兩脇積氣如卵石。中封、四滿，主鼓脹。太白、公孫，主腹鼓脹，腹中氣大滿。三陰交、石門，主水脹，小腹皮敦敦然。甄權云：分水主鼓脹腸鳴。鼓脹，中封二百壯。奔豘冷氣，心間伏梁，狀如覆杯，冷結諸氣，針中管八分，留七呼，瀉五吸，疾出針，須灸，日二七壯，至四百止，忌房室。心腹諸病堅滿煩痛，憂思結氣，寒冷霍亂，心痛吐下，食不消，腸鳴泄痢，大倉、中管百壯。心下堅，積聚冷熱腹脹，上管百壯。

《**扁鵲神應針灸玉龍經·盤石金直刺秘傳**》水蠱四肢浮腫：支溝、瀉。水分、關元。

《**神應經·腫脹部**》鼓脹：復溜、公孫、中封、太白、水分。

《**針灸聚英·雜病**》鼓脹：氣脹、寒脹、脾虛中滿，針上脘、三里、章門、陰谷、關元、期門、行間、脾俞、懸鍾、承滿。

《**古今醫統大全·針灸直指·諸證針灸經穴**》鼓脹：上脘、三里、章門、期門、陰谷、關元、脾俞、承滿。宜刺。

《**楊敬齋針灸全書·蠱脹**》

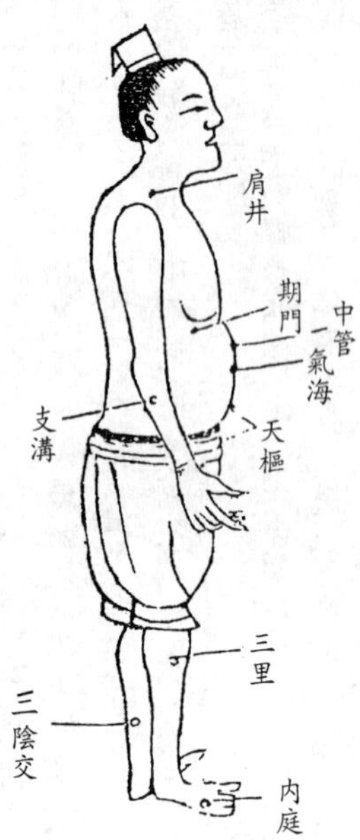

《**針灸大成·腫脹門**》腹脹脇滿：陰陵泉。

偏身腫滿，食不化：腎俞。百壯。

鼓脹：復溜、公孫、中封、太白、水分。

消癉：太谿。

《**針灸大成·續增治法·雜病**》鼓脹：氣脹、寒脹、脾虛中滿。針上脘、三里、章門、陰谷、關元、期門、行間、脾俞、懸鍾、承滿。

《**針灸大成·治證總要**》第六十三：單蠱脹：氣海、行間、三里、內庭、水分、食關。

第六十四：雙蠱脹：支溝、合谷、曲池、水分。

問曰：此證從何而得？答曰：皆因酒色過多，內傷臟腑，血氣不通，遂成蠱脹。飲食不化，痰積停滯，渾身浮腫生水。小便不利，血氣不行，則四肢浮腫，胃氣不足，酒色不節，則單蠱脹也。腎水俱敗，水火不相濟，故令雙蠱。此證本難療治，醫者當詳細推之：三里、三陰交、行間、內庭。

《**類經圖翼·針灸要覽·諸證灸法要穴**》鼓脹：水溝，三壯。水分，灸之大良。神闕，三壯，主水鼓甚妙。膈俞、肝俞、脾俞、三焦俞、腎俞、中脘、氣海，氣脹、水鼓、黃腫。陰交，水腫。石門，水腫，七壯。中極，水脹。曲骨，水腫。章門，石水。內關、陰市，水腫。陰陵泉，水腫。足三里、復溜、解谿，虛腫。中封、太衝、陷谷、水腫。然谷，石水。照海、公孫。已上諸穴擇宜用之。

血鼓：膈俞、脾俞、腎俞、間使、足三里、復溜、行間。

單腹脹：肝俞、脾俞、三焦俞、水分、公孫、大敦。

虛勞浮腫：太衝。

《**羅遺編·針灸要穴論**》鼓脹：大抵水腫，極禁針刺，水溝，三壯。水分，灸之大良。神闕，三壯，主水鼓甚妙。氣海，氣脹、水鼓、黃腫。陰交，水腫。石門，水腫七壯。中極，水脹。曲骨，水腫。章門，石水。陰市，水腫。陰陵泉，水腫。解谿，虛腫。陷谷，水腫。然谷，石水。已上諸穴，擇宜用之。

單腹腫：肝俞、脾俞、三焦俞、水分、公孫、大敦。

《**針灸逢源·證治參詳·腫脹門**》單腹脹：脾俞、水分、公孫、復溜、行間。

血鼓：脾俞、腎俞、足三里、復溜、行間。

《**針灸全生·腫脹**》鼓腫脹：復溜、公孫、太白、中封、水分。

單蠱脹：二證兼氣喘者合膻中、天突、俞府、氣海、行間、三里、內庭、水

分、食關。

雙蠱脹：支溝、合谷、曲池、水分、三里、行間、三陰交、內庭。

《針灸全生·血證》 鼓脹：水溝，三壯。水分，灸之大良。神闕，三壯，主水鼓甚妙。膈俞、肝俞、腎俞、胃俞、脾俞、氣海，氣脹、水鼓、黃腫。陰交，水腫。石門，水腫七壯。中極，水腫。曲骨，水腫。章門，石水。內關、陰市，水腫。陰陵泉、足三里、復溜、解谿，虛腫。中封、太衝、陷谷，水腫。然谷，石水。照海、公孫，以上諸穴宜擇用之。

血鼓：脾俞、膈俞、腎俞、間使、足三里、復溜、行間。

單腹脹：脾俞、肝俞、三焦俞、水分、公孫、大敦。

《針灸便覽·中風》 鼓脹：復溜、中封、公孫、太白。

鼓脹：復溜、公孫、太白、水分。

單蠱：氣海、行間、三里、內庭。

鼓脹：上脘、三里、章門、陰谷。

《神灸經綸·身部證治》 鼓脹灸治：太白、水分、氣海、足三里、天樞、中封。

又法：先灸中脘七壯，引胃中生發之氣上行陽道。

水腫：中脘、水分、水溝、合谷、足三里、神闕、氣海、膈俞、三陰交、石門、中極、曲骨、內關、陰市、陰陵泉、中封、太衝、照海、公孫。

虛腫：解谿、復溜、公孫。

石水：然谷、章門。

血鼓：膈俞、脾俞、腎俞、間使、足三里、復溜、行間。

單鼓脹：肝俞、脾俞、三焦俞、水分、公孫、大敦。

腫滿難步：太衝，亦治虛勞浮腫。飛陽。

脾虛腹脹：公孫、三里、內庭。

腹中氣脹：此證飲食反多，身形消瘦。脾俞、章門。

《傳悟靈濟録·臟脹水腫》 鼓脹水腫：切忌針刺。如臍高凸，腹有青筋，陰囊無縫或濕爛，背平如板，掌上無紋，五谷不消，肚光如鼓，痰多氣短，按之如石，彈之響，凡腫脹如見上諸證則危，慎勿灸之。水溝，三壯。水分、妙。神闕，灸水鼓，三壯。膈俞、肝俞、脾俞、胃俞、腎俞、氣海，灸氣鼓、水鼓、黃腫。中脘、陰交，水腫。石門，灸水腫。中極，水脹。曲骨，水腫。章門，石水。內關、陰市，水腫。陰陵泉，水腫。足三里、復溜、解溪，虛腫。中封、太衝、陷谷，水腫。然谷、照海、公孫。

血鼓：膈俞、脾俞、間使、復溜、行間、足三里。

單腹脹：肝俞、脾俞、三焦俞、水分、公孫、大敦。

虛勞浮腫：太衝。

《灸法秘傳·鼓脹》 倪氏論臌，有氣、血、蟲、水、單是也。論脹，有寒、熱、虛、實、濕、食、瘀、積、肝、腎是也。方家必分五臟若何，十脹若何。余謂臌脹在上，灸於上脘。在中，灸於中脘。在下，灸於下脘，或灸氣海。至若脹及兩脇者，灸於期門。脹及背腰者，灸於胃俞。脹至兩腿者，灸足三里。脹至兩足者，灸行間可也。

《針灸摘要·陰蹻脈》 單腹蠱脹，氣喘不息：膻中、氣海、水分、三里、行間、三陰交。

心腹脹大如盆：中脘、膻中、水分、三陰交。

氣血兩蠱：行間、關元、水分、公孫、氣海、臨泣。

《續名醫類案·腫脹》 三原民荀氏婦者，病蠱脹，諸醫束手，氣已絕矣，逾二鼓忽甦，家人驚喜，問之曰：適已出門，若將遠行者，途遇一老人云：吾已延孫思邈真人醫汝，速反也。及入門，見真人已先在，年可三十許，以連環針針心竅上，久之遂醒，不知身之已死也。視之，果有上下二孔，七日始合，又十一年而終，三原醫士王文之説。《池北偶談》。

積聚、癥瘕

《素問·長刺節論》 病在少腹有積，刺皮骺以下，至少腹而止，刺俠脊兩傍四椎間，刺兩髂髎季脇肋間，導腹中氣熱下已。〔王冰注〕少腹積謂寒熱之氣結積也，皮骺謂齊下同身寸之五寸橫約文，審刺而勿過深之。《刺禁論》曰：刺少腹中膀胱溺出，令人少腹滿，由此故不可深之矣。俠脊四椎之間，據經無俞，恐當云五椎間，五椎之下兩傍正心之俞，心應少腹，故當言椎間也。髂爲腰骨。髎，一爲髀字，形相近之誤也。髎謂居髎，腰側穴也。季脇肋間，當是刺季肋之間京門穴也。

《千金要方·肝臟·堅癥積聚》 癥瘕，灸內踝後宛宛中，隨年壯，又灸氣

海百壯。

久冷，及婦人癥瘕腸鳴泄痢，遶臍絞痛，灸天樞百壯，三報之，萬勿針，穴在俠臍兩邊各二寸。積聚堅滿，灸脾募百壯，穴在章門季肋端。心下堅，積聚冷脹，灸上管百壯，三報之，穴在巨闕下一寸許。積聚堅大如盤，冷脹，灸胃管二百壯，三報之，穴在巨闕下二寸。

治少腹堅大如盤，胸中脹，食不消，婦人瘦瘠者方：煖水服髮灰一方寸匕，日再服，并灸肋端。

又方：飲服上好麴末方寸匕，日三差，又灸三焦俞，隨年壯。

《千金翼方·針灸中·肝病》 治癥瘕法：少腹堅大如盤盂，胸腹中脹滿，飲食不消，婦人癥聚瘦瘠，灸三焦俞百壯，三報之，灸內踝後宛宛中，隨年壯。灸氣海百壯。久冷及婦人癥癖，腸鳴泄痢，繞臍絞痛，灸天樞百壯，三報之。勿針，臍兩傍各二寸。積聚堅滿痛，灸脾募百壯，章門是也。治瘕癖，患左灸左，患右灸右，第一屈肋頭近第二肋下即是灸處，第二肋頭近第三肋下向肉翅前亦是灸處，初日灸三，次日五，後七，周而復始，至十止，唯忌大蒜，餘不忌。又灸關元五十壯。又灸臍上四指，五十壯。

《外臺秘要》卷十二《癥癖痃氣灸法》 崔氏療癥癖閃癖方：令患人平坐，取蔴線一條繞項，向前垂線頭至鳩尾，橫截斷，即迴線向後當脊，取線窮頭，即點記，乃別橫度口吻，吻外截卻，即取度吻線中摺於脊骨點處中心，上下分之，各點小兩頭，通前合灸三處，其所灸處，日別灸七壯以上，十壯以下，滿十日即停，看患人食稍得味，即取線還度口吻，於脊中點處橫分灸之，其數一準前法，仍看脊節穴去線一二分，亦可就節穴下火，如相去遠者，不須就節穴，若患人未損，可停二十日外，還依前灸之，仍灸季肋頭二百壯，其灸季肋，早晚與灸脊上同時下火也。

又灸閃癖法：其癖有根，其根有著背者，有著膊上者，遣所患人平坐，熟看癖頭，仍將手從癖頭向上尋之，當有脈築築然，向上細細尋至膊上，至築築頭，當膊即下火，還與前壯數無別。王丞云：背上恐不得過多下火，只可細細，日別七炷以來。

又療癖左右相隨病灸法：第一屈肋頭近第二肋下，即是灸處，第二肋頭近第三肋下亦是灸處，左右各灸五十壯，一時使了。

又灸痃氣法：從乳下即數至第三肋下，共乳上下相當，稍似近內接軟骨外取穴孔，即是灸處，兩相俱灸。初下火，各灸三壯，明日四壯，每日加一壯，至七壯，還從三壯起，至三十日即罷。

右前兩種灸法若點時，拳腳枕枕即拳腳枕枕灸，若舒腳點時，還舒腳灸。並出第七卷中。

《醫心方·治積聚方》引《德貞常方》 灸第十三椎節下間相去三寸。又方：灸上管，穴在鳩尾下二寸。又方：灸胃管，穴在上管下一寸。又方：灸水分，穴在臍上一寸。

《醫心方·治痃癖方》引葛氏方 葛氏方：灸脾愈百壯，又方：灸手太陰隨年壯。又方：灸錢孔百壯。又方：灸胃管百壯。范汪方：灸臍上下兩邊各一寸半，二百壯。治黃疸，六十以上。僧深方：灸第七椎上下。主黃汗。又方：屈手大指灸節上理各七壯。又方：灸脊中椎七壯。經心方：灸兩手心各七壯。

《聖濟總録·治癥瘕灸法》 三焦俞二穴，在第十三椎下，兩邊各一寸半，主癥瘕。《甲乙經》云：足太陽脈氣所發，各灸七壯。癥瘕，灸內踝後宛宛中，隨年壯。又灸氣海百壯。久冷及婦人癥瘕，腸鳴泄痢，繞臍疞痛，灸天樞百壯，三報之，勿針，穴在俠臍兩邊各二寸。積聚堅滿，灸脾募百壯，穴在章門季肋端。心下堅，積聚冷脹，灸上脘百壯，三報之，穴在巨闕下一寸。

胸滿腹脹，積聚痞痛，灸肝俞百壯，三報。

積聚堅大如盤，冷脹，灸胃脘二百壯，三報之，穴在巨闕下二寸。

中極，主少腹積聚如石，小腹滿。

藏府積聚脹滿，羸瘦不能飲食，灸三焦俞，隨年壯。

《針灸資生經·痃癖》 鬲俞，療痃癖，氣塊鬲痛。小兒癖，灸兩乳下一寸，各三壯。三陰交，治痃癖腹寒，膝股內痛，氣逆，小便不利。鬲俞，治熱病，汗不出，腹中積癖，默默嗜卧，四支怠惰，不欲動，身常濕，不能食，食則心痛周痺，身皆痛。脾俞，治痃癖積聚。中脘，治寒癖結氣。下脘，治癖塊，《明》云：療腹堅硬癖塊，脈厥厥動。不容，治腹滿痃癖，不嗜食，腹虛鳴嘔吐，胸背相引痛，喘咳口乾，痰癖脇下痛重肋疝瘕。漏谷，治痃癖冷氣，心腹脹滿，食飲不爲肌膚。三里、太谿，治痃癖。府舍，治疝癖，灸小腸氣，痃癖氣，發時腹痛若刀刺不可忍者，并婦女本藏氣血癖，走疰刺痛。

《針灸資生經·癥癖》 癥瘕，灸內踝後宛宛中，隨年壯，氣海百壯。久冷

及婦人癥瘕，腸鳴泄痢，繞臍絞痛，天樞百壯，三報之，勿針。地機，主溏瘕。陰陵泉、太谿、太陰郄，主疝瘕。不容、中極，治疝瘕。關元，治婦人瘕聚。膀胱俞，治女子瘕聚，腳膝無力。曲泉，治女子血瘕，按之如湯沃股內。小腹堅大如盤，胸腹脹滿，飲食不消，婦人瘕聚瘦瘠，三焦俞百壯，三報，內踝後宛宛中，隨年壯，又氣海百壯。久冷及婦人癥癖，腸鳴泄痢，繞臍絞痛，天樞百壯，三報勿針。治瘕癖，患左灸左，患右灸右。第一屈肋頭近第二肋下是灸處，第二肋頭近第三肋頭下向肉翅前，亦是灸處，初日灸三，次日五，後七，周而復始，至十止，唯忌大蒜。又關元五十壯，臍上四指五十壯，積聚堅滿痛，章門一百壯。

《針灸資生經・積聚》 衝門，主腹中積聚疼痛。鬲俞、陰谷，主積聚。上管，主心下堅，積聚冷脹。懸樞，主腹中積上下行。高曲，主腹中積聚。太陰郄，主腹滿積聚。膀胱俞，主堅結積聚。積聚堅滿，灸脾募百壯，穴在章門季肋端。心下堅，積聚冷脹，灸上管百壯，三報之。積聚堅大如盤，冷脹，灸胃管二百壯，三報之。衝門、府舍，治腹滿積聚。鬲俞、陰谷，主積聚。

懸樞，治積聚上下行，水穀不化，下利，腹中留積，《明下》云：積氣上下行，腹中盡痛。脾俞，治積聚。商曲，治腹中積聚，腸中切痛，不嗜食。四滿，治臍下積聚，疝瘕，腸澼切痛，振寒，大腹有水。通谷，治結積留飲。章門，療積聚氣。中極，療冷氣積聚，時上衝心，饑不能食。脾俞，治積聚。中管，主積聚。積聚灸肺俞，或三焦俞。脾俞，療黃疸積聚。藏府積聚，灸三焦俞。心腹積聚，灸肝俞。期門，主喘逆，臥不安席，咳，脅下積聚。

《針灸資生經・積氣》 梁門，治脅下積氣，食飲不思，大腸滑泄，穀不化。解谿、懸樞治積氣上下行。關門，治積氣腸鳴卒痛，泄痢，不欲食，腹中氣游走，夾臍急。氣海，治氣結成塊，狀如覆杯。陰交，療氣痛如刀攪，作塊如覆杯。章門，療積聚氣。膻中，岐伯云：療積氣成噎。三里、不容，療積氣。章門，療積氣如石。梁門，主脅下積氣。

《針經摘英集・治病直刺訣》 治痃癖，小腸膀胱腎餘疝氣等疾，刺任脈氣海一穴。次針五樞二穴，在氣海兩傍相去各三寸三分，一併三穴，燔針刺五分，可灸百壯，即止。次以毫針刺足陽明經三里二穴，足太陰經三陰交二穴。

《世醫得效方・癥瘕》 灸法：灸內踝後宛宛中，隨年壯。又灸氣海百壯，其穴在臍下一寸五分。久冷及婦人癥瘕，腸鳴泄痢，遶臍絞痛，灸天樞百壯，其穴在臍傍二寸，勿針。積聚堅大如盤，冷脹，灸胃管二百壯，其穴在上管下一寸。

《普濟方・針灸門・少氣》 治結聚留飲，穴：通谷。

治結氣囊裹，針藥所不及，穴：肓募，灸隨年壯。

《普濟方・針灸門・積聚》 治心下堅，積聚冷脹，穴：上脘。一云灸百壯，三報之。

治腹中積聚上下行，穴：懸樞。

治腹中積聚，穴：商曲。

治腹滿積聚，穴：陰郄。

治堅結積聚，穴：膀胱俞。

治積聚堅滿，穴：脾募。灸百壯。

治腹中積聚疼痛，穴：衝門。

治積聚堅大如盤，冷脹，穴：胃脘。灸二百壯，三報之。

治腹滿積聚，穴：衝門、府舍。

治積聚，上下不行，水穀不化，下利，腹中留積，腹中盡痛，穴：懸樞。

治積聚，穴：脾俞。

治腹中積聚，腸中切痛，不嗜食，穴：商曲。

治臍下積聚，疝瘕，腸澼切痛，振寒，大腸有水，穴：四滿。

治結積留飲，穴：通谷。

治積聚氣，穴：章門。

治冷氣積聚，時上衝心，饑不能食，穴：中極。

治積聚，穴：中管。

治積聚，穴：灸肺俞，或三焦俞。

治黃疸積聚，穴：脾俞。

治臟腑積聚，脹滿，羸瘦不能食，灸三焦俞。

治心腹積聚，灸肝俞。

治喘逆，臥不安席，咳逆，脅下積聚，穴：期門。

《普濟方・針灸門・積氣》 治積氣上下行，穴：解谿、懸樞。

治積氣腸鳴，卒痛泄痢，不欲食，腹中氣遊走，夾臍急，穴：幽門。

治氣結成塊，狀如覆杯，穴：氣海。

治氣痛如刀攪，作塊如覆杯，穴：陰交。

治積氣成噎，穴：膻中。

治積氣，穴：三里、不容。

治積氣如石，穴：章門。

治胸中積氣，穴：梁門。

治五臟積聚氣，穴：中脘，灸一七壯。結氣囊裏，針藥所不及，灸肓募，隨年壯。下氣，灸肺俞百壯，又灸太衝五十壯。凡臍下疞痛流入陰中，發作無時，此冷氣也，灸關元百壯，又鹽灸臍孔中二七壯。

《普濟方·針灸門·痃癖》 治痃癖，腹寒，膝股內痛逆，小便不利，穴：三陰交。

治痃癖積聚，穴：脾俞。

治寒癖結氣，穴：中脘。

治癖塊腹堅硬，及脈厥厥動，穴：下脘。

治腹滿，痃癖，不嗜食，腹虛鳴，嘔吐，胸背相引痛，喘咳，口乾，痰癖，脇下痛，重肋疝瘕，穴：不容。

治痃癖冷氣，心腹脹滿，食飲不爲肌膚，穴：漏谷。

治痃癖，穴：大谿、三里。

治癖聚，穴：灸氣海，灸天樞各百壯。

治痃癖，小腸，膀胱，腎俞。疝氣等疾，刺任脈氣海一穴，次針五樞二穴，在氣海兩旁相去各三寸三分，一併三穴。燔針刺五分，可灸百壯即止。次以毫針刺足陽明經三里二穴，足太陰經三陰交二穴。

治痃氣，從乳下即數至第三肋下，共乳上下相當，稍似近內接腰骨外取穴即是灸處，兩處俱灸，初下火，各灸三壯，明日四壯，每日加一壯，至七壯，還從三壯起，至三十日即罷。以上兩種灸法，若點穴時拳腳，則灸時亦拳腳，點時舒腳，則灸時亦舒腳。

治瘕聚，穴：關元。

《普濟方·針灸門·癥癖》 治癥癖，穴：內踝後宛中，隨年壯，氣海百壯。

治久冷，及婦人癥瘕，腸鳴泄痢，繞臍絞痛，穴：天樞，灸百壯，三報之，勿針。

治溏瘕，穴：地機。

治疝瘕，穴：陰陵泉、太谿、陰郄。

治疝瘕，穴：不容、中極。

治小腹堅大如盤，胸腹脹滿，飲食不消，婦人瘕聚瘦瘠，三焦俞，灸百壯，內踝後宛宛中，隨年壯，氣海百壯。

治瘕癖左右相隨，患左灸左，患右灸右，第一屈肋頭，近第二肋下是灸處，第二肋頭近第三肋頭下，向肉翅前，亦是灸處，初日灸三壯，次日五壯，後七壯至十壯止，周而復始，忌大蒜。又關元五十壯，臍下四指五十壯。

治積聚堅滿痛，穴：章門，灸百壯。

治癥，穴：三焦俞。

治結積留飲，癖囊，胸滿，飲食不消，穴：通谷，灸五十壯。

治癥癖悶癖，令患人平坐，取麻線一條，繞項，向前垂線頭至鳩尾，橫截斷，即迴線向後當脊，取線盡頭，即點記，又別橫度口吻外截卻，即取度吻線中摺，於脊骨點處中心，上下分之，各點小兩頭，通前合灸三處，其所灸處，日別灸至七壯以上，十壯以下，滿十日即停。看患人食稍得味，即去線一二分亦可。若患人未去，可停二十日外，還依前灸之，仍灸季肋頭二百壯，其灸季肋之早晚，與灸脊上同時下火也。

治悶癖，其癖有根，其根有著背者，有著膊上者。遣所患人平坐，熟看癖頭，仍將手從癖頭向上按之，當有脈築築然，向上細細尋至膊上，至築築頭，當膊下，即下火，還與前壯數無別。王丞云：背上恐不得過多下火，只可細細，日別七炷。

《神應經·諸般積聚部》 氣塊冷氣一切氣疾：氣海。

心下如杯：中脘、百會。

結氣上喘及伏梁氣：中脘。

脇下積氣：期門。

血結如杯：關元。

諸積：三里、陰谷、解谿、通谷、上脘、肺俞、膈俞、脾俞、三焦俞。

腹中氣塊：塊頭上一穴，針二寸半，灸二七壯；塊中一穴，針一二寸，灸三七壯；塊尾一穴，針三寸半，灸七壯。

《神應經·陰疝小便部》 痃癖：太谿、三里、陰陵、曲泉、脾俞、三陰交。

痃癖、膀胱、小腸：燔針刺五樞，氣海、三里、三陰交、氣門。百壯。

《針灸聚英・雜病歌》 諸積聚

氣塊冷氣一切氣，氣海針灸病可愈，心氣連脇里大陵，支溝上脘兼百會，結氣上喘及伏梁，中脘治之病自愈。更有心下如杯形，須治中脘及百會。脇下積氣治期門，章期中脘療賁豚，氣海百壯不可少，巨闕五穴通前論。氣逆商丘與尺澤，三陰交兮與太白。喘逆神門足臨泣，陰陵崑崙不可失。太衝神門二穴中，噫氣下逆病可攻。支溝前谷攻欬逆，大陵曲泉三里同，陷谷前谷行間穴，臨泣肺俞十穴通。患者欬逆無所出，三里取之爲第一，後取太白與太淵，魚際太淵不可失，竅陰之穴及肝俞，通前七穴斯爲畢。欬逆振寒治少商，更兼天突灸三壯，灸病欬兮少商穴，天柱三壯病即康。厥氣衝腹及解谿，天突通前二穴宜。短氣大陵尺澤上，少氣間使神門醫，大陵少衝三里穴，下廉行間兼肺俞，然谷至陰與氣海，十一穴治病自除。欠氣通里及內庭，諸積三里治之寧，陰谷解谿通谷穴，上脘肺俞膈俞應，脾俞三焦俞上治，九穴治之命不傾。腹中氣塊穴頭針，二寸半兮二七焚，塊中一穴針三寸，灸之二七塊猶存，塊尾一穴針三寸，灸至七壯塊漸分。胸中膨脹氣又喘，合谷期門乳根善。

《古今醫統大全・針灸直指・諸證針灸經穴》 癥瘕：氣海、內踝腕腕中、俱可灸。女人灸天樞二穴，積聚灸胃脘。五壯。

《針灸大成・諸般積聚門》 氣塊冷氣，一切氣疾：氣海。

心氣痛連脇：百會、上脘、支溝、大陵、三里。

結氣上喘，及伏梁氣：中脘。

心下如杯：中脘、百會。

脇下積氣：期門。

賁豚氣：章門、期門、中脘、巨闕、氣海。百壯。

氣逆：尺澤、商丘、太白、三陰交。

喘逆：神門、陰陵、崑崙、足臨泣。

噫氣上逆：太淵、神門。

厥氣衝腹：解谿、天突。

短氣：大陵、尺澤。

少氣：間使、神門、大陵、少衝、三里、下廉、行間、然谷、至陰、肺俞、氣海。

欠氣：通里、內庭。

諸積：三里、陰谷、解谿、通谷、上脘、肺俞、膈俞、脾俞、三焦俞。

腹中氣塊：塊頭上一穴，針二寸半，灸二七壯。塊中穴，針三寸灸三七壯。塊尾一穴，針三寸半，灸七壯。

《針灸大成・治證總要》 第一百三十：肚中氣塊、痞塊、積塊：三里、塊中、塊尾。

《壽世保元・灸法・灸諸病法》 一論蟲病及痞塊：中脘一穴，或兩分三寸。石關二穴。分水一穴。左右章門穴。再用綿比患人五手指之長，作朝圓貢，以銅錢調下背，至此錢所止脊骨處。

一論痞積妙法：以雙線繫開元舊錢一個，懸於頸上適中處所，錢胸前直垂而下，孔對臍爲卒，卻將項上之錢懸於喉上，向背後垂下，至錢孔對臍而止，用墨點孔之中，再錢之兩邊點處各灸一火，至十餘壯，更服他藥，痞積即消，其效甚速。

一論腹中有積，及大便閉結，心腹諸痛，或腸鳴泄瀉，以巴豆肉搗爲餅，填臍中灸三壯，可至百壯，以效爲度。

《類經圖翼・針灸要覽・諸證灸法要穴》久痞：灸背脊中命門穴兩旁各四指許是穴，痞在左灸右，在右灸左。

一法曰：凡治痞者，須治痞根，無不獲效。其法於十三椎下，當脊中點墨爲記，墨之兩旁各開三寸半，以指揣摸，自有動處，即點穴灸之，大約穴與臍平，多灸左邊，或左右俱灸，此痞根也。或患左灸右，患右灸左亦效。

上脘、中脘、幽門、通谷、結積留飲。梁門、天樞、期門、百壯，治積氣上奔甚急欲絕。章門、一切積聚痞塊。氣海、百壯，治一切氣塊。關元、百壯，治奔豚氣逆，痛不可忍。脾俞、三焦俞。

右穴皆灸積塊，可按證選用。

肺積：名息奔，在右脇下。尺澤、章門、足三里。

心積：名伏梁，起臍上，上至心下。神門、後谿、巨闕、足三里。

肝積：名肥氣，在左脇下。肝俞、七壯。章門、三七壯。行間。七壯。

脾積：名痞氣，橫在臍上二寸。脾俞、胃俞、腎俞、通谷、章門、二七壯。足三里。上俱七壯。

腎積：名奔豚，生臍下，或上下無時。腎俞、關元、瘕癖。中極，臍下積聚

疼痛。湧泉，四五壯，不可太過，炷如麥粒。

氣塊：脾俞、胃俞、腎俞、梁門、疼痛。天樞。

長桑君針積塊癥瘕，先於塊上針之，甚者又於塊首一針，塊尾一針，針訖灸之，立應。

《景岳全書・雜證謨・積聚》 一、凡堅鞕之積，必在腸胃之外，募原之間，原非藥力所能猝至，宜用阿魏膏、琥珀膏，或水紅花膏，三聖膏之類以攻其外，再用長桑君針法以攻其內。然此堅頑之積，非用火攻，終難消散，故莫妙於灸。余在燕都，嘗治愈痞塊在左脇者數人，則皆以灸法收功也。

一、積久成疳，及其經絡壅滯，致動肝脾陽明之火，故爲頰腫、口糜、牙齦臭爛之證。此其在外當用膏藥、艾火以破堅頑，在內當用蘆薈等丸以清疳熱。【略】

長桑君針積塊癥瘕法：先於塊上針之，甚者，又於塊首一針，塊尾一針，訖，以艾灸之，立應。

一法曰：凡灸痞者，須灸痞根，無有不效。其法在脊背十三椎下，當脊中點墨記之，此非灸穴，卻於墨之兩旁各開三寸半，以指揣摸，覺微有動脈，即點穴灸之，大約穴與臍平。多灸左邊，或左右俱灸，此即痞根也。或患左灸右，患右灸左，亦效。

一、灸穴法：中脘、期門、章門、脾俞、三焦俞、通谷，此諸痞所宜灸者。

積痞在上者，宜灸：上脘、中脘、期門、章門之類。積塊在下者，宜灸：天樞、章門、腎俞、氣海、關元、中極、水道之類。凡灸之法，宜先上而後下，臍腹之壯用宜稍大，皆先灸七壯，或十四壯，以後漸次增加，愈多愈妙。以上諸穴皆能治痞，宜擇而用之。然猶有不可按穴者，如痞之最堅處，或頭、或尾、或突、或動處，但察其脈絡所由者，皆當按其處而通灸之，火力所到，則其堅聚之氣自然以漸解散，有神化之妙也。第灸痞之法，非一次便能必效，務須或彼或此，擇其要者，至再至三，連次陸續灸之，無有不愈者。

《病機沙篆・癥瘕積聚痞癖痃疝》 針灸法：食積，血瘕痛：胃俞、氣海、行間，三穴。

小兒痞脹久不愈：灸中脘、章門各七壯，臍後脊中七壯。

痞塊悶痛：大陵、中脘、三陰交，六穴。

脾積氣塊痛：脾俞、天樞、中脘、氣海、三里，五穴。

腹中有積作痛，大便閉：灸神闕，用巴豆肉爲餅，塡入臍中，灸三壯五壯，一穴。

《醫宗金鑒・刺灸心法要訣・灸痞根穴歌》 十二椎下痞根穴，各開三寸零五分，二穴，左右，灸七壯，難消痞塊可除根。

〔吳謙等注〕痞塊灸痞根穴，其穴在脊之十二椎下，旁開三寸半，痞塊多在左，則灸左，在右則灸右，如左右俱有，左右俱灸之。

《太乙神針心法・積滯脹痛門》 氣塊冷氣，一切氣疾：針氣海。

結氣上喘及伏梁氣：針中脘。

心氣痛連脇：針百會、上脘、支溝、大陵、三里。

心下如杯：針中脘、百會。

賁豚氣：針章門、期門、中脘、巨闕、氣海。

噫氣上逆：針太淵、神門。

氣逆：針尺澤、商丘、太白、三陰交。

喘逆：針神門、陰陵、崑崙、足臨泣。

咳逆：針支溝、泉谷、大陵、曲泉、手三里、陷谷、然谷、行間、肺俞、足臨泣。

厥氣衝腹：針天突、解谿。

腹中氣塊：用梅花針法。

短氣：針大陵、尺澤。

少氣：針間使、神門、大陵、少衝、三里、下廉、行間、然谷、至陰、肺俞、氣海。

《羅遺編・針灸要穴論》 積聚痞塊：久痞，灸背脊中命門穴兩旁各四指許是穴，痞在左灸右，在右灸左。

按：奇俞類，專治痞塊，痞塊穴，即此穴也，但此穴多開一寸耳，此治痞之根也。

中脘、上脘、幽門、通谷、結積留飲。梁門、天樞、期門、百壯，治積氣上奔，甚急欲絶。章門、一切積聚痞塊。氣海、百壯，治一切氣塊。關元、百壯，治奔豚氣逆不可忍。脾俞、三焦俞，右穴皆灸積塊，可按證選用。

肺積：名息奔，在右脇下，尺澤、章門、足三里。

心積：名伏梁，在臍上，上至心下，神門、後谿、巨闕、足三里。

脾積：名痞氣，橫在臍上二寸，脾俞、胃俞、腎俞、通谷、章門，二七壯。足三里，上俱七壯。

肝積：名肥氣，在左脇下，肝俞、章門、行間。上俱七壯。

腎積：名奔豚，生臍下，或上下無時，腎俞、關元，瘕癖。中極，臍下積聚疼痛。湧泉。四五壯，不可太過，炷如麥粒。

氣塊：脾俞、胃俞、腎俞、梁門，疼痛。天樞。

長桑君針積塊瘕聚，先於塊上針之，甚者又於塊首、塊尾一針，針訖，灸之立應。

《針灸逢源·證治參詳·小兒門》　癖氣久不消：章門三壯。臍後脊中。即命門灸三壯，治癖母神教。

《針灸逢源·證治參詳·積聚門》　脇下積氣：期門、章門、尺澤、治肺積。行間。治肝積。

伏梁：環臍而痛。中脘。

賁豚氣：從少腹起氣上衝胸腹痛。腎俞、章門、氣海、關元、中極。

痞塊：氣壅塞爲痞，凡人飲食無節，以致陽明胃氣一有所逆，則陰寒之氣得以乘之，而脾不及化，則胃絡所出之道以漸留滯，結成痞塊，必在腸胃之外，膈膜之間，故宜用灸以拔其結絡之根。上脘、中脘、通谷、期門，灸積塊在上者。腎俞、天樞、章門、氣海、關元、中極，灸積塊在下者。脾俞、梁門，灸諸痞塊。

凡灸宜先上而後下，皆先灸七壯或十四壯，以後漸次增加，多灸爲妙，以上諸穴擇宜用之。然有不可按穴者，如痞之最堅處，或頭或尾，或突或動處，但察其脈絡所由者，皆當灸之，火力所到，則其堅聚之氣自然以漸解散。第灸痞之法非一次便能必效，須擇其要處，至再至三連次陸續灸之，無有不愈者。

《針灸全生·心胸脇腹》　心下如林：係積聚。中脘、百會。心恍惚：天井、巨闕、心俞。

小腹有積：厥陰俞、期門、章門、居髎、京門、三里。

《針灸全生·諸積癥瘕痞塊》　三里、通谷、陰谷、解谿、膈俞、肺俞、上脘、三焦俞、脾俞。

食積血瘕：內關、胃俞、行間、氣海。

食癥不散，人漸羸瘦：內關、脘骨、脾俞、胃俞，公孫。

五積痞塊：內關、膈俞、肝俞、大敦、氣海、照海。

痞塊不散：內關、大陵、中脘、三陰交。

胸膈痞結：列缺、湧泉、少商、膻中、內關。

灸痞妙法：章門，多灸。痞根。穴在十三椎下去中行三寸半左右，灸七七壯。

腹中氣塊：塊頭針二寸半，灸二七壯，塊中針一二寸，灸三七壯，塊尾針三寸半，灸七壯。

《針灸全生·血證》　積聚痞塊：上脘、中脘、幽門、通谷、結積留飲。梁門、天樞、期門、百壯，治積氣上奔甚急欲死者。章門、一切積聚痞塊。氣海、百壯，治一切氣塊。關元、百壯，治奔豚氣逆，痛不可忍。脾俞、三焦俞、上穴皆可按證選用。

又宜灸痞根穴，穴在十三椎下旁開三寸半，以指揣摸自有動脈是穴，大約穴與臍平，左邊多灸，或患左灸右，患右灸左。

肺積：名息奔，在右脇下，尺澤、章門、足三里。

心積：名伏梁，起臍上，上至心下，神門、後谿、巨闕、足三里。

肝積：名肥氣，在左脇下，肝俞、七壯。章門、三七壯。行間。七壯。

脾積：名痞氣，橫在臍上二寸，脾俞、胃俞、腎俞、通谷、章門，二七壯。足三里。上俱七壯。

腎積：名奔豚，生臍下，或上下無時，腎俞、關元，瘕癖。中極，臍下積聚疼痛。湧泉，不可太過，四壯止，炷如麥。

氣塊：脾俞、胃俞、腎俞、梁門，疼痛。天樞。

《針灸全生·二陰病》　癥瘕：三焦俞、腎俞、中極、會陰、子宮子戶，左子宮、右子戶，在關元旁各開二寸，再開一寸爲氣門穴。

《針灸便覽·中風》　癥瘕痞塊：三里、陰谷、上脘、脾俞。

積塊：內關、大陵、中脘、三陰交。

痃癖：太谿、陰陵、三里、曲泉。

《神灸經綸·身部證治》　積聚痞塊

久痞：中脘、章門、三焦俞、三陰交、內庭、幽門、上脘、脾俞、氣海。

凡治痞者須治痞根，無不獲效。其法於十二椎下當脊中點墨爲記，墨之兩旁各開三寸半，以手揣摸自有動處即點墨灸之，大約穴與臍平，多灸左邊，或左右俱灸，此痞根也，或患左灸右，患右灸左，亦效。

結積留飲：通谷、上脘、中脘。

積氣上奔，急迫欲絶：期門、天樞、梁門。

奔豚氣逆，痛不可忍：關元。

肺積：名息奔，在右脇下。尺澤、章門、足三里。

心積：名伏梁，起臍上，上至心下。後谿、神門、巨闕、足三里。

肝積：名肥氣，在左脇下。肝俞、章門、行間。

脾積：名痞氣，横在臍上二寸。脾俞、胃俞、腎俞、通谷、章門、足三里。

腎積：名奔豚，生臍下或上下無時。腎俞、關元、瘕癖，中極、臍下積聚疼痛，湧泉。

氣塊：脾俞、胃俞、腎俞、梁門、天樞、氣海。

長桑君針積塊癥瘕，先於塊上針之，甚者又於塊首一針，塊尾一針，針訖，灸之效。

痞塊悶痛：大陵、中脘、三陰交。

食積血瘕：胃俞、氣海、行間。

《傳悟靈濟録·積聚痞塊》積聚痞塊：上脘、中脘、幽門、通谷、灸積聚留飲。梁門、天樞、期門、積氣上奔，甚急欲絶，灸百壯。章門、一切積聚痞塊。氣海、一切氣塊。關元、奔豚氣逆，痛不可忍。脾俞、三焦俞。右穴皆灸積塊，按證選用之。

肺積：名息奔，在右脇下，尺澤、章門、足三里。

心積：名伏梁，起臍上，至心下，神門、後谿、巨闕、足三里。

肝積：名肥氣，在左脇下，肝俞、七壯。章門、行間。

脾積：名痞氣，横在臍上二寸，脾俞、胃俞、腎俞、通谷、章門、足三里。

腎積：名奔豚，在臍下，或上或下無定。腎俞、關元、癥瘕。中極、臍下積聚疼痛。湧泉。灸四五壯，不可太多，過灸，艾炷如小麥粒。

氣塊：脾俞、胃俞、腎俞、梁門、天樞。

長桑君針一切積塊癥瘕，先於塊上針之，甚者又於塊頭、塊尾針之，針訖，灸之立愈。

《針灸集成·積聚》痰積成塊：肺俞、百壯。期門、百壯。

小腹積聚，腰脊周痺，咳嗽，大便難：腎俞、以年壯，肺俞、大腸俞、肝俞、太衝、各七壯，中泉、獨陰、曲池。

腹中積聚，氣行上下：中極、百壯，懸樞、三壯，在第十三椎節下間，伏而取之。

又方：痛氣隨往隨針，付缸灸，必以三稜針。缸灸之法在腹部。

痞塊：專治痞根穴，在十二椎下兩傍各三寸半，多灸左邊。若左右俱有塊，并灸左右。

又方：塊頭上一穴針入二寸半，灸二七壯。塊中一穴針入一二寸，灸三七壯，塊尾一穴針入三寸半，灸七壯。

臍下結塊如盆：關元間使各三十壯，太衝、太谿、三陰交各三壯，腎俞，以年壯，獨陰，五壯。

奔豚氣：小腹痛也。氣海、百壯，期門、三壯，獨陰、五壯，章門、百壯，腎俞、年壯，太衝、太谿、三陰交、甲根、各三壯。

伏梁及奔豚積聚：章門、脾俞、三焦俞、中脘、獨陰、太衝。

《針灸穴法》心中悶痛，痞塊不散：大陵二穴、中腕一穴、三陰交二穴。

食瘕不散，人漸羸瘦：腕骨二穴、脾俞二穴、公孫二穴。

食積氣血瘕，腹中隱痛：胃俞二穴、行間二穴、氣海一穴。

氣塊血瘕：膈俞二穴、肝俞二穴、大敦二穴、照海二穴。

《灸法秘傳·癥瘕》癥有七，蛟、蛇、鱉、虱、肉、米、髮也。瘕有八，青、黄、燥、血、脂、狐、蛇、鱉也。其實癥者，徵也，有塊可徵。瘕者，假也，假物成形，總之不外乎氣血交滯。倘因氣滯而成者，灸氣海。因血凝而致者，灸天樞可耳。

《灸法秘傳·痃癖》痃者，弦也，有若弓弦，腹有一條扛起，現於肌肉之外。癖者，僻也，隱僻於膂脊腸胃之後。皆宜灸下脘，或灸足三里。

《灸法秘傳·伏梁》伏梁者，心積也。起於臍上，大如臂，上至心下，久則令人煩心。當灸上脘，或灸中脘可安。

《針灸摘要·陰維脈》痞塊不散，心中悶痛：大陵、中脘、三陰交。

食癥不散，人漸羸瘦：腕骨、脾俞、公孫。

食積血癥瘕，腹中隱痛：胃俞、行間、氣海。

五積氣塊，血積血癖：膈俞、肝俞、大敦、照海。

《針灸摘要·帶脈》脇下肝積，氣塊刺痛：章門、支溝、中脘、大陵、陽陵泉。

《針灸學·刺塊》氣塊由積聚而成。【略】故以藥力治之者，不外抵當

丸、化滯丸、及膈下逐瘀湯、眞人化鐵湯之類。以針灸治之者，諸書多歉詳明，惟《神應經》針氣塊，謂腹中結塊，有頭有尾，針時必先以手揣摸塊形，辨明首尾，即用針先於塊頭取一穴，針二寸半，灸二七壯。繼於塊中取一穴，針三寸，灸三七壯，終於塊尾取一穴，針三寸半，灸七壯。夫治塊必多針幾穴，刺之分寸，又較針他病爲深，其說亦是。但僅言刺之淺深，灸之壯數，而未說出如何消法，邪從何出，且又言頭言尾，而未道及陰陽經絡，其刺法多不完全。況塊形雖殊，總不離腹之上下左右，直臍而上者爲任脈，俠臍兩行旁開一寸，爲足少陰腎脈，俠腎脈兩行旁開一寸，爲足陽明胃脈。胃之天樞二穴，距臍二寸，是陽明距腎脈一寸，距任脈二寸也。衝脈並足少陰腎經，俠臍兩旁上行，起於胞中，導腎氣上行而交於胃，導血下行以至胞，而交於腎，故曰並於腎，麗於陽明也。衝脈無穴，針腎即是針衝。陽明胃脈兩旁爲厥陰肝脈，肝脈環陰器，抵小腹、俠胃、貫膈、布脇肋，而上循喉嚨之後。塊形之成，有在任、衝者，有在肝腎者，有在陽明胃絡者，地位雖殊，而以針消化之意則同。故無論男婦老幼，凡有塊氣者，必先切脈問苦，辨塊之地位方向，審塊之出入道路，如果塊在任、衝兩脈，則就任、衝兩脈取穴，以泄其邪。如在腎與陽明兩脈，則就腎與陽明兩脈取穴，以泄其邪，陰升陽降，刺各不同。如在兩脇肝脈間，則就肝脈取穴，以洩其邪。塊距正經遠，近任、衝，則針任、衝，塊形近腎與陽明，則針腎與陽明。塊形近肝則針肝，如在兩脈中間，則就兩脈近塊處各取一穴。以針之。塊形堅硬者，雖距經較遠，無穴可取，亦必於塊中就近取穴，針之以和其氣。至按經取穴針過後，更必於是經下邊復取一穴，針之以開其路，蓋塊有由結，亦有由出，大小便爲塊氣出走之路，無論是痰是血，解其結而散其聚，是痰仍使由水道導出，是血仍使由微絲管化出，近腸胃者歸腸胃，在孫絡者，則由孫絡導歸大絡，由大絡導歸正經。針塊中以活動其氣，針塊邊以泄瀉其邪，氣和形動，則又就下取穴，引邪外出，以輸送其氣，使之由路而出，不至再結，則有形化爲無形矣。至針之次數，未可預定，邪輕者一二次即可消化，若積聚年久，一二次未能消化者，不妨多針幾次，或多取幾穴。蓋塊大而堅結者，非留久多針，不能軟堅遽化也。刺之淺深亦不必泥執《神應經》針塊頭深二寸半，針塊中深三寸，針塊尾深三寸半之說。蓋塊之位置不同，聚結之淺深亦異，有二寸三寸探及病邪者，亦有寸餘探及病邪者，針塊以探及病邪爲中的，不以預定淺深爲法則。人之肚腹肥瘦不同，塊氣之積聚上下亦多殊，針果探及病邪，則爲痛爲麻，進針就有知覺，祗在醫者察其面色，聽其呼吸，及勤爲問訊耳。果痛與麻，則針已及病，雖深入不過寸餘，亦爲探及病邪，隨使手法，不至無效，否則泥守三寸深入之法，非惟過量，而皮肉淺薄者，難免有刺此傷彼之慮。況塊不在正經，而多在旁絡油膜之間，腸胃之外，由氣結而成者，以針散其氣而塊自化；由水聚而成者，以針導其水而塊自消；由血瘀而成者，以針散其血而塊自移。無論在陽在陰，總不外通經泄氣，解結開閉諸法耳。故進針落穴後，則用六陰數，不住搓轉，以泄其邪，又將針孔搖大，使塊邪由孔泄出，再用子午搗臼法，慢按緊提，使塊邪隨針頭帶出，由裏達表，即從營出衛。塊有堅結不稍移動者，則又用龍虎交騰法，先施九陽，繼施六陰，一補一瀉，以激動其氣。法雖不一，而泄瀉則同。塊果活動而轉移，則由孫絡歸大絡，由大絡歸正經，由正經歸六腑，腑主傳送，不由氣道而出，亦由水道而行矣，塊於何有？刺塊與刺他病較，有難易之別，他病雖滯着不行，不至如積塊之頑錮不靈，故針他病時，略用循切按摩及指針補瀉手法，則可使氣道活動，血脈流通。惟塊積聚年久，凝痰裹血，堅結而滯着一處，有如死物，若照針他病之循切按摩，恐不足以和其氣而軟其堅。故於刺塊前，必先審察方位，辨別經絡，順其出入道路，上下四旁，着實推轉，推轉活動，然後按法進針，以行手法，則氣和而針易爲力矣。

灸塊

《神應經》灸塊壯數，頭尾中各有不同，灸塊頭多至二七壯。灸塊尾不過七壯，灸塊中增至三七壯，蓋以塊頭、塊中，凝結不開，故壯數較多，塊尾則既已針過二穴，結氣漸散，故灸不過七壯，其實泥矣。塊之成形不一，有由寒氣凝結者，有由熱邪積聚者，有堅硬如石者，有和軟移動者，有大者，有小者。審係寒氣凝聚，則不妨多灸，熱邪積聚，則不宜多灸，或不灸。堅硬者宜多灸，和軟者宜少灸。塊形較大者宜多灸，塊形較小者宜少灸，艾性溫而散結氣，只求散其結則止矣，未可拘於壯數也。至灸塊之法，亦如灸他病手緒，起針後勿閉針孔，勿稍移動，將艾炷安置穴眼上，按法燃炷，炷形宜較灸他病略大些，蓋炷粗則易於散結，所灸處又在肚腹故也。

《針灸大成·醫案》戊辰歲，吏部觀政李邃麓公，胃旁一痞塊如覆盃，形體羸瘦，藥勿愈。予視之曰：既有形於內，豈藥力所能除，必針灸可消，詳取塊中。用以盤針之法，更灸食倉、中脘穴而愈。邃麓公問曰：人之生痞，與

痃癖、積聚、癥瘕是如何？曰：痞者否也，如《易》所謂天地不交之否，內柔外剛，萬物不通之義也。物不可以終否，故痞久則成脹滿，而莫能療焉。痃癖者，懸絕隱僻，又玄妙莫測之名也。積者跡也，挾痰血以成形跡，亦鬱積至久之謂爾。聚者緒也，依元氣爲端緒，亦聚散不常之意云。癥者徵也，又精也，以其有所徵驗，及久而成精萃也。瘕者假也，又遐也，以其假借氣血成形，及歷年遐遠之謂也。大抵痞與痃癖，乃胸膈之候。積與聚，爲腹內之疾，其爲上、中二焦之病，故多見於男子。其癥與瘕，獨見於臍下，是爲下焦之候，故常見於婦人。大凡腹中有塊，不問男婦，積聚、癥瘕，俱爲惡證，切勿視爲尋常。初起而不求早治，若待痞疾脹滿已成，胸腹鼓急，雖扁鵲復生，亦莫能救其萬一，有斯疾者，可不懼乎！李公深以爲然。

己卯歲，因磁州一同鄉欠俸資，往取，道經臨洺關，會舊知宋憲副公，云昨得一夢，有一眞人，至舍相談而別。今辱故人相顧，舉家甚喜。昨年長子得一痞疾，近因下第抑鬱，疾轉加增，諸藥不效，如之奈何？予答曰：即刻可愈。公愕然曰：非惟吾子得安，而老母亦安矣。此公至孝，自奉至薄，神明感召。予即針章門等穴，飲食漸進，形體清爽，而腹塊即消矣。歡洽數日，偕親友送至呂洞賓度盧生祠，不忍分袂而別。

壬申歲，行人虞紹東翁，患膈氣之疾，形體羸瘦，藥餌難愈。召予視之，六脈沉濇，須取膻中，以調和其膈，再取氣海，以保養其源，而元氣充實，脈息自盛矣。後擇時，針上穴行六陰之數，下穴行九陽之數，各灸七壯，遂全愈。今任揚州府太守。庚辰過揚，復睹形體豐厚。

《太乙神針心法·針案紀略》 中翰昝公諱如穎者，壬辰進士也。患病數月，一旬不飲食矣。公自知病不起，命嗣君豫𢶍後事，遂自製辭世詩與親知相永訣。臺中吳公諱蔚起者，先生之同門也，與昝公善。聞公病篤，煩先生往視之。先生至，觀公氣色如灰，聲低喉澀，瞳神黯然無光，私語其嗣君曰：此甚難治。公覺之，乃哀懇先生曰：我今年六十七歲矣，即死不爲夭。但得遇神針，而不一用而死，死且不瞑目。我生平好酒而不好色，幸祈爲我下一針。先生見其情詞愷切，乃勉爲用針。於是令卧牀坦腹，拊其臍下有一痞，周圍徑七寸，堅硬如石，先生以梅花針法重重針之，又針其三脘，又針其百勞、百會，皆二十一針。針畢，令飲醇酒一杯，公搖手曰：吾酒不入口者已兩月餘矣，惡聞酒氣。拒酒不肯飲。先生固強之，公攢眉勉受，詎杯甫到唇，而酒已滿引落喉，覺酒味甚佳，連飲五七杯，自喜曰：吾生矣。起坐牀，視其面盎然如春，語聲忽高亮，目光炯炯，身中頓有力。自下牀，陳設座席，呼酒列餚款先生。臺中楊公諱汝穀、嚴公諱開祀者，公之好友也，得公辭世詩箋，恐公且晚已作古人，疾來問訊。排闥直入，則見公儼然坐於主席，雙手擎杯敬先生，全無病狀，不覺駭然。公一一告之故，二公咸大欣幸，各自言所病，懇先生治之。越宿，公腹痞漸消，縮可三寸許，三日如彈丸，七日而盡消。

消　渴

《甲乙經·五氣溢發消渴黃疸》 消渴身熱，面赤黃，意舍主之。消渴嗜飲，承漿主之。消渴，腕骨主之。【略】消疸，善喘氣，是喉咽而不能言，手足清，溺黃，大便難，嗌中腫痛，唾血，口中熱，唾如膠，太谿主之。消渴黃疸，足一寒一熱，舌縱煩滿，然谷主之。陰氣不足，熱中消穀善饑，腹熱身煩，狂言，三里主之。

《甲乙經·欠噦唏振寒噫嚏䙰泣出太息溓下耳鳴囓舌善忘善饑》 曰：人之善饑不嗜食者何也？曰：精氣幷於脾，則熱留於胃，胃熱則消穀，消穀故善饑，胃氣逆上，故胃脘塞，胃脘塞故不嗜食，善忘及善饑，先視其腑臟，誅其小過，後調其氣，盛則瀉之，虛則補之。

《千金要方·消溫淋閉尿血水腫·消渴》 論曰：凡消渴病經百日以上，不得灸刺，灸刺則於瘡上漏膿水不歇，遂致癰疽羸瘦而死，亦忌有所誤傷，但作針許大瘡，所飲之水皆於瘡中變成膿水而出，若水出不止者必死，愼之，愼之。初得患者，可如方灸刺之佳。消渴咽喉乾，灸胃管下輸三穴，各百壯，穴在背第八椎下橫三寸間寸灸之。消渴口乾不可忍者，灸小腸輸百壯，橫三間寸灸之。消渴欬逆，灸手厥陰，隨年壯。消渴咽喉乾，灸胸堂五十壯，又灸足太陽五十壯。消渴口乾煩悶，灸足厥陰百壯，又灸陽池五十壯。消渴小便數，灸兩手小指頭及足兩小指頭，幷灸項椎佳。又灸當脊梁中央解間一處，與腰目上灸兩處，凡三處。又灸背上脾輸下四寸，當俠脊梁灸之兩處。凡諸灸皆當隨年壯，又灸腎輸二處，又灸腰目，在腎輸下三寸，亦俠脊骨兩傍各一寸半左右，以指按取關元一處，又兩傍各二寸二處，陰市二處，在膝上當伏兔上行三寸臨膝取之，或三二列灸相去一寸名曰腎系者。曲泉、陰谷、陰陵泉、

復溜，此諸穴斷小行最佳，不損陽氣，亦云止遺溺也。太溪、中封、然谷、太白、大都、跗陽、行間、大敦、隱白、湧泉，凡此諸穴各一百壯，腹背兩腳凡四十七處，其腎輸、腰目、關元、水道，此可灸三十壯，五日一報之，各得一百五十壯佳。湧泉一處，可灸十壯，大敦、隱白，行間此處可灸三壯，餘者悉七壯，皆五日一報之，滿三灸可止也。若發如此灸諸陰而不愈，宜灸諸陽，諸陽在腳表，并灸肺輸、募，按流注孔穴，壯數如灸陰家法。

小便數而少且難，用力輒失精者，令其人舒兩手合掌併兩大指令齊急逼之，令兩爪甲相近，以一炷灸兩爪甲本肉際，肉際方後自然有角，令炷當角中，小侵入爪上，此兩指共用一炷也，亦灸腳大指與手同法，各三炷而已，經三日又灸之。

《千金要方·針灸下·心腹》 消渴：承漿、意舍、關衝、然谷，主消渴嗜飲。勞宮，主苦渴食不下。意舍，主消渴身熱，面目黃。曲池，主寒熱渴。隱白，主飲渴。行間、大衝，主嗌乾善渴。商丘，主煩中渴。

《千金翼方·針灸下·消渴》 消渴咽喉乾，灸胃下俞三穴各百壯，在背第八椎下橫三間寸灸之。　消渴口乾不可忍，小腸俞百壯，橫三間寸灸之。消渴欬逆，灸手厥陰，隨年壯。消渴口乾，灸胸堂五十壯，又灸足太陽五十壯。消渴口乾煩悶，灸足厥陰百壯，又灸陽池五十壯。

建氏灸消渴法：初灸兩手足小指頭及項椎，隨年壯，又灸膀胱俞橫三間寸，灸之各三十壯，五日一報之，又灸背脾俞下四寸俠脊梁一寸半二穴，隨年壯。論曰：灸上諸穴訖，當煮白狗肉作羹汁，飲食不用薑、醬，豉，可用葱、薤隨意，當煮肉骨汁作淡羹可食，肉當稍漸進，忌食豬肉，法須二百日乃善。又灸腎俞二穴，并腰目，在腎俞下三寸俠脊兩傍各一寸半，以指按陷中。又，關元俠兩傍各二寸二處。又陰市二穴，在膝上當伏兔上三寸，臨膝取之。

《聖濟總録·奇經八脈·治消渴灸法》 渴飲病，兼身體疼痛，灸隱白二穴，在足大指內側，去爪甲角如韭葉各三壯。《甲乙經》云：足太陰脈之所出也。

消渴咽喉乾，灸胃腕下俞三穴，各百壯，穴在背第八椎下，橫三寸間中灸之。

消渴口乾不可忍者，灸小腸俞百壯，橫三寸間灸之。

消渴咳逆，灸手厥陰，隨年壯。

消渴咽喉乾，灸胸堂五十壯，又灸足太陽五十壯。

消渴口乾煩悶，灸足厥陰百壯，又灸陽池十壯。消渴小便數，灸兩手小指頭，及兩足小指頭，并灸項椎佳。又灸當脊梁中央解間一處，與腰目上兩處，凡三處。又灸背上脾俞下四寸，當俠脊梁灸之，兩處皆隨年壯。又灸腎俞三處，又灸腰目在腎俞下三寸，亦俠脊骨兩傍，各一寸半左右，以指按取關元一處，又兩傍各二寸二處。陰市二處，在膝上當伏兔上行三寸，臨膝取之，或三二列灸，相去一寸，名曰腎系者。《黃帝經》云，伏兔下一寸。曲泉、陰谷、陰陵、復溜，此諸穴斷小便最佳，不損陽氣，亦云止遺溺也。太溪、中封、然谷、太白、大都、跗陽、行間、大敦、陽白、湧泉，凡此諸穴，各一百壯，腹背兩腳，凡四十七處，其腎腧、腰目、關元、水道，此可灸三十壯，五日一報之，各得一百五十壯佳。湧泉一處，可灸十壯，大敦、隱白，行間，此處可灸三壯，餘者悉七壯，皆五日一報之，滿三灸止。灸諸陰而不愈，宜灸諸陽，諸陽在腳表，并灸肺俞募，按流注孔穴，壯數如灸陰家法。

《扁鵲心書·附竇材灸法》 上消病，日飲水三五升，乃心肺壅熱，又喫冷物，傷肺腎之氣，灸關元一百壯，可以免死，或春灸氣海，秋灸關元，三百壯口生津液。中消病，多食而四支羸瘦，困倦無力，乃脾胃腎虛也，當灸關元五百壯。【略】

中年以上之人口乾舌燥，乃腎水不生津液也。灸關元三百壯，若誤服涼藥，必傷脾胃而死。中年以上之人腰腿骨節作疼，乃腎氣虛憊也，風邪所乘之證。灸關元三百壯，若服辛溫除風之藥，則腎水愈涸難救。

《扁鵲心書·消渴》 此病由心肺氣虛，多食生冷，冰脫肺氣，或色慾過度，重傷於腎，致津不得上榮而成消渴。蓋腎脈貫咽喉係舌本，若腎水枯涸，不能上榮於口，令人多飲而小便反少，方書作熱治之，損其腎元，誤人甚多。正書春灸氣海三百壯，秋灸關元二百壯，日服延壽丹十丸，二月之後腎氣復生。若服降火藥，暫時有效，日久肺氣漸損，腎氣漸衰，變成虛勞而死矣。此證大忌酒色生冷硬物，若肺氣有餘，腎氣不足，則成消中病。脾實有火，故善食而消，腎氣不足，故下部少力或小便如疳，孫思邈作三焦積熱而用涼藥，損人不少，蓋脾雖有熱，而涼藥瀉之，熱未去而脾先傷敗。正法先灸關元二百壯，服金液丹一斤而愈。

治驗　一人頻飲水而渴不止，余曰：君病是消渴也。乃脾肺氣虛，非內

熱也。其人曰：前服涼藥六劑，熱雖退而渴不止，覺胸脇氣痞而喘。余曰：前證止傷脾肺，因涼藥復損元氣，故不能健運而水停心下也。急灸關元、氣海各三百壯，服四神丹六十日。津液復生。方書皆作三焦猛熱，下以涼藥，殺人甚於刀劍，慎之。

《針灸資生經·消渴》 商丘，主煩中渴。意舍，主消渴，身熱面目黃。承漿、意舍、關衝、然谷，主消渴嗜飲。隱白，主飲渴。勞宮，主苦渴食不下。曲池，主寒熱渴。行間、太衝，主嗌乾善渴。意舍、中膂俞，治腎虛消渴，汗不出，腰脊不得俯仰，腹脹脇痛。兌端，治小便黃，舌乾消渴。然谷，治舌縱煩滿消渴。水溝，治消渴飲水無度。陽綱，療消渴。

凡消渴經百日以上，不得灸刺，灸刺則於瘡上漏膿水不歇，遂致癰疽，羸瘦而死，亦忌有所誤傷。初得患者，可如方刺灸，若灸諸陰而不愈，宜灸諸陽。

《針灸資生經·口舌乾苦》 膽俞、商陽、小腸俞，主口舌乾，食飲不下。勞宮、少澤、三間、太衝，主口熱，口乾口爛。太谿、少澤，主咽乾，口熱，唾如膠。曲澤、章門，主口乾。少陰，主舌卷口乾。陽陵泉，主口苦，嗌中介介然。關衝等，主舌卷口乾。曲澤，治身熱煩渴口乾。三間、肺俞、不容、章門、商陽、竅陰、兌端，治口乾。膽俞，治口苦舌乾。《明下》云：口舌乾，食不下，復溜、大鍾、尺澤，治舌乾。下廉，治唇乾，涎出不覺。少衝、大鍾，治口中熱。肝俞、曲澤、少澤，療口乾。曲澤，療口乾。勞宮，治大小人口中腥臭，胸脅支滿。《千》云：主老小口中腫，腥臭。《明下》云：療小兒齟爛臭。少衝，治口熱咽酸。

《直指方·消渴·消渴證治》 針灸法：脾俞二穴、中脘一穴，治飲不止渴。三里二穴，治食不充饑。太谿二穴，治房勞腎消。

《普濟方·針灸門·腎虛》 治腎虛消渴，穴：中膂、腎俞。

《普濟方·針灸門·消渴》 治消渴，身熱面目黃，穴：意舍。

治消渴嗜飲，穴：然谷。

治飲渴，穴：隱白。

治苦渴食不下，穴：勞宮。

治寒熱渴，穴：曲池。

治嗌乾善渴，穴：太衝、行間。

治小便黃，舌乾消渴，穴：兌端。

治腎虛消渴，汗不出，腰脊不得俯仰，腹脹脇痛，穴：中膂俞、意舍。

治舌縱，煩滿消渴，穴：然谷。

治消渴，飲水無度，穴：水溝。

治消渴，穴：陽綱。

治消渴嗜飲，穴：承漿、意舍、關衝、然谷。

治消渴飲病，兼身體疼痛，穴：隱白。

治消渴，咽喉乾，灸胃脘下俞三穴，各百壯，穴在背第八椎下，橫三寸間灸之。又灸胸堂五十壯，足太陽五十壯。

治消渴口乾，不可忍者，灸小腸俞百壯。

治消渴咳逆，灸手厥陰，隨年壯。

治消渴，口乾煩悶，灸足厥陰百壯，又灸陽池十壯。

治消渴，小便數，灸兩手小指頭，及兩足小指頭，并灸項椎佳。又灸當脊梁中央解間一處，與腰眼上兩處，凡三處。又灸背上脾俞下四寸，當夾脊梁灸之兩處，皆隨年壯。又灸腎俞二處，又灸腰目，在腎俞下三寸，亦夾脊骨兩傍各一寸半左右，以指按取關元一處，又兩傍各二寸二處，陰市二處，在膝上當伏兔上行三寸，臨膝取之，或三二列灸相去一寸，名曰腎系者。《黃帝內經》云：伏兔下一寸。曲泉、陰谷、陰陵泉、復溜，此諸穴斷小便最佳，不損陽氣，亦云治遺溺也。太谿、中封、然谷、太白、大都、跗陽、行間、大敦、隱白、湧泉，凡此諸穴，各一百壯，腹背兩腳，凡四十七處。其腎俞、腰目、關元、水道，此可灸三十壯，五日一報之，各得一百五十壯佳。湧泉一處，可灸十壯，大敦、隱白、行間此處可灸三壯，餘者悉七壯，皆五日一報之，滿三灸止。若灸諸陰而不愈，宜灸諸陽，在腳表，并灸肺俞募，按流注孔穴壯數，如灸陰家法。

治男子婦人血結胸，面赤大燥，口乾消渴，胸中疼痛不可忍者，刺足厥陰經之期門二穴，次針任脈關元一穴。若妊娠，不得刺關元穴，若刺之，胎死不出，子母俱亡，切須慎之。

《神應經·腫脹部》 消疸：太谿。

《神應經·鼻口部》 消渴：水溝、承漿、金津、玉液、曲池、勞宮、太衝、行間、商丘、然谷、隱白。百日已上者，切不可灸。

口乾：尺澤、曲澤、大陵、二間、少商、商陽。

咽乾：太淵、魚際。

消渴：水溝、承漿、金津、玉液、曲池、勞宮、太衝、行間、商丘、然谷、隱白。百日以上者，切不可灸。

唇乾有涎：下廉。

舌乾涎出：復溜。

唇乾飲不下：三間、少商。

唇動如蟲行：水溝。

唇腫：迎香。

《針灸大成·治證總要》第八十五：消渴：金津、玉液、承漿。

問曰：此證從何而得？答曰：皆爲腎水枯竭，水火不濟，脾胃俱敗，久而不治，變成背疽，難治矣。復刺後穴：海泉、人中、廉泉、氣海、腎俞。

《類經圖翼·針灸要覽·諸證灸法要穴》消渴：腎俞、小腸俞。

《太乙神針心法·鼻口門》消渴：針水溝、承漿、金津、玉液、曲池、勞宮、太衝、行間、商丘、然谷、隱白。百日以上者，切不可灸。

《太乙神針心法·鼻口門》口乾：針尺澤、曲澤、大陵、二間、少商、商陽。

咽乾：針太淵、魚際。

《針灸逢源·證治參詳·三消》三消證，三焦受病也。上消屬肺，大渴引飲，以上焦之津液枯涸，名曰膈消，亦曰消渴。中消屬胃，多食善饑而日漸消瘦，名曰消中，亦曰消穀。下消屬腎，煩躁引飲，面黑耳焦，溺如膏，名曰腎消，亦曰內消，是皆心胃之火上炎，眞陰不足也。承漿、金津、玉液、腎俞。

《針灸全生·口舌》口乾：尺澤、曲澤、大陵、二間、少商、商陽。

《針灸全生·噎膈》消渴：腎俞、小腸俞。

《神灸經綸·身部證治》消渴：承漿、太谿、支正、陽池、照海、腎俞、小腸俞、手足小指穴。即手足小指尖頭。

《傳悟靈濟録·消渴》消渴：腎俞、小腸俞。

《針灸集成·消渴》消渴飲水：人中、兌端、隱白、承漿、然谷、神門、內關、三焦俞。

腎虛消渴：然谷、腎俞、腰俞、肺俞、中膂俞，在第二十椎下兩傍各二寸，挾脊起肉端，灸三壯。

食渴：中脘、針，三焦俞、胃俞、太淵、列缺、針皆瀉。

《針灸穴法》虛疾口渴不止：關衝二穴、人中一穴、間使二穴。

汗證

《千金翼方·脱肛·灸汗法》多汗寒熱，灸玉枕五十壯，針入三分。多汗瘧病，灸譩譆五十壯。盜汗寒熱惡寒，灸肺俞，隨年壯，針入五分。又灸陰都各一百壯，針入八分補之，穴在俠胃管相去三寸。多汗，四肢不舉少力，灸橫文五十壯，在俠臍相去七寸。又灸長平五十壯，在俠臍相去五寸，不針。

《針灸資生經·自汗》玉枕，療多汗。鬲俞，療汗出。陰蹻，療女人汗出。陰蹻等，主汗出。飛揚、湧泉、頷厭、後頂，主頸項疼，歷節汗出。崑崙，主瘧多汗。然谷，主溫瘧汗出。復溜，治骨寒熱，汗注不止。大敦，治心痛汗出。缺盆，治汗出。中府，治風汗出。少商，治汗出而寒。衝陽，主汗出，灸手足心熱盜汗。

列缺、曲池，主熱病煩心心悶，先手臂身熱瘛瘲，唇口聚，鼻張，目下汗出如珠。五處、攢竹、正營、上管、缺盆、中府，主汗出寒熱。承漿，主汗出衄血不止。百會，主汗出而嘔痓。大都，主熱病汗出，且厥足清。《外臺》乃云：汗不出，厥，手足清。復溜，主寒熱無所安，汗出不止，風逆四支腫。

凡熱病煩心，足寒清，多汗，先取然谷，後取太谿，大指間動脈，皆先補之。

列缺、肺俞、心俞，主汗出。

傷寒自汗，蓋陰證也，惟理中湯最佳，予屢教人服，驗。若只額上有微汗，與夫上一節有汗者，最宜煎五苓散服之。單方歌云：疫病汗如水，論中號濕溫，燒故竹扇灰，湯調效莫論。其論頗有理，藥必可用也。多汗亦有用心得者，宜灸心俞，服鎮心丹皆效。

多汗瘧病，譩譆五十。多汗，四支不舉少力，橫文五十，長平五十，多汗盜汗。

《針灸資生經·汗不出》凡胸滿短氣不得汗，皆針補手太陰以出汗。少澤、復溜、崑崙，主瘧寒汗不出。偏歷，主風瘧汗不出。少澤，治瘧寒熱汗不出。上星，治痎瘧振寒熱汗不出。瘂門，治頭痛風汗不出。心俞、曲差，治心中煩滿，汗不出。陶道，治洒淅寒熱，脊強汗不出。膽俞，治振寒汗不出。命

門，治頭痛如破，身熱如火，汗不出。上脘，治身熱汗不出。至陰、魚際、曲泉、俠谿、中膂俞，治汗不出。偏歷，治風汗不出。竅陰，治手足煩熱，汗不出，轉筋。命門、肺俞，療汗不出。曲澤，療汗出不過肩。曲澤，主汗出不過肩。魚際，療汗不出。

《針灸資生經·傷寒無汗》 大都，療熱病汗不出，手足逆冷，腹滿善嘔，目眩煩心，四支腫。凡溫病身熱五日以上，汗不出，刺太泉，留針一時取針，若未滿五日，禁刺。勞宮，主熱病三日以往，不得汗，怵惕。《甲乙》亦云：主熱病，煩滿欲嘔噦，三日以往不得汗，怵惕，胸脇不可反側，咳滿，溺赤小便血，衄不止，嘔吐血，氣逆，噫不止，嗌中痛，食不下，善渴，口中爛，掌中熱，欲嘔。孔最，主臂厥熱痛，汗不出。皆灸刺之，此穴可出汗。經渠、陽池、陽谷、合谷、前谷、內庭、後谿、腕骨、支溝、厲兌、衝陽、解谿，主熱病汗不出。中衝等，主熱病汗不出。命門、膀胱俞、上管、曲差、上星、陶道、天柱、上窌、懸釐、風池，主煩滿汗不出。飛揚，主下部寒熱，汗不出，體重。玉枕、大杼、肝俞、心俞、鬲俞、陶道，主汗不出，悽厥惡寒。光明，主腹足清，寒熱汗不出。曲泉，主身熱頭痛，汗不出。魚際，主頭痛不甚汗出。尺澤，主氣隔喜嘔，鼓頷，不得汗，煩心身痛。掖門、中渚、通理，主熱病先不樂，頭痛，面熱無汗。傷寒溫病，善搖頭，顏清，汗出不過肩，曲澤主之。委中，治熱病汗不出云云，取其經血立愈。孔最，治熱病汗不出，此穴可灸三壯，即汗出。陷谷、厲兌、鬲俞、中渚、大都、支溝、陽谷、腕骨、前谷，治熱病汗不出。懸顱，治熱病煩滿，汗不出。懸釐，治熱病汗不出，頭偏痛，煩心不欲食。譩譆，治熱病汗不出。大杼，治傷寒汗不出，脊強。經渠，治熱病汗不出，暴痺喘，足心痛，嘔吐。商陽，治熱病汗不出，中衝，治熱病汗不出，掌熱，身如火，心痛煩滿，舌強。太谿，治熱病汗不出，默默嗜卧，溺黄，消疸，大便難。風池，治溫病汗不出，目眩，苦頭痛。大陵，治熱病汗不出，臂攣腋腫，善笑不休，心懸若饑，喜悲泣驚恐，目赤，小便如血，嘔逆，狂言不樂。勞宮，治熱病三日汗不出，怵惕，胸脇痛不可轉，大小便血，衄血不止，氣逆嘔噦，煩渴，食飲不下。光明，治熱病汗不出，卒狂，虛則痿痺坐不能起，實則足䯒熱膝痛，身體不仁，善嚙頰。中衝，治熱病煩悶，汗不出，掌熱，身如火，心痛舌強。天池，療熱病汗不出，胸滿頸痛，四支不舉，腋下腫，上氣胸中有聲，喉喝。

《針灸資生經·陰汗濕癢》 會陽，治陽氣虛乏，陰汗濕。魚際，療陰汗，《千》云：主陰濕，腹中餘疾。中極、陰蹻、腰尻交、陰交、曲泉，主陰癢。會陰，主陰頭寒。少府，主陰癢。

《普濟方·針灸門·自汗》 治多汗，穴：玉枕。

治汗出，穴：膈俞。

治多汗，四肢不舉，少力，穴：曲肘橫文灸五十壯，長平灸五十壯。

治頭項痛，歷節汗出，穴：飛揚、湧泉、頷厭、後頂。

治瘧多汗，穴：崑崙。

治溫瘧汗出，穴：然谷。

治骨寒熱，汗注不止，穴：復溜。

治心痛汗出，穴：大敦。

治汗出，穴：缺盆。

治風汗出，穴：中府。

治汗出而寒，穴：少商。

治汗出，穴：衝陽。

治熱病煩心，心悶，先手臂身熱，瘈瘲，唇口聚，鼻張，目下，汗出如珠，穴：列缺、曲池。

治汗出寒熱，穴：五處、攢竹、正營、上脘、缺盆、中府。

治汗出衄血不止，穴：承漿。

治汗出而嘔，痓，穴：百會。

治熱病汗出，目厥足清，又治汗不出，厥，手足清，穴：大都。

治寒熱無所安，汗出不止，風逆，四肢腫，穴：復溜。

治熱病煩心，足寒清，多汗，先取然谷，後取太谿，大指間動脈皆先補之。

治汗出，穴：列缺、肺俞、心俞。

治多汗瘧病，穴：譩譆，灸五十壯。

治胸滿短氣，不得汗，皆針補手太陰，以汗出。

治瘧寒汗不出，穴：少澤、復溜、崑崙。

治風瘧，汗不出，穴：偏歷。

治瘧寒熱，汗不出，穴：少澤。

治痎瘧振寒熱，汗不出，穴：上星。

治頭痛，風汗不出，穴：瘂門。

治心中煩滿，汗不出，穴：心俞、曲差。

治洒淅寒熱，脊強汗不出，穴：陶道。

治振寒汗不出，穴：膽俞。

治頭痛如破，身熱如火，汗不出，穴：命門。

治身熱汗不出，穴：上脘。

治汗不出，穴：至陰、魚際、曲泉、俠谿、中膂俞。

治風汗不出，穴：偏歷。

治手足煩熱，汗不出轉筋，穴：竅陰。

治汗不出，穴：命門、肺俞。

治汗出不過肩，穴：曲澤。

治汗出不過眉，穴：曲澤。

治汗不出，穴：魚際。

治熱病汗不出，腹中積癖，默默嗜臥，四肢怠惰，不欲動，身常濕，不能食，食則心痛，周痺，身皆痛，穴：鬲俞。

《普濟方・針灸門・傷寒無汗》療熱病汗不出，手足逆冷，腹滿善嘔，目眩煩心，四肢腫，穴：大都。

治熱病三日以往，不得汗，怵惕，又云：及主熱病，煩滿欲嘔噦，胸脇不可反側，咳滿溺赤，小便血衄不止，嘔吐血，氣逆噫不止，嗌中痛食不下，喜渴，口中爛，掌中熱，欲嘔，穴：勞宮。

治臂厥熱痛，汗不出，穴：孔最。皆灸刺之，此穴可出汗。

治熱病汗不出，穴：經渠、陽池、陽谷、合谷、前谷、內庭、後谿、腕骨、支溝、厲兑、衝陽、解谿。

治熱病汗不出，穴：中衝。

治煩滿汗不出，穴：命門、膀胱俞、上脘、曲差、上星、陶道、天柱、上窌、懸釐、風池。

治下部寒熱，汗不出，體重，穴：飛揚。

治汗不出，悽厥惡寒，穴：玉枕、大杼、肝俞、心俞、鬲俞、陶道。

治腹足清，寒熱，汗不出，穴：光明。

治身熱頭痛汗不出，穴：曲泉。

治頭痛甚不出汗，穴：魚際。

治氣鬲喜嘔，鼓頷不得汗，煩心身痛，穴：尺澤。

治熱病，先不樂，頭痛面熱無汗，穴：液門、中渚、通里。

治傷寒溫病善搖頭，顏青，汗不過眉，穴：曲澤。

治熱病汗不出，取其經血立愈，穴：委中。

治熱病汗不出，穴：孔最。可灸三壯汗即出。

治熱病汗不出，穴：陷谷、厲兑、鬲俞、中渚、大都、支溝、陽谷、腕骨、前谷。

治熱病煩滿汗不出，頭偏痛，煩心不欲食，穴：懸顱。

治熱病汗不出，頭偏痛，煩心不欲食，穴：懸釐。

治熱病汗不出，穴：譩譆。

治傷寒，汗不出，脊強，穴：大杼。

治熱病汗不出，暴痺喘逆，心痛嘔吐，穴：經渠。

治熱病汗不出，穴：商陽。

治熱病汗不出，掌熱，身如火，心痛，煩滿，舌強，頭痛如破，穴：中衝。

治熱病汗不出，默默嗜臥，溺黃，消疸，大便難，穴：太谿。

治溫病汗不出，目眩，苦頭痛，穴：風池。

治熱病汗不出，臂膊腋腫，喜笑不休，心懸若饑，喜悲泣驚恐，目赤，小便如血，嘔逆，狂言不樂，穴：大陵。

治熱病汗不出，卒狂，虛則痿痺，坐不能起，實則足骱熱，膝痛，身體不仁，善齧頰，穴：光明。

治熱病汗不出，胸滿頸痛，四肢不舉，腋下腫，上氣，胸中有聲，喉喝，穴：天池。

治熱病汗不出，穴：譩譆、天牖、風池、上星。

治熱病汗不出，而苦嘔煩心，穴：承光。

治熱病汗不出，穴：天柱、風池、商陽、關衝、液門。

治熱病，胸中澹澹，腹滿暴痛，恍惚不知人，手清小腹滿，瘈瘲，心疝滿不得息，穴：巨闕。

治熱病汗不出，脇痛不得息，頸頷腫，寒熱，耳鳴聾無所聞，穴：陽谷。

治熱病汗不出，善噫，腹脹滿，胃氣譫言，穴：解谿。

《神應經・汗部》無汗：上星、瘂門、風府、風池、支溝、經渠、太陵、陽

谷、腕骨、前谷、中渚、液門、魚際、合谷、中衝、少商、商陽、大都、委中、陷谷、厲兌、俠谿。

汗不出：曲澤、魚際、少澤、上星、曲泉、復溜、崑崙、俠谿、竅陰。

自汗：曲池、列缺、少商、崑崙、衝陽、然谷、大敦、湧泉。

少汗：先補合谷，次瀉復溜。

多汗：先瀉合谷，次補復溜。

《奇效良方·自汗盜汗通治方》 止汗粉：麻黄根、牡蠣粉、敗扇灰、瓜蔞，已上各三兩。白朮二兩。米粉，三升。

右爲末，和粉攪匀，以生絹袋盛，用粉身體，日三兩度，忌桃李雀肉。仍灸大椎五六百炷，日灸二七、五七，任意灸亦得，汗即漸止。

《針灸聚英·雜病歌》 汗

多汗合谷補之先，次瀉復溜汗即乾。少汗先瀉合谷穴，次補復溜病即痊。有汗列缺與曲池，少商崑崙衝陽宜。然谷大敦湧泉穴，無汗上星啞門醫，中衝陽谷腕骨穴，然谷風府與風池，中渚液門及魚際，合谷支溝與經渠，大陵少商商陽等，大都委中與俠谿，陷谷厲兌廿二穴，仔細治之病自除。汗不出兮曲澤燒，魚際少澤上星高，曲泉復溜崑崙穴，俠谿竅陰九穴焦。

《本草綱目·百病主治藥·諸汗》 何首烏貼臍。五倍子同喬麥粉作餅煨食，仍以唾和，填臍中。

《楊敬齋針灸全書·傷寒無汗》

《楊敬齋針灸全書·傷寒頭痛》

《楊敬齋針灸全書·傷寒惡風自汗》

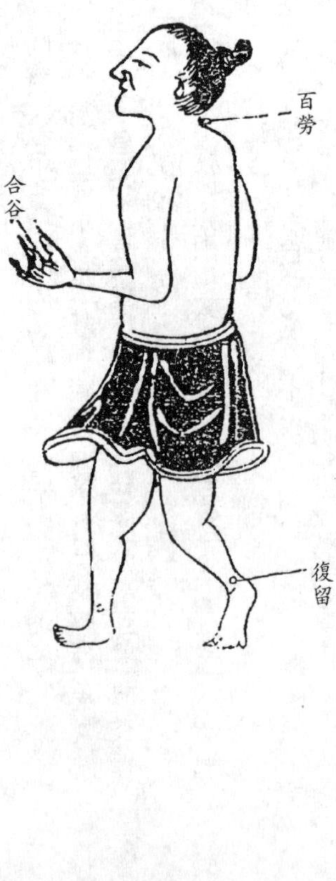

《楊敬齋針灸全書·傷寒汗不止》

《針灸大成·汗門》 多汗：先瀉合谷，次補復溜。少汗：先補合谷，次瀉復溜。

自汗：曲池、列缺、少商、崑崙、衝陽、然谷、大敦、湧泉。

無汗：上星、瘂門、風府、風池、支溝、經渠、大陵、陽谷、腕骨、然谷、中渚、液門、魚際、合谷、中衝、少商、商陽、大都、委中、陷谷、厲兌、俠谿。

汗不出：曲澤、魚際、少澤、上星、曲泉、復溜、崑崙、俠谿、竅陰。

《病機沙篆・自汗盜汗》 灸法：諸汗。灸膏肓、大椎、復溜，針列缺、雲門，五穴。

傷寒自汗及當汗不汗：補合谷。

傷寒汗多不止：瀉內庭、合谷，補復溜、百勞。

傷寒無汗及自汗發黃：瀉復溜、內庭，補合谷。

虛弱人盜汗不止：瀉合谷，補復溜。

《太乙神針心法・汗門》 治法

無汗：針上星、瘂門、風府、風池、支溝、經渠、大陵、陽谷、腕骨、然谷、中渚、液門、魚際、合谷、中衝、少商、商陽、大都、委中、陷谷、厲兌、俠谿。

汗不出：針曲澤、魚際、少澤、上星、曲泉、復溜、崑崙、俠谿、竅陰。

少汗：先補合谷、次瀉復溜。

多汗：先瀉合谷、次補復溜。

盜汗：針曲池、列缺、少商、崑崙、衝陽、然谷。

汗不止：針百勞、膏肓、腎俞。

冷汗：針陰交。

《針灸全生・汗證》 多汗：先瀉合谷，次補復溜，內庭、補，合谷、瀉，復溜、補，大椎。

少汗：先補合谷，次瀉復溜，內庭、瀉，合谷、補，復溜、瀉，大椎。

無汗：上星、啞門、風府、風池、支溝、大陵、腕骨、中渚、魚際、經渠、陽谷、然谷、液門、合谷、中衝、商陽、委中、俠谿、少商、大都、陷谷、曲泉。

發熱盜汗：大椎。

汗不出：曲澤、少澤、曲泉、崑崙、魚際、上星、復溜、俠谿、竅陰。

《針灸全生・虛勞》 盜汗：肺俞、復溜、譩譆。瘧多汗。

多汗少力：大橫。

下元痼：腎俞、神闕、關元、氣海、三陰交，此腎與膀胱虛寒，宜多灸。

《神灸經綸・身部證治》 汗證：自汗：膏肓、大椎、復溜。

盜汗：肺俞、復溜、譩譆，瘧多汗亦灸。

多汗少力：大橫。

痼冷：此腎與膀胱虛寒也，多灸愈妙。脾俞、神闕、關元、氣海，此穴亦治陽脫。

《針灸集成・汗部》 轉筋汗不出：竅陰、太淵、孔最，三壯，陽陵泉、膽俞。兩臂轉筋，穴互相加減用。

煩心，汗不出：孔最，三壯，曲差、心俞、太淵、神門、巨闕，又手足指間針。

骨寒熱汗注：復溜、下三里、神門。

汗出，鼻衄：承漿、合谷、崑崙、上星、神門、太衝。

身熱如火，汗不出：命門、中脘、膽俞、孔最，三壯，肺俞、太谿、合谷、支溝。

盜汗：肺俞，三壯，陰都，挾巨闕傍一寸五分直下又二寸，灸二壯。

虛汗：合谷，瀉，復溜，下三里，并補，陰都、曲泉，并三壯，照海、魚際。

咳嗽，汗不出：魚際、竅陰、膽俞、商陽、上星、肺俞、心俞、肝俞、曲泉，三壯，孔最，三壯。

《針灸穴法》 四肢俱汗出，染衣：至陽一穴、百勞一穴、腕骨二穴、中脘一穴、三里二穴。

《灸法秘傳・汗證》 汗有自、盜之分，不可以不知也。蓋自汗爲陽虛，不因勞動而自出也。盜汗爲陰虛，睡而汗出，醒而收也。灸其尺澤，可以奏動，設未效者，膈俞灸之，必然全愈。

《針灸便覽・中風》 汗不出：曲澤、少澤、曲泉、崑崙。

汗多：瀉合谷，補復溜、內庭。

《續名醫類案・汗》 竇材治一人，額上時時汗出，乃腎氣虛也。陽明熱則額上出汗，常人多有此證，未可即斷爲腎虛也。凡病虛實，無不對待，未可執一，不治則成癆瘵，先灸臍下百壯，服金液丹而愈。

一人每日四五遍出汗，灸關元穴亦不止，乃房事後飲冷傷脾氣，復灸右命門百壯而愈。

虚勞

《素問·藏氣法時論》 肝病者，兩脅下痛引少腹，令人善怒。虚則目䀮䀮無所見，耳無所聞，善恐，如人將捕之，取其經，厥陰與少陽。氣逆，則頭痛，耳聾不聰，頰腫，取血者。

心病者，胸中痛，脇支滿，脇下痛，膺背肩甲間痛，兩臂内痛，虚則胸腹大，脇下與腰相引而痛，取其經，少陰太陽，舌下血者。其變病，刺郄中血者。

脾病者，身重，善肌肉痿，足不收，行善瘈，腳下痛。虚則腹滿，腸鳴飧泄，食不化。取其經，太陰陽明少陰血者。

肺病者，喘咳逆氣，肩背痛，汗出，尻陰股膝髀腨䯒足皆痛。虚則少氣，不能報息，耳聾嗌乾，取其經，太陰、足太陽之外，厥陰内血者。

腎病者，腹大脛腫，喘咳，身重，寢汗出，憎風。虚則胸中痛，大腹小腹痛，清厥，意不樂。取其經，少陰太陽血者。

《千金要方·腎臟·補腎》 五藏虚勞，小腹弦急脹熱，灸腎輸伍拾壯，老小損之，若虚冷可至百壯，横叁間寸灸之。

《外臺秘要》卷十三《虚勞骨蒸方》 灸骨蒸及邪但夢與鬼神交通無不差之法：使患人平身正立，取一細繩，令於腳下緊踏，男左女右。其繩前頭，使與大拇指端齊，後頭令當腳根後，即引向上至曲脷中大横文，便截繩使斷，又使患人解髮分兩邊，使見分頭路，仍平身正坐，乃取向所截繩，一頭與鼻端齊，引向上絡頭通過，逐脊骨引繩向下，盡繩頭即點著，又別取小繩，一頭與脣端齊，合口處，一頭向上至鼻底，便截斷，將此短小繩於前所點處中摺，横分兩邊，兩頭各點記，使與中央初點處正横相當，此小繩兩頭是灸處，當脊初點者非灸處，只借爲度，其點拭卻。

又法：使患人平身正坐，稍縮髆，取一繩繞其項，向前雙垂，共鳩尾齊即截斷，鳩尾是心歧骨，人有無心歧骨者，可從胸前兩歧骨下，量取一寸，即當鳩尾，仍一倍，翻繩向後，取中屈處，恰當喉骨，其繩兩頭還雙垂，當脊骨向下盡繩頭點著，又別取一小繩，令患人合口，横度兩吻，便割斷，還於脊上所點處，横分點如前，其小繩兩頭是灸處，長繩頭非灸處，拭卻，以前總通灸四處，日別各灸七壯以上，二七以下，其四處並須滿二十壯。未覺效，可至百壯，乃停，候瘡欲差，又取度兩吻，小繩於當前雙垂，繩頭所點處，逐脊骨上下中分點兩頭，如横點法，謂之四花。此後點兩頭，亦各灸百壯，此灸法欲得取離日量度，度訖即下火，唯須三月三日艾爲佳，療差百日以來，不用雜食，灸後一月許日，患者若未好差，便須報灸一如前法，當即永差。出第七卷中。

張文仲説：荆州人王元禮，當家患骨蒸傳尸死盡，有一道士忽教灸即斷，兼更教人，無有不差者。欲識此病，其病見午寒午熱，有時脣赤或頰赤，并有時痢血多唾，有時欲得食，有時不欲食，兩脊脈常急，患兒多欬盜汗，以指按捻脊膂四邊肉，有時心胸氣滿急，黄瘦，膂中肉盡，遂即著床，如著床胸前自動，脊膂兩邊肉盡，灸療即難。如灸候胸前肉動，非事灸法，如看病兒是病，更不須選離日，即預將艾去，即將病兒於五道頭日午時灸，灸七壯。若先知其病又緩，即取離日午時大吉。欲灸，覆病兒面向下著地，取撅肋頭，以病兒大拇指自捻著，展中指直向脊骨，指頭脊膂中肉小筋上點記，從點記處向上至耳下尖頭，即中央，屈繩從初點處向上，還當脊膂，點繩所到記之，又更再屈繩從元點記處向上，還準前點記，又以杖量，取患兒中指頭兩節折斷，還從元點記向下當脊膂點記，一邊點四處，兩邊俱點，總八處，各須去脊骨遠近一種，並須上下相當，下從撅肋上至耳根，取直，其八處一時下火，艾炷如棗核大，堅實作，灸了，即以灰三匝圍坐處，便歸家不須迴顧，禁肉麪生冷，特忌色及雜食，平復後任依常，未平復，有犯重發，即不可復療。

神素師灸骨蒸欬法：當頭耳孔横量，相離三寸許，相當灸有穴，日灸三壯，至第八日灸二七了。第三椎上，第二椎下，男取左手，女取右手，頭指，依兩，指頭東西灸，日一七壯，至第八日，各灸五十壯，復五日，日各灸十五壯，脛取繫鞋横大文。量至膝䯏口亞切。下中分，當脛骨外，日灸一七壯，滿第八日，日灸滿三十五日了，當臂上，皆男左女右，取頭指從腕文當指，當頭灸，日七壯，至第八日滿百壯，婦人肚脹，月節不通，取右手頭指，當臍量至下腹，當指頭灸，日七，滿三百壯，鬲上午後灸，鬲下午前灸。並出第一卷中。

《外臺秘要》卷十三《傳尸方》 立腳於繫鞋處横文，以手四指於文上量脛骨外，逼脛，當四指中節按之，有小穴。取一縷麻，刮令薄，以此麻緩繫上，灸令麻縷斷，男左女右，患多損。

《外臺秘要·骨極虚方》 又灸法

扁鵲曰：第十八椎名曰小腸兪，主小便不利，少腹脹滿虚乏，兩邊各一

寸二分，隨年壯灸之，主骨極。並出第八卷中。

又療骨髓冷疼痛灸法：灸上廉七十壯，三里下三寸是。並出第十九卷中。

《醫心方·治虛勞羸瘦方》引《明堂經》 《明堂經》云：脾輸二穴，灸三壯，主腹中氣脹，引脊痛，食飲多，身羸瘦，名曰食晦。注云：晦月盡，謂陰氣盡，陽氣盛，所以消食羸瘦。

《醫心方·治骨蒸病方》引《玄感傳屍方》 又云：主骨蒸並及絃癖氣等灸方：兩肩井、上廉、下廉，灸七壯。

又方：灸夾齊兩傍各相去一寸二分，兩乳下一夫肋間。灸如前法。

《蘇沈良方·灸二十二種骨蒸法》 崔丞相灸勞法，《外臺秘要》崔相家傳方，及王寶臣經驗方，悉編載。然皆差誤。毘陵郡有石刻最詳。余取諸本參校，成此一書，比古方極爲委曲，依此治人，未嘗不驗，往往一灸而愈。予在宣城，久病虛羸，用此而愈。

《扁鵲心書·膏肓病》 人因七情六慾，形寒飲冷，損傷肺氣，令人咳嗽，胸膈不利，惡寒作熱，可服全眞丹。若服冷藥，則重傷肺氣，令人胸膈痞悶，昏迷上奔，口中吐冷水，如含冰雪，四肢困倦，飲食漸減，此乃冷氣入於肺中，侵於膏肓，亦名冷勞。先服金液丹除其寒氣，再用薑附湯，十日可愈。或服五膈散，撮氣散，去肺中冷氣。重者灸中府三百壯，可愈。

治驗

一人暑月飲食冷物傷肺氣，致咳嗽，胸膈不利，先服金液丹百粒，泄去一行，痛減三分，又服五膈散而安。但覺常發，後五年復大發，灸中府穴五百壯，方有極臭下氣難聞，自後永不再發。

《扁鵲心書·脾勞》 人因飲食失節，或吐瀉，服涼藥，致脾氣受傷，令人面黃肌瘦，四肢困倦，不思飲食，久則肌肉瘦盡，骨立而死，急灸命關二百壯，服草神金液，甚者必灸關元。

《扁鵲心書·腎勞》 夫人以脾爲母，以腎爲根，若房事酒色太過，則成腎勞，令人面黑耳焦，筋骨無力，灸關元三百壯，服金液丹可生，遲則不治。

《扁鵲心書·虛勞》 此病由七情六慾損傷脾腎，早尚易治，遲則難愈，必用火灸，方得回生。若用溫平藥及黃耆建中、鱉甲飲之類，皆無益於病，反傷元氣。其證始則困倦少食，額上時時汗出，或自盜汗，口乾欬嗽，四肢中冷，漸至欬吐鮮血，或咯血多痰，蓋腎脈上貫肝膈，入肺中，腎既虛損，不能上榮於肺，故有是病。治法：當同陰證治之，先於關元灸二百壯以固腎氣，後服保命延壽丹或鍾乳粉，服三五兩，其病減半，一月全安。若服知柏、地黃、當歸之屬，重傷脾腎，是促其死也。切忌房事。然此病須早灸，遲則無益，丹藥亦不受矣，服之反發熱煩，乃眞脫故也，若童男女得此病，乃胎秉怯弱，宜終身在家，若出嫁，犯房事，再發必死。

治驗

一人病欬嗽、盜汗、發熱、因倦減食、四肢逆冷、六脈弦緊，乃腎氣虛也。先灸關元五百壯，服保命延壽丹二十丸，鍾乳粉二錢，間日服金液丹百丸，一月全安。

一幼女病欬嗽、發熱、咯血、減食，先灸臍下百壯，服延壽丹、黃耆建中湯而愈。戒其不可出嫁，犯房事必死，過四年而適人，前病復作。余曰：此女胎稟素弱，只宜固守終老，不信余言，破損天眞，元氣將脫，不可救矣。強余丹藥服之，竟死。

一人額上時時汗出，乃腎氣虛也，不治則成癆瘵，先灸臍下百壯，服金液丹而愈。

一人每日四五遍出汗，灸關元穴亦不止，乃房事後飲冷，傷脾氣，灸左命關百壯而愈。

一婦人傷寒，瘥後轉成虛勞，乃前醫下冷藥損其元氣故也。病人發熱、欬嗽、吐血、少食，爲灸關元二百壯，服金液、保命、四神、鍾乳粉，一月全愈。

王在庭之室，病虛勞十餘載，喘促吐沫，嘔血不食，形體骨立，諸醫束手。延予診視，見其平日之方皆滋陰潤肺溫平之劑。予曰：以如是之病而乃用如是之藥，自然日趨鬼趣，焉望生機，獨不思仲景云：欬者則劇數吐涎沫，以脾虛也。又昔賢云：腎家生陽不能上交於肺，則喘。又云：脾虛而肺失生化之原，則喘。今脾腎敗脫，用藥如此，焉望其生。乃重投參、耆、薑、附等二劑而喘定，緣泄瀉更甚，再加萸、蔻，十餘劑而病減十七，又灸關元，因畏痛，只灸五十壯，迄今十餘年，而形體大健矣。

《扁鵲心書·瘰癧》 此證由憂思惱怒而成，蓋少陽之脈循脇，繞頸，環耳，此即少陽肝膽之氣鬱結而成，亦有鼠涎墮食中，食之而生，是名鼠癧。治法：俱當於瘡頭上灸十五壯，以生麻油調百花膏傳之，內服平肝順氣之劑，

日久自消，切不可用斑貓、石灰、砒霜之類。

《扁鵲心書·附竇材灸法》 虛勞欬嗽，潮熱咯血吐血，六脈弦緊，此乃腎氣損而欲脫也。急灸關元三百壯，內服保元丹，可保性命。若服知、柏、歸、地者立死，蓋寒重損其陽也。

肺寒，胸膈脹，時吐酸，逆氣上攻，食已作飽，困倦無力，口中如含冰雪，此名冷勞，又名膏肓病。乃冷物傷肺，反服涼藥，損其肺氣。灸中府二穴，各二百壯。

脾病，致黑色痿黃，飲食少進，灸左命關五十壯，或兼黧色，乃損腎也，再灸關元二百壯。

耳輪焦枯，面色漸黑，乃腎勞也，灸關元五百壯。

虛勞人及老人與病後大便不通，難服利藥，灸神闕一百壯，自通。

《扁鵲心書·內傷》 由飲食失節損其脾氣，輕則頭暈發熱，四肢無力，不思飲食，脈沉而緊，服來復、全眞及平胃散，重者六脈浮緊，頭痛發熱，吐逆，心下痞，服蓽澄茄散、來復、全眞而愈。若被庸醫轉下涼藥，重損脾氣，變生他病，成虛勞臌脹，泄瀉等證，急灸中脘五十壯，關元百壯，可保全生，若服涼藥速死。

《聖濟總録·治虛勞失精灸刺法》 虛勞尿精，灸第七顀兩傍，各三十壯。又灸第十顀兩傍，各三十壯。又灸第十九椎兩傍，各二十壯。又灸陽陵泉、陰陵泉，各隨年壯。又灸三陰交，二七壯，在內踝上三寸。

虛勞陰中疼痛，溺血泄精，灸列缺五十壯，又灸橫骨五十壯。又云：治五藏虛竭，又灸大赫二十壯，穴在屈骨端三寸。

失精膝脛冷疼，灸曲泉百壯，穴在膝內屈文頭。

虛勞失精陰縮，灸中封五十壯。

顏色焦枯，勞氣失精，肩臂痛不得上頭，灸肩髃百壯，穴在肩外頭近後，以手按之，有解宛宛中。失精筋攣，陰縮入腹，相引痛，灸下滿各五十壯，老人加之，小兒隨年壯。又云：此二穴，喉腫厥逆，五藏所苦，鼓脹，并主之。

《聖濟總録·治骨蒸灸法》 取穴法：先二穴，令患人平身正立，取一細繩，蠟之，勿令展縮。順腳底堅踏之，男左女右。其繩前頭與大拇指端齊，後頭當腳跟中心，向後引繩，循腳跟直上至曲䐐中大橫紋，截斷。又令患人解髮分兩邊，令見頭縫，自囟門平分，至腦後，乃平身正坐，取向所截繩，一頭令與鼻端齊，引繩向上，正循頭縫，至腦後（貼肉）垂下，循脊骨，引繩頭向下，至繩盡處，當脊骨，以墨點記之。墨點不是灸處。又取一繩子，令患人合口，將繩子按於口上，兩頭至（兩）吻，卻鈎起繩子中心，至鼻柱根下，令如厶狀，便齊兩吻截斷，將此繩展令直，於前來脊骨上墨點處，橫量取平，勿令高下，繩子先中折，當中心，以墨記之，卻展開繩子橫量，以繩上墨點正壓脊骨上墨點爲正，兩頭取平，勿令高下。於繩子兩頭，以朱點記。朱點是灸穴。以上是第一次，點二穴。

次二穴，令其人平身正坐，稍縮髆，取一繩繞項向前雙垂，與鳩尾齊，鳩尾是心岐骨，人有無心岐骨者，可從胸前兩岐骨下量取一寸，即是鳩尾。即雙截斷，卻背翻繩頭，向項後，以繩子中停，取心令正當喉嚨結骨上，其繩兩頭夾項雙垂，循脊骨直下，至兩繩頭盡處，合作一處，當脊骨，以墨點記之。墨點不是灸處。又取一繩子，令其人合口，橫量，齊兩吻截斷，還於脊骨上墨點處，橫量如上法，繩子兩頭，以朱點記。朱點是灸穴。

以上是第二次，點二穴，通前共四穴，同時灸，日別各灸七壯，至三七壯，累灸至一百，或一百五十壯爲妙。候瘡欲差，又依後法灸二穴。

又次二穴，以第二次量口吻繩子，於第二次雙繩頭盡處墨點上，當脊骨直下直點，令繩中停，中心在墨點上，於上下繩盡頭，以朱點兩穴。朱點是灸穴。

以上是第三次，點兩穴，謂之四花灸，兩穴各灸百壯，三次共六穴，各取離日量度，度訖，即下火，唯須三月三日艾最佳。疾差百日內，愼飲食房室，安心靜處將息，若百日後覺未差，復初穴上再灸之。

凡骨蒸之候所起，辨驗有二十二種，并依上項灸之。

一、胞蒸，小便赤黃。二、玉房蒸。男遺尿失精，女月漏不調。三、腦蒸，頭眩悶熱。四、髓蒸，覺髓沸熱。五、骨蒸，齒黑。六、筋蒸，甲焦。七、血蒸，髮焦。八、脈蒸，急緩不調。九、肝蒸。或時眼前昏暗。十、心蒸。舌焦，或生瘡，或時胸滿。十一、脾蒸。唇焦坼或口瘡。十二、肺蒸。口乾生瘡。十三、腎蒸。耳乾焦。十四、膀胱蒸。右耳焦。十五、膽蒸。眼目失光。十六、胃蒸。舌下痛。十七、小腸蒸。眼目失光。十八、大腸蒸。鼻右孔痛。十九、三焦蒸。乍寒乍熱。二十、肉蒸。別人覺熱，自覺冷。二十一、皮蒸。生鷄皮粟肉起。二十二、氣蒸。遍身躁熱，不自安息。

用尺寸取穴法：凡孔穴尺寸，皆隨人形大小，須男左女右，量手中指中

心一節，兩横紋中心，爲一寸。

艾炷大小法：凡艾炷須令根足三分，若不足三分，恐復孔穴不備，穴中經脈火氣不行，即不能抽邪氣，引正氣，雖小兒，必以中指取穴爲準。

用火法：黄帝曰：松、柏、柿、桑、棗、榆、柳、竹等木火，用灸必害肌血，慎不可用。凡取火者，宜敲石取火，或水精照於日得者，太陽火爲妙，天陰則以槐木取火亦良。倉卒之際，或用蠟燭，或清油點燈，或艾梗引火亦得。

治傳尸伏連骨蒸痃癖等諸穴

傳尸伏連殗殜骨蒸痃癖鬼氣，惡寒或如瘧狀，宜灸大椎上一穴。又灸大椎兩傍近下少許，對椎節間，各相去一寸五分，二穴。又灸兩肋下二穴，名章門。又當心脊骨上，兩傍各相去一寸，二穴。以上七穴，日別灸，皆取正午時，灸各七壯，滿百壯漸差，至五百壯病除。又骨蒸痃癖，灸兩肩井二穴，若人面熱帶赤色者，灸之即差。取穴之法，坐，以手指從髆骨罅，向項筋上捺之中指下，即是也。上廉二穴，在膝外下三寸是。一云：三里下三寸是，下廉二穴，在上廉下三寸是。

當心脊骨上，平立以物柱地，當心點記，回量脊上，點即是穴，以上七穴，灸之如前法。又骨蒸痃癖，令患者於板上，平身正立，以杖拄板向上度，當臍點杖記之。又回杖量脊中點之，又令患人合口，别以物横口兩吻，當中折之，以折處點灸。又兩乳一夫肋間，二穴，總六穴，灸之并如前法。凡量皆取病者男左女右無名指中節，屈之爲寸。又法取男左女右手中指，以物從指本量至指端，仍將此度於脚趺上系鞋處横紋，當脛面上量一度，是穴。

治傳尸殗殜喜魘夢諸穴

商丘二穴，在足内踝下微前陷中，灸七壯，差乃止。厲兑二穴，在足大指次指之端，去爪甲有如韭葉，灸一壯大良。二間二穴，在手大指次指本節内側陷中，灸三壯。以上六穴，商丘療多卧，厲兑療嗜卧怠惰，章門療賁豚氣脹，治五勞七傷，及山嵐瘴瘧，背髆煩重，心痛，注忤氣羸，食不生肌膚，寒熱邪氣，頭項强，面色黑黄，精神昏倦，積年淋瀝，積癖，鬼氣傳尸骨蒸等諸穴。胃俞二穴，在第十二顀下，兩傍各一寸五分，日灸七壯止，或至一百壯，量病輕重加灸。又腎腧二穴，在第十四顀下，兩傍各一寸五分，灸七七壯，病深者日灸七壯，至百壯佳。又章門二穴，可灸七壯，日灸漸至七七壯，同前法。又太衝二穴，在足大指間一寸本節後二寸陷中，灸五壯，漸加，日灸如前法。凡膏肓二穴，令病人坐，曲背伸兩臂，著膝令直，手大指與膝齊，以物楮肘，勿令臂動，從髆骨上角摩捺，至髆骨下頭，其間當有四肋三間，灸中間，旋轉髆骨之裏，去髆骨側容指許，摩膂肉之表肋間灸處捺之，自覺牽引胸肩中，灸兩髆骨内各一處，五百壯，多至千壯，氣下如水，若無停痰宿水，必有所下也。此灸法無所不治，若病困，即令側卧，挽臂令前取穴，或正坐伸臂，令人挽之，使兩臂骨相遠，不爾，髆骨覆穴，即難取也。其穴近五椎，相望求之。又肝俞二穴，在第六椎下，兩傍各一寸五分，日灸七壯，病深者至百壯，佳。又神堂穴，在第五椎下，各兩傍三寸陷中，正坐取穴，灸七壯，至七七壯，如前法。以上七名，總十四穴，若不能遍灸，當取緊者灸之。其緊者，即膏肓、胃俞、章門、腎俞、太衝是也，若能依次第灸之，各滿百壯，尤善。凡量穴法，不拘肥瘦長短，取病人男左女右手中指，度兩横紋爲寸，是爲同身寸也。凡灸皆取正午時佳，若且起空腹灸，即傷人氣，又令人血虚。若日晚食後灸，即病氣難去。若治卒病風氣，即不在此例。

《醫説·針灸·灸瘵疾》女童莊妙眞，頃緣二肺，坐瘵疾不起，餘孽亦駸駸見及。偶一趙道人過門，見而言曰：汝有瘵疾，不治何耶？答曰：喫了多少藥弗效。趙笑曰：吾得一法，治此甚易，當以癸亥夜二更六神皆聚之時，解去下體衣服，於腰上兩傍微陷處，針灸家謂之腰眼，直身平立，用筆點定，然後上床合面而卧，每灼小艾炷七壯，勞蟲或吐出或瀉下，即時平安，斷根不發，更不傳染。敬如其教，因此獲全生。《類編》。

《針灸資生經·灸二十種骨蒸》崔知悌序云：骨蒸病者，亦名傳屍，亦謂殗殜，亦稱復連，亦曰無辜。丈夫以精氣爲根，女人以血氣爲本，無問老少，多染此疾。予嘗三十日灸活十三人，前後差者，數逾二百，非止單攻骨蒸，又别療氣療風，或瘴或勞，或邪或癖，病狀既廣，灸活者不可具錄，灸後宜服治勞地黄元，良。

凡取四花穴，以稻稈心量口縫如何闊，斷其長多少，以如此長，裁紙四方，當中剪小孔，别用長稻稈踏脚下，前取脚大指爲止，後取脚曲瞅横文中爲止，斷了，卻環在結喉下垂向背後，看稈止處，即以前小孔紙當中安，分爲四花，蓋灸紙四角也。又一醫傳一法，先横量口吻取長短，以所量草，就背上三椎骨下，直量至草盡處，兩頭用筆點了，再量中指長短爲準，卻將量中指草横直量兩頭，用筆圈四角，其圈者是穴，不圈不是穴。可灸七七壯止。

《針灸資生經·勞瘵》 中膂，治丈夫五勞七傷六極，腰痛大便難，小便淋瀝，腹脹下利食泄。三里，治五勞羸瘦，七傷虛乏。《明下》云：五勞虛乏，四支羸瘦。肩井，治五勞七傷。大椎，治五勞七傷，溫瘧痎瘧，氣疰背膊急，頸項強，風勞食氣。肺俞，治寒熱喘滿，虛煩口乾，傳屍骨蒸勞，肺痿咳嗽。《明下》云：療肉痛皮癢，傳屍骨蒸，肺嗽。魄戶，治虛勞肺痿，五屍走疰項強。《明下》云：療勞損虛乏。秦承祖云，支正療五勞，四支力弱虛乏等。譩譆，療勞損虛乏，不得睡。下焦俞，療背痛身熱。曲骨，但是虛乏冷極皆灸。氣海，療冷病，面黑肌體羸瘦，四支力弱，小腹氣積聚賁豚，腹弱脫陽欲死不知人，五藏氣逆上攻。膏肓俞，治羸瘦虛損，夢中失精，無所不療。腎俞，治虛勞羸瘦，耳聾，腎虛水藏久冷，心腹膨脹，脇滿引小腹痛，目視䀮䀮，少氣溺血，小便濁，出精，陰疼，五勞七傷，虛憊，腳膝拘急，足寒如冰，頭重身熱振慄，腰中四支淫濼，洞泄食不化，身腫如水。《明下》云：療身寒熱，食多身羸瘦，面黃黑，目䀮䀮，女久積冷氣成勞。腦空，治勞疾羸瘦，體熱，頸項強。章門，治傷飽，身黃羸瘦。漏谷，治食不爲肌膚。下管，治日漸羸瘦。下管、胃俞、脾俞、下廉，治羸瘦。小兒羸瘦，食飲少，不生肌膚，灸胃俞一壯。灸勞法：其狀手足心熱，多盜汗，精神困頓，骨節疼寒，初發咳嗽，漸吐膿血，肌瘦面黃，減食少力。令身正直，用草子，男左女右，自腳中指尖量過腳心下，向上至曲秋大紋處截斷，卻將此草自鼻尖量，從頭正中須分開頭心髮，貼肉量。至脊，以草盡處用墨點記。別用草一條，令病人自然合口，量闊狹，截斷，卻將此草於墨點上平摺，兩頭盡處量穴，灸時隨年多灸一壯，如年三十灸三十一。累效。

羸瘦固瘵疾，自有寒熱等證，宜隨證醫治，若素來淸癯者，非有疾也。惟病後瘦甚，久不復常，謂之形脫。與夫平昔充肥，忽爾羸瘦，飲食減少者，或有他疾乘之，則難救療，須辨之於早，而著艾可也。然仲景論六極，必曰：精極令人氣少無力，漸漸內虛，身無潤澤，翕翕羸瘦，眼無精光。且云：八味腎氣，差六極而差五勞，則是八味元所當服，而腎俞等穴，尤所當灸也。

脾俞、大腸俞，主腹中氣脹，引脊痛，食多身羸瘦，名曰食晦，先取脾俞，後取季肋。五藏六府心腹滿，腰背痛，飲食吐逆，寒熱往來，小便不利，羸瘦少氣，灸三焦俞，隨年。

《針灸資生經·風勞》 大杼，治風勞氣咳嗽，胸中鬱鬱，身熱目眩。大椎，治風勞食氣。風門，治風勞嘔逆上氣，胸背痛，喘氣，臥不安。膀胱俞，治風勞腰脊痛。附分，治風勞臂肘不仁。五里，治風勞驚恐吐血，肘臂痛，嗜臥，四支不得動。曲泉，治風勞失精，身體極痛，泄水下利膿血，陰腫䯒痛。關元俞、膀胱俞，療風勞腰痛。伏兔，療風勞，痺逆狂邪，膝冷手節攣縮，身癮疹，腹脹，少氣頭重。風勞，腦戶五壯，針三分補之。灸風勞發背癰疽，用麻繩一條蠟過，從手中指第二節量至心坎骨截斷，須直伸臂。折過自前項下取中纏至後心，相對令齊，閉口量兩吻闊狹，以此爲則，對灸七壯。

《針灸資生經·腎虛》 腎俞，治腎虛水藏久冷。中膂俞，治腎虛消渴。陽蹻，療腎氣。下廉，療小腸氣不足，面無顏色。灸小腸氣痃癖氣，發時腹痛若刀刺不可忍者，并婦女本藏氣血癖，走疰刺痛，或坐臥不得，或大小便不通，不思飲食，於左右腳下下第二指第一節曲紋中心各灸十壯，每壯如赤豆大，甚驗。

治小腸氣方甚多，未必皆效，《耆域方》奪命散、《良方》蒼猝散皆已試之效者。有一兵患小腸氣，依此方灸足第二指下文五壯，略效而再發，恐壯數未多也，予以鎭靈丹十粒與之，令早晚服五粒而愈。灸固捷於藥，若灸不得穴，又不如藥相當者見效之速，且灸且藥，方爲當爾。

近傳一立聖散，用全乾蝎七枚、縮砂仁三七枚、炒茴香一錢爲末，分三服，熱酒調下和滓空心服。此疾是小腸受熱，蘊積不散，久而成疾，服此立效。雖未試用，以其說有理，故附於此。有士人年少，覓灸夢遺，爲點腎俞痠痛其令灸而愈。則不拘老少，腎皆虛也。古人云：百病皆生於心。又云：百病皆生於腎。心勞生百病，人皆知之，腎虛亦生百病，人未知也。蓋天一生水，地二生火，腎水不上升，則心火不下降，茲病所由生也。人不可不養心，不愛護腎乎。

《針灸資生經·虛損》 腦虛冷、腦衄、風寒入腦、久遠頭疼等，亦宜灸囟會。

予年逾壯，泣寒夜觀書，每覺腦冷，飲酒過量，腦亦疼甚，後因灸此穴而愈。有兵士患鼻衄不已，予教令灸此穴即愈。有人久患頭風，亦令灸此穴即愈。但《銅人》、《明堂經》只云主鼻塞不聞香臭等疾而已。故予書此，以補其治療之闕。然以腦戶不宜針觀之，囟會亦不宜針，《針經》止云八歲以下不宜針，恐未盡也。

凡飲食不思，心腹膨脹，面色萎黃，世謂之脾腎病者，宜灸中脘。【略】今

人飲食減少，是胃氣將絶，不可久生矣，方且常食朏石，使愈難剋化，服峻補藥，使脾胃反熱，愈不能食，初不知灸中脘等穴以壯脾胃，亦惑之甚也。久冷傷憊臟腑，泄痢不止，中風不省人事等疾，宜灸神闕。

舊傳有人年老而顏如童子者，蓋每歲以鼠糞灸臍中一壯故也。予嘗久患溏利，一夕灸三七壯，則次日不如廁，連數夕灸，則數日不如廁，足見經言主洩利不止之驗也。又予年逾壯，覺左手足無力，偶灸此而愈。後見同官說中風人多灸此，或百壯或三五百壯皆愈，而經不言主中風，何也？

藏氣虛憊，眞氣不足，一切氣疾，久不差者，宜灸氣海。

人身有四海，氣海、血海、照海、髓海是也。而氣海爲第一，氣海者，元氣之海也。人以元氣爲本，元氣不傷，雖疾不害，一傷元氣，無疾而死矣。宜頻灸此穴，以壯元陽，若必待疾作而後灸，恐失之晚也。

府藏虛乏，下元冷憊等疾，宜灸丹田。

人有常言，七七之數，是旁太歲壓本命，六十有一，是太歲壓本命，人值此年，多有不能必者，是固然矣。然《傳》不云，吉人吉其凶者乎？常觀《素問》以六八之數精髓竭之年，是當節其欲矣。《千金》云：五十者一月一泄，要之四十八，便當依此。《千金》載《素女論》：六十者閉精勿泄。是欲當絶矣，宜節不知節，宜絶不能絶，坐此而喪生，蓋自取之，豈歲之罪哉？人無罪歲，則雖有孽，猶可違矣，所謂吉其凶者如此，雖不灸丹田可也。《丹田》可灸七七壯或三五百壯。

陽氣虛憊，失精絶子，宜灸中極。

中極一名氣原，蓋氣之原也，人之陽氣虛憊者，可不灸此以實其氣耶。按《難經》云，丹田亦名大中極，言丹田取人之身上下四向最爲中間也，故名爲極。此亦曰中極，其去丹田只一寸，雖未若丹田之最中，然不中不遠矣。

三里，治胃寒：心腹脹滿，胃氣不足，惡聞食臭，腸鳴腹痛，食不化。秦承祖云：諸病皆治。華佗云：療五勞羸瘦，七傷虛乏，胸中瘀血，乳癰。《明堂》云：人年三十以上，若不灸三里，令氣上衝目。《明下》云：眼暗。《千》云：主陰氣不足，小腹堅，熱病汗不出，口苦壯熱，身反折，口噤，腰痛不可顧，胃氣不足，久泄痢，食不化，脇下注滿，不能久立，狂言狂歌妄笑，恐怒大罵，霍亂，遺尿失氣，陽厥悽悽惡寒云云，凡此等疾，皆刺灸之，多至五百壯，少至二三百壯。

《小品》云：四支但去風邪，不宜多灸，七壯至七七壯止，不得過隨年數。故《銅》人於三里穴，止云：灸三壯，針五分而已。《明堂上經》乃云：日灸七壯，止百壯，亦未爲多也。至《千金》則云：多至五百壯，少至二三百壯，何其多耶。要之，日灸七壯，或艾炷甚小，可至二七壯，數日灸至七七壯止，灸瘡既乾，則又報灸之，以合乎若要安，丹田、三里不曾乾之說可也。必如《千金》之壯數，恐犯《小品》之所戒也。予舊有腳氣疾，遇春則足稍腫，夏中尤甚，至冬腫漸消，偶夏間，依《素問》注所說穴之所在，以溫針微刺之，翌日腫消，其神效有如此者，謬刺且爾，況於灸乎。有此疾者不可不知，此不止治足腫，諸疾皆治云。

湧泉，治心痛不嗜食，婦人無子，男子如蠱，女子如妊娠。五指端盡痛，足不得履地，宜針灸。《千》云：主忽忽喜忘，身體腰脊如解，大便難，小便不利，足中清至膝，咽中痛，不可內食，瘖不能言，衄不止云云。

《千金》於諸穴皆分主之，獨於膏肓、三里、湧泉穴，特云治雜病。是三穴者，無所不治也，但《明堂》云：若灸，廢人行動爾。既欲愈疾，雖不行動數日，未爲害也。

脾俞，治食多身瘦，洩利體重，四支不收，腹痛不嗜食。

胃俞，治胃寒腹脹，不嗜食，羸瘦。

人之言曰：血氣未動者，瘠甚而不害，血氣既竭者，雖肥而死矣。則身之羸瘦，若未足爲人之害者。殊不知人之羸瘦，必其飲食不進者也，飲食不進，則無以生榮衛，榮衛無以生，則氣血因之以衰，終於必亡而已。故《難經》疏云：人仰胃氣爲主，是人資胃氣以生矣。五藏論云：脾不磨食不消，是脾不壯，食無自而消矣，既資胃氣以生，又資脾以消食，其可使脾胃一日不壯哉。必欲脾胃之壯，當灸脾、胃俞等穴可也。

心中風，狂走發癇語悲泣，心胸悶亂，咳唾血，宜針心俞。

《難經》疏言：心爲藏府之主，法不受病，病則神去氣竭，故手足爲之清，名眞心痛。旦發夕死，手足溫者，名厥心痛，可急治也。故《千金》言：心中風者，急灸心俞百壯，服續命湯。必泥心俞不可灸之說，則無策矣。但心俞雖可針，若刺中心，一日必死，又豈易針耶。必欲無此患，平居當養其心，使之和平，憂愁思慮，不使傷其神，乃策之上。必不免此，亦當服鎭心丹等藥補助，乃其次也。

腎俞，治虛勞羸瘦，腎虛水藏久冷，小便濁，出精，陰中疼，五勞七傷虛憊，足寒如冰，身腫如水。

《難經》疏云：夾脊骨有二腎，在左爲腎，在右爲命門。言命門者，性命之根本也，其穴與臍平。凡灸腎俞者，在平處立，以杖子約量至臍，又以此杖子當脊骨上量之，知是與臍平處也，然後相去各寸半取其穴，則是腎俞穴也，更以手按其陷中，而後灸之，則不失穴所在矣。凡灸以隨年爲壯，灸固有功，亦在人滋養之如何爾。

骨髓冷疼，灸上廉七十壯。

《難經》疏八會曰：府會中管，治府之病。藏會章門，藏病治此。筋會陽陵泉，筋病治此。髓會絶骨，髓病治此。血會鬲俞，血病治此。骨會大杼，骨病治此。脈會太淵，脈病治此。氣會膻中，氣病治此。然則骨髓有病，當先大杼、絶骨，而後上廉可也。

膀胱，三焦津液少，大、小腸寒熱，或三焦寒熱，灸小腸俞五十壯。三焦、膀胱，腎中熱氣，灸水道隨年。

膏肓俞，主無所不療，羸瘦虛損，夢中失精，上氣咳逆，發狂健忘等疾。

膏肓俞無所不療，而古人不能求其穴，是以晉景公有疾，秦醫曰緩者視之曰，在肓之上，膏之下，攻之不可，達之不及，藥不至焉，不可爲也。晉侯以爲良醫，而孫眞人乃笑其拙，爲不能尋其穴而灸之也。若李子豫之赤龍丹，又能治其膏肓上五音下之鬼，無待於灸也，是緩非特拙於不能灸，亦無殺鬼藥矣，其亦技止於此哉。

《直指方·虛勞·虛勞方論》灸法：肓俞二穴、百勞一穴、心俞二穴、腎俞二穴、三里二穴、關元一穴、三焦俞二穴，皆可灸之。

《世醫得效方·痼冷》灸法：腎與膀胱俱虛，灸腎俞百壯，穴在對臍兩邊向後夾脊相去各一寸五分，兼治便濁失精，五臟虛勞，痼冷，小腹弦急，夢泄精，三陰交二七壯，夢斷，神良，穴在內踝上大脈并四指是。

諸虛極，灸膏肓俞、氣海穴，壯數愈多愈妙。

《玉機微義·熱門·虛中有熱宜灸論》《衛生寶鑑》云：奥屯周卿之子，年二十三，病發熱，肌熱消瘦，四肢困倦，嗜卧盜汗，大便溏多，不思飲食，腸鳴，舌不知味，懶於言語，時來時去近半載。其脈浮數，按之無力，正應《脈訣》云：臟中積冷榮中熱，欲得生精要補虛。先灸中脘，引清氣上行，肥腠理。又灸氣海穴，乃生發元氣，滋榮百脈。灸三里，助胃氣，撤上熱，使下於陰分。以甘寒之劑瀉熱火，佐以甘溫，養其中氣。又食粳米、羊肉之類，固其胃氣。以慎言語，節飲食，至數月，病減，得平復。

《普濟方·針灸門·風勞》治風勞食氣，穴：大椎。

《普濟方·針灸門·虛損》治陽氣虛憊，失精絶子，灸中極，中極一名氣原，蓋氣之原也。人之陽氣虛憊者，可不灸此以實其氣耶。按《難經》云：丹田一名中極，言丹田取人之身上下四旁最爲中間也，故名爲極，此亦曰中極，其去丹田只一寸，雖未居丹田之最中，然不中不遠矣。

治胃寒，心腹脹滿，胃氣不足，惡聞食臭，腸鳴腹痛，食不能化。

秦承祖云：諸疾皆治。華佗云：療五勞羸瘦，七傷虛乏，胸中瘀血，乳癰。《明堂》云：人年三十以上，若不灸三里，令人氣上衝目。《千金》云：治陰氣不足，小腹堅，熱病汗不出，口苦壯熱，身反折，口噤，腰痛，不可顧，胃氣不足，久泄痢，食不化，脇下支滿，不能久立，狂言狂歌妄笑，恐怒大駡，霍亂遺尿，失氣陽厥，悽悽惡寒，穴：三里。

凡此等疾，皆刺灸之，多至五百壯，少至二三百壯。

《資生經》云：《小品》云：四肢但去風邪，不宜多灸，七壯至七七壯止，不得過隨年數，故《銅人》於三里穴，止云灸三壯，針五分而已。《明堂上經》乃曰：日灸七壯，至百壯，亦未爲多也。至《千金方》則云：多至五百壯，少至二三百壯，何其多也。要之，日灸七壯，或灸炷甚小，可至二七壯，數日灸至七七壯止，灸瘡既乾，則又報灸之，以合乎若要安，丹田、三里不曾乾之說可也。必如《千金》之壯數，恐犯《小品》之所戒也。予向有腳氣疾，遇春則足浮腫，夏秋尤甚，至冬，則腫漸消，偶夏間，依《素問》注所說穴之所在，以溫針微刺之，翌日腫消，其神效有如此者，繆刺且爾，況於灸乎，有此疾者，不可不知，此不止治足腫，諸疾皆治之。

治久冷傷憊臟腑，泄痢不止，中風不省人事等疾，灸：神闕。

王氏云：舊傳有人年老而顏如童子者，蓋每歲以鼠糞灸臍中一壯故也。予嘗患溏利，一夕灸三七壯，則一夕不如廁，連灸數夕，則數夕不如廁，足見經言主泄痢不止之驗也。又予年踰壯，覺左手足無力，偶灸此穴而愈，後見同官說，中風人多灸此穴，或百壯，或三五百壯皆愈，而經又言主中風，此也。

治臟氣虛憊，眞氣不足，一切氣疾，久不瘥者，灸氣海。

人身有四海，氣海，血海，髓海，水穀之海是也。而氣海爲第一。氣海者，元氣之海也，人以元氣爲本，元氣不傷，雖疾不害，一傷元氣，無疾而死矣。宜頻灸此穴，以壯元陽，若必待疾作而後灸，恐失之晚也。

治男子臟氣虚憊，眞氣不足，一切氣疾久不瘥，不思飲食，全無氣力，燔針，針任脈氣海一穴，針入五分，可灸百壯，次以毫針，針足陽明經三里二穴。

治虚勞喘嗽，灸脊骨從上第五椎下間，神庭穴百壯。

治虚勞羸瘦，腎虚，水臟久冷，小便濁，出精，陰中痛，五勞七傷，虚憊，足寒如冰，身腫如水，穴腎俞。

《難經》疏云：夾脊骨有二腎，在左爲腎俞，在右爲命門，言命門者，性命之根本也，其穴與臍平。凡灸腎俞者，在平處立，以杖子約量至臍，又以此杖子當背脊骨上量之，知是與臍平處也，然後相去各寸半取其穴，則是腎俞穴也，更以手按其陷中，而後灸之，則不失穴所在矣，凡灸以隨年爲壯，灸固有功，然亦在人涵養之如何耳。人當愛護丹田，吾既於《既效方》主論之詳矣，而妻妾之戕害，蓋未之及也。《君子偕老》之序曰：夫人淫亂，失事君子之道，故陳人君之德，服飾之盛，宜與君子偕老也，宜偕老而不至偕老，夫人之罪多矣。故詩人以是刺之，意可見矣，至於士大夫志得意滿，不期驕而驕，至侍妾數十人，少亦三五輩，淫言褻語，不絶於耳，不能自克，而淫縱其欲者，多矣。爲内子者，恬不之怪，人問之，則曰：自母言之，則爲賢母，自我言之，未免乃爲妬婦人也。人或以此多之，即其夫亦稱其賢而不妬，又孰知其不妬，乃所以爲禍之階歟。雖然二南之化，至於無妬心而止，今而言此，豈求異於詩人耶，是不然，古人十日一御男子，彼之不妬者，蓋使媵妾得備十日一御之數耳，不妬則同，其所以不妬則異，吾故表而出之，以爲夫婦之戒，固非故求異於詩也。

治失精五臟虚竭，但是虚乏冷極，皆宜灸。穴：曲骨，灸五十壯。

治骨髓冷疼，穴：上廉，灸七十壯。

《難經》疏八會曰：府會中脘，治府之病，臟會章門，臟病治此。筋會陽陵泉，筋病治此。髓會絶骨，髓病治此，血會鬲俞，血病治此，骨會大杼，禁灸。骨病治此，脈會太淵，脈病治此，氣會膻中，氣病治此，然則骨髓有病，當先大杼，絶骨而後上廉可也。

治膀胱三焦津液少，大小腸寒熱，或三焦寒熱，穴：小腸俞，灸五十壯。

治三焦膀胱腎中熱氣，穴：水道，灸隨年壯。

治羸瘦虚損，夢中失精，上氣咳逆，發狂健忘等疾，穴：膏肓俞。

膏肓俞無所不療，而古人不能求其穴，是以晉景公有疾，秦醫曰緩者視之曰，在肓之上，膏之下，攻之不可，達之不及，藥不至焉，不可爲也。晉侯以爲良醫，而孫眞人乃笑其拙，爲不能尋其穴而灸之也。若李子豫之赤龍丹，又能治其膏肓上，五音下之鬼，無待於灸也，是緩非特拙於不能灸，亦并無殺鬼藥矣，其亦技止於此哉。

治五臟虚勞，小腹弦急脹熱，及五臟痼冷，腎風虚寒，失精，小便濁難，穴：灸腎俞五十壯，老小損之，若虚冷者，可至百壯，横三間寸灸之。

治虚勞，陰中疼痛，溺血，泄精，穴：灸列缺五十壯，又灸横骨五十壯，又云：治五臟虚竭，又灸大赫三十壯。

治虚勞失精，筋攣陰縮入腹，相引痛，灸中封，五十壯。

治顔色焦枯，勞氣失精，肩臂痛不得上頭，灸肩髃，百壯。

治失精筋攣，陰縮入腹，相引痛，穴：灸四滿各五十壯，大人加之，小兒隨年壯，此二穴，喉腫厥逆，五臟所苦，鼓脹並主之。

治虚勞腰脊冷疼，溺多白濁，穴：灸脾募百壯，又灸三焦俞百壯，又灸章門百壯。

治怯勞傷等疾：先以蠟打線一條，於患人頭匝轉以兩眉心爲則，截斷，用銅錢一個，穿上套於頸上，取咽喉爲中，轉錢向背，錢眼中正突用墨點，卻以蠟閉門，合口横絞爲則寸截斷分中墨點兩旁是穴，灸二七壯。須以病人兩脚取齊，以蠟線從脚後跟圍過，至兩脚大拇指截斷，以錢一文，穿上，亦行套於頸上，取咽喉爲中，轉錢向背脊錢眼，取中。

治諸虚勞，少腹堅，絞痛難忍，及陰縮困篤欲死，及陰陽易，療丈夫得婦人陰易之病，若兩房室者，穴：灸陰頭一百壯便瘥，可至三百壯，皆愈。其良無此比，後生子如故，無妨。又男子初覺，便灸陰頭三七壯。若已盡，甚至百壯即愈，眼息無妨陰道瘡復如常。

《普濟方・針灸門・勞瘵》 治五勞羸瘦，七傷乏力。《明堂》云：五勞虚乏，四肢羸瘦。穴：三里。

治五勞七傷，穴：肩井。

治五勞七傷，溫瘧痎瘧痓背膊急，脛項強，風勞食氣，穴：大椎。

治寒熱喘滿，虛煩口乾，傳屍，骨蒸勞熱，肺痿咳嗽，穴：肺俞。

治虛勞肺痿，勞損痿黃，五屍走注，項強及療勞損虛乏，穴：魄戶。

治五勞，四肢力弱虛乏。秦承祖法。穴：支正。

治勞損虛乏不得睡，穴：譩譆。

治但是虛乏冷極，灸曲泉。

治冷病面黑，肌體羸瘦，四肢力弱，小腹氣積聚，賁豚腹弱，繞腸欲死不知人，五臟氣逆上攻，穴：氣海。

治羸瘦虛損，夢中失精，無所不療，穴：膏肓俞。

治虛勞羸瘦，耳聾腎虛，水臟久冷，腰疼，心腹膨脹，脅滿引小腹痛，目視䀮䀮，少氣溺血，溲濁出精，陰痛五勞七傷，虛憊，腳膝拘急，好獨卧，足寒如冰，頭重身熱，振慄，腰中四肢淫濼，洞泄，食不化，身腫如水，又療身寒熱，食多身羸瘦，面黃黑，目䀮䀮，及女人久積冷氣成勞，穴：腎俞。

治勞疾，羸瘦體熱，頸項強，穴：腦空。

治傷飽，身黃羸瘦，穴：章門。

治食不爲肌膚，穴：漏谷。

治日見羸瘦，穴：下脘。

治羸瘦，穴：下脘、胃俞、脾俞、下廉。

治久勞怯，手足心壯熱，多盜汗，精神困頓，骨節寒疼，咳嗽漸吐膿血，肌瘦面黃，減食少力。令身正直，用草一條，男左女右，自腳中指尖，量過腳心下，向上至曲脷大橫紋處截斷，卻將此草，自鼻尖量從頭正中，須分開頭心髮貼肉量至脊，以草盡處，用墨點記。別用草一條，令病人自撚合量口闊狹，截斷，卻將此草於墨點上平摺，兩頭盡處是穴，灸隨年多灸一壯。如年三十，則當灸三十一壯，屢效。

人患羸瘦，固瘵疾自有寒熱等證，宜隨證醫治。若素來清癯者，非有疾也，惟病後瘦甚，久不復常，謂之形脫，與夫平昔充肥，忽爾羸瘦，飲食減少者，或有他疾乘之，則難救療，須辨之早而著艾可也。然仲景論六極，必曰：精極令人氣少無力，漸漸內虛，身無潤澤，翕翕羸瘦，眼無精光。且云：八味腎氣，差六極而差五勞，則是八味丸所當服，腎俞等穴，尤所當灸也。

治腹中氣脹，引脊痛，食多身羸瘦，名曰食晦，先取脾俞，後取季肋，穴：脾俞、大腸俞。

治五臟六腑心腹滿，腰背痛，飲食吐逆，寒熱往來，小便不利，羸瘦少氣，穴：三焦俞，灸隨年壯。

治勞瘵，癸亥夜二更，六神皆聚之時，解去下體衣服，於腰下兩旁微陷處，謂之腰眼，直身平立，用筆點定，然後上牀合面而卧，每灼小艾炷七壯，蟲或吐出，或瀉下即安。又法：膏肓、肺俞穴，每穴各灸九壯，乃依前蟲醉日，各穴俞多灸爲妙，後百日忌煎煿生冷熱物毒食，仍戒房事，避風寒，減喜怒，安心靜處，將息若一月後，猶覺未痊，於初穴上再灸。

治傳尸伏連殗殜，骨蒸痃癖，鬼氣惡寒，或如瘧狀，宜灸大椎上一穴，又灸大椎兩旁近下少許，對椎節間各相去一寸五分二穴，又灸兩肋下二穴，名章門，又灸當心脊骨上兩旁，各相去一寸二穴，以上七穴，日別灸，皆取正午時灸，各七壯，滿百壯漸差，至五百壯，病除。

治傳尸殗殜喜魘夢，穴：商丘，二穴灸七壯，差乃止。厲兌二穴，灸一壯，大良，二間二穴，灸三壯。以上六穴，商丘療多卧，厲兌療嗜卧怠惰，章門療賁豚氣脹。

治五勞七傷，及山嵐瘴氣，背膊煩重，心痛注忤氣羸，食不生肌膚，寒熱邪氣，頸項強，面色黑黃，精神昏倦，積年淋瀝，積癖鬼氣，傳屍骨蒸等疾，穴：胃俞，二穴灸七壯止，或至一百壯，量病輕重加灸。又，穴：腎俞。二穴灸七七壯，病深者，日灸七壯，至百壯佳。又章門二穴可灸七壯，日灸漸至七七壯，同前法。又太衝二穴，灸五壯，漸加日灸如前法。

凡取膏肓二穴，令病人坐，曲背，伸兩臂著膝令直，手大指抵膝齊，以物抵肘，勿令臂動，從膊骨上角摩捺至膊骨下頭，其間當有四肋三間，灸中間。旋轉膊骨之裏，去膊骨側容指許，摩膂肉之表肋間，灸處捺之，自覺牽引胸肩中，灸兩膊骨內各一處，五百壯，多至千壯，氣下如水，若無停痰宿水，必有所下也。此灸法無所不治，若病困，即令側卧，挽臂令前取穴。或正坐伸臂，令人挽之，使兩臂骨相遠，不爾，膊骨覆穴，即難取也，其穴近五椎，相望求之。又肝俞二穴，在第六椎下兩傍，各一寸五分，日灸七壯，病深者至百壯，佳。又神堂穴，在第五椎下兩傍各三寸陷中，正坐取穴，宜灸七壯，至七七壯，如前法。以上七名，總十四穴，若不能徧灸，當取緊者灸之。其緊者，即膏肓、胃俞、章門、腎俞、太衝是也。若能依次第灸之，各滿百壯尤妙。凡量穴法，不拘病人肥瘦長短，取病人男左女右手中指，度兩橫紋爲寸，是爲同身寸也。

凡灸皆取正午時佳，若早起空腹灸，即傷人氣，又令人血虛，若日晚食後灸，則病氣難去，若治卒病風氣，即不在此例。

《普濟方·針灸門·勞瘵》 治骨蒸痃癖，灸兩肩井二穴，若人面熱帶赤色者，灸之即差。取穴之法，坐，以手三指，從膊骨罅，向項筋上捺之，中指下節是也。上廉二穴在膝外下三寸是。一云：三里下三寸是。下廉二穴，在上廉下三寸是，當心脊骨上平立，以物柱地，當心點記，回量脊上點即是穴，以上七穴，灸之如前法。

治骨蒸痃癖，令患者於板上平身正立，以杖柱板向上，度當臍，點杖記之，又回杖量脊中點之，又令患人合口，別以物橫口，兩吻當中折之，以折處點灸，又兩乳一大肋間二穴，總六穴灸之，並如前法。凡量，皆取病者男左女右，無名指中節，屈之爲寸。又法，取男左女右中指，以物從指本量至指端，乃將此度於腳趺上繫鞋處，橫紋當脛面上，量一度是穴。

《神應經·痰喘咳嗽部》 諸虛百損，五勞七傷，失情勞證：肩井、大椎、膏肓、脾俞、胃俞、肺俞、下脘、三里。

傳尸骨蒸，肺痿：膏肓、肺俞、四花穴。

《奇效良方·諸虛通治方》 代灸膏：治男子下焦虛冷，眞氣衰弱，泄痢腹痛，氣短不食，老人元氣衰弱虛冷，臟腑虛滑，腰腳冷痛沉重，飲食減少，手足逆冷不能忍者，此灸方，其功不能盡述。附子一兩。吳茱萸、馬藺花、蛇床子各一分。肉桂二錢。木香一錢。

右爲細末，每用一匙，以生薑自然汁，入少麪調藥，攤在紙上，貼臍并臍下，覺腹中熱爲度。一方用大附子一箇，馬藺花一兩，木香等四味，各半兩，如腰痛，依法製貼腰眼。一方煎成膏，攤於紙上，臨睡貼臍，以油紙覆其上，綿衣繫之，自夜至明乃去，每夜如此貼之，其腰腹如灸百壯，除寒積腰疼，貼腰眼。

《醫學正傳·燥證》 人有氣如火，從腳上起入腹者，此虛極也，蓋火起於九泉之下也。此病十不救一，治法以四物湯加降火藥服之，外以附子末津調貼腳心湧泉穴，以引火下行。

《醫學正傳·五邪刺法》 五邪刺法：肝虛見白屍鬼，而後暴厥不知人，名曰卒屍，五邪病，名並同。目中神彩不變，四肢雖冷，心腹尚溫，口中無涎，舌不捲卵不縮者，可刺之復甦。

丘墟二穴，在足外踝下如前陷中，去臨泣穴五寸，足少陽之原也，以毫針刺入三分，得氣則補，留三呼，徐徐出針。

按：口中閉氣，腹中鳴者可治，更刺肝俞。

肝腧二穴，在背第九椎下兩旁各一寸半，以毫針刺三分，得氣則補，留三呼，次進二分，留三呼，復取針，至三分留一呼，徐出針，氣及即甦。

心虛見黑屍鬼而後暴厥不知人，四肢雖冷目中精彩不變，氣雖閉絕舌不卷卵不縮，未出一時，可治，刺之復甦。

陽池二穴，在手表腕陷中，手少陽之原也，用毫針刺入二分，得氣則補，留七呼，次進一分留三呼，復退留一呼，徐徐出針，手捫其穴，更刺心俞。

心俞二穴，在背第五椎下兩傍各一寸半，用毫針刺入七分，得氣則補，留一呼，次進一分，留一呼退至二分，留三呼，徐徐出針，以手捫其穴，即甦。

脾虛見青屍鬼，而後暴厥不知人，四肢冷而身溫唇溫，不出一時，可治。

衝陽二穴，在足趺上骨間動脈，去陷谷三寸，足陽明之原，以毫針刺入三分，得氣則補，留三呼，次進二分，留一呼，徐徐退針，以手捫之，復刺脾俞。

脾俞二穴，在背第十一椎下兩傍各一寸半，以毫針刺入三分，得氣則補，留二呼，進二分，動氣至，徐徐出針，即甦。

肺虛見赤屍鬼，而後暴厥不知人，雖無氣手足冷，心腹溫鼻微溫，目中神彩不變，口中無涎，舌不卷卵不縮者，未出一時，可治。

合谷二穴，在手大指次指兩歧骨間，手陽明之原也，用毫針刺入三分，得氣則補，留三呼，復退一分，留一呼，徐徐出針，以手捫其穴，復刺肺腧。

肺腧二穴，在背第三椎下兩傍各一寸半，用毫針刺入一寸半，得氣則補，留三呼次進二分，留一呼，徐徐出針，以手捫穴即甦。

腎虛見黃屍鬼而後暴厥不知人，氣絕，四肢厥冷，心腹微溫，目中精彩不變，唇舌不黑，口中無涎可救。

京骨二穴，在足外側大骨下赤白肉際陷中，足太陽之原，用毫針刺入一分半，得氣則補，留三呼，進至三分，留一呼，徐徐出針，以手捫穴，復刺足少陰之俞。

足少陰之腧，在背第十四椎下兩傍各一寸半，用毫針刺入三分，得氣則補，留三呼，次又進五分，留三呼，徐徐出針，以手捫其穴即甦。

凡以上刺法必先以口含針煖而刺之，則經脈之氣無拒逆也。

《醫學正傳·勞極》 灸崔氏四花六穴無有不安者也。

灸崔氏四花穴法：先二穴，令患人平身正立，取一細繩，蠟之勿令展縮。於男左女右腳底貼肉堅踏之，其繩前頭與大拇指端齊，後頭循當腳根中心向後引繩，從腳腨肚貼肉直上，至曲脉中大橫紋，截斷，橫紋即委中穴。又令患人解髮分兩邊，令見頭縫自囟門平分至腦後，卻平身正坐，取向所截繩，一頭令與鼻端齊，引繩向上正循頭縫至腦後貼肉垂下，循脊骨引繩向下至繩盡處，當脊骨中以墨點記之，墨點不是灸處。又取繩子，令患人合口，將繩子按於口上，兩頭至吻，卻鈎起繩子中心至鼻柱根下，如△，此便齊兩吻截斷，將此繩展令直，於前量脊骨上墨點處，橫量取平，勿令高下，其量口繩子先中摺，當中以墨記之，卻展開繩子橫量，卻以中摺墨點記處，按於脊骨中先點處，兩頭是穴也。兩頭以白圈記之，以上是第一次，點二穴。

次二穴，令患人平身正坐，稍縮臂膊，取一繩繞項向前，雙垂頭與鳩尾齊，胸前歧骨間盡處也。雙頭齊截斷，卻翻雙繩頭向後，以繩子中心按於喉嚨結喉骨上，其繩兩頭雙垂，循脊骨以墨點記之，墨點不是灸處。又取一繩子，令患人合口橫量，齊兩吻截斷，還於脊骨上墨點，橫量如法，繩子兩頭以白圈記之。白圈是灸處。

以上是第二次，點二穴，通前共四穴，同時灸各三七壯，累灸至一百餘壯，候灸瘡將瘥，又依後法灸二穴。

又次二穴，以第二次量口吻繩子，於第二次雙繩頭盡處墨點上，當脊骨直上下豎點，其繩子中心放在墨點上，於上下繩頭盡處以白圈記之，白圈是灸處也。

以上是第三次，點二穴也。通前共六穴也，擇取離日及火日灸之，一應虛勞發熱尪羸等證，灸之立愈，眞濟世之妙法也。

《楊敬齋針灸全書·癆瘵之證》

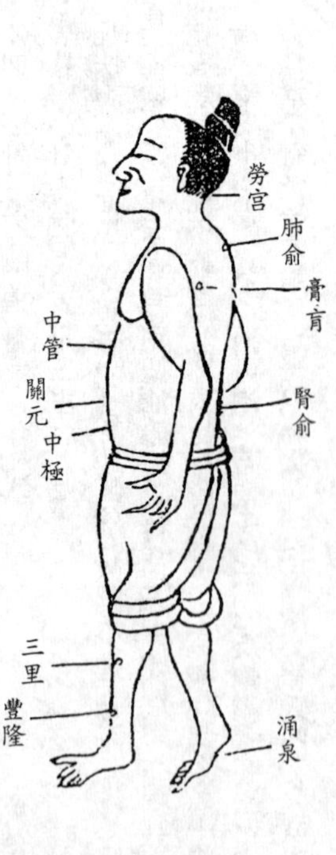

《針灸大成·續增治法·治虛損五勞七傷緊要灸穴》 陶道一穴，灸二七壯。身柱一穴，灸二七壯。肺俞二穴，灸七七壯至百壯。膏肓二穴，灸三七壯至七七壯。

《針灸大成·治證總要》 第八十四：傳尸癆瘵：鳩尾、肺俞、中極、四花。先灸。

問曰：此證從何而來？答曰：皆因飽後行房，氣血耗散，癆瘵傳尸，以致滅門絕戶者有之，復刺後穴：膻中、湧泉、百會、膏肓、三里、中脘。

《壽世保元·灸法·灸諸病法》 一論灸勞蟲。於癸亥日，灸兩腰眼低陷中之穴，每穴灸艾七炷，若灸十一炷尤妙。先隔一日前點穴，方睡至半夜子時，一交癸亥日期便灸，其蟲俱從大便中出，即用火焚之，棄於江河中。如蟲有黑嘴者，則其在內已傷人腎臟矣，此不可治蟲，宜謹避。瘵有數蟲，如蜈蚣，如小蛇，如蝦蟆，如馬尾，如亂絲，如爛麪，如蒼蠅，如壁油蟲，上紫下白，形銳足細而有口，或如白蟻，孔竅中皆出，此皆勞瘵根毒。若傳至三人，則人形如鬼狀。

一論四花穴治骨蒸勞熱，以稻稈心量口縫如何闊，斷其多少，以如此長，裁紙四方，當中剪小孔，別用長稻稈踏腳下，前取腳大指爲止，後取腳曲脷橫紋中爲止，斷了，卻還在結喉下，垂向背後看稻稈止處，即以前小孔紙當中安，分爲四花，灸紙角也可，灸七壯，此四穴正合太陽行背二行膈俞、膽俞四穴。

《類經圖翼·針灸要覽·諸證灸法要穴》 虛損注夏羸瘦：大椎、肺俞、膈

俞、胃俞、三焦俞、腎俞、中脘、天樞、氣海、眞氣不足。足三里、三陰交、長強、崔氏四花六穴。

一法取手掌中大指根稍前肉魚間近内側大紋半指許，外與手陽明合谷相對處，按之極疼者是穴，此同長強，各灸七壯甚妙。

傳屍癆：第一代蟲傷心，宜灸心俞穴，并上下如四花樣。第二代灸肺俞四穴如前。第三代灸肝俞四穴如前。第四代灸厥陰俞四穴如前。第五代灸腎俞四穴如前。第六代灸三焦俞四穴如前。

此證五日輕，五日重，輕日其蟲大醉，方可灸，又須請蓮經并普庵咒鎮念之。

一法灸腰眼穴，法在《圖翼》十卷。一法：凡取癆蟲，可於三椎骨上一穴，并膏肓二穴，各灸七壯，然後以飲食調理，方下取蟲等藥。

骨蒸寒熱夜熱：百勞、膏肓、肺俞、魄戶、脾俞、腎俞、四花穴、間使、足三里。

虛怯飲食不化：膈俞、脾俞、胃俞、中脘、梁門、內關、天樞、足三里。

多汗少力：大橫。

盜汗：肺俞、復溜、譩譆。癆多汗。

下元痼冷：此腎與膀胱虛寒也，多灸愈妙。腎俞、神闕、關元、氣海、陽脫。三陰交。

《病機沙篆·虛勞》驅蟲灸法：用鬼眼穴，令病人舉手向上，略轉後些，則腰間有兩陷可見，即鬼眼也，以筆點記。於六月癸亥日亥時灸此穴七壯，勿令人及病人先知乃靈，其外肺俞二穴同，膏肓二穴亦能怯蟲。

虛勞吐血及欬逆上氣，灸上腕、肺俞，如年壯者，可灸也。

鼻血不止，急於項後，髮際兩筋間宛三中灸三壯立止，蓋血由此而上入腦注鼻也，灸之則截其路，即啞門穴也。

咳嗽，針肺俞、列缺、太淵。痰多屬濕者，取豐隆穴，氣逆作喘取三里降氣，一灸丹田七壯。

夫人但知血熱妄行，不知血寒亦吐，乃陰乘於陽，各心肺二經。

嘔吐者：灸用三陰交、心俞、少商、神門。

冷嗽：補合谷，瀉三陰交。

寒嗽久不愈：灸取膏肓、肺俞、天突、三里。

肺癰吐血膿：灸取膻中、肺俞、支溝、大陵。

欬嗽紅痰：列缺、百勞、肺俞、中脘、足三里，針灸皆可。

《醫宗金鑒·刺灸心法要訣·灸癆蟲穴歌》鬼眼一穴灸癆蟲，墨點病人腰眼中，擇用癸亥亥時灸，勿令人知法最靈。

〔吳謙等注〕勞瘵日久不愈，互相傳染，因內有勞蟲，宜灸鬼眼穴，穴在腰間兩旁，正身直立，有微陷處，用墨點記，合面而卧，以小艾炷灸七壯，或九壯，十一壯。多寡量人，蟲即吐瀉而出，急取燒燬遠棄，可免復傳，擇癸亥日夜半六神皆聚，亥時灸之，勿使病人預知，恐尸神有覺也。

《太乙神針心法·虛損門》治法

五勞七傷，諸虛百損：針百勞、膏肓、足三里。

傳尸骨蒸肺痿吐血：針肺俞、膏肓。

怔忡驚悸：針神門、心俞、百會。

腎虛腰疼，便血出精，陰疼身熱，耳聾目眊：針腎俞、命門。

咳嗽肺脹，喘滿噎氣：針大淵、崑崙。

陽事久憊，遺精白濁，至有聞女人聲而遺者，有見女人裙裩矖晾而遺者：針氣海、關元、腎俞、命門。

飲食不進，翻胃吐食：針食關。

脾胃不實，赤白痢疾，水瀉：針天樞。

痰積、食積、脇滿、腸鳴：針食竇。

乾嗽：嗽而無痰，名曰乾嗽，針肺俞、天突、百勞。

吐痰不住：針天突、上脘、肺腧。

乾血癆：針百勞、陶道、膏肓。

思食癆：針中脘、百勞、足三里。

凡怯證，肉瘦面黑，身黄骨露，參藥無效，飲食不進，精神恍惚，卧床不起，奄奄待斃，一息尚存者，用鵝油於患人背脊骨上逐節擦之，視其脊上着油即乾者幾節，着油不乾者幾節，人身脊骨共計二十一節，七節乾，十四節不乾可治。乾者半，不乾者半，猶可治。若乾多於不乾及乾盡者，不治也。

《羅遺編·針灸要穴論》虛癆、虛損、注夏、羸瘦：崔氏四花六穴、氣海、長強。

一法取手掌中大指根稍前肉魚間近内側大紋半指許外，與手陽明合骨相

對處，按之極疼者是穴，此同長強，各灸七壯甚妙。

傳屍痨：灸腰眼穴。

一法凡取痨蟲，於三椎骨上一穴，并膏肓二穴，各灸七壯，然後以飲食調理，方下取蟲等藥。

下元痼冷：此腎與膀胱虛寒也，多灸愈妙，腎俞、神闕、關元、氣海、陽脫。三陰交。

《針灸逢源·證治參詳·虛勞門》 骨蒸寒熱：蒸上則見喘欬痰血，脣焦面紅，耳鳴目眩，肺痿肺癰。蒸中則見腹肋脹痛，體倦肉瘦，多食而饑。蒸下則見遺精淋濁，瀉泄燥急，腰疼腳瘦，陰莖自強，肺俞、膏肓俞、足三里。

四花穴：令病人平身正立，用草一條約長三四尺，一頭與足中指端一作大指。比齊，順腳心至後跟貼肉直上，比至曲脷大紋截斷。次令病人正坐，解髮分頂，卻將此草自鼻尖量，從頭正中循項背貼肉垂下，至草盡處用墨點記，又取短草一條雙折，按定鼻柱根左右分開至兩口角截斷如人字樣，展直取中，橫加於背脊墨點上，兩邊草盡處爲第一次應灸二穴，即五椎心俞，心主血故灸之，隨年紀多灸一壯，累效。如人三十歲灸三十一壯。又取前所量足之草中摺，正按結喉上，其草兩頭垂脊間，至盡處以墨點記，次以前所量短草亦如前法橫加於墨點上，兩邊草盡處爲第二次應灸二穴，即七椎膈俞。疏曰：血會膈俞。蓋骨蒸勞熱，血虛火旺故灸之。崔知悌立四花穴法，而不指穴名，爲粗工吉也。如婦人纏足者，以草自右髆肩髃穴起，伸手貼肉量至中指頭截斷，以代量足之法。凡男婦五勞七傷，肌肉削瘦，盜汗潮熱，煩躁欬嗽吐血等證，初灸七壯，或二七壯、三七壯，再灸膏肓二穴。

按《類經圖翼》云：四花上二穴，近五椎心俞下二穴，近九椎肝俞，而依其法度之，未合。《大成》云：上二穴膈俞，下二穴膽俞，依其法度之亦不合，今與《資生》灸勞穴等法較正如右。

骨熱不可治，前板齒乾燥：灸骨會、大椎。

眞氣不足：灸氣海、足三里。

注夏羸瘦：凡在夏初而患頭疼足軟，體熱食少者，名曰注夏。一作疰夏。大椎、肺俞、膈俞、胃俞、中脘。

傳尸勞：第一代蟲傷心，灸心俞并上下如四花樣。

按：四花穴又有上下二穴之法，取心俞當點記五椎下，次用草一條雙摺，按定鼻柱根，分開比至兩口角，截斷如人字樣，展直取中，橫放點處，其左右草盡處即心俞二穴。又以此草取中，貼脊直放點處，上下草盡處亦爲二穴，合心俞共灸四穴，如灸肺俞，點記三椎下爲法，餘倣此。

第二代：灸肺俞四穴，如前。

第三代：灸肝俞四穴，如前。

第四代：灸厥陰俞四穴，如前。

第五代：灸腎俞四穴，如前。

第六代：灸三焦俞四穴，如前。

此證五日輕，五日重，輕日其蟲大醉，方可灸，又須請普庵咒鎮念之。

一凡取痨蟲，可於三椎骨上一穴，并膏肓俞二穴，各灸七壯，然後以飲食調理，方下取蟲藥。

一灸腰眼穴法，於癸亥日二更後，將交夜半，乃六神皆聚之時，令病人解衣，舉手向上，略轉後些，則腰間有微陷是穴，正身直立，用墨點記，然後上床合面而臥，各灸七壯，或九壯、十一壯，其蟲必從吐瀉中而出，燒煅遠棄之，可免傳染，此比四花等穴尤易取效。

《針灸全生·咳嗽哮喘》 諸虛損勞證：肩井、膏肓、大椎、脾俞、胃俞、肺俞、下脘、三里。

《神灸經綸·身部證治》 虛勞

諸虛勞熱：氣海、關元、膏肓、足三里、內關，治勞熱良。

房勞：太谿。

虛損：中極、大椎、肺俞、膈俞、胃俞、三焦俞、腎俞、中脘、天樞、氣海、足三里、三陰交、長強。

崔氏四花六穴：凡男婦五勞七傷，氣血虛損，骨蒸潮熱，咳嗽痰喘，五心煩熱，四肢困倦羸弱等證並治。

第一次先取二穴，令患人平身正立，取一細繩約長三四尺者，蠟之勿令伸縮，乃以繩頭與男左女右足大拇指端比齊，令其順腳心至後跟踏定，卻引繩向後，從足跟足肚貼肉直上，至膝彎曲膕中大橫紋截斷，次令病者平身正坐，解髮，分頂，中露頂路，取所比蠟繩一頭齊鼻端按定，引繩向上循頭路項背貼肉垂下，至繩頭盡處，以墨記之，此非是灸穴，別又取一小繩，令患者合口，將繩雙摺，自鼻柱根按定，左右分開，比至兩口角，如人字樣，截斷，即將

此繩展直，取中，橫加於前記脊中墨點之上，其兩邊繩頭盡處，以墨記之，此第一次應灸二穴，名曰患門。

右法，若婦人足小者難以爲則，當取右臂，自肩髃穴起，以墨記之，伸手引繩向下，比至中指端截斷，以代量足之法，庶乎得宜。

第二次取二穴，令患人平身正坐，稍縮臂膊，取一蠟繩繞項後向前雙垂，頭與鳩尾尖齊，雙頭一齊絕斷，卻翻繩頭向後，將此繩中摺處，正按結喉上，其繩頭下垂脊間處，以墨記之，此非灸穴。又取一小繩，令患人合口，橫量，齊兩吻截斷，還加於脊上墨點處，橫量如前法，於兩頭盡處，點墨記之，此是第二次灸穴，即四花之左右兩穴也。前共四穴，同時灸之，初灸七壯或二七、三七以至百壯爲妙，俟灸瘡將瘥或火瘡發時，又依後法灸二穴。

第三次取二穴：以第二次量口吻短繩，於第二次脊間墨點處，對中，直放，務令上下相停，於繩頭盡處以墨記之，此是灸穴，即四花之上下兩穴也。右共六穴，宜擇午日火日灸之，後百日內宜慎房勞思慮，飲食適時，寒暑得中，將養調護，若瘡愈後仍覺未瘥，依前再灸，無不愈者。故云：累灸至百壯，但骨脊上兩穴不宜多灸，凡一次只可三五壯，多則恐人倦怠，若灸此六穴，亦宜灸足三里瀉火方妙。

愚按前法灸脊旁四穴，上二穴近五椎心俞，下二穴近九椎肝俞，崔不知穴名而但立取法，蓋欲人之易曉耳。然稽脊背穴法，則太陽二行者當去脊中各開二寸方得正脈，乃可獲效，用者仍宜審之。

一法，取手掌中大指根稍前肉魚間近內側大紋半指許，外與手陽明合谷相對，按之極疼者是穴，此同長強，各灸七壯甚妙。

傳尸癆：第一代蟲傷心，宜灸心俞穴並，上下如四花樣。第二代灸肺俞四穴，如前。第三代灸肝俞四穴，如前。第四代灸陰俞四穴，如前。第五代灸腎俞四穴，如前。第六代灸三焦俞四穴，如前。

此證五日輕五日重，輕日其蟲大醉方可灸，又須誦蓮經並普庵咒鎮之。

一法灸腰眼穴。其法令病人平眠，以筆於兩腰眼宛宛中點，二穴各灸七壯，此穴諸書所無，而居家必用。《載之》云：其法累試累驗，主治癆瘵已深之難治者，於癸亥日二更盡，三更初，令病人平眠，灸三壯。

一傳尸癆瘵以致滅門絕戶者有之。此證因寒熱前作，血凝氣滯，化而爲蟲，內食臟腑，每致傳人，百方難治，惟灸可攻。其法於癸亥日二更後，將交夜半，乃六神皆聚之時，勿使人知，令病者解去下衣，舉手向上，略轉後些，則腰間兩旁自有微陷可見，是名鬼眼穴，即俗所謂腰眼也。正身直立，用墨點記，然後上床合面而卧，用小艾炷灸七壯或九壯、十一壯尤好，其蟲必於吐瀉中而出，燒燬遠棄之，可免傳染。此比四花等穴尤易，且效。穴在腎俞下三寸夾脊兩旁各一寸半，以指按陷中。

一法凡取癆蟲，可於三椎骨上一穴，並膏肓二穴，各灸七壯，然後以飲食調理，方下取蟲等藥。

《神灸經綸·身部證治》 骨蒸寒熱夜熱：百勞、膏肓、肺俞、魄戶、脾俞、腎俞、四花穴、間使、足三里。

《神灸經綸·中身證略》 傳尸癆證：其證令人寒熱盜汗，夢與鬼交，遺精白濁，髮乾而聳，或腹內有塊，或腦後兩邊有小結核，復連數個，或聚或散，沉沉默默，咳嗽痰涎，或咯膿血如肺痿，肺癰狀，或腹痛下利，羸瘦困倦不勝自持，積月累年，以致於死，死復傳注親屬，乃至滅門，符藥罔效。知此者，惟取膏肓俞、四花穴，及早灸之，可否幾半，晚亦不濟矣。凡灸虛勞，取其助益陽氣，若脈洪陽盛者，又不可灸，臨證審之。

《傳悟靈濟録·虛勞》 虛損注夏羸瘦：大椎、肺俞、膈俞、胃俞、腎俞、長強、三焦俞、中脘、天樞、氣海、眞氣不足。足三里、三陰交。

又：崔氏四花六穴，見後奇俞。

傳尸癆：凡患此證，五日輕，五日重，輕日其蟲乃大醉，方可灸之。又須用蓮經、普庵咒，念而鎮壓之。第一代患此證，其蟲傷心，須灸：心俞，幷上下如四花樣四穴，下同。二代肺俞。第三代肝俞。第四代厥陰俞。第五代腎俞。第六代三焦俞。

一法：灸腰眼，見奇俞。一法：凡取癆蟲，可於三椎骨上一穴，幷膏肓貳穴，各灸七壯，然後以飲食調理，方下取蟲等藥。

骨蒸寒熱，夜間煩熱：百勞、膏肓、肺俞、魄戶、脾俞、腎俞、間使、足三里、又：四花穴。

虛怯，飲食不化：膈俞、脾俞、胃俞、中脘、梁門、內關、天樞、足三里。

多汗少力：大橫、肺俞、灸盜汗。復溜、灸盜汗。譩譆、瘧多汗。

下元痼冷，此腎與膀胱虛寒也，多灸爲佳。腎俞、神闕、關元、氣海、灸陽脫。三陰交。

陰寒腹痛欲死：若人行房事後，或起居犯寒，以致臍腹絞痛，如危甚者，急用大附子爲末，用津唾調和作餅如厚大錢狀，置於臍上，以大艾炷灸之。如無附子，或用生薑或獨蒜切片代之亦可。若藥餅焦熱，以津唾和之或零換之，直待灸至汗出、體溫乃止。或更於氣海、丹田、關元三穴各灸二七壯，使陽氣內通，逼寒出外，手足溫暖，脈息起發，則陰消而陽可復矣。

《針灸集成·虛勞》 虛勞：五勞謂五臟之勞，七傷謂憂、愁、思、慮、悲、驚、恐。心腎受邪，五內不足，緩急濕痺，偏枯不仁，四肢拘攣也，邪實則痛，虛則癢也。

虛勞羸瘦，耳聾，尿血，小便濁或出精，陰中痛，足寒如冰：崑崙、腎俞、年壯，照海、絕骨。身有四海：氣海、血海、照海、髓海。

臟氣虛憊，眞氣不足，一切氣病：氣海，百壯。

《針灸集成·勞瘵》 勞瘵證：灸腰眼穴，穴法載別穴中，其名遇仙灸。人脈微細或時無者，以圓利針刺足少陰經復溜穴，深刺以候回陽脈生，方可出針。

虛勞百損，失精勞證：肩井、大椎、膏肓俞、肝俞、腎俞、脾俞、下三里、氣海。

《針灸全生·虛勞》 虛損注夏羸瘦：大椎、膈俞、三焦俞、肺俞、胃俞、腎俞、中脘、天樞、氣海。

眞氣不足：足三里，三陰交，長強，四花穴。

骨蒸寒熱夜熱：大椎、肺俞、脾俞、腎俞、膏肓、魄戶、四花穴、間使、足三里。

虛怯飲食不化：膈俞、脾俞、胃俞、中脘、梁門、內關、天樞、足三里。

《針灸穴法》 虛疾：百會一穴、膏肓二穴、合谷二穴、三里二穴。

諸般虛損：氣海一穴、膏肓二穴、腎俞二穴、三里二穴。

《灸法秘傳·勞傷》 五勞者，煩冗勞心，謀慮勞肝，過思勞脾，過憂勞肺，房色慾勞腎。七傷者，久視傷血，久行傷筋，久坐傷肉，久臥傷氣，久立傷骨，房勞、思慮傷心、腎也。至於骨蒸勞熱，藥石乏效者，先灸大椎，并灸膽俞。久嗽勞熱者，灸肺俞。久虛不食者，灸上脘。眞氣虛弱者，灸氣海。男子血損者，灸天樞。女子陰虛，灸足三里。凡有一切虛損勞瘵，及至形神大憊，惟灸膏肓穴，可冀挽回，否則無救矣。

《針灸摘要·帶脈》 諸虛百損，四肢無力：百勞、心俞、三里、關元、膏肓。

《名醫類案·勞瘵》 一婦染瘵疾駸劇，偶趙道人過門，見而言曰：汝有瘵疾，不治謂何？答曰：醫藥罔效耳。趙曰：吾得一法，治此甚易，當以癸亥夜二更，六神皆聚之時，解去下體衣服，於腰上兩傍微陷處，針灸家謂之腰眼，直身平立，用筆點定，然後上牀合面而臥，每灼小艾炷七壯，勞蟲或吐出或瀉下，即時平安，斷根不發，更不傳染，如其言獲全。《類編》

《太乙神針心法·針案紀略》 同門陸兄，諱誠字省存，別號北垞者，中堂太倉王公之令甥也，才識通明，詞華敏瞻，中堂愛之，常稱爲美才。苦功讀書，刻意作文，幾乎嘔出心肝，屢戰場屋不利。中年艱於嗣息，患失血者年餘，成癆瘵證，終日咳嗽，吐痰不止，身發晡熱，骨瘦如柴，腰腎疼痛難忍，飲食少進，坐臥不安，名醫環坐，百藥莫挽。中堂患之，乃延先生針治。先生到陸寓半日之頃，中堂三遣使問。先一使來問：診過脈否？可還治得否？答云：尚可治。使者去。則又一使來問：已曾用針否？答云：正在用針。使者去。則又一使來問：用針可有效否？答云：先七針，腰不疼，得以坐起；再七針，嗽差痰減；再七針，身熱已退。大約三日可以去病，七日可以除根，一月之內元氣可復也。中堂聞之，喜出望外。翌日，中堂又遣使問，則諸病已退七八分矣，中堂大喜。先生應酬甚繁，不能日往，親爲用針，乃授門人汪梅溪口訣，令往治之。一月之內，病果霍然，精神復舊。陸兄念先生再造洪恩，無可報，折節稱弟子，受業焉。

血證

《靈樞·寒熱病》 暴癉內逆，肝肺相搏，血溢鼻口，取天府。

《靈樞·厥病》 病注下血，取曲泉。

《太素·寒熱·寒熱雜説》 暴癉內逆，肝肺相薄，血溢鼻口，取天府。此爲大輸五部。熱盛爲癉。手太陰脈起於中焦，下絡大腸，還循胃口上膈屬肺，故此脈病，腹暴癉，脾胃氣逆，肝肺之氣相薄，致使內逆，血溢鼻口，故取天府。天府在腋下三寸臂臑內廉動脈。此爲頸項之間藏府五部大輸。

《甲乙經·動作失度內外傷發崩中瘀血嘔血唾血》 心下有鬲，嘔血，上

脘主之。嘔血有息，脇下痛，口乾心痛，與背相引，不可欬，欬則腎痛，不容主之。【略】唾血振寒嗌乾，太淵主之。欬血，大陵及郄門主之。嘔血上氣，神門主之。內傷不足，三陽絡主之。內傷唾血不足，外無膏澤，刺第五會。凡唾血，瀉魚際，補尺澤。

《千金要方·小兒雜病》　又方：尿血，灸第七椎兩傍各五寸，隨年壯。

《千金要方·膽腑·吐血》　胸中瘀血榰滿，肋膈痛不能久立，膝痿寒，三里主之。心膈下嘔血，上管主之。嘔血，肩脇痛，口乾，心痛與背相引，不可欬，欬引腎痛，不容主之。唾血振寒嗌乾，太淵主之。嘔血，大陵及郄門主之。嘔血上氣，神門主之。內傷唾血不足，外無膏澤，刺地五會。虛勞吐血，灸胃管三百壯，亦主勞嘔逆吐血，少食多飽多唾百病。吐血唾血，灸胸堂百壯，不針。吐血腹痛雷鳴，灸天樞百壯。吐血唾血，上氣欬逆，灸肺俞，隨年壯。吐血酸削，灸肝俞百壯。吐血嘔逆，灸手心主五十壯。凡口鼻出血不止，名腦衄，灸上星五十壯，入髮際一寸是。大便下血，灸第二十椎隨年壯。

《千金要方·針灸下·心腹》　吐血病：上管、不容、大陵，主嘔血。胸堂、脾輸、手心主、間使、胃管、天樞、肝輸、魚際、勞宮、肩輸、太谿，主唾血吐血。郄門，主衄血嘔血。太泉、神門，主唾血振寒，嘔血上氣。手少陰郄，主吐血。委中、隱白，主衄血劇不止。行間，主短氣嘔血，胸背痛。太衝，主面脣色白，時時歐血，女子漏血。湧泉，主衄不止。然谷，主欬唾有血。凡內損唾血不足，外無膏澤，地五會主之，刺入三分，特忌灸。凡唾血，瀉魚際，補尺澤。

《千金翼方·針灸中·膽病》　虛勞吐血，灸胃管三百壯，亦主嘔逆吐血，少食多飽，及多唾百病。凡口鼻出血者，名曰腦衄，灸上星五十壯。吐血，唾血，灸胸堂百壯，忌針。吐血，腹痛雷鳴，灸天樞百壯。吐血，唾血，上氣欬逆，灸肺俞隨年壯。吐血，酸削，灸肝俞百壯。吐血，嘔逆，灸手心主五十壯，大陵是。吐血，灸頸項上二七壯。

《千金翼方·針灸下·尿血》　第七椎兩邊各五寸，主尿血。又灸大敦，各隨年壯。虛勞，尿血，白濁，灸脾俞百壯。又灸三焦俞百壯。又灸腎俞百壯。又灸章門百壯。尿黄，灸石門五十壯。

《外臺秘要》卷二十七《小便血及九竅出血方》　《千金》療小便出血方：灸脾俞百壯，在第十椎。

又方：灸三焦俞百壯，在第十三椎。

又方：灸腎俞百壯，在第十四椎。

又方：灸章門百壯，在季肋端。

又方：灸足第二指本第一文七壯，立愈。

《醫心方·治大便下血方》　灸臍中及臍下一寸各五十壯。今案，葛氏方以錢掩臍上，灸錢下際五十壯。

《扁鵲心書·失血》　凡色慾過度，或食冷物太過，損傷脾肺之氣，故令人咯血。食前服鍾乳粉、金液丹，食後服阿膠散而愈。若老年多於酒色，損傷脾氣，則令人吐血，損傷腎氣，則令人瀉血，不早治多死。當灸關元三百壯，與薑附湯、金液丹自愈。傷肺氣則血從鼻出，名曰肺衄，乃上焦熱氣上攻也，服金液丹或口含冷水，以鬱金末調塗項後及鼻柱上，凡肺衄不過數杯，如出至升斗者，乃腦漏也。當作腦衄爲是。由眞氣虛而血妄行，急針關元三寸，留二十呼，立止。再灸關元二百壯，服金液丹、草神丹可保。

治驗

一人患腦衄，日夜有數升，諸藥不效。余爲針關元穴，入二寸，留二十呼。問病人曰：針下覺熱否？曰：熱矣。乃令吸氣出針，其血立止。

一法治　鼻衄與腦衄神方，用赤金打一戒指，帶左手無名指上，如發作時，用右手將戒指捏緊箍住，則衄止矣。

《扁鵲心書·附竇材灸法》　腸癖下血，久不止，此飲食冷物損大腸氣也，灸神闕穴三百壯。

小便下血乃房事勞損腎氣，灸關元二百壯。

砂石淋，諸藥不效，乃腎家虛火所凝也，灸關元三百壯。

《扁鵲心書·腸癖下血》　此由飲食失節，或大醉大飽，致腸胃橫解，久之冷積結於大腸之間，致血不流通，隨大便而出，病雖尋常，然有終身不愈者。庸醫皆用涼藥止血，故連綿不已，蓋血愈止愈凝，非草木所能治也。正法：先灸神闕穴百壯，服金液丹十兩，日久下白膿，乃病根除也。

《聖濟總録·治吐血灸法》　吐血，灸巨闕，穴在鳩尾下一寸。《甲乙經》云：心募也，任脈氣所發，灸七壯，炷不必大，筯頭爲之。吐血唾血，氣咳逆，灸肺俞，隨年壯。

吐血瘦削，灸肝腧百壯。

吐血嘔逆，灸手心主五壯。《千金翼》云大陵是。

虛勞吐血，灸胃脘三百壯，亦主嘔逆吐血，少食、多飽、多唾、百病。多唾一作多睡。

吐血唾血，灸胸堂百壯，不宜針。

吐血腹痛雷鳴，灸天樞百壯。

《聖濟總録·治唾血嘔血灸刺法》 胃庫房穴，在氣戶下一寸六分陷者中，仰而取之，主唾血。《甲乙經》云：足陽明脈氣所發，灸一七壯。

嘔血肩脇痛，口乾心痛，與背相引，不可咳，咳引腎痛，不容主之。

唾血振寒嗌干，太淵主之。

嘔血，大陵及郄門主之。

嘔血上氣，神門主之。

心膈下嘔血，上脘主之。

曲澤穴，在肘內廉下陷者中，屈肘得之，各灸七壯，主嘔血，兼心痛血出。

《甲乙經》云：手心主脈之所入也。

內傷唾血不足，外無膏澤，刺地五會。

《素問病機氣宜保命集·針之最要》 血不止，鼻衄，大小便皆血、血崩，當刺足太陰井隱白。

《針灸資生經·便血》 復溜、太衝等，會陽，主便血。下廉、幽門、太白，治泄利膿血。太白，治吐泄膿血。小腸俞，治大便膿血出。下髎，治大便下血。腹哀，治大便膿血。《千》又云：寒中食不化腹痛。勞宮，治大小便血。

陸氏《續集驗方》：治下血不止，量臍心與脊骨平，於脊骨上灸七壯即止，如再發，即再灸七壯，永除根本。目睹數人有效，予嘗用此灸人腸風，皆除根本，神效無比，然亦按其骨突處痠疼方灸之，不疼則不灸也。但便血本因於腸風，腸風即腸痔，不可分而爲三。或分爲三而治之，非也。

《針灸資生經·腸風》 脊端窮骨，脊骨盡處。一名龜尾，當中灸三壯，治腸風瀉血，即愈，須顛倒身方灸得。久冷五痔便血，脊中百壯。

何教授湯薄有此疾積年，皆一灸除根，湯薄因傳此法。後觀《灸經》，此穴療小兒脱肛瀉血，蓋岐伯灸小兒法也。後人因之以灸大人腸風瀉血爾，蓋大人小兒之病初不异故也，五痔便血失屎。迴氣百壯，在脊窮骨上赤白下。

長強，治腸風下血。

腸風藥甚衆，多不作效，何也？《本草衍義》曰：腸風乃腸痔，苟知其爲痔而治之，無不效矣。若灸腸風，長強爲要穴云，近李倉腸風，市醫以杖量臍中，於脊骨當臍處灸，即愈，予因此爲人灸腸風，皆除根。《陸氏方》治下血除根。

《針灸資生經·唾血》 凡內損。又作傷。唾血不足，外無膏澤，地五會主之，刺入三分，特忌灸。凡唾血，瀉魚際，補尺澤。然谷，主咳唾有血。太淵、神門，主唾血振寒，嘔血上氣。胸堂、手心、脾俞、間使、胃管、天樞、肝俞、魚際、勞宮、肩俞、太谿，主唾血、吐血。心俞、肝俞、缺盆、巨闕、鳩尾，主咳唾血。庫房、中府、周榮、尺澤，主咳逆上氣呼吸，多唾濁沫膿血。上管、不容、大陵，主嘔血。郄門，主嘔血，衄血。行間，主短氣，嘔血，胸背痛。太衝，主面唇色白，時時嘔血，女子漏血。手少陰郄，主吐血。三里，主胸中瘀血，楮滿脇膈痛，不能久立，膝痿寒。上管，主心膈下嘔血。不容，主嘔血，肩脇痛，口乾，心痛與背相引，不可咳，咳引腎痛。太淵，主唾血，振寒，嗌乾。大陵及郄門，主嘔血。神門，主嘔血上氣。虛勞吐血，灸胃管三百壯，亦主勞嘔逆吐血，少食多飽多唾，百病。吐血，胸堂百壯，不針。吐血，腹痛雷鳴，天樞百壯。吐血、唾血，上氣咳逆，肺俞隨年壯。吐血酸削，肝俞百壯。吐血嘔逆，灸手心主五十壯。凡口鼻出血不止，名腦衄，上星五十壯。膻中，治唾膿。肝俞、承滿、肩中俞，治唾血。大鍾、然谷、心俞，治咳唾血。天突，咯唾膿血。庫房，治多唾濁沫膿血。屋翳，治多濁沫膿血。巨闕，治息賁，時唾血。太淵、神門、行間、太衝、魚際，治嘔血。曲泉，治逆氣嘔血。五里，治吐血。太谿，治咽腫唾血。巨骨，療驚癇，破心吐血。魚際，療吐血唾血。肝俞、紫宮、石門，療吐血。孔最，療吐血失音腫痛。曲澤，療心痛出血嘔血，見心煩。肺俞，療唾血。承滿，療鬲氣吐血。

《扁鵲神應針灸玉龍經·灸法雜抄切要》 腦虛冷衄，風寒入腦，久遠成疾，宜灸囟會。

《世醫得效方·失血》 灸法：虛勞吐血，灸胃脘三百壯。吐血，唾血，上氣咳逆，灸肺俞隨年壯。吐血，嘔逆，灸大陵穴，在掌後兩骨間是。口鼻出血不止，名腦衄，灸上星穴五十壯，入髮際一寸，衄不止，灸足大指節橫理三毛中十壯，劇者百壯，并治陰卵腫。

《世醫得效方·大便下血》 灸法：第二十椎，隨年壯。

又法：平立一杖子，比臍平，卻向後脊骨當中，灸七壯，或年深，於脊骨兩傍各一寸，灸七壯，余謂寸半則是腎俞，自佳。

《玉機微義・血證門・雜方》《試效方》治吐血不止，以三稜針於氣衝出血，立愈。

鼻衄不止，或素有熱而暴作，諸藥無驗者，以紙一張，作八牒或十牒，於極冷水內濕過，置頂中，不止，仍以熱熨斗於濕紙張上熨之，立止。

《玉機微義・血證門・灸法》 便血不止，宜灸等穴：勞宮、太白、會陽、三里。

血證宜灸等穴，詳見《資生經》等經，茲不備錄。然火熱脈盛實者，非所宜也。

《普濟方・針灸門・唾血》 治唾膿，穴：膻中。

治口鼻出血不止，名腦衄，穴：上星，灸五十壯。

治嘔血，穴：上脘、不容、大陵。

治嘔血、衄血，穴：郄門。

治短氣嘔血，胸背痛，穴：行間。

治面唇色白，時時嘔血，女子漏血，穴：太衝。

治吐血，穴：手少陰陰郄。

治胸中瘀血榰滿，脇膈痛不能久立，膝痿寒，穴：三里。

治心膈下嘔血，穴：上脘。

治嘔血肩脇痛，口乾，心痛，與背相引，不可咳，咳引脇痛，穴：不容。

治嘔血，穴：大陵、郄門。

治嘔血上氣，穴：神門。

治虛勞吐血，及治勞喘逆，少食即飽，多睡，一作多唾。百病。穴：胃脘，灸三百壯。

治吐血，穴：胸堂，灸百壯，不針。

治吐血，腹痛雷鳴，穴：天樞，灸百壯。

治吐血唾血，上氣咳逆，穴：肺俞，灸隨年壯。

治吐血瘦削，穴：肝俞，灸百壯。

治吐血嘔逆，穴：手心主，灸五十壯。大陵是。

治嘔血，穴：太淵、神門、行間、太衝、魚際。

治逆氣嘔血，穴：曲泉。

治吐血，穴：五里。

治驚癇破心吐血，穴：巨骨。

治吐血唾血，穴：魚際。

治吐血，穴：肝俞、紫宮、石門。

治膈氣吐血，穴：承滿。

治吐血失音，腫痛，穴：孔最。

治心痛出血，嘔血，穴：曲澤。

治嘔血兼心痛出血，穴：曲澤，灸七壯。

治吐血，穴：巨闕，灸七壯，炷不必大，筋頭爲之。

《普濟方・針灸門・唾血》 治唾血，瀉魚際，補尺澤。

治咳唾有血，穴：然谷。

治唾血振寒，嘔血上氣，穴：太淵、神門。

治唾血吐血，穴：胸堂、手心主、間使、脾俞、胃脘、天樞、肝俞、魚際、勞宮、肩俞、太谿。

治咳唾血，穴：心俞、肝俞、缺盆、巨闕、鳩尾。

治嘔血，咳逆上氣，呼吸多唾，濁沫膿血，穴：庫房、中府、周榮。

治唾血，振寒，嗌乾，穴：太淵。

治唾血，穴：肝俞、承滿、肩中俞。

治咳唾血，穴：大鍾、然谷、心俞。

治咳唾膿血，穴：天突。

治多唾濁沫膿血，穴：庫房。

治多唾濁沫膿血，穴：屋翳。

治息賁時唾血，又嘔血煩心，穴：巨闕。

治咽腫唾血，及治衄血不止，穴：太谿。

治唾血，穴：肺俞。

治唾血，穴：庫房，灸一七壯。

治上氣唾膿血，穴：兩乳下黑白際，灸各一百壯，良。

《普濟方・針灸門・便血》 治泄痢膿血，穴：下廉、幽門、太白。

治吐泄膿血，穴：太白。

治大便膿血出，穴：小腸俞。

治大便下血，穴：下髎。

治大便膿血，寒中食不化，腹痛，穴：腹哀。

治大小便血不止，穴：勞宮。

治下血不止，量臍心與脊骨平，於脊骨上灸七壯即止，如再發，即再灸七壯，永除根本，目睹數人有效。王氏云：嘗用灸人腸風，皆除根本，神效無比，然亦須按其骨突處疼痛，方灸之，不疼，則不灸也。但便血本因於腸風，腸風本腸痔，不可分而爲三，分而爲三，治之非也。

治大便下血，出危氏方。灸第三十椎，隨年壯。

治大便下血，出危氏方。平立，以繩子比臍平，卻向後脊骨當中，灸七壯，或年深，於脊骨兩傍各一寸，灸七壯，余謂寸半則是腎俞，自佳。

《普濟方·針灸門·風勞》 治風勞，驚恐吐血，肘臂痛，嗜臥，四肢不得動，穴：五里。

《普濟方·針灸門·血塊》 治血癃，穴：曲骨。

治血淋，穴：復溜。

治血淋，穴：丹田，灸七壯。

《神應經·痰喘咳嗽部》 嘔血：曲澤、神門、魚際。

咳血：列缺、三里、肺俞、百勞、乳根、風門、肝俞。

唾血內損：魚際，瀉。尺澤，補。間使、神門、勞宮、曲泉、太淵、太谿、然谷、太衝、肺俞，百壯。肝俞，三壯。脾俞，三壯。

唾血振寒：太谿、三里、列缺、太淵。

《神應經·腸痔大便部》 便血：承山、復溜、太衝、太白。

腸風：尾窮骨盡處灸百壯即愈。

《奇效良方·諸血門》 暴痺內逆，肝肺相搏，血溢鼻口，可於手太陰經內求穴以瀉之。

《醫學正傳·血證》 一方用荊芥穗研服，或用蘿蔔上半段杵汁服，又以汁滴入鼻竅中，或灸大椎及啞門穴二三壯俱可止之。

《針灸聚英·雜病》 吐衄血

身熱是血虛，血溫身熱者，死不治，針隱白、脾俞、上脘、肝俞。

下血

腸風多在胃與大腸，針隱白，灸三里。

《針灸聚英·玉機微義針灸證治》 便血

《寶鑑》曰：邪在五藏，則陰脈不和，不和則血留之，結陰之病，陰氣內結，不得外行，無所稟，滲入腸間，故便血，灸中脘、三里、氣海等穴。便血不止，灸勞宮、太白、會陽。

《古今醫統大全·針灸直指·諸證針灸經穴》 下血：隱白，宜刺。三里、灸。腎俞、灸。二十椎下，隨年灸。

《楊敬齋針灸全書·吐血衄血》

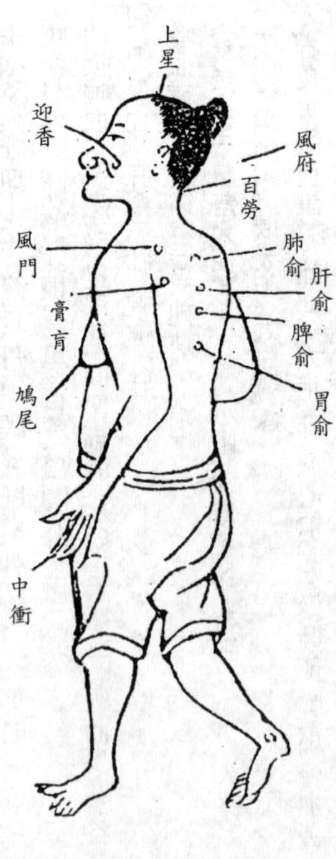

《針灸大成·痰喘咳嗽門》 咳血：列缺、三里、肺俞、百勞、乳根、風門、肝俞。

唾血內損：魚際，瀉。尺澤，補。間使、神門、太淵、勞宮、曲泉、太谿、然谷、太衝、肺俞，百壯。肝俞，三壯。脾俞，二壯。

唾血振寒：太谿、三里、列缺、太淵。

嘔血：曲澤、神門、魚際。

《針灸大成·續增治法·雜病》 吐衄血：身熱是血虛，血溫身熱者，死不治。

針隱白、脾俞、肝俞、上脘。

下血：主腸風，多在胃與大腸。針隱白，灸三里。

第八十一：吐血等證：膻中、中脘、氣海、三里、乳根、支溝。

問曰：此證緣何而得？何法可治？答曰：皆因憂愁思慮，七情所感，內動於心，即傷於神，外勞於形，即傷於精，古人言，心生血，肝納血，心肝二經

受𧏾，心火上炎，氣血上壅，腎水枯竭不交濟，故有此證。須分虛實，不可藥治。肺俞、腎俞、肝俞、心俞、膏肓、關元。

《針灸大成・治證總要》第八十：咳嗽紅痰：百勞、肺俞、中脘、三里。

問曰：此證緣何感得？答曰：皆因色慾過多，脾腎俱敗，怒氣傷肝，血不歸元，作成痰飲，串入肺經，久而不治，變成癆瘵。復刺後穴：膏肓、腎俞、肺俞、乳根。

《類經圖翼・針灸要覽・諸證灸法要穴》吐血：百勞、肺俞、心俞、夏止五壯。膈俞、肝俞、脾俞、腎俞、脊骨、詳後便血。中脘、虛勞吐血。天樞、太淵、通里、間使、大陵、外關，刺。足三里。

怒氣傷肝吐血：膈俞、肝俞、脾俞、腎俞、間使、足三里。

衄血：上星、灸一壯即止，一日須七壯，少則不能斷根。囟會、亦如上星。百勞、風門、膈俞、脊骨、詳後便血。合谷、湧泉。

一法於項後髮際兩筋間宛中穴，灸三壯，蓋血自此入腦注鼻中，故灸此立止。

便血：中脘、氣海。上二穴灸脫血色白，脈濡弱手足冷，飲食少思，強食即嘔，宜灸之，其效如神。

凡大便下血，諸治不效者，但取脊骨中與臍相平，須按脊骨高突之處，覺痠疼者是穴，方可於上灸之，不疼者非也。灸七壯即止，如再發即再灸七壯，永可除根。至於吐血、衄血、一切血病，百治不效者，經灸永不再發。

一法於脊中第二十椎下，隨年壯灸之。

尿血：膈俞、脾俞、三焦俞、腎俞、列缺、章門、大敦。

《太乙神針心法・腸痔大便門》便血：針承山、復溜、太衝、太白。

《針灸逢源・證治參詳・失血》欬血吐血：間使、列缺、太淵、魚際、神門、百勞、風門、肺俞、肝俞、脾俞、乳根、上脘、三里。

《針灸逢源・證治參詳・腫脹門》便血：病在胃與大腸，故名腸風，亦名藏毒。糞前者謂之近血，糞後者謂之遠血，皆由濕熱下注也。中脘、氣海。凡血脫色白，飲食少進，脈濡弱手足冷，灸此二穴妙。

凡便血諸治不效者，但取脊骨中與臍相平按高凸之處覺痠疼者，灸七壯即止，如復發再灸七壯，永可除根。至於衄血一切血證，百治不效者，經灸永不再發。

一法：於脊間二十椎下，灸隨年壯。

《針灸全生・諸血》陰虛陽乘，血熱妄行：外關、中衝、肝俞、膈俞、三里、三陰交。

陽虛陰走，血寒上溢：外關、少商、神門、心俞、膈俞、肝俞、三陰交。

血迷血暈：列缺、人中。

氣血兩蠱：行間、關元、水分、公孫、氣海、臨泣、照海。

嘔血：曲澤、神門、魚際。

吐血：膻中、氣海、乳根、肺俞、肝俞、中脘、三里、支溝、心俞、腎俞。

五臟結熱，吐血不已：取五臟俞穴並血會治之，心俞、肝俞、脾俞、肺俞、腎俞、膈俞、外關，爲主先取之。

六腑結熱，血溢妄行：取六腑俞并血會治之，外關、膽俞、胃俞、小腸俞、大腸俞、膈俞、膀胱俞、三焦俞。吐血昏暈不省人事：外關、肝俞、膈俞、通里、大敦。

虛損氣逆吐血不止：膏肓、丹田、膈俞、肝俞、外關。

咳血：列缺、肺俞、乳根、三里、百勞、風門、肝俞。

內損唾血：魚際瀉，尺澤補，間使、神門、勞宮、太谿、太淵、曲泉、然谷、太衝、肺俞二壯、肝俞三壯、脾俞一壯。

唾血振寒：太谿、三里、列缺、太淵。

《針灸全生・腸痔大便》下童：承山、太白、解谿、帶脈。

便血：承山、復溜、太衝、太白。

《針灸全生・血證》吐血：大椎、肺俞、心俞、膈俞、肝俞、脾俞、腎俞、脊骨、詳後便血。中脘。

虛勞吐血：天樞、太淵、通里、大陵、間使、外關，刺。足三里。

怒氣傷肝，吐血：膈俞、肝俞、間使、足三里。

衄血：上星、囟會、大椎、風門、脊骨、膈俞、合谷、湧泉。

又法：於項後髮際兩筋間宛中穴，灸三壯，立止。

便血：中脘、氣海。二穴灸脫血色白，脈濡弱，手足冷，飲食少思，強食即嘔，其效如神。

大便下血，諸治不效者，取脊骨中與臍平，須按有骨高突之處覺痠疼者是穴，方可於上灸之，不痠疼者非也，灸七壯即止，如發，再七壯，永不發，至

吐血衄血一切血證，灸此可除根。

尿血：膈俞、脾俞、三焦俞、腎俞、列缺、章門、大敦。

《針灸便覽·中風》 嘔血：曲澤、神門、魚際。

吐血：膻中、中脘、氣海、肺俞。

《神灸經綸·身部證治》 虛勞吐血：上脘、肺俞、脾俞、腎俞、大陵、外關。

咯血：風門。

吐血：百勞、肺俞、心俞、膈俞、肝俞、脾俞、腎俞、脊骨、天樞、太淵、通里、間使、大陵、中脘、足三里。

怒氣傷肝，吐血：肺俞、肝俞、脾俞、腎俞、間使、足三里。

衄血：上星、灸一壯即止，一日七七壯，少則不能斷根。囟會、亦如上星。風門、膈俞、脊骨、百勞、合谷、湧泉。

一法於項後髮際兩筋間宛中穴，灸三壯，蓋血自此入腦注鼻中，故灸此立止。即啞門穴。

便血：中脘、氣海。

上二穴灸脫血色白，脈濡弱，手足冷，飲食少思，強食即嘔。凡大便下血諸治不效者，但取脊骨中與臍相平，須按脊骨高突之處覺痠疼者是穴，方可於上灸之，不疼者非也，灸七壯即止，如再發，即再灸七壯，永可除根。

腸風：奇穴，其穴在脊之十四椎下傍各開一寸，年深諸痔，灸之最效。

尿血：膈俞、脾俞、三焦俞、腎俞、列缺、章門、大敦。

《傳悟靈濟録·血證》 吐血：百勞、肺俞、心俞、夏月止灸五壯。膈俞、肝俞、脾俞、腎俞、脊骨、詳後便血中。中脘、虛勞吐血。天樞、太淵、通里、間使、大陵、外關、足三里。

怒氣傷肝，吐血：膈俞、肝俞、脾俞、腎俞、間使、足三里。

衄血：上星、灸一壯即止，一日須灸七壯，少則不能斷根。囟門、同上法。百會、風門、膈俞、脊骨、合谷、湧泉。一法：於項後髮際兩筋宛宛中，灸三壯。蓋血自此處入腦，而腦注於鼻，故灸之乃能立止耳。

便血：中腕、氣海。上二穴灸脫血色白，脈臑弱，手足冷，飲食少思，強食即嘔，灸之立效。

凡大小便諸血，諸治不效，但取脊骨中與臍平，須按脊骨高突之處痠疼者是穴，方可於上灸之，不疼者非也，灸七壯即止。如再發，再灸七壯，永可除根。至於吐血、衄血一切血病，諸治不效者，灸之即愈。

一法：於脊中第二十椎下，隨年壯灸之。

尿血：膈俞、脾俞、三焦俞、腎俞、列缺、章門、大敦。

《針灸集成·口部》 口中出血不止：上星，五十壯。風府，針三分。口鼻幷出血，亦灸上星。

《針灸集成·咳嗽》 唾血內損：魚際瀉，尺澤補，間使、神門、太衝、肺俞，百壯，肝俞，百壯，脾俞，三壯，下三里。

《針灸集成·內傷瘀血》 胸中瘀血：巨闕、下三里、肺俞、膏肓俞、內關。

《針灸集成·大小便》 尿血：胃俞、關元、曲泉、勞宮、三焦俞、腎俞、氣海，年壯，太衝，三壯，少府，三壯，膀胱俞、小腸俞。

《針灸集成·嘔吐》 吐血：魚際、天樞、勞宮、行間、神門、大陵、尺澤、上星、七壯。加證後錄。

煩心：間使、神門、魚際。寒熱：心俞、絕骨、脾俞。上氣：肺俞、天突、即灸，哮喘套頸法神效。氣膈：膈俞、膻中、間使。腸鳴：曲池、大腸俞。悶亂：虎口、三焦俞、大陵。嗜卧：照海。不吐：心俞。嘔噎：陰交。虛者：補氣海穴。

嘔吐，乍寒乍熱，心煩：中脘、商丘、大椎、中衝、膽俞、絕骨。

《針灸穴法》 腫痛，便血不止：承山二穴、肝俞二穴、膈俞二穴、長強一穴。

鼻血不止，妄行：少澤二穴、心俞二穴、膈俞二穴、湧泉二穴。

中衝二穴、肝俞二穴、膈俞二穴、三里二穴、三陰交二穴，吐血暈不省人事。肝俞二穴、膈俞二穴、通里二穴、大敦二穴，五臟結熱血妄行。百會一穴、肝俞二穴、腎俞二穴、肺俞二穴、脾俞二穴、膈俞二穴，六腑結熱，血妄行不止。膽俞二穴、胃俞二穴、小腸二穴、膀胱二穴、三焦二穴，吐血，陰甚於陽名曰心肺三經吐血。少商二穴、心俞二穴、神門二穴、肺俞二穴、膈俞二穴、三陰二穴，吐血不止，虛損氣逆。膏肓二穴、膈俞二穴、肝俞二穴、丹田一穴，吐血肋血，陽甚於陰，血熱妄行。

背心腹痛，氣脹，積聚吐血下血，一切血證：膈俞二穴。

腸風下血，脫肛痔漏：長強一穴，在窮骨下完中。

腸風便血：已脊骨上灸七壯，高突之處酸痛之處此是直穴，若再灸三壯，永不發矣。

《灸法秘傳·血證》書謂：吐血成升斗者，屬胃血也。其餘咯血屬心，嘔血屬肝，咳血屬肺，唾血屬腎。凡有一概血證，總當先灸膽俞，血痰灸其上脘，咯血喉中有聲，灸其天突。如五勞七傷，諸虚百損，而患血者，灸其膏肓，弗可緩也。據管見，暴患之血證，實火爲多，不宜輒灸。久患之血證，虚火不少，用灸無妨，切須辨之。

《灸法秘傳·便血》便血之證，有腸風，有臟毒。如下鮮血，大便燥結，名曰腸風。血色黯濁，大便溏瀉，名曰臟毒。臟毒者，灸腎俞。腸風者，灸會陽。

《灸法秘傳·溺血》經謂：胞移熱於膀胱，則溺血，是證未有不本於熱者。當灸關元數壯。

《針灸摘要·陰維脈》臟毒腫痛，便血不止：承山、肝俞、膈俞、長強。

《針灸摘要·陽維脈》五臟結熱，吐血不已：取五臟俞穴，并血會治之。心俞、肺俞、脾俞、肝俞、腎俞、膈俞。

六腑結熱，血妄行不已：取六腑俞并血會治之。膽俞、胃俞、小腸俞、大腸俞、膀胱俞、三焦俞、膈俞。

吐血昏暈，不省人事：肝俞、膈俞、通里、大敦。

虚損氣逆，吐血不已：膏肓、膈俞、丹田、肝俞。

吐血衄血，陽乘於陰，血熱妄行：中衝、肝俞、膈俞、三里、三陰交。

血寒亦吐，陰乘於陽，名心肺二經嘔血：少商、心俞、神門、肺俞、膈俞、三陰交。

《名醫類案·血證》徐德占治一人患衄尤急，灸項後髮際兩筋間宛宛中，三壯立止。蓋血自此入腦，注鼻中，常人以線勒頸後，尚可止衄，此灸宜效。

《名醫類案·下血》羅謙甫治眞定總管史侯，男，年四十餘，肢體本瘦弱，於至元辛巳，因收秋租，佃人致酒，味酸不欲飲，勉飲數盃，少時腹痛，次傳泄瀉無度。日十餘行，越旬便後，見血紅紫之類，腸鳴腹痛。醫曰：諸見血者爲熱，用芍藥柏皮丸，治之不愈。仍不欲食，食則嘔酸，形體愈瘦，面色青黄不澤，心下痞，惡冷物，口乾，時有煩躁，不得安卧。羅診之，脈弦細而微遲，手足稍冷。《内經》云：結陰者，便血一升，再結二升，三結三升。又云：邪在五臟，則陰脈不和，而血留之，結陰之病，陰氣内結，不得外行，無所稟滲腸間，故便血也。以蒼朮、升麻、黑附子炮一錢，地榆七分，陳皮、厚朴、白朮、乾薑、白茯苓、乾葛各五分，甘草、益智仁、人參、當歸、神曲、炒白芍藥各三分，右十六味作一服，加薑棗煎，溫服食前，名曰平胃地榆湯。此藥溫中散寒，除溼和胃，數服病減大半。仍灸中脘三七壯，乃胃募穴，引胃上升，滋榮百脈。次灸氣海百餘壯，生發元氣，灸則強食生肉。又以還少丹服之。則喜飲食，添肌肉。至春再灸三里二七壯，壯脾溫胃，生發元氣。此穴乃胃之合穴也。改服芳香之劑，良愈。

《續名醫類案·衄血》王執中母氏，忽患鼻衄，急取藥服，凡昔與人服有甚效者，皆不效。因閲《集效方》云：口鼻出血不止，名腦衄，灸上星五十壯，尚疑頭上不宜多灸，只灸七壯而止，次日復作，再灸十一灸而愈。有人鼻常出膿血，執中教灸囟會亦愈。則知囟會、上星，皆治鼻衄之上法也。醫者不可不知。《資生經》

譙知閣熙載：壬子年病衄血，用燈草數枚，以百沸湯煮，逐枚漉出，乘熱安頂上，冷即易之，遂愈。《百乙方》此即灸上星、囟會之意。

蘇滔光云：其母夫人嘗衄血盈盆，百藥不效，用好麻油紙撚紝鼻中，頃之打嚏即愈，此方甚奇。同上。

《續名醫類案·下血》陸氏《續集驗方》治下血不已，量臍心與脊骨平，於脊骨上灸七壯即止。如再發，即再灸七壯，永除根。目睹數人有效，余常用此灸人腸風皆除根，神效無比。然亦須按此骨突痠疼，方灸之，不痛則不灸也。但便血本因腸風，腸風即腸痔，不可分爲三。或分三治之，非也。《醫説續編》雄按：便血腸痔，豈可不分。

奔豚

《千金要方·肺臟·積氣》奔豚腹腫，灸章門百壯。章門一名長平，二穴在大横外直臍季肋端。奔豚，灸氣海百壯。穴在臍下一寸半。又，灸關元百壯，穴在臍下三寸。奔豚搶心不得息，灸中極五十壯。中極一名玉泉，在臍下四寸。奔豚，上下腹中與腰相引痛，灸中府百壯，穴在乳上三肋間。奔豚，

灸期門百壯，穴直兩乳下第二肋端傍一寸五分。奔豚上下，灸四滿二七壯，穴俠丹田兩傍相去三寸，即心下八寸臍下横文是也。

《千金翼方·針灸中·肺病》 章門一名長平，二穴在大横外直臍季肋端。主奔豚腹腫，灸百壯。又，灸氣海百壯，在臍下一寸半。又，灸關元五十壯，亦可百壯，在臍下三寸。中極一名玉泉，在臍下四寸。主奔豚搶心不得息，灸五十壯。心中煩熱奔豚，胃氣脹滿不能食，針上管入八分，得氣即瀉，若心痛不能食，爲冷氣，宜先補後瀉，神驗，灸之亦佳，日二七至二百止，不差倍之，大忌房室。奔豚冷氣，心間伏梁，狀如覆杯，冷結諸氣，針中管入八分，留七呼，在上管下一寸，瀉五吸，疾出針，須灸，日二七壯至四百止，慎忌房室。又，中府二穴，主奔豚上下腹中，與腰相引痛，灸一百壯。又，期門二穴，直乳下二肋端傍一寸五分，主奔豚，灸百壯。又，四滿，俠丹田兩傍相去三寸，灸百壯，主奔豚氣上下搶心腹痛。

凡上氣冷發，腹中雷鳴轉叫，嘔逆不食，灸太衝，不限壯數，從痛至不痛止，炷如雀矢大。

《醫心方·治賁豚方》引《醫門方》 又云：灸奔豚法，復灸氣海、丹田、關元，皆當其穴灸之，穴在臍下一寸、二寸、三寸是也，隨年灸之。

《聖濟總録·治諸氣灸法》 凡臍下疞痛，流入陰中，發作無時，此冷氣，灸關元百壯，穴在臍下三寸，又鹽灸臍孔中二七壯。

短氣不得語，灸天井百壯，穴在肘後兩筋間。又灸大椎隨年壯，又灸肺俞百壯，又灸肝俞百壯，又灸尺澤百壯，又灸小指第四指間交脈上，七壯，又灸手十指頭，合十壯。

乏氣，灸第五椎下，隨年壯。

奔豚，灸氣海百壯，穴在臍下一寸半，又灸關元百壯，穴在臍下三寸。

奔豚，搶心不得息，灸中極五十壯，中極一名玉泉，在臍下四寸。

奔豚上下，腹中與腰相引痛，灸中府百壯，穴在乳上三肋間。

奔豚，灸期門百壯，穴直兩乳下第二肋端，傍一寸五分。

奔豚上下，灸四滿二七壯，穴俠丹田兩傍相去三寸，即心下八寸，臍下横紋是也。

奔豚腹腫，灸章門百壯，章門一名長平，二穴在大横外，直臍季肋端。

凡肺風氣痿絶，四肢滿脹，喘逆胸滿，灸肺俞各二壯，肺俞對乳，引繩度之，在第三椎下，兩傍相去各一寸五分。

嘔吐上氣，灸尺澤三七壯，尺澤在腕后肘中横紋。

腹中雷鳴相逐，食不化，氣逆，灸上脘下一寸，名太倉，七壯。

肺脹，氣搶脇下熱痛，灸陰都，隨年壯，穴在俠胃脘兩邊相去一寸，胃脘在心下三寸。

《針灸資生經·賁豚氣》 凡卒厥逆上氣，氣攻兩脇，心下痛滿，奄奄欲絶，此爲賁豚氣。即急作湯，以浸兩手足，數數易之。賁豚腹腫，灸章門百壯。賁豚，灸氣海百壯，或期門，或關元百壯。賁豚，搶心不得息，灸中極五十壯。賁豚上下腹中，與腰相引痛，灸中府百壯。賁豚上下，灸四滿一七壯。期門、陰交、石門，主賁豚。賁豚腹腫，章門主之。賁豚氣上，腹䐜痛，莖腫，先引腰，後引小腹，腰髖小痛堅痛，下引陰中，不得小便，兩丸騫，石門主之。賁豚氣上，腹䐜堅痛引陰中，不得小便，兩丸騫，陰交主之。章門、石門、陰交，主賁豚上氣。期門，主賁豚上下。中極，主賁豚上搶心，甚則不得息。天樞，主賁豚脹疝。歸來，主賁豚，卵上入，引莖痛。天樞，主氣疝，煩嘔面腫，賁豚。關元、中極，主婦人賁豚搶心。上管，療心中煩，賁豚氣，脹滿不能食。巨闕，治賁豚氣脹，不能食。中院，治因讀書得賁豚氣，上攻伏梁，心下狀如覆杯，寒癖結氣。歸來，治小腹賁豚。《千》云：主賁豚。中極，治賁豚搶心，甚則不得息，恍惚尸厥。關元，療賁豚，寒氣入小腹，時欲嘔，溺血，小便黄，腹泄不止。氣海，療賁豚腹堅。期門，主賁豚。氣穴，治賁氣上下，引腰脊痛。關元、中極、陰交、石門、四滿、期門，主婦人賁豚。上管，治伏梁氣，狀如覆杯。中管，治伏梁氣。期門、缺盆、鳩尾，主息賁。

《普濟方·針灸門·賁豚氣》 治賁豚，又云：卒厥逆上氣，氣攻兩脇，心下痛滿，奄奄欲死，此爲賁豚氣走急，作湯浸兩手足，頻頻易之。穴：氣海、期門、關元，各灸百壯。

治賁豚搶心，不得息，穴：中極，灸五十壯。

治賁豚上下腹中，與腰相引痛，穴：中府，灸百壯。

治賁豚，穴：期門、陰交、石門。

治賁豚上下，穴：四滿，灸二七壯。

治賁豚腹腫，穴：章門。

治賁豚氣上，腹脹痛，莖腫，先引腰，後引小腹腰髖，小腹堅痛，下引陰

中,不得小便,兩丸騫,穴:石門。

治賁豚上氣,腹脹肩痛,引陰中不得小便,兩丸騫,穴:陰交。

治賁豚上氣,穴:章門、石門、陰交。

治賁豚,卵上入引縮,莖痛,穴:歸來。

治賁豚脹疝,穴:天樞。

治氣疝煩嘔,面腫賁豚,穴:天樞。

治賁豚氣脹不得食,穴:巨闕。

治心中煩,賁豚氣脹滿,不能食,穴:上脘。

治因讀書得賁豚氣,上攻伏梁,心下狀如覆杯,寒澼結氣,穴:中脘。

治小腹賁豚,穴:歸來。

治賁豚搶心,甚則不得息,恍惚屍厥,穴:中極。

治賁豚寒氣入小腹,時欲嘔,溺血,小便黄,腹泄不止,穴:關元。

治賁豚腹堅,穴:氣海。

治賁豚,穴:期門。

治賁豚上下引脊痛,穴:氣海。

治伏梁氣,狀如覆杯,穴:上脘。

治伏梁氣,穴:中脘。

治息賁,肺之積曰息賁,在右脇之下,大如杯。穴:期門、缺盆、鳩尾。

《普濟方·針灸門·婦人血氣痛》 治婦人賁豚搶心,穴:關元、中極。

治婦人賁豚,穴:關元、中極、陰交、石門、四海、期門。

《世醫得效方·腎積》 灸法:卒厥逆上氣,氣攻兩脇,心下痛滿,奄奄欲絶,此爲奔豚氣。先急作湯,以浸兩手足,頻頻易之。後灸氣海百壯,穴在臍下一寸半。又灸關元百壯,穴在臍下三寸,又灸期門百壯,穴直兩乳下,第二肋間端,傍一寸五分。奔豚腹腫,灸章門百壯,穴在大横外,直臍季肋端。奔豚搶心不得息,灸中極五十壯,穴在臍下四寸。

《神應經·諸般積聚部》 厥氣衝腹:解谿、天突。

賁豚氣:章門、期門、中脘、巨闕、氣海。百壯。

《灸法秘傳·奔豚》 奔豚者,腎積也。發於少腹,上至於心,如豚奔走狀,上下無時,久則喘逆,骨痿少氣。先灸氣海,兼灸中極爲是。

前陰病證

《千金要方·解毒併雜治·陰癩》 陰腫痛,灸大敦三壯。

《千金翼方·針灸下·淋病》 莖中痛,灸行間二十壯。

《針灸資生經·陰莖疼》 曲泉、行間,主癃閉,莖中痛。氣衝,主陰痿莖痛。列缺、陰陵泉、少府,主陰痛。歸來,主賁豚,卵上入,引莖痛。歸來,治小腹賁豚,卵縮莖痛。横骨,治陰器縱伸痛。水道,治小腹滿,引陰痛。氣衝,治莖痛。會陰,治陰中諸病,前後相引痛,不得大小便,陰端寒衝心。大敦,治陰頭痛。腎俞、志室、陰谷、太衝,治陰痛。

《千金翼》云:七傷爲病,小便赤熱,乍數時難,或時傷多,或如針刺,陰下常濕,陰痿消小,精清而少,連連獨泄,陰端寒冷,莖中疼痛云云。當早服藥著艾。莖中痛,灸行間三十壯。

《針灸資生經·陰腫陰瘡》 曲泉、陰蹻、大敦、氣衝,主陰腫。志室、胞肓,療陰痛下腫。崑崙,在外踝後跟骨上,治陰腫。《明下》云,內崑崙在內踝後五分筋骨間,療小兒陰腫,灸三壯。曲泉,治陰腫骱痛。氣衝,治婦人陰腫,又療陰腫。膀胱俞,治陰生瘡。

有人陰腫,醫以赤土塗之,令服八味元而愈。一小兒陰腫,醫亦以赤土塗之愈。今人用寫字油柱木用。若久病而陰腫,病已不可救,宜速灸水分穴,蓋水分能分水穀,水穀不分故陰腫,不特陰腫,它處亦腫也,尤宜急服禹餘糧元云。

《普濟方·針灸門·陰莖痛》 治陰痿莖痛,穴:氣衝。

治陰痛,穴:列缺、陰陵泉、少府。

治陰器縱伸痛,穴:横骨。

治小腹脹滿,引陰痛,穴:水道。

治莖痛癃閉,穴:氣衝。

治陰頭痛,穴:大敦。

治陰中諸病,前後相引痛,不得大小便,陰端寒衝心,穴:會陰。

治陰痛,穴:腎俞、志室、陰谷、太衝。

治莖中痛,穴:行間,灸三十壯。

《普濟方·針灸門·陰汗》 治陰汗陰濕，腹中餘疾，穴：魚際。

治陰癢，穴：中極、陰蹻（腰尻交）、陰交、曲泉。

治陰頭寒，穴：會陰。

治陰癢，穴：少府。

《普濟方·針灸門·陰腫》 治陰痛下腫，穴：志室、胞肓。

治氣腫，穴：崑崙。

治陰腫斷痛，穴：曲泉。

治陰腫，穴：氣衝。

治陰生瘡，穴：膀胱俞。

《神應經·陰疝小便部》 陰痛：太衝、大敦。

陰腎偏大，小便數或陰入腹：大敦。

陰腫：曲泉、太谿、大敦、腎俞、三陰交。

陰莖痛：陰陵、曲泉、陰谷、行間、太衝、三陰交、大敦、太谿、腎俞、中極。

陰莖痛，陰汗濕：太谿、魚際、中極、三陰交。

腎藏虛冷，日漸羸瘦，勞傷陰疼，凜凜少氣，遺精：腎俞。

轉胞不溺，淋瀝：關元。

遺精白濁：腎俞、關元、三陰交。

夢遺失精：曲泉（百壯）、中封、太衝、至陰、膈俞、脾俞、三陰交。

陰痿丸騫：陰谷、陰交、然谷、中封、太衝。

膀胱氣攻兩脇，臍下陰腎入腹：灸臍下六寸，兩傍各一寸，炷如小麥大，患左灸右，患右灸左。

《針灸大成·陰疝小便門》 陰莖痛：陰陵、曲泉、行間、太衝、陰谷、三陰交、大敦、太谿、腎俞、中極。

陰莖痛，陰汗濕：太谿、魚際、中極、三陰交。

《針灸大成·治證總要》 第八十七：陰莖虛痛：中極、太谿、復溜、三陰交。

問曰：此證因何而得？答曰：皆爲少年之時，妄用金石他藥，有傷莖孔，使令陰陽交感不能發泄，故生此證。復刺後穴：血郄、中極、海底、內關、陰陵泉。

《類經圖翼·針灸要覽·諸證灸法要穴》 莖中痛：列缺（陰痛尿血）。行間。

《太乙神針心法·陰疝小便門》 陰腫：針曲泉、太谿、大敦、三陰交、腎腧。

陰莖痛：針陰陵、曲泉、行間、太衝、三陰交、陰谷、大敦、太谿、腎腧、中極。

陰莖痛陰汗濕：針太谿、魚際、中極、三陰交。

《針灸全生·陰疝小便》 陰腫：曲泉、太谿、大敦、腎俞、三陰交。

陰莖腫：陰陵、陰谷、太衝、太谿、曲泉、大敦、行間、腎俞、中極、三陰交。

陰汗：太谿、中極、魚際、三陰交。

轉胞不溺：關元。

陰痿丸騫：陰谷、陰交、然谷、中封、大敦。

遺精白濁：心俞、腎俞、關元、三陰交、命門、白環俞。

夜夢魂交，遺精不禁：照海、中極、膏肓、心俞、腎俞、然谷。

憂遺失精：曲泉、百壯、中封、太衝、至陰、膈俞、脾俞、關元、三焦俞、腎俞、三陰交。

《神灸經綸·二陰證治》 陰腫欲潰：灸足大拇指本節橫紋中五壯，一云隨年壯。闌門，在陰莖根兩旁各開三寸，灸二七壯，治木腎偏墜。

一法於關元旁相去各三寸青脈上灸七壯。

一法令病人合口，以草橫量兩口角爲一摺，照此再加二摺，共爲三摺，屈成三角如△樣，以上角安臍中心，兩角安臍下兩旁，當兩角處是穴。左患灸右，右患灸左，左右俱患即兩穴俱灸，艾炷如麥粒，十四壯或三七壯即安。

陰縮：中封。

莖中痛：列缺、行間、陰陵泉。

《灸法秘傳·陰痿》 陽物收縮，卵陰入腹，皆爲陰證也。法宜先灸氣海，再灸大椎。

《灸法秘傳·陽痿》 陽痿者，陽物痿軟而不舉也，年老之人則常有之。若少壯之人，是爲眞火衰憊，法當灸其氣海。

《名醫類案·前陰病》 東垣治一人前陰臊臭，又因連日飲酒，腹中不和，求治。曰：夫前陰者，足厥陰肝之脈絡，循陰器出其挺末。凡臭者，心之所主，散入五方爲五臭，入肝爲臊，當於肝經中瀉行間（行間在足大指次指之縫中間

動脈。是治其本。後於心經中瀉少衝，乃治其標。如惡針，當用藥除之。酒者，氣味俱陽，能生裡之濕熱，是風燥熱，合於下焦爲邪。故經云：下焦如瀆。又云：在下者引而竭之。酒是濕熱之物，亦宜決前陰以去之。治以龍膽瀉肝湯，又治陰邪熱癢，柴胡稍二錢，澤瀉二錢，車前子二錢，木通五分，生地黄、當歸稍、草龍膽各三分，作一服水煎，以美膳壓之。凡下部藥，皆宜食前服壓法，不特有桂附爲然也。

《針灸大成·醫案》東垣曰：一富者前陰臊臭，又因連日飲酒，腹中不和，求先師治之，曰：夫前陰足厥陰之脈絡，循陰器出其挺。凡臭者，心之所主，散入五方爲五臭，入肝爲臊，此其一也。當於肝經中瀉行間，是治其本；後於心經中瀉少衝，乃治其標。

陽　萎

《針灸資生經·陰痿縮兩丸騫》陰谷，主陰痿，小腹急引陰内廉痛。大赫、然谷，主精溢上縮。太衝，主兩丸騫縮，腹堅不得卧。石門，主小腹堅痛，下引陰中，不得小便，兩丸騫。陰交，主腹䐜堅，痛引陰中，不得小便，兩丸騫。陰縮，灸中封。大赫、中封，主痿厥。曲泉，主不尿，陰痿。氣衝，治陰痿莖痛，兩丸騫，痛不可忍。五樞、歸來，治卵縮。

筋攣陰縮入腹相引痛，灸中封五十壯，或不滿五十壯，老少加減，又云：此二穴，喉腫厥逆，五藏所苦，鼓脹，并主之。

《針灸大成·陰疝小便門》陰痿丸騫：陰谷、陰交、然谷、中封、大敦。

《類經圖翼·針灸要覽·諸證灸法要穴》陽不起：命門、腎俞、氣海、然谷。

《太乙神針心法·陰疝小便門》陰痿丸騫：針陰谷、陰交、然谷、中封、大敦。

《神灸經綸·二陰證治》陰痿：命門、腎俞、氣海、然谷、陽谷。

《針灸集成·陰疝》陰痿：然谷，三壯。陰谷、三陰交，各三壯，氣衝、曲骨，各三七壯，腎俞，年壯，膏肓俞，百壯，曲泉，七壯。在膝内横紋頭。

陰頭痛：大敦、太衝、腎俞、陰交。

遺精、白濁

《千金要方·腎臟·精極》虚勞尿精，灸第七椎兩傍，各三十壯；又，灸第十椎兩傍，各三十壯；又，灸第十九椎兩傍，各二十壯；又，灸陽陵泉、陰陵泉，各隨年壯。

夢泄精，灸三陰交二七壯，夢斷神良。

丈夫夢失精及男子小便濁難，灸腎俞百壯。

男子陰中疼痛，尿血精出，灸列缺五十壯。

失精五藏虚竭，灸屈骨端五十壯，陰上横骨中央宛曲如卻月，中央是也，此名横骨。

男子虚勞失精，陰上縮，莖中痛，灸大赫三十壯，在俠屈骨端三寸。

男子腰脊冷疼，溺多白濁，灸脾募百壯。

男子失精，膝脛疼痛冷，灸曲泉百壯。穴在膝内屈文頭。

男子虚勞失精陰縮，灸中封五十壯。

《千金要方·膀胱腑·胞囊論》虚勞尿白濁，灸脾輸一百壯；又，灸三焦輸百壯；又，灸腎輸百壯；又，灸章門百壯，在季肋端。

《千金翼方·針灸中·腎病》治小便失精法：灸第七椎兩傍三十壯，又灸第十椎兩傍三十壯，又灸陽陵泉、陰陵泉，各隨年壯。灸第十九椎兩傍各三十壯。

夢泄精，灸中封五十壯。

男女夢與人交洩精，三陰交灸五壯，喜夢泄，神良。丈夫夢失精，小便濁難，灸腎輸百壯。男子陰中疼痛，溺血精出，灸列缺五十壯。

失精五藏虚竭，灸屈骨端五十壯，陰上横骨中央宛曲如卻月，中央是也，此名横骨。

男子失精，陰上縮，莖中痛，灸大赫三十壯，穴在屈骨端三寸。

男子腰脊冷疼，溺多白濁，灸脾募百壯。

男子失精，膝脛疼冷，灸曲泉百壯。

男子失精陰縮，灸中封五十壯。

《針灸資生經·治夢遺失精》虚勞尿精，灸第七椎兩旁各三十壯，或曲

泉百壯。虛勞白濁，灸脾俞百壯，或三焦俞、腎俞、章門各百壯。夢失精，小便濁難，灸腎俞百壯。夢泄精，灸中封五十。男子夢與人交精泄，灸三陰交五十。失精陰縮，灸中封五十。陰痛溺血精出，灸列缺俞五十一。失精五藏虛竭，灸曲骨端五十。失精陰縮莖痛，灸大赫三十。失精膝脛痛冷，灸曲泉百壯。腰脊冷疼溺濁，灸脾募百壯。白濁漏精，灸大椎骨、尾龜骨幷中間共三穴，以繩量大椎至尾龜骨折中取中間穴。太衝、中封、地機，主精不足。中極、蠡溝、漏谷、承扶、至陰，主小便不利，失精。

志室，治失精，小便淋瀝。然谷，主精溢，胻痠不能久立，足一寒一熱。行間，治溺難白濁，寒疝，小腹腫。腎俞，治溺血，便濁，出精。膏肓俞，治夢失精。至陰、曲泉、中極，治失精。志室，治下腫失精，夢泄精，灸三陰交二七壯，夢斷神良。虛勞尿精，陽陵泉或陰陵泉，隨年壯，或十椎、十九椎旁三十壯。耳聾腰痛失精，食少，膝以下清云云，當灸京門五十壯，十四椎百壯。

《備急灸法》 治男子遺精白濁，起止不可者，灸法：先點丹田穴，更向上去些小，灸柒壯。臍下一寸爲丹田。

《扁鵲神應針灸玉龍經·灸法雜抄切要》 陽氣虛憊，失精絶子，宜灸中極。

《普濟方·針灸門·風勞》 治風勞失精，身體極痛，泄水下痢膿血，陰腫胻痛，穴：曲泉。

《普濟方·針灸門·夢遺失精》 治虛勞白濁泄精，穴：脾俞、三焦俞、腎俞、章門，各百壯。

治夢遺失精小便濁難，穴：腎俞，灸百壯。

治夢泄精，及治失精陰縮，穴：中封，灸百壯。

治男子夢與女子交，泄精，穴：三陰交，灸五十壯。

治陰痛，溺血精出，穴：列缺，灸五十壯。

治失精，五臟虛竭，穴：曲骨端，灸五十壯。

治失精，陰縮莖痛，穴：大赫，灸三十壯。

治失精膝脛痛冷，穴：曲泉，灸百壯。

治腰脊冷疼，溺濁，穴：脾募，灸百壯。

治白濁漏精，灸大椎骨、龜尾骨，幷中間共三穴，以繩量大椎至龜尾骨，折中取中間穴。

治精不足，穴：太衝、中封、地機。

治失精及小便不利，穴：中極、蠡溝、漏谷、承扶、至陰。

治失精，小便淋瀝，穴：志室。

治失精，胻痠不能久立，足一寒一熱，穴：然谷。

治溺難，白濁，寒疝小腹腫，穴：行間。

治溺血，便濁出精，穴：腎俞。

治夢失精，穴：膏肓俞。

治失精，穴：至陰、曲泉、中極。

治下腫失精，穴：志室。

治虛勞尿精泄精，穴：陽陵泉、陰陵泉，隨年壯，或十椎或十九椎旁三十壯。

治失精及耳聾，腰痛，食少，膝以下清冷，穴：京門，灸五十壯，又十四椎百壯。

治失精，穴：中極。

治失精泄精，穴：三陰交，二七壯，夢斷神良。一云：各二十一壯，夢斷百日，復灸五十壯，一年無復有泄。《資生經》云：《五臟論》曰：心有三孔，藏精汁三合，則人之遺漏，其因於心乎？心動則遺漏從之，而欲免此患，要養其心，使不動可也。其次則邪念或起，必須蚤抑之。至游居士云：不愁念起，只恐覺遲是也，服藥針灸，斯爲下矣，然猶愈於不治也。

《奇效良方·痼冷門》 腎與膀胱俱虛，灸腎俞佰壯，穴在對臍兩邊，向後夾脊，相去各一寸五分，兼治便濁失精，五臟虛勞痼冷，小腹弦急，夢遺泄精，三陰交穴灸七壯，在內踝上大脈，並四指是。諸虛極，灸膏肓俞、氣海穴，壯數愈多愈妙。

《針灸聚英·雜病》 夢遺：專主濕熱相火，灸中極、曲骨、膏肓、腎俞。

《針灸大成·陰疝小便門》 腎臟虛冷，日漸羸瘦，勞傷，陰疼凜凜，少氣遺精：腎俞。

遺精白濁：腎俞、關元、三陰交。

夢遺失精：曲泉百壯、中封、太衝、至陰、膈俞、脾俞、三陰交、腎俞、關元、三焦俞。

《針灸大成·續增治法·雜病》 夢遺：專主濕熱相交。灸中極、曲骨、膏

肓、腎俞。

《針灸大成·治證總要》第八十六：遺精白濁：心俞、腎俞、關元、三陰交。

問曰：此證從何而得？答曰：皆因房事失宜，驚動於心，内不納精，外傷於腎，憂愁思慮，七情所感，心腎不濟，人漸尫羸，血氣耗散，故得此證。復刺後穴：命門、白環俞。

《類經圖翼·針灸要覽·諸證灸法要穴》夢遺、精滑、鬼交：春、秋、冬，可灸。

心俞，灸不宜多。膏肓、腎俞，灸隨年壯，其效立見。命門，遺精不禁者，五壯立效。白環俞，五十壯。中極，隨年壯。三陰交、中封、然谷。

失精，膝脛冷疼：曲泉。

白濁：脾俞、小腸俞、章門、氣海，五壯。關元、中極、中封。

《病機沙篆·遺精》針灸法：遺精白濁：心俞、腎俞、膏肓、三里、關元、中極、氣海、三陰交、精宮，即關元俞之對背脊處是穴。

《病機沙篆·赤白濁》遺精、淋濁灸法：關元、膏肓、腎俞、精宮、三里、三陰交、丹田、氣海。

《太乙神針心法·陰疝小便門》腎臟虚冷，日漸羸瘦，勞傷陰疼，凜凜少氣，遺精：針腎腧。

遺精白濁：針腎腧、關元、三陰交。

夢遺失精：灸曲泉，百壯，中封、太衝、至陰、三陰交、膈腧、脾腧、腎腧、關元、三焦腧。

《醫宗金鑒·刺灸心法要訣·灸遺精穴歌》精宮十四椎之下，各開三寸是其鄉，左右二穴灸七壯，夜夢遺精效非常。

〔吳謙注〕遺精灸精宮穴，其穴在脊之十四椎下，左右傍開各三寸，灸七壯。

《針灸逢源·證治參詳·腫脹門》二陰病

遺精：夢交而出精者，謂之夢遺，無夢而泄精者謂之滑精。膏肓俞、腎俞、中極，以上灸隨年壯。三陰交、曲泉，兼膝脛冷痛者效。中封。又精宮二穴，在十四椎下旁開中三寸，灸七壯效。

白濁：腎俞、關元、中極。

陽痿：此乃腎與膀胱虚寒之證。腎俞、氣海，多灸妙。

《針灸便覽·中風》遺精白濁：心俞、腎俞、關元、命門。

夢遺：灸中極、曲骨、膏肓、腎俞。

《神灸經綸·二陰證治》夢遺、精滑、鬼交：春秋冬三時可灸：膏肓、腎俞，灸隨年壯。命門，遺精不禁，五壯立效。白環俞、中極、三陰交、中封、然谷、三里、關元、氣海、大赫、精宮、丹田。

失精，膝腫，冷痛：曲泉。

白濁：脾俞、小腸俞、氣海、章門、關元、中極。

精冷無子：腎俞。

《傳悟靈濟録·二陰病》夢遺精滑與鬼交：春秋冬三季可灸。心俞，不宜多灸。膏肓、腎俞，隨年壯灸，神效。命門，精遺不禁，五壯。白環俞，五十壯。中極，隨年壯。三陰交、中封、然谷、曲泉失精膝脛冷痛。

《針灸集成·陰疝》溺白濁：照海、期門、陰蹻、腎俞、三陰交，皆灸。

《針灸集成·虚勞》夢與人交泄精：三陰交三七壯，夢斷百日後，更灸五十壯，則無復泄精。

夢遺失精：曲泉百壯，太衝、照海、腎俞、三陰交、關元、膏肓俞、精宮、一名志室，在十四椎下横量左右各三寸半，灸七壯。

患門穴，主年少人陰陽俱虚，體瘦面黄，飲食無味，咳嗽遺精，潮熱盜汗，心胸背引痛，五勞七傷等證，灸有效。取穴之法：用蠟繩或禾稈一條，以男左女右從足大拇指頭比齊循足掌當心向後貼肉引繩上至曲脷大横紋切斷，令病人解髮勻分兩邊，次將以先量足繩子一頭按鼻尖，引繩從頭上正中貼肉至脊，繩頭盡處墨記，此非灸穴，别用稈心一條，令患人自然開口，横量齊口吻切斷，中摺墨記，將此稈壓於脊點處，横布左右稈，兩端盡處墨記，灸隨年壯，加灸一壯，一云百壯。

《針灸穴法》夜夢鬼遺精：腎俞二穴，與臍對平。白環二穴，第二十骨下分開寸半是穴。

《灸法秘傳·遺精》書謂：有夢精出爲夢遺，無夢自遺爲精滑。大凡夢遺者，由於相火之强，精滑者，由於心腎之損，擬方當分虛實。灸法統宜於關元、中極及三陰交，設未瘥者，再灸腎俞可耳。

《針灸摘要·陰蹻脈》遺精白濁，小便頻數：關元、白環俞、太谿、三陰交。

夜夢鬼交，遺精不禁：中極、膏肓、心兪、然谷、腎兪。

水腫

《素問·湯液醪醴論》 岐伯曰：平治於權衡，去宛陳莝，微動四極，溫衣，繆刺其處，以復其形，開鬼門，潔凈府，精以時服，五陽已布，疏滌五藏，故精自生，形自盛，骨肉相保，巨氣乃平。〔王冰注〕平治權衡，謂察脈浮沉也。脈浮爲在表，脈沉爲在裏，在裏者泄之，在外者汗之，故下文云：開鬼門，潔凈府也。去宛陳莝，謂去積久之水物，猶如草莖之不可久留於身中也，全本作草莝。微動四極謂微動四支，令陽氣漸以宣行，故又曰溫衣也。經脈滿則絡脈溢，絡脈溢則繆刺之，以調其絡脈，使形容如舊而不腫，故云繆刺其處，以復其形也。

《素問·水熱穴論》 帝曰：水兪五十七處，是何主也？岐伯曰：腎兪五十七穴，積陰之所聚也，水所從出入也，尻上五行行五者，此腎兪。〔王冰注〕背部之兪凡有五行，當其中者督脈氣所發，次兩傍四行皆足太陽脈氣也。故水病下爲胕腫大腹，上爲喘呼，〔王冰注〕水下居於腎，則腹至足而胕腫，上入於肺，則喘息賁急而大呼也。不得卧者，標本俱病，〔王冰注〕標本者，肺爲標，腎爲本，如此者是肺腎俱水爲病也。故肺爲喘呼，腎爲水腫，肺爲逆不得卧。〔王冰注〕肺爲喘呼氣逆不得卧者，以其主呼吸故也。腎爲水腫者，以其主水故也。分爲相輸俱受者，水氣之所留也。〔王冰注〕分其居處以名之，則是氣相輸應，本其俱受病氣，則皆是水所留也。伏菟上各二行行五者，此腎之街也。〔王冰注〕街，謂道也。腹部正兪凡有五行，俠齊兩傍則腎藏足少陰脈及衝脈氣所發，次兩傍則胃府足陽明脈氣所發，此四行穴則伏菟之上也。三陰之所交結於腳也，踝上各一行行六者，此腎脈之下行也，名曰太衝。〔王冰注〕腎脈與衝脈並下行循足，合而盛大，故曰太衝。凡五十七穴者，皆藏之陰絡，水之所客也。〔王冰注〕經所謂五十七者，然尻上五行行五，則背脊當中行督脈氣所發者，脊中、懸樞、命門、腰兪、長強當其處也。次俠督脈兩傍足太陽脈氣所發者，有大腸兪、小腸兪、膀胱兪、中膂內兪、白環兪當其處也。又次外俠兩傍足太陽脈氣所發者，有胃倉、肓門、志室、胞肓、秩邊當其處也。伏菟上各二行行五者，腹部正兪俠中行任脈兩傍衝脈足少陰之會者，有中注、四滿、氣穴、大赫、橫骨當其處也。次俠衝脈足少陰兩傍足陽明脈氣所發者，有外陵、大巨、水道、歸來、氣街當其處也，踝上各一行行六者，足內踝之上有足少陰陰蹻脈並循腨上行，足少陰脈有太衝、復溜、陰谷三穴，陰蹻脈有照海、交信、築賓三穴，陰蹻既足少陰脈之別亦可通而主之，兼此數之猶少一穴。脊中在第十一椎節下間，俛而取之，刺可入同身寸之五分，不可灸，令人僂。懸樞在第十三椎節下間，伏而取之，刺可入同身寸之三分，若灸者可灸三壯。命門在第十四椎節下間伏而取之，刺可入同身寸之五分，若灸者可灸三壯。腰兪在第二十一椎節下間，刺可入同身寸之二分。

《靈樞·癲狂》 風逆，暴四肢腫，身漯漯，唏然時寒，饑則煩，飽則善變，取手太陰表裏，足少陰、陽明之經，肉清取滎，骨清取井經也。

《靈樞·四時氣》 風㽷膚脹，爲五十七痏，取皮膚之血者，盡取之。

《太素·氣論·風水論》 黄帝曰：有病腎風者，面胕痝然壅，害於言，可刺不？胕，扶付反，義當腐也。痝，普江反。腎氣損腐，令面痝然起壅也，而言無聲，故曰害言。此爲腎風之狀，可刺以不也？岐伯曰：虛虛不當刺，而刺，後五日其氣必至。如此狀者，腎風之狀。腎之重虛之風，不可刺也。刺之，到其水數滿日，其病氣當至也。除刺之日，後取五日，合有六日，水成數也。

《太素·雜病·風逆》 風逆，暴四支腫，身漯漯，唏然時寒，饑則煩，飽則喜變，取手太陰表裏、足少陰、陽明之經，肉清取滎，骨清取井也。手太陰爲裏，手陽明爲表，二經主氣。肉者土也，滎者火也，火以生土，故取滎溫肉也。骨者水也，井者木也，水以生木，以子實母，故取井溫骨也。

《甲乙經·腎風發風水面腫胕腫》 風水膝腫，巨虛上廉主之。而胕腫，上星主之，先取譩譆，後取天牖，風池主之。風水面胕腫，衝陽主之。風水面胕腫，顔黑，解谿主之。

《甲乙經·陽受病發風》 風逆暴四肢腫，身漯漯唏然時寒，饑則煩，飽則善變，取手太陰表裏，足少陰、陽明之經。肉反清取滎，骨清取井經也。風汗出，身腫喘喝，多睡恍惚，善忘，嗜卧不覺，天府主之。風逆四肢腫，復溜主之。

《甲乙經·目不得眠不得視及多卧卧不安不得偃卧肉苛諸息有音及喘》 身腫，皮膚不可近衣，淫濼苛獲，久則不仁，屛翳主之。

《肘後方·治卒腫滿身面皆洪大方》 治卒腫滿身面皆洪大方：又方：灸足內踝下白肉三壯差。

《千金要方·針灸下·心腹》 水腫：公孫，主頭面腫。水溝，主水腫，人中滿。胃倉，主水腫臚脹，食飲不下，惡寒。章門，主身潤石水身腫。屋翳，主身腫，皮痛不可近衣。中府、間使、合谷，主面腹腫。陰交、石門，主水脹水氣行皮中，小腹皮敦敦然，小便黃，氣滿。關元，主小腹滿石水。四滿、然谷，

主大腹石水。關門，主身腫身重。天樞、豐隆、厲兑、陷谷、衝陽，主面浮腫。氣衝，主大氣石水。天府，主身脹逆息不得卧，風汗身腫，喘息多唾。解谿，主風水面胕腫，顏黑。豐隆，主四肢腫，身濕。上廉，主風水膝腫。三里，主水腹脹皮腫。陷谷、列缺，主面目癰腫。大敦，主大腹腫脹，臍腹邑邑。臨泣，主腋下腫，胸中滿。天牖，主乳腫，缺盆中腫。丘墟、陽蹻，主腋下腫，寒熱，頸腫。崑崙，主腰尻腫，腨跟腫。復溜、豐隆，主風逆四肢腫。曲泉，主腹腫。陰谷，主寒熱，腹偏熱，腹偏腫。列缺，主汗出，四肢腫。完骨、巨窌，主頭面氣胕腫。陽陵泉，主頭面腫。凡頭目癰腫留飲胸脇支滿，刺陷谷出血立已。

《千金要方·水腫》 水通身腫，灸足第二指上一寸，隨年壯；又灸兩手大指縫頭七壯。

虛勞浮腫，灸太衝百壯，又灸腎輸。

《千金翼方·針灸下·水病》 灸足第二指上一寸，隨年壯。

又兩手大指縫頭，各灸七壯。

虛勞浮腫，灸太衝百壯。

灸腎俞百壯，主百病水腫。

灸胃倉，隨年壯。

水腫，灸陷谷隨年壯。

水腫氣上下，灸陰交百壯。

水腫脹，灸曲骨百壯。

大腹，灸陰市隨年壯。

人中滿，脣腫及水腫大水，灸臍中、石門，各百壯。

風水，灸上廉，隨年壯。

水腫不得卧，灸陰陵泉百壯。

石水，灸然谷、氣衝、四滿、章門。

水分，主水腫，脹滿不能食，堅硬，灸，日七壯至四百即止，忌針，針水出盡即死，水病灸至差止，在下管下一寸。

《外臺秘要》卷二十《水腫咳逆上氣方》 灸丹田穴在臍下二寸，灸二壯，療水腹，女子禁灸。並出第五卷中。

《外臺秘要》卷二十《水病雜療方》 《集驗》療水腹（火腑）（大臍）平者法：灸臍中，腹無文理者不可療。

又水腹腫皮腫法：灸三里，風水灸解谿。並出第六卷中。

《扁鵲心書·附竇材灸法》 水腫膨脹，小便不通，氣喘不卧，此乃脾氣大損也，急灸命關二百壯以救脾氣，再灸關元三百壯以扶腎水，自運消矣。

《扁鵲心書·水腫》 此證由脾胃素弱，爲飲食冷物所傷，或因病服攻尅涼藥損傷脾氣，致不能通行水道，故流入四肢百骸，令人徧身浮腫，小便反澀，大便反泄，此病最重。世醫皆用利水消腫之藥，乃速其斃也。治法：先灸命關二百壯，服延壽丹、金液丹，或草神丹，甚者薑附湯，五七日病減，小便長，大便實或潤，能飲食爲效，惟喫白粥一月後，喫餅麵無妨，須常服金液丹、來復丹，永瘥。若曾服芫花、大戟通利之藥損其元氣，或元氣已脱，則不可治，雖灸亦無用矣。若灸後瘡中出水，或雖服丹藥而小便不通，皆眞元已脱，不可治也。脈弦大者易治，沉細者難痊。

《針灸資生經·水腫》 水通身腫，灸足第二指上一寸，隨年壯。又，灸兩手大指縫頭，七壯。虛勞浮腫，灸太衝百壯，又，灸腎俞。凡頭目癰腫，留飲胸脇支滿，刺陷谷，出血立已。陷谷、列缺，主面目癰腫。陽陵泉、公孫，主頭面腫。完骨、巨窌，主頭面氣，胕腫。天樞、豐隆、厲兑、陷谷、衝陽，主面浮腫。中府、間使、合谷，主面腹腫。解谿，主風水，面胕腫，顏黑。氣舍，主肩腫不得顧。三里，主水腹脹，皮腫。曲泉，主腹腫。陰谷，主寒熱腹偏腫。大敦，主大腹腫脹，臍腹邑邑。陰交、石門，主水脹，水氣行皮中，小腹皮敦敦然，小便黄，氣滿。屋翳，主身腫，皮痛不可近衣。關門，主身腫身重。天府，主身脹逆息不得卧，風汗身腫，喘息多唾。上星，治頭風面虚腫。囟會，治目眩面腫。前頂，治目眩，面赤腫，小兒頂腫。腦戶，治目黄，頭腫。水溝，治水氣遍身腫。《明》云：若是水氣，唯得針此，若針餘穴，水盡即死。胃倉，治水腫。缺盆，治水氣。屋翳，治身體腫，皮膚痛不可近，及淫濼瘈瘲不仁。腎俞，治身腫。建里，治腹脹身腫。神闕，治水腫鼓脹，腸鳴如流水聲。中極、石門，治水腫。四滿，治大腹有水。章門，治腹腫脊強，四支傷惰。湧泉，治男子如蠱，女子如妊娠，五指端盡痛，足不得踐地。三里，治水氣。復溜，治十水病。維道，治水腫，不嗜食。地機，治丈夫溏泄，腹脇脹，水腫腹堅，不嗜食，小便不利。陰陵泉，治腹中寒，不嗜食，鬲下滿，水脹腹堅，喘逆不得卧，腰痛難俯仰。陷谷，治面目浮腫，及水病善噫，腸鳴腹痛。分水，療腹腫不能食，若是

水病，灸大良。《下》云：療水病腹腫，繞臍痛，衝胸不得息。甄權云：主水氣浮腫，鼓脹，腸鳴如雷聲，時上衝心。曲骨，療水病脹滿。小兒水氣，四支盡腫，及腹大，灸分水三壯。胃倉，主水腫臚脹，食飲不下，惡寒。水溝，主水腫，人中滿。關元，主婦人小腹滿，石水。章門，主身潤，石水身腫。關元，主小腹滿，石水。四滿、然谷，主大腹石水。氣衝，主大氣石水。豐隆，主四支腫，身濕。豐隆、復溜，主風逆四支腫。列缺，主汗出四支腫。復溜，治四支腫。

水腫惟得針水溝，若針餘穴，水盡即死，此《明堂》、《銅人》所戒也。庸醫多爲人針水分，殺人多矣，若其它穴，亦有針得差者，特幸焉耳，不可爲法也。或用藥，則禹餘糧元爲第一，見《既效方》。予屢見人服驗，故書於此。然灸水分，則最爲要穴也，有里醫爲李生治水腫，以藥飲之，久之不效，以受其延待之勤，一日忽爲灸水分與氣海穴，翌早，觀面如削矣，信乎水分之能治水腫也。《明堂》固云：若是水病，灸大良。蓋以此穴能分水，不使妄行云焉耳。但不知《明堂》又云：針四分者，豈治其它病當針四分耶？

百病水腫，腎俞百壯，胃倉隨年。水腫，陷谷隨年。水腫上下，陰交百壯。水腫脹，曲骨百壯。

大腹，陰市隨年。人中滿，唇腫，及水腫大水，臍中、石門，百壯。風水，上廉隨年。水腫不得臥，陰陵泉百壯。石水，灸然谷、氣衝、四滿、章門。水分，主水腫，腹滿不能食，堅硬，日七壯，至四百止，忌針，針水盡即死，水病灸至差止。

《聖濟總録·治水腫灸刺法》 黄帝治水之腧，五十七處，尻上五行行五，謂腎腧五十七穴，積陰之所聚也，水所從出入也。尻上五行行五者，此腎腧，故水病下爲胕腫大腹，上爲喘呼，不得卧者，標本俱病，故肺爲喘呼，腎爲水腫，肺爲逆不得卧，分爲相輸俱受者，水氣之所留也。伏兔上各二行行五者，此腎之街也。三陰之所交結於腳也，踝上各一行行六者，此腎脈之下行也，名曰太衝。凡五十七穴者，皆藏之陰絡，水之所客也。身脹逆息不得卧，風汗身腫，喘息多唾，天府主之。

四肢腫，身濕，豐隆主之。

風逆四肢腫，復溜主之。

身腫皮痛，不可近衣，屋翳主之。

水腫臚脹，食飲不下，惡寒，胃倉主之。

水腫腸鳴，胃虛脹，不嗜食，繞臍痛，衝胸不得息者，水分主之。穴在下腕下一寸，神闕上一寸，任脈氣所發。甄權云：日灸七壯，至四百壯止，水通身腫，灸足第二指上一寸，隨年壯，又灸兩手大指縫頭七壯。

脹滿水腫，灸脾腧，隨年壯，三報。

水腫人中盡滿，唇反死，水溝主之。

水腫腹大臍平，灸臍中，腹無紋理者，不治。

水腫，水氣行皮中，陰交主之。

水腹大，及水脹水氣行皮中，石門主之。

石水痛引脇下脹，頭眩痛，身盡熱，關元主之。

石水，刺氣街。

石水，章門及然谷主之。

水，天泉主之。

腹中氣盛，腹脹逆不得卧，陰陵泉主之。

水腫留飲，胸脇支滿，刺陷谷出血，立已。

水腫脹皮腫，三里主之。

風水膝腫，巨虛上廉主之。

面胕腫，上星主之，先取譩譆，後取天牖、風池。

風水面胕腫，衝陽主之。

風水面胕腫，顔黑，解谿主之。

《直指方·虛腫·虛腫證治》 針灸法：分水一穴。在臍上一寸，灸七壯，療腹腫不能食，若是水病，灸大良。

神闕一穴。當臍中，灸三壯，主水腫，鼓脹，腸鳴如流水聲。

石門一穴。在臍下二寸，灸七壯，主水脹、水氣行皮中、小便黄、氣滿。

三里二穴。在膝下三寸骺外廉兩筋間，灸七壯，主水腹脹、皮腫。

水溝名人中。在鼻柱下，灸三壯，主水腫，人中滿。

水腫惟得針水溝，若針餘穴，水盡即死。此《明堂》、《銅人》所戒也。庸醫多爲人針分水，殺人多矣。若其他穴亦有針得瘥者，特幸焉，再不可爲法也。

《世醫得效方·鼓脹》 灸法：脹滿水腫，灸脾腧隨年壯，穴在第十一椎

下兩傍各去一寸半。胸滿，心腹積聚，痞痛，灸肝腧百壯，穴在第九椎下兩傍各去一寸半。腹脹滿，繞臍結痛，堅不能食，灸中守穴百壯，在臍上一寸，一名水分。脹滿瘕聚，滯下冷疼，灸氣海十壯，穴在臍下一寸五分。腸中膨脹不消，灸大腸腧四十九壯，穴在第十六椎下兩傍各一寸半。腸中雷鳴相逐，痢下，灸承滿五十壯，穴在俠巨闕相去二寸，巨闕在心下一寸。灸之者，俠巨闕兩邊各二寸半。五臟六腑心腹滿，腰背疼，飲食吐逆，寒熱往來，小便不利，羸瘦少氣，灸三焦腧隨年壯，穴在十三椎下兩傍各一寸半。

《世醫得效方・腫滿》灸法：足第二指上一寸半，隨年壯，又灸兩大手指縫頭，七壯，治水氣，通身腫滿，效，太衝、腎腧各百壯，治虛勞浮腫，效。

《普濟方・針灸門・水腫》治虛勞浮腫，幷水氣身滿，穴：太衝，灸百壯，又灸腎俞。

治頭目癰腫，留飲，胸脇支滿及腫水，穴：陷谷，刺出血立已。

治面目癰腫，穴：陷谷、列缺。

治頭面腫，穴：陽陵泉、公孫。

治頭面氣胕腫，穴：完骨、巨髎。

治面浮腫，穴：天樞、豐隆、厲兌、陷谷、衝陽。

治面浮腫，穴：中府、間使、合谷。

治風，面水胕腫，顔黑，穴：解谿。

治肩腫不得顧，穴：氣舍。

治水，腹脹皮腫，穴：三里。

治腹腫，穴：曲泉。

治寒熱，腹偏腫，穴：陰谷。

治大腹腫脹，臍腹悒悒，穴：大敦。

治水脹，水氣行皮中，小腹皮敦敦然，小便黄，氣滿，穴：陰交、石門。

治身腫皮痛，不可近手，穴：屋翳。

治身腫身重，穴：關門。

治身脹，逆息不得卧，風汗，身腫，喘息多唾，穴：天府。

治水氣徧身腫，穴：水溝。若是水氣，唯得針此，若針餘穴，水盡即死。

治水腫，穴：胃倉。

治水氣，穴：缺盆。

治身體腫，皮膚痛不可近衣，淫濼，瘈瘲不仁，穴：屋翳。

治身腫，穴：腎俞。

治腹脹身腫，穴：建里。

治身腫鼓脹，腸鳴如流水聲，穴：神闕。

治水腫，穴：中極、石門。

治大腹有水，穴：四滿。

治腹腫脊強，四肢傷惰，穴：章門。

治男子如蠱，女子如妊娠，五指端盡痛，足不得踐地，穴：湧泉、陰谷。

治水腫，穴：三里。

治水分病，穴：復溜。

治水腫，不嗜食，穴：維道。

治丈夫溏泄，腹脇脹，水腫腹堅，不嗜食，小便不利，穴：地機。

治腹中寒，不嗜食，鬲下滿，水腫腹堅，喘逆不得卧，腰臍痛難俯仰，穴：陰陵泉。

治面目浮腫及水病善噫，腸鳴腹痛，穴：陷谷。

治腹腫不能食，及療水病腹腫，繞臍，痛衝胸不得息，幷水氣浮腫，鼓脹，腸鳴如雷聲，時上衝心，及胃虛脹，穴：水分。灸七壯，若是水病，灸大良。《三因方》云：可灸三陰交穴及風門穴。《明堂經》云：灸二壯，主小便不利，身腫足痿。

治水病脹滿，穴：曲骨。

治水腫腹脹，食飲不下，惡寒，穴：胃倉。

治水腫，人中盡滿唇，及死，穴：水溝。

治身潤，石水身腫，穴：章門。

治小腹滿石水，穴：關元。

治大腹石水，穴：四滿、然谷。

治大氣石水，穴：氣衝。

治四腫身濕腫，穴：豐隆。

治汗出，四肢腫，穴：列缺。

治四肢腫，穴：復溜。

治百病水腫，穴：腎俞灸百壯，胃倉灸隨年壯。

治水腫，穴：陷谷，灸隨年壯。

治水腫上下，穴：陰交，灸百壯。

治水腫，穴：曲骨，灸百壯。

治風，四肢腫，穴：豐隆，復溜。

治大腹，穴：陰市，灸隨年壯。

治人中滿，唇腫，及水腫大水，穴：臍中、石門，各灸百壯。

治風水，穴：上廉，各灸隨年壯。

治水腫不得卧，穴：陰陵泉，灸百壯。

治石水，灸然谷、氣衝、四滿、章門。

治水腫，腹滿不能食，堅硬，穴：水分，灸七壯，至四百止，此穴忌針，針水盡即死。

治水腫大，臍平，灸臍中，腹無紋理者，不治。

治水脹腹大，及水氣行皮中，穴：石門。

治石水腫痛，引脇下脹，頭眩痛，身盡熱，穴：關元。

治石水，穴：刺氣衝。

治石水，穴：章門、然谷。

治水病，穴：天泉。

治風水膝腫，穴：巨虛上廉。

治面胕腫，穴：上星，先取譩譆，後取天牖、風池。

治風水面胕腫，灸衝陽。

治脹滿水腫，灸脾俞隨年壯，三報。

治卒腫滿，身面皆洪大，灸足內踝下白肉際，三壯。

治氣熱水身面腫，灸丹田穴三壯，女子禁灸。

治水腫如鼓：用大蒜切作錢片，安臍心，次用甘遂爲末，同作艾炷灸蒜上，熱即易之，每日頻灸，其水自下，忌一切毒物，并鹽一年。

治五水灸法：青水灸肝井，赤水灸心滎，黄水灸脾俞，白水灸肺經，黑水灸腎合。

《普濟方·針灸門·雜病》 治水氣，四肢浮腫及腹大，灸水分三壯。右臍上一寸，炷如小麥大。

《神應經·腫脹部》 渾身浮腫：曲池、合谷、三里、內庭、行間、三陰交。

水腫：列缺、腕骨、合谷、間使、陽陵、陰谷、三里、曲泉、解谿、陷谷、復溜、公孫、厲兌、衝陽、陰陵、胃俞、水分、神闕。

四肢浮腫：曲池、通里、合谷、中渚、液門、三里、三陰交。

風浮身腫：解谿。

腫，水氣脹滿：復溜、神闕。

水脹脇滿：陰陵泉。

徧身腫滿，食不化：腎俞，百壯。

《針灸聚英·雜病》 水腫

皮水、正水、石水、風水、因氣、濕、食：刺胃倉、合谷、石門、水溝、三里、復溜、曲泉、四滿。

《針灸聚英·玉機微義針灸證治》 水氣

《內經》謂經脈滿則脈絡溢，絡脈溢，則謬刺之，以調其絡脈，使形容如舊而不腫，故曰：謬刺其處，以復其形。謹按：謬刺謂不分俞穴而刺之也。《水熱穴論》刺水穴分大法，水溢於表，或腹脹，或四肢雖腫，而氣稍實，脈浮洪者，宜行此。至病氣孤危，脈微弱而四肢小，氣盛實者，今人往往謬刺之，禍不旋踵，蓋不審經言脈滿絡溢謬刺之理也。

《針灸聚英·雜病歌》 腫脹

渾身浮腫治曲池，合谷三里內庭醫，行間三陰交六穴，治之此病絕根株。水腫列缺腕骨醫，合谷間使陽陵宜，陰谷三里曲泉穴，復溜陷谷與解谿，公孫厲兌衝陽穴，陰陵水分并胃俞，再兼神闕十八穴，速除此疾無毫釐。四肢浮腫曲池中，通里合谷中渚同，液門三里三陰交，風腫身浮解谿攻。水腫氣脹滿復溜，并兼神闕功效收。水脹脇滿陰陵泉，遍身腫滿疾久纏，更兼飲食又不化，腎俞百壯病即痊。凡人消痺治太谿，傷飽身黄章門醫，紅痺合谷與百會，委中三里與曲池。黄痺百勞腕骨中，三里湧泉中脘同，然谷太衝復溜穴，膏肓大陵與勞宫，還有脾俞兼在内，太谿一穴在中封。

《古今醫統大全·針灸直指·諸證針灸經穴》 水腫：胃倉、石門、水溝、三里、復溜、四滿。並宜刺。

《醫學綱目·水腫》 浮腫：分水、中脘，各灸之。內庭、行間、臨泣，各瀉，立安。

水氣，皮痛不可近衣，小腹敦敦然，小便黄，身潤：章門、屋翳，灸。陰交、章門，刺之。

外腰水腫，先從腰腫起：肝募、水分。

內中水腫，面痿黃：胃脘、通谷、氣海、水分。

胞中水腫，根在心，水赤：心俞、巨闕、氣海。

腹中水腫，從脾起，水黃：脾俞、胃脘、水分。

肺喘水腫：從胸起，水白：肺俞、肝募。

足心水腫，從足起：白環俞、水分、膻中。

四肢水腫，變身浮：膽募。

兩脇水腫，四肢枯瘦，從脇腫起：章門、期門。

小腸水腫，從臍腫起：氣海。

《本草綱目·百病主治藥·諸腫》 蒺藜，洗浮腫。陸英，洗水氣虛腫。狗脊、谷菜。黍穰。葱白根、果木。杏葉，並洗足腫。楠材，腫自足起，同木煎洗，并少飲之。桐葉，手足浮腫，同小豆煮汁漬洗，并少飲之。柳枝及根皮，洗風腫。赤小豆，下水腫，利小便。桑灰汁煮食代飯，冬灰亦可。同葷、蒜煮食，水蠱，腹大有聲，皮黑者，同白茅根，煮食。足腫，煮汁漬洗。胡蒜，同蛤粉丸服，消水腫。同田螺、車前，貼臍，通小便。杏核仁。浮腫喘急，小便少，炒研入粥食。頭面風腫，同雞子黃塗帛上貼之，七八次愈。

《本草綱目·百病主治藥·諸腫》 田蠃，利大小便，消手足浮腫，下水氣。同大蒜、車前，貼臍，水從小便出。針砂。消積平肝。水腫尿短，同豬苓、地龍、葱涎貼臍。

《楊敬齋針灸全書·水腫》

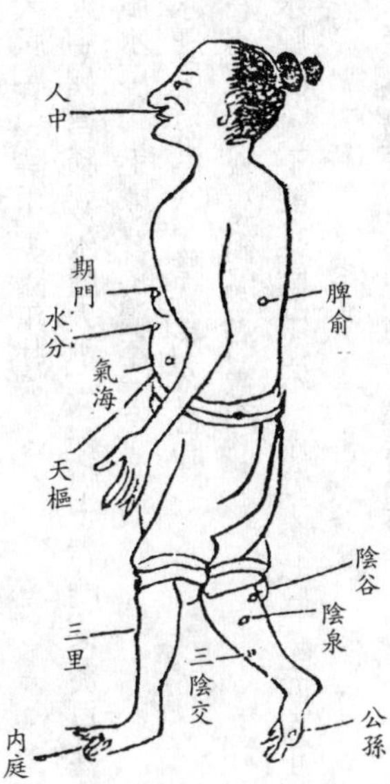

《楊敬齋針灸全書·頭面虛腫》

《針灸大成·腫脹門》 渾身浮腫：曲池、合谷、三里、內庭、行間、三陰交。

水腫：列缺、腕骨、合谷、間使、陽陵、陰谷、三里、曲泉、解谿、陷谷、復溜、公孫、厲兌、衝陽、陰陵、胃俞、水分、神闕。

四肢浮腫：曲池、通里、合谷、中渚、液門、三里、三陰交。

風浮身腫：解谿。

腫水氣脹滿：復溜、神闕。

《針灸大成·續增治法·雜病》 水腫：皮水、正水、石水、風水、因氣濕食。針胃倉、合谷、石門、水溝、三里、復溜、曲泉、四滿。

《針灸大成·治證總要》 第六十一：渾身浮腫生瘡：曲池、合谷、三里、三陰交、行間、內庭。

問曰：此證從何而感？答曰：傷饑失飽，房事過度，或食生冷。

第六十二：四肢浮腫：中都、合谷、曲池、中渚、液門。

問曰：此證從何而得？答曰：皆因饑寒，邪入經絡，飲水過多，流入四肢，或飲酒過多，不避風寒，致有此證。復針後穴：行間、內庭、三陰交、陰陵泉。

《景岳全書·雜證謨·腫脹》 脾俞，治脹，隨年壯灸之。肝俞，治脹，灸百壯。三焦俞，治心腹脹滿，飲食減少，小便不利，羸瘦少氣。分水，治腹脹，繞臍結痛，不能食，若是水病，尤宜灸之。神闕，主水腫膨脹，腸鳴如水之聲，極效。石門，主水腫，水行皮中，小便黃。足三里，主水腫腹脹。水溝。主一切水腫。

按水腫證惟得針水溝，若針餘穴，水盡即死，此《明堂》、《銅人》所戒也。庸醫多爲人針分水，誤人多矣。若其他穴，或有因針得瘥者，特幸焉耳。大抵水腫禁針，不可爲法。

《病機沙篆·水腫》 鋪臍方：好輕粉二錢，巴豆四兩，生硫黄一錢，研勻成餅，先以新綿鋪臍上，次鋪藥餅，外以帛緊束之，如人行十里許即下水，待行三五度，即去藥，以溫粥補之，一餅可治十人。

灸法：中脘二七壯，在臍上四寸，上下一寸居岐骨與臍之分中。又灸水分穴，如年壯，在臍上一寸，禁刺，刺之則水盡即死。

又法：神闕，以鹹塡滿臍中，着艾灸如年。壯者，二七壯。

《太乙神針心法·腫脹門》 治法

渾身浮腫：針曲池、合谷、三里、內庭、行間、陰交。

四肢浮腫：針曲池、通里、合谷、中渚、液門、三里、陰交。

風浮身腫：針解谿。

偏身腫滿，飲食不化：針腎腧。

腹脹脇滿：針陰陵泉。

水氣脹滿：針復溜、神闕。

水腫：針列缺、腕骨、合谷、間使、陽陵、陰谷。

《醫宗金鑒·刺灸心法要訣·灸鬼眼穴歌》 腫滿上下灸奇穴，上即鬼哭不用縛，下取兩足第二指，指尖向後寸半符。

〔吳謙注〕灸腫滿奇穴，上穴即兩手大指縫鬼哭穴也。下穴在兩足第二指指尖向後一寸五分即是也。

《羅遺編·針灸要穴論》 虛勞浮腫：太衝。

《針灸逢源·證治參詳·腫脹門》 水腫：陽水先腫上體，肩背手髆手三陽經。陰水先腫下體，腰腹脛胕足三陰經。腫屬脾，脹屬肝，腫則陽氣猶行。如單脹而不腫者名蠱脹，爲木橫剋土，難治。腫脹朝寬暮急爲血虛，暮寬朝急爲氣血兩虛。腫脹由心腹而散四肢者吉，由四肢而入心腹者危。男自下而上，女自上而下者，皆難治。胃俞、腎俞、神闕、水分，以上宜灸，水溝、足三里、解谿、公孫、陰陵泉、復溜、中封、曲泉。以上隨宜灸刺。

《針灸逢源·論治補遺·腫脹》 風水灸肝井，大敦。赤水灸心滎，少府。黄汗灸脾俞，太白。皮水灸肺經，經渠。石水灸腎合。陰谷。

《針灸全生·腫脹》 渾身浮腫：數穴兼氣海，亦治渾身脹滿，浮腫生水，曲池、合谷、內庭、三里、行間、三陰交。

四肢浮腫：曲池、合谷、通里、中渚、液門、三里、三陰交。

風浮身腫：解谿。

腫滿食不化：腎俞。百壯。

浮腫不退：人中、合谷、三里、臨泣、曲池、三陰交。

水腫：列缺、腕谷、陽陵、三里、解谿、復溜、厲兌、陰陵、合谷、間使、陰谷、曲泉、陷谷、公孫、衝陽、胃俞、水溝、水分、神闕。

水俞五十七穴：長強、命門、腰俞、懸樞、脊中，此督脈中行，凡五穴。次二行各五穴，白環俞、中膂內俞、膀胱俞、大小腸俞，又次二行各五穴，秩邊、胞肓、志堂、肓門、胃倉，共二五穴皆在下焦而主水，夾臍旁邊兩行各五穴，橫骨、大赫、氣穴、四滿、中注，外次二行，氣衝、歸來、水道、大巨、外陵，左右共二十穴，皆水氣往來之道路，踝上一行六穴，大鐘、復溜、築賓、照海、交信、陰谷，左右共十二穴，腎之大絡並衝脈下行於足，凡此五十七穴皆臟之陰絡水之所客也。治水者當察而取之。詳《內經》針刺內三十八《素問·水熱穴論》。

水病腫脹先灸針水分、水道，後針三里、三陰交。亦減捷妙法也。

《針灸全生·血證》 虛勞浮腫：太衝。

《針灸便覽·中風》 浮腫：曲池、合谷、三里、內庭。

水腫：列缺、合谷、三里、解谿、復溜、厲兌、曲泉、公孫、水分。

腳腫：承山、崑崙、然谷、委中。

《針灸便覽·灸腫滿》 兩大手指縫，或足二指上一寸半。

《針灸集成·腫脹》 滿身卒腫，面浮洪大：內踝下白肉際，三壯，立效。

水腫腹脹：水分、三陰交、陰交，並百壯，並治五臟俞穴、中脘，針後按其孔勿令出水，陰蹻，七壯。

四肢面浮腫：照海、人中、合谷、下三里、絕骨、曲池、中脘，針腕骨、脾俞、胃俞、三陰交。

脬腫及鼓脹：脾俞、胃俞、大腸俞、膀胱俞、水分、中脘、針，下三里、小腸俞、三陰交。

浮腫鼓脹乃脾胃不和，水穀妄行皮膚，大小便不利之致也。方書云：針水分，水盡則斃。然而水脹甚則不能飲食，腹如抱鼓，氣息奄奄，心神悶亂，

死在頃刻，當其時若不救急，則終未免死亡。愚自臆料，以謂等死莫如救急，針水分，出水三分之二，脹下至臍未至臍水，急用血竭末或寒水石末塗敷針穴，即塞止水，未針之前預備急用。如無血竭，即以槐花炒黄，不至過黑作末，以熱手滿握敷貼，慎勿動手，移時成痂，乃塞止水。且百草霜末敷接亦能止水，出水三日，觀風稍歇，便治右諸穴，效。且浮腫之人，或有外腎及腎囊亦致腫者，針刺腎皮囊，皮多出黄水則安。如或出血，則不吉之兆也。蓋針外腎出水者，乃通利小便之義也，吉。針手足出水者，妄行皮膚之義也，凶。凡病加與少愈，都在慎攝而已。

《**針灸穴法**》　頭面虚腫：上星一穴、風池二穴、合谷二穴、三陰交二穴、照海二穴、臨泣二穴。

黄腫：腎俞二穴、章門二穴、三里二穴、委中二穴、中管二穴、丹田一穴。

渾身脹滿，浮腫生水：氣海一穴、關元一穴、曲池二穴、三里二穴、合谷二穴、内庭二穴、行間二穴、三陰交二穴。

《**灸法秘傳・腫滿**》　先聖曰：諸濕腫滿，皆屬於脾。蓋脾主水穀，虚而失運，水穀停留，故成腫滿也。後賢分而爲四：一曰水腫，皮薄色嫩，按之成凹也。一曰氣腫，皮厚色蒼，按之即起也。一曰風腫，走注腫疼，皮膚痳木也。一曰瘀腫，腫而紅亮，有血縷痕也。以上諸腫，宜灸内庭，如罔驗者，行間、大敦皆可灸之。

《**經歷雜論・辨浮腫鼓脹**》　陽水者，在腑之病也，陽氣僅受遏鬱，未受大傷，陽鬱而化熱，溼熱之水充溢於皮膚之間，如《金匱》葶藶瀉肺，《外臺》茯苓飲，甘遂、芫花、大戟之屬，下之可也。余更以《内經》水熱者刺其絡之旨，用針淺刺其委中、承山、陰陵泉、三陰交以分消之。

《**針灸摘要・陰蹻脈**》　渾身脹滿，浮腫生水：氣海、三里、曲池、合谷、内庭、行間、三陰交。

四肢面目浮腫大不退：人中、合谷、三里、臨泣、曲池、三陰交。

《**針灸學・刺水腫**》　豈知刺水腫，不外腎與膀胱，及太陰肺經諸穴耳。岐伯曰：腎俞五十七穴，積陰之所聚也，水所從出入者，尻上五行行五者，皆腎俞也。按此尻上中行爲督脈經穴，旁四行係太陽膀胱經穴，而皆曰腎俞者，以腎與膀胱相表裏，故曰腎俞也。脊中五穴，即脊中、懸樞、命門、腰俞、長強也。次兩旁各五穴，即大腸俞、小腸俞、膀胱俞、中膂俞、白環俞也。又次兩旁各五穴，即胃倉、肓門、志室、胞肓、秩邊也。又曰伏兔上各二行行五者，此腎之街也，三陰之所交結於腳也。按此所謂伏兔上各二行，每行有五穴者，是謂腎脈所通之街，中行任脈兩旁，有中注、四滿、氣穴、大赫、横骨五穴也。又次兩旁，有外陵、大巨、水道、歸來、氣衝五穴也。且足經之三陰所交結者必在於腳，謂内踝上三寸三陰交穴，係肝腎脾三陰經之交結處，此一穴尤爲刺水腫要穴，蓋刺一穴而三經兼治者也。又曰：踝上各一行行六者，此腎脈之下行也，名曰太衝。按此所謂踝上各一行，每行有六穴者，是謂兩腿内踝上有復溜、陰谷、照海、交信、築賓諸穴，合太衝爲六穴。此六穴爲腎經穴名，腎與衝脈並皆下行至足，合而盛大，故曰太衝。尻上五行，每行五穴，是五五二十五穴，伏兔上兩行，每行各五穴，共計四行，合之爲二十穴，踝上各一行，每行六穴，是二六一十二穴，通共五十七穴，皆水邪出入宿客之所，故治水者，皆於此五十七穴取刺焉。【略】按此水病刺法，在審標本，獨下腫者，治其腎，兼喘呼者，並治標，腎俞五十七穴，皆宜按法針灸。大抵水腫之成，有因氣結而成者，名爲氣脹，有因血結而成者，名爲血脹，因氣結者兼理其氣，因血結者兼治其血，視何部先腫或腫甚，則從何部取穴先刺。在背則先取尻上五行各穴，在腹則先取伏兔上五行各穴，在兩腿則先取踝上腎經各穴，至三陰交一穴，爲腎肝脾三經交會之所，尤係刺水腫要穴，其他如任脈經之上脘、中脘、下脘、建里、水分、石門、陰交、關元、氣海諸穴，腹腫者皆宜取刺，刺後出針，則宜多灸，蓋水腫概係寒邪所致，水不化氣，則聚而爲腫，得艾火溫散，則水氣易爲流通，然尤必多針幾次，多灸幾壯。蓋脹久不止一處，今日消散，明日復被水浸，非數次針灸，無以開其閉結。腹上水分一穴，係泌别清濁之處，有灸至百餘壯之多者，三陰交與復溜諸穴，有針至六七次者。大抵刺水腫者，刺背則背消，刺腹則腹消，刺腿則腿消，輕者消減大半，重者雖一時不能盡消，而所針穴旁，亦見瘦損，輕者一二次則見消散，重者今日消散，越日又腫，再刺再灸，亦日見消散。徐靈胎云：水旺必克脾土，脾土衰則偏身皮肉皆腫，不特一經之中，有水氣也。若僅刺一經，則一經所過之地，水自漸消，而他經之水不消，四面聚會，并一經已瀉之水，亦仍滿矣。故必周身腫滿之處，皆刺而瀉之，然後其水不至復聚耳。《内經》五十七穴，皆水氣宿客之所，必盡刺之而後可，按此說，謂水腫刺一經，取一穴，不能全愈，亦是有經驗之說。但謂五十七穴，必須全刺者，其說未免太拘。蓋此五十七穴，皆

水氣出入之所，聖人不過示人以刺法，徐謂不能於一經一次求愈，是必已刺復腫，故爲此說。然刺水腫在審致病之原，因氣、因血、因寒、因風，各宜探本尋源，五十七穴而外，還有當刺之經，當取之穴，僅刺此五十七穴，不足以盡其病也。況刺水腫概係行針，刺時功夫又大，若遇寒天日短，除飲食占費時間外，日不過十餘刺，五十七穴，是必四五日之久，始能刺畢，其刺不太難乎？又況貧寒之家，延醫爲難，非親非故，誰肯受此勞苦？故吾謂治水不必泥執盡刺之說，而審病辨脈，就水氣出入宿客之所，多刺多灸，則腫病愈矣。病有輕重，則刺有多少，如刺尻上五行，每行雖有五穴，而行刺三穴，則水道可通，病非甚重，不必全刺。

《針灸大成·醫案》 己巳歲夏，文選李漸菴公祖夫人，患產後血厥，兩足忽腫大如股，甚危急。徐、何二堂尊召予視之，胗其脈芤而歇止，此必得之產後惡露未盡，兼風邪所乘，陰陽邪正激搏，是以厥逆不知人事，下體腫痛，病勢雖危，針足三陰經可以無虞。果如其言，針行飯頃而甦，腫痛立消矣。

《續名醫類案·腫脹》 莊季裕云：予自許昌遭金狄之難，憂勞艱危，衝冒寒暑，避地東方。丁未八月，抵四濱，感痎瘧。既至琴川，爲醫妄治，榮衛衰耗。明年春末，尚苦胕腫，腹脹氣促，不能食，而大便利，身重足痿，杖而後起。得陳了翁家傳，爲灸膏肓俞，自丁亥至癸巳，積三百壯，灸之次日，即胸中氣平，腫脹俱消，利止而食進，甲午已能肩輿出謁，後再報之，仍得百壯，自是疾證頓減，以至康甯，時親舊間，見此殊功後，灸者數人，宿痾皆除。孫眞人謂：若能用心方便，求得其穴而灸之，無疾不愈，信不虛也。《針灸四書》

王執中曰：有里醫爲李生治水腫，以藥飲之不效，以受其延待之勤，一日忽爲灸水分與氣海穴，翌早觀其面如削矣，信乎水分之能治水腫也。《明堂》故云：若是水病灸大良，蓋以此穴能分水不使妄行耳，但不知《明堂》又云針四分者，豈治其他病，當針四分者耶。

水腫惟得針水溝，若針餘穴，水盡即死。此《明堂》、《銅人》所戒也。庸醫多爲人針水分，殺人多矣。若其他穴，亦有針得瘥者，特幸焉耳，不可爲法也。或用藥，則禹餘糧丸爲第一，予屢見人服驗，故書於此。然灸水分則最爲要穴也。《資生經》

疝 氣

《素問·長刺節論》 病在少腹，腹痛不得大小便，病名曰疝。得之寒，刺少腹兩股間，刺腰髁骨間，刺而多之，盡炅病已。

〔王冰注〕厥陰之脈環陰器抵少腹，衝脈與少陰之絡皆起於腎下，出於氣街，循陰股，其後行者自少腹以下骨中央，女子入繫廷孔。

《甲乙經·足厥陰脈動喜怒不時發㿗疝遺溺癃》 狐疝驚悸少氣，巨缺主之。陰疝引睾，陰交主之。少腹痛，溺難，陰下縱，橫骨主之。少腹疝，卧善驚，氣海主之。暴疝，少腹大熱，關元主之。陰疝氣疝，天樞主之。㿗疝，大巨及地機、中郄主之。陰疝痿，莖中痛，兩丸騫，卧不可仰，卧刺，氣街主之。陰疝，衝門主之。男子陰疝，兩丸上下小腹痛，五樞主之。陰股內痛，氣癰狐疝，走上下，引少腹痛，不可俛仰上下，商丘主之。狐疝，太衝主之。陰跳遺溺，小便難，元痛陰上下入腹中，寒疝陰挺出，偏大腫，腹臍痛，腹中悒悒不樂，大敦主之。腹痛上搶心，心下滿，癃，莖中痛，怒瞋不欲視，泣出，長太息，行間主之。㿗疝，陰暴痛，中封主之。疝，癃，臍少腹引痛，腰中痛，中封主之。氣痛癃，小便黃，氣滿塞，虛則遺溺，身時寒熱，吐逆，溺難，腹滿，石門主之。氣癃㿗疝陰急，股樞腨內廉痛，交信主之。陰跳腰痛，實則挺長，寒熱，攣，陰暴痛，遺溺，偏大，虛則暴癢氣逆，腫睾，卒疝，小便不利如癃狀，數噫，恐悸，氣不足，腹中悒悒，少腹痛，嗌中有熱，如有瘜肉，狀如著欲出，背攣不可俛仰，蠡溝主之。丈夫㿗疝，陰跳，痛引篡中，不得溺，腹中支脇下榰滿，閉癃，陰痿，後時泄，四肢不收，實則身疼痛，汗不出，目䀮䀮然無所見，怒欲殺人，暴痛引髕下節，時有熱氣筋攣，膝痛不可屈伸，狂如新發，衄，不食，喘呼少腹痛引噫，足厥痛，湧泉主之。癃疝，然谷主之。卒疝，少腹痛，照海主之，病在左，取右，右取左，立已。疝，四肢淫濼，身悶，至陰主之。

《肘後方·治卒陰腫痛頹卵方第四十二》 葛氏男子陰卒腫痛方：灸足大指第二節下橫文理正中央五壯，佳。姚云：足大指本三壯。

灸頹：但灸其上，又灸莖上，又灸白小腹脈上及灸腳大指三中灸一壯，又灸小指頭，隨頹左右著灸。

《千金要方·解毒併雜治·陰癩》 論曰：癩有四種，有腸癩、卵脹、氣癩、

水癲。腸癲、卵脹難差，氣癲、水癲針灸易治。

治卒癲，以蒲横度口，如廣，折之，一倍增之，布著少腹大横文，令度中央上當臍，勿使偏僻，灸度頭及中央合二處，隨年壯，好自養，勿舉重、大語、怒言、大笑。又牽陰頭正上，灸莖頭所極，又牽下向穀道，又灸所極，又牽向左右髀直行，灸莖所極，各隨年壯。又灸足厥陰，在左灸右，在右灸左，三壯，在足大指本節間。

卵偏大上入腹，灸三陰交，在內踝上八寸，隨年壯。

卵偏大癲病，灸肩井，在肩解臂接處，隨年壯。

男癲，灸手季指端七壯，病在右可灸左，左者灸右。

男陰卵偏大癲病，灸關元百壯。

男陰卵大癲病，灸玉泉百壯，報之，穴在屈骨下陰，以其處卑，多不灸之，及泉陰穴亦在其外。男陰卵偏大癲病，灸泉陰百壯，三報，在横骨邊。

癲病，陰卒腫者，令並足合兩拇指，令爪相並，以一艾灸兩爪端方角處，一丸令頓上兩爪角，各令半丸上爪指佳，七壯愈。

男陰卵大癲病，灸足太陽，五十壯，三報之；又，灸足太陰五十壯，在內踝上一夫。

男陰卵大癲病，灸大敦，在足大指三毛中，隨年壯。又，灸足大拇指內側去端一寸赤白肉際，隨年壯，雙灸之；又，灸横骨兩邊二七壯，俠莖是。

陰癲，灸足大指下理中十壯，隨腫邊灸之。男兒癲，先將兒至碓頭，祝之曰：坐汝令兒某甲陰囊癲，故灸汝三七二十一枚。灸訖，便牽小兒令雀頭下向著囊縫，當陰頭灸縫上七壯，即消，已驗。艾炷(猬)〔帽〕簪頭許。

大凡男癲，當騎碓軸，以莖伸置軸上，齊陰莖頭前，灸軸木上隨年壯。

《千金要方·針灸下·癭瘤》 曲泉，主癲疝陰跳痛引臍中，不尿，陰痿。中都，主癲疝崩中。合陽、中郄，主癲疝崩中，腹上下痛，腸澼陰暴敗痛。照海，主四肢淫濼，身悶，陰暴起疝。太谿，主胞中有大疝瘕積聚與陰相引。商丘，主陰股內痛氣癰，狐疝走上下引小腹痛，不可以俛仰。關元，主癲疝。肩井，傍肩解與臂相接處，主偏癲。巨闕，主狐疝。太衝，主狐疝歐厥。中管，主衝疝冒死不知人。臍中、石門、天樞、氣海，主少腹疝氣，遊行五藏，疝繞臍衝胸，不得息。石門，主腹滿疝積。關元，主暴疝痛。大敦，主卒疝暴痛，陰跳上入腹，寒疝陰挺出偏大腫臍，腹中邑邑不樂，小便難而痛，灸刺之立已，左取右，右取左。四滿，主臍下疝積。天樞，主氣疝歐。大巨，主癲疝偏枯。交信，主氣癃癲疝，陰急，股樞腨內廉痛。中封，主癲疝癃暴痛，痿厥身體不仁。氣衝，主癲陰腫痛，陰痿莖中痛，兩丸騫，痛不可仰卧。曲泉，主癲疝陰跳，痛引莖中，不得尿。大陰郄、衝門，主疝瘕陰疝。少府，主陰痛，實時挺長，寒熱，陰暴痛，遺尿，偏虚則暴癢氣逆，卒疝，小便不利。陰市，主寒疝下至腹，膝腰痛如清水，小腹諸疝，按之下至膝上。伏兔，中寒疝痛，腹脹滿，痿，少氣。太衝、中封、地機，主癲疝精不足。中極，主失精。魚際，主陰濕，腹中餘疾。五樞，主陰疝兩丸上下，少腹痛。陰交、石門，主兩丸騫。太衝，主兩丸騫縮，腹堅不得卧。大赫、然谷，主精溢陰上縮。會陰，主陰頭寒。曲泉，主陰痿。陰谷，主陰痿不用，小腹急引陰內廉痛。行間，主莖中痛。

《千金翼方·脱肛·灸癲卵法》 以蒲横度口如横折之，一倍增之，以布著少腹横理，令度中央上當臍，勿令偏僻，灸度頭及中央合二處，隨年壯，好自養，勿勞動、作役、大言、大怒、大笑。又牽陰頭正上行，灸頭所極，牽向左右髀(直)〔骨〕、下行，皆倣此，隨年壯。又灸足厥陰，在右灸左，在左灸右，各三壯，厥陰在足大指本節間。男癲有腸癲、卵癲、氣癲、水癲四種。腸癲、卵癲難差，氣癲、水癲針灸易差。卵偏大入腹，灸三陰交，隨年壯，在內踝上八寸。又肩井，肩臂接處，灸隨年壯。又灸關元百壯。又灸手小指端七壯，在左灸右，在右灸左。癲卵偏大，灸玉泉百壯報之。又灸泉陰百壯，三報之，在横骨邊三寸。凡癲病陰卒腫者，令並足合兩拇指爪甲相並，以一艾炷灸兩爪端方角上七壯。陰腫欲潰困，灸足大拇指本節横文中五壯。又灸足太陽五十壯報之。又灸足太陰五十壯，在內踝上一夫。又灸大敦，在足大指三毛中，隨年壯。又灸足大指內側，去端一寸白肉際，隨年壯，甚驗。若雙癲，灸兩處。又横骨兩邊二七壯，俠莖灸之。又足大指下理中十壯，隨腫邊灸之，神驗。

小兒癲，先時將兒至碓頭，呪之曰：坐汝令兒某甲陰囊癲，故灸汝三七二十一，灸訖，便牽兒令雀頭向下，著囊縫當陰頭，灸縫上七壯，即消，已用有驗，艾炷如(蛸)〔帽〕簪頭大。凡男癲當騎碓軸，以莖中置軸上，齊陰莖頭前灸軸木上，隨年壯即愈。卵腫如瓜，入腹欲死，灸足大指下横文中，隨年壯。

《外臺秘要》卷二十六《卒病癲方》 《集驗》灸卒癲法：以蒲横度口，折之，一倍增之，以布著小腹大横理，令度中央當齊，勿使偏僻，灸度頭及中央合二處，隨年壯，好自養，勿舉重、大語、怒言、大笑、呼喚。《千金》、范汪同。

又法：牽陰頭正上行，灸莖頭所極，又牽下向穀道，又灸所極，又牽向左右髀直下行，灸所極，皆使正直勿偏，四處炷隨年壯，佳。《千金》、范汪同。

又法：灸足厥陰左右各三壯，穴在足大指間是也。《千金》、范汪同，並出第九卷中。

灸諸癩法一十四首

《千金》論曰：男癩有腸癩、卵癩、氣癩、水癩四種。腸癩、卵癩難差，氣癩、水癩，針灸易差。

又卵偏大上入腹法：灸三陰交，在內踝上八寸，隨年壯。

又男陰卵偏大癩法：灸肩井解臂接處，隨年壯，男癩，灸手小指端，年壯，病在左者可灸左，在右者灸右，良效，差止。

又法：灸關元百壯。

又法：灸玉泉百壯，報之，穴在臍下四寸。

又法：灸泉陰百壯，三報之，在橫骨邊三寸。

又癩病陰卒腫者法：令並足合兩拇指爪相並，以一艾丸灸兩爪端方角處，一丸令頓上兩爪角也，令丸半上爪上，七壯。

又兩丸縮入腹法：灸三陰交，隨年壯，神效。

又男陰卵大癩病法：灸足太陽五十壯，三報之。

又法：灸足太陰五十壯，穴在內踝上一夫。

又法：灸大拇指內側，去端一寸白肉際，隨年壯，甚驗，雙灸之。

又法：灸橫骨兩邊二七壯，夾莖是也。

又法：灸足大指理中十壯，隨邊腫灸之。

灸小兒癩法：先將兒至碓頭，祝之曰：坐汝令兒某甲陰囊癩，故灸汝三七二十一。灸訖，便牽小兒令雀頭下向著囊縫，當陰頭灸縫上七壯，即消，已驗，艾炷帽簪頭大耳。

又法：凡男癩，當騎碓軸，以莖伸置軸上，齊陰莖頭前灸軸木上隨年壯，即愈。並出第二十五卷中。

《醫心方·治陰頽方》引**《病源論》** 又云：男頽有腸頽、卵脹，有水頽、氣頽四種，腸頽、卵脹難差，氣頽、水頽針灸則易差也。又云：男陰卵偏大頽方：灸肩井，并灸關元百壯。又方：灸玉泉百壯，在關元下一寸。又方：灸足太陽五十壯，并灸足太陰五十壯，有驗。又云：頽病陰卒腫者方：合並足縛兩大指，令爪相並，以艾丸灸兩爪端方角處，一丸令頓在兩爪角上也，令丸半上爪上佳，灸七壯愈，已上《千金方》同之。《千金方》云：卵偏大上入腹方：灸三陰交，在內踝上八寸，隨年壯。

《醫心方·治寒疝方》引**《新録方》** 又方：灸乳下一寸，足大指聚毛。

又方：灸上管七壯。

又方：灸臍上三寸名太倉，臍下二寸名丹田，各五七炷，並要穴。

又方：灸窮脊上一寸，百壯。

又方：灸脊中百壯。

《聖濟總録·治癩疝灸法》 一切癩當騎碓軸，以莖伸置軸上，齊陰莖頭前，灸軸木上，隨年壯。陰卵大癩病，灸大敦，隨年壯，穴在足大指三毛中，又灸足大拇指內側，去端一寸，赤白肉際，隨年壯，雙灸之。又灸橫骨兩邊，二七壯，俠莖是。

陰癩，灸足大指下理中，十壯，隨腫邊灸之。《肘後方》云：灸足大指第二節下橫紋正中央五壯，姚氏云：足大指本三壯。

陰卵偏大癩病，灸泉陰百壯，三報，在橫骨邊。陰卒腫者，令并足合兩拇指，以一艾丸，灸兩爪端方角處，每爪角各半丸，七壯愈。

陰卵大癩病，灸足太陽五十壯，三報之，又灸足太陰五十壯，在內踝上一夫。

卵偏大，上入腹，灸三陰交，在內踝上三寸，隨年壯。

卵偏大癩，灸肩井，隨年壯，穴在肩解臂接處，又灸手季指端，七壯，病在右，可灸左，左者灸右，卵偏大癩病，灸關元百壯。

卵偏大癩病，灸玉泉百壯，報之，穴在屈骨下。

《扁鵲心書·疝氣》 由於腎氣虛寒，凝積下焦，服草神丹，灸氣海穴自愈。

《素問病機氣宜保命集·針之最要》 小腸疝痛，當刺足厥陰肝經太衝穴。

陰頭中痛不可忍者，卒疝也。婦人陰中痛，皆刺足厥陰井大敦穴。

《針灸資生經·癩疝》 曲泉，主癩疝陰跳痛引臍中。中都、合陽、中郄、關元、大巨、交信、中封、太衝、地機，主癩疝。中封，主癩疝癃暴痛痿厥。少府，主陰痛，實時挺長寒熱，陰暴痛遺尿，偏虛則暴癢氣逆，卒疝，小便不利。

衝門，主婦人陰疝。商丘，主陰股內痛，氣癃狐疝走上下，引小腹痛，不可俛仰。巨闕，主狐疝。太衝，主狐疝嘔厥。肩井，旁肩解與臂相接處，主偏癩。氣衝，主癩陰腫痛。中管，主衝疝冒死，不知人。交信，主氣癃癩疝陰急，股樞膊內廉痛。臍中、石門、天樞、氣海，主小腹疝氣游行，五藏疝繞臍，衝胸不得息。臍疝繞臍痛，衝胸不得息，灸臍中。臍疝繞臍痛，石門主之。臍疝繞臍痛，時止，天樞主之，又主氣疝煩嘔，面腫賁豚。氣衝，主癩，陰腫痛，陰痿莖中痛，兩丸騫痛，不可仰卧。五樞，主陰疝，兩丸上入小腹痛，《明下》云：主陰疝小腹痛。陰交、石門、太衝，主兩丸騫。交信、中都、大巨、曲骨，治㿗疝。曲泉，治丈夫㿗疝，陰股痛，小便難，腹脅支滿，癃閉，少氣洩利，四支不舉，實即身熱目眩痛，汗不出，目䀮䀮，膝痛筋攣，不可屈伸。《千金》曰：癩有四種，腸癩，卵脹難灸，氣癩，水癩，針灸易治。卵偏大，上入腹，灸三陰交隨年，卵偏大癩病，灸關元百壯，或大敦隨年壯，或横骨邊二七壯，夾莖是。築賓，治小兒胎疝，痛不得乳。小兒胎疝，卵偏重，灸囊後縫十字紋當上三壯，春較夏灸，秋較冬灸。太衝，主女子疝，及小腹腫，溏泄，癃遺尿陰痛，面黑目眥痛，漏血。蠡溝，主女子疝，赤白淫下，時多時少，暴腹痛。陰交、石門，主疝。小兒氣癩，灸足厥陰大敦，左灸右，右灸左，各一壯。太倉公診司空命婦曰：疝氣客於膀胱，難於前後溲而溺赤，灸其足厥陰脈左右各一所，即不遺溺而溲清，更爲火齊湯飲之，而疝氣散。陰市、肝俞，療寒疝下至腰腳如冷水，水傷諸疝，按之在膝上伏兔下寒痛，腹脹滿厥少氣，《明下》云：卒疝小腹痛，力痿氣少，伏兔中寒，腰如冷水。《銅》云：寒疝小腹脹，腰以下伏兔上，寒如冷水。合陽，治寒疝陰偏痛。然谷，治寒疝小腹脹，上搶胸脅。次髎，治疝氣下墜，腰脊痛不得轉搖，急引陰器痛不可忍，腰下至足不仁，背膝寒，小便赤淋，心下堅脹。太谿、行間、肓俞、肝俞，治寒疝。陰交，治寒疝，引小腹痛，腰膝拘攣。五樞，治男子寒疝，卵上入小腹痛。中封，治寒疝引腰中痛，或身微熱。大敦，主寒疝陰挺出。舍弟少戲舉重，得偏墜之疾，有道人爲當關元兩旁相去各三寸青脈上灸七壯，即愈。王彥之患小腸氣，亦如此灸之愈。

金門、丘墟，治暴疝痛。大敦，治卒疝，小便數遺溺，陰頭中痛，心痛汗出，陰上入腹，陰偏大，腹臍中痛，悒悒不樂，病左取右，病右取左。蠡溝，治卒疝，小腹腫，時小腹暴痛，小便不利如癃閉，數噫恐悸，少氣不足，腹痛，悒悒不樂，咽中悶如有息肉，背拘急不可俛仰。太衝，治小兒卒疝，嘔逆發寒，咽乾胕腫，內踝前痛淫濼，胻痠腋下腫，《明下》云：療卒疝小腹痛，小便不利如淋。照海，治卒疝，小腹痛，嘔吐，嗜卧。陰蹻，療卒疝小腹痛，左取右，右取左，立已。蠡溝，療卒疝，小腹腫，小便不利，臍下積氣如卵石，足寒脛痠屈伸難。石門，療卒疝繞臍痛。關元，療卒疝小腹痛，轉胞不得小便。陷谷，療卒疝小腹痛。交信，療卒疝。華佗療卒陰卵偏大，取足大指去甲五分內側白肉際，灸三壯，炷如半棗核，左取右，右取左。照海，主四支淫濼，身悶，陰暴起疝。大敦，主卒疝暴痛，陰跳上入腹，寒疝，陰挺出偏大腫，臍腹中悒悒不樂，小便難而痛，灸刺立已，左取右，右取左。

《針灸資生經・疝瘕》 陰陵泉，治疝瘕，小便不利，氣淋。《千》云：主婦人疝瘕，按之如以湯沃股內至腰，飧泄，陰痛，小腹痛堅急，下濕，不嗜食。太谿，主胞中有大疝瘕積聚，與陰相引。太陰郄、衝門，主疝瘕陰疝。四滿，主臍下疝積。石門，主腹滿疝積。四滿、中極，治疝瘕。府舍，治疝癖。瘕聚，灸氣海、天樞百壯。丘墟，主大疝腹堅。關元，治瘕聚。帶下，灸間使三十。又，淋小便赤，尿道痛，臍下結塊如覆盆，或因食得，或因產得，惡露不下，遂成疝瘕，或因月事不調，血結成塊，皆針之。

《針灸資生經・膀胱氣》 章門，療膀胱氣，癖，疝瘕氣，膀胱氣痛，狀如雷聲，積聚氣。岐伯灸膀胱氣攻衝兩脅，時臍下鳴，陰卵入腹，灸臍下六寸兩旁各寸六分，三七壯。五樞，療膀胱氣攻兩脅，膀胱冷，灸之如腎虛法。膀胱三焦津液少，大小腸寒熱，或三焦寒熱，灸小腸俞五十壯。三焦、膀胱、腎中熱氣，灸水道，隨年壯。水道，治小腹滿，引陰中痛，腰背急，膀胱有寒，三焦結熱，小便不利。

《備急灸法・小腸氣》 孫真人、甄權治卒暴小腸疝氣，疼痛欲死法：灸兩足大指上各七炷，炷如菉豆大。此穴即是前葛仙翁、陶隱居、孫真人治魘死穴也。依圖取穴，灸之可即愈。

《儒門事親・小腸疝氣》 灸疝法：放疝邊堅紋，左右交弦，灸七壯。

《針經摘英集・治病直刺訣》 治男子卒疝，少腹痛不可忍，刺足厥陰經大敦二穴，在足大指外側端，去爪甲角如韭葉，及三毛中，針入三分，留六呼，可灸七壯，次針足陽明經陰市二穴，在膝上三寸伏兔下，若拜而取之，針入三分，可灸五壯。兼刺陰蹻經照海二穴，在足內踝下，針入三分，可灸七壯，四

穴左取右，右取左，刺之立已。

治小腸氣，以毫針刺足厥陰經行間二穴，足陽明經三里二穴。

《扁鵲神應針灸玉龍經·盤石金直刺秘傳》 疝氣：足三里、關元、灸。中極、灸。三陰交、大敦。

《世醫得效方·諸疝》 灸法：治諸氣心腹痛，小腸氣，外腎弔痛，疝氣小腹急痛不可忍。足大拇指、次指下中節横紋當中，灸五壯，男左女右，極妙。又治疝氣偏墜，量患人口角兩角，爲一折斷，如此則三折成三角，如△樣，以一角臍心，兩角在臍之下，兩傍盡處是穴。左偏灸右，右偏灸左，二七壯。若灸兩邊亦無害。 治腎氣外腎腫，小腸氣痛，腹内虚鳴，灸風市穴五七壯，灸氣海穴七壯，灸臍左右各去一寸半，兩穴各七壯，灸之立效，後永不發，名外陵穴。風市穴在膝上外廉五寸。氣海穴在臍下一寸半。

《普濟方·針灸門·腎虚》 治小腸氣，痃癖氣發時，腹痛若刀刺，不可忍者，幷婦女本臟氣血癖走疰刺痛，或坐卧不得，或大小便不通，不思飲食，一云治寒疝，小腸氣發牽連外腎大痛，腫硬如石。於左右脚下第二指，第一節曲紋中，灸十壯，艾炷如赤豆大。甚驗。

《普濟方·針灸門·膀胱氣》 岐伯治膀胱氣攻衝兩脇時，臍下鳴，陰卵入腹，灸臍下六寸，兩傍各寸六分，三七壯。

治膀胱氣攻兩脇，及膀胱冷，灸之如腎虚法，穴：五樞。

治膀胱三焦津液少，大、小腸寒熱，或三焦寒熱，穴：灸小腸俞，五十壯。

治三焦膀胱寒熱，灸水道，隨年壯。

治小腹滿，引陰中痛，腰背及膀胱有寒，三焦結熱，小便不利，穴：水道。

《普濟方·針灸門·小腹痛》 治小腹疝氣痛，穴：臍中。

《普濟方·針灸門·疝瘕》 治疝瘕，小便不利，氣淋，及主婦人疝瘕，按之如以湯沃股内至腰，飧泄，陰痛，小腹痛堅急，下濕，不嗜食，穴：陰陵泉。

治胞中有火，疝瘕積聚，與陰相引，穴：太谿。

治疝瘕陰疝，穴：衝門、陰郄。

治臍下疝積：穴：四滿。

治腹滿疝積：穴：石門。

治疝瘕，穴：四滿、中極。

治疝瘕，穴：府舍。

治大疝腹堅，穴：丘墟。

治卒疝，小腹痛，小便不利如淋，穴：太衝。

《普濟方·針灸門·癩疝》 治癩疝，陰丸痛引臍中，不尿，陰痿。一云痛引莖中。穴：曲泉。

治癩疝，穴：中都、合陽、中郄、關元、大巨、交信、中封、太衝、地機。

治癩疝癃閉，暴痛，痿厥，身體不仁，穴：中封。

治陰痛，實時挺長，寒熱，陰暴痛，遺尿，虚則暴癢，氣逆，卒疝，小便不利，穴：少府。

治陰股内痛氣癰，狐疝走上下，引小腹痛，不可俛仰，穴：商丘。

治狐疝，穴：巨闕。

治狐疝嘔厥，穴：太衝。

治偏癩，穴：肩井，旁肩解與臂相接處。

治癩陰腫痛，穴：氣衝。

治衝疝，冒死不知人，穴：中脘。

治氣癃，癩疝，陰急，股樞髆内廉痛，穴：交信。

治小腹疝氣，遊行五臟，疝繞臍，衝胸不得息，穴：氣海、臍中、石門、天樞。

治臍疝，繞臍痛，衝胸不得息，穴：灸臍中。

治臍疝，繞臍痛，穴：石門。

治臍疝，繞臍痛，時止，又主氣疝，煩嘔，面腫，賁豚，穴：天樞。

治癩疝，陰腫痛，陰痿，莖中痛，兩丸騫痛，不可仰卧，穴：氣衝。

治陰疝，兩丸上入小腹痛，穴：五樞。

治兩丸騫痛，穴：陰交、石門、太衝。

治癩疝，穴：交信、中都、大巨、曲骨。

治丈夫癩疝，陰股痛，小便難，腹脇支滿，癃閉，少氣，洩利，四肢不舉，實即身熱，目眩痛，汗不出，目肮肮，膝痛筋攣，不可屈伸，穴：曲泉。

治癩疝有四種，腸癩、卵脹，難灸，氣癩、水癩，針灸易治，卵偏大，上入腹，穴：三陰交，灸隨年壯。

治卵偏大癩疝，穴：關元灸百壯，大敦隨年壯，横骨邊二七壯。夾莖是。

治疝，穴：石門、陰交。

治寒疝，下至腰腳，如冷水，水傷諸疝，按之在膝上，狀如伏兔，下寒痛，腹脹滿厥，少氣，及卒疝小腹痛，內瘈氣少，腰如冷水，小腹脹，腰以下伏兔上，寒如冷水，穴：陰市、肝俞。

治寒疝，陰偏腫痛，穴：合陽。

治寒疝，小腹脹，上搶胸脇，穴：然谷。

治疝氣下墜，腰脊痛不得轉搖，急引陰器，痛不可忍，腰下至足不仁，背膝寒，小便赤澀淋，心下堅脹，穴：次髎。

治卒疝，小腹痛，穴：陷谷。

治寒疝，引小腹痛，腰膝拘攣，穴：陰交。

治寒疝，穴：太谿、行間、肓俞、肝俞。

治寒疝，引腰中痛，或身微熱，穴：中封。

治寒疝，陰莖挺出，穴：大敦。

王氏云：有舍弟少戲舉重，得偏墜之疾，有客人爲當關元兩旁相去各三寸青脈上，灸七壯即愈。王彥賓患小腸氣，亦如此灸之愈。

治暴疝痛，穴：金門、丘墟。

治卒疝，小便數，遺溺，陰頭中痛，心痛汗出，陰上入腹，陰偏大，腹臍中痛，悒悒不樂，穴：大敦，病左取右，病右取左。

治卒疝，小腹腫，時小腹暴痛，小便不利如癃閉，數噫恐悸，少氣不足，腹痛悒悒不樂，咽中悶，如有息肉，背拘急，不可俛仰，穴：蠡溝。

治卒疝，小腹痛，轉胞不得小便，穴：關元。

治卒疝，小腹痛，嘔吐，不嗜食，穴：照海，左取右，右取左，立已。

治卒疝股脛寒，小便不利，臍下積氣如卵石，足寒，脛酸，屈伸難，穴：蠡溝，兼刺陰蹻經照海二穴，左取右，右取左，刺之立已。

治小腸氣，以毫針刺足厥陰經行間二穴，次針足陽明經三里二穴，刺足少陰經復溜二穴。脈微細不見，或時無脈者，刺復溜，順針往下刺之，候脈生乃出針。

治小腸氣痛，灸足底中指中紋七壯，立愈。

治一切癲疝，《千金》論曰：男癲，有腸癲，卵癲，水癲，氣癲四種，腸癲，卵癲難差，氣癲，水癲針灸易差。當騎碓軸，以莖伸置軸上，齊陰莖頭前，灸軸木上，隨年壯。

治陰卵大癲疝，灸大敦穴，隨年壯，又灸足大拇指內側，去端一寸赤白肉際，隨年壯，雙灸之，又灸横骨兩邊，夾莖是。二七壯，又灸足太陽五十壯，三報，又灸足太陰五十壯。

治陰癲，灸足大指下理中十壯，隨腫邊灸之。《肘後方》云：灸足大指第二節下横文正中央五壯，姚氏云：足大指本節三壯。

治陰卵偏大癲疝，灸陰陵泉百壯，三報。在横骨邊。

治陰卒腫者，令并足合兩拇指，以一艾丸灸兩爪甲端方角處，每爪甲角各半丸，一七壯愈。

治卵偏大上入腹，灸三陰交，隨年壯。

治卵偏大癲疝，灸肩井，隨年壯，又灸手季指端七壯，病在右灸左，在左灸右，又灸關元百壯，又灸玉泉百壯，三報之，又灸足太陽五十壯，三報之。又男癲，灸手小指端七壯，病在左灸左，在右灸右，良效。

治疝氣，於左右足下第二指下中節横紋中，各灸七壯，至三七壯止，艾炷不須大，如麥粒大而緊實爲上，若炷大，恐瘡難將息，旬日半月間，不可多步履，仍不妨自服他藥。

治卒癲，以蒲横度口如廣，折之，一倍增之，布着小腹横紋中央，上當臍，勿使偏僻，灸度頭及中央合二處，隨年壯，好自養，勿舉重，大語言，大怒，大笑，又牽陰頭正上，灸莖頭所極，又牽下向穀道，灸所極，又牽向左右髀直行，灸莖所極，各隨年壯，又灸足厥陰，在右灸右，在左灸左，三壯。

治癲疝，穴：關元。

治癲疝，穴：天樞。

治疝暴痛，取足太陰。

治癲卒疝暴痛，及陰腫痛，穴：大敦，男左女右，灸三壯，立已。

治心疝，灸兩足大指甲肉之際，甲肉各半炷，隨年壯，良。

治癲心疝，發時心腹痛欲死，灸足心，及足大指甲後横理節上，及大指岐間黑白肉際，百壯則止。足心者，在足下偏近大指本節之際，非足心中央也。

治諸氣心腹痛，小腸氣外腎吊痛，疝氣，小腹急痛不可忍，危氏方。灸足大拇指次指下中節横紋當中央，灸五壯，男左女右極妙，艾炷如黑豆大，灸偏墜，左灸右足，右灸左足，其效如神。

治疝法，於疝邊堅紋，左右交互灸七壯。

治癲，但灸其上，或灸莖上，又灸小腹脈上，及灸腳大指正中各一壯，又灸腳小指頭，隨癲左右，着灸。

治卒疝，穴：交信。

華佗治卒陰卵偏大，取足大指去甲五分內側白肉際，灸三壯，炷如半棗核大，左取右，右取左。

治四肢淫濼，身悶，陰暴起疝，穴：照海。

治卒疝暴痛，陰跳上入腹，寒疝，陰挺出，偏大腫臍，腹中悒悒不樂，穴：大敦，灸刺立已，左取右，右取左。

治癩疝偏枯，穴：大巨。

治癩疝精不足，穴：太衝、中封、地機。

治男卒疝，小腹痛不可忍，刺足厥陰經大敦二穴，刺足陽明經陰市二穴。

《普濟方·針灸門·陰痿縮》 治兩丸騫縮，腹堅不得臥，及臍環痛，穴：太衝。

治小腹堅痛，下引陰中，不得小便，兩丸騫，穴：石門。

治腹䐜堅痛，引陰中不得小便，兩丸騫，穴：　陰交。

治陰痿，《資生經》灸中封。

治痿厥，穴：大赫、中封。

治不尿，陰痿，穴：曲泉。

治陰萎，莖痛，兩丸騫痛，不可忍，穴：氣衝。

治卵縮，穴：五樞、歸來。

治筋攣陰縮入腹，相引痛，穴：中封，灸五十壯，或不滿五十壯，老少加減。又云：此二穴，喉腫厥逆，五臟所苦，鼓脹，并主之。

治陰痿，小腹急，引陰內廉痛，穴：陰谷。

《神應經·陰疝小便部》 寒疝腹痛：陰市、太谿、肝俞。

疝瘕：陰蹺。此二穴在足外踝下陷中，主卒疝，小腹疼痛，左取右，右取左，灸三壯，女人月水不調亦灸。

卒疝：丘墟、大敦、陰市、照海。

癩疝：曲泉、中封、太衝、商丘。

疝瘕：陰陵、太谿、丘墟、照海。

腸癖癀疝，小腸痛：通谷，灸百壯。　束骨、大腸俞。

偏墜木腎：歸來、大敦、三陰交。

疝氣偏墜：以小繩量患人口兩角，爲一分，作三摺，成三角，如△樣，以一角安臍心，兩角在臍下兩傍盡處是穴，患左灸右，患右灸左，二七壯立愈，二穴俱灸亦可。

《針灸聚英·雜病》 疝：有因寒、因氣、因濕熱痰積流下，灸大敦、三陰交、小腹下橫紋斜尖，灸一壯，針太衝、大敦、絕骨。

《針灸聚英·雜病歌》 疝

寒疝腹痛陰市宜，并及太谿與肝俞，疝瘕須治陰蹺穴，卒疝大敦與丘墟，兼治陰市與照海，四穴不失大效隨。　癩疝曲泉與中封，再兼商丘與太衝。　小腹下痛目痃癖，太谿三里脾俞同，三陰交穴曲泉穴，宜兼陰陵六穴攻。　腹中之病云疝瘕，陰陵太谿丘墟佳，更兼照海通四穴，從此治之無所差。　腸癖癀疝小腸痛，灸至百壯通谷用，京骨穴與大腸俞，三穴治之有神應。　偏墜木腎治歸來，大敦三陰交穴該。　陰疝太衝大敦穴，三穴治之絕無災。　痃癖膀胱小腸事，醫家宜把燔針刺，五樞氣海及三里，氣門百壯三交俞。　陰腫大小便數兮，或陰入腹大敦宜，陰腫曲泉太谿穴，大敦三陰交腎俞。　陰莖腫痛治曲泉，陰陵陰谷與行間，太衝大敦太谿穴，腎俞中極三陰痊。　陰莖痛兮陰汗出，太谿魚際與中極，更治一穴三陰交，四穴治之多有力。　轉胞不溺只淋瀝，關元療病眞可必，腎藏虛冷日漸羸，陰疼少氣遺精疲，不須別求療此病，只治一穴是腎俞。　遺精白濁腎俞燒，關元三焦三陰交。　夢泄百壯曲泉穴，中封太衝至陰高，膈俞脾俞腎俞準，關元三焦三陰交。　寒熱氣淋陰陵宜，淋漓曲泉然谷醫，陰陵行間大敦穴，湧泉氣門小腸俞。　小便黃赤陰谷中，太谿腎俞氣海同，膀胱俞穴宜兼治，五穴無缺有神功。　小便五色治委中，須把前谷第二攻，小便不禁上承漿，陰陵委中太衝間，膀胱俞穴大敦穴，通治六穴患者安。　小便赤如血大陵，兼治關元病始輕。　婦人胞轉小便艱，二七壯兮治關元。　遺溺神門魚際穴，太衝大敦及關元。　陰痿丸騫陰谷中，然谷三陰交中封，兼治大敦通五穴，此病立待有神功。　陰挺出兮治太衝，少府照海曲泉同。　疝氣偏墜用小繩，患者口角量一形，分作三摺成三角，如△樣爲權衡，一角安在臍心上，兩角安在臍下平，兩角盡處是灸穴，患左患右灸反更，各三七壯病立愈，二穴俱灸亦安寧。　膀胱氣攻脇臍下，陰腎入腹病染增，自臍量下至六寸，兩旁各寸是穴中，患左患右灸反覆，炷如小麥大相應。

《古今醫統大全·針灸直指·諸證針灸經穴》 諸疝：　大敦、三陰交、灸。小腹上橫紋斜尖、灸。　太衝、針。　外陵、歸來。灸。

《針灸大成·陰疝小便門》 寒疝腹痛：陰市、太谿、肝俞。

疝瘕：陰蹻，此二穴在足外踝下陷中，主卒疝，小腹疼痛，左取右，右取左，灸三壯，女人月水不調亦灸。

卒疝：丘墟、大敦、陰市、照海。

癩疝：曲泉、中封、太衝、商丘。

痃癖：小腹下痛。太谿、三里、陰陵、曲泉、脾俞、三陰交。

疝瘕：陰陵、太谿、丘墟、照海。

腸癖、㿗疝、小腸痛：通谷，灸百壯。束骨、大腸俞。

偏墜木腎：歸來、大敦、三陰交。

陰疝：太衝、大敦。

痃癖，膀胱小腸：燔針刺五樞、氣海、三里、三陰交、氣門。百壯。

陰腎偏，大小便數，或陰入腹：大敦。

陰腫：曲泉、太谿、大敦、腎俞、三陰交。

疝氣偏墜：以小繩量患人口兩角爲一分，作三摺，成三角，如△樣，以一角安臍心，兩角在臍下兩旁，盡處是穴，患左灸右，患右灸左，二七壯立愈，二穴俱灸亦可。

膀胱氣攻兩脇臍下，陰腎入腹：灸臍下六寸兩旁各一寸，炷如小麥大，患左灸右，患右灸左。

《針灸大成·續增治法·雜病》 疝：有因寒、因氣、因濕熱、痰積流下。針太衝、大敦、絶骨，灸大敦、三陰交，小腹下橫紋斜尖，灸一壯。

《針灸大成·治證總要》 第八十八：陰汗偏墜：蘭門、三陰交。

第八十九：木腎不痛，腫如升：歸來、大敦、三陰交。

第九十：奔豚，乳弦：關門、關元、水道、三陰交。

問曰：此三證因何而得？答曰：皆爲酒色過度，腎水枯竭，房事不節，精氣無力，陽事不興，強而爲之，精氣不能泄外，流入胞中。此證非一，或腫如升，或偏墜疼痛，如雞子之狀，按上腹中，則作聲，此爲乳弦疝氣也。宜針後穴：海底、歸來、關元、三陰交。

《壽世保元·灸法·灸諸病法》 一論偏墜氣痛妙法：萆麻子一歲一粒，去皮研爛，貼頭頂囟上，卻令患人仰卧，將兩腳掌相對，以帶子綁住二中指，於兩指合縫處，艾麥粒大，灸七壯，即時上去，神效。

《類經圖翼·針灸要覽·諸證灸法要穴》 疝氣：大都痛甚者爲肝疝。肩井、癩疝。章門、氣海、歸來、關元、主癩疝偏大，灸百壯。衝門、急脈、會陰、三陰交、肝脾。太谿、寒疝。太衝、大敦、隱白。脾疝。

蘭門：在陰莖根兩旁各開三寸是穴，針一寸半，灸二七壯，治木腎偏墜。

一法於關元兩旁相去各三寸青脈上，灸七壯即愈。

一法：令病者合口，以草横量兩口角爲一摺，照此再加二摺，共爲三摺，屈成三角如△樣，以上角安臍中心，兩角安臍下兩旁，當兩角處是穴，左患灸右，右患灸左，左右俱患，即兩穴俱灸，艾炷如麥粒，灸十四壯或二十一壯即安。

《景岳全書·雜證謨·疝氣》 諸經治疝灸法

足陽明經：氣衝、歸來、水道、陰市、大巨、陷谷。

足太陰經：衝門、府舍、陰陵泉、三陰交。

足少陰經：肓俞、四滿、陰谷、築賓、治小兒胎病。交信、太谿、照海、然谷。

足厥陰經：急脈、曲泉、中都、蠡溝、中封、太衝、行間、大敦。

足太陽經：肝俞、次髎、合陽、承山、金門。

足少陽經：五樞、肩井、丘墟。

督脈：命門、長強。

任脈：曲骨、中極、關元、石門、氣海、陰交。

一法：蘭門穴：在陰莖根兩旁各開三寸是穴，針一寸半，灸七壯，治木腎偏墜。按：此即奇俞中泉陰穴。《千金翼》云：在橫骨旁三寸，治癩卵偏大，灸百壯，三報之。

一，外陵穴：在臍左右各開一寸半，灸疝立效，永不再發，屢用屢驗。

一，風市穴：在膝上七寸外側兩筋間。又取法：令正身平立，直垂兩手着腿，當中指盡處陷中是也。針五分，灸七壯。《千金》云：灸百壯，重者五六百壯。治疝氣，外腎腫，小腸氣痛，腹內虛鳴，此風痺疼痛之要穴。

熨治法

嚴氏云：用食鹽半斤，炒極熱，以故帛包熨痛處。

一法用泥葱白一握，置臍中，上用熨斗熨之，或上置艾灼，妙。或以葱白爲一束，去鬚葉，切爲寸厚葱餅，烘熱置臍上，仍以熨斗熨之，尤便而妙。

《景岳全書·雜證謨·疝氣》 氣疝：其狀上連腎區，下及陰囊，或因號哭

岔怒，則氣鬱之而脹，怒哭號罷，則氣散者是也。有一治法：以針出氣而愈者，然針有得失，宜以散氣之藥下之。或小兒亦有此疾，俗曰偏氣。得於父已年老，或年少多病，陰痿精怯，強力入房，因而有子，胎中病也。此疝不治，惟築賓一穴灸之。

《病機沙篆・疝》 針灸法：大敦，通主七疝，兼以三陰交及灸水道尤妙，三穴。女人瘕聚即男子疝氣，同原，胃俞、氣海、行間，四穴。

腹中氣脹，引脊作痛，食飲反多，身多消瘦，灸脾俞、章門各七壯。

女人淋帶，腎俞、中封各五十壯，或三陰交及中極、氣海、腎俞，以上女人赤白帶下俱治，八穴。

《太乙神針心法・陰疝小便門》 寒疝腹痛：針陰市、太谿、肝腧。

疝痛：陰蹻。此二穴在足外踝下陷中，主卒疝、小腹疼痛，左取右，右取左，灸三壯，女人月水不調亦灸。

卒疝：針丘墟、大敦、陰市、照海。

癩疝：針曲泉、中封、太衝、商丘。

痃癖小腹下痛：針太谿、三里、陰陵、曲泉、脾腧、三陰交。

疝瘕：針陰陵、太谿、丘墟、照海。

腸澼癀疝小腸痛：針束骨、大腸腧、通谷。灸百壯。

偏墜木腎：針歸來、大敦、三陰交。

陰疝：針太衝、大敦。

痃癖膀胱小腸：燔針刺五樞、氣海、三里、三陰交、氣門。百壯。

陰腎偏大，小便數，或陰入腹：針大敦。

疝氣偏墜：以小繩量患人口兩角爲一分，作三摺，成三角如△樣，以一角安臍心，兩角在臍下兩旁盡處是穴，患左灸右，患右灸左，二七壯，立愈，二穴俱灸亦可。

膀胱氣攻兩脇臍下陰腎入腹：灸臍下六寸兩旁各一寸，炷如小麥大，患左灸右，患右灸左。

《醫宗金鑒・刺灸心法要訣・灸疝氣穴歌》 疝氣偏墜灸爲先，量口兩角折三尖，一尖向上對臍中，兩尖下垂是穴邊。

〔吳謙注〕灸疝痛偏墜奇穴法，用稈心一條，量患人口兩角爲則，折爲三段如△字樣，以一角安臍中心，兩角安臍下兩傍，尖盡處是穴。左患灸右，右患灸左，左右俱患，左右俱灸。艾炷如粟米大，灸四壯。

《羅遺編・針灸要穴論》 疝氣：大抵痛甚者爲肝疝，肩井、癩疝。章門、氣海、歸來、衝門、關元、主癩疝偏大，灸百壯。急脈、會陰、三陰交、太谿、寒疝。太衝、大敦、隱白。肝疝。

《針灸逢源・證治參詳・腫脹門》 疝屬肝經，濕熱痰瘀乘虛下流作病，又因外寒所欝，氣不得通，筋脈收引則痛，或酒色無節，濁氣流入下部，或勞碌、或遇寒，發作有時，或有形結於小腹不能頓消，乃濕熱爲標，腎虛爲本，其證或有形如瓜，或有聲如蛙，有小腹痛連睾丸者，有痛在下部一邊者，濕熱須分多少而治。受熱則挺縱不收，受寒則牽引作痛，受濕則腫脹下墜。肝俞、氣海、關元、中極、三陰交、外陵、在臍左右各開一寸五分，灸疝立效，永不再發。歸來、大敦、行間、太衝、闌門，一名泉陰。

一法，關元旁三寸青脈上灸七壯即愈。左患灸右，右患灸左。

一法，令病人合口，以草横量兩口角爲一摺，照此再加二摺，屈成三角，如△字樣，以上角安臍中，兩角安臍下，兩旁當下兩角處是穴，左患灸右，右患灸左，左右俱患，兩穴俱灸，艾炷如麥粒，灸十四壯，或三七壯，神效。

陰頭腫痛不可忍者，卒疝也，婦人陰中痛，皆刺大敦、行間。

《針灸逢源・證治參詳・小兒門》 陰腫：崑崙。灸三壯。

《針灸全生・陰疝小便》 寒疝腹痛：陰市、太谿、肝俞。

疝瘕：陰蹻。三壯，在足外踝下陷中，主卒疝、小腹痛，左取右，右取左，亦灸月水不調。

卒疝：丘墟、大敦、陰市、照海。

癩疝：曲泉、中封、太衝、商丘。

痃癖：小腹下痛，太谿、陰陵、三里、曲泉、脾俞、三陰交。

疝瘕：陰陵、丘墟、太谿、照海。

陰疝：太衝、大敦。

腸澼癀疝：小腸急痛，通谷、百壯。束骨、大腸俞。

偏墜木疝：歸來、大敦、三陰交。

痃癖：五樞、燔針刺之。氣海、三里、三陰交、氣門。百壯。

腎偏墜：或陰入腹。大敦。

偏墜水疝，腫大如升：大敦、闌門、曲泉旁三寸。三陰交、膀胱俞、曲泉、歸

來、然谷、腎俞。

七疝奔豚等證：照海、大敦、闌門、丹田、湧泉、章門、大陵、三陰交。寒熱氣淋，陰陵泉。

乳弦疝氣：此證非一，或腫或偏墜，疼如升如鷄子狀，按入腹中則作聲，闕門、關元、水道、三陰交、海底、歸來。又法：照海、帶脈、湧泉、太谿、大敦。

《針灸全生·小兒》㿗疝：章門。灸三壯。

《針灸全生·二陰病》疝氣：肩井、㿗疝。章門、氣海、歸來、關元、主㿗疝偏大，灸百壯。衝門、急脈、會陰、三陰交。肝疝，脾疝。太谿、寒疝。太衝、大敦、隱白、脾疝，闌門。在陰莖根兩旁各開二寸是穴，針一寸半，灸二七壯，治木腎偏墜。

《針灸便覽·中風》偏墜：歸來、大敦、三陰交。

《神灸經綸·二陰證治》疝氣：大敦、肩井、㿗疝。章門、氣海、歸來、衝門、關元、主㿗疝偏大，灸百壯。帶脈、會陰、三陰交、肝脾。太溪、太衝、隱白、脾疝，承漿、築賓、湧泉、然谷、水道、陷谷、曲泉。㿗疝。

足大指爪甲穴，並足合兩拇指爪甲，以一艾炷灸兩爪端方角上七壯，治㿗疝陰腫大效。

手小指端，治㿗疝，灸七壯，左灸右，右灸左。

足大指本節間，治㿗卵疝氣，灸三壯。

足大指內側去端一寸白肉際，灸隨年壯，甚驗，若雙㿗，灸兩處。

《神灸經綸·小兒證治》疝氣：會陰、大敦。

《傳悟靈濟録·二陰病》疝氣：大凡痛甚者爲肝疝。肩井、㿗疝。章門、氣海、歸來、關元、㿗疝偏大百壯。衝門、急脈、會陰、三陰交、肝脾。太谿、寒疝。太衝、大敦、隱白。脾疝。

《傳悟靈濟録·小兒諸病》疝氣：會陰、大敦、築賓。

《針灸集成·陰疝》奔豚氣繞臍上衝：照海、太衝，各三壯，獨陰，五壯，石門，七壯，又臍下六寸兩傍各一寸，灸三七壯，又量口吻，如一字，作三摺，如此樣，以一角按臍心，兩角在臍下。兩傍盡處是穴，二七壯，兩丸蹇縮亦灸，左取右，右取左，氣衝，七壯。

疝氣上衝，心腹急痛，呼吸不通：太衝、內太衝，各三壯，獨陰，五壯，甲根、針一分，灸三壯，內太衝、甲根穴，在於別穴中，針灸神效。

疝氣衝心：以麵末和水作孔餅安臍上，以炒鹽填厚五分，灸大炷，以微溫爲限，百壯至五百壯，每歲春秋灸畢，連九日處密室，愼勿出入酒色冷物，神效。

疝氣繞臍衝胸：氣海、石門、太衝、獨陰，并換治，俱痛俱灸，天樞、百壯，在挾臍傍各開二寸。

《針灸穴法》偏墜名曰小腸氣，足行間二穴，三陰二穴。

《灸法秘傳·疝氣》疝有七，寒、水、氣、血、筋、狐、㿗是也，時俗統稱爲小腸氣。張子和謂疝氣雖有七種，總不離乎肝病也。七疝之證，先宜灸氣海，繼宜灸中極，或灸三陰，若陰囊偏腫者，灸大敦有效。

《針灸摘要·陰蹻脈》膀胱七疝，奔豚等證：大敦、闌門、丹田、三陰交、湧泉、章門、大陵。

偏墜水腎，腫大如升：大敦、曲泉、然谷、三陰交、歸來、闌門、膀胱俞、腎俞。橫紋可灸七壯。

乳絃疝氣，發時衝心痛：帶脈、湧泉、太谿、大敦。

《儒門事親·疝本肝經宜通勿塞狀》又項關一男子，病卒疝暴痛不任，倒於街衢，人莫能動，呼予救之。余引經證之，邪氣客於足厥陰之絡，令人卒疝，故病陰丸痛也。余急瀉大敦二穴，大痛立已。

淋證

《甲乙經·足厥陰脈動喜怒不時發㿗疝遺溺癃》小腸有熱，溺赤黃，中脘主之。溺黃，下廉主之。小便黃赤，完骨主之。小便黃，腸鳴相逐，上廉主之。勞癉，小便赤難，前谷主之。

《千金要方·消温淋閉尿血水腫·淋閉》又方：臍中著鹽，灸之三壯。

氣淋：灸關元五十壯；又，灸俠玉泉相去一寸半，三十壯。石淋，臍下三十六種病不得小便，灸關元三十壯；又，灸氣門三十壯。石淋，小便不得，灸水泉三十壯，足大敦是也。勞淋，灸足太陰百壯，在內踝上三寸，三報之。血淋，灸丹田，隨年壯；又，灸復溜五十壯，一云隨年壯。五淋不得小便，灸懸泉十四壯，穴在內踝前一寸斜行小脈上，是中封之別名。五淋，灸大敦三十壯。卒淋，灸外踝尖七壯。淋病不得小便，陰上痛，灸足太衝五十壯。淋病九部諸疾，灸足太陽五十壯。腹中滿，小便數，數起，灸玉泉下一寸名尿胞，

一名屈骨端，灸二七壯，小兒以意減之。

《千金翼方·針灸下·淋病》 著鹽臍中，灸三壯。五淋不得尿，灸懸泉二七壯，在内踝前一寸斜行小脈間，是中封之別名。五淋，灸大敦三十壯。氣淋，灸關元五十壯，又俠玉泉相去一寸半，灸三十壯。勞淋，足太陰百壯，在内踝上三寸，三報之。石淋，臍下三十六種疾不得小便，灸關元三十壯。血淋，灸丹田隨年壯。血淋，灸復溜五十壯。卒淋，灸外踝尖七壯。【略】

屈骨端，主腹中滿，小便數，灸二七壯，小兒以意量之。

《千金翼方·針灸下·消渴》 灸小便數而少，且難，用力輒失精，此方萬驗也。令其人舒兩手合掌併兩大指令齊，急逼之令兩爪甲相近，以一炷灸兩爪甲本肉際際方後自然有角，令炷當兩角中，小侵入爪上，此兩指共當一炷也，亦灸腳大指，與手同法，各三炷，經三日又灸之，此法甚驗。

《外臺秘要》卷二十七《尿床方》 《千金翼》灸五淋法：灸大敦三十壯。

又石淋，臍下三十六種疾，不得小便法：灸關元三十壯，一方云：百壯。

又血淋法：灸丹田穴，隨年壯良。

又法：灸復溜穴五十壯，一云：隨年壯。

又莖中痛法：灸行間穴三十壯。

又腹滿小便數法：灸屈骨端二七壯。

又淋痛法：灸中封穴三十壯，亦隨年壯。

又小便不利及轉胞法：灸心下八寸，七壯。以上穴並出第二十七卷中。

《扁鵲心書·淋證》 凡膏粱人火熱内積，又多房勞，眞水既涸，致陰血不靜，流入膀胱，從小便而出。可服延壽丹，甚者灸關元。若少壯人只作火熱治之，然在因病制宜。

淋證

此由房事太過，腎氣不足，致包絡凝滯，不能通行水道，則成淋也。服檳榔湯、鹿茸丸而愈，若包絡閉澀，則精結成砂子，從莖中出，痛不可忍。可服保命丹，甚者灸關元。

《針灸資生經·淋癃》 關元，主胞閉塞，小便不通，勞熱石淋，又主石淋，臍下三十六疾，不得小便，並灸足太陽。懸鍾，主五淋。大敦、氣門，主五淋不得尿。氣衝，主腹中滿熱，淋閉不得尿。交信，主氣淋。復溜，主血淋，《明下》云：療五淋，小便如散灰色。關元、湧泉，主胞轉氣淋。長強、小腸俞，主淋癃。關元、陰陵泉，主腎病不可俛仰，氣癃。曲泉，主癃閉。行間，主癃閉，莖中痛。然谷，主癃疝。曲骨，主小腹脹，血癃，小便難。包肓、秩邊，主癃閉下重，不得小便。陰蹻，主女子淋。石門，療氣淋，小便黃。長強，療五淋。曲骨，療五淋，小便黃。至陰，療小便淋，失精。中極，治五淋，小便赤澀，失精，臍下結如覆杯，陽氣虛憊。復溜，治五淋，小便如散火。次髎，治赤淋。然谷、曲骨，治淋瀝。太衝，治淋。陰陵泉，治氣淋，寒熱不節。交信，治氣淋，癀疝陰急，股引腨内廉骨痛。《明》云：療氣淋，卒疝，大小便難。箕門，治淋，遺溺，鼠鼷腫痛，小便不通。大鍾，治實則小便淋閉，洒洒腰脊強痛，大便秘澀，嗜卧，口中熱，虛則嘔逆多寒，欲閉戶而處，少氣不足，胸脹喘息，舌乾，咽中食噎不得下，善驚恐不樂，喉鳴，咳唾血。氣淋，灸關元五十壯，或鹽著臍中灸三壯。石淋，灸關元，或氣門，或大敦各三十壯。勞淋，灸足太陰百壯。血淋，灸丹田或復溜各隨年。五淋不小便，中封二七壯，或大敦七壯。水泉，治女小便淋瀝。委陽、志室、中髎，治小便淋瀝。陰蹻，療婦人淋瀝，陰挺出。四支淫濼心悶，及諸淋。關元，治不覺遺瀝。小腸俞，治淋瀝。

《聖濟總録·治虛勞小便白濁灸法》 虛勞腰脊冷疼，溺多白濁，灸脾募百壯，又灸三焦腧百壯，又灸章門百壯。

虛勞小便濁難，灸腎腧百壯。

《聖濟總録·治諸淋灸法》 關元一穴，臍下三寸，主諸淋。《甲乙經》云：小腸募也，一名次門，足三陰、任脈之會，灸三壯，炷如半棗核大。

淋病不得小便，陰上痛，灸足太衝五十壯，又灸足太陽五十壯。

血淋，灸丹田，隨年壯，又灸復溜五十壯，一云隨年壯。

五淋不得小便，灸垂泉十四壯，穴在内踝前一寸，斜行小脈上是，中封之別名。又灸大敦三十壯。

卒淋，灸外踝尖，七壯。

石淋，臍下三十六種病，不得小便，灸氣門三十壯。

氣淋，灸俠玉泉相去一寸半，三十壯，又臍中著鹽，灸三壯，良。

石淋，小便不得，灸水泉三十壯，足大敦是也。

勞淋，灸足太陰百壯，在内踝上三寸，三報之。

《聖濟總録·治小便數灸法》 腹中滿，小便數，灸玉泉下一寸，名尿胞，一名屈骨端，灸二七壯，小兒以意減之。

小便數而少且難，用力輒失精者，令其人舒兩手，合掌，并兩大指令齊，急逼之，令兩爪甲相近，以一炷灸兩爪甲本肉際，肉際方後自然有角，令炷當角中，小侵入爪上，此兩指共用一炷也。亦灸腳大指，與手同法，各三炷而已。經三日，又灸之。

《直指方·諸淋·諸淋證治》 針灸法：陰谷二穴，三陰交二穴。

《普濟方·針灸門·小便難》 治陰跳痛，引莖中不得尿，穴：曲泉。

治小腹堅痛，引陰中不得小便，穴：陰交、石門、委陽。

治三十六疾，不得小便，穴：關元。

治淋閉不得尿，穴：氣衝。

治小便難而痛，穴：大敦。又元照，每主之。

治小便滿，小便難，陰下縱，穴：橫骨、大巨、期門。

治陰跳，遺尿，小便難，穴：陰谷、大敦、箕門、委中、委陽。

治振寒，溲白，尿難痛，穴：中封、行間。

治腹脹，小便血癃，穴：曲骨。

治小便熱痛，穴：列缺。

治小便不利，穴：中極、承扶、屈骨端。

治小便不利，癃，穴：少府、三里。

治心下滿，寒中，小便不利，穴：陰陵泉。

治不得小便，穴：胞肓、石門、關元、陰交、中極、曲骨。

治溢飲，水道不通，溺黃，穴：京門。

治腰引小便痛，小便不利，狀如淋，㿉疝，小腹腫，溏泄，遺尿陰痛，面目蒼色，胸脇支滿，足寒，大便難，穴：太衝。

治膀胱寒，三焦小便不利，穴：水道。

治小便難，竅中熱，皮痛，陰端寒，衝心，穴：會陰。

治腹脹，小便難，陰器縱伸痛，穴：橫骨。

治小便不利，穴：陰包、至陰、陰陵泉、地機、三陰交。

治小便不通，穴：箕門。

治煩逆溺難，小腹急引陰痛，股內廉痛，穴：陰谷。

治腸中滿，熱閉不得溺，穴：五里。

治溺難，穴：行間。

治小便不利，失精，尻中腫，大便直出，陰胞有寒，小便不利，穴：中極、蠡溝、漏谷、承扶、至陰。

治小便難，赤濁，骨寒熱，穴：腎俞。

治腰痛，小便不利，及苦胞轉，灸玉泉七壯，又灸第十五椎五十壯，又灸臍下一寸，又臍下四寸，各隨年壯。

治陰中諸病，前後相引，不得大小便，穴：會陰。

《存仁方》云：嘗記一人小便閉不通者三日，小腹脹幾死，百藥不效，余用甘遂末、大蒜，擣細和成劑，安臍中，令資以艾，灸二七壯。隨後通用此方，無不效。

治小便不利，大便頻注，灸屈骨端五十壯。

治小便不利，大便注泄，天樞灸百壯，又關元灸五十壯，又灸俠玉泉相去一寸半，三十壯，兼灸氣淋。又云足大拇指岐間，有青脈，針挑出血，灸三壯愈。

治小腹腫痛，不得小便，邪在三焦，約取太陽大絡，視其絡脈，與厥陰小絡，結而血者，腫上及胃脘，取三里。

治小便不利，小便脹滿虛乏，穴：大、小腸俞，灸隨年壯。

治小腸熱滿，穴：陰都，灸隨年壯。

治陰跳，遺尿，小便難，穴：箕門、委中、委陽、大敦。

治小腸熱滿，穴：陰都，灸隨年壯。

治尿難，陰痿不用，穴：陰骨。

治小便數而少且難，用力輒失精者，令其人舒兩手，合掌，併兩手大指令齊，急通逼之，令兩爪甲相近，以一炷灸兩爪甲本節肉際後方，自然有角，令炷當角中，小侵入爪上，此兩指共用一炷也。亦灸腳大指，與手同法，各三炷而已。經三日，又灸之。

《普濟方·針灸門·小便五色》 治小便難，赤濁，骨寒熱，穴：腎俞。

治尿赤難，穴：腎俞、委中。

治小便難，黃，穴：上廉、下廉。

治小便赤黃，或時下不禁，穴：承漿。

治小便赤黃，穴：完骨、小腸俞、白環俞、陽綱、膀胱俞。

治小腸有熱，尿黃，穴：中脘。

治腎病氣癃，尿黃，穴：關元。

治尿黃，水道不通，穴：照海、京門。
治目赤，小便如血，穴：大陵。
治傷中尿血，穴：關元。
治溺濁，穴：關元。
治小便赤，穴：下脘。
治臍下熱，小便赤，氣痛如刀攪，作塊如覆杯，穴：陰交。
治尿黃水，小腹熱，小便難咽乾，穴：陰蹻。
治小便赤澀，小腸緊急，穴：小腸俞。
治小便黃，穴：太谿、關元、白環俞。
治小便赤色，淋瀝，小腹痛，穴：小腸俞。
治小便赤澀，遺溺，生陰瘡，少氣脛寒，拘急不得屈，穴：膀胱俞。
治小便難，赤黃，穴：上廉。
治溺黃，穴：太谿、兌端、陰谷、下廉。
治小便赤黃，穴：魂門。
治小便赤澀，穴：關元、秩邊、氣海、陽綱。
治尿黃，石門，灸三十壯。
治小便赤，穴：下脘。
治尿血，穴：大敦，灸三壯。
小便有五色，惟赤白色多。赤色多，因酒得之，宜服《本事方》清心丸，予教人服，效。白色乃下冷，宜服補藥。著灸腎俞、關元、小腸俞、膀胱俞等，皆腰穴也。近有患小便出血者，人敎酒與水煎苦蕒菜根服之，即效。
治小便實，苦心下急，熱痺，小腸內熱，小便赤黃，刺手太陽治陽，手太陽在手小指外側本節陷中。
治小便出血，平立，一杖子比臍平，卻向後脊骨當中，灸七壯，或年深，於脊骨兩傍各一寸，灸七壯，余謂寸半則是腎俞，自佳，又灸第二十椎，隨年壯。
治小便出血，穴：脾俞、三焦俞、腎俞、章門各百壯，丹田、復溜，隨年壯。一云：灸五十壯。
治小便白濁，灸兩足內踝上脈名三陰交，各三十一壯。
治小便出多，灸足第三指第一紋七壯，丘俞。
治婦人小腹滿石水，穴：關元。
治女子淋，穴：陰蹻。
治女子小便淋瀝，穴：水泉、委陽、志室、中髎。
治婦人淋瀝，陰挺出，又四肢淫濼心悶，及諸淋，穴：陰蹻、小腸俞。
治婦人小便不通，穴：曲骨。

《普濟方・針灸門・淋癃》 治石淋，臍下三十六疾，不得小便，灸足太陽，又灸湧泉三十壯。
治五淋不得尿，穴：大敦、期門。
治腹中滿，熱淋，閉不得尿，穴：氣衝。
治氣淋，穴：交信。
治血淋，及主療五淋，小便如散灰色，穴：復溜。
治胞轉氣淋，穴：關元、湧泉。
治淋癃，穴：長強、小腸俞。
治腎病不可俛仰，氣瘟，穴：關元、陰陵泉。
治氣淋小便黃，穴：石門。
治五淋，穴：長強。
治五淋小便黃，穴：曲骨。
治小便淋，失精，穴：至陰。
治五淋，小便赤澀，及治尿道痛，失精，臍下結如覆杯，陽氣虛憊，穴：中極。
治五淋，小便如散火，穴：復溜。
治淋瀝不得尿，及陰上痛，穴：太衝，灸五十壯。
治氣淋，寒熱不節，穴：陰陵泉。
治氣淋，癀疝，陰急，股引腨內廉骨痛，及卒疝，大小便難，穴：交信。
治淋瀝，穴：然谷、曲骨。
治赤淋，穴：次髎。
治實則便淋閉，洒洒腰脊強痛，大便秘澀，嗜臥，口中熱，虛則嘔逆多寒，欲閉戶而處，氣不足，胸脹，喘息，舌甘，咽中食噎不得下，善驚恐不樂，喉鳴咳唾血，氣淋，穴：大鍾，灸關元五十壯，或鹽著臍中灸三壯。
治石淋，灸：關元、氣門、大敦，各三十壯。
治勞淋，灸足太陰百壯，三報之。

治血淋，穴：丹田、復溜，各灸隨年壯。

治五淋不小便，穴：中封，二七壯，大敦，七壯。

治小便淋瀝，穴：委陽、志室、中髎。

治不覺遺瀝，穴：關元。

治淋瀝，穴：小腸俞。

治血淋，灸足大指前節上十壯。

治五淋不得小便，穴：懸鍾，灸十四壯。

治卒淋，灸外踝尖七壯。

治淋病九部諸疾，灸足太陽五十壯。

治諸淋，穴：關元灸三壯。

治胞閉塞，小便不通，勞熱石淋，穴：關元。

治小便餘瀝，灸復溜二穴，各一七壯，次灸臍下中極下屈骨穴，七壯。

《玉機微義・淋閉門・灸方》 灸小便淋澀法：炒鹽，不以多少，熱填滿病人臍中，是神闕穴也。卻用筋頭大艾炷灸七壯，良驗。或灸三陰交穴。

一法：小水閉澀，以豬膽連汁，籠住小便，少時汁入自出。婦人用藥末貯袋子，安放陰戶中必通。

《神應經・陰疝小便部》 寒熱氣淋：陰陵。

淋癃：曲泉、然谷、陰陵、行間、大敦、小腸俞、湧泉、氣門，百壯。

小便黃赤：陰谷、太谿、腎俞、氣海、膀胱俞、關元。

小便五色：委中、前谷。

小便赤如血：大陵、關元。

《針灸聚英・雜病》 淋

屬熱，熱結，痰氣不利，胞痺爲寒，老人氣虛，灸三陰交。

《針灸聚英・玉機微義針灸證治》 淋閉：《原病式》曰：淋，小便澀痛也，熱客膀胱，鬱結不能滲泄故也。嚴氏曰：氣淋者，小便澀，常有餘瀝。石淋者，莖中痛，尿不得卒出。膏淋，尿似膏出。勞淋者，勞倦即發，痛引氣衝。血淋，過熱即發，甚則溺血。劉氏曰：大抵是膀胱畜熱而成，灸法：炒鹽不拘多少，熱填滿病人臍中，卻用筋頭大艾炷七壯，或灸三陰交。

《古今醫統大全・針灸直指・諸證針灸經穴》 淋證：三陰交，灸。

《針灸大成・陰疝小便門》 轉胞不溺，淋瀝：關元。

寒熱氣淋：陰陵泉。

淋癃：曲泉、然谷、陰陵、行間、大敦、小腸俞、湧泉、氣門。百壯。

《針灸大成・續增治法・雜病》 淋：屬熱，熱結，痰氣不利，胞痺爲寒，老人氣虛。灸三陰交。

《針灸大成・治證總要》 第一百四十三：小便淋瀝：陰谷、關元、氣海、三陰交、陰陵泉。

問曰：此證因何而得？答曰：皆爲酒色嗜慾不節，勉強爲之，少年之過。或用金石熱劑，或小便急，行房，或交感之際，被人衝破，不能完事，精不得施泄，陰陽不能舒通。緣此證非一，有砂淋、有血淋、有熱淋、有冷淋、有氣淋，請審詳治之。

《類經圖翼・針灸要覽・諸證灸法要穴》 五淋：膈俞、肝俞、脾俞、腎俞、氣海、石門，血淋。關元、間使，能攝心包之血。血海、三陰交，勞淋。復溜，血淋。然谷、大敦。

《採艾編翼・大人科・治證綜要》 淋閉：氣：餘瀝不盡，急氣腎腫。治：交信、復溜。藥：泥葱半觔，煨熟搗爛，貼臍上。

血：熱即發，而溺血痛，有久不痛各溺血。治：三陰交、關元、小腸俞。藥：血淋如尿出。亂髮燒灰少許，每服一錢，用米泔溫下或用赤根棲葱近根一寸安臍中，艾灸七壯。

冷：俠寒而附溺則戰慄。治：曲骨、復溜。藥：同氣淋用。

勞：房勞即發，痛引氣衝。治：腎俞、橫骨。藥：竹葉煎茶，日日服之。

砂：莖痛不得溺，內有如砂石作痛者，出乃寬。治：行間、三陰交。藥：馬鞭草取皮薤煲豬肉湯飲。

膏：溺如胭脂。治：關元、次髎。藥：車前子二升，以絹袋盛，水八升，煮三升服。

《太乙神針心法・陰疝小便門》 轉脬不溺淋瀝：脬，膀胱也。針關元。

寒熱氣淋：針陰陵泉。

淋癃：針曲泉、然谷、陰陵、行間、大敦、湧泉、小腸腧、氣門。百壯。

小便黃赤：針陰谷、太谿、腎腧、氣海、關元、膀胱腧。

小便五色：針委中、前谷。

小便不禁：針承漿、陰陵、委中、太衝、膀胱腧、大敦。

小便赤如血：針大陵、關元。

婦人脬轉不利小便：灸關元。二七壯。

遺溺：針神門、魚際、太衝、太敦、關元。

《羅遺編·針灸要穴論》 白濁：脾俞、小腸俞、章門、氣海五壯。關元、中極、中封。

《針灸逢源·證治參詳·腫脹門》 五淋：氣淋，小便澀，常有餘瀝。石淋，莖中痛，溺如砂石。又名砂淋。血淋，溺血，遇熱即發。膏淋，便出如膏。勞淋，勞倦即發，痛引氣衝。間使、氣海、關元、石門、陰陵泉。

一用白鹽炒熱，填滿臍中，艾炷灸七壯，或灸三陰交即愈。

《針灸全生·陰疝小便》 小便赤黃：陰谷、太谿、腎俞、氣海、膀胱俞、關元。

小便赤如血：大陵、關元。小便五色：委中、前谷。

淋癃：曲泉、陰陵、大敦、氣門、然谷、行間、湧泉、三陰交。淋瀝：陰谷、關元、氣海、陰陵泉、三陰交。

小便不通：陰陵泉、氣海、三陰交、陰谷、大陵。

小便滑數：中極、腎俞、陰陵泉、三陰交、氣海、關元。

淋澀不通：照海、關衝、陰陵泉、三陰交、合谷。

血淋：照海、陰谷、湧泉、三陰交。

《針灸全生·二陰病》 五淋：膈俞、肝俞、脾俞、腎俞、氣海、石門、血淋。關元、間使、能攝心包之血。血海、三陰交、勞淋。復溜、血淋。然谷、大敦。

小便不通：三焦俞、小腸俞、陰交、中極、兼腹痛。中封、太衝、至陰。

《神灸經綸·二陰證治》 淋痛：列缺、中封、膈俞、肝俞、脾俞、腎俞、氣海、石門、血淋。間使、能攝心包之血。三陰交、勞淋。復溜、血淋。湧泉。血淋。

尿血精出：列缺。

遺尿偏墜：少府。

小便不通利：三焦俞、小腸俞、三陰交、中極、兼腹痛。中封、太衝、至陰。

大小便不通：大腸俞、膀胱俞。

《傳悟靈濟録·二陰病》 五淋：膈俞、肝俞、脾俞、腎俞、氣海、石門、然谷、大敦、三陰交、治勞淋。關元、血海、間使、能攝心包之血。復溜。以上四穴，俱除血淋。

小便不通利：三焦俞、小腸俞、陰交、中極、兼腹痛。中封、太衝、至陰。

小便不禁：氣海、兼治小兒遺尿。關元、陰陵泉、大敦、行間。失尿。

《針灸集成·陰疝》 五淋：復溜、絶骨、太衝、氣海、中極、百壯，曲骨、在横骨上毛際陷中，七壯至七七壯。

石淋：氣衝在挾臍傍二寸直下五寸之下鼠蹊之上一寸動脈宛宛中，七壯至三七壯止。又方：以禾稈量患人口吻，如一字樣，一端按尾窮骨端，向上，稈盡，脊上點記，將其稈中摺，墨記，横著於脊，點左右稈兩端盡處，三七壯。

《灸法秘傳·濁證》 丹溪曰：濁證之因有二，肥人多濕熱，瘦人多腎虛。總之腎虛之質，下焦空豁，則濕熱阻於精竅，而成赤白濁也。當灸關元，兼灸行間，自痊。

《灸法秘傳·淋痛》 滴瀝澀痛謂之淋，急滿不通謂之閉，五淋之别，雖有氣、砂、血、膏、勞之異，然皆腎虛而膀胱生熱也。若小便赤澀，灸其下脘。小便痛瀝，灸其關元。五淋之證，皆宜灸其中極。

《針灸摘要·陰蹻脈》 小便淋澀不通：陰陵泉、三陰交、關衝、合谷。

小腹冷痛，小便頻數：氣海、關元、腎俞、三陰交。

小便淋血不止，陰器痛：陰谷、湧泉、三陰交。

《續名醫類案·淋濁》 新安富室有男子淋溺不止者，漸痿黄，諸醫束手。孫卓三治之亦弗效，偶隱几坐，以手戲弄水灌，後孔塞，則前竅止，開，則可通。腦後一穴，爲灸，火至三炷，立愈。《江西通志》。

癃閉

《靈樞·四時氣》 小腹痛腫，不得小便，邪在三焦約，取之太陽大絡，視其絡脈，與厥陰小絡結而血者，腫上及胃脘，取三里。

《靈樞·熱病》 癃，取之陰蹻及三毛上及血絡出血。

《靈樞·癲狂》 内閉不得溲，刺足少陰、太陽與骶上以長針。

《太素·雜病·癃泄》 癃，取之陰蹻及三毛上及血絡出血。癃，痳也。陰喬上循陰股入陰，故取陰蹻所主病者。足厥陰脈起大指藂毛之上，入毛中，環陰器。故癃取陰蹻脈所主之輸，並取足厥陰脈三毛之上，及此二經之絡去血。病泄下血，取曲泉。曲泉，

足厥陰脈之所入也。

《甲乙經・三焦膀胱受病發少腹》 胞轉不得溺，少腹滿，關元主之。小便難，水脹滿，出少，胞轉不得溺，曲骨主之。少腹脹急，小便不利，厥氣上頭巔，漏谷主之。溺難，痛，白濁，卒疝，少腹腫，欬逆嘔吐，卒陰跳，腰痛不可以俯仰，面黑，熱，腹中䐜滿，身熱，厥痛，行間主之。少腹中滿，熱閉不得溺，足五里主之。少腹中滿，小便不利，湧泉主之。

筋急身熱，少腹堅腫，時滿，小便難，尻股寒，髀樞痛引季脇內控，八窌、委中主之。陰胞有寒，小便不利，承扶主之。

《甲乙經・三焦約內閉發不得大小便》 內閉不得溲，刺足少陰、太陽與骶上以長針。氣逆，取其太陰、陽明。厥甚，取太陰、陽明動者之經。三焦約，大小便不通，水道主之。

《甲乙經・足厥陰脈動喜怒不時發㿗疝遺溺癃》 胸滿膨膨然，實則癃閉，腋下腫，虛則遺溺，脚急，兢兢然筋急痛，不得大小便，腰痛引腹，不得俯仰，委陽主之。癃，中窌主之。氣癃溺黃，關元及陰陵泉主之。氣癃，小便黃，氣滿，虛則遺溺，石門主之。癃，遺溺，鼠鼷痛，小便難而白，期門主之。小便難，竅中熱，實則腹皮痛，虛則癢搔，會陰主之。

《千金要方・腎臟・骨極》 小便不利，小腹脹滿虛乏，灸小腸輸，隨年壯。

《千金要方・膀胱腑・胞囊論》 腰痛小便不利，苦胞轉，灸玉泉七壯，穴在關元下一寸，大人從心下度取八寸是玉泉穴，小兒斟酌以取之。又，灸第十五椎五十壯。又，灸臍下一寸。又，灸臍下四寸，各隨年壯。

《千金翼方・針灸下・淋病》 不得尿，灸太衝五十壯。

《外臺秘要》卷二十七《小便不通方》 足大拇指奇間有青脈，針挑血出，灸三壯愈。

《醫心方・治小便難方》 新録單方：治小便不出腹滿氣急者方：灸關元穴，在齊下三寸，依年壯。

《針灸資生經・轉胞》 湧泉，主胞轉。關元，主婦人胞轉不得尿。腰痛小便不利，苦胞轉，灸中極七壯，又灸十五椎，或臍下一寸或四寸，隨年。凡飽食訖，忍小便，或走馬，或忍小便入房，或大走，皆致胞轉，臍下急滿不通。凡尿不在胞囊中，爲胞屈僻，津液不通，葱葉除尖頭，內陰莖孔中深三寸，微用口吹，胞脹津通愈。

《針灸資生經・小便難》 湧泉，療小便不通。曲骨，療婦人小便不通。曲泉，主陰跳，痛引莖中，不得尿。陰交、石門、委陽，主小腹堅痛引陰中，不得小便。關元，主三十六疾不得小便。氣衝，主淋閉不得尿。大敦，主小便難而痛。橫骨、大巨、期門，主小腹滿，小便難，陰下縱。陰谷、大敦、箕門、委中、委陽，主陰跳遺小便難。中封、行間，主振寒溲白，尿難痛。曲骨，主小腹脹，血癃小便難。列缺，主小便熱痛。中極等、承扶、屈骨端，主小便不利。少府、三里，主小便不利，癃。陰陵泉，主心下滿，寒中小便不利。包肓等、石門、關元、陰交、中極、曲骨，主不得小便。京門，主溢飲，水道不通，溺黃。太衝，治腰引小腹痛，小便不利，狀如淋㿉疝，小腹腫，溏泄，遺溺，陰痛，面目蒼色，胸脇支滿，足寒，大便難。水道，治膀胱寒，三焦熱，小便不利。會陰，治小便難，竅中熱，皮痛，陰端寒衝心。橫骨，治腹脹小便難，陰器縱伸痛。陰包，至陰、陰陵泉、地機、三陰交，治小便不利。箕門，治小便不通。陰谷，治煩逆溺難，小腹急，引陰痛，股內廉痛。五里，治腸中滿，熱閉不得溺。行間，治溺難。

《針灸資生經・小便五色》 腎俞，主小便難，赤濁，骨寒熱。前谷、委中，主尿赤難。上廉、下廉，主小便難黃。凡尿青，取井，黃取俞，赤取滎，白取經，黑取合。承漿，主小便赤黃，或時不禁。完骨、小腸俞、白環俞、陽綱、膀胱俞，主小便赤黃。中管，主小腸有熱，尿黃。關元，主腎病，氣癃尿黃。京門、照海，主尿黃，水道不通。大陵主目赤，小便如血。關元，主傷中尿血。大陵，治小便如血。關元，治溺血。下管，療小便赤。陰交，治臍下熱，小便赤，氣痛如刀攪，作塊如覆杯。陰蹻，療尿黃水，小腹熱，咽乾，《下》云：療小便難。小腸俞，治小便赤澀，小腸緊急。太谿、關元、白環俞，療小便黃。小腸俞，治小便赤澀淋瀝，小腹痛。膀胱俞，治小便赤澀，遺溺，陰生瘡，少氣，脛寒拘急，不得屈伸。上廉，治小便難，赤黃。太谿、兌端、陰谷、下廉，治溺黃。魂門，治小便赤黃。關元、秩邊、氣海、陽綱，治小便赤澀。下脘，治小便赤。大敦，主尿血，灸三壯。

小便有五色，惟赤白色者多，赤色多因酒得之，宜服《本事方》清心丸，白色乃下元冷，宜服補藥，著灸腎俞、關元、小腸俞、膀胱俞等，皆要穴也。近有患小便出血者，人教酒與水煎苦蕒菜根服即愈。

《聖濟總録・治小便黃赤不利灸刺法》 小腸實，苦心下急熱痺，小腸內

熱，小便赤黄，刺手太陽，治陽，手太陽在手小指外側本節陷中。

小腹腫痛，不得小便，邪在三焦約，取太陽大絡。視其絡脈，與陰厥小絡，結而血者，腫上及胃脘，取三里。

小便不利，少腹脹滿，大、小腸腧，隨年壯。

灸兩足内踝上大脈，名三陰交，各二十一壯，治小便白濁。

《針經摘英集·治病直刺訣》 治轉脬小便不通，刺任脈關元一穴，在臍下三寸，小腸之募也，足太陰、少陰、厥陰之會，下紀者，關元也，用長針，針入八分，患人覺如淋瀝，三五次爲度，次針足太陰經，三陰交二穴，在足内踝上三寸，骨下陷中，足太陰、少陰、厥陰之交會，針入三分。凡小便不通，勿便攻之，先針關元一穴，訖時，別使人揉少腹，刺三陰交二穴，即透矣。

《扁鵲神應針灸玉龍經·盤石金直刺秘傳》 小便不通：支溝。瀉。

《普濟方·針灸門·淋癃》 治癃閉，陰痿，穴：曲泉。

治癃閉，莖空痛，穴：行間。

治癃疝，穴：然谷。

治小腹脹，血癃，小便難，穴：曲谷。

治癃閉下重，不得小便，穴：胞肓、秩邊。

《普濟方·針灸門·大小便不通》 治大小便難，淋癃，穴：長强、小腸俞。

治癃閉下重，大小便難，穴：胞肓、秩邊。

治三焦約，大小便不通，亦主婦人，穴：水道。

治大小便難，尿赤，穴：膀胱俞。

治大小便難，穴：交信。

治大小便不利，穴：榮衛四穴。

《普濟方·針灸門·轉胞》 治腰痛，小便不利，苦胞轉，穴：中極，灸七壯，又灸十五椎，或臍下一寸，或四寸，隨年壯。

治飽食訖，忍小便，或走馬，或忍小便入房，或大走，皆致胞臍下急滿不通，又尿不在胞囊中，爲胞屈澼，津液不通，葱葉除尖頭，内陰莖孔中深三寸，微用口吹，胞脹津通愈。

治轉胞，不得小便，穴：關元，灸一七壯。

治脬轉，小便不通，刺任脈關元一穴，臍下三寸，小腸之募也，足太陰、少陰、厥陰之會，下紀者，關元也，用長針入八分，患人覺如淋瀝，三五次爲度。次針足太陰經三陰交二穴，在足内踝上三寸骨下陷中，足太陰、少陰、厥陰之交會，針入三分。凡小便不通，勿便攻，先針關元一穴，訖時，別使人揉少腹，刺三陰交二穴，即透矣。

《本草綱目·百病主治藥·癃淋》 田螺煮食，利大小便，同鹽傅臍。

白魚小便淋閟，同滑石、髮灰服。仍納莖中，小兒以摩臍腹。

苧根煮汁服，利小便，又蛤粉，水服，外傅臍。

《楊敬齋針灸全書·傷寒小便不通》

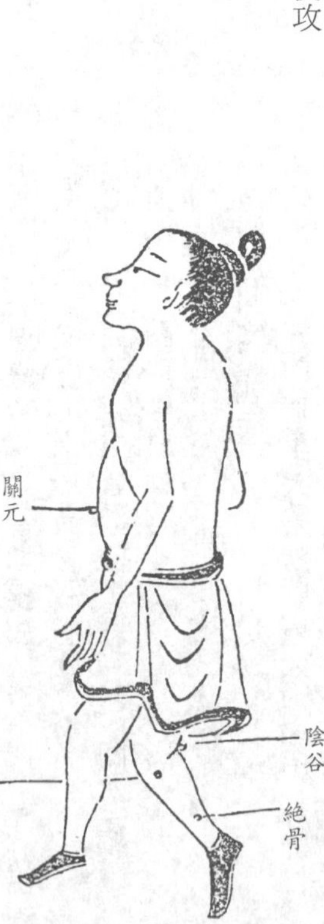

《針灸大成·治證總要》 第六十五：小便不通：陰陵泉、氣海、三陰交。

問曰：此證緣何得之？答曰：皆因膀胱邪氣、熱氣不散，或勞役過度，怒氣傷胞，則氣閉入竅中，或婦人轉胞，皆有此證。復刺後穴：陰谷、大陵。

第六十六：小便滑數：中極、腎俞、陰陵泉。

問曰：此證爲何？答曰：此膀胱受寒，腎經滑數，小便冷痛，頻頻淋瀝。復針後穴：三陰交、氣海。

《類經圖翼·針灸要覽·諸證灸法要穴》 小便不利不通：三焦俞、小腸俞、陰交、中極、兼腹痛。中封、太衝、至陰。

《景岳全書·古方八陣·因陣》 用葱三斤，慢火炒香熟，以絹帕裹，更替熨臍下即通。或用鹽炒熱熨之，冷則再易，須臾即通。

獨蒜通便方：治小便不通。

獨蒜一枚。　梔子三、七枚。　鹽花。少許。

右搗爛攤紙上，貼臍，良久即通。未通，塗陰囊上，立通。

《針灸逢源·證治參詳·腫脹門》 小便閉癃：閉不通也，癃即淋瀝也。小腸俞、陰交、當膀胱之上口，故灸此。陰陵泉。

《針灸便覽·中風》 小便不通：陰陵泉、氣海、三陰交。

《神灸經綸·二陰證治》 胞痺：小腹膀胱按之內痛，若沃以湯，澀於小便，上爲清涕，脈宜大而實，忌虚小而濇。三陰交。

遺尿、小便失禁

《甲乙經·足厥陰脈動喜怒不時發癩疝遺溺癃》 遺溺，關門及神門、委中主之。

《千金要方·消渴淋閉尿血水腫·淋閉》 遺溺，灸遺道，俠玉泉五寸，隨年壯；又灸陽陵泉，隨年壯；又灸足陽明，隨年壯。

遺溺失禁，出不自知，灸陰陵泉，隨年壯。

小便失禁，灸大敦七壯，又灸行間七壯。

尿牀，垂兩手兩髀上，盡指頭上有陷處，灸七壯；又，灸臍下横文七壯。

《千金翼方·針灸下·淋病》 失禁，尿不自覺知，針陰陵泉，入五分，灸，隨年壯。

失尿不禁法：灸大敦七壯，又灸行間七壯。

小兒遺尿，灸臍下一寸半，隨年壯；又大敦一壯。

尿床灸法：垂兩手髀上，盡指頭上陷處，灸七壯；又，臍下横文七壯。

遺尿，針遺道，入二寸補之，在俠玉泉五寸，灸，隨年壯；又灸陰陵泉隨年壯。又，足陽明隨年壯，針入三分。

《千金翼方·針灸下·消渴》 曲泉、陰谷、陰陵泉、復溜，凡此諸穴，斷小便利，大佳，不損陽氣，亦云止遺尿也。太谿、中封、然谷、太白、大都、趺陽、行間、大敦、隱白、涌泉，凡此諸穴各一百壯，腹背兩脚凡三十七穴，其腎俞、腰目、關元、水道，可灸三十壯，五日一報之，各得一百五十壯，佳，涌泉可灸十壯，大敦、隱白、行間可灸三壯，餘者悉七壯，皆五日一報之，滿三灸，可止也。若灸諸陰不差，可灸諸陽，諸陽在脚表，宜審用之，無有不驗，造次則弁灸肺俞、募，按流注孔穴，壯數如灸陰家法。

《外臺秘要》卷二十七《尿床方》 又尿床法：灸石門穴五十壯。

又遺尿法：灸遺道俠玉泉五寸，隨年壯。

又法：灸陽陵泉穴，隨年壯。

又失禁尿不自覺知法：灸陰陵泉穴，隨年壯。

《針灸資生經·小便不禁》 承漿，主小便不禁。關元、又主婦人小便數泄不止。涌泉，主小便數。少府，主陰暴痛，遺尿。關門、中府、神門，主遺尿。陰陵泉、陽陵泉，主失禁遺尿，不自知。太衝，主女遺尿。關門，治遺溺善滿。箕門、通里、大敦、膀胱俞、太衝、委中、神門，治遺溺。陰包，治遺溺不禁。遺溺，灸陽陵泉或足陽明，各隨年。遺溺失禁，出不自知，灸陰陵泉隨年。小便失禁，灸大敦，或行間七壯。尿牀，灸臍下横文七壯。婦人遺尿，灸横骨七壯。小兒遺尿，灸臍下寸半隨年，又灸大敦三壯。曲泉、陰谷、陰陵泉、復溜。此諸穴斷小便利，大佳。

《聖濟總録·治遺溺灸法》 灸遺溺，俠玉泉五寸，隨年壯。又灸陽陵泉，隨年壯。又灸足陽明，隨年壯。又灸陰陵泉，隨年壯。

小便失禁，灸大敦七壯，又灸行間七壯。

尿牀，垂兩手兩髀上，盡指頭上，有陷處，灸七壯，又灸臍下横紋，七壯。

小便餘瀝，灸復溜二穴。《黄帝針經》云：主小便余瀝，在内踝上二寸是穴，各灸一七壯，次灸臍下中極下屈骨穴，七壯。

《普濟方·針灸門·小便不禁》 治小便數，穴：關元、湧泉。

治遺尿，穴：關元、中府、神門。

治失禁遺尿不自知，穴：陰陵泉、陽陵泉。

治遺溺善滿，穴：關元。

治遺溺，穴：箕門、通里、大敦、膀胱俞、太衝、委中、神門。

治遺溺不禁，穴：陰包。

治遺溺，穴：陽陵泉，足陽明各隨年壯，又灸水道，俠玉泉，五壯。

治大便失禁，穴：大敦、行間，各七壯。

治遺尿，穴：曲泉、陰陵泉、復溜。

治陰暴痛，遺尿，穴：少府。

治遺溺失禁，出不自知，穴：陰陵泉，灸隨年壯。

治遺溺，灸臍下横文七壯，垂兩手兩髀上，盡指頭上有陷處，灸七壯。

治腹中滿，小便數起，玉泉下一寸名尿胞，一名屈骨端，灸二七壯，小兒

以意減之。

《普濟方・針灸門・婦人諸疾》 治婦人遺尿，穴：灸橫骨，七壯。

治婦人小便數，泄不止，及治不覺遺瀝，穴：關元。

治女遺尿，穴：太衝。

《神應經・陰疝小便部》 小便不禁：承漿、陰陵、委中、太衝、膀胱俞、大敦。

遺溺：神門、魚際、太衝、大敦、關元。

《針灸聚英・雜病》 小水不禁：灸陰陵泉、陽陵泉。

《古今醫統大全・針灸直指・諸證針灸經穴》 小便不禁：陰陵泉、氣海，並宜灸。

《針灸大成・陰疝小便門》 小便黃赤：陰谷、太谿、腎俞、氣海、膀胱俞、關元。

小便五色：委中、前谷。

小便不禁：承漿、陰陵、委中、太衝、膀胱俞、大敦。

小便赤如血：大陵、關元。

婦人胞轉，不利小便：灸關元。二七壯。

遺溺：神門、魚際、太衝、大敦、關元。

《針灸大成・續增治法・雜病》 小水不禁：灸陽陵泉、陰陵泉。

《類經圖翼・針灸要覽・諸證灸法要穴》 小便不禁：氣海、兼治小兒遺尿，關元、陰陵泉、大敦、行間。治失尿。

《針灸逢源・證治參詳・腫脹門》 小便不禁：此常常出而不覺也，蓋膀胱火邪妄動，水不得寧，故不禁而頻來。宜補腎，膀陰血，瀉火邪爲主。有睡中遺溺，此爲虛證，嬰兒脬氣未固，老人下元不足，皆有此患。但小兒挾熱者多，老人挾寒者多，不可不辨。氣海、小兒遺溺灸亦效。關元、陰陵泉、大敦。

《針灸便覽・中風》 小便不禁：承漿、陰陵、委中、大敦。

《針灸全生・陰疝小便》 小便不禁：承漿、陰陵、委中、太衝、大敦、膀胱俞。

遺溺：神門、魚際、太衝、大敦、關元。

《針灸集成・大小便》 小便黃赤不禁：腕骨、膀胱俞、三焦俞、承漿、小腸俞。

小便狀如散火：關元、百壯。復溜、五壯。

《灸法秘傳・遺溺》 遺溺者，由於中氣虛衰，不能攝固所致，老年下元不足，孩提脬氣未固，多有之。總當灸其三陰，若小便頻數者，灸大敦，小兒遺尿者，灸氣海。

腰痛

《素問・刺腰痛篇》 足太陽脈令人腰痛，引項脊尻背如重狀，（王冰注）足太陽脈別下項，循肩髆，内俠脊，抵腰中，別下貫臀，故令人腰痛，引項脊尻背如重狀也。刺其郄中太陽正經出血，春無見血。（王冰注）郄中，委中也，在膝後屈處膕中央約文中動脈，足太陽脈之所入也，刺可入同身寸之五分，留七呼，若灸者可灸三壯。太陽合腎，腎王於冬，水衰於春，故春無見血也。少陽令人腰痛，如以針刺其皮中，循循然不可以俯仰，不可以顧，（王冰注）足少陽脈遶髦際橫入髀厭中，故令腰痛，如以針刺其皮中循循然不可俯仰，少陽之脈起於目銳眥，上抵頭角，下耳後，循頸，行手少陽之前，至肩上，交出手少陽之後，其支者別目銳眥下入大迎，合手少陽於䪼。下加頰車，下頸，合缺盆，故不可以顧。刺少陽成骨之端出血，成骨在膝外廉之骨獨起者，夏無見血。（王冰注）成骨謂膝外近下䯒骨上端，兩起骨相並間，陷容指者也。䯒骨所成柱膝髀骨，故謂之成骨也。少陽合肝，肝王於春，木衰於夏，故無見血也。陽明令人腰痛，不可以顧，顧如有見者，善悲。（王冰注）足陽明脈起於鼻交頞中，下循鼻外，入上齒中，還出俠口，環脣，下交承漿，卻循頤後下廉，出大迎，其支別者從大迎前下人迎，循喉嚨，入缺盆，又，其支別者起胃下口，循腹裏，至氣街中，而合以下髀，故令人腰痛不可顧，顧如有見者，陽虛故悲也。刺陽明於䯒前三痏，上下和之出血，秋無見血。（王冰注）按：《內經》、《中誥流注圖經》陽明脈穴俞之所主此腰痛者，悉刺䯒前三痏則正三里穴也。三里穴在膝下同身寸之三寸，䯒骨外廉兩筋肉分間，刺可入同身寸之一寸，留七呼，若灸者可灸三壯。陽明合脾，脾王長夏，土衰於秋，故秋無見血。足少陰令人腰痛，痛引脊內廉。（王冰注）足少陰脈上股內後廉，貫脊，屬腎，故令人腰痛，痛引脊內廉也。刺少陰於內踝上二痏，春無見血，出血太多，不可復也。（王冰注）按：《內經》、《中誥流注圖經》少陰脈穴俞所主此腰痛者，當刺內踝上，則正復溜穴也。復溜在內踝後上同身寸之二寸動脈陷者中，刺可入同身寸之三分，留三呼，若灸者可灸五壯。厥陰之脈令人腰痛，腰中如張弓弩弦，（王冰注）足厥陰脈自陰股環陰器，抵少腹，其支別者與太陰少陽結於腰髁下狹脊第三第四骨空中，其穴即中髎、下髎，故腰痛則中如張弓弩之弦也，如張弦者，言強急之甚。刺厥陰之脈，在腨踵魚腹之外，循

之累累然，乃刺之。〔王冰注〕腨踵者，言脈在腨外側下當足跟也，腨形勢如卧魚之腹，故曰魚腹之外也，循其分肉有血絡累累然乃刺出之，此正當蠡溝穴分，足厥陰之絡，在内踝上五寸別走少陽者，刺可入同身寸之二分，留三呼，若灸者，可灸三壯，厥陰一經作居陰，是傳寫草書厥字爲居也。其病令人善言，默默然不慧，刺之三痏。〔王冰注〕厥陰之脈循喉嚨之後，上入頏顙，絡於舌本，故病則善言，風盛則昏冒，故不爽慧也。三刺其處，腰痛乃除。解脈令人腰痛，痛引肩，目睆睆然，時遺溲。〔王冰注〕解脈，散行脈也，言不合而別行也。此足太陽之經，起於目内眥，上額交巔，上循肩髆，俠脊抵腰中，入循膂，絡腎屬膀胱，下入膕中，故病斯候也。又其支別者從髆内別下貫胂，循髀外後廉而下合於膕中，兩脈如繩之解股，故名解脈也。刺解脈，在膝筋肉分間郄外廉之横脈出血，血變而止。〔王冰注〕膝後兩傍大筋雙上股之後，兩筋之間横文之處努肉高起則郄中之分也，古《中誥》以膕中爲太陽之郄，當取郄外廉有血絡横見迢然紫黑而盛滿者，乃刺之，當見黑血，必候其血色變赤乃止，血不變赤極而瀉之必行，血色變赤乃止，此太陽中經之爲腰痛也。解脈令人腰痛如引帶，常如折腰狀，善恐。〔王冰注〕足太陽之別脈自肩而別下，循背脊至腰而横入髀外後廉，而下合膕中，故若引帶如折腰之狀。刺解脈在郄中結絡如黍米，刺之血射以黑，見赤血而已。〔王冰注〕郄中，則委中穴，足太陽合也，在膝後屈處膕中央約文中動脈，刺可入同身寸之五分，留七呼，若灸者可灸三壯，此經刺法也。今則取其結絡大如黍米者，當黑血箭射而出，見血變赤然可止也。同陰之脈令人腰痛，痛如小錘居其中，怫然腫。〔王冰注〕足少陽之別絡也，並少陽經上行，去足外踝上同身寸之五寸，乃別走厥陰，並經下絡足跗，故曰同陰脈也，怫怒也，言腫如嗔怒也。刺同陰之脈，在外踝上絶骨之端爲三痏。〔王冰注〕絶骨之端，如前同身寸之三分，陽輔穴也，足少陽脈所行，刺可入同身寸之五分，留七呼，若灸者可灸三壯。陽維之脈令人腰痛，痛上怫然腫。〔王冰注〕陽維起於陽，則太陽之所生，奇經八脈此其一也。刺陽維之脈，脈與太陽合腨下間去地一尺所。〔王冰注〕太陽所主與正經並行而上至腨下，復與太陽合而上也，腨下去地正同身寸之一尺，是則承光穴，在鋭腨腸下肉分間陷者中，刺可入同身寸之七分，若灸者可灸五壯，以其取腨腸下肉分間，故云合腨下間。衡絡之脈令人腰痛，不可以俯仰，仰則恐仆，得之舉重傷腰，衡絡絶，惡血歸之。〔王冰注〕衡，横也。謂太陽之外也，絡自腰中横入髀外後廉，而下與中經合於膕中者，今舉重傷腰，則横絡絶中經獨盛，故腰痛不可以俯仰矣，一經作衡絶之脈，傳寫魚魯之誤也，若是衡脈，《中誥》不應取太陽脈委陽、殷門之穴也。刺之在郄陽筋之間，上郄數寸，衡居爲二痏出血。〔王冰注〕横居二穴謂委陽、殷門，平視横相當也，郄陽謂浮郄穴上側委陽穴也。筋之間謂膝後膕上兩筋之間，殷門穴也，二穴各去臀下横文同身寸之六寸，故曰上郄數寸也，委陽刺可入同身寸之七分，留五呼，若灸者可灸三壯，殷門刺可入同身寸之五分，留七呼，若灸者可灸三壯，故曰衡居爲二痏。會陰之脈令人腰痛，痛上漯漯然汗出，汗乾令人欲飲，飲已欲走。〔王冰注〕足太陽之中經也，其脈循腰下會於後陰，故曰會陰之脈，其經自腰下行至足，今陽氣大盛，故痛上漯然汗出，汗液既出則腎燥陰虚，故汗乾令人欲飲水，以救腎也，水入腹已，腎氣復生，陰氣流行，太陽又盛，故飲水已反欲走也。刺直陽之脈，上三痏，在蹻上郄下五寸横居，視其盛者出血。〔王冰注〕直陽之脈則太陽之脈，俠脊下行貫臀，下至膕中，下循腨，過外踝之後，條直而行者，故曰直陽之脈也。蹻爲陽蹻，所生申脈穴在外踝下也，郄下則膕下也，言此刺處在膕下同身寸之五寸，上承郄中之穴，下當申脈之位，是謂承筋穴，即腨中央如外陷者中也，太陽脈氣所發，禁不可刺，可灸三壯。今云刺者，謂刺其血絡之盛滿者也，兩腨皆有太陽經氣下行，當視兩腨中央有血絡盛滿者乃刺出之，故曰視其盛者出血。飛陽之脈令人腰痛，痛上拂拂然，甚則悲以恐。〔王冰注〕是陰維之脈也，去内踝上同身寸之五寸腨分中，並少陰經而上也。少陰之脈前則陰維脈所行也，足少陰之脈從腎上貫肝鬲入肺中，循喉嚨俠舌本，其支別者從肺出絡心，注胸中，故甚則悲以恐也，恐者生於腎，悲者生於心。刺飛揚之脈，在内踝上五寸，臣億等按：《甲乙經》作二寸。少陰之前，與陰維之會。〔王冰注〕内踝後上同身寸之五寸，復溜穴，少陰脈所行。刺可入同身寸之三分，内踝之後築賓穴，陰維之郄，刺可入同寸之身三分，若灸者可灸五壯，少陰之前陰維之會，以三脈會在此穴位分也，刺可入同身寸之三分，若灸者可灸五壯，今《中誥》經文正同此法。臣億等按：《甲乙經》足太陽之絡別走少陰者名曰飛揚，在外踝上七寸。又云：築賓陰維之郄，在内踝上腨分中，復溜穴在内踝上二寸，今此經注都與《甲乙》不合者，疑經注中五寸字當作二寸，則《素問》與《甲乙》相應矣。昌陽之脈令人腰痛，痛引膺，目睆睆然，甚則反折，舌卷不能言。〔王冰注〕陰蹻脈也，陰蹻者足少陰之別也。起於然骨之後，上内踝之上直上循陰股入陰而循腹上入胸裏，入缺盆，上出人迎之前入頄内廉屬目内眥，合於太陽、陽蹻而上行，故腰痛之狀如此。刺内筋爲二痏，在内踝上大筋前，太陰後上踝二寸所。〔王冰注〕内筋謂大筋之前分肉也，太陰後大筋前即陰蹻之郄交信穴也。在内踝上同身寸之二寸，少陰前太陰後筋骨之間陷者之中，刺可入同身寸之四分，留五呼，若灸者可灸三壯，今《中誥》經文正主此。散脈令人腰痛而熱，熱甚生煩，腰下如有横木居其中，甚則遺溲。〔王冰注〕散脈，足太陰之別也，散行而上故以名焉。其脈循股内入腹中，與少陰、少陽結於腰髁下骨空中，故病則腰下如有横木居其中，甚乃遺溲也。刺散脈在膝前骨肉分間，絡外廉束脈爲三痏。〔王冰注〕謂膝前内側也，骨肉分謂膝内輔骨之下下廉腨肉之兩間也，絡外廉則太陰之絡色青而見者也，輔骨之下後有大筋擷，束膝胻之骨令其連屬，取此筋骨繫束之處脈以去其病，是曰地機，三刺而已，故曰束脈爲之三痏也。肉里之脈令人腰痛，不可以

欬，欬則筋縮急。〔王冰注〕肉里之脈少陽所生，則陽維之脈氣所發也。里，裏也。刺肉里之脈爲二痏，在太陽之外，少陽絕骨之後，〔王冰注〕分肉主之，一經云少陽，絕骨之前傳寫誤也。絕骨之前足少陽脈所行，絕骨之後陽維脈所過，故指曰在太陽之外少陽絕骨之後也，分肉穴在足外踝直上絕骨之端，如後同身寸之二分，筋肉分間，陽維脈氣所發，刺可入同身寸之五分，留十呼，若灸者可灸三壯。腰痛俠脊而痛，至頭几几然，目䀮䀮欲僵仆，刺足太陽郄中出血。〔王冰注〕郄中，委中。腰痛上寒，刺足太陽、陽明，上熱，刺足厥陰，不可以俯仰，刺足少陽，中熱而喘，刺足少陰，刺郄中出血。〔王冰注〕此法《玄妙》、《中誥》不同，莫可窺測，當用知，其應不爾，皆應先去血絡乃調之也。腰痛上寒不可顧，刺足陽明。〔王冰注〕上寒陰市主之，陰市在膝上同身寸之三寸，伏兔下陷者中，足陽明脈氣所發，刺可入同身寸之三分，留七呼，若灸者可灸三壯。不可顧，三里主之，三里在膝下同身寸之三寸，胻外廉兩筋肉分間，足陽明脈之所入也，刺可入同身寸之一寸，留七呼，若灸者可灸三壯。上熱，刺足太陰。〔王冰注〕地機主之。地機在膝下同身寸之五寸，足太陰之郄也，刺可入同身寸之三分，若灸者可灸三壯。中熱而喘，刺足少陰。〔王冰注〕湧泉、太鍾悉主之。涌泉在足心陷者中，屈足捲指宛宛中，足少陰脈之所出，刺可入同身寸之三分，留三呼，若灸者可灸三壯。太鍾在足跟後街中動脈，足少陰之絡，刺可入同身寸之二分，留七呼，若灸者可灸三壯。大便難，刺足少陰。〔王冰注〕湧泉主之。少腹滿，刺足厥陰。〔王冰注〕太衝主之，在足大指本節後內間同身寸之二寸陷者中脈動應手，足厥陰脈之所注也，刺可入同身寸之三分，留十呼，若灸者可灸三壯。如折，不可以俯仰，不可舉，刺足太陽。〔王冰注〕如折，束骨主之，不可以俯仰，京骨、崑崙悉主之，不可舉，申脈、僕參悉主之。束骨在足小指外側本節後赤白肉際陷者中，足太陽脈之所注也，刺可入同身寸之三分，留三呼，若灸者可灸三壯。京骨在足外側大骨下赤白肉際陷者中，按而得之，足太陽脈之所過也，刺可入同身寸之三分，留七呼，若灸者，可灸三壯。崑崙在足外踝後跟骨上陷者中，細脈動應手，足太陽脈之所行也，刺可入同身寸之五分，留十呼，若灸者可灸三壯。申脈在外踝下同身寸之五分，容爪甲，陽蹻之所生也，刺可入同身寸之六分，留十呼，若灸者可灸三壯。僕參在跟骨下陷者中，足太陽、陽蹻二脈之會，刺可入同身寸之三分，留七呼，若灸者可灸三壯。引脊內廉，刺足少陰。〔王冰注〕復溜主之，取同飛陽，注從腰痛上寒不可顧至此件，經語除注，並合朱書。腰痛引少腹控䏚，不可以仰。刺腰尻交者，兩髁胂上，以月生死爲痏數，發針立已。〔王冰注〕此邪客於足太陰之絡也，控通引也，䏚謂季脇下之空軟處也，腰尻交者謂髁下尻骨兩傍四骨空，左右八穴，俗呼此骨爲八髎骨也，此腰痛取腰髁下第四髎，即下髎穴也，足太陰、厥陰、少陽三脈左右交結於中，故曰腰尻相交者也。兩髁胂謂兩髁骨下堅起肉也，胂上，非胂之上巔，正當刺胂肉矣，直刺胂肉即胂上也，何者，胂之上巔，別有中膂內俞、白環俞，雖並主腰痛，考其形證，經不相應矣。髁骨即腰脊兩傍起骨也，俠脊兩傍腰髁之下，各有胂肉隴起而斜趣於髁骨之後，內承其髁，故曰兩髁胂也。下承髁胂肉，左右兩胂各有四骨空，故曰上髎、次髎、中髎、下髎。上髎當髁骨下陷者中，餘三髎少斜下，按之陷中是也，四空悉主腰痛，唯下髎所主文與經同，即太陰、厥陰、少陽所結者也，刺可入同身寸之二寸，留十呼，若灸者可灸三壯，以月生死爲痏數者，月初向圓爲月生，月半向空爲月死，死月刺少，生月刺多，《繆刺論》曰：月生一日一痏，二日二痏，漸多之，十五日十五痏，十六日十四痏，漸少之，其痏數多少如此，即知也。左取右，右取左。〔王冰注〕痛在左，針取右，痛在右，針取左，所以然者，以其脈左右交結於尻骨之中故也。

《素問·骨空論》 腰痛不可以轉搖，急引陰卵，刺八髎與痛上，八髎在腰尻分間。

《靈樞·雜病》 腰痛，痛上寒，取足太陽、陽明；痛上熱，取足厥陰；不可以俯仰，取足少陽；中熱而喘，取足少陰、膕中血絡。

《太素·雜病·腰痛》 足太陽脈令人腰痛，引項脊尻，背如重狀，刺其郄中太陽正經出血，春無見血。項、脊、尻皆足太陽脈行處，故腰痛相引。郄中，足太陽，刺金門。足太陽在冬春時氣衰。出血恐虛，故禁之也。少陽令人腰痛，如以針刺其皮中，循然不可以俯仰，不可顧，刺少陽成骨之端出血，成骨在膝外廉之骨獨起，夏無見血。少陽，足少陽也。其脈行頸循脇，出氣街以行腰，故腰痛不可俯仰反顧。成骨，膝臏外側起大骨，足少陽脈循脾出過，故腰痛刺之。足少陽在春，至夏氣衰，出血恐虛，故禁之。陽明令人腰痛不可顧，顧如有見者，喜悲，刺陽明於骭前三痏，上下和之，出血，秋無見血。足陽明支者，循喉嚨，入缺盆，又支者，循腹裏，下氣街，故腰痛不可顧。陽明穀氣虛，故妄有見。虛爲肝氣所剋，故喜悲，下循衍外廉，故刺之以和上下。足陽明在仲夏，至秋而衰，出血恐虛，故禁之也。足少陰令人腰痛，引脊內痛，刺足少陰內踝下二痏，春無出血，出血大虛，不可復也。足少陰脈上股內後廉，貫脊屬腎，絡膀胱，故腰痛引脊內痛也。出然骨之下，循內踝之後，故取內踝之下。少陰與太陽在冬，至春氣衰，出血恐虛，故禁之也。居陰之脈令人腰痛，腰中如張弩絃，刺居陰之脈，在腨踵魚腸之外，循之累累然，乃針刺之，其病令人言，嘿嘿然不慧，刺之三痏。居陰脈在腨踵魚腸之外，其處唯有足太陽脈，當是足太陽絡也。解脈令人腰痛引膺，目䀮䀮然，時遺溲，刺解脈，在引筋肉分間，在(郗)〔郄〕外廉之横脈出血，血變止。解脈行處爲病，與足厥陰相似，亦有是足厥陰絡脈。同陰之脈令人腰痛，痛如小針居其中，弗然腫，刺同陰之脈，在外踝上絕骨之端，爲三痏。同陰脈在外踝上絕骨之端，當是足少陽絡脈也。解脈令人腰痛如別，常如折腰之狀，喜怒，刺解脈，在(郗)〔郄〕中結絡如黍米，刺之血射似黑，見赤血而已。前之解脈與厥陰相

似，今此刺解脈郄中，當是取足厥陰郄中之絡也。陽維之脈令人腰痛，上弗然脈腫，刺陽維之脈，脈與太陽合腨下間，上地一尺所。陽維，諸陽之會，從頭下至金門，陽交即是也。行腰與足太陽合於腨下間，上地一尺之中，療陽維腫痛也。衝絶之脈令人腰痛，痛不可以俯，不可以仰，則恐仆，得之舉重傷腰，衝絶絡，惡血歸之，刺之在（郗）〔郄〕陽筋之間，上（郗）〔郄〕數寸衝居爲二痏出血。衝脈循脊裏，因舉重衝脈絡絶，惡血歸聚之處以爲腰痛，可刺衝郗陽筋間，上數寸衝氣居處。會陰之病令人腰痛，痛上漯漯然汗，汗乾令人欲飲，已欲走，刺直陽之脈上三痏，在喬上郄下下三寸所橫居，視其盛者出血。刺直陽者，有本作會陽，喬上郄下橫居絡脈也。飛揚之脈令人腰痛，痛上弗弗然，甚則悲以恐，刺飛陽之脈，在內踝上二寸太陰之前，與陰維會。足太陽別，名曰飛陽，有本飛作蜚。太陽去外踝上七寸，別走足少陰。當至內踝上二寸，足少陰之前，與陰維會處，是此刺處也。昌陽之脈令人腰痛，痛引膺，目睆睆然，甚則反折，舌卷不能言，刺內筋爲二痏，在內踝大筋前太陰後，上踝三寸所。內筋在踝大筋前太陰後，內踝上三寸所。大筋，當是足太陰之筋。內筋支筋，在足太陽大筋之前，足太陰筋之後，內踝上三寸也。散脈令人腰痛而熱，熱甚生煩，腰下如有橫木居其中，甚則遺溲，刺散脈，在膝前肉分間，在絡外廉束脈爲三痏。散脈在膝前肉分間者，十二經脈中，惟足厥陰、足少陽在膝前主溲，故當是此二經之別名。在二經大絡外廉小筋名束脈，亦名散脈也。肉里之脈令人腰痛，不可以欬，欬則筋攣急，刺肉里之脈爲二痏，在太陽之外，少陽絶骨之後。太陽外，絶骨後，當是少陰爲肉里脈也。腰痛俠脊而痛至頭沈沈然，目䀮䀮欲僵，刺足陽明郄出血。足陽明在頭下，支者起胃下口，循腹裏下至氣街，腹裏近脊，故腰痛刺足陽明郄中出血也。腰痛上寒，刺足太陽、陽明；上熱，刺足厥陰；不可以俯仰，刺足少陽；中熱如喘，刺足少陰，刺郄中出血。腰痛上熱，補當腰足太陽、足陽明脈。腰痛上寒，瀉當腰足厥陰脈。足少陽主機關，不可俯仰，取足少陽。腰痛中熱□如喘氣動，可取足少陰郄中出血也。腰痛引少腹控䏚，不可仰，刺腰尻交者兩胂上，以月生死爲痏數，發針立已。䏚，以沼反。胂，脊骨兩箱肉也。腰痛痛上寒，取足太陽；痛上熱，取足厥陰；不可以俯仰，取足太陽；中熱而喘，取足少陰、膕中血絡。前腰痛，刺郄中，此刺膕中也。

《甲乙經・腎小腸受病發腹脹腰痛引背少腹控睾》 足太陽脈令人腰痛，引項脊尻，背如腫狀，刺其郄中太陽正經去血，春無見血。

少陽令人腰痛，如以針刺其皮中，循循然不可俯仰，不可以左右顧，刺少陽（盛）〔成〕骨之端出血，（盛）〔成〕骨在膝外廉之骨獨起者，夏無見血。

陽明令人腰痛，不可以顧，顧如有見者，善悲，刺陽明於胻前三痏，上下和之出血，秋無見血。

足少陰令人腰痛，痛引脊內廉，刺足少陰於內踝上二痏，春無見血，若出血太多，虛不可復。

厥陰之脈令人腰痛，腰中如張弓弩絃，刺厥陰之脈，在腨踵魚腹之外，循纍纍然乃刺之，其病令人善言，默默然不慧，刺之三痏。

解脈令人腰痛，痛引肩，目睆睆然，時遺溲，刺解脈在膝筋分肉間，在郄外廉之橫脈出血，血變而止。

同陰之脈，令人腰痛，腰如小錘居其中，怫然腫，刺同陰之脈，在外踝上絶骨之端，爲三痏。

解脈令人腰痛如裂，常如折腰之狀，善怒，刺解脈，在郄中結絡如黍米，刺之血射以黑，見赤血乃已。

陽維之脈，令人腰痛，痛上怫然腫，刺陽維之脈，脈與太陽合腨下間，去地一尺所。

衡絡之脈，令人腰痛，得俯不得仰，仰則恐仆，相之舉重傷腰，衡絡絶傷，惡血歸之，刺之在郄陽之筋間，上郄數寸，衡居爲二痏出血。

會陰之脈令人腰痛，痛上濈然汗出，汗乾令人欲飲，飲已欲走，刺直陽之脈上三痏，在蹻上郄下三所橫居，視其盛者出血。

飛陽之脈令人腰痛，痛上怫然，甚則悲以恐，刺飛陽之脈，在內踝上二寸，少陰之前與陰維之會。昌陽之脈令人腰痛，痛引膺，目睆睆然，甚則反折，舌卷不能言，刺內筋爲二痏，在內踝上大筋後，上踝一寸所。

散脈令人腰痛而熱，熱甚而煩，腰下如有橫木居其中，甚則遺溲，刺散脈在膝前骨肉分間，絡外廉束脈爲三痏。

肉里之脈令人腰痛，不可以欬，欬則筋攣，刺肉里之脈爲二痏，在太陽之外，少陽絶骨之端。

腰痛俠脊而痛，至頭几几然，目睆睆欲僵仆，刺足太陽郄中出血。腰痛引少腹控䏚，不可以仰，刺尻交者，兩踝胂上以月死生爲痏數，發針立已。腰痛上寒，取足太陽、陽明。痛上熱，取足厥陰。不可以俯仰，取足少陽。中熱而喘，取足少陰，郄中血絡。腰痛上寒，實則脊急強，長強主之。小腹痛控睾

引腰脊疝痛，上衝心，腰脊強，溺黃赤，口乾，小腸俞主之。腰脊痛強引背少腹，俯仰難，不得仰息，腳痿重，尻不舉，溺赤，腰以下至足清不仁，不可以坐起，膀胱俞主之。腰痛不可以俯仰，中膂內俞主之。腰足痛而清，善傴，睾跳拳，上窌主之。腰痛怏怏不可以俯仰，腰以下至足不仁，入脊，腰背寒，次窌主之，先取缺盆，後取尾骶與八窌。腰痛大便難，飧泄，腰尻中寒，中窌主之。腰痛脊急，脇中滿，小腹堅急，志室主之。腰脊痛，惡風少腹滿堅，癃閉下重，不得小便，胞肓主之。腰痛骶寒，俯仰急難，陰痛下重，不得小便，秩邊主之。腰痛控睾，小腹及股，卒俯不得仰，刺氣街。腰痛不得轉側，章門主之。腰痛不可以久立俯仰，京門及行間主之。腰痛少腹痛，下窌主之。腎腰痛，不可俯仰，陰陵泉主之。腰痛少腹滿，小便不利如癃，狀羸瘦，意恐懼，氣不足，腹中怏怏，太衝主之。腰痛少腹痛，陰包主之。腰痛大便難，湧泉主之。腰脊相引如解，實則閉癃，淒淒腰脊痛宛轉，目循循嗜臥，口中熱，虛則腰痛，寒厥煩心悶，大鍾主之。腰痛引脊內廉，復溜主之，春無見血，若太多，虛不可復，是前足少陰痛也。腰痛不能舉足，少坐，若下車躓地，脛中矯矯然，申脈主之。腰痛如小錘居其中，怫然腫痛，不可以欬，欬則筋縮急，諸節痛，上下無常，寒熱，陽輔主之。腰痛不可舉，足跟中踝後痛，腳痿，僕參主之。腰痛俠脊至頭，几几然目䀮䀮，委中主之。腰痛得俯不得仰，仰則恐仆，得之舉重，惡血歸之，殷門主之。腰脊痛，尻脊股臀陰寒大痛，虛則血動，實則并熱痛，痔痛，尻脽中腫，大便直出，扶承主之。

《肘後方·治卒患腰痛脇諸方第三十二》 又方：灸腰眼中七壯。

腎腰者猶如反腰忽轉而惋之。

治脇卒痛如打方：以繩橫度兩乳中間，屈繩從乳橫度以趨痛脇下，灸繩下屈處三十壯便愈，此本在雜治中。

《千金要方·腎臟·骨極》 腰背不便，筋攣痺縮，虛熱閉塞，灸第二十一椎兩邊相去各一寸五分，隨年壯。

《千金要方·腎臟·腰痛》 腰腎痛，宜針決膝腰句畫中青赤絡脈，出血便差。

腰痛不得俯仰者，令患人正立，以竹柱地度至臍，斷竹乃以度度背脊，灸竹上頭處，隨年壯，灸訖，藏竹勿令人得知。

腰痛，灸腳跟上橫文中白肉際，十壯良；又，灸足巨陽七壯，巨陽在外踝下。又，灸腰目窌七壯，在尻上約，左右是。又，灸八窌及外踝上骨約中。腰卒痛，灸窮骨上一寸七壯，左右一寸，各灸七壯。

《千金要方·針灸下·四肢》 腰脊病：

神道、谷中、腰俞、長強、大杼、膈關、水分、脾俞、小腸俞、膀胱俞，主腰脊急強。

腰俞、長強、膀胱俞、氣衝、上窌、下窌、居髎，主腰痛。

小腸俞、中胆俞、白環俞，主腰脊疝痛。

次窌，主腰下至足不仁。

次窌、胞肓、承筋，主腰脊痛惡寒。

志室、京門，主腰痛脊急。

三里、陰市、陽輔、蠡溝，主腰痛不可以顧。

束骨、飛揚、承筋，主腰痛如折。

申脈、太衝、陽蹻，主腰痛不能舉。

崑崙，主脊強背尻骨重。

合陽，主腰脊痛引腹。

委中，主腰痛俠脊至頭几几然，凡腰腳重痛，於此刺出血，久固宿疹，亦皆立已。

委陽、殷門、太白、陰陵泉、行間，主腰痛不可俯仰。

扶承，主腰脊尻臀股陰寒痛。

涌泉，主腰脊相引如解。

大鍾，主腰脊痛。

陰谷，主脊內廉痛。

陽輔，主腰痛如錘居中，腫痛不可以欬，欬則筋縮急，諸節痛，上下無常，寒熱。

附分，主背痛引頭。

膈關、秩邊、京骨，主背惡寒痛脊強，難以俯仰。

京門、石關，主脊痓反折。

《千金翼方·針灸中·腎病》 腰卒痛，去窮骨上一寸，灸七壯。

腎俞，主五藏虛勞，少腹弦急脹熱，灸五十壯，老小損之。若虛冷可至百壯，橫三間寸灸之。腰痛不得動者，令病人正立，以竹杖拄地度至臍，取杖度

背脊，灸杖頭處，隨年壯，良，灸訖，藏竹杖勿令人得之。丈夫痔下血脫肛，不食，長洩痢，婦人崩中去血，帶下淋露去赤白雜汁，皆灸之。此俠兩傍各一寸橫三間寸灸之。腰痛灸足跟上斜文中白肉際十壯。

又灸巨陽十壯，巨陽在外踝下。

又灸腰目窌，在尻上約左右是。

又灸八窌及外踝上骨約中。

《醫心方·治腎腰方》引范汪方　又方：灸足跟白肉際三壯。又方：灸腰目十莊。

《本事方·心小腸脾胃病》戊戌年八月，淮南大水，城下浸灌者連月。予忽臟腑不調，腹中如水吼，數日調治得愈，自此腰痛不可屈折，雖頮面亦相妨，服徧藥不效，如是凡三月。予後思之，此必水氣陰盛，腎經感此而得，乃灸腎腧三七壯，服此藥差。

《聖濟總録·治腰痛灸刺法》　腰痛之病，皆本於腎，蓋腎病者俞在腰脊也。諸經各有腰痛不同，當隨證治之。凡腰痛引項脊尻背如重狀者，病在足太陽脈也，刺其郄中正經出血，春無見血。委中穴也。腰痛如以針刺其皮，不可俯仰，不可以顧者，刺少陽成骨之端出血，夏無見血。成骨在膝外廉之骨獨起者。腰痛不可以顧，顧如有見，善悲者，病在陽明也，刺陽明於䯒前三痏，上下和之出血，秋無見血。三里穴也。腰痛引脊內廉者，屬少陰，刺內踝上二痏，春無見血，出血太多，則不可復。復溜穴也。腰痛，腰中如張弓弩弦者，屬厥陰，刺腨踵魚腹之外，循之累累然，乃刺之。蠡溝穴也。腰痛引肩，目晾晾然，時遺溲者，病在解脈，刺膝筋肉分間，郄之外廉，出血，血變而止。亦太陽之郄也。腰痛如引帶，常如折腰狀，善恐者，亦解脈病也，刺郄中結絡如黍粟，刺之血射以黑，見赤血而止。委中穴也。痛如以小錘居其中，怫然腫者，病在同陰之脈，刺絕骨之端，爲三痏。陽輔穴也。腰痛，痛上怫然腫者，屬陽維之脈，刺腨下，去地一尺所。承山穴也。腰痛不可以俯仰，仰則恐仆，得之舉重傷腰衡絡，絕血歸之，刺郄陽筋之間，上郄數寸衡居，爲二痏。委陽穴也。腰痛，痛上漯漯然汗出，汗乾令人欲飲，飲已欲走者，屬會陰之脈，刺蹻上郄下五寸橫居，視其盛者出血。承筋穴也。腰痛痛上怫怫然，甚則悲以恐者，病屬飛陽之脈也，刺內踝上五寸，少陰之前，與陰維之會。復溜及築賓穴。痛，痛引膺，目晾晾然，甚者反折，舌不能言者，病在昌陽之脈，刺內踝上大筋前，太陰後，上踝二寸所。交信穴也。腰痛而熱，熱甚生煩，腰下如有橫木居其中，甚則遺溲者，病在散脈，刺膝前骨肉分間，絡外廉束脈，爲三痏。地機穴也。腰痛不可以咳，咳則筋縮急者，病在肉里之脈，刺太陽外少陽絕骨之後，爲二痏。分肉穴也。腰痛俠脊而痛至頭几几然，目晾晾欲僵仆，刺郄中出血。腰痛上寒，刺足太陽、陽明，上熱刺足厥陰，中熱而喘，刺足少陰，刺郄中出血。腰痛上寒不可顧，刺足陽明，大便難，刺足少陰。少腹滿，刺足厥陰，如折，不可以俯仰，不可舉，刺足太陽。痛引少腹控䏚，不可以仰，刺腰尻交者，兩髁胂上，以月死生爲痏數，發針立已，左取右，右取左，此治腰痛之法也。

《扁鵲心書·附竇材灸法》　寒濕腰痛，灸腰俞穴五十壯。

腰足不仁，行步少力，乃房勞損腎，以致骨痿，急灸關元五百壯。

《扁鵲心書·腰痛》

老年腎氣衰，又兼風寒客之，腰髖髀作痛，醫作風痹走痛，治用宣風散、趁痛丸，重竭眞氣，誤人甚多。正法：服薑附湯，散寒邪，或全眞丹。灸關元百壯，則腎自堅牢，永不作痛，須服金液丹以壯元陽，至老年不發。

《素問病機氣宜保命集·流注針法》　腰痛：身之前，足陽明原穴。衝陽。身之後，足太陽原穴。京骨。身之側，足少陽原穴。丘墟。

《素問病機氣宜保命集·針之最要》　腰痛不可忍，針崑崙及刺委中出血。

《針灸資生經·腰脚痛》　凡腰脚重痛，刺委中出血，久固宿疹，亦皆立已。次窌，主腰下至足不仁。陰市，療腰脚如冷水。承山，治腰背痛，脚腨重，戰慄不能立，脚氣，膝下腫。申脈，治腰痛，不能舉體，足䯒寒，不能久立，坐如在舟車中。崑崙，治腰尻痛。足腨腫，不得履地。下崑崙，療腰疼，偏風半身不遂，脚重痛，不得履地。膀胱俞，療腰足不仁。僕參，療腰痛不可舉。承山，下重脚痿。地機，療腰痛不可俯仰，足痹痛，屈伸難。風市，療冷痹，脚脛麻，腿膝酸痛，腰尻重，起坐難。承山，療脚腨酸痛，不能久立，腰膝重，起坐難，筋攣急，不可屈伸。張仲文療腰重痛，不可轉，起坐難，及冷痹脚筋攣，不可屈伸，灸曲踿兩文頭，左右脚四處，各三壯，每灸一脚，二火齊下，燒纔到肉，初覺痛，便用二人兩邊齊吹，至火滅，午時著艾，至人定，自行動藏府一兩回，或藏府轉如雷聲，立愈，神效。上廉，治腰腿手足不仁。陽輔，治腰溶溶如坐水中，膝下膚腫筋攣，諸節盡痛無常處，腋腫，瘻馬刀，喉痹，膝䯒痠，風

痹不仁。陰交，治腰膝拘攣。仁壽宮備身患腳，奉敕針環跳、陽陵泉、巨虛下廉、陽輔，即起行。大理趙卿患風，腰腳不隨，不得跪起，針上窌、環跳、陽陵泉、巨虛下廉，各二穴，即得跪起。治冷痹脛膝痛，腰足攣急，足冷氣上，不能久立，手足沉重，日覺羸瘦，此名復連病，宜灸懸鍾，一灸即愈。

《針灸資生經·腰脊痛》 委中，主腰痛，夾脊至頭几几然。凡腰腳重痛，於此刺出血，久痼宿疹，亦皆立已。大鍾，主腰脊痛。小腸俞、中膂俞、白環俞，主腰脊疝痛。次窌、胞肓、承筋，主腰脊痛，惡寒。合陽，主腰脊痛引腹。承扶，主腰脊尻臀股陰寒痛。湧泉，主腰脊相引如解。志室、京門，主腰痛脊急。脾俞、小腸俞、膀胱俞、腰俞、神道、谷中、長強、大杼、鬲關、水分，主腰脊急強。腰俞，療腰髖疼，腰脊強，不得轉。白環俞，療腰脊攣痛，大小便不利，百病腰髖疼不遂，腰中冷，不識眠睡，《下》云：療腰脊急強，不能俯仰，起坐難，手足不仁，小便黃，腰尻重不舉。志室、胞肓，療腰脊痛急，食不消，腹堅急。膀胱俞，療脊急強，腰至足酸重。神堂，療腰脊急強，逆氣上攻，時噎。大鍾，治腰脊強痛。志室，治腰脊強痛，食飲不消，腹堅急。京骨、中膂俞，治腰脊不得俯仰。《明下》云：療腰痛不可俯仰，夾脊膂痛，上下按之應者，從項後至此穴皆灸之，立愈。復溜，治腰脊內引痛。不得俯仰起坐，目䀮䀮，善怒多言，舌乾涎自出，足痿不收履，䯒寒不自溫。京骨，治筋攣䯒酸，髀樞痛，頸項強，腰脊不可俯仰。委中，治腰俠脊沉沉然，遺溺，腰重不能舉體，風痹，髀樞痛，可出血，痼疹皆愈。又云：熱病汗不出，足熱厥逆滿，膝不得屈伸，取其經血立愈。合陽，治腰脊強，引腹痛，陰股熱。膝䯒痠重，履步難。承扶，治腰脊相引如解。殷門，治腰脊不可俯仰，舉重，惡血注之，股外腫。章門、次髎，治腰脊痛不得轉。懸樞，治腰脊強，不得屈伸。三焦俞，治肩背急，腰脊強，不得俯仰。膀胱俞，治腰脊痛。白環俞，治腰脊攣痛，大小便不利，腰髖疼，腳膝不遂，溫瘧，腰脊冷疼，不得安卧，勞損風虛。

《針灸資生經·腰痛》 陰包，治腰尻引小腹痛，《明下》云：腰痛連小腹腫，小便不利。遺溺不禁。居髎，治腰引小腹痛。胞肓，治腰痛惡寒，小腹堅急，癃閉重，不得小便，澀痛，腰背卒痛。秩邊，治腰痛不能俯仰，小便赤澀，腰尻重不能舉。委中，治腰重不舉體。白環俞，治腰髖疼，腳膝不遂。肩井，治因撲傷腰髖疼。腰俞，治腰髖疼，脊強不得轉。命門，主腰腹相引痛。肺俞，治腰背強痛。陰陵泉、大腸俞，治腰痛。下髎，治腰痛不得轉側。陽輔，治腰如坐水。《明下》：陰市，療腰如冷水。陰市，療腰腳如冷水。涌泉，治腰痛大便難。京門，治腰痛不得俯仰，寒熱䐜脹，引背不得息。肝俞，療腰痛肩疼。腎俞、氣海俞、中膂俞，療腰痛。關元俞、膀胱俞，療風勞腰痛。胞肓，療惡氣腰背卒痛。《下》云：腰痛不可忍，俯仰難，惡寒，小便澀。崑崙，療腰尻重不欲起，俯仰難，惡聞人音。風市，療腰尻重，起難。腎俞，療腰痛不可俯仰，轉側難。腰俞，療腰疼不能久立，腰已下至足不仁，坐起難，腰脊急強，不可俯仰，腰重如石，難舉動。張仲文灸腰痛，四支寒熱，腰疼不得俯仰，身黃腹滿食嘔，舌根直，灸第十一椎上及左右各一寸五分，三處各七壯。腰俞、膀胱俞、長強、氣衝、上窌、下窌、居髎，主腰痛。三里、陰市、陽輔、蠡溝，主腰痛不可顧。申脈、太衝、陽蹻，主腰痛不能舉。委陽、殷門、太白、陰陵泉、行間，主腰痛不可俯仰。《甲》云：委陽、殷門，主腰痛得俯不得仰。束骨、飛揚、承筋，主腰痛如折。陽輔主腰痛如錘居中，腫痛不可咳，咳則筋縮急，諸節痛上下無常，寒熱。湧泉主腰痛大便難。京門，主腰痛不可久立。腰臀痛，宜針決膝腰句畫中青赤路脈，出血便差。腰痛不得俯仰者，令患人正立，以竹拄地，度至臍，斷竹，乃以度度背脊，灸竹上頭處隨年壯，灸訖，藏竹，勿令人得知。腰痛灸腳跟上橫文中白肉際十壯良，又灸足巨陽七壯，巨陽在外踝下。又灸腰目窌七壯，在尻上約左右是。又灸八窌及外踝上骨約中。腰卒痛，灸窮骨上一寸七壯，左右一寸，各灸七壯。腰脊痛，灸小腸俞五十壯。腰背痛，灸三焦俞隨年。

有婦人久病而腰甚疼，腰眼忌灸，醫以針置火中令熱，謬刺痛處，初不深入，既而疼止，則知火不負人之說猶信云。

許知可因淮南大水，忽腹中如水吼，調治得愈，自此腰痛不可屈伸，思之，此必腎經感水氣而得，乃灸腎俞三七壯，服麋茸元愈。予謂腰痛不可屈伸，灸腎俞自效，不服麋茸元亦可。

舍弟腰疼，出入甚艱，予用火針微微頻刺腎俞，則行履如故。初不灸也，屢有人腰背傴僂來覓點灸，予意其是筋病使然，爲點陽陵泉令歸灸即愈，筋會陽陵泉也，然則腰疼又不可專泥腎俞，不灸其他穴也。

風池，治腰傴僂引項筋無力不收。肺俞，治腰強。束骨，治腰如折，腨如結，耳聾，惡風寒，目眩，項不可顧，目內眥赤爛。白環俞，治腰脊攣痛。

《儒門事親·腰胯痛》 戴人女僮，冬間自途來，面赤如火，至㶏陽病腰胯

大痛，裏急後重，痛則見鬼神。戴人曰：此少陽經也，在身則爲相火，使服舟車丸、通經散，瀉至數盆，病猶未瘥，人皆怪之，以爲有祟。戴人大怒曰：驢鬼也。復令調胃承氣湯二兩，加牽牛頭末一兩，同煎服之，大過數十行，約一二缶，方拾其杖策，但發渴。戴人恣其飲水、西瓜、梨、柿等。戴人曰：凡治火莫如水，水，天地之至陰也，約飲水一二桶，猶覺微痛。戴人乃刺其陽陵穴，以伸其滯，足少陽膽經之穴也，自是方寧。女僮自言此病，每一歲須瀉至五七次，今年不曾瀉，故如是也。常仲明悟其言，以身有濕病，故一歲亦瀉十餘行，病始已，此可與智者言，難與愚者論也。

《直指方・腰・腰疼證治》　針灸法：腎俞二穴。【略】

一法：令患人正立，用竹杖度臍，點記，度背，盡處，灸隨年壯。

《衛生寶鑑・灸腰痛法》　腎俞二穴，在十四椎下兩傍各寸半陷中，灸五壯。主腰痛不可俯仰，轉側難，身寒熱，食倍多，身羸瘦，面黄黑，目睆睆。又主丈夫、婦人冷積氣勞病。

中膂俞二穴，在十一椎下兩傍各寸半，灸五壯。主腰痛不可俯仰，夾脊膂痛，上下按之應手者，從項後始，至此穴，痛皆灸之，立愈也。

腰俞一穴，在二十一椎節下間陷中，灸五壯。主腰疼不能久立，腰已下至足，冷不仁，起坐難，腰脊痛不能立，急強不得俯，腰重如石，難舉動也。

張仲文傳神仙灸法，療腰重痛不可轉側，起坐難，及冷痺腳筋攣急，不可轉側屈伸。灸曲瞅兩文頭，左右腳四處，各三壯，每灸一腳，二火齊下，艾炷到肉，初覺疼痛，用二人兩邊齊吹，至火滅，午時著灸。人定已來，臟腑自動一兩行，或轉動如雷聲，其疾立愈。此法神效，卒不可量也。

《針經摘英集・治病直刺訣》　治忽然氣滯，腰疼不可俯仰，刺足太陽絡神關二穴，在背俞部第十四椎下，兩傍相去各三寸，用毫針針入五分，得氣即瀉，即志室也，次針足厥陰經行間二穴。今附久虛人腰痛，刺而復發者，腰重不能舉體，刺足太陽經委中二穴，在膕中央約文中動脈，取經血而愈。

凡腰痛刺之不已者，刺八髎穴而愈。在腰尻分間。乃上下髎是也，穴具《銅人》。

治腰背俱疼不可忍，刺足少陽經風池二穴，次針手陽明經合谷二穴，次足太陽經崑崙二穴，在足外踝後跟骨上陷中，針入五分。凡痛勿便攻之，先以正痛處針之，穴名天應穴，針名決痛針，針訖，以手重按撚之，而隨經刺穴即愈，謂痛撚之，發散榮衛流行，刺之速愈也。

治腎虛腰痛久不已，刺足少陽經肩井二穴，次針足太陽經腎俞二穴，在背俞部第十四椎下兩傍，相去各一寸五分，與臍平，針入五分，留七呼，可灸，以年爲壯。

治腰脊内引痛，不得屈伸，近上痛者，刺手陽明經合谷二穴，近下痛者，刺足太陽經崑崙二穴，次刺足少陰經伏白二穴，在足内踝上二寸陷中，針入三分，留三呼，灸三壯。

治腰胯疼痛不得轉側，刺足少陽經環跳二穴，在髀樞中，側卧，伸下足屈上足取之，用長針針入一寸。次針丘墟二穴，在足外踝下如前陷中，去臨泣穴三寸，針入五分，留三呼，灸三壯。

治閃著腰疼，錯出氣腰疼，及本藏氣虛，以圓利針刺任脈氣海一穴，肥人針入一寸，瘦人針入五分，三補三瀉，令人覺臍上或臍下，滿腹生痛，停針，候二十五息，左手重按其穴，右手進針三息，又停針二十五息，依前進針，令人覺從外腎熱氣上入小腹滿肚，出針，神妙。

《扁鵲神應針灸玉龍經・盤石金直刺秘傳》　腰背雜證：人中、委中。

腎虛腰疼：腎俞、灸。委中。

氣攻腰背脊疼：肩井、委中。

腰胯疼痛，轉側難：痛則補曲池，瀉環跳，痳木則瀉曲池，補環跳。

腰膂反折，強疼連兩臂，或風勞氣：人中、肩井。

風濕相搏，脊膂連腰強痛：痛則灸筋縮，痳木補肩井。

五種腰疼：尺澤。

腰股癱瘓痛：内痛針血海，外疼針風市。

《世醫得效方・腰痛》　針灸法：腰背痛，針決膝腰勾畫中青赤絡脈，出血便差。腰痛不得俯仰者，令患人正立，以竹拄地，度之臍，斷竹，乃度背，灸竹上頭處，隨年壯，灸訖，藏竹，勿令人知。灸腎俞穴亦可。

《普濟方・針灸門・風勞》　治風勞，腰脊痛，穴：膀胱俞。

治風勞腰痛，穴：膀胱俞、關元。

《普濟方・針灸門・腰脚痛》　治腰下至足不仁，穴：次窌。

療腰腳如冷冰，穴：陰市。

治腰背痛，腳腨重，戰慄不能立，腳氣膝下腫，穴：承山。

治腰痛不能舉體，足骱寒不能久立，坐如在舟車中，穴：申脈。

治腰尻痛，足腨腫，不得履地，穴：崑崙。

療腰疼，偏風半身不遂，腳腫疼，不得履地，穴：崑崙。

療腰腳不仁，穴：膀胱俞。

療腳痛不可舉，下重腳痿，穴：僕參、承山。

療腰痛不可俯仰，足痺痛，屈伸難，穴：地機。

療冷痺，腳脛麻，腿膝疼痛，腰尻腫，起坐難，穴：風市。

療腳腨痠疼，不能久立，腰膝重起坐難，筋攣急不可屈伸，穴：承山。

張仲文療腰重不可轉，起坐難，及冷痺腳筋攣不可屈伸，灸曲脷兩文頭，左右腳四處，各三壯，每灸一腳，二火齊下，燒纔到肉，初覺痛，便用二人兩邊齊吹至火滅，午時著艾，至人定亥時，自行動臟腑一兩回，或臟腑轉如雷鳴，立愈，神效。

治腰腿手足不仁，穴：上廉。

治腰溶溶如坐水中，膝下膚腫筋攣，諸節盡痛無常處，腋腫，痿癖，馬刀，喉痺，膝骱疼，風痺不仁，穴：陽輔。

治腰膝拘攣，穴：陰交。

治患腳，穴：環跳、陽陵泉、巨虛下廉、陽輔。

治患風，腰腳不隨，不得跪起，穴：上窌、環跳、陽陵泉、巨虛下廉。

治冷痺脛膝疼，腳足攣急，足冷氣上，不能久立，手足沉重，日覺羸瘦，此名復連病，宜灸此穴，即愈，能跪起，穴：懸鍾、下廉。

治足踒躄不能行，穴：地倉、太泉。

《普濟方·針灸門·腰痛》法：治腰引小腹痛，穴：居髎。

治腰痛惡寒，小腹堅結，癃閉不得小便，泄痢，腰背卒痛，穴：胞肓。

治腰痛不能俯仰，小便赤澀，腰尻重不能舉，穴：秩邊。

治腰重不能舉體，穴：委中。

治腰髖疼，腳膝不遂，穴：白環俞。

治因撲傷腰髖疼，穴：肩井。

療風勞腰痛，穴：關元俞、膀胱俞。

療惡氣，腰背卒痛，又云：腰痛不可忍，俯仰難，惡寒，小便澀，穴：胞肓。

療腰尻重，不欲起，俯仰難，惡聞人聲，穴：崑崙。

治腰尻重，起難，穴：風市。

療腰痛不可俯仰，轉側難，穴：腎俞。

療腰痛不能久立，腰已下至足不仁，坐起難，腰脊急強，不可俯仰，腰重如石，難舉動，穴：腰俞。

治四肢寒熱，腰疼不得俯仰，身黃腹滿，食嘔，舌根直，灸第十一椎上，及左右各一寸五分三處，各七壯。

治腰髖疼脊強，不得轉，穴：腰俞。

治腰腹相引痛，穴：命門。

治腰背強痛，穴：肺俞。

治腰痛，穴：陰陵泉、大腸俞。

治腰痛不得轉側，穴：下髎。

治腰如坐水中，穴：陽輔。

治腰痛，大便難，穴：湧泉。

治腰痛不得俯仰，寒熱腹脹引背不得息，穴：京門。

療腰痛肩寒，穴：肝俞。

療腰痛，穴：腎俞、氣海俞、中膂俞。

治腰痛，穴：腰俞、膀胱俞、長強、氣衝、上窌、下窌、居髎。

治腰痛不可顧，穴：三里、陰市、陽輔、蠡溝。

治腰痛如錘居中，腫痛不可咳，咳則筋縮急，諸節痛上下無常，寒熱，穴：陽輔。

治腰痛 不能舉，穴：申脈、太衝、陽蹻。

治腰痛不可俯仰，又治腰痛得俯不得仰，穴：委陽、殷門、太白、陰陵泉、行間。

治腰痛得俯不得仰，穴：委陽、殷門。

治腰痛如折，穴：束骨、飛陽、承筋。

治腰痛，大便難，穴：湧泉。

治腰痛不可久立，穴：京門。

治腰痛不得俯仰，穴：氣衝。

治腰背痛，穴：宜針決膝腰勾畫中青赤絡脈出血，便差。

治腰痛不得俯仰者，令患人正立，於竹柱地度至臍，斷竹，乃以度背脊，灸竹上頭處，隨年壯，灸訖，藏竹，勿令人得知。

治腰痛，灸腳根上横文中白肉際，十壯良，又灸足巨陽七壯，又灸腰目窌七壯，在尻上約，左右是，又灸八窌，及外踝上骨約中。

治腰卒痛，灸窮骨上一寸七壯，左右一寸各灸七壯。

治腰脊痛，灸小腸俞，五十壯。

治腰背痛，灸三焦俞，隨年壯。

治腰傴僂引項筋，無力不收，穴：風池。

治腰強，穴：肺俞。

治腰如折，腨如結，耳聾，惡風寒，目眩，項不可顧，目内眥赤爛，穴：束骨。

治腰脊攣痛，穴：白環俞。

治腰痛不得反側，穴：章門。

治腰痛不得已者，灸白環俞二穴，又灸腰目窌七壯。

治腰痛控睾，少腹及股卒不得俯仰，刺氣衝。

治忽然氣滯，腰痛不可俯仰，刺足太陽絡神道二穴，次針足厥陰經行間二穴。

治久虚人腰痛，刺而復發者，腰重不能舉體，取經血而愈，刺足太陽經委中二穴。

治凡腰痛，刺之不已者，刺八髎穴而愈。

治腰背俱疼不可忍，刺足少陽經風池二穴，次針手陽明經合谷二穴，次針足太陽經崑崙二穴。

治腎虚腰痛久不已，刺足少陽經肩井二穴，次針足太陽經腎俞二穴。

治腰脊内引痛不得屈伸，近上痛者，刺手陽明經合谷二穴。

治腰脊内引痛，不得屈伸，近下痛者，刺足太陽經崑崙二穴，又刺足少陰經復溜穴。

治脊強反折，刺督脈瘂門一穴，應時立愈。

治腰胯疼痛，不得轉側，刺足少陽經環跳二穴，次針丘墟二穴。

治閃着腰疼，錯出氣腰疼，及本臟氣虚，刺任脈氣海一穴，以圓利針，刺肥人針入一寸，瘦人針入五分，三補三瀉，令人覺臍上或臍下滿腹生痛，停針，候二十五息，左手重按其穴，右手進針三息，又停針二十五息，依前進針，令人覺從外腎熱氣上入小腹滿肚，出針神效。

治腰疼寸步難移者，端正齊足立地，以杖子一條，當前就地量至肚臍住，以杖子再量至脊背後，杖盡住，當脊兩邊約一寸，三處齊灸，每處三下，除根也。

治反腰有血痛，腎腰者，猶如反腰，忽轉而俛之，灸腰眼中七壯。

治腰痛不可俯仰，轉側難，身寒熱，食倍多，身羸瘦，面黄黑，目䀮䀮，及治丈夫，婦人積冷氣勞病，穴：腎俞。

治腰痛不可俯仰，夾脊膂痛上下按之應者，從項後，至此穴，皆灸之，立愈也，穴：中膂俞。

《滄寮方》云：徐熙字秋夫，不知何郡人，時爲射陽令，少善醫方，名聞海内。嘗夜聞有鬼呻吟聲，甚悽苦，秋夫曰：汝是鬼，何所泣。答曰：我姓解名斯，家在東陽，患腰痛而死，雖爲鬼，而疼痛不可忍，聞君善術，願相救濟。秋夫曰：汝是鬼而無形容，何可措治？鬼曰：君但縛芻爲人，索孔穴針之。秋夫如其言，爲針腰眼四處，又針肩井二處，設祭而埋之。明旦，一人來謝曰，蒙君醫療，復爲設祭，病除饑解，感惠實深。忽然不見。當代稱其通靈長子道度，次子叔嚮，皆精其術焉。

治腰尻引小腹痛，遺尿不禁，穴：陰包。

治腰如冷水，穴：陰市。

治腰尻腫，腨跟腫，穴：崑崙。

治腹疾腰痛，膀胱寒澼飲，注下，灸下極俞，隨年壯。

《玉機微義·腰痛門·論腰痛宜刺》 經云：腰痛上寒不可顧，取足太陰、陽明；腰痛上熱，取足厥陰；不可以俯仰，刺足少陽。東垣云：蓋足之三陽，從頭走足；足之三陰，從足入腹。經所過處，皆能爲痛。治之者當審其何經所過分野，循其空穴而刺之，審其寒熱而藥之。假令足太陽令人腰痛，引項脊尻背如重狀，刺其郄中太陽(二)[正]經出血，餘皆倣此。

本篇論刺法甚詳，宜玩本文。然太陽腰痛，刺委中出血效速，王注經中更言灸，疑誤。灸者，宜腎俞、腰俞穴。

《神應經·胸背脅部》 腰背強直不能轉側：腰俞、肺俞。

腰脊痛楚：委中、復溜。

腰背傴僂：風池、肺俞。
背拘急：經渠。
肩背相引：二間、商陽、委中、崑崙。
偏脇背痛痺：魚際、委中。
背痛：經渠、丘墟、魚際、崑崙、京骨。
脊膂強痛：委中。
腰背俱疼難轉：天牖、風池、合谷、崑崙。
脊內牽疼，不能屈伸：合谷、復溜、崑崙。
脊強渾身痛，不能轉側：瘂門。

《神應經·手足腰腋部》 腰痛：肩井、環跳、陰市、三里、委中、承山、陽輔、崑崙。
腰痛難動：風市、委中、行間。
腰腿如水：陰市。
挫閃腰疼，脇肋痛：尺澤、曲池、合谷、手三里、陰陵、陰交、行間、足三里。
腰脊強痛：腰俞、委中、湧泉、小腸俞、膀胱俞。
腰腳痛：環跳、風市、陰市、委中、承山、崑崙、申脈。
腿膝痠疼：環跳、陽陵、丘墟。
股膝內痛：委中、三里、三陰交。
腳膝痛：委中、三里、曲泉、陽陵、風市、崑崙、解谿。
膝胻股腫：委中、三里、陽輔、解谿、承山。
腰如坐水：陽輔。
風痺，腳胻麻木：環跳、風市。
足痲痺：環跳、陰陵、陽陵、陽輔、太谿、至陰。
髀樞痛：環跳、陽陵、丘墟。
渾身戰掉，胻痠：承山、金門。
足胻寒：復溜、申脈、厲兌。
足攣：腎俞、陽陵、陽輔、絕骨。
諸節皆痛：陽輔。
兩膝紅腫疼：膝關、委中、三里、陰市。
穿跟草鞋風：崑崙、丘墟、商丘、照海。
腰痛不能久立，腿膝脛痠重及四肢不舉：跗陽。【略】
腰痛不能舉：僕參。二穴，在跟骨下陷中，拱足取之，灸三壯。

《針灸聚英·雜病》 腰痛
氣虛、血虛、腎病、風濕、濕熱、瘀、寒氣、滯，血滯於下，委中出血，灸腎俞、崑崙，又用附子尖、烏頭尖、南星、麝香、雄黃、樟腦、丁香，煉蜜丸，姜汁化開成膏，放手內烘熱，摩之。

《針灸聚英·玉機微義針灸證治》 腰痛
東垣曰：經云：腰痛上寒不可顧，取足太陽、陽明；腰痛上熱，取足厥陰；不可俯仰，取足少陽。蓋足之三陽，從頭走足，足之三陰，從足入腹，經所過處，皆能爲痛，治之者，當審其何經所過分野，循其孔穴而刺之，審其寒熱而藥之。假令足太陽令人腰痛，引項脊尻背如重狀，刺其郄中太陽正經出血，餘皆倣此。劉氏曰：王注經中言灸，疑誤，灸者宜腎俞、腰俞。《寶鑑》云：灸曲脷下兩紋頭，左右腳四處，各三壯，每灸一腳，二火齊下，午時著灸，人定以來，臟腑自動一兩行或轉動如雷聲，立愈。

《針灸聚英·雜病歌》 腰痛不能舉僕參，二穴跟骨下陷尋，拱足取之三壯灸，指日可保病不侵。膝以上病灸環跳，再兼一穴風市療。膝下病者灸犢鼻，膝關三里陽陵效。足踝上灸三陰交，絕骨崑崙三穴高。足踝以下灸照海，再兼申脈病絕苗。假如腿痛眞骨康，腳氣風市或五壯，或五十壯百壯灸，次及伏兔針爲藏。針止三分切忌灸，三四犢鼻膝眼當，地五三里百壯灸，數至第六上廉央，惟有第七今已闕，終至第八絕骨良。腳筋轉時不可忍，宜於腳踝灸爲準，內筋急兮灸在內，外筋急兮灸外穩，腳筋多年不愈者，如此灸之病即泯。

《古今醫統大全·針灸直指·諸證針灸經穴》 腰痛：有風寒、濕熱、血虛，皆宜灸。腎俞、崑崙、命門。

《楊敬齋針灸全書·傷寒腰脊强痛》

《針灸大成·胸背脇門》 背腹項急：大椎。

腰背强直，不能動側：腰俞、肺俞。

腰脊痛楚：委中、復溜。

腰背傴僂：風池、肺俞。

背拘急：經渠。

肩背相引：二間、商陽、委中、崑崙。

偏脇背痛痺：魚際、委中。

背痛：經渠、丘墟、魚際、崑崙、京骨。

脊膂强痛：委中。

腰背牽疼難轉：天牖、風池、合谷、崑崙。

脊內牽疼，不能屈伸：合谷、復溜、崑崙。

脊强渾身痛，不能轉側：瘂門。

《針灸大成·手足腰腋門》 腰痛：肩井、環跳、陰市、三里、委中、承山、陽輔、崑崙、腰俞、腎俞。

兩腿如水：陰市。

挫閃腰疼，脇肋痛：尺澤、曲池、合谷、手三里、陰陵、陰交、行間、足三里。

腰疼難動：風市、委中、行間。

腰脊强痛：腰俞、委中、湧泉、小腸俞、膀胱俞。

腰腳痛：環跳、風市、陰市、委中、承山、崑崙、申脈。

腰痛不能久立，腿膝脛痠重及四肢不舉：跗陽。

腰重，痛不可忍，及轉側起卧不便，冷痺，腳筋攣急，不得屈伸：灸兩腳曲䐐兩紋頭四處，各三壯，一同灸，用兩人兩邊同吹，至火滅，若午時灸了，至晚或臟腑鳴，或行一二次，其疾立愈。

腰痛不能舉：僕參。二穴在跟骨下陷中，拱足取之，灸三壯。

《針灸大成·續增治法·雜病》 腰痛：有氣虛、血虛、腎病、風濕、濕熱、瘀、寒、滯。

血滯於下：刺委中，出血。灸腎俞、崑崙。又用附子尖、烏頭尖、南星、麝香、雄黃、樟腦、丁香，煉蜜丸，姜汁化成膏，放手內烘熱，摩之。

《針灸大成·治證總要》 第五十七：腰腳疼痛：委中、人中。

第五十八：腎虛腰痛：腎俞、委中、太谿、白環俞。

第五十九：腰脊强痛：人中、委中。

第六十：挫閃腰脇痛：尺澤、委中、人中。

問曰：此證從何而得？答曰：皆因房事過多，勞損腎經，精血枯竭，腎虛腰痛，負重遠行，血氣錯亂，冒熱，血不歸元，則腰痛，或因他事所關，氣攻兩脇疼痛，故有此證。復刺後穴：崑崙、束骨、支溝、陽陵泉。

《類經圖翼·針灸要覽·諸證灸法要穴》 腰挫閃疼，起止艱難：脊中、腎俞，三壯，七壯。命門、中膂內俞、腰俞。俱七壯。

腰背重痛難行：章門，腰脊冷痛。腰俞、委中，腰腳腫痛，刺出血。崑崙。七壯。【略】

腰膝痠痛：養老、環跳、陽陵泉，治腳膝冷痺不仁。崑崙、申脈。

筋骨攣痛：三陰交。

《病機沙篆·腰痛》 針法：腰痛脊强，宜人中、委中二穴。

腰疼及頭項强，回顧不便，委中、承漿、腰俞、腎俞四穴。

腰痛不可俯仰，如坐水中，穴取同上。

腰脊內引痛，不得屈伸，近上合谷，近下崑崙四穴。

挫閃腰并脇痛：尺澤、曲池、陽陵泉、委中、人中、崑崙六穴。

腰背俱疼：合谷、崑崙、風池三穴。

腰及足疼：委中出血。

腎虛腰痛久不已：肩井、腎俞。

《素問・腰痛論》曰：腰痛不可舉者，申脈、承筋主之，此太陽之穴，陽蹻之本也。又曰：會陰之脈令人腰痛，痛上漯漯然汗出，汗乾令人欲飲，飲已欲走，刺直陽之脈，上三痏在蹻上郄下五寸橫居，視其上者出血。何謂直陽足太陰之脈？循腰下會於後陰，故曰會陰直陽之脈，即陽蹻所生之申脈穴也，蹻上郄下，承筋穴也，即腨中央如外陷者中也，太陽脈氣所發，禁刺，但視其兩腨中央血絡乃刺之出血，二穴。

又曰：昌陽之脈令人腰痛，痛引膺，目䀮䀮然，甚則反折，舌卷不能言，刺內筋爲三痏，在內踝上大筋前，太陰後上踝二寸所。此內筋即陰蹻之郄交信穴也，痏，音痿。一穴。

《羅遺編・針灸要穴論》風門，胸背痛。章門，腰脊冷痛。腰俞、崑崙，七壯。委中。腰腳腫痛，刺出血。

腰膝痠痛：養老、環跳、陽陵泉，治腳膝冷痺不仁。崑崙、申脈。

《針灸逢源・論治補遺・腰痛》腰爲腎府，腎與膀胱爲表裏，在經屬太陽，在藏屬腎氣，諸脈皆貫於腎而絡於腰脊，故腰痛悠悠不止乏力痠軟者，腎虛也。遇陰雨久坐則冷痛沉重者，濕也。遇寒而痛，足冷背強者，寒也。遇熱而痛者，熱也。鬱怒而痛者，氣滯也。憂愁思慮而痛者，氣虛也。勞動則痛者，肝腎衰也。風痛則牽連左右腳膝強急。挫閃痛者，舉身不能俯仰轉側。瘀血作痛，晝輕夜重，便黑溺青。刺委中。腎着腰痛身重腰冷如冰，亦由濕也。跌撲傷而腰痛者，此傷在筋骨，而血脈凝滯也，用酒糟、葱、薑，搗爛罨之，最效。

《針灸逢源・證治參詳・手足病》凡腰痛不能立者，須刺人中。

凡腰痛身之前，刺足陽明原，衝陽。身之後，刺足太陽原，京骨。身之側，刺足少陽原。丘墟。

通治腰痛穴：腎俞、白環俞、腰俞、委中、崑崙。

《針灸全生・腰》腰痛：肩井、陰市、委中、陽輔、環跳、三里、承山、崑崙、腰俞、腎俞。

腰脊強痛：人中、委中。

腎虛腰痛：腎俞、委中、太谿、白環俞。

閃挫腰脇痛：尺澤、委中、人中、崑崙、束骨、支溝、陰陵泉。

又法：尺澤、曲池、合谷、手三里、陰陵、陰交、行間、足三里。

腰痛難移：風市、委中、行間。

腰痛不能舉：僕參。

腰脊重痛：腰俞、委中、湧泉、小腸俞、膀胱俞。

腰腳痛：環跳、風市、陰市、委中、崑崙、承山、申脈。

腰痛：不能久立，腿膝脛痠，四肢不舉：跗陽。

腰背強直，不能轉側：腰俞、肺俞。

腰脊痛楚：委中、復溜。腰脊傴僂：風池、肺俞。

腰痛引少腹：下髎。

腰背牽痛，難以轉側：天牖、風池、合谷、崑崙。【略】

腰背強不可俯仰：腰俞、膏肓、委中、申脈，出血。

肢節煩疼，牽引腰腳：肩髃、曲池、崑崙、陽陵、申脈。

腰痛起止艱難：申脈、然谷、膏肓、委中、腎俞。

腰脊項背俱痛：申脈、腎俞、肩井、人中、委中。

閃挫腰痛：脊中、臨泣、委中、腰俞、腎俞。

腎虛腰痛：腎俞、臨泣、脊中、委中。

濕滯腰痛：臨泣、腰俞、脊中、委中、腎俞。

腰胯痛：名寒疝，臨泣、五樞、委中、三陰交。

《針灸全生・胸背腰膝》腰挫閃疼，起止艱難：脊中、腎俞，三壯七壯，命門、中膂內俞，俱七壯。

腰背重痛難行：章門，腰脊冷痛。腰俞，腰腳腫痛，刺出血。崑崙。七壯。

腰膝痠痛：養老、環跳、崑崙、申脈、陽陵泉。腳膝冷痺不仁。

《針灸便覽・中風》腰痛：跗陽、風市、委中、行間。

《神灸經綸・身部證治》腰挫閃痛，起止艱難：脊中、腎俞、命門、中膂內俞、腰俞。

腰膝痠痛：環跳、崑崙、陽陵泉、養老。

筋骨攣痛：三陰交、合谷。

百節痠疼：陽輔。

腰背重痛：腰俞、大腸俞、膀胱俞、身柱、崑崙。

《傳悟靈濟録・胸背腰脊膝病》胸背痛：風府。

腰閃挫疼，起止艱難：脊中、腎俞，三七壯。命門，七壯。中膂內俞，七壯。

腰俞。七壯。

腰背重痛難行：章門，腰脊冷痛。腰俞，崑崙，七壯。委中。腰腳腫痛，刺出血。【略】

腰膝疼痠：養老、環跳、陽陵泉，腳膝冷痺不仁。崑崙、申脈。

筋骨攣痛：三陰交。

《針灸集成·腰背》 腰背：腰背痛者，腎氣虛弱而當風坐卧，觸冷之致也。臟病不離其處，腑病居處無常，膀胱經及肝膽經主之。宜用缸灸，每處針刺，每處缸灸，七次，神效。【略】

腰脊疼痛溺濁：章門，百壯，膀胱俞、腎俞、委中、次髎、氣海，百壯。

腰痛腹鳴：胃俞，年壯，大腸俞、三陰交、太谿、太衝、神闕，百壯。

老人腰痛：命門，三壯，腎俞，年壯。

腰背傴僂：肺俞、期門，各三七壯，風池，七壯。

又方：脊骨傍左右突起浮高處，以針深刺，灸五百壯至七八百壯，若病歇，則不必盡其數矣。

腰腫痛：崑崙、委中、太衝、通里、章門。

《針灸穴法》 腰痛酸軟：腰俞二穴、三里二穴、崑崙二穴。

腰骨節酸痛：足三里二穴、魚腹二穴、肩井二穴、百勞二穴、腎俞二穴、曲池二穴。

發熱腰痛：腰俞二穴、環跳二穴、委中二穴、中宛一穴、勞宮二穴、間使二穴、內關二穴。

《灸法秘傳·腰痛》 腰痛有四，當分灸之。如因房勞過度則腎虛，灸腎俞穴。偶然欲跌則閃挫，灸氣海穴。負重損傷不能轉側，灸環跳穴。濕氣下注，不能俯仰，灸腰俞穴。倘連腹而引痛者，灸命門穴則安。

《針灸摘要·陽蹻脈》 腰背強，不可俯仰：腰俞、膏肓、委中。刺紫脈出血。

肢節煩痛，牽引腰腳疼：肩髃、曲池、崑崙、陽陵。

腰脊項背疼痛：腎俞、人中、肩井、委中。

腰痛起止艱難：然谷、膏肓、委中、腎俞。

《針灸摘要·帶脈》 腰胯疼痛，名曰寒疝：五樞、委中、三陰交。

腎虛腰痛，興動艱難：腎俞、脊中、委中。

閃挫腰痛，起止艱難：脊中、腰俞、腎俞、委中。

虛損濕滯，腰痛，行動無力：脊中、腰俞、腎俞、委中。

《儒門事親·指風痺痿厥近世差玄說》 陳下酒監魏德新因赴冬選，犯寒而行，真氣元衰，加之坐卧冷濕，食飲失節，以冬遇此，遂作骨痺。骨屬腎也，腰之高骨壞而不用，兩胯似折，面黑如炭。前後廉痛，痿厥嗜卧，偏問諸醫，皆作腎虛治之。余先以玲瓏竈熨蒸數日，次以苦劑，上涌訖寒痰三二升，下虛上實，明可見矣。次以淡劑，使白朮除脾濕，令茯苓養腎水，青官桂伐風木，寒氣偏勝則加薑、附，否則不加，又刺腎俞、太谿二穴，二日一刺，前後一月，平復如故。

《續名醫類案·腰痛》 竇材治一老人腰腳痛不能行步，令灸關元三百壯，更服金液丹，強健如前。竇氏之法，惟沉寒痼冷者宜之。有此痼疾，即有此蠻治，亦未可盡廢，時誤用則受禍最烈矣。

張仲文傳神仙灸法，療腰重痛不可轉側，起坐艱難，及冷痺腳筋攣急不可屈伸，灸曲踿兩紋頭，左右腳四處，各三壯，每灸一腳，二火齊下，艾炷纔燒至肉，初覺痛，便用二人兩邊齊吹，至火滅，午時著灸，至人定以來，臟腑自動一二行，或轉動如雷聲，其疾立愈。此法神效，卒不可量也。《綱目》

痹證

《素問·痺論》 六府亦各有俞，風寒濕氣中其俞，而食飲應之，循俞而入，各舍其府也。（王冰注）六府俞亦謂背俞也，膽俞在十椎之傍，胃俞在十二椎之傍，三焦俞在十三椎之傍，大腸俞在十六椎之傍，小腸俞在十八椎之傍，膀胱俞在十九椎之傍，隨形分長短而取之，如是各去脊同身寸之一寸五分，足太陽脈氣之所發也。 帝曰：以針治之柰何？岐伯曰：五藏有俞，六府有合，循脈之分，各有所發，各隨其過，則病瘳也。（王冰注）肝之俞曰太衝，心之俞曰太陵，脾之俞曰太白，肺之俞曰太淵，腎之俞曰太谿，皆經脈之所注也，太衝在足大指間本節後二寸陷者中。

《素問·長刺節論》 病在筋，筋攣節痛，不可以行，名曰筋痺。刺筋上爲故，刺分肉間，不可中骨也。（王冰注）分謂肉分間，有筋維絡處也，刺筋無傷骨，故不可中骨也。 病起筋炅，病已止。（王冰注）筋寒痺生，故得筋熱病已乃止。 病在肌膚，肌膚盡痛，名曰肌痺，傷於寒濕。刺大分小分，多發針而深之，以熱爲故。（王冰

注〕大分謂大肉之分，小分謂小肉之分。無傷筋骨，傷筋骨，癰發若變。〔王冰注〕《針經》曰：病淺針深，內傷良肉，皮膚爲癰。又曰：針太深則邪氣反沈，病益甚。傷筋骨則針太深，故癰發若變也。諸分盡熱，病已止。〔王冰注〕熱可消寒，故病已則止。病在骨，骨重不可舉，骨髓酸痛，寒氣至，名曰骨痺。深者刺無傷脈肉爲故，其道大分小分，骨熱，病已止。

《靈樞·壽夭剛柔》久痺不去身者，視其血絡，盡出其血。【略】黃帝曰：刺寒痺內熱奈何？伯高答曰：刺布衣者，以火焠之；刺大人者，以藥熨之。黃帝曰：藥熨奈何？伯高答曰：用淳酒二十升，蜀椒一升，乾薑一斤，桂心一斤，凡四種，皆㕮咀，漬酒中。用綿絮一斤，細白布四丈，幷內酒中。置酒馬矢熅中，蓋封塗，勿使泄。五日五夜，出布綿絮，曝乾之，乾復漬，以盡其汁，每漬必晬其日，乃出乾。乾，幷用滓與綿絮，複布爲複巾，長六七尺，爲六七巾，則用之生桑炭炙巾，以熨寒痺所刺之處，令熱入至於病所，寒復炙巾以熨之，三十遍而止。汗出以巾拭身，亦三十遍而止，起步內中，無見風，每刺必熨，如此病已矣，此所謂內熱也。

《靈樞·雜病》厥，挾脊而痛者至頂，頭沈沈然，目䀮䀮然，腰脊強，取足太陽膕中血絡。

《靈樞·四時氣》著痹不去，久寒不已，卒取其三里。

《靈樞·周痺》黃帝問於岐伯曰：周痺之在身也，上下移徙隨脈，其上下左右相應，間不容空，願聞此痛，在血脈之中邪？將在分肉之間乎？何以致是？其痛之移也，間不及下針，其慉痛之時，不及定治，而痛已止矣，何道使然？願聞其故。岐伯答曰：此衆痺也，非周痺也。黃帝曰：願聞衆痺。岐伯對曰：此各在其處，更發更止，更居更起，以右應左，以左應右，非能周也，更發更休也。黃帝曰：善。刺之奈何？岐伯對曰：刺此者，痛雖已止，必刺其處，勿令復起。帝曰：善。願聞周痺何如？岐伯對曰：周痺者，在於血脈之中，隨脈以上，隨脈以下，不能左右，各當其所。黃帝曰：刺之奈何？岐伯對曰：痛從上下者，先刺其下以過一作遏，下同。之，後刺其上以脫之；痛從下上者，先刺其上以過之，後刺其下以脫之。黃帝曰：善。此痛安生？何因而有名？岐伯對曰：風寒濕氣，客於外分肉之間，迫切而爲沫，沫得寒則聚，聚則排分肉而分裂也，分裂則痛，痛則神歸之，神歸之則熱，熱則痛解，痛解則厥，厥則他痺發，發則如是。帝曰：善。余已得其意矣。此內不在藏，而外未發於皮，獨居分肉之間，眞氣不能周，故命曰周痺。故刺痺者，必先切循其下之六經，視其虛實，及大絡之血結而不通，及虛而脈陷空者而調之，熨而通之，其瘛堅，轉引而行之。

《靈樞·寒熱病》骨痺，舉節不用而痛，汗注煩心，取三陰一本作三陽。之經補之。

《太素·寒熱·寒熱雜說》骨痹，舉節不用而痛，汗注煩心，取三陰之經補之。寒溼之氣在於骨節，支節不用而痛，汗注煩心，名爲骨痹。是爲手足三陰皆虛，受諸寒溼，故留針補之，令溼痹去之矣。身有所傷，血出多，及中風寒，若有所墮墜，四支解㑊不收，名曰體解，取其少腹齊下三結交。三結交者，陽明、太陰也，齊下三寸關元也。因傷出血多，一也；中風寒，二也；有墮墜，三也。體者，四支也。三者俱能令人四支解墮不能收者，名曰體解之病，可取之足陽明足太陰於齊下小腸募關元穴也。三結者，足之三陰太陰之氣，在齊下與陽明交結者也。厥痹者，厥氣上及腹，取陰陽之絡，視主病者，瀉陽補陰經。失逆之氣，從足上行，及於少腹，取足之陰陽之絡，所主之病，瀉去其血，補足三陰經也。頸側之動脈人迎，人迎，足陽明也，在嬰筋之前；嬰筋之後，手陽明也，名曰扶突；次脈，手少陽脈也，名曰天牖；次脈，足太陽也，名曰天柱；腋下動脈，臂太陰也，名曰天府。膺前當中任脈，謂之天突。任脈之側動脈，足陽明在嬰筋之前，人迎也。名足陽明等者，十二經脈，足太陰屬脾，絡胃，上膈，俠陽明，連舌本。足少陰從腎上貫膈，入肺，循喉嚨，俠舌本。足厥陰屬肝，絡膽，循喉嚨後，上入頏顙，連目系，上額，與督脈會巔，支者從目系下頰裏。此足三陰至頸項之中，所行處深，故不得其名。足厥陰雖至於頰，不當頸項衝處，故其穴不得脈名。手少陰心脈雖循胸，係目系，以心不受邪，其氣不盛；手心主脈從心包循胸，出脇腋，不至頸項，又是心包，其氣更不盛，故此二脈之穴，不得脈名。手太陰肺脈，以肺居藏上主氣，其氣強盛，雖不至頸項，發於氣穴，得於脈名。手足三陽，手太陽脈雖循頸，上頰，至目兌眥，以是心府，其氣不盛，故穴不得脈名。足少陽膽府脈起目兌眥，下行至胸，以膽，穀氣不盛，故其穴不得脈名。唯手、足陽明穀氣強盛，手少陽三焦之氣，足太陽諸陽之長，所以此之四脈，並手太陰，入於五部大輸之數也。與彼《本輸》之中脈次多少不同，彼中十二經脈之中，唯無足之三陰、手之少陰，手足諸陽皆悉□□奇經八脈之中有任有督，以爲脈次。此中唯取五大要輸，以爲差別。

《太素·風·痺論》問曰：以針治之奈何？答曰：五藏有輸，六府有合，循脈之分，各有所發，各治其遇，則病瘳已。五藏輸者，療痺法取五藏之輸。問曰：療痺之要，以痛爲輸，今此乃取五藏之輸，何以通之？答曰：有痛之痺，可以痛爲輸；不痛之痺，若爲以痛爲輸？故知量其所宜，以取其當，是醫之意也。療六府之痹，當取其合，良以藏

府輸合，皆有藏府脈氣所發，故伺而誅之。【略】

黄帝曰：願聞衆痹。岐伯對曰：此各在其處，更發更止，更居更起，以右應左，以左應右，非能周也，更發更休。言衆痺在身左右之處，更身而發，不能周身，故曰衆痺。居、起，動、靜也。黄帝曰：善。刺之奈何？岐伯對曰：刺此者，痛雖已止，必刺其處，勿令復起。然衆痹在身，所居不移，但痛有休發，故其痛雖止，必須刺其痛休之處□令不起也。黄帝曰：善。願聞周痺何如？岐伯對曰：周痹者，在血脈之中，隨脈以上，循脈以下，不能左右，各當其所。言周痹之狀，痹在血脈之中，循脈上下，不能在其左右不移其處，但以壅其眞氣，使營身不周，故名周痹也。黄帝曰：善。刺之奈何？岐伯對曰：痛從上下者，先刺其下以遏之，後刺其上以脱之；痛從下上者，先刺其上以遏之，後刺其下以脱之。刺周痹之法，觀痹從上自下，當先刺向下之前，使其不得進而下也；然後刺其痹後，使氣洩脱也。有痹從下上者，準前可知也。故刺痹者，必先切循其下之六經，視其虛實，六經，三陰三陽也。切循痹病之下六經虛實，一也。及大絡之血結而不通，切循十五大絡，知其通塞，二也。及虛而脈陷空者，調之，熨而通其瘈緊，轉引而行之。黄帝曰：善。余以得其意矣，又得其事也。又循其脈，知其虛陷者，三也。然後設以熨法，用微熨之，令其調適，又以導引瘈緊，轉引令其氣行，方始刺之，此爲療瘈之要也。緊，急。瘈，牽令緩也。

《甲乙經·脾受病發四肢不用》身重骨痠，不相知，太白主之。

《甲乙經·陰受病發痺》病在骨，骨重不可舉，骨髓痠痛，寒氣至，名曰骨痺。深者，刺無傷脈肉爲故，其道大小分，骨熱，病已止。病在筋，筋攣節痛，不可以行，名曰筋痺。刺筋上爲故，刺分肉間，不可中骨，病起筋熱，病已止。病在肌膚，肌膚盡痛，名曰肌痺。傷於寒濕，刺大分小分，多發針而深之，以熱爲故，無傷筋骨，筋骨傷，癰發，若變諸分盡熱，病已止。【略】骨痺舉節不用而痛，汗注，煩心，取三陰之經補之。厥痺者，厥氣上及腹，取陰陽之絡，視主病者，瀉陽補陰經也。風痺注病，不可已者，足如履冰，時如入湯，中肢脛，淫濼煩心，頭痛，時嘔，時悶，眩已汗出，久則目眩，悲以喜怒，短氣不樂，不出三年死。足髀不可舉，側而取之，在樞闔中，以員利針，大針不可。膝中痛，取犢鼻，以員利針，針發而間之，針大如氂，刺膝無疑。足不仁，刺風腑。腰已下至足，清不仁，不可以坐起，尻不舉，腰俞主之。痺，會陰及太淵、消濼、照海主之。嗜卧，身體不能動搖，大溫，三陽絡主之。骨痺煩滿，商丘主之。足下熱痛不能久坐，濕痺不能行，三陰交主之。膝內廉痛引髕，不可屈伸，連腹，引咽喉痛，膝關主之。痺，脛重足跗不收，跟痛，巨虛下廉主之。脛痛，足緩失履，濕痺，足下熱，不能久立，條口主之。脛苦苦痺，膝不能屈伸，不可以行，梁丘主之。膝寒痺不仁，不可屈伸，髀關主之。膚痛痿痺，外丘主之。膝外廉痛，不可屈伸，脛痺不仁，陽關主之。髀痺引膝，股外廉痛，不仁，筋急，陽陵泉主之。寒氣在分肉間，痛上下，痺不仁，中瀆主之。髀樞中痛，不可舉，以毫針寒留之，以月生死爲痏數，立已，長針亦可。腰脇相引痛急，髀筋瘈，脛痛不可屈伸，痺不仁，環跳主之。風寒從足小指起，脈痺上下帶胸脇，痛無常處，至陰主之。足大指搏傷，下車挃地，通背指端傷爲筋痺，解谿主之。

《甲乙經·陽受病發風》風從頭至足，面目赤，口痛嚙舌，解谿主之。大風，目外眥痛，身熱痱，缺盆中痛，臨泣主之。善自嚙頰，偏枯，腰髀樞痛，善搖頭，京骨主之。大風，頭多汗，腰尻腹痛，腨跟腫，上齒痛，脊背尻重，不欲起，聞食臭，惡聞人音，泄風從頭至足，崑崙主之。痿厥風頭重，頞痛，樞股腨外廉骨痛，瘈瘲，痺不仁，振寒，時有熱，四肢不舉，趺陽主之。腰痛，頸項痛，歷節汗出，而步履寒，復不仁，腨中痛，飛揚主之。

《金匱要略·血痺虛勞病脈證并治第六》問曰：血痹病從何得之？師曰：夫尊榮人，骨弱肌膚盛，重因疲勞汗出，卧不時動搖，加被微風，遂得之。但以脈自微濇，在寸口、關上小緊，宜針引陽氣，令脈和緊去則愈。

《千金要方·諸風·賊風》論曰：夫歷節風著人久不治，令人骨節蹉跌，變成癲病，不可不知。古今已來，無問貴賤，往往苦之，此是風之毒害者也。治之雖有湯藥，而並不及松膏，松節酒，若羇旅家貧不可急辦者，宜服諸湯，猶勝不治，但於痛處灸三七壯佳。

《千金要方·諸風·風痺》論曰：血痺病從何而得之？師曰：夫尊榮人，骨弱，肌膚盛，因疲勞汗出，卧不時動搖，加被微風，遂得之，形如風狀，但以脈自微澀，澀在寸口，關上緊，宜針引陽氣，令脈和緊去則愈。

《千金要方·腎臟·骨虛實》骨髓冷疼痛，灸上廉七十壯，三里下三寸是穴。

《千金要方·針灸下·風痺》濕痺：曲池、列缺，主身濕搖時時寒。風市，主緩縱痿痺，腨腸疼冷不仁。中瀆，主寒氣在分肉間，痛苦痺不仁。陽關，主膝外廉痛不可屈伸，脛痺不仁。懸鍾，主濕痺流腫，髀筋急瘈，脛痛。

豐隆，主身濕。陽陵泉，主髀痺引膝股外廉痛，不仁筋急。絕骨，主髀樞痛，膝脛骨搖，酸痺不仁，筋縮，諸節酸折。曲泉，主卒痺病引臏下節。漏谷，主久濕痺不能行。商丘，主骨痺煩滿。中封，主瘈厥，身體不仁，少氣，身濕重。臨泣，主身痺，洗淅振寒。凡身體不仁，先取京骨，後取中封、絕骨，皆瀉之。

《扁鵲心書·痺病》風寒濕三氣合而爲痹，走注疼痛，或臂腰足膝拘攣，兩肘牽急，乃寒邪湊於分肉之間也，方書謂之白虎歷節風。治法：於痛處灸五十壯自愈，湯藥不效，惟此法最速。若輕者不必灸，用草烏末二兩，白麪二錢，醋調熬成稀糊，攤白布上，乘熱貼患處，一宿而愈。

《素問病機氣宜保命集·針之最要》百節疼痛，實無所知，三棱針刺絕骨出血。

《針灸資生經·身寒痺》鬲俞，治身常濕。豐隆，主身濕。曲池、列缺，主身濕：搖時時寒。中封，主痿厥，身體不仁，少氣濕重。合陽，主膝股重。漏谷，主久濕痹，不能行，《銅》云：不能久立。懸鍾，主濕痹不腫，髀筋急瘈脛痛。絕骨，主髀樞痛，膝脛骨搖，酸痹不仁。筋縮，諸節酸折。臨泣，主身痹，洗淅振寒。商丘，主骨痹煩滿。凡身體不仁，先取京骨，後取中封、絕骨，皆瀉之。中封，主痿厥，身體不仁，少氣濕重，膝腫。風市，主緩縱痿痹，腨腸疼冷不仁。中瀆，主寒氣在分肉間痛，苦痹不仁。陽關，主膝外廉痛，不可屈伸，脛痹不仁。絕骨，主酸痹不仁，又主身重。環跳，治冷風濕痹。條口，治濕痹。下髎，治寒濕內傷。委中，療風濕痹。下廉，療偏風熱風，冷痹不遂，風濕痹，灸瘡差，冷痹即已。魚際，療痹走胸背。

治冷痹脛膝疼，腰腳攣急，足冷氣上，不能久立，有時厭厭嗜臥，手足沉重，日覺羸瘦，此名復連病，令人極無情地，常愁不樂，健忘嗔喜，有如此候，即當灸懸鍾、絕骨，隨年，一灸即愈，不得再灸也。若年月久更發，依法更灸，

若意欲多者，七日外更七壯。

《針灸資生經·歷節風》飛揚、涌泉、頷厭、後頂，主歷節汗出。飛揚，治歷節風，足指不得屈伸，頭目眩逆氣。舉體痛癢如蟲嚙，搔之，皮便脫作瘡，灸曲池。

《良方》服治癩藥半月，兩膝眼灸二七壯，丞相長安公醫人無數。痲風惡疾，《千金》諸方藥甚多，或效或不效，惟兼絲葉細末，地暴米，糊圓，梧子大，日二三服，每服四五十元，茶湯下，調藥末服，效尤速，只難服爾。病去後，亦宜服，屢施與人，神效。若更灸曲池、合谷、三里、絕骨等穴尤佳，予與人按此等穴皆痠疼，故也。

《針灸資生經·風痺》天井，治驚悸瘈瘲，風痹臂肘痛，捉物不得。肩貞，治風痹手臂不舉，肩中熱痛。尺澤，治風痹肘攣，手臂不舉。消濼，治寒熱風痹，項痛，肩背急。膝關，治風痹，膝內痛引臏，不可屈伸，喉咽痛。付陽，治痿厥風痹，頭重頄痛，髀、樞、股、胻痛，瘈瘲，風痹不仁，時有寒熱，四支不舉。

陽輔、陽關，治風痹不仁。委中，治風痹。少海，療風痹。委中、下廉，療風濕痹。環跳，治冷風濕痹，治卒病肉痹不知人。

岐伯曰：中風大法有四，四曰風痹。巢氏曰：風、寒、濕三氣合而爲痹，風多者爲風痹，風痹之狀，肌膚盡痛，而復手足不隨也。醫者當以此求之，速與續命湯，依俞穴灸之云。

《針灸資生經·腠理》附分，治肩背急，風冷客於腠，頸項強痛，不得顧。陽白，治背腠寒慄，重衣不得溫。次髎，治背腠寒。肝俞，療腠中痛。次髎，療腰下至足不仁，背腠寒，小便赤淋，心下堅脹。

《針灸資生經·骨疼》鬲俞、紫宮、玉堂，療骨疼。上關，主引骨痛。骨痛，灸絕骨五十壯。商丘，主骨痹煩滿。鬲俞，主皮肉骨痛。太白，治骨痛。復留，治骨寒熱。骨髓冷痛，上廉七十壯。骨會大杼，骨病治此。髓會絕骨，髓病治此。

病在骨髓，秦越人以爲司命無奈之何，則骨髓有病，病亦惙矣。《八十一難經疏》乃云：骨會大杼，骨病治此，髓會絕骨，髓病治此，是尙有針灸法矣，可不針灸乎。但《明堂上經》云：大杼禁灸。而《銅人經》云可灸七壯。《明堂下經》云：可灸五壯。《素問》亦同。諸經既同，惟《明堂》獨異，灸之可也。況《明堂經》固云禁穴，許灸三壯乎，艾炷若小，一二七壯亦可，更灸上廉、絕骨等穴尤佳。

《聖濟總録·奇經八脈·治痹灸刺法》骨痹舉節不用而痛，汗注煩心，取三陰之經補之。

風痹者，厥氣上攻腹，取陽之絡，視主病者，瀉陽補陰經也。痹，會陰及太淵、消濼、照海主之。

骨痹煩滿，商丘主之。

足下熱，脛疼不能久立，濕痹不能行，三陰交主之。
足大指搏傷，下車挃地，通臂指端傷爲筋痺，解溪主之。
痹脛重，足跗不收，跟痛，巨虛下廉主之。
脛疼足緩失履，濕痹足下熱，不能久立，條口主之。
膝寒痺不仁，痿不屈伸，髀關主之。
膚痛痿痺，外丘主之。
膝外廉痛，不可屈伸，脛痹不仁，陽關主之。
髀痺引膝股外廉痛，不仁筋急，陽陵泉主之。
寒氣在分肉間痛，上下痺不仁，中瀆主之。
腰脅相引痛急，髀筋瘛，脛痛不可屈伸，痹不仁，環跳主之。
風痺從足小指起，脈痺上下帶胸脇，痛無常處，至陰主之。

《世醫得效方・通治》 灸法：治睡後忽一點疼起，遂致遍身亦痛，諸藥不效，用艾炷如小指頭大，以水透濕紙約五六重，纏裹其手痛處，又用斷木匙頭安放濕紙上，對抵痛處，卻將艾炷於木匙上灸，其發艾之人默念：大慈大悲，救苦救難，觀世音菩薩摩訶薩名號，三七遍，須臾，諸痛悉除，所灸處亦有膿水出，生痂瘢而後愈。

《癰疽神秘灸經・足太陰脾經》 鶴膝風在膝內股，當膝腫疼，甚者見青筋引心痛是也。當灸三陰交七壯，甚則二七壯，待膝伸直爲住，再甚，則當膝項灸七壯。腳氣亦灸此穴。

愚按：《針灸經》云：三陰交二穴，在內踝上三寸骨下陷中。膝項，諸書無載，蓋祕法也。

《普濟方・針灸門・風痹》 治驚悸瘈瘲，風痺，臂肘痛，捉物不得，穴：天井。
治風痺，手臂不舉，肩中熱痛，穴：肩貞。
治風痺肘攣，手臂不舉，穴：尺澤。
治寒熱風痺，項痛背肩急，頭痛，穴：消濼。
治風痺膝內痛，引臏不可屈伸，喉咽痛，穴：膝關。
治痿厥風痺，頭重頄痛，髀樞股胻痛，瘈瘲，風痺不仁，時有寒熱，四肢不舉，穴：附陽。
治風痺不仁，穴：陽輔、陽關。
治風痺，穴：委中。
治風痺，穴：少海。
治風濕痺，穴：委中、下廉。
治冷風濕痺，及治卒病肉痺，不知人，穴：環跳。
治週身痺大風，穴：膈俞二穴，各灸五壯。

《普濟方・針灸門・歷節風》 治歷節汗出，穴：後頂、飛揚、湧泉、頷厭。
治歷節風，足指不得屈伸，頭目眩，逆氣，穴：飛揚。
治體痛癢如蟲嚙，搔之，皮便脫作瘡，穴：曲池。灸七壯，又隨年壯。王氏云：《良方》服治癩藥半月，兩膝眼灸二七壯。丞相長安公，醫人無數，麻風惡疾，《千金》諸方藥甚多，或效或不效，惟兼絲葉細末，地暴米糊丸，梧子大，日二三服，每服四五十丸，茶湯下，調藥末服，尤效速，只難服爾。病去後，亦宜服，屢施與人，神效。若更灸曲池、合谷、三里、絕骨等穴，尤佳。予與人按此等穴，皆瘦疼故也。
治白虎病，凡丈夫，婦人，皆有此病，婦人因產犯之，丈夫眠臥犯之，其病口噤而手拳，氣不出，灸臍中，七壯。

《普濟方・針灸門・身寒痺》 治身常濕，穴：鬲俞。
治身濕，穴：豐隆。
治身濕，搖時時寒，穴：曲池、列缺。
治卒痺病，引臏下節，穴：曲泉。
治膝股重，穴：合陽。
治身濕痺不能行，穴：漏谷。
治濕痺支腫，髀筋急瘈，頸痛，穴：懸鍾。
治髀樞痛，膝脛骨搖，酸痺不仁，筋縮，諸節酸折，穴：絕骨。
治身痺，淅淅振寒，穴：臨泣。
治骨痺煩滿，穴：商丘。
治身體不仁，先取京骨，後取中封，絕骨，皆瀉之。
治痿厥，身體不仁，少氣，濕腫膝重，穴：中封。
治緩縱痿痺，腨腸疼冷不仁，穴：風市。
治寒氣在分肉間，痛苦痺不仁，穴：中瀆。
治膝外廉痛，不可屈伸，脛痺不仁，穴：陽關。

治酸痺不仁，身重，穴：絕骨。

治冷風濕痺，穴：環跳。

治濕痺，穴：條口。

治寒濕內傷，穴：下髎。

治風濕痺，穴：委中。

治偏風熱風，冷痺不遂，風濕痺，穴：下廉，灸瘡差，冷痺即已。

治痺走胸背，穴：魚際。

治冷痺，脛膝疼，腰腳攣急，足冷氣上，不能久立，有時厭厭嗜卧，手足沉重，日覺羸瘦，名復連病，令人急無情，常愁不樂，健忘，嗔喜，有如此候，即當穴灸懸鍾，絕骨。隨年壯，一灸即愈，不得再灸也。灸年月久，更發，依法更灸，若意便欲多者，七日外，更七壯。

治骨痺，舉節不用而痛，汗注煩心，取三陰之經補之，厥痺者，厥氣上攻腹，取陽之絡，視主病者，瀉陽補陰經也，穴：會陰、太淵、消濼、照海。

治足大指摶傷，下車挃地，適臂指端傷，爲筋痺，穴：解谿。

治痺脛重，足跗不收，跟痛，穴：巨虛下廉。

治脛疼，足緩失履，濕痺，足下熱，不能久立，穴：條口。

治膝寒，痺不仁，痿不屈伸，穴：髀關。

治膚痛痿痺，穴：外丘。

治髀痺，引膝股外廉痛，不仁，筋急，穴：陽陵泉。

治腰脇相引痛，髀筋瘈，脛痛不可屈伸，痺不仁，穴：環跳。

治風寒從足小指起，脈痺上下帶胸脇，痛無常處，穴：至陰。

治足下熱，脛痛不能久立，濕痺不能行，穴：三陰交。

治胸痺引背時寒，穴：間使。

治痺心痛，穴：天井。

治胸痺心痛，不得息，痛無常處，穴：臨泣。

治胸痺心痛，穴：膻中，忌針。

治胸痺滿痛，穴：期門。

《普濟方・針灸門・骨痛》 治骨疼，穴：上關。

治骨痛，穴：絕骨，五十壯。

治骨痺煩悶，穴：商丘。

治皮肉骨痛，穴：膈俞。

治骨痛，穴：太白。

治骨寒熱，穴：復溜。

治骨髓冷疼痛，穴：上廉，七十一壯。骨會大杼，禁灸。骨病治此。髓會絕骨，髓病治此。

《普濟方・針灸門・婦人諸疾》 治女子脊急痛，穴：支溝。

治男子如蠱，女子如阻，身體腰脊如解，不欲食，有此病者，宜用此法治之驗，穴：湧泉、陰谷。

治婦人脊急目赤，穴：支溝。

《神應經・諸風部》 風痺：天井、尺澤、少海、委中、陽輔。

《神應經・痹厥部》 風痺：尺澤、陽輔。

積癖痰痺：膈俞。

身寒痺：曲池、列缺、環跳、風市、委中、商丘、中封、臨泣。

《針灸聚英・雜病》 痛風：風熱、風濕、血虛有痰，針百會、環跳。

《針灸聚英・雜病歌》 痹厥：風痺尺澤陽輔區，積癖痰痹治膈俞，寒厥太淵液門穴，假如痿厥治丘墟。尸厥如死不知事，須灸三壯於厲兌，身寒痺治曲池穴，列缺環跳與風市，委中商丘及中封，再兼臨泣八穴攻。厥逆列缺與中衝，金門大都內庭中，厲兌隱白大敦穴，須治八穴爲有功。曲泉尺澤與支溝，少海前谷三里頭，三陰交與曲泉穴，照海內庭太谿丘，行間大都十二穴，次第詳治病即瘳。

《古今醫統大全・針灸直指・諸證針灸經穴》 風痺：天井、尺澤、陽輔、少海、委中。

痛風：臨泣、百會、肩髃、肩井、曲池、內關。

《楊敬齋針灸全書・半身痛》

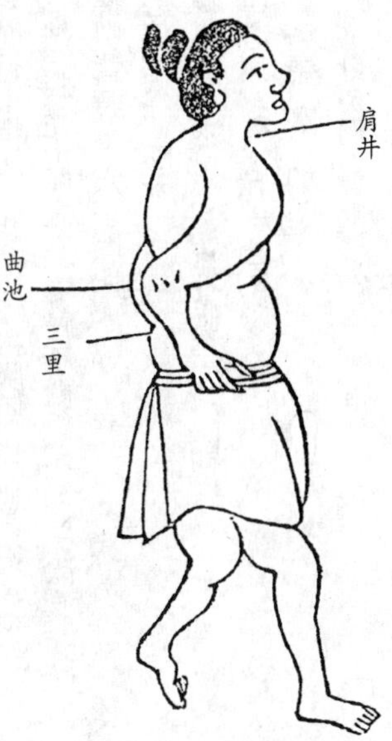

《針灸大成・痺厥門》 風痺：尺澤、陽輔。

積痺痰痺：膈俞。

身寒痺：曲池、列缺、環跳、風市、委中、商丘、中封、臨泣。

《針灸大成・續增治法・雜病》痛風：風熱、風濕、血虛有痰，針百會、環跳。

《類經圖翼・針灸要覽・諸證灸法要穴》 五痺：曲池、外關、合谷、中渚。

白虎歷節風：膝關。

《景岳全書・雜證謨・黄疸》《玉機眞藏論》曰：風者，百病之長也。今風寒客於人，使人毫毛畢直，皮膚閉而爲熱，當是之時，可汗而發也，或痺不止，腫痛，當是之時，可湯熨及火灸刺而去。

《景岳全書・雜證謨・風痺》《九針論》曰：八風傷人，内舍於骨解腰脊節腠理之間，爲深痺也。故爲治針，必長其身，鋒其末，可以取深邪遠痺。

《採艾編翼・大人科・治證綜要》 治溫痺：膈俞。肢腫：豐隆。冷痺：環跳。水腫：三里。肩痺：曲垣。腫不可近衣：屋翳。脛腫肉脱：足下廉。腰重：腎俞。

《太乙神針心法・痺厥門》 治法

風痺：針尺澤、陽輔。

積痺：針中脘、胃腧。

痰痺：針天突、上脘、腎腧、膈腧。

身寒痺：針曲池、列缺、環跳、風市、委中、商丘、中封、臨泣。

《羅遺編・針灸要穴論》 筋骨攣痛：三陰交。

白虎歷節風：膝關。

《針灸全生・中風》 白虎歷節風疼痛：肩井、三里、曲池、委中、合谷、行間、天應，遇痛處針，強針出血，足臨泣。

《針灸全生・脾厥》 風脾：尺澤、陽輔、風市、天井、少海、委中。

寒痺：曲尺、環跳、委中、列缺、風市、商邱、中封、臨泣。

積脾痰脾：膈俞、膻中、中脘。

《針灸全生・中風厥逆》 風痺不仁：天井、少海、中渚、尺澤、陽輔、環跳、太衝。

《針灸全生・手足病》 白虎歷節風：膝關。轉筋：照海。

《神灸經綸・手足證治》 白虎歷節風：風市，此穴在膝上七寸外側兩筋間。又法：令正身平立直，隨兩手着腿，當中指頭盡處陷中是穴，灸三五壯。

《玉龍》：兼陰市，能治腳膝乏力。

《針灸集成・風部》 歷節風：風池、絶骨、膽俞。

《針灸集成・身部》 身體不仁：先取京骨，後取中封、絶骨，皆針瀉之。

痺胸背：魚際。煩滿：商丘。反折：肝俞。

周痺：膈俞、臨泣。振寒：足臨泣穴。如解：涌泉、脾俞。

腨痺：風市、崑崙。須宜元穴及諸證穴，叅考加減。

《針灸集成・風》 疼，實無所知，以三稜針刺絶骨出血，立愈。

《針灸穴法》 筋骨疼痛：支溝二穴、三里二穴、章門二穴、陽陵泉二穴。

《針灸摘要・陽蹻脈》 遍體疼痛：太淵、三里、曲池。

《針灸摘要・帶脈》 白虎歷節風疼痛：肩井、三里、曲池、委中、合谷、行間、天應，遇痛處針，強針出血。

《針灸學・刺痺》 岐伯《痺論》只言腸胞，而未道及他腑病狀者，非缺文也，言腸胞痺狀，而他腑痺狀亦可類推矣。況《痺論》下文又曰：六腑之成痺也，亦以其飲食居處爲病本也。蓋六腑各有俞穴，風寒濕氣中其俞，而飲食應之，循俞而入，各舍其腑，按此六腑成痺之由，皆循六腑俞穴而入，在何腑則有何腑之病狀，各按病狀行針，自無差謬。寒甚者則多痛，故名曰痛痺。至刺痹之法，當先審痺氣之所在，然後分經取穴，在腑針腑，在臟針臟。岐伯曰：五臟有俞，六腑有合，蓋言痺在臟則取臟之俞穴以刺之，痺在腑則取腑

之合穴以刺之。肝之俞穴曰太衝，心之俞穴曰大陵，脾之俞穴曰太白，肺之俞穴曰太淵，腎之俞穴曰太谿。何臟有痺，則取何臟之俞穴以刺之。胃之合穴曰三里，膽之合穴曰陽陵泉，大腸之合穴曰曲池，小腸之合穴曰小海，三焦之合穴曰委陽，膀胱之合穴曰委中。何腑有痺，則取何腑之合穴以刺之。此《內經》刺痺大法也。又《靈樞·周痺》篇論衆痺、周痺之刺法曰：衆痺者，各在其處，更發更止，更居更起，以左應右，以右應左，非能周也，更發更休也。刺此者，痛雖止必刺其處，勿令復起。按此所謂衆痺者，蓋病在一處，則痛亦在一處，隨發隨止，隨止隨起，特以左右之脈相同，故左可應右，右可應左耳。刺此者，痛雖已止，還當刺其原痛之處，勿令再起也。又論刺周痺之法曰：周痺者，在於血脈之中，隨脈以上，隨脈以下，不能左右，各當其所，刺此者先審痛從上下者，先刺其下以遏之，後刺其上以脱之；痛從下上者，先刺其上以遏之，後刺其下以脱之。按此周痺者，在於血脈之中，隨脈以上，隨脈以下，非若衆痺之在於左右各當一處者之有定所也。故刺此者，先審病氣所發所止，從上而下者，則先刺是經在下各穴，以遏病氣，再刺是經在上各穴，以脱病根，而不使之復下矣。從下而上者，則先刺是經在上各穴，以遏病氣，再刺是經在下各穴，以脱病根，而不使之復上矣。統觀《內經·痺論》及《周痺論》，大抵刺痺之法，不外分經取穴，在臟針俞穴，在腑針合穴，在皮肉筋骨針皮肉筋骨，五臟有俞，六腑有合，斯言也，岐伯已示人刺痺之法矣。然針痺者不止此也，在醫者審察陰陽，辨明經絡，勿失標本先後之序耳。至針後行灸，尤見奇效。岐伯曰：刺痺者熨而通其瘛堅，轉引而行之，蓋風寒濕沉着不去，久則絡結而掣瘛堅實，非熨而通之，無以散其痺，故針後用艾灸穴，較他病尤宜多壯，蓋不灸則痺不易去也。張仲景論血痺治法曰：宜針引陽氣，令脈和緊去則愈。曰針引者，亦針灸並行意也。瘛音契，抽掣也。

《儒門事親·燥形·臂麻不便》 郾城梁賈人年六十餘，忽曉起梳髮，覺左手指麻，斯須半臂麻，又一臂麻，斯須頭一半麻，比及梳畢，從脇至足皆麻，大便二三日不通，往問他醫，皆云風也，或藥或針，皆不解。求治於戴人，戴人曰：左手三部脈皆伏，比右手小三倍，此枯澀痺也，不可純歸之風，亦有火燥相兼。乃命一涌、一泄、一汗，其麻立已，後以辛涼之劑調之，潤燥之劑濡之，惟小指次指尚麻。戴人曰：病根已去，此餘烈也。方可針谿谷，谿谷者骨空也。一日晴和，往針之，用《靈樞》中雞足法，向上卧針，三進三引訖，復卓針起，向下卧針，送入指間皆然，手熱如火，其麻全去。昔劉河間作《原病式》，常以麻與澀同歸燥門中，真知病機者也。

《名醫類案·脚氣》 醜德新因赴冬選，犯寒而行，真元氣衰，加之坐卧冷濕，食飲失節，以冬遇此，遂作骨痺。骨屬腎，腰之高骨，壞而不用，兩胯似折，面黑如炭，面黑爲濕氣上侵。前後臁痛，痿厥嗜卧，徧問諸醫，皆作腎虛治之，乃先以玲瓏竈熨蒸數日，次以苦劑上湧寒痰二三升，汗吐兼用。下虛上實明見矣。次以淡劑，使白朮除脾濕，茯苓養腎水，官桂伐風木，然後溫補。寒氣偏勝，則加薑附，否則不加，又刺腎俞，膀胱穴。太谿腎穴。二穴，二日一刺，前後一月半，平復如初。薰法。

《名醫類案·脚發》 大參李北溪足赤腫作痛，先用隔蒜灸，飲活命散一劑，痛頓止，灸處出水，赤腫頓消。次用托裏消毒散四劑，灸處出膿而愈。

《名醫類案·四肢病》 徐文中以醫名吳中，鎮南王妃卧病不可起，文中入診視，王曰：疾可爲乎？對曰：臣以針石加於玉體，不痊，其安用臣？遂請妃舉手足，妃謝不能。文中因請診候，按手合谷、曲池，而針隨以入，妃不覺知，少選，請舉如前，妃復謝不能。文中曰：針氣已行，請舉玉手。妃不覺爲一舉，請舉足，足舉。王大悅。明日妃起坐，王大設宴賜，聲震廣陵。

《太乙神針心法·針案紀略》 湖南糧憲王公諱奕鴻者，中堂太倉公仲嗣也。其母夫人患病多年，其證約略與薄夫人相似，而加以偏身疼痛，嘔吐不止。從前時發時愈，近乃日日如此，病勢轉劇。時湖南糧憲之命初下，王公正欲奉母赴任，而病勢如此，心甚憂惶，延先生診視。先生亦授以口訣如薄公，令王公自治。旬日，病全愈。

《太乙神針心法·針案紀略》 綽公夫人之恙甚多，宜用針之處不一而足。以其穴在徧身，先生不便親點，乃令一童子赤身，將夫人所當用針之穴，照夫人周身分寸，一一畫於童身之上。而令女奴之解事者，一一照依童身所畫之穴爲夫人點穴，而用針凡三晝夜。夫人偏體之穴皆針畢，而周身之宿疾盡霍然矣。其餘上下男婦人等之用針而病痊者，不可以數計也。

《續名醫類案·痛痺》 張子和治梁宜人，年六十餘，忽曉起梳髮，覺左指麻，斯須半臂麻，又一臂麻，斯須頭一半麻，比及梳畢，從脇至足皆麻，大便二三日不通，醫皆云風也。或藥或針皆不效，左手三部脈皆伏，比右手小三部，此枯濇痺也，不可純歸之風，亦有火燥相兼，乃命一涌、一泄、一汗，其麻立

已，後以辛涼之劑調之，潤燥之劑濡之，惟小指次指尚麻。張曰：病根已去，此餘烈也，方可針谿谷，谿谷者骨空也。一日晴和，往針之，用《靈樞》中雞足法，向上卧針三進三引訖，復卓針起，向下卧針送入，指間皆然，手熱如火，其麻全去。劉河間作《原病式》，常以麻與濇同歸燥門中，眞知病機者也。

周漢卿治諸暨黄生，背曲須杖行，他醫皆以風治之，漢卿曰：血濇也，刺兩足崑崙穴，頃之投杖去。《明史》。

《續名醫類案・痛痹》 王執中云：有貴人手中指攣，已而無名指亦攣，醫爲灸肩顒、曲池、支溝而愈，支溝在腕後三寸，或灸風池，多有不灸支溝或灸合谷云。

《續名醫類案・跌撲》 德宗時，有朝士墜馬傷足，國醫爲針腿，針不出，有氣如烟出，朝士困憊，將至不起，國醫惶懼。有道士詣門云：某合治得。視針處，責國醫曰：公何容易，生死之穴，乃在分毫，人之血脈相通如江河，針灸在思其要津。公亦好手，但誤中孔穴。乃令舁牀就前，於左腿氣滿處下針，曰：此針下，彼針跳出，當至檐板。言訖，遂針入寸餘，舊穴之針沸然躍出，果至檐板，氣出之處，泯然而合，病者當時平愈。朝士與國醫拜謝，以金帛贈貽，道士不受，啜茶一甌而去。《逸史》。可爲針家龜鑑。

上肢病證

《靈樞・終始》 肩髆虛者取之上。

《靈樞・絡始》 手屈而不伸者，其病在筋。伸而不屈者，其病在骨。在骨守骨，在筋守筋。

《甲乙經・手太陰陽明太陽少陽脈動發肩背痛肩前臑皆痛肩似拔》 肩痛不可舉，天容及秉風主之。肩背髀痛，臂不舉，寒熱凄索，肩井主之。肩腫不得顧，氣舍主之。肩背髀不舉，血瘀肩中，不能動搖，巨骨主之。肩中熱，指臂痛，肩髃主之。肩重不舉，臂痛，肩窌主之。肩重肘臂痛，不可舉，天宗主之。肩胛甲痛，而寒至肘，肩外俞主之。肩胛周痹，曲垣主之。肩痛不可舉，引缺盆痛，雲門主之。肘痛，尺澤主之。臂瘈，引口中寒，䪼腫肩腫，引缺盆，商陽主之。肩肘中痛，難屈伸，手不可舉，腕重急，曲池主之。肩肘節酸重，臂痛，不可屈伸，肘窌主之。肩痛不能自舉，汗不出，頸痛，陽池主之。肘中濯濯，臂內廉痛，不可及頭，外關主之。肘痛引肩，不可屈伸，振寒熱，頸項肩背痛，臂痿痹不仁，天井主之。肩不可舉，不能帶衣，清冷淵主之。肘臂腕中痛，頸腫不可以顧，頭項急痛，眩，淫濼肩胛小指痛，前谷主之。肩痛不可自帶衣，臂腕外側痛不舉，陽谷主之。臂不可舉，頭項痛，咽腫不可咽，前谷主之。肩痛欲折，臑如拔，手不能自上下，養老主之。肩背頭痛時眩，湧泉主之。

《千金要方・瘭疽・治手足指掣痛不可忍方》 治手足指掣痛不可忍方：醬清和蜜溫塗之。又，灸指端七壯立差。

《千金要方・針灸下・四肢》 臂肘病：尺澤、關衝、外關、竅陰，主臂不及頭。前谷、後谿、陽谿，主臂重痛肘攣。臑會、支溝、曲池、腕骨、肘窌，主肘節痹臂酸重，腋急痛，肘難屈伸。腕骨、前谷、曲池、陽谷，主臂腕急，腕外側痛脱如拔。天井、外關、曲池，主臂痿不仁。太泉、經渠，主臂內廉痛。巨骨、前谷，主臂不舉。肩窌、天宗、陽谷，主臂痛。關衝，主肘疼不能自帶衣。魚際、靈道，主肘攣柱滿。大陵，主肘攣腋腫。間使，主肘內廉痛。曲池、關衝、三里、中渚、陽谷、尺澤，主肘痛時寒。地五會、陽輔、申脈、委陽、天池、臨泣，主腋下腫。中胎輸、譩譆，主腋攣。

手病：掖門，主手臂痛。巨闕，主手清。肩貞，主手髍小不舉。陰交，主手腳拘攣。少商，主手不仁。列缺，主手臂身熱。大陵，主手攣不伸。內關，主手中風熱。大陵，主手掣。間使，主手痛。曲澤，主手青逆氣。中衝、勞宮、少衝、太泉、經渠、列缺，主手掌熱，肘中痛。神門、少海，主手臂攣。曲池，主手不舉。養老，主手不得上下。內庭，主四厥手足悶。腕骨、中渚，主五指掣，不可屈伸。尺澤，主掣痛手不可伸。前腋，主臂裏攣急，手不上舉。曲池，主手不可舉重，腕急，肘中痛，難屈伸。不舉。心輸、肝輸，主筋急手相引。

肩背病：氣舍，主肩腫不得顧。天井，主肩痛，痿痹不仁，肩不可屈伸，肩肉髍木。曲池、天窌，主肩重痛不舉。肩貞、關衝、肩髃，主肩中熱，頭不可以顧。巨骨，主肩中痛不能動搖。支溝、關衝，主肩臂酸重。清冷泉、陽谷，主肩不舉，不得帶衣。天宗，主肩重臂痛。肩外輸，主肩甲痛而寒至肘。曲垣，主肩甲周痹。後谿，主肩臑痛。腕骨，主肩臂疼。養老、天柱，主肩痛欲折。涌泉，主肩背頸項痛。天牖、缺盆、神道、大杼、天突、水道、巨骨，主肩背

痛。膈輸、譩譆、京門、尺澤，主肩背寒痓，肩甲內廉痛。前腋，主肩腋前痛，與胸相引。列缺，主肩背寒慄，少氣不足以息，寒厥交兩手而瞀，凡實則肩背熱，背汗出，四肢暴腫，虛則肩寒慄，氣不足以息。

《千金翼方·針灸中·治頭重臂肘重法》 臂重不舉，灸肩井，隨年壯，可至百壯，針入五分補之。又灸足澤三十壯，針入三分補之。

《千金翼方·針灸中·心病》 凡顏色焦枯，勞氣失精，肩背痛，手不得上頭，灸肩髃百壯，穴在肩外頭近後，以手按之有解宛宛中。

《扁鵲心書·手顫病》 四肢爲諸陽之本，陽氣盛則四肢實，實則四體輕便，若手足顫搖，不能持物者，乃眞元虛損也，常服金液丹五兩，薑附湯，自愈，若灸關元三百壯，則病根永去矣。

《針灸資生經·背痛》 經渠，丘墟，主胸背急。附分，主背痛引頭。鬲關、秩邊、京骨，主背惡寒痛，脊強難俯仰。

崑崙，主脊強，背尻骨重。鬲俞，治背痛惡寒，脊強俯仰難，食飲不下，嘔噦，多涎唾，胸噎悶。

意舍，治背痛惡風寒，食不下，嘔吐。巨骨，治背髆痛，胸中有瘀血，肩背不得屈伸而痛。魄戶，治背髆痛。神堂，治背脊強急。氣戶，治胸背急。大椎，治氣疰背髆拘急。承筋，治腰背拘急。不容，治胸背相引痛。經渠，治胸背拘急，胸滿膨膨。

魚際，治痹走胸背痛。魄戶，療背胛悶。《下》云：療肩髆間急痛，背氣不能引顧，咳逆上喘。胃俞，療背中氣上下行，脊痛腹鳴。志室，療背痛俯仰不得。背痛灸巨闕等，或灸胸堂。肺俞，治背僂如龜背，生時被客風拍著脊骨，達於髓所致，灸肺俞、心俞、鬲俞，各三壯。譩譆，療溫瘧、寒瘧、病瘧、背悶氣滿，腹脹氣眩，胸中痛引腰背。列缺，主胸背寒慄。魚際，治痹走胸背痛。雲門，療胸脇徹背痛。

背疼乃作勞所致，技藝之人，與士女刻苦者，多有此患。士之書學，女之針指，皆刻苦而成背疼矣。色勞者亦患之，晉之景公是也。惟膏肓爲要穴，予嘗於膏肓之側，去脊骨四寸半，隱隱微疼，按之則疼甚，謾以小艾灸三壯，即不疼，它日復連肩上疼，卻灸肩疼處愈，方知《千金方》之阿是穴猶信云。中每遇熱，膏肓穴所在多出冷汗，數年矣，因灸而愈。

《針灸資生經·肩背酸痛》 浮白，治肩背不舉。神堂，療肩背連胸痛，不可俯仰。商陽，治肩背急，引缺盆痛。譩譆，治溫瘧，肩背痛。中府，治肩背痛。附分，治肩背急。神堂，治肩痛，胸腹滿，洒淅寒熱，脊背急。三焦俞，治肩背急，腰脊強，不得俯仰。涌泉，主肩背頸項痛。天牖、缺盆、神道、大杼、天突、水道、巨骨，主肩背痛。鬲俞、譩譆、京門、尺澤，主肩背寒痓，肩甲內廉痛。天柱，治肩背痛欲折。肝俞，療肩疼。曲垣，治肩痛，周痹氣注，肩髆拘急疼悶。肩外俞，治肩痹熱痛，而寒至肘。《下》云：療肩痛，發寒熱，引項強。肩井，治頸項不得顧，肩髆悶，兩手不得向頭，或因撲傷。云門、秉風，治肩痛不能舉。肩貞，治肩中熱痛。天宗，治肩胛痛。天窗，治肩痛引項不得顧。前谷，療髆胛小指痛。養老，療肩欲折。青靈，療肩不舉，不能帶衣。肩髎，療肩重不舉。養老、天柱，主肩痛欲折。天井，主肩痛不可屈伸。曲池、天窌，主肩重痛不舉。巨骨，主肩中痛，不能動搖。肩外俞，主肩甲痛而寒至肘。後谿，主肩臑痛。前腋，主肩腋前痛，與胸相引。天髎，治肩肘痛，引頸項急，寒熱，缺盆中痛，汗不出，胸中煩悶。章門，治厥逆，肩臂不舉。青靈，治肩臂不舉，不能帶衣。肩髎，治肩重不能舉臂肘。巨骨，治肩臂不得屈伸。居髎，治肩引胸臂急。臑腧，治寒熱肩腫，引胛中痛，臂酸無力。支溝，療肩臂酸重。關衝，主肩臂酸重。腕骨，主肩臂疼。天宗，主肩重臂痛。章門，治厥逆，肩臂不舉。列缺，主肩背寒慄，少氣不足以息，寒厥交兩手而瞀。凡實則肩背熱，背汗出，四支暴腫，虛則肩寒慄，氣不足以息。天井，療頸項及肩背痛。腰背痛，灸三焦俞。大椎，治背膊急。下焦俞，療背痛身熱。

肩背酸疼，諸家針灸之詳矣，當隨病證針灸之，或背上先疼，遂牽引肩上疼者，乃是膏肓爲患。《千金》、《外臺》固云，按之自覺牽引於肩中是也，當灸膏肓俞，則肩背自不疼矣。予嘗肩背痛，已灸膏肓，肩痛猶未已，遂灸肩井三壯而愈，以此知雖灸膏肓而他處亦不可不灸云。

《針灸資生經·肩痺痛》 天井，主肩痛，痿痺不仁，不可屈伸，肩肉痲木。曲垣，主肩甲周痹。肩貞、肩髃、關衝，主肩中熱，頭不可顧。曲池、天窌，主肩重痛不舉。淸冷泉、陽谷，主肩不舉，不得帶衣。天井，療肘痛引肩，不屈伸。肩外俞，治肩痺。曲垣，治肩痛周痺。

兩肩頭冷疼，尤不可忽，予屢見將中風人臂骨脫臼，不與肩相連接，多有治不愈者。要之，纔覺肩上冷疼，必先灸肩髃等穴，毋使至於此極可也。予中年每遇寒月，肩上多冷，常以手掌心撫摩之，夜臥則多以被擁之，僅能不

冷，後灸肩髃，方免此患。蓋肩髃係兩手之安否，環跳係兩足之安否，不可不灸也。

《**針灸資生經·臂痛**》 曲池，療肘臂偏細。肩髃，療臂細無力疼疼，臂冷而緩。臂臑、肩髃，療臂細無力，手不得向頭。少海、乳根、聽宮，療臂痛。中渚、孔最、支正、肘髎，療肘臂酸痛。間使，療臂腫痛，屈伸難。肩髎，療肩重不舉，臂痛。扁骨即肩髃，療肩中熱，指臂痛。乳根，治臂腫。太淵，治臂內廉痛。居髎，治腰引小腹痛，肩引胸臂攣急，手臂不得舉而至肩。臂臑、肘髎，治臂痛不舉。聽宮，治臂痛。孔最，治臂厥痛，可針。陽谷，治臂腕外側痛不舉。掖門、前谷，治臂不得舉。陽池，治因折傷手腕，捉物不得，肩臂痛不舉。極泉，治臂肘厥寒。清冷淵，治臑從肩臂不舉，不得帶衣。養老，治肩欲折，臂如拔，臂痛不能自上下。臑腧，治臂酸無力。章門，治厥逆，肩臂不舉。巨骨，治肩臂不得屈伸而痛。臑會，治臂痛不能舉，氣腫痓痛。肩髃，治手臂攣急。尺澤、肩貞，治風痺手臂不舉。合谷，治痿臂。陽谿，治臂不舉。天宗、五里等，治臂痛。後谿，治臂急。竅陰等，腕骨，治臂不伸。附分，治臂不仁。巨骨、前谷，主臂不舉。尺澤、衝關、外關、竅陰，主臂不及頭。前腋，主臂攣急，手不上舉。神門、少海，主臂攣，顏色焦枯，勞氣失精，肩臂痛不得上頭，肩髃百壯。掖門，主臂痛。肩窌、天宗、陽谷，主臂痛。前谷、後谿、陽谿，主臂重痛，肘攣。太泉、經渠，主臂內廉痛。腕骨、曲池、前谷、陽谷，主臂腕急，腕外側痛脫如拔。腕骨、天宗，主肩臂痛。列缺，主手臂身熱。後谿、三里、曲池，療臂痛。

《**針灸資生經·腋痛**》 足臨泣，治胸滿，缺盆中及腋下腫，馬刀瘍瘻，善嚙唇。天牖、中腫，淫濼，胻痠目眩，枕骨合顱痛，洒淅振寒。丘墟，治腋下腫，痿厥，坐不能起，髀樞中痛，目生翳膜，腿胻痠，轉筋卒疝，小腹堅，寒熱頸腫。譩譆，治腋拘攣，暴脈急引脇痛。少府，治股腋攣急。少海，治肘腋腫，小腹痛。少海，治肘攣，腋脇下痛，四支不舉。支溝，治肩臂痠重，脇腋痛，四支不舉。天池、膽俞、委陽、陽輔，治腋下腫。間使，治掌中熱，腋腫肘攣。地五會、陽輔、申脈、委陽、天池、臨泣、俠谿等，主腋下腫。太陵，主肘攣腋腫。臨泣，主腋下腫，胸中滿。丘墟、陽蹻，主腋下腫，寒熱頸腫。少海，療腋下瘰癧。承筋等，主腋腫。

腋下腫痛，最不可忽，予屢見患瘡癤人腋下或發瘡，有至於不可救者，可不早治之乎。

《**針灸資生經·腕勞**》 曲池、腕骨等，主腕急。陽谿，療臂腕外側痛不舉。列缺，療腕勞，臂肘痛。《銅》云：手腕無力。偏歷，療臂髆肘腕酸痛，難伸屈。外關，療肘腕酸重。後谿，療肘臂腕重。通里，療肘腕酸重。

《**針灸資生經·肘痛**》 前谷、後谿、陽谿，主肘攣。魚際、靈道，主肘攣柱滿。太陵，主肘攣腋腫。中膂俞、譩譆，主腋攣。曲池，主肘中痛。曲池、腕骨、臑會、支溝、肘窌，主肘節痺，臂酸重，腋急痛，肘難屈伸。中衝等，主肘痛。關衝，主肘疼，不能自帶衣。間使，主肘內廉痛。曲池、三里、關衝、中渚、陽谷、尺澤，主肘痛時寒。曲池，主肘痛。肩外俞，主肘寒。天宗，治臂肘外後廉痛。天髎，治肩肘痛。肘髎，治肘節風痹，臂痛不可舉，屈伸攣急。《明下》云：肘臂酸重，麻痺不仁。魚際，治肘攣支滿。靈道、尺澤、少海，治肘攣。支正、內關、陽谿，治驚掣，肘臂不舉。極泉，治臂肘厥寒。竅陰、手三里，治手臂肘攣不伸。後谿，治臂肘攣急。附分，治臂肘不仁。腕骨，治偏枯，臂肘不得屈伸。五里、天井、下廉，治臂肘痛。

衝陽、曲池，治肘中痛。魚際，療肘攣支滿，喉中焦乾渴，痓上氣。偏歷、三里，療肘臂酸重，屈伸難。中渚，療肘臂酸痛。大淵，療肘痛。曲池，療肘痛屈伸難，手不得舉，偏風半身不遂，捉物不得，挽弓不開，肘臂偏細。孔最，療肘臂厥痛屈伸難，手不及頭，不握。支正，療肘臂攣，難屈伸，手不握，十指盡痛。肘髎，療肘臂酸重，不可屈伸，麻痺不仁。天井，療肘痛引肩，不可屈伸，頸項及肩背痛，臂痿不仁。掖門，療肘痛不能上下。列缺，主肘中痛。

《甲乙經》云：五里在肘上三寸大脈中。《玉篇》說肘云：臂節也，此臂之下節也，宓子賤使書吏書，而掣其肘，蓋其臂節也，當以此求之。

《**針灸資生經·手麻痺不仁**》 中封，治身體不仁。少商，主手不仁。肩貞，主手髍小不舉。內庭，主四厥手足悶。列缺，主四支厥，喜笑。曲池、支溝、臑會、腕骨、肘窌，主節痺。曲池、天井、外關，主臂痿不仁。白環俞，療手足不仁。曲池，主手不舉，又主手不可舉重，腕急，肘中痛，難屈伸。間使，主手痛。陽谿，主臂腕外側痛不舉。中衝、少衝、勞宮、太泉、經渠、列缺，主手掌熱，肘中痛。勞宮，療手掌厚瘡痺，手皮白屑起。勞宮，治手痺。附分，治肘臂不仁。上廉，治手足不仁。肘髎、天井，療肘臂不仁。

有貴人手中指攣，已而無名指、小指亦攣，醫爲灸肩髃、曲池、支溝而愈，支

溝在腕後三寸，或灸風疾，多有不灸支溝，只灸合谷云。

《針灸資生經·手指攣》 養老，主手不得上下。陰交，主手足拘攣。大陵，主手攣不伸。心俞、肝俞，主筋急手相引。少商，治手攣指痛。少府，治掌中熱，股膝攣急，胸中痛，手卷不伸。少衝，療手卷不得伸。外關，療肘腕酸重，屈伸難，十指痛不得握。《銅人》云：治肘臂不得屈伸，五指痛，不能握物。後谿，療肘臂腕重，難屈伸，五指盡痛，不可掣。中渚，療肘臂酸痛，手五指不握，盡痛。《銅人》云：治咽腫，肘臂痛，五指不得屈伸。腕骨、中渚，主五指掣，不可屈伸。大陵，主手掣小偏。尺澤，主掣痛，手不可伸。治手足指掣痛不可忍，灸指端七壯，立差。腕骨，治瘈瘲，五指掣。扁骨，療指臂痛。

《針灸資生經·手熱》 小兒食時頭痛，及五心熱，灸譩譆各一壯。内關，主手中風熱。中衝、少衝、太泉、勞宮、經渠、列缺，主手掌熱，肘痛。太谿，主手足寒至節。曲澤，主手清逆氣。巨闕，主手清。經渠、列缺、少衝、中衝、間使、太淵，治掌中熱。間使，治掌中熱。中衝，治掌熱。陽陵泉，治腳冷。大都，治手足逆冷。少商，治掌熱。豐隆，治厥逆。

内庭、章門，治厥逆。行間，治四支冷。曲池等，肩外俞，主肘寒。太谿，治手足冷。五心之熱，小兒傷食證也，大人亦然。若手足寒清過節，證惡可知，當早隨證針灸之，毋使至於此極方可。清，猶寒也。《禮記》言：冬溫而夏清，是已。針灸法見四支厥。

《針經摘英集·治病直刺訣》 治臂膊疼痛不可忍，刺足少陽經肩井穴，手陽明經肩髃穴，次曲池穴，得氣先瀉後補之，灸亦大良，可灸三壯。

《扁鵲神應針灸玉龍經·盤石金直刺秘傳》 手臂攣不能握物：合谷，痛瀉之。痲，補之。

腿行步難：髖骨。痛，瀉之。拘攣，補之。

手臂膊痛紅腫：合谷。

《世醫得效方·臂痛》 針法：肩(隅)〔髃〕一穴，隨時而愈。

《普濟方·針灸門·風勞》 治風勞，臂肘不仁，穴：附分。

治風勞痺逆，狂邪，膝冷，手節攣縮，身癮疹，腹脹少氣，頭重風勞，穴：伏兔，灸腦戶五壯，針三分，補之。

《普濟方·針灸門·腎虛》 治背痛身熱，穴：下焦俞。

《普濟方·針灸門·背痛》 治背痛引頭，穴：附分。

治脊強，背尻骨重，穴：崑崙。

治背惡寒痛，脊強，難俯仰，穴：膈關、秩邊、京骨。

治背痛惡寒，脊強俯仰難，食飲不下，嘔噦，多涎唾，胸噎悶，穴：膈俞。

治胸背痛，惡風寒，食不下，嘔吐，及胸脇脹滿，穴：意舍。

治背膊痛，胸中瘀血，肩背不得屈伸而痛，穴：巨骨。

治背膊痛，穴：魄戶。

治背脊強急，穴：神堂。

治胸背急，穴：氣戶。

治氣注背髆拘急，穴：大椎。

治胸背拘急，穴：承筋。

治胸背相引痛，穴：不容。

治胸背拘急，胸滿膨膨，穴：經渠。

治痺走胸背痛，穴：魚際。

治背痺悶，肩膊間急痛，背氣不能引顧，咳逆上喘，穴：魄戶。

治背中氣上下行，脊背腹痛，穴：胃俞。

治背痛俯仰不得，穴：志室。

治背痛，穴：巨闕，灸。胸堂。灸。

治背僂如龜背，生時被客風，拍著脊骨，達於髓所致，穴：肺俞、心俞、膈俞。各灸三壯。

治溫瘧寒瘧，背悶氣滿，腹脹氣眩，及胸中痛引腰背，穴：譩譆。

治胸背寒慄，穴：列缺。

治胸脇徹背痛，穴：雲門。

治肩臂急痛手不上頭，灸肩外頭近後，以手按之宛宛凹處，灸七壯便愈。此是勞家病，宜檢風條中。

《普濟方·針灸門·肩背酸痛》 療肩背連胸痛，不可俯仰，穴：神堂。

治肩背急，引缺盆痛，穴：商陽。

治溫瘧，肩背痛，穴：譩譆。

治肩背痛，穴：中府。

治肩背急，穴：附分。

治肩痛，胸腹滿，洒淅寒熱，肩背急，穴：神堂。

治肩背急，腰脊強不得俯仰，穴：三焦俞。

治肩背頸項痛，穴：湧泉。

治肩背痛，穴：天牖、缺盆、神道、大杼、天突、水道、巨骨。

治肩背寒痙，肩胛內廉痛，穴：膈俞、譩譆、京門、尺澤。

治肩背痛欲折，穴：天柱。

療肩痛，穴：肝俞。

治肩痛周痺，氣注肩膊拘急疼悶痛，穴：曲垣。

治肩背熱痛，而寒至肘，又療肩痛發寒熱，引項強，穴：肩井。

治頸項不得顧，肩膊悶，兩手不得向頭，或因撲傷，穴：肩外俞。

治肩痛不能舉，穴：雲門、秉風。

治肩中熱痛，穴：肩貞。

治肩胛痛，穴：天宗。

治肩痛，引項不得顧，穴：天窗。

療髆胛小指痛，穴：前谷。

療肩欲折，穴：養老。

療肩不舉，不能衣帶，穴：青靈。

療肩重不舉，穴：肩窌。

治肩痛欲折，穴：養老、天柱。

治肩痛不可屈伸，穴：天井。

治肩重痛不舉，穴：曲池、天窌。

治肩痛不能搖動，穴：巨骨。

治肩胛痛，而寒至肘，穴：肩外俞。

治肩腋前痛，與胸相引，穴：前腋。

治肩臑痛，穴：後谿。

治肩肘痛引頸項急，寒熱，缺盆中痛，汗不出，胸中煩悶，穴：天髎。

治厥逆肩臂不舉，穴：章門。

治肩重不能舉臂肘，穴：肩髎。

治肩背不得屈伸，穴：巨骨。

治肩引胸臂急，穴：居髎。

治寒熱肩腫，引胛中痛，臂痠無力，穴：臑腧。

療肩臂痠重，穴：支溝。

治肩臂痠重，穴：關衝。

治肩臂疼，穴：腕骨。

治肩重臂痛，穴：天宗。

治肩背寒慄，少氣不足以息，寒厥，交兩手而驚，凡實則肩背熱，背汗出，四肢暴腫；虛則肩寒慄，氣不足以息，穴：列缺。

治頸項及肩背痛，穴：天井。

治腰背痛：灸：三焦俞。

治背髆急，穴：大椎。

治背痛身熱，穴：下焦俞。

治肩腫不得顧，穴：氣舍。

《普濟方·針灸門·臂痛》 治臂細無力，痠疼，臂冷而緩，穴：肩髃。

《滄寮方》云：唐甄權以母病，與弟立言習醫，隋開皇初爲秘書正字，後除魯州刺史。庫狄欽苦患風，手不得引，諸醫莫能療。權曰：但將弓箭向垛，一針，可以射矣，針其肩髃一穴，應時而愈。唐貞觀中，一百三歲，太宗幸其家，視其飲食，訪以藥性，因授朝散大夫，賜几、杖、衣服，其修撰《脈經針法明堂銅人圖》一卷，至今行焉。《唐史》。

治臂腫痛，屈伸難，穴：間使。

治肩重不舉，臂痛，穴：肩窌。

治肩中熱，指臂痛，穴：扁骨，即肩髃。

治臂腫，穴：乳根。

治臂內廉痛，穴：太淵。

治腰引小腹痛，肩引胸臂攣急，手臂不得舉至肩背，穴：居髎。

治臂痛不得舉，穴：臂臑、肘髎。

治臂痛，穴：聽宮。

治臂厥痛，穴：孔最，可針。

治臂腕外側痛不舉，穴：陽谷。

治臂不得舉，穴：液門，前谷。

治因折傷，手腕捉物不得，肩臂痛不舉，穴：陽池。

治臂肘厥寒，穴：極泉。

治臑縱，肩臂不舉，不得帶衣，穴：清冷淵。

治肩欲折，臂如拔，臂痛不能自上下，穴：養老。

治臂痿無力，穴：臑腧。

治厥逆，肩臂不舉，穴：章門。

治肩臂不能屈伸而痛，穴：巨骨。

治臂痛不得舉，氣腫痓痛，穴：臑會。

治手臂攣急，穴：肩髃。

治風痺手臂不舉，穴：尺澤、肩貞。

治痿臂，穴：合谷。

治臂不舉，穴：陽谷。

治臂痛，穴：天宗、五里。

治臂急，穴：後谿。

治臂不伸，穴：竅陰、腕骨。

治臂不仁，穴：附分。

治臂不舉，穴：巨骨、前谷。

治臂不及頭，穴：尺澤、關衝、外關、竅陰。

治臂攣急，手不上舉，穴：前腋。

治臂攣，顏色焦枯，勞氣失精，肩臂痛不得上頭，穴：肩髃、百壯。少海、神門。

治臂痛手痛，穴：液門。

治臂痛，穴：肩髃、天宗、陽谷。

治臂重痛，肘攣，穴：前谷、後谿、陽谷。

治臂內廉痛，穴：太淵、經渠。

治臂腕急，腕外側痛，腕如拔，穴：腕骨、曲池、前谷、陽谷。

治肩臂痛，穴：腕骨、天宗。

治手臂身熱，穴：列缺。

治臂痛，穴：後谿，手三里、曲池。

治肩膊疼痛不可忍，刺足少陽經肩井穴，手陽明經肩髃穴，次曲池穴，得氣先瀉後補之。灸亦大良，可三壯。

治臂細無力，手不得向頭，穴：臂臑、肩髃。

治臂痛，穴：少海、乳根、聽宮。

治肘臂痠疼，穴：中渚、孔最、支正、肘窌。

《普濟方・針灸門・肩痺痛》 治肩胛周痺，穴：曲垣。

治肩中熱痛，頭不可顧，穴：肩貞、肩髎、關衝。

治肩重痛不舉，穴：曲池、天窌。

治肩不舉，不得衣帶，穴：清冷淵、陽谷。

治肘痛引肩，不得屈伸，穴：天井。

治肩痺，穴：肩外俞。

《普濟方・針灸門・腋痛》 治腋拘攣，暴脈急引脇痛，穴：譩譆。

治股腋攣急，穴：少府。

治肘腋腫，小腹痛，穴：少海。

治肩臂痠重，脇腋痛，四肢不舉，穴：支溝。

治肘攣，腋脇下痛，四肢不舉，穴：支溝。

治掌中熱，腋腫肘攣，穴：間使。

治腋下腫，穴：天池、膽俞、委陽、陽輔。

治腋下腫，穴：地五會、陽輔、申脈、委陽、天池、臨泣、俠谿。

治肘攣腋腫，穴：大陵。

治腋下腫，胸中滿，穴：臨泣。

治腋下腫，痿厥，坐不能起，髀樞中痛，目生翳膜，腿胻痠，轉筋卒疝，小腹堅，寒熱頸腫，穴：丘墟。

治腋下腫，寒熱頸腫，穴：丘墟、陽蹻。

治腋腫，穴：承筋。

治腋下臭，出《海上方》。先以炭煤擦之，卻洗去，有黑點處，乃孔也，以艾灸之，去根。

《普濟方・針灸門・肘痛》 治肘攣腋腫，柱滿，穴：大陵。

治腋攣，穴：中膂俞、譩譆。

治肘中疼，穴：曲池。

治肘節痺，臂痠重，腋急痛，肘難屈伸，穴：曲池、腕骨、臑會、支溝、肘窌。

治肘痛，穴：中衝。

治肘疼不能自帶衣，穴：關衝。

治肘內廉痛，穴：間使。

治肘痛時寒，穴：曲池、三里、關衝、中渚、陽谷、尺澤。

治臂肘外後廉痛，穴：天宗。

治肘寒，穴：肩外俞。

治肩肘痛，穴：天髎。

治肘節風痺，臂痛不可屈伸，攣急，肘臂痠重，痲痺不仁，穴：肘髎。

治肘攣支滿，穴：魚際。

治肘攣，穴：靈道、尺澤、少海。

治驚掣，肘臂不舉，穴：支正、內關、陽谿。

治臂肘厥寒，穴：極泉。

治手臂肘攣急，不伸，穴：竅陰、手三里。

治臂肘不仁，穴：附分。

治偏枯，臂肘不得屈伸，穴：腕骨。

治臂肘攣急，穴：後谿。

治臂肘痛，穴：五里、天井、下廉。

治肘中痛，穴：衝陽、曲池。

治肘攣支滿，喉中焦乾渴，頸上氣，穴：魚際。

治肘臂痠重，屈伸難，穴：偏歷、三里。

治肘臂痠痛，穴：中渚。

治肘痛，穴：太淵。

治肘痛，屈伸難，手不得舉，偏風半身不遂，捉物不得，挽弓不得開，肘臂偏細，穴：曲池。

療肘臂厥痛，屈伸難，手不及頭，手不握，十指盡痛，穴：孔最。

療肘臂攣，難屈伸，手不握，十指盡痛，穴：支正。

療肘臂痠重，不可屈伸，痲痺不仁，穴：肘窌。

療肘痛引肩，不可屈伸，頸項及肩背痛，臂痿不仁，穴：天井。

療肘痛不能上下，穴：列缺。

治肘痛，穴：液門、五里。

《普濟方・針灸門・腠理痛》 治背腠寒慄，重衣不得溫，穴：陽白。

治腠中痛，穴：肝俞。

治背腠寒，穴：次髎。

治腰下至足不仁，背腠寒，小便赤淋，心下堅脹，穴：次髎。

《史記》扁鵲之言曰：疾居腠理，湯熨之所及也；在血脈，針石之所及也；在腸胃，酒醪之所及也；其在骨髓，雖司命無奈之何也。夫疾之在骨髓，蓋始於居腠理也，使居腠理而能治，雖不如聖人之治於無病，亦如賢者之治將病也。齊桓侯乃以醫爲好利，欲治不疾以爲功，而卒至於不可救。不特齊侯爲然，人皆然也。吾故志扁鵲之言於腠理之末以戒之，亦使醫者當治人於將病焉耳。

《神應經・胸背脇部》 肩背痠疼：風門、肩井、中渚、支溝、後谿、腕骨、委中。

背膊項急：大椎。

缺盆腫：足臨泣、太淵、商陽。

肩痺痛：肩髃、天井、曲池、陽谷、關衝。

《神應經・手足腰腋部》 手臂痛不能舉：曲池、尺澤、肩髃、三里、少海、太淵、陽池、陽谿、陽谷、前谷、合谷、液門、外關、腕骨。

臂寒：尺澤、神門。

臂內廉痛：太淵。

臂腕側痛：陽谷。

手腕動搖：曲澤。

腋痛：少海、間使、少府、陽輔、丘墟、足臨泣、申脈。

腕勞：天井、曲池、太淵、腕骨、列缺、液門。

手腕無力：列缺。

肘臂痛：肩髃、曲池、通里、手三里。

肘攣：尺澤、肩髃、小海、間使、大陵、後谿、魚際。

肩臂痠重：支溝。

肘臂手指不能屈：曲池、三里、外關、中渚。

手臂麻木不仁：天井、曲池、外關、經渠、支溝、陽谿、腕骨、上廉、合谷。

手臂冷痛：肩井、曲池、下廉。

手指拘攣筋緊：曲池、陽谷、合谷。

兩手拘攣，偏風癮疹，喉痺，胸脇塡滿，筋緩，手臂無力，皮膚枯燥：曲池，先瀉後補，肩髃、手三里。

風痺肘攣不舉：尺澤、曲池、合谷。

肩膊煩疼：肩髃、肩井、曲池。

五指皆疼：外關。

手攣指痛：少商。

腋肘腫：尺澤、小海、間使、大陵。

腋下腫：陽輔、丘墟、臨泣。

手熱：曲池、曲澤、內關、列缺、經渠、太淵、中衝、少衝、勞宮。

手臂紅腫：曲池、通里、中渚、合谷、手三里、液門。

掌中熱：列缺、經渠、太淵。

《針灸聚英·雜病》 肩臂痛：

痰濕爲主，灸肩髃、曲池。

《古今醫統大全·針灸直指·諸證針灸經穴》 肩臂痛：肩髃、曲池。並宜針宜灸。

《醫學綱目·肩背痛》 肩背痛

針灸肩背有二法：其一取肺。經云：肺病者喘咳逆氣，肩背痛，汗出，取其經太陰足太陽之外厥陰內血者。又云：肺手太陰之脈，氣盛有餘，則肩背痛，風寒汗出，氣虛則肩背痛，寒少氣不足以息，視盛虛熱寒陷下取之是也。

其二取腎。經云：邪在腎則病肩背頸項痛，時眩，取之湧泉、崑崙，視有血者盡取之是也。

肩背痛連胛：胛縫、在背端骨下，直腋縫尖及臂，取二寸半，瀉六吸。五樞。二寸半，瀉八吸。

肩背胛痛：崑崙、懸鍾、肩井。

肩背頸項腋前痛，與胸相引者：湧泉、一分，見血，妙。前腋。刺面上一寸。

又法：氣舍、五分，天窌、灸，曲池、一寸半，天井。五分。

肩背痺痛不舉，血瘀肩中，不能動搖，巨骨主之。肩背不可自帶衣，臂腕外側痛不舉，陽谷主之。肩背欲折，臑如拔，手不能自上下，養老主之。項背痛引頸，魄戶主之。肩痛胸滿悽厥，脊背急強，神堂主之。肩背髀痛，臂不舉，寒熱悽索，肩井主之。

肩背痛，手三里主之。

肩痛

針灸肩痛有三法：

其一取手陽明。經云：大腸手陽明之脈所生病者，肩前臑痛，視盛虛熱寒陷下取之也。

其二取手太陽。經云：小腸手太陽之脈，是動，則病肩似拔，臑似折，視盛虛熱寒陷下取之也。

其三取筋。經云：手太陽之筋病，繞肩胛引頸而痛，應耳中鳴痛，手陽明足太陽之筋皆病，肩不舉，皆治在燔針劫刺，以知爲數，以痛爲腧也。

肩不可動，臂不可舉：肩髃、二寸半。巨骨、五分。清冷淵、一寸。關衝。五分。

肩端腫：肩髃、二寸半，瀉九吸。腕骨。七分，先瀉後補。

兩胛痛：肩井、二寸半，不宜久停針。支溝。

肩腫不能顧，氣舍主之。肩中熱，指臂痛，肩髃主之。肩肘中痛難屈伸，手不可舉，腕重急，曲池主之。肩肘節酸重，臂痛不可屈伸，肘窌主之。肩痛不能自舉，汗不出，頸痛，陽池主之。肩重，肘臂痛不可舉，天宗主之。肩胛周痺，曲垣主之。肩胛中痛而寒至肘，肩外腧主之。肩髆閉急，悽厥惡寒，魄戶主之。肩痛不可舉，天窌、秉風主之。肩重不舉，臂痛，肩窌主之。肩不可舉，不能帶衣，清冷淵主之。肩痛不可舉，引缺盆，雲門主之。

《楊敬齋針灸全書·手臂冷風痛》

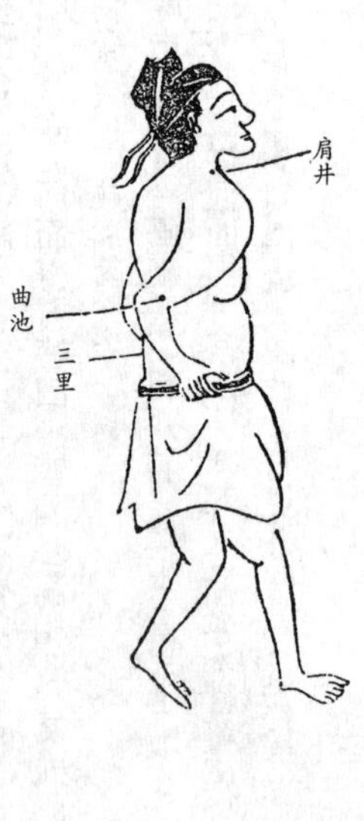

《針灸大成·手足腰腋門》手臂痛不能舉：曲池、尺澤、肩髃、三里、少海、太淵、陽池、陽谿、陽谷、前谷、合谷、液門、外關、腕骨。

臂寒：尺澤、神門。

臂內廉痛：太淵。

臂腕側痛：陽谷。

手腕動搖：曲澤。

腋痛：少海、間使、少府、陽輔、丘墟、足臨泣、申脈。

肘勞：天井、曲池、間使、陽谿、中渚、陽谷、太淵、腕骨、列缺、液門。

手腕無力：列缺。

肘臂痛：肩髃、曲池、通里、手三里。

肘攣：尺澤、肩髃、小海、間使、大陵、後谿、魚際。

肩臂痠重：支溝。

肘臂手指不能屈：曲池、三里、外關、中渚。

手臂麻木不仁：天井、曲池、外關、經渠、支溝、陽谿、腕骨、上廉、合谷。

手臂冷痛：肩井、曲池、下廉。

手指拘攣筋緊：曲池、陽谷、合谷。

手熱：勞宮、曲池、曲澤、內關、列缺、經渠、太淵、中衝、少衝。

手臂紅腫：曲池、通里、中渚、合谷、手三里、液門。

風痹肘攣不舉：尺澤、曲池、合谷。

兩手拘攣，偏風癮疹，喉痹，胸脇（填）〔䐜〕滿，筋緩，手臂無力，皮膚枯燥：曲池、先瀉後補，肩髃、手三里。

肩膊煩疼：肩髃、肩井、曲池。

五指皆疼：外關。

手攣指痛：少商。

掌中熱：列缺、經渠、太淵。

腋肘腫：尺澤、小海、間使、大陵。

腋下腫：陽輔、丘墟、足臨泣。

《針灸大成·胸背脇門》肩背痠疼：風門、肩井、中渚、支溝、後谿、腕骨、委中。

肩痹痛：肩髃、天井、曲池、陽谷、關衝。

《針灸大成·續增治法·雜病》肩臂痛：痰濕爲主。灸肩髃、曲池。

《針灸大成·治證總要》第三十九：手臂麻木不仁：肩髃、曲池、合谷。

問曰：此證從何而得？答曰：皆因寒濕相搏，氣血凝滯，故麻木不仁也。復刺後穴：肩井、列缺。

第四十：手臂冷風痠痛：肩井、曲池、手三里、下廉。

問曰：此證從何而得？答曰：寒邪之氣流入經絡，夜卧涼枕，竹簟、漆凳，冷處睡着不知，風濕流入經絡，故得此證。復刺後穴：手五里、經渠、上廉。

第四十一：手臂紅腫疼痛：五里、曲池、通里、中渚。

問曰：此證緣何而得？答曰：氣血壅滯，流而不散，閉塞經脈不通，故得此證。復刺後穴：合谷、尺澤。

第四十二：手臂紅腫及疽：中渚、液門、曲池、合谷。

問曰：此證從何而得？答曰：血氣壅滯，皮膚瘙癢，用熱湯泡洗，而傷紅腫，故得此證。久而不治，變成手背疽。復刺後穴：上都、陽池。

第四十三：手臂拘攣，兩手筋緊不開：陽池、合谷、尺澤、曲池、中渚。

問曰：此證從何而得？答曰：皆因濕氣處卧，暑月夜行，風濕相搏，或酒醉行房之後，露天而眠，故得此證。復針後穴：肩髃、中渚、少商、手三里。

第四十四：肩背紅腫疼痛：肩髃、風門、中渚、大杼。

問曰：此證從何而得？答曰：皆因腠理不密，風邪串入皮膚，寒邪相搏，血氣凝滯。復刺後穴：膏肓、肺俞、肩髃。

《類經圖翼·針灸要覽·諸證灸法要穴》肩臂冷痛：凡人肩冷臂痛者，每遇風寒，肩上多冷，或日須熱手撫摩，夜須多被擁蓋，庶可支持。此以陽氣不足，氣血衰少而然。若不預爲之治，恐中風不隨等證，由此而成也。須灸肩髃二穴，方免此患。蓋肩係兩手之安否，環跳係兩足之安否，此不可不灸之。輕者七壯，風寒盛者十四壯爲率，或分二三次報之，但不可過多，恐臂細也。若灸環跳，則四五十壯無害。

臂痛不舉：肩井、肩髃、淵腋、曲池、曲澤、後谿、項強肘痛。太淵。手腕痛。

《病機沙篆·痹》針法：手指拘攣，麻痹掣痛，肩膊痠疼：合谷、中渚、陽池、腕骨、外關、肩髃、肩井、手上廉、曲池、尺澤，已上隨證選用。灸法：膏肓、肩井、肩髃，灸之無有不效。

《病機沙篆·臂痛》 針法：肩髆背及兩胛紅腫痠疼，俯仰不便，牽引作痛：肩外俞、肩井、肩髃、胛縫、曲池。

灸法：凡臂痛多作勞所致，技藝辛苦之人與士子攻苦，及閨閣針指女工者有之，亦有色勞者如晉之景公是也，風濕流注於太陽，未必非勞苦時所感也，大凡背及肩臂痠疼當灸：膏肓、肩井、肩髃，無不效驗。背脊心紅腫痛：肩井、肺俞、風門、五樞，宜與痛痺門參看。

《太乙神針心法·胸背脇門》 背腹項急：針大椎。

腰脊痛楚：針委中、復溜。

腰背強直，不能動側：針腰腧、肺腧。

腰背傴僂：針風池、肺腧。

背拘急：針經渠。

肩背相引：針二間、商陽、委中、崑崙。

肩背酸疼：針風門、肩井、中渚、支溝、後谿、腕骨、委中。

偏脇背痛痺：針魚際、委中。

背痛：針經渠、丘墟、魚際、崑崙、京骨。

脊內牽疼不能屈伸：針合谷、復溜、崑崙。

脊強痺身痛不能轉側：針瘂門。

胸連脇痛：針期門、先。章門、丘墟、行間、湧泉。

肩痺痛：針肩髃、天井、曲池、陽谷、關中。

《太乙神針心法·手足腰腋門》 治法

手臂痛不能舉：針曲池、尺澤、肩髃、三里、少海、太淵、陽池、陽谿、陽谷、前谷、合谷、液門、外關、腕骨。

臂寒：針尺澤、神門。

臂內廉痛：針太淵。

臂腕側痛：針陽谷。

手腕動搖：針曲澤。

腋痛：針少海、間使、少府、陽輔、丘墟、申脈、足臨泣。

肘勞：針天井、曲池、間使、陽谿、中渚、陽谷、太淵、腕骨、列缺、液門。

手腕無力：針列缺。

肘臂痛：針肩髃、曲池、通里、手三里。

肘攣：針尺澤、肩髃、少海、間使、大陵、後谿、魚際。

肩臂酸重：針支溝。

肘臂手指不能屈：針曲池、三里、外關、中渚。

手臂麻木不仁：針天井、曲池、外關、經渠、支溝、陽谿、腕骨、上廉、合谷。

手臂冷痛：針肩井、曲池、下廉。

手指拘攣筋緊：針曲池、陽谷、合谷。

手熱：針勞宮、曲池、曲澤、內關、列缺、經渠、太淵、中衝、少衝。

手臂紅腫：針曲池、通里、中渚、液門、手三里。

風痺肘攣不舉：針尺澤、曲池、合谷。

兩手拘攣偏風癮疹，喉痺，胸脇填滿，筋緩，手臂無力，皮膚枯燥：針曲池、先瀉後補。肩髃、手三里。

肩髆煩疼：針肩髃、肩井、曲池。

五指皆疼：針外關。

手攣指疼：針少商。

掌中熱：針列缺、經渠、太淵。

腋肘腫：針尺澤、少海、間使、大陵。

腋下腫：針陽輔、丘墟、足臨泣。

《針灸全生·肩背》 肩背痠痛：風門、肩井、中渚、支溝、後谿、腕骨、委中。

肩背引痛：二間、商陽、委中、崑崙。

背痛：經渠、丘墟、魚際、崑崙、京骨。

肩痺痛：肩髃、天井、曲池、陽谷、關中。

肩背紅腫疼痛：肩髃、風門、中渚、大杼、膏肓、肺俞。

肩背痛：肩髃灸，曲池。肩背風痛：背縫。穴在肩端骨下直腋縫尖，針二寸，灸七壯。

背與心相引而痛：天突、中脘、中樞、關元。

《針灸全生·手臂肘腋指》 手臂麻木：肩髃、曲池、合谷、肩井、列缺。

冷風痠痛：肩井、曲池、手三里、下廉、五里、手，經渠、上廉。

手臂紅腫：五里、曲池、通里、中渚、合谷、尺澤、液門、肩髃。

紅腫及疽：中渚、液門、曲池、合谷、上都、陽池。

手臂拘攣，筋緊不開：陽池、合谷、尺澤、曲池、中渚、肩髃、少商、三里。

臂外廉痛：太淵。臂腕側痛：陽谷。

手臂痛不能舉：曲池、尺澤、肩髃、三里、少海、太淵、陽池、陽谿、前谷、陽谷、合谷、液門、外關、腕骨。

肘臂痛：肩髃、曲池、通里、三里。手腕無力：腕骨、列缺、曲池。

肘勞：天井、曲池、間使、陽谿、陽谷、中渚、太淵、腕骨、列缺、液門。

肘攣：尺澤、肩髃、小海、間使、大陵、後谿、魚際。

手臂麻木：天井、曲池、外關、經渠、支溝、陽谿、腕骨、上廉、合谷。

肘臂手指不能屈伸：曲池、三里、外關、中渚。

手臂冷痛：肩井、曲池、上廉、下廉、三里、五里、經渠、外關。

手指節痛不能屈伸：外關、陽谷、合谷、五虎、腕骨。

手腕起骨痛：名遶踝風，太淵、腕骨、大陵、臨泣。

手膊痛連肩背：臨泣，足。肩井、曲池、中渚。

臂掌不可屈：內關。

手指拘攣伸縮疼痛：臨泣，足。尺澤、陽谿、中渚、五虎，手十指節握拳，指尖小麥柱灸五壯。兩手發熱：五指疼痛，臨泣，足。陽池、液門、合谷。

腋痛：少海、間使、少府、陽輔、邱墟、臨泣，足。申脈。

手熱：勞宮、曲池、曲澤、內關、列缺、經渠、太淵、中衝、少衝。

掌中熱：列缺、經渠、太淵。風痺肘攣：尺澤、曲池、合谷。

腋肘腫：尺澤、少海、間使、大陵。

腋下腫：陽輔、邱墟、臨泣，足。

五指皆疼：外關。

手攣指痛：少商。

手臂生疽：名附筋發背，液門、中渚、合谷、外關、申脈。

手臂背生疽：名附骨疽，申脈、天府、曲池、委中。

《針灸便覽・中風》 肩背引痛：二間、商陽、委中、崑崙。

背痛：經渠、丘墟、魚際、崑崙。

手背冷痛：肩井、曲池、上廉、下廉、三里、五里。

《神灸經綸・中身證略》 肩背痛，肺燥也。當肩背一片冷痛，此有痰飲氣積故也。背心紅腫痛者，風熱也。紅屬火邪，腫爲風勝。經云：歲火太過，民病肩背熱。按背心爲督脈循行部分，督脈貫脊絡腎，風氣從風府而下積而化熱，故取肩井、肺俞之穴，灸而散之。

背上冷痛：神道。

背心紅腫痛：肩井、肺俞、風門、五樞。

肩臂冷痛：凡人肩臂冷痛者，每遇風寒肩上多冷，或日須熱手撫摩，夜須多被擁蓋，庶可支持。此以陽氣不足，氣血衰弱而然。若不預爲之治，恐中風不遂等證由此而成也。須灸肩髃二穴方免此患，蓋肩係兩手之安否，環跳係兩足之安否，此不可不灸。輕者七壯，風寒甚者十四壯，或分二三次報之，但不可過多，恐臂細也。若灸環跳則四五十壯無害。又法：灸膏肓、肩井。

臂痛不舉：肩井、肩髃、曲池、淵液、曲澤，臂肘掣痛。後溪，項強肘痛。大淵，手腕痛。陽谷。手膊痛。

手臂紅腫：液門、中渚。

受濕手足拘攣：曲池、尺澤、腕骨、外關、中渚、五虎。在手食指無名指背間本節前骨尖上各一穴，握拳取之，主治手指拘攣。

臂腕五指疼痛：腕骨、支正。

四肢麻戰踡攣：中渚。

五痺：曲池、外關、合谷、中渚、膏肓、肩井、肩髃。

上中下三部痺痛：足三里。

冷痺：陽陵泉。

足痺不仁：腰俞、懸鍾。濕痺趾疼同治。

手背癰毒：中渚。

渾身搔癢麻痺：風市、懸鍾。

腿叉風：腎俞、環跳、陽陵泉、懸鍾、崑崙。

膝風腫痛：足三里、陽陵泉、陰陵泉、太衝、崑崙。

足發熱：湧泉、然谷。

膝脛冷痛：曲泉、厲兌。

膝臏腫痛：厲兌，此穴合隱白，治夢魘。

《針灸集成・手臂》 手臂：脾主四末，四末即四肢也。手足諸瘡腫痛皆

屬脾胃，凡痛癢瘡瘍皆屬心火也，寒多則筋攣骨痛，熱多則筋緩骨消。治在三陰三陽之脈，病在左治右，在右治左，在裏治表，在表治裏，在上治下，在腹治背，是謂從陽引陰，從陰引陽之法也。

手臂筋攣酸痛，專廢食飲不省人事者：醫者以左手大拇指堅按筋結作痛處，使不得動移，即以針貫刺其筋結處，鋒應於傷筋則痠痛不可忍處，是天應穴也。隨痛隨針，神效，不然則再針。凡針經絡諸穴無逾於此法也。針傷筋則即差，針不傷筋則即蹇，即還刺其穴則少歇矣。

手足指節蹉跌痠痛久不愈：屈其傷指限皮骨內縮，即以圓利針深刺其約紋虛空而拔，諸節傷同。

肘節痠痛：使病人屈肘，曲池穴至近橫紋空虛，以針深刺，穿出肘下外皮，慎勿犯筋，不至十日自差，神效。

肩痛累月，肩節如膠連接不能舉：取肩下腋上兩間空虛，針刺，針鋒幾至穿出皮外，一如治肘之法，慎勿犯骨，兼刺筋結處，神效。

落傷，打撲傷：各隨其經針刺，又取天應穴，針刺後多入艾氣，使其瘀血和解。

兩臂及胸轉筋：大陵、七壯、膻中、巨闕、尺澤。并治手足筋急。

臂細無力：肩髃、曲池、列缺、尺澤、支溝、中渚。

肘腕酸痛重：內關、外關、絶骨、神門、合谷、中脘，針。若筋急，刺天應穴，無不即效。

臂內廉痛皮癢：曲池、肺俞、脾俞、神門，針，中脘，針。

手五指不能屈伸：曲池、下三里、外關、支溝、合谷、中腕，針，絶骨、中渚。又：手大指內廉第一節橫紋頭，一壯，神效。

手臂善動：曲澤、七壯、太衝、肝俞、神門。

手掌熱：內關、列缺、曲池、通里、神門、後谿。

兩手大熱，如在火中：涌泉，灸五壯，立效。

《針灸穴法》 手指節痛不能伸屈，足指節痛不能行：陽骨二穴、五處二穴、宛骨二穴、合谷二穴、內庭二穴、太谿二穴、崑崙二穴。

手指拘攣，伸屈疼痛：尺澤二穴、陽谿二穴、五處二穴、中渚二穴。

兩手發熱，五指節痛：陰池二穴、液門二穴、合谷二穴。

手足痲痺，不知癢痛：太衝二穴、曲池二穴、大陵二穴、合谷二穴、三里二穴、中衝二穴。

兩手酸痛，屈伸難舉：巨厥一穴、肩井二穴、曲澤二穴、曲池二穴、三里二穴。

兩手膻悼，不能屈物：曲澤二穴、宛谷二穴、中渚二穴。

《灸法秘傳・背痛》 太陽之脈行身之背，忽被風濕所侵，則背膂強痛，宜灸身柱則瘳。

《針灸大成・醫案》 乙卯歲，至建寧滕柯山，母患手臂不舉，背惡寒而體倦困，雖盛暑，喜穿綿襖。諸醫俱作虛冷治之。予診其脈沉滑，此痰在經絡也。予針肺俞、曲池、三里穴。是日即覺身輕手舉，寒亦不畏，綿襖不復着矣，後投除濕化痰之劑，至今康健，諸疾不發。若作虛寒，愈補而痰愈結，可不慎歟。

壬申夏，戶部尚書王疏翁，患痰火熾盛，手臂難伸，予見形體強壯，多是濕痰流注經絡之中，針肩髃，疏通手太陰經與手陽明經之濕痰，復灸肺俞穴，以理其本，則痰氣可清，而手臂能舉矣。至吏部尚書，形體益壯。

《太乙神針心法・針案紀略》 太夫人患左臂不仁，所服丸散湯劑、藥酒無算，甚且艾灸、鐵針，備嘗痛楚而莫之一效，垂十餘年如一日。先生爲針肩井、肩髃、曲池，各二十一針，宿疾頓瘳，太夫人喜甚。【略】

適富公在座云：前承惠我神針，我途中自試，因不知穴道，即於痛處着針，針後本處之痛除，而痛流於他處，再於所流痛處針之，則痛仍歸本處。以此痛益甚，奈何？先生曰：此乃徒治其流，不治其源之故也。爲伊針數穴，針畢痛除。即往箭廳，挽強弓，射百步外，矢皆貫革。富公喜曰：我以臂病，不親弧矢者已十年矣，今復得一逞少年伎倆，何快如之！

下肢病證

《素問・骨空論》 蹇膝伸不屈治其楗，〔王冰注〕蹇膝，謂膝痛屈伸蹇難也。楗謂髀輔骨上橫骨下股外之中，側立搖動取之，筋動應手。坐而膝痛治其機，〔王冰注〕髖骨兩傍相接處。立而暑解，治其骸關，〔王冰注〕暑，熱也。若膝痛立而膝骨解中熱者，治其骸

關，骸關謂膝解也。一經云：起而引解。言膝痛起立，痛引膝骨解之中也。暑、引二字，其義則異。起、立二字，其意頗同。膝痛痛及拇指治其膕，〔王冰注〕膕，謂膝解之後曲腳之中委中穴，背面取之，脈動應手，足太陽脈之所入，刺可入同身寸之五分，留七呼，若灸者可灸三壯。坐而膝痛如物隱者治其關，〔王冰注〕關在膕上，當楗之後，背立按之，以動搖，筋應手。膝痛不可屈伸，治其背內，〔王冰注〕謂大杼穴也，所在灸刺分壯與氣穴同法。連骱若折，治陽明中俞髎，〔王冰注〕若膝痛不可屈伸，連骱痛如折者，則針陽明脈中俞髎也，是則正取三里穴也。若別治巨陽少陰滎，〔王冰注〕若痛而膝如別離者，則治足太陽、少陰之滎也，足太陽滎，通谷也，在足小指外側本節前陷者中，刺可入同身寸之二分，留五呼，若灸者可灸三壯。足少陰滎，然谷也，在足內踝前起大骨下陷者中，刺可入同身寸之三分，留三呼，若灸者可灸三壯。淫濼脛痠，不能久立，治少陽之維，在外上五寸。〔王冰注〕淫濼，謂似酸痛而無力也，三寸一云四寸，《中誥圖經》外踝上四寸無穴，五寸是光明穴也，足少陽之絡，刺可入同身寸之七分，留十呼，若灸者可灸五壯。

《靈樞·厥病》 足髀不可舉，側而取之，在樞合中，以員利針，大針不可刺。

《靈樞·雜病》 膝中痛，取犢鼻，以員利針發而間之。針大如氂，刺膝無疑。

《太素·雜病·髀疾》 髀不可舉，側而取之，在樞合中，以員利針，大針不可。足太陽脈過髀樞中，即爲樞合也。

《太素·雜病·膝痛》 膝中痛，取犢鼻，以員利針，針發而間之，針大如氂，刺膝無疑。犢鼻，足陽明脈氣所發，故膝痛取之。

《千金要方·針灸下·四肢》 腳病：崑崙，主腳如結踝如別。京骨、承山、承筋、商丘，主腳攣。行間，主厥足下熱。然谷，主足不能安，脛酸不能久立。中都，主足下熱，脛寒不能久立，濕痺不能行。陰陵泉，主足痺痛。承山、承筋，主腳脛酸，腳急跟痛，腳筋急痛兢兢。復留，主腳後廉急不可前卻，足跗上痛。京骨、然谷、腎輸，主足寒。僕參，主足跟中踝後痛。太谿，主手足寒至節。太谿、次窌、膀胱輸，主足清不仁。地倉、太泉，主足踒躄不能行。光明，主痿躄坐不能起。浮白，主足緩不收。天柱、行間，主足不任身。衝陽、三里、僕參、飛揚、復留、完骨，主足痿失履不收。條口、三里、承山、承筋，主足下熱不能久立。風府、腰輸，主足不仁。丘墟，主腕不收，坐不得起，髀樞腳痛。陽輔、陽交、陽陵泉，主髀樞膝骨痺不仁。環銚、束骨、交信、陰交、陰舍，主髀樞中痛不可舉。臨泣、三陰交，主髀中痛不得行，足外皮痛。申脈、隱白、行間，主脛中寒熱。太衝、涌泉，主脛酸。付陽，主腨外廉骨痛。飛揚，主腨中痛。復留，主脛寒不能自溫。至陰，主風寒從足小指起脈痺上下。至陽，主脛疼，四肢重，少氣難言。厲兌、條口、三陰交，主脛寒不得卧。內庭、環銚，主脛痛不可屈伸。陽間、環銚、承筋，主脛痺不仁。涌泉、然谷，主五指盡痛，足不踐地。凡髀樞中痛不可舉，以毫針寒而留之，以月生死爲息數，立已。

膝病：風市，主兩膝攣痛，引脇拘急，軃躄或青或焦或枯或黧如腐木。曲泉，主膝不可屈伸。中封，主少氣，身重濕，膝腫，內踝前痛。太衝，主膝內踝前痛。解谿、條口、丘墟、太白，主膝股腫胻酸轉筋。合陽，主膝股重。上廉，主風水膝腫。犢鼻，主膝中痛不仁。梁丘、曲泉、陽關，主筋攣膝不得屈伸，不可以行。陰市，主膝上伏兔中寒。髀關，主膝寒不仁，痿痺不得屈伸。俠谿、陽關，主膝外廉痛。光明，主膝痛脛熱不能行，手足偏小。犢鼻，主膝不仁，難跪。膝關，主膝內廉痛引臏，不可屈伸，連腹引喉咽痛。凡犢鼻腫，可灸不可刺，若其上堅勿攻，攻之即死。

《千金翼方·中風下·中風》 仁壽宮備身患腳，奉勑針環銚、陽陵泉、巨虛下廉、陽輔，即起行。大理趙卿患風，腰腳不隨，不得跪起，針上窌二穴，環銚二穴，陽陵泉二穴，巨虛下廉二穴，即得跪起。

《千金翼方·針灸下·雜法》 治冷痺脛膝疼，腰腳攣急，足冷氣上，不能久立，有時厭厭嗜卧，手腳沈重，日覺羸瘦，此名復連病。令人極無情地，常愁不樂，健忘嗔喜，有如此候，即宜灸之。當灸懸鍾穴，在足外踝上三指當骨上，各灸隨年壯，一灸即愈，不得再灸也。取法：以草從手指中文橫三指，令至兩畔齊，將度外踝從下骨頭與度齊，向上當骨點之兩腳，令三姓人灸之，候天晴日，午後在門外四達道上灸之，神良，若年月久更發，依法更灸，若意便欲多者，七日外更灸七壯。

《扁鵲心書·附竇材灸法》 行路，忽上膝及腿如錐，乃風濕所襲，於痛處灸三十壯。腳氣少力，或頑麻疼痛，灸湧泉穴五十壯。

《針灸資生經·足麻痹不仁》 至陰，主風寒從足小指起，脈痹上下。陰陵泉，主足痺痛。中都，主足濕痺不能行。陽輔、陽交、陽陵泉，主髀樞膝骨痺不仁。陽關、環跳、承筋，主脛痹不仁。腰俞、風府，主足不仁。膀胱俞、大

谿、次窌，主足清不仁。陽關，主脛痺不仁。浮郄，治髀樞不仁。膀胱俞，治脚足不仁。白環俞，療手足不仁。上廉，治手足不仁。犢鼻、髀關，陽陵泉，主膝不仁。

《列子》載偃師造偶云：廢其腎則足不能行。是足之不能行，蓋腎有病也，當灸腎俞，或一再灸而不效，宜灸環跳、風市、犢鼻、膝關、陽陵泉、陰陵泉、三里、絶骨等穴，但按略痠疼，即是受病處，灸之無不效也。

《針灸資生經·足寒熱》 至陰，主風寒從足小指起，脈痺上下。腎俞、京骨、然谷，主足寒。陰市，主膝上伏兔中寒。行間，主厥，足下熱。中都，主足下熱，脛寒不能久立，濕痺不能行。三里、條口、承山、承筋，主足下熱，不能久立。委中，治足熱厥逆滿，取其經血立愈。涌泉，治足下熱，喘滿，乃熱厥也，齊王患此，針之愈。至陰，治下熱。然谷，治足一寒一熱。大都，治手足逆冷。隱白、太衝，治足寒。中封，治足逆冷。陽陵泉，治足冷無血色。復溜，主骭寒，不能自溫。漏谷，療足熱腿冷疼，不能久立，痲痺不仁。《史記》濟北王阿母足熱而懣，太倉公曰：熱蹶也，刺其足心各三所，案之無出血，病旋已。病得之飲酒大醉。

《針灸資生經·足雜病》 僕參，治足跟痛，不得履地，脚痿轉筋。浮郄，治脚股筋急，髀樞不仁。付陽，治髀樞股骭痛。飛揚，治足指不屈伸。經渠，治足心痛。築賓，治足腨痛。承筋，治脚腨痠。涌泉，療心中結熱，脚底白肉際不得履地，《明下》云：療足指盡疼，不得踐地。《千》云：涌泉、然谷，主五指盡痛，足不履地。三陰交，療不能行。三陰交，療足痿不能行。上廉，療脚重不得履地。崑崙，療脚重不得履地。崑崙，治踹腫不得履地。然谷，治足跗腫，不得履地。中都，主脛寒。絶骨，灸百壯，治風身重脛寒。條口，療脛寒。梁丘，療大驚脛痛，冷痹膝痛，不屈伸。

《難經疏》云：足脛寒者，腎主骨，有病先脛冷也，當以此求之。

然谷，主足不能安，脛痠不能久立。涌泉、太衝，主脛痠。至陽，主脛疼，四支重，少氣難言。承山、承筋，主脚脛痠，脚急跟痛，脚筋急痛。環跳、內庭，主脛痛，不可屈伸。陽關，主脛痹不仁。至陽，主脛痠。膀胱俞，治脛寒拘急，不得屈伸。丘墟，療足腕不收，足脛偏細。復留，主脛寒。環跳、束骨、交信、陰交、陰谷主髀樞中痛不可舉。臨泣、三陰交，主髀中痛，不得行，足外皮痛。凡髀樞中痛不可舉，以毫針寒而留之，以月生死爲數，立已。丘虛，主髀樞脚痛。陽輔等，主髀樞不仁。

膝以上病，宜灸環跳、風市；膝及膝下病，宜灸犢鼻、膝關、三里、陽陵泉；足踝以上病，宜灸三陰交、絶骨、崑崙；足踝以下病，宜灸照海、申脈，然須按其穴痠疼處，灸之方效。

《針灸資生經·脚膝痛》 委中，治膝不得屈伸，取其經血立愈。腎俞，治脚膝拘急，足寒如水。筋骨攣痛等二十二病，灸絶骨。犢鼻，療膝中痛不仁，難跪起。髀關，療膝寒不仁，痹痿，不屈伸。梁丘，療脛痛冷，痹膝痛，不能屈伸。懸鍾，療腿膝連膝脛痲痹，屈伸難。又云：膝脛連腰痛。筋攣急，足不收履，坐不能起。蠡溝，療足寒脛痠，屈伸難。巨虛，療脚脛痠痛，屈伸難，不能久立。甄權云：主大氣不足，偏風腲腿，脚不相隨。風市，療脛痲膝痛。三里，療四支腫滿，腿膝痠痛。三陰交，療膝內廉痛，小便不利，身重，足痿不能行。京骨，療腿膝脛痠，脚攣不得伸，癲病狂走，自嚙，膝脛寒。跗陽，療腿膝脛痠。承山，療脚痠膝重。陽陵泉，療膝股內外廉痛不仁，屈伸難。風市，主兩膝攣痛，引脇拘急嚲躄，或青，或焦，或枯，或黧如腐木。絶骨，主膝脛骨搖，痠痹不仁。髀關，主膝寒不仁，痿痹，不得屈伸。犢鼻，主膝不仁，難跪。光明，主痿躄，坐不能起。《明下》云：膝脛痠痹不仁，手足偏小，坐不能久。膝關，主膝內廉痛引臏，不可屈伸。曲泉，主膝不可屈伸。曲泉、梁丘、陽關，主筋攣膝不得屈伸，不可行。解谿、條口、丘墟、太白，主膝股腫，骭痠轉筋。上廉，主風水膝腫。中封，主膝腫。解谿，治膝股骭腫。復留，主脚後廉急不可前卻。承山、承筋，主脚筋急痛。崑崙，主脚如結，踝如別。京骨、承山、承筋、商丘，主脚攣。膀胱俞，治拘急。

《針灸資生經·膝痛》 三里，治膝骭痠痛。陽交，治喉痹，面腫，寒痹，膝骭不收。條口，治膝骭寒痠痛，足緩履不收，濕痹足下熱。陰谷，治膝痛如錐，不得屈伸。膀胱俞，治脚膝無力。合陽，主膝股重。陰交，治腰膝拘攣。髀關，治膝寒不仁，痿厥，股內筋絡急。陽陵泉，治膝伸不得屈，冷脚不仁，偏風半身不遂，脚冷無血色。京骨，治膝痛不得屈伸。梁丘，治寒痹，膝不能屈伸。陽關，治膝外痛，不可屈伸，風痹不仁。犢鼻，治膝中痛不仁，難跪起，膝臏癰腫，不潰可治，潰者不治。三陰交，治膝股內痛。交信，治膝脛內廉痛。曲泉、膝關，治膝內痛。懸鍾，治心腹脹滿，胃熱不嗜食，膝骭痛，筋攣，足不收履，坐不能久。腰眼，療膝冷痛不已。伏兔，療膝冷。豐隆，療腿膝痠痹。

合陽，治膝股重。俠谿、陽關，主膝外廉痛。膝關，主膝內廉痛引臏，不可屈伸，連腹引喉痛。中封，主膝腫，內踝前痛。太衝，主膝內踝前痛。犢鼻，主膝中痛不仁。光明，主膝痛脛熱不能行，手足偏小。氣衝，治腰痛不得俯仰。三里，主膝痿痛。風市，療膝酸。承山，療膝重。

舍弟行一二里路，膝必痠不可行，須坐定以手撫摩久之，而後能行，後因多服附子而愈。予冬月膝亦痠疼，灸犢鼻而愈，以此見藥與灸不可偏廢也，若灸膝關、三里亦得，但按其穴痠疼，即是受病處，灸之不拘。

《針經摘英集・治病直刺訣》 治繞踝風，刺手陽明經曲池二穴。如繞外踝痛，兼刺足少陽經孫絡二穴，在小指間。如繞內踝痛，兼刺足太陰經大都二穴，在足大指本節後陷中，針入三分。如腚前痛，兼刺足厥陰經行間二穴，在足大指間動脈應手陷中，針入六分。

《扁鵲神應針灸玉龍經・盤石金直刺秘傳》 腳背紅腫疼入風：委中。

腳步難行：曲池、承山，痛則針太衝。

《普濟方・針灸門・腳膝痛》 治腿腳拘急，足寒如水，穴：腎俞。

治筋骨攣痛，灸絕骨。

治膝中痛不仁，難跪起，穴：犢鼻。

療膝寒不仁，痹痿不屈伸，穴：髀關。

療脛痛冷痹，膝痛不能屈伸，穴：梁丘。

療腿膝連脛痲痹，屈伸難，膝脛連腰痛，筋攣急，足不收履，坐不能起，穴：懸鍾。

療足寒脛痠，屈伸難，穴：蠡溝。

療腳脛痠痛，屈伸難，不能久立，甄權云：主大氣不足，偏風腲腿，腳不相隨，穴：巨虛。

療脛痲膝痛，穴：風市。

療四肢腫滿，腿膝痠痛，穴：三里。

療膝內廉痛，小便不利，身重，足痿不能行，穴：三陰交。

療腿膝脛痿，腳攣不得伸，癲病狂走，自嚙，膝脛寒，穴：京骨。

療腿膝脛痠，穴：附陽。

療腳痠膝重，穴：承山。

療膝股內外廉痛不仁，屈伸難，穴：陽陵泉。

主兩膝攣痛，引脇拘急，痿躄，或青，或焦，或枯，或黧如腐木，穴：風市。

治膝脛骨搖，痠痹不仁，穴：絕骨。

治膝寒不仁，痿痹不得屈伸，穴：髀關。

治膝內廉痛引臏，不可屈伸，穴：膝關。

治痿痹，坐不能起，膝脛痠痹不仁，手足偏小，坐不能久，穴：光明。

治膝不可屈伸，穴：曲泉。

治筋攣，膝不得屈伸，不可行，穴：曲泉、梁丘、陽關。

治膝股腫䯒痠，轉筋，穴：解谿、條口、丘墟、太白。

治風水膝腫，穴：上廉。

治膝腫，少氣身重，膝腫內踝前痛，穴：中封。

治膝股䯒腫，穴：解谿。

治腳後廉急，不可前卻，穴：復留。

治腳脛急痛，腳脛酸，腳及跟痛，穴：承山、承筋。

治腳如結，踝如別，穴：崑崙。

治腳攣，穴：京骨、承山、承筋、商丘。

治拘急，穴：膀胱俞。

治腨外廉骨痛，穴：附陽。

治腳膝無力，穴：膀胱俞。

治膝股痛，穴：合陽。

治膝痛如錐，不得屈伸，穴：陰谷。

《普濟方・針灸門・膝痛》 治喉痺面腫，寒痺，膝䯒不收，穴：陽交。

治膝䯒寒痠痛，足緩不收，濕痺足下熱，穴：條口。

治腰膝拘攣，穴：陰交。

治膝寒不仁，痿厥，股內筋絡急，穴：脾關。

治腳膝伸不得屈伸，腳冷不仁，偏風半身不遂，腳冷無血色，穴：陽陵泉。

治膝痛不得屈伸，穴：京骨。

治寒痺，膝不能屈伸，穴：梁丘。

治膝外痛不可屈伸，風痺不仁，穴：陽關。

治膝中痛不仁，難跪起，膝臏癰腫，不潰可治，潰者不治，穴：犢鼻。

治膝股內痛，穴：三陰交。
治膝脛內廉痛，穴：交信。
治膝內痛，穴：曲泉、膝關。
治心腹脹滿，胃熱不嗜食，膝胻痛，筋攣，足不收履，坐不能久，穴：懸鍾。
療膝冷痛不已，穴：膝眼。
療膝冷，穴：伏兔。
療腿膝痠痺，穴：豐隆。
治膝外廉痛，穴：俠谿、陽關。
主膝內廉痛，引髕不可屈伸，連腹引喉痛，穴：膝關。
治膝腫，內踝前痛，穴：中封。
治膝內踝前痛，穴：太衝。
治膝中痛不仁，穴：犢鼻。
治膝痛，脛熱不能行，手足偏小，膝脛痠痺不仁，穴：光明。
療膝痛痿，穴：三里。
療膝痠，穴：風市。
療膝重，穴：承山。

《普濟方·針灸門·足寒熱》 治足寒，穴：腎俞、京骨、然谷。
治膝上伏兔中寒，穴：陰市。
治足下厥熱，穴：行間。
治足下熱，脛寒不能久立，濕痺不能行，穴：中都。
治足下熱不能久立，穴：三里、條口、承山、承筋。
治足熱厥逆滿，取其經血立愈，穴：委中。
治足下熱喘滿，乃熱厥也，穴：湧泉。《資生經》云：昔有人患此，針之立愈。
治足下熱，穴：至陰。
治足下一寒一熱，穴：然谷。
治手足逆冷，穴：大都。
治足寒，穴：隱白、太衝。
治足逆冷，穴：中封。
治足冷無血色，穴：陽陵泉。
治胻寒不能自溫，穴：復溜。
治足熱腿冷疼不能久立，麻痺不仁，穴：漏谷。
《史記》：濟北王阿母，足熱而懣，太倉公曰：熱厥也，刺其足心各三所，按之無出血，病旋已，此病得之飲酒大醉。

《普濟方·針灸門·足雜病》 治腳股筋急，髀樞不仁，穴：浮郄。
治髀樞股胻痛，穴：附陽。
治足指不能屈伸，穴：飛揚。
治足心痛，穴：經渠。
治足腨痛，穴：築賓。
治腳腨痠，穴：承筋。
療心中結熱，腳底白肉際，不得履地，又治足指盡疼，不得踐地，穴：湧泉。
治五指盡疼，足不履地，穴：湧泉、然谷。
治足痿不能行，穴：三陰交。
治腳重不得履地，穴：上廉。
治腳重踹痛，不得履地，穴：崑崙。
治足跗腫，不得履地，穴：然谷。
治脛寒，穴：中都。
治風，身重脛寒，穴：絕骨，灸百壯。
治脛寒，穴：條口。
治大驚，脛痛冷痺，膝痛不能屈伸，穴：梁丘。《難經疏》云：足脛寒者，腎主骨，腎病，先脛冷也，當以此求之。
治足不能安，脛酸不能久立，穴：然谷。
治脛痠，穴：湧泉、太衝。
治脛痛，四肢重，少氣難言，穴：至陽。
治腳脛痠，腳跟痛，腳筋急痛，穴：承山、承筋。
治脛痛不可屈伸，穴：環跳、內庭。
治脛痺不仁，穴：陽關。
治筋痿，穴：至陽。
治脛寒拘急，不得屈伸，穴：膀胱俞。

治足腕不收，足脛偏細，穴：丘墟。

治脛寒，穴：復溜。

治髀樞中痛不可舉，穴：環跳、束骨、交信、陰交、陰市。

治髀中痛不得行，足外皮痛，穴：臨泣、三陰交。凡髀樞中痛，不可舉，以毫針寒而留之，以月生死爲數，立已。

治髀樞腳痛，穴：丘墟。

治髀樞不仁，穴：陽輔。

膝以上病，宜灸環跳、風市。膝以下病，宜灸犢鼻、膝關、三里、陽陵泉。足踝以上病，宜灸三陰交、絶骨、崑崙。足踝以下病，宜灸照海、申脈。然須按其穴痠痛處，灸之方效。

治脛寒不得卧，穴：厲兑、條口、三陰交。

治人腳無冬夏裂，灸指頭七壯，立愈。

《普濟方·針灸門·脚腫》 療惡血氣腫痛，腳腫，穴：上崑崙。

治腳氣膝腫，穴：承山。

治腳腫氣短，不嗜食，煩熱疞痛，穴：小腸俞。

治足跗腫不得履地，穴：然谷。

治足忽腫，腓脛暴大如吹，頭痛寒熱筋急，不即療，至老死不愈，隨病左右足，到内踝直白肉際三壯即愈，不愈即灸。姚氏方：疾處有赤脈絡，乃灸絶骨穴三七二十一壯，此方大效，未已，豆扁少雜艾爲炷，灸已下至踝間，可依葛氏，加至五十壯，又有大黄膏，白頭翁酒方，摩治膏，亦良。

《普濟方·針灸門·足痺》 治足痺痛，穴：陰陵泉。

治足濕痺不能行，穴：中都。

治脾樞腕骨痺不仁，穴：陽輔、陽交、陽陵泉。

治脛痺不仁，穴：陽間、環跳、承筋。

治足清不仁，穴：膀胱俞、太谿、次髎。

治足不仁，穴：腰俞、風府。

治脛痺不仁，穴：陽關。

治髀樞不仁，穴：浮郄。

治腳足不仁，穴：膀胱俞。

治手足不仁，穴：白環俞。

治手足不仁，穴：上廉。

治膝不仁，穴：犢鼻、髀關、陽陵泉。

《列子》載偃師造昌云：廢其腎則足下不能行，是足不能行，蓋腎有病也，當灸腎俞。或一再灸而不效，宜灸環跳、風市、犢鼻、膝關、陽陵泉、陰陵泉、三里、絶骨等穴，但按略痠疼，即是受病處，灸之，無不效也。

《神應經·手足腰腋部》 足寒熱：三里、委中、陽陵、復溜、然谷、行間、中封、大都、隱白。

腳腫：承山、崑崙、然谷、委中、下廉、髖骨、風市。

足寒如冰：腎俞。

足不能行：三里、曲泉、委中、陽輔、三陰交、復溜、衝陽、然谷、申脈、行間、脾俞。

腳腕疼：委中、崑崙。

足心疼：崑崙。

腨腫：承山、崑崙。

腳筋短急，足沉重，鶴膝歷節風腫，惡風發不能起床：風池。

膝以上病：灸環跳、風市。

膝以下病：灸犢鼻、膝關、三里、陽陵。

足踝以上病：灸三陰交、絶骨、崑崙。

足踝以下病：灸照海、申脈。

腿痛：髖骨。

氣腳：一風市、百壯或五十壯。二伏兔、針三分，禁灸。三犢鼻、五十壯。四膝眼、五三里、百壯。六上廉、七下廉、百壯。八絶骨。

《楊敬齋針灸全書·脚疾》

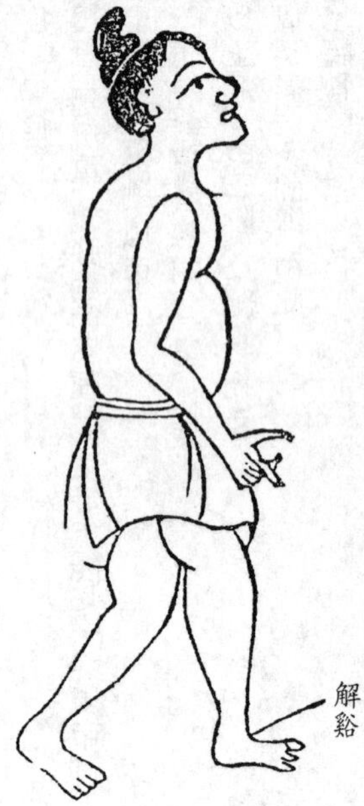

《楊敬齋針灸全書·草鞋風脚攣風》

《楊敬齋針灸全書·兩腿風痛不能行步》

《楊敬齋針灸全書·脚膝鼓槌風》

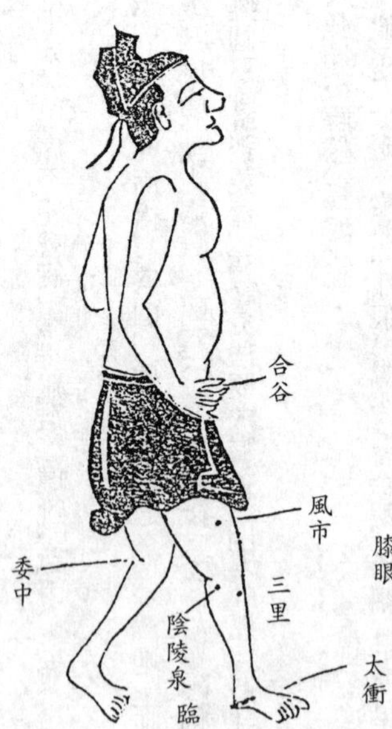

《針灸大成·手足腰腋門》股膝內痛：委中、三里、三陰交。

腿膝痠疼：環跳、陽陵、丘墟。

腳膝痛：委中、三里、曲泉、陽陵、風市、崑崙、解谿。

膝胻股腫：委中、三里、陽輔、解谿、承山。

腰如坐水：陽輔。

足痿不收：復溜。

風痺，腳䯒麻木：環跳、風市。
足麻痺：環跳、陰陵、陽輔、太谿、至陰。
腳氣：肩井、膝眼、風市、三里、承山、太衝、丘墟、行間。
髀樞痛：環跳、陽陵、丘墟。
足寒熱：三里、委中、陽陵、復溜、然谷、行間、中封、大都、隱白。
腳腫：承山、崑崙、然谷、委中、下廉、髖骨、風市。
足寒如冰：腎俞。
渾身戰掉䯒痠：承山、金門。
足䯒寒：復溜、申脈、厲兌。
足攣：腎俞、陽陵、陽輔、絶骨。
諸節皆痛：陽輔。
腨腫：承山、崑崙。
足緩：陽陵、衝陽、太衝、丘墟。
腳弱：委中、三里、承山。
兩膝紅腫疼痛：膝關、委中、三里、陰市。
穿跟草鞋風：崑崙、丘墟、商丘、照海。
足不能行：三里、曲泉、委中、陽輔、三陰交、復溜、衝陽、然谷、申脈、行間、脾俞。
腳腕痠：委中、崑崙。
足心疼：崑崙。
腳筋短急，足沉重，鶴膝歷節風腫，惡風發不能起床：風市。
膝以上病：灸環跳、風市。
膝以下病：灸犢鼻、膝關、三里、陽陵。
足踝以上病：灸三陰交、絶骨、崑崙。
足踝以下病：灸照海、申脈。
腿痛：髖骨。
腳氣：一風市，百壯或五十壯。二伏兔，針三分，禁灸。三犢鼻，五十壯。四膝眼，五三里，百壯。六上廉，七下廉，百壯。八絶骨。
腳轉筋，發時不可忍者：腳踝上，一壯。內筋急灸內，外筋急灸外。腳轉筋多年不愈，諸藥不效者：灸承山。二七壯。

《針灸大成·治證總要》第四十九：兩足麻木：陽輔、陽交、絶骨、行間。
問曰：此證因何而得？答曰：皆爲濕氣相搏，流入經絡不散，或因酒後房事過多，寒暑失蓋，致有此證，復針後穴：崑崙、絶骨、丘墟。
第五十：兩膝紅腫疼痛：膝關、委中。
問曰：此證從何而來？答曰：皆因脾家受濕，痰飲流注，此疾非一，或因痢後寒邪入於經絡，遂有此證，或傷寒流注，亦有此證。復刺後穴：陽陵泉、中脘、豐隆。
第五十六：風痛不能轉側，舉步艱難：環跳、風市、崑崙、居髎、三里、陽陵泉。
問曰：此證緣何而得？答曰：皆因房事過多，寒濕地上睡卧，流注經絡，挫閃後腰疼痛，動止艱難。前穴不效，復刺後穴：五樞、陽輔、支溝。

《類經圖翼·針灸要覽·諸證灸法要穴》足內廉腫痛：肩井、三陰交，三七壯，大敦。
足腕腫痛：解谿、丘墟。
膝風腫痛：天樞、梁丘、膝眼，可刺，詳奇俞類。膝關、足三里、陽陵泉、陰陵泉、太衝。寒濕。
腿叉風：腎俞、環跳、陽陵泉、懸鍾、崑崙。

《太乙神針心法·手足腰腋門》股膝內痛：針委中、三里、三陰交。
腿膝酸痛：針環跳、陽陵、丘墟。
腳膝痛：針委中、三里、曲泉、陽陵、風市、崑崙、解谿。
膝胻股腫：針委中、三里、陽輔、解谿、承山。
足痿不收：針復溜。
風痺，腳胻麻木：針環跳、陰陵、陽輔、太谿、至陰。
腳氣：針肩井、膝眼、風市、三里、承山、太衝、丘墟。
足寒熱：針三里、委中、陽陵、復溜、然谷、行間、中封、大都、隱白。
腳腫：針承山、崑崙、然谷、委中、下廉、髖骨、風市。
足寒如冰：針腎腧。
渾身戰掉胻痠：針承山、金門。
足胻寒：針復溜、申脈、厲兌。

足攣：針腎腧、陽陵、陽輔、絕骨。
諸節皆痛：針陽輔。
腨腫：針承山、崑崙。
足緩：針陽陵、衝陽、太衝、丘墟。
腳弱：針委中、三里、承山。
兩腳紅腫疼痛：針膝關、委中、三里、陰市。
穿跟草鞋風：針崑崙、丘墟、商丘、照海。
足不能行：針三里、曲泉、委中、陽輔、陰交、復溜、衝陽、然谷、申脈、行間、脾腧。
腳腕酸：針委中、崑崙。
足心疼：針崑崙。
腳筋短急，足沉重，鶴膝歷節風腫，惡風發不能起床：針風市。
膝以上病：灸環跳、風市。
膝以下病：灸犢鼻、膝關、三里、陽陵。
足踝以上病：灸三陰交、絕骨、崑崙。
足踝以下病：灸照海、申脈。
腿痛：針髖骨。
腳氣：一風市，百壯或五十壯。二伏兔，針三分，禁灸。三犢鼻，五十壯。四膝眼，五三里，百壯。六上廉，七下廉，百壯。八絕骨。
腳轉筋發時不可忍者：灸腳踝上，一壯。內筋急灸內，外筋急灸外。
腳轉筋多年不愈，諸藥不效者：針承山，二七壯。
《針灸全生·腰膝足》 兩膝紅腫疼痛：名鶴膝風，臨泣、膝關、行間、風市、陽陵泉。
足底發熱：名虛熱，臨泣、湧泉、京骨、合谷。
兩足顫掉，不能移步：臨泣、太衝、崑崙、陽陵泉。
足跗腫痛，久不能消：臨泣、行間、申脈。
足指拘攣，筋緊不開：足十指節屈指，指尖上，炷如小麥，灸五壯，臨泣、丘墟、公孫、陽陵泉。
足背生毒：名發背，內庭、夾谿、行間、委中、申脈。
足不能行：邱墟、行間、崑崙、太衝、三里、陽輔、陰交、復溜。
腳腕疼：委中、崑崙。
腳弱無力：公孫、三里、懸鍾、申脈、崑崙、陽輔。
紅腫腳氣生瘡：照海、崑崙、京骨、委中、三里、陰交。
腳背紅腫痛：太衝、臨泣、行間、內庭、丘墟、崑崙。
足寒熱：三里、陽陵、然谷、中封、委中、復溜、行間、大都、隱白。
戰掉胻疼：承山、金門。
腳腫：承山、崑崙、然谷、委中、下廉、環跳、風市。
足攣：腎俞、陽陵、陽輔、懸鍾。
腳弱：委中、三里、承山。
足緩：陽陵、衝陽、太衝、丘墟。
腿痛：環跳。
足不能行：三里、委中、陰交、衝陽、申脈、曲泉、陽輔、復溜、然谷、行間、脾俞。
膝以上病：灸環跳、風市。
膝以下病：灸犢鼻、膝關、三里、陽陵。
足踝以上病：灸三陰交、懸鍾、崑崙。
踝以下病：灸照海、申脈。
腿胯痛：名腿入風，臨泣、環跳、委中、陽陵泉。
足跗發熱：五指節痛，衝陽、臨泣、夾谿、十宣，足。
足外踝紅腫：名穿踝風，臨泣、崑崙、丘墟、照海。
內踝紅腫：名遶踝風，外關、太谿、丘墟、臨泣、崑崙。
足指節痛，不能行步：外關、內庭、太衝、崑崙、三里。
膝脛痠痛：臨泣、行間、懸鍾、太衝、膝眼、三里。
腿寒痺痛：四關、懸鍾、風市、環跳、三陰交、臨泣。
腳背疼痛：丘墟，針，針出血，解谿、商丘。
足心痛：崑崙。
兩足麻木：陽輔、陽交、懸鍾、行間、崑崙、丘墟。
兩膝紅腫疼痛：膝關、委中、陽陵泉、中脘、豐隆。
穿跟草鞋風：照海、丘墟、商丘、崑崙、太衝、解谿。
風痛不能轉側，舉步艱難：環跳、崑崙、三里、五樞、風市、居髎、陽陵、陽

輔、支溝。

兩腿如冰：陰市。

足寒如冰：腎俞。

腨腫：承山、崑崙。

腿膝痠痛：環跳、陽陵、丘墟。

股膝內痛：委中、三里、三陰交。

腳膝痛：委中、曲泉、風市、三里、陽陵、崑崙、解谿。

足痿不收：復溜。

膝胻股腫：委中、三里、陽輔、解谿、承山。

足痲痺：環跳、陰陵、陽輔、太谿、至陰。

風痺腳胻麻木：環跳、風市。

足胻寒：復溜、申脈、厲兌。

《針灸便覽·中風》 鶴膝風：臨泣、膝關、行間、風市。

腳背疼痛：丘墟、解谿、商邱。

腳背腫痛：太衝、臨泣、行間、內庭。

足不能行：三里、委中、衝陽、申脈。

《神灸經綸·手足證治》 腿膝冷痺鶴膝風：陽陵泉、環跳、風市。

濕痛，兩腿瘡癢：血海。

寒濕筋攣疼痛：環跳、風市。

足內廉腫痛：肩井、三陰交、大敦。

足腕腫痛：解谿、丘墟。

寒濕腳瘡：取足跗上三寸許足腕正中陷處是穴，灸七壯，神效，此穴當即是解谿穴。照海。

手足逆冷：大都。

足腨腫不得履地：崑崙。

《神灸經綸·外科證治》 鶴膝風：發於膝內股腫疼甚者，見青筋引足心痛，此證係二陰不足。三陰交、膝眼，穴在膝下兩旁陷中。

《傳悟靈濟録·手足病》 白虎歷節風：膝關。如轉筋，照海。

足內廉腫痛：肩井、三陰交，三七壯。大敦。

足腕腫痛：解谿、丘墟。

寒濕腳瘡：照海。一法以足跗上二寸許足腕正中陷處是穴，灸七壯，神效，當灸解谿穴也。

《針灸集成·脚膝》 鶴膝風：膝如大瓢，而膝之上下皆細，身熱痛。中脘、委中、風池，并針，神效。

腳酸不能屈伸，難久立：陰蹻，三壯，中脘，針，兩曲脉橫紋頭，五壯。兩人分左右同吹滅火，一處灸不到，則其疾不瘳也。

腳內外踝紅腫，日久不膿不差：灸騎竹馬穴七壯，若不愈，更灸和介氏之法，神效。

手足筋攣蹇澀：以圓利針貫刺其筋四五處後，令人強扶病人，病處伸者屈之，屈者伸之，以差為度，神效。

足掌疼：崑崙，針。

骨髓冷痛：大杼、絶骨、復溜、申脈、厲兌、腎俞。

腳寒冷不可忍：以熱手久按，冷徹於手，則是痼冷也，腎俞、大杼、下三里、絶骨、太衝、太谿、陰蹻，各七壯，至三七壯。或用灸瓦上安艾熨之。

肌膚溫而病人自言寒冷不可忍者，是氣不通也。即針十宣、八邪穴，立效。一身同然。

膝上腫痛，身屈不行：陰陵泉，七壯至七七壯，中脘，針，無不效。

諸節痛：陰陵泉、膽俞、風池、絶骨。

《針灸穴法》 腳膝鼓搥風：合谷二穴、鬼眼四穴、三里二穴、委中二穴。

草鞋風腳拘攣：解谿二穴、崑崙二穴、申脈二穴。

風氣腳節骨痛：三里二穴、魚腹二穴、行間二穴、陰交二穴、膝關二穴、解谿二穴。

腳疾：風市二穴、足三里二穴、解谿二穴。

兩足膻中不能移步：太衝二穴、崑崙二穴、陽陵二穴。

足趺腫痛不能消：行間二穴、申脈二穴。

足趺發熱，五指節痛：衝陽二穴、俠溪二穴、十宣十穴。

足外踝紅腫，名曰穿踝風：崑崙二穴、丘墟二穴、照海二穴。

足底下發熱，名曰濕熱：湧泉二穴、京骨二穴、合谷二穴、照海二穴。

足指拘攣筋緊不開：丘墟二穴、公孫二穴、陽陵二穴。

足腿酸痛：巨厥二穴、風市二穴、三里二穴、解谿二穴、支溝二穴。

兩腿風痛不能行步：風市二穴、三陰交二穴、委中二穴、陽陵二穴、三里二穴。

《針灸摘要·帶脈》 足底發熱，名曰濕熱：湧泉、京骨、合谷。

足外踝紅腫，名曰穿踝風：崑崙、巨墟、照海。

足跗發熱，五指節痛：衝陽、俠谿、足十宣。

兩手發熱，五指疼痛：陽池、液門、合谷。

手腕起骨痛，名曰遶踝風：太淵、腕骨、大陵。

臂膊痛連肩背：肩井、曲池、中渚。

腿胯疼痛，名曰腿叉風：環跳、委中、陽陵泉。

走注風遊走四肢疼痛：天應、曲池、三里、委中。

兩膝紅腫疼痛，名曰鶴膝風：膝關、行間、風市、陽陵泉。

《針灸大成·醫案》 癸酉秋，大理李義河翁，患兩腿痛十餘載，諸藥不能湊效。相公推予治之，診其脈滑浮，風濕入於筋骨，豈藥力能愈，須針可痊。即取風市、陰市等穴針之。官至工部尚書，病不再發。

壬戌歲，吏部許敬菴公，寓靈濟宮，患腰痛之甚。同鄉董龍山公推予視之。胗其脈，尺部沉數有力。然男子尺脈固宜沉實，但帶數有力，是濕熱所致，有餘之疾也。醫作不足治之，則非矣。性畏針，遂以手指，於腎俞穴行補瀉之法，痛稍減，空心再與除濕行氣之劑，一服而安。公曰：手法代針，已覺痛減，何乃再服滲利之藥乎？予曰：針能劫病，公性畏針，故不得已而用手指之法，豈能驅除其病根，不過暫減其痛而已。若欲全可，須針腎俞穴，今既不針，是用滲利之劑也。豈不聞前賢云：腰乃腎之府，一身之大關節。脈沉數者，多是濕熱壅滯，須宜滲利之，不可用補劑。今人不分虛實，一概誤用，多致綿纏，痛疼不休。出《玉機》中。大抵喜補惡攻，人之恆情也。邪濕去而新血生，此非攻中有補存焉者乎？

庚辰夏，工部郎許鴻宇公，患兩腿風，日夜痛不能止，卧床月餘。寶源局王公，乃其屬官，力薦予治之。時名醫諸公，堅執不從。許公疑而言曰：兩腿及足，無處不痛，豈一二針所能愈？予曰：治病必求其本，得其本穴會歸之處，痛可立而止，痛止即步履，旬日之內，必能進部。此公明爽，獨聽予言，針環跳、絶骨，隨針而愈。不過旬日，果進部，人皆駭異。假使當時不信王公之言，而聽旁人之語，則藥力豈能及哉？是惟在乎信之篤而已，信之篤，是以獲其效也。

《太乙神針心法·針案紀略》 太原鎮臺駐劄平陽府金公諱國正者，由花馬池副將特陞太原總鎮赴京，陛見於乙未之孟夏。初十日，道經永寧州，先生迎於道左。公下騎，腿蹲地不能起立。先生叩其故，公曰：我向有腿疾，今因赴京期促，兼程取道，鞍馬勞頓，舊疾復發，安得一名醫爲我療之？先生曰：我能爲公已此疾。乃同至公寓，爲點數穴，手下針，應手痛止。翌日，腿如故，公因得以晝夜疾馳，於是月之二十四日至京師，二十五日即引見而。

穆公患腿疾，朝必恃杖而行，因力辭乞休。皇上倚重穆公，不欲聽其引退，見公步履艱難，不得已準其所請。時先生偶往通州，自通歸，又延先生治。爲針環跳、風市、三里，針數次，腿疾頓瘳。穆公雖年高，精神本矍鑠，而步履又得如故。

吴君諱周楨者，中堂安溪李公婿也，謁先生於公廨，下馬，兩足蹣跚。先生問其故，云：自抵任後，即患足疾。且言闔衙上下皆患病，而其夫人之病爲更劇。先生即於座中，爲針其兩環跳，各二十一針，針畢，足無恙矣。

折公兩腿沉重，每踰門限及上下階級甚艱難，不知痛癢，名爲木風，此最難治。先生乃先瀉後補，瀉之四十九針，補七針，而腿中覺疼，先生曰：可治矣。因誡之曰：自今用針後，切須加意保養，禁房勞，愼喜怒，忌發風動氣之物，乃可望愈。折公遵教七日，果全瘳。

淮安運倅張淵度兄諱涵者，在京需次八九年矣，而不得遇一缺。會七月間，淮安缺出，應歸八月。一缺止有一人，戚友咸爲加額，而淵兄亦自爲深喜也。無何，淵兄於中秋十八日，兩腿忽患腫痛，十九日即延醫，至二十二日數名醫連進藥不效，腫痛加劇。凡是月之應選官，例於二十四日赴吏部過堂，二十五日赴天安門掣籤，二十六日赴九卿驗看。淵兄自十八日患病，日甚一日，不能下榻，心甚憂之。二十三日未刻，先生在寓，偶與諸同人燕坐，忽一人控飛騎疾馳到門，投兩刺。視之，則張天門先生、吴豹文先生帖也，請先生往報國寺，促疾往。先生到寺門，使者引入，竟造淵兄榻前，則以腿疾求治。淵兄見先生至，愁苦呻吟不可名狀。自謂需次多年，幸得一缺，乃病出意外，萬萬不能過堂、掣籤、驗看矣，奈何奈何！先生慰之曰：毋慮，我能使君明日過堂，後日掣籤，再後日驗看，無恙也。淵兄聆先生言，未深信，猶惋歎不自已。先生視其兩腿紅腫，熱如熾炭，按其兩手、臂膊、胸膛、脊膂，皆冷如冰，

因先針其湧泉二穴，各四十九針，忽上身皆煖，再針其百會一穴，四十九針，一時親友之環立而觀者，皆注目視其兩腿，忽驚相謂曰：腿之紅淡矣。俄而曰：退矣。俄而又曰：腿之腫收矣，消矣。按之涼矣，不熱矣。而淵兄亦自覺痛楚之頓除，可以伸縮而舒展。蓋先生深得以下治上，以上治下之秘密，故針湧泉於下，而能令上身之冷者煖，針百會於上，而能使下身之熱者涼，腿之紅腫者退消也。計先生到張寓已日昃，用針直至半夜。針畢，淵兄倦而臥，栩栩然酣睡，甚自得。自十八日患病以來，連宵不寐，未嘗一夕入黑甜鄉有如此者也。次日爲二十四日，正當過堂之期，吏部將應選官一一過堂點名訖。時少宰湯公顧謂左堂李公曰：今日有一鹽運判當過堂，聞其腿患腫痛，想不能來也。語未畢，忽人叢中躍出一人，昂然挺立堂下，向堂上拱手，高聲曰：卑職在。湯公大驚，蓋少宰早風聞其患腿疾，謂必不能來，而忽然立於堂下，所以驚也。詢其腿疾因何得愈？則具以先生神針對。遂與之一例過堂點名訖。次日爲二十五日，赴天安門掣籤，一人自掣一缺，如探囊物。再次日爲二十六日，赴九卿驗看，無恙。運倅不必引見，即可領憑赴任矣。淵兄走謝先生，先生曰：向者君愁苦呻吟時，我言我能使君過堂、掣籤、驗看都無恙，君未之信也，今何如？淵兄心服，頓首謝不已。

四肢病證

《甲乙經・陽受病發風》 手臂不得上頭，尺澤主之。【略】兩手攣不收伸，及腋偏枯不仁，手瘈偏小筋急，大陵主之。頭身風善嘔怵，寒中少氣，掌中熱，肘急腋腫，間使主之。足不收，痛不可以行，天泉主之。足下緩失履，衝陽主之。手及臂攣，神門主之。痱痿臂腕不用，脣吻不收，合谷主之。肘痛不能自帶衣起，頭眩頷痛，面黑，風肩背痛不可顧，關衝主之。嗌外腫，肘臂痛，五指瘈，不可屈伸，頭眩，頷額顱痛，中渚主之。馬刀腫瘻。目痛，肩不舉，心痛榰滿，逆氣，汗出，口噤不可開，支溝主之。大風默默，不知所痛，嗜臥善驚瘈瘲，天井主之。偏枯，臂腕發痛，肘屈不得伸手，又風頭痛，涕出，肩臂頸痛，項急煩滿，驚，五指掣不可屈伸，戰怵，腕骨主之。風眩驚，手腕痛，泄風，汗出至腰，陽谷主之。風逆暴，四肢腫，濕則唏然寒，饑則煩心，飽則眩，大都主之。風入腹中，俠臍急胸痛，脇榰滿，衄不止，五指端盡痛，足不踐地，湧泉主之。

《千金要方・針灸下・四肢病》 章門，主四肢解惰，喜怒。曲泉、付陽、天池、大巨、支溝、小海、絶骨、前谷，主四肢不舉。五里、三陽絡、天井、厲兑、三間，主嗜臥，四肢不欲動搖。列缺，主四肢厥，喜笑。復溜、豐隆、大都，主風逆四肢腫。照海，主四肢淫濼。

《千金翼方・針灸中・治頭重臂肘重法》 身體重，四肢不能自持，灸脾俞，隨年壯，針入五分，補之。身重嗜眠，不自覺，灸天府五十壯，針入三分，補之。身重，灸水分百壯，針入一寸補之。體重，四肢不舉，灸天樞五十壯，忌針。身重腫，坐不欲起，風勞腳疼，灸三里五十壯，針入五分補之。又灸足太陽五十壯，針入三分補之。

《普濟方・針灸門・四肢厥》 治四肢重痛，穴：至陽。

治厥逆，四肢惰，穴：章門。

治四肢怠惰，穴：鬲俞。

治四肢不收，穴：極泉、日月、脾俞。

治四肢不舉，穴：支溝、少海、附陽、天池、三陰交。

治偏枯四肢不舉，穴：大巨。

治腰中四肢淫濼，穴：腎俞。

治四肢暴腫，臂寒短氣，穴：尺澤。

治四肢腫滿，穴：三里。

治手足逆冷，四肢腫，穴：大都。

療厥逆胸痛不可忍，腹中如刀刺，大小便難，四肢不收，身體怠惰，腿膝痠痺，屈伸難，穴：豐隆。

主四肢厥，手足悶，穴：內庭。

主手足寒至節，穴：太谿。

主四肢厥，手足悶者，久持之。厥熱腦痛，腹脹皮痛者，使人久持之。穴：內庭。

主四肢厥，喜笑，穴：列缺。

主四肢逆冷，穴：行間。

治手足厥冷，穴：太谿。

治手足逆冷，穴：大都。

治四逆，穴：俠谿。

治四厥，脈沉細，乾嘔，四厥起死法，穴：間使、乳根，各灸隨年壯。

人病狂癡，手足厥，作狂病治，不效，《名醫錄》曰：此驚恐憂思所得，大驚傷心，大恐傷腎，大憂思傷神志，神不足則狂癡，志不足則恐怖，恐怖則腎氣留，足不收，亦因積驚恐，氣傷腎也。

治風逆，四肢腫，穴：復溜、豐隆、大都。

治四肢寒熱，腰疼不得俯仰，身黄，腹滿，食嘔吐，舌根直，灸第十一椎上，及左右各一寸五分三處，各七壯。

治四肢冷，穴：行間。

治脈不出，穴：不容。

治厥逆，穴：內庭、章門。

主四肢懈惰喜怒，穴：章門。

主四肢淫濼，穴：照海。

主四肢不舉，穴：曲泉、附陽、天池、大巨、少海、支溝、絶骨、前谷。

主嗜卧，四肢不欲動搖，穴：五里、三陽絡、三間、厲兑、天井。

《針灸聚英·雜病歌》手足腰腋女人

手臂痛難舉曲池，須兼尺澤與肩髃，三里少海太淵等，陽池陽谷與陽谿，前谷合谷液門穴，外關腕骨次第醫。 臂寒曲澤與神門，臂內廉痛太淵焚，臂腕側痛治陽谷，手腕搖動曲澤存。 腋痛少海間使宜，少府陽輔與丘墟，須兼申脈足臨泣。 腕勞天井治曲澤，間使中渚與陽谿，陽谷太淵腕骨等，列缺液門十穴醫。 手腕無力列缺中，肘臂痛者肩髃攻，曲池通里手三里，四穴能除肘臂疼。 肘攣曲澤及肩髃，少海間使與後谿，復兼大陵魚際等，七穴馴治病自除。 肩背痠重治支溝，肘臂手指難屈憂，曲池三里外關等，兼治中渚病即瘳。 手臂麻木天井宜，外關支溝與曲池，陽陵腕骨上廉等，再兼合谷與經渠。 手臂冷痛肩井中，曲池下廉三穴攻，手指拘攣并筋緊，曲池陽谷合谷同。 手熱曲池與內關，曲澤列缺經渠間，太淵中衝少衝等，勞宫九穴病必安。 臂腫經渠曲池中，通里中渚合谷同，并兼液門手三里，治之立待有神功。 風痺手攣不舉證，尺澤曲池合谷應，差點拘攣皆不安，偏風癮疹喉痹等。 胸脇䐜滿及筋緩，無力皮膚枯燥病，曲池先瀉後補宜，肩髃手三里爲證，肩膊煩疼治肩髃，兼帶肩井與曲池，五指皆疼外關穴，手攣皆疼少商醫。 掌中熱者列缺巔，宜兼經渠與太淵。 腋肘腫兮治曲澤，小海間使大陵痊。 腋下腫者陽輔宜，足臨泣兮與丘墟。 腰痛肩井環跳穴，陰市三里委中煨，承山陽輔崑崙穴，復兼腰俞與腎俞。 兩腿如水陰市中，挫閃腰疼脇肋疼，尺澤曲池合谷穴，三陰交穴與陰陵，行間三里手三里，腰疼難動風市攻，再兼委中行間穴，三穴治之誠有功。 腰脊强痛治腰俞，委中湧泉小腸俞，膀胱俞穴宜兼治。 腰腳痛者環跳宜，風市陰市委中等，承山崑崙申脈醫。 腰膝內痛治委中，三里三陰交穴同，腿膝痠疼環跳穴，陽陵丘墟三穴攻。 腳膝痛者委中燒，三里曲泉陽陵焦，風市崑崙解谿等，已上七穴最爲高。 膝胻股腫治委中，三里陽輔解谿同，再及承山通五穴。 腰如坐水陽輔攻，足痿不收治復溜，風痹腳胻麻木憂，宜治環跳風市攻，足麻痹等環跳丘，陰陵陽輔太谿穴，兼治至陰五穴瘳。 腳氣肩井膝眼中，風市三里承山同，太衝丘墟行間穴。 髀樞痛者環跳攻，陽陵丘墟共三穴，病者治此爲有功。 足寒熱兮治三里，委中陽陵復溜底，然谷委中寘骨焦，下廉風市共七穴。 足寒如水腎俞高，渾身戰慄及胻疼，承山金門二穴觀，足胻寒者復溜穴，兼治申脈厲兑端。 足攣腎俞陽陵燒，陽輔絶骨皆宜焦。

《針灸大成·治證總要》第一百五十一：四肢麻木：肩髃、曲池、合谷、腕骨、風市、崑崙、行間、三里、絶骨、委中、通里、陽陵泉。（楊繼洲注）此證宜補多瀉少，如手足紅腫，宜瀉多補少。

《類經圖翼·針灸要覽·諸證灸法要穴》受濕手足拘攣：曲池、尺澤、腕骨、外關、中渚。

《病機沙篆·肩背痛》肩背痛不能回顧，此手太陽氣鬱不行，肩貞、肩外俞、肩中俞、肩髃。 藥用風劑散之，四穴。

下部足腿膝處冷痺，即俗呼筋寒鶴膝風，陰陵泉宜刺不宜灸，陽陵泉針灸皆宜，環跳，風市，選用四穴。

《羅遺編·針灸要穴論》手足痛：凡人肩冷臂痛者，每遇風寒，肩上多冷，或日須熱手撫摩，夜須多被擁蓋，此蓋陽氣不足，氣血衰少而然。 若不預爲之治，恐中風不隨等證，由此而成。 須灸肩髃二穴，方免此患。 蓋肩髃係兩手之安否，環跳係兩足之安否，輕者七壯，風寒盛者二七壯爲率，或分二三次報之，但不可過多，恐臂細也。 若灸環跳，則四五十壯無害，臂痛不舉，後五穴擇用之，肩井、肩髃、淵腋、曲池、曲澤。

項强肘痛：後谿。

手腕痛：太淵。
膝風腫痛寒濕：太衝。
受濕手足拘攣：曲池、尺澤、腕骨、外關、中渚。
五痺：曲池、外關、合骨、中渚。
足內廉腫痛：肩井、三陰交、三七壯，大敦。

《針灸逢源·證治參詳·手足病》風痺：外關、天井、少海、尺澤、曲池、合谷、委中、陽輔。
肩臂痛：肩髃、天井、尺澤、少海、曲池、三里、合谷、外關、中渚。
手指拘攣：陽谷，一法灸膝眼穴。
腋肘痛或腫：小海、尺澤、間使、大陵。
腿叉風：腿膝痠疼是也，環跳、風市、陽陵泉。一凡膝以上病，灸環跳、風市。
膝以下病，灸：犢鼻、膝關、陽陵泉、三里。
足踝以上病，灸：絕骨、崑崙、三陰交。
足踝以下病，灸：申脈、照海。
膝風腫痛：陽陵泉、陽輔、臨泣、梁邱、膝眼、足三里、膝關、委中、陰陵泉、商邱、太衝、中封。

《針灸全生·中風》手不能舉：陽池。
腕痠不能屈伸，指疼不能握物：外關。
手弱不仁，拘攣不伸：手三里。
痰咳肘攣，寒熱驚癇：列缺。
驚怖聲音不出，腕肘痠痛：通里。
腰背拘急：委中，禁灸。
腳膝疼痛，轉筋拘急：承山。
腿腳麻木，冷痺冷痛：陽陵泉。
轉筋拘急，行步無力疼痛：崑崙。
腰胯疼痛不得轉側，腰脇相引：環跳。
兩足麻木：陽輔、陽交、懸鐘、行間。
手臂麻木：肩髃、肩井、曲池、合谷、列缺。
肘不能曲：腕骨。
冷風痠痛：肩井、曲池、手三里、下廉。
偏風：列缺、衝陽。
四肢麻木：肩髃、曲池、風市、崑崙、三里、委中、合谷、腕骨、行間、懸鐘、通里、陽陵泉。
四肢風痛：曲池、風市、外關、陽陵泉、三陰交、手三里、公孫。
遊風走注，四肢疼痛：天應、曲池、三里、委中、臨泣。

《針灸全生·手臂肘腋指》兩手顫掉不能握物：足臨泣、曲澤、腕骨、合谷、中渚。
臂痛不舉：肩髃、肩井、淵液、曲池、曲澤。
後谿，項強肘痛。
太淵，手腕痛。

《針灸全生·手足病》手足病：手取肩髃，足取環跳。
手足受濕拘攣：曲池、尺澤、腕骨、外關、中渚。
五痺：曲池、外關、合谷、中渚。
腿叉風：腎俞、環跳、陽陵泉、懸鐘、崑崙。
膝風腫痛：天樞、梁邱、膝眼、膝關、陰陵泉、陽陵泉、足三里、太衝。寒濕。
足腫腕痛：解谿、邱墟。
寒濕腳瘡：解谿，照海。

《針灸便覽·中風》手臂麻木：天井、曲池、外關、經渠。
腰腳痛：環跳、風市、陰市、委中。

《傳悟靈濟録·手足病》肩臂冷痛：肩髃，環跳。
凡人肩臂冷痛者，每遇風寒，肩上多冷，日須手摩，夜須被擁，此乃氣血衰敗，少陽之氣不足而然。若不預治，恐有中風不遂之證，由此而成也，須灸肩髃二穴，方免此患。夫肩髃係兩手之安否，環跳係兩足之安否，必當灸之，輕者七壯。風寒盛者二七壯爲定，或分二三次報之，不可過多，恐臂細瘦，若環跳穴七七壯，亦無害也。
臂痛不舉：肩井、肩髃、淵液、曲池、曲澤、後谿項強肘痛。太淵。手腕痛。
五痺：曲池、外關、合谷、中渚。
腿叉風：腎俞、環跳、懸鍾、崑崙、陽陵泉。

膝風腫痛：天樞、梁丘、膝眼、見奇俞，刺五分，禁灸。膝關、足三里、陽陵泉、陰陵泉、太衝。寒濕痛。

《針灸集成·手臂》 左手足無力：神闕，百壯。如不愈，加灸五百壯。

《針灸集成·脚膝》 四肢不收，怠惰嗜卧：脾俞、三陰交、章門、照海、中脘、針，解谿。

《針灸摘要·督脈》 手足俱顫，不能行步握物：陽谿、曲池、腕骨、太衝、絶骨、公孫、陽陵泉。

手足攣急，屈伸艱難：三里、曲池、尺澤、合谷、行間、陽陵泉。

《針灸摘要·陽維脈》 臂膊紅腫，肢節疼痛：肘髎、肩髃、腕骨。

足內踝紅腫痛，名曰遶踝風：太谿、丘墟、臨泣、崑崙。

手指節痛，不能伸屈：陽谿、五虎、腕骨、合谷。

《針灸摘要·帶脈》 兩足顫掉，不能移步：太衝、崑崙、陽陵泉。

兩手顫掉，不能握物：曲澤、腕骨、合谷、中渚。

手足拘攣：中渚、尺澤、絶骨、八邪、陽谿、陽陵泉。

足跗腫痛，久不能消：行間、申脈。

手足麻痺，不知癢痛：太衝、曲池、大陵、合谷、三里、中渚。

足指拘攣，筋緊不開：足十指節，握拳指尖，小麥炷，灸五壯。丘墟、公孫、陽陵泉。

手指拘攣，伸縮疼痛：手十指節，握拳指尖，小麥炷，灸五壯，尺澤、陽谿、中渚、五虎。

四肢走注：三里、委中、命門、天應、曲池、外關。

膝脛痠痛：行間、絶骨、太衝、膝眼、三里、陽陵泉。

腿寒痺痛：四關、絶骨、風市、環跳、三陰交。

臂冷痺痛：肩井、曲池、外關、三里。

百節痠痛：魂門、絶骨、命門、外關。

轉筋項强

《靈樞·本輸》 轉筋者立而取之，可令遂已。

《靈樞·四時氣》 轉筋於陽治其陽，轉筋於陰治其陰，皆卒刺之。

《千金要方·肝臟·筋極》 勞冷氣逆，腰髖冷痺，脚屈伸難，灸陽蹻一百壯，在外踝下容爪。腰背不便，轉筋急痺筋攣，灸第二十一椎，隨年壯。轉筋十指筋攣急，不得屈伸，灸脚外踝骨上，七壯。失精筋攣，陰縮入腹相引痛，灸中封五十壯，在內踝前筋裏宛宛中。失精筋攣，陰縮入腹相引痛，灸下滿各五十壯，老人加之，小兒隨年壯。又云：此二穴，喉腫厥逆，五藏所苦，鼓脹並悉主之。轉筋脛骨痛不可忍，灸屈膝下廉橫筋上三壯。腹脹轉筋，灸臍上一寸二十壯。

《千金翼方·針灸中·肝病》 治脚轉筋法：治脚轉筋，針內崑崙穴，在內踝後陷中，入六分，氣至瀉之；又灸承山，隨年壯，神驗。第二十一椎，主腰背不便筋轉痺，灸隨年壯。治筋攣轉筋，十指筋攣急，不得屈伸，灸足外踝骨上七壯。治失精筋攣，陰縮入腹相引痛，灸中封五十壯，又下滿灸五十壯，兩脚一百壯，此二穴亦主喉腫厥逆，五藏所苦，鼓脹悉主之，老人加之，五十以下及小兒並隨年壯。治轉筋脛骨痛不可忍，灸屈膝下廉橫筋上三壯。腹脹轉筋，灸臍上一寸，二七壯。

《外臺秘要》卷十六《轉筋方》 又療轉筋在兩臂若胸脇者方：灸手掌白肉際七壯。並出第八卷中。

《删繁》療轉筋十指筋攣，急不得屈伸灸法：灸手踝骨上七壯，良。

又扁鵲療轉筋脛骨痛不可忍方：灸屈膝下廉橫筋上三壯。

又治轉筋方：灸涌泉，涌泉在脚心下。當大母指大筋灸七壯亦可。灸大都，在足大母指本節內側白肉際，灸七壯。

又腹腸轉筋方：灸臍上一寸十四壯。並出第八卷中。

《外臺秘要》卷三十八《石發後變霍亂及轉筋方》 又療轉筋入腹痛方：灸脚心下當拇指上，七壯。

又方：灸足大拇指下約中一壯。

又乾嘔方：灸手腕後四指兩筋間，左右各七壯，名間使。

又若吐止而下痢不止方：灸臍下一跌約上，二七壯。

又療脚轉筋方：灸兩大拇指爪甲後連肉處當中央，三壯。

《醫心方·治筋病方》引《删繁方》 又云治轉筋脛骨痛不可忍方：灸屈膝下廉横筋上三炷。

又云轉筋方：灸湧泉，涌泉在脚心下。當母指大筋是，灸七壯。又方：

灸大都，大都在足母指大節內側白肉際，七壯。

又云腹腸轉筋方：灸臍上一寸十四壯。

《聖濟總録·奇經八脈·治轉筋灸法》 轉筋脛骨痛不可忍，灸屈膝下廉橫筋上，三壯。腹脹轉筋，灸臍上一寸，二七壯。

腰骨不便，轉筋急痹筋攣，灸第二十一椎，隨年壯。

轉筋十指筋攣急，不得屈伸，灸腳外踝骨上，七壯。

仆參二穴，主轉筋急。《甲乙經》云：一名安耶，在跟骨下陷者中，拱足得之，太陽陽蹻脈所發，各灸七壯，炷如半棗核大。

轉筋在兩臂及胸中者，灸手掌白肉際，七壯。又灸膻中、中府、巨闕、胃脘、尺澤。

走哺轉筋，灸踵踝白肉際，各三七壯。又灸小腹下橫骨中央，隨年壯。

轉筋四厥，灸兩乳根黑白際，各一壯。

轉筋，灸涌泉六七壯，在足心下當拇指大筋。又灸足大指下約中，一壯。

轉筋不止，灸足踵聚筋上白肉際，七壯立愈。

轉筋入腹痛欲死，四人持手足，灸臍上一寸，十四壯。自不動，勿復持之，又灸股里大筋，去陰一寸。

霍亂轉筋，灸蹶心，當拇指大聚筋上，六七壯，名涌泉。又灸足大指下約中一壯，又灸大指爪甲際，七壯。

《醫説·針灸·灸脚轉筋》 岐伯灸法，療腳轉筋時發不可忍者，灸腳踝上一壯，內筋急灸內，外筋急灸外。

《備急灸法·霍亂轉筋》 孫眞人治霍亂轉筋，及卒然無故轉筋欲死者，灸足兩踝尖各三炷，炷如菉豆大。轉筋在股內，灸兩內踝尖，轉筋在股外，灸兩外踝尖。踝者，即俗稱腳塊子是也。男女同法。

《神應經·手足腰腋部》 腳轉筋發時不可忍者，腳踝上一壯，內筋急灸內，外筋急灸外。腳轉筋多年不愈，諸藥不效者，灸承山。二七壯。

《本草綱目·百病主治藥·轉筋》 桂：霍亂轉筋，足躄筋急，同酒塗之。外治：蒜、鹽擣，敷臍，灸七壯，擦足心，并食一瓣。柏葉，擣裹并煎汁淋，枝葉亦可。楠木，洗。竹葉，熨。皂莢末，嗃鼻。熱湯，熨之。車轂中脂，塗足心。青布、綿絮，並酢煮，搨之。銅器，灸熨腎堂。朱砂，霍亂轉筋，身冷心下溫者，蠟丸燒，籠中熏之，取汗。蜜蠟，腳上轉筋，銷化貼之。

《類經圖翼·針灸要覽·諸證灸法要穴》 轉筋：照海。

《羅遺編·針灸要穴論》 轉筋：照海。

《針灸逢源·證治參詳·手足病》 轉筋在手指者，灸手踝骨上七壯。轉筋在脛骨者，灸膝下廉筋上三壯。腹脹轉筋者，灸臍上一寸十四壯。

腳轉筋：承山，腳踝上，內筋急灸內踝，外筋急灸外踝。

《針灸全生·腰膝足》 腳轉筋：腳踝上一壯，內筋急灸內，外筋急灸外。

轉筋久未愈者：承山，二七壯。

《神灸經綸·手足證治》 兩足轉筋：陽陵泉、承山、丘墟、三陰交、照海、腳踝。內筋急灸內踝四十壯，外筋急灸外踝四十壯。

《針灸集成·脚膝》 腳足轉筋不忍：內筋急內踝尖七壯，外筋急外踝尖七壯。承山，在兌腨腸分肉間陷中，二七壯。

四肢轉筋：涌泉、委中、絕骨、大杼、太衝、合谷、下三里。

《靈樞·雜病》 項痛不可俯仰，刺足太陽；不可以顧，刺手太陽也。

《太素·雜病·項痛》 項痛不可俯仰，刺足太陽；不可顧，刺手太陽也。足太陽脈行項，故不可俯仰取之。手太陽脈行項左右。故不得顧取之也。

《千金要方·針灸下·頭面》 項病：少澤、前谷、後谿、陽谷、完骨、崑崙、小海、攢竹，主項強急痛，不可以顧。消濼、本神、通天、強間、風府、瘖門、天柱、風池、齦交、天衝、陶道、外丘、通谷、玉枕，主項如拔，不可左右顧。天容、前谷、角孫、腕骨、支正，主頸腫項痛不可顧。天容，主頸項癰，不能言。飛陽、涌泉、頷厭、後頂，主頸項疼，歷節汗出。

《針灸資生經·頸項强》 腕骨、陽谷，治頸項腫，寒熱。丘墟，治頸腫。大迎，治寒熱頸痛，瘰癧。消濼、竅陰，治項痛。風門，治傷寒頸項強。京骨、大杼，治頸項強，不可俯仰。魄戶、肩井，治頸項不得顧。天牖、後谿，治項強不得顧。完骨、頷厭，治頸項痛。本神，治頸項強痛。風池，治痎瘧，頸項痛，不得顧。通天，治頸項轉側難。頰車、大椎、氣舍、腦空，治頸項強，不得顧。天柱，治頸項筋急，不得顧。人迎，治項氣悶腫，食不下。後頂、外丘，治頸項痛，惡風寒。齦交、風府，治頸項急，不得顧。臂臑、強間，治頸項強。少澤、

前谷、後谿、陽谷、完骨、崑崙、小海、攢竹，主項強急痛，不可顧。消濼、本神、通天、強間、風府、瘖門、天柱、風池、齦交、天衝、陶道、外丘、通谷、玉枕，主項如拔，不可左右顧。《明》云：天柱、強間，療項如拔。《下》云：天柱，療項如

拔。天容、前谷、角孫、腕骨、支正，主頸項腫，療不可顧。天容，主頸項癧，不能言。飛揚、涌泉、頷厭、後頂，主頸項疼，歷節汗出。角孫，主頸項柱滿。浮白，療頸項癧腫，不能言，及瘿，肩不舉。曲差，療心煩滿，汗不出，頭項痛，身熱，目視不明。通天，療項痛重，暫起僵仆。瘖門，療項強不得顧。玉枕、完骨，療項痛。風府，療頭項急，不可傾側。陽谷，療脇痛頸腫，寒熱。天突，療身寒熱，頸腫，喉中鳴翕翕，胸中氣鯁鯁。天井，療頸項及肩背痛。曲鬢，療頸項強，不得顧，引牙齒痛，口噤不能言。

《扁鵲神應針灸玉龍經·盤石金直刺秘傳》 挫枕項強，不能回顧：少商、承漿、後谿、委中。

《普濟方·針灸門·頸項强》 治頸項腫，寒熱，《資生經》穴：腕骨、陽谷。

治頸腫寒熱，穴：丘墟。

治寒熱頸痛瘰癧，穴：大迎。

治項痛，穴：竅陰、消濼。

治項腫，不可俯仰，頰腫引耳後，穴：完骨。

治頸項強，不可俯仰，穴：大杼、京骨。

治頸項，不得顧，穴：肩井、魄戶。

治項強不得顧，穴：天牖、後谿。

治頸項痛，穴：完骨、頷厭。

治頸項強痛，穴：本神。

治痎瘧，頸項痛不得顧，穴：風池。

治頸項轉側難，穴：通天。治頸項強不得顧，穴：頰車、大椎、氣舍、腦戶。

治頸項筋急，不得顧，穴：天柱。

治項氣悶腫，食不下，穴：人迎。

治頸項痛，惡風寒，穴：後頂、外丘。

治頸項急，不得顧，穴：齦交、風府。

治頸項強，穴：臂臑、強間。

治項強急痛，不可顧，穴：少澤、前谷、後谿、陽谷、完骨、崑崙、小海、攢竹。

治項如拔，不可左右顧，穴：消濼、本神、通天、強間、風府、瘂門、天柱、風池、齦交、天衝、陶道、外丘、通谷、玉枕。

療項如拔，穴：強間。

治項如拔，穴：天柱。

治頸腫項痛，不可顧，穴：天容、前谷、角孫、腕骨、支正。

治頸項癧腫，不能言，穴：天容。

治頸項疼，歷節汗出，穴：飛揚、湧泉、頷厭、後頂。

主頸項柱滿，穴：角孫。

治頸項癧腫，不能言，及瘿，肩不舉，穴：浮白。

療心煩滿，汗不出，頭項痛，身熱，目視不明，穴：曲差。

治頭痛重，暫起僵仆，穴：通天。

治項強不得顧，穴：瘂門。

治項痛，穴：玉枕、完骨。

療頭痛及項急，不可傾側，穴：風府。

療脇痛，頸腫寒熱，穴：陽谷。

療身寒熱，頸腫，喉中鳴翕翕，胸中氣鯁鯁，穴：天突。

療頸項及肩背痛，穴：天井。

療頸項強，不得顧，引牙齒痛，口噤不能言，穴：曲鬢。

《神應經·頭面部》 頭項強急：風府。

《楊敬齋針灸全書·傷寒頭項强》

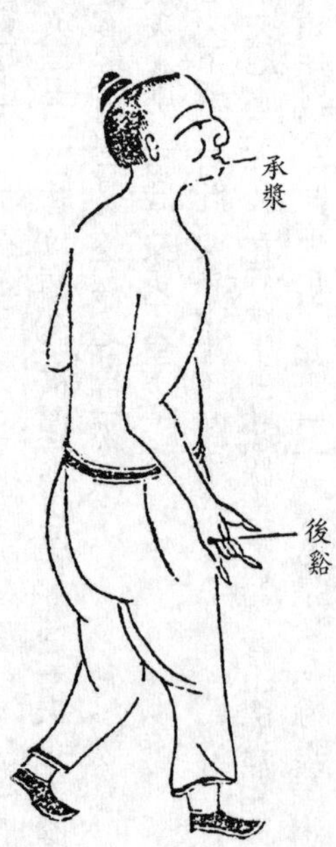

《針灸大成·頭面門》 頸項強急：風府。

《針灸集成・頰項》 項强：風門、肩井、風池、崑崙、天柱、風府、絶骨。詳其經絡治之，兼針阿是穴，隨痛隨針之法詳在於手臂痠痛之部，能行，則無不神效。

頰頸：項屬胃經、膽經，凡病痛者爲實，癢者爲虚，醫者宜臨機應變。

《針灸集成・頸項》 頸腫，取手陽明。

《針灸全生・頸項》 頸項强痛，不能回顧：後谿、承漿、風池、風府、合谷。

又法：肩中俞、肩外俞、少澤。

不能俯仰：玉枕、大杼、風門。

頸項拘急，引肩背痛：後谿、承漿、百會、肩井、中渚。

頸項難轉：申脈、後谿、合谷、承漿。

頭項肩痛：至陰、京門。

頭項紅腫强痛：足臨泣、承漿、風池、肩井、風府。

《針灸穴法》 頭頸强：承漿一穴，後谿二穴。

《針灸摘要・督脈》 頸項强痛，不能回顧：承漿、風池、風府。

頭項拘急，引肩背痛：承漿、百會、肩井、中渚。

頭項强硬：承漿、風府、風池、合谷。

《針灸摘要・帶脈》 頭項紅腫强痛：承漿、風池、肩井、風府。

脚　氣

《肘後方・治風毒脚弱痹滿上氣方第二十一》 其灸法孔穴亦甚多，恐人不能悉皆知處，今止疏要者，必先從上始，若直灸脚氣，不泄則危矣。

先灸大椎，在項上大節高起者，灸其上面一穴耳。

若氣可，先灸百會五十壯，穴在頭頂凹中也。

肩井，各一百壯，在兩肩小近頭凹處，指捏之，安令正，得中穴耳。

次灸膻中五十壯，在胸前兩邊對乳胸厭骨解間，指按覺氣翕翕爾是也。一云：正胸中一穴也。

次灸巨闕，在心厭尖尖四下一寸，以赤度之。

凡灸以上部五穴，亦足治其氣。若能灸百會、風府、胃管及五藏腧，則益佳，視病之寬急耳。諸穴出《灸經》，不可具載之。

次乃灸風市百壯，在兩髀外，可平倚垂手，直掩髀上，當中指頭大筋上，捻之自覺好也。

次灸三里二百壯，以病人手横掩下，併四指名曰一夫，指至膝頭骨下，指中節是，其穴附脛骨外邊，捻之凹凹然也。

次灸上廉一百壯，又灸三里下一夫。

次灸下廉一百壯，又在上廉下一夫。

次灸絶骨二百壯，在外踝上三寸，餘指端取踝骨上際，屈指頭四寸便是，與下廉頗相對，分間二穴也。此下一十八穴並是要穴，餘伏兔、犢鼻穴，凡灸此，壯數不必頓畢，三日中，報灸合盡。

《千金要方・風毒脚氣・冷風毒狀》 論灸法

凡脚氣，初得脚弱，使速灸之，并服竹瀝湯，灸訖，可服八風散，無不差者，惟急速治之。若人但灸而不能服散，服散而不灸，如此者半差半死，雖得差者，或至一二年，復更發動。覺得，便依此法速灸之，及服散者，治十，十愈。此病輕者，登時雖不即惡，治之不當，根源不除，久久期於殺人，不可不精以爲意。

初灸風市，次灸伏兔，次灸犢鼻，次灸膝兩眼，次灸三里，次灸上廉，次灸下廉，次灸絶骨。

凡灸八處。第一風市穴，可令病人起，正身平立，垂兩臂直下，舒十指，掩著兩髀，便點當手中央指頭，髀大筋上是，灸之百壯，多亦任人，輕者不可減百壯，重者乃至一處五六百壯，勿令頓灸，三報之，佳。第二伏兔穴，令病人累夫端坐，以病人手夫，掩横膝上，夫下傍與曲膝頭齊，上傍側夫際，當中央是，灸百壯，亦可五十壯。第三犢鼻穴，在膝頭蓋骨上際外骨邊平處，以手按之，得節解則是，一云，在膝頭下近外三骨箕踵中，動脚以手按之，得屈解是，灸之五十壯，可至百壯。第四膝眼穴，在膝頭骨下兩傍陷者宛宛中是。第五三里穴，在膝頭骨節下一夫，附脛骨外是。一云，在膝頭骨節下三寸，人長短大小，當以病人手夫度取，灸之百壯。第六上廉穴，在三里下一夫，亦附脛骨外是，灸之百壯。第七下廉穴，在上廉下一夫，一云，附脛骨外是，灸之百壯。第八絶骨穴，在脚外踝上一夫，亦云四寸是。凡此諸穴，灸不必一頓灸盡壯數，可日日報灸之，三日之中，灸令盡壯數爲佳。凡病一脚則灸一脚，

病兩腳則灸兩腳，凡腳弱病，皆多兩腳。又一方云：如覺腳惡，便灸三里及絕骨各一處，兩腳惡者，合四處灸之，多少隨病輕重，大要雖輕不可減百壯，不差，速以次灸之，多多益佳。一說灸絕骨最要。人有患此腳弱，不即治，及入腹，腹腫大上氣，於是乃須大法灸，隨諸輸及諸管開節腹背，盡灸之，并服八風散，往往得差者。諸管輸節解法，並在第二十九卷中。覺病入腹，若病人不堪痛，不能盡作大灸，但灸胸心腹諸穴，及兩腳諸穴，亦有得好差者。凡量一夫之法，覆手併舒四指，對度四指上，中節上橫過，爲一夫。夫有兩種，有三指爲一夫者，此腳弱灸，以四指爲一夫也。亦依支法存舊法，梁丘、犢鼻、三里、上廉、下廉、解谿、太衝、陽陵泉、絕骨、崑崙、陰陵泉、三陰交、足太陰、伏溜、然谷、涌泉、承山、束骨等凡一十八穴。舊法多灸百會、風府、五臟六腑俞、募，頃來灸者，悉覺引氣向上，所以不取其法。氣不上者可用之。其要病已成恐不救者，悉須灸之。其足十指，去指奇一分，兩足凡八穴，曹氏名曰八衝，極下氣有效。其足十指端，名曰氣端，日灸三壯，並大神要。其八衝可日灸七壯，氣下即止。病者非深相委悉，慎勿爲人灸之。慎之，慎之。凡灸八衝，艾炷須小作之。

《千金翼方・針灸上・脚氣》　腳疼，三陰交三百壯，神良，一云灸絕骨是最要。論曰：有人得之，不以爲事，不覺忽然入腹，腹腫心熱，其氣大上，遂至絕命。當知微覺有異，即須大灸之，乃得應手即差。亦依舊支法存灸之：梁丘、犢鼻、三里、上廉、下廉、解谿、太衝、陽陵泉、絕骨、崑崙、陰陵泉、三陰交、足太陽、復溜、然谷、湧泉、承山、束骨等凡一十八穴。舊法多灸百會、風府、五藏六府俞、募，頃來灸者，悉覺引氣向上，慎不得灸，以上大忌之。

又，灸足十指奇端去奇一分，兩足凡八穴，名曰八衝，極下氣，足十指端名曰氣端，日灸三壯，其八衝可日灸七壯，氣下即止，艾炷須小作之。

《外臺秘要》卷十九《論陰陽表裏灸法》　蘇恭云：凡腳氣發，有陰陽表裏，當隨狀療之，不可要依古方也。患陰療陽，病表救裏，皆爲重虛實危殆之甚也。若病從陰發，起兩足大指內側，上循脛內及膝裏，頑痺不仁，或腫先發於此者，皆須隨病灸復溜、中都、陰陵泉等諸穴，灸者先從上始，向下引其氣，便各灸二十壯，向後隔七日灸七壯，取差止。餘穴皆依此。若病從陽發，起兩小指外側，向上循脛外，從絕骨至風市，頑痺不仁，或腫起於此者，須灸陽輔、絕骨、陽陵泉、風市等諸穴，灸數及上向下，皆依前法。若氣毒兼行表裏者，乃可量其輕重，隨灸，膏摩之。若上下遍發，表裏各灸一二處，以此通洩之。其用藥內攻，各量病投藥也，逐偏若處，常使灸瘡不差爲佳，風氣都除，乃隨瘡差，差後瘢色赤者，風毒盡。青黑者，猶有毒氣，仍灸勿止，待身體輕利，然後可休矣。又一本云：常須灸三里、絕骨，勿令瘡差，佳。

灸腳氣穴名：陽陵泉、風市、崑崙、陽輔、上廉、條口、下廉、太衝、犢鼻、膝目、曲泉、陰陵泉、中都、三陰交、復留、少陽雄、太陰、太陰蹻、委中、承筋、承山、涌泉。

右件穴並要，不可總能灸，其穴最要者有：三里、絕骨、承筋、太衝、崑崙、湧泉，有患者可灸。又謹按明堂制，當以立爲正，取穴必須直立，膝臏骨坐立便即移動不定，故宜立取之。其寸取病人中指上節爲一寸，若取尺寸有長短，取穴必不著。又按秦承祖、華佗等取穴，並云三指、四指爲準，取三里穴四指，指闊六分，四六二十四，只闊二寸四分，取穴如何得著，黃帝爲本，諸說並不可信。徐同。

徐論患腳氣體，皆春發夏甚，秋輕冬歇。大法：春秋宜灸，冬差可行，夏都不可灸。既瘡敗又不得覆，風冷因入，反更增痾，冬時血凝，又逆天理，急不得已無藥物處，可灸一二要穴，不可遍身多灸。腳氣病大論毒從下上，亦有從上向下者，或云灸上毒氣便上，謬矣。比見毒氣攻處疼痛如刺，隨病即灸。火徹便瘳，不拘上下處，毒氣所衝，如賊欲出，得穴即出，豈在大門也，風毒所攻，亦復如是，此皆經試，萬不失一，必不爲誤耳。蘇同。

蘇恭云：腳氣初發轉筋者，灸承山、承筋二穴。噦逆者，灸湧泉。若從頭至連背痛，寒熱如瘧及腰痛者，灸委中。頭項背痛，隨身痛即灸，不在正穴也。

又云：若腳氣盛發時，自腰以上並不得針灸，當引風氣上則殺人，氣歇以後有餘病者，灸無妨，唯冬月得灸，春夏不可灸，自風市以下，固宜佳耳。

又云：若氣上擊心不退，急灸手心三七炷，氣即便退。【略】又，若已灸腳而胸中氣猶不下滿悶者，宜灸間使五十炷，兩手掌橫文後一夫兩筋間是也。

又，若胸中氣散而心下有脈洪大，跳其數，向下分入兩髀股內，令人心急忪悸者，宜以手按捻少腹下兩傍接髀大斜文中有脈跳動，便當文上，灸跳三七炷，即定，灸畢，皆須灸三里二十炷，以引其氣下也。

又，若心腹氣定而兩髀外連膝悶者，宜灸膝眼七炷，在膝頭骨下相接處，在筋之外陷中是，若後更發，復灸三炷。

又，凡人雖不患腳氣，但苦髀膝疼悶，灸此無不應手即愈，極爲要穴，然不可針，亦不可多灸，唯只灸七炷以下。

又，若腳十指痠疼悶，漸入趺上者，宜灸指頭正中甲肉際三炷即愈。

又，若大指或小指傍側疼悶覺內有脈如流水上入髀腹者，宜隨指傍處灸三炷即愈，並出上卷中。

唐論，若手指本節間疼稍入臂者，宜灸指間疼處七炷即定。

《外臺秘要》卷十八《腳氣論》　蘇：諸毒氣所攻，攻內則心急悶，不療至死。若攻外毒出皮膚，則不仁，不仁者膏摩之差，若未出皮膚，在榮衛刺痛者，隨痛處，急宜灸三五炷即著，不必要在孔穴也。遠方無藥物處，急宜灸之，腹背手足諸要穴皆能療此病，縱《明堂》無正文，但隨所苦，火艾徹處，痛便消散，此不可知也。又候灸瘡差後，瘢色赤白，平復如本，則風毒盡矣。若色青黑者，風毒未盡，仍灸勿止，待肢體輕乃休矣。

《外臺秘要》卷十八《腳氣不隨方》　又若腳氣上入少腹，少腹不仁，即服張仲景八味丸方：乾地黃八兩。澤瀉四兩。附子二兩炮。署預四兩。茯苓三兩。桂心三兩。牡丹三兩去心。山茱萸五兩。

右八味，擣篩，蜜和爲丸，如梧子，酒服二十丸，漸加至三十丸，仍灸三里、絕骨，若腳數轉筋，灸承山，若腳脛內稍不仁，灸三陰交。忌豬肉、冷水、生葱、酢物、蕪荑。

《醫心方·腳氣姑息法》引徐思恭論云　又云：諸毒氣所攻，攻內則心急悶，不療至死，若攻外毒出皮膚，皮膚則不仁，不仁者膏摩之差。若未出皮膚，在營衛刺痛者，隨痛處，急宜灸之三五炷即差，不必要在孔穴也。遠方無藥物處，急宜灸之。縱《明堂》無正文，但隨所苦，火艾徹處，痛便消散。

《醫心方·腳氣轉筋方》引《龍門方》　又云：療轉腳筋及入腹方：隨所患腳大拇指，灸當腳心急筋上，七壯。

《醫心方·腳氣灸法》引蘇恭　蘇恭云：凡腳氣發，有陰陽表裏，當隨狀療之，不可要依古方也。患陽療陰，病表救裏，皆爲重虛重實，危殆甚也。若病從陰發，起兩足大指側，向上循脛內及股裏，頑痺不仁，或腫先發於此者，皆須隨病灸療，須灸復留、中都、陰陵泉、曲泉等諸穴，灸先從上始，以向下引其氣使下，各灸廿壯，自後隔日灸七壯，取差止，餘穴皆依此。若病從陽發，起兩足小指傍外側，向上循脛外，從絕骨至風市，頑痺不仁，或腫起於此者，須灸陽輔、絕骨、陽陵泉、風市等諸穴，灸數及從上向下，皆依前法。若氣毒兼行表裏者，乃可量其輕重隨灸，膏摩之，若上下遍發，不知的處者，宜灸上廉、下廉、條口、三里，各灸一二壯，以通洩之。其用藥內攻，各量病投藥也，逐偏苦處，恆使灸瘡不瘥，爲佳，風氣都除，乃隨瘡差，差後瘢色赤者，風毒盡，青黑者，猶有毒氣，仍灸勿止，待身體輕利，然後可休矣。

又一本云：常須灸三里、絕骨，勿令瘡差，佳。

陽陵泉二穴，絕骨二穴，風市二穴，崑崙二穴，陽輔二穴，上廉二穴，下廉二穴，條口二穴，太衝二穴，犢鼻二穴，膝目二穴，三里二穴，曲泉二穴，陰陵泉二穴，中都二穴，三交三穴，復留二穴，少陽二穴，三陰二穴，陰蹻二穴，委中二穴，承筋二穴，承山二穴，湧泉二穴。

右件穴並要，不總能灸，其最要有：三里、絕骨、承筋、太衝、崑崙、湧泉，患者不可不灸。

凡患腳氣法，皆春發夏甚，秋輕冬歇，大法春秋宜灸，冬差可行，夏都不可，夏既瘡敗，又不得著衣，風冷因入，及更增病，冬時血澀，又逆天理，急不得已，無藥物處，可灸一二穴，不可遍體多灸也。

凡腳氣病大論毒從下上，亦從上向下者，或云灸上毒便上，誤矣，比見毒氣攻處，疼痛如刺，隨病即灸，火徹便瘳，不拘上下。

凡所衝，如賊欲出，得穴即出，豈在大門也，風氣所攻，亦復如是，此皆經試，萬不失一，必不爲忤耳。葛氏方云：其灸法孔穴亦甚多，恐人不能悉知處，今止疏要者，必先從上始，若直灸腳氣上，不泄則危矣。大椎一穴，灸百壯。肩井二穴，各灸百壯。膻中一穴，灸五十壯。巨闕一穴。灸百壯。凡灸此上部五穴，亦足以泄其氣，若能灸百會、風府、胃管，及五藏俞亦佳，視病之寬急耳。

次風市二穴，灸百壯。三里二穴，灸二百壯。上廉二穴，灸百壯。下廉二穴，灸百壯。絕骨二穴。灸二百壯。凡此下部十穴，並至要，猶餘伏菟、犢鼻耳。凡灸此壯數不必頓畢，三日中報灸令盡。

《扁鵲心書·腳氣》　下元虛損，又久立濕地，致寒濕之氣客於經脈，則雙足腫痛，行步少力。又，暑月冷水濯足亦成乾腳氣，發則連足心腿胻，腫痛如

火焰，或發熱惡寒，治法：灸湧泉穴，則永去病根。若不灸，多服金液丹亦好。平常藥暫時有效，不能全除。其不能行步者，灸關元五十壯，大忌涼藥，泄傷腎氣，變爲中滿腹脹而死，久患腳氣人，濕氣上攻，連兩脇腰腹肩臂拘攣疼痛，乃腎經濕盛也，服宣風丸五十粒，微下而愈。然審果有是證者，可服，若虛人，斷不可輕用。

治驗：一人患腳氣，兩胻骨連腰，日夜痛不可忍，爲灸湧泉穴五十壯，服金液丹，五日全愈。

《醫說·針灸·腳氣灸風市》 蔡元長知開封，正據案治事，忽覺如有蟲自足心行至腰間，即墜筆暈絕，久之方甦。掾屬云：此病非俞山人不能療。趣使呼之，俞曰：是真腳氣也。法當灸風市，爲灸一壯，蔡晏然復常。明日疾如初，再呼，俞曰：欲除病根，非千艾不可。從其言，灸五百壯，自此遂愈。仲兄文安公守姑蘇，以鑾輿巡幸，虛府舍，暫徙吳縣，縣治卑濕，旋感足痹，痛掣不堪忍，服藥弗效，乃用所聞，灼風市、肩隅、曲池三穴，終身不復作。僧普清苦此二十年，每發率兩月，用此灸二十一壯，即時痛止。其他蒙此力者不一而足。《夷堅志》

《針灸資生經·腳氣》 世有勤工力學之士，一心注意於事，久坐行立於濕地，不時動轉，冷風來擊，入於經絡，不覺成病。故風毒中人，或先中手足十指，因汗毛孔開，腠理疏通，風如擊箭，或先中足心，或先中足趺，或先中膝已下腨脛表裏者。若欲使人不成病者，初覺，即灸所覺處三二十壯，因此即愈，不復發。凡腳氣初得，腳弱，便速灸之，并服竹瀝湯，灸訖，可服八風散，無不差者，惟急速治之。若人但灸而不能服散，服散而不灸者，半差半死，雖得差者，或至一二年後更發動。覺得，便依此法速灸之，及服散者，治十十愈。此病輕者，登時雖不即惡，治之不當，根源不除，久久殺人，不可不以爲意。初灸風市，次灸伏兔，次犢鼻，次膝兩眼，一法忌灸。次三里，次上廉，次下廉，次絕骨，凡灸八處：一，風市百壯，多亦任人，輕者不可減百壯，重乃至一處五六百壯，勿令頓灸，三報之佳。二，伏兔百壯，亦可五十壯。三，犢鼻五十壯，有至百壯。四，膝眼。五，三里百壯。六，上廉百壯。七，下廉百壯。八，絕骨。凡此諸穴，不必一頓灸盡壯數，可日日報灸之，三日之中，灸令盡壯數，爲佳。凡病一腳，則灸一腳，病兩腳，則灸兩腳，凡腳弱病，皆灸兩腳。一方云：如覺腳惡，便灸三里及絕骨各一處，兩腳惡者，合四處灸之，多少隨病輕重，大要雖輕不可減百壯，不差，速以次灸之，多多益佳。一說灸絕骨最要，人有患此腳弱不即治，及入腹，腹腫大上氣，於是乃須大法灸，隨諸俞及諸管關節腹背盡灸之，并服八風散，往往得差。覺病入腹，若病人不堪痛，不能盡作大灸，但灸胸中心腹諸穴，及兩腳諸穴，亦有得好差者。亦依支法存舊法，梁丘、犢鼻、三里、上廉、下廉、解谿、太衝、陽陵泉、絕骨、崑崙、陰陵泉、三陰交、足太陰、復溜、然谷、湧泉、承山、束骨等凡十八穴。舊法多灸百會、風府、五藏六府俞募。頃來灸者，悉覺引氣向上，所以不取其法，氣不上者可用之，其要病已成恐不救者，悉須灸之。其足十指去指奇一分，兩足凡八穴，曹氏名曰八衝，極下氣，有效。其足十指端，名曰氣端，日灸三壯，并大神要，其八衝可日灸七壯，氣下即止，凡灸八衝，艾柱小作，病者非深相委悉，勿爲灸。上廉，療偏風腲腿，腳不隨，重不得履地，腳氣刺風痹風腳冷。肩井，治腳氣上攻。

《千金》云：腳氣一病最宜針，若針而不灸，灸而不針，非良醫也；針灸而藥，藥不針灸，亦非良醫也，此論甚當。

若始覺腳氣，速灸風市、三里，各一二百壯，以瀉風濕毒氣，若覺悶熱者，不得灸，以本有熱，灸之則大助風生，食物大忌酒麵海鮮，及忌房勞，不爾，服藥無益。

有同舍爲予言，史載之謂腳氣有風、濕二種，宜瀉不宜補，只宜以沉香湯瀉，而不許其灸。《千金方》乃載灸法如此其詳，豈虛人患腳氣方可灸耶？故《指迷方》云：若覺悶熱不得灸，蓋有所見也。凡灸腳氣，三里、絕骨爲要穴，而以愛護爲第一。予舊有此疾，不履濕則數歲不作，若履濕，則頻作，自後常忌履濕，凡有水濕，不敢著鞋踐之，或立潤地，亦不敢久，須頻移足而後無患，此亦愛護之第二義也。有達官久患腳氣，多服八味元愈，亦以腳氣衝心，惟此藥能治之。

《針灸資生經·腳弱》 委中，療腳弱無力，風濕痹，筋急，半身不遂。三里，療腳弱。承山，療腳弱無力，腳重，偏風不遂。委中，療腳弱無力，腰尻重，曲瞅中筋急，半身不遂。

有人舊患腳弱且瘦削，後灸三里、絕骨，而腳如故，益知黃君針灸圖所謂絕骨治腳疾，神效，猶信也。同官以腳腫灸承山，一穴瘡即乾，一穴數月不愈，不曉所謂，豈亦失之將攝耶，是未可知也。

《單方》歌云：風毒腳弱痹，肩井及大椎，風市與三里，百壯不須疑。

《千金》：灸腳弱凡八穴，病一腳則灸一腳，兩腳病則灸兩腳，凡腳弱病，皆灸兩腳。或未能盡灸，且先灸風市、犢鼻、三里、絶骨亦效，或不效，當如其法灸之。但肩井不可多灸爾。

《聖濟總録·治腳氣灸法》凡腳氣初得，腳弱，宜速灸之，并服竹瀝湯，灸訖，可服八風散，無不差者，惟速治之。若人但灸而不能服散，服散而不灸，如此者半差半死，雖得差者，或至一二年，復更發動，覺得便依此法，速灸之及服散者，治十十愈。

初灸風市，次灸伏兔，次灸犢鼻，次灸膝兩眼，次灸三里，次灸上廉，次灸下廉，次灸絶骨。

凡灸八處，第一風市穴，可令病人起，正身平立，垂兩臂直下，舒十指，掩着兩髀，便點當手中央指頭，髀大筋上是，灸之百壯，多亦佳，輕者不可減百壯，重者乃至一處五六百壯，勿令頓灸，三報之，佳。第二伏兔穴，令病人累夫端坐，以病人手夫，掩横膝上，夫下傍與曲膝頭齊，上傍側夫際，當中央是，灸百壯，亦可五十壯。第三犢鼻穴，在膝頭蓋頭上際外骨邊平處，以手按之，得節解則是，一云：在膝頭下近外三骨箕踵中，動腳以手按之，得窟解是。灸之五十壯，可至百壯。第四膝眼穴，在膝頭骨下兩傍陷者宛宛中是。第五三里穴，在膝頭骨節下一夫，附脛骨外是。一云：在膝頭骨節下三寸，人長短大小，當以病人手夫度取，灸之百壯。第六上廉穴，在三里下一夫，亦附脛骨外是，灸之百壯，第七下廉穴，在上廉下一夫，一云：附脛骨外是，灸之百壯，第八絶骨穴，在腳外踝上一夫，亦云四寸是。凡此諸穴，灸不必一頓灸盡壯數，可日日報灸之，三日之中，灸令盡壯數爲佳。凡病一腳，則灸一腳，病兩腳，則灸兩腳，凡腳弱病皆多兩腳。又一方云，如覺腳惡，便灸三里及絶骨各一處，兩腳惡者，合四處灸之，多少隨病輕重，大要雖輕不可減百壯，不差速以次灸之，多多益佳。一説灸絶骨最要。人有患此腳弱，不即治，及入腹，腹大上氣，於是乃須大法灸，隨諸腧及諸脘關節腹背，盡灸之，并服八風散，往往得差。覺病入腹，若病人不堪痛，不能盡作大灸，但灸胸心腹諸穴，及兩腳諸穴，亦有得好差者。凡量一夫之法，復手并舒四指對，度四指上、中節上横過，爲一夫。夫有兩種，有三指爲一夫者，此腳弱灸，以四指爲一夫也。亦依支法存舊法，梁丘、犢鼻、三里、上廉、下廉、解溪、太衝、陽陵泉、絶骨、崑崙、陰陵泉、三陰交、足太陰、復溜、然谷、湧泉、承山、束骨等，凡一十八穴。舊法多灸百會、風府，五藏六府腧募。頃來灸者，悉覺引氣向上，所以不取其法。氣不上者可用之。其要病已成恐不救者，悉須灸之。其足十指去指奇一分，兩足凡八穴，曹氏名曰八衝，極下氣有效，其足十指端，名曰氣端，日灸三壯，并大神要。其八衝可日灸七壯，氣下即止。凡灸八衝，艾炷須小作之。

《世醫得效方·腳氣》灸法：風市穴，可令病人起，正身平立，垂兩臂直下，舒十指掩著兩髀，便點當手中央指頭髀大筋上是。三里穴，在膝頭骨節下三寸，人長短大小，當以病人手尖度取，灸之。絶骨穴，在腳外踝上一夫，亦云四寸，以上三穴，多灸取效。凡病一腳則灸一腳，病兩腳則皆灸，未效，再灸犢鼻，穴在膝頭下骭上，俠解大筋中，以手按之，得窟解是。或灸肩隅，穴在肩骨骨端兩骨間陷者宛宛中，舉臂取之。曲池穴，在肘外輔骨屈肘曲骨之中，以手拱胸取之。足十趾端，名曰氣端，日灸三壯，并有神效。遇痛深處，按極瘦，針之，亦效。

《普濟方·針灸門·腳氣》凡腳氣發，有陰陽表裏，當隨狀療之，不可妄依古方。患陰療陽，病表救裏，皆爲重虚實，危殆之甚也。若病從陰發，起兩大指內側，上循脛內及膝裏，頑痺不仁，或腫先發於此者，皆須隨病，灸復溜、中都、陰陵泉等諸穴。灸者，先從上始，向下引其氣，便各灸二十壯，向後隔七日，灸七壯，取瘥止。餘穴皆依此。若病從陽發，起兩小指外側，向上循脛外，從絶骨至風市，頑痺不仁，或腫起於此者，須灸陽輔、絶骨、陽陵泉、風市等諸穴。灸數及上向下，皆依前法。若氣毒兼行表裏者，乃可量其輕重，隨灸，膏以摩之。上下遍發，表裏各灸一二處，以此通洩之。其用藥內攻，各量病投藥也，逐偏苦處，常使灸瘡不瘥，爲佳。風氣都除，乃隨瘡瘥，瘥後，瘢色赤者，風(卜)毒已盡，青黑者，猶有毒氣，仍灸勿止，待身體輕利，然後可休矣。又一本云：常須灸三里、絶骨，勿令瘡差，佳。

腳氣初發，轉筋者，灸承山、承筋二穴。噦逆者，灸湧泉。若頭連臂痛，寒熱如瘧，及腰痛者，灸委中。頭項背痛，隨身痛，即灸不在正穴也。又云：若腳氣盛發時，自腰以上，并不得針灸，當引風氣上，則殺人，氣歇以後，有餘病者，灸無妨，準冬月得灸，春夏不可灸，自風市以下，固宜灸耳。又云：若氣上擊心不退，急灸手心三七壯，氣即便退，若未退，即兼悶者，豉酒熱飲，逐以即差，不去，即取烏卜卜牸牛尿一大升，煖服，以利爲止，緣至三服五服彌

佳，又若已灸腳，而胸中氣尤不下滿悶者，宜灸間使五十炷，兩手掌橫紋後三寸兩筋間是也。又若胸中氣散，而心下有脈洪大跳其數，向下分入兩髀股內，令人心急忪悸者，宜以手按〔攝小〕〔捻少〕腹下兩傍，接髀大斜文，有脈跳動，便當文上灸跳三七壯，即定。灸畢，皆須用灸三里二十炷，以引其氣下也。又若心腹氣既定，而兩髀外連〔瞭服〕〔膝眼〕悶者，宜灸〔瞭服〕〔膝眼〕七炷，在〔瞭〕〔膝〕頭骨下相接處，在筋之外陷中是。若後更發，復灸五炷。又凡人雖不患腳氣，但若髀〔瞭〕〔膝〕疼悶，灸此無不應手即愈，極爲要穴，然不可不灸，亦不可多針。唯只灸七炷以下。又若腳十指酸疼悶漸入跗上者，宜灸指頭正中甲肉際三炷即愈，又若大指或小指傍側疼悶，覺內有脈如流水，上入髀〔腹〕〔膝〕者，隨指傍處灸三炷即愈。

患腳氣，皆春發夏甚，秋輕冬歇，大法：春秋宜灸，冬差可行，夏都不可灸。既瘡敗，又不得覆，風冷因入，反更增病。冬時血凝，又逆天理，急不得已，無藥處，可灸一二要穴，不可遍身多灸。腳氣病大論毒從下上，亦有從上向下者，或云灸上毒氣便上，繆矣，此見毒氣攻處，疼痛如刺，隨病即灸，火徹便瘳，不拘上下，凡毒氣所衝，如賊欲出，得穴即出，豈在門也。風毒所攻，亦復如是，此皆經試，萬不失一，必不爲悞耳。蘇同。若手指本節間，疼稍入臂者，宜灸指間疼處七炷即定。又若心胸氣滿，已灸身脛諸血，及服湯藥而氣猶不可煩，急欲死者，宜灸兩足心下當中陷處，各七炷，氣即下，此穴尤爲極要，而不數灸，但急極乃灸之七炷耳。以前諸灸法并經用，所試皆驗，灸畢應時即愈，故具錄記之。凡灸不廢湯藥，藥攻其內，灸洩其外，譬如開門驅賊，賊則易出，若閉門逐之，賊無出路，當反害人耳。世有勤工力學之士，一心注意於事，久坐行立於濕地，不時動轉，冷風來擊，入於經絡，不覺成病，故風毒中人，或先中手足十指，因汗毛孔開，腠理疏通，風如擊箭，或先中足心，或先中足趺，或先中膝以下腨脛表裏者，若欲使人不成病者，初覺，即灸所覺處三二十壯，因此即愈，不復發也。

治腳氣，穴：陽陵泉、絕骨、風市、崑崙、陽輔、上廉、條口、下廉、太衝、犢鼻、膝眼、曲泉、陰陵泉、中都、三陰交、復溜、陽維、委中、承筋、承山、湧泉、太陰，右件穴并要，不可總能灸，其穴最要者，有三里、絕骨、承筋、太衝、崑崙、湧泉，有患者可灸。又謹按：《明堂》正，當以立爲正，取穴必須直立，膝臏骨坐立，便即移動不定，故立取之。其寸取病人中指上節爲一寸，若取尺寸有長短，取穴必不著。又按秦承祖、華佗等取穴并云：三指、四指爲準，取三里穴，四指，指闊六分，四六二十四，只闊二寸四分，取穴如何得著，黃帝爲本，諸說不可信。徐同。

灸風市、三里、絕骨三穴，未效，灸犢鼻、肩髃，膝關，日三壯，遇痛深處，針亦效。

治患腳針後四穴，即能起行，穴：環跳、陽陵泉、巨虛下廉、陽輔。

其灸法孔穴亦甚多，恐人不能悉皆知處，今止疏要者：必先從上始，若直灸腳氣，上不泄則危矣。先灸大椎，在項上大節高起者，其上面一穴是。若腳氣，可先灸百會五十壯，在頭頂凹中也。肩井各一百壯，在兩肩小近頭凹處，指掐之安，令正得中穴耳。次灸膻中五十壯，在胸前兩邊對乳胸厭骨解間，指按腳氣。次灸巨闕，在心厭尖處穴凹下一寸，以盡度之。

凡灸以上部五穴，亦足治其腳氣，若能灸百會、風府、胃脘及五臟腧則益佳，視病之寬急耳，諸穴出《灸經》，不可不具載之。

次灸上廉一百壯，又在三里下一夫。次灸下廉一百壯，又在上廉下一夫，次灸絕骨二百壯，在外踝上三寸餘，指端取踝骨上際，屈指頭四寸便是，與下廉頗相對分二間穴也。此下一十八穴，并是要穴，餘伏兔、犢鼻穴，凡灸此，灸壯數不必頓畢，三日中灸合盡。

灸腳氣法：於左右兩腳十指上，用艾炷如麥粒大，各灸七壯、十壯，其效如神，穴在肉甲之間，半著肉，半著甲。

灸腳氣，灸法如前，灸後瘢色赤白如初，風毒盡，色青黑者，毒仍在，更灸勿止，得肢體清利爲佳，故人得此，多是針灸，最忌用熱藥蒸泡。有僧普清苦此證二十年，灸風市、肩髃、曲池三穴，各二十壯，頓效。又云：若要安，三里莫教乾。患風人宜常灸，蓋三里一穴，爲五臟六腑之溝也。

若始覺腳氣，速灸風市、三里各一二百壯，以瀉風濕毒氣。若覺悶熱者，不得灸。以本熱，灸之，則大助風生，食物大忌酒、麵、海鮮及房勞，不爾，服藥無益。王氏云：有同〔合〕〔舍〕爲予言，史載之謂腳氣有風、濕二種，宜瀉不宜補，只宜以沈香湯瀉，而不許其灸。《千金方》乃載灸法，如此其詳，豈虛人患腳氣方可灸之耶？故《指迷方》云：若覺悶熱不得灸，蓋有所見也。凡灸腳氣，三里、絕骨爲要穴，而以愛護爲第一。予舊有此疾，不履濕，則數歲不作，若履濕，則頻作，自後常忌履濕，凡有水濕，不敢著鞋踐之。或立潤

地，亦不敢久，須頻移足，而後無患，此亦愛護之第二義也。有達官久患脚氣，多服八味丸愈，亦以脚氣衝心，惟此藥能治之。

治脚氣上攻，穴：肩井。

《千金》云：脚氣最宜針而不宜灸，灸而不針，非良醫也；針灸不藥，藥不針灸，亦非良醫也，此論甚當。

治脚氣偏風腲腿，脚不隨，重不得履地，刺風痹風脚冷，穴：上廉。

《澹寮方》云：蔡元長知開封日，據案視事，忽覺如有蟲，自足心行至腰間，即墜筆暈絶，久之方甦，掾屬云：此非俞山人不能療，趣使呼而至，視之曰：脚氣也，此當灸風市。爲灸一炷，當日安然復常，明日疾如初，再呼俞，俞曰：欲出病根，非千艾不可。從其言，灸五百壯，自此遂愈。仲兄文安公守姑蘇，署舍卑濕，旋感足痹，痛掣不堪，服藥不效，乃用所聞，灸風市、肩髃、曲池三穴，終身不復作。僧普清，苦此二十年，每發率是兩月，用此法灸二十一壯，即時痛止。其他蒙此利者，不一而足。

治脚氣，腎氣，穴：陽蹻。

《普濟方・針灸門・脚弱》 王氏云：有人舊患脚弱且瘦削，後灸三里、絶骨，而脚如故，益知黄君針灸圖所謂絶骨治脚疾，神效，猶信也。同官以脚腫，灸承山一穴，瘡即乾，其後數月不愈，不曉所謂，豈亦失之將攝也，是未可知也。單方歌云：風毒脚弱痹，肩井及大椎，風市與三里，百會不須疑。《千金》灸脚弱，凡八穴，病在一脚，則灸一脚，兩脚病，則灸兩脚；凡脚弱病，皆灸兩脚，或未能盡灸，且先灸風市、犢鼻、三里、絶骨，亦效，或不效，當如其法灸之。但肩井不可多灸爾。

治勞冷氣遞腰髖，冷痹，脚屈難伸，灸陽蹻一百壯，在踝下。

《神應經・手足腰腋部》 脚氣：肩井、膝眼、風市、三里、承山、太衝、丘墟、行間。

《續醫説・神針・脚氣灸風市》 蔡元長爲開封尹，據案，忽覺蟲自足心行至腰間，落筆暈倒，久之方甦。吏曰：此疾非俞山人不能療，遂召之。俞曰：眞脚氣也。灸風市一艾而去。明日，又覺蟲自足至風市便止，又明日，疾如初。俞曰：是疾非千艾不治，一艾力盡，故疾復作。遂灸數百壯而愈。一人足痺，灸以風市、肩髃、曲池、三里，尋亦愈。《洪氏經驗方》

《針灸聚英・雜病》 脚氣：有濕熱、食積、流注、風濕、寒濕，針公孫、衝陽，灸三里。

《針灸聚英・玉機微義針灸證治》 脚氣

孫眞人云：古人無此疾，自永嘉南渡，衣冠之人多有之，濕流足脛，房事所致。《發明》曰：北方人飲潼酪濕熱之物所致，有道以來，有道以去，治之以灸焫爲佳，以導引濕氣出外，又察足之三陰、三陽，是何經絡所起。楊太受云：脚氣是爲壅疾，當治以宣通之劑，使氣不成壅，既成而盛者，砭惡血而去其腫熱。經曰：畜則腫熱，砭射之也。

《古今醫統大全・針灸直指・諸證針灸經穴》 脚氣：足三里，灸，絶骨、灸，公孫、衝陽，並宜針。

《醫學綱目・厥》 針脚氣腫痛：三里、絶骨，各二寸半。丘墟，針入一寸，瀉之。行間，五分，留八吸瀉之。解谿，留十吸瀉之，針入五分。商丘，針入五分，瀉十吸。

治脚氣諸穴，隨經選用之：陷谷，三分，瀉之。行谷，五分，瀉之，灸。中封、瀉之，灸。俠谿，先瀉後補，灸。陽輔、絶骨，各二寸半，瀉之，灸。通谷，一分，瀉之，灸。

脚氣針灸大法：此法與《千金》同，兼服藥。風市，百壯，三報穴，正身平立垂手指盡大筋上是。伏兔，病人端坐，離膝蓋上七寸，以左右指按捺上有肉起如兔狀是穴，可灸五十壯，三報穴，犢鼻，五十壯，三報穴。膝眼，二十壯。三里、上廉、下廉、絶骨。各五十壯。凡上項諸穴，不必一頓灸盡壯數，可日日報灸之，三日令盡壯數爲佳。凡一脚病即灸一脚，兩脚病灸兩脚，弱者看輕重加減，不可執一，靈驗不可述也。

又，脚氣：腎氣，臍傍相去各四寸。肩井、三里、氣海、交龍。

寒濕脚氣，紅腫生瘡：中封，五分，瀉之。陽輔、絶骨。各二寸半，瀉之，灸。

又法：行間、三里、照海、崑崙、絶骨、京骨、委中、三陰交。

兩足麻，足腿膝無力：風市。在腿外廉垂手中指點到處是穴，針五分，補多瀉少，留五呼，先瀉成，後補生。

又，足不能行：丘墟、行間、崑崙、太衝、陽輔、三陰交、復溜、三里。大治足不行。

《本草綱目・百病主治藥・脚氣》 敷貼：附子，薑汁調。天雄、草烏頭，薑汁調，或加大黄木鼈子末。白芥子，同白芷末。皂莢，同小豆末。蓖麻仁，同蘇合香丸貼足心，痛即止。烏桕皮，脚氣生瘡有蟲，末傅，追涎。人中白，脚氣成漏孔，煅水滴之。羊角燒研，酒調傅之，取汗，永不發。田螺，脚氣攻注，同鹽杵，傅股上即定。木瓜，袋盛踏之。蜀椒，袋盛踏之。樟腦、柳華、治鳥巢、蘿蔔花，並藉鞋靴。木狗皮、豺皮、麂

皮。並裹足。

熨熏：麥麩，醋蒸熱，熨。蠶沙，蒸熱熨。蒴藋根，酒醋蒸熱，熨。蓖麻葉，蒸裹，頻易。荆葉，蒸熱，卧之取汗，燒烟熏涌泉穴。針砂，同川烏末炒，包熨。食鹽，蒸熱，踏之或擦腿膝後，洗之並良。火針。

《針灸大成·續增治法·雜病》 脚氣：有濕熱、食積流注、風濕、寒濕。針公孫、衝陽，灸足三里。

《類經圖翼·針灸要覽·諸證灸法要穴》 脚氣：肩井、足三里、陽陵泉、陽輔、崑崙、照海、太衝。

《景岳全書·雜證謨·脚氣》 凡脚氣初覺，即灸患處二三十壯，或用雷火針以導引濕氣外出，及飲醪醴以通經散邪，其要法也。若壅既成而邪盛者，必腫痛熱甚，一時藥餌難散，宜砭去惡血，以消熱腫，砭刺之後，以藥繼之。

《病機沙篆·脚氣》 針法：一切寒濕脚氣：三里、陽陵泉、風市、三陰交、丘墟、絕骨、崑崙。

兩膝紅腫：膝關、膝眼、委中、三里、陰陵泉五穴。

脚背紅腫：崑崙、丘墟、臨泣、太衝、行間五穴。

脚氣風冷搏於經絡也，風毒氣中人，因汗出腠理空疏，邪得乘之而入，或先中手足十指，或先中足心足跟，或中膝脛，初覺，即宜急灸所覺處二三十壯，或三里、絕骨，爲要穴也，二穴。

灸法：脚氣灸風市五百壯，不復發。一日(炙)〔灸〕之，忽覺有蟲自足心行腰間，即暈絕，久方甦醒，此眞脚氣也。

兩足轉筋：灸陽陵泉、承山、三陰交。一法灸脚踝上一壯，内筋急灸内踝四十壯，外筋急灸外踝四十壯。又法：用照海。

《針灸逢源·證治參詳·手足病》 脚氣：此因風寒暑濕所浸，或飲酒厚味損傷脾胃，濕熱下注肝腎而成，其病先從氣衝穴隱核痛起，濕勝者筋脈弛縱浮腫，但重而不上升，四肢俱寒，治宜辛溫發散，繼以分利祛濕。熱勝者筋脈蹉縮，枯細不腫，四肢俱熱，有時上衝，治以清火降熱，其濕熱分爭，濕勝則憎寒，熱勝則壯熱，有兼頭疼身痛，狀類傷寒者，但初起於脚膝熱腫，或屈弱不能動移爲異耳。

凡脚氣上攻，胸膈喘急，嘔吐不止，自汗，脈短促者死。入心則恍惚，小腹瘴脹，左寸乍大乍小者死。入腎則腰脚腫，小便閉，額黑胸滿，左尺絕者死。若見危候而脈未絕者，以附子爲末，津調，塗湧泉穴。

一法刺：肩井、三里、太衝。

《神應經》治脚氣：一風市，灸五十壯。二伏兔，刺。三犢鼻，五十壯。四膝眼，五三里，百壯。六上廉、七下廉，百壯。八絕骨。

寒濕脚氣：解谿。灸七壯效。

《針灸全生·腰膝足》 脚氣：肩井、風市、承山、丘墟、膝眼、三里、太衝、行間。髀樞痛：環跳、陽陵、丘墟。

脚氣：一風市，百壯或五十壯。二伏兔，針三分，禁灸。三犢鼻，五十壯。四膝眼，五三里，百壯。六上廉、七下廉，百壯。八懸鐘。

《針灸全生·手足病》 脚氣：肩井、足三里、陽陵泉、陽輔、崑崙、照海、太衝。

《神灸經綸·手足證治》 眞脚氣也，初覺即宜灸：足三里、懸鍾、絕谷、風市、肩井、陽陵泉、陽輔、崑崙、照海、太衝。

《傳悟靈濟録·手足病》 脚氣：肩井、足三里、陽陵泉、陽輔、崑崙、照海、太衝。

《針灸集成·脚膝》 脚氣：中脘，針。三陰交，灸，針後勿爲飽食，經七日更針，神效。

又方：腹下股間必有結核，以針貫刺，灸針孔三七壯，立效。

《灸法秘傳·脚氣》 脚氣者，兩脚浮腫而重，濕脚氣也；不紅不瘇而痛，乾脚氣也。不拘乾濕，皆宜灸風市穴。倘或紅腫行步艱難，灸大敦穴可愈。

《針灸摘要·陰蹻脈》 乾脚氣，膝頭并内踝及五指疼痛：膝關、崑崙、絕骨、委中、陽陵泉、三陰交。

寒濕脚氣，發熱大痛：大衝、委中、三陰交。

腎虛脚氣，紅腫大熱不退：氣衝、太谿、公孫、三陰交、血海、委中。

《續名醫類案·脚氣》 王執中舊有脚氣疾，遇春則足稍腫，夏中尤甚，至冬漸消。偶夏間，依《素問》注所説三里穴之所在，以溫針微刺之，翌日腫消，其神效有如此者。繆刺且爾，况於灸乎。有此疾者，不可不知。《千金》謂脚氣宜針、灸、藥，三者並用。史載之謂：不許其灸。《指迷方》云：若覺悶熱，不得灸之。

凡灸脚氣，三里、絕骨爲要，而以愛護爲第一。王舊有此疾，不履濕則數

歲不作，若履濕則頻作，自後嘗忌履濕，凡有水濕，不敢著鞋踐之，或立潤地，亦不敢久，須頻移足而後無患，此亦愛護之第二義也。有達官久患腳氣，多服八味丸愈，亦以腳氣衝心，惟此藥能治。

有人舊患腳弱，且瘦削，後灸三里、絕骨，而腳如故。益知黄君針灸圖所謂絕骨治腳疾神效，信然也。同官以腳腫灸承山，一穴瘡即乾，一穴數月不愈，不曉所謂，亦將攝失宜耶，是未可知也。

王執中母氏常久病，夏中腳忽腫，舊傳夏不理足，不敢著艾，謾以針置火中令熱，於三里穴刺之微見血，凡數次，其腫如去。執中素患腳痛腫，見此奇效，亦以火針刺之，翌日腫亦消，後常灸。凡治此，當先三里而後之陽蹻等穴也。

頭痛

《靈樞·寒熱病》足陽明有挾鼻入於面者，名曰懸顱，屬口，對入繫目本。視有過者取之，損有餘，益不足，反者益。其足太陽有通項入於腦者，正屬目本，名曰眼系，頭目苦痛，取之，在項中兩筋間。

《靈樞·寒熱病》陽迎頭痛，胸滿不得息，取之人迎。

《靈樞·厥病》厥頭痛，面若腫起而煩心，取之足陽明、太陰。厥頭痛，頭脈痛，心悲善泣，視頭動脈反盛者，刺盡去血，後調足厥陰。厥頭痛，貞貞頭重而痛，瀉頭上五行行五，先取手少陰，後取足少陰。厥頭痛，意善忘，按之不得，取頭面左右動脈，後取足太陰。厥頭痛，項先痛，腰脊爲應，先取天柱，後取足太陽。厥頭痛，頭痛甚，耳前後脈湧有熱，瀉出其血，後取足少陽。眞頭痛，頭痛甚，腦盡痛，手足寒至節，死不治。頭痛不可取於俞者，有所擊墮，惡血在於內，若肉傷，痛未已，可則刺，不可遠取也。頭痛不可刺者，大痺爲惡，日作者，可令少愈，不可已。頭半寒痛，先取手少陽、陽明，後取足少陽、陽明。

《太素·寒熱·厥頭痛》厥頭痛，面若腫起而煩心，取足陽明、太陽。應有問答，傳之日久，脫略故也。手足陽明及手足太陽皆在頭在面，手太陽絡心屬小腸，此等四脈失逆頭痛，面胕起若腫及心煩，故各取此四脈俞穴療主病者。厥頭痛，頭脈痛，心悲善泣，視頭動，脈反盛者，刺盡去血，後調足厥陰。足厥陰脈屬肝，絡膽，上連目系，上出額，與督脈會於巔，故氣失逆頭痛，頭脈痛，心悲善泣，視頭動。厥陰主悲泣。視頭動者，視之時頭戰動也。脈反盛者，絡脈盛，可先刺去取血，後取厥陰俞穴療主病者也。厥頭痛，貞貞頭重而痛，瀉頭上五行，行五，先取手少陰，後取足少陰。貞，竹耕反。貞貞，頭痛甚貌。手少陰心脈起心中，從心係目系；足少陰腎脈貫脊，屬腎，上貫肝，入肺，從肺出絡心，故心氣失逆，上衝於頭，痛貞貞。頭是心神所居，故先取心脈俞穴，後取腎脈俞穴，療主病者。厥頭痛，意善忘，按之不得，取頭面左右動脈，後取足太陰。足太陰脈與足陽明合也，足陽明循頭面左右，動在客主人及大迎，皆脾氣所至。脾神是意，其脈足太陰，所以太陰氣之失逆，意多善忘，所痛在神，按之難得。可取頭面左右足陽明動脈，後取足太陰俞穴，療主病者。厥頭痛，頭痛甚，耳前後脈湧有熱，瀉出其血，後取足少陽。足少陽膽脈起目兌眦，上抵角，下耳後，其支從耳後，入耳中，出走耳前，故足少陽氣之失逆，頭痛甚，耳前後脈涌動者，有熱也。可刺去熱血，後取足少陽療主病者。厥頭痛，項腰脊爲應，取天柱，後取足太陽。足太陽脈起目內眦，上額，交巔入絡腦，還出下項，俠脊，抵腰中，入循膂，絡腎，屬膀胱，故足太陽氣之失逆，頭痛，項先痛，腰脊相應，先取足太陽上天柱之穴，後取足太陽下俞穴，療主病者。眞頭痛，頭痛甚，腦盡痛，手足寒至節，死不治。頭痛腦痛既甚，氣逆，故手足冷至節，極則死也。頭痛不可取於輸者，有所擊墜，血在於內，若內傷，痛未已，可即刺，不可遠取也。取輸難愈，故曰不可。又有擊墜留血，可以近療，可即刺之，不可取其遠俞者也。頭痛不可刺者大痺，爲惡日作者，可令少愈，不可除也。頭痛有不可刺者，此爲大痹在頭，惡其日作。作，發也。刺之可令少愈，不可除也，謂寒溼之氣入腦以爲大痺，故也。頭半寒痛，先取手少陽、陽明，後取足少陽、陽明。手足少陽、陽明在頭面左右箱，故手脈行近頭，足脈行遠頭。所以頭之左箱半痛者，可刺左箱手之少陽、陽明，然後刺右箱足之少陽、陽明。右亦如之也。

厥俠脊而痛至項，頭沉沉然，目𥇀𥇀然，腰脊強，取足太陽膕中血絡。頭目項及腰脊膕，足太陽脈所行，故生病膕中也。

厥胸滿面腫，唇思思然暴言難，甚則不能言，取足陽明。此皆足陽明脈所行，故取足陽明俞療主病者。厥氣走喉而不能言，手足清，大便不利，取足少陰。手足清者，手少陰與足少陰通，故手足冷，取足少陰俞療主病者也。厥而腹響響然多寒氣，腹中榮榮，便溲難，取足太陰。腹脹多寒，便溲不利，皆是足太陰脈所爲，故取之也。

《太素·寒熱·寒熱雜說》陽逆頭痛，胸滿不得息，取人迎。足陽明從大迎，循髮際，至額顱，故陽明氣逆頭痛也。支者下人迎，循喉嚨，屬胃，絡脾，故氣逆，胸滿不得息，可取人迎。人迎胃脈，主水穀，總五藏之氣，寸口爲陰，此脈爲陽，以候五藏之氣，禁不可

灸也。

《甲乙經·大寒内薄骨髓陽逆發頭痛》 陽逆頭痛，胸滿不得息，取人迎。

厥頭痛，面若腫起而煩心，取足陽明、太陽。厥頭痛，脈痛，心悲喜泣，視頭動脈反盛者，乃刺之，盡去血，後調足厥陰。厥頭痛，噫，善忘，按之不得，取頭面左右動脈，後取足太陽。厥頭痛，員員而痛，瀉頭上五行，行五，先取手少陰，後取足少陰。頭痛項先痛，腰脊爲應，先取天柱，後取足太陽。厥頭痛，痛甚，耳前後脈骨熱，先瀉其血，後取足少陽、少陰。厥頭痛，痛甚，耳前後脈湧，有血瀉其血，後取足少陽。眞頭痛，痛甚，腦盡痛，手足寒至節，死不治。頭痛不可取於俞，有所擊墜，惡血在内，若内傷痛，痛未已，可即刺之，不可遠取。頭痛不可刺者，大痺爲惡風，日作者，可令少愈，不可已。頭寒痛，先取手少陽、陽明，後取足少陽、陽明。頷痛，刺手陽明與頷之盛脈出血。頭項不可俯仰，刺足太陽，不可顧，刺手太陽。頷痛，刺足陽明曲周動脈，見血立已，不已，按經刺人迎，立已。頭痛，目窗及天衝，風池主之。厥頭痛，孔最主之。

厥頭痛，面腫起，商丘主之。

《千金要方·針灸下·頭面》 頭病

神庭、水溝，主寒熱頭痛喘渴，目不可視。

頭維、大陵，主頭痛如破，目痛如脫。

崑崙、曲泉、飛揚、前谷、少澤、通里，主頭眩痛。

竅陰、強間，主頭痛如錐刺，不可以動。

腦戶、通天、腦空，主頭重痛。

消濼，主寒熱痺頭痛。

攢竹、承光、腎俞、絲竹空、和窌，主風頭痛。

神庭，主風頭眩，善嘔煩滿。

上星，主風頭眩，顏淸。

囟會，主風頭眩頭痛顏淸。

上星，主風頭引頷痛。

天牖、風門、崑崙、關元、關衝，主風眩頭痛。

瘈脈，主風頭耳後痛。

合谷、五處，主風頭熱。

前頂、後頂、頷厭，主風眩偏頭痛。

玉枕，主頭半寒痛。

天柱、陶道、大杼、孔最、後谿，主頭痛。

目窗、中渚、完骨、命門、豐隆、太白、外丘、通谷、京骨、臨泣、小海、承筋、陽陵泉，主頭痛，寒熱，汗出不惡寒。

《千金翼方·針灸中·治頭重臂肘重法》 頭重風勞，灸腦戶五壯，針入三分補之。

頭重不能勝，灸腦戶下一寸半。

《銀海精微·患眼頭疼》 問曰：人之患眼偏正頭痛者，何也？答曰：風毒甚也。頭風在右者屬痰、屬熱，【略】在左屬風及血虛。【略】

灸穴：百會一穴、神聰四穴、臨泣二穴、聽會二穴、耳尖二穴、風池二穴、光明二穴、太陽二穴、率骨二穴。

定髮際幷點各穴法則：偏則灸一邊痛處。前眉心平，以墨點記，以草比同身寸三寸，自眉心比至草盡處是前髮際，亦以墨點記。又大杼骨上一點，以前草三寸盡處，亦點記，是後髮際。又將草自前髮際比至後髮際，平摺，摘去一節，又將草均分作六摺，摘一摺，止存五摺，以此草自前髮際比至草盡處，是百會穴。又以百會穴爲中，四邊各開二寸半，乃神聰穴也。

灸耳尖穴即率骨穴：將耳摺轉，尖上比寸半盡，是率骨穴。

臨泣穴：以童人對眉尖上，點爲記，以草自點比上三寸半，是臨泣穴。

光明穴：對童人上眉中，是光明穴。

攢竹穴：眉頭兩陷中，是攢竹穴。

睛明穴：在目内大眥外畔，肉上陷宛中。

頰車穴：在耳下曲頰端，陷中。

風池穴：在後髮際，陷中。

肝俞穴：在第九骨下，各開寸半。

天府穴：在胸兩腋下三寸，宛宛中。

聽會穴：在耳下前陷中，開口取之。

耳門穴：在上耳前，起肉當耳缺。

魚尾穴：在小眥横紋盡處。

太陽穴：在外眥五分是。

《扁鵲心書·頭痛》 風寒頭痛則發熱惡寒，鼻塞，肢節痛，華蓋、五膈消

風散皆可主。若患頭風兼頭暈者，刺風府穴，不得直下針，恐傷大筋，則昏悶，向左耳横紋針下入三四分，留去來二十呼，覺頭中熱痲，是效。若風入太陽，則偏頭風，或左或右，痛連兩目及齒，灸腦空穴二十一壯，其穴在腦後，入髮際三寸五分，再灸目窗二穴，在兩耳直上一寸五分，二十一壯，左痛灸左，右痛灸右。

《素問病機氣宜保命集·針之最要》 頭痛不可忍，針足厥陰、太陽經原穴。

《針灸資生經·傷寒頭痛》 溫溜，主傷寒寒熱，頭痛噦衄，肩不舉。懸顱，主熱病，頭痛身熱。懸釐、鳩尾，主熱病，偏頭痛，引目外眥。少澤，主振寒，小指不用，頭痛。神道、關元，主身熱頭痛，進退往來。三焦俞，主頭痛，食不下。太白，主熱病，先頭重顔痛，煩悶心身熱，熱爭則腰痛不可俯仰，又熱病滿悶不得卧，身重骨痛不相知。溫溜，治傷寒身熱，頭痛噦逆，肩不得舉。風池，治頭痛。魚際、液門、中渚、通理，主頭痛。天池，療頭痛。支正等，主頭眩痛。頭痛顛顛然，先取湧泉云云。魚際，療頭痛，汗不出。

《針灸資生經·頭風》 五處，療頭眩風悶。百會、腦空、天柱，療頭風。神聰，療頭風目眩，狂亂風癇，左主如花，右主如果。前頂，療頭風熱痛，頭腫風癇。後頂，療風眩目䀮䀮，頟顱上痛。上星，療頭風目眩。前頂，治頭風目眩，面赤腫。下廉、五處、神庭，治頭風。神庭，主風頭眩，善嘔煩滿。天牖、風門、崑崙、關元、關衝，主風眩頭痛。前頂、後頂、頷厭，主風眩偏頭痛。上星，主風頭眩顔清。囟會，主風頭眩，頭痛顔清。完骨，主風頭耳後痛，煩心。跗陽，主瘈厥，風頭重痛。俠谿，主胸中寒如風狀，頭眩，兩頰痛。腎俞、攢竹、承光、絲竹空、瘈脈、和窌，主風頭痛。上星，主風頭引頷痛。合谷、五處，主風頭熱。天牖，療頭風面腫，項強不得轉。囟會，治頭風生白屑，多睡，針佳，以油、鹽揩髮根，頭風永除。頭風腫癢，針眉衝。通理、百會，療頭目眩痛。陽谷，療頭眩。

《素問》論頭痛，本於大寒内至骨髓，則頭風者，亦本於風寒入腦髓耶。《本事方》論婦人患頭風者十居其半，或者婦人無巾以禦風寒焉耳。男子間有患之者，非頭上少髮，必其囟會、前頂之髮秃也。欲灸頭風，宜先囟會、百會、前頂等穴。其頭風連目痛者，當灸上星、神聰、後頂等穴，予嘗自灸驗，教人灸亦驗云。

《針灸資生經·頭痛》 解谿、承光，治風眩頭痛，嘔吐心煩。膽俞，治頭痛振寒，汗不出。大杼，治頭痛振寒。瘂門，治頭痛風，汗不出。合谷、天池、絲竹空、魚際、四白、天衝、三焦俞、風池，治頭痛。神道，治寒熱頭痛，進退痎瘧，恍惚悲愁，健忘驚悸。陽谿，治厥逆頭痛，胸滿不得息。豐隆，治厥頭痛，面浮腫，風逆，四支腫，身濕。至陰，治鼻塞頭重，風寒從足小指起，脈痺上下帶胸脇痛無常，轉筋，寒熱汗不出，煩心。青靈，治頭痛振寒，目黄脇痛。強間，治腦旋目運，頭痛不可忍，煩心，嘔吐涎沫，發無時，項強不可顧。崑崙，治頭痛，肩背急。風府，治頭痛頸項急，不得顧，目眩。曲差，治頭項痛。顱息，療身熱頭痛，不可反側。魚際，療頭痛甚，汗不出。腦戶，療頭痛。百會、通理，療頭目眩痛。中衝、命門，療身熱如火，頭痛如破。溫溜，療寒熱頭痛，善噦衄，肩不舉。率谷，療醉後酒風發，頭重皮膚腫，兩角眩痛。小兒食時頭痛，及五心熱，灸譩譆各一壯。天柱、陶道、大杼、孔最、後谿，主頭痛。腦戶、腦空、通天，主頭重痛。頭維、大陵，主頭痛如破，目痛如脱。竅陰、強間，主頭痛如椎刺，不可動。目窗、中渚、完骨、命門、豐隆、太白、外丘、通谷、京骨、臨泣、小海、承筋、陽陵泉，主頭痛寒熱，汗出不惡寒。神庭、水溝，主寒熱頭痛，喘渴，目不可視。消濼，主寒熱痹頭痛。五處等，主頭痛。崑崙、解谿、曲泉、飛揚、前谷、少澤、通理，主頭眩痛。若頭痛筋攣，骨重少氣，噦噫滿，時驚，不嗜卧，咳嗽煩冤，其脈舉之則弦，按之石堅，由腎氣不足而内著，其氣逆而上行，謂之腎厥，宜灸關元百壯，服玉眞元。若頭痛連齒，時發時止，連年不已，此由風寒留於骨髓，髓以腦爲主，腦逆故頭痛，齒亦痛，宜白附子散，灸曲鬢七壯，左痛灸左，右痛灸右。少海、完骨，治頭痛。《千》云，主風頭耳後痛，腦空等。天衝，主癲疾頭痛。

《素問》嘗論有數歲頭痛不已者，大寒内至骨髓，髓以腦爲主，腦逆故頭痛齒亦痛，名曰厥逆。頭痛，亦有腎厥、肝厥頭痛者，如《本事方》所謂下虚者，腎虚也，腎厥則頭痛，上虚者，肝虚也，肝厥則頭暈是也，皆可隨證治之。若眞頭疼，則朝發夕死，夕發朝死矣。人而患此，亦末如之何，要之，亦有所自，其在根本不固耶。若欲著艾，須先百會、囟會等穴，而丹田、氣海等穴，尤所當灸，以補養之，毋使至於此極，可也。

前頂等，主風眩偏頭痛。懸釐，治頭偏痛。懸釐，主偏頭痛，引目外眥。頷厭，療風眩，目無見，偏頭痛，引目外眥急，耳鳴好嚏，頸痛，岐伯灸偏頭痛。

後頂，治頭偏痛。玉枕，主頭半寒痛。《甲》云頭眩目痛，頭半寒。正營，治頭項偏痛。懸顱，治熱病煩滿，汗不出，頭偏痛，引目外眥赤，身熱齒痛。懸釐，治頭偏痛，煩心不欲食。

《針灸資生經·頂腫痛》 曲差，治頂痛。前頂，治小兒驚癇頂腫。

澧陽有士人之子驚風後頂腫，醫以半夏、南星爲細末，新水調敷而愈，若灸則宜灸前頂等穴云。

《針灸資生經·頭腫》 腦戶，治頭腫。前頂，療頭風熱痛，頭腫大，腫極，即以三棱針刺之，繞寸已下，其頭痛腫立差。上星，療頭風頭腫，皮腫面虛，鼻塞頭痛。囟會，療頭皮腫，生白屑。完骨，治頭面腫。腦戶，治頭腫。公孫，主頭面腫。完骨等，主頭面氣腫。

《婦人大全良方·婦人血風頭痛方論》 若頭痛連齒，時發時止，連年不已，此由風寒中於骨髓，留而不去。腦爲髓海，故頭痛，齒亦痛，謂之厥逆頭痛。宜白附子散，灸曲鬢穴。此穴在耳上，將耳掩前，正尖上，可灸七壯，左痛灸左，右痛灸右。

《針經摘英集·治病直刺訣》 治偏正頭痛，刺手少陽經，絲竹空二穴，在眉後陷中，禁灸，以患人正坐，舉手下針，針入三分。

次針足少陽經，風池二穴，在腦後風府穴兩傍同身寸之各二寸，針入七分，吸氣五口，頂上痛爲效。

次針手陽明經，合谷二穴，在手大指岐骨間陷中，隨患人咳嗽一聲，下針刺五分，內撚針令病人吸氣三口，次外撚針呼氣三口，次又內撚針吸氣五口，令人覺針下一道痛如綫，上至頭爲度，長呼一口氣出針。

治眉攢頭痛不可忍者，刺足陽明經，解溪二穴，在衝陽後一寸五分，跗上陷中，針入五分。

治風痰頭痛，刺足陽明經，豐隆二穴，在外踝上八寸，下廉䯒外廉陷中，別走太陰，針入三分，灸三壯。

治頭風百腫，項強不得迴顧，刺手少陽經天牖二穴，在頸筋缺盆上，天容後，天柱前，完骨下，髮際上，針入五分，留七呼。不宜補，亦不宜灸。若灸之，面腫眼合，取足太陽經，譩譆二穴，在背俞部，第三行肩髆內廉，俠第六椎下，兩傍相去各三寸，正坐取之，足太陽脈之所發也。針入六分，留三呼，瀉五吸後，針天牖、風池，其病即差。若不先針譩譆，即難瘳其疾也。此者久病流注之法，今舉此爲例，學者宜須審詳。

《扁鵲神應針灸玉龍經·盤石金直刺秘傳》 中風後頭痛如破：百會、灸，次用三棱針四旁次之血出。合谷，瀉。

頭風如破，眉目間痛：陽白、解谿、合谷，並瀉。

《世醫得效方·頭痛》 灸法：囟會穴在鼻心直上，入髮際二寸，再容豆許是穴，灸七壯。眞頭痛者，其痛上穿風府，陷入於泥丸宮，不可以藥愈，夕發旦死，旦發夕死，蓋頭中，人之根，根氣先絕也。

療頭風熱痛，頭腫風癇，穴：前頂。

療風眩目眈眈，額顱上痛，穴：後頂。

療頭風目眩，穴：上星。

《普濟方·針灸門·頭風》 療頭風，穴，百會、腦空、天柱。

療頭風，目眩，狂亂風癇，左主如花，右主如果，穴：神聰。

治頭風目眩，面赤腫，穴：前頂。

治頭風，穴：下廉、五處、神庭。

治風頭眩，善嘔煩滿，穴：神庭。

治風頭眩頭痛，穴：天牖、風門、崑崙、關元、關衝。

治風眩，偏頭痛，穴：前頂、後頂、頷厭。

治風頭眩，顏清，引頷痛，穴：上星。

治風頭眩，頭痛顏清，穴：囟會。

治風頭耳後痛，煩心，穴：完骨。

治痿厥風，頭重痛，穴：跗陽。

治胸中寒如風狀，頭眩兩頰痛，穴：俠谿。

治風頭痛，穴：腎俞、攢竹、承光、絲竹空、瘈脈、和窌。

治頭眩風悶，穴：五處。

治風頭熱，穴：合谷、五處。

療頭風面腫，目眩，項強不得轉，穴：天牖。

治頭風生白屑，多睡，穴：囟會，針佳。以油，鹽揩髮根，頭風永除。

治頭風腫癢，穴：眉衝(針)。

療頭目眩痛，穴：通理、百會。

療頭眩，穴：陽谷。

治頭風，灸後頂穴，在百會後一寸五分，強間穴前一寸五分，灸五壯，兼治癲疾，幷搖頭口喎者。風瘙，身體癮疹，灸曲池二穴，《甲乙經》云：穴在肘外輔骨，屈肘曲骨之中，手陽明脈之所入也，各灸三壯。

治頭風面腫，項強不得迴顧，刺手少陽經天牖二穴，在頸筋缺盆上，天容後，天柱前，完骨下，髮際上，針入五分，留七呼，不宜補，亦不宜灸，若灸之，面腫眼合，取足太陽經譩譆二穴，在背俞部第三行，肩髆內廉，俠第六椎下，兩傍相去各三寸，正坐取之，足太陽脈之所發也，針入六分，留三呼，瀉五吸，後針天牖、風池，其病即瘥，若不先針譩譆，即難瘳其疾也，此皆久病流注之法，今舉此爲例，學者宜須審詳。

治頭風面虛腫，穴：上星。

治目黃頭腫，穴：腦戶。

《普濟方·針灸門·頭痛》 治風眩頭痛，嘔吐心煩，穴：解谿、承光。

治頭痛振寒，汗不出，穴：膽俞。

治頭痛振寒，穴：大杼。

治頭痛風寒，汗不出，穴：瘂門。

治頭痛，穴：合谷、天池、絲竹空、魚際、四白、天衝、三焦俞、風池。

治寒熱頭痛，進退痎瘧，恍惚悲愁，健忘驚悸，穴：神道。

治厥逆頭痛，胸滿不得息，穴：陽谿。

治厥頭痛，面浮腫，風逆，四肢腫，身濕，穴：豐隆。

治頭重鼻塞，風寒從足小指起，脾上下帶胸脇痛無常，轉筋寒熱，汗不出，煩心，穴：至陰。

治頭痛振寒，目黃脇痛，穴：青靈。

治腦旋目運，頭痛不可忍，煩心嘔吐涎沫，發無時，項強不可顧，穴：強間。

治頭痛肩背急，穴：崑崙。

治頭痛頸項急，不得顧，目眩，穴：風府。

治頭痛項痛，穴：曲池。

療身熱頭痛，不可反側，穴：顱息。

療頭痛甚，汗不出，穴：魚際。

療頭痛，穴：腦戶。

療頭目眩痛，穴：百會、通里。

療頭痛如破，身熱如火，穴：命門、中衝。

療寒熱頭痛，善噦，衄血，肩不舉，穴：溫溜。

療醉後酒風發，頭重皮膚腫，兩角眩痛，穴：率谷。

治頭痛，穴：天柱、陶道、大杼、孔最、後谿。一作本神。

治頭腫痛，穴：腦戶、腦空、通天。

治頭痛如破，目痛如脫，喘逆煩滿，嘔吐汗出，穴：大陵、頭維。

治頭痛如錐刺，不可動搖，穴：竅陰、強間。

治頭痛寒熱，汗不出，惡寒，穴：目窗、中渚、完骨、命門、豐隆、太白、外丘、通谷、京骨、臨泣、小海、承筋、陽陵泉。

治寒熱頭痛，喘渴，目不可視，穴：神庭、水溝。

治寒熱痺頭痛，穴：消濼。

治頭痛，穴：五處。

治頭痛筋攣，骨重少氣，噦噫滿，時驚，不嗜卧，咳嗽煩冤，其脈舉之則弦，按之石堅，由腎氣不足，而內著其氣，逆而上行，謂之腎厥，宜灸關元百壯，服玉眞丸。

治頭痛連齒，時發時止，連年不已，此由風寒留於骨髓，髓以腦爲主，腦逆，故頭痛，齒亦痛，穴：曲鬢，七壯，左痛灸左，右痛灸右，宜白附子散。

治頭痛頭風，耳後痛，腦空等。穴：小海、完骨。

治癲疾頭痛，穴：天衝。

治風眩，偏頭痛，穴：前頂。

治風痰頭痛，穴：豐隆。

治頭偏痛，引目外眥，穴：懸釐。

治頭風目眩，無所見，偏頭痛引目外眥急，耳鳴，好嚏，頸痛，穴：頷厭。

治頭偏痛，穴：後頂。

治頭項偏痛，穴：正營。

治頭半寒痛，頭眩目痛，穴：玉枕。

治熱病頭痛，汗不出，頭偏痛，引目外眥赤，身熱齒痛，穴：懸顱。

治頭偏痛，煩心不欲食，穴：懸釐。

治偏正頭痛，穴：絲竹空、風池、合谷。

治眉攢頭痛不可忍者，穴：解谿。

治頭眩痛，穴：崑崙、解谿、曲泉、飛揚、前谷、少澤、通里。

《普濟方·針灸門·頭腫》 治頭腫，《資生經》。穴：腦戶。

療頭風熱痛，頭腫大腫極，即以三棱針刺之，繞寸已下，其頭痛腫立瘥，穴：前頂。

療頭風頭腫，皮腫面虛，鼻塞頭痛，穴：上星。

治頭皮腫，生白屑，穴：囟會。

治頂痛，穴：曲池。

治頭面腫，穴：公孫。

治頭面氣腫，穴：完骨。

《神應經·頭面部》 頭痛：百會、上星、風池、攢竹、絲竹空、小海、陽谿、大陵、後谿、合谷、腕骨、中衝、中渚、崑崙、陽陵。

頭強痛：頰車、風池、肩井、少海、後谿、前谷。

頭偏痛：頭維。

頭風：上星、前頂、百會、陽谷、合谷、關衝、崑崙、俠谿。

腦痛：上星、風池、腦空、天柱、少海。

頭風面目赤：通里、解谿。

頭風牽引腦頂痛：上星、百會、合谷。

偏正頭風：百會、前頂、神庭、上星、絲竹空、風池、合谷、攢竹、頭維。

醉後頭風：印堂、攢竹、三里。

頭項俱痛：百會、後頂、合谷。

頭風冷淚出：攢竹、合谷。

頭痛項強，重不能舉，脊反折不能反顧：承漿先瀉後補，風府。

頭重身熱：腎俞。

腦風而疼：少海。

眉後痛：肝俞。

頭目眩疼，皮腫生白屑：灸囟會。

《針灸聚英·雜病》 頭痛

有風、風熱、痰濕、寒、眞頭痛，手足青至節，死不治。灸，疏散寒。針，脈浮，刺腕骨、京骨；脈長，合骨、衝陽；脈弦，陽池、風府、風池。

《針灸聚英·雜病歌》 頭面

頭痛百會上星中，風府攢竹小海攻，陽谿後谿合谷穴，腕骨中渚絲竹空，風池崑崙陽陵等，再兼一穴是中衝。頭強痛兮治頰車，幷治肩井及風池，少海穴兮兼在內，通計五穴至後谿。頭偏痛者針頭維，腦瀉囟會通谷醫。頭風上星前頂穴，百會陽谷合谷宜，通前通後共八穴，崑崙關元與俠谿。腦痛上星風池中，腦空天柱少海攻。頭風面目赤何治，通里解谿直有功。頭風牽引腦項痛，上星百會合谷同。偏正頭風百會穴，前頂神庭上星通，風池合谷頭維等，攢竹穴與絲竹空。醉後頭風治印堂，攢竹三里三穴當。頭風眩暈治合谷，次及豐隆解谿方，再兼風池通四穴，垂手著膝著腿雙，兩般皆灸虎口內，更詳此處宜灸壯。面腫水溝與上星，攢竹支溝間使應，中渚液門解谿穴，行間厲兌譩譆靈，再兼天牖風池等，十三穴內治之精。面癢腫兮治迎香，再兼合谷治之良。患者頭面項俱痛，百會項後合谷強。假如頭風冷淚出，攢竹合谷治無失。腦昏目赤攢竹中，頭旋目窗百會同，申脈至陰絡卻穴，通前五穴治有功。至若面腫與項強，鼻生息肉治承漿，頭腫上星前頂穴，大陵出血公孫央。若人頰腫治頰車，頤頷腫者陽谷宜，腕骨前谷商陽等，俠谿手三里丘墟。風動如蟲行迎香，頸項強急風府央，若人頭面目浮腫，宜治陷谷與目窗。眼瞼瞤動治頭維，再兼一穴攢竹醫。腦風而疼治少海，頭腫身熱是腎俞。眉稜痛兮肝俞穴，毛髮焦燥治下廉，面浮腫兮厲兌穴，面腫若灸水分瘥，頭目眩疼反腫者，兼生白屑灸囟會。

《古今醫統大全·針灸直指·諸證針灸經穴》 頭痛：有風、有熱、有痰。

腕骨、京骨，刺。風池，灸。

《本草綱目·百病主治藥·頭痛》 決明子，並貼太陽穴。露水。八月朔旦取，磨墨，點太陽，止頭疼。

《楊敬齋針灸全書·頭風痛及身體痛》

《楊敬齋針灸全書·腎厥頭痛》

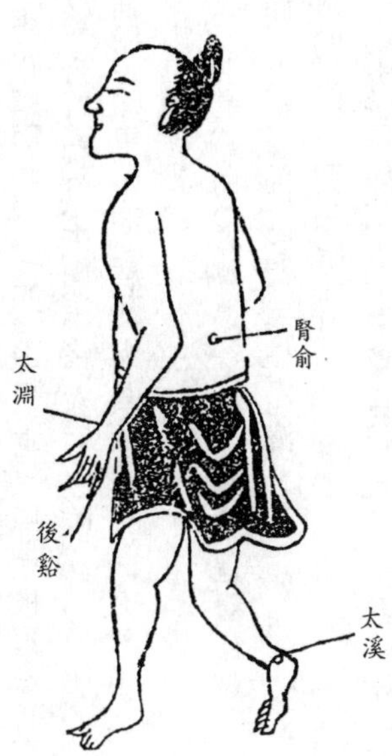

《針灸大成·頭面門》　頭痛：百會、上星、風府、風池、攢竹、絲竹空、小海、陽谿、大陵、後谿、合谷、腕骨、中衝、中渚、崑崙、陽陵。

頭強痛：頰車、風池、肩井、少海、後谿、前谷。

頭偏痛：頭維。

腦瀉：囟會、通谷。

頭風：上星、前頂、百會、陽谷、合谷、關衝、崑崙、俠谿。

腦痛：上星、風池、腦空、天柱、少海。

頭風面目赤：通里、解谿。

頭風牽引腦頂痛：上星、百會、合谷。

偏正頭風：百會、前頂、神庭、上星、絲竹空、風池、合谷、攢竹、頭維。

醉後頭風：印堂、攢竹、三里。

頭項俱痛：百會、後頂、合谷。

頭風，冷淚：攢竹、合谷。

頭痛項強，重不能舉，脊反折，不能回顧：承漿、先瀉後補。風府。

腦風而疼：少海。

頭重身熱：腎俞。

眉稜痛：肝俞。

《針灸大成·續增治法·雜病》　頭痛：有風熱，痰濕，寒。眞頭疼，手足青至節，死不治。灸，疏散寒。脈浮，刺腕骨、京骨。脈長，刺合谷，治衝陽。脈弦，刺陽池、風府、風池。

《針灸大成·治證總要》　第九：正頭大痛及腦頂痛：百會、合谷、上星。

問曰：此證針後，一日、二日再發，甚於前，何也？答曰：諸陽聚會頭上，合用先補後瀉，宜補多瀉少，其病再發，愈重如前，法宜瀉之，無不效也，復針後穴。眞頭痛，旦發夕死，夕發旦死，醫者當用心救治，如不然則難治。神庭、太陽。

第十：偏正頭風：風池、合谷、絲竹空。

問曰：已上穴法，刺如不效，何也？答曰：亦有痰飲停滯胸膈，賊風串入腦戶，偏正頭風，發來連臂內痛，或手足沉冷，久而不治，變爲癱瘓，亦分陰陽針之，或針力不到，未效，可刺中脘，以疏其下痰，次針三里，瀉去其風，後針前穴：中脘、三里、解谿。

第十一：頭風目眩：解谿、豐隆。

問曰：此證刺效復發，何也？答曰：此乃房事過多，醉飽不避風寒而臥，賊風串入經絡，冷證再發，復針後穴：風池、上星、三里。

第十二：頭風頂痛：百會、後頂、合谷。

問曰：頭頂痛針入不效者，再有何穴可治？答曰：頭頂痛乃陰陽不分，風邪串入腦戶，刺故不效也。先取其痰，次取其風，自然有效。中脘、三里、風池、合谷。

第十三：醉頭風：攢竹、印堂、三里。

問曰：此證前穴針之不效，何也？答曰：此證有痰飲停於胃脘，口吐清

涎，眩暈，或三日、五日不省人事，不進飲食，名曰醉頭風。先去其氣，化痰調胃，進食，然後去其風痛也。中脘、亶中、三里、風門。

《壽世保元·灸法·灸諸病法》　一論頭痛連齒，時發時止，連年不愈，謂之厥逆頭痛。曲鬢二穴，在耳上，將耳捲前，正尖上，可灸五、七壯，左痛灸左，右痛灸右。

一論牙疼痛，隨左右所患肩尖微近後骨縫中，小舉臂取之，當骨解陷中。灸五壯，灸畢，項大痛，良久乃定，永不發。

一論牙痛，百藥不效。用艾炷如麥大，灸兩耳當門尖上三壯，立已。

《類經圖翼·針灸要覽·諸證灸法要穴》　頭風頭痛：百會、頭風。上星、三壯。囟會、神庭、三壯。曲差、後頂、率谷、風池、天柱、上穴擇灸一處，即可愈。風門、通里、列缺、偏頭痛。陽谿、豐隆、解谿。

《景岳全書·雜證謨·頭痛》　灸法：神庭、上星、後頂、百會、風池。

《審視瑤函·眼科針灸要穴圖像》　正頭風及腦痛：此證針後，或一二日再發，如前痛甚，但頭爲諸陽會首，宜先補後瀉，又宜瀉多補少，或錯補瀉，再發愈重，當再針百會、合谷、上星三穴，瀉之無不效也。舉發，另刺上星、太陽。

頭頂痛：此證乃陰陽不分，風邪串人腦戶，故刺不效。先取其痰，後去其風，自然效也。宜先刺百會、後頂、合谷，不效，再刺風池、合谷、三里。

偏正頭風：此證乃痰飲停滯胸膈，賊風串入腦戶。偏正頭風，發來連半邊脾肉疼痛，或手足沉冷，久而不治，變爲癱患。亦分陰陽針之，或針力未到，故不效也。此證宜先針風池、合谷、絲竹空，後可針三里，瀉之以去其風。

針後穴：前穴、絲竹空、鞋帶。

《病機沙篆·頭痛》　秘方：貼兩太陽穴。治火熱痛，大黄爲末，加焰硝等分，以井泥和，捏作餅貼之。

頭風塞鼻方：蓽撥，細辛爲末，以豬膽汁拌，紙條蘸，於鼻內塞之。又方：胡椒爲末，吹之。又法：蓖麻肉五錢，大棗十五枚，共打和，塗紙上，用竹筋捲上，去筋，將此入鼻孔，良久取下，清涕即止。又法：持萊菔汁，卧，注鼻中，左注右，右注左。

《針灸經》云：頭痛、頭風、頭運，皆有風、有火、有痰，亦多屬虛，如《本事方》曰：腎虛則頭痛下虛也，肝虛則頭運上虛也，均宜補之，若灸百會、囟會、而丹田、氣海，必不可缺。而痛腦頂陷至泥丸者，此眞頭痛，旦發夕死，夕發旦死，四穴。

頭痛筋攣，驚不嗜卧，謂之腎厥。頭痛宜灸關元百壯，服用玉眞丸。偏正頭痛：刺絲竹空二穴，風池二穴，合谷二穴。內撚針，吸氣三口，又內撚針，吸氣五口，患人自覺針下有痛一道如綫，上至頭爲度，長呼氣一口，出針立愈，五穴。

《太乙神針心法·頭面門》　治法

頭痛：針百會、上星、風府、絲竹空、攢竹、少海、陽谿、大陵、後谿、合谷、腕骨、中衝、中渚、崑崙、陽陵、風池。

頭強痛：針頰車、風池、肩井、少海、後谿、前谷。

頭偏痛：針頭維。

腦瀉：針囟會、通谷。

頭風面目赤：針通里、解谿。

腦痛：針上星、風池、腦空、天柱、少海。

頭風：針上星、前頂、百會、陽谷、合谷、關衝、崑崙、俠谿。

頭風牽引腦頂痛：針上星、百會、合谷。

醉後頭風：針印堂、攢竹、三里。

偏正頭風：針百會、前頂、神庭、上星、絲竹空、風池、合谷、攢竹、頭維。

頭風眩暈：針合谷、豐隆、解谿、風池、垂手着兩腿，灸虎口內。

面腫：針水溝、上星、攢竹、支溝、間使、中渚、液門、解谿、行間、厲兌、譩譆、天牖、風池。

面癢腫：針迎香、合谷。

頭項俱痛：針百會、後頂、合谷。

頭風冷淚出：針攢竹、合谷。

頭痛項強不能舉，脊反折不能回顧：針承漿、先瀉後補。風府。

腦昏目赤：針攢竹。

頭旋：針目窗、百會、申脈、至陰、絡卻。

面腫項強，鼻生瘜肉：針承漿。三分，推上復下。

頭腫：針上星、前頂、大陵出血，公孫。

頰腫：針頰車。

頤頷腫：針陽谷、腕骨、前谷、商陽、丘墟、俠谿、手三里。

風動如蟲行：針迎香。

頭項強急：針風府。

頭目浮腫：針目窗、陷谷。

眼瞼瞤動：針頭維、攢竹。

腦風而疼：針少海。

頭重身熱：針腎俞。

眉棱痛：針肝俞。

毛髮焦脫：針下廉。

面浮腫：針厲兌。

面腫：針水分。

頭目眩疼，皮腫，生白屑：針囟會。

《羅遺編・針灸要穴論》 頭風頭痛：百會、上星、三壯。聽會、神庭、三壯，曲差、後頂、率谷、風池、天柱，上穴擇灸一處，即可愈。風門、通里、列缺、偏頭痛，陽谿、豐隆、解谿。

《繪圖針灸易學・從言治病法》

正頭風及腦痛：

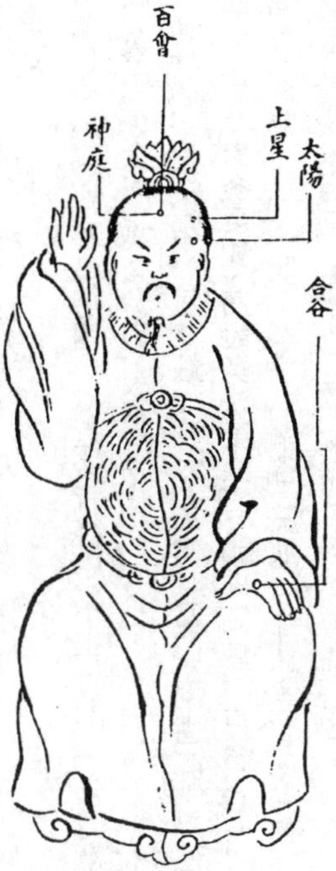

頭頂痛：

頭風目眩：

偏正頭風：

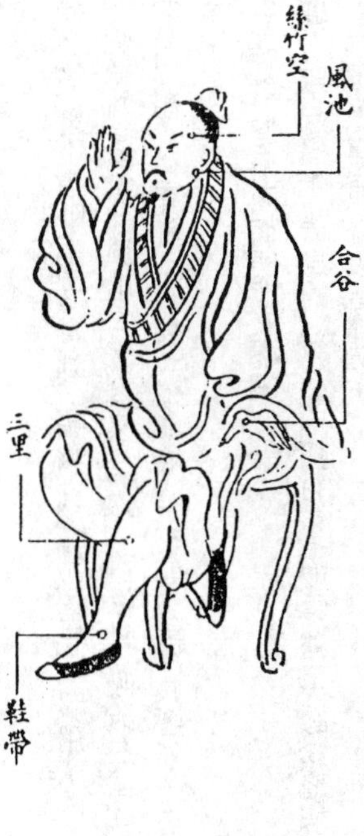

《針灸逢源・證治參詳・頭面病》 頭痛：風寒客於經絡，令人振寒頭痛，身重惡寒。頭腦痛連兩額，屬太陽。頭額痛連目齒，屬陽明。頭額痛連耳根，屬少陽。太陽穴痛，屬脾虛。巔頂痛，屬腎。目系痛，屬肝。

百會、天柱、眞頭痛速灸此一二穴。風池、風府、前頂、上星、攢竹、後谿、腕骨、少海、解谿、絲竹空、中渚、合谷、頭維、頭臨泣、足臨泣。絲竹空下，治偏頭痛，以上諸穴當驗邪所從來擇用之。

《針灸全生・頭面諸證》 頭風頭痛：百會、囟會、曲差、率谷、天柱、上星、神庭、後頂、風池、風門、上穴灸一處可愈。通里、列缺、偏頭痛，陽谿、豐隆、解谿。

《針灸便覽・中風》 頭痛：風府、風池、攢竹、小海。

偏正頭風：風池、絲竹空、合谷。

眉頭疼痛：攢竹、頭維。

眉稜痛：針肝俞。

腦痛：風池、腦空、少海。

頭風：上星、前頂、百會、陽谷。

《神灸經綸・首部證治》 頭痛：百會、囟會、丹田、氣海、上星、神庭、曲差、後頂、率谷、風池。上穴擇灸一穴，即可愈。

偏頭痛：風門、通里、列缺、腦空。

頭風眩暈，久痛不愈：陽溪、豐隆、解谿、髮際。穴在眉上三寸，灸三壯。

偏正頭疼：腦空、風池、列缺、太淵、合谷、解谿。

《傳悟靈濟録・頭面七竅病》 頭風頭痛：百會、頭風。上星、三壯。囟會、神庭、三壯。曲差、後頂、率角、風池、天柱、風門、上穴擇灸一穴即愈。通里、列缺、偏頭痛。陽谿、豐隆、解谿。

《針灸集成・頭面部》 頭目臃腫，胸脇支滿：肘內血絡及陷谷，多出血，立差。

偏頭痛目睆睆不可忍：風池、頭維、本神，患左治右，患右治左，皆留針十呼，引氣即差，神效。兩眼外眥上鋭髮動脈各灸三壯，立效。

《針灸穴法》 偏證頭風：絲竹、二穴。率谷、二穴。風池、二穴。太淵、二穴。大杼、二穴。申脈、二穴。百會、一穴。囟會、一穴。

腎厥頭痛：腎俞二穴。太淵二穴。后谿二穴。

兩眉角痛不止：攢竹、二穴。陽白、二穴。印堂、一穴。合谷、二穴。頭維、二穴。囟門上下皆是。

治頭風：上星、一穴。率谷、一穴。風池、二穴。列缺、二穴。各灸三壯。

頭風頭暈眼花，手足麻木，轉筋霍亂：三里、二穴。風池、二穴。百勞、一穴。曲池、二穴。合谷、二穴。風市、二穴。魚腹、二穴。行間、二穴。

《灸法秘傳・頭痛》 頭痛者，有外感內傷之分，如痛無休息者爲外感，時痛時止者屬內傷。若因頭風而痛，宜灸百會，並灸神庭，合谷、膽俞皆可灸之。若頭痛如破，或因內傷，宜灸命門自痊。

《針灸摘要・督脈》 偏正頭風及兩額角痛：列缺、合谷、太陽紫脈、頭臨泣、絲竹空。

兩眉角痛不已：攢竹、陽白、印堂、合谷、頭維。

頭目昏沉，太陽痛：合谷、太陽紫脈、頭縫。

醉頭風，嘔吐不止，惡聞人言：湧泉、列缺、百勞、合谷。

頭項難轉：後谿、合谷、承漿。

《針灸摘要・陽蹻脈》 頭痛難低：申脈、金門、承漿。

《針灸摘要・陽維脈》 腎虛頭痛，頭重不舉：腎俞、百會、太谿、列缺。

頭頂痛，名曰正頭風：上星、百會、腦空、湧泉、合谷。

《名醫類案・首風》 一人稚年氣弱，於氣海、三里穴時灸之。及老成，熱厥頭痛，雖嚴冬，喜朔風吹之，其患輒止，少處暖及近烟火，其痛輒作，此灸之過也。東垣治以清上瀉火湯，尋愈。

秦鳴鶴，侍醫也。高宗苦風眩頭重，目不能視，召鳴鶴診之。鶴曰：風毒上攻，若刺頭出少血，即愈矣。實。太后自簾中怒曰：此賊可斬！天子頭上豈試出血處耶？上曰：醫之議，病理也，不加罪。且吾頭重悶甚，苦不堪，出血未必不佳。命刺之。鳴鶴刺百會及腦戶出血腦戶禁刺，非明眼明手不能。上曰：吾眼明矣。言未竟，后自簾中稱謝曰：此天賜我師也。賜以繒寶。

《續名醫類案・頭》 婁全善治一老婦人，頭病歲久不已，因視其手足有血絡，皆紫黑，遂用三稜針盡刺，出其血如墨汁者數盞，後視其受病之經刺灸之，而得全愈。即經所謂大痹爲惡，及頭痛久痹不去身，視其血絡，盡出其血是也。三陽風熱。

東垣常病頭痛，發時兩頰青黃，眩暈，目不欲開，懶言，身體沉重，兀兀欲

吐。潔古曰：此厥陰，太陰合病，名曰風痰。以《局方》玉壺丸治之，灸俠谿即愈。是知方者體也，法者用也，徒執體而不知用者弊，體用不失，可謂上工矣。《醫説續編》。

叔權母氏隨叔權赴任，爲江風所吹，身體頭動搖，如在舟車上，如是半年，乃大吐痰，偏服痰藥，並灸頭風諸穴方愈。

有士人患腦熱疼甚，則自牀下頭，以腦拄地，或得冷水粗得(咸)〔減〕，而疼終不已，服諸藥不效，人教灸囟會而愈。熱疼且可灸，况冷疼乎。凡腦痛脾瀉，先宜灸囟會，而強間等穴，蓋其次也。

一人頭風畏冷，首裹重綿，三十年不愈。以蕎麥粉二升，水調作二餅，更互合頭上，微汗即愈。李樓《怪證奇方》王帶存曰：此方先裴溪伯曾治族祖，經驗。

嘉祐初，仁宗寢疾，藥未驗，間召草澤醫，始用針自腦後刺入，針方出，開眼曰：好惺惺。翼日，聖體良已。自爾以穴目爲惺惺穴，經初無此名，或曰即風府也。《畫墁錄》，宋張舜民。

眩暈

《靈樞·口問》 故上氣不足，腦爲之不滿，耳爲之苦鳴，頭爲之苦傾，目爲之眩。【略】目眩頭傾，補足外踝下留之。

《甲乙經·陽受病發風》 風眩善嘔，煩滿，神庭主之。如顔青者，上星主之。取上星者，先取譩譆，後取天牖、風池。頭痛顔青者，囟會主之。風眩引頷痛，上星主之，取上星，亦如上法。風眩目瞑，惡風寒，面赤腫，前頂主之。頂上痛，風頭重，目如脱，不可左右顧，百會主之。風眩目眩，顱上痛，後頂主之。頭重頂痛，目不明，風到腦中寒，重衣不熱，汗出，頭中惡風，刺腦戸主之。頭痛項急，不得傾倒，目眩，鼻不得喘息，舌急難言，刺風府主之。頭眩目痛，頭半寒，玉枕主之。腦風目瞑，頭痛，風眩目痛，腦空主之。頸頷榰滿，痛引牙齒，口噤不開，急痛不能言，曲鬢主之。頭痛引頸，竅陰主之。風頭耳後痛，煩心，及足不收，失履，口喎僻，頭項摇瘈，牙車急，完骨主之。眩，頭痛重，目如脱，項似拔，狂見鬼，目上反，項直不可以顧，暴攣，足不任身，痛欲折，天柱主之。腰脊強，不得俯仰，刺脊中。大風汗出，膈俞主之，又譩譆主之。眩，頭痛，刺絲竹空主之。

《甲乙經·欠噦唏振寒噫嚏嚲泣出太息羨下耳鳴嚙舌善忘善饑》 故上氣不足，腦爲之不滿，耳爲之善鳴，頭爲之傾，目爲之瞑，中氣不足，溲便爲之變，腸爲之善鳴，補之足外踝下留之。下氣不足，則乃爲痿厥，心悶，急刺足大指上二寸留之。一曰：補足外踝下留之。

《千金要方·小腸腑·風眩》 灸法，以繩横度口至兩邊，既得口度之寸數，便以其繩一頭更度鼻，盡其兩邊兩孔間，得鼻度之寸數，中屈之，取半，合於口之全度，中屈之，先覓頭上迴髮，當迴髮灸之，以度度四邊左右前後，當繩端而灸。前以面爲正，並依年壯多少，一年凡三灸，皆須瘡差，又灸壯數如前。若連灸，火氣引上，其數處迴髮者，則灸其近當鼻也。若迴髮近額者，亦宜灸。若指面爲瘢，則闕其面處，然病重者亦不得計此也。

《扁鵲心書·頭暈》 治驗

一人頭風發，則旋暈嘔吐，數日不食，余爲針風府穴，向左耳入三寸，去來留十三呼，病人頭内覺麻熱，方令吸氣出針，服附子半夏湯，永不發。華佗針曹操頭風，亦針此穴立愈。但此穴入針，人即昏倒，其法向左耳横下針，則不傷大筋而無暈，乃千金妙法也。

《醫説·諸風·風眩》 夫風眩之病，起於心氣不足，胸中蓄熱。實，故有高風面熱之所爲也，痰熱相感而動風，風心相亂則悶瞀，故謂之風眩悶瞀，大人曰癲，小兒則爲癇。一説頭風目眩者，由血氣虚，風邪入腦而牽引目系故也，五藏六腑之精氣皆上注於目，血氣與脈并上爲目系，屬於腦後，出於項中，血脈若虚則爲風邪所傷，入腦則轉而目系急，故成眩也。診其脈洪大而長者，風眩也。凡人病發，宜急與續命湯，困急時，但度灸穴便宜針之，無不差者，初得，針了便灸，最良。

《針灸資生經·目眩》 通谷，治頭重目眩，善驚，引鼽衄，頸項痛，目睆睆。神庭、上關、湧泉、譩譆、束骨、魚際、大都，治目眩。本神，治目眩，頸項強急痛，胸脇相引，不得轉側。飛揚、肺俞，治頭目眩。肝俞，治目眩循眉痛。絲竹空，治目眩頭痛目赤，視物睆睆，風癇，目戴上不識人，眼睫毛倒，發狂，吐涎沫，發即無時。天府，治目眩遠視睆睆。支正、三焦俞，治目眩頭痛。風池，治目眩苦頭痛。風門，治身熱，目眩。臨泣，治目眩，枕骨合顱痛，惡寒。風府，治頭痛頸項急，目眩。神庭，治頭風目眩涙出。上星，治目眩，睛痛，不能遠視。前頂、五處，治頭風目眩，目戴上。臨泣，治目眩鼻塞，目生白翳。

四白，治頭痛目眩，眼白翳，微風，目瞤動不息。前關，療風赤眼，頭痛目眩目澀。四白、湧泉、大杼，療頭痛目眩。束骨，療頭痛目眩，身熱，肌肉動。前谷，療目眩淫淫。攢竹，療頭目風眩，眉頭痛，鼽衄，目䀮䀮無遠見。囟會，療頭目眩。岐伯灸頭旋目眩，及偏頭痛不可忍，牽眼䀮䀮不遠視，灸兩眼小眥上髮際各一壯，立差。率谷，主醉酒風熱發，兩目眩痛。大都，主目眩。承漿、前頂、天柱、腦空、目窗，主目眩瞑。天柱、陶道、崑崙，主目眩，目如脫。又云：瘧多汗，目如脫，項如拔，崑崙主之。大敦，主目不欲視，太息。神庭、水溝，主頭痛，目不可視。承泣，主目眩。通里、百會，療頭目眩疼。後頂，療目眩痛。臨泣、中渚，治目眩。頷厭，主目眩。

《針灸資生經·風眩》 完骨，療風眩項痛，頭強寒熱。當陽、臨泣，療卒不識人，風眩鼻塞。後頂、玉枕、頷厭，療風眩。陽谷，主風眩驚手捲，泄風汗出，腰項急。承光，治風眩頭痛，嘔吐心煩。申脈，治坐如在舟車中。神庭、上星、囟會，主風頭眩。天牖等，前頂等，主風眩。攢竹，療頭目風眩。

《針灸資生經·腦痛》 強間，治腦旋。天柱，治頭旋腦痛。《明下》云療頭風腦重，目如脫，項如拔，項強痛不顧。玉枕，治腦風，疼不可忍。承靈，治腦風，頭痛惡風寒。腦空，治腦風頭痛不可忍，目瞑心悸，發即爲癲風引目眇。上廉，治腦風頭痛。率谷，治腦兩角強痛。瘖門，療頭風腦疼。風池，療腦痛。小兒囟開不合，灸臍上下各五分，二穴各三壯，灸瘡未合，囟先合矣。少海，治腦風。凡口鼻出血不止，名腦衄，上星五十壯。

有士人患腦熱，疼甚，則自床投下，以腦拄地，或得冷水粗得，而疼終不已，服諸藥不效。人教灸囟會而愈。熱疼且可灸，况冷疼乎，凡腦痛、腦旋、腦瀉，先宜灸囟會，而強間等穴，蓋其次也。

《針灸資生經·頭旋》 目窗，治忽頭旋。絡卻，治頭旋，耳鳴。天柱，治頭旋。岐伯灸頭旋。申脈，治坐如在舟車中。

母氏隨執中赴任，爲江風所吹，自覺頭動搖，如在舟車上，如是半年，乃大吐痰，遍服痰藥，并灸頭風諸穴，方愈。

治頭風搖動，灸腦後、玉枕中間七壯。玉枕，療失枕頭重。《下》云療頭重如石。百會，療頭重。百會，療腦重鼻塞，頭目眩疼。陶道，療頭重目眩。率谷，療頭重。附陽、腦戶等，主頭重痛。至陰，治頭重。天柱，療腦重。瘂門、通天、附陽，治頭重。腎俞，治頭重。頭重風勞，腦戶五壯，頭重不能勝，灸腦戶下寸半。

《普濟方·針灸門·風眩》 治風眩項痛，頭強寒熱，穴：完骨。

治卒不識人，風眩鼻塞，穴：當陽、臨泣。

治風眩，穴：後頂、玉枕、頷厭。

治風眩驚手捲，《甲乙》手捲作手腕痛。泄風汗出，腰項急，穴：陽谷。

治風眩頭痛，嘔吐心煩，穴：承光。

治坐如在舟車中，穴：申脈。

治風頭眩，穴：神庭、上星、囟會。

治風眩，穴：天牖、前頂。

治頭目風眩，穴：攢竹。

治醉酒風熱發，兩目眩痛，及治不能飲，煩懣嘔吐，穴：率谷。

治風眩，穴：天柱。

治風眩，心中恍惚不定：

以繩橫度口至兩邊，即得口寸數，便以其繩一頭，度鼻盡其兩邊兩孔間，得鼻寸數，中屈之取半，合於口之全度，中屈之，先覓頭上迴髮，當迴髮灸之，以度四邊左右前後，當繩端灸之，前以面爲正，并依年壯多少，一年凡三灸，皆須瘡瘥，又灸壯數如前。若數處迴髮，則灸其近當鼻者，或迴髮近額亦宜灸。

治諸風眩暈，穴：囟會，灸七壯，眞頭痛者，其痛上穿風府，陷入於泥丸宮，不可以藥愈，夕發旦死，旦發夕死，蓋頭中人之根，根氣先絕也。

《普濟方·針灸門·腦痛》 治腦旋，《資生經》。穴：強間。

治頭旋腦痛，頭風，腦重目如脫，項如拔，項強痛不顧，穴：天柱。

治腦風，疼不可忍，穴：玉枕。

治腦風頭痛，惡風寒，穴：承靈。

治腦風頭痛不可忍，目瞑心悸，發即爲癲風，引目眇，穴：腦空。

治腦風頭痛，穴：上廉。

治腦兩角強痛，穴：率谷。

療頭風腦疼，穴：瘂門。

療腦疼，穴：風池。

治腦風，穴：少海。

治口鼻出血不止，名腦衄，穴：上星，灸五十壯。

治腦熱疼甚，穴：囟會、強間。

《普濟方・針灸門・頭旋》 治忽頭旋，《資生經》。穴：目窗。

治頭旋耳鳴，穴：絡卻。

治頭旋腦重，穴：大杼。

治坐如在船車中，穴：申脈。

王氏云：隨母赴任，爲江風所吹，自覺頭搖動，如坐舟車上，如是半年，乃大吐痰，偏服痰藥，并灸頭風諸穴，方愈。

治頭風搖動，灸腦後玉枕中間，七壯。

治失枕，頭重如石，穴：玉枕。

治頭重，穴：百會。

治腦重鼻塞，頭目眩疼，穴：百會。

治頭重目眩運，穴：陶道。

治頭重，穴：率谷、至陰、腎俞。

治頭重痛，穴：跗陽、腦戶。

治頭重，穴：至陰。

治頭重不能起，灸腦戶下一寸半。

治頭重腦重，穴：瘂門、通天、跗陽。

治頭重，穴：腎俞。

治頭重風勞，穴：腦戶，灸五壯。

《神應經・諸風部》 風眩：臨泣、陽谷、腕骨、申脈。

頭風眩暈：合谷、豐隆、解谿、風池，垂手著兩腿，灸虎口內。

頭旋：目窗、百會、申脈、至陰、絡卻。

《針灸聚英・雜病》 頭眩：痰挾氣虛，火動其痰，針上星、風池、天柱。

《古今醫統大全・針灸直指・諸證針灸經穴》 頭眩：上星、風池、天柱，並宜刺。

《楊敬齋針灸全書・頭眩眼目生花》

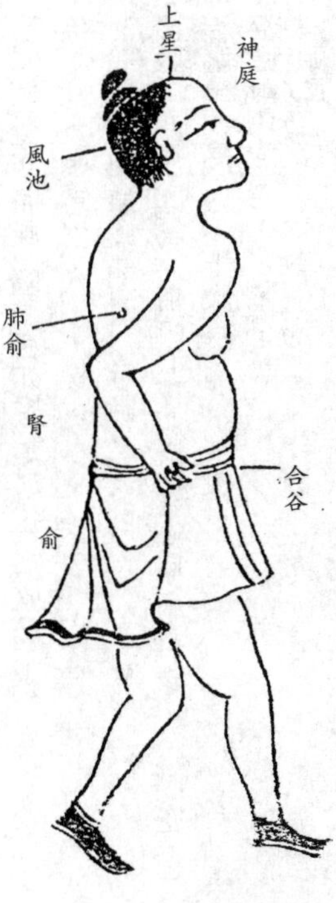

《針灸大成・頭面門》 頭風眩暈：合谷、豐隆、解谿、風池，垂手着兩腿，灸虎口內。

腦昏目赤：攢竹。

頭旋：目窗、百會、申脈、至陰、絡卻。

頭目眩疼皮腫，生白屑：灸囟會。

《針灸大成・續增治法・雜病》 頭眩：痰挾氣虛，火動其痰。針上星、風池、天柱。

《審視瑤函・眼科針灸要穴圖像》 頭風目眩：此證多因醉飽行房，未避風寒而卧，賊風入於經絡。宜刺解谿、合谷、豐隆。再發後，刺風池、上星、三里。

《病機沙篆・眩暈》 針法：用上星、風池、合谷、神庭、肝俞、腎俞、足三里、解谿等穴，斟酌。

《針灸逢源・證治參詳・頭面病》 醉頭風：口吐清涎，眩暈，或三四五日不省人事，不進飲食，此痰飲停於胃脘，藥宜利氣化痰。印堂、攢竹、風門、膻中、中脘。

頭旋：百會、絡卻、目窗、風池、俠谿、豐隆、解谿、申脈、至陰。

《神灸經綸・首部證略》 東垣壯歲病頭痛，每發時兩顴盡黃，眩運，目不欲開，懶於言語，身體沉重，兀兀欲吐，數日方過。潔古老人曰：此厥陰、太陰合而爲病，名曰風痰，爲之灸俠谿二穴各二七壯，不旬日愈。

目眩不能閉：腦空、解谿、通里、地倉。

《針灸集成·心胸》 心風：心俞，三十壯，中脘、曲澤並針。

風眩：臨泣、陽谷、腕骨、申脈。

《針灸穴法》 頭暈眼花：合谷二穴、腎俞二穴、神庭一穴、上星一穴、風池二穴、肝俞二穴。

嘔吐痰證，眩暈不止：豐隆二穴、中魁二穴、膻中二穴。

虛疾眩暈，吐痰不已：合谷二穴、中腕一穴、列缺二穴。

《針灸摘要·衝脈》 嘔吐痰涎，眩暈不已：膻中、中魁、豐隆。

《針灸摘要·督脈》 頭目眩暈：風池、命門、合谷。

《針灸摘要·陽維脈》 雷頭風，暈嘔吐痰涎：百會、中脘、太淵、風門。

痰厥頭暈，頭目昏沉：大敦、肝俞、百會。

《名醫類案·火熱》 東垣治參政年近七十，春間病面顏鬱赤，若飲酒狀，痰稠黏，時眩暈，如在風雲中。又加目視不明。李診兩寸洪大，尺弦細無力。此上熱下寒明矣。欲藥之寒涼，爲高年氣弱不任。記先師所論，凡治上焦，譬猶鳥集高巔，射而取之。即以三稜針於巔前眉際，疾刺二十餘，出紫黑血約二合許時，覺頭目清利，諸苦皆去，自後不復作。

《名醫類案·痰》 羅謙甫治楊大帑七旬餘，宿有風痰，春間忽病頭旋眼黑，目不見物，心神煩亂，兀兀欲吐不吐，心中如懊憹狀，頭偏痛，微腫而赤色，腮頰亦赤色，足胻冷。此足冷，因痰火上升。羅曰：此少壯時好飲酒，久積濕熱於內，風痰內作，上熱下寒，陰陽不得交通，否之象也。經云：治熱以寒，雖良工不能廢其繩墨而更其道也。然而病有遠近，治有重輕，帑政年高氣弱，上熱雖盛，豈敢用寒涼之劑損其脾胃？經云：熱則砭之，以三稜針約二十餘處，刺出紫血如露珠之狀，少刻頭目清利，諸證悉減。

《名醫類案·眩暈》 眩，目花也。暈，頭昏也。其病之因有五：一曰無痰不眩，一曰無火暈，一曰木動生風，一曰水不涵木，一曰土虛木搖是也。醫者莫分，藥多罔效。灸神庭穴，自獲安全，若未中機，再灸肝俞必驗。

中　風

《靈樞·熱病》 偏枯，身偏不用而痛，言不變，志不亂，病在分腠之間，巨針取之，益其不足，損其有餘，乃可復也。痱之爲病也，身無痛者，四肢不收，智亂不甚，其言微知，可治。甚則不能言，不可治也。

《中藏經·風中有五生死論》 風中有五者，謂肝、心、脾、肺、腎也。五臟之中，其言生死，狀各不同。

心風之狀：汗自出而好偃，仰卧不可轉側，言語狂妄。若唇正赤者生，宜於心俞灸之。若唇面或青或黃，或白或黑，其色不定，眼瞤動不休者，心絕也，不可救，過五六日即死耳。

肝風之狀：青色圍目連額上，但坐不得倨僂者可治，若喘而目直視，唇面俱青者死。肝風宜於肝俞灸之。

脾風之狀：一身通黃，腹大而滿，不嗜食，四肢不收持，若手足未青而面黃者可治，不然即死。脾風宜於脾俞灸之。

腎風之狀：但踞坐，而腰腳重痛也，視其脇下，未生黃點者可治，不然即死矣。腎風宜灸腎俞穴也。

肺風之狀：胸中氣滿，冒昧汗出，鼻不聞香臭，喘而不得卧者可治，若失血及妄語者不可治，七八日死。肺風宜於肺俞灸之。

《甲乙經·陽受病發風》 偏枯，身偏不用而痛，言不變，智不亂，病在分湊之間，巨針取之，益其不足，損其有餘，乃可復也。偏枯，四肢不用，善驚，大巨主之。【略】偏枯不能行，大風默默，不知所痛，視如見星，溺黃，小腹熱，咽乾，照海主之，瀉在陰蹻，右少陰俞，先刺陰蹻，後刺少陰，在橫骨中。

《肘後方·治中風諸急方第十九》 治卒中急風，悶亂欲死方：灸兩足大指下橫文中，隨年壯，又別有續命湯。

若毒急不得行者，內筋急者灸內踝，外筋急者灸外踝上，二十壯。

若眼上睛垂者，灸目兩眥後三壯。

若不識人者，灸季脇頭各七壯，此脇小肋屈頭也。

不能語者，灸第二椎或第五椎上五十壯，又別有不得語方在後篇中矣。

若眼反口噤，腹中切痛者，灸陰囊下第一橫理十四壯。又別有服膏之方。

若狂走欲斫刺人，或欲自殺，罵詈不息稱鬼語者，灸兩口吻頭赤肉際各一壯，又灸兩肘屈中五壯，又灸背胛中間三壯，三日報，灸三，倉公秘法。又應灸陰囊下縫三十壯。又別有狂邪方。

《肘後方・治卒風瘖不得語方第二十》　又方：針大椎旁一寸五分，又刺其下停針之。

又方：礬石、桂末，綿裹如棗，内舌下，有唾出之。

《諸病源候論・風病諸候・中風候》　心中風，但得偃卧，不得傾側，汗出，若唇赤汗流者，可治，急灸心俞百壯。若唇或青、或黑、或白、或黄，此是心壞爲水，面目亭亭，時悚動者，皆不可復治，五六日而死。

肝中風，但踞坐，不得低頭，若繞兩目連額色微有青，唇青面黄者可治，急灸肝俞百壯。若大青黑面，一黄一白者，是肝已傷，不可復治，數日而死。

脾中風，踞而腹滿，身通黄，吐鹹水，汗出者可治，急灸脾俞百壯。若手足青者，不可復治。

腎中風，踞而腰痛，視脇左右未有黄色如餅粢大者可治，急灸腎俞百壯。若齒黄赤，鬢髮直，頭面土色者，不可復治。

肺中風，偃卧而胸滿短氣，冒悶汗出，視目下，鼻上下兩邊，下行至口，色白可治，急灸肺俞百壯。若色黄，爲肺已傷，化爲血，不可復治，其人當妄言，掇空指地，或自拈衣尋縫，如此數日而死。

《千金要方・諸風・論雜風狀》　岐伯曰：中風大法有四：一曰偏枯，二曰風痱，三曰風懿，四曰風痹。夫諸急卒病，多是風，初得輕微，人所不悟，宜速與續命湯，依俞穴灸之。夫風者百病之長，岐伯所言四者，説其最重也。

凡風多從背五藏輸入，諸藏受病，肺病最急，肺主氣息，又冒諸藏故也，肺中風者，其人偃卧而胸滿，短氣冒悶汗出者，肺風之證也。視目下，鼻上兩邊下行至口，色白者尚可治，急灸肺俞百壯，服續命湯，小兒減之。若色黄者，此爲肺已傷，化爲血矣，不可復治，其人當妄言，掇空指地，或自拈衣尋縫，如此數日死。若爲急風邪所中，便迷漠恍惚，狂言妄語，或少氣惙惙，不能復言，若不求師即治，宿昔而死。即覺，便灸肺俞及膈俞、肝俞，數十壯，急服續命湯可救也。若涎唾出不收者，既灸，當並與湯也，諸陽受風，亦恍惚妄語，與肺病相似，然著緩，可經久而死。

肝中風者，其人但踞坐不得低頭，繞兩目連額上色微有青者，肝風之證也。若唇色青面黄尚可治，急灸肝俞百壯，服續命湯。若大青黑面，一黄一白者，此爲肝已傷，不可復治，數日而死。

心中風者，其人但得偃卧，不得傾側，悶亂冒絶汗出者，心風之證也。若唇正赤尚可治，急灸心俞百壯，服續命湯。若唇或青或白，或黄或黑者，此爲心已壞爲水，面目亭亭，時悚動者，不可復治，五六日死。

脾中風者，其人但踞坐而腹滿，身通黄，吐鹹汁出者，尚可治，急灸脾輸百壯，服續命湯。若目下青、手足青者，不可復治。

腎中風者，其人踞坐而腰痛，視脇左右未有黄色如餅粢大者，尚可治，急灸腎俞百壯，服續命湯，若齒黄赤、鬢髮直、面土色者，不可復治。

大腸中風者，卧而腸鳴不止，灸大腸俞百壯，可服續命湯。

《千金要方・諸風・諸風》　扁鵲云：治卒中惡風，心悶煩毒欲死，急灸足大指下横文，隨年壯，立愈。

若筋急不能行者，内踝筋急，灸内踝上四十壯，外踝筋急，灸外踝上三十壯，立愈。

若眼戴精上插，灸目兩眥後二七壯。

若不能語，灸第三椎上百壯。

若不識人，灸季肋頭七壯。

若眼反口噤，腹中切痛，灸陰囊下第一横理十四壯，灸卒死亦良。

治久風、卒風、緩急諸風，卒發動不自覺知，或心腹脹滿，或半身不隨，或口噤不言，涎唾自出，目閉耳聾，或舉身冷直，或煩悶恍惚，喜怒無常，或唇青口白戴眼，角弓反張，始覺發動，即灸神庭一處七壯，穴在當鼻直上髮際是。

次灸曲差二處，各七壯，穴在神庭兩傍各一寸半是。

次灸上關二處，各七壯，一名客主人，穴在耳前起骨上廉陷者中是。

次灸下關二處，各七壯，穴在耳前下廉動脈陷者中是。

次灸頰車二穴，各七壯，穴在曲頰陷者中是。

次灸廉泉一處，七壯，穴在當頭直下骨後陷者中是。

次灸囟會一處，七壯，穴在神庭上二寸是。

次灸百會一處，七壯，穴在當頂上正中央是。

次灸本神二處，各七壯，穴在耳正直上入髮際二分是。

次灸天柱二處，各七壯，穴在項後兩大筋外入髮際陷者中是。

次灸陶道一處，七壯，穴在大椎節下間是。

次灸風門二處，各七壯，穴在第二椎下兩傍各一寸半是。

次灸心俞二處，各七壯，穴在第五椎下兩傍各一寸半是。

次灸肝俞二處，各七壯，穴在第九椎下兩傍各一寸半是。

次灸腎俞二處，各七壯，穴在第十四椎下兩傍各一寸半是。

次灸膀胱俞二處，各七壯，穴在第十九椎下兩傍各一寸半是。

次灸曲池二處，各七壯，穴在兩肘外曲頭陷者中屈肘取之是。

次灸肩髃二處，各七壯，穴在兩肩頭正中兩骨間陷者中是。

次灸支溝二處，各七壯，穴在手腕後臂外三寸兩骨間是。

次灸合谷二處，各七壯，穴在手大指虎口兩骨間陷者中是。

次灸間使二處，各七壯，穴在掌後三寸兩筋間是。

次灸陽陵泉二處，各七壯，穴在膝下外尖骨前陷者中是。

次灸陽輔二處，各七壯，穴在外踝上絶骨端陷者中是。

次灸崑崙二處，各七壯，穴在外踝後跟骨上陷者中是。

治風，灸上星二百壯，前頂二百肆拾壯，百會二百壯，腦戶三百壯，風府三百壯。

治大風，灸百會七百壯。

治百種風，灸腦後項大椎平處兩廂，量二寸三分，須取病人指寸量，兩廂各灸百壯，得差。

治風耳鳴，從耳後量八分半裏許有孔，灸一切風得差，狂者亦差，兩耳門前後，各灸一百壯。

治卒病惡風，欲死不能語，及肉痺不知人，灸第五椎名曰藏俞，百五十壯三百壯，便愈。

心俞穴，在第五節，一云第七節對心橫三寸間。寸主心風，腹脹滿食不消化，吐血酸削，四肢羸露，不欲食飲，鼻衄，目眴䀮䀮不明，肩頭脇下痛，小腹急，灸二三百壯。

大腸俞，在十六椎兩邊相去一寸半，治風，腹中雷鳴，腸澼泄痢，食不消化，小腹絞痛，腰脊疼彊，或大小便難，不能飲食，灸百壯，三日一報。

掖門，在掖下攢毛中一寸，名太陽陰，一名掖間，灸五十壯，主風。絶骨，在外踝上三寸，灸百壯，治風，身重心煩足脛疼。

《千金要方・諸風・賊風》肝風占候，其口不能言，當灸鼻下人中，次灸大椎，次灸肝俞第九椎下是，五十壯，餘處隨年壯，眼暗人灸之得明，二三百壯，良。

《千金要方・諸風・偏風》防風湯，主偏風。甄權處療安平公方：防風　芎藭　白芷　牛膝　狗脊　萆薢　白朮各一兩　羌活　葛根　附子　杏人各一兩　麻黃四兩　生薑五兩　石膏　薏苡　桂心各三兩

右十六味㕮咀，以水一斗二升，煮取三升，分三服。服一劑覺好，更進一劑，即一度針，九劑九針即差，灸亦得。

針風池一穴、肩髃一穴、曲池一穴、支溝一穴、五樞一穴、陽陵泉一穴、巨虛下廉一穴，凡針七穴即差。

仁壽宮備身患腳奉勑。針環跳、陽陵泉、巨虛下廉、陽輔，即起行。

大理趙卿患風，腰腳不隨，不能跪起。行：上窌一穴、環跳一穴、陽陵泉一穴、巨虛下廉一穴，即得跪。

庫狄欽患偏風不得挽弓，針肩髃一穴，即得挽弓，甄權所行。

《千金要方・諸風・賊風》猥退風，半身不遂，失音不語者，灸百會，次灸本神，次灸承漿，次灸風府，次灸肩髃，次灸心俞，次灸手五里，次灸手髓孔，次灸手少陽，次灸足五里，次灸足髓孔，次灸足陽明，各五百壯。

《千金要方・諸風・風痱》治風痱不能語，手足不遂灸法：度病者手小指內岐間至指端爲度，以置臍上，直望心下，以丹注度上端畢，又作兩度，續所注上，合其下，開其上，取其本度，橫置其開上，令三合，其狀如倒作厶字形。男度左手，女度右手，嫌不分了，故上丹注，三處同時起火，各一百壯，愈。

《千金要方・諸風・風懿》卒中風口噤不得開，灸機關二穴，穴在耳下八分小近前，灸五壯即得語，又，灸隨年壯，僻者，逐僻左右灸之。

中風失瘖，不能言語，緩縱不隨，先灸天窗五十壯，息火，仍移灸百會五十壯，畢，還灸天窗五十壯者。始發先灸百會，則風氣不得泄，內攻五藏，喜閉伏，仍失音也。所以先灸天窗，次百會佳，一灸五十壯，悉泄火勢，復灸之，視病輕重，重者一處三百壯。大較凡中風服藥益劇者，但是風穴，悉皆灸之三壯，無不愈也，神良，決定勿疑惑也，不至心者勿浪盡灸。

論曰：風寒之氣客於中，滯而不能發，故瘖不能言，及喑瘂失聲，皆風邪所爲也，入藏皆能殺人，故附之於治風方末。凡尸厥而死，脈動如故，此陽脈下墜，陰脈上爭，氣閉故也。針百會，入三分，補之，灸熨斗熨兩脇下，又竈突墨，彈丸大，漿水和，飲之，又針足中指頭去甲如韭葉，又刺足大指甲下內側

去甲三分。

《千金翼方·中風下·中風》 九度針之，針風池一穴，肩髃一穴，曲池一穴，支溝一穴，五樞一穴，陽陵泉一穴，巨虛下廉一穴，合七穴，即差。【略】

論曰：聖人以風是百病之長，深爲可憂，故避風如避矢，是以防禦風邪，以湯藥、針灸、蒸熨，隨用一法皆能愈疾。至於火艾，特有奇能，雖曰針、湯、散，皆所不及，灸爲其最要。昔者華佗爲魏武帝針頭風，華佗但針即差，華佗死後數年，魏武帝頭風再發。佗當時針訖即灸，頭風豈可再發，只針不灸，其本不除。所以學者不得專恃於針及湯藥等望病畢差。既不苦灸，安能拔本塞源。是以雖豐藥餌，諸療之要，在火艾爲良。初得之時，當急下火，火下即定，比煮湯熟，已覺眼明，豈非大要。其灸法：先灸百會，次灸風池，次灸大椎，次灸肩井，次灸曲池，次灸間使，各三壯，次灸三里五壯，其炷如蒼耳子大，必須大實作之，其艾又須大熟，從此以後，日別灸之，至隨年壯止，凡人稍覺心神不快，即須灸此諸穴各三壯，不得輕之，苟度朝夕，以致殞斃，戒之哉，戒之哉。

又論曰：學者凡將欲療病，先須灸前諸穴，莫問風與不風，皆先灸之，此之一法，醫之大術，宜深體之，要中之要，無過此術。是以常預收三月三日艾，擬救急危，其五月五日亦好，仍不及三月三日者。又有卒死之人及中風不得語者，皆急灸之。夫卒死者是風入五藏，爲生平風發，強忍怕痛不灸，忽然卒死，謂是何病，所以皆必灸之，是大要也。

《千金翼方·針灸上·諸風》 肺中風者，其人偃卧而胸滿短氣，冒悶汗出者，肺風之證也。視眼以下，鼻上兩邊，下行至口，色白者尚可治，速灸肺俞百壯，小兒減之。若色黃者，此爲肺已傷，化爲血矣，不可復治。其人當妄言，掇空指地，或自拈衣尋縫，如此數日死。若爲急風所中，便迷妄恍惚，狂言妄語，或少氣惙惙，或不能言，若不速治，宿昔而死，(亦)〔即〕覺，便灸肺俞、膈俞、肝俞數十壯，急服續命湯，可救也，若涎唾不止者，既灸，當與湯也。

肝中風者，但踞坐不得低頭，遶兩眼連額微有青者，肝風之證也。若唇色青面黃尚可治，急灸肝俞百壯，急服續命湯。若色大青黑者，此爲肝已傷，不可復治，數日而死。

心中風者，其人但得偃卧，不得傾側，悶亂冒絶汗出，心風之證也。若唇正赤尚可治，灸心俞百壯，急服續命湯。若或青，或白，或黃，或黑，此爲心已壞爲水，不可復治，旬日死。

脾中風者，其人但踞坐而腹滿，視身通黃，口吐鹹汁尚可治，灸脾俞百壯，急服續命湯。若目下青，手足青，不可復治。

腎中風者，其人踞坐腰痛，視脅左右未有黃色如餅粢大尚可治，灸腎俞百壯，急服續命湯。若齒黃赤，鬢髮直，面土色，不可復治。

大腸中風者，卧而腸鳴不止，灸大腸俞百壯，服續命湯。

又法：凡一切中風服藥益劇者，但是風穴，皆灸之三壯，神良。欲除根本，必須火艾，專恃湯藥，則不可差。

風痱者，卒不能言，口噤，手不隨而強直，灸法：度病者手小指內岐間至指端爲度，以置臍上，直望心下，丹注度上端畢，又作兩度，續在注上，合其下，開其上，取其本度，橫置其開上，令三合，其狀如倒作厶字形也。男度右手，女度左手，嫌不分明，故以丹注。三處起火，各百壯。

夫眼瞤動，口偏喎，舌不轉者，灸口吻邊橫文赤白際，逐左右，隨年壯，三報之，不差更報。

肝風占候，口不能言，灸鼻下人中，次大椎，次肝俞，各五十壯。

心風，灸心俞各五十壯。

脾風，灸脾俞各五十壯。

脾風占候，言聲不出，或手上下，灸手十指頭，次灸人中、大椎、兩耳門前脈去耳門上下行一寸、次兩大指節上下六穴，各七壯。

灸失瘖不語法：先灸天窗五十壯訖，息火，乃移灸百會五十壯，畢，還灸天窗五十壯。若初發先灸百會，則風氣不得泄，內攻五藏，當閉伏，更失瘖也。所以先灸天窗，次灸百會乃佳，一灸五十壯，息火泄氣，復灸之，視病輕重，重者處各三百壯，輕者以意。一云次灸肩井，得二百壯，即灸三里三壯，若五壯，以下氣也，鳩尾可灸百壯，灸至五十壯暫息火也。

治猥退風偏風半身不隨法：肩髃，主偏風半身不隨，熱風，頭風，刺風，手不上頭，捉物不得，挽弓不開，臂冷酸疼無力。針入八分，留三呼，瀉五吸。在膊骨頭陷中平手取之。偏風不隨，可至二百壯，過多則臂強，慎酒肉、五辛、熱食、漿水。

又針曲池入七分，得氣即瀉，然後補之，大宜灸，日十壯至一百壯止，十日更報，可至二百壯。

又針列缺，入三分，留三呼，瀉五吸，亦可灸之，日七壯至一百，總至三百

壯。

陽池上一夫兩筋間陷中，主刺風、熱風、耳聾鳴、手不仁、冷風手戰，偏風半身不隨。陽池，支溝下一夫覆腕當文宛宛中。亦主或因損後把捉不得，針入三分，留三呼，瀉五吸，忌灸。

商丘，在內踝前陷中，主偏風痺，腳不得履地，刺風、頭風、熱風、陰痺。針入三分，留三呼，瀉五吸，疾出之，忌灸。

偏風半身不隨，腳重熱風，疼不得履地，針入四分，留三呼，得氣即瀉，疾出針，於痕上灸之良，七壯。

灸猥退風半身不隨法：先灸天窗，次大門，腦後尖骨上一寸，次承漿，次風池，次曲池，次手髓孔，腕後尖骨頭宛宛中，次手陽明，大指奇後，次腳五里，屈兩腳膝腕文，次腳髓孔，足外踝後一寸，次足陽明，足拇指奇三寸，各灸百壯。若有手足患不隨，灸百會，次本神，次肩髃，次心俞，次手少陽，次足外踝下容爪外，並依左右五百壯。面上遊風如蟲行習習然，起則頭旋眼暗，頭中溝癰起，灸天窗，次兩(肩)〔眉〕上一寸當瞳人，次曲眉，在兩眉間，次手陽明，次足陽明，各灸二百壯。

《醫心方·風病證候》 心中風，但得偃卧，不得傾側，汗出，若唇赤汗流者可治，急灸心俞百壯。若唇或青或白，或黃或黑，此是心壞爲水，面目亭亭，時悚動者，皆不可復治，五六日而死。 肝中風，但踞坐不得低頭，若繞兩目連額上色微有青，唇色青面黃可治，急灸肝俞百壯。若大青黑面，一黃一白者，是肝已傷，不可復治，數日而死。

脾中風，踞而腹滿，身通黃，吐鹹汁出者可治，急灸脾俞百壯。 若手足青者不可復治也。

腎中風，踞而腰痛，視脅左右未有黃色如餅粢大者可治，急灸腎俞百壯。若齒黃赤，鬢髮直，面土色者，不可復治也。

肺中風，偃卧而胸滿短氣，冒悶汗出，視目下，鼻上下兩邊，下行至口，色白可治，急灸肺俞百壯。若色黃，爲肺已傷，化爲血，不可復治，其人當妄，掇空指地或自拈衣，如此數日而死。

《醫心方·治中風失音方》引葛氏方 又方：針大椎旁一寸五分。

《醫心方·治偏風方》引龍門方 龍門方治卒偏風方：以草火灸，令遍身汗流，立差。

《醫心方·治中風舌强方》引范汪方 又方：灸廉泉，穴在頰下，結喉上舌本。今案：《華佗傳》云：中矩穴，主中風，舌强不語，在頤下骨裏曲骨中。

《本事方·中風肝膽筋骨諸風》 凡中風，用續命、排風、風引、竹瀝諸湯，及神精丹、茵芋酒之類，更加以灸，無不愈者，然此疾積習之久，非一日所能致，皆大劑，久而取效。《唐書》載：王太后中風，喑默不語，醫者蒸黃芪數斛以熏之，得差，蓋此類也。今人服三五盞便求效，責醫也，亦速矣。孟子曰：七年之病，三年之艾，久而後知爾。

《扁鵲心書·附竇材灸法》 中風，半身不遂，語言蹇澀，乃腎氣虛損也，灸關元五百壯。

《扁鵲心書·中風》 此病皆因房事，六慾七情所傷，真氣虛，爲風邪所乘，客於五藏之俞，則爲中風偏枯等證。若中脾胃之俞，則右手足不用。中心肝之俞，則左手足不用。大抵能任用，但少力麻痺者爲輕，能舉而不能用者稍輕，全不能舉動者最重。邪氣入藏則廢九竅，甚者卒中而死。入府則壞四支，或有可愈者。治法：先灸關元五百壯，五日便安。次服保元丹一二斤，以壯元氣。再服八仙丹、八風湯，則終身不發，若不灸臍下，不服丹藥，雖愈不過三五年，再作必死。然此證最忌汗、吐、下，損其元氣必死。大凡風脈浮而遲緩者生，急疾者重，一息八九至者死。

治驗

一人病半身不遂，先灸關元五百壯，一日二服八仙丹，五日一服換骨丹，其夜覺患處汗出，來日病減四分，一月全愈。再服延壽丹半斤，保元丹一斤，五十年病不作。《千金》等方，不灸關元，不服丹藥，惟以尋常藥治之，雖愈難久。

《扁鵲心書·附竇材灸法》 中風病，方書灸百會、肩井、曲池、三里等穴，多不效，此非黃帝正法。灸關元五百壯，百發百中。

中風失音乃肺腎氣損，金水不生，灸關元五百壯。

《扁鵲心書·中風人氣虛中滿》 此由脾腎虛憊，不能運化，故心腹脹滿，又氣不足，故行動則胸高而喘，切不可服利氣及通快藥，令人氣愈虛，傳爲脾病，不可救矣。宜金液丹、全真丹，一月方愈。重者灸命關、關元二百壯。

《針灸資生經·中風》 小兒但是風病，諸般醫治不差，灸率谷。 黃帝療中風，眼戴上及不能語者，灸第二椎、第五椎上，各十壯，齊下火，炷如半棗核

大，立差。黃帝問岐伯曰：中風半身不遂，如何灸？答曰：凡人未中風一兩月前，或三五月前，非時足脛上忽酸重頑痺，良久方解，此將中風之候，急灸三里、絕骨四處三壯，後用葱、薄荷、桃、柳葉煎湯淋洗，驅逐風氣於瘡口出，灸瘡春較秋灸，秋較春灸，常令兩脚有瘡爲妙。凡人不信此法，飲食不節，酒色過度，忽中此風，言語蹇澀，半身不遂，宜七處齊下火，各三壯，風在左灸右，右灸左。百會、耳前髮際、肩井、風市、三里、絕骨、曲池七穴神效。不能具錄，依法灸，無不愈。灸風中府，手足不隨，其狀覺手足或痲或痛，良久乃已，此將中府之候，病左灸右，病右灸左，因循失灸廢者，灸瘡春較秋灸，秋較春灸，取盡風氣。百會、曲鬢、肩髃、曲池、風市、足三里、絕骨，共十三穴。灸風中藏，氣塞涎上不語，極危者，下火立效，其狀覺心中憒亂，神思不怡，或手足痲，此將中藏之候，不問風與氣，但依次自上及下，各灸五壯，日別灸隨年壯，凡遇春秋，常灸以泄風氣，素有風人，可保無虞，此能灸暴卒。百會、風池、大椎、肩井、曲池、間使、足三里，共十二穴。

《集效方》云：治風莫如續命、防風、排風湯之類，此可扶助疾病，若救危急，必火艾爲良。此論亦當。

范子默自壬午五月間，口眼喎斜，灸聽會等三穴即正。右手足痲無力，灸百會、髮際等七穴得愈。癸未年八月間，氣塞涎上，不能語，金虎丹加膩粉服至四十丸半，氣不通，涎不下，藥從鼻中出，魂魄飛揚，如墜江湖中，頃欲絕，灸百會、風池等左右共十二穴，氣遂通，吐涎幾一碗許，繼又下十餘行，伏枕半月餘，遂平。爾後方覺意思少异於常，心中憒亂，即便灸百會、風池等穴，立效。《本事方》云：十二穴者，謂聽會、頰車、地倉、百會、肩髃、曲池、風市、足三里、絕骨、髮際、大椎、風池也。依而用之，立效。

氣塞涎上不能語，心中風候也。巢氏《病源》常論之。古方雖謂但得偃卧，悶絕汗出者，心中風之候，恐未盡也。范公灸得氣通，蓋灸百會之力，其吐幾一碗，下十行者，豈服金虎丹加膩粉所致耶。

風池，療大患風者，先補後瀉，少可患，以經取之。肝俞，療中風支滿，短氣不食，食不消，吐血，目不明，閉塞。陰蹻，療偏枯不能行，大風暴不知人，卧驚，視如見星。臨泣，治卒中風不識人。解谿，治風面浮腫顔黑，厥氣上衝，腹脹，大便下重，瘈驚，膝、股、胻腫轉筋，目眩頭痛。勞宮，治中風善怒，悲笑不休，手痺。內關，治中風肘攣，實則心暴痛，虛則心煩惕惕。風頭耳後痛，煩心，足不收失履，口喎僻，頭項瘈痛，牙車急，完骨主之。心俞，治心中風，語悲泣。百會，治風癇中風，角弓反張，或多哭，言語不擇，發即無時，盛即吐沫，心驚煩健忘。崑崙，主狂易大風。陰蹻，主風暴不知人，偏枯不能行。照海，主大風默默不知所痛，視如見星。天井，主大風默默不知所痛，悲傷不樂。百會，療青風、心風。肩髃，治偏風、熱風。岐伯曰：中風大法有四，一曰偏枯，二曰風痱，三曰風懿，四曰風痺。夫諸急卒病，多是風，初得輕微，人所不悟，宜速與續命湯，依俞穴灸之。夫風者百病之長，岐伯所言四者，說其最重也。凡風多從背五藏俞入，諸藏受病，肺病最急，肺主氣息，又冒諸藏故也。肺中風者，其人偃卧而胸滿短氣，冒悶汗出者，肺風之證，視目下，鼻上兩邊，下行至口，色白者尚可治，急灸肺俞百壯，服續命湯，小兒減之。若急黃者，此爲肺已傷，化爲血，不可復治。若爲急風邪所中，便迷漠恍惚，妄言狂語，或少氣惙惙，不能復言，若不求師即治，宿昔而死。即覺，便灸肺俞及膈俞、肝俞數十壯，急服續命湯可救。若涎唾出不收者，既灸，當立與湯也。諸陽受風，亦恍惚妄語，與肺病相似，然著緩可，經久而死。肝中風者其人但踞坐不得低頭，繞兩目連額上色微有青者，肝風之證。若唇色青面黃，尚可治，急灸肝俞百壯，服續命湯。心中風者，其人但得偃卧，不得傾側，悶亂冒絕汗出者，心風之證。若唇正赤，尚可治，急灸心俞百壯，服續命湯。脾中風者，其人但踞坐而腹滿，身通黃吐鹹汁出者，尚可治，急灸脾俞百壯，服續命湯。腎中風者，其人踞坐而腰痛，視脇左右未有黃色如餅粢大者，尚可治，急灸腎俞百壯，服續命湯。大腸中風者，卧而腸鳴不止，灸大腸俞百壯，可服續命湯。

肝風占候，其口不能言，當灸鼻下人中，次灸大椎，次肝俞五十壯，餘處隨年壯，眼暗人灸之得明，二三百壯良。凡心風寒，灸心俞各五十壯。扁鵲曰：凡人心風，灸心俞兩邊各一寸二分，各五七壯。對心是肝俞二穴，主心風腹脹滿，食不消化，吐血酸痛，四支羸露，不欲食飲，鼻血，目眗䀮䀮不明，肩頭脇下痛，小便急，灸二三百壯差，即止。扁鵲云：治卒中惡風，心悶煩毒欲死，急灸足大指下橫文隨年壯，立愈。若筋急不能行者，內踝筋急，灸內踝上四十壯，外踝筋急，灸外踝上三十壯，立愈。若眼戴精上插，灸目兩眥後二七壯。若不能語，灸第三椎上百壯。若不識人，灸季肋頭七壯。若眼反口噤，腹中切痛，灸陰囊下第一橫理十四壯，灸卒死亦良。治大風卒風，緩急諸

風卒發動，不自覺知，或心腹脹滿，或半身不隨，或口噤不言，涎唾自出，目閉耳聾，或舉身冷直，或煩悶恍惚，喜怒無節，或唇青口白，戴眼，角弓反張，始覺發動，即灸神庭七壯，次灸曲差，次上關，次下關，次頰車，次廉泉，次囟會，次百會，次本神，次天柱，次陶道，次風門，次心俞，次肝俞，次腎俞，次膀胱俞，次曲池，次肩髃，次支溝，次合谷，次間使，次陽陵泉，次陽輔，次崑崙。以上各七壯。治風，灸上星二百壯，前頂二百四十壯，百會二百壯，腦戶、風府各三百壯。治大風，灸百會七百壯。治百種風，灸腦後項大椎平處兩箱量二寸三分，須取病人指寸量兩箱，各灸百壯，得差。治風耳鳴，從耳後量八分半裏許有孔，灸一切風，得差，狂者亦差，兩耳門前後各百壯。治卒病惡風欲死，不能語，及肉痺不知人，灸第五椎，名曰藏俞，百五十壯，三百壯便愈。大腸俞，治風，腹中雷鳴，腸澼泄痢，食不消化，小腹絞痛，腰脊疼強，或大小便難，不能飲食，灸百壯，三日一報。掖門，灸五十壯，主風。絕骨，灸百壯，治風，身重心煩，足脛疼。百會、天府、曲池、列缺，主惡風邪氣，泣出，喜忘。湧泉，主風入腹中。商陽，主耳中風生。臨泣，主大風目痛。關衝，主面黑濕風。解谿，主風從頭至足，面目赤。掖門，主風寒熱。內關，主手中風熱。間使，主頭身風熱。後谿，主風身寒。俠谿，主胸中寒如風狀。肺寒，灸肺俞百壯。腎寒，灸腎俞百壯。大橫，治大風逆氣多寒。凡中風用續命湯，排風等湯，神精丹，茵芋酒，更加灸，必愈。

《針灸資生經·中風不語》　脾風占候，聲不出，或上下手，當灸手十指頭，次灸人中，次大椎，次兩耳門前脈，去耳門上下行一寸是，次兩大指節上下，各七壯。治脾風，灸脾俞脊兩邊各五十壯。凡人脾俞無定所，隨四季月應，病即灸藏俞是脾穴，此法甚妙。脾風者，總呼爲八風，猥腿風半身不遂，失音不語者，灸百會、次本神、次承漿、次風府、次肩髃、次心俞、次手五里、次手髓孔、次手少陽、次足五里、次足髓孔、次足陽明，各五百壯。中風失音，不能言語，緩縱不隨，先灸天窗五十壯，息火，仍移灸百會五十壯畢，還灸天窗五十壯。若發先灸百會，則風氣不得泄，內攻五藏，喜閉伏，仍失音也。所以先灸天窗，次百會佳。一灸五十壯，悉泄火勢，復灸之，視病輕重，重者一處三百壯，大較凡中風服藥益劇者，但是風穴，悉皆灸三壯，無不愈，神良，決定勿疑。不至心者，勿浪爲灸。又灸風痱不能語，手足不遂，治卒病欲死，不能語，治肺中風不能言。

巢氏云：脾脈絡胃夾咽，連舌本，散舌下。心之別脈，繫舌本。心脾受風邪，故舌強不語。三陽之筋，並絡入頷頰，夾於口。諸陽爲風寒所客，則筋急，故口噤不開。

卒中風，口噤不得開，灸機關二穴，穴在耳下八分小近前，灸五壯即得語，又灸隨年壯。僻者，逐僻，左右灸。治卒中風口喎，葦筒長五寸，以一頭刺耳孔中，四畔以麵密塞，勿令泄氣，一頭內大豆一顆，并艾，燒令燃，灸七壯差，右灸左，左灸右，千金不傳，耳病亦灸之。中風口喎，灸手交脈三壯，左灸右，右灸左，炷如鼠屎形，橫安，兩頭下火。口喎，刺承泣。

《針灸資生經·偏風》　岐伯答黃帝灸中風半身不遂。列缺，治偏風口喎，手腕無力，半身不隨，咳嗽，掌中熱，口噤不開。下關，治偏風，口目喎，牙車脫臼。上關，治偏風，口眼喎，耳中如蟬聲。完骨，治偏風，口面喎，頸項痛不得顧，小便赤黃，喉痺頰腫。承漿，療偏風口喎面腫。衝陽、地倉，治偏風口喎。迎香，治偏風口喎，面癢浮腫，風動葉葉狀如蟲行，或唇腫痛。環跳，治冷風濕痺風疹，偏風半身不遂，腰胯痛不得轉。肩髃，治偏風半身不遂，熱風癮疹，手臂攣急，捉物不得，挽弓不開，臂細無力，筋骨酸疼，若灸偏風，可七七壯，不宜多。曲池，療偏風半身不遂，刺風疹疼痛冷緩，捉物不得，挽弓不開，屈身難隱，脈風臂肘細無力。陽陵泉、環跳、曲池，治偏風半身不遂。照海，治大風偏枯，半身不遂。上廉，治偏風，腰腿手足不仁。下崑崙、委中，療半身不遂。地倉、承山、上廉、下廉，療偏風。陰蹻，療手足偏枯。猥腿風，半身不遂，失音，灸百會。

半身不遂，男女皆有此患，但男尤忌左，女尤忌右爾。若得此疾後，風藥不宜暫闕，常令身上有灸瘡可也。最忌房室，或能如道釋修養，方能保其無他。若灸，則當先百會、囟會，次風池、肩髃、曲池、合谷、環跳、風市、三里、絕骨。不必拘舊經病左灸右，病右灸左之說。但按痠疼處灸之，若兩邊灸亦佳，但當自上而下灸之。

《針灸資生經·痰涎》　巨闕，治熱病胸中痰飲，腹脹暴痛，恍惚不知人。通谷，治結積留飲，胸滿，食不化。不容，治痰癖。少衝，治痰冷。率谷，治鬲胃寒痰，傷酒風發，腦兩角強痛，不能飲食，煩滿吐不止。浮白，治痰沫胸中滿，不得喘息。本神，治癲疾吐涎沫。絲竹空，治涎沫。然谷、復溜，治涎出。陰谷，治涎下。鬲俞，療痰飲，吐逆汗出，寒熱骨痛，虛脹，舌滿痰瘧。膽俞，

瘵痰悶。上管，瘵痰多吐涎。結積留飲，灸通谷。下廉，治涎出不覺。少海、兌端、本神，治吐沫。絲竹空、通谷、商丘，主嘔沫。兌端等，主嘔沫。溫溜、治吐涎。上關，治沫出。顱囟，治小兒吐沫。彧中、雲門等，主涎出多唾。庫房等，主多唾濁沫。廉泉，治嘔沫，《明》云：瘵喘息嘔沫，痰涎等證，不一而足。惟勞瘵有痰爲難治，最宜灸膏肓穴，壯數既多，當有所下，讋讋然如流水之狀，蓋痰下也，餘當隨證治之。凡人患水痓，口中湧水，經謂之肺來乘腎，食後吐水，可灸肺俞，又灸三陰交、期門，瀉肺補腎也。各隨年壯，然則痰涎有類此者，又當如此法灸之。

《聖濟總録·奇經八脈·治五藏中風并一切風疾灸刺法》肺中風者，其人偃卧而胸滿短氣，冒悶汗出，視目下，鼻上兩邊，下至口，色白者，尚可治，急灸肺俞百壯。

肝中風者，其人但踞坐不得低頭，繞兩目連額上色微青，及唇青面黄者，尚可治，急灸肝俞百壯。

心中風者，其人但得偃卧，不得傾側，悶亂冒絶汗出，若唇正赤，尚可治，急灸心俞百壯。

脾中風者，其人但踞坐而腹滿，身通黄，吐鹹汁出者，尚可治，急灸脾俞百壯。

腎中風者，其人踞坐而腰痛，視脇左右未有黄色如餅粢大者，尚可治，急灸腎俞百壯。

大腸中風者，卧而腸鳴不止，灸大腸俞百壯。

卒中惡風，心悶煩毒欲死，急灸足大指下横紋，隨年壯。筋急不能行者，内踝筋急，灸内踝上四十壯，外踝筋急，灸外踝上三十壯。

若眼戴睛上視，灸目兩眦后二七壯。

若不能語，灸第三顀上百壯。

若不識人，灸季肋頭七壯。

若眼反口噤，腹中切痛，灸陰囊下第一横紋，十四壯。

諸風發動，不自覺知，或心腹脹滿，或半身不隨。或口噤不言，涎唾自出，目閉耳聾，或舉身冷直，或煩悶恍惚，喜怒無常，或唇青口白，戴眼，角弓反張，始覺發動，即灸神庭一處七壯，穴在當鼻直上髮際。

次灸曲差二處，各一壯，穴在神庭兩傍，各一寸半。

次灸上關二處，各七壯，一名客主人，穴在耳前起骨上廉陷中。

次灸下關二處，各七壯，穴在耳前下廉動脈陷中。

次灸頰車二穴，各七壯，穴在曲頰陷中。

次灸囟會一處七壯，穴在神庭上二寸。

次灸百會一處七壯，穴在當頂上正中央。

次灸本神二處，各七壯，穴在耳正直上入髮際二分。又作四分。

次灸天柱二處，各七壯，穴在項后兩大筋外，入髮際陷中。

次灸陶道一處七壯，穴在大顀節下間。

次灸風門二處，各七壯，穴在第二顀下兩傍，各一寸半。

次灸心俞二處，各七壯，穴在第五顀下兩傍，各一寸半。

次灸肝俞二處，各七壯，穴在第九顀下兩傍，各一寸半。

次灸腎俞二處，各七壯，穴在第十四顀下兩傍，各一寸半。

次灸膀胱俞二處，各七壯，穴在第十九顀下兩傍，各一寸半。

次灸曲池二處，各七壯，穴在兩肘外曲頭陷中，屈肘取之。

次灸肩髃二處，各七壯，穴在兩肩頭正中，兩骨間陷中。

次灸支溝二處，各七壯，穴在手腕后，臂外三寸兩骨間。

次灸合谷二處，各七壯，穴在手大指虎口兩骨間陷中。

次灸間使二處，各七壯，穴在掌后三寸兩筋間。

次灸陽陵泉二處，各七壯，穴在膝下外尖骨前陷中。

次灸陽輔二處，各七壯，穴在外踝上絶骨端陷中。

次灸崑崙二處，各七壯，穴在外踝后跟骨上陷中。

次灸上星二百壯。

次灸前頂二百四十壯。

次灸腦戶三百壯。

次灸風府三百壯。

風耳鳴，并百種風疾，從耳后量八分半裏許有孔，灸，又兩耳門前后，各灸百壯。

卒病惡風，欲死不能語，及肉痺不知人，灸第五顀，名曰藏俞，百五十壯。

心風腹脹滿，食不消化，吐血瘦削，四肢羸露，不欲食飲，鼻衄，目眗䀮䀮不明，肩頭脇下痛，小腹急，灸心俞二百壯，穴在第五節，一云第七節，對心横

三寸間。

風腹中雷鳴，腸澼泄痢，食不消化，小腹疛痛，腰脊疼強，或大小便難，不能飲食，灸大腸俞百壯，穴在第十六顀，兩邊相去一寸半，三日一報。一切風，灸腋門，穴在腋下攢毛中一寸，一名腋間，灸五十壯。

風身重心煩，足脛疼，灸絶骨百壯，穴在外踝上三寸。

肝風口不能言，灸鼻下人中，次灸大顀，各隨年壯，次灸肝俞五十壯，眼暗，灸之得明。

脾風聲不出，灸手十指頭，次灸人中，次灸大顀，次灸兩耳門前脈，去耳門上下行一寸，次灸兩大指節上下，各七壯。

偏風宜針下項七處，灸亦得：風池、肩髃、曲池、支溝、五樞、陽陵泉、巨虚下廉。

風腰腳不隨，不能跪起，針上髎、環跳、陽陵泉、巨虚下廉穴。

偏風不得挽弓，針肩髃一穴。

風猥退半身不隨，失音不語者，灸百會，隨年壯。卒中風，口噤不開，灸機關二穴。《千金翼》名頰車。

中風失音不能言，緩縱不隨，灸天窗五十壯。風入藏，使人瘖瘂，卒口眼相引，牙車急，舌不轉喎僻者，灸吻邊横紋赤白際，逐左右，隨年壯報之，至三日不差，更報之。

卒中風口喎者，取葦筒長五寸，以一頭刺耳孔中，四畔以面塞之，勿令泄氣。一頭内大豆一顆，并艾，燒之令燃，七壯即差，患右灸左，患左灸右，耳病亦灸之。

風眩心中怳惚不定，以繩横度口至兩邊，既得口寸數，便以其繩一頭度鼻，盡其兩邊兩孔間，得鼻寸數，中屈之，取半合於口之全度，中屈之，先覓頭上回發，當回發灸之。以度度四邊左右前后，當繩端灸之，前以面爲正，并依年壯多少，一年凡三灸，皆須瘡差又灸壯數如前，若數處回發，則灸其近當鼻者，或回發近額，亦宜灸。

中風眼上戴，及不能語者，灸第二顀并第五顀上，各二七壯，若卒中風，灸兩足大指下横紋中五壯。

熱風灸兩乳頭，各一七壯，兼灸足外踝后一寸，各三壯，未損，灸頂中旋毛，一七壯。

頭風灸后頂穴，穴在百會後一寸五分，強間穴前一寸五分，灸五壯，兼治癲疾，并搖頭口喎者。

風瘙身體癮疹，灸曲池二穴，《甲乙經》云：穴在肘外輔骨，屈肘曲骨之中，手陽明脈之所入也，各灸三壯。

風癮疹，舉體癢如蟲行，搔之成瘡，宜灸曲池二穴，隨年壯。

風猥退腳不隨，灸巨虚上廉，二穴在三里下三寸，各灸三壯。《甲乙經》云：足陽明與大腸合在三里下三寸。

風口喎，灸列缺二穴。《甲乙經》云：手太陰絡，去腕上一寸五分，別走陽明者，灸三壯，患左灸右，患右灸左。

大風惡疾，灸兩足虎口中，灸三壯。又法，灸膈俞二穴，在第七顀下兩傍，各一寸五分，灸五壯，主周身痺大風。

風失音不語，灸合谷穴，一名虎口，在手大指次指兩骨間。《甲乙經》云：手陽明之所過也，各灸三壯。

風十指筋攣，不得屈伸，灸兩手踝骨上，各一七壯。

風癲，灸兩乳頭，各三壯，次灸足大指甲后聚毛中，各七壯。

中風狂走，欲斫刺人，或欲自殺，駡詈不息者，灸兩口吻頭赤肉際，各一壯，又灸兩肘屈中五壯，又灸背胛中間三壯，三日報，各三壯，又云，灸陰囊下縫，三十壯。

中風口喎僻，灸口吻口横紋間，覺火熱，便去艾即愈，勿盡艾，盡艾則太過。若口左僻，灸右吻，右僻，灸左吻，又灸手中指節上一炷。

中風眼上睛垂，灸目兩眦后，三壯。

中風不識人，灸季脇頭，各七壯。

中風眼反口噤，腹中切痛，灸陰囊下第一横紋，十四壯。

卒中急風，悶亂欲死，灸兩足大指下横紋中，隨年壯。

風急不得行，内筋急者，灸内踝，外筋急者，灸外踝，各二十壯。

風毒腳弱，痺滿上氣，先灸大顀，穴在項上大節高起者，灸其上面一穴，若上氣，可先灸百會五十壯，穴在頭頂凹中。

次灸肩井，各一百壯，穴在兩肩上近頭凹處，指捏之，按令正，得中穴。

次灸膻中五十壯，穴在胸前兩邊，對乳胸厭骨解間，指按覺氣吸吸是也。一云：正胸中一穴，次灸巨闕，在心厭尖凹下一寸，灸以上五穴，亦足以順其

氣，若能灸百會、風府、胃脘及五藏俞，益佳。

次灸風市百壯，在兩髀外，平倚垂手，直掩髀上，當中指頭大筋上，捏之是穴。

次灸三里二百壯，以病人手橫掩，下并四指，名曰一夫，指至膝頭骨，下指中節是穴。

次灸上林一百壯，穴在三里下一夫。

次灸下林一百壯，穴在上林下一夫。

次灸絶骨二百壯，在外踝上三寸餘，指端取踝骨上際，屈頭小凹下是。

白癜風，灸左右手中指節，去延外宛中，三壯，未差，報之。

《直指方・諸風・諸風證治》 風池、百會、曲池、合谷、肩髃、風市、絶骨、環跳、三里等穴，皆可灸之。

《衛生寶鑑・中風刺法》出雲岐子《學醫新說》。 大接經從陽引陰治中風偏枯

足太陽膀胱之脈，出於至陰足小指外側，去爪甲角如韭葉爲井金。

足少陰腎之脈，湧泉穴，足心也，起於小指之下，趨足心。三呼。

手厥陰心包絡之脈，其直者，循中指出其端，去爪甲如韭葉陷中爲井，中衝穴也，其支者，別掌中小指次指出其端。

手少陽三焦之脈，起於小指、次指之端，去爪甲角如韭葉爲井。

足少陽膽之脈，出於竅陰，足小指、次指之端，去爪甲角如韭葉爲井。其支者，上入大指岐骨內出其端，還貫爪甲出三毛中。十呼，二十呼。

足厥陰肝之脈，起大指之端，入叢毛之際，去爪甲如韭葉爲井，大敦也，及三毛中。十呼，六呼。

手太陰肺之脈，起大指之端，出於少商，大指內側，去爪甲如韭葉爲井。其支者，出次指內臁出其端。

手陽明大腸之脈，起大指、次指之端，入次指內側，去爪甲如韭葉爲井。十呼。中指內交。三呼。

足陽明胃之脈，起足大指、次指之端，去爪甲如韭葉爲井。其支者，入大指內，出其端。一呼。

足太陰脾之脈，起足大指端，循指內側，去爪甲角如韭葉爲井，隱白也。十呼。

手少陰心之脈，起手小指內出其端，循指內臁，去爪甲如韭葉爲井。

手太陽小腸之脈，起手小指之端，去爪甲一分陷中爲井。

大接經從陰引陽治中風偏枯

手太陰肺之脈，起手大指端，出於少商，大指內側，去爪甲角如韭葉爲井。一呼，三呼。

手陽明大腸之脈，起手大指、次指之端，去爪甲如韭葉爲井。其支者，入大指間出其端。

足太陰脾之脈，起足大指端，循指內側，去爪甲如韭葉爲井，隱白也。

手少陰心之脈，起手小指內出其端，循指內臁，去爪甲如韭葉爲井。

手太陽小腸之脈，起手小指之端，去爪甲下一分陷中爲井。

足太陽膀胱之脈，起足小指外側，至陰，去爪甲如韭葉爲井金，足小指之端也。

足少陰腎之脈，起足小指之下，斜趨足心爲井，湧泉穴也。

手厥陰心包之脈，其直者，循手中指出其端，去爪甲如韭葉爲井，中衝穴也。其支者，從掌中循小指、次指，出其端。

手少陽三焦之脈，起手小指、次指之端，去爪甲如韭葉爲井。

足陽明胃之脈，起足大指、次指之端，去爪甲如韭葉爲井。其支者，入大指間出其端。

足少陽膽之脈，起於竅陰，是小指、次指之端也，去爪甲如韭葉爲井。其支者，上入大指岐骨內，出其端，還貫爪甲，出三毛中。

足厥陰肝之脈，起足大指之端入叢毛之際，去爪甲如韭葉爲井，大敦也。及三毛中。六呼。

中風針法：出竇先生《氣元歸類》。

半身不遂

手太陰：列缺，偏風，半身不遂。天府，卒中惡鬼疰，不得安卧。

手陽明：肩髃，曲池，偏風，半身不遂。

足陽明：大巨，偏枯，四肢不舉。衝陽，偏風，口眼喎斜，足緩不收。

手太陽：腕骨，偏枯狂惕。

足太陽：輔陽，風痺不仁，四肢不舉。

足少陰：照海，大風偏枯，半身不遂，善悲不樂。

足少陽：陽陵泉，半身不遂。環跳，風眩偏風，半身不遂。

失音不語

手陽明：天鼎，暴瘖并喉痺。合谷，瘖不能言。

足陽明：頰車、地倉，不語，飲食不收。承漿、漏落，左治右，右治左。

手少陰：陰郄，瘖不能言。靈道，暴瘖不語。

手少陽：支溝，暴瘖不語。三陽絡，暴瘂不能言。

手太陽：天窗，暴瘖不能言。

足少陰：通谷，暴瘖不語。

手厥陰：間使，瘖不能言。

黃帝灸法

療中風、眼戴上不能視者，灸第二椎并第五椎上各七壯，一齊下火，炷如半棗核大，立愈。

《衛生寶鑑·中風灸法》 風中脈則口眼喎斜，中腑則肢體廢，中臟則性命危。凡治風莫如續命湯之類，然此可扶持疾病，要收全功，必須火艾爲良。具穴下項：

灸風中脈，口眼喎斜

聽會二穴，在耳微前陷中，張口得之，動脈應手。

頰車二穴，在耳下二韭葉陷者宛宛中，開口得之。

地倉二穴，在俠口吻傍四分，近下有脈微動者是。

凡喎向右者，爲左邊脈中風而緩也，宜灸左喎陷中二七壯。

凡喎向左者，爲右邊脈中風而緩也，宜灸右喎陷中二七壯。艾炷大如麥粒，頻頻灸之，以取盡風氣，口眼正爲度。

灸風中腑，手足不遂等疾

百會一穴，在頂中央旋毛中陷可容豆許。

髮際，是髃兩耳前兩穴。

肩髃二穴，在肩端兩骨間陷者宛宛中，舉臂取之。

曲池二穴，在肘外輔屈肘曲骨中，以手拱胸取之，橫紋頭陷中是。

風市二穴，在膝外兩筋間，平立舒下手著腿，當中指頭盡陷者宛宛中。

足三里二穴，在膝下三寸，䯒外廉兩筋間。

絕骨二穴，一名懸鐘，在足外踝上三寸動脈中。

凡覺手足麻痺或疼痛，良久乃已，此將中腑之候。宜灸此七穴，病在左則灸右，病在右則灸左，如因循失灸，手足以差者，秋覺有此候春灸，春覺有此候者秋灸，以取風氣盡，輕安爲度。

灸風中臟，氣塞涎上，不語昏危者，下火立效：

百會一穴如前。

大椎一穴，在頂後第一椎上陷中。

風池二穴，在顳顬後髮際陷中。

肩井二穴，在肩上陷解中，缺盆上大骨前一寸半，以三指按取之，當其中指下陷中者是。

曲池二穴如前。

足三里二穴如前。

間使二穴，在掌後三寸兩筋間陷中。

凡覺心中憒亂，神思不怡，或手足麻痺，此中臟之候也。不問是風與氣，可連灸此七穴，但依次第自急灸之。可灸各五七壯。日後別灸之，至隨年壯止。凡遇春秋二時，可時時灸此七穴，以泄風氣。如素有風人，尤須留意此灸法，可保無虞。此法能灸卒死。醫經云：凡人風發，強忍怕痛不肯灸，忽然卒死，是謂何病？曰：風入臟故也。病者不可不知此。予自五月間，口眼喎斜，灸百會等三穴，即止。右手足麻無力，灸百會、髮際等七穴，得愈。七月氣塞、涎上，不能語，魂魄飛揚，如墜江湖中，頃刻欲絕。灸百會、風池等，左右頰車二穴，氣遂通，吐涎半碗，又下十餘行。伏枕半月，遂平復。自後凡覺神思少異於常，即灸百會、風池等穴，無不立效。

風中血脈治驗：太尉忠武史公，年六十八歲。於至元戊辰十月初，侍國師於聖安寺丈室中，煤炭火一鑪在左側邊，遂覺面熱，左頰微有汗。師及左右諸人皆出。因左頰疏緩，被風寒客之，右頰急，口喎於右，脈得浮緊，按之洪緩。予舉醫學提舉忽君吉甫專科針灸，先於左頰上灸地倉穴一七壯，次灸頰車穴二七壯，後於右頰上熱手熨之。議以升麻湯加防風、秦艽、白芷、桂枝，發散風寒，數服而愈。或曰：世醫多以續命湯等藥治之，今君用升麻湯加四味，其理安在？對曰：足陽明經起於鼻，交頞中，循鼻外，入上齒中。手陽明經亦貫於下齒中，况兩頰皆屬陽明。升麻湯乃陽明經藥，香白芷又行手陽明之經，秦艽治口噤，防風散風邪，桂枝實表而固榮衛，使邪不能再傷，此

其理也。夫病有標本經絡之別，藥有氣味厚薄之殊，察病之源，用藥之宜，其效如桴鼓之應。不明經絡所過，不知藥性所在，徒執一方，不惟無益，而又害之者多矣。學者宜精思之。

《針經摘英集·治病直刺訣》 治中風口噤，牙關不開，刺督脈水溝一穴，在鼻柱下，一名人中，手陽明之會，針入四分。

次針足陽明頰車二穴，在耳下曲頰端陷中，側卧張口取之，針入四分，得氣即瀉。

治中風口眼喎邪，刺足少陽經，聽會二穴，在耳前陷中，上關下一寸，動脈宛宛中，張口得之。

次足陽明經，頰車二穴，地倉二穴，俠口吻傍四分外，如近下有脈微微動，蹻脈手足陽明之交會，左取右，右取左，宜頻針灸以取盡風氣，口眼正爲度，針入四分。

治中風手足不隨，針百會穴，在前頂後一寸五分，頂中央旋毛中可容豆，督脈足太陽交會於巔上，針入二分。

聽會穴，手少陽脈氣所發，針入七分，留三呼，得氣即瀉。

肩髃穴，在肩端兩骨間陷中宛宛中，舉臂取之，手陽明蹻脈之會。

曲池穴，在肘外輔骨屈肘曲骨之中，以手拱胸取之，針入七分。三里穴，在曲池下二寸，按手肉起，兌肉之端，針入三分。

懸鍾穴，在外踝上三寸動脈中，足三陽之大絡，針入六分。

風市穴，在腿外兩筋間，正身舒下兩手著腿，當中指頭陷中。其七穴左治右，右治左，以取盡風氣，輕安爲度。

治中風，氣塞涎上不語昏危者，針百會。

風池，在顳顬後髮際陷中，足少陽陽維之會，針入七分。

大顀，在第一顀上陷中，手足三陽督脈之會，針入五分。

肩井，在肩上缺盆上，大骨前一寸半，以三指按取之，當中指下陷中者。是手足少陽陽維之會，祇可針入五分。

曲池，具在前。

間使，在掌後三寸，兩筋間陷中，厥陰手經，針入三分。

三里等七穴，左治右，右治左，以取盡風氣，神清爲度。

其病並依穴針灸，或有不愈者何？答曰：一則不中穴，二則雖中穴，刺之不及其分，三則(難)〔雖〕及其分，氣不至，出針，四則雖氣至，不明補瀉，故其病或有隨針而猝者何？答曰：一則不知刺禁。假令刺中心即死之類是也。二則不明脈候。假令下痢，其脈忽大者死，不可刺之。凡針灸者，先須審詳脈候，觀察病證，然後知其刺禁，辨其經絡，穴道遠近，氣候息數，深淺分寸，其病刺之，獲時而愈者矣。不可一途而取，不可一理而推之。

《扁鵲神應針灸玉龍經·盤石金直刺秘傳》 中風半身不遂，左癱右瘓，先於無病手足針，宜補，不宜瀉，次針其有病足手，宜瀉，不宜補。

合谷、一。手三里、二。曲池、三。肩井、四。環跳、五。血海、六。陽陵泉、七。陰陵泉、八。足三里、九。絕骨、十。崑崙。十一。

《世醫得效方·風科》 灸法：治口喎斜，即效，耳垂下，麥粒大艾炷三壯，左灸右，右灸左。

又法：治痰涎壅塞，聲如牽鋸，服藥不下，宜於關元、丹田二穴，多灸之良。治卒中風，口噤不開，灸頰車二穴，在耳下八分，小近前，灸五壯隨愈。中風失瘖，不能言語，緩縱不隨，先灸天倉二穴五十壯，其穴在頸大筋前曲頰下，扶突穴後動應手陷中，息火，仍移灸百會穴五十壯，其穴在頂正中心，灸畢，還灸天倉五十壯。始發先灸百會，則風氣不得泄，內攻五臟，喜閉伏，仍失音也。所以先灸天倉，次百會佳，一灸五十壯，悉泄火勢，復灸之，視病輕重，重者一處三百壯大效。凡中風服藥劇者，但是風穴，悉皆灸之三壯，無不愈也，勿疑惑。不至心者，勿浪盡灸。

《普濟方·針灸門·中風》 《經驗方》云：凡覺心中憒亂，神思不怡，或兼手足麻木，此是風將中之候，不問是風與氣，宜速灸百會、風池、大椎、肩井、曲池、間使、足三里七穴，兩邊依次序，自上及下灸之。如灸稍遲，氣塞涎上，或失音將欲絕者，便可依此次序灸之，艾炷如蒼耳大，各灸三壯，足三里灸五壯，輪日以次灸之，至隨年壯乃止。大凡每遇春秋二時，可於此七穴時復灸之，以泄風氣。如體中素有風氣者，尤須留意此灸法，可保無虞，此法可灸卒死。醫書云：凡民風發，強忍怕痛，不肯灸，忽然卒死者，是何病，謂入藏故也，有風病者不可不知此灸法。又云：先賢論曰，風中脈則口眼喎邪，風中腑則肢體廢，中臟，則性命危。凡治中風，古方雖用續命、防風等湯，然此只可扶助疾病，若要救危急收全功，必須火艾灼灸爲良。又云：凡喎向左者，謂左邊脈中風而緩也，宜灸右，凡喎向右者，謂右邊脈中風而緩也，宜灸左，

其艾炷大如麥粒，各灸二七壯，宜頻灸之，以取盡風氣口眼正爲度。又云：凡覺手足或痛或麻良久乃已者，是風將中腑之候，宜灸百會等七穴，病在右即灸右病，在左即灸左病。如因循失灸，手足已廢者，春較秋灸，秋較春灸，以取盡風氣，手足輕安爲度。

治肺中風者，其人偃卧而胸滿短氣，冒悶，汗出者，肺風之證，視目下鼻上兩邊，下行至口，色白者，尚可治，肺俞急灸百壯，服續命湯，小兒減之。

治肝中風者，其人但踞坐，不得低頭，繞兩目連額上色微有青者，肝風之證，若唇色青而黄尚可治。肝俞急灸百壯，服續命湯。

治心中風者，其人但得偃卧，不得傾側，悶亂冒絶汗出者，心風之證，若唇正赤，尚可治。心俞急灸百壯，服續命湯。

治脾中風者，其人但踞坐而腹滿，身通黄，吐鹹汗出者尚可治，脾俞急灸百壯，服續命湯。

治腎中風者，其人踞坐而腰痛，視脇左右，(現)〔未〕有黄色如餅粢大者，尚可治。腎俞急灸百壯，服續命湯。

治胃中風者，腹滿䐜脹，隔塞不通，張口喘息，額上多汗，孫地仙所謂新食竟取爲胃氣是也。或曰：風中諸臟，不關諸府。是亦一說，然胃爲水穀之海，五臟皆取氣於胃，故并存之。胃俞急灸百壯，服續命湯。

治大腸中風者，卧而腸鳴不止，大腸俞灸百壯，可服續命湯。

治中風眼戴上，及不能語者。第二椎上，及第五椎上，灸各十壯，齊下火，炷如半棗核大，立瘥。

治飲食不節，酒色過度，急中風言語蹇澀，半身不遂，宜七處齊下火，各三壯，風在左灸右，右灸左。

穴：百會、耳前髮際、肩井、風市、三里、絶骨、曲池七穴神效，不能具録，依法灸，無不愈。

治風中府，手足不隨，其狀覺手足或麻或痛，良久乃已，此將中府之候，病左灸右，病右灸左，因循失灸者廢。灸瘡，春較秋灸，秋較春灸，取盡風氣(集)〔者〕效，

穴：百會、曲鬢一作髮際。肩髃、曲池、風市、足三里、絶骨。

治風中藏，氣塞，涎上不語，極危者，下火立效，其狀，覺心中憒亂，神思不怡，或手足麻，此將中藏之候，不問風與氣，但依次自上及下各灸五壯，日别灸隨年壯，凡遇春秋，常灸以泄風氣，素有風人，可保無虞，此能灸暴卒。

穴：百會、風池、大椎、肩井、曲池、間使、足三里。

治大患風者，先補後瀉，少可患，以經取之，穴：風池。

治中風支滿，短氣不食，食不消，吐血，目不明，閉塞，穴：肝俞。

治偏枯不能行，大風暴不知人，卧驚，視如見星，穴：陰蹻。

治卒中風不識人，穴：臨泣。

治風面浮腫，顔黑，厥氣上衝，腹脹，大便下重，瘈驚，膝股䯒腫，轉筋，目眩頭痛，穴：解谿。

治中風善恐，悲笑不休，手痺，穴：勞宫。

治中風肘攣，實則心暴痛，虚則心煩惕惕，頭風耳後痛煩心，足不收失履，口眼喎僻，頭項瘈痛，牙車急，穴：內關、完骨。

治心中風，語悲泣，穴：心俞。

治風癇中風，角弓反張，或多哭言，發覺不自覺，或滿口吐沫，心驚煩，健忘，穴：百會。

治狂易大風，穴：崑崙。

治風髀腿腳不隨，灸：巨虚上廉二穴，各灸三壯。

治大風默默，不知所痛，視如見星，穴：照海。

治大風默默，不知所痛，悲傷不樂，穴：天井。

治青風心風，穴：百會。

治偏風熱風，穴：肩髃。

治肝風占喉，其口不能言，穴：鼻下人中、大椎、肝俞，灸五十壯。餘處隨年壯。眼暗人灸之得明，二三百壯良。

治心風寒，穴：心俞，灸各五十壯。

治心風，穴：心俞兩邊各一寸二分，灸各五七壯。

治心風，食脹滿，食不消化，吐血酸痛，四肢羸露，不欲食飲，鼻血，目視䀮䀮不明，肩頭脇下痛，小便急，穴：肝俞二穴，灸二三百壯，差即止，一云灸心俞。

治卒中惡風，心悶煩毒欲死，穴：足大指下横文，急灸隨年壯立愈。

內踝筋急不能行者，內踝上，急灸四十壯。

外踝筋急不能行者，外踝上，急灸三十壯，立愈。

眼戴精上插，目兩眥後，灸二七壯。

不能語，第三椎上，灸百壯。

不識人，季肋頭，灸七壯。

眼反口噤，腹中切痛，陰囊下第一橫理，灸十四壯，灸卒死，亦良。

治大風卒風，緩急諸風，卒發動不自覺知，或心腹脹滿，或半身不遂，或口噤不言，涎唾自出，目閉耳聾，或舉身冷直，或煩悶恍惚，喜怒無節，或脣青口白，戴眼，角弓反張，始覺發動。穴：神庭，灸七壯，次曲差，次上關，次下關，次頰車，次廉泉，次囟會，次百會，次本神，次天柱，次陶道，次風門，次心俞，次肝俞，次腎俞，次膀胱俞，次曲池，次肩髃，次支溝，次合谷，次間使，次陽陵泉，次陽輔，次崑崙。已上各七壯。

治風，穴：上星，灸二百壯，前頂二百四十壯，百會二百壯，腦戶、風府各三百壯。

治百種風，腦後項大椎平處，兩箱量二寸三分，須取病人指寸量兩箱，各灸百壯，得瘥。

治風耳鳴，從耳後量八分半裏許有孔，灸一切風得差，狂者亦差，兩耳門前後各百壯。

治卒病惡風欲死，不能語，及肉痺不知人，第五椎名曰藏俞，灸百五十壯，三百壯便愈。

治風，腹中雷鳴，腸澼泄痢，食不消化，小腹絞痛，腰脊疼僵，或大小便難，不能飲食，穴：大腸俞，灸百壯，三日一報。

治風，穴：液門，灸五十壯。

治風，身重心煩，足脛疼，穴：絶骨，灸百壯。

治惡風邪氣泣出，喜妄，穴：百會、天府、曲池、列缺。

治風入腹中，穴：湧泉。

治耳中風生，穴：商陽。

治大風目痛，及目外眥疼，穴：臨泣。

治面黑濕風，穴：關衝。

治風，從頭至足，面目赤，穴：解谿。

治風寒熱，穴：液門。

治手中風熱，穴：內關。

治頭身風熱，穴：間使。

治風，身寒，穴：後谿。

治胸中寒如風，壯及治，頭眩兩頰痛，穴：俠谿。

治肺寒，穴：肺俞，灸百壯。

治腎寒，穴：腎俞，灸百壯。

治大風逆氣多寒，穴：大橫。

治熱風，兩乳頭各灸二七壯，足外踝後一寸，各灸三壯，頂中旋毛灸一七壯。

治風，頭耳後痛煩心，及足不收失履，口喎僻，頭項搖瘈痛，牙車急，穴：完骨。

治風身熱，穴：後谿。

治風，十指筋攣不行屈伸，兩手踝骨上，各灸一七壯。

治大風，單服鍊成松脂癩風藥，服半月後，兩腰眼各灸七壯。

治中風，手足不隨，穴：百會、肩髃、聽會、曲池、三里、懸鍾、風市等七穴。左治右，右治左，以取盡風氣輕安爲度。

治繞踝風，刺曲池二穴，如繞外踝痛，兼刺絲絡二穴，如繞內踝痛，兼刺大都二穴，針入三分，如腚前痛，兼刺行間二穴，針入六分。

中風不語

治脾風占候，聲不出，或上下手，當灸手十指頭，次灸人中，次大椎，次兩耳門前脈，去耳門上下行一寸是，次兩大指節上下，各七壯。

治脾風，穴：脾俞，脊兩邊灸各五十壯，凡人脾俞無定所，隨四季月應病，即灸藏俞，是脾穴，此法甚妙。

治脾風者，總忽爲八風猥腿風，半身不遂，失音不語者，穴：百會，灸五百壯，次本神，次承漿，次風府，次肩髃，次心俞，次手五里，次手髓孔，次手少陽，次足五里，次足髓孔，次足陽明，各灸五百壯。

治中風，失瘖不能言語，緩縱不隨，及風痱不能語，手足不隨，卒病欲死，不能語，肺中風不能言，穴：天窗，先灸五十壯，息火。百會仍移灸五十壯畢，天窗還灸五十壯。若發先灸百會，則風氣不得泄，內攻五臟喜閉伏，仍失音也，所以先灸天窗，次百會佳，一灸五十壯，悉泄火熱。復灸之，視病輕重，重者，一處三百壯大效。凡中風服藥益劇者，但是風穴，悉皆灸三壯，無不愈，

神良，決定勿疑，不至心者勿浪爲灸。

治卒中風口噤不得開，機關《千金翼》名頰車。二穴，各灸五壯即得語，又灸隨年壯，僻者逐僻左右灸。

治卒中風口喎，葦筒長五寸，以一頭刺耳孔中，四畔以麵蜜塞，勿令泄氣，一頭內大豆一顆，并燒艾令燃灸七壯，差，右灸左，左灸右，千金不傳，耳病亦灸之。

治中風口喎，手交脈灸三壯，左灸右，右灸左，炷如鼠屎形，横安兩頭下火。

治口喎，穴：刺承泣。

治風中脈，口眼喎斜，若久不治，亦傳入臟，慎不可忽。穴：聽會、頰車、地倉。《經驗方》云：自崇寧壬午年五月間，忽口眼喎斜，灸聽會等三穴即正。後右手足麻無力，灸百會、髮際等七穴得愈。癸未年八月間，氣塞涎上，不能語，取金虎丹加膩粉服至四十丸半，氣不通，涎不下，藥從鼻中出，魂魄飛揚，如墜江湖中，頃刻欲絶，灸百會、風池等，左右共十二穴，氣遂通，吐涎幾一碗許，繼又下十餘行，伏枕半月餘，遂平復。方覺意思惺快。每遇心中憒亂，即灸百會、風池等穴，無不立效。因知灸有神聖之功，非藥所能及也，甲申十月既望，正思識。

治風口喎，穴：列缺，二穴別走陽明者，灸三壯，患左灸右，患右灸左。

治風失音不語，穴：合谷，各灸三壯。

治不能言，穴：通里。

治中風口喎僻，口吻口横紋間灸，覺大熱便去艾，即愈，勿盡艾，則太過，若口左僻灸右吻，右僻灸左吻，又手中指節上灸一炷。

治口喎斜，耳垂下麥粒大艾，灸三壯，左灸右，右灸左。

治風寒之氣客於臟間，滯而不能發，故瘖不能言，及喉痺失音，皆風邪所爲也，入臟皆能殺人，穴：百會，灸百壯，針入三分，補之。

治中風卒失聲，聲噎不出，穴：大椎旁一寸五分，又刺其下，停針之。

治風痱不能語，手足不遂，度病者手小指內岐間至指端爲度，以置臍上直望心下，以丹注度上端畢，又作兩度，續所注上，合其下，開其上，取其本度，横置其開上，令三合，其狀如倒作厶字形，男度左，女度右手，嫌不分了，故上丹注，三處同時起火灸之，各一百壯愈。

治中風口噤，牙關不開，刺水溝，針入四分，次針頰車，令人側卧，張口取之，針入四分，得氣即瀉。

治中風不能語，第二椎或第五椎上，灸五十壯。

治風入臟，使人瘖啞，卒口眼相引，牙車急，舌不轉，喎僻者，口吻邊横紋赤白際，逐左右，灸隨年壯，報之，至三日不差，更報之。

治中風，氣塞涎上，不語昏危者，穴：百會、風池、大椎、肩井、曲池、間使、三里等七穴，左治右，右治左，以取盡風氣，神清爲度。其病并依穴針灸或有不愈者，一則不中穴，二則雖中穴，刺之不及其分，三則雖及其分，氣不至，出針，四則雖氣至，不明補瀉，故其病或有隨針而卒者。一則不知刺禁，假令刺中心即死之類是也，二則不明脈候，假令下痢，其脈急大者死，不可刺之，凡針灸者，先須詳審脈候，觀察病證，然後知其刺禁，辨其經絡穴道遠近，氣候息數，深淺分寸，然後知其病刺之，獲時而愈矣，不可一途而取，不可一理而推之。

治中風失音，刺任脈天突一穴，在結喉下一寸宛宛中，陰維之會，針入五分。次針手少陰經神門二穴，在掌後兑骨之端陷中，針入三分。次針手少陽經支溝二穴，在腕後三寸兩骨之間陷中，針入三分。次針足少陰經湧泉二穴，在足心，屈足卷指宛中，針入五分。如舌急不語，刺瘂門一穴，在後項中央入髮際五分宛宛中，仰頭取之。針入二分，如舌緩不語，刺風府一穴在項髮際上一寸大筋內宛宛中，針入三分。

偏風

治偏風口喎，手腕無力，半身不遂，咳嗽掌中熱，口噤不開，穴：列缺。

治偏風口目喎，牙車脱臼，穴：下關。

治偏風口眼喎，耳中如蟬聲，穴：上關。

治偏風口面喎，頸項痛，不得顧，小便赤黄，喉痺，頰腫，穴：完骨。

治偏風口喎，面腫，穴：承漿。

治偏風口喎，穴：衝陽、地倉。

治偏風口喎，面癢浮腫，風動葉葉，狀如蟲行，或唇腫痛，穴：迎香。

治冷風濕痺，風疹，偏風半身不遂，腰胯痛不得轉，穴：環跳。

治偏風半身不遂，熱風癮疹，手臂攣急，捉物不得，挽弓不開，臂細無力，筋骨酸痛，又治手不得向頭，穴：肩髃。若灸偏風，可七七壯，不宜多。

治偏風半身不遂，刺風疹疼痛冷緩，捉物不得，挽弓不開，屈身難，隱脈風，臂肘細無力，穴：曲池。

治偏風半身不遂，穴：陽陵泉、環跳、曲池。

治大風偏枯，半身不遂，穴：照海。

治偏風，腰腿手足不仁，穴：上廉。

治半身不遂，穴：下崑崙、委中。

治偏風，穴：地倉、承山、上廉、下廉。

治手足偏枯，穴：陰蹻。

治猥腿風，半身不遂，失音，穴：灸百會。

半身不遂，男女皆有此患，但男尤忌左，女忌右爾，若得此疾後，風藥不宜暫闕，常令身上灸瘡可也，最忌房室，或能如釋道修養，方能保其無他。若灸，則當先百會、囟會，次風池、肩髃、曲池、合谷、環跳、風市、三里、絕骨，不必拘舊經病左灸右、病右灸左之説，但按痠疼處灸之，若兩邊灸亦佳，但當自上而下灸之。

治偏枯，手足不能伸，穴：刺委中。

《試效方》云：陝帥郭巨濟病偏枯，二指著足底不能伸，迎先師於京師治之，至則以長針刺委中，深至骨而不知痛，出血一二升，其色如黑，又且膠，刺之如是者六七次，服藥三月，病良愈。

治偏風，宜針下項七處，灸亦得，穴：風池、肩髃、曲池、支溝、五樞、陽陵泉、巨虛、下廉。

治風，腰腳不隨，不能跪起，穴：上髎、環跳、陽陵泉、巨虛、下廉。

《普濟方・針灸門・手痺》 治手不仁，穴：少商。

治手麻不舉，穴：肩貞。

治四肢厥，手足悶，穴：內庭。

治四肢厥，喜笑，穴：列缺。

治節痺，穴：曲池、支溝、臑會、腕骨、肘髎。

治臂痿不仁，穴：曲池、天井、外關。

療手足不仁，穴：白環俞。

治手不舉，又主手不可舉重，腕急肘中痛，難屈伸，穴：曲池。

治手痛，穴：間使。

治臂腕外側，痛不能舉，穴：陽谿。

治手掌熱，肘中痛，穴：中衝、少衝、勞宮、太淵、經渠、列缺。

療手掌厚瘡痺，手皮白屑起，穴：勞宮。

治手痺，穴：勞宮。

治手臂不仁，穴：附分。

《普濟方・針灸門・腳弱》 治腳弱無力，風濕痺筋急，半身不遂，穴：委中。

治腳弱，穴：三里。

治腳弱無力，腳重，偏風不遂，穴：承山。

治腳弱無力，腰尻重，曲瞅中筋急，半身不遂，穴：委中。

《普濟方・針灸門・婦人諸疾》 治婦人卒中，噤語不言，風癇之疾，穴：承漿。

《神應經・諸風部》 黃帝問岐伯曰：凡人中風半身不遂，如何灸之？答曰：人未中風時，兩月前或三五個月前，非時足脛上忽發痠疼頑痺，良久方解，此將中風之候也。便須急灸三里與絕骨穴四處各三壯，後用薄荷及桃柳葉煎湯淋洗灸瘡，令驅逐風氣於瘡口中出也。灸瘡若春好，秋更灸，秋好，春更灸，常令二足上有灸瘡爲妙。凡人不信此法，或飲食不節，酒色過度，忽中此風，言語蹇澀，半身不遂，宜於七處各灸一二壯，如風在左灸右，在右灸左。

一百會，二耳前髮際，三肩井，四風市，五三里，六絕骨，七曲池。

右七穴神效極多，依法灸之，萬無一失也。

黃帝灸法：療中風眼戴上及不能語者，灸第二椎并五椎上各七壯，同灸，炷如半棗核大。

偏風半身不遂：肩髃、曲池、列缺、合谷、手三里、環跳、風市、三里、委中、絕骨、丘墟、陽陵泉、崑崙、照海。

足無膏澤：上廉。

左癱右瘓：曲池、陽谿、合谷、中渚、三里、陽輔、崑崙。

肘不能屈：腕骨。

偏腫：列缺、衝陽。

身體反折：肝俞。

中風肘攣：內關。

目戴上：絲竹空。

吐涎：絲竹空、百會。

不識人：水溝、臨泣、合谷。

脊反折：啞門、風府。

中風：臨泣、百會、肩井、肩髃、曲池、天井、間使、內關、合谷、風市、三里、解谿、崑崙、照海。

《神應經·諸風部》 風痓：百會三壯。肝俞三壯。脾俞三壯。腎俞、年爲壯。膀胱俞。

風勞：曲泉、膀胱俞。七壯。

痞痙：支溝、間使、合谷、魚際、靈道、陰谷、復溜、然谷、通谷。

《醫學正傳·中風》 西北人外，中者亦有東南之人，皆是濕土生痰，痰生熱，熱生風也。眞中風邪者，東垣中血脈、中腑、中臟之說甚好，治法以治痰爲先，補養次之，初中，急掐人中，令省。

中風有汗，身熱不惡風，葛根續命主之，葛根、一錢四分。桂枝、黃芩。依本方加一倍。

宜針陷谷，刺厲兌。針陷谷者，去陽明經之賊邪；刺厲兌者，瀉陽明經之實也，已上二證陽明經之中風也。

中風無汗，身涼，附子續命主之，附子、加一倍。乾薑、加七分。甘草，加二錢一分。

宜刺隱白，去太陰之賊邪也，此證太陰經中風也。

中風有汗，無熱，桂附續命主之。桂枝、附子、炮。甘草。炙。

依本方加一倍，宜針太谿，此證少陰經中風也。

中風六經混淆，係之於少陽、厥陰，或肢節攣痛，或麻木不仁，宜羌活連翹續命主之，小續命湯八錢。加羌活四錢。連翹六錢。古之續命混淆，無六經之別，今各分經治療，又分經針刺刺法，厥陰之井大敦刺以通其經，少陽之經絕骨灸以引其熱，是針灸同法，象之大體也。

《針灸聚英·雜病》 風

大率主血虛氣虛，火與濕，多痰，中風：神闕、風池、百會、曲池、翳風、風市、環跳、肩髃，皆可灸之，以鑿竅疏風，又針以道氣。

《針灸聚英·雜病歌》 風

半身不遂患偏風，肩髃曲池列缺同。陽陵泉兮手三里，合谷絕骨丘墟中。環跳崑崙照海穴，風市三里委中攻。足無膏澤治上廉，左癱右瘓曲池先。陽谷合谷及中渚，三里陽輔崑崙痊。肘不能屈治腕骨，偏風卻治衝陽窟。身體反折肝俞中，中風肘攣內關突。目戴上治絲竹空，吐涎百會絲竹同。不識人治水溝穴，臨泣合谷三穴攻。脊反折兮治風府，幷治瘂門眞有補。風痺天井曲澤中，少海委中兼陽輔。驚癇神庭與百會，前頂湧泉絲竹類，神闕一壯鳩尾三，七穴治之斯爲貴。風勞曲泉膀胱俞，只有膀胱七壯宜。風痓腎俞膀胱穴，三壯百會肝與脾。風眩臨泣與陽谷，再有申脈同腕骨。風痛臨泣百會攻，肩井肩髃曲池窟。兼治天井幷內間，通前七穴不可忽。口眼喎斜治太淵，列缺申脈與二間。內庭行間地五等，水溝頰車合谷連。復有通谷不可失，十一穴治病即痊。痞痙間使與支溝，合谷魚際幷復溜，靈道陰谷然谷穴，兼治通谷疾即瘳。凡人口噤不可開，頰車承漿合谷該。風癇疾發僵仆地，風池百會灸無災。

又曰：半身不遂云中風，七處各灸三壯同。如風在左灸在右，患右灸左艾氣通。尋穴須從百會起，次及耳前之髮際。第三肩井四風市，六是絕骨五三里，乃若曲池居第七，灸之神效無可比。二椎五椎各七壯，狀如半棗核大炷，以此同灸二椎上，中風目戴不能語。

《古今醫統大全·中風門·灸法》 治中風中脈，口眼喎斜：聽會、頰車、地倉。上三穴左患灸右，右患灸左。

灸中風中府，手足不隨等疾：百會、肩髃、曲池、風市、足三里、絕骨。

凡覺手足麻木不仁或痛，良久乃止，此將中府之候也，不論是風與氣，可速灸此六穴，在左灸右，在右灸左。

灸風中臟，氣塞涎上，不語昏危，下火立效：百會、風池、大椎、肩井、間使、足三里、曲池。

凡覺手足麻痺，心中昏亂，神思不快，此將中臟之候，不論是風與氣，可速灸此七穴，依次第灸之立愈。

灸中風，眼戴不能上視者：三椎、五椎各灸五七壯，齊下火立效。

《古今醫統大全·針灸直指·諸證針灸經穴》 中風證：大率氣血虛火與痰，凡中風必口眼喎斜，中府則四肢不收，中藏則九竅不利，昏危不語，雖有續命湯之類，須灸刺可獲全功。

風中內藏，氣塞涎上，不語昏危：百會、風池、大椎、肩井、曲池、足三里、間使。

凡覺心中昏亂，神思不定，手足麻木，此中風之候也，不問是風與氣，可速灸此七穴，謂之鑿竅疏風，可保無虞也。

中風手足不遂等證：百會、髮際、肩髃、曲池、風市、足三里、絶骨，一名懸鍾。患左灸右，患右灸左。

偏風，半身不遂：肩髃、曲池、合谷、列缺、陽陵泉、環跳、足三里、絶骨、風市、丘墟、委中。

癱瘓：曲池、陽谷、合谷、中渚、三里、陽輔、崑崙。

《楊敬齋針灸全書·中風》

陽證中風不語痰涎壅塞：先針無病手足。

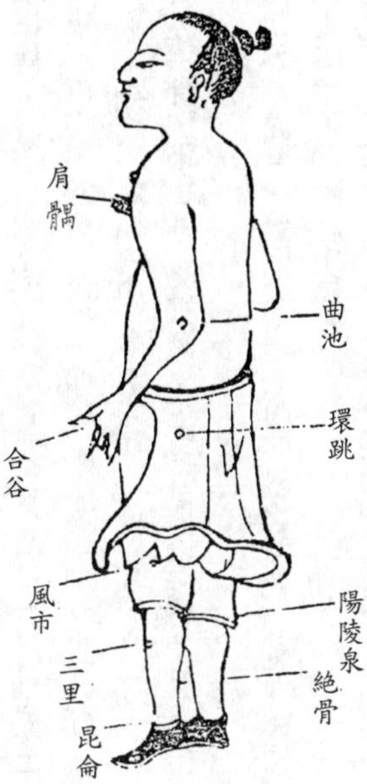

陰證中風筋脈拘攣

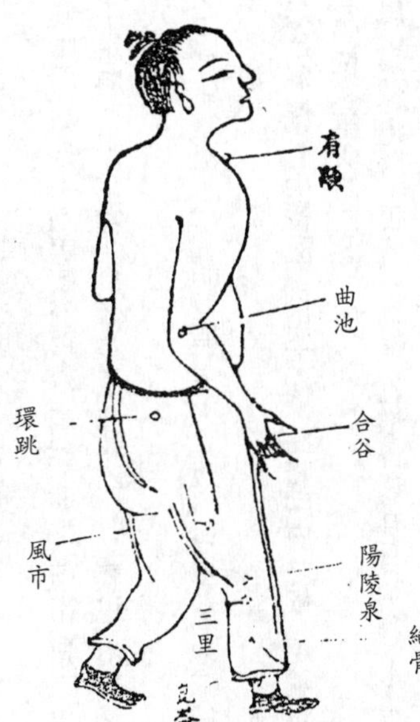

中風不省人事

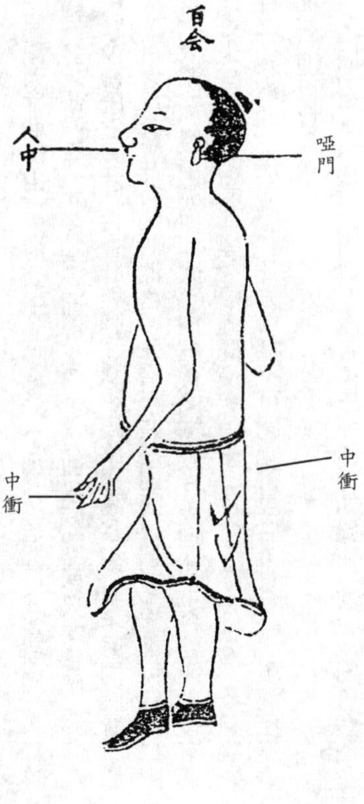

中風口禁不開

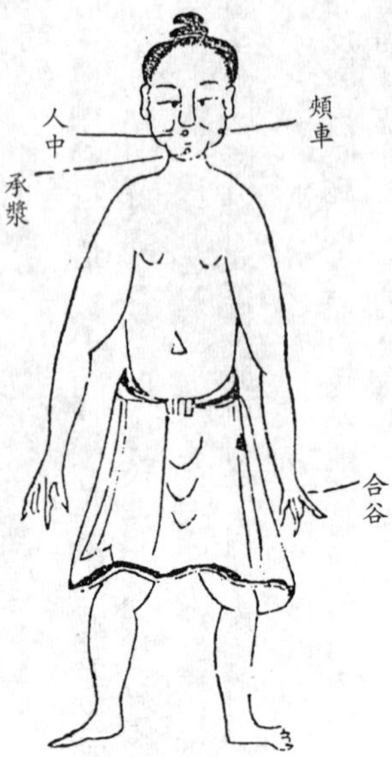

半身不遂風

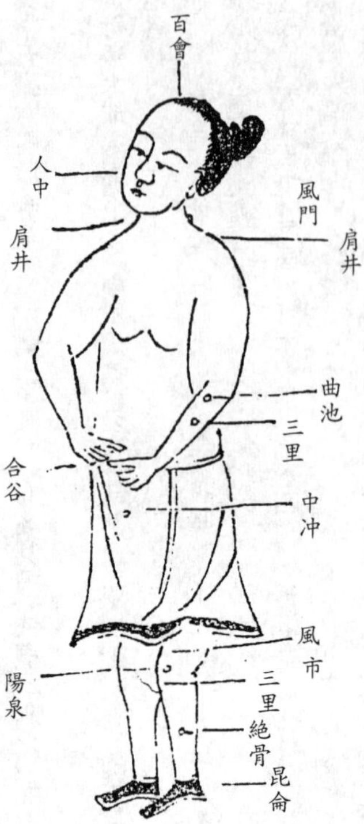

中風口眼喎斜

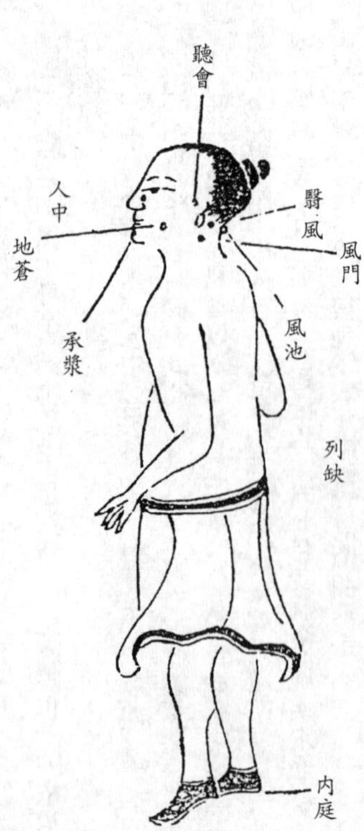

中風左癱右瘓

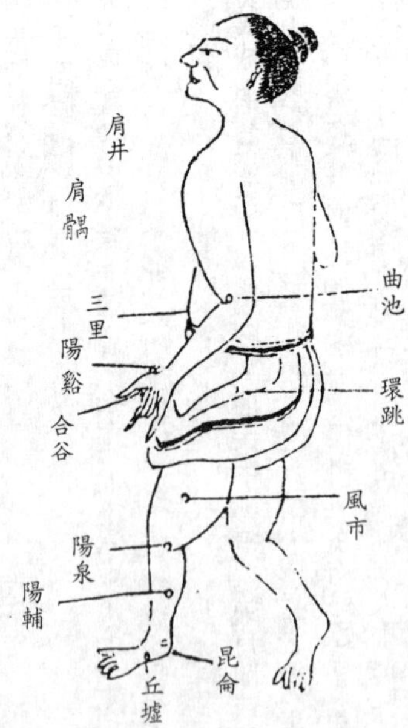

《針灸大成·續增治法·初中風急救針法》初中風急救針法：《乾坤生意》凡初中風跌倒，卒暴昏沉，痰涎壅滯，不省人事，牙關緊閉，藥水不下，急以三稜針刺手十指十二井穴，當去惡血。又治一切暴死惡候，不省人事，及絞腸痧，乃起死回生妙訣。

少商、二穴。商陽、二穴。中衝、二穴。關衝、二穴。少衝、二穴。少澤。二穴。

《針灸大成·續增治法·中風論》　徐氏書

且夫中風者，有五不治也，開口閉眼，撒屎遺尿，喉中雷鳴，皆惡候也。

且中風者，爲百病之長，至其變化，各不同焉，或中於臟，或中於腑，或痰或氣，或怒或喜，逐其隙而害成也。中於臟者，則令人不省人事，痰涎壅，喉中雷鳴，四肢癱瘓，不知疼痛，語言蹇澀，故難治也。中於腑者，則令人半身不遂，口眼喎斜，知癢痛，能言語，形色不變，故易治也。治之先審其證，而後刺之，其中五臟六腑形證各有名，先須察其源，而名其證，依標本刺之，無不效也。

《針灸大成·續增治法·中風癱瘓針灸秘訣》　中風口眼喎斜：聽會、頰車、地倉。

凡喎向左者，宜灸右，向右者，宜灸左，各喎陷中二七壯，艾炷如麥粒大，頻頻灸之，取盡風氣，口眼正爲度。

一法以五寸長筆管，插入耳內，外以麵塞四圍，竹管上頭以艾灸二七壯，右喎灸左，左喎灸右。

中風風邪入腑，以致手足不遂：百會、耳前髮際、肩髃、曲池、風市、足三里、絶骨。

凡覺手足麻痹，或疼痛良久，此風邪入腑之候，宜灸此七穴，病在左灸右，在右灸左，候風氣輕減爲度。

中風風邪入臟，以致氣塞涎壅，不語昏危：百會、大椎、風池、肩井、曲池、足三里、間使。

凡覺心中憒亂，神思不怡，或手足頑麻，此風邪入臟之候，速灸此七穴，各五七壯，如風勢略可，凡遇春秋二時，常灸此七穴，以泄風氣。若素有風人，尤當留意。

中風鼻塞不聞，時流清涕，偏正頭風，及生白屑，驚癇，目上視不識人：囟會。灸。

中風頭皮腫，目眩虛，振寒熱，目疼不能遠視：上星。針灸。

中風風癇，瘈瘲等證：印堂。針灸。

中風頭項急，不能回顧：風府。針。

中風手不能舉：陽池。針灸。

中風腕痠，不能屈伸，指疼不能握物：外關。針灸。

中風手弱不仁，拘攣不伸：手三里。針灸。

中風痰咳肘攣，寒熱驚癇：列缺。針灸。

中風驚怖，聲音不出，肘腕痠疼：通里。針灸。

中風腰胯疼痛，不得轉側，腰脇相引：環跳。針灸。

中風轉筋拘急，行步無力，疼痛：崑崙。針灸。

中風腳腿麻木，冷痹冷痛：陽陵。針灸。

中風腰背拘急：委中。針。

中風腳膝疼痛，轉筋拘急：承山。針灸。

《針灸大成·續增治法·雜病》　風，大率主血虛氣虛，火與濕多痰。

中風：神闕、風池、百會、曲池、翳風、風市、環跳、肩髃，皆可灸之，以疏風，針之以導氣。

《針灸大成·治證總要》　一論中風，但未中風時，一兩月前或三四個月前，不時脛上發痠重麻，良久方解，此將中風之候也，便宜急灸三里、絶骨四處，各三壯，後用生葱、薄荷、桃柳葉四味煎湯淋洗，灸令祛逐風氣自瘡口出，如春交夏時，夏交秋時，俱灸，常令二足有灸瘡爲妙。但人不信此法，飲食不節，色酒過度，卒忽中風，可於七處一齊俱灸各三壯，偏左灸右，偏右灸左，百會、耳前穴也。

第一：陽證，中風不語，手足癱瘓者：合谷、肩髃、手三里、百會、肩井、風市、環跳、足三里、委中、陽陵泉。先針無病手足，後針有病手足。

第二：陰證，中風半身不遂，拘急，手足拘攣，此是陰證也。亦依治之，但先補後瀉。

第三：中暑不省人事：人中、合谷、內庭、百會、中極、氣海。

問曰：中暑當六七月間有此證，或八九月十月亦有此證，從何而得？答曰：此證非一，醫者不省，當以六七月有之，如何八九十月亦有之，皆因先感暑氣，流入脾胃之中，串入經絡，灌溉相併，或因怒氣觸動，或因過飲恣慾傷體，或外感風，至八九月方發，乃難治也。六七月受病淺，風疾未盛，氣血未竭，體氣未衰，此爲易治。復刺後穴：中衝、行間、曲池、少澤。

第四：中風不省人事：人中、中衝、合谷。

問曰：此病如何而來？已上穴法針之不效，奈何？答曰：針力不到，補瀉不明，氣血錯亂，或去針速，故不效也。前穴未效，復刺後穴：啞門、大敦。

第五：中風口禁不開：頰車、人中、百會、承漿、合谷，俱宜瀉。

問曰：此證前穴不效，何也？答曰：此皆風痰灌注，氣血錯亂，陰陽不升降，致有此病，復刺後穴：廉泉、人中。

第六：半身不遂中風：絕骨、崑崙、合谷、肩髃、曲池、手三里、足三里。

問曰：此證針後再發，何也？答曰：針不知分寸，補瀉不明，不分虛實。其證再發，再針前穴，復刺後穴：肩井、上廉、委中。

第七：口眼喎斜，中風：地倉、頰車、人中、合谷。

問曰：此證用前穴針效，一月或半月復發何也？答曰：必是不禁房勞，不節飲食，復刺後穴，無不效也。聽會、承漿、翳風。

第八：中風左癱右瘓：三里、陽谿、合谷、中渚、陽輔、崑崙、行間。

問曰：數穴針之不效，何也？答曰：風痰灌注經絡，血氣相搏，再受風寒濕氣入內，凝滯不散，故刺不效。復刺後穴，先針無病手足，後針有病手足。風市、丘墟、陽陵泉。

《針灸大成·治證總要》 第一百四十九：舌強難言：金津、玉液、廉泉、風府。

《壽世保元·灸法》 灸諸病法：一論中風，口噤不開，牙關緊閉，及中氣，皆效。

人中、一穴。頰車、二穴。三里、二穴。合谷。二穴。

一論卒中惡風，心煩，悶毒欲死，秘穴，立效。取兩足大指下橫紋，隨年壯灸之。

一論中風，口噤不開：機關二穴，在耳下八分，微前，至五壯，即語。

一論風中血脈則口眼喎斜，中腑則肢體廢，中臟則性命危。凡治莫如發表，調氣血，治痰諸法，然可扶持疾病，若要收全功，火艾爲良也。

一論風中血脈，口眼喎斜：聽會二穴。頰車、二穴。地倉。二穴。

凡喎向右者爲左邊脈中風而緩也，宜灸左喎陷中二七壯；喎向左者爲右邊中風而緩也，宜灸右喎陷中二七壯。

一論風中腑，手足不遂等證：百會、一穴。肩髃、二穴。曲池、二穴。風市、二穴。三里、二穴。絕骨。二穴。

凡覺手足癢，或不仁，或痛，灸火乃已。此將(已，此)中腑之候，宜灸此(七)〔六〕穴。病在左則灸右，在右則灸左。

一論風中臟，氣塞涎上，不語昏危者，下火立效。

百會、一穴。風池、二穴。肩井、二穴。曲池、二穴。間使、二穴。足三里。二穴。

凡覺心中憒亂，神思不怡，或手足麻痺，此將中臟之候。不問是風與氣，可速灸此(七)〔六〕穴，但以次第灸之，各五、七壯，日別灸之，隨年壯止。如素着風(入)〔人〕，尤須留意，此灸法可保無虞。此法能灸卒死。凡人風發，強忍怕痛不肯灸，忽然卒死，謂是何病，風入臟故也。

一論暴啞不能言者，速灸臍下四寸，并小便陰毛際骨陷者中，各灸一七壯，重者二七壯，并男左女右手足中指盡頭處，各灸三壯，神效。

《類經圖翼·針灸要覽·諸證灸法要穴》 中藏，氣塞痰上，昏危不省人事：百會、風池、大椎、肩井、間使、曲池、足三里。

凡覺手足攣痺，心神錯亂，將有中風之候，不論是風與氣，可依次灸此七穴則愈。

合谷、風市、手三里、崑崙、申脈。

神闕：凡卒中風者，神闕最佳，羅天益曰：中風服藥，只可扶持，要收全功，艾火爲良。蓋不惟逐散風邪，宣通血脈，其於回陽益氣之功，眞有莫能盡述者，詳見本穴。

偏風半身不遂：左患灸右，右患灸左。肩髃、百會、肩井、客主人、主口歪。列缺、手三里、風市、曲池、陽陵泉、環跳、足三里、絕骨、崑崙、申脈。

口眼喎斜：頰車、地倉、水溝、承漿、偏風口喎。聽會、合谷。凡口喎向右者，是左脈中風而緩也，宜灸左喎陷中二七壯，喎向左者，是右脈中風而緩也，宜灸右喎陷中二七壯，艾炷如麥粒可矣。

口噤不開：頰車、承漿、合谷。

瘖瘂：天突、靈道、陰谷、復溜、豐隆、然谷。

戴眼：神庭，脊骨三椎，五椎各灸五七壯，齊下火立效。

癱瘓：肩井、肩髃、曲池、中渚、合谷、陽輔、陽谿、足三里、崑崙。

角弓反張：百會、神門、間使、僕參、七壯。命門、太衝。

風痺不仁：天井、尺澤、少海、陽輔、中渚、環跳、太衝。

《景岳全書·雜證謨·諸風》 痱之爲病也，身無痛者，四肢不收，智亂不甚，其言微知，可治，甚則不能言，不可治也。病先起於陽，後起於陰者，先取

其陽，後取其陰，浮而取之，風痓身反折，先取足太陽及膕中及血絡出血，中有寒，取三里。

《景岳全書·雜證謨·非風》灸非風卒厥危急等證：神闕：用淨鹽炒乾，納於臍中令滿，上加厚薑一片蓋定，灸百壯至五百壯，愈多愈妙，薑焦則易之，或以川椒代鹽，或用椒於下，上蓋以鹽，再蓋以薑灸之，亦佳。

丹田、氣海：二穴俱連命門，實爲生氣之海，經脈之本，灸之皆有大效。

灸非風連臟氣塞涎上，昏危不語等證：百會、風池、大椎、肩井、曲池、間使、足三里。

灸手足不遂，偏枯等證：百會、肩髃、曲池、風市、環跳、足三里、絕骨。即懸鍾。

華元化曰：心風者宜灸心俞。肺風者宜灸肺俞。脾風者宜灸脾俞。肝風者宜灸肝俞。腎風者宜灸腎俞。治陽脫灸法，見熱陣四十六。

《太乙神針心法·中風門》凡中風有五不治，開口一也，閉眼二也，遺屎三也，遺溺四也，喉中雷鳴五也，此五者有一即不治，見此證候毋輕下針。

治法

中風跌倒，卒暴昏沉，痰涎壅滯，不省人事，牙關緊閉，藥水不下：針十二井穴。少商，二穴。商陽，二穴。中衝，二穴。關衝，二穴。少衝，二穴。少澤，二穴。

口眼喎斜：針聽會、頰車、地倉。

口噤不開：針頰車、承漿、合谷。

左癱右瘓：針百會、肩井、肩髃、曲池、陽谿、合谷、中渚、環跳、風市、陽輔、崑崙、湧泉、手三里、足三里。

手臂不仁：針腕骨、內關。

身折反折：針瘂門、肝俞、風府。

目上視：針絲竹空。

不識人：針水溝、臨泣、合谷。

風癇：針神庭、百會、前頂、絲竹空、神闕、鳩尾。

風眩：針臨泣、陽谷、腕骨、申脈。

瘖瘂：針支溝、復溜、間使、合谷、魚際、靈道、陰谷、然谷、通谷。

吐涎：針百會、絲竹空。

《羅遺編·針灸要穴論》中風：百會、風池、大椎、肩井、間使、曲池、足三里。

凡覺手足攣痺，心神昏亂，將有中風之候，無論是風、是氣，依次第灸此七穴則愈，若中藏昏危痰上，亦灸之。

合谷、風市、手三里、崑崙、申脈、神闕。

凡卒中風者，此穴最佳，不惟逐散風邪，宣通血脈，其於回陽益氣之功，眞有莫能盡述者。

偏風半身不遂：患左灸右，患右灸左。

百會、肩髃、曲池、風市、足三里、絕骨、肩井、列缺、陽陵泉、環跳、崑崙、申脈、客主人、主口歪。手三里。

《金匱翼·八曰灸俞穴》中風卒倒者，邪氣暴加，眞氣反陷，表裏氣不相通故也。灸之不特散邪，抑以通表裏之氣。又眞氣暴虛，陽絕於裏，陰陽二氣不相維繫，藥石卒不能救者，亦惟灸法爲能通引絕陽之氣也。

灸風中腑，手足不遂等證：百會，一穴。髮際，是兩耳前兩穴。肩髃，二穴。曲池，二穴。風市，二穴。足三里，二穴。絕骨。二穴。

灸風中臟氣塞涎潮，不語昏危者，下火立效。

百會，一穴。大椎，一穴。風池，二穴。肩井，二穴。曲池，二穴。間使，二穴。足三里。二穴。

灸風中脈，口眼歪斜：聽會，二穴。頰車，二穴。地倉二穴。

凡喎向右者，爲左邊脈中風而緩也，宜灸左喎陷中二七壯，喎向左者，爲右邊脈中風而緩也，宜灸右喎陷中二七壯，艾炷大如麥粒，頻頻灸之，以取盡風氣，口眼正爲度。

灸中風卒厥，危急等證：

神闕，用淨鹽炒乾，納臍中令滿，上加厚薑一片蓋之，灸百壯，至五百壯，愈多愈妙，薑焦則易之。

丹田、氣海二穴，俱連命門，爲生氣之海，經脈之本，灸之，皆有大效。

凡灸法炷如蒼耳大，必須大實，其艾又須大熟。初得風之時，當依此次第灸之，火下即定。《千金翼》云：愈風之法，火艾特有奇能，針石湯藥，皆所不及也。

灸法，頭面上炷艾宜小不宜大，手足上乃可粗也，又須自上而下，不可先

灸下，後灸上。

趙氏曰：口之喎，灸以地倉；目之斜，灸以承泣，苟不效，則灸人迎。夫氣虛風實而爲偏，上不得出，下不得泄，眞氣爲風邪所陷，故宜灸。經云：陷下則灸之是也。

范子默記：崇寧中凡兩中風，始則口眼歪邪，次則涎潮閉塞，左右共灸十二穴，得通氣，十二穴者，聽會、頰車、地倉、百會、肩髃、曲池、風市、足三里、絕骨、髮際、大椎、風池也。依而用之，無不立效。

羅廉甫云：凡治風莫如續命湯之類，然此可以扶持疾病，要收全功，必須艾火爲良。

已上八法，不過約言治要耳，而風氣善行數變，證狀不一，玆更備舉諸風條列如左，學者習而通焉，則思過半矣。

《醫學實在易·中風證歌》附中風應灸俞穴

灸風中腑手足不遂等證：百會、一穴。曲池、一穴。肩髃、二穴。風市、二穴。足三里、二穴。絕骨。二穴。

灸風中臟氣塞涎潮，不語昏危者，下火立效：百會、一穴。大椎、一穴。風池、二穴。曲池、二穴。間使、二穴。足三里。二穴。

灸風中脈口眼歪斜：聽會、二穴。頰車、二穴。地倉。二穴。

凡喎向右者，爲左邊脈中風而緩也，宜灸左喎陷中二七壯，喎向左者，爲右邊脈中風而緩也，宜灸右喎陷中二七壯，艾炷大如麥粒，頻頻灸之，以取盡風氣，口眼正爲度。

灸中風卒厥危急等證：神闕，用淨鹽炒乾納臍中令滿，上加厚薑一片蓋之，灸百壯至五百壯，愈多愈妙，薑焦則易之。

丹田、氣海二穴俱連命門，爲生氣之海，經脈之本，灸之皆有大效。

凡灸法，炷如蒼耳大，必須大實其艾，又須大熟，初得風之時，當依此次第灸之，火下即定。《千金翼》云：愈風之法，火灸特有奇能，針石湯藥，皆所不及也。

灸法，頭面上炷艾宜小不宜大，手足上乃可粗也，又須自上而下，不可先灸下後灸上。

《針灸逢源·證治參詳·中風門》　中風風邪入藏，以致氣塞涎壅，不語昏危：百會、風池、大椎、肩井、曲池、間使、足三里。凡覺心中憒亂，神思不怡，或手足頑麻，將有中風之候，速針灸以上穴。

中風卒倒不醒：神闕，用淨鹽炒乾，納於臍中令滿，上加厚薑片，灸百壯至五百壯，薑焦則易之，或以川椒代鹽，或用椒於下，上蓋以鹽，再蓋以薑，灸之亦佳。丹田、氣海二穴俱連命門，實爲生氣之海，經脈之本，灸之皆有大效。

目戴上：足太陽之證，目上視，上視之甚而定直不動者，名戴眼也。神庭、絲竹空、人中、《景岳全書》曰：治目睛直視。脊骨三椎并五椎上各灸七壯，齊下火立效。

背反張：風氣乘虛入於諸陽之經，則腰脊反折，攣急如角弓之狀，一名角弓反張也。百會、神門、間使、太衝、僕參。又法：針瘂門、風府。

口噤：手三陽之筋結入於頷頰，足陽明之筋上夾於口，風寒乘虛而入其筋則攣，故令牙關急而口噤也。人中、承漿、頰車、合谷。

口眼喎斜：此由邪犯陽明少陽經絡。水溝、承漿、頰車、針向地倉。地倉、針向頰車。聽會、客主人、合谷。

凡口喎向右者是左脈中風而緩也，宜灸左喎陷中二七壯，艾炷如麥粒，喎向左者，是右脈中風而緩也，宜灸右喎陷中二七壯。

瘖瘂：心受風，故舌強不語。風寒客於會厭，故卒然無音。又有腎脈不上循喉嚨挾舌本則不能言，此腎虛熱痰。靈道、魚際、陰谷、復溜、豐隆。

中風無汗惡寒：針至陰、出血。崑崙、陽蹻。

中風有汗惡風：針風府。已上二證，太陽經中風也。

中風無汗，身熱不惡寒，中風有汗，身熱不惡風。針陷谷去陽明之賊，針厲兌瀉陽明經之實熱。已上二證陽明經中風也。

中風無汗身涼：針隱白去太陰經之賊也。此證太陰經中風也。

中風有汗無熱：針太谿。此證少陰經中風也。

中風六證混淆，繫之於少陽厥陰，或肢節攣痛或木不仁者，厥陰之井大敦，針以通其經，少陽經之絕骨，灸以引其熱也。

凡初中風跌倒，卒暴昏沉，痰涎壅滯，牙關緊閉者，急以針刺手指上十二井穴去惡血，又治一切暴死惡候及絞腸痧證。少商、二穴。商陽、二穴。中衝、二穴。關衝、二穴。少衝、二穴。少澤。二穴。

癱瘓：此由將息失宜，心火暴甚，腎水虛不能制之，則陰虛陽實，而熱氣

怫鬱，心神昏冒，筋骨不用，而卒倒無知也。肩井、肩髃、曲池、陽谿、合谷、中渚、風市、陽陵泉、陽輔、崑崙、足三里。

半身不遂：此由氣血不周，一名偏枯是也，或但手不舉，口不能言，而無他證者，此中經也，各隨其經絡俞穴而針灸之，兼用藥補血養筋，方能有效。百會、肩井、肩髃、曲池、手三里、列缺、風市、絕骨、足三里。

以上穴先針無病手足，後針有病手足。

《針灸逢源·證治參詳·舌病》舌強：中風痰滯每有此證。瘂門、三間、中衝、行間。

舌緩：治同上。

《針灸全生·中風厥逆》中風中藏，氣塞痰上，昏危不省人事：百會、大椎、間使、風池、肩井、曲池、足三里。凡覺手足攣痺，心神昏亂，將有中風之候，不論是風與氣，可依此次第灸之：合谷、風市、手三里、申脈、崑崙、神闕。凡本中風神闕最佳，逐散風邪，宣通血脈，其回陽益氣之功有不能盡述者矣。

偏風半身不遂：左灸右，右灸左。百會、肩井、列缺、風市、陽陵泉、肩髃、上關、手三里、曲池、環跳、足三里、崑崙、絕骨、申脈。

口眼喎：針頰車、地倉、水溝、承漿。

偏風口喎：聽會、合谷。凡口喎向右者宜灸左喎陷中，喎向左者宜灸右喎陷中，均二七壯，炷如麥粒。

口噤不開：頰車、承漿、合谷。

瘖瘂：天窗、靈道、陰谷、復溜、豐隆、然谷。

戴眼：神庭、脊骨三椎五椎各灸五七壯，齊下火立效。

癱瘓：肩井、曲池、合谷、陽谿、肩髃、中渚、陽輔、足三里、崑崙。

角弓反張：百會、間使、命門、神門、僕參、太衝。

《針灸全生·中風》凡初中風跌倒，卒暴昏沉，痰涎壅滯，不省人事，牙關緊閉，藥水不下，急以三稜針刺手十指十二井穴，當去惡血，又治一切暴死惡候，不省人事及絞腸痧，乃起死回生妙訣。

禁：少商，二穴。商陽，二穴。中衝，二穴。關衝，二穴。少衝，二穴。少澤，二穴。

口眼喎斜：聽會、頰車、地倉。凡喎向左灸右，喎向右灸左，各喎陷中二七壯，艾炷如麥粒大，頻灸之，取盡風氣，以口眼正爲度。一法以五寸長筆管插入耳內，外以麵塞四圍竹管上頭，以艾灸二七壯，左喎灸右，右喎灸左。

中風風邪入腑，以致手足不遂：百會、耳前髮際、肩髃、曲池、風市、足三里、懸鍾。凡覺手足麻痺或疼痛良久，此風邪入腑之候，宜灸此七穴，在左灸右，在右灸左。

風邪入臟，氣塞涎壅，不語昏危：百會、大椎、風池、肩井、曲池、足三里、間使。凡覺心中憒亂，神思不快，或手足麻痺，此風邪入臟之候，宜灸此七穴五七壯。如風勢略可，遇春秋二時，尤宜常灸以泄風氣，若素有風人，尤當留意。

中風鼻塞，時流清涕，偏正頭風及生白屑，驚癇，目上視，不識人：囟會。禁針。

中風頭皮腫，目眩，虛振寒熱，目疼不能遠視：上星。

中風不語，手足癱瘓：囟會、禁(風)〔針〕。合谷、手足三里、百會、肩髃、肩井、風市、環跳、委中、陽陵泉。

中風不省人事：人中、中衝、合谷、啞門，禁。大敦、百會、申脈。禁。

口噤不開：頰車、地倉、人中、百會、承漿、合谷、廉泉。

半身不遂：懸鍾、崑崙、合谷、肩髃、曲池、手足三里、肩井、上廉、委中、行間、風市。

口眼斜喎：地倉、頰車、人中、合谷、聽會、承漿、翳風。

左癱右瘓：手足三里、陽谿、陽輔、合谷、中渚、崑崙、行間、風市、丘墟、曲池、陽陵泉。

中風瘖瘂：支溝、復溜、間使、合谷、陰谷、魚際，禁灸。靈道、然谷、通谷。

中風痛：百會、肩井、肩髃、曲池、天井、間使、內關、合谷、風市、三里、解谿、崑崙、照海。

心驚中風，不省人事：中衝、百會、大敦、內關。

中風不語：少商，禁灸。前頂、人中、膻中、合谷、啞門、申脈。

中風偏枯，疼痛無時：懸鍾、太淵、曲池、肩髃、三里、崑崙、申脈。

《針灸便覽·中風》凡初中風跌倒，卒暴昏沉，痰涎壅滯，不醒人事，牙關緊閉，藥水不下，急以三稜針刺手 十指十二井穴，當去惡血。又治一切暴死惡候，不醒人事及絞腸痧，乃起死回生妙訣。

禁針：少商、商陽、中衝、關衝、少衝、少澤。各二穴。

口眼喎斜：聽會、頰車、地倉。

中風風邪入腑，以致手足不遂：百會、耳前髮際、肩髃、曲池、風市、足三

里、懸鍾。在左灸右，在右灸左。

中風不語：百會、大椎、風池、肩井、曲池、足三里。

中風驚癇：用艾火灸囟會，禁針。

手不能舉：陽池、外關。

腳膝疼痛：承山、陽陵泉。

足疼轉筋：崑崙。

中風癱瘓不語：合谷、手三里、百會、肩髃、肩井、環跳、髮際。

中風不醒人事：人中、中衝、合谷。

口噤不開：頰車、地倉、人中、合谷。

半身不遂：懸鍾、崑崙、合谷、曲池、手三里、肩井、上廉、委中、風市。

口眼斜喎：地倉、頰車、合谷、翳風。

左癱右瘓：手足三里、陽谿、陽輔、合谷、中渚、崑崙、行間、曲池。

兩手痲木：肩髃、肩井、曲池、合谷、列缺。

肘不能曲：腕骨。

兩足痲木：陽輔、陽交、懸鍾、行間。

脊背反折：啞門、肝俞、內關。

眼戴上翻：百會、絲竹空、水溝、臨泣、合谷。

風痺：天井、尺澤。

傷寒發狂：大椎、間使、合谷、復溜。

不醒人事：中渚、三里、大敦。

小便不通：陰谷、陰陵泉。

大便閉塞：照海、章門、支溝、太白。

中風要穴：神闕、風池、曲池、風市。

中風不語：灸第三椎并五椎上各七壯。

瘖瘂：支溝、復溜、間使、合谷、魚際。

舌捲囊縮：天突、廉泉、合谷、腎俞。

《神灸經綸·中風灸穴》 氣塞痰湧，昏危不省人事：百會、風池、大椎、肩井、間使、曲池、足三里、肩髃、環跳、絕骨。

手足攣痺，心神昏亂，將有中風之候，不論是風與氣，可依次灸此則愈。合谷、風市、崑崙、手三里、關元、丹田。

卒中風：神闕。凡卒中風者，此穴最佳。羅天益云：中風服藥只可扶持，要收全功，灸火爲良，蓋不惟追散風邪，宣通血脈，其於回陽益氣之功，眞有莫能盡述者。

風癇：前神聰，去前頂五分，自神庭至此穴共四寸，灸三壯。後神聰，去百會一寸，灸三壯。

口噤不開：機關，在耳下八分近前。《千金翼》云：凡中風口噤不開，灸此二穴五壯即愈。一云：灸頰車、承漿、合谷。

偏風半身不遂，左患灸右，右患灸左：肩髃、肩井、百會、客主人、承漿、地倉、三里、三間、二間、陽陵泉、陽輔、列缺，口歪。風市、曲池、環跳、足三里、絕骨、崑崙、手足髓孔。《千金》云：手髓孔在腕後尖骨頭宛宛中，足髓孔在足外踝後一寸，俱主治痿，追風，半身不遂，灸百壯。

口眼喎斜：頰車、地倉、水溝、承漿、聽會、合谷。

凡口喎向右者，是左脈中風而緩也，宜灸左喎陷中二七壯。喎向左者，是右脈中風而緩也，宜灸右喎陷中二七壯，炷如麥粒。

瘖瘂：天突、靈道、陰谷、復溜、豐隆、然谷。

戴眼：神庭、脊骨三椎、五椎，各灸五七壯。齊下火立效。

癱瘓：肩髃、合谷、曲池、環跳、風市、足三里、絕骨、陽陵泉、崑崙、肩井、中渚、陽輔。

角弓反張：百會、神門、間使、僕參、命門。

風痺不仁：天井、尺澤、少海、陽輔、中渚、環跳、太衝。

預防中風：風池、百會、曲池、合谷、肩髃、風市、足三里、絕骨、環跳。

《傳悟靈濟録·中風》 中臟：氣塞痰上，昏危不省人事：百會、風池、大椎、肩井、間使、曲池、足三里。

凡覺手足攣痺，心神昏亂，將有中風之候，不論是風與氣，依次灸此七穴，自可全愈。合谷、風市、手三里、申脈、神闕。即臍中。此灸卒中風者最佳。凡中風服藥只可扶持，要收全功，艾灸爲上，不惟逐散風邪宣通血脈，其於回陽益氣之功，眞莫能盡述。灸法須塡細鹽一撮於臍中，上用生姜一片蓋之，姜上用蘄艾灸之，以多爲貴，愈多愈佳。如姜焦則易之，須灸至三五百壯，不惟愈疾，亦且延年。若灸少則一時暫愈，後恐復發。但夏月人神在臍，不宜灸。

偏風半身不遂：左患灸右，右患灸左。肩髃、百會、肩井、客主人、口不

正。列缺、手三里、風市、環跳、絶骨、即懸鍾。崑崙、陽陵泉、曲池、足三里、申脈。

口眼喎斜：凡口喎向右者，是左脈中風而緩也，宜灸左，如喎左者，宜灸右，艾炷如小麥大。頰車、灸口喎。地倉、刺三分，留五呼，灸口喎七七壯。水溝、刺三分，留六呼，七七壯，灸不及針。承漿、刺二分，留五呼，灸三壯，灸偏風口喎。聽會、灸眼斜。客主人、灸眼斜。合谷。

口噤不開：頰車、承漿、合谷。

瘖瘂：天突、靈道、陰谷、復溜、豐隆、然谷。

戴眼：神庭。又脊骨三椎、五椎各灸五七壯，齊下火立效。

角弓反張：百會、神門、間使、僕參、命門、太衝。

癱瘓：肩井、肩髃、曲池、中渚、合谷、陽輔、陽谿、崑崙、足三里。

風痺不仁：天井、尺澤、小海、陽輔、中渚、環跳、太衝。

厥逆：人中、灸七壯，或針入齒。膻中、三七壯。百會、灸暴厥逆冷。氣海。

屍厥，卒倒氣脫：百會、人中、合谷、間使、氣海、關元。

卒忤：肩井、巨闕。

《針灸集成·風部》 凡人未中風之前足脛痠疼頑痺，良久乃解，此將中風之候也。急灸三里、絶骨左右四穴，各三壯，用薄荷、桃、柳葉煎水淋洗，使灸瘡發膿，若春好秋更灸，秋好春更灸。

灸忌：生冷、豬、雞、酒、麪、房勞等物，愼觸風，又忌發怒，若不愼攝則雖鬼莫能救。

言語蹇澀，半身不遂：百會、耳前髮際、肩井、風市、下三里、絶骨、曲池、列缺、合谷、委中、太衝、照海、肝兪、支溝、間使，觀證勢加減，患左灸右，患右灸左。

口眼喎斜：合谷、地倉、承漿、大迎、下三里、間使，灸三七壯。

又方：以葦筒長五寸，一頭插於耳孔，以泥麪密封筒之四畔，令不得泄氣，其一頭上安艾，灸七壯至二七壯，一如右法換治。

偏風口喎：間使，左取右，右取左，灸三七壯，立差，神效。灸後令患人吹火，則乃知口正，此其驗也。

卒惡風不語，肉痺不知人：神道，在第五椎節下間，俯而取之，灸三百壯，立差。

中風口噤，痰塞如引鉅聲：氣海、關元，各三壯，又灸哮喘套頸法在咳嗽部。

角弓反張：天突、先針，膻中、太衝、肝兪、委中、崑崙、大椎、百會。

中風，眼戴上及不能語者：灸第二椎並五椎上，各七壯，同灸，炷如半棗核大。

《針灸集成·身部》 癱瘓：合谷、曲池、下三里、崑崙、太衝。

《太乙神針集解·治證總要》 一論中風。但未中風時一二月前或三四月前，不時足脛上發痠重麻，良久方解，此將中風之候也。便宜急灸三里、絶骨皆穴名。四處，連左右言。各三壯後，用生葱、薄荷、桃柳葉四味煎湯淋洗灸處，令祛逐風氣自瘡口出。如春交夏時，夏交秋時，俱宜灸，常令二足有灸瘡爲妙。

第一陽證，中風不語，手足癱瘓者：合谷、肩髃、手三里、百會、肩井、在缺盆上大骨前寸半，以三指按，當中指下陷中是。風市、環跳、足三里、委中、陽陵泉。

第二陰證，中風半身不遂，拘急，手足拘攣，此是陰證，亦依治之，但先補後瀉。

中風手足不能握物：大骨、二穴。關衝。二穴。

中風四肢麻木：肘髎、二穴。上星、一穴。魚際、二穴。風市、二穴。脈關、二穴。三陰交。二穴。

中風疼痛無時：絶骨、二穴。太淵、二穴。肩髃、二穴。三里、二穴。崑崙。二穴。

中風半身不遂：手三里、二穴。腕骨、二穴。合谷、二穴。絶骨、二穴。行間、二穴。風市、二穴。三陰交。二穴。

中風癱瘓：曲池、二穴。肩髃、二穴。三里、二穴。陽陵泉。二穴。

中風不語：少商、二穴。前頂、一穴。膻中、一穴。人中、一穴。合谷、二穴。啞門。一穴。

中風不省人事：中衝、二穴。百會、一穴。大敦、二穴。印堂。一穴。

半身風：肩井、二穴。手三里、二穴。解谿。二穴。

中風六脈微遲，手足厥冷：氣海、一穴。丹田、一穴。多灸四五壯。

心驚中風，不省人事：百會、一穴。中衝、二穴。大敦。二穴。

《灸法秘傳·中風》 中風者，卒然中倒，人事無知，口眼喎斜是也。方書

有中經、中絡、中臟、中腑之分。醫之而乏效者，必須用灸，或未經療治者，急灸無妨。當其初中之時，先灸百會，或灸尺澤。如口噤者，灸風池。左癱右瘓者，灸風市。如兩額暴痛，口眼歪斜，牙關緊閉，失音不語，灸客主人。如因痰而中者，灸環跳穴可也。

《灸法秘傳·偏風》 偏風者，或左肢不遂，或右肢不遂，在左者爲癱，血虛也。右者爲瘓，氣虛也。左癱右瘓者，氣血兩虛也。總宜先灸百會，次灸合谷。如一偏疼痛，手臂不仁，拘攣難伸，灸手三里，兼灸腕骨。倘痛甚不能提物，灸肩髃。兩手攣痛，臂細無力，灸曲池。半身不遂，灸環跳。按穴灸之，自然卻病。

《針灸摘要·陰維脈》 心驚中風，不省人事：中衝，百會，大敦。心臟諸虛，怔忡，驚悸：陰郄，心俞，通里。

《針灸摘要·陽蹻脈》 中風不省人事：中衝、百會、大敦、印堂、合谷。

中風不語：少商、前頂、人中、膻中、合谷、啞門。

中風半身癱瘓：手三里、腕骨、合谷、絕骨、行間、風市、三陰交。

中風偏枯，疼痛無時：絕骨、太淵、曲池、肩髃、三里、崑崙。

中風四肢麻痺不仁：肘髎、上廉、魚際、風市、膝關、三陰交。

中風手足搔癢，不能握物：臑會、腕骨、合谷、行間、風市、陽陵泉。

中風口眼歪邪，牽連不已：人中、合谷、太淵、十宣、瞳子髎、頰車。此穴針入一分，沿皮向下透地倉穴，喎左瀉右，喎右瀉左，可灸二七壯。

中風角弓反張，眼目盲視：百會、百勞、合谷、曲池、行間、十宣、陽陵泉。

中風口噤不開，言語蹇澀：地倉，宜針透，頰車、人中、合谷。

中風拘攣：中渚、陽池、曲池、八邪。

《名醫類案·中風》 眞定府臨濟寺趙僧判，於至元庚辰八月間患中風，半身不遂，精神昏憒，面紅頰赤，面紅頰赤，陽中也。耳聾鼻塞，語言不出。診其兩手六脈弦數。中風此脈甚多。潔古有云：中臟者，多滯九竅。中腑者，多著四肢。今語言不出，耳聾鼻塞，精神昏憒，是中臟也。半身不遂，是中腑也。此臟腑俱受病邪，先以三化湯一兩，內疏三兩行，散其壅滯，先下。使清氣上升，充實四肢。次與至寶丹加龍骨、南星，安心定志養神治之。後補。使各臟之氣上升，通利九竅。五日聲音出，言語稍利，後隨四時脈證，加減用藥，不旬，即稍能行步。日以繩絡其病腳，如履閾，或高處，得人扶之，方可踰也。又刺十二經之井穴，臟井：肺少商穴、心少衝穴、肝大敦穴、脾隱白穴、腎湧泉穴、包絡中衝穴。腑井：膽竅陰穴、胃厲兌穴、三焦關衝穴、小腸少澤穴、大腸商陽穴、膀胱至陰穴。以接經絡，翌日捨繩絡，能步幾百步，大勢皆去，戒之慎言語，節飲食，一年方愈。

丹溪治一人患滯下，下多亡陰。一夕昏仆，手舒撒，目上視，溲注，汗大泄，喉如拽鋸，脈大無倫次。此陰虛陽暴絕也。此證死者居多。蓋得之病後酒色，急灸氣海穴，氣海，臍下一寸半。以續陽氣，漸甦。

一人中風，口眼歪斜，語言不正，口角涎流，或半身不遂，或全體如是。此因元氣虛弱而受外邪，又兼酒色之過也。以人參、防風、麻黄、羌活、升麻、桔梗、石膏、黄芩、荆芥、天麻、南星、薄荷、葛根、赤芍藥、杏仁、川芎、白朮、細辛、皂角等分，加葱薑水煎，入竹瀝半盞，隨灸風市、奇俞穴。百會、督脈。曲池，大腸穴。合絕骨、膽穴，絕骨即懸鍾穴。環跳、膽穴。肩髃、大腸穴。三里、胃穴。等，以鑿竅疏風，得微汗而愈。亦以汗解。

《針灸大成·醫案》 辛酉，夏中貴患癱瘓，不能動履，有醫何鶴松，久治未愈。召予視，曰：此疾一針可愈。鶴松慚去。予遂針環跳穴，果即能履。夏厚贈，予受之。逾數載，又癱矣。復來召予，因侍禁廷，不暇即往，遂受鶴反間以致忿。視昔之刺鵲於伏道者，爲何如？

《太乙神針心法·針案紀略》 山右學院孔公諱尚先者，出京時即患半身不遂，比到任，謁中丞，步履艱難之極。中丞曰：何不令韓石樓一治之？時先生適以公事在會城，公即遣人延請。先生至，公出迎，則使二人扶掖而行，步不能移寸。及坐敘談，語格格不吐，音含糊，氣斷續。先生爲針環跳、風市、三里，各二十一針。公忽下牀自走於庭，不煩人扶掖，布武接武，甚自適也。已而，連起飛腿者三，如兒童嬉戲狀，以示筋舒血活，無復病楚意，喜極不可名言。然而音之含糊，氣之斷續，猶是也。翌日，先生又爲針天突、膻中。甫十四針，公方仰卧受針，忽吐音措詞琅然條貫，感頌先生大德，刺刺不休。先生禁之，使無多言，多言傷氣。公曰：我向者喉間不知爲何物所塞，自知語不達意，甚恚之。今全無隔礙，得以暢我所欲言，如之何其不言耶？

先生之寓京邸也，凡有患病者，莫不求治，治即應手愈。一時名噪都下，王公大人皆延之上座。滿洲大司農穆公諱和倫者，先是左手患木風，指不能伸屈，坐朝房，語之同列，咸云，此將來半身不遂之兆，何不令韓司馬針治？

穆公頷之。比歸第，有盛京二戶曹以公務晉謁，公問曰：來何遲耶？對曰：適觀韓司馬爲人用針治耳聾，針畢即愈，因相歡笑，故來遲耳。穆公曰：君等固善韓司馬乎，何不爲我一致之？二戶曹應曰：諾。因以公命延先生，先生至，爲用七針，指即伸縮無恙。

原任大司空徐公諱元正者，係先生尊公卓齋太先生之同年也，在京邸患病半年，杜門謝客。先生神針之名已偏京畿，而徐公未之聞也。適一日，先生爲翰林侍讀陳公諱恂者治痰嗽，因談及徐公抱恙。徐公之宅與陳宅斜對不遠，先生遂步詣其第，以年家子求見，閽者不與通，稱主人有病謝客。先生曰：我正爲病而來，非尋常干謁也，固求見。徐公因令入，至卧室，先生見徐公滿面虚浮風氣，兩口角流涎不已，語含糊不能出喉，兩腿沉重，足趑趄不克踰戶限。先生爲診其脈，曰：此證非針不可。遂呼燃燭，舉手向頂門欲用針。徐公及其令孫皆大惶駭，云：此處安可用火攻？强之再三，終不允。先生悵怏而出，自念此我父同年好友，豈可膜視。越日，又往謁。終持前說，不允用針也。先生曰：老年伯近亦有所聞乎？徐公曰：閉門卧病，無所聞也。先生曰：盍俾令孫往外，一詢之親友乎？徐公曰：何詢乎？先生曰：但詢貽豐之賤名即知矣。先生又怏悵而出。居數日，有人款先生之門者，三叩不得見先生，先生他往也。比歸問之，則因徐公之令孫，徧詢親友，得一一聞先生用針之神效，深悔從前不聽先生用針，而今急欲延先生爲一用針也。先生前往，爲針百會、神庭、腎俞、命門、環跳、風市、三里、湧泉諸穴道，俱二十一針。方針之初下也，以爲不知當作如何痛楚，及藥爇氣行，氤氳不可名狀，即連聲贊嘆，以爲美妙難言，積欠周身之病，一時頓去。

《續名醫類案·中風》 徐平中風不省，得桃源主簿爲灸臍中百壯，即神闕穴，多灸良，凡灸，先以鹽實之。始蘇，更數月乃不起。鄭糾云：有一親表中風，醫者爲灸五百壯而蘇，後年八十餘，使徐平灸三五百壯，安知其不永年耶。

范子默自壬午五月間，口眼喎邪，灸聽會等三穴即正，右手足麻無力，灸百會、髮際等七穴愈。次年八月間，氣塞涎上不能語，金虎丹、膩粉服至(四)[十]丸半，氣不通，涎不下，藥從鼻中出，魂魄飛揚，如墜江湖中，頃刻欲絶。灸百會、風池等左右頰車共十二穴，氣遂通，吐涎幾一碗許，繼又十餘行，伏枕半月餘，遂平。爾後又覺意思少異於常，心中憒亂，即便灸百會、風池等穴，立效。

《本事方》云：十二穴謂聽會、頰車、地倉、百會、肩髃、曲池、風市、足三里、絶骨、髮際、大椎、風池也，用之立效。

韓貽豐治司空徐元正風氣，滿面浮虚，口角流涎不已，語含糊不能出喉，兩腿沉重，足趑趄不克踰戶限。脈之曰：此證非針不可。遂呼燃燭，舉手向頂門欲用針，徐公及其令孫皆大惶駭，云：此處安可用火攻？强之再三，終究不允而罷。後聞韓之針頗神，復邀與針百會、神庭、腎門、命門、環跳、風市、三里、湧泉諸穴道，俱二十一針，方針之初下也，以爲不知當作如何痛楚，及藥爇氣行，氤氳不可名狀，連聲贊嘆，以爲美效，積久周身之病，一時頓去。《神針心法》。

《續名醫類案·癱瘓》 李東垣治陝帥郭巨濟病偏枯，二指著足底不能申，以長針刺委中，深至骨而不知痛，出血一二升，其色如墨，又且繆刺之，如是者六七次，服藥三月，病良愈。《試效方》。

韓貽豐治孔學使尚先，患半身不遂，步履艱難，語言蹇澀，音含糊，氣斷續，爲針環跳、風市、三里各二十一針，即下牀自走，不煩扶掖，筋舒血活，無復病楚意，惟語言聲音如舊。翌日，又爲針天突、膻中十四針，遂吐音措詞，琅然條貫矣。

穆大司農和倫，先是左手患木風，指不能伸屈，此半身不遂之兆也，召韓治，爲用七針，指即伸縮無恙。逾兩月，復患腿疾，必恃杖而行，因力辭乞休，已而，韓爲針環跳、風市、三里，針數次而疾頓瘳，遂視事如故。

《吳鞠通醫案·中風》 陶氏，六十八歲，左肢拘攣，舌厚而蹇，不能言，上有白苔，滴水不能下咽，飲水則嗆，此中風挾痰之實證，前醫誤與膩藥補陰，故隧道俱塞，先與開肺。

生石膏、四兩。杏仁、四錢。鮮桑枝、五錢。云苓塊、五錢。防己、五錢。白通草、一錢五分。姜半夏、五錢。廣皮、三錢。煮三杯，分三次服。服一帖而飲下咽，服七帖而舌腫消，服二十帖諸病雖漸減，而無大效，左肢拘攣如故，舌腫雖消，而語言不清，脈兼結。余曰：此絡中有塊痰堵塞，皆誤補致壅之故，非針不可。於是延郏七兄針之，針法本高，於舌上中泉穴一針，出紫黑血半茶杯，隨后有物如蚯蚓，令伊子以手探之，即從針孔中拉出膠痰一條，如勺粉，長七、八寸，左手支溝穴一針透關，左手背三陽之絡用小針針十餘針。以后用藥日日見效，前方止減石膏之半，服至七十餘帖而能策杖行矣，服九十

帖能自行出堂上轎矣，諸證悉除。

口眼喎斜

《靈樞·經筋》 卒口僻，急者，目不合，熱則筋縱，目不開，頰筋有寒，則急引頰移口，有熱，則筋弛縱緩不勝收，故僻。治之以馬膏，膏其急者，以白酒和桂，以塗其緩者，以桑鈎鈎之，即以生桑灰，置之坎中，高下以坐等，以膏熨急頰，且飲美酒，噉美炙肉，不飲酒者，自強也，爲之三拊而已。

《甲乙經·陽受病發風》 口僻，顴窌及齦交、下關主之。面目惡風寒，頔腫，臃痛，招搖視瞻，瘈瘲口僻，巨窌主之。口不能水漿，喎僻，水溝主之。口僻禁，外關主之。

《甲乙經·手足陽明脈動發噫病》 厥口僻，失欠，下牙痛，頰腫惡寒，口不收，舌不能言，不得嚼，大迎主之。口僻不正，失欠，口不開，翳風主之。口僻，刺太淵，引而下之。口僻，偏歷主之。

《千金要方·諸風·風懿》 治卒中風口喎方：以葦筒長五寸，以一頭刺耳孔中，四畔以麪密塞之，勿令泄氣，一頭內大豆一顆，并艾燒之令燃，灸七壯即差，患右灸左，患左灸右，千金不傳，耳病亦灸之。

中風口喎，灸手交脈三壯，左灸右，右灸左，其炷如鼠屎形，橫安之，兩頭下火。

《千金要方·針灸下·頭面》 口病

承泣、四白、巨窌、禾窌、上關、大迎、顴骨、強間、風池、迎香、水溝，主口喎僻不能言。

頰車、顴窌，主口僻痛，惡風寒不可以嚼。

外關、內庭、三里、太泉、商丘，主僻噤。

水溝、齦交，主口不能禁水漿，喎僻。

齦交、上關、大迎、翳風，主口噤不開，引鼻中。

合谷、水溝，主脣吻不收，瘖不能言，口噤不開。

商丘，主口噤不開。

曲鬢，主口噤。

地倉、大迎，主口緩不收，不能言。

下關、大迎、翳風，主口失欠，下牙齒痛。

膽輸、商陽、小腸輸，主口舌乾，食飲不下。

勞宮、少澤、三間、太衝，主口熱，口乾，口中爛。

兌端、目窗、正營、耳門，主脣吻強，上齒齲痛。

太谿、少澤，主咽中乾，口中熱唾如膠。

曲澤、章門，主口乾。

陽陵泉，主口苦，嗌中介介然。

光明、臨泣，主喜齧頰。

京骨、陽谷，主自齧脣。一作頰。

解谿，主口痛，齧舌。

勞宮，主大人、小兒口中腫，腥臭。

《千金翼方·針灸上·諸風》 凡卒中風口噤不得開，灸頰車二穴，穴在耳下八分小近前，灸五壯，即得語，又隨年壯。口僻，左右灸之。

《醫心方·治中風口喎方》引葛氏方，范汪方 葛氏方治口喎僻者方：銜奏，灸口吻中橫文間，覺大熱便去艾即愈，勿盡艾，盡艾則太過，左喎灸右，右喎灸左。

又方：鱉血和烏頭塗之，若正，即拭去。

范汪方治中風僻噤方：豉五升，茱萸一升，合煮三沸，去滓飲汁神驗。

又方：兩手叉於頭上，隨僻左右灸肘頭三四壯。

《本事方·中風肝膽筋骨諸風》 灸中風口眼喎斜不正者：《家藏方》右於耳垂下麥粒大灸三壯，左引右灸，右引左灸。

《針灸資生經·口眼喎》 承泣、四白、巨窌、上關、大迎、顴骨、強間、風池、迎香、水溝，主口喎僻不能言。頰車、顴窌，主口僻痛，惡風寒，不可嚼。水溝、齦交，主口不能禁水漿，喎僻。風頭耳後痛，煩心，足不收失履，口喎僻，完骨主之。上關、下關，治偏風，口目喎。承光，治口喎，鼻多清涕，風眩頭痛。通天，治口喎，鼻多清涕，衄血頭重。列缺、完骨，治口面喎。翳風，治口眼喎斜，失欠脫頷，口噤不開，吃不能言，頰腫，牙車痛。承漿，治偏風口喎。巨髎，治瘈瘲口喎。顴髎，治口喎眼瞤動。承泣，治口眼喎斜，目瞤面葉葉動牽口眼，目視䀮䀮，冷淚眼眥赤痛。地倉，治偏風口喎，目不得閉，失音不語，飲食不收，水漿漏落，眼瞤動不止，病左治右，右治左，艾如粗釵腳大，

若大，口轉喎，卻灸承漿七七壯愈。行間，治口喎，四支逆冷，嗌乾煩渴，瞋不欲視，目淚出，太息。通谷，治失欠口喎，食飲善嘔，暴瘂不能言。太淵，治口僻。溫溜、偏歷、二間、內庭，治口喎。衝陽，治偏風，口眼喎，肘腫齒齲痛，發寒熱。和窌，療口噼。列缺、地倉，療口喎。巨窌，療面風寒，鼻準上腫，癰痛，招搖視瞻，瘈瘲口噼。地倉，療偏風口喎，失音不言，不得飲水，食漏落，脈瞤動，灸風中脈，口眼喎斜，其狀喎向右者，謂左邊脈中風而緩，宜灸左，喎左灸右，炷如麥粒，各二七壯。頻灸，取盡風氣。聽會、頰車、地倉，各二穴。

《扁鵲神應針灸玉龍經·盤石金直刺秘傳》 口風頭暈面赤，不欲人言：攢竹，瀉。三里。瀉。未愈瀉合谷、曲池。

《普濟方·針灸門·口緩》 治口閉，穴：崑崙。

《普濟方·針灸門·口眼喎》 治口僻痛，惡風寒，不可嚼，穴：頰車、顴髎。

治口噤不能進水漿，喎僻，穴：水溝、齦交。

治頭風，耳後痛，煩心，足失履，口喎僻，穴：完骨。

治偏風口目喎，穴：上關、下關。

治口喎鼻多清涕，風眩頭痛，穴：承光。

治口喎鼻多清涕，衄血頭重，穴：通天。

治口面喎，穴：完骨、列缺。

治口眼喎斜，失欠脫頷，口噤不開食，不能言，頰腫牙車痛，穴：翳風。

治偏風口喎，穴：承漿。

治瘈瘲口喎，穴：巨髎。

治口喎眼瞤動，穴：顴髎。

治口眼喎斜，目瞤面葉葉動牽口眼，目視晾晾，冷淚眼眥赤痛，穴：承泣。

治偏風口喎，目不得閉，失音不語，飲食不收，水漿漏落，眼瞤動不止，病右治左，左治右，穴：地倉、承漿。艾如粗釵腳大，若大，口轉喎，卻灸七壯愈。

治口喎，四肢逆冷，嗌乾，煩渴，瞑不欲視，目淚出，太息，穴：行間。

治失欠口喎，食飲善嘔，暴瘂不能言，穴：通谷。

治口喎，穴：溫溜、偏歷、二間、內庭。

治偏風口眼喎，肘腫齒齲痛，寒熱，穴：衝陽。

治口僻，穴：和髎。

治口僻，穴：太淵。

治口喎，穴：列缺、地倉。

治口僻面風寒，鼻準上腫癰痛，招搖視瞻，瘈瘲，穴：巨髎。

治偏風口喎，失音不言不得飲水，食漏落，目瞤動，穴：地倉、大迎。

治風中脈口眼喎斜，其狀喎向右者，謂左邊脈中風，宜灸左，喎左灸右，炷如麥粒，各二七壯。頻灸，取盡風氣。穴：聽會、頰車、地倉，各二穴。

治喜齧頰，穴：光明、臨泣。

治自齧頰唇，穴：京骨、陽谷。

治口僻，穴：偏歷。

《神應經·諸風部》 口眼喎：列缺、太淵、二間、申脈、內庭、行間、通谷、地倉、水溝、頰車、合谷。

《古今醫統大全·針灸直指·諸證針灸經穴》 中風口眼喎斜：聽會、頰車、百會、地倉。喎左則灸右，喎右則灸左，艾炷如麥大，頻頻灸之，口眼正爲止。

《針灸大成·鼻口門》 口喎眼喎：頰車、水溝、列缺、太淵、合谷、二間、地倉、絲竹空。

《針灸大成·治證總要》 第二十九：口眼喎斜：頰車、合谷、地倉、人中。

問曰：此證從何而得？答曰：醉後臥睡當風，賊風串入經絡，痰飲流注，或因怒氣傷肝，房事不節，故得此證。復刺後穴：承漿、百會、地倉、童子髎。

《景岳全書·雜證謨·諸風》 凡非風口眼歪斜，有寒熱之辨。在經曰：足陽明之筋，引缺盆及頰，卒口僻，急者目不合，熱則筋縱，目不開。頰筋有寒，則急引頰移口；有熱則筋弛縱，緩不勝收，故僻。此經以病之寒熱言筋之緩急也。然而血氣無虧，則雖熱未必緩，雖寒未必急，亦總由血氣之衰可知也。嘗見有引《內經》之意而曰：偏於左者，以左寒而右熱，偏於右者，以右寒而左熱，誠謬言也。不知偏左者，其急在左，而右本無恙也，偏右者亦然。故無論左右，凡其拘急之處，即血氣所虧之處也。以藥治者，左右皆宜從補。以艾治者，當隨其急處而灸之。蓋經脈既虛，須借艾火之溫以行其

氣，氣行則血行，故筋可舒而歪可正也。凡諸灸法，有言左灸右，右灸左者，此亦《內經·繆刺論》之法，從之亦無不可。

《審視瑤函·眼科針灸要穴圖像》 此證皆因醉後睡卧當風，串入經絡，痰飲灌注，或因怒氣傷肝，房事不節。宜先刺頰車、合谷、地倉、人中，如不愈，再刺地倉、合谷、承漿、童子窌。

《太乙神針心法·鼻口門》 口喎眼喎：針頰車、水溝、列缺、太淵、合谷、二間、地倉、絲竹空。

《羅遺編·針灸要穴論》 口眼喎斜：頰車、地倉、水溝、承漿、聽會、合谷。凡口喎向右者，是左脈中風而緩也，宜灸左喎陷中二七壯，喎向左者，是右脈中風而緩也，宜灸右喎陷中二七壯，炷如麥粒。

口噤不開：頰車、承漿、合谷。

《儒門事親·證口眼喎斜是經非竅辯》 一長吏病此，命予療之，目之斜灸以承泣，口之喎灸以地倉，俱效，苟不效者，當灸人迎。夫氣虛風入而爲偏，上不得出，下不得泄，眞氣爲風邪所陷，故宜灸。《內經》曰：陷下則灸之，正謂此也，所以立愈。

《名醫類案·中風》 元羅謙甫治太尉忠武史公，年近七十，於至元戊辰十月初，侍國師於聖安寺丈室中，煤炭火一爐，在左側邊，遂覺面熱，左頰微有汗。師及左右諸人皆出。因左頰疏緩，傷熱故也。被風寒客之，右頰急，口喎於右，脈得浮緊，按之洪緩。羅舉醫學提舉忽君吉甫，專科針灸，先於左頰上灸地倉穴胃穴。一七壯，次灸頰車穴胃穴。二七壯，後於右頰上熱手熨之。議以升麻湯加防風、秦艽、白芷、桂枝發散風寒，數服而愈。琇按：非眞中風，故但升散火邪，自愈。或曰：世醫多治以續命等湯，今用升麻湯加四味，其理安在？曰：足陽明經胃。起於鼻交頞中，循鼻外入上齒中，手陽明經大腸。亦貫於下齒中，况兩頰皆屬陽明，升麻湯乃陽明經藥，香白芷又行手陽明之經，秦艽治口噤，防風散風邪，桂枝實表而固榮衛，使邪不能傷，此其理也。夫病有標本經絡之別，藥有氣味厚薄之殊，察病之源，用藥之宜，其效如桴鼓之應。不明經絡所過，不知藥性所主，徒執一方，不惟無益，而反害之者多矣。學者宜深思之。

痿證

《素問·痿論》 帝曰：如夫子言可矣，論言治痿者獨取陽明，何也？岐伯曰：陽明者，五藏六府之海，主潤宗筋，宗筋主束骨而利機關也。衝脈者經脈之海也，主滲灌谿谷，與陽明合於宗筋，陰陽總宗筋之會，會於氣街，而陽明爲之長，皆屬於帶脈，而絡於督脈。故陽明虛則宗筋縱，帶脈不引，故足痿不用也。帝曰：治之奈何？岐伯曰：各補其滎而通其俞，調其虛實，和其逆順，筋脈骨肉，各以其時受月，則病已矣。

《靈樞·本輸》 痿厥者，張而刺之，可令立快也。

《靈樞·口問》 下氣不足，則乃爲痿厥心悗，補足外踝下留之。【略】痿厥心悗，刺足大指間上二寸留之，一曰足外踝下留之。

《太素·傷寒·五藏痿》 問曰：如夫子言可矣，論言治痿者獨取陽明何也？曰：陽明者，五藏六府之海也，主潤宗筋。宗筋者，束骨肉而利機關。衝脈者，經之海也，主滲灌谿谷，與陽明合於筋陰，總宗筋之會，會於氣街，而陽明爲之長，皆屬於帶脈，而絡於督脈，故陽明虛則宗筋縱，帶脈不引，故足痿不用。陽明胃脈，胃主水穀，流出血氣，以資五藏六府，如海之資，故陽明稱海。從於藏府流出，行二十八脈，皆歸衝脈，故稱衝脈爲經脈之海。是爲衝脈，以陽明水穀之氣，與帶脈、督脈相會，潤於宗筋，所以宗筋能管束肉骨而利機關。宗筋者，足太陰、少陰、厥陰三陰筋，及足陽明筋，皆聚陰器，故曰宗筋，故陽明爲長。若陽明水穀氣虛者，則帶脈不能控引於足，故足痿不用也。黃帝曰：治之奈何？答曰：各補其滎而通其輸，調其虛實，和其逆順，則宗筋脈骨肉，各以其時受日，則病已矣。黃帝曰：善。五藏熱痿，皆是陰虛，故補五藏陰經之滎。陰滎，水也。陰輸是木，少陽也。故熱痿通其輸也。各以其時者，各以其時受病之日調之皆愈也。

《甲乙經·熱在五臟發痿》 足緩不收，痿不能行，不能言語，手足痿躄不能行，地倉主之。痿不相知，太白主之。痿厥，身體不仁，手足偏小，先取京骨，後取中封、絶骨，皆瀉之。痿厥寒足，腕不收躄，坐不能起，髀樞腳痛，丘墟主之。虛則痿躄，坐不能起，實則厥脛熱時痛，身體不仁，手足偏小，善齧頰，光明主之。

《扁鵲心書·足痿病》 凡腰以下，腎氣主之，腎虛則下部無力，筋骨不

用，可服金液丹，再灸關元穴，則腎氣復長，自然能行動矣。若腎氣虛脫，雖灸無益。

治驗

一老人腰腳痛，不能行步，令灸關元三百壯，更服金液丹，強健如前。

《普濟方·針灸門·臂痛》 治臂痿不仁，穴：天井、外關、曲池。

《神應經·手足腰腋部》 足痿不收：復溜。

足緩：陽陵、衝陽、太衝、丘墟。

腳弱：委中、三里、承山。

《奇效良方·痿通治方》 起痿丹：治諸痿，法當在陽明與衝脈，陽明在胃，乃五臟六腑之海，主潤宗筋束骨之利機關。衝脈者，諸經之海，主滲灌谿谷，與陽明合養於宗筋，會於氣衝，屬於帶脈，絡於督脈，故陽明虛，則宗筋縱，帶脈不引，故足痿不用也，治之各補其滎，而通其輸，調其虛實，和其逆順，至筋脈骨肉，各得其時，病乃已矣。腎經虛憊，遂成骨痿，腰腳難舉，日加困乏。

附子、炮，去皮臍。沉香、不見火。硃砂、別研。枸杞子、去枝梗。母丁香、木香、不見火。陽起石、煆。肉蓯蓉、酒浸，焙。熟地黃、麝香、別研。天雄、炮，去皮臍。或用鹿茸亦可。官桂、去粗皮。硫黃、已上各一兩。膩粉、半兩。白丁香少許。

右爲細末，煉蜜爲丸，如彈子大，每用一丸，以薑汁火上入藥熔化，卻用手點藥於腰眼上，磨擦至藥盡，用至二十丸，大有神效。若有他處癱瘓風疾，加皂角一片，去筋搥爛，薑汁浸一宿，瓦上焙乾爲末，入前藥內，依前法用。

《針灸聚英·雜病》 痿：有濕熱、有痰、有無血而虛、有氣弱、有瘀血。

針中瀆、環跳，停針待氣，二時方可。灸三里、肺俞。

《古今醫統大全·針灸直指·諸證針灸經穴》 痿證：足三里、肺俞、並宜灸。中瀆、環跳。並宜針。

《本草綱目·百病主治藥·痿》 桂。引經，酒調，塗足躄筋急。

《針灸大成·續增治法·雜病》 痿：有濕熱，有痰，有無血而虛，有氣弱，有瘀血。針中瀆，環跳，停針待氣，二時方可。灸三里、肺俞。

《針灸大成·治證總要》 第五十一：足不能行：丘墟、行間、崑崙、太衝。問曰：此證從何而得？答曰：皆因醉後行房，腎經受虛，以致足弱無力，遂致不能行步。前治不效，復刺後穴：三里、陽輔、三陰交、復溜。

第五十二：腳弱無力：公孫、三里、絶骨、申脈。問曰：此證從何而得，答曰：皆因濕氣流於經絡，血氣相搏，或因行房過損精力，或因行路有損筋骨，致成此疾。復針後穴：崑崙、陽輔。

第五十三：紅腫腳氣生瘡：照海、崑崙、京骨、委中。問曰：此證前穴不愈何也？答曰：氣血凝而不散，寒熱久而不治，變成其疾。再針後穴：三里、三陰交。

第五十四：腳背紅腫痛：太衝、臨泣、行間、內庭。問曰：此證從何而得？答曰：皆因勞役過多，熱湯泡洗，血氣不散，以致紅腫疼痛。宜針不宜灸：丘墟、崑崙。

第五十五：穿跟草鞋風：照海、丘墟、商丘、崑崙。問曰：此證緣何而得？答曰：皆因勞役過度，濕氣流滯而冷，或因大熱行路，冷水浸洗，而成此證。復刺後穴：太衝、解谿。

《病機沙篆·痿》 灸法：兩手太熱爲骨厥，灸湧泉三壯立安。

針法：隨前證所屬何經，取各經穴刺之。

《針灸逢源·證治參詳·手足病》 痿躄：筋骨軟弱，不痛不癢曰痿。足弱不能行曰躄。由內藏虛耗，血脈筋骨肌肉痿弱無力以運所致，狀與柔風腳氣相類，彼因風寒邪實，故作腫痛，痿屬血氣之虛，但不任用而無痛楚，不可混同風治。

環跳、停針待氣，二時方可。中瀆、三里。

足不能行：三里、三陰交、復溜、行間。

《神灸經綸·手足證治》 痿證：湧泉、陰谷、陽輔。

《灸法秘傳·痿證》 經曰：肺熱葉焦，發爲痿躄。痿躄者，足軟而不能步也。其證有五，不可不明：蓋痿躄屬肺，脈痿屬心，筋痿屬肝，肉痿屬脾，骨痿屬腎也。總當先灸足三里，甚則灸三陰，灸法得宜，較湯散爲勝也。

痹證

痹者，即俗稱爲風氣也。證由風寒濕三氣雜合爲病，蓋風勝爲行痹，寒勝爲痛痹，濕勝爲着痹，往往蔓延不愈。倘三氣痹痛，灸環跳，兼灸脾俞、腎俞。足痹不仁，灸腰俞。如手臂作痛，不能提舉，灸尺澤。兩腿痳木，不能步履，灸風市。按圖而灸，庶乎肢體自若耳。

痙證

《靈樞·熱病》風痙身反折，先取足太陽及膕中及血絡，出血。中有寒，取三里。

《太素·雜病·風痙》風痙，身反折，先取足太陽及膕中及血絡中，有寒，取三里。足太陽行腰脊，故身痙反折，取其脈所生俞穴及膕中正經。視血絡黑也，可取足陽明三里之俞也。

《甲乙經·太陽中風感於寒濕發痙》太陽病發熱無汗惡寒，此爲剛痙。太陽病發熱汗出不惡寒，此爲柔痙。太陽中濕病痙，其脈沉，與筋平。太陽病無汗，小便少，氣上衝胸，口噤不能語，欲作剛痙，然剛痙太陽中風，感於寒濕者也，其脈往來進退，以沉遲細，異於傷寒熱病，其治不宜發汗，針灸爲嘉，治之以藥者，可服葛根湯。

風痙身反折，先取太陽及膕中，及血絡出血。痙中有寒，取三里。痙取之陰蹻，及三毛上，及血絡出血。痙取囟會、百會及天柱、鬲俞、上關、光明主之。痙目不眴，刺腦戶。痙脊強，反折瘈瘲，癲疾，頭重，五處主之。痙互引善驚，太衝主之。痙反折，心痛，形氣短，尻膹濇，小便黃閉，長強主之。痙脊強，互引惡風，時振慄，喉痺，大氣滿，喘，胸中鬱鬱氣熱，䀮䀮項強，寒熱僵仆，不能久立，煩滿裏急，身不安席，大椎主之。痙筋痛急互引，肝俞主之。熱痙脾俞及腎俞主之。熱痙互引，汗不出反折，尻臂內痛似痺瘧狀，膀胱俞主之。痙反折互引，腹脹掖攣背中怏怏，引脇痛，內引心中膂內，肺俞主之，又刺陽明從項而數背椎，俠脊膂而痛，按之應手者，刺之尺澤，三痏，立已。痙互引身熱，然谷、譩譆主之。痙反目憎風，刺絲竹空主之。痙互引，唇吻強，兌端主之。痙煩滿，齦交主之。痙口噤，互引口乾，小便赤黃，或時不禁，承漿主之。痙口噤，大迎主之。痙不能言，翳風主之。痙先取太谿，後取太倉之原主之。痙脊強，裏緊腹中拘痛，水分主之。痙脊強，口不開，多唾，大便難，石關主之。痙脊強反折，京門主之。痙腹大堅不得息，期門主之。痙上氣，魚際主之。痙互引，腕骨主之。熱病汗不出，善嘔苦，痙身反折，口噤，善鼓頷，腰痛不可以顧，顧而有似拔者，善悲，上下取之出血，見血立已。痙身反折，口噤，喉痺不能言，三里主之。痙驚互引，腳如結，腨如裂，束骨主之。痙目反白多，鼻不通利，涕黃更衣，京骨主之。痙脊強項眩痛，腳如結，腨如裂，崑崙主之。痙互折，飛揚主之。

《甲乙經·陽受病發風》瘈瘲口沫出，上關主之。

《千金翼方·針灸上·諸風》灸角弓反張法：唇青眼戴，角弓反張，始覺發動，即灸神庭七壯，穴在當鼻直上髮際。

次灸曲差二穴，各七壯，穴在神庭兩傍各一寸半。

次灸上關二穴，各七壯，在耳前上廉起骨陷中，一名客主人。

次灸下關二穴，各七壯，在耳前動脈下空下廉陷中。

次灸頰車二穴，各七壯，穴在耳下曲頰端陷中。

次灸廉泉一穴，七壯，在當頤直下骨後陷中。

次灸囟會一穴，七壯，在神庭上一寸。

次灸百會一穴，七壯，在當頂上正中央。

次灸本神二穴，各七壯，在耳直上入髮際二分。

次灸天柱二穴，各七壯，在項後大筋外入髮際陷中。

次灸陶道一穴，七壯，在大椎節下間。

次灸風門二穴，各七壯，在第二椎下兩傍各一寸半。

次灸心俞二穴，各七壯，在第五椎下兩傍各一寸半。

次灸肝俞二穴，各七壯，在第九椎下兩傍各一寸半。

次灸腎俞二穴，各七壯，在第十四椎下兩傍各一寸半。

次灸膀胱俞二穴，各七壯，在第十九椎下兩傍各一寸半。

次灸曲池二穴，各七壯，穴在肘外曲頭陷中，屈肘取之。

次灸肩髃二穴，各七壯，在兩肩頭止中兩骨間陷中。

次灸支溝二穴，各七壯，在手腕後二寸兩骨間陷中。

次灸合谷二穴，各七壯，在手大指虎口兩骨間陷中。

次灸間使二穴，各七壯，在掌後三寸兩筋間。

次灸陽陵泉二穴，各七壯，在膝下骨前陷中。

次灸陽輔二穴，各七壯，在外踝上絕骨陷中。

次灸崑崙二穴，各七壯，在外踝後跟骨上陷中。

右以前主久風、卒風、緩急諸風，發動不自覺知，或心腹脹滿，或半身不遂，或口噤不言，涎唾自出，目閉耳聾，或舉身冷直，或煩悶恍惚，喜怒無常，

凡有風，皆灸之，神驗。鼻交頞中一穴，針入六分，得氣即瀉，留三呼，瀉五吸，不補，亦宜灸，然不如針。此主癲風，角弓反張，羊鳴，大風，青風，面風如蟲行，卒風多睡，健忘，心中憒憒，口噤闇倒，不識人，黃疸、急黃八種，大風，此之一穴，皆主之，莫不神驗，慎酒、麪、生冷、醋、滑、豬、魚、蒜、蕎麥、漿水。

《外臺秘要》卷十三《白虎方》　蘇孝澄療白虎病云：婦人、丈夫皆有此病，婦人因產犯之，丈夫眠卧犯之，爲犯白虎爾，其病口噤，手拳氣不出。方：灸臍中七壯。

《扁鵲心書·破傷風》凡瘡口或金刀破處，宜先貼膏藥以禦風，不然致風氣入內，則成破傷風。此證最急，須早治，遲則不救。若初得此時，風客太陽經，令人牙關緊急，四肢反張，項背強直，急服金華散，連進二三服汗出即愈。若救遲則危篤，額上自汗，速灸關元三百壯可保。若眞氣脫，雖灸無用矣。

《針灸資生經·齒噤》天容、廉泉、魄戶、氣舍、譩譆、扶突，主咳逆，上氣喘息，歐沫，齒噤。然谷，治初生兒臍風口噤，痿厥洞泄。曲鬢，治口噤不能言。天窗、翳風，治口噤。廉泉，治口噤，舌根縮。合谷、列缺、頰車、禾髎，治口噤不開。大迎，治風痙口噤。支溝，治口噤不開，暴瘂不能言。外關、內庭、三里、商丘、太泉，主僻噤。《甲》云：口僻，刺太泉，引而下之。齦交、上關、大迎、翳風，主口噤不開，引鼻中。合谷、水溝，主唇吻不收，瘖不能言，口噤。商丘、曲鬢，主口噤。承漿，療面風口不開，口生瘡。《下》云：療口噤。廉泉，療齦噤。兌端，療口噤鼓頷。翳風，療口噤不開。禾窌，療口不可開，及尸厥。小兒生二七日內著噤，不吮奶，多啼者，是客風中於臍，循流至心、脾二藏之經，使舌強唇痙，嘲奶不得，此疾新施方藥，不望十全，大抵以去客風無過，灸承漿七壯，次灸頰車各二壯。顱囟，治風痙。大迎，治風痙口噤，牙疼頰腫，惡寒，舌強不能言。瘂門，治寒熱風痙，脊強反折，瘈瘲。天衝，治癲疾風痙，牙齦腫，善驚。脾俞、膀胱俞，主熱痙引骨痛。上關，主瘈瘲，沫出，寒熱痙引骨痛。腎俞、中膂俞、長強，主寒熱痙反折。肝俞，主筋寒熱痙，筋急手相引。魚際，主痙上氣，失瘖不能言。腰俞，主反折。小兒身強，角弓反張，灸鼻上入髮際三分三壯，次大椎下節間三壯。百會，治角弓反張。上髎、腰俞，主脊強反折。

《產論》云：痙者口噤不開，背強而直，如發癇狀，搖頭馬鳴，身反折，宜速灌小續命湯是也。又云：產後中風，如角弓狀，無治法。後人惟用荊芥穗末酒服二錢匕，立效，若是，則灸未必如藥之速見效也。

《針灸資生經·脊痛》五處、身柱、委中、委陽、崑崙，主脊強反折，瘈瘲癲疾。鬲關等，主脊強。崑崙，主脊強，背尻骨重。京門、石關，主脊痓反折。陰谷，主脊內廉痛。至陽，療脊急強。章門、鬲俞、胃倉、大腸俞，治脊強不得俯仰。胃俞，治脊痛。脾俞、大腸俞，主腹中氣脹引脊痛，食多身瘦，名曰食晦，先取脾俞，後取季肋。膀胱俞，療脊急強。赤白泄洞利，腰脊痛，小腸俞五十壯。氣穴，治賁氣上下，引腰脊痛。腰俞，主月閉，溺赤，脊強互引反折，汗不出。中膂俞，治腎虛消渴，腰脊不得俯仰。《明下》云：夾脊膂痛，上下按之應者，從項後至此穴皆灸之，立愈。

《儒門事親·搐搦》搐搦九：黃如村一叟，兩手搐搦，狀如拽鋸，冬月不能覆被。適戴人之舞陽，道經黃如，不及用藥，針其兩手大指後中注穴上。戴人曰：自肘以上皆無病，惟兩手搐搦，左氏所謂風淫末疾者，此也。或刺後谿手太陽穴也，屈小指，握紋盡處是穴也。

《玉機微義·痓門·論風搐反張有風火之證》子和書云：呂君玉妻，年三十，病風搐目眩，角弓反張，數日不食。諸醫皆作驚風、暗風、風癇治之，以南星、雄黃、烏、附，用之不效。戴人曰：諸風掉眩，皆屬肝木，陽主動，陰主靜，由火盛制金，不能平木，肝木茂而自病。先湧風痰二三升，次以寒劑下之，又以鈚針刺百會穴，出血二杯，立愈。

《針經摘英集·治病直刺訣》治脊強反折，刺督脈瘂門一穴，應時立愈。

《普濟方·針灸門·風痙》治風痙，穴：顱囟。

治風痙口噤牙疼，頰腫惡寒，舌強不能言，穴：大迎。

治寒熱風痙，脊強反折，瘈瘲，穴：瘂門。

治癲疾風痙，牙齦腫，善驚，穴：天衝。

治熱痙引骨痛，穴：脾俞、膀胱俞。

治瘈瘲沫出，寒熱，痙引骨痛，穴：上關。

治寒熱痙反折，穴：腎俞、中膂俞、長強。

治筋寒熱痙，筋急手相引，穴：肝俞。

治痙上氣失音不能言，穴：魚際。

治反折，穴：腰俞。

治角弓反張，穴：百會。

治脊強反折，穴：上窌、腰俞。

《普濟方·針灸門·脊痛》 治脊強，穴：膈關。

治脊強背尻骨重，穴：崑崙。

治脊痓反折，穴：京門、石關。

治脊內廉痛，穴：陰谷。

治脊急強，穴：至陽。

治脊強不能俯仰，穴：章門、膈俞、胃倉、大腸俞。

治脊痛，穴：胃俞。

治腹中氣脹引脊痛，食多身瘦，名曰食晦，先取脾俞，後取季脇，穴：脾俞、大腸俞。

療脊急強，穴：膀胱俞。

治赤白洞利，腰脊痛，穴：小腸俞，五十壯。

治賁氣上下，引腰脊痛，穴：氣海。

治腎虛消渴，腰脊不得俯仰，夾脊膂痛，上下按之應者，從項後至此穴，灸之立愈，穴：中膂俞。

《普濟方·針灸門·婦人諸疾》 治婦人裏急瘈瘲，穴：帶脈。

治婦人赤白裏急瘈瘲，穴：五樞。

《神應經·心邪癲狂部》 瘈瘲指掣：瘂門、陽谷、腕骨、帶脈。

瘈驚：百會、解谿。

暴驚：下廉。

《神應經·諸風部》 口噤不開：頰車、承漿、合谷。

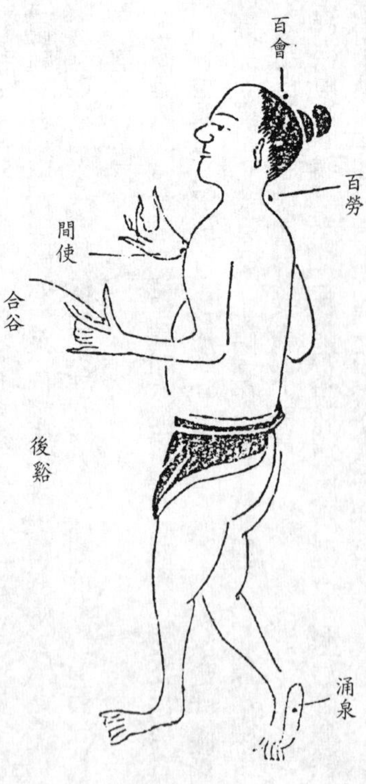

《楊敬齋針灸全書·傷寒發强》

《楊敬齋針灸全書·傷寒發痓》

《楊敬齋針灸全書·風痓證腰脊强》

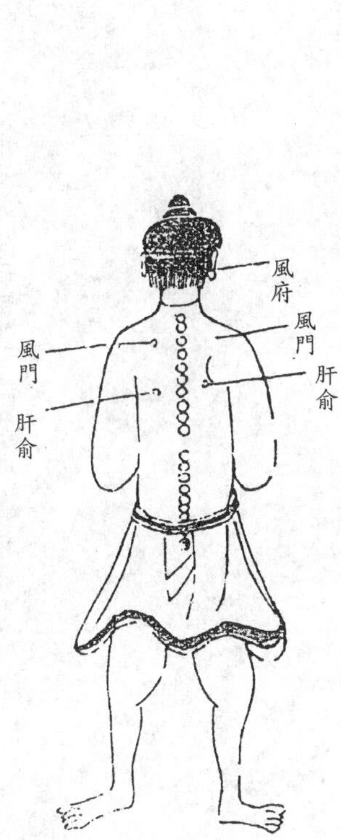

《針灸大成·鼻口門》 口噤：頰車、支溝、外關、列缺、內庭、厲兑。

《太乙神針心法·鼻口門》 口噤：針頰車、支溝、外關、列缺、內庭、厲兑。

《針灸逢源·證治參詳·中風門》 痓者，强也。《千金》云：太陽中風，重感寒濕則變痓。蓋太陽中風身必多汗，或衣被不更，寒濕內襲，或重感天時之寒，地氣之濕，因而變痓。風挾寒則血濇無汗，爲剛痓，風挾濕則液出有汗，爲柔痓，亦有血虚筋脈無所榮養而成痓者。筋急而縮爲瘈，筋弛而緩爲瘲，伸縮不已爲瘈瘲，俗謂之搐搦是也。

百會、風池、曲池、合谷、復溜、崑崙、太衝。

《針灸全生·中風》 脊背反折：瘂門、風府，禁。身體反折：肝俞。肘攣：內關。風痓：肝俞、脾俞、腎俞、膀胱俞。

《神灸經綸·身部證治》 五痓脊强：身柱、大椎、陶道。

瘈瘲：靈道、少府。

《針灸集成·口部》 口噤牙車不開：上關、頰車、阿是。

《針灸穴法》 破傷風渾身發熱顛狂：大敦二穴、合谷二穴、行間二穴、十宣十穴、太陽紫脈宜針出血，申脈二穴。

《針灸摘要·督脈》 破傷風，因他事搐發，渾身發熱顛强：大敦、合谷、行間、十宣、太陽紫脈，宜絳針出血。

破傷風證：承漿、合谷、後谿、外關、四關、八邪。

《名醫類案·痓》 子和治一婦年三十，病風搐目眩，角弓反張，數日不食，諸醫作驚風、暗風、風癇治之，以南星、雄黃、天麻、烏、附，不效。子和曰：諸風掉眩，皆屬肝木，曲直搖動，風之用也。陽主動，陰主静，由火盛制金，金衰不能平木，肝木茂而自病故也。此論深得痓病肯綮。先湧風涎二三升，次以寒劑下十餘行，治以流痰降火。又以鈹針刺百會穴，出血二盃，立愈。

《續名醫類案·痓》 黃如一村翁，兩手搐搦，喘如曳鋸，冬月不能覆被，名醫張某之舞陽，道經黃如，不及用藥，針其手大指後中注穴上。曰：自肘以上皆無病，惟兩手搐搦，左氏所謂風淫末疾者，此也，或刺後谿手太陽穴也，屈小指，握紋盡處是穴也。

《儒門事親·風形·風搐反張》 吕君玉之妻，年三十餘，病風搐目眩，角弓反張，數日不食，諸醫皆作驚風、暗風、風癇治之，以天南星、雄黃、天麻、烏、附用之，殊無少效。戴人曰：諸風掉眩，皆屬肝木，曲直動搖，風之用也，陽主動，陰主静，由火盛制金，金衰不能平木，肝木茂而自病。先湧風痰二三升，次以寒劑下十餘行，又以鈹針刺百會穴，出血二盃，愈。

厥證

《素問·繆刺論》 邪客於手足少陰、太陰、足陽明之絡，此五絡，皆會於耳中，上絡左角。五絡俱竭，令人身脈皆動，而形無知也，其狀若尸，或曰尸厥。刺其足大指內側爪甲上，去端如韭葉，後刺足心，後刺足中指爪甲上，各一痏，後刺手大指內側，去端如韭葉，後刺手心主少陰鋭骨之端，各一痏，立已。不已，以竹管吹其兩耳，鬄其左角之髮方一寸，燔治，飲以美酒一杯，不能飲者，灌之，立已。

《素問·厥論》 帝曰：善。願聞六經脈之厥狀病能也。岐伯曰：巨陽之厥，則腫首頭重，足不能行，發爲眴仆。陽明之厥，則癲疾欲走呼，腹滿不得卧，面赤面熱，妄見而妄言。少陽之厥，則暴聾頰腫而熱，脇痛，胻不可以運。太陰之厥，則腹滿䐜脹，後不利，不欲食，食則嘔，不得卧。少陰之厥，則口乾溺赤，腹滿心痛。厥陰之厥，則少腹腫痛，腹脹，涇溲不利，好卧屈膝，陰縮腫，胻內熱。盛則瀉之，虚則補之，不盛不虚，以經取之。

《靈樞·癲狂》 厥逆爲病也，足暴清，胸將若裂，腸若將以刀切之，煩而不能食，脈大小皆濇，煖取足少陰，清取足陽明，清則補之，溫則瀉之。

厥逆，腹脹滿，腸鳴，胸滿不得息，取之下胸二脇，欬而動手者，與背俞，以手按之立快者是也。

《**靈樞·終始**》　刺熱厥者，留針反爲寒。刺寒厥者，留針反爲熱。刺熱厥者，二陰一陽，刺寒厥者，二陽一陰，所謂二陰者，二刺陰也，一陽者，一刺陽也。

《**靈樞·寒熱病**》　厥痺者，厥氣上及腹，取陰陽之絡，視主病也，瀉陽補陰經也。

熱厥取足太陰、少陽，皆留之，寒厥取足陽明、少陰於足，皆留之。

《**靈樞·雜病**》　厥氣走喉而不能言，手足凊，大便不利，取足少陰。

《**靈樞·刺節真邪**》　治厥者，必先熨調和其經，掌與腋，肘與腳，項與脊以調之，火氣已通，血脈乃行，然後視其病，脈淖澤者，刺而平之，堅緊者，破而散之，氣下乃止，此所謂以解結者也。用針之類，在於調氣，氣積於胃，以通營衛，各行其道，宗氣留於海，其下者，注於氣街，其上者，走於息道，故厥在於足，宗氣不下，脈中之血，凝而留止，弗之火調，弗能取之。

《**太素·雜病·厥逆**》　厥逆爲病也，足暴凊，胸若將別，腹若將以刃切之，煩而不能食，脈小大皆清緩，取足少陰，凊取足陽明，凊則補之，溫則瀉之。厥逆之病，足冷胸痛，心悶不能食，其脈動之大小皆多血少氣。緩而溫者，可取足少陰俞穴，瀉其熱氣。足之寒者，取足陽明俞穴，補其陽虛也。厥逆腹滿脹腸鳴，胸滿不得息，取之下胸二肋欬而動手者，與背輸以指按之立快者是也。厥逆胸滿不得息，可量取下胸二肋欬而動手之處，謂手太陰中府俞也。厥逆腹滿脹腸鳴，量取背胃及大小腹俞療主病者也。內閉不得溲，刺足少陰、太陽與骶上以長針，氣逆，取其太陰陽明，厥甚，取少陰陽明動者之經。足少陰、太陽主於便溲，故厥便溲閉，取此陰陽二經俞穴療主病者。若加氣逆，可取手足太陰、陽明療主病者。若此閉及氣逆厥甚，可取手足少陰、陽明二經動脈療主病者也。

《**太素·寒熱·經脈厥**》　足太陰脈厥逆，胻急攣，心痛引腹，治主病者。足太陰脈從足上行，循胻後，屬脾，絡胃，注心中，故足太陰氣動失逆，胻急攣，心痛引腹也。有胻急攣等病者，可療足太陰脈所發之穴，主療此病者也。餘倣此。問曰：前章已言六經之厥，今復言之，有何別異也？答曰：二章說之先後經脈厥，而主病左右不同故也。

《**金匱要略·雜療方第二十三**》　救卒死而張口反折者方：灸手足兩爪後十四壯了，飲以五毒諸膏散。

救卒死而四肢不收失便者方：馬屎一升，水三斗，煮取二斗以洗之。又取牛洞一升，溫酒灌口中，灸心下一寸，臍上三寸，臍下四寸，各一百壯，差。

救自縊死方：救自縊死，旦至暮，雖已冷，必可治。暮至旦，小難也，恐此當言陰氣盛故也。然夏時夜短於晝，又熱，猶應可治。又云：心下若微溫者，一日以上，猶可治之。方：

徐徐抱解，不得截繩，上下安被卧之，一人以腳踏其兩肩，手少挽其髮，常弦弦勿縱之。一人以手按據胸上，數動之。一人摩捋臂脛，屈伸之，若已殭，但漸漸強屈之，并按其腹。如此一炊頃，氣從口出，呼吸眼開而猶引按莫置，亦勿苦勞之。須臾，可少桂湯及粥清含與之，令濡喉，漸漸能嚥，乃稍止，若向令兩人以管吹其兩耳罙好，此法最善，無不活者。

《**甲乙經·陰衰發熱厥陽衰發寒厥**》　太陽之厥則腫首，頭重，足不能行，發爲眩仆。陽明之厥，則癲疾，欲走呼，腹滿不得卧，面赤而熱，妄見妄言。少陽之厥，則暴聾，頰腫而熱，脇痛，䯒不可以運。太陰之厥，則腹滿䐜脹，後不利，不欲食，食則嘔，不得卧。少陰之厥，則舌乾溺赤，腹滿心痛。厥陰之厥，則少腹腫痛，䐜脹，涇溲不利，好卧，屈膝陰縮，䯒內熱，盛則瀉之，虛則補之，不盛不虛，以經取之。

陰陽者，寒暑也。熱則滋雨而在上，根莖少汁，人氣在外，皮膚緩，腠理開，血氣盛，汗大泄，皮淖澤。寒則地凍水冰，人氣在中，皮膚緻，腠理閉，汗不泄，血氣強，皮堅濇。當是之時，善行水者，不能往冰，善窮地者，不能鑿凍，夫善用針者，亦不能取四逆，血脈凝結，堅搏不往來，亦不可即柔。故行水者，必待天溫冰釋，窮地者，必待凍解，而後地可窮，人脈猶是。治厥者，必先熨火以調和其經，掌與腋，肘與腳，項與脊，以調其氣，大道已通，血脈乃行，後視其病脈淖澤者，刺而平之，堅緊者，破而決之，氣下乃止，此所謂解結。用針之類，在於調氣，氣積於胃以通營衛，各行其道，宗氣留積在海，其下者，注於氣街，上行者，注於息道，故厥在足，宗氣不下，脈中之血凝而留止，弗之火調，針弗能取。用針者，必先察其經絡之虛實，切而循之，按而彈之，視其應動者，乃後取而下之，六經調者，謂之不病，雖病謂之自已，一經上實下虛而不通者，此必有橫絡盛加於大經，令之不通，視而瀉之，通而決之，是所謂解結者也。上寒下熱，先刺其項太陽久留之，已刺，則火熨項與肩胛，令熱下合乃止，所謂推而上之者也。上熱下寒，視其虛脈而陷下於經絡者取

之，氣下而止，所謂引而下之者也。

刺熱厥者，留針反爲寒。刺寒厥者，留針反爲熱。刺熱厥者，二陰一陽。刺寒厥者，一陰二陽。所謂二陰者，二刺陰，所謂二陽者，二刺陽。熱厥取太陰、少陽。寒厥取陽明、少陰於足，留之。厥胸滿面腫者，肩中熱，暴言難，甚則不能言，取足陽明。厥氣走喉而不言，手足微滿清，大便不利，取足少陰。厥而腹膨膨，多寒氣，腹中爨爨，便溲難，取足太陰。厥逆爲病，足暴清，胸中若將裂，腹腸若以刀切之，䐜而不食，脈大皆濇緩，取足少陰，清取足陽明，清則補之，溫則瀉之。厥逆腹滿脹，腸鳴，胸滿不得息，取之下胸三肋間，欬而動應手者，與背俞以指按之立快。足厥喘逆，足下清至膝，湧泉主之。

《甲乙經·陽脈下墜陰脈上争發尸厥》 尸厥，死不知人，脈動如故，隱白及大敦主之。恍惚尸厥，頭痛，中極及僕參主之。尸厥暴死，金門主之。

《肘後方·救卒中惡死方第一》 又方：灸其唇下宛宛中承漿穴十壯，大效矣。

又方：以繩圍其死人肘腕，男左女右，畢，伸繩從背上大槌度以下，又從此灸横行各半繩，此法三灸，各三，即起。

又方：令爪其病人人中，取醒，不者捲其手，灸下文頭，隨年。

又方：灸鼻人中三壯也。

又方：灸兩足大指爪甲聚毛中七壯，此華佗法。一云三七壯。

又方：灸臍中百壯也。

救卒死而張目及舌者，灸手足兩爪後十四壯了，飲以五毒諸膏散，有巴豆者。

救卒死而四支不收矢便者，馬矢一升，水三斗，煮取二斗，以洗之。又取牛洞一升，溫酒灌口中，洞者，稀糞也。灸心下一寸、臍上三寸、臍下四寸各一百壯差。

《肘後方·救卒死尸厥方第二》 又方：灸鼻人中七壯，又灸陰囊下，去下部一寸，百壯。若婦人，灸兩乳中間，又云：爪刺人中良久。又針人中至齒，立起。

又方：以繩圍其臂腕，男左女右，繩從大椎上度下，行脊上，灸繩頭五十壯，活，此是扁鵲秘法。

又方：熨其兩脇下，取竈中墨，如彈丸，漿水和，飲之，須臾三四，以管吹耳中，令三四人更乎吹之，又小管吹鼻孔，梁上塵，如豆，著中，吹之令入，差。

又方：針百會，當鼻中，入髮際五寸，針入三分，補之，針足大指甲下肉側去甲三分，又針足中指甲上各三分，大指之內去端韭葉，又針手少陰鋭骨之端各一分。

又方：灸膻中穴二十八壯。

《肘後方·救卒客忤死方第三》 灸鼻人中三十壯，令切鼻柱下也。以水漬粳米取汁一二升飲之，口已禁者，以物強發之。

又方：以繩横度其人口，以度其臍，去四面各一處，灸各三壯，令四火俱起差。

又方：横度口中折之，令上頭著心下，灸下頭五壯。華佗卒中惡短氣欲死：灸足兩母指上甲後聚毛中，各十四壯，即愈。未差，又灸十四壯，前救卒死方三七壯，已有其法。

《肘後方·治卒得鬼擊方第四》 灸鼻下人中一壯立愈，不差，可加數壯。

又方：升麻、獨活、牡桂分等末，酒服方寸匕，立愈。

又方：灸臍下一寸三壯。

又方：灸臍上一寸七壯，及兩踵白肉際，取差。

《肘後方·治卒中五尸方第六》 灸乳後三寸十四壯，男左女右，不止，更加壯數，差。

又方：灸心下三寸六十壯。

又方：灸乳下一寸，隨病左右，多其壯數，即差。

又方：以四指尖其痛處下，灸指下際數壯，令人痛上，爪其鼻人中，又爪其心下一寸，多其壯，取差。

《千金要方·肺臟·飛尸鬼疰》 凡五尸者，飛尸、遁尸、風尸、沈尸、尸疰也。今皆取一方兼治之。其狀腹痛脹急，不得氣息，上衝心胸，傍攻兩脇或累塊踴起，或攣引腰背。治之法：灸乳後三寸，男左女右，可二七壯，不止者，多其壯，取愈，止。

又，灸兩手大拇指頭各七壯。

又，灸心下三寸十壯。

又，灸乳下一寸，隨病左右，多其壯數。

又，以細繩量患人兩乳頭內，即裁斷中屈之，又從乳頭向外量，使當肋罅

於繩頭灸三壯或七壯，男左女右。

卒疰忤攻心胸，灸第七椎，隨年壯。

又，灸心下一寸三壯。

又，灸手肘文隨年壯。

一切病食疰，灸手小指頭，隨年壯，男左女右。

五毒疰不能飲食百病，灸心下三寸胃管十壯。

水疰口中湧水。經云：肺來乘腎，食後吐水。灸肺俞，又灸三陰交，又灸期門，期門在乳下二肋間，瀉肺補腎也，各隨年壯。

一切疰無新久，先仰卧，灸兩乳邊邪下三寸第三肋間，隨年壯，可至三百壯，又治諸氣神良，一名注市。

《千金要方·備急·卒死》 卒死，針間使，各百餘息。

又，灸鼻下人中，一名鬼客廳。

魘，灸兩足大指叢毛中，各二七壯。

治中惡方：葱心黄刺鼻孔中，血出愈。【略】

中惡，灸胃管五十壯愈。

卒忤死，灸手十指爪下各三壯，餘治同上方。

又，灸人中三壯，又，灸肩井百壯，又，灸間使七壯；又，灸巨闕百壯。

鬼擊，灸人中一壯，立愈，不差更灸。

又，灸臍上一寸七壯，及兩踵白肉際取差；又，灸臍下一寸三壯。【略】

自縊死，灸四肢大節陷大指本文，名曰地神，各七壯。【略】

落水死，解死人衣，灸臍中，凡落水經一宿猶可活。

《千金要方·針灸下·風痺》 卒尸厥：隱白、大敦，主卒尸厥不知人，脈動如故。

中極、僕參，主恍惚尸厥煩痛。

金門，主尸厥暴死。

內庭，主四厥，手足悶者久持之，厥熱腦痛，腹脹皮痛者，使人久持之。

邪客於手足少陰、大陰、足陽明之絡，此五絡者，皆會於耳中，上絡左角，五絡俱竭，令人身脈動如故，其形無所知，其狀若尸，刺足大指內側爪甲上去端如韭葉，後刺足心，後取足中指爪甲上各一痏，後取手大指之內去爪甲如韭葉，後刺手心主少陰兑骨之端各一痏，立已；不已，以筒吹其兩耳中立已；不已，拔其左角髮方寸燔治，飲以淳酒一杯，不能飲者，灌之立已。

《千金要方·針灸下·風痺》 卒中惡：百會、玉枕，主卒起僵仆，惡見風寒。

通天、絡卻，主暫起僵仆。

大杼，主僵仆不能久立，煩滿裏急，身不安席，飛尸遁注。

天府，主卒中惡風邪氣，飛尸惡注，鬼語遁尸。

豐隆，主厥逆足卒青痛如刺，腹若刀切之狀，大便難，煩，心狂見鬼，好笑，卒面四肢腫。

旁廷，在腋下四肋間，高下正與乳相當，乳後二寸陷中，俗名注市。舉腋取之，刺入五分，灸五十壯。主卒中惡，飛尸遁注，胸脇滿。

九曲中府在旁廷注市。下三寸。刺入五分，灸三十壯。主惡風邪氣，遁尸內有瘀血。

《千金翼方·針灸上·諸風》 治尸厥法：凡尸厥如死，脈動如故，針百會入二分補之，灸熨兩脇，又針足中指頭去甲如韭葉，又針足大指甲下肉側去甲三分。

《千金翼方·針灸中·肺病》 以繩量病人兩乳間中屈，又從乳頭向外量使肋罅於繩頭，灸隨年壯，主一切注。

胃管，主五毒注不能食飲百病，灸至千壯。

忤注，灸手肘尖，隨年壯。

又第七椎，灸隨年壯。

又灸心下一寸三百壯。

食注，灸手小指頭，隨年壯，男左女右。

水注，口中湧水出。經云：肺來乘腎，食後吐水。灸肺俞及三陰交，隨年壯，瀉肺補腎。

灸一切注無新久者，先仰卧，灸兩乳兩邊針下三寸，名注市，隨年壯。

第二肋間名期門，灸隨年壯。

又兩手大指頭各灸七壯。

乳下一寸逐病所在，灸之，病差止。

一切惡注氣急不得息欲絶者，及積年不差者，男左手虎口文，於左乳頭並四指當小指節下間灸之，婦人以右手也。

《千金翼方·針灸下·卒死》 灸人中三十壯，又灸肩井百壯，又灸間使七壯，又灸巨闕百壯，又灸十指爪甲下各三壯。

針間使，百息，又灸人中。

灸魘不覺法：兩足大指聚毛中二十一壯。

治鬼擊法：夫鬼擊之爲病，卒著人如刀刺狀，胸脇及心腹絞切急痛，不可按抑，或即吐血，或即鼻中出血，或下血，一名鬼排。灸人中一壯，立愈。若不止，更加灸臍上一寸七壯，又灸臍下一寸三壯。一云七壯。

中惡，灸胃管五十壯。

《外臺秘要》卷二十八《中惡方》 《肘後》華佗療中惡，短氣欲絶方：灸兩足大拇指上甲後聚毛中，各灸二七壯，即愈。又法三七壯。

灸右肩高骨上，隨年壯，良。

《外臺秘要》卷二十八《卒死方》 灸其唇宛宛中名承漿，十壯，大良。《肘後》同。並出第一卷中。

又方：以細繩圍其人肘腕中，男左女右，伸繩從背上大椎度以下，行脊上，灸繩頭，又從此灸横行各半繩，此凡三灸，各灸三，即起。

又方：令人痛爪其人人中取醒，不起者捲其手，灸下文頭，隨年壯。

又方：灸鼻下人中三壯。

又方：灸臍中百壯。

又方：灸心下一寸，臍上三寸，臍下四寸，各百壯良。《肘後》同。

又卒死而口噤不開者方：縛兩手大拇指，灸兩白肉中二十壯。《肘後》文仲范汪同。並出第一卷中。

《外臺秘要》卷二十八《客忤方》 灸鼻下中三十壯愈。

又方：以繩横其人口以度，度臍去四面各一處，灸三壯，令火俱起也。

又方：横度口中折之，令上頭著心下，灸下頭五壯也。

《千金翼》客忤方：灸間使七壯，又肩井百壯，又十指甲下各三壯。

《外臺秘要》卷二十八《尸厥方》 又方：灸鼻下人中七壯，又灸陰囊下，去下部一寸，百壯。若婦人灸兩乳中間，又以爪刺人中良久，以針針人中令至齒，立起。

又方：灸膻中季肋間二七壯也。《集驗》同，並出第一卷中。《千金》論曰：風寒之氣客於藏間，滯而不能發，故瘖不能言，及喉痺失聲皆風邪所爲也，入藏皆能殺人。凡尸厥如死，脈動如故，此陽脈下墜，陰脈上爭，氣閉故也。療方：灸百會百壯，針入三分補之。

又方：針足中指頭去甲如韭葉，并刺足大指甲下內側，去甲三分。

《醫心方·治卒死方》引《龍門方》 龍門方療卒死方：取繩圍死者臂腕，男左女右，以繩當大椎，申繩向下，當繩頭，灸脊上五十壯。

又方：糞汁灌鼻。

又方：以葱黄心刺鼻中入七八寸，男左女右，立驗。

又方：搗韭汁，灌鼻即活。

又方：桂屑，著舌下即活。

《醫心方·治中惡方》引《集驗方》 又方：以度其兩乳中央屈之，從乳頭向後肋間，灸度頭，隨年壯。

又方：灸胃管五十壯。

《醫心方·治尸厥方》引《急救單驗方·録驗方》 灸兩足大指甲後聚毛內七壯。華佗云：二七壯。

《録驗方》治溺死方：灸臍中。

《醫心方·治諸尸方》引《新録方》 灸脊中及兩旁相去三寸，各五十炷。

又方：熬艾，以青布裹，更熨。又方：熬大豆，裹，更熨。灸大倉七壯。又灸乳下一寸七壯。

《本事方·傷寒時疫下》 有人初得病，四肢逆冷，臍下築痛，身疼如被杖，蓋陰證也。急服金液、破陰、來復等丹，其脈遂沉而滑。沉者陰也，滑者陽也。病雖陰而見陽脈，有可生之理，仲景所謂陰病見陽脈者生也。仍灸氣海、丹田百壯，手足溫，陽回，得汗而解。

《扁鵲心書·腎厥》 治驗

一人因大惱悲傷得病，晝則安靜，夜則煩悗，不進飲食，左手無脈，右手沉細，世醫以死證論之。余曰：此腎厥病也，因寒氣客脾腎二經，灸中脘五十壯，關元五百壯，每日服金液丹、四神丹，至七日，左手脈生，少頃，大便下青白膿數升許，全安。此由真氣大衰，非藥能治，惟艾火灸之。

《扁鵲心書·附竇材灸法》 尸厥不省人事，又名氣厥，灸中脘五十壯。

《扁鵲心書·婦人卒厥》 婦人卒厥：凡無故昏倒，乃胃氣閉也，灸中脘即愈。

《扁鵲心書·附竇材灸法》昏默不省人事，飲食欲進不進，或卧或不卧，或行或不行，莫知病之所在，乃思慮太過，耗傷心血故也，灸巨厥五十壯。

《扁鵲心書·洗頭風》凡人沐頭後，或犯房事，或當風取涼，致賊風客入太陽經或風府穴，令人卒仆，口牙皆緊，四肢反張，急服薑附湯，甚者灸石門穴三十壯。

《扁鵲心書·厥證》《素問》云：五絡俱絕，形無所知，其狀若尸，名爲尸厥。由憂、思、驚、恐，致胃氣虛閉於中焦，不得上升下降，故昏冒強直，當灸中脘五十壯即愈。此證婦人多有之，小兒急慢驚風，亦是此證，用藥無效，若用吐痰下痰藥即死，惟灸此穴，可保無虞，令服來復丹、華澄茄散而愈。

治驗

一婦人產後發昏，二目滯澀，面上發麻，牙關緊急，二手拘攣。余曰：此胃氣閉也，胃脈挾口環唇，出於齒縫，故見此證。令灸中脘穴五十壯，即日而愈。

一婦人時時死去，已二日矣，凡醫作風治之不效，灸中脘五十壯，即愈。

《扁鵲心書·氣脱》少年酒色太過，脾腎氣虛，忽然脱氣而死，急灸關元五百壯，服霹靂湯、薑附湯、金液丹，久久而愈。此證須早治，遲則元氣亦脱，灸亦無及矣。

死脈見

此由少年七情六慾所損，故致晚年眞氣虛衰，死脈見於兩手，或十動一止，或二十動一止，皆不出三年而死，又若屋漏、雀啄之類，皆是死脈，灸關元五百壯，服延壽丹、保元丹，六十日後，死脈方隱，此仙師不傳之妙法也。

《針灸資生經·四肢厥》內庭，治四支厥逆，腹脹，數欠。至陽，治四支重痛。章門，治厥逆，四支惰。膈俞，治四支怠惰。極泉、日月、脾俞，治四支不收。支溝、小海、跗陽、天池、三陰交，治四支不舉。大巨，治偏枯，四支不舉。腎俞，治腰中四支淫濼。尺澤，治四支暴腫，臂寒短氣。三里，治四支腫滿。大都，療手足逆冷，四支腫。豐隆，療厥逆，胸痛氣刺不可忍，腹中如刀疞，大小便難，四支不收，身體怠惰，腿膝酸痺，屈伸難。內庭，主四厥，手足悶。太谿，主手足寒至節。內庭，主四支厥，手足悶者，久持之，厥熱腦痛，腹脹皮痛者，使人久持之。列缺，主四支厥，喜笑。章門，主四支懈惰，喜怒。照海，主四支淫濼。曲泉、跗陽、天池、大巨、小海、支溝、絕骨、前谷，主四支不舉。五里、三陽絡、三間、厲兌、天井，主嗜卧，四支不欲動搖。行間，治四支逆冷。太谿，治手足厥冷。四逆取俠谿。大都，治手足逆冷。

有士人患陰證傷寒，手足冷甚，以火溫之，亦不暖，予與理中湯服，即得汗而病愈，手足自溫矣，若其他手足厥者，當隨證灸之。

四厥脈沉絕，灸手間使便通，起死法。四厥：灸乳根。

《針灸資生經·尸厥》百會、玉枕，主卒起僵仆，惡見風寒。通天、絡卻，主暫起僵仆。大杼，主僵仆不能久立，煩滿裏急，身不安席。隱白、大敦，主卒尸厥不知人，脈動如故。金門，主尸厥暴死。中極、僕參，主恍惚尸厥，煩痛。內庭，主四厥，手足悶者，久持之，厥熱腦痛，腹脹皮痛者，使人久持之。列缺，主四支厥，喜笑。邪客於手、足少陰、太陰、足陽明之絡，此五絡者，皆會於耳中，上絡左角，五絡俱竭，令人身脈動如故，其形無所知，其狀若尸，刺足大指內側爪甲上，去端如韭葉，後刺足心，後取足中指爪甲上各一痏，後取手大指之內，去爪甲如韭葉，後刺手心主少陰兑骨之端各一痏，立已，不已，以筒吹其兩耳中立已，不已，拔其左角髮方寸，燔治，飲以淳酒一杯，不能飲者，灌之立已。豐隆，主厥逆，足卒青痛如刺，腹若刀切之狀，大便難，煩心，狂見鬼好笑，卒面四支腫。旁廷，在腋下四肋間，高下正與乳相當，乳後二寸陷中，俗名注市，舉腋取之，刺入五分，灸五十壯，主卒中惡，飛尸遁注，胸脅滿。九曲、府在旁廷注市。下三寸，刺入五分，灸三十壯，主惡風邪氣遁尸，內有瘀血。天府，主卒中惡風邪氣，飛尸惡注，鬼語遁下。隱白，治卒尸厥不識人，足寒不能溫。中極，治恍惚尸厥，《明下》云：尸厥不知人。大敦，治尸厥狀如死。僕參，治尸厥如中惡狀，霍亂癲癇，狂言見鬼。厲兌，治尸厥，口噤氣絕，狀如中惡，心腹脹滿，《明》云：尸厥如死，不知人。金門，治癲癇，尸厥，暴疲。委陽，治腋腫膨膨，失志身熱，飛尸遁注，痿厥不仁。魂門，療尸厥走疰，胸背連痛。僕參，療癲疾，尸厥，霍亂，馬癇。攢竹、禾窌，療尸厥。天府，療卒中惡，鬼疰，不得安卧，禁灸。凡尸厥而死，脈動如故，此陽脈下墜，陰脈上爭，氣閉故也，針百會，入三分補之，灸，熨斗熨兩脇下，又竈突墨，彈元大，漿水和飲之，又針足中指頭，去甲如韭葉，又刺足大指甲下內側，去甲三分。水溝，治卒中惡。凡五尸者，飛尸、遁尸、風尸、沉尸、尸疰也。今皆取一方兼治之，其狀腹痛脹急，不得氣息，上衝心胸，旁攻兩脇，或壘塊踴起，或攣引腰背，治之法，灸乳後三寸，男左女右，可二七壯，不止者，多其壯，取愈

止。又，兩手大拇指頭，各七壯。又，心下三寸，十壯。又，乳下一寸，隨病左右，多其壯數。又，以細繩量患人兩乳頭內，即裁斷，中屈之，又從乳頭向外量，使當肋罅，於繩頭灸三壯，或七壯，男左女右。卒疰忤攻心胸，灸第七椎隨年。又，心下一寸，三壯，又，手肘文隨年壯。一切病食疰，灸手小指頭隨年壯，男左女右。五毒疰，不能飲食百病，灸心下三寸，胃管十壯。水疰口中湧水，經云，肺來乘腎，食後吐水，灸肺俞。又灸三陰交，又灸期門，瀉肺補腎也，各隨年壯。一切疰無新久，先仰卧，灸兩乳邊邪下三寸第三肋間，隨年壯，可至三百壯，又治諸氣神良，一名注市。間使，岐伯云：療鬼神邪，《銅》云：可灸鬼邪卒死，陰囊下第一横理十四壯。

有貴人內子產後暴卒，急呼其母為辦後事，母至，為灸會陰、三陰交各數壯而蘇，母蓋名醫女也。

凡溺死，一宿尚可救，解死人衣，灸臍中，即活。

《聖濟總録・治中惡灸刺法》卒死中惡，灸兩足大指爪甲聚毛中，七壯，此華佗法，又云，三七壯，又灸臍中百壯。

卒死而張目及舌者，灸手足兩爪后，十四壯。

卒死而四肢不收，失便者，灸心下一寸，臍上三寸，臍下四寸，各一百壯。

卒客忤死者，灸人中三壯，一名鬼客廳。又治尸厥，一云三十壯。又横度口中折之，令上頭著心下，灸下頭五壯，又針間使各百餘息。又灸手十指爪下，各三壯，餘治同上方。《備急方》云：治卒死而張目反折者。又灸肩井百壯，又灸間使七壯，又灸巨闕百壯。

尸厥者，灸厲兑二穴。《甲乙經》云：穴在足大指次指之端，去爪甲角如韭葉，足陽明脈所出也，各灸三壯，炷如小麥大。又灸陰囊下，去下部一寸，百壯，若婦人灸兩乳中間。又云：爪刺人中，良，又針人中至齒，立起，又以繩圍其臂腕，男左女右，繩從大顀上度，下行脊上，灸繩頭五十壯，此是扁鵲秘法。又針百會，當鼻中入髮際五寸，針入三分補之，又針足大指甲下肉側，去甲三分。又灸膻中，二七壯。

卒中惡飛尸遁注，胸脅滿，旁庭主之，在腋下四肋間，高下與乳相當，乳後二寸陷中，俗名注市，舉腋取之，刺入五分，灸五十壯。惡風邪氣遁尸，內有瘀血，宜取九曲中府，在旁庭注市。下三寸，刺入五分，灸三十壯。

《備急灸法・溺水》葛仙翁、孫眞人救溺水死：用皂角末吹入穀道中，皂角無，用石灰。但解開衣服，灸臍孔三五十壯，水從穀道中出即活，此法治溺水，經一宿猶可活。又孫眞人云：冬日落水，冷凍身強直，口眼閉，尚有微氣者，用竈灰一斗，鍋內炒令煖，以布三五重煖裹熱灰，熨其心頭，灰若冷可即換，熨得心煖氣通，目轉口開，以溫薄粥，令稍稍嚥，仍依前法灸之，即活。若不先熨煖其心，便向火爐逼之，則身中冷氣與火氣爭，即死。切宜戒之。

《備急灸法・卒忤死法》扁鵲、孫眞人治卒忤死法：忤死，即今人所謂鬼打衝惡尸厥也。急以皂角末吹入兩鼻即活。若經時不活，急灸掌後三寸兩筋間，各十四炷，此穴即前穴甄權灸心痛者是也，圖子見前訖。如身冷口噤者，灸人中三炷，炷如粟米大，依圖取法。男女同法。

《備急灸法・自縊》大倉公、孫眞人救自縊死法云：凡救自縊者，極須按定其心，勿便截繩，當抱起解之，其心下尚溫者，先用皂莢末吹入兩鼻，用舊氈一片，蓋其口鼻，令兩人用竹筒極吹兩耳即活。又扁鵲法：用梁上細塵少許，入四箇竹筒內，令四人各執一箇，同時吹兩鼻、兩耳，用力極吹，更灸手足大指横紋中各十炷，即活。依圖取穴，如婦人扎足者，只灸兩手大指上二穴。

《針經摘英集・治病直刺訣》治尸厥，刺任脈玉泉一穴，在臍下四寸，針入三分，次針足太陰經隱白二穴，在足大指端內側，去爪甲角如韭葉，針入三分，更兼兩脇下熨之。

治中惡，刺督脈水溝一穴。任脈中脘、氣海二穴，凡刺胸腹者，必以布繳，乃單布上刺。

治鬼擊，刺足陽明三里二穴，手少陽經支溝二穴，立愈，不愈復刺。《靈樞經》云：刺之氣不至，無問其數。刺之氣至，去之，勿復針。

治脈微細不見，或時無脈者，以圓利針，刺足少陰經復溜二穴，在內踝上二寸陷中，針至骨，順針往下刺之，候迴陽脈生大，乃出針。

《扁鵲神應針灸玉龍經・盤石金直刺秘傳》尸厥：中極、補。關元。灸。

《世醫得效方・卒厥尸厥》灸法：頭上百會穴四十九壯，兼臍下氣海、丹田穴三百壯，覺身體溫暖即止。

《世醫得效方・怔忡》灸法：治飛尸、遁尸、寒尸、喪尸、尸疰，其狀腹痛脹急，不得氣息，上衝心胸，旁攻兩脇，或壘塊踴起，或攣引腰背，灸乳後三寸，男左女右，可二七壯。不止者，多其壯數，取愈止。又灸兩大拇指頭七

壯。一切疰無新久，先仰卧，灸兩乳邊斜下三寸第三肋間，隨年壯，可至三百壯，又治諸氣，神良，一名疰市。五毒疰，不能食，灸心下三寸胃管穴十壯。水疰，口中湧水，乃肺來乘腎，食後吐水，灸肺俞九壯。

《世醫得效方・救急》 灸法：救魘寐一切卒死，及諸暴絕證，用藥或不效，急於人中穴及兩腳大母指內離甲一韭葉許，各灸三五壯，即活。臍中灸百壯，亦效。

《普濟方・針灸門・尸厥中惡》 主暫起僵仆，穴：通天、絡卻。

主僵仆不能久立，煩滿裏急，身不安席，穴：大杼。

主卒尸厥不知人，脈動如故，穴：隱白、大敦。

主尸厥暴死，穴：金門。

主恍惚尸厥，煩痛，穴：中極、僕參。

治邪客於手足少陰、太陰、足陽明之絡，此五絡者，皆會於耳中，上絡左角，五絡俱竭，令人身脈動如故，其形無所知，其狀若尸，刺足大指之內側爪甲上去端如韭葉，後刺足心，後取足中指爪甲上，各一痏，後取手大指之內去爪甲如韭葉，後刺手心主，少陰兌骨上之端，各一痏，(主)(立已，不)已，以筒吹其兩耳中，立已，不已，拔其左角髮方寸，燔治，飲以淳酒一杯，不能飲者，灌之立已。

主厥逆，足卒青，痛如刺，腹若刀切之狀，大便難，煩心，狂見鬼，好笑，卒面四肢腫，穴：豐隆。

主卒中邪惡，飛尸，胸脇滿，時上搶心，嘔吐喘逆，咽乾脇痛，脇旁刺五分，灸五十壯，在腋下四肋間，高下正與乳後二寸陷中，舉腋取之。俗名注市。

主惡風邪氣遁尸，內有瘀血，九曲中府刺入五分，灸三十壯，又云灸五十壯，此法神良。

主卒中，惡風邪氣，飛尸惡注，鬼語遁尸，穴：天府。

治卒尸厥不識人，足寒不能溫，穴：隱白。

治恍惚尸厥不知人，穴：中極。

治尸厥狀如死，穴：大敦。

治尸厥如中惡狀，霍亂，癲癇狂見鬼，穴：僕參。

治尸厥，口噤氣絕，狀如中惡，心腹脹滿，尸厥如死不知人，穴：厲兌。

治癲癇，尸厥暴疝，穴：金門。

治腋腫膨，失志身熱，飛尸遁注，痿厥不仁，穴：委陽。

療尸厥走注，胸背連痛，穴：魂門。

療癲疾尸厥，霍亂馬癇，穴：僕參。

療卒中惡鬼注，不得安卧，穴：天府。

療尸療，穴：攢竹、禾髎。

凡尸厥而死脈動如故，此陽脈下墜，陰脈上爭，氣閉故也。針百會入三分補之，灸，熨手，熨兩脇下，又竈突墨，彈丸大，漿水和飲之，又針足中指頭，去甲如韭葉，又刺足大指甲下內側，去甲三分，一云：灸百會百壯。

治卒中惡，穴：水溝。

凡五尸者，飛尸、遁尸、風尸、沉尸、尸疰也，今皆取一方，兼治之。其狀腹脹痛急不得氣息，上衝心胸，旁攻兩脇，或纍塊踴起，或攣引腰背，治之法：灸乳後三寸，男左女右，可二七壯，不止者，多壯數，取愈止。又兩手大拇指頭各七壯，又心下三寸六十壯，又乳下一寸，隨病左右多其壯數，又以細繩量患人兩乳頭內，即截斷中屈之，又從乳頭向外量，使當肋罅，於繩灸三壯或七壯，男左女右。

治卒疰忤，攻心胸，灸第七椎，隨年壯，又心下一寸三壯，又手肘約文，灸隨年壯。

治五毒疰，不能飲食，百病，灸心下三寸，胃脘十壯。

治水疰，口中吐水，經云：肺來乘腎，食後吐水。灸肺俞，又灸三陰交，又灸期門，瀉肺補腎，各隨年壯。

治一切疰無新久，及治諸氣，神良，先仰卧，灸兩乳邊斜下三寸，第三肋間，隨年壯，可至三百壯，一名注市。

治鬼神邪，穴：間使。

治鬼神邪卒死，穴：陰囊下第一指裏，十四壯。

治溺死一宿尚可救，解死人衣，灸臍中即活，灸膻中季肋間二七壯也，又灸鼻下人中七壯，又灸陰囊下，去下部一寸，百壯，若婦人灸兩乳中間，(久)(又)以爪刺人中，良久，以針針人中令至齒立起，此亦全是魏大夫傳中扁鵲法，即趙太子之患。又張仲景云：尸厥，脈動而無氣，氣閉不通，故靜然而死也，又灸膻中穴二十八壯。

治尸厥，針百會，當鼻中入髮際五寸，針入三分，補之，針足大指甲下內

側去甲三分，又針足中指甲上各三分，大指之內去端韭葉，又針手少陰鋭骨之端，各一分。

治尸厥，刺任脈玉泉一穴，在臍下四寸，針入三分，次針足太陰經隱白二穴，在足大指端內側去爪甲角如韭葉，針入三分，更兼兩脇下熨之。

治卒中五尸，又以四指尖其痛處，灸指下際數壯，令人痛爪其鼻人中，又爪其心下一寸，多其壯，取差。

治尸厥，灸頭上百會穴，四十九壯，兼臍下氣海丹田穴三百壯，覺身體暖即止。

治一切病，食疰，灸手小指，隨年壯，男左女右。

治尸厥，穴：厲兌，灸三壯，炷如小麥大。

治卒死，口開而張目及折者，《肘後》。灸手足兩爪後十四壯，仍飲以五毒諸膏散，有巴豆者良。

治卒死，而四肢不曲失便者，灸心下一寸，臍下三寸，臍上三寸，各一百壯。

治尸厥，以繩圍其臂腕，男左女右，繩後大椎上度，下行脊上，灸繩頭五壯是，又膻中二七壯。

治卒中邪魅，恍惚振噤，灸鼻下人中，及兩手足大指爪甲本，令艾丸半在爪上，半在肉上，各七壯，不止，至十四壯便愈，炷如雀屎大。

又法：令大痛，爪人中，取醒，不起者捲其手，灸下文頭，隨年壯。

治卒死無脈，及治尸厥，針間使各百餘息，又灸鼻下人中，又灸熨斗，熨兩脇下，又葱刺耳，又灸其唇下宛宛中，名承漿，大良。又以細繩圍其人肘宛宛中，男左女右，伸繩從背上大椎度以下，行脊上，灸繩頭，一云五十壯，又從此，灸橫行各半繩。此凡三灸，各灸三，即起。

治卒死，而口噤不開者，以縛兩手大拇指，灸兩白肉中二十壯。

治自縊死，灸四指本節陷中，大指本文名曰地軸，各七壯。

治溺水死，灸法：急解本人衣服，臍中灸百壯，或倒懸病人，挑其臍上垢，或推兩耳中，或綿包皂夾末，內下部，《外臺》云：雖溺死一宿者，以皂夾末綿裹內下部，須臾出水，即活。

治卒中惡，短氣欲死，以其人置地，取利刀畫，從肩起，男左女右，畫地令周邊訖，以刀鋒刺病人鼻下人中，令入一分急，勿動其人，當鬼語求去，乃具問，何與何故來，自當訖去，乃以指滅向所畫地，當肩上頭數寸，令得去，不可具詰問之。

治鬼擊卒死，及諸暴絕證，灸鼻中一壯，立愈之。不瘥，更灸臍上一寸七壯，及兩鮇白肉際，取差。又灸臍下一寸三壯，及兩腳大拇指內離甲一韭葉許，各灸三五壯即活，臍中灸百壯亦效。

治鬼魅驚恐哭泣，上星穴，直鼻入髮際一寸，灸五壯，又唇表中央綫者中，灸三壯，又主邪鬼妄語。

治鬼擊，刺足陽明三里二穴，手少陽經支溝二穴立愈。不愈，復刺、灸。《靈樞經》云：刺之氣不至，無問其數，刺之氣至，勿復針。

治中惡卒死，短氣，胃脘穴，《甲乙經》云：太倉，胃募也，在上脘下一寸，若蔽骨下臍中，手太陽少陽足陽明所生，任脈之會，宜灸三壯。又云：灸足大指橫文，隨年壯，左右。又云：刺督脈水溝一穴，任脈中脘，氣海二穴，凡刺胸腹者，必以布繳，乃單布上刺，又灸兩足大爪甲聚毛中七壯，此華佗法。又云：三七壯，又灸臍中百壯。

《神應經·心邪癲狂部》 中惡不省：水溝、中脘、氣海。

不省人事：三里、大敦。

《神應經·痺厥部》 寒厥：太淵、液門。

痿厥：丘墟。

尸厥如死及不知人事：灸厲兌三壯。

厥逆：陽輔、臨泣、章門。

如脈絕：灸間使，或針伏溜。

尸厥：列缺、中衝、金門、大都、內庭、厲兌、隱白、大敦。

四肢厥：尺澤、小海、支溝、前谷、三里、三陰交、曲泉、照海、太谿、內庭、行間、大都。

《神應經·雜病部》 人脈微細不見，或時無者，以圓利針刺足少陰經復溜穴，針至骨，順針往下刺之，候回陽脈生，方可出針。

《神應經·雜病部》 溺水死，經宿可救，即解死人衣帶，灸臍中。

《奇效良方·中惡通治方》 救溺水法：凡人溺水者，救上岸，即將牛一頭，卻令溺水人將肚橫覆在牛背上，兩邊用人扶策，徐徐牽牛而行，以出腹內之水，如醒即以蘇合香丸之類，或老薑擦牙，若無牛，以活人於長板凳上仰

卧，卻令溺水人如前法，將肚抵活人身上，水出即活，仍灸臍中百壯。

又方：先解死人，火灸臍中即活。

治凍死方：右用氈或藁薦裹之，以索繫定，放在平穩處，令兩人對面，輕輕滾轉，往來如趕氈法，四肢溫和即活，仍灸臍中三五壯。凡冬月凍倒人，急與冷水一兩口，扶在溫煖處，不得與熱湯，如便與熱物及向火必死，雪泥中行，便近火，即腳指隨落。

《古今醫統大全·中寒門·治法》 熨法：用食鹽一斤炒乾大熱，用布二層盛裹，熨臍，冷即易熱者上，陽回即已。一法：用吳朱萸二升，酒略炒，煮濕，以絹袋盛之，蒸極熱，熨心腹及手足心，候氣通暢則止，屢效。一法：治中寒不省人事，氣虛陽脫，腹痛唇青，以葱一握束縛如餅，切去根葉，惟存白二寸許，先以火烙一遍，令通熱勿灼，着病人臍上下似熨斗熨之，令葱熱氣透入腹內，更作三四餅，一餅壞不堪時，又易之，候患人手足溫有汗乃止，更作葱湯一盞服，良。

灸法：氣海、一穴，在臍下一寸五分，厥陰脈微絕，灸二十壯。石關、一穴，在臍下二寸。關元。一穴，在臍下三寸，治藏結不可攻者及陰汗不止，腹脹腸鳴，面黑指手青者，宜灸百餘壯。

《古今醫統大全·針灸直指·諸證針灸經穴》 中寒：陰寒厥冷，脈絕欲死者，宜灸之：氣海、神闕、丹田、關元，俱任脈。宜灸百壯，陽氣自回。

卒厥尸厥：百會、氣海、丹田，並宜灸。水溝。針。

陰證陰毒：關元、氣海。宜灸。

《楊敬齋針灸全書·四肢厥逆》

《楊敬齋針灸全書·傷寒六脈俱無》

《針灸大成·痺厥門》 寒厥：太淵、液門。

痿厥：丘墟。

尸厥如死及不知人事：灸厲兌，三壯。

逆厥：陽輔、臨泣、章門，如脈絕，灸間使，或針復溜。

尸厥：列缺、中衝、金門、大都、內庭、厲兌、隱白、大敦。

四肢厥：尺澤、小海、支溝、前谷、三里、三陰交、曲泉、照海、太谿、內庭、行間、大都。

《針灸大成·瘡毒門》 溺水死者，經宿可救。即解死人衣帶，灸臍中。

人脈微細不見，或有或無，宜於少陰經復溜穴上，用圓利針針至骨處，順針下刺，候回陽脈，陽脈生時，方可出針。

《類經圖翼·針灸要覽·諸證灸法要穴》 厥逆：人中、灸七壯，或針入至齒妙。膻中、二十一壯。百會、暴厥逆冷。氣海。一法以繩圍，男左女右臂腕爲則，將繩從大椎向下，度至脊中，繩頭盡處是穴，灸二十壯。

屍厥卒倒氣脫：百會、人中、合谷、間使、氣海、關元。

卒忤：肩井、巨闕。

《類經圖翼·針灸要覽·諸證灸法要穴》 邪祟：凡犯屍鬼，暴厥不省人事，若四肢雖冷無氣，但覺目中神采不變，心腹尙溫，口中無涎，舌不捲，囊不縮，及未出一時者，尙可刺之復甦也，五邪皆然。此下治法，出《素問》遺篇。

肺虛者見赤屍鬼。

肺俞：刺入一分半，得氣則補，留三呼，次進一分，留一呼，徐徐出針。

合谷：刺三分，得氣則補，留三呼，退一分，留一呼，徐徐出針。

心虛者見黑屍鬼。

心俞：以毫針刺之，得氣留補，即甦。

陽池：刺同。

肝虛者見白屍鬼。

肝俞：以毫針刺三分，得氣留補。

丘墟：以毫針刺三分，得氣則補，留三呼，腹中鳴者可治也。

脾虛者見青屍鬼。

脾俞：刺三分，留二呼，進二分，氣至，徐徐退針，即甦。

衝陽：以毫針刺三分，得氣則補，留三呼，次進一分，留一呼，徐徐退針，以手摸之。

腎虛者見黃屍鬼。

腎俞：刺三分，得氣則補，留三呼，又進二分，留三呼，徐徐出針。

一云：在十五椎下兩旁，疑是奇俞，類氣海俞也。

以上刺法，必先以口含針，令溫煖而刺之，則經脈之氣無拒逆也。

鬼魅：

上星、水溝。鬼擊卒死。

秦承祖灸鬼法，見前奇俞類，四肢部中。

夢魘鬼擊：人中、七壯。足鬼眼穴。在奇俞類。

《景岳全書・雜證謨・厥逆》血厥之證有二，以血脫、血逆皆能厥也。血脫者，如大崩大吐，或產血盡脫，則氣亦隨之而脫，故致卒仆暴死。宜先掐人中或燒醋炭，以收其氣，急用人參一二兩煎湯灌之，但使氣不盡脫，必漸甦矣。

詳此尸厥一證，乃外邪卒中之惡候，凡四時不正之氣，及山魔、土煞、五尸、魘魅之屬皆是也。犯之者，忽然手足厥冷，肌膚寒栗，面目青黑，精神不守，或口噤妄言，痰涎壅塞，或頭旋運倒，不省人事，即名飛尸卒厥，宜用針法，具見本經。若用艾灸，則無如秦承祖灸鬼法及華佗灸陽脫法爲妙。凡用藥之法，當知邪之所湊，必因氣虛，故在本經即以左角之血餘，用補五絡之脫竭，其義可知。若此危急之際，非用參、附回陽等藥，何以挽回？若果邪氣壅盛，胸膈不清，則不得不先爲開通，然後調理，宜不換金正氣散、流氣飲、葱薑湯、蘇合丸之類酌而主之。

《景岳全書・雜證謨・寒熱》其有勢在危急，唇青囊縮，無脈者，宜用華佗救陽脫方急治之，或仍灸氣海、關元二三十壯，但得手足漸溫，脈微出者，乃可生也。

《病機沙篆・厥有八證》針法：四肢厥逆脈伏，宜用圓利針針復溜穴，針至骨處，候回陽脈出針。

灸法：氣海、腎俞、肝俞，三穴。

《採艾編翼・大人科・治證綜要》屍厥：人中、百會、膻中、關元、合谷、液門、章門、大敦、厲兌、金門。

諸陽之熱：後頂。

厥逆：膏肓，病深多灶。

藥：奄然死去，不省人，腹中氣走如雷鳴，先灸百會、關元二穴，用生薑自然汁半盞和酒一盞，煎百沸，灌。

中寒：治，先中脘。最急，先關元。切痛，肓俞。陰縮，然谷。挺出，水泉。陰痛，腎俞。次：列缺、曲澤、章門、期門、曲泉、三陰交、三里。退火補虛，少間或蒸臍，回陽固本。重感加天樞。餘熱不盡，曲池。腹痛，氣衝。

《太乙神針心法・痺厥門》寒厥：針太淵、液門。

熱厥：針百會、湧泉。

氣厥：針上脘、氣海。

薄厥：針百會、陰交。

尸厥：針厲兌、列缺、中衝、金門、大都、內庭、隱白、大敦、鬼眼。

四肢厥：針尺澤、少海、支溝、前谷、三陰交、三里、曲泉、照海、太谿、內庭、行間、大都。

《醫宗金鑒・刺灸心法要訣・灸暴絕穴歌》鬼魘暴絕最傷人，急灸鬼眼可回春。穴在兩足大指內，去甲韭葉鬼難存。〔吳謙等注〕凡一切鬼魘暴絕，當灸奇穴，在足兩大指內去爪甲如韭葉許，名鬼眼穴。灸之，則鬼邪自去，而病可愈也。

《醫宗金鑒・刺灸心法要訣・灸中惡穴歌》尸疰客忤中惡病，乳後三寸量準行，男左女右艾火灸，邪祟驅險神自寧。

〔吴謙等注〕灸尸疰、客忤、中惡等證，其穴在乳後三寸，男左女右灸之。

《羅遺編·針灸要穴論》 戴眼：神庭。脊骨三椎五椎，各灸五七壯，齊下火立效。

厥逆：人中、灸七壯，或針入至齒妙。膻中、二十一壯，百會、暴厥逆冷。氣海。眞氣不足，妙。

一法以繩圍男左女右臂腕爲則，將繩從大椎向下度，至脊中繩頭盡處是穴，灸三七壯。

《針灸逢源·證治參詳·中風門》 尸厥：陰陽逆也，其狀如死，猶微有息而不恆，脈尚動而形無知也，脈沉大而滑，身溫而汗，此爲入府，氣復自愈。若脣青身冷，此爲入藏即死，手冷過肘，足冷過膝者死，指甲青黑者死。人中、針入至齒。百會、間使、列缺、期門、巨闕、氣海、金門、厲兌、大都、隱白、大敦。

尸厥、卒忤、中惡等證，在乳後三寸，男左女右灸之。

五邪治法：人虛即神遊失守，使鬼神外干，令人暴亡。

肝虛者見白屍鬼，丘墟、刺三分得氣則補，留三呼，腹中鳴者可治。肝俞。刺三分，得氣留補。

心虛者見黑屍鬼，陽池、刺三分留一呼，次進一分，留三呼，徐出，捫穴。心俞。刺三分，得氣留補即甦。

脾虛者見靑屍鬼，衝陽、刺三分，得氣則補，留三呼，徐出，捫穴，脾俞。刺三分，留二呼，氣至，徐徐退針，即甦。

肺虛者見赤屍鬼，合谷、刺三分，得氣則補，留三呼，退一分，徐出針。肺俞。刺一分半，得氣留補，徐徐出針。

腎虛者見黃屍鬼，京骨、刺一分半，留三呼，進三分，留一呼，徐出捫穴。腎俞。刺三分，得氣則補，留三呼，徐出，捫穴。

《針灸逢源·論治補遺·厥證辨》 如感臭穢瘴毒暴死者，名曰中惡，視膝腕內有紅筋，刺出紫血，或刺十指頭出血，候醒，以藿香正氣散調之。有因大吐大瀉後，卒然四肢厥冷，不省人事，名曰脫陽。俱宜急以葱白緊縛放臍上，以艾火灸之，使熱氣入腹，後以參附薑湯救之，汗止喘息爲可治，遲則無及矣。

《針灸全生·心胸脇腹》 心驚中風，不省人事：中衝、百會、大敦、後谿。

心風：心俞、中脘。

《針灸便覽·中風》 不識人：水溝、臨泣、合谷。

《針灸便覽·灸卒死》 一切急魘暴絕，灸足兩大指內韭葉。

《神灸經綸·厥逆灸治》 暴厥冷逆：氣海、腎俞、肝俞、陽溪、人中、膻中、百會。

一法：以繩圍男左女右臂腕，將繩從大椎向下度，至脊中繩頭盡處是穴，灸二十一壯。尸厥灸此亦妙。

尸厥卒倒氣脫：百會、人中、合谷、間使、氣海、關元。

扁鵲治虢太子疾，取三陽五會，更熨兩脇下即蘇。

腎厥，頭痛筋攣，不嗜卧：關元。灸百壯。

卒忤：肩井、巨闕、水溝、小炷三壯。神門。小炷三壯。

又：灸中惡等證，其穴在乳後三寸，男左女右，灸之。

陰厥脛直：照海、陽陵泉。鬼魅狐惑：鬼哭穴，取將手兩大指相並縛定，用艾炷於兩甲角反甲後肉四處騎縫着火灸之，則患者哀告我自去爲效。

面靑腹痛，嘔吐瀉利，舌捲囊縮，手指甲脣靑，心下結硬脹滿，冷汗不止，四體如冰，厥逆昏沉，不省人事，脈伏絕者：氣海穴，在臍下一寸五分。丹田穴，在臍下二寸。關元穴，在臍下三寸。用大艾炷灸二七壯，得手足溫煖，脈至知人事，無汗要有汗出即生，不煖、不省、脈不至者死。

中暑神昏：證見卒倒無知，名曰暑風。大率有虛實兩途，實者痰之實也，平素積痰充滿經絡，一旦感召盛暑，痰阻其氣，卒倒流涎，此濕暍合病之最劇者也，宜先吐其痰，後淸其暑，猶易爲也。虛者陽之虛也，平素陽氣衰微不振，陰寒久已用事，一旦感召盛暑，邪湊其虛，此濕暍病得自虛寒者也，宜回陽藥中兼淸其暑，最難爲也。丹溪謂夏令火盛之時，爍石流金，何陰寒之有，此其見偏，主於熱治宜淸涼，灸法似不可用，然亦不盡然也。天有非時之氣，人即有非時之病，如夏行秋令，冬行春令，寒時得熱證，熱時得寒證，往往有之。况盛暑之氣外陽而內陰，中之者卒暴面垢，冷汗出，手足微冷，或吐或瀉，或喘或滿，甚至不省人事，宜灸：百會、中脘、三里、脾俞、合谷、人中、陰谷、三陰交。

冒暑霍亂：百勞、委中、合谷、曲池、三里、十宣。

《針灸集成·厥逆》 痰厥頭痛者，必灸頭部能安之者，乃痰凝經絡，氣不

流行故也。

吐痰厥逆：從男左女右，以繩圍患人肘，還至起端處截斷，以其繩頭從大椎尖，下行脊骨上，繩頭盡處，五十壯。

尸厥：謂急死也，人中、針，合谷、太衝，皆灸，下三里、絶骨、神闕，百壯。

若脈微似絶：灸間使，針復溜，久留神效。

四肢轉筋厥逆：內庭、列缺、竅陰、至陰、承山，三七壯，合谷、太衝。

又：內筋急灸內踝尖一壯，外筋急灸外踝尖上一壯。

善恐，小氣厥逆：章門、少衝、合谷、太衝、氣海，百壯。

傳尸骨蒸：肺俞，灸，膏肓俞，灸，四花穴、腰眼穴，并灸。

腎厥頭痛，筋攣驚恐，不嗜卧：關元、腎俞、絶骨、內關、膽俞，並灸。

《針灸集成·急死》 中惡：百會，三七壯，間使、年壯，承漿，七壯，心俞，七壯，人中，五十壯，隱白一壯，囊下十字紋三壯，諸穴中，神闕，百壯、下三里，七壯，最神。

溺水死：即解死人衣服，以其腹伏著於馬鞍之上，使其水泄出後，艾灸臍中百壯，即活，神效。

縊死：心下有微溫，一日以上者猶可活，徐解縊索及衣服，安卧溫處厚裹，緊塡肛門，一人緊摩兩肩臂引頭髮，勿令縱，又一人摩擦胸肩令數屈伸，無數，又兩人分坐，以竹管吹兩鼻中，即活。

《針灸集成·虚勞》 大病虚脫本是陰虚，用艾灸丹田者，所以補陽，陽生陰長故也。

《針灸穴法》 四肢厥冷，默睡不語：神厥一穴、丹田一穴、三陰交二穴。

《灸法秘傳·尸厥》《金鑑》云：尸厥者，類中風之稱也。謂其形厥而氣不厥，口鼻無氣，狀類死尸，而脈自動也。延醫不及，急宜灸大敦穴，倘有四肢厥冷，宜灸內庭，又灸行間，不可悞也。

《針灸摘要·任脈》血迷血暈：人中。

《針灸摘要·陰蹻脈》 虚陽自脫：心俞、然谷、腎俞、中極、三陰交。

《名醫類案·厥》 陳斗巖治一婦人病厥逆，脈伏，一日夜不甦，藥不能進。陳視之曰：可活也。針取手足陽明，（手陽明大腸合谷穴，足陽明胃厲兌穴。）氣少回，灸百會穴，迺醒。初大泣，既而曰：我被數人各執凶器逐，潛入櫃中，聞小兒啼，百計不能出，又聞擊櫃者，隙見微明，俄覺火燃其蓋，遂躍出，其擊櫃者，針也，燃櫃蓋者，灸也。

《太乙神針心法·針案紀略》 山右風氣，好鬥輕生，命案最多。先生之治石樓也，遇有鬥毆舁傷來驗者，即審視其傷之重輕，輕者不究，其有傷重垂斃者，視奄奄一息尚存，即以絳雪丹三錢，用熱酒衝開，灌之，但得入口，使惡血不得衝心，可保無虞。倘氣已絶，口噤不受藥，急以神針針之，俟氣回聲出，乃以藥灌，再於受傷處以藥敷之，責令行兇人保辜調養，俟傷痕平復示審。審之日，一據理之曲直是非爲斷，倘行兇人曲而非，則於本罪之外更治其行兇之罪；倘受傷人曲而非，則仍照罪科斷，略不假借，而另治行兇者以應得之罪。於是鬥毆之風漸息，而自傷以圖誣者亦不敢作奸矣。間有重傷，俱護保全，故終其任，無一命案也。

先生任石樓，甫下車，一生員以乃郎不率教，責之，因大怒氣重，痰壅塞喉死。舉家皇急，其弟奔訴。適先生公坐，乃手授神針一枚，令針百會一穴、肝俞兩穴，針三下，有痰一丸從喉間躍出，氣通而甦，隨走謝先生。呼乃郎到案，杖責示懲，諭以至情至性，多方開導，父子感泣而去。

先生之攝篆永寧也，每日政事之暇，輒以神針治病，視石樓爲更多，無不手到病除，筆難殫述。而最奇者，有起死回生之一事，此古今所不經見者也。甲午冬，先生以公事往大武鎮。道經同生溝，路遇鄉保，稟稱本村於昨夜毆死一人。先生急命幹役疾往，拘其兇首毋使遁，而單騎赴死者之家。驗看則遍身重傷，屍挺僵，已無生氣矣。先生自念此乃眞命案也，死者之父母年皆七十以外，貧而且病，所倚惟此一子，今其子死，二老決不能活矣。奈何，惻然不忍坐視，不得已，因取針針其百會，聊以自盡厥心，非敢謂其能必活也。時天氣甚寒，令村人各解衣，以熱體輪熨屍身。又於鍋中熬水令沸，令村人各以其手探湯極熱，更番揉擦屍之手足。無何，屍得人氣，體頓柔，針至十四針，忽喉中作響，口鼻微吐有氣，診其脈，脈忽動。先生喜曰：有救矣！針至二十一針，則喉間大出聲痛哭，手足能屈伸舒展，口稱遍體痛不可忍，則皆其被毆處也。睜開雙眼，淚如雨下，見先生在座，訴冤不住口。先生呼酒來，以藥飲之，於其破損流血處以藥糝之，其遍體傷痛處，俱以針針之。責令兇首保辜調養，如限內死，仍抵償。其父母見其子忽活，喜出望外，村中人舉嘆息而去。閱兩月後，先生早視堂事，忽見一人持狀，口稱求和息。訊之，即前同生溝之人被人毆死，死經一夜而救之活者也。視其狀貌，較前肥偉。俄而其

父母向前稟云：吾子不但傷痕平復，且更健，已能務莊農矣，不願終訟聽審也。先生念人雖已活，而法不可縱，將兇首予杖示儆，準令和息存案。救一人於已死，而保全其兩家於不死，州人咸頌之不衰云。

夫神針之起死回生者，多矣。然大約因其病在垂危，醫藥所不能救，而神針救之耳。未有毆死之人，遍體重傷，死經一夜，氣斷脈絕，四肢僵直，而能令之復活者也，故曰最奇也。此蓋先生深憫其父母之老病孤苦，勢在必死，一念惻隱之心，不忍坐視，感動彼蒼，乃護此奇驗，非神針本來原有此一種治法也。當日，祐因從遊驂後乘，目擊其事，以爲奇，故記之。

《續名醫類案·厥》 於敖青衣爲崔侍御所得，忽暴死。梁革曰：此非死，乃尸厥也。刺心及臍下數處，衣以單衣，臥床上，縛其手足，置微火於床下，稍甦，以葱粥灌之，青衣遂活。徐應秋云：凡病尸厥，呼之不應，脈伏者死，脈反大者死。

竇材治一人，因大惱，悲傷得病，晝則安靜，夜則煩悶，不進飲食，左手無脈，右手沉細，世醫以死證論之。竇曰：此腎厥病也，因寒氣客肝腎二經，灸中脘五十壯，關元五百壯，每日服金液丹、四神丹，至七日，左手脈生，少頃，大便下青白膿數升許，全安。此由眞氣大衰，非藥能治，惟艾火灸之。此證非灸法不愈，非丹藥不效，二者，人多不能行，醫人僅用泛常藥以治，其何能生。

一婦人產後發昏，兩目濇，面上發麻，牙關緊急，兩手拘攣。竇曰：此胃氣閉也。亦由肝氣上逆，胃氣結而成厥。胃脈挾口、環唇，出於齒縫，故見此證。令灸中脘五十壯，即日愈。若產後血厥，倉公白微湯。一婦人時時死去，已二日矣，凡醫作風治之不效，竇與灸中脘五十壯而愈。此即尸厥。

《續名醫類案·中毒》 凌漢章，歸安人，爲諸生，棄去，北遊泰山，古廟前遇病人，氣垂絕，凌嗟歎久之。一道人忽曰：汝欲生之乎？曰：然。道人針其左股立甦。曰：此人毒氣內攻，非死也，毒散自生耳。因授凌針術，治疾無不效。《明史》。雄按：雖未明言所中何毒，所針何穴，然毒散自生，理固有之，醫者不可不知隅反也。

《杏軒醫案·初集·方理豐翁中寒脱陽殆證救甦》 理翁年逾五旬，耽於酒色，時值寒夜，鄰家邀飲，起身小解，昏眩仆地。促予往視，面白肢厥，口鼻氣冷，神昏遺溺，脈細如絲。予曰：陽脱矣，奈何？渠子弟泣求拯治，倉卒市藥不及。令先取艾火，灸氣海、關元數壯，幷煎薑湯灌之，少頃，呻吟出聲，方訂參附湯，因其力難辦參，姑用黨參二兩，附子一兩，濃煎服訖，四肢漸溫，目開能言。昇歸，詰朝，脈色略回，惟嘔惡畏寒，不思飲食。將前方分兩減半，參合理中湯方法，與服二日，轉用右歸飲，溫補腎元，月餘，方能起簀。

《杏軒醫案·初集·方氏婦目疾誤治變證》 方氏婦，本體血虛，偶患目疾，眼科認爲實火，初用芩、連清之，更用大黃下之，飲藥一盞，頃忽暈去，舌吐唇外，不能縮入，肢厥脈伏。時已薄暮，急延予診，謂曰：寒下耗傷眞陽，陽氣暴脱，勢屬可畏。還投溫補，希冀挽回。方疏通脈四逆湯，藥熟，不能下咽，令取艾火，灸氣海、關元數壯，身始動，舌始收，忙灌藥一鍾，移時又厥，仍令再灸，厥回，復進前藥，守至黎明始甦，續進左歸飲，及滋腎生肝諸劑，病痊，目亦明矣。

《醫學衷中參西録·治喘息方》 一人傷寒病痊后，忽痰涎上湧，杜塞咽喉，幾不能息，其父用手大指點其天突穴，息微通點天突穴法詳第三卷。急迎愚調治，遂用香油二兩熬熱，調麝香一分灌之，旋灌旋即流出痰涎若干，繼用生赭石一兩、人參六錢、蘇子四錢煎湯，徐徐飲下，痰涎頓開。

《醫學衷中參西録·治痰點天突穴法》 治痰點天突穴法：附捏結喉法，明礬湯，麝香香油灌法。

點天突穴以治痰厥，善針灸者，大抵知之，而愚臨證體驗，尤曲盡點法之妙。穴在結喉項間高骨。下宛宛中，點時屈手大指指甲長，須剪之。以指甲貼喉，指端着穴，直向下用力，勿斜向裏。其氣即通，指端，當一起一點，令痰活動，兼頻頻撓動其指端，令喉癢作嗽，其痰即出。

一婦人，年二十許，數日之前，覺胸中不舒。一日忽然昏昏似睡，半日不醒。適愚自他處歸，過其村。病家見愚喜甚，急求診治。其脈沉遲，兼有閉塞之象。唇瞤動，凡唇動者，爲有痰之徵象，當系寒痰壅滯上焦過甚。遂令人扶之坐，以大指點其天突穴，俾其喉癢作嗽。約點半點鐘，咳嗽十餘次，吐出涼痰一碗，始能言語。又用干薑六錢，煎湯飲下而愈。

歲在甲寅，客居大名之金灘鎮。適有巡防兵，自南樂移戍武邑，道出金灘。時當孟春，天寒，雨且雪，兵士衣裝盡濕。一兵未至鎮五里許，因凍甚，不能行步，其伙舁之至鎮，昏不知人。呼之不應，用火烘之，且置於溫暖之處，經宿未醒。聞愚在鎮，曾用點天突穴法，治愈一人，求爲診治。見其僵臥不動，呼吸全無。按其脈，仿佛若動。以手掩其口鼻，每至呼吸之頃，微覺有

熱，知猶可救。遂令人扶起俾坐，治以點天突穴之法，兼捏其結喉。約兩點鐘，咳嗽二十餘次，共吐涼痰碗半，始能呻吟。亦飲以干薑而愈。

捏結喉法，得之滄州友人張獻廷，其令人喉癢作嗽之力尤速。欲習其法者，可先自捏其結喉，如何捏法即可作嗽，則得其法矣。然當氣塞不通時，以手點其天突穴，其氣即通。捏結喉，必癢嗽吐痰后，其氣乃通。故二法宜相輔並用也。

按：此法必周身血肉，凍至冰凝，呼吸全無者，方宜用之。若凍猶不至若是之劇，用其法者又宜斟酌變通，究之其法雖善，若果有寒痰杜塞，必兼用點天突穴，捏結喉法，方能挽救。

《醫學衷中參西録・董壽山來函》又：朱程家林朱姓婦，產後旬餘，甚平順。適伊弟來視，午后食煮包一大碗，伊弟去后，竟猝然昏倒，四肢抽搐，不省人事。延爲診視，六脈皆伏，當系產後五內空虛，驟而飽食填息，胸中大氣不能宣通，諸氣亦因之閉塞，故現此證。取藥不及，急用點天突穴及捏結喉法，又用針刺十宣及少商穴，須臾，咳吐稠痰若干，氣順腹響，微汗而愈。

癇證

《素問・通評虛實論》刺癇驚脈五，（王冰注）謂陽陵泉，在膝上外陷者中也。針手太陰各五，刺經太陽五，刺手少陰經絡傍者一，足陽明一，上踝五寸刺三針。

《靈樞・寒熱病》暴攣癇眩，足不任身，取天柱。

《太素・寒熱・寒熱雜説》暴攣癇眩，足不任身，取天柱。足太陽脈起目內眥，上額交巔，入絡腦，下俠脊抵腰，循膂過髀樞，合膕貫腨出外踝後，至小指外側，故此脈病，暴腳攣，小兒癇，頭眩足痩，可取天柱。天柱，俠項後髮際大筋外廉陷者中也。

《太素・雜病・刺癇驚數》刺癇驚脈五：針手太陰各五，刺經太陽五，刺手少陽經絡者傍一寸，足陽明一寸，上踝五寸刺三針之。刺癇驚脈，凡有五別：手太陰五取之，又足太陽輸穴五取之，又手少陽經絡傍三取之，又足陽明傍去一寸，上踝五寸三針之。

《甲乙經・八虛受病發拘攣》暴拘攣，癇眩，足不任身，取天柱主之。掖拘攣，暴脈急，引脇而痛，內引心肺，譩譆主之，從項至脊，自脊已下，至十二椎，應手刺之，立已。轉筋者，立而取之，可令遂已。痿厥者，張而引之，可令立快矣。

《千金要方・驚癇・候癇法》耳後完骨上有青絡盛，臥不靜，是癇候。青脈刺之令血出也。

《扁鵲心書・癇證》有胎癇者，在母腹中，母受驚，驚氣衝胎，故生子成疾，發則仆倒，吐涎沫，可服延壽丹，久而自愈。有氣癇者，因惱怒思想而成，須灸中脘穴而愈。

治驗

一人病癇三年餘，灸中脘五十壯即愈。

一婦人病癇已十年，亦灸中脘五十壯愈。凡人有此，惟灸法取效最速，藥不及也。

《聖濟總録・奇經八脈・治風癲灸刺法》大人癲，小兒驚癇，灸背第二椎，及下窮骨兩處，以繩度，中折，繩端一處，是脊骨上也，凡三處畢，復斷繩，作三折，令各等而參合如厶字樣，以一角注中央，灸下二角俠脊兩邊，凡五處，各百壯，削竹皮爲度，勝於繩。

又灸足大指上聚毛中七壯。

又灸囊下縫二七壯。

又灸兩乳頭三壯。

又灸督脈三十壯，三報，穴在直鼻中，上入髮際。

又灸天窗百會，各漸至三百壯，炷惟小作。

又灸耳上髮際，各五十壯。

《針灸資生經・癲癇瘈瘲》命門，治瘈瘲裏急，腰腹相引痛。大杼，治瘈瘲氣實脇滿。屋翳，治瘈瘲不仁。陽谷，治瘈瘲。曲澤，療肘瘈瘲。少澤，療瘈瘲。承筋，主瘈瘲腳酸。曲池、少澤，主瘈瘲癲疾。身柱，主癲疾瘈瘲，怒欲殺人，身熱狂走，讝言見鬼。商丘，主癇瘈。攢竹、小海、後頂、強間，主癇發瘈瘲狂走。崑崙，主癇瘈，口閉不開。陽谿、天井，主驚瘲。解谿，主瘈瘲而驚。上關，主瘈瘲沫出，寒熱痙引骨痛。巨闕、照海，主瘈瘲引臍腹，短氣。命門，瘈瘲裏急，腰腹相引痛。腦戶、聽會、聽宮、風府、翳風，主骨痠眩狂，瘈瘲口噤，喉鳴沫出，瘖不能言。五處、身柱、委中、委陽、崑崙，主脊強反折，瘈瘲，癲疾頭痛。絡卻、聽會、身柱，主狂走瘈瘲，恍惚不樂。瘂門，治寒熱風

痙，脊強反折，瘈瘲癲疾頭重。五處，治頭風目眩，瘈瘲，目戴上不識人。巨髎，治瘈瘲口喎。上關，治瘈瘲口沫出，目眩，牙車不開，口噤。少澤，治臂痛瘈瘲，咳嗽，頸項急，不可顧。附陽、天井，治瘈瘲。腕骨，治驚風瘈瘲，五指掣。帶脈，治婦人裏急瘈瘲。大椎，療癲病瘈瘲，身熱目眩，項急，卧不安。顖囟，治小兒發癇瘈瘲，嘔吐涎沫，驚恐失精，瞻視不明。瘈脈，治小兒驚癇瘈瘲，嘔吐泄痢無時，驚恐眵瞢，目睛不明。前頂，治小兒驚癇，風癇瘈瘲。崑崙，治小兒發癇瘈瘲。

《針灸資生經·癲癇》 天柱，主卒暴癇眩。攢竹、小海、後頂、強間，主癇發瘈瘲狂走。商丘，主癇瘈。絲竹空、通谷，主風癇癲疾，涎沫狂煩。金門、僕參，主癲疾馬癇。天井、小海，主癲疾，羊癇吐舌，羊鳴戾頸。懸釐、束骨，主癲疾互引，善驚羊鳴。筋縮、曲骨、陰谷、行間，主驚癇狂走癲疾。列缺，主熱癇驚，而有所見。水溝，治失笑無時，癲癇，語不識尊卑，乍喜乍哭，牙關不開。心俞，治發癇悲泣。筋縮，治驚癇，狂走癲疾，脊急強，目轉上垂。僕參、金門，治癲癇。脊中，治風癇癲邪。神門，治大小人五癇。金門，治小兒發癇，張口搖頭身反折。脊俞，療風癇癲邪。神庭，療腫氣風癇，癲風不識人，羊鳴，角弓反張，披髮而上歌下哭，多學人語，驚悸不安寢。肺俞、僕參，療癲癇。少海，療癲癇吐舌，沫出，羊鳴。狂癲風癇吐舌，灸胃管百壯，不針，倉公法。狂癇不識人，癲病眩亂，灸百會九壯。

凡發狂則欲走，或自高貴稱神聖，皆須備諸火灸之，乃得永差。悲泣呻吟，此則爲邪，非狂也，自依邪方法治。

《針灸資生經·驚癇》 囟會，治驚癇，戴目上不識人。巨骨，療驚癇破心吐血。鳩尾，療心驚癇發，狀如鳥鳴，破心吐血，心中氣悶，不喜聞人語，心痛腹脹。少衝，療驚癇，吐舌，沫出。束骨，療驚癇癲狂，身寒熱，頭痛目眩。筋縮，療驚癇狂走，癇病多言，脊強，兩目轉上及目瞪。瘈脈、長強，主小兒驚癇瘈瘲，嘔吐泄注，驚恐失精，瞻視不明。囟會、前頂、本神、天柱，主小兒驚癇。臨泣，主兒癇反視。囟會，主兒癇喘不得息。前頂，治小兒驚癇，風癇瘈瘲，發即先時鼻多清涕，頂腫。瘈脈、神道、顖囟，治兒發癇瘈瘲。長強、身柱，療小兒驚癇。小兒但是風病，灸率谷。小兒先驚怖啼叫，後乃發驚癇，灸頂上旋毛中三壯，及耳後青絡脈。小兒驚癇，灸鬼錄穴一壯，在上唇內中央絃上，用鋼刀決斷更佳。小兒急驚風，灸前頂三壯，若不愈，須灸兩眉頭及人中穴。秦承祖灸小兒驚癇等。小兒緩驚風，灸尺澤各一壯。狂邪驚癇病，灸承命三十壯，在內踝後上行三寸動脈上，亦灸驚狂走。狂癲風驚，厥逆心煩，灸巨陽五十壯。行間，主驚癇。腕骨，治驚風。筋縮，療驚癲。

急慢驚風，非風也。古人謂之陰陽癇，猶傷寒之有陰陽證也，陽癇如陽證，當治以涼藥，陰癇如陰證，當治以溫藥，庸醫不知此，例以風藥治之，風藥多涼，或是慢驚，未有不罹其害者，戒之戒之，若灸驚風，惟灸慢驚、慢脾風爲穩當云。

《針灸資生經·風癇》 神庭，療癲風不識人，羊鳴。百會，療風癇，青風心風，角弓反張，羊鳴，多哭，言語不擇，發時即死，吐沫心熱悶，頭風，多唾心煩，驚悸無心力，忘前失後，食無味，頭重，飲酒面赤鼻塞。《明下》云，療登高而歌，棄衣而走，角弓反張，羊癇吐舌。百會，治風癇，中風，角弓反張，或多哭，言語不擇，發即無時，盛即吐沫，心煩驚悸。神庭、絲竹空，治風癇，目戴上不識人。巨闕，療心中煩悶，熱風風癇，浪言，或作鳥聲，不能食，無心力。會宗，治肌膚痛，耳聾，風癇。脊中、湧泉，治風癇。前頂，療風癇。上管，療風癇熱痛，可瀉而後補。脊俞，療風癇癲邪。眉衝，療目五般癇，頭痛鼻塞。湧泉，神聰、強間，療風癇。天井，療癇病，羊鳴吐舌。癇病，小兒惡疾也，呼吸之間，不及求師，致困者不少。小兒食癇者，先寒熱洒淅乃發，灸鳩尾上五分三壯。小兒風癇者，先屈手指如數物，乃發也。灸鼻柱上髮際宛中三壯。小兒豬癇病，如尸厥，吐沫，灸巨闕三壯。小兒雞癇，善驚反折，手掣自搖，灸手少陰五壯，在掌後去腕半寸陷中。小兒羊癇，目瞪、吐舌，羊鳴，灸九椎下節間三壯。小兒牛癇，目直視，腹脹，乃發，灸鳩尾三壯。小兒馬癇，張口搖頭，身反折，馬鳴，灸僕參各三壯。馬癇，張口搖頭馬鳴，欲反折，灸項風府、臍中三壯。牛癇，目正直視，腹脹，灸鳩尾骨及大椎，各三壯。羊癇，喜揚目吐舌，灸大椎上三壯。豬癇，喜吐沫，灸完骨兩旁各一寸，七壯。犬癇，手屈拳攣，灸兩手心、足太陽肋戶，各一壯。雞癇，搖頭反折，喜驚自搖，灸足諸陽各三壯。神庭、脊俞、療風癇。前頂，治小兒驚癇、風癇。小兒髮逆上，啼笑，面暗，色不變，是癇候。或鼻口青時小驚，或目閉青時小驚，或身熱頭常汗出，或身熱吐乳而喘，或身熱目時直視，或卧惕惕而驚，手足振搖，或卧夢笑，手足動搖，或意氣下而妄怒，或咽乳不利，或目瞳子卒大黑於常，或喜欠，目上視，或身熱小便難，或身熱目視不精，或吐痢不止，厥痛時起，或弄舌搖頭，

諸候二十條，皆癇之初也，見其候，便爪其陽脈所應灸，爪之皆重手，令兒驟啼，及足絶脈，亦依方與湯，直視瞳子動，腹滿轉鳴下血，身熱口噤不得乳，反張脊強，汗出發熱，爲卧不悟，手足掣瘲，喜驚，凡八條，癇之劇者也。如有此，非復湯爪所能救，當時而灸之。

徐嗣伯曰：風眩之病，起於心氣不足，胸上蓄熱實，痰熱相感而動風，風心相亂則悶瞀，故謂之風眩瞀。大人曰癲，小兒爲癇，此方爲治，萬無不愈，困急時但度灸穴，使大針針之，無不差者。初得針竟便灸最良。余業之以來三十餘年，所救活者，數千百人。病此而死，不逢嗣故也。

《針經摘英集·治病直刺訣》 治風癇、熱病、心風驚悸、霍亂吐痢、伏梁氣狀如覆杯，刺任脈上脘一穴，次針足陽明經三里二穴。

《普濟方·針灸門·風癇》 治癲風不識人，羊鳴，穴：神庭。

治風癇，青風心風，角弓反張，羊鳴多哭，言語不擇，發時即死，吐沫，心熱悶，頭風多睡，心煩驚悸，無心力，忘前失後，食無味，頭重，飲酒面赤，鼻塞，及療登高而歌，棄衣而走，角弓反張，羊癇吐舌，穴：百會。

治風癇，中風角弓反張，或多哭，言語不擇，發即無時，盛即吐沫，心煩驚悸，穴：百會。

治風癇目戴上不識人，穴：神庭、絲竹空。

治心中煩悶，熱風風癇，浪言，或作鳥聲，不能食，無心力，穴：巨闕。

治肌膚痛，耳聾，風癇，穴：會宗。

治風癇，穴：脊中、湧泉。

治風癇，穴：前頂。

治風癇熱病，可瀉而後補，穴：上脘。

治風癇癲邪，穴：脊俞。

治風癇，穴：湧泉、神聰、強間。

治癇病，羊鳴吐舌，穴：天井。

治馬癇，張口搖頭，馬鳴欲反折，穴：項風府、臍中，灸三壯。

治牛癇，目正直視，腹脹，穴：鳩尾骨、大椎，各灸三壯。

治羊癇，喜揚目吐舌，穴：大椎，灸三壯。

治豬癇，喜吐沫，穴：完骨兩旁各一寸，灸七壯。

治犬癇，手屈拳攣，穴：兩手心、足太陽、肋戶，各一壯。

治鷄癇，搖頭反折，喜驚自搖，穴：足諸陽，灸各三壯。

治風癇，穴：神庭、脊俞。

治癲疾馬癇，穴：金門、僕參。

治目五般癇，頭痛鼻塞，穴：眉衝。

治風癇，熱病，心風，驚悸，霍亂吐痢，伏梁，氣壯如覆杯，穴：上脘，一穴。三里。二穴。

凡灸癇病，當先下使虛，乃乘虛而灸之。未嘗有實而灸者，氣逼前後不通殺人，若身體不甚熱，心腹不脹滿，便可灸之。若壯熱滿者，須先下後灸。

治卒暴癇眩，足不任身，穴：天柱。

治癇發，瘈瘲狂走不得卧，心中煩，穴：攢竹、小海、後頂、強間。

治風癲癇疾，涎沫狂煩滿，穴：絲竹空、通谷。

治癲癇，陰囊下穀道正門當中間，灸隨年壯。

治癲疾，羊癇吐舌，羊鳴戾頸，穴：天井、小海。

治癲疾，互善驚羊鳴，穴：懸釐、束骨。

治驚癇，狂走癲疾穴：筋縮、曲骨、陰谷、行間。

治熱癇，驚而有所見，穴：列缺。

治失笑無時，癲癇，語不識尊卑，乍喜乍哭，牙關不開，穴：水溝。

治發癇悲泣，穴：心俞。

治驚癇狂走，癲疾，脊急強，目轉上垂，穴：筋縮。

治癲癇，穴：僕參、金門。

治風癲癇邪，穴：脊中。

治大人小兒五癇，穴：神門。

治風癇癲邪，穴：脊俞。

治腫氣風癇癲風，不識人，羊鳴，角弓反張，披髮而上歌下哭，多學人語，驚悸不安寢，穴：神庭。

治癲癇，吐舌沫出，羊鳴，穴：少海。

治癲癇，穴：肺俞、僕參。

治狂癇風癇，吐舌，穴：胃脘，灸百壯，不針。

治狂癇不識人，癲眩亂，穴：百會，灸九壯。

治驚風癲癇，痓病發搐，神昏不語，穴：百會，灸七壯，至七七壯，量輕

重，加減艾壯數，又兩足外踝下赤白肉際陷中，金門穴，灸七壯，至七七壯。

治驚癇戴目上，不識人，穴：囟會。

治驚癇破心吐血，穴：巨骨。

治心驚癇發，狀如鳥鳴，破心吐血，中氣悶，不喜聞人語，心痛腹脹，穴：鳩尾。

治驚癇，吐舌沫出，穴：少衝。

治驚癇癲狂，身寒熱，頭痛目眩，穴：束骨。

治驚癇狂走，癇病多言，脊強兩目轉上，及目瞪，穴：筋縮。

治狂邪驚癇，及驚狂走，穴：承命，灸三十壯。

治狂癲驚風，厥逆心煩，穴：巨陽，灸五十壯。

治驚癇，穴：行間。

治驚風，穴：完骨。

《玉機微義·風癇門·叙癇病之始》《靈樞》云：暴攣癇眩，足不任身，取天柱。天柱穴，足太陽也。又云：癲癇瘈瘲，不知所苦，兩蹻之下，男陽女陰。潔古云，晝發灸陽蹻，夜發灸陰蹻，各二七壯。陽蹻起於跟中，循外踝上行入風池。申脈穴也。陰蹻亦起於跟中，循內踝上行，至咽喉，交貫衝脈。照海穴也。

《神應經·諸風部》 凡患風癇，疾發則僵仆在地：灸風池、百會。

驚癇：尺澤，一壯。少衝、前頂、束骨。

風癇：神庭、百會、前頂、湧泉、絲竹空、神闕，一壯。鳩尾。三壯。

《神應經·心邪癲狂部》 癲癇：攢竹、天井、小海、神門、金門、商丘、行間、通谷、心俞，百壯。後谿、鬼眼。四穴，在手大指足大指內側爪甲角，其艾炷半在爪上，半在肉上，三壯極妙。

《針灸聚英·雜病》 癇

俱是痰火不必分牛馬六畜，灸百會、鳩尾、上脘、神門、陽蹻，晝發。陰蹻。夜發。

《針灸聚英·玉機微義針灸證治》 癇

劉氏曰：此疾與中風顛狂，小兒急慢驚相類。原其所由，或在母腹中受驚，或因聞大驚而得。蓋小兒神氣尚弱，驚則神不守舍，舍空則涎歸之，或飲食失節，脾胃有傷，積爲痰飲，迷心竅，治法必當尋火尋痰而治。丹溪曰：不必分六畜牛馬雞犬，大率主痰火。

潔古云：晝發灸陽蹻，夜發灸陰蹻，各二七壯。《千金方》驚癇按圖灸之。一小兒四歲，與長老念咒摩頂受記發搐，后見皂衣人即發，羅謙甫先與灸兩蹻各二七壯，次服沉香天麻湯。

《古今醫統大全·風癇門·灸法》 神庭、灸三壯，治風癇吐舌、角弓反張。少衝、灸二壯。前頂、灸三壯，治小兒一切驚癇證。天井、少海、灸五壯。長強、灸七壯，治諸驚癇。兩手大拇指，縛緊，用艾炷安甲肉四着處，灸三壯。

《古今醫統大全·針灸直指·諸證針灸經穴》 風癇：神庭、百會、前頂、絲竹空、神闕、鳩尾、風池。並宜灸。

《楊敬齋針灸全書·底證》

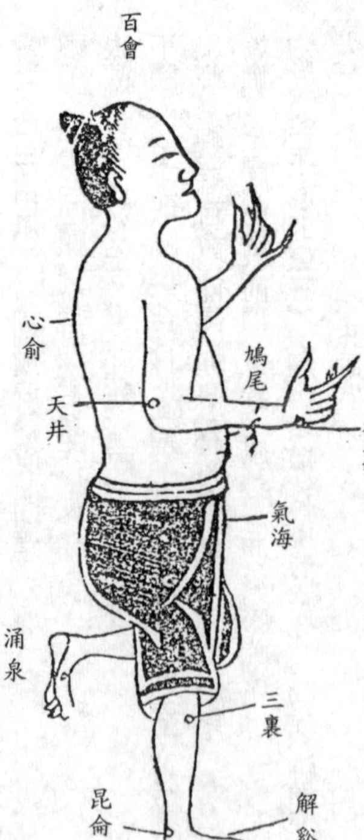

《針灸大成·續增治法·雜病》 癇：俱是痰火，不必分馬牛六畜。灸百會、鳩尾、上脘、神門、陽蹻，晝發。陰蹻，夜發。

《針灸大成·治證總要》 第一百三十一：五癇等證：上星、鬼祿、鳩尾、湧泉、心俞、百會。

第一百三十二，馬癇：照海、鳩尾、心俞。

第一百三十三：風癇：神庭、素髎、湧泉。

第一百三十四：食癇：鳩尾、中脘、少商。

第一百三十五：豬癇：湧泉、心俞、三里、鳩尾、中脘、少商、巨闕。

問曰：此證從何而得？答曰：皆因寒痰結胃中，失志不定，遂成數證。

醫者推詳治之，無不效也。

《壽世保元·灸法·灸諸病法》 一論癲癇不拘五般，以兩手中指相合灸之，神效。

一治癇疾，晝發灸陽蹻申脈，在外踝下赤白肉際。夜發灸陰蹻照海，在內踝下赤白肉際，各二七壯。

《類經圖翼·針灸要覽·諸證灸法要穴》 風癇：百會、上星、身柱、心俞、筋縮、章門、神門、天井、陽谿、灸此不必合谷，灸合谷不必陽谿。合谷、足三里、太衝。

《病機沙篆·癇證》 王叔和《脈經》曰：寸口脈從少陰斜至太陽，是陽維脈也。動苦肌肉痺癢，皮膚痛，下部不仁，汗出而寒，又苦顛仆，羊鳴，手足相引，甚者失音不能言，宜取客主人，在耳前起骨上廉開口有空，乃手足少陽、陽明之會。又曰：寸口脈從少陽斜至厥陰，是陰維脈也。動苦顛癇，僵仆羊鳴，又苦僵仆，失音，肌肉痺癢，應時自發，汗出惡風，身洗洗然也，取陽白、金門、僕參。

又曰：尺寸俱浮，直上直下，此爲督脈，腰背強痛，不得俯仰，大人顛病，小兒風癇，又脈來中央浮，直上直下，動者，督脈也。動苦腰背膝寒，大人顛，小兒癇，宜灸頂上三壯。即腦戶之類。張仲景《金匱》云：脊強者，五痓之總名，其證卒口噤背反張，諸藥不已，灸身柱、大椎、陶道穴。

灸法：狂言不避之火：間使，三七壯，百會，九壯，二穴。

顛癇瘈瘲，不知所苦：二蹻主之，男陽蹻，女陰蹻，二穴。晝發，取陽蹻申脈。夜發，取陰蹻、照海，四穴。

失志獃呆：取神門、鬼眼、百會三穴。

凡灸兩蹻各二七壯，必先用藥下之乃灸，否則痰氣壅塞，必殺人。小兒急慢驚癇，切不可執持其發搐，又不可混灸。愚謂風癇可灸，驚熱不可灸，風癇之痰，若灸着穴，痰去心清，可漸安矣。每見人無術輒投艾火，不惟失穴，兒反增悸，且小兒經絡脈道未全，戒之。

小兒驚癇，先怖恐啼叫乃發也，用炷如麥大，灸頂上旋毛中三壯及耳後青絡脈。

風癇，先出手指如數物狀乃發也，灸髮際宛宛中三壯，一穴。

豬癇：病如尸厥，口吐青沫，灸巨闕三壯，一穴。

羊癇：目瞪吐舌，羊鳴，灸第九椎下，三五壯，一穴。

馬癇：張口搖頭，身反折，馬鳴，灸僕參左右穴三壯，二穴。

牛癇：善驚，反折，手掣手搖，灸手少陰掌後去腕五分陷中，一穴。

《羅遺編·針灸要穴論》 癇證：古云：驚風三發便爲癇癇，爲小兒惡證。神庭、治風癇吐舌，灸三壯。前頂、長強、二穴治一切驚癇。手足鬼眼，灸之大效。大人病此則名爲顛，灸之最良。

《針灸逢源·證治參詳·中風門》 癇病：以上癇證，大率痰、熱、驚，三者所致。百會、神庭、上星、風府、風池、絲竹空、神門、肺俞、一本心俞，悞。巨闕、鳩尾、上脘、神闕、陽陵泉、陽輔。

發於晝者陽蹻，發於夜者陰蹻。

《針灸全生·中風》 風癇瘈瘲等證：印堂。

頭項急，不能回顧：風府。針，禁灸。

眼戴上翻：絲竹空。禁。吐涎：百會、絲竹空。

不識人：水溝、臨泣、合谷。風痺、天井、尺澤、少海、委中、陽輔。

風癇：神庭、百會、前頂、湧泉、絲竹空、神闕、禁針。鳩尾。禁針。

驚癇：尺澤、少衝、前頂、束骨。風勞：曲泉、膀胱俞。

《針灸全生·心邪癲狂》 癲癇：攢竹、小海、天井、商丘、神門、金門、行間、通谷、心俞、百壯。後谿、鬼眼穴。

《針灸全生·諸癇》 百會、鳩尾、上脘、神門、申脈、陽蹻，晝發。照海、陰蹻，夜發。

附：陽蹻諸穴：申脈、僕參、肩髃、臑俞、巨髎、跗陽、居髎、巨骨、地倉、承泣、睛明。陰蹻諸穴：然骨、交信、照海、睛明。

豬癇：如尸厥，吐涎沫，巨闕，三壯。又法：湧泉、三里、中脘、心俞、鳩尾、少商、巨闕。

食癇：先寒熱洒淅，繼乃發，鳩尾上五分，三壯。又法：鳩尾、中脘、少商。

馬癇：僕參，各三壯。又法：風府、臍中，各三壯。又法：照海、鳩尾、心俞。

牛癇：鳩尾，三壯。又法：鳩尾、大椎，各三壯。

羊癇：九椎下節間，三壯。又法：大椎，三壯。

犬癇：兩手心、足太陽、外踝後一寸宛宛中。肋戶。或即肋罅穴，在乳後四寸。

鷄癇：足諸陽。

風癇：手指屈如數物，神庭、素髎、湧泉、合谷、百會、神闕、前頂、鳩尾、絲竹空。

驚癇：頂上旋毛中，灸三壯，耳後青絡脈上三壯，炷小麥大，尺澤、少衝、前頂、束骨。

五等癇證：上星、足鬼眼、鳩尾、心俞、湧泉、百會。

又法：後谿、神門、心俞、鬼眼足、內關。

《針灸全生·頭面病》 風癇：百會、身柱、筋縮、神門、合谷、上星、心俞、章門、天井、太衝、陽谿、灸此不必合谷，灸合谷不必灸此。足三里。

《針灸便覽·中風》 豬癇：巨闕、湧泉、心俞、三里。

風癇倒地：灸風池、百會。

《傳悟靈濟録·風癇》 風癇：百會、上星、身柱、心俞、筋縮、章門、神門、天井、陽谿、灸此不必灸合谷。合谷、灸此不必灸陽谿。太衝、足三里。

《傳悟靈濟録·小兒諸病》 五癇：神庭、風癇，吐舌，角弓反張，三壯。前頂、一切驚癇，三壯。長強、諸驚癇，七壯。囟會、巨闕、章門、天井、少海、內關、少衝、手足鬼眼、見後奇俞，并治五癇，灸七壯。然驚風三發便爲癇，癇爲小兒惡證，其證有五，臨發時灸之。

牛癇：其證最重，發作牛聲，大杼、鳩尾。尖下五分，灸三壯，不可多。

羊癇：目直視，作羊聲，百會、神庭、心俞、肝俞、天井、神門、太衝。

豬癇：痰涎如綿，發作豬聲，百會、巨闕、心俞、神門。

馬癇：張口搖頭，角弓反張，百會、心俞、神門、僕參、太衝、照海。

雞癇：張手前仆，提住即醒，申脈。

《針灸集成·癲癇》 癲癇：百會、神庭、各七壯，鬼眼，三壯，陽谿、間使、三十壯，神門、心俞，百壯，肺俞，百壯，申脈、尺澤、太衝，皆灸。曲池七壯。

又方：陰莖頭尿孔上宛宛中，三七壯，著火哀乞即差，不問男女，重者七七壯，輕者五壯，七壯。

又方：足大指本節內紋及獨陰穴各七壯。

羊癇：吐舌，目瞪，聲如羊鳴。天井、巨闕、百會、神庭、湧泉、大椎，各灸。又：九椎節下間，三壯。手大指爪甲合結四隅，各三壯妙。

牛癇：直視，腹脹。鳩尾、大椎，各三壯。

馬癇：張口，搖頭，反張。僕參、風府、臍中，各三壯，金門、百會、神庭，并灸。

犬癇：勞宫、申脈各三壯。

雞癇：善驚，反折，手掣自搖。靈道，三壯，金門，針，足臨泣、內庭，各三壯。

豬癇：如尸厥，吐沫。崑崙、僕參、湧泉、勞宫、水溝，各三壯，百會、率谷、腕骨，各三壯，內踝尖三壯。

五癇吐沫：後谿、神門、心俞，百壯，鬼眼，四穴，各三壯，間使。

狀如鳥鳴，心悶不喜問語：鳩尾，灸。

目戴上，不識：囟會、行間、巨闕，皆灸。

《灸法秘傳·癇證》 癇證者，忽倒無知，神昏牙閉，角弓反張，抽搐涎流。古人分爲五癇，有馬鳴、羊嘶、牛吼、犬吠、豬啼等語，究屬痰涎蓄於經絡也。灸家不須細別，當其初發之時，先灸百會，兼灸上脘，每發每灸，日漸自差。

《針灸摘要·陰維脈》 五癇等證，口中吐沫：後谿、神門、心俞、鬼眼。

《名醫類案·癇》 一婦人積怒與酒，病癇，目上視，揚手擲足，筋牽喉響流涎，定則昏昧，腹脹疼衝心，頭至胸大汗，痛與癇間作，晝夜不息。此肝有怒邪，因血少而氣獨行，脾受刑，肺胃間久有酒痰，爲肝氣所侮，鬱而爲痛，酒性喜動，出入升降，入內則痛，出外則癇，乘其入內之時，用竹瀝、薑汁、參朮膏等藥甚多，癇痛間作無度，乘痛時，灸大敦、肝穴，在足大指甲後一韭葉。行間、瀉肝穴，在足大指次指銳縫間動脈。中脘，任脈，在臍上四寸。間以陳皮、芍藥、甘草、川芎湯調膏，與竹瀝服之無數。又灸太衝、肝穴，在足大指本節後三寸，或云一寸半，動脈陷中。然谷、腎穴，在足內踝前大胸下陷中。巨闕任穴，在臍上六寸。及大指半甲肉，鬼哭穴。且言鬼怪，怒罵巫者。朱曰：邪乘虛而入，理或有之，與前藥佐以荆、瀝，除痰，又用秦承祖救鬼法，即鬼哭穴，以兩手大指相並縛定，用大艾炷騎縫灸之，務令兩甲角及甲後肉四處著火，一處不著則不效。哀告我自去，餘證調理而安。

《針灸大成·醫案》 丁丑夏，錦衣張少泉公夫人，患癇證二十餘載，曾經醫數十，俱未驗。來告予，診其脈，知病入經絡，故手足牽引，眼目黑瞀，入心則搐叫，須依理取穴，方保得痊。張公善書而知醫，非常人也。悉聽予言，取

鳩尾、中脘，快其脾胃，取肩髃、曲池等穴，理其經絡，疏其痰氣，使氣血流通，而癇自定矣。次日即平妥，然後以法製化痰健脾之藥，每日與服。

己巳歲，蔡都尉長子碧川公，患痰火，藥餌不愈。辱錢誠齋堂翁薦予治之。予針肺俞等穴愈。後其女患風癇甚危，其乃郎秀山，乃婿張少泉，邀予治之，乃針內關而甦，以禮厚贈，予固辭不受。遂以女許聘豚兒楊承禎焉。

戊辰歲，戶部王縉菴公乃弟，患心癇疾數載矣。徐堂翁召予視之，須行八法開闔方可，公如其言。而刺照海、列缺，灸心俞等穴，其針待氣至，乃行生成之數而愈。凡治此證，須分五癇，此卷前載之詳矣，茲不悉錄。

癲狂

《素問·長刺節論》 病在諸陽脈，且寒且熱，諸分且寒且熱，名曰狂。刺之虛脈，視分盡熱，病已止。病初發，歲一發，不治月一發，不治，月四五發，名曰癲病。刺諸分諸脈，其無寒者以針調之，病止。

《靈樞·癲狂》 癲疾始生，先不樂，頭重痛，視舉目，赤甚作極，已而煩心，候之於顏，取手太陽、陽明、太陰，血變而止。癲疾始作而引口啼呼喘悸者，候之手陽明、太陽，左強者，攻其右，右強者，攻其左，血變而止。癲疾始作先反僵，因而脊痛，候之足太陽、陽明、太陰、手太陽，血變而止。治癲疾者，常與之居，察其所當取之處。病至，視之有過者瀉之，置其血於瓠壺之中，至其發時，血獨動矣，不動，灸窮骨二十壯。窮骨者，骶骨也。骨癲疾者，顑、齒、諸腧，分肉皆滿，而骨居，汗出煩悗。嘔多沃沫，氣下泄，不治。筋癲疾者，身倦攣急大，刺項大經之大杼脈。嘔多沃沫，氣下泄，不治。脈癲疾者，暴仆，四肢之脈皆脹而縱。脈滿，盡刺之出血，不滿，灸之挾項太陽，灸帶脈於腰相去三寸，諸分肉本輸。嘔多沃沫，氣下泄，不治。癲疾者，疾發如狂者，死不治。狂始生，先自悲也，喜忘苦怒善恐者，得之憂饑，治之取手太陰、陽明，血變而止，及取足太陰、陽明。狂始發，少卧不饑，自高賢也，自辯智也，自尊貴也，善罵詈，日夜不休，治之取手陽明、太陽、太陰、舌下少陰，視之盛者，皆取之，不盛，釋之也。狂言、驚、善笑、好歌樂、妄行不休者，得之大恐，治之取手陽明、太陽、太陰。狂，目妄見，耳妄聞，善呼者，少氣之所生也。治之取手太陽、太陰、陽明、足太陰、頭兩顑。狂者多食，善見鬼神，善笑而不發於外者，得之有所大喜，治之取足太陰、太陽、陽明，後取手太陰、太陽、陽明。狂而新發，未應如此者，先取曲泉左右動脈，及盛者見血，有頃已，不已，以法取之，灸骨骶二十壯。風逆暴四肢腫，身漯漯，唏然時寒，饑則煩，飽則善變，取手太陰表裏，足少陰、陽明之經，肉凊取滎，骨凊取井經也。厥逆爲病也，足暴凊，胸若將裂，腸若將以刀切之，煩而不能食，脈大小皆濇，煖取足少陰，凊取足陽明，凊則補之，溫則瀉之。厥逆腹脹滿，腸鳴，胸滿不得息，取之下胸二脇，欬而動手者，與背腧，以手按之立快者是也。內閉不得溲，刺足少陰、太陽與骶上以長針，氣逆則取其太陰、陽明、厥陰，甚取少陰、陽明動者之經也。少氣，身漯漯也，言吸吸也，骨痠體重，懈惰不能動，補足少陰。短氣，息短不屬，動作氣索，補足少陰，去血絡也。

《靈樞·刺節真邪》 黃帝曰：刺節言解惑，夫子乃言盡知調陰陽，補瀉有餘不足，相傾移也，惑何以解之？岐伯曰：大風在身，血脈偏虛，虛者不足，實者有餘，輕重不得，傾側宛伏，不知東西，不知南北，乍上乍下，乍反乍覆，顛倒無常，甚於迷惑。黃帝曰：善。取之奈何？岐伯曰：瀉其有餘，補其不足，陰陽平復，用針若此，疾於解惑。

《太素·雜病·癲疾》 癲疾始生，先不樂，頭重痛，視舉目赤，其作極已而煩心，候之於顏，取手太陽、陽明、太陰，血變而止。手太陽上頭在目絡心，手陽明絡肺，手太陰與手陽明通，故不樂，頭重，目赤，心煩取之也。癲疾始作而引口啼呼喘悸，候之手陽明、太陽，右僵者(政)〔攻〕其右，左僵者(政)〔攻〕其左，血變而止也。手太陽支者，別頰上䪼抵鼻，手陽明俠口，故啼呼左右僵皆取之也。癲疾始作而反僵，因脊痛，候之足太陽、陽明、手太陽，血變而止。足太陽俠脊，足陽明耳前上至額顱在頭，手太陽繞肩甲交肩上，故反僵脊痛取之也。治癲疾者，常與之居，察其所當取之處，病至視之，有過者即瀉之，置其血於瓠壺之中，至其發時，血獨動矣，不動，灸窮骨二十五壯。窮骨者，胝骨也。病有過者，視其絡脈病過之處，刺取病血，盛之瓠壺中，至其發時血自動，不動者，灸窮骨也。骨癲疾者，頷、齒、諸輸、分肉皆滿，而骨居汗出，煩悗，歐多涎沫，其氣下泄，不治。居，處也。骨之癲疾，不可療候有八，頷、齒、輸及分肉間，骨處汗出，煩悗，歐多涎沫，氣下泄。有此八候，是骨癲疾，死不可療也。筋癲疾，身卷攣急大，刺項大經之大杼脈，歐多液沫，氣下泄，不治。身卷攣急大者，是足太陽之病，宜刺項之大經足太陽脈大杼之穴。若歐液沫氣下泄，死不可療也。脈癲疾，暴仆，四支之脈皆脹而縱，脈滿，盡刺之出血，不滿，灸俠

項太陽，灸帶脈於腰去三寸，諸分肉本輸，歐多沃沫，氣下泄，不治。癲疾暴前倒仆，四支脈皆脹滿而縱緩者，可刺去其血。若不脹滿，可灸太陽於項療主病者，又灸□□〔帶脈〕當十四椎相去三寸，分肉之間，療主癲疾之輸也。治癲疾者，病發如狂者，死不治。僵仆倒而不覺等謂之癲，馳走妄言等謂之狂，今癲疾發而若狂，病甚，故死不療也。

《太素·雜病·驚狂》 治狂始生，先自悲，喜忘喜怒喜恐者，得之憂饑，治之取手太陽、陽明，血變而止，及取足太陰、陽明。人之狂病，先因憂結之甚，不能去解於心，又由饑虛，遂神志失守，則自悲，喜忘喜怒喜恐，乘即發於狂病，雖得之失志，然因療之心府手太陽，肺府手陽明也。足太陰、陽明主穀，亦可補此二脈，以實憂饑，虛損即愈也。狂始發，少卧不饑，自高賢也，自辨智也，自尊貴也，喜罵詈，日夜不休，治之取手陽明、太陽、太陰、舌下少陰，視脈之盛者皆取之，不盛者釋之。手陽明絡肺，手太陽絡心，手太陰屬肺主氣，故少卧自高等，皆是魄失氣盛，故視脈盛者皆瀉去之，及舌下足少陰脈盛者，互瀉去之。狂，喜驚喜笑，好歌樂，妄行不休者，得之大恐，治之取手陽明、太陽、太陰，此三脈乃是狂驚歌樂，妄行所由，準推可知也。狂，目妄見、耳妄聞、喜呼者，少氣之所生也，治之取手太陽、太陰、陽明、足太陰、頭兩顑。狂而少氣，復生三病，因此四經，故皆取之也。狂者多食，喜見鬼神，喜笑而不發於外者，得之有所大喜，治之取足太陰、陽明、太陽，復取手太陰、太陽、陽明。不發於外者，不於人前病發也。得之大喜者，甚憂大喜，並能發狂，然大喜發狂與憂不同，即此病形是也。手足太陰、手足陽明、手足太陽，是療此病所由，故量取之，以行補瀉也。狂而新發，未應如此者，先取曲泉左右動脈及盛者見血，食頃已，不已，以法取之，灸骶骨二十壯。曲泉，肝足厥陰脈穴。

《甲乙經·胸中寒發脈代》 癲疾始生，先不樂，頭重痛，直視，舉目，赤甚作極，已而煩心，候之於顏，取手太陽、太陰，血變而止。癲疾始作，而引口啼呼喘悸者，候之手陽明、太陽，左強者攻其右，右強者攻其左，血變而止。治癲疾者，常與之居，察其所當取之處，病至，視之有過者，即瀉之，置其血於瓠壺之中，至其發時，血獨動矣，不動，灸窮骨三十壯，窮骨者，尾骶也。骨癲疾者，顑、齒、諸俞，分肉皆滿，而骨倨強直，汗出煩悶，嘔多涎沫，氣下泄，不治。脈癲疾者，暴仆，四肢之脈皆脹而縱，脈滿，盡刺之出血，不滿，灸之俠項太陽，又灸帶脈於腰相去三寸，諸分肉本俞。嘔多涎沫，氣下泄，不治。筋癲疾者，身卷攣急，脈大，刺項大經之大杼。嘔多涎沫，氣下泄，不治。狂之始生，先自悲也，善忘善怒善恐者，得之憂饑，治之先取手太陰、陽明，血變而止，及取足太陰、陽明。狂始發，少卧不饑，自高賢也，自辨智也，自尊貴也，善罵詈，日夜不休，治之取手陽明、太陽、太陰、舌下少陰，視脈之盛者，皆取之，不盛者釋之。狂，善驚善笑好歌樂，妄行不休者，得之大恐，治之取手陽明、太陽、太陰。狂，目妄見，耳妄聞，善呼者，少氣之所生也，治之取手太陽、太陰、陽明、足太陽，及頭兩顑。狂，多食，善見鬼神，善笑而不發於外者，得之有所大喜，治之取足太陰、陽明、太陽，後取手太陰、陽明、太陽。狂而新發，未應如此者，先取曲泉左右動脈，及盛者見血，立頃已，不已，以法取之，灸骶骨二十壯，骶骨者，尾屈也。

癲疾嘔沫，神庭及兌端、承漿主之。其不嘔沫，本神及百會、後頂、玉枕、天衝、大杼、曲骨、尺澤、陽谿、外丘、當上脘傍五分。通谷、金門、承筋、合陽主之，委中下二寸爲合陽。癲疾，上星主之，先取譩譆，後取天牖、風池。

癲疾，嘔沫，暫起僵仆，惡見風寒，面赤脹，囟會主之。癲疾狂走，瘈瘲搖頭，口喎，戾頸強，強間主之。癲疾瘈瘲，狂走頸項痛，後頂主之，後頂，項後一寸五分。癲疾，骨痠眩，狂，瘈瘲口噤，羊鳴，刺腦戶。狂易多言不休，及狂走，欲自殺，及目妄見，刺風腑。癲疾僵仆，目妄見，恍惚不樂，狂走瘈瘲，絡卻主之。癲疾大瘦，腦空主之。癲疾僵仆，狂瘧，完骨及風池主之。癲疾互引，天柱主之。癲疾，怒欲殺人，身柱主之。狂走癲疾，脊急強，目轉上插，筋俞主之。癲疾，發如狂走者，面皮厚敦敦不治。虛則頭重，洞泄淋癃，大小便難，腰尻重，難起居，長強主之。癲疾憎風，時振寒，不得言，得寒益甚，身熱狂走，欲自殺，目反妄見，瘈瘲泣出，死不知人，肺俞主之。癲疾，膈俞及肝俞主之。癲疾互引，水溝及齦交主之。癲疾狂瘈瘲，眩仆癲疾，瘖不能言，羊鳴沫出，聽宮主之。癲疾互引口喎，喘悸者，大迎主之，及取陽明太陰，候手足變血而止。狂癲疾，吐舌，太乙及滑肉門主之。太息善悲，少腹有熱，欲走，日月主之。狂易，魚際及合谷、腕骨、支正、少海、崑崙主之。狂言，太淵主之。心懸如饑狀，善悲而驚狂，面赤目黃，間使主之。狂言笑見鬼，取之陽谿，及手足陽明、太陰。癲疾多言，耳鳴口僻，頰腫，實則聾齲，喉痺不能言，齒痛鼻鼽衄，虛則痺，鬲俞、偏歷主之。癲疾，吐舌鼓頷，狂言見鬼，溫溜主之，在腕後五寸。目不明，腕急身熱驚狂，躄痿痺，瘈瘲，曲池主之。癲疾吐舌，曲池主之。狂疾，掖門主之，又俠谿、丘墟、光明主之。狂，互引頭痛耳鳴目痺，中渚主之。熱病汗不出，互引頸嗌外腫，肩臂痠重，脇掖急痛不舉，痂

疥，項不可顧，支溝主之。癲疾吐血沫出，羊鳴戾頸，天井主之，在肘後。熱病汗不出，狂互引癲疾，前谷主之。狂互癲疾數發，後谿主之。狂，癲疾，陽谷及築賓、通谷主之。癲疾狂多，善食善笑，不發於外，煩心渴，商丘主之。癲疾短氣，嘔血，胸背痛，行間主之。痿厥癲疾洞泄，然谷主之。狂什，溫溜主之。狂癲，陰谷主之。癲疾，發寒熱，欠，煩滿，悲泣出，解谷主之。狂妄走，善欠，巨虛上廉主之。狂易見鬼與火，解谿主之。癲狂，互引僵仆，申脈主之，先取陰蹻，後取京骨，頭上五行。目反上視，若赤痛從内眥始，復下半寸，各三痏，左取右，右取左。寒厥癲疾，噤吤瘈瘲驚狂，陽交主之。癲疾狂，妄行，振寒，京骨主之。身痛，狂善行，癲疾，束骨主之，補諸陽。癲疾僵仆，轉筋，僕參主之。癲疾目䀮䀮，鼽衄，崑崙主之。癲狂疾，體痛，飛揚主之。癲疾反折，委中主之。凡好太息，不嗜食，多寒熱，汗出，病至則善嘔，嘔已乃衰，即取公孫，及井俞。實則腸中切痛，厥，頭面腫起，煩心，狂，多飲，霍則鼓濁，腹中氣大滯，熱痛不嗜卧，霍亂，公孫主之。

《肘後方·治卒發癲狂病方第十七》 治卒癲疾方：灸陰莖上宛宛中三壯，得小便通則愈。

又方：灸陰莖上三壯，囊下縫二七壯。

又方：灸兩乳頭三壯，又灸足大指本藂毛中七壯，灸足小指本節七壯。

治卒狂言鬼語方：針其足大拇指爪甲下，入少許，即止。

又方：以甑帶急合縛兩手，火灸左右脇，握肘頭文俱起七壯，須臾鬼語，自道姓名，乞去，徐徐詰問，乃解手耳。

凡狂發則欲走，或自高貴，稱神聖，皆應備諸火灸，乃得永差耳。

附方：《斗門方》治癲癇，用艾於陰囊下穀道正門當中間，隨年數灸之。

《肘後方·治卒得驚邪恍惚方第十八》 治卒中邪鬼恍惚振噤方：灸鼻下人中及兩手足大指爪甲本，令艾丸在穴上，各七壯，不止，至十四壯愈，此事本在雜治中。

《千金要方·小腸腑·風癲》 病癲初發，歲一發，不治月一發，不治，四五日一發，名曰癲疾，刺諸分，其脈尤寒者，以針補之，病已止。癲疾始生，先不樂，頭重，直視舉目，赤其作極，已而煩心，候之於顏，取手太陽、陽明、太陰，血變而已。癲疾始發，而反強，因而脊痛，候之足太陽、陽明、太陰、手太陽，血變而已。癲疾始作，而引口啼呼者，候之手陽明、太陽，右強者，攻其左，左強者，攻其右，血變而止。治癲疾者，常與之居，察其所當取之處，病至，視之有過者即瀉之，置其血於瓠壺之中，至其發時，血獨動矣，不動，灸窮骨二十壯，窮骨者，尾骶也。

骨癲疾者，頷、齒、諸輸，分肉皆滿，而骨倨強直，汗出煩悶，嘔多涎沫，氣下泄，不療。

筋癲疾者，身拳攣急，脈大，刺項大經之（本）〔大〕杼，嘔多涎沫，氣下泄，不療。

脈癲疾者，暴仆，四肢之脈皆脹而從，滿脈，盡刺之，出血，不滿，俠項灸太陽，又灸帶脈於腰相去三寸，諸分肉本輸，嘔多涎沫，氣下泄，不療。

《千金要方·小腸腑·風癲》 大人癲，小兒驚癇，灸背第二椎，及下窮骨兩處，以繩度，中折，繩端一處是，脊骨上也。凡三處畢，復斷繩，作三折，令各等，而參合如厶字，以一角注中央，灸下二角俠脊兩邊，便灸之，凡五處也。故畫圖法以丹注所灸五處，各百壯，削竹皮爲度，勝繩也。

卒癲，灸陰莖上宛宛中三壯，得小便通，即差。

又，灸陰莖頭三壯。

又，灸足大指上聚毛中七壯。

又，灸囊下縫二七壯。

又，灸兩乳頭三壯。

又，灸督脈三十壯，三報，穴在直鼻中上入髮際。

又，灸天窗、百會，各漸灸三百壯，炷惟小作。

又，灸耳上髮際各五十壯。【略】

扁鵲曰：百邪所病者，針有十三穴也，凡針之體，先從鬼宮起，次針鬼信，便至鬼壘，又至鬼心，未必須併針，止五六穴，即可知矣。若是邪蠱之精，便自言說，論其由來，往驗有實，立得精靈，未必須盡其命，求去，與之，男從左起針，女從右起針，若數處不言，便遍穴針也，依訣而行針灸等處並備主之，仍須依掌訣捻目治之，萬不失一。黃帝掌訣，別是術家秘要，縛鬼禁劾五岳四瀆，山精鬼魅，並悉禁之，有目在人兩手中十指節間。第一針，人中，名鬼宮，從左邊下針，右邊出；第二針，手大指爪甲下，名鬼信，入肉三分；第三針，足大指爪甲下，名鬼壘，入肉二分；第四針，掌後橫文，名鬼心，入半寸，即太淵穴也；第五針，外踝下白肉際，足太陽，名鬼路，火針七鋥，鋥三

下，即申脈穴也；第六針，大椎上入髮際一寸，名鬼枕，火針七鋥，鋥三下；第七針，耳前髮際宛宛中耳垂下五分，名鬼牀，火針七鋥，鋥三下；第八針，承漿，名鬼市，從左出右；第九針，手横文上三寸兩筋間，名鬼路，即勞宫穴也；第十針，直鼻上入髮際一寸，名鬼堂，火針七鋥，鋥三下，即上星穴也；第十一針，陰下縫，灸三壯，女人即玉門頭，名鬼藏；第十二針，尺澤横文外頭，接白肉際，名鬼臣，火針七鋥，鋥三下，此即曲池；第十三針，舌頭一寸，當舌中下縫，刺貫出舌上，名鬼封，仍以一板横口吻，安針頭，令舌不得動。已前，若是手足，皆相對，針兩穴，若是孤穴，即單針之。

邪鬼妄語，灸懸命十四壯，穴在口脣裏中央絃絃者是也，一名鬼祿，又用剛刀決斷絃絃，乃佳。

邪病臥瞑瞑，不自知，風府主之，一名鬼穴。

邪病大喚罵，詈走，灸十指端去爪一分，一名鬼城。

邪病鬼癲，四肢重，囟上主之，一名鬼門。

邪病大喚罵走遠，三里主之，一名鬼邪。

邪病四肢重痛諸雜候，尺澤主之，尺中動脈，一名鬼受。

邪病語不止及諸雜候，人中主之，一名鬼客廳，凡人中惡，先押鼻下是也。

倉公法：狂癎不識人，癲病眩亂，灸百會九壯。

狂走掣瘲，灸玉枕上三寸，一法：頂後一寸，灸百壯。

狂走癲疾，灸頂後二寸，十二壯。

狂邪鬼語，灸天窗九壯。

狂癎哭泣，灸手逆注三十壯，穴在左右手腕後六寸。

狂走驚癎，灸河口五十壯，穴在腕後陷中動脈是，此與陽明同也。

狂癲風癎吐舌，灸胃管百壯，不針。

狂走癲疾，灸大幽百壯。

狂走癲癎，灸季肋端三十壯。

狂言恍惚，灸天樞百壯。

狂邪發無常，被頭大喚，欲殺人，不避水火，及狂言妄語，灸間使三十壯，穴在腕後五寸臂上兩骨間。

狂走喜怒悲泣，灸臣覺，一作巨攪，隨年壯，穴在背上甲內側，反手所不及者，骨芒穴上，捻之痛者是也。

狂邪鬼語，灸伏兔百壯。

悲泣鬼語，灸天府五十壯。

悲泣邪語，鬼忙歌哭，灸慈門五十壯。

狂邪驚癎病，灸承命三十壯，穴在內踝後上行三寸動脈上。

狂癲風驚厥逆心煩，灸巨陽五十壯。

狂癲鬼語，灸足太陽四十壯。

狂走驚恍惚，灸足陽明三十壯。

狂癲癎易疾，灸足少陽隨年壯。

狂走癲厥如死人，灸足大指三毛中九壯。

狂走易罵，灸八會隨年壯，穴在陽明下五分。

狂癲驚走風恍惚嗔喜，罵笑歌哭鬼語，悉灸腦戶、風池、手陽明、太陽、太陰、足陽明、陽蹻、少陽、太陰、陰蹻足跟，皆隨年壯。

驚怖心忪，少力，灸大横五十壯。

狂風罵詈，撾斫人，名爲熱陽風，灸口兩吻邊燕口處赤白際各一壯。又，灸陰囊縫三十壯，令人立，以筆正注當下，已卧，卻核卵上，灸之，勿令近前中卵核，恐害陽氣也。

狂走刺人，或欲自死，罵詈不息，稱神鬼語，灸口吻頭赤白際一壯，又灸兩肘內屈中五壯，又灸背胛中間三壯，報灸之，倉公法，神效。

卒狂言鬼語，以甑帶急合縛兩手大指，便灸左右脇下對屈肋頭兩處，火俱起，各七壯。須臾，鬼自道姓名，乞去，徐徐問之，乃解其手焉。

卒中邪魅，恍惚振噤，灸鼻下人中及兩手足大指爪甲本，令艾丸半在爪上，半在肉上，各七壯，不止，十四壯，炷如雀矢大。

卒狂鬼語，針其足大拇指爪甲下，入少許即止。

風邪，灸間使，隨年壯，又灸承漿七壯，又灸心輸七壯，及灸三里七壯。

鬼魅，灸入髮一寸百壯，又灸間使、手心各五十壯。

狐魅，合手大指縛指，灸合間三七壯，當狐鳴，即差。

《千金要方·針灸下·風痺》 癲疾：偏歷、神庭、攢竹、本神、聽宫、上星、百會、聽會、築賓、陽谿、後頂、強間、腦戶、絡卻、玉枕，主癲疾，嘔。

攢竹、小海、後頂、強間，主癇發瘈瘲，狂走不得卧，心中煩。

兌端、齗交、承漿、大迎、絲竹空、囟會、天柱、商丘，主癲疾，嘔沫，寒熱痓互引。

承漿、大迎，主寒熱悽厥，鼓頷，癲痓，口噤。

上關，主瘈瘲沫出寒，熱痓。

絲竹空、通谷，主風癇癲疾，涎沫，狂煩滿。

腦戶、聽會、風府、聽宮、翳風，主骨痠，眩狂瘈瘲，口噤，喉鳴沫出，瘖不能言。

金門、僕參，主癲疾馬癇。

解谿、陽蹻，主癲疾。

崑崙，主癇瘈，口閉不得開。

商丘，主癇瘈。

臑會、申脈，主癲疾，膝氣。

尺澤、然谷，主癲疾，手臂不得上頭。

列缺，主熱癇，驚而有所見。

飛揚、太乙、滑肉門，主癲疾，狂吐舌。

長強，主癲疾發如狂。面皮敦敦者不治。

偏歷，主癲疾多言，耳鳴口僻。

溫溜、僕參，主癲疾吐舌鼓頷，狂言見鬼。

曲池、少澤，主瘈瘲癲疾。

筋縮、曲骨、陰谷、行間，主驚癇，狂走癲疾。

間使，主善悲驚狂，面赤目黃，瘖不能言。

陽谿、天井，主驚瘈。

天井、小海，主癲疾羊癇，吐舌，羊鳴戾頸。

懸釐、束骨，主癲疾互引善驚，羊鳴。

天衝，主頭痛癲疾互引，數驚悸。

身柱，主癲疾瘈瘲，怒欲殺人，身熱狂走，讝言見鬼。

風池、聽會、復溜，主寒熱癲仆。

完骨，主癲疾僵仆，狂瘧。

通谷，主心中憒憒，數欠，癲心下悸，咽中澹澹恐。

天柱，主卒暴癇眩。

五處、身柱、委中、委陽、崑崙，主脊強反折，瘈瘲，癲疾頭痛。

腦空、束骨，主癲疾大瘦，頭痛。

風府、崑崙、束骨，主狂易，多言不休。

風府、肺輸，主狂走，欲自殺。

絡卻、聽會、身柱，主狂走瘈瘲，恍惚不樂。

天柱、臨泣，主狂易，多言不休，目上反。

支正、魚際、合谷、少海、曲池、腕骨，主狂言。

《千金要方·針灸下·風痺》 溫溜、掖門、京骨，主狂仆。

神門、陽谷，主笑若狂。

陽谿、陽谷，主吐舌，戾頸，妄言。

巨闕、築賓，主狂易，妄言怒罵。

衝陽、豐隆，主狂妄行，登高而歌，棄衣而走。

下廉、丘墟，主狂言非常。

勞宮、大陵，主風熱善怒，心中悲喜，思慕歔欷，喜笑不止。

《千金翼方·針灸中·小腸病》 治卒癲法：灸陰莖上宛宛中三壯，得小便通，即差，當尿孔上是穴。

又灸陰莖頭三壯。

又灸乳頭三壯。

又灸足大指上聚毛中七壯。

又灸督脈三十壯，在直鼻人中上入髮際，三報之。

又灸天窗、百會，各漸灸三百壯，炷惟小作。

灸法：灸耳上髮際各五壯。

《外臺秘要》卷十五《瘋狂方》 《肘後》療卒狂言鬼語方：灸其足大拇指爪甲下三壯即止，范汪、《必效》同。

《千金》療狂罵詈，撾斫人，名爲熱陽風，灸口兩邊燕口處赤白際，各一壯，即止。

又方：灸陰囊縫上一穴三十壯，令人立，以筆正注當下，已卧，卻核卯令上，乃灸之，勿令近前中卵核，恐害陽氣。

又主狂走瘈瘲方：灸玉枕上三寸，一法項後一寸，灸一百壯。

又主狂言恍惚方：灸天樞百壯。

《醫心方·治中風狂病》又云卒狂言鬼語方：以甑帶急合縛兩手大指，便灸左右脇下對屈肘頭，兩火俱起，灸七壯，須臾，鬼語自云姓名，乞得去，徐徐詰問，乃解其手也。

又云狂罵詈撾打人方：灸口兩吻邊燕丸處赤白際，各一壯，并灸背胛間，(名)臣攬，三壯，三日一報之。又方：灸陰囊下縫，卅壯，女人者，灸陰會也。

《醫心方·治注病方》引《僧深方》男女邪氣鬼交通，歌哭無常，或腹大經絶，狀如任身，皆將服三丸，如胡豆大，日三夜一，又以苦酒和之如粉，旦旦以塗手間使、心主，暮又夕夕以塗足三陰交及鼻孔，七日愈。

《聖濟總録·治鬼魅諸邪病灸刺法》上星穴，直鼻入髮際一寸，灸五壯。《普濟針灸法》云：主鬼魅驚恐哭泣。又唇表中央弦弦者中，灸三壯，主邪鬼妄語。

卒中邪魅，恍惚振噤，灸鼻下人中，及兩手足大指爪甲本，令艾丸半在爪上，半在肉上，各七壯，不止十四壯，炷如雀屎大。

鬼魅，灸入髮一寸百壯，又灸間使、手心主各五十壯。

狐魅，合手大指縛指，灸合間三七壯，當狐鳴即差。

灸卒中鬼擊，人中一壯，立愈，不差更灸。又灸臍上一寸，七壯，及兩踵白肉際，取差，又灸臍下一寸，三壯。

旁庭二穴，《甲乙經》云：穴在脇堂下二骨間陷者中，舉腋取之，各灸三壯。主卒暴中飛尸遁尸，胸脇支滿，時上搶心，嘔吐喘逆，咽干脅痛。

《聖濟總録·治卒中五尸灸法》扁鵲曰：百邪所病者，針有十三穴。凡針之體，先從鬼宮起，次針鬼信，便至鬼壘，又至鬼心，未必須并針，止五六穴，即可知矣。若是邪蠱之精，便自言説，審得其實，不必盡穴，求去，與之。男從左起針，女從右起針，若數處不言，便遍穴針，仍須依掌訣捻目治之，萬不失一。黄帝掌訣，別是術家秘要，其目在人兩手中十指節間，已見符禁門中。第一針，人中，名鬼宮，從左邊下針，右邊出；第二針，手大指爪甲下，名鬼信，入肉三分；第三針，足大指爪甲下，名鬼壘，入肉二分；第四針，掌後橫紋，名鬼心，入半寸；即太淵穴也。第五針，外踝下白肉際，足太陽，名鬼路，火針七鍉，鍉三下；即胂脈穴也。第六針，大椎上入髮際一寸，名鬼枕，火針七鍉，鍉三下；第七針，耳前髮際宛宛中，耳垂下五分，名鬼床，火針七鍉，鍉三下；第八針，承漿，名鬼市，從左出右；第九針，手橫紋上三寸兩筋間，名鬼路；即勞宫穴也。第十針，直鼻上入髮際一寸，名鬼堂，火針七鍉，鍉三下；即上星穴也。第十一針，陰下縫，灸三壯，女人即玉門頭，名鬼藏；第十二針，尺澤橫紋外頭，接白肉際，名鬼臣，火針七鍉，鍉三下，此即曲池；第十三針，舌頭一寸，當舌中下縫，刺貫出舌上，名鬼封，仍以一板(扳)橫口吻，安針頭，令舌不得動。已前，若是手足，皆相對，針兩穴，若是孤穴，即單針之。

《聖濟總録·奇經八脈·治風狂灸刺法》先以針五枚，内頭髻中，以器盛水，新布復之，橫大口於上，乃矜莊呼視其人，其人必欲起走，慎勿聽，因取水一噴之，一呵視，三次乃熱，拭去水，指彈額上近髮際，問欲愈乎？其人必不肯答，如此二七彈，乃答，因仗針刺鼻下人中近孔内側空，停針，兩耳根前宛宛動中，停針，又刺鼻直上入髮際一寸，橫針，又刺鼻直上，醒悟乃止。

卒狂鬼語，針其足大拇指爪甲下，入少許即止。狂走易罵，灸八會。隨年壯，穴在陽明下五分。狂癲驚走風，恍惚嗔喜，罵笑歌哭，鬼語，悉灸腦戶、風池、手陽明、太陽、太陰、足陽明、陽蹺、少陽、太陰、陰蹺、足跟，皆隨年壯。

驚怖心忪少力，灸大橫五十壯。

狂風罵詈，撾斫人，名爲熱陽風，灸口兩吻邊燕口處赤白際，各一壯，又灸陰囊縫三十壯，仍勿近前中卵核，恐害陽氣也。

狂走刺人，或欲自死，罵詈不息，稱神鬼語，灸口吻頭赤白際一壯，又灸兩肘内屈中五壯，又灸背甲中間三壯，報灸之。

卒狂言鬼語，以甑帶急合縛兩手大指，便灸左右脇下對屈肋頭兩處，火俱起，各七壯，須臾，鬼自道姓名乞去，徐徐問之，乃解其手。

邪鬼妄語，灸垂命下四壯，穴在口唇里，中央弦弦者是也，一名鬼祿，又用剛刀，決斷弦弦乃佳。

邪病大喚罵詈走，灸十指端，去爪一分，一名鬼城。

邪病鬼癲，四肢重，囟上主之，一名鬼門。

邪病大喚罵走遠，三里主之，一名鬼邪。

邪病四肢重痛諸候，尺澤主之，一名鬼受。

邪病語不止及諸候，人中主之，一名鬼客廳。

狂癇不識人，癲病眩亂，灸百會九壯。

狂走掣瘲，灸玉枕上三寸。一法：頂後一寸，灸百壯。

狂走癲疾，灸頂後二寸，十二壯。

狂邪鬼語，灸天窗九壯。

狂癇哭泣，灸手逆注三十壯，穴在左右手腕後六寸。

狂走驚癇，灸河口五十壯，穴在腕後陷中動脈是。

狂癲風癇，吐舌，灸胃脘百壯。

狂走癲疾，灸大幽百壯。

狂走癲癇，灸季肋端三十壯。

狂言恍惚，灸天樞百壯。

狂邪發無常，灸間使三十壯，穴在腕後五寸，臂上兩骨間。亦灸驚恐歌哭。

狂走悲泣，灸巨覺，一作巨攬。隨年壯，穴在背上胛內側，反手所不及者，骨芒穴上捻之痛者是。

狂邪鬼語，灸伏兔百壯。

悲泣鬼語，灸天府五十壯。

悲泣邪語，鬼忙歌哭，灸慈門五十壯。

狂邪驚癇病，灸承命三十壯，穴在內踝後上行三寸動脈上。亦灸驚狂走。

狂癲風驚，厥逆心煩，灸巨陽五十壯。

狂癲鬼語，灸足太陽四十壯。

狂走驚恍惚，灸足陽明三十壯。

狂癲，癇疾，灸足少陽，隨年壯。

狂走癲疾如死人，灸足大指三毛中五壯。《翼》云：灸大敦。

風邪，灸間使，隨年壯，又灸承漿七壯。

《扁鵲心書·附竇材灸法》 風狂妄語，乃心氣不足，爲風邪客於包絡也，先服睡聖散，灸巨闕穴七十壯，灸瘡發過，再灸三里五十壯。

《扁鵲心書·風狂》 此病由於心血不足，又七情六慾損傷包絡，或風邪客之，故發風狂。言語無倫，持刀上屋。治法：先灌睡聖散，灸巨闕二三十壯，又灸心俞二穴各五壯，內服鎮心丹、定志丸。

治驗

一人得風狂已五年，時發時止，百法不效。余爲灌睡聖散三錢，先灸巨闕五十壯，醒時再服，又灸心俞五十壯，服鎮心丹一料。余曰：病患已久，須大發一回方愈，後果大發一日，全好。

一婦人產後得此證，亦如前灸，服薑附湯而愈。

《扁鵲心書·邪祟》 此證皆由元氣虛弱，或下元虛憊，憂恐太過，損傷心氣，致鬼邪乘虛而入，令人昏迷，與鬼交通，當服睡聖散，灸巨闕穴二百壯，鬼氣自滅，服薑附湯而愈。

治驗

一婦人因心氣不足，夜夜有少年人附著其體，診六脈皆無病，余令灸上脘穴五十壯，至夜，鬼來，離牀五尺，不能近，服薑附湯、鎮心丹，五日而愈。

一貴人妻爲鬼所著，百法不效。有一法師書天醫符奏玉帝，亦不效。余令服睡聖散三錢，灸巨闕穴五十壯，又灸石門穴三百壯，至二百壯，病人開眼如故，服薑附湯、鎮心丹五日而愈。

一婦人病虛勞，眞氣將脫，爲鬼所著，余用大艾火灸關元，彼難忍痛。乃令服睡聖散三錢，復灸至一百五十壯而醒，又服又灸，至三百壯，鬼邪去，勞病亦瘥。

《針灸資生經·心喜笑》 神門、陽谷，主笑若狂。勞宮、大陵，主喜笑不止。列缺，主喜笑。勞宮，治悲笑。大陵，治善笑不休。陽谿，治狂言喜笑見鬼。水溝，失笑無時節。復溜、勞宮，治善怒。魚際，療心痺悲怒。肝俞，療多怒。身柱，主怒欲殺人。狂風罵，撾斫人，名熱陽風，灸口兩吻邊燕口處赤白際，各一壯，又陰囊縫三十壯。

《針灸資生經·癲邪》 黃帝灸神邪鬼魅，岐伯療鬼神邪，灸間使。攢竹，療神邪鬼魅。秦承祖灸狐魅神邪，乃癲狂病，醫治不差者，幷兩手大指，用軟絲繩急縛，灸三壯，艾炷著四處，半在甲上，半在肉上，四處盡燒，一處不燒，其疾不愈，神效。小兒胎癇、奶癇、驚癇，依此灸一壯，炷如麥。陽谿、僕參、溫溜，治狂言見鬼。狂邪鬼語，灸天窗九壯，或伏兔百壯。悲泣鬼語，灸天府五十。悲泣邪語，鬼忙歌哭，灸慈門五十。卒中邪魅，恍惚振噤，灸鼻下人中，及兩手足大指爪甲本節，令艾丸半在爪上，半在肉上，各七壯，不止，十四壯，炷如雀屎。風邪，灸間使隨年壯，又承漿七壯，又心俞七壯，又三里七壯。鬼魅，灸入髮一寸百壯，又灸間使、手心主，各五十壯。狐魅，合手大指縛指灸合間三七壯，當狐鳴即差。風府，主邪病，卧瞑瞑不自知。囟上，主邪病鬼癲。尺澤，主邪病，四支腫痛，諸雜候。狂癇哭泣，灸手逆注三十。《針灸資生經·癲狂》　溫溜、掖門、京骨，主狂仆。神門、陽谷，主笑若

狂。勞宮、大陵，主風熱善怒，心中悲喜，思慕歔欷，喜笑不止。飛揚、太乙、滑肉門，主癲狂吐舌。溫溜、僕參，主癲疾，吐舌鼓頷，狂言見鬼。長強，主癲發如狂，面皮敦敦者不治。《明下》云：療癲狂。風府、肺俞，主狂走，欲自殺。筋縮、曲骨、陰谷、行間，主驚癇狂走癲疾。絡卻、聽會、身柱，主狂走瘈瘲，恍惚不樂。攢竹、小海、後頂、強間，主癲發瘈瘲，狂走不得卧。衝陽、豐隆，主狂妄行，登高而歌，棄衣而走。天柱、臨泣，主狂易，多言不休，目上反。支正、魚際、合谷、少海、曲池、腕骨，主狂言。下廉、丘墟，主狂言非常。巨闕、築賓，主狂易，妄言怒罵。陽谿、陽谷，主吐舌，戾頸，妄言。間使，主驚狂善悲，面赤目黃，瘖不言。筋縮，療驚癇狂走癲疾，脊急強，目轉上垂。陽谷、身柱、腦空、京骨，療癲疾強走。風府，療狂走，欲自殺，目反妄視。束骨，療癲狂。攢竹，但是尸厥癲邪，神狂鬼魅，皆療之，秦承祖灸神邪癲狂。衝陽，治久狂登高而歌，棄衣而走。光明，治卒狂。間使，治卒強，胸中澹澹，惡風寒，嘔吐，怵惕，寒中少氣，掌熱腋腫，肘攣，《明下》云，療卒狂驚悸。日月，治小腹熱欲走。絲竹空，治發狂吐涎沫。太乙，治癲疾狂走，心煩吐舌。陽谷，治癲疾狂走。心俞，治心中風，狂走發癇，語悲泣，心胸悶亂煩滿，汗不出，結積，寒熱嘔吐，不下食，咳唾血。腕骨，治狂惕。巨闕，治發狂不識人，驚悸少氣。曲泉、膏肓俞，治發狂。神門，治身熱狂，悲哭。陽交，治寒厥驚狂。少海，治目眩發狂，嘔吐涎沫，項不得顧。支正，治風虛狂惕。大陵，治狂言不樂。陽谷治妄言，左右顧，瘈瘲目眩。陽谿，治狂言，喜笑見鬼。僕參，治癲癇，狂言見鬼。偏歷，治癲疾多言。溫溜，治癲疾吐涎，狂言見鬼，《明下》云，癲癇吐舌，鼓頷狂言。下廉，治狂言。築賓，治癲疾狂言，《明下》云，小兒癲病吐舌。公孫，治卒面腫，煩心狂言。太淵，治狂言口僻。液門，治驚悸妄言。陽谷，療吐舌戾頸，妄言，不得左右顧，瘈瘲，頭眩目痛。筋縮，療癇病多言。鳩尾，療癲癇狂歌，不擇言。黃帝療鬼邪魅及癲狂，語不擇尊卑，灸上唇裏面中央肉絃上一壯，炷如小麥，又用鋼刀決斷更佳。《銅》云，水溝，治語不識尊卑，液門，主妄言。狂言恍惚，灸天樞百壯。狂邪發無常，披頭大喚，欲殺人，不避水火，及狂言妄語，灸間使三十壯。狂癲鬼語，灸足太陽四十壯。狂癲驚走，風恍惚，嗔喜罵笑，歌哭鬼語，悉灸腦戶、風池、手陽明、太陽、太陰、足陽明、陽蹻、少陽、太陰、陰蹻、足跟，皆隨年壯。狂走刺人，或欲自死，罵詈不息，稱神鬼語，灸口吻頭赤白際一壯，又兩肘內屈中五壯，又背胛中間三壯，報灸之。倉公法，神效。卒狂言鬼語，以甑帶急合縛兩手大指，便灸左右脇下對屈肋頭，兩處火俱起，各七壯，須臾，鬼自道姓名乞去，徐徐問之，乃解其手。卒狂鬼語，針其足大拇指爪甲下，入少許即止。人中，主邪病語不止，及諸雜候。凡人中惡，先掐鼻下是也。邪鬼妄語，灸懸命十四壯，穴在口唇裏中央絃，用鋼刀決斷佳。治肺中風狂言，狂邪鬼語，灸天窗、伏兔。悲泣鬼語，灸天府、慈門。

有士人妄語异常，且欲打人，病數月矣，予意其是心疾，爲灸百會，百會治心疾故也。又疑是鬼邪，用秦承祖灸鬼邪法，并兩手大拇指用軟帛繩急縛定，當肉甲相接處灸七壯，四處皆著火而後愈。更有一貴人子，亦有此患，有醫僧亦爲灸此穴愈。

狂走掣瘲，灸玉枕上三寸，一法項後一寸百壯。狂走癲疾，灸項後二寸十二壯。狂走驚癇，灸河口五十壯，在腕後陷中動脈是，此與陽明同也。狂走癲疾，灸大幽百壯。狂走癲癇，灸季肋端三十。狂走喜怒悲泣，灸巨覺，隨年壯，在背上甲內側，反手所不及者，骨芒穴上捻之痛者是。狂走驚恍惚，灸足陽明三十壯。狂走易罵，灸八會隨年壯，在陽明下五分。筋縮等，主狂走。三里，主邪病大喚罵，走遠。狂走癲厥如死人，灸足大指三毛中九壯。狂走易氣等，灸絕骨。

鬼語狂走，當依法灸之，若傷寒鬼語癲狂，惟宜用四物湯加黃耆等分，七八錢重，作一服，水一碗煎七分服，滓即用水一碗，煎半碗，連服，予屢用之神效，故附著於此。

《針灸資生經·癲疾》 解谿，治癲疾，煩心悲泣。瘂門，治癲疾頭重。完骨，治癲疾頭面浮腫，齒齲。天衝，治頭痛，癲疾風痙，牙齦腫，善驚。筋縮，治癲疾脊強。申脈、後谿、前谷，治癲疾。滑肉門，治癲疾，嘔逆吐舌。兌端、本神，治癲疾吐沫。飛揚，治癲疾寒痛。承山、崑崙，療寒熱癲疾。尺澤，療癲病不可向，手臂不得上頭。解谿、陽蹻，主癲疾。神庭、上星、百會、聽會、聽宮、偏歷、攢竹、本神、築賓、陽谿、後頂、強間、腦戶、絡卻、玉枕，主癲疾嘔。兌端、齦交、承漿、大迎、絲竹空、囟會、天柱、商丘，主癲疾嘔沫，寒熱痙互引。承漿、大迎，主寒熱悽厥鼓頷，癲痙口噤。臑會、申脈，主癲疾膝氣。尺澤、然谷，主癲疾手臂不得上頭。偏歷，主癲疾，多言，耳鳴口僻。腦空、束骨，主癲疾大瘦，頭痛。懸釐、束骨，主癲疾互引，善驚羊鳴。天衝，主頭痛癲疾，互引

數驚。通谷，主心中憒憒，數欠癲，心下悸恐，咽中澹澹。風池、聽會、復溜，主寒熱癲仆。完骨，主癲疾僵。曲池等，主癲疾。狂癲，灸胃管，或灸巨陽。

有人患癇疾，發則僵仆在地，久之方蘇，予意其用心所致，爲灸百會。又疑是痰厥致僵仆，爲灸中管，其疾稍減，未除根也。後閱《脈訣》後，通眞子有愛養小兒，謹護風池之說，人來覓灸癇疾，必爲之按風池穴，皆應手疼疼，使灸之而愈。小兒癇，恐亦可灸此。

《備急灸法·精魅鬼神所淫》 華佗治精魅鬼神所淫，癲邪狂厥，諸般符藥不效者，用細索併兩手大指縛之，灸三炷，每炷着四處，半在肉上，半在甲上，一處不着則不驗，灸之當作鬼神語，詰問其略，即解脱之，令去，其人遂甦，依圖取法。男女同法。

《世醫得效方·心恙》 灸法：狂癇不識人，癲病眩亂，灸百會九壯。狂邪鬼語，灸天窗九壯，其穴在頸大筋前曲頰下扶突後，動應手陷中是。狂言恍惚，灸天樞百壯，其穴去肓腧一寸半，直臍傍二寸。狂癇哭泣，灸手逆注三十壯，穴在左右手腕後六寸。癲狂風癇吐舌，灸胃脘百壯，不針。狂邪發無常，被髮大喚，欲殺人，不避水火，及狂言妄語，灸間使三十壯，穴在腕後五寸，臂上兩骨間。狂走喜怒悲泣，灸臣覺穴隨年壯，穴在背上夾內側，反手所不及者，骨芒穴上捻之痛者是也。鬼魅，灸入髮一寸，百壯。狐魅，合手大指縛指，灸合間三七壯，當狐鳴即差。卒狂言鬼語，以帶急合縛兩手大指，便灸左右脇下對屈肋頭兩處，各七壯，須臾，鬼自道姓名，乞去，徐徐問之，乃解其手。卒中邪魅，恍惚振噤，灸鼻下人中及兩手足大指爪甲本，令艾圓半在爪上，半在肉上，各七壯，不止，十四壯，艾炷如雀糞大。卒狂鬼語，針其足大拇指爪甲下，入少許即止。

《普濟方·針灸門·癲狂》 癲狂之人，今針灸與夫方藥，並主治之，凡占風之家，亦以風爲鬼斷之。扁鵲曰：百邪所病者，針有十三穴也，凡針之體，先從鬼宮起，次針鬼信，便至鬼壘，又至鬼心，未必須并針，止五六穴，即可知矣。若是邪蠱之精，便自言說，論其由來去，驗有實，立得精靈，未必須盡其命。求去，與之，男從左起針，女從右起針，若數處不言，便遍穴針也，依訣而行，針灸等處，并備主之，仍須依掌訣捻目治之，萬不失一。黄帝掌訣，别是術家秘要，縛鬼禁劫，五嶽四瀆，山精鬼魅，并悉禁之，有目在人兩手中十指節間。第一針人中，名鬼宮，從左邊下針，右邊出。第二針手大指爪甲下，名鬼信，入肉三分。第三針足大趾爪甲下，名鬼壘，入肉二分。第四針掌後橫文，名鬼心，入半寸，即太淵穴也。第五針外踝下白肉際，足太陽名鬼路，火針七鋥，鋥三下，即申脈穴也。第六針大椎，上入髮際一寸，名鬼枕，火針七鋥，鋥三下。第七針耳前髮際宛宛中，耳垂下五分，名鬼牀，火針七鋥，鋥三下。第八針承漿，名鬼市，從左出右。第九針手橫文上三寸兩筋間，名鬼路，即勞宮穴也。第十針直鼻上入髮際一寸，名鬼堂，火針七鋥，鋥三下，即上星穴也。第十一針陰下縫，灸三壯，女人即玉門頭，名鬼藏。第十二針尺澤橫文外頭，接白肉際，名鬼(巨)〔臣〕，火針七鋥，鋥三下，此即曲池穴。第十三針舌頭一寸，當舌下縫刺貫出舌上，名鬼封，仍以一板橫口吻，安針頭，令舌不得動。已前，若是手足，皆相對，針兩穴，若是孤穴，即單針之。

《普濟方·針灸門·癲狂》 治癲疾，煩心悲泣，穴：解谿。

治癲疾頭重，穴：瘂門。

治癲疾，頭面浮腫，齒齲，穴：完骨。

治頭痛癲疾，風痓，牙齦腫，善驚，穴：天衝。

心癲疾，脊強，穴：筋縮。

治癲疾，穴：申脈、後谿、前谷。

治癲疾，嘔逆吐舌，穴：滑肉門。

治癲疾吐沫，穴：本神、兑端。

治癲疾寒痛，穴：飛揚。

治寒熱癲疾，穴：承山、崑崙。

治癲病，手不可向上，手臂不得上頭，穴：尺澤。

治癲疾，穴：解谿、陽蹻。

治癲疾嘔，穴：神庭、上星、百會、聽會、聽宮、偏歷、攢竹、本神、築賓、陽谿、後頂、強間、腦戶、絡卻、玉枕。

治癲疾嘔沫，寒熱痓互引，穴：兑端、齦交、承漿、大迎、絲竹空、囟會、天柱、商丘。

治寒熱悽厥，鼓頷癲痓口噤，穴：承漿、大迎。

治癲疾膝氣，穴：臑會、申脈。

治癲疾，手臂不得上頭，穴：尺澤、然谷。

治癲疾多言，耳鳴口僻，穴：偏歷。

治癲疾，大瘦，頭痛，穴：腦空、束骨。

治癲疾，互引善驚，羊鳴，穴：懸釐、束骨。

治頭痛癲疾，互引數驚，穴：天衝。

治心中憒憒，數欠癲，心下懼恐，咽中澹澹，穴：通谷。

治寒熱癲癲仆，穴：風池、聽會、復溜。

治癲疾，僵仆狂瘧，穴：完骨。

治癲疾，穴：曲池。

治狂癲，穴：灸胃脘，或灸巨陽。

治卒癲疾，兩乳頭灸三壯，足大指本叢毛中，灸七壯，足小指本節，灸七壯。

治狂癲癇疾，穴足少陽，灸隨年壯。

治癲，背第二椎及下窮骨兩處，以繩度，中折，繩端一處，是脊骨上也，凡三處畢，復斷繩，作三折，令各等，而參合，如某字，以一角注中央，灸下二角，俠脊兩邊，凡五處，各一百壯。削竹皮爲度，勝於繩。足大指上聚毛中，又灸七壯。陰囊下縫，又灸二七壯。兩乳頭，又灸三壯。督脈，又灸三十壯，三報。天窗又灸至三百壯，炷惟小作。百會又灸至三百壯。耳上髮際，又灸各五壯。

治癲狂吐舌，穴：飛揚、太乙、滑肉門。

治風狂：先以錢五枚內頭髻中，以器盛(之)水，新布覆之，横大口於上，乃矜莊呼視其人。其人必欲起走，慎勿聽，因取水一噴之，一呵視，三次，乃(熟)(熱)，拭去水，指彈額上近髮際，問欲愈乎？其人必不肯答，如此三七彈，乃答。仗針刺鼻下人中近孔内側空，停針，刺兩耳根前宛宛動脈中，停針，又刺鼻直上入髮際一寸，横刺，又刺鼻直上，醒悟乃止。

治狂易多言不休，穴：風府、崑崙、束骨。

治風癲，兩乳頭灸各三壯，足大指甲後聚毛中，灸各七壯。

治狂仆，穴：溫溜、液門、京骨。

治笑若狂，穴：神門、陽谷。

治風熱善怒，心中悲喜，思慕歔欷，喜笑不止，穴：勞宮、大陵。

治癲疾，吐舌鼓頷，狂言見鬼，穴：溫溜、僕參。

治癲發如狂，面皮敦敦者不治，及療癲狂，穴：長強。

治狂走欲自殺，及目注視，穴：風府、肺俞。

治驚癇，狂走癲疾，穴：筋縮、曲骨、陰谷、行間。

治狂走瘈瘲，恍惚不樂，穴：絡卻、聽會、身柱。

治癇發瘈瘲，狂走不得臥，穴：攢竹、小海、後頂、強間。

治狂妄行走，登高而歌，棄衣而走，穴：衝陽、豐隆。

治狂易多言不休，目上反，穴：天柱、臨泣。

治狂言，穴：支正、魚際、合谷、少海、曲池、腕骨。

治狂言非常，穴：下廉、丘墟。

治狂易妄言怒罵，穴：巨闕、築賓。

治吐舌戾頸妄言，穴：陽谿、陽谷。

治驚狂善悲，面赤目黄，瘖不言，穴：間使。

治驚癇狂走，癲疾，脊急強，目轉上垂，穴：筋縮。

治癲疾強走，穴：陽谷、身柱、腦空、京骨。

治狂走欲自殺，目反妄視，穴：風府。

治癲狂，穴：束骨。

治尸厥癲邪，神狂鬼魅，穴：攢竹。

治久狂，登高而歌，棄衣而走，穴：衝陽。

治卒狂，穴：光明。

治卒狂，胸中澹澹，惡風寒，嘔吐悗惕，寒中少氣，掌熱肱腫，肘攣，及療卒狂驚悸，穴：間使。

治小腹熱，欲走，穴：日月。

治發狂味吐涎沫，穴：絲竹空。

治癲疾狂走，心煩吐舌，穴：大杼。

治癲疾狂走，穴：陽谷。

治心中風，狂走發癇，語悲泣，心胸悶亂，煩滿汗不出，結積寒熱，嘔吐不下食，咳唾血，穴：心俞。

治狂易，穴：完骨。

治發狂不識人，驚悸少氣，穴：巨闕。

治發狂，穴：曲泉、膏肓。

治身熱狂，悲哭，穴：神門。

治寒厥驚狂，穴：陽交。

治目眩發狂，嘔吐涎沫，煩不得顧，穴：少海。

治風虚狂惕，穴：支正。

治狂言不樂，穴：大陵。

治妄言左右顧，瘈瘲目眩，穴：陽谷。

治狂言，喜笑見鬼，穴：陽谿。

治癲癇狂言見鬼，穴：僕參。

治癲疾多言，穴：偏歷。

治癲疾吐涎，狂言見鬼，又治癲癇吐舌，鼓頷狂言，穴：溫溜。

治狂言，穴：下廉。

治癲疾狂言，又治小兒癲病吐舌，穴：築賓。

治卒面腫，煩心狂言，穴：公孫。

治狂言口僻，穴：太淵。

治驚悸妄言，穴：液門。

治吐舌，戾頸，妄言，不得左右顧，瘈瘲，頭痛目眩，穴：陽谷。

治癇病多言，穴：筋縮。

治癲癇狂歌，不擇言，穴：鳩尾。

治鬼邪魅及癲狂，語不擇尊卑，灸上唇裏面中央肉絃上一壯，炷如小麥，又用鋼刀決斷，更佳。

治語不識尊卑，穴：水溝。

治狂妄言，穴：液門。

治狂言恍惚，穴：天樞，灸百壯。

治狂邪發無常，披頭大喚，欲殺人，不避水火，及狂言妄語，驚恐歌哭，穴：間使，灸三十壯。

治狂癲鬼語，穴：足太陽，灸四十壯。

治狂癲驚走，風恍惚，嗔喜罵笑，歌哭鬼語，穴：腦戶、風池、手陽明、太陽、太陰、足陽明、陽蹻、少陽、少陰、陰蹻、足跟，悉灸，皆隨年壯。

治狂走刺人，或欲自死，罵詈不息，稱神鬼語，灸口吻頭赤白際一壯，又兩肘内屈中五壯，又背胛中間三壯報灸之，倉公法，神效。

治卒狂言鬼語，以甑帶急合縛兩手大指，便灸左右脇下對屈肋頭兩處，火俱起，各七壯，須臾，鬼自道姓名，乞去，徐徐問之，乃解其手。

治卒狂鬼語，針其足大拇指爪甲下，入少許，即止。

治邪病語不止，及諸雜候，穴：人中。凡人中惡，先掐鼻下是也。

治邪鬼妄言，穴：懸命，灸十四壯。穴：用口唇裏中央弦，用鋼刀決斷，佳。

治肺中風，狂言狂邪鬼語，穴：灸天窗、伏兔。

治悲泣鬼語，穴：灸天府、慈門。

治狂走掣瘲，穴：玉枕上三寸，灸百壯，一法項後一寸，灸百壯。

治狂走癲疾，穴：項後二寸，灸百壯。

治狂走驚癇，穴：河口，灸五十壯。

治狂走癲疾，穴：大幽，灸百壯。

治狂走癲癇，穴：季肋端，灸三十壯。

治狂走喜怒悲泣，穴：巨闕，灸隨年壯。

治狂走驚恍惚，穴：足陽明，灸三十壯。

治狂走易罵，穴：百會，灸隨年壯。

治狂走，穴：筋縮。

治邪病大喚罵走遠，穴：三里。

治狂走癲厥如死人，穴：足大指聚毛中，灸九壯。

治狂走易氣，穴：灸絶骨。

凡鬼語狂走，當依法灸之，若傷寒鬼語癲狂，惟宜用四物湯加黄耆等分，七八錢重作一服，水一碗，煎七分，服滓即用水一碗，煎半碗，連服，嘗屢用之，神效，故附著於此。

治卒發癲狂病，陰莖上宛宛中，灸三壯，得小便通則愈，陰囊下縫，灸二七壯。

治風狂罵打人，名熱陽風，灸口兩吻邊燕口處，赤白際各一壯，又陰囊縫二十壯，仍勿近前中卵核，恐害陽氣也。

治神邪鬼魅，穴：灸間使，治神邪鬼魅，穴：攢竹。

治狐魅神邪，及癲狂病，醫治不瘥者，併兩手大指，用軟絲繩急縛，灸三壯，艾炷著四處，半在甲上，半在肉上，四處盡燒，一處不燒，其疾不愈，神效，小兒胎癇，奶癇，依此灸一壯，炷如麥。

治狂言見鬼，穴：陽谿、僕參、溫留。
治狂邪鬼語，穴：天窗，灸九壯，或伏兔百壯。
治悲泣鬼語，穴：天府，灸五十壯。
治悲泣邪語，鬼忙歌哭，穴：囟門，灸五十壯。
治卒中邪魅，恍惚振噤，灸鼻下人中，及兩手足大指爪甲本節，令艾丸半在爪上，半在肉上，各七壯，不止，十四壯，炷如雀屎。
治風邪，穴：間使，灸隨年壯，承漿，又灸七壯，心俞，又灸七壯，三里，又灸七壯。
治鬼魅，灸入髮一寸百壯，間使手心，又各灸五十壯。
治狐魅，合手大指縛指，合灸，又間使三七壯，當狐鳴，即瘥。
治邪病卧瞑瞑，不自知，穴：風府。
治邪病鬼癲，四肢腫，穴：囟門。
治邪病，四肢腫痛諸雜候，穴：尺澤。
治狂癇哭泣，穴：手逆，炷艾三十壯。
治瘈瘲，裏急腰腹相引痛，穴：命門。
治瘈瘲氣實脇滿，穴：大椎。
治瘈瘲不仁，穴：屋翳。
治瘈瘲，穴：陽谷。
治肘瘈瘲，穴：曲澤。
治瘈瘲，穴：少澤。
治瘈瘲，腳酸，穴：承筋。
治瘈瘲癲疾，穴：少澤，曲池。
治癲疾瘈瘲，怒欲殺人，身熱狂走，狂言見鬼，穴：身柱。
治癇瘈，穴：商丘。
治癇發瘈瘲，狂走，穴：攢竹、小海、後頂、強間。
治癇瘈，口閉不開，穴：崑崙、天井。
治驚瘲，穴：陽谿、天井。
治瘈瘲而驚，穴：解谿。
治瘈瘲沫出，寒熱，痙引骨痛，穴：上關。
治瘈瘲，引臍腹短氣，穴：巨闕、照海。
治骨酸，眩狂，瘈瘲，口噤喉鳴沫出，瘖不能言，穴：腦戶、聽會、聽宮、風府、翳風。
治脊強反折瘈瘲，癲疾頭痛，穴：五處、身柱、委中、委陽、崑崙。
治狂走瘈瘲，恍惚不樂，穴：絡卻、聽會、身柱。
治寒熱風痙，脊強反折，瘈瘲，癲疾頭重，穴：瘂門。
治頭風，目眩瘈瘲，目戴上不識人，穴：五處。
治瘈瘲口喎，穴：巨髎。
治瘈瘲口沫出，目眩，牙車不開，口噤，穴：上關。
治臂痛瘈瘲，咳嗽，頸項急不可顧，穴：少澤。
治瘈瘲，穴：跗陽、天井。
治驚風瘈瘲，五指掣，穴：腕骨。
治癲病瘈瘲，身熱目眩項急，卧不安，穴：大椎。
治癲癇瘈瘲，穴：陽蹻，晝發者灸二七壯，陰蹻，夜發者灸二七壯。

《普濟方・針灸門・心恍惚》 治恍惚不知人，穴：巨闕。
療少力望前失後，心神恍惚，穴：百會。
療心恍惚，穴：陰都。
治悲愁恍惚，《資生經》。穴：心俞、天井、神道。
治狂驚恍惚，灸足陽明。
治狂癲恍惚，灸腦戶。
治狂言恍惚，灸天樞。
治卒中邪魅，恍惚，左寸關後尺中陰實者，腎實也，若心恍惚健忘，目視睆睆，耳聾，悵悵善鳴，刺足少陰至陰。

《普濟方・針灸門・心喜笑》 主喜笑不止，穴：勞宮、大陵。
主喜笑，穴：列缺。
治喜笑不休，穴：大陵。
治悲笑，穴：勞宮。
治狂言，喜笑見鬼，穴：陽谿。
治失笑無時節，穴：水溝。
治善怒，穴：復溜、勞宮。
療心痺悲怒，穴：魚際。

療多怒，穴：肝俞。

主怒欲殺人，穴：身柱。

《普濟方·針灸門·心憂悲》 治心悲，穴：商丘。

治悲恐，穴：靈道。

治恍惚悲愁，穴：神道。

主悲愁恍惚，悲傷不樂，穴：天井、心俞、神道。

主大風默默不知所痛，悲傷不樂，又療驚悸悲傷，穴：天井。

治大風逆氣，多寒善悲，穴：大橫。

治善悲不樂，穴：照海。

治太息善悲，小腹熱，欲走，多唾，言語不正，四肢不收，穴：日月。

治悲恐善驚，穴：少衝。

療驚恐悲愁，穴：支正。

治煩滿少氣，悲恐畏人，掌熱腹脘攣急，胸痛，手倦，不伸，穴：少府。

治悲笑，穴：勞宮。

治善悲泣，穴：心俞、神門、解谿、大陵。

主善悲，穴：間使。

主悸悲，穴：通里。

主心悲，穴：行間、勞宮。

主泣出，穴：百會。

治憂主心，穴：絶骨。

治乍哭，穴：水溝。

治泣出而驚，穴：後谿。

《普濟方·針灸門·心煩悶》 治心中熱煩，穴：上脘。

治心中煩滿，穴：陰都、巨闕。

治煩心，穴：玉堂。

治頭痛煩心，穴：魚際、少商、公孫、解谿、至陰、完骨。

治熱病煩心，穴：陽谿。

治煩心，穴：百會、强間、承光。

治心中煩滿，汗不出，穴：曲差。

主頭風，耳後痛，煩心，穴：完骨。

主舌卷口乾，心煩悶，穴：關衝。

治心煩悶，穴：幽門。

療胸脇支滿，痺痛骨疼，食不下，嘔逆上氣煩心，穴：紫宮。

療胸滿不得喘息，膺痛骨疼，嘔逆上氣煩心，穴：玉堂。

主煩心，穴：公孫。

主心煩，穴：尺澤、少澤。

凡心虚則心煩，穴：内關。

主煩心，穴：通里。

療煩心，穴：巨闕、心俞。

治心煩，穴：太乙。

治心風驚悸，不能食，心中悶，發噦，穴：上脘。

治心熱悶，心煩，穴：百會。

治心中煩悶，穴：巨闕。

治心悶，穴：中脘。

治心煩，穴：紫宮。

治心痛出血，則心下澹澹，善驚身熱，煩心口乾，逆氣唾血，肘瘈瘲。喜搖頭，清汗出不過肩，穴：曲澤。

治心煩，穴：曲差。

主心悶痛，穴：巨闕，灸二七壯。

治頭風，心煩，穴：絶骨。

治煩滿驚，穴：腕骨。

治心悶不已，刺支溝、三里，各二穴。

《普濟方·針灸門·歎息》 主不得太息，穴：行間。

凡好太息，不嗜食，多寒熱，汗出，病至則喜嘔，嘔已乃衰，穴取公孫，井俞。實則腸中切痛，厥頭面腫，起煩心狂，多飲不嗜卧。虚則鼓脹，腹中氣滿，熱痛不嗜食，霍亂。公孫主之。

治太息善悲，穴：日月、商丘。

治太息，穴：行間。

療胸脇痛，善太息，胸滿膨膨，穴：丘墟。

《普濟方·針灸門·雜病》 治邪病卧瞑瞑如死，灸風府五壯，在後髮際上

一寸大筋內宛宛中，禁針。妄語鬼言，灸鬼祿五壯，乃子決斷尤佳，大凡人中惡，先入鼻是也。又法：大叫狂走，灸足三里，在膝下三寸脛外。又法：邪病四肢重痛，并諸雜候，尺澤主之，在臂彎上動脈中。

《神應經·心脾胃部》 心恍惚：天井、巨闕、心俞。

心喜笑：陽谿、陽谷、神門、大陵、列缺、魚際、勞宮、復溜、肺俞。

《神應經·心邪癲狂部》 鬼擊：間使、支溝。

心邪癲狂：攢竹、尺澤、間使、陽谿。

癲狂：曲池、小海、少海、間使、陽谿、陽谷、大陵、合谷、魚際、腕骨、神門、液門、衝陽、行間、京骨、肺俞。百壯。

癲疾：上星、百會、風池、曲池、尺澤、陽谿、腕骨、解谿、後谿、申脈、崑崙、商丘、然谷、通谷、承山。針三分，速出，灸百壯。

狂言：太淵、陽谿、下廉、崑崙。

狂言不樂：大陵。

多言：百會。

癲狂言語不擇尊卑，灸唇裏中央肉弦上，一壯，炷如小麥大，又用鋼刀割斷更佳。

狂言數回顧：陽谷、液門。

喜笑：水溝、列缺、陽谿、大陵。

喜哭：百會、水溝。

目妄視：風府。

鬼邪：間使，仍針後十三穴：第一鬼宮，即人中穴。第二鬼信，手大指爪甲下，入三分。第三鬼壘，足大指爪甲下，入肉二分。第四鬼心，即太淵穴，入半寸。未必併針，止五六穴即可知矣。若是邪蠱之精便自言說，論其由來，往驗有實，立得。精靈未必須盡其命。求去，與之。男從左起針，女從右起針，若數處不言，便通穴針之。

第五鬼路，即申脈穴。火針七鋥，一三下。第六鬼枕，大椎上入髮際一寸。第七鬼床，耳前髮際穴。第八鬼市，即承漿穴。第九鬼營，即勞宮穴。第十鬼堂，即上星，火針七鋥。第十一鬼藏，陰下縫，灸三壯。第十二鬼臣，即曲池，火針。第十三鬼封。舌下一寸縫。

依次而行，針灸並備主之。

見鬼：陽谿。

發狂：少海、間使、神門、合谷、後谿、復溜、絲竹空。

狐魅神邪迷附癲狂：以兩手兩足大拇指用繩縛定，艾炷着四處盡灸，一處灸不到，其疾不愈，灸三壯。即鬼眼穴。小兒胎癇奶癇驚癇，亦依此法灸一壯，炷如小麥大。

卒狂：間使、後谿、合谷。

狂走：風府、陽谷。

久狂，登高而歌，棄衣而走：神門、後谿、衝陽。

癲疾：前谷、後谿、水溝、解谿、金門、申脈。

《醫學正傳·邪祟》 《素問》遺篇曰：人憂愁思慮則傷心，又驚而奪精，汗出於心，或遇少陰司天，天數不及，因而三虛神明失守。蓋心爲君主之官，神明出焉，神既失守，神光不聚，卻遇火不及，歲有黑屍鬼見之，令人暴亡。治法，刺手少陽之所過陽池穴也，復刺心腧即生。人飲食勞倦則傷脾，又飲食飽甚，汗出於胃，醉飽入房，汗出於脾，或遇太陰司天，天數不及，因而三虛脾神不守。蓋脾者爲諫議之官，智周出焉，神既失守，神光不聚，卻遇土不及歲，有青屍鬼見之，令人暴亡，可刺足陽明之所過衝陽穴也，復刺脾腧即生。人久坐濕地，強力入水則傷腎，又遇持重遠行，汗出於腎，或遇太陽司天，天數不及，因而三虛腎神不守。蓋腎爲作強之官，伎巧出焉，神既失守，神光不聚，卻遇水不及歲，有黃屍鬼見之，令人暴亡，可刺足太陽之所過京骨穴也，復刺腎腧即生。人暴怒氣逆則傷肝，又遇疾走恐懼，汗出於肝，或遇厥陰司天，天數不及，因而三虛肝神不守，蓋肝爲將軍之官，謀慮出焉，神既失守，神光不聚，卻遇木不及歲，有白屍鬼見之，令人暴亡，可刺足少陽之所過丘墟穴也，復刺肝腧即生。人形寒飲冷則傷肺，復登高疾走，汗出於肺，或遇陽明司天，天數不及，因而三虛肺神不守。蓋肺爲相傅之官，治節出焉，神既失守，神光不聚，卻遇金不及歲，有赤屍鬼見之，令人暴亡，可刺手陽明之所過合谷穴也，復刺肺腧即生。

肝虛見白屍鬼而後暴厥不知人，名曰卒屍，五邪病名並同。目中神彩不變，四肢雖冷，心腹尚溫，口中無涎舌不捲，卵不縮者，可刺之復甦。

丹溪治一婦人如癇，或作或輟，恍惚不省人事。一日略蘇醒，診視間，忽聞床上有香氣，繼又無所知識。丹溪曰：氣因血虛亦從，而虛邪因虛而入，

理或有之，遂以秦承祖灸鬼法灸治，病者哀告曰：我自去，我自去。即愈。

秦承祖灸鬼法，治一切驚狂譫妄，踰垣上屋，罵詈不避親疏等證。以病者兩手大拇指用細蔴繩扎縛定，以大艾炷置於其中，兩介甲及兩指角肉，四處着火，一處不着，即無效，灸七壯，神驗。

《針灸聚英・玉機微義針灸證治》 秦承祖灸鬼法

鬼哭穴，以兩手大指相並縛，用艾炷騎縫灸之，令兩甲角後肉四處著火，一處不著則不效。

按丹溪治一婦人久積怒與酒，病癇，目上視，揚手躑足，筋牽喉響流涎，定則昏昧，腹脹痛衝心，頭至胸大汗，癇與痛間作，此肝有怒邪，因血少而氣獨行，脾受刑，脾胃間有酒痰，爲肝氣所侮而爲痛，酒性喜動，出入升降，入內則痛，出外則癇。用竹瀝、薑汁、參朮膏等藥甚多，癇痛間作無度，乘時灸大敦、行間、中脘，間以陳皮、芍藥、甘草、川芎湯調石膏與竹瀝服之，無數，又灸太衝、然谷、巨闕、及大指甲肉。且言鬼怪，怒罵巫者，丹溪曰：邪乘虛而入，理或有之，與前藥，佐以荆瀝防痰，又灸鬼哭穴，餘證調理而安。

《針灸聚英・雜病歌》 心邪癲狂

心邪癲狂攢竹穴，陽谿間使與尺澤。癲狂肺俞至百壯，曲池一七理所當，小海少海間使穴，陽谿陽谷大陵方，京骨合谷與魚際，腕骨神門與衝陽，液門穴與行間穴，十六穴灸斯爲臧。癲癇攢竹神門中，天井小海金門同，商丘行間與通谷，心俞後谿鬼眼攻。通前總計十一穴，心俞百壯有神功。鬼擊間使與支溝，癲疾上星百會頭，風池曲池與尺澤，陽谿腕骨與商丘，解谿後谿及申脈，崑崙然谷通谷求，承山針三分速出，灸至百壯疾即瘳。狂言陽谿與太淵，并及崑崙與下廉。狂言不樂太陽穴，多言用治百會尖。癇狂言語無尊卑，脣裏中央肉縫宜，灸上一壯如小麥，又用鋼刀割斷奇。患者狂言數回顧，宜治陽谷液門穴，喜笑陽谿及大陵，并及水溝與列缺。喜哭百會水溝中，目妄視兮風府攻，鬼邪須治間使穴，仍針後谿起鬼宮，試問鬼宮何所在，要識此穴即人中，二鬼信兮手大指，甲下入肉二分是。三鬼壘兮足大指，甲下入肉二分是。四鬼心兮即太淵，治之須至入寸半，男從左兮女從右，起針之法依此等。五鬼路兮即申脈，火針七鋥三分下。六鬼枕兮大杼上，入髮一寸非虛假。耳前髮際七鬼床，八鬼市穴即承漿，九鬼營即勞宮穴，上星穴是入鬼堂，火針七鋥鬼堂用，鬼藏陰下縫三壯，十一鬼臣即曲池，火針亦與曲池宜，十三輪該是鬼封，即是舌下一寸縫，依次而行針灸備，二者兼到有神功。假如見鬼治陽谿，凡人魘夢商丘宜，中惡不省水溝穴，中脘氣海當兼醫。不省人事用三里，大敦一穴相兼治。發狂少海間使中，合谷後谿絲竹空，并兼復溜穴在內，治之立待有神功。狂走風府陽谷安，狐魅神邪狂與癇，兩手兩足大拇指，用繩縛定灸四尖，要識此穴名鬼眼，灸至三壯病必痊。小兒奶癇驚癇證，亦依此法一壯燃。卒狂間使合谷中，并及後谿三穴攻。瘈瘲指掣啞門穴，陽谷腕骨與勞宮，帶脈一穴并四穴，通前五穴收全功。呆癡神門少商宜，湧泉一穴與心俞。登高而歌攝衣走，久狂神門及後谿，并及衝陽共三穴，等閑感應似神祇。瘈驚百會解谿頭，暴驚下廉一穴求，癲疾前谷後谿穴，解谿金門及水溝，再兼一穴是申脈，按穴治之此疾瘳。

《本草綱目・百病主治藥・狂惑》 白犬血。熱病發狂，見鬼垂死，熱貼胸上。

《針灸大成・治證總要》 第一百三十六：失志痴呆：神門、鬼眼、百會、鳩尾。

《針灸大成・心脾胃門》 心恍惚：天井、巨闕、心俞。

心喜笑：陽谿、陽谷、神門、大陵、列缺、魚際、勞宮、復溜、肺俞。

《針灸大成・心邪癲狂門》 心邪癲狂：攢竹、尺澤、間使、陽谿。

癲狂：曲池七壯。小海、少海、間使、陽谿、陽谷、大陵、合谷、魚際、腕骨、神門、液門、衝陽、行間、京骨，以上俱灸。肺俞。百壯。

癲癇：攢竹、天井、小海、神門、金門、商丘、行間、通谷、心俞、百壯。後谿、鬼眼穴。

鬼擊：間使，支溝。

癲疾：上星、百會、風池、曲池、尺澤、陽谿、腕骨、解谿、後谿、申脈、崑崙、商丘、然谷、通谷、承山。針三分速出，灸百壯。

狂言：太淵、陽谿、下廉、崑崙。

狂言不樂：大陵。

多言：百會。

癲狂，言語不擇尊卑：灸脣裏中央肉弦上一壯，炷如小麥大，又用鋼刀割斷更佳。

狂言數回顧：陽谷、液門。

喜笑：水溝、列缺、陽谿、大陵。

喜哭：百會、水溝。

目妄視：風府。

鬼邪：間使，仍針後十三穴。穴詳見九卷。

見鬼：陽谿。

魘夢：商丘。

中惡不省：水溝、中脘、氣海。

不省人事：三里、大敦。

發狂：少海、間使、神門、合谷、後谿、復溜、絲竹空。

狂走：風府、陽谷。

狐魅神邪，迷附癲狂：以兩手兩足大拇指用繩縛定，艾炷着四處盡灸，一處灸不到，其疾不愈，灸三壯。即鬼眼穴。小兒胎癇、奶癇、驚癇亦依此法，灸一壯，炷如小麥大。

卒狂：間使、後谿、合谷。

瘈瘲指掣：瘂門、陽谷、腕骨、帶脈、勞宮。

呆癡：神門、少商、湧泉、心俞。

發狂：登高而歌，棄衣而走。神門、後谿、衝陽。

瘈驚：百會、解谿。

暴驚：下廉。

癲疾：前谷、後谿、水溝、解谿、金門、申脈。

《針灸大成·治證總要》第一百四十二：健忘失記：列缺、心俞、神門、少海。

問曰：此證緣何而得？憂愁思慮，內動於心，外感於情，或有痰涎灌心竅，七情所感，故有此證。復刺後穴：中脘、三里。

楊氏針邪秘要

凡男婦或歌或笑，或哭或吟，或多言，或久默，或朝夕嗔脹，或晝夜妄行，或口眼俱邪，或披頭跣足，或裸形露體，或桑見神鬼，如此之類，乃飛蟲精靈、妖孽狂鬼、百邪侵害也。欲治之時，先要：

愉悅：謂病家敬信醫人，醫人誠心療治，兩相喜悅，邪鬼方除，若主惡砭石，不可以言治，醫貪貨財，不足以言德。

書符：先用硃砂書太乙靈符二道，一道燒灰，酒調，病人服，一道貼於病人房內，書符時，念小天罡呪。

念呪：先取氣一口，次念：天罡大神，日月常輪，上朝金闕，下覆崑崙，貪狼巨門，祿存文曲，廉貞武曲，破軍輔弼，大周天界，細入微塵，玄黃正氣，速赴我身。所有凶神惡煞，速赴我魁之下，毋動毋作，急急如律令。

定神：謂醫與病人，各正自已之神，神不定勿刺，神已定可施。

正色：謂持針之際，目無邪視，心無外想，手如握虎，勢若擒龍。

禱神：謂臨針之時，閉目存想一會針法，心思神農、黃帝、孫、韋眞人，儼然在前，密言：從吾針後，病不許復。乃掐穴呪曰：大哉乾元，威統神天，金針到處，萬病如拈，吾奉太上老君，急急如律令。

呪針：謂下手入針時，呵氣一口於穴上，默存心火燒過，用力徐徐插入，乃呪曰：布氣玄眞，萬病不侵，經絡接續，龍降虎升，陰陽妙道，插入神針，針天須要開，針地定教裂，針山須便崩，針海還應竭，針人疾即安，針鬼悉馘滅，吾奉太上老君，急急如律令攝。

又呪曰：手提金鞭倒騎牛，喝得黃河水倒流，一口吸盡川江水，運動人身血脈流，南斗六星，北斗七星，太上老君，急急如律令。

《壽世保元·灸法·灸諸病法》一狐魅神邪及癲狂，諸般醫治不痊者，以兩手幷兩足大拇指，用軟繩急縛之，灸三壯，要四處着艾，半在肉，半在甲，要四處盡燒，一處不燒則不效矣，此法神效。

一論魘死秘法，凡夜夢魘死者，皆有平日神氣不足，致使睡臥神不守舍，魂不依體。凡魘者，切不可執燈照之，但向暗中呼其名即醒。又一法，齧患人足踵即大指甲側即甦。又法，用牙皂末吹入鼻中亦妙。若經一二更者亦可灸之。又一法，灸大敦穴七壯即醒。

一論婦人月家得此，不時舉發，手足攣拳，束如鷄爪，疼痛。取左右膝骨兩傍各有一小窩，共四穴，俗謂之鬼眼，各灸三壯即愈。

《類經圖翼·針灸要覽·諸證灸法要穴》癲狂：百會、人中、天窗、狂邪鬼語。身柱、神道、心俞、筋縮、骨骶、二十壯。章門、天樞、少衝、女，灸此。勞宮、內關、神門、陽谿、足三里、下巨虛、豐隆、二七壯。衝陽、男，灸此。太衝、申脈、照海、厲兌。男灸此。

兩手足拇指甲角：其法以二指並縛一處，須甲肉四處著火，七壯。

癡：心俞、神門。

《景岳全書·雜證謨·癲狂癡呆》 間使，五壯。人中，用小炷灸之。骨骶，二十壯。兩手足大拇指，以二指并縛一處，灸爪甲角七壯。須於甲肉之半，令其四處着火。

《景岳全書·婦人規·帶濁遺淋類》 若爲妖魅所侵，則内當調補正氣，如歸神湯之類，外宜速灸鬼哭穴以驅邪氣，則自當漸愈。其穴以兩手大指相並縛定，用艾炷於爪甲角騎縫灸之，務令兩甲連肉四處着火，方效，或七壯，或二七壯。兩足大指亦名足鬼眼。

《病機沙篆·癲狂》 針法：神門、内關、人中、足三里、陰蹻、陽蹻、鳩尾、心俞、膽俞、勞宫、間使，選用十一穴。

灸法：小兒驚癇如狂：金門、僕參，灸三壯，炷如麥大，用針入一分，又灸崑崙，三壯，炷同，用針入三分，三穴。

《病機沙篆·狂證》 顛狂，哭笑悲歌，妄言，登高棄衣，多稱鬼神邪言，灸百會三壯，針人中，三分，心俞、間使、神門。

灸尸厥秘法：用繩圍患人男左女右臂腕，截斷，將繩從大椎上度下，脊上繩頭盡處，七七壯立甦，一穴。

扁鵲取三陽五會，更熨兩脇下，虢太子即甦，一穴。

尸厥暴死，不省人事：百會、人中、啞門、合谷，四穴。

《太乙神針心法·癲狂門》 治法

風狂：針少海、間使、神門、合谷、後谿、復溜、絲竹空。

中惡不省：針水溝、中脘、氣海、三里、大敦。

心邪：針攢竹、尺澤、間使、陽谿。

狂言：針太淵、陽谿、下廉、崑崙。

多言：針百會。

言語不擇尊卑：針唇裏中央肉弦上，又用鋼刀刮斷更佳。

狂走：針風府、陽谷。

呆癡：針神門、少商、湧泉、心腧。

發狂亂跳，或登高歌笑，或裸身疾走：針神門、後谿、衝陽。

狐魅神邪迷附狂癲：針鬼眼穴。

《羅遺編·針灸要穴論》 鬼魅：上星、水溝。鬼擊卒死。秦承祖灸鬼法亦妙，人中，七壯。足鬼眼穴。此上二穴，治夢魘鬼擊。

《針灸逢源·證治參詳·中風門》 癲多喜，病在心脾包絡，時作時止，常昏倦。陰主靜也，狂多怒，病在肝膽胃經，少卧而不饑，踰垣上屋者，陽盛則四肢實也。人中、治笑哭，間使、神門、治癡呆。後谿、申脈、下巨墟，治狂。衝陽，男灸此，癲狂並治，骨骶。灸二十壯，治癲。

兩手足大指左右相並用繩縛定，艾炷灸兩指岐縫中七壯，須甲肉四處著火，病者哀告，我自去，爲效。又孫眞人十三鬼穴，挨次針之，如偏穴，男先針左，女先針右。人中、少商、隱白、大陵、申脈、風府、頰車、承漿、勞宫、上星、會陰、曲池、舌下中縫。橫筋一枚於口合舌不動，刺出血效。

《針灸全生·心邪癲狂》 攢竹、尺澤、間使、陽谿。

癲狂：曲池，七壯。少海、陽谿、陽谷、魚際、神門、衝陽、小海、間使、大陵、合谷、腕骨、液門、行間、京骨，以上俱灸之，肺俞，百壯。

癲疾：上星、風池、尺澤、腕骨、後谿、崑崙、百會、曲池、陽谿、解谿、申脈、商丘、然谷、通谷、承山。針三分速出，針灸百壯。

癡呆：神門、少商、湧泉、心俞。

狂言：太淵、陽谿、下廉、崑崙、大陵。

喜笑：水溝、陽谿、列缺、大陵。

喜哭：百會、水溝。

卒狂：少海、間使、合谷。

發狂：少海、間使、合谷、神門、後谿、復溜、絲竹空。

登高而歌，棄衣不走。神門、後谿、衝陽。

狂走：風府、陽谷。

鬼邪：間使、後谿，甚者針後十三穴：人中，三分。少商，三分。隱白，二分。大陵，五分。申脈，火針三分。風府，二分。頰車，二分。承漿，二分。勞宫，二分。上星，二分。會陰，三分。曲池，火針五分。舌下中縫。出血。男子先從左針起，女子先從右針起。

狐魅神鬼迷惑癲狂：鬼眼穴。三壯，七壯。

見鬼：陽谿。

《針灸全生·頭面病》 百會、人中、天窗，狂邪鬼語。身柱、心俞、骨骶，三十壯。天樞、鬼語、神道、筋縮、章門、少衝，女灸此。手足眼穴、神門、足三里、

豐隆、灸七壯。太衝、照海、男灸此。陽谿、下巨虛、衝陽、男灸此。申脈、厲兌、勞宮、內關。

癡：心俞、神門。

《針灸便覽·中風》心邪癲狂：攢竹、尺澤、間使、陽谿。

狂言：太淵、陽谿、下廉、崑崙。

鬼邪：間使、後谿。甚者，針十三鬼眼穴。

《針灸便覽·中風》

鬼魅：上星、水溝、手足鬼眼穴。

心驚發狂：少衝、心俞、中脘。

《神灸經綸·身部證治》顛狂：百會、人中、天窗、狂邪鬼語。身柱、神道、心俞、筋縮、骨骶、章門、天樞、少衝、女灸此。勞宮、內關、神門、陽谿、足三里、下巨虛、豐隆、衝陽、男灸此。太衝、厲兌、前谷、後谿、燕口、在口吻兩邊赤白肉際。足大指橫紋穴，卒顛病，灸兩腳大指聚毛中七壯。

《神灸經綸·身部證治》顛癇：神庭、身柱、靈道、金門、承命、穴在內踝後上行三寸動脈中，主治狂邪驚癇，灸三十壯。申脈、陽蹻穴，晝發灸此。照海、陰蹻穴，夜發灸此。

凡灸二蹻穴，必先用藥下之，否則痰壅殺人。又云：風癇可灸，驚熱不可灸。

風癇：百會、上星、身柱、心俞、筋縮、章門、神門、天井、陽谿、灸此不必灸合谷。合谷、灸此不必灸陽谿。足三里、太衝。

狂言不避水火：間使、百會。

暴瘂不能言：速灸臍下四寸并小便陰毛際骨陷中，各灸七壯，重者二七壯，并手足中指頭盡處各灸三壯，神效，男灸左，女灸右。

癡呆：神門、心俞。

《傳悟靈濟錄·狂癲癡癇》狂癲：百會、人中、天窗、狂邪鬼語。身柱、神道、心俞、筋縮、骨骶、二十壯。章門、天樞、少衝、女灸此。勞宮、內關、神門、陽谿、足三里、下巨虛、豐隆、二七壯。衝陽、男灸此。太衝、申脈、照海、厲兌、男灸此。又手足鬼眼。見後奇俞。

《傳悟靈濟錄·邪祟》鬼魅：上星、水溝。鬼繫卒屍。秦承祖灸鬼法，見後奇俞。

夢魘鬼繫：人中、七壯。足鬼眼穴。法見後奇俞。

肺虛者見赤屍鬼：肺俞、針一分半。合谷。三分。

心虛者見黑屍鬼：心俞、陽池。

肝虛者見白屍鬼：肝俞、三分。丘墟。三分，腹中鳴可倍。

脾虛者見青屍鬼：脾俞、三分。衝陽。三分。

腎虛者見黃屍鬼：腎俞、三分。氣海。見奇經，在十五椎下兩旁。

以上凡刺，特以口含針頭令溫，刺畢留補，徐徐出針。

《傳悟靈濟錄·灸中惡穴歌》尸疰客忤中惡病，乳後三寸量準行，男左女右艾火灸，邪祟驅除神自寧。注：灸尸疰、客忤、中惡等證，其穴在乳後三寸，男子灸左，女人灸右，效。

《針灸集成·癲癇》狂言喜笑：陽谿、下三里、神門、陽谷、水溝、列缺、大陵、支溝、神庭、間使、百勞。

鬼邪：間使，仍針後十三穴：一鬼宮、人中穴。二鬼信、手大指甲下入肉三分。三鬼壘、足大指爪甲下入肉二分。四鬼心、太淵穴，入半寸。若是邪蠱，便自言說由來，往驗有實，求去，與之。男從左起針，女從右起針，若數穴不言，便通下排穴。五申脈、火針，七鋥二三下。六鬼枕、大椎上入髮際一寸。七鬼牀，耳前髮際穴。八鬼市，承漿穴。九鬼宮，勞宮穴。十鬼堂，上星穴。火針七鋥。十一鬼莊，陰下縫，灸三壯。十二鬼臣，曲池，火針。十三鬼封，舌下一寸縫。

見鬼：陽谷。

夢壓：商丘、三陰交。

善哭：百會、水溝。

風癲及發狂欲走，稱神自高，悲泣呻吟。謂邪祟也，先針間使，後十三穴。

罵詈不息，身稱鬼語：心俞、百壯，鬼眼、後谿、大陵、勞宮、湧泉、各三壯，風府。又方：灸唇吻頭白肉際一壯，又灸唇裏中央肉弦上一壯。

狐魅顛狂：鬼眼，三七壯，神庭，百壯。

《針灸穴法》譫語，其狂言妄語，乃邪熱氣盛：期門二穴、合谷二穴、內關二穴。腹痛加中脘一穴、陰陵二穴。

酒色過度，中風發顛：巨厥一穴、中管一穴、陰交二穴、天柱二穴、心俞

二穴、腸俞二穴、肩井二穴、肺俞二穴、曲池二穴、風市二穴。禁口，泄瀉白黄無血，用花椒五分炒乾，擂末，老酒一杯。含之即愈。

心中驚悸，言語錯亂：少海二穴、少府二穴、心俞二穴、後骨二穴。

心中呆癡，悲泣不已：通里二穴、後骨二穴、神門二穴、大鍾二穴。

心驚發狂，不識親陳：少衝二穴、心俞二穴、中脘一穴、十宣十穴。

心氣虛損，或歌或笑：靈道二穴、心俞二穴、通里二穴。

《灸法秘傳・癲病》 經謂：重陰者癲，癲則多喜，若癡若呆，或笑或泣，緣於所謀不遂而致也。當灸身柱一穴。

《針灸摘要・陰維脈》 心性呆癡，悲泣不已：通里、後谿、神門、大鍾。

心驚發狂，不識親疏：少衝、心俞、中脘、十宣。

健忘易失，言語不紀：心俞、通里、少衝。

心氣虛損，或歌或笑：靈道、心俞、通里。

心中驚悸，語言錯亂：少海、少府、心俞、後谿。

《針灸大成・醫案》 乙亥歲，通州李戶侯夫人，患怪證，予用孫眞人治邪十三針之法。問病者是何邪爲害，對説廼某日至某處，鷄精之爲害也。令其速去。病者對曰：吾疾愈矣。怪邪已去，言語遂正，精神復舊，以見十三針之有驗也。

《太乙神針心法・針案紀略》 先生公出，則必攜針藥以自隨，每至一村莊，老幼男婦即遮首擁輿，不得前，非因有病而求針乞藥，即因病愈而叩頭稱謝也。先生即停輿良久，應之無倦容。甲午初秋，蒙郡尊委盤永寧倉庫，道經田家會，忽有二人扶輿而行，問此何爲者？則跪而稟曰：吾母有病求治也。問：汝母何病？曰：吾父病垂危，吾母心患之，每夜半露禱，閱旬月不衰，吾父病幸愈，吾母即患風狂，晝夜不思眠食，白日裸身狂走，或登高阜，或上窰房，莫能禁也。吾父因母病，出外訪醫求藥，不知所往。問家住何處，手指前村云：即此是吾家也。先生因命駕至其家。其母正在袒裼狂跳中，忽自覓衣覆體，斂容屏息，若有所俟者。媼鄰訝之，初不解其何意，俄而先生至，令之跪則跪，因跪而受針。爲針其百會一穴，鬼眼二穴，各二十一針，針畢，即叩頭謝曰：吾今不敢爲祟矣，願乞饒命，吾去矣。言畢而醒，瞠目驚視，見一村男婦都來觀看，疊圍如堵，問：若輩何事到吾家？二子具告以故，爽然如夢之初迴也。

永和一少年，患瘋狂，百治不痊。其父兄縛送求治，先生爲針百會二十一針。升堂，公坐，呼少年前來，命去其縛，予杖者十。杖畢而醒，問以前事，茫然不知也。

《續名醫類案・癲狂》 凌漢章治金華富家婦，少寡得狂疾，至裸形野立。凌視曰：是謂喪心，吾針其心，心正必知耻，蔽之帳中，慰以好言，釋其丑，可不發。乃令二人堅持，用涼水噴而針之，果愈。《明史》。固是正論，恐難效法。

王執中治一士妄語無常，且欲打人，病數日矣。意其心疾，爲灸百會。百會治心疾，故也。又疑是鬼邪，用秦承祖灸鬼邪法，併兩手大拇指，用軟帛繩急縛定，當肉甲相接處灸七壯，四處皆著火而後愈。更有二貴人子亦有此患，有醫生亦爲灸此穴而愈。

《續名醫類案・癇》 竇材治一人病癇三年餘，灸中脘五十壯即愈。又一婦病癇已十年，灸中脘五十壯愈。凡人有此疾，惟灸法取效最速，藥不及也。

驚悸、健忘、鬱怒

《靈樞・雜病》 喜怒而不欲食，言益小，取足太陰；怒而多言，取足少陽。

《靈樞・口問》 黄帝曰：人之太息者，何氣使然？岐伯曰：憂思則心系急，心系急則氣道約，約則不利，故太息以伸出之。補手少陰、心主、足少陽留之也。【略】太息，補手少陰、心主、足少陽留之。

《太素・雜病・喜怒》 喜怒而不欲食，言益少，刺足太陰；怒而多言，刺足少陽。怒，肝木也。食，脾土也。今木剋土，故怒不欲食，宜補足太陰。肝足厥陰，怒也。足少陽，多言也。故瀉少陽也。

《甲乙經・陽受病發風》 大風逆氣，多寒善悲，大橫主之。風熱善怒，中心喜悲，思慕歔欷，善笑不休，勞宫主之。

《甲乙經・邪在心膽及諸臟腑發悲恐太息口苦不樂及驚》 善怒而欲食，言益少，刺足太陰。怒而多言，刺足少陰。短氣心痺，悲怒逆氣，怒狂易，魚際主之。心痛善悲，厥逆，懸心如饑之狀，心讋讋而驚，大陵及間使主之。心澹澹而善驚恐，心悲，内關主之。善驚，悲不樂，厥，脛足下熱，面盡熱，渴，行間主之。脾虛令人病寒不樂，好太息，商丘主之。色蒼蒼然，太息，如將死

狀，振寒溲白，便難，中封主之。心如懸，哀而亂，善恐，嗌內腫，心愓愓恐，如人將捕之，多漾喘，少氣，呼吸不足以息，然谷主之。驚，善悲不樂，如墮墜，汗不出，面塵黑，病飲不欲食，照海主之。膽眩寒厥，手臂痛，善驚，忘言，面赤，泣出，液門主之。大驚乳痛，梁丘主之。邪在心，則病心痛，善悲，時眩仆，視有餘不足而調其俞。

《千金要方·針灸下·風痺》 風病：率谷，主醉酒，風熱發，兩目眩痛。

完骨，主風頭，耳後痛，煩心。

天柱，主風眩。

天府、曲池、列缺、百會，主惡風邪氣，泣出喜忘。

陽谷，主風眩驚，手捲，泄風汗出，腰項急。

陰蹻，主風暴不知人，偏枯不能行。

臨泣，主大風目痛。

解谿，主風從頭至足面目赤。

絕骨，主風勞身重。

俠谿，主胸中寒如風狀，頭眩，兩頰痛。

崑崙，主狂易大風。

照海，主大風默默，不知所痛，視如見星。

附陽，主痿厥風，頭重痛。

內關，主手中風熱。

湧泉，主風入腹中。

間使，主頭身風熱。

商陽，主耳中風生。

關衝，主面黑渴風。

天井，主大風默默不知所痛，悲傷不樂。

後谿，主風身寒。

液門，主風寒熱。

上關，主瘈瘲沫出，寒熱痓引骨痛。

巨闕、照海，主瘈瘲引臍腹短氣。

中膂輸、長強、腎輸，主寒熱痓反折。

脾輸、膀胱輸，主熱痓引骨痛。

肝輸，主筋寒熱痓，筋急手相引。

天井、神道、心輸，主悲愁恍惚，悲傷不樂。

命門，主瘈瘲，裏急腰腹相引。

魚際，主痓上氣，失瘖不能言。

通里，主不能言。

《千金要方·針灸下·風痺》 曲澤、大陵，主心下澹澹喜驚。

陰交、氣海、大巨，主驚不得臥。

大巨主善驚。

陰蹻，主臥驚，視如見鬼。

大鍾、郄門，主驚恐畏人，神氣不足。

然谷、陽陵泉，主心中怵惕，恐如人將捕之。

解谿，主瘈瘲而驚。

少衝，主太息煩滿，少氣悲驚。

行間，主心痛數驚，心悲不樂。

少府，主數噫，恐悸，氣不足。

厲兌，主多臥好驚。

神門，主數噫，恐悸不足。

液門，主喜驚，妄言面赤。

巨闕，主驚悸少氣。

通里，主心下悸。

三間、合谷、厲兌，主吐舌，戾頸，喜驚。

手少陰、陰郄，主氣驚心痛。

後谿，主泣出而驚。

腕骨，主煩滿驚。

《千金翼方·針灸中·心病》 健忘忽忽，針間使入五分，掌後三寸。

《扁鵲心書·著惱病》 此證方書多不載，人莫能辨，或先富後貧，先貴後賤，及暴憂暴怒，皆傷人五藏。多思則傷脾，多憂則傷肺，多怒則傷肝，多欲則傷心，至於憂時加食則傷胃，方書雖載內因，不立方法，後人遇此皆如虛證治之，損人性命。其證若傷肝脾，則泄瀉不止，傷胃則昏不省人事，傷腎則成勞瘵，傷肝則失血筋攣，傷肺則咯血吐痰，傷心則顛冒，當先服薑附湯以散

邪，後服金液丹以保脾胃，再詳其證而灸之，若脾虛灸中府穴各二百壯，腎虛灸關元穴三百壯，二經若實，自然不死，後服延壽丹或多服金液丹而愈。涼藥服多，重損元氣，則死。

治驗

一人年十五，因大憂大惱，卻轉脾虛，庸醫用五苓散及青皮、枳殼等藥，遂致飲食不進，胸中作悶。余令灸命關二百壯，飲食漸進，灸關元五百壯，服薑附湯一二劑，金液丹二斤方愈。方書混作勞損，用溫平小藥，誤人不少。悲夫。

《扁鵲心書·神疑病》 凡人至中年，天數自然虛衰，或加妄想憂思，或爲功名失志，以致心血大耗，癡醉不治，漸致精氣耗盡而死。當灸關元穴三百壯，服延壽丹一斤，此證尋常藥餌皆不能治，惟灸艾及丹藥，可保無虞。

治驗

一小兒因觀神戲受驚，時時悲啼，如醉不食，已九十日，危甚。令灸巨闕五十壯，即知人事，曰：適間心上有如火滾下。即好。服鎮心丸而愈。

一人功名不遂，神思不樂，飲食漸少，日夜昏默，已半年矣，諸醫不效。此病藥不能治，令灸巨闕百壯，關元二百壯，病減半，令服醇酒，一日三度，一月全安，蓋醺酣，忘其所慕也。

《針灸資生經·心恍惚》 心俞、天井、神道，治悲愁恍惚。狂驚恍惚，灸足陽明。狂癲恍惚，灸腦戶等。狂言恍惚，灸天樞。卒中邪魅恍惚，右手關後尺中陰實者，腎實也，若恍惚健忘，目視䀮䀮，耳聾悵悵善鳴，刺足少陰治陰。巨闕，治恍惚不知人。百會，療少心力，忘前失後，心神恍惚。陰都，療心恍惚。

《針灸資生經·心驚恐》 曲澤，治心痛善驚。靈道，治悲恐。下廉，治暴驚。魚際，治心痺悲恐。少衝，治悲恐善驚。上管，治心風驚悸。少府，治悲恐畏人。神門、蠡溝、巨闕，治驚悸少氣。梁丘，治大驚乳痛。陰郄、間使、二間、厲兌，治多驚。《明下》云，間使，療驚悸。五里，治驚恐。京骨、大鍾、大陵，治喜、驚、恐。百會、神道、天井、液門，治驚悸。通谷、章門，治善恐。天衝，治癲疾風痓，牙腫，善驚恐。支正，治風虛，驚恐狂惕，《明下》云，療驚、恐、悲、愁。郄門，治驚恐畏人。神庭，治驚悸不得安寢。腦空，治腦風頭痛，目瞑心悸。三間、合谷、厲兌，主吐舌，戾頸，喜驚。曲澤、大陵，主心下澹澹喜驚。通里，主心下悸，《明下》云，療悲恐畏人。然谷、陽陵泉，主心下惕恐，如人將捕之。大鍾、郄門，主驚恐畏人，神氣不足。氣海、陰交、大巨，主驚不得卧。大巨，主善驚。厲兌，主多卧好驚。液門，主喜驚，妄言面赤。少府，主數噫，恐悸，氣不足。神門，主數噫，恐悸不足。巨闕，主驚悸少氣。陰蹻，主卧驚視如見鬼。解谿，主瘈瘲而驚。少衝，主太息煩滿，少氣悲驚。行間，主心痛數驚，心悲不樂。手少陰、陰郄，主氣驚心痛。少衝，療悲恐畏人，善驚。神庭，療驚不安寢。曲澤，療喜驚。梁丘，療大驚。瘈脈，療小兒驚恐。陰蹻，療婦人驚悲不樂，又療大風卧驚，視如見星。風府，療多悲恐驚悸。鳩尾，療心驚悸，神氣耗散。兒睡中驚，目不合，灸屈肘横文中上三分，各一壯。兒睡中驚掣，灸足大指次指端，去爪甲如韭葉，各一壯。然谷，主兒善驚。驚怖心忪少力，灸大横五十壯。上管，療驚悸。天井療驚悸。厲兌，療善驚。或中等，主悸坐不安席。長強，主小兒驚恐失精。

《針灸資生經·心氣》 心俞，療氣亂。百會，治無心力，忘前失後。百會，治中風心煩，驚悸健忘。神道、幽門、列缺、膏肓俞，治健忘。百會、天府、曲池、列缺，主惡風邪氣，泣出喜忘。健忘，刺足少陰。心忪少力，灸大横五十。百會、巨闕，療無心力。上管，療心中悶。委陽，治失志。秦承祖云：中衝，療神氣不足失志。內關，主失志。通谷，主心中憒憒。鳩尾，療心中氣悶，不喜聞人語。心俞，療小兒心氣不足，不語。

予舊患心氣，凡思慮過多，心下怔忪，或至自悲感慨，必灸百會，則以百會有治無心力，忘前失後證故也。

《針灸資生經·歎息》 少衝，主太息煩滿，少氣悲驚。行間，主不得太息。凡好太息，不嗜食，多寒熱汗出，病至則喜嘔，嘔已乃衰，即取公孫及井俞。實則腸中切痛，厥，頭面腫起，煩心狂，多飲不嗜卧，虛則鼓脹，腹中氣滿熱痛，不嗜食，霍亂，公孫主之。商丘、日月，治太息善悲。行間，治太息。丘墟，療胸脇痛，善太息，胸滿膨膨。

《針灸資生經·心煩悶》 神道，治瘧，心煩甚，欲得飲冷，惡寒則欲處溫中，咽乾不嗜食，心痛數噫，恐悸，少氣不足，手臂寒，喘逆身熱，狂悲哭，嘔血遺溺。上管，治心中熱煩。陰都、巨闕，治心中煩滿。玉堂，治煩心。魚際、少商、公孫、解谿、至陰、完骨，治頭痛煩心。陽谿，治熱病煩心。百會、強間、承光，治煩心。曲差，治心中煩滿，汗不出。完骨，主風頭耳後痛，煩心。關

衝，主舌卷口乾，心煩悶。幽門，治心煩悶。少衝，療煩心上氣。紫宮，療胸脇支滿，痺痛骨疼，食不下，嘔逆，上氣煩心。玉堂，療胸滿，不得喘息，膺痛骨疼，嘔逆上氣煩心。公孫，主煩心。尺澤、少澤，主心煩。凡心虛則心煩，內關主之。通里，主煩心。巨闕、心俞，療煩心。太乙，治心煩。上管，療心風驚悸，不能食，心中悶發噦。百會，療心熱悶，心煩。巨闕，療心中煩悶。中脘，療心悶。紫宮等，主心煩。曲澤，療心痛出血，則心下澹澹喜驚，身熱煩心，口乾，逆氣唾血，肘瘈瘲，喜搖頭，清汗出不過肩。曲差，療心煩。心悶痛，灸巨闕二七壯。百會，治心熱悶。絕骨，治風心煩。魚際，療心痺。臨泣、鬲俞，治心痛周痺。

《針灸資生經·心憂悲》 漏谷，主心悲。商丘，治心悲。靈道，治悲恐。神道，治恍惚悲愁。天井、心俞、神道，主悲愁恍惚，悲傷不樂。天井，主大風默默不知所痛，悲傷不樂。《明下》云：療驚悸悲傷。大橫，治大風逆氣，多寒善悲。照海，治善悲不樂。日月，治太息善悲，小腹熱欲走，多唾，言語不正，四支不收。少衝，治悲恐善驚。少府，治煩滿少氣，悲恐畏人，掌熱，股腋攣急，胸痛，手卷不伸。支正，療驚恐悲愁。勞宮，治悲笑。心俞、神門、解谿、大陵，治喜悲泣。小兒夜啼，上燈啼，雞鳴止者，灸中指甲後一分，中衝穴一壯。新生兒不吮奶多啼，先灸承漿七壯，次灸頰車各七壯，炷如雀屎。間使，主善悲。通里，主悸悲。行間，主心悲。勞宮等，主心悲。百會等，主泣出。陰蹻，療婦人驚悲。憂主心，灸絕骨。百會，療小兒驚啼，又療多哭。水溝，治乍哭。

執中母氏久病，忽泣涕不可禁，知是心病也，灸百會而愈。執中凡遇憂愁悽愴，亦必灸此，有此疾者，不可不之信也。

《普濟方·針灸門·心氣》 治中風心煩，驚悸健忘，穴：百會。

治健忘，穴：神道、幽門、列缺、膏肓俞。

主惡風邪氣，泣出喜忘，穴：百會、天府、曲池、列缺。

主健忘，穴：刺足少陰。

治無心力，忘前失後，穴：百會。

主心悸少力，穴：大橫，灸五十壯。

療無心力，穴：百會、巨闕。

療心中悶，穴：上脘。

治失志，穴：委陽。

療神氣不足，失志，穴：中衝。

主失志，穴：內關。

主心中憒憒，穴：通谷。

療心中氣悶，不喜聞人語，穴：鳩尾。

《普濟方·針灸門·心驚悸》 治悲恐，穴：靈道。

治暴驚，穴：下廉。

治心痺悲恐，穴：魚際。

治悲恐善驚，穴：少衝。

治心風驚悸，穴：上脘。

治悲恐畏人，穴：少府。

治驚悸少氣，穴：神門、蠡溝、巨闕。

治大驚亂痛，穴：梁丘。

治多驚，穴：陰郄、間使、二間、厲兌。

療驚悸，穴：間使。

治驚恐，穴：五里。

治善驚恐，穴：京骨、大鍾、大陵。

治驚悸，穴：百會、神道、天井、液門。

治善恐，穴：通谷、章門。

治癲疾風，牙腫善驚，穴：天衝。

治風虛，驚恐，狂惕，又療驚、恐、悲、愁，穴：支正。

治驚恐畏人，穴：郄門。

治驚悸不得安寢，穴：神庭。

治腦風，頭疼，目瞑心悸，穴：腦空。

主吐舌，戾頸，善驚，穴：三間、合谷、厲兌。

主心下澹澹善驚，穴：曲澤、大陵。

主心下悸，又療悲恐畏人，穴：通里。

主心下惕，恐人將捕之，穴：然谷、陽陵泉。

主驚恐畏人，神氣不足，穴：大鍾、郄門。

主善驚，穴：大巨。

主驚不得卧，穴：氣海、陰交、大巨。

主多卧好驚，穴：厲兑。

主善驚妄言，面赤，穴：液門。

主數噫恐悸，氣不足，穴：少府。

主數噫，恐悸不足，穴：神門。

主驚悸少氣，穴：巨闕。

主卧驚，視如見鬼，穴：陰蹻。

主瘈瘲而驚，穴：解谿。

主太息煩滿，少氣悲驚，穴：少衝。

治心痛數驚，心悲不樂，穴：行間。

主氣驚心痛，穴：手少陰、陰郄。

療悲恐，畏人善驚，穴：少衝。

療驚不安寢，穴：神庭。

療善驚，穴：曲澤。

療多悲恐驚悸，穴：風府。

療大驚，穴：梁丘。

療心驚悸，神氣耗散，穴：鳩尾。

治驚怖，心忪少力，穴：大横，灸五十壯。

治驚悸，穴：上脘。

治驚悸，穴：天井。

治善驚，穴：厲兑。

治悸坐不安，穴：彧中。

《普濟方·針灸門·婦人諸疾》 治婦人驚悲不樂，又療大風卧驚，視如見星，穴：陰蹻。

《神應經·心脾胃部》 心煩：神門、陽谿、魚際、腕骨、少商、解谿、公孫、太白、至陰。

煩渴心熱：曲澤。

心煩怔忡：魚際。

煩悶：腕骨。

虛煩口乾：肺俞。

煩怨不卧：太淵、公孫、隱白、肺俞、陰陵泉、三陰交。

煩心喜噫：少商、太谿、陷谷。

心驚恐：曲澤、天井、靈道、神門、大陵、魚際、二間、液門、少衝、百會、厲兑、通谷、巨闕、章門。

心痺悲恐：神門、大陵、魚際。

心風：心俞，灸。中脘。

思慮過多，無心力，忘前失後：灸百會。

《針灸大成·心脾胃門》 心煩：神門、陽谿、魚際、腕骨、少商、解谿、公孫、太白、至陰。

煩渴心熱：曲澤。

心煩怔忡：魚際。

思慮過多無心力，忘前失後：灸百會。

心風：心俞，灸。中脘。

煩悶：腕骨。

虛煩口乾：肺俞。

煩悶不卧：太淵、公孫、隱白、肺俞、陰陵泉、三陰交。

煩心喜噫：少商、太谿、陷谷。

《針灸大成·心脾胃門》 心痺悲恐：神門、大陵、魚際。

懈惰：照海。

心驚恐：曲澤、天井、靈道、神門、大陵、魚際、二間、液門、少衝、百會、厲兑、通谷、巨闕、章門。

《類經圖翼·針灸要覽·諸證灸法要穴》 善太息：中封、商丘、公孫。

善悲：心俞、大陵、大敦、玉英、膻中。經曰：厥陰爲闔，闔折即氣絶而喜悲，悲者取之厥陰，視有餘不足，厥陰根於大敦，結於玉英，絡於膻中也。

《病機沙篆·怔忡驚悸恐》 針法：心中虛惕神思不安：膽俞、心俞、內關、通里四穴。

怔忡、健忘、不寐，手少陰心虛：內關，針五分，灸三壯，神門，針三分，灸二七壯，少海，針二分，三穴。

《太乙神針心法·心脾胃病門》 心煩怔忡：針神門、陽谿、魚際、腕骨、少商、解谿、公孫、太白、至陰。

思慮過多，心無氣力，忘前失後：針百會。
心恍惚：針天井、巨闕、心腧。
心喜笑：針陽谿、陽谷、神門、大陵、列缺、魚際、勞宮、復溜、肺腧。
虛煩口乾：針肺腧。
嗜臥不言：針膈腧。

《針灸集成·心胸》 心惕惕失智：內關、百會、神門。
心恍惚：天井、心俞、百會、神道。
心悲恐煩熱：神門、大陵、魚際、通里、太淵、公孫、肺俞、隱白、三陰交、陰陵泉。

《針灸集成·風部》 太息善悲：行間、丘墟、神門、下三里、日月，在期門下五分。

《針灸全生·心胸脇腹》 心內怔忡：心俞、內關、神門、照海。
心中煩悶：陰陵、內關。
心中驚悸，言語錯亂：少海、少府、心俞、後谿。
虛惕不安：乳根、通里、膽俞、心俞、後谿。
心臟諸虛，或歌或笑，驚悸怔忡：心俞、通里、後谿、靈道。
心虛膽寒，四體顫掉：膽俞、通里、臨泣足。後谿。
健忘易失，言語無記：後谿、心俞、通里、少衝。
勞心思慮，忘前失後：百會。灸。
心性呆癡，悲泣不已：通里、後谿、神門、大鐘。
心驚發狂，不識親疏：後谿、少衝、心俞、中脘、十宣。
心驚恐懼：曲澤、天井、靈道、大陵、二間、少衝、厲兌、神門、魚際、液門、百會、通谷、巨闕、章門。
心煩喜噫：少商、太谿、陷谷。
心痺悲恐：神門、大陵、魚際。
心中煩悶：腕骨。

《針灸全生·噎膈》 善悲：心俞、大陵、大敦、玉英、膻中。

《神灸經綸·身部證治》 夢魘鬼擊：人中、上星、水溝、鬼眼。秦承祖灸鬼法，取鬼哭穴，一名手鬼眼，一名足鬼眼，法以二拇指並縛一處，須甲肉四處着火，各灸七壯，用治顛癇、夢魘、鬼擊並五癇、癡呆及傷寒發狂等證，皆效。

凡夜夢魘死者，皆由平日神氣不足，致使睡臥神不守舍，魂不依體。凡魘者，切不可執燈照之，但向暗中呼其名，即醒。又法：齧患人足大指甲側，即甦。

又法：用牙皂末吹入鼻中亦妙，若經一二更者，亦可灸之。
又一法：灸大敦穴七壯即醒。
怔忡，健忘不寐：內關、液門、膏肓、解谿、神門。
好臥：厲兌。
驚悸：膽俞、解谿。
驚恐見鬼：陽谿。
懊憹心悸：通里。
心虛膽寒：少衝。

《針灸穴法》 心中神思不安：乳根二穴、通里二穴、膽俞二穴、心俞二穴。
心臟諸虛，心怔驚悸：陰郄二穴、心俞二穴、通里二穴。
健忘易失，言語不記：心俞二穴、通里二穴、少衝二穴。

《灸法秘傳·驚悸怔忡》 《正傳》曰：驚悸者，忽然若有驚，惕惕然心中不甯，其動也有時。怔忡者，心中惕惕然，動搖不靜，其作也無時。醫家雖有辨別，總灸上脘穴爲宜。

《灸法秘傳·健忘》 忘前失後，曰健忘也。良由精神短少，神志不交所致。亦有因思慮過度者，或因所願不遂者，或因痰涸心包者。病因雖異，皆當灸百會一穴，而記憶自強矣。

《針灸摘要·陰維脈》 心中虛惕，神思不安：乳根、通里、膽俞、心俞。

《針灸摘要·任脈》 心中煩悶：陰陵、內關。

《針灸大成·醫案》 辛未，武選王會泉公亞夫人，患危異之疾，半月不飲食，目閉不開，久矣。六脈似有如無，此疾非針不甦。同寅諸公，推予即針之，但人神所忌，如之何？若待吉日良時，則淪於鬼籙矣。不得已，即針內關二穴，目即開，而即能食米飲，徐以乳汁調理而愈。

同寅諸君，問此何疾也？予曰：天地之氣，常則安，變則病，況人稟天地之氣，五運迭侵於外，七情交戰於中，是以聖人嗇氣，如持至寶，庸人妄爲，而

傷太和，此軒岐所以論諸痛皆生於氣，百病皆生於氣，遂有九竅不同之論也。而子和公亦嘗論之詳矣。然氣本一也，因所觸而爲九，怒、喜、悲、恐、寒、熱、驚、思、勞也。蓋怒氣逆甚，則嘔血及飧泄，故氣逆上矣。怒則陽氣逆上，而肝木乘脾，故甚嘔血及飧泄也。喜則氣相志達，榮衛通和，故氣緩矣。悲則心系急，肺布葉舉，而上焦不通，榮衛不散，熱氣在中，故氣消矣。恐則精神上，則上焦閉，閉則氣逆，逆則下焦脹，故氣不行矣。寒則腠理閉，氣不行，故氣收矣。熱則腠理開，榮衛通，汗大泄，故氣泄。驚則心無所倚，神無所歸，慮無所定，故氣亂矣。勞則喘息汗出，内外皆越，故氣耗矣。思則心有所存，神有所歸，正氣流而不行，故氣結矣。

抑嘗考其爲病之詳，變化多端。如怒氣所致，爲嘔血，爲飧泄，爲煎厥，爲薄厥，爲陽厥，爲胸滿痛。食則氣逆而不下，爲喘渴煩心，爲肥氣，爲目暴盲，耳暴閉，筋緩，發於外爲癰疽也。喜氣所致，爲笑不休，爲毛髮焦，爲肉病，爲陽氣不收，甚則爲狂也。悲氣所致，爲陰縮，爲筋攣，爲肌痺，爲脈痿，男爲數溺，女爲血崩，爲酸鼻辛頞，爲目昏，爲少氣不能息，爲泣，爲臂痳也。恐氣所致，爲破䐃脱肉，爲骨痠痿厥，爲暴下清水，爲面熱膚急，爲陰痿，爲懼而脱頤也。驚氣所致，爲潮涎，爲目寰，爲癡癇，爲不省人事僵仆，久則爲痿痺也。勞氣所致，爲嗌噎，爲喘促，爲嗽血，爲腰痛骨痿，爲肺鳴，爲高骨壞，爲陰痿，爲唾血，爲瞑目，爲耳閉，男爲少精，女爲不月，衰甚則潰潰乎若壞，汨汨乎不可止也。思氣所致，爲不眠，爲嗜卧，爲昏瞀，爲中痞，三焦閉塞，爲咽嗌不利，爲膽痺嘔苦，爲筋痿，爲白淫，爲不嗜食也。寒氣所致，爲上下所出水液澄清冷，下痢青白等證也。熱氣所致，爲喘嘔吐酸，暴注下迫等病也。

竊又稽之《内經》治法，但以五行相勝之理，互相爲治。如怒傷肝，肝屬木，怒則氣并於肝，而脾土受邪，木太過則肝亦自病。喜傷心，心屬火，喜則氣并於心，而肺金受邪，火太過，則心亦自病。悲傷肺，肺屬金，悲則氣并於肺，而肝木受邪，金太過則肺亦自病。恐傷腎，腎屬水，恐則氣并於腎，而心火受邪，水太過，則腎亦自病。思傷脾，脾屬土，思則氣并於脾，而腎水受邪，土太過，則脾亦自病。寒傷形，形屬陰，寒勝熱，則陽受病，寒太過，則陰亦自病矣。熱傷氣，氣屬陽，熱勝寒，則陰受病，熱太過，則陽亦自病矣。凡此數者，更相爲治。故悲可以治怒也，以愴惻苦楚之言感之。喜可以治悲也，以謔浪褻狎之言娛之。恐可以治喜也，以遽迫死亡之言怖之。怒可以治思也，以污辱欺罔之言觸之。思可以治恐也，以慮彼忘此之言奪之。凡此五者，必詭詐譎怪，無所不至，然後可以動人耳目，易人視聽。若胸中無才器之人，亦不能用此法也。

熱可以治寒，寒可以治熱，逸可以治勞，習可以治驚。經曰：驚者平之。夫驚，以其卒然而臨之也，使習見習聞，則不驚矣。如丹溪治女人許婚後，夫經商三年不歸，因不食，困卧如癡，他無所病，但向裏床坐，此思氣結也。藥難獨治，得喜可解；不然令其怒，俾激之大怒，而哭之三時，令人解之，與藥一貼，即求食矣。蓋脾主思，思過則脾氣結而不食，怒屬肝木，木能克土，木氣衝發而脾上開矣。又如子和治一婦，久思而不眠，令觸其怒，是夕果困睡，捷於影響。惟勞而氣耗，恐而氣奪者，爲難治也。又同寅謝公，治婦人喪妹，甚悲而不飲食，令以親家之女陪歡，仍用解鬱之藥，即能飲食。又聞莊公治喜勞之極而病，切脈乃失音證也，令恐懼即愈。然喜者之人少病，蓋其百脈舒和故耳。經云：恐勝喜，可謂得玄關者也。凡此之證，《内經》自有治法，業醫者，廢而不行，何哉？附錄宜知所從事焉。

辛未夏，刑部王念頤公，患咽嗌之疾，似有核上下於其間，此疾在肺膈，豈藥餌所能愈。東皐徐公推予針之，取膻、氣海，下取三里二穴，更灸數十壯，徐徐調之而痊。東皐，名醫也，且才高識博，非不能療，即東垣治婦人傷寒，熱入血室，非針莫愈，必俟夫善刺者，刺期門而愈。東皐之心，即東垣心也，而其德可並稱焉。視今之嫉賢妬能者，爲何如哉？然妬匪斯今，疇昔然矣。予曾往磁州，道經湯陰伏道路旁，有先師扁鵲墓焉，下馬拜之。問其故。曰：鵲乃河間人也。針術擅天下，被秦醫令李醯刺死於道路之旁，故名曰伏道，實可嘆也。有傳可考。

不寐

《靈樞・口問》 陽氣盡，陰氣盛，則目瞑，陰氣盡，而陽氣盛，則寤矣。瀉足少陰，補足太陽。【略】腎主爲欠，取足少陰。

《靈樞・邪客》 今厥氣客於五藏六府，則衛氣獨衛其外，行於陽，不得入於陰。行於陽則陽氣盛，陽氣盛則陽蹻陷，不得入於陰，陰虛，故目不瞑。黃帝曰：善。治之奈何？伯高曰：補其不足，瀉其有餘，調其虛實，以通其道

而去其邪，飲以半夏湯一劑，陰陽已通，其卧立至。

《甲乙經·欠噦唏振寒噫嚏嚲泣出太息漾下耳鳴嚙舌善忘善饑》 黄帝問曰：人之欠者，何氣使然？岐伯對曰：衛氣晝行於陽，夜行於陰，陰主夜，夜主卧，陽主上，陰主下，故陰氣積於下，陽氣未盡，陽引而上，陰引而下，陰陽相引，故數欠。陽氣盡，陰氣盛，則目瞑。陰氣盡，陽氣盛，則寤。腎主吹，故瀉足少陰，補足太陽。

《甲乙經·目不得眠不得視及多卧卧不安不得偃卧肉苛諸息有音及喘》 驚不得眠，善斷水氣上下五臟遊氣也，三陰交主之。不得卧，浮郄主之。

《肘後方·治卒魘寐不寤方第五》 卒魘不覺，灸足下大指聚毛中二十一壯。人喜魘及惡夢者，取火死灰，著履中，合枕。

又方：帶雄黄，男左女右。

又方：灸兩足大指上聚毛中，灸二十壯。

《外臺秘要》卷二十八《卒魘方》 《千金翼》療卒魘不覺方：灸兩足大指聚毛中二十一壯。范汪同，出第二十七卷中。

《備急灸法·夜魘不寤》 葛仙翁、陶隱居、孫眞人治魘死法云：凡夜魘者，皆本人平時神氣不全，卧則神不守舍，魂魄外遊，或爲彊邪惡鬼所執，欲還未得，身如死尸，切忌火照，火照則魂魄不能歸體。只宜暗中呼喚，其有燈光而魘者，其魂魄雖由明出，亦忌火照，但令人痛嚙其踵，及足大指甲側，即活。痛嚙，即重咬。踵，即腳跟也。 皂莢末吹入兩鼻亦良。經一二更，不活者，灸兩足大指上各七炷，炷如蒜豆大，依圖取法。婦人札腳者，此穴難求，宜灸掌後三寸兩筋間，各十四壯，此穴即前項甄權治卒暴心痛穴也，各依前圖取之。

《針灸資生經·不卧》 神庭，治驚悸不得安寢。氣衝、章門，治不得卧。期門，治大喘不得卧。太淵，治咳嗽煩怒，不得卧。白環俞，治腰脊冷疼，不得久卧。隱白、天府、陰陵泉，治不得卧。神庭，療風癎驚悸，不得安寢。太淵、肺俞、上管、條口、隱白，療不可卧。譩譆、環跳，岐伯云，療卧伸縮回轉不得。大椎，療卧不安。氣海、陰交、大巨，主驚不得卧。公孫，主不嗜卧。攢竹等，主不得卧。

人不得卧，亦有因心氣使然，宜服俞山人鎮心丹，此丹以酸棗仁微炒過，則令人得睡故也。《指迷》云：若頭痛筋攣，驚不嗜卧，謂之腎厥頭痛，宜灸關元百壯，服玉眞元。

《針灸資生經·嗜卧》 囟會、百會，療多睡。陰蹻、鬲俞，療嗜卧。腎俞，療好獨卧。二間、三間，療多卧喜睡。厲兑，療多睡善驚。脾俞，療四支煩熱，嗜卧怠惰，四支不欲動。三陽絡，療嗜卧，身不欲動。五里、太谿、大鍾、照海、二間，治嗜卧。鬲俞，主傷寒嗜卧。三陽絡，治嗜卧，身體不欲動。厲兑、大敦，治喜寐。天井，主嗜卧。

《千金》云：食多身瘦，名曰食晦，先取脾俞，後取季脇。又云：凡身重不得食無味，喜卧，皆針胃管、太倉，服建中湯平胃元。今人嗜卧，與夫食罷則脾困欲卧，縱不能針，豈可不灸，予與人灸中管、膏肓，遂皆不困，故既言之。

《針灸資生經·夢魘》 商丘，治魘夢。《千》云：主喜魘夢。天牖，療夜夢顛倒，面青黄無顏色。右手關後尺中陰絶者，無腎脈也，若足逆冷，上搶胸痛，夢入水見鬼，善魘寐黑色物來掩人上，刺足太陽治陽。凡魘死，不得著燈火照，亦不得近前急喚，多殺人，但痛咬其足跟及足拇指邊，并多唾其面，即活。又灸足大指聚毛中三七壯。魘不覺，兩足大指聚毛中三十壯。

有婦人夜多魘，蓋因少年侍親疾，用心所致也，後服定志元，遂不常魘。灸固不可廢，藥亦不可不服也。

《聖濟總録·治卒魘寐不寤灸法》 灸胃脘一七壯，又灸兩足大指叢毛中，各二七壯。《肘後方》云：華佗法，又救卒死中惡。

《普濟方·針灸門·嗜卧》 治嗜卧，穴：陰蹻、鬲俞。

治好獨卧，穴：腎俞。

治多卧喜睡，穴：二間、三間。

治多睡善驚，穴：厲兑。

治四肢煩熱，嗜卧怠惰，四肢不欲動，穴：脾俞。

治嗜卧身不欲動，穴：三陽絡。

治嗜卧，穴：五里、太谿、大鍾、照海、二間。

治傷寒嗜卧，穴：鬲俞。

治喜寐，穴：厲兑、大敦。

治嗜卧，穴：天井。

《普濟方·針灸門·不卧》 治不得卧，穴：氣衝、章門。

治大喘不得卧，穴：期門。

治咳嗽煩怒不得卧，穴：太淵。

治腰脊冷痛，不得卧，穴：白環俞。

治不得卧，穴：隱白、天府、陰陵泉。

治風癇驚悸，不得安寢，穴：神庭。

治不可卧，穴：太淵、肺俞、上脘、條口、隱白。

治卧伸縮回轉不得，穴：譩譆、環跳。

治卧不安，穴：大椎。

治驚不得卧，穴：氣海、陰交、大巨。

治不得卧，穴：公孫。

治不得卧穴：攢竹。

《普濟方・針灸門・夢魘》 治夜夢顛倒，面青黄無顔色，穴：天牖。

凡治手關後尺中陰絶者，無腎脈也，若足逆冷，上搶胸痛，夢入水見鬼，善魘寐，黑色物來掩人，上刺足太陽治陽。

凡魘死，不得着燈火照，亦不得近前急喚，多殺人，但痛咬其足跟，及灸足拇指甲邊，并多唾其面，即活，又灸足大指聚毛中三七壯。

治卒魘方：以繒帶縛其肘後，男左女右，用力急絞之，又縛其腳，乃急問其故，約勑，解之，令一人坐頭旁，一人於戶内呼病人姓名，坐人應曰：諾在。便蘇。

《神應經・心脾胃部》 嗜卧：百會、天井、三間、二間、太谿、照海、厲兌、肝俞。

嗜卧不言：膈俞。

不得卧：太淵、公孫、隱白、肺俞、陰陵泉、三陰交。

《神應經・心邪癲狂部》 厭夢：商丘。

《本草綱目・百病主治藥・不眠》 秫米、大豆。日夜不眠，以新布火，炙熨目，并蒸豆，枕之。

《針灸大成・心脾胃門》 嗜卧：百會、天井、三間、二間、太谿、照海、厲兌、肝俞。

嗜卧不言：膈俞。

不得卧：太淵、公孫、隱白、肺俞、陰陵、三陰交。

《針灸集成・心胸》 心熱不寐：解谿，瀉，湧泉，補，立愈。

《針灸集成・食不化》 飲食困憊，四肢怠惰，煩熱嗜卧：脾俞、然谷、腎俞、解谿。

《針灸集成・眠睡》 無睡：陰交，在臍下一寸，灸百壯。譩譆，在第六椎下兩傍相去各三寸半，以手按之，則病者言譩譆，二七壯至百壯。

多睡：肝俞，七壯，肺俞、二間、少商、百會、囟會。又方：解谿、湧泉。

《針灸集成・身部》 嗜卧：太谿、照海、天井、脾俞、肝俞、三陰交。

痧證、翻證

《醫學正傳・醫學或問》 或問發砂之證，古方多不該載，世有似寒非寒，似熱非熱，四體懈怠，飲食不甘，俗呼爲砂病，其治或先用熱水蘸搭臂膊，而以苧麻刮之，甚者，或以針刺十指出血，或以香油燈照視，身背有紅點處，皆烙之，已上諸法，皆能使腠理開通，血氣舒暢而愈。

《針灸大成・治證總要》 第一百四十七：發痧等證：分水、百勞、大陵、委中。

《採艾編翼・大人科・治證綜要》 青筋，即攪腸，與乾霍亂相似，但身有寒冷，且腹鳴腸響，乃惡血，心也，急取涼水將本人兩臂内廉，自尺澤至俠白，痛拍之，輒有紅點，俟其透徹，以乾布拭去水濕，即用燈火逐點彈之，次將足兩膕委中上下，如前治之。

《痧脹玉衡・治痧三法》 肌膚痧，用油鹽刮之，則痧毒不内攻。血肉痧，看青紫筋刺之，則痧毒有所洩。腸、胃、脾、肝、腎三陰經絡痧，治之須辨經絡臟腑，在氣在血，則痧之攻内者，可消，可散，可驅，而絶其病根也。

《痧脹玉衡・放痧有十》 一在頭頂心百會穴，一在印堂，一在兩太陽穴，一在喉中兩旁，一在舌下兩旁，一在雙乳，一在兩手十指頭，一在兩臂灣，一在兩足十指頭，一在兩腿灣。

凡痧有青筋，紫筋，或現於數處，或現於一處，必須用針刺之，先去其毒血，然後據痧用藥。

《痧脹玉衡・刺腿彎痧筋法》 腿灣上下，有細筋深青色，或紫色，或深紅色者，肌膚白嫩者方有紫紅色。即是痧筋，刺之方有紫黑毒血。其腿上大筋不可刺，刺亦無毒血，反令人心煩。腿兩邊硬筋上筋不可刺，刺之恐令人筋弔。

若臂灣筋色亦如此辨之，其餘非親見，不明白，故不具載。至如頭頂心一針，惟取挑破，略見微血，以洩痧毒之氣而已，不可直刺。其指尖刺之，大近指甲，雖無大害，當知令人頭眩。若一應刺去，不過針鋒微微入肉，不必深入。

《痧脹玉衡·用針説》嘗覽古人遺言，東南卑溼之地，利用砭，所謂針刺出毒者，即用砭之道也。但放痧之人俱用鐵針，輕者一針即愈，重者數刺不痊。蓋因痧毒入深，一經鐵氣恐不能解，余惟以銀針刺之，則銀性最良，入肉無毒，以之治至深之痧毒，不尤愈於鐵針乎。此余所以刺痧筋者，獨有取乎銀針也。

《痧脹玉衡·刮痧法》背脊頸骨上下，及胸前、脇肋、兩背、肩臂痧，用銅錢蘸香油刮之，或用刮舌刡子腳蘸香油刮之。頭額、腿上痧，用棉紗線或蔴線蘸香油刮之。大小腹軟肉內痧，用食鹽以手擦之。

《雜病源流犀燭·痧脹源流》然而治痧莫要於手法，更有不可不明者，手法奈何？不外焠、刮、放三者而已。蓋痧在肌表，有未發出者，以燈照之，隱隱皮膚之間，且慢焠。若既發出，有細細紅點，狀如蚊迹，粒如瘖麩，疏則纍纍，密則連片，更有發過一層，復發兩三層者。焠法：看其頭額及胸前兩邊、腹上、肩、腰，照定小紅點上，以紙撚條或粗燈草，微蘸香油，點灼焠之，即時爆響，焠畢，便覺胸腹寬鬆，痛亦隨減。此火攻之妙用也，此焠法也。痧在皮膚之裏，有發不出者，則用刮法。若背脊、頸骨上下、胸前、脇肋、兩肩、臂灣，用銅錢或碗口，蘸香油刮之。若在頭額、項後、兩肘臂、兩膝腕，用棉紗線或苧麻繩蘸香油戛，見紅紫血點起，方止。大小腹軟肉內痧，用食鹽以手擦之，既刮出，痛楚亦輕矣，此刮法也。古人云：東南卑濕之地，利用砭。所謂針刺出毒者，即用砭之道也。但今放痧，俱用鐵針，輕者一針即愈，重者數刺不痊，蓋因痧毒入深，一經鐵氣，恐不能解，惟以銀針刺之，庶入肉無毒，又何懼痧患之至深乎，此刺法也。

夫治痧之手法既明，而放痧之要處宜悉。放痧者，即刺痧也，其可放之處有十：一在頭頂心百會穴，只須挑破，略見微血，以洩毒氣，不用針入。二在印堂，頭痛甚者，用針鋒微微入肉，不必深入。三在兩太陽穴，太陽痛甚者用之，針入一二分許。四在喉中兩旁，惟蝦蟆大頭瘟可用。五在舌下兩旁，惟急喉風、喉鵝痧可用，急令吐出惡血，不可嚥下。六在兩乳，乳頭垂下盡處是穴，此處不宜多用，不如看有青筋在乳上下者刺之。七在兩手十指頭，其法，用他人兩手，扐下不計遍數，捏緊近脈息處，刺十指尖出血。一法：用線扎住十指根，刺指背近甲處出血，隨人取用，若刺指尖，太近指甲，常令人頭眩。八在兩臂灣曲池穴，臂灣名曲池，腿灣名委中，先蘸溫水拍打，其筋自出，然後迎刺。九在兩足十指頭，與刺手指同法。十在兩腿灣，看腿灣上下前後，有青筋所在，名曰痧眼，即用針迎其來處刺之。如無青筋，用熱水拍打腿灣，直刺委中便是，惟此穴可深入寸許，或謂刺腿灣痧筋法。細看腿灣上下，有筋深青色或紫紅色者，即是痧筋，刺之方有紫黑毒血。其腿上大筋不可刺，刺亦無血，令人心煩。腿兩邊硬筋上不可刺，刺之筋吊。臂灣筋色，亦如此辨之，此説參看可也。以上刺痧要處，皆當緊切牢記。

總之，凡痧有青筋，紫筋，或現於一處，或現於數處，必須用針刺之，去其毒血。然用針必當先認痧筋，醫者不識，孟浪用藥，藥不能到血肉之分，或痧證復發，痧毒肆攻，輕者變重，病家不能明其故，歸咎於醫，醫者之名，由茲損矣。

故放痧必須令其放盡，然亦有不盡者，何也？蓋痧者，熱毒也，或誤飲熱湯，其青紫筋反隱不現，即略現，放之或毒血不肯流，刮痧亦不出，熱湯爲之害也，當急飲冷水解之，然後可再放而血流，再刮而痧出。又有毒痧方發，爲食物積滯所阻，與痧毒凝結於中，即放之不盡，刮之不出者，食物積滯爲之害也。當先消食積而再刮放。或有痧毒痧滯，熱極血凝，瘀血不流，阻於胸腹，刮放不盡者，當先散瘀血而後刮放。又有痧毒方發，兼遇惱怒，氣逆傷肝作脹，故痧氣益盛，而刮放俱難盡，又當先用破氣藥而再刮放，如此痧毒皆可漸消矣。然而痧筋不同，有現者，有微現者，有乍隱乍現者，有伏而不現者。其現者，毒入於血分爲多。乍隱乍現者，毒入於氣分爲多。伏而不現者，毒結於血分爲多。微現者，毒阻於氣分爲多。現者人知放刺。微現者乃毒阻於腸胃，痧筋不能自顯，雖刺無血，即微有血，點滴不流，治療之法，但宜通其腸胃。痧筋自現，從而刺之可也。乍隱乍現者，又必待現而放之矣。至伏而不現者，雖欲放而無可放，必從脈不合證辨之，孰爲所發之病在緩，孰爲所見證候甚急，即證與脈相合，又必細辨其何痧治法，結於血者散其瘀，結於食者消其食，結於

痧積者消其痰積，迨結散之後，痧筋必然復現，然後刺放，病其可得而理也。治痧之手法，寧有可不講求之者乎。

如果善用手法，使痧毒得洩於外，則必再求用藥之法，以擴清其內。而治痧之藥，大約以剋削爲主，不可用補益。蓋以痧者，天地間癘氣也，入氣分則毒中於氣，而作腫作脹。入血分，則毒中於血，而爲畜爲瘀。凡遇食積痰火，氣血因之阻滯，結聚不散，此所以可畏也。故壯實者有痧證，忽飲熱酒熱湯而變者固然，即虛弱者有痧證，忽飲熱酒熱湯而變者，亦無不然。至如人有雜證，兼犯痧脹，是爲雜病變端，亦畏熱湯熱酒。人不知覺，遂遭其禍，則痧證之發，又何論人虛實乎。夫惟實者犯之，固當以有餘治，虛者犯之，亦即以有餘治，蓋其有餘者，非有餘於本原，乃有餘於痧毒也。故藥雖剋削，病自當之，中病即已，於本原依然無恙，可見治痧之藥，絶無補法，痧之有實無虛也，明甚。然則有手法以洩毒於外，有藥劑以清毒於內，痧不既治矣乎。乃竟有放血不出，用藥不效者，寧遂無法以治之。蓋痧筋隱隱，放之而血不流，即昏迷不醒，勢在危急，若審其無食積，血痰阻滯於中，急用陰陽水，或泥漿水，或晚蠶沙水，或白沙糖梅水，或細辛水，擇一種用之。俟其稍醒，然後扶起，再行別法療治。有因血瘀放之不出者，用桃仁、紅花、童便之類。有因飯後便犯痧證，多用鹽湯或礬湯冷飲，以吐去新食。食久痧脹，用菔子、山查、麥芽消之。有積痧阻，用大黃、檳榔驅之。宜七號晉象方。或痰血凝結，昏迷欲死，不省人事，用菜油二兩，麝香一錢，調下立醒。如是先去食積血痰之阻滯者，則痧筋自然復現，痧氣自然散行，而後可刮即刮，可放即放，當藥即藥，蓋緣痧證初發，未攻壞臟腑故也。總之，肌膚痧，用油鹽刮之，則毒不內攻。血肉痧，看青紫筋刺之，則毒有所洩。腸胃及脾肝腎三陰痧，須辨經絡臟腑，在氣在血，則痧氣內攻者，可消可散可驅，而除其病根也。

且凡病用藥得宜，斷無不效。獨痧證竟有得宜亦不效者，何故？夫痧，熱毒也。熱毒宜涼不宜溫，宜消不宜補，湯劑入口，必須帶涼，涼則直入腸胃，而肌膚血肉之間，雖有良劑，安能得至。故治痧者，莫先於刮放也。如刮放而肌膚血肉之毒已除，後將腸胃肝脾腎之毒用藥驅之，未有不效者矣。然有刮放過，藥仍不效奈何？蓋雖刮而刮有未到，雖放而放有未盡，則肌膚血肉之毒猶在，故藥有不效也。若刮已到，放已盡，而痧證猶在，則毒惟在腸胃及肝脾腎三陰經絡，非藥將何以治之耶。

曰風痧，頭疼腿痠，身熱自汗，咳嗽腹痛，此因時邪所感，不可同傷風治法，純用疏風，當用刮法，後服藥。宜第一號乾象方。

曰暑痧，頭眩惡心，自汗如雨，脈洪拍拍，上吐下瀉，腹痛或緊或慢。宜第二號姤象方。而亦有暑脹不已者。宜第三號遯象方。如竹葉石膏湯、六一散俱可用。

曰陰痧，腹痛而手足冷者是也，宜用火焠，或因穢氣所觸而致。宜第四號否象方。

曰陽痧，腹痛而手足煖者是也，出血即安。或因鬱氣不通之故。宜第五號觀象方。

曰紅痧，皮膚隱隱紅點，如痦疹相似，痧在肌表，感受雖淺，熱酒熱湯，亦不可犯，外用焠刮。宜第五號觀象方。

曰斑痧，頭眩眼花，惡心嘔吐，身有紫斑，痧在血肉，急用刮放，遲則漸入於裏，必生變證。宜第六號剝象方。

曰烏痧，滿身脹痛，面目黧黑，身有黑斑，毒在臟腑，氣滯血凝，以致疼痛難忍。宜第七號晉象方。

曰吐痧，湯水入口即吐，急用伏龍肝研碎，水泡澄清飲，即定。若湯藥亦以此水煎之。宜第四號否象方。

曰瀉痧，水瀉不計遍數，不可下，不可澀，惟分理陰陽，用五苓散去桂，白朮換蒼朮，加車前、木通之類。宜五苓散。

曰緊痧，其痛急，霎時暈倒，不消半刻即死，故曰緊。若知之者，急爲放血焠刮。宜滌痧丸或可救。

曰慢痧，緊痧只在頃刻，慢者十日半月死，甚或一月三四月死，然亦必速治，蓋其死雖遲，久則痧毒延蔓腸胃經絡，正多兇險，如痧毒結滯於身，或左右，或上下，或表裏，其在內者，先壞臟腑，在中者，先損經絡，在表者，先潰肌肉，一不治，便成死證。夫痧之有緊有慢，人多不識，未能逐證詳明。如初犯，邪氣勝，元氣衰，或十日半月一發，或一月二月一發，久之則日近一日，蓋由胃氣本虛，故爾數犯，當用藥以充其胃氣，則毒自解而痧自斷矣。宜六十四號歸妹方。

曰暈痧，一時頭眩眼暗，昏迷跌倒，乃毒痧所攻。毒血一衝，必至敗

壞臟腑，其勢甚急，不能少延，蓋因毒血與食積痰氣，結聚心腹胸膈，而經絡不轉，氣血不通，雖放而血不流，雖刮而痧不顯，治法視其食積痰血氣阻，及暑熱伏熱穢氣之類，消之散之，俟胸膈一鬆，則昏迷自醒，然後驗其青紫筋以刺之。宜第八號大有方、第九號坎象方。

曰絞腸痧，心腹絞切大痛，或如板硬，或如繩轉，或如筋吊，或如錐刺，或如刀刮，痛極難忍，輕者亦微微絞痛，脹悶非常，放血可愈。若不愈，必審脈證何因，辨明暑穢食積血痰氣阻治之，須連進數劑，俟其少安，方可漸爲調理。此證多有放血不愈，不肯服藥，遂致痧毒攻壞腸胃而死者，良可惜哉。本證右手脈伏，宜放血。用第十號節象方、第八號大有方、十一號屯象方。服下，能熟睡即愈。如昏沉絞痛，口吐痰涎，宜先刺指頭出血。用十二號既濟方，冷砂仁湯調下，並一號乾象方加山豆根、茜草、金銀花、丹參、山查、菔子服之安。如盤腸絞痛，脈俱伏，宜十三號革象方、十四號豐象方。或飲之稍愈後，復絞痛非常，叫喊不已，宜十五號明夷方、十六號師象方，必愈。

曰抽筋痧，兩足筋抽疼甚，忽一身青筋脹起如筋粗，必須處處大放毒血。宜十七號艮象方。

曰暗痧，心悶不已，不食，行坐如常，即飲溫熱，不見凶處，心腹腰背不痛，但漸漸憔悴日甚，不治，亦大害，此痧之慢而輕者，放之愈。更有頭痛發熱，心中脹似傷寒，亦有往來寒熱似瘧，悶悶不已，又有咳嗽煩悶，似傷風，有頭面腫脹，面目如火，有四肢紅腫，身體重滯，不能轉側，此痧之慢而重者，誤吃熱物，遂乃沉重，或昏迷不醒，或痰喘氣急，狂亂，如遇此等，必當審脈辨證果係何因，在表者刮，在中者放，在裏者，或煎，或散，或丸，須連進數服，俟其少安，漸爲調理。一婦忽不省，顏黑，左脈洪大，右脈沉微，此暗痧也，刺腿灣青筋，出紫黑血，不甦，次日用十號節象方，稍甦。至五日又刮痧，用十八號賁象方，乃大甦。一老人六月發熱昏迷，舌上黑胎芒刺，狂罵不已，六脈伏，此痧之極重者，刺之血不流，用十號節象方、十九號大畜方，稍冷飲之，又用三號遯象方，次日痧退少甦，但身重如石，黑胎不退，用六號剝象方而痊。一婦懷孕，失火急下樓，墜仆絕聲，以驚治，不效，安胎，又不效，明日胎下，兒已死。診之脈伏，細按如有一絲，但四體溫軟，如熟睡狀，急爲刺手足血，便呻吟，投滌痧散遂甦，更用十九號大畜方並二十號損象方而痊。

曰悶痧，痧毒衝心，發暈悶地，似中風中暑，人不知覺，即時而斃，此痧之急者，如略甦，扶起放痧，不愈，審脈用藥，急投滌痧丸，如發暈不甦，扶不起，必須辨證的確，用藥數劑灌甦，再放痧，再調治。宜十號節象方、九號坎象方。

曰落弓痧，忽昏不省，或痰喘，目上吊，如小兒落弓證，此暗痧難識，必須審脈辨證是何痧毒，再看身之涼熱，唇舌潤燥何如，然後治之。宜十五號明夷方。如痧氣未盡，宜二十一號睽象方，加銀花、山查、丹參、菔子。一人常身熱口微渴，飲熱茶，忽昏迷，左尺沉細，動止不勻，右寸浮芤，乃腎虛而痧犯之。腎水之痧逆行於肺，故痰氣壅盛而發暈也。用二十二號履象方加貝母、牛膝，入童便飲之，更用二十三號中孚方，然後扶起放痧愈。

曰噤口痧，不語，語亦無聲，乃痧氣鬱盛，熱痰上升，阻逆氣管，咽喉閉塞而然。宜先放血，審肺腎脾三經脈，次之推詳餘經，則知病之所由來矣。一女爲後母所詈，痧脹昏沉不語，左關有力，右脈沉伏，乃傷氣之痧也。陳香櫞一個，煎湯微冷服，稍有聲。次日左關弦長而動，蓋因怒氣傷肝，痧氣尚阻肝經之故。刺委中三針，血出如注，又刺頂心、臂指十餘針，乃用十八號賁象方、二十四號漸象方加元胡索、香附，微溫服之，乃痊。

曰撲鵝痧，痰涎壅盛，氣急發喘，喉聲如鋸，此三焦命門之痧也。當放臂指腿灣青筋紫黑血，不愈，服藥。宜十三號革象方、二十一睽象方，外吹二十五號震象方，再服二十六號豫象方自愈。蓋此證痛如喉鵝狀，但喉鵝喉內腫脹，痧只如喉鵝之痛，而不腫脹，形如急喉風，但喉風痛而不移，痧則痛無一定，且痧有痧筋，喉鵝則無可辨也。

曰角弓痧，心胸脹極，痧毒內攻，故頭項向上，形如角弓反張，是臟腑已壞死證也。然反覆試驗，又得一治法，胸腹脹悶，自不必言，身難轉側，或手足拘攣，不能屈伸，有時跪踡，有時反張，急將毛青布一塊蘸油燒，抹其手足拘急處，再口含火酒，噴其通體，少頃，定覺舒展鬆動，然後用藥，或可回生。宜十號節象方、十八號賁象方之類。

曰瘟痧，寒氣鬱伏肌膚血肉間，至春而發，變爲瘟證，是名瘟痧。又暑熱傷感，凝滯於肌膚血肉中，至秋而發，亦名瘟痧。但春瘟痧毒，受病者少，不相傳染，時或有之。秋瘟痧毒，受病者多，老幼相傳，甚至一家一方俱犯。其發也，惡寒發熱，或腹痛，或不痛，似瘧非瘧，或氣急發喘，頭面腫脹，胸鬲飽悶，或變下痢膿血，輕者牽連歲月，重者危急一時，治宜放血消食積爲主，然後和解清理。宜九號坎象方、二十八號恆象方加大黃一二錢。

曰滿痧，初起跌倒，牙關緊閉，不省人事，捧心拱起，鼻煽耳鳴，急爲大放毒血。宜七號晉象方、九號坎象方、二十九號升象方。

曰脱陽痧，小腹急痛，腎縮面黑氣短，出冷汗，名爲脱陽，有似發痧，用連鬚葱白三莖研爛，酒四碗，煮二碗，作三服，又炒鹽熨臍下氣海穴，令氣熱自愈。

曰羊毛痧，腹脹連背心，或腰胯如芒刺痛。宜用燒酒瓶頭泥研細，將燒酒和成團，帶潮隨痛處將團上滾少頃，即有細細羊毛滾在團上，疼即止，屢用皆驗。

曰羊筋痧，腹脹，渾身板痛，此與上羊毛痧證，或胸前，或腰背，當用小針穿皮，提出筋毛自愈。只揀疼處看其有毫毛聚起者便是。宜滌痧丸、普濟消毒飲。

曰紫疱痧，痧證不內攻，則外潰，即如爲腫爲毒之外，又有發爲紫疱血者，此眞痧之異者也。宜刺腿灣及手指頭令出毒血。宜三十號井象方。

曰瘋痧，曾見一人犯大麻瘋證，眉髮俱脱，面目頽敗，手足蹺攣，遇一老者爲之放痧三次。曰痧瘋也，傳一方日日服之，以漸而痊。瘋者，天地之癘氣，蓋惡毒之氣纏於血肉，散於肌表，留於經絡，以成瘋證，最惡候也。痧亦時行惡毒之氣所鍾，變爲大瘋，又何疑乎。老人所傳奇方：金銀花六錢、苦參四錢、牛膝三錢、赤芍、紅花、生地各二錢，黄芩一錢半、皂角刺一錢，水酒各半煎。附虱痧：手灣內鑽癢無比，此證無藥吃，亦不多見，惟有急破去虱，剝去皮一法耳。曾見一人遍身起大疱，其癢無比，用熱水洗之稍解。嘗欲眠於鹽蒲包上，疱若破，內藏虱一包，如此數月而死。

曰血痧，胸中脹悶，飲食俱廢，兩脇疼甚，口中嘗湧出淡紅色血沫如西瓜瓤。宜用薰陸香爲君，即丹陽零香，佐以茜草、劉寄奴之類，治之自愈。

曰蛔結痧，痧毒攻胃故蛔死，入於大腸與宿糞相結，腹中大痛，是爲蛔結。又有痧毒入胃，胃必熱脹之極，蛔不能存，因而上湧，乘吐而出，或蛔結腹痛，不大便，或入大腸由大便而出，與傷寒吐蛔伏陰在內者不同，法當清其痧脹爲主，先用刮放，後服藥。宜二十六號豫象方、十五號明夷方、三十一號大過方。

曰銅痧，渾身上下，頭面眼珠，盡如姜黄色，直視，四肢僵直，六脈似有似無，一時又如沸羹，大小便閉，淹淹欲死，急投滌痧丸，刺指臂委中俱令出黑血。宜三十二號隨象方良。

曰鐵痧，頭面手足十指如鍋煤色，不治，以週身血凝聚也。急深刺委中，令多出黑血，用火酒擦身法。

曰痧塊，痧毒留於氣分，成氣痞塊，留於血分，成血塊痛。壅於食積，成食積塊痛。蓋因刮放稍愈，痧毒未盡，不用藥消之故。治法，在氣分者，用沉香、砂仁之類，在血分者，用桃仁、紅花之類。由食積者，用檳榔、菔子之類。或氣血俱有餘毒者，兼治之，更兼食積，並治之。又有痧證不忌食物，痧毒裹食，結成痧塊，兩脇下痛，其痧塊變證多端，故難治，且治痧唯在初發，若不知，或飲溫熱，毒血凝結，即慢痧，不至殺人，亦成脇痛，瘀之日久，勢必難散。宜二十九號升象方，三十三號巽象方與九號坎象方加貝母、白芥子。七號晉象方，三十四號小畜方。

曰身重痧，痧證初發，勢雖兇暴，未必身重，若飲熱湯熱酒，痧毒即阻塞經絡血肉之間，徧身重痛，不能轉側，或嘔吐腹脹，脈伏，放痧之後，治先消瘀解毒。宜三十五號家人方。如痧氣漸減，再放痧，用三十六號益象方。

曰心煩嗜睡痧，痧氣衝於心胸，故心煩，或嗜睡，此等俱慢痧。若誤以心煩嗜睡治之，必日甚，倘吃溫熱，必日兇，至不起，治法刺血爲主，可不藥而痊。

曰偏身青筋痧，痧發，面色如靛，滿身青筋脹起，粗如筯，痛自小腹起，攻上胸脇，困倦不堪，切不可誤認作虛，急刺曲池、委中出黑血。宜滌痧丸以火酒下。

曰遍身腫脹痧，痧者，暑熱時疫惡癘之氣攻於裏，則爲痰喘，爲瘀血，昏迷不省，若元氣實，內不受邪，即散其毒於肌膚血肉之表，爲腫爲脹，若誤吃熱湯酒，便成大害，此痧之暗者，宜從脈異處辨。一女手足俱腫，將及於腹，六脈弦細沉遲，此爲慢痧變證。因不肯放血，數日愈腫，強之放二十餘針，黑毒血出，用十號節象方，並散痧解毒消瘀順氣藥十餘帖安。一女久生瘡，腹腫如鼓，手足腫，左脈微數，右脈歇止，夫瘡毒脈必洪數，今脈證不合，此慢痧爲患也。刺腿灣青筋五針，又刺指頭十餘針，用十號節象方並三十六號益象方，連進五服乃痊。

以上三十六正痧也。

試更即三十六變痧述之：

曰傷寒兼痧，凡傷寒頭痛，寒熱諸證，或當暑天，或觸穢氣，或感疫癘，忽犯痧脹，是惟認脈看筋辨之，必先治痧，痧退乃治傷寒，若誤食溫

熱湯酒生姜，立見兇危。一人傷寒發痧，昏沉，臥不能轉，蓋痧氣衝心故昏迷，痧毒入血分經絡，故不能轉側，先放痧，用三十七號無妄方，痧退，治傷寒而痊。一女太陽傷寒，治之四日，面赤身熱。心胸煩悶，六脈洪大無倫，此兼痧證也。刺青筋一針，流紫黑血，餘有細筋隱隱，痧氣壅阻之故，用三十四號小畜方二帖稍鬆，次日筋大見，刺九針，服二十三號中孚方少安，又早飲食，復發熱面赤，又刺兩足青筋，用小畜方二帖稍痊，偶飲溫茶，立刻狂言，此痧未盡散，故又發耳，飲冷井水二碗，更服小畜方數帖，痧乃清，但病久身虛，服參芪始愈。

曰痧證類傷寒，傷寒集中僅有四證類傷寒，至於痧證類傷寒，比四證尤兇暴，而方書不載，故醫者不識。夫傷寒頭痛，惡寒發熱，是太陽經證，寒從肌表而入，故宜發散。若痧證頭痛，是痧毒上攻頭面三陽，不因外感，其惡寒發熱，雖在肌表，是時行之氣所感，由呼吸而入，搏擊於肌表之中，作爲毒熱，內熱則外寒，故亦惡寒。治宜先刺巔頂，放痧以洩其毒，用藥惟以透竅解毒順氣爲上，若誤用麻黃、羌活，發表太甚，反助痧毒火邪，勢必惡毒攻衝，作腫作脹，立時凶危。故痧與傷寒證雖同，而治各異，要知痧證宜清涼，則痧毒可內解，傷寒宜辛散，則寒氣可外舒，固不可以治痧證者治傷寒，更不可以治傷寒者治痧證也。急刺腿灣指臂及頂心。宜十號節象方、三十八號噬嗑方、三十九號頤象方、四號否象方。

曰傷風咳嗽痧，痧從時氣所感，因而咳嗽，肺經受傷，不可同傷風治。蓋傷風以疏風爲主，痧則當以刮放爲先，用藥以清喉順氣，涼肺散痧爲上。宜四十號蠱象方加前胡、山豆根。

曰咳嗽嘔噦痧，痧毒之氣，上凌肺金，故氣逆，發嗆而咳嗽，痰涎上湧，或嘔噦惡心，或面目浮腫，或心胸煩悶，此熱毒入於氣分，痧筋往往不現，當刮之，間有入血分者，必待痧筋方刺之。急宜清理其痧毒，若從傷風治，誤矣。宜十號節象方加童便，微冷服。又二十號損象方或一號乾象方加貝母、薄荷、童便。

曰霍亂痧，痛而不吐瀉者，名乾霍亂，毒入血分也，宜放痧，新食宜吐，久食宜消，食積下結宜攻。痛而吐瀉者，毒入氣分也，宜刮痧，有痧筋則放，宜調其陰陽之氣，須知腸胃食積，宜驅不宜止，止則益痛。若吐瀉而後痛者，此因瀉糞穢氣所觸，宜用藿香正氣散，須防食積血滯，或消或攻，或活血，山藥、茯苓不可亂施，燥濕之品，溫煖之藥，俱在所禁。乾霍亂盤腸大痛，先放痧，後即服藥。宜十號節象方與潤下丸妙。若上腹大痛，吐瀉數十次，痛更甚，宿食雖吐瀉盡，乃毒入血分，血瘀作痛也。宜二十號損象方、三十三號中孚方。

曰痧痢，夏傷於暑，秋必瘧痢，痢疾初發，必先泄瀉，瀉則腸胃空虛，虛則易觸穢氣，即成痧痛，或天氣炎熱，時行疫癘，感動腸胃，因積而發，亦致痧痛，夫痢不兼痧，積去便輕，若一兼犯，勢必絞痛異常，止治其痢亦不效，或變痢如豬肝色，或如屋漏水，或惟紅血水，或變噤口不食，嘔吐，兇危，或休息久痢，惟先治痧兼治積，則痧消而積易去，積去而痧可清矣，急宜刮放。宜九號坎象方，砂仁湯下。或三十號井象方。或更發熱脹悶沉重，痢下紫血，六脈洪大不勻，此痧氣不清，毒尚盛也，急刮放。宜三十五號家人方，入童便飲。次以蘇木、紅花、茜草、五靈脂、烏藥、香附、當歸，以導其瘀。

曰痧類瘧疾，痧有寒熱往來似瘧，或昏迷沉重，或狂言亂語，或痰喘不休，或心胸煩悶，叫喊不止，或嘔噦吐痰，睡臥不安，或大小便結，舌黑生芒，如此重極，脈必有變，不與瘧同，宜細辨之。一人日晡潮熱，昏沉脹悶，大便不通，胎厚舌焦，左脈浮大而虛，右脈沉細而澀，若是瘧脈，不應虛且澀，視其乳下有青筋，刺出黑血，用散痧消毒活血之藥，諸證退，又用潤下丸三錢，大便通，惟寒熱未除，用小柴胡湯愈。

曰瘧疾兼痧，瘧疾連朝間夕，多因暑熱相侵，心中迷悶，或感疫氣兼犯乎痧，瘧因痧變，勢所必至，不可慢以爲瘧而忽視之。瘧猶可延，痧必傷人，自非先治痧，決難全愈，兼痧之禍，可勝道哉。宜十號節象方、八號大有方。又或有本患瘧疾，日晡寒熱，七八日後，忽壯熱不已，昏沉不醒，左脈不勻，右脈虛澀，此非瘧脈，乃爲瘧之變證，非痧而何？刺臂出毒血，不愈服藥。宜五號觀象方加藿香、菔子、厚朴、檳榔，並四十一號離象方。次日再刺指頭，即觀象方加大黃、枳實，俟熱退，再用十八號賁象方運動其氣。

曰頭痛痧，痧毒中臟腑之氣，閉塞不通，上攻三陽巔頂，故痛入腦髓，發暈沉重，名眞頭痛，旦發夕死，夕發旦死，急刺破巔頂出毒血以洩氣，藥則惟破毒清臟爲主。痧毒中臟腑之血，壅瘀不流，上衝三陽頭面肌肉，故肌肉腫脹，目閉耳塞，心胸煩悶，急刺破巔頂，及其餘青筋，藥宜清血分破壅阻爲要。氣分宜四十二號旅象方，血分宜先冷服紅花膏子半盞，再用四十三號鼎象方。

曰心痛痧，痧毒衝心，屬之於氣，則時疼時止，痰涎壅盛，昏迷煩悶，此其候也，治宜刺手臂，服順氣藥爲主，痧毒攻心，屬之於血，則大痛不已，昏沉不醒，此其候也。治宜刺腿彎，服活血藥爲主，遲則難救。宜十一號屯象方。

曰腰痛痧，痧毒入腎，則腰痛不能俯仰，若誤吃熱湯酒，必煩躁昏迷，手足搐搦，舌短耳聾，垂斃而已。故凡痧中於腎，脈或左尺虛微，右尺洪實，或兼歇止者，急刺腿彎出黑血。宜十二號既濟方連服。

曰大腹痛痧，痧毒入大小腸，則小腹大痛不止，形如扳推，絞切不已，治之須分左右，二股屈伸爲驗，如小腹大痛，每每左卧，左足不能屈伸，小腸經痧也，或痧筋不現。先服藥，宜四十四號未濟方兩三劑。俟筋現，刺左腿彎二三針，出紫黑血，再服藥。宜二十三號中孚方，冷服愈。如大腹大痛，每每右卧，右足不能屈伸，大腸經痧也。急刺右腿彎青筋三四針，出毒血，服藥。宜三十二號隨象方冷服。如夏月不頭疼發熱，但覺小腹痛，或心腹俱痛，脹痞，不能屈伸，此皆暑火流注臟腑，故先小腹痛，偏及心腹。急用藥。宜六和湯清解之，或四苓散加木瓜、紫蘇、香茹和散之。或藿香正氣散加山梔。或用炒鹽和陰陽水，探吐痰涎亦可。

曰頭眩偏痛痧，痧氣慢者，上升於三陽頭面，常覺頭眩內熱，或半邊頭痛，心煩不安，宜刮痧。不愈，用清熱下氣之劑治之。

曰流火流痰痧，痧毒傳遍，不待時日，朝發於足而足腫痛，夕發於手而手腫痛，朝發於肌膚而紅腫，夕發於裏而痰喘不休，此等痧乍隱乍現，乍來乍去，按脈而痧脈又不現，最難識認，如痧毒所流及之處，熱者似流火而非流火，腫者似流痰而非流痰，或癢痛不已，或但痛之極，又痧之變者也。欲知此痧，須看病勢凶暴，不比流火流痰輕且緩者，驗於痧筋發現，刺之無疑，然後憑脈所犯風、暑、濕、食、痰、血、氣阻分治之，斯能有效。一女人日間左足小腿紅腫大痛，夜即腹痛，而足痛止，次日左足小腿紅腫大痛，腹痛又止，來去不常，痛無一定，但六脈如常，難據爲痧。委中有青筋三條，刺之血甚多，反加痰喘，放痧未盡也，用二十六號豫象方加土貝母三錢，二帖少愈，次日又刺左委中痧筋一條，巔頂一針，用前方加牛膝三錢，痧退。又用二十三號中孚方，腫痛俱痊。一人晚間右腿紅腫，痛之已，喉旁腫痛，初不覺其爲痧。只見時證犯此者甚多，細看兩臂痧筋，刺出毒血，用十六號師象方倍山查、菔子，加大黃一錢飲之，食消便下而安。

曰痰喘氣急痧，先痰喘氣急，痧脹因之，先治痧，後治痰氣，無令痧爲本病之助，先痧脹後痰喘，氣急因之，但治痧而痰氣自愈。若痧有寒熱不清，痰喘氣急者，兼和解。痧有但熱無寒喘急者，兼消食順氣。有二便不利喘急者，有痢膿血或赤白喘急者，但急攻裏，有瘀血凝滯小便利，大便黑喘急者，當防痧毒攻壞臟腑，不痛者可治，痛不已者難治，服藥不應者必死。一人發熱頭疼，脹悶昏迷，痰喘氣急，六脈無根，因放痧，用十三號革象方、二十號損象方，稍冷服，又用四十五號蒙象方，脹平，再用一號乾象方加青皮、連翹、山查、菔子、熟大黃，病痊。一婦喘急脹悶，刺乳下二針，出紫黑血，用二十八號恆象方，二帖愈。一人喘急，發熱身重，腹中絞痛，刮放不效，用四號否象方、十四號豐象方加大黃，服之愈。

曰半身不遂痧，心主血，痧毒中血分，故易攻心，此痧證所以發昏也，若慢痧衝激遲緩，留滯經絡，或左或右，半身疼痛，或麻痹不仁，遂成半身不遂，總因痧毒爲害也，見有青筋，急宜刺破，乃用藥散毒活血消瘀，始得愈。宜四十六號渙象方。

曰臌脹兼痧，先臌脹，忽痧氣乘之，臌脹益甚，在臌不可先醫，在痧自宜早治。一人腹脹如鼓，臍突筋青，心口將平，知爲血鼓證，其指頭黑色，兼痧無疑，刺二十餘針，腿臂出血，略鬆，遂服藥。宜十九號大畜方，臍下青筋漸退，後用鼓脹藥導去惡水，日服治鼓香櫞丸，二月餘鼓證平，永不復發。

曰痧變臌脹，痧者，毒也。慢痧之毒，遷延時日，留滯肌膚腸胃中，若不早治，即成眞鼓。一人氣急作脹，胸腹飽悶，臍下青筋突起，心口將平，此慢痧成鼓也，出毒血二十餘針，筋淡腹鬆，用十號節象方。

曰老病兼痧，先患痰火咳嗽，忽喘急痰涎，喉聲如鋸，或頭汗如油，喘而不休，心胸煩悶，莫可名狀，雖是痰火危困，然有兼感時氣，或觸穢驟然勢盛者，必宜察脈按證，先清痧，次治痰，漸補氣血斯可耳。一婦素痰火，或痰壅喘急，六脈雀啄，此兼痧證，尚有救，刺出惡血，用散痧消毒豁痰順氣藥，並用四十五號蒙象方，漸安，後惟大補氣血愈。

曰弱證兼痧，先患癆弱，或吐血，或乾嗽，兩顴唇口鮮紅，或骨蒸熱，一感時氣或觸穢，必兼痧證，或痰喘，或咽喉如哽，或心腹脹悶，煩躁發熱，較之平時不足，益加沉重，此宜先治痧，令痧毒退盡，方治本證。宜十號節象方，清茶下。

曰內傷兼痧，人有內傷，詎無外感，外感不獨風寒，即暑熱時疫傳

染，穢惡觸犯，一受之，亦如外感。然內傷，本病也。外感，標病也。內傷兼痧，宜先治痧，次治本病。一老婦奪產爭毆，發熱，咳嗽吐痰，胸中脹悶，知是內傷兼痧，刺痧筋二十餘針，與十號節象方，少鬆，又用四十七號訟象方治其內傷，下黑糞瘀血，諸證除後，用六十二號謙象方，並前虛證亦除。

曰痧變癆瘵，痧證有忌飲熱湯者，有反喜熱湯者，惟喜飲熱，痧益難辨，慢痧所以漸成癆瘵也。原夫痧毒之始，入於氣分，令人喘嗽吐痰，發熱聲啞，蓋火毒傷肺，肺爲嬌臟，若不知治，變爲百日緊癆，輕亦數年難愈，卒至危亡。入於血分，重者凶變在即，輕者歲月挨延。若乃毒瘀胃口，必須去毒而愈。毒瘀肝經，損壞內潰，吐血數發，勢極凶危。毒瘀心包絡，更加凶險，不待時日。毒瘀腎經，腰脊疼痛，嗽痰咯血，日甚難痊。凡痧毒遺患，總成癆瘵，治須識之於始，莫咎厥終。一人痧脹，不服藥，但放痧三次，胃脘間成一塊，嗽痰發熱，不食日瘦，右關芤緊，餘皆數，此內有瘀血，必吐出方解。用桃仁、蘇木、澤蘭、白蒺藜、香附、烏藥，酒煎服，吐出紫黑血碗許，更用活血引下藥，加童便酒服愈。

曰痧變吐血、衄血、便紅，痧毒衝心則昏迷，衝肺則氣喘痰壅，甚則糞衄，入肝則胸脇疼痛，不能轉側，甚則血湧吐出，流於大腸則大便血，流於小腸膀胱則小便血。治宜先清痧毒，順其所出之路，則氣自順而血自止矣。一人放痧不服藥，變筋骨疼痛，十日後吐血甚多，疼痛不愈，脈芤，痧氣已退，尚存瘀血，用三十六號益象方。一幼兒痧痛大便血，令放痧，用四十八號同人方。一女痧痛溺血，放痧不愈，用四十九號坤象方加益母草、金銀花、牛膝、連翹。一人痧脹鼻衄，是痧氣由衄而泄也，用六號剝象方。

曰痧變發斑，痧粒不過紅點而已，至有渾身成片斑爛，發熱頭暈者。宜五號觀象方。其有痧變發黃者，邪熱攻乎脾胃，而土之本色見於外也。脾胃雖屬土，又有濕熱之分，蓋脾陰臟，屬己土，主燥，觀其納甲於離宮可見。胃陽腑屬戊土，主濕，觀其納甲於坎宮可知。一濕一燥，濕熱熏蒸，如盦麯之狀，故發黃也。其方治載銅痧條。

曰犯痧小便不通，痧毒結膀胱，令便溺不利，小腹脹痛難忍。宜四十四號未濟方。並滌痧丸、潤下丸。

曰眼目怪證痧，痧者火毒也，若犯痧證，適與心主之火相合，痧毒逆衝，須防攻心之患。今少陰心君不受邪，逆犯厥陰肝母，故兩目紅腫如桃，甚則眼珠突出，然他證患目，惟在於目，若因痧爲患，必心中煩悶，而目疾因之。不早治，則痧毒已參陽位，其火炎極，輕則壞目，重則殞命。治宜先刺巔頂百會穴以洩毒氣，用清火活血順氣藥加牛膝、石斛引火歸原，良法也。若心中煩悶頭眩，兩目紅腫大痛，眼珠挂出，左目尤甚，至晚即昏沉眩暈，宜五十號復象方加童便服，眼珠始收。若兩目通紅，甚至起障生翳，此痧之餘毒在肝。宜五十一號臨象方加燈心、白芙容葉，水煎溫服。

曰痧後牙疳，此痧毒入於胃也。宜五十二號泰象方，神效。

曰痧後胸膈痛，痧毒雖退，尚留瘀血在胸膈間，是積血作痛也。宜失笑散。

曰婦女倒經痧，經行之際，適遇痧發，經阻逆行，或鼻紅，或吐紅，肚腹腫脹，臥床不能轉側，肚腹不痛，亦爲暗痧。若痧毒攻壞臟腑者不治，急放痧。宜五十三號大壯方。

曰胎前產後痧，孕婦犯痧，最易傷胎。產後犯痧，須防惡阻。較之平人更甚，當急救。若暗痧陡發，則胎前痧脈溷於有孕，產後痧脈雜於惡阻，又無心腹痛可據，須當究其證候，察其聲色，看有痧筋，急宜刺破，肌膚痧壅，焠刮兼施，至若痧毒橫行，肆攻臟腑，莫可挽回矣。

曰胎前痧痛，毒氣攻衝絞動，殞命傷胎，豈爲細故，至如安胎用白朮、當歸、茯苓之類，痧所大忌，以痧脹所宜，惟是破氣破血之味。又胎孕所忌，斟酌其間，活血解毒用金銀花、益母、丹參、紅花、寄生，消瘀而不傷胎元。順氣用香附、陳皮、厚朴、砂仁、烏藥，行氣而不傷胎氣。散痧用防風、荆芥、細辛，透竅而不動胎孕。消食積用山查、蔔子、穀芽、麥芽，寬中而不伐胎性，採擇於中，最爲穩當，然此等藥，勢盛難於速效，權用一二味尅藥，恐於胎氣有妨，不可不慎。宜五十四號夬象方。

曰產後痧痛，產後用藥，必須溫煖，痧證用藥惟重清涼，既屬相反，而處治之方，毋執產後一於溫煖，亦毋執痧證一於清涼也。今統製一方，爲臨證之法：散痧用獨活、細辛，破血用桃仁、紅花，順氣用香附、烏藥、陳皮，解毒用金銀花、紫花地丁，消食用山查、蔔子、神麴、麥芽。如產後常用姜炭、肉桂以溫血，是痧證所忌。痧證必用荆芥、防風以散痧，連翹、薄荷以清熱，又產後所不宜也。況痧證脹極，尤貴大黃、枳實、檳榔以通積滯，而產後更不可用，蓋痧而用溫，脹者益脹，產而用涼，瘀者益瘀，惟取微溫之氣，則兩不相妨，更加童便以清熱消瘀，豈非

良法乎。一產婦三日，腹脹絞痛，惡露不通，夫產後痛當在小腹，今大腹絞痛，非產後本病，脈洪數有力，兼痧無疑。先飲童便一杯，少甦，刺出毒血，用二十二號履象方，痧盡，惡露行。一婦產八日，惡露太多，忽寒熱，胸中脹悶，脈洪大無倫，今惡露去盡，此脈不宜，放紅紫痧筋二條，便不洪大，又刺臂指十餘針，用五十五號需象方，四帖病痊。一婦產六日，身痛，寒熱如瘧，昏悶，脈歇止，指甲黑，乃兼痧證也。刺指七針，舌底一針，稍緩，用五十六號比象方愈。

曰小兒夾驚痧，小兒一時痰涎壅盛，氣急不語，眼目上翻，手足發搐，肚腹脹滿，誤作驚治不效。看有痧筋，速爲出血，額現痧粒，急爲火焠，先令痧退，然後治驚。宜四十五號蒙象方。

曰痘前痧，痘本先天，因時而發，必由外感，如痧亦時疫之氣所感，作脹作痛，而胎元之毒因之俱發，凡痘未見點之前痧脹，必心胸煩悶，痰涎壅塞，甚至昏迷不省，此其候也。小兒滑疾之脈，類於痧證，厥厥動搖之脈，雖若疑似難明，然有痧筋可辨，單用藥清之，痧自退，痘自起矣。若痘點既形，觸穢痘隱者，痘科自悉，不載。一兒痘初發犯痧，腿灣有痧筋二條，余曰：兩目少神，四肢戰動，痘之候也。隱隱微點，痘之形也。口熱如爐，紅紫之色，熱之盛也。但是痰喘氣急，腿灣痧筋，必痘因痧脹而發。治宜先透痧，或兼發痘，用五十七號兌象方一帖，稍冷服，痘乃發，十二朝而痊。

曰痘後痧脹，痘後中氣多虛，有感必傷，一遇暑熱及穢惡，即成痧脹。往往忽然生變，人多認爲惡痘所致，竟不知痧之爲害有如此也。宜二十六號豫象方合二十八號恆象方。

曰痘前痘後痧，論凡痘前後，見有痧筋，止可辨其爲痧，用藥治之，切忌針刺，非不可針也，痘變不常，若一差池，爲害不淺，故切切不可用針也。

曰瘡證兼痧，瘡痛者，心火血熱所致，故火盛而膿腫作痛，然膿瘡雖痛，必漸漸而來，非若兼痧之驟，故凡瘡瘍兼痧，其腫痛必多可畏處，况瘡脈多洪數，兼痧脈固不同，筋色又可辨驗，不容混也。急刺指頭及頭頂，宜五十八號困象方、五十九號萃象方。

曰痧變腫毒，痧毒不盡，留滯肌肉腠理間，即成腫毒，急先放痧，用解毒散痧藥以除其根，然後審毒所發，照十二經絡臟腑，分陰陽寒熱處治，輕則消，重則拓，虛則補，實則瀉，若紅腫甚者屬陽，宜五十九號萃象方。白色平腫不起發者屬陰，宜六十號咸象方。毒又有半陰半陽者，宜五十八號困象方。凡毒穿破後，護之。宜貼太乙膏。若腫毒無膿，止有毒水流出，或膿少血多，須拔去毒水膿血。宜飛龍奪命丹，研碎些些，塡太乙膏中，毒水盡，但貼膏。有毒口難收者，收之。宜摻紅玉散。一人發背疽黑爛，脈沉微，指頭黑色，惡熱飲，此痧變惡毒，用冷圍藥而成此疽也。令去圍藥，放痧訖，俟痧氣絕，用六十號咸象方溫托之，外敷如前法。另有六十一號蹇象方選用。

曰痧後調理，痧退之後，痧氣已絕，氣血虛弱者，急補之。宜六十二號謙象方、六十三號小過方。若屢患痧證者，待痧氣既清，調理之。宜六十四號歸妹方。

《繪圖針灸易學·翻全圖》 烏鴉狗翻：頭疼頭沉，頭癢眼黑，擁心發搐，先指甲青，後偏身青，上吐下泄，不能言，小腹疼痛。

烏鴉狗翻二證治法：如牙關已閉，急用箸別開，令病者捲舌視之，舌根下或有紅黃黑紫等泡，用針刺破出血，以雄黃末點之，炮藥亦可。如不全愈，用松皮或杉皮、豬牙草、瞿麥，即石竹花子。煎湯服之，蓋被出汗，忌風三日，忌米飯三日。

白眼翻：其形常翻白眼。

白眼翻治法：將頂門灸三艾炷，如不愈，再灸三艾炷即愈。

螞蟻翻：心中難受，身若蟲拱，舌下有紅青黑等泡。

螞蟻翻治法：用針刺破舌下紅青黑等泡出血，血往外吐，不可內嚥，用麩子炒擦，沒身再泡，用麩子水洗一遍，飲麩子水半碗立愈。

長蛇翻：就地打滾肚脹。

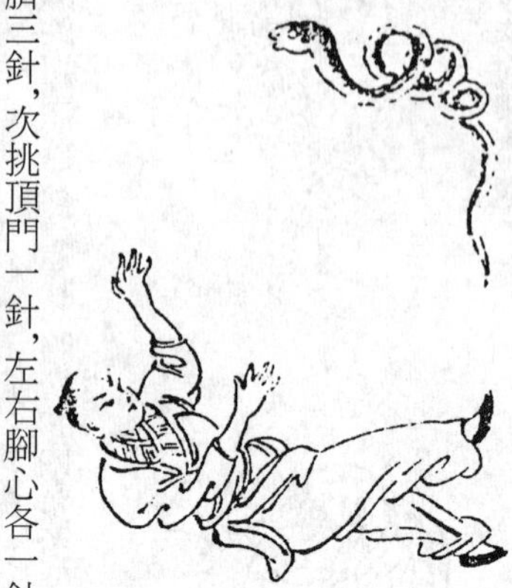

治法：先挑肚臍三針，次挑頂門一針，左右腳心各一針，用烟油拭之即愈。

蝦蟆翻：其證肚脹。

治法：肚臍圓圈挑七針，小肚挑三針即愈。

母豬翻：其形拱地。

治法：先挑舌根後，除二大指不針，餘指各針一針，再以豬食池水灌之即愈。

龜翻：其證兩鬢有紫筋，伸頭彎腰心疼。

治法：用針挑破紫筋，使過魚叉上生黃點之即愈。

吹氣翻：其形吹氣，心慌不定。

治法：用針刺天門一針，如不愈，再刺兩肩上及前後心各一針。

烏紗翻：惡心吐泡，渾身疼痛。

治法：用針刺破左右曲池穴，再以雄黃飲之即愈。

猴腰翻：其形蹶跌，壅心發熱，嘔吐，胳膀肢內有紫泡。

治法：用針刺破紫泡即愈。

豆蟲翻：搖頭擺尾。

治法：用針刺天門一針，使過鋤板上生黃，連點三次即愈。

纏絲翻：肚脹、頭疼、心翻，前後心有青黃紫眼。心殺子方亦俱於此。

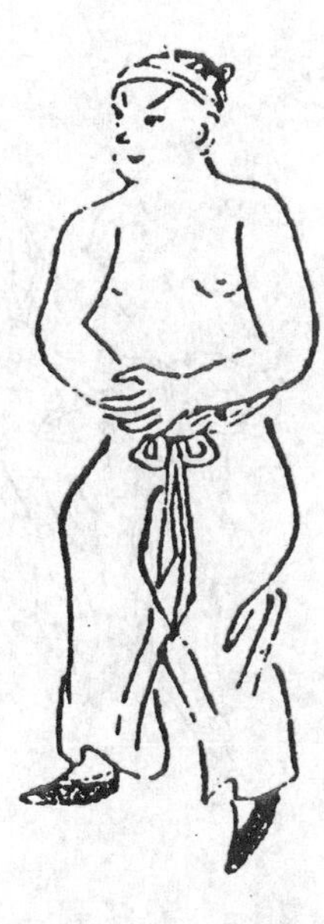

治法：用針挑破青黃紫等眼，以醋搽之。若渾身麻木無點者，是心殺子也。用針將手足腕挑破，鹽炒煎服即愈。

駱駝翻：如卧牛狀，口發白沫，耳後有紫疔。

治法：用針刺破紫疔，以乾牛糞燒灰，香油調擦，立效如神。

血擁心：七日擁脫或痛。

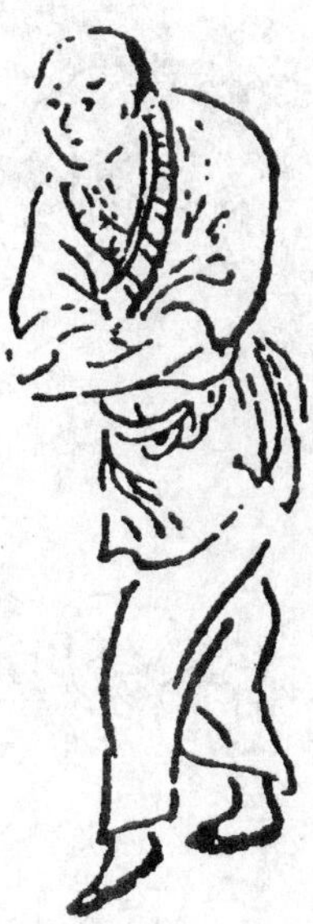

治法：針舌根，身下前後打即愈。又方：用萊服末黃酒送下。又，舌下

有黑泡，針破，雄黃點之，前後心輕輕打出紅黑圈即愈。

無語翻：其證得病不語。

治法：先針天門一針，次針兩腳心，又次，針兩曲池穴。

頂殺脹：腦疼、心痛、上吐下瀉。

治法：用涼水打頂門即愈。

猛虎翻：其形搖頭、四肢屈而不伸。

治法：於湧泉穴針七針，再以雄黃酒飲之即愈。

血腥抹心：其證飲食時即聞腥氣。

治法：舌下有紫疔，刺破出血，雄黃點之。如不愈，細辛掃服窩內，有紫泡，針破出血即愈。

象翻：病者流鼻、心疼、時迷。

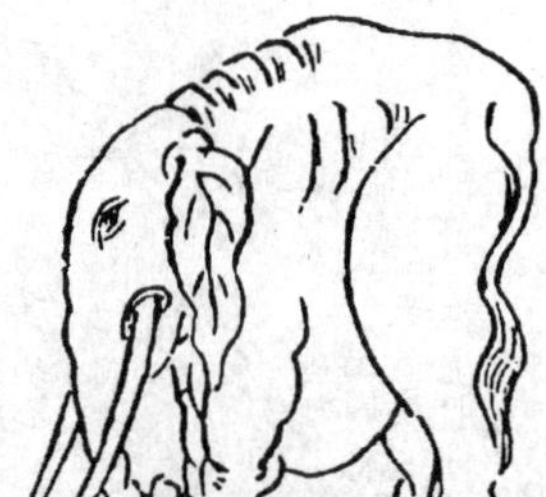

治法：用針挑兩肩肛灸出血，雄黃點之。

鷹翻：撇嘴、心疼、昏迷。

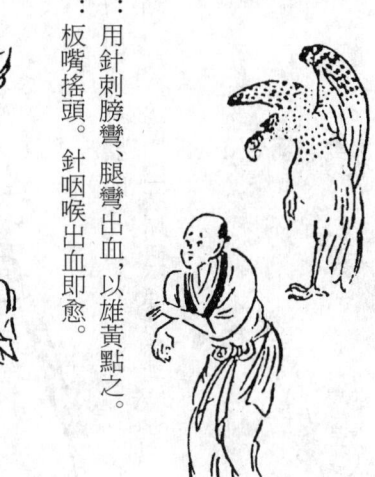

治法：用針刺膀彎、腿彎出血，以雄黃點之。

鴨翻：板嘴搖頭。針咽喉出血即愈。

喜雀翻：心疼、頭疼、眼黑、渾身疼。舌下有紫疔。

治法：用針刺破舌下紫疔，雄黃點之，再飲雄黃酒即愈。

蜜蜂翻：吭聲不斷，惡心，上吐下瀉，舌下有紫疔。

治法：用針刺破紫疔，以小鹽點之即愈。

蜈蚣翻：頭出冷汗，擁心吐黃水，脊骨兩旁有紫筋。

治法：用針刺破紫筋，以雄黃點之即愈。

醋豬翻：四肢厥冷，渾身戰戰，心疼，心熱，舌下有紫疔。

治法：用針挑破紫疔，以小鹽點之。

秋蟬翻：四肢筋青，腦抹勺後有紫筋。

治法：以針刺破紫筋，用老鸛嘴煆黃末點之。

四足蛇翻：搐心戰戰，舌下有紫疔，亦有口角強硬者。

治法：用針挑破紫疔出血，以烟油點之即愈。

鵪鶉翻：聲如鵪鶉，舌下有紫疔。

治方：用針刺疔出血，以鵪鶉綱燒灰，黃酒送下。

貓翻：其形鼻吞，兩手撓地擁心。

治方：針兩鬢角出血，再用雄黃酒飲之。

老鸛翻：惡心，舌根強硬，嘔吐不止，舌下有紅疔。

治方：針破紅疔，用火藥點之，治同老鴉。

蝎虎翻：搖頭擺手，舌下有紫疔。

治法：以針刺疔，雄黃點之即愈。

《針灸逢源・證治參詳・傷寒熱病門》 黑痧，腹痛頭疼，發熱惡寒，腰背強痛。白痧，腹痛吐瀉，四腳厥冷，十指甲黑，不得睡卧。黑白痧，頭疼發汗，口渴泄瀉，惡寒肢冷，不得睡卧，或腸鳴腹響，名絞腸痧也。

百勞　列缺　十宣、委中，以上刺痧通用。天府，黑痧兼刺之。太陵、大敦、白痧兼刺之。竅陰，黑、白痧兼刺之。中脘、丹田。治小腹絞痛。

又痧有青筋、紫筋，或現於數處，或現於一處，必用針刺放去其毒血，或有悞飲熱湯，則青紫筋反隱而不現，即放之，毒血不流，此當急飲冷水以解之，然後再放而血流，再刮而痧出。或有痧毒方發而爲食物積滯所阻，此當先消食積而再放刮。或有痧毒方發，兼遇惱怒氣逆，則愈作脹，此當先用破氣藥以順之，而再放刮，則痧可漸消也。若刮已到，放已盡，而不愈，則是痧毒惟在腸、胃、肝、脾、腎二陰經絡，必須據證用藥。放痧有十：

頭頂心，百會穴。印堂，兩太陽穴，喉中兩旁，舌下兩旁，兩孔，兩手十指頭，十宣穴。兩臂彎，兩腿彎，兩足十指頭。

《針灸全生・發痧》 發痧：百勞、大陵、委中、水分。

黑痧：腹痛，頭疼發熱，惡寒，腰背強痛，不得睡卧。百勞、天府、委中、十宣、列缺。

白痧：腹痛，四肢厥冷，吐瀉，十指甲黑，不得睡卧。大陵、百勞、大敦、十宣。

黑白痧：頭痛汗出，口渴泄瀉，惡寒四肢不得睡卧，名絞腸痧，或腸鳴，腹響，急痛。委中、膻中、百會、丹田、大敦、陰竅、十宣、列缺。

《針灸便覽・中風》 發痧：百勞、大陵、委中、水分。

《針灸穴法》 白痧腹痛吐瀉，四肢厥冷，十指甲白，不得睡卧：大陵二穴、百勞一穴、大敦二穴、十宣十穴。

黑砂腹痛紅瀉，頭痛，發熱惡寒，腰背強痛，四肢厥冷，十指甲黑，不得睡卧：百勞一穴、天府二穴、委中二穴、十宣十穴。

腹脇腰脊凡絞腸沙或塘泄久泄：天樞二穴、章門二穴、中極一穴、腎俞二穴、三里二穴。

繞臍冷氣痛：天樞二穴、丹田一穴。

臍腹滿，脹氣不消化：天樞二穴、分水一穴。

翻胃吐食，中滿不快：亶中一穴、大白二穴、陽骨二穴。

發冷：脊骨二穴、后骨二穴。

《雜證要法・痧證》 病起於驟然，或氣逆面青，肢冷目暗，俗稱迷砂是也。或腹中絞痛，俗稱絞腸砂是也。身上有斑點如砂，或用麻刮之纍纍如硃砂，故名曰砂，此乃風寒濕邪或山嵐瘴氣襲於肌表之間，淺者刮之，深者刺之，宜急救，遲則邪干於藏而氣機不轉，即不能救矣。

刺法：以針刺手腕中、足委中及十指出血。

《醫學衷中參西録・痧疫指迷第十五種評》 痧證與霍亂，皆屬暴病，然霍亂可以疫統之，因霍亂多遍境傳染，痧證則偶有一二也。《痧疫指迷》能見及此，故命名則痧疫并列，至用方處，則痧與霍亂，亦恆渾同治之，其開卷急救溯源段，謂霍亂痧脹諸病，最緊急者，莫如閉痧。然有寒閉熱閉，寒閉開以熱藥，熱閉開以寒藥，可謂精論不磨。至其選用諸方，有開寒閉者，有開熱閉者，有寒熱二閉皆能開者，更輔以刮法、灸法、刺法，則痧疫諸證，皆能隨手奏

效。

《針灸摘要·任脈》　黑痧，腹痛頭疼，發熱惡寒，腰背強痛，不得睡卧：百勞、天府、委中、十宣。

白痧，腹痛吐瀉，四肢厥冷，十指甲黑，不得睡卧：大陵、百勞、大敦、十宣。

黑白痧，頭疼，發汗口渴，大腸泄瀉，惡寒，四肢厥冷，不得睡卧，名曰絞腸痧，或腸鳴腹響：委中、膻中、百會、丹田、大敦、竅陰、十宣。

《痧驚合璧·頭風痧·大頭痧》　頭風痧，即名頭眩偏頭痧。

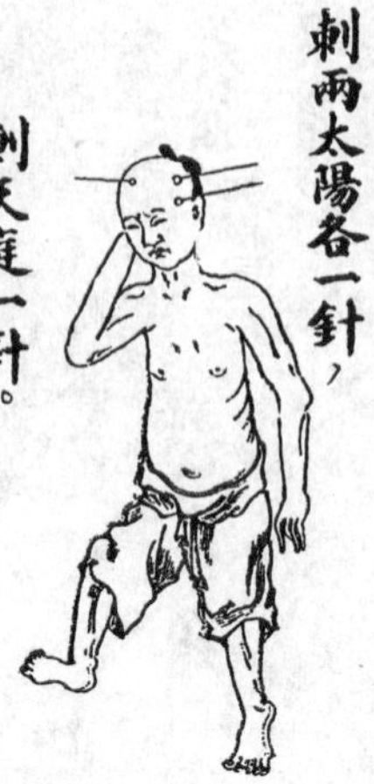

此證痧氣慢者，上升三陽，頭面常覺頭眩內熱，或半邊頭痛，心煩不安，宜放針。若不愈，用清涼劑治之。

大頭痧：

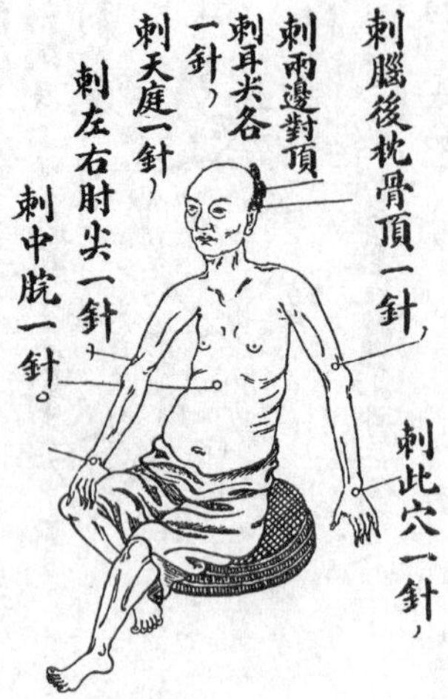

《痧驚合璧·中惡癡痧》

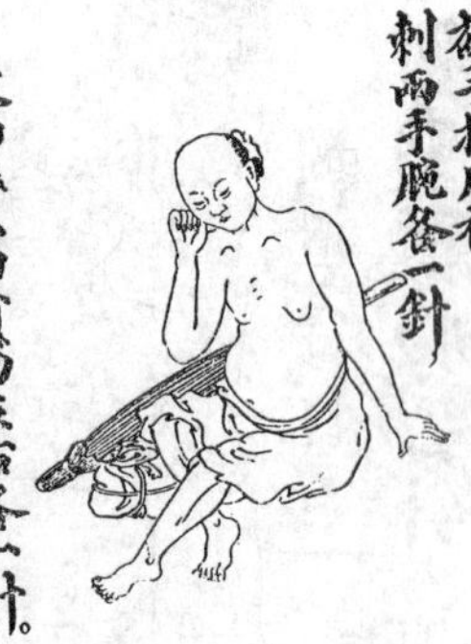

《痧驚合璧·壓舌痧》

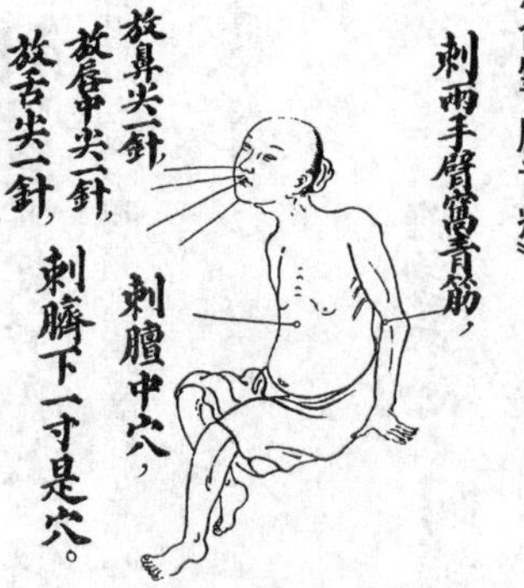

《痧驚合璧·腋癰痧》

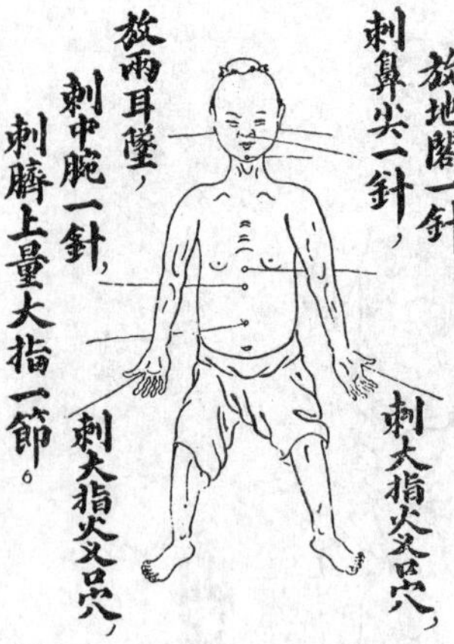

《痧驚合璧・蓮頭痧》

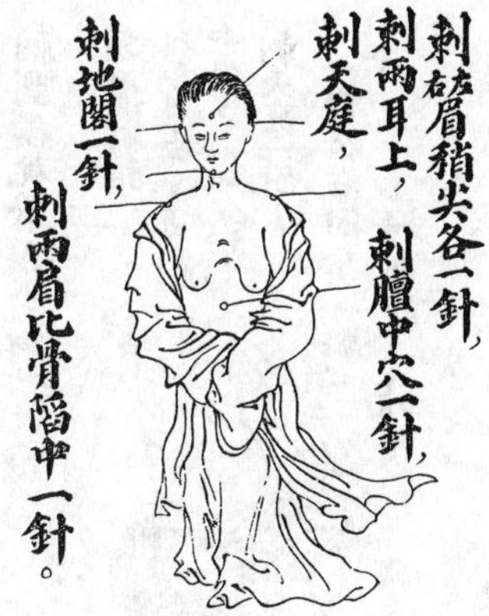

《痧驚合璧・木痧》

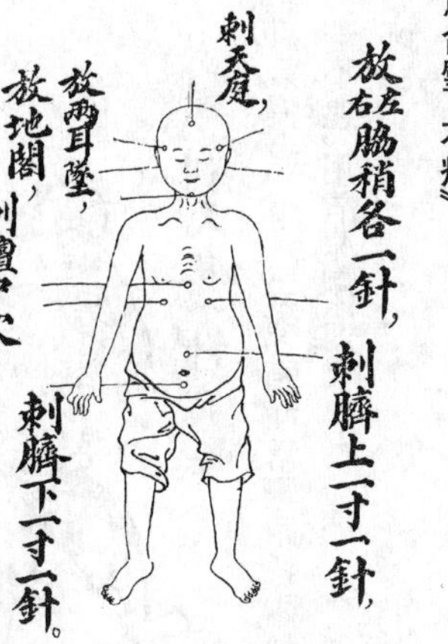

《痧驚合璧・卷螺痧》

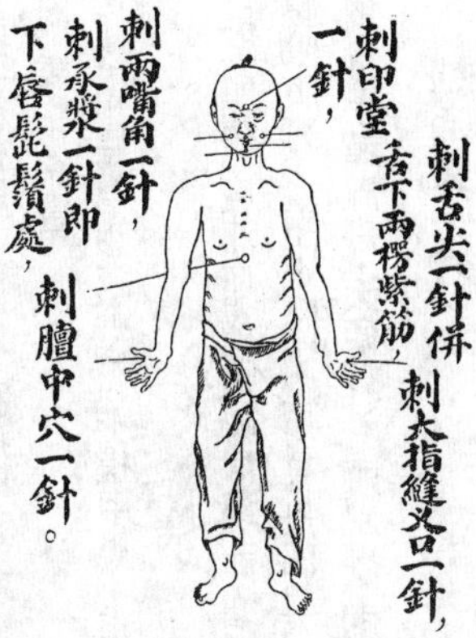

此證舌卷，面紅，滿口痰涎壅盛，氣急，肚痛身熱。

《痧驚合璧・按腸痧》男女同：

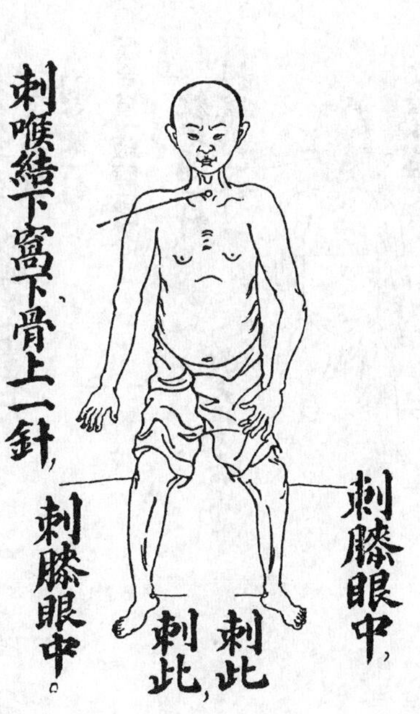

此證目瞑，手按小腹痛甚，兩顴紅色，心頭悶煩，小便不利，陰囊皮厚收斂者不治。

《痧驚合璧・塞心痧》男女同：

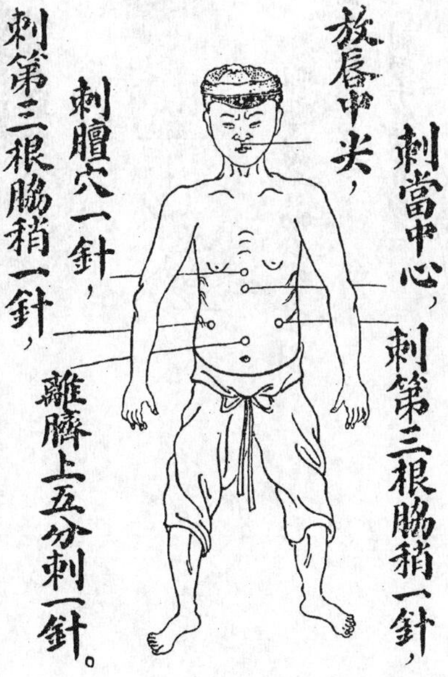

此證面黃色，氣從上塞，似痞似塊，攻痛難忍，治宜和氣調血，頂心有紅髮紅至尖稍者不治，如紅不至尖稍頂心，可刺之。

《痧驚合璧·鉤頭痧》

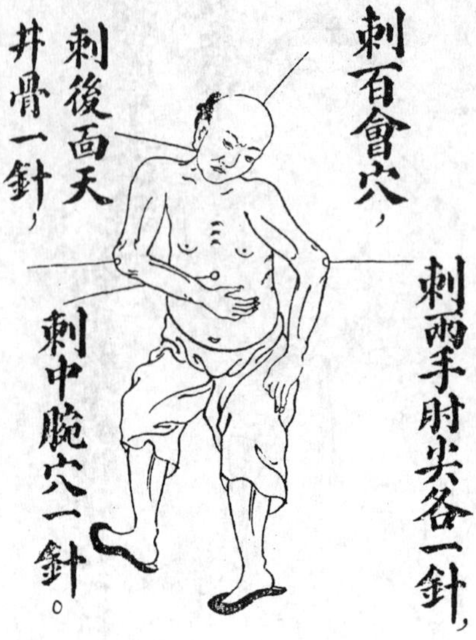
刺兩手肘尖各一針，
刺百會穴，
刺後面天井骨一針，
刺中脘穴一針。

《痧驚合璧·食隔痧》

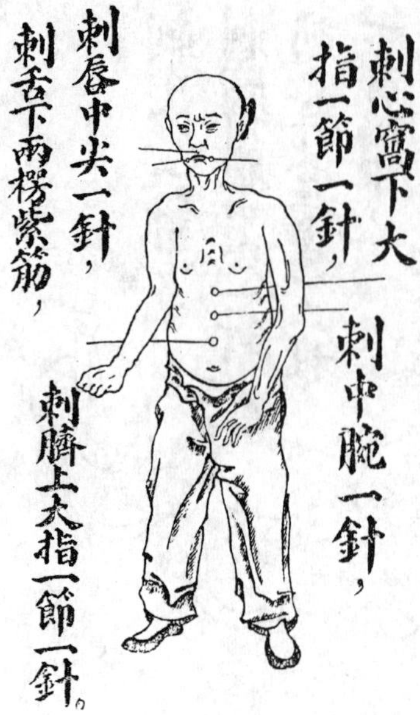
刺心窩下大指一節一針，
刺中脘一針，
刺唇中尖一針，
刺舌下兩楞紫筋，
刺臍上大指一節一針。

《痧驚合璧·吊腸痧》

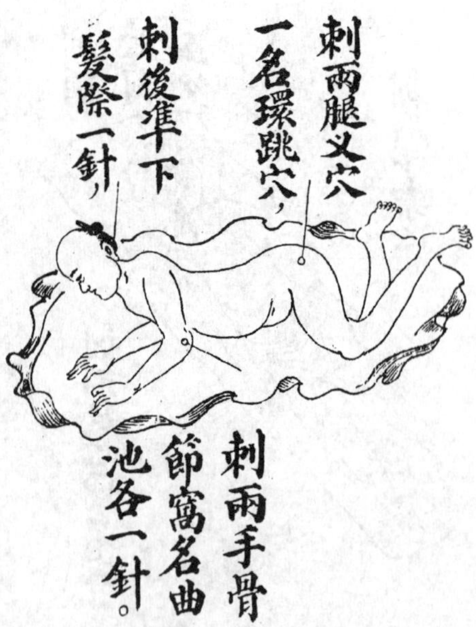
刺兩腿叉穴一名環跳穴，
刺後準下髮際一針，
刺兩手骨節窩名曲池各一針。

《痧驚合璧·捲腸痧》

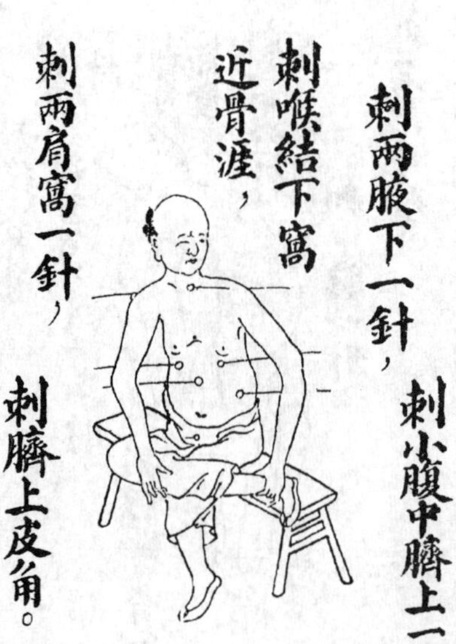
刺小腹中臍上一寸，
刺兩脥下一針，
刺喉結下窩近骨涯，
刺兩肩窩一針，
刺臍上皮角。

此證肚痛，面色青，眼白多珠少，腰眼脹痛，腹銷緊，胸突，大小便不利。

《痧驚合璧・驚頭痧》

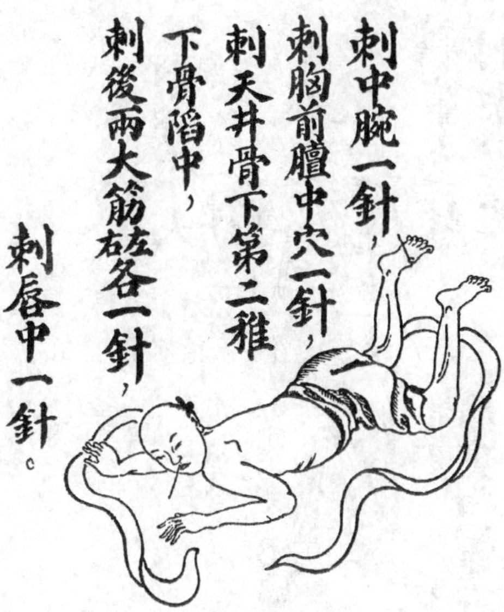

刺眉心印堂，
刺兩腿彎青筋，
刺中脘一針，
即名落弓痧。
刺胸前膻中穴一針，
刺天井骨下第二稚
下骨陷中，
刺後兩大筋左右各一針，
刺唇中一針。

《痧驚合璧・絞腸痧》

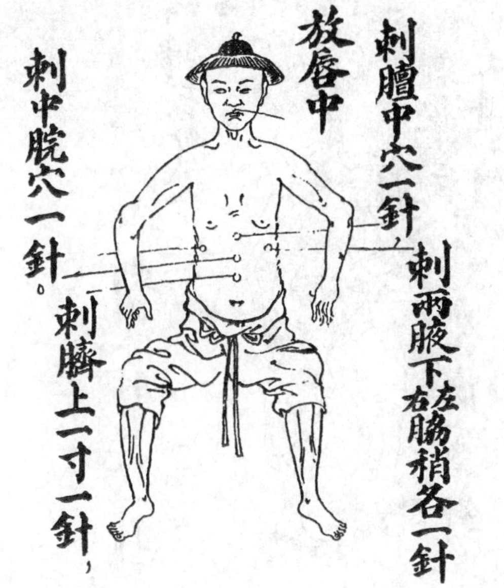

刺中脘穴一針。
刺臍上一寸一針，

《痧驚合璧・角弓反張痧》

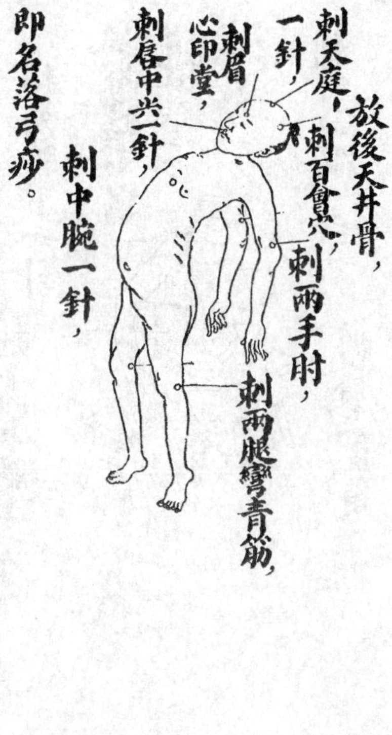

此證倏忽昏迷不醒，或痰喘不已，眼目上弔，形如小兒落弓之證，此暗痧難識，必須審脈辨證的是痧毒，看其身體涼熱，唇舌潤燥何如，然後治之。

《痧驚合璧・梃尸痧》

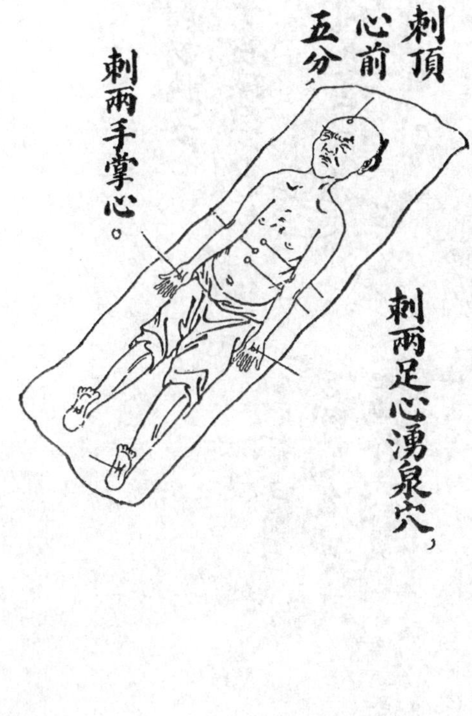

刺頂心前五分，
刺兩手掌心。
刺兩足心湧泉穴，

《痧驚合璧·弱證兼痧》

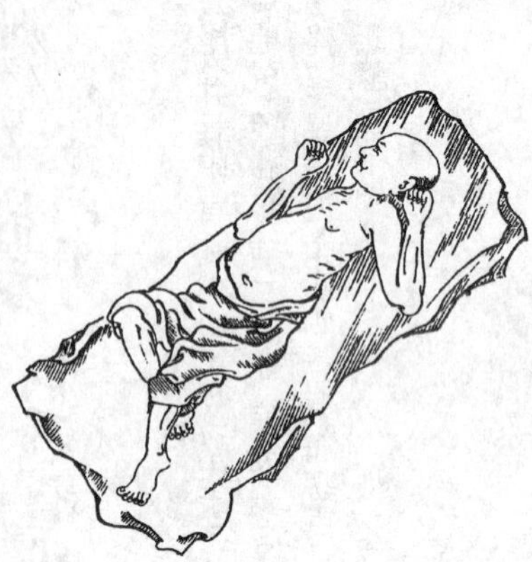

此證勞弱之證，或吐血時發，或微微乾嘔，兩顴唇口鮮紅，或骨蒸發熱不已，一觸犯時氣傳染或穢污之氣相犯，必兼痧證，或多痰喘，或咽喉如哽，或心腹脹悶，煩躁發熱，且治其痧。方可治本病，勞弱未見凶危，痧禍已在目前矣。內有鬱血，上中二部脈亦當見芤，看左腿彎有青筋數條，故昏迷痰喘，先刺其痧筋，出其毒血，倍用寶花散，微冷飲之，方得清爽。

寶花散：川鬱金、降香、荊芥、細辛。

《痧驚合璧·傑痧》

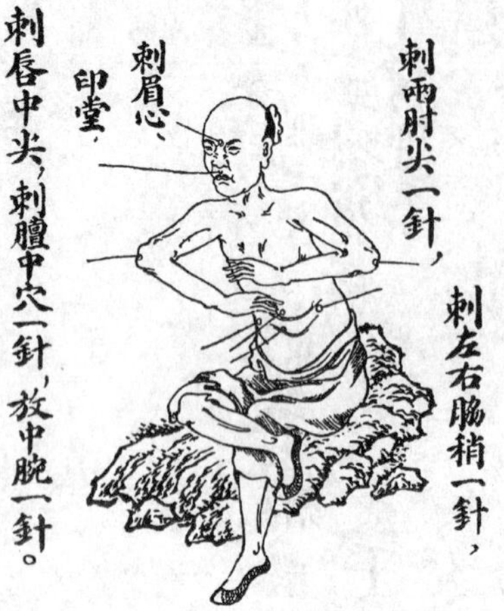

《痧驚合璧·牛皮痧》男女同：

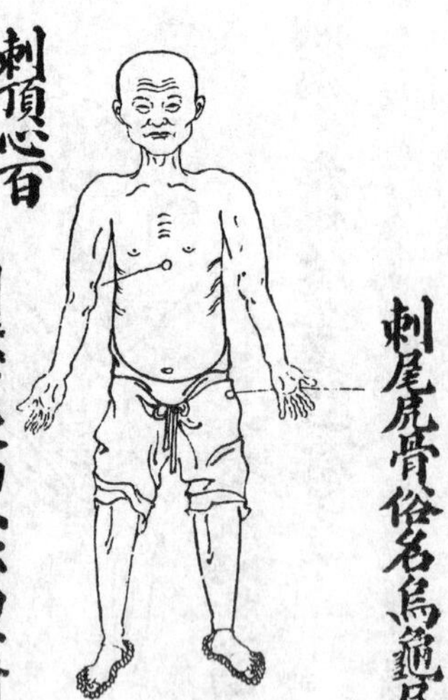

此證面白唇青，遍身皮硬，心頭脹滿，手足皆直。

《痧驚合璧·穿心羊毛痧》

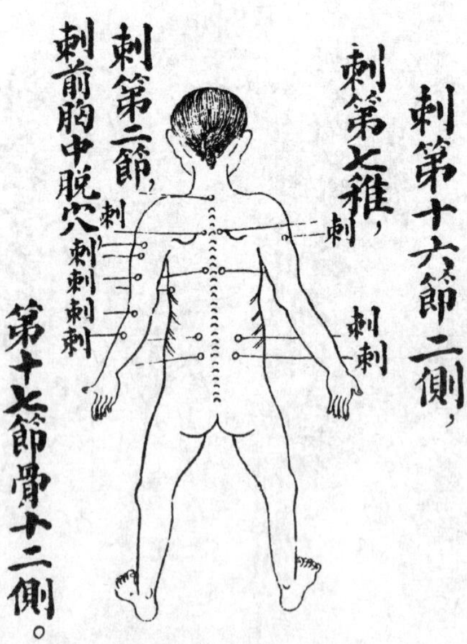

此證皮黃燥，榮毛竪如毛管，有紫粟者不治。

《痧驚合璧・啞瘢痧》

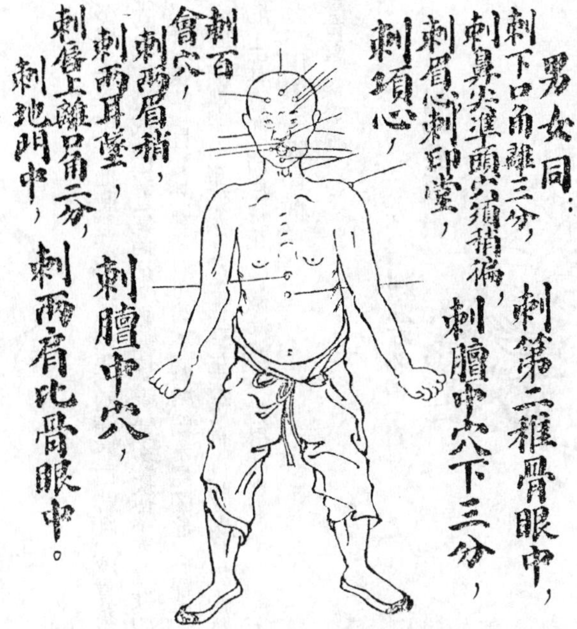
男女同：
刺下口角離三分，
刺鼻尖準頭尖須稍偏，
刺眉心刺印堂，
刺頂心，
刺第二椎骨眼中，
刺膻中穴下三分，
刺百會穴，
刺兩眉梢，
刺兩耳墜，
刺唇上離口角二分，
刺地門中，
刺膻中穴，
刺兩肩比骨眼中。

又刺後天井骨中，再刺舌兩楞并舌尖舌下紫筋。如娟婦可服羚羊角散加減，犀角地黄湯。此證臉二顴紅，眼突，唇厚紅，吐舌脹大，嘐齒，其喉腫大，痰涎壅盛，手足搐搦，頭痛如斧劈，痛甚目暈，時時痰壅發厥，忘言譫語，大便不通，此證之謂也。

《痧驚合璧・翻肚痧》男女同：

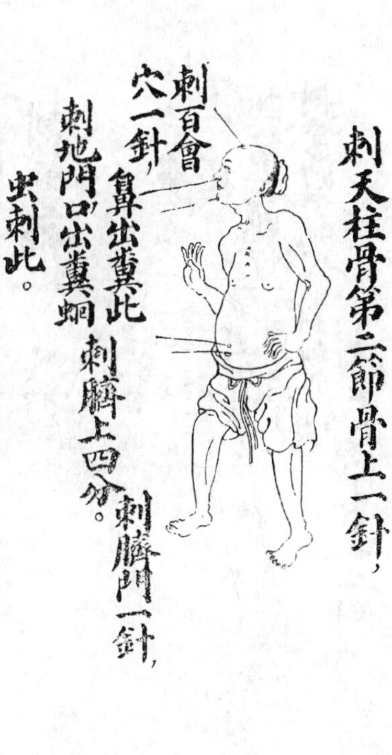
刺天柱骨第二節骨上一針，
刺百會穴一針，
鼻出糞此刺臍上四分。
刺地門口出糞蛔
刺臍門一針，
出刺此。

此證鼻昂口張，胸腹高突，小腹收斂，其手交者名翻肚痧也。大糞從口鼻出者，皆不治也。

《痧驚合璧・樸鵝痧》男女同：

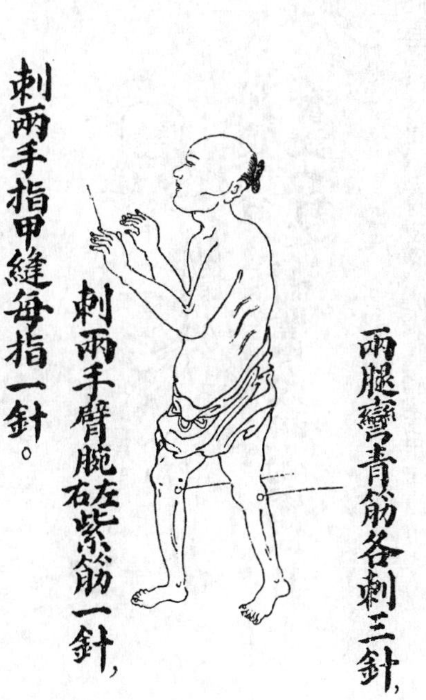
兩腿彎青筋各刺三針，
刺兩手臂腕左右紫筋一針，
刺兩手指甲縫每指一針。

此證痰涎塞盛，氣急發喘，喉聲如鋸，痛若喉鵝，但喉鵝之證喉内腫脹，若痧則有喉鵝之痛，而無皮之腫脹，又形若急氣喉風，但喉風之證痛而不移，若痧則痛無一定，且痧有痧筋，喉鵝無痧筋，此可辨也。

《痧驚合璧·歐腸痧》男女同：

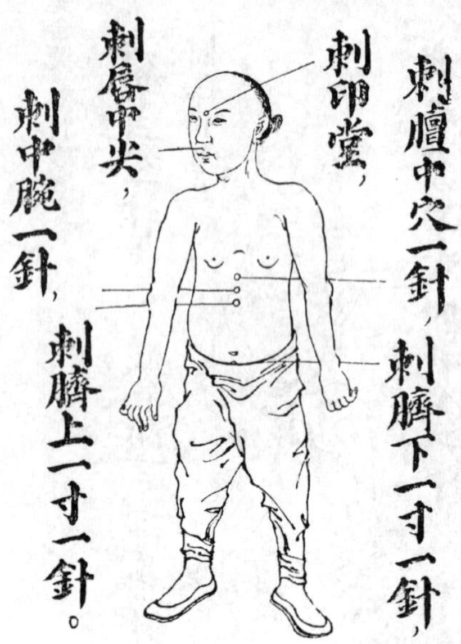

此證面青，氣逆上衝，大便不通，口生黄水，下用蜜煎導法瀉出紫黑血便後，痛仍不止者，不治。

《痧驚合璧·臟脹痧》

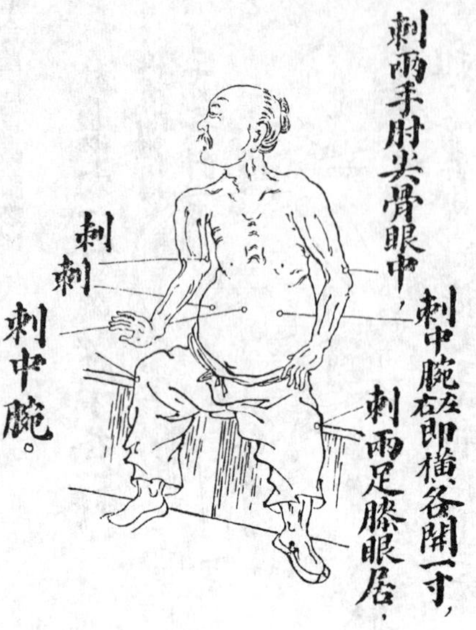

此證腹脹肚痛，氣急痰壅，皮膚肌燥，小便縮。

《痧驚合璧·天弔痧》

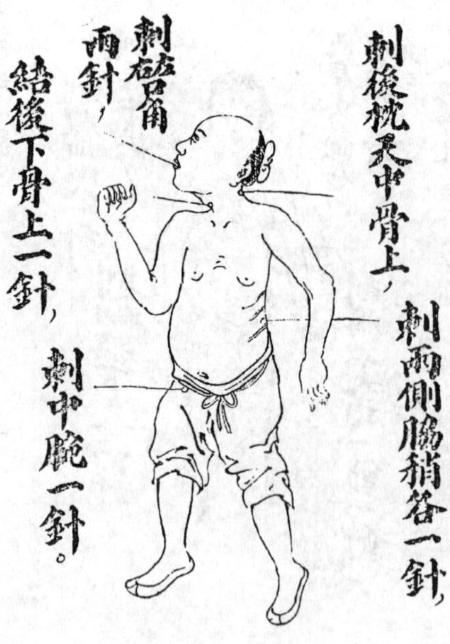

此證頭仰面青，牙關緊急，肚痛者是也。

《痧驚合璧·霍亂痧》

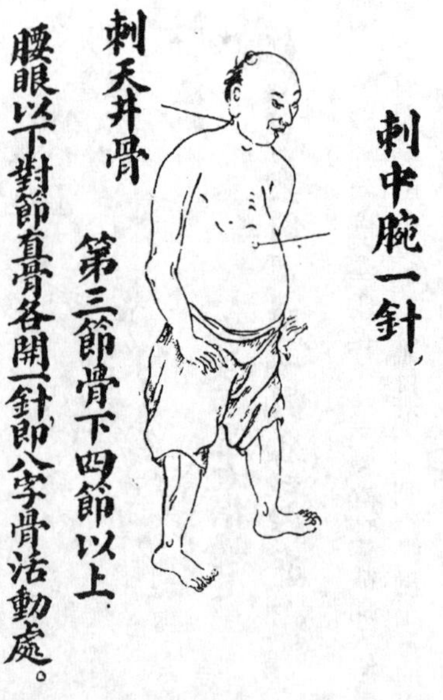

此證痛而不吐瀉，若名乾霍亂，毒入血分，宜放痧，新食宜吐，久食宜消，食消下結宜攻。痛而吐瀉，毒食氣分，宜刮痧。不愈，視有痧筋則放。須知腸胃食積宜驅不宜止，止則益痛，治以藥用霍香冷飲，余用寶花散加大黄丸，

清茶稍冷飲之而痊。

《痧驚合璧·遍身腫脹痧》

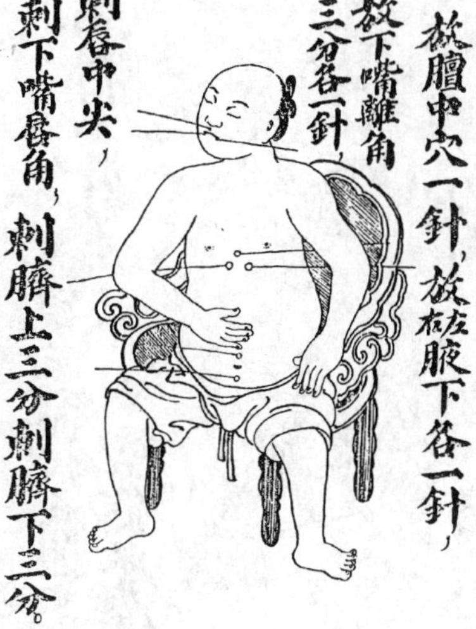

此證因暑熱時疫惡毒之氣攻於裏，則爲痰喘，爲血瘀，昏迷沉重不省人事，若元氣壯實，內不受邪，不入於裏，即散其毒於肌膚，血肉之患，爲腫，爲脹，若悞飲熱湯酒便成大害，此痧之暗者，宜從脈異處辨之。一按刺腿彎青痧筋五針，出紫黑毒血，又刺指頭毒血二十針，先服寶花散併附桃仁紅花湯而愈。

《痧驚合璧·墜腸痧》

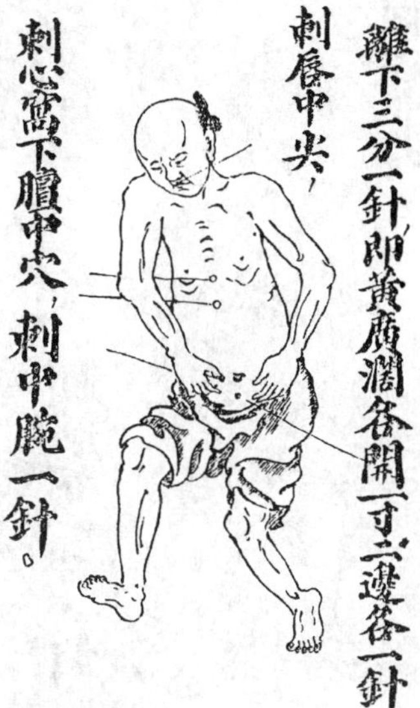

此證面青眉皺，小腹痛墜。

《痧驚合璧·頭痛痧》

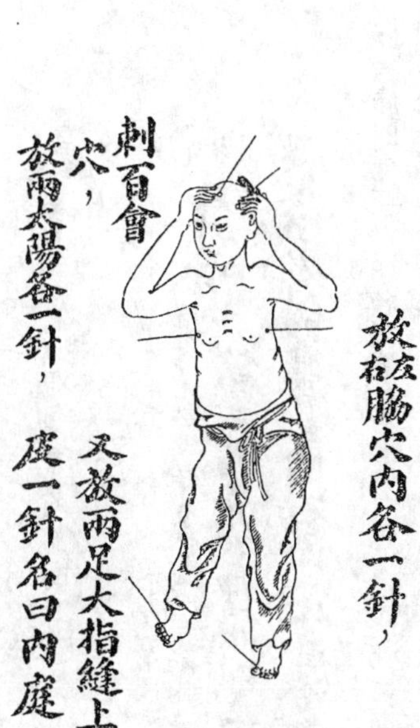

此證痧毒中於臟腑之氣閉塞不通，上攻三陽巔頂，故痛入腦髓，發暈沉重，不省人事，名眞頭痛，朝發夕死，夕發旦死，即刺破巔頂出毒血以泄其氣，藥性破其毒氣，清臟腑爲主。痧毒中於臟腑之血壅瘀不流，上衝三陽頭面，肌肉腫脹，目閉耳塞，心胸煩悶，即刺破巔頂及諸青筋毒血，藥宜清其血分，破其壅阻爲要。

《痧驚合璧·結胸痧》

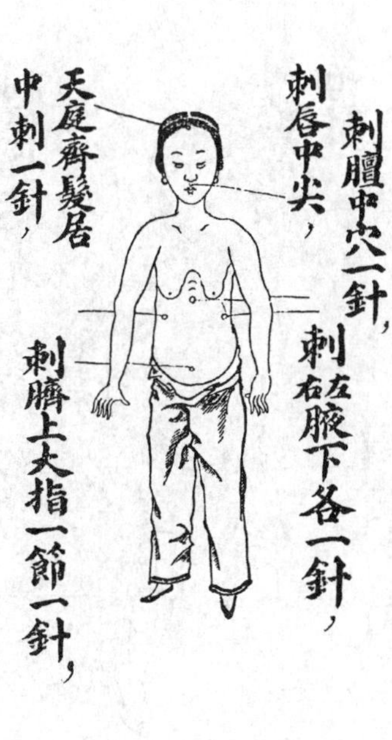

後背飯鍬骨一縫上下居中左右兩針，骨下脊橫各開兩針。

此證食與氣相搏，故血不行所致，而成痞滿於心胸脹痛痧。有心胸高起，如饅首者不治。

《痧驚合璧·直腸痧》

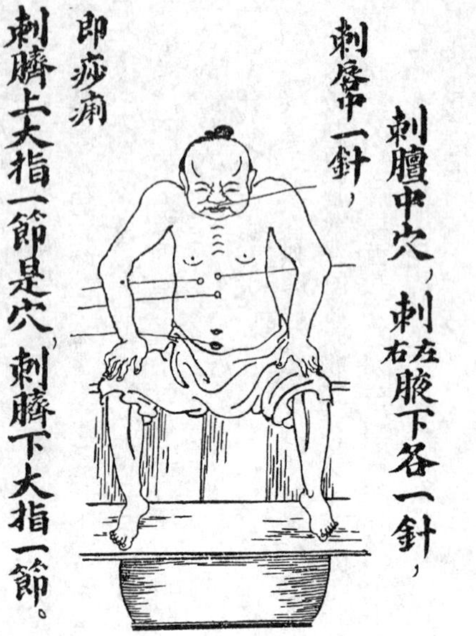

《痧驚合璧·盤腸痧》

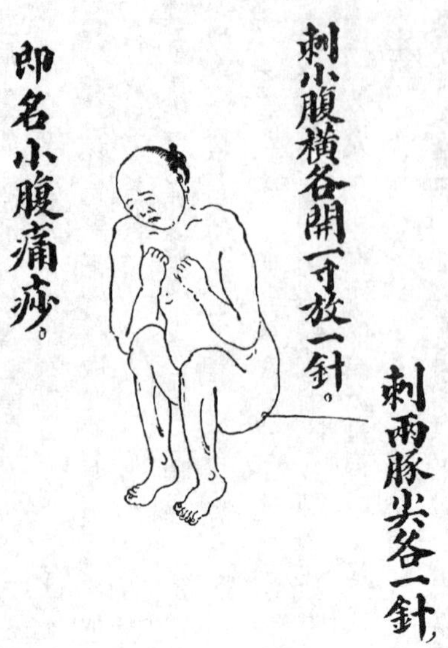

刺兩豚尖各一針，
刺小腹橫各開一寸放一針。
即名小腹痛痧。

此證痧毒入於大小腸，則小腹大痛不立絞絞不已，左足不能屈伸，大腸小腸經之痧也。痧筋不現，用木通湯微冷四劑，方見左腿彎痧筋，用針刺出紫黑毒血，二針，用紅花湯冷下，痧退後調理而愈。

一按小腹大痛，每每右卧，右足不能屈伸，手陽明大腸經也，刺腿彎青筋四針，毒血成流，不愈，用枳實大黃湯冷下，半夜痧退，少安後調理而愈。

《痧驚合璧·烏金痧》

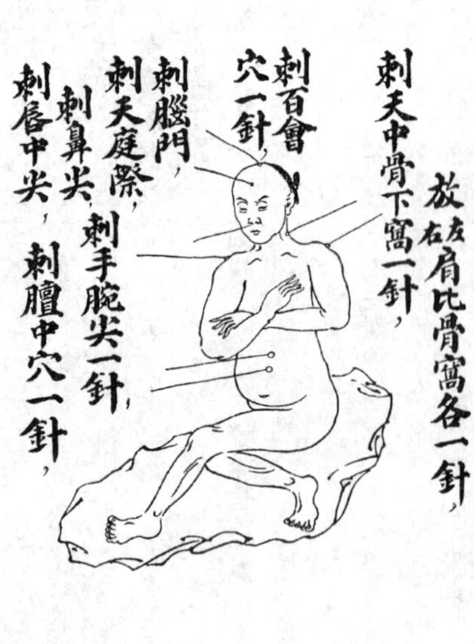

放兩手指甲縫八針，小指不刺，放兩腳指甲縫八針，小指不刺。

此證肚痛心亂，忽時遍身紫黑，不省人事，頭面黑氣，眼睛上規面不轉，聲速，宜放之，黑至者不治。

《痧驚合璧·拍脚痧》

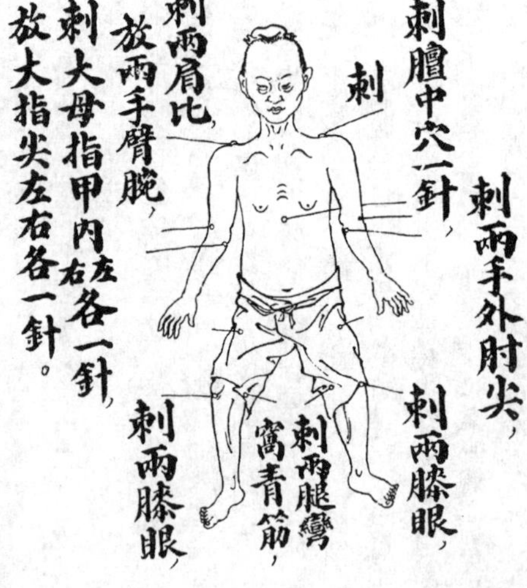

此證面色有黃痧，牙關緊閉，手直腳拍，不知人事，肚痛而腸縮。

諸　氣

《**靈樞·癲狂**》　少氣，身漯漯也，言吸吸也，骨酸體重，懈惰不能動，補足少陰。短氣，息短不屬，動作氣索，補足少陰，去血絡也。

《**太素·雜病·少氣**》　少氣，身漯漯也，言吸吸也，骨痠體重，解不能動，補少陰。漯漯、吸吸，皆虛乏狀也。骨痠體重，皆腎虛耳。故補腎足少陰脈，於所發之穴補也。短氣，息短不屬，動作氣索，補少陰，取血絡。屬，連也。索，取氣也。亦是腎氣虛，故補足少陰正經，瀉去少陰絡血也。

《**甲乙經·動作失度内外傷發崩中瘀血嘔血唾血**》　少氣，身漯漯也，言吸吸也，骨痠體重，懈惰不能動，補足少陰。短氣，息短不屬，動作氣索，補足少陰，去血絡。男子陰端寒，上衝心中佷佷，會陰主之。男子脊急目赤，支溝主之。脊内廉痛，溺難，陰痿不用，少腹急引陰，及腳内廉，陰谷主之。善厭夢者，商丘主之。丈夫失精，中極主之。男子精溢，陰上縮，大赫主之。男子精不足，太衝主之。

《**千金要方·肺臟·積氣**》　凡上氣冷發，腹中雷鳴轉叫，嘔逆不食，灸太衝，不限壯數，從痛至不痛，從不痛至痛止。

上氣厥逆，灸胸堂百壯，穴在兩乳間。

胸膈中氣，灸闕輸，隨年壯，扁鵲云，第四椎下兩傍各一寸半，名闕輸。

心腹諸病，堅滿煩痛，憂思結氣，寒冷霍亂，心痛吐下，食不消，腸鳴泄痢，灸太倉百壯，太倉一穴一名胃募，在心下四寸，乃胃管下一寸。

結氣囊裏，針藥所不及，灸肓募，隨年壯，肓募二穴，從乳頭邪度至臍中屈去半，從乳下行度頭是穴。

下氣，灸肺輸百壯，又灸太衝五十壯。

凡臍下絞痛，流入陰中，發作無時，此冷氣，灸關元百壯，穴在臍下三寸。

短氣不得語，灸天井百壯，穴在肘後兩筋間。又灸大椎隨年壯。

又，灸肺輸百壯。又，灸肝輸百壯。又，灸尺澤百壯。又，灸小指第四指間交脈上七壯。又，灸手十指頭合十壯。

乏氣，灸第五椎下，隨年壯。

少年房多短氣，灸鳩尾頭五十壯。又，鹽灸臍孔中二七壯。

《**千金翼方·針灸門·肺病**》　氣短不語，灸大椎隨年壯，又灸肺俞百壯，又灸肝俞百壯，又灸尺澤百壯，又灸小指第四指間交脈上七壯，又灸手十指頭各十壯。

少年房多短氣，灸鳩尾頭五十壯，又灸臍孔中二七壯。

乏氣，灸第五椎下，隨年壯。

下氣，灸肺俞百壯，又灸太衝五十壯，此穴并主肺痿。

《**針灸資生經·少氣**》　然谷，治喘呼少氣。上廉，治臟氣不足。三里，治胃氣不足。氣海，治臟氣虛憊，眞氣不足，一切氣疾久不差者，皆灸之。少府、膀胱俞、少衝、步郎、間使、腎俞、大鍾，治少氣。至陰，治少氣難言。神門，治少氣不足。小腸俞、魚際、大陵、肝俞，治短氣。膺窗，治胸滿短氣。行間，治癲疾短氣。凡胸滿短氣，不得汗，皆針補手太陰以出汗。湧泉，主短氣。膻中、華蓋，主短氣不得息，不能言。步郎、安都，主鬲上不通，呼吸少氣，喘息。大包，主大氣不得息。廉泉，療咳嗽少氣，喘息，嘔沫，噤齘。風門，療氣短不安。肝俞，療短氣不食。伏兔，療腹脹少氣。肝俞，療氣短。短氣，灸肩井二百壯。短氣不得語，灸天井百壯，或大椎隨年壯，或肺俞、或肝俞、或尺澤，各百壯，或小指第四指間交脈上，七壯，或手十指頭，合十壯。少年房多短氣，灸鳩尾頭五十壯，又鹽灸臍孔中二七壯。乏氣，灸第五椎下隨年壯。短氣，灸巨闕等。雲門、風門、熱府、肺募、巨闕等，期門等，主短氣。巨闕、解谿、然谷、尺澤，主少氣。巨闕，治少氣。膽俞，療心脹滿，吐逆短氣，痰悶，食難下不消。心痛如錐刀刺，氣結，灸鬲俞七壯。氣結，灸太倉百壯。通谷，治結積留飲。心腹諸病，堅滿煩痛，憂思結氣，寒冷霍亂，心痛吐下，食不消，腸鳴泄痢，灸太倉百壯。結氣囊裏，針藥所不及，灸肓募隨年壯。中脘，治寒癖結氣，隔結。

《**針經摘英集·治病直刺訣**》　治男子臟氣虛憊，眞氣不足，一切氣疾久不差，不思飲食，全無氣力，燔針，針任脈氣海一穴，針入五分，可灸百壯，次以毫針，針足陽明經三里二穴。

《**扁鵲神應針灸玉龍經·灸法雜抄切要**》　臟氣虛憊，眞氣不足，一切氣疾，久痞老者，宜灸氣海。臟腑虛乏，下元冷憊等疾，宜灸丹田。

《**世醫得效方·諸氣**》　灸法：凡上氣冷發，腹中雷鳴轉叫，嘔逆不食，灸太衝，穴在足大指本節後二寸陷中，不限壯數，從痛至不痛，不痛至痛止。心

腹諸病，堅滿煩痛，憂思結氣心痛，吐下食不消，灸太倉，穴在心下四寸，胃脘下一寸。臍下攪痛，流入陰中，發作無時，此冷氣，灸關元百壯，穴在臍下三寸，及灸膏肓二穴。短氣不語，灸大椎，隨年壯，又灸肺腧百壯，臍孔中二七壯。乏氣，灸第五椎下，隨年壯。

《普濟方·針灸門·腎虛》 治腎氣，穴：陽蹻。

治小腸氣不足面無顏色，穴：下廉。

《普濟方·針灸門·少氣》 治臟氣不足，穴：上廉。

治胃氣不足，穴：三里。

治臟氣虛憊，真氣不足，一切氣疾不差者，皆灸之，穴：氣海。

治膀胱氣，穴：少府。

治少氣，穴：少衝、步廊、間使、腎俞、大鍾。

治少氣難言，穴：至陰。

治少氣不足，穴：神門。

治短氣，穴：小腸俞、魚際、大陵、肝俞。

治胸滿短氣，穴：膺窗。

治癲疾短氣，穴：行間。

治胸滿短氣，不得汗，穴：手太陰，皆針補以出汗。

治短氣，穴：湧泉。

治短氣不得息，不能言，穴：膻中、華蓋。

治膈，上下不通，呼吸少氣喘息，穴：步廊、陰都。

治大氣不得息，穴：大包。

治咳嗽少氣，喘息嘔沫，噤齒，穴：廉泉。

治氣短不安，穴：風門。

治短氣不食，穴：肝俞。

治腹脹少氣，穴：三里、伏兔。

治短氣，穴：肝俞。

治短氣，穴：肩井，灸二百壯。

治短氣不得語，穴：天井，灸百壯，大椎或灸隨年壯，肺俞、肝俞、尺澤，或各灸百壯，手小指第四指間交脈上，或灸七壯，或手十指頭各十壯。

治少年房事多，短氣，穴：鳩尾頭，灸五十壯，又鹽灸臍孔中二七壯。

治乏氣，穴：第五椎下，灸隨年壯。

治短氣，穴：灸巨闕。

治短氣，穴：雲門、風門、熱府、肺募、巨闕、期門。

治少氣，穴：巨闕、解谿、然谷、尺澤。

治少氣，穴：巨闕。

治卒乏氣，氣不復報，肩息，穴：右度手拇指，折度心下，灸三壯，瘥。

治寒中少氣，穴：間使。

《神應經·諸般積聚部》 短氣：大陵、尺澤。

少氣：間使、神門、太陵、少衝、三里、下廉、行間、然谷、至陰、肝俞、氣海。

欠氣：通里、內庭。

《針灸聚英·雜病》 諸氣

怒則氣上，驚則氣亂，恐則氣下，勞則氣散，悲則氣消，喜則氣緩，思則氣結，針以導氣。

《古今醫統大全·針灸直指·諸證針灸經穴》 短氣而喘：大椎、肺俞、臍中。並宜灸。

諸氣不足，虛弱，灸氣海。

柳公度曰：人之生惟元氣為主，氣海者元氣之所生也，故宜灸。

《楊敬齋針灸全書·氣疾痛》

《針灸大成·續增治法·雜病》 諸氣：怒則氣上，驚則氣亂，恐則氣下，勞則氣散，悲則氣消，喜則氣緩，思則氣結。針以導氣。

《類經圖翼·針灸要覽·諸證灸法要穴》 氣短：大椎、不語。肺俞、不語。

肝俞，不語。天突、肩井、氣海，氣短陽脱。內關、尺澤，氣短不語。足三里、太衝。

《羅遺編·針灸要穴論》氣短：大椎、肺俞、肝俞，三穴俱治不語。天突、肩井、內關、太衝、氣海，氣短陽脱。尺澤，氣短不語。足三里。

《針灸全生·諸氣》氣逆：尺澤、商丘、太白、三陰交。

噫氣上逆：太淵、神門。

厥氣衝腹：解谿、天突。

短氣：大陵、尺澤。

欠氣：通里、內庭。

少氣：間使、大陵、三里、行間、至陰、神門、少衝、下廉、然谷、肺俞、氣海。

氣塊、冷氣、一切氣疾：氣海。

結氣上喘及伏梁氣：中脘。

脇下積氣：期門。

奔豚氣：期門、章門、中脘、巨闕、氣海。百壯。

腹中氣塊：內關。

氣喘難眠：璇璣、俞府、氣海、乳根。

《針灸便覽·中風》氣疾：氣海、中脘。

脇下積氣：期門、章門、中脘、氣海。

腹中氣塊：內關。

短氣：尺澤、大陵、神門、間使。

頭面雜證

《靈樞·雜病》顑痛，刺手陽明與顑之盛脈出血。【略】顑痛，刺足陽明曲周動脈，見血立已。不已，按人迎於經，立已。

《太素·雜病·頷痛》頷痛，刺手陽明與頷之盛脈出血。頰痛，刺陽明曲周動脈見血，立已，不已，按人迎於經，立已。手陽明上頸貫頰，故頰痛皆取之。曲周動脈有足陽明，無手陽明動脈也。

《千金要方·七竅病上·唇病》緊脣，灸虎口，男左女右；又，灸承漿三壯。

《千金要方·針灸下·頭面》面病：攢竹、齦交、玉枕，主面赤頰中痛。巨窌，主面惡風寒，頰腫痛。上星、囟會、前頂、腦戶、風池，主面赤腫。天突、天窗，主面皮熱。

腎輸、內關，主面赤熱。

行間，主面蒼黑。

太衝，主面塵黑。

天窗，主頰腫痛。

中渚，主顳顬痛，頷顱熱痛，面赤。

懸釐，主面皮赤痛。

《針灸資生經·面腫》巨窌，主面惡風寒，頰腫痛。上星、天牖，治頭風面虛腫。囟會，治目眩面腫。前頂，治面赤腫。目窗，治頭面浮腫，痛引目外眥上赤痛。完骨，治頭面浮腫。水溝，治面腫唇動，狀如蟲行，又云，風水面腫，針此穴出水盡，頓愈。迎香，治面癢腫。大迎，治風壅面浮腫，目不得閉，唇吻瞤動不止，針之頓愈。合谷，治面腫，唇吻不收，瘖不能言，口噤不開。溫溜治面虛腫。豐隆、承漿、陽交，治面腫。厲兌，治寒瘧，面腫，足骭寒。陷谷，治面目浮腫。百會，治飲酒面赤。解谿，治頭風面赤。腦戶，療面赤腫，頭痛。厲兌，療面浮腫。水溝、天牖，療面腫。陷谷，療頭面虛腫。風池，療肺風面赤，目視眈眈，項強不得顧，面腫皮軟，腦疼。上星、囟會、前頂、腦戶、風池，主面赤腫。陷谷、上星、囟會、前頂、公孫，治卒面腫。陷谷等、陽陵泉等、天樞等、中府等、解谿，主面腫。

有人因入水得水腫，四支皆腫，面亦腫，人爲灸水分并氣海，翌朝，視其面如削矣，恐面腫亦可灸水分云。

《針灸資生經·面痛》攢竹、齦交、玉枕，主面赤，頰中痛。中渚，主顳顬痛，頷顱熱痛，面赤。懸釐，主面皮赤痛。腎俞、內關，主面赤熱。天窗、天突，主面皮熱。腦戶，治面赤目黃。懸顱，治面膚赤痛。行間，主面蒼黑。太衝，主面塵黑。支溝、間使、液門，主面赤。解谿，主面赤。氣海，療冷病面黑。腎俞，療面黃黑。關衝，主面黑。

《儒門事親·面腫風》

南鄉陳君俞將赴秋試，頭項偏腫連一目，狀若半壺，其脈洪大。戴人出視，《內經》面腫者風，此風乘陽明經也。陽明氣血俱多，風腫宜汗，乃與通聖

散入生薑、葱根、豆豉，同煎一大盞服之，微汗，次日，以草莖鼻中，大出血，立消。

《普濟方·針灸門·肺氣》 治面腫唇動葉葉，狀如蟲行，穴：水溝。

《神應經·頭面部》 毛髮焦脫：下廉。

《針灸大成·頭面門》 面腫：水溝、上星、攢竹、支溝、間使、中渚、液門、解谿、行間、厲兑、譩譆、天牖、風池。

面癢腫：迎香、合谷。

頭腫：上星、前頂、大陵、出血，公孫。

面腫項強，鼻生息肉：承漿。三分，推上復下。

頰腫：頰車。

頤頷腫：陽谷、腕骨、前谷、商陽、丘墟、俠谿、手三里。

頭目浮腫：目窗、陷谷。

面浮腫：厲兑。

面腫：灸水分。

眼瞼瞤動：頭維、攢竹。

風動如蟲行：迎香。

毛髮焦脫：下廉。

《針灸大成·鼻口門》 失音不語：間使、支溝、靈道、魚際、合谷、陰谷、復溜、然谷。

舌緩：太淵、合谷、衝陽、內庭、崑崙、三陰交、風府。

舌強：瘂門、少商、魚際、二間、中衝、陰谷、然谷。

舌黄：魚際。

第一百三十七：口臭難近：齦交、承漿。

問曰：此證從何而得？答曰：皆因用心過度，勞役不已，或不漱牙，藏宿物以致穢臭。復刺：金津、玉液。

《針灸大成·治證總要》 第一百五十：口吐清涎：大陵、膻中、中脘、勞宮。

《羅遺編·針灸要穴論》 面疾：頰車、面頰腫痛，口急不能嚼，針灸皆可。地倉、面頷瘡腫。合谷、列缺、陷谷。面目壅腫，刺出血，立愈。

《針灸逢源·證治參詳·傷寒熱病門》 大頭瘟：因風熱時邪，凡憎寒發熱，咽喉腫痛，頭目面部腫及於耳，結塊則止，不散，必出膿而後愈。外科有時毒證即此也。甚至項肩俱腫，狀如蝦蟆，故又名蝦蟆瘟也。大迎、曲池、合谷。

《針灸逢源·證治參詳·頭面病》 頭腫：一名發頤，腫在耳前後。曲池、大迎、曲差、完骨。

面腫作癢：迎香、合谷、陷谷、面目壅腫，刺出血愈。厲兑。

《神灸經綸·首部證治》 頭面腫：陷谷、厲兑。

《針灸集成·頭面部》 面蒼黑：行間、中封、腎俞、肝俞、尺澤、合谷、下三里。

《針灸摘要·督脈》 兩顋頰痛紅腫：大迎、頰車、合谷。

《針灸穴法》 蛇吊驚舌吐出：用燈火舌心灸之，即愈。

《針灸大成·醫案》 庚辰歲，過揚，大尹黄緽菴公，昔在京朝夕相與，情誼甚篤。進謁，留款，不忍分袂，言及三郎患面部疾，數載不愈，甚憂之。昨焚香，卜靈棋課曰：兀兀塵埃久待時，幽窗寂寞有誰知。運逢寶劍人相顧，利遂名成總有期。與識者解曰：寶者珍貴之物，劍者鋒利之物，必逢珍貴之人可愈。今承相顧，知公善針，疾愈有期矣。予針巨髎、合谷等穴，更灸三里，徐徐調之而愈。時工匠刊書，多辱蟹米之助。

《太乙神針心法·針案紀略》 臬憲岳公長公郎沙世兄，頸患一毒。毒在頸之左，不能左顧，不潰不散者年餘矣，無醫不醫，無藥不藥，罔效也。臬憲令先生治之，先生治以梅花針法，應手漸消，頸得左顧，七日平復如初。岳公大喜，延譽同寅僚屬與蘇大中丞，同聲而贊，嘖嘖不置口。於是藩憲查公以腿疾邀治，糧憲彭公以頭風邀治，閫憲馮公以足疾邀治，其餘各府廳州縣之在省者，凡有疾無不紛紛求治，蓋其門如市焉。

《續名醫類案·咽喉》 一男子咽喉腫閉，牙關緊急，針不能入。先刺少商二穴，出黑血，口即開，更針患處，飲清咽利膈散，一劑而愈。大抵吐痰，針刺皆有發散之意，故效。此證不用針刺，多致不救。

一婦人咽喉腫痛，大小便秘，以防風通聖散一劑，諸證悉退。又，荆防敗毒，服三劑而安。此證輕則荆防敗毒、吹喉散，重則金鑰匙，及刺患處出血最效，否則不救。針少商二穴亦可，不若刺患處之神速耳。

《續名醫類案·齒》 王教授云：有老婦人舊患牙疼，人教將兩手大指交

又，以大指頭盡處爲穴，灸七壯，永不疼，恐是外關穴也，穴本手少陽，去腕後二寸陷中。泉州一梢子妻，舊亦苦牙疼，人爲灸手外踝穴近前些子，遂永不疼。但不知，《千金》所謂足外踝耶？手外踝耶？識者當辨之。《百乙方》。

辛帥舊患傷寒方愈，食青梅，已而牙疼甚，有道人爲之灸屈手大指本節後陷中，灸三壯，初灸，覺病牙癢，再灸，覺牙有聲，三壯疼止，今二十年矣，恐傷谿穴也。《銅人》云，此穴治齒痛，手陽明脈入齒縫中，左疼灸右，右疼灸左效。

《續名醫類案·耳》 吳孚先治張司馬，素有火證，兩耳腫痛，係少陽風熱，勸延針灸科，刺聽會、合谷、臨泣，尋愈。

《續名醫類案·鼻》 一人鼻中流臭黃水，腦亦痛，名控腦沙，有蟲食腦中，用絲瓜籐近根三五尺許，燒存性，爲細末，酒調服即愈。又灸法，囟會、在鼻中直上入髮際二寸，可容豆，是穴。通天，在囟會上一寸，兩旁各一寸。灸七壯，隨鼻左右灸，常見灸後去臭肉一塊，從鼻中出，臭不可言，而愈。

王執中母氏，久病鼻乾，有冷氣，間諸醫者，醫者亦不曉，但云疾病去自愈，既而病去，亦不愈也，後因灸絕骨而漸愈。執中亦常患此，偶絕骨微疼而著艾，鼻乾亦失去，初不知是灸絕骨之力，後閱《千金方》有此證，始知鼻乾之去，因灸絕骨也。若鼻涕多，宜灸囟會、前頂。

其他病證

《素問·藏氣法時論》 岐伯曰：肝主春，〔王冰注〕以應木也。足厥陰少陽主治。〔王冰注〕厥陰肝脈，少陽膽脈，肝與膽合，故治同。【略】心主夏，〔王冰注〕以應火也。手少陰太陽主治。〔王冰注〕少陰心脈，太陽小腸脈，心與小腸合，故治同。【略】脾主長夏，〔王冰注〕長夏謂六月也，夏爲土母，土長於中，以長而治，故云長夏。新校正云：按全元起云，脾主四季，六月是火王之處，蓋以脾主中央，六月是十二月之中，一年之半，故脾主六月也。足太陰陽明主治，〔王冰注〕太陰脾脈，陽明胃脈，脾與胃合，故治同。【略】肺主秋。〔王冰注〕以應金也。手太陰陽明主治，〔王冰注〕太陰肺脈，陽明大腸脈，肺與大腸合，故治同。【略】腎主冬，〔王冰注〕以應水也。足少陰太陽主治。〔王冰注〕少陰腎脈，太陽膀胱脈，腎與膀胱合，故治同。【略】肝病者，兩脇下痛引少腹，令人善怒。〔王冰注〕肝厥陰脈，自足而上環陰器，抵少腹，又上貫肝鬲，布脇肋，故兩脇下痛引少腹也，其氣實則善怒。《靈樞經》曰：肝氣實則怒。虛則目䀮䀮無所見，耳無所聞，善恐，如人將捕之，〔王冰注〕肝厥陰脈自脇肋，循喉嚨，入頏顙，連目系，膽少陽脈，其支者從耳後入耳中，出走耳前，至目銳眥後，故病如是也。恐，謂恐懼魂不安也。取其經，厥陰與少陽，〔王冰注〕經，謂經脈也，非其絡病，故取其經也，取厥陰以治肝氣，取少陽以調氣逆也，故下文曰：氣逆，則頭痛，耳聾不聰，頰腫，〔王冰注〕肝厥陰脈，自目系上出額，與督脈會於巔，故頭痛。膽少陽脈，支別者從耳中出走耳前，又支別者加頰車，又厥陰之脈支別者從目系下頰裏，故耳聾不聰、頰腫也，是以上文兼取少陽也。取血者。〔王冰注〕脈中血滿獨異於常，乃氣逆之診，隨其左右，有則刺之。心病者，胸中痛，脇支滿，脇下痛，膺背肩甲間痛，兩臂內痛。〔王冰注〕心少陰脈，支別者循胸出脇，入手心主厥陰之脈，起於胸中，其支別者亦循胸出脇，下掖三寸，上抵掖下，下循臑內，行太陰少陰之間，入肘中，下循臂，行兩筋之間，又心少陰之脈，直行者復從心系卻上肺，上出掖下，下循臑內後廉，行太陰心主之後，下肘內，循臂內後廉抵掌後銳骨之端，又小腸太陽之脈自臂臑上繞肩甲，交肩上，故病如是。虛則胸腹大，脇下與腰相引而痛，〔王冰注〕手心主厥陰之脈，從胸中出屬心包，下鬲，歷絡三焦，其支別者，循胸出脇，心少陰之脈，自心系下鬲，絡小腸，故病如是也。取其經，少陰太陽，舌下血者。〔王冰注〕少陰之脈，從心系上俠咽喉，故取舌本下及經脈血也。其變病，刺郄中血者。〔王冰注〕其或嘔變，則刺少陰之郄血滿者也，手少陰之郄在掌後脈中去腕半寸當小指之後。脾病者，身重善肌肉痿，足不收，行善瘈，腳下痛。〔王冰注〕脾象土而主肉，故身重肉痿也，痿謂萎無力也。脾太陰之脈起於足大指之端，循指內側上內踝前廉，上腨內，腎少陰之脈於足小指之下，斜趣足心，上腨內，出膕內廉，故病則足不收，行善瘈，腳下痛也。故下取少陰。虛則腹滿腸鳴，飧泄食不化，〔王冰注〕脾太陰脈從股內前廉入腹，屬脾絡胃，故病如是。《靈樞經》曰：中氣不足，則腹爲之善滿，腸爲之善鳴。取其經，太陰陽明少陰血者。〔王冰注〕少陰腎脈也，以前病行善瘈，腳下痛，故取之而出血，血滿者出之。肺病者，喘欬逆氣，肩背痛，汗出尻陰股膝髀腨胻足皆痛。〔王冰注〕肺藏氣而主喘息，在變動爲欬，故病則喘欬逆氣也。背爲胸中之府，肩接近之，故肩背痛也。肺養皮毛，邪盛則心液外泄，故汗出也。腎少陰之脈，從足下，上循腨內，出膕內廉，上股內後廉，貫脊，屬腎，絡膀胱。今肺病則腎脈受邪，故尻、陰股、膝、髀腨、胻、足皆痛，故下取少陰也。虛則少氣不能報息，耳聾嗌乾，〔王冰注〕氣虛少，故不足以報入息也。肺太陰之絡會於耳中，故聾也。腎少陰之脈從腎上貫肝鬲，入肺中，循喉嚨，俠舌本，今肺虛則腎氣不足以上潤於嗌，故嗌乾也，是以下文兼取少陰也。取其經，太陰足太陽之外厥陰內血者。〔王冰注〕足太陽之外厥陰內者，正謂腨內側內踝後之直上則少陰脈也，視左右足脈少陰部分有血滿異於常者，即而取之。腎病者，腹大脛腫，喘欬身重，寢

汗出，憎風，〔王冰注〕腎少陰脈起於足而上循腨，復從橫骨中，俠齊，循腹裏，上行而入肺，故腹大脛腫而喘欬也。腎病則骨不能用，故身重也。腎邪攻肺，心氣內微，心液爲汗，故寢汗出也。脛既腫矣，汗復津泄，陰凝玄府，陽爍上焦，內熱外寒，故憎風也，憎風謂深惡之也。虛則胸中痛，大腹小腹痛，清厥意不樂，〔王冰注〕腎少陰脈從肺出絡心，注胸中，然腎氣既虛，心無所制，心氣熏肺，故痛聚胸中也。足太陽脈從項下行而至足，腎虛則太陽之氣不能盛行於足，故足冷而氣逆也。清謂氣清冷，厥謂氣逆也，以清冷氣逆故，大腹小腹痛，志不足則神躁擾，故不樂也。取其經，少陰太陽血者。〔王冰注〕凡刺之道，虛則補之，實則瀉之，不盛不虛，以經取之，是謂得道。

《素問·奇病論》 帝曰：有病口苦，取陽陵泉，口苦者病名爲何？何以得之？岐伯曰：病名曰膽癉。〔王冰注〕亦謂熱也，膽汁味苦，故口苦。夫肝者中之將也，取決於膽，咽爲之使，此人者，數謀慮不決，故膽虛氣上溢，而口爲之苦，治之以膽募俞。〔王冰注〕胸腹曰募，背脊曰俞。膽募在乳下二肋外期門下同身寸之五。

《靈樞·熱病》 男子如蠱，女子如怚，身體腰脊如解，不欲飲食，先取湧泉見血，視跗上盛者，盡見血也。

《靈樞·寒熱病》 身有所傷，血出多及中風寒，若有所墮墜，四支懈惰不收，名曰體惰。取其小腹臍下三結交。三結交者，陽明大陰也，臍下三寸關元也。【略】舌縱、涎下、煩悗，取足少陰。

《靈樞·口問》 黃帝曰：人之唏者，何氣使然？岐伯曰：此陰氣盛而陽氣虛，陰氣疾而陽氣徐，陰氣盛而陽氣絶，故爲唏。補足太陽，瀉足少陰。【略】

黃帝曰：人之噫者，何氣使然，岐伯曰：陽氣和利，滿於心，出於鼻，故爲噫。補足太陽榮眉本，一曰眉上也。【略】

黃帝曰：人之嚲者，何氣使然？岐伯曰：胃不實則諸脈虛，諸脈虛則筋脈懈惰，筋脈懈惰則行陰用力，氣不能復，故爲嚲。因其所在，補分肉間。

黃帝曰：人之涎下者，何氣使然？岐伯曰：飲食者皆入於胃，胃中有熱則蟲動，蟲動則胃緩，胃緩則廉泉開，故涎下。補足少陰。【略】

唏者，陰與陽絶，故補足太陽，瀉足少陰。【略】

噫者，補足太陽眉本。【略】

嚲，因其所在，補分肉間。【略】

涎下，補足少陰。

《靈樞·四時氣》 腹中常鳴，氣上衝胸，喘不能久立，邪在大腸，刺肓之原、巨虛上廉、三里。

腸中不便，取三里，盛瀉之，虛補之。

《太素·雜病·膽癉》 黃帝問岐伯曰：有病口苦者，名爲何？何以得之？岐伯曰：病名膽癉。夫肝者，中之將也，取決於膽，咽爲之使。此人者，數謀慮不決，故膽虛，氣上溢而口爲之苦，治之以膽募輸，在《陰陽十二官相使》中。膽爲肝府，肝爲內將，取決於膽，其人有謀慮不決，傷膽氣上，膽溢從咽入口，口苦，名曰膽癉，可取膽募日月穴也。

《千金要方·膀胱腑·膀胱腑脈論》 左手關後尺中陽絶者，無膀胱脈也，病苦逆冷，婦人月使不調，王月則閉，男子失精，尿有餘瀝，刺足少陰經，治陰在足內踝下動脈是也。

右手關後尺中陽絶者，無子戶脈也。病苦足逆寒，絶產，帶下，無子，陰中寒，刺足少陰經治陰。

左手關後尺中陽實者，膀胱實也，病苦逆冷，脇下邪氣相引痛，刺足太陽經治陽，在足小指外側本節後陷中。

右手關後尺中陽實者，膀胱實也。病苦少腹滿腰痛，刺足太陽經治陽。

《千金要方·膀胱腑·膀胱虛實》 治膀胱，灸之如腎虛法。

《千金要方·腎臟·腎虛實》 治腎風虛寒，灸腎輸百壯，對臍兩邊，向後俠脊相去各一寸五分。

《千金要方·諸風·賊風》 凡心風寒，灸心輸各五十壯，第五節兩邊各一寸半是。脾風占候，聲不出或上下手，當灸手十指頭，次灸人中，次灸大椎，次灸兩耳門前脈，去耳門上下行一寸是，次灸兩大指節上下各七壯。

治脾風，灸脾輸俠脊兩邊各五十壯。凡人脾輸無定，所隨四季月應病即灸藏輸則脾穴，此法甚妙，脾風者，總呼爲八風。

治肺寒，灸肺輸百壯。

治腎寒，灸腎輸百壯。

《千金翼方·針灸上·諸風》 雜灸法

凡風，灸上星二百壯，又前頂二百壯，百會一百壯，腦戶三百壯，風府三百壯。

凡大風，灸百會七百壯。

凡百諸風，灸大椎平處兩相二寸三分，以病人指寸量之，各一百壯。

治風，耳後八分半有穴，灸一切風，若狂者亦差，耳門前灸百壯。

治卒病惡風欲死，不言，及肉痺不知人，灸第五椎名曰藏俞，各一百五十壯。

扁鵲曰：凡心風灸心俞各五十壯，第五節對心是也。

肝俞，主肝風，腹脹食不消化，吐血酸削，四肢羸露不欲食，鼻衄，目眴䀮䀮，眉頭脅下痛，少腹急，灸百壯。

大腸俞，主風，腹中雷鳴，大腸灌沸，腸澼洩痢，食不消化，少腹絞痛，腰脊疼強，大小便難，不能飲食，灸百壯，三報之。

治卒中惡，悶熱毒欲死，灸足大指橫文，隨年壯，若筋急不能行者，若內筋急灸內踝上三十壯，外筋急灸外踝上三十壯，愈。若戴睛上插者，灸兩目後眥二七壯。

若不語，灸第三椎五百壯。

若不識人，灸季肋頭七壯。

若眼反口噤，腹中切痛，灸陰囊下第一橫理十四壯。

腋門二穴，主風，灸五十壯，亦可九壯。

治風，身重心煩，足脛疼，灸絕骨百壯，在外踝上三寸。一云：四寸。又云：一夫。

凡卒中風，口噤不開，灸機關二穴，在耳下八分近前，灸五壯，即愈。一云：隨年壯。僻者，逐左右灸之。

治頭風搖動，灸腦後玉枕中間七壯。

《千金翼方·雜病下·蠱毒》 治貓鬼方：多灸所痛處千壯，自然走去，甚妙。

《外臺秘要》卷八《胃實熱方》 灸膝下三寸兩腳三里空，各三十壯，主胃中熱病。

《針灸資生經·唾》 中府，治咳唾濁涕。庫房，治多唾濁沫膿血。周榮，治咳唾稠膿。少商，治腹滿唾沫。百會，治唾沫。石關，治多唾嘔沫。庫房，治肺寒咳嗽唾膿。幽門，治嘔沫吐涎，喜唾。石關，治脊強不開，多唾。日月，治多唾。天井，治心胸痛，咳嗽上氣，吐膿，不嗜食。紫宮，治吐血，及唾如白膠。曲澤，主傷寒逆氣嘔唾。

名醫賈祐錄云：積主藏病，聚主府病，積者，是飲食包結不消，聚者，是伏痰結而不化。痰伏在上鬲，主頭目眩痛，多自涎唾，或致潮熱，用平胃散、烏金散治之，其論有理，故載之。

《針灸資生經·膽虛》 中府，治膽熱嘔逆上氣。膽虛，灸三陰交各二十壯。

《世醫得效方·積熱》 灸法：治胃中熱病，灸三里三十壯，穴在膝下三寸。

《普濟方·針灸門·脾疼》 治脾本虛，令人不樂，穴：商丘。

治脾病身重，穴：陰交。

《普濟方·針灸門·膽虛》 治膽熱，嘔逆上氣，穴：中府。

治膽虛，穴：三陰交，灸各三十壯。

《普濟方·針灸門·唇頰腫痛》 治胸膈滿悶，腋下腫，善嚙頰，穴：足臨泣。

《神應經·心脾胃部》 胃寒有痰：膈俞。

胃熱：懸鍾。

脾寒：三間、中渚、液門、合谷、商丘、三陰交、中封、照海、陷谷、太谿、至陰、腰俞。

《針灸大成·心脾胃門》 食多身瘦：脾俞、胃俞。

脾寒：三間、中渚、液門、合谷、商丘、三陰交、中封、照海、陷谷、太谿、至陰、腰俞。

胃熱：懸鍾。

胃寒有痰：膈俞。

脾虛腹脹，穀不消：三里。

脾病溏泄：三陰交。

脾虛不便：商丘、三陰交，三十壯。

膽虛嘔逆，熱上氣：氣海。

《針灸穴法》 心虛膽寒四體頭悼：膽俞二穴、通里二穴、臨泣二穴。

婦科病證治分部

綜述

《甲乙經・婦人雜病》 女子下蒼汁，不禁赤瀝，陰中癢痛，少腹控眇，不可俛仰，下髎主之。刺腰尻交者，兩胂上，以月死生爲痏數，發針立已。

女子疝，及少腹腫，溏泄，癃，遺溺，陰痛，面塵黑，目下眥痛，太衝主之。

子門不端，少腹苦寒，陰癢及痛，經閉不通，中極主之。

小腹脹滿痛，引陰中，月水至則腰脊痛，胞中瘕，子門有寒，引髕髀，水道主之。女子陰中寒，歸來主之。女子月水不利，或暴閉塞，腹脹滿癃，淫濼身熱，腹中絞痛，㿗疝陰腫，及乳難，子搶心，若胞衣不出，衆氣盡亂，腹滿不得反覆，正偃卧，屈一膝，伸一膝，并氣衝，針上入三寸，氣至瀉之。

婦人少腹堅痛，月水不通，帶脈主之。婦人漏下，若血閉不通，逆氣脹，血海主之。月事不利，見血而有身，反敗陰寒，行間主之。月水不來而多閉，心下痛，目䀮䀮不可遠視，水泉主之。

《脈經・平三關陰陽二十四氣脈》 左手關後尺中陽絶者，無膀胱脈也，苦逆冷，婦人月經不調，王月則閉，刺足少陰經治陰，在足內踝下動脈，即太谿穴也。

《千金要方・婦人方中・雜治》 月水不利，賁豚上下，并無子，灸四滿三十壯，穴在丹田兩邊相去各一寸半。丹田在臍下二寸是也。

《千金要方・赤白帶下崩中漏下・灸法》 女人陰中痛引心下，及小腹絞痛，腹中五寒，灸關儀百壯。穴在膝外邊上一寸宛宛中是。

《千金要方・針灸下・婦人病》 月事不利，見赤白而有身反敗，陰寒，刺行間入六分，灸三壯，穴在足大趾間動應手。水原，照海，主不字，陰暴出，淋漏，月水不來而多悶，心下痛。

絶子，瘧，寒熱，陰挺出，不禁白瀝，痓脊反摺，刺上窌入二寸，留七呼，灸三壯。在第一空腰髁下一寸，俠脊。

下蒼汁不禁，赤瀝，陰中癢，痛引少腹控眇不可卧俛仰。刺腰尻交者，兩胂上，以月生死爲痏，數發針，立已。一云下窌。

腸鳴泄注，刺下窌入二寸，留七呼，灸三壯。在第四空俠脊陷中。赤白裏急，瘈瘲，刺五樞，入一寸，灸五壯。在帶脈下三寸。

拘攣腹滿疝，月水不下，乳餘疾，絶子陰癢，賁豚，上䐜腹堅痛，下引陰中，不得小便，刺陰交，入八分，灸五壯。在臍下一寸。

腹滿疝積，乳餘疾，絶子陰癢，賁豚，上䐜少腹堅痛，下引陰中，不得小便，刺石門，入五分，在臍下二寸。忌灸，絶孕。

絶子，衃血在內不下，胞轉不得尿，小腹滿，石水痛，刺關元，入二寸，灸七壯。在臍下三寸。又主引脅下脹，頭痛，身背熱，賁豚寒，小便數，泄不止。

子門不端，小腹苦寒，陰癢及痛，賁豚搶心，饑不能食，腹脹經閉不通，小便不利，乳餘疾，絶子，內不足，刺中極，入二寸，留十呼，灸三壯。在臍下四寸。

赤白沃，陰中乾痛，惡合陰陽，小腹䐜堅，小便閉，刺屈骨，入一寸半，灸三壯。在中極下一寸。

月水不通，奔泄，氣上下引腰脊痛，刺氣穴，入一寸，灸五壯。在四滿下一寸。

胞中痛，惡血，月水不以時休止，腹脹腸鳴，氣上衝胸，刺天樞，入五分，灸三壯。去肓輸一寸半。

少腹脹滿，痛引陰中，月水至則腰背痛，胞中瘕，子門寒，大小便不通，刺水道，入二寸半，灸五壯。在大巨下三寸。

月水不利，或暴閉塞，腹脹滿，癃，淫濼身熱，乳難，子上搶心，若胞不出，衆氣盡亂，腹中絞痛，不得反息，正仰卧，屈一膝，伸一膝，並氣衝針上，入三寸，氣至瀉之。在歸來下一寸，動脈應手。產餘疾，食飲不下，賁豚上下，傷食腹滿，刺期門，入四分，灸五壯。在第二肋端。

乳癰，驚，痺，脛重，足跗不收，跟痛，刺下廉，入三分，灸三壯。在上廉下三寸。

月水不利，見血而有身則敗，乳腫，刺臨泣，入二分，灸三壯。在足小指次指間，去俠谿一寸半。

女子疝及小腹腫，溏泄，癃，遺尿，陰痛，面塵黑，目下眥痛，漏血，刺太

衝，入三分，灸三壯。在足大指本節後二寸中動脈。

女子疝，赤白淫下，時多時少，暴腹痛，刺蠡溝，入三分，灸三壯。在內踝上五寸。

乳難，子上衝心，陰疝，刺衝門，入七分，灸五壯，在府舍下。上去大橫五寸。

女子不下月水，痺，驚，善悲不樂，如墮墜，汗不出，刺照海，入四分，灸二壯。在內踝下四分。又主女子淋，陰挺出，四肢淫濼。

血不通，刺會陰，入二寸，留七呼，灸三壯。在大便前，小便後。

中極，主拘攣腹疝，月水不下，乳餘疾，絶子，陰癢。

四滿，主胞中有血。支溝，主女人脊急目赤。築賓，主大疝，絶子。

子藏中有惡血，內逆滿痛，刺石關，入一寸，灸五壯。在陰都下一寸。

四滿，主子藏中有惡血，內逆滿痛，疝。

涌泉，陰谷，主男子如蠱，女子如阻，身體腰脊如解，不欲食。

水原，照海，主不字，陰暴出，淋漏，月水不來而多悶，心下痛。

照海，主陰挺下血，陰中腫，或癢，漉清汁，若葵汁。

《針灸資生經・婦人血氣痛》 涌泉治心痛不嗜食，婦人無子，女子如妊娠，五指端盡痛，婦女本藏氣血癖走刺痛。

《針灸資生經・血崩》 合陽，治崩中。氣海，見月事。石門，治崩中漏下。中都，治崩中，因產惡露不絶。交信，陰谷，太衝，三陰交，治女漏血不止。石門，治崩中漏下。血海，治漏下惡血，月事不調，逆氣腹脹。陰谷，主漏血，小腹脹，體寒熱，腹偏腫。太衝，然谷，主經漏。陰蹻，主陰挺下血，陰腫或癢，漉清汁若葵汁。白崩，灸小腹橫文當臍孔直下百壯，又內踝上三寸左右，各百壯。陰交，石門，療崩中。《明》。天樞，療漏下赤白交儀，復留并同。及腹大堅，食不化，面色蒼蒼。《下》。若經候過多，其色瘀黑，甚者崩下，吸吸少氣，臍腹冷極，則汗出如雨，尺脈微小，由衝任虛衰，爲風冷客乘胞中，氣不能固，可灸關元百壯。陰交，治女子月事不絶，帶下，產後惡露不止，繞臍冷痛。《銅》、《明》同。氣海，中都，治惡露不止。關元，治惡露不止。中極，石門，療因產惡露不止。漏胞下血不禁，灸關元兩旁三寸百壯。產難，月水不禁，橫生胎動，針三陰交。胎動，崩中下痢，責氣上逆，針石門寸四分。漏胞見赤，胞門五十，又氣門五十。崩中帶下，針灸中極。《明下》。

《衛生寶鑑・灸婦人崩漏及諸疾》 灸婦人崩漏及諸疾

血海二穴，乃足太陰脾經，在膝臏上內廉白肉際二寸中。主女子漏下惡血，月事不調，逆氣腹脹，其脈緩者是也。可灸三壯。

陰谷二穴，乃足少陰腎之經，在足內輔骨後大筋下小筋上，按之應手，屈膝取之。主女子如妊娠，赤白帶下，婦人漏血不止，腹脹滿不得息，小便黃如蠱，及治膝痛如錐刺，不得屈伸，舌縱涎下，煩逆溺難，小腹急引陰痛，股內廉痛。

會陰一穴，在兩陰間，主女子不月，可灸三壯。

氣衝二穴，在歸來下，鼠鼷上一寸，動脈應手宛宛中。主婦人月水不利，難產，子上衝心，痛不得息。可灸七壯，炷如小麥大。

水泉二穴，在內踝下。主婦人月事不利，利即多，心下滿，目䀮䀮不能遠視，腹中痛，可灸五壯。

氣海一穴，在臍下一寸五分。主婦人月事不調，帶下崩中，因產惡露不止，繞臍疞痛。

帶脈二穴，在季脅下一寸八分陷者宛宛中，灸七壯。主婦人不月，及不調勻，赤白帶下，氣轉連背引痛不可忍。

氣門二穴，在臍下三寸兩傍各三寸，灸五十壯。治婦人產後惡露不止，及諸淋，炷如小麥大。

石關二穴，在心下二寸兩傍各五寸，灸五十壯。主產後兩脅急痛不可忍。

陰交一穴，在臍下一寸。主女子月事不調，帶下，及產後惡露不止，繞臍冷疼，灸百壯。

關元一穴，在臍下三寸。主婦人帶下瘕瘕，因產惡露不止，斷產絶下經冷，可灸百壯。

足下廉二穴，在膝下三寸䯒外廉兩筋內，舉足取之。主乳癰喉痺，胻腫足跗不收，可灸三壯。

承漿一穴，在唇下，灸五壯。主婦人卒口噤，語音不出，風癇之疾。

凡婦人產後氣血俱虛，灸臍下一寸至四寸各百壯，炷如大麥大，元氣自生。

《針灸聚英・玉機微義針灸證治》 婦人

《寶鑑》曰：一婦病傷寒，遇夜則見鬼。許學士曰：得病之初，曾值月經來否？其家人曰：經水方來，而病作，而遂止。曰：此熱入血室，小柴胡已遲，刺期門。請善針者治之而愈。乳癰腫痛，針三里穴五分，其痛立止。乳癰，喉痹，齗腫，足跗不收，灸下廉三壯。

女子漏下惡血，月事不調，逆氣腹脹，其脈緩者，灸血海二穴三壯。

女子如妊娠，赤白帶下，婦人漏血不止，腹脹滿不得息，小便黃，如蠱，及治腰痛如錐刺，不得屈伸，舌縱涎下，煩逆溺難，小腹急引陰痛，股內廉痛，灸陰谷二穴。【略】婦人月水不利，難產，子上衝心，痛不得息，灸氣衝七壯。婦人月事不利，利即多，心下滿，目䀮䀮不能遠視，腹中痛，灸水泉五壯。婦人月事不調，帶下崩中，因產惡露不止，繞臍疞痛，灸氣海。婦人不孕，月不調匀，赤白帶下，氣轉連背引痛不可忍，灸帶脈二穴。產後惡露不止，及諸淋注，灸氣海。【略】女子月事不調，產後惡露不止，繞臍冷痛，灸陰交百壯。帶下癥瘕，因產惡露不止，斷產絕孕，經冷，灸關元百壯。婦人卒口噤，語音不出，風痫，灸承漿五壯。

《針灸聚英·雜病歌》 婦人

月脈不調氣海中，三陰交穴中極攻，帶脈一壯不可過，再及肩俞斯有功。女子月事若不來，面黃嘔吐身無胎，三陰交兮曲池穴，支溝三里治無災。經脈過多通里高，行間穴與三陰交，欲斷產兮治合谷，右足內踝上寸燒。臍下二寸三分灸，灸至三壯陽氣消，復有肩井帶在內，從此妊孕絕根苗。一切冷憊灸關元，不時漏下三陰交，月水不調結成塊，用針關元水自調。

《醫學入門·禁針穴》 婦人針灸石門，終身孕不成。婦人中極灸三遍，令生子。

《針灸大成·婦人門》 婦人經事正行，與男子交，日漸羸瘦，寒熱往來，精血相競，百勞，腎俞，風門，中極，氣海，三陰交。

若以前證，作虛勞治者，非也。

一切冷憊灸關元。

月經不調

《甲乙經·婦人雜病》 女子血不通，會陰主之。婦人子臟中有惡血，逆滿痛，石關主之。月水不通，奔豚泄氣，上下引腰脊痛，氣穴主之。【略】女子胞中痛，月水不以時休止，天樞主之。

《千金要方·婦人方下·赤白帶下崩中漏下》 治月經不斷方 灸內踝下白肉際青脈上，隨年壯。

《千金要方·針灸下·婦人病》 婦人月經不斷，灸內踝下白肉際脈上，隨年壯。

《聖濟總録·治婦人諸疾灸刺法》 月事不利，或下赤白陰寒，行間主之。

婦人月事不調，王月則閉，男子失精，尿有余瀝，刺足少陰經治陰，在足內踝下動脈是也。

婦人月水不利，灸四滿二穴，在丹田兩邊相去各一寸。《甲乙經》云：一名髓府，在中注下一寸，衝脈足少陰之會，各灸五壯，炷如半棗核大，兼治婦人無子。

《針灸資生經·月事》 關元，治月脈斷絕。見《明下》。足臨泣，治月事不利，季脅支滿，乳癰心痛，周痹痛無常處，逆氣喘不能行。中極，治婦人斷緒，又因惡露不止，月事不調，血結成塊。天樞，治月事不時，血結成塊，腸鳴腹痛，不嗜食。水泉，治月事不來，來即多，心下悶痛，目䀮䀮不能遠視，陰挺出，小便淋瀝，腹痛。陰蹻，療不月水，驚悲不樂，如墮墜，汗出面黑，病饑不欲食，婦人淋瀝，陰挺出，四支淫濼，心悶。《明下》云：療月水不調，嗜卧怠惰，善悲不樂，手足偏枯，不能行。太衝，療月水不通。《下》。陰包，交儀，療月水不調。陰蹻，主經逆，四支淫濼，陰暴跳，小腹偏痛。又主女子淋，陰挺出，月水不來。行間，主月事不利，見赤白而有，身反敗，陰寒。足臨泣，主月水不利，見血而有身則敗乳腫。腰俞，主月閉溺赤，脊強互引反摺，汗不出。中樞，主經閉不通。治女人從小至大，月經未嘗來，服黃芩牡丹湯兩劑後，灸乳下一寸黑員際各五十壯。氣穴，主月水不通，奔泄氣上下，引腰脊痛。天樞，主胞中痛，惡血，月水不以時休止，腹脹腸鳴，氣上衝胸。氣衝，主月水不利，或暴閉塞，腹脹滿癃淫濼，身熱乳難，子上搶心。若胞不出，衆氣盡亂，中絞痛不得反，息正仰卧，屈一膝伸一膝，月經不斷，灸內踝下白肉際青脈上，隨年壯。帶脈，俠谿，主小腹堅痛，月水不通。水道，主小腹脹滿，痛引陰中，月水至則腰背痛，胞中瘕，子門寒，大小便不通。【略】隱白，治月事過時不止，刺之立愈。陰交，治月事不絕。氣海，治月事不調，帶下崩中，因產惡露

不止，繞臍病痛。氣穴，治月事不調，洩利不止，賁氣上下，引腰脊痛。血海，見《明下》。帶脈，治月脈不調。陰交治月事不絕。《千》云：不下。月水不利，灸四滿。【略】月水不利，賁血上下，無子，四滿，三十壯。

《普濟方·針灸門·月事》 治月水不利，身熱腹痛，𤸇疝，陰腫，難乳，子上搶心，痛不得息，氣衝腰痛不得俯仰，穴氣衝。

治女子經不通，穴會陰。

治月脈斷絕，穴關元。

治月事不利，季脅支滿，乳癰，心痛周痺，痛無常處，逆氣，喘不能行，穴足臨泣。

治婦人斷緒，又因惡露不止，月事不調，血結成塊，穴中極。

治月事不時，血結成塊，腸鳴腹痛，不嗜食，穴天樞。

治月事不來，來即多，心下悶痛，目䀮䀮不能遠視，陰挺出，小便淋瀝，腹痛，穴水泉。

治不月水，驚悲不樂，如墮墜，汗出面黑，病饑不欲食，婦人淋瀝，陰挺出，四肢淫濼，心悶，及月水不調，嗜卧怠惰，手足偏枯不能行，穴陰蹻。

治月水不通，穴太衝。

治月水不調，穴陰包，交信。

治經逆，四肢淫濼，陰暴跳，小腹偏痛。又云，主女子淋，陰挺出，月水不來，穴陰蹻。

治月事不利，見赤白而有身則敗，陰寒，穴行間。

治月水不利，見血而有身則敗，乳腫，穴足臨泣。

治月閉溺赤，脊強互引反摺，汗不出，穴腰俞。

治經閉不通，穴中極。

治胎中痛惡血，月水不以時休止，腹脹腸鳴，氣上衝胸，穴天樞。

治月水不利，或暴閉塞，腹脹滿，癃淫濼，身熱乳難，子上搶心，若胞不出，衆氣盡亂，腹中絞痛，不得反息，穴氣衝。正仰卧，屈一膝伸一膝，并氣衝針上，入三分，氣至瀉之。

治月經不斷，灸內踝下白肉際青脈上，隨年壯。

治小腹堅痛，月水不通，穴帶脈，夾谿。

治小腹脹滿，痛引陰中，月水不至，則腰背痛，胞中瘕，子門寒。大小便不通，水道，刺入二寸半，灸五壯，在大巨下三寸。

治女子下蒼汁不禁，中痛引小腹疼，大便不利，寒濕內傷，穴下髎。

治月事過時不止，穴隱白，刺立愈。

治婦人月事不調，王月則閉，男子失精，尿有餘瀝，刺足少陰經，少陰在足內踝下動脈是也。

治婦人經脈不通，穴曲池、支溝、三里、三陰交。如經脈壅塞不通者，瀉之立通，如經脈虛耗不行者，補之經脈益盛，即通行矣。

治月事不調，洩利不止，賁氣上下，引腰脊痛，穴氣海。

治月脈不調，穴血海、帶脈。

治月事不絕，穴陰交。

治月水不利，灸四滿。

治月水不調，血結成塊，穴間使。

治產後月水不禁，橫生胎動，穴三陰交。

治月水不調，血結成塊，穴間使。

治月水不利，賁血，上下無子，穴四滿，灸三十壯。

治月事不調，帶下崩中，因產惡露不止，絞臍痛，穴氣海。

治子臟中有惡血，內迎滿痛，穴石關，刺入一寸，灸五壯。

《神應經·婦人部》 月脈不調，氣海、中極、帶脈、一壯。三陰交、腎俞。

月事不利，足臨泣、三陰交、中極。

過時不止，隱白。

下經若冷，來無定時，關元。

血塊，曲泉、復溜、三里、氣海、丹田、三陰交。

月水不調，因結成塊，針間使。

經脈過多，通里、行間、三陰交。

《針灸大成·治證總要》 經事不調，中極，腎俞，氣海，三陰交。

《類經圖翼·針灸要覽·諸證灸法要穴》 血結月事不調，氣海，中極，照海。月事不行。

《太乙神針心法·婦人門》 治法　月水不調，針氣海，中極，帶脈，一壯。腎腧，三陰交。

月事不利，針中極，足臨泣，三陰交。

過時不止，針隱白。
下經若冷，來無定時，針關元。
血塊，針曲泉，復溜，三里，氣海，丹田，三陰交。
婦人經事正行，與男子交，日漸羸瘦，寒熱往來，精血相競，針百勞，腎腧，風門，中極，氣海，三陰交。若以前證作虛勞治者，非也。
女子月事不來，面黃乾嘔，妊娠不成，針曲池，支溝，三里，三陰交。
經脈過多，針通里，行間，三陰交。
欲斷產，灸右足內踝上一寸，合谷。又一法，灸臍下二寸三分三壯。肩井。
一切冷憊，灸關元。
不時漏下，針三陰交。
《羅遺編·針灸要穴論》 血結月事不調，氣海，中極，照海。月事不行。
《針灸逢源·證治參詳，婦人病門》 經不調，氣海，三陰交，間使，治結塊。中極，治漏下。照海。經不行。
《針灸全生·婦女》 月經不調又法，公孫，氣海，關元，申脈，帶脈，天樞，腎俞，三陰交，中極。
月事不利，臨泣，足。三陰交，中極。
《針灸集成·婦人》 經候過多，色瘀黑甚，呼吸小氣，臍腹極寒，汗出如雨，任脈虛衰，風令客乘胞中，不能固之致，關元穴百壯。
血塊月事不調，關元，間使，陰蹻，天樞皆針，石門禁針，針之無子，灸七壯至百壯。
月經不通，合谷，陰交，血海，氣衝。
《針灸集成·乳腫》 月事不斷，陰蹻三壯，陰交百壯。
《針灸穴法》 月水不調，血海二穴，中極二穴，照海二穴，臏下內廉白肉陷中。
婦人月經不調，關元穴，三陰交二穴，腎俞二穴，血海二穴，三里二穴。
女子月水不調，男子遺精，中管二穴，三陰交二穴，中極一穴，膏肓二穴。
《灸法秘傳·調經》 月經者，一月一至也。趲前退後，謂之不調。女子經水不調者，當灸氣海，兼灸中極。婦人月水枯閉者，當灸腰俞可愈。
《針灸摘要·衝脈》 楊氏治證 月事不調，關元，氣海，天樞，三陰交。

痛經

《甲乙經·婦人雜病》 少腹堅急痛，陰陵泉主之。
《千金要方·針灸下·婦人病》 少腹堅痛，月水不通，刺帶脈，入六分，灸五壯，在季肋端一寸八分。
《聖濟總錄·治婦人諸疾灸刺法》 婦人少腹堅痛，月水不通，帶脈主之。
女子胞中痛，月水不時，天樞主之。《千金》云：腹脹腸鳴氣上衝胸。
少腹脹滿，痛引陰中，月水至則腰背痛，胞中瘕，子門有寒，引臏髀，水道主之。《千金》引臏髀，作大小便不通。
《玉龍經·盤石金直刺秘傳》 婦人血氣痛 合谷，三陰交。瀉。
《名醫類案·經水》 一婦年三十餘，因每洗浴後，必用冷水淋通身，又嘗大驚，遂患經來時必先小腹大痛，口吐涎水，經行後，又吐水三日，其痛又倍，至六七日，經水止時方住，百藥不效。久病。診其脈，寸滑大而弦，關、尺皆弦大急，尺小於關，關小於寸，所謂前大後小也。前大後小之故，恐有表邪。遂用香附三兩，半夏二兩，茯苓、黃芩各一兩半，枳實、元胡索、牡丹皮、人參、當歸、白朮、桃仁各一兩，黃連七錢，川練、遠志、甘草各半兩，桂三錢，吳茱萸錢半，分十五貼，入薑汁兩蜆殼，熱服之。後用熱湯洗浴，得微汗乃已。忌當風坐卧，手足見水，幷喫生冷，服三十貼全愈。半年後，因驚憂，其病復舉，新發，故不用參、朮。腰腹時痛，小便淋痛，心惕惕，驚悸，意其表已解，冷水淋身之表。病獨在裏，先爲灸少衝，手少陰心。勞宮，心包絡。崑崙，膀胱。三陰交，足太陰脾。止悸定痛。次用桃仁承氣湯大下之，下後用醋香附三兩，醋蓬朮、當歸身各一兩半，醋三稜、元胡索、醋大黃、醋青皮、青木香、茴香、滑石、木通、桃仁各一兩，烏藥、甘草、砂仁、檳榔、苦練各半兩，木香、吳茱萸各二錢，分作二十貼，入新取牛膝濕者二錢，生薑五片，用荷葉湯煎服愈。
《針灸全生·婦女》 經水正行，頭暈小腹痛，陽交，內庭，合谷。
《神灸經綸·婦人證治》 行經，頭暈少腹痛，內庭。
《針灸摘要·陰蹻脈》 女人經水正行，頭暈小腹痛，陽交，內庭，合谷。
室女月水不調臍腹疼痛，腎俞，三陰交，關元。

閉經

《甲乙經・婦人雜病》月水不通，奔豚泄氣，上下引腰脊痛，氣穴主之。

女子胞中痛，月水不以時休止，天樞主之。

女子不下月水，照海主之。

小腹脹滿，痛引陰中，月水至則腰脊痛，胞中瘕，子門有寒，引髕髀痛，水道主之。

月水不利，見血而有身則敗，及乳腫，臨泣主之。

《千金要方・婦人方下・月水不通》黄芩牡丹湯　治女人從小至大，月經未嘗來，顏色萎黄，氣力衰少，飲食無味方。

黄芩　牡丹　桃人　瞿麥　芎窮各貳兩　芍藥　枳實　射干　海藻　大黄各叁兩　䖳蟲柒拾枚　水蛭伍拾枚　蠐螬拾枚

右十三味㕮咀，以水一斗，煮取三升，分三服，服兩劑後，灸乳下一寸黑員際，各五十壯。

《千金要方・針灸下・婦人病》少腹堅痛，月水不通，刺帶脈，入六分，灸五壯。在肘肋端一寸八分。

月事不利，見赤白而有身反敗，陰寒，刺行間，入六分，灸三壯，在足大指間動應手。

月閉，溺赤，脊強，互引反折，汗不出，刺腰輸，入二寸，留七呼，灸三壯，在第二十一椎節下間。

俠谿，主少腹堅痛，月水不通。

《聖濟總録・治婦人諸疾灸刺法》女子血不通，會陰主之。

月水不通，奔氣上下，引腰脊痛，氣穴主之。

《針經摘英集・治病直刺訣》治婦人經脈不通，刺手陽明經曲池二穴，手少陽經支溝二穴，足陽明經三里二穴，足太陰經三陰交二穴。如經脈壅塞不通者，瀉之立通。如經脈虚耗不行者，補之，經脈益盛，即通行矣。

《玉龍經・盤石金直刺秘傳》婦人經血不通，三陰交。瀉。

《神應經・婦人部》女子月事不來，面黄，乾嘔，妊娠不成，曲池，支溝，三里，三陰交。

《針灸聚英・玉機微義針灸證治》女子不月，灸會陰三壯。

《醫學綱目・婦人部・調經》婦人　經脈不通，取曲池，支溝，三里，三陰交。此四穴壅塞不通則瀉之，如虚耗不行則補之。

《古今醫統大全》引《針灸直指・諸證針灸經穴・婦人諸病》　月水不通　會陰灸。

《針灸大成・婦人門》第一百四：女子月事不來，面黄乾嘔，妊娠不成，曲池，支溝，三里，三陰交。

《針灸大成・治證總要》第一百四：月水斷絶　中極，腎俞，合谷，三陰交。問曰：婦人之證如何不具後穴？答曰：婦人之證難以再具，止用此穴，法無不效，更宜辨脈虚實，調之可也。

《太乙神針心法・針案紀略》壬辰夏六月，山右大中丞蘇公令媳，患血隔，年餘，莫能療。中丞飛檄汾郡，郡尊招先生，先生承命而往。時適有精於方藥者在座，同入内診脈。中丞問曰：此何證？先生曰：此氣血雙虚證也。中丞令針藥並施。先生曰：用藥不用針，用針不用藥。或先用藥，用藥而效則不必用針；或先用針，針而無效則再用藥。中丞乃令先用針。爲針數處，一日而病退經行，二日而飲食進，三日而元氣復。由是神針之名大震，省中各上憲爭相延治矣。

《針灸全生・婦女》月事不來，面黄乾嘔，妊娠不成，曲池，支溝，三里，三陰交。

《神灸經綸・婦科證治》經閉　腰俞，照海。

《針灸穴法》婦人經閉　腎俞二穴，中極一穴，三陰交二穴，太衝二穴。

婦人經水斷絶不行　中極一穴，合谷二穴，三陰交二穴。

崩漏

《甲乙經・動作失度内外傷發崩中瘀血嘔血唾血》崩中，腹上下痛，中郄主之。

《甲乙經・婦人雜病》女子漏血，太衝主之。

婦人漏血，腹脹滿，不得息，小便黄，陰谷主之。

《千金要方・赤白帶下崩中漏下・灸法》女人胞漏下血，不可禁止，灸關

元兩傍相去三寸。

女人漏下赤白及血，灸足太陰五十壯，穴在内踝上三寸。足太陰經内踝上三寸，名三陰交。

女人漏下赤白，月經不調，灸交儀三十壯，穴在内踝上五寸。

女人漏下赤白，灸營池四穴三十壯，穴在内踝前後兩邊池中脈上，一名陰陽是。

女人漏下赤白，四肢酸削，灸漏陰三十壯，穴在内踝下五分微動腳脈上。

女人漏下赤白，泄注，灸陰陽，隨年壯三報，穴在足拇趾下屈裏表頭白肉際是。

《千金要方·針灸下·婦人病》 漏下，若血閉不通，逆氣脹，刺血海，入五分，灸五壯，在膝臏上内廉白肉際二寸半。

漏血，少腹脹滿如阻，體寒熱，腹偏腫，刺陰谷，入四分，灸三壯。在膝内輔骨後大筋之下，小筋之上，屈膝乃得之。

《千金翼方·針灸上·婦人》 婦人漏下赤白，月水不利，灸交儀穴，在内踝上五寸。

婦人下血漏赤白，灸營池四穴三十壯，在内踝前後兩邊池上脈，一名陰陽。

婦人漏下赤白，四肢疫削，灸漏陰三十壯，穴在内踝下五分微動脈上。

婦人下赤白漏洩注，灸陰陽穴，隨年壯，三報之，在足拇指下屈裏表頭白肉際。

《聖濟總録·治婦人諸疾灸刺法》 婦人漏下，苦血閉不通，逆氣脹，血海主之。

女子漏血，太衝主之。

女子不字，經水暴下，然谷主之。

婦人漏血，腹脹滿不得息，小便黄，陰谷主之。《千金》云：漏血小腹痛，脹滿如阻，體寒熱，腹遍腫。

《扁鵲心書·血崩》 經云：女子二七而天癸至，任脈通，太衝脈盛，月事以時下。若因房事太過，或生育太多，或暴怒，内損眞氣，致任脈崩損，故血大下，卒不可止，如山崩之驟也。治宜阿膠湯，補宮丸，半斤而愈，切不可用止血藥，恐變生他病，久之，一崩不可爲矣。若勢來太多，其人作暈，急灸石門穴，其血立止。血崩之證，乃先後天衝任經隧周身之血，悉皆不能收持，一時暴下，有如山崩水溢，不可止遏，非重劑參附補救，不能生也。間有屬實者，當以形證求之。

《針經摘英集·治病直刺訣》 治女子漏下不止，刺足太陰經三陰交二穴，足厥陰經太衝二穴，並止。

治婦人經血過多不止，并崩中者，毫針刺足太陰經三陰交二穴，次針足厥陰經行間二穴，次足少陽經通里二穴，在足小指間上二寸骨罅間，針入二分，各灸二七壯。凡灸虛，則炷火自滅，實，則灸火吹滅。

《世醫得效方·崩漏》 灸法 治血崩，小腹横紋當臍空直下，百壯。又灸内踝上三寸，左右各百壯，名三陰交。治漏下不止，或赤或白，灸交儀，穴在内踝上五寸。

《普濟方·針灸門·婦人諸疾》引《濟生拔粹方》 治婦人漏血不止，少腹急引陰痛，腹脹如蠱，女子如妊娠，穴陰交，灸三壯。

《普濟方·針灸門·血崩》 治崩中，穴合陽。

治崩中漏下，穴石門，氣海。

治崩中因產惡露不絕，穴中都。

治女子漏血不止，穴交信，陰谷，太衝，三陰交。

治崩中漏下涌，穴石門。

治漏下惡血，月事不調，逆氣腹脹，穴氣海。

治女子漏下不止，穴三陰交，太衝。

治漏血，小腹脹，體寒熱，腹滿腫，及漏血，小便黄，穴陰谷。

治經漏，穴太衝，然谷。

治崩中，穴陰，石門。

治漏下赤白，及腹大堅，食不化，面色蒼蒼，穴天樞。

治經血過多，其色瘀黑，甚者崩下，吸吸少氣，臍腹冷極，則汗出如雨，尺脈微小，由衝任虛衰，爲風冷客乘胞中，氣不能固，關元灸百壯，宜鹿茸丸。

治女子月事不絕，帶下，產後惡露不止，繞臍冷痛，穴陰交。

治崩中帶下，穴針灸中極。

治婦人經血過多不止，并崩中者，穴三陰交，行間，通里。用毫針刺後，各灸二七壯，凡灸虛，則炷火自滅，實則火吹滅。

《神應經·婦人部》 女人漏下不止，太衝，三陰交。

血崩，氣海，大敦，陰谷，太衝，然谷，三陰交，中極。

無時漏下，三陰交。

《**奇效良方·調經通治方**》 治經候過多，其色瘀黑，甚者崩下，吸吸少氣，臍腹冷極，則汗出如雨，尺脈微小，由衝任虛衰，爲風冷客乘胞中，氣不能固，可灸關元百壯，在臍下正中三寸。

《**古今醫統大全**》引《**針灸直指·諸證針灸經穴·婦人諸病**》 漏下月水不調 氣海，灸。血海，灸。

《**針灸大成·婦人門**》 女人漏下不止，太衝，三陰交。

血崩，氣海，大敦，陰谷，大衝，然谷，三陰交，中極。

不時漏下，三陰交。

《**針灸大成·治證總要**》 第九十六：血崩漏下，中極，子宮。

第一百一：婦女血崩不止 丹田，中極，腎俞，子宮。問曰：此證因何而得？答曰：乃經行與男子交感而得，人漸羸瘦，外感寒邪，內傷於精，寒熱往來，精血相搏，內不納精，外不受血，毒氣衝動子宮，風邪串入肺中，咳嗽痰涎，故得此證。如不明脈之虛實，作虛勞治之，非也。或有兩情交感，百脈錯亂，血不歸元，以致如斯者，再刺後穴：百勞，風池，膏肓，曲池，絕骨，三陰交。

《**針灸大成·醫案**》 己卯歲，行人張靖宸公夫人，崩不止，身熱骨痛，煩燥病篤。召予診，得六脈數而止，必是外感誤用涼藥。與羌活湯，熱退，餘疾漸可，但元氣難復，後灸膏肓、三里而愈。凡醫之用藥，須憑脈理，若外感誤作內傷，實實虛虛，損不足而益有餘，其不夭滅人生也，幾希！

《**類經圖翼·針灸要覽·諸證灸法要穴**》 血崩不止 膈俞，肝俞，腎俞，命門，氣海，中極，下元虛冷，血崩白濁。間使，血海，復溜，行間。

《**太乙神針心法·婦人門**》 婦人漏下不止 針太衝，三陰交。

血崩 針氣海，大敦，陰谷，太衝，然谷，中極，三陰交。

《**羅遺編·針灸要穴論**》 血崩不止 膈俞，肝俞，腎俞，命門，氣海，間使，血海，復溜，行間，中極。下元虛冷血崩白濁。

《**針灸逢源·證治參詳·婦人病門**》 血崩，此證多因血熱，而兼氣不能收攝所致，亦有上焦壅塞，氣不疏通而血暴崩於下者。腎俞，氣海，關元，中極，俱灸妙。三陰交。

《**針灸全生·婦女病**》血崩不止 膈俞，肝俞，腎俞，命門，氣海，中極，下元虛，冷紅崩白濁。間使，血海，復溜，行間。

《**針灸全生·婦女**》 血崩 氣海，大敦，陰谷，太衝，然谷，三陰交，中極。

血崩不止 丹田，中極，腎俞，子宮。

經脈過多 通里，行間，三陰交。

《**針灸便覽·中風**》 血崩 氣海，大敦，陰谷，太衝。

《**神灸經綸·婦科證治**》 血崩不止 膈俞，肝俞，腎俞，命門，氣海，中極，下元虛冷白濁。間使，血海，後溜，行間，陰谷，通里。

《**針灸集成·婦人**》 崩漏 太衝，血海，陰谷，然谷，三陰交，肝俞，支溝。

《**灸法秘傳·血崩**》 血崩之證，良由肝脾兩傷，蓋肝不能藏，脾不能統，所以經血忽崩，宜灸氣海，大敦二穴。

帶下

《**甲乙經·婦人雜病**》 乳子，下赤白帶，腰俞主之。女子絕子，陰挺出不禁白瀝，上窌主之。女子赤白瀝，心下積脹，次窌主之。腰痛不可俛仰，先取缺盆，後取尾骶。女子赤淫時白，氣癃，月事少，中窌主之。女子下蒼汁不禁，赤瀝，陰中癢痛，少腹控眇，不可俛仰，下窌主之。刺腰尻交者，兩胂上，以月死生爲痏數，發針立已。【略】女子赤淫，大赫主之。婦人下赤白，裏急瘈瘲，五樞主之。

《**千金要方·婦人方下·赤白帶下崩中漏下**》 治白崩方 灸小腹橫文，當臍孔直下，百壯。又灸內踝上三寸左右，各百壯。

《**千金要方·針灸下·婦人病**》 赤白瀝，心下積脹，腰痛不可俛仰，刺次窌，入三寸，留七呼，灸三壯。在第二空俠脊陷中。

赤淫時白，氣癃，月事少，刺中窌，入二寸，留七呼，灸三壯。在第三空俠脊陷中。

下蒼汁不禁，赤瀝，陰中癢痛，引少腹控眇，不可以俛仰，刺腰尻交者兩胂上，以月生死爲痏數，發針立已。下窌。大赫，主女子赤沃。

赤白沃，陰中乾痛，惡合陰陽，小腹䐜堅，小便閉，刺屈骨入一寸半，灸三壯，穴在中極下一寸。

《千金翼方·針灸上·婦人》 崩中帶下，因産惡露不止，中極，穴在關元下一寸。婦人斷緒最要穴，四度針即有子，若未有，更針入八分，留十呼，得氣即瀉，灸亦佳，但不及針，日灸三七至三百止。

白崩中，灸少腹横文，當臍孔直下，一百壯。

又灸内踝上三寸，左右各一百壯。

帶下，灸間使三十壯。又淋，小便赤，尿道痛，臍下結塊如覆盃，或因食得，或因産得，惡露不下，遂爲疝瘕，或因月事不調，血結成塊，皆針之如上。

《聖濟總録·治婦人諸疾灸刺法》 婦人血傷，帶下赤白，灸小腹横紋，當臍直下，一百壯。又灸内踝上三寸左右，各一百壯，炷如半棗核大。

女子下赤白，腰腧主之。

婦人下赤白，裏急瘈瘲，五樞主之。

《扁鵲心書·帶下》 子宫虚寒，濁氣凝結下焦，衝任脈即子宫也，不得相榮，故腥物時下，以補宫丸、膠艾湯治之，甚者灸胞門子户穴，各三十壯，不獨病愈，而且多子。帶下之證，十有九患，皆由根氣虚而帶脈不收引然，亦有脾虚陷下者，有濕濁不清者，有氣虚不攝者，有陽虚不固者，先生單作子宫虚寒，誠爲卓見。

《針灸資生經·赤白帶》 關元治帶下瘕聚，因産惡露不止，月脈斷絶，下經冷。《銅》與《明》同。氣海，小腸俞治帶。《千》、《明》并同。中髎治帶下，月事不調。帶脈治帶下赤白。《明下》又云：脅下氣轉連背，痛不可忍。陰交療帶下。《明》。曲骨療帶下赤白陽。小便閉澀不通，但是虚乏冷極，皆宜灸。

上窌主白瀝。次窌主赤白瀝，心積脹，腰痛。中窌主赤淫時白，氣癃，月事少。腰尻交，主下蒼汁不禁，赤瀝陰癢，痛引小腹控眇不可俛仰。曲骨主赤白沃，陰中乾痛，惡合陰陽，小腹䐜堅，小便閉。大赫主赤沃。

有來覓赤白帶藥者，予并以鎮靈丹與之，鎮靈丹能活血溫中故也，以其神效，故書於此，但有孕不可服爾，若灸帶脈穴，尤奇於此丹也。有婦人患赤白帶，林親得予針灸經，初爲灸氣海穴未效，次日爲灸帶脈穴，有鬼附患身云：昨日灸亦好，只灸我未著，今灸著我，我今去矣，可爲酒食祭我。其家如其言祭之，其病如失，此實事也。予初怪其事，因思晉景公膏肓之病，蓋有二鬼焉，以其虚勞甚矣，鬼得乘虚而居之。今此婦人之疾，亦有鬼者，豈其用心而虚損，故有此疾，鬼亦乘虚居之。灸既著穴，其鬼不得不去，雖不祭之可也。自此有來覓灸者，每爲之按此穴，莫不應手痠疼，予知是正穴也，令歸灸之，無有不愈。其穴在兩脅季肋之下一寸八分。有此疾者，即速灸之，婦人患此疾而喪生者甚多，切不可忽，若更灸百會尤佳。此疾多因用心使然故也。

帶下，灸間使三十壯。絶嗣不生，漏下赤白，泉門十壯，三報。下血，洩痢赤白，漏血，足太陰五十壯，在内踝上三寸，腹中五寒，百壯。漏下赤白，月水不利，灸交儀。下血漏赤白，營池四穴二十壯，在内踝前後兩邊池上脈，一名陰陽。漏下赤白，四支痠削，漏陰三十壯，在内踝下五分微動脈上。赤白漏洩注，灸陰陽穴隨年壯，三報之，在足拇指下屈裏表頭白肉際。

崩中帶下，因産惡露不止，婦人斷緒最要穴，針中極四度即有子，若未有，更針入八分，留十呼，得氣即瀉，灸亦佳，不及針，日灸三十至三百止。

《普濟方·針灸門·血崩》 治白崩，及血傷，帶下赤崩，灸小腹横文，當臍孔直下，百壯。又内踝上三寸，左右百壯。

《普濟方·針灸門·赤白帶》 治帶下，穴：氣海，小腸俞。

治帶下赤白，及脅下氣轉連背，痛不可忍，穴：帶脈。

治帶下，月事不調：穴：中髎。

治帶下，穴：陰交。

治帶下赤白，惡合陰陽，小便閉澀不通，但是虚乏冷極，皆宜灸，穴：曲骨。

治白瀝，穴：下髎。

治赤白瀝，心積腰痛，不可俯仰，穴：次髎。

治赤白淫，時白氣癃，月事少，淫濼，及主下蒼汁不禁，赤瀝，陰癢痛，引小腹控抑不可俯仰，穴中髎，腰尻交。刺腰尻交者及胛上，以月死生爲痏數，發針立已，一云：下髎。

治赤白沃中，陰乾痛，惡合陰陽，小腹䐜堅，小便閉，穴：曲骨。

治女子赤沃，穴：大赫。

治帶下，穴間使，灸三壯。

治絶嗣不生，漏下赤白，穴：泉門，十壯，三報。

治下血洩痢，赤白漏血，穴：足太陰，五十壯。腹中生寒，百壯。

治漏下赤白，月水不利，穴：陰交，灸三七壯。一作三十壯。

治下血漏赤白，穴：營池四穴，二十壯。一作三十壯，在内踝前後兩邊池上脈。

治漏下赤白，四肢痠削，穴：漏陰，三十壯。在內踝上五分。微動脈上。

治赤白漏洩注，陰陽穴，灸隨年壯，三報之。在足拇指下，屈裏表頭白肉際是。

治崩中帶下，因產惡露不止，婦人斷緒最要穴，針中極四度，即有子。若未有，更針入八分，留十呼，得氣即瀉，灸亦佳，不及針，日灸三十至三百止。

治帶下，穴：小腸俞。

治女子疝，赤白淫下，時多時少，暴腹痛，穴：蠡溝。

治女子下赤白，穴：腰俞。

治女子漏下赤白及血，灸三陰交。

《神應經・婦人部》 赤白帶下 帶脈，關元，氣海，三陰交，白環俞，間使。三十壯。

《古今醫統大全》引《針灸直指・諸證針灸經穴・婦人諸病》 帶下小腹急痛 陰谷。灸。

《針灸大成・婦人門》 赤白帶下 帶脈，關元，氣海，三陰交，白環俞，間使。三十壯。

《針灸大成・治證總要》 婦人赤白帶下 氣海，中極，白環俞，腎俞。

問曰：此證從何而得？答曰：皆因不惜身體，恣意房事，傷精血，或經行與男子交感，內不納精，遺下白水，變成赤白帶下。宜刺後穴，氣海，三陰交，陽交。補多瀉少。

《類經圖翼・針灸要覽・諸證灸法要穴》 淋帶赤白 命門，神闕，中極，七壯，治白帶極效。餘用前五淋穴。

《太乙神針心法・婦人門》 赤白帶下 針帶脈，關元，氣海，三陰交，白環腧，間使。三十壯。

《羅遺編・針灸要穴論》 淋帶赤白 命門，神闕，中極。七壯，治白帶極效。

《針灸逢源・證治參詳・婦人病門》 赤白帶 間使，腎俞，白環俞，氣海，關元，中極，三陰交。

《針灸全生・婦女》 赤白帶下 百會，帶脈七壯，關元，氣海，三陰交，白環腧，間使，三十壯，腎俞，中極，陽交。補。

漏下不止 太衝，三陰交。

《神灸經綸・婦人》 崔氏四花穴，治赤白帶，如神。《撮要》：取中極，白環俞，各灸十五壯，腎俞灸隨年壯。《海藏》謂帶病，太陰主之，灸章門穴，麥粒大，各三壯，神效。

《神灸經綸・婦科證治》 淋帶赤白 腎俞，血海，帶脈，中封，三陰交，中極，白帶。氣海，腎俞，命門，神闕，身交，在少腹下橫紋中。交儀，在內踝上五寸。營池四穴，在內踝前後兩邊池上脈。漏陰。在內踝下五分微動脈上。

《針灸集成・婦人》 月事帶下惡露 肝俞，氣海，隨年壯。中脘，曲骨，五十壯。

赤白帶下 曲骨七壯，太衝，關元，復溜，三陰交，天樞，百壯。

漏白帶 三陰交，曲骨，七壯至七七壯。

《針灸集成・乳腫》 血漏赤白 營衝五十壯。

《灸法秘傳・帶下》 古人治帶，有五色之論，而分五臟之療，又以赤屬血，白屬氣之說。其實帶下之病，本在乎帶脈，以帶脈橫於腰間，如束帶然，故名也。法當灸關元數壯。

《針灸摘要・陰蹻脈》 婦人虛損形瘦，赤白赤下帶 百勞，腎俞，關元，三陰交。

陰挺

《甲乙經・婦人雜病》 婦人陰挺出，四肢淫濼，身悶，照海主之。

《千金要方・婦人方中・雜治》 婦人胞落頹，灸臍中三百壯。

又灸身交五十壯，三報，在臍下橫文中。

又灸背脊當臍五十壯。

又灸玉泉五十壯，三報。

又灸龍門二十壯，三報。在玉泉下，女人入陰內外之際，此穴卑，今廢，不針灸。

婦人胞下垂注，陰下脫，灸俠玉泉三寸，隨年壯，三報。

《千金要方・針灸下・婦人病》 女子不字，陰暴出，經漏，刺然谷入三分，灸三壯，穴在足內踝前起大骨下陷中。

照海，主陰挺下血，陰中腫或癢，漉清汁若葵汁。

《千金要方・婦人病》 絕子，陰挺出，不禁自瀝，刺上髎，入三寸，留七呼，灸三壯，穴在第一空腰髀下一寸俠脊。

女子疝瘕血閉，無子，不嗜食，刺曲泉，在膝內輔骨下，大筋上小筋下陷中，屈膝乃得之。刺入六分，灸三壯。

《千金翼方·針灸上·婦人》胞落癩，灸身交五十壯，三報之。是臍下横文中。

又灸背脊當臍五十壯。

又灸玉泉五十壯，三報之。

又灸龍門二十壯，三報之。是陰中上外際。

胞下垂注，陰下脱，灸夾玉泉三寸，隨年壯，三報之。婦人胞落癩，灸臍中二百壯。

《針灸資生經·陰挺出》大敦主陰挺出。少府主陰挺長。【略】陰蹻，照海，水泉，曲泉治婦人陰挺出。陰蹻療陰挺出。《明》。

《世醫得效方·陰癩》灸法　關元穴在臍下三寸，灸三七壯。大敦穴在足大指甲後三毛上，灸七壯。

《普濟方·針灸門·婦人諸疾》治婦人陰疝，穴：衝門。

治女子疝及小腹腫，溏泄，癃，遺尿，陰痛，面黑，目眥痛，漏血，穴：太衝。

治癩疝崩中，腹上下痛，腸澼，陰暴敗痛，穴：合陽，中都。

治癩疝崩中，穴：中都。

《普濟方·針灸門·血崩》治陰挺下血，陰腫或癢，漉清汁若葵汁，穴：陰蹻。

《普濟方·針灸門·產後餘疾》治產後陰下脱，灸臍下横紋二七壯。一云：因產脱出者，灸：臍中，隨年壯。

《普濟方·針灸門·陰挺出》治陰挺長，穴：少府。

治陰挺出，穴：陰蹻。

治婦人陰挺出不禁，穴：上髎。

治婦人陰挺出，穴：陰蹻，照海，水泉，曲泉。

《神應經·陰疝小便部》陰挺出　太衝，少府，照海，曲泉。

《神應經·婦人部》陰挺出　曲泉，照海，大敦。

《類經圖翼·針灸要覽·諸證灸法要穴》陰挺　曲泉，太衝，然谷，照海。

《太乙神針心法·陰疝小便門》陰挺出　針太衝，少府，照海，曲泉。

《針灸逢源·證治參詳·婦人病門》陰挺　婦人陰中突出一物，長五六寸，或生一物，牽引腰腹痛甚，不思飲食，是名陰挺，又名癩疝。曲泉，太衝，照海。

《針灸全生·二陰病》陰挺　曲泉，太衝，然谷，照海。

《神灸經綸·婦人證治》陰挺癢痛　少府，曲泉。

《針灸集成·陰疝》陰腫挺出　曲骨，大敦，氣衝，獨陰，陰蹻，崑崙。

《針灸集成·婦人》陰挺出　陰蹻，曲骨，曲泉，照海，大敦，太谿，三壯。

臍下冷疝　太衝，氣海，獨陰，陰交在臍下一寸，灸百壯。

陰癢腫痛

《甲乙經·婦人雜病》女子禁中癢，腹熱痛，乳餘疾絶不足，子門不端，少腹苦寒，陰癢及痛，經閉不通，中極主之。婦人下赤白，沃後，陰中乾痛，惡合陰陽，少腹䐜堅，小便閉，曲骨主之。【略】婦人陰中痛，少腹堅急痛，陰陵泉主之。

《千金要方·婦人方中·雜治》婦人陰冷腫痛，灸歸來三十壯，三報，俠玉泉五寸是其穴。

《千金翼方·針灸上·婦人》陰冷腫痛，灸歸來三十壯，三報之。夾玉泉兩傍五寸。婦人陰中痛引心下，少腹絞痛，灸膝外邊上去一寸宛宛中。

《聖濟總録·針灸門·治婦人諸疾灸刺法》婦人陰中痛，少腹堅急痛，陰陵泉主之。

女子疝，及少腹腫，溏泄遺溺，陰痛面塵，目下眦痛，太衝主之。

《普濟方·針灸門·婦人諸疾》治婦人陰腫，穴：氣衝。

治婦人小腹腫，婦人陰痛引心下，穴：曲泉。

治女人陰中痛引心下，及小腹內絞痛，腹中五寒，灸穴：交信。

治婦人陰痛，引心下小腹絞痛，灸膝外邊上方一寸宛宛中。

《醫學綱目·前陰諸疾》女子陰中痛，取大敦。

《針灸全生·婦女》陰紅腫痛　會陰，中極，三陰交。

《針灸集成·婦人》蒼汗陰痛　下髎，中髎，太衝，獨陰。

《針灸集成·乳腫》陰中乾痛，惡合陰陽　曲骨五十壯。

乳房諸疾

《甲乙經・婦人雜病》 婦人乳餘疾，肓門主。乳痛，寒熱短氣，卧不安，膺窗主之。乳癰，凄索寒熱，痛不可按，乳根主之。【略】妬乳，大淵主之。【略】乳癰，太衝及復溜主之。【略】女子少腹大，乳難，嗌乾，嗜飲，中封主之。【略】乳癰有熱，三里主之。【略】乳癰，驚痹脛腫，足跗不收，跟痛，巨虚下廉主之。

《千金要方・腸癰・妬乳乳癰》 論曰：產後宜勤濟乳，不宜令汁畜積，畜積不去，便結不復出，惡汁於內，引熱温壯結，堅牽掣痛，大渴引飲，乳急痛，手不得近，成妬乳，非癰也。急灸兩手魚際各二七壯，斷癰狀也，不復惡手近乳，汁亦自出，便可手助迮捋之，則乳汁大出，皆如膿狀。內服連翹湯，外以小豆薄塗之便差。【略】妬乳以蒲横度口，以度從乳上行，灸度頭二七壯。

《千金要方・針灸下・婦人病》 肓門，主乳餘疾。

神封，膺窗，主乳癰，寒熱短氣，卧不安。

三里，主乳癰有熱。

乳根，主膺腫乳癰，悽索寒熱，痛不可按。

天谿，俠谿，主乳腫癰潰。大泉，主妬乳，膺胸痛。

《千金翼方・針灸上・婦人》 婦人無乳法　初針兩手小指外側近爪甲深一分，兩手腋門深三分，兩手天井深六分。若欲試之，先針一指即知之，神驗不傳。

《千金翼方・針灸下・痔漏》 灸乳癰妬乳法　灸兩手魚際各二七壯，斷癰脈也。

又以繩横度口，以度從乳上行，灸度頭二七壯。

《聖濟總録・治婦人諸疾灸刺法》 乳癰，寒熱短氣，卧不安，膺窗主之。乳癰，凄索寒熱，痛不可按，乳根主之。

《針灸資生經・乳癰》 臨泣，治乳癰。神封，治乳癰，洒淅惡寒。乳根，治乳癰悽慘寒痛，不可按。下廉，主乳癰驚痹脛重，足跗不收，跟痛。神封，膺窗，主乳癰寒熱短氣，卧不安。天谿，俠谿，主乳腫癰潰。論曰：產後宜勤擠乳，不宜令汁蓄積，蓄積不去，便結不復出，惡汁於內引熱，溫壯結堅，牽掣痛，大渴引飲，乳急痛，手不得近，成妬乳，非癰也。急灸兩手魚際二七壯，斷癰脈也。不復惡手近，乳汁亦自出，便可手助迮捋之，則乳汁大出，皆如膿狀，內服連翹湯，外以小豆薄塗之，便差。

《針灸資生經・乳腫痛》 乳根，療乳痛。《明》。【略】氣衝，治難乳，子上搶心。府舍，厥氣兩乳。【略】天谿，治乳腫賁膺。梁丘，地五會，治乳腫。天牖，主乳腫，缺盆中腫。《千》。足臨泣，主乳腫。【略】《明下》云：奶脈滯無汁，下火立愈。

《普濟方・針灸門・乳腫痛》 治婦人乳有餘疾，穴：肓門。

治乳餘疾，穴：中極。

治乳汁少，一云，妊脈滯無汁，下火立愈，穴：亶中。

治厥氣兩乳，穴：府舍。

治妬乳膺胸痛，穴：水泉。

治乳腫賁膺，穴：太谿。

治乳腫，穴：梁丘，地五會。

治乳腫，缺盆中腫，穴：天牖。

治乳腫，穴：足臨泣。

《普濟方・針灸門・乳癰》 治乳癰，穴：臨泣。

治乳洒淅惡寒，穴：神封。

治乳癰悽慘寒熱，痛不可按及陰腫，穴：乳根。

治乳癰有熱腫痛，諸藥不能止痛者，穴：三里。針五分，其痛立止。

治乳癰，驚痺脛重，喉痺骭腫，足跗不收，跟痛，穴：下廉。

治乳癰寒熱，短氣，卧不安，穴：神封，膺窗。

治乳癰腫潰，穴：大谿，俠谿。

《資生經》云：女人患乳癰，四十以下，治之多差。四十以上，治之多死，不治，自終天年。王氏云：有婦年七十，生乳癰，不信此論，令外科用刀抉開，時暫雖快，未幾而殂，方知《千金》猶信也。有擣地黄汁傅，有擣蔓荆葉或根傅，熱即易之，有用白芷末溫湯調傅，效。

治癰疽發於乳者，不可治之，自得終其天年。然無坐視之理，今錄驗方於後。

令患人斂足正立，張兩手，以小竹須要平直，量兩中指尖盡處爲則，卻用薄篾，比如竹長，截斷，兜從項下兩頭，垂向背心，會於一處，點定當中，不偏，

又以小篾比患人右中指，自指根横文至指尖截断爲則，安於點處，對中，兩頭盡處是穴。左患灸右，右患灸左，或三壯，或五七壯。

乳腫痛　足臨泣。

《神應經·婦人部》　乳癰　下廉，三里，俠谿，魚際，委中，足臨泣，少澤。

無乳　亶中灸，少澤補。此二穴，神效。

《奇效良方·瘡瘍門》　若疏厥陰之滯氣，以青皮。清陽明之熱，以石膏。行瀉火，以生甘草。消腫毒，以瓜蔞子。或加青橘皮、皂角刺、金銀花、當歸頭，或湯，或隨宜加減，佐以少酒，仍加艾火兩三壯於腫處，甚效。切勿妄用針刀，引惹拙病。

《醫學綱目·乳癰乳巖》　乳癰，刺乳中，穴在乳下中，針入一分，沿皮向後一寸半，灸瀉之。

《名醫類案·乳癰》　一婦人久鬱，右乳内腫硬，用八珍湯，加遠志、貝母、柴胡、青皮，及隔蒜灸，兼服神效瓜蔞散，兩月餘而消。

一婦人因怒，左乳作痛，發熱，表散太過，腫熱益甚。用益氣養榮湯數劑，熱止膿成，不從用針，腫脹熱渴，針膿大泄，仍以前湯，月餘始愈。此證若膿未成未破，有薄皮剝起者，用代針之劑，其膿自出，不若及時用針，不致大潰。若膿血未盡，輒用生肌，反助其邪，慎之。

一婦人膿成脹痛，欲針之不從，數日始針，出敗膿三四碗許，虛證蜂起，幾至危殆，用大補，兩月餘而安。若元氣虛弱不作膿者，用益氣養榮湯補之，膿成即針。若腫痛寒熱，怠惰食少，或至夜熱甚，用補中益氣兼逍遥散，補之爲善。

《醫學入門·婦人小兒外科用藥賦》　婦人乳癰等證，先以濕紙覆上，立候，紙先乾處爲瘡頭，記定，然後用獨蒜去兩頭，切中間三分厚，安瘡頭上，用艾炷於蒜上灸之，每五炷换蒜再灸。如瘡大，有十數頭作一處生者，以蒜搗爛攤患處，鋪艾灸，蒜敗再换。若痛，灸至不痛，不痛灸至痛。其瘡乃隨火而散，此拔引鬱毒從治之法，有回生之功。

《針灸大成·婦人門》　乳癰　下廉，三里，俠谿，魚際，委中，足臨泣，少澤。

乳腫痛　足臨泣。

《針灸大成·治證總要》　婦人無乳　少澤，合谷，亶中。

乳癰　針乳疼處，亶中，大陵，委中，少澤，俞府。

《類經圖翼·針灸要覽·諸證灸法要穴》　乳癰，乳疽，乳岩，乳氣，乳毒，侵囊，近膻中者是。肩髃，靈道，二七壯。溫溜，小人七壯，大人二七壯。足三里，條口，乳癰。下巨虛，各二七壯。

《針灸逢源·證治參詳·癰疽門》　乳巖，鬱悶則脾氣阻，肝氣逆，遂成隱核，不痛不癢，一二載始潰，或五六年後方見外腫紫黑，内漸潰爛。亦有數載方潰而陷下者，皆曰乳巖，最難治療。

肩髃，靈道，各灸二七壯。溫溜，大人二七壯，小人七壯。足三里，條口。治癰，下巨墟，各灸二七壯。足臨泣。

乳癰，乳房紅腫熱痛，十四日成膿。乳疽初起，寒熱往來，乳房堅硬木痛，月餘成膿。乳房屬足陽明胃經，乳頭屬足厥陰肝經，男子房勞恚怒，傷於肝腎，婦人胎產憂鬱，損於肝脾，皆能致之。焮熱痛甚者，並宜隔蒜灸。

《針灸逢源·證治參詳·婦人病門》　乳汁不通　膻中，灸。少澤。

《針灸全生·婦女》　無乳，膻中，灸。少澤，補。合谷。乳腫痛，足臨泣。乳癰，下廉，夾溪，委中，三里，魚際，少澤，足臨泣。又法：膻中，委中，大陵，少澤，吹乳妙，俞府，復刺乳痛處。

《神灸經綸·婦科證治》　產後無乳　前谷。

乳癰膺腫　乳根。

乳腫　少澤，臨泣。

《針灸集成·乳腫》　乳癰　足臨泣，神門，太谿，下三里，内關，膈俞，灸騎竹馬穴，各七壯。

奶巖　年四十以前猶可治，年四十以後則難治，是早年寡婦，及無產女患此，則死。

《針灸穴法》　婦人乳癰腫痛　肩井二穴，乳根二穴，魚臍二穴，合谷二穴，少澤二穴，太谿二穴。

《針灸摘要·任脈》　胸前兩乳紅腫痛　少澤，大陵，膻中。

乳癰腫痛，小兒吹乳　中府，膻中，少澤，大敦。

癥瘕疝

《甲乙經・婦人雜病》 女子疝瘕，按之如以湯沃其股內至膝，飧泄，灸刺曲泉。【略】女子疝，及少腹腫，溏泄，癃，遺溺，陰痛，面塵黑，目下眥痛，太衝主之。【略】女子俠臍疝，中封主之。大疝絕子，築賓主之。女子疝，小腹腫，赤白淫，時多時少，蠡溝主之。女子疝瘕，按之如以湯沃兩股中，少腹腫，陰挺出痛，經水來下，陰中腫，或癢，漉青汁若葵羹，血閉無子，不嗜食，曲泉主之。

《千金要方・針灸下・婦人病》 女子疝瘕，按之如以湯沃兩股中，少腹腫，陰挺出痛，經水來下，陰中腫或癢，漉青汁如葵羹，血閉無子，不嗜食，刺曲泉，在膝內輔骨下大筋上，小筋下陷中，屈膝乃得之。刺入六分，灸三壯。

疝瘕，按之如以湯沃股內至膝，飧泄，陰中痛，少腹痛堅，急重下濕不嗜食，刺陰陵泉，入二分，灸三壯，在膝下內側輔骨下陷中，伸足乃得之。

經逆，四肢淫濼，陰暴跳，疝，小腹偏痛，刺陰蹻，入三分，灸三壯，在內踝下容爪甲。即照海穴也。

《針灸資生經・婦人血氣痛》 陰交，治血塊腹痛。

《針灸資生經・血塊》 天樞，中極，治血結成塊。下極，療因產惡露不止，遂成疝瘕，或因月事不調，血結成塊《明》。漏谷，曲泉，治血瘕。九曲中府，主內有瘀血。

《普濟方・針灸門・婦人諸疾》 治婦人癥瘕，腸鳴泄痢，繞臍絞痛，穴：天樞，灸百壯，三報之，勿針。

治婦人瘕聚瘦瘠，穴：三焦俞，灸百壯，三報，內廉後宛宛中，隨年壯，又氣海，灸百壯。

治婦人癥癖，腸鳴泄痢，繞臍絞痛，穴：天樞，百壯，三報，勿針。

《普濟方・針灸門・婦人血氣痛》 治婦人血臟積冷，穴：四滿。

治婦人血氣，穴：陽蹻。

治婦人本臟氣血癖走刺痛，坐卧不得，或大小便痛，不思飲食，左右腳下第二指第一節曲紋中心，各灸十壯，每壯如小豆大，甚驗。

治女子血瘕，按之如湯沃股內，穴：曲泉。

《普濟方・針灸門・血塊》 治婦人因產，惡露不止，遂成疝瘕，或因月事不調，血結成塊，穴：中極。

治血瘕，穴：漏谷，曲泉。

治胸中瘀血，穴：三里。

治內有瘀血，穴：九曲中府。

治婦人瘕聚，穴：關元。

治女子瘕聚，腳膝無力，穴：膀胱俞。

治血塊腹痛，穴：陰交。

治瘕聚，灸氣海，天樞各百壯。

治淋小便赤，尿道痛，臍下結塊如覆盆，或因食得，或因產得，惡露不下，遂成疝瘕，或因月事不調，血結成塊，皆針之，穴：間使。

《普濟方・針灸門・陰挺出》 治婦人疝氣客於膀胱，難於前後，溲而溺赤，穴灸：足厥陰，左右各一所。

治疝瘕，按之如以湯沃股內至膝，飧泄，陰中痛，小腹痛堅，急重下濕，不嗜食，刺陰陵泉，入二分，灸三壯，在膝下內側輔骨上陷中，伸足乃得之。

治胞中有大疝瘕積聚與陰引，穴：太谿。

治疝瘕陰疝，穴：太陰郄，衝門。

治臍下疝積，胞中有血，穴：四滿。

治腹滿疝積，穴：石門。

治疝瘕，穴：四滿，中極。

《神應經・婦人部》 瘕聚　關元。

《類經圖翼・針灸要覽・諸證灸法要穴》 癥瘕　三焦俞，腎俞，中極，會陰，子宮子戶，左子宮，右子戶，在關元旁各開三寸。《千金翼》以三寸爲氣門穴，詳奇俞類。復溜。

《太乙神針心法・婦人門》 小腹堅　針帶脈。

《羅遺編・針灸要穴論》 癥瘕　三焦俞，腎俞，中極，會陰，左子宮，右子戶。

《神灸經綸・婦科證治》 癥瘕　胃俞，脾俞，氣海，天樞，行間，三焦俞，腎俞，子宮，子戶，中極，會陰，復溜。

《傳悟靈濟録・婦人病》 癥瘕　腎俞，三焦俞，中極，會陰，子宮，子戶，

復溜。

《針灸集成·婦人》 癥瘕，腸鳴洩痢，繞臍絞痛，天樞百壯，章門，大腸俞，曲泉，曲池，對臍脊骨上，三七壯，灸宜先陽後陰。

婦人小便病

《千金要方·瘕娠諸病·小便病》 又灸横骨當陰門七壯。

《千金翼方·針灸中·膀胱病灸轉胞法》 玉泉，主腰痛小便不利，若胞轉，灸七壯。

第十七椎灸五十壯。

又灸臍下一寸。

又灸臍下四寸，各隨年壯。

《聖濟總録·治胞轉灸法》 關元穴，臍下三寸，灸一七壯，主轉胞不得小便。《甲乙經》云：足三陰任脈之會。

腰痛小便不利，苦胞轉，灸玉泉七壯。又灸第十五椎五十壯。又灸臍下一寸。又灸臍下四寸，各隨年壯。

《備急灸法·轉胞小便不通》 葛仙翁、徐嗣伯治卒胞轉，小便不通，煩悶氣促欲死者，用鹽填臍孔，大艾炷灸二十一炷，未通更灸，已通即住，男女同法。

《普濟方·針灸門·婦人諸疾》 治婦人轉胞，不得小便，又主胞閉塞，及小腹急，六脈虛弱。《仁存方》。穴關元灸七壯，便得小便，次服八味丸調理。

《神應經·陰疝小便部》 婦人胞轉不利小便，灸關元二七壯。

《針灸逢源·證治參詳·婦人病門》 轉胞，臍下急痛，小便不通是也。關元，灸二七壯。陰陵泉。

若胎漏尿出，名曰遺尿，治同上。

《神灸經綸·婦人證治》 轉胞腰痛　十七椎穴，灸五十壯。

婦人遺尿　横骨，當陰門灸七壯。

夜夢交感　三陰交，灸五壯，男女同治。

《針灸集成·婦人》 轉胞小便難　關元二七壯。

血淋　丹田七壯至百壯。

淋瀝　照海，曲泉，小腸俞。

遺尿　曲骨七七壯。

《針灸集成·乳腫》 尿血　膈俞，針三分，留七呼，灸三壯，後谿，腕骨。

不孕

《甲乙經·婦人雜病》 女子絶子，陰挺出，不禁白瀝，上髎主之。【略】絶子灸臍中，令有子。女子手腳拘攣，腹滿疝，月水不通，乳餘疾，絶子陰癢，陰交主之。腹滿疝積，乳餘疾，絶子陰癢，刺石門。女子絶子，衃血在内不下，關元主之。【略】婦人無子，及少腹痛，刺，氣衝主之。

絶子，商丘主之，穴在内踝前宛宛中。【略】婦人絶產，若未曾生產，陰廉主之，刺入八分，羊矢下一寸是也。婦人無子，湧泉主之。女子不字，陰暴出，經水漏，然谷主之。女子字難，若胞不出，崑崙主之。

《千金要方·妊娠諸病·求子》 婦人絶子，灸然谷五十壯，在内踝前直下一寸。婦人絶嗣不生，胞門閉塞，灸關元三十壯，報之。

婦人妊子不成，若墮落，腹痛，漏見赤，灸胞門五十壯，在關元左邊二寸是也，右邊二寸名子戶。

婦人絶嗣不生，灸氣門穴，在關元傍三寸，各百壯。

婦人子藏閉塞，不受精，疼，灸胞門五十壯。

婦人絶嗣不生，漏赤白，灸泉門十壯，三報之，穴在横骨當陰上際。

《千金要方·針灸下·婦人病》 少腹大字難，嗌乾嗜飲，俠臍疝，刺中封，入四分，灸三壯。在内踝前一寸半，伸足取之。女子無子，咳而短氣，刺涌泉，入三分，灸三壯。在足心陷者中。

女子不字，陰暴出，經漏，刺然谷，入三分，灸三壯。在足内踝前起大骨下陷中。

字難，若胞衣不出，泄風從頭至足，刺崑崙，入五分，灸三壯。在足外踝後跟骨上。

氣衝，主無子小腹痛。【略】陰廉，主絶產，若未曾產。

絶子，灸然谷五十壯，穴在内踝前直下一寸。

胞門閉塞絶子，灸關元三十壯，報之。

妊胎不成，若墮胎腹痛，漏胞見赤，灸胞門五十壯，關元左邊二寸是也，右邊名子戶。

又灸氣門穴，在關元傍三寸，各五十壯。

子藏閉塞不受精，灸胞門五十壯。

《千金翼方·針灸上·婦人》 絶嗣不生，漏下赤白，灸泉門十壯，三報之。穴在横骨當陰上際。石門穴，在氣海下一寸，針入一分，留三呼，得氣即瀉。主婦人氣痛堅硬，産後惡露不止，遂成結塊，崩中斷緒，日灸二七至一百止。

關元在石門下一寸，主斷緒，産道冷，針入八分，留三呼，瀉五吸，灸亦佳，但不及針，日灸一百止。

妊不成，數墮落，灸玉泉五十壯，三報之。中極是。

灸夾丹田兩邊相去各一寸，名四滿。主月水不利，賁血上下并無子，灸三十壯。丹田在臍下二寸。

《針灸資生經·女人無子》 中髎治絶子帶下，月事不調。次髎，涌泉，商丘治絶子。中極治婦人斷緒，《明下》云：療失精絶子。石關治絶子，藏有惡血上衝，腹疞痛不可忍。《明下》云：腹脈痛絞刺。上窌主絶子，瘧寒熱，陰挺出，不禁白瀝，痓脊反摺。陰交主拘攣腹滿疝，月水不下，乳餘疾，絶子，陰癢，賁豚上䐜，腹堅痛，下引陰中，不得小便。石門主腹滿疝，積乳餘疾，絶子，陰癢，賁豚上䐜，小腹堅痛，下引陰中，不得小便，忌灸，絶孕。關元主絶子，衃血在内不下，胞轉不得尿，小腹滿，石水痛，又主引脅下脹，頭痛身背熱，賁豚寒，小便數泄不止。中極主子門不端，小腹苦寒，陰癢及痛，賁豚搶心，饑不能食，腹脹，經閉不通，小便不利，乳餘疾，絶子，又主拘攣腹疝，陰癢。築賓主大疝絶子。涌泉主女子無子，咳而短氣。氣衝主無子，小腹痛。陰廉主絶産，若未曾産。婦人絶子，灸然谷五十壯。婦人絶嗣不生，胞門閉塞，關元三十壯，報之。婦人妊子不成，若墮落腹痛，漏見赤，胞門五十壯，在關元左邊二寸是。婦人絶嗣不生，灸氣門，在關元旁三寸，百壯。婦人子藏閉塞，不受精，疼，胞門五十壯。婦人絶嗣不生，漏赤白，泉門十壯，三報。月水不利，賁豚上下，并無子，四滿三十壯。中極，婦人斷緒最要穴。關元主斷緒，産道冷，針八分，五吸灸亦佳，灸不及針，日灸百壯止。妊不成，數墮落，玉泉即中極。五十三報。又龍門二十壯。婦人無子，針關元。《千翼》、甄權。涌泉治婦人無子。石門忌灸，絶孕。《銅》云：針之絶子。《明》云：懷胎必不針關元，若針而落胎，胎多不出，針外崑崙立出。【略】又云：石門，關元相去一寸，針關元治婦人無子，針石門則終身絶嗣。其道幽隱，豈可輕侮哉。

《聖濟總録·治婦人諸疾灸刺法》 絶子，灸臍中，令人有子。

絶子陰癢，陰交主之。

腹滿疝積，乳婦諸疾，絶子陰癢，灸石門。《千金》云：奔豚上䐜，少腹堅痛下引陰中不得小便。

女子絶子，衃血在内不下，關元主之。《千金》云：胞轉不得溺，少腹滿，石水痛。

乳婦諸疾，絶子，内不足者，中極主之。

婦人足逆寒，絶産帶下，無子陰中寒，刺足少陰經，治陰。

婦人無子絶嗣，灸關元七壯，穴在臍下三寸。《甲乙經》云：小腸募也，一名次門，足三陰任脈之會，炷如半棗核大。

《世醫得效方·求嗣》 灸法　婦人絶子，灸然谷五十壯，在内踝前直下一寸。

又法：絶嗣胞門閉塞，灸關元三十壯，報之。婦人妊子不成，數墮，腹痛漏下，灸胞門五十壯，在關元左邊二寸是也，右邊二寸名子戶。

《普濟方·針灸門·絶孕》 治絶子帶下，月事不調，穴：中髎。

治絶子，穴：次髎，漏泉，商丘。

治婦人斷緒，及療失精絶子，穴：中極。

治絶子，臟有惡血，上衝腹，疼痛不可忍，及腹厥痛絞刺，穴：石關。

治女子疝瘕，按之如以湯沃兩股中，小腹腫，陰挺出，痛經，帶下，陰腫或癢，漉青汁如菜羹，血閉，無子，不嗜食，穴：曲泉。

治女子不子，陰暴出，淋漏，月水不來，多悶心痛，穴：水泉，陰蹻。

治不子，陰暴出，經痛，穴：然谷。

治絶子，瘧寒熱，陰挺出，不禁白瀝，痓脊反摺，穴：上髎。

治拘攣腹滿疝，月水不下，乳餘疾，絶子，陰癢，賁豚上䐜，腹堅痛，下引陰中，不得小便，穴：陰交。

治絶子不血，血在内不下，胞轉不得尿，小腹滿，石水痛，反治引脅下脹，頭痛身背熱，賁豚寒，小便數泄不止，穴：關元。

治婦人懷孕，不論月數，及生産之後，未滿百日，不宜灸之。若絶子，灸

臍下二寸五分間動脈中，三壯。

治子門不端，小腹苦寒，陰癢及痛，賁豚搶心，饑不能食，腹脹，經閉不通，小便不利，乳餘疾，絶子，及拘攣腹疝陰癢，穴：中極。

治大疝絶子，穴：華賓。

治女子無子，小腹痛，咳而短氣，穴：湧泉。

治絶產，若未曾產，穴：陰廉。

治婦人絶子，穴：然谷，灸五十壯。

治婦人絶嗣不生，胞門閉塞，穴：關元，灸三十壯，報之。

治婦人妊子不成，若墮落，腹痛漏見赤，穴：胞門，灸五十壯。

治婦人絶嗣不生，穴：氣門，灸百壯。

治婦人子臓閉塞，不受精，疼，穴：胞門，灸五十壯。

治婦人絶嗣不生，漏赤白，穴：泉門，灸十壯，三報。

治月水不利，賁豚上下，幷無子。穴：四滿，灸三十壯。

治婦人胞落頹，臍中灸三百壯，身交灸五十壯，三報，又臍下横紋中。又臍對脊骨五十壯，又玉泉灸五十壯，三報。

治婦人下胞垂注，陰下脱。穴：玉泉，灸五十壯，三寸，灸隨年壯，三報。

治婦人陰冷腫痛，穴：歸來，灸三十壯，三報。

治婦人斷緒，帶下，穴：中極。

治斷緒，産道冷，穴：關元，日灸百壯止。

治妊不成，數墮落，穴：玉泉，灸五十壯，三報，玉泉，即中極。又龍門三十壯。

治婦人無子，穴：關元，灸七壯。

治婦人無子，及心痛不嗜食，五指端盡痛，足不得履地，穴：湧泉，宜針灸。

治腹滿疝積，乳餘疾，絶子，陰癢，賁豚上膜，小腹堅痛，下引陰中不得小便，穴：石門。

治婦人無子，咳嗽身熱，穴：湧泉。

治絶子，灸臍中，令人有子。

治婦人無子，及已經生子，久不妊孕，及懷孕不成者。

以女人右手中指中節一寸，及指向上量之，用草一條，量九寸，舒足仰卧。以所量草，自齊心直垂下，至草盡處，以筆點定，此不是穴，卻以原草平摺處，横按前點處，其草兩頭是穴，按之有動脈，各灸三壯，如筋杪大，神效。

治婦人足逆寒，絶產，帶下無子，陰中寒，刺足太陰經三陰交。

《神應經·婦人部》 絶子 商丘，中極。

《醫學入門·治病要穴》 三陰交，治婦人久不成孕。

《古今醫鑑·求嗣》 婦人子宮冷甚不孕，灸丹田七壯，神效，穴在臍下三寸。何以知其冷甚，丈夫交會之際，當自知之也。

女人無孕，或經生子後，久不成孕，及懷孕不成，用稈心一條，長十四寸，令女人仰卧，舒手足以所量稈心，自臍心直垂下盡頭處，以墨點記後，以此稈心平摺，横安前點處，兩頭盡處是穴，按之自有動脈應手，各灸三七壯，炷如箸頭，神驗。即胞門、子戶穴也。

《針灸大成·治證總要》 婦人無子 子宮，中極。

《壽世保元·灸法》 一論婦人無子，及經生子久不再孕，及懷孕不成者。

以女人右手中指節文一寸，反指向上量之，用草一條，量九寸，舒足仰卧，所量草自臍心直垂下，至草盡處，以筆點定，此不是穴，卻以原草平摺，以摺處横安前點處，其草兩頭是穴，按之有動脈，各灸三壯，如筋杪大，神驗。

《類經圖翼·針灸要覽·諸證灸法要穴》 不孕 命門，腎俞，氣海，中極，關元，七壯至百壯，或三百壯。胞門，子戶，陰廉，然谷，照海。子宮冷。

一法灸神闕穴，先以淨乾鹽填臍中，灸七壯，後去鹽，換川椒二十一粒，上以薑片蓋定，又灸十四壯，灸畢，即用膏貼之，艾炷須如指大，長五六分許。

《針灸逢源·證治參詳·婦人病門》 不孕 子宮，關元穴左邊，去中二寸。中極。

《針灸全生·婦女》 無子 子宮，中極，三陰交。子多，石門，三陰交。

子宮久冷，不受胎孕 中極，子宮，三陰交。

《針灸全生·婦女病》 不孕 命門，氣海，腎俞，中極，子宮，子戶，陰廉，然谷，關元，照海。

《神灸經綸·婦科證治》 不孕 三陰交，血海，氣海，命門，腎俞，中極，關元，陰廉，然谷，照海，胞門，在關元左邊二寸，子藏門塞不受精，妊娠不成。氣門。在關元旁三寸。

《針灸集成·婦人》血閉無子　曲泉。

催孕　下三里，至陰，合谷，三陰交，曲骨，七壯至七七壯，即有子。

無子　胞門，子户，曲骨，商丘，中極，灸百壯至三百壯，或四度針，即有子。

《針灸穴法》婦人胎冷無孕　關元一穴，中極一穴，青筋頭二穴，各灸三壯，三陰交二穴。

《灸法秘傳·種子》女人不孕之故，由傷其衝任也。若三因之邪傷其衝任之脈，則有月經不調，漏崩帶下，或因宿血積於胞中，或因胞寒胞熱，或因體盛痰多，脂膜壅塞胞中，皆不能成孕也，當灸中極爲要。

《針灸摘要·陰蹻脈》女人子宫久冷不受胎孕　中極，三陰交，子宫。

胎孕諸疾

《素問·奇病論》黄帝問曰：人有重身，九月而瘖，此爲何也？

〔張介賓注〕《素問·奇病論》婦人懷孕，則身中有身，故曰重身。瘖，聲啞不能出也。瘖，音音。

岐伯對曰：胞之絡脈絶也。

〔張介賓注〕胎懷九月，兒體已長，故能阻絶胞中之絡脈。

帝曰：何以言之？岐伯曰：胞絡者繫於腎，少陰之脈貫腎，繫舌本，故不能言。

〔張介賓注〕胞中之絡，衝任之絡也。胞絡者，繫於腎而上會於咽喉，故胞中之絡脈絶則不能言。

帝曰：治之奈何？岐伯曰：無治也，當十月復。

〔張介賓注〕十月子生，而胞絡復通，則能言矣，故不必治。

刺法曰：無損不足，益有餘，以成其疹，然後調之。

〔張介賓注〕疹，疾也。不當治而治之，非損不足，則益有餘，本無所病，反以成疾，故當察其形證，然後因而調之。

所謂無損不足者身羸瘦，無用鑱石也。

〔張介賓注〕妊娠九月，則身重疲勞，養胎力困，正虚羸不足之時，必不可用針石以復傷其氣。

《金匱要略·婦人妊娠病脈證并治》婦人傷胎，懷身腹滿，不得小便，從腰以下重，如有水氣狀，懷身七月，太陰當養不養，此心氣實，當刺瀉勞宫及關元，小便微利則愈。

《諸病源候論·婦人妊娠病諸候·妊娠中風候》四時八方之氣爲風，常以冬至之日候之。風從其鄉來者，長養萬物。若不從鄉來者，爲虚風，賊於人，人體虚者則中之。五藏六府俞皆在背，藏府虚，風邪皆從其俞入。人中之，隨府藏所感而發也。心中風，但偃卧不得傾側，汗出唇赤，汗流者可治，急灸心俞百壯。若唇或青或白，或黄或黑，此是心壞爲水，面目亭亭，時悚動者，皆不可治，五六日而死。若肝中風，但踞坐，不得低頭，若繞兩目連額色微有青，唇青面黄可治，急灸肝俞百壯。若大青黑面一黄一白者，是肝已傷，不可治，數日而死。若脾中風，踞而腹滿，身通黄，吐鹹汁出者可治，急灸脾俞百壯。若手足青者不可治。若腎中風，踞而腰痛，視脅左右未有黄如餅餎大者可治，急灸腎俞百壯。若齒黄赤，鬢髮直，面土色者，不可治也。若肺中風，偃卧而胸滿短氣，冒悶汗出，視目下鼻上下兩邊下行至口，色白可治，急灸肺俞百壯。若色黄，爲肺已傷，化爲血，不可治。其人當妄掇空，或自拈衣，如此數日而死。

《千金要方·婦人方上·妊娠諸病》又妊娠三月，灸膝下一寸七壯。

《千金翼方·針灸上·婦人》漏胞下血不禁，灸關元兩傍相去三寸，百壯。

子死腹中及難産，皆針胞門。

胎動及崩中下痢，賁氣上逆，針丹田入一寸四分，在臍下二寸。

《外臺秘要》卷三十三《數墮胎方》《千金》療妊娠數墮胎方　妊娠三月，灸膝下一寸七壯。

《針經摘英集·治病直刺訣》治婦人墮胎後手足逆冷，刺少陽經肩井二穴，立愈。

《普濟方·針灸門·婦人諸疾》治妊娠三月數墮胎，穴：膝下一寸，灸七壯。

《普濟方·針灸門·血崩》治漏胞，下血不禁，關元，灸兩傍三寸，百壯。

治難産，月水不禁，横生胎動，針三陰交。

治胎動，崩中下痢，賁氣上逆，針石門，一寸四分。

治漏胞見赤，灸胞門五十壯，灸氣海五十壯。

《神應經·婦人部》 子上逼心，氣悶欲絶 巨闕，合谷補，三陰交瀉。如子手掬母心，生下男左女右，手心有針痕可驗，不然在人中或腦後有針痕。

《名醫類案·娠證》 徐文伯從宋後廢帝出樂遊苑門，逢一婦人有娠，帝以善診，診之曰：此腹是女也。問文伯曰：腹有兩子，一男一女，男左邊青黑，形小於女。帝性急，便欲剖眎。文伯惻然曰：若刀斧恐其變異，請針之立墮。便瀉足太陰，脾隱白穴。補手陽明，大腸合谷穴。胎便應針而落，兩兒相續出，果如其言。可見墮胎之證，以脾爲主，則知安胎之法，亦以脾爲主。

《類經圖翼·針灸要覽·諸證灸法要穴》 下死胎 合谷。刺，補之，即下。

欲取胎 肩井，合谷，三陰交。

胎屢墮 命門，腎俞，中極，交信，然谷。

《採艾編翼·婦科·胎動刺痛》 胎動刺痛 關元，道使。

小產惡血 肩井，陰交。

《羅遺編·針灸要穴論》 下死胎 合谷。刺，補之，即下。

欲取胎 肩井，合谷，三陰交。

《針灸全生·婦女病》 胎屢墮 命門，腎俞，中極，交信，然谷。

《針灸集成·婦人》 死胎 三陰交，合谷，崑崙，太衝。

子上逼心悶亂 補合谷，瀉三陰交，巨闕，針留七呼，灸七壯至七七壯。

《神灸經綸·婦科證治》 墮胎後手足如冰厥冷，太衝，合谷，肩井，針五分。若針深則悶亂，急以針刺三里穴，下其氣。

胎漏下血 氣門，穴在關元旁三寸，灸，各百壯。

《針灸集成·乳腫》 數落胎，每三日內即灸，三陰交七壯，中極，曲骨各五十壯，臍中三百壯。

《針灸穴法》 胎前浮腫 此證胎氣不和，爲虛腫，血不足，生此證，不可下利水之劑，只用鯉魚湯數服，即愈。

《灸法秘傳·胎漏》 懷胎數月，而經水偶下者，謂之胎漏也。由於勞力損傷，或由衝脈有熱，或由氣怒傷肝，皆能致之也，宜灸關元自止。

《痧驚合璧·胎前痧》 胎前痧 刺兩太陽，刺兩手腕，刺膻中穴，刺腿彎國穴。孕婦之痧最易傷胎，較之平人更甚，當急爲救療。庶痧毒未攻壞臟腑之時，可以施治。若屬暗痧發於此時，胎前痧脈溷於有孕，看有痧筋，急宜刺破肌膚，擁尤重油鹽刮之。至若痧毒橫行，私攻臟腑，莫可挽回矣。治用桑寄生、紅花、香附、益母草、荆芥、細辛、萊菔子、神麯，衝砂仁末微冷服之，後用小柴胡湯。胎熱又以補劑調理而愈。

難　產

《千金要方·妊娠諸病·產難》 難產，針兩肩井入一寸，瀉之，須臾即分免。

《千金翼方·針灸上·婦人》 婦人逆產足出，針足太陰入三分，足入乃出針。穴在內踝後白肉際陷骨宛宛中。

橫產手出，針太衝入三分，急補百息，去足大指奇一寸。

凡難產，針兩肩井一寸，瀉之，須臾即生也。

《外臺秘要·產難方》 《小品》療橫產及側或手足先出方 可持粗針刺兒手足入二分許，兒得痛，驚轉即縮，自當迴順。文仲、《備急》、《千金》、崔氏、《集驗》同。

《醫說·針灸·灸難產》 張文仲灸婦人橫產先手出，諸般符藥不捷，灸婦人右腳小指頭尖頭三壯，炷如小麥大，下火立產。

《針灸資生經·難產》 上崑崙，主字難，若胞衣不出，泄風從頭至足。氣衝，主胞不出。氣衝，治子上搶心。衝門，主乳難，子上衝心，陰疝。《千》海上方治難產及胞衣死胎不下，草麻七粒，去皮研如泥，塗足心，才下即洗去。《本事方》云：極驗。

《備急灸法·婦人難生》 張文仲治橫產手先出者，諸般符藥不效，急灸右腳小指尖三炷，炷如菉豆大。如婦人札腳，先用鹽湯洗腳令溫，氣脈通疏，然後灸，立便順產。

《針經摘英集·治病直刺訣》 治產生理不順，或橫或逆，胎死腹中，胞衣不下，刺足厥陰經太衝二穴，在足大指本節後二寸，或一寸半陷中。針入八分，補百息，次補手陽明經合谷二穴，次瀉足太陰經三陰交二穴，立時分解，決驗如神。

治產子上逼心，病人正坐，用人抱頭抱腰，微偃，以毫針刺任脈巨闕一

穴，舉手下針，刺至即止，令人立甦不悶。次針補手陽明經合谷二穴，瀉足太陰經三陰交二穴，應針而落。如子手掬心生下，手心內有針痕。如子頂母心向前，人中有針痕。向後，枕骨上有針痕，是驗。

《世醫得效方・保產》 灸法　治橫生逆產，諸藥不效，灸右腳小指尖頭三壯，艾炷如小麥大，下火立產。

《普濟方・針灸門・難產》 治難產，子上衝心，不得息，及陰疝，穴：衝門。

治子難，若胞衣不出，泄風從頭至足，穴：上崑崙。

治胞不出，穴：氣衝。

治產生理不順，或橫或逆，胞死腹中，胞衣不下，穴：太衝，針八分。補百會，次補合谷，次瀉三陰交，立時分解，決驗如神。

治產難，針兩肩井入一寸，瀉之，須臾即分娩。

《神應經・婦人部》 難產　合谷補，三陰交瀉，太衝。

橫生死胎　太衝，合谷，三陰交。

橫生手先出　右足小指尖三壯，立產，炷如小麥大。

《醫學正傳・婦人科》 夫當臍腹疼痛之初，兒身纔轉而未順，用力一逼遂致橫逆，若手足先露者，用細針刺兒手足心一二分深，三四刺之，以鹽塗其上，輕輕送入，兒得痛驚轉一縮，即順生之矣。或兒腳先下者，謂之踏蓮花生，急以鹽塗兒腳底，又可急搔之，并以鹽摩母腹上，則正生矣。灸法治難產及胞衣不下，急於產母右腳小指尖頭上灸三壯，炷如小麥大，立產。

《醫學綱目・胎前證・催生法》 東：婦人將產，預先胎破，惡水長流，坐草早，無血可養，枯竭：獨陰，五分，在足小指第三節間。承陰。一寸五分。

《玉》：催生難產及死胎，太衝，八分，補百息。合谷，補。三陰交。五分，瀉，立時分解。足小指節。三壯，《心術》多此一穴。產子上衝逼心，巨闕，令正坐，用抱頭抱腰微偃，針入六分，留七呼，得氣即瀉，立甦。如子掬母心，生下手心有針痕。子頂母心，人中有痕，向後枕骨有痕，是其驗也，神效。合谷，三分，留三呼，補之。三陰交，五分，瀉，十吸。

張仲文：橫產、難產，右腳小指尖頭。灸三壯，立產。

《集》：又法，獨陰，同上法，取灸七壯，禁刺。合谷，補。三陰交瀉。

桑：難產，三陰交。

《針灸大成・婦人門》 難產　合谷補，三陰交瀉，太衝。

橫生死胎　太衝，合谷，三陰交。

橫生手先出　右足小指尖，灸三壯，立產，炷如小麥大。

子上逼心，氣悶欲絕　巨闕，合谷補，三陰交瀉。

如子手掬母心，生下男左女右手心，有針痕可驗，不然在人中，或腦後有針痕。

《針灸大成・治證總要》 婦人難產　獨陰，合谷，三陰交。

《類經圖翼・針灸要覽・諸證灸法要穴》 產難橫生　合谷，三陰交。

一治橫逆難產，危在頃刻，符藥不靈者，急於本婦右腳小指尖，灸三壯，炷如小麥，下火立產，如神。蓋此即至陰穴也。

子鞠不能下　巨闕，合谷，三陰交，至陰。三稜針出血，橫者即轉直。

《景岳全書・婦人規・產育類》 一方，治橫逆產難，令產母仰卧，以小針刺兒手腳心三五次，用鹽擦之，手腳即縮上，轉身即生。

《醫宗金鑒・刺灸心法要訣・灸難產穴歌》 橫逆難產灸奇穴，婦人右腳小指尖，炷如小麥灸三壯，下火立產效通仙。

〔吳謙等注〕婦人橫產，子手先出，諸符藥不效者，灸此，其穴在右腳小指爪甲外側尖上，即至陰穴也。灸三壯，艾炷如小麥，下火立產。

《羅遺編・針灸要穴論》 產難　合谷，三陰交，巨闕。

一橫逆難產，危在頃刻，符藥不靈者，急於本婦右腳小指尖灸三壯，炷如小麥，下火立產，如神。蓋此即至陰穴也。三稜針出血，橫者即轉直。

《針灸逢源・證治參詳・婦人病門》 難產　合谷，三陰交，崑崙。

一凡難產，橫生，死胎，皆取太衝。

子鞠不能下，合谷，三陰交，至陰，三稜針出血，橫者即轉直。巨闕。令正坐，用人抱頭抱腰，微偃，針入六分，留七呼，得氣即瀉，昏悶者立甦。一云：子手掬母心，生下兒手有針痕，子頂母心，向前，人中有針痕。向後枕骨下有針痕可驗。按《十四經發揮》曰：凡人心下有膈膜，前齊鳩尾，後齊十一椎周圍着脊，所以遮膈濁氣，不使上熏心肺，是心在膈上也，況兒在腹中，有衣胞裹之，豈能破膈掬心哉。

《針灸全生・婦女》 難產　至陰灸效，合谷補，三陰交瀉。巨闕亦治子掬母心，並治胎衣不下。

橫生死胎　太衝，合谷，三陰交。

《針灸全生·婦女病》 產難橫生 合谷，三陰交，至陰灸右。
子鞠不能下 巨闕，合谷，三陰交，至陰。三稜出血，橫生者即轉直出。

《針灸便覽·中風》 橫生胎死 太衝，合谷，三陰交。

《神灸經綸·婦科證治》 產難橫生 三陰交，合谷。

《傳悟靈濟録·婦人病》 下死胎 合谷。刺，補之即下。
欲取胎 肩井，合谷，三陰交。

《針灸穴法》 婦人橫迷產難 急於本婦足小指頭尖灸三壯，艾如小豆大，即產如神，若下產艱難，次指灸之甚妙。

胎衣不下

《千金翼方·針灸上·婦人》 胞衣不出，或腹中積聚，皆針胞門，入一寸，先補後瀉，去關元左二寸。
又針章門，入一寸四分。
胞衣不出，針足太陽，入四寸，在外踝下後一寸宛宛中。
又針足陽蹻，入三分，在足外踝下白肉際。

《神應經·婦人部》 胎衣不下 中極，肩井。

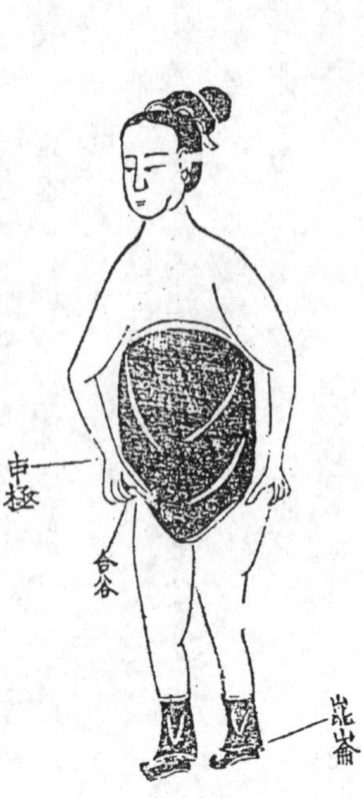

《針灸大成·治證總要》 胎衣不下 中極，三陰交。

《壽世保元·灸法》 一論婦人難產及胞衣不下。急於產母右腳小指尖頂上灸三壯，炷如小麥大，立產。

《類經圖翼·針灸要覽·諸證灸法要穴》 胎衣不下 三陰交，崑崙。

《太乙神針心法·婦人門》 胎衣不下 針中極，肩井。

《針灸逢源·證治參詳·婦人病門》 胎衣不下 肩井。產下厥逆者，針五分，若覺悶亂者，再針足三里。
中極，三陰交。

《針灸全生·婦女病》下死胎 合谷，刺，補之即下。

《神灸經綸·婦人證治》 胞衣不下 三陰交，此穴同合谷，針之下胎最速。
崑崙。

《針灸集成·婦人》 胞衣不下 足小指尖三壯，中極，肩井。

《針灸穴法》 婦人衣胞不下 中極一穴，合谷二穴，崑崙二穴。

《灸法秘傳·胞衣不下》 胞衣停滯者，或因氣力疲敗，或因惡露所阻，皆令不下也。服諸藥而罔效者，當灸中極立下。

產後諸疾

《千金翼方·針灸上·婦人》 產後脈絕不還，針合谷入三分，急補之。又主胎上搶心。

《甲乙經·婦人雜病》 婦人產餘疾，食飲不下，胸脅榰滿，眩目足寒，心切痛，善噫，聞酸臭，脹痺，腹滿，少腹尤大，期門主之。
心中懊憹痛，針湧泉入三分。
心中懊憹痛，針勞宮入五分，補之。
產後出汗不止，針太衝，急補之。
產難月水不禁，橫生胎動，皆針三陰交。

《扁鵲心書·產後虛勞》 生產出血過多，或早於房事，或早作勞動，致損眞氣，乃成虛勞，脈弦而緊，咳嗽發熱，四肢常冷，或咯血吐血，灸石門穴三百壯，服延壽丹，金液丹，或鍾乳粉，十日減，一月安。凡虛勞而其脈弦緊者，病已劇矣，況在生產而出血過多者乎，急投溫補，唯恐已遲，苟或昧此，尚欲滋陰，愈無日矣。

《針灸資生經·婦人血氣病》 陰交，治產後惡露不止，繞臍冷痛。

《針灸資生經·產後餘疾》 期門，治產後餘疾。【略】伏兔，療婦人八部諸疾。《明》。婦人產後渾身疼，針百勞穴，遇痛處即針，避筋骨及禁穴。《許》。
《明下》云：產後未滿百日，不宜灸。

《明下》云：凡懷孕，不論月數，不宜灸。

《儒門事親・乳汁不下》又一法，針肩井二穴亦效。

《針灸聚英・玉機微義針灸證治》產後兩脅急痛，不可忍，灸石關五十壯。

婦人產後，血氣俱虛，灸血海百壯。

《針灸大成・婦人門》因產惡露不止　氣海，關元。

產後諸病　期門。

產後血暈不識人　支溝，三里，三陰交。

墮胎後，手足如冰，厥逆，肩井五分，若覺悶亂，急補三里。

無乳　亶中灸，少澤補，此二穴神效。

血塊　曲泉，復溜，三里，氣海，丹田，三陰交。

《針經摘英集・治病直刺訣》治產婦血暈，不省人事，針手少陽經支溝二穴，足陽明經三里二穴，足太陰經三陰交二穴。

《世醫得效方・產後》灸法　治產後小便不通，腹脹如鼓，悶亂不醒，緣未產之前，內積冷氣，遂致產時尿胞運功不順。用鹽於產婦臍中填，可與臍平，卻用葱白剝去粗皮，十餘根作一束，切，作一指厚，安鹽上，用大艾柱滿葱餅子大小，以火灸之，覺熱氣直入腹內，即時便通，神驗不可具述。

《普濟方・針灸門・血崩》治惡露不止，穴氣海，中都。

治惡露不止，穴關元。

治因產惡露不止，穴中極，石門。

《普濟方・針灸門・產後餘疾》治婦人產後渾身疼，針百勞穴。遇痛處，即針，避筋骨及禁穴。又云：產後未滿百日，不宜灸。

治婦人產前產後乍傷風邪，頭目昏重，及風頭痛，穴：囟會，灸七壯。眞頭疼者，其痛上穿風府，陷入泥丸宮，不可以藥愈，夕發旦死，旦發夕死，蓋頭中，人之根，根氣先絕也。

治產後惡露不止，紋臍冷痛，穴：陰交。

治婦人產後，氣血俱虛，灸臍下一寸至四寸，灸百壯，炷如小麥大。

治墮胎後，手足厥逆，針肩井立愈，灸更勝針，可七壯。

治產婦血運，不省人事，穴：支溝，三里，三陰交。

治產後善噫，穴：陷谷，期門。

《神應經・婦人部》因產惡露不止　氣海，關元。

產後諸病　期門。

產後血暈不識人　支溝，三里，三陰交。

墮胎後手足如冰，厥逆　肩井五分，若覺悶亂，急針三里。

余按：製就一方爲臨證之法，獨活、細辛以散痧，桃仁、紅花以破血，香附、烏藥、陳皮解毒，地丁、銀花消食，用山查、萊菔子、神麯，麥芽。如性溫姜、桂等藥，慎之。

《針灸大成・治證總要》產後血塊痛　氣海，三陰交。

《類經圖翼・針灸要覽・諸證灸法要穴》產後惡露不止　中極。

《採艾編翼・婦科・產後病》生胎　右小腳指尖上灸三壯。子刺母心，灸湧泉，太衝，合谷，足三陰交。產後諸病，灸期門。

產後腹痛，水分，關元，膏肓，三陰交。

《太乙神針心法・婦人門》無乳　灸膻中，少澤。補，此二穴神效。

《串雅外編・灸法門・鷄爪風》婦人月家得此，不時發手足及指拘攣，拳縮如鷄爪，頗疼痛，急於左右膝蓋骨下兩旁，各有小窩共四穴，俗謂鬼眼，各灸三壯立愈。

《針灸逢源・證治參詳・婦人病門》產後惡露不止　氣海，中極，三陰交。

血塊痛　氣海，三陰交。

《針灸全生・婦女》產後血暈　支溝，三里，三陰交。產後五心發熱，頭目暈沉，合谷，百勞，心俞，湧泉，曲池，中泉，勞宮，少商，肩井。

產後血塊痛　氣海，三陰交。

產後惡露不止　氣海，水分，關元，三陰交。

血塊作痛　曲泉，三里，丹田，復溜，氣海，三陰交，肝俞。

《神灸經綸・婦科證治》產後血暈　支溝。

《針灸集成・婦人》惡露成塊　石門七壯，至百壯。

胞中惡血痛　石門二七壯至百壯，陰都挾巨闕一寸五分，直下二寸，三壯，禁針，針之終身無子。四滿在挾臍傍五分直下二寸，三壯。

產後諸疾　期門五壯。

《針灸集成・乳腫》產後腹痛　氣海百壯。

因産惡露不止　中極、陰交百壯，石門七壯，至百壯。

無乳汁　亶中七壯至七七壯，禁針。少澤補。

《針灸穴法》婦人産後惡血成塊不下　三陰交二穴，氣海一穴，關元一穴，中極一穴，三里二穴。

《灸法秘傳·産後》産後之疴，莫能盡述，應灸之證，姑略詳之。惡露不行，宜灸中極。惡露不止，宜灸氣海，或灸關元。關元，中極，祇離一寸，一欲其行，一欲其止，分寸不準，災害並至矣。

《針灸摘要·陰蹻脈》婦人産後臍腹痛，惡露不已　水分，關元，膏肓，三陰交。

《痧驚合璧·産後痧》刺兩腿彎痧筋六針，刺臍上三分一針，刺臍下三分，刺舌下兩楞紫筋。

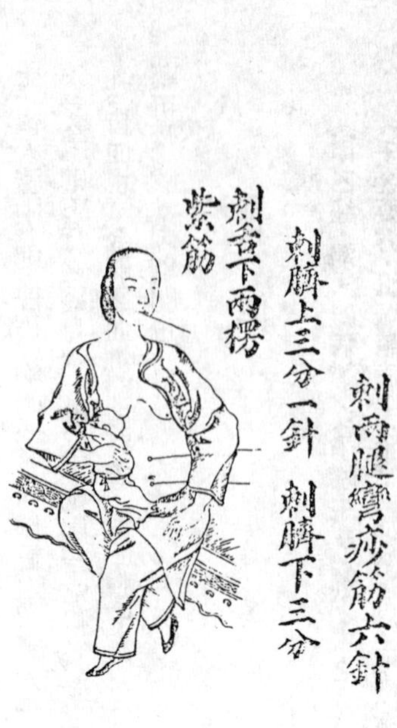
刺兩腿彎痧筋六針
刺臍上三分一針　刺臍下三分
刺舌下兩楞紫筋

節育

《千金要方·婦人方中·雜治》婦人欲斷産，灸右踝上一寸，三壯，即斷。

《神應經·婦人部》欲斷産　右足內踝上一寸。又一法，灸臍下二寸三分，三壯。

《針灸大成·婦人門》欲斷産　灸右足內踝上一寸，合谷。

又一法，灸臍下二寸三分，三壯，肩井。

《針灸大成·治證總要》婦人子多　石門，三陰交。

《類經圖翼·針灸要覽·諸證灸法要穴》欲絕産　臍下二寸三分，灸三壯，或至七七壯，即終身絕孕。

《羅遺編·針灸要穴論》欲絕産　臍下二寸三分灸三壯，或至七七壯，即終身絕孕矣。

《針灸逢源·證治參詳·婦人病門》欲斷産　臍下二寸三分，灸三壯。又一法，灸右足內踝上一寸。

《針灸全生·婦女》欲斷産　灸右足內踝上一寸，合谷。又法，灸臍下二寸三分三壯，肩井。

《針灸全生·婦女病》欲絕産　臍下二寸三分，灸三壯或至七七壯，即終身絕孕。

《針灸集成·婦人》欲斷産　足外踝上一寸三壯，即斷産。石門，一名丹田，針刺。

傷寒熱入血室

《金匱要略·婦人雜病脈證并治》婦人中風，發熱惡寒，經水適來，得七八日，熱除，脈遲，身涼和，胸脅滿，如結胸狀，讝語者，此爲熱入血室也。當刺期門，隨其實而取之。

陽明病，下血讝語者，此爲熱入血室，但頭汗出，當刺期門，隨其實而瀉之。濈然汗出者愈。

《本事方·傷寒時疫上》又記一婦人患熱入血室證，醫者不識，用補血調氣藥，涵養數日，遂成血結胸，或勸用前藥。予曰：小柴胡用已遲，不可行也，無已，則有一焉，刺期門穴斯可矣。予不能針，請善針者治之。如言而愈。或問曰：熱入血室，何爲而成結胸也？予曰：邪氣傳入經絡，與正氣相搏，上下流行，或遇經水適來適斷，邪氣乘虚而入血室，血爲邪迫，上入肝經，肝受邪，則譫語而見鬼，復入膻中，則血結於胸也。何以言之？婦人平居，水當養於木，血當養於肝也，方未受孕，則下行之以爲月水。既妊娠，則中蓄之以養胎，及已産，則上壅之以爲乳，皆血也。今邪逐血併歸肝經，聚於膻中，結於乳下，故手觸之則痛，非湯劑可及，故當刺期門也。《活人書》海蛤散治血結胸。

《婦人大全良方·婦人熱入血室方論》婦人傷風，發熱惡寒，經水適來，

得之七、八日，熱除脈遲，身涼，胸脅下滿如結胸狀，譫語者，此爲熱入血室也。當刺期門穴，隨其實而取之。期門穴在乳直下筋骨近腹處是也。凡婦人病，法當刺期門，不用行子午法，恐纏臟膜引氣上，但下針令病人吸五吸，停針良久，徐徐出針，此是平瀉法也。凡針期門，必瀉勿補，可肥人二寸，瘦人寸半深也。

《名醫類案·熱入血室》 一婦人患熱入血室證，醫者不識，用補血調氣藥治之，數日遂成血結胸，或勸用前藥。許公曰：小柴胡已遲，不可行也，無已，刺期門穴斯可矣。予不能針，請善針者治之。如言而愈。或問熱入血室，何爲而成結胸也？許曰：邪氣傳入經絡，與正氣相搏，上下流行，遇經水適來適斷，邪氣乘虛入於血室，血爲邪所迫，上入肝經，肝受邪，則譫語而見鬼，復入膻中，則血結於胸中矣。何以言之？婦人平居，水養木，血養肝，方未受孕，則下行之爲月水。既孕，則中畜之以養胎，及已產，則上壅之以爲乳，皆血也。今邪逐血併歸於肝經，聚於膻中，結於乳下，故手觸之則痛，非藥可及，故當刺期門也。

其他

《甲乙經·婦人雜病》 女子陰中寒，歸來主之。

《千金要方·妊娠諸病·養胎》 妊娠一月，足厥陰脈養，不可針灸其經。足厥陰內屬於肝，肝主筋及血。一月之時，血行否澀，不爲力事，寢必安靜，無令恐畏。

妊娠二月，足少陽脈養，不可針灸其經。足少陽內屬於膽，主精。二月之時，兒精成於胞裏，當慎護驚動也。

妊娠三月，手心主脈養，不可針灸其經。手心主內屬於心，無悲哀思慮驚動。

妊娠四月，手少陽脈養，不可針灸其經。手少陽內輸叁焦，四月之時，兒六腑順成，當靜形體，和心志，節飲食。

妊娠五月，足太陰脈養，不可針灸其經。足太陰內輸於脾，五月之時，兒四肢皆成，無大饑，無甚飽，無食乾燥，無自炙熱，無勞倦。

妊娠六月，足陽明脈養，不可針灸其經。足陽明內屬於胃，主其口目。六月之時，兒口目皆成，調五味，食甘美，無大飽。

妊娠七月，手太陰脈養，不可針灸其經。手太陰內屬於肺，主皮毛。七月之時，兒皮毛已成，無大言，無號哭，無薄衣，無洗浴。

妊娠八月，手陽明脈養，不可針灸其經。手陽明內屬於大腸，主九竅。八月之時，兒九竅皆成，無食燥物，無輒失食，無忍大起。

妊娠九月，足少陰脈養，不可針灸其經。足少陰內屬於腎，腎主續縷。九月之時，兒脈續縷皆成，無處濕冷，無著炙衣。

《千金翼方·針灸上·婦人》 婦人遺尿，不知時出，灸橫骨，當陰門七壯。

婦人下血洩痢，赤白漏血，灸足太陰五十壯。在內踝上三寸百壯，主腹中五寒。

《醫心方·治婦人脱肛方》 《集驗方》治婦人脱肛若陰下脱方 蛇床子布裹炙熨之，治產後陰中痛。

《聖濟總録》卷二十一引《集驗方》 婦人子藏中有惡血，內逆滿痛，石關主之。

《針灸資生經·婦人血氣痛》 四滿，治婦人血藏積冷。

陽蹻，療婦人血氣。

《針灸聚英·玉機微義針灸證治》 婦人疝氣，臍腹冷疼，相引脅下痛不可忍，先灸中庭三七壯。

《神應經·婦人部》 小腹堅 帶脈。

婦人經事正行，與男子交，日漸羸瘦，寒熱往來，精血相競，百勞，腎俞，風門，中極，氣海，三陰交。

若以前證作虚勞治者非也。

經脈過多 通里，行間，三陰交。

《針灸大成·治證總要》 第九十九：五心煩熱，頭目昏沉，合谷，百勞，中泉，心俞，勞宫，湧泉。

問曰：此證因何而得？答曰：皆因產後勞役，邪風串入經絡，或因辛勤太過而得。亦有室女得此證，何也？答曰：或陰陽不和，氣血壅滿而得之者，或憂愁思慮而得之者。復刺後穴，少商，曲池，肩井，心俞。

第一百：陰門忽然紅腫疼，會陰，中極，三陰交。

《證治準繩·雜證門下·與鬼交通》 婦人夢與鬼交，脈來乍大乍小，乍短

乍長，宜灸鬼哭穴。以患人兩手大拇指相并，用綫緊紮，當合縫處半肉半甲間，灼灸七壯。

《**景岳全書・婦人夢與鬼交**》 女人夢與鬼交，灸鬼哭穴。其穴以兩手大指相并縛定，用艾炷於爪甲角騎縫灸之，務令兩甲連肉四處著火方效。或七壯，或二七壯。兩足大指，亦名足鬼眼。

《**針灸全生・婦女**》 經正行時，與男子交，時漸羸瘦，寒熱往來，或爲崩淋，或爲咳嗽等證，百勞，腎俞，子宮，大椎，風池，膏肓。又法，丹田，中極，風門，曲池，絶骨，三陰交。經候不行，因結成塊，針間使。

婦人諸蠱，血、水、氣、石：膻中，水分治水，關元、氣海、三里、行間治血，公孫治血，內庭治石，支溝，三陰交，照海。

女人血分單，腹氣喘 下脘，膻中，氣海，三里，行間，照海。

《**神灸經綸・婦人證治**》 婦人蠱病 公孫，氣蠱。太溪，水蠱。行間，血蠱。內庭，食蠱。

繞臍疠痛 氣海，關元。

《**針灸集成・婦人**》 如妊 陰谷，涌泉。

《**針灸摘要・任脈**》 婦血積痛，敗血不止 肝俞，腎俞，膈俞，三陰交。

婦人血瀝，乳汁不通 少澤，大陵，膻中，關衝。

《**針灸摘要・陰蹻脈**》 女人血氣勞倦，五心煩熱，肢體皆痛，頭目昏沉 腎俞，百會，膏肓，曲池，絶骨，合谷。

婦人脾氣，血蠱、水蠱、氣蠱、石蠱。膻中，水分，治水，關元，氣海，三里，行間，治血，公孫，治氣，內庭，治石，支溝，三陰交。

《**痧驚合璧・倒經痧**》 刺腿彎青筋兩針。

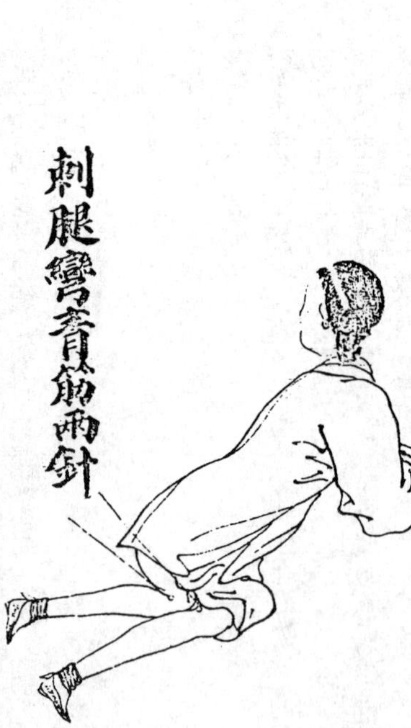

行經之際，適遇痧發，經阻逆行，或吐血，或鼻紅，肚腹腫脹，卧床不能轉側者是也。肚脹不痛，亦爲暗痧，若痧毒攻壞臟腑者，不治。

治驗一 沈宏先內人，經期發熱，鼻血如珠，昏迷沉重，肚腹作脹，延余診之，脈伏兼痧而經逆者也。宏先善放痧，刺腿彎兩針出紫黑毒血，不愈。余用桃仁、紅花、獨活、細辛、山查、香附、青皮、童便飲之，經行調理而愈。

兒科病證治分部

綜　述

五遲五軟

《**千金要方・小兒雜病**》 小兒囟陷，灸臍上下各半寸，及鳩尾骨端，又足

太陰各一壯。

治小兒四五歲不語方　末赤小豆，酒和，傅舌下，又灸足兩踝各三壯。

《聖惠方·具列四十五人形》　小兒囟開不合，灸臍上、臍下各五分，二穴各三壯，灸瘡未合，囟開先合，炷如小麥大。

小兒五六歲不語者，心氣不足，舌本無力，發轉難，灸心俞穴三壯，炷如小麥大，在第五椎下兩傍，各一寸半陷者中。

小兒龜胸，緣肺熱滿，攻胸膈所生，又緣乳母食熱麪、五辛，轉更胸起高也。灸兩乳前各一寸半，上兩行三骨罅間，六處，各三壯，炷如小麥大，春夏從下灸上，秋冬從上灸下，若不依此法，中灸不愈一二也。

小兒龜背，生時被客風拍著脊骨，風達於髓所致也，灸肺俞，心俞，膈俞各三壯，炷如小麥大。肺俞在第三椎下，兩傍各一寸半。心俞在第五椎下，兩傍各一寸半。膈俞在第七椎下，兩傍各一寸半。

《世醫得效方·龜背》　灸法　肺俞穴，第三椎骨下兩傍各一寸半，膈俞穴，第七椎骨下兩傍各一寸半，以小兒手中指中節爲一寸。艾炷如小麥大，但三五壯而止。

《普濟方·針灸門·雜病》　治小兒五六歲不語者，心氣不足，舌本無力，發音轉難，灸心俞三壯，或足兩踝各三壯。

治小兒囟不合，灸臍上下各五分，二穴，各三壯，灸瘡未發，囟門先合。

治小兒囟陷，灸臍上下各一寸半，及鳩尾骨端，又足太陰各一壯。

小兒龜背，初生時，被客風拍著脊骨，風逗於髓也，所致如是。灸肺俞、心俞、膈俞，各三壯。然發亦累用，十有三得效，亦無全效之功。符直殿之孫，紹熙辛亥春，灸即效。

《古今醫統大全·小兒灸法》　小兒五六歲不語者，心氣不足，舌本無力，發轉難，灸心俞穴三壯，在五椎下兩旁各一寸半陷中。

《針灸大成·醫案》　壬申歲，四川陳相公長孫，患胸前突起，此異疾也。人皆曰：此非藥力所能愈。錢誠翁堂尊推予治之。予曰：此乃痰結肺經，而不能疏散，久而愈高，必早針俞府、膻中。後擇日針，行六陰之數，更灸五壯，令貼膏，痰出而平。廼翁編修公甚悅之。

《證治準繩·肺臟部·龜胸》　田氏曰：小兒龜胸，取兩乳前各一寸五分，上兩行三骨罅間，六處，各三壯，炷如麥。春夏從下灸上，秋冬從上灸下。

《幼科類萃·龜背證治》　嬰兒生下，不能保護，客風吹脊，入於骨髓故也。或小兒坐早，亦致傴僂，背高如龜背矣。然此多成痼疾，間有灼艾收功。肺俞穴，第三椎骨下兩傍各一寸半，膈俞穴，第七椎骨下各一寸半，以小兒中指中節爲一寸，艾炷如小麥大，但三五壯爲止。

《類經圖翼·針灸要覽·諸證灸法要穴》　龜背　肩中俞，膏肓，心俞，腎俞，曲池，合谷。

雞胸　中府，膻中，靈道。二七壯。足三里。

小兒氣弱，數歲不語，心俞。

《太乙神針心法·小兒門》　囟門不合　臍上、臍下各五分。各三壯，灸瘡未發，囟門先合。

《羅遺編·針灸要穴論》　小兒氣弱，數歲不語，心俞。

《針灸逢源·證治參詳·小兒門》　雞胸，一名龜胸。由欬嗽喘促，肺氣脹滿攻於胸膈，漸成此證。中府，膻中，靈道，足三里。

龜背，一名鱉背。由客風吹背，傳入於髓，故背突如龜，或欬嗽久而肺虛，致腎無所生，腎主骨，風寒乘虛而入於骨髓，精血不能流通，故骨弓而駝。肩中俞，治欬嗽者。膏肓俞，腎俞。

《神灸經綸·身部證治》　龜背　肩中俞，腎俞，膏肓，曲池，合谷。

雞胸　中府，膻中，靈道，足三里。

《神灸經綸·小兒證治》　龜背　肺俞。

雞胸　乳根。

羸瘦骨立　百勞，胃俞，腰俞，長強。

食積肚大　脾俞，胃俞，腎俞。

《針灸全生·小兒》　囟門不合　灸臍上、臍下各五分，各三壯。

夜啼　百會三壯。

《針灸全生·胸背腰膝》　龜背　肩中俞，膏肓，心腎俞，曲池，合谷。

雞胸　中府，膻中，靈道，足三里。

《傳悟靈濟録·小兒諸病》　數歲不語，氣弱，人口中轉尿，因母食寒涼所致。俱灸中脘。九壯，大人二七壯。

《針灸集成·小兒》　四五歲不言　心俞，足內踝尖上，各灸三壯。

羸瘦、疳疾

《千金要方·小兒雜病》 小兒疳濕瘡，灸第十五椎夾脊兩傍七壯，未瘥，加七壯。

《聖惠方·具列四十五人形》 小兒羸瘦，食飲少，不生肌膚，灸胃俞穴各一壯。在第十二椎下，兩傍各一寸半陷者中，炷如小麥大。

《針灸聚英·玉機微義針灸證治》 小兒疳瘦脫肛，體瘦渴飲，形容瘦瘁，諸方不差，灸尾翠骨上三寸陷中三壯，兼三伏內，用楊湯水浴之，正午時灸，自灸之後，用帛子試，見有疳蟲隨汗出，此法神效。 小兒身羸瘦，賁豚腹脹，四肢懈惰，肩背不舉，灸章門。

《古今醫統大全·小兒灸法》 小兒多疳者，是腦門被風拍著，及肺寒也，灸囟會一穴二壯。在上星上一寸，直鼻上。小兒羸瘦，飲食少進，不生肌肉，灸胃俞二穴各一壯，在十二椎下兩傍，各開一寸半陷中。

《針灸大成·醫案》 戊辰歲，給事楊後山公祖廼郎，患疳疾，藥日服而人日瘦。同科鄭湘溪公迎予治之。予曰：此子形羸，雖是疳證，而腹內有積塊，附於脾胃之旁，若徒治其疳，而不治其塊，是不求其本，而揣其末矣。治之之法，宜先取章門灸針，消散積塊，後次第理治脾胃，是小人已除，而君子得行其道於天下矣。果如其言，而針塊中，灸章門，再以蟾蜍丸藥兼用之，形體漸盛，疳疾俱痊。

《幼科類萃·諸疳灸法》 小兒疳痢脫肛，體瘦渴飲，形容憔悴，諸般醫治不差，灸尾翠骨上三寸骨陷間三壯。岐伯云：兼三伏內，用桃枝、柳枝煎水浴孩子，午正時當日灸之，後用清帛拭，兼有似見疳蟲隨汗出也。此法神效。 小兒羸瘦，飲食少進，不生肌肉，灸胃俞二穴各一壯。取法在十二椎下兩傍各一寸半陷中是穴。

《類經圖翼·針灸要覽·諸證灸法要穴》 羸瘦骨立 百勞，胃俞，腰俞，長強。

《幼科鐵鏡·灸肚大青筋》 肚大青筋，堅如鐵石，與臍之上下左右離五分地，各灸二壯，即愈。

《採艾編翼·幼科挑疳法》 將小兒掌內振轉，看其食指本節橫紋后，即風關之裏，玉枕處，有一白泡，即用針挑破。病深者，必有熱血注結，病淺者，則止見白膏。挑后，刮去膏血，將鹽渣填其口，用燈火彈三壯，左右手皆然。次將手背十指本節，摺拳骨突處，即十宣穴，用小艾，每穴一炷，灸之。挑後，齋鹽及各食物，只用片糖與之食，及下粥飯，使引動其蟲蛀。三日后，即戒糖不食，將使君子散，先蒸雄豬肝，下粥飯。又三日，乃將散，蒸肉及鱔魚下飯，一面先蓮肉去衣心，蒸食，及淮山煲肉食，忌煎炒生冷，雞肉，糯米，戒三年，全愈之後，尤戒糯米。若疳已落眼，挑后即取蛤屎尿杵人乳，敷眼，男左女右，取撒蛇仔葉搓軟，作一小丸(寒)〔塞〕鼻，敷左則塞右，敷右則塞左，二三日，眼愈爲止。

《採艾編翼·幼科·疳證》 囟會，鳩尾，胃俞，合谷，并治疳眼。勞宮，并治口瘡。十九節陷。

《串雅外編·針法門·猢猻癆》 小兒有此證，求食不止，終夜不睡，用針刺兩手面中三指中節能曲處。周歲者用中號針，六七歲用大號針，刺進半分許，遇骨微(位)〔阻〕即拔出，不可誤針筋上。若疳甚無水，刺數日方有白水，不甚者，即有白漿，刺數日，隨有血，一指有血一指不刺，二指有血，停止二指不刺，若六指俱有血，病痊，不復刺矣。凡刺，須隔一日，俟天晴，雨則無益，刺后即得睡，減貪饞，忌棗、栗、干甜果物，食則復發，如初刺有血，非此證矣。

挑悶疹子 分開頂門，內有紅筋、紅瘰，挑破即止。

《灸法秘傳·疳勞》 小兒疳勞之證，面黃形瘦，肚大露筋，尿如米泔，午後潮熱，皆因肥甘無節，停滯中州，傳化遲滯，腸胃內傷，則生積熱，熱盛成疳，宜灸下脘，胃俞，自然告痊。

《針灸全生·小兒病》 羸瘦骨立 百勞，胃俞，腰俞，長強。

《傳悟靈濟録·小兒諸病》 小兒諸病忌灸足三里穴，如灸此穴，須年過三旬方可灸之。

《針灸集成·小兒》 羸瘦食不化 胃俞，長谷，挾臍傍各二寸，灸七壯。

飲食異常

《甲乙經・小兒雜病》 小兒食晦頭痛，譩譆主之。

小兒腹滿，不能食飲，懸鍾主之。

《聖惠方・具列四十五人形》 小兒喉中鳴，嚥乳不利，灸旋璣一穴，三壯，炷在天突下一寸陷者中，炷如小麥大。

小兒食（時）〔晦〕頭痛，及五心熱者，灸譩譆二穴各一壯，在第六椎下，兩傍各三寸宛宛中，炷如小麥大。

小兒飲水不歇，面目黄者，灸陽剛二穴各一壯，在第十椎下，兩傍各三寸陷者中，炷如小麥大。

小兒嘔吐嬭汁，灸中庭一穴一壯，在膻中穴下一寸陷者中，炷如小麥大。

《普濟方・針灸門・雜病》 治小兒食（每）〔晦〕頭痛及五心熱者，穴譩譆。

《古今醫統大全・小兒灸法》 小兒嘔吐乳汁，灸中庭一穴一壯，在膻中穴下一寸陷中。

小兒飲水不歇，面目黄者，灸陽剛二穴各一壯，在十四椎下兩傍各開一寸陷中。

《壽世保元・灸法》 一論小兒初生三四日至七日内，口噤，不吮乳，多啼者，是客風中於臍，循流至心脾二經，遂使舌強唇撮。

灸承漿一穴，取法，在唇稜下宛宛中是穴，次灸頰車二穴各七壯，在耳下曲頰骨後是穴。

《類經圖翼・針灸要覽・諸證灸法要穴》 食積肚大　脾俞，胃俞，腎俞。

《採艾編翼・幼科・初生》 三朝，肚實不食乳，看兒臍之上，胸臆之下，有青筋，用燈火彈之，勿令上，侵心則難治矣，艾灸亦可。

《羅遺編・針灸要穴論》 食積肚大　脾俞，胃俞，腎俞。

《神灸經綸・小兒證治》 痞氣　中脘，章門，臍後脊中七壯。

《針灸集成・小兒》 腹滿不食，中脘，針，絶骨，下三里。

吐瀉、痢、霍亂

《甲乙經・小兒雜病》 小兒欬而泄，不欲食者，商丘主之。

《醫心方・治小兒霍亂方》引病源論 《產經》云：治小兒白利，灸足内踝下骨際三壯，隨兒小大增減。

《聖惠方・正人形》 小兒嘔吐，乳汁，灸中庭一穴一壯，在膻中穴下一寸陷者中，炷如小麥大。

《聖惠方・具列四十五人形》 小兒痢下赤白，秋末脱肛，每厠，腹痛不可忍者，灸第十二椎下節間，名接脊穴，灸一壯，炷如小麥大。

黄帝療小兒疳痢，脱肛體瘦，渴飲，形容瘦瘁，諸般醫治不差者，灸尾翠骨上三寸骨陷間，三壯，炷如小麥大。岐伯云：兼三伏内，用桃柳水浴孩子，午正時，當日灸之，後用青帛子拭，兼有似見疳蟲子，隨汗出也，此法神效，不可量也。

治秋深冷痢不止者，灸臍下二寸三寸，動脈中三壯，炷如麥。

《扁鵲心書・吐瀉》 小兒吐瀉，因傷食者，用珍珠散。因胃寒者，用薑附湯。吐瀉，脈沈細，手足冷者，灸臍下一百五十壯。慢驚吐瀉，灸中脘五十壯。人家肯用薑附，小兒亦已幸矣，若灼艾至一百五十壯，以此法勸之，斷乎不允，只索託之空言耳。

《普濟方・針灸門・嘔吐》 治嘔吐，出《全嬰方》。灸上脘、中脘，各三壯。上脘在臍上五寸，中脘在臍上四寸。

治小兒嘔吐奶汁，出《幼幼新書》。灸中庭一穴一壯，在膻中穴下一寸陷者中。

治吐利過多，手足厥冷，六脈沉細，灸第二脚指上、中節紋三壯，立愈，男左女右。

治小兒嘔吐泄痢，穴瘈脈。

治小兒嘔吐涎沫，穴顱囟。

治霍亂已死無命，有暖氣者，出《全嬰方》。取草一圍，從足指踵至根匝量取，等折一半，以度從足跟著地處，上行度盡，是穴，灸七壯。

《普濟方・針灸門・洩利》 治小兒秋深，冷利不止者，灸臍下二寸三寸間

動脈中，三壯。

治小兒洞泄，穴然谷。

治小兒脫肛瀉血，深秋不止，及痔利脫肛，灸龜尾一壯，脊端窮骨也。

治小兒大腸虛，肛門出，出《直指方》。灸百會穴，直取前後髮際，折中，横取兩耳尖，折中，在頭之中心，端正螺毛處是也。兩手握蒜灸，灸則肛腸自收。

治小兒脫肛瀉血，每廁，臟腑撮痛不可忍者，出《明堂經》。灸百會穴七壯。

治小兒痢下赤白，秋末脫肛，每廁，腹痛不可忍者，《明堂》作肛疼。灸十二椎下節間，名接脊穴，一壯。

《普濟方·針灸門·雜病》 治小兒脅下滿，瀉痢，體重，四肢不收，痃癖積聚，腹痛不嗜食，痎瘧寒熱，灸脾腧二穴。在十一椎下兩傍相去各一寸五分。又治腹脹引背，食飲多，漸漸黄，可灸七壯。黄疸者，可灸三壯。

《神應經·小兒部》 瀉痢 神闕。

秋深冷痢， 灸臍下二寸及三寸動脈中。

吐乳 灸中庭，在亶中下六分。

《古今醫統大全》引《針灸直指·諸證針灸經穴·小兒諸病》 積聚，瀉泄，痃癖，十一椎下兩旁相去各一寸五分。灸七壯。

《幼科類萃·吐瀉門》 小兒嘔吐乳汁，灸中庭一穴一壯，取法在亶中穴下一寸陷中是穴。

小兒霍亂已死，腹中有煖氣者，鹽納臍中，灸七壯。

《幼科類萃·痞癖門》 禹講師用灸之經驗 脾俞一穴治小兒脇下滿，瀉痢，體重四肢不收，痃癖，積聚腹痛，不嗜食，痎，瘧，寒熱，又治腹脹引背，食頗多，漸漸黄瘦，在第十一椎下兩傍相去各一寸五分，可灸七壯，若黄疳者可灸三壯。

《壽世保元·灸法》 一論小兒脫肛瀉血，每廁，臟腑撮痛不可忍者。百會三壯。

《類經圖翼·針灸要覽·諸證灸法要穴》 泄瀉 胃俞，水分，天樞，神闕。腹痛乳痢甚妙。

霍亂 水分，轉筋入腹。外踝上尖。三壯。

《幼科鐵鏡·灸霍亂》 霍亂，灸崑崙穴七壯，起死，神效。

《太乙神針心法·小兒門》 吐乳 灸中庭。在膻中下一寸六分。

瀉痢 針神闕。

秋深冷痢 灸臍下二寸及三寸動脈中。

《幼幼集成·霍亂證治》 其乾霍亂上不得吐，下不得瀉，最爲危迫，速用鹽湯探吐之，必待其吐出宿食積痰，然後用藥。或以針刺十指甲邊，令血出，或刺膝灣名委中穴，出血即解，後用藿香正氣散。絞腸痧亦有陰陽。陰痧，腹痛手足冷，看其身上有紅點，以燈火於紅點上焠之。陽痧，腹痛手足暖，以針刺其十指背近爪甲處一韭葉許，出血即安，仍先自兩臂捋下其惡血，令聚指頭，然後刺之。凡發痧手足厥冷，腹痛，用溫水一碗，令病人伏卧櫈上，以手蘸水，拍其兩膝灣，名委中穴，看其有紫黑點現，以針刺出惡血即愈。脾脈、肝脈、腎脈，三陰之脈皆從此委中穴過。又法，以香油拍兩手曲池穴，即肘內灣處，以苧麻蘸油戛之，刮起紫疹，立刻即愈。肺脈、心脈、心包絡脈皆從此曲池而過。已上所爲，亦疏散之意也。

《羅遺編·針灸要穴論》 泄瀉 胃俞，水分，天樞，神闕。腹痛乳痢妙。

《針灸逢源·證治參詳·小兒病門》 吐乳汁 中庭灸一壯。

《神灸經綸·小兒證治》 霍亂 水分，轉筋。外踝尖上三壯。

《傳悟靈濟録·霍亂》 霍亂 水分，轉筋入腹。外踝上尖三壯。

《針灸集成·小兒》 赤白痢疾 臍中七壯至百壯，三陰交七壯。

吐乳 中庭，在亶中下一寸六分，灸五壯。

《針灸穴法》 小兒瀉泄 丹田一穴，中脘一穴，脾俞二穴，胃俞二穴，大腸俞二穴。

小兒嘔吐不止 胃俞二穴，脾俞二穴，中脘一穴，天樞二穴。

二便異常

《千金要方·小兒雜病》 小兒尿血，灸第七椎兩旁各五寸，隨年壯。

遺尿，灸臍下一寸半，隨年壯。又灸大敦三壯，亦治尿血。

《外臺秘要·小兒大便不通方》 《必效》療小兒大便不通方 灸口兩吻各一壯。

《普濟方·針灸門·大小便病》 治小兒遺尿，亦治尿血，灸臍下一寸半，

隨年壯，又灸大敦三壯。

治小兒尿血，灸第七椎兩傍各三寸，灸隨年壯。

治大小便不利，欲作腹痛，灸營衝四穴百壯，穴在胸背脊四面各一寸。

治腹熱閉，時大小便難，腰痛連胸，灸團岡百壯，穴在小腸俞下二寸横三寸間，灸之。

治大小便不通，灸臍下一寸三壯，又灸横文百壯。

治小兒大小便不通，灸口吻兩旁各一壯。

治小兒卒不尿，右安鹽於臍上灸之。

治大小便不通，灸八髎穴，在腰眼下三寸。灸脊相去四寸邊。各四穴，計八穴，故名八髎。

治小便不利，大便泄注，灸天樞百壯，穴在俠臍相去一寸。魂魄之舍，不可針，大法在臍傍一寸，合臍相去可三寸也。

治小便不利，大便數注，灸屈骨端五十壯。

《採艾編翼·幼科·便閉》 便閉　大：蜜煉爲條，導引之。小：灸三陰交、太谿瀉火。

《針灸集成·小兒》 小便不通　百會七壯，營衝各三壯，丹田二七壯，涌泉三壯，胞門五十壯，又用巴豆肉搗作餅，或炒鹽，安塡臍中，灸五十壯。

遺尿　氣海百壯，大敦三壯。

脱　肛

《千金要方·小兒雜病》 小兒脱肛，灸頂上旋毛中三壯，即入。

又灸尾翠骨三壯。

又灸臍中隨年壯。

《醫心方·治小兒脱肛方》引《録驗方》 又方，宜灸龜尾骨上三七丸。

《聖惠方·具列四十五人形》 小兒脱肛瀉血，每廁，臟腑撮痛不可忍者，灸百會一穴三壯，在頭中心陷者是也，炷如小麥大。

《衛生寶鑑·吐瀉痢疾》 小兒脱肛，灸臍中三壯。《千金》云：隨年壯。

小兒脱肛久不瘥，及風癇，中風，角弓反張，多哭，語言不擇，發無時節，盛則吐沫，灸百會穴七壯，在鼻直入髮際五寸頂中央旋毛中，可容豆，炷如小麥大。

《神應經·小兒部》 脱肛二穴　百會，長強。

《古今醫統大全·小兒灸法》 小兒脱肛，灸百會，龜尾。

小兒脱肛瀉血，每入廁，臟腑撮痛不可忍，灸百會一穴三壯，在顛中旋毛間。

《針灸大成·治證總要》 小兒脱肛　百會，長強，大腸俞。

《證治準繩·肺臟部·脱肛》 小兒脱肛者，灸臍中三壯。

小兒脱肛久不瘥，及風癇中風，角弓反張，多哭，言語不擇，發無時節，甚即吐沫者，取百會一穴，灸七壯。在鼻直入髮際五寸，頭頂中央旋毛中，可容豆，炷如小麥大。

《醫學綱目·肺主燥》 小兒脱肛瀉血，秋深不痊，灸龜尾一壯，炷如小麥大，脊端窮骨也。

《幼科類萃·痢疾門·下痢灸法》 小兒脱肛瀉血，每廁，臟腑撮痛不可忍，灸百會一穴三壯，取法在頭中心陷者是穴。又灸接脊一穴，取法在十二椎下節間是穴。

小兒脱肛瀉，秋深不效，灸龜尾穴一壯，取法在脊端。

《幼科鐵鏡·灸脱肛》 脱肛　灸龜尾穴，證(暫)(兼)用補中益氣湯十服，此乃肺氣下陷。

《太乙神針心法·小兒門》 脱肛　針百會，長強。

《針灸逢源·證治參詳·小兒門》 脱肛瀉血，秋深不效，用薑片置臍上，艾灸三壯。《千金》曰：灸隨年壯。龜尾，即長強穴，灸三壯。

脱肛乃肺氣下陷，兼用補中益氣湯數貼效，久不瘥者，灸百會。

《神灸經綸·小兒證治》 脱肛瀉血，臟腑撮痛不可忍，灸百會二壯。

《針灸集成·小兒》 脱肛　百會七壯，臍中年壯，或五十壯，或百壯。

陰腫、疝氣

《千金要方·小兒雜病》 氣癩，灸足厥陰大敦，左灸右，右灸左，各一壯。

小兒陰腫，灸大敦七壯。

《外臺秘要》卷二十六《小兒疝氣陰癩方》 劉氏療小兒疝氣陰囊核腫痛灸法　如一歲兒患，向陰下縫子下有穴，灸三壯，差。五歲以上，即從陰上有

穴，灸之，即愈。

《醫心方·治小兒陰頽方》引《經心方》《經心方》灸兩足內踝上七寸，日七壯。又方，但灸其上也。

《聖惠方·具列四十五人形》 小兒胎疝，卵偏重者，灸囊後縫十字文當上，三壯，春灸夏較，夏灸秋較，秋灸冬較，冬灸春較，炷如小麥大。

小兒陰腫，灸內崑崙二穴，各三壯，在內踝後五分，筋骨間陷者中，炷如小麥大。

《普濟方·針灸門·㿗病》 治小兒㿗法，右將兒坐礁頭，祝之曰：坐，汝令兒某甲陰囊㿗，故灸汝三七二十一枚。（灸）〔祝〕訖，便牽小兒，令雀頭向下（者）〔着〕囊縫，當陰頭灸縫上七壯，即消，已驗。艾炷，簪頭大耳。

治小兒氣㿗，灸厥陰大敦，左灸右，右灸左，各一壯。

治小兒胎疝痛，不得乳，穴築賓。

治小兒卒疝，嘔逆，足寒，喉乾，腹腫，內踝前痛，淫濼胻痠，腋下腫，穴太衝。又云療小腹痛，小便不利如淋。

治小兒偏墜，若非胎中所有，在後生者，出《濟生拔粹》。灸莖下腎囊前中門強子上，七壯即愈。

治小兒疝氣，陰囊核腫痛，如一歲兒患，向陰下縫紋下有血，灸三壯，瘥。如五歲兒以上患，即從陰上有穴，灸之即愈。又法，灸大敦七壯，瘥。

治小兒胎產疝，卵便腫重者，灸囊後縫十字文，當上三壯。春灸夏效，夏灸秋效，秋灸冬效，冬灸春效。

治小兒陰腫，灸內崑崙二穴，三壯，即太谿穴。

治小兒陰疝腫，發便腫痛，灸足大指本節三炷，隨痛左右，灸之。

《神應經·小兒部》 卒疝 太衝。

腎脹偏墜 關元灸三七壯。大敦七壯。

《古今醫統大全·小兒灸法》 小兒稟胎疝卵偏腫者，灸囊下十字縫中三壯，春灸夏效，冬灸春效。小兒陰腫，灸內崑崙二穴各三壯，在內踝后五分筋骨間陷中。

《證治準繩·肝臟部·偏墜》 小兒偏墜，若非胎中所有，在後得者，於莖下腎囊前中間弦子上，灸七壯，立愈。

《類經圖翼·針灸要覽·諸證灸法要穴》 陰腫 崑崙。

疝氣 會陰，大敦。

《太乙神針心法·小兒門》 卒疝 針太衝。

腎脹偏墜 灸關元，三壯。大敦。七壯。

《針灸集成·小兒》 陰卵偏大入腹 太衝，獨陰，氣衝，三陰交，關元。

陰腫 崑崙，太衝，太谿。

水腫

《聖惠方·具列四十五人形》 小兒水氣，四肢盡腫，及腹大，灸臍上一寸三壯，炷如小麥大，分水穴也。

小兒臍腫，灸腰後，針臍骨節間，三壯，炷如小麥大。

《古今醫統大全·小兒灸法》 小兒水腫腹大，灸臍上一寸，三壯，分水穴。

《幼科類萃·水腫灸法》 小兒水氣腫及腹大，灸分水一穴三壯，取法在臍上一寸是穴。

《針灸集成·小兒》 浮腫 水分三壯，三陰交三十壯，脾俞三壯。

瘧疾

《千金要方·少小嬰孺方·客忤》 小兒溫瘧，灸兩乳下一指三壯。

《聖惠方·具列四十五人形》 小兒瘧久不愈者，灸足大指次指外間陷者中，各一壯，炷如小麥大，內庭穴也。

《古今醫統大全·小兒灸法》 小兒久瘧，灸足大指次指外間陷中，各一壯。

《幼科類萃·瘧疾灸法》 小兒瘧疾，灸大椎、百會各隨年壯。然百會在髮際上五寸。

小兒久瘧不愈，灸足大指次指外間陷中，各一壯，名內庭穴也。

《幼科鐵鏡·灸瘧母》 瘧母，灸肺俞穴各三壯，背對臍穴三壯，神效。

《針灸集成·小兒》 痎瘧 神道，在五椎節下間，一名莊俞；灸七壯。

久瘧 鬼眼三壯，內庭七壯。

皮膚病

《**扁鵲心書・斑疹**》　小兒斑疹，世皆依錢氏法治之，此不必贅。但黑泡斑及縮陷等證，古今治之，未得其法，以爲火，而用涼藥治者，十無一生。蓋此乃污血逆於皮膚，凝滯不行，久則攻心而死。黄帝正法，用霹靂湯，薑附湯，凡多死之證，但用此法，常有得生者。蓋毒血死於各經，決無復還之理，惟附子健壯，峻走十二經絡，故用此攻之，十中常生八九，於臍下一寸，灸五十壯，則十分無事。若以涼藥凝冰其血，致偏身青黑而死，此其過也。世俗凡遇熱證，輒以涼藥投之，熱氣未去，元氣又漓，此法最不良。余每遇熱證，以知母五錢煎服，熱即退，元氣無損，此乃祕法。錢氏之法，後世兒醫咸遵守之，以五行、五色，而分五臟之證，以順、逆、險，而爲難易不治之條，所用之藥不過溫平無奇，陽熱之逆誠可救全，陰寒之逆百無一愈。其後，陳氏雖云得法，十中或救一二，不若先生之論，闡千古之祕奥，爲救逆之神樞，兒醫苟能奉行，自然夭枉者少矣。每見世俗一遇逆證，勿論陰陽，輒云火閉，石膏、黄連、大黄，用之不厭，人皆信之，至死不悔。近時費氏《救偏瑣言》一出，庸子輒又奉爲典型，在證藥相合者，雖偶活其一二，而陰寒之證亦以其法治之，冤遭毒害者，不知凡幾矣。

《**普濟方・針灸門・諸風**》　治小兒大風癩病，灸曲池二穴，各隨年壯，發即灸之，神良。

治小兒但是風病，諸般醫治不差，灸率谷。

《**外科正宗・小兒赤游丹**》　小兒赤游丹毒，紅赤焮腫，游走不定，須砭之。用鈹針鋒尖，向患上，以重箸在針上面擊之，密砭去血，多者爲妙。血紅者輕，紫者重，黑者死。砭畢，溫湯洗淨，用乾精豬肉縫大片，貼砭處，一時許，方用如意金黄散，水芭蕉根搗汁調敷。

《**針灸大成・治證總要**》　小兒赤遊風　百會，委中。

渾身發紅丹　百會，曲池，三里，委中。

《**採艾編翼・幼科・麻疹**》　督任關竅者，燈火彈之。

《**太乙神針心法・小兒門**》　赤遊風　針百會，委中。

熱風癮疹　針肩髃，曲池，曲澤，環跳，合谷，湧泉。

疥癬瘡　針曲池，支溝，陽谿，陽谷，大陵，合谷，後谿，委中，三里，陽輔，崑崙，行間，三陰交，百蟲窠。

《**太乙神針心法・小兒門**》　遍身生瘡　針曲池，合谷，三里，絶骨，膝眼。

腕腫馬刀瘍　針陽輔，太衝。

瘍腫振寒　針少海。

《**針灸全生・小兒**》　赤遊風　百會，委中。

《**針灸集成・小兒**》　火丹毒　謂遊風，入胸腹則死。即用利針周匝紅處，多出惡血，翌日，更觀紅赤處，如右針刺，效。

《**針灸穴法**》　小兒痘麻不省人事，將危，神闕一穴，中脘一穴，灸三壯至醒，上下要線破蓋若湯，姜湯飲。

口齒病

《**甲乙經・小兒雜病**》　小兒口中腥臭，胸脇榰滿，勞宫主之。

《**聖惠方・具列四十五人形**》　小兒口有瘡，蝕齗爛臭，穢氣衝人，灸勞宫二穴各一壯，在手心中，以名指屈指頭著處是也，炷如小麥大。

《**聖濟總録・治口齒灸刺法**》　勞宫穴，一名五里，在掌中動脈，灸三壯，主口中腥臭。《甲乙經》云：手心主脈之所流也。

齒痛不惡清飲，取足陽明，惡清飲，取手陽明，舌緩涎下，煩悶，取足少陰。

上齒齲腫，目窗主之。

風牙疼逐左右，以繩量手中指頭，至掌后第一横文，折爲四分，以度横文后當臂兩筋間，當度頭，灸三壯，隨左右灸之，兩側患，灸兩臂至驗。頰車、顴髎，主口僻痛，惡風寒不可以嚼。水溝，主唇吻不收，瘖不能言，口噤不開。緊唇，灸虎口，男左女右七壯，又灸承漿三壯。

上齒齲痛惡寒，正營主之。

齒痛，灸外踝上高骨前，交脈上，七壯。

牙齒疼，灸兩手中指背第一節前有陷處，七壯，下火立愈。

小腸輸，主口舌干，食飲不下。

耳門，主唇吻強，上齒齲痛。

口僻，刺太淵，引而下之。

口中腥臭，勞宮主之。
口中下齒痛，惡寒頰腫，商陽主之。
齒齲痛，惡清，三間主之。
口僻，偏歷主之。
口齒痛，溫留主之。
下齒齲，則上齒痛，腋門主之。
齒痛，四瀆主之。
上牙齒齲痛，陽谷主之。一作陽溪。
齒齲痛，合谷主之。
齒齲痛，少海主之。
舌縱涎下，煩悶，陰谷主之。

《普濟方·針灸門·目病》 治小兒口耳喉舌病，口壯臭氣，出《幼幼新書》。灸手心一炷。治小兒口中腫，或有瘡，蝕齗腥臭，穢氣熏人，灸勞宮七壯。
治喉中鳴，嗽乳不利，乳穴璇璣，灸三壯。
治小兒急喉病，出《幼幼新書》。灸天突穴一壯。
治喉痺，哽噎咽腫不得息，水漿不得下出《全嬰方》，灸膈腧，在第七椎下兩傍各一寸半。又云：灸鳩尾，在蔽骨下五分。

《神應經·小兒部》 疳蝕爛　承漿，針灸皆可。

《醫學綱目·脾主濕》 瘡蝕齗斷，臭穢衝人者，灸勞宮一壯。

《名醫類案·走馬牙疳》 濮陽傳爲上虞丞，好醫方，傳授小兒走馬牙疳，灸頸後凹陷中七壯，再以樗樹東南引根，去粗黃，取白皮，同黑豆一升煮熟，去皮食豆，即愈。

《類經圖翼·針灸要覽·諸證灸法要穴》 口中轉屎，因母食寒涼所致，中脘，九壯，大人十四壯。

《太乙神針心法·小兒門》 口有瘡蝕齦臭，穢氣衝人　灸勞宮二穴。各一壯。
牙疳蝕爛　承漿。針灸皆可。

《幼幼集成·齒病證治》 重齦者，腎臟積熱，附齦而腫痛也。以針刺去其血，用鹽湯洗淨，黃檗爲末，敷之。

《幼幼集成·齒病證治》 牙齒落後不復生者，由於舌舔之故，其肉頑厚。用針刺去其血，以齒骨散搽之，自生。

《羅遺編·針灸要穴論》 口中轉屎，因母食寒涼所致，中脘九壯，大人十四壯。

《針灸全生·小兒》 口瘡齦蝕　灸勞宮穴各一壯。
牙疳蝕爛　承漿。

重舌

《千金要方·初生出腹》 小兒出腹六七日後，其血氣收斂成肉，則口舌喉頰裏清淨也。若喉裏舌上有物，如蘆籜盛水狀者，若懸癰有脹起者，可以綿纏長針，留刃處如粟米許大，以刺決之，令氣泄，去青黃赤血汁也，一刺之，止，消息。一日未消者，來日又刺之，不過三刺，自消盡。餘小小未消，三刺亦止，自然得消也。有著舌下，如此者，名重舌。有著頰裏及上腭，如此者，名重腭。有著齒齗上者，名重齗。皆刺去血汁也，小兒生輒死，治之法。

《千金要方·小兒雜病》 重舌，灸行間隨年壯，穴在足大指歧中。
又灸兩足外踝上三壯。

《千金翼方·針灸上·舌病》 小兒重舌，灸左足踝上七壯。

《聖濟總録·齒灸刺法》 重舌，刺舌柱，以鈹針。
重舌，灸行間，隨年壯，穴在足大指歧中，二穴。
小兒重舌，灸左足踝上七壯，又灸兩足外踝上，三壯。

《類經圖翼·針灸要覽·諸證灸法要穴》 重舌　行間。

《採艾編翼·幼科·重舌》 重舌　即雀舌。巴豆半粒，飯四五粒，共搗爛爲餅，如黃豆大，貼兒眉心印堂，待四圍起炮，除之，即愈。

《神灸經綸·小兒證略》 小兒心脾有熱，舌下有形如小舌者，名曰重舌。舌腫硬，不柔和者，名木舌。若舌下有紫脈牽絆，不語，啼哭，名絆舌。用布針刺脈上，數針即愈。

目疾

《聖惠方·具列四十五人形》 小兒疳眼，灸合谷二穴各一壯，炷如小麥

大，在手大指次指兩骨間陷者中。

小兒熱毒風盛，眼睛痛，灸手中指本節頭三壯，名拳尖也，炷如小麥大。

小兒三五歲，兩眼每至春秋，忽生白翳，遮瞳子，疼痛不可忍者，灸第九椎節上一壯，炷如小麥大。

小兒斑瘡入眼，灸大杼二穴各一壯，在項後第一椎下兩傍各一寸半陷者中，炷如小麥大。

小兒嬭癧目不明者，灸肩中俞二穴各一壯，在肩甲內廉，去各三寸陷者中，炷如小麥大。

小兒目澀怕明，狀如青盲，灸中渚二穴各一壯，在手小指次指本節後陷者中，炷如小麥大。

小兒雀目，夜不見物，灸手大指甲後一寸，內廉橫文頭白肉際各一壯，炷如小麥大。

《原機啓微·灸雀目疳眼法》《寶鑑》云：治小兒雀目，夜不見物，灸手大指甲後一寸內廉，橫文頭白肉際，灸一壯，炷如小麥大。

小兒疳眼，灸合谷二穴各一壯，炷如小麥大，手大指次指兩骨間陷者中。

《醫學綱目·肝主風》 小兒疳眼，灸合谷二穴各一壯，炷如小麥大，在手大指次指兩骨間陷者中。

《普濟方·針灸門·目病》 治小兒雀目疳眼，及眼闇冷淚，穴睛明。

治小兒疳眼，灸合谷一壯。

治目澀怕明，狀如青盲，灸中渚各一壯。

治小兒奶癖目不明，灸肩中俞各二十壯。《明堂》作各一壯。

治小兒二三歲，忽發兩眼大小眥俱赤，灸大指穴，指後間一寸五分陷者中，各三壯。

治小兒夜毒風盛，眼睛疼痛，灸手中指本節頭三壯，名拳尖也。

治小兒三五歲，兩眼每至春秋，忽生白翳，遮瞳子，疼痛不可忍者，灸九椎上一壯。

治雀目，夜不見物，出《全嬰方》。灸手大指甲後一寸，內廉橫紋頭白肉際各一壯，亦治翳障。

治小兒班瘡入眼，灸大杼二穴各一壯，頂後第一椎下兩傍各一寸半陷者中，炷如小麥大。

治小兒目不明，穴肝俞，可灸一、二七壯。

《神應經·小兒部》 二三歲兩目眥赤　大指次指間後一寸五分，灸三壯。

《古今醫統大全·小兒灸法》 小兒三五歲，兩眼每至春秋，忽生白翳，遮瞳子，疼痛不可忍，灸大椎上一壯。

小兒斑瘡入眼，灸大椎二穴，頂後第一椎下兩傍各一寸半。

小兒目濇怕明，狀如青盲，灸中渚二穴各一壯，左手小指次指大節後陷中。

小兒熱毒風盛，眼睛疼痛，灸手中指本節頭三壯，名拳尖也。

《針灸大成·續增治法》 小兒疳眼，灸合谷二穴各一壯。

《壽世保元·灸法》 一論小兒雀目，夜不見物，灸手大指甲後一寸內臁橫文頭白肉際，各一炷，如小麥大。

《幼科類萃·諸疳治法》 小兒疳眼，灸合谷二穴各一壯，取法：在手大指次指兩骨間陷中是穴。

《幼科類萃·痞癖門》 小兒乳癖，目不明者，灸眉中俞二穴各一壯，取法：在肩內廉去脊二寸陷中是穴。

《類經圖翼·針灸要覽·諸證灸法要穴》 疳眼　合谷。五壯。

《太乙神針心法·小兒門》 二三歲兩目眥赤　大指次指間，後一寸五分。灸三壯。

《串雅外編·灸法門·醫小兒》 小兒目視不轉睛，指甲黑，作鴉聲，是死形，無可治。惟用此法灸，十灸十生，將左右兩手彎處，各灸一穴，左右兩腳趾，將第二腳趾縫頭處，亦必各灸一灸，將痰瀉出，即回生，奇妙不可言，醫小兒之神灸也。

《羅遺編·針灸要穴論》 疳眼　合谷。五壯。

《針灸逢源·證治參詳·小兒門》 疳眼　由飢飽失調，致食積傷脾，腹大面黃，午後發熱，日久髮稀作瀉，瀉甚則渴，但見白珠紅色，漸生翳膜，遮滿黑珠，突起如黑豆，如香菰之狀，是疳眼也。合谷。各灸一壯。

《神灸經綸·小兒證治》 雀目，夜不見物　灸手大指甲後一寸內廉橫紋頭白肉際，各一炷，如小麥。

《針灸集成·小兒》 雀目　手大指甲後第一節內橫紋頭白肉際，各一

壯，肝俞九壯。

兩目眥赤　合谷，崑崙，神門，風池，絶骨。

兩眼白翳，每到春秋遮瞳　第九椎節上七壯，又取肝俞穴七壯。

卒中

《肘后方·救卒中惡死方》　小兒卒死而四肢不收，屎便者，灸心下一寸，臍上三寸，臍下四寸各一百壯。兒小者隨年。又灸鼻下人中，一名鬼客廳，又治尸厥。

《千金要方·客忤》　小兒中客，急視其口中懸癰左右，當有青黑腫脈核，如麻豆大，或赤，或白，或青，如此，便宜用針速刺，潰去之，亦可爪摘，決之，并以綿纏釵頭，拭去血也。

《千金要方·癰疽瘰癧》　治小兒卒腹皮青黑方　以酒和胡粉傅上，若不急治，須臾便死。

又灸臍上下左右，去臍半寸，并鳩尾骨下一寸，凡五處，各三壯。

《千金翼方·小兒·養小兒》　小兒中客之爲病，吐下青黃汁，腹中痛及反倒偃側，以癇狀，但目不上插，少睡，面色變五色，脈弦急，若失時不治，小久，則難治。治之法，以水和豉，擣令熟，丸如雞子大，以轉摩兒囟上及手足心各五遍，又摩心、腹、臍，上下行轉摩之，食頃，破視，其中有細毛，棄圓道中，病愈矣。

若吐不止，灸手心主、間使、大都、隱白、三陰交各三炷。

《普濟方·針灸門·初生諸疾》　治小兒中馬客忤，而吐不止者，灸手心主，間使，大都，隱白，三陰交，各三壯。

治小兒中客忤惡氣，灸臍上、下、左、右半寸，及心鳩尾下一寸，凡五處，三十壯，不在大。此兼治小兒百病。

《普濟方·針灸門·雜病》　治小兒卒患肚皮青黑，不急治，須臾即死，灸臍上、下、左、右，去臍半寸，并鳩尾骨下一寸，凡五處，各三壯。

《神應經·小兒部》　卒患腹痛，肚皮青黑　灸臍四邊各半寸三壯，鳩尾骨下一寸，三壯。

《證治準繩·腎臟部·中惡》　葛氏肘後灸法，以繩圍其死人肘腕，男左女右畢，伸繩從背上大椎度以下，又從此灸横行各半繩，此法，三灸，各三，即起。又令爪其病人人中取醒。不起者，卷其手，灸下文頭，隨年壯。又灸鼻中三壯也。又灸頤下宛宛中名承漿穴十壯，大效。又灸兩足大指爪甲聚毛中七壯，效。此華佗法。一云：三七壯。又：灸臍中百壯也。

《太乙神針心法·小兒門》　卒患腹痛，肚皮青黑　灸臍四邊各半寸，三壯。鳩尾骨下一寸，三壯。

《針灸全生·小兒》　卒患腹痛，肚皮青黑　灸臍四圍各半寸，三壯，鳩尾下一寸，三壯。

《針灸全生·小兒病》　肺虛者，見赤屍鬼　肺俞，刺入一分半，得氣則補，留三呼，次進一分，留一呼，徐徐出針。合谷，刺三分，得氣則補，留三呼，退一分，留一呼，徐徐出針。

心虛者，見黑屍鬼　心俞，以毫針刺之，得氣留補，即甦。陽池刺同。

肝虛者，見白屍鬼　肝俞，以毫針刺三分，得氣留補。邱墟，以毫針刺三分，得氣則補，留三呼，腹中鳴者，可治也。

脾虛者，見青屍鬼　脾俞，刺三分，留二呼，進二分，氣至，徐徐出針，即甦。衝陽，以毫針刺三分，得氣則補，留三呼，次進一分，留一呼，徐徐出針，以手摸之。

腎虛者，見黃屍鬼　腎俞，刺三分，得氣則補，留三呼，又進二分，留三呼，徐徐出針。一云：在十五椎下兩旁，疑是奇俞，類氣海俞也。以上刺法，必先以口含針，令溫煖，而後刺之，則經脈之氣無拒逆也。

鬼魅　上星，水溝。鬼擊卒死，手足鬼眼穴，上火，兼治夢厭鬼，鬼擊。

附：《集成》全身燈火歌

仙傳神火天然理，始自角孫瘈脈起。聽宮曲鬢本神旁，次及天容乃右取。囟會承漿左肩井，曲池合谷諸邪屏。氣關已過至神門，右亦如之昏可醒。左乳根中七燋始，右亦如之何待齒。臍下陰交續命關，平平三點凶危止。脊中身柱至長強，肺俞陽陵承山當。崑崙解谿邱墟穴，湧泉右亦放之良。凡用火，無論男女，皆從左起，次第，當依此訣。

此法治小兒諸風，傷寒，一切危急之證：荆芥、卜荷、防風、合明礬、雄黃，共爲末，加射香一分，艾一兩，共成射艾灸法，神效。

耳鼻喉病

《聖惠方・具列四十五人形》小兒多涕者，是腦門被風拍着，及肺寒也，灸囟會一穴，三壯，炷如小麥大，在上星上一寸，直鼻。

小兒急喉痺，灸天突穴一壯，在項結喉下三寸兩骨間，炷如小麥大。

《普濟方・針灸門・目病》治耳聾，嘈嘈無所聞，出《全嬰方》。灸乳白，在耳後入髮一寸。

治小兒耳聾，穴顱囟。

《普濟方・針灸門・雜病》治小兒多涕者，是腦門被風拍著，及肺寒也，灸囟會。

治小兒鼻多清涕，穴前頂。

臍風

《甲乙經・小兒雜病》小兒臍風，目上插，刺，絲竹空主之。小兒臍風，口不開，善驚，然谷主之。

《醫心方・治小兒口噤方》引録驗方　又方，灸百會穴。

《聖惠方・具列四十五人形》小兒新生二七日內，若噤不吮乳，多啼者，是客風中於臍，循流至心脾二臟之經，遂使舌強，脣痓，啣乳不得，此疾所施方藥，不望十全爾。大底以去客風，無過。灸承漿一穴七壯，在下脣稜下宛宛中是也。次灸頰車二穴，各七壯，在耳下曲頰骨後，炷並如雀屎大。

《醫説・針灸・灸臍風》樞密孫公抃，生數日，患臍風，已不救，家人乃盛以盤合，將送諸江，道遇老媼，曰：兒可活，即與俱歸，以艾炷臍下，遂活。《青箱雜記》。

初生小兒臍風撮口，灸然谷穴三壯，在內踝前起大骨下陷中，針入三分，不宜見血，立效。

《普濟方・針灸門・初生諸疾》治小兒初生三四日，二七日內，著噤不吮奶多啼者，是客風中於臍，循流至心脾二經，遂使舌強，唇痓。啣得斯疾，所施方藥，不能十全爾，大抵宜去風，無過。灸承漿，次灸頰車二穴。穴承漿，頰車，各七壯，炷如雀屎。

治小兒初生，臍風口噤，痿厥，洞洩，及臍風撮口，諸藥不效者，灸然谷穴，在內踝前起大骨下陷中，可灸三壯，針入三分，不宜見血，立效。

治臍風目上插，刺絲竹空。

治小兒臍風，口不開，善驚，穴然谷。

治小兒臍腫，灸腰對臍骨節間，三壯。

《名醫類案・臍風》江應宿曰：凡兒臍風，須看牙齦，有水泡點，如粟粒，以銀針挑破，出污血，或黃膿少許，而愈。

又一法，以熱水蘸綿子，包指，擦之，輕挖破，以金頭蜈蚣炙末，敷之，仍以厚衣包裹，納母懷中，取大汗出而愈，再服歸命散解之。

近來江南臍風之證最多，蓋由赤子落臍之時，不慎照顧，風邪流入心脾，五七日而發，面青口撮，吐白沫，倉卒急迫失救，遂致夭折。急用蒜一兩，搗捏作餅子，納於臍上，以艾火灸五七壯，以拔出風邪，仍用艾茸或綿子，如錢大一塊，貼於臍上，外以膏藥封之，兼行前二法爲妙。必有青筋發在腹，有二道生叉，以艾灸絶，截住叉頭，稍遲，則上行攻心而死。

《古今醫統大全》引《針灸直指・諸證針灸經穴・小兒諸病》撮口臍風然谷。灸。

《壽世保元・灸法》一論小兒臍風，以艾灸臍下即活。

又方，用線比兩口角，折中，以墨記之，放臍中，四下灸七壯。又用新針七個，刺兩眉，口圓圈一百餘下。又用房四角草爲火，將小兒在火上左右各轉三遭，令汗出，即已。

《幼科類萃・口噤灸法》小兒初生三四日，七日內，口噤不吮乳，多啼者，是客風中於臍，循流至心脾二經，遂使舌強唇喔，灸承漿一穴，取法，在唇稜下宛宛中是穴，次灸頰車二穴各七壯，在耳下曲頰骨後是穴。

《類經圖翼・針灸要覽・諸證灸法要穴》臍風撮口，在母腹中氣逆所致，或產時不慎受寒而然。承漿，然谷。

一法，以小艾炷，隔蒜，灸臍中，俟口中覺有艾氣，亦得生者。

又法，凡臍風若成，必有青筋一道，自下上行至腹而生兩岔，即灸青筋之頭三壯截住。若見兩岔，即灸兩處筋頭各三壯，十活五六，不則上行攻心而死矣。

《景岳全書·小兒則·撮口臍風》若因剪臍短少，或因束縛不緊，或因牽動，風入臍中，或因鐵器斷臍，冷氣傳於脾絡，以致前證者，口內有小泡，急掐破，去其毒水，以艾灸臍中，亦有得生者。治法多端，無如灸法。《保嬰集》云：小兒百日，臍風馬牙，當作胎毒，瀉足陽明之火，用針挑破，以桑樹白汁塗之。

《幼科鐵鏡·全身正面用燈火圖》

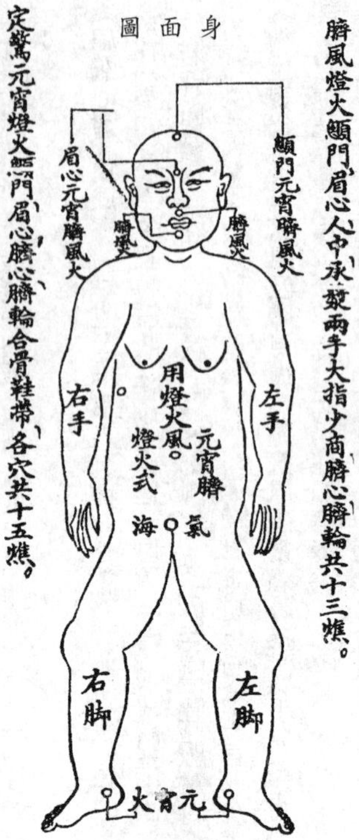

《幼科鐵鏡·辨臍風》案中諸君子乎，兩代效集充笥不能載，聊取疑難之證，約略附之各證之末，非矜己也，所以資事斯道者，以相較驗。云：長山庠友儲二有，一日，抵舍下，偶道及從前舉子俱不育於臍風，予爲約曰：後弄璋三朝內，招予過望，此患可除，後果如約。將兒抱出，兩眼眸黃色，方與用燈火十三燋，即退。此望臍風不爽之一驗也。

余邑中嶧桐居士劉伯宗先生，乃郎佶三婦，初舉媛，臍風延至七日，口不吹噓，亦不撮緊，兩眼角黃色，深集溶溶，鼻準幷溝畔黃色淡淡，身上微燒，見之甚訝。從未有臍風能延至七日者，以眼角鼻上黃色濃淡揣之，知其脾土稟性甚旺，風難遽入，以故爾爾。余重揉外勞，用燈火十三燋，攻拔肝風，於鼻上幷左右溝裏，加火三燋，以截去路，用防風一錢，煎服，立愈。此臍風異證之一驗也。

《幼幼集成·臍風證論》臍證簡便方　小兒初生，犯撮口臍風、荷包風、鵝口風等項，幷齒根邊生白點，名馬牙，啼哭不吮乳，即看口內堅硬之處，或牙根邊白點，將針挑破出血，濃煎薄荷湯，磨京墨調勻，以指攪過，再以產母亂髮蘸墨，滿口搽之，仍用新青布蘸溫水展口，即愈。

小兒臍風撮口，用完全生葱二根，搗爛取汁，又以直僵蠶三個，炒，去絲，研極細末，以葱汁調勻，塗母乳頭上。令兒吮之，或灌兒口內亦可。

小兒臍風撮口，以艾葉燒灰，塡臍上，以帛縛之，若臍帶已落，用蒜切薄片，貼臍上，以艾火灸之，候口中有艾氣，立愈。

《神灸經綸·小兒證治》口噤不吮乳，初生七日內得此證，是客風中臍，循流至心脾二經，遂使舌強唇撮。

承漿穴，在唇稜下宛宛中，頰車穴，在耳下曲頰骨後，以上二穴，各灸七壯。

《神灸經綸·小兒證治》撮口臍風　然谷。一法，以艾小炷隔蒜灸臍中，俟口中覺有艾氣，即效。凡臍風證，必有青筋一道，自下上行至腹，而生兩岔，即灸青筋之頭三壯。若見兩岔，即灸兩處筋頭，各三壯。十治五、六，否則，上行攻心不救。

驚

《千金翼方·小兒驚癇》曲澤，主心下澹澹喜驚。

陰交，氣海，大巨，主驚不得卧。

陰蹻，主卧驚，視如見星。

大鍾，郄門，主驚恐畏人，神氣不足。

然谷，陽陵泉，主心中怵惕，恐人將捕之。

解谿，主瘈瘲而驚。

少衝，主太息煩滿，少氣悲驚。

行間，主心痛數驚，心悲不樂。

陽谷，主風眩驚手捲。

厲兑，主多卧好驚。

腋門，主喜驚，妄言面赤。

神門，主數噫，恐悸少氣。

間使，主喜驚，瘖不能言。

三間，合谷，主喜驚。

陽谿，主驚瘈。

通里，主心下悸。

大陵，主心中澹澹驚恐。

手少陰，陰郄，主氣驚心痛。

天井，主驚瘈。

後谿，主淚出而驚。

腕骨，主煩滿驚。

《聖惠方・具列四十五人形》 小兒緩驚風，灸尺澤各一壯，在肘中橫文約上動脈中，炷如小麥大。

小兒睡中驚，目不合，灸屈肘橫文上三分各一壯，炷如小麥。

小兒身強，角弓反張，灸鼻上入髮際三分，三壯。次灸大椎下囟開，二壯，炷如小麥大。

小兒急驚風，灸前頂一穴三壯，在百會前一寸，若不愈，須灸兩眉頭，及鼻下人中一穴，炷如小麥大。

小兒但是風病，諸般醫治不差，灸耳上入髮際一寸五分，嚼而取之，率谷穴也。

小兒睡中驚掣，灸足大指次指之端，去爪甲如韭葉，各一壯，炷如小麥大。

《扁鵲心書・驚風》 風木太過，令人發搐，又積熱蓄於胃脘，胃氣瞀悶，亦令卒仆，不知人事，先服碧霞散，吐痰，次進知母黃芩湯，或青餅子，硃砂丸皆可。若脾虛發搐，或吐瀉後發搐，乃慢驚風也，灸中脘三十壯，服薑附湯而愈。小兒之急驚，慢驚，猶大人中風之閉證，脫證，溫清補瀉，審病當而用藥確，自無差訛。

《衛生寶鑑・灸慢驚風及臍風撮口癲癇風癇驚癇等疾》 小兒慢驚風，灸尺澤穴各七壯，在肘中橫紋約上動脈中，炷如小麥大。

《玉龍經・盤石金直刺秘傳》 天吊風　手足搐牽，曲池，足三里。並瀉。

《世醫得效方・小方科・慢驚》 灸法　治急慢驚風，危極不可救者。先當兩乳頭上，男左女右，灸三壯。次灸髮際眉心囟會三壯。手足大指當甲角，以物縛兩手作一處，以艾騎縫灸，男近左邊，女近右邊，半甲半肉之間，灸三壯，先腳後手。亦可治陰陽諸癇病。艾柱如麥子大。

《普濟方・針灸門・驚風》 治小兒慢驚，脾危惡證候，藥力不到者，但看兩腳面中間陷處，有太衝脈，灸百會穴。其穴直取前後髮際折中，橫取兩耳尖折中，在頭之中心，端正旋毛處是也。如有雙旋，及旋毛不正者，非所。捏艾炷約如小麥許，但三五壯而止。灸後，仍與醒脾之劑。

治小兒急驚風及驚癇等，灸前頂，三壯。若不愈，須灸兩眉頭，及鼻下人中。

治小兒驚恐，穴瘈脈。

治小兒睡中驚搐，目不合，灸屈肘橫紋中上三分，各一壯。

治小兒睡中驚掣及驚癇，《全嬰方》。灸足大指次指端，去爪甲如薤葉，各一壯。

治驚不得卧，灸陰交，氣海，大巨。

治卧驚，視如見星，灸陰蹻。

治驚恐畏人，神氣不足，灸大鍾，郄門。

治心中悚惕，恐人將捕之，灸然谷。

治瘈瘲而驚，灸解谿。

治太息煩滿，少氣悲驚，灸少衝。

治心下澹澹喜驚，灸曲澤。

治心痛數驚，心痛不樂，灸行間。

治風眩驚捲，灸陽谷。

治多卧好驚，灸厲兌。

治驚喜妄言，面赤，灸腋門。

治數噫，恐悸少氣，灸神門。

治喜驚，瘖不能言，灸間使。

治喜驚，灸三間，合谷。

治瘈驚，灸陽谿，天井。

治心下悸，灸通里。

治心中澹澹驚恐，灸大陵。

治氣驚心痛，灸手少(陽)〔陰〕，陰郄。

治淚出而驚，灸後谿。

治煩滿驚，灸腕骨。

治小兒善驚，穴然谷。

治小兒驚恐失精，穴長強。

治小兒驚啼及多哭，穴百會。

治一切慢驚風，厥危病證，百會穴七壯，灸至七七壯，量輕重加減艾壯數。又兩足外踝下，赤白肉際陷中金門穴，灸七壯，至七七壯。

《普濟方·針灸門·諸風》 治小兒中風，角弓反張，多哭，言語不擇，發無時節，盛則吐沫。《濟生拔粹》。灸百會七壯。

治卒中風毒，如口眼喎斜，語言不得。《全嬰方》。灸合谷三壯。在手大拇指合足處，喎左灸右，喎右灸左。

治角弓反張，灸神庭，在髮際直鼻入及椎骨，并鼻上入髮際三分，各三壯。

治風痓，角弓反張，口噤不語，四肢拘急。《全嬰方》。灸百會，間使，神庭各三壯。百會在髮上五寸，間使在掌後二寸兩筋中間，神庭在髮際直鼻。

治小兒身強，角弓反張，灸鼻上入髮際三分，三壯。次大椎下節間，三壯。

《永樂大典·兒·小兒證治八》 《王氏手集》 灸小兒急慢驚風，於兩足大指甲肉間灸三、五壯，須是立灸即效。已上五十九方，並載《幼幼新書》。

《神應經·小兒部》 驚風　腕骨。

瘈瘲五指掣　陽谷，腕骨，崑崙。

搖頭張口反折　金門。

角弓反張　百會。

《名醫類案·驚搐》 羅氏治一子四歲，一僧摩頂授記，衆僧念咒，因而大恐，遂驚搐，痰涎壅塞，目多白睛，項背強急，喉中有聲，一時許方醒。後每見衣皂之人輒發，多服朱、犀、龍、麝，鎮墜之藥。四旬餘，前證猶在，又加行步動作，神思如癡。羅診其脈沉弦而急。《針經》曰：心脈滿大，癇瘈筋攣。又云：肝脈小急，癇瘈筋攣。蓋小兒血氣未定，神氣尚弱，因而驚恐，神無所依。又動於肝，肝主筋，故癇瘈筋攣。病久氣弱，小兒易於虛實，多服鎮墜寒涼之劑，復損其氣，故加動作如癡。《內經》云：暴攣癇眩，足不任身，取天柱穴是也。天柱穴，乃足太陽脈氣所發，陽蹻胕而行也。又云：癲癇瘈瘲，不知所苦，兩蹻主之，男陽女陰。潔古云：晝發，治陽蹻申脈穴，夜發，治陰蹻照海穴。先灸兩蹻各二七壯，次處沉香天麻湯。

《古今醫統大全》引《針灸直指·諸證針灸經穴·小兒諸病》 急驚　小
谿。針。

慢驚　尺澤，灸。印堂。灸。

《醫學綱目·肝主風》 角弓反張，鼻上入髮際三分，灸三壯，大椎下節間，灸三壯。

《壽世保元·灸法》 一論小兒慢驚、慢脾危證，藥力不到者，但看兩腳面中間陷處，有太衝脈，即灸百會穴。其穴直取前後髮際折中，橫取兩耳間折中，在頭之中心端正旋毛處是也。如有雙旋毛，及旋毛不正者，非。艾炷約小麥許，但三、五壯而止，灸後仍與醒脾散等補藥。

一論小兒驚風，男左乳黑肉上，女右乳黑肉上，周歲灸三壯，二、三歲兒灸五、七壯，神效。

《身經通考·小兒門》 小兒急驚，灸百會穴前一寸。若不瘥，灸兩肩頭及人中各三壯，艾小麥大。

《楊敬齋針灸全書·小兒驚風》

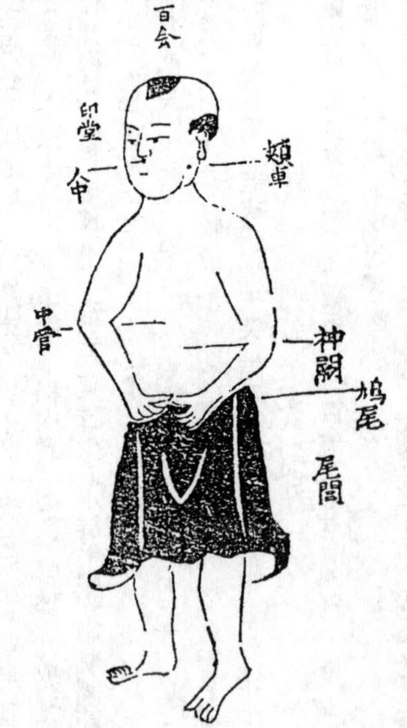

《楊敬齋針灸全書·小兒角弓反張》

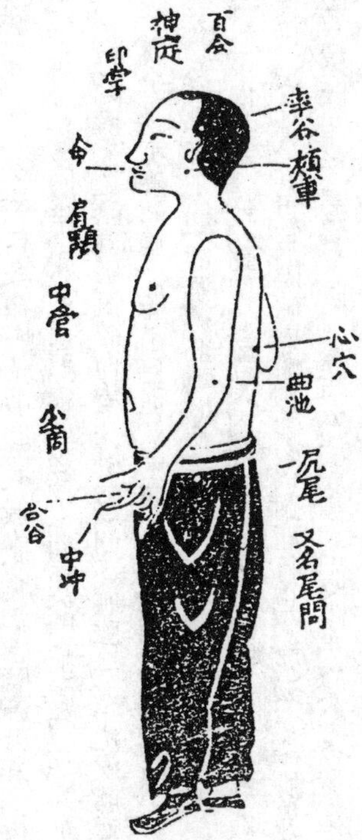

《針灸大成·醫案》　是歲公子箕川公長愛，忽患驚風，勢甚危篤，灸中衝，印堂，合谷等穴，各數十壯，方作聲。若依古法而止灸三五壯，豈能得愈？是當量其病勢之輕重而已。

《幼科類萃·驚風灸法》　小兒急驚，灸前頂一穴三壯。取法在百會前一寸。若不愈，灸兩眉心及鼻下人中一穴，炷如小麥大。

小兒慢驚，灸尺澤穴各三壯。在肘中橫紋約上動脈中，炷如小麥大。

小兒睡中驚掣，灸足大指次指之端去爪甲如韮葉許，各一壯。

小兒角弓反張，身強，灸鼻上入髮間三方三壯，吹灸大椎下節間三壯。

小兒睡中驚，不合眼目，灸屈肘后橫文中三分，各一壯。

《類經圖翼·針灸要覽·諸證灸法要穴》　急慢驚風　百會五七壯，囟會，上星，率谷，三壯。水溝，尺澤，間使，合谷，太衝。五壯。

《景岳全書·小兒則·慢驚風》《保嬰撮要》曰：凡元氣虧損而至昏憒者，急灸百會穴，若待下痰不愈而後灸之，則元氣脫散而不救矣。

《幼科鐵鏡·驚癇活證辨》　初明曰：驚證或驚死一二日，或三四五六七日不甦，即甦，亦不省人事，或抽掣，或不抽掣，宜急於肺俞穴用艾灸三燋。若一拿即甦，不必再灸，只須元宵火，天保采薇湯，連服三四劑，重加半夏四五錢，從未有不活者。如在夏月，外加香茹一錢五分。

《採艾編翼·幼科·急驚風》　治神情昏迷，則先神庭，而后四關。若痰壅，則先四關，而后神庭，與大中風似。

神庭，鼻直上入髮際五分，一切昏迷牽引。上脘，臍上二寸。肓俞，臍開寸半。氣海，臍下寸半。

合谷，手虎口岐骨陷中，四關之二。內關，掌后二寸。尺澤，肘上紋尖。絕骨，外踝上三寸。

太衝，足大指次指岐骨，四關之二。陽陵泉，膝下外廉一寸骨陷。風門，二節開一寸半。

若口眼喎邪，加地倉，口角外四分，喎左取右，喎右取左。頰車，耳珠下八分。危急加人中，水溝正中。中衝，中指內表。灸後，服鎮驚丸或琥珀丸。

《採艾編翼·幼科·慢驚風》　治，百會，耳尖直小旋毛中。中脘，幽門，巨闕開寸半。天樞，臍開三寸。

氣海，甚者則用關元，臍下三寸。太衝，三陰交，內踝上三寸。足三里。肺俞，三節開三寸。脾俞，十一節開三寸。合谷，列缺，食指叉取。曲池，曲肘面，曲骨陷。若痰喘，加天突，結喉下宛宛中。膻中，平乳，正中。若嘔吐不止，扭轉手肘向外，近少海穴骨尖，灸二七壯。

《羅遺編·針灸要穴論》　急慢驚風　百會，五七壯。囟會，上星，率谷，三壯。水溝，間使，合谷，太衝，尺澤。

《神灸經綸·小兒證治》　急慢驚風　百會，水溝，合谷，大敦，行間，囟會，上星，率谷，尺澤，慢驚。間使，太衝，印堂。灸三壯，炷如小麥。

慢脾風　脾俞。

《針灸全生·中風》　小兒急驚風，手足搐搦，印堂，百會，人中，中衝，大敦，太衝，合谷，列缺。

小兒慢脾風，目直視，手足搐，口吐沫，大敦，列缺，百會，脾俞，上星，人中。

《針灸全生·小兒》　驚風　脘骨。

瘈瘲指掣，陽骨，脘骨，崑崙。

搖頭張口，反折，金門。

目戴上，百會，崑崙，絲竹空。

急慢驚風，印堂入一分，沿皮刺，透攢竹，大哭效，不哭難。急驚瀉，慢驚補，出針復灸之。

急驚手足搐搦，列缺，印堂，百會，人中，中衝，大敦，太衝，合谷。

慢脾風，目直視手足搐，口吐沫，大敦，脾俞，百會，上星，人中，列缺。

《傳悟靈濟録·小兒諸病》　急慢驚風　百會，五七壯。囟會，上星，率谷三壯。水溝，尺澤，慢驚。間使，合谷，太衝。五壯。

臍風撮口：在母腹中氣逆所致，或於産時不順，受寒而然也。承漿，然谷。一法：以小艾炷隔蒜灸臍中神闕穴，如口中覺有艾氣，亦有回生者。又一法：臍風若成，必有青筋一道自下上行至腹，即灸青筋之頭三壯，截住之。若見兩岔，即灸兩處筋頭，各三壯，十中可活五六，否則上行致心而死矣。

《針灸集成·小兒》　驚風　神道，在第五椎節間，灸七壯至百壯即效。

又危急難救　灸兩乳頭三壯，男左女右。

睡驚手掣，目不合　手大指次指端各三壯，間使，合谷，太衝，太淵。

角弓反張　百會七壯，天突七壯。

口噤　然谷。

先驚後啼　百會七壯，間使，斷交。

善驚　然谷。

急驚風者，因風而作，或聞禽獸雞犬聲而作，口生潮涎，一身搐搦。身口皆熱，發作暴烈，過後惺惺如舊。

慢驚風者，作於大病之餘，或大吐之餘，脾胃極虚，身與口鼻氣出皆冷，時時瘈瘲，昏睡露睛，撮口。右急驚兩證氣絶者，先診太衝脈，不絶者可治。百會三壯，神庭七壯，鬼眼三壯，肝俞七壯，兩乳頭三壯，男左女右，第二椎幷五椎各七壯。或臍中。百壯，神效。

《針灸穴法》　小兒慢驚，目視口吐沫：列缺二穴，大敦二穴，脾俞二穴，百會一穴，上星一穴，人中一穴。

小兒牙關緊閉：頰車二穴，合谷二穴。

小兒驚風：百會，一穴。印堂，一穴。鳩尾，一穴。神厥，一穴。中管，一穴。頰車，二穴。三里。二穴。

小兒角弓反張：百會，一穴。神庭，一穴。印堂，一穴。中宛，一穴。肩顒，二穴。頰車，二穴。心俞，二穴。曲池，二穴。合谷，二穴。中衝，二穴。内廷，二穴。率谷。二穴。

小兒急驚風：前頂，一穴。百會，前頂一寸五分囟會，一穴。人中，一穴。大椎，一穴。内關，一穴。解谿。二穴。

小兒急驚風：人中，一穴。印堂，一穴。率谷，二穴。膝頂。二穴。

小兒慢驚風：太衝，二穴。百會，一穴。合谷。二穴。

小兒慢驚風：眉心，一穴。太陽，二穴。亶中，一穴。湧泉。二穴。

小兒驚風，嘔逆，食乳即吐：亶中，一穴。中管，一穴。氣海，一穴。曲池，二穴。合谷。二穴。

小兒急驚風，眼翻白：眉心，一穴。鼻梁，一穴。亶中，一穴。總經，二穴。解谿，二穴。陽池。二穴。

小兒鯽魚驚吐沫：信門，四穴。亶中，一穴。氣海，一穴。合谷。二穴。

小兒驚風，肚痛，眼翻，四肢厥冷：分水，一穴。天樞，二穴。丹田，一穴。合谷。二穴。

小兒天吊驚，頭後仰，脚後伸，眼翻白：信門，四穴。分水，一穴。天樞，二穴。丹田，一穴。喉下。三穴。

小兒水瀉驚，肚中響，口唇白，身體軟：眉心，一穴。亶中，一穴。總骨，二穴。頰車，二穴。解谿。二穴。

小兒迷魂驚，不知人事，咬牙似死：眉心，一穴。鼻梁，一穴。亶中，一穴。總骨，二穴。解谿。二穴。

小兒迷魂驚，咬牙一死：水溝，一穴。巨厥，一穴。神廷，一穴。命門，一穴。幽門，二穴。章門。二穴。

小兒急驚凡眼白：湧泉，二穴。待人事醒，然後從遍身燒。

小兒急驚危極：印堂，二穴。頰車，二穴。曲池，二穴。人中，一穴。尺澤，二穴。大敦，二穴。手三里，二穴。中衝，二穴。氣海，二穴。太衝。二穴。

小兒急驚，咬牙發熱：頰車，二穴。乳根，二穴。尺澤，二穴。合谷，二穴。太衝。二穴。

小兒慢驚，目閉昏沉：印堂，一穴。待人事醒覺，然後從額上燒下。

小兒慢驚吐瀉：腰脊，一穴三壯。分水，一穴。天樞，二穴。丹田。一穴。

小兒蛇思驚，舌出不收，人不安席：腰脊，一穴三壯。然後遍身從上燒下。

小兒母豬驚，口鱉：鼻尖。一穴。

小兒魚吊驚，口吐沫：承漿。一穴。

小兒驚風捷治：膏肓，二穴。丹田，一穴。合谷，二穴。大敦，二穴。少澤。

二穴。

小兒驚風潮熱：脾俞，二穴。乳根，二穴。頰車，二穴。人中，一穴。上星，一穴。

小兒急驚：印堂一穴。百會，一穴。竅陽，二穴，耳尾。合谷，二穴。中衝，二穴。大敦，二穴。三里，二穴。中腕。一穴。

小兒慢驚風驚急及牙關閉：頰車，二穴。眼吊上灸承漿穴，眼垂下灸百會，上星，一穴。人中，一穴。竅陽，二穴。中腕，一穴。脾俞，二穴。內關，二穴。合谷。二穴。

小兒急慢驚風：凡灸男左女右，大指拇與中指相連，取指節兩頭盡處爲寸，在中間灸三壯或三五壯后，用燈火灸兩手風門，各灸一壯。風關穴在手大指與次指第一節痕是穴，男左女右，可灸。又總門一穴。其取穴法，用病者手掌前下横紋，在鼻尖上比起直上至中指盡處，入髮二寸是穴，灸三壯。又率谷一穴，在后入髮一寸五分。又人中一穴，宜用燈火，不必用艾。又大杼一穴，在第一椎骨陷中。又鳩尾一穴，中行直至糞門上后骨尾處是穴，重者用艾，輕者用燈火。若病未甚重者，只灸囟門穴，天柱穴，率谷穴，鳩尾穴，重者五灸，都盡灸，立效。

小兒慢驚風：上星，一穴。絲竹，二穴。中宛，一穴。肚角，二穴。丹田，一穴。勞宮，二穴。少澤，二穴。合谷，二穴。呂細，二穴。湧泉，二穴。風池，二穴。曲池，二穴。十宣，十穴。腎水，二穴。公孫，二穴。二間。二穴。

小兒慢驚：絲竹，二穴。五處，二穴。承漿，一穴。肩尖，二穴。承滿，二穴。丹田，一穴。曲池，二穴。十宣，十穴。委中，二穴。三里，二穴。公孫，二穴。解谿，二穴。風池，二穴。膏肓，二穴。腎水，二穴。宛骨，二穴。少澤，二穴。二間，二穴。崑崙，二穴。長強。一穴。

小兒急驚風：上星，一穴。承滿，二穴。勞宮，二穴。丹田，一穴。二間，二穴。肩尖，二穴。曲池，二穴。腰脊，一穴。腎水，二穴。長強，一穴。湧泉。二穴。

小兒額上紅筋起，上界天紅吊：上星，一穴。承漿，一穴。乳根，二穴。中宛，一穴。太淵，二穴。肩尖，二穴。膏肓，二穴。腎水，二穴。三里。二穴。

小兒氣急，狂風中吊：鼻尖，二穴。乳根，二穴。三里，二穴。間使，二穴。圍臍，二穴。速肘，二穴。合谷，二穴。膏肓，二穴。腎水，二穴，長強，一穴。三里，二穴。中衝。二穴。

小兒咬人，狗吊：印堂，一穴。魚尾，二穴。曲池，二穴。中宛，一穴。丹田，一穴。勞宮，二穴。少澤，二穴。少商，二穴。公孫，二穴。風池，二穴。膏肓，二穴。腎水，二穴。長強，一穴。三里，二穴。湧泉。二穴。

小兒手足亂動舞時，抑弓拽弩吊：印堂，一穴。傳氣，二穴。曲池，二穴。乳根，二穴。連肘，二穴。委中，二穴。解谿。二穴。

若氣反，變狂風吊：膏肓，二穴。陰池，二穴。少商，二穴。腎水，二穴。長強，一穴。三里，二穴。大敦，二穴。至陽。二穴。

小兒不省人事，曰迷魂吊：竅陽，二穴。頰車，二穴。承漿，一穴。期門，二穴。圍臍，四穴。解谿，二穴。湧泉，二穴。膏肓，二穴。腎水，二穴。陽池，二穴。少商，二穴。少澤，二穴。長強，一穴。至陽，二穴。崑崙，二穴。公孫。二穴。

小兒手足沐浴様，天河吊：百會，一穴。圍臍，四穴。合谷，二穴。犢鼻，二穴。公孫，二穴。速肘，二穴。陰池，二穴。腎俞，二穴。（腎毛）〔關元俞〕，二穴。十七，節下開一寸，吊脇，二穴。左患右灸，右患左灸，右左俱灸三壯。

小兒作貓叫，是貓吊，日輕夜重，身上熱有：百會，一穴。圍臍，四穴。丹田，二穴。內踝，二穴。湧泉，二穴。勞宮。二穴。

小兒作羊叫，即羊吊：風池，二穴。膏肓，二穴。三里，二穴。頰車。二穴。

小兒走路驚風射用此穴：印堂，一穴。乳根，二穴。中宛，一穴。圍臍，四穴。承山，二穴。解谿，二穴。少商，二穴。崑崙，二穴。大敦，二穴。長強，一穴。湧泉，二穴。眉心，一穴。腰脊，二穴。陰池，二穴。膏肓。二穴。

《針灸摘要・任脈》小兒急驚風，手足搐搦：印堂，百會，人中，中衝，大敦，太衝，合谷。

小兒慢脾風，目直視，手足搐，口吐沫：大敦，脾俞，百會，上星，人中。

《痧驚合璧・驚風三十八證童人圖》圖中有墨圈者，係正面應灸穴。堂有加墨角圈者，即係背上應灸火穴。堂診活俱詳歌論中，須細玩之耳。

喘矚驚證

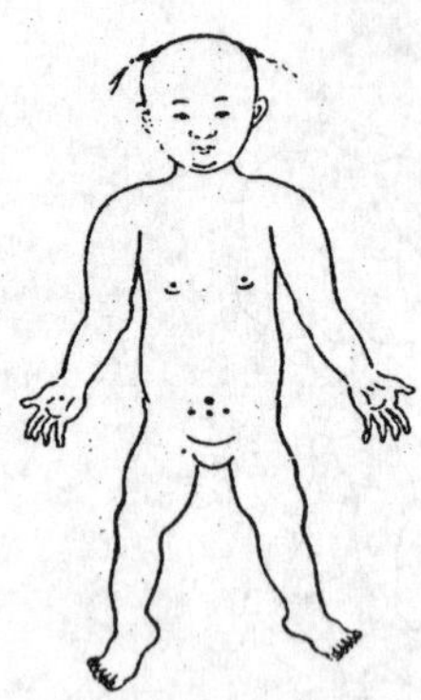

小兒喘氣似風證，潮熱如同火上蒸，飲食受寒風嗆乳，臍下三火氣和平。

今有小兒氣喘如風，潮熱火蒸，因飲食受風嗆乳。離臍下一指，用艾火三炷，即安。灸後勿熱與乳，併忌見風。

胎毒驚證

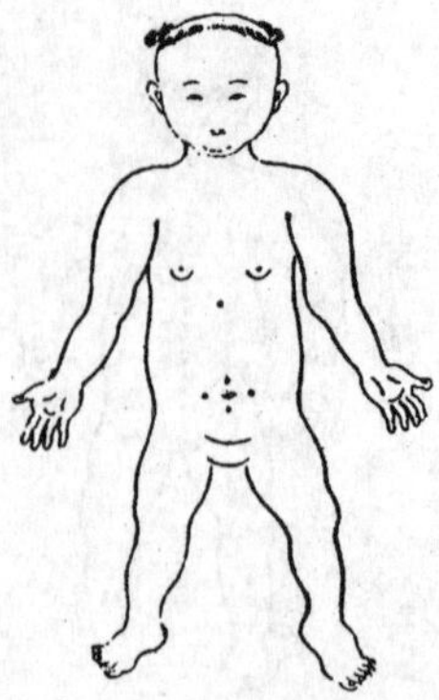

兒未滿月泣呱呱，兩脇膨脹恍似瓜，心下一指攢臍火，管教灸後起沉痾。

小兒未滿月，晝夜啼哭煩燥，兩脇膨脹，指彈如瓜響，身且發熱，因母腹中冷熱不勻，受胎成驚，名曰胎驚。離心下一指灸一火，攢臍四火，過半月之後方可與乳。

甦厥驚證

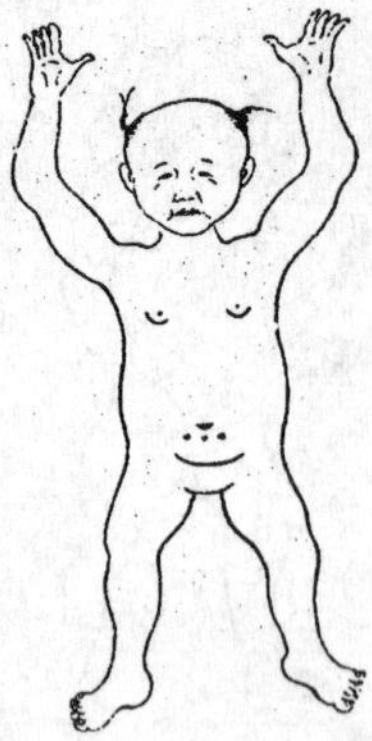

兩手豎起哭哀哀，死去之時醒即來，手足腳心分左右，若不即治必是死。

今有小兒發熱發寒，而且啼哭，一時死去，漸漸醒來，或兩手豎起，驚攛不定，或乍時叫喊，此因物受嚇故也。將兩乳上離一指，用二火。腳復下離一指，用三火。兩腳心各用一火。

痘疹驚證

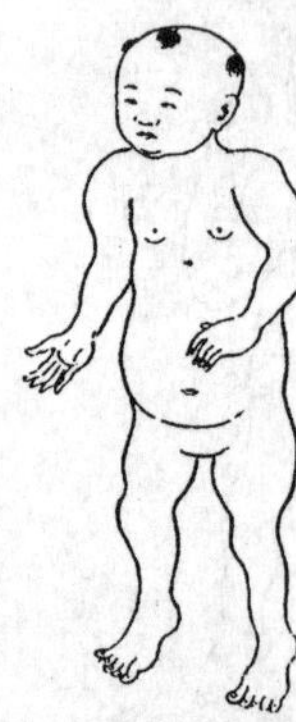

小兒纔出痘痧疹，肚腹膨脹煩渴頻，坐臥行走身抖動，心下一指灸和平。

今有小兒出痘痧疹，又過日而熱，欲渴不渴，肚腹膨脹，坐臥行走，搖抖動身，併啼哭煩燥者。離心下一指，灸火一炷，即安。

瀉痢驚證

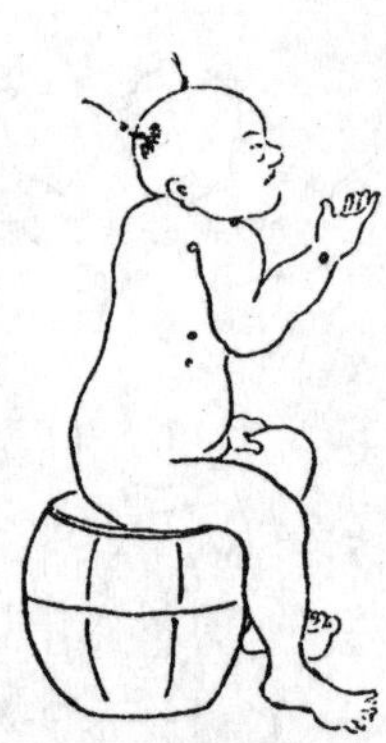

小兒瀉痢白兼紅，飲食不思哭肚疼，即將本人分指寸，鼻頂兩門臍下攻。

今有小兒三五六歲至十二三歲，患瀉紅白水痢不至者，原因飲食過度，冷熱不勻。即時手指分寸，男左女右，鼻中至頂門治之。又乳上及臍下各用艾火一炷。

吐瀉驚證

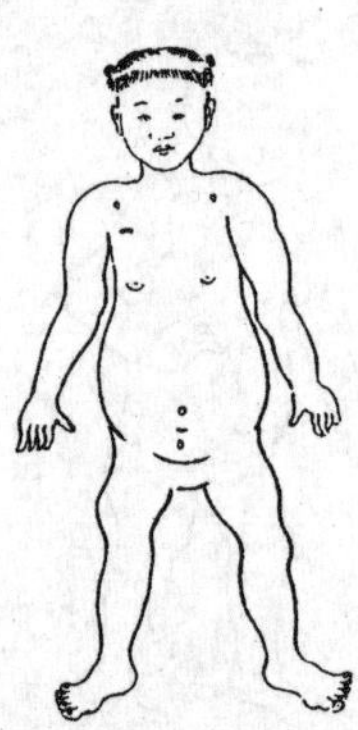

乳食不納兼惡心，腹脹熱還如火燻，乳上心下臍上下，灸治洗浴效如神。

今有小兒乳食不納，或嘔吐，惡心，發熱腹脹，下瀉，原因乳食受傷風寒冷邪，或在風坐臥，或迎風哭喊，或發熱見風。男左女右，乳上、心下、臍上下俱離一指，各用艾火一炷。

蛇舌驚證

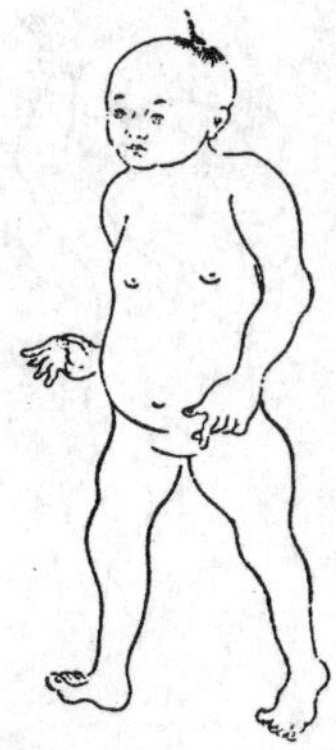

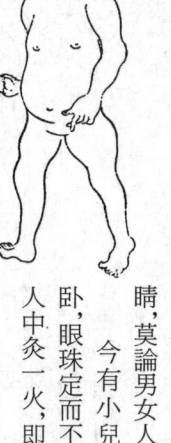

小兒將舌縮又伸，發熱煩燥不轉睛，莫論男女人中灸，洗浴出汗即安寧。

今有小兒將舌一伸一縮，發熱睡卧，眼珠定而不轉，原因受嚇得病。可將人中灸一火，即安，治遲者不可救。

啞風驚證

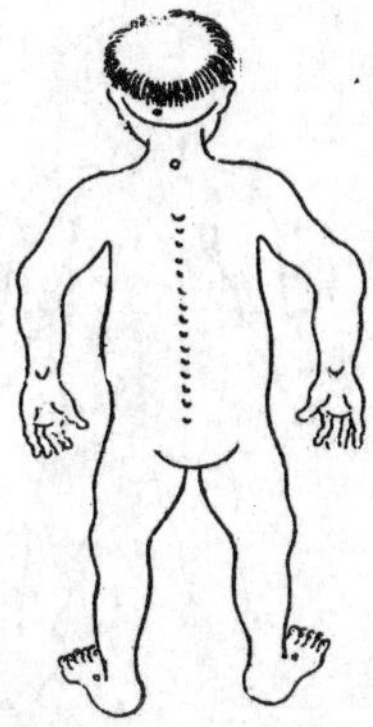

不哭不語忽然驚，遍身發熱病非輕，頂後一火離三指，手足交骨左右分。

今有小兒忽然昏去，不哭不語，遍身發熱，手足不動，十分沉重，原因飲食之時驚嚇得病，阻塞胃中，氣不能伸，血不能行，緣成此病證。將男左女右，頂後一火，離三指。人中一火，手足背上，大指交骨處，俱一火，治遲者，不可救。

猛行驚證

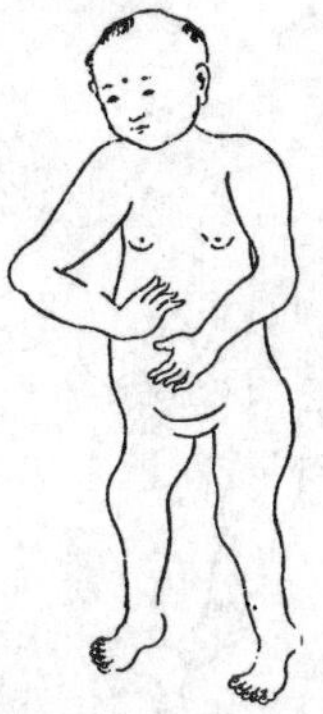

夜眠咬牙睡中醒，發熱身攛哭又驚，兩耳垂下離指半，印堂一炷即安寧。

今有小兒發熱夜啼，咬牙嚮，說夢話，醒來啼哭不止，原因行走被蹶，坐高被跌，或抱而被物受嚇。將兩耳垂下離一指半，用艾一炷，眉心中間用艾火一炷，再用鮮鷄蛋一個破頭，將天麻子七粒去皮入蛋内，筆畫一人在上，用紙封七層，火内燒熱，大孩兒吃四粒，小孩兒吃一兩三粒，蛋不用。

癡眠驚證

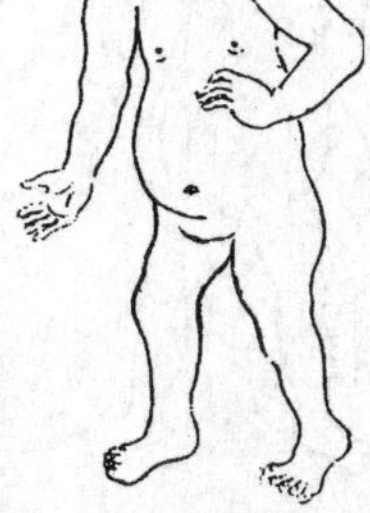

發熱貪眠昏不醒，時而眠夢忽然驚，男左女右耳垂下，一火片時便覺清。

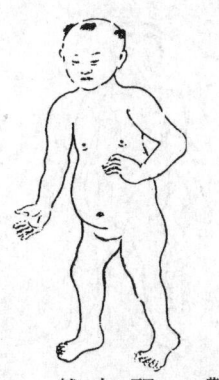

今有小兒發熱眼澀，貪眠不醒，及醒又睡，此因當時不叫醒而抱起。將男左女右，耳垂下離一指，用火一炷，即安然。

老鴉驚證

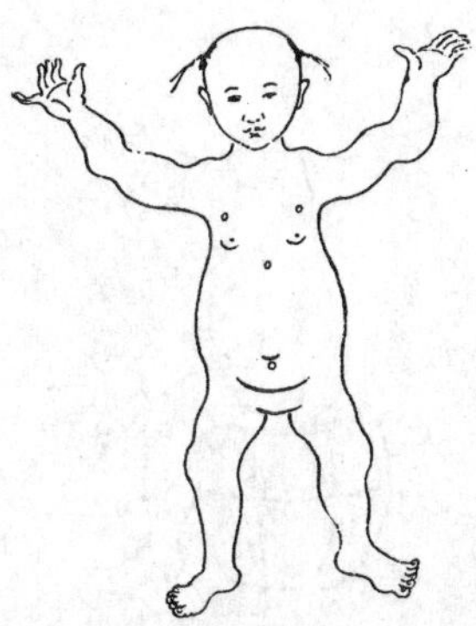

肚腹膨脹日夜鳴，發熱咳嗽不絕聲，男左女右乳上治，不效心臍下看明。

今有小兒時當咳嗽，啾唧啼哭，不眠，肚腹胞脹，日夜發熱不安，此因乳食風嗆肺腑，或近風啼哭，或發熱見風。將男左女右乳上離一指，用火一炷。如不能轉，而作眼反變驚悸，心與臍下各離一指，俱用一火。

夜宿老鴉驚證

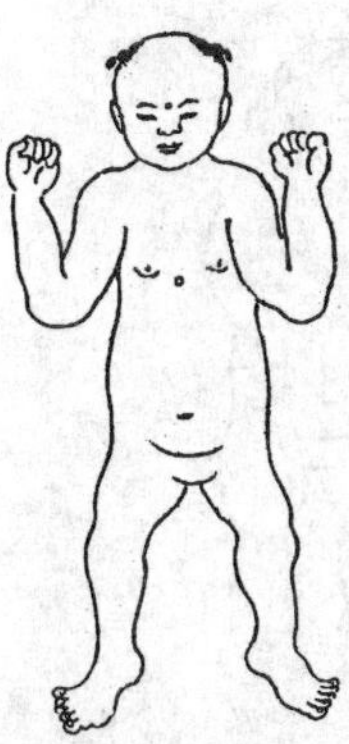

日裏安然夜哭聲，睡中攛醒若多驚，印堂人中當心灸，除熱身涼睡得成。

今有小兒日間安然，夜間啼哭，聞如老鴉宿於樹上，被人擲瓦所傷，驚恐不已，此因睡夢中受驚得病。印堂中間灸一火，人中灸一火，如又作猛驚狀，當心再灸一火。

兔兒驚證

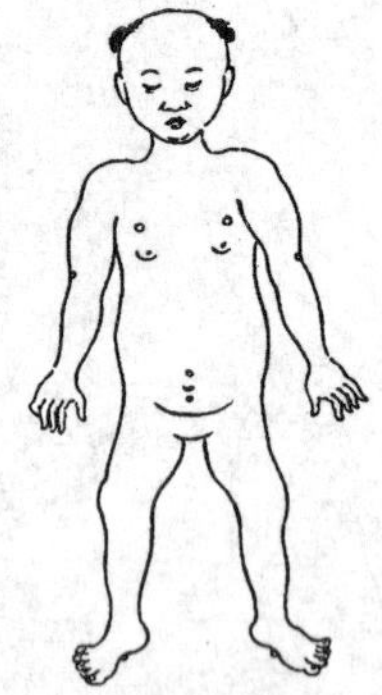

乳食不納兼惡心，潮熱腹脹響膨膨，乳上心下臍上下，手足心肘仔細評。

今有小兒乳食不納，發寒發熱，惡心嘔吐，肚腹膨脹，指彈如瓜響一般，此因乳食受傷，風寒停滿於腹中，或在風中眠卧，或迎風啼哭，或發熱見風。將男左女右，乳上、心下、臍上下各一火，手足心及肘俱一火。

脈閉驚證

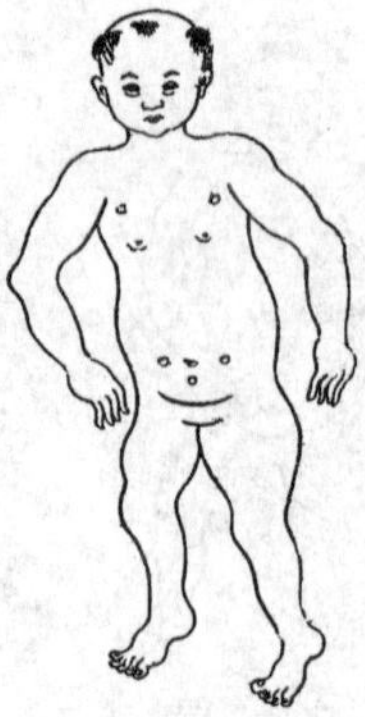

正眠身冷汗淋淋，醒來不出少精神，銀器煎湯先洗浴，乳上臍下灸法眞。

今有小兒眠睡，身上出冷汗，覺醒不出，飯食少思，此因中風冷熱不匀。先用銀器皿煎湯洗浴，乳上離一指，一火，臍左右下俱離一指，三火。

乳風驚證此與十一老鴉驚證同

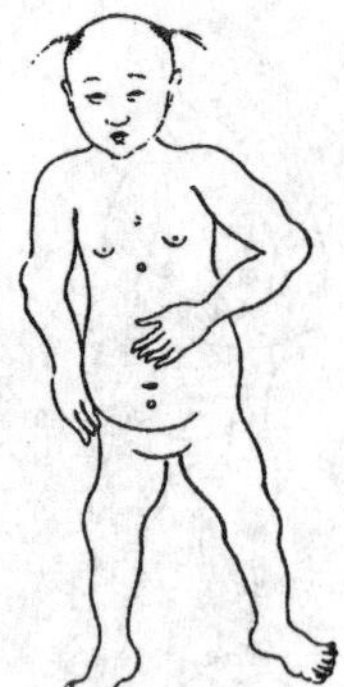

咳嗽發熱脹膨膨，惡心啼哭聲不停，頭頂地角心臍下，艾火攻之服藥靈。

今有小兒咳嗽，惡心，肚腹膨脹，乳食不納，啼哭，嗽唧不安，此因乳食被風嗆於肺腑，或在風中行坐，或眠中掀衣中風。將頸堂、頂堂、地角及心臍下離一指處，各灸一火。

尪羸驚證

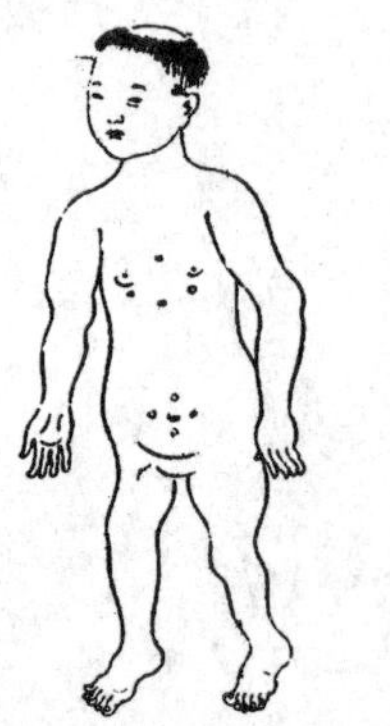

小兒飲食倍如常，骨蒸身瘦面色黃，心臍上下左右治，血氣剛強喜色揚。

今有小兒飲食如常加倍，身瘦，面黃，皮寒內熱，此因飲食太過，或被跌打受嚇起病。攢心、攢臍，俱離一指，各四火。

扳春驚證

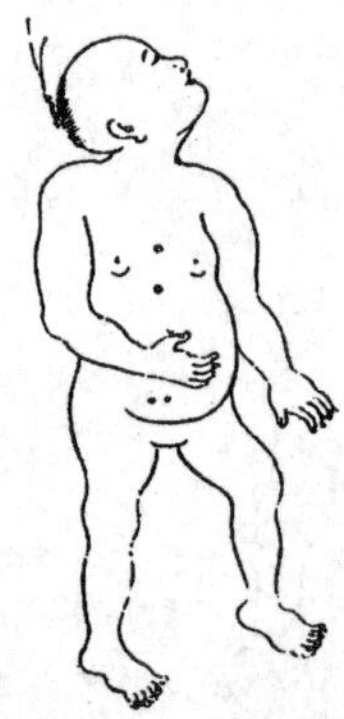

目定唇紫頭後仰，身熱氣急咳嗽響，攢心二火攢臍四，背後當心上下兩。

今有小兒遍身發熱，氣急咳嗽，頭仰在後，唇紫目定。不論男女，兩手伸開，對中一火，心上下兩火，攢臍四火，俱離一指，背後當心上下各一火。

搖擺驚證

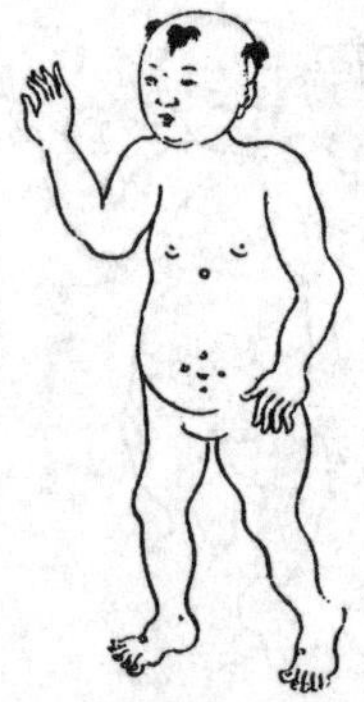

發熱貪眠夢寐中，驚攛不已腹時疼，心下一火攢臍治，手足掌邊高骨同。

今有小兒遍身發熱，不思乳食，睡夢中手足驚指，又貪眠不語，此因跌撲受嚇所致。將兩手足掌邊大指高骨處，火一炷，心下離一指，一火，臍上下左右俱離一指，各一火。

足擺驚證

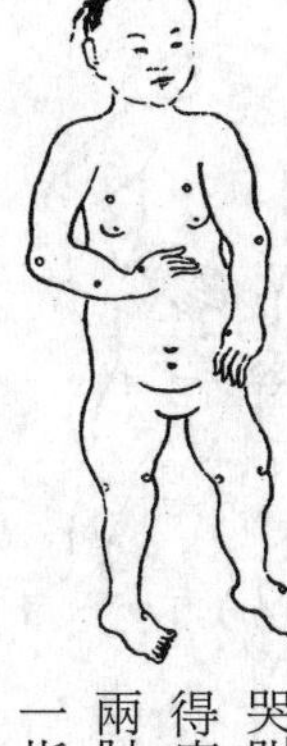

發熱睡卧驚忽來，不知疼痛哭哀哀，手足高骨及肘膝，乳上臍下灸妙哉。

今有小兒遍身發熱，睡卧中忽然驚哭叫喊不已，以致手足齊戰，此因被嚇得病。不論男女，將兩手足大指高骨處，兩肘兩膝俱用，各一火，乳上臍下俱離一指，各灸一火。

急風驚證

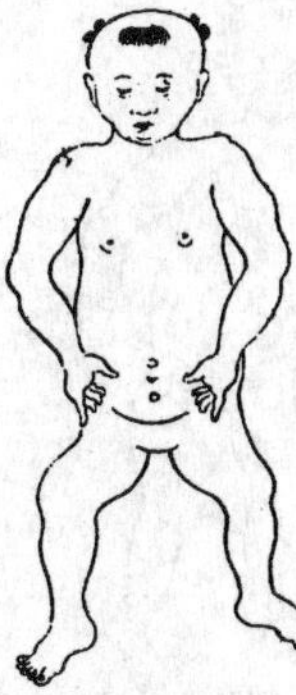

偶然唇紫目難開，四肢俱冷卧如呆，手足虎口臍上下，(不)〔忙〕急治之莫緩哉。

今有小兒忽而唇紫目閉，貪眠不醒，四肢俱冷，十分沉重，此病因被嚇所致，或身熱見風，或渴飲冷湯，冷茶水。將兩手足虎口各一火，臍上下離一指二火，治遲不可救。

風寒驚證

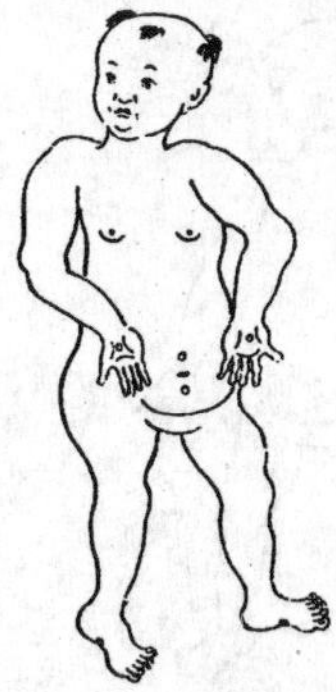

一時發熱哭肚疼，腹脹膨膨氣不通，手足虎口掌心處，與臍並灸莫見風。

今有小兒發熱，一時肚腹脹痛，嗽啣不已，此因貪食冷物所致，或身熱脫衣，或受風寒。將兩手足虎口及掌心、腳心、臍上下離一指處各一火。

腫瀉驚證

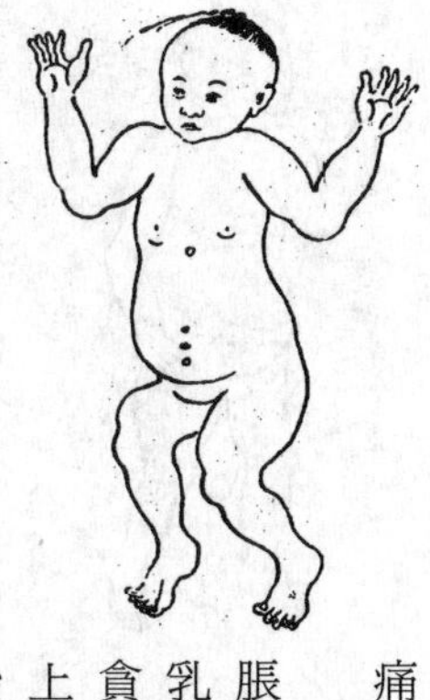

泄瀉多時腳腹腫，乳食不思哭肚痛，心下臍下忙急治，食指二節中指尖。

今有小兒泄瀉，多日不止，腳腫肚脹，飲食不思，身體其弱，此因暑伏之天，乳食之後，睡於風涼寒處，或秋後蒸熱貪食冷物。男左女右，食指二節，中指尖上，各一火，心下臍下俱離一指，各一火治之。

猴厥驚證

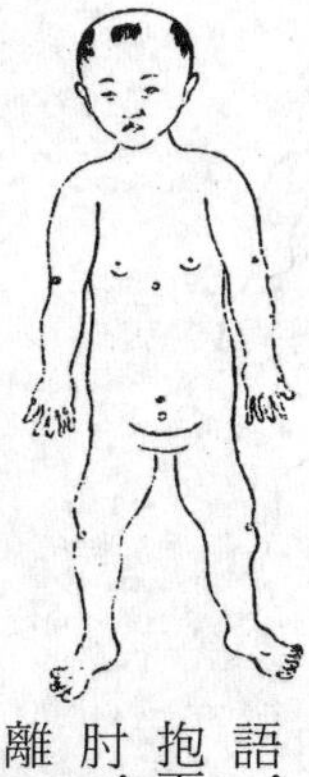

行走忽然目閉昏，冷熱相兼病勢沉，手足高骨及肘膝，灸至心臍可返魂。

今有小兒忽然雙目不動，口中不語，十分沉重，此因行走被跌，或在高處抱而受嚇。將兩手足大指高骨處，兩手肘，兩腳膝，俱各灸一火，心下，臍下，俱離一指各一火。

鼻塞驚證

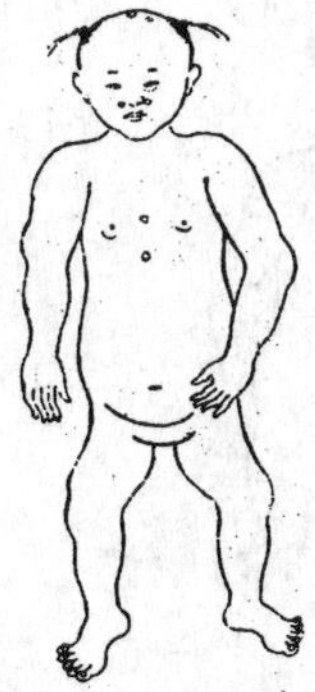

小兒發熱已非常，鼻孔氣喘實難當，頂門唇上分左右，灸及心窩上下兩。

今有小兒鼻孔閉塞，出氣如喘，此因感冒風寒。當頂門一火，鼻孔左右二火，心窩上下二火。

爛風驚證

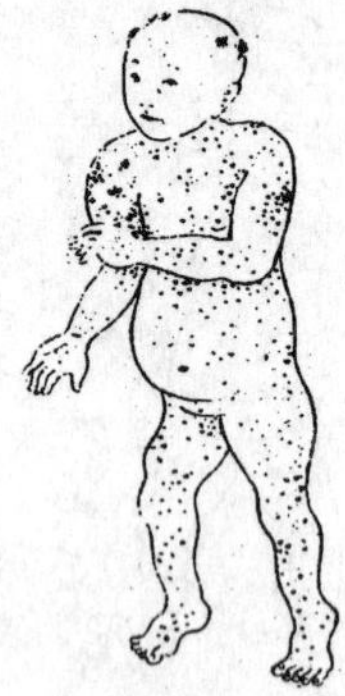

身上火起若煌煌，三日不治命必亡，可將溫水時刷洗，火滅之時始得原。

今有小兒遍身火起，浮爛，治用可將黃柏煎水，待溫，洗刷即消散，忌久油火。

佯顛驚證

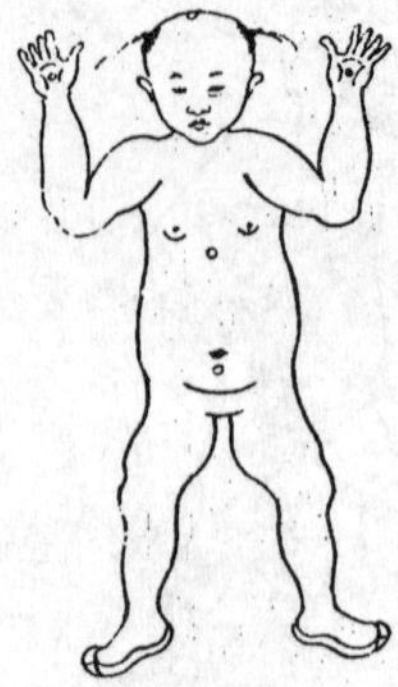

行走坐立忽然昏，佯狂跌倒語不清，當心頂窩臍下灸，男女左右手足心。

今有小兒行走坐立，忽然佯狂跌倒，語不能清，此因被打未哭，鬱氣在心。當頂門一火，當心一火，手足心各一火，臍下一火。

牛舌驚證

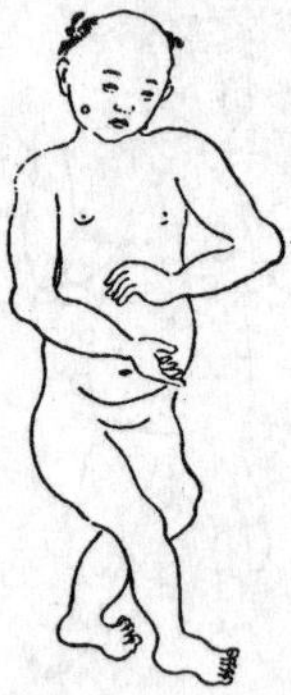

小兒發熱舌頭伸，兩邊相掠哭肚疼，當頂兩肥相對口，頭當頂中灸除根。

今有小兒遍身發熱，舌頭伸出口外，兩邊不時進出，死如牛舌一般，此因被打受嚇之故。當頂門一火，兩肥二火。

尖夢驚證

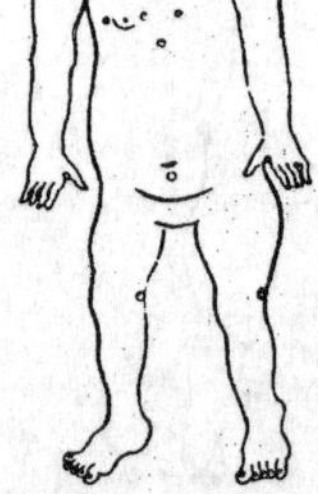

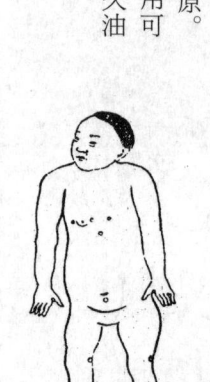

肚腹疼痛日夜哼，睡着四肢戰兢兢，手足虎口膝胯灸，乳旁心臍按穴靈。

今有小兒肚痛，啼哭啉唧，發熱睡着，手足驚攧，此因睡於當路被物所嚇，或睡於空房中聞聲響驚覺所致。兩乳旁，兩腳胯，兩手虎口，心下，臍下離一指各一火。

霍腸驚證

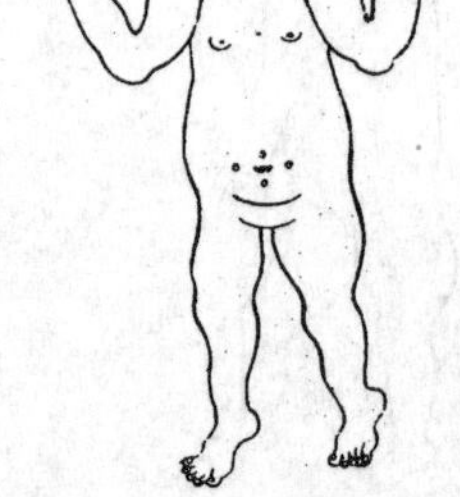

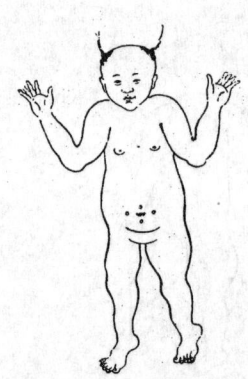

肚腹脹滿響膨膨，發寒發熱哭又疼，乳旁一火當心下，攢臍四火定安寧。

今有小兒肚腹飽脹，疼痛不止，發熱啼哭，此因兒在途路戲耍，而被豬牛孕犬所嚇。定痛，乳旁一火，心下一火，臍上下左右俱離一指四火。

盤腸驚證

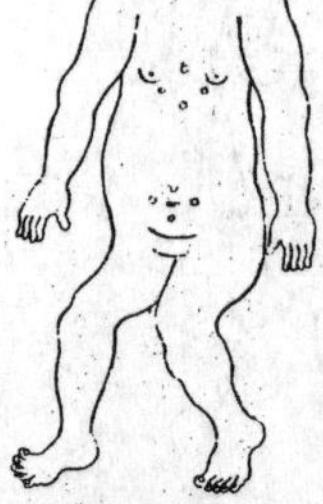

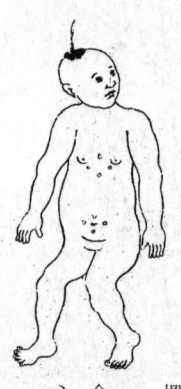

叫喊腹痛更難忍，不思乳食真堪憫，攢心攢臍離一指，背後當心治法準。

今有小兒啼哭，肚痛難忍，此因乳食之後，受嚇而起，或被風寒所侵。前面心臍上下左右俱離一指各一火。

抽腸驚證

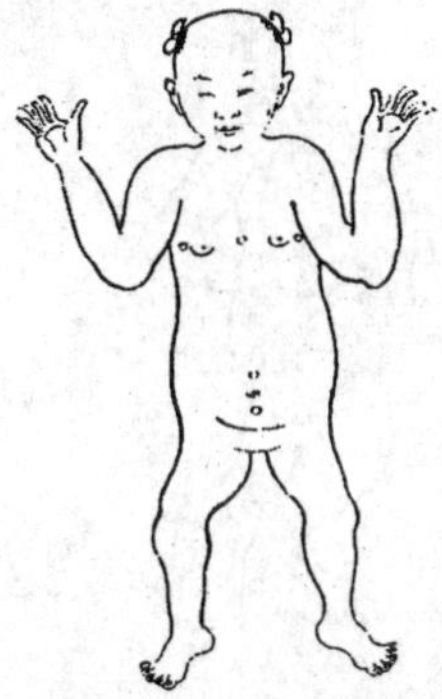

發熱氣喘叫腹疼，郄上郄下不安盗，乳旁當心及兩肋，與臍並灸妙如神。

今有小兒遍身發熱，叫喊腹痛，肚子郄上郄下，氣甚喘急，此因乳食之後，大者行走失足，或坐高被跌，小者或抱被嚇，叫喊喫驚。男左女右，乳旁一火，當心一火，臍上下俱離一指二火。

喉喘驚證

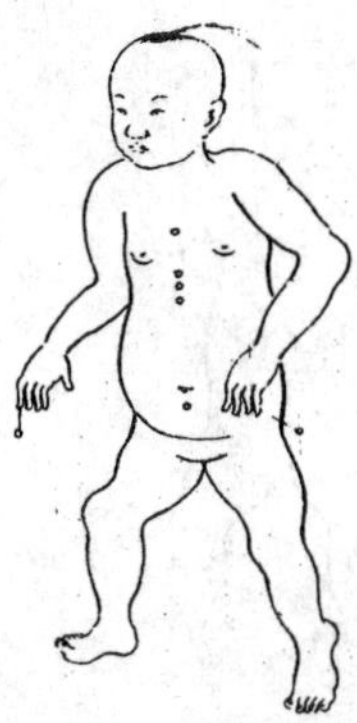

鹹嗆肺腑咳嗽兼，喉中氣喘淚多淋，心下四火臍下一，併灸男女小指尖。

今有小兒咳嗽，咽喉中氣喘甚急，此因兒食鹹物之時，被打喊哭，鹹氣嗆於肺腑。男左女右，小指尖上一火，當心離一指順下四火，臍下離一指一火。

腫頭驚證

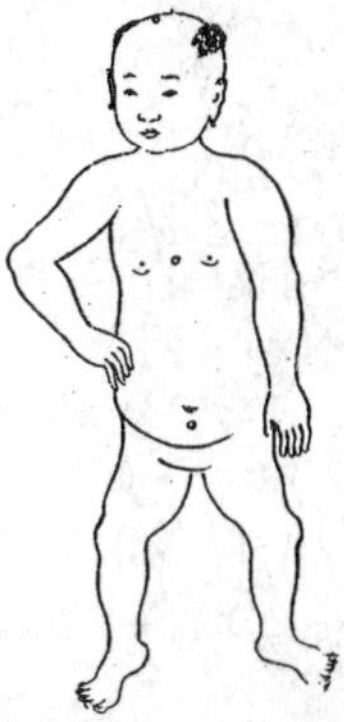

忽然發熱頭面腫，唇紫目閉哭肚痛，當頂耳垂臍下灸，前心一火後三重。

今有小兒發熱，頭腫身不腫，唇紫腹痛，此因被熱太過。當頂一火，耳垂、臍下各一火，對心一火。

吐血驚證

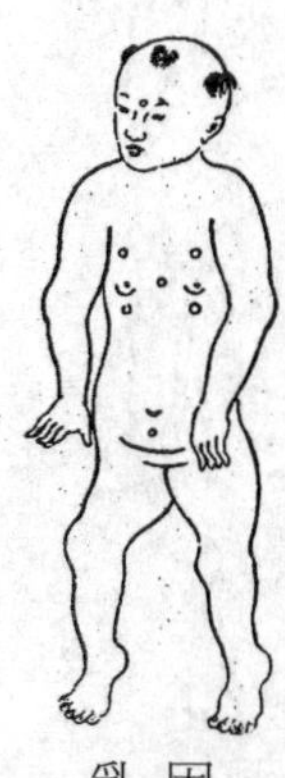

發熱咳嗽吐血紅，乳食少思痛腹中，印堂乳旁攢臍治，行走精神與舊同。

今有小兒口中吐血發熱，身瘦，此因飲食感受風寒，延久成癆。印堂一火，乳旁上居中一火，心上下左右各一火。

蛇窩驚證

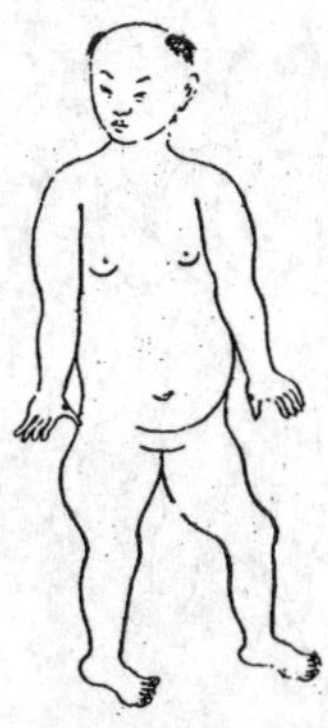

小兒發熱眼眶青，原因乳食受風驚，兩手大指高節處，一灸能令兒病輕。

今有小兒眼眶團圈紅青色，此因兒飲冷水所致，或被風吹，乳食之後受嚇驚慌。將兩手大指高節處用二火。

塞心驚證

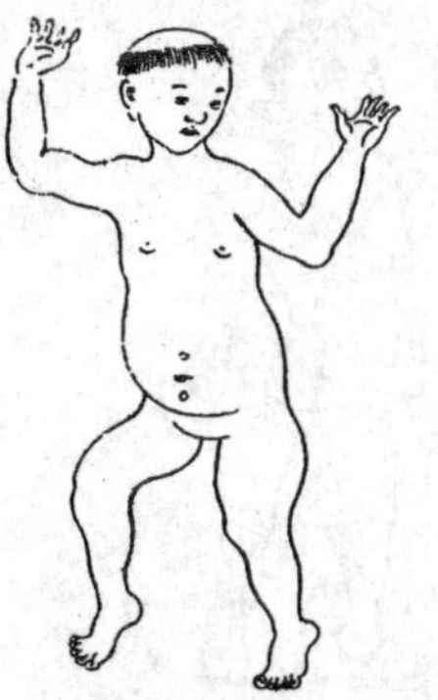

乳食被打驚即來，猶如酒醉又如呆，攢心五火臍上下，治若遲時難得活。

今有小兒忽然一時昏去，猶如酒醉，又似癡呆，此因乳食之時被打驚嚇，痰氣塞於心中，不能送吐。攢心五火，臍上下離一指二火，治遲必死。

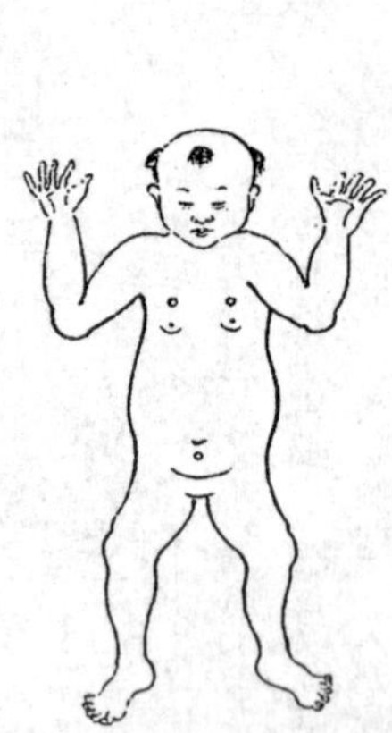

霍亂驚證與第六吐瀉驚證同

霍亂惡心嘔吐頻，腹路泄瀉病纏身，乳上心下臍上下，依圖法治妙如神。

今有小兒肚腹疼痛，嘔吐惡心，不時泄瀉，此因乳食之後，貪喫冷物，感受風寒，或風中睡卧，停滯飲食之故。將心下一火，乳上臍上下各一火。

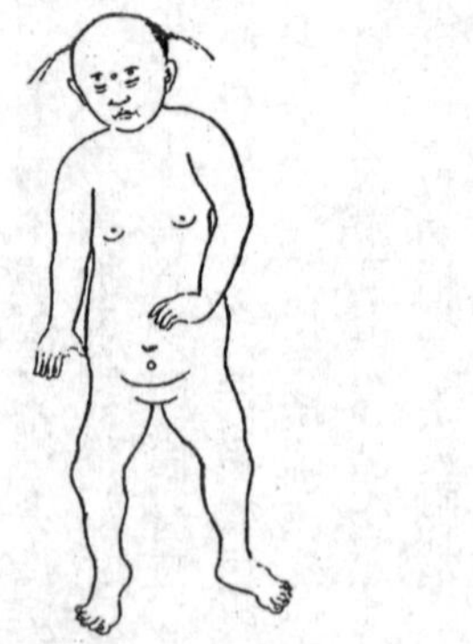

鯉魚驚證

忽然昏去目難開，語言艱澀似癡呆，印堂眉下心中治，臍下一火眞妙哉。

今有小兒忽然昏去，眼目不動，癡迷不語，此因睡夢中驚嚇，魂飛魄散所致。將兩眉下二火，印堂中間一火，當心一火，臍下離一指一火。

癇證

《甲乙經·小兒雜病》 驚癇脈，五針，手足太陰各五刺，經太陽者五刺，手足少陰經絡傍者一，足陽明一，上踝五寸，刺三針。小兒驚癇，本神及前頂、囟會、天柱主之。如反視，臨泣主之。小兒驚癇，加瘈瘲，脊急強，目轉上插，縮筋主之。小兒驚癇，瘈瘲，脊強，互相引，長強主之。小兒癇發，目上插，攢竹主之。小兒癇痓，嘔吐泄注，驚恐，失精，瞻視不明，眵䁾，瘈脈及長強主之。小兒驚癇，不得息，顱囟主之。小兒驚癇，如有見者，列缺主之，并取陽明絡。小兒癇瘈，手足擾，目昏，口噤，溺黃，商丘主之。小兒癇瘈，遺精溺，虛則病諸癇癲，實則閉癃，小腹中熱，善寐，大敦主之。小兒馬癇，僕參及金門主之。風從頭至足，癇瘈，口閉不能開，每大便腹暴滿，按之不下，噫，悲，喘，崑崙主之。

《千金要方·驚癇》 灸法　論曰：小兒新生無疾，愼不可逆針灸之，如逆針灸，則忍痛動其五脈，因喜成癇。河洛關中土地多寒，兒喜病痓，其生兒三日，多逆灸以防之，又灸頰以防噤。有噤者，舌下脈急，牙車筋急。其土地寒，皆決舌下去血，灸頰以防噤也。吳蜀地溫，無此疾也。古方既傳之，今人不詳南北之殊，便按方而用之，是以多害於小兒也。所以田舍小兒，任其自然，皆得無有夭橫也。小兒驚啼，眠中四肢掣動，變蒸未解，愼不可針灸爪之。動其百脈，仍因驚成癇也。惟陰癇噤痓可針灸爪之。凡灸癇，當先下兒使虛，乃承虛灸之。未下有實而灸者，氣逼，前後不通，殺人。癇發平旦者，在足少陽。晨朝發者，在足厥陰。日中發者，在足太陽。黃昏發者，在足太陰。人定發者，在足陽明。夜半發者，在足少陰。

右癇發時病所在，視其發早晚，灸其所也。

癇有五藏之癇，六畜之癇，或在四肢，或在腹內，審其候，隨病所在灸之，雖少必差。若失其要，則爲害也。

肝癇之爲病，面青，目反視，手足搖，灸足少陽、厥陰各三壯。

心癇之爲病，面赤，心下有熱，短氣息微，數灸心下第二肋端宛宛中，此爲巨闕也。又灸手心主及少陰各三壯。

脾癇之爲病，面黃腹大，喜痢，灸胃管三壯，俠胃管傍灸二壯，足陽明、太陰各二壯。

肺癇之爲病，面目白，口沫出，灸肺輸三壯，又灸手陽明、太陰各二壯。

腎癇之爲病，面黑，正直視不搖如尸狀，灸心下二寸二分三壯，又灸肘中動脈各二壯，又灸足太陽、少陰各二壯。

鬲癇之爲病，目反，四肢不舉，灸風府，又灸頂上，鼻人中，下脣承漿，皆隨年壯。

陽癇之爲病，不動搖，灸兩承山，又灸足心、兩手勞宮，又灸兩耳後完骨，各隨年壯，又灸臍中五十壯。

右五藏癇證候。

馬癇之爲病，張口搖頭，馬鳴欲反折，灸項風府臍中二壯，病在腹中，燒

馬蹄末，服之。良。

牛癇之爲病，目正直視，腹脹，灸鳩尾骨及大椎各二壯，燒牛蹄末，服之。良。

羊癇之爲病，喜揚目吐舌，灸大椎上三壯。

豬癇之爲病，喜吐沫，灸完骨兩傍各一寸七壯。

犬癇之爲病，手屈拳攣，灸兩手心一壯，灸足太陽一壯，灸肋戶一壯。

雞癇之爲病，搖頭反折，喜驚自搖，灸足諸陽各三壯。

右六畜癇證候。

小兒暴癇，灸兩乳頭，女兒灸乳下二分。

治小兒暴癇者，身軀正直如死人，及腹中雷鳴，灸太倉及臍中上下兩傍各一寸，凡六處。又灸當腹度取背，以繩繞頸，下至臍中竭，便轉繩向背，順脊下行，盡繩頭，灸兩傍各一寸，五壯。

若面白，啼聲色不變，灸足陽明、太陰。

若目反上視，眸子動，當灸囟中。取之法，橫度口，盡兩吻際，又橫度鼻下，亦盡兩邊，折去鼻度半，都合口爲度，從額上髮際上行度之，灸度頭一處，正在囟上未合骨中，隨手動者是，此最要處也。次灸當額上入髮際二分許，直望鼻爲正。次灸其兩邊，當目瞳子直上入髮際二分許。次灸頂上迴毛中。次灸客主人穴，在眉後際動脈是。次灸兩耳門，當耳，開口則骨解開動張陷是也。次灸兩耳上，捲耳取之，當捲耳上頭是也。一法，大人當耳上橫三指，小兒各自取其指也。次灸兩耳後完骨上青脈，亦可以針刺令血出。次灸玉枕，項後高骨是也。次灸兩風池，在項後兩轅動筋外，髮際陷中是也。次灸風府，當項中央髮際，亦可與風池三處高下相等。次灸頭兩角，兩角當迴毛兩邊起骨是也。

右頭部凡十九處，兒生十日可灸三壯，三十日可灸五壯，五十日可灸七壯。病重者，具灸之，輕者惟灸囟中，風池，玉枕也。艾使熟，炷令平正著肉，火勢乃至病所也。艾若生，炷不平正，不著肉，徒灸多炷，故無益也。

若腹滿短氣轉鳴，灸肺募，在兩乳上第二肋間宛宛中，懸繩取之，當瞳子是。次灸膻中。次灸胸堂。次灸臍中。次灸薜息，薜息在兩乳下第一肋間宛宛中是也。次灸巨闕，大人去鳩尾下一寸，小兒去臍作六分分之，去鳩尾下一寸是也，并灸兩邊。次灸胃管。次灸金門，金門在穀道前，囊之後，當中央是也，從陰囊下度至大孔前，中分之。

右腹部十二處，胸堂，巨闕，胃管，十日兒可灸三壯，一月已上可五壯，陰下縫中可三壯，或云，隨年壯。

若脊強反張，灸大椎，并灸諸藏輸及督脊上當中。從大椎度至窮骨，中屈，更從大椎度之，灸度下頭，是督脊也。

右背部十二處，十日兒可灸三壯，一月已上可灸五壯。

若手足掣瘲驚者，灸尺澤，次灸陽明，次灸少商，次灸勞宮，次灸心主，次灸合谷，次灸三間，次灸少陽。

右手部十六處，其要者，陽明，少商，心主，尺澤，合谷，少陽也。壯數如上。

又灸伏兔，次灸三里，次灸腓腸，次灸鹿溪，次灸陽明，次灸少陽，次灸然谷。

右足部十四處，皆要，可灸，壯數如上。

手足陽明，謂人四指，凡小兒驚癇，皆灸之，若風病大動，手足掣瘲者，盡灸手足十指端，又灸本節後。

《千金要方·針灸下·小兒病》 本神，前頂，囟會，天柱，主小兒驚癇。

臨泣，主小兒驚癇反視。

顱息，主小兒癇喘不得息。

懸鍾，主小兒腹滿不能食飲。

瘈脈，長強，主小兒驚癇瘈瘲，多吐泄注，驚恐失精，視瞻不明，眵矆。

然谷，主小兒臍風，口不開，善驚。

譩譆，主小兒食晦頭痛。

《外臺秘要·小兒驚癇啼》引《千金》 以上諸候二十條，皆癇之初也，見其候，便當爪其陽脈所應，灸爪之，皆重手，令兒驟啼。及足脈絕，亦依方與湯。

又直視瞳子動，腹滿轉鳴，下血身熱，口噤不得乳，反張脊強，汗出發熱，爲卧不悟，手足瘈瘲喜驚，凡八候，癇之劇也。如此，非復湯、爪所能救，便當時灸之，妙。

《聖濟總録·治小兒諸疾灸刺法》 癇驚脈五針，手足太陰各五刺，經太陽者五刺，手足少陰經絡傍者一，足陽明一，上踝五寸，刺三針。

小兒驚癇，本神及前頂、囟會、天柱主之，如反視，臨泣主之，加瘛瘲脊急強，目轉運上插，筋縮主之。

小兒癇，瘛瘲脊強互相引，長強主之。

小兒癇發，目上插，攢竹主之。

小兒癇痓，嘔吐，泄注，驚恐失精，視瞻不明，眵䁾，瘈脈及長強主之。

小兒癇，喘不得息，顱息主之。

小兒驚癇如有見者，列缺主之，并取陽明絡。

小兒羊癇，會宗下空主之。

小兒癇瘛，手足擾，目昏口噤溺黃，商丘主之。

小兒癇瘛，遺清溺，虛則病諸瘕癲，實則閉癃，少腹中熱，善寐，大敦主之。【略】

小兒馬癇，金門及仆參主之。

風從頭至足，癇瘛，口閉不得開，每大便腹暴滿，按之不下，噫一作噎。悲喘，崑崙主之。

《聖惠方·具列四十五人形》 小兒驚癇者，先驚怖啼叫，後乃發也，灸頂上旋毛中三壯，及耳後青絡脈，炷如小麥大。

小兒風癇者，先屈手指如數物，乃發也，灸鼻柱上髮際宛宛中，三壯，炷如小麥大。

癇病者，小兒惡疾也，呼吸之間，不及求師，致困者不少。諺云：國無良醫，枉死者半。諸癇病如尸厥吐沫，灸巨闕穴三壯，在鳩尾下一寸陷者中，炷如小麥大。

小兒鷄癇善驚，反折，手掣自搖，灸手少陰三壯，在掌後去腕半寸陷者中，炷如小麥大。

小兒驚癇，灸鬼祿穴一壯，在上脣內中央結上，炷如小麥大，用鋼刀決斷更佳。

小兒羊癇，目瞪吐舌羊鳴也，灸第九椎下節間三壯，炷如小麥大。

小兒食癇者，先寒熱洒淅，乃發也，灸鳩尾上五分三壯，炷如小麥大。

小兒牛癇，目直視腹脹，乃發也，灸鳩尾一穴三壯，在胸蔽骨下五分陷者中，炷如小麥大。

小兒馬癇，張口搖頭身反折，馬鳴也，灸僕參二穴各三壯，在足跟骨下白肉際陷者中，拱足取之，炷如小麥大。

《幼幼新書·灸癇法》 右癇發時，病所在是，視其發早晚，灸其所也。又癇有五臟之癇，六畜之癇。或在四肢，或在腹內，審其候，隨病所在灸之。雖少必差。若失其要，則爲害也。

《千金》五藏癇灸法 肝臟癇，灸足少陽、厥陰各三壯。心癇，灸心下第一肋端宛宛中，此爲巨闕。又灸手心主及少陰各三壯。脾癇，灸胃管三壯，俠胃管傍灸二壯，足陽明、太陰各二壯。肺癇，灸肺俞三壯。又灸手陽明、太陽各二壯。腎癇，灸心下二寸二分三壯。又灸肘中動脈各二壯。又灸足太陽，少陰各二壯。膈癇，灸風府。又灸頂上、鼻人中、下唇承漿，皆隨年壯。腸癇，灸兩承山。又灸足心，兩手勞宮，又灸兩耳後完骨，各隨年壯。又灸臍中三十壯。

右灸五臟之癇。

《千金》六畜癇灸法 馬癇，灸項風府、臍中三壯，病在腹中，燒馬蹄末服之，良。《聖惠》灸僕參各三壯，在足跟骨下白肉際陷中，拱足取之。牛癇，灸鳩尾骨及大椎各三壯。《嬰孺方》云：一上燒牛蹄末服之。《聖惠》只灸鳩尾一穴三壯。羊癇，灸大椎上三壯。《聖惠》灸第九椎下節間三壯。豬癇，灸耳後完骨兩傍各一寸七壯。《聖惠》灸巨闕三壯，在鳩尾下一寸陷中。犬癇，灸兩手心一壯，灸足太陽一壯，灸肋戶一壯。《嬰孺方》云：犬癇，灸手心一壯，灸足陽明各一壯，肋戶一壯，灸腳頭兩室各一壯。鷄癇，灸足諸陽各三壯。《聖惠》灸手少陰三壯，在掌後去腕半寸陰郄穴陷者中。

右灸六畜之癇。

《千金》暴癇灸法 小兒暴癇，灸兩乳頭，女兒灸乳下二分。治小兒暴癇者，身軀正直如死人，及腹中雷鳴，灸太倉及臍中上下兩傍各一寸，凡六處。又灸當腹度取背，以繩繞(頭)(頸)下至臍中竭，便轉繩向背，順脊下行，盡繩頭，灸兩傍各一寸五壯。若面白，啼聲色不變，灸足陽明、太陰。

右灸暴癇。

《千金》頭部灸癇法 若目反上視，眸子動，當灸囟中。取之法，橫度口，盡兩吻際，又橫度鼻下，亦盡兩邊，折去鼻度半，都合口爲度，從額上髮際上行度之，灸度頭一處，正在囟上未合骨中，隨手動者是，此最要處也。次灸當額上入髮際二分許，直望鼻爲正。《嬰孺方》云：次灸額上髮際五壯，不言入髮二分。次灸其兩邊，當目瞳子直上入髮際二分許。《嬰孺方》同，止言直上入髮際，不言二

分。次灸頂上迴毛中。次灸客主人穴，在兩眉後際動脈是。《嬰孺方》云：客主人在眉後髮際動脈是。次灸兩耳門，當耳，開口則骨解開張陷是也。次灸兩耳上，捲耳取之，當捲耳上頭是也。一法，大人當耳上横三指，小兒各自取其指也。次灸兩耳後完骨上青脈，亦可以針刺令血出。《嬰孺方》云：至此，又有：次灸鼻人中，口上，灸當令近鼻。又云：次灸承漿。次灸玉枕，玉枕在項上高骨是也。次灸玉枕。次灸兩風池，在項後兩轅動筋外，髮際陷中是也。次灸風府，當項中央髮際，亦可與風池三處高下相等。次灸頭兩角，兩角當迴毛兩邊起骨是也。《嬰孺方》至此，又有：太極者，可灸兩眉頭也。

右頭部凡十九處，《嬰孺方》云：二十三處。兒生十日可灸三壯，三十日可灸五壯，五十日可灸七壯。病重者，具灸之。輕者，惟灸囟中，風池，玉枕也。艾使熟，炷令平正着肉，火勢乃至病所也。艾若生，炷不平正，不着肉，徒灸多炷，故無益也。《嬰孺方》云：（去）〔右〕頭部凡二十三處，此亦不可一時下灸，待諸處無效，即續次灸之。輕者，囟中，額中，髮際，鼻人中，耳門，風池，玉枕可也。凡灸頭風，大人多者不過三十壯。此則沉者，不可頓灸，可日日灸之也。又灸口吻各二七壯。

《千金》腹部灸癇法　若腹滿短氣轉鳴，灸肺募，在兩乳上第二肋間宛宛中，懸繩取之，當瞳子是。次灸膻中，次灸胸堂，次灸臍中，《嬰孺方》於臍中字下，獨有百壯字。次灸薜息，薜息在兩乳下第一肋間宛宛中是也，次灸巨闕，大人去鳩尾下一寸，小兒去臍作六分分之，去鳩尾下一寸是也，並灸兩邊，《嬰孺方》又於此注云：鳩尾在臆前蔽骨下五分是也。次灸胃管，次灸金門，金門在穀道前，囊之後，當中央是也，從陰囊下度至大孔前，中分之。

右腹部十二處，《嬰孺方》云：腹部十四處。胸堂、巨闕、胃管，十日兒可灸三壯，兒一月以上可五壯，陰下縫中可三壯。或云，隨年壯。

《千金》背部灸癇法　若脊強反張，灸大椎，並灸諸臓俞及督脊上當中，從大椎度至窮骨，中屈，更從大椎度之，灸度下頭是督脊也。

右背部十二處，十日兒可灸三壯，一月已上可灸五壯。

《千金》手部灸癇法　若手足掣瘲驚者，灸尺澤，《嬰孺方》云：肘中約中動脈。次灸陽明，次灸少商，次灸勞宫，《嬰孺方》云：掌中央動脈。次灸心主，次灸合谷，《嬰孺方》云：手大指歧骨間。次灸三間，《嬰孺方》云：大指次指本節後內側臼中。次灸少陽。

右手部十六處，其要者，陽明，少商，心主，尺澤，合谷，少陽也。壯數如上。

《千金》足部灸癇法　又灸伏兔，《嬰孺方》云：膝上六寸。次灸三里，次灸腓腸，次灸鹿溪，次灸陽明，次灸少陽，次灸然谷。《嬰孺方》云：在足內踝前骨下臼中。

右足部十四處，皆要，可灸，壯數如上。手足陽明，謂人四指，凡小兒驚癇，皆灸之。若風病大動，手足掣瘲者，盡灸手足十指端，又灸本節後。《嬰孺方》云：諸穴不可悉灸，候諸處無效，方灸之。《千金翼》云：灸第二椎及下窮骨兩處，以繩度，中折繩，端一處，是脊骨中也。凡三處，復斷此繩，作三折，令各等，參合如厶字，以一角主中央，灸下二角，夾脊兩邊，便灸之，凡五處也。以丹注灸所五處，各百壯，削竹爲（度膀）〔藤〕繩。《嬰孺方》又云：凡灸癇，得啼爲輕，易治，不得啼爲重，難治。小兒生十數日，便得癇者，皆可灸也，可灸一壯。其要極者，三五壯。

諸家灸癇法

《外臺》：《甲乙經》灸本神，在曲差旁一寸半，在髮際。一云：直耳上，入髮際四分，足少陽陽維之會，灸五壯。主頭目眩痛，頸項強急，胸脇相引，不得傾側，癲疾不嘔沫，小兒驚癇。

《外臺》：《甲乙經》灸臨泣，當目上眥直入髮際五分陷者中，是少陽、太陽之會，灸三壯。主頰青不得視，口沫泣出，兩目眉頭痛，小兒驚癇反視。

《外臺》：《甲乙經》灸筋縮，在第九椎節下間，督脈氣所發，俯而取之，灸三壯。主小兒驚癇瘛瘲，狂走疾，脊急強，目轉上插。

《聖惠》灸長強一穴，在腰俞下，脊體骸端陷者中。灸五壯。主腰脊急強，不可俯仰，癲狂病，大小便難，洞泄不禁，五淋久痔，小兒驚癇病。

《聖惠》灸瘛脈二穴，一名資脈，在耳內鷄足青脈。是穴主頭風、耳後痛，小兒驚癇瘛瘲，嘔吐，泄注，驚恐失精，視瞻不明，眵䁾。灸三壯，針入一分。

《聖惠》秦承祖灸小兒胎癇，奶癇，驚癇，狐魅神邪及癲狂病，諸般醫治不差者，以並兩手大拇指，用軟絲繩子縛之，灸三壯。艾炷着四處，半在甲上，半在肉上，四處盡燒。一處不燒，其疾不愈。神效不可量也。諸癇灸一壯，炷如小麥大。

《嬰孺方》審是癇候，急灸頂上旋髮中。若眼直視，灸兩目直瞳子髮際各一處，心下一寸宛宛中，脊當兌骨上一處，大顖一處，各灸二七壯。頂上多灸益良。更見有癇候，灸兩乳內各一寸七壯，累試大效。

《萬全方》小兒驚癇者，先驚怖啼叫，後乃發也。灸頂上旋毛中三壯及耳後青絡脈，炷如小麥大。一法：灸鬼祿穴，在上唇內中央絃上。

小兒風癇者，先屈手指如數物，乃發。灸鼻柱上髮際宛宛中，三壯，炷如麥大。

小兒食癇者，先寒熱洒淅，乃發也。灸鳩尾上五分三壯。

《衛生寶鑑·驚癇治驗》魏敬甫之子四歲，一長老摩頂授記，衆僧念呪，因而大恐。遂驚搐，痰涎壅塞，目多白睛，項背強急，喉中有聲，一時許方省。後每見衣皂之人，輒發。多服硃、犀、龍、麝鎮墜之藥，四十餘日，前證仍在，又添行步動作神思如癡。命予治之，診其脈沈弦而急。《黃帝針經》云：心脈滿大，癇瘛筋攣。又肝脈小急，癇瘛筋攣。蓋小兒血氣未定，神氣尚弱，因而驚恐，神無所依，又動於肝，肝主筋，故癇瘛筋攣。病久氣弱，小兒易爲虛實。多服鎮墜寒涼之藥，復損其氣，故行步動作如癡。《內經》云：暴攣癇眩，足不任身，取天柱穴者是也。天柱穴乃足太陽之脈所發，陽癇附而行也。又云：癲癇瘈瘲，不知所苦，兩蹻主之，男陽女陰。潔古老人云：晝發取陽蹻申脈，夜發取陰蹻照海，先各灸二七壯。陽蹻申脈穴，在外踝下容爪甲白肉際陷中。陰蹻照海穴，在足內踝下陷中是也。次與沈香天麻湯，服三劑而痊愈。

《普濟方·針灸門·癇病》一法，大人當耳上橫三指，小兒各自取其指也。次灸兩耳後，完骨上青脈，亦可以針刺令血出。次灸玉枕，項後高骨是也。次灸兩風池，在項後兩轅動筋外，髮際陷中是也。次灸風府，當項中央髮際，亦可與風池三處高下相等量取。次灸頭兩角，當迴毛兩邊起骨是也。又灸鼻人中，口上，灸當令近鼻。次灸承漿。至此又有太極者，可灸兩眉頭是也。出《嬰孺方》。已上頭部，凡十九處。兒生十日，可灸三壯，三十日可灸五壯，五十日可灸七壯，病重俱灸之。輕者只要灸囟中、風池、玉枕也。艾使熟，炷令平正著肉，火勢乃至病所也。艾若生，炷不平正，不著肉，徒灸多炷，故無益也。若腹滿短氣轉鳴，灸肺募，在乳上第二肋間宛中，懸繩取之，當童子是。穴灸膻中，次灸胸堂，次灸臍中，次灸薜息，薜息在兩乳下第一肋間宛宛中是也。次灸巨闕，大人去鳩尾下一寸，小兒去臍作六寸分之，去鳩尾下一寸是也。次灸胃脘，次灸金門，金門在穀道前，囊之後，當中央是也，從陰囊下度至大孔前中分之。已上腹部十二處。胸堂，巨闕，胃管，十日兒只可灸三壯，一月已上可灸五壯，陰下縫中可灸三壯。或云，隨年壯。若脊強反張，灸大椎，并灸諸臟腧及督脊上當中。從大椎度至窮骨，中屈，更從大椎度之，灸度下頭，是督脊也。已上背部十二處，十日兒可灸三壯，一月已上可灸五壯。若手足掣瘲驚者，灸尺澤，次灸陽明，次灸少商，次灸勞宮，次灸心主，次灸合谷，次灸三間，次灸少陽，已上手部十六處，其要者陽明，少商，心主，尺澤，合谷，少陽也，壯數如上。又灸伏兔，次灸三里，次灸腓腸，〔次灸鹿溪〕次灸陽明，次灸少陽，次灸然谷。已上足部十四處，皆要，可灸，壯數如上。手足陽明謂人四指，凡小兒驚癇皆灸之。若風病(火)〔大〕動，手足掣瘲者，盡灸手足十指端，又灸本節後。

治小兒癲癇瘈瘲，脊強低引項，灸長強穴三十壯，在脊底端。趺地取之乃得。

治小兒癲癇，驚風目眩，灸神庭穴七壯，在鼻直上入髮際五分。

治小兒風癇者，先屈指手如數物，乃發也，灸鼻柱上髮際宛宛中，三壯。

治小兒驚癇，先驚怖啼叫，後乃發也，灸頂上旋毛中三壯，及耳後青絡脈。旋毛中，即百會穴也。

治癇，頭目眩痛，頸項強(息)〔急〕，胸脅相引，不得傾側，癲疾嘔吐涎沫，灸本神，在曲差傍一寸半，在髮際。又直耳上，入髮際四分，足少陽、陽維之會，灸五壯。

《嬰孺方》審是癇候，急灸頂上旋髮中。若眼直視，灸兩目直瞳子髮際各一處，心下一寸宛宛中，脊上一處，當脫骨上一處，大顴一處，各灸二七壯，頂上多灸亦良。更見有癇候，灸兩乳內各一寸七壯，累試大效。小兒食癇者，先寒熱洒洒淅，乃發也，灸鳩尾。頭上各穴，不可一時下灸，待諸處無效，即續次灸之。輕者囟中，額上髮際，鼻人中，耳門，風池，玉枕可也。凡灸頭風火多者，不過三十壯，此則沉者，不可頓灸，可日日灸之也。又灸口吻，各二七壯。又灸諸癇穴，不可悉灸，候諸處無效，方灸之。《千金翼》云：灸第二椎及下窮骨兩處，以繩度，中折，繩端一處是脊骨中也。凡三處，復斷此繩作三折，令(合)〔各〕等，參合如厶字，以一角注中央，灸下二角，夾脊兩邊，便灸之，凡五處也。以丹注灸所五處，各百壯，削竹爲藤繩。《嬰孺方》又云，凡灸癇，得啼爲輕，易治。不得啼爲重，難治。小兒生十數日，便得癇者，皆可灸也，可灸一壯，其要極(若)〔者〕，三五壯。

治小兒癇喘不得息，耳聾，穴顱息。

治癇驚如有見者，穴列缺，并取陽明絡。

治癇瘈遺清溺，虛則病諸瘕癲，實則癃閉，少腹中熱，善寐，穴大敦。

治癇瘈手足擾，目昏口噤溺黃，穴商丘。

治癇病腹滿，常噎氣，灸膻中、巨闕，各五壯。膻中在乳中間，平乳取之。巨闕在臍上六寸。

治風眩癇病，角弓反張，《全嬰方》。灸上星三壯。

治馬癇，穴金門，僕參。

治羊癇，穴會宗下空中。

治小兒但是風癇病證，諸醫治不瘥，《明堂經》。穴率谷。

治小兒發癇瘈瘲，嘔吐涎沫，驚恐失精，瞻視不明，穴顱囟。

治小兒發癇瘈瘲，穴崑崙。

治小兒發癇瘈瘲，穴瘈脈，神道，顱囟。

治小兒發癇，張口搖頭，身反折，穴金門。

治狂癇不識人，及治風癇，《全嬰方》。灸百會五壯。

治風癲，灸督脈，在鼻直中央入髮際三壯。

治癲厥，狂走後死，灸足大指生毛處五壯。

治狂邪發作無常，披髮大叫，欲殺人，不避水火，灸間使，在掌後三寸兩筋中間，男左女右，隨年壯。

治小兒驚癇，風癇瘈瘲，發作無時，鼻多清涕，頂腫，穴前頂。

治小兒驚癇，穴長強，身柱。

治小兒驚癇瘈瘲，嘔吐泄注，驚恐失精，瞻視不明，穴瘈脈，長強。

治小兒驚癇，穴囟會，前頂，本神，天柱。

治小兒驚癇，張口搖頭，啼叫反折，《全嬰方》。灸臍中三壯。

治癇發目上插，穴攢竹。

《玉機微義・小兒門・灸驚風法》 初生小兒臍風撮口，諸藥不效者，取然谷穴，在內踝前踝骨下陷中，可灸三壯，針入三分，不宜見血，立效。

小兒癲癇瘈瘲，脊強互相引，灸長強穴三十壯。在脊骶端，（跌）〔趺〕地取之乃得。

小兒癲癇，驚風目弦，灸神庭一穴七壯，在鼻直上入髮際五分。

《神應經・小兒部》 大小五癇 水溝，百會，神門，金門，崑崙。

風癇目帶上 百會，崑崙，絲竹空。

卒癇及豬癇 巨闕。灸三壯。

驚癇 頂上旋毛中灸三壯。耳後青絡。三壯，炷如小麥大。

豬癇如尸厥吐沫 巨闕。三壯。

食癇先寒熱洒淅乃發 鳩尾上五分。灸三壯。

羊癇 九椎下節間。灸三壯。又法，大椎上。三壯。

牛癇 鳩尾。三壯。又法，鳩尾，大椎。各三壯。

馬癇 僕參。二穴各三壯。又法，風府，臍中。各三壯。

犬癇 兩手心，足太陽，肋戶。各灸一壯。

鷄癇 足諸陽。各三壯。

《針灸聚英・玉機微義針灸證治》 小兒小兒針毫針，艾炷如小麥，或雀糞大。

《寶鑑》曰：急慢驚風，灸前頂。若不愈，灸攢竹，人中各三壯。

武疑急驚屬肝，慢驚屬脾，《寶鑑》不分，灸前頂，攢竹。二穴俱太陽督脈，未詳其義。

小兒慢驚風，灸尺澤各七壯。初生小兒，臍風撮口，灸然谷三壯，或針三分不見血，立效。小兒癲癇，癥瘕，脊強互相引，灸長強三十壯。小兒癲癇，驚盡目眩，灸神庭一穴七壯。

《針灸聚英・雜病歌》 小兒 大小五癇水溝存，百會神門與金門。須帶崑崙及巨闕，驚風腕骨最爲眞。瘈瘲五指掣陽谷，兼治腕骨與崑崙。風癇目戴上百會，復兼崑崙絲竹空。脫肛百會長強穴，假如卒病治大衝，角弓反張百會穴，大凡瀉痢神闕攻。赤遊風者治百會，兼治委中誠有功，秋深冷痢灸臍穴，二寸三寸動脈中。假如吐乳灸中庭，一寸六分下亶中，羊癇豬癇灸巨闕，灸至三壯收全功。假如口有瘡蝕齒，穢臭衝人難看管，勞宮二穴各一壯，用心仔細須尋篡。卒患肚痛皮青黑，肚臍四邊各半寸，各灸三壯皆安全，鳩尾一寸三壯益。驚癇頂上旋毛中，須於此處三壯攻，耳後青絡三壯灸，炷如小麥大有功。風癇屈指如數物，鼻上髮際治之不，一二歲者目赤眥，大指小指間後尋。一寸半灸三壯沒，夜啼百會灸三壯，囟門不合各有方，臍上臍下各五分。三穴各灸止三壯，灸瘡未發囟門合，患者誠之必然康。肩腫偏墜是關元，灸止三壯誠宜然，大敦七壯眞果便，若此治之病即痊。豬癇如尸厥吐

沫，巨闕三壯不可忍，寒熱洒淅食癎發，鳩尾上至五分突。宜灸三壯身即安，不灸三壯病不痊。羊癎九椎下節間，灸至三壯如服丹。又法大椎上三壯，可保小兒無災難。中間三壯鳩尾穴，大椎三壯透過間。馬癎治之自有方，僕參二穴各三壯，風府臍中各三灸，依此妙法得安康。假如犬癎兩手心，足太陽與肋戶尋，各灸一壯病必愈。雞癎足諸陽三壯，牙疳舌爛治之強，或針或灸須承漿，遍身生瘡曲池穴，合谷三里絕骨良。通前通後共五穴，須兼膝眼二七壯，假如腋腫馬刀瘍，要知此是頭中瘡。宜治陽輔太衝穴，熱風癮疹肩髃臧，曲池曲澤環跳等，須帶合谷湧泉康。瘍腫振寒少海中，疥癬瘡兮曲池攻，支溝陽谿陽谷等，大陵合谷後谿同。委中三里陽輔穴，崑崙穴與行間通，三陰交穴百蟲窠，十四穴治爲有功。

《針灸大成·小兒門》 大小五癎 水溝，百會，神門，金門，崑崙，巨闕。

驚風 腕骨。

瘈瘲五指掣 陽谷，腕骨，崑崙。

搖頭張口反折 金門。

風癎目戴上 百會，崑崙，絲竹空。

驚癎 頂上旋毛中，灸三壯。耳後青絡。灸三壯。炷如小麥大。

風癎手指屈如數物者 鼻上髮際宛宛中。灸三壯。

豬癎如尸厥吐沫 巨闕。三壯。

食癎先寒熱洒淅乃發，鳩尾上五分。三壯。

羊癎 九椎下節間。灸三壯。又法，大椎。三壯。

牛癎 鳩尾。三壯。又法，鳩尾，大椎。各三壯。

馬癎 僕參。二穴，各三壯。又法，風府，臍中。各三壯。

犬癎 兩手心，足太陽，肋戶。各一壯。

雞癎 足諸陽。各三壯。

《證治準繩·肝臟部·癎》 小兒雞癎善驚，及掣目搖頭，灸少陰二壯，取法在掌後去腕半寸陷中。

小兒驚癎者，先驚叫乃發也，灸頂上旋毛中三壯，及耳後青絡脈，炷如小麥大。

小兒牛癎，目直視腹脹乃發也，灸鳩尾一穴三壯，取法，胸蔽骨下五分陷中是穴。

小兒馬癎，張口搖頭，身折反馬鳴也，灸僕參穴各三壯，取法，在足跟骨下白肉際陷中，拱足取之是穴。

小兒羊癎，目瞪吐舌羊鳴也，灸第九椎下節間，三五壯。

《幼科類萃·風癎灸法》 小兒諸癎如噦，吐清沫，灸巨闕穴三壯，在鳩尾下一寸陷中是穴。

按《靈樞經》云：暴攣，足不任身，取天柱。天柱穴，足太陽也。又云：癲癎瘈瘲不知所苦，兩蹻之下男陽女陰。潔古云：晝發灸陽蹻，夜發灸陰蹻，各二壯。陽蹻起於跟中，循內踝上行至咽喉，交貫衝脈，照海穴也。

《類經圖翼·針灸要覽·諸證灸法要穴》 五癎 神庭，治風癎吐舌，角弓反張，灸三壯。前頂，治小兒一切驚癎證，灸三壯。長強，治諸驚癎灸七壯。囟會，巨闕，章門，天井，少海，內關，少衝。

一法云：癎爲小兒惡證。古云：驚風三發便爲癎，癎證有五，即牛、羊、豬、馬、雞之類也。治法，俟其病發之時，將患者兩手大拇指相並，以綿繩縛定，當兩指爪甲角，是名手鬼眼穴。用艾灸七壯，須甲肉四處著火方效。又二穴在足大拇指，亦如取手穴法，是名足鬼眼穴，如前灸之，大效。大人病此則名爲癲，灸亦如之最良。

牛癎 大杼，鳩尾。尖下五分，灸三壯，不可多。

羊癎 目直，作羊聲。百會，神庭，心俞，肝俞，天井，神門，太衝。

豬癎 痰涎如綿，作豬聲。百會，巨闕，心俞，神門。

馬癎 張口搖頭，角弓反張。百會，心俞，命門，神門，僕參，太衝，照海。

雞癎 張手前仆，提住即醒。申脈。

《幼科鐵鏡·驚癎活證辨》 初明曰：如驚癎痰築甚盛，昏昏不省人事，手不抽掣時，把精威二穴對拿緊。不咬齒，不搖頭，不直視人，亦無掙聲的模樣，將兒面向我，以我兩手騎兒肩，大指扳前，以第二兩指，並狠狠揉肺俞兩穴，聲雖不出，一掙一掙，恰似那螺贏在窠中喚化螟蛉，不是開口叫，類我類我有聲有音的樣子，卻乃是箇緊閉着口，掙不出，疊疊如貫珠有聲無音的樣子。此乃肺被痰築，如鐘磬中以物塞之，即重扣亦不響，定是活證。急灸肺俞穴各三壯，只用天保采薇湯一，不必用推拿，若發驚拿醒，便知人事，即用後推法，幷燈火及藥。

《幼科鐵鏡·辨癎證》 癎雖有七種，歷治惟從陰陽二癎治之爲驗。一癎

即死，咬牙抽掣，痰壅喉內，不省人事，在日發者爲陽癇，面色光澤，病在六腑，肌表如拿不甦，必治肺俞各穴三壯，即用天保采薇湯等分，各一錢，連服二三劑，自愈。

《幼科鐵鏡・辨痓證》 徐聖緒子患驚癇，不省人事約五六日。緣乃伯措大伯孚，曾與余同硯席，邀治，精威二穴拿之，無聲，即向肺俞重揉，聲雖不出，卻有累累貫珠掙不出來模樣，灸肺俞各三壯，用天保采薇湯，倍加半夏。單向大方脈，素與予友善，徐仲石處檢藥對聖緒云：在禹鑄人，信砒霜俱用得，然好也是這一服，不好也是這一服。予臨別云：服此一劑，雞鳴便退燒熱。果如期熱退，二服全愈。此陽癇已死，揉肺俞，探肺竅之一驗也。

《太乙神針心法・小兒門》 治法　角弓反張　針百會。

卒癇及豬癇　灸巨闕。三壯。

《採艾編翼・幼科・癇證》 灸耳后高骨有青紋如亂線者，宜剔破出血，可以預防。

治　耳尖上，約寬一指，男左女右，回炷一壯。少商，手大指內側，近甲傍一壯。乳外側，赤白肉際一壯。章門，臍上二寸，橫開六寸一壯。下脘，臍上二寸一壯。陽關，十六節骨尖上一壯。大敦，足大指生毛，若病起，近甲一壯。若病深，加中衝，中指內表一壯，合兩指灸更妙。

《神灸經綸・小兒證治》 五癇　先怖恐啼叫乃發，前頂，灸頂上旋毛中，炷如麥大三壯，及耳後青絡脈。長強，囟會，巨闕，章門，天井，內關，少衝。

風癇　先出手指如數物狀乃發也，灸髮際宛宛中三壯。神庭，治吐舌，角弓反張。

豬癇　病如尸厥，口吐青沫，作豬聲，巨闕灸三壯，百會，神門。

羊癇　目瞪舌吐，作羊聲，百會，神庭，心俞，肝俞，天井，神門，太衝。

馬癇　張口搖頭，身反折，作馬鳴，百會，心俞，命門，神門，僕參，太衝，照海。

牛癇　善驚反折，手掣手搖，大杼，鳩尾。尖下五分，灸三壯，不可多。

雞癇　張手前仆，提住即醒，申脈。

驚癇如狂　灸炷如小麥大三壯，金門，僕參，崑崙，神門，解谿。

《針灸集成・小兒》 胎癇　鬼眼各三壯，間使三十壯，百會九壯，陽莖頭七壯。

驚癇　腕骨，頂中央旋毛中三壯，耳後青絡脈三壯，太衝三壯。

風癇目戴上　灸第五椎節上七壯，百會七壯，崑崙三壯。

食癇　先寒熱洒淅乃發者，屈指如數物形，鳩尾上五分三壯，間使，神庭二壯，三陰交。

豬癇　尸厥吐沫，巨闕三壯，太淵。

犬癇　勞宮，申脈各一壯。

雞癇　善驚反折，手掣自搖，絕骨，申脈，內庭，百會，間使，太衝，太淵。

羊癇　吐舌目瞪羊鳴，大椎三壯，解谿，又第九椎下間三壯。

牛癇　直視腹脹，鳩尾三壯，三陰交，大椎三壯。

馬癇　張目搖頭，反折馬鳴，僕參，風府三壯，神門，金門，臍中三壯。

五癇　神門，間使，鬼眼，申脈。

驚癇瘈瘲　崑崙，前頂，長強，神門，百會三壯，神庭七壯，本神。

吐沫尸厥　巨闕七壯，中脘五十壯。

啼證

《聖惠方・具列四十五人形》 小兒夜啼，上燈啼，鷄鳴止者，灸中指甲後一分，中衝穴一壯，炷如小麥大。

《普濟方・針灸門・初生諸疾》 治小兒夜上燈啼，鷄鳴不止，《全嬰方》。灸中衝一壯，在中指甲後一分。

《類經圖翼・針灸要覽・諸證灸法要穴》 夜啼心氣不足　中衝。三壯。

《神應經・小兒部》 夜啼　百會。三壯。

《太乙神針心法・小兒門》 夜啼　灸百會。二壯。

《羅遺編・針灸要穴論》 夜啼心氣不足　中衝。三壯。

《針灸集成・小兒》 兒生一七日內多啼，客風中於臍至心脾，合谷，太衝，神門，列缺七壯，承漿七壯。

其他

《千金要方・小兒嬰孺方・癖結脹滿》 小兒癖，灸兩乳下一寸，各三壯。

《太平聖惠方·初生兒防撮口著噤及鵝口重腭法》 兒生一宿，抱近明無風處，看臍上有赤脈直上者，即於脈盡頭，灸三壯，赤散無患矣。

《幼幼新書·灸二十四癇》 莊氏集腧穴灸小兒二十四種癇法 第一癇，牙關緊，口不開，灸耳門相對一寸，七壯，穴在直耳門近眼。

第二鬼癇，手腳冷，眼不轉睛，口中亂道，灸大拇指後紋，每指七壯，在大指節上。

第三獐癇，渾身壯熱，兩手如梳頭，啼哭聲促，灸兩手心及項前一寸，各二七壯。

第四牛癇，弄唇撮口，灸鬼門穴，在乳下一麥粒地，七壯。

第五癇，渾身壯熱，上氣權肩，喘息不調，頭足俱冷，肚脹，灸兩肋頭並髮心，各七壯，兩肋是章門穴。

第六虎癇，目不轉睛，兩手不開，乍寒乍熱，灸百會穴，大拇指節上，各三七壯。

第七貓癇，連牙欠口，吐舌，上唇灸人中穴，在鼻柱下，玉泉穴在枕骨下一寸，第四椎兩邊各一寸半，各七壯。

第八風癇，灸玉枕穴，在腦杓尖頭二七壯。

第九蟑螂癇，撮口吐沫，兩手在胸前，灸肩上頭、臍心各三七壯。

第十蛇癇，吐舌不住，灸耳垂下七壯。

第十一脾癇，胸內氣結，喘息不勻，灸臍下一寸三七壯。未差，灸胃管、臍上四指，並穴兩傍各四指，各七壯，腹中鳴是效。

第十二血癇，瀉血不定，灸大敦穴三壯，在脊骨盡頭是。

第十三搜腹癇，腳冷，瀉痢不常，灸脊腧，腰眼上四寸是。又灸穴兩傍各一寸半，各三七壯。未差，灸腰眼三七壯。

第十四心癇，吐逆不定，身體壯熱，灸百會穴三七壯。未差，灸後心三七壯。

第十五瘖癇，不語言，灸玉泉穴，在玉枕下一寸。又灸乳上三指，各二七壯。

第十六臈癇，不熱，乳食尋常，多睡眼不開，灸足踝骨上四寸，男內踝，女外踝，各三七壯。又灸髮際三七壯。

第十七鷄癇，手愛抓人，口黑色，灸後心五壯。未差，灸兩手心各三七壯。

第十八猴癇，搖一邊眼不住，灸前後心三七壯。或有手如梳頭者，灸第六椎兩傍各一寸半，各三七壯。

第十九弓癇，身體壯熱，脊梁急如反弓，灸後心三七壯。未差，灸第九椎兩傍各一寸半，三七壯。

第二十癇，乾嘔不定，四肢無力，灸氣腧五十壯，第十三椎兩傍各一寸半。

第二十一癇癇，握兩手如弓，不轉睛，灸後心五十壯。

第二十二癇，面青撮口，眼中泪下，此是破軍星所作，灸後心五十壯。

第二十三癇，驚哭不定，咬牙作聲，此是兼正星所作，灸第五椎下兩傍各一寸半，各三七壯。

第二十四癇，揉眼咬指甲，此是文曲星所作，灸兩手心三七壯。未差，灸中指頭七壯。

長沙醫者毛彬傳小兒驚癇灸法

牙關硬，百會上灸三七壯，又灸耳後一寸，當時得效。

舌舐唇，連牙欠口，此名牛星癇，灸人中三七壯。

愛吐逆，舌不住，名蛇驚，於承漿穴中灸三七壯。

愛咬人，名孤癇，灸後心一百壯。

下元虛，腹脹，氣塊排連臍，臍心灸一七壯。

翻眼抬睛，名天癇，於腳大拇指當節上灸一七壯。

破腹害肚，米穀不消，腳脈不行，是尋腹癇病，準前之穴灸之。

多睡，瞑目不開，內踝上面正四寸，急灸之。

《儒門事親·小兒面上赤腫》 黃氏小兒面赤腫，兩目不開，戴人以鈹針刺，輕砭之，除兩目尖外，亂刺數十針，出血三次，及愈。此法人多不肯從，必欲治病，不可謹護。

《普濟方·針灸門·諸風》 治小兒喘脹，俗謂之馬脾風，又謂之風喉者，《濟生拔粹方》。以草莖等量病兒手中指裏，近掌文至中指尖，截斷，如此三莖，自乳上微斜直上立兩莖，於稍盡頭橫一莖，兩頭盡點下，各灸三壯，此法多曾見效。

《普濟方·針灸門·雜病》 治小兒心疼，灸足大拇指中節上，三艾即止，

男左女右。

治小兒頂腫，穴前頂。

《玉機微義・小兒門・治内傷及癖積之劑》《寶鑑》云：治小兒癖氣久不瘥，中脘一穴，章門二穴，在大横外，直臍季脇端，側卧，屈上足，舉臂取之。各灸七壯，臍後脊中，灸二七壯。

治小兒脇下滿，瀉利體重，四肢不收，痃癖積聚，腹痛不嗜食，寒熱，取脾俞二穴，在第十一椎下，兩旁相去各一寸五分，可灸七壯。又治腹脹黄疸，可灸三壯。

《古今醫統大全》引《針灸直指・諸證針灸經穴・小兒諸病》 癖氣 章門，脊中。並宜灸。

《古今醫鑑・癖疾》 灸癖法，穴在小兒背脊中，自尾骶骨將手揣摸，脊骨兩傍有血筋發動處兩穴，每一穴用銅錢三文，壓在穴上，用艾炷安錢孔中，各灸七壯。此是癖之根，貫血之所，灸之瘡即發，即可見效。灸不著血筋，則瘡不發而不效矣。

《幼科類萃・痞癖門》 小兒癖氣久不消者，灸中脘，章門二穴。中脘從髑骬下，取病兒四指頭是。章門在大横(骨)外，直臍季脇端，側卧曲上足，舉臂取之。各灸七壯，臍後脊中，灸二七壯。

《證治準繩・初生門・證治通論》 張焕曰：乳母須每日三時，摸兒項後風池。若壯熱者，即須熨之，使微汗，即愈。

《證治準繩・脾臟部下・積》 小兒癖氣久不瘥者，灸中脘一穴，章門二穴各七壯。章門在大横外，直臍季脅肋端，側卧，曲上足，伸下足，舉臂取之。中脘在上脘下一寸，臍上四寸，居心蔽骨與臍之中，從髑骬下取病人四指定穴。併灸臍后脊骨中，二七壯，無不驗。

《證治準繩・肺臟部・喘》 小兒喘脹，俗謂之馬脾風，又謂之風喉者，以草莖量病兒手中指裏，近掌紋，至中指尖截斷，如此三莖，自乳上微斜，直立兩莖，於梢盡頭横一莖，兩頭盡頭點穴，各灸三壯。此法多曾見愈。

《幼科類萃・咳嗽灸法》 小兒咳嗽久不差，灸肺俞五壯，在第三椎下兩傍各一寸半。

《幼科類萃・傷寒陰毒》 氣海穴，在臍下一寸五分。石門穴，在臍下一寸。關元穴，在臍下三寸。已上三穴，治陰厥脈微欲絶，囊縮遺尿，腹痛腹滿，腸鳴，皆效。

陽陵泉二穴，在膝下一寸。易老曰：煩滿囊縮者，宜灸此穴。

凡脈微弦，小腹痛，厥陰也，宜灸歸來、關元各數壯。

凡脈沉，臍腹痛，少陰也，宜灸中脘五七壯。

《壽世保元・灸法》 一論小兒吼氣，無名指頭灸之，良愈。

《類經圖翼・針灸要覽・諸證灸法要穴》 小兒鹽哮，於男左女右，手小指尖上，用小艾炷灸七壯，無不除根，未除，再灸。

《幼科鐵鏡・燈火灸圖》

身圖

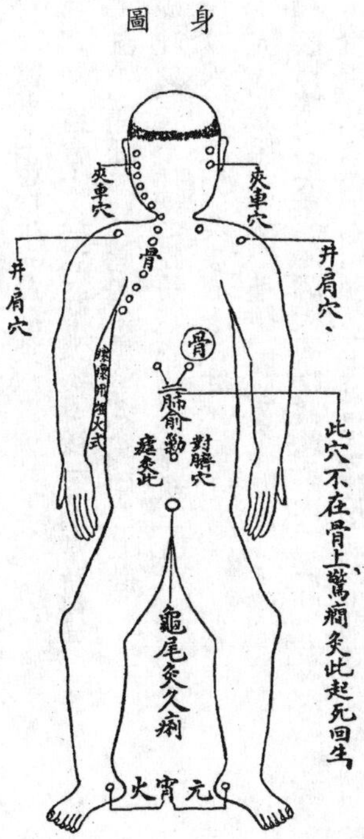

《幼科鐵鏡・呆笑》 兒無甚病，忽然見人哈哈大笑，即不見人亦然，每日如是。治用桔梗三錢，半夏五錢，木通一錢，甘草伍錢，煎服。隨於頂心百會穴艾灸二壯，即愈。

《幼科鐵鏡・辨痓證》 竹塘陳諱春者，一子十一歲，患病十餘日，不知人事。初，人見其不醒，以爲驚死，於鞋帶穴、人中掐咬，破爛不堪，請予往治。見其唇口晦色如醬，不抽不掣，不渴，肢冷如冰，始用燈火十五元宵，隨服小續命湯去麻黄，一劑，即甦。此望色審竅，而知爲柔痓之一驗也。

《採艾編翼・幼科・諸熱》 主穴 心 神門，手小指内側兑端骨。少海，肘内横紋下尖。

肝 太衝，足大指次指岐骨上一寸。章門。

脾 大都，足大指内側本節后。三陰交，内踝上三寸。

肺 列缺，食指叉取。中府，乳上三肋開一寸。

腎，照海，足内踝下赤白肉際。足通谷，足小指外側本節前陷中。

《採艾編翼・幼科・腎縮》 腎縮 受寒，熱姜湯濕足心。甚則灸涌泉。

《羅遺編・針灸要穴論》 骨旋 肘尖七七壯，不愈，百壯，此穴，即曲池也。

《針灸集成・小兒》 小兒初產七日内，臍中胞系自枯自落，其日即以熟艾，形如牛角，内空，灸臍中七壯，其艾炷，每火至半，即去，永無腹痛。

臍腫 灸對臍脊骨上，灸三壯或七壯。

吐血 魚際，神門，勞宫，太衝，尺澤，心俞五十壯。

《針灸穴法》 小兒狂言不識親疏 印堂一穴，攢竹二穴，承漿一穴，曲池二穴，乳根二穴，幽門二穴，圍臍四穴，丹田一穴，内踝二穴，至陽二穴，天柱二穴，風池二穴，膏肓二穴，合谷二穴，二間二穴，少澤二穴，長強一穴，腳三里二穴，公孫二穴。

外科病證治分部

綜述

《太素・九針之三・疽癰逆順刺》 黄帝曰：病生之時，有喜怒不測，飲食不節，陰氣不足，陽氣有餘，營氣不行，乃發爲疽癰。癰生所由，凡有四種。測，度也。喜怒無度，爭氣聚，生癰一也。飲食不依節度，縱情不擇寒溫，爲癰二也。藏陰氣虚，府陽氣實，陽氣實盛，生癰三也。邪客於血，聚而不行，生癰四也。癰，疽，一也，癰之久者敗骨，名曰疽也。 陰陽氣不通，兩熱相薄，乃化爲膿，針小能取之乎？以下言生膿所由也。邪客於皮膚之中，寒溫二氣不和，内外兩熱相擊，腐肉故生於膿，恐小針不能取之。 岐伯曰：聖人不能使化者，爲邪之不可留也。故兩軍相當，旗幟相望，白刃陳於中野者，此非一日之謀也。能使其人，令行禁止，卒無白刃之難者，非一日之務也，須久之方得也。夫至使身被癰疽之病，膿血之聚者，不亦離道遠乎？夫癰疽之生也，膿血之成也，不從天下，不從地出，積微之所生也。故聖人之治，自於未有形也，愚者遭其已成也。幟，昌志反，幡也。聖人不能使身化爲病者，以聖人理之未亂，其邪不可留於身也。故譬白刃陳於中野，謀之在久，士卒無難，習之日遠，癰疽不生，調中多日，故身遭癰疽之病，去和性之道遠矣。夫積石成山，積水成川，積罪成禍，積氣成癰，非從天下地出，皆由不去脆微，故得斯患也。聖人不爾，於國理之未亂，於身約之於未病，不同愚人，渴而掘井，鬭方鑄兵也。 黄帝曰：其以有形不子遭，膿以成不子見，爲之奈何？遭，逢也。子，百姓，帝以百姓如子者也。言不逢者，癰之有形，百姓不能逢知也，癰之有膿，百姓亦不見，爲之奈何也。 岐伯曰：膿以成，十死一生，癰生於節，背及腹内，膿成不可療，故十死一生之。 故聖人不使以成而明爲良方，故聖人明爲良方，癰微之時療之，弗使成也。 著之竹帛，使能者踵之，傳之後世，無有終時者，爲其不遭子也。著之竹帛，爲於百姓不能逢知癰疽者。 黄帝曰：其以有膿血而後遭子，可造以小針治乎？癰之生於背及節與腹内，已有膿血後，百姓逢知，小針可得療不也。 岐伯曰：以小治小者其功小，以大治大者多害，故其以成膿者，其唯砭石排鋒之所取也。以小針療癰之小，難差，故曰其功小也。以大針療膿成大，傷以處多，故得出膿。害，傷也。是以膿成唯須砭鈹也。 黄帝曰：多害者，其不可全乎？多害者，砭鈹之傷，即至死也。 岐伯曰：其在逆順焉。逆者多傷至死，順者出膿得生也。 黄帝曰：願聞逆順。 岐伯曰：以爲傷者，白眼青，黑眼小，是一逆也；内藥而歐，是二逆也。腹痛渴甚，是三逆也。肩項中不便，是四逆也。音嘶色脱，是五逆也。除此者，爲順矣。先有五傷，後行鈹者，爲逆也。先無五傷，膿成行鈹，爲順也。嘶，先妻反，聲破也。

《甲乙經・六經受病發傷寒熱病》 振寒熱，頸項腫，實則肘攣，頭項痛，狂易，虚則生疣，小者痂疥，支正主之。

《千金翼方・針灸下・癰疽》 卒疽著五指，急不得屈伸，灸踝尖上數壯，亦可至百壯。

凡卒患腰腫，附骨腫，癰疽節腫，風遊毒熱腫，此等諸疾，但初覺有異，即急灸之，立愈。遇之腫成，不須灸，從手掌後第一横文後兩筋間，當度頭，灸五壯立愈。患左灸右，患右灸左，當心胸中者，灸兩手，俱下穴。

丁腫在左，灸左臂曲肘文前，取病人三指，外於臂上處中灸之，兩筋間從不痛至痛，腫在右從右灸，不過三四日，差。

又灸掌後横文從五指，男左女右七壯，即驗，已用得效。

論曰：丁腫灸法稍多，然此一法亦甚效驗，出於意表也。

癮瘮，灸曲池二穴，隨年壯，神良。

頭痛癮瘮，灸天窗七壯。

白癜白駁，浸淫癧瘍，著頭及胸前，灸兩乳間，隨年壯，立差。

《聖惠方·癰疽論》 辨癰疽宜灸不宜灸法　凡癰疽發背，初生如黍粟粒許大，或痒或痛，覺似有，即用湯水淋射，兼貼藥爚之，經一兩日不退，須當上灸之一二百壯，如菉豆許大。凡灸後，却似焮痛，經一宿乃定，即火氣下，微腫，内熱氣被火導之隨火而出，所以然也。若能於瘡頭四邊，相去各一寸已來，更花灸，奇妙無以加也。其瘡若只痒，即宜隔豉餅子灸之。其豉餅子，須以椒、姜、鹽、葱相和，爛擣，攤作餅子，厚薄如三錢已來，當瘡頭豉餅子上灸之，若覺大熱，即微抬起，又安，只灸七壯而已，豉餅子若乾，更換新者尤佳也。其瘡苦痛，即須苦灸，仍壯數唯多爲妙。若是疽，即不宜灸。夫疽初生，形如痦瘟，頭白焦枯，氣本深沉，療者既不精辨，亦便灸之，以至數壯，或癰瘤成膿之後，亦令灸之，深須將理，莫謾輕生。初灸三壯，不覺痛者，爲上肉已夭，其下膿深，及至數壯之後，焮痛必倍，爲熱氣益盛，膿伏内攻之，火灼其外，轉增毒甚。物理推之，事則可驗，諸所不宜灸穴，及大妨處，具載之於後。

頭維，在額角髮際本神旁一寸。

承光，在頭上五處穴後二寸是。

神庭，在髮際直鼻上。

絲竹，在目陷中。

承泣，在目下七分直童子陷中是。

膺窗，在胸下一寸六分兩乳中。

腦戶，在枕骨上強間後一寸半。

風府，在腦後髮際一寸大筋旁宛宛中。

瘖門，在頂後髮際宛宛。

脊中，在第十一椎節中間。

三陽絡，在臂上大脈溝上一寸。

下關，在耳前動脈是也。

耳中耳門，禁灸。

人迎，在頸大脈應手俠結喉旁，通五藏氣。

石門，在臍下二寸，女子禁灸。

伏兔二穴，在膝上六寸。

地五會，在足小趾次趾後間，去俠谿一寸五分。

右件穴，據《明堂經》，並禁不可灸，或於上出瘡瘤，亦不得便灸。且以諸方法，及湯水注射，並用諸藥爚之。若已成膿，即須針烙出之，爲其内已有膿，縱針烙出之，即並無妨。其經久瘻，即用硫黄灸之。

灸法　右用硫黄一塊子，隨瘡口大小安之，别取少許硫黄，於火上燒之，以銀釵腳挑之取焰，點硫黄上，令着三兩遍，取膿水，以瘡乾差爲度。

辨癰疽宜針烙不宜針烙法　夫癰疽者，頭少腫處多，出膿不快者宜針烙。膿未盛以前，不可不以諸藥貼爚救療，以安病者之心。膿成，即當棄藥從針烙也。既至膿成，即當決生死際，不可疑懼痛，頃刻之間，以至内潰，古今同斃斯疾，十有八九矣。通賢名識，固當不擾於死生之源，即斷其去就焉。夫患癰疽，已成結腫，須有出處，療之無不針，針無差，未有不針不利而差者，未有針利及時而不差者，嗚呼，痛之極也。衆熱聚攻，蝕其膏膜，爲之腐爛，饑肉爲之敗潰，内通貫臟腑，若不針烙決潰，熱毒無從而解，膿瘀無從而洩。或過時不針，即反攻於内，内既消敗，欲望其生，豈可得乎？嗟夫，此疾針烙取差，實爲從容，疑而受斃，亦豈容易，此爲必死之患。或隱諱此疾，或懼痛不針，此神奪其識，死期將至，諸可知也。癰則皮薄宜針，疽則皮厚宜烙，古法無烙，唯有針刺。烙即火也，亦謂之燔，針刦刺以其有刦病之功也。今用烙法多差殊穩，妙於鈹針法，本用鈹針，烙法當用火針，如似火筋，磨頭令小大如棗核圓滑，用燈焰燒，須臾火作，炬數搵油燒令赤，皆須近下面烙之。一烙不透，即再烙之，令透。若其攻焮稍廣，即須散烙數處，并令透，則氣疏達，膿水易出，不假按抑。實者撚髮爲維，虚者以紙爲維，塗引膿膏藥維之，兼以膏藥貼之，常令開潤，勿令急躁。若其人羸瘠，勿頓出膿，徐徐令出。若癰疽廣大，膿潰肌骨者，懼一時之痛，不肯四畔多下針烙，唯開三兩處而已，欲望其早愈，不亦難乎。常見有開腫者，不原審其淺深，所針烙，或當時無膿，經宿方潰，或下針不出，别處生頭，或抑捺焮動，加益煩疼，遂使痛中加痛，真氣轉傷，詳其所由，是不遇良能也。經云：夫病淺着針深，則氣血伏沉，若病深針淺，則毒氣不洩，反爲大癰，此之謂也。務求速差，腫内餘膿及膿根未盡，便令瘡合，後必有再發之理。熟能言之。諸發腫都軟而不痛者，即並宜針烙，若發於背者，即須用水角乃得痊矣。

《聖濟總録·治癰疽瘡腫灸刺法》 凡發背，多於背兩胛間起，初如粟米，或痛或痒，仍作赤色，日漸長大，不過十日，遂至於死。善養生者，小覺背上

痒痛，急取淨土，以水和作餅子，厚二分，闊一寸半，以粗艾作炷，連餅子，貼着瘡上灸之，一炷一易。若粟米大時，可灸七餅，如榆莢大，可灸七七餅，如錢大，可日夜灸之，不限餅數，仍服五香連翹湯，及鐵漿等攻之。

凡癰疽始發，或小或大，或如米粒，此皆微候，急須攻之。若無醫藥處，即灸當頭百壯，一方云，七八百壯。其大重者，灸四面及中央，二三百壯。亦宜當頭，以火針入四分。

凡疽卒著五指筋急，不得屈伸者，灸踝骨中央，數十壯，或至百壯。發背癰腫，已潰未潰，用香豉三升，以水和搗作餅子，厚三分，有孔勿復之，布豉餅，以艾列其上灸之，取溫熱，勿令破肉。如熱痛，急易之，一日兩度灸。如有瘡，以瘡孔中汁出爲度。腋癰大熱，刺足少陽五刺。熱不止，刺手心主三刺。癰疽不得頃時回，癰不知所，按之不應手，乍來乍已，刺手太陰傍三痏，與纓脈各二。

《外科精義·灸療瘡腫法》 夫疽則宜灸，不宜烙。癰則宜烙，不宜灸。丹瘤腫毒宜湯漬之，腫皮光軟則針開之，以洩其毒，治瘡之手法迨不過此，而各有所宜。故《聖惠方》論曰：認是疽瘡便宜灸之一二百壯，如菉豆許大，灸後覺似焮痛，經一宿乃是火氣下徹，腫內熱氣被火導之，隨火而出，所以然也。若其瘡痒，宜隔豉餅子灸之，其餅須以椒、薑、鹽、葱，相和爛搗，捏作餅子，厚薄如折三錢，以來當瘡頭豉餅子上灸之。若覺太熱，即抬起，又安其上，餅子若乾，更換新者尤佳。若其瘡痛，即須急灸，壯數多爲妙。若其膿已成者，愼不可灸，即便針開之，即得瘥也。若諸瘡經久不瘥，變成瘻者，宜用硫黃灸法灸之。其法，硫黃一塊，可瘡口大小安之，別取少許硫黃於火上燒，用釵尖挑起點硫黃，令著三五遍，取膿水乾差爲度。若其發背初生，即宜上餅灸法灸之。初覺背上有瘡，疼痒頗異，認是發背，即取淨土水和，捻作餅子，徑一寸，厚二分，點著瘡上，以艾作炷灸之，一炷一易餅子，其瘡粟米大時，可灸七七炷，其瘡如錢許大，日夜不住灸，以瘥爲度。已上數法，並依本方一一親驗，所以載之。愚謂瘡醫自幼至老，凡所經驗必須瀉之。嘗記疳瘻惡瘡諸醫不驗者，取蠐螬剪去兩頭，安瘡口上，以艾灸之，七壯一易，不過七枚，無不效者。又法，用乞火婆蟲灸之，同前法，累驗之神效，人皆祕之，往往父子不傳。又法，赤皮蒜搗爛，焊作餅子，一如豆豉餅子灸法灸之，彌佳。

《癰疽神秘灸經·任脈圖》 任脈起於中極之下，以上至毛際，循腹裏，上關元，至喉嚨，屬陰脈之海，爲督脈一源而二支。督脈會陰而行背，任脈會陰而行腹，夫人身之有任督，猶天地之有子午也。人身之子午，爲腹背。天地之子午，爲南北。言可以分合也。滯之則發虎鬚、龍泉，二毒治當隨詳。

任脈圖

《癰疽神秘灸經·督脈圖》 督脈起於下極之俞，兩陰之間，屏翳處也。屏翳筋間爲篡，篡內深處爲下極，督脈之始也。滯，惟發於魚尾，今人言對口疽是也。當灸神(關)(門)二七壯。

愚考諸書無此穴，蓋祕法也。六腑不和所生爲癰，五臟不調所生爲疽。陽滯於陰則生癰，陰滯於陽則生疽。

督脈圖

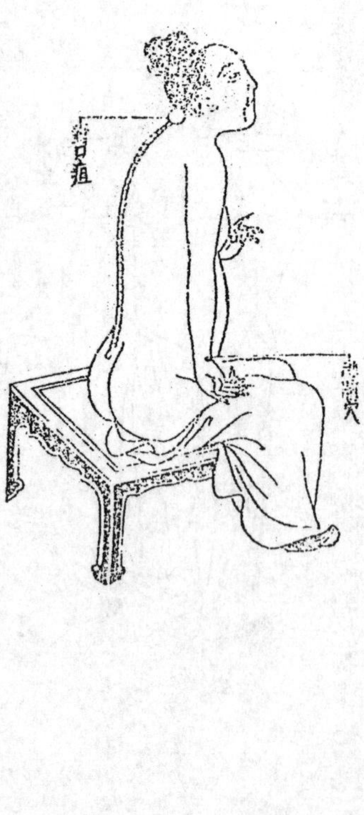

《癰疽神秘灸經·手少陰心經》 手少陰之脈，起於心中，出屬心系，下鬲絡小腸。心系有二，一則於肺相通，而入肺兩大葉間。一則由肺葉而下，曲

折向後，並脊膂，肺絡相連，貫脊髓，與腎相通，正當七節之間。蓋五臟系，皆通於心，而心通五臟系也。手少陰經起於心，循任脈之外，屬心系，下鬲，當臍上二寸分絡小腸，其支也。蓋其經氣血所滯發證者，六疏通之。

喉癰之發，正於咽喉之下，赤腫連喉，痛甚，不能下飲者是也。當灸少衝七壯。

愚按：《針灸經》云：少衝二穴，一名經始，在小指內廉端去爪甲角如韮葉。又治口舌患疔毒及舌腫大，常治甚者，更針舌青筋出血尤良。

氣疽之發，在於胸間乳上二寸，赤腫痛甚引心者是也。當灸靈道七壯。

愚按：《發揮》云：靈道二穴，在掌後一寸五分。

臑疽之發，正於臂上，連肩青腫，長而堅者是也。當灸少海七壯。

愚按：《針灸經》云：少海二穴，在肘內大骨外，去肘端五分陷中，屈手向頭取之。又治腋下瘰癧，不問腫潰並效，臂疼不能伸及齒齦爛，或齒寒，腦風頭痛尤效。

腋疽，亦灸少海穴七壯。

穿骨疽之發，正手掌後三寸許，兩筋間，大如鶴子，堅如石，按之至骨痛甚者是也。當灸神門七壯。

愚按：《針灸經》云：神門二穴，一名兑衝，在掌後兑骨端中。

兑疽亦灸神門穴七壯。

喉風喉閉，灸少商，少衝二穴七壯。

愚按：《針灸經》云：少商二穴，在手大指端內側去爪甲角如韭葉。又云：以三稜針刺，微出血，洩諸藏熱。湊不宜灸，常用此穴治前證及懸癰，乳蛾，喉毒，喉風，咽喉腫閉等證，及頤頷忽腫大，喉中閉塞，水粒不下，針之立愈。若有瘀血或膿作脹，更須針患處，其功甚速。雖暴死，氣未絕，針之亦活。

喉毒懸癰，當灸心腧穴，不拘壯數，待寬即止。

愚按：《發揮》云：心腧在背第五椎。

手少陰心經圖

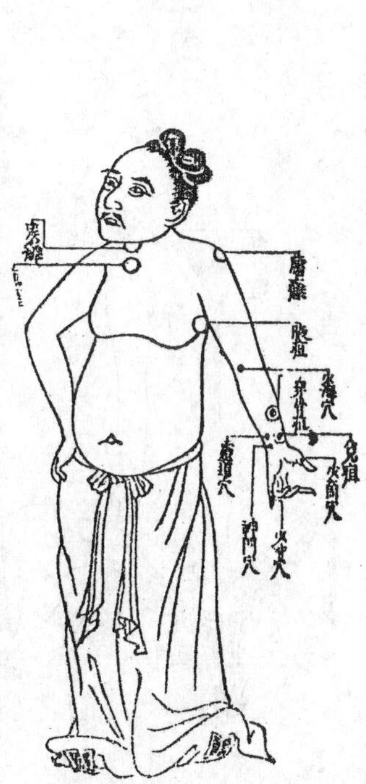

《癰疽神秘灸經·手厥陰心包絡經》手厥陰心包絡經，起於胸中，出屬心包，下膈，歷絡於三焦，上脘，中脘，臍下一寸爲下焦也。傳之分也，其支循胸出脇，下腋，傳於太陰少陰之間，入肘傳遍，此陽中之陰，陰之陰也。故厥陰之中存陽明之氣，傳注三陰之所，是經血氣凝滯，發之爲毒，有六治法，當詳辨之。

胸疽之發，在於兩乳之中上二寸許。發而頭痛，心虛，體倦，其色赤，腫痛引中指者是也。當灸郄門二七壯，艾如菉豆大。

愚按：《針灸經》云：郄門二穴，在手臂去腕五寸。

肘癰之發，於肘尖之上，不能舒伸，令人肩背痛引者是也。當灸間使二七壯。

愚按：《發揮》云：間使二穴，在掌後三寸兩筋間陷中。又治癭瘤，疥瘡，頑癬及腋腫痛。

蛇頭一疔，發於中指甲當項，紫黑色，痛引心腹，甚者令人口青色。急當灸內關二七壯，甚者三七壯。

愚按：《發揮》云：內關二穴，在掌後去腕二寸。又治鋭疽瘰癧。

魚肚之發，於中指中節中者是，令人戰寒，痛甚徹骨，宜灸合谷二七壯。

合疔一名虎口，發於大指節中，些小黑色者是。當灸內關，間使各三七壯。

《癰疽神秘灸經·手陽明大腸經》手陽明，起於商陽，二間，三間，合谷，陽谿，偏壢，〔溫溜，〕下廉，〔上廉，手〕三里，上曲池，肘髎，迎香。五里，臂臑，

肩髃，巨骨，當天鼎，扶突，禾髎，終於迎香，週流二十穴，復流而已。蓋此經氣血所滯，發之爲疽，爲癰，爲腫，爲毒，隨着治之，先疏其滯，何患不痊。

蜂窠疽生於左肩下二寸，其疽之發，先熱後寒，皮赤，四十九竅如蜂窠，急灸三間二七壯，使毒氣無滯。

愚按：《針灸經》云：三間二穴，一名少谷，在手大指次指本節後，內側陷中。

乳癰之發，其證不一，有發生於乳上，曰乳氣，乳左曰侵囊，乳右曰乳疽，乳下曰乳岩，當乳頭所發曰乳毒。俱當灸足三里并肩顒各七壯，滯散而痊也。

愚按：《發揮》云：肩顒二穴，在肩端兩骨間陷中，舉臂有空是穴。三里二穴，在膝眼下三寸，䯒外廉兩筋間，當舉足取之。又治腿膝痠痛，或焮腫疼痛。幾寸，俱用同身寸。

顴疔之發，發於當面顴上，其色白，其頭陷，如鼻有黑氣者不治。治法：當灸偏歷二七壯。

愚按：《發揮》云：偏歷二穴，在腕中後三寸。

手陽明大腸經圖

《癰疽神秘灸經·手太陽小腸經》手太陽之脈，起於手小指之端，循手外側上腕，出踝中。臂骨盡處爲腕，腕下兌骨爲踝。本經起小指端，順而行之，其經氣血凝滯，發而爲疽，依圖治之。

侵腦之發，正於銳背穴中，髮下。一穴云：太陽中是也。其證之發，戰寒，霍亂，熱，頭痛如斫，雙目引痛是也。當灸支正七壯，甚則三七壯。

愚按：《發揮》云：支正二穴，在腕五寸。

鳳眉之發，正於面目之間，發而長，如生瓜樣者不治。皮赤引腫，兩目皆閉，侵髮赤腫，痛不可忍者是也。當灸陽谷七壯。

愚按：《發揮》云：陽谷二穴，在手外側腕中，兌骨下陷中。

黑疔之發，在於耳中腫痛，連腮，赤腫者是也。當灸後谿七壯。

愚按：《發揮》云：後谿二穴，在手小指外側本節後陷中。

鼻疔之發，在於鼻內，痛而引腦門，不能運氣，鼻大如瓶，黑者不治，連牙不得開者亦不治。法當灸腕骨七壯，艾如菉豆大。

愚按：《針灸經》云：腕骨二穴，在手外側腕前起骨下陷中。

項疽之發，在於項中當脊，不能回顧，腫連兩耳者是也。當灸天宗七壯，艾如菉豆大。

愚按：《針灸經》云：天宗二穴，在秉風後大骨陷中。

肩風之發，在於肩上青腫者是也。甚者痛連胸脇，當灸肩貞七壯。

愚按：《針灸經》云：肩貞二穴，在肩胛下兩骨解間，肩顒後陷中。

馬口瘡生鼻下，腫痛，大如馬口。當灸掌後五寸半，七十壯，火爆爲度。

愚按：掌後五寸半，諸書皆無此名，蓋祕法也。

手太陽小腸經圖

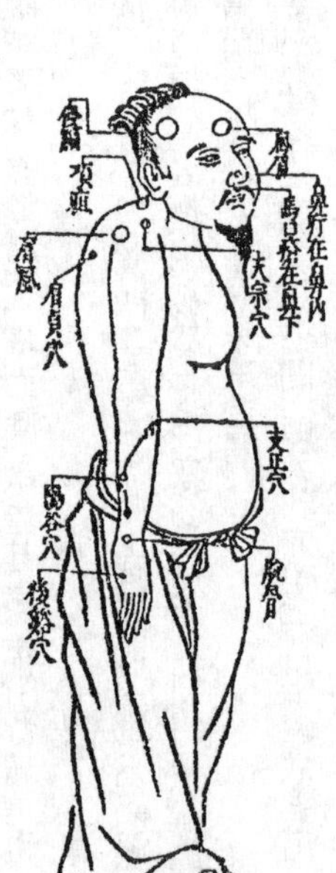

《癰疽神秘灸經·手少陽三焦經》手少陽三焦之脈，起於手小指次指之端，上循手表腕，出臂外兩骨之間，上貫肘。臂骨盡處爲腕，臑盡處爲肘。又云：手少陽起於小指次指端關衝穴，上出次指之間，歷腕門，循手表腕之陽池，循至禾髎，系竹。咽喉之所，復流不竭，此經氣血之滯，發而爲患，有七當審治之。

頰疔，在內頰骨尖高處是，發時寒甚咬牙，口不能開合。治法當灸外關二七壯。

愚按：《發揮》云：外關二穴，在手腕後二寸陷中。

魚腮之發，於耳下平頣中是也，發時連牙通裏痛甚，灸四瀆三七壯。

愚按：《針灸經》云：四瀆二穴，在肘前五寸外廉陷中。

瘭之爲證，發於耳前半寸，其形如鷄子，經年不痊，膿水長出是也。當灸天井三七壯。

愚按：《發揮》云：天井二穴，在肘外大骨後上一寸，兩筋間陷中，屈肘得之。又云：曲肘後一寸，又手按膝頭取之，兩筋骨罅。常治五痔，瘰癧亦效。

肩疽，發於肩上，引背腫赤，當灸會宗三七壯。

愚按：《發揮》云：會宗二穴，在臂腕後三寸空中一寸。

髎疽發於肩下，腋相連腫者是也，灸會宗七壯。

濼癰之發，在於臂內，堅如鵝子，按之痛徹骨，惡寒是也。當灸腋門三七壯。

愚按：《針灸經》云：腋門二穴，在手小指次指間陷中。

石榴疽，發在臂者，宜灸天井穴。各經有之，先腫似碗後，皮翻轉如榴，法無可治。惟菊華藥煎湯洗淨，又用菊華燒灰，入輕粉對和勻敷之，未嘗試驗。

愚按：見破後，久則翻如榴實，最頑，惟隔蒜灸，貼神異膏，更服黃礬丸，仙方活命飲，有效。

手少陽三焦經圖

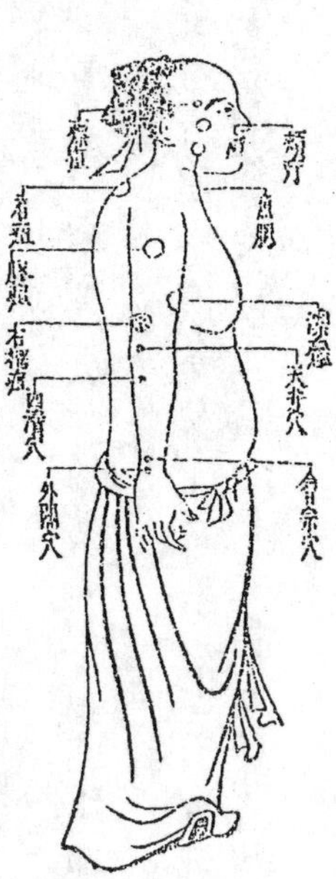

《癰疽神秘灸經·足太陰脾經》　足太陰之脈，起於足大指之端，循指內側白肉際，過竅骨後，上內踝前廉。竅骨，今作孤拐骨是也。流注衝陽之所，行陰，行陽，二氣之所滯，發而爲疽。其發不一，對證治之。脇癰之發於右脇下，長五寸許，闊三寸，微腫，甚者戰寒，小腹痛也。當灸衝門二七壯，左右同法。

愚按：《發揮》云：衝門二穴，上去大橫五寸，在府舍下橫骨端約，中動脈。

陰疽之發，在足內股，其形長，其闊二寸許，上而發下，易治，下而發上，難治。其色微赤痛甚，曲膝不能申舒是也。當灸商丘七壯。

愚按：《發揮》云：商丘二穴足內踝下，微前陷中。

腹癰之發，發於臍下，橫而腫，微赤甚痛，牽引背痛是也。當灸箕門七壯。

愚按：《發揮》云：箕門二穴，在魚腹上越筋間，陰股內動脈應手是穴。

魚口疽，一名橫痃，發於左者曰痃，發於右者曰魚口。橫腫爲便毒，當灸足大指端三壯。穴在指甲後三毛間。

愚按：《針灸經》云：三毛間，即大敦穴也，在足大指聚毛中。

穿骨疽，在內踝骨中發腫，內外甚痛，不能行動者是也。當灸隨患足大指端三壯。

足太陰脾經圖

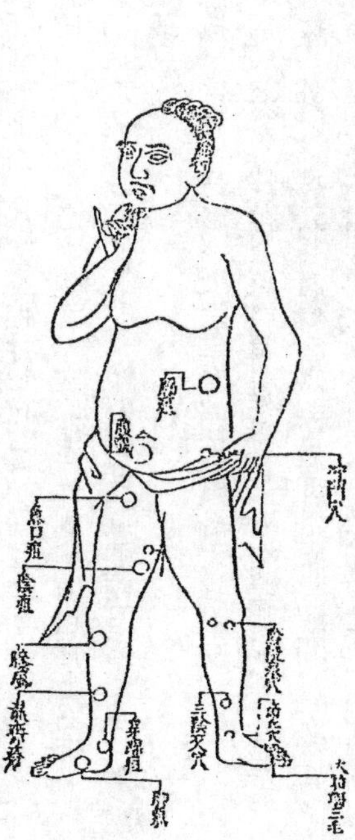

《癰疽神秘灸經·足少陰腎經圖》　足少陰腎之經，腎兩枚，狀如石卵，色黑紫，當胃下兩旁，入脊膂，附脊之節十四椎下，與臍平。其脈起於足小指之下，斜趣足心。又云：足少陰起小指之下，斜向足心之湧泉，上循至咽喉。其經血氣凝滯，變證有三，一曰心口疽，二曰幽癰，三曰赫癰，隨證治之。心口疽引皆痛甚，宜灸陰谷三七壯，艾如菉豆大。

愚按：《針灸經》云：陰谷二穴，在膝內輔骨後大筋下，屈膝取之。

幽癰之發，在臍上五寸許，其形長如鵝子，令人寒戰咬牙，丸痛連兩脇，當灸築賓二七壯。

愚按：《針灸經》云：築賓二穴，在內踝上，腨分中。

赫癰在當臍，大如瓜，突出紅甚，如瘿瘤。當灸陰谷七壯，築賓二七壯。

愚按：《發揮》云：陰谷二穴，在膝內輔骨後，大筋下，小筋上，按之應手，伸膝乃得之。

足少陰腎經圖

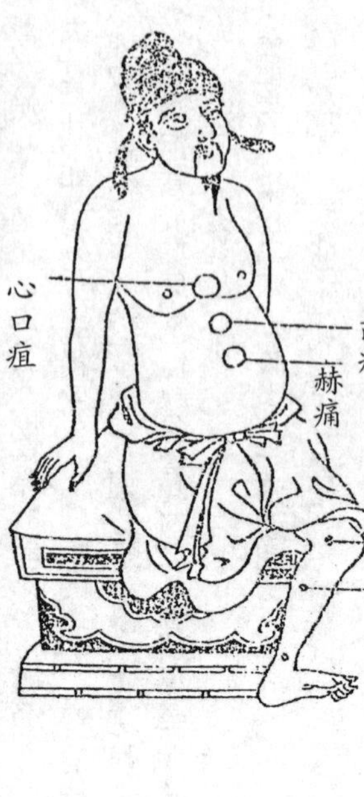

《癰疽神秘灸經·足厥陰肝經》足厥陰之脈，起於大指聚毛之際，上循足跗上廉，去內踝一寸。足大指甲後爲三毛，三毛後橫文爲聚毛，相去也。足厥陰起於大指聚毛之大敦，循足跗上廉行間，太衝，蠡溝，陰中，陰器，章門，食竇，雲門，百會，週而流注。蓋其經氣血凝滯，外證之發有五，內則有氣癖之發，赤甲肝氣之所滯，並附灸法，當審而治之。

咬骨一疽，發於裏股，無形作痛，蓋毒氣在骨中所發也。當灸陰包三七壯。

愚按：《針灸經》云：陰包二穴，在膝上四寸，股內廉兩筋間。

透腦一疽，發於當鼻上，如鷄子堅硬，按之痛連心者是也。當灸膝關二七壯。

愚按：《發揮》云：膝關二穴，在犢鼻下二寸陷中。

陰疽之生，在於陰器之左，連陰子腫赤，痛連小腹者是也。當灸中都二七壯。

愚按：《發揮》云：中都二穴，在內踝上七寸䯒骨中，腸澼下沫，諸藥不應，灸之即止，頑疝或攻腹作痛，更效。

玄疽之生，在於陰器之右，連陰子腫青，痛連兩肋者是也。當灸蠡溝三七壯。

愚按：《針灸經》云：蠡溝二穴，足踝上五寸。

襠疽之生，在於陰器之底，連肛陰子腫赤，痛連腰背者是也。當灸三陰交三七壯。氣癖之生，在腹皮裏膜外，狀如覆杯者是也。當灸章門二七壯。

愚按：《針灸經》云：章門二穴，一名長平，一名脇髎，在大橫外，直臍季脇端，側卧，屈上足，伸下足，舉臂取之。

坐馬癰，在陰前後中間，在右名下馬癰，在左名上馬癰，在內大頭者名鸛以能殺人。俱灸膝下外廉橫骨盡處是穴。

愚考諸書，皆無此穴，乃祕法也。

足厥陰肝經圖

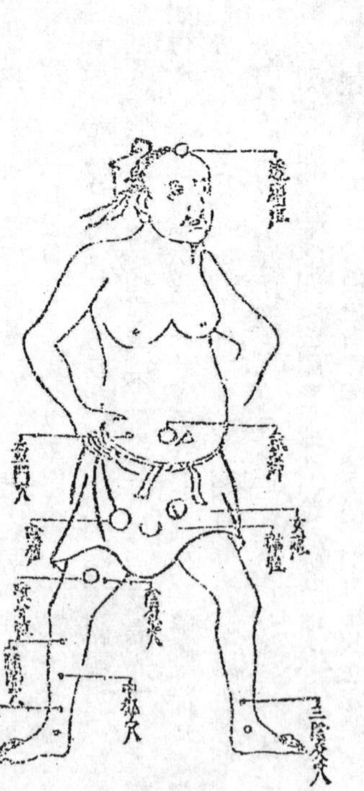

《癰疽神秘灸經·足陽明胃經》足陽明經之流行，從鼻交頞中，旁約太陽之脈，下循鼻外，上入齒中，還出挾口，環唇，下交承漿。頞，鼻之山根是也。此經起於鼻兩傍迎香穴，左右相交爲頞，過睛明之下，循鼻外，歷承泣，通於伏兔，流於巨虛，週流而注。蓋其經之血氣所滯，發證多矣，法當分而治之。髮疽之發，發於當面入髮三分是。鬢疽之發，於耳旁入鬢者是也，唇癰，發於當唇是也。牙癰，當牙根之所，發於上者牙癰，下者牙疽，頂起牙者牙疔也，或牙縫突肉所起者，亦牙疔也。治法：灸神授二七壯。隨人大指上，直

去骨罅處起，用患人手一跨。

愚考神授穴，諸書皆無，蓋祕法也。

髮疽，灸缺盆七壯。

愚按：《針灸經》云：缺盆二穴，一名天蓋，在肩下横骨陷中，如瘰癧患在此穴，即於此穴灸之，亦效。

鬢疽，灸伏兔七壯。

愚按：《發揮》云：伏兔二穴，在膝上六寸起肉，正跪坐而取之。一云：膝蓋上七寸。

唇疽，灸犢鼻七壯。

愚按：《針灸經》云：犢鼻二穴，在膝臏下，骭骨上，骨解大筋中。又治膝中痛不仁，難跪起，膝臏腫潰者不可治，不潰者可療。若堅硬，且勿攻，先以洗熨，即微刺之愈。

牙疽，當灸足外踝骨尖上三壯。

愚考諸書，皆無此穴，乃祕法也。又治霍亂轉筋及卒然轉筋欲死者，急灸足外踝尖各三壯，如菉豆大。若轉筋在股內，灸內踝尖。轉筋在外股，灸外踝尖，神驗。《針經》云：凡疽卒著，五指筋急，不得伸屈，灸踝骨中尖數壯，立瘥。氣毒流注，發於此經，從缺盆骨起，流注氣合，復至天樞，走注有九箇莫治。治法：當灸梁丘七壯。

愚按：《發揮》云：梁丘二穴，在膝上二寸兩筋間。

足陽明胃經圖

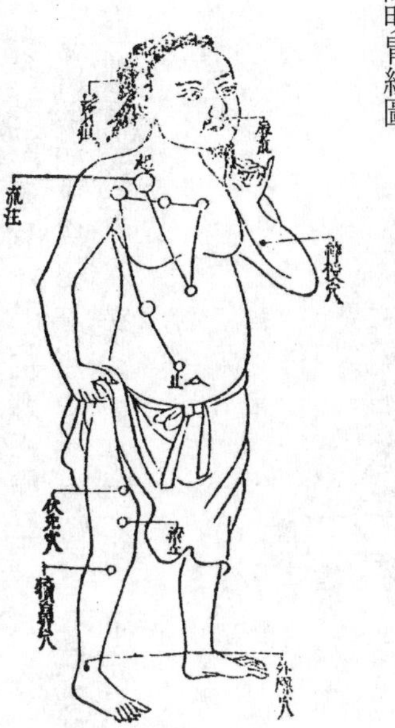

《癰疽神秘灸經·足太陽膀胱經》 足太陽之脈，起於目內眥，上額交巔上。目大角爲內眥，髮際前爲額。腦上爲巔，巔，頂也。足太陽起於目內眥，通睛明，傳攢竹，遇神庭，歷曲差，五處，承光，通天，斜行左右，相交於巔上之百會，復流於督脈之交會也。後流飛陽交會之際。其經氣血凝滯，而發爲癰者，尤當隨證治之。

玉枕之發，在於枕後髮中腫起，痛引鼻塞者是也。當灸風門三七壯，艾如菉豆大。

愚按：《針灸經》云：風門二穴，一名熱府，在二椎下，兩旁各開寸半。

發疽之生，於當背脊外兩旁，堅赤而腫，在於膏肓穴相近者是也。治法：灸心腧七壯，艾如菉豆大。

愚按：《針灸經》云：心腧二穴，在五椎下兩旁各寸半。

背疽之發，其證有五，一曰發背，二曰氣發，三曰連子發，四名荷葉搭，五曰脊發。治之當視其色，赤腫易治，黑陷莫治。須觀得證月令，生身則生，尅身則死。假如春木青，如疽黃，不治。夏令火，疽反黑，亦不治。餘皆倣此。如得疾，急當騎竹馬法灸二七壯，委陽二七壯，便毒氣疏通而無滯也。

愚按：委陽穴，在足膕中外廉兩筋間，屈身取之。治腸風痔漏尤效。騎竹馬所灸之穴，乃心脈所過之地。凡癰疽之疾，皆心氣留滯，故生此毒。灸之則心脈即時流通，如未成膿者，即消，雖成膿及潰者，其毒頓減。如穴得眞，誠有回生之功。但患者多因取穴不便，不肯用此法，故常用隔蒜灸法亦效。如癰疽發背，疔腫惡瘡，一二日至五六日，不問痛否，取大蒜切片如三錢厚，置瘡頭上，用艾壯於蒜上灸之，三壯換蒜。痛者灸至不痛，不痛者灸至痛，毒氣自然隨火而散。若瘡頭多，或腫大者，即用大蒜搗爛攤患處，用艾鋪蒜上燒之。甚者明灸，如漫腫或未發出，瘡頭不明者，用紙一片浸濕，隨覆患處，視先乾處，即是瘡頭。大抵氣血壯實或毒火輕者，可假藥力消散。或腐潰怯弱之人，熱毒中隔，內外不通，不行針灸，藥無全功矣。丹溪云：火以暢達拔外鬱毒，此從治之意，即此法也。騎竹馬法圖增附於後，以便取用。

搭手在右，當灸會陽二七壯。

愚按：《發揮》云：會陽二穴，在尾髎兩旁。

腎疽，當灸合陽五壯。

愚按：《發揮》云：合陽二穴，在膝約文中央下三寸，婦人血崩尤效。

附陰疽，當灸崑崙二七壯。

愚按：《發揮》云：崑崙二穴，在足外後跟骨上陷中。治風疹、風熱、冷痺亦效。

足太陽膀胱經圖

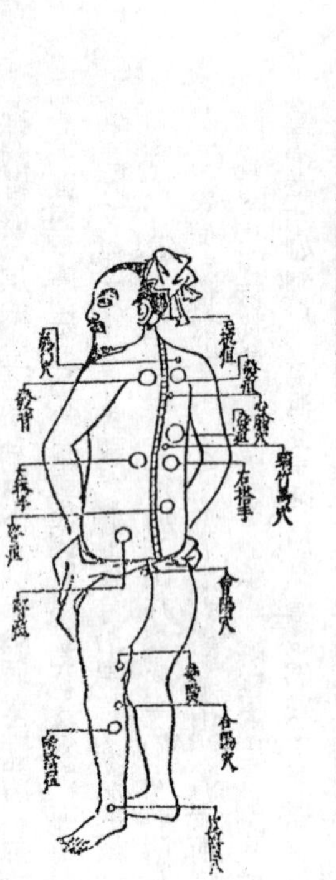

騎竹馬取穴法　將長蔑一根，男左女右，於患人臂腕橫紋處名曲池穴，自穴量至手中指，相平截段爲則子，先令病人脱衣，以竹杠一條騎足，兩人前後杠起，足要離地，兩傍更以二人扶定，毋令動搖，卻以前大蔑則子豎杠上，從尾閭起，貼脊量至則子盡處，以墨點記之，卻以同身寸則子。就於墨記處兩邊各量一寸半，盡處各以墨點之，即是灸穴。左右各灸二七壯。

騎竹馬圖

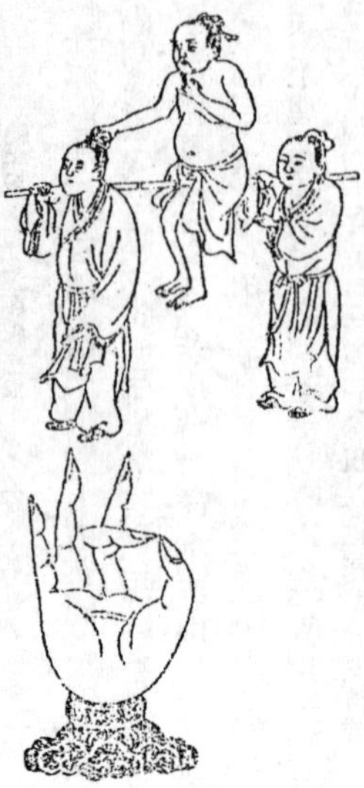

《癰疽神秘灸經·足少陽膽經》　足少陽膽之經，一名膽，在肝之短葉間，兩葉之中也，重三兩三，朱包精汁三合。足少陽之脈，起於目鋭眥內，抵下耳後，傳於瞳子髎，循聽宮，客主人，上至頭角，下懸鐘。此經氣血所滯，傳於肝絡，循於二藏，流注伏逆，腫發有六，當審而治之。

馬刀之發，在耳後，侵入髮際，微腫，堅硬如石，甚者引項痛也。當灸劍巨二七壯，在掌後三寸二分是穴。

愚按：劍巨穴，書所不載，蓋祕法也。

挾癭之發有五，曰血癭，肉癭，筋癭，氣癭，石癭。其發在於耳後下，連頂腫起，今人頭痛之甚，有偏頭痛者，不治。如此疾者，當灸肘尖二七壯。

愚按：諸書肘尖穴無載，蓋祕法也。又治腸癰，已成膿即下，未成膿即消，或下瘀血。孫眞人云：腸癰之證，人多不識，治之錯，則殺人。其證小腹腫而硬，抑之則小便如淋，時或汗出而惡寒，皮膚錯縱，腹皮鼓急，甚者轉側有水聲，或臍生瘡，或臍孔出膿，或大便下膿血。凡有此證，宜速灸兩臂肘尖各一百壯，如綦豆大，則大便，當大下膿血，立愈。觀孫眞人云然，愈知此法之妙。又云：治瘰癧，連灸三次可除病根。治霍亂欲死，諸藥不效者，急灸兩肘尖百余壯，如綦豆大，有迴生之功。此法令患人端坐，又手平胸，肘後突出尖骨是穴。醫人在患人後灼艾，屢用屢效。

瘰癧之發，於項耳之間，累累如貫珠者是也。法當灸金門二壯，掌後三寸半是穴。

愚考金門穴，諸書不載，乃祕法也，甚效。肩尖亦效。

淵疽之發，發於肋下，久則一竅有聲如嬰兒啼者是也。用膏藥或紙貼，只不能作聲，去紙仍鳴，此之候也。異哉難治，哂不能也。當灸陽陵泉二七壯，聲即止而愈。

愚按：《發揮》云：陽陵泉二穴，在膝下一寸外廉陷中。

附骨疽，發於大腿之側，痛徹骨，寒則痛甚，皮膚不腫不赤。當灸懸鐘七壯。

愚按：《針灸經》云：懸鐘二穴，一名絕骨，在足踝上三寸動脈中。

鶴膝風，灸膝眼穴二七壯。

愚按：《針灸經》云：膝眼二穴，在膝頭骨下，兩旁陷中。此證屬三陰不足，非灸，及大防風湯、火龍膏，決不能愈。

足少陽膽經圖

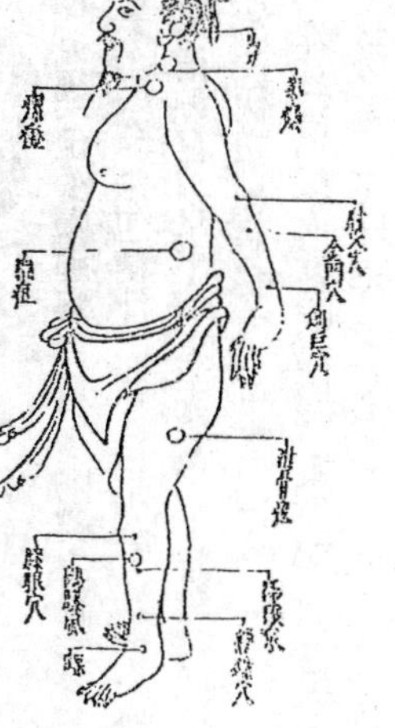

薛己《外科心法・針法總論》 嘗觀上古有砭石之制，《內經》有九針之別，制雖不同，而去病之意一也。且瘡瘍一科，用針爲貴，用之之際雖云量其潰之淺深，尤當隨其肉之厚薄，若皮薄針深，則反傷良肉，益增其潰，肉厚針淺，則膿毒不出，反益其痛，用針者可不慎哉，至於附骨疽，氣毒流注，及治經久不消，內潰不痛，宜燔針開之。若治咽喉之患，當用三稜針。若丹瘤及癰毒四畔赤焮疼痛如灼，宜砭石砭之，去血以泄其毒，重者減，輕者消。如洪氏室心腹癰，膿脹悶瞀，以卧針刺之，膿出即蘇。一人患囊癰，膿熟腫脹，小便不利，幾殆，急針之，膿水大泄，氣通而愈。大抵用針之法，迎而奪之，順而取之，所謂不治已病而治未病，不治已成而治未成，正此意也。今之患者或畏針而不用，醫者又狥患者之意而不針，遂致膿已成而不得潰，或得潰而所傷已深矣，卒之夭亡者十常八九，亦可悲夫。

《針灸聚英・雜病歌》 腸痔大便 腸鳴三里陷谷焚，公孫太白與章門，神闕胃俞三焦俞，三陰交兮與水分。腸鳴而泄神闕穴，幷治三間與水分，食泄上廉與下廉，暴泄須治隱白痊，洞泄宜治腎俞穴，溏泄太衝與神闕，幷治一穴三陰交，泄不止兮亦神闕。泄不覺兮治中脘，痢疾曲泉太谿便，太衝丹田與脾俞，兼治小腸俞最善。便血承山幷復溜，太衝太白四穴求。大便不禁丹田穴，兼治大腸俞即瘳。大便不通治太谿，承山照海太衝宜，小腸俞穴與太白，章門穴與膀胱俞。大便下重治承山，解谿太白帶脈間，閉塞照海與太白，兼治章門如神丹。瀉泄曲泉隱白宜，陰陵然谷三焦俞，京骨中脘脾俞穴，肩俞大腸俞天樞。五痔承山與委中，飛揚陽輔復溜同，俠谿氣海會陰穴，長強之穴與太衝。腸風百壯灸尾竅，假如大小便不通，三百壯灸胃脘穴，功效最速如神通。腸癰痛治太白中，陷谷大腸俞與同，乃若脫肛治百會，灸至七壯是尾竅，此疾須用治三穴，隨年壯兮灸臍中。患者血痔泄腹痛，承山復溜二穴攻，若是痔疾骨疽蝕，承山商丘收神功。久痔宜治二白間，須兼長強與承山。

疔瘡　溺死　犬傷　蛇傷　脈絕　癰疽　疔生面上與口角，須灸合谷瘡即落，若生手上灸曲池，若生背上肩井索。三里委中臨泣中，八穴灸之不可錯，行間通里少海兼，復帶太衝無病惡。假如瘰癧少海尋，此穴皮上宜先針，三十六息椎針入，入內須當定淺深。追核大小勿出核，三上三下乃出針，天池章門臨泣等，支溝陽輔百壯眞。復兼肩井手三里，肩井隨年壯爲吟，癰疽發背肩井攻，再兼一穴是委中。以蒜片貼瘡上灸，如不疼兮灸至疼，愈多愈好是此病，若疼宜灸至不疼。

溺水死者雖經宿，細按神經亦可救，即解死人衣帶開，速急把他臍中灸。

假如人被狂犬傷，當時須灸咬處瘡。

凡人若是蛇傷者，亦把咬處灸三壯，仍以蒜片貼咬處，灸在蒜上即安康。

人脈微細不見臨，或時無有不可尋，少陰經兮復溜穴，此穴宜刺圓利針。針至骨處順針去，下刺候回陽脈臨，陽脈生時方穩當，方乘此際可出針。

癰疽瘡毒實難醫，患人須將竹馬騎，薄篾用量患人手，尺澤頭紋橫比齊。起循手臂至中指，尖上截斷斯爲宜，竹杠兩頭置凳上，患人去衣方可騎。須當以足微點地，比篾頭安竹杠皮，循內直上篾盡處，醫者須當墨點記。只是取中非灸區，更以薄篾量中指，中節兩紋爲一寸，將篾以墨點爲主。點上兩傍各一寸，是穴各灸五七炷，或五或七不可多，此法灸之無不愈。

《外科精要・灸法要論》 伍氏方論曰：夫癰疽發背，皆有所因，前篇言之詳矣。凡初覺赤腫，先從背脊骨第二陷中兩旁，相去同身寸各一寸五分，名熱腑穴，二處，各灸七壯，此能疏泄諸陽熱氣，永無癰疽之苦。或隔蒜灸，不論壯數，則邪無所容，而眞氣不損。但頭項見瘡，宜用騎竹馬法及足三里灸之。

愚按：前論誠爲良策。其調理之法，當求首論。

《外科精要・癰疽灼艾痛痒論》 伍氏曰：凡治癰疽，發背，疔瘡，不痛者必灸使痛，痛者必灸使不痛。若初灸即痛者，由毒氣輕淺；灸而不痛者，乃毒氣深重。悉宜內服追毒排膿，外敷拔毒之藥。大抵癰疽不可不痛，又不可大痛。悶亂不知痛者，難治。

愚按：前論唯疔瘡一證，其狀不一，其色不同，或如小瘡，或如水泡，或作痛，或麻木，或有紅絲，或寒熱頭疼，或嘔吐惡心，或肢體拘急，其候多端，非前灸法并解毒之劑，卒難濟事。若不省人事，或牙關緊急者，即以奪命丹爲末灌之。若生兩足，多有紅絲至臍，生於兩手，多有紅絲至心，生於唇面，多有紅絲入喉，俱難治。若針其紅絲出血，多有生者。若患於肢末之處，毒愈凝滯，藥難導達，艾灸之功爲大。如妄服疏利之劑，耗損眞氣，不唯無以去毒，而害反隨之矣。

《外科精要·蒜餅施用分其輕重》 伍氏曰：凡用蒜餅灸者，蓋蒜味辛溫有毒，主散癰疽，假火勢以行藥力。有只用艾炷灸者，此可施於頑瘡痼發之類。凡赤腫紫黑毒甚者，須以蒜艾同灸爲妙。

愚按：前法誠有回生之功。若頑瘡痼疾，脾胃虛弱，營氣不能滋養患處，以致寒邪內襲而不愈，宜用小艾炷頻灸瘡口，以祛寒邪，補接營氣。

《外科理例·針法總論》 經曰：冬則閉藏，用藥多而少針石，少針石者，非謂癰疽也，癰疽不得頃時回，回者遠也。遠頃時而不瀉，則爛筋骨，穿藏府矣。又曰：癰疽之生，膿血之成，積微之所生也，故聖人自治於未有形，愚者遭其已成也。已成膿者，唯砭石鈹鋒之所取也。

瘡瘍一科，用針爲貴，用之之際，須視其潰之淺深，審其肉之厚薄，若皮薄針深，反傷良肉，益增其潰。肉厚針淺，膿毒不出，反益其痛，至於附骨疽，氣毒流注，及有經久不消，內潰不痛，宜燔針開之。若治咽喉，當用三稜針。若丹瘤及癰疽，四畔赤焮疼痛如灼，宜砭石砭之，去血以洩其毒，重者減，輕者消。

一婦患腹癰，膿脹悶瞀，卧針，膿出即蘇。一人囊癰，膿熟腫脹，小便不利，幾殆，急針，膿水大泄，氣通而愈。

大抵用針，迎而奪之，順而取之。所謂不治已病治未病，不治已成治未成，正此意也。今之患者，或畏針而不用，醫者又徇患者之意而不針，遂或膿成而不得潰，或得潰而所傷已深矣。卒之夭枉十常八九，悲夫。

《精要》謂癰如椒眼，十數頭，或如蜂窠連房，膿血不出者，用針橫直裂之。如無椒眼之類，只消直入取膿，不必裂之。一法：當椒眼上各灸之亦佳，不必裂也。小兒瘡癤，先當溫衣覆蓋，令其凝泣壅滯，血脈溫和，則出血立已。不如此，血脈凝便針，則邪毒不泄，反傷良肉，又益其瘡勢也。

《名醫類案·背癰疽瘡》 羅謙甫治一人，年踰六旬，冬至後數日，疽發背，五七日，腫勢約七寸許，痛甚。瘍醫曰：膿已成，可開發矣。病者恐，不從。三日，醫曰：不開，恐生變證。遂以燔針開之，膿泄痛減，以開遲之故，迨二日，變證果生，覺重如負石，熱如焫火，痛楚倍常，六脈沉數，按之有力，此膏粱積熱之變也。邪氣酷熱，固宜以寒藥治之，時月嚴寒，復有用寒遠寒之戒，乃思《內經》云：有假者反之，雖違其時，從證可也。來琇按：脈實證實，必用涼解，舍時從證，夫復何疑。急作清涼飲子，加川黃連一兩五錢，作一服服之，利下兩行，痛減七分，翌日，復進前藥，其證悉除，月餘平復。

一人仲夏，疽發背，黯腫尺餘，皆有小頭如鋪黍狀，四日矣。此眞氣虛而邪氣實也。外用隔蒜灸，內服活命飲二劑，其邪稍退，仍純補其氣，又將生脈散代茶飲，瘡邪大退，薛因他往三日，復視之，飲食不入，中央肉死，大便秘結，小便赤濁。曰：此間斷補藥之過也。蓋中央肉死，毒氣盛而脾氣虛。大便不通，胃氣虛而腸不能送。小便赤濁，脾土虛而火下陷，治亦難矣。急用六君加當歸、柴胡、升麻，飲食漸進，大便自通，外用烏金膏塗中央三寸許，四圍紅腫漸消，中央黑腐漸去。乃敷當歸膏，用地黃丸料，與前藥間服，將百劑而愈。

秋官高竹眞患之，色黯堅硬，重如負石，神思昏憒，遂以蒜杵爛，置瘡頭，以艾如錢大，灸二十餘壯，竟不知。又以蒜隨攤黯處，以艾鋪蒜上灸，亦不知。乃著肉灸，良久，方知。再灸，方痛，灸法可師。內用大溫補劑而起。

內翰楊皋湖，孟夏患背疽，服克伐之劑，兼旬，漫腫堅硬，重如負石，隔蒜灸五十餘壯，背遂輕快，先服剋伐，又灸，則毒盡矣。且無壯熱，故溫補而愈。乃以六君子，加砂仁二劑，涎沫湧出，飲食愈少，此脾虛陽氣脱陷。又用溫補，反嘔不食，仍用藥作大劑，加附子、薑、桂，又不應，遂以參、芪各一觔，歸、朮、陳皮各半觔，附子一兩，煎膏服，三日而盡。流涎頓止，腐肉頓潰，飲食頓進，再用薑、桂等藥托裏健脾，腐脱而瘡愈。此等治法，非明眼不能。

儒者顧大有年幾六旬，仲冬，背疽初起，入房，患處黑死五寸許，黯暈尺餘，漫腫堅硬，背如負石，發熱，作渴，小便頻數，兩耳重聽，揚手露體，神思昏憒，脈沉而細，右手爲甚，以脈爲主證，屬假陽證。便秘二十七日，計進飲食百餘碗，腹內如常，衆欲通之。薛曰：所喜者此耳，急用大劑六君子，加薑、附、肉桂，三劑，瘡始焮痛，自後空心用前藥，午後以六味丸料，加參、芪、歸、朮，五

劑，復用活命飲二劑，看他先溫補，後解毒。針出黑血甚多，瘀膿少許，背即輕軟，仍用前藥，便亦通利。薛他往，四日，神思復昏，瘡仍黑陷，飲食不進，皆以爲殞。薛以參、芪、歸、朮各一兩，炮附子五錢，薑、桂各三錢，服之，即索飲食，幷鴨子二枚，自後，日進前藥，二劑，肉腐膿潰而愈。

武昌張啓明，述其父治江西商人，背左偏中瘡起，根紅腫，頭白點，癢甚。張以蘄艾隔蒜灸三七壯，愈而不發，此上策也。

袁姓者，軀肥胖，疽發於背，止紅暈，遍背硬腫，無白黍米點，肉緊皮厚，若負巨石然。張云：陽中陰證，不可藥，不得已，用大針寸許，入皮有聲，不知痛，竟不起。

《名醫類案·癰疽》 一人淵疽之發於肋下，久則一竅有聲，如嬰兒啼，灸陽陵泉二十七壯，聲止而愈。

丹溪治一人性急味厚，嘗服熱燥之藥，左脇一點痛，脈之輕弦重芤，知其痛處有膿，作內疽治。明眼。與四物湯加桔梗、香附、生薑，煎十餘貼，痛微微腫，如指大，令針之，少時屈身而膿出，與四物調理而安。

一男子元氣素弱，臂腫硬，色不變，飲食少，將年餘矣。此氣虛而未能潰也。先用六君爲主，加芎、歸、芍藥治之，元氣漸復，飲食漸進，患處漸潰。更加黃芪、肉桂，幷日用葱熨之法，月餘膿熟，針之，以十全大補湯及附子餅灸之而愈。

一男子脇腫一塊，日久不潰，按之微痛，脈微而濇，此形證俱虛，當補不當瀉。乃以人參養榮湯，及艾炒熱熨患處，膿成，以火針刺之，更用豆豉餅，十全大補湯，百劑而愈。

《名醫類案·腦頂疽》 東垣治一人因飲酒太過，脈沉數，腦之下，項之上，有小瘡，不痛不痒，謂是白瘡，慢不加省。二日後，覺微痛，又二日，腦頂麻木，腫勢外散，熱毒焮發。又三日七日矣。痛大作，一醫以五香連翹湯，又一醫云：此疽也，然而不可速療，須四月可愈，果如二子言，可畏之甚也。乃請東垣視之，談笑如平時，且謂瘡固惡，可無慮耳。且膏粱之變，不當投五香，疽已七八口，當先用火攻之策，然後用藥。午後，用火艾炷如二核許者攻之，至百壯，乃覺痛。次爲處方。【略】

一人患腦疽，面目腫閉，頭焮如斗，此膀胱溼熱所致。以黃連消毒散二劑，次以槐花酒二碗，頓退。以指按下，腫即復起，此膿成也。於頸額肩頰各刺一孔，膿並湧出，口目始開，更以托裏藥，加金銀花、連翹三十劑全愈。正治法。

薛己治閣老翟石門子，耳中作痛，內服外敷，皆寒涼敗毒，更加項間堅硬，肉色如故，焮連於胸，寒熱欲嘔，飲食少思，薛視之，腫雖堅而脈滑數，此膿內潰也。雖屬手三陽熱毒之證，然其元氣已傷，寒涼凝結不能外潰，先用六君子湯、補中益氣各二劑，調補脾胃，升發陽氣。患處赤軟，針出膿穢甚多，仍服數劑而愈。

一武職河南人，年踰五十，患腦疽，內潰，熱，渴，頭面腫脹如斗，胸背色焮如塗丹，煩熱，便秘，此表裏俱實。時雖仲冬，若非苦寒之劑，內疏外泄，不救。遂針周頂出膿，及用清涼飲內加大黃五錢，再用消毒散而愈。正治。

一婦冬患腦腫痛，熱渴，用清熱消毒，潰之而愈。次年三月，其舌腫大，徧身發疔，如紫葡萄，不計其數，手足尤多，乃脾胃受毒，各刺出黑血，服奪命丹七粒，出臭汗，瘡熱益甚，便秘二日。與大黃、芩、連各三錢，升麻、白芷、山梔、薄荷、連翹各二錢，生草一錢，水煎三五沸服之，大小便出臭血甚多，下體稍退，乃磨入犀角汁再服，舌本及齒縫出臭血，諸毒乃消，更以犀角地黃丸而愈。

《針灸大成·小兒門》

遍身生瘡　曲池，合谷，三里，絕骨，膝眼。

腋腫馬刀瘍　陽輔，太衝。

熱風癮疹　肩髃，曲池，曲澤，環跳，合谷，湧泉。

瘍腫振寒　少海。

疥癬瘡　曲池，支溝，陽谿，陽谷，大陵，合谷，後谿，委中，三里，陽輔，崑崙，行間，三陰交，百蟲窠。

《雜病證治準繩·心臟部一·瘡瘍》 治流注及癰疽，鶴膝風等證，每日灸二三十壯，痛者灸至不痛，不痛者灸至痛，其毒隨火而散。蓋火以暢達，拔引鬱毒，此從治之法，有回生之功。其法用大蒜去皮切三文錢厚，安患處，用艾壯於蒜上灸之三壯，換蒜復灸，未成即消，已成者亦殺其毒。如瘡大，用蒜杵爛，攤患處，將艾鋪上燒之，蒜敗再易；如不痛，或不作膿，或不起發，及瘡屬陰證者，尤當多灸。凡瘡不痛，不作膿，不起發者，皆氣血虛也，多主不治。惟患在頭面者，不宜多灸。

治流注結核，或骨癰，鶴膝等證，先用隔蒜灸。若餘腫尚存，用此熨之，以助氣行血，散其壅滯，功效甚速。又治跌撲損傷，止痛散血，消腫之良法也。其法用葱細切搗爛炒熟，頻熨患處，冷則易之。如鶴膝風兼服大防風湯而愈。

《外科啓玄·明瘡瘍宜砭焫論》 夫砭石，鑱針，刀鎌，乃決瘡毒之器械也。所謂瘡毒之宜出血，可急去之，意不可延緩，恐毒勢變走。《内經》云：病在血脈，決之於針石也。岐伯五治論云：砭針乃磁石，鋒芒利快，決毒甚便，乃東方之民善於此。用於瘡癤丹瘤，塗之生油於赤腫之上，砭之出血，妙在合宜，亦不可過之耳。

《景岳全書·外科鈐古方·外科》 咸林王維英云：丙午端陽日，余左臂患疽，其大如拳，用騎竹馬法，灸之百十壯，疱起如銅錢，四圍腫覺退。笥中蓄此仙方，命製藥料，欲俟破後薰之，不識其初亦可薰也。客有備言可薰者，因於當日即薰十條，瘡頂高收，四圍色白，夜間毒肉從邊化爲稠膿，徐徐内潰，粘同膠鰾。每日如法薰照洗貼，五六日，中尖毒肉脱落一條，共有十三孔，瘡外一指許旁，串三孔，且痛且癢，即極力照之，初出黄水，次出稠膿，後流清漿，瞬息口收，並未再串。其原載敷藥，長安中若不産豨薟、五龍二草，止用金銀花三色敷之。乾則覺痛，即去之不敷，並未用生肌散，惟護以太乙膏，月餘盡痊。當此瘡將愈，左臂又患一疽，正對無二，即照撚十條，敷以麩炒醋調文蛤膏，一日數更。次日五條，三日頂破膿出，不痛不癢，其毒盡散。同時有患别瘡者，余付此藥薰之，隨薰即散，並未成形。乃知是方也，眞仙方哉！眞仙方哉！持此療瘡，天下無瘡矣。余恐世人但知瘡破後可照，不識照初發者尤易散；又恐因敷藥不全，並棄前方，不識敷藥不用亦可也，故備述終始，以神此方之用。

《串雅外編·灸法門·灸癰疽》 男左女右，以篾一根前齊中指端，后至手腕横紋凹中，截斷爲準，即以竹一根兩頭擱起，令病人騎之，兩足不著地，挺身正坐，將前篾植於竹上，以正頭植骨脊中盡處，各開一寸，名騎竹馬法。灸七壯，灸畢，宜用乳香、眞綠豆粉爲末，調服之，以防火氣入心。

《神灸經綸·外科證治》 喉癰 生咽喉之下，赤腫連喉，痛甚不能飲食，少衝。

臑癰 生臂上，連肩青腫，長而堅者，少海。

肘癰 生肘尖上，不能舒伸，令人肩背痛，間使。

石榴癰 發於臂上，各經俱有，先腫，後皮翻開，無法可治，惟用菊花湯洗淨，又用菊花燒灰同輕粉和勻敷之，天井。

胸癰 生兩乳中上二寸，其證頭痛，心虚體倦，其色赤腫，郄門。

脇癰 發於右脇下，長五寸許，闊三寸，微腫，寒戰，小腹痛，衝門。

氣癰 生胸間乳上三寸，赤腫痛甚，靈道。

赫癰 生臍旁，大如瓜，凸出如瘻瘤，陰谷，築賓。

胃癰 生於左者名胃口疽，生於右者名胃口癰，曲池，内關。

腎癰 自腎俞穴起，會陽。

幽癰 生臍上五寸，大如鵝子，令人寒戰咬牙，痛連兩脇，築賓。

褌襠癰 生於陰器之底近肛邊，陰子腫赤，痛連腰背，三陰交。

手背癰 中渚。

《針灸集成·瘡腫》 瘡腫 痛癢瘡瘍，皆屬心火，主治在各隨其經及心經。

癰者 陽滯於陰爲腫，有觜，高起，皮肉光澤者是。

疽者 陰滯於陽爲腫，無觜，内暈廣大，皮膚起紋不澤者是。欲知疽口，以濕紙敷貼腫上，先乾處是疽口也。

《醫門補要·外證用刀針法》 針灸爲醫門一科，須得名師傳授，遇病始能按穴刺灸，立起沉痾，奈其人罕覯。余曾得異傳，用銀絲長五寸，剉尖兩頭，每逢痞塊，癥瘕，腹痛，陰疽，風寒濕痺，周身串疼等證，非針不效。患者肉厚可刺寸許，肉薄者，約刺四五分。次以紙疊摺寸半厚，中錐一孔，套入針内，又以生薑厚片，亦中錐一孔，套加紙上，安艾絨灸之，雖經時久，不覺疼痛，且易愈病。出針後按證貼膏藥，並進湯藥。

陽癰，焮腫有日，漸覺抽痛，以右食指遍捺患上，有一點軟陷處，内膿已成，用響銅打的披刀。右食指與大指，掐住披刀之口，向上輕輕斜刺患上。肉厚者，刺深。肉薄者，刺淺，捺盡膿水，插藥紙撚於孔内，貼以膏藥。倘癰勢延大，膿孔兜住難出，待數日後，皮肉穿薄，順其下流處，再開一口，洩淨膿毒，方易收功。果膿未熟，門開過早，有翻花腫凸之害。若肌肉太厚，刀不能透，以火針在燈火上燒紅，一烙孔口，插藥撚，外貼膏藥，背與腹用火針，要斜刺，方不傷内膜害人，惟手足，針可直入。凡頭面，及疔瘡，對口，搭背等證，

俱不可用火針，閉毒助火生變。

陰疽，多堅腫，驟難成膿，不易消退，惟烙以細火針，以回其陽。其針數多寡，量病形之大小。外敷溫散藥，過四日一換。如胸背生證，用針斜刺爲要。驗膿熟之訣，以右食指，捺有軟處，須粗火針烙之，陰疽附骨，披刀不能透。孔內插藥撚，隨貼膏藥。倘膿兜塞，數日後，順下流處再烙，則膿易淨。若針處肉厚，烙口不張，以骨針穿透其口，即插藥撚，貼膏藥，過二三日，方能見膿。若患口內膿多，壅塞難出，果然皮肉薄者，隨插拔膿管，釣動膿勢，自從管中湧出，管式另詳。背部與胸膺，刺艾針，當以左食指與大指，捏起患處厚皮，然後量意針入二三分，因臟腑皆繫於背，而胸前爲心之宮城，肌肉澆薄，恐有傷犯，惟腹肚內空，可刺寸許。其餘之處臨針時，均宜用大指掐緊穴道，讓過大筋再刺，遂不知疼，亦無所礙。

凡用刀針時，令患者口內先含桂元肉八枚，以接補元氣，方不暈脫。若老人、幼孩及病久虛體者，皆難忍痛，不可草率動手，猝有昏脫之變。

喉內舌下兩邊，生起纍纍疙瘩，呑吐不快，名曰甸氣。或舌根當中，生肉毬如櫻桃，此爲梅核，皆肝氣所致。用烙鐵在燈火上燒紅，以左手執捺舌，捺開口，右手持烙鐵，輕輕烙之，以烙平爲度。內進逍遙散，外吹冰硼散，半月平復。烙鐵用鐵打成，烙頭如半粒小蠶豆大，烙柄以棉繞緊，燒紅時方不燙手，若以銅烙，燒紅多化入喉，傷人性命，決不可用。

大火針，陰疽放膿所用，先以筆桿竹長二寸爲柄，次用粗鐵絲三寸，插入竹內，外餘一寸，剉尖竹桿兩頭，用細鐵絲塞牢，方不脫落，若發散陰疽，用細火針，但以細鐵絲，仿上做法，亦在燈火燒紅，看疽勢大小，量意。用針幾下，切不可用銅火針，見火易鎔化，誤人不淺。

艾針，用細銀絲寸許，或二寸長者，一頭剉尖，一頭繞銅絲作柄，每遇寒濕侵入經絡肢體，走串痠痛，安艾炷灸之。喉內諸證，不可輕漫用刀刺，恐日後易於復發，果腫處膿熟，必起軟小點，或生小白頭，方可用刀，刺出膿血，立時能見鬆快。

瘡癰

《素問·通評虛實論》帝曰：春亟治經絡，夏亟治經俞，秋亟治六府，冬則閉塞。閉塞者，用藥而少針石也。〔王冰注〕亟，猶急也，閉塞，謂氣之門戶閉塞也。所謂少針石者，非癰疽之謂也。〔王冰注〕冬月雖氣門閉塞，然癰疽氣烈，內作大膿，不急瀉之，則爛筋腐骨，故雖冬月，亦宜針石以開除之。癰疽不得頃時回。〔王冰注〕所以癰疽之病，冬月猶得用針石者何，此病頃時回轉之間，過而不瀉，則內爛筋骨，穿透臟腑。

〔馬蒔注〕此言三時治病，各有所宜，而冬時則用藥而不用針也。春時治病，治其各經之絡穴，夏則治其各經之俞穴，秋則治其六腑，冬則閉塞，但用藥而不針石。所謂冬時少用針石者，非謂冬時癰疽亦不用針石也，彼癰疽不得頃刻挽回，若不用針石以瀉之，則內爛筋骨臟腑，豈得不用針石哉？特謂他病則冬時不用針石耳。

〔張介賓注〕亟，急也。凡用針取病者，春深，宜治六府陽經之穴，冬寒陽氣閉塞，脈不易行，故當用藥而少施針石，此用針之大法也。亟，音棘。塞，入聲。○冬月氣脈閉塞，宜少針石者，乃指他病而言，非謂癰疽亦然也。蓋癰疽毒盛，不泄於外，必攻於內。故雖冬月，亦急宜針石瀉之。不得頃時回者，謂不可使頃刻內回也。內回則毒氣攻藏，害不小矣。

〔張志聰注〕伯言五臟之氣合於四時，而刺度之各有淺深也。亟，急也。春氣生升，故亟取絡脈，夏取分腠，故宜治經俞，蓋經俞隱於肌腠間也。治六腑者，取之於合，胃合入於三里，大腸合入於巨虛上廉，小腸合入於巨虛下廉，三焦合入於委陽，膀胱合入於委中央，膽合入於陽陵泉。蓋五臟內合於六腑，六腑外合於原俞，秋氣降收，漸入於內，故宜取其合以治六腑也。夫冬時之氣閉藏於內，故宜用藥而少針石，蓋針石治外，毒藥治內者也。癰疽之患，榮衛血氣並實，皮肉筋骨皆傷，非若四時之有淺深，冬時之少針石也。癰者，壅也，疽者，阻也，謂熱毒外壅內阻，宜即刺之，不得遲延時頃，而使邪毒之回轉也。

癰不知所，按之不應手，乍來乍已，刺手太陰傍三痏與纓脈各二。〔王冰注〕但覺似有癰疽之候，不的知發在何處，故按之不應手也，乍來乍已，言不定痛於一處也。手太陰傍足陽明脈，謂胃部氣戶等六穴之分也，纓脈亦足陽明脈也，近纓之脈，故曰纓脈。纓謂冠帶也，以有左右，故云各二。掖癰大熱，刺足少陽五，刺而熱不止，刺手心主三，刺手太陰經絡者大骨之會各三。〔王冰注〕大骨會肩也，謂肩貞穴，在肩髃後骨解間陷者中。暴癰筋緛，隨分而痛，魄汗不盡，胞氣不足，治在經俞。〔王冰注〕癰若暴發，隨脈所過，筋怒緛急。肉分中痛，汗液滲泄如不盡，兼胞氣不足者，悉可以本經脈穴

俞補瀉之。

〔馬蒔注〕此承上文而言治癰之法有此三等也。凡癰疽痛無定所，故按之不應手，亦無定時，故乍來而乍已，當刺手太陰肺經之旁三痏，蓋肺經之穴在胸兩旁曰雲門，今曰肺經之旁，則是足陽明胃經氣戶等穴也。刺瘡曰痏，三痏者三次也。其曰纓脈各二者，亦皆謂胃經之穴，如人迎水穴，在結喉旁一寸五分，則是結纓之所，故曰纓脈也。所謂各二者，左右各二也。有等腋下生癰，其體大熱，當刺足少陽膽經之穴五痏，宜是膽經之淵液穴也。穴在腋下三寸宛宛中，舉臂得之，針三分，禁灸。若刺之而熱不止，當刺手厥陰心包絡經，即手心主之穴三痏，宜是天池穴也。穴在腋下三寸，乳後一寸，針二分，灸三壯。又刺手太陰肺經之經穴經渠，穴在寸口陷中，針三分，禁灸。絡穴列缺穴，去腕側上一寸半，針二分，灸三壯。及大骨之會各三痏，當是手太陽小腸經之肩貞穴也。穴在曲胛下兩骨解間，肩髃後陷中，針三分，灸三壯。有等暴發爲癰，隨其分肉，筋緛而痛，在外之魄汗，出之不盡，在內之胞氣則不足，而小便不通；當治受患本經之俞穴，如手太陰肺經列缺爲俞之類也。

〔張介賓注〕癰疽已生，未知的所，故按之不應手也。乍來乍已，痛無定處也。刺手太陰旁者，太陰之脈，自腋下出中府，中府之旁，乃足陽明氣戶、庫房之次。刺瘢曰痏，三痏，三刺也。纓脈，結纓兩旁之脈，亦足陽明頸中水突、氣舍等穴。○刺足少陽五者，少陽近掖之穴，則淵腋，輒筋也。刺手心主三者，天池，在腋下也。刺手太陰經絡者，列缺也。大骨之會各三者，謂肩後骨解中，手太陽肩貞穴也。○緛，縮也。隨分而痛，隨各經之分也。魄汗，陰汗也。胞氣不足，水道不利也，治在經俞，隨癰所在，以治各經之俞穴，如手太陰之俞太淵之類是也。○緛，音軟。

〔張志聰注〕此言癰毒之在氣分者，宜刺手太陰、足陽明也。毒在氣分，故癰不知所。毒氣流傳，故脈按之不應手，而乍來乍已也。腋內動脈，手太陰也，名曰天府，宜刺太陰動脈之旁各三痏，手太陰之主氣也。痏者，皮膚腫起之象，言刺在絡脈之旁，皮膚之間，氣隨針出，而針眼微腫如小瘡，故曰痏也。蓋皮膚谿谷之間，亦有三百六十五穴會，毒在氣分，故宜刺在皮膚而不刺經絡也。如《四時氣》篇曰：風𤸷膚脹爲五十七痏，取皮膚之血者盡取之是也。纓脈，結纓處兩旁動脈人迎穴間，乃衛氣別走陽明之道路。若癰毒在血分者，宜刺足少陽手心主也。如腋癰在兩旁之腋間，乃足厥陰少陽之分也。經云：陽氣有餘，榮氣不行，乃發爲癰。陰陽不通，兩熱相搏，乃化爲膿。毒在血分，故大熱也。厥陰主血，故從其所合而瀉之。如刺之而熱不止者，宜刺手心主之脈以瀉之，心主主火而主血脈也。《本輸》篇曰：腋下三寸，手心主也，名曰天池，蓋宜刺此也。夫肺朝百脈，而主行榮衛陰陽，若欲刺手太陰之經絡者，宜刺在大骨之會各三，謂臂骨交會之處尺澤間也。骨之大會曰谷，絡脈之滲灌諸節者也。至若癰毒之在筋骨間者，宜刺其經俞。如暴癰者，其毒氣更深，爲毒凶暴。筋緛者，筋爲熱邪所傷也。隨分而痛者，在於分肉之處而痛，謂不腫痛於外，而隱然痛於內也。熱毒在深，故表汗不出，骨傷髓消，故胞氣不足也。宜治在經俞者，隨其所痛之處而深取之也。夫癰毒之患，或外因風寒之邪，或內因喜怒不測，五臟外合之皮肉筋骨，胃腑所生之榮衛血氣，皆爲邪毒盛而正氣虛，故當審其陰陽虛實以刺之也。

《素問·病能論》帝曰：善。有病頸癰者，或石治之，或針灸治之，而皆已，其眞安在？〔王冰注〕言所攻則異，所愈則同，欲聞眞法何所在也。岐伯曰：此同名異等者也。〔王冰注〕言雖同曰頸癰，然其皮中別異不一等也，故下云。夫癰氣之息者，宜以針開除去之，夫氣盛血聚者，宜石而瀉之，此所謂同病異治也。〔王冰注〕息，瘜也，死肉也。石，砭石也，可以破大癰出膿，今以鈹針代之。

〔馬蒔注〕此言有病頸癰者，當同病異治也。頸中有癰者，或以石爲針治之，或以小針治之，或以艾灸之，而病皆愈者，豈無眞要之法哉？蓋病名雖同，而實有微甚之異耳。所謂以小針開除而去病者，正以癰間有氣頓息，未至甚也。所謂以石爲針而瀉之者，正以氣盛血聚故也。唯其同名異等，此所以同病異治也。

〔張介賓注〕其眞安在，言孰爲正治之法也。頸癰之名雖同，而證則有異，故治亦各有所宜。息，止也。癰有氣結而留止不散者，治宜用針以開除其氣，氣行則癰愈矣。欲瀉其血，宜用砭石，血泄則氣衰而癰亦愈。此病同而治異也。

〔張志聰注〕經曰：腎移寒於肝，癰腫少氣，此言五臟相通，雖順傳有次，然不得相生之正氣，而反受母臟之寒邪，則爲癰腫之病矣。同名異等，言癰雖同名，而爲病之因，各有其類。《靈樞·癰疽》篇曰：血脈之道，因息乃

行，寒邪客於經絡之中則血泣，血泣則不通，故癰腫。蓋言邪客於脈絡之中而爲癰腫者，宜用針開除以去之。夫腎脈上貫肝膈，腎與肝脈皆循喉嚨入頏顙，故癰腫在頸，此病因於腎也。肝臟之血，行於皮膚氣分，如腎臟之寒邪，順傳於肝，肝氣盛而血聚於皮膚之間而爲癰腫者，宜石而瀉之。蓋石者，砭其皮膚出血。針者，刺入經穴之中。故病在脈絡者宜針，病在皮膚者宜石，是以同病異治而皆已也。

《素問·長刺節論》 治腐腫者，刺腐上，視癰小大深淺刺。〔王冰注〕腐腫謂腫中肉腐敗，爲膿血者。癰小者淺刺之，癰大者深刺之。〔林億等新校正〕按全元起本及《甲乙經》腐作癰。刺大者多血，小者深之，必端內針爲故止。〔王冰注〕癰之大者多出血，癰之小者但直針之而已。〔林億等新校正〕按《甲乙經》云：刺大者多而深之，必端內針，爲故正也。此文云：小者深。

〔馬蒔注〕此言刺腐腫之法也。腐腫，謂腫中肉腐敗爲膿血者。刺其腐上，癰小者則淺其針，大者則深其針。蓋刺大者欲其多出血，故深刺之。刺小者不欲其多出血，故淺刺之也。但端納其針，候病去復故則止針矣。小者深之之深，當作淺。

〔張介賓注〕《素問·長刺節論》：腐腫，內腐外腫也。大爲陽毒，其患淺。小爲陰毒，其患深。故當察其小大，而刺分深淺也。癰大患淺，但多泄其血則毒可去。癰小患深，必端內其針而深取之也。爲故止，言以此爲則，而刺癰之法盡矣。

〔張志聰注〕腐腫者，謂腫中肉腐，故爲膿血者。刺其腐上，當視其癰腫之大小而淺深之。腐腫之大者多膿血，淺刺之而膿血易出也。小者毒內陷而尚未外潰，故當深之，必端內針以取膿血，蓋恐有壞良肉，爲此故當端內其針，刺至血處而止。《大刺節論》曰：刺大者用鋒針，刺小者用圓利針，與此論亦少有別。

《靈樞·玉版》 黃帝曰：其已有膿血而後遭乎，不導之以小針治乎？岐伯曰：以小治小者其功小，以大治大者多害，故其已成膿血者，其唯砭石、鈹鋒之所取也。

〔馬蒔注〕此言癰疽已成膿血者，惟治之以砭石、鈹針、鋒針而已，以小治小者其功小，故不可用小針也。以大治大者多害，故鈹鋒之外不可輕用也。唯砭石者，以石爲針，及鈹針、鋒針，皆可以取之耳。

〔張介賓注〕針小者功小，無濟於事。針大者多害，恐有所傷。故惟砭石，及鈹針、鋒針，皆可以取癰疽之膿血，針義詳針刺類二。砭，標兼切。鈹，音披。

〔張志聰注〕余伯榮曰：此言癰發於外而予見者，有大小之難易也。癰小而以小針治之者，其功小而易成。癰大而以大針治之者，多有逆死之害。故其已成膿血者，其惟砭石、鈹鋒之所取也。蓋小而淺者，以砭石取膿，大而深者，以鈹鋒取之，鈹鋒，大針也。

《靈樞·癰疽》 發於肩及臑，名曰疵癰，其狀赤黑，急治之，此令人汗出至足，不害五藏。癰發四五日，逞焫之。

〔馬蒔注〕此言疵癰之當急治也。

〔張介賓注〕肩髆下軟白肉處曰臑，此非要害之所，故不及五藏。逞，疾也。焫，艾炷也。謂宜速灸以除之也。臑，儒、輭二音。又奴刀，奴到二切。疵，資、子二音。焫，如瑞切。

〔張志聰注〕肩臑乃肺臟之部分，故令人汗出至足，此癰浮淺如疵，在皮毛而不害五臟，故速焫灸，則毒隨氣而散矣。

發於腋下赤堅者，名曰米疽。治之以砭石，欲細而長，疏砭之，塗已豕膏，六日已，勿裹之。

〔馬蒔注〕此言米疽之有治法也。

〔張介賓注〕砭石欲細者，恐傷肉也。欲長者，用在深也。故宜疏，不宜審。砭，標兼切。

〔張志聰注〕腋下亦肺臟之部分。米者，言其小也。治之以砭石者，癰亦浮淺也。毒氣在於皮膚之間，六日則氣已周而來復，故已。勿裹之者，使毒氣外泄也。夫癰發於腑部者，反熏臟而死，發於臟部者易已，此皆淺深內外之別。

發於脇，名曰敗疵。敗疵者，女子之病也，灸之，其病大癰膿，治之，其中乃有生肉，大如赤小豆，剉陵翹草根各一升，以水一斗六升煮之，竭爲取三升，則強飲厚衣，坐於釜上，令汗出至足，已。

〔馬蒔注〕此言女子有敗疵之證，而有治之之法也。蔆翹，今之連翹也。同連翹及草根各一升，共二升，煮汁以強飲之。

〔張介賓注〕蔆，芰也。翹，連翹也。二草之根，俱能解毒，故各用一升，大

約古之一升，得今之三合有零，以水一斗六升，煮取三升，俱折數類此。

蘈，音陵。蔆，蘈同。

〔張志聰注〕脅在腋之下，肺肝之部分也。肺主氣，肝主血，女子之生，有餘於氣，不足於血，此因氣血不調而生，故爲女子之病，宜如治大癰之法以灸之，則不至爛筋傷骨。蔆乃水草，蘈，連蘈，各剉煮一升強飲，厚衣坐於釜上，令汗出至足乃已。

《**太素·寒熱·癰疽**》 發於掖下，赤堅，名曰米疽，治之砭石，欲細而長，數砭之，塗以豕膏，六日已，勿裹之。砭，甫廉反，佊同，以石刺病也。欲細而長者，傷形深也。

發於踝，名曰走緩，其狀色不變，數石其輸而止其寒熱，不死。色不變，肉色不變也。石其輸者，以冷石熨其所由之輸也。

黄帝問曰：諸癰腫筋攣骨痛，此皆安生？因於癰腫，有此二病，故請所生。岐伯曰：此寒氣之腫也，八風之變也。曰：治之奈何？曰：此四時之病也，以其勝，治其輸。筋骨是陰，加以寒氣，故爲寒腫也。此乃四時八正虚風變所爲也，引其所勝剋之則愈也。

《**太素·雜病·順時**》 問曰：春極治經絡，夏極治經輸，秋極治六府，冬則閉塞者，用藥而少針石處。所謂少用針石者，非癰疽之謂也，癰疽不得須時。春、夏、秋三時極意行針，冬時有癰疽得極，餘寒等病皆悉不得，故不用，稱其時也。春時陽氣在於皮膚，故取絡脈也。夏時在於十二經之五輸，故取輸也。秋氣在於六府諸輸，故取之也。冬氣在於骨髓，腠理閉塞，血脈凝澀，不可行於針與砭石，但得飲湯服藥。癰疽以是熱病，故得用針石也。以癰疽暴病，不得須間失時不行針石也。因癰不知不致，按之不應手，乍來乍已，刺手太陰傍三，與嬰絡各二。有因癰生，不痛不知，不得其定，按之不應其手，乍來似有，乍去若無者，此是肺氣所爲，可取手太陰脈有主此病輸傍，三刺之，及纓脈足陽明之輸主此病者，二取之。

《**太素·雜病·刺腋癰數**》 腋癰大熱，刺足少陽五，刺癰而熱，手心主三，刺手太陰經絡者，大骨之會各三。足少陽，下胸絡肝屬膽，循脇裹在腋下，故腋脇之間有癰大熱，可刺足少陽脈□□之穴，五取之。熱而不已，刺手心主脈，其脈循胸下腋三寸，上抵腋，故腋癰三取之。又取手太陰經絡各三。大骨之會者，手太陰脈循臂内上骨下廉，即爲經絡會處也。

《**太素·雜病·經輸所療**》 暴癰筋濡，隨外分而痛，魄汗不盡，胞氣不足，治在經輸。筋濡者，謂筋濇也。隨分痛者，隨分肉間痛也。魄汗者，肺汗也。胞氣不足者，謂膀胱之胞氣不足也。此之五病，可取十二經輸療主病者也。

《**甲乙經·寒氣客於經絡之中發癰疽風或發厲浸淫**》 曰：病癰腫頸痛，胸滿腹脹，此爲何病？曰：病名曰厥逆，灸之則瘖，石之則狂，須其氣并，乃可治也。陽氣重上，一本作止。有餘於上灸之，陽氣入陰，入則瘖，石之，陽氣虚，虚則狂，須其氣并而治之，使愈。

有病頸癰者，或石治之，或以針灸治之，而皆已，其治何在？曰：此同名而異等者也。夫癰氣之息者，宜以針開除去之，夫氣盛血聚者，宜石而瀉之，此所謂同病而異治者也。

曰：諸癰腫筋攣骨痛，此皆安在？曰：此皆寒氣之腫也，八風之變也。曰：治之奈何？曰：此四時之病也，以其勝治其俞。

暴癰筋濡，一本作緛。隨分而痛，魄汗不盡，胞氣不足，治在其經俞。腋癰大熱，刺足少陽五，刺而熱不止，刺手心主三，刺手太陰經絡者，大骨之會各三。癰疽不得頃回，癰不知所，按之不應手，乍來乍已，刺手太陰傍三，與纓脈各二。治癰腫者刺癰上，視癰大小深淺刺之，刺大者多而深之，必端内針爲故止也。《素問》云：刺大者多血，小者深之，必端内針爲故止。

項腫不可俛仰，頰腫引耳，完骨主之。咽腫難言，天柱主之。䪼腫唇癰，顴窌主之。頰腫痛，天窗主之。頭項癰腫，不能言，天容主之。身腫，關門主之。胸下滿痛，膺腫，乳根主之。馬刀腫瘻，淵掖、章門、支溝主之。面腫目癰，刺陷谷出血立已。犢鼻腫，可刺其上，堅勿攻，攻之者死。疽，竅陰主之。厲風者，索刺其腫上，已刺以吮其處，按出其惡血，腫盡乃止，常食方食，無食他食。脈風成爲厲，管疽發厲，竅陰主之。頭大浸淫，間使主之。管疽，商丘主之。瘃蛘欲嘔，大陵主之。痂疥，陽谿主之。

《**千金要方·傷寒下·傷寒雜治**》 熱病後，發豌豆瘡，灸兩手腕研子骨尖上三壯，男左女右。

《**千金要方·癰疽**》 凡癰疽始發，或似小癤，或復大痛，或復小痛，或發如米粒大白膿子，此皆微候，宜善察之，見有小異，即須大驚忙，急須攻之及斷口味，速服諸湯，下去熱毒。若無醫藥處，即灸當頭百壯，其大重者，灸四面及中央二三百壯，數灸不必多也，復薄冷藥，種種救療，必速差也。

凡用藥帖，法皆當瘡頭處，其藥開孔，令泄，亦當頭以火針針入四分即差。

凡癰、疽、瘤、石癰、結筋、瘰癧，皆不可就針角，針角者，少有不及禍也。

凡癰，無問大小亦覺，即取膠如手掌大，煖水浸令軟，納納然，稱大小，當頭上開一孔。如錢孔大，貼腫上令相當，須臾乾急，若未有膿者，即定不長。已作膿者，當自出。若以鋒針當孔上刺至膿，大好，至差，乃洗去膠。

大人小兒癰腫，灸兩足大拇指奇中，立差，仍隨病左右。

《千金要方·發背》 論曰：凡發背皆因服食五石寒食更生散所致，亦有單服鍾乳而發者，又有生平不服而自發背者，此是上代有服之者。其候率多於背兩胛間起，初如粟米大，或痛或癢，仍作赤色。人皆初不以爲事，日漸長大，不過十日，遂至於死，其臨困之時，以闊三寸高一寸瘡有數十孔，以手按之，諸孔中皆膿出，尋時失音。所以養生者小覺背上癢痛有異，即火急取淨土，水和爲泥，捻作餅子，厚二分，闊一寸半，以麤艾大作炷，灸泥上，貼著瘡上灸之，一炷一易餅子。若粟米大時，可灸七餅子即差，如榆莢大，灸七七餅炷即差，如錢大，可日夜灸之，不限炷數，仍服五香連翹湯及鐵漿諸藥攻之乃愈。又法，諸發背未作大膿，可以冷水射之浸石，令冷熨之，日夜莫住，差乃止。此病忌麪、酒、五辛等，亦有當兩肩上發者。

凡腫起背胛中，頭白如黍粟，四邊相連，腫赤黑，令人悶亂即名發背也。禁房室、酒、肉、蒜、麪，若不灸治，即入內殺人，若灸，當瘡上七八百壯。有人不識，多作雜腫治者，皆死。

治發背及癰腫已潰未潰方　香豉三升，少與水和，熟擣成強泥，可腫作餅子，厚三分已上，有孔，勿覆孔上，布豉餅，以艾列其上，灸之使溫，溫而熱，勿令破肉，如熱痛，即急易之，患當減，快得安穩，一日二度灸之。如先有瘡孔，孔中得汁出，即差。

《千金要方·丁腫癰疽·瘭疽》 一切瘑瘡，灸足大指奇間二七壯，灸大指頭亦佳。治腳腨及曲脷中癢，搔之，黃汁出，是風疽方。

《千金翼方·診癰疽有膿法》 凡癰，按之大堅者未有膿，半堅半軟者半有膿，當上薄者都有膿。有膿便可破之，不爾，侵食筋骨也。破之法，應在下逆上破之，令膿易出。用鈹針。膿深難見，肉厚而生者用火針。若不別有膿者，可當其上數按之，內便隱痛，殃堅者未有膿，洩去熱氣，不爾，長速則不良。

《外臺秘要·石癰方》 《備急》療若發腫至堅而有根者，名曰石癰也方。灸腫上百壯，當石子破碎出。如不出，益壯，乃出其癰疽。石癰、結筋、瘰癧皆不可針角，針角殺人。《集驗》、《文仲》、《千金》同，出第四卷中。

《外臺秘要》卷二十四《發背方》 又療發背，若初覺赤腫，腫上作小瘡，疼不可近方。急用針刺上七八針，取冷水，用筒擊射腫上，日夜不止，疼歇腫消。出第五卷中。

是此狀，即須當上灸一百壯，艾炷大如鼠屎許。大凡發背初，亦一點白，四邊赤色，漸胤長大，或盃盞幷椀許大，四邊生飯漿小小瘡如粟米許大，亦時時抽掣痛，此兩狀皆是死病，十日內堪醫，十日以外不濟。就中冬月得此病，即延得三五日。其發背初覺，即須當頭灸二十一壯。如盃許大，即五花灸之，各二十一壯，即服牛蒡子栝樓葛粉，第二服犀角湯瀉之，不然服犀角丸亦得大效也，忌梨、鯉魚、麪、酒、肉漿、水粥。直鴻臚賈顯錄。

凡發背候，憎寒壯熱，身如拘束，或口乾，不用食，瘡初出，如青紫色者，毒重。赤者輕，膿如稀泔者，極重。膿稠，白赤者輕。張道士升玄房陵口錄留。

《外臺秘要》卷三十《魚臍瘡》 《千金》療魚臍瘡似新火針，瘡四邊赤，中央如欲黑色，可針刺之。若不痛，即可畏也方。

又方　刺瘡頭及四畔，令汁極出，生令黃傅上，以麪圍之，勿令黃出，自旦至午，根必出。

又方　以麪圍瘡，如前法，以針亂刺瘡上，及四畔，取銅器煎酢令沸，寫著麪圍中，令容一盞，冷即易之，不過三度，即拔根出。

《醫心方·治陰瘡方》引病源論 又方，灸脊窮骨名龜尾，依年壯，或七壯。又灸足大指聚毛中，多至七壯，並良。

《醫心方·治癰疽未膿方》引醫門方·劉涓子方 《醫門方》云：扁鵲曰：癰腫，癤，疽，風腫，惡毒腫等，當其頭上灸之數千壯，無不差者。四畔亦灸三二百壯，此是醫家秘法。小者灸五六處，大者灸七八處。療癰疽腫一二日未成膿，取伏龍肝下篩，醋和如泥，塗爛布上，帖腫，燥即易，無不消。今案：葛氏方和鷄子中黃塗。《劉涓子方》云：癰疽之甚，未發之兆，饑渴爲始，始發之始，或發白疽，似若小癤，或復大痛，皆是徵候，宜善察之。欲知是非，重案其處，是便隱痛，復案四邊，比方得失，審定之後，即灸。第一便灸其上二三百壯，又灸四邊一二百壯，少者灸四邊，中者灸六處，大者灸八處，壯數處所不患多

也，灸應，即帖即薄，令得即消，內服補暖湯散，不已，服冷導湯外。即冷薄不已，用熱薄帖，帖之法，當開其口，泄熱氣也。

《醫心方·治癰疽發背方》引劉涓子方　劉涓子治癰發背發房初起赤方：其上赤處，灸百壯。

《醫心方·治癰疽發背方》引病源論　《病源論》云：癰發背者，多發於諸府俞也，六府不和則生癰，諸府俞皆在背，其血氣結絡於身。六府氣不和，湊理虛者，經絡爲寒所客，寒折於血則壅不通，故結成癰，發其俞也。熱氣加於血，則肉血敗，化而爲膿，癰初結之狀，腫而皮薄以澤，背上忽有赤腫而頭白，搖之連根入應，胸裏動，是癰也。

《聖濟總録·治癰疽瘡腫灸刺法》　治癰腫者，刺癰上，視癰小大深淺，刺大者多而深之，必端內針。

《針灸資生經·發背》　灸發背法，或不見瘡頭，以濕紙傅，先乾者是。以大蒜去皮，生切錢子，先安一蒜錢在上，次艾灸三壯，換蒜，復三灸，如此易，無數，痛灸至不痛，不痛灸至痛，方住。若第一日急灸，減九分，二日灸，減八分，至第七日，尚可，自此以往，灸已後時。灸訖，以石上生者龍鱗薜荔洗研取汁湯，溫呷，即瀉出惡物，去根。凡丁瘡，頭瘡，魚臍等瘡，一切無名者，悉治。《集效》。論曰：凡發背，皆因服五石寒食更生散所致，亦有單服鍾乳而發者，又有生平不服而自發背者，其候率多於背兩胛間起，初如粟米大，或痛或痒，仍作赤色，人皆初不以爲事，日漸長大，不過十日，遂至於死。臨困之時，以闊三寸高一寸瘡有數十孔，以手按之，諸孔中皆膿出，尋時失音。所以養生者，小覺背上痒痛有异，即火急取淨土，水和爲泥，捻作餅子，厚二分，闊一寸半，以粗艾大作炷灸泥上，貼著瘡上灸之，一炷一易餅子，若粟米大時，可灸七餅子即差。如榆莢大，灸七七餅炷即差。如錢大，可日夜灸，不限炷數，仍服五香連翹湯，及鐵漿諸藥攻之，乃愈。凡腫起背胛中，頭白如黍粟，四邊相連，腫赤黑，令人悶亂，即名發背。禁房室，酒，肉，蒜，麵，若不灸治，即入內殺人，若灸，當瘡上七八百壯。有人不識，多作雜腫治者，皆死。

郭戶爲予言，鄉里有善治發背癰疽者，皆於瘡上灸之，多至三二百壯，無有不愈。但艾炷小作之，炷小則人不畏灸，灸多則作效矣，蓋得此法也，然亦不必泥此。近有一醫以治外科得名，有人發背瘡大如碗，有數孔，醫亦無藥可治，只以艾遍敷在瘡上，灸之久而方疼，則以瘡上皆死肉，故初不覺疼也，旋以藥調治之愈。蓋出於意表也。

王蘧疽發於背，張生以艾火加瘡上，自旦及暮，凡一百五十壯，知痛乃已。明日鑷去黑痂，膿血盡潰，膚理皆紅，亦不復痛，始別以藥附之，日一易焉，易時，旋剪去黑爛惡肉，月許，瘡乃平。是歲秋夏間，京師士大夫病疽者七人，余獨生，此雖司命事，然固有料理，不知其方，遂至不幸者。見王蘧《發背方序》。

陽輔，治腋腫疽馬刀。犢鼻，治膝臏癰腫。竅陰，主管《明》作骨。疽發厲，項痛引頭，《明》同。目痛。《銅》云：治癰疽頭痛心煩。凡疽卒著五指，筋急不得屈伸者，灸踝骨中央數十壯，或至百壯。附骨疽，灸間使後一寸，隨年壯，立差。天突，療肺癰，唾膿血，氣壅不通。《明》。亶中，療肺癰，咳嗽上氣，唾膿，不下食，胸中氣滿如塞。小海，治瘍腫振寒。太衝，臨泣，治馬刀瘍瘻。

《單方歌》云：惡患是石癰，不針可藥取，當上灸百壯，石子出如雨。

余嘗爲劉和叔序《灸癰疽方》云：必以毒藥攻於內，伐其根也。又以火艾灼其外，宣其毒也。法盡於此矣。癰疽始作，灼艾，服大黃等藥，無不愈者。大黃宜隨人虛實服。王子高病背疽，京師外醫以爲不可治，得一徐人教以灼艾如棗大，近千壯。魯直數患背瘡，亦灼艾而愈。灸爲第一法也。

《備急灸法·諸發等證》　葛仙翁刻石江陵府紫極宮，治發背，發肩，發髭，發鬢，發肋，及一切惡腫法。已上數種，隨其所發處名之也，其源則一，故灸法亦一本。然數種中，死人速者，發背也。其候多起於背胛間，初如粟米大，或痛或痒，色赤或黃，初不以爲事，日漸加長，腫突滿背，疼痛徹心，數日乃損人，至此，則雖盧扁不能治矣。惟治之於初，皆得全生。其餘數種，皆依法早治，百無一死。凡覺有患，便用大蒜切片如錢厚，如無蒜，用淨水和泥，捻如錢樣用之。貼在瘡頭上，如瘡初生，便有孔，不可覆其孔。先以綦豆大艾炷灸之，勿令傷肌肉，如蒜焦，更換，待痛稍可忍，即漸放炷大，又可忍，便除蒜灸之。數不拘多少，但灸至不痛即住。若住灸後，又腫又痛，即仍前灸之，直候不腫不痛，即住。每患一箇瘡，或灸三百壯、五百壯，至一二千壯方得愈者，亦有灸少而便愈者。若患三五箇瘡，並須各各依法灸之，灸後不腫不痛則愈矣，男女同法。孫眞人治石癰，亦如此法灸之，石癰者，其腫發至堅，如石有根，故名之也。灸之，石子當碎出，即愈。

《儒門事親·背疽一百八》　一富家女子，十餘歲，好食紫櫻，每食即二三

斤，歲歲如此，至十餘年。一日潮熱如勞，戴人診其兩手脈，皆洪大而有力。謂之曰：他日必作惡瘡腫毒，熱上攻目，陽盛陰脱之證。其家大怒，不肯服解毒之藥。不一二年，患一背疽如盤，痛不可忍。其女忽思戴人曾有是言，再三悔過，請戴人，戴人以鲱針繞疽暈刺三百針，去血一斗，如此三次，漸漸痛減腫消，微出膿而斂，將作痂時，使服十補内托散，乃痊。終身忌口，然目亦昏，終身無子。

《儒門事親·風門》凡背瘡初發，便可用藏用丸、玉燭散，大作劑料，下臟腑一二十行，次用鲱針於腫焮處，循紅暈周匝内密刺三層，出血盡，以溫軟帛拭去血，甚者百會、委中皆出，後用陽起散傅之，不可便服十味内托散，其中犯官桂，更用酒煎，男子以背爲陽，更以熱投熱，無乃太熱乎。

《儒門事親·二火類》凡小兒有赤瘤微暴腫，可先用牛黄通膈丸瀉之，後用陽起石散傅之，則腫毒自消。如不消，可用鲱針砭刺，血出而愈矣。

凡小兒甜瘡久不愈者，俗呼爲香瘡是也，多在面部兩耳前。一法，令母口中嚼白米成膏，子卧，塗之，不過三上，則愈矣。小兒并母皆忌雞、豬、魚、兔、酒、醋，動風發熱之物，如治甜指，亦同此法。

凡小兒面上瘡，謂眉煉瘡，耳上謂之轍耳，足上瘡謂之靴癬，此三者一究其本，皆謬名也。經曰：諸痛瘡瘍，皆屬心火，乃血熱劇而致然也，或謂《内經》曰：大概不可使熱，以爲皆然，此不明造化之道也，慎勿妄信，可用鲱針刺之出血，一刺不愈，當復刺之，再刺不愈，則三刺必愈矣。《内經》曰：血實者決之。眉煉不可用藥傅之，以其瘡多痒痒則爬矣，藥入眼則目必損矣。

《外科精要·療發背癰疽灸法用藥》經云：諸痛痒瘡瘍，皆屬心火。前輩又謂：癰疽多生於丹石房勞之人。凡人年四十已上，患發背等瘡，宜安心早治，此證如虎入室，禦而不善，必至傷人，宜先用内托散，次用五香連翹湯，更以騎竹馬法或隔蒜灸，并明灸足三里，以發泄其毒。蓋邪之所湊，其氣必虛，留而不去，其病乃實。故癰疽未潰，臟腑畜毒，一毫熱藥斷不可用。癰疽已潰，臟腑既虧，一毫冷藥亦不可用，猶宜忌用敷貼之藥閉其毫孔，若熱渴便秘，脈沉實洪數，宜用大黄等藥，以泄其毒後，國老膏、萬金散、黄礬丸、遠志酒之類，選而用之。

《外科精要·癰疽灸法論》陳無擇云：癰則皮薄腫高，疽則皮厚腫堅，初發並宜灼艾，惟癰膿成則宜針，疽膿成則宜烙。當審察其證，疏利其毒，補托其裡。然癰疽冠於雜病之首，治失次序，多致枉夭，故集得效灸法以貽學者，庶不致妄投也。

《外科精要·灸法要論》伍氏方論曰：夫癰疽發背，皆有所因，前篇言之詳矣。凡初覺赤腫，先從背脊骨第二陷中，兩傍相去同身寸各一寸五分，名熱腑穴，二處各灸七壯，此能疏泄諸陽熱氣，永無癰疽之苦。或隔蒜灸，不論壯數，則邪無所容，而眞氣不損，但頭項見瘡，宜用騎竹馬法，及足三里灸之。

《外科精要·灸法要論》甲戌年，瘍醫常器之診太學史氏之母云：内有蓄熱，防其作疽。至辛巳六月，果背胛微痒，瘡粒如黍，灼艾即消，隔宿復作。用膏藥覆之，暈開六寸許，痛不可勝，歸咎於艾。適遇一僧，自云病瘡甚危，嘗灸八百余壯方甦，遂用大艾壯如銀杏者，灸瘡頭及四傍各數壯，痛止。至三十餘壯，赤暈悉退。又以艾作團如梅杏大者，十壯，乃食粥安寢。瘡突四寸，小竅百許，患肉俱壞而愈。

愚按：灼艾之法，必使痛者不痛，不痛者痛，則其毒隨火而散，否則非徒無益，而又害之。

《外科精要·癰疽灼艾痛癢論》伍氏曰：凡治癰疽、發背、疔瘡，不痛者必灸使痛，痛者必灸使不痛。若初灸即痛者，由毒氣輕淺。灸而不痛者，乃毒氣深重。悉宜内服追毒排膿，外傅消毒之藥，大抵癰疽不可不痛，又不可大痛，悶亂不知痛者，難治。

愚按：前論，惟疔瘡一證，其狀不一，其色不同，或如小瘡，或如水泡，或作痛，或麻木，或有紅絲，或寒熱頭疼，或嘔吐惡心，或肢體拘急，其候多端，非前灸法并解毒之劑，卒難濟事。若不省人事，或牙關緊急者，即以奪命丹爲末灌之。若生兩足，多有紅絲至臍，生於兩手，多有紅絲至心，生於唇面多有紅絲入喉，俱難治。若針其紅絲出血，多有生者。若患於肢末之處，毒愈凝滯，藥難導達，艾灸之功爲大。如妄服疏利之劑，耗損眞氣，不惟無以去毒，而害反隨之矣。

一男子唇患之，有紫脈自瘡延至口内，余曰：此脈過喉則難治矣，須針紫脈并瘡頭出惡血，以泄其毒則可。不信，乃別用解毒之劑，頭面俱腫，復請治，脈洪數，按之全無，惡證悉具。余曰：無能爲也。彼求治甚篤。時口内腫脹，針不能入，爲砭腫處出血，勢雖少退，終至不起。

表甥居富，右手小指患之，或用針出血，敷以涼藥。掌指腫三四倍，六脈洪大，此眞氣奪則虛，邪氣勝則實也。先以奪命丹一服，活命飲二劑，勢稍緩，余因他往，或又遍刺出血，腫延臂腕，如大瓠，手指腫大數倍，不能消潰，乃眞氣愈虛，邪氣愈盛。余回，用大劑參芪歸朮之類，乃頻灸遍手，腫勢漸消，後大便不實，時常泄氣，此元氣下陷，以補中益氣湯加補骨脂、肉豆蔻、吳茱萸、五味子，又以生脈散代茶飲，大便漸實，手背漸潰，又用大補藥五十餘服，漸愈。

附治驗　操江都憲張恆山，左足次指患之，痛不可忍，急隔蒜灸三十餘壯，即能舉步，彼欲速愈，自敷涼藥，遂致血凝肉死，毒氣復熾，再灸百壯，服活命飲。出紫血，其毒方解。腳底通潰，腐筋爛肉甚多。將愈，予因考績北上，又誤用生肌藥，反助其毒，使元氣虧損，瘡口難斂。予回，用托裡藥補之，喜其稟實，且客處，至三月餘方瘥。

《外科精要·癰疽既灸服藥護臟腑論》　上舍李通甫，腿患瘡作痛，少食作嘔，惡寒。余以爲痛傷胃氣，用六君子湯加當歸四劑，疼痛少止，飲食加進。又以十宣散加白朮、茯苓、陳皮數劑，膿成，針而出之，又以前散去防風、白芷，數劑而痊。

《子午流注針經·流注指微賦》　癰腫奇經而畜邪，殲猷砭瘳　經云：病人脈隆盛，入於八脈而不環周，十二經亦不能拘之，其受邪氣，蓄積腫熱，宜砭刺出血。古者以砭石爲針。《山海經》曰：高氏之山，有石如玉，可以爲針。即砭石也。今人以鈹針代之也。

《玉龍經·盤石金直刺秘傳》　肺風滿面赤瘡暴生者　少商，委中。瀉。

其瘡年深者　合谷。瀉。

《普濟方·針灸門·風勞》　治風勞發背癰疽

用麻繩一條，蠟過，從手中指第二節，量至心坎骨，截斷，須直伸臂折過，自前項下取中，纏至後心相對令齊，閉口，量兩吻闊狹，以此爲則，對灸七壯，神效。

《普濟方·針灸門·諸瘡腫》　治瘍瘡振寒，穴小海。

治瘡毒久不合，穴合谷，灸七壯，至七七壯，極驗，仍服內托散。

治瘍瘡，灸瘍上，周匝，最良。

治睡後忽一點疼起，遂至偏身赤痛，諸藥不效，用艾炷如小指頭大，以水透濕紙，約五六重，纏裹其手痛處，又用斷木匙頭安於濕紙上，對抵痛處，卻將艾炷於木匙上灸，須臾，諸痛悉除，所灸處，有濃水出，生茄瘢而後愈。

《普濟方·針灸門·發背癰疽》　治膝臏癰，穴犢鼻。

治發背，癰疽，疔腫諸毒，瘡初發，出小包如魚眼，或陷頂，或紫黑色無頭，痛疼作渴惡心者，皆惡毒也。此法治腫令消。

速以獨蒜切作片，蓋其患處，大艾炷多灸，令不痛者痛，痛者不痛，痒者不痒，不痒者痒，毒隨火出即愈。如腫而無頭，即以濕紙一張蓋合，先乾處，即頭也。如前以蒜片炷灸之腫大者，五花灸，壯數多爲妙，此外科精要方內第一法也。五花灸者，如樣，下灸炷。又云：灸多爲善，勿令大熱，但痛即去，蒜焦換用，勿損皮肉，體乾，不須灸，嘗用此大效。

治懸癰，擇人神不在日，早空心，先用井花水調百藥煎末一碗服之，微利，卻須得秋葫蘆，亦名苦不老，生在架上而苦者，切皮片置瘡上，灸二七壯。昔人有患連年，一灸效驗。

治瘍腫振寒，穴小海。

治頻腫唇癰，穴顴髎。

騎竹馬灸法：治癰疽發背，不問男女，無不效驗。

其法，先令病人以肘憑几間，臂腕要直，用篾一條，自臂腕中曲處橫文，男左女右，貼肉量起，直中指尖盡處，截斷爲則，不量指甲。卻用竹扛一條，令病人脫衣騎定，令身正直，前後令人扛起，令腳不著地，又令一人扶定，勿令僵仆。卻將前所量臂腕篾，從竹扛坐處，尾骶骨盡處，直向上貼脊背量至篾盡處爲則，用墨點定，此是取中，非灸穴也。卻用篾作則子，量病人中指節相横文爲則，男左女右，截爲一則，就前所點記處，兩邊各量一則，盡處即是灸穴。兩處各灸五壯，或七壯止，不可多灸。不問癰生何處，并用此法灸之，無不愈。一云：可看癰發於左則灸右，發於右者灸左，甚者左右皆灸。經云：諸痛瘡癢，皆屬於心。此二穴，皆心脈所過處，灸之使心火調暢，血脈流通，愈於服藥。又灸足三里穴，并氣海穴，引熱毒氣歸下，其理甚長，皆良法也。

治大人小兒癰腫，灸兩足大拇指奇中，仍隨病左右。

治癰疽，凡癰疽始發，或小或大，或如米粒，皆須微候，急須攻之。若無醫藥處，即灸當頭百壯。一云七八百壯。其大量者，灸四面及中央二三百

壯，亦宜當頭以大針針入四分。

治癰腫者，刺癰上，視癰大小深淺，刺大者多而深之，必端內針。

治發背癰腫，亦潰未潰出《聖惠方》。用香豉三升，以水和，擣作餅子，厚三分，有孔勿覆之，布豉餅，以艾列其上，灸之。取溫熱勿令破，內如熱痛，急湯之，一日兩度。灸如有瘡，以瘡中汁出爲度。腋癰大熱，刺足少陽五，熱不止，刺手心主三。刺癰疽不得頃時回，癰不知所，按之不應手，乍來乍已，刺手太陰傍三痏，與陰脈各二。

治面腫，目癰腫，刺陷骨出血，立已。

治頭大侵潭，一作浸淫。穴間使。

治腸癰及諸癰腫，灸兩手後肘尖上，各一七壯，左右同。又灸兩足大指岐間，各三壯，兼治諸癰腫病。又出兩肘，正灸肘頭銳骨各百壯，下膿血即差。

癰疽、瘤、石癰、結核、瘰癧皆不可就針角，針角，則鮮有不及禍。

《普濟方·針灸門·瘰癧》 治腦瘻諸節諸癰，腫牢堅治之方：削附子令如棋子厚，正著腫上，以少唾濕附子，艾灸附子，令熱徹，附子欲乾，則更唾濕附子，常令附子熱徹，附子欲乾，則更，氣入腫中，無不愈，此法絕妙不傳。凡肉瘤勿治，治之殺人。《肘後方》云：不得灸針。

《玉機微義·瘡瘍門·論瘡瘍宜灸》 《元戎》云：瘡瘍自外而入者不宜灸，自內而出者宜灸。外入者托之而不內，內出者接之而令外。故經云：陷者灸之。灸而不痛，痛而後止其灸。灸而不痛者，先及其潰，所以不痛。而後及良肉，所以痛也。灸而痛，不痛而後止其灸。灸而痛者，先及其未潰，所以痛。而次及將潰，所以不痛也。

此亦約法也，因以東垣等法附於左，宜參用之。

凡人初覺發背，欲結未結，赤熱腫痛，先以濕紙覆其上，立視候之，其紙先乾處，即是結癰頭也。取大蒜切成片，如當三錢厚薄，安於頭上，用大艾炷灸之。三壯即換一蒜片，痛者灸至不痛，不痛灸至痛時方住，最要早覺早灸爲上。一日三日，十灸十活，三日四日，六七活，五六日，三四活，過七日，則不可灸矣。若有十數頭作一處生者，即用大蒜研成膏，作薄餅，鋪頭上，聚艾於蒜餅上燒之，亦能活也。若背上初發，赤腫一片，中間有一片黃粟米頭子，便用獨蒜，切去兩頭，取中間半寸厚薄，正安於瘡上，著艾灸十四壯，多至四十九壯。

按：此謂癰疽所發，宜灸之也。然諸瘡患久成漏者，常有膿水不絕，其膿不臭，內無歹肉，尤宜用附子浸透，切作大片，厚三二分，於瘡上著艾灸之，仍服內托之藥。隔三二日再灸之，不五七次，自然肌肉長滿矣。至有膿水惡物，漸漬根深者，郭氏用白麵、硫黃、大蒜三物，一處搗爛，看瘡大小，捻作餅子，厚約三分，於瘡上，用艾炷灸二十一壯，一灸一易。後隔四五日，方用翠霞錠子并信效錠子，互相用之，紝入瘡內，歹肉盡去，好肉長平，然後貼收斂之藥，內服應病之劑調理，即瘥矣。蓋不止宜灸於瘡之始發也，大抵始發宜灸，要汗下補養之藥對證。至灸冷瘡，亦需內托之藥切當。設有反逆，不唯不愈，恐至轉生他病之患也。

《神應經·瘡毒部》 癰疽發背 肩井，委中，以蒜片貼瘡上灸，如不疼灸至疼，疼人灸至不疼，愈多愈好。

《奇效良方·瘡科通用方》 至元壬午，有人王伯祿年五十有七，右臂膊腫盛。上至肩，下至手指。色變，皮膚涼，六脈沉細而微。脈證俱寒，舉瘍瘍醫。彥和視之。曰：此乃附骨癰，開發已運，以燔起之膿清稀解。待日肘下再開之，加吃逆不絕。彥和與丁香柿蒂湯兩服。稍緩待日，咳逆尤甚。自利臍腹冷痛，腹滿飲食減，少時發昏憒，於左乳下黑盡處，灸二七壯。又處以乾薑、附子、木香、沉香、茴香、羌活類藥，㕮咀一兩半，欲與服。

《醫學正傳·瘡瘍》 癰疽始發，即以艾多灸之，可使輕淺，騎竹馬灸法最妙。蓋艾火暢達，拔引鬱毒，此從治之意。惟頭爲諸陽所聚，艾炷宜小而少，若身上，必痛灸至不痛，不痛灸至痛。亦有因灸而死者，蓋虛甚，孤陰將絕，其脈必浮數而大，且不鼓，精神必短而昏，無以抵當火氣，宜其危也。按河間灸刺法曰：凡瘡瘍須分經絡部分，血氣多少，腧穴遠近。從背出者，當從太陽經五穴選用，至陰、通谷、束骨、崑崙、委中是也。從鬢出者，當從少陽經五穴選用，竅陰、夾谿、臨泣、陽輔、陽陵泉是也。從髭出者，當從陽明經五穴選用，厲兑、內庭、陷谷、衝陽、解谿是也。從腦出者，則以絕骨一穴治之。

蜞針之法，可施於輕小證候，吮出惡血。若積毒在臟腑者，徒竭其血於外，無益也。

《醫學正傳·疔腫方法》 萬槌青雲膏治諸般癰腫，未成膿者貼散，已成膿者拔毒追膿，腹中痞塊，止瘧疾，貼大椎及身柱，其效如神。

《外科發揮·發背》焮痛或不痛及麻木者，邪氣盛也，隔蒜灸之，不痛者灸至痛，痛者灸至不痛。毒隨火而散，再不痛者，須明灸之，腫硬痛深，脈實者，邪在內也，下之。

一弱婦，外皮雖腐，內膿不潰，脹痛，煩熱不安，予謂宜急開之，膿一出，毒即解，痛即止，諸證自退。待其自潰，不惟疼痛潰爛愈深，彼不從，待將旬日，膿尚未出，人已痛疲矣。雖針之，終不能收斂，竟至不起。

一男子，潰而瘀肉不腐，予欲取之，更以峻補。一婦素弱，未成膿，大痛發熱，予謂須隔蒜灸以拔其毒，令自消。皆不從，俱致不救。常治不問日期陰陽，腫痛，或不痛，或痛甚，但不潰者，即與灸之，隨手取效。勢未定者，先用箍藥圍之，若用烏金膏或援生膏點患處數點，尤好。【略】若有膿，爲脂膜間隔不出，或作脹痛者，宜用針引之。腐肉堵塞者去之，若瘀肉腐動用豬蹄湯洗。如膿稠或痛，飲食如常，瘀肉自腐，用消毒與托裏藥相兼服之，仍用前二膏塗貼，若腐肉已離好肉，宜速去之。如膿不稠不稀，微有疼痛，飲食不甘，瘀肉腐遲，更用桑柴灸之，亦用托裏藥。若瘀肉不腐，或膿清稀不焮痛者，急服大補之劑，亦用桑木灸之，以補接陽氣，解散鬱毒。常觀患疽稍重，未成膿者，不用蒜灸之法，及膿熟不開，或待腐肉自去，多致不救。大抵氣血壯實，或毒少輕者，可假藥力，或自腐潰；怯弱之人，熱毒中隔，內外不通，不行針灸，藥無全功矣。然此證若膿已成，宜急開之，否則重者潰通臟腑，腐爛筋骨，輕者延潰良肉，難於收功。因而不斂多矣。

一男子年踰五十，患已五日，腫大痛，赤暈尺餘，重如負石，勢熾甚，當峻攻，察其脈又不宜，遂先砭赤處，出黑血碗許，腫痛頓退，背重頓去，更敷神功散及服仙方活命飲二劑，瘡口及砭處出血水而消。大抵瘡毒勢甚，若用攻劑，怯弱之人必損元氣，因而變證者，衆矣。

一婦人半月餘尚不發起，不作膿，痛甚，脈弱，隔蒜灸二十餘壯，而止，更服托裏藥，漸潰，膿清而瘀肉不腐，以大補藥及桑柴灸之，漸腐，取之而尋愈。常治一日至四五日未成膿而痛者，灸至不痛，不痛者，灸至痛，若灸而不痛，或麻木者，明灸之，毒氣自然隨火而散。腫硬不作膿，焮痛，或不痛，或微痛，或瘡頭如黍者，灸之尤效。亦有數日色尚微赤，腫尚不起，痛不甚，膿不作者，尤宜多灸，勿拘日期，更服甘溫托裏藥，切忌寒涼之劑。或瘀血不腐，亦用桑木灸之。若脈數發熱而痛者，發於陽也，可治。脈不數不發痛者，發於陰也，難治。不痛最惡，不可視爲常疾，此證不可不痛，不可大痛，煩悶者，不治。大抵發背、腦疽、大疔、懸癰、脫疽、腳發之類，皆由膏粱厚味，盡力房勞，七情六淫，或丹石補藥，精虛氣怯所致，非獨因榮衛凝滯而生也。必灸之，以拔其毒，更辨其因，及察邪在臟腑之異，虛實之殊，而治之，庶無悮也。【略】

老婦患之，初生三頭皆如粟，腫硬木悶煩躁，至六日，其頭甚多，脈大，按之沉細，爲隔蒜灸及托裏，漸起發，尚不潰，又數劑，內外雖腐，惟筋所隔，膿不得出，致脹痛不安，予謂須開之，彼不從，後雖自穿，毒已攻深矣，亦歿。大抵發背之患，其名雖多，惟陰陽二證爲要，若發一頭或二頭，其形焮赤腫高，頭起疼痛，發熱爲癰，屬陽，易治。若初起一頭如黍，不腫不赤，悶痛煩躁，大渴便秘，睡語咬牙，四五日間，其頭不計數，其瘡口各含如一粟，形似蓮蓬，故名蓮蓬發，積日不潰，按之流血，至八九日或數日，其頭成片，所含之物俱出，通結一衣，揭去又結，其口共爛爲一瘡，其膿內攻，色紫黯爲疽，屬陰，難治。脈洪滑者尚可，沉細尤難，如此惡證，惟隔蒜灸及塗烏金膏有效。凡人背近脊并髀，皮裏有筋一層，患此處者，外皮雖破，其筋難潰，以致內膿不出，令人脹痛苦楚，氣血轉虛，變證百出，若待自潰，多致不救。必須開之，兼以托里，常治此證，以利刀剪之，尚不能去，似此堅物，待其自潰，不亦反傷，非血氣壯實者，未見其能自潰也。

一男子年踰五十，患此，色紫腫痛，外皮將潰，寢食不安，神思甚疲，用桑柴灸患處，出黑血，即鼾睡覺而諸證如失，服仙方活命飲二劑，又灸一次，膿血皆出，更進二劑，腫痛大退，又服托裏消毒散數劑而斂。夫瘡勢熾甚，宜用峻劑攻之，但年老氣血衰弱，况又發在肌表，若專於攻毒，則胃氣先損，反致悮事。

《外科發揮·臀癰》腫硬痛甚者，隔蒜灸之，更以解毒。

一男子臀癰腫硬痛甚，隔蒜灸之，更服仙方活命飲二劑，痛止腫消，以托裏消毒散加黃柏、蒼朮、羌活，瘡頭潰之而愈。

一男子潰而膿清不斂，以豆豉餅灸之，更飲十全大補湯兩月餘而痊。凡瘡不作膿，或不潰，或潰而不斂，皆氣血之虛也。有膿清稀，尤其虛甚也。

一男子臀癰，膿水不止，肌肉漸瘦，飲食少思，胃脈微弦，以六君子湯加藿香、當歸，數劑，飲食遂進，飲以十全大補湯及豆豉餅灸之，兩月餘而斂。

一弱人臀癰，膿成不潰，以十全大補湯數劑，始托起，乃針之，又二十餘

劑而愈。夫臂居僻位，氣血罕到，老弱人患之，尤宜補其氣血，庶可保痊。

一男子臂漫腫，色不變，脈滑數而無力，此臂癰也。膿將成，尚在內，予欲治以托裏藥，待發出而用針。彼欲內消，服攻伐藥，愈虚，復求治，仍投前藥，托出針之，以大補藥而愈。凡瘡毒氣已結，不起者，但可補其氣血，使膿速成而針去，不可論內消之法。膿成，又當辨其生熟、淺深而針之，若大按之乃痛者，膿深也。小按之便痛者，膿淺也。按之不甚痛者，未成膿也。按之即復起者，有膿也。按之不復起者，無膿也。若腫高而軟者，發於血脈。腫下而堅者，發於筋骨。肉色不相變者，發於骨髓也。

一婦人腿癰，久而不愈，瘡口紫陷，膿水清稀，予以爲虚，彼不信，乃服攻毒之劑，虚證蜂起，復求治。令灸以附子餅，服十全大補湯百餘貼而愈。凡瘡，膿清及不斂者，或陷下，皆氣血虚極也，最宜大補，否則成敗證，若更患他證，尤難治療。

一男子腿癰內潰，針之，膿出四五碗許，惡寒畏食，脈診如絲，此陽氣微也，以四君子湯加炮附子一錢服之，寒少止，又四劑而止。以六君子湯加桂數劑，飲食頓進，乃以十全大補湯及附子餅，兩月而愈。

《外科發揮·懸癰》 一男子膿清不斂，內有一核，以十全大補湯加青皮、柴胡、製甘草，更以豆豉餅灸之，核消斂。

一男子久而不斂，脈大而無力，以十全大補湯加五味子、麥門冬，灸以豆豉餅，月餘而愈。

一老人年餘不斂，診其脈，尚有濕熱，以龍膽瀉肝湯二劑，濕退，乃以托裡藥及豆豉餅灸之而愈。

一男子膿熟不潰，脹痛，小便不利，急針之，尿膿皆利，更以小柴胡湯加黄栢、白芷、金銀花，四劑，痛止，以托裡消毒散數劑而愈。常見患者多不肯用針，待其自破，殊不知緊要之地，若一有膿，宜急針之，使毒外發，不致內潰。故前人云：凡瘡，若不針烙，毒結無從而解，膿瘀無從而泄。又云：宜開戶以逐之。今之患者反謂地部緊要，而不用針，何其相違之遠矣。

一男子膿熟不潰，脈數無力，此氣血俱虚也，欲治以滋陰益血氣之劑，更針之，使膿毒外泄。彼不從，仍用降火敗毒藥，致元氣愈虚，瘡勢愈盛，後潰不斂，竟至不救。夫懸癰之證，原係肝腎二經陰虚，雖一於補，尤恐不治。况膿成而又尅伐，不死何俟。常治初起腫痛，或小便赤澀，先以製甘草一、二劑及隔蒜灸，更飲龍膽瀉肝湯，若發熱腫痛者，以小柴胡湯加車前、黄栢、芎、歸。膿已成，即針之，已潰者，用八珍湯加製甘草、柴胡稍、酒炒黄栢、知母。小便澀而脈有力者，仍用龍膽瀉肝湯加製甘草。小便澀而脈無力者，用清心蓮子飲加製甘草。膿清不斂者，用大補之劑，間以豆豉餅灸之。灸而不斂者，用附子餅灸之，並效。

薛己《外科心法·灸法總論》 夫瘡瘍之證，有諸中必形諸外，在外者，引而拔之，在內者，疏而下之。灼艾之功甚大，若毒氣鬱結，瘀血凝滯，輕者或可藥散，重者藥無全功矣。河間云：痛者灸至不痛，不痛者灸至痛，毒氣自然隨火而散。東垣云：若不針烙，則毒氣無從而解，膿瘀無從而泄，過時不烙，反攻於內。陳氏云：譬如盜入人家，必開戶以逐之，是故善治毒者，必用隔蒜灸，舍是而用寒苦之劑，其壯實內有火者，或可，彼怯弱氣寒者，未有不敗者也。又有毒氣沉伏，或年高氣弱，或服尅伐之劑，氣益以虚，膿因不潰，必假火力以成功。如曹工部發背已十八日，瘡頭如粟，瘡內如錐，痛極時有悶瞀，飲食不思，氣則愈虚，以大艾隔蒜灸十餘壯，尚不知，內痛不減，遂明灸二十餘壯，內痛悉去，毒氣大發，飲食漸進，更以大補藥及桑木燃灸，瘀肉漸潰。劉貫卿足患疔已十一日，氣弱，亦灸五十餘壯，更以托裏藥而愈。黄君腿癰，膿清脈弱，一婦臂結一塊，已潰，俱不收斂，各灸以豆豉餅，更飲托裏藥而愈。一男子胸腫一塊，半載不消，令明灸百壯方潰，與大補藥，不斂，復灸以附子餅而愈。一男子患發背焮痛如灼，以隔蒜灸三十餘壯，腫痛悉退，更以托裏消毒藥而愈。一人患發背，瘡頭甚多，腫硬色紫，不甚痛，不腐潰，以艾鋪患處灸之，又以大補藥，數日，死肉脱去而愈。陳工部、張兵部患發背已四五日，瘡頭雖小，根畔頗大，俱以隔蒜灸三十餘壯，其根內消，惟瘡頭作膿，數日而愈。余丙子年，忽惡心，大椎骨甚痒，須臾，臂不能舉，神思甚倦，此夭疽，危病也，急隔蒜灸之，痒愈甚，又明灸五十餘壯，痒遂止，旬日而愈。《精要》云：灸法有回生之功，信矣。大凡蒸灸，若未潰，則拔引鬱毒，已潰者，則補接陽氣，祛散寒邪，瘡口自合，其功甚大。常治四肢瘡瘍，氣血不足者，祗以前法灸之，皆愈。疔毒甚者，尤宜灸，痛則灸至不痛，不痛則灸至痛，亦無不愈。若中虚者，不灸而服敗毒藥，則瘡毒未除，中氣先傷，未有不敗者也。李氏云：治疽之法，著艾勝於用藥，緣熱毒中隔，外內不通，不發泄則不解散，不幸患此者，適處貧居僻，一時無藥，用灸尤便。其法：用大獨蒜切片如

三錢厚，貼於疽頂上，以艾炷安於蒜片上灸之，每三壯，一易蒜片，若灸時作痛，要灸至不痛，不痛，灸要至痛方止，大概以百壯爲度。用大蒜，取其拔毒有力，多用艾炷，取其火力透，如法灸之，瘡一發膿潰，繼以神異膏貼之，不日而安。一、能使瘡不開大。二、內肉不壞。三、瘡口易合。見效甚神。丹溪云：惟頭爲諸陽所在，聚艾壯宜小而宜少。

《針灸聚英·玉機微義針灸證治》 瘡　劉氏曰：此謂癰疽初發，宜灸之也。然諸瘡患久成漏者，常有膿水不絕，其膿不臭，內無歹肉，尤宜用附子浸透，切作大片，厚二三分，於瘡上著艾灸之。仍服內托之藥，隔三二日，再灸之，不五七次，自然肌肉長滿矣。至有膿水惡物漸漬根深者，郭氏治用白麵、硫黄、大蒜三物，一處搗爛，著瘡大小，捻作餅子，厚約三分，於瘡上用艾炷灸二十一壯，一灸一易，後隔四五日，方用翠霞錠子并信效錠子，互相用之。紝入瘡內歹肉盡處，好肉長平，然後外貼收斂之藥，內服應病之劑，調理即差矣，蓋不止宜灸於瘡之始發也。大抵始發宜灸，要汗下補養之藥對證。至灸冷瘡，亦須內托之藥切當。設有反逆，不唯不愈，恐致轉生他病也。元好問記云：素飲酒，於九月中，患腦之下，項之上，出小瘡。後數日，腦項麻木，腫勢外掀。瘍醫遂取五香連翹，至八日不下，而云不可速療，十八日得膿，俟膿出，用藥或砭刺，三月乃可平，四月如故。予紀《醫經》云：凡瘡見膿，九死一生，果如其言則有束手待斃之悔矣，乃請東垣診視，且謂膏粱之變，不當投五香，五香已無及，當先用火攻之，然后用藥，以大艾炷如兩核許者，攻之，至百壯，乃覺痛。次爲處方云：是足太陽膀胱之經其病逆，當急治以黄連消毒丸。

《薛氏醫案》引《外科精要·騎竹馬灸法》 男以左手，女以右手，先屈中指，用薄篾量取中間一節兩橫紋盡處爲同身一寸，爲則子。此是第一次法。

先從男左女右臂腕中曲橫紋起，用薄篾一條量至中指齊肉盡處，不量指爪爲則，剪斷。此是第二次法。

先令病人脱去衣服，以大竹杠一條，跨定，令二人徐徐杠起，足要離地五寸許，兩旁更以兩人扶定，毋令動搖不穩，卻以第一圖則子貼定竹杠，從尾閭起，貼脊量至則子盡，以墨點定記之，非灸穴也。此是取中穴止處。卻以第二圖以同身寸，則取兩寸，平折，自中穴量之，以中分取兩旁各一寸，方是灸穴也。此是第三次法。

《外科理例·灸法總論》 瘡瘍在外者，引而拔之，在內者，疏而下之，灼艾之功甚大，若毒氣鬱結，氣血凝聚，輕者或可藥散，重者藥無全功。東垣云：若不針烙，則毒氣無從而散，膿瘀無從而泄，過時不烙，反攻於內。故治毒者必用隔蒜灸，舍是而用苦寒之劑，其壯實內有火者，或可。彼怯弱氣寒，未有不敗者也。又有毒氣沉伏，或年高氣弱，若服尅伐之劑，氣血愈虚，膿因不潰必假火力以成功。

辨《精要》曰：始發時，用針灸十死八九。丹溪曰：火以暢達，拔引鬱毒，此從治之意，因灸而死者，蓋虚甚孤陰將絕，脈必浮數而大且鼓，精神必短而昏，無以抵當火氣，故豈可泛言始發不可灸？以悞人。《精要》又謂：頭上有毒不得灸，恐火拔起熱毒而加病。丹溪曰：頭爲諸陽所聚，艾炷宜小而少，小者如椒粒，少者三五壯而已。若猛浪，如灸腹背，炷大數多，斯爲誤矣。

按東垣灸元好問腦疽，以大艾炷如兩核許，灸百壯始覺痛而安，由是推之，則頭上發毒，灸之痛則炷宜小，數宜少，不痛者炷大數多亦無妨也。

經曰：陷者灸之。如外微覺木硬不痛者，是邪氣深陷也，急灸之，淺者不可灸。又曰：淺者有數頭腫痛，亦灸之，無妨。

《外科理例·針法總論》 《精要》曰：癰者皮薄腫高，多有椒眼十數粒，疽者皮膚頑硬，狀如牛頸之皮。癰成膿則宜針，針宜用馬啣鐵爲之，形如韭葉樣，兩面皆利，可以横直裂開五六分許，去毒血，須先灸而後裂。疽成膿則宜烙，可用銀篦大二寸，長六寸，火上燒令赤，急於毒上熨烙，得膿利爲效。

又曰：一婦病癰，在背之左，高大而熟未破，醫云：可烙。傍有老成者曰：凡背之上五臟俞穴之所系，膈膜之所近，烙不得法，必致傷人。醫曰：但宜淺而不宜深，宜横而不宜直，入恐傷膈膜。宜下而不宜上，恐貯膿血。謂此訣儘無妨也。於是燒鐵筯烙之，肉破膿出，自此而愈，當時直驚人，非劊子手者不能爲也。

又曰：方其已熟未潰之時，用鐵筯一烙極是快意，方扇火欲著時，誠是驚人。予嘗用矣，臨時猶且顫悸，況未曾經歷者乎。烙後膿水流通百無所忌，名曰熟瘡，其瘡突者針口宜向下，然須是熟於用烙者，識淺深，知穴道，審生熟，非其時則所出皆生血，當其時則出黄膿瘀肉，用尖針烙者不得法，尖針頭細其口易合，惟用平員頭者爲妙，蓋要孔穴通透，或恐瘡口再合，用細牛膝根如瘡口之大小，略割去粗皮插入瘡口，外留半寸許，即用嫩橘樹

葉，地錦草各一握研成膏傅之，牛膝能使惡血常流，二草溫涼止痛，隨乾隨換，此十全之功也。

火烙針，其針員如筋，大如緯，挺頭員平，長六七寸，一樣二枚，撚蘸香油於炭火中燒紅，於瘡頭近下烙之，宜斜入，向軟處一烙，不透再烙，必得膿瘡口，烙者名曰熟瘡，膿水常流，不假按仰，仍須紝之，勿令口合。

《名醫類案·瘡瘍》 薛己治四明屠壽卿，孟夏當門，齒如有所擊，痛不可忍，脈洪大而弦。薛曰：弦洪相搏，欲發瘡毒也。先用清胃散，加白芷、金銀花、連翹一劑，痛即止。至晚，鼻上發一瘡，面腫黯痛，更用前藥加犀角一劑，腫至兩額，口出穢氣，脈益大，惡寒內熱，此毒熾血瘀，藥力不能驟敵，乃砭患處，出紫血，服犀角解毒之劑。翌日，腫痛尤甚，又砭患處與唇上，并刺口內赤脈，各出毒血，再服前藥至數劑而愈。若泥尻神不行砭刺，或全仗藥力，鮮不誤矣。

一男子年十六，夏，作渴發熱，吐痰唇燥，遍身生疥，兩腿尤多，色黯作痒，日晡愈熾。仲冬，腿患瘡，尺脈洪數。薛曰：疥，腎疳也。瘡，骨疽也。皆腎經虛證。針之膿出，其氣氤氳。薛謂火旺之際，必患瘵證，遂用六味地黃，十全大補，不二旬諸證愈，而瘵證具，仍用前藥而愈。抵冬，娶妻，正春，其證復作，父母憂之，俾其外寢，雖其年少謹疾，亦服地黃丸數觔，煎藥三百餘劑而愈。

《名醫類案·丹毒》 江煥言馮悅御藥，服伏火藥多，腦後生瘡，熱氣蒸蒸而上，幾不救矣。一道人教灸風市穴十數壯，雖愈，時時復作，又教馮以陰煉秋石，以大豆卷濃煎湯下，遂悉平，和其陰陽也。陰煉秋石法，余昔傳之沈暘。大豆卷法，大豆於壬癸日浸井花水中，候豆生芽，取皮作湯使之。

《外科樞要·流注》 隔蒜灸法，治流注及癰疽、鶴膝風等證，每日灸二三十壯，痛者灸至不痛，不痛者灸至痛，其毒隨火而散。蓋火以暢達，拔引鬱毒，此從治之法，有回生之功。其法用大蒜去皮，切三文錢厚，安患處，用艾壯於蒜上灸之，三壯換蒜，復灸，未成即消，已成者亦殺其毒。如瘡大，用蒜杵爛攤患處，將艾鋪上燒之，蒜敗再易，如不痛，或作膿，或不起發，及瘡屬陰證者，尤當多灸。凡瘡不痛不作膿，不起發者，皆氣血虛也，多主不治。惟患在頭面者，不宜多灸。

《外科樞要·腳發》 大參李北溪，左足赤癢作痛，此足三陽經濕熱下注，先用隔蒜灸，活命飲一劑，其痛頓止，灸患處出水，赤暈頓消，次用托裏消毒散四劑，灸患處出膿而愈。

儒者楊舉元患此，微瘇痛，微赤焮，此足三陰經陰虛濕熱下注，用隔蒜灸，托裏散而起發，用十全大補湯而膿成，又與加減八味丸，料百劑而斂。

《楊敬齋針灸全書·發背癰疽》

《針灸大成·續增治法》 河間曰：凡瘡瘍須分經絡部分，血氣多少，俞穴遠近。從背出者，當從太陽五穴選用，至陰，通谷，束骨，崑崙，委中。從鬢出者，當從少陽五穴選用，竅陰，俠谿，臨泣，陽輔，陽陵。從髭出者，當從陽明五穴選用，厲兌，內庭，陷谷，衝陽，解谿。從胸出者，絕骨一穴。

《腸癰纂要》云：千金灸法，屈兩肘，正肘頭銳骨，灸百壯，下膿血而安。按河間瘡瘍，止論足三陽，而手足三陰三陽未備，學者當引伸觸類。又查《醫學入門·雜病歌》癰疽初起補其穴，只刺陽經不刺陰。錄之以備通考。

《針灸大成·治證總要》 兩頰紅腫生瘡，一名枯曹風豬肋風，合谷，列缺，地倉，頰車。

問曰：此證從何而得？答曰：熱氣上壅，痰滯三焦，腫而不散，兩腮紅腫生瘡，名曰枯曹風，復刺後穴，承漿，三里，金津，玉液。

渾身生瘡　曲池，合谷，三里，行間。

發背癰疽　肩井，委中，天應，騎竹馬。

或問陰證疽，滿背無頭，何法治之，答曰：可用濕泥塗之，先乾處，用蒜錢貼之，如法灸，可服五香連翹散，數貼發出。

腎臟風瘡　血郄，三陰交。

疔瘡以針挑有血可治，無血不可治。　合谷，曲池，三里，委中。

夾黃脇退毒也。　支溝，委中，肩井，陽陵泉。

便毒癰疽　崑崙，承漿，三陰交。

《針灸大成·名醫治法》　瘡毒

若諸瘡患久成漏者，常有膿水不絕，其膿不臭，內無歹肉，尤宜用附子浸透，切作大片，厚二三分。於瘡上着艾灸之，仍服內脫之藥，隔二三日再灸之，不五七次自然肌肉長滿矣。至有膿水惡物，漸潰根深者，郭氏治用白麵、硫黃、大蒜，三物一處搗爛，看瘡大小，捻作餅子，厚約三分，於瘡上用艾灸二十一壯，一灸一易餅子，後四五日，方用翠霞錠子，幷信效錠子，互相用之，紝入瘡內，歹肉盡去，好肉長平，然後外貼收斂之藥，內服應病之劑，調理即瘥矣。

《外科啓玄·明瘡瘍宜灸論》　凡瘡之初起，內之外者，即當以灸。然灸瘡之法不一，故以嗚之。如瘡外之內者，則不宜灸，宜托裡。內之外者，宜灸。有隔蒜片灸者，有附子片灸，或香豉餅、香附餅及生姜片等灸法，即使毒氣宣發而散。《內經》云：陷者灸之。如痛灸至不痛，不痛灸至痛，如痒痲，俱可灸之。如瘡大而頭多者，可搗蒜泥爲餅，以艾鋪開灸之，乃活法，其效甚捷，不可抳於此而輕忽矣。

《外科啓玄·明瘡瘍宜針論》　凡癰疽之有膿，須急以鈹針去其膿血，毒從此瀉而不復有也，好肉則不腐，令人精神回而氣血復生，其肌肉不致敗損也。如治疔毒，先以針刺其四邊及中心，去其惡毒之血，再灸之，立愈。內服追疔托裡之藥，不數日而安已矣。

《外科啓玄·明瘡瘍宜火針論》　火針之用最宜得法，取效陡然，凡癰疽之深，火針用則不可淺。癰疽之淺，針亦不可深。要乎得中，中病而已。所謂肉厚腫豐膿深，恐瘡口小而易合，膿水不快，故取之大針。如火筯尖而圓禿，裹之以紙，燈焰燒赤，看瘡頭準酌納入，如不透，再納之，令的當，須令膿水易出，而毒易消矣。如癤毒陽瘡淺小不用之。專治附骨癰疽，不能外出，故用此火針開其瘡口，即以紙撚子油蘸紝之，外以膏藥貼之。似此之毒，若不用之火針，畏而延遲日久，使毒內攻，腐壞筋骨，毒從何解？膿從何洩？妙在不可太早，亦不可太遲，貴乎在於醫之神矣。

《外科正宗·癰疽灸法並禁灸瘡穴》　凡瘡初起，惟除項以上，餘皆並用艾灸，隨瘡勢之大小，灸艾壯之多少。用蒜切成薄片，安於瘡頂上，著艾炷蒜上，點火三壯，一換蒜片，初灸覺痛，以不痛似癢爲止。初灸不痛，以知痛癢爲住。如初灸全然不覺痛癢，宜去蒜灸之。又陰瘡日數多者，艾炷恐不及事，以蒜搗爛，鋪於瘡上，以艾亦鋪蒜上，點火灸之，火氣方得入裏，必知痛甚爲效。知痛深處，方是好肉。蓋艾火拔引鬱毒，透通瘡竅，使內毒有路而外發，誠爲瘡科首節第一法也，貴在乎早灸爲佳。又有禁灸數證，亦宜參詳。頭乃諸陽之首，純陽無陰之處，凡生瘡腫，俱是亢陽熱極所致，如再加艾火，使毒氣熾甚，隨後反加大腫，最能引動內痰，發之必死。面生疔毒亦然。又有腎俞一穴，在於兩腰脊傍，係內腎命根所係之處，此穴發瘡，多因房勞素虛，腎水枯竭而成。若再加艾灸，火爍其源，必致內外乾涸，多成黑陷昏悶而死。又有患者元氣素虛，發瘡多不高腫，其人體必倦怠，精神必短而昏，脈必浮散空虛，數而不鼓，此內無眞氣抵擋火氣。如灸之，其人必致昏憒而死。或謂艾火不虧人，此言貽誤多矣，醫者亦宜詳察。

《壽世保元·灸法》　灸諸瘡法　一論一切瘡毒大痛或不痛，或麻木。如痛者灸至不痛，不痛者灸至痛，其毒隨火而散。蓋火以暢達，拔引鬱毒，此從治之法也，有回生之功。

《類經圖翼·針灸要覽·諸證灸法要穴》　寒濕脚瘡　取足跗上二寸許，足腕正中陷處是穴，灸七壯神效。此穴當即解谿也。照海。

癰疽隔蒜灸法　凡患背疽惡毒，肉色不變，背如負石，漫腫無頭者，勢必重大。尋頭之法，用濕紙榻在腫處，看有一點先乾者，即是癰頭結聚之處，用大獨頭蒜，切作三分厚片，貼疽頂，以艾於蒜上灸之，每三壯一換其蒜。又有背上初發赤腫，中間有如黃小米一粒者，有十數粒一片者，尤宜隔蒜灸之。《青囊書》云：外形如粟，內可容穀，外狀如錢，裏可著拳，慎勿視爲微小，致成莫大之患。設或瘡頭開大，則以紫皮大蒜十餘頭，淡豆豉半合，乳香二錢，同搗成膏，照毒大小拍成薄餅，置毒上鋪艾灸之。務要痛者灸至不痛，不痛者灸至知痛。

《景岳全書·外科鈐·論灸法》　愚意癰疽爲患，無非血氣壅滯，留結不行之所致。凡大結大滯者，最不易散，必欲散之，非藉火力不能速也，所以極宜用灸。然又有孫道人神仙熏照方，其法尤精尤妙。若毒邪稍緩，邪深經遠而氣有不達，灸之爲良；若毒邪熾盛，其勢猛疾而垂危者，則宜用熏照方，更勝

於灸也。

伍氏曰：凡用蒜餅灸者，蓋蒜味辛溫有毒，主散癰疽，假火勢以行藥力也。有只用艾炷灸者，此可施於頑疽痼發之類，凡赤腫紫黑毒甚者，須以蒜艾同灸爲妙。又曰：凡治疽、癰、發背、疔瘡，若初灸即痛者，由毒氣輕淺，灸而不痛者，乃毒氣深重，悉宜內服追毒排膿，外傅消毒之藥。大抵癰疽不可不痛，又不可大痛悶亂。不知痛者難治。又曰：凡隔蒜灸者，不論壯數，則邪無所容而眞氣不損。但頭項見瘡，宜用騎竹馬法，及足三里灸之。

《千金》云：癰疽始作，或大痛，或小痛，或發如米粒，即便出膿，宜急斷口味，利去其毒，用騎竹馬灸法，或就患處灼艾，重者四面中央總灸一二百壯，更用敷藥，其效甚速。

立齋云：夫瘡瘍之證，有諸中必形諸外，在外者引而拔之，在內者疏而下之。灼艾之功甚大，若毒氣鬱結，瘀血凝滯，輕者或可藥散，重者藥無全功矣。

東垣曰：若不針烙，則毒氣無從而解，是故善治毒者，必用隔蒜灸，舍是而用苦寒敗毒等劑，其壯實內熱者或可，彼怯弱氣虛者，未有不敗者也。又有毒氣沉伏，或年高氣弱，或服剋伐之劑，氣益以虛，膿因不潰者，必假火力以成功。大凡蒸灸，若未潰則拔引鬱毒，已潰則接補陽氣，祛散寒邪，瘡口自合，其功甚大。嘗治四肢瘡瘍，氣血不足者，祇以前法灸之，皆愈。疔毒甚者尤宜灸，蓋熱毒中隔，內外不通，不發泄則不解散。若處貧居僻，一時無藥，則用隔蒜灸法尤便。每三壯一易蒜片，大概以百壯爲度。用大蒜取其辛而能散，用艾炷取其火力能透，如法灸之，必瘡發膿潰，繼以神異膏貼之，不日自愈。一、能使瘡不開大。二、內肉不壞。三、瘡口易合。見效甚神。

丹溪云：惟頭爲諸陽所聚，艾壯宜小而少。曹工部發背已十八日，瘡頭如粟，瘡內如錐，痛極，時有悶瞀，飲食不思，氣則愈虛。以大艾隔蒜灸十餘壯，尚不知而痛不減，遂明灸二十餘壯，內瘡悉去，毒氣大發，飲食漸進。更以大補藥，及桑木燃灸，瘀肉漸潰。劉貫卿足患疔瘡已十一日，氣弱，亦灸五十餘壯，更以托裏藥而愈。黄君腿癰，膿清脈弱；一婦臂結一塊，已潰，俱不收斂，各灸以豆豉餅，更飲托裏藥而愈。一男子胸腫一塊，半載不消，令明灸百壯方潰，與大補藥不斂，復灸以附子餅而愈。一男子患發背，瘡頭甚多，腫硬色紫，不甚痛，不腐潰，以艾鋪患處灸之，更以大補藥，數日，死肉脫去而愈。陳工部患發背已四五日，瘡頭雖小，根畔頗大，以隔蒜灸三十餘壯，其根內消，惟瘡頭作膿，數日而愈。余丙子年，忽惡心，大椎骨甚癢，須臾，臂不能舉，神思甚倦，此夭疽，危病也。急隔蒜灸之，癢愈甚，又明灸五十餘壯，癢遂止，旬日而愈。《精要》云：灸法有回生之功，信矣。

史氏引證曰：瘍醫常器之，於甲戌年診太學史氏之母，云：內有蓄熱，防其作疽。至辛巳六月，果背胛微癢，瘡粒如黍，灼艾即消。隔宿復作，用膏藥覆之，暈開六寸許，痛不可勝，歸咎於艾。適遇一僧自云：病瘡甚危，嘗灸八百餘壯方甦。遂用大艾壯如銀杏者，灸瘡頭及四傍各數壯，痛止，至三十餘壯，赤暈悉退，又以艾作團如梅杏大者四十壯，乃食粥安寢，瘡突四寸，小竅百許，患肉俱壞而愈。立齋曰：灼艾之法，必使痛者灸至不痛，不痛者灸至痛，則毒必隨火而散，否則非徒無益而反害之。

伍氏曰：瘡腫赤色，按之色不變者，此膿已成也。按之隨手赤色者，其亦有膿也。按之白色，良久方赤者，此游毒已息，可就赤白盡處灸斷，赤腫自消。凡癰疽以手按之，若牢硬，未有膿也。若半軟半硬，已有膿也。又按腫上不熱者爲無膿，熱甚者爲有膿，宜急破之。

立齋曰：瘡瘍之證，毒氣已結者，但可補其氣血，使膿速成。膿成者，當驗其生熟淺深，視其可否，針而去之，不可論內消之法。小按便痛者，膿淺也。大按方痛者，膿深也。按之不復起者，膿未成也。按之即復起者，膿已成也。膿生而用針，氣血既泄，膿反難成。膿熟而不針，則腐潰益深，瘡口難斂。若瘡深而針淺，內膿不出，外血反泄；若瘡淺而針深，內膿雖出，良肉受傷。若元氣虛弱，必先補而後針，勿論尻神，其膿一出，諸證自退。若膿出而反痛，或煩躁嘔逆，皆由胃氣虧損也，宜急補之。若背瘡熱毒熾盛，中央肉黯，內用托裏壯其脾胃，外用烏金膏塗於黯處，其赤處漸高，黯處漸低，至六七日間，赤黯分界，自有裂紋如刀畫然，黯肉必漸潰矣，當用鈚針利剪，徐徐去之，須使不知疼痛，不見鮮血爲妙。若雖有裂紋，膿未流利，及膿水雖出而仍痛者，皆未通於內，並用針於紋中引之。若患於背胛之間，凡人背近脊處并胛，皮裏有筋一層，患此處者，外皮雖破，其筋難潰，以致內膿不出，令人脹痛苦楚，氣血轉虛，變證百出，若待自潰，多致不救，必須開之引之，兼以托裏。常治此證，以利刀剪之，尚不能去，似此堅物，待其自潰，不反甚乎？此非氣血壯實者，未見其能自潰也。若元氣虛弱而誤服剋伐，患處不痛，或肉

將死，急須溫補脾胃，亦有生者。後須純補之藥，庶可收斂。若妄用刀針，去肉出血，則氣血愈虛愈傷矣，何以生肌收斂乎？大凡瘡瘍膿血既潰，當大補血氣爲先，須有他證，當以末治。

又曰：凡瘡不起者，托而起之，不成膿者，補而成之，使不內攻，膿成而及時針之，不數日即愈矣。常見患者皆畏針痛而不肯用，又有恐傷肉而不肯用，殊不知瘡雖發於肉薄之所，若其膿成必腫高寸餘，瘡皮又厚分許，用針深不過二分，若發於背必腫高二三寸，入針止於寸許，況患處肉既已壞，何痛之有？何傷之慮？凡怯弱之人，或患附骨等疽，待膿自通，以致大潰不能收斂，氣血瀝盡而已者爲多矣。

又曰：凡瘡既成膿，皮膚不得疏泄，昧者待其自穿，殊不知少壯而充實者，或能自解，若老弱之人，氣血枯槁，或兼攻發太過，不行針刺，膿毒乘虛內攻，穿腸腐膜，鮮不誤事。若毒結四肢，砭刺少緩，則腐潰深大，亦難收斂。毒結於頰項胸腹緊要之地，不問壯弱，急宜針刺，否則難治。如沈氏室、黃上舍等，皆以此而歿者多矣。大抵瘡瘍之證，感有輕重，發有深淺，淺者腫高而軟，發於血脈。深者腫下而堅，發於筋骨。然又有發於骨髓者，則皮肉不變。故古人制法，淺宜砭而深宜刺，使瘀血去於毒聚之始則易消，若膿成之時，氣血壯實者或自出，怯弱者不行針刺，鮮有不誤。凡瘡瘍透膜，十無一生，雖以大補藥治之，亦不能救，此可爲待膿自出之戒也。故東垣云：毒氣無從而解，膿瘀無從而泄，過時不烙，反攻於內，內既消敗，欲望其生，豈可得乎？茲舉一二以告同道，幷使患者知所慎云。

又曰：凡患瘡疽，雖因積熱所成，若初起未成膿，脈洪數，乃陰虛陽亢之證。若膿潰於內，不得發泄於外，身必發熱，故脈見洪數，乃瘡疽之病進也。膿既去，則當脈靜身涼，腫消痛息，如傷寒表證之得汗也。若反發熱作渴，脈洪數者，此眞氣虛而邪氣實，死無疑矣。

又曰：若治元氣不足之證，即其初患，便當內用參、芪、歸、朮溫補脾胃，外用桑枝、葱熨接補陽氣，使自消散。若久而不能成膿者，亦用前二法補助以速之。若膿既成而不潰，用艾於當頭灸數炷以出之，卻服十全大補湯。

《景岳全書·外科鈐·論針法》 薛按曰：四明有屠壽卿者，當門，齒忽如有所擊，痛不可忍，脈洪大而弦。余曰：弦洪相搏，將發瘡毒也。先用清胃散加白芷、銀花、連翹一劑，痛即止。至晚，鼻上發一瘡，面腫黯痛，用前藥加犀角一劑，腫至兩額，口出穢氣，脈益洪大，惡寒內熱，此毒熾血瘀，藥力不能敵也。乃數砭患處，出紫血，服犀角解毒之藥。翼日，腫痛尤甚，又砭患處與唇上，幷刺口內赤脈，各出毒血，再服前藥，至數劑而愈。

《景岳全書·外科鈐·圍藥》 張宜人年逾六十，患發背三日，肉色不變，頭如粟許，肩背腫，脈洪數，寒熱飲冷。予以人參敗毒散二劑，及隔蒜灸五十餘壯，毒大發，背始輕。

《景岳全書·外科鈐·腐肉》 凡瘡聚於筋骨之間，肌肉之內，皆因血氣虛弱，用十全大補湯壯其脾胃，則未成者自散，已成者自潰，又何死肉之有？若不大痛，或大痛，或不赤，或內膿不潰，或外肉不腐，乃血氣虛弱，宜用桑枝灸，及十全大補加薑、桂壯其陽氣，則四畔即消，瘡頭即腐，其毒自解，又何待於針割？

又曰：瘡瘍之證，若毒氣已結，腫赤熾盛，中央肉死黯黑者，內用托裏健脾之劑，外用烏金膏塗之，則黯處漸低，赤處漸起，至六七日間，赤黯之界，自有裂紋如刀劃狀，其黯漸潰。若用鈹針利剪徐去猶好，須使不知疼痛，不見鮮血爲善。若膿未流利，宜用針於紋中引之。若膿水已出，腫痛仍作，乃內筋間隔，亦用針引之。若元氣虛弱，誤服尅伐之劑，患處不痛，或肉死不潰者，急溫補脾胃，亦有復生者。後須純補脾胃，庶能收斂。此則不可妄用針刀，若誤用之，以去肉出血，使陽隨陰散，是速其危也。

《景岳全書·外科鈐·溫補按則》 內翰楊皐湖，孟夏患背疽，服尅伐之劑，二旬餘矣，漫腫堅硬，重如負石，隔蒜灸五十餘壯，背遂輕。

留都鄭中翰，仲夏患發背已半月，瘡頭十餘枚，皆如粟許，漫腫堅硬，根如大盤，背重如負石，即隔蒜灸五十餘壯，其背頓輕。

高秋官貞甫，孟秋發背，色黯而硬，不痛不起，脈沉而細，四肢逆冷。急用大艾隔蒜灸三十餘壯，不痛；遂用艾如粟大者著肉灸七壯，乃始知痛。與六君子湯二劑，每劑入附子二錢，不應；後劑又加肉桂二錢，始應而愈。

一男子脅腫一塊，日久不潰，按之微痛，脈微而澀，此形證俱虛也。經曰：形氣不足，病氣不足，當補不當瀉。予以人參養營湯治之，彼不信，乃服流氣飲，虛證悉至，方服前湯，月餘少愈。但腫處尚硬，以艾葉炒熱熨患處，至十餘日膿成，以火針刺之，更灸以豆豉餅，又服十全大補湯百劑而愈。

《景岳全書·外科鈐·定痛》 立齋曰：瘡瘍之作，由六淫七情所傷，其痛

也，因氣血凝滯所致。假如熱毒在內，便秘而作痛者，內疏黃連湯導之。熱毒熾盛，焮腫而作痛者，黃連解毒湯治之，不應，仙方活命飲解之。瘀血凝滯而作痛者，乳香定痛丸和之。作膿而痛者，托裏消毒散排之，膿脹而痛者針之，膿潰而痛者補之。

《景岳全書·外科鈐·槐花酒》 滁州於侍御，髀胛患毒痛甚，服消毒藥，其勢未減，即以槐花酒一服，勢遂大退，再以托裏消毒之藥而愈。王通府患發背十餘日，危脈大，先以槐花酒二服殺退其勢，更以敗毒散二劑，再以托裏藥數劑，漸潰。又用桑柴燃灸患處，每日灸良久，仍以膏藥貼之，灸至數次，膿潰腐脫，以托裏藥加白朮、陳皮，月餘而愈。劉大尹發背六七日，滿背腫痛，勢甚危，與隔蒜灸百壯，飲槐花酒二碗，即睡覺，以托裏消毒藥十去五六，令以桑枝灸患處而潰，數日而愈。

《景岳全書·外科鈐·生肌收口》 凡治不足之證，於其初患，便當內用參、芪、歸、朮溫補脾胃，外用桑枝葱熨接補陽氣，使自消散。若久而不能成膿，亦用前二法補助以速之。若膿既成而不潰，用艾於當頭灸數炷而出之，卻服十全大補湯。患者又當慎起居，節飲食，庶幾收斂。若用冷針開刺，久而內出清膿，外色黑黯，或誤用生肌散速其口斂，反束其邪，必成敗證。

諸瘡患久成漏，常有膿水不絕，其膿不臭。若無歹肉者，法用炮附子去皮尖爲細末，以唾津和爲餅，如三錢厚，安瘡上，以艾炷灸之，漏大艾亦大，漏小艾亦小，但灸令微熱，不可令痛，乾則易之，每灸一二十壯不論。灸後貼以膏藥，隔二三日，又如前再灸，更服大補氣血之藥，直至肉平爲度。或用炮附子切片三分厚灸之亦可。或用江西淡豆豉爲餅，多灸之亦效。若瘡久成漏外有腐肉，內有膿管，不能收口者，以針頭散和作細條紝入口內，外用膏藥貼之，待膿管盡去，自然漸平收口。或先用灸法，數日後用此紝藥亦可，仍內服十全大補等藥。【略】

一男子年逾二十，稟弱，左腿外側患毒，三月方潰，膿水清稀，肌肉不生，以十全大補湯加牛膝，二十餘劑漸愈，更以豆豉餅灸之，月餘而痊。一婦人左臂結核，年餘方潰，膿清不斂，一男子患貼骨癰，腿細短軟，瘡口不合，俱用十全大補湯，外以附子餅及貼補藥膏，調護得宜，百劑而愈。大凡不足之證，宜大補之劑兼灸，以補接陽氣，祛散寒邪爲上。京師董賜年逾四十，胸患瘡成漏，日出膿碗許，喜飲食如常，以十全大補湯加貝母、遠志、白斂、續斷，灸以附子餅，膿漸少，謹調護，歲餘而愈。薛按。

《景岳全書·外科鈐·潰瘍》 立齋曰：膿熟不潰者，陽氣虛也，宜補之。瘀肉不腐者，宜大補陽氣，更以桑木灸之。

《景岳全書·外科鈐·作嘔》 薛氏《樞要》曰：瘡瘍作嘔，不可泥於熱毒內攻，而槪用敗毒等藥。如熱甚焮痛，邪氣實也，仙方活命飲解之。作膿焮痛，胃氣虛也，托裏消毒散補之。膿熟脹痛，氣血虛也，先用托裏散，後用針以泄之。

《景岳全書·外科鈐·發背》 立齋曰：大抵發背之證，雖發熱疼痛，形勢高大，煩渴不寧，但得脈息有力，飲食頗進，可保無虞，其膿一潰，諸證悉退。多有因膿不得外泄以致疼痛，若用敗毒寒藥攻之，反致誤事。若有膿，急針之，膿一出，苦楚即止。

又，灸法曰：予常治發背，不問日期，陰陽，腫痛，或不痛，或痛甚，但未成膿，或不潰者，即與灸之，隨手取效。或麻木者，明灸之，毒氣自然隨火而散。或瘡頭如黍者，灸之尤效。亦有數日色尚微赤，腫尚不起，痛不甚，膿不作者，尤宜多灸，勿拘日期，更服甘溫托裏藥，切忌寒涼之劑。其有勢未定者，或先用箍藥圍之，若用烏金膏點患處尤妙。凡人初覺發背，赤熱腫痛，莫辨其頭者，但以濕紙覆其上，立候視之，其紙有先乾處，即是結癰頭也，取大蒜切成片，如二三錢厚薄，安於頭上，用大艾炷灸之，三壯換一蒜片，痛者灸至不痛，不痛灸至痛時方止。最要早覺早灸爲上，一日二日，十灸十活，三日四日，六七活，五日六日三四活，過七日則難爲力矣。若有十數頭作一處生者，即用大蒜研成膏，作薄餅鋪頭上，聚艾於蒜餅上燒之，亦能活也。若背上初發赤腫一片，中間有一片黃粟米頭子，便用獨蒜切去兩頭，取中間半寸厚者，正安於瘡上，灸十四壯，多至四十九壯。蓋如此惡證，惟隔蒜灸及塗烏金膏有效。

如膿不稠不稀，微有疼痛，飲食不甘，瘀肉腐遲，更用桑柴灸之，亦用托裏藥。若瘀肉不腐，或膿清稀不焮痛者，急服大補之劑，亦用桑木灸之，以補接陽氣，解散鬱毒。常觀患疽稍重未成膿者，不用蒜灸之法，及膿熟不開，或待腐肉自去，則多致不救。大抵氣血壯實，或毒少輕者，可假藥力，或自腐潰。若怯弱之人，熱毒中隔，內外不通，不行針灸，藥無全功矣。此證若膿已成，急宜開之，否則重者潰通臟腑，腐爛筋骨，若使透膈則不可治；輕者延潰

良肉，難於收功，因而不斂者多矣。

《景岳全書·外科鈐·腹癰》　立齋曰：腹癰謂瘡生於肚腹，或生於皮裏膜外，屬膏粱厚味，七情鬱火所致。若漫腫堅硬，肉色不變，或脈遲緊，未成膿也，四君加芎、歸、白芷、枳殼，或托裏散。腫軟色赤，或脈洪數，已成膿也，托裏消毒散。膿成而不外潰者，氣血虛也，卧針而刺之。焮腫作痛者，邪氣實也，先用仙方活命飲、隔蒜灸以殺其毒，後用托裏以補其氣。若初起欲其內消，當助胃壯氣，使根本堅固，而以行經活血之藥佐之。若用剋伐之劑欲其消散，則腫者不能潰，潰者不能斂。若用疏利之藥下其膿血，則少壯者多爲難治，老弱者立見危亡。若有食積疝氣類此者，當辨而治之。

《景岳全書·外科鈐·臀癰》　若腫硬未成膿者，用隔蒜灸及活命飲。

巡按陳和峰，脾胃不健，常服消導之劑，左腿股及臀患腫。余曰：此脾氣虛而下注，非瘡毒也，當用補中益氣倍加白朮。彼惑於衆人云：白朮能潰膿，乃專以散腫消毒爲主，而腫益甚，體益倦。余用白朮一味煎飲而消。

儒者楊啓元，左臀患此，敷貼涼藥，腫徹內股，服連翹消毒散，左體皆痛。余以爲足三陰虧損，用補中益氣湯以補脾肺，用六味丸加五味子以補肝腎，股內消而臀間潰，又用十全大補湯而瘡口斂。

一儒者焮腫痛甚，此邪毒壅滯，用活命飲、隔蒜灸而消。後因飲食勞倦，腫痛復作，寒熱頭痛，此元氣虛而未能復也，與補中益氣湯，頻用葱熨法，兩月而愈。

一男子患臀癰，作膿而痛，以仙方活命飲二劑，痛止，更以托裏消毒散，膿潰而瘥。弱人臀癰膿成不潰，以十全大補湯數劑始托起，乃針之，又二十餘劑而愈。

《景岳全書·外科鈐·流注》　一老人傷寒，表邪未盡，股內患腫發熱，以人參敗毒散二劑熱止，灸以香附餅，又小柴胡湯加二陳、羌活、川芎、歸、朮、枳殼，數劑而散。【略】

一男子肩胛患之，微腫，形勞氣弱，以益氣養營湯服黑丸子，及木香、生地黃作餅，覆患處熨之，月餘膿成，針之，仍服前藥而愈。一男子臂腫，筋攣骨痛，年餘方潰不斂，診其脈更虛，以內塞散一料，少愈，以十全大補湯，及附子餅灸之而愈。

《景岳全書·外科鈐·囊癰》　立齋曰：囊癰屬肝腎二經，陰虛濕熱下注也。腫痛未作膿者，疏肝導濕。腫硬發熱者，清肝降火。已潰者，滋陰托裏。大抵此證屬陰道虧，濕熱不利所致，故滋陰除濕藥不可缺。常治腫痛小便秘澀者，用除濕爲主，滋陰佐之。腫痛已退，便利已和者，除濕滋陰藥相兼用之。欲其成膿，用托裏爲主，滋陰佐之。候膿成，即針之，仍用托裏滋陰。濕毒已盡者，專用托裏。如膿清或多，或斂遲者，用大補之劑，及豆豉餅灸之。若潰後虛而不補，少壯者成漏，老弱者不治。膿清作渴脈大者，亦不治。

膿腫而便秘者，熱毒壅閉也，先用托裏消毒散，後用針以泄之，膿去即解。

《景岳全書·外科鈐·懸癰》　又，治法曰：凡初起濕熱腫痛，或小便赤澀，宜先以製甘草一二劑，及隔蒜灸，更飲龍膽瀉肝湯。焮腫痛甚，宜仙方活命飲，以製甘草佐之。若發熱腫痛者，以小柴胡湯加車前、黃檗、芎、歸。若不成膿，或膿成不潰者，八珍湯補之。若膿已成者，急針之。已潰者，用八珍湯加製甘草、柴胡梢、酒炒黃檗、知母。小便澀而脈有力者，仍用龍膽瀉肝湯加製甘草。小便澀而脈無力者，清心蓮子飲加製甘草。膿清不斂者，用大補之劑，間以豆豉餅灸之。久而不斂者，用附子餅灸之，並效。

《外科正宗·癰疽門·癰疽灸法并禁灸瘡穴》　又陰瘡日數多者，艾炷不及事，以蒜搗爛鋪於瘡上，以艾亦鋪蒜上，點火灸之，必知痛甚爲效。此爲火氣方得入裏，知痛深處方是好肉。蓋艾火拔引鬱毒，透通瘡竅，使內毒有路而外發，誠爲瘡科首節第一法也。貴在乎早灸爲佳。又有禁灸數證，亦以參詳。頭乃諸陽之首，純陽無陰之處，凡生瘡腫，俱是亢陽熱極所致，如再加艾火，使毒氣熾甚，隨後反加大腫，最能引動內痰，發之必死。面生疔毒亦然。又有腎俞一穴，在於兩腰脊旁，係內腎命根所係之處，此穴發瘡，多因房勞素虧，腎水枯竭而成。若再加艾灸，火爍其源，必致內外乾涸，多成黑陷昏悶而死。又有患者元氣素虛，發瘡多不高腫，其人體必倦怠，精神必短而昏，脈必浮散空虛，數而不鼓，此內無眞氣抵當火氣，如灸之，其人必致昏憒而死。常謂艾火不虧人，此言悞矣。

《採艾編翼·外科·癰疽》　癰疽　凸腫者爲癰，爲實熱。凹塊者爲疽，爲虛損。按熱則有膿。按不熱則無膿。輕按輒痛者淺。重按方痛者深。脈凡浮數而不發熱，微遲而反熱，或洪數而反振寒惡寒，若有痛處必癰疽，皆心火。要法，以蒜片貼瘡頭灸之，初起可散，將成可輕。不痛灸至痛，深藏而必

透之。痛灸至不痛作惡而壓服之。每三壯一換蒜片。

諸瘡相其經絡部位，如在上下而關系官竅隱曲者，可移使上下。如便毒在髀樞，未甚則灸下部而移之，將成則灸瘡頭而壓之。

乳癰腋癧，灸手部而散之。鼻痔，通天消之。鼻瘜，斷交燈火彈之。馬嘴疔，正生人中，一日死。灸百會七壯，即消。赤令，初起灸百會穴三壯，次用燈火彈燒頭尾。滿身風癬，扣本人手入內，度肘尖上五寸肉間，男左女右，連灸二七壯，及足風市穴三壯。

癰疽發背，初起赤腫，用濕紙覆上，看紙先乾處即是瘡頭，用蒜片切以三文錢厚，安瘡頭上，以大炷灸之，三壯換蒜一片，不痛者灸至痛，痛灸至不痛，爲度。若瘡成有膿，則不必矣。惟頭爲諸陽之會，艾宜小，凡惡毒瘡，皆可灸。

治極毒疽瘡，凡手指及諸處，瘡將發，覺痒不可忍，身熱惡寒，或麻木，此極毒之瘡，一時醫藥不便，急用針刺破痒處，擠出惡血數次，忽口含涼水嘬之，必吮至痒痛皆止，即好。

《太乙神針心法·瘡毒門》 癰疽發背　針肩井，委中，又以蒜片貼瘡上灸之，如不疼灸至疼，如疼灸至不疼，愈多愈好。

癰疽瘡毒　同楊氏騎竹馬灸法。

《串雅內編·截藥·外治門》 萬寶代針膏　治諸惡瘡核赤暈已成膿，不肯用針，以此藥代之。

蓬砂　血竭　輕粉各壹錢伍分。　金頭蜈蚣壹個。　蟾酥伍分。　雄黃壹錢。　冰片少許。　麝香壹分。

右藥研細末，用蜜和成膏，在瘡頭用小針挑破，以藥少許放紙上黏貼，隔夜，其膿自出。如腋下有耍孩兒，名暗疔瘡，或有走核，可於腫處用針挑破，照前黏貼，忌食雞、羊、魚、酒、麵等物，能多食白粥最妙。

《羅遺編·針灸要穴論》　外科發背

心俞，疽。　委陽，一曰，在尻臀下一寸六分，大腿上有縫。　騎竹馬穴，左右搭手加會陽。

項上偏枕　風門，二七壯。

毒瘡久不收口　凡癰潰後久不收口，膿水不臭，亦無歹肉者，因消伐太過，以致血氣虛寒，不榮肌肉，治失其宜，便爲終身之患。須內服十全大補等藥，外用大附子，以溫水泡透，切作二三分厚片，置漏孔上，以艾灸之，或以附子爲末，用唾和餅灸之亦可，隔二三日再灸之，不三五次，自然肌肉長滿，而宿患平矣。

又方，用麥麵、硫黃、大蒜三味搗爛，如患大小，捻作三分厚餅，安患上，灸三五壯，每三壯一易餅子，四五日後，再灸一次，無弗效者。

銓按：陰毒固賴艾火以接陽氣，日後易於收斂。陽毒亦賴艾火以拔欝氣，日後不令開大。未潰已潰之間，須當早灸爲高，十可活十，何聖法也。乃今之病疽毒者，既畏火攻之難受，惟恐用則愈增其痛，而醫者不問陰毒陽毒，動云既已有毒，艾灸如何可用，用則以火治毒矣。且曰火毒攻心，病反難治，病者聞之，益不敢灸。嗟乎，神聖艾灸之法，不見明於世也，久矣，僅僅藥餌之功，十難救其六七，況又無參耆重劑，旁觀者俱云解毒，死亦無謗。醫者亦云解毒，死亦無悔。間有用些許二三錢參耆，以爲道地在此，不知膿水出多，精血敗壞，一木焉能制大廈乎，及其死後，則有謂參補不宜用者，此等糊說，竟出自高明偏足。爲生疽不服參耆，樹其黨援。既無艾灸之早用，又無參耆之峻補，而猶詡詡然曰：吾善治毒也，醫也云乎哉。總之疽證之重，與其後來苦楚費力若此，猶且人財兩空，何苦初起赤腫之時，即爲艾灸，在陽分者，易爲消散，在陰分者，轉陰爲陽，即不服參，而但用托裏輕劑，重則一月，輕則半月即全痊矣，何快如之奇法。現在人多不知，舍近圖遠，無怪乎其無上工也。況人身營衛經絡，無往不貫，稍有凝滯，便成痛楚，至癰疽尤凝滯之最者也。皮裹膜外之間，初起未傷藏府，何樂而不可灸，又何樂而不可痛。諺云：長痛不如短痛，正謂此也。蓋凝滯者，風寒暑濕燥火也，內不得入，外不得出，灸之者，引欝邪之毒外發，火就燥之義也。先聖精妙若此，能知此爲治者，思過半矣。

《瘍醫大全·論針烙法》　李東垣曰：夫瘡疽之候，證候不一，針烙之法，實非小端。蓋有淺有深，有遲有速，宜與不宜，不可不辯。蓋疽腫皮厚口小，腫多膿水出不快者，宜用針烙，癤皮薄，惟用針以決其膿血，不可烙也。如有未成膿已前，不可以諸藥貼熁，溻漬救療，以待自消。久久不消，內潰成膿，即當棄藥，從其針烙。當用火針，如似火筯，磨令頭尖，如棗核樣圓滿，用燈焰燒須臾，作炬，數溫油，燒令赤，於瘡頭近下烙之。一烙不透，即須再烙令透，要在膿水易出，不假按抑。近代良醫，倉卒之際，但以金銀鐵鋌其樣如針

者可通用之，實在洩其毒也。或只以木炭熟火，猛燒通赤，蘸油烙之尤妙。烙後，實者撚髮爲絍，虚者以紙爲絍，上蘸藥絍之，上以帛攤，溫熱軟粘膏藥貼之。常令滋潤，勿令燥也。夫瘡疽既作，毒熱聚攻，蝕其膏膜，肌肉腐爛，若不針烙，毒氣無從而解，膿瘀無從而泄，過時不烙，反攻其内，内即消敗，欲望其生，豈可得乎？嗟乎？此疾針烙取差，實爲當理，然忌太早，亦忌稍遲。嘗見粗工，不審其證淺深，妄施針烙之法，或瘡深，針淺烙，毒氣不得泄，以致内潰。或瘡淺烙深，誤傷良肉，筋骨腐爛。或抑擦掀動，益加煩痛，或針之不當，别處作頭。或即時無膿，經灸方潰，遂使痛中加痛，眞氣轉傷。詳其所由，不遇良醫也。以此推之，凡用醫者，不可不擇，縱常醫療之得痊者，幸矣。

蔣示吉曰：又有烙法，膿已成而皮厚肉深難潰，若不用針烙，使腐肉挾毒熱之氣，久留肉腠間，將好肉亦化爲膿血，此烙法所以有功於潰瘍也。若根淺而皮薄者，又何必假此以賣弄乎！由此觀之，皮薄者用白降丹，皮稍厚者，則用針，皮極厚而毒附骨者，非烙不可。其法看瘡頭最大者，即是膿竅，用熟鐵五、六寸長大針，下半截用竹箸劈開，夾針在内，以意消息。用半寸即露針尖半寸於外，用一寸即露針尖一寸於外，以綫紮緊，庶深淺不致有誤也。將針於蔴油燈火上燒令紅透，量瘡深淺及所生之處，深淺虚實，插入一寸或至二、三寸，若未有膿，暫時以紙撚絍入，候次日取出。膿色黄白即愈，赤黑防出鮮血。若在虚處，及筋骨節縫處，不得亂行針烙。針烙入肉，猶宜稍斜，恐透内膜也。烙遲固爲不佳，太早亦生變證，膿深針淺，内膿不出，外血反泄，瘡淺針深，内膿雖出，好肉受傷，此用針烙之難也。

申斗垣曰：頑癧瘡瘤妬其膿，半載醫治不得愈者，當用烙法，烙之易愈也。

周文采曰：夫頑癧瘡瘤妬其膿，半載整年不得愈者，何也？蓋於男婦不愼房慾，故多有之，小兒亦因吮其慾乳，更是一理也。亦有因跌撞妬其膿血未及將愈，又跌之，故此成其頑癧。不能得愈，百藥不效，當用銀錢、銀匙燒赤，於癧上烙之，不數日而癒，先勿令知之，此眞良法也。如無銀錢，以銅錢代之，亦可。

胡公弼曰：凡火烙針圓如筯，大如葦，挺頭圓平，長六、七寸，一樣二枚，蘸香油於炭火中燒紅，看瘡頭形處烙之，宜斜入，向軟處一烙，不透再烙，必得膿。非其時，所出皆生血，當其時，所出黄膿瘀肉。不假按抑，仍以紙撚絍之，勿令口合。

又曰：凡瘡毒發在虚處，及筋脈骨節之處，斷不可亂行針烙，即用針烙法，宜稍斜，防透膜也。

《瘍醫會粹・章集》針烙　凡用針烙，先察癰疽之淺深及膿未成、已成。高阜而軟者，發於血脈。腫平而堅者，發於筋脈。皮色不相辨者，發於骨髓。高阜而淺者，用鈹針開之，疽始生白粒，便可消退，漸長如蜂窠者，尋初起白粒上烙及四圍烙四五處，如牛項之皮者，疽頂平而淺者，皆宜用火針烙之。其針用圓針，如筯如緯鋌大，頭圓平，長六七寸，一樣兩枚，蘸香油於炭火中燒紅，於瘡頭近下烙之，宜斜入向軟處，一烙不透，再烙，必得膿也。瘡口烙者，名曰熟瘡，膿水常流下，不假按抑，用紙藥使瘡中不合。舊用紙撚及新取牛膝根，如瘡口大小，略刮去皮，一頭繫線絍之，不如用翠青、搜膿等錠子，臨用以糯米飯和成軟條子，看淺深絍之，外用拔毒膏貼之。瘡毒未成，烙之可散，潰而未破，針之可消，但要用得其宜耳。若當用針烙而不用，則毒無從而泄，膿瘀蝕其膏膜，爛筋壞骨，難乎免矣。若毒深針淺，膿不得出，毒淺烙深，損傷良肉，不當其所，他處作頭，此皆不能愈疾，反增痛耳。或瘰癧潰久不愈，漏瘡經年，或通或閉，癰疽瘡口不收，皆因冷滯不能收斂，亦宜瘡口内外四畔烙之。癰疽正發及膿見後紅腫焮開，用鐵針燒赤，四圍刺之，則紅腫隨縮矣。

又曰：針灸之法，有太乙人神、週身血忌、逐年尻神、逐日人神。而其穴有禁針禁灸之論，犯之者，其病難瘳，理固然也。但瘡瘍氣血已傷，肌肉已壞，宜迎而奪之，順而取之，非平人針灸之比，何忌之有？

《外科精義》云：瘡瘍之證，毒氣無從而解，膿瘀無從而泄，反攻於内，内既消敗，欲望其生，豈可得乎。危惡之發於致命之所，禍在反掌，腹癰、囊癰二便不通，胸腹脹悶，脣疔喉痹，咽喉腫塞，其禍猶速，患者審之。

《外科大成》：手法，針鋒宜隨經絡之横竪，不則難於收口，部位宜下取，便於出膿。腫高而軟者在肌肉，針四五分。腫下而堅者在筋脈，針六七分。腫平肉色不變者，附於骨也，針寸許。毒生背腹、肋脇等處，宜扁針斜入，以防透膜之害。入針在好肉之處，則磁實而難進，針至膿潰之處，則虚軟而無阻，針既透膿，即覩針口，必有膿意如珠。斯時也，欲大開口，則將針斜出，欲小其口，則將針直出，所謂迎而奪之，順而取之也。隨以綿紙撚蘸玄珠膏度

之，使膿會齊，三二時取出撚，則膿水速乾矣，瘡口貼呼膿膏，四圍敷潰膿散。

又有不宜針者，如疽生於筋脈及骨節，臍門并瘻瘤，再結核推之不動者，俱不宜針。

《心悟》：膿熟不針則內潰，未熟早針則氣泄不成膿，膿淺針深則傷好肉，膿深針淺則毒不出而內敗。

《針灸逢源·證治參詳·癰疽門》　凡瘡瘍可灸刺者，須分經絡部分血氣多少，俞穴遠近，或刺或灸，泄其邪氣，若從背出者，當從太陽經，至陰、通谷、束骨、崑崙、委中。五穴選用。從鬢出者，當從少陽經竅陰、俠谿、臨泣、陽輔、陽陵泉。五穴選用。從髭出者，當從陽明經厲兌、內庭、陷谷、衝陽、解谿。五穴選用。從腦而出者，初覺腦痛不可忍，且欲生瘡也，當灸刺絕骨。脈浮者，從太陽經依前選用。脈長者，從陽明經依前選用。脈弦者，從少陽經依前選用。井主心下滿，瘡青色。滎主身熱，瘡赤色。俞主體重節痛，瘡黃色。經主欬嗽寒熱，瘡白色。合主氣逆而泄，瘡黑色。隨經病而有此證者，或宜灸宜刺以泄邪氣。

凡瘡瘍已覺微漫腫硬，皮色不變，脈沉不痛者，當外灸之，引邪氣出而方止。如已有膿水者，不可灸，當淺刺之，淺者亦不灸。

發背　肩井，騎竹馬穴。

項上偏枕　風門，灸二七壯。

《針灸全生·小兒》　遍身生瘡　曲池，合谷，三里，絕骨，膝眼。

《針灸全生·瘡毒》　癰疽發背，心俞，肩井，委陽，委中，承扶，又以隔蒜灸法灸之，左右搭手上法如會陽。

便毒癰疽　崑崙，承山，三陰交。

瘡疥　風門，合谷，間使，大陵。

胸前瘡疥　癮疹，曲池。

《瘍科會粹·章集·針法》　以小布針兩枚，手法扣定，露鋒纖少，偏刺腫處，血出立鬆。更敷前藥，自然消散。用針砭時，須正心誠意，咬定牙齒，下手刺之。

《神灸經綸·外科證治》　乳癰疽岩、乳氣、乳毒、侵囊。近膻中者是。

肩髃，靈道，溫溜，小人七壯，大人二七壯。足三里，條口，乳癰。下巨虛。各二七壯。

項上偏枕　風門，灸二七壯。

玉枕發，生腦後髮際中，腫起引鼻閉塞，風府穴在項後入髮際一寸，灸三七壯。

黃蠟灸法　先以濕麪隨癰疽腫根作圈，高寸餘，實貼皮上，如井口形，勿令滲漏圈外，圍布數重，防火氣烘膚，圈內鋪蠟屑三四分厚，次以銅漏杓盛桑木炭火，懸蠟上烘之，令蠟化至滾，再添蠟屑，隨添，以井滿爲度。皮不痛者，毒淺，灸至知痛爲度。皮痛者，毒深，灸至不知痛爲度。去火杓，即噴冷水少許於蠟上，俟冷，起蠟，蠟底之色青黑，此毒出之徵也。如漫腫無頭者，亦以濕紙試之，於先乾處灸之，初起者一二次即消，已成者二三次即潰，不斂四圍頑硬者，即於瘡口上灸之，蠟從孔入，愈深愈妙，其頑腐瘀膿盡化，收斂甚速。

蟾蜍灸法　疳瘻惡瘡，諸藥不驗者，取蟾蜍剪去兩頭，安瘡口上，以艾灸之，七壯一易，不過七枚，無不效者。

神燈照法　方用硃砂、雄黃、血竭、沒藥各二錢、麝香四分。共爲細末，每用三分，紅綿紙裹藥搓撚長七寸，麻油浸透，用火點着，離瘡半寸許，自外而內，周圍徐徐照之，火頭向上，藥氣入內，毒氣隨火解散，自不致內侵臟腑。初用三根，漸加至四五根，候瘡勢漸消時，仍照之，但照後即用敷藥圍敷瘡根，比瘡暈大二三分爲率，瘡口用萬應膏貼之。如乾及有膿，用豬蹄湯潤洗之，如已潰大膿瀉時，不必用此照法。惟初起七日前後，即起發法，能使未成者自消，已成者自潰，不起發者即起發，不腐者即腐，實有奇驗。

桑柴火烘法　凡癰疽初起腫痛，重若負石，堅而不潰者，用新桑樹根劈成條，或桑木枝長九寸，劈如指粗，一頭燃着吹滅，用火向患處烘，片時火盡再換，每次烘三四枝，每日烘二三次，以知熱腫潰，肉腐爲度，此古法也。但桑柴火力甚猛，宜于未潰之先，可以生發陽氣，速潰速腐。若已潰之後，或瘡口寒，或天氣寒，或肌肉生遲者，亦須烘之，使肌肉常煖。法以桑木燒作紅炭，以漏杓盛之，懸患上，自四圍烘至瘡口，或高或低，總以瘡知熱爲度，每日烘後，再換敷貼之藥，蓋肌肉遇煖則生。潰後烘法，亦瘍科所不可缺也。

《傳悟靈濟録·外科》　發背　心俞，疽。委陽，在尻臀下一寸六分，大腿上有縫。騎竹馬穴，法見奇俞。如左右搭手，加會陽。

《太乙神針集解·瘡毒》　原病式曰：凡人初覺發背，欲結未結，赤熱腫痛，先用濕紙覆其上，立候之，其紙先乾處，即是結癰頭也。痛者灸至不痛，

謂先及其未潰，所以痛，次及其將潰，所以不痛。不痛灸至痛方住。謂先及其潰，所以不痛，次及良肉，所以痛也。最要早覺早灸，若一日二日，十灸十活，三日四日，六七活，五日六日，三四活，過七日則不可灸。若有十數頭作一處生者，指紙上先乾而言。即用大蒜研成膏，作薄餅鋪其上，聚艾藥於蒜餅上燒之，以能治也。若背上初發赤腫一片，中間有一片黄米頭子，便用獨蒜切去兩頭，取中間半寸厚，安於瘡上，灸十四壯，多至四九壯，此癰疽初發之治也。

《針灸集成·瘡腫》 癰疽疔癤之初出，看其經絡部分，各隨其經行針，無間日，如或針間日，則無效矣。勿論擇日諸忌，逐日針刺，或一日再刺，以瀉其毒，則不至十日自安。若針間日，或針五六度，而病者爲苦，半塗而廢，至於死亡，或如不死，腐惡内生，新肉延於累月，艱苦萬狀，連針十餘日之苦，與其死亡，或至辛苦，孰輕孰重，悔之無及。若病人不欲針治者，急灸騎竹馬穴七壯，無不神效。

又方，初出三日前，用手第四指納口侵津涎，洽塗腫上，晝夜不輟，使不乾，不過四五日自安，方藥無逾於此也。

癰疽毒腫初出三日前，急灸其腫觜三七壯，自安。千方萬藥，無逾於此。其初發，至小如粟，故人皆忽，待至其發毒，必至死域，追悔莫及，若已過三日，即灸騎竹馬穴，各七壯，無不神效。

癰疽諸腫，或不癢不痛，色青黑者，肉先死，終不救，其初發，急灸騎竹馬穴，各七壯。

髮際腫，唇腫，面腫，最難危證，愼勿輕破，須各隨其經絡，逐日行針，以瀉其毒氣，效。若未能針治，敷自腐藥以待膿潰，兼用蟾膾五六箇連食，已潰或未潰皆效。

背腫，亦行逐日針經絡，自安。然而未能善治，竟至熟膿，以大針決破，裂過赤暈之裔，即取大蟾六七箇作膾，用薑芥汁連食，惡肉消盡，而新肉已生，可以起死回生。

背腫當處，狀如粟米者，亂出於腫上，自作穿孔，以手指揉按，則自其各孔膿汁現出，按休則其各孔膿汁還入，是爲熟膿矣，以大針裂破赤暈之裔。

凡大小腫，不問日數，即灸騎竹馬穴七壯，無不效者。

騎竹馬穴法　以直杻先量患人尺澤穴横紋比起，循肉至中指端，截斷，令患人解衣裙，露體，騎坐於直竹之上，瘦人用細竹，肥人用大竹。當尾窮骨可堪接坐，然後將其先量杻，從脊豎立於坐竹之上，杻端盡處脊上點記，此則非灸穴也。更用禾稈量病人，男左女右，中指中節兩紋爲一寸，又加一寸，合爲二寸，將其二寸中摺，墨記，著於先點脊上，横布稈，兩端盡處是灸穴也。各灸七壯止，不可多灸。以此法灸之則無不愈者，蓋此二穴心脈所過，凡癰疽之疾，皆由於心氣留滯，故生此毒。灸此則心脈流通，即時安愈。可以起死回生矣。

《針灸集成·諸藥灸癰疽法》 黄土灸法：腫發背兩胛間，初似粟米大，或痛，或癢，人皆慢忽，不治，則不過十日遂至於死。急取淨黄土和水作泥，捻作餅子，厚二分，闊一寸半，貼腫上，以大艾炷安土餅上，灸一炷一易。腫如粟米大時，灸七餅即差。腫或如錢大許，大炷日夜不輟，以差爲度。

諸瘡努肉，如蛇頭出數寸，用硫黄研末，於努肉上薄塗，即縮。腫堅有根，名曰石癰，灸當處上百壯，如石子碎出。

龍瘡，尺澤五壯，涌泉，委中并刺出血，立愈。騎竹馬穴各七壯，又烟燻，一如治白癩法，熨治之，治法見於白癩條下。

手足或一身狀如桃栗，不紅而痛，三四日間成膿，針破出膿汁，名走馬疳瘡。

《針灸集成·癰疽疔癤瘰癧等瘡八穴灸法》 頭部二穴：諸瘡發於頭部，用禾稈量，自左耳尖起端，右旋，經右耳尖，還至起端處，截斷，令患人男左女右，用《針經》一夫之法。以手四指横握其稈，兩端之末截斷，將稈中摺，中心墨點，著於結喉下，左右兩旋後，會於脊骨上，點記，是則非灸穴也。別用禾稈，男左女右。量手中指中節爲一寸，又加一寸，中摺，墨記，壓於先點脊骨上，横布左右稈兩端盡處，是灸穴也。瘡出左灸左，出右灸右，出左右并灸左右。

手部二穴：瘡發於手部，用禾稈自肩髃穴至第三指頭爪端，截斷，以其稈中心當於結喉下，至項後，稈兩端會於脊骨，點記，如頭部法。

背部二穴：自大椎上至尾窮骨爲背部，自天突穴至陰毛際爲腹部。兩腋亦屬背腹部。瘡發於背或腹，用禾稈自左乳頭起端，周身，經右乳還至起端處，截斷，以稈中心當結喉下，稈兩端旋後，會於脊骨上，點記，如頭部法。

足部二穴：瘡發於足部，並立兩足，亦令相著齊立，以稈從足大拇指頭起端，從足右旋，至右足大拇指端，還至左起端處，斷之，以其稈中心當結喉下，旋背雙垂，一如頭部法。初灸痛，灸至不痛，不痛則灸至痛，或五百壯，或七八百

壯，大炷多灸尤妙。癰疽等瘡，始發而灸，則不潰而自愈，已潰而灸，則生肌止痛，亦無再發矣。

《針灸集成·癰疽》 癰疽作膿，若不針烙，毒氣無從而解，膿瘀無從而洩，過時不針烙，反攻其內，欲望其生，豈可得乎。 癤皮薄，惟用針以決其膿血，兼可烙也。《精義》。

凡近筋脈骨節處，不得亂行針烙。

癰疽皮厚，口小，膿水出不快者，宜用針烙。《精義》。

癰疽灸法 凡癰疽之發，或因內有積熱，或因外寒鬱內熱，若於生發之處艾灸，以散其毒，治之於早，可以移深爲淺，改重爲輕。諸項灸法皆好，惟騎竹馬灸法方見針灸。尤爲切要，此消患於未形之策。《丹心》。

頭爲諸陽之會。 若有發，宜灸，艾炷宜小，壯數宜少，三五壯而已。 腹背則多灸爲妙。《精要》。

多灸則內服乳粉托裏散，防火氣入心。《丹心》。

《針灸穴法》 蚱巢之瘡，宜四花五血灸之，即愈。

若合脾肝二脈促數無力，似無，顔容黃青，即生背癰胸發之瘡，或手足脇下生瘷痛，亦是走注風遊，久後瓜藤之瘡。合腎命二脈，面黑瘡黑，俱係腎經發出，此緣漏水土崩之瘡，用臨泣灸之五壯，切不轉泄，隨證灸之。 然腎脈多有不數而發其病者，何也？腎屬水，有三焦對正，則三焦之脈一數，百瘡皆由此燥，乃腎與命門之故當也。 肝脾二經浮數，若無瘡毒，亦是吊脇風，重傷風，走注，瘋遊之病，隨走注風遊灸之。 上部毒瘡以油火表之，艾火泄之，則愈。

中部毒瘡以艾火灸之，燈火泄之。 下部毒瘡以艾火四圍三壯灸之，燈火泄之。《難經》云：平人數脈不時見，則生惡瘡，然艾毒發有原自起，紅，心經發，黑在腎經發，本皮內不發熱。 瘷痛，肺肝之經，肝則青，治則葱薑按擦之，恐或走注風遊。

《針灸摘要·陽蹻脈·楊氏治證》 鬢髭發毒 太陽，申脈，太谿，合谷，外關。

項腦攻瘡 百勞，合谷，申脈，強門，委中。

背胛生癰 委中，俠谿，十宣，曲池，液門，內關，外關。

足背生毒，名曰發背，內庭，俠谿，行間，委中。

手背生毒，名附筋發背，液門，中渚，合谷，外關。

《痧驚合璧·縮脚癰痧》

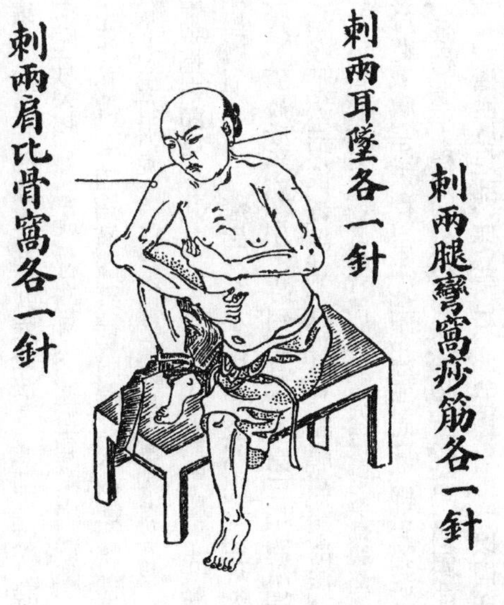

此證無脹者，手足指尖有紫色，如腳上足底有紅痕，自下而上，即以油頭繩扎住，皆用銀針放其惡血。又有兩足麻木寒冷，筋抽，急用布將膝下扎住，惡血不得上行，熱鹽湯洗之。用寶花散。

鬱金壹錢 細辛貳錢 降香貳錢 荆芥貳錢 加砂仁，湯冷下而醒。

救苦丹：鬱金貳錢 烏藥 連翹各捌分 枳實 萊菔子各壹兩 爲末，清茶稍冷送下。

疽

《千金要方·丁腫、癰疽·瘭疽》 凡骨疽百療不差者，可瘡上以次灸之，三日三夜便差。

凡疽卒著五指，筋急不得屈伸者，灸踝骨中央數十壯，或至百壯。

《千金翼方·診知是癰疽法》 癰疽之發，未辨是非，饑渴爲始，始發之時，或發白疽，或似小節，或復大痛，或復小痛，或發米粒大白膿子，皆是微候，宜善察之。 欲知是非，重按其處，是即便隱痛，復按四邊，比方得失，審實之，是即灸，第一便灸其上二三百壯，又灸四邊一二百壯。 小者灸四邊，中者

灸六處，大者灸八處，壯數不慮多也。亦應即薄貼，令得即消，內須服解毒冷藥，令毒氣出外。外須薄貼熱藥，法當瘡開其口，令洩熱氣故也。

《千金翼方·候人年得疽法》 岐伯曰：赤疽，發於額，不瀉，十餘日死，可刺也。其膿赤，多血，死。未有膿，可治。人年二十五，三十一，六十，九十五，人神在額，不可見血，見者死。

杼疽，發項，若兩耳下，不瀉，十六日死，其六日，可刺，其色黑見膿而癰者，死不可治人年十九，二十三，三十五，四十九，五十一，五十五，六十一，八十七，九十九，神在兩耳下，不可見血，見者死。

蜂疽，發背，起心俞，若肩髃二十日不瀉，死。其八日，可刺也，其色赤黑膿見者，死不治。人年六歲，十八，二十四，三十五，五十六，六十七，七十二，九十八，神在肩，不可見血，見者死。

刺疽，發肺俞，若肝俞不瀉，二十日死，其八日，可刺，發而赤，其上肉如椒子者，死不可治。人年十九，二十五，三十三，四十九，五十七，六十八，七十三，八十一，九十七，神在背，不可見血，見者死。

俠榮疽，發脅起，若兩肘頭二十五日不瀉，死，其九日可刺，發赤白間，其膿多白而無赤，可治。人年十六，二十六，三十二，四十八，五十八，六十四，八十，九十六，神在脅，不可見血，見者死。

勇疽，發股，起太陰，若伏菟二十五日不瀉，死。其十日可刺，發青膿赤黑者死，白者尚可治。人年十一，十五，二十，三十一，四十三，四十六，五十九，六十三，七十五，九十一，神在尻尾，不可見血，見者死。

標叔疽，發熱同耳聾後六十日，腫如水狀，如此可刺之，但出水後，乃有血，血出，即除也。人年五十七，六十五，七十三，八十，九十七，神在背，不可見血，見者死。

旁疽，發足趺，若足下三十日不瀉，死。其十二日可刺，發赤白膿而不大多，其上痒赤黑，死不可治。人年十三，二十九，三十五，六十一，七十三，九十三神在足，不可見血，見者死。

《千金翼方·相五色疽死生法》 禽疽，發如軫者數十處，一云四日腫，食飲疼痛，其狀若變，十日可刺。其內發，方根寒，齒如噤，愈若坐，如是十五日死。愈若坐，未詳。

釘疽，發兩肩，此起有所逐惡血，結流內外，榮衛不通，發爲釘疽。三日身腫痛甚，七日噤如痓狀，十日可刺，不治，二十日死。

陰疽，發髀，若陰股始發，腰彊內，不能自止，數飲，不能多，五日堅痛，如此不治，三歲死。

脈疽，發環項，一云頸。始痛，身隨而熱，不欲動，悁悁，或不能食，此有所大畏，恐怖而不精，上氣欬，其發引耳，不可以腫，二十日可刺，不刺，八十日死。

龍疽，發背，起胃俞，若腎俞二十日不瀉，死。其九日可刺，其上赤下黑，若青黑者死，發血膿者不死。

首疽，發背，發熱，八十日，大熱汗，頸引身盡如欬，身熱同同如沸者，皮澤頗腫處淺刺之，不刺，入腹中，二十日死。

行疽，發如腫，或復相往來，可要其所在刺之，即愈。

衝疽，發小腹痛而振寒熱冒，五日悁悁，六日而變，十日死。

敦疽，發兩指頭，若五指頭十八日不瀉，死。其四日可刺，其發而黑，癰不甚，赤過節，可治。

疥疽，發腋下，若臂兩掌中，振寒熱而咽乾者，飲多則嘔，煩心悁悁，或卒胗反有合者，此則可汗，不汗當死。

筋疽，發背俠脊，兩邊大筋，其色蒼，八日可刺，其癰在肌腹中，九十日死。

陳乾疽，發兩臂，三四日痛不可動，五十日方身熱而赤，六十日可刺，如刺脈無血，三四日死。一云病已。

蚤疽，發手足五指頭起，節色不變，十日之內可刺，過時不刺，後爲食癰，在腋三歲死。

倉疽，發身癢後痛，此故傷寒氣入藏，篤發爲倉疽，九日可刺，九十日死。

赤疽，發身腫堅核而身熱，不可以坐，不可以行，不可以屈伸，成膿刺之，即愈。

《醫心方》卷十五《說癰疽所由》 衝疽，發少腹痛而振寒熱，四日可刺，五日悁，六日變而可刺之，不刺之，五十日死。【略】

蚤疽，發手足五指頭起，過節，其色不變，十日之內可刺也。過時不刺，後爲蝕，有癰在腋，三歲死。【略】

黑疽，發腫居背大骨上，八日可刺也。過時不刺爲骨疽，骨疽膿出，不可

正，碎骨，六十日死。

《聖濟總録·治癰疽瘡腫灸刺法》 癰疽，竅陰主之。管疽，商丘主之。

《扁鵲心書·疽瘡》 有腰疽，背疽，腦疽，腿疽，雖因處以立名，而其根則同，方書多用苦寒敗毒之藥，多致剝削元氣，變爲陰疽，侵肌蝕骨，潰爛而亡。不知《内經》云：脾腎氣虛，寒氣客於經絡，血氣不通，著而成疾，若眞氣不甚虛，邪氣不得内陷，則成癰，蓋癰者壅也。血氣壅滯，故大而高起，屬陽易治。若眞氣虛甚，則毒邪内攻，附貼筋骨，則成疽，蓋疽者，阻也，邪氣深而内爛，阻人筋骨，屬陰難治。其始發也，必憎寒壯熱，急服救生湯五錢，再服全好。甚者即於痛處，灸三五壯，陰疽，即三五十壯亦不爲過。如痛者屬陽，易治。若不痛，乃疽瘡也。急服保元丹以固腎氣。若轉用涼藥，則陽變爲陰，或不進飲食而死，急灸關元可生。近世瘍醫，祇記一十三味方，不問邪之深淺，感之重輕，頂之起不起，色之紅不紅，不辨五美，不審七惡，概用此方，更加涼解，即見純陰冷毒，而猶云半陰半陽，總以發散解毒爲良法，及至寒涼冰伏，尚云毒盛内攻，或見神情躁擾，終認火熱未清，小證變大，淺證變深，若遇大證，未有不受其害者。世謂外科拉折腿醫，亦不盡然，人之無良，亦或有之，其餘實由學問未精，識證不確，陰陽錯亂，虛實混淆，變證之來，全然不曉，有似故意害人，其實非本心也。

《扁鵲心書·附竇材灸法》 腦疽發背，諸般疔瘡惡毒，須灸關元三百壯，以保腎氣。

《外科精要·療發背癰疽灸法用藥》 一男子背患疽腫痛，赤暈尺餘，背如負石，其勢當峻攻，其脉又不宜，遂砭赤處，出紫血碗許，腫痛頓退，更用神功散及仙方活命飲二劑，瘡口及砭處出血水而消。

一武職患腦疽，内潰熱渴，頭面腫脹如斗，胸背色焮如塗丹，煩熱便秘，此表裏俱實，若非苦寒之劑内疏外泄，不救。遂針周項出膿，及用清涼飲一劑，内大黄用五錢，再用消毒散而愈。

一儒者患背疽，腫焮痛甚，此熱毒蘊結而熾盛，用隔蒜灸而痛止，服仙方活命飲而腫消，更與托裡藥而潰愈。

《外科精要·背疽腫漫尋頭灸法》 李氏云：凡患背疽漫腫無頭者，用濕紙貼腫處，但一點先乾處是瘡頭，可用大蒜十顆，淡豉半合，乳香錢許，切爛置瘡上，鋪艾灸之，痛否皆以前法爲度。

愚按：前證或附骨疽及臀、腿諸毒，初起未明者，尋頭用灸，多自内消，其毒熾盛，更服活命飲，其功尤捷。若氣血虛弱，必以補托爲主。若背疽大潰，欲驗穿透内膜者，不可用皂角。嚏法，但以紙封患處，令病者用意呼吸，如紙不動者，未穿透也。倘用取嚏鼓動内膜，反致穿透，愼之愼之。

《外科精要·灸法要論》 秋官高竹眞患背疽，色黯堅硬，重如負石，神思昏憒可畏，其親廷評鄭沙村請同往治。鄭云：竹眞先生官湖廣某縣時，以某河涉險不便，竹眞爲整治有功，其民爲立生祠，凡渡河者無不禱祭。竹眞患此，悉疑立祠致祟。余曰：不然，病因元氣虛寒，積毒熾盛所致。遂以杵蒜攤患處，用錢大艾炷灸二十餘壯，尚不知，乃攤蒜補艾灸，亦不知，乃着肉灸，良久方知，再灸方痛，内服參附大補之劑，而起。

《外科精要·腦疽灸法》 李氏云：腦疽及腦項有疽，不可用隔蒜灸，恐引毒上攻，宜灸足三里穴五壯，氣海穴三七壯，仍服涼血化毒之藥，或以騎竹馬穴灸之。比頭項咽喉生疽，古法皆爲不治，若用此法，多有生者，如五香連翹、漏蘆等湯，國老膏，萬金散，皆可選用。

愚按：前證屬膀胱經或濕熱上壅，或陰火上炎。若因濕熱，則病氣有餘，元氣不足，當用黄連消毒散以除濕毒，用補中益氣湯以滋化源。若因陰火，則元氣、病氣俱不足，當用補中益氣湯及六味地黄丸，以濕腎水。若腎水乾涸，中傳末證，急用加減八味丸及補中益氣湯，以固根本，引火歸源。若色黯不潰，或潰而不斂，名曰腦爍，不治。大凡腫焮痛甚，宜活命飲，隔蒜灸之，解散瘀血，投引鬱毒，但艾炷宜小而少，若欲其成膿腐潰，生肌收斂，並用托裏爲主。

《普濟方·針灸門·發背癰疽》 治營疽，穴商丘。

治營疽一作骨疽。疽發厲，項痛引頭目痛，及治癰疽頭痛心煩，穴竅陰。

治疽卒著五指，筋急不得屈伸者，灸踝骨尖數十壯，或至百壯。

治附骨疽，穴間使後一寸，灸隨年壯，立差。

治腳疽及曲脈中癢，搔則黄汁出，是名風疽，灸足大指岐間二七壯，又灸大指頭亦佳。

《外科發揮·脱疽》 脱疽謂丁生於足指或足，潰而自脱，故名脱疽。亦有發於手指者，名曰蛀節。凡重者，腐去本節，輕者筋攣。焮痛者，除濕攻毒，更以隔蒜灸至不痛。

焮痛或不痛者，隔蒜灸之，更用解毒藥。若色黑，急割去，速服補劑，庶可救。黑延上，亦不治。

色赤焮痛者，托裏消毒更兼灸。

作渴者，滋陰降火，色黑者不治。

一男子足指患之，焮痛，色赤，發熱，隔蒜灸之，更以人參敗毒散去桔梗加金銀花、白芷、大黄二劑，痛止，又十宣散去桔梗、官桂，加天花粉、金銀花，數劑而痊。

一男子足指患之，色紫不痛，隔蒜灸五十餘壯，尚不知痛，又明灸百壯，始痛，更投仙方活命飲四劑，乃以托裏藥，潰脱而愈。

一男子足指患之，大痛，色赤而腫，令隔蒜灸至痛止，以人參敗毒散去桔梗加金銀花、白芷、大黄而潰，更以仙方活命飲而痊。此證形勢雖小，其惡甚大，須隔蒜灸之。不痛者，宜明灸之，庶得少殺其毒。此證因膏粱厚味，酒麪炙煿，積毒所致，或不慎房勞，腎水枯竭，或服丹石補藥，致有先渴而後患者，有先患而後渴者，皆腎水涸不能制火故也。初發而色黑者，不治。赤者，水未涸，尚可。若失解其毒，以致肉死色黑者，急斬去之，緩則黑延上，是必死。此患不問腫潰，惟隔蒜灸有效。亦有色赤作痛而自潰者，元氣未脱，易治。夫至陰之下，血氣難到，毒易腐肉，藥力又不易達，况所用皆攻痛之藥，未免先於腸胃，又不能攻敵其毒。不若隔蒜灸，并割去，最爲良法。故孫眞人云：在指則截，在內則割，即此意也。

一男子腳背患此，赤腫作痛，令隔蒜灸三十餘壯痛止，以仙方活命飲四劑而潰，更以托裏消毒藥而愈。

一男子足指患之，色赤焮痛作渴，隔蒜灸數壯，服仙方活命飲三劑而潰，更服托裏藥及加減八味丸，潰脱而愈。

一男子足指患之，色黑不痛，令明灸三十餘壯而痛，喜飲食如常，予謂急割去之，速服補劑。彼不信，果延上，遂致不救。

一男子腳背患之，色黯而不腫痛，煩躁大渴，尺脈大而濇，此精已絶不治，後果然。

《外科正宗·脱疽治驗》 一男子年近五旬，右足小指初生如粟米形，漸成白泡，三日始痛，請治。頭已腐爛，一指紫腫，此脱疽也。用艾火明灸十三壯，始大痛，乃止。又用針刺灸頂，貼蟾酥餅膏蓋。其餘紫腫，用披針擊刺七八處，發泄毒血，用蟾酥錠磨濃塗之，腫外以眞君妙貼散敷護良肉，使不外侵。時病者脈數，身發寒熱，惡心體倦，先用人參敗毒散，人參二字，徐勒。解其表證。次用黄連內疏湯，通其大便，而惡心煩熱亦止。又用托裏消毒散，加金銀花、牛膝，數服。早用八味丸，晚用蠟礬丸，相兼服之。隨又針刺，徐曰：針刺本不必，又針刺更不必。泄其毒氣，解毒爲膿，腫方不散，後用十全大補湯加山萸、五味、此四字，徐勒。麥冬等藥，調理月餘而愈。此疽若不針灸，發泄毒氣，專假藥力敷圍，再加峻藥攻利，必傷元氣，豈能保乎。

《外科正宗·脱疽主治方》 雌雄霹靂火 雌雄霹靂火純陽，蘄艾雙黄丁麝香。陰毒陰疽陰發背，用之一灸自回陽。治脱疽及一切發背，初起不疼痛者。

艾茸二錢 丁香 雄黄 雌黄各二分 麝香一錢

右四味共研極細，搓入艾中，作黄豆大丸，放於患上灸之，毋論痛癢，以肉焦爲度。如毒已經走散，就紅暈盡處排炷灸之，痛則至癢，癢則至痛爲妙。灸後仍用提疔麥子貼上膏蓋，次服蟾酥丸，及解毒濟生湯，轉回活色，有膿爲妙。

徐曰：陰證灸法。

《景岳全書·外科鈐·論灸法》 又曰：凡患背疽漫腫無頭者，用濕紙貼腫處，但一點先乾處，乃是瘡頭，可用大蒜十顆、淡豆豉半合、乳香錢許，研爛置瘡上，鋪艾灸之，痛否皆以前法爲度。

《景岳全書·外科鈐·腦疽》 李氏曰：腦疽及頸項有疽，不可用隔蒜灸，恐引毒上攻。宜灸足三里穴五壯，氣海穴三七壯，仍服涼血化毒之藥，或以騎馬穴法灸之。凡頭項咽喉生疽，古法皆爲不治，若用此法，多有生者。如五香連翹、漏蘆等湯，國老膏、萬金散皆可選用。

《景岳全書·外科鈐·鬢疽》 立齋曰：鬢疽屬肝膽二經怒火，或風熱血虚所致。若焮痛或發熱者，宜祛風清熱。焮痛發寒熱，或拘急者，發散表邪。作膿焮痛，托裏消毒。膿已成作痛者，針之。

《神灸經綸·外科證治》 腦頂後疽 一名天疽，俗名對口，男左女右，腳中指下俯面第三紋正中，用蘄艾灸七壯。

項疽 生於項中，當脊不能回顧。天宗，在肩胛骨下，有陷處，灸七壯。

鬢疽 伏兔。

唇疽　犢鼻。

牙疽　外踝尖上灸三壯，炷如綠豆大。

瘰疽　生耳下半寸，形如鷄子，膿長流，經年不瘥。天井，穴在肘外一寸，灸三七壯。

透腦疽　生當鼻上，如鷄子堅硬，按痛連心。中都。

對口疽　生項後，神門。

虎口疽　生承漿内，後頂。

發疽　生當背脊外兩旁，堅赤而腫，近膏肓穴，心俞。

背疽　證不一，有背氣發，蓮子發，荷葉發，脊發，當觀其色。赤腫痛，易治。又須得月令、生身，則吉。春黄夏黑，不治。如得月令，急以騎竹馬法灸之，須服乳香托裏散。

腎疽　生十四椎兩旁，合陽。

附骨疽　生腳外魚肚上，一云環跳穴，痛，恐生附骨疽也。大陵，懸鐘，崑崙。

兑疽　生臂上兑肉端，神門。

穿骨疽　生手掌後三寸兩筋間，大如鷄子，堅如石，按痛至骨，神門。

欒疽　生臂内，堅如鵝子，按之痛徹骨，時恶寒，腋門。

髎疽　發於肩腋，相連腫，會宗。

魚肚疽　一名蛇頭疔。發於手中指中節，令人寒戰咬牙，合谷。

心疽　當心兩乳之中，先熱後寒，赤腫引背痛，陰谷。

咬骨疽　生於裏股，無形作痛，蓋毒氣在骨中所發，陰包，在膝上四寸兩筋中，灸三七壯。

痃疽　生陰器之右，連陰子腫者，痛引兩脇，蠡溝。

坐馬疽　生陰前後中間，在右名下馬癰，在左名上馬癰，在内尖頭者名鸛口疽。用前隔蒜灸法，宜先服護心散，以防火氣入内。

淵疽　發於肋下，一竅有聲如嬰兒泣，用膏藥或紙貼之，則不能出聲，陽陵泉。

腿骨疽　發於大腿之側，痛甚徹骨，皮膚不腫不赤，絶骨。

陰疽　在内股，其形長闊二寸許，下易治，上難治，其色微赤，痛甚，曲膝不能屈伸。商邱。

腹疽　生於臍下，横而微腫，痛甚牽引脊背，箕門。

穿踝疽　生内踝骨中，發腫，内外痛甚不能行動，隱白。

魚口疽　發於少腹之下，腿根之上，摺紋縫中，一名便毒，又名血疝。隱白。

《針灸穴法》　頭頂紅腫不消，名曰頂疽，風府一穴，承漿一穴，肩井二穴。

《針灸集成·疳瘻》　灸法　久漏瘡，足内踝上一寸，灸三壯。在上，則灸肩井，鳩尾。東垣。冷漏多在腿足之間，先雖積熱所注，久則爲寒，宜用附子灸法，硫黄灸法，灸瘡成漏，膿水不絶去，亦宜灸。《丹心》。

疔瘡

《千金要方·疔腫》　治凡是丁腫皆用之，此名齊州榮姥方　白薑石一斤軟黄者　牡蠣九兩爛者　枸杞根皮二兩　鍾乳二兩　白石英一兩　桔梗一兩半

右六味各擣，絹篩之，合和令調，先取伏龍肝九升末之，以清酒一斗二升，攪，令渾渾然，澄，取清二升，和藥，捻作餅子，大六分厚二分，其濁滓仍置盆中。布餅子於籠上，以一張紙藉盆上，以泥酒氣，蒸之，仍數攪，令氣散發，經半日，藥餅子乾，乃内瓦坩中。一重紙一重藥遍布，勿令相著，密以泥封，三七日，乾，以紙袋貯之，乾處舉之。用法：以針刺瘡中心，深至瘡根，并刺四畔令血出，以刀刮取藥如大豆許，内瘡上。若病重困，日夜三四度著。其輕者，三度著。重者二日，根始爛出，輕者半日一日爛出，當看瘡浮起，是根出之候，若根出已爛者，勿停藥，仍著之。藥甚安穩，令生肌易。其病在口咽及胸腹中者，必外有腫異相也，寒熱不快，疑是此病。即以飲或清水和藥如二杏人許，服之，日夜三四服，自然消爛，或以物剔吐，根出即差。若根不出亦差。當看精神，自覺醒悟。合藥以五月五日爲上時，七月七日次，九月九日，臘月臘日並可合，若急須藥，佗日亦得，要不及良日也。合藥時須清淨、燒香，不得觸穢。【略】f凡有此病，忌房室、豬、雞、魚、牛、生韭、蒜、葱、芸苔、胡荽、酒、醋、麪、葵等，若犯諸忌而發動者，取枸杞根湯和藥服，並如後方。其二方本是一家，智者評論以後，最是眞本。

趙嬈方　薑石二十五兩。牡蠣十兩崔氏七兩。枸杞根皮四兩。茯苓三兩。

右四味各擣篩，合和，先取新枸杞根合皮切六升，水一斗半，煎取五升去滓，內狗屎崔氏云尿。二升攪，令調，澄取清，和前藥熟擣，捻作餅子陰乾。病者以兩刃針當頭直刺瘡，痛徹拔出針，刮取藥末塞瘡孔中，拔針出即內藥，勿令歇氣，并遍封瘡，頭上即脹起，針挑根出，重者半日已上即出，或以消爛，挑根不出亦自差，勿憂之其病在內者，外當有腫相應，並皆惡寒發熱。疑有瘡者，以水半盞，刮取藥如桐子大五枚和服之，日夜三度服，即自消也。若須根出，服藥經一日，以鷄羽剔吐，即隨吐根出。若不出根，亦自消爛。在外者，亦日夜三度傅藥，根出後，常傅勿住，即生肉易差。若犯諸忌而發動者，取枸杞根、合皮骨切三升，以水五升，煎取二升去滓，研藥末一錢匕，和枸杞汁一盞服之，日二三服，并單飲枸杞汁兩盞彌佳。又以枸杞汁攪白狗屎取汁服之更良。合訖即用，不必待乾。所言白狗屎，是狗食骨，其屎色如石灰，直言狗白屎也。如預造，取五月五日，七月七日，九月九日，臘月臘日造者尤良，神驗。或有人忽患喉中痛，乍寒乍熱者，即是其病，當急以此藥療之。無故而痛，惡寒發熱者，亦是此病，但依前服之，立差。前後二方，同是一法，用一同，亦主癰疽甚效。

針刺四邊及中心，塗雄黃末，立可愈。神驗。一云塗黃土。

正觀初衢州徐使君，訪得治丁腫人玉山韓光方：

艾蒿一擔燒作灰。於竹筒中淋取汁，以一二合和石灰如麵漿，以針刺瘡中至痛，即點之。點三遍，其根自拔，亦大神驗。正觀中治得三十餘人差，故錄之。

魚臍丁瘡，似新火針瘡，四邊赤，中央黑色，可針刺之。若不大痛，即殺人。治之方。

治魚臍瘡，其頭白似腫，痛不可忍者方：先以針刺瘡上四畔作孔，擣白苣取汁，滴著瘡孔內。

又方 刺瘡頭及四畔，令汁極出，擣生粟黃傅上，以麪圍之，勿令黃出，從旦至午，根拔出矣。

丁腫，灸掌後橫文後五指，男左女右，七壯即差，已用得效。丁腫灸法雖多，然此一法甚驗，出於意表也。

《千金翼方·惡核》 丁腫方

又方 刮竹箭上，取茹作炷，灸上二七壯，即消矣。

《外臺秘要·十三種疔瘡方》 又方 以針刺四邊及中心，塗雄黃，立愈。

又論曰：凡療丁腫，皆刺中心至痛，又刺四邊十餘下，令血出，去血，然傅藥，藥氣入針孔中佳，若不達瘡裏，則不相得力也。

《針灸資生經·丁瘡》 丁腫，灸掌後橫文後五指，男左女右，七壯即差，已用得效。丁腫灸法雖多，然此法甚驗，出於意表。

丁瘡灸法，《千金》以爲神驗，亦有先以針刺魚臍瘡上四畔作孔，擣白苣汁滴瘡孔者。有刺瘡頭及四畔令汁出，擣生粟黃傅，以麵圍之，勿令黃出。從旦至午，根拔出者。有用蒼耳根莖苗，但取一色燒灰，醋泔澱和如泥，塗，乾即易之，不過十度，拔根出者。丁腫方有千首，皆不及此。有用皂莢子取仁作末傅，五日內差者。有用水獺屎傅大良者，可考而知也。有道人傳瓦盤覆蜣蜋，安濃米泔小盞，以火逼之，蟲熱喫泔及困死，取腦中白肉，乃米泔也。新瓦上暵乾爲末，熱酒調二錢服，仍以少傅瘡即愈。胡簽母患此，疼如鐵丁然，依此治之效。

舉體痛痒如蟲嚙，痒而搔之，皮便脫落作瘡，灸曲池二穴，隨年壯，發即灸之，神良。《千》。凡丁腫、頭瘡、魚臍等瘡，一切無名者，皆治。凡瘡毒久不合，灸合谷各七壯，至七七壯，極驗。仍服內托散。

丁腫在左，灸左臂曲肘文前，取病人三指外於臂上處中灸之，兩筋間從不痛至痛，腫在右從右灸，不過三日即差。《千翼》。

《備急灸法·丁瘡》 黃帝、岐伯、孫眞人治丁瘡法：丁瘡，其種甚多，初起皆一點突如丁蓋子，故名之。發於手足頭面者，其死更速，惟宜早灸，凡覺有此患，便灸掌後四寸兩筋間，十四炷，依圖取穴，男左女右。

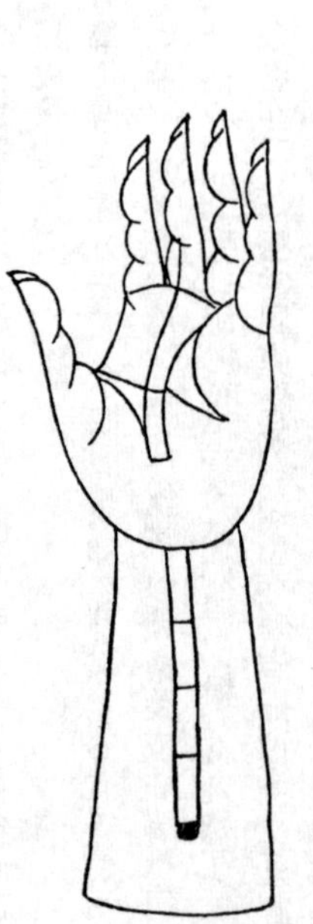

《外科精要·療發背癰疽灸法用藥》 上林陳靜涵面患疔，脈洪數有力，

屬邪氣蘊結。余用清熱消毒散二劑未應，或用黄芪、肉桂等藥二劑，反益其勢，致耳目唇口俱腫閉，頭面如斗，由邪氣外實也。前脈按之無力，内元氣内虚也。速進托裡消毒之藥，及數砭患處，出黑血碗許，已而膿與腐肉并潰而出，復用托裏之藥，瘡勢漸愈。七日後，復因調護失宜，以致煩渴不食，兩尺脈如絲欲絶，急用八味丸料煎服，其脈頓復，手足自溫，使非砭以泄其外，托裏散以補其内，八味丸以回其陽，則治之失宜，必致不救，慎之，慎之。

《世醫得效方・疔瘡》 灸法 掌後横文後五指，男左女右，灸七壯即差。

《普濟方・針灸門・諸瘡腫》 治疔瘡及治便毒皆驗，用細草一莖，隨所患左右手，量中指，自掌盡處横文量起，通三節至指處盡爲則，不量指甲，絶斷。卻將於手腕横文量起，引草向背當中，草盡處即是穴，用細好艾炷如麥粒大，灸三壯即安。

治疔腫，在左灸左臂曲肘文前，取病人三指外於臂上處中灸之，兩筋之間從下痛腫，在右者從右灸下，過三日即差。

《神應經・瘡毒部》 疔瘡 生面上口角，灸合谷。生手上，灸曲池。生背上，灸肩井，三里，委中，行間，通里，小海，太衝，臨泣。

《奇效良方・瘡科通用方》 疔瘡，如瘡黄，於黄上用針刺，仍服内托散，自然消散。

硇砂 輕粉 人言 雄黄 硃砂各一錢 麝香少許

右爲細末，每用些少，先以針刺開瘡頭，貼藥，黄水出效。

回瘡錠子，治疔瘡大效。

草烏頭一兩 蟾酥七粒 巴豆七箇去皮 麝香一字

右爲細末，麪糊和就，捻作錠子，如有惡瘡透丁不痛無血者，用針深刺至痛處，有血出，以此錠子紙之，上用膏藥貼之，疔瘡四畔紙之，其疔三二日自然拔出，此藥最宜緊用。此證大抵與傷寒頗類，其中亦有可針鐮砭射出血者，亦有久而敗爛出膿者，其間變異百端，不可不慎也。

玉山韓光方，治疔腫：

右以艾蒿一擔，燒作灰，於竹筒中淋取汁，以一二合和石灰如麪漿，以針刺瘡中至痛，即點之，點三次，其根自拔，亦大神效，正觀中用治三十餘人得瘥。

治一切疔腫懸癰 右用蒼耳根莖苗，但取一束，燒爲灰，醋泔藍靛和如泥，先以針刺瘡上，及四邊數下，令血出，度藥氣可以入針孔中，即去血傅藥，乾即易之，不過數度，即拔根出，其未結膿者，即内消也，已結膿破潰者，再不用針刺，只以藥塗之。

《醫學正傳・疔腫方法》 拿取活蟾，即大壯蝦蟆，通身有傀儡者俗名癩蝦蟆，又名風雞，大者重五六兩，不拘幾箇。捉住後脚，以大桑葉或油單紙包掩其頭，用鐵釘一箇，括取眉間白汁，濺於葉上，凝結如濕眞粉，就丸如菉豆大，一蟾或作一丸，多者作二丸，懸當風處陰乾。如患疔腫者，即以一二丸置舌尖上，仰卧片時，其苦水滿口，就以此水嚥下，或以鈹針刺開疔腫頭上，納藥一丸於中，外以薄皮紙貼護之，勿令藥脱落。背癰及一切癰腫。初起時亦可依此法治之，神效。已上取蟾酥法，切防蟾酥汁入眼，入人眼即瞎。

《外科發揮・疔瘡》 麻痒或大痛及不痛者，並灸之，更兼攻毒，此正治之法。

一男子足患作痒，惡心嘔吐，時發昏亂，脈浮數，明灸二十餘壯，始痛，以奪命丹一服，腫起，更以荆防敗毒散而愈。

一男子患之，發熱煩躁，脈實，以清涼飲下之而愈。

一男子胸患之，遍身麻木，脈數而實，急針出惡血，更明灸數壯始痛，服防風通聖散得利而愈。

一男子左手背患之，是日一臂麻木，次日半體皆然，神思昏憒，遂明灸至二十餘壯，尚不知痛，又三十餘壯始不痛，至百壯始痛，以奪命丹一服腫始起，更用神異膏及荆防敗毒散而愈。

一老婦足大指患之，甚痛，令灸之，彼不從，專服敗毒藥，致眞氣虚，而邪氣愈實，竟至不救。蓋敗毒散雖能表散瘡毒，然而感有表裏，所發有輕重，體段有上下，所稟有虚實，豈可一概而用之耶，且至陰之下，藥力在所難到，專假藥力則緩不及事，不若灸之爲良。故下部患瘡，皆宜隔蒜灸之，痛則灸至不痛，不痛則灸至痛。若灸之而不痛者，宜明灸之，及針疔四畔，去惡血，以奪命丹一粒入瘡頭孔内，仍以膏藥貼之。若針之不痛，或無血者，以針燒赤，頻烙患處，以痛爲度，或不痛，眼黑如見火光者，此毒氣入臟腑也，不治。若患在手足，紅絲攻心腹者，就於絲盡處刺去惡血，宜服荆防敗毒散。若絲近心腹者，宜挑破瘡頭，去惡水，亦以膏藥貼之。如麻木者，服奪命丹。如牙關

緊急，或喉內患者，並宜噙一二丸。凡人暴死，多是疔毒，用燈照看遍身，若有小瘡，即是，宜急灸之，俟醒，更服敗毒藥或奪命丹。人汗入肉，食之，則生疔瘡，不可不愼。

《**名醫類案·疔瘡**》郭氏治驗云：一婦年近六十，右耳下天窗穴間，小腸。患一疔瘡，其頭黑靨，四邊泡起，黄水時流，渾身麻木，發熱譫語，時時昏沉，六脈浮洪。用烏金散汗之，就以鈹針先刺瘡心，不痛，周遭再刺十餘下，紫黑血出，方知疼痛，就將寸金錠子，紝入瘡內，外用提疔錠子，放於瘡上，膏藥貼護。次日汗後，精神微爽，卻用破棺丹下之，病即定，其疔潰動，後用守效散貼塗，紅玉錠子紝之。八日，其疔自出矣。玆所謂審脈證汗下之間，治以次第如此，視彼不察脈證，但見發熱譫語，便投涼藥與下，或兼以香竄之藥，遂致誤人者徑庭矣。

薛己治一婦，左手指患疔，麻痒，寒熱惡心，左半體皆麻，脈數不時見。曰：凡瘡不宜不痛，不可大痛，煩悶者，不治。今作麻痒，尤其惡也。用奪命丹二服，不應。又用解毒之劑，麻痒始去，乃作腫痛。薛曰：勢雖危，所喜作痛，但毒氣無從而泄，乃針之，諸證頓退，又用解毒之劑而瘥。

一老婦手大指患疔，爲人針破，出鮮血，手背俱腫，半體俱痛，神思昏憒，五日矣。用活命飲二劑，始知痛在手，瘡勢雖惡，元氣復傷，不宜大攻。用大補湯及活命飲各一劑，外用隔蒜灸，喜其手指皆赤腫而出毒水。又各一劑，赤腫漸潰，又用托裏藥而瘥。

表甥居富，右手小指患疔，色紫，或云小瘡，針刺出血，敷以涼藥，掌指腫三四倍，黯而不痛，神思昏憒，煩燥不寧，此眞氣虛而邪氣實也。先以奪命丹一服，活命飲二劑，稍可。薛因他往，或遍刺其手，出鮮血碗許，腫延臂腕，焮大如瓠，手指腫數倍，不能潰，薛用大劑參、芪、歸、朮之類，及頻灸遍手，而腫漸消。但大便不實，時常泄氣，以元氣下陷，以補中益氣加骨脂、肉蔻、吳茱、五味，大便實而氣不泄。又日以人參五錢，麥冬三錢，五味二錢，水煎代茶飲之，又用大補藥五十餘劑而漸愈。此證初若不用解毒之劑，後不用大補之藥，欲生也難矣。

一人年二十，脣患疔四日矣，有紫脈，自瘡延至口內，將及于喉。薛曰：此眞氣虛而邪氣實也，若紫脈過喉，則難治矣。須針紫脈，併瘡頭出惡血，以泄其毒則可。乃別用解毒之劑，頭面俱腫，求治甚篤。薛曰：先日之言不誣矣。診其脈洪數，按之如無，口內腫脹，針不能入，爲砭面與脣，出黑血碗許，勢雖少退，略進湯，終至不起。

都憲張恆山，左足次指患之，痛不可忍，急隔蒜灸三十餘壯，即能行步，欲速愈，或用涼藥敷貼，遂致血凝肉死，毒氣復熾，再灸百壯，服活命飲，出紫血，毒纔得解。腳底通潰，腐筋爛肉甚多，將愈，誤用生肌藥，反助其毒，元氣虧損而不能愈。薛治以托裏藥，喜其稟實，客處，三月餘方愈。大凡疔患於肢節，灸法有回生之功，設投以涼劑，收斂腠理，隧道壅塞，邪氣愈甚，多致不起。若毒未盡，驟用生肌，輕者反增潰爛，重者必致危亡。

一男子足指患疔，腫焮痛赤，用隔蒜灸，人參敗毒散，加金銀花、白芷、大黄二劑，痛止。又用十宣散加天花粉、金銀花，去桂，數劑而愈。外科樞要有論，宜考。

《**針灸大成·瘡毒門**》疔瘡生面上與口角　灸合谷。

疔瘡生手上　曲池。灸。

疔瘡生背上　肩井，三里，委中，臨泣，行間，通里，少海，太衝。

《**類經圖翼·針灸要覽·諸證灸法要穴**》又有疔瘡一證，其形不一，其色不同，或如小瘤，或如水泡，或痛不可當，或癢而難忍，或皮肉麻木，或寒熱頭疼，或惡心嘔吐，或肢體拘急，其候多端，難以盡狀。皆須用前灸法，甚則以蒜膏徧塗四圍，只露毒頂，用艾著肉灸之，以爆爲度。如不爆者，難愈，更宜多灸百壯以上，無弗愈者。

《**景岳全書·外科鈐·疔瘡**》齊氏曰：夫疔瘡者，以其瘡形如丁蓋之狀者是也。古方之論，凡有十種。華元化之論，有五色疔，《千金方》說，疔有十三種，以至《外臺秘要》、《神巧萬全》，其論頗同，然皆不離毒氣客於經絡，及五臟內蘊熱毒。凡初生一頭，凹而腫痛，靑黄赤黑，無復定色，令人煩躁悶亂，或憎寒頭痛，或嘔吐心逆，以針刺瘡，不痛無血，是其候也。多因肥甘過度，不愼房酒，以致邪毒蓄結，遂生疔瘡。《內經》曰：膏粱之變，足生大疔。此之謂也。其治之法，急以艾炷灸之，若不覺痛者，針疔四邊，皆令血出，以奪命丹或回生丹從針孔紝之，上用膏藥貼之，仍服五香連翹湯、漏蘆湯等劑疏下之，爲效。若或針之不痛無血者，以猛火燒鐵針通紅，於瘡上烙之，令如焦炭，取痛爲效，亦紝前藥，用膏藥貼之，經一二日，膿潰根出，服托裏湯散，依常療之，以取平復。如針之不痛，其人眼黑，或見火光者，不可治也。此邪

毒之氣入於臟腑故也。《養生方》云：人汗入肉食，食之則生疔瘡，不可不慎也。

立齋曰：此證多由膏粱厚味之所致，或因卒中飲食之毒，或感四時不正之氣，或感蛇蟲之毒，或感死畜之穢，各宜審而治之。其毒多生於頭面四肢，形色不一，或如小瘡，或如水泡，或疼痛，或麻木，或寒熱作痛，或嘔吐惡心，或肢體拘急。並宜隔蒜灸之，痛則灸至不痛，不痛灸至痛，若灸而不痛則明灸之，及針疔四畔去惡血，以奪命丹一粒入瘡頭孔內，仍以膏藥貼之，並服解毒之劑，或用荊防敗毒散。若針之不痛無血者，宜用燒針，治如前齊氏之法。若不省人事，或牙關緊急者，以奪命丹爲末，葱酒調灌之，候醒，更服敗毒散或奪命丹，甚效。若生兩足者，多有紅絲至臍；生兩手者，多有紅絲至心腹；生唇面口內者，多有紅絲入喉，皆爲難治。急宜用針於血絲盡處挑破，使出惡血。若紅絲近心腹者，更挑破瘡頭，去惡水以泄其毒，亦以膏藥貼之，多有生者。若患於偏僻下部之處，藥力所難到者，若專假藥力，則緩不及事，惟灸之則大有回生之功。疔之名狀，雖有十三種之不同，而治法但當審其元氣虛實，邪之表裏，庶不誤人於夭札也。若專泥於疏利表散，非爲無益而反害之。凡人暴死者，多是疔毒，急取燈遍照其身，若有小瘡，即是其毒，宜急灸之，并服奪命丹等藥，亦有復甦者。

又曰：脈浮數者散之。脈沉實者下之。表裏俱實者，解表攻裏。麻木或大痛及不痛者，並灸之，更兼攻毒。

《景岳全書·外科鈐古方·外科》 砭法　治丹毒疔瘡紅絲走散，或時毒瘀血壅盛。用細磁器擊碎，取有鋒鋩者一塊，以筋一根，劈開頭尖夾之，用線縛定，兩手指輕撮筋尾，令磁鋩正對患處，約懸寸許，再另用筋一根頻擊筋頭，令毒血遇刺皆出，毒自減退。若毒氣入腹膨脹者難治。

《外科正宗·疔瘡論》 一監生右顴下生疔，三日形如魚目，詢問起居，但麻癢不常，此即肺經受毒之證也。用針刺入四五分，其硬如骨有聲。隨用蟾酥條插至三日，猶不腐化。此堅頑結聚之病，藥力不及，換用三品一條鎗，插至七日，外用糊紙封蓋，至十一日脫出疔根一塊，約有指許，以長肉玉紅膏漸搽漸長，先服托裏消毒散加金銀花二錢、白芷五分，脫後用八珍湯加天花粉、麥冬、黃芪、陳皮各一錢，調理月餘；候瘡生肉已平，用珍珠散摻上，結皮而愈。

《太乙神針心法·瘡毒門》 治法　疔瘡生面上與口角，灸合谷。

疔瘡生手上，灸曲池。

疔瘡生背上，針肩井，三里，委中，臨泣，行間，通里，少海，太衝。

《繪圖針灸易學·翻全圖》

蛇曲驢翻　搖心戰戰，舌下有紫疔。

治法　用針刺破舌下紫疔，烟油點之即愈。

柳皮疔　其證頭搖，肚臍邊有泡，發獄色。

治法　一日用針刺破，以柳疔燒黃爲末，點之，久則越長越大，難治。

《瘍科心得集·辨唇疔繭唇餂唇疳論》 脣疔生於上下嘴脣，係脾胃兩經火毒所致，初起如粟，或不痛，或癢甚。其形甚微，其毒極深，其色或赤或白，若脣口上下紫黑色者，根行甚急，不一日頭面腫大，三四日即不救。疔毒以愈小而愈横也，治宜急泄火毒，勿損其脾胃之氣，毒易散矣。以蟾酥丸、犀角地黃湯主之，外用白雪丹入瘡頭，以膏蓋貼，俟次日揭開，擠去毒血。如未透泄，再用再貼。又初時，須細看腿灣委中穴，有紫黑筋，用長針刺破出血，其毒即泄。

《瘍科心得集·辨涌泉疽足底疔論》 湧泉疽腎經穴名，在足心。生於足心，

又名井泉疽，俗名病穿板，又名穿窟天蛇，屬少陰腎經虛損，濕熱下注而成。若高突焮腫，過侯即潰膿者，毒淺易愈。若或麻，或痒，黑陷不痛，二十一日之內不潰膿者，屬陰敗之證，毒深難救，治宜隔蒜灸之，或用神燈照法，內服除濕解毒之劑。若虛甚膿遲，則進十全大補湯，潰後與八味地黃湯、補中益氣等，以滋化源，切不可過用攻伐之劑，致傷脾胃，使元氣愈虛，多致不救。

足底生疔，初起如小瘡，或小泡，根腳堅硬，四圍焮腫，或疼痛，或麻木，令人憎寒頭痛，發熱，或嘔吐惡心，煩躁悶亂，此由肥甘過度，不慎房酒，以致邪毒蘊結而成。經曰：膏粱之變，足生大疔。此之謂也。凡患此者，多有紅絲至臍，須看明，急用針於血絲盡處挑破之，使出惡血，亦用隔蒜灸法。痛則灸至不痛，不痛者灸至痛，若灸而不痛，針疔四邊，皆令血出，以奪命丹一顆入瘡頭孔內，以膏藥蓋之，內服解毒之劑，或荆防敗毒散，活命飲，兼托裡補藥。若頭突如水晶樣者，即用刀點之，蓋以升膏。又或初起黃泡，止有硬塊，不甚腫赤者，爲水疔。亦宜當頭刺破，以升膏蓋之。凡腳底生疔，若有老皮之處，宜去之，否則其頭難出。

《針灸逢源·證治參詳·癰疽門》疔瘡初如粟米，次如赤豆，頂凹堅硬，或痛癢麻木，或寒熱頭痛。面口合谷，手上曲池，背上肩井，委中，三里。

凡疔用隔蒜灸法，甚則以蒜膏徧塗四圍，只露毒頂，用艾着肉灸之，以爆爲度，如不爆者難愈，更宜多灸至百壯，無不愈者。

疔瘡初發，必用鈹針刺入瘡心四五分，挑斷疔根，令出惡血。針入疔根堅硬如鐵者爲順，綿軟而不知痛者爲逆。生項以上者屬三陽經，不宜灸火，曰：生疔。亦禁灸。若初起失治，或房勞遺精，及食椒、酒、雞、魚、豬首等發物，以致毒氣內攻，走黃不住，瘡必塌陷，按經尋之，有一芒刺直豎，乃是疔苗，急用針刺出惡血，即在刺處用艾灸三壯，以宣餘毒。

《針灸逢源·論治補遺·疔瘡》疔，火證也，形小根深，發無定處。如火焰疔多生脣口及手掌指節間，初生一點紅黃小皰，痛兼麻癢，此心經毒火也。紫焰疔多生筋骨間，初生紫皰，次日破流血水，此肝經毒火也。黃鼓疔多生顴頰眼胞，黃皰麻痒，此脾經毒火也。白刃疔多生鼻孔兩手，白皰頂硬，根突癢痛，易腐易陷，重則顋損，此肺經毒火也。黑靨疔多生耳竅牙縫，胸腹腰間，黑斑紫皰，頑硬如釘，痛徹骨髓，重則手足紫，軟陷孔深，此腎經毒火也。又有紅絲疔發於手掌及骨節間，初起小瘡，漸發紅絲，上攻手膊，急用針於紅絲盡處砭斷出血，尋至初起瘡上挑破，用蟾酥條。又有暗疔臍下，先堅腫無頭，次腫陰囊睾丸，焮熱疼痛。又有內疔先發寒熱，腹痛，數日間忽然腫起一塊。暗疔、內疔不用挑法，用蟾酥丸三丸，葱白三寸裹藥，黃酒送下，蓋卧出汗，少時無汗，係毒熱滯結，仍用汗下法，毒熱隨解。又有羊毛疔，身發寒熱，前心後心有紅點如疹形，先將紫黑斑點用衣針挑出，如羊毛狀，前後共挑數處，即時汗出而愈。

《神灸經綸·外科證治》疔瘡　用大蒜爛搗成膏，塗疔四圍，留瘡頂以艾炷灸之，以爆爲度，如不爆，難愈，宜多灸至百余壯，無不愈者。

鼻疔　生於鼻內，痛引腦門，不能運氣，牙閉不開，鼻大如瓶，色黑者不治。腕骨，穴在掌末側陷中，灸七壯，炷如菉豆大。

黑疔　生耳中，赤腫連腮。後溪，穴在手小指外側本節後，捏拳橫紋盡處，灸七壯。

頰疔　生面頰骨尖高處，發時寒戰，咬牙，口不能開。外關。

注節疔　生指節縫中，腫痛連肘臂。合骨。

合疔　一名虎口，發有小黑泡，起大指節尾中。內關，間使。

《針灸集成·回骨疔》疔腫生面上口角。合谷，下三里，神門。

生手上。曲池穴，三七壯。

生背上。肩井七壯，委中，靈道。觀病之輕重，重者倍數灸之，并灸騎竹馬穴七壯。

縷疔，狀如以蒿草裹雞卵箇箇，間結之形，長而紅，發於肘內而痛，日久則成膿，膿後則針破出膿，未膿前，灸騎竹馬穴，各七壯，即愈。手足同治。凡人手足及一身之中骨節腫膿，針破後，膿雖盡出，而浮氣未消之前，則病人悶其疼痛，不忍屈伸，以待自差，則膿汁與脂膜塡滿於骨臼，筋膠於骨節，伸者終不得屈，屈者終不得伸，平生永爲病廢之人。須及於膿汁未盡出，而黃汁不止之際，即令傍人強扶屈伸，頻數限差，則免廢。

《刺疔捷法·治疔要言》凡疔證發於頭面、手臂者多，發於腹背下部者少，初起時一小瘰，或麻或癢而不痛，漸即腫大，急須戒口，一切魚肉葷腥煎炒發食，務要忌淨。治法先看疔之發於何處，翻閱歌訣，用小鐮刀或三稜針按穴輕刺，略爲出血，隨以麻油和食鹽點穴上，以透泄其毒，切勿將疔頭刺破爲要，即以疔膏藥隔水溫軟捏扁，貼於患處，初起二三日立見消化，無須服藥

矣。

《**刺疔捷法·治疔歌**》鶴頂疔生督脈經，宜刺百勞與天庭，印堂人中與尾骶，委中兩穴保安甯。用𤓾桃炙炭，清油調敷。

天庭疔從尾骶刺，肩井面巖百勞治，插花頰車與地合，中衝一穴須刺至。

天門疔刺尾骶穴，肩井地倉又龍舌，地合面巖與插花，百勞一二至三節。

太陽生疔關衝刺，百勞七節須挑至，地合肩井與印堂，大敦竅陰穴當誌。

前髮際疔尾閭決，環跳竅陰是要穴，地合百勞與曲池，燕利兩穴又龍舌。

插花疔屬肝膽經，髮際印堂刺甚靈，百勞七節與地合，竅陰大敦保安甯。

大頭疔發頭腫大，急刺尾骶可安泰，天庭地合與百勞，中衝一決可無害。此疔起於印堂上寸許，毒重則頭腫大。

印堂疔刺尾骶穴，關衝百勞人中決，更刺兩顴并面巖，心肺火毒可療滅。

山根疔刺尾骶穴，百勞挑至第四節，人中地合與印堂，兩顴骨上亦須決。

眉中生疔肝脾熱，須刺隱白大敦穴，地合兩旁食指尖，即商陽穴。百勞七節與龍舌。

眉燕眉稍兩處疔，牙咬龍舌曲池經，百勞大敦與隱白，肩井一決保安甯。

上下眼胞若生疔，陷白厲兌與天庭，更尋曲池并龍舌，中衝穴與委中靈。

鼻節疔向印堂決，百勞關衝尾閭穴，天庭地合與承漿，兩口角旁是要訣。用鮮天南星、米醋摩塗患處。

頰車疔刺合谷穴，地合少商肩井決。

上反唇疔中衝決，委中面巖是要穴，唇內齒根名斷交，印堂關衝與龍舌。

下反唇疔加地合，其餘俱照上反唇。照上反唇各穴刺之，再刺地合。

人中疔刺尾閭穴，斷交委中是要訣，天庭地合與印堂，百勞刺至第三節。

弔角疔刺承漿穴，十指尖與地倉決，委中陷白與耳湧，肩井巨骨是要訣。此疔又名鎖井。

鎖口疔刺地合穴，天庭印堂與龍舌，耳湧耳垂與委中，面巖中衝是宜泄。

地合疔向髖骨決，承漿兩顴天庭穴，中指尖根各一針，男左女右有分別。中指尖即中衝穴，指根在中指第三節近掌處。

耳下項疔合谷治，插花肩井面巖使，再兼環跳與竅陰，百勞印堂俱宜刺。

耳門疔屬三焦火，肩井合谷刺甚妥，腕後外關與關衝，中衝穴內刺亦可。

耳湧疔刺合谷穴，更兼肩井又龍舌，中指尖根各一針，百勞七節亦須決。

耳後生疔屬膀胱，肩井至陰面巖當，中指尖根各一刺，百勞委中與印堂。

後髮際疔刺至陰，尾骶骨上二節尋，肩井百勞委中決，數處挑泄患無侵。

正對口疔屬督脈，須刺尾骶是上策，天庭地合與印堂，百勞委中可解厄。

偏對口疔刺至陰，印堂尾閭委中針，地合百勞二節刺，膀胱毒解患無侵。用九頭蘭花根，射干二味同搗，入鹽少許，貼於患處。

舌尖生疔心火熾，中指尖頭即中衝。須一刺，百勞承漿與印堂，少衝少府爲之使。川連五分，蓮心五粒，煎汁敷患處，效。

喉內患證鎖喉癰，兩少商穴刺即鬆。用鮮上牛膝壹兩，鮮馬蘭根壹兩，同搗，再用金果蘭淨末壹錢，毛茨菇淨末壹錢，四味共搗和絞汁，用鵝毛蘸汁刷入喉內，吐出風痰，立愈。

喉傍生證發痘後，可刺少商合谷口。

肩井生疔刺龍舌，後谿竅陰是要穴，地合缺盆與曲池，髮際印堂尾閭決。

腋下生疔名挾癰，肩井巨骨與小衝。

卧胸疔又名井疽，中脘關元氣海居，百勞三節又七節，起初即刺可消除。

手掌疔生勞宮穴，腕骨內關中衝決，臏骨曲澤與印堂，六處刺之毒自泄。

紅絲疔從脈門起，先斷絲頭刺可止，寸寸挑至近疔頭，中衝穴與龍舌使。紅絲疔亦有從合谷發者，再刺商陽穴。亦有從腳上發者，挑法俱先從紅絲延處當頭先刺，寸寸挑至近根，若有白泡，須挑破之。

手槽疔生威靈穴，可刺肩井與龍舌，更加肘膏與曲池，四處記取是要訣。

螺紋疔生大指頭，雲門尺澤有來由，食指生疔刺合谷，曲泡龍舌不須憂。

中指生疔刺曲澤，內關龍舌細推求。無名指疔關衝刺，肩髎外關可參謀。小指生疔刺腕骨，後谿前谷穴須搜，初起俱將豬膽套，指根一決證可瘳。

凡手指生疔，不論何指初起，速將豬苦膽連汁套於指上，即能消腫。或用黃連、蜈蚣研末，雞子清調敷患處。指根者，即患疔之指根第三節近掌處，如患大指，即刺大指根，如患食指，即刺食指根，餘倣此。

手背疔屬手少陰，腕骨外關龍舌針，四圍微微細針刺，雄黃敷解患無侵。

背脊疔屬督脈經，尾骶委中百勞靈。

臏骨生疔刺厲兑。膝眼委中刺無害。

湧泉穴疔百勞刺，陰谷太谿爲之使，腳虎口中須一針，前後隱珠俱可治。

肉龜疔生腳背上，其形似龜痛難量，急用銀針刺四圍，艾灸疔頭可無恙。

《經歷雜論・疔瘡論》　疔毒之發有二種，一爲火毒獨發，一爲兼火兼濕而發，生於手足少陰經穴極重，兩厥陰、兩陽明次之，少衝、湧泉穴極重，大敦勞宮穴次之。皆有紅絲。人中、口角、虎口、眉頭、眉心陽明部，皆易散大漫腫。古方法多拙，惟菊葉汁入酒，少許服，爲治濕火之疔最當法。今增一法，凡脈數極有力振指者，大黄甘草湯。脈無力，大數軟如綿包而滑近散者，大黄湯一味主之。外用砭石或磁鋒角針等刺之，出紫惡血。有紅絲，用金針刺紅絲盡處出血，外貼洞天仙草膏，稍加陳升九一丹貼之，單洞天膏貼之亦可，皮薄肉薄之處，禁用升丹，恐生努肉肛口，不可不知。

熱毒腫瘍

《醫心方・治脚尰方》引葛氏、陶氏、耆婆方　葛氏方治足忽得痺病，腓脛暴大如吹，頭痛寒熱筋急，不即治之，至老不愈方：隨病痛所在，左右足對內踝直下白肉際，灸三壯即愈，後發，更灸故處。

又陶氏，初覺此病之始，股內間微有腫處，或大脈脹起，或脛中物急煎寒不決者，當檢按其病處有赤脈血路，仍灸絶其經兩三處，處廿一壯，末巴豆虵蟲，少少雜艾，爲灸炷。

若以下至踝間，可依葛氏法，加其壯至五十，亦用藥艾丸也，如此應差。

耆婆方　刺內踝上大脈，血出即差。又方：灸外踝尖。

《醫心方・治惡核腫方》引《僧深方》　凡得惡腫皆暴卒，初始大如半梅桃，或有核，或無核，或痛，或不痛，其長甚速，須臾，如鷄鴨大，即不治之腫。熱爲進，煩悶，拘攣，腫毒內侵，填塞血氣，氣息不通，一再宿，便煞人，初覺此病，便急宜灸當中央，及繞腫邊灸之，令相去五分，使周匝腫上，可三七壯，腫盛者多壯數爲差，腫進者，逐灸前際，取住乃止。

《聖濟總録・治瘻疽瘡腫灸刺法》　項腫不可俯仰，頰腫引耳后，完骨主之。

頔腫唇癰，顴髎主之。

頰腫痛，天窗主之。

頸項癰腫，不能言，天容主之。

面腫，目癰腫，刺陷谷出血，立已。

《扁鵲心書・臍中及下部出膿水》　此由眞氣虚脱，衝、任之血不行，化爲膿水，或從臍中，或從陰中，淋瀝而下，不治即死，灸石門穴二百壯，服金液丹、薑附湯愈。臍爲神闕穴，上脾下腎，不可有傷，若出膿水，先、後天之氣泄矣，焉得不死。

《扁鵲心書・陰莖出膿》　此由酒色過度，眞氣虚耗，故血化爲膿，令人漸漸羸瘦，六脈沈細，當每日服金液丹，霹靂湯，外敷百花散，五六日，腹中微痛，大便滑，小便長，忌房事，犯之，復作。若灸關元二百壯，則病根去矣。遺、滑、淋、濁，無不由酒色之過，至於血出，可謂劇矣，又至化血爲膿，則腎虚寒而精腐敗，非溫補不可，更須謹戒。若仍不慎，必致泄氣而死。

《神應經・瘡毒部》　瘍腫振寒　少海。

《楊敬齋針灸全書・手背紅腫》

《楊敬齋針灸全書・手掌紅腫》

《外科正宗・時毒治驗》 男子先發寒熱，次日頭面俱腫，又二日，口噤，湯水不入，診之，脈洪數而有力，此表裏俱實也。又咽喉妨礙，湯藥難下，先用針刺咽間，去惡血鍾許。此二句徐勒批曰：必死，不死者幸耳。牙關稍開，用防風通聖散一劑，徐徐服之，便去三四次，腫上砭去惡血，以金黃散敷之。次日，腫勢稍退，又用普濟消毒飲二劑，面腫漸消，惟兩耳下堅腫不退，此必作膿，又用托裏消毒散數服，候膿熟而針之。膿熟二字，徐密圈。次用十全大補湯，去肉桂加陳皮，十餘劑而斂。

一男子牙根腫痛，次傳腮項俱腫，頓生寒熱，此陽明溼熱上攻。用荆防敗毒散加石膏一劑，石膏一味，徐勒批曰：初起，不得用寒藥。寒熱頓退，惟腮腫不消，以針刺牙根腫上，此七字，徐密點，批曰：牙根可針。出毒血，以冰硼散搽之，外敷眞君妙貼散，內服牛蒡子湯，數劑而愈。

《類經圖翼・針灸要覽・諸證灸法要穴》 面疾 頰車，面頰腫痛，口急不能嚼，針灸皆可。地倉，面頷瘡腫。合谷，列缺，陷谷。面目𤻖腫，刺出血，立愈。

熱毒 大陵。

蓋痛者爲良肉，不痛者爲毒氣，先不痛而後覺痛者，其毒輕淺，先痛而後反不痛者，其毒深重。故灸者必令火氣直達毒處，不可拘定壯數。昔人有灸至八百壯而愈者，灸後須隨人虛實，服補中托裏助胃壯氣等藥，萬無一失。蓋未潰而灸，則能拔散欝毒，不令開大，已潰而灸，則能補接陽氣，易於收斂。然惟蚤覺蚤灸，方爲上策。淵然劉眞人曰：毒發一二日者，十灸十愈。三四日者，六七愈。五六日者，三四愈。過七日，則雖灸不能消散矣。緣其內膿已成，必須針去方得寬鬆也。雖然疽之爲病，有五善七惡，臨證之時，先須識此。前哲云：五善見三則吉，七惡見四則凶。倘見七惡，愼勿爲灸，徒召謗耳。

又有疔瘡一證，其形不一，其色不同，或如小瘤，或如水泡，或痛不可當，或癢而難忍，或皮肉麻木，或寒熱頭疼，或惡心嘔吐，或肢體拘急，其候多端，難以盡狀。皆須用前灸法，甚則以蒜膏徧塗四圍，只露毒頂，用艾著肉灸之，以爆爲度。如不爆者，難愈，更宜多灸至百壯以上，無弗愈者。

毒瘡久不收口 凡患癰毒潰後，久不收口，膿水不臭，亦無歹肉者，此因消敗太過，以致血氣虛寒，不榮肌肉，治失其宜，便爲終身之患。須內服十全大補等藥，外用大附子以溫水泡透，切作二三分厚片，置漏孔上，以艾灸之。或以附子爲末，用唾和作餅，灸之亦可。隔二三日再灸之，不三五次，自然肌肉長滿而宿患平矣。

又方用麥麵、硫黃、大蒜，三味搗爛，如患大小，捻作三分厚餅，安患上，灸三七壯，每三壯易餅子，四五日後，再灸一次，無弗效者。

《景岳全書・外科鈐古方・外科》 附子餅 治潰瘍氣血俱虛，不能收斂，或風寒襲之，以致血氣不能運行，皆令不斂。用炮附子去皮臍研末，以唾津和爲餅，置瘡口上，將艾炷於餅上灸之，每日灸數壯，但令微熱，勿令痛，如餅乾，再用唾津調和，務以瘡口活潤爲度。

《瘍醫心得集・骨槽風後論》 夫骨槽風之證，固有傳變而成者矣，亦有非傳變而成者。其人或有憂愁思慮，驚恐悲傷，以致氣血凝滯。或由風寒襲入筋骨，邪毒交生起於耳前，連及腮頰，筋骨之間隱隱疼痛，漸漸漫腫堅硬，寒熱如瘧，牙關緊急，難於進食，久則腐潰，腮之裏外仍然漫腫硬痛。此證屬在筋骨陰分，故初起腫硬難消，潰後瘡口難合，肝脾受傷，熱毒蘊積，是以筋骨緊急，肌肉腐爛，而膿多臭穢。初宜用艾灸以解內毒，服降火化痰清熱消腫之劑，潰後或用八珍湯或十全大補湯補托。藥中宜加麥冬、五味。亦有過服寒涼以致肌肉堅凝腐臭者，非理中湯佐以附子不能回陽，非僵蠶不能搜風也。若牙關拘急不開，宜用生薑片墊灸頰車穴，穴在耳垂下五分陷中。二七壯，兼用針刺口內牙盡處出血，其牙關自開。

《神灸經綸・外科證治》 侵腦 在目銳眥穴中，髮下一寸，其證寒戰發

熱，雙目痛。支正。
風眉　生兩眉間，長如生瓜，皮赤腫，引兩目侵眉，痛難忍。陽谷。
馬口瘡　生於鼻下，腫痛，大如馬刀。郄門。
魚腮　生耳下腮中，發時連牙痛。四瀆。
龍泉毒　生人中內。百會。
肩風　生肩上，青腫甚者，痛連兩脇。肩貞。
流注　生起於缺盆穴，氣復合於天樞穴。梁邱。
氣痞　生腹皮裏膜，外狀如覆杯。章門。

《傳悟靈濟録·外科》 熱毒　大陵。

《針灸集成·諸危惡證》 陰腫或臀腫，或腳肉色如常而漸至浮大者，或有微浮者，苦痛於骨肉之間，晝歇夜劇，不省人事，幾至四五十日而成膿，然而夏月則易膿，冬月則不易膿，外見其痛處，形如赤絲粗細血絡，縱橫亂鋪於其上，則是熟膿矣。人或未詳其膿，先以細針刺試，未及膿境而抽針，膿汁緣何而出乎？自謂不膿。抑曰：此濕痰凝滯。萬方治療，終不見效，遷延日月，漸至回骨而死。須針未危之前，用手之法，以邊刃大針先刺皮膚，漸漸深插，至其膿境，針鋒易入，如陷虛空，已入膿處。然後仍舉針鋒裂破而出，使之出膿，膿汁既歇，即以紙撚插於針孔，使不閉孔，逐日拔插，使出惡汁，惡肉自腐，新肉自生，則紙撚漸至減入，自出黃汁，然後獲痊矣。雖至蘇境，慎勿發怒與酒色，不然則更作腫痛。

腫脈宜滑數急緊，最危者，蝦遊脈、雀啄脈，二動一止，三動一止者，不數日死。

《針灸集成·回骨證》 回骨之後，針破無益，然與其必死，莫若針破，冀獲僥萬一，當與病家商議，僉曰諾，然後針破出膿，而使不快出，不然則危矣。故徐徐出汁出膿之後，未滿十日而死者，膿無一毫間隔者也。過十日而生者，肉有毫髮未膿處也。

凡小癰腫有觜銳者，或無觜者，多發於耳下及臂，或腳，苦痛十餘日，或至十五日後成膿，然不可以一例論之。大概先以手指按探腫暈，而當處堅固，且有指痕成凹，趁不解者，是不膿也。按指漸至膿處，忽覺指陷，舉指復起，正似軌繭成凹，捨則復起之狀，是乃膿也。

《針灸集成·諸藥灸癰疽法》 諸處痰腫，不癢不痛，久作成膿，針破。膿色與血相和，或有蒼色，則吉也。只有白色，而不稠，正似腐糊者，死也。

《針灸穴法》 耳根紅腫痛　合谷二穴，頰車二穴，臨泣二穴，翳風二穴。

通帶膽經之脈，在足小指次節間，去膝骨一寸五分，（會犯）〔令患〕者垂足取之，主治二十五證。

瘡疥癬

《甲乙經·寒氣客於經絡之中發癰疽風成發厲浸淫》 疥癬，陽溪主之。

《千金要方·痔漏·疥癬》 灸癬法　日中時，灸病處影上三炷。

又法　八月八日日出時，令病人正當東向戶長跪，平舉兩手持戶兩邊，取肩頭小垂際骨解宛宛中灸之，兩火俱下，各三壯，若七壯，十日愈。

《千金要方·針灸下·癭瘤》 大陵，支溝，陽谷，後溪，主痂疥。

《千金翼方·疥癬》 治癬方　凈洗瘡，取醬瓣，尿和，塗之，差，止。

又方　正日中午時灸病處，影上三炷灸之。

《扁鵲心書·附竇材灸法》 頑癬浸淫，或小兒禿瘡，皆汗出入水，濕淫皮毛而致也。於生瘡處，隔三寸灸三壯，出黃水愈。

《扁鵲心書·禿瘡》 寒濕客於髮湊，浸淫成瘡，久之生蟲，即於頭上灸五十壯自愈，看其初起者，即是頭也。

《針灸資生經·癬疥瘡》 《千金翼》曰，瘑瘡疥癬，皆有諸蟲，三年不差，便爲惡疾云云。治久癬不差方，細研水銀霜如粉，和臘月豬膏，先以泔清洗瘡，拭乾，一塗即差，再塗永差。大陵，支溝，陽谷，後谿，主痂疥。陽谿治痂疥。合谷，曲池，療皮膚痂疥。《明下》

《世醫得效方·癬瘡》 灸法　八月八日日出時，令病人正當東向戶長跪，平舉兩手，持戶兩邊，取肩頭小垂際骨解宛宛中灸之，兩火俱下，各三壯，若七壯，十日愈。

《普濟方·針灸門·癬疥》 療皮膚痂疥，穴合谷，曲池。

治痂疥，穴大陵，支溝，陽谷，後谿。治乾癬，諸治大不差者，但看癬頭有痱疕子處，即以小艾炷之。

《醫學綱目·丹熛痤疹》 手疥，灸勞宮，大陵。

瘡疥頑癬，取絕骨，三里各寸半，瀉；間使，解谿各五分，血郄三寸。

渾身生瘡疥，取曲池，合谷，三里，絶骨，行間，委中。

《神應經·瘡毒部》 疥癬瘡 曲池，支溝，陽谿，陽谷，大陵，合谷，後谿，委中，三里，陽輔，崑崙，行間，三陰交，百蟲窠。即膝眼。

遍身生疥癩 曲池，合谷，三里，絶骨，膝眼。灸二七壯。

《證治準繩·疥癬·癬》 又法，八月朔日日出時，令病人正向東面戶內長跪，平舉兩手，持(胸)〔戶〕兩邊，取肩頭小垂際骨解宛宛中灸之，兩火俱下，各三壯或七壯，十日愈。

《類經圖翼·針灸要覽·諸證灸法要穴》 瘡疥 風門，間使，合谷，大陵。胸前瘡疥。

《羅遺編·針灸要穴論》 瘡疥 風門，間使，合谷，大陵。胸前瘡疥。

《瘍醫會粹·治驗·濕癬》 子和：一女子，年十五，兩股間濕癬，長三四寸，下至膝。發癢時，爬搔湯火俱不解，癢定，黃赤水流，又痛不可忍，灸焫熏渫，硫黃、藺茹、白殭蠶、羊蹄根之藥，皆不效。其父母求療於戴人，戴人曰：能從予言則瘥。父母諾之。以鈹針磨尖快，當其癢時，於癬上各刺百餘針，其血出盡，煎鹽湯洗之。如此四次，大病方除。此方不盡以告後人，恐爲癬藥所誤，濕淫於血，不可不砭者矣。

《針灸逢源·證治參詳·癧疽門》 疥瘡，癬瘡 曲池，合谷，間使，大陵，足三里，委中，百蟲窠，行間。

《神灸經綸·外科證治》 瘡疥 風門，間使，合谷，大陵。胸前瘡疥。

《針灸集成·諸藥灸癰疽法》 遍身疥瘡 肺俞，神門，曲池，大陵。

《針灸集成·疥癬》 一女子兩股間濕癬，下至膝，癢痛流黃水，百藥不效。戴人以針，當癢時，刺百餘處，血出盡，煎鹽湯洗之，四次，方除盡。濕淫瘀血不可不針也。子和。

楊梅瘡、癘風、下疳

《靈樞·四時氣》 癘風者，素刺其腫上，已刺，以銳針針其處，按出其惡氣，腫盡乃止，常食方食，無食他食。

馬蒔注：此言刺癘風之法也。按《素問·風論》云：癘者有營衛熱胕，其氣不清，故使鼻柱壞而色敗，皮膚瘍潰，風寒客於脈而不去，名曰癘風。《骨空論》、《長刺節論》皆謂之大風也。當平日刺其腫上，已刺，數以針之銳者，針其患處，仍以手按出其惡毒之氣，必腫盡乃止針，不盡不止也。凡食品如常者始食之，若異品他食，宜無食也。

張介賓注：《靈樞·四時氣》篇癘，大風也。《風論》曰：癘者有營氣熱胕，其氣不清，故使鼻柱壞而色敗，皮膚瘍潰，風寒客於脈而不去，名曰癘風也。其治法，當於常素刺其腫上，已刺之後，又必數以銳針針其患處，仍用手按出其惡毒之氣，必待腫盡，乃可止針，蓋毒深氣甚，非多刺不可也。癘，癩同，又音利。食得其法，謂之方食，無食他食，忌動風發毒等物也。

張志聰注：此邪病之在脈也。腫者脈中之營熱，出於胕肉而爲腫也。惡氣者，惡厲之邪，留而不去，則使其鼻柱壞而色敗，皮膚瘍潰，故當出其惡氣，腫盡乃止。常食方食，無食他食者，謂當淡其飲食，無食他方之異品也。

《甲乙經·陽受病發風》 病大風骨節重，鬚眉墜，名曰大風。刺肌肉爲故，汗出百日，刺骨髓，汗出百日，凡二百日，鬚眉生而止針。

《衛生寶鑑·癘風刺法併治驗》 戊寅歲正月，段庫使病大風，滿面連頸極癢，眉毛已脫落，須以熱湯沃之則稍緩。晝夜數次沃之，或砭刺，亦緩。先師曰：脈風者，癘風也，榮衛熱胕，其氣不清，故使鼻柱壞，皮膚色敗。大風者，風寒客於脈而不去，治之當刺其腫上。以銳針針其處，按出其惡氣，腫盡乃止。常食方食，勿食他食。宜以補氣瀉榮湯治之，此藥破血散熱，升陽去癢，瀉榮。辛溫散之，甘溫升之，以行陽明之經。瀉心火，補肺氣，乃正治之方。

《玉機微義·癘風門·癘風治法》 《內經》云：病大風骨節重，鬚眉墮，名曰大風。刺肌肉爲故，汗出百日。王注：泄衛氣之怫熱。刺骨髓，汗出百日。泄榮氣之怫熱。凡二百日，鬚眉生而止針。怫熱屏退，陰氣內復，故多汗出，鬚眉生也。《靈樞》云：癘風者，數刺其腫上，已刺，以銳針針其處，按出其惡氣，腫盡乃止。常食方食，勿食他食，以犯其病。

《玉機微義·癘風門·論癘風屬肺生蟲屬木皆血熱之病》 《病機》云：《內經》云：脈風成爲癘，俗云癩病也。先樺皮散，從少至多，服五七日，灸承漿穴七壯。灸，瘡輕，再灸，瘡愈，三灸之後，服二聖散泄熱，祛血中之風邪，戒房室三年。病愈，藥灸同止。述類象形，此治肺風之法也。然此疾非止肺

臟有之，以其病發於鼻，俗呼爲肺風也。鼻腫準赤，脹大而爲瘡，乃血隨氣化也。氣既不施，則血爲之聚，血既聚，則使肉爛而生蟲也。生蟲者，厥陰主之，厥陰爲風木，主生五蟲。蓋三焦相火熱甚而制金，金衰故木來克侮。宣瀉火熱，利氣之劑，蟲自不生也。故此疾血熱明矣，當以藥緩疏泄之，煎局方升麻湯，下錢氏瀉青丸。餘病各隨經治。

〔劉純按〕癘風，皮毛血脈先受病，二者屬榮衛所主，故言肺風。至於內壞生蟲，又陽明厥陰所屬，故其用藥皆疏泄肺氣，祛逐血分之邪熱。其灸承漿一穴，乃陽明任脈之會，所以宣通血脈，以散風也。

《玉機微義·癘風門·論癩風宜汗宜下宜出血》 子和書云：《內經》論癩，針二百日，眉毛再生，針同發汗也。但無藥者，用針一汗可抵千針。故高供奉嘗採萍，治癱瘓風出汗。張主簿病癩十餘年，戴人曰：足有汗者，可治之，當發汗，其汗出當臭，其涎當腥。乃置燠室中，以三聖散吐之，汗出周身，如卧水中，其汗果臭，痰皆腥如魚涎，足心微有汗。次以舟車丸、濬川散，下五七行，如此數次乃瘳。又一人病風，面黑，爬搔不已，眉毛脫落，刺其面，大出血如墨，刺三次，血變色。每刺，自額至頤，〔鈹〕針上下俱刺，每隔日一刺，至二十餘日方已。

〔劉純按〕此論《內經》用針同發汗。至於出血，亦同汗也。但癘證在經在表，故宜針宜汗。有惡血留滯，故宜出血，或於腫上，或於委中，皆可也。又腸胃有穢惡蟲積，故宜下。大抵皆宣泄表裏血氣邪熱之毒也。

《針灸聚英·玉機微義針灸證治》 癘風

丹溪曰：是人受得天地間殺厲之風，以其酷烈暴悍可畏也，不外乎陽明一經。《病機》云：灸承漿七壯，灸，瘡輕，再灸，瘡愈，三灸之。劉氏曰：陽明、任脈之會，所以宣通血脈，以散風也。《內經》云：數刺腫上出血。子和曰：刺其面大脈，出血如墨，刺三次，血色變。每刺，自額至頤，鈹針上下俱刺，每隔一日一刺，刺至二十餘日方已。劉氏曰：委中皆可出血，同汗也。

《名醫類案·癘風》 李東垣治一人，病癘風，滿面連鬚極癢，眉毛脫落，須用熱水沃之稍緩，或砭刺亦緩。《風論》中云：夫癘者，榮衛熱胕，其氣不清，故鼻柱壞而色敗，皮膚瘍潰，風寒客於脈而不去，名曰癘風。當刺其腫上，先刺。以銳針刺其處，按出惡氣，腫盡乃止。

一人病風，爬搔不已，眉毛脫落，刺其面，大出血如墨，刺三次，血變色，每刺自額至頤，鈹針上下俱刺，間日一次，至二十餘日方已。

羅謙甫治段庫使，春初病大風，滿面連頸極癢，眉已脫落，須以熱湯沃之則稍緩，晝夜數次沃之，或砭刺亦緩。先師曰：脈風者，癘風也。榮衛熱胕，其氣不清，故使鼻柱壞，皮膚色敗。大風者，風寒客於脈而不去，治之當刺其腫上，以銳針針其處，按出其惡氣，腫盡乃止。

《古今醫統大全·厲風門·治厲風宜針刺出血》 《靈樞》云：厲風者，數其腫上已刺以銳針，針其處，按出其惡氣，腫盡，乃止。常食方食，勿食他食，以犯其病。一人病風，面黑爬癢不已，眉毛脫落，刺其面，大出血如墨，刺三次，血變紅色，每刺自額至頤，排針上下，隔日一刺，至十餘日已。

《古今醫統大全·厲風門·灸法治癘》 灸法治厲　先服樺皮散，少至多，服五七日，灸承漿穴七壯，灸瘡愈後，再灸之，凡三灸之後，服二聖散泄熱，祛血中之風邪，時更以秋麻湯送下瀉青丸爲佳。倘年深日久，即以愈風丹，換骨散等方，詳而用之。

《景岳全書·外科鈐·楊梅瘡》 一男子患楊梅瘡後，兩腿一臂各潰二寸許，一穴膿水淋漓，少食無睡，久而不愈。以八珍湯加茯神、棗仁炒服，每日以蒜搗爛塗患處，灸良久，隨貼膏藥，數日少可，卻用豆豉餅灸之，更服十全大補湯而愈。

《景岳全書·外科鈐·便毒》 便毒論治如薛氏之法，固已詳矣，然又惟交感不潔，遭淫毒而患者爲最多。每每先起下疳，下疳未已，便毒繼之，此濕熱穢毒之爲患也。凡初起腫痛，尚未成膿，而元氣尚強者，速宜先去其毒，惟會膿散或牡蠣散爲最善。若已成膿，則或針或蝕，惟速去其膿，隨因證調補，使速收口爲善。

《針灸逢源·證治參詳·癰疽門》 癘風，俗稱大痲風，濕熱在內，而爲風鼓之，則肌肉生蟲，白屑重疊，搔癢頑痲，甚則眉毛脫落，鼻柱崩壞，不可爲矣。須令病人斷酒戒色，清心寡慾，忌食發風動氣葷腥鹽醬炙煿生冷之物，止食淡飯白粥白煮時菜而已，愈後亦須守禁，否則再發不救。

承漿，灸七壯，灸瘡愈再灸，以疏陽明任脈，則風熱息而蟲不生矣。

委中，刺出血二三合。黑紫圪搭上。刺出惡血。

若毒在外者，刺遍身患處，及兩臂腿腕，兩手足指縫，各出血，隔一二日更刺之，血赤爲度。

《針灸集成·諸藥灸癰疽法》 風丹及火丹毒，以三稜針無間亂刺當處，及暈畔，多出惡血，翌日，更看赤氣所在，如初，有亂刺菜血如糞，神效。

風癩 一名大風瘡，傷於隆冬，心肺受邪。鼻塞面熱，夜寢自鼻出血，眉毛墮落，一身搔癢成瘡。以三稜針間一二日亂刺身上，肉黑處，至肉汗出，百日又針至骨如初，汗出，百日鬚眉還生後，即止。灸亦隨於肉黑處，亦佳調攝，則一依針灸法，愼勿觸風寒，有大效。治穴：委中，尺澤，太衝皆針出血，曲池，神門，中渚，合谷，內關，申脈，太淵，照海，絶骨，崑崙，心俞，肺俞，胃俞，脾俞。

《針灸穴法》 楊梅瘡 初起之瘡且痛且癢，照瘡處灸三壯，去其瘡母，再不發矣。

《醫門補要·大麻風針法》 先在好肉與病肉分界處，用黑筆畫一隔界圈，凡患處，或分圈，或合圈，皆圈定，次在圈中，次第點成黑點，每點相離些許，後以九個二號針，各眼穿線，捲圓，外包布條扎緊，須露針尖在外，每黑點刺三十六下，隔界圈，亦刺三十六下，即用麝香、冰片、牛黃各數分研末，入薑汁，米醋內和勻，磨墨塗刺，過黑點上，再在黑界圈上，刺三遍，亦隨塗藥水一次，未愈，仍照前法刺圈內，未刺之處，若足痺腫，須砭去污水盡而止，若已破皮淌血水者，不治。既刺，忌鹽醬一百二十日，方不復發。

《灸法秘傳·癩病》 癩病，癘風也，俗稱爲大麻風。良由濕勝則生風，風勝則生蟲。所以皮膚脱落，肌肉浮紫，滿軀作癢，狀若蟲行。宜灸曲池可愈。

《經歷雜論·楊梅瘡診治法》 痘瘡因於先天相火而成，梅瘡則後天相火而成，有挾濕毒者，有不兼濕氣者，有妄治妄瀉尅伐太過，傷及元氣津液精血而成內陷者，有誤用輕粉刦藥而成結毒者。何謂結毒，以梅瘡屬陽毒，輕粉屬陰毒，陰陽二毒凝結一團，清之不可，溫之不可，故曰結毒。楊瘡雖重易治，結毒雖輕難醫。其脈數大有力鼓指，苔黃厚腐，雖體無完膚，易治，以增液承氣湯加鮮生地下之，以其相火一氣爲病也。其脈數大而軟如綿包者，兼濕氣也，加苦寒以瀉之，苦辛以和陽氣，淡滲以通水道。其脈芤虛濇者，元氣陰血不足也，宜先淸補滋益之，以防內陷，托毒外出。脈象弦數兼緊濇者，恐已誤服輕粉，陰陽二象並見，如有筋骨疼痛，肌肉麻痺如蟻行瑟瑟處者，必已誤服無疑矣。宜用收水銀法取盡輕粉毒氣方愈。法用開口花椒十四粒，整吞如送丸藥法，每日吞之便出，至不開口止。外以金針取穴道，引輕粉氣吸針上，緩緩日日針之，取盡陰毒方止。凡服輕粉霜者，牙齦必腫，口流涎水，其犯陽明經可知。凡病入陽明，多不再傳，用金針取法，亦取足三里、手合谷，二陽明經穴耳，深內針，久留之，待氣至然後出針。弱者徐出針，恐其不勝大泄也。富者可用赤金爲珠如綠豆大，數粒當丸吞之，待其由大便出，揀出洗淨，其色必淡白，用火燒後再吞，便出再燒，如是可數次。再筋骨疼痛，肌肉麻痺如蟻附之處，用金器磨之，磨擦久，皮轉紫黑，如破，用眞金箔貼之。若結毒已潰者，極難斂，需用金葉作油紙，攤散陰膏摻製去油硫磺末貼之，如無桂末，與花椒末亦可，用赤金者，取物類相感，水銀食金之意也。

癮疹、丹毒

《千金要方·脾臟·脾臟脈論》 扁鵲曰：灸肝脾二輸，主治丹毒，四時隨病，當依源補瀉虛實之痾，皮肉隨熱，則須鐮破，薄貼方呪促治，疾無逃矣。

《千金要方·隱軫》 舉體痛癢如蟲齧，癢而搔之，皮便脱落作瘡，灸曲池二穴隨年壯，發即灸之神良。

《千金翼方·癮疹》 灸法 以一條艾蒿長者，以兩手極意尋之，著壁立，兩手幷蒿竿拓著壁伸十指，當中指頭，以大艾炷灸蒿竿上，令蒿竿斷，即上灸十指差。於後重發，更依法灸，永差。

《針灸資生經·風疹》 肩髃，治熱風癮疹《明》云：刺風，風虛。曲池，治刺風癮疹。涌泉、環跳、治風疹。下崑崙，療刺風疹、風熱、風冷痹《明》。曲池，療刺風疹疼痛。伏兔，療癮疹。合谷、曲池，療大小人遍身風疹。《下》

《千金方》云：人有風疹多必眼暗，先攻其風，其暗自差。然則人之目暗，亦有因風疹多而得者，風疹可不先治乎。

《千金翼》灸風熱赤疹癢，搔之逐手作瘡法：以一條艾蒿長者，以兩手極意尋之，著壁立，兩手幷蒿竿拓着壁，伸十指，當中指頭，以大艾炷灸蒿竿上，令蒿竿斷，即上灸十指差，差後重發，更依法灸，永差。癮疹、曲池，灸隨年壯。頭痛癮疹，天窗七壯。

《玉龍經·盤石金直刺秘傳》 風毒癮疹，遍身瘙癢抓破成瘡，曲池、灸，針瀉。絶骨、灸，針瀉。委中。出血。

《普濟方·針灸門·風疹》 治風疹臂肘腕善動搖，穴曲澤。

治熱風癮疹，及刺風風虛，穴：肩髃。
治風癮疹，舉體癢如蟲行，搔之成瘡，穴：曲池，隨年壯灸。
治風疹，穴：湧泉，環跳。
治刺風疹熱風冷痺，穴：下崑崙。
治刺風疹疼痛，穴：曲池。
治癮疹，穴：伏兔。
治大小人偏身風疹，穴：合谷，曲池。
治癮疹，穴：曲池，灸隨年壯。
治頭痛癮疹，穴：天窗，灸七壯。
治大風癩病，穴：曲池二穴，各灸隨年壯，發即灸之，神良。又兩手中指約文中左右，及手足指兩虎口中，各灸隨年壯，一云各灸三壯。

《普濟方・針灸門・雜病》 治癮瘮癢痛方，灸曲池二穴，小兒隨年壯，發即灸之，神良。

《神應經・瘡毒部》 熱風癮疹 肩髃，曲池，曲澤，環跳，合谷，湧泉。

《證治準繩・心藏部一・瘡瘍》 治丹毒赤色，遊走不定，令口吮血各聚一處，用細磁器擊碎，取鋒芒者，以箸劈開夾之，用綫縛定，兩指輕撮箸頭，少令磁芒對聚血處，再用箸一根頻擊，刺出毒血。輕者止用口吮出毒，用藥敷之。如患在頭者，不用砭法，止宜用針臥倒挑患處，以出毒血，遲則毒血入腹而難起矣。若砭後毒甚者，宜用神功散。如毒輕者，砭後不可用，恐砭處皮膚既破，草烏能作痛也。

《類經圖翼・針灸要覽・諸證灸法要穴》 癮疹 曲池。

《幼幼集成・丹毒證治》 小兒十種丹毒，如三日不治，攻入腸胃則不救。宜逐一辨認，依方治之，百不失一。凡治丹毒，俱宜先服防風升麻湯，以解毒發表，次用磁鋒砭去其血，則毒隨血散。至神至捷，百發百中。

《景岳全書・外科鈐・斑疹丹毒》 立齋曰：凡小兒丹毒，遍身俱赤，不從砭治，以致毒氣入腹則不救。蓋此證乃惡毒熱血蘊蓄於命門，遇相火而合起也。如霞片者，須砭去惡血爲善。如腫起赤色，遊走不定者，宜先以生麻油塗患處，砭之以泄其毒。凡從四肢起入腹者不治。雖云丹有數種，治有數法，無如砭之爲善。常見患稍重者，不用砭法，俱不救。

一男子患丹毒，焮痛便秘，脈數而實，服防風通聖散不應，令砭患處，去惡血，仍用前藥而愈。一小兒腿患丹如霞，遊走不定，先以麻油塗患處，砭出惡血，毒即漸散，更以神功托裏散一劑而安。一小兒患丹毒，外勢雖輕，內則大便不利。此患在臟也，服大連翹飲，敷神功散而瘥。一小兒遍身皆赤，砭之，投解毒藥而愈。

《羅遺編・針灸要穴論》 癮疹 曲池。

《瘍科會粹・章集・砭法》 治丹毒疔瘡，紅絲走散，或時毒瘀血壅盛。用細瓷器擊碎，取有鋒芒者一塊。以筋一根，劈開頭尖，夾之，用線縛定，兩手指輕撮筋梢，令瓷芒正對患處，懸寸許，再用筋一根，頻擊筋頭，令毒血遇刺皆出。毒入腹膨脹者難治。

《針灸逢源・證治參詳・癰疽門》 癮疹疥癬 癮疹，皮膚枯燥，風氣相搏則生癮疹，身體搔癢，凡人汗出不可當風露臥，及浴後出早，使人身振寒熱，以生風疹也。肩髃，曲池，合谷，曲澤，手三里，環跳。

《針灸全生・小兒》 熱風癮疹 肩髃，曲池，曲澤，環跳，合谷，湧泉，天井。

渾身紅丹 百會，曲池，三里，委中。

《神灸經綸・外科證治》 癮疹 曲池，陽谿，天井。

《傳悟靈濟録・諸瘰癧》 癮疹 曲池。

《針灸集成・頭面部》 頭面風癉發作一二日，赤腫，形如火爛，突起如榛子，或如潤太，因漸廣大，氣息奄奄，急以三稜針亂刺當處，及四畔赤暈，不計其數，多出惡血，片時即蘇，色變如常，翌日，更觀未盡處及新暈針刺，隨腫隨針則神效，宜臨機應變。

《針灸集成・諸藥灸癰疽法》 熱風癮疹曲池，曲澤，合谷，列缺，肺俞，魚際，神門，內關。

《灸法秘傳・疹病》 肌發紅點，有若蚊咬者，爲熱疹。細粒透顯者，爲風疹。不透出者，爲隱疹。隱疹宜灸曲池，風疹、熱疹宜乎合谷，環跳。

身癢

《繪圖針灸易學・翻全圖》 撓癢翻，渾身刺撓，舌下有紫疔。

治法：用針刺破舌下紫疔，出血，即愈。

《針灸全生・中風》浮風渾身搔癢　百會，大椎，命門，太陽紫脈，風市，懸鐘，水分，氣海，血海，委中，曲池，臨泣。

《針灸集成・風部》遍身癢如蟲行，不可忍，肘尖七壯，曲池，神門，針合谷，三陰交。

《針灸摘要・帶脈》浮風渾身搔癢　百會，百勞，命門，太陽紫脈，風市，絕骨，水分，氣海，血海，委中，曲池。

疣、贅、瘤

《靈樞・經脈》手太陽之別，名曰支正，上腕五寸。虚則生疣，小者如指痂疥，取之所別也。

馬蒔注：此言小腸經之絡穴也。支正上手腕外廉五寸，内注於手少陰心經，以心與小腸爲表裏也。其別行者，上走於肘，絡手陽明大腸經之肩髃穴。如邪氣有餘而實，則節弛而肘廢。正氣不足而虚，則大者爲疣，蓋贅瘤之類，小者爲指間痂疥之類。凡此疾者，取此別穴而已。針三分，灸三壯。

張志聰注：上腕五寸，乃手太陽經之支正。太陽之經別布於四末，與經相干於支正之間，内注於手少陰之別絡。其別行者，上走肘絡肩髃。手太陽小腸主液，實則津液留滯，不能淖澤於骨，是以節弛肘廢。《三因》曰：氣虚不行則生疣，小者如指上之痂疥，即皷痤之類，氣鬱之所生也。

《千金要方・疥癬・去疣目方》疣目，着艾炷疣目上，灸之三壯即除。

《針灸資生經・癬疥瘡》疣目，著艾炷疣目上灸之，三壯即消。支正治生疣目。

《普濟方・針灸門・瘰癧》治血滯，面生贅瘤，艾灸十壯，即用醋磨雄黄塗之，紙上剪如醫子大，貼於灸處，用膏藥封貼，二日易，候析出膿如豆粉愈。

《普濟方・針灸門・疣目》治生疣目

《資生經》云：疣目雖可灸，《千金方》亦有用杏仁燒令黑，研，骨塗上者。有用松柏子和合，塗之一宿，失去者。有用牛口中涎，數塗，自落者。有用苦酒漬石灰，六七日滴取汁點疣上，小作疣即落者。有以豬脂揩癢處，令少許血出即差，神驗無以加者，不必專拘灸也。

《針灸聚英・玉機微義・針灸證治》身面疣瘤《寶針》云：艾炷灸十壯，即用醋摩雄黄塗紙上，剪如螺師醫大，貼灸處，用膏藥重貼，二日一易，候癢折出，紙如荳粉愈。

《類經圖翼・針灸要覽・諸證灸法要穴》身面贅疣　當疣上灸三壯即消，亦有止灸一壯，以水滴之自去者。

《景岳全書・外科鈐・瘤贅》嘗見人臀股間受箭傷者，未必即死，此之利害，不過如是，遂決意去之。一日飲酒微醺，乘醉以柳葉針刺之，所出者皆如豆腐白皮之屬，蓋即粉瘤也。刺後頓消，予甚快然。及兩日後，則腫如熱癰，予以會通膏貼三日，膿潰而愈，予又快然。不兩日，又腫起，更熱更大，予則大懼大悔，謂瘤贅誠不可刺也。然而無奈，復以會通膏貼之，又三日而大潰，則潰出一囊如魚胞者，然後收口全愈。

刺灸法　向一人於眼皮下弦生一小瘤，初如米粒，漸大如豆，其人疑畏，求治於外科。彼用攢針三四枚，翻轉眼皮，刺其内膜，少少出血，如此二三次，其瘤日縮，竟得盡消。又一人於手臂上生一瘤，漸大如龍眼，其人用小艾於瘤上灸七壯，竟爾漸消不長，亦善法也。或用隔蒜灸之，亦無不可。一、凡於不便處有生此物者，當以此二法酌宜用之。大都筋病宜灸，血病宜刺。或有以蘿蔔子、南星、樸硝之類敷而治者，亦可暫消。若欲拔根，無如前法。

《醫宗金鑒·刺灸心法要訣·灸贅疣穴歌》 贅疣諸痣灸奇穴，更灸紫白二癜風，手之左右中指節，屈節尖上宛宛中。灸癜風及贅疣諸痣奇穴，其穴在左右手中指節宛宛中，俗名拳尖是也。

灸贅疣穴圖

《針灸逢源·證治參詳·癰疽門》 瘤贅

瘤者，留也。若怒動肝火，血涸而筋攣者，自筋腫起，按之如筋，久而或有赤縷，名曰筋瘤。若勞役火動，陰血沸騰，外邪所搏而爲腫者，自肌肉腫起，久而有赤縷，或皮俱赤者，名曰血瘤。若鬱結傷脾，肌肉消薄，外邪所搏而爲腫者，自肌肉腫起，按之實軟，名曰肉瘤。若勞傷肺氣，腠理不密，外邪所搏而壅腫者，自皮膚腫起，按之浮軟，名曰氣瘤，一云：有時牽痛者。若勞傷腎水，不能榮骨而爲腫者，自骨腫起，按之堅硬，名曰骨瘤。一名石癭。五瘤之外，又惟粉瘤爲最多，蓋腠理津沫偶有所滯，聚而不散，則漸以成瘤，是亦粉刺之屬，但有淺深耳。深者在皮裏，漸大成瘤也。向一人於眼皮下沿生一小瘤，初如米粒，漸大如豆，用鑚針三四枚，翻轉眼皮刺其膜，少少出血，如此二三次，其瘤日縮，竟得漸消。又一人於手臂上生一瘤，漸大如龍眼，其人用小艾於瘤上灸七壯，竟爾漸消不長，或隔蒜灸之。凡有生此物者，當以上二法酌宜用之，大都筋病宜灸，血病宜刺，或有以蘿菔子南星樸硝之類敷而治之，亦可暫消，若欲拔根，無如前法。

疣痣疣，音由，贅也。痣，音志，黑子也。

當疣上灸三壯即消，亦有只灸一壯，以水滴之自去者。又灸手中指節宛宛中，疣痣皆效。

《針灸全生·瘡毒》 身面贅疣，當疣上灸三壯即消，亦有止灸一壯，以水滴之自去。

《神灸經綸·外科證治》 身面贅疣　當疣上灸三壯即消，亦有止灸一壯，以水滴之，自去。

《傳悟靈濟録·諸瘰癧》 身面贅疣　其法當疣上灸三壯即消，亦有只灸一壯，以水滴之自去。

《傳悟靈濟録·灸贅疣穴歌》 灸贅疣穴歌

贅疣諸痣灸奇穴，更灸紫白二癜風，手之左右中指節，屈節尖上宛宛中，

注：灸癜風及贅疣諸痣奇穴，其穴在左右手中指節宛宛中，俗名拳尖，即此是也。

灸贅疣穴圖

《太乙神針集解·灸癜風》 左右手中指節宛宛中，凡贅疣諸痣，灸之無不立效。

痄腮

《針灸穴法》 大頭風遍身痛　合谷二穴，絲竹二穴，百會一穴，神廷一穴，腦空二穴，風池二穴。

《針灸全生·口舌》 頰腫生瘡名豬腮風，合谷，列缺，地倉，頰車，承漿，

三里，金津，玉液。

《**針灸集成·傷寒及瘟疫**》　蝦蟆瘟　兵亂之後殺氣彌滿，觸犯傷人，瘟熱大熾，咽腫閉塞，口噤，不語，不食，頷下亦腫，形如蝦蟆之頷，氣息奄奄，第三日而死，故曰蝦蟆瘟。其熱傳染，或作大頭瘟，或無病人傳染者，亦必氣絕，或有作熱仍成大腫而斃者。急以三稜針貫刺頭額上當陽血絡，及太陽血絡，多出惡血，繼以紬繫其肩下臑上，即針刺左右尺澤大小血絡，及委中血絡，并棄血如糞，則不日而飲水，神效。

大頭瘟　形如赤絲之氣，如虹橫帶於額顙，如一字樣，仍腫滿面，耳目口鼻頓無各體，有同肉塊，不聲不語，氣息奄奄，第六七日而死，是熱犯心肺也。治法如右，而并急治未危之前。

其他皮膚病

《**千金要方·疥癬·治白殿方**》　白殿風，灸左右手中指節去延外宛中三壯，未差報之。

《**千金翼方·癧瘍**》　治白癜白駮浸淫癧瘍著頸及胸前方　大醋於甌底磨硫黃令如泥，又以八角、附子截一頭使平，就甌底重磨硫黃使熟，夜卧，先布拭病上令熱，乃以藥傅之，重者三度。

又方　硫黃　水銀　礬石　竈墨

右肆味等分，擣，下篩，以葱涕和研之，臨卧以傅病上。

又方　石硫黃叁兩　附子去皮　鐵精各壹兩

右叁味並研擣，以三年醋和，內甆器中密封七日，以醋泔淨洗病上，拭乾，塗之，乾即塗，壹兩日，慎風。

灸法　五月五日午時，灸膝外屈腳當文頭，隨年壯，兩處灸一時下火，不得轉動。

《**備急灸法·皮膚中毒風**》　張文仲、孫眞人、姚和衆治皮膚中毒風法。毒風之病，其候忽然遍身痛，癢如蟲嚙，癢極搔之，皮便脫落，爛壞作瘡，凡有此患，急灸兩臂屈肘曲骨間，各二十一炷，依圖取穴。男女同法。即曲池穴是也。

《**針灸資生經·癬疥瘡**》　白癜風，灸左右手中指節去延外宛中三壯，未差，報之。

至導單方治紫癜風，用舶上硫黃細研，綿帛裹，生薑自然汁半盞，浸和，綿子塗所患處，稍乾再易，此患多從夏發，但請驗之，予雖未試，想必奇方也。

《千金翼》灸白癜白駁等，重午日午時，灸膝外屈腳當文頭隨年壯，一時下火，不得動。又白癜白駁浸淫癧瘍，著頭頸胸前，灸兩乳間隨年壯，立差。

《**世醫得效方·癜風**》　治白癜風，灸左右手中指節宛中三壯，未差，報之。凡有贅疵諸痣，但將艾炷於上灸之，三壯即除。

《**普濟方·針灸門·癬疥**》　治白癜風，灸左右手中指節，去延外宛中三壯，永差報之。

治白癜駁，重午日午時，灸膝外屈腳當文頭，隨年壯，一時下灸，不得動。

治白癜白駁浸淫，癧瘍著頭頸胸前，灸兩乳間隨年壯，立差。

《**針灸聚英·雜病**》　癩　感天地間殺厲之氣，聲啞者難治。針委中出血二三合。黑紫疙瘩處亦去惡血。已上見劉氏雜病治例。

圖形

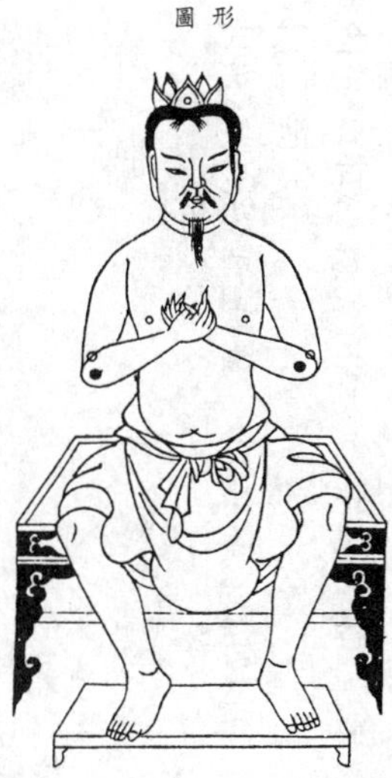

《楊敬齋針灸全書·鵝掌風》

《楊敬齋針灸全書·酒渣鼻赤》

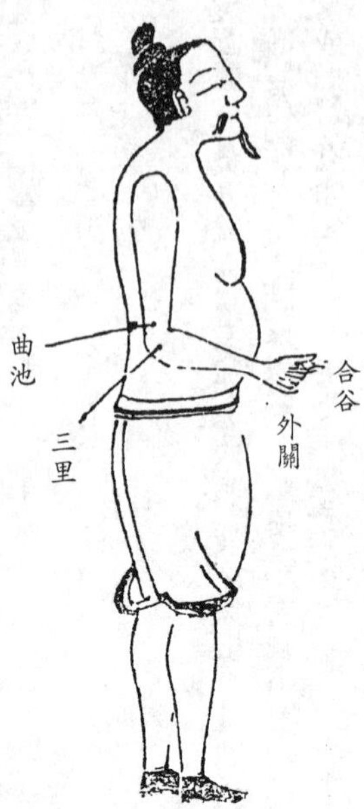

《本草經疏·草部中品之下·主治參互》　鵝掌風，用蘄艾五兩，水四五碗，煮五六滚，入大口瓶，覆以麻布二層，熏掌心，如冷，頓熱再熏，如神。發背初起，急灸瘡頭，不痛灸至痛，痛灸至不痛，奪命神方也。縱潰，毒氣外洩，不致內攻矣。若未潰瘡頭，用濕紙貼上，看先乾處是也，即於此灸。臁瘡年久口冷不合者，用艾烟熏之。

《景岳全書·外科鈐·脚發》　立齋曰：脚發之證，屬足三陰精血虧損，或足三陽濕熱下注。若色赤腫痛而潰膿者，屬濕熱下注，爲可治。若色微赤微腫而膿清者，屬精血虧損，爲難治。若黑黯不腫痛，不潰膿，煩熱作渴，小便淋灕者，陰敗末傳，惡證也，爲不治。

治法　濕熱下注者，先用隔蒜灸、活命飲以解壅毒，次服益氣湯、六味丸以補精氣。若色黯不痛者，着肉灸，桑枝灸以行壅滯，助陽氣，更用十全大補湯、八味丸以壯脾土，滋化源，多有復生者。若專治其瘡，復傷生氣，吾未見其生者。

閣老靳介菴脚趾縫作癢，出水腫焮，脚面敷止癢之藥不應，服除濕之藥益甚。余以爲陰虛濕熱下注，用六味地黄丸，補中益氣湯而愈。大參李北溪左足赤腫作痛，此足三陽經濕熱下注，先用隔蒜灸與活命飲一劑，其痛頓止，灸患處出水，赤腫頓消，次用托裏消毒散四劑，灸患處出膿而愈。

《繪圖針灸易學·翻全圖》　珍珠翻，身上起泡似珍珠。治法：用針遍針見血，即愈。

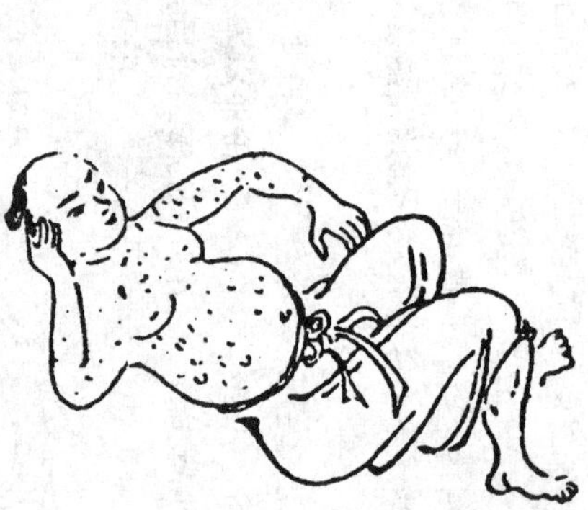

《繪圖針灸易學·翻全圖》　鹿翻，口吐血沫，身上發紫斑，似梅花者。治法：用針刺破斑點，用鹿角膠好黄酒送下，即愈。

《針灸集成·諸藥灸癰疽法》　皮風瘡　自少搔癢不止，如粟米者，多發於臂及足脛外邊與背部，而絕不發胸腹及臂及脚內邊，故名曰皮風瘡。逢秋氣尤癢，成瘡，俗名年疥瘡。曲池灸二百壯，神門、合谷三七壯。

白癩　先針周匝，當處四畔無間後，即用熟艾按作長條，繼作環圓數重於爐灰上，次用信石作末，播其環艾之上，放火於艾端，又以穿孔大瓢覆其上，則烟出瓢孔，即以白癩照熏於其烟。而初不愈，如初針後，又照熏如初，

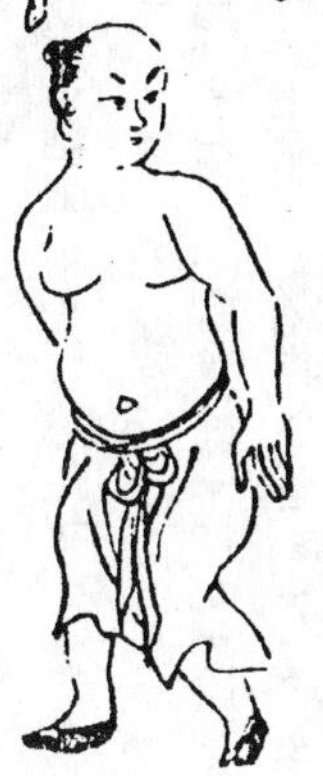

神效。

《針灸穴法》 鵝掌風 足太衝二穴，手大陵二穴。

腋臭

《類經圖翼·針灸要覽·諸證灸法要穴》 腋氣除根 凡腋氣，先用快刀剃去腋毛，淨，乃用好定粉水調搽患處，六七日後，看腋下有一點黑者，必有孔如針大，或如簪尖，即氣竅也。用艾炷如米大者灸之，三四壯愈，永不再發。

《景岳全書·古方八陣·因陣》 又腋氣方 先剃去腋毛令淨，用白定粉水調擦傅患處，至六七日後，淸晨看腋下有一黑點如針孔大者，以筆點定，即用小艾炷灸七壯，灸過或有濁氣攻心作痛者，當用後藥下之。

丁香 靑木香 檳榔 檀香 麝香 大黃

右煎服，以下爲度。

《醫宗金鑑·刺灸心法要訣·灸腋氣歌》 腋氣除根剃腋毛，再將定粉水調膏，塗搽患處七日後，視有黑孔用艾燒。凡腋氣，先用快刀剃去腋毛淨，乃用好定粉水調搽患處，六七日後看腋下有一點黑者，必有孔如針大，或如簪尖，即氣竅也。用艾炷如米大者，灸之三四壯愈，永不再發。

《羅遺編·針灸要穴論》 腋氣除根 凡腋氣，先用快刀剃去腋毛，淨，用好定粉水調搽患處，六七日後看腋下有一點黑者，必有孔如針大，如簪尖，即氣竅也，以艾炷如米大者，灸三四壯愈，永不再發。

《針灸逢源·證治參詳·腫脹門》 腋氣 胎生腋氣，先用快刀剃去腋毛，

淨，乃用好定粉水調搽腋下，六七日後，看有一點黑者，必有孔如針大，或如簪尖，即氣竅也，用艾炷如米大者，灸三四壯，愈。

《針灸全生·瘡毒》 腋下狐臭 先剃去腋毛，以定粉搽之，六七日後其中有一點黑者，必孔如針大，或如簪尖，即氣竅也，用炷如米大，灸三四壯，永不發。

《傳悟靈濟録·灸掖氣歌》 灸腋氣歌

腋氣除根剃腋毛，再將定粉水調膏，塗搽患處七日後，視有黑孔用艾燒。注：凡腋氣先用快刀剃去腋毛，淨，乃用好定粉水調搽患處。六七日後，看腋下有黑點者，必有孔如針大或如簪尖，即氣竅也，用艾炷如米大者灸之，三四壯愈，永不再發。

瘰癧馬刀腋腫

《素問·骨空論》 鼠瘻寒熱，還刺寒府。〔王冰注〕寒府在膝外骨間屈伸之處，寒氣喜中，故名寒府也。解謂骨解，營謂深刺而必中其營也。

〔馬蒔注〕此言刺鼠瘻病者之有穴，而示以取穴之法也。凡生鼠瘻而發爲寒熱者，還須刺寒府穴，其穴在附膝外骨解之營也。凡取膝上外穴者，使之拜，則膝穴空開，而骨解之間可按而取之。至於取足心穴者，使之跪，則宛宛深處，即穴之所在，亦可按而取之矣。按針灸書並無寒府穴，今細推之，足少陽膽經有陽關穴，在陽陵泉上三寸，犢鼻外陷中，疑是此穴。蓋鼠

灸腋氣圖

瘻在頸腋之間，正屬足少陽膽經也。其曰寒府者，大凡人之膝上，片骨最寒，故命名如此耶？又曰：陽關者，足三陽以此爲關耶？如足太陽膀胱經風門穴，又曰熱府。其古人命穴，必有取義，猶手有曲池，足有曲泉，手有三陽絡，足有三陰交，膝外有陽陵泉，膝內有陰陵泉之類。故風門爲熱府，而陽關爲寒府也。

〔張志聰注〕鼠瘻寒熱，病也，其本在臟，其末上出於頸腋之間。夫天開於子，足少陰者天一所生之水臟也。其本在臟者，在少陰之腎臟也。寒府者，膀胱爲腎臟寒水之腑也。病在臟而還取之腑者，謂陰臟之邪，當從陽氣以疏洩也。營，營穴也，謂所取寒腑之穴，在附於膝之外筋營間之委中穴也。拜，揖也，取膝上外解之委中者，使之拜則膝挺而後直，其穴易取也。如當再取腎臟之本經者，使之跪，跪則足折而湧泉之穴，宛在於足心之横紋間矣。以上論大風寒熱諸證，當取頭項脊背足膝之骨空者，皆太陽之穴也。

《靈樞·寒熱》 黃帝問於岐伯曰：寒熱瘰癧在於頸腋者，皆何氣使生？岐伯曰：此皆鼠瘻寒熱之毒氣也，留於脈而不去者也。

〔馬蒔注〕此言鼠瘻之所以發爲寒熱者，以其毒氣之留於脈也。瘰癧者，瘡名，一名鼠瘻瘡。生於頸腋兩脈間，乃陽明少陽兩經所屬也。正以鼠瘻有寒熱之毒氣，留於其脈而不去耳。俗云：鼠用飲食，流涎於其中，人誤用之，所以毒氣感而生瘰癧。今鼠之頸腋多塊。其狀猶瘰癧然，後世有用貓製藥方者，所以勝其毒耳。大義見後《論疾診尺》篇。

張介賓注：瘰癧者，其狀累然而歷貫上下也。故於頸腋之間，皆能有之，因其形如鼠穴，塞其一，復穿其一，故又名爲鼠瘻。蓋以寒熱之毒，留於經脈，所以聯絡不止。一曰結核連續者爲瘰癧，形長如蜆蛤者爲馬刀，又曰脇脅下者爲馬刀。瘰，裸、壘二音。癧，音歷。瘻，音漏。

〔張志聰注〕此承上篇之義，而論足少陰之水火焉。寒熱者，先天水火之氣。水火者，精氣也。以上數篇論後天所成之身形，及水穀所生之血氣，有盛有虛，爲癰爲積，上篇論少陰所生之氣，上出於會厭，而發於音聲，所藏之精，上通於任脈，以濡空竅，然有正氣則有邪淫，如寒熱之毒氣，下藏於臟，上通於頸腋之間，留於脈而不去，則爲瘰癧者，此腎臟先天之水毒也。天開於子，天一生水，其毒在外，故名曰鼠。夫頸腋之脈，少陽之脈也，少陽乃初陽之氣，生於先天之水中，少陽與腎臟經氣相通，故本經曰：少陽屬腎。愚按：本經凡論刺論疾，其中暗合天地陰陽之道，及血氣之生始出入，蓋欲使學者知邪病之所由生，則知正氣之所出入，若能觸類旁通，斯得聖人之微義。

黃帝曰：去之奈何？岐伯曰：鼠瘻之本皆在於藏，其末上出於頸腋之間。其浮於脈中，而未內著於肌肉，而外爲膿血者易去也。黃帝曰：去之奈何？岐伯曰：請從其本引其末，可使衰去而絶其寒熱，審按其道，以予之徐往徐來以去之，其小如麥者，一刺知，三刺而已。

〔馬蒔注〕此言刺瘰癧之有法也。鼠瘻之本，皆在五臟，其末上出於頸腋，浮於脈中，內未著於肌肉，外尚未成膿血者，斯易去也。去之之法，亦惟從其何臟之本，以引其在外之末，可使漸衰而絶其寒熱，審按其脈道，以取穴而與之針，徐往徐來以去其病。內有小如麥粒者，一刺則知其病之將去，三刺則病自已矣。

〔張介賓注〕瘰癧必起於少陽，而後延及陽明，二經表裏相傳，乃至厥陰、太陰，俱能爲病。大抵因鬱氣之積，食味之厚，或風熱之毒，結聚而成，故其所致之本，皆出於藏，而標則見乎頸腋之間也。若其毒之未甚，則但浮見脈中，尚未著於肌肉以化膿血者，去之猶易。若其膿血既成，則爲力較難也。謂去其致之之本，則外見之末，自可引而衰也。予，與之針也。審按其道，審脈氣所由之道也，徐往徐來，即補瀉之法，所謂徐而疾則實，疾而徐則虛也。小如麥者，其初起也，故一刺即知其效，三刺其病可已，所以治

在宜蚤，不可因小而忽之。

〔張志聰注〕此言陰臟之毒氣，傳於腑陽，而外出於末者，可刺而易已也。夫臟爲本，脈爲末。其毒在臟而上出於頸腋之間，其浮於脈中而外爲膿血者，此毒氣出於末，而從脈潰，故易已也。未內著於肌肉者，未轉及於陽明也，故從其本，引其末，可使衰去而絕其寒熱之毒。審按其所出之道路，以予奪之，徐往徐來，以引去之。其小如麥者，毒之輕微也，可一刺知，三刺而已。此篇與《素問》第六十篇《骨空論》合參，其大義可曉然矣。

徐振公曰：手厥陰少陽，皆與腎合，陰臟之毒，出於腑陽，故爲易治，若傳於厥陰之臟，故爲不治之死證矣。

《千金要方·九漏》　論曰：夫九漏之爲病，皆寒熱瘰癧在於頸腋者，何氣使生？此皆鼠瘻寒熱之毒氣也，堤留於脈而不去者也。鼠瘻之本，皆根在於藏，其末上出於頸腋之下，其浮於脈中，而未著於肌肉，而外爲膿血者，易去。去之奈何？曰：請從其末，引其本，可使衰去而絕其寒熱，審按其道以予之，徐往來以去之。其小如麥者，一刺知，三刺已。

凡項邊腋下先作瘰癧者，欲作漏也，宜禁五辛、酒、麪及諸熱食。凡漏有似石癰，累累然作癧子，有核在兩頸及腋下，不痛不熱，治者皆練石散傅其外，內服五香連翹湯下之。已潰者治如癰法。諸漏結核未破者，火針，針使著核結中，無不差者。

灸漏方　葶藶子二合，豉一升，右二味和擣令極熟，作餅如大錢，厚二分許，取一枚當瘡孔上，作大艾炷如小指大，灸餅上三炷一易，三餅九炷，隔三日復一灸之《外臺》治瘰癧古今錄驗云，不可灸頭瘡，葶藶氣入腦殺人。

又方　擣生商陸根，捻作餅子，如錢大，厚三分，安漏上，以艾灸上，餅干易之，灸三四升艾差。《外臺》灸瘰癧。

又方　七月七日日未出時取麻花，五月五日取艾，等分，合擣作炷用，灸瘡上百壯。《外臺》灸瘰癧。

寒熱胸滿，頸痛，四肢不舉，腋下腫上氣胸中有音，喉中鳴，天池主之。

寒熱酸痟痛，四肢不舉，腋下腫瘻，馬刀，喉痺，髀膝脛骨搖，酸痺不仁，陽輔主之。胸中滿，腋下腫，馬刀瘻，善自齧舌頰，天牖中腫，寒熱胸脇腰膝外廉痛，臨泣主之。寒熱頸頷腫，後谿主之。寒熱頸掖下腫，申脈主之。寒熱頸腫，丘墟主之。寒熱頸瘰癧，大迎主之。腋下腫，馬刀，肩腫吻傷，太衝主之。

九漏，灸肩井二百壯。漏，灸鳩尾骨下宛宛中七十壯。諸漏，灸瘻周四畔，差。諸惡漏中冷息肉，灸足內踝上各三壯，二年六壯。

灸一切瘰癧在項上及觸處，但有肉結凝似作瘻及癰疽者方，以獨頭蒜截兩頭留心，大作艾炷稱蒜大小，貼癧子上灸之，勿令上破肉，但取熱而已，七壯一易蒜，日日灸之，取消止。

一切瘰癧，灸兩胯裏患癧處宛宛中，日一壯，七日止，神驗。

又灸五里，人迎各三十壯。又灸患人背兩邊腋下後文上，隨年壯。又灸耳後髮際直脈，七壯。

《千金翼方·鼠瘻》　治鼠瘻方　馬齒草五升，切。槲白皮一斤，水煮五升，取一升澄清。麝香半臍，乾之，研末。杏人。半升，曲煎令黑，擣如粉。右四味，以甆器貯之，合和，以三四重帛密繫口，病已成瘡者，以泔清煎減半，洗，作貼子塗藥貼著瘡上，日三易之。若未作瘡如瘰癧子者，以艾一升，熏黃如棗大，乾漆如棗大，三味末之，和艾作炷，灸之三七壯，止。

頸漏　擣生商陸根作餅子，如大錢，厚三分，貼漏上，以艾灸之，餅乾熟則易之，可灸三四升艾，便差。

一法

葶藶子貳合　豉壹升

右二味，合擣大爛熟，作餅子如上，以一餅子當孔上貼，以艾炷如小指大，灸上，三壯一易，三餅九炷，日三，隔三日一灸。

一法

凡是一名瘰癧有結核欲作癰節者，以獨顆蒜去兩頭，灸之如前法，日灸三度，差。

一法

七月七日日未出時，採麻花，五月五日取艾，等分，合作炷，灸漏上百壯。

《千金翼方·針灸下·痔漏》　針漏法　少海在臂曲側，肘內橫文頭，屈手向頭取之。主腋下瘰癧漏，臂疼屈伸不得，風痺瘙漏，針入三分，留七呼，瀉五呼。

針癧瘰，先拄針皮上三十六息，推針入內之，追核大小，勿出核，三上三下，乃拔出針。

灸漏法　頸漏，灸天池百壯。穴在乳後一寸，腋下著脅、直腋屈脅間。

又灸兩耳後髮際直脈七壯。又灸背後兩邊腋下後文頭，隨年壯。又灸心鳩尾下宛宛中，七十壯。又兩膀內有患癧處宛宛中，百壯。又灸章門，臨泣，支溝，陽輔各百壯。又以艾炷繞四畔周匝，灸七壯即止。又灸肩井，隨年壯，一云二百壯。諸惡漏中冷息肉出，灸足內踝上各三壯，二年者六壯。

《外臺秘要·寒熱瘰癧法》《千金》療瘰癧方

又方　於患人背兩邊腋下後文上，隨年壯灸之。

又方　灸耳後髮際七壯。

《外臺秘要·鼠瘻及瘰癧方》　范汪療鼠瘻瘰癧方　取臘月豬膏，正月鼠頭，燒令作灰，以膏和傅之愈。若不差者，瘰癧右，灸右肩頭三指度以下指，灸炷皆如雞子大，良。若不能堪者，可如中黃亦可，已試有良驗。

《外臺秘要·灸瘰癧法》《千金》灸瘰癧法　兩腋中患癧處宛宛中，百壯止。

又法　擣生章陸根捻作餅子，置漏上，以艾炷灸餅子上，乾熟易之，灸三四炷。

又法　灸五里，大迎各三十壯。

又法　葶藶二合，豉一升。

右二味，合擣令極熟，作餅如大錢，厚二分許，取一枚當瘡孔上，作艾炷如小指大，灸餅上三壯，一日易三餅九炷，隔三日一灸。《翼》同。《古今錄驗》兼主瘻，不可灸頭瘡，葶藶氣入腦殺人。《劉涓子》同。

又法　一切瘰癧在項上及觸處，但有肉結凝以作瘻瘡及癰節者，以獨頭蒜截兩頭，卻心作孔，大艾炷勝蒜大小，貼癧子上，灸之，勿令上破肉，但取熱而已，七炷一易蒜，日三易，日日灸之，取消止。《翼》同。

又方　七月七日日未出時，取麻花，五月五日取艾，等分，合擣作炷，灸癧子一百壯，並出第二十四卷中。

《醫心方·治瘰癧方》引醫門方　醫門方治瘰癧方　尖針針癧子，令穿通，以石流黃如豆大，安針孔中，燒針筋令赤，爍之，藥流入瘡中，其瘡差，即消，極驗也。

《聖濟總録·治瘰癧痔瘻灸刺法》　瘰癧頸有大氣，灸天牖二穴，在頸筋缺盆上，天容後，天柱前，完骨下，髮際上，各灸五壯。

一切瘰癧，灸兩膀裏患癧處宛宛中，日一壯，七日止。又灸五里，人迎各三十壯，又灸背兩邊腋下后紋上，隨年壯。又灸耳後髮際直脈，七壯。

寒熱頸腋下腫，申脈主之。

寒熱頸腫，丘墟主之。

寒熱頸瘰癧，大迎主之。

寒熱胸滿頸痛，四肢不舉，腋下腫，上氣，胸中有音，喉中鳴，天池主之。

寒熱痠痛，四肢不舉，腋下腫，瘻馬刀，喉痹，髀膝脛骨搖，痠痹不仁，陽輔主之。

胸中滿，腋下腫，馬刀瘻，善自嚙舌頰，天牖中腫，寒熱，胸脅腰膝外廉痛，臨泣主之。

寒熱頸頷腫，後溪主之。

諸瘻，灸鳩尾骨下宛宛中，七十壯。

九瘻，灸肩井二百壯。

諸瘻，灸瘻周四畔，差。

諸惡瘻中冷息肉，灸足內踝上，各三壯，二年者六壯。

《聖濟總録·治癰疽瘡腫灸刺法》　馬刀腫瘻，淵腋，章門，支溝主之。

《扁鵲心書·附竇材灸法》　瘰癧，因憂鬱傷肝，或食鼠涎之毒而成，於瘡頭上灸三七壯，以麻油潤百花膏塗之，灸瘡發過愈。

《針灸資生經·瘰癧》　缺盆治寒熱瘰癧，缺盆中腫，外潰則生，胸中熱滿，腹大，水氣，缺盆中痛，汗出。五里治寒熱瘰癧咳嗽。臂臑治寒熱，頸項急，瘰癧，肩背痛不得舉。少海療腋下瘰癧，臂疼屈伸不得，風痹疼痓病。《明》。天牖療瘰癧寒熱，頸有積氣，暴聾肩痛。《下》。灸一切瘰癧在項上，及觸處但有肉結凝，似作瘻及癰節者，以獨頭蒜截兩頭留心，大作艾炷如蒜大小，貼癧子上灸之，勿令上破肉，但取熱而已，七壯一易蒜，日日灸之，取消止。一切瘰癧，灸兩膀裏患癧處宛宛中，日一壯止，神驗。又五里，人迎各三十壯。又患人背兩邊腋下後文上，隨年壯。又耳後髮際直脈七壯。

有同舍項上患癧，人教用忍冬草研細，酒與水煎服，以滓傅而愈詳見《良方》。次年復生，用前藥不效，以艾灸之而除根。有小兒耳後生癧，用藥傅不效，亦灸之而愈云。

瘰癧初生如梅李，切忌以毒藥點蝕，及針刀鐮割，勞癧爲甚，既經蝕取之後，無有不死者，蓋外醫既少慈悲，又利於積日，特宜戒之。《必》。癧瘍著頸

及胸前，灸乳間。腋下瘰癧漏，臂疼屈伸不得，風痹漏瘙，針少海三分。留七呼，瀉五吸。針瘰癧，先拄針皮上三十六息，推針入內之，追核大小，勿出核，三上三下乃出針。頸漏，天池百壯，又心鳩尾下宛宛中七十，又章門，臨泣，支溝，陽輔百壯。

《世醫得效方・瘰癧》灸法以手抑置肩上，微舉肘取之，肘骨尖上是穴。隨患處左即灸左，右即灸右。艾炷如小箸頭大，再灸如前，不過三次，永無恙。如患四五年者，如或用藥醫不退，辰時著灸，申時即落。所感稍深，若三作即三灸，平安。又法，只以蒜片貼有癧上，七壯一易蒜，多灸取效。

《普濟方・針灸門・諸瘡腫》治馬刀瘍瘻，穴太衝，臨泣。

治馬刀腋下腫，肩腫吻傷，灸太衝。

治馬刀瘻腋腫，穴絕骨。

治腋下腫，馬刀瘻，穴俠谿，陽輔，太衝。

《神應經・瘡毒部》

瘰癧　少海，先推針皮上三十六息，推針入內，追核大小，勿出核，三十三下，乃出針。天池，章門，臨泣，支溝，陽輔，百壯。手三里，肩井。隨年壯。

腋腫馬瘍　陽輔，太衝，足臨。

《醫學正傳・瘰癧方法》本草云：夏枯草大治瘰癧，散結氣，有補養厥陰血脈之功，而經不言。觀其能退寒熱，虛者可仗，若實者以行散之藥佐之，外以艾灸，亦漸取效。

石香程氏曰：瘰癧之證，《內經》謂之結核者是也。結核有大小，如大豆，銀杏，連串而生者，形大如馬刀者，謂之馬刀瘡，經別爲火類，夫火亢之甚，必兼水化制之，其核故堅也。凡瘰癧之起始生於耳後足陽明少陰二經，浸淫於太陽之經，漸隨經流注於腋脇，手足皆有也。治法以火針刺入核中，不可透底，納蟾酥膏於中，外用綠雲膏貼之，三日後取去核中稠膿，膿盡，取去核外薄膜，先破初起之核一枚，以絕其源，服藥後出者皆愈。或不肯收，如銀杏者，盡皆開了，用藥取之。其自潰者，猶如木果之腐熟，肉雖潰而核猶存，故膿水淋灕，久難得愈。治者用鐵烙燒赤，烙去其破核猶存者，併肉潰處，次用金寶膏，龍珠膏等藥追去蠹惡之根，遂能長肉而愈。隨經絡證候，服除風熱兼引經之藥，以除根本，可獲全功也。

《針灸聚英・雜病》諸瘡　瘰癧瘡，灸肩井，曲池，大迎。針緣唇瘡，須去惡血。

《古今醫統大全》引《針灸直指・諸證針灸經穴・瘰癧諸瘡》肩井，曲池，大迎，肘骨尖。並宜灸。

《針灸大成・瘡毒門》瘰癧　少海，先針皮上，候三十六息，推針入內，須定淺深，追核大小，勿出核，三十二下，乃出針。天池，章門，臨泣，支溝，陽輔，灸百壯。肩井，隨年壯。手三里。

《針灸大成・續增治法・諸瘡》瘰癧，灸肩井，曲池，大迎。

緣唇瘡，刺唇去惡血。

《針灸大成・治證總要》瘰癧結核　肩井，曲池，天井，三陽絡，陰陵泉。

《針灸大成・醫案》己巳歲，尚書王西翁廼愛，頸項患核腫痛，藥不愈，召予問其故。曰：項頸之疾，自有各經源絡井俞會合之處，取其源穴以刺之。後果刺，隨針而愈，更灸數壯，永不見發。大抵頸項，乃橫肉之地，經脈會聚之所，凡有核腫，非吉兆也。若不究其根，以灸刺之，則流串之勢，理所必致矣。患者慎之。

《外科啓玄・灸瘰癧法》灸瘰癧法　凡灸瘰癧用獨蒜切片，如二銅錢厚於瘡上，以蘄艾壯灸之九壯，或如年壯，初發即愈。如有五七個者，先以孫癧灸之，次灸子癧，次至母癧，再次至祖癧，已潰未潰，俱可以灸之。

瘰癧取穴灸法　將患人兩手仰置肩上，微舉後跟內踝骨尖上灸之七壯。兩邊有癧，則二穴灸之。如一邊有以左灸右，右灸左。又肩髃二穴，在肩骨尖上灸之，亦同前。

《類經圖翼・針灸要覽・諸證灸法要穴》瘰癧，蜂窠癧自左邊起，七七竅皆出膿。肩髃七壯，九壯。曲池，此二穴乃治癧秘法也。

天池，天井二七壯，三間三七壯。

錐銳癧，右邊生起。肩髃，曲池，天井。

盤蛇癧，延頸生者。肩尖即肩髃。肘尖即曲池。人迎七壯，肩外俞二七壯。

天井二七壯，騎竹馬穴三七壯。

瓜藤癧，胸前生者。肘尖，少海，騎竹馬穴。

馬刀，腋下者。淵腋，支溝，外關，足臨泣，頸腋俱治。

癧瘡出於頰下，及頰車邊者，當於手足陽明經取穴治之，然肩髃，曲池二

穴亦妙，合谷，足三里各七壯。

已上凡感毒深者，灸後再二三次報之，無有不愈。

瘰癧隔蒜灸法　用獨蒜片，先從後發核上灸起，至初發母核而止，多灸自效。

又傳驗方　用癩蝦蟆一個，破去腸，覆癧上，外以眞蘄艾照癧大小爲炷。於蝦蟆皮上當癧灸七壯，或十四壯，以熱氣透內方住，亦從後發者先灸，至初發者而止。若蝦蟆皮焦，須移易灸之，灸畢服煎藥一劑，其方用牙皂七個，殭蠶七條，瓜蔞一個連皮子切碎，五味子一歲一粒，上四味以水二鍾煎熟，外加生煎大黄三五錢，量人虛實用之，一服即消，百試百效，不問已潰未潰，經灸必愈。

《景岳全書·外科鈐·瘰癧》　又治法曰：大抵此證原屬虛損，若不審虛實而犯經禁、病禁，則鮮有不誤。常治此證，先以調經解鬱，更以隔蒜灸之，多自消。如不消，即以琥珀膏貼之。俟有膿，即針之，否則變生他處。設若兼痰、兼陰虛等證，只宜加兼證之劑，不可干擾餘經。若氣血已復而核不消，卻服散堅之劑。至月餘不應，氣血亦不覺損，方進必效散，或遇仙無比丸。其毒一下，即止二藥，更服益氣養營湯以調理之。若瘡口不斂，宜用豆豉餅灸之，用琥珀膏貼之。若氣血俱虛，或不愼飲食起居七情者，俱不治。然此證以氣血爲主，氣血壯實者，不用追蝕之劑。彼亦能自腐，但取去之，亦使易於收斂。若氣血虛者，不先用補劑，而數用追蝕之藥，適足以敗之矣。若發寒熱，眼內有赤脈貫瞳人者不治。

灸瘰癧法　取肩尖、肘尖骨縫交接處各一穴，即手陽明經肩髃、曲池二穴也，各灸七壯，在左灸左，在右灸右，左右俱病者俱灸之。余常用之甚效，薛氏以曲池云肘髎，似亦未的也。

又《薛氏經驗方》云：治瘰癧已成未成、已潰未潰者，以手仰置肩上，微舉起則肘骨尖自見，即是灸處。灸以三四十壯爲度，更服益氣養營湯，灸三次，瘡自除。如患三四年不愈者，辰時灸至申時，三灸即愈，更服補劑。按此法乃單灸曲池，以多爲貴也。然但用前法，則已妙矣。倘有未應者，又當以此法治之。又曰：此治瘰癧之秘法，凡男子婦人，若因恚怒傷肝，氣血壅遏而不愈者，宜灸此穴，以疏通經絡。如取此穴，當以指甲掐兩肘兩肩四所，患處覺有酸痲，方是其穴。

又法，灸瘰癧未成膿者，用大蒜切片三錢厚，安患處，用艾壯於蒜上灸之，每三五壯即換蒜再灸，每日灸十數蒜片以拔鬱毒。如破久不合，更用江西豆豉爲末，以唾津和作餅，如前灸之，以助陽氣，內服補藥，外貼琥珀膏或太乙膏，瘡口自合。又或瘡口已破，核不腐，則瘡口不能斂，或貼琥珀膏不應，須用針頭散傅之以去腐肉，再以如神散傅之，更服益氣養營湯。若氣血虛者，先服益氣養營湯，待血氣稍充方用針頭散，仍服前湯。

一男子患而腫硬久不消，亦不作膿，服散堅敗毒藥不應，令灸肩尖肘尖二穴，更服益氣養營湯，月餘而愈。一婦人久潰發熱，月經每過期且少，用逍遙散兼前湯兩月餘，氣血復而瘡亦愈，但一口不收，敷針頭散，更灸前穴而痊。常治二三年不愈者，連灸三次，兼用托裏藥必愈。一婦人因怒結核腫痛，察其氣血俱實，先以必效散下之，更以益氣養營湯三十餘劑而消。常治此證虛者，先用益氣養營湯，待其氣血稍充，乃用必效散取去其毒，仍進前藥，無不效者。田氏婦年逾三十，瘰癧已潰不愈，與八珍湯加柴胡、地骨皮、夏枯草、香附、貝母五十餘劑，形氣漸轉，更與必效散二服，瘡口遂合，惟氣血未平，再與前藥三十餘劑而愈。後田生執此方，不問虛實概以治人，殊不知散中斑蝥性毒，雖治瘰癧，多服則損元氣。若氣血實者，先用此下之而投補劑或可愈，若虛而用下藥，或用追蝕藥，瘀肉雖去而瘡口不合，反致難治。俱薛按。

治瘰癧痰核方　凡瘰癧初起未甚者，即宜服此，或加夏枯草更佳。用忍冬花、蒲公英各四五錢，以水二碗同煎湯，朝夕代茶飲之，十餘日漸消。然此藥但可治標，若欲除根，必須灸肩髃、曲池二穴。

《太乙神針心法·瘡毒門》　瘰癧　少海，先針皮上，候三十六息，推針入內，須定淺深，追核大小，勿出核，三十二下，乃出針。

天池，章門，臨泣，支溝，手三里，陽輔灸百壯，肩井隨年壯。

《醫宗金鑒·刺灸心法要訣·灸肘尖穴歌》　肘尖端處是奇穴，男女瘰癧堪灸也，左患灸右右灸左，並灸風池效更捷。肘尖奇穴灸瘰癧，左患灸右，右患灸左，如初起時，男先灸左，女先灸右，兼灸風池穴尤效。風池穴，在腦後顳顬後，髮際陷中。

灸肘尖穴圖

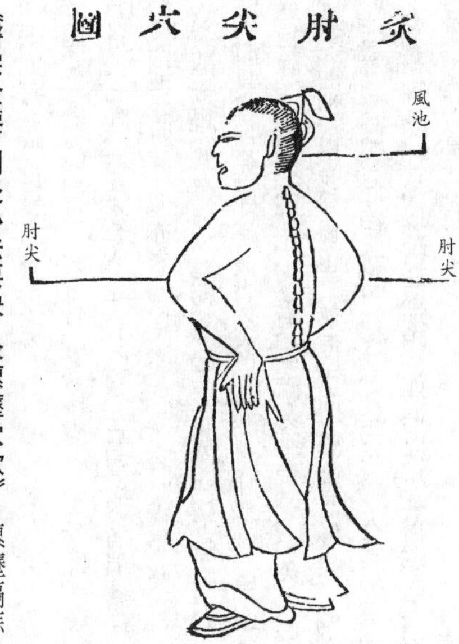

《醫宗金鑒·刺灸心法要訣·灸瘰癧穴歌》 瘰癧隔蒜灸法宜，先從後發核灸起，灸至初發母核止，多着艾火效無匹。瘰癧隔蒜灸法，用獨蒜片先從後發核上灸起，至初發母核而止，多灸自效。

灸瘰癧穴圖

《幼幼集成·瘰癧證治》 凡小兒耳之前後，忽有瘡作核如杏核，大小不一，名馬刀瘡，爲瘰癧之根。用桃樹白皮，切三指大一塊，刮去外皮，留內一層，貼瘡上，以艾炷於桃皮上灸之，覺熱痛即止，毋令傷皮。明日又灸，不數次而核消矣。

《羅遺編·針灸要穴論》 瘰癧，自左自右，擇宜用之。

肩髃七壯九壯，曲池，此二穴乃治瘰秘法也。

騎竹馬穴三七壯，天井二七壯，天池。

胸前生者，肩髃，少海，騎竹馬穴。

腋下生者，淵腋，支溝，外關，足臨泣頸腋俱治。

已上凡感毒深者，灸後再二三次報之，無有不愈。

瘰癧隔蒜灸法：用獨蒜片，先從後發核上，灸至初發母核而止，多灸自效。

又傳驗方，用癩蝦蟆一個，去肚腸安瘰上，外以眞艾照瘰大小爲炷，於蝦蟆皮上，當瘰灸七壯或十四壯，以熱氣透內方住，亦從後發先灸，至初發者而止。若皮焦，移灸之，灸畢，服煎藥一劑，量人虛實用之，一服即消，百試百效，不問已潰未潰，經灸必愈。

甲戌歲，銓遇一江南客，治一瘰癧年深不愈者，用一服頓退，二服全消。銓心異之，後又見治一次，並不須二服，而潛消默化，效驗更奇。其人落落大方，灑然有物外之致，不數月間立視得數十金。余素好精求，意必神丹，即願求焉，乃不輕易傳余。余隆禮貌日久，亦不輕易指教，適歸。乃向余要借過盤費，余即借備，送至客寓，客乃慨然有感余禮貌之不衰，欣然傳之。囑曰：此藥宜用於艾灸之後，百發百中，但不可輕傳人耳，因爾誠敬，故爲傳之。現有瘰癧重病，爾代余一治，以試神奇，余照單修合。一江南客依客之囑而求余治，照例奉行，一服減去四五，二服全愈。乃詢其由來，一賢醫也，其家甚富，最好異學。客愈後，以重禮求謝於余，至今恩情不衰，亦厚之道也。壬午夏，余又治一幼年，十七歲，頸生瘰癧十餘核，濃水不乾，百法不效。余憐其父一子，許以可治，次日以艾灸十餘處，連用二次，不一七而全消矣，嗟乎。藥之修合，愈久愈靈，當日傳驗方云：灸畢服煎藥一劑，其即客所傳余之方與此方出青囊書中，修合藥者，另有口傳心授，非照單狼藉，可以行爲，製法宜照《千金》、《外臺》，一滴不差。《千金》、《外臺》注內，亦云：妙法千金莫妄傳。治瘰美法甚多，難出此方之上。

《針灸逢源·證治參詳·癰疽門》 瘰癧 瘰癧者，結核是也。或在耳前後連及頤頷，下至缺盆，皆爲瘰癧。或在胸及胸之側，下連兩脇，皆爲馬刀，手足少陽主之。此經多氣少血，故多堅而少軟，膿白而稀如泔水狀。又獨形

而小者爲結核，續斷連結者爲瘰癧，形長如蛤者爲馬刀。

此本膏粱火熱之變，有因虛勞氣鬱所致，治宜補形氣調經脈，不必潰發，但令熱氣散，其瘡自消。

肩髃，曲池，合谷手陽明，支溝，天井手少陽，少海手少陰，天池手厥陰大迎，足三里癧瘡出於頰下取足陽明。淵液，陽輔，足臨泣，太衝。腋腫馬刀瘻取足少陽厥陰。

以上凡毒深者，灸後，再二三次報之，愈。

癧初生時，男左女右，灸風池亦效。

一灸瘰癧，用獨蒜切如錢厚片，先從後發核上灸起，至初發母核而止，多灸自效。灸後可服煎藥一劑，用牙皂七個，殭蠶七個，瓜蔞一個連皮子切碎，五味子一歲一粒，以水二鐘煎熟，外加生大黃三五錢，量人虛實用之，一服即消。

一治瘰癧，不問已潰未潰，灸肘尖穴，以手仰置肩上，微舉起，則肘骨尖自見，即是灸處。灸七壯，三次，瘡自除，在左灸左，在右灸右。

《針灸全生·瘡毒》 腋腫馬刀瘍 陽輔，太衝。

馬刀腋下生者 淵腋，支溝，外關，足臨泣頸腋俱治。

瘰癧 少海，先針皮上，候三十六息，推針入內，須定淺深，追核大小，勿出核，三十二下，乃出針。天池，章門，臨泣，支溝，陽輔百壯，肩井隨年壯，手三里。

瘰癧結核 肩井，曲池，天井，三陽絡，陰陵泉。

蜂窠癧 自左邊起，如蜂窠狀，竅皆有膿，天池，天井二七壯，三間三七壯。肩髃七壯，九壯，曲池，此二穴乃治癧秘法也。

錐銳癧 自右邊上，肩髃，曲池，天井。

盤蛇癧 延頸生者，肩髃，曲池，人迎七壯，肩外俞二七壯，天井二七壯，騎竹馬穴三七壯。

瓜藤癧 胸前生者，曲池，少海，騎竹馬穴。

癧瘡出於頰下及頰車邊者，當於足陽明經取穴治之，然肩髃，曲池二穴亦妙，合谷，足三里各七壯。已上凡感毒深老，灸後再二三次報之，無有不效。

瘰癧隔蒜灸法 用獨蒜，凡先從後發核上灸起，至初發母核而止，多灸自效。

又方，用癩蝦蟆破去腸，覆癧上，外以艾，照癧大小爲炷，於蝦蟆皮上當癧灸七壯，或十四壯，以熱氣透方(炷)〔住〕，亦從後發者灸至初發者而止。如蝦蟆皮焦，須移易灸之。灸畢，服煎藥一劑，其方用牙皂七個，殭蠶七個，瓜蔞一個連皮切碎，五味子，一歲一粒，上四味水煎濃，外加生煎大黃三五錢，量人虛實用之，一服即消，百試百效，不問已潰未潰，經灸必愈。

《神灸經綸·外科證治》 瘰癧 間使灸五壯，左灸右，右灸左，外關灸三壯，結核同治，天井灸五壯。

內服養營湯，其癧自消。惟一二個不消者，用癩蝦蟆一個，剝去皮蓋瘰癧上，用艾灸七壯立消。

蜂窠癧，自左邊起，竅皆出膿，肩髃，曲池，此二穴乃治癧之秘法也，天池，天井，三間。

錐銳癧，自右邊生起，肩髃，曲池，天井。

盤蛇癧，延頸生者，肩尖即肩髃，肘尖即曲池，人迎，肩外俞，天井，騎竹馬灸三七壯。

瓜藤癧，胸前生者，肘尖，少海，騎竹馬灸。

馬刀癧，腋下生者，淵腋，支溝，外關，足臨泣，頭腋俱治。 間使，治生耳後入髮際，微腫硬如石，引頭痛，灸二七壯。

凡瘰癧出於頰下及頰車邊者，當於手足陽明經取穴治之，然肩髃、曲池二穴亦妙，合谷，足三里，以上感毒深者，灸後再二三報之。

隔蒜灸法 用獨蒜片從後發核上灸起，至初發母核而止，多灸自效。

《傳悟靈濟録·諸瘰癧》 諸瘰癧

蜂窠 生在左邊，生起形如蜂窠，肩髃七九壯，曲池。 此二穴乃治癧之秘法，天池，天井二七壯，三間三七壯。

錐銳癧 在右邊生起，肩髃，曲池，天井。

盤蛇癧 延頸生者，肩尖即肩髃，肘尖即曲池，人迎七壯。 肩外俞二七壯，天井二七壯，騎竹馬穴，見後奇俞，三七壯。

瓜藤癧 胸前生者，肘尖，少海，騎竹馬穴，見奇俞。

馬刀 腋下生者，淵液，支溝，外關，足臨泣，頸腋俱治。

癧瘡生於頰下頰車邊者，當於手足陽明經取穴治之，然肩髃、曲池二穴亦妙。合谷，足三里。

以上凡千毒深者，灸後再二三次報之，無有不愈。

瘰癧隔蒜灸法：用獨蒜片先從後發核上灸起，至初發母核而止，多灸自效。

又灸法驗方：用癩蝦蟆壹個，去腸，覆瘡上，以蘄艾照癧大小爲炷，於蝦蟆皮上當癧上灸七壯，或二七壯，以熱氣透內方住，亦從後者灸起，至初發者而止。若蝦蟆皮焦，須移易灸之，灸畢服藥一劑，其方用牙皂七箇、殭蠶七條、瓜蔞一箇，連皮子切碎，五味子一歲一粒，上四味以水二鐘煎熱，外加生大黃三五錢，量人虛實用之，服即消，百試百效，不問已潰未潰，灸後必愈，神效。

《傳悟靈濟録・灸瘰癧穴歌》 灸瘰癧穴歌

瘰癧隔蒜灸法宜，先從後發核灸起，灸至初發母核止，多着艾火效無匹。

注：瘰癧隔蒜灸法：用獨蒜片先從後發核上灸起，至初發母核上止，多灸自有效。

灸瘰癧穴圖

《針灸集成・手臂》 腋腫 行間、神門、太淵、絶骨、膽俞、腕骨。

《針灸集成・諸藥灸癰疽》 腋腫馬刀挾纓 絶骨，神門，神效。

《針灸集成・瘰癧》 瘰癧

聯珠瘡 百勞三七壯至百壯，肘尖百壯，又先問審知初出核，以針貫核正中，即以石雄黄末和熟艾作炷，灸核上，針穴三七壯，諸核從此亦消矣。

瘰癧繞項起核，名蟠蛇癧，天井、風池，肘尖百壯，換治下三里，百勞，神門，中渚，外關，大椎灸。

延生胸前連腋名瓜藤癧，肩井、亶中、大陵、支溝，陽陵泉，外關。

左耳根生名惠袋癧，翳風，後谿，肘尖，外關。

右耳根生名蜂窠癧，翳風，頰車，後谿，合谷，外關。

又方：取繩子繞項，雙垂兩端，會於鳩尾骨尖截斷，繩兩端旋後，會於脊骨上，繩頭盡處點記，又量患人口兩吻如一字樣，中摺墨記，橫著於脊點，記左右兩端盡處，各灸百壯。

又方：以繩子周回病人項，還至起端處截斷，將此繩一頭從大椎上垂下脊骨，繩頭盡處點記，又量患人口吻如一字樣，中摺墨記，橫布脊點上，兩端盡處，灸百壯，大效。

又法，於掌後手腕盡處橫紋量起，向臂中心直上三寸半是穴，灸三壯，即效。《丹心》

《針灸穴法》 左耳根核者名曰惠袋癧，後谿二穴，肘尖二穴。

右耳根者名曰蜂巢癧，翳風二穴，頰車二穴，合谷二穴，後谿二穴。

瘰癧延至胸前名曰瓜藤癧，亶中一穴，肩井二穴，大陵二穴，支溝二穴，陽陵泉二穴。

頸生瘰癧遶頸起核名曰蟠蛇癧，天井二穴，風池二穴，列缺二穴，十宣十穴。

瘰癧，頰車二穴，肩尖二穴，曲池二穴，合谷二穴，後谿二穴，足三里二穴，三陰交二穴，十宣一穴，翳風二穴。 胃脘停痰口吐清水，巨闕一穴，中宛一穴，風池二穴。

《針灸摘要・陽維脈》 項生瘰癧，頸起核，名曰蟠蛇癧，天井，風池，肘尖，缺盆，十宣。

瘰癧延生胸前連腋下者名曰瓜藤癧，肩井，膻中，大陵，支溝，陽陵泉。

左耳根腫核者名曰惠袋癧，翳風，後谿，肘尖。

右耳根腫核者名曰蜂窩癧。翳風，俠車，後溪，合谷。

耳根紅腫痛，合谷，翳風，頰車。

頸項紅腫不消名曰項證，風府，肩井，承漿。

《鄒氏針灸・瘰癧》 瘰癧隔蒜灸法，用獨蒜片，先從後發核上灸起，至初發母核而止，多灸自效。

歌

瘰癧灸法隔蒜宜，先從後發核灸起，灸至初發母核止，多着艾火效無匹。

癭瘤

《甲乙經·氣有所結發瘤癭》 癭，天窗一本作天容。及臑會主之。瘤癭，氣舍主之。

《千金要方·解毒并雜治·癭瘤》 癭上氣短氣，灸肺輸百壯。

癭上氣胸滿，灸雲門五十壯。

癭惡氣，灸天府五十壯。

癭勞氣，灸衝陽隨年壯。

癭，灸天瞿三百壯，横三間寸灸之。

癭氣面腫，灸通天五十壯。

癭，灸中封隨年壯，在兩足趺上，曲尺宛宛中。

諸癭，灸肩髃，左右相對宛宛處，男左十八壯，右十七壯，女右十八壯，左十七壯，或再三，取差，止。

又，灸風池百壯，俠項兩邊。

又，灸兩耳後髮際一百壯。

又，灸頭衝，一作頸衝。頭衝在伸兩手直向前，令臂著頭對鼻所注處，灸之，各隨年壯。

《千金要方·針灸下·癭瘤》 天府，臑會，氣舍。主瘤癭氣咽腫。《甲乙》，天府作天窗。

腦戶，通天，消濼，天突。主頸有大氣。

通天，主癭，灸五十壯，胸堂，羊矢灸一百壯。

《千金翼方·脱肛·灸癭法》 灸癭法　灸風池俠項兩邊兩穴，耳上髮際百壯。又大惟百壯，大椎兩邊相去各一寸半，小垂下各三十壯。又頸衝，在伸兩手直向前，令臂著頭對鼻所(住)〔注〕處，一名臂臑，灸隨年壯，凡五處共九穴。又垂兩手兩腋上文頭，各灸三百壯，針亦良。

灸癭，肩髃左右厢宛宛中，男左十八壯，右十七壯。女右十八壯，左十七壯，再三，以差，止。

癭上氣短氣，灸肺俞一百壯。

癭上氣胸滿，灸雲門五十壯。

癭惡氣，灸胸堂百壯。

又灸天府五十壯。

又灸大椎横三間寸，灸之。

又灸衝陽，隨年壯，在肘外屈横文外頭。據此是曲池穴，衝陽在足趺上五寸。

癭，灸天瞿三百壯，横三間寸灸之。

癭氣面腫，灸通天五十壯。

癭，灸中封，隨年壯。

《聖濟總録·治癭氣灸法》 癭惡氣，灸天府五十壯。

癭勞氣，灸衝陽，隨年壯。

癭，灸天衝三百壯，横三間寸灸之。

癭氣面腫，灸通天五十壯。

癭上氣胸滿，灸雲門五十壯。

癭，灸中封，隨年壯，在兩足趺上，曲尺宛宛中。

諸癭，灸肩髃左右相對宛宛處，男左十八壯，右十七壯，女右十八壯，左十七壯，或再三，取差，止。又灸風池百壯，俠項兩邊，又灸兩耳後發際，百壯。又將患人男左女右，以繩量手中指，從指端齊，繩頭向下至指下横紋上，截繩頭，中屈，從横紋直下，點繩頭，灸七壯，五年以後，量加壯數，須三月三日午時下灸，無不差者。石癭難愈，氣癭易治。

氣舍穴，在頸直人迎，俠天突後陷中，灸三壯，主瘤癭氣。《甲乙經》云：足陽明脈氣所發，灸一七壯。

《針灸資生經・癭瘤》天府，臑會，氣舍，主瘤癭氣咽腫。通天，主癭，灸五十壯。胸堂，羊矢，灸百壯。腦戶，通天，消濼，天突，主頸有大氣。臑會，治項癭氣瘤《明》。《下》云：療癭及臂氣腫。氣舍，治瘤癭。浮白，療癭肩不舉。肺俞療癭氣。癭上氣短氣，灸肺俞百壯。癭上氣胸滿，云門五十壯。癭惡氣，天府五十壯。癭勞氣，衝陽隨年壯。癭，灸天瞿三百，横三間寸灸之。癭氣面腫，通天五十壯。癭，灸中封，隨年壯。諸癭，灸肩髃左右相對宛宛處，男左十八壯，右十七壯，女右十八壯，左十七壯，或再三，取差，止。又風池百壯，又兩耳後髮際百壯，又頭衝一作頸衝。灸之，各隨年壯。癭惡氣，大椎横三間寸灸之。

大智禪師云：皮膚頭面生瘤，大如拳，小如栗，或軟或硬，不痛，不可輒針灸。天南星，生、乾皆得，滴少醋，研膏，先將小針刺病處，令氣透，以藥膏攤紙上貼，三五易，差。此亦一説也，故并存之。

治腦瘻諸節諸癧腫牢堅治之方，削附子令如棋子厚，正著腫上，以少唾濕附子，艾灸附子令熱徹，附子欲乾，輒更唾濕之，常令附子熱徹，附子欲乾，輒更，氣入腫中，無不愈，此法絶妙不傳。《千翼》。凡肉瘤勿治，治則殺人。《肘後方》云：不得針灸。

《直指方・癭瘤・癭瘤證治》天突一穴。在結喉下宛宛中，灸三七壯，治諸般癭疾。

肩髃二穴，在膊骨頭肩端兩骨間陷宛中，舉臂取之，男左十八壯，右十七壯，女左十七壯，右十八壯。又灸兩耳後。髮際，七壯。

《類經圖翼・針灸要覽・諸證灸法要穴》癭瘤　肩髃，男左灸十八壯，右十七壯，女右灸十八壯，左十七壯。

天突，治一切癭瘤初起者，灸之妙。

通天，癭。風池，百壯。大椎，頸癭。氣舍。灸五壯。

雲門，癭。臂臑，癭。臑會，五壯。天府。五七壯。

曲池，癭。中封，癭。衝陽。三壯。

《羅遺編・針灸要穴論》癭瘤　肩髃，男左灸十八壯，右減一壯。女右灸十八壯，左十七壯。大椎，頸癭。天突。治一切初起，妙。

《針灸逢源・證治參詳・癧疽門》癭瘤　頸瘤曰癭瘤，氣赤瘤、丹標，皆熱勝氣也。風池，灸百壯。大椎，天突，一切癭瘤，初起灸，大妙。肩髃，男左灸十八壯，右灸十七壯。女右灸十八壯，左灸十七壯。氣舍，臑會，雲門，天府。

《針灸全生・瘡毒》癭瘤　肩髃，男左灸十八壯，右十七壯，女右十八壯，左十七壯，天突，初起者，灸之妙，通天，風池，大椎，氣舍，雲門、臂臑，臑會，天府，曲池，中封，衝陽。

《針灸集成・瘰癧》癭瘤，不可針破，針則肆毒。肉瘤，針灸則皆殺人。血瘤，針則出血，不止而死。

《針灸摘要・任脈》項癭之證有五，一曰石癭，如石之硬。二曰氣癭，如綿之軟。三曰血癭，如赤脈細絲。四曰筋癭，乃無骨。五曰肉癭，如袋之狀。此乃五癭之形也。扶突，天突，天窗，缺盆，俞府，膺俞，喉上。膻中，合谷，十宣出血。

痔漏

《甲乙經・足太陽脈動下部痔脱肛》痔痛，攢竹主之。痔，會陰主之。凡痔與陰相通者，死。陰中諸病，前後相引痛，不得大小便，皆主之。痔，骨蝕，商丘主之。痔，篡痛，飛揚，委中及承扶主之。痔篡痛，承筋主之。

《千金要方・五痔》久冷五痔便血，灸脊中百壯。

五痔便血失屎，灸回氣百壯，穴在脊窮骨上。

《千金要方・針灸下・癭瘤》飛揚，主痔篡傷痛。

支溝，章門，主馬刀腫瘻。絶骨，主瘻，馬刀掖腫。

商丘，復留，主痔，血泄後重。

大迎，五里，臂臑，主寒熱頸瘰癧。

天突，章門，天池，支溝，主漏。

天突，天窗，主漏，頸痛。勞宫，主熱痔。會陰，主痔，與陰相通者死。

俠谿，陽輔，太衝，主掖下腫，馬刀瘻。

承筋，承扶，委中，陽谷，主痔痛，掖下腫。

商丘，主痔，骨蝕，喜魘夢。

竅陰，主癰疽，頭痛如錐刺，不可以動，動則煩心。

《千金翼方・針灸下・痔漏》針痔法　長強，在窮脊骨下宛宛中。主下漏五痔，甘蟲食下部，針入三寸，伏地取之，以大痛爲度，灸亦良，不及針，灸

日三十壯，至七日止，特忌房室。

針足太陰，穴在内踝上一夫，一名三陰交。亦主大便不利，針入三分。飛揚，商丘，復溜，勞宮，會陰，承筋，承扶，委陽，委中，並主之。

《外臺秘要·灸痔法》 崔氏灸痔法 以繩圍病者項，令兩頭相拄，展繩，從大椎正中量之，垂繩一頭，當脊正下，以墨點訖。又量病者口兩吻頭，接繩頭正下，復點之。又量病者口吻如前，便中屈繩，接前口吻繩頭正下，復點之。望使相當所三處並下火，重者各五百壯，輕者三百壯，即愈。

又法：令疾者平坐解衣，以繩當脊大椎骨中，向下量至尾株骨尖頭訖，再折繩，更從尾株尖頭向上量，當繩頭，即下火。高虢州初灸至一百壯，得差，後三年復發，又灸之，便斷。兼療腰腳。並出第四卷中。

《醫心方·治諸痔方》引傳信方 右以槐枝湯洗痔上，便已艾灸上七壯，以知爲度。王及充遷安撫判官，乘騾馬入駱谷，數日，而宿有痔疾，其狀如胡瓜貫於腸，熱如火，到一驛，偃卧無計。有主郵者云，郎中此病，某曾患來，須灸即差。命所使爲槐湯洗痔上，便灸之，到三四壯，忽覺一道熱氣成然入腹中，因大轉，先出血，後乃有穢，一時至楚痛，瀉後遂失胡瓜所在，登騾馬而馳。

《類證普濟本事方·諸蟲飛尸鬼疰》 唐硤州王及郎中充西路安撫使判官，乘騾入駱谷，及宿有痔疾，因此大作，其狀如胡瓜貫於腸頭，熱如煻灰火，至驛，僵仆。主驛吏云，此病某曾患來，須灸即差，用槐枝濃煎湯，先洗痔，便以艾炷灸其上，連灸三五壯，忽覺一道熱氣入腸中，因大轉瀉，先血後穢，一時至痛楚，瀉後遂失胡瓜，登騾而馳。

《扁鵲心書·腸痔》 此由酒肉飲食太過，致經脈解而不收，故腸裂而爲痔，服金液丹可愈。研取鼠腐當是婦字。蟲十枚，研爛，攤紙上貼之，少刻痛止。若老人患此，須灸關元二百壯，不然腎氣虛，毒氣下注，則難用藥也。（胡珏注）□□咳嗽吐血後□□肺虛極，而熱陷於大腸，多難收功，若專於治痔，而不顧本原，未有不致斃者。

《備急灸法》 治下血不止及腸風臟毒敗證灸法 量臍心與脊骨平，於脊骨上灸柒壯，即止。如再發，即再灸柒壯，永除根本。

《直指方·諸痔·諸痔證治》 灸法 用大蒜一片，頭垢捻成餅子，先安頭垢餅於痔上，外安蒜，艾灸之。

《普濟方·針灸門·腸風》 治腸風下血，穴長強。

治腸風瀉血即愈，須顛倒身，方灸得。穴脊端窮骨。脊骨盡處。 龜尾當灸中三壯。

《普濟方·針灸門·痔漏》 治穀道瘙癢，久痔相通者死。又云：主痔與陰相通者死，穴會陰。

治久痔，穴會陽。

治五痔疼，穴小腸俞。

治五痔發腫，穴秩邊。

治血痔洩後腫，穴復溜。

治野雞痔，穴飛揚。

治久痔腫痛，穴承山。

治久痔尻椎腫，大便難，陰胞有寒，及小便不利，并五種痔瀉鮮血，穴承扶。

治痔病瀉血，穴氣海俞。

治痔篡傷痛，穴飛揚。

治痔泄血後重，穴商邱，復溜。

治熱痔，穴勞宮。

治痔痛，腹下腫，穴承筋，承扶，委中，陽谷。

治痔骨蝕及骨疽蝕，穴商邱。

治漏，穴天突，章門，天池，支溝。

治漏頸痛，穴天突，天窗。

治下漏，穴長強。

治五痔便血失屎，出《危氏方》。灸四百壯，穴在脊窮骨上。

治久冷五痔便血出《危氏方》，灸脊百壯。

灸痔《出百一選方》。 鳩尾骨尖少偃處即是穴，麥粒大艾炷，灸七壯，或十四壯，甚者止二一壯，瘡發即安，可除根也。

灸痔法：疾若未深，尾閭骨下近穀道，灸一穴便可除去。如傳信方，先以經年槐枝，煎湯洗，後灸其上七壯，大稱有驗。如本草只以馬藍菜根一握，水三碗煎碗半，乘熱以小口器瓶瓦中熏洗，令腫退。於元生鼠奶根上灸。卻不可灸尖頭，恐效遲。如患深，用湯洗，未退再洗，令消，俟灸覺大氣通至胸乃

效。病雖深。至二十餘壯，永絕根本。以竹片護四邊肉，仍於天色寒冷時灸，忌毒物。

治痔灸法，出《仁存方》。以葶藶子二合，豉一升，擣令細，作餅如大錢，厚二分許，取一餅當瘡孔上，作大艾炷如小指頭大，灸餅上，三炷一易，三餅九炷，隔二日復一灸之，《外臺》灸瘰癧。

《資生經》云：用葶藶子豉作餅灸漏。《外臺》云：不可灸頭瘡，葶藶氣入腦殺人。

又法：平立，量脊骨與臍平處椎上，灸七壯。或年深，更於椎骨兩傍各一寸，灸如上數，無不除根。

治痔疾如胡瓜，貫於腸頭，熱如溏灰，火發則僵仆，出《危氏方》。以柳枝濃煎湯洗，後以艾炷灸三五壯，若覺一道熱氣入腸中，大瀉鮮血穢惡，一時至（甚，通禁）〔痛楚〕，瀉後，其疾如失。

灸痔，右以繩圍病者項，令兩頭相柱，展繩從大椎正中量之，垂繩一頭，當灸正下，以墨點訖，又量病者口吻兩頭，接繩頭正下復點之，又量病者口吻如前，便中屈繩，接前口吻繩正下復點之，望使相當所三處并下火，重者各五百壯，輕者三百壯即愈。

又法：令疾者平坐解衣，以繩當脊大椎骨中，向下量之，至尾株骨尖頭訖，再折繩，更從尾株尖頭向上量，當繩頭，即下火。高虢州初灸至一百壯，得差。後三年復發，又灸之，便斷，兼療腰腳。

治五痔痛，穴攢竹。

治五痔痛，不得大小便，穴會陰。

治痔臏痛，穴飛揚，承筋，委中，承扶。

治諸痔，宜灸回氣三七壯。《黃帝針經》云：在尾脆骨上一寸半。又連岡穴主之，在迴氣穴兩邊，相去二寸是也，各灸三七壯。

治九漏，穴肩井，灸二百壯。

治漏，穴灸鳩尾骨下宛宛中，七十壯。

治諸漏，灸漏同四畔，差。

《神應經·腸痔大便部》 五痔 委中，承山，飛揚，陽輔，復溜，太衝，俠溪，氣海，會陰，長強。

血痔泄復腫 承山，復溜。

痔疾骨疽蝕 承山，商丘。

久痔 二百，在掌後四寸。承山，長強。

《醫學正傳·痔漏》 漏瘡，先須用補藥以補氣血，參芪歸朮爲主，大劑服之，外以附子爲末，津和作餅子如錢厚，以艾多灸之。漏大者艾炷亦大，漏小者艾炷亦小，灸令微熱，不可令痛，餅乾即易之，再和再灸，又以補氣血藥作膏藥貼之。

《名醫類案·痔》 王渙之知舒州，下血不止，郡人朝議大夫陳宜父，令其四時取其方栢葉，如春取東方之類，燒灰調二錢服而愈。方亦妙。王後宦贛上，以治貳車吳令昇亦效。提點司屬官陳逸大夫偶來問疾，吳倅告以用陳公之方而獲安。陳君蹙額曰：先人也，但須用側栢爲佳。道場慧禪師曰：若釋子恐難用此，灼艾最妙，平直量骨脊與臍平處椎上，灸七壯，或年深，更於椎骨兩傍各一寸，灸如上數，無不除根者。灸法佳，下血不效者宜此。

《古今醫統大全·針灸直指·諸證針灸經穴·五痔》 脊中，窮骨上。並宜灸。

《楊敬齋針灸全書·腸風臟毒》

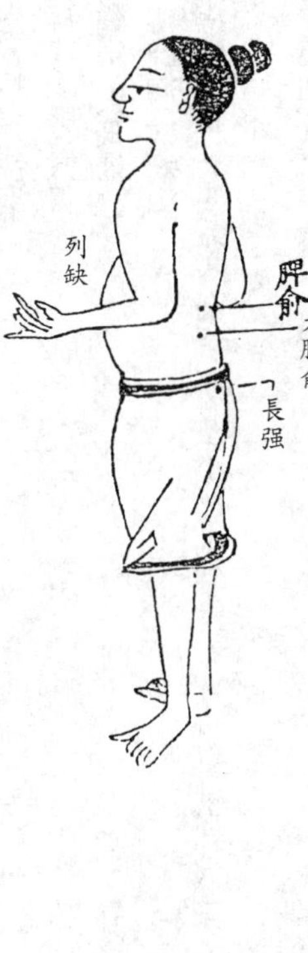

《針灸大成·腸痔大便門》 五痔 委中，承山，飛揚，陽輔，復溜，太衝，俠谿，氣海，會陰，長強。

腸風 尾閭骨盡處。灸百壯即愈。

大小便不通 胃脘。灸三百壯。

腸癰痛 太白，陷谷，大腸俞。

脫肛 百會，尾閭，七壯。臍中。隨年壯。

血痔泄腹痛 承山，復溜。

痔疾骨疽蝕　承山，商丘。

久痔　二白，在掌後四寸。承山，長強。

《針灸大成·治證總要》　臟毒下血　承山，脾俞，精宮，長強。

脫肛久痔　二白，百會，精宮，長強。

《針灸大成·醫案》　辛未歲，浙撫郭黃厓公祖，患大便下血，愈而復作，問其致疾之由？予對曰：心生血，而肝藏之，則脾爲之統。《內經》云：飲食自倍，腸胃乃傷，腸澼而下血。是皆前聖之言而可考者。殊不知腸胃本無血，多是痔疾，隱於肛門之內，或因飲食過傷，或因勞欲怒氣，觸動痔竅，血隨大便而出。先賢雖有遠血、近血之殊，而實無心、肺、大腸之分。又有所謂氣虛腸薄，自榮衛滲入者，所感不同，須求其根。於長強穴針二分，灸七壯，內痔一消而血不出。但時值公冗，不暇於針灸。逾數載，陞工部尚書，前疾大作，始知有痔隱於肛門之內，以法調之，愈。至己卯復會於汶上云，不發矣。

《壽世保元·灸法》　一灸痔疾，先以柳枝濃煎洗痔，便艾灸其上，連灸三五壯，忽覺一道氣轉入腸中，因大轉瀉，先血後穢。

一論灸腸風臟毒便血久不止者。

以患人平立，量脊骨與臍平處椎上，灸七壯，或年深者，更以椎上兩旁各一寸，灸七壯，無不除根。

一論下血不止秘法。

命門一穴，用篾一條，自地至臍心截斷，令患人平立取之，即向後自地比至脊盡處是穴，又須按其突出痠痛方可灸，不痛則不灸也。灸可七壯止，永斷根不發。

《類經圖翼·針灸要覽·諸證灸法要穴》　痔漏　命門，腎俞，長強，五痔便血最效，隨年壯，灸之。三陰交，痔血。承山。久痔。

凡痔疾腫大熱甚者，先以槐柳枝煎湯，乘熱薰洗過，後用壯盛男子篦下頭垢，捻成小餅，約厚一分，置痔上，又切獨蒜片厚如錢者置垢上，用艾灸二七壯，或三七壯，無不消散。

又法：單用生薑切薄片，放痔痛處，用艾炷於薑上灸三壯，黃水即出，自消散矣。若有兩三個者，過三五日照依前法逐一灸之，神效。

《景岳全書·外科鈐·痔漏》　丹溪云：漏瘡須先服補藥以生氣血，即參、芪、歸、朮，芎大劑爲主。外以炮附子爲末，唾津和爲餅，如三錢厚，安瘡上，以艾炷灸之，漏大艾炷亦大，漏小艾炷亦小，但灸令微熱，不可令痛，乾則易之，如困則止，來日如前再灸，直至肉平爲效。亦有用附片灸之，以補氣血藥作膏貼之。

命門灸七壯，治五種痔漏。長強灸隨年壯，治五痔，便血最效。

一法，治痔疾大如胡瓜，貫於腸頭，發則疼痛僵仆。先以荆芥湯洗之，以艾灸其上三五壯，若覺一道熱氣貫入腸中，必大瀉鮮血穢血，一時許覺痛甚，後其疾乃愈。

《採艾編翼·治證綜要·痔漏》　痔漏，腸澼便血，患久膿血，長強，蟲圈。小腸俞，承山。久腫，腳囊尾分肉之間。

《太乙神針心法·針案紀略》　一幕賓呻吟於榻，問之，患腸瘋，便血脫肛，而小便又赤濁，痛不可忍。先生手點數穴，令門下治之，各穴皆四十九針，翌日，兩便之疾都瘳。

《太乙神針心法·腸痔大便門》　五痔　針委中，承山，飛揚，陽輔，復溜，太衝，俠溪，氣海，會陰，長強。

腸風　尾閭骨盡處灸百壯，即愈。

血痔泄腹痛　針承山，復溜。

痔疾骨疽蝕　針承山，商丘。

久痔　針二白。在掌後四寸，承山，長強。

《醫宗金鑒·刺灸心法要訣·灸腸風穴歌》　腸風諸痔灸最良，十四椎下奇穴鄉，各開一寸宜多灸，年深久痔效非常。灸腸風諸痔奇穴，其穴在脊之十四椎下傍各開一寸，年深者灸之最效。

《羅遺編·針灸要穴論》痔漏　命門，腎俞，長強，五痔便血最效，隨年灸之。三陰交，痔血。承山。久痔。

凡痔疾腫大勢甚者，先以槐柳枝煎湯，乘熱熏洗，過後用壯盛男子篦下頭垢，捻成小餅，約厚一分，安痔上，又切獨蒜片厚如錢者，安垢上，艾灸二七壯，或三七壯，無不消散。又奇俞一法灸亦神效。

《針灸逢源·證治參詳·腫脹門》　痔漏　痔疾若破，謂之痔漏，大便秘濇，必作大痛。

二白在掌後四寸，長強，承山，復溜，商邱。

又：灸十四椎下各開一寸，治腸風諸痔效。

灸腸風穴圖

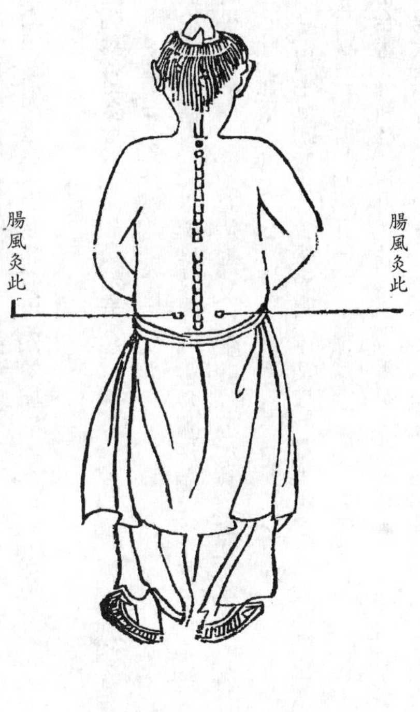

《針灸全生·腸痔大便》 腸風 尾閭骨盡處灸百壯。

腸癰 太白，陷谷，大腸俞。

五痔 委中，飛陽，承山，復溜，陽輔，俠溪，太衝，會陰，氣海，合陽，長強，後溪。

久痔 二白，在掌後四寸，承山，長強。

痔疾骨疽蝕 承山，商邱。

臟毒腫痛便血不已 後溪，承山，肝俞，膈俞，長強，脾俞，精宮。

《針灸全生·二陰病》 痔漏 命門，腎俞，長強，五痔便血最效，隨年壯灸之。三陰交，痔血。承山。久痔有效。

《神灸經綸·二陰證治》 痔漏 命門，腎俞，長強，五痔便血，最效，灸隨年壯。三陰交，痔血。承山，久痔。陽谷，太白。

凡痔疾腫大熱甚者，先以槐柳枝煎湯，乘熱熏洗，過後用壯盛男子篦下頭垢，捏成小餅約厚一分，置痔上，又切獨蒜片厚如錢者，置垢上，用艾灸二七壯或三七壯，無不消散。

又法：單用生姜切薄片，放痔痛處，用艾炷於姜上灸三壯，黄水即出，自消散矣。若有二三個者，依前逐個灸之，神效。

《傳悟靈濟録·二陰病》 痔漏 命門，腎俞，長強，五痔便血效，隨年壯。三陰交，痔血。承山，久痔。

《傳悟靈濟録·灸腸風穴歌》 灸腸風穴歌 腸風諸痔灸最良，十四椎下奇穴鄉，各開一寸宜多灸，年深灸痔效非常。注：灸腸風諸痔奇穴，其穴在脊之第十四椎下傍各開一寸，年深者灸之最效。

灸腸風穴圖

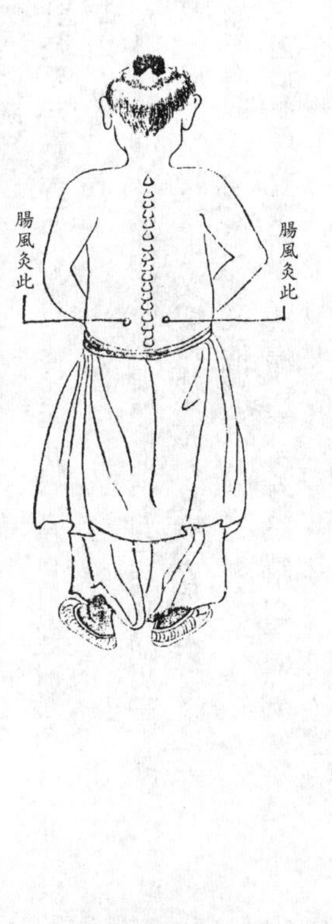

《針灸集成·痔疾》 五痔便血失尿尻痛，尾窮骨百壯，三白三七壯，在別穴中，秩邊。在二十椎下兩傍各三寸半，灸三壯。

腸風下血痔 三白三七壯，承山在足跟上兌腨腸下分肉間陷中，五壯，神效。又對臍脊骨上灸三七壯，又其兩傍各一寸三七壯，又十四椎下各開一寸半二七壯，年深者最有效。

痔乳頭 灸痔凸肉百壯，即平，神效。

療痔昔人所傳曰：令患人齊足正立，以竹柱地，量臍折斷，將其竹移後準脊骨，以墨點記，從點處下量一寸，艾灸五十壯，每行此法，無不效。

《針灸集成·後陰》 痔瘡，先取頭垢捏成餅子，安痔頭上，其上又安大蒜片，以艾灸之。《丹心》。痔漏，以附子末津唾和作餅子，如錢大，安漏上，以艾灸，令微熱，乾則易新餅再灸，明日又灸，直至肉平爲效。《丹心》。一人行路得痔疾，狀如胡瓜，貫於腸頭，熱如火，僵仆不能起，有人教之先以槐枝濃煎湯洗患處，以艾炷灸其上三五壯，忽覺一道熱氣入腸中，因瀉鮮血，雖一時暫痛，其疾如失。《本草》。

《針灸穴法》 五種痔瘡攻痛不已，合谷二穴，長強一穴，承山一穴。

五間痔證口中吐味，合谷二穴，神門二穴，心俞二穴，鬼眼四穴。

《灸法秘傳·痔瘡》 古人論痔，有牝、牡、蟲、血之分，其實皆大腸積熱所致，當灸會陽幾壯，庶冀而安。

《針灸摘要·陰維脈》 五種痔疾攻痛不已，合陽，長強，承山。

脱肛

《甲乙經·足太陽脈動下部痔脱肛》 脱肛，下利，氣街主之。

《千金要方·脱肛》 病寒冷脱肛出，灸臍中隨年壯。

脱肛歷年不愈，灸横骨百壯。

又灸龜尾七壯，龜尾即後窮骨是也。

《千金翼方·脱肛》 灸尾翠骨七壯立愈，主脱肛，神良。

又灸臍中，隨年壯。

《外臺秘要·卒大便脱肛方》 《肘後》療卒大便脱肛方 灸頂上迴髮中百壯。

《聖濟總録·治脱肛灸法》 脱肛，灸龜尾，在脊盡端窮骨，七壯。中極穴下一寸毛際陷者，動應手。

寒冷脱肛，灸臍中隨年壯。

脱肛歷年不愈，灸横骨百壯。

《直指方·脱肛·脱肛證治》 針灸法 命門一穴。在十四椎下，灸二七壯，治大腸虚冷，脱肛不入。

長强一穴。在尾閭骨尖底，灸二七壯，治痢，腸風痔漏，脱肛不收。

《針經摘英集·治病直刺訣》 治脱肛，刺督脈百會一穴，在頂中央旋毛中可容豆，針入二分，可灸七壯，至七七壯。即止。

《世醫得效方·脱肛》 灸法 病寒冷脱肛出，灸臍中，隨年壯。脱肛歷年不愈，灸横骨百壯。又灸脊窮骨上，七壯。

《普濟方·針灸門·脱肛》 治寒冷脱肛，歷年不愈，灸翠尾骨七壯，立愈。又臍中隨年壯，横骨百壯，龜尾七壯，窮骨。

治卒大便脱肛，灸頂中迴髮中，百壯。

《神應經·腸痔大便部》 脱肛 百會，尾窮七壯，臍中隨年壯。

《楊敬齋針灸全書·肛腫痛》 一論脱肛秘法。

《壽世保元·灸法》 百會一穴，尾骶一穴，各灸三壯，炷如小麥大，當正午時，用桃、柳枝煎湯浴淨，灸之，神效。

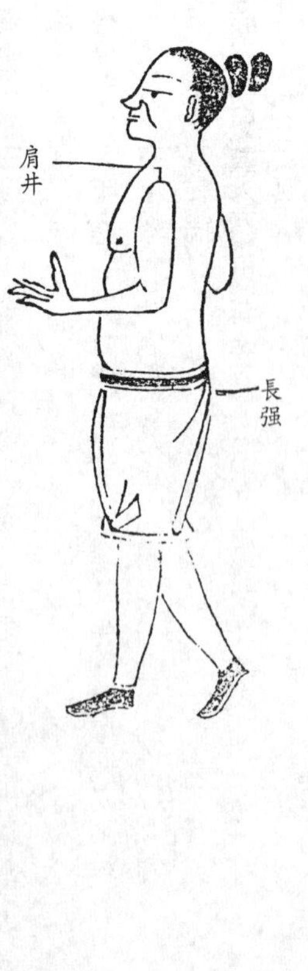

《類經圖翼·針灸要覽·諸證灸法要穴》 脱肛 百會三壯，此穴屬督脈，居巔頂，爲陽脈之都綱，統一身之陽氣，凡脱肛者，皆因陽氣下陷。經曰：下者舉之。故當藉火力以提下陷之氣，則脾氣可升，而門戶固矣。小兒亦然。胃俞，長强。

又有洞泄寒中脱肛者，須灸水分穴百壯。內服溫補藥自愈。

《景岳全書·雜證謨·脱肛》 灸脱肛法 長强穴灸三壯愈，臍中隨年壯，百會灸三壯，治小兒脱肛。

《採艾編翼·治證綜要·脱肛》 治，百會，兩耳尖直上，旋毛中。長强，尾骨下陷中。公孫。足大指內側核骨中。

《太乙神針心法·腸痔大便門》 脱肛 針百會，尾閭七壯，臍中隨年壯。

《羅遺編·針灸要穴論》 脱肛 百會三壯，此穴屬督脈，爲陽脈之都綱，統一身之陽氣。凡脱肛者，皆因陽氣下陷。經曰：下者舉之。故當藉火力以提下陷之氣，則脾氣可升，而門戶固矣，小兒亦然。

又有洞泄寒中脱肛者，灸水分穴百壯，內服溫補藥，自愈。

《針灸逢源·證治參詳·腫脹門》 脱肛，此由氣血虚而下陷，臍中，灸隨年壯。長强，三壯。水分。灸百壯，治洞泄脱肛。

若兼濕熱者，宜用五棓子、明礬各三錢，研末，水二碗煎沸，熱洗立收。脱肛三五寸者，洗過，再用赤石脂爲末，以油紙托上，四圍皆摻之，妙。

《針灸全生·腸痔大便》 脱肛 百會，尾閭七壯，神闕隨年壯。

血痔泄後痛 承山，復溜。

用力脱肛 照海，後溪，百會，支溝。

脱肛不收　後溪，百會，承山，長強，命門。

《針灸全生·二陰病》脱肛　百會，胃俞，長強。又有洞泄寒中脱肛者，須灸水分穴百壯，内服溫補升提及固濇之藥，自然取效。

《針灸便覽·中風》脱肛　百會，長強。瀉痢　神闕。

《神灸經綸·二陰證治》脱肛　百會三壯，此屬督脈，居巔頂，爲陽脈之都綱，統一身之陽氣。凡脱肛，皆因陽氣下陷。經云：下者舉之。故當藉火力以提之，則脾氣可升，而門户固矣。小兒亦然。胃俞，長強。

又有洞瀉寒中脱者，灸水分百壯，内服溫補藥自愈。

《針灸集成·痢疾》脱肛久不愈，臍中年壯，百會三七壯，膀胱俞三壯。

《針灸穴法》脱肛腫痛　肩井二穴，長強一穴。

脱肛不收　百會一穴，命門二穴，長強一穴，承山二穴。

大便艱難用力，脱肛　照海二穴，百會一穴，支溝二穴。

《灸法秘傳·脱肛》肺與大腸相爲表裏。故肺熱則肛藏，肺虚則肛脱，或因腸風痔漏，或因久痢久瀉，或因産婦用力太早，或因小兒叫啼傷氣，總須上灸百會，下灸會陽。

《針灸摘要·陰維脈》大腸虚冷脱肛不收　百會，命門，長強，承山。

大便艱難用力，脱肛　照海，百會，支溝。

毒蟲蛇獸傷

《素問·骨空論》犬所嚙之處灸之三壯，即以犬傷病法灸之〔王冰注〕犬傷而發寒熱者，即以犬傷法三壯灸之。凡當灸二十九處。傷食灸之，〔王冰注〕傷食爲病，亦發寒熱，故灸。新校正云：詳足陽明不别灸，則有二十八處，疑王氏去上文灸之二字者，非。不已者，必視其經之過於陽者，數刺其俞而藥之。

〔馬蒔注〕有爲犬所嚙而發寒熱者，即以犬傷病法灸之三壯，蓋灸其所傷處。凡當灸者有二十九處。又有傷食而發寒熱者灸之，如灸之而寒熱不止，必視其各部陽經有病者，數刺其俞，而用藥以調治之，則寒熱少卻矣。所謂過者，病也。俞者，如手陽明大腸之俞穴三間是也。京門、承筋、氣街，所在刺灸分壯，並同王注。肩髃、陽輔、俠谿、崑崙、天突、陽池、三里、衝陽、關元、百會，所在刺灸分壯，已詳《氣府篇》中。

其犬所嚙之處，謂三陽之皮部，故曰灸之三壯。此在三陽之氣分，而不涉於經脈，故不在於數内，然此乃經脈之邪，亦可令從氣分而出也。夫鼠瘻之病，本於水臟之陰，而交於戌火之陽，故爲寒爲熱也。曰鼠，曰犬者，謂子之天一水邪，戌之包絡火邪，相合而爲患也。犬所嚙之處，腿之魚腹間也，魚腹之外側，乃少陽之部署，少陽之上，相火主之，少陽之氣，上與包絡相合而爲火也。故當於犬所嚙之處灸之，即以犬傷病法灸之者，蓋犬傷者亦發寒熱，謂鼠瘻之寒熱，有如蟲獸所傷之不内外因，非外感之寒熱而欲治其表也。

〔張介賓注〕犬傷令人寒熱者，古有灸法如此，故云然也。嚙，尼結切。自犬嚙之上，共計二十九處，犬傷者無定所故不在數内。傷食而發寒熱者，如上法，求陽明經穴灸之。過於陽者，陽邪之盛者也，刺可瀉其陽，藥可調其陰，灸之不已，當變其治法如此。

《千金要方·蛇毒》衆蛇螫，灸上三七壯，無艾，以火頭稱瘡孔大小爇之。

《千金要方·蛇毒·猘狗毒》凡猘犬所嚙，未盡其惡血毒者，灸上一百壯，已後，當日灸一壯，若不血出，刺出其血，百日灸乃止，禁飲酒、豬、犬肉。

《千金翼方·針灸下·卒死》治蛇毒，灸毒上三七壯，無艾，以火頭稱瘡孔大小爇之。

治狂犬咬人，令人吮去惡血盡，灸百壯，已後，日日灸，一百日乃止，差。血不出，慎酒、豬肉，一生慎之。

《外臺秘要·蛇嚙人方》又方　取獨顆蒜截兩頭，著螫處，一頭大作艾炷，灸之，如此即愈。未愈，更灸，以差爲度。

《外臺秘要·射工毒方》急周繞遍去此瘡邊一寸，輒灸一處百壯，瘡上亦百壯，大良。《肘後》同。

《外臺秘要·狂犬咬人方》《肘後》療猘犬咬人方　先嗍去惡血，乃須灸瘡中十壯，明日以去，日灸一壯，滿百日乃止，忌酒。《千金》、《文仲》、《備急》、《小品》、《古今録驗》同。

《醫心方·治蠍螫人方》引《新録方》又方　濃煮鹽汁洗之。

又方　艾灸上二七壯。

《醫心方·治沙虱毒方》引病源論　《病源論》云：山内水間有沙虱，其蟲甚細，不可見，人水浴及汲水澡浴，此蟲著身。陰雨日，行草間，亦着人，便鑽

入皮裏，初得之，皮上正赤，如小豆黍，以手摩赤上，痛如刺，過三日之後，令百節疼痛寒熱，赤上發瘡。此蟲漸入，至骨則殺人。人在山澗洗浴竟，巾拭，如芒毛針刺，熟見，以竹簪挑，拂去之，已深者，用針挑取蟲子，正如疥蟲，挑不得，灸上三四壯，則蟲死云云。

《聖濟總録·治雜病灸法》 蠱毒，灸足小指尖上，三壯，當有物出。酒上得者，酒出。飯上得者，飯出。肉菜上得者，肉菜出。神驗。

江南有射工毒蟲，一名短狐，一名蜮，常在山間水中，人行及浴，此蟲口中橫骨角弩，唧以射人形影則病，若見身中有此瘡，急灸之，一處一壯，百處亦百壯，大良。又切葫令薄，以搨瘡上，灸葫上千壯，差。

中沙虱毒已深者，針挑取蟲子，正如疥蟲，着爪上，見行動，如挑不得，便就上灸三四壯，則蟲死病除。

蛇螫，嚼鹽唾上訖，灸三壯，復嚼鹽，唾灸瘡上。

猘犬咬，先吮卻惡血，灸瘡中十壯，明日以去，日灸一壯，滿百日止，姚云：忌酒。

《醫説·針灸·灸蛇毒》 《朝野僉記》載，毒蛇所傷，用艾灸當嚙處灸之，引去毒氣，即差。其餘惡蟲所螫，馬汗入瘡，用之亦效。

《針灸資生經·蠱毒》 巨闕，治蠱毒。俗亦有灸法，初中蠱，於心下捺便大炷灸百壯，並主猫鬼，亦灸得愈，又當足下小指尖上灸三壯，當有物出，酒上得者，有酒出。飯上得者，有飯出。肉菜上得者，有肉菜出，即愈。神驗，皆於灸瘡上出。

《針灸資生經·犬傷》 春末夏初，狂犬咬人，即令人狂，過百日，乃得免，當終身禁食犬肉、蠶蛹，食此則發，不可救也。先去卻惡血，灸瘡中十壯，明日以後，日灸一壯，百日乃止。忌酒，每七日，搗韭汁飲一二盞。睡中蛇入七竅，以艾灸蛇尾即出。

又法：刀破蛇尾些子，入椒七粒，蛇自出，出後急以雄黃、朱砂細研，煎人參湯調灌，取蛇毒。《單》

山居人或被蛇傷，即以溺溺之，拭乾，以艾灸之效。

《朝野僉載》記，艾炷當毒蛇嚙處灸，引出毒氣差，薄切獨頭蒜貼蛇咬處灸，熱徹即止，灸蛇毒上三七壯。無艾，以火頭稱瘡孔大小爇之。《千翼》

《備急灸法·一切蛇傷》 孫眞人治一切毒蛇咬法：急於新咬處灸十四炷，則毒不行。如無艾處，只用紙撚焚之極痛，即止。

又夏月納涼露卧，忽有蛇入口挽不出者，用艾灸蛇尾，即出。如無艾火處，用刀或磁礫，周匝割蛇尾，截令皮斷，乃捋之，皮脱肉脱，即出。

《備急灸法·治犬咬》 岐伯，孫眞人治凡犬咬法：即令三姓三人，於所咬傷處，各人灸一炷，即愈。

《備急焦法·治狂犬所咬》 孫眞人治狂犬咬法 春末夏初，犬多狂猘，其時咬傷人至死者，世皆忽之，不以爲事。其被咬人，則精神失守，發爲狂疾，諸般符藥治療，莫過於灸。便於所咬處灸百炷。自後，日灸一炷，不可一日闕，灸滿百日，方得免禍。終身勿食犬肉、蠶蛹，食之毒發即死。又特忌初見瘡較痛止，自言平復，此最可畏，大禍即至，死在旦夕。若被咬已經三四日方欲灸者，視瘡中有毒血，先刺出之，然後灸。

右諸灸法，皆救倉卒患難，所有人神、血支、血忌，及大風、大雨，病人本命，並不避忌，務發敬信心，疾速檢用，得此本，能多多轉授他人，庶幾與我同志也。

《針經摘英集·治病直刺訣》 治蝎螫不可忍者，詳其經絡部分逆順蹙氣，毫針刺之。

《世醫得效方·中毒》 灸法 凡猘犬所嚙，未盡其惡血毒者，灸上一百壯，已後灸，每日一壯。若不血出，刺出其血，百日，灸乃止。禁飲酒及豬、犬肉。蛇傷亦灸傷處。

《普濟方·針灸門·蠱毒》 治法，當足下小指尖上，灸三壯，當有物出。酒上得者，有酒出，飯上得者，有飯出，肉菜上得者，有肉菜出，即愈，神驗，皆於灸瘡上出。

治蠱毒，穴巨闕。

《普濟方·針灸門·蟲獸傷》 治猘犬所傷，不出汗，發寒熱，見外丘穴。速以三壯灸，可灸嚙處，即愈。春末夏初，狂犬咬人，即令人狂，過百日乃得免，當終身禁食犬肉、蠶蛹，食此，則發不可救也，先去卻惡血，灸瘡中十壯，明日以後，日灸一壯，百日乃止，忌酒，每七日，擣韭汁，飲一二盞。

治睡著蛇入七竅，以艾灸蛇尾即出。又法：刀破蛇尾些子，入椒七粒，蛇自出，出後，以雄黃、硃砂，細細研，煎人參湯調灌，除蛇毒。

治蛇傷，即以溺溺之，拭乾，以艾灸之效。又云：《朝野僉載》記：艾炷

當毒蛇嚙處灸，引出毒氣，差，薄切獨頭蒜，貼咬處，灸熱徹，即止，灸蛇毒上三七壯，無艾，以火頭稱瘡孔大小爇之。

治狂犬咬人，令人吮去惡血盡，灸百壯，後日日灸，百日止，若血不出，一生忌酒、豬肉。

治一應蛇、虺、蜈蚣咬傷，用艾炷於傷處，灸三五壯，拔去毒即愈，或七壯，其痛立已。

治毒蛇所傷，用艾炷當吃處灸之，引去毒氣即差，其餘惡蟲所螫，馬汗入瘡等，用之亦效。

治射工中人，寒熱，或發瘡，在一處有異於常者，又云：江南有射工毒蟲，一名短狐，一名蜮，常在山間之水中行，及浴，此蟲口中橫骨角弩，即以射人形影則病，若見身中有此瘡者，右切蒜令薄，以搨瘡上，灸蒜上千壯瘥。

治射工毒，灸瘡毒處射工毒，若見身中有積瘡處，便急治之，用急周繞遍，去此瘡邊一寸則灸，一處百壯，瘡上百壯，大良。

治沙虱毒，用大蒜十斤，著熱灰中溫，令熱，斷蒜，及熱，拄瘡上，盡十斤後，復以艾灸上七壯則良。

又方，已深者，針挑取蟲子，正如疥蟲著瓜上，映光，方見行動也，挑不得，便就上灸三四壯，則蟲死病除，若覺猶惛惛見，是其病已大深，便應休土俗作方術拂出之，并諸湯藥以浴，皆三升，出都盡，乃止，亦依此方，并雜用前中溪毒，及射工發急救，七日中宜差。不爾，則仍有飛蟲來入攻，噉人心臟便死，慎不可輕。

治蝎螫不可忍者，詳其經絡部分，逆順蹷氣，毫針刺之。

治蛇螫，嚼鹽，唾上訖，灸三壯，復嚼鹽，唾灸瘡上。

《神應經・雜病部》 狂犬傷人　灸咬處瘡上。

蛇傷　灸傷處三壯，仍以蒜片貼咬處，灸蒜上。

《外科發揮・瘡疥》 一男子風犬所傷，牙關緊急，不省人事，急針患處出毒血，更隔蒜灸，良久而醒。用太乙膏封貼，用玉眞散二服，少愈，更以解散散二服而痊。若患重者，須先以蘇合香丸灌之，後進湯藥。

《針灸經》云：外丘穴治猘犬，即風犬所傷，發寒熱，速灸三壯，更灸患處，立愈。春末夏初，狂犬咬人，狂過百日，得安，終身禁犬肉，蠶蛹，食此，則發不可救也。宜先去惡血，灸咬處十壯，明日以後，灸一壯，百日乃止，忌酒七日，搗韭汁，飲一二盞。

又方：治狂犬傷，令人吮去惡血，灸百壯神效。

治蛇入七竅，急以艾灸蛇尾。又法：以刀破蛇尾少許，入花椒七粒，蛇自出，即用雄黃、朱砂末，煎人參湯調灌之，內毒即解。獨頭大蒜切片，置患處，以入於蒜上灸之，每三壯換蒜，多灸爲妙。

《名醫類案・中毒》 一人因剝死牛瞀悶，令看，遍身俱紫泡，使急刺泡處，良久遂甦，更以敗毒藥而愈。

趙延禧云：遭惡蛇虺，所螫處，貼上艾炷，當上灸之，立瘥。

《醫學綱目・通治諸般惡蟲咬》 猘犬傷，毒不出，發寒熱，速以艾灸外丘穴二壯；又灸所咬之處七壯，立愈。

治瘋狗咬，用桃核殼半個，將野地乾人糞塡滿，以榆皮蓋定，罨於傷處。又用艾於桃核上灸十四壯，即愈，永不再發。或用野犬糞，如前法灸之。

又方，艾灸傷處五七壯。

《針灸大成・瘡毒門》 狂犬咬傷人　即灸咬處瘡上。

蛇咬傷人　灸傷處三壯，仍以蒜片貼咬處，灸蒜上。

《壽世保元・灸法》 一灸蛇毒。人被蛇所傷，用艾當喫處灸之，引去其毒即差。

《類經圖翼・針灸要覽・諸證灸法要穴》 五蠱毒注　中惡不能食，中脘、照海。中蠱毒。

瘋犬咬傷　急令人吮盡惡血，於咬處灸百壯，已後日日灸之，百日乃止。忌豬肉與酒，一生慎之。

孫眞人曰：春末夏初，犬多發狂，被其咬者，無出於灸。其法，只就咬處牙迹上灸之，一日灸三壯，灸至一百二十日乃止，宜常食灸韭菜，永不再發，亦良法也。

又治一切犬傷，毒氣不出者，須灸外丘，一日，速用三姓人，灸所嚙處，立愈。

蛇毒　凡蛇傷中毒者，灸毒上三七壯。若一時無艾，以火炭頭稱瘡孔大小爇之。

諸蟲毒　凡蛇蝎蜈蚣咬傷，痛極勢危者，急用艾火於傷處灸之，拔散毒氣即安。或用獨蒜片隔蒜灸之，二三壯換一片，毒甚者灸五十壯。或內服紫

金丹亦妙。或馬汗入瘡，及蠶毒、蜘蛛等毒，灸之皆效。

《景岳全書·雜證謨·諸毒》 凡灸一切蠱毒，於兩足小指盡處，各灸三壯，即有物出。酒中者，隨酒出，飲食中者，隨飲食出，屢驗。

《景岳全書·古方八陣·因陣》 凡被蛇傷，即用針刺傷處出血，用雄黄等藥敷之，仍須中留一孔，使毒氣得泄，乃內服解毒等藥。凡傷處兩頭俱用繩扎縛，庶不致毒氣內攻，流布經絡。

凡蛇入七竅，急以艾灸蛇尾。又法：以刀破蛇尾少許，入川椒數粒，以紙封之，蛇自出。即用雄黄、朱砂末，煎人參湯調灌之，或食蒜飲酒，內毒即解。

山居人被蛇傷，急用溺洗咬處，拭乾，以艾灸之立效。又方：用獨頭大蒜切片置患處，以艾於蒜上灸之，每三壯換蒜，多灸爲妙，凡被毒蛇所傷皆效。

瘋犬傷人。急於無風處吮出瘡口惡血，如或無血，則以針刺出血，用小便洗凈，外用香油調雄黄，少加麝香，敷之。一、凡遇惡犬咬傷，如倉卒無藥，即以百草霜、麻油調敷，或用葱搗爛貼之，牛糞敷之，或蚯蚓糞敷之，或口嚼杏仁爛，敷之，皆能救急。如少延緩，恐毒氣入經爲害。一方：拔去頂上紅髮，急令人吮去惡血，以艾灸傷處五七壯，甚者灸百壯，神效。一方：用米泔水洗凈，沙糖敷之。一方：用杏仁炒黑，搗成膏貼之。

諸犬咬蟲傷灸法。凡狼、犬、蛇、蝎、蜈蚣諸傷痛極危急，或因傷受風而牙關緊急，腰背反張，不省人事者，速切蒜片或搗爛，罨傷處，隔蒜灸之，或二三十壯，或四五十壯，無不應手而愈，取效多矣。故《本草》謂蒜療瘡毒，有回生之功。夫積在腸胃，尚爲難療，况四肢受患，則經絡遠絕，藥不易及，故古人有淋、洗、灸、刺等法，正爲通經逐邪，導引氣血而設也。

《幼科鐵鏡·灸犬傷》 犬傷，用青磚上青苔和牛糞，搥爛，如被瘋犬傷於患處，艾灸三壯，即愈。

灸蛇傷 初於患處艾灸三壯，以上灸法俱用獨蒜切片，遮患處，盛艾於上灸之。

《採艾編翼·外科》 服毒。吾邑山多苦蔓藤葉，一名斷腸草，食之，即痰壅咽喉，須臾氣絕，冥頑負憊者往往食此，破人家產，喪己性命。

此方活人甚多，凡心頭尚煖者可救。

先灸湧泉下痰，艾要堅實如黄豆，每三五壯。

次灸勞宮退逆氣，艾堅如綠豆大，每三五壯。

次灸章門，疏五臟，艾堅實如綠豆大，每穴三壯。若取穴者，取本人兩（手睁）〔季脇〕尖盡處是。

次灸天突，清氣，艾堅如米。三壯。

《太乙神針心法·瘡毒門》 狂犬咬傷人 即灸咬處瘡上。

蛇咬傷人 灸傷處三壯，仍以蒜片貼咬處，灸蒜上。

《醫宗金鑒·刺灸心法要訣·灸瘋犬咬傷歌》 瘋犬咬傷先須吮，吮盡惡血不生風，次於咬處灸百壯，常食灸韭不須驚。瘋犬咬傷之處，急急用大嘴砂酒壺一箇，內盛乾燒酒，燙極熱，去酒，以酒壺嘴向咬處，如拔火罐樣吸盡惡血爲度，擊破自落，上用艾炷灸之，永不再發。灸韭，炒韭菜也。

《醫宗金鑒·刺灸心法要訣·灸蛇蠍蜈蚣蜘蛛傷歌》 蛇蠍蜈蚣蜘蛛傷，即時疼痛最難當，急以傷處隔蒜灸，五六十壯效非常。凡蛇、蠍、蜈蚣、蜘蛛咬傷，痛急勢危者，急用艾火於傷處灸之，拔散毒氣，即安。或用獨蒜片隔蒜灸之，二三壯換一片，毒甚者灸五六十壯。

《羅遺編·針灸要穴論》 瘋犬咬傷 孫眞人曰：春末夏初，犬多發狂，被其咬者，無出於灸。其法，只就咬牙迹上灸之，一日灸三壯，灸至一百二十日乃止。常食灸韭菜永不再發，亦良法也。又治一切犬傷，毒氣不出者，灸外丘，一日，速用三姓人灸所嚙處，立愈。

五蠱毒注中惡不能食。中脘，照海。中蠱毒。

蛇毒 即灸毒上三七壯，若一時無艾，以火炭頭稱瘡孔大小爇之。

諸毒 凡蛇、蝎、蜈蚣咬傷，痛極勢危急者，急用艾火於傷處灸之，拔散毒氣即安。或用獨蒜片隔蒜灸之，二三壯換一片，毒甚者灸五十壯，或內服玉樞丹亦妙。或蠶毒、蜘蛛等，灸之皆效。

《針灸逢源·證治參詳·癰疽門》 蛇蠍蜈蚣咬傷 中毒痛極者，急用艾火於傷處灸之，拔散毒氣即安，或用蒜片貼肉灸之，毒甚者灸五十壯，服紫金丹更妙。

邪狗咬傷 孫眞人曰：春末夏初，犬多發狂，被其咬者，無出於灸，即就咬處牙迹上灸之，一日灸三壯，灸至一百二十日乃止，宜常食灸韭菜，永不再發。

一法：速用艾火灸咬處三十五壯，甚者灸百壯。

《針灸逢源・論治補遺・箭風説》 俗以身痛呼爲箭風者，因其人衛氣虚，腠理不密，賊風乘虚而入，客於經絡，營衛不通則痛，就痛處按之，用針挑出形，如羊毛，此即閉塞結硬之絡脈也，而挑時暫快，過則依然。治法，或燃蘸油燈粹之，或用艾葉溫散，或用白芥子爲末調敷，或用金銀花内服取效。

《針灸全生・瘡毒》 五蠱毒注 中脘。中惡不能食，照海。

瘋犬傷 急用火罐拔去惡血，於咬傷灸百壯已，後日日灸之，三日乃止，忌食犬肉終身，慎之。孫眞人云：只於咬處一日灸三壯，灸至一百二十日乃止，宜常食灸韭菜，永不再發，亦良法也。

蛇蟲諸傷 就咬傷處隔蒜片灸之，三七壯，均效。

《傳悟靈濟録・諸毒傷》 中五蠱毒，中惡不能食，中脘、照海。中蠱毒。

瘋犬咬 急令人吮盡惡血，於傷處灸百壯，後當日日灸之，百日乃止，豬肉與酒，一生忌之。然春末夏初犬多發狂，被其咬者無於灸。其法：就於牙迹上灸之，一日三壯，灸至一百二十日乃止。宜常食韭菜，永不再發，亦良法也。

又治一切犬傷毒氣不出者，須灸外丘穴。一法，速用三姓人灸所嚙處，立愈。

蛇毒 灸毒上三七壯。若一時無艾，以火炭頭稱瘡孔大小爇之。

諸蟲毒 凡蛇、蠍、蜈蚣咬傷痛勢危者，急用艾火於傷處灸之，拔散毒氣即安。或用獨蒜片隔蒜灸之，二三壯換一片，毒甚者灸五十壯，或内服紫金丹亦妙，或馬汗入瘡及蠶毒、蜘蛛、蜂等毒，俱宜患處灸之，效。

《傳悟靈濟録・灸瘋犬交傷歌》 瘋犬咬傷先須吮，吮盡惡血不生風，次於咬處灸百壯，常食灸韭不須驚。注：瘋犬咬傷之處，急急用大嘴砂酒壺一箇，内盛乾燒酒，燙極熱，去酒，以酒壺嘴向傷處如拔火罐樣，吸盡惡血爲度，擊破自落，上用艾炷灸之，永不再發。灸韭，炒韭菜也。

《傳悟靈濟録・灸蛇蠍蜈蚣蜘蛛咬傷歌》 蛇蠍蜈蚣蜘蛛傷，即時疼痛最難當，急以傷處隔蒜灸，五六十壯效非常。注：凡蛇、蠍、蜈蚣、蜘蛛一切毒物咬傷，痛急勢危者，急用艾火於傷處灸之，拔散毒氣即安，或用獨蒜片隔蒜灸之，二三壯換一片，毒甚者，灸五六十壯效。

《針灸集成・蠱毒》 蠱毒 巨闕，上脘，足小指尖，三壯，有物因所食下出。

三蠱痛胸多涎 上脘，在鳩尾下二寸，灸二七壯至百壯，未差，宜倍灸。

蠱咬心痛，或上或下，時作時止，善渴，嘔吐惡心涎出，面色白斑紅，唇乍青白，乍白赤，痛定後能食是也。以手緊按堅持，勿令得移，以針刺蠱，久待，蠱不動，乃出針。上半月蠱頭向上，下半月蠱頭向下，每食前，先嚼肉而不吞，則蠱頭向上，然後用針藥。

《針灸集成・雜病》 蠍、蜥、蛇、犬、蜈蚣咬傷，痛不可忍者，各隨其所傷經絡針刺，用瀉法，使不欲呼吸者，使毒氣隨經而直瀉者也。

犬咬 初日七壯，翌日加一壯，日灸。

狂犬咬 初灸七壯，日灸一壯至百壯。

蛇咬 咬處在左，針刺右邊相對處出血，又刺頭頂上旋毛中，神效。

又，勿論輕重，即針不咬邊內，太衝及陰陵泉穴，大效。

《針灸集成・諸蟲傷》 灸法，凡蛇虺、蜈蚣、毒蟲咬傷，於傷處灸五壯或七壯即愈。《丹心》

被惡蛇螫，即貼蛇皮於螫處，艾火灸其上，引出毒氣即止。《本草》

跌仆損傷

《靈樞・寒熱病》 身有所傷，血出多，及中風寒，若有所墮墜，四肢懈惰不收，名曰體惰，取小腹臍下三結交者，陽明、太陰也，臍下三寸關元也。

〔馬蒔注〕此言刺體惰之法也。身有所傷，出血已多，而傷處中乎風寒，或有所墮墜，不必身傷出血也。四支懈惰，其名曰體惰，當取小腹齊下三結交之穴以刺之。蓋本經爲任脈，而足陽明胃、足太陰脾經之脈，亦結於此，故謂之三結交也，即齊下三寸之關元穴耳。

〔張介賓注〕《靈樞・寒熱病》篇身有所傷，血出多而中風寒者，破傷風之屬也。或因墮墜，不必血出，而四支懈惰不收者，皆名體惰也。關元，任脈穴，又足陽明太陰之脈皆結於此，故爲三結交也。

〔張志聰注〕此言皮膚之血氣有傷，當取之陽明、太陰也。夫首言皮膚之寒熱者，病三陰之氣也，此言皮膚之血氣受傷，亦取之太陰、陽明，陰陽血氣之相關也。 身有所傷，血出多，傷其血矣。及中風寒，傷其營衛矣。夫人

之形體，借氣煦而血濡，血氣受傷，故若有所墮墜，四支懈惰不收，名曰體惰。夫充膚熱肉之血氣，生於陽明水穀之精，流溢於中，由衝任而布散於皮腠，故當取小腹齊下之陽明、太陰、任脈之關元，以助血氣之生原。三結交者，足太陰、陽明，與任脈交結於小腹齊下也。

〔沈亮宸注〕首言三陰之氣，本於裏陰，而外主於皮毛肌骨；下節論三陽之氣，從下而生，而上出於頸項頭面；此言膚表之血氣，亦由下而上，充於皮膚，蓋陰陽血氣，皆從下而上也。

《甲乙經·陽受病發瘋》 身有所傷，出血多，及中風寒，若有所墮墜，四肢懈㑊不收，名曰體解，取其少腹臍下三結交。三結交者，陽明、太陰、臍下三寸關元也。

《奇效良方·正骨兼金鏃門》 《内經》云：人有所墮墜，惡血留内，腹中脹滿，不得前後，先飲利藥。此上傷厥陰之脈，下傷少陰之絡，刺足内踝下然谷之前出血，刺足跗上動脈，不已，刺三毛各一痏，見血立已，左刺右，右刺左。《靈樞》云：有所墮墜，惡血留於内，若有所大怒，氣上而不下，積於脇下，則傷肝，又中風及有所擊打，若醉入房，汗出當風，則傷脾。又頭痛不可取於腧，有所擊墮，惡血。惡血在於内，痛不已，可側刺，不可遠取之也。

《針灸聚英·玉機微義針灸證治》 損傷

《内經》云：人有所墮墜，惡血留内，腹中脹滿，不得前後，先飲利藥，此上傷厥陰之脈，下傷少陰之絡，刺足内踝下然骨之前出血，刺足跗上動脈，不已，刺三毛各一痏，見血立已，左刺右，右刺左。其脈堅強者生，小弱者死。

《景岳全書·外科鈐·杖瘡》 杖瘡一證，凡其甚者，必以瘀血爲患。血瘀在外者，淺則砭之，深則刺之，内潰者開之，腐肉者取之。血瘀在内者，宜以活血流氣之藥和之，甚者利之行之，此治血凝之法也。

《醫宗金鑒·刺灸心法要訣·擊撲損傷應刺諸穴》 《素問·繆刺論》曰：人有所墜墮，惡血留内，腹中滿脹，不得前後，先飲利藥，此上傷厥陰之脈，下傷少陰之絡，刺足内踝之下，然谷之前血脈出血，刺足跗上動脈，不已，刺三毛各一痏，見血立已，左刺右，右刺左。

〔吳謙等注〕此言惡血爲病，有繆刺之法也。人因墮墜，致惡血留内，腹中滿脹，前後不通，當先用利藥。如上傷厥陰肝經之脈，下傷少陰腎經之絡，當刺内踝之下，然谷之前，有血脈，令出血者，蓋以此屬少陰之別絡，而交通乎厥陰也。兼刺足跗上動脈，即衝陽穴，乃胃經之原也。如病不已，更刺三毛上大敦穴，左右各一痏，見血立已。繆刺者，左刺右大敦，右刺左大敦也。但足跗動脈、上關衝脈、少陰、陽明三經，只宜淺刺，不可出血不已也。

《神灸經綸·手足證治》 仆傷肘背痛　肩井，陽池。

《灸法秘傳·痞勞》 若遇跌打損傷，瘀血疼痛，痰核癧串，無名腫毒，皆於患處灸之，使痛者灸至不痛，不痛者，灸至痛，即愈。

《痧驚合璧·跌打痧》

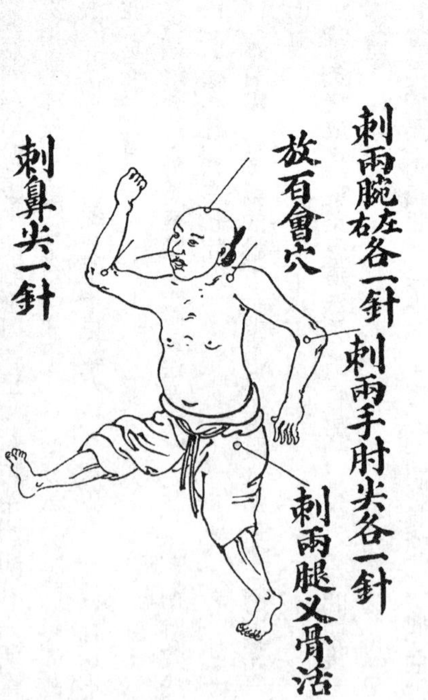

此證見物即毀，其人如狂，延至二三時即死，須當速即救之。

《針灸學·刺跌打損傷法》 跌打損傷，其形不一，有皮破出血者，有皮未破而肉色青腫者，有傷筋骨者，有傷肌肉者，狀雖不同，而其血氣凝滯，青腫疼痛，灸則致成瘡疾，或變生他病者，比比皆是也。針灸諸書，概無針治跌打損傷之法，其實刺跌打損傷與刺瘡疾無以異，瘡由氣血凝聚而結，是積漸使然。跌打損傷，亦是一時氣血筋骨被傷，阻其營衛通行之道，故血爲之瘀，氣爲之滯，而腫痛之所由來也。筋骨肌肉被折，則氣血因而壅聚，血不流則阻氣，氣不通則滯血，若使氣血通利，則腫消痛止，被折損傷處，亦無血結氣聚之患矣。故跌打損傷，除骨斷筋折另用接骨續筋諸法外，未有不宜針治者。然針非漫刺之謂，針瘡先辨經絡，針跌打損傷亦宜先辨經絡。經絡何處被傷，則何處凝滯，亦即何處之血氣不通，故行針時，務先於腫痛損壞處辨明經

絡，究竟傷何經，折何絡。如傷腿上太陽經，則取太陽之委中、承山、崑崙諸穴以瀉之。如傷腿上少陽經，則取少陽經之環跳、光明、絶骨諸穴以瀉之。如傷腿上陽明經，則取陽明經之三里、上廉、下廉諸穴以瀉之。傷腿上陰經亦然。傷頭面腰背肩臂，亦無不然。傷肝經，針肝經。傷脾經，針脾經。傷腎經，針腎經。就腫處附近取穴，以通其所滯。再就所傷經絡遠處取穴，以開其氣道。務使氣血流通，則腫痛自然消除矣。

附骨疽

《千金要方・丁腫痛疽・瘭疽》附骨疽，灸間使後一寸，隨年壯，立瘥。

《千金翼方・瘡痈・癰疽發背》治骨疽百方治不差方　可於瘡上以次灸之，三日三夜無不愈。

《扁鵲心書・附竇材灸法》腿骱間發赤腫，乃腎氣風邪著骨，恐生附骨疽，灸關元二百壯。

《備急灸法・附骨疽》黄帝、岐伯、孫眞人治附骨疽，亦如治丁瘡法灸之，其附骨疽者，無故附骨而成膿，故名之。多發於四肢大節筋間，虚人及産婦，偏發腿胜間。其候先覺痺重，或痺疼，或只烘烘然肌熱，動搖不便，按之應骨酸痛。經曰：便覺皮肉漸急，洪腫如肥人狀，多作賊風風腫治之，因循多致死，凡有此患，宜早灸之。依丁瘡圖子取穴灸之，男左女右。圖子見前丁瘡門。

《薛氏醫案》引《外科發揮・潰瘍》一婦人患附骨癰，久而不斂，致腿細短軟，脈來遲緩，以十全大補湯，加牛膝，杜仲及附子餅灸之，兩月餘而愈。凡膿潰之後，脈濇遲緩者易愈，以其有胃氣故也。脈來細而沉，時直者，裏虚而欲變證也。若煩痛，尚未痊也。洪滑粗散者難療，以其正氣虚而邪氣實也。

《名醫類案・附骨疽》孫彦和治一人，年踰五旬，季夏初，患右臂膊腫盛，上至肩，下至手指，色變，皮膚涼，六脈沉細而微。此乃脈證俱寒，瘍醫莫辨。孫視之曰：此乃附骨癰，開發已遲，以燔針啓之。膿清稀解，次日，肘下再開之，加呃逆不絶。孫與丁香柿蒂散兩服稍緩。次日呃逆尤甚，自利，臍腹冷痛，腹滿，飲食減少，時發昏憒，於左乳下黑盡處灸二七壯，《千金》妙法。又處托裏溫中湯，用乾薑、附子、木香、沉香、茴香、羌活等分，㕮咀一兩半，欲與服。或者曰：諸痛癢瘡瘍，皆屬心火，又當盛暑之時，用乾薑、附子可乎？孫曰：法當如是。《内經》曰：脈細，皮寒，瀉利前後，飲食不入，此謂五虚。況呃逆者，胃中虚寒極也。諸痛癢瘡瘍，皆屬心火，是言其常經也。此證内外相反，須當捨時從證，非大方辛熱之劑，急治之，則不能愈。遂投之，諸證悉去，飲食倍進，瘡勢溫，膿色正，復用五香散數劑，月餘平復。吁！守常者衆人之見，知變者智者之事，知常而不知變，奚以爲醫？

《外科樞要・附骨疽》附骨疽有因露卧，風寒深襲於骨者。有因形氣損傷，不能起發者。有因尅伐之劑，虧損元氣，不能發出者。有因外敷寒藥，血凝結於内者。凡此皆宜灸熨患處，解散毒氣，補接陽氣，溫補脾胃爲主。若飲食如常，先用仙方活命飲，解毒散鬱，隨用六君子湯，補托榮氣。若體倦食少，但用前湯培養諸臟，使邪不得勝正。若膿已成，即針之，使毒不得内侵，帶生用針，亦無妨。如用火針，亦不痛，且使易斂。其隔蒜灸能解毒行氣，葱熨法能助陽氣，行壅滯，此雖不見於方書，余常用之，大效，其功不能盡述，惟氣血虚脱者不應。

《類經圖翼・針灸要覽・諸證灸法要穴》附骨疽　環跳穴痛，恐生附骨疽也。大陵，懸鐘，三七壯。

《羅遺編・針灸要穴論》附骨疽　環跳穴痛，恐生附骨疽也，大陵，懸鐘三七壯。

《針灸集成・諸藥灸癰疽法》附骨疽　二白穴，在間使後一寸，灸隨年壯，立差。

《針灸摘要・陽蹻脈》手臂背生毒，名曰附骨疽　天府，曲池，委中。

失欠

《千金要方・七竅病上・口病》失欠，頰車蹉，灸背第五椎，一日二七壯，滿三日未差，灸氣衝二百壯，胸前喉下甲骨中是，亦名氣堂。

又灸足内踝上三寸宛宛中，或三寸五分百壯，三報，此三陰交穴也。

《千金翼方・舌病》牙車失欠蹉跌，灸第五椎，日二七壯，滿三百壯不差，灸氣衝二百壯，胸前喉下寅骨中是。

又灸足內踝上三寸宛宛中，三百壯，三報之。

聽會，主牙車急及脫臼相離二寸，在上關下一寸，一名耳門，側卧張口乃得之，針入三分，留三呼，得氣即瀉，不補宜灸，日五壯至七壯止，十日後還依前灸，愼生、冷、醋、滑。

又法，下關，在耳門下一寸宛宛中動脈際是也，主牙車脫關，不得嚼食，側卧開口取之，針入四分，與上同法，灸數亦同，忌熱食、酒、麪。

頰車，在耳下二韮葉宛宛中，主牙車不開，口噤不言及牙疼不得食，牙頰腫，側卧張口取之，針入四分，得氣即瀉，不補宜灸，日七壯至七七壯即止。

《聖濟總録·治失欠灸法》 完骨二穴，在耳後入髮際四分，各灸三三壯，主失欠。《甲乙經》云：足太陽少陽之會也。

失欠頰車蹉，灸背第五椎，一日二七壯，滿三日，未差，灸氣衝二百壯，胸前喉下甲骨中是，亦名氣堂。

通里二穴，主數欠。《甲乙經》云：手少陰絡在腕後一寸，走手太陽，各灸五壯，炷如半棗核大。又灸足內踝上三寸宛宛中，或三寸五分，百壯，三報，此三陰交穴也。

《普濟方·針灸門·口緩》 治數欠頻伸，穴通里。

治口失欠，下牙齒痛，穴下關，大迎，翳風。

治喜頻伸數欠，惡聞人音，穴內庭。

治強欠，穴漏谷。

治數欠不得息，穴太淵。

治數欠，穴經渠。

治目淚出，欠氣多，穴風池。

治失欠，穴翳風，通谷。

治失欠，穴完骨。

治數欠，穴通里二穴。《甲乙經》云：手少陰絡，在腕後一寸，走手太陽，各灸五壯，炷如半棗核大，又灸足內踝上三寸宛宛中，或三寸五分，百壯三報，此三陰交穴也。

《普濟方·針灸門·雜病》 治頰車蹉閃，灸足內踝上三寸宛宛中，或三寸五分，百壯，三報，此三陰交穴也。

《針灸大成·治證總要》 牙關脫臼　頰車，百會，承漿，合谷。

《灸法秘傳·脫頦》 頦者，口之下唇至末之處，俗名下把也。有因氣虛而脫者，有因呵欠而脫者，皆可灸風池穴。

其他

《醫心方·治代指方》引《僧深方》 《僧深方》代指方：作艾主，正灸痛上七壯。

治指掣痛方第二十四

葛氏方，指忽掣痛不可堪轉上入方

灸病指頭七壯，立差。《千金方》同之。

又云，指端忽發瘡方，燒針令赤以灼之。

又云，卒五指筋攣，急不得屈申方，灸手踝骨上數壯。

《扁鵲心書·附竇材灸法》 破傷風，牙關緊急，項背強直，灸關元穴百壯。

《儒門事親·寒門》 經曰：寒瘍流水，俗呼爲凍瘡。因冬月行於冰雪中而得此證，或經年不愈者，用坡野中淨土曬乾，以大蒜研如泥土，捏作餅子，如大觀錢厚薄，量瘡口大小貼之，以火艾加於餅上灸之，不計壯數，以泥乾爲度，去乾餅子，再換濕餅，灸不問多少，直至瘡痂覺痛癢，是瘡活也。然後口含漿水洗漬，用雞翎一二十莖，縛作刷子，於瘡上洗刷淨，以此洗刷，不致肌肉損傷也。以軟帛拭乾，次用木香檳榔散傅之，如夏月醫之，更妙。

《證治準繩·凍瘡》 足跟紅腫凍瘡，取左足指面後跟赤白肉際骨下，刺入三分，彈針出血，可灸三七壯。足跟凍瘡潰破，用葱椒湯洗，刮去腐，用三稜針出血，將馬屁勃入生牛骨髓調和敷之，效。

《羅遺編·針灸要穴論》 寒濕腳瘡　取足跗上二寸許，足腕正中陷處是穴，灸七壯，神效。此穴當即解谿也。

《繪圖針灸易學・翻全圖》其證心慌頭疼，渾身起泡。

治法：用針刺破大泡，雄黃點之，用鹽醋水飲之，即愈。

眼科病證治分部

綜述

《甲乙經・欠噦唏振寒噫嚔嚲泣出太息羡下耳鳴囓舌善忘善饑》曰：人之哀而泣涕出者何？曰：心者，五臟六腑之主也。目者，宗脈之所聚也，上液之道也。口鼻者，氣之門戶也。故悲哀愁憂則心動，心動則五臟六腑皆搖，搖則宗脈感，宗脈感則液道開，液道開，故涕泣出焉。液者，所以灌精濡空竅者也。故上液之道開，則泣，泣不止則液竭，液竭則精不灌，精不灌則目無所見矣，故命曰奪精，補天柱經俠頸。俠頸者，頭中分也。

《甲乙經・足太陽陽明手少陽脈動發目病》目中赤痛，從內眥始，取之陰蹻。目中痛不能視，上星主之，先取譩譆，後取天牖、風池。青盲遠視不明，承光主之。目瞑還視䀮䀮，目光主之。目䀮䀮赤痛，天柱主之。目眩無所見，偏頭痛，引外眥而急，頷厭主之。目不明，惡風日，淚出憎寒，目痛目眩，內眥赤痛，目䀮䀮無所見，眥癢痛，淫膚白翳，睛明主之。青盲無所見，遠視䀮䀮，目中淫膚，白膜覆瞳子，目窗主之。目不明，淚出，目眩瞀，瞳子癢，遠視䀮䀮，昏夜無見，目瞤動，與項口參相引，喎僻，口不能言，刺承泣。目痛口僻，戾（林億等新校正）一作淚出。目不明，四白主之。目赤黃，顴窌主之。睊目，水溝主之。目痛不明，齗交主之。目瞑身汗出，承漿主之。青盲䁢目惡風寒，上關主之。青盲，商陽主之。䁢目目䀮䀮，偏歷主之。眼痛，下廉主之。䁢目目䀮䀮，少氣，灸手五里，左取右，右取左。目中白翳，目痛泣出，甚者如脫，前谷主之。白膜覆珠，瞳子無所見，解谿主之。

《千金要方・七竅病上・目病》目中赤痛從內眥始，取之陰蹻。目中痛不能視，上星主之，先取譩譆，後取天牖，風池。目不明，淚出，目眩瞢，瞳子癢，遠視䀮䀮，晝夜無見，目瞤動與項口參相引喎僻，口不能言，刺承泣。睊目，水溝主之。

《千金要方・針灸下・頭面》目病　大敦，主目不欲視，太息。

大都，主目眩。

承漿、前頂，天柱，腦空，目窗，主目眩瞑。

天柱，陶道，崑崙，主目眩，又目不明，目如脫。

腎輸，內關，心輸，復留，太泉，腕骨，中渚，攢竹，精明，百會，委中，崑崙，天柱，本神，大杼，頷厭，通谷，曲泉，後頂，絲竹空，胃輸，主目䀮䀮不明，惡風寒。

陽白，主目瞳子痛癢，遠視䀮䀮，晝夜無所見。

掖門，前谷，後谿，腕骨，神庭，百會，天柱，風池，天牖，心輸，主目泣出。

至陰，主目翳。

丘墟，主視不精了，目翳，瞳子不見。

後谿，主眥爛有翳。

前谷，京骨，主目中白翳。

京骨，主目反白，白翳從內眥始。

精明、齗交，承泣，四白，風池，巨窌，瞳子窌，上星，肝輸，主目淚出，多眵矇，內眥赤痛癢，生白膚翳。

天牖，主目不明，耳不聰。

照海，主目痛，視如見星。

肝輸，主熱病差後，食五辛，多患眼闇，如雀目。

陽白，上星，本神，大都，曲泉，俠谿，三間，前谷 ，攢竹，玉枕，主目系急，目上插。

絲竹空，前頂，主目上插，增風寒。

承泣，主目瞤動，與項口相引。

申脈，主目反上視，若赤痛從內眥始。

三間，前谷，主目急痛。

太衝，主下眥痛。

陽谷，太衝，崑崙，主目急痛赤腫。

曲泉，主目赤腫痛。

束骨，主眥爛赤。

陽谿，陽谷，主目痛赤。

商陽，巨窌，上關，承光，童子窌，絡卻，主青盲無所見。

顴窌，內關，主目赤黃。

掖門，主目澀暴變。

期門，主目青而歐。

二間，主目眥傷。

風池，腦戶，玉枕，風府，上星，主目痛不能視。先取譩譆，後取天牖，風池。

太泉主目中白睛青。

俠谿，主外眥赤痛，逆寒，泣出目癢。

《千金翼方·針灸中·肝病》 治眼目法 攢竹，主目視不明，睆睆，目中熱痛及瞤，針入一分，留二呼，瀉三吸，徐徐出之。忌灸，宜出血塗鹽。

膚翳白膜覆瞳人，目闇及眯，雀目，冷淚，目視不明，努肉出，皆針睛明，入一分半，留三呼，瀉五吸。冷者先補後瀉，復補之。雀目者，可久留十吸，然後速出。

視眼喎不正，口喎目瞤，面動葉葉然，眼赤痛，目睆睆，冷熱淚，目瞼赤，皆針承泣，在目下七分匡骨中，當瞳子直下陷中，入二分半，得氣即瀉，忌灸。

目闇不明，針中渚，入二分，留三呼，瀉五吸，灸七壯，炷如雀矢大，在手小指次指本節後間。眯目，偏風眼喎，通睛，耳聾，針客主人，一名上關，入一分，久留之，得氣即瀉。亦宜灸，日三七壯至二百壯，炷如細竹筋大，側卧張口取之。眼暗，灸大椎下第十節，正當脊中，二百壯，唯多佳，可以明目，神良。灸滿千壯，不假湯藥。

肝勞邪氣眼赤，灸當容一百壯，兩邊各爾，在眼後耳前三陰三陽之會處，以手按之，有上下橫脈。是與耳門相對也。

肝俞，主目不明，灸二百壯，小兒寸數斟酌，灸可一二七壯。

《銀海精微·開金針法》 凡開金針，需擇吉日。風靜日煖，需待日午之時，焚香請呼龍樹醫王觀音菩薩，然後方靜坐片時，定自己之氣息。令人取木凳一條，以綿被帖軟，同患者坐於凳被上，騎馬對坐，面與我對平，毋俟高低。緩緩以銅簪腳於開縫處點計之，次看鋒針口，與瞳人三分之下，要憑口訣使高低遠近，與將鋒針令其入眼。轉看數遍足了，方按鋒針三四下，看透了即取起，有些血出，用綿紙拭乾其血後，方用地方令針緩緩撚訊，若透，此針取出。然後依法用天字針，再進取翳，其翳若好，撒開裏針，緩緩收下，停針畢，方落在後，去紙，舉物與他看之即見，不可與他人久視。即用濕紙重重封固，太陽用水膏塗之，至次早方開看，再換濕紙，再封，如此七日，斜卧，不可憑他番身轉側。七日後方開封與起，無妨矣。念觀音呪七遍，方取出金針，看其翳不浮起，即用濕紙封片時，方去紙，舉手動之。

《儒門事親·目疾頭風出血最急說》 《內經》曰：目得血而能視。此一句，聖人論人氣血之常也。後世之醫不達其旨，遂有惜血如金之說。自此說起，目疾頭風諸證，不得而愈矣。何以言之？聖人雖言目得血而能視，然血亦有太過不及也。太過則目壅塞而發痛，不及則目耗竭而失明。故年少之人多太過，年老之人多不及。但年少之人則無不及，但年老之人，其間猶有太過者，不可不察也。夫目之內眥，太陽經之所起，血多氣少。目之銳眥，少陽經也，血少氣多。目之上綱，太陽經也，亦血多氣少。目之下綱，陽明經也，血氣俱多。然陽明經起於目兩傍，交鼻頞之中，與太陽少陽俱會於目，惟足厥陰肝經連於目系而已。故血太過者，太陽，陽明之實也。血不及者，厥陰之虛也。故血出者，宜太陽、陽明，蓋此二經血多故也。少陽一經不宜出血，血少故也。刺太陽、陽明出血，則目愈明。刺少陽出血，則目愈昏。要知無使太過不及，以血養目而已。此《內經》所謂目得血而能視者，此也。凡血之為物，太多則溢，太少則枯。人熱則血行疾而多，寒則血行遲而少，此常理也。至於目者，肝之外候也。肝主目，在五行屬木。然木之為物，太茂則蔽密，太衰則枯瘁。蔽密則風不疏通，故多摧拉，枯瘁則液不浸潤，故無榮華。又況人之有目，如天之有日月也。人目之有翳，如日月之有雲霧也。凡雲之興，未有不因蒸騰而起者，雖隆冬之時，猶且然耳，況於炎暑之時乎。故目

暴赤腫起，羞明隱澀，淚出不止，暴寒目瞞，皆工藝之所爲也。夫目之五輪，乃五臟六腑之精華，宗脈之所聚。其氣輪屬肺金，肉輪屬脾土，赤脈屬心火，黑水神光屬腎水，兼屬肝木，此世俗皆知之矣。及有目疾，則又不知病之理，豈知目不因火則不病。何以言之？氣輪變赤，火乘肺也。肉輪赤腫，火乘脾也。黑水神光被翳，火乘肝與腎也。赤脈貫目，火自甚也。能治火者，一句可了。故《內經》曰：熱勝則腫。治火之清，在藥則鹹寒，吐之下之。在針則神廷、上星、囟會、前頂、百會血之，翳者可使立退，痛者可使立已，昧者可使立明，腫者可使立消。惟小兒不可刺囟會，爲肉分淺薄，恐傷其骨。然小兒水在上，火在下，故目明。老人火在上，水不足，故目昏。《內經》曰：血實者宜決之。又經曰：虛者補之，實者瀉之。如雀目不能夜視，及內障，暴怒、大憂之所致也，皆肝主目，血少，禁出血，止宜補肝養腎。至於暴赤腫痛，皆宜以錍針刺前五穴出血而已，次調鹽油，以塗髮根，甚者雖至於再至於三可以也。量其病勢，以平爲期，少白可黑，落髮可生，有此神驗，不可輕傳。人年四十五十，不問男女，目暴赤腫，瘾澀難開者，以三稜針刺前頂、百會穴出血，大妙。至如年少髮早白落，或白屑者，此血熱而太過也。世俗止知髮者血之餘也，血衰故耳。豈知血熱而寒，髮反不茂。肝者木也，火多水少，水反不榮，火至於頂，炎上之甚也。大熱病汗後，勞病之後，皆髮多脫落，豈有寒耶。故年衰火盛之人，最宜出血。但人情見出血皆不悅矣，豈知出血者，乃所以養血也。凡兔、雞、豬、狗、酒、醋、濕、麪，動風生冷等物，及憂忿勞力等事，如犯之則不愈矣。惟後頂、強間、腦戶、風府四穴不可輕用針灸，以避忌多故也。若有悞，不幸令人瘖，固宜慎之。其前五穴，非徒治目疾，至於頭痛，腰脊強，外腎囊燥癢出血，皆愈。凡針此勿深，深則傷骨。唐甄權尤得出血之法。世俗云，熱湯沃眼十日明，此言謬之久矣。火方乘目，更以熱湯沃之，兩熱相搏，是猶投賊以刃也。豈知涼水沃之，暫澀而久滑，熱水沃之，暫滑而久澀，不然曷以病目者忌沐浴。或曰：世俗皆言涼水沃眼，血脈不行，余聞大笑之。眼藥中用黃連、硼砂、朴硝、龍腦、熊膽之屬，皆使人血脈不行耶？何謬之甚也。又若頭風之甚者，久則目昏，偏頭風者，少陽相火也，久則目束，小大腸閉澀者，目必昏，何也？久病滑泄者，目皆明。惟小兒利久反痟眼昏，蓋極則反，與此稍異，其餘皆宜出血而大下之。余嘗病目赤，或腫或翳，作止無時。偶至親息帥府間，病目百餘日，羞明隱澀，腫痛不已。忽眼科姜仲安云：宜上星至百會，速以錍針刺四五十刺，攢竹穴、絲竹穴上兼眉際一十刺，反鼻兩孔內以草莖彈之出血，三處出血如泉，約二升許，來日愈大半，三日平復如故。余自嘆曰：百日之苦，一朝而解，學醫半世，尚闕此法，不學可乎。惟小兒瘡疱入眼者，乃餘熱不散耳，止宜降心火，瀉肝風，益腎水則愈矣。若大人目暴病者，宜汗下吐，以其血在表故宜汗，以其火在上故宜吐，以其熱在中故宜下。出血之與發汗，名雖異而實同，故錄銅人中五穴照用。

《直指方·眼目·眼目證治》 針法　攢竹二穴，在兩眉頭內尖陷中是穴，宜以細三稜針刺之，宣洩熱氣，三度刺，目大明。絲竹空二穴。在兩眉后尖髮際陷中，針三分，宜瀉不宜補，禁灸。

灸法：三里二穴穴法見前治眼目昏暗。風翳在左，灸右手中指本節頭骨上，灸五壯，炷如小麥大，右患灸左。

《玉機微義·眼目門·論目疾宜出血最急》 子和曰：聖人雖言目得血而能視，然血亦有太過不及也。太過則目壅塞而發痛，不及則目耗竭而失明。故年少之人多太過，年老之人多不及，但年少之人則無不及，年老之人，其間猶有太過者，不可不察也。夫目之內眥，太陽經之所起，血多氣少。目之銳眥，少陽經也，血少氣多。目之上綱，太陽經也，亦血多氣少。目之下綱，陽明經也，氣血俱多。然陽明經起於目兩旁，交頞之中，與太陽、少陽俱會於目，惟足厥陰經連於目系而已。故血太過者，太陽、陽明之實也，血不及者，厥陰之虛也。故出血者，宜太陽、陽明，蓋此二經血多故也。少陽一經，不宜出血，血少故也。刺太陽、陽明出血，則目愈明。刺少陽出血，則目愈昏。要知無使太過不及，以血養目而已。凡血之爲物，太多則濫，太少則枯。人熱則血行疾而多，寒則血行遲而少，此常理也。目者，肝之外候也，肝主目，在五行屬木。雖木之爲物，太茂則蔽密，太衰則枯瘁矣。夫目之五輪，乃五臟六腑之精華，宗脈之所聚，其白人屬肺金，肉輪屬脾土，赤脈屬心火，黑水神光屬腎水，兼屬肝木，此世俗皆知之矣。及有目疾，則不知病之理，豈知目不因火則不病，何以言之？白輪變赤，火乘肺也。肉輪赤腫，火乘脾也。黑水神光被翳，火乘肝與腎也。赤脈貫目，火自甚也。能治火者，一句可了，故《內經》曰：熱勝則腫。凡目暴赤腫起，羞明隱澀，淚出不止，暴寒目瞞，皆大熱之所爲也。治火之法，在藥則鹹寒吐之、下之。在針則神廷、上星、囟會、前頂，百會血之。翳者可使立退，痛者可使立已，昧者可使立明，腫者可使立

消。惟小兒不可刺囟會，爲肉分淺薄，恐傷其骨。然小兒水在上，火在下，故目明，老人火在上，水不足，故目昏。《内經》曰：血實者宜決之。又經曰：虛則補之，實則瀉之。如雀目不能夜視，及内障，暴怒大憂之所致也，皆肝主目，血少禁出血，止宜補肝養腎。至於暴赤腫痛，皆宜以鈹針刺前五穴出血而已，次調鹽油，以塗髮根。甚者，雖至於再，至於三可也。量其病勢，以平爲期。

〔劉純按〕此謂目疾，出血最急。於初起熱痛暴發，或久病鬱甚，非三稜針宣泄不可。然年高之人，及久病虛損并氣鬱者，宜從毫針補瀉之則可，故知子和亦大略言爾。於少陽一經，不宜出血，無使太過不及，以血養目而已，斯意可見。

《針灸聚英·雜病》 眼目 肝氣實，風熱，痰熱，血瘀熱，血實氣壅。絲竹空，上星，百會，攢竹宣洩。痛者，風池，合谷。張子和治眼目，神庭，上星，前頂。

灸大寒犯腦，連及目痛，或風濕相搏，風邪，皆可用。有翳，取二間，合谷。小兒疳眼，灸合谷二穴各一壯。

《針灸聚英·玉機微義針灸證治》 眼目 東垣曰：五藏上注於目而爲之精，精之窠爲眼，骨之精爲黑眼，血之精爲絡，其窠氣之精爲白眼，肌肉之精爲約束，裹擷筋骨血氣之精而與脈併爲系。目者，五藏六府之精，榮衛魂魄之所常營也，神之所主也。

劉氏曰：内障有因於痰熱，氣鬱，血熱，陽陷，陰脱，脱營所致，種種病因，古人皆不議，况外障之翳，有起於内眥，外眥，睛上，睛下，睛中，當視其翳色何經而來。如東垣治魏邦彦夫人目翳，綠色從下而上，病自陽明來也。綠非五色之正，殆肺腎合而成病也，乃就畫家以墨調膩粉合成色，與翳同矣。如論治之，疾遂不作。

眼生倒睫拳毛者，兩目緊急，皮縮之所致也。蓋内復熱，陰氣外行，當去其内熱并火邪，眼皮緩，則毛出，翳膜亦退，用手法攀出内瞼向外，速以三稜針出血，以左手爪甲迎其針鋒，立愈。

目眶久赤爛，俗呼爲赤瞎，當以三稜針刺目眶外，以瀉濕熱而愈。

劉氏曰：外治針也，以瀉瘀熱，内治服藥，以杜其原可也。

偷針眼，視其背上有細紅點如瘡，以針刺破即差，實解太陽之鬱熱也。

《針灸聚英·雜病歌》 耳目 耳鳴百會與聽宮，聽會耳門絡卻中，陽谿陽谷前谷穴，後谿腕骨中渚同，液門商陽腎俞頂，總算十四穴裏攻。聤耳生瘡有膿汁，耳門翳風合谷窟。重聽無所聞耳門，翳風風池俠谿焚，聽會聽宫通六穴，治之此患定不存。凡人目赤目窗針，大陵合谷液門臨，上星絲竹空攢竹，七穴治之病絶根。目風赤爛陽谷燒，赤翳攢竹後谿高，再兼液門通三穴，斯病可待無根苗。目赤膚翳治太淵，俠谿攢竹風池前，目翳膜者治合谷，臨泣角孫液門巔，後谿中渚睛明穴，白翳臨泣肝俞痊。睛痛内庭與上星，假如冷淚治睛明，臨泣風池腕骨穴，四穴不失醫者精。迎風有淚治頭維，睛明臨泣與風池，眼淚出治臨泣穴，百會液門與後谿，通前通後共八穴，必是前谷與肝俞。風生卒生翳膜引，兩目痛兮不可忍，睛明穴及手中指，本節間尖三壯準。眼睫毛倒絲竹空，青盲無見肝俞中，并及商陽通二穴，患左患右左右攻。眼眥急痛三間醫，假如目昏治頭維，攢竹睛明目窗穴，百會風府與風池，合谷肝俞絲竹空，再兼一穴是腎俞。目眩臨泣風府中，風池陽谷中渚同，通前通後共八穴，液門魚際絲竹空。目痛陽谿二間精，次及三間與大陵，前後總算六穴治，須兼前谷與上星。目眶爛見風泪流，宜治頭維顴髎頭，眼癢眼痛光明瀉，兼治五會癢痛休。目生翳者治肝俞，命門童子窌穴宜，外眥五分得氣瀉，再兼合谷商陽醫。小兒雀目不見物，手拇指甲後一寸，宜在内廉外紋頭，白肉際各一壯穩。

《古今醫統大全》引《針灸直指·諸證針灸經穴》 眼目 風熱者多，次血虛，腎水不足。絲竹空，上星，百會，宣洩。

痛者 風池，合谷。灸。

風寒外搏連腦痛者 二間，合谷。灸。

小兒疳眼 合谷。灸。

《針灸大成·續增治法》 眼目 主肝氣實，風熱，痰熱，血瘀熱，血實，氣壅，針上星，百會，神庭，前頂，攢竹，絲竹空。

痛者針 風池，合谷。

大寒犯腦，連及目痛，或風濕相搏，有翳，灸二間，合谷。

《景岳全書·雜證謨·眼目》 睛明、風池、太陽、神庭、上星、囟會、百會、前頂、攢竹、絲竹空、承泣、目窗、客主人、承光。

以上諸穴，皆可用針，或以三稜針出血。凡近目之穴，皆禁灸。

大骨空：穴在手大指第二節尖。灸九壯，以口吹火滅。

小骨空：穴在手小指第二節尖。灸七壯，以口吹火滅。

上二穴，能治迎風冷淚，風眼爛弦等證。

合谷：治陽明熱鬱，赤腫翳障，或迎風流淚。灸七壯。大抵目疾多宜灸此，永不再發也，亦可針。

翳風：灸七壯。治赤白翳膜，目不明。

肝俞：灸七壯。治肝風客熱，迎風流淚，雀目。

足三里：灸之可令火氣下降。明目。

二間：灸。

命門：灸。

水溝：可針可灸。治目睛直視。

手三里：灸，右取左，左取右。

八關大刺：治眼痛欲出，不可忍者。須刺十指縫中出血愈。

《病機沙篆・頭痛》 目痛另有專科方藥，今附針灸法於後。

眼暴赤紅腫痛，合骨，攢竹，睛明，臨泣。

迎風流淚，上星，風池，肝俞，大小骨空，攢竹，臨泣，合谷，針灸，三間，灸二穴。

目生翳障，上星，合谷，風池，睛明，瞳子窌五穴。

目昏，肝俞灸七壯。一法灸足三里，引火下降，目自明也。

雀目，神庭，上星，百會，前頂，囟會五穴，宜出血，以鹽塗之。

小兒肝積眼，灸合谷五壯，第一大效穴。

偸針眼，視其背上有紅點如瘡，以鋒針刺破，即瘥。

《針灸集成・目部》 目屬肝。心生血，肝藏之，目得血而能視，掌得血而能握，足得血而能步。

目睛屬五臟精采，黑睛屬肝，白睛屬肺，白黑間脾胃，瞳子屬俞，眼胞屬脾，上絃膀胱，下絃脾胃，內眥屬膀胱及大腸，外眥膽與小腸，內外眥並屬心經，各隨其經，治之無不神效。

《灸法秘傳・目疾》 眼科治目有五輪之分，兩眥屬心曰血輪，烏珠屬肝曰風輪，兩胞屬脾曰肉輪，白精屬肺曰氣輪，瞳神屬腎曰水輪。其實肝開竅於目，總病實在乎肝。目初病者，先灸百會、上星、神庭三穴。日久內障起翳者，當灸臨池。目䀮䀮而不了者，必須灸腎俞也。

目視不明

《千金要方・肝臟・肝虛實》 肝虛目不明，灸肝輸二百壯，小兒斟酌可灸一二七壯。

《千金要方・七竅病上・目病》 目瞑，遠視䀮䀮，目窗主之。

目䀮䀮赤痛，天柱主之。

目眩無所見，偏頭痛引目外眥而急，頷厭主之。

目遠視不明，惡風目淚出，憎寒，頭痛目眩瞢，內眥赤痛，遠視䀮䀮無見，眥癢痛，淫膚白翳，精明主之。

目瞑身汗出，承漿主之。

蹟目䀮䀮，偏歷主之。

蹟目䀮䀮少氣，灸五里，右取左，左取右。

眼暗，灸大椎下數節第十，當脊中安灸二百壯，惟多爲佳，至驗。

《千金翼方・針灸中・肝病》 治眼暗，若一眼暗，灸腕後節前陷中，兩眼暗，兩手俱灸，隨年壯。

《聖濟總録・治目疾灸刺法》 眼暗，灸大顀下，數節第十，當脊中，安灸二百壯，惟多爲佳。

目瞑身汗出，承漿主之。

目瞑，遠視䀮䀮，目窗主之。

目不明泪出，目眩瞢，瞳子癢，遠視䀮䀮，昏夜無見，目瞤動與項口參相引，喎僻，口不能言，刺承泣。

肝虛目不明，灸肝腧二百壯，小兒斟酌，可灸一二七壯。

目䀮䀮赤痛，天柱主之。

蹟目䀮䀮，偏歷主之。

睢目䀮䀮少氣，灸五里，右取左，左取右。

目遠視不明，惡風目淚出，憎寒頭痛，目眩瞢，內眦赤痛，遠視䀮䀮，無所見，眦癢痛，淫膚白翳，精明主之。

目眩無所見，偏頭痛，引目外眦而急，頷厭主之。

《針灸資生經·目不明》攢竹，治目䀮䀮視物不明，眼中赤痛，及瞼瞤動。又云：三度以細稜針刺之，目大明。養老，合谷，曲差，治目視不明。肩中俞，治寒熱目視不明。風池，五處，治目不明。目窗，治忽頭旋目䀮䀮，遠視不明。又云：三度刺目不明。復溜，肝俞，治起則目䀮䀮。頭維，治偏痛，目視物不明。三里，治目不明，人年三十以上，不灸三里，令氣上衝，目不明。《下》云：令氣上眼暗，所以三里下氣也。水泉，治婦人目䀮䀮不能遠視。頷厭，療目無所見。攢竹，腎俞，崑崙，療目䀮䀮。後頂，療目不明，惡風寒，頭目眩痛。肝俞，療目生白翳，氣短唾血，目上視，多怒狂衄，目䀮䀮。【略】風池等，主目痛不能視。小兒奶澼目不明，灸肩中俞各二十壯。《明堂》云：人年三十以上，若不灸三里，令氣上衝目不明。腦空治癲風引目眇。

《普濟方·針灸門·目上視》治眼目不明，淚出，目眩，瞢腫癢，遠視䀮䀮，昏夜無見，目瞤動，刺承泣。

《普濟方·針灸門·目眩》治頭重，目眩，善驚，引鼽衄，頸項痛，目䀮䀮《資生經》穴：通谷。

治目眩，穴：神庭，上關，湧泉，譩譆，束骨，魚際，大都。

治目眩頸項強急，胸脅相引不得轉側，穴：本神。

治頭目眩，穴：飛揚，肺俞。

治目眩循眉痛，穴：肝俞。

治目眩，頭痛目赤，視物䀮䀮，風癇，目戴上不識人，眼睫毛倒，發狂吐涎沫，發即無時，穴：絲竹空。

治目眩，遠視䀮䀮，穴：天府。

治目眩頭痛，穴：支正，三焦俞。

治目眩，穴：風池。

治身熱目眩，穴：風門。

治頭風目眩。淚出，穴：神庭。

治目眩睛痛，不能遠視，穴：上星。

治頭風目眩，戴上，穴：前頂，五處。

治目眩鼻塞，目生白翳，穴：臨泣。

治頭痛目眩，眼生白翳，微風目瞤動不息，穴：四白。

治風頭赤眼頭痛，目眩澀，穴：前谷。

治頭痛，目眩身熱，肌肉動，穴：束骨。

治目眩淫淫，穴：前谷。

治頭痛目眩，穴：四白，湧泉，大杼。

治頭目風眩，眉頭痛，鼽衄，目䀮䀮無遠見，穴：攢竹。

治頭目眩，穴：囟會。

岐伯灸頭旋目眩，及偏頭痛不可忍，牽引䀮䀮，不能遠視，灸兩眼小眥上髮際各一壯，立瘥。

治酒醉風熱發，兩目眩痛，穴：率谷。

治目眩，穴：大都。

治目眩瞑，穴：承漿，前頂，天柱，腦空，目窗。

治目眩，目如脫，又云：瘧多汗，目如脫，項如拔，穴：天柱，陶道，崑崙。

治目不欲視，太息。穴：大敦。

治頭痛目不可視，穴：水溝，神庭。

治目眩，穴：承泣。

治頭目眩疼，穴：通理，百會。

治目眩痛，穴：後頂。

治目眩，穴：臨泣，中渚。

治目眩，穴：頷厭。

治目眩，枕骨頭顱痛，惡寒，穴：臨泣。

治頭痛頸項急。目眩，穴：風府。

《普濟方·針灸門·目不明》治目䀮䀮，視物不明，眼中赤痛，及瞼瞤動。又云：三度以細稜針刺之，目大明，穴：攢竹。

治目視不明，穴：養老，合谷，曲差。

治寒熱，目視不明，穴：肩中俞。

治目不明，穴：風池，五處。

治昏頭旋目，䀮䀮遠視不明。又云：三度刺目不明，穴：目窗。

治起則目䀮䀮，穴：復溜，肝俞。

治偏痛，目視物不明，穴：頭維。

治目不明，穴：三里。人年三十以上不灸三里，令氣上衝目。又云：令氣上眼暗，

所以三里下氣也。

療目無所見，偏頭痛，引目外眥而急，穴：頷厭。

療目䀮䀮，穴：攢竹，腎俞，崑崙。

療目不明，惡風寒，頭目眩痛，穴：後頂。

療目生白翳，氣短唾血，目上視，多怒，狂衄，目䀮䀮，穴：肝俞。

療目黃，遠視䀮䀮，穴：脅堂。

治目不明，穴：天牖。

治目眩，目不明，目如脫，穴：天柱，陶道，崑崙。

治目不明，淚出目眩瞢，瞳子癢，遠視䀮䀮，昏夜無見，穴：承泣。

治目瞳子痛癢，遠視䀮䀮，昏夜無見，穴：陽白。

治目䀮䀮不明，惡風寒，穴：腎俞，胃俞，心俞，百會，內關，復溜，湧泉，腕骨，中渚，攢竹，睛明，委中，崑崙，天柱，本神，大杼，頷厭，通谷，曲泉，後頂，絲竹空。

治目痛不能視，穴：風池。

治肝虛目不明，肝俞二百壯，小兒斟酌可灸一二七壯。

治眼暗，大椎數節第十，當脊中安灸二百壯，以多爲佳，最驗。又云：人年三十以上，若不灸三里，令氣上衝目。

治癲風引目眇，穴：腦空。

《**普濟方·針灸門·目痛**》　治頭重目眩，穴：陶道。

治目瞑視，穴：天柱。

治頭風目瞑，腦風頭痛，穴：腦空。

治頭眩目瞑，遠視䀮䀮，穴：天府。

治目瞑身汗出，穴：承漿。

治目瞑，遠視䀮䀮，穴：目窗。

治傷寒目瞑，穴：風門。

《**普濟方·針灸門·婦人諸疾**》　治婦人目䀮䀮不能遠視，穴：水泉。

《**神應經·耳目部**》　目昏　頭維，攢竹，睛明，目窗，百會，風府，風池，合谷，肝俞，腎俞，絲竹空

目眩　臨泣，風府，風池，陽谷，中渚，液門，魚際，絲竹空

《**類經圖翼·針灸要覽·諸證灸法要穴**》　目昏不明　足三里。

目眩　通里，解谿。

《**針灸全生·耳目**》　目昏　頭維，攢竹，睛明，目窗，百會，風府，風池，合谷，肝腎俞，絲竹空。

目眩　臨泣，風池府，陽谷，中渚，液門，魚際，絲竹空。

目痛　陽谿，二三間，大陵，前谷，上星，光明，五會。

眼睫毛倒　絲竹空。

《**針灸穴法**》　眼目昏花視物不明　上星二穴，二間二穴，在次指本節內側陷，心俞二穴，肝俞二穴，腎俞二穴，三里二穴，光明二穴，是外踝上五寸，攢竹二穴，睛明二穴，風池二穴，合谷二穴。

雀目

《**千金翼方·針灸中·肝病**》　治溫病後食五辛，即不見物，遂成雀目，灸第九椎名肝俞二百壯，永差。

《**衛生寶鑑·灸雀目疳眼法**》　灸雀目疳眼法　小兒雀目，夜不見物，灸手大拇指甲後一寸，內臁橫紋頭白肉際。灸一壯，炷如小麥大。

小兒疳眼，灸合谷二穴各一壯，炷如小麥大。在手大指、次指兩骨間陷中者是。

《**普濟方·針灸門·青盲**》　治熱病瘥後食五辛，多患眼闇，雀目冷淚，穴肝俞。

《**普濟方·針灸門·目痛**》　治雀目䀮䀮，穴偏歷。

治雀目䀮䀮少氣，灸五里，右取左，左取右。

《**神應經·耳目部**》　小兒雀目，夜不見物，灸手大指甲後一寸，內廉橫紋頭白肉際，各一壯。

《**針灸逢源·證治參詳·目病**》　雀目不能夜視，此肝虛也。蓋木旺於寅，絕於申，酉戌時木氣衰甚，遇夜始生，至卯稍盛，是以晚暗而曉復明也。肝俞灸七壯，又刺後穴不宜出血。睛明，光明，臨泣，三陰交。

《**針灸集成·目部**》　大人小兒雀目，肝俞七壯，手大指甲後第一節橫紋頭白肉際，各灸一壯。

目赤腫痛癢

《素問·繆刺論》 邪客於足陽蹻之脈，令人目痛，從內眥始，刺外踝之下半寸所各二痏，左刺右，右刺左，如行十里頃而已。

《靈樞·熱病》 目中赤痛，從內眥始，取之陰蹻。

〔馬蒔注〕此言刺目中赤痛之法也。目中赤痛，從內眥始者，乃足太陽膀胱經之睛明穴也。膀胱與腎爲表裏，當取腎經之照海穴以補之，所謂病在上者取之下，而補陰則陽退也。此穴乃陰蹻脈氣所發，故曰取之陰蹻也。按前《癲狂篇》以目外眥爲鋭眥，而眼之上屬於外眥，以內近鼻者爲內眥，而眼之下屬於內眥，此篇以目之赤痛，從內眥始者，刺腎經，正以睛明屬膀胱者，與腎爲表裏也。又本經《論疾診尺》篇有云：脈從上下者，太陽病。則眼之上似乎屬膀胱經，推之與眼之下屬內眥者相同矣。殊不知太陽之脈氣盡行於頭，故其病自上而下者如此，非有彼此不同也。至於下文所謂從下上者陽明病，從外走內者少陽病，義亦如此。須知從內走外者，亦太陽病也，特未之明言耳。

〔張志聰注〕此論外淫之邪，入於三陽之經，而證見於上中下也。目中赤痛，從內眥始，病足太陽之經而在上也。太陽之脈，起於目內眥，與陰蹻、陽蹻會於睛明，故當取之陰蹻以清陽熱。

《太素·雜病·目痛》 目中赤痛，從內眥始，取之陰喬。目內眥，陰喬脈也，故取所主之輸也。目眥外決於面者，爲兑眥。在內近鼻者，上爲外眥，下爲內眥。人之目眥有三：外決爲兑眥，內角上爲外眥，下爲內眥。準《明堂》兑眥爲外眥，近鼻者爲內眥也。

《千金要方·七竅病上·目病》 目痛僻、戾目不明，四白主之。

目赤目黄，權窌主之。

目痛不明，齗交主之。

眼痛，下廉主之。

目痛泣出，甚者如脱，前谷主之。

肝勞邪氣眼赤，灸當容百壯兩邊各爾，穴在眼小眥近後，當耳前，三陽三陰之會處，以兩手按之，有上下横脈，則是與耳門相對是也。

眼急痛不可遠視，灸當瞳子上入髮際一寸，隨年壯。穴名當陽。

風癢赤痛，灸人中近鼻柱二壯，仰卧灸之。

《千金翼方·針灸中·肝病》 治目急痛不可遠視，灸當瞳子上入髮際一寸，隨年壯。

治風癢赤痛，灸人中鼻柱二壯，仰卧灸之。

《銀海精微·眼赤腫》 治眼赤腫　大黄　荆芥　鬱金　薄荷　朴硝　痛加沒藥。

右爲末，用姜汁調，或亦加葱根搥爛和藥，貼太陽二穴。

《醫心方》卷五《治目胎赤方》 《龍門方》療大赤眼胎赤方，以繩從頂旋量至前髮際中，屈繩頭灸三百炷，驗。

《聖濟總録·治目疾灸刺法》 目中痛，不能視，上星主之，先取譩譆，后取天牖、風池。青盲遠視不明，承光主之。

三間，前谷，主目急痛。

陽谷，太衝，崑崙，主目急痛赤腫。

目痛僻戾，目不明，四白主之。

目痛不明。齗交主之。

陽溪，主目痛赤。

眼痛，下廉主之。

目痛泣出，甚者如脱，前谷主之。

眼急痛，不可遠視，灸當瞳子上入髮際一寸，隨年壯，穴名當陽。

風癢赤痛，灸人中近鼻柱，仰卧灸之。

曲泉，主目赤腫痛。

肝勞邪氣眼赤，灸當容百壯，兩邊各兩穴，在眼小眦近后，當耳前，三陽三陰之會處，以兩手按之，有上下横脈，與耳門相對是也。

目赤目黄，顴髎主之。

顴髎，內關，主目赤黄。

《針灸資生經·目痛》 陽白，主目瞳子痛癢。太衝，主下眥痛。又云：治婦人。太衝，陽谷，崑崙，主目急痛，赤腫。曲泉，主目赤腫痛。陽谿，陽谷，主目痛赤。俠谿，主外眥赤痛，逆寒泣出，目癢。二間，主目眥。風池，腦戶，玉枕，風府，上星，主目痛不能視，先取譩譆，後取天牖，風池。照海，主目痛，

視如見星。

天柱，陶道，崑崙，主目如脫。　頭維，大陵，主目痛如脫。　三間，前谷，主目急痛。　目窗，治頭面浮腫，痛引目外眥上赤痛，忽頭旋，目䀮䀮遠視不明。　上星，腦戶，治目睛痛，不能遠視。　玉枕，治目痛不能視，《明》、《下》云：目痛如脫。　天柱，療頭風，目如脫。

心俞，陰蹻，療目痛。　飛揚，陽谷，療頭眩眼痛。　玉枕，療目內攣系急痛，失枕頭重項痛，風眩目痛，頭寒多汗，耳聾鼻塞。　小兒三五歲，兩眼每至春秋，生白翳遮瞳子，痛不可忍，灸九椎節上一壯。　小兒熱毒風盛，眼睛痛，灸手中指本節頭三壯，名拳尖。　四白，主目痛僻戾目不明。　齗交，主目痛不明。　下廉，主眼痛。　眼急痛，不可遠視，灸當陽隨年壯。　前谷，主目痛。　風癢赤痛，人中近鼻柱灸二壯。　通理，百會，後頂，療頭目痛。　崑崙，主目如拔。　陶道，治頭重目瞑。　大迎，治目不得閉。　風門，治傷寒目瞑。　天柱，治目瞑視。　腦空，療頭風目瞑。《明》。《銅》云：腦風頭痛。　天府，療頭眩目瞑，遠視䀮䀮。　【略】承漿，主目瞑，身汗出。

目微澀痛，或兩旁生小米珠，頻去其睫自愈，不必針灸。

《針灸資生經·目赤》　攢竹，治眼赤痛。　風池，治目內眥赤痛，氣發耳塞，目不明。　崑崙，太淵，陽谿，治目赤。　俠谿，目外眥赤，目眩。　液門，治目赤澀。《千》云：主目澀暴變。　內關，治目赤支滿。　目窗，大陵，治目赤。　支溝主女人脊急目赤。　申脈，大衝等，曲泉，陽谿，主赤痛腫。

束骨，前谷療風赤眼。　小兒二三歲，忽兩眼大小眥俱赤，灸手大指次指間後寸半口陷中，各三壯。　目赤痛從目眥始，取陰蹻。《千》。　精明，後谿，目窗，瞳子髎，主目赤。　肝勞邪氣眼赤，當陽百壯。　風癢赤，灸人中。

《針經摘英集·治病直刺訣》　治眼疼不可忍，刺足少陽經風池二穴，手陽明合谷二穴，立愈。

《玉龍經·盤石金直刺秘傳》　眼目暴赤腫痛眼窠紅，太陽，出血。　大小骨空。灸。

《世醫得效方·翳障》　灸法　目中痛不能視，上星穴主之，其穴直鼻上入髮際一寸陷者中，灸七壯。　仍先灸譩譆穴，其穴在肩膊內廉第六椎兩傍三寸，其穴抱肘取之，灸二七壯。　次灸風池，其穴在顳顬髮際陷中，與風府正相當，即是側相去各二寸。　青盲無所見，遠視䀮䀮，目中淫膚白膜覆瞳子，巨窌主，其穴在鼻孔下俠水溝傍。　眼暗，灸大椎下數節第十，當脊中安灸二百壯。惟多愈佳，至驗。　風翳，患右目，灸右手中指本節頭骨上五壯，炷如小麥大，左手亦如之。　目卒生翳，灸大指節橫紋三壯，在左灸右，在右灸左良。

針法　目不明，淚出，目眩瞢，瞳子癢，遠視䀮䀮，昏夜無見，目瞤動，與項口參相喎僻，口不能言，刺承泣，穴在目下七分直瞳子。

《普濟方·針灸門·目痛》　治目瞳子痛癢，《資生經》。　穴陽白。

治下眥痛，穴太衝。

治目急痛赤腫，穴太衝，陽谷，崑崙。

治目赤腫痛，穴曲泉。

治目痛赤，穴陽谿，陽谷。

治目外眥赤痛，逆寒泣出，目癢，穴俠谿。

治目眥傷，穴三間。

治目痛不能視，先取譩譆，後取天牖風池，穴風池，腦戶，玉枕，風府，上星。

治目痛，視如見星，穴照海。

治目如脫，穴天柱，陶道，崑崙。

治目痛如脫，穴大陵，頭維。

治目急痛，穴前谷，三間。

治面目痛，目眵，穴陽白。

治頭面浮腫，痛引目外眥上赤痛，忽頭旋，目䀮䀮視不明，穴目窗。

治目睛痛，不能遠視，穴上星，腦戶。

治目痛不能視，目痛如脫，穴玉枕。

療頭風目如脫，穴天柱。

療目痛，穴心俞，陰蹻。

療頭眩眼痛，穴飛揚，陽谷。

療目內攣系急痛，失枕頭重，項痛，風眩目痛，頭寒多汗，耳聾鼻塞，穴玉枕。

治目痛僻戾，目不明，穴四白。

治目痛不明，穴齗交。

治眼痛，穴下廉。

治眼疼不可忍，刺足少陽經風池二穴，手陽明合谷二穴，立愈。
治目痛，穴前谷。
治頭目風癢赤痛，穴人中，鼻柱灸二壯。
療頭目風癢赤痛，穴通里，百會，後頂。
治目如拔，穴崑崙。
治目微澀痛，或兩傍生小米珠，頻去其睫自愈，不必針灸。
治眼急痛，不可遠視，灸當陽。
治乾勞邪氣眼赤，灸當陽二穴百壯。

《普濟方·針灸門·目赤》 治目內眥赤痛，《資生經》。穴懸釐。
治眼赤痛，穴攢竹。
治目內眥赤痛，氣發耳塞，目不明，穴風池。
治目赤，穴崑崙，太淵，陽谿。
治目外眥赤，目眩，穴俠谿。
治目赤澀暴痛，穴液門。
治目赤支滿，穴內關。
治目赤，穴目窗，大陵。
治目內眥赤痛癢，穴上星，肝俞。
治目赤腫痛，穴申脈，太衝，曲泉，陽谿。
治目眥赤爛，穴束骨，京骨。
療風赤眼，穴前谷。
治目赤痛，從目眥始。穴陰蹻。
治目赤，穴睛明，後谿，目窗，瞳子髎。
治肝勞，邪氣赤眼，穴當陽，灸百壯。
治目癢赤，灸人中。
治眥爛赤，穴束骨。

《神應經·耳目部》 目赤　目窗，大陵，合谷，液門，上星，攢竹，絲竹空。
睛痛　內庭，上星。
目眥急痛　三間。
目痛　陽谿，二間，大陵，三間，前谷，上星。
眼癢眼疼　光明，瀉，五會。

《神應經·頭面部》 腦昏目赤　攢竹。

《醫學正傳·目病》 還睛紫金丹，治目眶歲久赤爛，俗呼爲赤瞎是也，當以三稜針刺目眶外，以瀉濕熱。如眼生倒睫拳毛，兩目緊蓋，內伏火熱而攻陰氣，法當去其熱內火邪，眼皮緩則毛立出，翳膜亦退，用手法攀出內瞼向外，以針刺之出血。

《本草綱目·眼目》 野狐漿草汁　積雪草汁　瞿麥汁　車前草汁。並點赤目，葉亦貼之。

《針灸大成·治證總要》 眼赤暴痛，合谷，三里，太陽，睛明。問曰：此證從何而得？答曰：時氣所作，血氣壅滯，當風睡卧，饑飽勞役，故得此證。復刺後穴：太陽，攢竹，絲竹空。
眼紅腫痛　睛明，合谷，四白，臨泣。問曰：此證從何而得？答曰：皆因腎水受虧，心火上炎，肝不能制，心肝二血，不能歸元，血氣上壅，灌注瞳人，赤脈貫睛，故不散。復刺後穴：太谿，腎俞，行間，勞宮。

《類經圖翼·針灸要覽·諸證灸法要穴》 眼目疼痛　合谷，痛而不明。外關，後谿。頭目痛。

《景岳全書·雜證謨·眼目》 治火之法，在藥則鹹寒吐之、下之，在針則神庭、上星、囟會、前頂、百會，血之，翳者可使立退，痛者可使立已，昧者可使立明，腫者可使立消。惟小兒不可刺囟會，爲肉分淺薄，恐傷其骨。【略】至於暴赤腫痛，皆宜以鈹針刺前五穴出血而已，次調鹽油以塗髮根，甚者雖至於再，至於三可也，量其病勢，以平爲期。子和嘗自病目赤，或腫或翳，羞明隱澀，百餘日不愈。眼科張仲安云：宜刺上星、百會、攢竹、絲竹空諸穴上出血，又以草莖內兩鼻中，出血約升許，來日愈大半，三日平復如故，此則血實破之之法也。

《審視瑤函·眼科針灸要穴圖像》 紅腫疼痛眼　此證因傷寒未解，卻有房事，上盛下虛，氣血壅上，或頭風不早治，則血灌瞳人，或暴赤腫痛，或怒氣傷肝，房事觸毒心肝二經，飲食不節，饑飽醉勞，皆有此證。心火炎上故不散，及婦人產後怒氣傷肝，產期未滿，非一時可療，漸而爲之，無不效也。宜先刺睛明，臨泣，合谷，不愈，再刺風池，太陽，行間。
暴赤腫痛眼　此證乃時氣所作，血氣壅滯，當風睡卧，饑飽勞役，宜先刺合谷，三里，太陽，睛明。不效，後再刺攢竹，太陽，絲竹空。

《**繪圖針灸易學·以言治病法**》 暴赤腫痛眼

紅腫疼痛眼

《**針灸逢源·證治參詳·目病**》 目赤腫痛，赤熱時氣流行，或素有目疾，及痰火盛，元氣虛者，則傳染爲累。 上星，睛明，攢竹，風池，合谷，三間，太陽，目窗，百會，前頂，絲竹空。

大眥痛，少澤。

小眥痛，關衝。

睛痛欲出，十指縫中，刺出血。 內關，內庭。

足太陽有通項入於腦者，正屬目本，名曰眼系，凡頭、目苦痛，取睛明，玉枕。

怕熱羞明，皆由火燥血熱，若目不赤痛，但畏明者，乃肝血虧，不能運精華以敵陽光之故，行間。

偷針眼，眼內眥生小塊，須視其背上有細紅點如瘡，以針刺破即瘥，此以解太陽之鬱熱也。

《**針灸全生·耳目**》 目赤，目窗，大陵，合谷，液門，上星，攢竹，絲竹空。

紅腫血貫睛，睛明，魚尾出血，童子髎。

心火眼紅，迎香。

眼紅腫痛，睛明，合谷，四白，臨泣，太溪，腎俞，行間，勞宮。

目生翳膜，隱澀難開，外關，睛明，合谷，肝俞，魚尾。

《**針灸大全·頭面諸證**》 目眩 通里，解溪。

《**針灸便覽·中風**》 目痛 陽谿，二間，大陵，三間。

目赤 目窗，大陵，合谷，液門。

眼紅腫痛 睛明，合谷，四白，臨泣。

《**神灸經論·首部證治**》 頭目痛 外關，後溪。

目痛紅腫不明 合谷，二間，肝俞，足三里。

《**傳悟靈濟録·頭面七竅病**》 青盲 肝俞，膽俞，腎俞，養老，七壯。商陽，五壯。光明。

目昏 足三里。

目眩 通里 解谿。

《**針灸集成·目部**》 目睛痛無淚。中脘，內庭，皆久留針，即瀉，神效。

《**針灸穴法**》 青眼腫痛 攢竹灸二穴，睛明二穴，絲竹二穴，合谷二穴。

《**針灸摘要·督脈**》 眼赤腫，衝風淚下不已 攢竹，合谷，小骨空，臨泣。

《**針灸摘要·陽維脈**》 目暴赤腫疼痛 攢竹，合谷，迎香。

風爛眼

《**銀海精微·風弦赤眼**》 爛弦火穴法 魚尾二穴，睛明二穴，上迎春二穴，攢竹一穴，太陽二穴。

爛弦風之證，因脾胃壅熱，久受風濕，更加吃諸毒物，日積月累致成風爛，胞瞼之內變成風痘，動則發癢，不時因手拂拭，甚則連眼眶皆爛，無分春夏秋冬皆如是。 眵淚滿肥，有不近人手之怕。 治法：番轉眼瞼，刺洗瘀血二三度，或小鋒針針出瘀血亦可。 若因摩引有紅筋者，宜老醋燒爐甘石淬七次，加以陰丹，量輕重搽點眼弦，並搽點眼內無妨，忌動風、動血之物，不食可也。

《**聖濟總録·治目疾灸刺法**》 太衝，主下眦痛。

束骨，主眦爛赤。

二間，主目眦傷。

《**普濟方·針灸門·目痛**》治目眶歲久赤爛，俗呼爲赤瞎是也，當以三棱針，刺目眶外以瀉熱，立愈。

《**神應經·耳目部**》風目眶爛，風淚出　頭維，顴髎。

目風赤爛　陽谷。

《**針灸大成·治證總要**》風沿眼紅澀爛　睛明，四白，合谷，臨泣，二間。

問曰：針之不效何也？答曰：醉飽行房，血氣凝滯，癢而不散，用手指摸，賊風乘時串入，故得此證。刺前不效，復刺後穴，三里，光明。

《**類經圖翼·針灸要覽·諸證灸法要穴**》風爛眼　肝俞，膽俞，腎俞，腕骨，光明。

《**審視瑤函·眼科針灸要穴圖像**》紅腫澀爛沿眼　此證乃醉飽行房，氣血凝滯，用手指摸，賊風串入，故有此證。宜先刺合谷，二間。不效，再刺睛明，三里。

《**羅遺編·針灸要穴論**》風爛眼　肝俞，膽俞，腎俞，腕骨，光明。

《**繪圖針灸易學·以言治病法**》紅腫澀沿眼

《**針灸逢源·證治參詳·目病**》眼紅腫濇爛沿　睛明，二間，三間，合谷，光明。

風目眶爛　頭維　顴髎。

目眶赤爛，俗名爲赤瞎，刺目眶外出血，以瀉濕熱。

《**針灸大全·頭面諸證**》風爛眼，肝俞，膽俞，腎俞，腕骨，光明。

《**針灸全生·耳目**》眶爛淚出，頭維，顴髎。

翳膜不散，肝俞，命門，合谷，商陽，瞳子髎。

暴赤腫痛，合谷，三里，睛明，太陽，攢竹，絲竹空。

風眼赤爛，眼明，四百，合谷，臨泣，二間，三里，光明，大小骨空，多灸良。

夜不見物　睛明，合谷，四白，太陽，光明，大小骨空。

又法，灸手大指甲後一寸，內廉橫文頭，白肉際各壯。

《**神灸經綸·首部證治**》風爛眼　肝俞，膽俞，腎俞，絕谷，光明。

《**針灸集成·目部**》風目眶爛　太陽，當陽，尺澤皆針，棄血如糞，神效。

《**針灸穴法**》眼目爛眩風　香爐腳二穴，曲澤二穴。

眼爛迎風冷淚　攢竹二穴，絲竹二穴，二間二穴，小骨二穴。

《**針灸摘要·陽維脈**》風沿爛眼迎風冷淚　攢竹，絲竹，二間，小骨空。

羞明怕日

《**針灸大成·治證總要**》怕日羞明　小骨空，合谷，攢竹，二間。問曰：此證緣何而得？答曰：皆因暴痛未愈，在路迎風，串入眼中，血不就舍，肝不藏血，風毒貫入，睹燈光冷淚自出，見日影乾澀疼痛，復針後穴，睛明，行間，光明。

《**審視瑤函·眼科針灸要穴圖像**》羞明怕日眼　此證乃暴痛，在路迎風，串入眼中，血不就舍，肝不藏血，觀燈則淚出，見日則酸澀，痛疼難開，宜刺攢竹，合谷，小骨空，二間。不愈，再刺睛明，行間。

《**繪圖針灸易學·以言治病法**》羞明怕日眼

《**針灸全生·耳目**》怕日羞明　小骨空，合谷，攢竹，二間，行間，睛明，光明。

目翳

《**千金要方·七竅病上·目病**》目中白翳，前谷主之。

白幕覆珠子，無所見，解谿主之。

風翳，患右目，灸右手中指本節頭骨上五壯，如小麥大，左手亦如之。

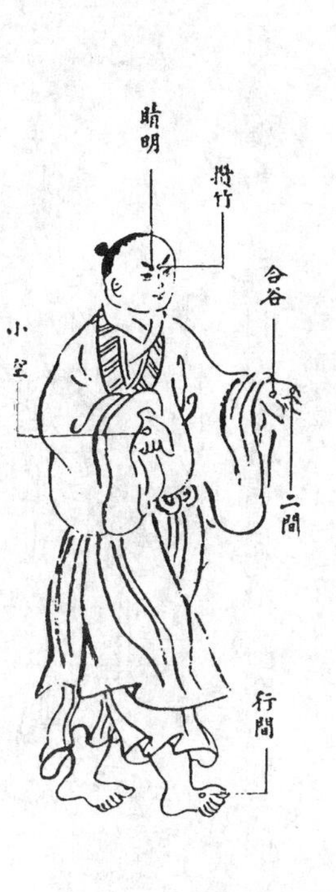

目卒生翳，灸大指節横文三壯，在左灸右，在右灸左，良。

《千金翼方·針灸中·肝病》 治風翳，灸手中指本節頭骨上五壯，炷如小麥大，逐病左右灸之。

治目卒生翳，灸大指節横文三壯，逐左右灸之。

《聖濟總録·治目疾灸刺法》 目卒生翳，灸大指節横紋，三壯，在左灸右，在右灸左，良。

風翳患右目，灸右手中指本節頭上，五壯。如小麥大，左手亦如之。

目中白翳，前谷主之。

白膜復珠，瞳子無所見，解溪主之。

《針灸資生經·目翳膜》 丘墟，主目翳，瞳子不見。後谿，主眥爛有翳，又主目赤有翳。前谷，京骨，主目中白翳。京骨，主目反白，白翳從内眥始。肝俞，上星，風池，精明，齗交，承泣，四白，巨窌，瞳子窌，主目淚出多眵䁾，内眥赤痛癢，生白膚翳。承光，治目生白膜《銅》。臨泣，治目生白膜，多淚，又治目眩，生白翳。睛明，治攀睛翳膜覆瞳子，惡風淚出，目内眥癢痛，小兒雀目疳眼，大人氣眼冷淚，瞶目視物不明，大眥努肉侵睛。《明》云：膚翳，白膜覆瞳子，眼暗，雀目冷淚。巨髎，治白翳覆瞳子。少澤，治目上膚翳覆瞳子。丘墟，瞳子髎，治目中翳膜。中渚，治目眩生翳膜。臨泣，腕骨，齗交，肝俞，四白，關衝，前谷，治目生白翳。至陰，治目生翳。太淵，治目生白翳，眼眥赤筋，缺盆中引痛。陽谿，治目風赤爛有翳。角孫，治目生膚翳。至陰，療目翳䀮䀮。合谷，療目不明，生白翳。《下》。張仲文療風眼，卒生翳膜，兩目痛不可忍，灸手中指本節頭節間尖上三壯，炷如麥，左灸右，右灸左。【略】解谿，主白幕覆珠子無所見。目卒生翳，灸大指節横文三壯，左灸右，右灸左良。肝俞，解谿，療目生白翳。水溝主睊目。上關，偏歷，主瞶目䀮䀮。

《普濟方·針灸門·目翳膜》 治目翳，穴：至陰。

治目翳，瞳子不見，視不明了，穴丘墟。

治目眥爛有翳，又治目赤有翳，穴：後谿。

治目中白翳，穴：前谷，京骨。

治目反白，白翳從内眥始，穴：京骨。

治目淚出多䁾眵，内眥赤痛，癢生白膚翳，穴：肝俞，上星，風池，睛明，齗交，承泣，四白，巨窌，瞳子窌。

治目生白膜，穴：承光。

治目生白膜多淚，又治目眩生白翳，穴：臨泣。

治攀睛，翳膜覆瞳子，惡風淚出，目内眥癢，小兒雀目，疳眼，大人氣眼令淚瞶目，視物不明，大眥努肉侵睛，及治膚翳白膜覆瞳子，眼暗雀目疼，穴：睛明。

治白翳覆瞳子，穴：巨髎。

治白膚翳覆瞳子，穴：少澤。

治目中翳膜，穴：丘墟，瞳子髎。

治目眩生翳膜，穴：中渚。

治目生白翳，穴：臨泣，腕骨，齗交，肝俞，四白，關衝，前谷。

治睫目䀮䀮，穴：上關，偏歷。

治目生膚翳，穴：角孫。

療目翳䀮䀮，穴：至陰。

治目風赤爛有翳穴：陽谿。

治目生白翳，眼眥赤筋，缺盆中引痛，穴：太淵。

療目不明，生白翳，穴：合谷。

張仲文療風眼，卒生翳膜，兩目痛不可忍，灸手中指本節頭節間尖上三壯，炷如麥，左灸右，右灸左。

治目中白翳，穴：前谷。

治白膜覆珠子，無所見，穴：解谿。

治目卒生翳，灸大指節横文三壯，左灸右，右灸左。

療目生白翳，穴：肝俞，解谿。

治睊目，穴：水溝。

《神應經·耳目部》 風生卒生翳膜，兩目疼痛不可忍者，睛明，手中指本節間尖上三壯。

目生翳 肝俞，命門，瞳子髎。在目外眥五分，得氣乃瀉。 合谷，商陽。

目赤膚翳，太淵，俠溪，攢竹，風池。

赤翳，攢竹，後溪，液門。

目翳膜，合谷，臨泣，角孫，液門，後溪，中渚，睛明。

白翳 臨泣，肝俞。

《針灸大成·治證總要》 目生翳膜 睛明，合谷，四白。

問曰：已上穴法，刺之不效何也？答曰：此證受病既深，未可一時便愈，須是二三次針之，方可有效，復刺後穴，太陽，光明，大骨空，小骨空。

《景岳全書·雜證謨·眼目》 翳障當分虛實。大都外障者，多由赤痛而成，赤痛不已，則或爲努肉，或爲瘢厭皮，此皆有餘之證，治當內清其火，外磨其障。若內障者，外無雲翳而內有蒙蔽，《綱目》謂其有翳在黑睛，內遮瞳子而然。《龍木論》又云：腦脂流下作翳者，足太陽之邪也。肝風衝上作翳者，足厥陰之邪也。故治法以針言之，則當取三經之俞，如天柱，風府，太衝，通里等穴是也。

《審視瑶函·眼科針灸要穴圖像》 眼生翳膜 此證受病既深，未可一時便能針愈，先刺睛明，合谷，不效，須是三次針之，方可。如發，再刺太陽，光明。

《針灸逢源·證治參詳·目病》 眼生翳膜 翳自熱生，如碎米者易散，梅花瓣者難消。其有赤眼，與之涼藥過多，又滌以水，血爲之凝，翳不能去。治宜發物，使其邪動，翳膜乃浮，輔以退翳之藥，則能自去，此證受病已深，未可一時針愈，須如法三四次刺之。

睛明，太陽，翳風，瞳子髎，光明，合谷，命門，肝俞，臨泣，治白翳。 攢竹，液門，後谿。治赤翳。

又凡胡椒，韮茱根，橘葉，菊葉之類，皆可杵爛爲丸，用綿裹塞鼻中觸之，過夜則星自落。

《針灸全生·耳目》 目赤膚翳 太淵，俠溪，攢竹，風池。

赤爛 陽谷。

赤翳 攢竹，後谿，液門，白翳，臨泣，肝俞。

目生翳膜 合谷，臨泣，角孫，液門，後谿，中渚，睛明，四白。

風火生翳 手中指本節間尖三壯。

青盲 肝俞，商陽。

《針灸便覽·中風》 目翳膜 合谷，臨泣，液門，睛明。

《神灸經綸·首部證治》 目昏生翳 角孫，足三里。

《針灸集成·目部》 目生白翳 先看翳膜出處，隨經逐日通氣，則無不神效。

又方，肝俞七壯，第九椎節上七壯，合谷，外關，睛明，崑崙，並久留針，大空骨九壯，吹火滅，手大指內側横紋頭各三壯，手小指本節尖各三壯，耳尖七壯，不宜多灸。

《針灸穴法》 目生翳膜，隱隱難行， 睛明二穴，合谷二穴，肝俞二穴，魚尾二穴。

《針灸摘要·陽維脈》 目生翳膜，隱澀難開。睛明，合谷，肝俞，魚尾。

胬肉攀睛

《針灸大成·治證總要》 胬肉侵睛 風池，睛明，合谷，太陽。

問曰：此證，從何而得？答曰：或因傷寒未解，卻有房室之事，上盛下

虛，氣血上壅，或頭風不早治，血貫瞳人，或暴下赤痛，或因氣傷肝，心火炎上，故不散也。及婦人產後，怒氣所傷，產後未滿，房事觸動心肝二經，飲食不節，饑飽醉勞，皆有此證，非一時便可治療，漸而爲之，無不效也。復針後穴，風池，期門，行間，太陽。

《針灸全生・耳目》 胬肉攀眼　和髎，睛明，攢竹，肝俞，委中，合谷，肘尖，照海，列缺，十宣。又法，風府，風池，睛明，合谷，太陽，期門，行間，外關。風沿爛眼，迎風冷淚，外關，攢竹，絲竹，二間，小骨空。

《針灸穴法》 眼目腫痛，胬肉攀睛　和髎二穴，睛明二穴，攢竹二穴，肝俞二穴，委中二穴，肘尖二穴，合谷二穴，列缺二穴，十宣十穴。

《針灸摘要・陽維脈》 目風腫痛，胬肉攀睛　和髎，睛明，攢竹，肝俞，委中，合谷，肘尖，照海，列缺，十宣。

泪出

《靈樞・口問》 黃帝曰：人之哀而泣涕出者，何氣使然？岐伯曰：心者，五藏六府之主也。目者，宗脈之所聚也，上液之道也。口鼻者，氣之門戶也。故悲哀愁憂則心動，心動則五藏六府皆搖，搖則宗脈感，宗脈感則液道開，液道開，故泣涕出焉。液者，所以灌精濡空竅者也，故上液之道開則泣，泣不止則液竭。液竭則精不灌，精不灌則目無所見矣，故命曰奪精。補天柱，經俠頸。【略】泣出補天柱，經俠頸。俠頸者，頭中分也。

《銀海精微・淚》 灸法　久流冷淚，灸上迎香二穴，天府二穴，肝腧二穴，第九骨開各對寸。

止淚補肝散，治肝虛迎風淚出不止，宜灸睛明二穴，係大眥頭，風池二穴，臨泣二穴。

《針灸資生經・目淚出》 掖門，前谷，後溪，腕骨，神庭，百會，天柱，風池，心俞，天牖，主目泣出。肝俞等，主目淚出，多眵䁾。俠谿，主泣出目癢。承泣，主目淚出。行間，神庭，治目淚出。臨泣，治多淚。齗交，治目淚眵汁，內眥赤癢痛，生白翳。風池，治目淚出，欠氣多。睛明，治氣眼冷淚。承泣，治目瞤冷淚。頭維，治風淚出。腕骨，治目冷淚生翳。行間，魚際，療目泣出。目淚出，刺承泣，前谷，主目痛泣出，甚者如脫。行間，治目淚出。

《普濟方・針灸門・目淚出》 治目淚多眵䁾，穴肝俞。

治淚出目癢，穴俠谿。

治目淚出，穴承泣。

治目淚出，穴行間，神庭。

治多淚，穴臨泣。

治目淚眵汁，內眥赤癢，痛生白翳，穴齗交。

治目淚出欠氣多，穴風池。

治氣眼冷淚，穴睛明。

治目瞤冷淚，穴承泣。

治風淚出，穴頭維。

治目冷淚生翳，穴腕骨。

療目泣出，穴行間，魚際。

療目䀮䀮淚出，穴心俞。

治目遠視不明，惡風，目淚出，憎寒，頭痛目眩瞢，內眥赤痛，遠視䀮䀮無見，眥癢痛，淫膚白翳，穴睛明。

治目淚出，穴行間。

治目痛泣出，甚者如脫，穴前谷。

《神應經・耳目部》 冷淚，睛明，臨泣，風池，腕骨。

迎風有淚，頭維，睛明，臨泣，風池。

目淚出，臨泣，百會，液門，後谿，前谷，肝俞。

《針灸大成・治證總要》 迎風冷淚，攢竹，大骨空，小骨空。

問曰：此證緣何而得？答曰：醉酒當風，或暴赤，或痛，不忌房事，恣意好飡燒煎肉物，婦人多因產後，不識迴避，當風坐視，賊風串入眼目中，或經事交感，穢氣衝上頭目，亦成此證，復刺後穴，小骨空，治男婦醉後當風。三陰交，治婦人交感證。淚孔上，米大艾七壯，效。中指半指尖。米大艾三壯。

《審視瑤函・眼科針灸要穴圖像》 迎風冷泪　此證乃醉後當風，或暴赤眼痛，不忌房事，恣食熱物，婦人多因產後當風坐視，賊風串入眼中，或行經與男子交，感穢氣衝於頭目，故成此疾，宜刺攢竹，合谷，大骨空，小骨空。如未愈全，再刺小骨空。

《繪圖針灸易學・以言治病法》 迎風冷泪

《針灸逢源・證治參詳・目病》 迎風冷淚，此由醉後當風，或暴赤眼痛，不忌房事，恣食熱物所致。頭維，睛明，臨泣，攢竹，風池，液門，合谷，腕骨，後溪。

婦人經行與男子交，感穢氣衝上頭目，亦成此證，三陰交。

《針灸全生・耳目》 迎風有淚 頭維，睛明，臨泣，風池。

又法，攢竹，大小骨空，三陰交。

目常自淚 臨泣，百會，液門，後谿，前谷，肝俞。

《針灸集成・目部》 迎風冷淚 睛明，腕骨，風池，頭維，上星，迎香。

《針灸穴法》 久年風眼流冷淚及熱翳遮睛，風池二穴，瞳子髎二穴，肩井二穴，曲池二穴，合谷二穴。

眼赤衝風，淚下不已 攢竹二穴，合谷二穴，小骨空二穴，臨泣二穴。

目出淚，視物不明 五處二穴，上星兩傍分開寸半。 後頂，在百會后寸半。 睛明二穴，後谷二穴，陽風二穴。在足踝上七寸。

倒睫

《普濟方・針灸門・目痛》 夫眼生倒睫拳毛者，兩目緊急皮縮之所致也，蓋內有熱，致陰氣外行，當去其內熱并火邪，眼皮緩則眼毛立出，翳膜亦退，用手法攀出內瞼向外。刺以三棱針出血，以左手爪甲迎其針鋒，立愈。

《玉機微義・眼目門・論倒睫赤爛》 東垣曰：夫眼生倒睫拳毛者，兩目緊急，皮縮之所致也。蓋內復熱，致陰氣外行，當去其內熱并火邪，眼皮緩，則眼毛立出，翳膜亦退。用手法攀出內瞼向外，速以三棱針出血，以左手爪甲迎其針鋒，立愈。

目眶歲久赤爛，俗呼爲赤瞎是也。當以三棱針刺目眶外，以瀉濕熱而愈。

〔劉純按〕已上所論，可謂深達病情。然是證亦多是血熱，陰虛火動所致。蓋血所以滋經脈養毛髮者也，故當外治，以瀉其瘀熱；內治以杜絶其源可也。

《神應經・耳目部》 眼睫毛倒 絲竹空。

《針灸逢源・證治參詳・目病》 眼生倒睫拳毛 目病之人脾受風邪，則絃緊而外皮鬆，令毛倒睫，頻頻拭擦，毛漸侵睛，掃成雲翳，藥治無效，當用手扳將內〔眶〕〔瞼〕向外，以針刺出血愈。

目瞤動

《聖濟總録・治目疾灸刺法》 承泣，主目瞤動，與項口相引。目不明，泪出，目眩瞢，瞳子癢，遠視䀮䀮，昏夜無見，口喎僻不能言。

《普濟方・針灸門・目上視》 治目瞤動與項口相引。《甲乙》云：目瞤動，與頭口參相引，喎僻，口不能言，穴承泣。

治口喎面赤，目黄眼瞤動不止，頔腫齒痛，穴顴髎。

治眼瞤動不止，目不得閉，穴地倉。

治眼瞼瞤動，穴攢竹。

《神應經・頭面部》 眼瞼瞤動 頭維，攢竹。

《針灸逢源・證治參詳・目病》 眼瞼瞤動 頭維，攢竹。

青盲

《千金要方・七竅病上・目病》 青盲遠視不明，承光主之。

青盲無所見，遠視䀮䀮，目中淫膚白幕覆瞳子，巨窌主之。

青盲瞶目，惡風寒，上關主之。

青盲，商陽主之。

《聖濟總録・治目疾灸刺法》 青盲無所見，遠視䀮䀮，目中淫膚白膜復瞳子，巨髎主之。

青盲，商陽主之。

青盲瞶目，惡風寒，上關主之。

商陽，巨髎，上關，承光，瞳子髎，絡卻，主青盲無所見。

《針灸資生經・青盲》 商陽，巨髎，上關，承光，瞳子窌，絡卻，主青盲無所見。期門、太泉，主目青。巨髎，治青盲目無見，遠視䀮䀮，白翳覆瞳子。瞳子髎，治青盲無見，遠視䀮䀮，目中翳膜，頭痛，目外眥赤痛。商陽，治青盲，右取左，左取右。小兒目澀怕明，狀如青盲，灸中渚各一壯。《明》。【略】睛明，治小兒雀目疳眼。《明》云：療眼闇，雀目冷淚。【略】小兒雀目，夜不見物，灸手大指甲後一寸內廉橫文頭白肉際，各一壯。單方云：雀腦血，點效。

《玉龍經・盤石金直刺秘傳》 青盲雀目視物不明 丘墟，灸外瀉。足三里，委中。出血。

《普濟方・針灸門・青盲》 治青盲無所見，《資生經》。穴商陽，巨窌，上關，瞳子髎，絡卻，承光。

治目青，穴湧泉，期門。

治青風內障，目無所見，穴絡卻。

治青盲目無見，遠視䀮䀮，白翳覆瞳子，穴巨髎。

治青盲目無見，遠視䀮䀮，目中翳膜，頭痛，目外眥赤痛，穴瞳子髎。

治青盲，穴商陽，左灸右，右灸左。

《神應經・耳目部》 青盲無所見，肝俞，商陽。左取右，右取左。

《類經圖翼・針灸要覽・諸證灸訣要穴》 青盲眼 肝俞，膽俞，腎俞，養老，七壯。商陽，五壯。光明。

《太乙神針心法・針案紀略》 臨洮驛憲田公諱呈瑞者，其大世兄諱周字邗叔，年十八歲，能文章，工詩賦，英姿煥發，忽兩目患青盲，白日無所見，先生視其兩瞳神，皆散散將盡。乃曰：此目不急治，終身無目矣。爲針神庭、臨泣，各數十針。翊日，目遂明，瞳神如故，咸歎爲神。

外障眼

《針灸大成・治證總要》 目患外瘴，小骨空，太陽，睛明，合谷。

問曰：此證緣何而得？答曰：頭風灌注瞳人，血氣湧溢，上盛下虛，故有此病。刺前不效，復刺後穴二三次，方愈。臨泣，攢竹，三里，內眥尖。灸五壯，即眼頭尖上。

《審視瑶函・眼科針灸要穴圖像》外障眼 此乃頭風灌注瞳人，血氣湧溢，上盛下虛，故得此疾。宜刺太陽，睛明，合谷，小骨空，不效，再刺臨泣，攢竹，三里。

《繪圖針灸易學・以言治病法》 外障眼

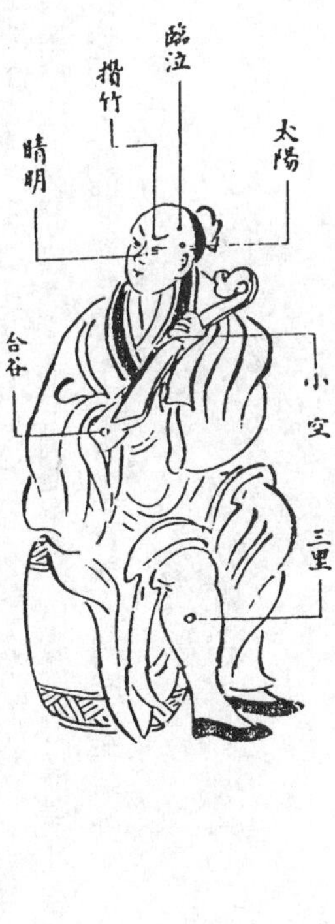

《針灸全生・耳目》 目生外障，小骨空，太陽，睛明，合谷，臨泣，攢竹，三里，內眥灸五壯，即眼頭尖上。

內障眼

《扁鵲心書・附竇材灸法》 兩眼昏黑，欲成內障，乃脾腎氣虛所致，灸關元三百壯。

《針灸大成・治證總要》 目生內障，瞳子髎，合谷，臨泣，睛明。

問曰：此證從何而得？此數穴針之不效何也？答曰：怒氣傷肝，血不就舍，腎水枯竭，氣血耗散，臨患之時，不能節約，恣意房事，用心過多，故得此證，亦難治療。復針後穴，光明，天府，風池。

《針方六集·神照集》 睛中穴主治內障

龍木居士金針撥轉瞳人妙訣：睛中二穴，在眼青白珠縫中，法以暑月，先用布搭目外，以冷水淋一刻，方將三稜針於目外角離黑珠一分許，刺入半分取出。然後用金針針入數分深，自上層轉撥向瞳人，輕輕而下，斜插定目角，即能見物，一飯頃出針。輕扶偃卧，仍用青布搭目外。再以冷水淋三日夜止。初針盤膝正坐，將箸一把，兩手握於胸前，寧心正視，其穴易得。治一切內障，年久不能視物，頃刻光明，神秘穴也。

針內障秘訣歌

內障由來十八般，精醫明哲用心看。分明一一知形色，知得行針自入玄。察他冷熱虛和實，多驚先服定心丸。弱翳細針粗撥老，針形不可一般般。病虛新瘥懷妊月，針後應知將息難。不風不雨兼吉日，清齋三日在針前。安心定坐存眞氣，醫師全要靜心田。有血莫驚須住手，裏封如舊勿頻看。若然頭痛不能忍，熱茶和服草烏烟。七日解封方視物，花生水動莫開言。還睛圓散堅心服，百日冰輪澈九淵。

針內障要歌

內障金針針了時，醫師治法要精微。綿包黑豆如毬子，眼上安排慢熨之。頭邊鎮枕須平穩，仰卧三朝莫厭遲。封後或然微有痛，腦風牽動莫狐疑。或針或烙依前法，痛極仍將火熨宜。鹽白梅含止咽吐，大小便起與扶持。高聲叫喚私人欲，驚動睛輪見雪飛。三七不須湯洗面，針痕濕著痛微微。五辛酒面週年慎，出戶升堂緩步移。雙眸了了光明日，狂客嗔予泄聖機。

《秘傳眼科龍木論·六針內障眼法歌》 內障尤來十六般，學醫人子審須看。分明一一知形狀，下針方可得安然。若將針法同圖翳，誤損神光取瘥難。冷熱先明虛與實，調和四體持安然。不然氣悶違時息，嘔逆勞神翳卻翻，咳嗽震頭皆未得，多驚先服鎮驚丸。若求涼藥銀膏等，用意臨時體候看。老翳細針粗薄嫩，針形不可一般般。病虛新產懷娠月，下手應知將息難。不雨不風兼吉日，清齋三日在針前。安心定意行醫道，念佛親姻莫雜喧。患者向明盤膝坐，提師腰帶在心安。針者但行賢哲行，測隱之情實善緣。有血莫針須住手，裏封如舊再開看。忽然驚振醫重十，服藥三旬見朗然。七日解封雖見物，花生水動莫他言。還睛丸散堅心服，百日分明復舊根。

《秘傳眼科龍木論·七針內障眼後法歌》 內障金針針了時，醫師言語要深知。綿包黑豆如毬子，眼上安排綿係之，頭安枕上須要穩，上一作豆。仰卧三朝莫厭遲。封後忽然微有疼，腦風牽動莫他疑。或針或烙依經法，痛極仍將火熨之。擬吐白梅含咽汁，吐來仰卧卻從伊。起則恐因遭努力，雖然希有也須知。七朝豉粥溫溫食，震着牙關事不宜。大小便時須緩緩，無令自起與扶持，高聲叫喚言多後，驚動睛輪見雪飛，如此志心三十日，漸漸出外認親知，狂心莫憶陰陽事，夫婦分牀百日期，一月不須臨面洗，針痕溫着痛凝凝五辛酒面周年斷，服藥平除病本基。

《審視瑤函·眼科針灸要穴圖像》內障眼　此證乃怒氣傷肝，血不就舍，腎水枯竭，血氣耗散，初病不謹，恣貪房事，用心過多，故得難治。先宜刺臨泣，睛明，合谷，瞳子窌。如發後，刺光明，風池。

《審視瑤函·金針撥內障》 金針，柄以紫檀花梨木，或犀角爲之，長二寸八九分，如弓弦粗，兩頭鑽眼，深三四分，用上好赤金子抽粗絲，長一寸，用乾麪調生漆，嵌入柄眼內，外餘六分許，略尖，不可太鋒利，恐損瞳神，以鵝毛管套收，平日收藏匣內，臨用供於佛前，無有不驗。此龍樹王菩薩神針也。

用水法

凡撥金針之時，須看患目者人之老弱肥壯，若氣盛者，欲行針之際前二三日，先服退氣散血之劑數服，平其五臟，弱者不必服之。臨撥，新汲井水一盆，放於泉上，令患目者對盆就洗，醫家側坐，以手蘸水頻頻加眼上，連眉稜骨淋洗，使眼內腦脂得水乃凝，以洗透數十遍，冷定睛珠爲度，然後用針，庶其隨手而下，并不粘滯矣。

撥內障手法

凡撥眼，要知八法，六法易傳，惟二法巧妙，在於醫者手眼心眼，隔垣見證，手法探囊取物，方得其法。臨撥，先令患者以水洗眼，(如)[加]水使血氣不行爲度，兩手各握紙團，端坐椅上，後用二人將頭扶定，醫人先用左手大指二指，分開眼皮，按定黑珠，不令轉動，次用右手持金針，如撥右眼，令患者視右，方好下針，庶鼻梁骨不礙手，離黑珠與大眥兩處相平分中，慢慢將針插

下，然後針回，針首至患處，將腦脂撥下，復放上去，又撥下來。試問患者看見指動，或青白顔色，辯別分明，然後將腦脂送至大眥近開穴處，護睛水内盡處，方徐徐出針，不可早出，恐腦脂復還原位。撥左眼，則左脱眥。

凡行針，須用朔望，對神祈佛通誠，鄉貫姓名敬祝。用針者，亦逢朔望，念咒七遍，書符一道。對針臨用必先齋戒，設供香燭之類，又書符一道，取太陽神光，接其眼光，亦念咒，大叫：救苦救難南海觀世音菩薩。其針自轉，令用針者心膽大開不驚，先書後三光符，下針宜天氣晴明，用開成除收日，忌子日。

封眼法

預收芙蓉半老緑葉，曬乾爲末，用井花涼水調匀，以綿紙剪圓塊，如茶鍾口大，先將敷藥敷眼上眉稜骨，及下眶，以紙一層封貼藥上，又上藥一層，蓋紙一層，封定。俟將乾，以筆蘸水潤之，日夜數次，夏月倍之，一日一换，仰面而卧，若將針眼向下就枕，防腦脂從上復下也。起坐飲食，大小二便，俱宜緩，不可用力震動，三日内只用溫和稀粥，爛熟餚饌，不可震動牙齒。三日後，開封視物，服藥靜養而已。

針後若目疼痛，急取生艾或乾艾，同生葱各半，共搗，銅鍋内炒熟，布包熨太陽穴三五次，即止。若瞳神有油氣不清，當平肝氣，用檳榔、枳殼、柴胡之類。作嘔吐，用藿香、淡豆豉，薑製厚朴，半夏之類。火旺體厚者，宜清火，順氣消痰，用黄連、枳殼、檳榔，半夏、麥冬、瓜蔞之類。老弱者，用茯神、熟地、枸杞、麥冬、棗仁、貝母、白朮、橘紅、五味子、白芍、當歸之類。針後忌用川芎，恐行血作痛。太陽頭疼，用防風、白芷、羌活、石膏之類。痛甚，用炒鹽熨之。若白睛赤，用柴胡、紅花、赤芍、歸尾、梔仁、桑皮、防風之類。瞳神微散，用白芍、五味子、麥冬、茯神、人參、當歸、酸棗仁之類。受熱，致瞳神細小者，用寒水石、當歸、黄連、麥冬、茺蔚子、柴胡、炒梔仁之類。若障復矇，宜服平肝順氣之劑，其障自退，如不速退，復再針撥亦可。

退氣散血飲

大黄，當歸身，乳香，没藥，川山甲，連翹，白芷各等分。

右剉劑，白水二鍾，煎至八分，去滓，食遠服。

愚按：此證乃濕熱鬱積，蒸爍腦脂下垂，故珠内有膜，遮蔽瞳仁之光，猶如布幔懸於明窗之内，外人雖見其窗似明。孰知窗内有幔懸挂而不明也。但今人以訛傳訛，皆謂瞳仁反背，其訛相延已久，一時難以正之。當知此證，惟用金針入珠内，撥去脂膜，頃刻能明。此論惟可與智者道，難與俗人言也。謹辨之，以爲後人垂鑒。

右《龍木論》金針開内障大法，謹按其法，初患眼内障之時，其眼不痛不澀不癢，頭不旋不痛，而翳狀已結成者，必俟歲月障老，始宜金針撥去其翳，如撥雲見日而光明也。今具其略於後。

開内障圖

圓翳　初患時，見色飛花發，垂蟻，薄霧輕烟，先患一眼，次第相牽，俱圓翳，如油點浮水中，陽看則小，陰看則大，金針一撥即去。

滑翳　如水銀珠，宜金針撥之。

澀翳　翳如凝脂色，宜金針撥之。

浮翳　藏形睛之深處，細看方見，宜金針撥之。

横翳　横如劍脊，兩邊薄，中央厚，宜針於中央厚處撥之。以上五翳，皆先患一目，向後俱損，初患之時，其眼痛澀頭旋，額痛，雖有翳狀，亦難針撥。獨偃月翳，棗花翳，黑水凝翳，微有頭旋額痛者，宜針輕撥之。

冰翳　初患時頭旋額痛者，眼瞼骨，鼻頰骨痛，目内赤色，先患一目，向後翳如冰凍堅白，宜於所經過脈，針其前穴，忌出血，宜針撥動，不宜強撥。

偃月翳　初患時，微微頭旋額痛，先患一目，次第相牽俱損。翳一半厚一半薄，宜針先從厚處撥之。

棗花翳　初患時，微有頭旋眼澀，目中時時癢痛，先患一眼，向後俱翳，週圍如鋸齒，輕輕撥去，莫留短腳，兼於所過經，針灸其腧。

散翳　翳如紅點，乍青，經點乍白，宜針撥之。

黑水凝翳　初患時，頭旋眼澀見花，黄黑不定，翳凝結青色，宜針撥之。

驚振翳　頭腦被打築，惡血流入眼内至二三十年成翳，翳白色，先患之眼不宜針，牽損後患之眼宜針撥之。雖不痛不癢，其翳黄色紅色者，不宜針撥。翳破散者，不宜針撥。中心濃重者，不宜針撥。撥之不動者，曰死翳，忌撥。獨白翳黄心，宜先服藥，後針之。若無翳者，名曰風赤，不宜針之。

白翳黄心　翳四邊白，中心黄者，先服逐翳散，次針足經所過諸穴，後用金針輕撥。上若先損一目，向後俱損。

烏風　無翳，但瞳人小，三五年内蓋成翳，青白色。不宜針。視物有花

爲虚，宜藥補，不宜藥瀉。

肝風　無翳，眼前多見虚花，或白，或黑，或赤，或黄，或一物見二形，兩眼同患，急宜補治，切忌房勞。

五風變　初患時，頭旋額痛，或一目先患，或因嘔吐，雙目俱暗，瞳子白如霜。

緑風　初患時，頭旋，額角偏痛，連眼瞼，眉及鼻，頰骨痛，眼内痛澀，先患一眼，向後俱損，無翳，目見花，或紅或黑。

黑風　初患時，頭旋額偏痛，連眼瞼翳，頰骨痛，眼内痛澀，先患一眼，向後俱損，無翳，眼見黑花。

青風　初患時微有痛澀，頭旋腦痛，先患一眼，向後俱損，無翳，勞倦，加昏重。

《繪圖針灸易學·以言治病法》　内障眼

《針灸全生·耳目》　目生内障　瞳子髎，合谷，臨泣，睛明，光明，天府，風池。

疳眼

《普濟方·針灸門·青盲》　治疳眼，穴：睛明。

《傳悟靈濟録·小兒諸病》　疳眼　合谷。五壯。

其他

《聖濟總録·治目疾灸刺法》　絲竹空，前頂，主目上插，憎風寒。

睊目，水溝主之。

腋門，主目澀暴變。

期門，主目青而嘔。

《針灸資生經·目上視》　陽白，上星，本神，大都，曲泉，俠谿，三間，前谷，攢竹，玉枕，主目系急，目上插。絲竹空，前頂，主目上插，憎風寒。神庭，囟會，治目上不識人。肝俞，治目上插。筋縮，療目轉上及目瞪。臨泣，主兒癇反視。肝俞，療目上視。筋縮，治目轉上垂，治眼戴睛上插，眼反戴眼。承泣，主目瞤動，與項口相引。《甲乙》云：目瞤動，與頭口參相引，喎僻，口不能言。顴髎，治口喎面赤目黄，眼瞤動不止，䪼腫齒痛。地倉，治眼瞤動不止，目不得閉。攢竹，治眼瞼瞤動。目不明，淚出目眩瞢，瞳子癢，遠視䀮䀮，昏夜無見，目瞤動，刺承泣。

《普濟方·針灸門·目上視》　治目反上視，若赤痛從内眥始，《資生經》。穴申脈。

治目系急，目上插，穴陽白，上星，本神，天牖，曲泉，俠谿，三間，前谷，攢竹，玉枕。

治目上插憎風寒，穴絲竹空，前頂。

治目上不識人，穴神庭，囟會。

治目上視，穴肝俞。

療目轉上，及目瞪下垂，穴筋縮。

治眼戴睛，上插眼，反戴眼，穴筋縮。

《普濟方·針灸門·目痛》　治目不得閉，穴大迎。

《普濟方·針灸門·目赤》　治目黄，穴腦戶，膽俞，意舍，陽綱。

治目黄振寒，穴大陵，中脘。

治黄疸目黄，穴勞宮。

治目青而嘔，穴期門。

治目中白睛青，穴湧泉。

治目黃，穴青靈。

治目赤黃，穴顴髎，內關。

《羅遺編·針灸要穴論》 目眩　通里，解谿。

《針灸集成·目部》 眼眶上下有青黑色，尺澤，針三分，神效。

瞳子突出　涌泉，然谷，太陽，太衝，合谷，百會，上髎，次髎，中髎，下髎，肝俞，腎俞。

五官科病分部

綜　述

《針灸聚英·雜病歌》 鼻口　鼻有息肉治迎香，衄血風府風池良，合谷二間三間穴，後谿前谷委中強，申脈崑崙并厲兌，兼治上星隱白長。　鼽衄風府與二間，再兼一穴是迎香。　鼻塞上星臨泣燒，百會前谷厲兌高，通前通後共七穴，兼治合谷迎香焦。　鼻流清涕治人中，上星風府三穴攻，腦瀉鼻中臭涕出，曲差上星治有功。　鼻衄上星二七壯，兼治絕骨囟會康，又法灸項後髮際，兩肋中間宛宛央，久病流涕出不禁，百會灸之病絕根。　口乾尺澤與曲澤，大陵二間少商穴，再兼一穴是商陽，仔細治之效自獲。　咽乾太淵魚際中，消渴水溝承漿通，金津玉液曲池穴，太衝行間與勞宮，商丘然谷隱白穴，百日已上不可攻。　唇乾有涎治下廉，舌乾涎出復溜尖，唇乾飲食又不下，三間少商治之痊。　假如唇動如蟲行，水溝一穴治之寧，唇腫宜治迎香穴，口喎眼斜頰車精，水溝列缺太淵穴，合谷二間絲竹空，兼治地倉極有效，感應最速如神靈。　口噤頰車與支溝，外關列缺內庭頭，再兼厲兌通六穴，次第治之病自瘳。　失口不語治間使，支溝靈道兼魚際，合谷陰谷復溜穴，再治然谷病即愈。　舌緩太淵合谷中，衝陽內庭風府同，通前通後共七穴，三陰交穴崑崙攻。　舌強啞門少商穴，魚際二間與中衝，再兼陰谷然谷等，七穴治之爲有功。　假如舌黃治魚際，齒寒少海實爲貴，齒痛商陽一穴醫，齒齲惡風合谷利。　再兼厲兌二穴攻，醫者尋趁須仔細，齒齲厲兌少海宜，小海陽谷合谷奇。　液門二間內庭等，斷痛角孫少海居。　舌齒腐兮承漿穴，須兼勞宮二穴醫，牙疼少海與曲池，陽谷二間與陽谿，更兼內庭與呂細，并及液門與頰車。　上牙疼兮治人中，太淵呂細三穴通，臂上起肉中五炷，灸之立待有神功。　下牙疼者龍玄穴，側腕交叉脈是斯，并及承漿合谷穴，腕上五寸兩筋間，灸至五壯病必痊。　不能嚼物角孫強，牙疳蝕爛至生瘡，炷如小筋頭樣大，七壯須灸在承漿。

牙　病

《靈樞·寒熱病》 臂陽明有入頄遍齒者，名曰大迎，下齒齲取之，臂惡寒補之，不惡寒瀉之。　足太陽有入頄遍齒者，名曰角孫，上齒齲取之，在鼻與頄前。　方病之時其脈盛，盛則瀉之，虛則補之。　一曰取之出鼻外。　足陽明有挾鼻入於面者，名曰懸顱，屬口對入系目本，視有過者取之。　損有餘，益不足，反者益。

〔馬蒔注〕此言齒齲者，當即上下齒而分經以治之也。　臂陽明，即手陽明大腸經也，以其脈行於臂，故不稱曰手而曰臂也。　手陽明之脈，其支者從缺盆上頸，循天鼎、扶突，上貫於頰，入下齒縫中，還出挾口，交人中，左之右，右之左，上挾鼻孔，循和髎、迎香以交於足陽明，故曰臂陽明。　有入頄遍齒者，其名曰大迎。　正以大迎出足陽明穴，而手陽明之脈，則入而交之也。　齒有痛病，謂之齲，故下齒病齲者，當取此臂陽明之穴。　如惡寒飲者，虛也，宜補之。　不惡寒飲者，實也，宜瀉之。　又足太陽膀胱經之脈，亦入頄遍齒，其所入之脈，乃手少陽三焦經之角孫穴。　其上齒齲者，正足陽明胃經脈氣之所歷，取之在鼻與頄前，乃地倉、巨髎等穴也。　如正痛之時，其脈必盛，盛則宜瀉之，或虛則宜補之。　一曰，當取之出於鼻外，即本經之禾髎、迎香等穴也。　又足陽明胃經之脈，有挾鼻孔入於面者，其脈會於足少陽膽經之懸顱穴，屬口對入，以繫於目本，當視其有病者所以取之。　邪氣有餘則損，正氣不足則益。　益者補也，正以不足與有餘相反，故益之耳。

〔張介賓注〕手陽明脈有入頄、遍齒者，其道出於足陽明之大迎，凡下齒齲痛者，當取之，如商陽，二間，三間皆主齒痛。　但臂惡寒者多虛，故宜補。　不惡寒者多實，故宜瀉。　〇頄，音求，顴也。　齲，曲主切。　足太陽脈亦有入頄遍齒者、其道出於手少陽之角孫，凡上齒齲痛者當取之。　又如鼻與頄前

者，乃足陽明地倉，巨窌等穴，亦主齒痛，以足陽明入上齒中也。但當於方病之時，察其盛衰而補瀉之。〇謂手陽明禾窌，迎香等穴。其當作甚，足陽明之脈，有挾鼻入於面者，道出於足少陽之懸顱，其下行者屬於目，其上行者對口入繫目本。或目或口，凡有過者，皆可取之，然必察其有餘、不足以施補瀉，若反用之，病必益甚。

〔張志聰注〕上節論三陽之氣，循次而上出於天牖，此復論氣從絡脈以相通，所謂絡絶則徑通，如環無端，莫知其紀也。蓋氣之出於天牖者，從氣街而出於脈外，氣之行於脈中者，從絡脈而貫於脈中，外內環轉之無端，故莫知其紀也。顴鼻交處爲頄。臂陽明有入頄遍絡於齒者，名曰大迎，大迎乃足陽明之經穴，此手陽明之氣，從絡而貫於足陽明之經，故下齒痛當取之臂陽明。足太陽有入頄遍絡於齒者，名曰角孫，角孫乃手少陽之經穴，此足太陽之氣，貫於手少陽之經，故上齒痛者，當取之鼻與頄前，乃太陽之絡脈也。按營血宗氣之所營行者，經脈也，足太陽之絡，不入於齒中，此非經脈，亦非支別，乃微細之系，以通三陽之氣者也。故方病之時，其脈盛乃氣之太過也，太過則瀉之，不及則補之，足陽明當作手太陽，蓋三陽之氣，上出於天牖者，循手之陽明少陽，足之陽明太陽，而經脈之貫通，則有手足六脈之相交矣。故手太陽有挾鼻入於面者，名曰懸顱，懸顱乃足少陽之經穴，此手太陽之氣，從絡脈而通於足少陽之經也。屬口對入上繫目本，視有過者取之。過，病也。如病在太陽，而太陽之絡有餘，少陽之經不足，則當損太陽之有餘，益少陽之不足。反是者，又當益太陽也。

〔沈亮宸注〕反者當從有過上看。推此二句，當知太陽之氣，從絡脈而貫於少陽之經，少陽之氣，從絡脈而通於太陽之經也。以上四脈亦然。

《靈樞·雜病》 齒痛不惡凊飲，取足陽明。惡凊飲，取手陽明。

〔馬蒔注〕此言齒痛者，當審其惡冷飲，不惡冷飲，而分經以刺之也。胃經惡熱不惡寒，大腸惡寒不惡熱，故刺之者如此。

〔張介賓注〕手足陽明之脈，皆入齒中。然胃經多實熱，故不畏寒飲者，當瀉足陽明。大腸經多虛寒，故畏寒飲者，當補手陽明也。此與上文臂陽明節義有所關，當互求之。凊，音倩。

〔張志聰注〕手足陽明之脈，偏絡於上下之齒。足陽明主悍熱之氣，故不惡寒飲，手陽明主清秋之氣，故惡寒飲。莫雲從曰：齒痛，痛在手足陽明之脈，惡凊飲不惡凊飲，手足陽明之氣也。此因脈以論氣，因氣以取脈，脈氣離合之論，蓋可忽乎哉！

《甲乙經·手足陽明脈動發口齒病》 診齲痛，按其陽明之來，有過者，獨熱，在左者左熱，在右右熱，在上上熱，在下下熱。臂之陽明，有入鼽遍齒者，名曰大迎，下齒齲取之臂，惡寒補之，一作取之。不惡瀉之。《靈樞》名曰禾窌，或曰大迎，詳大迎，乃是陽明脈所發，則當云禾窌是也。然而下齒齲，又當取足陽明，禾窌，大迎，當試可知耳。手太陽有入頄遍齒者，名曰角孫，上齲齒取之在鼻與鼽一作頄。前。方病之時，其脈盛，脈盛則瀉之，虛則補之。一曰取之出眉外，方病之時，盛瀉虛補。齒動痛，不惡凊飲，取足陽明，惡凊飲，取手陽明。【略】重舌，刺舌柱以排針。上齒齲腫，目窗主之。上齒齲痛，惡風寒，正營主之。齒牙齲痛，浮白及完骨主之。齒痛，顴窌及二間主之。上齒齲，兌端及耳門主之。齒間出血者，有傷酸，齒牀落痛，口不可開，引鼻中，齗交主之。頰腫，口急，頰車痛，不可以嚼，頰車主之。上齒齲痛，惡寒者，上關主之。【略】失欠，下齒齲，下牙痛，頔腫，下關主之。齒牙不可嚼，齗腫，角孫主之。【略】口中下齒痛，惡寒頔腫，商陽主之。齒齲痛，惡凊，三間主之。【略】口齒痛，溫溜主之。下齒齲，則上齒痛，掖門主之。齒痛，四瀆主之。上牙齲痛，陽谷主之。一作陽絡。齒齲痛，合谷主之。又云少海主之。舌縱涎下，煩悶，陰交主之。

《千金要方·竅病下·齒病》 風齒疼痛，灸外踝上高骨前交脈，三壯。又以線量手中指至掌後橫文，折爲四分，量橫文後當臂中，灸二壯愈，隨左右。

《千金要方·針灸下·頭面》 厲兑，三間，衝陽，偏歷，小海，合谷，內庭，復留，主齲齒。

大迎，顴窌，聽會，曲池，主齒痛惡寒。

浮白，主牙齒痛不能言。

陽谷，正營，主上牙齒痛。

陽谷，掖門，商陽，二間，四瀆，主下牙齒痛。

角孫，頰車，主牙齒不能嚼。

下關，大迎，翳風，完骨，主牙齒齲痛。

曲鬢，衝陽，主齒齲。

《千金翼方·小兒·齒病》 針牙疼方　隨左右邊疼，手大指次指掌間入

一寸，得氣絶，補三十九息。

灸牙疼方　取桑東南引枝長一尺餘，大如匙柄，齊兩頭，口中柱著痛牙上，以三姓火灸之。

《千金翼方·針灸上·舌病》　牙齒疼，灸兩手中指背第一節前有陷處七壯，下火立愈。齒疼，灸外踝上高骨前交脈上七壯。

風牙疼逐左右，以繩量手中指頭，至掌後第一横文，折爲四分，以度横文後，當臂兩筋間當度頭，灸三壯，隨左右灸之，兩相患，灸兩臂至驗。

《扁鵲心書·牙槽風》　凡牙齒以刀針挑之，致牙根空露，爲風邪所乘，令人齒齲，急者潰爛於頃刻，急服薑附湯，甚者灸石門穴。腎主骨，齒乃骨之餘，破傷宣露，風邪直襲腎經，致潰爛於俄頃，舍薑、附而用寒凉，爲變可勝道哉。

《扁鵲心書·牙疳》　胃脈絡齒，榮牙床。胃熱則牙縫出血，犀角化毒丸主之。出局方。腎虚則牙齒動摇，胃虚則牙床潰爛，急服救生丹。若齒齦黑，急灸關元五十壯。牙齒動摇，或有知其腎虚者，至牙床潰爛，誰不曰胃火上攻，敢服救生丸，并灸關元者，鮮矣。

《醫説·針灸·灸牙疼法》　隨左右所患肩尖微近後骨縫中，小舉臂取之，當骨解陷中，灸五壯。予目睹灸數人，皆愈矣。灸畢，項大痛，良久乃定，永不發。予親病齒痛，百方治之皆不驗，用此法遂差。

《針灸資生經·齒齲》　角孫，療齒牙不嚼物，齲痛腫。耳門，療齒齲。三間，陽谷，衝陽，内庭，厲兑，四瀆，液門，陽谷，上關，治齒齲痛。少海，治齒齲痛，又治齒寒，腦風頭痛。合谷，偏歷，三陽絡，耳門，治齒齲。三間，大迎，正營，治齒齲痛。完骨，治齒齲。厲兑，三間，衝陽，偏歷，小海，合谷，内庭，復溜，主齲齒。曲鬢，主齒齲。下關，大迎，翳風，完骨，主牙齒齲痛。

《針灸資生經·口齒疳瘡》　承漿，療口中生瘡。《明》。小兒口有瘡蝕，斷爛臭穢衝人，灸勞宫各三壯。《下》。角孫，治齒斷腫，小兒疳濕瘡。

《史記》齊大夫病齲齒，太倉公灸其左太陽明脈，即爲苦參湯，日嗽三升，出入五六日，病已。得之風，及卧開口，食而不嗽，餘見齒齲。

完骨，主牙車急。翳風，治牙車痛。下關，治牙車脱。和髎，治牙車引急，頭重痛，耳中嘈嘈，頷頰腫。聽會，治牙車脱臼，相離三寸，明云：牙車急痛，不得嚼食。

《針灸資生經·牙疼》　浮白，主牙齒痛，不能言。陽谷，正營，主上牙齒痛。陽谷，掖門，商陽，二間，四瀆，主下牙齒痛。角孫，頰車，主牙齒不能嚼。《明》同。風齒疼痛，灸外踝上高骨前交脈二壯。又以綫量手中指至掌後横文，折爲四分，量横文後當臂中，灸二壯愈，隨左右。

有老婦人舊患牙疼，人教將兩手掌交叉，以中指頭盡處爲穴，灸七壯，永不疼，恐是外關穴也。穴在手少陽去腕後二寸陷中。臬司梢子妻舊亦苦牙疼，人爲灸手外踝穴近前些子，遂永不疼。但不知《千金》所謂外踝上者，指足外踝耶，手外踝耶，識者當辨之。

翳風，治牙車痛。大迎，治牙疼，頰頷腫。曲鬢，治頰頷腫，引牙車不得開。正營，治牙齒痛，唇吻急强，齒齲痛。陽谿，懸顱，手三里，治齒痛。商陽，治齒痛惡寒。兑端，治齒斷痛。小海，治寒熱齒斷腫，風眩，頸項痛。上關，療風牙疼，牙車不開，口噤，嚼物鳴。《明》。厥陰俞，療牙痛。《良方》灸牙疼法：隨左右所患肩尖，微近後骨縫中，小舉臂取之，當骨解陷中，灸五壯。予親灸數人皆愈。灸畢，項大痛，良久乃定，永不發。予親病齒痛，百方治不驗，用此法差。

辛帥舊患傷寒，方愈，食青梅，既而牙疼甚，有道人爲之灸，屈手大指本節後陷中灸三壯，初灸覺病牙癢，再灸覺牙有聲，三壯痛止，今二十年矣。恐陽谿穴也。《銅》云：治齒痛，手陽明脈入齒縫中，左痛灸右，右痛灸左。

《備急灸法·風牙疼》　葛仙翁、陶隱居治風牙疼不可忍，不能食者，灸足外踝尖三炷，炷如緑豆大，患左灸右，患右灸左，男女同法。

《針經摘英集·治病直刺訣》　治牙疼，刺手陽明經合谷二穴，在手大指次指岐骨間陷中，針入三分。

次陽明經内庭二穴，在足大指次指外間陷中，如蟲食疼者，傅藥而愈。

《普濟方·針灸門·口眼喎》　治口中下齒痛，惡寒頰腫，穴商陽。

《普濟方·針灸門·口齒疳瘡》　治牙齦腫，穴天衝。

治口齒痛，穴溫溜。

治牙斷腫，小兒疳濕瘡，穴角孫。

治牙車痛，穴翳風。

《普濟方·針灸門·牙痛》　治齒痛惡寒，穴曲池，大迎，顴髎，聽會。

治牙齒痛不能言，穴浮白。

治上牙齒痛，穴陽谷，正營。

治下牙齒痛，穴四瀆，陽谷，液門，商陽，二間。

治牙齒不能嚼，穴頰車，角孫。

治牙車痛，穴翳風。

治牙痛頰頷腫，穴大迎。

治頰頷腫引牙車不得開，穴曲鬢。

治牙齒痛，唇吻急強，齒齲痛，穴正營。

治齒痛，穴陽谿，懸顱，手三里。

治齒痛惡寒，穴商陽。

治齒齦痛，穴兌端。

治寒熱齒齦腫，風眩，頸項痛，穴小海。

治風牙疼，牙車不開，口噤，嚼物鳴，穴上關。

治牙痛，穴厥陰俞。

灸牙疼法，隨左右，所患肩尖，微近後骨縫中，小舉臂取之，當骨解陷中，灸五壯

治牙齒疼，危氏方。灸兩手中指背，第一節前有陷處七壯，下火立愈。

治牙疼，穴合谷。

治蛀牙方，凡蛀牙疼，必須出之，若無妙手，其痛不可忍也，無問上下，但隨左右於牙關齦車骨尖相時近裏，以指捻之，覺痛處是穴，以艾火灸七壯。瘡斂，蛀牙自落，其驗如神。又火灸脂索如錐，以內蟲孔中，便緣脂出。

治牙疼，針內庭二穴，如蟲食疼者，傅藥而愈，又分男左女右，在肩頭上穴口中，灸轉三遭，左疼灸右，右疼灸左。

治唇吻強，齒齦痛，穴兌端。

治骨槽風，於疼處耳中梗上灸。

治齒疼，灸肩髃七壯，隨左右。又法，灸耳垂下牙疼骨上三壯，未效，加壯數。

治牙齒疼痛，先以稻藁心，量中指中節，若手長，卻將手掌下量及臂上兩段，以艾灸之七五壯，若左邊牙疼灸右邊，右邊牙疼灸左邊。

治齒痛不惡清飲，取足陽明。惡清飲，取手陽明。

《普濟方·針灸門·齒齲》 療齒齲，穴耳門。

治齒齲痛，穴三間，陽谷，衝陽，內庭，厲兌，四瀆，液門，上關。

治齒齲痛，穴三間，大迎，正營。

治齒齲痛，又治齒寒腦風頭痛，穴少海。

治齒齲，穴合谷，偏歷，三陽絡，耳門。

治齒齲，穴完骨。

治齒齦痛，唇吻強上，穴兌端，目窗，正營，耳門。

治齒齲，穴厲兌，三間，衝陽，偏歷，小海，合谷，內庭，復溜。

療牙齒齲痛，穴下關，大迎，翳風，完骨。

傳曰：唇亡齒寒，謂前齒，非牙也。《說文》云：齲齒蠹也，謂齒蠹而痛也，其不因齒蠹而痛者，蓋風寒入腦髓爾。《素問》謂大寒入至骨髓，故頭痛齒亦痛，當以此治之。

治齒齲，穴曲鬢，衝陽。

治上齒齲腫，穴目窗。

治上齒齲痛，惡寒，穴正營。

治齒痛惡清，穴三間。

《普濟方·針灸門·目病》 針牙疼，出《幼幼新書》。針隨左右邊疼，在手大指次指掌間入一寸，得氣瀉，補三十九息。

《神應經·鼻口部》 齒寒　少海。

齒痛　商陽。

齗痛　角孫，小海。

牙疼　曲池，少海，陽谷，陽谿，二間，液門，頰車，內庭，呂細。在內踝骨尖上灸二十一壯。

上牙疼　人中，太淵，呂細，灸臂上起肉中五壯。

下牙疼　龍玄，在側腕交叉脈。承漿，合谷，腕上五寸兩筋中間灸五壯。

不能嚼物　角孫。

齒齲惡風　合谷，厲兌。

齒齲　少海，小海，陽谷，合谷，液門，二間，內庭，厲兌。

舌齒腐　承漿，勞宮。各一壯。

牙疳蝕爛生瘡　承漿。炷如小筋頭大，灸七壯。

《針灸聚英·雜病》 牙疼　主血熱，胃口有熱，風寒，濕熱，蟲蛀，合谷，內庭，浮白，陽白，三間。

《古今醫統大全》引《針灸直指·諸證針灸經穴·牙齒痛》 牙齒痛，有風寒濕熱，可灸刺，頰車，合谷，內庭，浮白，三間，陽白，肩髃，陽谿。

《針灸大成·治證總要》 牙齒腫痛 呂細，頰車，龍玄，合谷。

上片牙疼 呂細，太淵，人中。

下片牙疼 合谷，龍玄，承漿，頰車。

問曰：牙疼之證，緣何而得？答曰：皆因腎經虛敗，上盛下虛，陰陽不升降，故得俞證。復刺後穴，腎俞，三間，二間。

《本草綱目·主治·牙齒》 大黃 胃火牙痛 燒研揩牙，同地黃貼。

《類經圖翼·針灸要覽·諸證灸法要穴》 齒牙痛，承漿，頰車，耳垂下盡骨上穴，三壯，如神。肩髃，七壯，隨左右灸之。列缺，七壯，立止。太淵，風牙痛。魚際，陽谷，上牙。合谷，三間，下齒七壯。足三里，上齒痛者，七七壯，愈。太谿，內庭。下牙。

腎虛牙痛出血不止 頰車，合谷，足三里，太谿。

《景岳全書·雜證謨·齒牙》 足內踝二尖，治上牙痛，灸之。足三里，治上齒痛，灸四十九壯。手三間，治下齒痛，灸七壯。列缺，灸七壯，永不發。合谷，齒齲灸之。內庭下牙痛，針灸皆可。陽谷，治上牙痛，在手外踝骨尖，左灸右，右灸左，十一壯，屢驗神效。太淵，治風牙。肩髃，七壯，隨左右灸之。耳垂下盡骨上穴。灸三壯，痛即止，如神。

法治一切牙痛，以草量手中指，至掌後橫紋止，將草折作四分，去三留一，於橫紋後量臂中，隨痛左右，灸三壯，即愈。

經驗法，於耳前鬢髮尖內有動脈處，隨痛左右，用小艾炷灸五七壯，神效。亦不必貼膏藥。如再發，再灸，即可斷根。

《採艾編翼·治證綜要》 牙痛 上膽

目窗，值瞳子，入髮際寸半。下焦，四瀆肘前五寸。總左右頰車，合谷。

《羅遺編·針灸要穴論》 齒牙痛

承漿，頰車，耳垂下盡骨上穴，三壯如神。

肩髃，七壯隨左右灸之。列缺，七壯立止。太淵，風牙痛。

魚際，陽谷，上牙。合骨，三間，下齒七壯。

足三里，上齒痛七七壯愈。太谿，內庭，下牙。

《針灸逢源·證治參詳·齒牙病》 上片牙疼，足陽明病。人中，太淵，衝陽，呂細。在內踝尖上，灸二七壯。

下片牙疼，手陽明病 承漿，頰車，三間，合谷，列缺。舊名龍元。

齒齲，齒腐也。《內經》注，齒痛也。 承漿，勞宮，各灸一壯。小海，陽谷，少海，合谷，二間，厲兑。

牙床腐爛，齒牙脫落，名曰走馬牙疳，乃熱毒蘊積所致，針穴同前。宜服清胃瀉火之藥，又用黃連、五棓子煎水，雞毛洗口中。

齦痛，齒根肉曰齦，角孫，小海。

腎虛牙疼出血，頰車，合谷，足三里，太谿。

《針灸全生·齒牙》 齒牙腫痛 太谿，頰車，龍玄，合谷，承漿。

上牙痛 太谿，太淵，人中。又灸臂上起肉中五壯。

下牙痛 合谷，龍玄，承漿，頰車，腎俞，二間，三間，又灸腕上五寸兩筋間五壯。

齒寒齒痛 少海，商陽。

齒齲 少海，小海，液門，陽谷，合谷，二間，內庭，厲兑。齦痛 角孫，小海。

牙疼 曲池，少海，陽谷，陽谿，三間，液門，頰車，內庭，太谿。內踝尖上，灸五壯。

牙疳蝕爛生瘡 承漿。

齒腐 承漿，勞宮。

不能嚼物，角孫。

牙齒疼痛 後谿，列缺，人中，頰車，太谿，太淵。

齒痛 厲兑，商陽，二間，三間，地倉，巨髎。

牙齒及兩頷腫痛 人中，合谷，太谿，外關。

上齒痛 角孫，合谷，陽谿，偏歷。

上牙痛及牙關不開 太淵，頰車，合谷，太谿，外關。

下齒痛 溫溜，大迎。

下牙痛頰項紅腫 外關，陽谿，太谿，承漿，頰車。

《針灸全生·頭面諸證》 齒牙痛 承漿，頰車，耳垂下盡骨上穴，三壯，如神。 肩髃，七壯隨左右灸之。列缺七壯立止。 魚際，陽谷上牙。 合谷，三間，下齒十壯。足三里，上齒痛者，七七壯愈，太谿，內廷，下牙。

腎虚牙痛，出血不止　頰車，合谷，太谿，足三里。

《針灸便覽·中風》　齒牙腫痛　太谿，頰車，龍玄，合谷。

牙疼　曲池，少海，三間，頰車。

牙疼　合谷，內庭，浮白，陽白。

《傳悟靈濟録·頭面七竅病》　齒牙痛　承漿，頰車，肩髃，七壯，隨左右灸之。列缺七壯，立止。太淵，風牙痛。魚際，陽谷上牙痛。合谷，三間，下齒，七壯。足三里，上齒痛者，七七壯愈。太谿，內庭下牙痛。耳垂下盡骨上穴三壯，如神。

腎虚牙痛出血不止　頰車，合谷，足三里，太谿。

《針灸集成·頰項》　牙頰痛　合谷，下三里，神門，列缺，龍玄三壯，在手側腕上交叉脈。呂細二七壯，在足內踝尖。

《針灸集成·齒部》　上齒痛，下三里灸七壯。

下齒痛，合谷灸七壯。

上下齒痛，幷灸手表腕上踝骨尖端三壯。若不愈，更灸七壯，左痛灸右，右痛灸左，神效。

又方，灸痛齒七壯，愼勿加灸，必患附骨疽。【略】

齒齲痛，合谷，列缺，厲兌，中渚，神門，下三里。

齒斷腐，合谷，中脘，下三里，並針承漿七壯，勞宮一壯。

《針灸穴法》　關上片牙痛及牙關緊閉不開　太淵二穴，頰車二穴，合谷二穴，呂細二穴。

下片牙痛及頰紅腫痛　承漿一穴　陽谷二穴，頰車二穴，太谿二穴。

牙齒腫痛　呂細二穴，合谷二穴，人中一穴。

《針灸穴法》　牙痛　解谿二穴，太淵二穴，合谷二穴，太谿二穴。

《灸法秘傳·齒痛》　齒乃骨之餘，腎主病也。然則因陽明火熾而痛者，有因風因蟲而痛者，亦有因虛而痛者，方藥莫能奏捷，必當用灸。倘頰腫牙痛，灸風池，紅腫牙痛，灸手三里。齒齲，須灸內庭也。

《針灸摘要·督脈·楊氏治證》　牙齒疼痛　列缺，人中，頰車，呂細，太淵，合谷。

《針灸摘要·陽維脈》　牙齒兩頷腫痛　人中，合谷，呂細。

上片牙疼及牙關不開　太淵，頰車，合谷，呂細。

下片牙疼頰項紅腫痛　陽谿，承漿，頰車，太谿。

《針灸學·刺牙痛法》　牙齒屬腎，腎主骨，齒爲骨之餘。然滿口之中，概皆屬胃，以口乃胃之門戶也，牙床尤爲胃經脈絡所繞。手陽明大腸經脈，起於手大指次指之端，循指上廉，出合谷兩骨之間，上入兩筋之中，循臂上廉，入肘外廉，上循臑外前廉，上肩，出髃骨之前廉，上出柱骨之會上，下入缺盆，絡肺，下膈，屬大腸。其支者，從缺盆上頸，貫頰，入下齒縫中，還出俠口，交人中，左之右，右之左，上俠鼻孔，循禾髎、迎香而終，以交於足陽明。足陽明胃經脈起於眼下，俠鼻交(額)〔頞〕，循鼻外，入上齒，還出俠口，環唇，下交承漿，卻循頤後下廉，出大迎，循頰車，上耳前，過客主人，循髮際，至額顱。其支者，從大迎前下人迎，循喉嚨，入缺盆，下膈，屬胃，絡脾。其直行者，從缺盆下乳內廉，俠臍，入氣街中。其支者，起胃下，口循腹裏，下至氣衝而下髀關，抵伏兔，下入膝髕中，下循骱外廉，下足跗，入中指(外)〔內〕間。其支者，下膝三寸而別，以下入中指外間。其支者，別跗上，入大指間，出其端，以交於足太陰。

按此脈絡所行，上齒是足陽明胃脈所繞，下齒是手陽明大腸脈所繞，故牙疼多係手足陽明火熱所致。《內經·論疾診尺》篇驗齒痛法曰：按其陽之來，有過者獨熱，在左左熱，在右右熱，在上上熱，在下下熱。按此說是以熱之所在，驗痛之所在。上齒既屬足陽明，下齒既屬手陽明。則上齒痛，必係胃經之火。下齒痛，必是大腸之火。左上齒痛，則針左胃經穴。左下齒痛，則針左大腸經穴，右熱右痛者亦然。

又《靈樞·雜病》篇曰：齒痛不惡凊飲，取足陽明，惡凊飲，取手陽明，是以惡凊飲不惡凊飲，辨病之在胃在腸也。

又《內經·繆刺篇》刺齒痛法曰：刺手陽明不已，刺其脈入齒中者立已。手陽明如商陽、合谷等穴是。獨是牙疼既係手足陽明火盛之故，而此獨曰刺手陽明不已，刺其脈入齒中者何哉？蓋此證與他牙痛不同，必是牙齦腫硬，熱血凝聚不散，俗所謂牙癰證，久則腐化成膿者是也。刺手陽明不已，刺足陽明亦無益，蓋熱血已將成膿，非從牙間腫硬處用三稜針刺取惡血，無以解其結而出其毒，故曰刺齒中之脈立已也。

大抵刺牙痛者，不外手足陽明與足少陰腎經諸穴耳。陽明脈絡繞牙床而入齒縫，故陽明有火，傳入牙間而致痛。齒爲骨之餘，骨病則驗齒，故腎將死則齒垢而長，腎經有火或水虧，而火不歸原者，皆足以致牙痛。在醫者臨

證審脈，分經施刺耳。在大腸，則商陽，二間，三間，合谷諸穴皆可刺。在胃府，則下關，頰車，大迎，內庭，厲兌，皆可刺。如因腎火上炎，則取呂細而刺之。如齦腫而不能嚼物者，兼刺手少陽三焦經之角孫穴，以三焦經脈下頰至䪼，邪傳口內也。如牙疳蝕爛生瘡者，兼刺任脈經之承漿穴，以承漿爲大腸、胃、任、督諸脈之會，故口齒蝕爛生瘡，及暴瘖不能言者宜刺之。如齦腫惡寒者，刺手太陽小腸經之小海穴，及手少陰心經之少海穴，以小腸脈之支別者，從缺盆貫頸上頰，又循頰上䪼，心脈從心系上俠咽，而開竅於舌，下又絡小腸而與相表裏，故口舌生瘡及齦腫惡寒者，宜針之。又有本係肺火，傳入大腸，而上爲牙痛者，兼刺肺經之太淵穴。本係脾火，脾脈連舌本，散舌下，因舌腫舌痛而牽引牙疼者，兼刺脾經之公孫穴。牙病不一，而按經取穴行刺之法亦各別，洞悉此義者，乃可以言刺齒。

口舌生瘡

《針經摘英集·治病直刺訣》 治口瘡，舌下腫難言，舌縱涎出，及舌根急縮，刺任脈廉泉一穴，一名舌本，在頷下結喉上，陰維之會，可灸三壯，針入三分，得氣即瀉。次針足少陰經湧泉二穴。

《玉龍經·盤石金直刺秘傳》 上牙生瘡　人中。

下牙生瘡　承漿。

口舌生瘡　委中。

《普濟方·針灸門·口眼喎》 治口瘡，舌下腫難言，舌縱涎出，舌根急縮，穴廉泉，灸三壯。次針湧泉二穴。

治口舌生瘡，失欠，頰車蹉，及治咽喉腫痛，灸背第五椎，一日二七壯。滿三日未差，灸氣衝二百壯。胸前喉下甲骨中是，亦名氣堂。又灸足內踝上三寸宛宛中，或三寸五分，百壯，三報，此三陰交穴也。

《普濟方·針灸門·口舌乾苦》 治大人小兒，口中腥臭，腹脅支滿，又主老小口中腫腥臭，及療小兒齦爛臭，穴勞宮。

《奇效良方·口舌門》 治口瘡方　右以生半夏爲細末，醋調，貼腳心中，神效。

治口爛方　右用巴豆一二粒，帶皮搗，與麪糊爲膏，貼在顖門上，一夜便取之，瘡瘥。

《針灸大成·治證總要》 口內生瘡　海泉，人中，承漿，合谷。

問曰：此證緣何而得？答曰：上盛下虛，心火上炎，脾胃俱敗，故成此證，復刺後穴：金津，玉液，長強。

《類經圖翼·針灸要覽·諸證灸法要穴》 口舌瘡痛糜爛疳蝕　頰車，地倉，廉泉，承漿，天突，金津，玉液，上二穴刺出血。合谷，陽陵泉。治膽熱口苦，善太息。

《針灸全生·口舌》 口內生瘡　海泉，人中，承漿，合谷，金津，玉液，長強。

口瘡臭穢　列缺，十宣，人中，金津，玉液，承漿，合谷。

口臭　少衝，通里，人中，十宣，金津，玉液，列缺。

口臭　大陵，人中，齦交，承漿。

口苦　關衝出血。

舌熱生瘡　關衝，外關，人中，迎香，金津，玉液，列缺，地倉。

口內生瘡名枯槽風　兌端，支溝，承漿，十宣，外關。

《針灸全生·頭面諸證》 口舌糜爛疳蝕　頰車，廉泉，天突，玉液，金津，二穴刺出血妙。地倉，承漿，合谷，陽陵泉。

《針灸集成·口部》 口中生瘡　承漿，勞宮。

《針灸穴法》 極熱，舌上生瘡　金津玉液二穴，用針刺出血，不可灸，人中一穴，承漿一穴，湧泉二穴，合谷二穴。

《針灸穴法》 口內生瘡　兌端二穴，支溝二穴，承漿二穴。

《針灸摘要·任脈》 口氣衝人，臭不可近　少衝，通里，人中，十宣，金津，玉液。

口內生瘡，臭穢不可近　十宣，人中，金津，玉液，承漿，合谷。

三焦極熱，舌上生瘡　關衝，外關，人中，迎香，金津，玉液，地倉。

舌病

《靈樞·終始》 重舌，刺舌柱以鈹針也。

〔馬蒔注〕此言刺重舌之法也。舌在上，故曰上。舌下生舌，謂之重舌，當

刺其舌柱，用之以鈹針耳。舌柱，舌下之柱也。《九針篇》云：鈹針取法於劍鋒，廣二分半長四寸，去大癰膿兩熱相爭。《官能》篇云：病爲大膿者，取以鈹針。

〔張介賓注〕舌下生小舌，謂之重舌。舌柱，即舌下之筋如柱者也。當用第五針，曰鈹針者刺之。

《甲乙經·手足陽明脈動發口齒病》 舌緩涎下，煩悶，取足少陰。重舌下腫，難言，舌縱，喎戾不端，通谷主之。舌下腫，難以言，舌縱，涎出，廉泉主之。

《千金要方·七竅病上·舌病》 治舌卒腫，滿口溢出如吹豬胞，氣息不得通，須臾不治殺人方。 急以指刮破舌兩邊，去汁即愈。亦可以鈹刀決兩邊破之，以瘡膏傅之。

又方 刺舌下兩邊大脈，血出，勿使刺著舌下中央脈，血出不止，殺人。不愈，血出數升，則燒鐵篦令赤，熨瘡數過，以絕血也。

《千金要方·針灸下·頭面》 舌病 廉泉，然谷，《甲乙》作通谷。 陰谷，主舌下腫難言，舌瘲，涎出。

風府，主舌緩，瘖不能言，舌急語難。

扶突，大鍾，竅陰，主舌本出血。

魚際，主舌上黃，身熱。

尺澤，主舌乾脅痛。

關衝，主舌卷口乾，心煩悶。

支溝，天窗，扶突，曲鬢，靈道，主暴瘖不能言。

中衝，主舌本痛。

天突，主俠舌縫脈青。

復溜，主舌卷不能言。

《外臺秘要》卷三十五《小兒重舌方一十三首》《古今錄驗》療兒重舌欲死方 灸右足踝三壯立愈。又灸左右並良。

《醫心方》卷五《治重舌方》《集驗方》治重舌方，以鈹針刺舌下，腫者令血出愈，勿刺大脈也。

《針灸資生經·舌强》 中衝，治舌强。陰谷，治舌縱涎下，煩逆，溺難，小腹急，引陰痛，股內廉痛。天突，治舌下急。然谷，治舌縱。天突，主俠舌縫脈青。魚際，主舌上黃，身熱。竅陰，治舌强。廉泉，治舌根急縮。陽谷，療吐舌戾頸，小兒吐舌，治小兒舌强，嗍奶不得。治小兒重舌，灸行間隨年壯，又灸兩足外踝上三壯。滑肉門，少海，溫溜，療吐舌。大迎，治舌强。築賓，太一，治吐舌。衝關，主舌卷。陽谿等，二間等，飛揚等，溫溜等，主吐舌。瘂門，主舌强。風府，主舌急。陰谷，主舌瘲。廉泉，治舌縱，舌根急縮。

《儒門事親·舌腫》 南鄰朱老翁，年六十餘歲，身熱數日不已，舌根腫起，和舌尖亦腫，腫至滿口，比原舌大二倍。一外科以燔針刺其舌兩旁下廉泉穴，病勢轉凶，將至顛巇。戴人曰：血實者宜決之，以銉針磨令鋒極尖，輕砭之，日砭八九次，血出約一二盞，如此者三次，漸而血少痛減腫消。夫舌者心之外候也，心主血，故血出則愈。又曰，諸痛癢瘡瘍，皆屬心火，燔針艾火，是何義也。

《普濟方·針灸門·口緩》 治舌緩，穴：風府。

治舌緩，穴：瘂門。

《普濟方·針灸門·舌强》 治舌强，穴：中衝。

治舌縱涎下，煩逆溺難，小腹急，引陰痛，股內廉痛，穴：陰谷。

治舌下急，穴：天突。

治舌縱，穴：然谷。

治口痛齧舌，穴：解谿。

治俠舌縫脈青，穴：天突。

治舌上黃身熱，穴：魚際。

活舌强，穴：竅陰。

療吐舌戾頸，小兒吐舌，舌强嗍奶不得，穴：陽谷。

治吐舌，穴：曲鬢，太一。

治舌强，穴：大迎。

療吐舌，穴：滑肉門，少海，溫溜。

治舌卷，穴：關衝。

治吐舌，穴：陽谿，二間，飛揚，溫溜。

治舌强，穴：瘂門。

治舌急，穴：風府。

治舌縱，穴：陰谷。

治舌本出血，穴：扶突，大鍾，竅陰。

治舌乾脅痛，穴：曲澤。

治舌本痛，穴：中衝。

治舌緩涎下，煩悶，取足少陰。

治重舌，刺舌柱以鈹針。

治重舌，穴：行間，灸隨年壯。

治重舌極證，右用指去爪，先從舌下筋上擦至根，漸深深擦入，如此三次，又用指蘸水，取項後燕窠，小坑中筋膜，自上趕下至小窟，深深擦入，亦三次，小兒若飲乳勝前，則病去矣。

治舌上出血如簪孔者，以錢掩臍下，灸錢下際五十壯。

《儒門事親·喉舌緩急砭藥不同解》《易》曰：血去惕出，良以此夫。昔余治一婦人木舌脹，其舌滿口，諸醫不愈，令以鈹針小而銳者砭之，五七度，腫減，三日方平，計所出血，幾至盈斗。

《神應經·鼻口部》舌緩　太淵，合谷，衝陽，內庭，崑崙，三陰交，風府。

舌強　瘂門，少商，魚際，二間，中衝，陰谷，然谷。

舌黃　魚際。

《名醫類案·舌》子和治一婦人木舌脹，其舌滿口，諸藥不效，令以鈹針針小而銳者。砭之，五七度腫減，三日方平，計所出血幾盈斗。

王況遊京師，會鹽法忽變，有大賈睹揭示，失驚吐舌，遂不能復入，經旬食不下咽，尪羸日甚，國醫莫能療。其家憂惶，榜於市曰：有治之者，當謝千金。況應其請，見賈之狀，忽發笑不能制，心謂難治，其家怪而詰之。況謬紿之曰：所笑者，輦轂之大如此，乃無人治此小疾耳。且曰：試取《針經》來，況謾檢之，偶有穴與其疾似。況曰：爾家當勒狀與我，萬一不能治，則勿尤我，我當針之，可立愈。其家從之。急針舌之底，抽針之際，其人若委頓狀，頃刻舌遂伸縮如平時，自是名動京師，益究心《肘後》諸書，卒有聞於世，事之偶然有如此。王明清《揮麈餘話》。

《針灸大成·治證總要》舌腫難語　廉泉，金津，玉液。

問曰：此證從何而得？答曰：皆因酒痰滯於舌根，宿熱相搏，不能言語，故令舌腫難言，復刺後穴，天突，少商。

重舌，腰痛　合谷，承漿，金津，玉液，海泉，人中。

《景岳全書·雜證謨·口舌》廉泉，治舌下腫，口瘡，舌縱，舌根急縮。金津、玉液，上二穴，可刺出血。天突，少商。

《繪圖針灸易學·翻全圖》舌頭有胡桃大。又曰：打腳心，其人即解口。

《針灸逢源·證治參詳·舌病》舌腫難言，七情所鬱，及心經熱壅，則舌腫不得息。金津，玉液，廉泉，少商，行間。

《原病式》曰：熱結於舌中，舌為之腫，名木舌脹，木者強而不柔和也。嘗治一婦人木舌脹，其舌滿口，以鈹針銳而小者，砭之，五七度，三日方平，針所出血，幾盈斗。一方：用蒲黃末摻之。

小兒重舌，刺行間。

《針灸全生·口舌》舌吐不收，名曰陽強　湧泉，兌端，少衝，神門，外關。

舌縮難言，名曰陰強　心俞，膻中，海泉，外關。

唇裂乾痛　承漿，少商，關衝，外關。

舌強難言　關衝，承漿，中渚，聚泉，外關。

舌腫脹　十宣，海泉，金津，玉液，外關，天突，少商，廉泉。

重舌　舌柱，舌下之筋也。

《針灸便覽·中風》舌吐不收　湧泉，兌端，少衝，外關。

口噤　頰車，支溝，外關，列缺。

《針灸集成·口部》重舌，舌裂，舌強，舌者，心之竅也。神門，隱白，三陰交。

《針灸穴法》舌腫不能言，大熱甚極　十宣穴合掌灸之，海底二穴，金津玉液二穴，刺血，不可灸。

吐舌不收名曰陽強　人中一穴，承漿一穴，湧泉二穴，少澤二穴，神門二穴。

舌縮不能言名曰(陽)〔陰〕強　心俞二穴，膻中一穴，海泉一穴，在舌根底下，此脈針刺出血。

舌痛　金津、玉液二穴，針出血，風府一穴，天突一穴，少商二穴，太淵二穴，少衝二穴，中突一穴，廉泉二穴。

牙關緊閉疼痛　太淵二穴，頰車二穴，合谷二穴，太谿二穴。

將此脈理火穴纂集，參證用之，無不捷效，但臨時看證，先取本病此灸之穴，次取隨證各穴，加補或用針，或用艾，在手用之，以能臨時施治多，不可獨(熱)[執一]端。

舌強難言　關衝二穴，中衝二穴，承漿一穴，海泉一穴。

《針灸摘要·陽維脈》舌強難言及生白苔　關衝，中衝，承漿，聚泉。

重舌腫脹，熱極難言　十宣，海泉，金津，玉液。

口內生瘡，名枯曹風　兌端，支溝，承漿，十宣。

舌吐不收，名曰陽強　湧泉，兌端，少衝，神門。

舌縮難言，名曰陰強　心俞，膻中，海泉。

口唇病

《千金翼方·針灸上·舌病》緊唇，灸虎口，男左女右七壯。又灸承漿三壯。

《甲乙經·手足陽明脈動發口齒病》口中腫臭，勞宮主之。

《扁鵲心書·附竇材灸法》賊風入耳，口眼歪斜，隨左右灸地倉穴五十壯，或二七壯。

《扁鵲心書·口眼喎斜》此因賊風入舍於陽明之經，其脈挾口環唇，遇風氣則經脈牽急。又風入手太陽經，亦有此證。治法：當灸地倉穴二十壯，艾炷如小麥粒大，左喎灸左，右喎灸右。後服八風散，三五七散，一月全安。此證非中風兼證之口眼喎斜，乃身無他苦，而單現此者，是賊風之客也，然有筋脈之異，傷筋則痛，傷脈則無痛，稍有差別，治法相同。

《針灸資生經·口緩》合谷、水溝，主唇吻不收。失欠頰車蹉，灸背第五椎，一日二七壯，滿三日未差，灸氣衝二百壯，胸前喉下甲骨中是，亦名氣堂。又灸三陰交百壯，三報之。通里，主數欠頻伸。下關，大迎，翳風，主口失欠，下牙齒痛。內庭，主喜頻伸數欠，惡聞人音。漏谷，主強欠。太淵，治數欠不得息。經渠，治數欠。風池，治目淚出，欠氣多。脾俞，治黃疸喜欠，不嗜食。衝陽，主傷寒病，振寒而欠。翳風，通谷，治失欠。風府，主舌緩。瘂門，治舌緩。崑崙，主口閉。翳風，主不能言。小兒喜欠，上關。

《針灸資生經·唇頰腫痛》合谷，主唇吻不收。緊唇，灸虎口，男左女右，又灸承漿三壯。三間，療唇口乾。下廉，治唇乾涎出。光明，足臨泣，主喜嚙頰。巨窌，天窗，主頰腫痛。京骨，陽谷，主自嚙唇。腕骨等，主頷痛。迎香，治唇腫痛。正營，治牙痛，唇吻急強。上關，兌端，治唇吻強。大迎，治唇吻瞤動。膺窗，太衝，治唇腫。俠谿，和髎，頰車，治頷頰腫。曲鬢，治頰頷腫，引牙車不得開，急痛，口噤不能言。完骨，治頰腫。大迎，治頰頷腫。翳風，治脫頷頰腫。腕骨，陽谷，治頸項腫寒熱。支正，治頷腫。手三里，治頰頷腫，瘰癧。少商，治頣頷腫。成君綽忽頣頷腫大如升，甄權針此立愈。商陽，治頣頷腫，齒痛，惡寒，肩背急，相引缺盆痛，目青盲，灸三壯，右取左，左取右，食頃立已。完骨等，主頰腫。攢竹等，主頰痛。角孫，主頸頷柱滿。兌端等，主唇吻強。足臨泣，療胸鬲滿悶，腋下腫，善嚙頰。水溝，療面腫唇動葉葉，肺風，狀如蟲行。

李襲興稱：武德中，出鎮潞州，甄權以新撰《明堂》示予，時有刺史成君綽忽頸腫如數升，喉中閉塞，水粒不下三日矣。余屈權救之，針其右手次指之端，如食頃，氣息即通。明日，飲啖如故。《千金翼》。按《銅人》云：少商穴在手大指端內側去爪甲角如韭葉。成君綽頣頷腫大如升，甄權針之立愈。病狀少異，功效實同。但李云：次指端。《銅人》云：大指端，未知其孰是，果針少商，當在大指端也。姑兩存之，以俟識者。

《世醫得效方·唇病》灸法　治緊唇不能開合，灸虎口，男左女右。又灸承漿三壯，穴在頣前唇下，足陽明之會。

《普濟方·針灸門·唇頰腫痛》療唇口乾，穴：三間。

治唇乾涎出，穴：下廉。

治喜嚙頰，穴：光明，足臨泣。

治頰腫痛，穴：巨髎，天窗。

主自嚙唇，穴：京骨，陽谷。

治頷痛，穴：腕骨。

治唇腫痛，穴：迎香。

治牙痛唇吻急強，穴：正營。

治唇吻強，穴：上關，兌端。

治唇吻瞤動，穴：大迎。

治唇腫，穴：膺窗，太衝。

《普濟方·針灸門·口齒疳瘡》 治牙車急，穴：完骨。

治牙車脫，穴：下關。

治牙關不開，穴：水溝，上關，頰車。

治牙車引急頭重痛，耳中嘈嘈，頷頰腫，穴：和髎。

治牙車脫臼，相離三寸，及治牙車急痛，不得嚼食，穴：聽會。

《普濟方·針灸門·口舌乾苦》 治口熱，口乾，口爛，穴：勞宮，少澤，三間，太衝。

治咽乾口熱，唾如膠，穴：少澤，太谿。

治口乾，穴：曲澤，章門。

治舌卷口乾，穴：少陰。

治口苦嗌乾，介介然，穴：陽陵泉。

治舌卷口乾，心煩悶，穴：關衝。

治身熱，煩渴口乾，穴：曲澤。

治口乾，穴：三間，肺俞，不容，章門，商陽，竅陰，兌端。

治口苦舌乾，又治食不下，口舌乾，穴：膽俞。

治舌乾，穴：復溜，大鐘，尺澤。

治唇乾，涎出不覺，穴：下廉。

治口中熱，穴：少衝，大鐘。

治口乾，穴：肝俞，少澤，曲澤。

治口熱咽酸，穴：少衝。

治口乾，穴：曲澤。

《普濟方·針灸門·口緩》 治口緩不收，不能言，穴：地倉，大迎。

治不能言，穴：翳風。

《普濟方·針灸門·齒噤》 治口噤不能言，穴：曲鬢。

治口噤，穴：天窗，翳風。

治口噤舌根縮，穴：廉泉。

治口噤不開，穴：合谷，列缺，頰車，禾髎。

治風痓口噤，穴：大迎。

治口噤不開，暴瘂不能言，穴：支溝。

治僻噤，穴：外關，內庭，三里，商丘，湧泉。

治口噤不開，引鼻中，穴：齦交，三間，大迎，翳風。

治唇吻不收，瘖不能言，口噤不開，穴：合谷，水溝。

治口噤不開，穴：曲鬢，商丘。

治面風口不開，口生瘡，又治口噤，穴：承漿。

療口噤，穴：廉泉。

療口噤鼓頷，穴：兌端。

療口噤不開，穴：翳風。

療口不可開，及尸厥，穴：禾髎。

《神應經·鼻口部》 唇乾有涎　下廉。

舌乾涎出　復溜。

唇乾飲不下　三間，少商。

唇動如蟲行　水溝。

唇腫　迎香。

口噤　頰車，支溝，外關，列缺，內庭，厲兌。

口喎眼喎　頰車，水溝，列缺，太淵，合谷，二間，地倉，絲竹空。

口乾　尺澤，曲澤，大陵，二間，少商，商陽。

咽乾　太淵，魚際。

《景岳全書·雜證謨·非風》 灸口眼歪斜　聽會，灸眼。客主人，灸眼。頰車，灸口。地倉，灸口。承漿，灸口。合谷。

《針灸逢源·論治補遺·骨槽風》 耳前腮頰痛引筋骨，寒熱如瘧，牙關緊閉不能進食，不待腐潰而齒便脫落，此風毒竄入骨槽所致。初則堅硬難消，宜用生薑片墊頰車穴，艾灸二七壯，針刺齒齦以泄其毒，以冰硼、元明粉爲散吹搽，內服降火化痰消腫之劑。久則瘡口難合，非參、蓍、歸、芎補托兼肉桂、麥冬、桔梗、白朮之類，不能破結斂肌。若腐腫不消，虚熱不退，形焦體削者，不治。

《繪圖針灸易學·以言治病法》 口眼歪斜

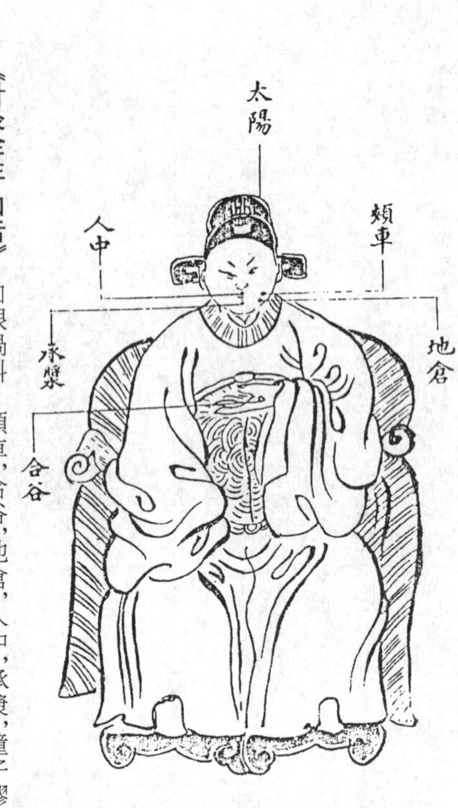

《針灸全生·口舌》 口眼喎斜　頰車，合谷，地倉，人中，承漿，瞳子髎，百會。

《重樓玉鑰·喉風針訣》 牙關緊閉，口眼歪斜，搜牙懸癀，頰車，承漿，合谷，魚際，足三里。樞扶氏曰：以上諸穴，皆急治喉風等證之要穴法也。其餘諸穴，切勿妄行針灸，必須謹遵古法，庶不有誤，慎之慎之。

《針灸集成·口部》 口屬脾，鼻屬肺，上齒、上腭齗及唇屬胃，下齒、下齗及唇屬大腸。督脈、任脈主中行，各隨其經，治之萬無一失。

口中如膠　大谿。

口苦　下三里，絕骨，然谷，神門。

唇腫　內關，神門，合谷，下三里，內庭，三陰交。

唇吻不收　合谷，下三里。

《針灸摘要·陽維脈》 唇吻裂破，血出乾痛　承漿，少商，關衝。

耳　疾

《靈樞·寒熱病》 暴聾氣蒙，耳目不明，取天牖。

〔馬蒔注〕此節以天牖所治之病言之也。

〔張介賓注〕經氣蒙蔽，而耳目暴有不明者，當取天牖，如上文也。

〔張志聰注〕手少陽之脈，入耳中，至目銳眥，少陽之氣厥於下，則上之經脈不通，是以暴聾氣蒙，耳目不明，當取之天牖。

《靈樞·厥病》 耳聾無聞，取耳中。耳鳴，取耳前動脈。耳痛不可刺者，耳中有膿。若有乾耵聹，耳無聞也。耳聾，取手小指次指爪甲上與肉交者，先取手，後取足。耳鳴，取手中指爪甲上，左取右，右取左，先取手，後取足。

〔馬蒔注〕此言刺耳病諸證之法也。有耳聾無聞者，取耳中聽宫穴以刺之，係手太陽小腸經。有耳鳴者，取耳中動脈，即耳門穴，係手少陽三焦經。有耳痛不可刺者，以耳中有膿故也。若膿積而爲乾耵聹，則耳必無聞，須出此乾耵聹而痛可止。有耳至聾者，當取手小指之次指爪甲上與肉交者，即手少陽三焦經關衝穴也。先取此手穴，後取足少陽膽經之竅陰以刺之。有耳鳴者，當取手之中指爪甲上，即手厥陰心包絡經中衝穴。左鳴取右，右鳴取左，先取手經，後取足厥陰肝經大敦穴以刺之。

〔張介賓注〕耳中，手太陽之聽宫也。○耳前動脈，手少陽之耳門也。○耵聹，耳垢也。若耳中有膿，及有乾耵聹，而或痛或無聞者，皆不可刺之。膿垢去而耳自愈矣。○手小指次指爪甲上者，手少陽之關衝也。後取足者，亦言小指次指足少陽之竅陰也。○手中指爪甲上，手厥陰之中衝也。左鳴者取其右，右鳴者取其左。

〔張志聰注〕此言經氣之厥逆，從經而氣，從足而手，自下而上也。故逆在上之經絡而爲耳聾耳鳴者，即從耳間之絡脈以取之。若氣之上逆而爲耳聾耳鳴者，當取手足之指井，先取手而後取足。蓋六氣止合六經，其逆盛而躁者在手，故陰陽二氣厥逆，而爲耳聾耳鳴者，從足而手，手而頭也。若有膿而痛者，有乾耵聹而耳聾無聞者，此又與經氣無涉，故不可刺耳間之絡脈，及手足之指井也。按小指次指者，乃手少陽之關衝。手中指者，乃手厥陰之中衝。後取足者，乃足厥陰之大敦。手足三陰之脈，皆不上循於頭，亦非左絡右而右絡左，此因氣之上逆而爲耳聾耳鳴也。蓋耳者腎之竅，厥陰主春，少陽乃初生之氣，皆生於腎臟之水中，所生氣之厥逆，則母臟之外竅不通，是以取手足之指井，乃經氣之所出也。夫首論厥頭痛者，因氣厥而及於經，次論厥心痛者，因臟厥以及於脈，乃臟腑經氣之相通也。

此復論厥在經絡者，即取之絡，厥在氣分者，即取手足之指井以疏其氣，此經氣離合之道也。陰陽出入，寒暑往來，皆從地而出，自足而上，是以先取陽而後取陰，氣從陰而陽也。先取手而後取足，氣從足而手也。

《靈樞·雜病》 聾而不痛者，取足少陽；聾而痛者，取手陽明。

〔馬蒔注〕此言耳聾者，當審其痛與不痛，而分經以刺之也。

〔張介賓注〕足少陽之脈下耳後，支耳中，出耳前。手陽明之別者入耳。故當分痛與不痛而補瀉之。

〔張志聰注〕手足少陽之脈，皆絡於耳之前後，入耳中。手少陽秉三焦之相火，故聾而痛。手陽明當作手少陽。

《靈樞·口問》 黃帝曰：人之耳中鳴者，何氣使然？岐伯曰：耳者，宗脈之所聚也，故胃中空則宗脈虛，虛則下，溜脈有所竭者，故耳鳴。補客主人，手大指爪甲上與肉交者也。

〔馬蒔注〕此言人之所以耳鳴而有刺之之法也。耳爲宗脈之所聚，胃爲宗脈之所生，唯胃中空則宗脈虛而下流，其在上之脈氣隨竭，耳遂爲之鳴也。當補足少陽膽經之客主人穴，及手大指爪甲上之少商，蓋此乃手太陰肺經穴也。

〔張介賓注〕手足三陽三陰之脈，皆入耳中，故耳亦宗脈之所聚也。陽明爲諸脈之海，故胃中空則宗脈虛，宗脈虛則陽氣不升而下溜，下溜則上竭，輕則爲鳴，甚則爲聾矣。然少陽大盛，壅窒爲鳴者亦有之。但虛者漸而實者暴，虛者多而實者少，其辨在有邪無邪耳。學者當推廣之。〇客主人，足少陽經穴，爲手足少陽足陽明之會。手大指爪甲上者，手太陰之少商穴，爲肺氣所出之井。故皆當補之，以助其陽氣。

〔張志聰注〕此言經脈之血氣，資生於胃而資始於腎也。夫肺朝百脈，宗脈者，百脈所宗，肺所主也。耳者，宗脈之所聚也，百脈之血氣水穀之所生也。故胃中空則宗脈虛，虛則脈氣下溜矣。脈中之血氣有所竭，故耳鳴也。當補客主人，與手太陰之少商。客主人乃足少陽之脈，補之以引下溜之脈氣上行。

《太素·寒熱·寒熱雜説》 暴聾氣蒙，耳目不明，取天牖。手少陽從膻中上係耳後，支者從耳後，入耳中，走出耳前至目兑眥，故手少陽病，耳暴聾不得明了者，可取天牖，在頭筋缺盆上，天容後，天柱前，完骨下，髮際上也。

《太素·雜病·耳聾》 耳聾無聞，取耳中。耳中，聽宮、角孫等穴也。耳鳴，取耳前動脈。耳前動脈，和窌、聽會等穴也。耳痛不可刺者，耳中有膿，若有乾擿抵，耳無聞也。耳痛者有二：有膿，有乾擿抵。無所聞者，不可刺也；而有聞聲者，可刺。擿，當狄反。抵，乃井反。耳聾，取手足小指次指爪甲上與肉交者，先取手，後取足。手少陽至小指次指，即關衝穴。足少陽至小指次指，即竅陰穴也。其脈皆入耳中，故二俱取之也。耳鳴，取手足中指爪甲上，左取右，右取左，先取手，後取足。手之中指，手心主脈，《明堂》不療於耳。足之中指，十二經脈並皆不上。今手足中指皆療耳鳴，今刺之者，未詳，或可絡至繆刺也。聾而不痛，取足少陽；聾而痛，取手陽明。足少陽正經入耳，手陽明絡脈入耳。足少陽主骨益耳，故取之也。手陽明主氣益耳，故痛取之也。

《甲乙經·欠嘁唏振寒噫嚏軃泣出太息淺下耳鳴嚙舌善忘善饑》 曰：人之耳中鳴者何？曰：耳者，宗脈之所聚也。故胃中空，空則宗脈虛，虛則下溜，脈有所竭者，故耳鳴。補客主人，手大指甲上與肉交者。

《甲乙經·手太陽少陽脈動發耳病》 黃帝問曰：刺節言發蒙者，刺腑俞以去腑病，何俞使然？岐伯對曰：刺此者，必於白日中，刺其耳聽，一作聽宮。中其眸子，聲聞於外，此其俞也。曰：何謂聲聞於外？曰：已刺，以手堅按其兩鼻竅，令疾偃其聲，必應其中。耳鳴，取耳前動脈。耳痛不可刺者，耳中有膿，若有乾擿抵一本作盯擰。耳無聞也。耳聾，取手少指《太素》云：少指次指。爪甲上與肉交者，先取手，後取足。耳鳴，取手中指爪甲上，左取右，右取左，先取手，後取足。聾而不痛，取足少陽。聾而痛，取手陽明。耳鳴，百會及頷厭，顱息，天窗，大陵，偏歷，前谷，後谿皆主之。耳痛聾鳴，上關主之，刺不可深。耳聾鳴，下關及陽谿，關衝，掖門，陽谷主之。耳聾鳴，頭頷痛，耳門主之。頭重頷痛，引耳中，譨譨嘈嘈，和窌主之。聾，耳中癲溲，癲溲者，若風，聽會主之。耳聾塡塡，如無聞，譨譨嘈嘈，若蟬鳴，鴳鴂鳴，聽宮主之，下頰取之。譬如破聲，刺此即《九卷》所謂發蒙者。聾，翳風及會宗下空主之。耳聾無聞，天空主之。耳聾嘈嘈無所聞，天容主之。耳鳴無聞，肩貞及完骨主之。耳中生風，耳鳴耳聾時不聞，商陽主之。聾，耳中不通，合谷主之。耳聾，兩顳顬痛，中渚主之。耳焞焞渾渾無所聞，外關主之。卒氣聾，四瀆主之。

《千金要方·七竅病·耳疾》 治耳聾方　擣豉作餅塡耳，內以地黃長五六分，削一頭令尖，內耳中，與豉餅底齊，餅上著楸葉蓋之，剜一孔，如箸頭，透餅，於上灸三壯。

又方　作泥餅子，厚薄如餛飩皮，覆耳上四邊，勿令泄氣，當耳孔上，以草刺泥餅，穿作一小孔，於上以艾灸之百壯，候耳中痛不可忍，即止。側耳，瀉卻黃水，出盡即差。當灸時，若泥乾，數易之。

《千金要方·針灸下·頭面》　耳病　上關，下關，四白，百會，顱息，翳風，耳門，頷厭，天窗，陽谿，關衝，掖門，中渚，主耳痛鳴聾。

天容，聽會，聽宫，中渚，主聾嘈嘈，若蟬鳴。

天牖，四瀆，主暴聾。

少商，主耳前痛。

曲池，主耳痛。

外關，會宗，主耳渾渾淳淳，聾無所聞。

前谷，後谿，主耳鳴，仍取偏歷，大陵。

腕骨，陽谷，肩貞，竅陰，俠谿，主頷痛引耳嘈嘈，耳鳴無所聞。

商陽，主耳中風聾鳴，刺入一分，留一呼，灸三壯，左取右，右取左，如食頃。

《千金翼方·針灸上·舌病》　耳聾鳴，客主人，一名上關，在聽會上一寸動脈宛宛中，針入一分，主耳聾，耳鳴如蟬。

又，聤耳膿出，亦宜灸，日三壯至二百壯，側卧張口取之。

又，聽會在上關下一寸動脈宛宛中，一名耳門，針入三分，主耳聾中如蟬鳴，通耳灸，日五壯至七壯止，十日後還依前灸之，慎生、冷、醋滑，酒、麪、羊肉、蒜、魚、熱食。

又合谷在虎口後縱文頭，立指取之宛宛中，主耳聾颼颼然，如蟬鳴，宜針入四分，留三呼五吸，忌灸，慎洗手。凡針手足，皆三日勿洗也。

耳風聾雷鳴，灸陽維五十壯，在耳後，引耳令前，絃絃筋上是。

耳聾不得眠，針手小指外端近甲外角肉際，入二分半，補之。

又針關衝，入一分半，補之。

又針腋門，在手小指次指奇間，入三分，補之。

《外臺秘要》卷二十二《耳聾方二十三首》　又方　截箭竿竹二寸，內耳中，以麪擁四畔，勿令泄氣，灸箭上七壯，取差。並出第六卷中。

《外臺秘要》卷二十二《風聾方三首》　崔氏療耳風聾牙關急不得開方　取八角附子二枚，釅酢漬之二宿，令潤徹，削一頭內耳中，灸上十四壯，令氣通耳中，即差。出第四卷中。

《聖濟總録·治耳疾灸刺法》　下關二穴，主聤耳。《甲乙經》云：在客主人下，耳前動脈下空下廉，合口有穴，張口而閉，足陽明少陽之會，各灸三壯，炷以小箸頭爲之。

聽會二穴，在耳前陷中，張口得之。動脈應手，各灸五壯，主耳聾無所聞。《甲乙經》云：手少陽脈氣所發也。

聾耳中顛顛颼颼若風者，聽會主之。

耳聾無聞，天窗主之。

耳聾嘈嘈無所聞，天容主之。

耳中生風，耳鳴耳聾時不聞，商陽主之。

耳聾，兩顳顬痛，中渚主之。

耳焞焞渾渾，聾無所聞，外關主之。

卒氣聾，四瀆主之。

作泥餅子，厚半分，復耳上，四邊勿令泄氣，以箸刺泥餅，作一小孔，以艾灸之百壯，候耳中痛不可忍，即側耳傾卻黃水，出盡即差，若泥干，數易之，治耳病。又截箭簳二寸，內耳中，以面擁四畔，勿令泄氣，灸簳筒上七壯。又搗豉作餅。塡耳內，以地黃長五六分，削一頭令尖，內耳中，與豉餅底齊，餅上著楸葉蓋之，剜一孔如箸頭，透餅於上，灸三壯。

耳鳴，百會及頷厭，顱囟，天窗，大陵，偏歷，前谷，後溪主之。

耳痛聾鳴，上關主之，刺不可深。

耳聾鳴，下關及陽溪，關衝，腋門，陽谷主之。

耳鳴聾，頭頷痛，耳門主之。

《針灸資生經·耳鳴》　天容，聽會，聽宫，中渚，主聾，嘈嘈若蟬鳴。腕骨，陽谷，肩貞，竅陰，俠谿，主頷痛引耳，嘈嘈耳鳴無所聞。前谷，後谿，主耳鳴，仍取偏歷。大陵，商陽主耳中風聾鳴，刺一分，留一呼，灸三壯，左取右，右取左，如食頃。《明下》云：療耳鳴聾。百會，治耳鳴耳聾。絡卻，治頭旋耳鳴。浮白，治耳鳴嘈嘈無所聞。和髎，治耳中嘈嘈。上關，治耳中如蟬聲。耳門，治耳鳴如蟬聲。聽會，聽宫，治耳蟬聲。瘈脈，治頭風耳鳴。偏歷，陽谿，商陽，絡卻，腕骨，前谷，治耳鳴。頷厭，療耳鳴。肩貞，主耳鳴無聞。頷厭，療耳鳴。

人之耳鳴，醫者皆以爲腎虛所致，是則然矣。然亦有用氣而得者，用心而得者，不可一概論也。若欲無此患，蓋亦不使腎至於虛，且不使氣，不用心可也。或微微耳鳴，只用葱管置在耳中，令氣透，自不鳴矣。

《針灸資生經·耳痛》 上關，下關，四白，百會，顱息，翳風，耳門，曲池，頷厭，天窗，陽谿，關衝，掖門，中渚，主耳痛。少商，主耳前痛。瘈脈，完骨，主頭風耳後痛。

《針灸資生經·耳聾》 外關，會宗，主耳渾渾淳淳，聾無所聞。商陽，主耳中風聾鳴。天牖，主耳不聰。《明下》云：療暴聾。上關等，主耳鳴聾。商陽，陽谷，百會，治耳鳴耳聾（銅）。束骨，翳風，上關，後谿，顱囟，治耳聾。風池，治耳塞。腎俞，治耳聾腎虛。聽會，治耳聾，耳中如蟬聲。聽宮，治耳聾如物填塞，無所聞，耳中嘈嘈。《明》云：憹憹嘈嘈，蟬鳴。外關，天窗，治耳鳴聾無所聞。竅陰，治卒聾，不聞人語。三陽絡，液門，治耳暴聾。四瀆，治暴氣耳聾。中渚，治頭痛耳聾。會宗，治耳聾。俠谿，治頰頷腫，耳聾，胸痛不可轉，痛無常處。《明下》云：療耳鳴聾。浮白，療耳聾，嘈嘈無所聞。《明》：玉枕，療耳聾。上關，療耳聾，狀如蟬聲。《下》云：耳鳴聾。顱息，療小兒耳聾。耳門，翳風，腦空，療耳鳴聾。《下》。外關，聽會，療耳淳淳渾渾，聲無聞。葦筒灸耳病。肩貞，主耳聾。耳聾刺足少陰。天牖，療暴聾。

《針灸資生經·聤耳》 耳門，治耳有膿汁出，生瘡，瞠耳，聤耳，耳鳴如蟬聲，重聽無所聞。風池，治耳塞。聽宮，治耳如物填塞。

《針經摘英集·治病直刺訣》 治耳聾耳鳴，刺手少陽經翳風二穴，在耳後陷中，按之引耳中。令病人揲錢二十四文，口咬，側卧取之，針透口中，令病人閉口鼻搖頭，其怒氣從耳中出。次針足少陽經聽會二穴。

《玉龍經·盤石金直刺秘傳》 耳聾氣閉，腎家虛敗，邪氣攻上，腎俞，灸。聽會。瀉。

《普濟方·針灸門·耳聾》 治耳渾渾淳淳，聲無所聞，穴：外關，會宗。

治耳中風聾鳴，穴：商陽。

治耳不聰，暴聾，穴：天牖。

治耳鳴耳聾，狀如蟬聲，穴：上關。

治耳鳴耳聾，穴：商陽，陽谷，百會。

治耳聾，穴：束骨，翳風，上關，後谿，顱囟。

治耳塞，穴：風池。

治耳聾腎虛，穴：腎俞。

治耳聾，耳中如蟬聲，無所聞，穴：聽會。

治耳聾，如物填塞無所聞，耳中嘈嘈，穴：聽宮。

治耳鳴聾無所聞，穴：外關，天窗。

治卒耳不聞人語，穴：竅陰。

治耳暴聾，穴：三陽絡，液門。

治暴氣耳聾，穴：四瀆。

治頭痛耳聾，兩顳顬痛，穴：中渚。

治耳聾，穴：會宗。

治頰頷腫，耳聾，胸痛不可轉側，無常處，耳鳴聾，穴：俠谿。

治耳聾嘈嘈無所聞，穴：浮白。

治耳聾，穴：玉枕。

治耳鳴聾，穴：耳門，翳風，腦空。

治耳淳淳渾渾無所聞，穴：聽會，外關。葦筒灸耳病。見中風不語。

治耳聾，穴：肩貞。

治耳聾，刺足少陰。

治耳暴聾，穴：天牖。

耳聾有因氣得者，快則通，傷寒用衣被擁塞得者，病去漸愈，鄉人劄耳草取汁滴，用新羅白草煮粥食亦驗云。【略】

治耳聾耳鳴，刺手少陽經翳風二穴，次針足少陽經聽會二穴。

《普濟方·針灸門·耳痛》 治耳前痛，穴：少商。

治頭風，耳後痛，穴：瘈脈，完骨。

治耳痛，穴：曲池。

《普濟方·針灸門·耳鳴》 治耳聾嘈嘈若蟬鳴，穴：天容，聽會，聽宮，中渚。

治頷痛引耳嘈嘈，耳鳴無所聞，穴：腕骨，陽谷，肩貞，竅陰，俠谿。

治耳鳴，穴：前谷，後谿，偏歷，大陵。

治耳中聾鳴，刺一分，留一呼，灸三壯，左取右，右取左，如食頃，穴：偏歷，大陵，商陽。

治耳鳴耳聾，穴：百會。

治頭旋耳鳴，穴：絡卻。

治耳鳴嘈嘈無所聞，穴：浮白。

治耳中嘈嘈，穴：和髎。

治耳中如蟬鳴，穴：上關。

治耳中如蟬聲，穴：耳門。

治耳鳴蟬聲，穴：聽會，聽宮。

治頭風耳鳴，穴：瘈脈。

治耳鳴，穴：偏歷，陽谿，商陽，絡卻，腕骨，前谷。

治耳鳴，穴：頷厭。

治耳鳴無聞，穴：肩貞。

人之耳鳴，醫者皆以爲腎虛所致，是則然矣。然亦有因氣而得者，用心而得者，不可一概論也。若欲無此患，蓋亦不使腎至於虛，且不使氣不用心可也，或微微耳鳴，只用葱管置其耳中，令氣透，自不鳴矣。

《普濟方·針灸門·聤耳》 治耳塞，穴：風池。

治耳如物塞，穴：聽宮。

治聤耳膿出，穴：上關，日灸三壯，至二百壯。

治耳有膿汁出，生瘡聤耳，聤耳，耳鳴如蟬聲，重聽無所聞，穴：耳門。

《神應經·聤耳》 聤生瘡有濃汁 耳門，翳風，合谷。

《神應經·耳目部》 重聽無所聞 耳門，風池，俠谿，翳風，聽會，聽宮。

耳鳴 百會，聽會，聽宮，耳門，絡卻，陽谿，陽谷，前谷，後谿，腕骨，中渚，液門，商陽，腎俞。

《奇效良方·耳鳴耳聾門》 治耳聾灸方 右用蒼朮一塊，長七分，將一頭削尖，一頭截平，將尖頭插耳內，平頭上安箸頭大艾炷灸之，輕者灸七壯，重者灸十四壯，覺耳內有熱氣者效。

《古今醫統大全·耳聾門·耳聾灸法》 一法 用蠟紙一張，剪作四片，每一片於箸上緊捲，抽去箸，以蠟紙捲子安耳中燃之，待火欲至耳，急除去，當有惡物出在殘紙上，日一片，用了以蠟塞定。

灸暴耳聾法 用雞心檳榔一個，以刀從臍剜取一竅如錢眼大，實以麝香，坐於所患耳內，從上以艾炷灸之，不過二三次，效。

聽會二穴，在耳微前陷中，上關下一寸動脈腕腕中，張口得之。灸五壯，治耳聾耳鳴。

翳風二穴，在耳後陷中，按之引耳中是，灸七壯，治耳聾痛。

上星一穴，在前髮際上二寸是穴，灸二七壯，治風聾。

外關，治耳聾焞焞渾渾無所聞。

合谷，灸七壯，治耳聾不通。

《內經》治耳聾針灸經穴法 《針經》云：耳聾取小指、次指甲爪上，與肉交者，先取手，後取足。又云：手少陽三焦之脈，是動則病耳聾，渾渾焞焞，視盛虛熱寒，陷下取之也。又云：聾而不痛者，取足少陽；聾而痛者，取足陽明。又云：耳聾刺手陽明，不已，刺其通脈出其前者。此取手足少陽經穴及手陽明經穴是也。又云：手之別名曰偏歷，去腕三寸，別入太陰，實則齲聾，取之所別也。又云：邪客手陽明之絡，令人耳聾，時不聞者，刺手大指、次指爪甲上，去端如韭葉，各一壯，立聞。不已，刺中指爪甲上與肉交者，立聞。其不時聞者，不可刺也。左刺右，右刺左。此取手陽明絡。又云：手太陽之脈所生病者，耳聾目黃頰腫，視盛虛寒熱陷下調之也。又云：耳聾無聞，取耳中是也。此取手太陽經。又云：肝虛則目䀮䀮無所見，且無所聞，善恐，取其經厥陰。少陽氣逆，則頭痛耳聾不聰，頰腫，取血者是也。此取肝經。又云：肺虛則少氣不能報息，耳聾嗌乾，取其經太陰，是太陽之外厥陰內血者是也。此取肺經。耳有膿者，禁刺。經云：耳痛不可刺者，耳中有膿，若有乾耵聹，耳無聞也。

《醫學綱目·腎膀胱部·耳聾》 針灸 耳聾有五法，其一取手足少陽手陽明。經云：耳聾取手小指次指爪甲上與肉交者，先取手，後取足。又云，三焦手少陽之脈，是動則病耳聾，渾渾焞焞，視盛虛熱寒陷下調之也。又云：聾而不痛者，取足少陽，聾而痛者，取手陽明。又云，耳聾刺手陽明，不已，刺其通脈出耳前者。

其二取手陽明絡。經云：手陽明之別，名曰偏歷，去腕三寸，別入太陰，實則齲聾，取之所別也。又云：邪客手陽明之絡，令人耳聾，時不聞者，刺手大指次指爪甲上，去端如韭葉，各一痏，立聞。不已，刺中指爪甲上與肉交者，立聞。其不時聞者，不可刺也。左刺右，右刺左。

其三取手太陽。經云，手太陽之脈所生病者，耳聾目黃頰腫，視盛虛熱

寒陷下調之也。又云：耳聾無聞，取耳中是也。

其四取肝。經云，肝虛則目䀮䀮無所見，耳無所聞，善恐，取其經厥陰少陽。氣逆則頭痛，耳聾不聰，頰腫，取血者是也。

其五取肺。經云，肺虛則少氣不能報息，耳聾嗌乾，取其經太陰足太陽之外厥陰內血者是也。

耳有膿不可刺。經云：耳痛不可刺者，耳中有膿。若有乾膜耵聹，耳無聞也。

《玉》耳聾耳鳴，或疼或癢，或停耳，聽會，在耳珠前陷中，口銜尺，方可下針，按入半寸，瀉八吸。翳風，針入半寸，瀉七吸。合谷，三里。瀉。

《摘》又法，翳風，在耳後陷後按之引耳中，令病人先以錢二十四文，口咬，側卧取之，針透口，令病人閉口搖頭，其怒氣從耳出。聽會。法如前。

《世》又法，中渚，臨泣。

《針灸大成·耳目門》 耳鳴　百會，聽宮，聽會，耳門，絡卻，陽谿，陽谷，前谷，後谿，腕骨，中渚，液門，商陽，腎俞。

聤生瘡有膿汁　耳門，翳風，合谷。

重聽無所聞　耳門，風池，俠谿，翳風，聽會，聽宮。

《針灸大成·治證總要》　耳內虛鳴　腎俞，三里，合谷。問曰：此證從何而得？答曰：皆因房事不節，腎經虛敗，氣血耗散，故得此證。復刺後穴。太谿，聽會，三里。

耳紅腫痛　聽會，合谷，頰車。問曰：此證腫痛何也？答曰：皆因熱氣上壅，或因繳耳觸傷，熱氣不散，傷寒不解，故有此證。不可一例針灸，須辨問端的針之，無不效也。復刺後穴。三里，合谷，翳風。

聤耳生瘡出膿水：　翳風，合谷，耳門。問曰：聤耳生瘡，出膿水，嘗聞小兒有此證。答曰：洗浴水歸耳內，故有。大人或因剔耳觸動，耳黃赤，有水誤入耳內，故如此。復刺後穴，聽會，三里。

耳聾氣閉　聽宮，聽會，翳風。問曰：此證從何而得？答曰：傷寒大熱，汗閉，氣不舒。故有此證。前針不效，復刺後穴，三里，合谷。

《類經圖翼·針灸要覽·諸證灸法要穴》　聤耳　聽宮，頰車，合谷。

耳聾　上星，治風聾，二七壯。翳風，耳痛而聾，灸七壯。聽宮，腎俞，外關，偏歷，合谷。

《景岳全書·雜證謨·耳證》　灸法　上星，灸二七壯，治風聾。翳風，灸七壯，治耳聾痛。合谷，灸七壯，治耳聾。外關，聽宮，偏歷，腎俞。

《太乙神針心法·針案紀略》　盛京戶郎多公諱永俄者，曩爲浙省杭郡理事司馬，與先生之尊公太先生同舉卓異，與先生最莫逆，因新陞禮垣，來京陛見，歡然道故，其表弟某者新陞御馬圈大人，候皇上回鑾，亦欲引見，而患耳聾。多公問曰：耳聾亦可用針否？先生曰：未之試也。前日敝同年汪武曹先生，以耳聾邀治，因無暇往，遣門人治之，竟得全愈。今嘗試之何如？因與之用針。耳之無聞者已數年矣，乃針其左耳，則右耳忽然有聞，針其右耳則左耳忽然有聞，針畢，纖悉細響，左右兩耳皆聞之。正歡笑間，適又有一戶曹齊公諱格坦者，來共坐談，歎爲異事。

《太乙神針心法·耳目門》　治法

耳鳴　針百會，聽宮，聽會，耳門，絡卻，陽谿，陽谷，前谷，後谿，腕骨，中渚，液門，商陽，腎俞。

聤生瘡有膿汁　針耳門，翳風，合谷。

重聽無所聞　針耳門，風池，俠谿，翳風，聽會，聽宮。

《串雅外編·灸法門·灸耳聾》　濕土瓜根削平寸，塞耳內，以艾灸七壯，每旬一壯乃愈。

《羅遺編·針灸要穴論》　耳聾　上星，治風聾，二七壯。翳風，耳痛而聾，七壯。聽宮，腎俞，外關，偏歷，合谷。

《針灸逢源·證治參詳·耳病》耳聾　亦名重聽，有從外不能達者，其病在經。有從內不能通者，其病在藏。新聾多熱，取少陽陽明，久聾多虛，補足少陰。液門，中渚，外關，翳風，耳門，後谿，聽宮，聽會，合谷，俠谿。

耳鳴　此乃痰火上升，壅閉聽戶，或因惱怒而得者，少陽之火客於耳也。耳門，聽會，聽宮，前谷，腕骨，陽谷，絡卻，腎俞。鳴不甚，其脈細者多虛。

聤耳，生瘡形似赤肉，又耳出惡水曰聤。聽宮，翳風，耳門，合谷，下關。

《針灸全生·耳目》耳鳴　百會，聽宮，聽會，耳門，絡卻，陽谿，陽谷，前谷，後谿，腕骨，中渚，液門，商陽，腎俞。

耳內虛鳴　腎俞，三里，合谷，太谿，聽會。

暴暴聲耳鳴　耳門。

氣閉耳聾　聽宮，聽會，翳風，三里，合谷。

又法，耳聾　關衝，竅陰，商陽，中衝，聽會，聽宮，天牖。

重聽無聞　耳門，風池，俠谿，翳風，聽宮，聽會。

耳不聞聲　聽會，商陽，少衝，中衝，後谿，又治耳內蟬鳴。

耳內或鳴或癢或痛　上關，合谷，聽會，外關。

聤耳　耳門，翳風，合谷，聽會，三里。

耳根紅腫疼痛，合谷，翳風，頰車，外關，聽會，三里。

《針灸全生·頭面諸證》　耳聾　上星，治風聾，二七壯。翳風，耳痛聾，七壯。聽宮，外關，腎俞，偏歷，合谷。

《針灸便覽·中風》　耳不聞聲　聽會，商陽，風池，翳風。

重聽　耳門，風池，俠谿，翳風。

《神灸經綸·首部證治》　耳聾　腎俞，竅陰，上星，風聾二七壯。翳風，痛聾七壯。聽宮，外關，偏歷，合谷，陽維，穴在耳後，引耳令前，絃上是穴。《千金》治耳風雷鳴，灸五十壯。

耳暴聾　液門，足三里。

《針灸集成·耳部》　耳鳴不能聽遠　心俞三十壯。

耳聾　先刺百會，次刺合谷，腕骨，中渚，後谿，下三里，絕骨，崑崙，並久留針，腎俞二七壯至隨年爲壯。

虛勞羸瘦耳聾　腎俞三七壯，心俞三十壯。

《針灸穴法》　兩耳生瘡出膿　耳門二穴，聽會二穴，翳風二穴，合谷二穴。

耳根腫痛　臨泣二穴，合谷二穴，頰車二穴，翳風二穴，聽會二穴。

耳痛氣閉　翳風二穴，聽會二穴，三里二穴，在手曲池前二寸是穴。

耳聾不聞聲音　翳風二穴，頰車二穴，風池二穴，合谷二穴，魚腹二穴，行間二穴，曲池二穴，足三里二穴。

耳聾氣痞疼痛　聽會二穴，腎俞二穴，三里二穴，翳風二穴。

耳根紅腫疼痛　合谷，翳風，頰車，外關，聽會，三里。

耳內或鳴，或癢，痛　合谷二穴，聽會二穴。

兩耳虛鳴　聽會二穴，翳風二穴，腎俞二穴，大骨。

耳聾閉氣　翳風二穴，聽會二穴，合谷二穴，三里二穴。

兩耳虛鳴　腎俞二穴，太谿二穴。

《灸法秘傳·耳聾耳鳴》　《繩墨》曰：腎氣充盛則耳聰，腎氣虛敗則耳聾，腎氣不足則耳鳴，腎氣結熱則耳聾。經謂耳爲腎竅，腎虛耳聾宜灸腎俞，耳鳴宜灸風池，初患者，先灸百會爲是。

《針灸摘要·督脈·楊氏治證》　耳不聞聲　聽會，商陽，少衝，中衝。

《針灸摘要·陽維脈》　耳聾氣痞疼痛　聽會，腎俞，三里，翳風。

耳內或鳴或癢或痛　客主人，合谷，聽會。

《針灸摘要·任脈·楊氏治證》　耳內蟬鳴　少衝，聽會，中衝，商陽。

咽喉病

《素問·繆刺論》　邪客於手少陽之絡，令人喉痺舌卷，口乾心煩，臂外廉痛，手不及頭。刺手中指次指爪甲上，去端如韭葉各一痏，壯者立已，老者有傾已，左取右，右取左，此新病數日已。

邪客於足少陰之絡，令人嗌痛不可內食，無故善怒，氣上走賁上，刺足下中央之脈各三痏，凡六刺，立已，左刺右，右刺左，嗌中腫，不能內，唾時不能出唾者，刺然骨之前，出血立已，左刺右，右刺左。

《靈樞·寒熱病》　暴瘖氣鞕，取扶突與舌本，出血。

〔馬蒔注〕此節以扶突所治之病言之也。暴時瘖瘂，而氣梗於喉，當取扶突穴，及舌本之風府穴，以其皆係督脈經也。

〔張介賓注〕瘖，聲瘂不能言也。氣鞕，喉舌強鞕也。當取手陽明之扶突穴，及出其舌本之血。凡言暴者，皆一時之氣逆，非宿病也，故宜取此諸穴以治其標。瘖，音音。鞕，硬同。

〔張志聰注〕夫金主聲，心主言，手陽明主氣而主金，故陽明氣逆於下，則暴瘖而氣梗矣。取扶突與舌本出血，則氣通而音聲出矣。

《靈樞·熱病》　喉痹舌卷，口中乾，煩心，心痛，臂內廉痛，不可及頭，取手小指次指爪甲下，去端如韭葉。

〔馬蒔注〕此言刺喉痺之法也。《素問·陰陽別論》云：一陰一陽結謂之喉痺。則喉痺明係手厥陰心包絡，手少陽三焦經也。其病舌卷而短，口中作乾，心煩且痛，臂之內廉亦痛，不能舉之以上及於頭，當取手小指之次指即第四指也，係手少陽三焦經，其穴在次指之端，名關衝，去爪甲如韭葉者，

是也。

（張介賓注）小指次指端，手少陽之關衝也。

（張志聰注）心包絡之脈，起於胸中，出屬心包絡，上通於心，下絡三焦，是主脈所生病者，煩心，心痛，相火上炎，則喉痺舌卷，口中乾。取小指次指之井穴，乃手少陽經之關衝，瀉其相火，則諸病自平矣。

《靈樞·雜病》 嗌乾，口中熱如膠，取足少陰。

（馬蒔注）此言刺嗌乾口熱之法也。嗌咽乾燥，口中甚熱，其津液如膠之稠，當取足少陰腎經之穴以補之，水王則火衰也。

（張介賓注）足少陰之脈，循喉嚨繫舌本。嗌乾口熱如膠者，陰不足也，故當取而補之。嗌，音益。

（張志聰注）夫所謂厥者，有病在下而氣厥於下者，有病在下而厥氣上逆者。如上節之厥氣走喉而不能言，乃少陰之氣上逆於喉也。此邪病少陰之氣而氣厥於下也。蓋心腎水火之氣上下時交，少陰之氣厥逆於下，而不上交於心，則火熱甚而嗌乾，口中熱如膠矣。取足少陰以散逆氣，而通水陰之上濟。

喉痺不能言，取足陽明。能言，取手陽明。

（馬蒔注）此言喉痺者，當審其能言，不能言，而分經以刺之也。

（張介賓注）手足陽明之脈，皆循喉嚨。能言者輕，但取之上。不能言者重，當瀉其下也。

（張志聰注）喉痺者，邪閉於喉而腫痛也。足陽明之脈，循喉嚨挾於結喉之旁，故邪閉則不能言矣，當取之足陽明。手陽明之脈在喉旁之次，故能言者取手陽明。

《太素·雜病·喉痹嗌乾》 喉痹舌卷，口中乾，煩心心痛，臂內廉痛，不可及頭，取手小指次指爪甲下，去端如韭葉。手之小指次指之端，手少陽關衝。手心主出屬心包，下膈內。手少陽從膻中，上□項，係耳後，故喉痹，舌卷，口乾，煩心，心痛及臂內痛皆取之也。 喉痹不能言，取足陽明；能言，取手陽明。手陽明脈循缺盆上頭，足陽明脈循喉嚨入缺盆，故喉痹能言、不能言，取此二脈療主病者也。 嗌乾，口中有熱如膠，取足少陰。足少陰脈至舌下，故口熱取之。

《甲乙經·手足陽明少陽脈動發喉痺咽痛》 喉痺不能言，取足陽明，能言取手陽明。 喉痺，完骨及天容，氣舍，天鼎，尺澤，合谷，商陽，陽谿，中渚，前谷，商丘，然谷，陽交，悉主之。喉痺咽腫，水漿不下，璇璣主之。喉痺食不下，鳩尾主之。喉痺咽如梗，三間主之。喉痺不能言，溫溜及曲池主之。喉痺氣逆，口喎，喉咽如扼狀，行間主之。咽中痛，不可內食，湧泉主之。

《千金要方·七竅病下·喉病》 喉腫胸脅支滿，灸尺澤百壯。

喉痺，刺手小指爪文中，出三大豆許血，逐左右刺，皆須慎酒、麪、毒物。

《千金要方·針灸下·頭面》 喉咽病

風府，天窗，勞宮，主喉嗌痛。

扶突，天突，太谿，主喉鳴暴忤氣哽。

少商，大衝，經渠，主喉中鳴。

魚際，主喉中焦乾。

水突主喉咽腫。

少衝，主酸咽。

少府，蠡溝，主嗌中有氣如息肉狀。

掖門，四瀆，主呼吸短氣，咽中如息肉狀。

間使，主嗌中如扼。

中渚，支溝，內庭，主嗌痛。

復溜，照海，太衝，中封，主嗌乾。

前谷，照海，中封，主咽偏腫，不可以咽。

涌泉，大鍾，主咽中痛，不可內食。

然谷，太谿，主嗌內腫，氣走咽喉而不能言。

風池主喉咽僂引，項攣不收。

喉痺

完骨，天牖，前谷，主喉痺，頸項腫，不可俛仰，頰腫引耳後。

中府，陽交，主喉痺，胸滿塞，寒熱。

天容，缺盆，大杼，膈輸，雲門，尺澤，二間，厲兌，涌泉，然谷，主喉痺哽咽，寒熱。

天鼎，氣舍，膈輸，主喉痺哽噎，咽腫不得消，食飲不下。

天突，主喉痺咽乾急。

璇璣，鳩尾，主喉痺咽腫，水漿不下。

三間，陽谿，主喉痺咽如哽。

大陵，偏歷，主喉痺嗌乾。

神門，合谷，風池，主喉痺。

三里，溫溜，曲池，中渚，豐隆，主喉痺不能言。

關衝，竅陰，少澤，主喉痺舌卷口乾。

凡喉痺，脅中暴逆，先取衝脈，後取三里，雲門，各瀉之。又刺手小指端出血，立已。

《**千金翼方·喉病**》 治喉痺方 以繩纏手大指刺出血，一大豆以上，差，小指亦佳。【略】

又方 刺小指爪文中出血即差，左右刺出血，神祕立愈。

《**千金翼方·舌病**》 喉痺，針兩手小指爪文中出血，三大豆許即愈，左刺左，右刺右。

又，手無名指甲後一韭葉名關衝，主喉痺不得下食飲，心熱噏噏，常以繆刺之，患左刺右，患右刺左也，都患，刺兩畔。

咽喉酸辛，灸少衝七壯，雀矢大注。

神門，合谷，主喉痺心煩。

《**外臺秘要**》卷二十二《**咽喉舌諸疾方七首**》 又方 隨所近左右刺手中指爪甲下，令血出，當先縷中指，令血聚，然後刺之。

《備急》療急喉咽各病者方 隨病所近左右，以刀鋒裁刺手大指甲後爪中，令出血，即愈。

《**聖濟總録·治癰疽瘡腫灸刺法**》 咽腫難言，天柱主之。

《**扁鵲心書·附竇材灸法**》 急喉痺，頤粗頷腫，水穀不下，此乃胃氣虛，風寒客肺也，灸天突穴五十壯。穴在結喉下四寸。

《**扁鵲心書·喉痹**》 此病由肺腎氣虛，風寒客之，令人頤頷粗腫，咽喉閉塞，湯藥不下，死在須臾者，急灌黃藥子散，吐出惡涎而愈。此病輕者治肺，服薑附湯，灸天突穴五十壯亦好。重者服鍾乳粉，灸關元穴，亦服薑附湯。

治驗

一人患喉痹，痰氣上攻，咽喉閉塞，灸天突穴五十壯，即可進粥，服薑附湯一劑即愈，此治肺也。

一人患喉痹，頤頷粗腫，粥藥不下，四肢逆冷，六脈沉細，急灸關元穴二百壯，四肢方暖，六脈漸生，但咽喉尚腫，仍令服黃藥子散，吐出稠痰一合，乃愈，此治腎也。

一人患喉痹，六脈細，余爲灸關元二百壯，六脈漸生。一醫曰：此乃熱證，復以火攻，是抱薪救火也，遂進涼藥一劑，六脈復沉，咽中更腫，醫計窮，用尖刀於腫處刺之，出血一升而愈。蓋此證忌用涼藥，痰見寒則凝，故用刀出其肺血，而腫亦隨消也。先生治肺治腎之法，千古卓見，況咽喉之證，風火爲患十有二三，肺腎虛寒十有八九。喉科不明此理，一味寒涼，即有外邪亦致冰伏，若元本虧損，未有不閉悶死者。所以咽喉妙法，第一開豁痰涎，痰涎既湧，自然通快。然後審輕重以施治。薑附，灼艾，誠爲治本之法，但人多畏之，而不肯用耳。然當危急時，亦不可避忌，強爲救治，亦可得生也。至於刺法亦須知之。

《**醫說·針灸·針急喉閉**》 於大指外邊指甲下根齊針之，不問男女左右，只用人家常使針，針之令血出，即效。如大段危急，兩手大指都針之，其功甚妙。

《**針灸資生經·咽喉腫痛**》 膽俞，治咽痛，食不下。中渚，支溝，內庭，主嗌痛。涌泉，大鍾，主咽中痛，不可內食。間使，《甲》作行間。主嗌中如扼。《銅》云：如哽。膝關，治喉咽痛。天窗，治喉痛。水突，主喉咽腫。中封等，主喉腫。然谷，太谿，主嗌內腫，氣走咽喉，不能言。喉腫，胸脅支滿，灸尺澤百壯。人迎，治咽喉癰腫。太谿，中渚，治咽腫。璇璣，治喉痹咽腫，水漿不下。液門，治咽外腫，寒厥臂痛，不能上下。然谷，治咽內腫。水突，氣舍，治咽腫，上氣。天突，治喉中生瘡，不得下食。《銅明》云：療喉中熱瘡。璇璣，療喉痹咽癰，水漿不下。

《**針灸資生經·喉咽鳴**》 少商，大衝，經渠，主喉中鳴。魚際，主喉中焦乾。咽冷聲破，灸天瞿五十壯。天突，治喉中作聲。大鍾，大包，主喉鳴。天突，治喉內如水雞聲，《下》云：喉中鳴翕翕。陽陵泉，天池，膻中，療喉鳴。小兒喉中鳴，嚥乳不利，灸璇璣三壯。掖門，四瀆，主呼吸短氣，咽中如息肉狀。少府，蠡溝，主嗌中有氣，如息肉狀。然谷，太谿，主嗌內腫，氣走咽喉。風池，主咽僂引，項攣不收。

《**針灸資生經·咽喉乾**》 極泉，太淵，偏歷，太衝，天突，治咽乾。魚際，治喉乾燥，寒慄鼓頷，咳引尻痛，溺出，嘔血。行間，治咽乾煩渴。神門，治咽乾不嗜食。照海，治嗌乾，四支惰，善悲不樂。少衝，治咽酸。魚際，療喉焦乾。太谿，少澤，主咽乾。復溜，照海，太衝，中封，主嗌乾。

《針灸資生經·喉痹》 三里，温溜，曲池，中渚，豐隆，主喉痹不能言。神門，合谷，風池，主喉痹。完骨，天牖，前谷，主喉痹，頸項腫，不可俛仰，頰腫引耳後。璇璣，鳩尾，主喉痹咽腫，水漿不下。天鼎，氣舍，鬲俞，主喉痹哽噎，咽腫不得消，食飲不下。涌泉，然谷，主喉痹，哽咽寒熱。中府，陽交，主喉痹，胸滿塞，寒熱。天容，缺盆，大杼，鬲俞，云門，尺澤，二間，厲兑，涌泉，然谷，主喉痹哽咽，寒熱。三間，陽谿，主喉痹，咽如哽。天突，主喉痹咽乾急。大陵，偏歷，主喉痹嗌乾。關衝，竅陰，少澤，主喉痹，舌卷口乾。喉痹，氣逆咳嗽，口中涎唾，灸肺俞七壯，亦可隨年壯，至百壯。陽輔，陽交，大杼，治喉痹煩滿。天容，治喉痹寒熱，咽中如鯁。天鼎，治喉痹咽腫，不得食飲，食不下，喉鳴。前谷，治頷腫喉痹。二間，治喉痹，頷腫，肩背痛，振寒。曲池，治喉痹不能言。竅陰，治喉痹，舌強口乾，肘不舉。少澤，治喉痹，舌強口乾，心煩。大陵，治喉痹，口乾，身熱頭痛，短氣胸脅痛。浮白，療寒熱喉痹。鬲俞，經渠，療喉痺。二間，療喉痺，咽如有物傷，忽振寒。《下》云：喉痺咽腫，多卧善睡。小兒急喉痺，灸天突一壯。《下》有醫者説藥不下喉，當以曲竹管灌藥，效。

《儒門事親·喉舌緩急砭藥不同解》 咽與喉，會厭與舌，此四者同在一門而其用各異。喉以喉氣，故喉氣通於天。咽以嚥物，故咽氣通於地。會厭於喉上下以司開闔，食下則吸而掩，氣上則呼而出。是以舌抵上齶，則會厭能閉其咽矣。四者相交爲用，闕一則飲食廢而死矣。此四者乃氣與食出入之門戶，最急之處，故《難經》言七衝門而會厭之下爲吸門，及其爲病也，一言可了，一言者何？曰：火。《内經》曰：一陰一陽結謂之喉痺。王太僕注云：一陰者，手少陰君火，心主之脈氣也。手少陽相火，三焦之脈氣也。二火皆主脈並絡於喉，氣熱則内結，結甚則腫脹，腫脹甚則痺，痺甚而不通則死矣。夫足少陰循喉嚨俠舌本，少陰上俠咽，此二者誠是也。至於足陽明下人迎循喉嚨，足太陰俠咽連舌本，手太陽循咽下膈，足厥陰循喉嚨之後，此數經皆言咽喉，獨少陽不言咽喉，而《内經》言一陰一陽謂之喉痺何也？蓋人讀十二經，多不讀《靈樞經》中《別十一篇》具載十二經之正，其文云：足少陽之正，繞髀，入毛際，合於厥陰，別者入季脅間，循胸裏，屬膽，散之，上肝，貫心，以上俠咽，出頤頷，散於面，繫目系，合少陽於外眥也。又手心主之正，別下淵腋三寸，入胸中，別屬三焦，出循喉嚨，出耳後，合少陽完骨之下，是手少陽三焦之氣與手心主少陰之氣相合，而行於喉嚨也。推十二經，惟足太陽別項下，其餘皆湊於喉嚨。然《内經》何爲獨言一陰一陽結爲喉痺？蓋君相二火獨勝，則熱結正絡，故痛且速也。余謂一言可了者，火是也。故十二經中言：嗌乾嗌痛，咽腫頷腫，舌本強，皆君火爲之也。唯喉痺急速，相火之所爲也。夫君火者猶人火也，相火者猶龍火也。人火焚木其勢緩，龍火焚木其勢速。《内經》之言喉痺，則咽與舌在其間耳，以其病同是火，故不分也。後之醫者各詳其狀，強立八名曰：單乳蛾，雙乳蛾，單閉喉，〔雙閉喉〕，子舌脹，木舌脹，纏喉風，走馬喉閉。熱氣上行，結薄於喉之兩傍，近外腫作，以其形似，是謂乳蛾，一爲單，二爲雙也。其比乳蛾差小者，名閉喉。熱結於舌下，復生一小舌子，名曰子舌脹。熱結於舌中，舌爲之腫，名曰木舌脹。木者，強而不柔和也。熱結於咽項，腫繞於外，且痲且癢，腫而大者，名曰纏喉風。喉痺暴發暴死者，名走馬喉痺。此八種之名雖詳，若不歸之火，則相去遠矣。其微者可以鹹耎之，而大者以辛散之，今之醫者皆有其藥也，如薄荷、烏頭、殭蠶、白礬、朴硝、銅碌之類也。至於走馬喉痺何待此乎？其生死人，反掌之間耳，其最不悞人者，無如砭針出血，血出則病已。《易》曰：血去惕出，良以此夫。昔余以治一婦人木舌脹，其舌滿口，諸藥不愈，余以鈹針小而鋭者砭之五七度，腫減，三日方平，計所出血幾至盈斗。又治一男子纏喉風腫，表裡皆作，藥不能下，余以涼藥灌於鼻中，下十餘行，外以拔毒散傅之，陽起石燒赤與伏龍肝，各細等分末，每日以新水掃百遍，三日熱始退，腫始消。又嘗治一貴婦喉痺，蓋龍火也，雖用涼藥，而不可使冷服，爲龍火，宜以火逐之。人火者烹飪之火是也，乃使爆於烈日之中，登於高堂之上，令侍婢攜火爐坐藥銚於上，使藥常極熱，不至大沸，適口時時呷之，百餘次，龍火自散。此法以熱行寒，不爲熱病扞格故也。大抵治喉痺用針出血，最爲上策，但人畏針，委曲傍求，瞬息喪命。凡用針而有針創者，宜搗生薑一塊，調以熱白湯，時時呷之，則創口易合。銅人中亦有灸法，然痛微者可用，病速者恐遲則殺人。故治喉痺之火，與救火同，不容少待。《内經》火鬱發之，發謂發汗，然咽喉中豈能發汗，故出血者，乃發汗之一端也。後之君子，毋執小方而曰：吾藥不動臟腑，又妙於出血，若幸遇小疾而獲功，不幸遇大病而死矣，毋遺後悔可矣。

《直指方·咽喉·咽喉證治》 針灸法 一穴，在大指甲後第一節，灸三小壯，治累年喉痺舉發，男灸左，女灸右。

少商二穴，在大指內側去爪甲角韭葉許，針出血，愈。合谷二穴，在虎口，針五分，治喉閉，立愈。

《備急灸法·急喉痺》 孫真人，甄權：治急喉痺，舌強不能言，須臾不治即殺人，宜急於兩手小指甲後，各灸三炷，炷如綠豆大。

《針經摘英集·治病直刺訣》 治喉痺 刺足陽明經豐隆二穴，足少陰經湧泉二穴，次手少陽經關衝二穴，在手小指次指之端，去爪甲角如韭葉。如病甚，以小三稜針藏於筆鋒中，誑以點藥於喉中痺上，乃刺之，則有紫血頓下，效。如不藏針。恐患人難以刺之。

《玉龍經·盤石金直刺秘傳》 雙乳鵝 少商，委中。

纏喉風 少商。灸。

喉閉 少澤，中衝，委中。

急喉閉，舌根強痛語言不能 少商，三里，合谷。

《世醫得效方·口齒兼咽喉科·喉病》 第一穴風府穴，腦後入髮際一寸。治咽喉諸證，及毒氣歸心等項惡證，並皆治之，無有不效。針入四分。穴高主暈，恐傷人，不可不知。須令人扶護，乃針。

第二穴少商穴，在手大指表近虎口一邊指甲與根齊，離爪如韭葉許。針入二分，病甚則入五分。咽喉諸證皆治。

第三穴合谷穴，穴法口授，治牙關不開，則陽靈穴應針，各刺一刺出血，入二分，關竅即開。又有一證潮熱者，有作寒者，於合谷穴用針，左轉發寒，右轉發熱。

第四穴是上星，穴在頂前入髮際一寸。治頰腫及纏喉風等證。又氣急者，實熱針足三里，虛熱灸足三里，以手約膝，取中指梢盡處是穴。

根腳咽喉常發者，耳垂珠下半寸近腮骨，灸七壯，二七尤妙。及灸足三里，穴在膝下三寸骱骨外。赤眼，挑耳後紅筋，針鑽竹穴即安，穴在兩眉頭陷中。

《普濟方·針灸門·咽喉鳴》 治咽喉僂引項攣不收，穴：風池。

主嗌內腫，氣走咽喉，穴：然谷，太谿。

《普濟方·針灸門·咽喉乾》 治喉乾燥，寒慄鼓頷，咳引尻痛，溺出嘔血，穴：魚際。

治喉乾煩渴，穴：行間。

治咽乾不嗜食，穴：神門。

治嗌乾，四肢惰，善悲不樂，穴：照海。

治咽酸，穴：少衝。

治咽乾，穴：少澤，太谿。

主嗌乾，穴：復溜，照海，太衝，中封。

《普濟方·針灸門·喉痹》 治喉痺不能言，穴：三里，溫溜，曲池，中渚，豐隆。

治喉痺，穴：神門，合谷，風池。

治喉痺頸項腫，不可俛仰，頰腫引項後，穴：完骨，天牖，前谷。

治喉痺咽腫，水漿不下，穴：璇璣，鳩尾。

治喉痺哽噎，咽腫不得消，食飲不下，穴：天鼎，氣舍，鬲俞。

治喉痺哽咽寒熱，穴：湧泉，然谷。

治喉痺胸滿塞，寒熱，穴：中府，陽交。

治喉痺哽咽寒熱，穴：天容，缺盆，大杼，鬲俞，雲門，尺澤，二間，厲兌，湧泉，然谷。

治喉痺咽如哽，穴：三間，陽谿。

治喉痺咽乾急，穴：天突。

治喉痺嗌乾，穴：大陵，偏歷。

治喉痺舌捲口乾，穴：關衝，竅陰，少澤。

治喉痺，穴：陽輔，陽交，厲兌，下廉，然谷，經渠，完骨，鬲俞，缺盆，氣舍，雲門，陽谿，合谷，溫溜，中府，浮白。

治喉痺煩滿，穴：大杼。

治喉痺寒熱，咽中如鯁，穴：天容。

治喉痺咽腫不得食，飲食不下，喉鳴，穴：天鼎。

治頷腫喉痺，穴：前谷。

治喉痺不能言，穴：曲池。

治喉痺頷腫，肩背痛振寒，穴：二間。

治喉痺，舌強口乾，肘不舉，穴：竅陰。

治喉痺，舌強口乾，心煩，穴：少澤。

治喉痺，口乾身熱，頭痛短氣，胸脅痛，穴：大陵。

療寒熱喉痺，穴：浮白。

療喉痺，穴：鬲俞，經渠。

療喉痺咽，如有物傷，忍振寒，又治喉痺咽腫，多卧善唾，穴：二間。

治喉痺，氣逆咳嗽，口中涎唾，灸肺俞七壯，亦可隨年壯，至百壯。

治急喉閉纏喉風，灸三里穴二七壯，三七壯。有人嘗苦喉痺，雖水亦不能下咽，灸三里而愈。

治喉痺，以砭針刺腫處，出血立效。

治咽喉病，刺手小指爪文中出三豆大許血，逐左右刺，皆須慎酒、麵、毒物。

治咽喉諸證，及毒氣歸心等項惡證，并皆治之，無有不效。第一穴風府穴，腦後入髮際一寸，針入四分，穴高主暈，恐傷人，不可不知，須令人扶護乃針。第二穴少商穴，在手大指近虎口一邊，指甲與根齊，離爪如韭葉許，針入二分，病甚則入五分。第三穴合骨穴，治口緩，治牙關不開，則陽靈穴，應針各刺一刺出血，入二分，關竅即閉。又有一證潮熱者，有作寒者，於合谷穴用針左轉發寒，右轉發熱。第四穴是上星穴，在頂前入髮際一寸。治頰腫及纏喉風等證。又氣急者實熱，針足三里，虛熱灸足三里。以手約膝，取手指稍盡處是穴，根腳咽喉常發者，耳垂珠下半寸近腮骨灸七壯，二七尤妙，及灸足三里穴，在膝下三寸䯒骨外。

治喉痺，穴豐隆，湧泉，關衝。

如病甚，以小三棱針，藏於筆頭中，誑以點藥，於喉中痺上急刺之，則有紫血頓出，效。如不藏針，恐患人難以刺之。

治喉痺及毒氣，穴：尺澤，灸百壯。

《普濟方·針灸門·咽喉腫痛》 治咽痛食不下，穴：膽俞。

治喉嗌痛，穴：風府，天窗，勞宮。

治嗌痛，穴：中渚，支溝，內庭。

治咽中痛，不可內食，穴：湧泉，大鍾。

治咽中如扼，穴：間使。

治喉咽痛，穴：膝關。

治喉痛，穴：天窗。

治喉咽腫，穴：水突。

治嗌偏腫不可咽，穴：前谷，照海，中封。

治喉腫，穴：中封。

治嗌內腫，氣走咽喉，不能言，穴：然谷，太谿。

治咽喉癰腫，穴：大迎。

治咽腫，穴：太谿，中渚。

治喉痺咽癰腫，水漿不下，穴：璇璣。

治咽外腫，寒厥，背痛不能上下，穴：液門。

治咽內腫，穴：然谷。

治咽腫，穴：水突，氣舍。

治喉中生瘡，不得下食，穴：天突。

治頷腫如升，喉中閉塞，水粒不下，穴：少商，以三棱針，刺微出血，洩諸陽臟熱。次針陽谷二穴而愈。

治喉腫，胸脅支滿，穴：尺澤，灸百壯。

治喉腫厥逆，五臟所苦，鼓脹，灸下脘各五十壯，老人加之，小兒隨年壯。

治咽腫難言，穴：天柱。

治男子婦人，喉閉腫痛不能言者，刺少商穴出血立愈，如不愈，以溫白湯，口中含漱，是以熱導熱也。

《神應經·咽喉部》 喉痺　三頰車，合谷，少商，尺澤，經渠，陽谿，大陵，二間，前谷。

咽中如鯁　間使，三間。

咽腫　中渚，太谿。

咽外腫　液門。

咽痛　風府。

嚥食不下　灸膻中。

咽中閉　曲池，合谷。

咽喉腫痛閉塞，水粒不下　合谷，少商。兼以三棱針刺手大指背頭節上甲根下，排刺三針。咽喉腫閉甚者，以細三棱針藏於筆管中，戲言以沒藥點腫痺處，乃刺之，否則病人恐懼，不能愈疾。

《奇效良方·咽喉門》 如走馬喉痺，何待此乎，其死生如人之反掌之間耳。其最不誤人者，無如砭針出血，血出則病已。但人畏針，委曲傍求，若執

不從，瞬息喪命。凡用針時喉中搶者，宜搗生薑一塊入熱白湯，時時呷之，則搶而止。治喉痺之疾，如救火之法同，豈可容易哉。諸書治驗，木舌脹者，急以錍針小而銳者，砭之五七度，腫減出血而安。纏喉風腫藥不能下者，以涼藥灌鼻中吐之，外以拔毒散之劑敷之，熱退腫消而已。喉痺者，龍火也，雖用涼劑，常令煎極熱，時時呷之，此藥熱行寒，不爲熱病扞格故也，又當以錍針刺少商穴出血而愈。後之業醫者，須分人火龍火之病，用藥無不取效矣。

《奇效良方·咽喉通治方》 聖藥筒　治懸癰腫脹，咽喉閉塞，急令開口，看有蛾，無蛾，若有，須是針破方可。若望不見，以萆麻子打碎，以紙捲作筒，一頭燒烟起，竟以烟熏咽喉內，自然可開。纔望見，即以三稜針刺破，出紫血半盞便愈。昔有貴宦之家，不容用針者，則惑之曰，用筆蘸藥。先以針安筆內刺之。一方用巴豆，依前法燒熏，或只以巴豆、萆麻子二味榨油在紙上，以紙作撚子，燒熏即愈。

《外科發揮·咽喉》 腫痛發熱便閉者，表裏俱實病也，宜解表攻裏，如證緊急，更刺患處或刺少商穴。

一男子咽喉腫閉，牙關緊急，針不能入，先刺少商二穴，出黑血，口即開，更針患處，飲清咽利膈散一劑而愈。大抵吐痰、針刺，皆有發散之意，故多效，嘗見此證不針刺，多致不救。

一婦人咽喉腫痛，大小便秘，以防風通聖散一劑，諸證悉退，又荆防敗毒散三劑而安。常治此證，輕則荆防敗毒散、吹喉散，重則用金鑰匙及刺患處出血最效，否則不救。針少商二穴亦可，不若刺患處之爲神速耳。

一男子咽喉腫痛，藥不能下，針患處出紫血少愈，以破棺丹噙之，更以清咽消毒散服之而愈。

一老人咽痛，日晡尤甚，以補中益氣湯加酒炒黃柏、知母，數劑而愈。

一男子乳峨腫痛，脈浮數，尚未成膿，針去惡血，飲荆防敗毒散二劑而消。

一男子乳蛾腫痛，飲食不入，瘡色白，其膿已成，針之，膿出即安。

一男子咽喉腫痛，予欲針之，以泄其毒，彼畏針，止服藥，然藥既熟，已不能下矣，始急針患處出毒血，更飲清咽消毒藥而愈。

一患者其氣已絶，心頭尚溫，急針患處，出黑血即蘇。如鮑符卿，喬侍御，素有此證，每患，皆以針去血即愈。大抵咽喉之證，皆因火爲患，其害甚速，須分緩急及膿成否，若腫閉及壅塞者，死在反掌之間，宜用金鑰匙吹患處，吐出痰涎，氣得通即蘇。若吐後仍閉，乃是惡血或膿毒爲患，須急針患處，否則不治。前人云：治喉之火，與救火不同，不容少待。又云：走馬看喉閉，信夫，治喉之方固多，惟用針有回生之功。

一男子咽喉作痛，痰涎上壅，予欲治以荆防敗毒散，加連翹、山梔、玄參、牛蒡子，彼自服甘寒降火之藥，反加發熱，咽愈腫痛，急刺少商二穴，仍以前藥加麻黃汗之，諸證並退。惟咽間一紫處仍痛，此欲作膿，以前藥去麻黃一劑，膿潰而愈。凡咽痛之疾，治之早或勢輕者，宜用荆防敗毒散以散之。治之遲或勢重者，須刺少商穴，瘀血已結，必刺患處，亦有刺少商，咽雖利而未全消者，必成膿也，然膿去即安。若有大便秘結者，雖經針刺去血，必欲以防風通聖散攻之，甘寒之劑非虛火不宜用。

金鑰匙　治喉閉纏喉風，痰涎壅塞，盛者水漿難下。

焰硝一兩五錢，鵬砂五錢，腦子一字。白殭蠶一錢，雄黃二錢。各另爲細末和匀，以竹管吹患處，痰涎即出。如痰雖出，咽喉仍不消，急針患處去惡血。

刺少商穴法　穴在手大指內側去爪甲如韭葉，刺入二分許，以手自臂勒至刺處，出血即消。若重者及膿成者，必須針患處，否則不治。

《針灸聚英·雜病》 喉痺　針合谷，湧泉，天突，豐隆。灸初起，傍灸之，蓋亦鑿竅使外洩也。

頭腫針曲池穴。

《針灸聚英·玉機微義針灸證治》 喉痺　《原病式》曰：痺，不仁也，俗作閉。閉，壅也。火主腫脹，故熱客上焦而咽嗌腫脹也。張戴人曰：手少陰，少陽二脈幷於喉，氣熱則內結腫脹，痺而不通則死。後人強立八名，曰：單乳蛾，雙乳蛾，單閉喉，雙閉喉，子舌脹，木舌脹，纏喉風，走馬喉閉。熱氣上行，故傳於喉之兩旁，近外腫作，以其形似，是謂乳蛾，一爲單，二爲雙也。其比乳蛾差小者，名閉喉。熱結舌下，復生一小舌，名子舌脹。熱結於舌中爲之腫，名木舌脹。木者，強而不柔和也。熱結於咽喉，腫繞於外，且麻且癢，腫而大者，名曰纏喉風，暴發暴死者，名走馬喉閉。八名雖詳，皆歸之火，微者鹹軟之，大者下散之，至於走馬喉痹，生死人在反掌間，砭刺出血，則病已。嘗治一婦人木舌脹，其舌滿口，令以錍針銳而小者砭之，五七度，三日方平，計所出血幾盈斗。劉氏曰：傷寒少陰病，咽痛及生瘡不能言，聲不出者，

用甘苦辛溫制其標病，以通咽喉。至若傷寒伏氣內發，咽痛兼下利清穀，裏寒外熱，面赤脈微弱者，用辛熱之藥攻其本病，以順陰陽，利止則水升火降而咽痛自無也。此非雜病一陰一陽結爲喉之比，不可妄施針砭及寒涼之藥。

右是火熱喉痹，急用吹藥，點刺少商，合谷，豐隆，湧泉，關衝等穴。

《針灸聚英·雜病歌》 咽喉　凡人喉痹治頰車，合谷少商與經渠，大陵二間與尺澤，再兼前谷與陽谿。假如鼓頷治少商，咽中如鯁間使當，再兼一穴三間穴，咽腫中渚太谿央。咽外腫兮液門攻，嚥食不下灸亶中，咽中閉者治合谷，再有曲池二穴同。咽喉腫痛又閉塞，水粒不下合谷得，少商兼以三稜針，刺手大指背頭吉。節上甲根不可差，排刺三針斯爲畢，雙蛾玉液與金津，又兼少商三穴焚。單蛾少商合谷等，并治廉泉病絕根，復有咽喉腫閉甚，治之以細三稜針。把針藏在筆端內，以藥點腫給患人，卻將筆端點腫處，刺之立愈病除根。續添一證是咽痛，若治風府效如神。

《名醫類案·咽喉》 開德府一士人攜僕入京，其僕忽患喉風，脹滿氣塞不通，命在須臾。一人云：惟馬行街山水李家善治，即偕往。李駭曰：證候厄甚，猶幸來此，不然難救矣。乃於笥中取一紙撚著火烟起，吹滅之，令患者張口，刺於喉間，俄出紫血半合，即時氣寬能言，及啖粥飲，糝藥傅之，立愈。士人神其技。後還鄉，一醫偶傳得此術云：咽喉病發於六府者，如引手可探及，刺破瘀血即已。若發於五藏，則受毒牢深，手法藥力難到，惟用紙撚爲第一。然不言所以用之之意，後有人拾取其殘者，蓋預以巴豆油塗，故施火即燃，藉其毒氣，徑到病所。（《類編》。）

范九思不知何許人也，業醫善針，有人母患喉生蛾，只肯服藥，不用針，無可奈何？范曰：我有藥，但用新筆點之，暗藏鈹針在筆內，刺之，蛾破血出，即愈。可見醫者，貴乎有機也。

《古今醫統大全·咽喉門·針灸法》 喉痹，《內經》灸刺有二，今以經脈所過咽喉取之驗者，及他病相干，而致喉痹，取之者通有六經也。喉前痛取手足陽明脈。

喉痹不能言，取足陽明。經曰：足陽明胃脈，從人迎前下，人迎附喉嚨，所生病者頭腫喉痹，視盛虛寒熱陷下取之。又曰：足陽明之別名曰豐隆，去踝八寸，別走太陰，其病氣逆，則喉痹卒瘖，取之所別也。

喉痹能言，取手陽明。經曰：大腸手陽明脈所生病者，喉痹，視盛虛寒熱陷下取之。

喉痹取手少陽。經曰：三焦手少陽之脈，上項，繫耳後，是動則病咽腫喉痹，視盛虛寒熱陷下取之。又云：邪客於少陽之絡，令人喉痹，刺手中指次指爪甲，去指端如韭葉，壯者立已，老者有頃已。左取右，右取左。

肝足厥陰之脈，循喉嚨之後，故喉之後痛者，取之累驗也。

腎足少陰脈上貫肝膈，循喉嚨。竇漢卿謂必注者照海，治喉口之脾塞是也。（此二經脈所過咽喉之地者也。）

大陵穴因他病相干致喉痹者，取之。經曰：心咳之狀，喉中介介梗狀，甚則咽腫喉痹，取心之俞，則大陵是也。

喉痛取足少陰腎。經曰：腎足少陰之脈，所生病者，咽腫上氣，嗌乾舌痛。又云：嗌中痛，不能納唾，時不能出唾者也。然谷之前，出血立已，左刺右，右刺左。

嗌痛取手太陽小腸。經曰：小腸手太陽之脈，是動則病嗌痛，頷腫，視虛實寒熱陷下取之也。

天柱，天突。（上穴並治喉腫，喉痛不能言。）

三間。（治喉痹，咽如梗。）行間。（治喉痹氣逆，咽如扼狀。）

少商。（治喉痹，三稜針刺出血立愈。其穴在兩手大指內側，去爪甲角如韭。）

合谷。（治喉痹針五分立愈。）陽谷，手大指甲後第一節。（或灸三壯，或刺出血，治喉痹，男灸左女灸右。）

《古今醫統大全》引《針灸直指·諸證針灸經穴》 喉痹　天突，合谷，豐隆，湧泉。（並宜針。）

《針灸大成·咽喉門》 咽喉腫痛閉塞，水粒不下　合谷，少商。兼以三稜針刺手大指背頭節上甲根下，排刺三針。

雙鵝　玉液，金津，少商。

單鵝　少商，合谷，廉泉。

咽痛　風府。

《外科正宗·咽喉治驗》 一男子素飲火酒，一時咽喉腫閉，口噤舌強，痰涎壅塞，勢頗危急，用針先刺少商二穴，（此八字徐密點。）口噤方開。以雞翎蘸桐油探吐稠痰數碗，語聲方出，仍用針刺腫上，（此六字，徐勒批曰：不得輕用。）出紫血鍾許，溫湯漱淨，冰硼散搽之，以涼膈散加芒硝、天花粉利去積熱，又服

連翹散二劑而安。

一婦人肥甚，暑熱，咽間腫痛，痰涎上壅，語聲不出，甚危，先用針刺毒血此六字徐勒。次以金鎖匙吐出稠痰五六碗，服清咽利膈散，腫痛稍減，去硝、黄再服而安。

一男子腫痛日甚，服清咽利膈藥不應，必欲作膿，用防風通聖散去硝、黄，二服，喉膿脹痛，下針便愈。此八字徐圈批曰：有膿可針。

《類經圖翼·針灸要覽·諸證灸法要穴》 喉痺喉癬 天柱，廉泉，天突，陽谷，合谷，刺五分立愈。後谿，乳蛾。三間，少商，關衝，足三里，豐隆，三陰交，行間。

《景岳全書·外科鈐古方·外科》 刺少商穴，治咽喉急痛。穴在手大指內側去爪甲角如韭葉，刺入二分許，以手自臂勒至刺處，出血即消。若重而膿成者，必須針患處，否則難治。

《採艾編翼·治證綜要·咽喉》 少商，手大指內側甲旁，用針刺出血，不宜灸。三間，食指內側，本節微前。合谷，虎口岐骨陷中。尺澤，橫紋上尖。天突，結喉下，宛宛中。腹通谷，上脘開寸半。蠡溝，內踝微前上五寸。然谷，內踝下微前，小骨陷中。足三里。

《太乙神針心法·咽喉門》 治法

喉痺 針頰車，合谷，少商，尺澤，經渠，陽谿，大陵，二間，前谷。

鼓頷 針少商。

咽中如梗 針間使，三間。

咽腫 針中渚，太谿。

咽外腫 針液門。

嚥食不下 針膻中。

咽中閉 針曲池，合谷。

咽喉腫痛閉塞，水粒不下 針合谷，少商，兼以三稜針刺手大指背頭節上，甲根下，排刺三針。

雙鵝 針玉液，金津，少商。

單鵝 針少商，合谷，廉泉。

咽痛 針風府。

《瘍科心得集·辨纏喉風虛實不同及小兒馬脾風論》 其人素有痰熱，或因飲酒過度而胃火動，或因忿怒失常而肝火動，或因房勞不節而腎火動，火動痰生，而痰熱熇灼，壅塞於咽嗌之間，火性最速，所以內外腫痛而水漿難下也。治療之法，急則治標，標者痰也。緩則治本，本者火也。或用丸散以吐痰散熱，或用鵝翎醮桐油探吐，或以銀針刺腫處出惡血，吹以冰硼散，或刺大指少商穴出血後，用湯藥以降火補虛。但治法雖多，愈者不過十之一二，醫遇此證，亦惟盡人事以待天而已。

《針灸逢源·證治參詳·咽喉病》 喉痺，俗作喉閉。閉，壅也。此證先兩日胸膈氣緊，出氣短促，驀然喉痛，手足厥冷氣閉。少商，將患者臂以手捋下十來次，取油髮繩紮大拇指，使血聚於指，刺出血，喉痺即解，男先針左，女先針右。曲池，合谷，三間，關衝，風府，天突，豐隆，隱白，竅陰。

凡咽喉腫痛閉塞，水粒不下者，兼以三稜針刺手大指背頭節上，甲根下，排刺三針。

《針灸全生·咽喉》 咽喉閉塞 照海，風池，少商，天突，商陽，十宣，後谿。

嗌痛 湧泉，然谷。

燕食不下 膻中灸。

喉痺舌卷 關衝。能言者，厲兌，衝陽，三里。不能言者，商陽，合谷，陽谿。

喉痺 少商，合谷，豐隆，湧泉，關衝，兼以三稜針刺十指背甲根下，排刺三針，出血，仍用藥吹之。

《重樓玉鑰》卷下《喉風針訣》 喉風諸證，皆由肺胃臟腑深受風邪鬱熱，風火相搏，致氣血閉澀凝滯，不能流行，而風痰得以上攻，結成種種熱毒。故宜以針法開導經絡，使氣血通利，風痰自解，熱邪外出。兼有諸藥奇方，層層調治，其證安有不效。針曰：氣針誠爲諸藥之先鋒，乃喉風之妙訣，功效可勝言哉。凡臨諸證，先從少商，少衝，合谷，以男左女右，各依針法刺之。若病重者，先從囟會，前頂，百會，後頂，風府，頰車，風池諸穴針之。留肩井，尺澤，曲澤，小海，少海，商陽，中衝，照海，足三里，隱白諸穴，看病勢輕重用之，不可一時針盡。如遇喉風極重之證，方可週身用針，開通週身經絡，使風熱結邪得殺其勢，而氣血隨能流利運行，佐以奇藥內治，自無不神效。若針路無血，乃風熱壅塞，則受鬱邪日深，最爲險證，多致不救，是科臨證，每於針下

判定吉凶，有心究此，宜細思詳察焉。

喉痹，又喉纏，喉斗底　天突，廉泉，後頂，風府，風池，合谷，商陽，中衝，少澤，少商，然谷，照海，三陽交，足三里。

《針灸便覽·中風》咽喉閉塞　少商，風池，照海。

《理瀹駢文·存濟堂藥局修合施送方并加藥法》咽喉，肺係。大腸，肺府。枳殼能利大腸。諸火證，貼喉中央，連天突穴。胸口，膻中穴。背後，第三骨節肺俞。臍上，脾爲肺母。臍下，腎爲肺子。或患處。

《針灸集成·咽喉》咽喉，前頸後咽，咽以嚥物，喉以候氣。咽接三脘以通胃，故以之嚥物。喉通五臟以系肺，故以之候氣。氣喉、穀咽是也。若腑寒則咽門破而聲嘶。

噎者，皆由於陰陽不恆，三焦隔絕，津液不利，故令人氣隔成噎也。足陽明胃經，肺經，心經，小腸經，皆絡於喉嚨，凡治者，各隨其經，應手針之，萬無一失。

咽喉不腫而熱塞，吞飲從鼻還出，久不愈，然谷，合谷，并久留針即瀉。

喉痛胸脅支滿，尺澤，太谿，神門，合谷，內關，中渚，絶骨。

《疫喉淺論·論疫喉痹至危證宜先用刺刮吐三法》疫喉痹至危證也，遍考方書無非清火化痰，開上奪下之治，如清咽利膈湯爲第一善法，但證勢稍緩者，服之無不獲效。倘證勢迅速，喉關腫閉，湯水難下，又非湯藥速能奏效者，予再四思維，必當先刺少商穴出血，以洩蓄熱，仿火鬱發之之旨也。按發者，發其汗也，出血者亦發汗之一端也。再用油錢按穴刮之，如夏令刮痧一般，使氣血經隧一齊流通，俾結熱宣散，庶腫閉可開，亦仿《內經》結者散之之意也。

經曰：凡喉閉不刺血，刺法宜慎。喉風不吐痰，喉癰不放膿，喉痺、喉蛾不針烙，針烙尤慎。此皆非法。是以予特首列各穴道圖像，并分列喉痺、悶痧兩腫針刮之法，以便有心司命者，按穴施治，以冀救人之急耳。

〔夏雲眉批〕徐靈胎先生批陳實功《外科正宗》喉論云：喉證多端，惟熱氣壅塞不通，提痰無效，乃用金針刺出紫血，以洩其火。又喉癰成膿塞住喉管，當用披針瀉其膿。除此二者，皆不可針，針者十死八九。或有病輕而不死，亦必發作幾次，而後除根，並有變成喉痺，而爲勞證者，戒之戒之。

治喉針烙雖古有成法，然亦不可輕用，故特鈔徐靈抬先生批《外科正宗》禁針法於前以俟高明採擇。春農自注。

喉痺腫閉，湯藥難下者，急取病人兩臂，捋數十次，使血聚大指上，以髮繩紮住拇指，針刺指甲裏側少商穴出血，如放痧一般，左右手皆然。再用油錢先刮風府穴，屬督脈，在項下入髮際一寸兩筋陷中，枕骨下五分是穴。繼刮兩耳後顱囟穴，屬手少陽三焦經，在兩耳後，上骨經絡間，禁刺。兩臂臑穴，屬手陽明大腸經，在臂上肩下，肘上七寸是穴。兩曲池穴，屬手陽明大腸經，即手臂灣也。兩間使穴，屬手厥陰心胞絡經，在手腕上三寸，大紋陷中。兩大陵穴，屬手厥陰心胞絡經，在掌中後兩筋間陷中，即診脈處之中。兩太淵穴，屬手太陰肺經，在掌後陷中。背後兩肺俞穴，屬足太陽膀胱經，在背上第三節，兩旁各開一寸五分。兩膏肓穴，屬足太陽膀胱經，在背脊四節下一分，五節上二分，兩旁各開三寸，禁刺。兩心俞穴，屬足太陽膀胱經在背脊第五節下兩旁各開一寸五分。兩肝俞穴，屬足太陽膀胱經，在背脊第九節下，兩旁各開一寸五分。兩胃俞穴，屬足太陽膀胱經，背脊第十二節下，兩旁各開一寸五分。兩大腸穴，屬足太陽膀胱經，在背脊第十六節下，兩旁各開一寸五分。兩膀胱俞穴，屬足太陽膀胱經，在背脊第十九節下，兩旁各開一寸五分。均刮至紅暈斑起爲度，俾經絡流通，庶喉痺腫閉自開矣。

疫痧悶伏，隱而不見，皮膚紫黑，極危極惡之證也，速用油錢刮兩肩井穴，屬足少陽膽經，手足少陽陽維之會，即肩胛上是也。兩臂臑穴，胸前紫宮穴，屬任脈，在胸前第三支肋骨中，爲肺系之中。膻中穴，屬任脈，在胸前肋骨第四支之中，兩乳中間，仰卧取之，內爲心君之所，禁刺，切切。中庭穴，屬任脈，在膻中穴下一寸六分陷中，第六支肋骨中是穴，俗云中膈是也。中脘穴，屬任脈，在臍上四寸，以線自乳頭下量至臍口，折爲兩段，居中是穴，俗云肚皮上。背後兩膏肓穴，兩腎俞穴，屬足太陽膀胱經，在背脊第十四節下，兩旁各開一寸五分。兩白環穴，屬足太陽膀胱經，在背脊二十一節下，兩旁各開一寸五分。均刮出紅暈斑起爲度，再用三指拍曲池穴，下部委中穴，屬足太陽膀胱經，即腿灣也。陽交穴，屬足少陽膽經，在膝下外踝上七寸是穴。拍出紫塊，刺出黑血，并刺兩間使穴，兩大陵穴，務要出血，無血不治。凡所刺之穴，每刺一針，刺宜橫而淺，不宜深而直，是爲切要，但喉痺之證已屬危險，再加皮膚悶痧，隱隱不見，危險至極，斷非湯藥獨能挽回。急按以上穴道針刮并舉，庶可救其萬一，想有心司命者諒毋忽諸。

《疫喉淺論·疫喉痧論治》疫喉刺法，用衣針先刺少商穴出血，以洩疫熱。再看因侯紅紫腫甬，口貴未貴，或貴而未深，頁外曼重，痰塞氣閉，易水

難受，急用喉針在喉之兩旁高腫處，刺入分許，或一二下，或二三下，喉去紫血，亦能洩熱消腫。或患者畏用針刺，可取熟開水一碗，傾豆油些許於水面，着一人取古銅錢一枚，蘸豆油，向患者項外腫處刮之，如刮痧一般，刮至皮膚紅暈斑起爲度，亦能洩熱消腫。如起紫斑，則熱極矣。另有按穴針刮兩法列前，宜酌用之爲要。

《針灸穴法》 咽喉腫痛：風府一穴，天突一穴，璇璣一穴，照海二穴。

喉痛：頰車二穴，曲池二穴，合谷二穴，少商二穴，少陽二穴。

咽喉閉塞，米粒不下：天突一穴，商陽二穴，照海二穴。

《灸法秘傳·咽喉》 咽乃飲食之道，喉乃呼吸之區，不容纖邪所客，否則遂成喉證矣。咽喉疼痛者，當灸內庭。喉瘡、喉風者，當灸天突爲亟。

《醫學衷中參西録·論喉證治法》 愚弱冠時已爲人疏方治病，然因年少，人多不相信。值里中有病喉者，延醫治療，煩愚作陪，病者喉腫甚，呼吸頗難，醫者猶重用發表之劑，而所用發表之藥又非辛涼解肌，愚甚不以爲然，出言駁之。醫者謂系纏喉風證，非發透其汗不能消腫。病家信其說，誤服其藥，竟至不救。後至津門應試，值《白喉忌表抉微》書新出，閱之，見其立論以潤燥滋陰清熱爲主，惟少加薄荷、連翹以散鬱熱，正與從前醫者所用之藥相反。因喜而試用其方，屢奏功效。後値邑中患喉證者頗多，用《白喉忌表抉微》治法，有效，有不效。觀喉中，不必發白，恒紅腫異常。有言此系爛喉痧者，又或言系截喉癰者，大抵系一時之癘氣流行而互相傳染也。其病初得，脈多浮而微數，或浮而有力，久則兼有洪象，此喉證兼瘟病也。此時愚年近三旬，臨證恒自有見解，遇脈之初，得浮數有力者，重用玄參、花粉以清其熱，牛蒡、連翹以利其喉，再加薄荷葉二錢以透其表，類能奏效。其爲日既深，脈象洪而有力者，又恒用白虎湯加銀花、連翹、乳香、沒藥治愈。爲其有截喉癰之名，間有加炙山甲，以消其癰腫者。其腫處甚劇，呼吸有窒礙者，恒先用鈹針刺出惡血，俾腫消然後服藥，針藥并施，其奏功亦愈速。然彼時雖治愈多人，而爛喉痧、截喉癰之名究未見諸書也。後讀《內經》，至《靈樞·癰疽》篇，謂癰發嗌中，名曰猛疽，猛疽不治，化爲膿，膿不瀉，塞咽，半日死。經既明言癰發嗌中，此後世截喉癰之名所由來也。至謂不瀉其膿則危在目前，是針刺瀉膿原爲正治之法。即不待其化膿，針刺以出其惡血，亦可爲正治之法矣。

《針灸摘要·腎脈》 咽喉閉塞，水粒不下 天突，商陽，照海，十宣。

《針灸摘要·衝脈》 楊氏治咽喉閉塞 少商 風池 照海 頰車

《針灸學·刺咽喉》 咽喉爲肺之關，胃之門，少陰心脈之所絡，肝經衝脈之所夾，故咽喉腫痛，未有不關係此四經者。唐容川曰：凡咽痛而聲不清利者，爲肺火，肺主氣，氣管中痛，故聲不清利。咽痛而飲食不利者，爲胃火，胃上口即食管，食管痛，故飲食不利。咽喉痛而上氣頰赤者，肝經衝脈逆上之火也。楊繼洲引張戴仁《喉痺論》曰：手少陰少陽二脈並於喉，氣熱則內結腫脹，痺而不通則死。後人強立八名，曰單乳蛾、雙乳蛾、單閉喉、雙閉喉、子舌脹、木舌脹、纏喉風、走馬喉閉。熱氣上行故傳於喉之兩旁，爲腫爲痛，以其形似，故曰乳蛾。一爲單，二爲雙。比乳蛾差小者，曰閉喉，一面爲單，兩面爲雙。熱結舌下，復生一小舌，曰子舌脹。熱結於舌中而爲腫，曰木舌脹，木者，強而不柔和也。熱結咽喉，腫繞於外，且麻且痛而大者，曰纏喉風。暴發暴者死，曰走馬喉閉。名雖不同，總不外熱結炎上之理，治之之法，刻不容緩，以其係要害機關，非惟走馬喉閉，生死在反掌。即他喉證亦皆危險可懼，稍一失治，命多不保。惟所列刺法，僅少商，合谷，豐隆，湧泉，關衝數穴，實未盡針治咽喉之義。夫少商肺之井穴也，此五穴固皆能治喉，然僅恃此五穴以治喉，恐有不能必效之勢。蓋火性炎上，各經傳送不一，有直接絡喉而爲腫痛者，亦有間接上喉而致腫痛者，各經絡與咽喉有關係者，皆能致腫痛之疾。故喉證多由肺、胃、心、肝、任、衝各經火熱所成，則針治亦宜按肺、胃、心、肝、任、衝各經施刺，係某經火熱所致，則先瀉其經之火，故有瀉少商，尺澤，經渠，列缺，魚際而愈者，病在太陰也。有瀉合谷，二間，三間，曲池，商陽，陽谿，頰車而愈者，病在陽明也。有瀉液門，中渚，關衝，外關，支溝而愈者，病在少陽厥陰也。有瀉內關，大陵間使，中衝而愈者，病在少陰也。有瀉天突，中脘，或灸膻中而愈者，病在任衝也。病非一經，則刺難預拘，審證辨脈，以爲取穴施針之訣，則喉證愈矣。至天突一穴，尤爲治喉必針之所，蓋天突位於結喉之下，距腫痛處最近，且任脈又爲陰脈之總，瀉任則是瀉各陰，故取效最多，見效亦最速。嘗以此穴針喉證，往往十愈其九，蓋瀉其近邪。再按經取穴，以除其遠邪，則腫無不消，痛無不減矣。《內經》曰：其上氣有音者，治其喉，中央在缺盆中者，其病上衝喉者，治其漸，漸者，上俠頤也。缺盆中，即天衝穴也。俠頤，爲大迎穴，胃脈也。即此可知刺喉之法矣。

《針灸學·針咽喉有真寒假熱之辨》 咽喉腫痛，或成雙單乳蛾，甚至潰

爛流出膿血者，固由熱毒上結而成。然火有虛炎，不盡實證，常有下焦陰寒積聚，火不歸原，孤陽上越而成虛火，致咽喉腫痛塞閉者。投以苦寒涼藥，服之立斃，用針者不可不審也。拘施常法，未能必效。余等嘗針一婦人喉證，喉內已成白色蛾形，點水不能下咽，手足厥逆，面青氣喘，診其脈在六次已上，已現雀啄象，頗浮大，俱謂不可爲矣。因先針天突及中脘，則針下氣平，喘減而呼吸靜矣。繼又徧針肺、胃、肝、衝各經絡，概無效驗。忽悟手足厥冷，是陰寒在下，故致孤陽上越而現雀啄脈象，虛火直衝咽喉，是陰陽不交也。下焦若得陽熱，則寒化而不隔陽矣。因取針於該婦氣海穴上，按法進針，針後即就所針穴眼上用艾續灸，灸至十餘壯後，該婦腹中作響，診其脈，變雀啄而爲緩象，且問其喉間，亦言較前減痛，因又灸十數壯，則青面突轉，兩手變溫，脈象更較緩矣。似此喉痛，實爲真寒假熱之證，稍不留意，性命立斃，可見喉證不同，拘於常法者，不可以言治喉，又可見雀啄脈尚可活，惟在醫者對證取穴，指下生春耳。

失音

《靈樞·憂恚無言》 黄帝問於少師曰：人之卒然憂恚，而言無音者，何道之塞？何氣出行，使音不彰？願聞其方。少師答曰：咽喉者，水穀之道也。喉嚨者，氣之所以上下者也。會厭者，音聲之戶也。口脣者，音聲之扇也。舌者，音聲之機也。懸雍垂者，音聲之關也。頏顙者，分氣之所泄也。橫骨者，神氣所使主發舌者也。故人之鼻洞涕出不收者，頏顙不開，分氣失也。是故厭小而疾薄，則發氣疾，其開闔利，其出氣易。其厭大而厚，則開闔難，其氣出遲，故重言也。人卒然無音者，寒氣客於厭，則厭不能發，發不能下，至其開闔不致，故無音。厭，上聲。

〔馬蒔注〕此詳言人之憂恚而無言者，以寒氣之客於會厭也。人有二喉，其一曰咽喉，乃水穀之道也，生於後，其管通於六腑。其一曰喉嚨，氣之所以上下者也，生於前，其管通於五臟。會厭者，凡人用飲食必由會厭以掩喉嚨，而後飲食可過耳，故喉嚨既爲氣之上下，則會厭爲音聲之戶口，脣爲音聲之扇，舌爲音聲之機，懸雍爲音聲之關，頏顙爲分氣之所泄，橫骨爲神氣[illegible]

鼻而誤出故耳。然人之言語所發，實以會厭爲主，厭小而薄，則發氣速，以其開闔利而出氣易也。若厭大而厚，則發氣遲，以其開闔難而出氣遲，所以言語最重也。今人卒然無音者，由夫寒氣客於會厭，則厭不能發，縱發亦不能下，其開闔頗難，所以至於無音也。

〔張介賓注〕人有二喉，一軟一鞕，軟者居後，是謂咽喉，乃水穀之道，通於六府者也。鞕者居前，是謂喉嚨，爲宗氣出入之道，所以行呼吸，通於五藏者也。其在《太陰陽明論》，則單以軟者爲咽，鞕者爲喉。故曰：喉主天氣，咽主地氣。鞕，硬同。會厭者，喉間之薄膜也。周圍會合，上連懸雍，咽喉食息之道得以不亂者，賴其遮厭，故謂之會厭。能開能闔，聲由以出，故謂之戶。脣啓則聲揚，故謂之扇。舌動則音生，故謂之機。懸雍垂者，懸而下垂，俗謂之小舌，當氣道之衝，爲喉間要會，故謂之關。頏，頸也。頏顙，即頸中之喉顙，當咽喉之上，懸雍之後，張口可見者也。顙前有竅息通於鼻，故爲分氣之所泄。頏，何朗切，又去聲。顙，思朗切。橫骨即喉上之軟骨也，下連心肺，故爲神氣所使，上連舌本，故主舉發舌機。鼻洞者，涕液流泄於鼻也，頏顙之竅不開，則清氣不行，清氣不行，則濁液聚而下出，由於分氣之失職也。疾，速也。重言，言語蹇澀之謂。不致，不能也。寒氣客於會厭，則氣道不利，既不能發物而高，又不能低抑而下，開闔俱有不便，故卒然失音。

〔張志聰注〕音聲者，五音之聲，嘹喨而有高下者也。語言者，分別清濁字面而發言而有語句。在肺主聲，心主言，肝主語，然由足少陰腎氣之所發。又曰，五者，音也，音主長夏，是音聲之道，本於五臟之氣全備，而後能音聲響喨，語句清明。故善治者，審其有音聲而語言不清者，當責之心肝；能語言而無音聲，當責之脾肺；不能語言而無音聲者，此腎氣之逆也。夫憂則傷肺，肺傷則無聲矣。恚怒傷肝，肝傷則語言不清矣。胃之上管爲咽喉，主進水穀，在喉嚨之後，肺之上管爲喉嚨，主氣之呼吸出入，在咽喉之後。會厭者，在咽喉之上，乃咽喉交會之處，凡人飲食，則會厭掩其喉嚨，而後可入於咽，此喉之上管，故爲音聲之戶，謂聲氣之從此而外出也。脾開竅於口脣，口開闔而後語句清明，故爲音聲之扇。心開竅於舌，足少陰之脈，上挾舌本，舌動而後能發言，故爲音聲之機。懸雍者，喉間之上腭，有口懸雍之下垂者，聲從此而出，故爲音聲之關。肝脈循喉嚨，入頏顙，頏

額者，腭之上竅，口鼻之氣及涕唾，從此相通，故爲分氣之所泄，謂氣之從此而分出於口鼻者也。橫骨者，在舌本內，心藏神，而開竅於舌。骨節之交，神氣之所遊行出入，故爲神氣之所使主發舌者也。蓋言橫骨若弩舌之發機，神氣之所使也。人之鼻洞涕出不收者，因頏顙不開，分氣失也。蓋以申明頏顙乃腭之上竅，口鼻之氣，及涕唾之從此而相通者也。會厭者，爲開爲闔，主聲氣之出入，是以薄小則發聲疾，厚在則開闔難，其氣出遲，故重言也。重言者，口吃而期期也。寒氣者，足少陰寒水之氣。蓋少陰之脈，上擊於舌，絡於橫骨，終於會厭，其正氣上行，而後音聲乃發。如寒氣客於厭，則厭不能發，謂不能開也。發不能下，謂不能闔也。是以至開闔不致，而無音聲矣。

黃帝曰：刺之奈何？岐伯曰：足之少陰，上繫於舌，絡於橫骨，終於會厭，兩瀉其血脈，濁氣乃辟。會厭之脈，上絡任脈，取之天突，其厭乃發也。

(馬蒔注)此言即人之無音者，而有刺之之法也。足少陰腎經所行之脈，上繫於舌，復絡於橫骨，以終於會厭，必兩次瀉其血脈，則濁氣乃辟除矣。然欲瀉其血脈者，正以此會厭之脈，上絡於任脈天突之穴，取此穴以刺之，其厭乃可發也。

(張介賓注)兩瀉者，兩足俱刺也。足少陰之血脈，當是所注之腧穴，即太谿也。然人有虛勞失音者，觀此節之義，則亦無非屬乎腎經，但其所致有漸，與此卒然者不同，其治當分補瀉耳。辟，開也。○天突爲陰維任脈之會，取之能治暴瘖。

(張志聰注)足少陰主先天之生氣，留於膻中，上出於肺，以司呼吸者，後天水穀所生之宗氣也。是以呼出心與肺，吸入下通於肝腎，呼吸定息上下之相通也。故寒氣客之，則正氣不通，而會厭失其開闔之機矣。濁氣者，寒水之濁氣也。兩瀉其血脈者，謂脈道有兩歧，一通氣於舌本，一通精液於廉泉，玉英，蓋足少陰主藏先天之精氣，而上通於空竅者也。

《太素·寒熱·寒熱雜說》 暴瘖氣鯁，取扶突與舌本出血。手陽明別走大絡，乘肩髃，上曲頰，循齒，入耳中，會宗脈，五絡皆入耳中，故耳中脈名宗脈也。所以人暴瘖氣鯁，取此手足之陽明扶突之穴，出血得已。氣在咽中，如魚鯁之狀，故曰氣鯁。舌本一名風府，在項入髮際一寸督脈上，今手陽明正經不至風府，當是耳中宗脈絡此舌本，以血有餘，故瀉出也。

《甲乙經·寒氣客於厭發瘖不能言》 故重之卒然無音者，寒氣客於厭，則厭不能發，發不能下至其機扇，機扇開闔不利，故無音，足少陰之脈上繫於舌本，絡於橫骨，終於會厭，兩瀉血脈，濁氣乃辟。會厭之脈，上絡任脈，復取之天突，其厭乃發也。

暴瘖氣硬，刺扶突與舌本出血。瘖不能言，刺腦戶。暴瘖不能言，喉嗌痛，刺風府。舌緩，瘖不能言，刺瘖門。喉痛瘖不能言，天突主之。暴瘖氣硬，喉痺咽痛，不得息，食飲不下，天鼎主之。食飲善嘔，不能言，通谷主之。瘖不能言，期門主之。暴瘖不能言，支溝主之。瘖不能言，合谷及湧泉，陽交主之。

《針灸資生經·口瘖瘂》 合谷，水溝，主瘖。承泣等，地倉，大迎，魚際，通理，主不能言。腦戶等，主瘖不能言。孔最，瘖門，療失音。風府，承漿，療瘖不能言。翳風，通理，療暴瘖不能言。【略】頰車，治失音。陰郄，治失音不能言。間使，合谷，主瘖不能言。【略】靈道，天突，天窗，治暴瘖不能言，口噤。支溝，通谷，三陽絡，治暴瘂。頰車，治牙關不開，口噤不語，失音，牙關痛，頷頰腫。日月，治言語不正。【略】風府，主舌緩，瘖不能言，舌急語難。支溝，天窗，扶突，曲鬢，靈道，主暴瘖不能言。復溜，主舌卷不能言。通理，主不能言。魚際，主痓上氣，失瘖不能言。瘂門，治頸項強，舌緩不能言，《明》云：失音不能言，舌急。瘂門，一名舌橫，一名舌厭，督脈陽維之會，入繫舌本，則是穴也，其舌本所繫歟。凡舌緩不能言者，宜治此。

廉泉，治舌下腫，難言，舌縱涎出，咳嗽上氣，喘息，嘔沫，口噤，舌根急縮，下食難。廉泉，一名舌本，蓋舌之根本也，故能治舌下腫難言，舌縱涎出，舌根急縮諸病，與《千金方》所療略同。凡有此等疾者，宜針灸此。

大迎，治舌強不能言。翳風，主不能言。

《針經摘英集·治病直刺訣》 治失音，刺任脈天突一穴，在結喉下一寸宛宛中，陰維之會，針入五分。

次針手少陰經神門二穴，在掌後兌骨之端陷中，針入三分。次針手少陽經支溝二穴，在腕後三寸兩骨之間陷中，針入三分。

次針足少陰經湧泉二穴。在足心，屈足卷指宛宛中，針入五分。如舌急不語，刺瘖門一穴，在項中央，入髮際五分宛宛中，仰頭取之，針入二分。

舌緩不語，刺風府一穴，在項髮際上一寸，大筋內宛宛中，針入三分。

《普濟方·針灸門·口瘖瘂》治不能言，穴：承泣，地倉，大迎，魚際，通里。

治瘖不能言，穴：腦戶。

療失音，穴：孔最，瘂門。

療瘖不能言，穴：風府，承漿。

治暴瘖不能言，穴：翳風，通里。

治失音，穴：聽宮。

療失瘖，穴：頰車。

治失音不能言，穴：陰郄。

治瘖不能言，穴：間使，合谷。

治暴瘖氣硬，又云暴瘖咽腫，食不下喉鳴，穴：天鼎。

治暴瘖不能言，口噤，穴：靈道，天突，天窗。

治暴瘂，穴：支溝，通谷，三陽絡。

治牙關不開，口噤不語，失音，牙關痛，頷頰腫，穴：頰車。

治言語不正，穴：日月。

治舌下腫難言，舌瘲涎出，穴：廉泉，然谷，陰谷。

治舌緩，瘖不能言，舌急語難，穴：風府。

治暴瘖不能言，穴：支溝，天窗，扶突，曲鬢，靈道。

治舌卷不能言，穴：復溜。

治不能言，穴：通里。

治瘂，上氣失瘖不能言，舌急，穴：魚際。

治頸項強，舌緩不能言，失音不能言，舌急，穴：瘂門。瘂門一名舌（本）（橫），一名舌厭，督脈陽維之會，入繫舌本，則是穴也，其舌本所繫斷，凡舌緩不能言者，宜治此。

治舌下腫，難言，舌縱，涎出，咳逆上氣，喘息嘔沫，口噤，舌根急縮，下食難，穴：廉泉。廉泉一名舌本，蓋舌之根本也，故能治舌下腫難言，舌縱涎出，舌根急縮諸病，與《千金方》所療略同，凡有此等疾者，宜針灸此穴。

治舌強不能言，穴：大迎。

《普濟方·針灸門·咽喉鳴》治咽冷聲破，穴：天窗，灸五十壯。

《神應經·鼻口部》失音不語　間使，支溝，靈道，魚際，合谷，陰谷，復溜，然谷。

《羅遺編·針灸要穴論》瘖瘂　天突，靈道，陰谷，復溜，豐隆，然谷。

《針灸集成·咳嗽》失音　魚際，合谷，間使，神門，然谷，肺俞，腎俞。

乳蛾

《神應經·咽喉部》雙鵝　玉液，金津，少商。

單鵝　少商，合谷，廉泉。

《針灸大成·治證總要》咽喉腫痛　少商，天突，合谷。

單乳蛾證　少商，合谷，海泉。

雙乳蛾證　少商，金津，玉液。

《針灸逢源·證治參詳·咽喉病》雙乳鵝　熱氣上行，腫於喉之兩旁，爲雙鵝。腫於一邊爲單鵝。此其形必圓突如乳，乃癰疽之類，結於喉間。故多致出毒，或宜刺出其血，并刺後穴。若毒未甚，膿未成者，治之自可消散。若生於咽下者，難治。金津，玉液，少商。

單乳鵝　海泉。在舌下中央脈上，一作廉泉，誤。

《針灸全生·咽喉》雙蛾　少商，金津，玉液，十宣，後谿。

單蛾　少商，合谷，廉泉，天突，關衝，後谿。甚者令病人張口，以箸壓舌，用三稜針刺腫上，多出血，仍用吹藥。

《重樓玉鑰》卷下《喉風針訣》雙單乳鵝燕口　後谿，少衝，少商，合谷，風池。

《針灸集成·咽喉》單蛾　天窗，穴在頸大筋前曲頰端下陷中，以針深刺患邊一二寸許，至喉內當處而後即出，旋使病人吞涎無礙，神效。

雙蛾　天窗，尺澤，神門，下三里，太谿，並針少商及大拇指爪甲後根，排刺三針。如病急，一日再針，神效。

《針灸穴法》單鵝，肺與三焦二經熱，喉中腫痛　天突一穴，關衝二穴，合谷二穴。

雙鵝，心肺二經熱反，喉閉不通，少商二穴，金津，玉液各二穴，針刺出血，不宜灸，十宣十穴，又男左女右，湧泉二穴，小指羅心二穴。

《針灸摘要·督脈》雙蛾風喉閉不通　少商，金津，玉液，十宣。

單蛾風喉中腫痛　關衝，列缺，合谷，太陽紫脈。

鼻　病

《千金要方·針灸下·頭面》 鼻病　神庭，攢竹，迎香，風門，合谷，至陰，通谷，主鼻鼽清涕出。

曲差，上星，迎香，素窌，水溝，齗交，通天，禾窌，風府，主鼻窒喘息不利，鼻喎僻，多涕，鼽衄有瘡。

水溝，天牖主鼻不收涕，不知香臭。

齗交主鼻中息肉不利，鼻頭額頞中痛，鼻中有蝕瘡。

承靈，風池，風門，噫嘻，後谿，主鼻衄，窒，喘息不通。

腦空，竅陰，主鼻管疽，發爲癘鼻。

風門，五處，主時時嚏不已。

肝輸，主鼻中酸。

中管，三間，偏歷，厲兑，承筋，京骨，崑崙，承山，飛揚，隱白，主頭熱鼻鼽衄。

中管，主鼻間焦臭。

復溜，主涎出，鼻孔中痛。

京骨，申脈，主鼻中衄血不止，淋濼。

厲兑，京骨，前谷，主鼻不利，涕黄。

天柱，主不知香臭。

《千金翼方·針灸上·鼻病》 鼻中擁塞，針手太陽入三分，在小指外側後一寸白肉際宛宛中。

囟一穴，主鼻塞不聞香氣，日灸二七至七百壯，初灸時痛，五十壯已去不痛，七百壯還痛即止。至四百壯漸覺鼻輕。

治鼻中息肉，灸上星二百壯，入髮際一寸。

又夾上星相去三寸，各百壯。

衄時癢，便灸足大指節横理三毛中十壯，劇者百壯，衄不止灸之，并主陰卵腫。

鼻衄不止，灸涌泉二穴百壯。

灸鼻兩孔與柱七壯，主鼻涕出不止。

鼻塞、流涕

《千金要方·鼻病》 神庭、攢竹、迎香、風行、合谷、至陰、通谷，主鼻鼽清涕出。

水溝、天牖，主鼻不收涕，不知香臭。天柱主不知香臭。

《針灸資生經·鼻塞不利》 曲差，上星，迎香，素窌，水溝，齗交，通天，禾窌，風府，主鼻塞，喘息不利，鼻喎僻多涕，鼽衄有瘡。承靈等，主鼻窒，喘息不通。厲兑，京骨，前谷，主鼻不利，涕黄。齗交，主息肉不利。天柱，主不知香臭。中管，主鼻間焦臭。眉衝，療頭痛鼻塞。《明》。玉枕，百會，明堂，當陽，臨泣，療鼻塞。迎香，療鼻息不聞香臭。風府，療鼻不得息。天牖，療鼻塞不聞香臭。至陰，治鼻塞。【略】臨泣，通天，治鼻塞悶。步郎，治鼻塞不通。臨泣，治目眩鼻塞。前谷，齗交，治鼻塞不利。承靈，治鼽衄息不利。素髎，治鼻塞息肉不消，多涕生瘡。

按《銅人》云：素髎穴，諸方闕治療法。《千金》治鼻塞息肉不消，多涕生瘡，而今之《千金》只云主鼻喎僻多涕，鼽衄有瘡。又云：主鼻窒喘息不利，與此文稍異，豈古今本不同耶。

厲兑，治惡風鼻不利。水溝等，主不知香臭。

《針灸資生經·鼻流涕》 小兒多涕，是腦門被冷風拍著及肺寒也，灸囟會三壯。《明》。明堂，療頭風多鼻涕，鼻塞，禾窌，療鼻窒口僻，鼻多清涕出，不可止，鼽衄有瘡。崑崙，療鼻衄多涕。風門，療鼻衄不止，鼻垂清涕。《下》。禾髎，治鼻洞涕生瘡。《銅》。風門，治鼻鼽出清涕。通天、承光，治口喎，鼻多清涕。前頂，治小兒鼻多清涕。神庭，治頭風目眩，鼻出清涕不止，目淚出。曲差等，主鼻喎僻多涕。復溜，主涎出鼻痛。水溝，天牖，主鼻不收涕，不知香臭。厲兑，京骨。前谷，主涕黄。素髎，治多涕。鼻中乾，鼻衄等，凡二十二病，皆灸絶骨五十壯。

執中母氏久病鼻乾，有冷氣，問諸醫者，醫者亦不曉，但云：病去自愈。既而病去，亦不愈也，後因灸絶骨而漸愈。執中亦嘗患此，偶絶骨微痛而著艾，鼻乾亦失去。初不知是灸絶骨之力，後閲《千金方》有此證，始知鼻乾之

去，因絕骨也。若鼻涕多，宜灸囟會、前頂，大人、小兒之病，初無以異焉耳。

頷厭療好嚏。《明》。風門治多涕。

《玉龍經·盤石金直刺秘傳》 鼻酸多嚏流清涕 囟會，風門。灸。

《普濟方·針灸門·鼻塞不利》 主鼻窒，喘息不通，穴：承靈。

主鼻不利，涕黃，穴：前谷，厲兌，京骨。

治不知香臭，穴：天柱。

治息肉不利，穴：齗交。

治鼻聞焦臭，穴：中脘。

療頭疼鼻塞，穴：眉衝。

療鼻塞，穴：玉枕，百會，明堂，當陽，臨泣。

療鼻息不聞香臭，穴：迎香。

療鼻不得息，穴：風府。

療鼻塞不聞香臭，穴：天牖。

治鼻塞，穴：至陰。

治鼻塞不聞香臭，穴：囟會，若是鼻塞，灸囟會日七壯，至四日漸退，五日頓愈。上星，百會，承光。

治鼻塞悶，穴：通天，臨泣。

治鼻塞不通，穴：步廊。

治目眩鼻塞，穴：臨泣。

治鼻塞不利，穴：前谷，齗交。

治鼻衄息不利，穴：承靈。

治鼻塞，息肉不消，多涕成瘡，穴：素髎。

治惡風鼻不利，穴：厲兌。

主不知香臭，穴：水溝。

《普濟方·針灸門·鼻涕出》 療頭風多鼻涕，鼻塞，穴：明堂。

療鼻窒口癖，鼻多清涕，出不可止，鼽衄有瘡，穴：禾窌。

療鼻衄多涕，穴：崑崙。

療鼻衄不止，鼻垂清涕，穴：風門。

治鼻洞涕生瘡，穴：禾髎。

治鼻鼽出清涕，穴：風門。

治口喎，鼻生清涕，穴：通天，承光。

治頭風目眩，鼻出清涕，目淚出，穴：神庭。

治鼻鼽清涕出，穴：通谷，神庭，攢竹，迎香，風門，合谷，至陰。

治鼻喎僻多涕，穴：曲差。

主鼻不收涕，不知香臭，穴：天牖，水溝。

主涕黃，穴：前谷，厲兌，京骨。

治多涕，穴：素髎。

《神應經·鼻口部》 鼻流清涕 人中，上星，風府。

鼻塞 上星，臨泣，百會，前谷，厲兌，合谷，迎香。

《針灸大成·治證總要》 鼻窒不聞香臭 迎香，上星，五處，禾髎。

問曰：此證緣何而得，針數穴皆不效？答曰：皆因傷寒不解，毒氣衝腦，或生鼻痔，腦中大熱，故得此證，復刺後穴，水溝，風府，百勞，太淵。

鼻流清涕 上星，人中，風府。

問曰：此證緣何而得？答曰：皆因傷風不解，食肉飲酒太早，表裏不解，咳嗽痰涎，及腦寒疼痛，故得此證。復針後穴，百會，風池，風門，百勞。

腦寒瀉臭 上星，曲差，合谷

問曰：此證緣何而得？答曰：皆因鼻衄不止，用藥吹入腦戶，毒氣攻上腦頂，故流鼻臭也。復刺後穴，水溝，迎香。

鼻淵鼻痔 上星，風府

問曰：針此穴未效，復刺何穴？答曰：更刺後穴，禾髎，風池，人中，百會，百勞，風門。

《類經圖翼·針灸要覽·諸證灸法要穴》 鼻塞不聞香臭 囟會，自七壯至七七壯，灸至四日漸退，七日頓愈。上星，迎香，刺。天柱，風門。

《針灸逢源·證治參詳·鼻病》 鼻塞不聞香臭 鼻司呼吸，往來不息，或因風寒閉腠理，則鼻塞不利，火鬱清道，則香臭不知，或生瘜肉而阻塞氣道，謂之鼻齆，此陽明熱滯留結也。百會，風府，百勞，上星，水溝，迎香，通天。

《針灸全生·鼻病》 不聞香臭 迎香，上星，五處，禾髎，水溝，風府，大椎，大淵。

鼻流清涕 上星，人中，風府，百會，風池，風門，大椎。

腦寒瀉臭 上星，曲差，合谷，水溝，迎香。

鼻塞 上星，臨泣，百會，前谷，厲兌，合谷，迎香。

又法：列缺，上星，風門。

清涕噴涕 神門，肺兪，太淵，三里，列缺。

鼻淵涕臭 曲差，上星，百會，風門，迎香，列缺。

瘜肉閉塞 列缺，印堂，迎香，上星，風門。

《針灸集成·鼻部》 鼻塞 百會，上星，囟會，臨泣，合谷，厲兌，幷皆灸之。

鼻不聞香臭 囟會，天柱，水溝，幷灸。

《針灸穴法》 鼻塞不聞香臭 百會一穴，上星一穴，曲池二穴，迎香二穴，合谷二穴。

鼻塞流涕 上星一穴，風府一穴，風門二穴，合谷二穴。

小兒鼻塞不聞香臭 上星一穴，風府一穴。

《針灸摘要·任脈·楊氏治證》 鼻流濁污 上星，內關，列缺，曲池，合谷。

鼻淵

《普濟方·針灸門·虛損》 治腦虛冷，腦衄，風寒入腦，久遠頭疼等疾，穴宜灸囟會。

《神應經·鼻口部》 腦瀉，鼻中臭涕出 曲差，上星。

又一法，灸項後髮際兩筋間宛宛中。

久病流涕不禁，百會。灸。

《神應經·頭面部》 腦瀉 囟會，通谷。

《奇效良方·鼻通治方》 治鼻淵腦瀉 右用生附子爲末，煨，葱涎和如泥，夜間塗湧泉穴。

《類經圖翼·針灸要覽·諸證灸法要穴》 鼻淵 上星，曲差，印堂，風門，合谷。

《羅遺編·針灸要穴論》 鼻淵 上星，曲差，印堂，風門，合谷。

《針灸逢源·證治參詳·鼻病》 鼻淵又名腦漏，鬱熱重者，時流濁涕而多臭氣，謂之鼻淵。熱微者，鼻流清涕，謂之鼽。上星，風府，曲差，人中，合谷。

《針灸全生·鼻病》 鼻淵鼻痔 上星，禾髎，人中，百會，大椎，風池，風府，風門。

《灸法秘傳·腦漏》 膽移熱於腦，腦漏黃濁之水，由鼻而出，甚則腥穢，亦有鼻塞不聞香臭者，均宜灸上星穴可也。

《針灸摘要·任脈》 鼻流涕臭，名曰鼻淵 曲差，上星，百會，風門，迎香。

《針灸學·刺鼻淵》 鼻塞腦悶流濁涕，《內經》謂爲鼻淵。得之者一時未能即愈，鼻孔發燒，不住流涕，久則鼻痛難近，甚至不可忍受。此證常有，不限時候，然諸書獨少醫治妙法者，認病未確也，亦讀《內經》疏忽之過也。夫鼻流濁涕，謂因頭腦中風所致，而用發散頭腦風藥，無效也。謂肺開竅於鼻，肺中風寒，故致鼻流濁涕，而用溫散肺經風寒諸藥，亦無效也。《醫宗金鑑》以辛夷花、薄荷、蒼耳子、枳殼等藥品治鼻淵，似較他方爲有見，然服之者亦未能藥到病除，甚至毫不見效。可見認病未確，則立方鮮驗。《內經·氣厥論》篇曰：膽移熱於腦，則辛頞鼻淵。鼻淵者，濁涕下不止也。按此膽脈起於目銳眥，上抵頭角，下耳後，循頸，行手少陽之前，腦後諸穴，如風池，腦空，承靈皆氣通於腦，故膽府有熱，上移至腦，腦熱則髓被熱蒸，從督脈下滲而爲濁涕，故俠鼻兩旁時覺辛酸也。夫鼻淵既係腦熱，腦熱又由於膽熱，則徒治頭腦未能清其源，獨理肺氣亦爲失其本，宜乎諸藥之不效也。余等刺此證，獨取膽經風池二穴而針瀉之，一時並下二針，瀉少時，則髮燥變潤，減下汗出，頭痛減而鼻涕止，直覺十服靈藥無此奇效。可見治病在尋本，本絕而標自清。又可見風池爲少陽樞轉要穴，傷寒服小柴胡湯已遲，及熱入血室者，尚可針此穴求愈，況鼻淵小病乎。

鼻衄

《靈樞·雜病》 衄而不止，衃血流，取足太陽。衃血，取手太陽。不已，刺宛骨下。不已，刺膕中出血。宛，同腕。衃，鋪杯切。

〔馬蒔注〕此言衄血者，當審其血之多寡，病之難易，而分經以刺之也。鼻中出血曰衄血。至敗惡凝聚，其色赤黑者曰衃。衃血成流，則血去多，而不止於衃血也，當取足太陽膀胱經以刺之。其膕中出血，仍是膀胱經之委

中穴也。若止曰衃血，則不成流，而去之似少也，當取手太陽小腸經穴以刺之。其腕骨下即手少陰心經之通里穴，正以心與小腸爲表裏也。

〔張介賓注〕鼻中出血曰衄，敗血凝聚，色紫黑者曰衃。衃血成流，其去多也。下云衃血，其聚而不流者也。血去多者，當取足太陽。去少者，當取手太陽宛骨下，即手太陽之腕骨穴。膕中出血，即足太陽之委中穴也。衄，女六切。衃，普杯切。

〔張志聰注〕陽絡傷則衄血，手足太陽之脈，交絡於鼻上。足太陽主水，故衃血流。手太陽主火，故衃血而不流。此邪薄於皮毛之氣分而迫於絡脈也。故取手足太陽以行氣，不已，刺手之經脈於腕骨下。不已，刺足之經脈於膕中。

《甲乙經·血溢發衄》 暴痺內逆，肝肺相薄，血溢鼻口，取天府，此爲胃之大腧，五部也。【略】衄而不止，衃血流，取足太陽。大衄衃血，取手太陽。不已，刺腕骨下。不已，刺膕中出血。衄血不止，承漿及委中主之。衄，腕骨主之。鼻鼽衄，上星主之，先取譩譆，後取天牖，風池。鼻管疽，發爲厲，腦空主之。鼻鼽不利，窒洞氣塞，喎僻多洟，鼽衄有癰，迎香主之。鼽衄洟出，中有懸癰，宿肉，窒洞不通，不知香臭，素窌主之。鼻窒口僻，清洟出，不可止，鼽衄有癰，禾窌主之。鼻中息肉不利，鼻頭頷頞中痛，鼻中有蝕瘡，齗交主之。鼻鼽不得息，不收洟，不知香臭，及衄不止，水溝主之。鼻不利，前谷主之。

《千金要方·卷六上·鼻病》 治鼻方衄 衄時癢癢，便灸足大指節橫理三毛中十壯。劇者百壯，衄不止，灸之，并治陰卵腫。

又灸風府一穴四壯，不止，又灸。

又灸涌泉二穴，各百壯。

《醫心方》卷五《治鼻衄方》 又方，灸頭頂上七壯。

《聖濟總録·治鼻疾灸刺法》 凡口鼻出血不止，名腦衄，灸上星五十壯，入髮際一寸是。

鼻衄而癢，灸足大指節橫理三毛中，十壯，劇者百壯，衄不止，灸之，并治陰卵腫。又灸風府一穴四壯，不止，再灸，又灸涌泉二穴，各百壯。

衄而不止，衃血流，取足太陽。大衄衃血，取手太陽，不已，刺腕骨下，不已，刺膕中出血。

鼻鼽衄，上星主之，先取譩譆，後取天牖，風池。

鼻鼽不利，窒(洄)〔洞〕氣(寒)〔塞〕，喎僻多洟，鼽衄有癰，迎香主之。

鼽衄洟出，中有(垂)〔懸〕癰宿肉，窒洞不通，不知香臭，素髎主之。

鼻窒口僻，清洟出不可止，鼽衄有癰，禾髎主之。

鼻鼽不得息，不收洟，不知香臭，及衄不止，水溝主之。

《醫說·針灸·灸鼻衄》 徐德占教衄者，急灸項後髮際兩筋間宛宛中，三壯立止。蓋血自此入腦，注鼻中，常人以線勒頸後尚可止衄，此灸決效無疑。

《針灸資生經·鼻衄》 神庭等，主鼻鼽。曲差等，主鼽衄有瘡。承靈，風池，風門，譩譆，後谿，主鼻衄，窒，喘息不通。中管，三間，偏歷，厲兌，承筋，京骨，崑崙，承山，飛揚，隱白，主頭熱鼽衄。京骨，申脈，主衄不止，淫濼。郄門，主衄血嘔血。隱白，委中，主衄血劇不止。涌泉，主衄不止。【略】上髎，後谿，風府，治鼻衄。瘂門，治諸陽熱氣盛，衄血不止。通天，治衄血頭重。禾髎，兌端，勞宮，治衄血不止。曲泉，隱白，譩譆，陰郄，迎香，治衄血。偏歷，合谷，上間，崑崙，通谷，治鼽衄。曲泉，治衄血喘呼，小腹痛攻咽喉。太谿，隱白，風門，兌端，腦空，療衄血不止。禾窌，療鼽衄有瘡。《明》。攢竹，療鼽衄。巨窌，療鼻準上腫癰痛。治口鼻出血不止，名腦衄，灸上星五十壯。《集效》。

執中母氏忽患鼻衄，急取藥服，凡平昔與人服有效者，皆不效，因閱《集效方》云：口鼻出血不止，名腦衄，灸上星五十壯。尚疑頭上不宜多灸，只灸七壯而止，次日復作，再灸十四壯而愈。有人鼻常出膿血，予教灸囟會，亦愈。則知囟會，上星皆治鼻衄云。

鼻衄等，灸絶骨。前谷，治衄血。譩譆，治溫瘧，肩背痛，目眩鼻衄，喘逆腹脹，肩膊內廉痛，不得俛仰。風門，治鼻鼽。【略】又灸風府一穴四壯，不止，又灸。或灸涌泉各百壯。

《備急灸法·鼻衄》 徐文伯治卒然鼻中血出不止，病名鼻衄。用細索，如左孔衄，縛右足，右孔衄，縛左足，各小指。兩孔俱衄，則俱縛兩足各小指。如婦人札腳者，縛膝腕。若衄多不止者，握手屈大指，灸骨端上三炷，炷如粟米大。

《針經摘英集·治病直刺訣》 治鼻衄不止，刺督脈瘖門一穴，手陽明經合谷二穴，足陽明經內庭二穴，足大指次指外間陷中。

《普濟方·針灸門·鼻痛》 療鬼擊鼻出血，穴：人中，水分，陰交。灸。

《普濟方·針灸門·鼻衄》 治鼻鼽，穴：神庭。治鼻衄有瘡，穴：曲差。

治鼻衄，窒喘息不通，穴：承靈，風池，風門，噫嘻，後谿。

治頭熱鼽衄，穴：中脘，又云：中脘主鼻間焦臭。三間，偏歷，厲兌，承筋，京骨，崑崙，承山，飛揚，隱白。

治鼻中衄血不止，淋濼，穴：京骨，申脈。

主衄血嘔吐，穴：郄門。

治衄血劇不止，穴：隱白。

治衄不止，穴：湧泉。

主鼻不得息，及衄不止，穴：水溝，天牖。

治衄血不止，穴：天府，針四分。

治鼻衄，穴：上髎，後谿，風府。

治諸陽熱氣盛，衄血不止，穴：瘂門。

治衄血頭重，穴：通天。

治衄血不止，穴：禾髎，兌端，勞宫。

治衄血，穴：曲泉，隱白，噫嘻，陰郄，迎香。

治衄血，穴：偏歷，合谷，二間，崑崙，通谷。

治衄血喘呼，小腹痛攻咽喉，穴：曲泉。

療衄血不止，穴：太谿，隱白，風門，兌端，腦空。

療鼽血有瘡，穴：禾窌。

療鼽衄，穴：攢竹。

治鼻出血不止，名腦衄，穴：上星。灸五十壯。

治鼻衄，穴：絕骨。

治衄血，穴：前谷。

治溫瘧，肩背痛，目眩鼻衄，喘逆腹脹，肩膊內廉，痛不可俛仰，穴：噫嘻。

治鼻鼽，穴：風門。

治衄時癢癢不止，灸足大指節，横理三毛中十壯，劇者百壯。衄不止，灸之差，并治陰卵腫。又灸風府一穴四壯。不止，又灸。或灸湧泉二穴，各一百壯。又以弓張弦向上，病人仰卧，枕弦上，四體如常卧法。

治衄而下血，血流，取足太陽。大衄血，取手太陽。不已，刺腕骨下。不已，刺膕中出血。

治鼻衄不止，穴：合谷，內庭，瘂門。

治鼻衄漏血不止，項後髮際兩筋間陷者中，三壯止。又云：灸髮際一穴，五七壯，麥粒大。

治卒鼻衄，灸手大指端骨七壯，隨衄左右。療此壯數外，則立瘥。

治脈浮大，鼻中燥，如此，必去血鼻衄，灸兩臂中脈取止。取臂脈法，以鼻嗅臂，點其鼻所着處是穴，兩臂皆爾。

《神應經·鼻口部》 衄血 風府，曲池，合谷，三間，二間，後谿，前谷，委中，申脈，崑崙，厲兌，上星，隱白。

鼽衄 風府，二間，迎香。

鼻衄 上星，灸二七壯。絕骨，囟會。

《古今醫統大全》引《針灸直指·諸證針灸經穴·鼻衄》 上星，百會，百勞。並宜灸。

《壽世保元·灸法》 一論衄血良法 項後髮際兩筋間宛宛中，灸三壯，立止。凡衄血，自此入腦注鼻，實妙法也。

一治衄秘法 急用綿一條纏足小指，左孔取左，右孔取右，俱出則俱聽取，於指頭上灸三壯，如綠豆大。若衄多時不止者，屈手大指，就骨節尖上，灸各三壯，左取右，右取左，俱衄則俱取。

《針灸大成·治證總要》 鼻衄不止 合谷，上星，百勞，風府。問曰：此證緣何而得出血不止？答曰：血氣上壅，陰陽不能升降，血不宿肝，肝主藏血，血熱妄行，故血氣不順也。針前不效，復刺後穴，迎香，人中，印堂，京骨。

《景岳全書·雜證謨·鼻證》 囟會，灸七壯，治鼻齇、鼻痔。上星，三壯、七壯，治濁涕。通天，灸七壯，灸後，鼻出鼻積方愈。迎香，治鼻塞多涕。人中，風府，百會，風池，大椎，曲差，合谷。並治鼻流臭穢。

《太乙神針心法·鼻口門》 治法

衄血 針風府，曲池，合谷，三間，二間，後谿，前谷，委中，申脈，崑崙，厲兌，上星，隱白。

鼽衄 針風府，二間，迎香。

鼻塞 針上星，臨泣，百會，前谷，厲兌，合谷，迎香。

鼻流清涕　針人中，上星，風府。

腦漏，鼻中臭涕出　針曲差，上星。

鼻衄　針上星，二七。絶骨，囟會。又一法，灸項後髮際，兩筋間宛宛中。

久病流涕不禁　針百會。

《針灸逢源·證治參詳·鼻病》　鼻衄　上星，風府，血由此而入腦注鼻，灸三壯立止。二間，合谷，隱白。

又用蒜一頭搗如泥，作餅如錢大，一分厚，貼腳心，左衄貼右，右衄貼左，兩孔俱出，左右俱貼，即止。

《針灸全生·鼻病》　鼻衄不止　合谷，上星，大椎，風府，迎香，人中，印堂，京骨。又法：上星，二七壯。懸鐘，囟會。又：灸項後髮際兩筋間宛宛中。又法：風府，曲池，合骨，二間，三間，後谿，前谷，委中，出血。申脈，崑崙，厲兌，上星，隱白，腕骨，出血。

鼻衄不止　少澤，心俞，膈俞，湧泉，外關。又法　風府，二間，迎香。

暴熱血溢口鼻　天府。

《針灸便覽·中風》　衄血　上星，大椎，風門，脊骨。

鼻衄不止　少澤，心俞，膈會，風府。**《針灸集成·鼻部》**　鼽衄，水出曰鼽，血出曰衄。風府，迎香，上星，二七壯。太衝，絶骨，合谷，大陵，尺澤，神門。

衄血不止，瘖不能言，肝俞，合谷，間使，太谿，靈道，風府，太衝。

《針灸穴法》　鼻血不止　少澤二穴，心俞二穴，隔俞二穴，湧泉二穴。

鼻血不止　足公二節髮際處是穴，左患右灸，左右俱患兩邊灸。又手上天府二穴。

《灸法秘傳·鼻血》　鼻血者，因於肺肝有火也。肺竅在鼻，肝臟藏血，二經有火內熾，則血沸騰，乘鼻竅而出者也。急宜灸合谷穴一壯。

鼻息肉

《千金要方·竅病下·鼻病》　鼻中息肉，灸上星三百壯。穴在直鼻入髮際一寸。

又灸俠上星兩傍相去三寸，各一百壯。

《針灸資生經·鼻有息肉》　腦空主鼽鼻。鼻中息肉，灸上星二百壯。又灸俠上星兩傍，相去三寸，各一百壯。

齗交，治鼻中息肉，蝕瘡。素髎，治息肉不消，多涕生瘡。禾髎，療鼽衄有瘡。《明》。巨窌，療鼻準上腫癰痛。《單方歌》云：狗頭灰方寸，丁香半錢匕，細研吹鼻中，息肉化爲水。

《聖濟總録·治鼻疾灸刺法》　鼻中瘜肉不利，鼻頭頞額中痛，鼻中蝕瘡，齗交主之。

《普濟方·針灸門·鼻有息肉》　治鼻中息肉，不利，鼻頭額頞中痛，鼻中有瘡，穴：齗交。

治鼻臭，穴：腦空。

治鼻有息肉，不聞香臭，衄血，穴：迎香。

治鼻中息肉蝕瘡，穴：齗交

治息肉不消，多涕成瘡，穴：素髎。

治鼻中息肉，穴：囟會，灸七壯。又通天灸七壯，左臭灸右，右臭灸左，左右臭皆灸之。曾用此法，灸數人，皆於鼻中去臭積一塊，如朽骨，臭不可言，去此全愈。

《神應經·鼻口部》　鼻有瘜肉　迎香。

《名醫類案·鼻》　狄梁公性好醫藥，尤妙針術，顯慶中應制入關，路旁大榜云：能療此兒，酬絹千匹，有富室兒鼻端生贅如拳石，綴鼻根，蒂如筋，痛楚危亟。公爲腦後下針，疣贅應手而落，其父母輩千縑奉酬，公不顧而去。《集異記》

《類經圖翼·針灸要覽·諸證灸法要穴》　鼻瘜鼻痔　上星，流清濁涕。曲差，迎香，刺。囟會，七壯，鼻癰鼻痔。通天，七壯，鼻中去臭積一塊，即愈。百會，風池，風府，人中，大椎。上穴皆治前證。

《採艾編翼·治證綜要·鼻》　鼻痔瘜鱔紅，俱肺火，宜清肺，託之大腸。通天，瘜肉，齗交，唇內齒上筋中，點烙可。

《羅遺編·針灸要穴論》　鼻瘜，鼻痔　上星，流清濁涕。曲差，迎香，刺。囟會，七壯，鼻癰鼻痔。通天，七壯，鼻中去臭積一塊即愈。百會，風池，風府，人中，大椎。上穴皆治前證。

《針灸逢源·證治參詳·鼻病》　鼻痔瘜肉　通天，囟會。各灸七壯效。

《針灸集成·鼻部》 鼻中瘜肉　上星百壯，迎香，合谷，神門，肺俞，心俞，尺澤，囟會。

《針灸摘要·任脈》 鼻生瘜肉，閉塞不通　印堂，迎香，上星，風門。

其他鼻病

《聖濟總録·治鼻疾灸刺法》 鼻管疽發爲厲鼻，腦空主之。

《針灸資生經·鼻痛》 腦空，竅陰，主鼻管疽發爲厲鼻。復留，主涎出，鼻中痛。巨髎，治面風寒，鼻頔上腫，癰痛。肝俞，主鼻中酸。斷交主額頞中痛。巨窌療鼻準上腫癰痛。鬼擊鼻出血，灸人中并水分、陰交。

《玉龍經·盤石金直刺秘傳》 鼻中生瘡　少商。出血。

《世醫得效方·鼻瘡》 灸法　囟會，在鼻心直上入髮際二寸，再容豆是穴，灸七壯。又灸通天，在囟會上一寸兩傍各一寸，灸七壯，左臭灸左，右臭灸右，俱臭俱灸。曾用此法灸數人，皆於鼻中去臭積一塊如朽骨，臭不可言，去此全愈。

凡鼻頭微白者，亡血也。赤者，血熱也，酒客多有之。若時行衄血，不宜斷之，或出至一二升不已，即以龍骨爲末吹入。凡九竅出血，皆用此法，甚良。

《普濟方·針灸門·鼻涕出》 治鼻中乾，鼻衄等，凡二十二病，穴：絕骨，皆灸五十壯。

治多嚏，穴：風門。

治時時嚏不已，穴：風門，五處。

療好嚏，穴：頷厭。

《普濟方·針灸門·鼻痛》 主鼻管疽發爲癘鼻，穴：腦空，竅陰。

治涎出鼻中痛，穴：復溜。

治面風寒，鼻頔上腫，壅痛，穴：巨髎。

治鼻中酸，穴：肝俞。

治額頞中痛，穴：斷交。

療鼻準上腫癰痛，穴：巨窌。

頷面病

《聖濟總録·治癰疽瘡腫灸刺法》 頭大浸潭，一作浸淫。間使主之。

《針經摘英集·治病直刺訣》 治頷腫如升，喉中閉塞，水粒不下，以三稜針刺手太陰經少商二穴，微出血，洩諸陽臟熱湊，在手大指端內側，去爪甲角如韭葉。兼刺手大指背頭節上，以三稜針排刺三針，出血佳。次針手太陽經陽谷二穴，而愈。在手外側腕中兌骨之下陷中，針入三分。

《普濟方·針灸門·面腫》 治頭風面虛腫，穴：上星，天牖。

治目眩面腫，及治面赤暴腫，穴：囟會。

治面赤腫，穴：前頂。

治頭面浮腫，痛引目外眥上赤痛，穴：目窗。

治頭面浮腫，穴：完骨。

治面腫唇動，狀如蟲行，穴：水溝。風水面腫，針此穴出水盡，頓愈。

治面癢腫，穴：迎香。

治風壅面浮腫，目不得閉，唇吻瞤動不止，穴：大迎，針之頓愈。

治面浮腫，唇吻不收，瘖不能言，口噤不開，穴：合谷。

治面虛腫，穴：溫溜。

治面腫，穴：豐隆，承漿，陽交。

治寒瘧面腫，足䯒寒，穴：厲兌。

治面目浮腫，穴：陷谷。

治飲酒面赤，穴：百會。

治頭風面赤，穴：解谿。

治面赤腫頭痛，穴：腦戶。

療面浮腫，穴：厲兌。

療面腫，穴：水溝，天牖。

療頭面虛腫，穴：陷谷。

療肺風面赤，目視䀮䀮，項強不得顧，面腫皮軟，腦疼，穴：風池。

治面赤腫，穴：上星，囟會，前頂，腦戶，風池。

治卒面腫，穴：陷谷，上星，囟會，前頂，公孫。

治面腫，穴：陷谷，陽陵泉，天樞，中府，解谿。

有人因入水得水腫，四肢皆腫，面亦腫，人爲灸水分，并氣海。翌朝，視其面如削矣。恐面腫亦可灸水分云。

《普濟方·針灸門·面痛》 治面赤目黄，穴：腦戶。

治面倉黑，穴：行間。

治面塵黑，穴：太衝。

療冷病面黑，穴：氣海。

療面黄黑，穴：腎俞。

治面黑，穴：關衝。

治顳顬痛，頷顱熱痛面赤，穴：中渚。

治面皮赤痛，穴：懸釐。

治面赤熱，穴：腎俞，内關。

治面皮熱，穴：天窗，天突。

治面膚赤腫，穴：懸顱。

治面赤，穴：支溝，間使，液門。

治面赤，穴：解谿。

治目眩面腫，穴：囟會。

治目眩，面赤腫，小兒頂腫，穴：前頂。

《普濟方·針灸門·唇頰腫痛》 治頷頰腫，穴：俠谿，和髎，頰車。

治頷頰腫，引牙車不得開，急痛，口噤不能言，穴：曲鬢。

治頰腫，穴：完骨。

治頰頷腫，穴：大迎。

治脱頷頰腫，穴：翳風。

治頸項腫，寒熱，穴：腕骨，陽谷。

治頷腫，穴：支正。

治頰頷腫，瘰癧，穴：手三里。

治肥頷腫，穴：少商。

治頤頷腫，齒痛惡寒，肩背急，相引缺盆痛，目青盲，穴：商陽，灸三壯，右取左，左取右，食頃立已。

治頰腫痛，穴：天窗。

治頰痛，穴：攢竹。

治面腫唇動，葉葉肺氣，狀如蟲行，及治不能言，口噤不開，穴：水溝。

《神應經·頭面部》 面腫　水溝，上星，攢竹，支溝，間使，中渚，液門，解谿，行間，厲兑，譩譆，天牖，風池。

面癢腫　迎香，合谷。

面腫項強，鼻生息肉　承漿。三分，推上復下。

頭腫　上星，前頂，大陵，出血。公孫。

頰腫　頰車。

頤頷腫　陽谷，腕骨，前谷，商陽，丘墟，俠谿，手三里。

頭目浮腫　目窗，陷谷。

面浮腫　厲兑。

面腫　灸水分。

風動如蟲行　迎香。

《神應經·咽喉部》 鼓頷　少商。

針灸總部

歌賦部

經絡歌賦分部

綜述

《醫經小學·經絡第三·十二經脈》手太陰肺中焦生，下絡大腸出賁門。上膈屬肺從肺系，系橫出腋臑中行。肘臂寸口上魚際，大指內側爪甲根。支絡還從腕後出，接次指屬陽明經。此經多氣而少血，是動則病喘與咳。肺脹膨膨缺盆痛，兩手交瞀爲臂厥。所生病者爲氣嗽，喘渴煩心胸滿結。臑臂之內前臁痛，小便頻數掌中熱。氣虛肩背痛而寒，氣盛亦疼風汗出。欠伸少氣不足息，遺矢無度溺變別。

陽明之脈手太陽，次指內側起商陽。循指上廉出合谷，兩筋岐骨循臂肪。入肘外廉循臑外，肩端前廉柱骨傍。從肩下入缺盆內，絡肺下膈屬大腸。支從缺盆直上頸，斜貫頰前下齒當。環出人中交左右，上俠鼻孔注迎香。此經氣盛血亦盛，是動頸腫幷齒痛。所主病者爲鼻衄，目黃口乾喉痺生。大指次指難爲用，肩前臑外痛相仍。

胃足陽明交鼻起，下循鼻外上入齒。還出俠口繞承漿，頤後大迎頰車裏。耳前髮際至額顱，支下人迎缺盆底。下膈入胃絡脾宮，直者缺盆下乳內。一支幽門循腹裏，下行直合氣街中。遂由髀關抵膝臏，䯒跗中指內間同。一支下膝注三里，前出中指外間通。一支別走足跗指，大指之端經盡已。此經多氣復多血，是動欠伸面顏黑。凄凄惡寒畏見人，忽聞木音心震懾。登高而歌棄衣走，甚則腹脹仍賁響。凡此諸疾皆骭厥。所生病者爲狂瘧，濕溫汗出鼻流血。口喎唇胗又喉痺，膝臏疼痛腹脹結。氣膺伏兔䯒外廉，足跗中指俱痛徹。有餘消穀溺色黃，不足身前寒振慄。胃房脹滿食不消，氣盛身前皆有熱。

太陰脾起足大指，上循內側白肉際。核骨之後內踝前，上腨循䯒經膝裏。股內前廉入腹中，屬脾絡胃與膈通。俠喉連舌散舌下，支絡從胃注心宮。此經氣盛而血衰，是動其病氣所爲。食入即吐胃脘痛，更兼身體重難移。腹脹善噫舌本強，得後與氣快然衰。所生病者舌亦痛，體重不食亦如之。煩心心下仍急痛，泄水溏瘕寒瘧隨。不卧強立股膝腫，疸發身黃大指痿。

手少陰脈起心中，下膈直與小腸通。支者還從心系走，直上咽喉繫目瞳。直者上肺出腋下，臑後肘內少海從。臂內後廉抵掌後，兌骨之端注少衝。多氣少血屬此經，是動心脾痛難任。渴欲飲水咽乾燥，所生脇痛目如金。臑臂之內後廉痛，掌中有熱向中尋。

手太陽經小腸脈，小指之端起少澤。循手外側出踝中，循臂骨出肘內側。上循臑外出後廉，直過肩解繞肩甲。交肩下入缺盆內，向腋絡心循咽嗌。下膈抵胃屬小腸，一支缺盆貫頸頰。至目銳眦卻入耳，復從耳前仍上頰。抵鼻升至目內眦，斜絡於顴別絡接。此經少氣還多血，是動則病痛咽嗌。頷下腫兮不可顧，肩如拔兮臑似折。所生病主肩臑痛，耳聾目黃腫腮頰。肘臂之外後廉痛，部分猶當細分別。

足經太陽膀胱脈，目內眦上起額尖。支者巔上至耳角，直者從巔腦後懸。絡腦還出別下項，仍循肩髆俠脊邊。抵腰膂腎膀胱內，一支下與後陰連。貫臀斜入委中穴，一支髆內左右別。貫胂俠脊過髀樞，髀外後廉膕中合。下貫踹內外踝後，京骨之下指外側。是經血多氣猶少，是動頭疼不可當。項如拔兮腰似折，髀強痛徹脊中央。膕如結兮腨如裂，是爲踝厥筋乃傷。所生瘧痔小指廢，頭囟項痛目色黃。腰尻膕腳痛連背，淚流鼻衄及顛疾。

足經腎脈屬少陰，小指斜趣湧泉心。然谷之下內踝後，別入跟中腨內侵。出膕內廉上股內，貫脊屬腎膀胱臨。直者屬腎貫肝膈，入肺循喉舌本尋。支者從肺絡心內，仍至胸中部分深。是經多氣而少血，是動病饑不欲食。喘嗽唾血喉中鳴，坐而欲起面如垢。目視䀮䀮氣不足，心懸如饑常惕

暢。所生病者爲舌乾，口熱咽痛氣賁逼。股內後廉并脊疼，心腸煩痛疸而澼。痿厥嗜卧體怠惰，足下熱痛皆腎厥。

手厥陰心主起胸，屬包下膈三焦宮。支者循胸出脇下，脇上連腋三寸同。仍上抵腋循臑內，太陰少陰兩經中。指透中衝支者別，少指次指絡相通。是經少氣原多血，是動則病手心熱。肘臂攣急腋下腫，甚則胸脇支滿結。心中澹澹或大動，善笑目黃面赤色。所生之者爲煩心，心痛掌中熱之病。

手經少陽三焦脈，起自小指次指端。兩指岐骨手腕表，上出臂外兩骨間。肘後臑外循肩上，少陽之後交別傳。下入缺盆膻中分，散落心膈膏裏穿。支者膻中缺盆上，上項耳後耳角旋。屈下至頤仍注頰，一支出耳入耳前。卻從上關交曲頰，至目銳眦乃盡焉。是經少血還多氣，是動耳鳴喉腫痺。所生病者汗自出，耳後痛兼目銳眦，肩臑肘臂外皆疼，小指次指亦如廢。

足脈少陽膽之經，始從兩目銳眦生。抵頭循角下耳後，腦空風池次第行。手少陽前至肩上，交少陽右上缺盆。支者耳後貫耳內，出走耳前銳眦循。一支銳眦大迎下，合手少陽抵項根。下加頰車缺盆合，入胸貫膈絡肝經。屬膽仍從脇裏過，下入氣街毛際縈。橫入髀厭環跳內，直入缺盆下腋膺。過季脇下髀厭內，出膝外廉是陽陵。外輔絕骨踝前過，足跗小指次指分。一支別從大指去，三毛之際接肝經。此經多氣乃少血，是動口苦善太息。心脇疼痛難轉移，面塵足熱體無澤。所生頭痛連銳眦，缺盆腫痛并兩腋。馬刀挾癭生兩旁，汗出振寒痎瘧疾。胸脇髀膝至胻骨，絕骨踝痛及諸節。

厥陰足脈肝所終，大指之端毛際叢。足跗上廉太衝分，踝前一寸入中封。上踝交出太陰後，循膕內廉陰股充。環繞陰器抵少腹，俠胃屬肝絡膽逢。上貫膈裏布脇肋，俠喉頏顙目繫同。脈上巔會督脈出，支者還生目系中。下絡頰裏環唇內，支者便從膈肺起。此經血多氣少焉，是動腰疼俯仰難。男疝女人少腹腫，面塵脫色及咽乾。所生病者爲胸滿，嘔吐洞泄小便難。或時遺溺并狐疝，臨證還須子細看。

《醫經小學·經絡第三·十二經本一脈》 中焦肺起脈之宗，出手大指之端衝。大腸即手起次指，上行環口交鼻裏。胃經源又下鼻交，出足大指之端饒。脾脈就足指端上，注於心中少陰向。心經中之入掌循，手內端出小指行。小腸從手小指起，上斜絡干目內眦。膀胱經就目內生，至足小指外側窮。腎脈動於小指下，起注胸中過腹胯。心包出處又屬胸，循手小指次指終。三焦向手次指側，環走耳前目銳息。膽家接生目銳傍，走足大指三毛間。足肝就起三毛際，注入肺中循不已。

《醫經小學·經絡第三·十五絡脈》 人身絡脈一十五，我今逐一從頭舉。手太陰絡爲列缺，手少陰絡即通里。手厥陰絡爲內關，手太陽絡支正是。手陽明絡偏歷當，手少陽絡外關位。足太陽絡號飛陽，足陽明絡豐隆記。足少陽絡爲光明，足太陰絡公孫寄。足少陰絡名大鐘，足厥陰絡蠡溝配。陽督之絡號長強，陰任之絡爲尾翳，脾之大絡爲大包，十五絡名君須記。

《醫經小學·經絡第三·經脈流注》 肺寅大卯胃辰經，脾巳心午小未中。申膀酉腎心包戌，亥三子膽丑肝通。

十二經納甲

甲膽乙肝丙小腸，丁心戊胃己脾鄉。庚屬大腸辛屬肺，壬屬膀胱癸腎臟。三焦亦向壬中寄，包絡同歸入癸方。

《針灸大全·奇經八脈周身交會歌》 督脈起自下極腧，並與脊裏上風府，過腦額鼻入齗交，爲陽脈海都綱要。任脈起於中極底，上腹循喉承漿裏，陰脈之海任所爲。衝脈出胞至胸止，從腹會咽絡口唇，女人成經爲血室，脈並少陰之腎經，與任督本於會陰，三脈並起而異行。陽蹻起足跟之底，循外踝上入風池。陰蹻內踝循喉嗌，本是陰陽脈別支。諸陰會起陰維脈，發足少陰築賓郄。諸陽會起陽維脈，太陽之郄金門是。帶脈周回季脇間，會於維道足少陽。所謂奇經之八脈，維系諸經乃順常。

《經絡彙編·十二經氣血多少歌》 多氣多血惟陽明，少氣太陽同厥陰，二少太陰常少血，六經氣血須分明。

《十四經絡歌訣圖》 多氣多血經須記，大腸手經足胃經。少血多氣有六經，三焦膽腎心脾肺。多血少氣心包絡，膀胱小腸肝所异。

《醫學實在易·十二經詩》 手三陰從臟行於手，從手行頭是手三陽，足之三陽從頭走足，足三陰從足上腹要參詳。手太陰肺經、手少陰心經、手厥陰心包經皆從臟走至手。手陽明大腸經、手太陽小腸經、手少陽三焦經皆從手走至頭。足太陽膀胱經、足少陽膽經、足陽明胃經皆從頭下走至足。足太陰脾經、足少陰腎經、足厥陰肝經皆從足上走入腹。十二經外，又有督脈起自屏翳穴，至唇內上齦交穴止，任脈起自會陰穴至下齦交

穴止，合上十二經共十四經。

《神灸經綸·十二經脈起止》經始太陰，而厥陰最後，穴先中府，而終則期門。原夫肺脈，胸中始生，出腋下而行於少商，絡食指而接手陽明。大腸起自商陽，終迎香於鼻外，胃歷承泣而降，尋厲兌於足經。脾自足之隱白，趨大包於腋下。心由極泉而出，注小指之少衝。小腸兮起端於少澤，維肩後上絡乎聽宮。膀胱穴自睛明，出至陰於足外。腎以湧泉發脈，通俞府於前胸。心包起乳後之天池，絡中衝於手中指。三焦始名指之外側，從關衝而絲竹空。膽從童子髎空連竅陰於足之四指。肝因大敦而上至期門，而復歸太陰以終。

腧穴歌賦分部

綜　述

《醫經小學·經絡第三·經脈交會八穴》公孫衝脈胃心胸，內關陰維下總同。臨泣膽經連帶脈，陽維目鋭外關逢。後谿督脈內眦頸，申脈陽蹻絡亦通。列缺肺任行肺系，陰蹻照海膈喉嚨。

經穴起止

手肺少商中府起，大腸商陽迎香二。足胃厲兌頭維三，脾部隱白大包四。膀胱睛明至陰間，腎經湧泉俞府位。心包中衝天池隨，三焦關衝耳門繼。膽家竅陰瞳子窌，厥陰大敦期門至。手心少衝極泉來，小腸少澤聽宮去。十二經穴始終歌，學者銘於肺腑記。

十二經井滎腧經合穴

少商魚際與太淵，經渠尺澤肺相連。商陽二三間合谷，陽谿曲池大腸原。少衝少府屬於心，神門靈道少海尋。少澤前谷後谿腕，陽谷小海小腸經。大敦行間太衝看，中封曲泉屬於肝。竅陰俠谿臨泣膽，丘墟陽輔陽陵泉。隱白大都太白脾，商丘陰陵切要知。湧泉然谷太谿穴，復溜陰谷腎之經。厲兌內庭陷谷胃，衝陽解谿三里隨。至陰通谷束京骨，崑崙委中是膀胱。中衝勞宮心包絡，大陵間使曲澤傳。焦關衝液門中渚，陽池支溝天井源。

《醫經小學·經絡第三·周身經穴賦》手太陰兮大指側，少商魚際兮太淵穴。經渠兮列缺，孔最兮尺澤。俠白共天府爲鄰，雲門與中府相接。

手陽明兮大腸之經，循商陽兮二三而行。歷合谷陽谿之腧，過偏歷溫溜之濱。下廉上廉，三里而近，曲池肘髎，五里之程。臑髃上於巨骨，天鼎紆乎扶突。禾髎脣連，迎香鼻迫。

胃乃足之陽明，厲兌趨乎內庭。過陷谷衝陽之分，見解谿豐隆之神。下巨虛兮條口陳，上巨虛兮三里仍。犢鼻引入於梁丘陰市之下，伏兔上貫於髀關氣衝之經。歸來兮水道，大巨兮外陵，；運天樞兮滑肉，禮大一兮關門。梁門兮承滿，不容兮乳根。乳中之膺窗屋翳，庫房之氣戶缺盆。氣舍水突、人迎大迎。地倉兮巨髎續，四白兮承泣分。御頰車於下關，張頭維於額垠。

足太陰兮脾中州，隱白出兮大指頭。赴大都兮瞻太白，訪公孫兮至商丘。越三陰之交，而漏谷地機可即。步陰陵之泉，而血海箕門是求。入衝門兮府舍軒豁，解腹結兮大橫優游。腹哀食竇兮，接天谿而同流。胸鄉周榮兮，綴大包而如鈎。

迨夫眞心，爲手少陰。少衝出乎小指，少府直乎神門。陰郄通理兮，靈道非遠；少海青靈兮，極泉何深。

手之太陽，小腸之榮。路從少澤，步前谷後谿之隆。道遵腕骨，觀陽谷養老之崇。得支正於小海，逐肩貞以相從。值臑腧兮遇天宗，乘秉風兮曲垣中。肩外俞兮肩中俞，啓天窗兮見天容。匪由顴髎，曷造聽宮。

足膀胱兮太陽，交背部之二行。窮至陰於通谷之口，尋束骨於京骨之鄉。申脈命僕參以前導，崑崙闢金門於踝傍。奮跗陽飛陽之志，轉承山承筋之行。至於合陽，委中委陽，浮郄殷門以岐往，承扶秩邊而胞肓。入志室兮肓門胃倉，開意舍兮振彼陽綱。出魂門兮膈關，譩譆乎神堂。膏肓兮在四椎之左右，魄戶兮隨附分而會陽。下中次上之髎，白環中膂之房。膀胱俞兮小腸，大腸俞兮在傍。三焦腎俞兮胃俞接，脾膽肝膈兮心俞當。厥陰肺俞之募，風門大杼之方。天柱暨兮玉枕絡卻，通天豁兮見彼承光。自五處曲差而下，造攢竹睛明之場。

足少陰兮腎屬，湧泉流於然谷。太谿大鐘兮水泉緣，照海復溜兮交信

續。從築賓兮上陰谷，掩橫骨兮大赫麓。氣穴四滿兮中注，肓俞上通兮商曲。守右關兮陰都寧，閉通谷兮幽門肅。步廊神封而靈墟存，神藏彧中而俞府足。

手厥陰心包之絡，中衝發中指之奇。自勞宮大陵而往，逐內關間使而馳。叩郄門於曲澤，酌天泉於天池。

手少陽三焦之脈，在小指次指之端。關衝開乎液門，中渚陽池外關。支溝會宗三陽絡，四瀆天井清冷淵。消濼臑會，肩髎相連。天髎處天牖之下，翳風讓瘈脈居先。顱息定而角孫近耳，絲竹空而和髎倒懸。耳門既闢，夏蚋聞焉。

足少陽兮膽經，穴乃出乎竅陰，泝俠谿兮地五會，過臨泣兮丘墟平。懸鐘兮陽輔光明，外丘兮陽交陽陵。西出陽關兮，抵中瀆風市之境；環跳居髎兮，循維道五樞之名。考夫帶脈，詢至京門。日月麗兮輒筋榮，淵液泄兮肩井盈。臨風池兮腦空鳴，窮竅陰兮完骨明。舉浮白於天衝，接承靈於正營。目窗兮臨泣，陽白兮本神。率谷回兮曲鬢出，懸釐降兮懸顱承。頷厭兮嘉客主人，聽會兮童子髎迎。

厥陰在足，肝經所鐘。起大敦於行間，循太衝於中封。蠡溝中都之會，膝關曲泉之宮。襲陰包於五里兮，陰廉乃發；尋羊矢於章門兮，期門可攻。

至若任脈，行乎腹與胸，承漿泄兮廉泉通。窺天突於璇璣，擣華蓋於紫宮。登玉堂兮膻中集，履中庭兮鳩尾衝。瞻巨闕兮二脘上中，過建里兮下脘攸同。水分兮神闕縹緲，陰交兮氣海鴻濛。石門直兮關元中極，曲骨橫兮會陰乃終。

督脈行乎背部中，兌端接兮齗交從。素髎在鼻兮，水溝疏通。神庭入髮兮，上星曈矇。囟會現兮前頂，百會儼兮尊崇。後頂輔兮強間逢，腦戶蔽兮風府空。啞門通於大椎兮，陶道夷坦。身柱縹於神道兮，靈臺穹窿。至陽立下，筋縮脊中。接脊懸樞，命門重重。歌陽關兮舞腰腧，願長強兮壽無窮。

《針灸大全·周身折量法·頭部中行一十四穴》 平眉三寸定髮際，大杼三寸亦如是。卻來折作尺二寸，髮上五分神庭位，庭上五分名上星，星上一寸囟會顖。前頂去囟一寸五，頂上寸半百會所。神聽百會四花求，名取一寸風癇主。後頂會後寸半中，強間頂後過寸五。腦戶去間寸五分，戶後寸半定風府，府下五分啞門中，門下五分髮際終，更有明堂一穴差。諸經俱作上星穴，頭部中行折量法。

頭部二行左右一十四穴

曲差俠庭寸半量，五處仍俠上星傍。處後承光寸半中，寸半通天絡卻在。玉枕橫紋於腦戶，尺寸仍準《銅人》數。天柱在頂後髮際，大筋外廉陷中是。眉衝二穴兩眉頭，直上入髮際相求。《銅人》經中不曾載，《明堂》經載近曲差。

頭部三行左右一十二穴

臨泣二穴當兩目，直入髮際五分屬。目窗泣後量一寸，正營窗後一寸足。承靈營後寸五分，去靈寸半是腦空。風池腦後取少陽，陽經督會已當陽。三穴直上入髮一寸，《銅人》不載《明堂》載，風眩鼻塞不可廢也。

側頭部左右二十六穴

腦空上廉爲頷厭，腦空之中號懸顱。懸釐腦空下廉取，耳上三寸天衝居。率谷耳上一寸半，曲鬢耳上當曲隅，角孫耳廓當中取，開口有空治目齒。竅陰耳上動有空，浮白耳後入髮際，一寸之中審端的，顱息耳後青絡脈，瘈脈耳本後邊中，雞足青脈上相逢，完骨耳後四分際，耳尖後陷是翳風。

面部中行六穴

素髎二穴鼻柱頭，鼻下人中是水溝。兌端開口唇珠上，齗交唇內齒上求。唇下宛宛承漿穴，頷下廉泉到結喉。

面部二行左右十穴

眉頭有穴名攢竹，面眥之畔睛明屬。巨髎八分俠鼻傍，孔畔五分迎香錄。更有禾髎俠人中，相去五分左右同。

面部三行左右十穴

面部三行十穴通，眉上一寸陽白宮。目下七分取承泣，四白目下一寸同。地倉四分俠口吻，大迎曲頷前陷中。

面部四行左右十穴

本神寸半曲差傍，頭維本神寸五量。絲竹空居眉後傍，瞳子目眥五分詳。顴髎面頰下廉取，兌骨端下陷中當。

側面部左右十四穴

上關一名客主人，下關之禁久留針。上關耳前開口取，下關耳下合口尋。前門目後量寸半，聽會耳前陷中看。耳前缺處號耳門，聽宮耳前珠子

眸。耳下曲頰名頰車，和窌上前鋭髮下。

肩膊部左右二十六穴

肩膊之穴二十六，缺盆之上肩井當。天髎盆上毖骨際，巨骨肩端上兩行。肩之前廉爲臑會，肩髃膊骨陷中揣。肩髎臑上舉臂取，髃後肩貞當骨解。臑腧髀上大骨中，大骨之下名天宗。天宗之前秉風穴，肩中曲髀曲垣中，肩外俞髀上廉折，肩中俞髀下廉通。

背部中行十二穴

上有大椎下尾骶，分爲二十有一椎。古來自有折量法，同身三寸而取俞。七寸八分分上七，上之七節即是椎。平肩大椎大骨下。第二陶道三身柱，四柱無穴神道五，靈臺第六柱下數。至陽七椎八又缺，筋縮九柱十又歇。脊柱十一十二無，十三椎下號懸樞。十四命門穴十五，陽關十六椎下睹。十七至二十俱無，二十一椎名腰俞。下去更有長强穴，請君逐一細尋之。間中七節長二分，大要十四與平臍。一尺二寸一分四，後有密戶宜審思。

背部二行左右四十六穴

中行各開寸五分，第一大杼二風門。肺俞三柱厥陰四，五椎之下是心俞。督俞六椎膈俞七，八柱無俞肝九覓。膽俞下十一脾俞，十二柱下胃俞知。三焦腎俞氣海俞，十三十四十五居。大腸關元俞怎量，十六十七椎兩傍。十八椎下小腸俞，十九椎下取膀胱。中膂内俞柱二十，自環二十一椎量。上髎次髎中與下，一空二空俠腰踝。此爲背部之二行，又有會陽陰尾傍。

背部三行二十八穴

去脊左右各三寸，第二椎下名附分。魄戶第三柱下取，膏肓四椎下三分。神堂第五譩譆六，膈關七柱八魂門。陽綱十意舍十一，胃倉十二椎下覓。肓門十三直肋間，志室十四椎下看。胞肓二穴十九取，秩邊二十椎下止。

側頸部左右十八穴

曲頰之後名天容，缺盆之上尋天牖。完骨之下髮際上，天柱之穴天容後。頸上大筋是天窗，扶突後寸天鼎雙。扶突人迎後寸半，缺盆肩下横骨當。人迎穴在頸大脈，此穴禁灸令人傷。水突穴在人迎下，氣舍又居天突傍。

膺部中行七穴

天突喉下宛宛中，璇璣突下一寸逢。璣下一寸華蓋穴，蓋下寸六分紫宫。玉堂宫下一寸六，兩乳中間是膻中。中庭膻下仍寸六，四穴各寸六分同。

膺部二行左右十二穴

璇璣之傍二寸所，巨闕之下尋俞府。腑下寸六分或中，或中寸六神藏逢。神下寸六靈墟穴，墟下寸六到神封。封下寸六步廊是，膺部二行穴盡矣。

膺部三行左右十二穴

俞府之傍二寸尋，穴名氣戶主胸襟。庫房、屋翳、膺窗共，各去一寸六分眞。乳中正當乳之上，乳根乳下六分相。

膺部四行十二穴

氣戶兩傍二寸分，巨骨之下尋雲門。雲下一寸是中府，周榮穴下六分中。胸鄉天谿幷食竇，各下一寸六分同。

側腋部八穴

腋下三寸名淵腋，腋前一寸名輒筋。天池在乳後一寸，大包腋下六寸眞。

腹部中行十五穴

腹部中行尋鳩尾，蔽骨之下五分是。巨闕在尾下一寸，尾下二寸上脘記。尾下三寸中脘名，尾下四寸是建里。尾下五寸下脘中，尾下六寸水分比。神闕臍中氣合眞，臍下一寸陰交是。臍下寸半氣海中，臍下二寸石門裏。臍下三寸名關元，臍下四寸中極底。曲骨毛際陷中求，會陰兩陰間是矣。

腹部二行左右二十二穴

幽門寸半巨闕邊，下去一寸通谷然。陰都石關及商曲，肓俞中注四滿連。氣穴大赫幷横骨，各下一寸分明言。

腹部三行左右二十四穴

幽門兩傍寸半是，名曰不容依法取。下有承滿與梁門，關門太乙滑肉止。已上各下一寸當，天樞二穴俠臍傍。樞下一寸外陵是，陵下二寸名大巨。水道在巨下三寸，道下二寸歸來比。氣衝又在歸來下，鼠鼷之上一寸

許。

腹部四行左右十四穴

期門在腹肝之募，不容穴旁寸半取。日月門下五分求，腹哀穴下一寸所。大横哀下三寸半，腹結横下三分看。府舍在結下三寸，横下五寸衝門斷。

側脇部左右十二穴

章門脾募季肋端，監骨腰中京門看。帶脈脇下一寸八，五樞帶下三寸安。五寸三分章門下，維道有穴眞無價。居髎合取八寸三，脇堂二骨門腋下。

《針灸大全・孫思邈先生針十三鬼穴歌》　百邪顛狂所爲病，針有十三穴須認。凡針之體先鬼宫，次針鬼信無不應。一一從頭逐一求，男從左起女從右。一針人中鬼宫停，左邊下針右出針。第二手大指甲下，名鬼信刺三分深。三針足大指甲下，名曰鬼壘入二分。四針掌後大陵穴，入寸五分爲鬼心。五針申脈名鬼路，火針三下七鋥鋥。第六卻尋大杼上，入髮一寸名鬼枕。七刺耳垂下五分，名曰鬼牀針要溫。八針承漿名鬼市，從左出右君須記。九針間使鬼市上，十針上星名鬼堂。十一陰下縫三壯，女玉門頭爲鬼藏。十二曲池名鬼臣，火針仍要七鋥鋥。十三舌頭當舌中，此穴須名是鬼封。手足兩邊相對刺，若逢孤穴只單通。此是先師眞口訣，狂猖惡鬼走無蹤。

《針灸大全・禁針穴歌》　禁針穴道要先明，腦戶囟會及神庭。絡卻玉枕角孫穴，顱囟承泣隨承靈。神道靈臺膻中忌，水分神闕幷會陰。横骨氣衝手五里，箕門承筋及青靈。更加臂上三陽絡，二十二穴不可針。孕婦不宜針合谷，三陰交内亦通倫。石門針灸應須知，女子終身無妊娠。外有雲門幷鳩尾，缺盆客主人莫深。肩井深時人悶倒，三里急補人還平。

《針灸聚英・三陰三陽歌》　丙手太陽壬足陽，庚手陽明戊足鄉，焦手少陽甲足類，辛手太陰己足詳，丁手少陰癸足論，心包厥陰乙足量。

一論甲竅陰，膽足少陽經。乙木是大敦，肝經足厥陰。丙少澤小腸，名爲手太陽。丁心少衝穴，少陰手中央。戊厲兌胃穴，足上陽明訣。己隱白脾鄉，太陰足中絕。庚商陽大腸，陽明在手鄉。辛少商爲肺，太陰掌上詳。壬至陰膀胱，原是足太陽。湧泉腎經穴，足上少陰鄉。三焦爲父手少陽，包絡足上厥陰母。

甲膽原來屬竅陰，三焦足是少陽經。乙木屬肝名大敦，包絡同歸踝厥陰。丙似少陽少澤鄉，壬屬膀胱足太陽。辛屬肺經少商穴，己隱脾足太陰詳。丁少衝來卻屬心，湧泉腎足少陰精。庚似商陽大腸絡，戊屬厲胃足陽明。

《針灸聚英・十四經穴歌》　手太陰十一穴，中府雲門天府列，俠白尺澤孔最存，列缺經渠太淵涉，魚際少商如韭葉。

手陽明起商陽，二間三間合谷藏，陽谿偏歷歷溫溜，下廉上廉三里長。曲池肘髎迎五里，臂臑肩髃巨骨當，天鼎扶突禾髎接，終以迎香二十穴。

四十五穴足陽明，承泣四白巨髎經，地倉大迎頰車峙，下關頭維人迎對。水突氣舍連缺盆，氣戶庫房屋翳屯，膺窗乳中延乳根，不容承滿梁門起。關門太乙滑肉門，天樞外陵大巨存，水道歸來氣衝次，髀關伏兔走陰市。梁丘犢鼻足三里，上巨虛連條口位，下巨虛位及豐隆，解谿衝陽陷谷中，内庭厲兌經穴終。

二十一穴太陰脾，隱白大都太白隨，公孫商丘三陰交，漏谷地機陰陵坳。血海箕門衝門開，府舍腹結大横排，腹哀食竇連天谿，胸鄉周榮大包隨。

九穴手少陰，極泉青靈少海深，靈道通里陰郄邃，神門少府少衝尋。

手太陽穴一十九，少澤前谷後谿隅，腕骨陽谷可養老，支正小海肩貞走。臑俞天宗及秉風，曲垣肩外復肩中，天窗天容上顴髎，卻入耳中循聽宫。

足太陽六十三，睛明攢竹曲差參，五處承光上通天，絡卻玉枕天柱嶄。大杼風門引肺俞，厥陰心俞鬲俞注，肝俞膽俞脾俞合，胃俞三焦腎俞中。大腸小腸膀胱俞，中膂白環兩俞輸，自從大杼至白環，相去脊中三寸間。上髎次髎中復下，會陽承扶殷門亞，浮郄委陽委中鋍，髆内夾脊附分當。太陽行背第三行，魄戶膏肓與神堂，譩譆鬲關魂門旁，陽綱意舍仍胃倉。肓門志室胞之肓，二十椎下秩邊藏，合膕以下合陽是，承筋承山居其次。飛揚附陽泊崑崙，僕參申脈連金門，京骨束骨又通谷，小指外側至陰續。

足少陰穴二十七，湧泉然谷太谿溢，大鍾照海通水泉，復溜交信築賓連。陰谷横骨大赫聯，氣穴四滿中注立，肓俞商曲石關蹲，陰都通谷幽門僻。步廓神封靈墟位，神藏彧中俞府旣。

九穴手厥陰，天池天泉曲澤深，郄門間使內關對，大陵勞宮中衝備。二十三穴手少陽，關衝液門中渚旁，陽池外關支溝會，會宗三陽四瀆配。天井上合清冷淵，消濼臑會肩髎偏，天髎天牖同翳風，瘈脈顱息角孫通，耳門和髎絲竹空。

少陽足經童子髎，四十三穴行迢迢，聽會客主頷厭集，懸顱懸釐曲鬢翹。率谷天衝浮白次，竅陰完骨本神企，陽白臨泣開目窗，正營承靈及腦空。風池肩井淵液長，輒筋日月京門當，帶脈五樞維道續，居窌環跳下中瀆。陽關陽陵復陽交，外丘光明陽輔高，懸鍾丘墟足臨泣，地五俠谿竅陰畢。

足肝經十三穴，大敦行間太衝列。中封蠡溝及中都，膝關曲泉膝內徹。陰包五里上陰廉，章門期門貫上鬲。

督脈背中行，二十七穴始長強，腰俞陽關命門當，懸樞脊中走筋縮，至陽靈臺神道長。身柱陶道大椎俞，瘂門風府腦戶俱，強間後頂百會前，前頂囟會上星圓。神庭素髎水溝裏，兌端齦交斯已矣。

任脈分三八，起於會陰上曲骨，中極關元到石門，氣海陰交神闕立，水分下脘循建里，中脘上脘巨闕起。鳩尾中庭亶中萃，玉堂紫宮樹華蓋，璇璣天突廉泉清，上頤還以承漿承。

右十四經穴歌，順經編葉，有起止次序，滑氏所撰者，比之徐廷瑞《周身經穴賦》，過之遠矣。

《針灸聚英·十四經步穴歌》 太陰肺兮出中府，雲門之下一寸許，雲門氣戶旁二寸，人迎之下二骨數。天府腋下三寸求，俠白肘上五寸主，尺澤肘中約紋論，孔最腕中七寸取。列缺腕側一寸半，經渠寸口陷中是，太淵掌後橫紋頭，魚際節後大指本節後散脈舉。少商大指內側端，此穴若針疾減愈。

手陽明經屬大腸，食指內側起商陽，本節前取二間定，本節後取三間強。岐骨陷中尋合谷，陽谿腕中上側詳，腕後三寸是偏歷，五寸之中溫溜當。下廉上廉各一寸，上廉此下一寸方，屈肘曲中曲池得，池下二寸三里場。肘窌大骨外廉陷，五里肘上三寸量，臂臑髃下一寸取，肩髃肩端兩骨當。巨骨肩端叉骨內，天鼎缺盆之上針，扶突曲頰下一寸，禾髎五分水溝旁。鼻孔兩旁各五分，左右二穴皆迎香。

胃之經兮足陽明，承泣目下七分尋，四白一寸不可深，巨髎鼻孔傍八分。地倉夾吻四分近，大迎曲頰前寸三，頰車耳下八分針，下關耳前動脈者。頭維本神寸五取，人迎喉傍大脈眞，水突在頸大筋下，直至氣舍上人迎。氣舍迎下挾天突，缺盆橫骨陷中親，氣戶俞府傍二寸，至乳六寸又四分。庫房屋翳膺窗近，乳中正在乳頭心，次有乳根出乳下，各一寸六不相侵。穴夾幽門一寸五，是穴不容依法數，其下承滿至梁門，關門太乙從頭舉。節次續排滑肉門，各各一寸爲君數，天樞穴在夾臍傍，外陵樞下一寸當。二寸大巨五水道，歸來七寸以尋將，氣衝曲骨傍三寸，來下氣衝脈中央。髀關兔後六寸分，伏兔市上三寸強，陰市膝上三寸許，梁丘二寸得共場。膝臏骭上尋犢鼻，膝下三寸求三里，里下三寸上廉地，條口上廉下一寸。下廉條下一寸係，豐隆下廉外一寸，上踝八寸分明記，解谿衝陽後寸半。衝陽陷上二寸係，陷谷內庭後二寸，內庭次指外間是，厲兌大指次指端，去爪如韭胃所起。

拇指內側隱白位，大都節後陷中起，太白核骨下陷中，公孫節後一寸至。商丘有穴屬經金，踝下微前陷中是，內踝三寸三陰交，漏谷一寸有次第。膝下五寸爲地機，陰陵內側膝輔際，血海分明膝臏上，內廉內際二寸地。箕門血海上六寸，筋間動脈須詳諦，衝門五寸大橫下，三寸三分尋府舍。腹結橫下寸三分，大橫挾臍非比假，腹哀寸半去日月，直與食竇相連亞。食竇天谿及胸鄉，周榮各一寸六者，大包淵腋下三寸，出九肋間當記也。

少陰心起極泉中，腋下筋間脈入胸，青靈肘節上三寸，少海肘內節後容。靈道掌後一寸半，通理腕後一寸同，陰郄五分取動脈，神門掌後兌骨隆。少府節後勞宮直，小指內側取少衝。

手小指端爲少澤，前谷外側節前索，節後陷中尋後谿，腕骨陷前看外側。腕中骨下陽谷討，腕上一寸名養老，支正腕後量五寸，小海肘端五分好。肩貞胛下兩骨解，臑俞大骨之下保，天宗骨下有陷中，秉風髎後舉有空。曲垣肩中曲胛陷，外俞胛後一寸從，肩中二寸大杼傍，天窗頰下動脈詳。天容耳下曲頰後，顴髎面頄兌端量，聽宮耳端大如菽，此爲小腸手太陽。

足太陽兮膀胱經，目眥內角始睛明，眉頭陷中攢竹名，曲差二穴神庭伴。五處挨排夾上星，承光五處後寸半，通天絡卻亦停勻，玉枕橫夾於腦戶。尺寸當準《銅人經》，天柱夾項後髮際，大筋外廉陷中是。夾脊相去寸五分，大杼大椎二風門。肺俞三椎厥陰四，心俞五椎之下論，更有膈俞相梯級，第七椎下隱然立。第八椎下穴無有，肝俞數椎當第九，十椎膽俞脾十一，十二椎下胃俞取。三焦腎俞次第下，十三十四兩椎主，大腸俞在十六椎，小腸十八

椎下止。十九椎下尋膀胱，中膂內俞椎二十，白環二十一椎當。上髎次髎中與下，一空二空夾腰胯，並同夾脊四箇髎，載在《千金》君勿訝。會陽陰尾兩旁分，尺寸須看督脈分，第二椎下外附分，夾脊相去古法云，先從脊後量三寸。不是灸狹能傷筋，魄戶三椎膏肓四，四五三分分明是。第五椎下索神堂，第六譩譆兩穴出，膈關第七魂門九，陽綱意舍十十一。胃倉肓門屈指彈，椎看十二與十三，志室次之爲十四，包肓十九合詳參。秩邊二十椎下詳，承扶臀陰紋中央，殷門承扶六寸直，浮郄一寸上委陽。委陽卻與殷門並，膕中外廉兩筋鄉，委中膝膕約紋裏，此下三寸尋合陽。承筋腨腸中央是，承山腨下分肉傍，飛陽外踝上七寸，附陽踝上三寸量。金門正在外踝下，崑崙踝後跟骨中，僕參跟骨下陷是，申脈分明踝下容。京骨外側大骨下，束骨本節後陷中，通谷本節前陷是，至陰小指外側逢。

腎經起處有其所，湧泉屈足捲指取，然谷踝前大骨下，踝後跟上太谿府。谿下五分尋大鍾，照海踝下陰蹻生，踝上二寸復溜名，溜前筋骨取交信。亦曰踝上二寸行，築賓六寸腨分處，陰谷膝內著骨輔，橫骨有陷如仰月。大赫氣穴四滿據，中注肓俞正夾臍，六穴五寸各一數，商曲石關上陰都。通谷幽門一寸居，幽門半寸挾巨闕，步廊神封過靈墟。神藏彧中至俞府，各一寸六不差殊，欲知俞府居何分，璇璣之傍各二寸。

厥陰心包何處得，乳後一寸天池索，天泉腋下二寸求，曲澤內紋尋動脈。郄門去腕五寸通，間使腕後三寸逢，內關去腕才二寸，大陵掌後兩筋中。勞宮屈中名指取，中指之末取中衝。

三焦名指外關衝，小次指間名液門，中渚次指本節後，陽池表腕上陷存。腕上二寸外關絡，支溝腕上三寸約，會宗腕後三寸空，須詳一寸毋令錯。肘前五寸臂大脈，外廉陷中三陽絡，四瀆骨外並三陽，天井肘上一寸側。肘上二寸清冷淵，消濼臂外肘分索，臑會肩頭三寸中，肩髎肩端臑上通。天髎盆上毖骨際，天牖傍頸後天容，翳風耳後當骨陷，瘈脈耳後雞足逢。顱息耳後青絡脈，角孫其廓開有空，絲竹眉後陷中看，和窌耳前兌髮同。耳門耳珠當耳缺，此穴禁灸分明說。

少陽膽經髎起外，耳前陷中尋聽會，上關耳前開口空，懸釐懸顱下廉揣。懸顱正在曲角端，頷厭懸顱上廉看，曲鬢偃正尖上邊，率谷曲鬢半寸安。本神耳上入髮際，四分平橫向前是，曲鬢之旁各一寸，陽白眉上一寸記。臨泣有穴當兩目，直入髮際五分屬，目窗正營各一寸，承靈營後寸五錄。天衝耳上二寸居，浮白髮際一寸符，竅陰枕下動有穴，完骨耳後四分通。腦空正夾玉枕骨，風池後髮際陷中，肩井大骨前寸半，淵液腋下三寸按。輒筋平前卻一寸，期門在肋第二端，日月期下五分斷，京門監骨腰間看。帶脈季肋寸八分，五樞帶下三寸間，維道五寸三分得，居窌八寸三分尋。環跳髀樞宛宛論，膝上五寸中瀆搜，陽關陽陵上三寸，陽陵膝下一寸求。陽交外踝針七寸，踝上七寸尋外丘，光明除踝上五寸，陽輔踝上四寸收。懸鍾三寸即絕骨，丘墟踝前陷中出，臨泣寸半後夾谿，地五會穴一寸求。夾谿小次岐骨間，竅陰足小次指端。

大敦拇指看毛聚，行間縫尖動脈處，節後有絡亘五會，太衝之脈堪承據。中封正在內踝前，蠡溝踝上五寸注，中都正在復溜宮，陰陵膝尖兩折中。內踝之上七寸詳，少陰相直骱骨中，膝關犢鼻下二寸，曲泉紋頭兩筋逢。陰包四寸膝臏上，內廉筋間索其當，五里氣衝內寸半，直下三寸陰股向。陰廉穴在橫紋胯，章門臍上二寸量，橫取八寸看兩傍，期門乳旁各一寸，直下二寸二肋詳，此足厥陰肝經鄉。

督脈齦交唇上鄉，兌端正在唇中央，水溝鼻下溝中索，素髎宜向鼻端詳。頭形北高面南下，先以前後髮際量，分爲一尺有二寸，髮上五分神庭當。庭上五分上星位，囟會星上一寸強，上至前頂上寸半，寸半百會頂中央。後頂強間腦戶三，相去各是一寸五，後髮五分定瘂門，門上五分是風府。上有大椎下尾骶，分爲二十有一椎，古來自有折量法，《靈樞》分明不可欺。九寸八分分之七，二之七節如是推，大椎第一節上是，二椎節下陶道知。身柱第三椎節下，神道第五不須疑，靈臺第六至陽七，筋縮第九椎下思。脊中懸樞命門穴，十一十三十四節，陽關鎮住十六椎，二十一下腰俞竅。其下長強伏地取，此穴針之痔根愈。

任脈會陰兩陰間，曲骨臍下毛際安，中極臍下四寸取，三寸關元二石門。下氣海臍下一寸半，陰交臍下一寸論，分明臍內號神闕，水分一寸復上列。下脘建里中上脘，各各一寸爲君說。巨闕上脘上寸半，鳩尾蔽骨五分按，中庭膻中寸六分，膻中兩乳中間看。玉堂紫宮及華蓋，相去各寸六分算，華蓋璇璣一寸量，璇璣突下一寸當。天突結下宛宛取，廉泉頷下骨尖傍，承漿頤前唇稜下，任脈之部宜審詳。

右十四經步穴歌，原用《銅人》穴編葉，今以《十四經發揮》爲主，有繁多者皆去之，如督俞、風市、羊矢之類是也。

《針灸聚英·回陽九針歌》 瘂門勞宮三陰交，湧泉太谿中脘接，環跳三里合谷并，此是回陽九針穴。

《針灸聚英·宋徐秋夫鬼病十三穴歌》 人中神庭風府始，舌縫承漿頰車次，少商大陵間使連，乳中陽陵泉有據，隱白行間不可差，十三穴是秋夫置。

刺灸歌賦分部

綜　述

《針灸大全·太乙人神歌》 立春艮上起天留，戊寅己丑左足求。春分左脇倉門震，乙卯日見定爲仇。立夏戊辰己巳巽，陰絡宮中左手愁。夏至上天丙辰日，正直應喉離首頭。立秋玄委宮右手，戊申己未坤上遊。秋分倉果西方兑，辛酉還從右脇謀。立冬左足加新洛，戊戌己亥乾位收。冬至坎方臨葉蟄，壬子腰尻下竅流。五臟六腑幷臍腹，招搖戊己在中州。潰治癰疽當須避，犯其天忌疾難瘳。

《針灸聚英·血忌歌》 行針須要明血忌，正丑二寅三之未，四申五卯六酉宮，七辰八戌九居巳，十亥十一月午當，臘子更加逢日閉。

《針灸聚英·九宮尻神歌》 尻神所在足跟由，坤內外踝聖人留。震宮牙腨分明記，巽位還居乳口頭。中宮肩骨連尻骨，面目背從乾上遊。手膊兑宮難砭灸，艮宮腰項也須休。離宮膝肋針難下，坎肘還連肚脚求。爲醫精曉尻神法，萬病無干禁忌憂。

《針灸聚英·逐日人神歌》 初一十一廿一起，足拇鼻柱手小指。初二十二廿二日，外踝髮際外踝位。初三十三二十三，股內牙齒足及肝。初四十四廿四右，腰間胃脘陽明手。初五十五廿五幷，口內遍身足陽明。初六十六廿六同，手掌胸前又在胸。初七十七二十七，內踝氣衝及在膝。初八十八廿八辰，腕內股內又在陰。初九十九二十九，在尻在膝足脛後。初十二十二十三十日，腰背內踝足趺覓。

《針灸聚英·攔江賦》 擔截之中法數何？有擔有截起沉疴。我今作此攔江賦，何用三車五輻歌。先將八法爲定例，流注之中分次第。心胸之病內關擔，臍下公孫用法攔。頭部須還尋列缺，痰涎壅塞及咽乾。噤口喉風針照海，三稜出血刻時安。傷寒在表並頭痛，外關瀉動自然安。眼目之證諸疾苦，更用臨泣使針擔。後谿專治督脈病，癲狂此穴治還輕。申脈能除寒與熱，頭風偏正及心驚。耳鳴鼻衄胸中滿，好用金針此穴尋。但遇癢麻虛即補，如逢疼痛瀉而迎。更有傷寒眞妙訣，三陰須要刺陽經。無汗更將合谷補，復溜穴瀉好用針。倘若汗多流不絕，合谷補收效如神。四日太陰宜細辨，公孫照海一般行。再用內關施截法，七日期門可用針。但治傷寒皆用瀉，要知《素問》坦然明。流注之中分造化，常將木火土金平。水數虧兮宜補肺，水之泛濫土能平。春夏井滎宜刺淺，秋冬經合更宜深。天地四時同此數，三才常用記心胸。天地人部次第入，仍調各部一般勻。夫弱婦強亦有尅，婦弱夫強亦有刑。皆在本經擔與截，瀉南補北亦須明。經絡明時知造化，不得師傳枉用心。不遇至人應不授，天寶豈可付非人。按定氣血病人呼，重搓數十把針扶。戰提搖起向上使，氣自流行病自無。

《針灸聚英·補瀉雪心歌》 行針補瀉分寒熱，瀉寒補熱須分別，撚針向外瀉之方，撚針向內補之訣。瀉左須將大指前，瀉右大指當後拽，補左大指向前搓，補右大指往下搣。如何補瀉有兩般，蓋是經絡兩邊發，補瀉又要識迎隨，隨則爲補迎爲泄。古人補瀉左右分，今人乃爲男女別，男女經脈一般生，晝夜循環無暫歇。兩手陽經上走頭，陰經胸走手指輟，兩足陽經頭走足，陰經足走腹中結。隨則針頭隨經行，迎則針頭迎經奪，更有補瀉定呼吸，吸瀉呼補眞奇絕。補則吸出卻入針，要知針用三飛法，氣至出針吸氣入，疾而一退急捫穴。瀉則呼氣方入針，要知阻氣通身達，氣至出針呼氣出，徐而三退穴開禁。莫向人前容易說。

《針灸聚英·過關歌》 蒼龍先擺尾，赤鳳後搖頭，上下伸提切，關節至交流。

《針灸聚英·提氣法歌》 提氣臨時最有功，袪除頑痹與諸風，分明漏泄神仙訣，留此玄微在世中。又曰：轉針千遭，其病自消。

《針灸聚英·刺法啓玄歌》 十二陰陽氣血，凝滯全憑針焫，細推十干五

行，謹按四時八節，出入要知先後，開闔愼毋妄別。左手按穴分明，右手持針親刺，刺榮無傷衛氣，刺衛毋傷榮血。循捫引道之因，呼吸調和寒熱，補即慢慢出針，瀉即徐徐閉穴。發明《難》、《素》玄微，俯仰岐黄祕訣，若能勞心勞力，必定愈明愈哲，譬如閉戸造車，端正出門合轍，倘逢志士細推，不是知音莫說。了卻個人規模，便是醫中俊傑。

《針灸聚英·龍虎飛騰歌》 龍虎飛騰撚妙玄，氣通上下似連山，得師口訣分明說，目下教君病自痊。

《針灸聚英·陽針男歌》 午前要知寒與熱，左撚爲補右爲瀉，提針爲熱插爲寒，此是神仙眞妙訣。

《針灸聚英·龍虎交戰歌》 天降眞龍從此起，克木白虎眞全體，反覆離宫向北飛，消息陰陽九六裏。

《針灸聚英·進針歌》 進針八法可用心，卻能除病與通靈，此法祕傳休妄說，論價還當抵萬金。

《針灸聚英·提針歌》 提針之時最有功，祛除頑痹與諸風，尋思得遇眞仙訣，行針妙訣在其中。

《針灸聚英·納氣歌》 納氣還與進氣同，一般造化兩般工，手中用氣丁寧死，妙理玄玄在手中。

《針灸聚英·流氣歌》 痃癖氣塊病初遭，時時發熱病煎熬，手中在爲流注法，腹間氣塊漸漸消。

《針灸聚英·赤鳳摇頭歌》 下水船中一舵遊，猶如赤鳳上搖頭，迎隨順逆須明辨，休得勞心苦外求。

《針灸聚英·蒼龍擺尾歌》 蒼龍擺尾氣交流，血氣奮飛遍體周，任君疼痛諸般疾，一插須臾萬病休。

《針灸聚英·透天凉歌》 渾身卻似火來燒，不住時時熱上焦，若還依法行針刺，搜除熱毒病能消。

《針灸聚英·燒山火歌》 四肢逆冷最難禁，憎寒不住病非輕，撥忙運起燒山火，患人時下得安寧。

《針灸聚英·陰針女歌》 午後要知寒與熱，右撚爲補左爲瀉，插針爲熱提爲寒，女人反此須分別。

《針灸聚英·子午搗臼歌》 子午搗臼達者稀，九入七出莫更移，萬病自然合天數，故教病者笑微微。

治療歌賦分部

綜　述

《子午流注針經·流注指微經賦》 疾居榮衛，

〔閻明廣注〕榮者，血也。衛者，氣也，由腸胃受穀化血氣所爲也。上焦出氣，以溫分肉，而養筋通腠理。中焦出氣如露，上注谿谷而滲孫脈，津液和調，變化而爲血。血和則孫脈先滿，乃注絡脈，皆盈乃注於經脈。陰陽以張，因息乃行，行有紀綱，周有道理，與天合同，不得休止，切而調之。調設失度，致生其疾。疾者，百病之總名也。百病之始，皆因風寒暑溫，饑飽勞逸而得之。或起於陰，或起於陽，所傷各異，虛實不同。或著孫脈，或著絡脈，或著經脈，或著於衝、任脈，或著於腸胃之膜原，邪氣浸陷，不可勝論。

扶救者針。

〔閻明廣注〕救疾之功，調虛實之要，九針最妙，各有所宜。熱在頭身宜鑱針；肉分氣滿宜員針；脈氣虛渺宜鍉針；瀉熱出血、發泄固疾宜鋒針；肢痛腫、出膿血宜鈹針；調陰陽、去暴痺宜員利針；治經絡中病痺宜毫針；痺深居骨解腰脊腠理之間宜長針；虛風客於骨節皮膚之間宜大針。通前十二經，共六十穴，才合得十六難內六十首也。越人言：三部九候，各有頭首也。及《素問》言六十首，今世不傳。既言不傳，其文不載六十首字也。故聖人留此六十首法，故令後人空鑿也。餘有所過爲原六穴，即便是陰陽二氣出入門戸也。則陽脈出行二十五度，陰脈入行二十五度，則皆會此六穴中出入也。其五藏五府收血化精合處，便是逐經原氣也。其餘精者，助其三焦，受十經精氣，則以養心包絡，始十二經血氣遍行也。如一經精氣不足，則便成病也。既然有病，即不依此行度也。至今諸經失時，又更引毒氣遍行，所流到處，即各見本經脈候，或大或小，或浮或沉，病人或寒或熱，或輕或重，所治之取耳。

口溫針暖，

（閣明廣注）凡下針，先須口內溫針令暖，不惟滑利而少痛，亦借已之和氣，與患人榮衛無寒溫之爭，便得相從。若不先溫針暖，與血氣相逆，寒溫交爭，而成瘡者多矣。

牢濡深求。

（閣明廣注）經云：實之與虛者，牢濡之意，氣來實牢者爲得，濡虛者爲失，凡欲行其補瀉，即詳五藏之脈，及所刺穴中，如氣來實牢者可瀉之，虛濡者可補之也。

經云：迎隨者，要知榮衛之流行，經脈之往來也，隨其經逆順而取之。《靈樞》曰：瀉者迎之，補者隨之。若能知迎知隨，令氣必和，和氣之方，必通陰陽昇降，上下源流。手之三陰，從藏走至手；手之三陽，從手走至頭。足之三陽，從頭下至足；足之三陰，從足上升至腹。絡脈傳注，周流不息。故經脈者，行血氣，通陰陽，以榮於身者也。本論云：夫欲用迎隨之法者，要知經絡逆順淺深之分。諸陽之經，行於脈外，諸陽之絡，行於脈內；諸陰之經，行於脈內，諸陰之絡，行於脈外，仍各有所守之分。故知皮毛者，肺之部；肌肉者，脾之本；筋者，肝之合；骨髓皆腎之屬；血脈者，心之分。各刺其部，無過其道，是謂大妙。迎而奪之有分寸，隨而濟之有淺深。深爲太過，能傷諸經；淺爲不及，寧去諸邪。是以足太陽之經，刺得其部，迎而六分，隨而一分；足太陽之絡，迎而七分，隨而二分。手太陽之經，迎而七分，隨而二分；手太陽之絡，迎而九分，隨而四分。手陽明之經，迎而九分，隨而四分；手陽明之絡，迎而八分，隨而三分。足陽明之經，迎而一寸，隨而五分；足陽明之絡，迎而六分，隨而一分。手少陽經，迎而六分，隨而一分；手少陽絡，迎而七分，隨而二分。足少陽經，迎而八分，隨而三分；足少陽絡，迎而一寸，隨而五分。手太陰經，迎而九分，隨而四分；手太陰絡，迎而七分，隨而二分。足太陰經，迎而一寸，隨而五分；足太陰絡，迎而八分，隨而三分。手少陰經，迎而七分，隨而二分；手少陰絡，迎而六分，隨而一分。足少陰經，迎而六分，隨而一分；足少陰絡，迎而一寸，隨而五分。手厥陰經，迎而七分，隨而二分；手厥陰絡，迎而六分，隨而一分。足厥陰經，迎而八分，隨而三分；足厥陰絡，迎而九分，隨而四分。斯皆經絡相合，補生瀉成，不過一寸。針入貴速，既入徐進，針出貴緩，急則多傷。明須慎之，勿爲殆事。男子左瀉右補，女子右瀉左補，轉針迎隨，補瀉之道，明於此矣。

原夫指微論中，賾義成賦；

（閣明廣注）《指微論》三卷，亦是何公所作。保經絡之儲，原針刺之理，明榮衛之清濁，別孔穴之部分，然不廣傳於世。於內自取義，以成此賦。

知本時之氣開，說經絡之流注。

（閣明廣注）本論云：流者行也，注者住也。流謂氣血之行流也，一呼脈行三寸，一吸脈行三寸，呼吸定息，脈行六寸，如流水走蟻，涓涓不息，不可暫止。又云：流而爲榮衛，彰而爲顏色，發而爲音聲。速則生熱，遲則生寒，結而爲瘤贅，陷而爲癰疽，故知流者不可止，若人悞中，則有顛倒昏悶之疾。又云：注者住也。謂十二經絡各至本時，皆有虛實邪正之氣，注於所括之穴。所謂得時謂之開，失時謂之闔，氣開當補瀉，氣閉忌針刺。聖人深慮此者，恐人勞而無功，豈可昧氣開流注之道哉。其氣開注穴之法，七韻中說多。

每披文而叅其法，篇篇之理可尋；覆經而察其言，字字之諭疑隱，皆知實虛總附。

（閣明廣注）夫披文覆經者，學之不惰也，既窮其理，賾其義，知其根，持其原，以見聖人之心乎？觀何公作流注之賦，玄辭妙話，可謂達理，非是自糜也。

移疼住痛如有神，針下獲效；

（閣明廣注）得其針刺之要，移疼住痛，獲效如神。

暴疾沉痾至危篤，刺之勿悞。

（閣明廣注）沉痾久病，虛弱之人，忽暴感疾於榮衛，傳於藏府，其病必危篤而沉重也。《明上》是時深慮損益，慎勿輕忽，自待聽俊，當須察其何經所苦，補瀉針刺，去之勿悞也。

詳夫陰日血引，值陽氣流。

（閣明廣注）賈氏云：陽日氣先脈外，血後脈內；陰日血先脈外，氣後脈內。交貫而行於五藏五府之中，各注井榮俞經合五穴，共五十穴。唯三焦受十經血氣，次傳包絡，又各注血。

觀虛實與肥瘦，

〔閻明廣注〕經云：虚則補之，實則瀉之，不實不虚，以經取之。若虚實不明，投針有失，聖人所謂實實虚虚。若明此，則無損不足益有餘之過。觀肥瘦者，用針之法，必先觀其形之肥瘦，方明針刺之淺深。若以身中分寸肥與瘦同用，是謂淺深不得，返爲大賊也。故肥人刺深，瘦人刺淺，以與本藏所屬部分齊平爲期，所以無過不及之傷也。

辨四時之淺深。

〔閻明廣注〕四時者，所以分春秋冬夏之氣，所以在時調之也。春氣在毫毛，夏氣在皮膚，秋氣在分肉，冬氣在筋骨。經云：春夏刺淺，秋冬刺深，各以其時爲則。又肥人宜深刺之，瘦人宜淺刺之。

取穴之法，但分陰陽而谿谷；

〔閻明廣注〕陰者，陰氣也；陽者，陽氣也。謂陽氣起於五指之表，陰氣起於五指之裏也。肉之大會爲谷，肉之小會爲谿。分肉之間，谿谷之會，以行榮衛，以會大氣。谿谷三百六十五穴會，亦應一歲。故取穴之法，分其陰陽表裏部分，谿谷遠近，同身寸取之，舉臂拱手，直立偃側，皆取穴法也。

逐穴各有所宜。

迎隨逆順，須曉氣血而昇沉。

諸經十二作數，絡脈十五爲周。

〔閻明廣注〕手足各有三陰三陽之脈，合爲十二經脈。每一經各有一絡脈，餘有陽蹻之絡，陰蹻之絡，脾之大絡，合爲十五絡脈。周者，謂十二經十五絡二十七氣，周流於身者也。

陰俞六十藏主。

〔閻明廣注〕藏謂五藏，肝心脾肺腎，并心包之脈。合之有六，并兼四形藏也。俞謂井榮經合，非皆俞也。然井榮俞經合者，肝之井，大敦穴也；榮，行間穴也；俞，太衝穴也；經，中封穴也；合，曲泉穴也。心之井者，少衝穴也；榮，少府穴也；俞，神門穴也；經，靈道穴也；合，少海穴也。脾之井，隱白穴也；榮，大都穴也；俞，太白穴也；經，商丘穴也；合，陰陵泉穴也。肺之井，少商穴也；榮，魚際穴也；俞，太淵穴也；經，經渠穴也；合，尺澤穴也。腎之井，涌泉穴也；榮，然谷穴也；俞，太谿穴也；經，復溜穴也；合，陰谷穴也。心包之井，中衝穴也；榮，勞宫穴也；俞，大陵穴也；經，間使穴也；合，曲澤穴也。五藏之俞，各有五，則五五二十五俞，并心包絡五俞，共三十，以左右見言之，六十俞穴也。

陽穴七十二府收。

〔閻明廣注〕腑謂六府，非兼九形府也。穴，俞穴也，亦謂井榮俞原經合也。肝之腑膽，膽之井者，竅陰穴也；榮，俠谿穴也；俞，臨泣穴也；原，丘墟穴也；經，陽輔穴也；合，陽陵泉穴也。心之府小腸，小腸之井者，少澤穴也；榮，前谷穴也；俞，後谿穴也；原，腕骨穴也；合，小海穴也。脾之府胃，胃之井者，厲兑穴也；榮，内庭穴也；俞，陷谷穴也；原，衝陽穴也；經，解谿穴也；合，三里穴也。肺之府大腸，大腸之井者，商陽穴也；榮，二間穴也；俞，三間穴也；原，合谷穴也；經，陽谿穴也；合，曲池穴也。腎之府膀胱，膀胱之井者，至陰穴也；榮，通谷穴也；俞，束骨穴也；原，京骨穴也；經，崑崙穴也；合，委中穴也。心包之府三焦，三焦之井者，關衝穴也；榮，液門穴也；俞，中渚穴也；原，陽池穴也；經，支溝穴也；合，天井穴也。如是六府之俞各有六，則六六三十六俞，以左右脈共言之，則七十有二俞穴也。取穴部分，於井榮圖備説。

陽經者，可卧針而取；

〔閻明廣注〕衛者屬陽，皮毛之分，當卧針而刺之。若深刺傷陰分，傷榮氣也。

奪血絡者，先俾指而柔。

〔閻明廣注〕奪血絡者，取榮氣也。榮氣者，經隧也。《靈樞》曰：經隧者，五臟六腑之大絡也，故言血絡。凡刺之者，先以左手捻按所刺之穴，候指下氣散，方可下針，取榮家之氣，不能損衛氣也。經云：刺榮無傷衛，刺衛無傷榮也。

呼爲迎而吸作補，

〔閻明廣注〕瀉者迎之，補者隨之，有餘則瀉，不足則補。瀉者，吸則内針，無令氣忤，淨以久留，無令邪布，後呼盡乃去，大氣皆出，呼名曰瀉。補者，捫而循之，切而散之，推而按之，彈而弩之，抓而下之，外卧其門，以閑其神，呼盡内針，淨以久留，以氣至爲故，候吸卧針，氣不得出，各在其處，推合其門，令神氣存，大氣留止，故命曰補。善治者，察其所痛，以知病有餘不足，當補則補，當瀉則瀉，無逆天時，是謂至治之妙。

〔閻明廣注〕逆者，謂當刺之日，與病五行相刑遞爲鬼賊，而不順也。從者，

五藏之氣與日相和，而不相侵凌也。凡刺之理，當擇吉日，與本病之藏府各無侵凌刑制，下針順從而何憂哉。

淹疾延患，着灸之由。

〔閻明廣注〕若病有久淹，因寒而虛，惑陰證多寒，或是風寒溫痺腳氣之病，或是上實下虛厥逆之疾。男子勞傷，婦人血氣之屬，並可用灸。亦有不可灸者，近髓之穴，陽證之病，不可灸也。

躁煩藥餌而難拯，必取八會。

〔閻明廣注〕躁煩熱盛在於內者，宜取八會之氣穴也。謂府會太倉中脘穴，藏會季脅章門穴，筋會陽陵泉穴，髓會絕骨穴，血會膈俞穴，骨會大杼穴，脈會太淵穴，氣會三焦膻中穴，此是八會穴也。

癰腫奇經而畜邪，纖猷砭瘳。

〔閻明廣注〕經云：病人脈降盛，入於八脈而不環周，十二經亦不能拘之，其受邪氣蓄積腫熱，宜砭刺出血。古者以砭石爲針，《山海經》曰：高氏之山，有石如玉，可以爲針，即砭石也。今人以鈹針代之也。

況乎甲膽乙肝，丁心壬水。

〔閻明廣注〕甲膽乙肝者，謂五藏五府，拘之十干，陽干主府，陰干主藏。故《天元冊》又曰：膽甲肝乙，小腸丙心丁，胃戊脾己，大腸庚肺辛，膀胱壬腎癸，五藏五府，收血化精合處，便是三焦包絡二經元氣也，合爲十二經遍行也。賈氏各分頭首，十日一終，運行十干，皆以五子元建日時爲頭也。

生我者號母，我生者名子。

〔閻明廣注〕夫五行者，在人爲五藏，注穴爲井滎俞經合。相合爲夫妻，我克者爲七傳，克我者爲鬼賊，我生者爲子，生我者爲母也。

春井夏滎乃邪在，秋經冬合乃刺灸。

〔閻明廣注〕凡言逐四時取井滎之法也，假令春木旺刺井，夏火旺刺滎，季夏土旺刺俞，秋金旺刺經，冬水旺刺合，四時刺法，依此推之，以瀉逐時所勝之邪毒者也。聖人所謂因其時而取之，以瀉邪氣出也。

犯禁忌而病復。

〔閻明廣注〕禁忌者，非維人神所在也，謂大饑大渴，大寒大熱，大飽大醉，大虛大竭，大勞大困，皆爲針家之禁忌。若虛實不分，淺深不及，犯觸人神，顛倒四時，其病愈而必復，切須誡之誡之。

用日衰而難已。

〔閻明廣注〕本論云：病於當日之下，灸五行之刑制者，其病尅而難愈也。謂心病遇庚日，肝病遇辛日，脾病遇乙日，肺病遇丁日，腎病遇己日，小腸病遇壬日，大腸病遇丙日，胃逢甲日，膽遇庚日，膀胱遇戊日，斯皆率義正氣遇日下受制而氣衰，刺病難愈故也。

孫絡在於肉分，血行出於支裏。

〔閻明廣注〕孫絡，心絡也，謂絡之支別也。行於分肉之間，有血留止，刺而去之，無問脈之所會。

悶昏針運，經虛補絡須然。

〔閻明廣注〕本論云：若學人深明氣血往來，取穴部分不差，補瀉得宜，必無針運昏倒之疾。或匆忙之際，畏刺之人，多針也傷，壯者氣行自已，怯者當速救療。假令針肝經感氣運，以補肝經合曲泉穴之絡；假令針肝絡血運，以補本經曲泉穴之經，針入復甦，效如起死，他皆倣此。

疼實痒虛，瀉子隨母要指。

〔閻明廣注〕病之虛實者，痒則爲虛，痛者爲實。刺法云：虛則補其母，實則瀉其子。假令肝藏實，瀉肝之滎行間穴，屬火是子；肝藏虛，補肝之合曲泉穴，屬水是母。凡刺只取木經井滎俞經合五行，子母補瀉，此乃大要也。

想夫先賢迅效，無出於《針經》，今人愈疾，豈離於醫法。

〔閻明廣注〕古之治疾，特論針石，《素問》先論刺，後論脈，《難經》先論脈，後論刺。刺之與脈，不可偏廢。昔之越人起死，華佗愈躄，非有神哉，皆此法也。離聖久遠，後學難精，所以針之玄妙，罕聞於世。今時有疾，多求醫命藥，用針者寡矣。

徐文伯瀉孕於苑內，斯由甚速。

〔明廣閻注〕昔宋太子性善醫書，出苑見一有孕婦人，太子自爲診之，是一女。令徐文伯診之，乃一男一女，太子性急，欲剖腹視之。文伯曰：自請針之令落，於是瀉足三陰交，補手陽明合谷，胎應針而落，果如文伯之言也。

范九思療咽於江夏，聞見言稀。

〔閻明廣注〕傳曰：嘉祐中有太傅程公，守住於江夏，因母之暴患咽中有

癰，卒然而長，寒氣不通，命醫者止可用藥治之，勿施針以損之。醫曰：咽中氣尚不通，豈能用藥，藥既下之，豈能卒效，故衆醫不敢措治。尋有醫博范九思云：有藥須用未使新筆點之，癰疽即便瘥。公遂取新筆與之，九思乃以點藥上癰，藥到則有紫血頓出，漸氣通而瘥。公曰：此達神聖之妙矣。公命九思飲，而求其方，九思大笑曰：其患是熱毒結於喉中，塞之氣不宣通，病以危甚，公堅執只可用藥，不可用針，若從公意，則必誤命，若不從公意，固不能施治，九思當日曾以小針藏於筆頭中，妄以點藥，乃針開其癰而效也，若非如此，何如紫血頗下也。公方省而歎曰：針有劫病之功，驗於今日。古人云：爲將不察士卒之能否，則不能決勝，爲醫不察藥性之主治，則不能便瘥。文將無卒謀遠慮，則無必勝，醫無卒機遠見，治無必效也。

大抵古今遺跡，後世皆師。

〔閻明廣注〕昔聖人留軌範，使後人倣學，不可獨強也。汎於針術，隱其難究，妙門出乎其類者，今之世誰能之，故聖人云：不可不遵先聖遺文也。

王纂針魅而立康，獺從被出。

〔閻明廣注〕傳曰：王纂少習醫方，尤精針石，遠近知名，嘉祐中縣人張方文，日暮宿於廣陵廟中，下在一物，假作其婿，因被魅惑而病，纂爲治之，一針有一祟從女被中走出，而病愈矣。

秋夫療鬼而獲效，魂免傷悲。

〔閻明廣注〕昔宋徐熙字秋夫，善醫方，爲射陽令，常聞鬼神吟呻甚悽苦。秋夫曰：汝是鬼何須如此。答曰：我患腰病，死雖爲鬼，痛苦尚不可忍，聞君善醫，願相救濟。秋夫曰：吾聞鬼無形，何由措置？鬼云：縛草作人，子依之，但取孔穴針之。秋夫如其言，爲針腰腧二穴，肩井二穴，設祭而埋之。明日見一人來謝曰：蒙君醫療，複爲設祭，病今已愈，感惠實深，忽然不見。公曰：夫鬼爲陰物，病由告醫，醫既愈矣，尚能感激，况於人乎？鬼姓斛名斯。

既而感指幽微，用針直訣。

〔閻明廣注〕此皆指微論中，用針函微之直訣也。

竅齊於筋骨，皮肉刺要。

〔閻明廣注〕竅者穴也，齊者淺深之宜也。經曰：刺皮無傷骨，刺骨無傷髓。病有浮沉，刺有淺深，各至其理，無過其道。過則傷，不及則生外壅，壅則邪從之，淺深不得，反爲大賊，內動五藏，故生大病。

痛察於久新，府藏寒熱。

〔閻明廣注〕痛者病也，夫人病有久新，藏病府病，寒熱虛實，宜細詳審調。設針形短長鋒類不等，窮其補瀉，各隨病所宜用之。

接氣通經，短長依法。

〔閻明廣注〕本論云：夫欲取偏枯久患榮衛諸疾，多是愈而復作者，由氣不接而經不通流，雖有暫時之快，客氣勝眞，病當未愈也，當此乃上接而下引。呼吸多少，經脈長短，各有定數立法。手三陽接而九呼，過經四寸；手三陰接而七呼，過經五寸；足之三陽接而一十四呼，過經四寸；足之三陰接而一十二呼，過經五寸。重者倍之，吸亦同數，此接氣通經，呼吸長短之法也。

裏外之絕，羸盈必別。

〔閻明廣注〕夫五藏裏外者，謂心肺在高上，通於天氣也。心主於脈，肺主於氣，外華榮於皮膚，故言外也。腎肝在下，通於地氣，以藏精血，實於骨髓。心肺外絕，則皮聚毛落；腎肝內絕，則骨痿筋緩。其時學者，不能別裏外虛實，致使針藥誤投，所以實實虛虛，損不足益有餘，如此死者，醫殺之耳。

勿刺大勞，使人氣亂而神隳。

〔閻明廣注〕《禁刺論》曰：無刺大勞，大勞則喘息汗出，裏外皆越，故氣耗亂，神隳散也。

愼妄呼吸，防他針昏而閉血。

〔閻明廣注〕呼吸者，使陰陽氣行流上下，絕歷五藏六府，若針刺妄行呼吸，陰陽交錯，則針昏閉血，氣不行也。

又以常尋古義，由有藏機；遇高賢眞趣，則超然得悟。逢達人示教，則表我扶危。

〔閻明廣注〕先賢之書，文理幽深，隱義難窮，或字中隱義，或假令一隅，妙要難窮，遇高達之士，方得其趣，便可穿鑿。

男女氣脈，行分時合度。

〔閻明廣注〕本論云：夫男女老幼，氣候不同，春夏秋冬，寒暑各異。春氣

生而脈氣緩，夏暑熱而脈行速，秋氣燥而脈行急，冬氣寒而脈凝濇。小兒之脈應春，壯年之脈應夏，四十已上如秋，六十已後如冬。其病有寒熱，脈有遲速，一一參詳，不可一概與天同度矣。《難經》云：一呼脈行三寸，一吸脈行三寸者，平人脈法也。微抱病之人皆失天之度，地之紀，脈之用，不可與平人脈相合也。其診取法：當以一息五至爲與天同度，不及應春，不及應冬，太過應秋，太過應夏。應春冬者，宜留針待氣至，應秋夏者，呼吸數畢便宜去針，此之謂也。

養子時尅，注穴必須依。

（閻明廣注）養子時尅注穴者，謂逐時於旺氣注藏府井滎之法也。每一時辰，相生養子五度，各注井滎俞經合五穴。晝夜十二時，氣血行過六十俞穴也。每一穴血氣分得一刻六十分六厘六毫六絲六忽六眇，此是一穴之數也。六十穴共成百刻，要求日下井滎，用五子元建日時取之。設令甲日甲戌時，膽統氣初出竅陰穴爲井水，流至小陽爲滎火，氣過前谷穴注至胃爲俞土，氣過陷谷穴又并過本原丘墟穴。但是六府各有一原穴，則不係屬井滎相生之注，即但陰陽二氣出入門戶也。行至大腸爲經金，氣過陽谿穴，所入膀胱爲合水，氣入委中穴終。此是甲戌時木火土金水相生五度一時辰流注五穴畢也。他皆倣此。

今詳定疾病之儀，神針法式，廣搜《難》、《素》之秘密文辭，深考諸家之肘函妙臆，故稱瀘江流注之指微，以爲後學之規則。

《玉龍經·天星十一穴歌訣》 三里內庭穴，曲池合谷徹，委中配承山，下至崑崙絕，環跳與陽陵，通里與列缺。合擔用法擔，合截用法截。專心常記此，莫與閑人說。三百六十法，不如十一穴。此法少人知，金鎖都關鑰。將針治病人，有如湯沃雪。非人莫傳與，休把天機泄。

三里，三里在膝下，三寸兩筋間。能除心腹脹，善治胃中寒，腸鳴并積聚，腫滿膝脛疼。勞傷形瘦損，氣蠱病諸般。人過三旬後，針灸眼能寬，取穴當舉足，得法不爲難。

內庭，內庭足兩間，胃脈足陽明。針治四肢厥，喜靜惡聞聲。遍身風癮疹，伸欠及牙疼，瘧病不思食，針著便惺惺。

曲池，曲池曲肘裏，曲著陷中求。善治肘中痛，偏風手不收。挽弓開未得，筋緩怎梳頭。喉閉促欲絕，發熱竟無休。遍身風癮疹，針灸必能瘳。

合谷，合谷名虎口，兩指歧骨間。頭疼并面腫，瘧疾病諸般，熱病汗不出，目視暗漫漫，衄鼻鼽衄，喉禁不能言。針著量深淺，令人便獲安。

委中，委中曲膕裏，動脈偃中央。腰重不能舉，沉沉壓脊梁。風痺髀樞痛，病熱不能涼。兩膝難伸屈，針下少安康。

承山，承山名魚腹，腨下分肉間。可治腰背痛，久持大便難。腳氣膝下腫，戰栗腿疼痠。霍亂轉筋急，穴中刺必安。

崑崙，崑崙足外踝，後向足跟尋。腨腫腰尻痛，腳胯痛難禁。頭疼肩背急，氣喘上衝心。雙足難行履，動作即呻吟，要得求安樂，須將穴下針。

環跳，環跳在髀樞，側身下足舒。上足曲求得，針得主攣拘。冷風并濕痺，身體或偏枯。呆癡針與灸，用此沒疏虞。

陽陵，陽陵居膝下，一寸外廉中。膝腿難伸屈，拘攣似老翁。欲行不得，冷痺及偏風。誠記微微刺，方知最有功。

通里，通里腕側後，度量一寸中。善呻并數欠，懊憹及心忪，實在四肢腫，喉間氣難通。虛則不能語，苦嘔痛達胸。肘膊連臑痛，頭腮面頰紅。針入三分妙，神功甚不窮。

列缺，列缺腕側上，手指頭交叉。主療偏風患，半身時木麻。手腕全無力，口禁不開牙。若能明補瀉，諸病恰如拿。

《玉龍經·一百二十穴玉龍歌》 扁鵲授我《玉龍歌》，玉龍一試痊沉痾。玉龍之歌世罕得，研精心手無差訛。吾今歌此玉龍訣，玉龍一百二十穴。行針殊絕妙無比，但恐時人自差別。補瀉分明指下施，金針一刺顯良醫，傴者立伸患者起，從此名馳湖海知。曲池補，人中瀉，風池補，絕骨瀉。

中風：中風不語最難醫，頂門、髮際亦堪施，百會穴中明補瀉，即時甦醒免災危。

頂門，即囟會穴，上星後一寸，禁不可刺，灸七壯，針瀉之。百會，頂中央旋毛中，取眉間印堂至髮際折中是穴，針一分許。中風先補後瀉，多補少瀉，灸七壯，無補。

口眼喎斜，中風口眼致喎斜，須療地倉連頰車，喎左瀉右依師語，喎右瀉左莫教差。

地倉在口傍直縫帶路下，針一分。頰車在耳後墜下三分，沿皮向下透地倉一寸半，灸二七壯。

頭風：頭風嘔吐眼昏花，穴在神庭刺不差，子女驚風皆可治，印堂刺入

艾來加。

神庭在鼻直上，入髮際五分，針三寸，先補後瀉，瀉多補少。印堂在兩眉間宛宛中，針一分，沿皮先透左攢竹，補瀉後轉歸元穴，退右攢竹，依上補瀉。可灸七壯，小兒驚風灸七壯，大哭者爲效，不哭者難治。隨證急慢補瀉，急者慢補，慢者急瀉，通神之穴也。

偏正頭風：頭風偏正最難醫，絲竹金針亦可施，更要沿皮透率谷，一針兩穴世間稀。

絲竹在眉後入髮際陷中，沿皮向後透率谷，在耳尖上一寸，針三分，灸七壯，開口刺，痛則瀉，眩暈則補。

頭風痰飲，宜瀉風池穴。偏正頭風有兩般，風池穴內瀉因痰，若還此病非痰飲，合谷之中仔細看。

風池在耳後顳顬骨筋下入髮際，橫針一寸半入風府，先補後瀉，可灸七壯、二七壯。合谷一稱虎口，在手大指次指岐骨縫中，脈應手，直刺入一寸半，看虛實補瀉。

頭項強痛：項強兼頭四顧難，牙疼併作不能寬，先向承漿明補瀉，後針風府即時安。

承漿在唇下宛宛中，直針三分，可灸七壯，瀉之。風府在項後入髮際一寸，兩筋間，言語則起，不言語則陷下處是穴，針三分，不可深，深則令人啞噤。

牙疼　附嘔吐：牙疼陣陣痛相煎，針灸還須覓二間，翻嘔不禁兼吐食，中魁奇穴試看看。

二間在手大指次指骨縫中，針一分，沿皮向後三分，灸七壯，看虛實補瀉。中魁在中指第二節尖，灸二七壯，瀉之，禁針。

乳鵝：乳鵝之證更希奇，急用金針病可醫，若使遲延難整治，少商出血始相宜。

少商在大指甲邊內側端，去爪甲如薤葉，針入一分，沿皮向後三分，瀉之，三稜針出血，應合谷。

鼻淵：鼻流清涕名鼻淵，先瀉後補疾可痊。若更頭風并眼痛，上星一穴刺無偏。

上星在髮際一寸半，取穴以手掌後横文按鼻尖，中指頭盡處是穴，直針三分，灸七壯。鼻淵則補，不聞香臭則瀉，應大淵穴，見後痰嗽歌。

不聞香臭：不聞香臭從何治，須向迎香穴內攻。先補後瀉分明記，金針未出氣先通。

迎香在鼻孔傍五分縫中，直針一分，沿皮向後上三分，瀉多補少，禁灸。

眉目間痛：眉目疼痛不能當，攢竹沿皮刺不妨，若是目疼亦同治，刺入頭維疾自康。

攢竹在眉尖陷中，針二分，沿皮向魚腰，瀉多補少，禁灸。頭維在額角髮際，沿皮向下透至懸顱，是穴在額角，疼痛，瀉，眩暈，補，灸二七壯，愈。

心痛：九般心痛及脾疼，上脘穴中宜用針。脾敗還將中脘瀉，兩針成敗免災侵。

上脘在臍上五寸，直刺三寸半，看虛實補瀉。中脘在臍上四寸，從鳩尾下至臍折中是穴，直刺二寸五分，灸五十壯止，補多瀉少。

三焦：三焦邪氣擁上焦，舌乾口苦不和調，針刺關衝出毒血，口生津液氣俱消。

關衝在手小指次指內側端如韭葉大，針一分，沿皮向後三分，瀉，禁灸。小指次指者，無名指也。

上焦熱　附心虛膽寒：少衝穴在手少陰，其穴功多必可針，心虛膽寒還瀉補，上焦熱湧手中尋。

少衝在手小指內側端，去爪甲如韭葉大，直刺一分，沿皮向後三分，看虛實補瀉，禁灸。通里在腕後起骨上一寸，直針一分，宜瀉，不宜補，愈補愈發，禁灸。

癡呆：癡呆一證少精神，不識尊卑最苦人。神門獨治癡呆病，轉手骨開得穴眞。

神門在手掌後高骨陷中，針入三分，灸七壯，應後溪穴。

目赤：眼睛紅腫痛難熬，怕日羞明心自焦，但刺睛明魚尾穴，太陽出血病全消。

睛明在目內眥淚孔中，針入一分，針向鼻，瀉，禁灸。魚尾即瞳子窌，在目上眉外尖，針一分，沿皮向內邊魚腰，瀉，禁灸。太陽在額紫脈上，可出血。

目病隱澀：忽然眼痛血貫睛，隱澀羞明最可憎。若是太陽除毒血，不須針刺自和平。

太陽在額紫脈上，出血，三稜針刺之，應睛明穴。

目熱：心血炎上兩眼紅，好將蘆葉搐鼻中。若還血出眞爲美，目內清涼顯妙功。

內迎香在鼻孔內，用蘆葉或箬葉作卷，搐之，血出爲好，應合谷穴。

目爛：風眩爛眼可憐人，淚出汪汪實苦辛，大小骨空眞妙穴，灸之七壯

病除根。

大骨空在手大拇指第二節尖上，灸七壯。小骨空在手小指第二節尖上，灸七壯，禁針。

目昏：肝家血少目昏花，肝腧之中補更佳，三里瀉來肝血益，雙瞳朗朗淨無瑕。

肝腧在背九椎兩傍各一寸半，灸七壯，針入二分。三里在膝下三寸，貼骨外廉，針三分，瀉之。

耳聾　附紅腫生瘡：耳聾氣閉不聞音，痛痒蟬吟總莫禁，紅腫生瘡須用瀉，只從聽會用金針。

聽會在耳珠前陷中，口開方可下針，橫下針刺半寸，灸二七壯，應合谷、足三里。

聾瘂二證：若人患耳即成聾，下手先須覓翳風。項上倘然生瘂子，金針瀉動號良工。

翳風在耳後陷中，開口得穴，針入半寸，瀉之，灸七壯。

瘖瘂：瘂門一穴兩筋間，專治失音言語難，此穴莫深惟是淺，刺深翻使病難安。

瘂門在項後入髮際五分，直針三分，莫深，深則令人瘂，瀉之不補，灸七壯。

痰嗽喘急：咳嗽喘急及寒痰，須從列缺用針看，太淵亦瀉肺家疾，此穴仍宜灸更安。

列缺在大指直上叉手中指盡處是穴，針入三分，橫針向臂，瀉之。太淵在掌後陷中三分，瀉之。

咳嗽腰痛　附黃疸：忽然咳嗽腰膂痛，身柱由來穴更眞，至陽亦醫黃疸病，先瀉後補妙通神。

身柱在背第三椎骨節，針三分，灸七壯，瀉之。至陽在背第七椎骨節尖，針三分，灸七壯，看虛實補瀉。

傷風：傷風不解咳頻頻，久不醫之勞病終，咳嗽須針肺腧穴，痰多必用刺豐隆。

肺腧在第三椎下兩傍各一寸五分宛中，灸三壯。豐隆在足腕解溪上八寸，直針二分半，看虛實補瀉，灸二七壯。

咳嗽鼻流清涕：腠理不密咳嗽頻，鼻流清涕氣昏沉，噴嚏須針風門穴，咳嗽還當艾火深。

風門在第二椎下兩傍各一寸半陷中。

喘：哮喘一證最難當，夜間無睡氣遑遑，天突尋之眞妙穴，膻中一灸便安康。

天突在結喉陷中，針可，針下半寸，灸七壯，瀉之。膻中在兩乳中間，可瀉，灸七壯，禁針。

氣喘：氣喘吁吁不得眠，何當日夜苦相煎，若取璇璣眞箇妙，更針氣海保安然。

璇璣在天突下一寸，直針入三分，瀉之，灸七壯。氣海在臍下一寸五分宛宛中，刺入三分，灸七壯，看病補瀉。

哮喘痰嗽：哮喘咳嗽痰飲多，才下金針疾便和，腧府乳根一般刺，氣喘風痰漸漸磨。

腧府在巨骨下璇璣傍二寸陷中，針三分，灸三壯，看虛實補瀉。乳根在乳下一寸六分陷中，仰而取之，針一分，灸五壯至七壯，看病補瀉。

口氣：口氣由來最可憎，只因用意苦勞神，太陵穴共人中瀉，心臟清涼口氣清。

太陵在掌後橫文中，針三分，瀉之。人中在鼻下三分陷中，針三分，直針向上。

氣滿：小腹脹滿氣攻心，內庭二穴刺須眞，兩足有水臨泣瀉，無水之時不用針。

內庭在足兩指岐骨間，直刺三分，可瀉補，灸二七壯。臨泣在俠溪上三指、四指間，針三分，禁灸，可以出一身之水，瀉用香油抹孔穴，則針孔不閉。

氣　附心悶　手生瘡：勞宮穴在掌中心，滿手生瘡不可禁，心悶之疾太陵瀉，氣攻胸腹一般針。

勞宮在掌心，屈無名指盡處是穴，針三分，灸七壯。太陵見前。

肩腫痛：肩端紅腫痛難當，寒濕相搏氣血狂，肩髃穴中針一遍，頓然神效保安康。

肩髃在肩端上舉手陷中，針二寸半，若手臂紅腫疼痛，瀉之，寒濕痲木，補之。

肘攣筋痛二首：兩肘拘攣筋骨痛，舉動艱難疾可憎，若是曲池針瀉動，更醫尺澤使堪行。

曲池在肘後外髃。尺澤在肘中大筋外陷中，用手如弓方可下針，先補後瀉，針半寸，禁灸。

筋急不和難舉動，穴法從來尺澤眞，若遇頭面諸般疾，一針合谷妙通神。

尺澤，合谷並見前。

臂痛：兩胛疼痛氣攻胸，肩井二穴最有功。此穴由來眞氣聚，瀉多補少應針中。

肩井在肩端上缺盆盡處，直針寸半，停針此穴，五藏眞氣聚，不宜補，不宜灸，停針氣虛人多暈亂，急瀉之三里，應支溝穴。

肩背痛：肩臂風連背亦疼，用針胛縫妙通靈。五樞本治腰疼病，入穴分明疾頓輕。

五樞在臂部肩端骨下直縫尖，針入二寸半，灸二七壯，看虛實補瀉。

虛：虛羸有穴是膏肓，此法從來要度量，禁穴不針宜灼艾，灸之千壯亦無妨。

膏肓在背骨四椎下，微約五椎四肋三間是穴，各三寸，用竹杖兩手撑開，陷中是穴。

虛弱夜起：老人虛弱小便多，夜起頻頻更若何。針助命門眞妙穴，艾加腎腧疾能和。

命門在背骨十四椎下，與臍平，灸二七壯，禁針，針則愈甚，宜補不宜瀉。腎腧在命門兩傍各一寸半，灸法依前，針法依前。

膽寒心驚鬼交白濁：膽寒先是怕心驚，白濁遺精苦莫禁。夜夢鬼交心腧瀉，白環腧穴一般針。

心腧在背五椎兩傍一寸半，沿皮向外一寸半，灸七壯，不可多，先補後瀉，亦不宜多補。白環腧在二十一椎兩傍一寸半，直針一寸半，灸五十壯，夜夢鬼交，婦人白濁宜補多。

勞證：傳屍勞病最難醫，湧泉穴內沒憂疑。痰多須向豐隆瀉，喘氣丹田亦可施。

湧泉在腳底心轉足三縫中，又以二指至足跟盡處折中是穴，直針三分，傷寒勞瘵有血可療，無則危，先補後瀉。丹田在臍下三寸，針八分，補多瀉少，可灸百壯。豐隆見前。

盜汗：滿身發熱病爲虛，盜汗淋漓卻損軀。穴在百勞椎骨上，金針下著疾根除。

百勞在背第一椎骨尖上，針三分，灸二七壯，瀉之，應肺腧穴。

腎虛腰痛：腎虛腰痛最難當，起坐艱難步失常。腎腧穴中針一下，多加艾火灸無妨。

腎腧見前

腰脊強痛：脊膂強痛瀉人中，挫閃腰疼亦可針。委中也是腰疼穴，任君取用兩相通。

人中即水溝穴，在鼻下三分，於水突起處是穴，針三分，向上些，少瀉，無補法，灸七壯。委中在膝後膕文動脈中，針一寸，見血即愈。

手腕疼：腕中無力或麻痺，舉指痠疼握物難。若針腕骨眞奇妙，此穴尤宜仔細看。

腕骨在手腕起骨前陷中，番手得穴，針入三分，灸二七壯，瀉之，手麻木則補，可灸三七壯。

臂腕痛：手臂相連手腕疼，液門穴內下針明，更有一穴明中渚，瀉多勿補疾如輕。

液門在手小指次指本節後，針入一分，沿皮向後透入陽池，瀉之。中渚在小指次指岐骨間，本節後。針入一分，沿皮向後透腕骨，瀉之。

虛煩：連日虛煩面赤粧，心中驚恐亦難當。通里心原眞妙穴，神針一刺便安康。

通里在腕後側起骨後一寸。直針半寸，瀉之，禁灸。

腹中氣塊：腹中氣塊最爲難，須把金針刺內關。八法陰維名妙穴，肚中諸疾可平安。

內關在手掌後橫入二寸兩筋間。直刺透外關，先補後瀉，名陰維穴，禁灸，應照海穴。

腹痛：腹中疼痛最難當，宜刺太陵并外關。若是腹疼兼閉結，支溝奇穴保平安。

外關在腕後骨上二寸，直針透內關，先補後瀉，灸七壯。太陵見前。支溝在腕後三寸，對間使。針三分，透間使，灸七壯。間使見後瘧疾下。

吹乳：婦人吹乳痛難熬，吐得風痰疾可調。少澤穴中明補瀉，金針下了腫全消。

少澤在手小指端外側，去爪甲如韭葉大，針一分，沿皮向後三分，乳疸疾疼痛，補，以吐爲效。

白帶：婦人白帶亦難治，須用金針取次施。下元虛憊補中極，灼艾尤加仔細推。

中極在臍下四寸。直針二寸半，灸五十壯。婦人無子宜刺灸則有子，先瀉後補。血氣攻心，先補後瀉。

脾疾翻胃：脾家之疾有多般，翻胃多因吐食餐，黃疸亦須脘骨灸，金針中脘必痊安。

腕骨在手腕側起骨前陷中，針二分，看虛實補瀉，灸三七壯。中脘在臍上四寸，針二十五分，灸五十壯，補多瀉少。

腿風：環跳爲能治腿風，居窌二穴亦相同。更有委中出毒血，任君行步顯奇功。

環跳在髀樞研骨下一指，側卧伸下足，屈上足方可。針三寸半，補少瀉少，可灸。委中見前。居窌在環跳上一寸，取法如前。

膝腿無力：膝疼無力腿如癱，穴法由來風市間。更兼陰市奇穴妙，縱步能行任往還。

風市在膝外廉上七寸，垂手中指盡處是穴。針入半寸，多補少瀉，灸七壯。陰市在膝上正七寸，垂手中指點穴。針入半寸，先補後瀉，灸二七壯。

腿痛：髖骨能醫兩腿疼，膝頭紅腫一般同。膝關膝眼皆須刺，針灸堪稱劫病功。

髖骨在膝蓋上一寸，梁丘穴兩旁各五寸，直針半寸，灸二七壯，隨病補瀉。膝關在膝蓋骨下，犢鼻穴傍。橫針透膝眼，灸二七壯，隨病補瀉。膝眼在膝下是穴。針三分，禁灸。

膝風：紅腫名爲鶴膝風，陽陵二穴便宜攻。陰陵亦是通神穴，針到方知有俊功。

陽陵泉在膝外輔骨下一指陷中。橫針透陰陵泉，針入二寸，看病補瀉。陰陵泉在膝內輔骨下空陷中。橫針透陽陵泉。又法取曲膝之橫文尖頭是穴。針二寸五分。

腳氣：寒濕腳氣痛難熬，先針三里及陰交。更兼一穴爲奇妙，絶骨才針腫便消。

三里穴見前。三陰交在內踝上三寸取中骨陷中。又云在內踝上八寸，腳氣三寸，瀉。婦人鬼胎，八寸，針三分。絶骨在足外踝上三寸。橫針二分半，灸二七壯。

腳腫：腳跟紅腫草鞋風，宜向崑崙穴上攻。再取太溪共申脈，此針三穴病相同。

崑崙在足外踝後陷中。橫針透呂細穴，灸二七壯，瀉多補少。太溪在內踝後跟骨上，動脈陷中。申脈在足外踝骨節下，赤白肉際橫文。刺半寸，瀉多補少，禁灸。

腳背痛：丘墟亦治腳跗疼，更刺行間疾便輕。再取解谿商丘穴，中間補瀉要分明。

丘墟在足外踝前三分。痳木補之，如腳背紅腫，出血甚妙。行間在足大指次指虎口兩岐骨間。針半寸，灸二七壯，疼痛瀉之，痒痳補之。解谿在足腕上大筋外宛宛中。針半寸，灸七壯。如頭重頭風，先補後瀉，此即草鞋帶穴也。商丘在足內踝下微前三寸。斜針三分，後透崑崙。

腳疾：腳步難移疾轉加，太衝一穴保無他。中封三里皆奇妙，兩穴針而並不差。

太衝在行間上二寸。直針半寸，禁灸。三里見前。中封在足腕上筋內宛宛中。針半寸，灸二七壯。

瘧疾：瘧疾脾寒最可憐，有寒有熱兩相煎。須將間使金針瀉，瀉熱補寒方可痊。

間使在掌後橫文直上三寸兩筋，直透支溝。灸二七壯，熱多則瀉，寒多則補，針入半寸。

時疫瘧疾：時疫瘧疾最難禁，穴法由來用得明。後谿一穴如尋得，艾火多加疾便輕。

後谿在手小指本節後握拳橫文尖。針半寸，灸七壯，同間使補瀉法。

瘰癧：瘰癧由來癮疹同，療之還要擇醫工。肘尖有穴名天井，一用金針便有功。

天井在肘尖骨上陷中，取法用手叉腰方可，下針，內少海穴，外少海穴，三分，瀉之。

痔瘻：九般痔疾最傷人，穴在承山妙入神。縱饒大痛呻吟者，一刺長強絶病根。

承山在僕參上八寸，腿肚下分肉間。長強在二十一椎下尾閭大骨當中是穴，針一寸，大痛方是穴。灸二七壯，瀉之。又治胡孫勞。

大便閉塞：大便閉塞不能通，照海分明在足中。更把支溝來瀉動，方知醫士有神功。

照海足內踝下白肉際，針四分，瀉之。支溝見前。

身痛：渾身疼痛疾非常，不定穴中宜細詳。有筋有骨須淺刺，灼艾臨時要度量。

不定穴又名天應穴，但疼痛便針，針則卧，針出血無妨，可少灸。

驚癇：五癇之證不尋常，鳩尾之中仔細詳。若匪明師眞老手，臨時猶恐致深傷。

鳩尾在胸前鳩尾骨下五分，針二寸半，不宜多灸，灸多令人健忘，各一七壯，非老師高手不可下針，至囑至囑。

水腫：病稱水腫實難調，腹脹膨脝不可消。先灸水分通水道，後針三里

及陰交。

水分在臍上五分。灸五十壯，單腹脹宜瀉，氣滿腹疼先補後瀉。三里見前。三陰交見前。與絕骨相對，灸一七壯，治法同水分。

疝氣三首：由來七疝病多端，偏墜相兼不等閒。不問豎痃并木腎，大敦一瀉即時安。

大敦在足大指端，去爪甲如韭葉大，及三之毛中。針三分，沿皮向後三分，有瀉有補，此穴亦足治寒濕腳氣。

豎痃疝氣發來頻，氣上攻心大損人，先向闌門施瀉法，大敦復刺可通神。

闌門在玉莖毛際兩傍各三寸。針一寸半，瀉之，灸五十壯。

衝心腎疝最難爲，須用神針病自治。若得關元并帶脈，功成處處顯良醫。

關元在臍下三寸。針二寸，灸隨年壯，即丹田也。補，不瀉。

痔漏：痔漏之疾亦可針，裏急後重最難禁。或痒或痛或下血，二白穴從掌後尋。

二白在掌後横文上四寸，兩穴對並，一穴在筋中間，一穴在大筋外。有一法，用草從項後，轉至結喉骨、尖骨盡折了，將草折於兩，中對大指虎口縫，雙圍轉兩頭點掌後臂上，草盡處是穴。灸二七壯，瀉之，禁灸。

洩瀉：脾洩爲災若有餘，天樞妙穴刺無虞。若兼五藏脾虛證，艾火多燒疾自除。

天樞在臍兩傍各二寸。針一寸，灸五十壯，宜補。應脾腧穴。

傷寒：傷寒無汗瀉復溜，汗出多時合谷收，六脈若兼沉細證，下針才補病痊瘳。

復溜在足內踝上二寸。針一分，沿皮向骨下一寸半，灸二七壯，神效。合谷在手虎口陷中，寒補熱瀉。

傷寒過經：過經未解病沉沉，須向期門穴上針。忽然氣喘攻胸脇，三里瀉之須用心。

期門在乳下四寸，第三筋端。針一分，沿皮向外一寸五分，先補後瀉，灸二七壯。

腳細筋疼：腳細拳攣痛怎行，金針有法治懸鍾。風寒麻痺連筋痛，一刺能令病絕踪。

懸鍾在足外踝三寸。針三分，應環跳穴。

牙疼：風牙蟲蛀夜無眠，呂細尋之痛可蠲，先用瀉針然後補，方知法是至人傳。

呂細在足內踝骨肉下陷中。針三分，大瀉盡方補，痛定出針，灸二七壯。

心腹滿痛　附半身麻痺手足不仁：中都原穴是肝陰，專治身麻痺在心。手足不仁心腹滿，小腸疼痛便須針。

中都在足內踝七寸。針一寸半，沿皮向上一寸，灸七壯。

頭胸痛嘔吐痃暈：金門申脈治頭胸，重痛虛寒候不同。嘔吐更兼眩暈苦，停針呼吸在其中。

金門在足外踝附骨下陷中。針三分，直透申脈。瀉實補虛，灸二七壯。申脈在足外踝骨下赤白肉際横文。刺入半寸，瀉多補少，禁灸。

小腸疝氣連腹痛：水泉穴乃腎之原，臍腹連陰痛可蠲。更刺大敦方是法，下針速瀉即安然。

水泉在足內踝附骨横量一寸，直下一寸。針五分，瀉之，灸七壯。

脾胃虛弱：咽酸口苦脾虛弱，飲食停寒夜不消。更把公孫脾腧刺，自然脾胃得和調。

公孫在足內側本節後一寸陷中，蹺兩腳底相對。針一寸三分。脾腧在背脊十一椎兩傍一寸半。針三分，灸三壯。

臂細筋寒骨痛：臂細無力轉動難，筋寒骨痛夜無眠。曲澤一針依補瀉，更將通里保平安。

曲澤在肘横文筋裏，與尺澤穴對，筋外尺澤穴，筋內曲澤穴。陷中針三分，痛瀉，禁灸。

《玉龍經·穴法歌》穴法相應三十七穴

穴法淺深隨指中，砭焫尤加顯妙功。勸君要治諸般病，何不專心記玉龍。聖人授此玉龍歌，補瀉分明切莫差。祖師定穴通神妙，說與良醫慎重加。

承漿應風府，風池應合谷。迎香應上星，翳風應合谷。聽會應合谷，瘂門應人中。攢竹應太陽，太陰應合谷睛明。內迎香應合谷，人中應委中。腎腧應委中，髖骨應風市。足三里應膏肓，肩井應足三里。陽陵泉應支溝，崑崙應命門。崑崙 應行間，申脈應合谷。太衝應崑崙，髖骨應曲池。肩井應支溝，尺澤應曲池。肩髃應髖骨，間使應百勞。關衝應支溝，中渚應人中。少衝應上星，後谿應百勞。神門應後谿，通里應心腧。百勞應肺腧，膏肓應足三里。風門應列缺，照海應崑崙。鳩尾應神門，中極應白環

腧。天樞應脾腧。

《玉龍經·針灸歌》中風癱瘓經年月，曲鬢七處艾且熱。耳聾氣閉聽會中，百會脫肛幷瀉血。承漿暴啞口喎斜，耳下頰車幷口脫。偏正頭疼及目眩，囟會神庭最親切。風勞氣嗽久未痊，第一椎下灸兩邊。肺疼喘滿難偃仰，華蓋中府能安然。喉閉失音幷吐血，細尋天突宜無偏。瘰癧當求缺盆內，紫宮吐血眞秘傳。霍亂吐瀉精神脫，艾灸中脘人當活。食積臍傍取章門，氣癖食關中脘穴。臍上一寸名水分，腹脹更宜施手訣。關元氣海臍心下，虛憊崩中眞妙絕。嘔吐當先求膈腧，脇痛肝腧目翳除。肩如反弓臂如折，曲池養老幷肩髃。泄瀉注下取臍內，意舍消渴誠非虛。氣刺兩乳中庭內，巨闕幽門更爲最。忽然下部發奔豚，穴號五樞宜灼艾。肺腧魄戶療肺痿，瘧灸脾腧寒熱退。膏肓二穴不易求，虛憊失精幷上氣。五痔只好灸長強，腸風痔疾尤爲良。腸痛圍臍四畔灸，相去寸半當酌量。赤白帶下小腸腧，欬逆期門中指長。大敦二穴足大指，血崩血衄宜細詳。項強天井及天柱，鼻塞上星眞可取。人門挺露號產癀，陰蹻臍心二穴主。婦人血氣痛難禁，四滿灸之效可許。臍下二寸名石門，針灸令人絕子女。肩髃相對主瘻留，壯數灸之宜推求。腹連殗殜骨蒸患，四花一灸可無憂。環跳取時須側臥，冷痺筋攣足不收。轉筋速灸承山上，太衝寒疝即時瘳。腳氣三里及風市，腰痛崑崙曲瞅裏。復溜偏治五淋病，湧泉無孕須懷子。陰中濕痒陰蹻間，便疝大敦足大指。癲邪之病及五癎，手足四處艾俱起。風拄地痛足骭疼，京骨付陽與僕參。心如錐刺太谿上，睛痛宜去灸拳尖。歷節痛風兩處穴，飛揚絕骨可安痊。脾虛腹脹身浮腫，大都三里艾宜燃。赤白痢下中膂取，背脊三焦最宜主。臂疼手痛手三里，腕骨肘髎與中渚。巨骨更取穴譩譆，肩背痛兼灸天柱。腰腧一穴最爲奇，艾灸中間腰痛愈。醉飽俱傷面目黃，但灸飛揚及庫房。額角偏頭疼灌注，頭風眼泪視䀮䀮。傷寒熱病身無汗，細詳孔最患無妨。寒氣繞臍心痛急，天樞二穴夾臍傍。女人經候不匀調，中極氣海與中髎。月閉乳癰臨泣妙，瘕聚膀胱即莫拋。乳汁少時亶中穴，夜間遺溺覓陰包。足疼足弱步難履，委中更有三陰交。心神怔忡多健忘，頂心百會保安康。兩丸牽痛陰痿縮，四滿中封要忖量。四直臍心灸便溺，胞轉葱吹溺出良。忽然夢魘歸泉速，拇指毛中最可詳。腦熱腦寒幷腦溜，囟會穴中宜著灸。鼻中息肉氣難通，灸取上星辨香臭。天突結喉兩旁間，能愈痰涎幷咳嗽。忽然癎發身旋倒，九椎筋縮無差謬。癰疽雜病能爲先，蒜艾當頭急用撚。犬咬蛇傷灸痕迹，牙疼叉手及肩尖。噎塞乳根一寸穴，四椎骨下正無偏。大便失血陽虛脫，臍心對脊效天然。

又歌曰

心疼巨闕穴中求，肩井曲池軀背痛。眼胸肝腧及命門，足躄懸鍾環跳中。陰蹻陽維治胎停，照海能於喉門用。大鍾一穴療心痴，太衝腹痛須勤誦。脾胃疼痛瀉公孫，胸腹痛滿內關分。勞嗽應須瀉魄戶，筋攣骨痛銷魂門。眼痛睛明及魚尾，陰郄盜汗卻堪聞。若也中風在環跳，小兒骨蒸偏歷尊。行步艱難太衝取，虛損天樞實爲主。要知脊痛治人中，痴呆只向神門許。風傷項急風府尋，頭眩風池吾語汝。耳閉聽會眼合谷，承漿偏療項難舉。胸結身黃在湧泉，腦昏目赤攢竹穿。兩肘拘攣曲池取，轉筋卻向承山先。宣導氣衝與太白，開通水道陰陵邊。腳腕痛時崑崙取，股膝疼痛陰市便。癲癎後溪瘧間使，心痛勞苦實堪治。胸滿脇脹取期門，大敦七疝兼偏墜。祛黃偏在腕骨中，五勞羸瘦求三里。膝腫目疾行間求，肘痛筋攣尺澤試。若也鼻塞取迎香，兩股痠疼肩井良。偏頭風痛瀉攢竹，咳唾寒痰列缺強。迎風冷淚在臨泣，委中腎腧治腰行。三陰交中死胎下，心胸如病太陵將。肩背患時手三里，兩足冷痺腎腧擬。脇下筋邊取陽陵，脊心如痛針中渚。頭強項硬刺後溪。欲知秘訣誰堪侶，此法傳從竇太師，後人行之蹈規矩。

《針灸大全·長桑君天星秘訣歌》天星秘訣少人知，此法專分前後施。若是胃中停宿食，後尋三里起璇璣。脾病血氣先合谷，後刺三陰交莫遲。如中鬼邪先間使，手臂攣痺取肩髃。腳若轉筋幷眼花，先針承山次內踝。腳氣痠疼肩井先，次尋三里陽陵泉。如是小腸連臍痛，先刺陰陵後湧泉。耳鳴腰痛先五會，次針耳門三里內。小腸氣痛先長強，後刺大敦不要忙。足緩難行先絕骨，次尋條口及衝陽。牙疼頭痛兼喉痺，先刺二間後三里。胸膈痞滿先陰交，針到承山飲食喜。肚腹浮腫脹膨膨，先針水分瀉建里。傷寒過經不出汗，期門三里先後看。寒瘧面腫及腸鳴，先取合谷後內庭。冷風濕痺針何處，先取環跳次陽陵。指痛攣急少商好，依法施之無不靈。此是桑君眞口訣，時常莫作等閒輕。

《針灸大全·四總穴歌》肚腹三里留，腰痛委中求。頭項尋列缺，面口合谷收。

《針灸大全·席弘賦》　凡欲行針須審穴，要明補瀉迎隨訣。胸背左右不相同，呼吸陰陽男女別。氣刺兩乳求太淵，未應之時瀉列缺。列缺頭疼及偏正，重瀉太淵無不應。耳聾氣痞聽會針，迎香穴瀉功如神。誰知天突治喉風，虛喘須尋三里中。手連肩脊痛難忍，合谷針時要太衝。曲池兩手不如意，合谷下針宜仔細。心疼手顫少海間，若要除根覓陰市。但患傷寒兩耳聾，金門聽會疾如風。五般肘痛尋尺澤，太淵針後卻收功。手足上下針三里，食癖氣塊憑此取。鳩尾能治五般癇，若下涌泉人不死。胃中有積刺璇璣，三里功多人不知。陰陵泉治心胸滿，針到承山飲食思。大杼若連長強尋，氣滯腰疼不能立，橫骨大都宜急救。氣海專能治五淋，更針三里隨呼吸。期門穴主傷寒患，六日過經猶未汗，但向乳根二肋間，又治婦人生產難。耳內蟬鳴腰欲折，膝下明存三里穴。若能補瀉五會間，且莫逢人容易說。睛明治眼未效時，合谷光明安可缺。人中治癲功最高，十三鬼穴不須饒。水腫水分兼氣海，皮肉隨針氣自消。冷嗽先宜補合谷，卻須針瀉三陰交。牙齒腫痛并咽痺，二間陽谿疾怎逃。更有三間腎俞妙，善除肩背消風勞。若針肩井須三里，不刺之時氣未調。最是陽陵泉一穴，膝間疼痛用針燒。委中腰痛腳攣急，取得其經血自調。腳疼膝腫針三里，懸鍾二陵三陰交。更向太衝須引氣，指頭麻木自輕飄。轉筋目眩針魚腹，承山崑崙立便消。肚疼須是公孫妙，內關相應必然瘳。冷風冷痺疾難愈，環跳腰間針與燒。風府風池尋得到，傷寒百病一時消。陽明二日尋風府，嘔吐還須上脘療。婦人心痛心俞穴，男子痃疼三里高。小便不禁關元好，大便閉澀大敦燒。髖骨腿疼三里瀉，復溜氣滯便離腰。從來風府最難針，卻用功夫度淺深。倘若膀胱氣未散，更宜三里穴中尋。若是七疝小腸痛，照海陰交曲泉針。又是應時求氣海，關元同瀉效如神。小腸氣撮痛連臍，速瀉陰交莫得遲，良久涌泉針取氣，此中玄妙少人知。小兒脫肛患多時，先灸百會次鳩尾。久患傷寒肩背痛，但針中渚得其宜。肩上痛連臍不休，手中三里便須求，下針麻重即須瀉，得氣之時不用留。腰連胯痛急必大，便於三里攻其隘，下針一瀉三補之，氣上攻噎只管在，噎不住時氣海灸，定瀉一時立便瘥。補自卯南轉針高，瀉從卯北莫辭勞，逼針瀉氣便須吸，若補隨呼氣自調，左右撚針尋子午，抽針瀉氣自迢迢。用針補瀉分明說，更用搜窮本與標。咽喉最急先百會，太衝照海及陰交。學者潛心宜熟讀，席弘治病最名高。

《針灸大全·治病十一證歌》　攢竹絲竹主頭疼，偏正皆宜向此針。更去大都徐瀉動，風池又刺三分深。曲池合谷先針瀉，永與除痾病不侵。依此下針無不應，管教隨手便安寧。

頭風頭痛與牙疼，合谷三間兩穴尋。更向大都針眼痛，太淵穴內用行針。牙痛三分針呂細，齒疼依前指上明。更推大都左之右，交互相迎仔細尋。

聽會兼之與聽宮，七分針瀉耳中聾。耳門又瀉三分許，更加七壯灸聽宮。大腸經內將針瀉，曲池合谷七分中。醫者若能明此理，針下之時便見功。

肩背并和肩膊疼，曲池合谷七分深。未愈尺澤加一寸，更於三間次第行。各入七分於穴內，少風二府刺心經。穴內淺深依法用，當時蠲疾兩三經。

咽喉以下至於臍，胃脘之中百病危。心氣痛時胸結硬，傷寒嘔噦悶涎隨。列缺下針三分許，三分針瀉到風池。二手三間并三里，中衝還刺五分依。

汗出難來刺腕骨，五分針瀉要君知。魚際經渠并通里，一分針瀉汗淋漓。手指三間及三里，大指各刺五分宜。汗至如若通遍體，有人明此是醫師。

四肢無力中邪風，眼澀難開百病攻。精神昏倦多不語，風池合谷用針通。兩手三間隨後瀉，三里兼之與太衝。各入五分於穴內，迎隨得法有神功。

風池手足指諸間，右瘓偏風左曰癱。各刺五分隨後瀉，更灸七壯便身安。三里陰交行氣瀉，一寸三分量病看。每穴又加三七壯，自然癱瘓即時安。

瘧疾將針刺曲池，經渠合谷共相宜。五分針刺於二穴，瘧病纏身方得離。未愈更加三間刺，五分深刺莫憂疑。又兼氣痛增寒熱，間使行針莫用遲。

腿膝腰疼痞氣攻，髖骨穴內七分窮。更針風市兼三里，一寸三分補瀉同。又去陰交瀉一寸，行間仍刺五分中。剛柔進退隨呼吸，去疾除痾撚指功。

肘膝疼時刺曲池，進針一寸是便宜。左病針右右針左，依此三分瀉氣奇。膝痛三分針犢鼻，三里陰交要七次。但能仔細尋其理，劫病之功在片時。

《針灸大全·梓岐風谷飛經撮要金針賦》 觀夫針道，捷法最奇。須要明於補瀉，方可起於傾危。先分病之上下，次定穴之高低。頭有病而足取之，左有病而右取之。男子之氣，早在上而晚在下，取之必明其理；女子之氣，早在下而晚在上，用之必識其時。午前爲早屬陽，午後爲晚屬陰。男女上下，憑腰分之。手足三陽，手走頭而頭走足。手足三陰，足走腹而胸走手。陰升陽降，出入之機。逆之者，爲瀉爲迎；順之者，爲補爲隨。春夏刺淺者以瘦，秋冬刺深者以肥。更觀原氣之厚薄，刺分淺深之尤宜。

原夫補瀉之法，妙在呼吸手指。男子者，大指進前左轉，呼之爲補，退後右轉，吸之爲瀉，提針爲熱，插針爲寒。女子者，大指退後右轉，吸之爲補，進前左轉，呼之爲瀉，插針爲熱，提針爲寒。左與右有異，胸與背不同。午前者如此，午後者反之。是故爪而切之，下針之法；搖而退之，出針之法。動而進之，催針之法；循而攝之，行氣之法。搓則去病，彈則補虛。肚腹盤旋，捫爲穴閉。沉重豆許曰按，輕浮豆許曰提。一十四法，針要所備。補者一退三飛，眞氣自歸。瀉者一飛三退，邪氣自避。補則補其不足，瀉則瀉其有餘。有餘者爲腫爲痛，曰實。不足者爲癢爲痳，曰虛。氣速效速，氣遲效遲。死生富貴，針下皆知。賤者硬而貴者脆，生者澀而死者虛。候之不至，必死無疑。

且夫下針之法，先須爪按，重而切之，次令咳嗽一聲，隨咳下針。凡補者呼氣，初針刺至皮肉，乃曰天才。少停進針，刺至肉內，是曰人才。又停進針，刺之筋骨之間，名曰地才。此爲極處，就當補之。再停良久，卻須退針至人之分，待氣沉緊，倒針朝病。進退往來，飛經走氣，盡在其中矣。凡瀉者吸氣，初針至天，少停進針，直至於地，得氣瀉之。再停良久，卻須退針，復至於人，待氣沉緊，倒針朝病，法同前矣。其或暈針者，神氣虛也，以針補之，以袖搗之口鼻而氣回，熱湯與之，略停少頃，依前再施之。

及夫調氣之法，下針至地之後，復人之分，欲氣上行，將針右撚；欲氣下行，將針左撚。欲補先呼後吸，欲瀉先吸後呼。氣不至者，以手循攝，以爪切掐，以針搖動，進撚搓彈，直待氣至。以龍虎升騰之法，按之在前，使氣在後，按之在後，使氣在前，運氣走至疼痛之所，以納氣之法，扶針直插，復向下納，使氣不回。若關節阻澀，氣不通者，以龍虎龜鳳通經接氣。大段之法，驅而運之，仍以循攝爪切，無不應矣。此通仙之妙。

況夫出針之法，病勢既退，針氣微鬆；病未退者，針氣如根，推之不動，轉之不移，此爲邪氣吸拔其針，乃眞氣未至，不可出之。出之者，其病即復，再須補瀉，停以待之，直候微鬆，方可出針豆許，搖而停之。補者吸之去疾，其穴急捫；瀉者呼之去徐，其穴不閉。欲令腠密，然後調氣，故曰下針貴遲，太急傷血；出針貴緩，太急傷氣。已上總要，於斯盡矣。

考夫治病之法有八：一曰燒山火，治頑痳冷痺，先淺後深，用九陽而三進三退，慢提緊按，熱至緊閉，插針除寒有準。二曰透天凉，治肌熱骨蒸，先深後淺，用六陰而三出三入，緊提慢按，徐徐舉針，退熱之可憑。皆細細搓之，去病準繩。三曰陽中之陰，先寒後熱，淺而深，以九六之法，則先補後瀉也。四曰陰中之陽，先熱後寒，深而淺，以六九之方，則先瀉後補也。補者直須熱至，瀉者務等寒侵，猶如搓線，慢慢轉針。蓋法在淺則用淺，法在深則用深，二者不可兼而紊之也。五曰子午搗臼，水蠱膈氣，落穴之後，調氣均勻，針行上下，九入六出，左右轉之，十遭自平。六曰進氣之訣，腰背肘膝痛，渾身走注疼，刺九分，行九補，卧針五七吸，待氣上行。亦可龍虎交戰，左撚九而右撚六，是亦住痛之針。七曰留氣之訣，痃癖癥瘕，針刺七分，用純陽，然後乃直插針，氣來深刺，提針再停。八曰抽添之訣，癱瘓瘡癩，取其要穴，使九陽得氣，提按搜尋，大要運氣周遍。扶針直插，復向下納，回陽倒陰。指下玄微，胸中活法，一有未應，反復再施。

若夫過關過節，催運氣血，以飛經走氣，其法有四：一曰青龍擺尾，如扶舡舵，不進不退，一左一右，慢慢撥動。二曰白虎搖頭，似手搖鈴，退方進圓，兼之左右，搖而振之。三曰蒼龜探穴，如入土之象，一退三進，鑽剔四方。四曰赤鳳迎源，展翅之儀，入針至地，提針至天，候針自搖，復進其元，上下左右，四圍飛旋。病在上吸而退之，病在下呼而進之。

至夫久患偏枯，通經接氣之法已有定息寸數。手足三陽，上九而下十四，過經四寸；手足三陰，上七而下十二，過經五寸。在乎搖動出納，呼吸同法，驅運氣血，頃刻周流，上下通接，可使寒者煖而熱者凉，痛者止而脹者消，若開渠之決水，立時見功，何傾危之不起哉？《難》曰：病有三因，皆從氣血。

針分八法，不離陰陽。蓋經絡晝夜之循環，呼吸往來之不息。和則身體康健，否則疾病競生，譬如天下國家地方，山海田園，江河谿谷，值歲時風雨均調，則水道疏利，民安物阜。其或一方一所，風雨不均，遭以旱澇，使水道湧竭不通，災傷遂至。人之氣血，受病三因，亦猶方所之旱澇也。蓋針砭所以通經脈，均氣血，蠲邪扶正，故曰捷法最奇者哉。

嗟夫軒岐古遠，盧扁死亡，此道幽深，非一言而可盡。斯文細密，在久習而能通。豈世上之常辭，庸流之乏術，得之者若科之及第，而悦於心。用之者如射之發中，而進於目。述自先賢，傳之後學，用針之士，有志於斯。果能洞造玄微，而盡其精妙，則世之伏枕之疴，有緣者遇針到病除，隨手而愈。

《醫學入門・針灸・附雜病穴法》 針家以起風廢癱瘓爲主，雖傷寒內傷，亦皆視爲雜病。《靈樞》雜證論某病取某經，而不言穴者，正欲人隨經取用。大概上部病，多取手陽明經，中部足太陰，下部足厥陰，前膺足陽明，后背足太陽。因各經之病，而取各經之穴者，最爲要決。百病一針爲率，多則四針，滿身針者可惡。

雜病隨證選雜穴，仍兼原合與八法；經絡原會別論詳，

十二原穴與八會穴，皆經絡氣血交會之處。別即陽別，乃陽交穴也。前論頗詳。

臟腑俞募當謹始；

五臟六腑之俞，俱在背二行，肺俞三椎下，心五、肝九、脾十一、腎十四椎下是也。五臟之募俱在腹部，心募巨闕、肝期門、脾章門、肺中府、腎京門。惟三焦、胞絡、膀胱無募，此言臟腑雜病，當刺俞募之穴。但《素問》明言中臟腑者不立死，則爲害非小，故禁針穴多，后世每以針四肢者爲妙手，初學可不謹哉！

根結標本理玄微，

經云：足太陰根於隱白，結於中脘；足少陰根於涌泉，結於廉泉；足厥陰根於大敦，結於玉堂；足太陽根於至陰，結於目也；足陽明根於厲兑，結於鉗耳也；足少陽根於竅明，結於耳；手太陽根於少澤，結於天窗、支正也；手少陽根於關衝，結於天牖、外關也；手陽明根於商陽，結於扶突、偏歷也。手三陰之經未載，不敢強注此言。能究根結之理，依標本刺之，則疾無不愈。足太陽之本在足跟上五寸，標在目也；足少陽之本在竅陰，標在耳也；足陽明之本在厲兑，標在人迎頰挾頏顙也；足太陰之本在中封前上四寸，標在胃俞與舌本也；足少陰之本在內踝上三寸中，標在腎俞與舌下兩脈也；足厥陰之本在行間上五寸中，標在肝俞也；手太陽之本在手外踝后，標在命門之上一寸也；手少陽之本在小指、次指之間上二寸，標在耳后上角下外眦也；手陽明之本在肘骨中上別陽，標在頷下合鉗上也；手太陰之本在寸口之中，標在腋內動脈也；手少陰之本在兑骨之端，標在心俞也；手厥陰之本在掌后兩筋之間二寸中，標在腋下三寸也。此十二經之標本。有在標而取本者，有在本而取標者，有先治其標者，有先治其本者，無非欲其陽陰相應耳。此《內經》至論。

四關三部識其處。

四關，合谷、太衝穴也。十二經原皆出於四關。三部，大包爲上部，天樞爲中部，地機爲下部。又百會一穴在頭應天，璇璣一穴在胸應人，涌泉一穴在足應地，是謂三才。已上兼原、合八法諸穴，雖不悉針，亦不可不知其處也。

傷寒一日刺風府，陰陽分經次第取。

傷寒一日太陽風府，二日陽明之滎，三日少陽之俞，四日太陰之井，五日少陰之俞，六日厥陰之經。在表刺三陽經穴，在里刺三陰經穴，六日過經未汗刺期門、三里，古法也。惟陰證灸關元穴，爲妙。

汗吐下法非有他，合谷內關陰交杵。

汗針合谷，入針二分，帶補行九九之數，搓數十次，男左搓，女右搓，得汗方行瀉法。汗止身溫，方可出針；如汗不止，針陰市，補合谷。吐針內關，入針三分，先補六次，瀉三次，行子午搗臼法三次，多提氣上行，又推戰一次，病人多呼幾次，即吐；如吐不止，補九陽數，調勻呼吸三十六度，吐止徐徐出針，急捫其穴；如吐不止，補足三里。下針三陰交，入針三分，男左女右，以針盤旋右轉，行六陰之數畢，用口鼻閉氣，吞鼓腹中，將瀉插一下，其人即瀉，鼻吸手瀉三十六遍，方開口鼻之氣，插針即瀉；如瀉不止，針合谷，升九陽數。凡汗吐下，仍分陰陽補瀉，就流注穴行之，尤妙。

一切風寒暑濕邪，頭痛發熱外關起。

只此一穴。

頭面耳目口鼻咽牙病，曲池合谷爲之主。

二穴又治肩背肘膊疼痛及瘧疾。

偏正頭疼左右針，列缺太淵不用補。

左痛針右，右痛針左，左右俱痛，左右俱針。餘仿此。如列缺不應，再瀉太淵。

頭風目眩項捩強，申脈金門手三里。

頭風連項腫，或引肩者，針此三穴。頭目昏眩者，補申脈、金門，雷頭風亦效。虛痛者，上星一穴。

赤眼迎香出血奇，臨泣太衝合谷似。

赤眼腫痛，迎香出血，立愈。甚者更瀉太衝。眼紅或瞳人腫痛，流淚出血，爛弦風，俱瀉足臨泣，或太衝、合谷。努肉倒睫，俱瀉合谷、足三里。

耳聾臨泣與金門，合谷針後聽人語。

耳暴聾，補足臨泣。耳鳴或出血作痛，及聵耳，俱瀉申脈、金門、合谷。

鼻塞鼻痔及鼻淵，合谷太衝隨手努。

鼻塞不聞香臭，針迎香、合谷。鼻痔鼻流濁涕者，瀉太衝、合谷。鼻淵鼻衄虛者，專補上星。

口噤喎斜流涎多，地倉頰車仍可舉。

頰車針沿皮向下地倉，喎左瀉右，喎右瀉左，針透亦無害。輕者只針合谷、頰車。

口舌生瘡舌下竅，三棱刺血非粗鹵。

口唇及舌生瘡，針合谷。舌腫甚及重舌者，更取舌下兩邊紫筋津液所出處，以三棱針刺出其血。

舌裂出血尋內關，太衝陰交走上部。舌上生胎合谷當，手三里治舌風舞。

舌風左右舞弄不停，瀉兩手三里立止。驢嘴風唇腫開不得者，亦瀉三里。

牙風面腫頰車神，合谷臨泣瀉不數。

坐牙風腫連面，瀉手三里、頰車。滿口牙痛牙酸，瀉合谷、足臨泣。下牙痛，瀉合谷。

二陵二蹻與二交，頭頂手足互相與。

二陵：陰陵泉、陽陵泉。二蹻：申脈、照海。二交：陽交、三陰交。此六穴遞相交接於兩手兩足頭頂也。

兩井兩商二三間，手上諸風得其所。

兩井，天井、肩井；兩商，商陽、少商；二間、三間，此六穴相依相倚，分別於手之兩支，手上諸病治之。

手指連肩相引疼，合谷太衝能救苦。

項連肘痛，針少海。

手三里治肩連臍，脊間心後稱中渚。

久患傷寒肩背痛，但針中渚，即愈。脊膂痛者，針人中尤妙。

冷嗽只宜補合谷，三陰交瀉即時住。霍亂中脘可入深，三里內庭瀉幾許。

甚者補中脘，瀉三里、內庭。

心痛翻胃刺勞宮，寒者少澤細手指。

熱心痛、氣痛，瀉勞宮。寒心痛，補少澤。

心痛手戰少海求，若要除根陰市睹，太淵列缺穴相連，能祛氣痛刺兩乳。

賦云：氣刺兩乳求太淵，未應之時瀉列缺。

脅痛只須陽陵泉，

專治脅肋痛滿欲絕及面腫。

腹痛公孫內關爾。

腹痛輕者，只針三里。

瘧疾《素問》分各經，危氏刺指舌紅紫。

足太陽瘧，先寒后熱，汗出不已，刺金門。足少陽瘧，寒熱心惕，汗多，刺俠溪。足陽明瘧，寒甚久，乃熱汗出，喜見火光，刺衝陽。足太陰瘧，寒熱善嘔，嘔已乃衰，刺公孫。足少陰瘧，嘔吐甚，欲閉戶牖，刺大鐘。足厥陰瘧，小腹滿，小便不利，刺太衝。心瘧刺神門，肝瘧中封，脾瘧商丘，肺瘧列缺，腎瘧大鐘，胃瘧厲兌。危氏只刺十手指出血，及看舌下有紫腫紅筋，亦須去血。

痢疾合谷三里宜，甚者必須兼中膂。

白痢針合谷，赤痢針小腸俞，赤白針三里中膂俞。凡針背腹兩邊穴，分陰陽經補瀉，針背上中行左轉，腹上中行右轉。女人背中行右轉，腹中行左轉爲補。蓋男子背陽腹陰，女子背陰腹陽故也。但用穴背腹甚少，而手足多者，以寒月及婦人不便故也。

心腹痞滿陰陵泉，針到承山飲食美。

胸膈寬能飲食也。

泄瀉肚腹諸般疾，三里內庭功無比。

一切泄瀉、嘔吐、吞酸、痃癖、脹滿諸疾。

水腫水分與復溜，

俱瀉水分穴，先用小針，後用大針，以鷄翎管透之，水出濁者死，清者生。急服緊皮丸斂之，此必鄉村無藥，粗人體實者方可用之，若清高貴客，鮮不爲禍。自古病機，惟水腫禁刺，《針經》則不禁也。取血法，先用針補入地部，少停瀉出人部，少停復補入地部，停少時瀉出針來，其瘀血自出。虛者只有黃水出，若腳上腫大欲放水者，仍用此法收，復溜穴上取之。

脹滿中脘三里揣。

《內經》針腹以布纏繳，針家另有盤法，先針入二寸五分，退出二寸，只留五分，在內盤之。如要取上焦胞絡中之病，用針頭迎向上刺入二分補之，使氣攻上。若臍下有病，用針頭向下退出二分瀉之，此二句特備古法耳，初學者不可輕用。

腰痛環跳委中神，若連背痛昆侖武。

輕者委中出血，便愈。甚者補環跳，瀉委中，久者俱補。腰連背痛者，針昆侖、委中。

腰連腳痛腕骨升，三里降下隨拜跪。

補腕骨，瀉足三里。

腰連腳痛怎生醫？環跳行間與風市。

補環跳，瀉風市、行間、足三里。

腳膝諸痛羡行間，三里申脈金門侈。

腳膝頭紅腫痛痒及四時風腳，俱瀉行間、三里、申脈、金門。五足指痛，瀉行間。

腳若轉筋眼發花，然谷承山法自古。兩足難移先懸鐘，

又名絕骨。

條口後針能步履。兩足痠麻補太溪，僕參內庭盤跟楚。

腳盤痛者，瀉內庭。腳跟痛者，瀉僕參。

腳連脅腋痛難當，環跳陽陵泉內杵。冷風濕痹針環跳，陽陵三里燒針尾。

痹不知痛痒者，用艾粟米大於針尾上燒三五炷，知痛即止。

七疝大敦與太衝，

七疝太衝出血，瀉大敦，立止。膀胱氣，瀉俠溪、然谷。小腸氣，瀉俠溪、三陰交。偏墜，瀉照海、俠溪。

五淋血海通男婦。

此穴極治婦人血崩、血閉不通，但不便耳。氣淋、血淋最效，兼治偏墜瘡疥。

大便虛秘補支溝，瀉足三里效可擬。熱秘氣秘先長強，大敦陽陵堪調護。

不針長強針承山。

小便不通陰陵泉，三里瀉下溺如注。

小便不通及尿血、砂淋俱宜瀉之，又治遺尿失禁。上吐下閉關格者，瀉四關穴。

內傷食積針三里，璇璣相應塊亦消。

不針璇璣者，針手足三里，俱能消食積痞塊。

脾病氣血先合谷，後刺三陰針用燒。

燒針法見前，有塊者兼針三里。

一切內傷內關穴，痰火積塊退煩潮。

兼針三里尤妙。

吐血尺澤功無比，衄血上星與禾窌。喘急列缺足三里，嘔噎陰交不可饒。

噁心嘔吐膈噎，俱瀉足三里、三陰交。虛甚者，補氣海。

勞宮能治五般癇，更刺涌泉疾若挑。神門專治心痴呆，人中間使祛顛妖。

上星亦好。

尸厥百會一穴美，更針隱白效昭昭。

外用筆管吹耳，凡脫肛、久痢、衄血不止者，俱宜針此提之，所謂頂門一針是也。不針百會，針上星亦同。

婦人通經瀉合谷，三里至陰催孕妊。

通經催生，俱宜瀉此三穴。虛者補合谷，瀉至陰。

死胎陰交不可緩，胞衣照海內關尋。

死胎不下，瀉三陰交。胞衣不下，瀉照海、內關。

小兒驚風少商穴，人中涌泉瀉莫深。

小兒急、慢驚風皆效。

癰疽初起審其穴，只刺陽經不刺陰。

凡癰疽須分經絡部分，血氣多少，俞穴遠近用針。從背出者，當從太陽經至陰、通谷、束骨、昆侖、委中五穴選用；從鬢出者，當從少陽經竅陰、俠溪、臨泣、陽輔、陽陵泉五穴選用；從髭出者，當從陽明經厲兑、內庭、陷谷、衝陽、解溪五穴選用；從腦出者，則以絕骨一穴治之。凡癰疽已破，尻神、朔望不忌。

傷寒流注分手足，太衝內庭可浮沉。

二穴總治流注，又能退寒熱。在手針手三里，在足太衝，在背行間，在腹足三里。

熟此筌蹄手要活，得後方可度金針；又有一言眞秘訣，上補下瀉値千金。

此備古法，知流注者不用。

開闔經言：春刺十二井者，邪在肝；夏刺十二滎者，邪在心；季夏刺十二俞者，邪在脾；秋刺十二經者，邪在肺；冬刺十二合者，邪在腎。其肝心脾肺腎而系於春夏秋冬者，何也？然五臟一病，輒有五也。假令肝病，色青者肝也，臊臭者肝也，喜酸者肝也，喜叫者肝也，喜泣者肝也，其病衆多，不可盡言。針之要妙，在於秋毫者也。以經觀之，甲乙者，日之春也；丙丁者，日之夏也；戊己者，日之四季也；庚辛者，日之秋也。壬癸者，日之冬也。寅卯者，時之春也；巳午者，時之夏也；辰戌丑未者，時之四季也；申酉者，時之秋也；亥子者，時之冬也。括其要者，惟《明堂》二詩。

一詩：甲膽乙肝丙小腸，一詩：肺寅大卯胃辰經。見運氣總論。凡人秉天地壬之氣生，膀胱命門癸生腎，甲生膽，乙生肝，丙生小腸，丁生心，戊生胃，己生脾，庚生大腸，辛生肺。地支亦然。一氣不合，則不生化，故古聖立子午流注之法，以全元生成之數也。

先聖推衍其義，法以天干，戊土起甲逆行，甲丙戊庚壬爲陽，井滎俞經合；乙丁己辛癸爲陰，井滎俞經合。

起例：甲己還加甲，乙庚丙作初，丙辛從戊起，丁壬庚子居，戊癸何方是，壬子是眞從。

陽則金井水滎木俞火經土合，陰則木井火滎土俞金經水合，每日一身周流六十六穴，每時周流五穴。

除六原穴，乃過經之所。

相生相合者爲開，則刺之；相克者爲闔，則不刺。

陽生陰死，陰生陽死。如甲木死於午，生於亥；乙木死於亥，生於午；丙火生於寅，死於酉；丁火生於酉，死於寅；戊土生於寅，死於酉；己土生於酉，死於寅；庚金生於巳，死於子；辛金生於子，死於巳；壬水生於申，死於卯；癸水生於卯，死於申。凡値生我、我生及相合者，乃氣血生旺之時，故可辨虛實刺之。克我、我克及闔閉時穴，氣血正値衰絕，非氣行未至，則氣行已過，誤刺妄引邪氣，壞亂眞氣，實實虛虛，其禍非小。

假如甲日膽經行氣，脈弦者，本經自病也，當竅陰爲主。

乙日肝行間。餘仿此。本經自病者，不中他邪，非因子母虛實，乃本經自生病也。當自取其經，故以竅陰井爲主，而配之以井，或心井、胃井。或俞穴爲主，亦配以心、胃俞穴，滎經合，主應皆然。

如虛則補其母，當刺腎之涌泉井，或膀胱之至陰井。實則瀉其子，可取心之中衝井，或小腸之少澤井。甲木能制戊土，則不宜針。

甲日膽木能制戊土，乙日肝木能制己土，丙日小腸火能制庚金，丁日心火能制辛金，戊日胃土能制壬水，己日脾土能制癸水，皆不宜針。

然陰陽相制者，豈無變化之機？故甲與己合而化土，亦可取脾之隱白。蓋見肝之病，則知肝當傳之脾，故先實其脾，無令受肝之邪。所謂上工不治已病治未病是也。

實脾者，必先於足太陰經補土字一針，又補火字一針；後於足厥陰經瀉木字一針，又瀉火字一針，其邪即散，其經即平。此與後迎隨條，有以虛實言者互看。

推之六甲、六乙、六丙、六丁、六戊、六己、六庚、六辛、六壬、六癸皆然。徐氏有歌云：甲日戌時膽竅陰，丙子時中前谷滎，戊寅陷谷陽明俞，返本丘墟木在寅，庚辰經注陽溪穴，壬午膀胱委中尋，甲申時納三焦水，滎合天干取液門。

六甲日，甲戌時開穴，膽井竅陰，或合脾井隱白。相生，膀胱井至陰，腎井涌泉，小腸井少澤，心井中衝；相克，肺、大腸、脾胃井及闔穴。乙亥時不錄，後仿此。丙子時開穴，小腸滎前谷，合肺滎魚際。相生，膽滎俠溪，肝滎行間，胃滎內庭，脾滎大都。戊寅時開穴，胃俞陷谷，或合腎俞太溪，相生，小腸俞後溪，心俞神門，大腸俞三間，肺俞太淵，又木原生在寅，可取膽原穴丘墟。庚辰時開穴，大腸經陽溪，或合肝經中封。相生，胃經解溪，脾

經商丘，膀胱經昆侖，腎經復溜。壬午時開穴，膀胱合委中，或合心合少海。相生，大腸合曲池，肺合尺澤，胃合三里，脾合陰陵泉。甲申時乃三焦引氣歸元，可取液門滎穴，水生木也，返本還元。

乙日酉時肝大敦，丁亥時滎少府心，己丑太白太衝穴，辛卯經渠是肺經，癸巳腎宮陰谷合，乙未勞宮水穴滎。

六乙日，乙酉時開穴，肝井大敦，或合大腸井商陽。相生，腎井涌申時開穴，膽俞臨泣，或合脾俞太白。相生，膀胱俞束骨，腎俞太溪，小腸俞後溪，心俞神門，又申時刺大腸原穴合谷。丙戌時開穴，小腸經陽谷，或合肺經經渠。相生，膽經丘墟，肝經中封，胃經解溪，脾經商丘。戊子時開穴，胃合三里，或合腎合陰谷。相生，小腸合小海，心合少海，大腸合曲池，肺合尺澤。庚寅時三焦引氣歸元，可取天井合穴，土生金也。

辛日卯時少商本，癸巳然谷何須忖，乙未太衝原太淵，丁酉心經靈道引，己亥脾合陰陵泉，辛丑曲澤胞絡準。

六辛日，辛卯時開穴，肺井少商，或合小腸井少澤。相生，脾井隱白，胃井厲兌，膀胱井至陰，腎井涌泉。癸巳時開穴，腎滎然谷，或合胃滎內庭。相生，肺滎魚際，大腸滎二間，肝滎行間，膽滎俠溪。乙未時開穴，肝俞太衝，或合大腸俞三間。相生，腎俞太溪，膀胱俞束骨，心俞神門，小腸俞後溪，又未時刺肺原穴太淵。丁酉時開穴，心經靈道，或合膀胱經昆侖。相生，肝經中封，膽經丘墟，脾經商丘，胃經解溪。己亥時開穴，脾合陰陵泉，或合膽合陽陵泉。相生，心合少海，小腸合小海，肺合尺澤，大腸合曲池。辛丑時胞絡引血歸元，可取曲澤合穴，金生水也。

壬日寅時起至陰，甲辰膽脈俠溪滎，丙午小腸後溪俞，返求京骨本原尋。三焦寄有陽池穴，返本還元似的親，戊申時注解溪胃，大腸庚戌曲池真，壬子氣納三焦寄，井穴關衝一片金，關衝屬金壬屬水，子母相生恩又深。

六壬日，壬寅時開穴，膀胱井至陰，或合心井少衝，相生，大腸井商陽，肺井少商，膽井竅陰，肝井大敦。甲辰時開穴，膽滎俠溪，或合脾滎大都。相生，腎滎然谷，膀胱滎通谷，心滎少府，小腸滎前谷。丙午時開穴，小腸俞後溪，或合肺俞太淵。相生，膽俞臨泣，肝俞太衝，胃俞陷谷，脾俞太白，又午時可刺膀胱原穴京骨，乃水原在午，水入火鄉，故壬丙、子午相交也，兼刺三焦原陽池。戊申時開穴，胃經解溪，或合腎經復溜。相生，小腸經陽谷，心經靈道，大腸經陽溪，肺經經渠。庚戌時開穴，大腸合曲池，或合肝合曲泉。相生，胃合三里，脾合陰陵泉，膀胱合委中，腎合陰谷。壬子時三焦引氣歸元，可取關衝井穴，金生水也。

癸日亥時井涌泉，乙丑行間穴必然，丁卯俞穴神門是，本尋腎水太溪原，胞絡大陵原并過，己巳商丘內踝邊，辛未肺經合尺澤，癸酉中衝胞絡連，子午截時安定穴，留傳後學莫忘言。

六癸日，癸亥時開穴，腎井涌泉，或合胃井厲兌。相生，肺井少商，大腸井商陽，肝井大敦，膽井竅陰。乙丑時開穴，肝滎行間，或合大腸滎二間。相生，腎滎然谷，膀胱滎通谷，心滎少府，小腸滎前谷。丁卯時開穴，心俞神門，或合膀胱俞束骨。相生，肝俞太衝，膽俞臨泣，脾俞太白，胃俞陷谷，又卯時可刺腎原穴太溪及胞絡原穴大陵。己巳時開穴，脾經商丘，或合膽經陽輔。相生，心經靈道，小腸經陽谷，肺經經渠，大腸經陽溪。辛未時開穴，肺合尺澤，或合小腸合小海。相生，脾合陰陵泉，胃合三里，腎合陰谷，膀胱合委中。癸酉時胞絡引血歸元，可取中衝井穴，水生木也。

大要：陽日陽時陽穴，陰日陰時陰穴。陽以陰爲闔，陰以陽爲闔。闔者，閉也。閉則以本時天干，與某穴相合者針之，故又曰開合。

陽日遇陰時，陰日遇陽時，則前穴已閉，取其合穴針之。合者，甲與己合化土，乙與庚合化金，丙與辛合化水，丁與壬合化木，戊與癸合化火。賦云：五門十變，十干相合爲五，陰陽之門戶。十變即十干，臨時變用之謂也。其所以然者，陽日注腑則氣先至而血後行；陰日注臟，則血先至而氣後行。順陰陽者，所以順氣血也。

陽日，六腑值日者，引氣；陰日，六臟值日者，引血。

或曰：陽日陽時已過，陰日陰時已過，遇有急疾奈何？曰：夫妻子母互用，必適其病爲貴耳。

妻閉則針其夫，夫閉則針其妻，子閉針其母，母閉針其子，必穴與病相宜，乃可針也。

噫！用穴則先主而後客，用時則棄主而從賓。

假如甲日膽經爲主，他穴爲客，針必先主後客。其甲戌時，乃癸日戌時，則不必用，只用丙子時起。餘仿此。愚反復思玩，乃悟徐氏泉膀胱井至陰，心井少衝，小腸井少澤。丁亥時開穴，心滎少府，或合膀胱滎通谷。相生，

肝滎行間，膽滎俠溪，脾滎大都，胃滎內庭。己丑時開穴，脾俞太白，或合膽俞臨泣。相生，心俞神門，小腸俞后溪，肺俞大淵，大腸俞三間，又丑時可刺肝原穴太衝。辛卯時開穴。肺經經渠，或合小腸經陽谷。相生，脾經商丘，胃經解溪，腎經復溜，膀胱經昆侖。癸巳時開穴，腎合陰谷，或合胃合三里。相生，肺合尺澤，大腸合曲池，肝合曲泉，膽合陽陵泉。乙未時乃包絡引血歸元，可刺勞宮滎穴，木能生火也，俱以子母相生。後皆仿此。

丙日申時少澤當，戊戌內庭治脹康，庚子時在三間俞，本原腕骨可祛黃，壬寅經水昆侖上，甲辰陽陵泉合長，丙午時受三焦木，中渚之中子細詳。

六丙日，丙申時開穴，小腸井少澤，或合肺井少商。相生，膽井竅陰，肝井大敦，脾井隱白，胃井厲兌。戊戌時開穴，胃滎內庭，或合腎滎然谷。相生，小腸滎前谷，心滎少府，大腸滎二間，肺滎魚際。庚子時開穴，大腸俞三間，或合肝俞太衝。相生，胃俞陷谷，脾俞太白，膀胱俞束骨，腎俞太溪，又子時刺小腸原穴腕骨。壬寅時開穴，膀胱經昆侖，或合心經靈道。相生，大腸經陽溪，肺經經渠，膽經陽輔，肝經中封。甲辰時開穴，膽合陽陵泉，或合脾合陰陵泉。相生，膀胱合委中，腎合陰谷，小腸合小海，心合少海。丙午時三焦引氣歸元。可取中渚俞穴，木生火也。

丁日未時心少衝，己酉大都脾土逢，辛亥太淵神門穴，癸丑復溜腎水通，乙卯肝經曲泉合，丁巳包絡大陵中。

六丁日，丁未時開穴，心井少衝，或合膀胱井至陰。相生，肝井大敦，膽井竅陰，脾井隱白，胃井厲兌。己酉時開穴，脾滎大都，或合膽滎俠溪。相生，心滎少府，小腸滎前谷，肺滎魚際，大腸滎二間。辛亥時開穴，肺俞大淵，或合小腸俞後溪。相生，脾俞太白，胃俞陷谷。腎俞大溪，膀胱俞束骨，又亥時刺心原穴神門。癸丑時開穴，腎經復溜，或合胃經解溪。相生，肺經經渠，大腸經陽溪，肝經中封，膽經陽輔。乙卯時開穴，肝合曲泉，或合大腸合曲池。相生，腎合陰谷，膀胱合委中，心合少海，小腸合小海。丁巳時胞絡引血歸元，可取大陵俞穴，火生土也。

戊日午時厲兌先，庚申滎穴二間廷，壬戌膀胱尋束骨，衝陽土穴必還原，甲子膽經陽輔是，丙寅小海穴安然，戊辰氣納三焦脈，經穴支溝刺必痊。

六戊日，戊午時開穴，胃井厲兌，或合腎井涌泉。相生，小腸井少澤，心井少衝，大腸井商陽，肺井少商。庚申時開穴，大腸滎二間，或合肝滎行間。相生，脾滎大都，胃滎內庭，膀胱滎通谷，腎滎然谷。壬戌時開穴，膀胱俞束骨，或合心俞神門。相生，大腸俞三間，肺俞太淵，膽俞臨泣，肝俞太衝，又戌時刺胃原穴衝陽。甲子時開穴，膽經陽輔，或脾經商丘。相生，膀胱經昆侖，腎經復溜，小腸經陽谷，心經靈道，丙寅時開穴，小腸合小海，或合肺合尺澤。相生，膽合陽陵泉，肝合曲泉，胃合三里，脾合陰陵泉。戊辰時三焦引氣歸元，可取支溝經穴，火生土也。

己日巳時隱白始，辛未時中魚際取，癸酉大溪太白原，乙亥中封內踝比，丁丑時合少海心，己卯間使胞絡止。

六己日，己巳時開穴，脾井陷白，或合膽井竅陰。相生，心井少衝，小腸井少澤，肺井少商，大腸井商陽。辛未時開穴，肺滎魚際，或合小腸滎前谷。相生，脾滎大都，胃滎內庭，腎滎然谷，膀胱滎通谷。癸酉時開穴，腎俞大溪，或合胃俞陷谷。相生，肺俞太淵，大腸俞三間，肝俞太衝，膽俞臨泣，又酉時刺脾原穴太白。乙亥時開穴，肝經中封，或合大腸經陽溪。相生，腎經復溜，膀胱經昆侖，心經靈道，小腸經陽谷。丁丑時開穴，心合少海，或合膀胱合委中。相生，膽合陽陵泉，肝合曲泉，脾合陰陵泉，胃合三里。己卯時胞絡引血歸元。可取間使經穴，土生金也。

庚日辰時商陽居，壬午膀胱通谷之，甲申臨泣俞爲木，合谷金原返本歸。丙戌小腸陽谷火，戊子時居三里宜，庚寅氣納三焦合，天井之中不用疑。

六庚日，庚辰時開穴，大腸井商陽，或合肝井大敦。相生，胃井厲兌，脾井隱白，膀胱井至陰，腎井涌泉。壬午時開穴，膀胱滎通谷，或合心滎少府。相生，大腸滎二間，肺滎魚際，膽滎俠溪，肝滎行間。甲諸書，未嘗明言也。按日起時，循經尋穴，時上有穴，穴上有時，分明實落，不必數上衍數，此所以寧守子午，而舍爾靈龜也。

靈龜八法專爲奇經八穴而設，其法具載徐氏針灸，乃竇文貞公之妙悟也。但子午法自上古，其理易明，其八穴亦肘膝內穴。又皆以陰應陰，以陽應陽，豈能逃子午之流注哉！

《針灸聚英·靈光賦》 黃帝岐伯針灸訣，依他經裏分明說。三陰三陽十二經，更有兩經分八脈。靈光典注極幽深，偏正頭疼瀉列缺。睛明治眼努肉攀，耳聾氣否聽會間。兩鼻鼽衄針禾窌，鼻窒不聞迎香間。治氣上壅足三里，天突宛中治喘痰。心疼手顫針少海，少澤應除心下寒。兩足拘攣覓陰

市，五般腰痛委中安。脾俞不動瀉丘墟，復溜治腫如神醫。犢鼻治療風邪疼，住喘腳痛崑崙愈。後跟痛在僕參求，承山筋轉並久痔。足掌下去尋湧泉，此法千金莫妄傳。此穴多治婦人疾，男蠱女孕兩病痊。百會鳩尾治痢疾，大小腸俞大小便。氣海血海療五淋，中脘下脘治腹堅。傷寒過經期門愈，氣刺兩乳求太淵。大敦二穴主偏墜，水溝間使治邪癲。吐血定喘補尺澤，地倉能止兩流涎。勞宮醫得身勞倦，水腫水分灸即安。五指不伸中渚取，頰車可針牙齒愈。陰蹻陽蹻兩踝邊，腳氣四穴先尋取。陰陽陵泉亦主之，陰蹻陽蹻與三里。諸穴一般治腳氣，在腰玄機宜正取。膏肓豈止治百病，灸則玄切病須愈。針灸一穴數病除，學者尤宜加仔細。悟得明師流注法，頭目有病針四肢。針有補瀉明呼吸，穴應五行順四時。悟得人身中造化，此歌依舊是筌蹄。

《針灸聚英·玉龍賦》 夫參博以爲要，輯簡而舍煩，總玉龍以成賦，信金針以獲安。原夫卒暴中風，頂門百會；腳氣連延，里絕三交。頭風鼻淵，上星可用；耳聾腮腫，聽會偏高。攢竹頭維，治目疼頭痛；乳根俞府，療氣嗽痰哮。風市陰市，驅腿腳之乏力；陰陵陽陵，除膝腫之難熬。二白醫痔漏，間使勦瘧疾；大敦去疝氣，膏肓補虛勞。天井治瘰癧癮疹，神門治呆癡笑咷。

欬嗽風痰，太淵列缺宜刺；尪羸喘促，璇璣氣海當知。期門大敦，能治堅痃疝氣；勞宮大陵，可療心悶瘡痍。心悸虛煩刺三里，時疫痎瘧尋後谿。絕骨三里陰交，腳氣宜此；睛明太陽魚尾，目證憑茲。老者便多，命門兼腎俞而著艾；婦人乳腫，少澤與太陽之可推。身柱蠲嗽，能除膂痛；至陽卻疸，善治神疲。長強承山，灸痔最妙；豐隆肺俞，痰嗽稱奇。風門主傷冒寒邪之嗽，天樞理感患脾泄之危。

風池絕骨，而療乎傴僂；人中曲池，可治其痿傴。期門刺傷寒未解，經不再傳；鳩尾針癇癲已發，慎其妄施。陰交水分三里，蠱脹宜刺；商丘解谿坵墟，腳痛堪追。尺澤理筋急之不用，腕骨療手腕之難移。肩脊痛兮，五樞兼於背縫；肘攣疼兮，尺澤合於曲池。風濕搏於兩肩，肩髃可療；壅熱盛乎三焦，關衝最宜。手臂紅腫，中渚液門要辨；脾虛黃疸，腕骨中脘何疑。傷寒無汗，攻復溜宜瀉；傷寒有汗，取合谷當隨。

欲調飽滿之氣逆，三里可勝；要起六脈之沉匿，復溜稱神。照海支溝，通大便之祕；內庭臨泣，理小腹之䐜。天突膻中醫喘嗽，地倉頰車療口喎，迎香攻鼻窒爲最，肩井除臂痛如拿。二間治牙疼，中魁理翻胃而即差；百勞止虛汗，通里療心驚而即差。大小骨空，治眼爛能止冷淚；左右太陽，醫目疼善除血翳。心俞腎俞，治腰腎虛乏之夢遺；人中委中，除腰脊痛閃之難制。太谿崑崙申脈，最療足腫之迍；湧泉關元豐隆，爲治尸勞之例。

印堂治其驚搐，神庭理乎頭風。大陵人中頻瀉，口氣全除；帶脈關元多灸，腎敗堪攻。腿腳重疼，針髖骨膝關膝眼；行步艱楚，刺三里中封太衝。取內關於照海，醫腹疾之塊；搐迎香於鼻內，消眼熱之紅。肚痛祕結，大陵合外關於支溝；腿風濕痛，居窌兼環跳於委中。上脘中脘，治九種之心痛；赤帶白帶，求中極之異同。

又若心虛熱壅，少衝明於濟奪；目昏血溢，肝俞辨其實虛。當心傳之玄要，究手法之疾徐，或值挫閃疼痛之不定，此爲難擬定穴之可祛。輯管見以便誦讀，幸高明而無哂諸。

《針灸聚英·肘後歌》 頭面之疾針至陰，腿腳有疾風府尋。心胸有病少府瀉，臍腹有病曲泉針。肩背諸疾中渚下，腰膝強痛交信憑。脇肋腿痛後谿妙，股膝腫起瀉太衝。陰核發來如升大，百會妙穴真可駭。頂心頭痛眼不開，湧泉下針定安泰。鶴膝腫勞難移步，尺澤能舒筋骨疼。更有一穴曲池妙，根尋源流可調停。其患若要便安愈，加以風府可用針。更有手臂拘攣急，尺澤刺深去不仁。腰背若患攣急風，曲池一寸五分攻。五痔原因熱血作，承山須下病無踪。哮喘發來寢不得，豐隆刺入三分深。狂言盜汗如見鬼，惺惺間使便下針。骨寒髓冷火來燒，靈道妙穴分明記。瘧疾寒熱真可畏，須知虛實可用意。間使宜透支溝中，大椎七壯合聖治。連日頻頻發不休，金門刺深七分是。瘧疾三日得一發，先寒後熱無他語。寒多熱少取復溜，熱多寒少用間使。或患傷寒熱未休，牙關風壅藥難投。項強反張目直視，金針用意列缺求。傷寒四肢厥逆冷，脈氣無時仔細看。神奇妙穴真有二，復溜半寸順骨行。四肢回還脈氣浮，須曉陰陽倒換求。寒則須補絕骨是，熱則絕骨瀉無憂。脈若浮洪當瀉解，沉細之時補便瘳。百合傷寒最難醫，妙法神針用意推。口噤眼合藥不下，合谷一針效甚奇。狐惑傷寒滿口瘡，須下黃連犀角湯。蟲在臟腑食肌肉，須要神針刺地倉。傷寒腹痛蟲尋食，吐蚘烏梅可難攻。十日九日必定死，中脘回還胃氣通。傷寒痞氣結胸

中，兩目昏黄汗不通。湧泉妙穴三分許，速使周身汗自通。傷寒痞結脇積痛，宜用期門見深功。當汗不汗合谷瀉，自汗發黄復溜憑。飛虎一穴通痞氣，祛風引氣使安寧。剛柔二痙最乖張，口噤眼合面紅粧。熱血流入心肺腑，須要金針刺少商。中滿如何去得根，陰包如刺效如神。不論老幼依法用，須教患者便抬身。打撲傷損破傷風，先於痛處下針攻。後向承山立作效，甄權留下意無窮。腰腿疼痛十年春，應針不了便惺惺。大都引氣探根本，服藥尋方枉費金。腳膝經年痛不休，內外踝邊用意求。穴號崑崙並呂細，應時消散即時瘳。風痹痿厥如何治，大杼曲泉眞是妙。兩足兩脇滿難伸，飛虎神針七分到。腰軟如何去得根，神妙委中立見效。

《針灸聚英·百證賦》 百證俞穴，再三用心。囟會連於玉枕，頭風療以金針。懸顱頷厭之中，偏頭痛止；強間豐隆之際，頭痛難禁。

原夫面腫虛浮，須仗水溝前頂；耳聾氣閉，全憑聽會翳風。面上蟲行有驗，迎香可取；耳中蟬噪有聲，聽會堪攻。目眩兮，支正飛揚；目黄兮，陽綱膽俞。攀睛攻少澤肝俞之所，淚出刺臨泣頭維之處。目中漠漠，即尋攢竹三間；目覺䀮䀮，急取養老天柱。觀其雀目肝氣，睛明行間而細推；審他項強傷寒，溫溜期門而主之。廉泉中衝，舌下腫疼堪取；天府合谷，鼻中衄血宜追。耳門絲竹空，住牙疼於頃刻；頰車地倉穴，正口喎於片時。喉痛兮，液門魚際去療；轉筋兮，金門丘墟來醫。陽谷俠谿，頷腫口噤並治；少商曲澤，血虛口渴同施。通天去鼻內無聞之苦，復溜祛舌乾口燥之悲。瘂門關衝，舌緩不語而要緊；天鼎間使，失音囁嚅而休遲。太衝瀉唇喎以速愈，承漿瀉牙疼而即移。項強多惡風，束骨相連於天柱；熱病汗不出，大都更接於經渠。

且如兩臂頑麻，少海就傍於三里；半身不遂，陽陵遠達於曲池。建里內關，掃盡胸中之苦悶；聽宮脾俞，祛殘心下之悲凄。久知脇肋疼痛，氣戶華蓋有靈；腹內腸鳴，下脘陷谷能平。胸脇支滿何療，章門不容細尋。膈疼飲蓄難禁，膻中巨闕便針。胸滿更加噎塞，中府意舍所行。胸膈停留瘀血，腎俞巨髎宜徵。胸滿項強，神藏璇璣已試；背連腰痛，白環委中曾經。脊強兮水道筋縮，目瞤兮顴髎大迎。痓病非顱息而不愈，臍風須然谷而易醒。委陽天池，腋腫針而速散；後谿環跳，腿疼刺而即輕。夢魘不寧，厲兑相諧於隱白；發狂奔走，上脘同起於神門。驚悸怔忡，取陽交解谿勿誤；反張悲哭，仗天衡大横須精。癲疾必身柱本神之令，發熱仗少衝曲池之津。歲熱時行，陶道復求肺俞理；風癇常發，神道還須心俞寧。濕寒濕熱下髎定，厥寒厥熱湧泉清。寒慄惡寒，二間疏通陰郄暗；煩心嘔吐，幽門開徹玉堂明。行間湧泉，主消渴之腎竭；陰陵水分，去水腫之臍盈。癆瘵傳尸，趨魄戶膏肓之路；中邪霍亂，尋陰谷三里之程。治疸消黄，諧後谿勞宮而看；倦言嗜臥，往通里大鍾而明。欬嗽連聲，肺俞須迎天突穴；小便赤澀，兑端獨瀉太陽經。刺長強於承山，善主腸風新下血；針三陰於氣海，專司白濁久遺精。

且如肓俞橫骨，瀉五淋之久積；陰郄後谿，治盜汗之多出。脾虛穀以不消，脾俞膀胱俞覓。胃冷食而難化，魂門胃俞堪責。鼻痔必取齦交，癭氣須求浮白。大敦照海，患寒疝而善蠲；五里臂臑，生癧瘡而能治。至陰屏翳，療癢疾之疼多；肩髃陽谿，消癮風之熱極。

抑又論婦人經事改常，自有地機血海；女子少氣漏血，不無交信合陽。帶下產崩，衝門氣衝宜審；月潮違限，天樞水泉細詳。肩井乳癰而極效，商丘痔瘤而最良。脫肛趨百會尾翠之所，無子搜陰交石關之鄉。中脘主乎積痢，外丘收乎大腸。寒瘧兮，商陽太谿驗；痃癖兮，衝門血海強。

夫醫乃人之司命，非志士而莫爲；針乃理之淵微，須至人之指教。先究其病源，後攻其穴道。隨手見功，應針取效。方知玄裏之玄，始達妙中之妙。此篇不盡，略舉其要。

右肘後、百證二賦，不知誰氏所作。辭頗不及於指微、標幽。曰百證者，宜其曲盡百般病證針刺也。而病名至多，亦有所遺焉。

《針灸聚英·天元太乙歌》 先師祕傳神應經，太乙通玄法最靈。句句言辭多典妙，萬兩黄金學也輕。每每不忘多效驗，治病如神記在心。口內將針多溫煖，便觀患者審浮沉。陰病用陽陽用陰，分明便取陰陽神。虛則宜補實宜瀉，氣應眞時病絕根。氣至如擺獨龍尾，未至停針宜待氣。凡用行針先得訣，席弘玄妙分明說。氣刺兩乳求太淵，未應之時列缺針。列缺頭疼及偏正，重瀉太淵無不應。耳聾氣閉翳風穴，喘綿綿尋三里中。手攣腳背疼難忍，合骨仍須瀉太衝。曲池主手不如意，合谷針時宜仔細。心疼手顫少海間，欲要除根針陰市。若是傷寒兩耳聾，耳門聽會疾如風。五般肘疼針尺澤，冷淵一刺有神功。手三里兮足三里，食痞氣塊兼能治。鳩尾獨治五般癇，若刺湧泉人不死。大凡痃痞最宜針，穴法從來著意尋。以手按痃無轉

動，隨深隨淺向中心。胃中有積取璇璣，三里功深人不知。陰陵泉主胸中滿，若刺承山飲食宜。大權若連長強取，小腸氣疼立可愈。氣衝妙手要推尋，管取神針人見許。委中穴主腰疼痛，足膝腫時尋至陰。乾濕風毒並滯氣，玄機如此更尤深。氣攻腰痛不能立，橫骨大都宜救急。流血攻注解若遲，變爲風證從此得。氣海偏能治五淋，若補三里效如神。冷熱兩般皆治得，便濁痼疾可除根。期門穴主傷寒患，七日過經尤未汗。但於乳下雙肋間，刺入四分人力健。耳內蟬鳴腰欲折，膝下分明三里穴。若能補瀉五會中，切莫逢人容易說。牙風頭痛孰能調，二間妙穴莫能逃。更有三間神妙穴，若治肩背感風勞。合谷下針順流注，脾內隨針使氣朝。冷病還須針合谷，只宜腳下瀉陰交。背脊俱疼針肩井，不瀉三里令人悶。兩臂并胛俱疼痛，金針一刺如聖神。腳膝疼痛委中宜，更兼攣急鋒針施。陰陵泉穴如尋得，輕行健步疾如飛。腰腹脹滿治何難，三里腨肚針承山。更向太衝行補瀉，指頭麻木一時安。頭痛轉筋魚腹肚，又治背疽及便毒。再有妙穴陽陵泉，腿轉筋急如神取。腸中疼痛陰陵泉，耳內蟬鳴聽會招，更尋妙穴太谿是，醫門行瀉實爲高。浮沉腹脹水分瀉，氣喘息粗瀉三里。更於膝中陰谷針，小便淋瀉皆消盡。環跳能除腿股風，冷風膝痹瘧疾同。最好風池尋的穴，間使雙刺有神功。傷寒一日調風府，少陽二穴風池取。三五七日病過經，依此針之無不應。心疼嘔吐上脘宜，豐隆兩穴更無疑。蚘蟲併出傷寒病，金針宜刺顯明醫。男子痃癖取少商，女人血氣陰交當。虛盜二汗須宜補，委中妙穴可傳揚。項強腫痛屈伸難，更兼體重腰背癱。宜向束骨三里取，教君頃刻便開顏。閃挫脊膂腰難轉，舉步多難行重蹇。偏體遊氣生虛浮，復溜一刺人健羨。久患腰痛背胛勞，但尋中注穴中調。行針用心須尋覓，管取從今見識高。腰背連臍痛不休，手中三里穴堪求。神針未出急須瀉，得氣之時不用留。小腹便澼最難醫，氣海中極間使宜。三里更須明補瀉，下針斷不失毫釐。

《針灸聚英・銅人指要賦》 行針之士，要辨浮沉。脈明虛實，針別淺深。經脈絡脈之別，巨刺繆刺之分。經絡閉塞，須用砭針疏導；藏府寒溫，必明淺深補瀉。經氣之正，自有常數，漏水百刻，五十度周，經絡流注，各應其時。先脈訣病，次穴蠲痾，左手掐穴，右手置針，刺榮無傷衛，刺衛無傷榮。氣悍則針小而入淺，氣濇則針大而入深，氣滑出疾，氣澀出遲。深則欲留，淺則欲疾，候其氣至，必辨於針，徐而疾者實，實而遲者虛。虛則實之，滿則泄之，菀陳則除之，邪勝則虛之。刺虛者須其實，刺實者須其虛。經氣已至，慎守勿失，謹守其法，勿更變也。

賊邪新客，未有定處，推之則前，引之則止，其來不可逢，其往不可追，損其有餘，補其不足，先去血脈，而後調之，無問其病，以平爲期。若有若無，若得若失，五藏以定，九候以備，診脈病明，行針病愈，衆脈不見，衆凶不聞，外內相得，無以形先，可玩往來，乃施於人。

手動若務，針耀而勻，伏如橫弩，起如發機。見其烏烏，見其稷稷，從見其飛，不知其誰。靜意是義，觀適之變，是謂冥冥，莫知其形。如臨深淵，手如握虎，如待所貴，不知日暮。其氣已至，適而自護，五虛勿近，五實不遠。捫而循之，切而散之，推而按之，彈而怒之，爪而下之，通而取之。

陰募在腹，陽俞在背，藏病取原，府病取合。藏俞治藏病，府募治府病。出入導氣，補瀉同精。善行水者，不能注水，善穿水者，不能鑿凍，權衡以平，氣口成寸，以決死生。

飲食入胃，游溢精氣，上輸於脾，脾氣散精，上歸於肺，通調水道，下輸膀胱。食氣入胃，散精於肝，淫氣於筋。食氣入胃，濁氣歸心，淫精於肺。五勞五痹，九氣七情，六淫六府，九竅九州，四氣三因，傷風傷寒，雜病奇病，婦人小兒，盛則瀉之，虛則補之，不盛不虛，以經取之。

《針灸聚英・雜病歌・手足腰女人》 月事不利治中極，再兼一穴三陰交，過時不止隱白巔，下經冷來治關元。假如女人漏不止，太衝三陰交爲便，血崩氣海與大敦，陰谷太衝然谷焚，三陰交穴與中極，七穴治之病不存。瘕聚關元病必除，赤白帶治白環俞，帶脈關元氣海等，間使三陰交爲宜。小腹堅治帶脈中，絕子商丘中極攻，因產惡露或不止，氣海關元必有功。產後諸病期門宜，乳癰下廉三里醫，魚際少澤委中穴，足臨泣兮與俠谿。乳腫痛治足臨泣，難產合谷補無失，再瀉一穴三陰交，兼治太衝期爲畢。橫生死胎治太衝，合谷三陰交穴同，假如橫生手先出，右足小指尖上攻，三壯五壯爲灸數，炷如小麥大有功。子上逼心氣欲絕，這難須當攻巨闕，三陰交瀉合谷補，產婦端的無險跌。假如子手掬母心，生下男女左右痕，或在手心或腦後，不在腦後人中尋。產後血暈不識人，支溝三里三陰交。墮胎手足如冰厥，肩井五分針病消，覺悶急針三里穴，胎衣不下中極高，兼治一穴是肩井。陰挺出者

曲泉焦，照海大敦共三穴。無乳亶中少澤燒，血塊曲泉復溜中，三里氣海丹田同，復帶三陰交一穴，醫人須當仔細攻。婦人經事若正行，與夫交感瘦漸形，寒熱往來精血競，此病若把虛勞名，宜治百勞腎俞等，風門中極氣海幷，再兼三陰交在內，如此治之功必成。諸節皆疼治陽輔，假如婦人腨腓病，承山崑崙穴相應。足緩陽陵衝陽中，絕骨丘墟四穴定，乃若腳弱治委中，三里承山三穴同。兩腳紅腫更疼痛，膝關委中三里攻，再兼陰市通四穴，次第治之極有功。若患穿跟草鞋風，崑崙丘墟商丘紅，幷及照海通四穴，如此妙術醫者通。足不能行治曲泉，三里委中陽輔巔，復溜衝陽然谷等，申脈行間脾俞連，三陰交穴帶在內，十一治之病即痊。腳腕痠者委中臨，再兼一穴是崑崙。足心疼痛取崑崙，腳筋短急足重沉，鶴膝歷節風腫侵，惡發不能起床枕，此等宜於風市尋。假如腰重不可忍，轉側起卧不便窘，冷痹腳筋又攣急，如此復兼難屈伸，兩腳曲瞅兩紋頭，四處三壯一同灸，兩人兩邊用同次，待至火滅效可候。午時若灸挨至曉，聽得藏府或鳴吼，不鳴或行一二次，此病痊愈時可守。腰痛不能舉僕參，二穴跟骨下陷尋，拱足取之三壯灸，指日可保病不侵。膝以上病灸環跳，再兼一穴風市療。膝下病者灸犢鼻，膝關三里陽陵效。足踝上灸三陰交，絕骨崑崙三穴高。足踝以下灸照海，再兼申脈病絕苗。假如腿寘痛骨康，腳氣風市或五壯，或五十壯百壯灸，次及伏兔針爲藏。針止三分切忌灸，三四犢鼻膝眼當，地五三里百壯灸，數至第六上廉央，惟有第七今已闕，終至第八絕骨良。腳筋轉時不可忍，宜於腳踝灸爲準，內筋急兮灸在內，外筋急兮灸外穩，腳筋多年不愈者，如此灸之病即泯。

《針灸大成·標幽賦》 拯救之法，妙用者針。

〔楊繼洲注〕劫病之功，莫捷於針灸。故《素問》諸書，爲之首載。緩、和、扁、華，俱以此稱神醫。蓋一針中穴，病者應手而起，誠醫家之所先也。近世此科幾於絕傳，良爲可嘆。經云：拘於鬼神者，不可與言至德。惡於砭石者，不可與言至巧。此之謂也。又語云：一針、二灸、三服藥。則針灸爲妙用可知。業醫者，柰之何不亟講乎。

察歲時於天道，

〔楊繼洲注〕夫人身十二經，三百六十節，以應一歲十二月，三百六十日。歲時者，春暖、夏熱、秋涼、冬寒，此四時之正氣。苟或春應暖而反寒，夏應熱而反涼，秋應涼而反熱，冬應寒而反暖。是故冬傷於寒，春必溫病。春傷於風，夏必飧泄。夏傷於暑，秋必痎瘧。秋傷於濕，上逆而欬。岐伯曰：凡刺之法，必候日月星辰，四時八正之氣，氣定乃刺焉。是故天溫日陽，則人血淖液而衛氣浮，故血易瀉，氣易行。天寒日陰，則人血凝泣而衛氣沉。月始生，則氣血始清，衛氣始行。月廓滿，則氣血實肌肉堅。月廓空，則肌肉減，經絡虛，衛氣去，形獨居。是以因天時而調血氣也。天寒無刺，天溫無灸，月生無瀉，月滿無補，月廓空無治，是謂得天時而調之。若月生而瀉，是謂臟虛。月滿而補，血氣洋溢。絡有留血，名曰重實。月廓空而治，是謂亂經。陰陽相錯，眞邪不別，沉以留止，外虛內亂，淫邪乃起。又曰：天有五運，金水木火土也。地有六氣，風寒暑濕燥熱也。

定形氣於予心。

〔楊繼洲注〕經云：凡用針者必先度其形之肥瘦，以調其氣之虛實。實則瀉之，虛則補之，必先定其血脈，而後調之。形盛脈細，少氣不足以息者危。形瘦脈大，胸中多氣者死。形氣相得者生，不調者病，相失者死。是故色脈不順而莫針，戒之戒之！

春夏瘦而刺淺，秋冬肥而刺深。

〔楊繼洲注〕經云：病有沉浮，刺有淺深，各至其理，無過其道，過之則內傷，不及則外壅，壅則賊邪從之，淺深不得，反爲大賊，內傷五臟，後生大病。故曰春病在毫毛腠理，夏病在皮膚。故春夏之人，陽氣輕浮，肌肉瘦薄，血氣未盛，宜刺之淺。秋病在肉脈，冬病在筋骨，秋冬則陽氣收藏，肌肉肥厚，血氣充滿，刺之宜深。又云：春刺十二井，夏刺十二滎，季夏刺十二俞，秋刺十二經，冬刺十二合，以配木火土金水。理見子午流注。

不窮經絡陰陽，多逢刺禁。

〔楊繼洲注〕經有十二，手太陰肺，少陰心，厥陰心包絡，太陽小腸，少陽三焦，陽明大腸，足太陰脾，少陰腎，厥陰肝，太陽膀胱，少陽膽，陽明胃也。絡有十五，肺絡列缺，心絡通里，心包絡內關，小腸絡支正，三焦絡外關，大腸絡偏歷，脾絡公孫，腎絡大鍾，肝絡蠡溝，膀胱絡飛揚，膽絡光明，胃絡豐隆，陰蹻絡照海，陽蹻絡申脈，脾之大絡大包，督脈絡長強，任脈絡屏翳也。陰陽者，天之陰陽，平旦至日中，天之陽，陽中之陽也。日中至黃昏，天之陽，陽中之陰也。合夜至鷄鳴，天之陰，陰中之陰也。鷄鳴至平旦，天之陰，陰中之陽也，故人亦應之。至於人身，外爲陽，內爲陰，背爲陽，腹爲

陰。手足皆以赤白肉分之。五臟爲陰，六腑爲陽。春夏之病在陽，秋冬之病在陰。背固爲陽，陽中之陽，心也。陽中之陰，肺也。腹固爲陰，陰中之陰，腎也。陰中之陽，肝也。陰中之至陰，脾也。此皆陰陽表裏，內外雌雄，相輸應也，是以應天之陰陽。學者苟不明此經絡，陰陽升降，左右不同之理，如病在陽明，反攻厥陰，病在太陽，反攻太陰，遂致賊邪未除，本氣受敝，則有勞無功，反犯禁刺。

既論臟腑虛實，須向經尋。

〔楊繼洲注〕欲知臟腑之虛實，必先診其脈之盛衰。既知脈之盛衰，又必辨其經脈之上下。臟者，心、肝、脾、肺、腎也。腑者，膽、胃、大小腸、三焦、膀胱也。如脈之衰弱者，其氣多虛，爲痒爲麻也。脈之盛大者，其血多實，爲腫爲痛也。然臟腑居位乎內，而經絡播行乎外，虛則補其母也，實則瀉其子也。若心病，虛則補肝木也，實則瀉脾土也。至於本經之中，而亦有子母焉？假如心之虛者，取本經少衝以補之，少衝者井木也，木能生火也。實取神門以瀉之，神門者俞土也，火能生土也。諸經莫不皆然，要之不離乎五行相生之理，當細思之！

原夫起自中焦，水初下漏，太陰爲始，至厥陰而方終。穴出雲門，抵期門而最後。

〔楊繼洲注〕此言人之氣脈，行於十二經爲一周，除任督之外，計三百九十三穴。一日一夜有百刻，分於十二時，每一時有八刻二分，每一刻計六十分，一時共計五百分。每日寅時，手太陰肺經，生自中焦中府穴，出於雲門起，至少商穴止。卯時手陽明大腸經，自商陽起，至迎香止。辰時足陽明胃經，自頭維至厲兌。巳時足太陰脾經，自隱白至大包。午時手少陰心經，自極泉至少衝。未時手太陽小腸經，自少澤至聽宮。申時足太陽膀胱經，自睛明至至陰。酉時足少陰腎經，自湧泉至俞府。戌時手厥陰心包絡經，自天池至中衝。亥時手少陽三焦經，自關衝至耳門。子時足少陽膽經，自童子髎至竅陰。丑時足厥陰肝經，自大敦至期門而終。週而復始，與滴漏無差也。

正經十二，別絡走三百餘支。

〔楊繼洲注〕十二經者，即手足三陰、三陽之正經也。別絡者，除十五絡，又有橫絡、孫絡，不知其紀，散走於三百餘支脈也。

正側仰伏，氣血有六百餘候。

〔楊繼洲注〕此言經絡，或正或側，或仰或伏，而氣血循行孔穴，一周於身，榮行脈中三百餘候，衛行脈外三百餘候。

手足三陽，手走頭而頭走足。手足三陰，足走腹而胸走手。

〔楊繼洲注〕此言經絡，陰升陽降。氣血出入之機，男女無以異。

要識迎隨，須明逆順。

〔楊繼洲注〕迎隨者，要知榮衛之流注，經脈之往來也。明其陰陽之經，逆順而取之。迎者以針頭朝其源而逆之，隨者以針頭從其流而順之。是故逆之者爲瀉爲迎，順之者爲補爲隨。若能知迎知隨，令氣必和，和氣之方，必在陰陽升降上下，源流往來，逆順之道明矣。

況夫陰陽氣血多少爲最，厥陰太陽少氣多血，太陰少陰少血多氣。而又氣多血少者，少陽之分，氣盛血多者，陽明之位。

〔楊繼洲注〕此言三陰三陽氣血多少之不同，取之必記爲最要也。

先詳多少之宜，次察應至之氣。

〔楊繼洲注〕凡用針者，先明上文氣血之多少，次觀針氣之來應。

輕滑慢而未來，沉澀緊而已至。

〔楊繼洲注〕輕浮、滑虛、慢遲，入針之後，值此三者，乃眞氣之未到。沉重、澀滯、緊實，入針之後值此三者，是正氣之已來。

既至也，量寒熱而留疾。

〔楊繼洲注〕留，住也。疾，速也。此言正氣既至，必審寒熱而施之。故經云：刺熱須至寒者，必留針，陰氣隆至，乃呼之，去徐，其穴不閉。刺寒須至熱者，陽氣隆至，針氣必熱，乃吸之，去疾，其穴急捫之。

未至也，據虛實而候氣。

〔楊繼洲注〕氣之未至，或進或退，或按或提，導之引之，候氣至穴而方行補瀉。經曰：虛則推內進搓，以補其氣。實則循捫彈努，以引其氣。

氣之至也，始魚吞鈎餌之沉浮。氣未至也，如閑處幽堂之深邃。

〔楊繼洲注〕氣既至，則針有澀緊，似魚吞鈎，或沉或浮而動。其氣不來，針自輕滑，如閑居靜室之中，寂然無所聞也。

氣速至而速效，氣遲至而不治。

〔楊繼洲注〕言下針若得氣來速則病易痊，而效亦速也。氣若來遲則病難

愈，而有不治之憂。故賦云：氣速效速，氣遲效遲。候之不至，必死無疑矣。

觀夫九針之法，毫針最微，七星上應，衆穴主持。

（楊繼洲注）言九針之妙，毫針最精，上應七星。又爲三百六十穴之針。

本形金也，有蠲邪扶正之道。

（楊繼洲注）本形，言針也。針本出於金，古人以砭石，今人以鐵代之。蠲，除也。邪氣盛，針能除之。扶，輔也。正氣衰，針能輔之。

短長水也，有決凝開滯之機。

（楊繼洲注）此言針有長短，猶水之長短，人之氣血凝滯而不通，猶水之凝滯而不通也。水之不通，決之使流於湖海，氣血不通，針之使周於經脈，故言針應水也。

定刺象木，或斜或正。

（楊繼洲注）此言木有斜正，而用針亦有或斜或正之不同。刺陽經者，必斜卧其針，無傷其衛。刺陰分者，必正立其針，毋傷其榮，故言針應木也。

口藏比火，進陽補羸。

（楊繼洲注）口藏，以針含於口也。氣之温，如火之温也。羸，瘦也。凡下針之時，必口内温針暖，使榮衛相接，進己之陽氣，補彼之瘦弱，故言針應火也。

循機捫而可塞以象土，

（楊繼洲注）循者，用手上下循之，使氣血往來也。機捫者，針畢以手捫閉其穴，如用土塡塞之義，故言針應土也。

實應五行而可知。

（楊繼洲注）五行者，金、水、木、火、土也。此結上文，針能應五行之理也。

然是三寸六分，包含妙理。

（楊繼洲注）言針雖但長三寸六分，能巧神機之妙，中含水火，回倒陰陽，其理最玄妙也。

雖細楨於毫髮，同貫多岐。

（楊繼洲注）楨，針之幹也。岐，氣血往來之路也。言針之幹，雖如毫髮之微小，能貫通諸經血氣之道路也。

可平五臟之寒熱，能調六腑之虚實。

（楊繼洲注）平，治也。調，理也。言針能調治臟腑之疾，有寒則温之，熱則清之，虚則補之，實則瀉之。

拘攣閉塞，遣八邪而去矣，寒熱痺痛，開四關而已之。

（楊繼洲注）拘攣者，筋脈之拘束。閉塞者，氣血之不通。八邪者，所以候八風之虚邪。言疾有攣閉，必驅散八風之邪也。寒者，身作顫而發寒也。熱者，身作潮而發熱也。四關者，六臟六腑有十二原，出於四關，太衝、合谷是也。故太乙移宫之日，主八風之邪，令人寒熱疼痛，若能開四關者，兩手兩足，刺之而已。立春一日起艮，名曰天留宫，風從東北來爲順令。春分一日起震，名曰倉門宫，風從正東來爲順令。立夏一日起巽，名曰陰洛宫，風從東南來爲順令。夏至一日起離，名曰上天宫，風從正南來爲順令。立秋一日起坤，名曰玄委宫，風從西南來爲順令。秋分一日起兑，名曰倉果宫，風從正西來爲順令。立冬一日起乾，名曰新洛宫，風從西北來爲順令。冬至一日起坎，名曰葉蟄宫，風從正北來爲順令。其風着人爽神氣，去沉痾。背逆謂之惡風毒氣，吹形骸即病，名曰時氣留伏。流入肌骨臟腑，雖不即患，後因風寒暑濕之重感，内緣饑飽勞慾之染着，發患曰内外兩感之痼疾，非刺針以調經絡，湯液引其榮衛，不能已也。中宫名曰招摇宫，共九宫焉。此八風之邪，得其正令，則人無疾，逆之，則有病也。

凡刺者，使本神朝而後入。既刺也，使本神定而氣隨。神不朝而勿刺，神已定而可施。

（楊繼洲注）凡用針者，必使患者精神已朝，而後方可入針，既刺之，必使患者精神纔定，而後施針行氣。若氣不朝，其針爲輕滑，不知疼痛，如插豆腐者，莫與進之，必使之候。如神氣既至，針自緊澀，可與依法察虚實而施之。

定腳處，取氣血爲主意。

（楊繼洲注）言欲下針之時，必取陰陽氣血多少爲主。詳見上文。

下手處，認水木是根基。

（楊繼洲注）下手，亦言用針也。水者母也，木者子也，是水能生木也。是故濟母裨其不足，奪子平其有餘，此言用針，必先認子母相生之義。舉水木而不及土金火者，省文也。

天地人三才也，湧泉同璇璣、百會。

（楊繼洲注）百會一穴在頭，以應乎天。璇璣一穴在胸，以應乎人。湧泉一穴在足心，以應乎地，是謂三才也。

上中下三部也，大包與天樞、地機。

（楊繼洲注）大包二穴在乳後，爲上部。天樞二穴在臍旁，爲中部。地機二穴在足胻，爲下部，是謂三部也。

陽蹻、陽維并督帶，主肩背腰腿在表之病。

（楊繼洲注）陽蹻脈，起於足跟中，循外踝，上入風池，通足太陽膀胱經，申脈是也。陽維脈者，維持諸陽之會，通手少陽三焦經，外關是也。督脈者，起於下極之腧，並於脊裡，上行風府過腦循額，至鼻入齗交，通手太陽小腸經，後谿是也。帶脈起於季脇，回身一周，如繫帶然，通足少陽膽經，臨泣是也。言此奇經四脈屬陽，主治肩背腰腿在表之病。

陰蹻、陰維、任、衝脈，去心腹脇肋在裡之疑。疑者疾也。

（楊繼洲注）陰蹻脈，亦起於足跟中，循內踝，上行至咽喉，交貫衝脈，通足少陰腎經，照海是也。陰維脈者，維持諸陰之交，通手厥陰心包絡經，內關是也。任脈起於中極之下，循腹上至咽喉，通手太陰肺經，列缺是也。衝脈起於氣衝，並足少陰之經，俠臍上行至胸中而散，通足太陰脾經，公孫是也。言此奇經四脈屬陰，能治心腹脇肋在裡之疑。

二陵二蹻二交，似續而交五大。

（楊繼洲注）二陵者，陰陵泉、陽陵泉也。二蹻者，陰蹻、陽蹻也。二交者，陰交、陽交也。續，接續也。五大者，五體也。言此六穴，遞相交接於兩手、兩足并頭也。

兩間、兩商、兩井，相依而別兩支。

（楊繼洲注）兩間者，二間、三間也。兩商者，少商、商陽也。兩井者，天井、肩井也。言六穴相依而分別於手之兩支也。

大抵取穴之法，必有分寸，先審自意，次觀肉分。

（楊繼洲注）此言取量穴法，必以男左女右中指，與大指相屈如環，取內側紋兩角爲一寸，各隨長短大小取之，此乃同身之寸。先審病者是何病？屬何經？用何穴？審於我意。次察病者，瘦肥長短，大小肉分，骨節髮際之間，量度以取之。

或伸屈而得之，或平直而安定。

（楊繼洲注）伸屈者，如取環跳之穴，必須伸下足，屈上足，以取之，乃得其穴。平直者，或平卧而取之，或正坐而取之，或正立而取之，自然安定，如承漿在唇下宛宛中之類也。

在陽部筋骨之側，陷下爲真，在陰分郄膕之間，動脈相應。

（楊繼洲注）陽部者，諸陽之經也，如合谷、三里、陽陵泉等穴，必取俠骨側指陷中爲真也。陰分者，諸陰之經也，如手心、脚內、肚腹等穴，必以筋骨郄膕動脈應指，乃爲真穴也。

取五穴用一穴而必端，取三經用一經而可正。

（楊繼洲注）此言取穴之法，必須點取五穴之中，而用一穴，則可爲端的矣。若用一經，必須取三經而正一經之是非矣。

頭部與肩部詳分，督脈與任脈易定。

（楊繼洲注）頭部與肩部，則穴繁多，但醫者以自意詳審，大小肥瘦而分之。督、任二脈，直行背腹中，而有分寸，則易定也。

明標與本，論刺深刺淺之經。

（楊繼洲注）標本者，非止一端也，有六經之標本，有天地陰陽之標本，有傳病之標本，以人身論之，則外爲標，內爲本，陽爲標，陰爲本，腑陽爲標，臟陰爲本。臟腑在內爲本，經絡在外爲標也。六經之標本者，足太陽之本在足跟上五寸，標在目。足少陽之本在竅陰，標在耳之類是也。更有人身之臟腑、陽氣、陰血、經絡，各有標本。以病論之，先受病爲本，後傳流爲標，凡治病者先治其本，後治其標，餘證皆除矣。謂如先生輕病，後滋生重病，亦先治其輕病也。若有中滿，無問標本，先治中滿爲急，若中滿，大小便不利，亦無標本，先利大小便，治中滿尤急也。除此三者之外，皆治其本，不可不慎也。從前來者實邪，從後來者虛邪，此子能令母實，母能令子虛也。治法虛則補其母，實則瀉其子，假令肝受心之邪，是從前來者，爲實邪也，當瀉其火。然直瀉火，十二經絡中，各有金、木、水、火、土也。當木之本，分其火也。故《標本論》云：本而標之，先治其本。後治其標。既肝受火之邪，先於肝經五穴，瀉滎火行間也。以藥論，入肝經藥爲引，用瀉心藥爲君也。是治實邪病矣。又假令肝受腎邪，是爲從後來者，爲虛邪，當補其母，故《標本論》云：標而本之，先治其標，後治其本。肝木既受水邪，當先於腎經湧泉穴補木，是先治其標，後於肝經曲泉穴瀉水，是後治其本，此先

治其標者，推其至理，亦是先治其本。以藥論之，入腎經藥爲引，用補肝經藥爲君是也。以得病之日爲本，傳病之日爲標，亦是。

住痛移疼，取相交相貫之逕。

〔楊繼洲注〕此言用針之法，有住痛移疼之功者也。先以針左行左轉，而得九數，復以針右行右轉，而得六數，此乃陰陽交貫之道也。經脈亦有交貫，如手太陰肺之列缺，交於陽明之路，足陽明胃之豐隆，走於太陰之逕，此之類也。

豈不聞臟腑病，而求門、海、俞、募之微。

〔楊繼洲注〕門海者，如章門、氣海之類。俞者，五臟六腑之俞也，俱在背部二行。募者，臟腑之募，肺募中府，心募巨闕，肝募期門，脾募章門，腎募京門，胃募中脘，膽募日月，大腸募天樞，小腸募關元，三焦募石門，膀胱募中極。此言五臟六腑之有病，必取此門、海、俞、募之最微妙矣。

經絡滯，而求原、別、交、會之道。

〔楊繼洲注〕原者，十二經之原也。別，陽別也。交，陰交也。會，八會也。夫十二原者，膽原丘墟，肝原太衝，小腸原腕骨，心原神門，胃原衝陽，脾原太白，大腸原合谷，肺原太淵，膀胱原京骨，腎原太谿，三焦原陽池，包絡原大陵。八會者，血會膈俞，氣會膻中，脈會太淵，筋會陽陵泉，骨會大杼，髓會絶骨，臟會章門，腑會中脘也。此言經絡血氣凝結不通者，必取此原、別、交、會之穴而刺之。

更窮四根、三結，依標本而刺無不痊。

〔楊繼洲注〕根結者，十二經之根結也。《靈樞》云：太陰根於隱白，結於大包也。少陰根於湧泉，結於廉泉也。厥陰根於大敦，結於玉堂也。太陽根於至陰，結於目也。陽明根於厲兑，結於鉗耳也。少陽根於竅陰，結於耳也。手太陽根於少澤，結於天窗、支正也。手少陽根於關衝，結於天牖、外關也。手陽明根於商陽，結於扶突、偏歷也。手三陰之經不載，不敢强注。又云：四根者，耳根、鼻根、乳根、腳根也。三結者，胸結、肢結、便結也。此言能究根結之理，依上文標本之法刺之，則疾無不愈也。

但用八法、五門，分主客而針無不效。

〔楊繼洲注〕針之八法，一迎隨，二轉針，三手指，四針投，五虛實，六動摇，七提按，八呼吸。身之八法，奇經八脈，公孫、衝脈、胃心胸，八句是也。五門者，天干配合，分於五也。甲與巳合，乙與庚合之類是也。主客者，公孫主内關客之類是也。或以井滎俞經合爲五門，以邪氣爲賓客，正氣爲主人。先用八法，必以五門推時取穴，先主後客，而無不效之理。

八脈始終連八會，本是紀綱。十二經絡十二原，是爲樞要。

〔楊繼洲注〕八脈者，奇經八脈也。督脈、任脈、衝脈、帶脈、陰維、陽維、陰蹻、陽蹻也。八會者，即上文血會膈俞等是也。此八穴通八脈起止，連及八會，本是人之綱領也。如網之有綱也。十二經、十五絡、十二原已注上文。樞要者，門戶之樞紐也。言原出入十二經也。

一日取六十六穴之法，方見幽微。

〔楊繼洲注〕六十六穴者，即子午流注。井滎俞原經合也。陽干注腑，三十六穴，陰干注臟，三十穴，共成六十六穴，具載五卷，子午流注圖中。此言經絡一日一周於身，歷行十二經穴，當此之時，酌取流注之中一穴用之，以見幽微之理。

一時取一十二經之原，始知要妙。

〔楊繼洲注〕十二經原，俱注上文。此言一時之中，當審此日是何經所主，當此之時，該取本日此經之原穴而刺之，則流注之法，玄妙始可知矣。

原夫補瀉之法，非呼吸而在手指。

〔楊繼洲注〕此言補瀉之法，非但呼吸，而在乎手之指法也。法分十四者，循、捫、提、按、彈、撚、搓、盤、推、内動摇、爪切、進、退、出、攝者是也。法則如斯，巧拙在人，詳備金針賦内。

速效之功，要交正而識本經。

〔楊繼洲注〕交正者，如大腸與肺爲傳送之府，心與小腸爲受盛之官，脾與胃爲消化之宫，肝與膽爲清凈之位，膀胱合腎陰陽相通，表裏相應也。本經者，受病之經，如心之病，必取小腸之穴兼之，餘倣此。言能識本經之病，又要認交經正經之理，則針之功必速矣。故曰：寧失其穴，勿失其經。寧失其時，勿失其氣。

交經繆刺，左有病而右畔取。

〔楊繼洲注〕繆刺者，刺絡脈也。右痛而刺左，左痛而刺右，此乃交經繆刺之理也。

瀉絡遠針，頭有病而腳上針。

（楊繼洲注）三陽之經，從頭下足，故言頭有病，必取足穴而刺之。

巨刺與繆刺各異，

（楊繼洲注）巨刺者，刺經脈也。痛在於左而右脈病者，則巨刺之，左痛刺右，右痛刺左，中其經也。繆刺者，刺絡脈也，身形有痛，九候無病，則繆刺之，右痛刺左，左痛刺右，中其絡也。此刺法之相同，但一中經，一中絡之異耳。

微針與妙刺相通。

（楊繼洲注）微針者，刺之巧也。妙刺者，針之妙也。言二者之相通也。

觀部分而知經絡之虚實，

（楊繼洲注）言針入肉分，以天、人、地三部而進，必察其得氣則内外虚實可知矣。又云：察脈之三部，則知何經虚，何經實也。

視沉浮而辨臟腑之寒溫。

（楊繼洲注）言下針之後，看針氣緩急，可決臟腑之寒熱也。

且夫先令針耀，而慮針損。次藏口内，而欲針溫。

（楊繼洲注）言欲下針之時，必先令針光耀，看針莫有損壞，次將針含於口内，令針溫暖與榮衛相接，無相觸犯也。

目無外視，手如握虎。心無内慕，如待貴人。

（楊繼洲注）此戒用針之士，貴乎專心誠意，而自重也。令目無他視，手如握虎，恐有傷也。心無他想，如待貴人，恐有責也。

左手重而多按，欲令氣散。右手輕而徐入，不痛之因。

（楊繼洲注）下針之時，必先以左手大指爪甲，於穴上切之，則令其氣散，以右手持針，輕輕徐入，此乃不痛之因也。

空心恐怯，直立側而多暈。

（楊繼洲注）空心者，未食之前。此言無刺饑人，其氣血未定，則令人恐懼，有怕怯之心，或直立，或側卧，有眩暈之咎也。

背目沉掐，坐卧平而沒昏。

（楊繼洲注）此言欲下針之時，必令患人莫視所針之處，以手爪甲重切其穴，或卧或坐，而無昏悶之患也。

推於十干、十變，知孔穴之開闔。

（楊繼洲注）十干者，甲、乙、丙、丁、戊、己、庚、辛、壬、癸也。十變者，逐日臨時之變也。備載《靈龜八法》中，故得時謂之開，失時謂之闔。

論其五行、五臟，察日時之旺衰。

（楊繼洲注）五行五臟，俱注上文。此言病於本日時之下，得五行生者旺，受五行尅者衰，知心之病，得甲乙之日時者生旺，遇壬癸之日時者尅衰，餘倣此。

伏如橫弩，應若發機。

（楊繼洲注）此言用針刺穴，如弩之視正而發矢，取其捷效，如射之中的也。

陰交陽别而定血暈，陰蹻陽維而下胎衣。

（楊繼洲注）陰交穴有二，一在臍下一寸，一在足内踝上三寸，名三陰交也，言此二穴，能定婦人之血暈。又言照海、外關二穴，能下産婦之胎衣也。

痺厥偏枯，迎隨俾經絡接續。

（楊繼洲注）痺厥者，四肢厥冷麻痺。偏枯者，中風半身不遂也。言治此證，必須接氣通經，更以迎隨之法，使血氣貫通，經絡接續也。

漏崩帶下，溫補使氣血依歸。

（楊繼洲注）漏崩帶下者，女子之疾也。言有此證，必須溫針待暖以補之，使榮衛調和而歸依也。

靜以久留，停針待之。

（楊繼洲注）此言下針之後，必須靜而久停之。

必準者，取照海治喉中之閉塞。端的處，用大鍾治心内之呆痴。大抵疼痛實瀉，痒麻虚補。

（楊繼洲注）此言疼痛者，熱宜瀉之以涼，痒麻者，冷宜補之以暖。

體重節痛而俞居，心下痞滿而井主。

（楊繼洲注）俞者，十二經中之俞。井者，十二經中之井也。

心脹咽痛，針太衝而必除，脾冷胃疼，瀉公孫而立愈。胸滿腹痛刺内關，脇疼肋痛針飛虎。

（楊繼洲注）飛虎穴即支溝穴，以手於虎口一飛，中指盡處是穴也。

筋攣骨痛而補魂門，體熱勞嗽而瀉魄户。頭風頭痛，刺申脈與金門，眼痒眼疼，瀉光明於地五。瀉陰郄止盗汗，治小兒骨蒸，刺偏歷利小便，醫大人水蠱。中風環跳而宜刺，虚損天樞而可取。

（楊繼洲注）地五者，即地五會也。

由是午前卯後，太陰生而疾溫。離左酉南，月朔死而速冷。

〔楊繼洲注〕此以月生死爲期。午前卯後者，辰、巳二時也。當此之時，太陰月之生也。是故月廓空無瀉，宜疾溫之。離左酉南者，未申二時也。當此時分，太陰月之死也。是故月廓盈無補，宜速冷之。將一月而比一日也。經云月生一日一痏，二日二痏，至十五日十五痏，十六日十四痏，十七日十三痏，漸退至三十日二痏。月望已前謂之生，月望已後謂之死，午前謂之生，午後謂之死也。

循捫彈努，留吸母而堅長。

〔楊繼洲注〕循者，用針之後，以手上下循之，使血氣往來也。捫者，出針之後，以手閉其穴，使氣不泄也。彈努者，以手輕彈而補虛也。留吸母者，虛則補其母，須待熱至之後，留吸而堅長也。

爪下伸提，疾呼子而噓短。

〔楊繼洲注〕爪下者，切而下針也。伸提者，施針輕浮豆許曰提。疾呼子者，實則瀉其子，務待寒至之後，去之速而噓且短矣。

動退空歇，迎奪右而瀉涼，推內進搓，隨濟左而補煖。

〔楊繼洲注〕動退以針搖動而退，如氣不行，將針伸提而已。空歇撒手而停針，迎以針逆而迎奪，即瀉其子也。如心之病，必瀉脾子，此言欲瀉必施此法也。推內進者，用針推內而入也。搓者，猶如搓線之狀。慢慢轉針，勿令太緊。隨以針順而隨之，濟則濟其母也。如心之病，必補肝母，此言欲補必用此法也。此乃遠刺寒熱之法，故凡病熱者，先使氣至病所，次微微提退豆許，以右旋奪之。得針下寒而止。凡病寒者，先使氣至病所，次徐徐進針，以左旋搓撞和之，得針下熱而止。

慎之！大患危疾，色脈不順而莫針。

〔楊繼洲注〕慎之者，戒之也。此言有危篤之疾，必觀其形色，更察其脈若相反者，莫與用針，恐勞而無功，反獲罪也。

寒熱風陰，饑飽醉勞而切忌。

〔楊繼洲注〕此言無針大寒、大熱、大風、大陰雨、大饑、大飽、大醉、大勞，凡此之類，決不可用針，實大忌也。

望不補而晦不瀉，弦不奪而朔不濟。

〔楊繼洲注〕望，每月十五日也。晦，每月三十日也。弦有上、下弦，上弦或初七、或初八，下弦或廿二、廿三也。朔，每月初一日也。凡值此日，不可用針施法也。如暴急之疾，則不拘矣。

精其心而窮其法，無灸艾而壞其皮。

〔楊繼洲注〕此言灸也，勉醫者宜專心究其穴法，無悞於着艾之功，庶免干犯於禁忌，而壞人之皮肉矣。

正其理而求其原，勉投針而失其位。

〔楊繼洲注〕此言針也，勉學者要明其針道之理，察病之原，則用針不失其所也。

避灸處而加四肢，四十有九。禁刺處而除六腧，二十有二。

〔楊繼洲注〕禁灸之穴四十五，更加四肢之井，共四十九也。禁針之穴，二十二，外除六腑之腧也。

抑又聞高皇抱疾未瘥，李氏刺巨闕而後甦。太子暴死爲厥，越人針維會而復醒。肩井、曲池，甄權刺臂痛而復射。懸鍾、環跳，華陀刺躄足而立行。秋夫針腰俞而鬼免沉痾，王纂針交俞而妖精立出。取肝俞與命門，使瞽士視秋毫之末。刺少陽與交別，俾聾夫聽夏蚋之聲。

〔楊繼洲注〕此引先師用針，有此立效之功，以勵學者用心之誠。

嗟夫！去聖逾遠，此道漸墜。或不得意而散其學，或忿其能而犯禁忌。愚庸智淺，難契於玄言，至道淵深，得之者有幾？偶述斯言，不敢示諸明達者焉，庶幾乎童蒙之心啓。

《針灸大成・通玄指要賦》 必欲治病，莫如用針。

〔楊繼洲注〕夫治病之法，有針灸，有藥餌，然藥餌或出於幽遠之方，有時缺少，而又有新陳之不等，眞僞之不同，其何以奏膚功，起沉疴也？惟精於針，可以隨身帶用，以備緩急。

巧用神機之妙，

〔楊繼洲注〕巧者，功之善也。運者，變之理也。神者，望而知之。機者，事之微也。妙者，治之應也。

工開聖理之深。

〔楊繼洲注〕工者，治病之體。聖者，妙用之端。故《難經》云：問而知之謂之工，聞而知之謂之聖。夫醫者意也，默識心通，貫融神會，外感內傷，自然覺悟，豈不謂聖理之深也。

外取砭針，能蠲邪而扶正。

〔楊繼洲注〕砭針者，砭石是也。此針出東海，中有一山，名曰高峰，其山有石，形如玉簪，生自圓長，磨之有鋒尖，可以爲針，治病療邪無不愈。

中含水火，善回陽而倒陰。

〔楊繼洲注〕水火者，寒熱也。惟針之中，有寒邪補瀉之法，是進退水火之功也。回陽者，謂陽盛則極熱，故瀉其邪氣，其病自得清涼矣。倒陰者，謂陰盛則極寒，故補其虛寒，其病自得溫和矣。此回陽倒陰之理，補瀉盛衰之功。

原夫絡別支殊，

〔楊繼洲注〕別者，辨也。支者，絡之分派也。《素問》云：絡穴有一十五，於十二經中每經各有一絡。外有三絡，陽蹻絡，在足太陽經，陰蹻絡，在足少陰經，脾之大絡，在足太陰經。此是十五絡也，各有支殊之處，有積絡，有浮絡，故言絡別支殊。

經交錯綜，

〔楊繼洲注〕交經者，十二經也。錯者，交錯也。綜者，總聚也。言足厥陰肝經，交出足太陰脾經之後，足太陰脾經，交出厥陰肝經之前，此是經絡交錯，總聚之理也。

或溝池谿谷以岐異，

〔楊繼洲注〕岐者，路也。其脈穴之中，有呼爲溝、池、谿、谷之名者，如岐路之各異也。若水溝、風池、後谿、合谷之類是也。一云：《銅人經》乃分四穴，溝者，水溝穴，池者，天池穴，谿者，太谿穴，谷者，陽谷穴。所謂四穴同治，而分三路，皆皈於一原。

或山海丘陵而隙共。

〔楊繼洲注〕隙者，孔穴。或取山、海、丘、陵而爲名者，其孔穴之同共也。如承山、照海、商丘、陰陵之類是也。一云：《銅人經》亦分四穴：山者承山穴，海者，氣海穴，丘者，丘墟穴，陵者，陰陵穴。四經相應，包含萬化之衆也。

斯流派以難揆，在條綱而有統。

〔楊繼洲注〕此言經絡貫通，如水流之分派，雖然難以揆度，在條目綱領之提挈，亦有統緒也。故書云：若綱有條而不紊。一云經言：井、滎、俞、原、經、合，甲日起甲戌時，乃膽受病，竅陰所出爲井金，俠谿所溜爲滎水，臨泣所注爲俞木，丘墟所過爲原，陽輔所行爲經火，陽陵泉所入爲合土。凡此流注之道，須看日腳，陰日刺五穴，陽日刺六穴。

理繁而昧，縱補瀉以何功。

〔楊繼洲注〕蓋聖人立意，垂法於後世，使其自曉也。若心無主持，則義理繁亂，而不能明解，縱依補瀉之法，亦有何效？或云：假如小腸，實則瀉小海，虛則補後谿。大腸，實則瀉二間，虛則補曲池。膽實則瀉陽輔，虛則補俠谿，此之謂也。中工治病已成之後，惟不知此理，不明虛實，妄投針藥，此乃醫之誤也。

法捷而明，曰迎隨而得用。

〔楊繼洲注〕夫用針之法，要在識其通變，捷而能明，自然於迎隨之間，而得施爲之妙也。

且如行步難移，太衝最奇。人中除脊膂之強痛，神門去心性之呆痴。風傷項急，始求於風府。頭暈目眩，要覓於風池。耳閉須聽會而治也，眼痛則合谷以推之。胸結身黄，取湧泉而即可。腦昏目赤，瀉攢竹以偏宜。但見兩肘之拘攣，俠曲池而平掃。四肢之懈惰，憑照海以消除。牙齒痛，吕細堪治，頭項強，承漿可保。太白宣通於氣衝太白脾家眞土也，能生肺金。陰陵開通於水道。陰陵泉眞水也，滋濟萬物。腹膨而脹，奪内庭兮休遲。筋轉而疼，瀉承山而在早。大抵腳腕痛，崑崙解愈。股膝疼，陰市能醫。癇發癲狂兮，憑後谿而療理。瘧生寒熱兮，俠間使以扶持。期門罷胸滿血膨而可以，勞宫退胃翻心痛亦何疑！稽夫大敦去七疝之偏墜，王公謂此。三里卻五勞之羸瘦，華佗言斯。固知腕骨祛黄，然骨瀉腎。行間治膝腫目疾，尺澤去肘疼筋緊。目昏不見，二間宜取。鼻窒無聞，迎香可引。肩井除兩臂難任，絲竹療頭疼不忍。咳嗽寒痰，列缺堪治。眵䁾冷淚，臨泣尤準。頭臨泣穴。

髖骨將腿痛以祛殘，

〔楊繼洲注〕髖骨二穴，在委中上三寸，髀樞中垂手取之，治腿足疼痛，針三分。一云：跨骨在膝臏上一寸，兩筋空處是穴。刺入五分，先補後瀉，其病自除，此即梁丘穴也。更治乳癰。按此兩解，俱與經外奇穴不同，並存，以俟知者。

腎腧把腰疼而瀉盡。以見越人治屍厥於維會，隨手而甦；

〔楊繼洲注〕維會二穴，在足外踝上三寸，內應足少陽膽經。屍厥者，卒喪之證，其病口噤氣絶，狀如死，不識人。昔越人過虢，虢太子死未半日，越人診太子脈曰：太子之病爲屍厥也。脈亂故形如死，太子實未死也。乃使弟子子陽，蝕針砥石，以取外三陽、五會，有間太子甦，二旬而復故。天下盡以扁鵲能生死人。鵲聞之曰：此自當生者，吾能使之生耳。又云：乃玉泉穴在臍下四寸是穴，手之三陽脈，維於玉泉，是足三陽脈會。治卒中屍厥，恍惚不省人事，血淋下瘕，小便赤澀，失精夢遺，臍腹疼痛，結如盆盃，男子陽氣虛憊，疝氣水腫，奔豚搶心，氣急而喘。經云：太子屍厥，越人刺維會而復甦。此即玉泉穴。眞起死回生奇術。婦人血氣癥瘕堅積，臍下冷痛，子宮斷緒，四度刺有孕，使胞和暖，或產後惡露不止，月事不調，血結成塊，盡能治之。針八分，留五呼，得氣即瀉，更宜多灸爲妙。

文伯瀉死胎於陰交，應針而隕。

〔楊繼洲注〕灸三壯，針三分。昔宋太子善醫術，出苑遊，逢一懷娠女人，太子診之曰：是一女子。令徐文伯診之，文伯曰：是一男一女。太子性暴，欲剖腹視之。文伯止曰：臣請針之。於是瀉足三陰交，補手陽明合谷，其胎應針而落，果如文伯之言。故今言妊婦不可針此穴。昔文伯見一婦人臨產證危，視之，乃子死在腹中，刺足三陰交二穴，又瀉足太衝二穴，其子隨手而下。此說與《銅人》之文，又不相同。

聖人於是察麻與痛，分實與虛。

〔楊繼洲注〕雖云諸疼痛皆以爲實，諸痒麻皆以爲虛，此大略也，未盡其善。其中有豐肥堅，而得其疼痛之疾者，亦有虛羸氣弱，而感其疼痛之病者，非執而斷之。仍要推其得病之原，別其內外之感，然後眞知其虛實也。實者瀉之，虛者補之。

實則自外而入也，虛則自內而出歟！

〔楊繼洲注〕夫冒風寒，中暑濕，此四時者，或因一時所感而受病者，謂實邪，此疾蓋是自外而入於內也。多憂慮，少心血，因內傷而致病者，謂虛邪，此疾蓋是自內而出於外也。此分虛實內外之理也。一云：夫療病之法，全在識見，痒麻爲虛，虛當補其母。疼痛爲實，實當瀉其子。且如肝實，瀉行間二穴，火乃肝木之子。肝虛，補曲泉二穴，水乃肝木之母。胃實，瀉厲兌二穴，金乃胃土之子。胃虛，補解谿二穴，火乃胃土之母。三焦實，瀉天井二穴，三焦虛，補中渚二穴。膀胱實，瀉束骨二穴，膀胱虛，補至陰二穴。故經云：虛羸痒麻，氣弱者補之，豐肥堅硬，疼痛腫滿者瀉之。凡刺之要，只就本經，取井滎俞原經合，行子母補瀉之法，乃爲樞要。深知血氣往來多少之道，取穴之法，各明其部分，即依本經而刺無不效也。

故濟母而裨其不足，奪子而平其有餘。

〔楊繼洲注〕裨者，補也。濟母者，蓋補其不足也。奪子者，奪去其有餘也。此補母瀉子之法，按《補瀉經》云：只非刺一經而已。假令肝木之病，實則瀉心火之子，虛則補腎水之母，其肝經自得安矣，五臟倣此。一云：虛當補其母，實當瀉其子。故知肝勝脾。肝有病必傳與脾，聖人治未病，當先實脾，使不受肝之賊邪，子母不許相傳，大概當實其母，正氣以增，邪氣必去，氣血往來，無偏傷，傷則痾疾蜂起矣。

觀二十七之經絡，一一明辨。

〔楊繼洲注〕經者，十二經也。絡者，十五絡也。共計二十七之經絡相隨，上下流行。觀之者，一一明辨也。

據四百四之疾證，件件皆除。

〔楊繼洲注〕岐伯云：凡人稟乾坤而立身，隨陰陽而造化，按八節而榮，順四時而易，調神養氣，習性咽津，故得安和，四大舒緩。或一脈不調，則衆疾俱動，四大不和，百病皆生。凡人之一身，總計四百四病，不能一一具載，然變證雖多，但依經用法，件件皆除也。

故得夭枉都無，躋斯民於壽域。

〔楊繼洲注〕躋者，登也。夭者，短也。枉者，誤傷其命也。夫醫之道，若能明此用針之理，除疼痛迅若手捻破鬱結渙如冰釋。既得如此之妙，自此之後，並無夭枉之病。故斯民皆使登長壽之域矣。

幾微已判，彰往古之玄書。

〔楊繼洲注〕幾微者，奧妙之理也。判，開也，彰，明也，玄，妙也。令奧妙之理，已煥然明著於前，使後學易曉。

抑又聞心胸病，求掌後之大陵。肩背患，責肘前之三里。冷痺腎敗，取足陽明之土。連臍腹痛，瀉足少陰之水。脊間心後者，針中渚而立痊。脇下肋邊者，刺陽陵而即止。頭項痛，擬後谿以安然。腰腳疼，在委中而已矣。夫用針之士，於此理苟能明焉，收祛邪之功，而在乎撚指。

〔楊繼洲注〕夫用針之士，先要明其針法，次知形氣所在。經絡左右所起，血氣所行，逆順所會。補虛瀉實之法，去邪安正之道，方能除疼痛於目前，療疾病於指下也。

《針灸大成·勝玉歌》 勝玉歌兮不虛言，此是楊家眞秘傳，或針或灸依法語，補瀉迎隨隨手撚。頭痛眩暈百會好，心疼脾痛上脘先，後谿鳩尾及神門，治療五癇立便痊。

〔楊繼洲注〕鳩尾穴禁灸，針三分，家傳灸七壯。

髀疼要針肩井穴，耳閉聽會莫遲延。

〔楊繼洲注〕針一寸半，不宜停。經言禁灸，家傳灸七壯。

胃冷下脘卻爲良，眼痛須覓清冷淵。霍亂心疼吐痰涎，巨闕着艾便安然，脾疼背痛中渚瀉，頭風眼痛上星專。頭項強急承漿保，牙腮疼緊大迎全，行間可治膝腫病，尺澤能醫筋拘攣。若人行步苦艱難，中封、太衝針便痊，腳背痛時商丘刺，瘰癧少海、天井邊。筋疼閉結支溝穴，頷腫喉閉少商前，脾心痛急尋公孫，委中驅療腳風纏。瀉卻人中及頰車，治療中風口吐沫，五瘧寒多熱更多，間使、大杼眞妙穴。經年或變勞怯者，痞滿臍旁章門決。噎氣吞酸食不投，膻中七壯除膈熱，目內紅痛苦皺眉，絲竹、攢竹亦堪醫。若是痰涎并咳嗽，治卻須當灸肺俞，更有天突與筋縮，小兒吼閉自然疎。兩手痠疼難執物，曲池、合谷共肩顒，臂疼背痛針三里，頭風頭痛灸風池，腸鳴大便時泄瀉，臍旁兩寸灸天樞。諸般氣證從何治，氣海針之灸亦宜，小腸氣痛歸來治，腰痛中空穴最奇。

〔楊繼洲注〕中空穴，從腎俞穴量下三寸，各開三寸是穴，灸十四壯，向外針一寸半，此即膀胱經之中髎也。

腿股轉痠難移步，妙穴說與後人知，環跳、風市及陰市，瀉卻金針病自除。

〔楊繼洲注〕陰市雖云禁灸，家傳亦灸七壯。

熱瘡臁內年年發，血海尋來可治之，兩膝無端腫如斗，膝眼、三里艾當施。兩股轉筋承山刺，腳氣復溜不須疑，踝跟骨痛灸崑崙，更有絕骨共丘墟。灸罷大敦除疝氣，陰交針入下胎衣。遺精白濁心俞治，心熱口臭大陵驅，腹脹水分多得力，黃疸至陽便能離。肝血盛兮肝俞瀉，痔疾腸風長強欺，腎敗腰疼小便頻，督脈兩旁腎俞除，六十六穴施應驗，故成歌訣顯針奇。

《針灸大成·針內障秘歌》 內障由來寸八般，精醫明哲用心看，分明一一知形狀，下手行針自入玄。察他冷熱虛和實，多驚先服鎮心丸，弱翳細針粗撥老，針形不可一般般。病虛新瘥懷妊月，針後應知將息難，不雨不風兼吉日，清齋三日在針前。安心定志存眞氣，念佛親姻莫雜喧，患者向明盤膝坐，醫師全要靜心田。有血莫驚須住手，裹封如舊勿頻看，若然頭痛不能忍，熱茶和服草烏煙。七日解封方視物，花生水動莫開言，還睛圓散堅心服，百日冰輪徹九淵。

《針灸大成·針內障要歌》 內障金針針了時，醫師治法要精微，綿包黑豆如毬子，眼上安排慢熨之，頭邊鎮枕須平隱，仰卧三朝莫厭遲。封後或然微有痛，腦風牽動莫狐疑，或針或熨依前法，痛極仍將火熨宜，鹽白梅含止咽吐，大小便起與扶持，高聲叫喚私人欲，驚動睛輪見雪飛。三七不須湯洗面，針痕濕着痛微微，五辛酒麵周年愼，出戶升堂緩步移，雙眸瞭瞭康寧日，狂吝嗔予泄聖機。

《針灸大成·十二經治證主客原絡圖》 肺之主大腸客

太陰多氣而少血，心胸氣脹掌發熱，喘咳缺盆痛莫禁，咽腫喉乾身汗越，肩內前廉兩乳疼，痰結膈中氣如缺，所生病者何穴求，太淵、偏歷與君說。

可刺手太陰肺經原穴，復刺手陽明大腸絡。

大腸主肺之客

陽明大腸俠鼻孔，面痛齒疼顋頰腫，生疾目黃口亦乾，鼻流清涕及血湧，喉痹肩前痛莫當，大指次指爲一統，合谷列缺取爲奇，二穴針之居病總。

可刺手陽明大腸原，復刺手太陰肺經絡。

脾主胃客

脾經爲病舌本強，嘔吐胃翻疼腹臟，陰氣上衝噫難瘳，體重脾搖心事妄，瘧生振慄兼體羸，祕結膽黃手執杖，股膝內腫厥而疼，太白豐隆取爲尚。

可刺足太陰脾經原，復刺足陽明胃經絡。

胃主脾客

腹塡心悶意悽愴，惡人惡火惡燈光，耳聞響動心中惕，鼻衄唇喎瘧又傷，棄衣驟步身中熱，痰多足痛與瘡瘍，氣蠱胸腿疼難止，衝陽公孫一刺康。

可刺足陽明胃經原，復刺足太陰脾經絡。

眞心主小腸客

少陰心痛并乾嗌，渴欲飲兮爲臂厥，生病目黃口亦乾，脇臂疼兮掌發熱，若人欲治勿差求，專在醫人心審察，驚悸嘔血及怔忡，神門支正何堪缺。

可刺手少陰心經原，復刺手太陽小腸絡。

小腸主眞心客

小腸之病豈爲良，頰腫肩疼兩臂旁，項頸強疼難轉側，嗌頷腫痛甚非常。肩似拔兮臑似折，生病耳聾及目黃，臑肘臂外後廉痛，腕骨通里取爲詳。

可刺手太陽小腸原，復刺手少陰心經絡。

腎之主膀胱客

臉黑嗜臥不欲糧，目不明兮發熱狂。腰痛足疼步難履，若人捕獲難躲藏，心膽戰兢氣不足，更兼胸結與身黃，若欲除之無更法，太谿飛揚取最良。

可刺足少陰腎經原，復刺足太陽膀胱絡。

膀胱主腎之客

膀胱頸病目中疼，項腰足腿痛難行，痢瘧狂顛心膽熱，背弓反手額眉稜，鼻衄目黃筋骨縮，脱肛痔漏腹心膨，若要除之無別法，京骨大鍾任顯能。

可刺足太陽膀胱原，復刺足少陰腎經絡。

三焦主包絡客

三焦爲病耳中聾，喉痺咽乾目腫紅，耳後肘疼并出汗，脊間心後痛相從，肩背風生連膊肘，大便堅閉及遺癃，前病治之何穴愈，陽池內關法理同。

可刺手少陽三焦經原，復刺手厥陰心包經絡。

包絡主三焦客

包絡爲病手攣急，臂不能伸痛如屈，胸膺脇滿腋腫平，心中淡淡面色赤，目黃善笑不肯休，心煩心痛掌熱極，良醫達士細推詳，大陵外關病消釋。

可刺手厥陰心包經原，復刺手少陽三焦經絡。

肝主膽客

氣少血多肝之經，丈夫㿗疝苦腰疼，婦人腹膨小腹腫，甚則嗌乾面脱塵，所生病者胸滿嘔，腹中泄瀉痛無停，癃閉遺溺疝瘕痛，太光二穴即安寧。

可刺足厥陰肝經原，復刺足少陽膽經絡。

膽主肝客

膽經之穴何病主，胸脇肋疼足不舉，面體不澤頭目疼，缺盆腋腫汗如雨。頸項癭瘤堅似鐵，瘧生寒熱連骨髓，已上病證欲除之，須向丘墟蠡溝取。

可刺足少陽膽經原，復刺足厥陰肝經絡。

推拿總部

主　　編：羅永芬　梁繁榮
副 主 編：曾文斌
編纂人員：游　冰　吴潛智

《推拿總部》提要

本總部從古代數十種醫籍和相關文獻中收録了按摩養生和治病的内容，分爲成人推拿和小兒推拿兩部，下設分部。

一、推拿按摩用于强身健體、預防和祛除疾病。簡便易行，且效果良好，是古代按摩的重要内容，常與導引相結合而用。鑒於《衛生學分典》將完整收録有關養生内容，爲避免重複，故本總部僅收録以按摩密切相關的養生方法，稱『調攝按摩分部』。

二、推拿功法已由近代醫者明確提出，借用古代導引功法用于增强推拿醫生身體素質的鍛煉方法，常選用的功法有易筋經、八段錦、十六段錦及其他導引功法，本總部收録了與練功有關的導引方法，稱『功法分部』。推拿手法的記叙多見於傷科醫籍及其他醫籍，内容較少，但也自成體系，故本總部也將收録，稱『手法分部』。

三、古人以按摩推拿治療成人疾病，其内容散見於各科醫籍，未能自成系統。其内容較多者爲治療損傷，爲避免與『骨科總部』重複，故亦從簡收録。列入『諸病分部』，下設各科病證治。

四、古人將按摩用於急救散見於各類醫籍，且運用廣泛，療效顯著，易於推廣，故予以收録，稱『急救按摩分部』。

五、將藥物與按摩結合運用以祛除疾病，古人稱爲『膏摩』，其在古時運用廣泛，且内容豐富，故本總部予以收録，稱『膏摩分部』。藥物薰蒸洗熨等療法與《膏摩》亦相類似，故附『熨法』於下。

六、小兒推拿是中醫推拿的重要部分，内容較爲豐富，理論完整系統，自成體系，故專設『小兒推拿部』，下設『手法分部』、『部位分部』、『諸病分部』等，較爲全面系統地反映了古代小兒推拿的内容。其中小兒推拿專著所涉及的診斷内容，收録於『兒科總部』，本總部不再重複收録。

目録

推拿總部

題解

《一切經音義·十輪經》按摩，凡人自摩自捏，伸縮手足，除勞去煩，名爲導引。若使別人握搦身體，或摩或捏，即名按摩也。

《聖濟總録·治法·按摩》可按可摩，時兼而用，通謂之按摩。按之弗摩，摩之弗按，按止以手，摩或兼以藥。曰按曰摩，適所用也。

論説

《素問·陰陽應象大論》按尺寸，觀浮沉滑濇而知病所生。以治〔王冰注〕浮沉滑濇，皆脈象也。浮脈者，浮於手下也；沉脈者，按之乃得也；滑脈者，往來易；濇脈者，往來難。故審尺寸觀浮沉而知病之所生，以治之也。〔林億等新校正〕按《甲乙經》作知病所在，以治則無過下無過二字續此爲句。無過，以診則不失矣。〔王冰注〕有過無過皆以診知，則所主治無誤失也。故曰：病之始起也，可刺而已；〔王冰注〕以輕微也其盛，可待衰而已。〔王冰注〕病盛取之，毁傷眞氣，故其盛者必可待衰。故因其輕而揚之；〔王冰注〕輕者，發揚則邪去。因其重而減之；〔王冰注〕重者，即減去之。因其衰而彰之。〔王冰注〕因病氣衰，攻令邪去則眞氣堅固，血色彰明。形不足者，溫之以氣；精不足者，補之以味。〔王冰注〕氣，謂衛氣；味，謂五藏之味也。《靈樞經》曰：衛氣者，所以溫分肉而充皮膚，肥腠理而司開闔，故衛氣溫則形分足矣。《上古天眞論》曰：腎者，主水，受五藏六府之精而藏之。故五藏盛乃能瀉，由此則精不足者，補五藏之味也。其高者，因而越之；〔王冰注〕越，謂越揚也。其下者，引而竭之；〔王冰注〕引謂泄引也。中滿者，瀉之於内；〔王冰注〕内謂腹内。其有邪者，漬形以爲汗；〔王冰注〕邪，謂風邪之氣。風中於表，則汗而發之。其在皮者，汗而發之；〔王冰注〕在外，故汗發泄也。其慓悍者，按而收之；〔王冰注〕慓，疾也；悍，利也。氣候疾利則按之，以收斂也。其實者，散而瀉之。〔王冰注〕陽實則發散，陰實則宣瀉，故下文。審其陰陽，以別柔剛，〔王冰注〕陰，曰柔；陽，曰剛。陽病治陰，陰病治陽。〔王冰注〕所謂從陰引陽，從陽引陰，以右治左，以左治右者也。定其血氣，各守其鄉。〔王冰注〕鄉，謂本經之氣位。血實宜決之，〔王冰注〕決，謂決破其血。氣虚宜掣引之。〔王冰注〕掣，讀爲導。導引則氣行條暢。〔林億等新校正〕按《甲乙經》掣作掔。

《素問·玉機真藏論》今風寒客於人，使人毫毛畢直，皮膚閉而爲熱，〔王冰注〕客謂客止於人形也。風擊皮膚，寒勝腠理，故毫毛畢直，玄府閉密而熱生也。當是之時，可汗而發也；〔王冰注〕邪在皮毛，故可汗泄也。《陰陽應象大論》曰：善治者，治皮毛，此之謂也。或痺不仁腫痛，〔王冰注〕病生而變，故如是也。熱中血氣則瘰痺不仁。寒氣傷形，故爲腫痛，《陰陽應象大論》云：寒傷形，熱傷氣，氣傷痛，形傷腫。當是之時，可湯熨及火灸刺而去之。〔王冰注〕皆謂釋散寒邪，宣揚正氣。弗治，病入舍於肺，名曰肺痺，發欬上氣；〔王冰注〕邪入諸陰則病而爲痺，故入於肺，名曰痺焉。《宣明五氣論》曰：邪入於陽則狂，邪入於陰則痺。肺在變動爲欬，故欬則氣上，故上氣也。弗治，肺即傳而行之肝，病名曰肝痺，一名曰厥，脇痛，出食，〔王冰注〕肺金伐木，氣下入肝，故曰弗治。行之肝也，肝氣通膽，膽善爲怒，怒者，氣逆，故一名厥也。肝厥陰脈從少腹屬肝，絡膽，上貫鬲，布脇肋，循喉嚨之後，上入頏顙，故脇痛，而食入腹則出，故曰出食。當是之時，可按若刺耳；弗治，肝傳之脾，病名曰脾風，發癉，腹中熱，煩心，出黄。〔王冰注〕肝氣應風木，勝脾土，土受風氣，故曰脾風。蓋爲風氣通肝而爲名也。脾之爲病，善發黄癉，故發癉也，脾太陰脈，入腹，屬脾，絡胃，上鬲俠咽，連舌本，散舌下，其支別者，復從胃別上鬲，注心中，故腹中熱而煩心，出黄色於便瀉之所也。當此之時，可按、可藥、可浴；弗治，脾傳之腎，病名曰疝瘕，少腹寃熱而痛，出白，一名曰蠱，〔王冰注〕腎少陰脈，自股内後廉，貫脊，屬腎，絡膀胱，故少腹寃熱而痛，溲出白液也。寃熱内結，消鑠脂肉，如蟲之食，日内損削，故一名曰蠱。當此之時，可按、可藥。

《素問·舉痛論》帝曰：願聞人之五藏卒痛，何氣使然？岐伯對曰：經脈流行不止，環周不休。寒氣入經而稽遲，泣而不行，客於脈外則血少，客於脈中則氣不通，故卒然而痛。帝曰：其痛或卒然而止者，或痛甚不休者，或痛甚不可按者，或按之而痛止者，或按之無益者，或喘動應手者，或心與背相引而痛者，或脅肋與少腹相引而痛者，或腹痛引陰股者，或痛宿昔而成積者，或卒然痛死不知人，有少間復生者，或痛而嘔者，或腹痛而後泄者，或痛而閉不通者。凡此諸痛，各不同形，別之奈何？〔王冰注〕欲明異侯之所起。岐伯曰：

寒氣客於脈外則脈寒，脈寒則縮踡，縮踡則脈絀急，則外引小絡，故卒然而痛，得炅則痛立止。〔王冰注〕脈左右環故得寒則縮踡而絀急，縮踡絀急則衛氣不得通流，故外引於小絡脈也。衛氣不入，寒內薄之，脈急不縱，故痛生也。得熱則衛氣復行，寒氣退辟，故痛止。炅，熱也。止，已也。因重中於寒，則痛久矣。〔王冰注〕重寒難釋，故痛久不消。寒氣客於經脈之中，與炅氣相薄則脈滿，滿則痛而不可按也。〔王冰注〕按之痛甚者，其義具下文。寒氣稽留，炅氣從上，則脈充大而血氣亂，故痛甚不可按也。〔王冰注〕脈既滿大，血氣復亂，按之則邪氣攻內，故不可按也。寒氣客於腸胃之間，膜原之下，血不得散，小絡急引，故痛。按之則血氣散，故按之痛止。〔王冰注〕膜，謂鬲間之膜；原，謂鬲肓之原。血不得散，謂鬲膜之中小絡脈內血也。絡滿則急，故牽引而痛生也。手按之則寒氣散，小絡緩，故痛止。寒氣客於俠脊之脈，則深按之不能及，故按之無益也。〔王冰注〕俠脊之脈者，當中督脈也，次兩傍足太陽脈也。督脈者，循脊裏，太陽者，貫膂筋，故深按之不能及也。若按當中，則膂節曲，按兩傍則膂筋蹙合，曲與蹙合皆衛氣不得行過，寒氣益聚而內畜，故按之無益。寒氣客於衝脈，衝脈起於關元，隨腹直上，寒氣客則脈不通，脈不通則氣因之，故喘動應手矣。〔王冰注〕衝脈，奇經脈也。關元，穴名。在臍下三寸，言起自此穴，即隨腹而上，非生出於此也。其本生出乃起於腎下也。直上者，謂上行會於咽喉也。氣因之，謂衝脈不通。足少陰氣因之上滿，衝脈與少陰並行，故喘動應於手也。寒氣客於背俞之脈，則脈泣，脈泣則血虛，血虛則痛，其俞注於心，故相引而痛。按之則熱氣至，熱氣至則痛止矣。〔王冰注〕背俞，謂心俞脈，亦足太陽脈也。夫俞者，皆內通於藏，故曰其俞注於心，相引而痛也。按之則溫氣入，溫氣入則心氣外發，故痛止。

《素問·調經論》 帝曰：風雨之傷人奈何？岐伯曰：風雨之傷人也，先客於皮膚，傳入於孫脈，孫脈滿則傳入於絡脈，絡脈滿則輸於大經脈。血氣與邪并客於分腠之間，其脈堅大，故曰實。實者外堅充滿，不可按之，按之則痛。帝曰：寒濕之傷人奈何？岐伯曰：寒濕之中人也，皮膚不收，〔林億等新校正〕按《全元起》云：不收，不仁也。《甲乙經》及《太素》云：皮膚收，無不字。肌肉堅緊，榮血泣，衛氣去，故曰虛。虛者聶辟氣不足，按之則氣足以溫之，故快然而不痛。〔王冰注〕聶，聶皺。辟，謂辟疊也。〔林億等新校正〕按《甲乙經》作攝辟。《太素》作攝辟。

神不足者，視其虛絡，按而致之，刺而利之，無出其血，無泄其氣，以通其經，神氣乃平。〔王冰注〕但通經脈令其和利，抑按虛絡，令其氣致，以神不足故不欲出血及泄氣也。〔林億等新校正〕《甲乙經》按作切，利作和。帝曰：刺微奈何？〔王冰注〕覆前初起於毫毛，未入於經絡者。岐伯曰：按摩勿釋，著鍼勿斥，移氣於不足，神氣乃得復。〔王冰注〕按摩其病處，手不釋散，著鍼於病處，亦不推之，使其人神氣內朝於鍼，移其人神氣，令自充足，則微病自去，神氣乃得復常。〔林億等新校正〕按《甲乙經》及《太素》云：移氣於足，無不字。楊上善云：按摩使氣至於踵也。帝曰：善！

帝曰：刺微奈何？〔王冰注〕覆前曰氣微泄者。岐伯曰：按摩勿釋，出鍼視之，曰：我將深之，適人必革，精氣自伏，邪氣散亂，無所休息，氣泄腠理，眞氣乃相得。〔王冰注〕亦謂按摩其病處也，革皮也，我將深之，適人必革者，謂其深而淺刺之也。如是脇從則人懷懼色，故情氣潛伏也。以其調適於皮，精氣潛伏，邪無所據，故亂散而無所休息，發泄於腠理也。邪氣既泄，眞氣乃與皮腠相得矣。〔林億等新校正〕按楊上善云：革改也，夫人聞樂至，則身心忻悅。聞痛及體情，必改異。忻悅則百體俱縱，改革則情志必拒，據則邪氣消伏。帝曰：善！

《素問·至真要大論》 堅者削之，客者除之，勞者溫之，結者散之，留者攻之，燥者濡之，急者緩之，散者收之，損者溫之，逸者行之，驚者平之，上之下之，摩之浴之，薄之刦之，開之發之，適事爲故。

《素問·離合真邪論》 帝曰：不足者補之奈何？岐伯曰：必先捫而循之，切而散之，推而按之，彈而怒之，抓而下之，通而取之，外引其門，以閉其神。〔王冰注〕捫循，謂手摸。切，謂指按也。捫而循之，欲氣舒緩。切而散之，使經脈宣散。推而按之，排蹙其皮也。彈而怒之，使脈氣䐜滿也。抓而下之，置鍼準也。通而取之，以常法也。外引其門，以閉其神，則推而按之者也，謂蹙按穴外之皮，令當應鍼之處，針已放去則不破之皮，蓋其所刺之門，門不開則神氣內守，故云以閉其神也。《經調論》曰：外引其皮，令當其門戶。又曰：推闔其門，令神氣存，此之謂也。〔林億等新校正〕按王引《調經論》文，今詳非本論之文，傍見《甲乙經·鍼道篇》又曰：已下乃當篇之文也。

《素問·陰陽應象大論》 其慓悍者，按而收之。〔王冰注〕慓，疾也。悍，利也。氣候疾利則按之，以收斂也。

《靈樞·病傳》 黃帝曰：余受九鍼於夫子，而私覽於諸方，或有導引、行氣、喬摩、灸熨、刺焫、飲藥之一者，可獨守耶？將盡行之乎？岐伯曰：諸方者，衆人之方也，非一人之所盡行也。黃帝曰：此乃所謂守一勿失，萬物畢者也。

《靈樞·經水》 黃帝曰：夫經脈之大小，血之多少，膚之厚薄，肉之堅脆，及膕之大小，可爲度量乎？岐伯答曰：其可爲度量者，取其中度也，不甚脫肉，而血氣不衰也。若失度之人，痟瘦而形肉脫者，惡可以度量刺乎！審、

切，循，捫，按，視其寒溫盛衰而調之，是謂因適而爲之眞也。

《靈樞·水脹》 岐伯答曰：水始起也，目窠上微腫，如新卧起之狀，其頸脈動，時欬，陰股間寒，足脛腫，腹乃大，其水已成矣。以手按其腹，隨手而起，如裹水之狀，此其候也。

黄帝曰：膚脹何以候之？岐伯曰：膚脹者，寒氣客於皮膚之間，鼕鼕然不堅，腹大，身盡腫，皮厚，按其腹，窅而不起，腹色不變，此其候也。鼕，音空。鼓聲。窅音杳。腸覃何如？岐伯曰：寒氣客於腸外，與衛氣相搏，氣不得營，因有所繫，癖而內著，惡氣乃起，瘜肉乃生。其始生也，大如鷄卵，稍以益大，至其成，如懷子之狀，久者離藏，按之則堅，推之則移，月事以時下，此其候也。藏舊文歲，今改正。

《中藏經·論諸病治療交錯致死候》 灸則起陰通陽，鍼則行榮引衛，導引則可以逐客邪於關節，按摩則可以驅浮淫於肌肉。蒸熨辟冷，煖洗生陽，悦愉爽神，和緩安氣。

《醫心方·服藥節度》 又云：病有新舊，療法不同。邪在毫毛，宜服膏及以摩之。

《聖濟總録·治法·按摩》 可按可摩，時兼而用，通謂之按摩。按之弗摩，摩之弗按，按止以手，摩或兼以藥，曰按、曰摩，適所用也。《血氣形志論》曰：形數驚恐，經絡不通，病生於不仁，治之以按摩。此按摩之通謂也。《陰陽應象論》曰：其慓悍者，按而收之。《通評虛實論》曰：痛不知所，按之不應，乍來乍已。此按不兼於摩也。華佗曰：傷寒始得一日，在皮膚，當摩膏火灸即愈。此摩不兼於按，必資之藥也。世之論按摩，不知析而治之，乃合導引而解之。夫不知析而治之，固已疏矣，又合以導引，益見其不思也。大抵按摩法，每以開達抑遏爲義。開達則壅蔽者以之發散，抑遏則慓悍者有所歸宿。是故按一也。有施於病之相傳者，有施於痛而痛止者，有施於痛而無益者，有按之而痛甚者，有按之而快然者，概得陳之。風寒客於人，毫毛畢直，皮膚閉而爲熱，或痹不仁而腫痛。既傳於肝，脅痛出食，斯可按也；肝傳之脾，名曰脾風。發癉，腹中熱，煩心出黄，斯可按也；脾傳之腎，名曰疝瘕，少腹冤熱而痛，出白，一名爲蠱，斯可按也；前所謂施於病之相傳有如此者。寒氣客於脈外，則脈寒，寒則縮踡，縮踡則脈絀急，外引小絡，卒然爲痛，又與熱氣相薄，則脈滿而痛，脈滿而痛，不可按也；寒氣客於腸胃之間，膜原之下，血不得散，小絡急引，是痛也。按之則血氣散而痛止；迫夫客於俠脊之脈，其藏深矣，按不能及，故按之爲無益也；風雨傷人，自皮膚入於大經脈，血氣與邪，并客於分腠間，其脈堅大，若可按也，然按之則痛甚；寒濕中人，皮膚不收，肌肉堅緊，榮血泣，衛氣除，此爲虛也。虛則聶辟氣乏，惟按之則氣足以溫之，快然而不痛；前所謂按之痛止，按之無益，按之痛甚，按之快然，有如此者，夫可按不可按，若是則摩之所施，亦可以理推矣。養生法：凡小有不安，必按摩挼捺，令百節通利，邪氣得泄。然則按摩有資於外，豈小補哉？摩之別法，必與藥俱。蓋欲浹於肌膚，而其勢駃利。若療傷寒，以白膏摩體，手當千遍，藥力乃行。則摩之用藥，又不可不知也。

《儒門事親·汗下吐三法該盡治病詮十三》 所謂三法可以兼衆法者，如引涎、漉涎、嚏氣、追淚，凡上行者，皆吐法也；灸蒸、熏渫、洗熨烙、針刺、砭射、導引、按摩，凡解表者，皆汗法也；催生下乳，磨積逐水，破經泄氣，凡下行者，皆下法也。

《推求師意·針灸問對》 故曰：視不足者，視其虛絡，按而致之，刺之。而刺之無出其血，無泄其氣，以通其經，神氣乃平。謂但通經脈，使其和利，抑按虛絡，令其氣致。又曰：太陰瘧病，至則善嘔，嘔已乃衰，即取之。言其衰即取之也，此皆隨而濟之。因其邪過經虛，而氣或滯鬱也。經曰：刺微者，按摩勿釋，著針勿斥，移氣於不足，神氣乃得。按摩其病處，手不釋散，著針於病處，亦不推之，使其人神氣內朝於針，移其人神氣令自充足，則微病自去，神氣復常。

《景岳全書·傳忠録·論治篇》 附華氏治法

華元化論治療曰：夫病有宜湯者，宜圓者，宜散者，宜下者，宜吐者，宜汗者，宜灸者，宜針者，宜補者，宜按摩者，宜導引者，宜蒸熨者，宜煖洗者，宜悦愉者，宜和緩者，宜水者，宜火者，種種之法，豈惟一也。若非良善精博，難爲取效。庸下淺識，每致亂投，致使輕者令重，重者令死，舉世皆然。【略】導引可逐客邪於關節，按摩可驅浮淫於肌肉，蒸熨闢冷，煖洗生陽，悦愉爽神，和緩安氣。【略】宜導引而不導引，則使人邪侵關節，固結難通。宜按摩而不按摩，則使人淫歸肌肉，久留不消。宜蒸熨而不蒸熨，則使人冷氣潛伏，漸成痺厥。宜煖洗而不煖洗，則使人陽氣不行，陰邪相害。【略】不當導引而導引，則使人眞氣勞敗，邪氣妄行。不當按摩而按摩，則使人肌肉䐜脹，筋骨舒張。不當蒸熨而蒸熨，則使人陽氣偏行，陰氣內聚。不當煖洗而煖洗，則使

人濕著皮膚，熱生肌體。【略】內無客邪，勿導引。外無淫氣，勿按摩。皮膚不痺，勿蒸熨。肌肉不寒，勿煖洗。神不凝迷，勿愉悦。氣不奔急，勿和緩。順此者生，逆此者死耳。

《幼科闡岐》卷三十八 按摩秘訣：夫按摩者，開關利氣之道，自外而達內者也。醫家行之，以佐宣通而攝生者，貴之以泄壅滯也。

《醫宗金鑑·正骨心法要旨·外治法》 按摩法 按者，謂以手往下抑之也。摩者，謂徐徐揉摩之也。此法蓋爲皮膚筋肉受傷，但腫硬麻木，而骨未斷折者設也。或因跌撲閃失，以致骨縫開錯，氣血鬱滯，爲腫爲痛，宜用按摩法。按其經絡，以通鬱閉之氣；摩其壅聚，以散瘀結之腫，其患可愈。

《串雅内編·緒論》 手法有四要，用鍼要知補瀉，推拿要識虚實，揉拉在緩而不痛，鉗取在速而不亂。志欲傲禮欲恭，語欲大心欲小，持此勿失，遂踞上流。

《理瀹駢文·續增略言》 又寄璘書論鍼灸按摩法 經文外取注云：鍼灸按摩也，今之燒鍼、灼艾、推拿鄉村人謂之抹。本此。然鍼灸禁忌太多，且嫌。《炮烙入門》云：鍼但能瀉實，如虛損、危病、久病，俱不宜用。蓋無古人以自己精神消息也。艾灸只宜於陰寒證，若傷寒熱病，頭面諸陽之會，胸膈二火之地，及陰虛有火者，俱不宜用。風痺用桑枝燒熏，名桑枝鍼痨瘵。用大蒜擦脊梁，名水灸。前人已有變通之法。推拿多係粗工，殊不可恃。余謂炒熨煎抹之法，實足以代三法。而看證用藥，精切簡便，較三法尤善。再能體會經文，察其陰陽，審其虛實，推而納之，補也。動而伸之，瀉也。隨而濟之，補也。迎而奪之，瀉也。泄其邪氣，養其精氣之意。疾徐輕重，運手法於炒熨煎抹之中，以藥力到爲候，無不效者。唐有按摩生專爲一科，今外科亦有熱湯淋洗，神火照法。不惜工夫，爲人治病，何不可仿而行也。女醫亦可學以治女。其部位當分十二經，如傷寒邪在太陽膀胱，用羌防太陽經藥。擦背。背兩旁爲太陽經。若徑犯陽明，用葛根擦胸。裏證、陰證，看證治。瘧少陽肝積，亦有六經形證。用柴胡少陽經藥。擦背。兩旁太陽經，中央督脈經。風府，瘧所會。大椎至尾骨，瘧所上下。十二經各有部位。又募穴在前，俞穴在後，督脈行背，任脈行腹，衝脈起於臍下，帶脈横圍於腰，均照此推。部穴皆見駢文。其餘則就患處治之可也。如欲學鍼灸、按摩，宜從吾說。

著録

《漢書·藝文志》 黄帝岐伯按摩十卷。

《抱朴子·内篇·遐覽》 道經有《三皇内文天地人》三卷、《元文》上中下三卷、《混成經》二卷、《玄録》二卷、《九生經》、《二十四生經》、《九仙經》、《靈卜仙經》、《十二化經》、《九變經》、《老君玉歷眞經》、《墨子枕中五行記》五卷、《溫寶經》、《息民經》、《自然經》、《陰陽經》、《養生書》一百五卷、《太平經》五十卷、《九敬經》、《甲乙經》一百七十卷、《青龍經》、《中黄經》、《太清經》、《通明經》、《按摩經》、《道引經》十卷。

道經有《按摩經》、《道引經》十卷。

《宋史·藝文志·藝文六》 按摩法一卷

《小兒推拿廣意·熊應雄序》 蓋古人往往以醫道喻用兵，謂兵以審虛實，而脈以察陰陽，其間因時制用，憑乎一心。武穆云：神而明之，存乎其人。洵不誣也。至於小兒，則又微乎其術者，既無聲色貨利之鬱於中，又無勞苦饑渴之積於外，而且口不能言，脈無從測，使非有獨得之秘。審色觀形，以流通其血氣，調和其動靜，則雖愛同珍寶，未有克自遂其長成者，則調治小兒一道，豈不最微且難哉？且天之生物，栽者培之，則在小兒，正萌芽生發之時也，培之又安可不亟亟歟？《康誥》曰：如保赤子，是嬰兒之撫育。古人亦兢兢乎其愼之矣。余留心於此，偶得一編，乃推拿之法，誠治小兒金丹，苦無高明討論，藏之有年。丙辰歲余仗策軍前，親民青邑，去浙東開府陳公之轅僅里許。陳公神於用兵，已聲播寰區，而又善於此術，余得旦夕請正，以竊慶焉，然醫以喻兵，此其徵也。陳公素性汎愛，每以保赤爲懷，不爲自私，付之剞劂，而名曰《推拿廣意》，是欲公之天下後世也。然聖人大道爲心，必曰：老者安之，朋友信之，少者懷之，則此舉非即少懷之良法也歟，誠可爲拔嬰保赤之筮鑑云爾。

《醫籍考·方論五十三·亡名氏小兒推拿秘訣》 亡名氏小兒推拿祕訣舊題周於蕃撰。明志一卷，存。

自序曰：小兒推拿之説，其來已舊，而書不概見焉。自余年廿七，乃始

舉長子，且多疾，有黃冠善此術，請試之覺驗。然得自口授，習而不察，語亦不詳也。顧不佞每留心此書，忽一旦偶得之，若有所授之焉者，然又不無錯謬。因細心歷訪諸方士，暨凡業此術者，陸續參訂，有得即錄之，漸次明盡。幾欲梓之以傳世，適上庸長令申吾張侯天植仁慈，雅志懷少，且此中俗尚巫教，病者往往誤傷無算，侯深悼之，故一見其書，輒付之梓，而屬不佞引其端。余惟小兒無七情六慾之感，弟有風寒小濕傷食之證，且初生藏府脆薄，不經藥餌，稍長又畏藥難投，惟此推拿，一着取效於面步掌股皮骨之間。蓋面步掌股，與藏府相連，醫者以一色而觀人氣候，以一脈而診人休咎，故可思矣。得是書者，儻能察其病證，循其穴道，施以手法，而汗吐下三者，尤能得訣。大者又稍兼以藥餌，未有不隨試而隨效者也，眞足補造化之不及哉。而張侯命梓之意，利亦溥矣。敬書之以告諸同志者。萬曆乙巳秋楚人周於蕃書。

按是書，據周序，非其所自著。萬曆中劉氏喬山梓行《急救小兒推拿法》二卷，署曰：太醫院姚國禎述輯。又萬曆甲辰胡連璧校刊《活嬰祕旨推拿方脈》一卷，題曰：金谿龔雲林述譔，太醫姚國禎補輯。其說並與是書同。而查胡序似出於其手者。龔居中《幼科百效全書》序：余家庭授受療男婦之法，奇正不一，獨小兒推拿，尤得其傳。轉關呼吸，瞬息回春，一指可賢於十萬師矣。而其法與亡名氏《慈幼祕傳》李盛春醫書十種，及是書所載不異。則推拿之術，未審出乎何人，明志題周於蕃撰，今不從也。

《推拿三字經·自序》 余窮心二十餘載始知會變，而及門者若於卓也。因母不能服藥，始演推拿諸病，一推不藥而愈命。書傳於鄉俚者不堪入目，膚者不能醒心，約者多所掛漏，繁者不勝瀏覽。而晨所著微論，諸書未盡元旨，用是不揣鄙陋，纂述是編。且願同志君子，四海仁人，廣佈宣傳，則功德莫大焉。人聞而俞之，而命余弁其首。

《釐正按摩要術·自叙》 岐黃療病之法，鍼灸而外，按摩繼之尚矣。後世失其傳而易爲推拿之說。每見野叟老嫗，不知經絡爲何，穴道爲何，表裏寒熱虛實病證爲何，溫淸補瀉汗吐下和治法爲何，而概以隨手推抹，名曰抹驚。或妄灌以自製丸散，以致小兒夭枉無算，惻然心傷。竊念小兒臟腑柔脆，一觸風寒暑溼燥火之氣，或痰滯，或食積，最易驚厥，是爲急驚，吳鞠通所謂客忤痙也。其重者有慢驚一證，應如何辨證，如何治法，此余所惴惴焉不克勝任者。方脈一科，望聞問切，秦越人謂爲神聖工巧。前賢臨證，所重在問。蘇內翰東坡云：我有病狀，必盡情告醫。我求愈病耳，豈以困醫爲事哉？脈理深邃，變幻多端，按二十七部脈，即以定千變萬化之證，談何容易。且仲師有從脈不從證，從證不從脈之論，尤須有靈機活法，今昔所慨以爲難也。況小兒昔稱啞科，脈無可切，證無可問，即僅以望聞得之，神聖之事，豈末俗庸流所能望其項背者？然辨證雖難，而又不得不辨，辨而後又不得不設法以治也。國初龔雲林《推拿全書》圖注不明，無門可入。夏禹鑄《幼科鐵鏡》亦略有可採，亟亟焉求按摩之術而未獲者。京江張心樵先生抱利濟之懷，溷跡廛市，搜採方書，因見族弟地山善推拿，立起沉疴，始則嬰兒，繼而男婦，治無不效，秘其術不一傳，既羨之而又惡之。羨其術之精，惡其術之吝也。【略】地山遂歿，先生託族誼，寓其家，遍翻架上書，得《推拿秘訣》一冊，歸而錄之，藏二十年，以待識者釐訂，傳世兼濟世也。丁亥夏以所錄者諄諄屬余任是役。自首至末凡五閱，始悉此書乃明萬曆楚人周於蕃所著《推拿要訣》，付梓者三，但次序錯亂，辭語鄙陋。傳曰：言之無文，行而不遠。以故坊間不多見。原本寖失，祇留鈔本於先生之族，因以善其術。先生年七十矣，促余蕆其事，以償其願。余不敢辭，乃於重複者汰之，繁蕪者刪之，顚倒者理之，俚俗者易之，更博採旁搜附會以明之。顏曰：《釐正按摩要術》一誌其原，一補其闕也。編次以辨證爲先，立法爲後，歷半載而就，以應先生之命，且以見先生慈惠居心。《書》曰：惠迪吉，《易》曰：積善餘慶，爲先生操左券焉，謹誌其顚末如此。

《保赤推拿法·序》 自古幼科有推拿一術與鍼灸相類，效驗極靈，後世每輕視之而弗論。推拿書世無善本。蓋醫乃儒家之小道也，用推拿術以治嬰兒，又爲醫家之小道，彼明於理、暢於詞之儒家不屑業此術，至業此術而著書者，皆儒業未精之人，其心於理既不能明，其詞於義復不能達，作者已訛，學者愈錯，亂推亂拿，不惟無益，而又害之。甚或村婦亂挑其筋，小兒何辜受此苦楚，傷心慘目，有如是耶？余痛恨若輩，深憫嬰兒。敝族世有業醫者，精推拿術，愚習舉業制藝之餘，即兼習此術。凡求醫者余未嘗或辭，願學者余未嘗無誨。迨宦遊金陵，將醫道束置高閣矣。蒙大憲委辦育嬰堂，適得展片長薄技。今交將簪解組，歸隱山林，不忍自秘此術，欲留傳江南一帶以救小兒。因取諸醫書所載經絡穴竅，互證旁參，並將各推拿書與家傳經驗秘訣採擇會歸，集成一卷，語極淺近，義極顯明，圖極清晰。凡有此書者，果能認證

的確，皆可治療，家喻戶曉，俾有恙之嬰兒不至爲庸醫村婦所害，於保赤未必無小補云。夫世間才德之士，務其大者遠者，我儕迂拙之人，務其小者近者，作百姓昭明之書，爲啓童聰明計也。茲傳小兒推拿之術，爲救童之性命計也。余於天下事黜陟不知，理亂不聞，衰朽餘年，僅於世之童子猶惓惓眷念不置爾。

紀事

《唐六典·職官》 按摩博士一人，從九品下。崔寔《政論》云：熊經鳥伸，延年之術。故華佗有六禽之戲，魏文有五搥之鍛。《仙經》云：戶樞不朽，流水不腐。謂欲使骨節調利，血脈宣通，即其事也。隋太醫有按摩博士二十，皇朝因之。貞觀中減置一人。又置按摩師、按摩工佐之，教按摩生也。 按摩師四人，按摩工十六人，隋太醫有按摩師一百二十人，無按摩工，皇朝置之。 按摩生十五人。隋太醫有按摩生一百人，皇朝武德中置三十人，貞觀中減置十五人也。 按摩博士掌教按摩生以消息導引之法，以除人八疾：一曰風，二曰寒，三曰暑，四曰濕，五曰飢，六曰飽，七曰勞，八曰逸。凡人支節府藏積而疾生，導而宣之，使內疾不留，外邪不入。若損傷折跌者，以法正之。

《舊唐書·職官一》 從第九品下階

內侍省主事，國子監親王府錄事，太子左右春坊主事，崇文館校書，書學博士，算學博士，門下典儀，太醫署按摩、呪禁博士，太醫署針助教，太醫署醫正，太卜署卜。

《舊唐書·職官三》 尚藥局：奉御二人，正五品下。直長四人，正七品上。書吏四人。侍御醫四人，從六品上。主藥十二人，藥童三十人。司醫四人，正八品下。醫佐八人，正八品下。按摩師四人，呪禁師四人，合口脂匠四人，掌固四人。

按摩博士一人，從九品下。按摩師四人，按摩工十六人，按摩生十五人。按摩博士掌教按摩生消息導引之法。

《新唐書·百官誌》 按摩博士一人，按摩師四人，并從九品下。掌教導引之法以除疾，損傷折跌者正之。

《新唐書·百官三》 太醫署 令二人，從七品下；丞二人，醫監四人，并從八品下；醫正八人，從九品下。令掌醫療之法，其屬有四：一曰醫師，二曰針師，三曰按摩師，四曰呪禁師。皆教以博士，考試登用如國子監。醫師、醫正、醫工療病，書其全之多少爲考課。歲給藥以防民疾。

《史記·扁鵲倉公列傳》 其後扁鵲過虢。虢太子死，扁鵲至虢宮門下，問中庶子喜方者曰：太子何病，國中治穰過於衆事？中庶子曰：太子病血氣不時，交錯而不得泄，暴發於外，則爲中害。精神不能止邪氣，邪氣畜積而不得泄，是以陽緩而陰急，故暴蹷而死。扁鵲曰：其死何如時？曰：雞鳴至今。曰：收乎？曰：未也，其死未能半日也。言臣齊勃海秦越人也，家在於鄭，未嘗得望精光侍謁於前也。聞太子不幸而死，臣能生之。中庶子曰：先生得無誕之乎？何以言太子可生也！臣聞上古之時，醫有俞跗，治病不以湯液醴灑，鑱石撟引，案抏毒熨，一撥見病之應，因五藏之輸，乃割皮解肌，訣脈結筋，搦髓腦，揲荒爪幕，湔浣腸胃，漱滌五藏，練精易形。先生之方能若是，則太子可生也，不能若是而欲生之，曾不可以告咳嬰之兒。終日，扁鵲仰天歎曰：夫子之爲方也，若以管窺天，以郄視文。越人之爲方也，不待切脈望色聽聲寫形，言病之所在。聞病之陽，論得其陰；聞病之陰，論得其陽。病應見於大表，不出千里，決者至衆，不可曲止也。子以吾言爲不誠，試入診太子，當聞其耳鳴而鼻張，循其兩股以至於陰，當尚溫也。

《醫説上·三皇歷代名醫·俞跗》 俞跗者，黃帝臣也，善醫術。所治病，不以湯液醪醴，鑱石蹻引，湯熨，一撥見病之應。因五臟之輸，乃割皮、解肌、決脈、結筋、搦髓，揲荒爪幕，湔浣腸胃，漱滌五臟，鍊精盪形，以去百病焉。

《醫説上·三皇歷代名醫·馮信》 馮信，齊臨淄人也，長爲齊太倉。性好醫方，精於診處。而臨淄王猶以其識見未深，更令就淳於意學方。意敎以按法逆順論，藥法定五味，及和劑湯法。信受之，擅名於漢。

《醫説上·捫腹鍼兒》 朱新仲祖居桐城時，親戚間有一婦人妊孕將產，七日而子不下，藥餌符水無不用，待死而已。名醫李幾道偶在朱公舍，朱引至婦人家視之。李曰：此百藥無所施，惟有鍼法。吾藝未至此，不敢措手爾。遂還。而幾道之師龐安常適過門，遂同謁朱。朱告之故，曰：其家不敢屈公，然人命至重，公能不惜一行救之否？安常許諾，相與同往。才見孕者，即連呼曰：不死。令其家人以湯溫其腰腹間，安常以手上下拊摩之，孕者覺

腸胃微痛，呻吟間生一男子，母子皆無恙。其家驚喜拜謝，敬之如神。而不知其所以然。安常曰：兒已出胞，而一手誤執母腸胃，不復能脱，故雖投藥而無益，適吾隔腸捫兒手所在，鍼其虎口，兒既痛即縮手，所以遽生，無他術也。試令取兒視之，右手虎口有鍼痕，其妙如此。

《續醫説·張景芳遇仙》 成化丁酉年七月間，欽天監張臺官景芳領朝，命往陝西秦邸，興平王治葬，張至半途，偶獲腹脹之證，醫莫能療。寓居卧龍寺，待書而已。抵夜，見龐眉一叟忽過訪，自云能治此疾。張延診視兩手脈即口授一方：以杏仁、陳皮、海螵蛸，等分爲細末，佐以穀樹葉、槐樹葉、桃樹枝各七件，翌日正午時，汲水五桶，煎三四沸，至星上時，再煎一沸，患者就浴。令壯人以手湯中按摩臍之上下百數。少時，轉矢氣，病即退矣。張領教，一如其法。黎明，此老復至，病去十之七八矣。酬以禮物，纖毫不受。是夕，腫脹平復，此老更不復見矣！或謂張景芳遇仙云。

《宋史·方技下》 嘗詣舒之桐城，有民家婦孕將產，七日而子不下，百術無所效。安時之弟子李百全適在傍舍，邀安時往視之。纔見，即連呼不死，令其家人以湯溫其腰腹，自爲上下拊摩。孕者覺腸胃微痛，呻吟間生一男子。其家驚喜，而不知所以然。安時曰：兒已出胞，兒一手誤執母腸，不復能脱，故非符藥所能爲。吾隔腹捫兒手所在，鍼其虎口，既痛即縮手，所以遽生，無他術也。取兒視之，右手虎口鍼痕存焉。其妙如此。

《儒門事親·痃氣一百二十六等》 王亭村一童子入門，狀如鞠恭而行。戴人曰：痃氣也。令解衣揣之，二道如臂。其家求療於戴人，先刺其左，如刺重紙，剝然有聲而斷，令按摩之，立軟，其右亦然，觀者感嗟異之。或問曰：石關穴也。

《明史·職官三》 太醫院掌醫療之法。凡醫術十三科，醫官、醫生、醫士，專科肄業：曰大方脈，曰小方脈，曰婦人，曰瘡瘍，曰鍼灸，曰眼，曰口齒，曰接骨，曰傷寒，曰咽喉，曰金鏃，曰按摩，曰祝由。凡醫家子弟，擇師而教之。三年、五年一試，再試、三試，乃黜驚之。

推拿總部

成人推拿部

功法分部

綜述

《素問·異法方宜論》 中央者，其地平以濕，天地所以生萬物也衆。〔王冰注〕法土德之用，故生物衆。然東方海，南方下，西方北方高，中央之地平以濕，則地形斯異，生病殊焉。其民食雜而不勞，〔王冰注〕四方輻輳而萬物交歸，故人食紛雜而不勞也。故其病多痿厥寒熱，〔王冰注〕濕氣在下，故多病痿弱，氣逆及寒熱也。《陰陽應象大論》曰：地之濕氣，感則害皮肉筋脈，居近於濕故爾。其治宜導引按蹻。〔王冰注〕導引，謂搖筋骨動支節；按，謂抑按皮肉；蹻，謂捷舉手足。故導引按蹻者，亦從中央出也。〔王冰注〕中，人用爲養神調氣之正道也。

《素問·血氣形志篇》 形苦志樂，病生於筋，治之以熨引；〔王冰注〕形苦，謂修業就役也。然修業以爲就役而作，則致勞傷，勞用以傷故病生於筋。熨一過其用謂藥熨。引，謂導引。形苦志苦，病生於咽嗌，治之以百藥；〔王冰注〕修業就役結慮深思，憂則肝氣并於脾，肝與膽合，嗌爲之使，故病生於嗌也。《宣明五氣篇》曰：精氣并於肝則憂。《奇病論》曰：肝者，中之將也，取決於膽，咽爲之使也。〔林億等新校正〕按《甲乙經》咽嗌作困竭，百藥作甘藥。形數驚恐，經絡不通，病生於不仁，治之以按摩醪藥。〔王冰注〕驚則脈氣併，恐則神不收。脈併神游故經絡不通，而爲不仁之病矣。夫按摩者，所以開通閉塞，導引陰陽。醪藥者，所以養正祛邪，調中理氣，故方之爲用，宜以此焉。醪藥，謂酒藥也。不仁，謂不應其用則痛痹矣。

《靈樞·官能》 緩節柔筋而心和調者，可使導引行氣。【略】爪苦手毒，爲事善傷者，可使按積抑痹，各得其能，方乃可行，其名乃彰。不得其人，其功不成，其師無名。故曰：得其人乃言，非其人勿傳，此之謂也。手毒者，可使試按龜，置龜於器下，而按其上，五十日而死矣。手甘者，復生如故也。

《金匱要略·臟腑經絡先后病脈證》 若人能養慎，不令邪風忤經絡；適中經絡，未流傳藏府，即醫治之；四肢才覺重滯，即導引、吐納、針灸、膏摩，勿令九竅閉塞。

《抱朴子·内篇·雜應》 或問曰：爲道者可以不病乎？抱朴子曰：養生之盡理者，既將服神藥，又行氣不懈，朝夕導引，以宣動榮衛，使無輟閡，加之以房中之術，節量飲食，不犯風濕，不患所不能，如此可以不病。但患在人間者，志不得專，所修無恆，又苦懈怠不動，故不得不有疹疾耳。

《抱朴子·内篇·雜應》 或問堅齒之道。抱朴子曰：能養以華池，浸以醴液，清晨建齒三百過者，永不搖動。其次則含地黄煎，或含玄膽湯，及蛇脂丸、礬石丸、九棘散。則已動者更牢，有蟲者即愈。又服靈飛散者，則可令既脱者更生也。

或問聰耳之道。抱朴子曰：能龍導虎引，熊經龜咽，燕飛蛇屈鳥伸，天俛地仰，令赤黄之景，不去洞房，猨據兔驚，千二百至，則聰不損也。其既聾者，以玄龜薰之，或以棘頭、羊糞、桂毛、雀桂成裹塞之，或以狼毒冶葛，或以附子葱涕，合内耳中，或以蒸鯉魚腦灌之，皆愈也。

《養性延命録·導引按摩篇》 《導引經》云：清旦未起，先啄齒二七，閉目握固，漱滿唾三咽氣，尋閉不息自極，極乃徐徐出氣，滿三止，便起。狼踞鵄顧左右，自搖亦不息，自極復三，便起下床，握固不息，項踵三還，上一手下一手，亦不息自極三。又叉手項上，左右自了，捩不息復三。又伸兩足及叉手，前卻自極，自三，皆當朝暮爲之，能數尤善。平旦以兩手掌相摩冷熱，熨眼三過，次又以指搔目四眥，令人目明。按經云：拘魂門，制魄户，名曰握固與魂魄安門户也。此固精明目，留年還白之法。若能終日握之，邪氣百素不得入。握固法，屈大拇指於四小指下，把之積皆不止，中亦不復開。一説云：令人不遭魔魅。《内解》云：一曰精，二曰唾，三曰淚，四曰涕，五曰汗，六曰溺，皆所以損人也。但爲損者，有輕重耳。人能終日不涕唾，隨有嗽滿咽之，若恆含棗核咽之，令人受氣生津液，此大要也。謂取津液，非咽接也。常每旦啄齒三十六通，能至三百彌佳，令人齒堅不痛。次則以舌攪，漱口中津液滿口咽之，三過止。次摩指少陽，令熱以熨目，滿二七止，令人目明。每旦初起，以兩手夾兩

耳極上下熱，按之二七止，令人耳不聾。次又啄齒，漱玉泉三咽。縮鼻閉氣，右手從頭上引左耳二七，復以左手從頭上引右耳二七止，令人延年不聾。次又引兩鬢髮舉之一七，則總取髮，兩手向上極勢抬上一七，令人血氣通，頭不白。又法：摩手令熱以摩面，從上至下，去邪氣，欲望隊面上有光彩。又法：摩手令熱，雷摩身體，從上至下，名曰乾浴，令人勝風寒時氣，熱頭痛，百病皆除。夜欲卧時，常以兩手指摩身體，名曰乾浴，辟風邪。峻坐，以左手托頭仰，右手向頭上盡勢托，以身弁手根動三，右手托頭，振動亦三，除人睡悶。平旦日未出前，面向南峻坐，兩手托膝盡勢，振動三，令人面有光澤。平旦起，未梳洗前，峻坐，以左手握右手於左膝上，前卻盡勢按左膝三，又以右手握左手於右膝上，前卻按右膝亦三。次又義兩手向前，盡勢推三。次義兩手向胸前，以兩肘向前，盡勢三。次直引左臂，拳曲右臂，如挽一解五牛弓勢，盡力爲之，右手挽弓勢亦然。次以右手托地，左手仰托天，盡勢，右亦如然。次拳左手盡勢向背上，握指三。右手亦如之。療背膊、臂肘勞氣，數爲之彌佳。平旦便轉訖，以一長柱杖策腋，垂左腳於床前，徐峻盡勢掣左腳，五七，右亦如之，療腳氣疼悶，腰腎間冷氣、冷痹，及膝冷、腳冷，並主之。日夕三掣彌佳。勿大飽及忍小便，掣如無杖，但遺所掣腳不著地，手扶一物亦得。長包庇以梳梳頭，滿一千梳，大去頭風，令人髮不白。梳訖，以鹽花及生麻油搓頭頂上，彌佳。如有神明膏搓之，甚佳。旦欲梳洗時，叩齒一百六十，隨有津液便咽之，訖，以水漱口，又更以鹽末揩齒，即含取微酢清漿半小合許，熟漱取鹽湯，吐洗兩目，訖，閉目以冷水洗面，必不得遺冷水入眼中，此法齒得堅淨，目明無淚，求無臣齒，平旦洗面時，漱口訖，咽一兩咽冷水，令人心明淨，去胸臆中熱。譙國華陀善養生，弟子廣陵吳晉，彭城樊陳，受術於陀。陀語普曰：人體欲得勞動，但不當使極耳。人身常搖動則穀氣消，血脈流通，病不生。譬猶戶樞，不朽是也。古之仙者，及漢時有道士君倩，爲導引之術，作熊經鴟顧，引挽腰體，動諸關節，以求難老也。吾有一術，名曰五禽戲：一曰虎，二曰鹿，三曰熊，四曰猿，五曰鳥，亦以除疾，利手足，以常導引，體中不快，因起作一禽之戲，遣微汗出即止，以粉塗身，即身體輕便，腹中思食。吳普行之，年九十餘歲，耳目聰明，牙齒堅完，喫食如少壯也。虎戲者，四腳距地，前三躑卻二躑，長引腰側腳，仰天即返距行，前卻各七過也。鹿戲者，四肢距地，引項反顧，左三右二，伸左右腳，伸縮亦三亦三也。熊戲者，正仰，以兩手抱膝下，舉頭左擗地七，右亦七蹲地，以手左右托地。猨戲者，攀物自懸，伸縮身體，上下一七，以腳拘物，自懸左右七，手鉤卻立，按頭各七。鳥戲者，雙立手翹，一足伸兩臂揚眉用力，各二七，坐伸腳，手挽足趾，各七，縮伸二臂各七也。夫五禽戲法，任力爲之，以汗出爲度。有汗，以粉塗身，消穀氣，益氣力，除百病。能存行之者，必得延年。又有法：安坐，未食前，自按摩，以兩手相義，伸臂股導引諸脈，勝如湯藥。正坐，仰天呼出，飲食醉飽之氣立消。夏天爲之，令人涼不熱。

《千金要方·養性·按摩法》 按摩法法二首

天竺國按摩，此是婆羅門法：

兩手相捉紐捩，如洗手法。

兩手淺相叉，翻覆向胸。

兩手相捉共按脛，左右同。

兩手相重按髀，徐徐捩身，左右同。

以手如挽五石力弓，左右同。

作拳向前築，左右同。

如拓石法，左右同。

作拳卻頓，此是開胸，左右同。

大坐斜身，偏欹如排山，左右同。

兩手抱頭，宛轉髀上，此是抽脅。

兩手據地，縮身曲脊，向上三舉。

以手反搥背上，左右同。

大坐伸兩腳，即以一腳向前虛掣，左右同。

兩手據地迴顧，此是虎視法，左右同。

立地反拗身三舉。

兩手急相叉，以腳踏手中，左右同。

起立，以腳前後虛踏，左右同。

大坐伸兩腳，用(當)相手勾所申腳著膝中，以手按之，左右同。

右十八勢，但是老人，日別能依此三徧者，一月後百病除，行及奔馬。補益延年，能食，眼明，輕健，不復疲乏。

老子按摩法：

兩手捺胜，左右捩身二七遍。

兩手捻胜，左右紐肩二七遍。

兩手抱頭，左右紐腰二七遍。

左右挑頭二七遍。

一手抱頭，一手托膝三折，左右同。

兩手托頭，三舉之。

一手托頭，一手托膝，從下向上三遍，左右同。

兩手攀頭，下向三頓足。

兩手相捉頭上過，左右三遍。

兩手相叉，托心前，推卻挽三遍。兩手相叉，著心三遍。

曲腕築肋挽肘，左右亦三遍。

左右挽，前後拔，各三遍。

舒手挽項，左右三遍。

反手著膝，手挽肘，覆手著膝上，左右亦三遍。

手摸肩，從上至下使遍，左右同。

兩手空拳築三遍。

外振手三遍，內振三遍，覆手振亦三遍。

兩手相叉，反覆攪，各七遍。

摩紐指三遍。

兩手反搖三遍。

兩手反叉，上下紐肘無數，單用十呼。

兩手上聳三遍。

兩手下頓三遍。

兩手相叉頭上過，左右申肋十遍。

兩手拳反背上，掘脊上下亦三遍。掘，揩之也。

兩手反捉，上下直脊三遍。

覆掌搦腕，內外振三遍。

覆掌前聳三遍。

覆掌兩手相叉，交橫三遍。

覆手橫直，即聳三遍。

若有手患冷，從上打至下，得熱便休。

舒左腳，右手承之，左手捺腳聳上至下，直腳三遍，右手捺腳亦爾。

前後捩足三遍。

左捩足，右捩足，各三遍。

前後卻捩足三遍。

直腳三遍。

紐胜三遍。

內外振腳三遍。

若有腳患冷者，打熱便休。

紐胜以意多少，頓腳三遍。

卻直腳三遍。

虎據左右紐肩三遍。

推天托地，左右三遍。

左右排山，負山拔木，各三遍。

舒手直前，頓申手三遍。

舒兩手、兩膝亦各三遍。

編者注：又見《聖濟總錄・神仙導引》。

舒腳直反，頓申手三遍。

捩內脊外脊各三遍。

《聖濟總錄・神仙導引》　導引按蹺　踴身令起，平身正坐。兩手叉項後，仰視舉首，左右招搖，使項與手爭；次以手拔腳梢，閉氣，取太衝之氣，太衝穴在大指本節后二寸骨罅間陷者是。左挽如引弓狀，右挽亦如之。《左洞眞經・按摩篇》云：叉兩手，乃度以掩項后，仰面視上，舉首使項與手爭，爲之三四，令人精和血通，風氣不入，能久行之無病。畢，又屈動身體，伸手四極，反張側掣，宣搖百關，爲之各三。《華佗別傳》云：人身欲得勞動，但不當自極爾。體常動搖，穀氣得消，血脈流通。戶樞不蠹，流水不腐，形體亦然。眞人按蹺，蓋取諸此。《元道經》云：元氣難積而易散，關節易閉而難開。

捏目四眦　《太上三關經》云：常欲以手按目近鼻之兩眦，閉氣爲之，氣通即止。終而復始，常行之，眼能洞見。又云：導引畢，以手按目四眦，三九遍捏，令見光明，是檢眼神之道。久爲之，得見靈通也。

摩手熨目　捏目四眦畢，即用兩手側立，摩掌如火，開目熨睛數遍。

營治城郭　《消魂經》云：耳欲得數按抑，左右令無數，使人聽徹，所謂營治城郭，名書皇籍。

擊探天鼓　天鼓者，耳中聲也。舉兩手心緊掩耳門，以指擊其腦戶，常欲其聲壯盛，相續不散。一日三探，有益下丹田。或聲散不續無壯盛者，即元氣不集也，宜整之。

拭摩神庭　《眞誥》云：面者，神之庭。發者，腦之華。心悲則面焦，腦減則發素。《太素丹經》云：一面之上，常欲得兩手摩拭之，使熱。高下隨形，皆使極匝。令人面色有光澤，皺斑不生。行之五年，色如少女。所謂山澤通氣，勤而行之，手不離面乃佳也。潁陽書云：發宜多櫛，齒宜數叩，液宜常咽，氣宜常煉，手宜在面。此五者，所謂子欲不死，修昆侖矣。

《雲笈七籤・太清導引養生經》　赤松子者，神農時雨師。能隨風上下，至高辛氏時猶存。《導引術》云：導引除百病，延年益壽。朝起布蓆東向爲之，息極乃止，不能息極，五通止，此自當日日習之，久久知益。

常以兩手叉頭上挽至地，五噏五息止，脹氣，又側卧，左肘肘地，極掩左手腦，復以右手肘肘地，極掩右手腦，五息止，引筋骨。

以兩手據右膝上至腰胯起，頭五息，上引腰氣。左手據腰左膝，右手極上引，復以右手據腰右膝，左手極上引，皆五息止，引心腹氣。左手據腰，右手極上引，復以右手據腰，左手極上引，五息止，引腹中氣。

叉手胸脅前，左右搖頭不息，自極，上引面耳，邪氣不復得入。

兩手支腰下，左右自搖自極止，通血脈。

兩手相叉極左右，引肩中氣。

兩手相叉反於頭上，左右自調，引肺肝中氣。

兩手叉胸前，左右極引，除皮膚中煩氣。

兩手相叉，左右舉肩，引皮膚氣。

正立，左右搖兩髀，引腳氣。

《雲笈七籤・甯先生導引養生法》　甯先生者，黄帝時人也，爲陶正，能積火自燒，而隨烟上下，衣裳不灼。先生曰：夫欲導引行氣，以除百病，令年不老者，常心念一，以還丹田。夫生人者丹，救人者還，全則延年，丹去尸存乃夭。所以導引者，令人肢體骨節中諸邪氣皆去，正氣存處。有能精誠勤習理行之，動作言語之間，晝夜行之，骨節堅強，以愈百病。若卒得中風、病痼、瘨瘂不隨、耳聾不聞、頭眩癲疾、欬逆上氣、腰背苦痛，皆可按圖視像於其疾所在，行氣導引，以意排除去之。行氣者，則可補於中；導引者，則可治於四肢。自然之道，但能勤行，與天地相保。

解髮東向，握固不息一通，舉手左右導引，手掩兩耳，令髮黑不白。

東向坐，不息再通，以兩手中指口，唾之二七，相摩拭目，令人目明。

東向坐，不息三通，手捻鼻兩孔，治鼻宿息肉愈。

東向坐，不息四通，琢齒無數，伏前側坐，不息六通，愈耳聾目眩。還坐，不息七通，愈胸中痛欬。

抱兩膝自企於地，不息八通，愈胸以上至頭，耳目咽鼻疾。

去枕，握固不息，企於地，不息九通，東首，令人氣上下通徹，鼻內氣，愈羸弱不能從陰陽法，大陰霧勿行之。

《雲笈七籤・蝦蟆行氣法》　正坐，自動搖臂，不息十二通，愈勞及水氣。左右側卧，不息十二通，治痰飲不消，右有飲病右側卧，左有飲病左側卧。有不消者，以氣排之。日初出日中日入時，向日正立，不息九通，仰頭吸日精光，九咽之，益精百倍。若入火，垂兩臂不息，即不傷。

又法：面南方蹲踞，以兩手從膝中入掌，足五趾令內曲，利腰尻丸，治淋遺溺愈。

箕踞，交兩腳手，內並腳中，又叉兩手極引之，愈寐中精氣不泄矣。兩手交叉順下，自極，利肺氣，治暴氣欬。

舉右手展左手坐，以右腳上掩左腳，愈尻丸痛。

舉手交頸上，相握自極，治脇下痛。

舒左手，以右手在下，握左手拇指，自極，舒右手，以左手在下，握右手拇指，自極，皆治骨節酸疼。

掩兩腳，兩手指著足五指上，愈腰折不能低。

若血久瘀爲之，愈佳足五指，愈腰背痛不能反顧，頸痛。

以右手從頭上來下，又挽下手，愈頸不能反顧視。

坐地，掩左手，以右手指搭肩挽之，傾側，愈腰膝及小便不通。

《雲笈七籤・龜鼈等氣法》　龜鼈等氣：以衣覆口鼻，不息九通，正卧，微微鼻出內氣，愈塞不通，反兩手據膝上，仰頭像鼈取氣，致元氣至丹田，治腰

背不知痛，手大拇指急捻鼻孔，不息，即氣上行致泥丸腦中，令陰陽從，數至不倦，以左手急捉髮，右手還項中，所謂血脈氣各流其根，閉巨陽之氣，使陰不溢，信明皆利，陰陽之道也。

正坐，以兩手交背後，名曰帶縛，愈不能大便，利腹，愈虛羸。

坐地，以兩手交叉，叉其下，愈陰滿。

以兩手捉繩，轆轆倒懸，令腳反在其上，愈頭眩風癲。以兩手牽反著背上，挽繩自懸中，愈不專精，食不得下。

以一手上牽繩，下手自持腳，愈尻久痔。

坐地，直舒兩腳，以兩手叉挽兩足，自極，愈腸不能受食吐逆。

東向坐，仰頭不息，五息五通，以舌撩口中沫，滿二七咽，愈口乾苦。

雁行氣：低頭倚臂，不息十二通，以意排留飲、宿食從下部出，自愈。

龍行氣：低頭下視，不息十二通，愈風疥惡瘡。熱不能入咽可候病者，以向陽明仰臥，以手摩腹至足，以手持引足，低臂十二，不息十二通，愈腳足溫痺不任行，腰背痛。

以兩手著項相叉，治毒不愈，腹中大氣，即吐之。

《雲笈七籤·彭祖導引法》 彭祖者，殷大夫，歷夏至商，比年七百，常食桂得道。《導引法》云：導引除百病，延年益壽要術也。

凡十節，五十息五通，二百五十息。欲爲之，常於夜半至鷄鳴，平旦爲之，禁飽食沐浴。

一、凡解衣被臥，伸腰瞑少時，五息止，引腎氣，去消渴，利陰陽。

二、挽兩足趾，五息止，引腹中氣，去疝瘕，利九竅。

三、仰兩足趾，五息止，引腰背痺，偏枯，令人耳聰。

四、兩足相向，五息止，引心肺，去欬逆上氣。

五、踵內相向，五息止，除五絡之氣，利腸胃，去邪氣。

六、掩左脛，屈右膝內厭之，五息止，引肺氣，去風虛，令人目明。

七、張腳兩足趾，五息止，令人不轉筋。

八、仰臥，兩手牽膝置心上，五息止，愈腰痛。

九、外轉兩足十通，內轉兩足十通止，治諸勞。

十、解髮東向坐，握固不息一通，舉手左右導引，以手掩兩耳，以指掐兩脈邊五通，令人目明，髮黑不白，治頭風。

《雲笈七籤·王子喬導引法》 王子喬八神導引法，延年益壽，除百病。

《導引法》曰：枕當高四寸，足相去各五寸半，去身各三寸，解衣披髮，正偃臥，勿有所念，定意乃以鼻徐內氣，以口出之，各致其藏所，竟而復始，欲休，先極之而止，勿強長息，久習乃自長矣。氣之往來，勿令耳聞，鼻無知，微而專之，長遂推之，伏兎股胻，以省爲貴，若存若亡，爲之百動。腹鳴氣有外聲，足則溫，成功之士，何疾而已。喉嚨如白銀環一十，重繫膺下，去得肺，肺色白澤，前兩葉高，後兩葉卑。心繫其下，上大下銳，大率赤如茄華未開，倒懸著肺下也。肝又繫其下，色正青如凫翁頭也，六葉抱胃，前兩葉高，後四葉卑。膽繫其下，如綠綈囊。脾在中央，亦抱胃，正黃如金鑠也。腎如兩伏鼠，挾脊直齊肘而居，欲得其居高也，其色正黑，肥肪絡之，白黑昭然。胃如素囊，念其屈折，右曲無污穢之患。肺藏魄，心藏神，肝藏意，腎藏志，此名曰神舍。神舍修則百脈調，邪病無所居矣。小腸者，長九尺，法九州。一云九土，小腸者，長二丈四尺。諸欲導引，虛者閉目，實者開目。以所若行氣，不用第七息止，徐徐往來度二百步所，卻坐，小咽氣五六，不差，復如法引，以愈爲效。諸有所苦，正偃臥，被髮如法，徐以口內氣塡腹，自極，息欲絕，徐以鼻出氣數十所，虛者補之，實者瀉之。閉口溫氣咽之三十過，候腹中轉鳴乃止，往來二百步，不愈復爲之。病在喉中、胸中者，枕高七寸。病在心下者，枕高四寸。病在臍下者，去枕，以口出氣。鼻內氣者，名曰補；閉口溫炁咽之者，名曰瀉。閉氣治諸病法：欲引頭病者，仰頭。欲引腰腳病者，仰足十趾。欲引胸中病者，挽足十趾。欲引臂病者，掩臂。欲去腹中寒熱諸所不快，若中寒身熱，皆閉氣張腹，欲息者，徐以鼻息，已復爲，至愈乃止。

一、平坐伸腰腳，兩臂覆手據地，口徐吐氣，以鼻內之，除胸中、肺中痛，咽氣令溫閉目也。

二、端坐伸腰，以鼻內氣閉之，自前後搖頭各三十，除頭虛空耗轉地，閉目搖之。

三、左脇側臥，以口吐氣，以鼻內之，除積聚心下不快。

四、坐伸腰，徐以鼻內氣，以右手持鼻，除目昏淚若出，去鼻中息肉，耳聾亦除。傷寒頭痛洗洗，皆當以汗出爲度。

五、正偃臥，以口徐出氣，以鼻內之，除裏急，飽食後小咽，咽氣數十令溫，若氣寒者，使人乾嘔腹痛，從鼻內氣七十咽，即大塡腹內。

六、右脇側卧，以鼻内氣，以口小吐氣數十，兩手相摩令熱以摩腹，令其氣下出之，除脇皮膚痛，七息止。

七、端坐伸腰，直上展兩臂仰兩手掌，以鼻内氣閉之，自極七息，名曰蜀王臺。除脇下積聚。

八、覆卧去枕，立兩足，以鼻内氣四四所，腹以鼻出之，極令微氣入鼻中，勿令鼻知，除身中熱、背痛。

九、端坐伸腰，舉左手仰其掌，卻右手，除兩臂背痛結氣。

十、端坐，兩手相叉抱膝，閉氣鼓腹二七或三七，氣滿即吐，候氣皆通暢，行之十年，老有少容。

十一、端坐伸腰，左右傾側，閉目，以鼻内氣，除頭風，自極七息止。

十二、若腹中滿，飲食飽，坐伸腰，以鼻内氣數十，以便爲故，不便復爲之。有寒氣，腹中不安亦行之。

十三、端坐，使兩手如張弓滿射，可治四肢煩悶背急，每日或時爲之，佳。

十四、端坐伸腰，舉右手仰掌，以左手承左脅，以鼻内氣，自極七息，除胃寒食不變則愈。

十五、端坐伸腰，舉左手仰掌，以右手承右脅，以鼻内氣，自極七息，除瘀血結氣等。

十六、兩手卻據，仰頭，自以鼻内氣，因而咽之數十，除熱身中傷死肌肉等。

十七、正偃卧，端展足臂，以鼻内氣，自極七息，摇足三十而止，除胸足中寒，周身痺，厥逆。

十八、偃卧屈膝，令兩膝頭内向相對，手翻兩足伸腰，以鼻内氣，自極七息，除痺疼，熱痛，兩脛不隨。

十九、覺身體昏沉不通暢，即導引，兩手抱頭，宛轉上下，名爲開脅。

二十、踞伸右腳，兩手抱左膝頭伸腰，以鼻内氣，自極七息，除難屈伸拜起，脛中痛，瘀痺病。

二十一、踞伸左足，兩手抱右膝伸腰，以鼻内氣，自極七息，展左足著外，除難屈伸拜起，脛中疼。一本云：除風目晦、耳聾。

二十二、正偃卧，直兩足，兩手捻胞所在，令赤如油囊裹丹，除陰下濕，小便難頽，小腹重不便。腹中熱，但口出氣，鼻内之數十，不須小咽氣，即腹中不熱。熱者，七息已，温氣咽之十所。

二十三、踞兩手抱兩膝頭，以鼻内氣，自極七息，除腰痺背痛。

二十四、覆卧傍視兩踵伸腰，以鼻内氣，自極七息，除腳中弦痛轉筋，腳酸疼。二十五段元闕。

二十六、偃卧，展兩脛兩手，兩踵相向，亦鼻内氣，自極七息，除死肌不仁，足脛寒。

二十七、偃卧，展兩手兩脛左膀一本作停字。兩足踵，以鼻内氣，自極七息，除胃中食若嘔。

二十八、踞伸腰，以兩手引兩踵，以鼻内氣，自極七息，布兩膝頭，除痺嘔逆。

二十九、偃卧，展兩腳兩手，仰足趾，以鼻内氣，自極七息，除腹中弦急、切痛。

三十、偃卧，左足踵拘右足踇趾，以鼻内氣，自極七息，除厥疾人腳錯，踵不拘踇趾，依文用之。

三十一、偃卧，以右足踵拘左足踇指，以鼻内氣，自極七息，除周身痺。

三十二、病在左，端坐伸腰，右視目，以鼻徐内氣，極而吐之，數十一止，除閉目，目上入。

三十三、病在心下若積聚，端坐伸腰，向日仰頭，徐以鼻内氣，因而咽之，三十所而止，開目作。

三十四、病在右，端坐胂腰，右視目，以鼻徐内氣而咽之數十止。

《雲笈七籤·導引雜説》《文選·江賦》云：噏翠霞。此謂導引服氣，稍與《枕中》相類，俱用之。兩手相捉細捩，如洗手法，兩手相叉，翻覆向胸前，如挽三石力弓，左右同。兩手相重共按髀，徐徐捩身，以返搥背上十度，作拳向後築十度，大坐偏倚如排山，如把千斤石，上下數度，兩手抱頭，宛轉脛上，兩手據地，縮身曲脊三度，兩手相叉，以腳踢中立地，反拗三舉，起立，以腳前後踏空，大坐伸腳，以手勾腳趾。

右導引之法，深能益人，延年與調氣相須，令血脈通，除百病，宜好將息，勿令至大汗，能通伏氣，行之甚佳。

又《導引法》在《枕中》卷，與此導引消息並宜相參，作之，大佳。

諸服氣要法，并忌觸雜錄，如能服之，便成眞人。忌陰寒雨霧熱等邪氣，

不可輒服也。危執閉破除此等日，亦不可服。

凡日午已後，夜半已前，名爲死氣，不可服也。唯酉時氣可服，爲日近明凈，不爲死氣加，可服耳。

凡服氣，取子午卯酉時服是也。如冬月子時氣，不可服也，爲寒。如夏月午時氣，不可服，爲熱，仍須以意消息，大略若是。如腹中大冷，取近日氣及日午氣，如是腹中大熱，服夜半氣及平旦氣。如冬寒，即於一小凈室中生炭火煖之，服，即腹中和；如夏極熱時，取月中氣服，即涼大冷。

每欲服氣，常取體中安隱消息得所，如安隱時，不住消息耳。消息住，舒手展足，按捺支節，舉腳跟向上，左右展足，長出氣三兩度，心念病處，隨氣出，病遂盡矣。如服氣之時，胸中悶，微微細吐之，悶定則掩口，勿盡，盡則復吸入。凡服氣，入及出吐，皆須微微吹綿不動，是其常候也。如入氣太急，勿令自耳聞，則驚五神，招其損也；如出氣太急，令自耳聞亦然。如後腹內熱及時節熱，出入氣太急，轉轉增熱則盛也；如服冷及時寒出入太急，令自耳聞，亦增冷甚也。

初入氣之時，善將息，以飽爲度，若飽後即左右拓，更開托左右捩及蹴空各三度，然後咳嗽耳。拔髮摩面，轉腰，令四肢節、皮肉、骨髓、頭面貫徹，腹中即空，如前服之取飽，更不須動作耳，自然安泰也。

《雲笈七籤·玄鑑導引法》 抱朴子曰：道以爲流水不腐，戶樞不蠹，以其勞動故也。若夫絕坑停水則穢臭滋積，委木在野則蟲蝎太半，眞人遠取之於物，近取之於身，故上天行健而無窮，七曜運動而能久，小人習勞而湛若，君子優游而易傷，馬不行而腳直，車不駕而自朽。導引之道，務於詳和，俛仰安徐，屈伸有節。《導引秘經》千有餘條，或以逆卻未生之衆病，或以攻治已結之篤疾，行之有效，非空言也。今以易見之事，若令食而即臥，或有不消之疾，其劇者，發寒熱癥堅矣。飽滿之後，以之行步小小作務役，搖肢體，及令人按摩，然後以卧，即無斯患。古語有三疾之言：暮食太飽，居其一焉；暮食既飽，便以寢息，希不生疾，故無壽也；諸風痾疾，鮮不在卧中得之，卧則百節不動，故受邪氣，此皆病。然可見近魏華佗，以五禽之戲教樊阿，以代導引，食畢行之，汗出而已，消穀除病，阿行之，壽百餘歲。但不知餘術，故不得大延年。一則以調營衛，二則以消穀水，三則排卻風邪，四則以長進血氣，故老君曰：天地之間，其猶橐籥乎，虛而不屈，動而愈出，言人導引搖動，而人之精神益盛也。導引於外而病愈於內，亦如針艾攻其榮俞之源，而衆患自除於流末也。導引一十三條如後：

第一、治短氣結跏趺坐，兩手相叉，置玉枕上，以掌向頭，以額著地，五息止。

第二、治大腸中惡氣，左手按右手指五息，右手按左手指，亦如之。

第三、治腸中水癖，以左手指向天五息，以右手指拄地，左足伸，右足展極伸，五息止。

第四、治小腸中惡氣，先以左手叉腰，右手指指天，極五息止，右手亦如之。

第五、治腰脊間悶，結跏趺坐，以掌相按置左膝上，低頭至頰，右五息外，左迴左膝上，還右膝而轉至五匝止，右亦如之，謂之腰柱。

第六、治肩中惡氣，以兩手相叉，拊左脅，舉右手，肘從乳至頭，向右轉振擿之，從右抽上，右振，五過止。

第七、治頭惡疰，反手置玉枕上，左右搖之極，五息止。

第八、治腰脊病，兩手叉腰，左右搖肩至極，五息止。

第九、治胸中，以兩手叉腰，左右曲身極，五息止。

第十、治肩中勞疾，兩手相叉，左右擗之，低頭至膝極，五息止。

第十一、治皮膚煩，以左右手上振兩肩極，五息止。

第十二、治肩胛惡注，左右如挽弓，各五息止。

第十三、治膊中注疰、冷痺，起立，一足蹋高，一足稍下，向前後掣之，更爲之，各二七，無病亦常爲之，萬疾不生。

《雲笈七籤·導引論》 夫肢體關節，本資於動用；經脈榮衛，實理於宣通。今既閑居乃無運役事，須導引，以致和暢，戶樞不蠹，其義信然。人之血氣精神者，所以奉生而周其性命也；脈經者，所以行血氣也。故榮氣者，所以通津血、強筋骨、利關竅也。衛氣者，所以溫肌肉、充皮膚、肥腠理、司開闔也。又浮氣之循於經者，爲衛氣；其精氣之行於經者，爲榮氣。陰陽相隨，內外相貫，如環之無端也。又頭者精明之腑，背者胸之腑，腰者腎之腑，膝者筋之腑，髓者骨之腑。又諸骨皆屬於目，諸髓皆屬於腦，諸筋皆屬於節，諸血皆屬於心，諸氣皆屬於肺，此四肢八環之朝夕也。是知五勞之損，動靜所爲。五禽之導，搖動其關。然人之形體，上下相承。氣之源流，陞降有序。比日

見諸導引文，多無次第，今所法者，實有宗旨。其五體平和者，依常數爲之。若一處有所偏疾者，則於其處加數用力行之。凡導引，當以丑後卯前，天氣清和日爲之，先解髮散梳四際，上達頂三百六十五過，散髮於後，或寬作髻亦得。燒香，面向東，平坐，握固閉目思神，叩齒三百六十過，乃縱體平氣，依次爲之。先閉氣，以兩手五指交叉，反掌向前極引臂，拒托之。良久，即舉手反掌向上極臂，即低左手，力舉右肘，令左肘臂按著後項，左手向下力牽之，仍亞向左，開右腋努脇爲之。低右舉左，亦如之，即低手鈎項。舉兩肘偃胸，仰頭向後，令頭與手前後競力爲之，即低手鈎項、擺肘、綟身，向左向右，即放手兩膝上，微吐氣，通息，又從初爲之三度。

《赤鳳髓·八段錦導引訣》 閉目冥心坐，冥心盤趺而坐。握固靜思神。叩齒三十六，兩手抱崑崙。叉手向項後數九息，勿令耳聞，自此以後出入息不可使耳聞。左右鳴天鼓，二十四度聞。移兩手心掩兩耳，先以第二指壓中指，彈擊腦後，左右各二十。微擺撼天柱，赤龍攪水渾。赤龍者舌也，以舌攪口齒并左右頰，待津液生而嚥。漱津三十六，一云鼓漱。神水滿口勻。一口分三嚥，所漱津液分作三口作汩汩聲而嚥。龍行虎自奔。液爲龍，氣爲虎。閉氣搓手熱，以鼻引清氣閉之，少傾，搓手極熱，鼻中徐徐乃放氣出。背摩後精門。精門者，腰後外腎，合手心，摩畢，收手握固。盡此一口氣，再閉氣也。想火燒臍輪。閉口鼻之氣，想用心火下燒丹田，覺熱極即用後法。左右轆轤轉，俯首擺撼兩肩三十六，想火自丹田透雙關，入腦戶，鼻引清氣閉少間。兩腳放舒伸。放直兩腳。叉手雙虛托，叉手相交，向上托空三次或九次。低頭攀足頻。以兩手向前攀腳心十三次，收足端坐。以候逆水上，喉中津液生，如未生，再用急攪取水同前法。再漱再吞津。如此三度畢，神水九次吞。謂骨漱三十六，如前一口分三嚥，乃爲九也。嚥下汩汩響，百脈自調勻。河車搬運訖，擺肩并身二十四，及再轉轆轤二十四。發火遍燒身。想丹田火自下而上遍燒身體，想時口及鼻皆閉氣少頃。邪魔不敢近，夢寐不能昏。寒暑不能入，災病不能迍。子後午前作，造化合乾坤。循環次第轉，八卦是良因。

《修齡要旨·十六段錦》 莊子曰：吹噓呼吸，吐故納新，熊經鳥伸，爲壽而已矣。此導引之士，養形之人，彭祖壽考者之所好也。其法自修養家所談，無慮數百端。今取其要約切當者十六條，參之諸論，大概備矣。凡行導引，常以夜半及平旦將起之時，此時氣清腹虛，行之益人。先閉目握固，冥心端坐，叩齒三十六通，即以兩手抱項，左右宛轉二十四，以去兩脅積聚風邪。復以兩手相叉，虛空托天，按項二十四，以除胸膈間邪氣。復以兩手掩兩耳，卻以第二指壓第三指，彈擊腦後二十四，以除風池邪氣。復以兩手相捉，按左膝左捩，按右膝右捩身二十四，以去肝家風邪。復以兩手一向前一向後，如挽五石弓狀，以去臂腋積邪。復大坐，展兩手扭項，左右反顧，肩膊隨轉二十四，以去脾家積邪。復兩手握固，並拄兩肋，擺撼兩肩二十四，以去腰肋間風邪。復以兩手交捶臂及膊上，連腰股各二十四，以去四肢胸臆之邪。復大坐斜身偏倚，兩手齊向上如托天狀二十四，以去肺間積邪。復大坐伸腳，以兩手向前，低頭扳腳十二次，卻鉤所伸腳屈在膝上，按摩二十四，以去心胞絡邪氣。復以兩手據地，縮身曲脊向上十三舉，以去心肝中積邪。復起立據床拔身，向背後視左右二十四，以去腎間風邪。復起立徐行，兩手握固，左足前踏，左手擺向前，右手擺向後，右足前踏，右手擺向前，左手擺向後二十四，去兩肩之邪。復以手向背上相捉，低身徐徐宛轉二十四，以去兩脅之邪。復以足相扭而行，前進數十步，復高坐伸腿，將兩足扭向內，復扭向外，各二十四，以去兩足及兩腿間風邪。復端坐閉目，握固冥心，以舌抵上腭，攪取津液滿口，漱三十六次，作汩汩聲嚥之，復閉息想丹田，火自下而上偏燒身體，內外熱蒸乃止。

《易筋經·內壯論·初月行功法》 初孫之時，揀擇少年童子，更迭揉之，一取力小揉扣不重，一取少年血氣壯盛。未揉之先，服藥一丸，約藥將化時，即行揉法，揉與藥力一齊運行，乃得其妙。揉時當解襟仰卧，心下臍上適當其中按，以一掌自右向左揉之，徐徐往來均勻。勿輕而離皮，勿重而着骨，勿亂動遊擊，斯爲合式。當揉之時，冥心內觀，着意守中，勿忘勿助，意不外馳，則精氣神皆附注一掌之下，是爲如法。火候若守中練熟，揉推勻淨，正揉之際，竟能睡熟，更爲得法，愈於醒守也。如此行時，約略一時，時不能定，則以大香二炷爲則，早、午、晚共行三次，日以爲常。如少年火盛，只宜早晚二次，恐其太驟致生他虞。行功既畢，靜睡片時，清醒而起，應酬無礙。

《易筋經·內壯論·二月行功法》 初功一月，氣已凝聚，胃覺寬大，其腹兩旁筋皆脇邦，各寬寸餘，用氣努之，硬如木石，便爲有驗。兩筋之間，自心至臍，軟而有陷，此則是膜較深於筋，掌揉不到，不能騰起也。此時應於前所揉一掌之旁，各揉開一掌，仍如前法，徐徐揉之。其中軟處，須用木杵深深搗之，久則膜皆騰起，浸至於皮，與筋齊堅全無軟陷，始爲全功。此揉搗之功，

亦準二香，日行三次，以爲常則，可無火盛之虞矣。

《易筋經·內壯論·三月行功法》 功滿兩月，其間陷處至此略起，乃用木槌輕輕打之兩旁。所揉各寬一掌處，卻用木槌如法搗之。又於其旁至兩筋，稍各開一掌，如法揉之，準以二香爲則，日行三次。

《易筋經·內壯論·四月行功法》 功滿三月，其中三掌皆用槌打，其外二掌先搗後打，日行三次。俱準二香，功踰百日，則氣滿筋堅，膜亦騰起，是爲有驗。

《易筋經·內壯論·九、十、十一、十二月行功法》 功至二百日，前懷氣滿，任脈充盈，則宜運入（脊）〔春〕後，以充督脈，從前之氣已至肩頸，今則自肩至頸，照前打法，兼用揉法。上循玉枕，中至夾脊，下至尾閭，處處打之，週而復始，不可倒行。脊旁軟處，以掌揉之，或用槌杵隨便擣打。日準六香，其行三次，或上、或下、或左、或右，揉打週遍，如此百日，氣滿春，後能無百病，督脈充滿。凡打一次，用手遍搓，令其均潤。

《易筋經·內壯論·內壯神勇》 壯有內外，前雖言分量，尚未究竟，此再明之，戶行脇肋打揉之功，氣入骨分，令至任督二脈，氣養遍滿前後交接矣。尚未見力，何以言勇，蓋以氣未到手也。法用石袋，照前打之，先用右肩以次打，下至於右手中指之背。又從肩背後打至大指、食指之背。又從肩前打至無名指、小指之背，後從肩裏打至掌內大指、食指之背。又從肩外打至掌內中指、無名指、小指之背，打畢，用手處處搓揉，令其勻和。日限六香，分行三次，時常湯洗，以疏氣血。功畢百日，其氣始透，乃行左手，仍準前法。功亦百日，至此則從骨中生出神力，久久加功，其臂、腕、指、掌，迥異尋常，以意努之，硬如鐵石。幷其指，可慣牛腹；側其掌，可斷牛頭。然此皆小用之末技也。

《易筋經·內壯論·鍊手餘功》 行功之後，餘力鍊手，其法常以熱水頻頻湯洗，初溫，次熱，最後大熱。自掌至腕皆令周遍，湯畢，不用拭乾，即乘熱擺撒其掌，以至自乾。擺撒之際，以意努氣，至於指尖，是生力之法。又以黑綠二豆拌置斗中，以手插豆，不計其數。一取湯洗，和其血氣；一取二豆能去火毒；一取磨礪，堅其皮膚。如此功久，則所積之氣行至於手而力充矣。其膚筋膜兩堅，着骨不軟不硬，如不用之時，與常人無異，用時注意一努，堅如鐵石。以之禦物，莫能當此。蓋此力自骨中生出，與世俗所謂外壯，迥不相同。內外之分，看筋可辨。內壯者，其筋條暢，其皮細膩，而其力極重。若外壯者，其皮粗老，其掌與腕處之筋，盡皆盤結，狀如蚯蚓，浮於皮外。而其力雖多，終無基本，此內外之辨也。

《易筋經·內壯論·外壯神力八段錦》 內壯既得骨力堅凝，然後可以引達於外。蓋以其內有根基，由中達外，方爲有本之學。煉外之功概此八法：曰提、曰舉、曰推、曰拉、曰揪、曰按、曰抓、曰盈，依此八法，努力行之，各行一遍，周而復始，不計其數。亦準六香，日行三次，久久成功，力充周身。用時照法取力，無不響應，駭人聽聞。古所謂手托城閘，力能舉鼎，俱非異事。其八法，若逐字單行，以次相及，更爲精專，任從其便。

《易筋經·內壯論·神勇餘功》 內外兩全，方稱神勇。其功既成，以後常宜演煉，勿輕放逸。一擇園木諸樹，大而且茂者，是得木土旺相之氣，與衆殊也。有暇之時，即至樹下，任意行功，或搥、或扢、或推拉踢拔，諸般作勢，作意爲之。蓋取得其生氣，以生我力。而又取暇以成功也。一擇山野挺立大石，秀潤完好殊衆者，時就其旁，亦行推按，種種字法，時常演之。蓋木石得天地之鐘英，我能取之，良有大用。稽古大舜與木石居，非慢然也。

《易筋經·內壯論·力運力勢法》 其法用意蓄氣，周身處處，初立運之，立必捉直徹頂，踵無懈骨卷肱，掌指稍屈，兩足齊踵，相去數寸，立定，兩手從上，如按物難下狀。凡至地，轉腕從下，托物難上，過其頂，兩手則又攀物難下，而至肩際，轉腕掌向外微拳之，則卷肱立如初。及卷兩肱開向後者三，欲令氣不匿膺間也。卻舒右肱，攔之欲右者，以左逮於左之爪相向矣。如將及之，則左手撐而極左，右手拉而卻右。左射引滿，引滿，右肱卷如初矣。則舒左肱，攔右手撐左手，扯且滿，以右法。左右互者各三之，則卷兩肱，立如初。左手下附左外踝，踝掌競勁相切也，則以右手推物使左傾矣，顧曳之使右倚肩際，如是者三之，則右手以下以左法，左推曳之以右法者三之，則卷兩肱，立如初。平股掇重者，舉勢極則拔，蓋至乳旁而攀矣。握固，腹則左右間不附腹也。高不視臍之輪，則劈右拳，據右肩旁一強物，至左足外踵轉腕托上，托盡而肱且右，則扳而下，至右肩際拳之。右拳據右腰眼，左右互者各三之。徐張後，兩拳而前交叉指上，舉勢極則轉腕。舉者，掌下十指端上也；扳者，掌上十指端下也。又掌上拱手，項負筐腋下，皆爲舉扳焉，就其勢倒而左幾，左是外也，以前勢起倒而左右互者各三之。凡人倒左者，左膝詘也；倒右

者，右膝微詘也。不詘者，法也。乃取鹽湯壯溫者，濯右手背指濡之平直，右肱橫揮之而燥，則濯左，左揮右燥，復左右互者各三之，揮且數十矣。自是兩肱，不復卷矣。乃蹬右足數十次，乃其期，蹬以其踵，則抵之頸，以其趾或絆之也。則屹立斂足，舉前踵頓地數十，已而兩足蹲立，相去以尺，乃揮右拳前擊數十左之，乃仰卧復卷肱如立時，然作振脊欲起者，數十而工竣焉。凡用勢，左右必以其脊，但凡蓄氣必迄其功。凡工，日二三必微飲後及食後一時行之，行之時則以拳遍自捶，勿使氣有所不行，時揸五指頭搗戶壁。凡按久而作木石聲，爲作屈肘前上之，屈拳前上之，卧必側面，上手拳而杵席作卧，因其左右，其拳指握固。

《易筋經·圖説·搓膀腕法》 行功畢，先伸左膀，用人以兩手合擘虎口，用力搓之，由漸而增，如初搓以十數把，漸加至百把爲度。右亦如之，務使兩膀手腕發熱透骨。

《易筋經·擵煉手足》 初煉量力，縫做夾布口袋一個，裝米砂五六十斤，懸掛架上，用功畢，常用掌推、拳擊、足踢、腳蹬，務致動搖，仍用拳腳踢打，迎送日久，漸加砂袋斤重。

《易筋經·行住立坐卧睡篇》 行如音無杖，自然依本分。舉足低且慢，踏實方可進。步步皆如此，時時戒急行。世路忙中錯，緩步保平安。住加臨崖馬，亦如到岸舟。迴光急返照，認取頓足處。不離於當念，存心勿外務。得止宜知止，留神守空谷。立定勿傾斜，形端身自固。耳目隨心靜，止水與明鏡。車物任紛紛，現在皆究竟。坐如邛山重，端直肅儀容。閉口深藏舌，出入息與鼻。息息歸元海，氣足神自裕。浹骨併洽髓，教外別傳的。卧如箕形曲，左右隨其宜。兩膝常參差，兩足如鈎鉅。兩手常在腹，捫臍摸下體。睪丸時挣㧓，如龍戲珠勢。倦即側身睡，睡中自不迷。醒來方伸足，仰面赤不拘。夢覺詳無異，九載見端的。超出生死關，究竟如來意。行住坐卧篇，只此是眞諦。

《易筋經·洗髓還原篇》 易筋功已畢，便成金剛體。外感不能侵，飲食不爲積。還怕七情傷，元神不自持。雖具金剛相，猶是血肉軀。須照洗髓經，食少多進氣。搓摩乾沐浴，按眼復按鼻。摸面又旋耳，不必以數拘。也眼常觀鼻，合口任鼻息。每去鼻中毛，切戒唾遠地。每日五更起，吐濁納清氣。開眼去小便，切勿貪酣睡。原褥趺跏坐，寬解腰中繫。右膝抱左膝，調息舌拄腭。脇腹運尾閭，推腎手推搦。分合按且舉，握固按雙膝。

《易筋經·鍊指法》 量自力之大小，揀圓淨一二斤重石子一箇，用五指抓拿，撒手擲下，不令落地，仍用手指趕抓，如是擲抓，初惟十數次，日久漸加次數暨石手斤數，則五指自覺有力矣。

《古今醫統大全·攝生要義·導引》 莊子曰：吹噓呼吸，吐故納新，熊經鳥伸，爲壽而已矣。此導引之士、養形之人，彭祖壽考者之所好也。由是論之，道引之術，傳自上世，其來久矣。故曰彭祖之所好。其法來自修養家醫家所談，無慮數百。【略】今取其要約切當者十六條，參之諸論，大概備矣。凡行道引法，常以夜半及平日將起之時爲之。此時氣清腹虛，行之益人。先閉目握固，冥心靜坐，叩齒三十六通。即以兩手抱項，左右宛轉二十四。此可以去臂脇積聚風邪。復以兩手相叉，虛空托天，抑手按項二十四。此可以除胸膈間邪氣。復以兩手心掩兩耳，卻以第二指壓第三指，彈擊腦後二十四。此可除風池邪氣。復以兩手相促，按左膝左捩身，按右膝右捩身二十四。此可以去肝家風邪。復以左手一向前一向後，如挽五石弓狀二十四。此可以去臂腋積邪。復大坐，展兩手紐項，左右反顧肩膊二十四。此可以去脾家積邪。復兩手握固，並拄兩肋，擺撼兩肩二十四。此可以去腰肋間風邪。復以兩手大搥臂及膊，反搥背上連腰股各二十四。此可以去四肢胸臆之邪。復大坐斜身偏倚，兩手齊向上如托天狀二十四。此可以去肺間積聚之邪。復大坐伸腳，以兩手向前，低頭攀腳二十次，卻鈎所伸腳屈在膝上，按摩之二十四。此可以去心胞絡邪氣。復以兩手據地，縮身曲脊向上十三舉。此可以去心肝積邪。復起立據床扳身，向背後視左右二十四。此可以去腎間風熱邪。復起立徐行，兩手握固，左足前蹈，左手擺向前，右手擺向後；右足前蹈，右手擺向前，左手擺向後二十四。此可以去兩肩俞之邪。復以手向背上相捉，低身徐徐宛轉二十四。此可以去兩脇之邪。復以足相紐而行，前進十數步，後退十數步。復高坐伸腿，將兩足紐向內，復紐向外，各二十四。以上三條可以去兩膝兩足間風邪。行此十六節訖，復端坐閉目，握固冥心，以舌拄上腭，攪取津液滿口，漱三十六次，作汩汩聲嚥之。復閉氣，想丹田火自下而上，遍燒身體內外，蒸熱乃止。按老子導引二十四勢、赤松子道引法十八勢、鍾離導引法十八勢、胡見素五臟導引法十二勢，在諸法中頗爲妙解。然撮其切要，不過於此。學者能日行一二遍，久久體健身輕，百邪皆除，走及奔馬，不復疲乏矣。

《内外功圖説·八段錦内功·八段錦坐功八法》第一曰叩齒集神。第二曰微搖天柱。第三曰赤龍攪海。第四曰摩運腎堂。第五曰單關轆轤。第六曰雙關轆轤。第七曰叉手按頂。第八曰手足鉤攀。以上名曰八種，即八段錦之功夫。詳細行法，分列於八圖之右，願學者參觀而行持之。

《内外功圖説·八段錦内功·第一圖》第一、叩齒集神者，乃垂目冥心，盤趺而坐，握固靜思，握固二字，人多不明，豈特閉目見自己之目，冥心見自己之心已哉！實係於趺坐時，宜以右足後跟，曲頂至莖根下動處，不令精竅漏泄之謂焉。但行功亦何必拘定子午，只須在一日之中，得有身閑心靜之時，便是下手所在。然後叩齒三十六次以集神。次又叉兩手抱崑崙，抱崑崙乃以兩手叉抱頸後枕骨之下處也。數九息，勿令耳聞，乃移手掩兩耳，各以第二指壓中指上，擊彈腦後，左右各二十四下，略靜些時，接行微搖天柱法。

《内外功圖説·八段錦内功·第二圖》第二、微搖天柱者，先須以右腳跟頂住腎莖，握固精關。然後兩手心對握，右上左下，乃搖頭左右兩顧，肩膊隨之轉動二十四次。再以兩手心掉轉，左上右下，亦搖如上二十四次，仍略定些時，接行赤龍攪海法。

《内外功圖説·八段錦内功·第三圖》第三、赤龍攪海者，乃閉口，以舌攪上腭三十六次，鼓漱三十六漱，候生津滿口，然後分作三口汩汩嚥之。方能行火冥心些時，接行摩運腎堂法。

《内外功圖説·八段錦内功·第四圖》第四、摩運腎堂者，先以兩手相搓，令手心熱極後，即乘熱以兩手心摩運腎堂，即精門，乃腰後外腎是也。三十六轉畢，即收手用足跟握固。再閉氣存想，用心火下燒丹田，覺熱極時，接行單關轆轤法。

《内外功圖説·八段錦内功·第五圖》第五、單關轆轤者，先以左手叉於左腰腎間，即俯首擺撼左肩三十六次。換用右手叉於右腰腎間，亦俯首擺撼右肩三十六次。接行雙關轆轤法。

《内外功圖説·八段錦内功·第六圖》第六、雙關轆轤者，以雙手叉於左右兩腰腎間，俯首將兩肩齊擺撼至三十六數，存想火自丹田直透雙關，而入腦戶、鼻竅，引清氣入而閉之。少閉些時即開之，即將兩腳舒伸，接行叉手按頂法。

《内外功圖説·八段錦内功·第七圖》第七、叉手按頂者，先以兩手相搓掌心，用口呵掌心五次，呵後反叉兩手高舉而虛托之，回下按於頂門，如是者，凡九次，或三次亦可，接行手足拘攀法。

《内外功圖説·八段錦内功·第八圖》第八、手足拘攀者，以兩手如鈎，向前拘扳雙足心，凡十二次，畢，收足端坐，以候口中津生。如津不至，可用舌攪上腭取之，每口分三次嚥之，或三取、九取嚥津皆可。然後再轉轆轤如前，發火遍燒身體，則全功畢矣。

《内外功圖説·八段錦内功·八段錦口訣》垂目冥心坐，冥心，盤趺而坐。握固靜思神。叩齒三十六，兩手抱崑崙。叉兩手向項後數九息，勿令耳聞，自此以後，出入息皆不可使耳聞。左右鳴天鼓，二十四度聞。移兩手掩兩耳，先以第一指壓中指，彈擊腦後，左右各二十四次。微擺撼天柱，搖頭左右顧，肩膊轉隨動二十四次，先後握固關。赤龍攪水津。以舌攪口齒并左右頰，待津液生而嚥。漱津三十六，一云鼓津。神水滿口勻。一口分三嚥，漱津液分三口，汩汩聲嚥。龍行虎自奔。液爲龍，氣爲虎。閉氣搓手熱，以鼻引清氣而閉之，少頃搓手至極熱時，將鼻中所閉徐徐將濁氣放出。掌摩後精門。精門，在腰後外腎之中。在是處膚上以掌心摩運之，運畢，收手握固。盡此一口氣，再以鼻引清氣而閉之。想火燒臍輪。閉口鼻之氣，存想心火下燒丹田，候至熱極。單雙轆轤轉，乘丹田熱極時，俯首行單手叉腰、雙手叉腰法，並擺撼左右單肩雙肩等各三十六次，意想火自丹田直透雙關而入腦戶，鼻引清氣，閉少頃放出之。兩腳舒放伸。放直兩腳。叉手雙虛托，叉手相交，向上托空三次或九次。回手按頂。行畢托空後，兩手回下少按頭頂穴三次或九次。低頭攀足頻。兩手如鈎形，向前攀兩腳心十二次，仍收足端坐。以候逆水上，端坐以候口中津液生，如未生，再用舌攪取液。津來三口嚥，每液滿口，分三次嚥。再漱再嚥吞。如此三度畢，神水九還津。津漱三十六，如每口分三嚥，爲九也。嚥下汩汩響，百脈自通靈。河車搬運訖，擺肩并身二十四，及再轉轆轤二十四。發火遍燒身。存想丹田，火自下而上遍燒身體。想時口鼻皆閉氣些時。邪魔不敢近，夢寐不昏驚。寒暑不相入，災病不能侵。子後午前作，造化合乾坤。循環次第轉，八卦是艮因。誠意修身子，一日不可間。

《内外功圖説·易經筋外功·分行外功訣》分行外功訣

心功

一、凡行功時，必先冥心，息思慮，絶情欲，以固守神氣。

身功

一、盤足坐時，宜以一足跟抵住腎囊根下，令精氣無漏。

一、垂足平坐，膝不可低，腎子不可著在所坐處。凡言平坐、高坐，皆坐於榻椅上。

一、凡行功畢，起身，宜緩緩舒放手足，不可急起。

一、凡坐，宜平直其身，豎起脊梁，不可東倚西靠。

首功

一、兩手掩耳，即以第二指壓中指上，用第二指彈腦後兩骨作響聲，謂之鳴天鼓。卻風池邪氣。

一、兩手扭項，左右反顧，肩膊隨轉二十四次。除脾胃積邪。

一、兩手相叉，抱項後，面仰視，使手與項爭力。去肩痛、目昏。爭力者，手著向前，項即著力向後。

面功

一、用兩手相摩使熱，隨向面上高低處揩之，皆要週到。再以口中津唾於掌中，擦熱揩面多次。凡用兩手摩熱時，宜閉口鼻氣，摩之能令皺斑不生，顔色光潤。

耳功

一、耳宜按抑，左右多數，謂以兩手按兩耳輪，一上一下摩擦之。所謂營治城郭，使人聽徹。

一、平坐，伸一足屈一足，橫伸兩手，直豎兩掌，向前若推門狀，扭頭項，左右各顧七次。除耳鳴。

目功

一、每睡醒，且勿開目。用兩大指背相合擦熱，揩目十四次，仍閉住，暗輪轉眼珠，左右七次，緊閉少時，忽大睜開。能保鍊神光，永無目疾。一用大指背向掌心擦熱亦可。

一、用大指背曲骨重按兩眉旁小穴，三九二十七遍。又以手摩兩目顴上及旋轉耳，行三十遍。又以手逆乘額，從兩眉間始，以入腦後髮際中，二十七遍，仍須嚥液無數。治耳目，能清明。

一、用手按目之近鼻兩眦，即眼角。閉氣按之，氣通即止。常行之，能洞觀。

一、跪坐，以兩手據地，回頭用力視後面五次，謂之虎視。除胸臆風邪，亦去腎邪。地，一作牀。

口功

一、凡行功時，必須閉口。

一、凡口中焦乾，口苦舌澀，嚥下無津，或吞唾喉痛，不能進食，乃熱也。宜大張口呵氣十數次，鳴天鼓九次，以舌攪口內嚥津，復呵復嚥，候口中清水生，即熱退臟涼。又或口中津液冷淡無味，心中汪汪，乃冷也。宜吹氣溫之，候口有味，即冷退臟煖。

一、每早，口中微微呵出濁氣，隨以鼻吸清氣，嚥之。

一、凡睡時宜閉口，使眞元不出，邪氣不入。

舌功

一、舌抵上腭，津液自生。再攪滿口，鼓漱三十六次，作三口吞之，要汩汩有聲在喉，謂之漱嚥。灌溉五臟，可常行之。

齒功

一、叩齒三十六遍，以集心神。

一、凡小便時，閉口緊咬牙齒。除齒痛。

鼻功

一、兩手大指背擦熱，揩鼻三十六次。能潤肺。

一、視鼻端，默數出入息。

一、每晚覆身臥，暫去枕，從膝彎反豎兩足向上，以鼻吸納清氣四次，又以鼻出氣四次，氣出極力後，令微氣再入鼻中收納。

手功

一、兩手相叉，虛空托天，按頂二十四次。除胸膈邪。

一、兩手一直伸向前，一曲迴向後，如挽五石弓狀。除臂腋邪。

一、兩手相捉爲拳，搥臂膊及腰腿，又反手搥背上，各三十六次。去四肢胸臆邪。

一、兩手握固，曲肘，頓掣七次，頭隨手向左右扭。治身上火丹疙瘩。

一、兩手作拳用力，左右虛築七次。除心胸風邪。

足功

一、正坐，伸足低頭，如禮拜狀，以兩手用力攀足心十二次。去心包絡邪。

一、高坐，垂足，將兩足跟相對扭向外，復將兩足尖相對扭向內，各二十四遍。除兩脚風氣。

一、盤坐，以一手捉脚指，以一手揩脚心湧泉穴，濕風皆從此出。至熱

止。後以腳指略動轉數次，除濕健步。

一、兩手向後據狀跪坐，一足將一足用力伸縮各七次，左右交換。治股膝腫。

一、徐行手握固，左足前踏，左手擺向前，右手擺向後；右足前踏，手右前左後。除兩肩邪。

肩功

一、兩肩連手左右輪轉，爲轉轆轤。各二十四次。先左轉，後右轉，曰單轆轤；左右同轉，曰雙轆轤。

一、調息神思，以左手擦臍十四遍，右手亦然。復以兩手如數擦脇，連肩擺搖七次，嚥氣納於丹田，握固兩手，復屈足側卧。能免夢遺。

背功

一、兩手據狀，縮身、曲背、拱脊，向上十三舉。除心肝邪。

腹功

一、兩手摩腹，移行百步。除食滯。

一、閉息，存想丹田，火自下而上，遍燒其體。

腰功

一、兩手握固拄兩脇肋，擺搖兩肩二十四次。除腰肋痛，並去風邪。

一、兩手擦熱，以鼻吸清氣，徐徐從鼻放出。用兩熱手擦精門。即背下腰軟處。

腎功

一、用手兜裹外腎兩子，一手擦下丹田，左右換手各八十一遍。訣云：一擦一兜，左右換手。九九之數，其陽不走。

一、臨睡時坐於牀，垂足、解衣，閉息，舌抵上腭，目視頂門，提縮穀道，如忍大便狀。兩手摩擦兩腎腧穴各一百二十次。能生精固陽，除腰痛，稀小便。

以上分列各條，隨人何處有患，即擇何條行之，或預防無患之先者，亦隨人擇取焉。大抵世人以經營職業者，既不暇行；倚恃壯盛者，又不肯行。直至體氣衰備，終不及行，爲可惜也。

《內外功圖說·易經筋外功·神仙起居法》行住坐卧處，手摩脇與肚。心腹痛快時，兩手腹下踞。踞之徹膀腰，背拳摩腎部。纔覺力倦來，即使家人助。行之不厭頻，晝夜無窮數。歲久積功成，漸入神仙路。

《內外功圖說·諸仙導引圖》李老君撫琴圖　治外病黃腫。默坐，以兩手按膝，盡力搓摩，存想候氣行遍身，復運氣四十九口，則氣通血融而病除矣。

趙上竈搬運息精法　治夜夢遺精。側坐，用雙手搬兩腳心，先搬左腳心，搓熱，行功運氣九口。次搬右腳心，行功同左。

虛靜天師睡功　治夢中洩精。仰卧，右手枕頭，左手捏固陰處，行功，左腿直舒，右腿拳曲，存想運氣二十四口。

李棲蟾散精法　治精滑夢遺。端坐，挺起兩腳，搓摩兩腳心令熱，施功運氣，左右各三十口，故精散不走。

薛道光摩踵形　治專養元精。端坐，用手擦左腳心熱，運氣二十四口，後以手擦右腳心熱，行功如左。

果老抽添火訣　治三焦血熱。上攻眼目，昏暗。正坐，用手摩熱臍輪，後按兩膝，閉口，靜坐，候氣定爲定，運氣九口。

陳自得大睡功　治四時傷寒。側卧，拳起兩腳，用兩手擦摩極熱，抱陰及囊，運氣二十四口。

石杏林煖丹田訣　治小腸氣冷疼。端坐，以兩手相搓摩令熱極，復向丹田行功，運氣四十九口。

昭靈女行病訣　治冷痺腿腳疼痛。立定，左手舒指，右手捏臂肚，運氣二十四口。

呂純陽任脈訣

治百病，端坐，將兩手按日月兩旁穴九次，運氣九口。又法：兩手按膝，左右紐身，每運氣十四口。

陳希夷降牛望月形　專治走精。精欲走時，將左手中指塞右鼻孔內，右手中指按尾閭穴，把精截住，運氣六口。

玉眞山人和腎膛法　治腿痛。端坐，將兩手作拳搓熱，向後精門摩之數次，以多爲妙，每次運氣二十四口。

彭祖明目法　接地坐定，以手反背，伸左脛，屈右膝置左腿上，行五息引肺去風，久爲之夜視法如晝。又法：鷄鳴時，以兩手擦熱熨兩目，行三次，以指拭左右，有神光。

手法分部

綜述

《一切經音義·化城喻品》磨以莫可反研也，若莫波反，作摩灼也。盡抹莫割反，以手摋摩曰抹也。

《一切經音義·佛説長者子懊惱三處經》摩抄下索何反。《聲類》云：摩抄。猶捫摸也。

《一切經音義·僧護經》抓捶上爪交反。《埤蒼》云：爪插也。《廣雅》：抓搔也。《古今正字》：刮搔也，從手爪聲也。

《一切經音義·五分律》斧㪺且卧反，謂㪺研也。《説文》：折傷也。律文作銼，才戈反，小釜也，又音族。相揩口皆反。《廣雅》：揩摩也。字從手。

《一切經音義·大愛道比丘尼經》摸，索亡各反。《方言》：摸撫也，謂撫循也。下蓺各反。《埤蒼》：摸擦，捫擦也。

《一切經音義·翻經沙門》摩鎣上莫婆反，郭注《爾雅》云：玉石被磨，猶人之修飾也。顧野王云：摩礪也。《説文》：從手𪎭聲，《廣雅》云：鎣，摩也，顧野王云：謂摩試珠玉瑄，使發光明也。《説文》：從金，從鎣，腎聲。

《一切經音義·河毗達磨大毗婆沙論》拊奏孚武反，顧野王云：拊，猶拍也。《周禮》云：合奏擊拊。鄭衆注云：或擊，或拊也。孔注《尚書》云：拊，亦擊也。《説文》：從手付聲。

揩拭上客皆反，下設職反，揩摩也。鄭注《禮記》云：拭，猶凈也。《説文》：並從手皆式聲也。

《一切經音義·俱舍論》揣觸古文敚同，初委反，謂測度前人也。江南行此音又，音都果反，揣量也，試也。北人行此音案論意字宜作揣，初委反，揣，摸也。《通俗文》：捫摸。曰揣是也。

《一切經音義·俱舍論》拊手芳主反，拊，猶拍也。《廣雅》：拊，擊也。〔慧琳按〕拊，亦撫也。

《一切經音義·五事毗婆沙論》撮摩上七話反，《廣雅》云：撮，持也。應邵《漢書》云：四圭曰撮，亦三指撮也。《禮記》云：天地一撮土多也。《字林》云：撮，手取也。《古今正字》云：亦兩指撮也，從手最聲也。

《一切經音義·佛本行讚傳》挼手乃和反，《説文》：挼，挱手相摩也。從手從妥。挱，音蘇和反。妥，音他果反。撼頭《説文》：搖也，從手從感也。

《一切經音義·賢愚經》搔蛘桑勞反，《説文》：搔，刮也。搔，亦抓也。經文作瘙，桑到反，疥也。下餘掌反，《説文》：搔蛘不搔是也。字從蟲從羊，今皆作癢。經文作痒，似羊反，《字林》。痒，病名也。痒非此義也。

《一切經音義·舊雜譬喻經》摩挱蘇河反，《聲類》：摩挱，捫摸也。《釋名》摩挱，抹煞也。煞，音桑葛反。

《一切經音義·阿育王經》搔刮上掃遭反，下關入反。鄭注《禮記》：刮，摩也。《説文》：掊把也。從刀舌聲也。

《一切經音義·阿育王傳》杷搔上自脈反，《考聲》云：杷，猶搔也。顧野王云：以手搔肉曰杷。《説文》：從木巴聲也。或從爪作爬。下掃遭反，《考聲》云：摩也。《説文》：刮也。從手蚤聲，蚤音早。

《一切經音義·法句經》指撥下補末反，《廣雅》云：撥，除也。王逸注《楚辭》云：棄也。《説文》：從手發聲也。

《一切經音義·迦葉結經》撣指上達安反，宋忠注《太玄經》云：撣，指觸也。《説文》：撣，持也。從手單聲也。

《一切經音義·提婆菩薩傳》拊胸上孚武反，顧野王：拊，猶拍也。《廣雅》：擊也。《説文》：從手付聲。下吁邕反。《説文》：胸膺也。從勹凶聲，或作胸。

《一切經音義·經律異相》捻挃上念牒反，《廣雅》：捻，塞也。顧野王云：捻，乃穽也。《聲類》作敜。《古今正字》：從手念聲也。《廣雅》云：刺也。《考聲》作挃也。《古今正字》：從手至聲也。【略】捫摸上設奔反，下門搏反，《詩傳》云：捫，持也。《聲類》：捫，亦摸也。《方言》云：摸，撫也。《文字典説》：二字並從手，門莫皆聲。

《一切經音義·經律異相卷》捋身孌括反，《韻詮》云：手捋也。從手寽聲，寽，音同上。操罪爭交反，《蒼頡篇》云：以手指把搔也，以惡業，故十指爪如刀，隨操之處，甚於刀割。《説文》：從手巢聲，操即操癢也。

《一切經音義·新譯十地經》捫摸《毛詩傳》曰：捫，持也。《韻詮》云：捫，搎也。下音莫。《説文》云：摸，捺也、案，捫、搎、摸、捺，猶摩挲也。搎，音孫。捺，音索，挲，音娑。

《一切經音義·守護國界主陀羅尼經》拊擊上孚武反，《切韻》：拍也。下古歷反，《切韻》：打也。《尚書·舜典》曰：擊石拊石，百獸率舞。《孔傳》曰：拊，亦擊也。二字

幷從手，付轂皆聲也。

《一切經音義·菩提場所説一字頂輪王經》 搓縷上士何反，《切韻》云：乎搓物也。《字書》：搓，挼也。挼奴禾反，從手差聲。經文作縒，非也。下力主反，《切韻》：絲，縷也，亦線也。

《一切經音義·葉衣觀自在菩薩經》 粉捏上芳刎反，米糏也。《博物志》云：紂燒鈆作胡粉也。下奴結反。《字書》：以手按搦也。從手圼聲。圼，音同上。

《一切經音義·金剛頂瑜伽千手千眼觀自在菩薩念誦儀》 掣拍上昌列反，挽也。又音昌世反，前已釋訖。下普伯反，以手撫也。捶擊上之累反，《考聲》云：亦擊也。下古歷反，《切韻》：打也。《説文》：從手墼聲也。

《醫宗金鑑·正骨心法要旨·外治法》 手法總論　夫手法者，謂以兩手安置所傷之筋骨，使仍復於舊也。但傷有重輕，而手法各有所宜。其痊可之遲速，及遺留殘疾與否，皆關乎手法之所施得宜，或失其宜，或未盡其法也。蓋一身之骨體，既非一致，而十二經筋之羅列序屬，又各不同。故必素知其體相，識其部位。一旦臨證，機觸於外，巧生於內，手隨心轉，法從手出。或拽之離而復合，或推之就而復位，或正其斜，或完其闕，則骨之截斷、碎斷、斜斷，筋之弛縱、卷攣、翻轉、離合，雖在肉裏，以手捫之，自悉其情。法之所施，使患者不知其苦，方稱爲手法也。【略】蓋正骨者，須心明手巧，既知其病情，復善用夫手法，然後治自多效。誠以手本血肉之體，其宛轉運用之妙，可以一己之卷舒，高下疾徐，輕重開合，能達病者之血氣凝滯，皮肉腫痛，筋骨攣折，與情志之苦欲也。較之以器具從事於拘制者，相去甚遠矣。是則手法者，誠正骨之首務哉。

手法釋義　摸法　摸者用手細細摸其所傷之處，或骨斷、骨碎、骨歪、骨整，骨軟、骨硬、筋強、筋柔、筋歪、筋正、筋斷、筋走、筋粗、筋翻、筋寒、筋熱，以及表裏虛實，並所患之新舊也。先摸其或爲跌撲，或爲錯閃，或爲打撞，然後依法治之。

接法　接者，謂使已斷之骨，合攏一處，復歸於舊也。凡骨之跌傷錯落，或斷而兩分，或折而陷下，或碎而散亂，或岐而傷突，相其形勢，徐徐接之，使斷者復續，陷者復起，碎者復完，突者復平。或用手法，或用器具，或手法器具分先後而兼用之，是在醫者之通達也。

端法　端者，或兩手一手擒定應端之處，酌其重輕，或從下往上端，或從外向內托，或直端、斜端也。蓋骨離其位，必以手法端之，則不待曠日遲久，而骨縫即合，仍須不偏不倚，庶愈後無長短不齊之患。

提法　提者，謂陷下之骨，提出如舊也。其法非一，有用兩手提者，有用繩吊繫高處提者，有提後用器具輔之不致仍陷者，必量所傷之輕重淺深，然後施治。倘重者提輕，則病莫能愈；輕者重提，則舊患雖去而又增新患矣。

按摩法　按者謂以手往下抑之也。摩者，謂徐徐揉摩之也。此法蓋爲皮膚筋肉受傷，但腫硬麻木，而骨未斷折者，擊也。或因跌撲閃失，以致骨縫開錯，氣血鬱滯，爲腫爲痛，宜用按摩法。按其經絡，以通鬱閉之氣；摩其壅聚，以散瘀結之腫，其患可愈。

推拿法　推者，謂以手推之，使還舊處也；拿者，或兩手一手捏定患處，酌其宜輕宜重，緩緩焉以復其位也。若腫痛已除，傷痕已愈，其中或有筋急而轉搖不甚便利，或有筋縱而運動不甚自如，又或有骨節間微有錯落不合縫者，是傷雖平，而氣血之流行未暢，不宜接、整、端、提等法，惟宜推拿，以通經絡氣血也。蓋人身之經穴，有大經細絡之分，一推一拿，視其虛實，酌而用之，則有宜通神瀉之法，所以患者無不愈也。

以上諸條，乃八法之大略如此。至於臨證之權衡，一時之巧妙，神而明之，存乎其人矣。

《釐正按摩要術·立法·按法》 《素問·陰陽應象大論》：慓悍者，按而收之。王太僕注：慓、疾也，悍、利也，氣候疾利，按之以收斂也。《玉機眞臟論》：脾風發癉，曰可按。疝瘕少腹寃熱而痛、出白，又曰可按。《舉痛論》：按之則熱氣至，熱氣至則痛止。《調經論》岐伯曰：按摩勿釋，又曰按摩勿釋。《異法方宜論》：痿厥寒熱，其治宜導引按蹻，故導引按蹻者，從中央出也。王注：溼氣在下，故多病痿弱氣逆及寒熱也。導引，謂搖筋骨，動支節。按，謂抑按皮肉；蹻，謂捷舉手足。《生氣通天論》：冬不按蹻，春不鼽衄。王注：按，謂按摩；蹻，謂如蹻捷者之舉動手足，是所謂導引也。然擾動筋骨，則陽氣不藏，春陽上昇，重熱熏肺。肺通於鼻，病鼽，謂鼻中水出；病衄，謂鼻中血出也。《離合眞邪論》：按而止之。《血氣形志論》：形數驚恐，經絡不通，病生於不仁，治之以按摩醪藥。王注：驚則脈氣併，恐則神不收，脈併神游，故經絡不通而病不仁。按摩者，開通閉塞，導引陰陽。醪藥，謂酒藥也。養正祛邪，調中理氣也。《內經》載按法者多，其中有不可按者，按則增

病。有不可不按者，按則療病，故首先辨證。總之，古人用按摩法，無人不治，不拘嬰孩也。《爾雅·釋詁》：按，止也。《廣韻》：按，抑也。周於蕃謂按而留之者，以按之不動也。按字，從手從安，以手探穴而安於其上也。俗稱推拿。拿，持也，按，即拿之説也。前人所謂拿者，茲則以按易之。以言手法，則以右手大指面直按之，或用大指背屈而按之，或兩指對過合按之，其於胸腹，則又以掌心按之，宜輕宜重，以當時相機行之。

《釐正按摩要術·立法·摩法》 《素問·病能篇》：摩之切之。《至眞要大論》：摩之浴之。《調經論》言：按摩勿釋者再。《離合眞邪論》：治之以按摩醪藥。《前漢·藝文志》：《黄帝岐伯按摩十卷》，《小兒按摩經》，四明陳氏著集載《針灸大成》。周於蕃曰：按而留之，摩以去之。又曰：急摩爲瀉，緩摩爲補，摩法較推則從輕，較運則從重。或用大指，或用掌心，宜遵《石室秘録》：摩法，不宜急，不宜緩，不宜輕，不宜重，以中和之力施之。其後掐法屬按，揉法、推運、搓搖等法，均從摩法出也。

按：摩法，前人以藥物摩者多，而以手法摩者，祇此數條。其後推、揉、運、搓、搖等法，皆從摩法體會出之，摩之名雖多，摩之義則一也，習按摩者宜知之。

《釐正按摩要術·立法·掐法》 掐，《説文》：爪刺也。《玉篇》：爪按曰掐。周於蕃曰：掐，由甲入也。夏禹鑄曰：以掐代針也。小兒久病且重者，先將人中一掐以試之，當即有哭聲，或連哭數聲者生。否則，哭如鴉聲，或絶無聲者，難治。但醫者仍勿輕棄，以期生機於萬一，是亦好生之德也。掐法，以大指甲按主治之穴，或輕或重，相機行之。

《釐正按摩要術·立法·揉法》 周於蕃曰：揉以和之。揉法以手宛轉迴環，宜輕宜緩，繞於其上也。是從摩法生出者，可以和氣血，可以活筋絡，而臟腑無閉塞之虞矣。

《釐正按摩要術·立法·推法》 《廣意》曰：凡推而向前者，必期如綫之直，毋得斜曲，恐傷動別經而招患也。古人有推三迴一之法，謂推去三次，帶迴一次。若驚風用推，不可拘成數，但推中略帶幾回便是。其法手內四指握定，以大指側着力直推之，推向前去三次，或帶回一次。如乾推，則恐傷皮膚。《廣意》：春夏用熱水，秋冬用葱薑水，以手指蘸水推之，水多須以手拭之，過於乾則有傷皮膚，過於溼則難於着實，以乾溼得宜爲妙。夏禹鑄曰：往上推爲淸，往下推爲補，周於蕃曰：推有直其指者，則主瀉，取消食之義。推有曲其指者，則主補，取進食之義。內傷用香麝少許，和水推之，外感用葱薑煎水推之，抑或葱薑香麝並用入水推之，是摩中之手法最重者。凡用推，必蘸湯以施之。

〔張振鋆按〕掐由甲入，用以代針。掐之則生痛，而氣血一止，隨以揉繼之，氣血行而經絡舒也。推須着力，故推必蘸湯，否則有傷肌膚。掐從按法出。推從摩法出。搓、搖、揉、運，是較推法之從輕者，亦無不從摩而出，按少而摩多者，均以宣通爲得其法也。

《釐正按摩要術·立法·運法》 周於蕃曰：運則行之，謂四面旋繞而運動之也。宜輕不宜重，宜緩不宜急，俾血脈流動，筋絡宣通，則氣機有衝和之致，而病自告痊矣。

《釐正按摩要術·立法·搓法》 周於蕃曰：搓以轉之。謂兩手相合，而交轉以相搓也。或兩指合搓，或兩手合搓，各極運動之妙，是從摩法中生出者。

《釐正按摩要術·立法·搖法》 周於蕃曰：搖則動之。又曰：寒證往裏搖，熱證往外搖。是法也，搖動宜輕，可以活經絡，可以和氣血，亦摩法中之變化而出者。

〔張振鋆按〕按摩以下六法，由按摩變化而出者，其立法之名雖異，而立法之義則同。各篇所載主治各穴，是一病而施一法，恐有未盡之處。周氏所著，後人秘爲家傳，不知皆古人所傳之法，具在簡編，以治各證。或合數法，或合十餘穴分而治之，而主治之法宜多，非一證僅用一法已也。每日治法，或二次，或三次，病輕者，或三次五次即愈。病重者，或十數次，或數十次。手法有輕重，治數有多寡，胥得其宜，按摩自無不效。其餘所附諸法，亦以佐按摩之不逮者爾。

諸病分部

論　説

《諸病源候論·時氣病諸候·時氣候》然得時病，一日在皮毛，當摩膏火炙愈。

《理瀹駢文·略言》外治藥中多奇方，學識未到斷不能悟。或少見多怪，反訾古人爲非，則大不可。吾謂醫之所患在無法耳。既有其法，方可不執。如一證中，古有洗法、熏法，我即可以藥洗之、熏之。有罨法、擦法、熨法，我即可以藥罨之、擦之、熨之。原方可用則用，不可用則選他方，或製新方用之。張元素云：古方今病不相能。許學士云：用其法不用其方，非獨時異勢殊，證多遷變，方未可拘泥。亦恐後人不識前人，妄加訾議，而教人以圓而用之之法也，所謂善於師古者此也。

仲景《傷寒論》有火熏令其汗，冷水噀之，赤豆納鼻，豬膽汁蜜煎導法，皆外治也，汗下之法具矣。用之失宜，非法之咎也。後賢於痞氣結胸，又有罨法、熨法，是病發於陰而誤治者，與病發於陽而誤治者，皆有法也。外治方不若內治之備，然博採諸書，未始不粗有其規模，或謂溫證斷不能用外治，吾謂溫證治法，皆從傷寒，推出能者，特於源流辨之分明耳。如吳鞠通《溫病條辨》，大旨在手太陰、足太陽，傷陽傷陰上認得清，至所用瀉心白虎等法。豈能外於傷寒，而傷寒外治於熱邪傳裏，有黃連水洗胸法，皮硝水搨胸法，芫花水拍胸法，石膏和雪水敷胸法，老蚓和鹽搗敷胸法，發斑有膽汁青黛水、升麻水掃法，吐衄有井水噀法，搭法，蓄血有蘇葉湯摩法，通有犀角地黃熬貼法。

膏藥治太陽經外感，初起以膏貼兩太陽、頭痛本穴。風池、風門、疏通來路。膻中穴，於心取汗。更用藥敷天庭，熏頭面腿彎，擦前胸後背，兩手心，兩足心，皆取汗。分殺其勢，即從刺法推出，諸經可仿此推。瘧疾血證均有截法。若臟腑，則視病所在，上貼心口，中貼臍眼，下貼丹田。或兼貼心俞與心口對，命門與臍眼對，足心與丹田應。外證除貼患處外，用一膏貼心口，以護其心。

或用開胃膏使進飲食，以助其力。可以代內託治外證，亦不必服藥者以此。

余擬於文中，摘其精方，更博採他書，益取其精，先列辨證，次論治，次用藥，每門以膏爲主，附以點搐、熏擦、熨烙，糝敷之藥佐之。膏除通治者，另爲一門外。如傷寒在表，則用薑葱等膏爲主，附以麻黃散點眼，川芎散搐鼻，香附擦背，紫蘇熏腿彎，諸發汗藥佐之。入裏則用萬靈等膏爲主，附以田螺、硝石敷法，以代五苓；大黃枳實熨法以代承氣；諸下藥佐之是也。舉此爲例。

《蘭臺軌範》云：有人專用丹溪摩腰方，方載篇中。治形體之病，老人虛人極驗，其術甚行。或加入倭硫磺、人參、鹿茸、沉香水、安息，或單用麻油、黃蠟爲丸，如胡桃大，烘熱摩腰，俟腰熱扎好。一丸可用數次，若腹中病亦可摩。此見外治之法，古未嘗不行也。

《理瀹駢文·續增略言》若行道者，適遇急證，恐病家嫌膏藥尚緩，力請非處湯不可。則不妨竟以古湯頭煎服之方，改爲煎抹炒熨，於醫理無悖，於外治一門，亦變而不失其正。與醫家亦分途，亦合轍。且應用何湯，足以取效。此中自具本領，高手未嘗不於此異人也。二法葉天士每用之，余亦試用已久。內傷外感無不驗，兹特從外治法中，更爲標出，但審證用藥，此中大有本領。如傷寒衄吐，有宜用犀角地黃湯者，有宜用麻黃湯者，此表裏之別也。傷寒發狂，有宜用大承氣者，有宜用海藏參、芪、歸、朮、陳、甘者，此虛實之分也。高手之異人，全在一雙慧眼，不可忽也。

此法亦從岐伯摩之、浴之推出。炒熨即摩也，煎抹即浴也。寒證喜火宜炒熨，熱證喜水宜煎抹。然亦不拘。藥忌火者，勿炒，或在後加，或煎抹，或蒸熨。冬時人畏冷，只可炒熨。又藥不宜太熱，手勢不可過重，令病人難受。抹後再用布浸濕，罨於胸口。熨後再用布包，頓於腹上尤得力。

古方治傷寒陰毒，有葱熨法。活人方先塡麝香、硫黃於臍眼內，再上加葱餅，熨斗熨，海藏用醋炒麩皮熨。按陰毒重者，非附桂所能治，故古方多用硫黃，然其性太烈，有硫黃同艾煎，去硫用艾法可參。又治陰毒藥如正陽散用附子、乾薑、甘草、皂角、麝香，附子散用附子、桂心、白朮、當歸、半夏、炮薑、生薑，白朮散用川烏、附子、白朮、細辛、炮薑，皆可炒熨。又復陽丹用蓽澄茄、木香、吳萸、全蝎、附子、乾薑、硫黃爲末，薑汁熱酒調。又返陰丹用附子、炮薑、桂心、太陰元精石、硝石，硫黃丸，艾湯調。此二方可用敷法，再加艾縛之。凡用古方均要臨證活變，有不合者，不妨增減，舉此例推。

治傷寒陽毒，有水漬法。丹溪方煮綠豆湯，一滾取起，以青布浸濕，搭胸膈上。危氏用井水搭。按治陽毒藥有三黃湯、白虎湯。陽毒發斑者，有消斑青黛飲。又斑毒內陷者，有舉斑湯，皆可煎抹。余嘗自患風斑，仿此法用荆芥、防風、當歸、麻黃、紫草、皮硝、蟬蛻、明礬煎抹，眼看斑皆併成一片，隨起隨消，立時平復，則知凡斑不透，可用消斑舉斑湯煎抹也。又陽毒發

斑者，有三黃石膏湯，用石膏、黃芩、黃連、黃柏、黑山梔、麻黄、香豉、薑茶煎者，蓋表證重，故用麻豉汗之也。此方去麻豉，加大黃、芒硝、薑棗煎，名三黃巨勝湯。治陽毒發狂甚者，蓋裏證重，故用硝黃下之也。二方一汗一下，可分別推用。又治二便不通，有陰陽熨法。亦名冷熱熨法。先以冷物熨之，再以熱物熨之，更以冷物熨之自通。亦見駢文注。按大小便不通《內經》謂三焦約。約者，不行也，以長流水煎八正散治之。又關格垂死者，但通大便，大便行而小便亦行矣。傷寒至於陰毒陽毒病，至於二便不通，危險已甚。而尚用此二法，則凡陰寒陽熱諸證，均可用此二法治之也，亦明矣。文中方用此二法者，亦不少可推。審是何證，於前胸後背及臍眼，對臍大小腹用之，可發散可消導，可推盪，可補益。發散即汗也。汗有數法，擦天庭，熏頭面，熏腿彎，揉臍腹，或胸口、背心、兩手心、兩臂彎、兩足心，或浸腳，或浴身，皆可煎湯爲之。消導多在胸口，推盪即下也。或食，或痰，或停水，多抹胸背、臍腹，胸與背相應也。古治寒結、熱結、食結、痰結、水結，有炒生薑渣熨胸法治氣，有煎藥抹胸背法治腫脹，有用甘遂等末滿鋪臍腹法可推。蓄血多治少腹，古方有煎紫蘇湯，當歸紅花湯摩法。火衰治對臍，補益多在臍下。古方治中暍者，用熱湯熨氣海固元氣。治虛寒證有玉抱肚法，方見文中治痼冷證。有攤膏貼臍下氣海關元法，誠以臍下爲生命之原也。又肝腎病多治臍下，婦人經病及兒枕痛多治臍下，蓋衝爲血海，任主胞胎也。其或兼有腫痛之病，於患處用之，可以消腫定痛。即經熨寒痺法也。若內傷重者，仍當以藥熨其胸腹。

自仲景一百十三方，《金匱》方與諸家所傳方及危氏《五世家傳得效方》方載《寶鑒》。無不可照方而用，亦無不可撮一兩味而用。如文中香附擦背、柴胡擦背。桂枝浸榻，黃連浸榻，以及芫花、石膏、皮硝、吳萸、附子等熨法，皆從古湯頭中抽出一味也，此即主藥也，或用二三味仝。并可於經驗方中選單方而用。《寶鑑》及《綱目》所載單方不少，今人亦有刊送經驗單方，其方不過一二味，藥賤易得，貧人最相宜。

其應用膏者，或先煎抹而後貼膏，或先貼膏而再炒熨，或煎抹與炒熨並用，均無隔礙。即於二法之外，更參以嚏法、縛法、坐法，一切外治之法，亦均無隔礙。至於臨證之變化，神明存乎其人。【略】而讀書明理則一。古重儒醫以此。能通其理，則辨證明白，兼知古人處方用藥之意。庶幾用膏薄貼，用藥糝敷，用湯頭煎抹炒熨，無不頭頭是道，應手得心，具有內外一貫之妙。否則依樣畫葫蘆，病藥不相對，或且相反，誤人匪淺。豈惟暗中折祿，吾懼其辱也。而或歸咎於法之不善，法豈受咎哉？醫之理甚高妙。

外治亦須平和。繆中純前明高醫，治老人食冷不化，有生薑、紫蘇煎濃湯揉胸腹法，藥尋常而其效則甚速，宜推用。

婦人積冷痛經，與子宮冷者，皆艱生育，忌熱藥種子。生子多殤。痛用延胡、當歸、萸椒等炒熨，冷用蛇床子煎湯頻洗。安胎葱敷至妙。難產用蠻法，死者最慘，余催生膏甚效。無膏，用文中龜殼散代之。

又《濟陰綱目》載：一婦嚴冬難產，血冷凝滯，用紅花煎濃湯，棉蘸盦之，并以器盛湯，又煖又淋，久而生一男子。又一婦難產，下體已冷，用椒橙吳萸煎汁，如上法淋洗遂產，可以爲法。產後證有葱熏、薑迭、醋噴、黑豆蒸熨，諸方皆穩，宜推用。小兒純陽之體，不受暖藥，且臟腑未堅，并不受諸藥。古云：用祛風藥反生風，用化痰藥反生痰是也。文中兒初生，有雞蛋清擦法，風寒有疏表等法，急驚有蜂蜜擦法，痘證王晉三云：痘證，流通氣血清涼敗毒是常補益，辛熱是變。有麻油擦法、葱荽薰法、柳枝浴法、酒雞敷法，宜推用。數法不獨行醫，凡居家均宜知之。

又與璘書論先賢外治用藥，均有意在。略舉數方，以待推用。如治頭風，鹽摩疾上，所以清邪。加白附子者，是用劫藥之法也。【略】用麻黃湯，治皮毛也，所以發散肺經火鬱，使之達於皮毛也。又按肺脈起中焦絡大腸，肺系屬背。凡皮毛病皆入肺，而自背得之尤速，然則用麻黃湯內服，何妨用麻黃湯抹背，或抹中焦兼抹背，爲徑捷而得力。李士材香附擦背，其意即如此，此一法也。風寒入肺，皆令人咳。肺既絡大腸，又與大腸爲表裏，肺咳不已，往往大腸受之。若照東垣臟腑咳之藥例，煎抹中焦，而更用導法，從魄門入大腸，昇氣於肺，表裏可兼治。

古用羌活湯所以解太陽之表也，背爲心肺，膀胱經所屬。邪中於背，故脊強。然則以羌活湯內服，亦不若以羌活湯擦背，此又一法也。若熱在膀胱，口渴尿赤者，即用五苓散敷小腹。太陽以膀胱爲裏，膀胱在小腹之內也，此又一法也。心營肺衛其治背一也。太陽與少陰同行，身後背又屬少陰，仲景少陰表證，有麻黃附子細辛湯，可照麻黃湯例煎抹也，此又一法也。仲景少陰病，口中和，背惡寒者，當灸之，附子湯主之。附子炮二枚，白朮四兩，芍藥、茯苓各三兩，黨參二兩，分兩可酌減用。則治裏證之陽虛陰盛者也。如以附子湯擦背，亦能使陰氣流行而爲陽，此又一法也。太陽少陰交病者，亦同此法也。五臟之系，咸在於背。臟腑十二俞皆在背。其穴並可入邪，故臟腑病皆可兼治背。如某病灸某俞是也，擦法不必拘。前與後募俞亦相應，故心腹之病，皆可兼治背，言背而心腹不必言也，他如留飲令背冷，伏飲令背痛，乃飲之由胸膈而深

藏於背者，背爲胸之腑也。未至於背則治胸，既至於背，倘必令還反胸膈，始得趨胃趨腸而順下。喻嘉言說。豈不費手，治背極妙。又如瘧疾是少陽病，脇爲少陽之樞，脊背爲瘧上下之道路，則用柴胡湯煎抹脇與背，亦勝於以柴胡湯內服，此又法之可推者也。傷寒往來寒熱與瘧疾同，水結胸證與停飲同，並可仿用。熟於《內經》經絡，《內經》刺法，皆按其所過之經以調之。而又融會乎先賢內治處方用藥之理，以之外治皮毛、肌膚、筋脈，五臟六腑，隨處皆有神解，一法即千萬法之所生也，是在善悟者。

內者內治，外者外治。非有諸內者不形諸外也，非外者不能內治，外證皆當求之於內。內者不能外治也。內證亦可外治。經有張鼻泄之蒸浴、按摩之法，見上。仲景亦有火熏土瓜根、膽蜜導之法也。學仲景者，示嘗不用其外治之方也，是外治固可行也。唐宋以下諸賢，其所傳外治方亦具在也。《駢文》輯傷寒外治之方於汗、吐、下、和、溫，備矣。知熏蒸、渫洗之能汗，文中紫蘇熏頭面，香附擦背等方是也。凡病之宜發表者，皮膚閉而爲熱者並宜汗。皆可以此法。用清藥，辛涼解肌。或溫藥如麻黃、羌活、防風、葱白等煎浴可汗，或用仲景麻黃、桂枝等藥不拘。汗之也。知奤敷揉熨之能下。文中生姜奤結胸，紫蘇摩蓄血等方是也。余治病以膏爲主，膏之外有嚏、坐、熨、抹、縛五法，縛與罨臍同，碗覆之，再布紮，力大而可久。亦從經文推出，所以輔膏者也。嚏即經言氣出於腦也，經曰：氣出於腦即不邪干。注云：嚏也，張鼻泄之使邪從外出也。按邪在皮毛則嚏，故嚏可以散表。又陽氣和利滿於心，出於鼻而爲嚏，故嚏亦可和裏。上之也。上病上治。又因其輕而揚之也，輕清在上爲天，鼻受天氣，風寒暑濕燥熱也。霧露之邪爲清邪，從鼻而入於陽，可以嚏出之，揚發揚散也。又高者因而越之也。越出上竅也，吐也。嚏兼汗吐，頭位至高，心肺位亦高，胃上脘即心位，陽明表證皆心病。凡此諸證，均宜取嚏，但得氣透不必出物也，四句是嚏之義。坐即經言可導而下也，仲景導法本此綱目導藥名坐藥，婦人通經煖子宮亦本此。下之也。下病下治，坐有墊、有浸、有熏、有納。藥分潤燥涼溫，皆從下治。又因其重而減之也，重濁在下爲地，口受地氣臊焦香腥腐也。水土之邪爲濁邪，從口而入於陰，可以坐出之。減者衰其半也。又下者引而竭之也。竭，盡也，四句是坐之義。炒熨煎抹與縛，即經之灸巾。一作摩之。漬水一作浴之。也。曰熨、曰浴、曰按也。經云：風寒客於人，可湯藥、可熨、可浴、可按、可刺、可灸。炒熨煎抹與縛之法，理脾胃者也。可以疏中焦之漚，通天氣地氣，而蒸騰營氣，以化精微。脾胃爲後天之本，奉養莫貴於血。前人論虛勞證，營血必傷，宜建其中氣，救其脾胃，爲根本計。愚謂即非虛勞亦宜。又人之一身，自縱言之，則以上、中、下爲三部。自橫言之，則又以在表、在裏、在半表裏爲三部。本《內經》上中下分爲三員注。嚏法治上者，即可以治表。坐法治下者，即可以治裏。炒熨煎抹與縛之法，治中者，即可以統治表裏與半表裏。【略】炒熨煎抹與縛之法，樞也，在中兼表裏者也，可以轉運陰陽之氣也。經曰：因於寒，欲如運樞，謂如樞轉運則寒氣散也。爲炒熨煎抹者，無論寒熱，少陽少陰俱兼寒熱。當會此如樞之意，樞利而開闔，皆得其宜矣。臍中央名神闕，兩旁穴名天樞，爲身上下之分。縛臍者，亦須識此意。按中寒之證，無熱惡寒，四肢厥逆者是也，中太陰多腹痛、吐痢、不渴，理中湯。中少陰多引衣自蓋，靜踡而卧，附子湯。中厥陰多指甲唇青，口吐涎沫，當歸四逆湯、吳萸湯外治。即以上藥料煎抹炒熨甚妙。文中萸蒸絹熨之法，統治三陰，亦可酌用。又按溫熱一證，有冬傷於寒者，有由冬不藏精者，亦有由春夏時口鼻受者，治與傷塞不同法，宜活變。【略】又欝爲積聚、癥瘕、痃癖之本，積有形，聚無形，無非食積、瘀血，痰飲而成，詳見文中。嚏法達之、發之、泄之，可以解木火金之欝。坐法奪之，折之，可以解土水之欝。炒熨煎抹與縛之法，抑之、扶之，可以折五欝之氣，而資化源。【略】炒熨煎抹與縛之法。可以陞降變化，分清濁而理陰陽，營衛氣，通五臟。陽胃既和，而九竅皆順。五臟不和則九竅不通，又九竅不利，腸胃之所生也。並達於腠理。【略】炒熨煎抹與縛之法，中取也。亦可旁取而治中，脾胃有病或旁取之甲膽。左取右，而右取左；前取後，而後取前。脊胞臍腰各隨其取，與針灸之取穴同一理。

《理瀹駢文·外治醫說》 以物熨之，寒熱以辨。喜涼者熱，喜溫者寒，諸證皆以此辨。按古有大暑時，以石熨腹，以爪鎮心者。又《齊書》載一傖父，冷病積年，重茵累褥，牀下設爐火猶不差。徐嗣於盛冬月，令其裸身坐石上，以百瓶水從頭自灌，須臾，體出氣如雲蒸。嗣曰：此乃大熱病也，此事參觀並識眞假。以手按之，虛實以明。喜按者虛，拒按者實。《內經》言：風雨之傷人也，實。實者，外堅充滿，不可按，按之則痛。寒濕之中人也，虛。虛則氣不足，按之則氣足以溫之，故快然而不痛。此是測法，亦即是治法。下焦之病有摩腰法，腰爲腎府，簡便方用黃蠟、麻油爲丸，如胡桃大。摩腰俟腰熱扎之，幷可摩腹中諸病。暖腰法，兜肚法。又命門，火衰治此。臍下、臍下三寸爲下丹田，即關元也。臍下二寸爲氣海，一寸爲陰交，皆肝腎要穴。古灸法治陰證，每於此回陽。如欲用肉桂引火歸元，用破故紙納氣歸腎者，糝敷臍下最妙。膝蓋腿彎、即委中穴。膝蓋腿彎，皆足三陰所匯，故陰證及三陰瘧，皆敷膝蓋。又治陽虛者有蔽膝縛法。方見文中。傷寒有熏腿灣法，喉證有刺委中穴法，治痧者亦有之。又治魚禽獸骨卡喉者，用灰麵四兩，冷水調敷膝蓋，一時之久，其骨不知消歸何處，愚按亦是引下法，但未解其用意，錄此以俟知者。如能推之，則用法

可無矣。腿肚、三里穴在膝蓋下三寸外旁，屬陽明胃經，亦是下部要穴。西醫治肺病有白芥貼腿肚引下法。腳跟、與肺腎俱相通，治肺腎宜知此。腳趾、腳趾與手指同灸穴甚多，亦有捏法、扎法，宜參看。足心湧泉穴。凡治下部肝腎之病，皆宜貼足心。又引熱下行。如衄血、吐血、水瀉、噤口痢、赤眼、牙痛、耳痛、喉風、口疳等證，又假陽證皆宜用附子、吳萸、川烏等藥，敷足心，或微火烘之。亦有貼大蒜片者，又有囊盛川椒踏者，浸熱湯者，亦有加牛膝、蚓泥爲導者，治孕婦熱證保胎，用涼藥敷臍下，並用井泥塗足心，云勝用罩胎飲治陽虛者，古有湧泉膏，又縮陽有擦足心法，皆見文中。諸法，下焦之法備矣。

《理瀹駢文·外治醫説》 夫藥熨本同乎飲汁，而膏摩何減於燔針。皆見《內經》。藥熨，如用蜀椒、乾薑、桂心漬酒中，浸以棉絮布巾，用生桑炭炙巾熨寒痹，所刺處是也。膏摩，如風中血脈而用馬脂，以摩其急，以潤其痺，以通其血脈。更用白酒和桂以塗其緩，以和其營衛，以通其經絡是也，此用膏之始也。又若《金匱》之鹽附堪摩，礬漿可浸，則未嘗不外治也。《金匱》方頭風，以炮附子爲散，加鹽摩疾上。腳氣衝心，礬石二兩，以漿水一斗五升，煎三五沸，浸腳良。後有加硫黃三錢煎浸者，又有再加杉木片二兩煎浸者。二方皆仲景所製，亦外治方之祖也。《寶鑑》之茶調且貼，葱豉還敷。則何必其內服也。《寶鑑》方治傷風、頭風，川芎茶調散用川芎、白芷、羌活、防風、荆芥、薄荷、細辛、生甘草，研茶調服。【略】蒼朮羌活掌攤，風寒發汗，蒼朮、羌活、明礬、生薑汁，凡握手心，夾腿間側卧，暖蓋取汗。不汗，熱湯催之。按古有熱湯澡浴法，有熱水浸腳擁被安睡法，有熱水抹身法，皆汗。又方：幷治頭瘟，蒼朮、枯礬、良薑、葱白，炒熱塗手心，掩臍靜卧，手須窩起，勿使藥着臍，一手兜腎前陰，女子亦如之，服綠豆湯催汗，此即神朮散、羌活湯意。心主汗，掌屬心，故發汗。一手掩臍，一兜腎，丹訣也。揉以香附。傷寒無汗，醋炒香附擦背，如治風襲經絡，疼痛，即擦患處均效。【略】若夫胸中有食，則以物探喉。凡痰壅上膈，火氣上衝，食停上脘，並當用吐。如胸中窒塞、悶亂，以手或筋探舌，本得吐即止。壯實人停食，此法最妙，其效甚速。老人產婦及吐血家忌。按吐法，今人不講久矣。子和云：余著汗、下、吐三法，常兼衆法。有按、有蹻、有湔、有導、有減增、有續止。如引涎，漉涎，取嚏，追淚，凡上行者，皆吐法也；薰蒸，渫洗，熨烙，針刺，砭射，導引，按摩，凡解表者，皆汗法也；催生下乳，磨積逐水，破經洩氣，凡下行者，皆下法也。據此，則邪在上焦宜吐者，可用取嚏，追淚之法。膈上多痰，則以藥搐鼻。如瓜蒂及皂角、白芥子之類，擦法見前。如自欲吐者，可使湧。凡病人自欲吐者，不可止。而不當下者，無妄攻。傷寒表證罷方可下，不爾，邪乘虛入，不爲結胸，即爲熱病。傷寒忌汗下證，詳見《傷寒》書。似瘧往來，少陽寒熱往來如瘧。擦柴胡以和之。搗柴胡擦背及周身取微汗，所以治表也。【略】少腹滿急，此蓄血證，必嗽，水不嚥尿利。則蘇葉煎湯，摩其畜血。布浸湯，鋪腹上，手盤旋摩之，或麻根搗貼連陰際。內果已堅，下何可緩。然寒熱須辨，而陰陽貴分。傳者熱而中者寒，陽宜下而陰宜溫。勿執是傳是中，只決爲下爲溫。傷寒傳經在表者爲寒。在裏者爲熱。又有陰陽二證傳經者，爲熱。直中者，爲寒。詳見前六經末傳注。直中者，或從鼻入，或從足入。何以涼膈，硝浸布揉。傷寒熱邪傳裏，皮硝化水，新青布浸，搨胸口，或用雞子清、白蜜調敷，熱甚加大黃。按大陷胸，大承氣，調胃承氣，皆用硝。涼膈散即調胃承氣加味，防風通聖散即涼膈散加味，如以浸硝揉法推之，俱可酌用。又小柴胡加硝湯，及六一順氣湯並用硝，當參。翹、梔、芩、薄、硝、黃、草，涼膈散也，或同四物用。何以暖臍，萸蒸絹熨。傷寒直中三陰經，初無頭疼、發熱。面青肢冷，小腹絞痛者，亦治男女由房事後，飲食生冷致成陰證腹痛者，幷霍亂吐瀉腹痛者，吳萸入三陰脾腎肝，用一升即二兩一錢也，酒拌蒸絹，包熨臍下、足心，一加葱白、麥麩、食鹽，炒熨仝。又冷極唇青，厥逆無脈，陰囊縮者，亦用此熨，幷艾灸臍中及氣海、關元各三五十壯，而手足不溫者死。又囊縮者，吳萸同硫黃、大蒜調塗臍下，蛇床子炒，布包熨之。按寒中於表，宜汗，用麻黃、桂枝、柴胡、葛根溫散。寒中於裏，宜溫。用乾薑、附子、肉桂、吳萸之辛熱，人參、白朮、甘草之甘溫，以復其元陽。此藥例也。諸傷寒濕者，皆視此。又按吳萸湯，三味參萸湯，四逆加吳萸湯，皆治陰證。如以蒸萸熨法推之，亦可酌用。又按回陽救急湯治中寒幷傷寒陰證、陰毒等，用黨參、白朮、茯苓、甘草、附子、肉桂、陳皮、半夏、五味子、乾薑、生薑各一兩，此方麻油熬黃丹，收備貼甚妙。又方：只用附子、白朮、甘草末、生薑汁，調蘇合丸和用者，其用蘇合丸法，可加入貼，受寒腹痛立愈。大凡膏藥用溫暖及香料者，其奏效甚捷。若貼膏後加以熱熨尤效。如或不對證，上手即拒，可以速於更換，便作試法亦妙。亢甚則鏡按胸前，或以凝雪逐其水。治天行煩亂熱極者，幷傷寒水結胸，飲停心下不散者，用芫花一味，浸水拍胸前，熱除爲度，名凝雪湯。芫花逐裏水，合甘遂、大棗即十棗湯法也。水漬法乃治陽毒，大熱用井水或綠豆湯，青新布浸搨胸口者。冷極則丹合膝上，黃丹、胡椒、薑葱敷，或布包椒圍腎囊。【略】退眞陰則蛋熨至神。傷寒不能分陰陽，目定口呆，身熱無汗，便祕，不省人事。煮雞蛋砌臍四旁，或用老油松節七兩、胡椒，照病人年紀，每歲七粒，煮蛋，乘熱切頂殼三分，覆臍眼，麪作圈護住，冷，易，視蛋墨爲驗，收盡陰氣自愈。一用煮雞蛋去殼，乘熱滾擦，亦能變陰爲陽，名蛋熨法。發斑用銅錢於胸背、四肢刮透，即於傷處用蛋滾擦，此苗人祕法也。【略】其變證多由失誤而致，失汗，失下，誤汗，誤下。聊舉其要，以識其凡。衄血，傷寒衄血，須辨表裏。汗爲心液。熱則變紅，越出上竅。傷寒失汗，成鼻衄爲紅汗，不可止衄，久宜止。磨芩芨而塗，井水磨黃芩、白芨塗山根，或白芨磨本人鼻血塗，或紙浸白芨水貼眉心，或切白芨片貼。或茶調決明貼於胸。清肺熱。延胡塞耳，左衄塞右，右衄塞左，活血利氣。青苔搭囟，或井泥，或濕紙搭囟門，頸後及脊上，均是血路。三棱敷五椎。醋和黃土塗腎囊，或黃酒浸足。衄久，牛膠盪軟，貼山根、髮際。吐血，傷寒失汗，熱入臟，亦吐血。煎芷梔而熨。白

芷、黑山梔，煎熨胸口，清胃熱，治衄吹鼻內。或醋調大黃掩其臍，釜底抽薪。欝金擦背，韭汁童便磨棉蘇擦。舌有胎而黃赤者，拭以井水，傷寒初起，邪在表無胎，半表半裏白滑胎，入裏則粗白厚膩，不滑而澀，熱傷津液也，若熱聚於胃則黃，或生芒刺，或黑色，則熱甚也，多凶。陽證舌黑、乾燥無津液，宜硝黃下之。陰證舌黑而潤，宜附桂溫之。又冷滑如淡黑者，無根虛火，宜化痰降火。或淡黑一二點，補腎降火。舌胎黃赤乾澀，井水浸青布拭之，生薑擦。一切舌胎用薄荷水浸青布拭之，生薑擦，自退。如生芒刺刮不去，熱毒深也，危。塗以竹瀝，舌生紅粟，竹瀝調紫雪丹塗之，效。須觀芒刺之形。見上。附方：舌上厚苔退而舌底紅色者，火灼水虧也，生地切片貼。無舌胎而紅絳者，磨犀角塗胸。舌瘡，硃砂、雄黃、黃柏、薄荷、硼砂、冰片摻。舌爛，黃連塗。舌出，珍珠、冰片敷。舌脹出口外，雄雞冠血浸，自縮。身有斑而紫黑者。傷寒汗下不解，耳聾、足冷、煩悶、咳嘔，即是發斑之候。又失下，或下早，熱邪傳裏，熱甚傷血，裏實表虛則發斑。輕如疹子，重如錦紋。紫黑者，熱極胃爛，多死。不可發汗，重令開洩。掃以豬膽，熱極胃爛，豬膽汁調芒硝，雞毛掃之，見《寶鑑》。輕者先噴淡薑汁，再用青黛水掃之。敷以燕巢，又方：用紋銀一塊，放臍上，以燕巢泥搗融，同雞蛋煎成一餅，敷數次可愈。附方：天行發斑，升麻水掃之。莫誤蚊蚤之迹。陰證發斑，但出胸背，手足稀少，如蚊蚤迹，乃無根虛火上熏於肺，非斑，宜溫腎。目黃而明，薑茵擦之，亦剖烏雞覆之。傷寒表未解，寒邪挾濕，身目發黃，濕盛於熱，則黃色晦；熱盛於濕，則黃色明，晦爲陰，明爲陽，用生薑汁和茵陳汁點眼。偏身黃者，幷擦胸前，四肢，周身汗解，或用煨薑絞汁和香油點眼仝。又方：濕熱發黃，昏沉不省。雄雞破背，帶毛血合胸。附方：發黃，赤小豆、瓜蒂、黃米研吹鼻，或棉裹塞鼻，各竅出黃水愈，但勿深入。太陰肺爲標、脾爲本。發黃，掘新鮮百步根洗淨搗爛，覆臍上，以糯米飯一升，拌水酒各半，合揉軟，蓋藥上，包扎一二日，口內作酒氣，水從小便出，腫自消。陰黃，丁香和茵陳擦，如上法。痺異痿躄，統言不仁。川烏、畢茇、炒甘松，三奈熨。固本，膏名。法擬三痺。痛風，除濕固本膏。黨參、黃蓍、熟地、當歸、續斷、牛膝、五加皮、附子、肉桂三錢，杏仁、白芷去梢一錢半，麻油熬黃丹，收貼，此武本驗方。按痛風有寒、有濕、有熱、有血、有痰之不同，丹溪製上中下通用方，蒼朮、黃柏、龍膽草、防己，治濕熱。南星、桃仁、紅花、川芎，治痰血。羌活、桂枝、白芷、靈仙，治風兼治寒。加神麯以消中州陳積之氣。凡膏藥多通用此方，可以取法。三痺湯治氣血凝滯，手足拘攣者。即人參、黃蓍、茯苓、甘草、當歸、白芍、生地、杜仲、牛膝、桂心、細辛、秦艽、獨活、防風、薑棗也。原云：凡三氣襲虛而成痺患者，準此固本膏，即擬此方。又五痺湯用八珍去熟地，加五味、細辛，隨五藏加藥，亦可以固本法熬。加之以藥酒之擦。風痛，用廣東馮了性藥酒擦，或木瓜酒擦，或木瓜、麻黃、海風藤、稀薟草、白茄根、當歸、防風、秦艽酒煎擦，或用鳳仙紫蘇、陳皮、薑葱、香油煎擦，或用蒼朮、蒼耳、海風藤、黃魚骨、團魚煎湯，去魚洗。或用金毛狗脊、川牛膝、海風藤、木瓜、熟地、歸身、杜仲、續斷、秦艽、桂枝、桑枝、松節酒水煎擦，通治氣血兩虛，疼痛麻木，加牛膠幷可塗。附方：前胡、白芷、細辛、官桂、白朮、川芎、三兩，炮附子、泡吳萸、當歸、川椒二兩，茶酒拌勻，以煉豬油熬膏，摩治諸風痛癢，癥瘕瘡痍，折傷。白虎風，水牛肉脯一兩，炙伏龍肝、燕窠土、飛麪各二兩，砒黃一錢，水丸摩痛處。麥麩之熨，走注痛，芫花、桑皮、川椒、桂心、柳蛀屑、麥麩醋炒熨，或薑葱鹽麩酒，醋炒熨。幷攤席上卧，能和榮衛，通經絡。或芫花、黑豆、生薑、醋拌炒熨，或炭灰、蚓糞、紅花，和醋炒熨。【略】擦以亂髮、桃葉，痛拍青色即平。治鬼箭風忌針，以桃葉、亂髮爲團擦之，或山梔子、桃枝、飛麪爲餅貼，熨斗熨。痛，蘸燒酒，拍得青色愈。洗以芒硝、桑皮，治麻風，大黃、芒硝、桑皮，日煎洗效。蟲加鴿糞爛，用琥珀或靈脂搽。爛摩黑膏可斂。白膏治麻木不知，白芷、白朮、前胡、吳萸一升，芎藭二升，蜀椒、細辛三兩，當歸、桂心二兩，醋浸藥，豬油十斤，熬膏塗。若偏體生瘡，膿血潰壞，用黑膏，烏頭、川芎、雄黃、胡粉、木防己、升麻、黃連、雌黃、黎蘆、明礬五錢，杏仁去皮尖，巴豆仁，各四十枚，黃柏錢八分，松脂、亂髮各一團，爲末，豬油熬膏，鹽湯洗塗。附方：槐柳桃、桑楮、蒼耳子、地膚子煎，坐沒頸，湯如油效。或坐油中，或靈仙、甘草，或地骨皮、苦參、荆芥、細辛、防風、蒼耳子等，俱可煎浴。眉毛脫落作癢者，雄黃、硫黃、雞殼內白皮燒存五錢，炮甲十片，滑石末一兩，油核桃半斤，搗，豬膽汁調，絹包擦。面生紫塊、疙瘩，山甲燒存性，川椒炒二兩，末搗，生薑、大黃汁調擦。頭禿，羊屎燒灰油塗。大爛偏身者，杜仲、蛇床子、明礬、寒水石、硫黃二兩，樸硝五錢，豬油塗。眼努白，丁香、貝母點。癘風赤遊，鵝掌風，當歸、生地一兩，麻黃、大楓子仁、元參、防風、木龜仁五錢，黃蠟熬塗。清熱解毒用黃連、五倍塗。【略】疰，以蒜擦脊骨，三關悉開。凡人遇春末夏初，頭痛、腳弱、食少、身熱，爲疰。夏病屬陰虛，元氣不足。宜於午日午時，用漂硃砂、明雄黃、舶硫黃各一錢，研末，燒酒和勻，用大蒜去蒂蘸藥，從尾閭脊骨起，徐徐逐節擦上，此藥能開背後三重關竅，令人神清氣爽，經絡流通，大有益處。癆證不論新久，皆能除根。擦時有腫痛，乃蟲所在，切勿放鬆。痧，以油刮背心，五藏咸解。陰痧，腹痛，手足冷，燈火爆身上紅點。陽痧，腹痛，手足暖，以針刺十指尖，臂上、腿彎紫筋出血，或用鹽擦手足心，莫妙。以磁調羹蘸香油刮背。蓋五藏之系咸在於背，刮之則邪氣隨降，病自鬆解。【略】轉筋大蒜塗足，煮醋抹其腹。轉筋因津液傷，宗筋不潤所致。古用轉筋飲，即木瓜、吳萸、食鹽也。按寒則筋攣，轉筋者，繫其腿脛，勿令入腹。或用熱醋煮青布抹胸腹，或蒜鹽敷臍，或蒜泥，或加黃蠟塗足心，南星醋塗足心，或木瓜、或香櫞煎湯揉，或蘇合丸擦。如轉筋已死，心下尚溫者，用硃砂二錢，和黃蠟三兩，燒烟熏口鼻幷臍，更貼手足取汗。夏月霍亂最多，傷人甚速，服藥殊不易，外治穩而效。故錄前賢辨證，幷附列各方，以備擇用焉。下如痢瘧等證，詳注亦以此。【略】疏以柴青，治瘧發汗法，柴胡一握，搗爛，絹包擦周身，得睡有微汗解。或用柴胡、當歸、知母、山甲煎湯，新棉花或布蘸熨背。脇痛，青皮炒熨。瘧者，肝積。柴青疏肝。調以貝夏、薑汁、貝母、半夏爲丸，擦胸背化痰。歸硝之湯，亦宜摩腹。大腸燥結，當歸二

兩，大黄一兩，芒硝、甘草五錢，煎湯摩腹，或熬膏貼。此類方宜於外治。如其身體重着，面色浮澤及身體重着，皆中濕之病。糟納其腳。中濕，以糟坊中酒糟蒸熨，即納腳於酒糟中汗愈。岐伯傳摩浴之文。《內經》摩之、浴之，摩即按摩，浴即蒸浴之類。經又曰：上取下取，內取外取，以求其過。能勝毒者，厚藥。不能勝毒者，薄藥。上取，頭面胸喉也。下取，少腹脛足也。內取，切脈虛實也。外取，形色也。一曰按摩、針灸也，一曰漬形爲汗也。又病上取下通也，病下取上升也，病中傍取，謂病在中而經絡行於左右，針灸、熨藥旁取之，如病腰取膕也。經又云：風寒客於人，毫毛畢直，皮膚閉而爲熱，當是時，可汗而發也，或痺不仁腫痛，當是時，可湯熨及火灸刺而去之。弗治，病人舍於肺，名曰肺痺，發咳上氣，弗治，肺傳之肝，名曰肝痺，一曰厥，脇痛出食，可按若刺耳；弗治，肝傳之脾，名曰脾風發癉，腹中熱，煩心，出黄，可按、可藥、可浴；弗治，脾傳之腎，名曰疝瘕，少腹寃熱而痛，出白，一曰蠱，可按、可藥；弗治，腎傳之心，病筋脈相引而急，名曰瘈，可灸、可藥；弗治，滿十日法當死。腎因傳之心，心即腹反傳而行之肺，發寒熱，法當三歲死。其卒發者，不必治於傳；或其傳化有不以次者，憂恐悲喜怒，令不得以其次，故有大病。因而喜大虛，則腎氣乘矣，怒則肝氣乘，悲則肺氣乘，恐則脾氣乘，憂則心氣乘矣。按風寒爲外感，故傳之緩，曰三歲者，亦大略言之也。憂恐悲喜怒，爲內傷，此五志之火，觸發無常，故病加重。喜爲心志，腎氣乘虛克之，水克火也，餘仿此。又急傳者，是大氣入臟。如心病先心痛，傳肺咳，傳肝脇肢滿，傳脾閉塞不通，身痛體重，傳不已不滿十日死。肺病先咳，肝病先脇滿，脾病先閉塞，皆仿此推。經又云：病始，可刺；其盛，可待衰而已；其有邪者，漬形以爲汗；其在皮者，汗而發之；其剽悍者，按而收之；其實者，散而瀉之；血實宜決之，氣虛宜掣引之。漬形，如布桃枝煎湯液以蒸浴也。按收，按摩收引也。決當足決刺掣引，疑亦即導引之謂。此經言外治也，曰上取、下取、內取、外取，曰按摩，曰蒸浴，曰湯熨，曰火灸，曰針刺，統外感內傷之證。汗下補瀉，先後緩急，虛實寒熱之治，無不畢備。其中是誠萬古不易之常道，與湯藥相輔而行者也。引而伸之，足盡醫學不變。今人專主湯藥，實爲闕典。茲特詳錄經文於注內，以俟後之能闡發者。又按《史記》扁鵲對桓侯問云：疾居腠理，湯熨之所及也；在血脈，針石之所及也。其治虢太子死，令弟子子陽厲針砭石，以取外三陽五會，有間，太子蘇，乃使子豹爲五分之熨，以八減之劑和煮之，以更熨兩脇下，太子起坐。是熨法不獨治腠理也。扁鵲非虛試，史公非妄載也。今人用針而不用熨，何也？至太子起坐後，更適陰陽，服湯二旬而如故，則病後調攝之法也。外治之足以起病，亦明矣。至云越人非能生死人，當生者能使之起耳。此直抉醫之眞諦，見醫無可矜之功，即諺藥醫不死病之説也。然則人果當生，外治亦能取效。人不當生，雖日服藥何濟乎？毋自我而死可矣。按摩補五臟法，熱摩手心熨兩眼，每二七偏使人眼目自然無障翳，明目去風，頻拭額上，謂之脩天庭。連髮際二七偏面上，自然光澤。又以中指於鼻樑兩邊揩二三十偏，令表裏俱熱，所謂灌溉中州，以潤於肺，以手摩耳輪，不拘偏數，所謂脩其城郭，以補腎氣，以防聾聵，亦治不睡。按氣血流通即是補，非必以參苓爲補也。導引去五臟風邪積聚法。肺臟，正坐，兩手據地，縮身曲脊，向上五舉，亦去心肝邪。或反拳搥脊，脊肺部也。心藏，正坐，握拳用力，左右互相等，或一手按腕上，一手拓空如重石，或兩手相叉，以腳踏手心。脾臟，大坐，伸一腳屈一腳，以兩手放後反掣，或跪坐，兩手拒地，回顧用力虎視。肝藏，兩手抱項，左右宛轉，或兩手相重，按左膝，左捩身；按右膝右捩身。又膽，腑平坐，合兩腳掌，以兩手挽腳，挽起搖動爲之。腎藏，握拳拄兩肋，擺撼兩肩，或以足前後踰。又導引諸法：一以兩手掩耳，將第二指壓中指，彈腦後骨去頭腦疾。一兩手握拳，以鼻收氣運至泥丸，即向天託起，隨按頂上，或左右膝上。一閉一口氣，將左手伸直，右手作攀弓式，以兩眼看右手，左右各三次，去臂腕疾，并瀉三焦火。一平坐伸足，以兩手低頭攀足卻鉤所伸足屈在膝上按摩之。一以一手託腎囊，一手摩臍下，煖腎固精。并擦背後腎堂及命門穴，一摩夾脊穴，此穴在背脊下，大便之下統會一身氣血，并療痔。一兩肩扭轉，運動膏肓穴，除一身疾。一合掌並兩足，蹲身虛坐，起三躍。凡肩臂病兩手交搥，或左足前踏左手擺向前，右手擺向後，右亦如之。凡腿膝疾，一足立定，一足灑之，或兩足相紐而行，前進後退各十數步，或高坐伸足，兩足紐向內，復紐向外。後天之本在脾，調中者摩腹，寓大和健脾丸名。之理。脾腎合論，脾在胃下，主消磨五穀，脾胃陽氣有餘，陰氣不足，則熱中善饑；陰氣有餘，陽氣不足，則寒中腸鳴腹痛。飲食自倍，脾胃乃傷。薄滋味，所以養血氣也。內傷調補之法，淡食并摩腹。健脾膏用白朮四兩，茯苓、白芍、六神麯、麥芽、香附、當歸、枳實、半夏各二兩，陳皮、黄連、吳萸、山查、白蔻仁、益智、黄芪、山藥、甘草七錢，黨參、廣木香五錢，麻油熬黄丹，收貼心口、臍上，即太和丸法也。加蒼朮、大黄各二兩，黄芩、厚樸、檳榔各一兩，以雄豬肚石上擦淨，裝藥熬尤良。脾腎雙補膏，蒼朮、熟地各一斤，五味、茯苓各半斤，乾薑一兩，川椒五錢，或用砂仁末亦可，麻油熬黄丹收，糯米炒熨腹，助脾運。而氣自納於臍，氣歸臍爲息，神入氣爲胎。不必擦腳之餅也。縮陽祕法：水蛭預取九條，陰乾七夕，同麝香蘇合丸研蜜調作餅，臨卧擦左腳心，降心火，此回春方。能導其脈之流行，而血自歸於經，奚庸塗項之膏也。按治咳紅，導引法：坐定兀子上。以雙手搭項，蹲身，閉氣三七口，如氣稍急，微微放之，放而又閉，日行五次，兼用運功法艮念數日，緜胸前推開，次運湧泉，水洗心，或封固臍凝守。此方推胸洗心固臍之法，須以意會。衄血用前洪寶膏塗項，能截血路，少林推之，在手塗臂，在足塗腿，名截血膏，能者亦可更推。生血者氣，氣結成痰，幻增百怪，擦控涎丸而運之。痰者，津液之異名，潤養肢體者也。肺曰痰，脾曰涎，胃曰飲。痰原於腎，動於脾，客於肺。水升火降，脾胃調和，痰何從生。痰與飲別，稠濁爲痰，清稀爲飲。痰由肺虛火炎熏灼而成，故稠濁。飲由脾虛水停不散而成，故清稀。痰宜降氣清熱，益陰滋水，飲宜燥濕利水，行氣健脾。肺喜涼潤惡溫燥，以二母、二冬、地黄、桔梗爲要藥；脾喜溫燥惡寒潤，以二朮、星夏爲要藥。痰有十：風痰、寒痰、濕痰、熱痰、鬱痰、氣痰、食痰、酒痰、驚痰也，寒痰清濕痰白，火痰黑熱痰黄，老痰膠，風痰青而光，陰虛多黏痰，飲惟清水，或青黄黑綠，酸辣腥臊，鹹苦皆是。飲有五：流於肺爲支飲，肝爲懸飲，心爲伏飲，經絡爲溢飲，腸胃爲痰飲也。懸飲亦謂流飲，又有

留飲、癖飲，總由飲食水漿乘時失度所致，令人咳逆，倚息，短氣不得臥，形如腫，脇間動搖，漉漉有聲，咳嗽引痛，膈滿嘔吐，喘咳發熱，惡寒，腰背痛，目淚出，或身惕瞤，體重背冷，四腳歷節痛。凡痰證初起，頭痛發熱，類外感表證。久則潮咳夜重，類內傷陰火。痰飲流注，肢節疼痛，又類風證，但痰證胸滿食減肌色如故，脈滑不勻不定爲異。凡有痰者，眼皮及眼下必有烟灰黑色，痰證與火證別處：痰有形，火無形，腫而痛者痰，痛而不腫者火也。古云：十病九痰。又曰：暴病多屬火，怪病多屬痰。王隱君滾痰丸用大黃、黃芩、礞石、焰硝煅加硃砂、沈香，丹溪加陳皮、半夏、白朮、茯苓、人參、甘草、薑汁、竹瀝爲達痰丸。又丹溪有控涎丹用大戟、甘遂、白芥子，行水健脾治痰之本，或加大黃、芫花、黃柏、南星、半夏、蒼朮、白朮、枳實、陳皮、紅花、杏仁、桃仁、神麯、薑汁、竹瀝、皂角、明礬，或加芫花、葶藶、巴豆、黑丑。王全生用控涎丹敷附骨疽、鶴膝風，或酒、或蜜、或醋調用。又汪本消痰消核膏用甘遂、南星、半夏各一兩，麻油熬下麻黃、大戟、僵蠶四錢，白芥子五錢，藤黃六錢，樸硝七錢，黃丹收貼，則皆用探涎法而變通者也。控涎丸治風痰、熱痰、濕痰、食積痰，及痰飲流注、痰毒等證，惟陰虛之痰與冷痰勿用。蒼朮、生南星、生半夏、甘遂各二兩，白朮、芫花、大戟、大黃、葶藶、黃柏、黃芩、黃連、梔子、枳實、陳皮、青皮、香附、靈脂各一兩，連翹、桔梗、薄荷、白芷、赤苓、川芎、當歸、前胡、鬱金、瓜蔞、檳榔、靈仙、羌活、防風、蘇子、皂角、明礬、白芥子、蘿蔔子、僵蠶、全蝎、木鼈仁、延胡、細辛、菖蒲、雄黃各七錢，白附子、草烏、木香、官桂、黑丑、吳萸、巴仁、紅花、乾薑、厚樸、輕粉、炮甲各四錢，研，薑汁、竹瀝各一碗，牛膠一兩，水煎和丸，硃衣，臨用，薑汁化開擦胸背、手足心，痰自下。或加黨參、犀角。此方用生薑半斤，槐柳、桑枝各二斤，鳳仙花莖子葉全一株，麻油先熬，入前藥熬黃則收，加石膏、滑石各四兩，攪貼，亦治百病。擦髮油宮粉於胸。治咳嗽不止，幷脹滿痰喘者。亂髮、香油煎，入宮粉和勻擦胸口。凡勞嗽、火嗽、久嗽、乾嗽、食積嗽、酒嗽，用青黛、瓜蔞、貝母，研末和白蜜爲丸，擦甚佳，乾咳嗽，火鬱也，薑汁和蜜擦背佳，即用逍遙散繼以滋陰藥之意。燥癢更吹硼石，肺燥喉癢者，用款冬花、硼砂、甘草、石膏煅，共末吹喉內，或用蜜調藥塗於喉外。止嗽臍填粟殼，久嗽不止，罌粟殼末或五倍末糝膏貼。咳用骨脂。咳從臍下起者，宜用破故紙末糝膏貼，納氣歸腎自止。附方：風寒發散幷治諸般喘嗽，麻黃去根節、杏仁去皮尖、桂枝、蘇葉、陳皮、薄荷、桑白皮、大腹皮、甘草、桔梗、款冬、荆芥、炒百部、炒白前、炒半夏、貝母、知母、南星各一兩，柴胡、黃芩、枳殼、葶藶，均炒天冬、麥冬、旋覆花、馬兜鈴，各五錢，五味子、烏梅、木香、皂角、乾薑各四錢，川椒、輕粉各三錢，麻油熬黃丹收，牛膠一兩攪勻攤貼，此方亦可加入七寶五子膏用。虛嗽者，須用前肺部滋陰膏貼。西法肺病輕者，用熱油在缺盆穴搓擦，亦能止癢免咳。又久咳者，常令身暖，四肢胸前用布巾蘸熱水洗按，避冷風吹襲。凡治咳嗽哮喘，穴取天突、肺俞、膻中、氣海等，膏藥貼法照此。哮喘者，哮有食哮、水哮、風痰哮、年久哮之別，古主專痰，後謂寒包熱，治須表散，以行氣化痰爲主，忌寒藥閉邪，熱藥升火。喘有氣喘、痰喘、火喘、水氣逆行乘肺喘、肺脹喘、食喘，忌斂澀升補，燥濕酸鹹之品。宜散邪清火，祛痰潤肺，若短氣，宜補氣。溫以麻黃、白果，寒哮用白果、麻黃搗，塞鼻。按哮喘良方用生麻黃、白蘇子、紫菀三錢，南星、半夏、桔梗、川貝、細辛、杏仁、甘草各五錢，生薑一兩，如以麻油熬黃丹收，阿膠一錢，攪良。涼以蕎麪雞清，治哮喘痰稠、便鞕，屬實熱者，二味爲團擦胸口。摩芥芷、輕粉於背，哮喘、咳嗽及痰結胸，白鳳仙 花根葉熬濃汁擦背上極熱，再用白芥子三兩，白芷、輕粉三錢，蜜調作餅貼背心第三骨節，雖熱痛勿揭，正是拔動病根，不論寒熱虛實，鹽醬哮喘並治，數餅除根。又痰實氣喘者，用紫蘇子、白芥子、蘿蔔子，炒熨亦良。寒熱且薄桃芫，肺熱喘急，寒熱往來，桃皮、芫花，煎湯擦胸口，數刻即止，幷治水氣乘肺而喘者。又痛如打，芫花、黃菊、躑躅花，布包蒸熨。定喘鼻塞巴霜，巴霜薑汁爲丸。解鬱香附任摩，升偕蒼朮。蒼朮、香附，總解諸欝。或燒蒼朮聞，或生薑、白鹽和醋炒香附熨，解六鬱及噯氣吞酸，惡心嘈雜等證，平肝順氣和中甚妙。蒼朮、香附二兩，陳皮、川芎、梔子、神麯、枳實、青皮、半夏、麥冬、吳萸、黃連、赤苓、砂仁、木香、山查、乾薑、甘草、蘇子、蘿蔔子、白芥子各一兩，丹油熬，即越鞠加味。又七情鬱結，榮衛凝滯，周身牽引作痛，木鱉仁、白芥子、沒藥、木香、官桂共末，酒和飛麪調擦。後宮之病，腎爲列女，在後宮。熨脊、腎脈貫脊，又腎脈緩甚爲折脊。又足太陽之脈病腰脊強痛。凡背脊痛皆腎水衰耗，不能上潤於腦，則河車之路乾澀難行，故痛也。老人背脊傴僂，腎虛髓空也。臀尖痛者，陰虛而膀胱有火也。按脊惡寒屬陽虛者，生薑汁化牛膠入附子、肉桂、花椒、乳香、沒藥，收貼，烘鞋底熨之。脊痛由風寒濕者，用川烏頭、附子、羌活、細辛、川芎、官桂、川椒各一兩，醋拌濕布包烘熨。又方：草烏、白附子、南星、肉桂、川芎、白芷、乾薑共末，酒同麪糊調敷脊上，以熱碗覆之，或作餅貼，熱物熨之。陰虛者，用四物同黃栢、知母、龜板研作餅貼，熱物熨之。摩腰，經云：太陽所至爲腰痛，又腰爲腎府，太陽腰痛外感六氣，腎經腰痛內傷色慾。諸經皆貫腎而絡於腰，腰痛有九：腎虛是本，風寒、濕熱、痰飲、氣滯、血瘀、閃挫是標。常痛者虛，有定者瘀，或左或右者風，或痛或止者濕熱往來，走痛者痰積，遇寒發者寒濕，久坐者氣滯。治老人腰痛、婦人白帶，附子尖、烏頭尖、南星、硃砂各二錢五分，雄黃、丁香各錢五分，乾薑一錢，樟腦、冰片、麝香各三分，蜜丸彈大，薑汁化開，熱摩腰上，幷貼。一加吳萸、肉桂。附方：腰痛無力，天麻、半夏、細辛蒸熨，或黑豆和鹽炒熨。腰脊脹痛，白芥子酒調敷。養元固本暖腰方：用椒、木香、故紙、大茴、升麻、川楝、肉桂各一兩，附子、丁香各五錢，艾絨一兩，和勻縫暖腰貼肉着。通治腰痛，羌活、防風、靈仙、天麻、川芎、當歸、延胡、牛膝、官桂、杜仲、續斷、蓯蓉、故紙、南星、黃栢、蒼朮、萆薢、秦艽、小茴、烏藥、紅花、知母、香附、胡桃肉、骨碎補、木鼈仁、全蝎、龜板、木香、乳香、沒藥、自然銅、草烏、川楝子、生地、白芍、五倍子、靈脂各五錢，生薑一兩，麻油熬黃丹收。西醫治腎病，有粟殼野菊沸湯衝布巾絞按患處法，有鴉片酒或樟腦油、麻油擦痛處法，有鴉片丸納肛門法，亦可參。固之以芙蓉即阿芙蓉。金鎖。芙蓉膏能止瀉痢，固精保元。

諸病分部

綜　述

內科病證治

《馬王堆漢墓帛書·五十二病方·痔》 痔，燔陳芻若陳薪，令病者北(背)火灸之，兩人爲靡(摩)其尻，痔已。

《靈樞·雜病》 心痛，當九節刺之，按已刺，按之立已。不已，上下求之，得之立已。

〔張志聰注〕此總結五種心痛。因藏氣之上，乘而爲痛也。次者，俞穴之旁也。九節次之者，肝俞次旁之魂門也。肝藏之魂，心藏之神，相隨而往來出入，故取之魂門，以通心氣。按已而刺，出針而復按之，導引氣之疏通，故心痛立已。九節之上，乃膈俞旁之膈關，下乃膽俞次之陽綱，心氣從內膈而通於外，故不已，當求之上，以通心神。求之下，以舒魂氣。得之者，得其氣也。《金匱玉函》曰：經絡受邪，入藏府，爲內所困。前章之厥心痛，乃五藏之血脈相乘，故有眞心痛之死證。此因氣而痛，故按摩導引，可立已也。前章刺血脈，曰崑崙、然谷、魚際、太淵，此取藏氣。曰太陰、厥陰、少陰、少陽。沈亮宸曰：七節之旁，中有小心，如逆傷心氣者，環死，故取之魂門，以通心氣不得已，而求之膈關也。余伯容曰：前章之厥心痛，論經脈相乘，而有兼乎氣者，此厥氣爲痛，而有及於經者。

顑痛，刺足陽明曲周動脈見血，立已。不已，按人迎於經，立已。

〔張志聰注〕顑，面也，顑痛者，邪傷陽明之氣也。陽明之脈，曲折於口鼻頤頰之間，故取陽明曲周動脈，見血立已，此氣分之邪，隨血而解。如不已，按人迎於頭立已。前三句論經氣之相通，所謂中於面，下則陽明是也。後二句，論陽明之氣，上衝於頭而走空竅，出顑，循牙車而下合於陽明之經，并下人迎。言如不從曲折之絡脈而解，導之入於人迎而下行，其痛可立已也。蓋陽明居中土，爲萬物之所歸，邪入於經，則從腸胃而出矣。余伯榮曰：如寒傷太陽，劇者必衄，衄乃解。此皆氣分之邪，可隨血而愈。莫雲從曰：按人迎於經，乃啓下文之意。言陽明之氣，上行於頭，從牙車而下合於人迎，循膺胸而下出於腹氣之街者也。

腹痛刺臍左右動脈，已刺按之，立已。不已，刺氣街，已刺按之，立已。

〔張志聰注〕此承上文而言陽明之氣，循經而下行也。足陽明之脈，從膺胸而下挾臍，入氣街中。腹痛者，陽明之經厥也，故當刺臍左右之動脈。不已，刺氣街，按之立已。夫腹氣有街，與衝脈於臍左右之動脈間，刺氣街而按之者，使經脈之逆氣，從氣街而出於膚表也。此論陽明之氣，上衝於頭而走空竅，出顑，循牙車而下合陽明之經，并下人迎，循膺胸而下出於臍之氣街。是陽明之氣，出入於經脈之外內，環轉無端，少有留滯，則爲痛爲逆矣。沈亮宸曰：陽明之氣，從外迎而直下於足跗，通貫於十二經脈，故上之人迎，與下之衝陽，其動也若一。氣街者，氣之徑路也，蓋絡絶不通，然後從別徑而出，非竟出於氣街也。故先刺挾臍左右之動脈不已，而后取之氣街。

《靈樞·周痹》 帝曰：善，余已得其意矣。此內不在藏，而外未發於皮，獨居分肉之間，眞氣不能周，故命曰周痹。故刺痹者，必先切循其下之六經，視其虛實，及大絡之血結而不通，及虛而脈陷空者而調之，熨而通之，其瘛堅，轉引而行之。

〔張志聰注〕夫邪之客於形也，必先舍於皮毛，留而不去，則腠理開，開則抵深而入於分肉。留而不去，入舍於絡脈。留而不去，入舍於經脈，內連五藏，此邪在於分肉，而厥逆於脈中，故內不在藏，而外未出於皮，獨居分肉之間，眞氣不能周，故命曰周痺。眞氣者，五藏元眞之氣，三焦通會於肌腠之間，所受於天，與穀氣并而充身者也。邪沫凝聚於腠理，則眞氣不能充身，故曰周，謂因痺而不周也。下之六經，謂藏府十二經脈，本於足而合於六氣也。夫邪在於分肉，則分肉實而經脈虛，厥逆於脈中，則經脈實而分肉虛，故當視其虛實而取之。此刺周痺之法也。大絡之血，結而不通，邪在於大絡也，及虛而脈陷空者，絡氣虛而陷於內也。熨而通之，啓其陷下之氣通於外也。瘈堅者，絡結而掣瘲堅實，故當轉引而行之。此調治衆痺

之法也。張開之曰：邪在分肉，内則入於脈中，外則出於皮膚，故曰外未發於皮，謂經脈分肉之邪，當仍從皮毛而出。

《靈樞·刺節真邪》 大熱遍身，狂而妄見、妄聞、妄言，視足陽明及大絡取之。虛者補之，血實者瀉之。因其偃卧，居其頭前，以兩手四指挾按頸動脈，久持之。卷而切推，下至缺盆中，而復止如前，熱去乃止。此所謂推而散之者也。

〔張志聰注〕此言中焦所生之氣，從中而出，散行於上下者也。中焦之氣，陽明水穀之悍氣也，大熱偏身，狂而妄見妄聞，此陽明之氣，逆而爲熱狂也，故當視足陽明之皮部，及大絡取之。虛者補之，如逆於血脈之中而血實者瀉之。蓋中焦之氣，從大絡而出於皮膚者也，其悍氣之上衝頭者，循咽上走空竅，出顱，下客主人，循牙車，復與陽明之脈相合，并下人迎，從膺胸而下至足跗，故當因其偃卧，居其頭前，以兩手四指，挾按頸中人迎之動脈，久持之。蓋使悍熱之邪散於脈外，勿使合於脈中，此所謂推而散之者也。

《肘後方·救卒心痛方》 又方：閉氣忍之數十度，并以手大指按心下宛宛中，取愈。

《肘後方·治卒腹痛方》 又方：使病人伏卧，一人跨上，兩手抄舉其腹，令病人自縱重，輕舉抄之，令去牀三尺許，便放之，如此二七度止。拈取其脊骨皮，深取痛引之，從龜尾至頂乃止，未愈更爲之。

又方：令卧枕高一尺許，拄膝，使腹皮踧，氣入胸，令人抓其臍上三寸便愈。能乾咽吞氣數十遍者，彌佳。此方亦治心痛，此即伏氣。

《諸病源候論·風病諸候上·風濕痹候》 《養生方導引法》云：任臂不息十二通，愈足溼痺不任行；腰脊痺痛，又正卧，疊兩手著背下，伸兩腳不息十二通，愈足溼痺不任行；腰脊痛痺，有偏患者，患左壓右足，患右壓左足，久行手亦如足，用行滿十方止。

又云：以手摩腹，從足至頭，正卧踡臂，導引以手持引足住任臂，閉氣不息十二通，以治痺溼不可任，腰脊痛。

《諸病源候論·風病諸候上·風濕候》 《養生方眞誥》云：櫛頭理髮，欲得多過，流通血脈，散風濕，數易櫛，更番用之。

《諸病源候論·風病諸候下·頭面風候》 《養生方導引法》云：一手拓顋，向上極勢，一手向後長舒，急努，四方顯手掌，一時俱極勢四七，左右換手皆然。拓頤手兩向共頭欹側轉身二七，去臂髆頭風眠睡。

又云：解髮東向坐，握固，不息一通，舉手左右導引，手掩兩耳，治頭風，令髮不白，以手復將頭五通脈也。

《諸病源候論·風病諸候下·風邪候》 《養生方導引法》云：脾主土，土暖如人肉，始得發汗，去風冷邪氣。若腹内有氣脹，先須暖足，摩臍上下并氣海，不限偏數，多爲佳。如得左迴右轉三七，和氣如用，要用身内一百一十三法，迴轉三百六十骨節，動脈搖筋，血氣布澤。二十四氣和潤，臟腑均調和。氣在用頭，動轉搖振。手氣向上，心氣則下。分明知去和來，莫問平手欹腰。轉身摩氣，屈蹙迴動盡，心氣放散，送至涌泉，一一不失。氣之行度，用之導益，不解用者，疑如氣亂。

《諸病源候論·大便病諸候·大便難候》 《養生方導引法》云：偃卧直兩手，捻左右脇，除大便難。腹痛，腹中寒，口内氣，鼻出氣，溫氣咽之數十，病愈。

《諸病源候論·腹病諸候·腹痛候》 又云：偃卧，口内氣，鼻出之，除裏急。飽食後，咽氣數十，令溫中寒，乾吐嘔腹痛，口内氣七十所，大振腹，咽氣數十，兩手相摩令熱，以摩腹，令氣下。

《諸病源候論·風濕諸病候·鬼邪候》 以微爲之，故存視五臟，各如其形色。又存胃中，令鮮明潔白，如素爲之，倦極汗出乃止，以粉粉身，摩捋形體，汗不出而倦者，亦可止，明日復爲之。又當存作大雷電，隆隆鬼鬼，走入腹中，爲之不止，病自除矣。

《養生方導引法》 清旦初起，以左右手交互，從頭上挽兩耳，舉又引鬢髮即流通，令頭不白，耳不聾。又摩手掌令熱以摩面，從上下二七止，去汗氣，令面有光。又摩手令熱從體上下，名曰乾浴。令人勝風寒時氣，寒熱頭痛，百病皆愈。又時氣病，一日太陽受病。太陽爲三陽之首，主於頭項，故得病一日，頭項腰脊痛。

又時氣二日，陽明受病。陽明主於肌肉，其脈絡鼻入目，故病二日内熱，鼻乾不得眠。夫諸陽爲表，表始受病，皮膚之間，故可摩膏、火灸、發汗而愈。

《外臺秘要·天行病發汗等方四十二首》 然得時行病，一日在皮毛，當摩膏火灸愈。不解者，二日在膚，可法針，服解肌散，汗出愈。

《外臺秘要・雜療心痛方三首》古今錄驗眞心痛證，手足青至節，心痛甚者，旦發夕死，夕發旦死。療心痛，痛及已死方：

高其枕，柱其膝，欲令腹皮蹙柔，爪其臍上三寸胃管有頃，其人患痛短氣，欲令人舉手者，小舉手間痛差，緩者止。

《外臺秘要・腹痛方四首》《養生方導引法》云：股脛手臂痛，法屈一脛臂中所痛者，正偃卧，口鼻閉氣，腹痛，以意推之，想氣往至痛上，俱熱即愈。又云：偃卧，展兩脛兩手，仰足指，以鼻內氣自極七息，除腹中弦急切痛。又云：偃卧，口內氣，鼻出之，除裏急。飽咽氣數十，令温中寒。乾吐嘔、腹痛，口內氣七十所，大振腹，咽氣數十，兩手相摩令熱，以摩腹，令氣下。

《外臺秘要・卒腹痛方七首》張文仲療卒腹痛方：令病人卧，高枕一尺許，柱膝，使腹皮踧，氣入胸，令人爪其臍上三寸，便愈。能乾咽吞氣數十過者，彌佳。亦療心痛。

《儒門事親・寒形・感風寒》戴人之常谿也，雪中冒寒，入浴重感風寒，遂病不起。但使煎通聖散單服之，一二日不食，惟渴飲水，亦不多飲。時時使人搥其股，按其腹，凡三四日不食，日飲水一二十度，至六日，有譫語妄見，以調胃承氣湯下之，汗出而愈。戴人常謂人曰：傷寒勿妄用藥，惟飲水最爲妙藥，但不可使之傷，常令揉散，乃大佳耳。

《儒門事親・立諸時氣解利禁忌式三》可辛凉則辛凉解之，所察甚微，無拘彼此。欲水之人，慎勿禁水，但飲之後，頻與按摩其腹，則心下自動。若按摩其中脘，久則必痛，病人獲痛，復若有水結，則不敢按矣。止當禁而不禁者，輕則危，重則死。不當禁而禁者，亦然。今之士大夫多爲俗論。

《蘭室秘藏・自汗門・治血通經湯》靈壽縣董監軍，癸卯冬大雪時，因事到眞定，忽覺有風氣暴至，診候得六脈俱弦甚，按之洪實有力，其證手攣急，大便秘澀，面赤熱，此風寒始至加於身也。四肢者脾也，以風寒之邪傷之，則搐急而攣痺，乃風淫末疾而寒在外也。內經曰：寒則筋攣。正謂此也。本人素飲酒，內有實熱乘於腸胃之間，故大便秘澀，而面赤熱。內則手足陽明受邪，外則足太陰脾經受風寒之邪。用桂枝甘草以卻其寒邪，而緩其急搐；又以黃蘗之苦寒，以瀉實而潤燥，急救腎水；用升麻、葛根以升陽氣，行手足陽明之經，不令遏絶；更以桂枝辛熱入手陽明之經爲引用潤燥；復以芍藥、甘草專補脾氣，使不受風寒之邪而退木邪，專益肺金也；加人參以補元氣，爲之輔佐；加當歸身去裏急而和血潤燥，此藥主之。

芍藥伍分　升麻　葛根　人參　當歸身　炙甘草已上各壹錢

右剉如麻豆大，都作一服，水二大盞，煎至一盞，熱服不拘時，令暖房中近火，摩搓其手。

《世醫得效方・大方脈雜醫科・腰痛》導引法：理腰背痛。正東坐，收手抱心，一人於前據躡其兩膝，一人後捧其頭，徐牽令偃卧，頭到地，三起三卧便差。

《古今醫統大全・口病門・導引法》一法：凡人覺脊背屈強，不問時節，縮咽髆仰面努髆上，回頭左右兩向按之，左右二七遍，氣血行動定然，始更用。先緩後急，不得先急後緩。若無病人，常欲得旦起、午時、日沒三辰，如用辰別二七。除寒熱病，腰脊頸項痛，風痺，口內生瘡，牙齒風，頭眩盡除也。

《古今醫統大全・痹證門・附導引法》一法：以右踵拘左足拇趾，除風痺；以左踵拘右足拇趾，除厥痺；以兩手更引足趺至膝上，除體痺。

一法：踞坐伸腰，兩手引兩踵，鼻內氣，自極七息，布兩膝頭，除痹。

一法：凡人當覺腰脊拘急，手足舉動不遂，以左右手朝拱，迎面呵氣三口，足立直，蹬七數踞坐，左右手抱膝搖二七遍，納氣七息，愈周身之痺。

《古今醫統大全・脹滿門・導引法》一法：蹲坐住心，捲兩手，掌心向下，左右手搖臂遞互欹身盡轉勢，捲頭築肚，兩手衝脈至臍下，來去三七。去腹脹急悶，食不消化。

一法：腹中若脹有寒，以口呼出氣三十過止。

一法：若腹中滿，飲食若飽，端坐伸腰，以口納氣數十，滿吐之，以便爲故，不便復爲之。有寒氣腹中不安，亦行之。

一法：端坐伸腰，口內氣數十，除腹滿食飲過飽，寒熱腹中痛。

一法：兩手向身側，一向偏相勢，發頂足氣散下，又似爛物解散，手掌指直舒，左右相背，然去來三三，始正身前後轉動膊腰七。去腹脹，膀胱腰脊臂冷，血脈急強悸。

一法：脾主土，要煖，始得發汗，去風冷邪氣。若腹內有氣脹，先須煖足，摩上下并氣海，不限遍數，多爲佳，始得左迴右轉，立七扭氣，如用腰身內一十五法迴轉三百六十骨節，動脈搓筋，氣血布澤，二十四氣和調，臟腑均氣，用頭搖動，振呼向上，吸氣向下，分明知氣去來莫禦，平腰轉身摩氣，蹙迴

動盡，心氣放散，送至湧泉穴，不失氣之行度，用之有益。

《古今醫統大全·脇痛門·導引法》 以手交項上，相握自極，治脇下痛。坐地交兩手著不週遍握當挽。久行，實身如金剛，令息調長，如風雲如雷。

《古今醫統大全·夢遺精滑·導引法》 一法：半夜子時分陽正興時，仰卧瞑目閉口，舌頂上腭，將腰拱起，左手用中指頂住尾閭穴，在督脈下行盡處是穴。右手用大指頂住無名指根拳着，又將兩腿俱伸，兩腳十指俱摳，提起一口氣，心中存想脊背腦後上貫至頂門，慢慢直下至丹田，方將腰腿腳手從容放下，再照前行，陽則衰矣。如陽未衰，再行二三次。如初行時陽未興，勉強興之方可行。夫人之所以有虚疾者，因年少慾心太盛，房事過多，水火不能相濟，以致此疾。能行此法，不惟速去洩精之病，久而腎氣上升，心火下降，則水火既濟，永無疾病矣。

一法：治遺精不禁，以床鋪安短窄，卧如弓，彎二膝，并臍縮，或左或右側卧，用手扎陰囊，一手伏丹田，切須寧心凈卧，戒除房室思欲之事，固精不洩，可保身矣。

一法：側身曲卧戌亥之間，一手兜外腎，一手搓臍下八十一次，然後換手，每手各九次，兜搓九日見效，八十一日成功。

《古今醫統大全·淋證門·養生導引法》 一法：仰卧，令兩足膝頭，斜踵置鳩，口內氣，振腹，鼻出氣，去淋數。小便。

一法：蹲踞高一尺許，以兩手從外屈膝內入，至足趺上，急手握足五指，極力一通，令內曲八，利腰髖治淋。

一法：偃卧，令兩足膝頭，斜踵置鳩，口內氣，振腹，鼻出氣，去石淋莖中痛。

一法：以兩足踵布膝，除癃氣淋。

一法：偃卧，令兩足布膝頭取踵置鳩下，以口內氣，腹脹自極，以鼻出氣七息，除氣癃，小便數，莖中痛，陰以下濕，小腹痛，膝不隨也。

《東醫寶鑑·外形篇》 腳氣禁忌法　常令按摩，數勞動關節，令氣血通暢。此養生之要，拒風濕之法也。外臺。

腳氣按摩法　湧泉穴在足心，濕氣皆從此入，旦夕之間，常以兩足赤肉更次，用一手握指，一手摩擦。數目多時覺足心熱，即將腳指略略動轉，倦則少歇，或令人擦之亦得，終不若自擦爲佳，腳力強健，無痿弱疼痛之疾矣。

《景岳全書·雜證謨·心腹痛·論治》 氣血虚寒，不能營養心脾者，最多心腹痛證，然必以積勞積損及憂思不遂者，乃有此病；或心、脾、肝、腎氣血本虚而偶犯勞傷，或偶犯寒氣及飲食不調者，亦有此證。凡虚痛之候，每多連綿不止，而亦無急暴之勢，或按之、揉之、溫之、熨之痛必稍緩。

《動功按摩秘訣》 胸膈氣證　凡胸膈痞悶，八字立定，將手內相叉，胸前往下擦十二，閉氣一口，又擦十二，三五轉。又以左右手上下伸十二次，雙拳叉拳，輕捶臂與肩各十數，調咽一口，輕呵一口，叩齒一通止。如痞塊，立地閉氣，用兩手從腳背上抹至胸前三十六度，日行七次，五七日效。

痞悶，端坐，兩拳拄兩脅對心旁用力抵住，輕摩十二，叩齒一。如胸膈疼痛，面黄肌瘦，四肢無力，立八字仰面，手交背后，輕呵三口，叩齒一通，即行三五轉，汗出爲度，日行五七次。

凡酒積，立地閉氣，一手前上伸，一手后下伸，轉項扭身兩次，各十七，覺腹內響，身暖止，未全愈再行三次。

凡胸膈氣痛，閉口叉手，低頭看臍，兩手自胸前微用力往下刮數十，循推拂，日行三次效。

心證

凡心虚疼痛，端坐，擦熱兩手按膝，用意在中，右視左提，左視右提，各十二次，日行七次或九次。

前后心痛，八字立定，低頭對胸，叉定兩手抱腹上，提氣一口，咽氣一口，叩齒一通。

凡一切心痛，用左右手，丁字立，揚左手以目視右手，揚右手以目視左手，叩齒一通，輕呵一口，即行三五次。

婦人前後心痛，閉氣，以兩手中指抵住兩奶頭，左右扭身二十四轉或三十六轉，叩齒一通，行至汗出爲止。

腰背疼痛證　凡腰膊疼痛，高坐，八字舒腳，擦熱手掌心按兩膝，扭身十三，摩腰膊各數十，重者數百至千數，日行三五次爲度。

凡腰曲頭搖，立定，低頭彎腰如拜下，閉氣，手與腳尖齊，起。待息定再行，連行五七次止，日行三次。

凡冷痹腿腳疼痛，立定，左手舒指，右手捏肚，閉氣一口，左右如一。行三五轉，坐定，令人摩腿數百止，日行三度。

凡頭面腳背一切瘡疾，端坐，叉手閉口，左右搖天柱二十四，擦臂掌交處橫紋二十四，連行三五度，日行七次。

凡腿腳肚腹疼痛，立定，右手作扶牆勢，左手垂下，右腳向前虛蹬，閉氣一口。右手亦如是轉，行十六次。

凡腳腿痛疼，坐地舒兩足，弓腰，齊伸兩手扳兩腳，閉氣一口。曲拳彎腰，伸雙手過頂，口鼻微出氣三口。左腳前伸，坐住右腳；右腳前伸，坐住左腳，各叩齒三通而止。

凡腰背疼，反背手立定，拐頂腰，吸氣一口，分三咽，左右皆同。

凡腿痛疼，正身端坐，擦熱兩手摩后精門，待氣喘止，再咬牙關閉。次直舒兩腳，擦熱手按住大腿，叩齒一通而止。

凡通身痛疼，端坐舒兩腳，握固，閉氣一口，拜身向前。次立齊兩足，低頭垂手扳兩腳尖，閉氣一口，叩齒一通。

凡遍身疼痛，立定，左手掐劍訣，以右手握金剛拳指地，左足提懸頭，目右視，閉氣一二口，叩齒一通而止。

凡背脊疼痛，曲身伏地，雙膝跪，雙手按，閉氣一口，叩齒一通。

凡寒濕氣漏肩風，立地閉氣，雙手微用力，如解木板狀，左右各扯二十四，又轉，以汗出乃止，日行數次。

凡一切閃挫疼痛，不可護其疼，將身直立，雙手如托千斤，上升放下，亦如緩緩慢行，二十四次止。

凡腰疼痛難忍，高枕卧地，咬牙閉口，清心合眼，直竪兩足，使氣逆回，然後舒足，叩齒一通。又行，連行十二次乃止。

肩背指證　設有背強痛，可於至陽穴掐五七十度，擦五七十度，兼靜功。至陽穴乃腎脈經，在第七椎骨下，俯首取之，是其穴也。

設手腕無力反手，背臂腫痛，或因折傷不能握物，或肩背疼痛不能舉動者，皆於陽池穴掐五七十度，擦五七十度，兼靜功。陽池穴乃手少陽三焦經，在手背骨上陷中是穴也。

設有五指盡痛，不能握物舒暢者，可於外關穴掐五七十度，擦五七十度，兼靜功調攝。外關穴者，乃手少陽三焦經，在手腕骨上二寸，腕後陷中是穴也。

設有肩臂手不能舉者，可於肩顒穴掐五七十度，擦五七十度，肩顒穴乃手陽明大腸經，在肩柱骨上，肩端內骨間陷中，舉臂取之，有凹處乃是穴也。

設有手痛屈伸難甚者，可於曲池穴掐五七十度，擦五七十度，兼靜功。曲池穴乃手陽明大腸經，在肘後外橫紋尖上，屈手取之，此乃是穴也。

設有臂手牽痛者，可於曲澤穴掐五七十度，擦五七十度，兼行靜功。曲澤穴乃手厥陰心包絡經，在肘內臁正中間，屈肘取之。兼治九種心疼不可忍者。

設有手掌生瘡生疥者，可於勞宮穴掐五七十度，擦五七十度。日行數次。勞宮穴乃手少陰心經，在於尖中，由無名指點到處是其穴也。兼治心腹疼痛及胃氣疼。

設有肩背疼痛或陰酸疼，掐按肩髃、曲池，手指拘攣掐合谷。入風背膊疼痛，俱看病勢不拘定，兼靜功行之。

腰腎足膝證　設有腰脊痛不得俯首者，可於腰俞穴掐五七十度，擦五七十度，兼靜功。腰俞穴乃腎脈經，第二十椎骨下宛宛中，挺伏舒身，兩手相交支額，縱四體後取其穴。

設有脇痛者，可於支溝穴掐五七十度，擦五七十度，兼靜功。支溝穴乃手少陽三焦經，在手腕骨背上三寸，兩骨間陷中是穴。

設有腳瘴，可於行間穴掐五七十度，擦五七十度，兼靜功。行間穴乃足厥陰肝經，在足虎口中，大指次指岐骨間是。

設有腳背腫，可於內庭穴掐五七十度，擦五七十度，兼靜功。內庭穴乃足陽明胃經，在足大指次指外關是。

設有腳腫者，可於陷骨穴掐五七十度，擦五七十度，兼靜功。陷骨穴乃足陽明胃經，在足次指外，去內庭一寸是穴。兼治面目浮腫、陰痛、腸鳴腹痛及熱病汗不出者。

設有足麻痛者，可於解谿穴掐五七十度，擦五七十度，兼靜功。解谿穴乃足陽明胃經，在足腕上係帶處，去陷谷四寸半，內庭上量至足背下寸陷中是其穴也。

設有足脛腫及無力，或兩足生瘡者，可於商丘穴掐五七十度，擦五七十度，兼靜功。商丘穴乃足太陰脾經，在內踝骨下，赤白肉際微前陷中，此乃是穴也。

設有腳脛踝骨痛，可於丘墟穴掐五七十度，擦五七十度，兼靜功。丘墟

穴乃足少陽膽經，在足外踝微前近三分是其穴也。

設有跟骨痛者，可於崑崙穴掐五七十度，擦五七十度，兼靜功。崑崙穴乃足太陽膀胱經，在足外踝骨後，跟骨下陷中是也。

設有腿痛者，可於絕骨穴掐五七十度，擦五七十度，兼靜功。絕骨穴乃足少陽膽經，在足上踝三寸，動脈正中間是穴也。

設有寒濕腳氣及兩腳皸裂生瘡并血衄不止者，俱於京骨穴掐五七十度，兼用靜功。京骨穴乃足太陽膀胱經，在外足側大骨下，赤白肉際陷中，按而得穴。

設有轉筋腳氣，可於承山穴掐五七十度，擦五七十度，兼靜功。承山穴乃足太陽膀胱經，在腿肚肉尖上，分肉正中間陷中是穴也。一法在承筋穴法治，承筋乃足太陽膀胱經，在腿肚正中間，脛後從腳跟上來七寸乃是穴也。

設有筋痛，可於陰陵泉穴掐五七十度，擦五七十度，兼靜功。陰陵泉穴乃足太陰脾經，在膝下內側，取陽陵泉穴爲先，相對是穴也，陽陵穴乃足少陽膽經，在膝外高骨下各一指取之，微前陷中，此處即是穴也。

設有膝蓋紅腫酸痛，可於膝眼穴掐五七十度，擦五七十度，兼靜功。膝眼穴乃足陽明胃經，在膝蓋骨犢鼻穴外旁陷是穴也。又有膝關穴，乃足厥陰肝經，在膝蓋骨下，犢鼻穴內旁陷中是穴也。

設有膝痛冷痺不仁者，可於梁丘穴掐五七十度，擦五七十度，兼用靜功。梁丘穴乃足陽明胃經，在膝下二寸，兩筋間是穴也。

設有膝紅痛，可於寬骨穴掐五七十度，擦五七十度，兼用靜功。寬骨穴在膝蓋上，梁丘穴兩旁各開一寸是穴也。

設有膝難屈伸及腰痛者，可於委中穴掐五七十度，擦五七十度，兼用靜功。委中穴乃足太陽膀胱經，在膝腕正中間有紫筋者，此乃即是穴也。

設有膝蓋痛，可於陰市穴掐五七十度，擦五七十度，兼用靜功。陰市穴乃足陽明胃經，正在膝面上三寸是穴也。

設有腿酸疼痛，可於風市穴掐五七十度，擦五七十度，兼用靜功。風市穴乃足少陽膽經，在膝上腿外側兩筋間，令人直立垂手，中指盡處是穴也。

設有風濕腿疼不能動者，可於環跳穴掐五七十度，擦五七十度，兼行靜功。環跳穴乃足少陽膽經，在髀樞硯子骨間縫內，側卧，屈上足，伸下足，方得此處是穴也。設有腹痛亦治脊俞，脇痛亦治章門者，後已載之，此不宣。

癱瘓諸穴道　設有中風不省人事者，於患人印堂穴并人中穴，用指先掐人中穴五七十度，方用兩掌擦極熱，摩印堂穴五七十度，按摩畢，方令患人如前行靜功調攝。

人中乃任脈之總脈也，其穴在鼻柱之下三分，用水含口內，微凸上是人中穴。印堂在眉心正中。二穴兼掐治小兒驚風。

設有中風口眼斜者，可於承漿穴掐五七十度及摩五七十度，兼用靜功。承漿穴乃任脈之在口唇下五分，正中間是也。

設中風口歪者，亦可於地倉穴掐五七十度，搓五七十度，兼行靜功。地倉穴乃足陽明胃經之穴，在口角尖去五分是也。

設有癲癇、怔忡、心性痴呆及痰迷心竅，可於神門穴掐五七十度，搓五七十度，兼行靜功調攝。神門穴乃手少陰心經，其穴在手掌腕后高骨間，轉手骨開縫中是穴也。

或有中風不省，於頰車穴、合谷穴，或有半身不遂，於肩髃、曲池、環跳、風市、居髎、丘墟七穴皆照前治之，諸穴後此不細載。

按摩勞傷諸穴　勞傷骨蒸者，可於膏肓穴掐五七十度，搓五七十度，兼靜功。

膏肓穴乃足太陽膀胱經，在背四椎骨下，五椎骨上，兩旁各開三寸，去飯匙骨可容側指，平身坐，手按兩膝頭，開肩骨陷穴自見也。此穴亦能治虛汗及吐血諸證。

設有虛熱盜汗、衄血、五勞七傷等證，可於百帶穴掐五七十度，搓五七十度，兼行靜功。百帶穴乃腎經脈，在背大椎骨上，平肩取之，穴自見也。

設有吐紅痰證，可於俞府穴掐五七十度，搓五七十度，兼行靜功。俞府穴乃足少陰腎經穴也，在旋璣兩旁各開一寸半，仰頭取之。旋璣在天突下一寸陷中，仰視得之。天突在結喉下二寸宛宛中，兩筋間是穴也。設俞府穴兼可治哮吼痰證。

設有下元虛者，可於氣海穴掐五七十度，擦五七十度，兼行靜功。氣海穴乃任脈經，從臍中量下一寸半是穴也。此穴兼治諸氣及小腸氣、諸疝氣并婦人帶下等證。

設有遺精疾證，可於關元穴掐五七十度，擦五七十度，兼行靜功。關元穴乃任脈經，在臍下三寸是穴也。按遺精、白濁或亦治命門、白環、腎俞，查

穴參治之。

設有心虛、膽怯及遺精盜汗者，可於心俞穴搯五七十度，擦五七十度，兼行靜功。心俞穴乃足太陽膀胱經穴，在背五椎骨下，兩旁各開一寸半是也。兼治癲癇之疾。

設有虛火旺者，於三里穴搯五七十度，擦五七十度，兼行靜功。三里穴乃足陽明經胃之脈，在膝蓋下三寸，外廉大筋內間，舉大足指牽上肉動處是也。

設有童勞，於長強穴搯五七十度，擦五七十度，兼行靜功。長強穴乃腎脈，藏在尾骶骨尖上陷中是穴，伏地取之。此穴兼治痔漏、痔瘡、腸風下血。

設有脾胃虛弱飲食不進者及心脾痛可於中脘穴搯五七十度，擦五七十度，兼行靜功。其中脘穴乃任脈之經，在臍上四寸，自鳩尾骨尖之下至臍中，用草心量，折中是其穴也。

臌脹證　設有臌脹、氣喘、腹痛者，可於建里穴搯五七十度，擦五七十度，兼行靜功。建里穴乃任脈經，在中脘下一寸，臍上三寸是也。

設有水腫諸痰，可於水分穴搯五七十度，擦五七十度，兼行靜功。水分穴乃任脈經，在下脘下一寸，臍上一寸是穴也。

小腹脹滿者，可於水分、水道、中脘、氣海等穴搯五七十度，擦五七十度，兼行靜功。

設有遍身腫脹，可於水分、三里、氣海諸穴搯五七十度，擦五七十度，兼行靜功。

膈噎證　設有翻胃吐食等證，可於脾俞穴搯五七十度，擦五七十度，兼行靜功。脾俞穴在足太陽膀胱經，在背第十一椎骨下，脊中兩旁各開一寸半是也。此穴兼治黃疸證，如前擦、搯，行靜功。

心脾氣證　設有心胃脾病幷諸氣脹痛者，可於上脘穴搯五七十度，擦五七十度，兼行靜功調攝。上脘穴乃任脈之經，在巨闕之下一寸五分，臍上五寸，是其穴也。

設有脾胃虛弱，飲食不進者及心脾痛，可於中脘穴搯五七十度，擦五七十度，兼行靜功。其中脘穴乃任脈之經，在臍上四寸，自鳩尾骨尖之下至臍中，用草心量，折中是其穴也。

設有胃氣不和及脾寒骨熱者，可於食倉穴搯五七十度，擦五七十度，兼行靜功調攝。其食倉穴乃足少陰腎經，在中脘之兩旁，各開去三寸是其穴也。

設有胃脘痛幷諸痰，可於巨闕穴搯五七十度，擦五七十度，兼靜功。巨闕穴乃在任脈經，在鳩尾下一寸，臍上六寸半陷中是也。更有下脘，乃任脈經，在建里下一寸，臍上二寸，治同。

設有痞氣，可於章門穴搯五七十度，擦五七十度，兼靜功。章門穴乃足厥陰肝經，在大橫紋外直季脇肋，去臍上二寸，兩旁橫九寸，側卧，屈上足，手臂屈中指放耳垂下，肘尖盡是也。

設有胃氣泄痢者，可於天樞穴搯五七十度，擦五七十度，兼靜功。天樞穴乃足陽明胃經，在臍旁各開二寸是穴也。或有心氣痛，搯擦巨闕、膻中、中脘、氣海等穴，痞塊亦治。章門、中脘、命門者小腸氣，氣海、歸來、大敦者蟲痛，中脘、食倉者皆宜參用。

傷寒證　設有體本虛弱易感風寒者，可於風門穴搯五七十度，擦五七十度，兼靜功調攝。其風門穴乃足太陽膀胱經，在背脊第二椎骨兩旁邊各開去一寸五分是穴也。

設有瘧疾、傷寒感冒及寒熱往來結胃者，可於間使穴搯五七十度，擦五七十度，兼靜功。間使穴乃手厥陰心包絡，在手掌後橫紋上，去內關一寸，兩筋陷中是也。

設有傷寒譫語、結胸腹痛等證，可於期門穴搯五七十度，擦五七十度，兼清靜功夫。期門穴乃足厥陰肝經，在直乳下二寸第二筋端。兼治熱入血室。

設有久瘧，可於百勞、中脘、間使等穴如前治，穴法已不載宣。

痰火哮喘證　設有哮吼喘急，可於天突穴搯五七十度，擦五七十度，兼用靜功。天突穴乃任脈經，在結喉下二寸宛宛中，兩筋間是穴。

設有胸膈悶痛、痰涎擁盛，可於璇璣穴搯五七十度，擦五七十度，兼用靜功。璇璣穴乃任脈經，在天突穴下一寸陷中是穴。

設有哮喘等證，可於俞府、華蓋、乳根等穴搯五七十度，擦五七十度，兼用靜功。俞府穴已見癆證。華蓋穴乃任脈經，在璇璣穴下一寸陷中，仰頭取之是穴。乳根穴乃足陽明胃經，在乳下一寸六分陷中，仰面取之是穴也。

設有氣急痰盛及肺癰，可於肺俞穴搯五七十度，擦五七十度，兼用靜功。肺俞穴乃足太陽膀胱經，在背第三椎骨兩旁各開一寸半，此乃是穴也。

設有吼喘，可於脊中穴掐五七十度，擦五七十度，兼用靜功。脊中穴乃督脈經，在第十一椎骨下，統而取之，穴對前中上脘。令人平站，將繩自結喉上垂下。至上脘又將此繩自大椎骨垂，繩盡處是穴也。

設有咳嗽寒疾之證，可於列缺掐五七十度，擦五七十度，兼用靜功。列缺穴乃手太陰肺經，在手腕後上側寸半，兩手相叉，食指盡處，高骨縫間是穴也。間有哮喘用天突、靈臺、少衝、小指端，久嗽用三里，痰火用百勞、三里，痰火氣用巨闕、中脘，皆宜查明穴法參用。

頭痛證　設有頭痛諸疾，可於百會穴掐五七十度，擦五七十度，兼靜功。百會穴乃督脈經，在頭正中間，先鼻中直上，分路正直，用草心前眉間量至後髮際，除左耳尖量至右耳尖，當中折斷，手摩容豆許是穴也。兼治脫肛。

設有諸頸風疼及腦洩鼻衄，可於上星穴掐五七十度，擦五七十度，兼靜功。上星穴乃督脈經，在頭，男左女右。手掌後橫紋量至中指盡處，然後移至鼻尖上，牽至胸上盡處是穴。

設有頭痛，可於囟會穴掐五七十度，擦五七十度，兼靜功。囟會穴乃督脈，在上星穴一寸陷中，可容豆許是穴。

設有頭風筋攣、衄血等證，可於風府穴掐五七十度，擦五七十度，兼用靜功。其風府穴乃督脈之經，在項後兩骨正中間，入髮際內一寸，與風池相平是其穴也。

設有頭風，可於風池穴掐五七十度，擦五七十度，兼靜功。風池穴乃足少陽膽經，在耳後大筋內，入髮際五分，風府兩旁各開二寸是穴也。或有偏正頭風，用太陽、風池、合谷者，或有腦洩用上星者，皆宜查明穴法，如前參用，必細心按穴掐擦。

男女諸雜證皆治　設有下元諸痰，可於靈臺穴掐五七十度，擦五七十度，兼靜功。靈臺穴乃督脈經，在第六椎骨節下，俯首取之。

設有婦人帶下、月經不調，男子腰痛，腎寒遺精，俱於腎俞穴掐五七十度，擦五七十度，兼靜功。腎俞穴乃足太陽膀胱經，在第十四椎骨下，兩旁各開一寸半，此乃是穴也。

設有內熱火盛腹痛，可於內關穴掐五七十度，擦五七十度，兼靜功。內關穴乃手厥陰心包絡，在手掌後橫紋去大陵穴二寸兩筋間，正坐仰手取之，是其穴也。

設有男子諸風痛、女子血氣痛，可於申脈穴掐五七十度，擦五七十度，兼用靜功。申脈穴乃足太陽膀胱經，在足外踝下五分，赤白肉際是穴也。

設有淋瀝白濁及婦人經水不調并陰蹻癇病夜發者，可於照海穴掐五七十度，擦五七十度，兼功。照海穴乃足少陰腎經，在足內踝赤白肉際，令對坐而取之。

設有婦人月水不調，可於三陰交穴掐五七十度，擦五七十度，兼靜功。三陰交穴乃足太陰脾經，在足內踝上三寸，骨筋陷中是穴也。

設有中風溺水、陽絕腸痛等證，可於神闕穴掐五七十度，擦五七十度，兼靜功調攝。仍以燒鹽填滿，上用火熨。如小便不通，用葱搥碎填熨處。神闕穴乃任脈經，在臍中是也。

設有婦人無子及月經不調，可於陰交穴治。陰交穴乃任脈經，在臍下一寸。婦人血氣塊痛，調經種子，可於氣穴治。氣穴乃足少陰腎經，在陰戶兩旁各開一寸半，左名包門，右名子戶。諸瘡，百蟲窠、三里、解溪，俱如前掐、擦，兼用靜功。

頭疼證　凡頭昏痛，當端坐，閉氣咬牙，雙手掩耳，擊天鼓三通，每通十二。叩齒三通。每通十二。即行三通，次用兩手雙摩太陽七十度，每手摩崑崙一百二十度。如前再行三次，復叩齒而止。凡行此功當於無風密室而行。

凡混腦頭風，背坐以雙手抱兩耳，指尖在腦後相接，閉氣十二口，叩齒三通，拍頂九下，日行三五次。

凡頭風流冷淚，閉氣，用兩手抱額腦，將頭向前後搖五七十次，待眼熱淚止爲度。如氣急重閉，再行可也。

凡頭腦痛，盤膝端坐，用兩手大二指掐住兩耳門，閉住眼耳口鼻，送丹田七孔之氣上升頂門，日行數次，愈爲度。

偏疝及婦帶下證　設有小腸疝氣等證，可於水道穴掐五七十度，擦五七十度，兼靜功。其水道穴乃是陽明胃經，正在天樞穴下三寸，又在關元穴兩旁各開二寸是其穴也。

設有疝氣偏墜，可於歸來穴掐五七十度，擦五七十度，兼靜功。歸來穴乃是陽明胃經，在臍心下四寸兩旁各二寸，卧下舉頭，有鼠形肉上，此乃是其穴也。

設有疝氣，可於大敦穴掐五七十度，擦五七十度，兼靜功。大敦穴乃足

厥陰肝經，在足大指甲後，爪如韭葉聚毛中是也。

設有男子疝氣併女子漏下，可於太衝穴掐五七十度，擦五七十度，太衝穴乃足厥陰肝經，在足大指第二縫間，相去二寸半，此處即是穴也。

設有婦人赤白帶下，治氣海、中脘、中極，宜皆查穴參用。

瘻癧痔漏證　設有痔漏腸風，可於長強穴掐五七十度，擦五七十度，兼靜功。長強穴乃督脈經，在尾骶骨尖上陷中，伏地得穴。

設有疾痔，可於二白穴掐五七十度，擦五七十度，兼靜功。二白穴在掌後横紋四寸，兩穴相對，一穴在筋內，一穴在筋外。

肩井穴乃足少陽膽經，在肩上陷中，缺盆骨盡處，以二指按取，當中指陷便是此穴也。兼治婦人產暈。

設有鼠瘻，可於缺盆穴掐五七十度，擦五七十度，兼靜功。缺盆穴乃足陽明胃經，在頸下肩端横骨上迹，頸者有青脈，脈牽頸陷中是穴。又於肘尖上治之。

設有脫肛，可於百會穴掐五七十度，擦五七十度，再用五倍明礬水洗淨，以木賊草燒灰存性，敷蕉葉托上愈。百會穴見前。或有痔漏。治腰膂手臂，二白三穴皆宜查明參用。

《蘭臺軌範·癲狂癇門》　治癲狂百病

大麻子四升上好者。以水六升，煮令芽生，去滓，煎取二升，空腹頓服。或多言語，勿怪，但使人摩手足。

《雜病源流犀燭·遺洩源流》　遺洩導引　《保生秘要》曰：用出頭葫蘆一個，口上安帶得法，套行具而如意睡法，如陽物每夜覺起時，勿失其候，急起煖衣，提運三十六足數，運胸散四肢，照此勤心行之，永無患矣。

運功　《保生秘要》曰：常要守靜，存心念臍，勿令弛放，後意想一條水下膀胱，絛尾閭，分行二路，上兩腎，分左右運收臍輪，臨臥時摩擦足心及腎俞穴，曲一足而側卧，精自固矣。

《雜病源流犀燭·肝病源流》　導引法　臞仙曰：可正坐，以兩手相重按胜下，徐緩身，左右各三五度。又可正坐，兩手拽相叉，翻覆向胸三五度，此能去肝家積聚，風邪毒氣。

《雜病源流犀燭·奇經八脈門·七疝源流》　疝痛導引法　《類聚》曰：坐舒兩腳，以兩手捉大蹞趾，使足上頭下，極挽五息止，引腹中氣遍行身體，去疝瘕病。

又導引　《保生秘要》曰：用手緊鼎幽闕，納氣數口，而緊緊頂閉納之，立效。

運功　《保生秘要》曰：因慾火積滯，外腎復感冷氣，故作脹痛，不可勝言。注意從外腎提氣至內腎，右運二七遍，即從內腎想一火提至頂門外，略凝，而後行吹吸之法。

《雜病源流犀燭·內外傷感門·色慾傷源流》　煉之之訣，須半夜子時，即披衣起坐，兩手搓極熱，以一手將外腎兜住，以一手掩臍，而凝神於內腎，久久習之，而精旺矣。【略】《黃庭經》曰：急守精室勿妄泄，閉而實之可長活。《集要》曰：西番人多壽，考每夜卧，常以手掩外腎，令溫煖，此亦一術也。

《雜病源流犀燭·臟腑門·咳嗽哮喘源流》　導引　《保生秘要》曰：用手法於十一椎下脊中穴，掐之六十四度，擦亦如數，兼行後功，喘自然安。

運功　《保生秘要》曰：以手摩擦兩乳下數遍，後擦背，擦兩肩，定心嚥津降氣，以伏其喘。

《雜病源流犀燭·腫脹源流》　胸腹脹悶導引　《保生秘要》曰：雙手交叉，低頭觀臍，以兩手貼胸口，將身往下，不論數推沸，能寬胸脹，止腹疼，兼後功效。

臌脹導引　《保生秘要》曰：坐定擦手足心極熱，用大指節仍擦摩迎香二穴，以暢肺氣。靜定閉息，存神半晌，次擦手心，摩運臍輪，按四時吐故納新，從玄雍竅轉下至丹田，捫氣面，撮穀道，緊尾閭，提升泥丸，下降宮，復氣海，週天一度，如此七七，身心放下半炷香許。如久病難坐，用得力人扶背，慎勿早睡，恐氣脈凝滯，神魂參錯，效難應期。手足可令人摩擦。患輕者，一七能取大效。重則二七、三七。五臌盡消，屢屢取驗，妙入神也。

運功　《保生秘要》曰：反瞳守歸元，念四字訣，定後斡旋，推入大腸曲行，提回抱守，能清鼓脹。氣脹加推散四肢，時吐濁吸清，飲食宜少。降氣安心，而食自然加。或病酒過用湯水而成，宜通其二便，摩臍輪，腎輪二穴，吹嘘其氣，或開腠理，以洩微汗，其脹自效。血脹，加運血海效。

《雜病源流犀燭·小便閉癃源流》　導引　《保生秘要》曰：搓小紙撚入鼻中，俟打嚏噴，小水自通，此治閉塞。若遲塞，多搓掌心及湧泉穴，退火安靜，或再行運功法，自效。

《雜病源流犀燭·虛損癆瘵源流》 虛癆導引 《保生秘要》曰：掌心無事任擦搓，早晚摩兩脇、腎俞、耳根、湧泉，令人搓百四十回，固精多效。朝煅人乳酒，飲清潔童便，或服循環水，用姜棗以煖脾宮。或用秋石代鹽，取其滋陰降火，或虛損無力服參者，宜依方進氣，取效天然。至危漏底，諸藥難治者，用好臍帶數條燥爲末，每服二錢，好酒諒意調服，神驗也。戒惱怒，絕思慾，忘言守靜，能踵息，起死回生。

《雜病源流犀燭·五淋二濁源流》 淋濁導引 《保生秘要》曰：於腎俞、照海、氣海，掐之九九，擦亦九九，兼用後功。

運功 《保生秘要》曰：用雙手抱兩膝，吹吸，念臍下，絲尾閭，升氣降回，吸而咽之。

《雜病源流犀燭·六淫門·中風源流》 癱瘓導引法 《保生秘要》曰：如患右手，以右手指右回頭，目左而視。左患亦如之，各運氣二十四口。如患左足，坐平凳子上，以左足踏右膝上，左手托腳跟，右手扳腳尖，轉頭向左。患右亦如之，用力扳之。能除風寒暑濕，遠近癱瘓之證無不驗。

偏風導引法 《保生秘要》曰：左偏，於左內關穴掐之九九，擦之九九，次掐五指尖，右亦如之。

《雜病源流犀燭·身形門·頭痛源流》 頭痛導引法 《保生秘要》曰：用手法百會穴掐六十四度，擦亦如之，兼用後功。

頭重目花導引法 《保生秘要》曰：觀空，坐定，閉氣，以兩手心掩耳擊天鼓，次擦湧泉穴，次以手按膝端而坐，呵氣九口，如法定神。

《雜病源流犀燭·身形門·頭痛源流》 頭暈腦痛及痰滯導引法 《保生秘要》曰：單搭膝坐，二指點閉耳門，及口眼鼻七竅之處，躬身微力前努，使眞氣上升，腦邪自散矣。

神暈頭暈導引法 《保生秘要》曰：此證情慾所傷，氣衰血少，心火上攻，痰飲串肺爲患，日久變成勞瘵。於肩井穴掐九九，擦九九，兼用後功自愈。

《雜病源流犀燭·胸膈脊背乳病源流》 背痛導引法 《保生秘要》曰：以掌擦之九九，乘熱，交搭左右二肩，躬身用力，往來搧動九九數，加以後功。

《雜病源流犀燭·腿股膝臏踝足病源流》 腳氣按摩法 《養生書》曰：湧泉穴在足心，濕氣皆從此入。旦夕之間，常以兩足赤肉，更次用一手握指，一手摩擦，數目多時，覺足心熱，即將腳指略略動轉，倦則少歇，腳力強健，無痿弱痠痛之疾矣。

婦科病證治

《婦人大全良方·婦人風入腸間或秘或痢方論》 潞公在北門日，盛夏間苦大腹不調。公隨行醫官李琬，本衢州市戶，公不獨終始涵容之，又教以醫事。公病泄痢，琬以言動搖之，又求速效。即以赤石脂、龍骨、乾薑等藥饋公。公服之，不大便者累日，其勢甚苦。余方自共城來見公。未坐定，語及此事，公又不喜服大黃藥。余告曰：此燥糞在直腸，藥所不及，請以蜜兌導之，公爲然。時七月中苦熱，余搗汗爲公作蜜兌，是夕三用藥，下結糞四五十枚，大如胡桃，色黑如橡栗。公二三日間，飲食已如故。世有一種虛人，不可服利藥，今載其法。

蜜兌法：好蜜四五兩，銀石器內慢火熬，不住手以匙攪，候可圓。見風硬即以蛤粉塗手，捏作人指狀，長三寸許，坐廁上內之，以手掩定，候大便通即放手。未快再作。

《婦人大全良方·楊子建〈十產論〉》 凡人生產，先知此十產證候，則生產之婦永無傷損性命。生產之間，性命最重。幸而孩子易生，人不知福，萬一有少艱難，則須臾之間，子母之命懸於絲髮。但世人所患者，惟看生產。收生之人，少有精良妙手，緣此而多有傾性命。余因傷痛其事，不爲無補。外有盤腸產，僕添方法在後。

一曰正產：

正產者，蓋婦人懷胎十月滿足，陰陽氣足，忽然腰腹作陣疼痛，相次胎氣頓陷，至於臍腹疼痛極甚，乃至腰間重痛，穀道挺迸，繼之漿破血下，兒子遂生，此名正產。

二曰傷產：

傷產者，蓋婦人懷胎，忽有七月、八月而產；忽至九月、十月而產；忽有經一年、二年，乃至四年、五年而後產者。今獨以十月滿足爲正產。蓋一人之生，陰注陽定，各有時日，不可改移。今有未產一月已前，忽然臍腹疼痛，有如欲產，仍卻無事，是名試月，非正產也。但一切產母，未有前面正產證

候，即不可令人抱腰，產母亦不可妄亂用力。蓋欲產之婦，臍腹疼痛，兒身未順，收生之人，卻教產母虛亂用力，兒身纔方轉動，卻被產母用力一逼，遂使兒子錯路，忽橫忽倒，不能正生，皆緣產母未當用力之所致也。凡產母用力，須待兒子順身，臨逼門戶，方始用力一送，令兒下生，此方是產母之用力當也。若未有正產之候而用力傷早，并妄服藥餌，令兒下生，譬如揠苗而助之長，非獨無益，而又害之，此名傷產。

三曰催產：

催產者，言婦人欲產，漿破血下，臍腹作陣疼痛，其痛極甚，腰重，穀道挺迸，已見是正產之候，但兒卻未生，即可服藥以催之。忽有經及數日，產母困苦，已分明見得是正產之候，但兒子難生，亦可服藥以助產母之正氣，令兒速得下生，此名催產。

四曰凍產：

凍產者，蓋言三冬之月，天氣寒冷，產母經血得冷，則凝結而不散。因其血之不散，以至兒子不能生下。此之一弊，爲害最深，然世人不知覺。若冬月，產婦下部不可脫去綿衣，并不坐卧寒冷之處，當滿房着火，令遍房常有暖氣，常令產母背身向火，令臍下、腿膝間常有暖氣。若背上、心前少聞寒冷，須是暖炙綿衣以包之爲貴，其血得熱則流散，使兒子易生，此名凍產。若春秋之間，天地少有陰濕寒冷之氣，亦可就房中以微炭火暖之爲妙。

五曰熱產：

熱產者，蓋言盛暑之月，欲產之婦當要其溫涼得所，不可因熱恣意取涼，反有傷損胎氣。又生產之處，不可多着人數，切恐人多，熱氣逼襲產母。蓋人之血氣，得熱則散，熱過則損。今當夏暑炎熱之盛，而產母氣虛，人氣一逼，則其血沸溢，而血得熱則上蒸，能令產母發熱頭痛，面赤昏昏如醉，乃至不知人事。世有名血暈者，緣此而成也，此名熱產。若值夏月，少有清涼之氣，陰雨之變。產母亦不可任意取涼，恐生大病。

六曰橫產：

橫產者，蓋兒子下生，先露其手，忽先露其臂，此因未當用力而產母用力之過也。臍腹疼痛，兒身未順，則是產母用力一逼，遂致身橫而不能生下。不幸而有此證候，當令產母安然仰卧，令看生之人推而入去。凡推兒之法，先推其兒身，令直上，漸漸通手以中指摩其肩，推其上而正之，漸引指攀其耳而正之。須是產母仰卧，然後推兒直上，徐徐正之，候其身正，門路皆順，煎催生藥一盞，令產母吃了，方可令產母用力，令兒下生，此名橫產。倘若看生之人非精良妙手，不可依用此法，恐恣其愚，以傷人命。

七曰倒產：

倒產者，蓋因其母胎氣不足，關鍵不牢，用力太早，致令兒子不能回轉順生，便祗直下先露其足也。治之之法，當令產母於床上仰卧，令看生之人推其足，入去分毫。不得令產母用力，亦不得驚恐，候兒自順。若經久不生，卻令看生之人輕輕用手內人門中推其足，令就一畔直上，令兒頭一畔漸漸順下，直待兒子身轉，門路正當，然後煎催生藥，令產母服一盞後，方始用力一送，令兒生下，此名倒產。若看生之人非精良妙手，不可依用此法，恐恣其愚，以傷人命。

八曰偏產：

偏產者，蓋因兒子回轉，其身未順，生路未正，卻被產母用力一逼，致令兒頭偏拄左腿，忽偏拄右腿，致令兒雖近人門而不能生下。但云兒已露頂，然不知兒之所露即非頂也，忽左額角，忽右額角而已。謂兒頭偏拄一畔，以此不能生。收之之法，當令產母於床上仰卧，令看生之人輕輕推兒近上，以手正其頭，令兒頭頂端正向人門，然後令產母用力一送，即使兒子生下。若是小兒頭之後骨偏拄穀道，即令頭令正，即便令產母用力送兒生也，此名偏產。凡於穀道外旁推兒頭正，須推其上而正之，仍是小用輕力推些上，兒而正之也。若看生之人非精良妙手，不可依用此法，恐恣其愚，以傷人命。

九曰礙產：

礙產者，蓋言兒身已順，門路俱正，兒子已露正頂而不能生下。蓋因兒身回轉，肚帶攀其肩，以此露正頂而不能生，此名礙產。收之之法，當令產母於床上仰卧，令看生之人輕輕推兒近上，徐徐引手，以中指按兒肩下其肚帶也。仍須候兒身正順，方令產母用力一送，使兒子下生，此名礙產。若看生之人非精良妙手，不可依用此法，恐恣其愚，以傷人命。

十曰坐產：

坐產者，蓋言兒子之欲生，當從高處牢繫一條手巾，令產母以手攀之，輕輕屈足坐身，令兒生下，非令產母臨生兒時坐着一物，此名坐產。若是產母兒將欲生，卻令坐着一物，即抵着兒路，不能生也。

十一曰盤腸産：續添。

趙都運恭人，每臨産則子腸先出，然後産子。産子之後，其腸不收，甚以爲苦，名曰盤腸産。醫不能療。則在建昌，得一坐婆施之一法而收之。其法遇産後子腸不收之時，以醋半盞，新汲冷水七分，碗凋停，噀産婦面，每噀一縮，三噀收盡。此良法也，後學不可不知。

治推腸主方，又名盤腸産。

右以半夏爲末，搐鼻中則腸上矣。

又方：以大紙撚，以麻油潤了，點燈吹滅以烟熏産婦鼻中，腸即上矣。

又方：以蓖麻子十四粒，去殼，研如膏，貼産婦頭頂中心，腸即上，即拭去。

《婦人大全良方·乳癰方論》《産寶》論曰：産後宜動去乳汁，不宜蓄積。不出惡汁，內引於熱，出結硬堅腫，牽急疼痛或渴思飲，其奶手近不得。若成膿者，名妬乳，乃急於癰，宜服連翹湯。利下熱毒，外以赤小豆末，水調塗之便愈。或數捏去乳汁，或以小兒手摩動之，或大人含水嗍之，得汁吐之，其汁狀如膿。若産後不曾乳兒，蓄積乳汁，亦結成癰。療産後妬乳幷癰。連翹湯。

連翹子　升麻　芒硝各十分　玄參　芍藥　白蘞　防己　射干各八分

大黄十二分　甘草六分　杏仁八十枚，去皮尖

右以水九升，煎取三升，大黄次下，硝分三服。

又方：蒲黄草

右熟搗敷腫上，日三度，易之。幷葉煎汁飲之亦佳。妬乳及癰幷差。

又方：以地黄汁塗即愈。

《儒門事親·內傷形·收産傷胎》一孕婦，年二十餘，臨産召穩嫗三人，其二嫗極拽婦之臂，其一嫗頭抵婦之腹，更以兩手扳其腰，極力爲之，胎死於腹，良久乃下，兒亦如血，乃穩嫗殺之也。豈知瓜熟自落，何必如此乎！其婦因茲經脈斷閉，腹如刀剜，大渴不止，小溲閟絶。主病者禁水不與飲，口舌枯燥，牙齒黧黑，臭不可聞，食飲不下，昏憒欲死。戴人先以冰雪水恣意飲之，約二升許，痛緩渴止。次以舟車丸，通經散，前後五六服，下數十行，食大進，仍以桂苓甘露散，六一散，柴胡飲子等調之，半月獲安。

又一婦人臨産，召村嫗數人侍焉，先産一臂出，嫗不測輕重拽之，臂爲之斷，子死於腹。其母面青身冷，汗漐漐不絶，時微喘，嗚呼！病家甘於死。忽有人曰：張戴人有奇見，試問之。戴人曰：命在須臾，針藥無及。急取秤鈎，續以莊繩，以膏塗其鈎，令其母分兩足向外偃坐。左右各一人腳上立足，次以鈎其死胎，命一莊力婦，倒身拽出死胎，下敗血五七升。其母昏困不省，待少頃，以冰水灌之，漸噉二口，大醒食進，次日四物湯調血，數日方愈。戴人常曰：産後無他事，因侍嫗非其人，轉爲害耳。

《儒門事親·內積形·冷疾》戴人過醮都營中飲會，鄰度有一卒，説出妻事，戴人問其故。答曰：吾婦爲室女，心下有冷積如覆杯，按之如水聲，以熱手熨之如水聚，來已十五年矣。恐斷我嗣，是故棄之。戴人曰：公勿黜也。如用吾藥，病可除，孕可得。卒從之。戴人診其脈沉而遲，尺脈洪大而有力，非無子之候也，可不踰年而孕。其良人笑曰：試之，先以三聖散吐涎一斗，心下平軟，次服白朮調中湯，五苓散，後以四物湯和之。不再月，氣血合度，數月而娠二子。戴人常曰：用吾此法，無不子之婦，此言不誣矣。

《儒門事親·內積形·沉積疑胎》修弓杜匠，其子婦年三十，有孕已歲半矣。每發痛則召侍嫗待之，以爲將産也，一二日復故，凡數次。乃問戴人，戴人診其脈濇而小，斷之曰：塊病也，非孕也。脈訣所謂濇脈如刀刮竹形，主丈夫傷精，女人敗血。治之之法，有病當瀉之。先以舟車丸百餘粒，後以調胃承氣湯，加當歸、桃仁，用河水煎，乘熱投之。三兩日，又以舟車丸、桃仁承氣湯，瀉青黄膿血，雜然而下。每更衣，以手向下推之、揉之則出。後三二日，又用舟車丸，以豬腎散佐之。一二日，又以舟車丸，通經如前。數服，病十去九。俟晴明，當未食時，以針瀉三陰交穴，不再旬，塊已沒矣。此與隔腹視五臟者，復何異哉！

《世醫得效方·産科兼婦人雜病科·保産》收生法：凡橫逆等證，則當以手法爲治。收生之人，徐老成良善，臨期須心平氣和，施以妙手，亦宜直言叮嚀，詳盡其意乃可。不可用躁性之徒，恣其粗愚，因而傷命。如横産，謂兒先露手或臂者。治法當令産母安於仰卧，收生之人，答徐先推兒下截令直上，漸通手以中指摩其肩推上而正之，漸引手攀其耳令頭正。候兒身正，門路順，即投催生藥，安詳上草，自然易産。若逆産，謂兒先露足者。治法亦令産母仰卧，分毫不得用力，亦不得驚恐，收生之人，徐徐推其足就一邊直上，候兒自順，若良久不順，又漸漸推兒頭就一邊令其順下。待兒身轉順，門路

正當，即用催生之藥，即産。又如偏産，謂兒頭偏拄一傍，雖逼近産門，初非露正頂，止露額角者。治法亦令産母仰卧，收生之人輕輕推兒近上，以手正其頭，令兒頭頂端正向産門。又有兒頭後骨偏拄穀道者，當以綿衣炙焙令熱，裹手，急於穀道外傍徐徐推之，漸漸近上，然後上草。至如礙産，謂兒頭雖正産門，而不能生下者，或因兒轉，臍帶攀挂其肩，致不能生者。治法令産母仰卧，收生之人輕手推兒近上，徐徐通手引中指按兒兩肩，理脱臍帶，兒正即産。又有坐産，謂兒將欲生，産母疲倦，不能行立，久立椅蓐，抵兒生路，不能下生者。治法當於高處懸帀手巾或絹帛一條，令産母手攀，輕輕屈足，良久兒即順生。

《**仁術便覽·治難産**》 香桂散 下死胎。

麝香半錢另研 官桂二錢末

右調勻，酒調下，須臾，如手推下。

外科病證治

《**馬王堆漢墓帛書·五十二病方**》 狂犬齧人：取恆石兩，以相靡（磨）殹（也），取其靡（磨）如糜（糜）者，以傅犬所齧者，已矣。【略】犬筮（噬）人傷者：取丘（蚯）引（蚓）矢二升，以井上甕鹽處土與等，并熬之，而以美【醯】□□□□之，稍垸，以熨其傷，犬毛盡，傅傷而已。

《**馬王堆漢墓帛書·五十二病方·白瘧**》 白瘧：白瘧者，白毋奏（腠），取丹沙與鱣魚血，若以鷄血，皆可。鷄湮居二□□之□，以蚤挈（契）虛令赤，以□之。二日，灑，以新布孰暨（概）之，【復】傅。如此數，卅【日】而止。

《**馬王堆漢墓帛書·五十二病方·積**》 一，積（癩）者及股癰、鼠復（腹）者，□中指蚤（搔）二【七】，必瘳。【略】一，穿小瓠壺，令其空（孔）盡容積（癩）者腎與腸，即令積（癩）者煩夸（瓠），東鄉（嚮）坐於東陳恆下，即内（納）腎，腸於壺空（孔）中，而以釆爲四寸杙二七，即以釆木椎窡（剟）之。一□□，再靡（磨）之。已窡（剟），輒椄杙垣下，以盡二七杙而已。爲之恆以入月旬六日□□盡，日一爲，□再爲之，爲之恆以星出時爲之，須積（癩）已而止。【略】一，氣睢（疽）始發，涓涓以痹，如□狀，撫（撫）靡（摩）□而□□□□□□□□□□□□二果（顆），令謌叔□鏊（熬）可□，以酒沃，即浚□□□□□□□□□□□□□□□出而止。

《**馬王堆漢墓帛書·五十二病方**》 蟲蝕：□□在於䏶（喉），若在它所，其病所在曰□□□□□□□□□䙴（核），毀而取□□而□□，以□灑之，令僕僕然，即以傅。傅□□□□□□□□湯，以羽靡（磨）□□□□，即傅藥。傅藥薄厚盈空（孔）而止。□□□□□□□□□明日有（又）灑以湯，傅【藥】如前。日壹灑，日壹傅藥，三□□□□□□□□□數，肉産，傷□□肉而止。止，即灑去【藥】，已去藥即以毚□□□□□□□□□，疕瘳而止。□□三日而肉産，可八【九日】而傷平，傷平□□□□□□□□□□，十餘日而瘳如故。傷□□欲裹之則裹之，□欲□勿□□□□□□□□□□矣。傅藥先旦，未傅□□傅藥，欲食即食。服藥時□□□□□□□□□。

《**馬王堆漢墓帛書·五十二病方**》 乾騷（瘙）方：以雄黃二兩，水銀兩少半，頭脂一升，□【雄】黃靡（磨）水銀手□□□□□□雄黃，孰撓之。先孰灑騷（瘙）以湯，潰其灌，撫以布，令□□而傅之，一夜一□。【略】一，取犁（藜）盧二齊，烏豙（喙）一齊，礜一齊，屈居（據）□齊，芫華（花）一齊，并和以車故脂，如□□□裹。善灑，乾，節（即）炙裹樂（藥），以靡（磨）其騷（瘙），□靡（磨）脂□□脂，騷（瘙）即已。

《**劉涓子鬼遺方·黃父癰疽論**》 癰高而光者，不大熱，用薄薙。其肉平平無異而紫色者，不須治，但以黃芪并淡竹葉湯申其氣耳。癰平而痛，用八物黃芪薄。大癰七日，小癰五日，其自有堅強。色診宣生破，發背及發乳，若熱手近不得者，令人之熱孰。先服王不留行散，外散外摩，發背大黃膏。若背生破無善在乳者，熟之，候手按之，若隨手起，便是熟。《針法要》膿看以意消息之，胸背不可過一寸，針良久不得膿，即以食肉膏散差。瓮頭肉癰口中，人體熱氣歇，服木瓜散，五日後癰欲差者，排膿内寒散。

凡破癰之後，病人便連綿欲死，内寒熱腫，自有似癰而非者。當以手按腫上，無所連是風毒耳！勿針，可服昇麻湯，外摩膏。破癰口當合流，下三分近一分，針唯令極熱便不痛。破癰後敗壞不差者，作豬蹄湯洗之，日再下湯，二日故可用。冬六七日，湯半劑。亦可用胸中斷氣。斷氣者，當入闇中，以手按左眼，視右眼見光者，胸中結癰。若不見光者，熛疽内發。針傷脈血不出住，實不瀉留成癰，腎脈來者，大漸小陰結，若肌肉痺癰瘤爲發寸口，如此來大如未漸小矣。

《劉涓子鬼遺方·黄父癰疽論》發於膝，名曰雌疽。其狀癰色，不寒熱而堅，勿破，破之死。須以手緩柔之，乃破。【略】凡發背，外皮薄爲癰，皮堅爲疽。如此者多現先兆，宜急治之。皮堅甚大者，多致禍矣。

夫癰壞後，有惡肉當者，以豬蹄湯洗其穢，次傅食肉膏散，惡肉盡，乃傅生肌膏散，乃摩四邊，令善肉速生。當須絶房室，慎風冷，勿自勞動，須筋脈復常，乃可自勞耳。不爾，新肉易傷則重發，便益潰爛。慎之！慎之！

《劉涓子鬼遺方·治癰白斂薄方》 白斂 大黄 黄芩各等分

右三味，擣篩和雞子白，塗布上薄癰上，二炊輒之，亦可治。又以三指撮置三升水中，煮三沸，綿注汁拭腫上數十過，以寒水石沫塗腫上，紙覆之，炊復易一易，輒以煮汁拭之，晝夜二十易之。

《劉涓子鬼遺方·治癰疽兌膏》 當歸 芎藭 白芷 松脂各二兩 烏頭一兩 豬脂二升 巴豆一十枚去心皮

右七味㕮咀，內膏中，微火合煎三沸已，內松脂攪合相得，以綿布絞之去滓，以膏著綿絮，兌頭丈作兌兌之，瘡雖深淺兌之，膿就兌書即善肉。瘡淺者，不足兌着瘡中，日三，惡肉盡則止。

治食肉青膏方：

白礬二兩火煉末之 熟梅二升去核 鹽三合 大錢二十七枚

右四味，於銅器中猛火投之，摩滅成末，乃和豬脂，擣一千杵，以塗瘡上，甚痛，勿怪此膏，食惡肉盡，復着，可傅蛇嚙塗之，令善肉復生。

《劉涓子鬼遺方·治發背乳口已合皮止急痛生肉膏方》 丹參 防風 白芷 細辛 芎窮 黄芩 芍藥 甘草炙 黄芪 牛膝 槐子 獨活 當歸

右十三味，切，以臈月脂五升，微火煎，三上下，白芷黄膏成。病上摩，向火，日三四。

《劉涓子鬼遺方·治癰疽止痛生肌鷗脂膏方》 松脂七兩 芍藥 當歸 芎藭 黄芩各一兩 鷗脂七兩 白臈五兩

右七味，㕮咀，以臈月豬脂二升二合，微火煎，一沸一下，三十過成。以摩於瘡上。

《劉涓子鬼遺方·治髮頹生髮白芷膏方》 白芷 蔓荆子 附子 防風 芎藭 莽草 細辛 黄芩 當歸 蜀椒各一兩去汗閉口 大黄一兩半 馬鬐膏五合此所用多無

右十二味，切，以臈月豬脂三升，合諸藥微火煎，三上下，白芷色黄膏成。洗頭澤髮，勿近面。

《劉涓子鬼遺方·治熛疽麝香膏方》 麝香末 凝水石 黄芩 丹砂末 芎藭 雞舌香 青木香各二兩 莽草三兩 升麻三升 羚羊角 夜干 大黄 羊脂各三兩 地黄汁一升

右十四味，切，以苦酒漬一夜。用豬脂六升，微火上煎，三上下，絞去滓。內麝香、丹砂末，攪，令調膏成。以摩病上，甚良。

治丁腫生芎藭膏方：

麝香末三兩 甘草三兩炙 當歸二兩 升麻二兩 薤白八兩

右十二味，㕮咀，以苦酒漬一夜，豬脂五升，微火煎，三上下，膏成。摩於腫上。

《劉涓子鬼遺方·治瘑疥癬諸惡瘡丹砂膏方》 蜀椒三升去目汗 丹砂 細辛 桂心各二兩 附子三十枚 前胡 白芷各切一升 芎藭切 白朮 吳茱萸各一升 當歸一兩

右十一味，㕮咀，諸藥唯椒茱萸不擣，以苦酒漬一夜，令淹，以豬脂不中水者十斤，細切，令諸藥於銅器內，煎三上下，白芷黄成膏。以綿布絞去滓。如患風溫腫不消，服如彈丸大一枚。

若鼻塞不通，以膏着鼻中。若青盲風，目爛皆癢痛，茫茫不見細物。以綿絮裹筋頭，注膏中，以傅兩眥，至卧時，再傅之。齒痛亦如，耳聾亦準之。諸惡痛皆治之。金瘡，牛領馬鞍瘡，亦可傅之。治下赤，腹中有癰，并瘻疾，在外即摩之。在內即服之如彈丸大一枚，日三。服此膏無所不治。

《劉涓子鬼遺方·治諸癰破後大膿血極虚黄芪膏方》 黄芪 附子 白芷 甘草 防風 大黄 當歸 續斷 芍藥各一兩 蓯蓉一分 生地黄五分 細辛三分

右十二味，切，以豬脂三升，內諸藥，微火慢煎，候白芷黄色，膏成，絞去滓。候凝塗瘡，摩四邊口中，日四過。

《劉涓子鬼遺方·治癰疽已潰白芷摩膏方》 白芷三分 甘草三分 烏頭三分 薤白十五枚 青竹皮如雞子大一塊

右五味，以豬脂一升，合煎，候白芷黄，膏成，絞去滓。塗四邊。

《**劉涓子鬼遺方·治諸惡瘡麝香膏方**》麝香　冷石　雄黃　丹砂各五分

右四味，各細研如粉，以臈月豬脂量其多少，調和。如塗傅瘡時，先用大黃湯放溫，洗了淹乾，然後塗膏。

《**千金要方·解毒并雜治**》又方：

馬齒莧一束檮碎，以蜜和作團，以絹袋盛之，以泥紙裹厚半寸，暴干，以火燒熟破取，更以少許蜜和使熱勿令冷，先以生布揩之，夾藥腋下，藥痛久忍之，不能，然後以手中勒兩臂。

《**千金翼方·瘡癰上**》夫癰壞後有惡肉者，當以豬蹄湯洗去穢，次傅食肉膏散，惡肉盡，乃傅生肉膏散，及摩四邊，令善肉速生。當絕房室，慎風冷，勿自勞動，須筋脈平復乃可任意耳。不爾，新肉易傷，傷則重潰，發則禍至，慎之！慎之！

《**外臺秘要·肘後療誤吞鈎方**》若繩猶在手中者莫引之，但益以珠璫若薏子輩就貫之，著繩稍稍令推至鈎處，小小引之則出。

又方：

以小羊喉以沓繩推至鈎處，當退脫，小引則出。

《**外臺秘要·深師療誤吞鈎方**》虎珀珠

右一物，貫著鈎繩，推令前入，至鈎所又復推，以奉引出矣，若水精珠卒無珠堅物摩令滑，用之也。

《**太平聖惠方·治一切疥諸方**》治一切惡疥瘡，瘙癢不止。宜用此煞蟲丹砂膏方：

丹砂一兩細研　雄黃一兩細研　雌黃一兩細研　亂髮一兩　白蠟一兩　藺茹二兩擣末　松脂一兩細研　豬脂二升　巴豆十枚去皮心細研

右九件藥，先以豬脂煎亂髮令消盡，次下巴豆蠟松脂，煎十餘沸，用綿濾去滓，稠即入雄黃丹砂等末，攪令勻，瓷盒內盛。不勒時候，用少多摩塗之，取差爲度。

《**聖濟總録·腦風·摩頂立成膏方**》治頭風腫癢，腦熱生瘡，目暗赤痛。摩頂立成膏方：

青蓮花研二兩　青黛研四兩　龍腦研一兩半　石膏研一兩　麝香研一兩半　芒消研　凝水石研　朴消研各一兩　桑寄生五兩　蓮子草三兩　白楊木皮剉二兩

右一十二味，以水三升，先煎桑寄生、蓮子草、白楊皮，濾去滓。再煎下朴消、凝水石、消石，減火微煎，候凝取出，暴乾細研，入諸藥等。再研令勻，以密器盛。每月二錢，以生麻油研熟，下清水五匙，更研，候如粥。用少許於前頂連囟百會兩鬢處，塗摩數百遍，能引散熱毒氣。一方去青蓮花，用鹽綠。

《**續醫說·巧術治鯁**》一富家子弟被雞骨鯁所苦，百方不能治。家人驚惶，忽有一叟至，自云我有巧術，但行手法取之，不勞藥餌也。富翁許厚謝，遂出千緡，叟謂之曰：速取新綿、白糖二物，將綿裹糖，如梅大，令其子嚥下入喉間，留綿一半於外，時時以手牽掣，俾喉中作癢，忽然痰涎壅出，其骨粘於綿上矣。富翁大喜，如約，酬之而去。

《**續醫說·治汗斑**》穀樹汁調輕粉，用生薑切平，蘸藥擦之，汗斑自退。

《**傳信適用方·治癰疽瘡癤**》專治發背方，神妙不可具言。

右初覺或做瘡，用牛皮膠熬令稀稠得所，如藥化，攤在毛頭紙上，於初覺處或有做瘡處貼。次用軟布帕子二條於釅米醋內煮令熱，漉出，互相在膠紙上乘熱蒸熨，不可令布帕冷。布帕二條，不可都齊漉出，常留一條在醋內煮，候蒸熨得一條冷卻，於醋內取熱布蒸熨，布冷卻入醋內煮，庶幾常得熱布替換熨蒸，即易見效。若瘡癢時，乃是藥攻其病，須忍癢不住蒸熨，直候膿出將盡，即濃煎貫衆湯候溫，洗去膠紙，次日後，看瘡中尚有膿出，即是未效。卻再如前，將膠紙鋪於瘡上，用熱醋布依舊蒸熨，追令膿盡。然後卻用貫衆煎湯如前，洗去膠紙，次日後，依前更看。若尚有膿，又如煎法蒸熨。雖連數日蒸熨不放，但要瘡中膿盡，瘡成乾靨爲度，然後用生肌紅玉散摻在瘡上，即以萬金膏貼。每日或一上兩上。

《**古今醫統大全·疝氣門·導引法**》一法：坐舒兩腳，以兩手捉大拇指，使足上頭下極挽五息止，引腹中氣遍行身體，去疝瘕病。利諸竅，往來易行，久行清夾，聰明修長。

一法：以兩手合搓一二百回，以熱掌捻大子，久久自消，而痛亦止。

《**古今醫統大全·痔漏門·養生導引法**》氣血下墜，衝突爲痔，既不能坐，又不能行立，惟導引之法可愈矣。

一法：高枕偃卧，心氣氣定，其腫自收。

一法：兩手抱足頭不動，足向口受氣，眾節氣散，來去三七，欲得捉，左右側身，各急挽腰不動，去四肢、腰、上下氣血凝滯，髓內冷，血冷筋急，痔漏腫痛。

《**素問玄機原病式·六氣為病·火類**》凡破傷中風，宜早令導引按摩，自

不能者，令人以屈伸按摩挽之，使筋脈稍得舒緩，而氣得通行。及頻以槃斡牙開，勿令口噤，若緊噤之，則常以槃當之，及頻斡之，勿損牙齒，免致口噤不開，而粥藥不能下也。

《**儒門事親·外積形·瘤**》戴人在西華，衆人皆訕以爲吐瀉。一日，魏壽之與戴人，入食肆中，見一夫病一瘤，正當目之上綱內眥，色如灰李，下垂覆目之睛，不能視物。戴人謂壽之曰：吾不待食熟，立取此瘤，魏未之信也。戴人曰：吾與爾取此瘤，何如？其人曰：人皆不敢割。戴人曰：吾非用刀割，别有一術焉。其人從之，乃引入一小室中，令俛卧一牀，以繩束其胻，刺乳中大出血，先令以手揉其目，瘤上亦刺出雀糞，立平出戶，壽之大驚。戴人曰：人之有技，可盡窺乎？

《**丹溪心法·積疝方**》香附各三錢　黄連用茱萸炒去茱萸用五錢淨　蘿蔔子　桃仁　山梔　枳核炒各半兩

右爲末，姜汁浸，蒸餅爲丸。

○予嘗治一人，病後飲水，患左丸痛甚。灸大敦，火適。有摩腰膏，內用烏、附、丁香、麝香，將與摩其囊上横骨端，火溫帛覆之，痛即止，一宿腫亦消。

《**串雅外編·人身上結筋**》用木杓打之三下自散。

《**雜病源流犀燭·痧脹源流**》鐵痧，頭面手足十指如鍋煤色，不治，以週身血凝聚也。急深刺委中，令多出黑血，用火酒擦身法。曰痧塊，痧毒留於氣分，成氣痞塊。留於血分，成血塊痛。壅於食積，成食積塊痛。蓋因刮放稍愈，痧毒未盡，不用藥消之。

然而治痧莫要於手法，更有不可不明者。手法奈何？不外粹刮放三者而已。蓋痧在肌表，有未發出者，以燈照之隱隱皮膚之間，且慢粹。若既發出，有細細紅點，狀如蚊迹，粒如瘖麩，疏則累累，密則連片。更有發過一層，復發兩三層者。粹法，看其頭額及胸前兩邊，腹上，肩腰，照定小紅點上，以紙撚條或粗燈草，微蘸香油，點灼粹之，即時嚗響，粹畢，便覺胸腹寬鬆痛亦隨減。此火攻之妙用也，此粹法也。痧在皮膚之裏，有發不出者，則用刮法。若背脊，頸骨上下，胸前，脇肋，兩肩臂彎，用銅錢或碗口蘸香油刮之。若在頭額項後，兩肘臂，兩膝腕，用棉紗綫或苧麻繩，蘸香油戞，見紅紫血點起方止。大小腹軟肉內痧，用食鹽以手擦之，既刮出，痛楚亦輕矣，此刮法也。治痧之手法，寧有可不講求之者乎！如果善用手法，使痧毒得洩於外，則必再求用藥之法，以擴清其內，而治痧之藥，大約以尅削爲主，不可用補益。蓋以痧者，天地間癘氣也。入氣分，則毒中於氣，而作腫作脹。入血分，則毒中於血，而爲畜爲瘀。凡遇食積痰火，氣血因之阻滯，結聚不散，此所以可畏也。故壯實者有痧證，忽飲熱酒熱湯而變者固然。即虚弱者有痧證，忽飲熱酒熱湯而變者，亦無不然。至如人有雜證，兼犯痧脹，是爲雜病變端，亦畏熱湯熱酒。人不知覺，遂遭其禍。則痧證之發，又何論人虚實乎！夫惟實者犯之，固當以有餘治。虚者犯之，亦即以有餘治。蓋其有餘者，非有餘於本原，乃有餘於痧毒也。故藥雖尅削，病自當之，中病即已。於本原依然無恙。可見治痧之藥，絶無補法。痧之有實無虚也明甚。然則有手法以洩毒於外，有藥劑以清毒於內，痧不既治矣乎！

傷風咳嗽痧，痧從時氣所感，因而咳嗽。肺經受傷，不可同傷風治。蓋傷風以疏風爲主，痧則當以刮放爲先。用藥以清喉順氣，涼肺散痧爲上。宜四十號蠱象方加前胡、山豆根。曰咳嗽嘔噦痧，痧毒之氣，上凌肺金，故氣逆。發嗆而咳嗽，痰涎上湧，或嘔噦惡心，或面目浮腫，或心胸煩悶，此熱毒入於氣分。痧筋往往不現，當刮之，間有入血分者，必待痧筋方刺之，急宜清理其痧毒。若從傷風治，誤矣。宜十號節象方加童便。微冷服。又二十號損象方或一號乾象方加貝母、薄荷、童便。曰霍亂痧，痛而不吐瀉者，名乾霍亂。毒入血分也，宜放痧。新食宜吐，久食宜消，食積下結宜攻。痛而吐瀉者，毒入氣分也。宜刮痧。有痧筋則放，宜調其陰陽之氣。須知腸胃食積，宜驅不宜止，止則益痛。若吐瀉而後痛者，此因瀉糞穢氣所觸，宜用藿香正氣散。須防食積血滯。或消、或攻、或活血，山藥、茯苓不可亂施。燥濕之品，溫煖之藥，俱在所禁。乾霍亂盤腸大痛，先放痧，後即服藥。宜十號節象方與潤下丸妙。若上腹大痛，吐瀉數十次痛更甚，宿食雖吐瀉盡，乃毒入血分，血瘀作痛也。宜二十號損象方、三十三號中孚方。曰痧痢，夏傷於暑，秋必瘧痢。痢疾初發，必先泄瀉，瀉則腸胃空虚，虚則易觸穢氣，即成痧痛。或天氣炎熱，時行疫癘，感動腸胃，因積而發，亦致痧痛。夫痢不兼痧，積去便輕。若一兼犯，勢必絞痛異常，止治其痢亦不效。或變痢如豬肝色，或如屋漏水，或惟紅血水，或變噤口不食，嘔吐，兇危，或休息久痢，惟先治痧兼治積，則痧消而積易去，積去而痧可清矣。急宜刮放。宜九號坎象方。砂仁湯下。或三十號井象方。或更發熱脹悶沉重，痢下紫血，六脈洪大不匀，此痧氣不清，毒尚盛也。急刮放。宜三十五號家人方入童

便飲。次以蘇木、紅花、茜草、五靈脂、烏藥、香附、當歸。以導其瘀。

傷科病證治

《馬王堆漢墓帛書·五十二病方》一，止血出者，燔髮，以安(按)其痏。

一，金傷者，以方(肪)膏、烏豙(喙)□□，皆相□煎，鍦(施)之。

《諸病源候論·金瘡病諸候·卒被損瘀血候》又云：雙手搦腰，手指相對向盡勢，前後振搖二七，又拎手大指向後極勢，振搖二七，不移手上下對與氣盡勢，來去三七，去雲門腰掖，血氣閉塞。

《諸病源候論·金瘡病諸候·腕傷初繫縛候》夫腕傷重者，爲斷皮肉骨髓，傷筋脈，皆是卒然致損，故血氣隔絶，不能周榮，所以須善繫縛，按摩導引，令其血氣復也。

《外臺秘要·範汪蹉跌兼療金瘡方》當歸　續斷　附子去皮　細辛　甘草炙　通草　芎藭　白芷　牛膝各二兩　蜀椒二合

右十味，㕮咀，以豬膏二斤煎，以白芷色黄，膏成，絞去滓。日再以摩損處。

《理傷續斷方·序内文》醫治整理補接次第口訣

一、煎水洗，二、相度損處，三、拔伸，四、或用力收入骨，五、捺正，六、用黑龍散通，七、用風流散填瘡，八、夾縛，九、服藥，十、再洗，十一、再用黑龍散通，十二、或再用風流散填瘡口，十三、再夾縛，十四、仍前用服藥治之。

凡腦骨傷碎，輕輕用手撙令平正。若皮不破，用黑龍散敷貼；若破，用風流散填瘡口，絹片包之，不可見風着水，恐成破傷風；若水與風入腦，成破傷風，則必發頭疼，不復可治。在髮内者，須煎去髮，傅之。

凡腦骨傷碎在頭骨上，則可治，在太陽穴，乃是命處，斷然不可治矣。

《理傷續斷方·醫治整理補接次第口訣》一、煎水洗，二、相度損處，三、拔伸，四、或用力收入骨，五、捺正，六、用黑龍散通，七、用風流散填瘡，八、夾縛，九、服藥，十、再洗，十一、再用黑龍散通，十二、或再用風流散填瘡口，十三、再夾縛，十四、仍前用服藥治之。

凡腦骨傷碎，輕輕用手撙令平正。若皮不破，用黑龍散敷貼。若破，用風流散填瘡口，絹片包之，不可見風着水，恐成破傷風。

凡肩胛骨出，相度如何整，用椅當圈住脅，仍以軟衣被盛簟，使一人捉定，兩人拔伸，卻墜下手腕，又着曲着手腕，絹片縛之。

凡肩井骨，在脅之下，有損不可夾縛，只是捺平，令安貼平正，用黑龍散貼，絹片縛。兩脅骨亦如此。

凡跨骨，從臀上出者，可用三兩人，挺定腿拔伸，乃用腳捺入。如跨骨從襠内出，不可整矣。

凡手骨出者，看如何出。若骨出向左，則向右邊拔入；骨向右出，則向左拔入。

凡手腳骨，皆有兩脛。若一脛斷，則可治；兩脛俱斷，決不可治矣。凡手腳骨傷甚者，不可治。

凡傷損重者，大概要拔伸捺正，或取開捺正，然後敷貼、填塗、夾縛。拔伸當相近本骨損處，不可別去一節骨上。

凡拔伸，且要相度左右骨如何出，有正拔伸者，有斜拔伸者。

凡認損處，只須揣摸骨頭平正、不平正，便可見。

凡左右損處，只相度骨縫，仔細撚捺，忖度，便見大概。要骨頭歸舊，要撙捺皮相就入骨。

凡拔伸，或用一人，或用二人、三人，看難易如何。

凡皮破骨出差爻，拔伸不入，撙捺相近，爭一二分，用快刀割些捺入骨，不須割肉，肉自爛了，可以入骨。骨入之後，用黑龍散貼瘡之四圍腫處，留瘡口，別用風流散填。所用刀，最要快，剜刀、雕刀皆可。

凡捺正，要時時轉動使活。

凡骨碎斷，須看本處平正如何。大抵骨低是骨不曾損，左右看骨方是。損處要拔伸捺正，用藥貼，夾縛要平正方是。捺正了，要時時曲轉，使活處不強。

凡腫是血作，用熱藥水泡洗，卻用黑龍散敷貼。

凡傷重，必用藥水泡洗，然後塗藥。如傷輕，不必洗，便塗藥。

凡夾縛，夏三兩日，冬五三日解開，夾縛處用熱藥水泡，洗去舊藥，洗時切不可驚動損處。洗了仍用黑龍散敷，夾縛。蓋傷重者方如此。

凡皮破，用風流散填，更塗；未破用黑龍散貼，須用杉木皮夾縛之。

凡拔伸捺正，要軟物如絹片之類墊之。

凡皮裹有碎骨，只用黑龍散敷貼，後來皮肉自爛，其碎骨必然自出來，然後方愈。

凡骨破打斷，或筋斷有破處，用風流散塡塗，卻用針綫縫合其皮，又四圍用黑龍散敷貼。

凡夾縛，用杉木皮數片，周回緊夾縛，留開皆一縫，夾縛必三度，縛必要緊。

凡平處，骨碎皮不破，用藥貼，用密夾縛。大概看曲轉處，腳凹之類不可夾縛，恐後伸不得，止用黑龍散貼，帛片包縛，庶可曲轉屈伸。有數處如指骨斷，止用苧麻夾縛；腿上用苧麻繩夾縛，繩如錢繩許大。

凡貼藥，用板子一片，將皮紙或油紙以水調黑龍散攤勻在上，然後卷之，貼損處。

凡用杉皮，浸約如指大片，疏排令周匝，用小繩三度緊縛，三日一次，如前淋洗，換塗貼藥。

凡曲轉，如手腕、腳凹、手指之類，要轉動，用藥貼，將絹片包之後時時運動。蓋曲則得伸，得伸則不得屈；或屈或伸，時時爲之方可。

凡傷損，其初痺而不痛，應拔伸捺正，復用刀取開皮，皆不痛，三二日後方痛。

凡損，一月尚可整理，久則不可。

凡損，不可吃草藥，吃則所出骨不能如舊。

凡跌損，腸肚中污血，且服散血藥，如四物湯之類。

凡損，大小便不通，未可便服損藥。蓋損藥用酒必熱，且服四物湯。

《世醫得效方·正骨兼金鏃科·秘論》 骨節損折，肘、臂、腰、膝出臼蹉跌，須用法整頓歸原。先用麻藥與服，使不知痛，然後可用手。

凡腳手各有六出臼、四折骨，每手有三處出臼，腳亦三處出臼。

手六出臼，四折骨：手掌根出臼，其骨交互相鎖，或出臼，則是剉出鎖骨之外，須鎖骨下歸窠。或出外，則須搦入內；或出內，則須搦入外，方入窠臼，若只用手拽，斷難入窠，十有八九成痼疾也。

凡手臂肘出臼，此骨上段骨是臼，下段骨是杵，四邊筋脈鎖定。或出臼，亦剉損筋。所以，出臼此骨，須拽手直。一人拽，須用手把定此間骨，搦教歸窠。看骨出那邊，用竹一片夾定一邊，一邊不用夾。須在屈直處夾。才服藥後，不可放定，或肘又用拽屈拽直。此處筋多，吃藥後若不屈直，則恐成疾，日後曲直不得。

肩胛上出臼，只是手骨出臼，歸下，身骨出臼，歸上。或出左，或出右。須用舂杵一枚，小凳一箇。令患者立凳上，用杵撐在下出臼之處。或低，用物簟起，杵長則簟凳起，令一人把住手尾拽去，一人把住舂杵。令一人助患人放身從上坐落，骨已歸窠矣。神效。若不用小凳，則兩小梯相對，木棒穿從兩梯股中過，用手把住木棒，正棱在出臼腋下骨節蹉跌之處，放身從上墜下，骨節自然歸臼矣。

腳六出臼、四折骨：或腳板上交胕處出臼，須用一人拽去，自用手摸其骨節，或骨突出在內，用手正從此骨頭拽歸外，或骨突向外，須用力拽歸內，則歸窠。若只拽不用手整入窠內，誤人成疾。

腳膝出臼，與手臂肘出臼同。或出內、出外，亦用一邊夾定。此處筋脈最多，服藥後時時用屈直，不可放定。又恐再出窠，時時看顧，不可疏慢。

腳大腿根出臼，此處身上骨是臼，腿骨是杵。或出前，或出後，須用人把住患人身，一人拽腳，用手盡力搦歸窠。或是剉開，又可用軟綿繩從腳縛，倒吊起，用手整骨節，從上墜下，自然歸窠。

背脊骨折法：凡剉脊骨，不可用手整頓，須用軟繩從腳吊起，墜下身直，其骨便自然歸窠。未直，則未歸窠，須要墜下，待其骨直歸窠，然後用大桑皮一片，放在背皮上，杉樹皮兩三片，安在桑皮上，用軟物纏，夾定，莫令屈。用藥治之。

《普濟方·折傷門·接骨手法》 下頦骨脫落法

令人低坐，用一手帕裹兩手大拇指，插於病人口裹，內外捏定大斗根，往左右上下搖動，令病人嚥唾一口，往下送之入臼。腮外用膏藥貼之，再用一手帕往上兜之。內服沒藥、乳香散，痛者黃耆散。忌硬物十數日。

缺盆骨損折法

令病者正坐，提起患人肐膊，用手揣捏骨平正。用乳香消毒散數貼。以軟絹掩如拳大，兜於腋下，上用一薄板子，長寸闊過半，軟紙包裹按定，止用膺爪長帶子拴縛定，七日換藥。內服烏金散定痛，疼腫消後，次伸舒手指，以後骨可如舊。

肩胛骨脫落法

令患人服烏頭散麻之，仰卧地上。左肩脱落者，用左脚登定；右肩落者，右脚登。用力倒身扯拽。可再用手按其肩上，用力往下推之，如骨入臼，用軟絹捲如拳大，墊於腋下，用消毒散貼。内服降聖丹，痛者黄耆散，三日一換藥。定痛腫消，換膏藥貼之，常以伸舒演習如舊。

臂膊骨傷折法

令患人正坐，用手拏患人肐膊伸舒，揣捏平正。用消毒散敷貼，外用薄板片紙裹，絹帶子縛定。内服接骨烏金散，痛者乳香黄耆散，二七日定可。換藥依前扎縛，痊可爲妙。

胳膊骨傷折法

令患人正坐，用手按捏骨正，依前法用藥扎縛。凡病人手而於仰看可爲妙。

肋肢骨折損法

令患人服烏頭散麻之，次用手按捏骨平正。用乳香消毒散數貼服之，導滯散并復元活血湯下之，以利爲度。再用接骨烏金散，降聖丹調治，後用膏藥貼之，以後骨可如舊。

膝骨脱落法

令病人服烏頭散麻之，仰卧倒比。兩腿膝蓋高者，蹉在下也。一手拏定脚腕，若蹉在下，往上動摇送之；若蹉在上，往下伸舒扯拽。如骨入臼，再用比雙脚根齊，用走馬散貼，内服降聖丹、沒藥乳香散。如痛定腫消，用膏藥貼之，後次演習行步。

腿脛傷折法

令病人仰卧倒，比根齊恐胯骨出臼，用手拿病人膝下。一手拿脚腕，伸舒扯脚根對齊。如骨折處，再用手按捏骨平正。用消毒散敷貼，外用長板子紙包裹，絹帶子扎縛。裹外用磚靠定，勿令腿摇動，脚頭抵正，二七日可。換藥時輕手解開，用葱椒湯軟絹揾洗，再敷藥。用銅匙柄穿帶子，勿令腿動，以後伸舒演習行步。

膝曲蓋損破骨法

令病人正坐，用一竹篾圈比膝蓋大小，上用軟紙纏圈。如皮破者，用玉眞散敷貼破處，并敷貼藥用紙篾圈，絹帶子縛定，内服烏金散、黄芪散。如不破者，五七日一換；如破者，待瘡口成膿，香油潤起，用葱椒湯洗，再用敷貼藥。定痛腫消，常以演習行步，方得完全。

臁肕骨傷折法

令病人正坐，一手拿病人膝下，一手拿脚腕，用力伸舒扯拽，捏骨平正。如皮破者，玉眞散貼之。上用敷貼，餌外用薄片板紙包裹，絹帶子扎縛。過三五日待瘡口成膿，香油潤起，用葱椒湯揾洗，上用生肌散，并太乙膏貼之，後扎縛留瘡口，恐有膿血出，内服烏金散，加味通聖散。膝下軟衣墊之。如太破者，二七日一換藥，用裹外靠定，勿令腿動，痊可爲妙。

破傷骨折法

如破傷折骨，服烏頭散麻之。如骨折簽出皮者，用銅匙柄挑起皮，皮破如臼，用玉眞散敷貼。如骨折低者，往上抬之；如骨折高者，往下按之，揣捏骨平正。用油搽皮膚，或蜜亦可。用敷藥乾摻，揾洗用生肌散，并太乙膏貼之。初服導滯散下之，後服止痛祛風藥方，并接骨藥托裹散調治。如皮破骨折者，髓血相混成膿，接不正，以後次演習行步，終不得定完成全。

脚腕蹉跌出臼法

令病人正坐倒，一手拿病人脚腕，一手拿脚大趾，搜摇動按，捏骨入臼平正。用走馬散敷貼，外用長片板子，絹帶縛於脚腕并小腿上，恐脚不正，用軟衣墊之。内服降聖丹、乳香散，以後演習行步，痊可爲妙。

《普濟方·折傷門·用藥湯使法》 凡藥皆平湯使，所使方先，但用清心藥煎，後用童便一椀同服。或止痛重傷者，則用薑湯燈心湯，調二十五味藥服之，薄荷湯亦可。凡傷或刀傷，及損内臟腑，恐作煩悶崩血之患。如折骨者，用薑湯酒服接骨藥敷之；如骨碎破，重打重攧，重木石壓者，皆用先服湯使法，並用酒服；如輕攧撲損傷，則用薑酒調下二十五味藥，立效。凡高處跌墜，頸骨摔進者，用手巾一條，繩一根，繫在房上，垂下來，以手巾兜縛頦下，繫於後腦殼，縛接繩頭，卻以瓦器一箇，五六寸高，看按入深淺，斟酌高低，令患人端正坐於罌上，令伸脚坐定，醫用手掣按平正。説話令不知覺，以脚一踢，踢去罌子。如在左，用手左邊掇出；如在右，用手右邊掇出。又一法令患人卧牀上，以人捺其頭，雙足踏兩肩即出。

凡左右兩肩骨攧墜失落，若其骨叉出在前，可用手巾繫手腕在胸前；如出在後，用手巾繫手腕在背後；若左出，摺向右肱；右出，摺向左肱，其骨即入。接左摸右鬢，接右摸左鬢。卻以定痛膏、接骨膏敷之。

凡背上被打傷處帶黑，單調肉桂末貼墊。腫用一黄散，血不出內疼痛者，乳香、沒藥酒調一黄散貼，卻不用破血藥。

凡手胛手腕骨脫綳直拽出，醫用手抬起手胛腕，以患人本身膝頭墊定，醫用手於頸項肩處，按下其骨還臼。卻用定痛膏、接骨膏敷貼。若手腕失落，或在上在下，用手拽伸，卻使手撚住，方可用前膏貼，藥夾縛。若手胛骨出，用圓椅橫翻向上，醫用足踏定椅，將病人手在椅橫內校曲入腕內，以文書貼定平穩，用絹兜縛，兜時要掌向上。若手盤出臼，不可牽伸。用衣服向下承住，用手擠按動搖，挪令平正。卻用前膏敷貼夾縛，下用襯夾。凡手骨出血左，則醫以右手拔入；骨出向右，則醫用左手拔入。一伸一縮，搖動二三次。凡手與腳骨，皆有兩筮。前一筮斷可治，若皆斷不可治。凡手足骨斷者，中間一坐縛可帶緊，兩頭放寬些，庶氣血聚斷處。又法：若接縛手者，前截放寬縛些，使血散前去。若接足者，下足放寬些，使氣血散下去。手盤出向下，將掌向上，醫用手擠損動處，將掌曲向外捺令平正。用前膏貼，再用夾，向背一片長，托在手背後；向面一片短下，在掌按處；向小指一片長下，在指曲處；向大指一片短下，在高骨處。三度縛之。凡兩手臂骨打斷者，有碎骨；跌斷者，無碎骨。此可辨之。皆可用定痛接骨膏敷貼之。

凡手指跌撲，刀斧打碎。用雞子黄油潤，次摻封口藥末，外以散血膏敷貼，絹片縛定。若跌撲咬傷者，用澤蘭散敷之。若有寒熱者，用退熱散敷之。凡腰骨損斷，先用門扇一片放地上，一頭斜高些，令患人覆眠，以手伸上，攀柱其門。下用三人拽伸，醫以手按損處三時久，卻用定痛膏、接骨膏敷貼。病人渾身動作一宿，至來日患處無痛，卻可自便左右翻轉，仍以血藥。凡臂盤左右跌出骨者，右入左，左入右。用腳踏進，擠接平正，用藥。如跌入內，令患人盤腳，按其肩頭，醫用膝抵入，雖大痛一時無妨，整頓平正，卻用貼藥。只宜仰卧，未可翻卧，大動後恐成損患。凡腰腿傷，全用酒佐通氣血藥，俱要加杜仲。

凡胯骨從臀上出者，用三二人捉定腳拔伸，仍以腳捺送入，即用前等膏敷貼。如在襠內出者，則難治。凡腳骨傷甚難整。

凡兩腿左右打斷者，不用薑葱，以手法整其骨。以手拽正。上拽七分於前，下拽五分於後，整定用貼藥，後以松皮夾縛。縛時先縛中坐，後縛上下，外用副夾。若上下有腫痛無慮，五日方可解外縛。約一七方可轉動，解外縛，未可換藥，仍渾用消散藥。凡辨腿胯骨出，以患人比，並之如不粘膝，便是出向內；如黏膝不能開，便是出向外。從外捺入平正，臨機應變。

凡腳盤出臼，令患人坐定，醫人以腳從腿上一踏一搬，雙手一擠搖二三次，卻用接骨膏、定痛膏或理傷膏敷貼。凡膝蓋損斷，用手按邊平正後，用前膏敷貼，桑白皮夾縛作四截縛之。其膝蓋骨跌剉開者，可用竹箍箍定，敷藥夾定，要四截縛之。膝蓋不開也，按直，用貼藥夾一月。若腫痛，須用針刀去血，卻敷貼用夾。或左右腳盤挫跌損傷，用腳踏直拽正，按捺平正，卻敷貼前膏。若膝骨跌出臼，牽合不可太直，不可太曲。直則不見其骨稜，曲則亦然。只可半直半曲，以竹箍箍住膝蓋，以帛縛之。

凡胸前跌出骨不得入，令患人靠實處，並用兩腿踏患人兩腳，卻以手從脅下過背相叉抱住患人背後，以手於其肩掬起其胸脯，其骨自入，用藥封縛，亦在隨機應變。凡胸脯骨有拳搥傷，外有腫，內有痛。外用貼藥，內服化血藥。如刀傷，先宜安骨定皮合口，外用貼藥糝口，內用喫藥。

凡胸骨肋斷，先用破血藥，卻用定痛膏、接骨膏敷貼。皮破者，用補肉膏敷貼。胸脅傷重血作不通者，用菉豆汁、生薑自然汁和服，以一壯力在後擠住，自吐出其血也。凡腸出可以病人手搭在醫肩背，隨其左右收起，以麻油潤瘡口，整入腸。以通開散吹鼻，打噴嚏，令腸自入。卻用桑白皮爲綫，打曲針向皮內縫合，後用斷血合口藥固濟，用絹袋縛定，再貼絹上，再縛。

又法：腸出，吊起病人手，用醋煎山豆根汁，服一口至二口，卻以針於病人頸上一刺，其腸自入。

凡斷筋損骨者，先用手尋揣傷處，整頓其筋骨平正。用接骨等膏敷貼，用正副夾縛定。正夾用杉皮去外重皮，約手指大，排肉上，以藥敷杉皮上，藥上用副夾，用竹皮去裏黄，亦如指大，疏排夾縛。

凡骨斷皮破者，不用良薑、肉桂，止用葱汁調貼。或損在內，可用童便、薑、葱、生油和通藥服，如通以過，只用順血上氣藥。瘀血在腹作脹，更進前藥無事。一方用損藥仍看病人虛實。若斷骨皮不破，整其骨，先用貼藥，加良薑、桂肉在貼藥內，以葱汁調塗。

凡皮破骨差出臼，拔伸不入，擠捺皮相近三分，用快刀割開些捺入骨，不須割肉，肉自破了，可以入骨。骨入後，用補肉膏敷貼瘡四旁腫處，留瘡口用補肌散塡之。皮肉不破，用接骨膏、定痛膏敷貼之。若破者，必有血出，用力

整時，最要快便。

凡骨碎看本處平正如何，大抵骨低是不曾損左右骨，高骨定損，要拔伸捺平，用藥敷貼，以正副夾束縛，勿令轉動，使損處堅固。如出臼曲處，要時時曲轉，使活處不強。

凡敷貼用板子一片，就板子上將蕉葉或紙褙攤接骨膏、定痛膏在上，移在損處，皮肉有碎骨，後來皮肉自爛，先摻補肌散，以敷補肉膏，碎骨自出。若破斷皮肉，用先以封口藥填塗，用綫縫合，外用補肉膏、散血膏敷貼。

凡腦骨傷破，輕輕用手撙捺平正。若皮不破，用退腫膏敷貼。皮若破，先用止血散填塗瘡口，用絹帛包。不可見風著水，恐成破傷風。如水及風入腦，成破傷風，必發頭疼，則難治。急用玉真散貼服。

凡腦骨傷碎，在硬處可治，若傷太陽穴不可治。如在髮際，須剃去髮，用藥入內，看皮破不破，依上用藥服或填。若欲洗，只可用熟油洗，髓出，多用腦麝未掩。

凡腦兩角及後枕，或兩眉有傷可治。眼睛傷，瞳人不碎可治。頭項心有損傷難治。

搓滾舒筋法。道人詹志水者，信州人。初應募爲卒，隸鎮江馬軍。二十二歲因習驍騎，墜馬，右脛折爲三，困頓欲絕。軍師令舁歸營醫救，鑿出敗骨，半年稍愈。扶杖緩行，骨空處不生，獨腳筋攣縮不能伸，既落軍籍，淪於乞丐。經三年遇朱道，亦舊在轅門，問曰：汝傷未復，初何不就醫？對曰：窮無一文，豈能辦法。朱曰：正不費一文，但得大竹管長尺許，鑽一竅，繫以繩，掛於腰間，每坐則置地上，以足搓滾之，勿計工程，久當有效。詹用其說，兩日便覺筋骨寬暢，試猛伸足，與日差遠。不越兩月，病筋悉舒，與墜時等。又頃見丁子章，以病足故，作轉軸腳踏用之，其理正同。不若此爲簡便，無力者立可辦也。

《古今醫統大全·傷損門·治法》 整理折傷治例

凡手有四折骨、六出臼，手臂出臼，此骨上段骨是臼，下段骨是杵，四邊筋脈鎖定。或出臼，亦有剉損筋者，所以出臼也。此骨須拽手直，一人拽須用手把定此骨，搦教歸窠，看骨出那邊，用杉木皮或竹一片，夾定一邊，一邊不用夾，須在屈直處夾，纔服藥後，不可放定了，或時拽曲拽直。此處筋多，服藥後若不屈直，則恐成固疾，日久曲直不得。

肩胛上出臼，只是手骨出臼歸下，身骨出臼歸上。或出左，或出右，須用椿杵一枚，矮凳一箇，令患者立凳上，用杵撐在於出臼之處，或低用物墊起，杵長則墊起凳，令一人把住手拽去凳，一人把住椿杵，令一人助患人放身從上坐落，骨節已歸窠矣，神效。若不用其小凳，則用兩小梯相對，木棒穿，從兩梯股中過，用手把住木棒正棱，在出臼腋下骨節蹉跌之處，放身從上出，骨節自然歸臼矣。腳有六出臼四折骨，或腳極上交胯處出臼，須用一人拽去，自用手摸其骨節，或骨突出在內，用手正從此骨頭拽歸外，或骨突向外，須用力拽歸內，則歸窠。若只拽不用手整入窠，必成廢疾。

腳膝出臼，與手臂出臼同，或出內出外，亦用一邊縛定。此處筋脈最多，服藥後時時用曲直，不可定放，又恐再出窠，時常看顧，不可疏慢。

凡跨骨從臀上出者，可用三兩人捉定腿拔伸，乃用腳跨入，如跨骨從襠內出，不可整矣。

凡手骨出者，看如何出，若骨出向左，則向右邊拔；若骨出向右，則向左拔入。

凡手腳骨皆有兩脛，若一脛斷，則可治，兩脛俱斷，決不可治矣。

凡傷損重者，大蓋要拔伸捺正，或取開捺正，然後傅貼、填塗、夾縛。拔伸當相近本骨損處，不可別去一節骨上。

凡拔伸且要相度左右骨如何出，有正拔伸者，有斜拔伸者。

凡認損處，只須揣摸骨頭平正不平正，便可見。

凡左右損處，只相度骨縫，仔細撚捺忖度，便見大概，要骨頭歸臼，要挪捺皮相就入骨。

凡拔伸，或用一人，或用二人、三人，看難易何如。

凡骨碎斷，須要本處平正如何，大抵骨低是骨不曾損，左右看骨方是損處，要拔伸捺正，用藥貼，夾縛平正，方是捺正，復要時時轉動使活。

凡皮破骨出差爻，拔伸不入，撙捺相近，爭一二分者，用快刀刮些捺入骨，不須割肉，自爛碎了，可以入骨。骨入之後，用黑龍散貼四圍腫處，留瘡口，用風流散填。所用要快刀、雕刀皆可。

凡腦骨傷損碎，輕輕用手撙令平正，若皮不破，用黑龍散敷貼，若破，用風流散填瘡口，絹片包之，不可見風，恐成破傷風之患。若水與風入腦成破傷風，則必發頭疼，不可復治，急用玉真散敷之。在髮內者，須剪去髮，然後

好敷貼。

凡肩胛骨出，相度如何整，用椅當圈脇，仍以軟衣被盛簟，使一人捉定，兩人拔伸，墜下手腕，又着手腕絹縛之。

凡肩井骨及脇下有損，不可夾縛，只是捺平，令安貼平正，用黑龍散貼，絹縛，兩脇骨亦如此。

凡頷骨脫，令患人坐定，用揉臉百十遍，令患人口張開，兩大拇指入患人口內，拏定牙，外用兩手指將下頷往上兜，即入臼矣。

凡骨被打斷，或筋骨有破處，用風流散塡塗，卻用針綫縫合其皮，又四圍用黑龍散敷貼。

凡平處，骨碎皮不破，先用藥貼，即用夾縛，大概看曲轉處、腳凹之類，不可夾縛，恐後伸不得，止用黑龍散貼，帛片包縛，庶得曲轉屈伸如舊。如指骨斷止用苧根夾縛，腿上用苧麻繩夾縛，如錢繩許。

凡皮破，用風流散塡塗，未破，用黑龍散貼，須用杉木皮夾縛。

凡夾縛，用杉木皮數片，周回緊夾縛，留開皆一縫，夾縛必三度，必要緊。

《證治準繩·瘍醫》 頸骨肩胛脇肋傷 凡高處跌墮，頸骨揷進者，用手巾一條，繩一條，繫在枋上重下來，以手兜縛頦下，繫於後腦殺縛接繩頭，卻以瓦罌一箇，五六寸高，看捺入淺深，斟高低，令患人端正坐於其罌上，令伸腳坐定，醫者用手掣捺平正。說話令不知覺，以腳一踢，踢去罌子，如在左，用手右邊掇出。如在右，用手右邊掇出。卻以接骨膏定痛膏敷貼。又一法：令患人卧床上，以入擠其頭，雙足踏兩肩即出。凡左右兩肩骨跌墮，失落其骨又出在前，可用手巾繫手腕在胸前。若出在後，用手巾繫手腕在背後。若左出搯向右肱，右出搯向左肱，其骨即入。接左摸右鬢，接右摸左鬢，卻以定痛膏、接骨膏傅之。凡肩井骨及脅下有損，不可束縛，只捺令平正。用補肉膏、接骨膏、定痛膏敷貼，兩肋骨亦然。凡肩胛骨出，相度如何？整用椅一箇，令患人於椅，後伸兩手於椅手圈住，及以軟衣被盛墊脅下，使一人捉定，兩人拔伸，卻墜下手腕又着曲，着手腕接捺平正，卻以定痛膏、接骨膏敷貼，絹片縛之。

手傷 手有四折骨，六出臼。凡手臂出臼，此骨上段骨是臼，下段骨是杵。四邊筋脈鎖定，或出臼亦剉損筋，所以出臼，此骨須拽手直，一人拽須用手把定，此間骨搦教歸窠。看出那邊，用竹一片夾定一邊，一邊不用夾，須在屈直處夾纏。服藥後不可放定，或時又用拽屈拽直。此處筋多，喫藥後，若不屈直則恐成疾，日後曲直不得。肩胛上出臼，只是手骨出臼，歸下。身骨出臼歸上。或出左，或出右，須用舂杵一枚，矮凳一箇，令患者立凳上，用杵撐在於出臼之處，或低用物墊起，杵長則墊凳，起令一人把住手，拽去凳。一人把住舂杵，令一人助患人放身從上坐落，骨節已歸窠矣。神效。若不用小凳，則兩小梯相對，木棒穿從兩梯股中過，用手把住木棒正棱，在出臼腋下骨節蹉跌之處，放身從上墜，骨節自然歸臼矣。凡手睁手腕骨脫，綳直拽出，醫用手抬起手睁腕，以患人本身膝頭墊定，醫用手於頸項肩處，按下其骨還窠。卻用定痛膏、接骨膏敷貼。若手腕失落，或在上在下，用手拽伸卻使手撚住，方可用前膏敷貼藥夾縛。若手睁骨出，用圓椅横翻向上，醫和足踏住椅，將病人手在椅横內校出入腕內，以小書薄上下夾定平穩，卻用前膏敷貼，用絹布兜縛。兜縛時，要掌向上，若手盤出臼，不可牽伸，用衣服向下承住，用手撙按動搖，挪令平正。卻用前膏敷貼，夾縛下用襯夾。凡手骨出向左，則醫以右手拔入。骨出向右，則醫用左手拔入。一伸一縮，搖動二三次，卻用接骨膏、定痛膏敷貼夾縛。凡手腳骨只一邊斷，則可治；若兩手腳骨皆斷者，不可治。凡手足骨斷者，中間一坐縛可帶緊，兩頭放寬些，庶氣氣流蔭。若如截竹斷，卻要兩頭緊中間放寬些，庶使氣血聚斷處。若接縛手者，前截放寬縛些，使血散前去。若按足者，下截放寬些，使氣血散下去。凡用盤出向下，將掌向上。醫用手撙損動處，將掌曲向外，捺令平正。用前膏貼，再用夾，向背一片長，下在手背外。向面一片短，下在掌按處。向小指一片長，下在指曲處。向大指一片短，下在高骨處。三度縛之。凡兩手臂骨打斷者，有碎骨。跌斷者，則無碎骨。此可辨之。皆可用定痛膏、接骨膏敷貼之。凡手指跌撲，刀斧打碎。用雞子黃油潤，次摻封口藥末。外以散血膏敷貼，絹片縛定。若跌撲咬傷者，用澤蘭散傅之。若有寒熱者，用退熱散傅之。寒熱退即去之。凡手掌根出臼，其骨交互相鎖，或出臼，則是剉出鎖骨之外，須是鎖骨下歸窠。出或外則須搦入內，或入內則須搦出外，方入窠臼。其只用手拽，斷則難入窠，十有七八成痼疾也。宜接骨膏、定痛膏敷貼夾縛。四折骨，用杉皮、竹片夾縛。六出臼，只宜以布帛包縛，不可用夾。要時時轉動，不可一時不動，恐接直骨。

胸腹傷 凡胸前跌出骨不得入，令患人靠實處，醫人以兩腳踏患人兩

腳，以手從脅下過，背外相叉抱住患人背後，以手於其肩掬起其胸脯，其骨自入。卻用定痛膏、接骨膏敷貼。凡胸脯骨有拳搥傷，外有腫，內有痛，外用定痛膏敷貼，內用破血藥利去瘀血，次用消血草擂酒服。如刀傷，先宜安骨，定皮，合口，挪令平正。卻以封口藥掞瘡口，外以補肌散，以雞子清調敷貼，內服補損藥活血丹之類。凡胸骨肋斷，先用破血藥，卻用定痛膏、接骨膏敷貼。皮破者，用補肉膏敷貼。凡胸脅傷重，血不通者，用菉豆汁、生薑和服。一以壯力人在後擠住自吐其血，次用破血藥。肚上被傷，肚皮俱破，腸出在外，只腸全斷難醫；傷破而不斷者，皆可治療。凡腸出，可以病人手搭在醫人肩，隨其左右收起，以麻油潤瘡口，整入腹。卻以通關散吹鼻，打噴嚏令腸自入。用桑白皮綫向皮內縫合，後以封口藥塗傷處，外以補肌散，以雞子清調勻敷貼，或散血膏更妙。綫上以花乳石散敷之。肚皮裂開者，用麻縷爲綫或搥桑白爲綫，亦用花乳石散敷綫上。須用從裏重縫肚皮，不可縫外，重皮留外皮開，用藥摻待生肉。若腸上有小損孔，以燈火照之，腸中有氣射燈，不可治。又一法：腸出，弔起病人手，用醋煎山豆根汁，服一口至二口，卻以針於病人頸上一刺，其腸自入。凡肚皮傷破孔大，肚腸與脂膏俱出，放入內則用縫。如孔小，只有膏出，用手擘去膏，不用縫，此膏出者，已無用了，不可復入肚中，反成禍患。只須擘去不妨，此是閑肉，但放心去之。肚內被傷者，專用利大小腸，不可待秘，恐成重患。

腰臀股膝傷　凡腰骨損斷，用門一片放地下，一頭斜高些，令患人覆眠，以手伸上搬住其門，下用三人拽伸，以手按損處，三時久，卻用定痛膏、接骨膏敷貼。病人渾身動作一宿，至來日患處無痛，卻可自便左右翻轉，仍用破血藥。凡臀搬左右跌出骨者，右入左，左入右。用腳踏進擠捺平正。用藥。如跌入內，令患人盤腳按其肩頭，醫用膝旅入。雖大痛一時無妨，整頓平正，卻用接骨膏、定痛膏敷貼。只宜仰卧，不可翻卧，大動後恐成損患。凡腰腿傷，全用酒佐通氣血藥，俱要加杜仲。凡胯骨從臀上出者，用二三人捉定腿拔伸，仍以腳捺送入。卻用前等膏敷貼。如在襠內出者，則難治。凡腳骨傷，甚難整。當臨時相度，難泥一說。凡兩腿左右打跌骨斷者，以手法整其骨，以手拽正。上拽七分於前，下拽五分於後，整定。用接骨膏、定痛膏敷貼，以夾縛。縛時，先縛中正，後縛上下，外用副夾。若上下有腫痛，無慮。五日方可換藥。凡辯腿胯骨出內外者，如不粘膝便是出向內，從內捺入平

正。如粘膝不能開，便是出向外。從外捺入平正，臨機應變。凡腳盤出臼，令患人坐定，醫人以腳從腿上一踏一搬，雙手一擠捺搖二三次，卻用接骨膏、定痛膏，或理傷膏敷貼。凡膝蓋損斷，用手按捺進平。正後用前膏敷貼，桑白皮夾縛，作四截縛之。其膝蓋骨跌剉開者，可用竹箍箍定，敷藥，夾定。要截縛之，膝蓋不開也。若腫痛，須用針刀去血，卻敷貼、用夾。若或內外踝骨，左右腳盤剉跌損傷，用腳踏直拽正，按捺平正，卻敷貼前膏。若膝頭骨跌出臼，牽合不可太直，不可太曲。直則不見其骨稜，曲則亦然。只可半直半曲，以竹箍箍住膝蓋骨，以繩縛之。凡骨節損折，肘臂腰膝出臼，蹉跌。須用法整頓歸原。先用麻藥與服，使不知痛，然後可用手法治之。

腳傷　腳有六臼、四折骨，凡腳板上交胻處出臼，須用一人拽去，自用手摸其骨節或骨突，出在內，用手正從此骨頭拽歸外，或骨出向外，須用力拽歸內則歸窠。若只拽不用手整入窠內，誤人成痼疾也。宜接骨膏、定痛膏敷貼夾縛。四折骨用正副夾縛束，六出臼只宜以布帛包縛，不可夾之。凡腳膝出臼與手臂肘出臼同，或出內出外，只用一邊夾縛定。此處筋脈最多，時時要曲直，不可定放。又恐再出窠，時時看顧，不可疏慢。宜接骨膏、定痛膏敷貼夾縛。凡腳大腿根出臼，此處身上骨是臼，腿根是杵。或出前，或出後，須用一人手把住患人身，一人拽腳用手盡力搦歸窠矣。或是剉開，又可用軟綿繩從腳縛，倒弔起，用手整骨節，從上墜下，自然歸窠。卻用接骨膏、定痛膏敷貼夾縛。

背脊骨傷　凡剉脊骨，不可用手整頓。須用軟繩從腳弔起，墜下身直，其骨使自歸窠。未直則未歸窠，須要待其骨直歸窠，卻用接骨膏、或定痛膏、或補肉膏敷，以桑皮一片放在藥上，杉皮兩三片安在桑皮上，用軟物纏夾定，莫令曲，用藥治之。凡腳手骨被壓碎者，須用麻藥與服，或用刀刮開，甚者用剪刀剪去骨鋒，便不衝破肉，或有粉碎者，去其骨，免膿血之禍，然後用大片桑皮，以補肉膏或定痛膏糊在桑皮上，夾在骨肉上，莫令差錯。三日一洗，莫令臭穢，用藥治之。又切不可輕易自恃有藥，便割、便剪、便弄，須要詳細審視，當行則行，尤宜仔細。或頭上有傷，或打破、或刀傷，或壓碎骨，用藥敷貼縛之。凡敷縛之際，要於密屋無風之所，勿使風入瘡口，恐成破傷風之患。切記！切記！

陰囊陰門傷　凡陰囊被人扯脫者，用雞子黃油塗，以金毛狗脊毛薄攤於

上，次掞封口藥，又用散血膏敷貼外，卻用中葉金鎖匙紫金皮水煎服，洗用紫蘇葉煎水洗。凡陰囊處有青黑紫色腫者，用補肉膏敷貼，或用定痛膏加赤芍、草烏、良薑、肉桂各少許打和，用韮葉砍爛同藥貼，如無韮葉，葱葉亦可。仍服利小便藥。凡婦人腿骨出進陰門邊，不可踏入。用凳一條，以綿衣覆上，令患人於上卧，醫以手挈患人腳，用手一撙上在好腳邊上去，其腿骨自入。卻用接骨膏、定痛膏敷貼。凡下近腿胯陰囊等處，不用通藥，但貼不令血陰。

筋骨傷　凡斷筋損骨者，先用手尋揣傷處，整頓其筋骨平正，用接骨等膏敷貼，用正副夾縛定。正夾用杉皮去外重皮，約手指大排肉上，以藥敷杉皮上，藥上用副夾，用竹片去裏竹黄亦如指大疏排夾縛。凡骨碎斷或未碎斷，但皮破損肉者，先用補肌散塡滿瘡口，次用散血膏敷貼。如骨折，要接骨膏敷貼夾縛。或皮破骨斷者，用補肉膏敷貼。凡骨斷皮破者，不用酒煎藥，或損在內破皮肉者，可加童便在破血藥內和服。若骨斷皮不破，可全用酒煎損藥服之。若只損傷骨，未折肉，未破者，用消腫膏或定痛膏。凡皮破骨出差，臼拔伸不入，撙捺皮相近三分，用快刀割開些，捺入骨，不須割肉，肉自破了，可以入骨。骨入後用補肉膏敷貼。瘡四傍腫處留瘡口，用補肌散塡之。皮肉不破，用接骨膏、定痛膏敷貼。若破者，必有血出，用力整時，最要快便。凡皮裹有碎骨，只用定痛膏、接骨膏敷貼夾縛。十分傷害自然爛開肉，其骨碎必自出，然後摻補肌散，外以補肉膏敷貼。凡骨碎，看本處平正如何，大抵骨低是不會損左右，骨高骨定損了。如折骨要拔伸捺平正，用藥敷貼，以正副夾束縛，勿令轉動，使損處堅固。如出臼，曲處要時時曲轉，使活處不強。凡敷貼，用板子一片，就板子上將蕉葉或紙被攤接骨膏定痛膏在上，移在損處，皮内有碎骨，後來皮肉自爛，先摻補肌散，次敷補肉膏，碎骨自出。若破斷皮肉，先以封口藥塡塗，用綫縫合，外用補肉膏、散血膏敷貼。凡平處骨斷，骨碎，皮不破者，只用接骨膏，定痛膏敷貼夾縛。若手足曲直等處及轉動處，只宜絹包縛，令時數轉動，不可夾縛。如指骨碎斷，止用苧麻夾縛，腿上用苧麻繩夾縛。冬月熱縛，夏月冷縛，餘月溫縛。凡拔伸捺正，要氊絹軟物單正，仍拔伸當近在骨損處，不得前去一節骨上仍拔伸，相度左右骨各有正斜拔者。凡撙捺要手法快。便要皮肉相執平正整拔，亦要相度難易，或用三四人，不可輕易。凡筋斷，用楓香以金沸草砍取汁，調塗傅，次用理傷膏敷貼。

《跌損妙方·脊背門第四》　頸項打斷，用高椅坐定，雙手揉上。先服全身丹，後服紅藥，蒸雞肝童便酒調呑服。

頸項骨跌斷，用雙手端定耳門，抬住上掇。先服人參湯，後服紅藥。腰骨腰眼棍打傷者，不治；拳傷可治。

糞骨打傷，用全身丹，藕節煎湯送下。如不止，再用紅藥一分，雞湯送下，即愈。

《跌損妙方·腿足門第五》　大腿打落，兩人扶定，將手扣定，抱膝一揉，然後掇上，先服全身丹，後用藥。

《醫方考·七疝門第五十九·按摩法》　外腎因撲損而傷，睪丸偏大，有時疼痛者，中有瘀血，名曰血疝。宜於夜分之時，自以一手托其下，一手按其上，由輕至重，玩弄百迴。彌月之間，瘀血盡散，陳氣皆行，誠妙術也。雖年深日久，無不愈之。

《外科正宗·落下頦拿法》　落下頦者，氣虛之故，不能收束關竅也。患者平身正坐，以兩手托住下頦，左右大指入口内納槽牙上，端緊下頦，用力往肩下捺，開關竅向腦後送上，即投關竅，隨用絹條兜頦於頂上，半時許去之，即愈。

外塗南星末。

《蘭臺軌範·五竅病門·口齒方》　推頰車法　治失欠頰車蹉，開張不合。一人以手指牽其頤以漸推之，則復入矣。推當疾出其指，恐誤嚙傷人指也。

《傷科補要·脱下頦附失頸》　下頦者，即牙車相交之骨也。若脱則飮食言語不便，由腎虛所致。其骱曲如環形，與上頰合鉗，最難上也。先用寬筋散煎湯薰洗，次用布條裹醫者二拇指，入口，餘指抵住下頦，捺下推進，其骱有響聲，齒能合者上也。服補腎壯筋湯。夫人之筋，賴氣血充養。寒則筋攣，熱則筋縱，筋失營養，伸舒不便。感冒風寒，以患失頸，頭不能轉，使患人低坐，用按摩法頻頻揉摩，一手按其頭，一手扳其下頦，緩緩伸舒，令其正直，服疏風養血湯可也。

《外科大成·接骨入骱用手巧法》　手足之筋多在指，指傷覺痛，則筋必促，煎寬筋散薰洗，經輕揉捏，再行搖動伸舒。如骨與筋斷者，不可薰洗。

失枕有因卧者，有一時之誤者，使患者坐低處，先行揉摩，一手提起其

頭，一手托住其下頦，緩緩轉動伸舒使直，服吉利散。

《串雅内編・外治門・整骨麻藥》　整骨麻藥

草烏三錢　當歸　白芷各二錢五分

右藥爲末，每服五分，熱酒調下，麻倒不知痛苦，然後用手如法整理。

《聖濟總録纂要・傷折門・被傷絶筋》　論曰：被傷絶筋者，須觀其輕重治之。接續之法，要在氣血未冷之際，外用續筋止痛藥傅裹，内兼服藥調治，庶幾可救。緩則風冷入於裹，則難治矣。

傷折貼熁幷膏藥

論曰：傷折之證，輕則肌膚腫痛，重則肉脱血出。既整其骨，内服去瘀生肌之劑，外必以貼熁膏藥幷用可也。

接骨方　治打撲墜墮損傷，手足骨折。

用雄雞一隻，約一斤重者，生去毛，生去爪嘴，開腹底乘生氣好搗爛，用五加皮研末，和入搗之，以勻爲度，勿太爛，勿過乾。用時先以五加皮煮無灰老酒，飲至極醉，將骨折處用手按平，將雞藥傅上，棉帛縛之，如今日此時縛至明日此時解開，其骨即生滿矣。如過一時，其骨即長一寸。如骨接後而尚痛者，以黑豆炒焦色，用老酒沃之，搗爛傅上，半日一換。

《雜病源流犀燭・跌撲閃挫源流》　如腦骨傷破，用輕手撙捺平正。不破，以膏藥貼之。宜退腫膏。若骨不損，而但皮破肉傷者，護之。先摻封口藥，以散血膏貼。血流不止者，止之。宜摻止血散。愼勿見風，致成破傷風，便又費手。雖然，腦骨傷損，在硬處猶易治。在太陽穴，則不可治。須依上用藥，若欲洗之，須用熟油和藥水洗，或溫茶洗，諸處法亦略同。如面傷青黑，宜用敷藥，宜一紫散。或貼膏藥。宜紫金膏。傷重者，亦宜貼膏。宜補肉藥。既治外，然後隨宜服藥以治内。至於腦兩角及眉稜耳鼻等處，與治面數略同。如跌磕損傷牙齒，或落、或碎，皆宜外内兼治。外宜摻補肌散及掞封口藥，内服破血藥，用水煎，不可用酒。或傷齒而未動，宜摻芙蓉膏末。或已動，宜蒺藜根燒存性，擦之即固。俱不同治。如胸脯骨爲拳搥所傷，外腫内痛，外宜貼定痛膏，内宜服破血藥。利去瘀血。【略】如腦骨破碎，已詳在前。如胸骨筋斷，必須接之。宜先用破血藥，後貼定痛膏、接骨丹。若但皮破，止貼補肉膏。如傷腹腸出，急以麻油潤瘡口，輕手納入，以吹藥少許吹鼻，宜通關散。令噴嚏，其腸自入。用桑白皮綫，將腹皮縫合，以封口藥塗傷處，外用藥敷貼，宜鷄子清調補肌散，或散血膏尤妙。綫上用花蕊石散敷之。總之，腹内被傷，皆當急利大小腸，不可使其秘結，以致重患。如手足骨折斷，縛之。中間要帶緊，兩頭略放鬆，庶乎氣血流利。若如截竹斷，卻要兩頭緊，中間寬，使氣血來聚，斷處俱用藥敷貼夾縛。宜定痛膏、接骨丹。如手指跌撲損傷，及刀斧打碎，用鷄子黄油潤之，次掞封口藥，外貼膏藥，宜散血膏。絹片縛定。若咬傷，則另治。宜澤蘭散敷之。若有寒熱，又另治。宜敷退熱散，寒熱已，即去之。如腳有六出臼、四折骨，凡腳板上交胕處，或挫出臼，須用一人拽正，自摸其骨，或突出在内，或出在外，須用手力整歸窠。若只拽，不用手整，便成痼疾，整後用藥敷貼。宜定痛膏、接骨丹。四折骨用正副夾縛，六出臼只以布包，不可夾。手臂出臼，與足骨同。如腳大腿出臼，此處身上骨是臼，腿根是杵，或前出，或後出，須用一人手把住患人身，一人拽腳，用手盡力搦令歸窠。或是挫開，可用軟綿繩從腳縛，倒吊起，用手整骨節，從上墜下，自然歸窠，再用膏藥敷貼夾縛。凡出臼，急與挼入臼中。若血浸臼中，即難治。總之，腰腿腳骨等傷，甚難整。當臨時相度，隨其傷處，用法整頓歸原。先用麻藥與服，宜麻藥方。令不知痛，然後用手，藥加杜仲。又以手足筋脈最多，時時要曲直，不可定放，又時時看顧，恐再致出窠也。如手腳骨被壓碎者，以麻藥與服，或用刀刮開尖骨，用剪刀剪去骨鋒，或粉碎者去之，免膿血之禍。後用大片桑皮以補肉膏、定痛膏糊在桑皮上，夾貼骨肉上，莫令不正，致差錯。三日一洗，勿令臭穢，徐用藥治。如皮裏有碎骨，只用定痛膏、接骨膏敷貼夾縛。如十分傷，自然爛開肉，其碎骨自出，然後摻補肌散，外以補肉膏敷貼。如骨斷皮破者，不可用酒煎藥。或損在内而破皮者，可加童便在破血藥内和服。若骨斷皮不破，可全用酒煎藥。若只傷而骨不折、肉不破，宜用藥治。宜消腫膏、定痛散。如損傷平處，骨斷碎，皮不破者，用接骨、定痛等膏敷貼夾縛。若手足曲直伸縮處，只用包裹，令時時轉動。指骨碎者，只用苧麻夾縛，腿上用苧繩夾縛。冬用熱縛，夏冷縛，餘月溫縛。不縛處，須藥水以時泡洗。夏二、冬四、春秋三日。洗去舊藥須仔細，勿驚動損處，洗訖，仍用前膏敷縛。其束縛之法，用杉木浸軟去粗皮，皮上用蕉葉或薄紙攤藥，移至傷處，杉木爲夾，再用竹片去黄用靑爲副夾，疏排周匝，以小繩三度縛。縛時相度高下遠近，使損處氣血相續，有緊有寬，說見前條。二三日一次換藥，一月之後方另以膏貼之，宜補益膏。仍用正夾夾住，令損處堅固。如敷貼後，疼痛不止，可量加乳香、沒藥、白芷、南星、楓香、肉桂、獨活

等味令溫煖，痛即止。刀斧傷，去肉桂、南星、獨活。如傷重者，麻而不痛，須拔伸捺正，或用刀開皮，二三日方知痛，且先匀氣。如折骨出臼，不可用下瘀血之藥及通利藥，宜疏風順氣，匀血定痛，補損而已。如換藥，切不可生換，用手巾打濕搨潤，逐片取脫，隨手盪洗換上，又不可停留一時，須預先攤貼，隨手換上。【略】如傷家脇肋脹痛，若大便通和，喘咳吐痰者，肝火侮肺金也。宜小柴胡湯加青皮、山梔。若兼胸腹痛，大便不通，喘咳吐血者，瘀血停滯也。宜當歸導滯散。若肝火之證，本脈必大，兩脇熱脹，但多飲童便，再服藥。宜小柴胡湯加黃連、山梔、歸尾、紅花。又肝脈浮而無力，以手按其腹，反不脹者，此血虛而肝脹也。宜四物湯加參、苓、青皮、甘草。若肝脈洪而有力，胸脇脹痛，按之亦痛，此怒氣傷肝也。宜小柴胡湯加芎、歸、青皮、白芍、桔梗、枳殼。總之，此證不論受害輕重，去血會否，但被扭按甚重，恚怒努力，傷春氣血，血瘀歸肝，多致此證。甚則胸脇脹滿，氣逆不通，或致血溢口鼻而危矣。如傷家腹痛，若大便不通，按之甚痛，瘀血在內也，必下之。宜加味承氣湯。既下而痛不止，瘀血未盡也。宜加味四物湯。若腹痛，按之卻不痛，氣血傷也。必補而和之。宜四物湯加參、芪、白朮。【略】凡跳躍㨊胸，舉重閃挫，而胸腹痛悶，喜手摸者，肝火傷脾也。宜四君子湯加柴胡、山梔、紅花、桃仁。或胸脇刺痛，發熱晡熱，肝經血傷也。宜加味逍遙散。如此而不思飲食，肝脾氣傷也。宜四君子湯加柴、梔、川、歸、丹皮。若胸腹脹滿，不思飲食，脾胃氣滯也。宜六君子湯加芎、歸、柴胡。若胸腹不利，食少不寐，脾氣鬱結也。宜加味歸脾湯。若痰氣不利，脾肺氣滯。宜二陰湯加白朮、青皮、山梔、芎、歸。《得效》曰：凡撲跌壓傷，或從高墮落，皆驚動以五臟，必有惡血在內，專怕惡心。先用通二便藥和童便服之，立效。大小腸俱通利，則自無煩悶攻心之患矣。又曰：蘇合香元，治打撲墮落挾驚悸、氣血錯亂、昏迷不少，急取三五丸，溫酒童便調灌，即甦。又曰：頭上有傷，或打破，或金刃傷，用藥糊縛，不可使傷風，慎之。又曰：凡手腳各有六出臼、四折骨，每手有三處出臼，腳亦三處出臼，手掌根出臼，其骨交互相鎖。或出臼，則是挫出鎖骨之外，須是搦骨於鎖骨下歸窠。若出外，則須搦入內。若出內，則須搦入外。方入窠臼，只用手拽，斷難入窠，十有八九成痼疾也。又曰：骨節損折，肘臂腰膝出臼蹉跌，須用法整頓歸原。先用麻藥與服，使不知痛，然後可用手法。又曰：搦骨歸窠，須用竹一片，生柳木板片尤佳，夾定一邊，一邊不用夾，須存屈直處，時時拽屈拽直，不然，則愈後屈直不順。又曰：凡骨碎者，用接骨藥火上化開，糊骨上，然後夾定，外用夾骨法，活血散、接骨丹。內服接骨散、自然銅散、接骨紫金丹。淋洗用蔓荆散。

《傷科補要·從高墜下傷》 凡人從高墜下，跌傷五臟，不省人事，氣塞不通者，看其兩太陽及胸前脅下如何，若動則可救。急用通關散吹鼻中如有嚏，語聲得出者，投黎洞丸。再服復元活血湯，逐瘀生新。若遲則不救。或有從高倒墜，天柱骨折，致頸插入腔內，而左右尚活動處，用提法治之。若打傷，頭低不起，用端法治之。或墜傷左右歪斜，用整法治之。或傷而面仰，頭不能垂，或筋長骨錯，或筋聚筋強，頭垂不起者，用推端續整四法治之。臨證時，須問其或翻車墜馬，或高處墜下，或打重跌倒。再問或思食不思食，若四肢無傷，精神不減，或能坐起行動者，輕；或昏睡不語，或疼痛呼號，瘀聚凝結，腫硬筋脹者，重。投三黃寶臘丸，服接骨紫金丹，敷萬靈膏，熨定痛散，手法詳後。

《傷科補要·巔頂骨傷》 巔頂骨，男子三叉縫、女子十字紋，一名天靈蓋。位居至高，內函腦髓，以統全體者也。或跌打蹦撞等傷，卒然而死，身體強直，口鼻尚有出入之氣，心口溫熱跳動者，可救。惟宜屈膝盤坐，先將醋調混元膏，敷於頂上，再將草紙擲點燃着，合烟氣薰其口鼻，或炭、或鐵燒紅淬入醋內，使熱氣薰其口鼻，引五臟血脈之氣通和。待其口中呻吟有聲，用童便調八釐散，或黎洞丸亦可，俟其氣轉陽回，外用手法，按摩心胸兩脇下，並托其手腕，頻頻揉摩兩手脈窠。凡傷則筋脈強硬，頻頻揉摩，則心血來復，命脈流通，即可回生。再服接骨紫金丹，外用散瘀和傷湯，洗去前藥，換敷混元膏。或大便乾燥，乃內存瘀血，服加減蘇子桃仁湯；或耳聾者，用導氣通瘀錠塞耳中。食宜素粥，切戒惱怒，忌油膩麵食。卧宜淨室，勿令人喧擾。若重傷已死者，用白布纏頭，以木棍輕輕拍擊足心，再提髮合其頸端直，舒其筋絡，外敷混元膏，內服紫金丹。如外皮未破，而骨已碎，內膜已穿，血向內流，聲啞不語，面青唇黑者，不治。或頂骨塌陷，驚動腦髓，七竅出血，身挺僵厥，錯悶全無知覺者，不治。或骨碎髓出不治，或皮開肉綻，血流不止者，可治。用止血絮封固，先止其血，服補氣養血湯，宜避風寒，戒怒遠色，俟其結痂；若潰爛流膿，用甘葱煎洗去封藥，摻鐵扇散，蓋玉紅膏，服疏風養血湯，照法洗換，待其結痂全愈。

《傷科補要·鎖子骨附胸脅》 鎖子骨，經名柱骨，橫卧於兩肩前缺盆之

外，其兩端外接肩解。或擊打偏墜傷斷者，用手法先按胸骨，將肩端向內合之，揉摩斷骨令其復位，用帶挂肩於項，勿使搖動。服接骨紫金丹，外敷定痛散，貼萬靈膏可愈。胸骨，即髃骭骨，一名膺骨，又名臆骨，俗名胸膛。其兩腋下至肋骨盡處名脇，脅下小肋名季脇，俗名軟處，下即鳩尾骨也。蔽心骨，即鳩尾骨也。其質係脆骨，在胸下岐骨之間。凫骨者，即胸下邊肋也。傷者，從前面撞打跌仆者重，從後面而來者輕。用手法按摩之，如肋骨斷者，用布纏縛數轉，服接骨紫金丹，外用定痛散熨之，貼萬靈膏。若內蓄瘀血腫痛，傴僂難仰者，服紫金丹。或大便實者，參黃散下之。若受傷日久，胸骨高起，肌肉削瘦，內有邪熱瘀血，痞氣、膨悶、睛藍、體倦、痰喘、咳嗽者，服紫金丹。若傷重，內干胸中心肺兩臟之氣，昏迷目閉，嘔吐血水，呃逆戰慄者，危在旦夕，不治。心坎上橫骨，又名人字骨。從下而上，若第一節傷者，一年死。第二節傷者，二年死。第三節傷者，三年死。此穴內應乎肺，傷必吐血、咳嗽，凡胸前背後重傷，久則成痰火勞怯。左乳傷，發咳嗽；右乳傷，發呃逆。凡胸脇諸傷，黎洞丸、三黃寶臘丸，皆可酌用之。再服理肺之齊以收功。

《傷科補要·背脊骨傷》 背者，自後身大椎骨以下，腰以上之通稱也。一名脊骨，一名膂骨，俗呼脊樑骨。其形一條居中，共二十一節。下盡尻骨之端，上載兩肩，內繫藏府。其兩旁諸骨，附接橫疊而彎，合於前，則爲胸脇也。腰骨者，即脊骨之十四椎、十五椎、十六椎也。尾骶骨，即尻骨也。其形上寬下窄，上承腰脊諸骨，兩旁各有四孔，名曰八髎。其末節名曰尾閭，一名骶端，一名撅骨，一名窮骨，俗名尾椿也。或跌打傷者，瘀聚疑結，脊筋隴起，當先柔筋，合其和軟，內服紫金丹，敷定痛散，燒紅鐵烙熨之，貼混元膏。若骨縫疊出，俯仰不能，疼痛難忍，腰筋僵硬，使患者兩手攀索，兩足踏磚上，每啼下疊磚三塊踏定，將後腰拿住，各抽去磚一塊，合病人直身，又各去一塊，如是者三，其足著地，使氣舒瘀散，陷者能起，曲者可直。再將腰杜裹住，緊緊縛之，勿合室礙，但宜仰卧，不可側睡，膂骨正而患除，服接骨紫金丹。如胸陷不直者，亦用此法。或氣門傷，則氣塞不通，口噤反張，身強如死，過不得三個時辰，若氣從大便出者立斃。凡遇此證，不可慌張，候其氣息有無，如無氣者，爲倒揷拳所傷，合患人盤坐，揪其髮伏我膝上，敲擊其背心，使氣從日出得，服黎洞丸。尾閭若蹲墊壅腫，必連腰胯，服黎洞丸，再服接骨紫金丹，貼萬靈膏。踢傷海底穴，血必上衝，當時耳內響聾大震，人必昏暈，先服護必丸，再服紫金丹。

《傷科補要·接骨論治》 接骨者，使已斷之骨合攏一處，復歸於舊位也。凡骨之斷而兩分，或折而陷下，或破而散亂，或岐而傍突，相其形勢，徐徐接之，使斷者復續，陷者復起，碎者復完，突者復平，皆賴乎手法也。或皮肉不破者，骨若全斷，動則轆轆有聲；如骨損未斷，動則無聲；或有零星敗骨在內，動則淅淅之聲，後必潰爛流膿，其骨已無生氣，脫離肌肉，其色必黑。小如米粒，大若指頭，若不摘去，潰爛經年，急宜去淨。如其骨尚未離肉，不可生割，恐傷其筋，俟其爛脫，然後去之。治法先用代痛散煎湯薰洗，將其斷骨拔直相對，按摩平正如舊。先用布條縛緊，又將糕匣木板修圓綁之，又將布條纏縛，再將杉離環抱外邊，取其緊勁挺直，使骨縫無離綻脫走之患，內服接骨紫金丹，兼調理用地黃湯。四五日後，放綁復看，如其走失，仍照前法。二三月間，換綁數次，百日可痊。凡人斷臂與斷膊，斷腿與斷骱，綁法相同。治分上，下或用器具，與形體相得，隨機變化可也。或筋斷者，難續。蓋筋因柔軟，全斷則縮於肉裏，無用巧之處也。若斷而未全，宜用續筋藥敷之，內服壯筋養血湯可愈。

《傷科補要·髃骨骱失》 髃骨者，肩端之骨，即肩胛骨也。其臼含納臑骨上端，其處名肩解，即肩骹與臑骨合縫處也，俗呑口，一名肩頭。其下附於脊骨成片如翅者。其骱若脫，手不能舉。使患人低坐，一人抱住其身，將手拔直，用推拿法，酌其重輕，待其筋舒，一手捏其肩，抵住骱頭，齊力拔出，骱內有響聲者，乃復其位矣。用布帶落其跨下，服舒筋活血湯。凡上骱時，骱內必有響聲活動，其骱已上；若無響聲活動者，其骱未上也，不可悮人。

《傷科補要·曲瞅骱》 肘骨者，肐膊中節上下支骨交接處也，俗名鵝鼻骨。上接臑骨，其骱名曲瞅，自肘至腕，有正輔二根。其在下而形體長大連肘尖者爲臂骨，其在上而形體短細者爲轉骨。疊並相倚，下接於腕骨。其骱若出，一手捏住骱頭，一手拿其脈窩，先令直拔下，骱內有聲響，將手曲轉，搭着肩頭，肘骨合縫，其骱上矣。服生血補髓湯或紫金丹。

《傷科補要·手腕骱》 腕骨，即掌骨乃五指之本節也，俗名虎骨。其大小六枚，湊以成掌，非塊然一骨也。其並接根輔兩骨之端，其外側高骨，俗名龍骨，能宛屈上下，故名腕。若手掌著地，只能傷腕。若手指着地，其指翻貼於臂者，腕縫必開，壅腫疼痛，先兩手揉摩其腕，一手接住其骱，一手拔其指

掌，掬轉有聲活動，其骱復位。仍按摩其筋，必令調順。然命脈之所，服寬筋散，須防着寒，得免酸疼之患。凡人手指有三節，其骱突出者，俱可拔直捏正，屈伸活動，服和營止痛湯，其法相同，不必逐骱論也。

《傷科補要·臀骱骨》 跨骨，節髖骨也，又名踝骨。其外向之凹，其形似臼，以納髀骨之上端如杵者也。名曰機，又名髀樞，即環跳穴處也，俗呼臀骱。若出之則難上，因其膀大肉厚，手捏不住故也。必得力大者三四人，使患側卧，一人抱住其身，一人捏膝上拔下，一手揿其骱頭迭進，一手將大膀曲轉，使膝近其腹，再令舒直，其骱有響聲者已上。再將所翻之筋向前歸之，服生血補髓湯，再服加味健步虎潛丸。若骱不上，則臀努斜行，終身之患也，愼之。

《傷科補要·大楗骨膝蓋骨》 大楗骨，名髀骨。上端如杵，入於髀樞之臼；下端如鎚，接於骱骨，統名曰股，乃下身兩大支之通稱也，俗名大腿骨。其下有膝蓋骨，即連骸，又名臏骨。形圓而扁，覆於楗桁上下兩骨之端，本活動物也。內面之筋，上過大腿至兩脇，下過骱骨至足背。內經曰：膝乃筋之府，若傷之，上連腰屈疼痛，下移胻骨焮腫；或足腹冷硬，步履斜行；或膀子重傷，後成黃病，服紫金丹，再茵陳等湯，治黃病之藥收功。若膝蓋離位，向外側者，則內筋腫脹；向內側者，則筋直膕腫。須詳視其骨，如何斜錯，接法推，以復其位，服補筋湯。其骱出者，一手按住其膝，一手捏住其膀，上下拔直，將膝曲轉，抵着豚爿，其骱有聲者上也，服生血補髓湯。若膝蓋骨破兩爿者，用絲弦籐作箍，布條縛之，生綫四根，如抱膝圖法，將手擠圓，箍定其骨，膀下縛住，屈卧月餘，服接骨紫金丹。若箍後仍兩爿，一生跛足，不可治矣。

《傷科補要·骱骨脚踝跗骨》 跗者，足背也，一名足趺，俗稱腳面。其骨乃足趾本節之骨也。其受傷不一，輕者僅傷筋肉，易治；重則骨縫參差難治。先以手輕輕搓摩，令其骨合筋舒，洗八仙逍遙湯，貼萬靈膏，內服健步虎潛丸及補筋丸可也。

《傷科補要·腹痛腰痛》 傷損腹痛，大便不通，按之痛甚，瘀血內蓄，用加味承氣湯，既下而痛不止，按之仍痛者，瘀未盡也，用加味四物湯補而行之。若腹痛按之不痛者，血氣傷也，四物湯加參蓍白朮，補而和之。

《傷科補要·杖瘡夾棍傷》 凡人受杖後，腿必蓄瘀紫黑，甚則氣瘀攻心而死。速服護心丸，或以酒衝，童便服之亦可。外用熱豆腐塗於患上，其氣如蒸，其腐即紫，再易色淡，以此爲度。或用葱熨法，熨散其瘀亦可；或用鳳仙花、連根葉搗爛塗之，乾則易換；或用眞綠豆粉微炒，鷄子清調敷；或用白蘿蔔搗爛罨之；或用大黃末，童便調塗。

《救傷秘旨·少林寺秘傳內外損傷主方》 凡閃打傷未出血，但青紫色者，先以葱白搗爛炒熱，將痛處擦遍，隨用生大黃研末，生薑汁調敷。

《救傷秘旨·破傷總論》 夫刀傷雖易實難。筋斷腹破，皮連骨削，刺入骨間，箭鏃斷在肉內，或破後傷風，如此等證，最宜良手。皮開而長者，必用細針將兩邊新破皮慢慢扯合，以針拴好，內外搽藥，不可用膏藥貼蓋，恐敗血成膿，肉爛難斂。如燥痛時，以豬油或麻油拭之。腹破腸出者，令平卧避風處，先用油搽傷口四旁，緩緩將腸送入腹內。用藥綫將皮縫好，然後敷藥，三日內不可轉側，須待藥氣流通，不見疼痛方可。箭鏃斷骨肉間者，須用麻藥服之，使不知痛，庶可鉗出。若小刺不出，以黑賓散敷之，即出。指即或骱骨被傷而偏者，或連皮屈折者，必要傷時理正。若至潰，則不可整矣。敷貼紮縛，均仔細，勿令粘連，至後成膿。老年虛弱羸瘦，不忍痛苦者，須以救生爲本，不必定施整理也。凡頭上傷，或筋管穴通之處，血來必湧，須預調備止血之，打開看時，內有碎骨斷髮等類，必要盡行取出，速以藥敷好，必用玉貞散蓋護，防其傷風。爛壞者，用收斂藥，至肉滿不得結痂。肌有小孔，流膿不合者，必有碎骨，或芒刺斷髮之類潛住新肉故也。必用烏金膏三品錠插入，潰開好肉，細察取出，方能收斂結痂。或生丁或內有膿窠者，亦用此法治之。斷喉者，傷及內喉，飲食不可進，則難治矣。先以血竭末散內喉四旁，勿令漏入喉管，以桑綫縫合外皮，再用風流散，蓋一層補血膏貼之，四圍周密，不可洩氣。內服參竹飲，以接元氣，並清氣血之藥，自然痊愈。

《救傷秘旨·整骨接骨夾縛手法》 夫腦者，諸陽所聚，其太陽、囟門、腦蓋骨等處。一有破傷，即性命所係。宜分開其髮，尋看傷處，剪去近傷之髮，方好用藥。若血湧出，用燈心嚼成團，蘸桃花散塞之，無不止矣。小則不必，若或臭爛，先煎消風散之，又煎辛香散洗之，洗時切忌當風處，猶恐寒熱增重難醫。若頭面皆腫，此風入裏也。宜服消風散。患處有腫，用蜜調聖神散，或薑汁醇酒調貼亦可。若髓出，用安髓散清茶調敷，二藥合用尤妙。若腦骨沉陷，用白金散，加淮烏散貼之；即時吸起，服藥取效。【略】

夫頰骨脫，令患人坐定，揉以百十下，令口張開，醫者以兩手大拇指入口

中，合手摋定，往下一伸，復還上一送，即入臼矣，仍用手巾兜住，一時可解。

夫牙床骨被傷，用手揣搦，令相按歸原。用聖神散貼之，外用絹手巾兜住下頦，直上縛在頭頂上，牙落者去之。搖動者，以箸撥正。血出不止，用五倍子、白礬煎湯，含口中止之。以米湯調白金散噙化，或用桃花散塞之。

夫頭頸從高墜下縮者，先用消風散，或住痛散，加痺藥昏昏散服之。令患人仰卧，用絹帶兜其下頦，直上頭頂，再將頭髮解伸，同絹帶拏作一把，令其頭睡得平正。醫者坐於地下，伸直兩脚，踏患人肩上，用力徐徐拔伸，歸原合好。用生薑自然汁、韭汁、酒醋調聖神散貼之，綁縛牢固，常服尋痛住痛散取效。

夫肩井欄骨折斷者，先用消風散住痛散，加痺藥昏昏散服之，揣搦相按歸原。次用蜜調聖神散貼之，卻用毛竹一節，長短闊狹，以患處爲度。破開兩片，用一大片，削去楞角，鬬入骨，用綿絮一團實股下，以絹帶從股下纏至那邊肩上紮住，服藥取效。

夫肩膊飯鍬骨破傷出者，以消風散住痛散加痺藥服之。次削甲辦藥，用手巾袱蘸辛香散藥湯，洗盦其肩上，以舒其肩骨。令患人側卧，以一人立其面前，帶伸患人之手，與肩並齊，以足撐開患人之脇，如此則伸骨而易入也。醫者居其肩後，用手搦令患骨相接，要摺試其手，上至腦，下腦後，又過胸前，令其掌於心脘下，不許搖動，卻用薑汁、韭汁，調聖神散貼之。用紙裹杉木皮一大片，按住藥上，用絹帶一條，從患處脇下綁至那肩上，其大杉木皮亦要穿數孔，庶好摻濕內面藥，日服加減活血尋痛散取效。

夫肩胛骨脱出腕外者，此骨下段是杵，上段身骨是臼，治法先用住痛散加痺藥服之，次削甲辦藥，用布手巾袱蘸辛香散藥湯，盦洗患處，令筋骨舒軟。如左手骨脱者，令患人卧，一人坐其左膝之側，曲其左足，踏患人左脇下，用帶綁住患人肘上，繫於坐者腰間，坐者以手扶平患人之肘，卻低頭向前，倒腰向後，用力徐徐拔伸患人之骨，按正入於脇下。如骨脱向內，斂脇不開者，令患人側卧於地，用踏脚一條，夾其脚背，令其轉動，着一人曲腰坐於凳子上，用絹帶綁住患人肘股，上懸於坐者之肩，伸脚踏患人脇下，然後抬肩帶肘，徐徐用力拔伸患骨，用手按正其肩腕，務要摺轉。又試其手，上到腦後，下過胸前。反手於臂，方是歸原。然後調聖神散貼之，用絹帶一條，從患處綁至那邊脇下縛住。又一條從患處脇下綁至這邊肩上，亦用綿絮一團，實其脇下，方得穩固，日服消風散住痛散取效。

夫兩臂骨折斷或破碎者，先用消風散住痛散加痺藥服之。用杉木皮三片，削去粗皮，摺令微薄，如指面大，長短以患處爲則。用綿紙包束粘定，用油透甲紙上，用左綁繩四部，編成柵子，如此通漏，內面藥乾，庶可摻濕，編畢，用熱藥湯盦軟其筋骨。令患人卧於地，用絹帶縛患人肘臂，繫於得腰間，醫者坐其膝側，雙手捉定患肘，脚踏其腕下，倒腰向後，徐徐用力拔伸斷骨，用手揣令歸原。以薑汁、韭汁、醋調聖神散，攤於油布上貼之。外用甲縛，寬緊如法。帶兜其手肘，懸於項下，要時常屈伸，肘腕不強，否則日久筋強，難以屈伸。日服加減活血住痛散。若甲兩頭泡起，不可挑破，用黑神散油調貼即消。

夫兩手肘腕骨骼，俗名胖胼，若骨出於腕外者，先用住痛散加痺藥服之，後用藥湯盦軟筋骨。令患人仰卧，得居其側，用絹帶縛其臂，繫於腰間，伸脚踏其腕下，捉住其股，倒腰徐徐用力拔伸，揣令相接歸原。就以大拇指着力張按其腕中，餘四指分四處托其胖胼後。又用兩手指托其骨內，卻隨摺試其曲肱，使能伸屈，其骨不再去，方是歸原。試兩手合掌一齊復舊方好。用油紙攤聖神散貼之，加甲，其甲要闊杉木皮一片，可托得胖胼過。其長要至上下臂骨腰間爲則，杉木皮中間對胼處，剮一大孔，容胼尖轉摺可動，其孔兩旁皮弦，另用皮紙包束粘定，復用皮紙包束其甲，兩頭亦粘定，如此則可屈伸。用左綁紙繩，編上四部，先編大片居中作紙甲，兩頭各編繩兩部，兩旁餘繩，復編小甲作兩頭短甲，其短甲編作上下兩截，每編繩兩部，將上截甲綁住上臂骨上，下截甲綁住下臂骨上，腕間各空二分，庶甲不相撞，屈手無礙，日服活血住痛散取效。

夫兩手腕骨斷，極難調理，用藥不可過涼，夾後不可時常兜挂項下，要時常屈伸。坐則令其舒於几案之上，或屈或伸，卧則令其舒於床席之間，時上時下。三日後令其摺轉，上過腦後，又反手轉於背上，漸漸摺試。方是活動歸原。若過三日，能如此轉動，亦不爲遲。縱有腫貼藥，切忌過涼，恐筋寒貼肉，難伸難屈也。

夫兩手背骨折斷而碎者，服盦如前。令患人仰卧，得坐其膝側，伸脚踏患人腕下，左手托住患人中間三指，同作一把，着力拔伸，右手揣令歸原。即與貼藥，加夾用杉木皮一大闊片，可托掌背過骨，其長短從臂骨中間起，至掌

背拳尖骨爲則。杉木皮中間對腕骨剮一橫孔，令可屈伸。又用杉木皮數小片，如指面大，其長從臂骨起至掌邊止。又兩小片夾臂側邊者，略長半寸，各用紙束定，用左綁繩五部編之。將兩部縛其托掌背大甲，並兩側小甲梢，其中一部。縛於大拇指根，掌兩邊弦上，其骨按得牢。外四部皆要寬舒，用帶懸於項下，三日後，亦要摺轉，屈伸活動，服藥取效。

夫兩手掌骨碎肉爛，服盦如前，揣正相接，用麻油調白金生肌散貼之，用蜜調聖神散敷，四圍紙裹。用杉木皮一大片，按於掌上，又將紙裹軟竹箬一大片，蓋於掌背，用手巾綁縛如法，不必服藥可也。

夫手指骨斷者，先整筋骨合皮。用桃花散止其血，以竹箬軟者一大片，要包得指頭過，紙裹定，用麻油調白金生肌散，攤箬紙上，包束患指，用帛纏之。次日藥乾，再用麻油透潤，三日後，再用麻油調白金生肌散貼之，仍服活血住痛散取效。或蜜調聖神散貼之，亦可取效。

夫肩膊骨脱出，如左手脱出，醫者以右手叉其右手。右手脱出，醫者以左手叉其左手，以膝跪其脇，用手帶伸。如骨向上，以手托其上，要如故。搦軟其手，可齊頭上肩，方可貼藥。以紙塊實其腋下，用帶二條，一條從這邊肩上纏至那邊腋下，一條從那邊患處腋下纏至這邊肩上，日服住痛散自安。

夫腰骨，背脊骨折斷者，令患人覆卧凳上，用大研米錘置於腹下，用絹帶縛其兩肩胛於凳腦上，又縛其兩足於凳腳橫檔上，如此則鞠曲其腰，斷骨自起而易入也。再用曲扁擔一條，從背脊趁直，壓其斷骨，徐徐按入，相接歸原。然後用聖神散貼之，再用紙裹杉木皮一大片，按在藥上，以暖肚緊緊縛之，日服加減活血住痛散取效。

夫兩脇筋骨折斷者，不必夾縛，日服加減住痛散取效。

夫兩腿環跳骨脱出者，此最難治之證也。足短者易治，足長者難治。日服加減活血住痛散取效。

夫兩足腿骨折斷者，盦服如前。令其仰卧，綁其胸脘，繫於凳腦上。如右足患，直伸左足，竪屈右足，醫者側立右手凳弦邊，揳其右足，踏患人右臀尖，一人以帶繫患人右足脛骨，正坐凳頭，着力挽帶，拔伸患骨。醫者揣捫患骨歸頂，即按定雙手，按住莫動，令伸其足，試其齊否，然後貼藥，如法夾縛定，日服加減活血住痛散取效。

夫兩足膝蓋骨碎斷，或斡脱者，服盦如前，用箍傘篾圈一個，其大要箍得膝蓋骨住，四圍絹包，旁安帶二條，令患人仰卧，直伸其足，醫者揣捫，相按居位，用圈子箍住膝蓋骨上，縛定不解，後用聖神散敷於圈子內，外再用草紙裹束，則不污染，日服活血住痛散取效。

夫兩足脛骨折斷而碎者，與接腿骨同。

夫兩踝骨及掌斡脱而右蹣跚者，服盦如前。用杉木皮二大片，其長從小腿肚下起，至腳底爲則，中間對踝骨處剮一圓孔，要箍得踝骨過。又用杉木皮一大片，要托得腳掌過，從趾下起，至脝後轉摺直上夾住後脝，要留兩旁邊弦。又用杉木皮三四片，如指面大，編作柵欄子甲，夾住筋骨面前，大小杉木皮皆紙包油透如法，用左綁繩編，踝上兩部，腳下兩部。先拔伸患骨，揣正歸原，夾之。其腳底用布兜掌前，繫於膝下，令腳掌不直伸下，仍令腳掌時常伸屈，日服活血住痛散取效。

夫十足趾折斷者，法與手指同。

《傷科大成・跌打壓撲損傷者須用引經藥》 上部用川芎　手臂用桂枝　背脊用白芷藁本　胸腹用白芍　左肋用青皮　右肋用柴胡　腰臂用杜仲　兩足用木瓜　下部用牛膝　膝下用黃柏　周身用羌活　順氣用砂仁青皮木香枳殼　通竅用牙皂　破血用桃仁蘇木乳香木通　活血用紅花茜根三七川芎　補血用生地當歸白芍丹參　接骨用川斷五加皮骨碎補杜仲　婦人用香附

大都男子，氣從左轉，傷上部者易治，傷下部者難治。以其陽氣上升也。女人血從右轉，傷下部者易治，傷上部者難治，以其陰血下降也。先以砂仁泡湯，和吉利散服之，再進順氣活血湯，復以砂糖花酒，下和傷丸五粒。

傷肩者，左邊則氣促、面黃、浮腫；右邊則氣虚、面白、血少。使患者低坐，一人抱住其身，將手拔直，用推拿法，令其筋舒。一手捏其肩，抵住骱頭，齊力拔出，然後彎曲其肘，骱內有響聲，乃復其舊位。用布條扣臂於項下，服行氣活血湯，一月完全。

傷背者，五臟皆繫於背，雖凶則死緩。先服吉利散，次以砂糖花酒，送和傷丸五粒。如骱骨脱出，腰硬痛極，用竹六根，扎爲兩個三腳馬，排於兩頭，上横一竹，繫麻繩圈兩個，使患者兩手攀圈。每足踏磚三塊，醫者將後腰拿住，各抽去磚一塊，令患者直身；又各去磚一塊，如是者三次。其足著地，則骨陷者能起，曲者能直。先敷定痛散，外貼皮紙，鋪以艾絨，次以杉木四根，寬一寸，厚五分，長短照患處爲度，俱在側面鑽孔，用繩穿貫，裹於患上，加布

扎緊，兩邊令端正，只可仰卧。如無氣者，使患者盤坐，揪其髮，伏我膝上，輕拍其背心，使氣從口出得甦。如胸前不直者，亦用竹架攀圈法。

傷胸者，胸爲氣血往來之所，傷久必咳嗽，高起滿悶，面黑發熱，主四日死。先進疏風理氣湯，次以行氣活血湯。從前面碰打跌傷胸膛者重，從後面者輕。用手法按摩之。心坎上横骨，第一節傷者一年死，第二節傷者二年死，第三節傷者三年死。

傷肝者，面紫，眼赤，發熱，主七日內死。先投疏風理氣湯，次以吉利散，後服琥珀丸。

傷心口者，面青氣少，呼吸痛甚，吐血，身體難動，主七日內死。先進疏風理氣湯，次服和傷丸，時時飲百合湯。

傷食肚者，心下高腫，皮緊陣痛，眼閉，面與口鼻黑色，氣喘發熱，飲食不進，主七日死。先進疏風理氣湯，次以和傷丸。

傷腎者，兩耳立聾，額黑面浮白光，常如哭狀，腫如弓形，主半月死。先服疏風理氣湯，次以補腎活血湯，鳳吉利散與琥珀丸。

傷大腸者，便後急澀，面赤氣阻，便後有紅者傷重，主半月死。先進槐花散，次服吉利散，後以和傷丸。

傷小腸者，小便閉塞作痛，面腫氣喘，發熱口乾，口有酸水，主三日死。先以水酒各半煎服疏風理氣湯，次以吉利散，後送琥珀丸。

傷膀胱者，小便腫脹濇痛，不時滴尿，發熱，主五日死。先下琥珀丸，次以行氣活血湯。

傷陰囊或陰戶者，血水從小便滴出，腫脹痛極，昏沉不醒，主一日死。先與琥珀丸，後進行氣活血湯。

胸與背皆傷者，發熱咳嗽，面白肉瘦，飲食少思，主半月死。先進理氣湯，後以和傷丸。

傷氣眼者，氣喘痛極，夜多盜汗，身瘦腫脹，不安食少，主一月死。先泡砂仁湯和吉利散服，次以酒煎補腎活血湯，後進和傷丸。

傷血海者，口常吐血，胸與背板硬作痛，或血妄行，主一月死。先進行氣活血湯，次以吉利散，後服藥酒而安。

傷兩肋者，氣喘大痛，痛如刀割，面白氣虛，主三日死。先以行氣活血湯，次進和傷丸。如筋骨斷者，敷定痛散，貼損傷膏，用布折數轉，服接骨藥。

兩肋非打傷自痛者，乃肝火有餘，當以清肝止痛湯。

有清痰或食積流注兩肋作痛者，先以清肺止痛湯，次服吉利散。

登高跌仆，血瘀兩肋作痛者，急進大黄湯，次投吉利散。

醉飽房勞者，多元氣不足，肝木克胃土，使胸脘連兩肋作痛。先投歸原養血湯，次以十全大補湯。

有傷擦或時邪發熱，覺兩肋痛者，此肝膽二經受邪，治以小柴胡湯。

左肋痛者，血瘀與氣滯也。先以行氣活血湯，次下琥珀丸。

右肋痛者，痰與食積也。先以化痰消食方，次服活血止痛湯。

傷處焮高腫作痛者，乃瘀血爲患。寒熱交作，日輕夜重，兼之腰痛。肥人多氣虛，瘦人多鬱怒。急下琥珀散，次以和傷丸，後進藥酒而安。

《傷科大成·接骨入骱用手巧法》 凡人之頭無骱，亦無損折，只有跌打碎傷等證。若腦漿出者不治，骨青者難治，碎骨如粟米大者可治，過是不治。接骨入骱者，兩手捏平其筋骨，復於舊位。或先拽之離而後合，或推之就而復位，或正其斜，或完其缺，且骨有截斷、碎斷、斜斷之分，骱有全脱、半脱之別，筋有弛縱、擲攣、翻轉、離合各門，在肉內者用手摸之自知。蓋傷有重輕，接拿有合宜不合宜之法。故愈有遲有速，而得完全或遺殘廢者，總責乎手法也。然體質壯者易愈，元氣弱者難全。若手法再誤，萬難挽回。夫骨既斷必使合攏一處，復歸原臼。出血者敷止血散，使血不流，再敷金瘡藥，用杉木板綁縛撑抵斷處，方不移動矣。辨明骨有斷爲兩截者，或折而陷下者，或碎而散亂者，或岔而旁突者，分其形勢接拿，使斷者復接，陷者復起，碎者復完，突者復平。有皮肉不破而骨斷者，動則轆轆有聲。或骨受傷未斷者，動則無聲。或碎骨在肉內者，動則淅淅之聲，後必潰爛流膿。待其爛脱離肉，箝去碎骨，摻生肌藥，外貼損傷膏，亦用綁縛，始可完全。

大凡治法，先煎代痛散熏洗，然後將斷骨拿直，令其相對，平正按摩，果然照舊不歪，敷定痛散，鋪蓋艾絨，綁以杉木板，加布條扎好，取其緊直，使骨縫無綻離走脱之患。過四五日放綁復看，如其走脱，仍依前法扎緊，百日內換綁二十餘次，內服接骨藥。

凡斷臂與斷膊，斷腿與斷骱，治分上下，器具照形體變化。有筋全斷者，縮於肉裏，無用巧能接之理。若斷而未全斷者，外敷續筋藥，內服壯筋養血藥。

跌打碰傷，頭顱猝死者，身雖僵直，口鼻尚有出入氣，心口尚溫跳動者，使患者盤坐，揪其髮，伏我膝上，傷處先敷定痛散，隨以火紙攥條點火，令烟薰其口鼻，通和臟腑血脈之氣，待口中出聲，以熱陳酒和灌定痛散，或炒蘿蔔子泡湯灌之。外用手摩其胸腋，並托其手腕頻頻揉其兩手脈窠，被傷之筋脈強硬，得揉摩而心脈和連，命脈流通，即可回生。若傷重已死者，用白布纏其頭，以木棍長尺，半圓如錢大，輕輕拍其足心，再提其髮，令項正直，舒其經絡。如皮未破，骨碎膜穿，血向內流，聲啞不言，面青唇黑者，不治。或頂骨塌陷，七竅出血，身僵昏迷者，不治。惟皮閉肉綻，血流不止者，先止其血，服補氣養血藥，當戒慾避風。如染破傷風，牙關緊閉，角弓反張，即進疏風理氣湯，俟身不發熱，與補中益氣湯。

傷囟門肉腫皮未破者，昏沉不語，扶起正坐，以葱汁和敷定痛散，次以麤紙蘸醋貼藥上，燒小熨斗烙紙上，內覺熱痛，口出聲爲度，去藥貼損傷膏。如皮破血流不止，骨陷筋翻者，不治。

凡傷頭頂兩旁稜骨、額骨正中、兩額角、眼眶骨、顴骨，均照囟門傷治法。打傷眼珠落出者，先以銀針蘸井水，將收珠散點紅筋，次用青絹蘸溫湯挪進，即服還魂湯，再投明目生血飲。

鼻梁骨斷者，先捏正斷骨，摻以止血丹。如鼻已傷落下者，急趁血熱，蘸髮炭末粘貼原位，不可歪斜，加絹條扎緊，遲則血冷不能粘，服壯筋續骨丹。如骨未碎斷，只貼損傷膏，服吉利散。骨碎內膜破者，口鼻流血者，不治。

砍跌打落耳朵，或上落下粘者，或下脫上連者，急拈正用對口金瘡藥。若全落下者，急蘸血餘末貼原位，將兩耳相對，次以竹片夾緊，加布條扎好，如耳門骨傷重而體素虧，昏沉者不治。

口唇豁開者，先摻麻藥，急以小箝箝牢，油絲綫穿合其縫，不可歪斜，摻金瘡藥，貼損傷膏，外以絹條在唇上扎向腦後縛定，服活血止痛散，常飲稀粥，不可言笑及呷食物。如血已冷，先敷麻藥，以刀尖剮破，血出時急蹤合，須手快爲妙，仍口含刀誤割其舌，將斷未落者，急用雞蛋殼內依貯其舌，蜜調敷止血定痛散，頻頻添換，使患者仰卧，稀粥灌飲，不動其舌，則易愈。或戮傷上腭正中之孔，面腫色青，血流不止，痛連腦髓，若傷會厭，昏沉不語，痛連心膈，急研鉛粉、冰片，吹患處，以止其血。再用蟹黃血竭煎湯，每日口漱三十次，內服定痛散。

下頦一骱脫下者，遂不便言語飲食，其骱如剪刀股樣，先以布包手大指，入其口，餘指抵住下邊，輕輕捺下，用力向上一推，而進骱有響聲，齒能合者復位多。得於腎虛者，外加布條兜裹於項後，常進補腎養血湯，次進補腎丸。

頸項骨難於損折，有登高倒跌，損骨外出者，重者三時死。輕者捏平其骨，相對原筍，貼損傷膏，次以布條連肩背絡之，投砂仁泡湯煎吉利散。

缺盆外鎖子骨傷斷者，先拿胸骨將肩頭向內合之，揉摩斷骨令其復位，加帶掛肩於面，敷定痛散，不可搖動，服接骨藥。

肋骨斷者，骨不能對，須捏骨平正，外貼損傷膏，內服壯筋續骨丹。

肩骱與膝骱相似，肩骱落下，手不能舉，將上一手擒住其肩下，一手拿住其手，輕輕轉動，使其筋舒。再令患者坐於低處，一人抱住其身，將手拔直，用推拿法。又兩手捏其肩，抵住其臂骨，將膝夾住其手，齊力推上，骱內有骱聲，乃復舊位，手自能舉動。如無響聲者，骱未能上，仍照前法而行。先以熟牛皮，長五寸，寬三寸，兩頭各開二孔，貫以棉繩，內貼損傷膏，加以棉花蓋之，又用棉裹如雞卵大，夾於夾窩內，復以牛皮夾緊肩之前後，加布纏好後，以扶手板，長二寸，寬四寸，兩頭穿繩，懸掛空中，令患者俯伏於上，不使其肩骨下垂，俟痊愈方可撤板。若臂骱落出者，以上一手抬住其彎，下一手拿住其脈踝，令其手伸直，拔下遂曲其上，後抬其彎，捏平湊合其攏，內有響聲，使其手曲轉，搭著肩膊，骱可合縫矣。貼損傷膏，多以布每頭釘帶四根，裹扎臂骨，復以竹簾照患處大小爲度，圍緊布外，使骨縫無參差走脫之患，以引經藥煎湯和吉利散。

手掌處腕骨被跌仆打傷，骱骨脫出者，腕縫必開，以兩手先揉其腕，一手拿住其指，一手拿住其凹處，拔其手指，伸直手掌，曲起手骱，曲下一伸而上骱內有響聲，掌可活動，已復舊位，但骱出不用綁。如骨斷者先貼損傷膏，加布扎好，將闊板一片，撐住患裏，再以木板四片，長三寸，加布扎緊，俟愈方去板，煎桂枝湯和吉利散。

手指有三骱中節脫出者，拔出捏正，拈其指伸出挺直，一推即上，能屈伸則愈。不可下水，洗以桂枝煎活血止痛飲，手指痛過於別處，若傷一指，痛必連心，中指尤甚，一染破傷風，外敷金瘡藥。內服疏風理氣湯。

被人咬傷手指者，先以童便淋洗，捏去牙根毒氣，用炙龜板灰末麻油和敷，又以紙蘸麻油點火薰之。如患處破傷風，進疏風理氣湯，若刀斧砍斫傷

者難治。臀處肉厚骨𩩲，骱脫比諸骱難於擒拿合攏。又名胯骨。若骱脫臼者，則觸在股內，須用大力人四個幫扶，使患者側卧，一人抱住其身，一人擒住膝上，先將臂骱拔直，上手擒住其腰，下手捧住其腿彎，將膝曲轉向上，使膝近其腹，再令伸直，骱內有響聲，即歸舊臼。出左臀攀向右，向右拔直而上；出若臀攀向左，向左拔直而上。貼損傷膏，服生血補髓湯。

大腿骨骱脫者，一手擒住其膝，一手拿住其膀，上下拔直，將膝曲轉，抵住臀瓣，骱內有響聲，始爲合攏。敷定痛散，服生血補髓藥。

腿骨折兩段者，先煎寬筋散薰洗，令患者側卧於床，患足拿與無患足齊貼損傷膏，用布二條，長五寸，寬二寸，裹膏藥上，外以紙包杉木板八片，長七寸，又用布三條，與木板和扎齊緊，先進活血止痛散，次投壯筋續骨丹。

大小腿皮破骨斷者，拿骨平正，貼損傷膏，用杉木板六片，長二寸半，上骨斷板寬七分，下骨斷板寬五分，加布扎緊，取其擔力，不致歪走。此證痛極，先以止痛丹，後投壯筋續骨丹。

膝骱處油盞骨，在膝蓋之處，其骱脫出於上者，使患者仰卧，一人抬起足踝，若出於左，隨左而下；出於右，隨右而下。醫者緩緩雙手挾擒，上手拿住其膝，下手擒住其足，彎使骱對膝上，手擒膝下，手向上一抬則上，則損傷膏，服壯筋續骨丹。膝蓋離位向外側者，則內筋腫脹；向內側者，則筋直起彎腫。看其骨如何斜錯，依法捏拿，復其原位，服補筋藥。

膝蓋骨，名護膝骨。爲兩塊者，或三塊。將兩腳伸直，捏其骨平伏，用薄篾片照膝蓋骨之大小，做一篾圈，套於患上，次以布四條扣於圈上，連膝彎扎緊，先貼損傷膏，服止痛接骨丹，不必換膏藥。受傷足放床上，不可下地，半月後，用軟棉放足彎處，逐日墊高，使彎曲如舊，常煮鴨食。又恐碎骨，未長好復行損傷，將馬桶墊與床一樣高，以大便不可下，水洗至全好，去篾圈如箍，月餘骨仍兩片者，一生跛足，不可治，服當歸湯。

當歸　乳香　沒藥　川斷　陳皮　五加皮　生地　牛膝　骨碎補　紅花　木瓜

如發熱，加柴胡、桔梗各一錢；發腫，加黄芩、水酒各半煎，空心服。

小腿有二骨，一大一小，斷一根者易治，斷兩根者難治。直挺者易治，分兩段者難治。將傷骨捏對平正，敷金瘡藥，貼損傷膏，不可水洗，用木板六片，長三寸五分，加布條扎好，二日一換。此證極痛，先服接骨丹，次以壯筋續骨丹。

腳踝骨易出易入，一手抬住其腳踝，一手拿住其腳踝，將踝拔直捏正，其骨復於舊位。左踝出手偏於左，右踝出手偏於右。腳指曲上，腳跟曲下，一伸而上骱戮傷地或大腸者，不治。傷口淺直者，易治。血出不止，服止血定痛散。傷口深斜者，待流血止，摻金瘡藥，服護風托裏散。

凡碰擦磕跌，並刀砍斧斫，肉開血流，或皮微破者，傷不過重。人每不甚介意，惟在春令，最易侵風，在頭爲重，別處稍輕，漸見浮腫，速進玉眞散，避風爲要。若不急治，成破傷風，甚至青腫，牙關緊閉，神昏發狂，角弓反張，四肢抽搐，多致不救。

玉眞散

天麻八分　羌活六分　防風　白附子　川芎　白芷各一錢　煎服。

刀斧砍傷硬處者，骨損先療骨；砍傷軟處者，肉損先治肉。如傷頭額者，敷金瘡藥，以避風爲上，防身發寒熱。脈沉細者，易治；脈洪大者，難醫。

以刀刎喉，左手執刀者斜而深，右手執刀者直而淺。刎一刀者深而難治，刎兩刀者淺而易療。如喉管斷，有出入之氣，摻藥吸進必嗆咳，急以雞蛋內衣蓋管上，再摻藥則不嗆。如破食管，或破半邊，或全斷，急以油綫縫合其口。若血不止，用滑石五倍研末摻之，外對金瘡藥，貼膏藥，長五寸闊三寸加布條扎項，高枕仰卧，使項屈而不伸，刀口易合。三日後，以葱湯洗去煎藥，摻肌生散，貼膏藥，仍舊扎好，兩月餘完痊。服護風散，如發寒熱進補中益氣湯，若氣管斷或稍穿破者，不治。

傷破肚皮，而腸拖出者，醫者先自剪去指甲，免碰傷其腸，將溫水和麻油，浴煖外出之腸，輕輕揉進。若未能進，用醋和冷水，勿令患者知，忽噀其面，其腸自收。以油綫淺淺縫其口，太深則傷內肉，對金瘡藥，貼活雞皮，加布扎好，服通腸活血湯。內臟不傷，飲食如常者，不妨。腸突出膜外者，不治。如腸未出，而膜已穿，血向內流者，不治。桑根皮搓綫尤妙，骨碎如粟米者，輕輕箝去其碎骨，對金瘡藥，服生血補髓丹。如骨脫臼，捏平其骨合筍，貼損傷膏，服壯筋續骨丹。

從高墜跌骨碎者，或骨脫骱者，以手輕輕捏骨與骱平伏，敷定痛散，外護金瘡藥，投疏風理氣湯，次以補中益氣湯。如頸項跌入腔內，向活動。掉於左右，治以提法，頭低不起，治以正法。頭頂歪斜，治以整法。面仰頭不能

低，或筋長骨錯，或筋聚筋強，治以推正接整法。能起坐行動者輕，昏覺不語，痛極硬腫者重。

登高墜斷肋骨者，以手拿骨平伏，貼損傷膏，加布扎好，服接骨散，如食飽墜傷腸斷者，不治。

捏破陰囊，卵子拖出者，浴以溫湯，輕輕拈進。貼以活雞皮，先摻金瘡藥，投吉利散。卵子碎者，不治。

捏傷陽物，小便不通者，急投琥珀丸。小便通者，進吉利散。踢傷肛門腫脹者，投通腸活血湯。大便不通者，以大黃湯。有紫血者，與吉利散。有鮮血者，進槐花散。火燒湯燙炮打各傷者，不能飲食者，火毒入內臟時，想飲冷水，急以清心去毒飲，能飲食者，火毒未入內。傷破皮肉者，外敷琥珀膏，投去毒散。

剁落耳鼻者，急趁血熱蘸髮灰末貼於原位，不可歪斜，外加夾縛法。或斬斷手臂，或手指，或腿膀，或足指，急將斷下者趁血未冷，湊接齊整合攏，摻上血丹外，敷金瘡藥，服托裏止痛散。如血已冷，湊接不得粘合，遂成殘缺之體。

橋梁牆垣倒壓，折傷骨節，傷頭顱骨碎者，箝去碎骨收口，方無後患。防染破傷風，服護風托裏散，次以接骨散。傷兩太陽昏迷不醒，飲食不入，言語不出者，不治。腦漿出者，不治。傷胸前背後及五臟者，雖不言不食，殆氣悶於中，投吉利散。身發寒熱，以疏風理氣湯，傷兩邊軟肋者，飲食如故，服吉利散。傷腰子過重者，不治。輕者貼損傷膏，服補腎和血湯。

踢傷小腹者，傷處作痛，小便閉塞，不能行步，三日可治。內有瘀血，以行氣活血湯。

五官科病證治

《諸病源候論·目暗不明候》 又云：雞鳴，以兩手相摩令熱，以熨目，三行以指抑目，左右有神光，令目明不病痛。東向坐，不息再通，以兩手中指，口唾之二七，相摩拭目，令人目明。以甘泉漱之，洗目，去其翳垢，令目清明。上以內氣，洗身中令內睛潔，此以外洗去其塵障。卧引爲三，以手爪項邊脈五通，令人目明。

《蘇沈良方·治諸目疾》 右盛熱湯滿器，銅器尤佳。以手掬熨眼，眼緊閉勿開，勿以手揉眼，但掬湯沃，湯冷即已。若有疾，一日可三四爲之，無疾一日兩次，沃令眼明，此最治赤眼及瞼眦痒。予自十八歲因夜書小字，病目楚痛，凡三十年，用此醫法，遂永差。樞密邵與宗目昏，用此法，踰年后，遂能燈下觀細字。大率血得溫則榮，目全要血養。若衝風冒冷，歸即沃之，極有益於目。

《世醫得效方·口齒兼咽喉科·齒病》 導引方　治牙齒痛。東向坐，不息四通，上下琢齒三十六下。

輔車開不可合，飲令大醉，睡中搐鼻，嚏則自正。又南星末、生薑汁調傅，帛縛合，一宿愈，去風也。

《古今醫統大全·瞼中生贅》 此證脾胃積久而發出，以致瞼生肉贅，如粟如黍，或有血塊，俱以手法去瘀血，服活血清熱而愈。

《古今醫統大全·血氣不分混而遂結之病》 初起時，但如豆許，血氣衰者，遂止不復長，亦有久止而復長者。盛者則漸長，長而不已，如杯如盞，如碗如斗，皆自豆許致也。凡治在初，須擇人神不犯之日，大要令病者食飽不饑，先汲冷井水洗眼如水，勿使氣血得行。然後以左手持銅筋，按睛睫上，右手翻眼皮令轉，轉則疣肉已突，換以左手大指按之，弗令得動移。復以右手持小眉刀尖，略破病處，更以兩手大指甲捻之令出，則所出者如豆許小黃脂也。恐出而根不能斷，宜更以眉刀尖斷之，以井水再洗，洗後則無恙。要在手疾爲巧。事畢，須投以防風散結湯，數服即愈。此病非手法則不能去。何則？爲血氣初混時，藥自可及，病者則不知其爲血氣混也，比結則藥不能及矣。故必用手法去，去畢，必又以升發之藥散之。藥手皆至，庶幾了事。

《古今醫統大全·奇經客邪之病》 病多藥不能及者，宜治以手法，先用冷水洗，如針內障眼法，以左手按定，勿令得動移，略施小眉刀尖，剔去脂肉，復以冷水洗淨，仍作前藥餌之。此治奇經客邪之法也，故并置其經絡病始。

《古今醫統大全·拳毛倒睫》 拳毛倒睫之病，爲脾受木邪風火糜害，故兩瞼受傷，外緩內急之所致也。蓋內復熱致陰氣外行，當去內熱并火邪。眼皮內緩則睫不倒，拳毛立出，翳膜立退。治用手法，掉出內瞼向外，以三棱去血，左手爪甲迎其針鋒，立愈。

《古今醫統大全·齒候門導引法》一法：常向本命日，櫛髮之始，叩齒九通。陰呪曰：大帝散靈，五老反真。泥丸玄華，保精長存。左迦拘月，右引日根。六合清練，百疾愈因。咽唾三過，常教行之，使齒不痛，腦不痛，髮不白。

一法：向東坐不息四通，上下琢齒三十六，治齒痛。

一法：凡人覺脊背皆崛強，不問時節，縮咽髆，仰面努髆，并向上頭左右兩向按之，左右二七一住，待血行氣動定然，始更用。初緩後急，不得先急後緩，若無病人，常欲得旦起、午時、日沒三辰用之三七遍，除寒熱疾，脊腰頭項痛，風痺，口內生瘡，牙齒風，頭眩，終盡除也。

《證治準繩·雜病·水疳證》病自上眼睫而起者，乃手少陰心脈，足厥陰肝脈血氣混結而成也。初起時，但如豆許，血氣衰者，遂止，不復長亦，有久，止而復長者，盛者則漸長，長而不已，如杯、如盞、如碗、如斗，皆自豆許致也。凡治，在初須擇人神不犯之日，大要令病者食飽不饑，先汲冷井水洗眼如氷，勿使氣血得行，然後以左手持銅筯按睛睫上，右手翻眼皮令轉，轉則疣肉已突換以左手大指按之，勿令得動移，復以右手持小眉刀，尖略破病處，更以兩手大指甲捻之令出，則所出者如豆許小黃脂也。恐出而根不能斷，宜更以眉刀尖斷之，以井水再洗，洗後則無恙。要在手疾為巧，事畢，須投以防風散結湯數服，即愈。此病非手法則不能去，何則？為血氣初混時藥自可及，病者則不知其為血氣混也，此結則藥不能及矣。故必用手法去，去畢，則又以升發之藥散之。藥手皆至，庶幾了事。

《動功按摩秘訣》眼目證　設有眼目昏赤，可於攢竹穴掐五七十度，兼行清靜功夫。攢竹穴乃足太陽膀胱經，在眉內尖角陷中是穴也。

設有眼昏，可於睛明穴用大指第一節於掌心內擦熱熨之，兼靜功。睛明穴乃足太陽膀胱經，在目眦內孔中是也。

設有血虛兩目昏花者，可於肝俞穴掐五七十度，擦五七十度，兼清靜功夫調攝。肝俞穴乃足太陽膀胱經，在脊第九椎骨下，兩旁邊各開一寸是穴也。

設有眼痛目昏者，可於青靈穴掐五七十度，擦五七十度，兼靜功。青靈穴在手少陰心經，在肘上三寸，伸肘之時，臂對眼與乳相平，赤白肉際青筋上是穴也。

或有目睛熱障治攢竹者，或有雙目冷淚治合谷，青靈者；又有眼久疾治清冷淵、合谷者，穴已載前。

耳證　設有耳閉者，可於翳風穴掐五七十度，擦五七十度，兼靜功。翳風穴乃手少陽三焦經，在於耳後尖角陷中，開口便得穴。兼治鼠瘡，瘰癧、項間痰核，咽喉疼痛並皆治之。

設有耳疼痛者，可於頰車穴掐五七十度，擦五七十度，兼用靜功。頰車穴乃足陽明胃經，在耳墜珠下三分，頰陷中間口有孔是穴也。兼治諸般牙疼、口眼歪斜之證。

設有耳聾氣閉，可於聽會穴掐五七十度，擦五七十度，兼行靜功。聽會穴乃足太陽膽經，在耳珠前陷中，開口得穴。口中須含一物，方可如法。或兩耳虛鳴，可於聽會、合谷二穴通治。

咽喉口齒證　設有咽喉腫痛，單雙乳蛾等證，可於少商穴掐五七十度，擦五七十度。如不愈，用破磁片針此穴，出血即愈矣。少商穴乃手太陰肺經，在大指內側，去爪甲如韭葉者是也。

設有口臭者，可於大陵穴掐五七十度，擦五七十度，日行數次。大陵穴乃足厥陰心包絡經，在手掌橫紋正中間。兼治鵝掌風。

設有小兒乳蛾，可於合谷穴掐五七十度，擦五七十度，日行數次。合谷穴乃手陽明大腸經，在大指次節，岐骨肉尖上是也。

設有牙疼腫痛，可於呂細穴掐五七十度，擦五七十度，兼靜功。呂細穴乃足少陰腎經，在腳後跟內踝骨尖後動脈陷中是穴也。兼治股內濕癢生瘡及便毒，或牙疼掐頰車穴。

眼目證　凡三焦血熱眼昏，正坐，擦熱手摩臍輪，後按摩兩膝蓋，待暖再摩臍輪，再按摩膝蓋，俟氣定再行。日行三五次為度。

凡眼腫痛，端坐叩齒一通，命童子摩左右湧泉穴并膝蓋各三千，自己以舌抵上腭，反目觀頂，口內漱津滿口咽之。如此者九漱九咽，咽後輕呵三口，復如前叩齒止。日行三五次效。

凡眼目昏花，正身平坐，以兩手反背叉地，伸左右腳，次屈右膝壓左腿上，行一度叩齒一度，叩齒一通咽津一口，即刻行五六次。久久行持，夜視如晝，其效如神。又雞鳴時擦熱兩手，熨兩目一二十度，光如童子。

凡三焦熱眼花虛弱，端坐，命童子摩湧泉、膝蓋一千二百，自叩齒一通，

略仰面輕呵九口，一日行三次神效。

凡患青盲，盤坐，内叉兩手在臍上，大指掐中指第一節紋，自看左右四十九遍，叩齒一通，調津咽一口，復叩齒一通，日行三五次。輕者三七愈，重者七七愈，忌食葱、蒜、韭、薤、魚、腥、麵食，氣惱。

凡患眼昏兼耳聾頭痛，兩手抱頭，將身前後左右紐轉三二十遍，汗出爲度，日行三次。

凡腎水竭，目生翳，端坐，焚線香一炷，雙手恭執，灰高二分輕吹去，又起又吹，香到指間放手重握固。叩齒一通，漱津滿口咽之，如此九口。叩齒九次，輕呵一二口。日行三度，神效。

凡心火起并火眼，以自己手摩左右湧泉穴并膝蓋，垂簾閉口及氣，怒目閉口呼出，一次三十六吸呼，正身端坐而行。

凡諸目疾，後以兩手抱住崑崙，以目珠周轉，吸清氣送至下丹田一百二十口，再漱咽三大口，叩齒而止。

耳證　凡兩耳起瘡流膿，兩手掩耳門，閉氣正身，前後點頭二十四，左右横點十二，待耳熱響止，少停再行。

凡腦風耳鳴，立定閉氣，左手提耳，右手握拳下，右亦如是，各一二十遍，鳴止爲度。

凡耳驟聾，坐地掐鼻，閉氣咬牙，低頭怒目，鞠身使七孔之氣俱入耳門，九轉一止。

鼻證　凡鼻血不止，圓開兩眼，一氣連吸三九口，意送下丹田即止。諸鼻證，早晨多摩鼻兩傍并鼻下爲妙。

牙證　凡牙痛，雙手托住下巴骨，閉氣，口麻方止。日行數十次，三次一度。

凡痄腮及牙關緊，兩手中指掐太陽，兩大指掐兩腮旁，左右扭身二十四遍，日行數十次，神效。

《景岳全書·雜證謨·耳證·論治》凡耳竅或損，或塞，或震傷，以致暴聾，或鳴不止者，即宜以手中指於耳竅中輕輕按捺，隨捺隨放，隨放隨捺，或輕輕摇動以引其氣，捺之數次，其氣必至，氣至則竅自通矣。凡值此者，若不速爲引導，恐因而漸閉，而竟至不開耳。

《雜病源流犀燭·耳病源流》耳病導引法　《保生秘要》曰：凡搓掌心五十度，熱閉耳門，空觀。次又搓、又閉、又觀，如此六度，耳重皆如此導法，兼以後功，無不應驗。

運功　《保生秘要》曰：用意推散其火，男則用逆，收藏於兩腎之間。女則用逆，歸藏於兩乳之下，或耳中，或按耳門内。若蟬鳴，咽津液，降氣安。

耳重導引法　《保生秘要》曰：定息坐，塞兑，咬緊牙關，以脾腸二指捏緊鼻孔，睁二目，使氣串耳，通竅内覺哄哄然有聲，行之二三日，竅通爲度。

運功　《保生秘要》曰：時常將兩耳返聽，於歸元取静，或存閉口中氣及鼻中氣，使不妄出，單意想從耳中出，又收返聽，耳自然聰矣。

修養法　《養生書》曰：以手摩耳輪，不拘遍數，所謂修其城郭，以補腎氣，以防聾聵也。

《雜病源流犀燭·鼻病源流》鼻病修養法　《養性書》曰：常以手中指，於鼻梁兩邊揩二三十遍，令表裏俱熱，所謂灌溉中岳，以潤於肺也。常去鼻中毛，謂神氣出入之門戶也。

鼻淵導引法　《保生秘要》曰：用中指尖於掌心搓令極熱，熨搓迎香二穴，可時搓時運，兼行後功。此法並治不聞香臭。

運功　《保生秘要》曰：歸元念絲過命門，想腎水升上崑崙，降臍。次從左乳下經絡，推至湧泉，嘘而吸之，又行鼻間運患處，則從左鼻助推至左湧泉，後又念臍絲過腎俞，想水灌頂，歸覆臍，或頰紅及鼻，但推紅處撤散，升腎水洗腫，久自退矣。

急救按摩分部

綜　述

《金匱要略·雜療方·救自縊死方》救自縊死，旦至暮，雖已冷，必可治。暮至旦，小難也。恐此當言陰氣盛故也。然夏時夜短於晝，又熱，猶應可治。又云：心下若微溫者，一日以上，猶可治之。方：

徐徐抱解，不得截繩，上下安被卧之。一人以脚踏其兩肩，手少挽其髮，

常弦弦勿縱之。一人以手按據胸上，數動之。一人摩捋臂脛，屈伸之。若已殭，但漸漸強屈之，并按其腹。如此一炊頃，氣從口出，呼吸眼開而猶引按莫置，亦勿苦勢之。須臾，可少桂湯及粥清含與之，令濡喉，漸漸能嚥，乃稍止。若向令兩人以管吹其兩耳彌好。此法最善，無不活者。

《肘後方·救卒中惡死方》 又方：令爪其病人人中，取醒。

《外臺秘要·自縊死方一十五首》 病源：人有不得意志者，多生忿恨，往往自縊。以繩物繫頸，自懸掛致死，呼爲自縊。若覺早，雖已死，徐徐捧下，其陰陽經絡雖暴擁閉，而藏腑眞氣故有未盡，所以猶可救療，故有得活者。若見其懸掛，便忽遽截斷其繩，則不可救。此言氣已擁閉。繩忽暴斷，其氣雖通，而奔並運悶，氣則不能還，即不復得生。又云：自縊死，旦至暮，雖已冷，必可活；暮至旦，則難療。此謂其晝則陽盛，其氣易通也；夜則陰盛，其氣難通也。又云：夏則夜短又熱，則易活。又云：氣雖已斷，而心微溫，一日以上猶可活也。

《肘後》葛氏療自縊死，心下尚微溫，久猶可活方：

徐徐抱解，其繩不得斷之，懸其髮，令足去地五寸許，塞兩鼻孔，以蘆管內其口中至咽，令人嘘之，有頃，其腹中礱礱轉，或是通氣也。其舉手撈人，當益堅捉持，更遞嘘之，若活了能語，乃可置；若不得懸髮，可中分髮，兩手牽之。

《外臺秘要·卒死方二十四首》 又卒死，或先有病痛，或居常倒仆，奄忽而絕，皆是中惡之類療方。

取葱刺鼻，令入數寸，須使目中血出乃佳。一云耳中血出佳。此扁鵲法。同後云吹耳中，葛氏吹鼻，別爲一法。

又方：以葱刺耳，耳中鼻中血出者勿怪，無血難療之。有血者，是活候也。其欲蘇時，當捧兩手莫放之，須臾死人目當舉手撈人，言痛乃止。男刺左鼻孔，女刺右鼻孔，令入七寸餘無苦，立效。亦療自縊死，此扁鵲法。

又方：以綿漬好酒內鼻中，手按令汁入鼻中，並持其手足，莫令驚動也。

又方：令人痛，爪其人人中，取醒。不起者，擲其手，灸下紋頭，隨年壯。

《外臺秘要·溺死方九首》 病源人爲水所投溺，水從孔竅入，灌注腑藏，其氣擁閉，故死。早拯救得出，即泄瀝其水，令氣血得通，便得活。又云：經半日及一日猶可療，氣若已絕，心下暖者，亦可活。

《肘後》療溺死一宿者，尚可活方。

又方：倒懸解衣，挑去臍中垢，極吹兩耳，即活。

又方：倒懸死人，以好酒灌鼻中，立活。

又方：取甕傾之，以死者伏甕上，令口臨甕口，燃以蘆火二七把，燒甕中，當死人心下，令烟出，小入死者鼻口中，鼻口中水出盡則活。蘆盡更益爲之，取活而止。常以手候死人身及甕，勿令甚熱，冬天常令火氣能使死人心下得煖，若卒無甕，可就岸穿地，令如甕，燒之令煖，乃以死人著上，亦可用車轂爲之。當勿隱其腹，及令得低頭，使水出，并熬灰數斛以粉身，濕即易。

《備急》療溺死方：屈死人兩腳，著人肩上，以死人背向生人，背負持走，吐出水，便活。

急解本人衣服，臍中灸百壯。或倒懸病人，挑去臍中垢，或吹兩耳中，或綿包皂角末，內下部。《外臺》云：雖溺死一宿者，以皂角綿裹內下部，須臾出水，即活。

又方：屈死人兩腳着人肩上，以死人背貼生人背，擔走，吐出水即活。

又熬熱沙覆死人，面上下著沙，只留出口、鼻、耳，沙冷濕換之。又倒懸，以好酒半盞灌鼻中及下部，或以醋半盞灌鼻中亦得。

《外臺秘要·自縊死方一十五首》 仲景云：自縊死，旦至暮，雖已冷，必可療；暮至旦，小難也。恐此當言陰氣盛故也。然夏時夜短於晝，又勢，猶應廳療。又云：心下若微溫者，一日以上猶可活。皆徐徐抱解，不得截繩，上下安被卧之，一人以腳踏其兩肩，手小挽其髮，常弦弦勿縱之；一人以手按揉胸上，微動之；一人摩捋臂脛，屈伸之，若已僵，但漸漸強屈之，並按其腹。如此一炊頃，氣從口出，呼吸眼開，而猶引按莫置，亦勿苦勞之。須令可少桂心湯及粥清含與之，令濡喉，漸漸能咽，乃稍止。兼令兩人各以管吹其兩耳，彌好。此最善，無不活者，並皆療之。

《補注洗冤録集·急救方》 救溺死 水溺一宿者，尚可救，搗皂角，以綿裹，納下部內，須臾，出水即活，或屈死人兩足，著人肩上，以死人背貼生人背，擔走，吐出水即活。

《補注洗冤録集·急救方》

又撈起時，急將口撬音饒。開，横銜筋一隻，使可出水。以竹管吹菘兩耳；碾生半夏末，吹其鼻孔；皂角末置管中，吹其穀道。如係夏月，將溺人

肚皮横覆牛背之上，兩邊使人扶住，牽牛緩緩行走，腹中之水自然從口中、泣、大小便流出。再用生薑湯化蘇合丸灌之，或生薑汁灌之。若無牛，以活人覆卧躬腰，令溺人如前，將肚腹横覆於活人身上，令活人微微動摇，水亦可出。若一時無牛，兼活人不肯拯救，或鍋一口，將溺人覆於鍋上亦可。如係冬月，急將濕衣解去，爲之更换。一面炒鹽，用布包熨臍；一面厚鋪被褥，取竈内不著草灰多多鋪於被褥之上，令溺人覆卧於上，臍下墊以綿枕一箇，仍以草灰將渾身厚蓋之，灰上再加被褥，不可使灰瞇於眼内。其撬口銜筯，灌蘇合丸生薑湯，吹耳鼻穀道等事，俱照夏天法。冬天甦醒後，宜少飲溫酒；夏天宜少飲粥湯。按灰性煖而能拔水，凡繩溺水死者，以灰埋之，少頃即活，此明驗也。

又初救起之時，尚有微氣，或胸前尚煖，速令生人脱貼身裏衣，爲之更换。抱擔身上，將尸微微倒側之，令其腹内水流出。若水往外流，即有生機。一面用粗紙燎灼，取烟熏其鼻竅，稍熏片時，即用皂角研細，吹入鼻竅，但得微有一嚏噴，即可得生。

救跌壓傷　凡跌壓傷重之人，口耳出血，一時昏暈，但視面色尚有生氣，身體尚爲綿軟，則皆可救。但不可多人環繞，嘈雜驚慌，致令驚魂不復。急令親人呼而扶之，坐於地上，先拳其兩手兩足，緊爲抱定，少頃，再輕移於相呼之人懷中，以膝抵其穀道，不令洩氣。若稍有知覺，即移於素所寢處，將室内窗櫺遮閉令暗，仍拳手足緊抱，不可令卧。急取童便，乘熱灌之，馬溺更妙。如一時不可得，即人溺亦可，要去其頭尾，但須未食葱蒜而清利者，强灌一二盞，下得喉去，便好。一面用四物湯，照原方加三四倍，再入桃仁去皮尖，及好紅花各一兩，全當歸及南山楂擣碎，各二兩，生大黄二兩，童便一大鍾，如係夏月加黄連四五分，多用急流水，即在旁，用急火煎半熱，傾入碗内。承於傷者鼻下，使藥氣透入腹内，則不致入口惡逆，乘熱用小鍾强令頓服。如其不受，則姑緩少刻又進。只要陸續灌盡，不可使卧。服藥之後，其穀道尤須用力抵緊，不可令其洩氣。如藥已行動，非至緊不可即解，恐其氣從下洩，以致不救也。必候腹中動而有聲，上下往來數遍，急不能待，方可翼之以解。所下盡屬瘀紫，毒已解半，方可令睡。至所下盡爲糞，即停止煎藥，否則再用一二劑亦不礙。然後次第調理，不可輕用補藥。

《世醫得效方·大方脈雜醫科·救急》救自縊法：凡自縊高懸者，徐徐抱住解繩，不得截斷上下。安被卧，又以一人脚踏其兩肩，手挽其髮，常令弦急，勿使緩縱。一人以手據按胸上，數摩動之；一人摩捋臂脛，屈伸之。若已强直，但漸屈之，并按其腹。如此一時頃，雖得氣從口出，呼吸眼開，仍引按不住。須臾，以少桂湯及清粥灌，令喉潤，漸漸能嚥，乃止。更令兩人以管吹其兩耳。此法最好，無不活者。自旦至暮，雖冷亦可救，暮至旦，陰氣盛爲難。又法，緊用兩手掩其口，勿令透氣兩時，氣急即活。

《古今醫統大全·救危急十證》救自縊死　自旦至暮雖已冷，可活。心下微溫者，雖一日已上，可活。急抱起死者，使繩寬解去繩，切不可割斷，卻與之微微撚正喉嚨，放倒卧。用被蓋，急用竹管吹其兩耳，一人急牽其髮不放手，就用脚踏其兩肩。一人摩其胸，及屈伸其手足，摩捋之，如活，即以飲與之。此法救人，無不活者。

救水溺死　先以刀斡開溺者口，横放筯一隻，令其牙啣之，使可出水。或覆甕，或立甑，以溺者腹肚復其上，令頭垂出水。如無瓮甑，横腹圓木上亦可。水出後，令健夫屈死人兩足着肩上，以背相倒駝之而行，令出其水盡，仍先打取壁土一階置地上，以死者仰卧其上，更以壁土覆之，上露口眼，自然水氣入滃土中，其人或甦，仍急用竹管，各於口、耳、鼻、臍、糞門内更迭吹之，令上下氣相通，又用半夏末少許搐其鼻，如略活，用清粥飲灌之。

救伏暑死　不可使冷，冷之即死，宜用溫激發常摩洗其心腹間。如路途急切，用路上熱土充腹臍間，令人更尿其中，即活。

《景岳全書·雜證謨·非風諸證治法》一、初病卒倒，危急不醒，但察其有無死證。如無死證，而形氣不脱，又無痰氣，但扶定掐其人中，自當漸醒。或以白湯、薑湯徐徐灌之，亦可待其甦醒，然後察證治之。

《補注洗冤録集·急救方》救縊死　凡縊，從早至夜，雖冷亦可救。從夜至早，稍難。若心下溫，一日以上猶可救。不得截繩，但緩緩抱解，放卧。令一人踏其兩肩，以手提其髮，常令緊，不可使頭垂下。一人微微撚整喉嚨，以手擦胸上，數動之；一人磨擦臂足，屈伸之。若已僵，但漸漸强屈之，又按其腹。如此一飯久，即氣從口出，得呼吸眼開。甦醒後，又以官桂湯及粥飲與之。

又法：凡男女縊死，身雖僵，定尚可救活。不可割斷繩索。抱起解下，安放平坦處所，仰面朝上，頭要扶正。先將手足慢慢曲彎，然後將大小便用

綿軟之物裹緊，不令泄氣。用一人坐於頭前，兩腳踏其肩，揪住頭髮，將縊人之手拉直，令喉項通順；再用二人，將細筆筒或葦筒入耳內不住口吹氣，不住手撫摸其胸前。用活雞冠血滴入喉鼻之中，男左女右，男用公雞，女用母雞，刻下即甦活。如氣絕時久，照前救法。務要多吹多摸，勿謂已冷，忽略不救。

附攷　乾隆四十八年五月二十九日，浙江富陽縣民何盛榮妻蔣氏自縊，解救因不如法，捏咽喉上氣管，仍是閉塞不通，又不磨擦屈伸手足，仍然血脈凝滯，延至六月初二日身死。

《仁術便覽·救急諸方》　一方：救自縊死，自旦至暮，但心下微溫，可治。急抱起死者，使繩鬆寬，解去繩，切不可割斷。微撚正喉嚨，放側卧，用被蓋。急用竹管吹其兩耳，一人急牽其髮，勿放手，就用腳踏其肩，一人摩其胸，及屈其手足。少活，即以米飲與之，多活。

一方：救人溺水死，先以物斡開死人口，横放箸一根，令牙咬之，頭低足高，使水出。速解衣帶，以艾灸臍中，即活。

一方：救伏暑傷人，不可便令冷處，冷之即死。宜用溫湯，常摩洗其心腹間，如在路途急切，用路上熱土鋪腹臍間，作窩，令人尿其臍土間，即活。

《傷科補要·救自縊法》　凡自縊者，不可割斷其繩。一人抱起，解結放下，置平坦處仰卧，一個坐於頭前，將兩腳踏其肩上，揪在其髮，要用拔緊，不可使其頭垂下。一人用二指捏正其喉脘，凡縊則喉脘必扁，故氣不得通耳。所以先正其脘，後吹通關散於兩鼻孔內，得嚏則生。二人用蘆管吹其兩耳，不可住口。再得一人，以手撫摸其胸腹，二人將其手足屈伸活動。待一個時辰，呼吸之氣出入，其人必甦。即磨再造紫金丹，灌其口內服之。若依此法無不活者，即身雖僵冷，亦可救也。

《傷科補要·救溺水》　凡人溺水者，撈起之時，急撬開其口，横啣竹筋一隻，使可出水，將通關散吹其鼻內，或生半夏末亦可。再用筆管吹兩耳，又將皂角末置管中，吹其穀道。如夏月，將溺人腹横覆牛背上，兩邊使人扶住，牽牛緩緩行動，腹中之水從口并大便流出，將生姜湯化蘇合丸灌之。如無牛，以有力之人躬腰，將溺人如前覆人背上，微微動搖，水亦可出。或用鍋覆於地上，將溺人腹覆於鍋底亦可。如冬月，急將濕衣解脱，更乾衣，用鹽炒熱，布包熨臍。或將被褥鋪地，用竈內熱灰鋪於褥上，將溺人覆卧，其肚下墊綿枕一個，再將熱灰渾身蓋之，再用綿被蓋之，不可使灰迷其眼口，使其出水。甦醒後，宜服姜湯、熱酒。按灰性最能拔水，若救起時，尚有微氣，胸前溫煖，令速脱濕衣，換乾服，屈其兩足，擔人肩上，將溺人背貼於人背擔走，吐水即活。

《傷科補要·急救良方類》　救中暍　暍死於行路上，旋以刀器掘開一穴，入水擣之，取爛漿以灌死者，即活。

中暍不省人事者，與冷水吃即死。可急取竈間微熱灰壅之，復以稍熱湯蘸手巾熨腹脇間，良久甦醒，不宜便與冷物吃。

暑月熱倒，急扶在陰涼處，切不可與冷水飲。當以布巾衣服蘸熱湯，覆臍下及氣海間，續以湯淋布帛上，令徹臍腹。但煖則漸甦也。如倉猝無湯處，掬道上熱土於臍端，以多爲佳，冷則頻換。後與解暑毒藥。或道塗無湯處，即掬熱土於臍上，仍撥開作窩子，令衆人旋溺於中，以代熱湯亦可取效。

調攝按摩分部

綜　述

《馬王堆漢墓帛書·養生方》　巾：取鷄毚（纔）能卷者，產摵，盡去毛，遺兩翼之末，而係縣竿□□□鷄靡（摩）逢（蜂）房一大者令蠭螫之；厭，有（又）徒之，令以螫死。死，即挩去其□□□其肌，善治，【以】布麗之，已，而以邑棗之脂弁之，而以捈（塗）布巾。即以巾靡（摩）足□□□四五乃復，以二巾爲卒。□足者少氣，此令人多氣。

【一曰】：治巾，取楊思一升、赤蛾（蟻）一升、盤蝐廿，以美□半斗并漬之，奄（掩）□□□其汁，以漬細布一尺。已漬，禓（暘）之乾，復漬。汁盡，即取穀（穀）、椅桐汁□□□□捈（塗）所漬布，乾之，即善臧（藏）之。節（即）用之，操以御（揗）玉筴（策），馬因驚矣。楊思者，□□□□狀如小而秔（吃）人。

【一曰】：□□蛇狀泰半參、菻本二斗半、潘石三指最（撮）一、桂尺者五

廷(挺)□□□□□之莖半□□者一拼(莛)，以三【月】茜藏(截)□，孰(熟)煮，○○令潰（沸），而以布巾曼其□□□汁。且爲之，□□□□□□□□□□□□之，令膚急毋歛(垂)，有(又)令男子足。

【一曰】：【取】萩莢二，(治)之，以水一參沃之，善挑，即漬巾中，卒其時而抒之，□□□乾，輒復漬。

【一曰】：陰乾牡鼠腎，治，取邑鳥卵潰，并以涂(塗)新布巾。卧，以抿(揗)男女。

【一曰】：取弗選一斗，二分之，以截漬一分而暴之。冬日置竈上，令極瀆(沸)，即出弗選，□□□□餘如前，即以漬巾，盡其汁。已，卧而漬巾，以抿(揗)男，令牝亦。

【一曰】：贏四斗，美洛(酪)四斗，天牡四分升一，桃可大如棗，牡螻首二七，□□□□□□□□□半升，并漬洛(酪)中。已，取汁以□□□布□□漬，汁盡而已。□用之，濕□□操玉莢(策)，則馬驚矣。·所謂(謂)天牡者，□□□食桃李華(花)者殹(也)。【桃可】者，桃實小時毛殹(也)。牡螻者，頡蠸□□□□□□□□□□□□者殹(也)。□□者，狀如贛皮。

《馬王堆漢墓帛書·雜療方釋文》·内加及約：取穴壘二斗，父(㕮)且(咀)，段之，□□成汁，若美醯二斗漬之。□□□□去其掌。取桃毛二千，入□中撓□。取善【布】二尺，漬□中，陰乾，□□□□□□□□布，即用，用布抿(揗)揗中身及前，舉而去之。

欲止之，取黍米泔若流水，以灑之。

《馬王堆漢墓帛書·合陰陽釋文》·凡將合陰陽之方，握手，土揗陽，揗村(肘)房，抵夜(腋)旁，上竈綱，抵領鄉，揗拯匡，覆周環，下缺盆，過醴津，陵勃海，上常山，入玄門，御交筋，上欱精神，乃能久視而與天地牟(侔)存。交筋者，玄門中交脈也，爲得操揗之，使揗(體)皆樂養(癢)，説(悦)澤(懌)以了。雖欲勿爲，作相呴相抱，以次(恣)戲道。戲道：一曰氣上面執(熱)，徐呴；二曰乳堅鼻汗，徐抱；三曰舌溥(薄)而滑，徐屯；四曰下汐股濕，徐操；五曰嗌乾咽唾，徐撼(撼)，此胃(謂)五欲之徵。徵備乃上，上揕而勿內，以致其氣。氣至，深內而上撅之，以抒其熱，因復下反之，毋使其氣歇，而女乃大竭。然後熱十動，接十莭(節)，雜十修。接刑(形)已沒，遂氣宗門，乃觀八動，聽五音，察十已之徵。

·十動：始十，次廿、卅、卌、五【十】、六十、七十、八十、九十、百，出入而毋決。一動毋決，耳目葱(聰)明，再而音聲【章】，三而皮革光，四而脊脅強，五而尻脾(髀)方，六而水道行，七而至堅以強，八而奏(腠)理光，九而通神明，十而爲身常，此胃(謂)十動。

·十莭(節)：一曰虎游，二曰蟬柎(附)，三曰斥(尺)蠖，四曰囷(麕)桷，五曰蝗磔，六曰爰(猨)據，七曰瞻(詹)諸，八曰兔鶩，九曰青(蜻)令(蛉)，十曰魚嘬。

·十修：一曰上之，二曰下之，三曰左之，四曰右之，五曰疾之，六曰徐之，七曰希之，八曰數之，九曰淺之，十曰深之。

·八動：一曰接手，二曰信(伸)村(肘)，三曰直踵，四曰側句(鉤)，五曰上句(鉤)，六曰交股，七曰平甬(踴)，【八曰】振動。夫接手者，欲腹之傅也；信(伸)村(肘)者，欲上之攠(摩)且距也；直踵者，深不及也；側句(鉤)者，旁欲攠(摩)也；上句(鉤)者，欲下攠(摩)也，交股者，夾(刺)大(太)過也；平甬(踴)者，欲淺也；振動者，欲人久持之也。

【·】瘛息者，內急也；橖(喘)息，至美也；絫㡭者，玉莢(策)入而養(癢)乃始也；痞(吹)者，鹽甘甚也；齧者，身振動，欲人之久也。

《馬王堆漢墓帛書·天下至道談》·一曰虎流；二曰蟬付(附)，思外；三曰尺扜(蠖)；四曰囷(麕)角；五曰黃(蝗)柘(磔)，息內；六曰爰(猨)居，思外；七曰瞻(詹)諸；八曰兔務(鶩)；九曰青(蜻)靈(蛉)，思外；十曰魚族(嘬)，此謂十修(勢)。

·一曰致氣，二曰定味，三曰治節，四曰劳(勞)實，五曰必時，六曰通才，七曰微嫜(動)，八曰侍(待)盈，九曰齊生，十曰息刑(形)，此謂十修。

·一曰高之，二曰下之，三曰左之，四曰右之，五曰罙(深)之，六曰淺之，七曰疾之，八曰徐之，此謂八道。

·十修暨(既)備，十執(勢)豫陳，八道雜，椄(接)刑(形)以昏。汗不及走，遂氣血門，翕因(咽)榣(搖)前，通辰(脈)利筋。乃祭(察)八嫜(動)，觀氣所存，乃智(知)五音，孰後孰先。

·八嫜(動)：一曰接手，二曰信(伸)村(肘)，三曰平甬(踴)四曰直踵，五曰交股，六曰振銅(動)，七曰廁(側)枸(鉤)，八曰上皋(鉤)。

·五言(音)：一曰候(喉)息，二曰橖(喘)息，三曰纍哀，四曰疢(吹)。五

曰吤(翿)。審蔡(察)五言〈音〉以智(知)其心;審祭(察)八嫜(動),以智(知)其所樂所通。

·接手者,欲腹之傅;信(伸)紂(肘)者,欲上之麻(摩)且據(距)也;廁(側)枸(鉤)者,旁欲麻(摩)也;交股者,刺大(太)過也;直踵者,罙(深)不及;上枲(鉤)者,下不級(及)心也;平甬(踴)者,欲淺;振銅(動)者,至善也,此謂八觀。

·氣上面熱,徐昫(呴);乳堅鼻汗,徐荷(抱);舌薄而滑,徐傅;下夕(液)股濕,徐操;益(嗌)乾因(咽)唾徐緘(撼),此謂五微(徵),此謂五欲,微〈徵〉備乃上。

·怒而不大者,膚不至也;大而不堅者,筋不至也;堅而不熱者,氣不至也;三至乃入。壹已清澋(涼)出,再已而糗(臭)如靡骨,三已而蚤(燥),四已而膏,五已而鄉(薌),六已百精如黍粱,七已而慸(滯),八已而肌(脂),九已而黎(膩),十已而汽(迄),汽(迄)而復滑,朝氣乃出。

·一曰笄光,二曰封紀,三曰調瓠,四曰鼠婦,五曰穀實,六曰麥齒,七曰嬰女,八曰反去,九曰何寓,十曰赤縷,十一曰赤毀九,十二曰礫石,得之而物(勿)擇(釋),成死有薄,走里(理)毛,置枖(腰)心唇盡白,汗留(流)至國(膕),已數以百。

·人人有善者,不失女人,女人有之,善者獨能,毋予毋治,毋作毋疑,必徐以久,必微以持,如已不已,女乃大臺(怡)。侯(喉)息,下咸土陰光陽;樵(喘)息,氣上相薄,自宮張;絫哀者,尻彼疾而嫜(動)封紀;疢(吙)者,鹽甘甚而養(癢)乃始;吤(翿)者,身振寒,置已而久。是以雄杜(牡)屬,爲陽,陽者外也;雌(雌)牝屬,爲陰,陰者內也。凡牡之屬靡(摩)表,凡牝之屬靡(摩)裏,此謂陰陽之數,牝牡之里(理),爲之弗得,過在數已。娚樂之要,務在屠(遲)久。句(苟)能遲久,女乃大喜,親之弟兄,愛之父母。凡能此道者,命曰天士。

《素問·金匱真言論》 故春氣者,病在頭;春氣,謂肝氣也。各隨其藏氣之所應。(林億等新校正)按《周禮》云:春時有痟首疾。夏氣者,病在藏;心之應也。秋氣者,病在肩背;肺之應也。冬氣者,病在四支。四支氣少,寒毒善傷,隨所受邪,則爲病處。故春善病鼽衄,以氣在頭也。《禮記·月令》曰:季秋行夏令則民多鼽嚏。仲夏善病胸脅,心之脈御胸脅故也。長夏善病洞泄寒中,土主於中,是爲倉廩,糟粕水穀故爲洞泄寒中也。秋善病風瘧,以涼折暑乃爲是病。《生氣通天論》曰:魄汗未盡,形弱而氣藥,定愈以閉,發爲風瘧,此謂以涼折暑之義也。《禮記·月令》曰:孟秋行夏令,則民多瘧疾也。冬善病痹厥。血象於水寒則水疑,以氣薄流故爲痹厥。故冬不按蹻,春不鼽衄。按,謂近摩;蹻,謂如蹻捷者之舉動手足,是所謂導引也。然擾動筋骨則陽氣不藏,春陽氣上升,重熱熏肺,肺通於鼻,病則形之,故冬不按蹻,春不鼽衄。

《太清導引養生經·慎修内法》 赤松子者,神農時雨師也。能隨風上下,至高辛氏時猶存。

常以朝起,布席東向,先以兩手叉頭上,挽頭至地,五噏五息,止脹氣。

次以卧,右手掩腦,左肘肘地極,復以左手掩腦,右肘肘地極,五息止,引筋骨。

次以兩手據右膝上至腰,睡極起,頭五息止,引腰。

次以左手據腰左膝,右手極上引,復以右手據腰右膝,左手極上引,皆五息止,引心腹。

次以左手據腰,右手極上引,復以右手據腰,左手極上引,五息止,引腹中。

次以叉手脅胸前,左右搖頭不息,自極止,引面耳,邪氣不復得入。

次以兩手叉腰下,左右自搖,自極止,通血脈。

次以兩手相叉,極左右,引肩中。

次以兩手相叉於頭上,左右自調,引肺肝中。

次以兩手義胸前,左右極引,除皮膚中煩氣。次以兩手叉,左右舉肩,引皮膚。立,左右搖兩脛引,除腳氣。

右赤松子導引法,除百病,延年益壽,此自當日日習行之,久久有益。

甯先生者,黃帝時人,爲陶正能積火自燒而隨烟上下,衣常不灼。

常以子復午前,解髮東向,握固不息一通,舉手左右導引,手掩兩耳,令髮黑不白。卧引爲三,以手指掐項邊脈三通,令人目明。東向坐,不息再通,以兩手中指點口中,唾之二七,相摩拭目,令人目明。東向坐,不息三通,以手捻鼻兩孔,治鼻宿息肉,愈。東向坐,不息四通,啄齒無通數,伏前側卧,不息六通,愈耳龍目眩。還卧,不息七通,愈胸中痛咳。抱兩膝自企於地,不息八通,愈胸以上至頭頸、耳目、咽鼻邪熱。去枕,握固不息,自企於地,不息九通,東首,令人氣上下通微,鼻內氣,愈羸不能從陰陽,法大陰勿行之。

蝦蟆行氣法：正坐，自動搖兩臂，不息十二通，愈勞大佳，左右側卧，不息十二通，治痰飲不消。右有飲病，右側卧。左有飲病，左側卧。有不消者以氣排之。日初出、日中、日入，此三時，向日正立，不息九通，仰頭，吸日精光，九咽之，益精百倍。

入火，垂兩臂，不息，即不傷。又法：向東方蹲踞，以兩手從屈膝中入掌，足五指令內曲，利腰尻完，治淋遺溺，愈。箕踞，交兩腳手內並腳中，又叉兩手極引之，愈寤寐精氣不泄。兩手交叉順下，自極，利肺氣，治暴氣咳。舉兩腳，夾兩頰邊，兩手據地，服療宿壅。舉右手展左手坐，右腳上掩左腳，愈尻兒痛。舉手交頸上，相握自極，治脅下痛。舒左手，右手在下，握左手拇指，自極；舒右手，左手在下，握右足，自極，皆治骨節酸疼。掩兩腳，兩手指著足五指上，愈腰折不能低俯仰。右血久瘀爲之，即愈。豎足五指，愈腰脊痛。不能反顧視者，以右手從頭上來下，又挽下手，愈頸不能反顧視。坐地，掩左手，以右手指肩挽之，傾側愈，腰膝及小便不通。東向坐。向日，左手揖月，舉身望北斗，心服月氣，始得，衆惡不入理，頭仰苦難牽，右手反折，各左右自極張弓，兼補五藏不足，氣則至，抱兩膝著胸，自極，此常令丹田氣還，補腦。坐地，直兩腳，以手捻腳脛，以頭至地，調脊諸椎，利髮根，令長美。坐地，交叉兩腳，以兩手從曲腳中入，低頭叉項上，治久寒不能自溫。耳不聞，勿正倍聲。不息行氣，從頭至足心，愈疽痂、大風偏枯、諸痹。極力右振兩臂，不息九通，愈臂痛勞倦，風氣不隨。

龜鱉行氣法：以衣覆口鼻，不息九通，正卧，微鼻出內氣，愈鼻塞不通。東向坐，仰頭不息五通，以舌撩口中沫，滿二七咽，愈口乾舌苦。

雁行氣法：低頭倚臂，不息十二通，以意排留飲宿食從下部出，自愈。

龍行氣法：低頭下視，不息十二通，愈風疥惡瘡。熱不能入咽可候病者，以向陽明仰卧，以手摩腹至足，以手持引足，低臂十二，不息十二通，愈腳足溫痹不任行，腰脊痛。以兩手著項相叉，治毒不愈。腹中大氣，即吐之，月初出，月中、月入時，向月正立，不息八通，仰頭吸月光精，八咽之，令陰氣長。婦人吸之，陰精益盛，子道通。

入水舉兩手臂，不息不沒法：向北方，箕踞，以手挽足五指，愈伏兔痿尻筋急。箕踞，以兩手從曲腳入，據地，曲腳加其手舉尻，其可用行氣，愈淋瀝乳痛。舉腳交叉項，以兩手據地，舉尻持任息極，交腳項上，愈腹中愁滿，去三蟲，利五藏，快神氣。蹲踞，以兩手舉足，蹲極橫治氣衝腫痛，寒疾入上下，致腎氣。蹲踞，以兩手舉足五指，低頭自極，則五藏氣總至，治耳不聞，目不明。久爲之，則令人髮白復黑。正偃卧，擲手兩不息，順腳跟據床，治陰結筋脈，痲瘻纍。以兩手還踞著胯下，治胸中滿眩，手枯。反兩手據膝上，仰頭，像鱉取氣，致大黃元氣至丹田，令腰脊不知痛。手大拇指急捻鼻孔，不息，即氣上行致泥丸、腦中，令陰陽從，數至不倦。以左手急捉髮，右手還項中，所謂血脈氣各流其根，閉巨陽之氣，使陰不溢，信明皆利，陰陽之道也。正坐，以兩手交背後，名曰帶縛，愈不能大便，利腹，愈虛羸。坐地，以兩手交叉其下，愈陰滿。以兩手捉繩轆轤倒懸，令腳反在其上見，愈頭眩風癲。以兩手牽反著背上，挽繩自懸，愈中不專精，食不得下。以一手上牽繩，下手自持腳，愈尻久痔及有腫。坐地，直舒兩腳，以兩手義挽兩足，自極，愈腸不能受食，吐逆。

甯先生曰：夫欲導引行氣，以除百病，令年不老者，常心念有一還丹，以還丹田。夫生人者丹，救人者還，全則延年，去則衰朽。所以導引者，令人支體骨節中諸邪氣皆去，正氣存處。有能精誠勤習，履行動作言語之間，晝夜行之，則骨節堅強，以愈百病。若卒得中風，病宿固，瘨痕不隨，耳聾不聞，頭癲疾，咳逆上氣，腰脊苦痛，皆可按圖視像，隨疾所在，行氣導引，以意排除去之。行氣者，則可補於裏；導引者，則可治於四肢。自然之道，但能勤行，與天地相保。

彭祖穀仙卧引法：彭祖者，殷大夫，歷夏至商，號年七百，常食桂得道。居常解衣褌卧，伸腰填小腹，五息止，引腎去消渴，利陰陽。又云：伸左腳，屈右膝，內壓之，五息止，引脾，去心腹寒熱，胸臆邪脹。挽兩足指，五息止，引腹中，去疝瘕，利九竅。仰兩足指，五息止，引腰脊痹，偏枯，令人耳聲。兩足內相向，五息止，引心肺，去咳逆上氣。踵內相向，五息止，短股，除五絡之氣，利腸胃，去邪氣。掩左脛，屈右膝，內壓之，五息止，引肺，去風虛，令人明目。張脛兩足指號，五息止，令人不轉筋。兩手牽膝置心上，五息止，愈腰痛。外轉兩足十通，內轉兩足十通止，治諸勞。

右彭祖穀仙卧引，除百病，延年益壽要術。凡十節，五十息，五五二百五十息。欲導引，常夜半至雞鳴，平旦爲之禁飽食沐浴。王子喬八神導引法：延年益壽，除百病。法曰：枕當高四寸，足相去各五寸，手去身各三寸，解衣

被髮，正偃卧，勿有所念，定意乃以鼻徐內氣，以口出之，各致其藏所，竟而復始。欲休，先極之而止，勿强長息，久習乃自長矣。氣之往來，勿令耳聞鼻知，微而專之，長遂推之，伏兔股骱，以省爲貴，若存若亡，爲之百遍動，腹鳴氣，有外聲足則得成功。成功之士，何疾而已，喉嚨如白銀鈈一十二重，繫膺下去得肺，其色白澤，前兩葉高，後兩葉卑。心繫其下，上大下鋭，率率赤如蓮華未開，倒懸著肺也。肝繫其下，色正青如凫翁頭也。六葉抱胃，前兩葉高，後四葉卑，膽繫其下，如緑綈囊。脾在中央，亦抱，正黄如金，鑠鑠然也。腎如兩伏鼠，夾脊直臍肘而居，欲得其居高也，其色正黑，肥肪絡之白黑昭然。胃如素囊，念其屈折，右曲無汙穢之患。肝藏魂，肺藏魄，心藏神，脾藏意，腎藏精，此名曰神舍。神舍修則百脈調，邪病無所居矣。小腸者，長九尺，法九州也。（一云九丈，小腸者，長二丈四尺。）諸欲導引，虛者閉目，實者開目。以所苦行氣，不用第七息止，徐徐往來度二百步所，卻坐，小咽氣五六，不差，復如法引，以愈爲效。諸有所苦，正偃卧，補髮如法，徐以口納氣塡腹，自極，息欲絶，徐以鼻出氣數十所，虛者補之，實者瀉之。閉口溫氣咽之三十所，腹中轉鳴乃止，往來二百步，不愈復爲之。病在喉中、胸中者，枕高七寸。病在心下者，枕高四寸；病在臍下者，去枕，以口納氣。鼻出氣者，名曰補；閉口溫氣咽之者，名曰瀉。

閉氣治諸病法：欲引頭病者，仰頭；欲引腰腳病者，仰足十指；欲引胸中病者，挽足十指；引臂病者，掩臂；欲去腹中寒熱諸不快，若中寒身熱，皆閉氣張腹，欲息者，徐以鼻息，已復爲，至愈乃止。

一、平坐伸腰腳，兩臂覆手據地，口徐納氣，以鼻吐之，除胸中、肺中痛，咽氣令溫閉目也。

二、端坐伸腰，以鼻納氣閉之，自前復擔頭各三十，除頭虛空耗轉地，閉目搖之。

三、端坐伸腰，以左脇側卧，以口納氣，以鼻吐之，除積聚心下不快。

四、端坐伸腰，徐以鼻納氣，以右手持鼻，除目晦淚苦出，去鼻中息肉，耳聾亦然，除傷寒頭寒，頭痛洸洸，皆當以汗出爲度。

五、正偃卧，以口徐納氣，以鼻出之，除裏急，飽食後小咽，咽氣數十令溫，寒者使人乾嘔腹痛，從口納氣七十所，大塡腹。

六、右脇側卧，以鼻納氣，以口小咽氣數十，兩手相摩熱以摩腹。令其氣下出之，除脇皮膚痛，七息止。

七、端坐伸腰，直上展兩臂，仰兩手掌，以鼻納氣閉之，自極七息，名曰蜀王臺，除脇下積聚。

八、覆卧去枕，立兩足，以鼻納氣四四所，復以鼻出之，極令微氣入鼻中，勿令鼻知，除身中熱背痛。

九、端坐伸腰，舉左手仰其掌，卻右手，除兩臂皆病結氣也。

十、端坐，兩手相叉抱膝，閉氣鼓腹二七或三七，氣滿即吐，即氣皆通暢，行之十年，老有少容。

十一、端坐伸腰，左右傾，閉目，以鼻納氣，除頭風，自極七息止。

十二、若腹中滿，食飲昔飽，坐伸腰，以口納氣數十，以便爲故，不便復爲之，有寒氣腹中不安，亦行之。

十三、端坐，使兩手如張弓滿射，可治四支煩悶，背急，每日或時爲之。

十四、端坐伸腰，舉右手仰掌，以左手承左脇，以鼻納氣，自極七息，除胃寒食不變則愈。

十五、端坐，伸腰，舉左手仰掌，以右手承右脇，以鼻內氣，自極七息，除瘀血結氣。

十六、兩手卻據，仰頭，自以口納氣，因而咽之數十，除熱身中傷死肌。

十七、正偃卧，端展足臂，以鼻納氣，自極七息，搖足三十而止，除胸足中寒，周身痺厥逆。

十八、偃卧，屈膝，令兩膝頭內向相對，手翻兩足，伸腰，以口納氣，自極七息，除痺疼，熱痛，兩腳不遂。

十九、覺身體昏沉不通暢，即導引，兩手抱頭，宛轉上下，名爲開脇。

二十、踞伸右腳，兩手抱左膝頭，伸腰，以鼻納氣，自極七息，除難屈伸拜起，腦中痛，瘀痺。

二十一、踞伸左足，兩手抱右膝，伸腰，以鼻納氣，自極七息，展左足著外，除難屈伸拜起，腦中疼，（一本除風、目晦、耳聾。）

二十二、正偃卧，直兩足，兩手捻胞所在，令赤如油囊裏丹，除陰下濕，小便難頹，小腹重不便，腹中熱，但口納氣，鼻出之數十，不須小咽氣，即腹中不熱者七息，已溫氣咽之十所。

二十三、踞兩手抱兩膝頭，以鼻納氣，自極七息，除腰痺背痛。

二十四、覆卧傍視兩踵伸腰，以鼻納氣，自極七息，除腳中弦痛轉筋，腳酸疼。

二十五、偃卧，展兩手，外踵指相向，亦鼻納氣，自極七息，除兩膝寒，脛骨疼。

二十六、偃卧，展兩腳兩手，兩踵相向，亦鼻納氣，自極七息，除死肌不仁，足脛寒。

二十七、偃卧，展兩手兩腳，左傍兩足踵，以鼻納氣，自極七息，除胃中奪嘔。

二十八、踞伸腰，以兩手引兩踵，以鼻納氣，自極七息，布兩膝頭，除痺嘔也。

二十九、偃卧，展兩手兩腳，仰足指，以鼻納氣，自極七息，除腹中弦急、切痛。

三十、偃卧，左足踵拘右拇指，以鼻納氣，自極七息，除厥逆疾人腳錯，踵不拘拇指，依文用之。

三十一、偃卧，以右足踵拘左足拇指，以鼻納氣，自極七息，除周身痺。

三十二、病在左，端坐伸腰，左視目，以口徐納氣，而咽之數十所，閉目，目上入。

三十三、病在心下若積聚，端坐伸腰，仰向日仰頭，徐以口納氣，因咽之，三十所而止，開目。

三十四、病在右，端坐伸腰，右視目，以口徐納氣，而咽之數十所，開目。

王喬導引圖

七曰伸左腳，屈右膝，內厭之五息止，引脾氣，去心腹寒熱，胸臆邪脹。

彭祖導引圖

導引服解髮，東向坐，握固不息一道，舉手左右導引，以手掩兩耳，以指搯兩脈邊五通，令人目明、髮黑不白，治頭風。

淘氣訣

訣曰：凡人五藏亦各有氣，夜卧閉息，覺後欲服氣者，先則淘轉，令宿食故氣得出，然後調服其法，閉目握固，仰倚，兩拳於乳間，兩膝舉背及尻內，閉氣，鼓氣海中氣，便自內出，斡而轉之，呵而出之，一九或二九止，是淘氣。畢則調之導引服，東向坐，不息四通，啄齒二七，愈齲齒痛，或曰治蚶不齲。

咽氣訣

夫人皆稟天地元氣而活之，每咽吐納則內氣與外氣相應，自氣海中隨吐而上，直至喉中，但喉吐極際則輟口連鼓而咽之，鬱然有聲汩汩然，後左邊而下至經二十四節，如水歷坎，聞之分明也。女人則從右邊而下，如此則內氣相固，皎然別也。以意送之，手摩之，令速入氣海，氣海在臍下三寸是也，亦謂下丹田。初服氣人，上焦未通，以此摩而助之，務令速下，若氣已流通，不摩而自下，一閉口而連咽，止二咽，號雲行；一濕咽，取口中津液相和咽之，謂之雨施。服氣入內，氣未流行，每一咽則施之，不可遽行至連咽也，三年行之，乃以功成也。

導引服，正住倚壁，不息，行氣從頭至足止，愈疽痂、大風、偏枯諸痹，或曰行氣從足起，令上氣至頭止。

導引服氣，先偃卧，閉口鼓腮腹，令氣滿口咽，咽時作意感向後，日夕爲之，妙也。

導引服，踞地壁角中，兩手抱膝，低頭不息九通，愈頸痛腰腳，一曰治勞，他同。

導引服，左右伸兩臂，不息九通，愈臂痛、勞風氣不隨，塞閉。

導引服，正坐仰天，呼出酒食醉飽之氣，即饑醒宜夏月行之，令人溫涼不躁。

導引服，正坐，張鼻服氣，排至臍下小口，微排不息，以陰結宜夏月喜熱。

導引服，小低頭，微息，但抱手左右不息十二通，消食令人輕身，益精神，配氣不得入，或導引服瀉行氣，皆低頭抱踞，以繩自縛，低頭不息十通，消食輕身。

導引，常以兩手如拓千斤之石，左右互相爲之，終身無疾。

導引，兩手據地，縮身曲脊，向上三舉之，此勢每日爲之，補益延年。當爲之時，勿當風，仍須閉氣，每一服了吐氣，莫令聞，若勞倦以呬吐之。藏中病若冷則吹氣，若熱呼氣出之矣。

導引服，蛇行閉氣，偃卧，正直復起踞，隨王相所在，向之不息，少食通暢，服氣爲糧，以唾爲漿，春出冬藏，華池玉漿甜如飴子，勉行之，勿生疑。一本春生夏養，冬合內藏，閉目前光，他同。

導引思氣者，呵屬心，心主舌。口乾澀，氣不通，及諸邪氣，呵以治之。

如大熱大開口，小熱小開口，亦須作意量宜治之，過度則必損。

導引思氣者，呼屬脾，脾主中宮土。如氣微熱，腹肚脹滿，氣悶不洩，以呼治之。

導引思氣者，噓屬肝，肝主目。目溫赤，噓以治之。

導引思氣者，吹屬腎，腎主耳。腰膝冷，陽道衰，吹以治之。

導引思氣者，呬屬肺，肺主鼻。有寒熱不和，呬以治之。呵呬呼噓吹嘻，是五藏各主一氣及勞極，依理之，立差。

導引之法，卧床當令高，無令地氣上衝，鬼氣有干。

導引之法，無令躁，暴者一身之賊。

導引之法，無令向北，反神有犯，每事不言亥子日，不向北唾，減損王命。

導引服，思司命兩人，更回左右，旋思常見。

導引服，思神光黄且明月在己邊，晝夜常見。

導引服，思五藏形氣色串周流身匝。

導引服，思五藏色神在所處，自此以下，人形皆五。

導引服，思五藏化爲龍魚。

導引服，思精臍中腎氣正赤白，從背上頭下迎身，名曰還精。

導引服，思心爲火，如斗辟惡氣。

導引服，思飛分身飛行，常念有人若已在前後，久可得與語，南北在所問。

右抄集密先生導引圖異同事道林導引要旨。

低頭，以兩手抱兩足，不息十二通，主消穀，令人身輕，益精氣，諸邪惡百病不得入。

踞坐，合兩膝張兩足，不息五通，治鼻口熱瘡及五痔。

累膝坐，以兩手據兩膝上，伸腰極起，頭引之，不息三通，治膚。

交趺坐，叉兩手著頭上，挽頭結下著地，不息五通，令人氣力自益。

長跪坐，曲手以抱兩乳下，左右膝搖不息，令人延年益壽，住年不老。以兩手抱兩膝著胸前，不息三通，治腰痛，腎疝及背膂中疼痛。大箕坐，以兩手捉兩啼五指，自極，低頭至地，不息十二通，治頸項腰背痛，又令人耳目聰明。交趺坐，以兩手交叉著頭下，自極，不息六通，治腰痛不能反顧。仰頭，以手摩腹，以手持足，距塵，不息十二通，治膝痺不任行步及腰背痛。伸兩腳，以兩手指著足指上，治腰痛如折及欬血瘀血。屈兩腳，坐卧，住足五指，治腰背痛。卧，以手摩腹至足，以手持引之，不息十二通，治腳痺濕及腰背痛。左手急引髮，左手急掐項中，利陰陽之勢。

正坐，以兩手交背後，治虛羸大小便。

以一手攀上懸繩，一手自持腳，治痔及腫。

伏蹲踞，以兩手抱兩膝，低頭不息九通，治頸痛勞極，腰痛，百節蹉錯。

正坐，仰天呼出飲食醉飽之氣，立消也。夏天爲之，令人自然涼不熱。

以兩手大指捻鼻孔，不息，令人陰陽倦。外轉兩足十過，內轉兩足十過，補虛損益氣。赤松子坐之道，能常爲之，令人耳目聰明，延年益壽，百病不生。其先長跪，兩手向前，各分開以指外向。

次復長跪，兩手夾叉腰左右。

次復長跪，以右手反腰，左手高頭而止。

次馥長跪，右手伸後去，左手叉腰前。

次復緩形長跪，左右手更伸向前，更屈從後叉腰。

次復長跪，高舉兩手。

太清導引養生經

《道藏·神仙食氣金櫃妙録·治萬病訣》凡治諸病，病在喉中胸中者，枕高七寸；病在心下者，枕高四寸；病在臍下者，去枕，以口出炁，鼻納炁者，名曰瀉，閉口溫炁咽之者，名曰補。欲引頭病者，仰頭；欲引腰腳病者，仰足十指；欲引胸中病者，俛足十指；欲引去腹中寒熱者所不快者，皆閉炁；脹腹欲息者，須以鼻息已，復爲至愈乃止矣。

一、平坐伸腰腳兩臂，展手據地，口徐吐炁，以鼻納之者，除胸中肺中之痛，咽炁令溫，閉目用也。

一、端坐伸腰，以鼻納炁，閉之，自前後搖頭各三十者，除頭虛空花耗地轉之疾，閉目搖之。

一、左脇側卧，以口吐炁，以鼻納之者，除積聚心下不快之證。

一、端坐伸腰，徐以鼻納炁，以右手持鼻者，除目昏。若淚出者，去鼻中息，亦治耳聾，亦除傷寒頭痛之疾，皆當以汗出爲度。

一、正偃卧，以口徐出炁，以鼻納之者，除裏急飽食後小咽。若咽炁數至十，令溫者爲度。若炁寒者，使人乾嘔腹痛，可用鼻納炁咽之，七至十，至百

則大塡服內，除邪炁，補正炁也。

一、右脇側卧，以鼻納炁，以口小吐炁數至十，兩手相摩熱，以摩腹，令其炁下出之者，除兩脇皮膚痛悶之疾，愈著止。

一、端坐伸腹，直上展兩臂，仰兩手掌，以鼻納炁，閉達自極七息，名曰蜀王臺，除脇下積聚之疾。

一、覆卧去枕，豎立兩足，以鼻納炁四，復以鼻出之四，若炁出之極，令微炁再入鼻中，勿令鼻知，除身中熱及背痛之疾。

一、端坐伸腰，舉左手仰其掌，卻右手同，除兩臂及背痛之疾，炁結積聚之病。

一、端坐，以兩手相叉抱膝，閉炁鼓腹二七或三七，炁滿則吐，後炁通暢者爲度，行之十年，老有少容。

一、端坐伸腰，左右傾側，閉目，以鼻納炁，除頭風，自極七息止。

一、端坐伸腰，鼻納炁數十爲度，除腹中飲食滿飽，若快則止，未便者復爲之，若腹中有寒炁亦爲之。

一、端坐，使兩手如張弓勢滿射，可治四肢煩悶，背急，每日或時爲之佳。

一、端坐伸腰，舉右手仰掌，以左手承左脇，以鼻納炁，自極七息，除胃寒食不變則愈。

一、端坐伸腰，舉左手仰掌，以右手承右脇，以鼻納炁，自極七息，除瘀血納炁等並皆治之。

一、兩手卻據，仰頭，自以鼻納息，因而咽之數十，除熱身中傷死肌肉等治之而愈。

一、正偃卧端展足臂，以鼻納炁，自極七息，搖足三十而止，除胸足中寒，周身痺厥逆嗽。

一、偃卧屈膝，令兩膝頭內向相對，手翻兩足伸腰，以鼻納炁，自極七息，除痺疼熱痛，兩膝不遂。

一、平坐，兩手抱頭，宛轉上下，名爲開脇，除身體昏沉，不通暢者，並皆愈之。

一、踞坐，伸右腳，兩手抱左膝頭伸腰，以鼻納炁，自極七息，除難屈伸，及拜起炁中痛，瘀痺等病並皆治之。

一、踞坐伸左足，兩手抱右膝伸腰，以鼻納炁，自極七息，展左足著外，除難屈伸及拜起膝中疼，一本云：除風并目晦耳聾。

一、正偃卧，直兩手，兩手捻胞所在，令如油囊裹丹，陰下濕，小便難頽、小腹重不快，若腹中熱，但口出炁，鼻納之數十止，亦不須小咽之。若腹中不熱者，行七息，以溫炁咽之十止。

一、覆卧傍視，兩踵伸腰，以鼻納炁，自極七息，除卧傍視，兩踵伸腰，以鼻納炁，自極七息，除腰痺背痛。

一、偃卧，展兩膝兩手，令兩踵相向，亦鼻納炁，自極七息，除死肌及足膝寒痺之疾。

一、偃卧，兩手兩膝左膀兩足踵，以鼻納炁，自極七息，除胃中有食不消苦嘔之疾。

一、踞坐伸腰，以兩手引兩踵，以鼻納炁，自極七息，向兩膝頭者，除身痺嘔逆之疾。

一、偃卧，展兩手兩腳，仰足指，以鼻納炁，自極七息，除腹中弦急切痛。

一、偃卧，左足踵拘右足拇指，以鼻納炁，自極七息，除厥疾。若人腳錯踵，不拘拇指，依文用之。

一、偃卧，以右足踵拘左足拇指，以鼻納炁，自極七息，除周身痺。

一、病若在左，端坐伸腰，右視，自以鼻納炁，極而吐之數十止，閉目而作。

一、若病在心下積聚者，端坐伸腰，向日仰頭，徐以鼻納炁，因而咽之三十而止，開目而作。

一、若病在右，端坐伸腰，左視，自以鼻徐納炁，而咽之數十止。

《元陽經》云：常以鼻納炁，含而漱之，舌料唇齒咽之，一日夜得千咽者，大佳，當少飲食，多即炁逆，逆則百脈閉，百脈閉則炁不行，炁不行則疾病生。

《諸病源候論・時氣病諸候・時氣候》《養生方導引法》云：清旦初起，以左右手交互從頭上挽兩耳，舉又引，鬢髮即流通，令頭不白，耳不聾。又摩手掌令熱以摩面，從上下二七止，去肝氣，令面有光。又摩手令熱，令熱從體上下，名曰乾浴，令人勝風寒時氣，寒熱頭痛，百病皆愈。

《千金要方・養性・居處法》 小有不好，即按摩挼捺，令百節通利，洩其邪氣。凡人無問有事無事，常須日別蹋脊背、四肢一度。頭項苦，令熟蹋，即風氣時行不能著人，此大要妙，不可具論。

凡人自覺十日已上康健，即須灸三數穴，以泄風氣。每日必須調氣補瀉，按摩導引爲佳。勿以康健便爲常然，常須安不忘危，預防諸病也。

《千金翼方·養性·養性禁忌》清旦初，以左右手摩交耳，從頭上挽兩耳又引髮，則面氣通流。如此者令人頭不白，耳不聾。又摩掌令熱以摩面，從上向下二七過，去皯氣，令人面有光。

《千金翼方·退居·食後將息法》食後將息法：平旦點心飯訖，即自以熱手摩腹。出門庭行五六十步，消息之。中食後，還以熱手摩腹，行一二百步，緩緩行，勿令氣急，行訖，還牀偃卧，四展手足，勿睡，頃之氣定，便起正坐。

《白居易集·寄皇甫賓客》名利既兩忘，形體方自遂。卧掩羅譽門，無人驚我睡。睡足斗擻衣，閑步中庭地。食　摩挲腹，心頭無一事。除卻玄晏翁，何人知此味？

《白居易集·味道》叩齒順興秋院靜，焚香宴坐晚窗深。七篇眞誥論仙事，一卷《壇經》説佛心。此日盡知前境妄，多生曾被外塵侵。自嫌習性猶殘處，愛詠閑詩好聽琴。

《白居易集·病後》故紗絳帳舊青氈，藥酒醺醺引醉眠。斗擻弊袍春晚後，摩挲病腳日陽前。行無筋力尋山水，坐少精神聽管弦。抛擲風光負寒食，曾來未省似今年。

《陸游集·劍南詩稿·城東馬上作》古寺名園處處行，翩然南陌復東城。手柔弓燥獵徒喜，耳熱酒酣詩興生。月似有情迎馬見，鶯如相識向人鳴。摩挲病眼還三嘆，猶擬中原看太平。

《陸游集·劍南詩稿·或以予辭酒為過復作長句》陸生酒戸如蠡迮，痛酒豈能堪大白。正緣一快敗萬事，往往吐茵仍墮幘。爾來人情甚不美，似欲殺我以麴蘗。滿傾不許計性命，傍睨更復騰頰舌。醉時狂呼不復覺，醒后追思空自責。即今願與交舊約，三爵甫過當亟徹。解衣摩腹午窗明，茶碾無聲看霏雪。

《陸游集·劍南詩稿·夜賦》夜窗搔首髮鬅鬙，病不勝衣倚瘦藤。堪笑顔回忍饑面，常依韓愈看書燈。殘生已與灰俱冷，舊友誰如幾可憑。月落風生忽增氣，掠檐勁翮有歸鷹。

《陸游集·劍南詩稿·過猷講主桑瀆精舍》寂寞衡門傍水開，放翁曳杖此徘徊。林疏時見釣逢過，風急忽聞菱唱來。講罷繩慶懸麈柄，齋余童子供茶杯。解衣許我閑摩腹，又作幽窗夢一回。

《陸游集·劍南詩稿·幽居》大患元因有此身，百年強半走踆踆。折殘廣武城邊柳，染盡洛陽衣上塵。繞樹鵲孤栖漸穩，支床龜老息初勻。出門不欲摩雙眼，世態年來又一新。

《陸游集·劍南詩稿·晨鏡》晨起覽清鏡，有叟鬢已皤。鹹黄色似梔，面皺紋如靴。熟視但驚嘆，初不相誰何。久乃稍醒悟，舉手自摩挲。與汝周旋久，流年捷飛梭。生當老病死，求脱理則那。切勿強撑拄，據鞍效廉頗。惟須勒把酒，暫遺衰顔酡。

《陸游集·劍南詩稿·午睡初起》曲腰桑上午鷄鳴，喔喔還如報五更。睡起展書摩病眼，油窗喜對夕陽明。

《陸游集·劍南詩稿·早飯後戲作》湯餅滿盂肥羜香，更留余地着黄粱。解衣摩腹西窗下，莫怪人嘲作飯囊。

《陸游集·劍南詩稿·洪雅萬仙硯》异硯出漢嘉，溫潤蒼玉質。因形作獸背，得墨如點漆。才高德亦全，終月不更筆。巒溪大沱輩，皆蜀硯之得名者。烏敢相甲乙。從我歸吳中，略計將百日。摩指不去手，有右琴在膝。名晦知者稀，體重盜計窒。惟當草太玄，不污管商術。

《陸游集·劍南詩稿·龜堂雜興》朝來地碓玉新舂，鷄蹠豚肩異味重。便腹摩挲更無事，老人又過一年冬。

《陸游集·劍南詩稿·午坐戲咏》貯藥葫蘆二寸黄，煎茶橄欖一甌香。午窗坐穩摩痴腹，始覺龜堂白日長。

《陸游集·劍南詩稿·自詒》愈老愈知生有涯，此時一念不容差。身如病鶴長停料，心似山僧已棄家。高枕時時聞解籜，鄭簾片片數飛花。飯余解帶摩便腹，自取風爐煮晚茶。

《陸游集·劍南詩稿·飯後偶題》環堵蕭然百慮忘，天教得飯飫枯腸。長橋鮓美桃花嫩，北苑茶新帶胯方。漠漠寒花欹晚照，翩翩孤蝶弄秋光。解衣捫腹西窗下，賴有新詩破日長。

《陸游集·劍南詩稿·晚飯後步至門外並溪而歸》徐行摩腹出荆扉，掠面風尖酒力微。市步空船迎荻去，湖堤輕擔賣魚歸。潺潺沙竇鳴殘水，莽莽平芫襯落暉。商略最關詩思處，滿村砧杵搗秋衣。

《陸游集·劍南詩稿·庵中晚思》 小庵摩腹獨彷徉，俗事紛紛有底忙。云影忽生鴉蔽日，雨聲不斷葉飛霜。經綸正復慚伊傅，雜駁猶能陋漢唐。卷飛殘書窗已晚，笑呼童子換爐香。

《陸游集·劍南詩稿·春晚》 門巷蕭條老病侵，春晴方快又春陰。啄吞自笑如孤鶴，導引何妨效五禽。雨洗杏花紅欲盡，日烘楊柳綠初深。雛鶯寧有平生舊，也傍茅檐送好音。

《陸游集·劍南詩稿·食野味包子戲作》 珍餉貧居少，寒云萬里寬。疊雙初中鵠，牢九已登盤。放著摩便腹，呼童破小團。猶勝瀼西老，栞把仰園官。

《陸游集·劍南詩稿·飯後自嘲》 歲熟家彌困，天寒酒闕傾。僅能炊稻飯，敢望慘藜羹。一榻解腰卧，四廊摩腹行。詩人要疏瘦，此日愧膨脝。

《陸游集·劍南詩稿·自嘆》 晨興袖手觀空寂，飯罷寬腰習按摩。堪嘆一生閑日月，爲身時少爲人多。

《陸游集·劍南詩稿·幽居》 宿志在人外，清心游物初。猶輕天上福，那習世間書。薺菜挑供餅，槐芽采作菹。朝晡兩摩腹，未可笑幽居。

《陸游集·劍南詩稿·疾小愈縱筆作短章》 治疾如治盜，要使復其常。蓄曰用戈矛，全之寧欲傷。彼盜皆吾民，初非若胡羌。奈何一朝忿，直欲事毆攘。毆攘雖快心，少忍理則長。華陀古神醫，煎浣到肺腸。取效雖卓犖，去死真毫芒。君審欲除盜，惟當法龔黄。撫摩倘有道，四境皆耕桑。我亦以治疾，不減玉函方。

《陸游集·劍南詩稿·病減》 病減停湯熨，身衰賴按摩。書虧平日課，睡比故年多。有時還一笑，隔浦起漁歌。

《醫心方·調食》 又云：食畢當行，行畢，使人以粉摩腹上數百過，食易銷，大益人。又云：食訖，以手摩面，命津液消調。

《太平御覽·方術部一·養生》 《養生要》曰：早起東向坐，以兩手相摩令熱，以手摩額上至頂上，滿二九止，名曰存泥丸。又清旦初起，以兩手叉兩耳，極上下之，二七止，令人不聾。次縮鼻閉氣，右手從頭上引左耳，二七止，次引兩髮鬢舉之，令人血氣流通，頭不白。又摩手令熱，以摩身體，從上至下，名乾浴。令人勝風寒時氣，寒熱頭痛，百病皆除。

《太平御覽·方術部·養生》 《修養雜訣》曰：老子云：玄北之門是謂天地根，綿綿若存，用之不勤，言口鼻也。天地之間，以吐納陰陽，生死之氣。每至旦，面向午，展兩手於膝之上，徐按捺百節，口吐濁氣，鼻引清氣，所以吐故納新。是蹙氣良久，徐徐吐之，仍以左右手上下前後，拓取氣之時，意想太和元氣下入毛際，流於五臟，四支皆受其潤，如山納雲，如地受澤。若氣通則竟腹中咽咽轉動，若得十通，即竟身體潤澤而色光渙，耳目聰明，飲食有味，氣力倍加，諸疾去矣。

《雲笈七籤·導引按摩》 又法：摩手令熱以摩面，從上至下，去邪氣，令人面上有光彩。又法：摩手令熱摩身體，從上至下，名曰乾浴，令人勝風寒時氣，寒熱頭痛，百病皆除。夜欲卧時，常以兩手揩摩身體，名曰乾浴，辟風邪。

《雲笈七籤·導引》 常以兩手摩拭面上，令人有光澤，斑皺不生，行之五年，色如少女。摩之令二七而止，卧起，平氣正坐，先叉手掩項，目向南視，上使項與手爭，爲之三四，使人精和，血脈流通，風氣不入，行之不病。又屈動身體四極，反張側掣，宣搖百關，爲之各三。

又卧起，先以手內著厚帛，拭項中四面及耳後，周匝熱溫溫如也。順髮摩頂良久，摩兩手以治面目，久久令人目自明，邪氣不干。都畢，咽液三十過，導內液咽之。又欲數按耳，左右令無數，令耳不聾，鼻不塞。

常以生氣時，咽液二七過，按體所痛處，每坐，常閉目內視，存見五藏六腑，久久自得分明了了。

常以手中指按目近鼻兩眥，兩眥，目睛明也。閉氣爲之，氣通乃止，周而復始。行之，周視萬里。

常以手按兩眉後小穴中此處目之通氣者也。三九過，又以手心及指摩兩目及顙上，又以手旋耳各三十過，皆無數時節也。畢，以手逆乘額上三九過，從眉中始乃上行入髮際中，常行之，勿語其狀，久而上仙修之時，皆勿犯華蓋。華蓋，眉也。

《雲笈七籤·按摩法》 按摩日三遍，一月後百病並除，行及奔馬，此是養身之法。兩手相捉紐捩，如洗手法。兩手淺相叉，翻覆向胸，兩手相叉共按脞，左右同。兩手相重按脞，徐徐捩身，如挽五石弓，左右同。兩手拳向前築，左右同。又如拓石，左右皆同。以舉卻頓，此是開胸法。左右同。大坐斜身，偏拓如排山，左右同。兩手抱頭，宛轉脞上，此是抽腦法。兩手據地，

縮身曲脊，向上三舉，以手杖槌脊上，左右同。大坐，伸腳三，用手掣向後，左右同。立地，反拗三舉，兩手拒地，回顧，此乃虎視法。左右同。兩手急相叉，以腳踏地，左右同。起立，以腳前後踏，左右同。大坐伸腳，當手相勾所伸腳著膝上，以手按之，左右同。凡一十八勢，但老人日能行之三遍者，常補益、延年續命，百病皆除，進食、眼明、輕健、不復疲也。

《雲笈七籤·食氣絶谷法》一切萬物體中代謝，往來一時休息，一進一退，如晝夜之更始，又如海水之朝夕，是天地之道耳。面向午，展兩手於膝上，徐按捺肢節，口吐濁氣，鼻引清氣。凡吐者，去故炁，引生炁也。經云：玄牝門，天地根，綿綿若存，用之不勤。言鼻是天之門戶，可以出納陰陽，生死之炁也。良久，徐徐乃以手左拓右拓，上拓下拓，前拓後拓，瞋目張口，叩齒摩眼，抱頭拔耳，挽鬚挽腰，咳嗽發陽，振動也。雙作隻作，反手爲之。然掣足仰展八十、九十而止，仰下，徐徐定心，作止息之法。見空中元和炁下入鳩尾際，漸漸頃如雨，晴雲入山，自皮肉至骨至腦，漸漸入腹中，四肢五藏，皆春潤，如流水滲入地，地徹即覺達於泉，腹中有聲汩汩然，意每存之，不得外緣，即便覺無炁，若徹即手體振動，兩腳膝踠屈，亦令床有聲拉拉然，則名一通。兩通乃至日別得三通，覺身體悅懌，膚色滋潤，耳目精明，令人養美力健，百病皆去，行之五年、十年，長存不忘，得滿千萬通，去仙不遠也。

《雲笈七籤·遏邪大祝第九》《大洞眞經》高上內章遏邪大祝上法曰：每當經危險之路，鬼廟之間，意有疑難之處，心有微忌者，乃當返舌內向喉，嚥液三過，畢，以左手第二第三指捻兩鼻孔下，人中之本，鼻中鬲孔之內際也，三十六過，即手急按，勿舉指計數也。鼻中鬲之際，名曰山源，一名鬼井，一名神池，一名邪根，一名魂臺也。捻畢，因叩齒七通，畢，又進手心以掩鼻，於是臨目，乃咒曰：朱鳥淩天，神威內張。山源四鎮，鬼井逃亡。神池吐氣，邪根伏藏。魂臺四明，瓊房玲琅。玉眞巍峨，坐鎮明堂。手揮紫霞，頭建晨光。執詠洞經，三十九章。中有辟邪龍虎，截獄斬崗。猛狩奔牛，銜刀吞槍。揭山獲天，神雀毒龍。六頭吐火，啖鬼之王。電豬雷父，掣星流橫。梟嗑駮灼，逆風橫行。天禽羅陣，皆在我傍。吐火萬丈，以除不祥。群精啓道，封落山鄉。千神百靈，併首叩顙。澤尉捧罏，爲我燒香。所在所經，萬神奉迎。畢，又叩齒三通，乃開目，徐去左手，按山源則鬼井閉門，手薄神池則邪根散發，手臨魂臺則眞神守闕。於是感激靈根天獸來衛，千精震伏莫干我，眞此自然之理忽爾而然也。鼻下山源，是我一身之靈津，眞邪之通府。背眞者，所以生邪氣，爲眞者，所以遏萬邪，在我運攝之爾，故吉凶兆焉。

《雲笈七籤·櫛髮咒》凡欲櫛髮，先叩齒三通，咒曰：

上清朱雀，不得動作。勿離吾身，勿受邪惡。六丁七星，邪魔分形。敢有當我，北帝不停。急急如律令。畢，閉目存想，髮神蒼華字太元如嬰兒之形在己髮上，然後解櫛之。當令三五百遍爲佳，然經中唯須一千五百遍。畢，成髻。兩手握固於膝上，閉目微咒曰：

泥丸玄華，保精長存。左爲隱月，右爲日根。六合清練，百神受恩。急急如律令。

三洞奉道科曰：凡梳頭，先洗手面，然後梳之，皆不得使人見，增壽八百二十。

又凡梳頭，髮膠爪皆埋之，勿投水火，正爾抛擲。一則敬父母之遺體，二則有鳥曰鵂鶹夜入人家，取其爪髮則傷魂，若能勤行，增筭六百二十訖。即入靖，或殿堂朝禮。便於寢卧之處，焚香左右，叩齒二十四通，存思如圖。下床躡履之際，三稱大吉，得所願。微言，言不可使人聞，卻當存斗星在頭上，斗合於頂，指前閑和其心，使虛靜恬然，心動必思，立功濟物也。

《雲笈七籤·修行咒詛訣》夫身者，神之宅。神者，身之器。若不安宅以全道，修身以養神，則精氣爲物遊，魂爲變，以成萬物類，宜常拘咒矣。故須存乎守一神器，研精道心則衆神備矣。邪氣去矣。《太上寶神經》曰：每日早起，早起，每至雞鳴時也。平坐東向王，或春夏東南，秋冬西北，任所宜，先以兩手摩試面目，次將兩手第二、第三指於眼下橫手摩三七遍，次將左手中指從眉逆拓，上至髮際三七遍，此名爲手朝三元。次將兩手二指、三指各摩眼後嚚中三七遍，此名爲眞人榮瑩府。又將左手第二、第三指入鼻孔中摩三七過，名爲開山源。又將兩手捋耳，畢，叩齒三十六通。

《雲笈七籤·按天庭法》天庭，是兩眉之間，眉之角也。眉內角兩頭骨凹處。山源，是鼻下人中之本側，在鼻下小入谷中也。鼻中隔之中，內際宛凹處。華庭，在兩眉之下，眉下虛骨凹處。旦中暮，向其方平坐，臨目嚥液三九，急以手陰按之三九，以兩手中指急按其處。急，謂痛按之，非急速之急也。按而祝曰：

開通天庭，使我長生。徹視萬里，魂魄返嬰。滅鬼卻魔，來致千靈。上

升太上，與日合并。得補眞人，列象玄名。此爲常人致靈徹視、杜遏萬邪之道也。

《雲笈七籤·三素雲法》 夜卧，謂子後睡覺起時。又云：坐起可行之，不必夜也。要當以生氣時，如此則子後午前皆可爲之，然宜以丑後卯前爲之佳矣。先閉目東向，當東向平坐。以手大指後掌左右按拭目，就耳門，使兩手俱交會於項後，三九過，存目中各有紫青絳三色，並出目前，此是內按三素雲，以目瞳子也。先存兩目中各有此三色雲，仍各出目前，凝鬱良久，按拭之，於按中每覺目外之雲，還入目瞳子中，暉光瑩徹手過，又出拭之，又入以至數，畢。

又法：《返胎按摩經》云：常以陽日，月一日爲陽，每陽日之旦，夜之卧，覺且將起，急閉目向本命之方，以兩手掌相摩切令小熱，各左右拭按兩目、籠耳門，令兩掌交會於項中，九過，又存兩目中各有紫赤黃三色雲炁，各下入兩耳中，良久。陰祝曰：眼童三雲明目，眞君映明注精。開通神太玄，雲儀玉靈敷篇，保我雙闕啓徹，九門百節應響，迴液泥丸身升，玉宮列爲上眞。祝畢，嚥液三過，畢，乃開目坐起，常行之，不如且暮也，行之三年，耳目聰明。

《雲笈七籤·服氣論》 東向正坐，澄心定思，叩齒導引。其法具後篇。又安坐定息，乃西首而卧。本經皆云東首，然面則向西，於存息吸引殊爲不便。床須厚暖，所覆適溫，自得稍暖爲佳。腰腳已下，左右宜暖。其枕宜令低，下與背高下平，使頭頸順身平直。解身中衣帶，令闊展兩手，離身三寸，仍握固，兩腳相去五六寸，且徐吐氣，息令調。然後想之東方初曜之氣，共日光合丹於流暉，引此景而來至於面前，乃以鼻先拔鼻孔中毛，初以兩手大指下掌按鼻左右，上下動之十數過，令通暢。微引吸而嚥之，久久，乃不須引吸，但存氣而嚥之，其氣自入，此便爲妙。嚥之三乃入肺中，小開唇，徐徐吐氣。入氣有緩急，宜在任性調息，必不得頓引，至極則氣粗，粗則致損。又引嚥之三，若氣息長，加至五六嚥，得七尤佳。如此以覺肺間大滿爲度，且停嚥，乃閉氣存。肺中之氣，隨兩肩入臂至手握中入存，下入於胃至兩腎中，隨髀至兩腳心中，覺皮肉間習習，如蟲行爲度，訖。任微喘息，少時，待喘息調，依法引導送之，覺手足潤溫和調暢爲度。諸服氣方，直存入腹，不先向四肢，故致四肢逆冷，五臟壅滯，是以必須先四肢，然後入腹，即氣自然流宣也。此後不復須存在肺，直引氣入大腸、小腸中，鳴轉通流臍下爲度。應如此，以腸中飽滿乃止，則豎兩膝，急握固閉氣，鼓腹九度。就鼓中，仍存其氣，散入諸體，閉之欲極，徐徐吐之，愼勿長。若氣急，稍稍并引而吐之，若覺腹中悶，此一極則止。如腹猶滿急，便閉氣鼓之。訖，舒腳，以手摩面，將胸心而下數十度，并摩腹繞臍，手十數度。展腳趾向上，反偃數度，乃放手縱體，忘心遺形，良久，待氣息、關節調平，訖，乃起。若有汗，以粉摩拭頭面、頸項，平坐，稍動搖關節，體和如常，可起，動其中，隨時消息。觸類多方，既不云煩述善，以意調適之。

《蘇沈良方·上張安道養生訣》 某近年頗留意養生，讀書延問方士多矣。其法百數，擇其簡而易行者，間或行之，輒有其驗。今此閑放，益究其妙，乃知神仙長生，非虛語爾。其效初不甚覺，但積累百餘日，功用不可量。比之服藥，其效百倍。久欲獻之左右，其妙處，非言語文字所能形容，然亦可道其大略，若信而行之，必有益。其訣具左：

每日以子時後，三更三四點至五更以來皆可。披衣坐，只床上擁被坐亦得。面東或南盤足坐，扣齒三十六通，握固，以兩拇指掐第二指手紋，或以四指都握拇指，兩手拄腰腹間。閉息閉息敢是道家要妙，先須閉目靜慮，掃滅妄想，使心源湛然，諸念不起，自覺出入息調匀微細，即閉口，并鼻不令氣出也。內視五臟，肺白、肝青、脾黃、心赤、腎黑，當便求五臟圖，烟羅子之煩常掛壁上，使中心熟識五臟六腑之形狀。次想心爲炎火，光明洞徹，入下丹田中。不得令耳聞聲。候出息匀調，即以舌攪唇齒內外，漱煉津液，若有鼻涕亦須漱煉，不嫌其咸。漱煉良久，自然甘美，此是眞氣。未得嚥下。復作前法，閉息內觀，納心丹田，調息漱津，皆依前法。如此者三，津液滿口，即低頭嚥下，以氣送下丹田中，須用意精猛，令津與氣谷谷然有聲，徑入丹田，又依前法爲之。凡九閉息，三嚥津而止。然後以左手熱摩兩腳心，此湧泉穴上徹項門，氣訣之妙。乃臍下腰脊間，皆令熱徹。徐徐摩之，微汗出，不妨不可喘。次以兩手摩熨眼面耳項，皆令極熱。仍按捏鼻梁，左右五七下，梳頭百餘梳，散髮卧，熟寢至明。右其法至簡易，惟在常久不廢，即有深功。且試行二十日，精神自已不同，覺臍下實熱，腰腳輕快，百目有光。久久不已，不仙不遠，當常習閉息，使漸能持久，以脈候之，五至爲一息。某近來閉得漸久，每一閉，百二十至而開益，已閉得二十餘息也。又不可強閉多時，使氣錯亂奔突而出，反爲害也。愼之！愼之！又須常節晚食，令腹中寬虛，氣得回轉。晝日無事。亦時時閉目內觀，漱煉津液嚥之，摩熨耳目，以助眞氣。但清靜專一，即易見功矣。神仙至術，有不可學者三：一急躁，二陰險，三貪欲。公雅量清德，無此三疾，竊謂可學。故獻其區區，若篤信力行，他日相見，復陳其妙者。

方書口訣多奇詞隱語，卒不見下手門路，今直指精要，可謂至言不煩，長生之根本也。幸深加寶秘，勿使淺妄者窺見，以泄至道爲祝。

《醫説下·摩面》《太素經》曰：一面之上，兩手常摩拭使熱，令人光澤，皺斑不生。先摩切兩掌令熱，以拭兩目，又順手摩髮，理櫛之狀，兩臂更互以手摩之，髮不白，脈不浮外。

《醫説下·夜卧·般運捷法》 夜卧　夜卧覺，常扣齒九通，咽唾九過，以手按鼻，左右、上下數十過。

般運捷法　楊州有武官侍其某者，官於二廣十餘年，終不染瘴，面紅膩，腰足輕快。初不服藥，唯每日五更起坐，兩足相向，熱摩湧泉無數，以汗出爲度。

《醫説下·飲食不可露天》 凡飲食，不可放在露天，恐飛絲墮飲食中。食之，令人咽喉生泡。急以白礬、巴豆燒灰吹入口内，或急擦即差。

《醫説下·食飲以宜》 食飲之宜，舉其大略。當候已饑而後食，食不厭熟嚼。仍候焦渴而引飲，飲不厭細呷。無待饑甚而後食，食不可太飽。或覺微渴而省飲，飲不欲太頻。漿不欲甘酸，肉無貪肥，脆食不厭精細，飲不厭溫熱。飯無令少於麵，菜常令稱於肉。肉不厭軟，煖菜不可生茹。五味無令勝穀味，肉味無令勝食氣，滋味欲澹而和。食時當謹其度。故得食飲常美，津液常甘。身輕而不倦，神清而少睡，胸府通暢而少噫，胃脘寬紓而不脹，省解帶摩腹之勞，免食藥耗氣之失，皆目前近效也。

《醫説下·養性》 養性之道，欲小勞，但莫大疲及強所不能堪爾。食欲少而不欲頓，常如飽中饑，饑中飽。善養性者，先饑乃食，先渴用乃飲。食後當行，畢，摩腹數百徧。暮卧，常習閉口，口開則失氣，邪從外入。

《醫説下·真人養生銘》 人欲勞於形，百病不能成。飲酒勿大醉，諸疾自不生。食乃行百步，數以手摩肚。寅丑日剪甲，頭髮梳百度。饑即立小便，飽即坐旋溺。行處勿當風，居止無小隙。遇夜濯足卧，飽食終無益。思慮最傷神，喜怒最傷氣。每去鼻中毛，痰常不唾地。

《續醫説·存泥丸》 早起東向坐，以兩手相摩令熱，以手摩額上至頂上，滿二九止，名曰存泥丸。

《世醫得效方·大方脈雜醫科·息積》 導引法：以兩手拇指，壓無名指本節作拳，按髀，趺坐，扣齒三十六，屏氣二十一息，噓氣三息，再屏息，再噓，如是三作，以氣通爲效。遇子午卯酉時則行。然按摩導引之法甚多，隨意用之皆可，不必拘此法。餘見養生書。

《世醫得效方·大方脈雜醫科·翻胃》 導引方　除腹肚冷風宿疾，積胃口冷，食欲進退，吐逆不下。正坐，兩手向後捉腕，反拓席，盡勢使腹弦上下七，左右换手亦然。

《世醫得效方·孫真人養生書·調氣法》 面向東，展兩手於腳膝上，徐徐按擦肢節，口吐濁氣，鼻引清氣。凡吐者出故氣，亦名死氣。吞者取新氣，亦名生氣。故老子經云：玄牝之門，天地之根，綿綿若存，用之不勤。言口鼻天地之門，可以納陰陽死生之氣也。良久，徐徐乃以左托、右托、上托、下托、前托、後托，瞋目張口，叩齒摩眼，押頭拔耳，挽髮放腰，咳嗽發揚振動也。雙作只作，反手爲之。然後掣足仰振，數八十九而止。

《攝生消息論·夏季攝生消息》 夏三月，每日梳頭一二百下，不得梳著頭皮，常在無風處梳之，自然去風明目矣。

《攝生消息論·秋季攝生消息》 又當清晨睡覺，閉目叩齒二十一下，嚥津，以兩手搓熱熨眼，數多，於秋三月行此，極能明目。

《古今醫統大全·起居篇》 老人須知服食將息，調身按摩，搖動肢節，導引行氣，不得對面殺生，以奉養也。

《古今醫統大全·經驗秘方·既濟方》 半夜子時分陽正興時，仰卧，瞑目閉口，舌頂上腭，將腰拱起，左手用中指頂住尾閭穴，在腎囊糞門間。右手用大指頂住無名指根拳着，又將兩腿俱伸，兩腳十指俱摳提起，一口氣心中存想，脊背腦後上貫至頂門，慢慢直下至丹田，方將腰、腿、腳，手從容放下，再照前行，陽即衰矣。如陽未衰，再行二三遍。如初行時，陽未興，勉強興之，方可行。夫人之所以有虛疾者，因年少欲心太盛，房事過多，水火不能相濟，以致此疾。能行此法，不惟速去泄精之病，久而腎水上升，心火下降，即水火既濟，永無病矣。

《古今醫統大全·養生之道·櫛髮》 眞人曰：櫛髮，去風明目，不死之道也。又曰：頭髮梳百度，不可輕以沐。陶隱居云：範則沐浴饑則梳，櫛多浴少益心目。故道家晨梳當有百一十爲數，沐浴或月一度而已。

眞人曰：髮宜多櫛，手宜在面。齒宜數叩，津宜常嚥，氣以精煉。此五者，所謂子欲不朽，修崑崙耳。

安樂詩云：髮是血之餘，一日一次梳，通血脈，散風濕。

《古今醫統大全·攝生要義·調氣》又《蘇氏養生訣》云：每夜自三更至五更，以未昧上擁被盤足，面東南，叩齒三十六遍，握固瞑目，以兩手拄腰腹間，閉息，想心爲炎火光明洞徹，下入丹田。待腹爲氣極，則徐出氣，不得令耳聞。復以舌抵齒，取華池水滿口，低頭嚥下，送入丹田，用意積猛，令津與氣汩汩然有聲，徑至丹田，畢。再依前爲之。凡久閉息，三嚥津而止。然後以兩手摩熱，摩兩腳心，則湧泉穴及腰脊兩傍，即腎堂，皆令熱徹。次以兩手摩慰眼面耳項，皆盡極熱，仍按提鼻梁左右七下，梳頭百梳而卧，熟睡至明。夫存想者，少意御氣之道，自內而達外者也。按摩者，開關利氣之道，自外而達內者也。故醫家行之，以佐宣通，而攝生者，貴之以洩壅滯。凡有行者，當在子後午前之時，平坐東向，以兩手六指按拭兩目過耳門，使兩堂交會於項後，如此三九遍。次存想目中各有紫、青、絳三色氣，如雲霞鬱浮出面前。再依前按拭三九遍，復存想面前雲氣暉暉霍霍，灌入瞳子，咽嚥華池之液二十口，乃開目以爲常，生起皆可行之，不必拘時。一年許，耳目便聰明，久爲之，徹視數里，聽於絕響也。面上常欲得兩平摩拭使執，則氣常流行。作時先將兩手摩熱，然後以掌摩拭面目，高下隨形，皆使極匝。如此三五過，卻度平於項後及兩鬢，更互摩髮，如櫛頭之狀，亦數十過，令人面有光澤，皺斑不生，髮不白，脈不浮外。外行五年不輟，色如少女。所謂山川行氣，常行不涸，而木石滋潤是也。耳欲得數按抑其左右，令人聰徹，鼻亦欲按其左右無數，令人氣平。又常以兩手按鼻及兩目之眦，上下按之無數，閉氣爲之，氣通則止，吐而復始，亦三九遍。能恆爲之，鼻間百步，眼乃洞觀。《黃庭經》曰：天中之嶽精謹修，靈宅既清玉帝遊，通利通路無終休，此之謂也。凡人小有不快，即須按摩、按擦，令百節用利，洩其邪氣。凡人無問有事無事，須日要一度，令人自首至足，但係關節處，用手按擦各數十次，謂之大度關。先百會穴，次頭四周，次兩眉處，次目眦，次鼻準，次兩耳孔及耳後，皆按之；次風池，次項左右，皆揉之；次兩肩胛，次臂骨縫，次腕，次手十指，皆撚之；次脊背，或按之，或搥震之；次腰及腎堂，皆搓之；次胸乳，次腹，皆揉之無數；次髀骨，搥之；次兩膝，次小腿，次足踝，次十指，次足心，皆兩手撚之。若常能行此，則風氣時去，不住腠理，是謂洩風。又常向腎堂及兩足心，臨卧時令童子用手搓摩，各以熱透表裏爲度。摩腎堂熱，則腎氣透而易於生精；摩足心熱，則湧泉穴透而血不下滯。

《東醫寶鑑·內景篇·攝養要訣》太乙眞人七禁文曰：一者少言語養內氣，二者戒色慾養精氣，三者薄滋味養血氣，四者嚥精液養藏氣，五者莫嗔怒養肝氣，六者美飲食養胃氣，七者少思慮養心氣。人由氣生，氣由神旺，養氣全神可得眞道。凡在萬形之中所保者，莫先於元氣。《黃庭經》曰：子欲不死，修崑崙。謂髮宜多櫛，手宜在面，齒宜數叩，津宜常嚥，氣宜精煉，此三者，所謂修崑崙，崑崙謂頭也。葛仙翁《淸靜經》曰：人能遣其慾而心自靜，澄其心而神自淸，自然六欲不生，三毒消滅。夫人心虛則登，坐定則靜，寡言希聽，存神保命。蓋多言則損氣，多喜則放情，多怒則觸意，多悲哀思慮則傷神，多貪慾勞困則傷精。凡此皆修行之人不宜有也。又曰：養性之士，唾不至遠，行不疾步，耳不極聽，目不極視。不欲極饑而食，食不可過飽；不欲極渴而飲，飲不欲過多。嵇康曰：養性有五難：名利不去爲一難，喜怒不除爲二難，聲色不去爲三難，滋味不絕爲四難，神虛精散爲五難。五者無於胸中則信順，日躋道德日全，不祈善而有福，不求壽而自延，此養生之大旨也。《類纂》曰：養目力者常瞑，養耳力者常飽，養臂時者常屈伸，養股脛者常步履。孫眞人曰：雖常服餌，而不知養性之術，亦難以長生也。養性之道，常欲少勞，但莫大疲及強所不能堪耳。夫流水不腐，戶樞不蠹，以其運動故也。養性之道，莫久行、久立、久坐、久卧、久視、久聽，皆令損壽也。又曰：凡言湯者，亦不即覺池，謂久則損壽耳。《洞神眞經》曰：養生以不損爲延年之術，不損以有補爲衛生之經。居安慮危，防未萌也。雖少年致損，氣弱體枯，及晚景，得悟防患，補益則氣血有餘，而神自足，自然長生也。

《東醫寶鑑·內景篇·按摩導引》《養生書》曰：夜卧覺，常叩齒九通，嚥唾九過，以手按鼻之左右上下數十過。又曰：每朝早起，啄齒幷漱津唾滿口嚥之，縮鼻閉氣，以右手從頭上引左耳二七，復以左手從頭上引右耳二七，令耳聰延年。又曰：熱摩手心，熨兩眼，每二十遍，使人眼目自然無障翳，明目去風。頻拭額上，謂之修天庭，連髮際二七遍，面上自然光澤。又以中指於鼻梁兩邊指二三十遍，令表裏俱熱，所謂灌溉中岳，以潤於肺。以手摩耳輪，不拘遍數，所謂修其城郭，以補腎氣，以防聾聵。臞仙有歌曰：閉目冥心坐，盤趺而坐。握固靜思神。握固者，以大指在內，四指在外兩作拳包。叩齒三十六，似棄心神。兩手抱崑崙。崑崙，頭也，叉兩手向領後，數九息，勿合耳聞。左右鳴天鼓，二

十四度閒。以兩手心掩兩耳。先以第二指壓，中指彈腦後。微擺撼天柱，搖頭左右顧，肩膊隨動，二十四度。赤龍攪水渾。赤龍，舌也。以舌攪口中，待津液生而嚥之。漱津三十六，神水滿口勻。神水，口中津也。一口分三嚥，所漱津液分作三口，作汩汩聲而嚥之。龍行虎自奔。液爲龍，氣爲虎。閉氣搓手熱，鼻引清氣，閉之少頃，搓手令極熱，鼻中徐徐放氣出。背摩後精門。精門者，腰後外腎也。合手心摩畢，收手握固。盡此一口氣，再閉氣也。想火燒臍輪。想心火下燒丹田，覺熱極即用後法。左右轆轤轉，俯首擺撼兩肩三十六，想火自丹田透雙關，入腦戶，鼻引清氣，閉少頃。兩脚放舒伸。放直兩脚。叉手雙虛托，叉手相交向上三次或九次。低頭攀足頻。以兩手向前鈎雙脚心十三次，乃收脚端坐。以候逆水上，候口中津液生，如未生，急攪取水如前法。再漱再吞津。如此三度畢，神水九次吞。一口三嚥，三次爲九。嚥下汩汩響，豐脈自調勻。河車搬運訖，擺肩并身二十四及再轉轆轤二十四次。發火遍燒身。想丹田火自下而上遍燒。此時口鼻皆閉氣少頃。邪魔不敢近，夢寐不能昏。寒暑不能入，災病不能迍。子後午前作，造化合乾坤。循環次第轉，八卦是良因。

《保生要録・調肢體門》養生者，形要小勞，無至大疲。故水流則清，滯則汚。養生之人，欲血脈常行，如水之流。坐不欲至倦，行不欲至勞，頻行不已。然宜稍緩即是小勞之術也。故手足欲時其屈伸，兩臂欲左挽右挽，如挽弓法；或兩手雙拓，如拓石法。或雙拳築空，或手臂左右前後輕擺，或頭項左右顧，或腰胯左右轉，時俯時仰，或兩手相捉，細細捩如洗手法。或兩手掌相摩令熱，掩目摩面，事閑隨意爲之，各十數過而已。每日頻行，必身輕，目明，筋節、血脈調暢，飲食易消，無所擁滯，體中小不佳快爲之。即解舊導引方太煩，崇貴之人不易爲也，今此術不擇時節，亦無度數，乘閑便作，而見效且速。

夫人夜卧，欲自以手摩四肢胸腹十數過，名曰乾浴。

《三元延壽參贊書・櫛髮》眞人曰：髮多櫛，去風明目，不死之道也。

又曰：頭髮梳百度。

陶隱居云：飽則沐浴飢則梳，櫛多浴少益心目。故道家晨梳常以百二十爲數。

眞人曰：髮宜多櫛，手宜在面，齒宜數叩，津宜常嚥，氣宜精煉。此五者所謂子欲不死修崑崙耳。

安樂詩云：髮是血之餘，一日一次梳，通血脈，散風濕。《鎖碎錄》云：亂髮藏卧房壁中，久招不祥。

《三元延壽參贊書・導引有法》夜半後生氣時，或五更睡覺，或無事閑坐腹空時，寬衣解帶，先微微呵出腹中濁氣，一九止或五六止，定心閉目，叩齒三十六通，以集身神，然後以大拇指背拭目，大小九過，使無翳障，明目去風，亦補腎氣。兼按鼻左右七過，令表裏俱熱，所謂灌溉中岳以潤肺。次以兩手摩令極熱，閉口鼻氣，然後摩面，不以偏數，連髮際面有光。又摩耳根耳輪，不拘偏數，所謂修其城郭，以補腎氣，以防聾聵。名眞人起居之法。次以舌拄上腭，漱口中內外津液滿口，作三嚥下之，如此三度九嚥。《黄庭經》曰：漱咽靈液，體不乾是也。便兀然放身心同太虛，身若委衣，萬慮俱遣，久久行之，氣血調暢，自然延壽也。又兩足心涌泉二穴，能以一手舉足，一手摩擦之，百二十數，疏風去濕，健脚力。歐陽文忠公用此大有驗。

《三洞樞機雜説・啄咽按摩法》《眞誥》云：夜行常當啄齒，啄齒亦無止限數，殺鬼邪，鬼常畏齒聲，是故不得犯人。若兼以漱液祝説亦善也。仙人劉京語皇甫隆曰：夫朝睡起，未澡洗之前，安坐，漱口中唾曰玉泉，令滿口咽之，即叩齒二七止，又更漱唾如前，又叩齒一如上法。夫叩齒者，召身內神，令安之也，又令人齒不朽。咽液者，令人身體光潤，力壯有顔色，去三尸蟲，名曰鍊精，使人長生，若能終身行之，得仙也。

《眞誥太素丹景經》曰：一面之上，欲常得兩手摩拭之熱，高下隨形，皆使極熱，令人面有光澤，皺斑不生，行之五年，色如少女。先當切摩兩掌令熱，然後拭面目，順手摩髮，如理櫛之狀，兩臂亦更互以手摩之，使髮不白，脈不浮外。《大洞眞經精景按摩篇》曰：卧起，當平氣正坐，先杈兩手乃度，以掩項後，因即面視上，使項與兩手爭，爲之三四，使人精和血通，風氣不能入，久行之，不死不病。又屈動身體，伸手四極反張，宣搖百關，各爲之三。

又引《消魔上靈經》曰：若體中不寧，當反舌塞喉，漱滿咽液無數，須臾，不寧之痾自即除也，亦覺身中寬軟。又曰：鼻亦得按其左右，唯令無數也，令人氣平，所以灌溉中嶽。名書帝錄坐，常欲閉目，內視五藏腸胃，久行之，自得分明了了也。常能手掩口鼻，臨目微氣，久許時，手中生液，遂以摩面目，常行之，令人體香。

《眞誥》云：櫛頭理髮，欲得多過，通血氣，散風濕也。數易櫛，更番用之也，亦可不須解髮。

《太極經》曰：理髮，欲向王地，既櫛髮之始而微祝曰：泥丸玄華，保精長存。左爲隱月，右爲日根。六合精鍊，百神受恩。祝畢，咽液三過，能常行之，髮不落而日生之。當數易櫛，櫛取多而不使痛，亦可令侍者櫛，取多也。血液不滯，髮根常堅也。

《壽親養老新書·擦涌泉穴》其穴在足心之上，濕氣皆從此入。日夕之間，常以兩足赤肉，更次用一手握指，一手磨擦。數目多時，覺足心熱，即將腳趾略略動轉，倦則少歇。或令人擦之亦得，終不若自擦爲佳。陳書林云：先公每夜常自擦至數千，所以晚年步履輕便。僕性懶，每卧時，只令人擦至睡熱即止，亦覺得力。鄉人鄭彦和，自太府丞出爲江東倉，足弱不能陛辭，樞莞黄繼道教以此法，踰月即能拜跪。雩人丁邵州致遠病足半年，不能下床，遇一道人亦授此法，久而即愈。今筆於冊，用告病者，豈曰小補之哉。

《壽親養老新書·擦腎俞穴》陳書林云：余司藥市倉部輪差諸軍，請米受籌，鄉人張成之爲司農丞監史，同坐，時冬嚴寒，余一二刻間，兩起便溺。問曰：何頻數若此？答曰：天寒自應如是。張云：某不問冬夏，只早晚兩次。余詰之曰：有導引之術乎？曰：然。余曰：旦夕當北面，因暇專住叩請，荷其口授曰：某先爲李文定公家婿，妻弟少年，遇人有所得，遂教小訣。臨卧時坐於床，垂足解衣，閉氣，舌拄上腭，目視頂，仍提縮穀道，以手摩擦兩腎腧穴，各一百二十次，以多爲妙。畢，即卧。如是三十年，極得力。歸稟老人，老人行之旬日云：真是奇妙。亦與親舊中篤信者數人言之，皆得效，今以告修煉之士云。

《壽親養老新書·食後將息法》平旦點心訖，即自以熱手摩腹，出門庭行五六十步，消息之。中食後，還以熱手摩腹，行一二百步，緩緩行，勿令氣急，行訖，還牀偃卧。顆蘇煎棗，啜半升以下人參、伏苓、甘草等飲。覺似少熱，即以麥門冬、竹葉、茅根等飲量性將理。食飽不宜急行及走，不宜大語遠喚人。嗔喜卧睡覺食散後，隨其所業，不宜勞心力。腹空即須索食，不宜忍饑。生硬粘滑等物，多致霍亂，秋冬間暖裹腹。腹中微似不安，即服厚樸、生薑等飲，如此將息，必無横疾。

《世醫得效方·孫真人養生書·道林養性》食訖，以手摩面及腹，令津液過流。食畢當行步躊躇，計使中數里來，行畢，使人以粉摩腹上數百遍，則食易消，大益人，令人能飲食，無百病。

《世醫得效方·孫真人養生書·居處法》凡居家常戒約內外長幼，不快即須早道，勿使隱忍以爲無苦，過時不知，便爲重病，遂成不救。小有不好，即按摩挼捺，令百節通利，泄其邪氣。凡人無問有事無事，常須日別蹋脊背、四肢一度，頭項苦，令熱蹋，即風氣時行不能著人，此大要妙，不可具論。

【略】凡人自覺十日以上康健，即須灸三數穴，以泄風氣。每用必須調氣補瀉，按摩導引爲佳。勿以康健便爲常然，須常安不忘危，預防諸病也。灸法常須避人神。凡畜手力細累春秋皆須與轉瀉藥一度，則不中天行時氣也。

《尊生要旨·存想篇》內視五臟，肺白、肝青、脾黄、心赤、腎黑，當先求五臟圖或烟蘿子之類，當掛於壁上，使目常熟識五臟六腑之形狀也。次想心爲炎火，光明洞徹，入下丹田中，丹田在臍下三寸是。時腹滿氣極，則徐徐出氣，不得令耳聞聲。候出息勻調，即以舌攪唇齒內外，漱煉津液，若有鼻涕，亦須漱煉，不可嫌其鹹，漱煉良久，自然甘美，即真氣也。未得咽下，復如前法，閉息內觀心火，降下丹田，調息漱津皆依前法，如此者三。津液滿口，即低頭嚥下，以氣送下丹田中，須用意精猛，令津與氣汩汩然有聲，徑入丹田中。又依前法爲之，凡九閉息三嚥津而止。然後以左右手熱摩兩腳心，此湧泉穴，上徹頂門，氣訣之妙。及臍下腰脊間，皆令熱徹。徐徐摩之便微汗出不妨，不可喘。次以兩手摩熨眼面耳項，皆令極熱。仍按捏鼻梁左右五七次，梳頭百餘梳，散髮而卧，熟寢分明。

《尊生要旨·按摩篇》夫存想者，以意御氣之道，自內而達外者也。按摩者，開關利氣之道，自外而達內者也。故醫家行之，以佐宣通。而攝生者貴之以洩壅滯。凡有行者，當在子後午前之時，平坐東向，以兩手大指按拭兩目，過耳門，使兩掌交會於項後，如此三九遍。次存想目中各有紫、青、絳三色氣，如雲霞鬱鬱，浮出面前，再依前按拭三九遍，復存想面前雲氣暉暉霍霍，灌入瞳子，因嚥華池之液二十口，乃開目以爲常，坐起皆可行之，不必拘時，一年許，耳目便聰明。久爲之，徹視數里，聽於絶響也。面上常欲得兩手摩拭之，使熱則氣常流行。作時先將兩掌摩熱，然後以掌摩拭面目，高下隨形，皆使極匝。如此三五過，卻度手於項後及兩鬢，更互摩髮，如櫛頭之狀，亦數十過，令人面有光澤，皺斑不生，髮不白，脈不浮外。久行五年不輟，色如少女。所謂山川行氣，常行不涸，而水石榮潤是也。耳欲得數按抑其左右，令人聰徹。鼻亦欲按其左右無數，令人氣平。又常以兩手按鼻及兩目之眥，上下按之無數，閉氣爲之，氣通即止。吐而復始，亦三九遍，能恆爲之，鼻

聞百步，眼乃洞觀。《黄庭經》曰：天中之嶽精謹修，靈宅既清玉帝遊，通利道路無終休。此之謂也。凡人小有不快，即須按摩，按捺，令百節通利，洩其邪氣。凡人無問有事無事，須日要一度，令人自首至足，但係關節處，用手按捺各數十次，謂之大度關。先百會穴，次頭四周，次兩眉外，次目眦，次鼻準，次兩耳孔及耳後，皆按之；次風池，次項左右，皆揉之；次兩肩胛，次臂骨縫，次肘骨縫，次腕，次手十指，皆捻之；次脊背，或按之，或搥震之；次腰及腎堂，皆搓之；次胸乳，次腹，皆揉之無數；次髀骨，搥之；次兩膝，次小腿，次足踝，次十指，次足心，皆兩手捻之。若常能行此，則風氣時去，不住腠理，是謂泄風。又常向腎堂及兩足心，臨卧時令童子用手搓摩，各以熱透表裏爲度。摩腎堂熱，則腎氣透而易於生精；摩足心熱，則湧泉穴通而血不下滯。

附錄　呂公煮海訣　《經文》一兜一搓，左右換手，九九數足，眞陽不走。注解《經文》戌亥之間，陰旺陽衰之時，先以左手兜外腎，右手搓臍腹八十一次，然後換右手兜外腎，左手搓臍腹，數亦如之，九日見驗，八十一日成功，最治夢泄遺精。

《尊生要旨·真人起居法》　夜半後生氣時，或五更睡覺，或無事閑坐腹空時，寬衣解帶，先微微呵出腹中濁氣五六口，定心閉目，叩齒三十六通，以集身神。然後以大拇指背拭目，大小九過，使無翳障，明目去風，亦補腎氣。兼按鼻左右七過。令裏表熱，所謂灌溉俱中岳以潤肺。次以兩手摩令極熱，閉口鼻氣，然後摩面，不拘遍數。連髮際，欲面光澤。又摩耳根、耳輪，不俱遍數，所謂修其城郭，少補腎氣，以防聾瞶。名眞人起居之法。

《養生類要》　搓涂自美顔　顔色憔悴，良由心思過度勞碌不謹。每晨靜坐閉目凝神存養，神氣衝淡，自內達外，兩手搓熱，拂面七次，仍以嗽津涂面，搓拂數次，行之半月，則皮膚光潤，容顔悦澤，大過尋常矣。

閉摩通滯氣　氣滯則痛，血滯則腫；滯之爲患，不可不慎。治之須澄心閉息，以左手摩滯七七遍，右手亦然，復以津涂之。勤行七日，則氣通血暢，永無凝滯之患。修養家所謂干沐浴者，即此義也。

熱手摩心熨兩眼　每熨二七遍，使人眼目自無障翳，明目去風無出於此。亦能補腎氣。

仍更揩擦額與面　頻拭額謂之修天庭，連髮際二遍，面上自然光澤。如有皯點者，宜頻拭之。

兩指立將摩鼻莖　鼻莖兩邊揩二三十數，令表裏俱熱，所謂灌溉中嶽以潤於肺。

左右耳根筌數遍　筌耳即摩耳輪也。不拘數遍，所謂修其城郭，以補腎氣，以防聾瞶也。

更能乾浴遍身間，按胜時須紐兩間，縱有風勞諸冷氣，何憂腰背復拘攣。

大凡人坐，常以兩手按胜，左右紐肩數十。

《遵生八牋·清修妙論上》　《道林攝生論》曰：老人養壽之道，不令飽食便卧，及終日久坐久勞，皆損壽也。時令小勞，不致疲倦，不可強爲不堪之事。食畢少行百步，以手摩腹百過，消食暢氣，食欲少而數，恐多則難化。先饑而食，先渴而飲，先寒而衣，先熱而解，勿令汗多。

《遵生八牋·清修妙論上》　眞西山先生衛生歌：萬物惟人爲最貴，百歲光陰如旅寄。自非留意修養中，未免病苦爲心累。何必餐霞餌大藥，妄意延齡等龜鶴。但於飲食嗜慾間，去其甚者即安樂。食後徐徐行百步，兩手摩脇并腹肚。須更轉手摩腎堂，謂之運動水與土。【略】摩熱手心熨兩眼，仍更揩擦額與面。中指時將摩鼻頻，左右耳眼摩數遍。更能乾浴遍身間，按胜暗須紐兩肩。縱有風勞諸冷氣，何憂腰背復拘攣。噓呵呼吸吹及呬，行炁之人分六字。果能依用力其間，斷然百病皆可治。情欲雖云屬少年，稍知節養自無愆。固精莫妄傷神氣，莫使苞羽火中燃。有能操履長方正，於名無貪利無競。縱向邪魔路上行，百行周身自無病。

《遵生八牋·四時調攝春》　靈劍子導引春孟月一勢：以兩手掩口，取熱炁津潤，摩面上下三、五十遍，令極熱，食後爲之，令人華彩，光澤不皺。行之三年，色如少女，無明目散諸故疾。從肝臟中肩背行，後須引吸，震方生炁以補肝臟，行入下元。凡行導引之法，皆閉炁爲之，勿得開口，以招外邪入於肝臟。

《遵生八牋·四時調攝冬》　《七籤》曰：冬夜卧被蓋太煖，睡覺即張目吐氣，以出其積毒則永無疾。

又曰：冬卧，頭向北，有所利益，宜溫足凍腦。

冬夜漏長，不可多食硬物并濕軟果餅。食訖，須行百步，摩腹法，摇動令消，方睡，不爾，後成腳氣。

《遵生八牋·高子怡養立成》　高子曰：怡養一日之法，鷄鳴後醒睡，即

以兩手呵氣一二口，以出夜間積毒。合掌承之搓熱，擦摩兩鼻傍及拂熨兩目五七遍，更將兩耳揉捏扯拽，擲向前後五七遍，以兩手抱腦後，用中食指彈擊腦後各二十四。左右聳身舒臂，作開弓勢，遞互五七遍，後以兩股伸縮五七遍，叩齒漱津滿口，作三嚥，少息，因四時氣候寒溫酌量衣服，起服白滾湯三五口，名太和湯，次服平和補脾健胃藥數十丸。少頃進薄粥一二甌，以蔬菜壓之，勿過食辛辣及生硬之物。起步房中，以手鼓腹，行五六十步。

《遵生八籤·延年却病籤·進取訣第一》 每至半夜後生氣時或五更睡醒之初，先吹出腹中濁惡之氣一九口止，若要細而言之，則亦不在五更，但天氣調和，腹中空則爲之。先閉目，扣齒三十六下，以警身神，畢，以手指捏目大小眦，兼按鼻左右，旋耳及摩面目。爲眞人起居之法，更隨時加之導引，以宣暢關節。乃以舌拄上腭，撩口中內外津液，候滿口則嚥之，令下。

《遵生八籤·延年却病籤·嚥氣訣》 訣曰：服內炁之妙，在乎嚥炁。世人嚥外炁以爲內炁，不能分別，何其謬哉！吐納之士，宜審而爲之，無或錯誤耳！夫人皆稟天地之元炁而生身，身中自分元炁而理。每因嚥及吐納則內炁與外炁相應，自然炁海中炁隨吐而上，直至喉中。但候吐極之際，則輒閉口，連鼓而嚥之，令鬱然有聲汩汩然。後男左女右而下納二十四節，如水瀝瀝分明，聞之也。如此則內炁與外炁相顧，皎然而別也，以意送之，以手摩之，令速入炁海。炁海，臍下三寸是也，亦謂之下丹田。初服炁人上焦未通，以手摩之則令速下，若流通，不摩亦得，一閉口三連嚥止。

《遵生八籤·延年却病籤·九載功變歌訣》 一、平坐，伸腰腳兩臂，展手據地，口徐吐炁，以鼻納之。除胸中肺中之痛，咽炁令溫，閉目行也。

一、端坐伸腰，以鼻內炁閉之，自前後搖頭各三十次。除頭虛空花，天旋地轉之疾，閉目搖之。一左脇側卧，以口吐炁，以鼻納之。除積聚，心下不快之證。

一、端坐伸腰，徐以鼻納炁，以右手持鼻搖目昏，若淚出者，去鼻中息，亦治耳聾，亦除傷寒頭痛之疾，皆當以汗出爲度。

一、正偃卧，以口徐出氣，以鼻納之，除裏急，飲食後小咽，若咽炁數至十，令溫爲度。若炁寒者，使人乾嘔，腹痛可用鼻納炁，咽之七至十，至百則大塡腹內，除邪炁，補正炁也。

一、右脇側卧，以鼻納炁，以口小吐炁數至十，兩手相摩熱以摩腹，令其炁下出之，除兩脅皮膚病悶之疾，愈者止。

一、端坐伸腹，直上展兩臂仰兩手掌，以鼻納炁，閉之自極廾民，名曰蜀王臺，除脇下積聚之疾。

一、覆卧去枕，豎立兩足，以鼻納炁四，復以鼻出之四，若炁出之極，令微炁再入鼻中，勿令鼻知，除身中熱及背痛之疾。

一、端坐伸腰，舉左手仰其掌，卻右手同，除兩臂及背痛之疾，炁結積聚之病。

一、端坐，以兩手相交抱膝，閉炁鼓腹二七或三七，炁滿則吐，後炁通暢者爲度，行之十年，老有少容。

一、端坐伸腰，左右傾側，閉目，以鼻納炁，除頭風自極七息止。

一、端坐伸腰，鼻納炁數十爲度，除腹中飲食滿飽，若快則止。未便者，復爲之。若腹中有寒炁，亦爲之。

一、端坐，使兩手如張弓勢，滿射數四，可治四肢煩悶，背急，每日或時爲之佳。

一、端坐伸腰，舉左手仰掌，以右手承右脅，以鼻納炁，自極七息，除瘀血納炁等，並皆治之。

一、端坐伸腰，舉右手仰掌，以左手承左脅，以鼻納炁，自極七息，除胃寒食不變則愈。

一、兩手卻據，仰頭，自以鼻納息，因而咽之數十，除熱，身中傷死肌肉等，治之而愈。

一、正偃卧，端展足臂，以鼻納炁，自極七息，搖足三十而止，除胸足中寒，周身痺厥逆嗽。

一、偃卧屈膝，令兩膝頭內向相對，手翻兩足，伸腰，以鼻納炁，自極七息，除痺疼熱痛，兩脛不遂。

一、平坐，兩手抱頭，宛轉上下，名爲開脇，除身體昏沉，不通暢者並皆治之，愈。

一、踞坐伸右腳，兩手抱左膝頭，伸腰，以鼻納炁，自極七息，除難屈伸及拜起脛中痛，瘀痺等病，並皆治之。

一、踞坐伸左足，兩手抱右膝，伸腰，以鼻納炁，自極七息，展左足著外，除難屈伸及拜起脛中疼，一本云除風并目晦耳聾。

一、正偃卧，直兩手念胞所在，令如油囊裹丹，陰下濕，小便難傾，小腹重不快，若腹中熱，但口出炁，鼻納之，數十止，亦不須小咽之。若腹中不熱者，行七息以溫炁咽之，十止。

一、覆卧，傍視兩踵，伸腰，以鼻納炁，自極七息，除腳中弦痛，轉筋及腳酸痛。

一、踞坐，兩手抱兩膝頭，以鼻納炁，自極七息，除腰痺背痛。

一、偃卧，展兩脛兩手，令兩踵相向，亦鼻納炁，自極七息，除死肌及足脛寒疼之疾。

一、偃卧，兩手兩脛左膀兩足踵，以鼻納炁，自極七息，除胃中有食不消，苦嘔之疾。

一、踞坐伸腰，以兩手引兩踵，以鼻納炁，自極七息，向兩膝頭者，除身痺嘔逆之疾。

一、偃卧，展兩手兩腳仰足指，以鼻納炁，自極七息，除腹中弦急、切痛。

一、偃卧，左足踵拘右足拇指，以鼻納炁，自極七息，除厥疾，若人腳錯踵不拘拇指，依法行之。

一、偃卧，以右足踵拘左足拇指，以鼻納炁，自極七息，除周身痺。

一、病若在左，端坐，伸腰，右視目，以鼻納炁，極而吐之，數十止，閉目而作。

一、若病在心下積聚者，端坐伸腰，向日仰頭，徐以鼻納炁，因而咽之，三十而止，開目而作。

一、若病在右，端坐伸腰，左視目，以鼻徐納炁，而咽之，數十止。

《遵生八箋·延年却病箋·左洞真經按摩導引訣》 高子曰：人身流暢，皆一氣之所週通。氣流則形和，氣塞則形病。故《元道經》曰：元氣難積而易散，關節易閉而難開。人身欲得搖動，則穀氣易消，血脈疏利，仙家按摩導引之術，所以行血氣，利關節，辟邪外干，使惡炁不得入吾身中耳！《傳》曰：戶樞不蠹，流水不腐。人之形體，亦由是也。故延年卻病，以按摩導引爲先。

夜半子候

少陽之氣，生於陰分，修生之士，於子時修煉。古人一日行持始於子，一歲功用起於復。一陽之月是也，即今之十一月。

轉脅舒足

《混元經》曰：戌、亥、子三時，陰氣生而人寐，寐則氣滯於百節。養生家睡不厭縮，覺不厭伸。故陽始生則舒伸轉掣，務令榮衛周流也。

導引按蹻

踴身令起，平身正坐，兩手叉項後，仰視，舉首左右招搖，使項與手爭。次以手扳腳，稍閉氣，取太衝之氣，太衝穴，在大指本節後二寸，骨縫間陷者。左挽如引弓狀，右挽亦如之。令人精和血通，風氣不入。久能行之，無病延年。

捏目四眦

《太上三關經》云：常以手按目近鼻之兩眦，閉氣爲之，氣通即止，終而復始。常行之，眼能洞見。又云：導引畢，以手按目四眦三九徧，捏令見光明，是檢眼神之道。久爲之，得見靈通也。

摩手熨目

捏目四眦畢，即用兩手側立摩掌如火，開目熨睛數徧。

對修常居

《內景經》云：常以兩手按眉後小穴中二九，一年，可夜作細書。亦可於人中密行之，勿語其狀，眉後小穴，爲上元六合之府，主化生眼暈，和瑩精光，長珠徹瞳，保煉月精，是眞人坐起之道。紫微夫人曰：仰和天眞，俯按山源。天眞是兩眉之角，山源是鼻下人中也。兩眉之角，是徹視之津梁；鼻下人中，是引靈之上房。

俯按山源

紫微夫人云：俯按山源，是鼻下人中之本側，在鼻下小谷中也。楚莊公時，市長宋萊子灑掃一市，常歌曰：手爲天馬，鼻爲山源。每經危險之路，廟貌之間，心中有疑忌之意者，乃先反舌內向，嚥津一二徧，畢，以左手第二第三指，捏兩鼻孔下人中之本，鼻中隔孔之內際也。鼻中隔孔之際，一名山源，一名鬼井，一名神池，一名魂臺。捏畢，因叩齒七徧，又以手掩鼻。手按山源，則鬼井閉門；手薄神池，則邪根分散；手臨魂臺，則玉眞守關。鼻下山源，是一身之武津，眞邪之通府。守眞者，所以遏萬邪，在我運攝云耳。

營治城郭

《消魂經》云：耳欲得數按抑，左右令無數，使人聽徹，所謂營治城郭，名書皇籍。

擊探天鼓

天鼓者，耳中聲也。舉兩手心，緊掩耳門，以指擊其腦戶，常欲其聲壯盛，相續不散。一日三探，有益下丹田。或聲散不續，無壯盛者，即元氣不集也，宜整之。

拭摩神庭

《真誥》云：面者，神之庭；髮者，腦之華。心悲則面焦，腦減則髮素。《太素丹經》云：一面之上，常欲得兩手摩拭之使熱，高下隨形，皆使極匝，令人面色有光澤，皺斑不生，行之五年，色如少女，所謂山澤通氣。勤而行之，手不離面，乃佳也。《穎陽書》云：髮宜多櫛，齒宜數叩，液宜常嚥，氣宜常煉，手宜在面。此五者，所謂子欲不死修崑崙也。

上朝三元

《真誥》云：順手摩髮，如理櫛之狀，使髮不白。以手乘額上，謂之手朝三元，固腦堅髮之道也。頭四面，以手乘順就結，唯令多也。於是頭血流散，風濕不凝。

下摩生門

《黃庭經》云：兩部水王對生門。生門者，臍也。閉內氣，鼓小腹令滿，以手摩一周天，三十六度。

櫛髮去風

《谷神訣》：凡梳頭勿向北；梳欲得多，多則去風。多過一千，少不下數百，仍令人數之。《太極經》云：理髮欲向王地櫛之，取多而不使痛，亦可令侍者櫛也。於是血液不滯，髮根常堅。

運動水土

《真誥》云：食勿過多，多則生病；飽慎便卧，卧則心蕩，學道者當審之。《登真秘訣》云：食飽不可睡，睡則諸疾生。但食畢須勉強行步，以手摩兩脅上下良久，又轉手摩腎堂令熱，此養生家謂之運動水土。水土，即脾腎也。自然飲食消化，百脈流通，五臟安和。《養生論》云：已饑方食，才飽即止。申未之間時，飲酒一杯，止饑代食，酒能淘蕩陰滓。得道之人，熟穀之液，皆所不廢，酒能煉人真氣。

《靈劍子服氣經》云：酒後行氣易通，然不可多，及吐，反有所損。

太上混元按摩法

兩手捺䏶，左右捩肩二七徧，左右紐身二七徧。兩手抱頭，左右紐腰二七徧。

左右搖頭二七徧。一手抱頭，一手托膝三折，左右同，兩手托頭，三舉之。一手托頭，一手托膝，從下向上三徧，左右同。兩手攀頭下向，三頓足。

兩手相捉，頭上過，左右三徧。

兩手相叉托心前，推卻挽來三徧，著心三徧。曲腕築肋挽肘，左右亦三徧。左右挽，前後拔，各三徧，舒手挽項，左右三徧。

反手著膝，手挽肘，覆手著膝上，左右亦三徧。手摸肩，從上至下使徧，左右同，兩手空拳築三徧。外振手三徧，內振三徧，覆手振亦三徧。兩手相叉反覆攪，各七徧，摩紐指三徧。

兩手反搖三徧，兩手反叉，上下紐肘無數，單用十呼。兩手上聳三徧，下頓三徧。

兩手相叉頭上過，左右伸肋十徧。兩手拳反背上，掘脊上下亦三徧。掘，揩之也。

兩手反捉，上下直脊三徧。覆掌搦腕內，外振三徧。

覆掌前聳三徧。覆掌，兩手相叉，交橫三徧。覆手橫直，即聳三徧。若有手患冷，從上打至下，得熱便休。

舒左腳，右手承之，左手捺腳，聳上至下，直腳三徧。右手捺腳亦爾。前后捩足三徧。左捩足右捩足各三徧。前後卻捩足三徧。直腳三徧，紐䏶三徧，內外振腳三徧。若有腳患冷者，打熱便休。

紐䏶，以意多少；頓腳三徧，卻直三徧。虎踞左右，紐肩三徧。推天托地，左右三徧。左右排山，負山拔木，各三徧。

舒手直前，頓伸手三徧。舒兩手兩膝，亦各三徧。舒腳直反，頓伸手三徧。捩內脊外脊各三徧。

天竺按摩法

兩手相捉，紐捩如洗手法。

兩手淺相叉，翻覆向胷。

兩手相捉，共按䏶，左右同。

兩手相重，按䏶，徐徐捩身，左右同。

以手如挽五石力號，左右同。

作拳向前築，左右同。

如托石法，左右同。
作拳卻頓，此是開胸，左右同。
大坐，斜身偏欹，如排山，左右同。
兩手抱頭，宛轉髀上，此是抽脅。
兩手據地，縮身曲脊，向上三舉。
以手反捶背上，左右同。
大坐，伸兩腳，即以一腳向前虛掣，左右同。
兩手據地回顧，此是虎視法，左右同。
兩手急相叉，以腳踏手中，左右同。
起立，以腳前後虛踏，左右同。
立地，反拗身三舉。
大坐，伸兩腳，用相當手勾所伸腳著膝中，以手按之，左右同。
右十八勢，但逐日能依此三徧者，一月後百病除，行及奔馬，補益延年，能食，眼明輕健，不復疲乏。

婆羅門導引十二法

第一，龍引。以兩手上拓，兼似挽弓勢，左右同。又叉手相捉，頭上過。
第二，龜引。峻鸞坐，兩足如八字，以手拓膝行搖動。又左顧右顧各三徧。
第三，麟盤。側卧，屈手承頭，將近床腳，屈向上，傍髀展上，腳向前拗，左右同。
第四，虎視。兩手據床，拔身向背後視，左右同。
第五，鶴舉。起立，徐徐返拗，頸左右挽，各五徧。
第六，鸞趨。起立，以腳徐徐前踏，又握固，以手前後策，各三徧。
第七，鴛翔。以手向背上相捉，低身，徐徐宛轉，各五徧。
第八，熊迅。以兩手相叉，翻覆向胸臆，抱膝頭上，宛轉各三徧。
第九，寒松控雪。大坐，手據膝，漸低頭，左右搖動，徐徐宛轉，各三徧。
第十，冬柏凌風。兩手據床，或低或舉，左右引，細拔迴旋，各三徧。
第十一，仙人排天。大坐，斜身偏倚，兩手據床如排天，左右同。
第十二，鳳凰鼓翅。兩手交搥膊并連臂，返搥背上連腰腳，各三數度為之，細拔迴旋。但取使快為上，不得過度，更至疲頓。

擦湧泉穴說

其穴在足心之上，濕氣皆從此入。日夕之間，常以兩足赤肉，更次用一手握指，一手磨擦，數目多時，覺足心熱，即將腳指略略動轉，倦則少歇。或令人擦之亦得，終不若自擦為佳。

擦腎腧穴說

張成之為司農丞，監史同坐。時冬嚴寒，余一二刻間，兩起便溺。問曰：何頻數若此？答曰：天寒自應如是。張云：某不問冬夏，只早晚兩次。余詭之曰：有導引之術乎？曰：然。余曰：旦夕當北面。因暇專往叩請，荷其口授。曰：某先為家婿，妻弟少年遇人有所得，遂教小訣：臨卧時，坐於床，垂足解衣，閉氣，舌拄上腭，目視頂，仍提縮穀道，以手摩擦兩腎腧穴，各一百二十次，以多為妙。畢，即卧。如是三十年，極得力。歸稟老人，老人行之旬日，云：真是奇妙！亦與親舊中篤信者數人言之，皆得效驗。

《遵生八箋·延年却病箋·明耳目訣》《真誥》曰：求道要先令目明耳聰，為事主也。且耳目是尋真之梯級，綜靈之門戶，得失繫之，而立存亡之辯也。令抄經相示，可施運用之道。日常以手按兩眉後小穴中，三九過。又以手心及指摩兩目顴上，以手旋耳，行三十過，唯令無數，時節也。畢，輒以手逆乘額三九過，從眉中始，以入髮際中，仍須嚥液，多少無數，如此常行，耳目清明，二年可夜書。眉後小穴，為上元六合之府，化生眼暉，和瑩精光，長映徹瞳，保鍊目神，是真人坐起之上道也。

《赤鳳髓·進取訣第一》凡欲服氣，先須高燥淨空之處，室不在寬，務在絕風隙。常令左右燒香，床須厚軟，腳令稍高。衾被適寒溫，令冬稍煖尤佳。枕高三寸餘，令與背平。每至半夜後生氣時，或五更睡醒之初，先吹出腹中濁惡之氣，一九口止。若要細而言之，則亦不在五更，但天氣調和腹中空則為之。先閉目叩齒三十六下，以警身神。畢，以手指捏目大小眥，兼按鼻左右，旋耳及摩面目，為真人起居之法。更隨時加之導引，以宣暢關節。乃以舌拄上腭，撩口中內外津液，候滿口則嚥之令下入胃，存胃神承之。如此三止，是謂漱嚥靈液，灌溉五藏，面乃生光。

《赤鳳髓·嚥氣訣第四》訣曰：服內炁之妙在乎嚥氣，世人嚥外氣以為內氣，不能分別，何其謬哉。吐納之士，宜審而為之，無或錯誤耳。夫人皆稟天地之炁而生身，身中自分元氣而理。每因嚥及吐納則內氣與外炁相應，自

然炁海中炁隨吐而上，直至喉中，但候吐極之際則輒閉口，連鼓而嚥之，令鬱然有聲汩汩，然後男左女右而下，納二十四節，如水瀝瀝，分明聞之也。如此則內炁與外氣相顧，皎然而別也。以意送之，以手摩之，令速入炁海。氣海，臍下三寸是也，亦謂之下丹田。初服炁人上焦未通，以手摩之，則令速下。若流通不摩亦得，一閉口三連嚥止。

《赤鳳髓·食飲調護訣》 卒逢以前諸穢惡，速閉氣上風閉目速過，便求一兩杯酒蕩滌之，覺炁入腹，不安，即須調氣逼出濁氣。即嚥納新氣，以新送之，當以手摩之，則便吞椒及飲一兩盞酒令散矣。服氣，一年通氣，通血實，三年功成。元氣凝實，縱有觸犯，無能爲患。

《赤鳳髓·四季養生歌》 春噓明目木扶肝，夏至呵心火自閑。秋呬定收金肺潤，腎吹唯要坎中安。三焦嘻卻除煩熱，四季常呼脾化餐。切忌出聲聞口耳，其功尤勝保神丹。

養心，可正坐，以兩手作拳，用力左右互相築各六度。又可正坐，以一手按腕上，一手向下拓空如重石，又以兩手相叉，以腳踏手中各五六度，能去心胸間風邪諸疾。關氣爲之，良久，閉目三嚥三叩齒而止。

修肝，可正坐，以手兩相按䏚下，徐緩身左右各三度。又可正坐，面手拽相叉，翻覆向胸五度，此能去肝家積聚，風邪毒氣，餘如上。

寧膽，可平坐，令兩腳掌昂頭，以兩手挽腳，搖動挽起爲之五度。亦可大坐，以兩手拓地，舉身努腰脊五度，能去腎家風毒邪氣。

健脾，可大坐，伸一腳，屈一腳，以兩手向後反掣各五度。亦可跪坐，以兩手據地回顧，用力虎視各五度，能去脾藏積聚風邪，喜食。

保肺，可正坐，以兩手據地，縮身曲脊，向上三舉。去肺家風邪積勞。亦可反拳搥脊上，左右各五度，此法去胸臆間風毒，閉氣爲之良久，閉目嚥液，三叩齒而止。

固腎，可正坐，以兩手上從耳，左右引脇三五度。亦可及手着凍抛射，左右同，緩身五度。亦可以前後踰，左右各數度。能去腰腎膀胱間風邪積聚，餘如上法。凡欲修養，須淨室焚香，順涼之宜，明燥濕之異。每夜半後生氣時，五更睡覺，先呵出腹內濁氣，或一九止，或五六止。定心閉目，叩齒三十六通，以集心神。然後以大拇指背拭目，大小九過，兼按鼻左右七過，以兩手摩令極熱，閉口鼻氣，然後摩面，不以遍數。爲眞人起居法。次以舌拄上腭，漱口中內外津液滿口，分作三嚥，庶得深溉五藏，光澤面目，極有益，不可輕忽。

《赤鳳髓·鍾離雲房摩腎》 治腎堂虛冷、腰疼、腿痛，端坐，兩手擦熱向背後，雙拳摩精門，運氣二十四口。

《赤鳳髓·陳希夷熟睡華山》 治色癆，頭枕右手，左拳在腹上下往來擦摩，右腿在下微捲，左腿壓右腿在其下，存想調息習睡，收氣三十二口在腹，如此運氣一十二口，久而行之，病自痊。

《修齡要旨·四時調攝》 春三月此謂發陳。夜卧早起，節情慾以葆生生之氣，少飲酒以防逆上之火。肝旺脾衰，減酸增甘。肝藏魂，性仁屬木，味酸，形如懸匏，有七葉，少近心，左三葉，右四葉。著於內者爲筋，見於外者爲爪。以目爲戶，以膽爲腑。故食辛多則傷肝，治肝用噓字。導引以兩手相重按肩上，徐徐緩緩身，左右各三徧。又可正坐，兩手相叉，翻覆向胸三五徧。此能去肝家積聚，風邪毒氣，不令病作。一春早暮，須念念爲之，不可懈惰，使一暴十寒，方有成效。

正月腎氣受病，肺臟氣微，減咸酸，增辛辣，助腎補肺，安養胃氣。衣宜下厚而上薄，勿驟脫衣，勿令犯風，防夏餐雪。

二月腎氣微，肝正旺。戒酸增辛，助腎補肝。衣宜煖，令得微汗，以散去冬伏邪。

三月腎氣以息，心氣漸臨，木氣正旺。減甘增辛，補精益氣。勿處濕地，勿露體三光下。

膽附肝下，外應瞳神鼻柱間。導引可正坐，合兩腳掌，昂頭以兩手挽腳腕起，搖動爲之三五度；亦可大坐，以兩手招地舉身，努力腰脊三五度，能去膽家風毒邪氣。

夏三月，此謂蕃秀。夜卧早起，伏陰在內，宜戒生冷。神氣散越，宜遠房室。勿暴怒，勿當風，防秋爲瘧。勿晝卧，勿引飲，主招百病。心旺肺衰，減苦增辛。心藏神，性禮屬火，味苦，形如倒懸蓮蕊。著於內者爲脈，見於外者爲色。以舌爲戶，以小腸爲腑。故食咸則傷心，治心用呵字。導引可正坐，兩手作拳用力，左右互相虛築各五六度；又以一手按䏚，一手向上，拓空如擎石米之重，左右更手行之；又以兩手交叉，以腳踏手中各五六度，間氣爲之，去心胸風邪諸疾。行之良久，閉目三嚥津，叩齒三通而止。

四月肝臟已病，心臟漸壯。增酸減苦，補腎助肝，調養胃氣。爲純陽之月，忌入房。

五月肝氣休，心正旺。減酸增苦，益肝補腎，固密精氣，早卧早起。名爲毒月，君子齋戒，薄滋味，節嗜慾。霉雨濕蒸，宜烘燥衣，時焚芥朮，以禳護足。

六月肝弱脾旺，節約飲食，遠避聲色。陰氣內伏，暑毒外蒸。勿濯冷，勿當風，夜勿納涼，卧勿搖扇。腹護單衾，食必温暖。

脾藏意性信，屬土，味甘，形如刀鐮。著於內者爲臟，見於外者爲肉。以口爲戶，以胃爲腑。故食酸多則傷脾。旺於四季末各十八日，呼吸橐籥，調和水火，會合三家，發生萬物，全賴脾土。脾健則身無疾，治脾用呼字。導引可大坐，伸一腳，屈一腳，以兩手向後及掣三五度；又跪坐，以兩手據地，回頭用力作虎視各三五度，能去脾家積聚，風邪毒氣，又能消食。

秋三月，此謂容平。早卧早起，收斂神氣，禁吐禁汗。肺旺肝衰，減辛增酸。肺藏魄，性義，屬金，味辛，形如懸磬，名爲華蓋。六葉兩耳，總計八葉。著於內者爲膚，見於外者爲皮毛。以鼻爲戶，以大腸爲腑。故食苦多則傷肺，治肺用呬字。導引可正坐，以兩手據地，縮身曲脊向上三舉，去肺家風邪積勞。又常反拳搥背上左右，各搥三度，去胸臆間風毒閉氣。爲之良久，閉目嚥液，叩齒而起。

七月肝火少氣，肺藏獨旺。增咸減辛，助氣補筋以養脾胃。安靜性情，毋冒極熱，須要爽氣，足與腦宜微涼。

八月心臟氣微，肺金用事。減苦增辛，助筋補血以養心肝脾胃。勿食薑，勿沾秋露。

九月陽氣已衰，陰氣太盛。減苦增甘，補肝益腎，助脾胃。勿冒暴風，恣醉飽。

冬三月，此謂閉藏，早卧晚起，煖足涼腦，曝背避寒。勿令汗出，目勿近火，足宜常濯。腎旺心衰，減咸增苦。腎藏志，性智，屬水，味咸，左爲腎，右爲命門，生對臍，附腰脊。著於內者爲骨，見於外者爲齒。以耳爲戶，以膀胱爲腑。故食甘多則傷腎，治腎用吹字。導引可正坐，以兩手聳托，左右引脅三五度；又將手反著膝挽肘，左右同捩身三五度；以足前後踏，左右各數十度，能去腰腎氣邪積聚。

十月心肺氣弱，腎氣強盛。減辛苦以養腎氣，爲純陰之月。一歲發育之功，實胚胎於此，人忌入房。

十一月腎臟正旺，心肺衰微。增苦減咸，補理肺胃。一陽方生，遠帷幙，省言語。

十二月土旺，水氣不行。減甘增苦，補心助肺，調理腎氣。勿冒霜雪，禁疲勞，防汗出。

《修齡要旨·起居調攝》平明睡覺，先醒心，後醒眼。兩手搓熱，熨眼數十徧。以睛左旋右轉各九徧，閉住少頃，忽大掙開，卻除風火。披衣起坐，叩齒集神。次鳴天鼓，依呵呼呬吹噓嘻六字訣，吐濁吸清。按五行相生循序而行一週，散夜來蘊積邪氣。隨便導引，或進功夫，徐徐櫛沐，飲食調和。面宜多擦，髮宜多梳，目宜常運，耳宜常凝，齒宜常叩，口宜常閉，津宜常嚥，氣宜常提，心宜常靜，神宜常存，背宜常暖，腹宜常摩，胸宜常護，囊宜常裹，言語宜常簡默，皮膚宜常乾沐。食飽徐行，摩臍擦背，使食下舒，方可就坐。飽食發痔，食後曲身而坐，必病中滿。怒後勿食，食後勿怒。身體常欲小勞，流水不腐，戶樞不朽，運動故也。勿得久勞，久行傷筋，久立傷骨，久坐傷肉，久卧傷氣，久視傷神，久聽傷精。忍小便，膝冷成淋；忍大乃成氣痔。著濕衣汗衣，令人生瘡。夜饍勿飽，飲酒勿醉，醉後勿飲冷，飽餘勿便卧。頭勿向北卧，頭邊勿安火爐。切忌子後行房，陽方生而頓滅之，一度傷於百度。大怒交合成癱疽，疲勞入房，虛損少子。觸犯陰陽禁忌，不惟父母受傷，生子亦不仁不孝。臨睡時，調息嚥津，叩齒鳴天鼓。先睡眼，後睡心，側曲而卧，覺直而伸，晝夜起居，樂在其中矣。

《修齡要旨·導引卻病歌訣》水潮除後患

平明睡起時，即起端坐，凝神息慮，舌舐上腭，閉口調息，津液自生，漸至滿口，分作三次以慮送下，久行之，則五臟之邪火不炎，四肢之氣血流暢，諸疾不生，久除後患，老而不衰。訣曰：

津液頻生在舌端，尋常救嚥下丹田。於中暢美無凝滯，百日功靈可駐顔。

起火得長安

子午二時，存想眞火，自湧泉穴起，先從左足行上玉枕，過泥丸，降入丹田三徧。次從右足，亦行三徧。復從屬閭起，又行三徧。久久純熟，則百脈

流通，五臟無滯，四肢健而百骸理也。訣曰：

陽火須知自下生，陰符上降落黃庭。周流不息精神固，此是眞人大煉形。

夢失封金匱

慾動則火熾，火熾則神疲，神疲則精滑而夢失也。寤寐時調息神思，以左手搓臍二七，右手亦然。復以兩手搓脅，擺搖七夕，嚥氣納於丹田，握固良久乃止。屈足側卧，永無走失。訣曰：

精滑神疲慾火攻，夢中遺失致傷生。搓摩有訣君須記，絕慾除貪最上乘。

形衰守玉關

百慮感中，萬事勞形，所以衰也。返老還童，非金丹不可。然金丹豈易得哉。善攝生者，行住坐卧，一意不散，固守丹田，默運神氣，衝透三關，自然生精生氣，則形可以壯，老可以耐矣。訣曰：

卻老扶衰別有方，不須身外覓陰陽。玉關謹守常淵默，氣足神全壽更康。

鼓呵消積聚

有因食而積者，有因氣而積者，久則脾胃受傷，醫藥難治。孰若節飲食，戒嗔怒，不使有積聚爲妙。患者當正身閉息，鼓動胸腹，俟其氣滿，緩緩呵出，如此行五七次，便得通快即止。訣曰：

氣滯脾虛食不消，胸中鼓悶最難調。徐徐呵鼓潛通泰，疾退身安莫久勞。

兜禮治傷寒

元氣虧弱，腠理不密，則風寒傷患者端坐盤足，以兩手緊兜外腎，閉口緘息，存想眞氣，自尾閭升過夾脊，透泥丸，逐其邪氣。低頭屈抑，如禮拜狀，不拘數，以汗出爲度，其疾即愈。訣曰：

跏趺端坐向蒲團，手握陰囊意要專。運氣叩頭三五徧，頓令寒疾立時安。

叩齒牙無疾

齒之有疾，乃脾胃之火薰蒸。每侵晨睡醒時，叩齒三十六徧，以舌攪牙齦之上，不論徧數，津液滿口，方可嚥下，每作三次乃止。凡小解之時，閉口咬牙，解畢方開，永無齒疾。訣曰：

熱極風生齒不寧，侵晨叩漱自惺惺。若教運用常無隔，還詩他年老復丁。

升觀鬢不斑

思慮太過，則神耗氣虛，血敗而斑矣。要以子午時握固，端坐凝神絕念，兩眼令光上視泥丸，存想追攝二氣，自尾閭間上升，下降返還元海，每行九徧。久則神全，氣血充足，髮可返黑也。訣曰：

神氣衝和精自全，存無守有養胎仙。心中念慮皆消滅，要學神仙也不難。

運睛除眼翳

傷勢傷氣，肝虛腎虛，則眼昏生翳。日久不治，盲瞎必矣。每日睡起時，趺坐凝思，塞兌垂簾，將雙目輪轉十四次，緊閉少時，忽然大瞪，行久不替，內障外翳自散。切忌色慾，并書細字。訣曰：

喜怒傷神目不明，垂簾塞兌養元精。精生氣化神來復，五內陰魔自失驚。

掩耳去頭旋

邪風入腦，虛火上攻，則頭目昏旋，偏正作痛。久則中風不語，半身不遂，亦由此致。治之須靜坐，升身閉息，以兩手掩耳，折頭五七次，存想元神逆上泥丸，以逐其邪，自然風邪散去。訣曰：

視聽無聞意在心，神從髓海逐邪氛。更兼精氣無虛耗，可學蓬萊境上人。

托踏應輕骨

四肢亦欲得小勞，譬如戶樞終不朽。熊鳥演法，吐納導引，皆養生之術也。平時雙手上托，如舉大石。兩腳前踏，如履平地。存想神氣，依按四時，噓呵二七次，則身輕體健，足耐寒暑。訣曰：

精氣衝和五臟安，四肢完固骨強堅。雖然不得刀圭餌，且住人間作地仙。

搓塗自美顏

顏色憔悴，所由、心思過度，勞碌不謹。每晨靜坐，閉目，凝神，存養神氣，衝瞻自內達外。以兩手搓熱拂面七次，仍以嗽津塗面，搓指數次。行之半

月，則皮膚光潤，容顏悅澤，大過尋常矣。訣曰：

寡慾心虛氣血盈，自然五臟得和平。衰顏伏此增光澤，不羨人間五等榮。

閉摩通滯氣

氣滯則痛，血滯則腫。滯之爲患，不可不慎。治之須澄心閉息，以左手摩滯七七偏，右手亦然。復以津塗之。勤行七日，則氣血通暢，永無凝滯之患。修養家所謂乾沐浴者，即此義也。訣曰：

榮衛流行不暫休，一才凝滯便堪憂。誰知閉息能通暢，此外何須別計求。

凝抱固丹田

元神一出便收來，神返身中氣自回。如此朝朝并暮暮，自然赤子產眞胎。此凝抱之功也。平時靜坐，存想元神，入於丹田，隨意呼吸。旬日丹田完固，百日靈明漸通，不可或作或輟也。訣曰：

丹田完固氣歸根，氣聚神凝道合眞。久視定須從此始，莫教虛度好光陰。

《修齡要旨·却病八則》 平坐以一手握腳趾，以一手擦足心赤肉，不計數目，以熱爲度，即將腳指略略轉動，左右兩足心更手握擦，倦則少歇。或令人擦之，終不若自擦爲佳。此名湧泉穴，能除濕氣，固眞元。

臨臥時坐於床，垂足解衣閉息，舌拄上腭，目視頂門，提縮穀道，兩手摩擦兩腎腧各一百二十，多多益善，極能生精固陽，治腰痛。

兩肩後小穴中，爲上元六合之府。常以手握雷訣。以大指骨曲按三九偏。又搓手熨摩兩目顧上及耳根，逆乘髮際各三九，能令耳目聰明，夜可細書。

並足壁立向暗處，以左手從項後緊攀右眼，連頭用力反顧亮處九偏；右手亦從項後緊攀左眼，扭顧照前。能治雙目赤澀火痛，單病則單行。

靜坐閉息，納氣猛送下，鼓動胸腹，兩手作挽弓狀，左右數四，氣極滿緩緩呵出五七，通快即止。治四皮煩悶，背急停滯。

覆臥去枕，壁立兩足，以鼻納氣四，復以鼻出之四，若氣出之極，令微氣再入鼻中，勿令鼻知，除身中熱及背痛之矣。

端坐伸腰舉左手仰掌，以右手承右脅，以鼻納氣，自極七息，能除瘀血結氣。端坐伸腰，舉右手仰掌，以左手承左脇，以鼻納氣，自極七息，能除胃寒食不消。

凡經危險之路、廟貌之間，心有疑忌，以舌拄上腭，嚥津一二偏，左手第二第三指，按捏兩鼻孔中間所隔之際，能遏百邪。仍叩齒七偏。

《攝生三要·聚精》 煉精有訣。全在腎家下手。內腎一竅名元關，外腎一竅名牝戶。眞精未洩，乾體未破，則外腎陽氣至子時而興。人身之氣與天地之氣，兩相脗合，精洩體破，而吾身陽生之候漸晚，有丑而生者，次則寅而生者，又次則卯而生者，有終不生者，始與天地不相應矣。煉之之訣：須半夜子時，即披衣起坐，兩手搓極熱，以一手將外腎兜住，以一手掩臍而凝神於內腎，久久習之，而精旺矣。

《養生膚語·却病之術》 卻病之術，有行功一法。虛病宜存想收斂，固秘心志，內守之工夫以補之。實病宜按摩導引，吸努掐攝，外發之工夫以散之。凡熱病宜吐故納新，口出鼻入以涼之。冷病宜存氣閉息，用意生火以溫之。此四法可爲治病捷徑，勝服草木金石之藥遠矣。此得之老方士言。

《延齡纂要·却病調體外動功》 外功有按摩導引之訣，所以行血氣利關節，使一身氣血流暢耳。語云：戶樞不蠹，流水不臭。人之形體亦猶是也。故延年卻病，以按摩導引外動功爲先，則氣行血暢，百病不生。

《延齡纂要·耳鼓髮聲》 掩耳而鳴髮耳鼓，聲聲響徹玉枕關。一先一後共四八，風池腦後邪氣刪。

搓熱兩手掌掩兩耳，以食指與中指二指挨疊，作力開放，彈響腦後，要如擊鼓之聲，左右各二十四度，兩手同彈，一先一後。共四十八聲。仍放手握固。除風池耳後陷中。頭腦邪氣。

《延齡纂要·左右開弓》 左右操弓前後向，臂液有邪不相需。一現疹丹恍似硃，四肢心胸風自驅。

竚立，兩手一直伸向前一曲迴向後，如挽五力弓狀，除臂腋邪。又以兩手握固，曲肘向後，頓掣七次，頸徐肘向左右扭，治身上火丹疙瘩。又以兩手相捉爲拳，搥臂膊及腰腿。又反手搥背上三十六次，又以兩手作拳，用力左右各虛築七次。除心胸四肢風邪。

《延齡纂要·輕舟搖櫓》 輕搖兩櫓舒舒蕩，慢行長江免溺厄。高灘淺水着力舞，左篙一施右篙還。

先用兩腳左右搖擺二十四次，復以足左右着力伸縮二十四次，除足疾痲木，筋舒骨健。

《延齡纂要·坐運修行》 貴擦湧泉卻風寒，手掌溫摩熱自參。兩腳舒伸舒脈絡，須鈎拇指力歸跟。

腳心湧泉穴，蓋風濕所由而入者，每日能令手擦至熱，止，可避風濕。復以兩腳踏地，曲鈎腳大指數次，可以除濕健步。又鈎腳大指，伸兩腳跟，各伸縮七次。又左右用力交扭腳跟緊數次，卻股膝腫，并免轉筋痲木。

《延齡纂要·養精論》 人之藉精以生，如魚倚水以活。氣與神亦藉精滋，飲食水穀入胃，由脾磨化，成液生血以充精。故必藉穀氣以培後天之精，人乃得以生也。廣成子曰：毋搖爾精，乃可長生。無搖者，守之固也。人之一身，以精爲本。肝精不固，目眩無光；肺精不固，皮肉消瘦；腎精不固，神氣減散；脾精不固，齒髮衰白，疾病隨生，死亡將至。《金丹秘訣》云：腎藏精，於外腎一擦一兜，左右換手，九九之數，眞精不走。蓋每於戌亥二時，陰旺陽衰之候，宜淨耳目，口鼻閉息，一手兜外腎，一手擦臍下，左右換手，各兜擦九九之數也。仍盤膝端坐，手齒俱固，後提玉莖，男子陽物。如忍大便狀。想我身中元精，自尾閭升上，直上泥丸，復降至丹田，每行七次。此雖九十六種，外道亦爲一類。可採而精可固者。倘縱慾而自作不靖，値夜子時，夫婦交合，一度勝十度，自減其陽，而不自知也。蓋夜子時乃一陽初生，當固守長養，何堪昧以伐之。

《雜病源流犀燭·心病源流》 心臟導引 臞仙曰：可正坐，以兩手作拳，用力左右互相築各六度。又可正坐，以一手按腕上，一手向下托空如重石，又以兩手相叉，以腳踏手中各五六度，能去心胸間風邪諸疾。閉氣，爲之良久，閉目，三嚥津，三叩齒而已。

《雜病源流犀燭·心病源流》 導引 《保生秘要》曰：於足三里掐之九九，擦亦九九，運行後功，痛氣降而愈。

《雜病源流犀燭·六淫門·感冒源流》 導引法 《保生秘要》曰：先擦手心極熱，按摩風府百餘次，後定心以兩手交叉緊抱風府，向前拜揖百餘，俟汗自出，勿見風，定息氣海，清坐一香，飯食遲進則效矣。

運功 《保生秘要》曰：凡頭疼、目脹、背脹、腰脹、膝痠、發熱者，當先守艮背，入定後用行庭，運至風府，用意遶迴百度。直行泥丸，亦旋百度。後分兩路，旋眼胞，漸入瞳人百度，至鼻柱合行，亦旋入深處，多旋一會，接上鵲橋，經重樓，行胸腹，止於氣海。睡時以兩手捻孩兒印，兩腳屈指，咬緊牙關，意在氣海旋遶，或遶入黃庭注念，煉至心純，不覺眞意自旋一貫，前後間行，邪氣無不散者，疼脹自止。或以手指於腦上着力分兩邊摩之，及耳根處，以指甲捻之至疼，有導引之功。

《延齡纂要》卷上 滿面春色 熱擦美容擦手臂，急將熱掌似紅顏。能乘東曉隨行此，鶴髮童面淨六根。耳目口鼻手足。

頭面爲諸陽之首，手掌備四時五行之精，合掌搓熱擦面二十四次，須在辰早未洗濯手面之時。取亥子二時所蓄聚之元氣，存在十指掌心，并蘊諸陽之元氣於面也，且能美容并烏鬚黑髮。且慢開眼，先將兩手大指背屈節於手掌中，擦極熱，隨左右手指左右眼皮上各九數，仍閉目，暗用眼珠輪轉，向左右九轉，大除風熱，永無目疾。

生精回陽 欲鎖元陽先除邪，精氣在掌恍似熊。負嵎拱背名虎視，血脈統會總無窮。

坐定，以鼻吸氣閉之，用兩掌相搓極熱，摩腰後兩邊腎腧穴處三十六次。仍放手握固，一面徐徐放氣從鼻出，除腎間邪。臨臥時，坐於床，垂足解衣，仍閉息，舌抵上腭，目視腦頂，提縮穀道，如忍大便狀，又用兩手摩擦兩腎腧穴，各一百二十次。能生精固陽，除腰痛，稀小便。又以兩手據床縮身，曲背拱脊向上十三舉，除心肝邪。又以背相促，低身徐徐宛轉二十四次。又以兩手搓熱摩背脊之下、大便之上二十四次，統會一身之血氣，運之大有益。除兩脇之邪，并療痔。又摩丹田，將左手托腎囊，右手摩丹田三十六次，然後轉換如前，溫腎補精，坤爐添炭。古云：養得丹田煖煖熱，此是神仙眞妙訣。

《內外功圖說·易經筋外功》 摩頂龍 左手拿龍做甚麼，卻將右手頂中摩。前輕後重無多少，但使心酸沒奈何。

以左手水中拿龍之頸，以右手摩龍之頂。前輕無其畏也，後重使其頑也。無多少者，心酸方止。既止而復摩，使其魂劣無知。如數行之，永無夢遺之患。

膏摩分部附熨法

綜　述

《靈樞・經筋》　卒口僻，急者目不合，熱則筋縱目不開。頰筋有寒，則急引頰移口；有熱，則筋弛縱緩不勝收，故僻。治之以馬膏，膏其急者，以白酒和桂以塗。其緩者，以桑鉤鉤之，即以生桑灰置之坎中，高下以坐等，以膏熨急頰，且飲美酒，噉美炙肉。不飲酒者自強也，爲之三拊而已。

《武威漢代醫簡・第一類簡》　治千金膏藥方：蜀椒四升、芎窮一升、白芷一升、附子卅果，凡四物皆冶父，且置銅器中，用淳溢三升漬之卒時，取賁豬肪三斤先前之，先取雞子中黄者置梧中，撓之三百，取藥成。以五分匕一置雞子中，復撓之二百，薄以涂其瘫者上。空者遺之中央，如大錢，藥乾復涂之，如前法。三涂去其故藥。其毋農者行愈已，有農者潰，毋得力作，禁食諸采□置□上，良甚創恿痙皆中之，良勿傳也，逆氣吞之。喉痹吞之、摩之，心腹恿吞之，嗌恿吞之，血府恿吞之、摩之，咽乾摩之，齒恿涂之，昏衄涂之，鼻中生葱傷涂之，亦可吞之，皆大如酸棗，稍咽之，腸中有益爲度，摩之皆三乾而止。此方禁又中奶人乳，余□吞之，氣龍裹藥以穀塞之耳，日壹易之，金創涂之，頭恿風涂之，以三指摩□□□疝吞之，身生葱氣涂之，此膏藥大良，勿得傳。

《神農本草經》卷三　雷丸，【略】作摩膏，除小兒百病。

《金匱要略・中風歷節病脈證并治》　頭風摩散方：

大附子一枚，炮　鹽等分

右二味，爲散。沐了，以方寸匕，已摩疢上，令藥力行。

按語　本條論述頭風外治方法。摩法陳修園以爲法捷而無他弊。頭風摩散雖今人已不多用，然宋・陳言《三因極一病證方論》所載治沐頭中風而出現惡風、頭痛之首風之附子摩頭散，即是此方。

《肘後方・治百病備急丸散膏諸要方》　裴氏五毒神膏療中惡暴百病方：

雄黄、朱砂、當歸、椒各二兩，烏頭一升，以苦酒漬一宿，豬脂五斤，東面陳蘆煎，五上五下，絞去滓，内雄黄、朱砂末，攪令相得，畢。諸卒百病溫酒服如棗核一枚，不差，更服，得下即除。四肢有病可摩，癰腫，諸病瘡皆摩傳之；夜行及病冒霧露，皆以塗人身中佳。

效方并療時行溫疫、諸毒氣毒惡核金瘡等。

蒼梧道士陳元膏療百病方：

當歸、天雄、烏頭各三兩，細辛、芎窮、朱砂各二兩，乾薑、附子、雄黄各二兩半，桂心、白芷各一兩，松脂八兩，生地黄二斤，擣絞取汁。十三物別擣雄黄、朱砂爲末，餘㕮咀，以釅苦酒三升，合地黄漬藥一宿，取豬脂八斤，微火煎十五沸，白芷黄爲度，絞去滓，内雄黄、朱砂末攪令調和，密器貯之。腹内病，皆對火摩病上，日兩三度，從十日乃至二十日，取病出差止。四肢肥肉風瘴，亦可酒溫服之，如杏子大一枚。

主心腹積聚，四支痹躄，舉體風殘百病效方，華佗虎骨膏療百病方：

虎骨、野葛各三兩，附子十五枚，重九兩，椒三升，杏仁、巴豆、去心皮，芎窮、切，各一升，甘草、細辛各一兩，雄黄二兩。十物苦酒漬周時，豬脂六斤，微煎，三上三下，完附子一枚，視黄爲度，絞去滓，乃内雄黄，攪使調和，密器貯之。百病皆摩傳上，唯不得入眼。若服之可如棗大，内一合熱酒中，須臾後拔白髮以傳處，即生烏豬瘡毒風腫及馬鞍瘡等，洗即差。牛領亦然。

莽草膏療諸賊風腫痹風入五藏恍惚方：

莽草一斤，烏頭、附子、躑躅各三兩，四物切，以水苦酒一升，漬一宿，豬脂四斤，煎三上三下，絞去滓，向火以手摩病上三百度，應手即差。耳鼻病可以綿裹塞之，療諸疥癬雜瘡。

隱居效驗方云：并療手腳攣不得舉動及頭惡風背脇卒痛等。

蛇銜膏：療癰腫、金瘡、瘀血、產後血積、耳目諸病牛領馬鞍瘡。

蛇銜、大黄、附子、當歸、芍藥、細辛、黄芩、椒、莽草、獨活各一兩，薤白十四莖，十一物苦酒淹漬一宿，豬脂三斤，合煎於七星火上，各沸，絞去滓，溫酒

服如彈丸一枚。日再病，在外摩傅之。耳以綿裹塞之，目病如黍米注眥中，其色緗黃，一名緗膏，人又用龍銜藤一兩合煎，名爲龍銜膏。

丹參膏：療傷寒時行賊風惡氣。

在外即支節痲痛，喉咽痺，寒入腹則心急脹滿，胸脅痞塞。內則服之，外則摩之，并癱瘓不遂，風濕痺，不仁，偏枯，拘屈，口喎，耳聾，齒痛，頭風，痺腫，腦中風，動且痛。若癰，結核，漏，瘰癧，堅腫未潰，傅之取消。及丹疹，諸腫無頭，欲狀骨疽者，摩之令消。及惡結核走身中者，風水遊腫，亦摩之。其服者，如刺核大小，兒以意減之，日五服，數用之悉效。丹參、蒴藋各三兩，莽草葉、躑躅花各一兩，秦艽、獨活、烏頭、川椒、連翹、桑白皮、牛膝各二兩，十二物以苦酒五升、油痲七升，煎令苦酒盡，去滓，用如前法。亦用豬脂同煎之，若是風寒冷毒，可用酒服。若毒熱病，但單服；牙齒痛，單服之，仍用綿裹嚼之，比常用豬脂煎藥。有小兒耳後癧子，其堅如骨，已經數月不盡，以帛塗膏貼之，二十日消盡，神效無比，此方出《小品》。

神明白膏：療百病、中風、惡氣、頭面諸病、青盲、風爛眥鼻、耳聾、寒齒痛、癰腫、疽、痔、金瘡、癬疥主之。

當歸、細辛各三兩，吳茱萸、芎窮、蜀椒、朮、前胡、白芷各一兩，附子三十枚，九物切，煎，豬脂十斤，炭火煎一沸，即下，三上三下，白芷黃，膏成，去滓，密貯。看病在內，酒服如彈丸一枚，日三，在外皆摩傅之。目病如黍米，內兩眥中，以目向天，風可扇之瘡；蟲齒，亦得傅之；耳內底着亦療之；緩風冷者，宜用之。

《劉涓子鬼遺方·丹砂膏方三首》 又方：

丹砂二兩末　蜀椒去目閉口汗　大黃　白芷　甘草炙已上各二兩　巴豆三升去皮心　麝香　芎窮各二兩　附子二枚　升麻二兩　治葛皮　犀角　當歸　烏頭各二兩　丹參一斤

右十五味，切，以苦酒漬之一夜，以豬脂六升，微火煎，三上下，膏成。絞去滓，用之。此膏是四時常用，日三，此方無比。

丹砂膏敘治百病，傷寒溫毒熱疾，服如刺核大一枚。鼻塞取半核大，納鼻中，縮氣，令人聰裏。若耳聾，取如兩刺核大，洋之如水，內其耳中，三五年聾可差。或寒癖，腹滿堅脹，及飛尸惡毒，楚痛，溫酒服。霍亂當成未成，已吐未痢，白湯服棗核大，若已痢一兩行而腹煩痛，更服之。眼中風膜膜或痛，常下泪，取如粟大，注眼中，自當下止，或半目痛，便愈。

又胸背喉頸痛，摩足，口中亦稍稍令常聞有膏氣。人躰自有不同者，易爲藥當服。取利爲度，老小增減。服膏之法，得利。若不利，如人行十五里，可與熱飲。發，當預作白薄粥，令冷，若過利要止者，多進冷粥便住。若能忍，待藥勢盡，自止更佳。

《劉涓子鬼遺方·赤膏治百病方》 赤膏治百病方：

治葛皮一兩　白芷一兩　蜀椒二升去目閉口汗　大黃　芎窮各二兩　巴豆三升去皮心　附子十二枚　丹參一斤　豬脂六升

右九味，㕮咀。以苦酒漬一宿，合微火煎，三上下，白芷黃即膏成。絞去滓，用傷寒鼽鼻，溫酒服，如棗核大一枚。

賊風，癰疽腫，身躰惡氣，久溫痺，骨節疼痛，向火摩之。瘑疥諸惡瘡，以帛薄之。鼠瘻、疽、痔下血，身躰隱軫，癢，搔成瘡，汁出，馬鞍牛領，以藥傅之，即愈。腰背手足流腫，拘急屈伸不快，以膏傅之，日三。婦人產乳中風及難產，服如棗核大，并以膏摩腹，立生。如食魚鯁，日五服，愈。如耳聾，以膏如小豆大，着耳中。患息肉，以膏內鼻中，愈。眼齒痛，以膏如粟，注眥中。白盧翳，當瞳子視，以膏如粟，注眥，愈。

《千金要方·傷寒上·傷寒膏方三首》 治傷寒痛項強，四肢煩疼青膏方：

當歸　芎窮　蜀椒　白芷　吳茱萸　附子　烏頭　莽草各三兩

右八味㕮咀，以醇苦酒漬之再宿，以豬脂四斤煎，令藥色黃，絞去滓。以溫酒服棗核大三枚，日三服，取汗，不知稍增。可服、可摩，如初得傷寒一日，苦頭痛、背強，宜摩之佳。

治傷寒敕色，頭痛項強，賊風走風黃膏方：

大黃　附子　細辛　乾薑　蜀椒　桂心各半兩　巴豆五十枚

右七味㕮咀，以醇苦酒漬一宿，以臘月豬脂一斤煎之，調適其火，三上三下藥成。傷寒赤色發熱，酒服梧子大一枚，又以火摩身數百過，兼治賊風，絕良。風走肌膚，追風所在，摩之神效。千金不傳，此趙泉方也。

白膏治傷寒頭痛，向火摩身體，酒服如杏核一枚，溫覆取汗。摩身當千過，藥力乃行，并治惡瘡，小兒頭瘡、牛領馬鞍皆治之。先以鹽湯洗瘡，以布拭之，傅膏壅腫，火灸、摩千過，日再。自消者方：

天雄　烏頭　莽草　羊躑躅各三兩

右四味㕮咀，以苦酒三升漬一夕，作東向露竈，又作十二聚濕土各一升許大取成，煎豬脂三斤，著銅器中，加竈上炊，以葦薪令釋，内所漬藥，炊令沸，下著土聚上，沸定復上，如是十二過，令土盡徧，藥成去滓，傷寒咽喉痛，含如棗核一枚，日三。摩時勿令近目。

《千金要方·丁腫·癰疽》 凡癰，高而光大者，不大熱，其肉正平無尖而紫者，不須攻之，但以竹葉黄耆湯申其氣耳。肉正平爲無膿也。癰卒痛，以八味黄耆散傅之，大癰七日，小癰五日，其自有堅彊者，寧生破，發乳，若熱手不可得近者，先内服王不留行散，外摩發背膏，若背生破無苦，在乳宜令極熟，候手按之，隨手即起。【略】

或身中忽有痛處，如似打撲之狀，名曰氣痛。痛不可忍，遊走不住，發作有時，痛則小熱，痛定則寒，此皆由冬時受溫氣，至春暴寒，風來折之，不成溫病，乃作氣痛。宜先服五香連翹湯，摩丹參膏，又以白酒煎楊柳皮及煖熨之。有赤氣點點者，即刺出血也，其五香連翹湯及小竹瀝湯可服數劑，勿以一劑未差便住，以謂無效，即禍至矣，中間將白薇散佳。

《千金要方·少小嬰孺方上》 客忤第四　小兒中客，急視其口中懸癰左右，當有青黑腫脈核，如麻豆大，或赤、或白、或青。如此便宜用針速刺潰去之，亦可爪摘決之，並以綿纏釵頭拭去血也。少小中客之爲病，吐下青黄赤白汁，腹中痛，及反倒偃側，喘似癇狀，但目不上插少睡耳，面變五色，其脈弦急。若失時不治，小久則難治矣。欲療之方：

用豉數合，水拌令濕，擣熟丸如雞子大，以摩兒囟上手足心，各五六遍畢，以丸摩兒心及臍，上下行轉摩之，食頃破視其中，當有細毛，即擲丸道中，痛即止。

治少小中客忤，强項欲死方：

取衣中白魚十枚，爲末，以傅母乳頭上，令兒飲之，入咽立愈。一方，二枚著兒母手，掩兒臍中，兒吐下愈。亦以摩兒項及脊強處。

治少小客忤，二物黄土塗頭方：

竈中黄土蚯蚓屎等分擣，合水和如雞子黄大，塗兒頭上及五心，良。一方云雞子清和如泥。

《千金要方·治身體搔癢白如癬狀方》 治身體搔癢白如癬狀方：

楮子三枚　豬膽一具　鹽一升　礬石一兩

右四味，以苦酒一升，合擣令熟，以拭身體，日三。

《千金翼方·治白癜方》 又方：以蛇蜕皮熬，摩之數百過，棄置草中。

《千金翼方·補益·凡散發瘡腫膏方》 有發赤腫者，當摩之以膏方：

生地黄伍兩　大黄壹兩　杏仁貳拾枚去皮尖兩仁　生商陸根貳兩

右肆味，切，以醋漬一宿，以豬脂一升煎商陸黑，去滓膏成。日三摩之。

《千金翼方·瘡癰》

地榆　當歸　萹蓄　䕡茹各二兩　白斂　蛇床子各壹兩半

右壹拾壹味，篩爲擣散，以醋浸一宿，以成煎豬膏四升，煎三上三下，膏成絞去滓，以極微火煎之，凡一切惡瘡、癬疽、瘑疥患，悉傅之。勿令近目及陰，其石等研之如粉膏欲凝，乃下攪令勻，摩之，逐手差矣。

食惡肉散方：

硫黄　雄黄　雌黄　漆頭䕡茹　麝香　礬石燒各半兩　馬齒礬石燒三分

右柒味，細作散傅之，充食惡肉，令盡。千金丹砂半兩。

滅瘢膏主百癰疽、惡瘡、赤疽，皆先以布揩，作瘡以塗之；鼻中息肉如大豆，内鼻中；痢血，酒服如棗核大；病痔，以綿裹梅子大，内下部中；中風，塗摩取愈；婦人崩中、産後中風，皆主之方：

烏頭　礬石燒　女萎　狼毒　躑躅　附子　野葛　烏賊骨　皂莢炙
赤石脂　天雄　芍藥　芎窮　礬石燒　當歸　石膏　莽草　地榆　鬼臼
續斷　蜀椒　白朮　巴豆去皮　大黄　細辛　白芷　乾地黄

右貳拾柒味，各壹兩，擣篩以成煎，豬脂四升和藥，以此爲率。三沸三下，内三指撮鹽其中下之，須脹摩之，妊娠婦人勿服。其藥絹篩豬膏，臘月當多合，用之神效。別取一升和鷹屎白三兩，調和使熟傅之。滅瘢大驗。

《千金翼方·養小兒》 治少小心腹熱除熱丹參赤膏方：

丹參　雷丸　芒硝　戎鹽　大黄各叁兩

右五味，切，以苦酒半升浸四種一宿以成，鍊豬脂一斤，煎三上三下，去滓，内芒消，膏成以摩心下。冬夏可用一方，但丹參雷丸。

治少小新生肌膚幼弱，喜爲風邪所中，身體壯熱，或中大風，手足驚掣，五物甘草生摩膏方。

甘草炙　防風各壹兩　白朮貳拾銖　雷丸貳兩半　桔梗貳拾銖

右五味，切，以不中水豬肪壹斤，微火煎爲膏，去滓，取彈丸大一枚，炙手以摩兒百過，寒者更熱，熱者更寒。小兒無病早起，常以膏摩囟上及手足心，甚辟風寒。【略】

小兒有熱，不欲哺乳，卧不安，又數驚，此癇之初也。服紫丸便愈，不差更服之。兒立夏後有病，治之，慎勿妄灸。不欲吐下，但以除熱湯浴之，除熱散粉之，除熱赤膏摩之。又臍中以膏塗之，令兒在涼處，勿禁水漿，常以新水飲之。兒眠時小驚者，一月輒一以紫丸下之，減其盛氣，令兒不病癇也。

【略】

小兒客忤愼忌法【略】

以水和豉擣令熟，丸如鷄子大，以轉摩兒囟上及手足心各五遍，又摩心腹、臍上下行轉摩之，食頃破視，其中有細毛棄圓道中，病愈矣。

《千金翼方·中風·諸膏》蒼梧道士陳元膏 主風百病方：

當歸 丹砂各叁兩研 細辛 芎藭各貳兩 附子去皮貳拾貳銖 桂心壹兩貳銖 天雄去皮叁兩貳銖 乾薑叁兩柒銖 烏頭去皮叁兩柒銖 雄黃叁兩貳銖研 松脂半斤 大醋貳升 白芷壹兩 豬肪脂拾斤 生地黃貳斤取汁

右壹拾伍味，切，以地黃汁、大醋漬藥一宿，豬肪中合煎之十五沸，膏成去滓，內丹砂等末熟攪。無令小兒婦人及六畜見之合藥，切須禁之。

有人苦胸脅背痛，服之七日，所出如雞子汁者貳升即愈。

有人脅下積氣如杯，摩藥十五日愈。

有人苦臍傍氣，如手摩之，去如爪中黃穰壹升許，愈。

有人患腹切痛，時引脇，痛數年。摩膏下如蟲三十枚，愈。

有女人苦月經內塞，無子數年，膏摩少腹，并服如杏子大一枚，十日下崩血貳升，愈。其年有子。

有患風瘙腫起。累累如大豆，摩之，五日愈。

有患膝冷痛，摩之，五日亦愈。

有患頭項寒熱，瘰癧，摩之皆愈。

有患面目黧黑消瘦，是心腹中疾，服藥，下如酒糟者貳升，愈。

丹參膏 主傷寒時行賊風，惡氣在外，肢節痛攣，不得屈伸，項頸咽喉，痺塞噤閉。入腹則心急腹脹，胸中嘔逆，藥悉主之。病在腹，內服之，在外摩之。緩風不遂，濕痺不仁，偏枯拘屈，口面喎斜，耳聾齒痛，風頸腫痺，腦中風痛，石癰、結核、瘰癧，堅腫未潰，傅之取消。及赤白癮疹，諸腫無頭作癰疽者，摩之令消，風結核在耳後，風水遊腫，疼痛瘄瘄，針之黃汁出，時行溫氣，服之如棗大一枚，小兒以意減之方：

丹參 蒴藋萸根各肆兩 秦艽叁兩 羌活 蜀椒汗去目閉口者 牛膝 烏頭去皮 連翹 白朮各貳兩 躑躅 菊花 莽草各壹兩

右壹拾貳味，切，以苦酒伍升、麻油柒升合煎，苦酒盡，去滓，用豬脂煎成膏。凡風冷者用酒服，熱毒單服，齒痛綿沾嚼之。

烏頭膏 主賊風身體不遂，偏枯口僻及傷寒，其身強直方：

烏頭去皮伍兩 野葛 莽草各壹斤

右叁味，切，以好酒貳斗伍升，淹漬再宿。三日以豬膏伍斤煎成膏，合藥，作東向露竈，以葦火煎之，三上三下膏藥成。有病者，向火摩三千過，汗出即愈。若觸寒霧露，鼻中塞，向火，膏指頭摩人鼻孔中，即愈。勿令入口眼。

《外臺秘要·古今諸家膏方四首》廣濟神明膏。主諸風頑痺，筋脈不利，療癬諸瘡痒方：

前胡 白朮 白芷 芎藭並切 椒去目 吳茱萸各一升 附子三十枚去皮切 當歸 細辛 桂心各二兩切

右十味，以苦酒漬一宿，令浥浥然，以成鍊豬膏一斗，微火煎十沸以來，九上九下，候附子白芷色黃，絞去滓，膏成。病在外，摩之；在內，以酒服棗核大，疥癬等瘡皆療之。並去諸風病，亦摩折傷被打等。崔氏云：藥滓酒浸服之，亦大療諸病。

崔氏陳元膏。會稽太守思翊冒死再拜上書：

皇帝陛下，思幸得典郡，視事六年，處地下濕，身病苦痺，飲食衰少，醫療不差，命在旦暮。蒼梧道士陳元賣藥於市，思取藥摩之。日至再，十五日平復。思男當墮馬，若爲腰痛，天陰雨轉發，思取元膏摩之，復愈。思妻年四十五，苦心腹積聚，得病三年，思復從元取膏摩之，六日下宿食即愈。思銓下郭少苦頭眩，思取膏摩，三日鼻中下水二升，所病即愈。思知元藥驗，謹取元本方奉上。

當歸三兩一方西者 生地黃二斤擣取汁 附子三兩 細辛二兩 桂心一兩 天雄三兩去皮 乾薑二兩 丹砂一兩研 芎藭二兩 雄黃二兩半研 烏頭三兩 苦酒

三升　白芷一兩　松脂半斤　不中水豬脂十斤鍊去滓

右十五味，㕮咀。以地黄汁苦酒漬一宿，取豬脂内諸藥，微火煎之，令十五沸，膏成去滓，内朱砂等末，熟攪，勿令婦人、雞犬、孝子、惡疾不具足人、小兒等見，有人若胸脅背痛，服之七日，所下狀如雞子汁者二升，即愈。久有人若脅下積聚如杯，摩藥十五日即愈。又有人苦臍傍氣如手，藥摩之，去瓜中黄穰者升許，即愈。有人患腹切痛，時引背痛數年，以膏摩之，下如蟲者三十枚，即愈。又有婦人若月經内塞，無子數年，膏摩少腹，並服如杏子一枚，十日下崩血二升，即愈，其年便有子。又療風搔腫起累累如大豆，以膏摩之，五日即愈。老少患腳膝冷痛，摩之五日便愈。又有人若頭項痛，寒熱瘰癧，摩頭及病上，即愈。

《外臺秘要·千金方六首》　千金治傷寒頭痛項強，四腳煩疼青膏方：

當歸　芎窮　吳茱萸　附子　烏頭　莽草　蜀椒各三兩　白芷三兩

右八味切，以醇苦酒漬再宿，以豬脂四斤緩火煎，候白芷色黄，絞去滓。以煖酒服棗核大三枚，日三服取汗，不知稍增，可服，可摩。如初得傷寒一日，苦頭痛背強，宜摩之佳。忌豬肉。

《外臺秘要·雜療傷寒湯散丸方八首》　範汪療傷寒勑色，頭痛頸強，賊風走風。黄膏方：

大黄　附子　細辛　乾薑　蜀椒去目　桂心各一兩　巴豆好者五十枚去皮

右七味各切，以淳苦酒漬藥一宿，以臘月豬脂一斤煎之，調適其火，三上三下，藥成。傷寒勑色發熱，酒服如梧桐子許。又以摩身數百遍，兼療賊風，絶良。風走肌膚，追風所在，摩之，已用有效。此趙泉方千金同。忌野豬肉、生葱、生菜、蘆笋。

又療傷寒，白膏摩體中，手當千遍，藥力方行，并療惡瘡，小兒頭瘡，牛領馬鞍瘡皆療之。先以鹽湯洗惡瘡，布拭之，著膏瘡腫上摩，向火千遍，日再自消方。

《外臺秘要·逆産方》　小品療逆産方：

鹽塗兒足底，又可急搔爪之，并以鹽摩産婦腹上，即愈。

《外臺秘要·子死腹中欲令出方》　又療妊身熱，病子死腹中，又出之方：

烏頭一枚

右一味，細擣，水三升煮，取大二升。稍稍摩臍下至陰下，胎當立出。

《外臺秘要·風搔身體癮疹方五首》　延年蒴藋膏主身癢風搔癮瘮方：

蒴藋根切　蒺藜子各一升　附子　獨活　犀角屑　薔薇根　白芷　防風　苦參　及已　升麻　白歛　防已各三兩　川椒　莽草　青木香　蛇牀子　蛇銜草各二兩　茺蔚子切一升　枳實五枚炙　茵芋二兩半切

右二十一味切，以苦酒漬令淹匝一宿，明旦銅器中炭火上，用豬膏五升煎，令三上三下，以候白芷色黄，膏成，絞去滓。内不津器中，用摩風瘮。

《外臺秘要·風熱頭面疹癢方四首》　延年牡丹膏，主項強痛、頭風搔瘮癢風腫方：

牡丹皮　當歸　芎窮　防風　升麻　防己　芒硝各六分　芍藥　細辛　乾藍　犀角屑　漏蘆　蒴藋　零陵香各四分　杏仁去兩人皮尖碎　梔子仁　黄芩　大黄　青木香各三分　竹瀝二升

右二十味切，以竹瀝漬一宿，醍醐三升半，煎於火上，三下三上，候芍藥黄，膏成，絞去滓。以摩病上。

又犀角竹瀝膏，主風熱發即頭項脈掣動急強，及熱毒瘮癢方：

犀角十二分屑　升麻八分　蒴藋根　秦艽　獨活　白芨　菊花　白朮　防己　白芷　當歸　防風　芎窮　青木香　寒水石碎　苦參　漏蘆根各四分　蒺藜子二合　莽草二分　枳實二枚四破　梔子仁七枚　竹瀝三升　吳藍一兩

右二十三味切，以竹瀝漬一宿，明旦於炭火上，和豬脂五升煎，令九上九下，以候白芷色黄，膏成，絞去滓，内於不津器中。用摩風處，日三。

《外臺秘要·風搔癮瘮生瘡方六首》　延年療風瘮癢悶，搔之汁出生瘡，洗湯方：

苦參一小斤　漏蘆根一小斤　枳實五小兩　蒺藜一小斤　楮莖葉一小斤嫩者

右五味切，以清漿水二升，煮取一大升，以綿沾拭癢處，日八九度訖。以粉粉拭處差。

又升麻犀角膏，療諸熱風毒氣癢，衝出皮膚，搔即癮瘮赤起，兼有黄水出，後結爲膿窠瘡，悉主之方：

升麻　犀角屑　白歛　漏蘆　枳實炙　連翹　生蛇銜草　乾薑　芒消研湯成下各二兩　黄芩三兩　梔子二十枚擘　蒴藋根四兩　玄參三兩

右十三味切，以竹瀝二升漬一宿，以成鍊豬脂五升，煎令竹瀝水氣盡，絞

去滓，內芒硝攪令凝膏成。用摩患處，日五六度，益佳。

近效療風熱結瘮，搔之汁出，癢不可忍方：

麻黃根五兩　蛇牀子四兩　蒺藜子　礬石各二兩熬　白粉二小升

右五味擣篩，生絹袋盛，癢即粉之，此方甚良。

《外臺秘要·頭風白屑方四首》　廣濟療頭風白屑癢，髮落生髮，主頭腫旋悶，蔓荊子膏方：

蔓荊子一升　生附子三十枚　羊躑躅花四兩　葶藶子四兩　零陵香二兩　蓮子草一握

右六味，切，以綿裹，用油二升漬七日，每梳頭常用之。若髮稀及禿處，即以鐵精一兩，以此膏油於瓷器中研之，摩禿處，其髮即生也。

延年松葉膏，療頭風鼻塞，頭旋髮落，白屑風癢，並主之方：

松葉切一升　天雄去皮　松脂　杏仁去皮　白芷各四兩　莽草　甘松香　零陵香　甘菊花各一兩　秦艽　獨活　辛夷仁　香附子　藿香各二兩　烏頭去皮　蜀椒汗　芎窮　沉香　青木香　牛膝各三兩　躑躅花一兩半並剉

右二十一味，㕮咀。以苦酒三升浸一宿，以生麻油一斗微火煎，三上三下，苦酒氣盡，膏成，去滓，濾盛貯。以塗髮根，日三度摩之。

崔氏松脂膏，療頭風、鼻塞頭旋，髮落復生，長髮去白屑方：

松脂　白芷各四兩　天雄　莽草　躑躅花各一兩　秦艽　獨活　烏頭　辛夷仁　甘松香　零陵香　香附子　藿香　甘菊花各二兩　蜀椒　芎窮　沉香　牛膝　青木香各三兩　松葉切一升　杏仁四兩去皮碎

右二十一味，切。以苦酒二升半漬一宿，用生麻油九升，微火煎，令酒氣盡不吒，去滓，以摩項上，髮根下一摩之，每摩時，初夜卧，摩時不用當風，晝日依常檢校東西不廢，以差爲度。

又蓮子草膏，療頭風白屑，長髮令黑方：

蓮子草汁二升　松葉　青桐白皮各四兩　棗根白皮三兩　防風　芎窮　白芷　辛荑仁　藁本　沉香　秦艽　商陸根　犀角屑　青竹皮　細辛　杜若　蔓荊子各二兩　零陵香　甘松香　白朮　天雄　柏白皮　楓香各一兩　生地黃汁五升　生麻油四升　獵鬃脂一升　馬鬐膏一升　熊脂二升　蔓青子油一升

右三十味，細切，以蓮子草汁并生地黃汁浸藥再宿。如無蓮子草汁，如地黃汁五小升浸藥，於微火上內油脂等和煎，九上九下，以白芷色黃膏成，布絞去滓。欲塗頭，先以好泔沐髮後，以傅頭髮，摩至肌。又洗髮，取棗根白皮剉一升，以水三升煮，取一升，去滓。以沐頭髮，塗膏驗。

延年療頭風、白屑、風癢，長髮膏方：

蔓荊子　附子去皮　澤蘭　防風　杏仁去皮　零陵香　藿香　芎窮　天雄　辛荑各二兩　沉香一兩　松脂　白芷各二兩　馬鬐膏　松葉切　熊脂各一兩　生麻油四升

右十七味，以苦酒漬一宿，以脂等煎，緩火三上三下，白芷色黃膏成，去滓，濾收貯。塗髮及肌中，摩之，日三兩度差。

廣濟生髮方：

蓮子草汁一大升　熊白脂一大合　豬鬐膏一合　生麻油一合　柏白皮切三合　山韭根切三合　瓦衣切三合

右七味，以桐器煎之，候膏成去滓，收貯。每欲梳頭，塗膏令頭肌中，髮生又黑。

又生髮膏方：

細辛　防風　續斷　芎窮　皂莢　柏葉　辛荑仁各一兩八銖　寄生二兩九銖　澤蘭　零陵香各二兩十六銖　蔓荊子四兩　桑根汁一升　韭根汁三合三勺　竹葉切六合　松葉切六升　烏麻油四大升　白芷六兩十六銖

右十七味，以苦酒韭根汁漬一宿，以綿裹煎，微火三上三下，白芷色黃去滓，濾以器盛之。用塗摩頭髮，日三兩度。

又烏頭膏療賊風，身體不遂偏枯、口喎僻，及傷風寒身強直方：

烏頭炮　野葛各五兩去心　莽草一斤

右三味，㕮咀，以好酒漬令淹，漸再宿、三日漬之。以不中水豬肪五斤，煎成膏，合藥，作東向露竈，以葦薪煎之，三上三下，藥成，去滓。有病者，向火摩三千過，汗出即愈。若觸露鼻中塞，對火摩頭頂，鼻中即通。藥不可令入口眼也。

《外臺秘要·小兒將息衣厚薄致生諸癎及諸疾方并灸法二十八首》　又，凡小兒不能哺乳，當與紫丸下之。小兒始生，生氣尚盛，但有微惡，則須下之，必無所損。及其愈病則致深益，及變蒸日滿不解者，並宜龍膽湯也。方在客忤中。若不時下，則成大病，病成則難療矣。凡下，四味紫丸最善，雖下不損人，足以去疾。若四味紫丸不得下者以赤丸下之。赤丸不下，當倍之。

若已下而有餘熱不盡，當按方作龍膽湯，稍稍服之，并摩赤膏，風癎亦當下之，後以豬心湯下之。驚癎但按圖灸之及摩膏，不可大下也。何者？驚癎，心氣不定。下之內虛，益令甚耳。驚癎甚者，特爲難治。如養小兒，嘗慎驚，勿令兒聞大聲，抱持之間，當安徐勿令怖也。又天雷時便掩塞兒耳，并作餘細聲以亂之。

《醫心方》引《删繁方》　删繁方治火瘡灸瘡等膏方：

柏樹白皮五兩　甘草一兩　竹葉三兩　生地黃五兩

凡四物切，綿裹，苦酒五合淹漬一宿，用豬膏一升煎，取竹葉黃爲度，去滓。摩傅瘡。

又云：恆冷水射之，漬冷石熨之，日夜勿止，待老住手。龐氏論云：凡諸服草石散者，皆不可灸身體，令人焱疽瘡也。若體有瘡，不可溫治也，唯以水漬布，詁之燒。李中人作膏以摩瘡上，諸洗如故。薩侍即云：若發瘡及腫，但服五香連翹湯等。

又云：散發赤腫摩膏方：

生地黃五兩　大黃一兩　木人四枚　生章陰三兩

四味切，辭漬一宿，豬脂一升煎，章陰黑，去滓。摩之日三夜一。

《太平聖惠方·治傷寒一日候諸方》　治傷寒一日，勑色，頭痛頸項強直，賊風所中。宜用黃膏方：

川大黃半兩　附子半兩去皮臍生用　細辛半兩　乾姜半兩　川椒半兩去目及閉口者　桂心半兩　巴豆二十一粒去皮心

右件藥，細剉，以醋浸一宿，漉出，以臘月豬脂一斤，煎之，附子色黃即止，濾去滓，瓷盒中盛之。傷寒勑色發熱，酒服一圓，如梧桐子大。又以摩身數百遍，兼治賊風及毒風，走注肌膚之間，隨風所在摩之，甚良。

治傷寒一日，勑色惡寒，肢節疼痛，并療惡瘡，小兒頭瘡，牛領馬鞍瘡，癰腫，摩之皆差。宜用白膏方：

天雄三兩去皮臍生用　川烏頭三兩去皮臍生用　莽草三兩　躑躅花三兩

右件藥，以酒三升，浸一宿漉出，用鍊了豬脂三斤，與藥一處，於銅器中。文火，煎令諸藥焦黃色，即成膏，去滓，以瓷器中盛。有患者摩之百遍，即藥力行。如傷寒咽痛，含如棗核大，日三嚥之差。其膏不可近目。

《太平聖惠方·治熱毒風諸方》　治熱毒風攻腦，髮落，頭目昏悶，白屑甚者，宜用摩膏頂方：

乏鏵鐵八兩　黑鉛四兩　訶黎勒皮一兩　陵零香一兩　蓮子草一兩　防風一兩去蘆頭　附子一兩炮裂去皮臍　花消三兩

右件藥，細剉，綿裹，用清麻油二斤，於通油瓷瓶中浸，密封七日後，取摩頂上，及塗頭良。

治頭面熱毒風頭黃髮拳頭瘡目赤，悉主之陵零香油方：

陵零香半兩　萑香半兩　甘松半兩　白檀香半兩　馬牙消半兩　蓮子草一分　沒石子五枚　訶黎勒七枚　乾堪子一兩　瀝港油二斤　乏鏵子鐵一斤

右件藥，細剉，以綿裹，瓷瓶內用油浸，密封七日後，取用摩頂，甚良。

治腦中熱毒風攻，眼內生障翳，兼鎮心定魂魄，摩頂油方：

生油二斤　乏鏵鐵半兩　消石一兩　寒水石一兩　馬牙消一兩　會青一兩

右件藥，細羅爲散，以綿裹，入油中都浸七日，可用少許於頂上及掌中摩之，並滴鼻中甚妙。

治熱毒風攻頭目及腦中掣痛不可忍者，摩頂膏方：

牛蒡根汁一升

右入無灰酒半升，鹽花半匙，以慢火煎令成膏。用之摩頂，風毒氣散，痛即自止。亦治時行頭痛，甚良。

《太平聖惠方·治頭面風諸方》　治風頭旋，宜用摩頂細辛膏方：

細辛三兩　當歸三兩　桂心二兩　天雄二兩去皮臍生用　白芷一兩半　芎窮一兩　乾姜一兩　烏頭二兩去皮臍生用　松柏葉各四兩　生地黃五斤取自然汁　朱砂一兩細研　豬肪二升（三斤）

右件藥九味，擣篩，如麻子大，以地黃汁浸一宿。先煎豬肪，銷去筋膜，下火停冷，下地黃汁，并浸諸藥同煎，令白芷黃色，去滓，入朱砂末，用柳木篦不住手攪，令凝，收於瓷盒內。用摩頂甚效。

《太平聖惠方·治風瘙癮疹生瘡諸方》　治諸熱風毒，氣衝出皮膚，搔即癮疹赤起生瘡，兼有黃水結爲膿窠痛，悉主之升麻膏方：

川升麻一兩　犀角屑一兩　白歛一兩　漏蘆一兩　枳殼一兩　連翹一兩　蛇銜石一兩　藍葉一兩　川芒消一兩　黃芩二兩　梔子仁一兩　蒴藋根二兩　玄參一兩　大黃一兩

右件藥，細剉，以竹瀝三升，拌令勻，經一宿，以成鍊豬脂二斤，都煎，候

白斂色焦黃，絞去滓，令凝。用摩患處，日六度差。

《太平聖惠方·治小兒一切癇諸方》 治小兒諸癇，宜用固囟大黃膏方：

川大黃三分 雄黃二(一)分 丹參一分 黃芩一分 生商陸二兩 雷圓半兩 豬脂一斤 附子半兩去皮臍生用

右件藥，擣碎，以豬脂先入鍋中，以文火熬令溶，以綿濾過。然後下藥，煎令七上七下，去滓，細研雄黃下膏中，攪令至凝，於瓷器中盛。每用少許，熱炙手，摩兒囟及掌中背脇，皆使徧訖，以蛤粉粉之。

治小兒癇及百病傷寒，雷圓膏方：

雷圓一分 甘草一分(兩) 防風一兩去蘆頭 白朮三分 桔梗二分去蘆頭 莽草一兩 川升麻一兩

右件藥，擣羅爲末。以豬膏一片，先入鐺，慢火煎令鎔，後下藥末，以柳篦不住手攪成膏，綿濾，入瓷合盛之。每有患者，摩其頂及背上。

《太平聖惠方·治時氣瘴疫諸方·黃膏方》 治時氣瘴疫黃膏方：

川大黃剉碎微炒 附子炮裂去皮臍 細辛 乾姜炮裂剉 川椒去目及閉口者微炒去汗 桂心以上各一兩 巴豆三十枚去皮心研紙裹壓去油

右件藥，細研，以醋浸一宿，漉出用臘月豬膏二斤，煎三上三下，絞去滓，密器盛之。初覺不安，便以熱酒服如梧桐子大一圓，未差，再服。又水調三圓，熱炙手，以摩身體數百遍，并治賊風遊走皮膚。

《太平聖惠方·治久腰痛諸方》 治久冷腰痛摩腰方：

巴戟一兩 附子一兩生去皮臍 陽起石一兩細研 硫黃一兩細研 雄雀糞一兩 川椒一兩去目 乾姜一兩剉 木香一兩剉 兔絲子一兩酒浸三日曝乾別擣爲末 韮子一兩微炒

右件藥，擣羅爲末，以眞野駝脂熬成油，濾去膜，待冷，入諸藥末，和圓如彈子大。洗浴了，取一圓分作四圓，於腰眼上，熱炙手摩之。

《太平聖惠方·治久腰痛諸方》 治腰疼痛，俯仰不得，宜用摩腰圓方：

膩粉一分 麝香一分細研 朱砂一分細研 硫黃一兩細研 白礬灰一兩 母丁香一兩 乾姜一兩 木香一兩 附子一兩 吳茱萸一兩湯浸七遍，焙乾微炒。 陳橘皮一兩湯浸，去白瓤焙。 雀糞一兩以絹袋子盛於水中擺取白盡取此水澄之曝乾。 杏仁一兩去皮尖研之，依前絹袋子盛水中擺清，取霜曝乾。

右件藥，擣羅爲末，鍊蜜和圓，如半棗大。用時，取生姜自然汁小半盞，於銚子中煎一兩沸，傾於盞內，浸藥一圓，良久藥破，以指研之令細。旋以指點摩腰上，候熱徹，摩盡爲度。便以綿裹肚繫之。

《太平聖惠方·治白紫癜風諸方》 治白癜風方：

紅砂灰藋五斤 茄子根莖三斤 蒼耳根莖五斤

右件藥，并曬干一處，燒灰，以水一斗，煎湯淋取汁，卻於鐺內煎成膏，以瓷合盛。別用好通明乳香半兩，生研，又入鉛霜一分，膩粉一分相和，入於膏內，別用煉成黃牛脂二合(兩)，入膏內調攪令勻。每取涂摩所患處，日三用之。

治白癜風，胡桃塗方：

初生青胡桃五顆 硫黃半兩細研 白礬一分細研

右件藥，都研爲膏。日三兩上塗之，差。

又方：

蘿摩白汁

右先用生布揩之，令微破塗之，不過三上差。

治紫癜風，硫黃膏方：

硫黃一兩細研 雄黃三分細研 白礬一兩細研 硇砂半兩 白附子半兩 附子三分去皮臍 蛇蛻皮一條

右件藥，搗羅爲末，入研了藥令勻。用油四兩，黃蠟二兩，先煎油三五沸，下蠟，后入藥末，調煎成膏。每取塗摩所患處，日三度用之。

《太平聖惠方·治癧瘍風諸方》 治身體癧瘍斑駮，女萎膏方：

女萎半兩 附子半兩去皮臍 鷄舌香半兩 木香半兩 麝香一錢別研 白芷半兩

右件藥，細剉，以臘月豬膏半斤，煎藥看黃焦，便去滓，內入麝香攪令勻，放凝。先以物磨癧瘍上，小傷便傅之。

治癧瘍，蜀水花膏方：

蜀水花一兩 白附子一兩 白斂一兩 當歸一兩 鷹糞白一兩 麝香一分別研

右件藥，細剉和勻。以豬脂一斤，合煎諸藥，焦黃去滓，候冷，入麝香攪令勻，於瓷合中盛。用摩癧瘍，以差爲度。

《太平聖惠方·治一切風通用摩風膏藥諸方》 治一切風毒、筋急、腫硬

疼痛摩風膏方：

野駝脂　臘月豬脂　狗脂　鵝脂

以上各二兩，一處細切，用清油一斤，於鍋子內同煎化，盡濾去滓。

桂心半兩　沒藥半兩　騏驎竭半兩　白芷半兩　白附子半兩生用　附子半兩生用　天麻半兩　吳茱萸半兩　青鹽半兩　馬牙硝一分　川樸硝一分

右件藥，擣羅爲末，入在油鍋子內，用慢火，從卯時熬至巳時已來，入黃蠟六兩，消盡蠟，傾在合內，入麝香一分，雄黃半兩，膩粉半兩，三味一處，爛研，入在藥合內，用柳枝子攪令勻。每有患者，頻摩之，立效。

治風頑痺，腰腳不遂，四肢拘攣，并馬墜疼痛不可忍，及白癜諸瘡，兼腳氣等烏頭摩風膏方：

烏頭　附子并生用　當歸各二兩　羌活　細辛　桂心　防風去蘆頭　白朮　川椒　吳茱萸各一兩　豬脂一斤臘月者若半，得駝脂尤好，去脂膜煎化去滓放冷。

右件藥，并細切如大豆，以頭醋微淹之，經一宿，煎豬脂，化去滓，內藥緩火煎之，候附子黃色，即膏成，收瓷盒中。有患者，頻取摩之，宜用衣裹，切避風冷。

治風毒流注，骨節疼痛，筋脈攣急，宜用摩風白芷膏方：

白芷半兩　防風半兩去蘆頭　附子半兩去皮臍　白芍藥半兩　當歸半兩　川椒半兩去目　羌活半兩　獨活半兩　藁本半兩　川烏頭半兩去皮臍　細辛半兩　生姜五兩　白殭蠶半兩　黃蠟五兩　豬脂二(一)斤半水浸二宿，逐日一換。

右件藥，都細剉，先煎豬脂去滓，入諸藥。煎白芷色焦赤，以綿濾去滓，澄清，拭鐺令淨，慢火熬，入蠟消爲度，用瓷合盛。每取少許於火畔熁手摩之。

治一切痛風摩風膏方：

當歸三兩　白芷一兩　附子三兩生去皮臍　細辛二兩　桂心一兩　天雄三兩生去皮臍　乾姜二兩　芎窮二兩　川烏頭二兩生去皮臍　朱砂一兩細研　雄黃一兩細研　醋三升　松脂半斤　生地黃三兩擣絞取汁　豬脂五斤煉成者

右件藥，細剉，以地黃汁及醋，浸一宿，濾出，入豬脂中，慢火煎之。候白芷色黃，即膏成，綿濾去滓。入丹砂、雄黃及松脂等，以柳木篦攪令勻，於瓷器中盛。每取少許，摩於病上。如脇下聚如杯者，摩及塗之，即差。又面目黧黑消瘦，是心腹中冷，酒調半匙，日三服，病無不愈。合時勿令婦人、鷄犬、小兒見之。

治風，身體痛痺，頭風目眩，傷風項強，耳鼻俱塞，摩風神驗膏方：

硫黃三兩細研　雄黃三兩細研　朱砂三兩細研　附子四兩生去皮臍　天雄四兩生去皮臍　人參三兩去蘆頭　當歸三兩　細辛三兩　防風三兩去蘆頭　白芷二兩　桂心三兩　乾姜三兩　芎窮三兩　川椒三兩去目及閉口者　獨活三兩　菖蒲三兩　川大黃三兩　藁本三兩　白朮三兩　吳茱萸三兩　松脂半斤後入

右件藥，細剉，以酒浸一復時。然後別取生地黃半斤，擣絞取汁，同入豬脂中，以慢火煎之，以藥味盡爲度，以綿濾去滓，後下松脂，雄黃、硫黃、朱砂等。以柳枝不住手攪，至膏凝，收於瓷合中。病在內，即以酒服彈子大；病在外，即取彈子大，熱炙手摩之。

治風毒積年，四肢攣急，肌肉頑痺，氣脈不宣通，腹中百病，不以老少，宜用神驗摩風毒膏方：

牛膝去苗　赤芍藥　當歸　白朮　白芷　川椒去目　厚樸去粗皮　雷圓　半夏　桔梗去蘆頭　細辛　吳茱萸　附子生去皮臍　木香　大腹皮　檳榔以上各一兩　酥二兩　野駝脂　野豬脂各五兩

右件藥，細剉，以酒浸一宿。先煎豬脂，然後入諸藥，從平旦至日入，以慢火煎之，其膏即成。以綿濾去滓，卻入鐺中，然後下酥并駝脂，待稍冷，收於瓷器中。每取如棗大，於患處摩之，仍須避風。若腹中有痛，即以酒化如彈子大，空心服之。

治痛風及白虎風，腳膝筋脈不利，攣痛抽掣，鬼疰賊風，并骨髓疼痛，雄黃摩風膏方：

雄黃半兩細研　硫黃二兩細研　朱砂半兩細研　鬼箭羽　犀角屑　側子生去皮臍　羚羊角屑　鹿角膠　附子生去皮臍　躑躅　川烏頭生去皮臍　木香　漢防己　牛膝去苗　細辛以上各二兩　虎脛骨六兩　石斛去根　敗龜　菖蒲以上各五兩　熟乾地黃　沙參去蘆頭　薯蕷　巴戟　芎窮　續斷　杜若　當歸　秦艽去苗　狗脊　萆薢　茵芋　白斂　桂心　杜仲去粗皮　川椒去目　天雄生去皮臍　以上各一兩

右件藥，細剉，以鍊了臘月豬脂六斤，內鐺中，同諸藥，以文火煎，自早至午，候藥味盡，用新布絞去滓，更以綿濾，淨拭鐺，更煎鍊。然後入硫黃、雄黃、朱砂等，以柳木篦攪令勻，候凝，收於瓷器中。但有痛處，先用膏摩三二

百遍，後塗膏於故帛上貼之。如內有風毒，即空心，以溫酒下如彈子大。

治風痛，及皮膚不仁，筋脈拘急。烏頭摩風膏方：

川烏頭生去皮臍　防風去蘆頭　桂心　白芷　藁本　川椒去目　吳茱萸　白朮　細辛　芎藭　白附子　藜蘆　莽草　羌活以上各半兩　黃蠟五兩　鍊了豬脂一斤　生姜三兩

右件藥，細剉，先以豬脂內鐺中煎之，以入諸藥，煎令白芷色黃，候藥味出盡，以新布絞去滓，更以綿濾過，拭鍋令淨。重入膏於鍋中，慢火熬之，次下黃蠟令消，去火待稍凝，收於瓷器中。每有痛處，於火邊熁手，乘熱取膏摩之，一二百遍，以手澀爲度。

治風，肢節多疼，肌肉頑痺，或偏體瘡癬，或癮胗風瘙，宜用躑躅摩風膏方：

躑躅花　羌活　防風去蘆頭　芎藭　杏仁湯浸去皮　細辛　當歸以上各一兩　白斂　白芨　白芷　丹參　苦參　玄參　桂心　附子去皮臍　川烏頭去皮臍　皂莢去黑皮　漢椒去目　莽草　川大黃以上各半兩

右件藥，細剉，以米醋一升，拌令勻，溫經三宿後，以慢火炒令乾。用臘月豬脂二斤，以慢火同煎一日，候藥味出盡，以新布絞去滓，更以綿濾過，再入鍋中煎，以柳木篦，不住手攪成膏，候凝，收於瓷合中。每取一彈子大，摩於痛上，如臘月煎之，經久不壞也。

治風，身體疼痛，手足頑麻，及傷寒身強。並用烏頭摩風膏方：

川烏頭五兩生去皮臍　野葛一斤　莽草一斤

右件藥，細剉，用酒拌勻，經三日。以豬脂五斤，與前藥內鐺中，以草火煎之，以烏頭色焦黃爲度。用綿濾去滓，收於瓷器中盛。或有患者，近火摩三二千遍。

《太平聖惠方·治頭痛諸方》 治風毒攻腦疼痛。摩頂散方：

藺茹三分　半夏三分生用　川烏頭一兩半去皮臍　莽草半兩　川椒三分去目及閉口者　桂心三分　附子半兩生去皮臍　細辛半兩

右件藥，擣細羅爲散，以醋調。旋取時地摩頂上，以差爲度。

《太平聖惠方·治脚氣摩風毒膏藥諸方》 治江南風毒，脚氣腫滿，及筋脈拘急疼痛。宜用野葛膏摩方：

野葛三兩　蛇銜二兩　犀角屑二兩　烏頭二兩去皮臍　桔梗二兩　茵芋二兩　防風三兩　川椒二兩　乾姜二兩　巴豆一兩去皮心　川升麻二兩　細辛二兩　雄黃一兩細研　鼈甲一兩

右件藥，擣篩，用綿裹。以酒二升，漬一宿。以不中水豬膏五斤，和前藥，於微火上煎，令藥色變黃，勿令焦黑。膏成，絞去滓，乃下雄黃，攪令勻。每日三兩度，用少許炙手摩之。

治脚氣風毒，腫滿疼痛莽草膏方：

莽草三分　牡丹半兩　川椒一兩去目　藜蘆三分　芫花半兩　川大黃一兩　皂莢半兩　附子三分去皮臍

右件藥，擣篩，用綿裹。以醋半升，漬一宿。以不中水豬脂一斤，於微火上煎，令藥色黃，膏成，絞去滓，收瓷盒中。以摩腫處。

治脚氣風毒，腫甚難消，宜用丹參膏方：

丹參二兩　莽草一兩　附子二兩去皮臍　漢防己一兩　芎藭一兩　川椒一兩　吳茱萸一兩　白芷一兩　沉香半兩　零陵香半兩　鷄舌香半兩　犀角屑一兩　當歸一兩　商陸二兩　木香半兩

右件藥，細剉，用綿裹。以醋二升，漬一宿。以好豬脂二斤，慢火煎令藥色黃，絞去滓，膏成，以瓷盒盛。每取摩所患處。

治脚氣風毒、筋脈拘急、腫滿疼痛漢防己膏方：

漢防己一兩　野葛一兩半　犀角屑一兩　莽草二(一)兩半　川烏頭一兩去皮臍　吳茱萸一兩　川椒一兩去目　丹參一兩半　躑躅花二兩　川升麻一兩　乾姜一兩　附子一兩去皮臍　白芷二(一)兩　當歸一兩　桔梗一兩　巴豆一兩去皮心　雄黃一兩細研　蛇銜一兩　防風一兩去蘆頭　鼈甲一兩

右件藥，細剉，用綿裹。以醋二升，浸一宿。以豬脂三斤，慢火煎令藥色黃。膏成，絞去滓，盛瓷盒中。每取摩所患處。

治脚氣風毒疼痛及緩弱無力附子膏方：

附子二兩去皮臍　吳茱萸一兩　川椒一兩去目　白芷二兩　前胡一兩去蘆頭　芎藭二兩　白朮一兩　桂心一兩　當歸二兩　細辛一兩　漢防己一兩

右件藥，細剉，用綿裹。以醋二升，漬一宿。用豬脂三斤，慢火煎令藥色黃。膏成，絞去滓，盛瓷盒中。每取摩所患處。

《太平聖惠方·治一切毒腫膏藥諸方》 治一切毒腫熱疼升麻膏方：

川升麻一兩　犀角屑一兩半　玄參一兩　杏仁一兩，湯浸去，皮尖雙仁。　赤芍

藥一兩　麻黄一兩去根節　梔子仁一兩　甘草一兩　川芒硝一兩　芎窮一兩　蛇銜草一兩　白蘞一兩　黄芩一兩　莽草一兩　桑寄生一兩　白芷一兩　射干一兩　藍葉一兩　地黄汁五合　豬脂四斤　醋一升

右件藥，都剉，以醋地黄汁，漬藥一宿。當鐺内先消豬脂，入藥，以慢火煎，候醋氣歇，白芷黄赤色，膏成。綿濾去滓，盛瓷器中。每日四五度，塗摩腫處。

治一切毒腫、結硬疼痛地黄膏方：

生地黄半斤　辛夷一兩　獨活一兩　當歸一兩　芎窮一兩　黄耆一兩　白芷一兩　續斷一兩　赤芍藥一兩　黄芩一兩　川大黄一兩　薤白二兩

右件藥，都細剉，以臘月豬脂一斤半煎，候白芷黄赤色，以綿濾去滓，盛不津器中。日三四度塗之。

治一切風毒流注，不定，焮赤疼痛，天麻膏方：

天麻　當歸　防風　烏頭去皮臍生用　獨活　細辛　烏蛇　半夏　乾蠍　白殭蠶各一兩

右件藥，細剉，以臘月豬脂一斤半煎沸，下藥，文火熬令藥末黑色，濾出，即下蠟四兩，候溶，以綿濾過，安瓷盒内。每日三五度，取少許摩令熱，兼於空心及晚食前，以溫酒調下半匙。

《太平聖惠方・治一切傷折膏藥諸方》　治傷折，蹉跌筋骨，黯腫疼痛，及傷外風，風毒偏風，口面不正，但是傷風等，宜用此軟筋骨，潤皮肉，止疼痛。神驗摩風麝香膏方：

麝香一兩細研　虎脛骨二兩　細辛一兩　防風一兩去蘆頭　獨活一兩　桂心一兩　當歸一兩　芎窮一兩　白芷一兩　白殭蠶一兩　生乾地黄一兩　白芨一兩　白朮一兩　川椒一兩半去目　附子一兩去皮臍生用　旋覆花一兩　赤芍藥一兩　連翹二兩　甘菊花一兩　木鼈子一兩去殼　天南星一兩　栝蔞根一兩半　烏駝一兩半　牛膝一兩去苗　躑躅花一兩　甘松香一兩　石斛一兩去根　野駝脂十兩　棘針二兩　蠟五兩　臘月豬脂二斤　醋三升　好酒二三升

右件藥，淨洗曝乾，細剉，入酒醋中浸三宿。濾出陰乾，卻入臘月豬脂駝脂内，以慢火煎，候白芷黄焦，藥成。以綿濾去滓，入麝香末調勻，以瓷盒盛。有患者，火上熁手心，點藥摩痛處五七度，亦用溫酒調半匙服之，神效。

治筋骨俱傷後，夾風疼痛，宜用摩風膏方：

羌活半兩　防風三分去蘆頭　芎窮一兩(分)　躑躅花半兩　甘菊花半兩　附子一分去皮臍　桂心三分　漢椒一兩半去目　川烏頭一分去皮臍　當歸半兩　皂莢一分去皮子　鯪鯉甲三分　甘草一兩(分)　白芨一分　栝蔞根一分　紫葛一分　烏蛇半兩　蝟皮一分　莽草半兩　細辛半兩　杏仁一分湯浸去皮尖雙仁　苦參一兩　白蘞半兩　蠟五兩　露蜂房一分　豬脂三斤切

右件藥，細剉，以米醋二升，拌勻，經二宿後，以火微微炒之，令乾，用豬脂和藥，以慢火煎一日，以綿濾，於瓷盒内盛。不令水污着，如有傷折筋骨處，將用摩之神驗矣。

治傷筋骨，腫痛不可忍。摩痛膏方：

丁香半兩別擣羅爲末　麝香半兩細研　野駝脂十兩　臘月豬脂二十兩　羌活半兩　芎窮半兩　木鼈子一兩去殼　防風半兩去蘆頭　栝蔞根一兩　附子一兩去皮臍生用　細辛半兩　牛膝半兩去苗

右件藥，細剉，以米醋二升，拌令勻，經三宿。納鐺中炒令稍乾，下野駝脂及豬脂等，以慢火煎，候諸藥焦黄色，即住火。用綿濾去滓，後下丁香、麝香，攪令勻，納瓷盒中盛。旋取摩之。

《太平聖惠方・治眼摩頂膏諸方》　治一切眼疾及生髮、退熱毒風摩頂膏方：

生油二升　黄牛酥三兩　蓮子草汁一升　淡竹葉握　大青一兩半　葳蕤一兩半　曾青一兩結研　石長生一兩半　吳藍一兩　槐子一兩半　川樸硝一兩半　青鹽二兩　梔子仁一兩半

右件藥，細剉，綿裹，於鐺中先下油酥及蓮子草汁，然後下諸藥，以文火煎半日，即以武火煎之，候蓮子草汁盡，其膏即成。去滓，更細澄濾過，油瓷瓶盛。每欲用時，夜間臨卧時，以鐵匙取少許，塗頂上，細細以匙摩，摩令消散入髮孔中，頓覺清涼。輕者不過五六度，重者用膏半劑即差。摩膏之法，每隔三夜一度摩之，甚妙。併日，恐藥驅風毒太急，乍有觸動，其膏治腎虛眼暗，及五臟毒風，氣上衝入腦，腦脂流下爲内障。方書所不治者，此能療之。遍除眼暗映翳，赤眼風毒，冷熱淚出，眼睛如針刺病，無不差者。摩膏後，三兩日便能生髮，風毒自散也。合藥取蓮子草汁，須是八月九月採之，其汁方濃有力，餘時不堪也。

治腦熱眼睛，頭旋髮落，心中煩熱，宜用摩頂膏方：

青鹽　蓮子草　牛酥各三兩　吳藍　葳蕤　梔子仁　槐子　犀角屑
絡石　玄參　川樸硝別研　大青　空青細研入以上各二兩　竹葉兩握　石長生一兩

右件藥，以油三升，先微火煎熟，次下諸藥添火，煎鍊三十餘沸，布絞去滓，拭鐺。更文火鍊之，入酥及鹽樸硝空青等末，鍊如稀餳，又以綿絞，納瓷器中盛。欲臥時，用摩頂上。

《太平聖惠方·治頭風目眩諸方》　治頭風目眩，風毒衝腦戶留熱及腦中諸疾；或腦脂流入目中，致令昏暗，往往頭痛旋悶，腦痛兼眼諸疾；及髮生白屑，目中風淚。宜用生髮明目去諸疾青蓮摩頂膏方：

生油一升　眞酥三兩　蓮子草汁一升　吳藍一兩　大青一兩　葳蕤一兩　槐子仁一兩微炒　山梔子仁一兩　淡竹葉一握以上，六味，細剉，綿裹。　長理石一兩　鹽花二兩　曾青一兩　川樸消二兩

右件藥，先取油酥蓮子草汁三味，於銅鍋中，以慢火熬令如魚眼沸，即入綿袋內藥煎之半日，去藥，別用綿濾過，又淨拭鐺，卻入菜油，煎令微沸，即下長理石等四味，以柳木篦輕攪十餘沸，膏成，收於不津器中。每用塗頂及無髮處，勻塗；以鐵匙摩之，令膏入腦即止，亦不得頻，每二三夜一度摩之；摩膏後，頭稍垢膩，任依尋常洗之，用桑柴灰洗頭，更益眼矣。

《蘇沈良方·筋脈不仁小硃散》　護火草大葉者又名景天　生姜和皮不洗等分研　鹽量多少

右塗摩癢處，如遍身癮疹，塗發甚處，餘處自消。

《聖濟總録·摩頂油方》　治腦風頭旋、惡心昏悶，發歇不定摩頂油方：

蓮子草五六月收　梔子葉　生麥門冬　生地黃　吳藍五味并搗取汁各三升
連翹　秦艽去苗土　甘草剉　防風去叉　細辛去苗葉　地骨皮　大青　紫草茸　紫蘇子葉各一兩

右一十四味，除前五味汁外，粗搗篩，用絹袋盛。同五味汁煎，減半去滓，澄清后入生麻油一升，和勻重煎，又減半，收入瓶內二七日。細研馬牙消四兩攪勻，每用量多少，摩頂上。

《聖濟總録·風頭眩·附子膏方》　治風頭眩，摩頭附子膏方：

附子炮裂去皮臍　鹽花各半兩

右二味，爲細末，以麻油和如稀餳。洗頭摩之，日三。

《聖濟總録·目癢急及赤痛·摩頂青蓮膏方》　治五臟風毒上攻，眼目障翳，兼能生發摩頂青蓮膏方：

生麻油二升　酥　會青研各一兩　大青　梔子葉　長理石　萎蕤　樸消　吳藍各一兩半　槐子一兩一分　淡竹葉一握　空青研二兩　鹽花三兩　蓮子汁一升

右一十四味，除油酥汁外，粗擣篩，以綿裹之，先於淨鐺中。下酥油二味，后下諸藥，以文武火煎半日，次下蓮子汁，同煎汁盡，膏成濾去滓，澄清收入通油瓶內。每夜臨臥，以小鐵匙挑一鐵許，塗頂上，細細用鐵匙摩之，令消入毛孔中，即腦中清涼。輕者不六七度，重者摩至半劑，隔二五夜用一次。每摩須至三千假餘徧，兼理腎虛，眼暗，五臟毒風上衝入腦，腦脂流下爲內障，及眼暗障膜睛斜，無不效者。亦能生發。八月九月取蓮汁。

《聖濟總録·目生花翳·摩頂青蓮膏》　治花翳摩頂青蓮膏方：

大青　萎蕤　樸消　梔子葉　長理石研　吳藍各一兩半　槐子會青別研如粉各一兩　鹽花三兩　淡竹葉一握洗切　生麻油三升　黃牛酥二兩　蓮子草汁一升

右一十三味，取淨鐺，先下油、酥、蓮子草汁三味，煮沸后，將十味以綿裹，入鐺慢火煎半日，候草汁盡爲度。以新綿絞去滓，更澄清，用通油瓶子盛。每臨臥，挑一鐵匕，塗於頂上，摩千餘遍，令入毛孔中，漸覺清輕，甚者半月即差。三五夜一次用，兼治腎虛睛暗，五臟風毒上衝入腦，腦脂流下爲內障，及能生髭發，散風毒。八月九月，取蓮子草汁修合佳。

《聖濟總録·諸癬·水銀膏方》　治一切癬不差，水銀膏方：

水銀半斤　臘月豬脂二斤半

右二味，先熬脂令熔，次下水銀，以馬通火熬七日七夜。候冷取出，去水銀，只取豬脂。每日三五度，摩塗癬上，令熱即差。

《聖濟總録·打撲損傷·摩痛膏方》　治傷筋骨，腫痛不可忍，摩痛膏方：

丁香別搗爲末　麝香別研　羌活去蘆頭　芎窮　防風去叉　細辛去苗葉　牛膝去苗各半兩　駝脂十兩　臘月豬脂二十兩　木鱉子去殼　附子去皮臍生用　栝蔞根各一兩

右一十二味，除駝脂、豬脂、丁香、麝香外，細剉。以米醋二升拌勻，經三宿，入鐺中炒令干，下駝脂及豬脂等，以慢火再煎，候諸藥焦黃色，即住火。用綿濾去滓，后丁香、麝香，攪勻，內瓷合中盛。旋取摩之。

《聖濟總録·眼目門·目赤爛》治風熱衝目，赤脈努肉，摩頂明目膏方：

生麻油二升 眞酥五兩 車前葉 淡竹葉洗剉各半兩 吳藍 大青 黃連去須 山梔子仁 黃芩去黑心 甘草炙 麥門冬去心 槐白皮 柳白皮 馬牙莧實研 生犀角鎊 馬牙硝別研 樸硝別研各一分 鹽花研半兩

右一十八味，除消鹽油酥外，細剉，綿裹入通油瓷瓶中，綿罩口。重湯煮三復時，捩去滓，更新綿濾過，置生鐵器中。每日飯后及卧時，開發滴頂心，以生鐵熨斗子，摩頂一二千下，兼去目中熱毒，昏障痛澀。

《聖濟總録·眼目門·目見黑花飛蠅》治肝腎虛風上攻，眼生黑花，或如水浪，摩頂膏方：

空青研 青鹽研各半兩 槐子 木香 附子各一兩 牛酥二兩 鵝脂四兩 龍腦半錢 丹砂研一分 旱蓮草自然汁一升

右一十味，將草藥搗羅爲末，先以蓮草汁、牛酥、鵝脂，銀器中熬三五沸，下諸藥末，煎減一半即止，盛瓷器中。臨卧用舊鏵鐵一片，重二三兩，蘸藥於項上，摩三二十遍，令入發竅中。次服決明丸，忌鐵器。

《聖濟總録·目生膚翳》治一切眼疾，翳膜遮障，兼能生發涼腦治頭痛，摩頂膏方：

蓮子草 藍青各一握 油一升

右三味，將二味細剉，內瓶中，以油浸之，紙封頭四十九日。每夜卧時，令人以鐵匙點藥，摩頂腦上四十九遍，至一百二十遍佳。此藥須五月五日平旦時合。

《聖濟總録·傷折門·打撲損傷》治打撲內損疼痛摩膏方：

蓖麻子去皮研一兩半 草烏頭生爲末半兩 乳香研一錢

右三味，一處和勻，是多少，入煉成豬脂，研爲膏。每取少許，塗傷處，炙手摩令熱，取效。如痛甚不可摩，即塗腫痛處。

《聖濟總録·傷折門·諸骨蹉跌》治骨出臼蹉跌，不復疼痛，當歸膏摩方：

當歸洗切焙 續斷剉 細辛去苗葉 木通剉 白芷切 芎藭剉 甘草剉 蜀椒去目及閉口者 牛膝去苗 附子去皮臍生切各一兩

右一十味，粗搗篩，用豬脂半斤，先煎取油，次下諸藥，煎如膏。以絹絞去滓，瓷盒盛。每用少許，抹損處，熱手摩之。

《聖濟總録·諸風門·急風》治中風口喎，皂莢摩膏方：

皂莢一挺炙黃刮去皮子

右一味，搗細，羅爲末，以釅醋調和如膏。左喎摩右，右喎摩左。

治中風口喎。蜘蛛摩方：

蜘蛛大者一枚

右一味，摩其偏緩頰車上，及耳前后，視正則止。亦可向火摩之。或取蜘蛛大網絲成團如彈子，摩之亦得。

治中風口面喎斜。衣中白魚摩方：

衣中白魚七枚

右一味，摩偏緩一邊，才正便止，恐太過。凡患急邊緩邊皆有病，先摩緩邊，次摩急邊，急邊少用。

《聖濟總録·諸痹門·痛痹》治諸風寒濕，骨肉痹痛，當歸摩膏方：

當歸切焙 細辛去苗葉各一兩半 桂去粗皮一兩 生地黃一斤切研絞取汁 天雄十枚去皮臍生用 白芷三分，留一塊不剉全用。 芎藭半兩 丹砂研一兩 干姜炮三分 烏頭去皮臍，生用，一兩三分。 松脂四兩 豬脂五斤別煉去滓

右一十二味，先將八味剉如大豆粒，以地黃汁浸一宿。與豬脂、松脂同慢火煎，候至留者一塊白芷黃色，以厚綿濾去滓，瓷盒盛。入丹砂末，不住攪，至凝即止。每用藥用火炙手，摩病處千遍。

《聖濟總録·諸痹門·筋痹·風濕痹》治風濕痹，陳元膏方：

當歸生 附子生去皮臍 天雄生去皮臍 烏頭生去皮臍各一兩半 生地黃一斤搗取汁 細辛去苗葉 干姜生 芎藭各一兩 桂去粗皮 白芷生用，留一塊不剉。 丹砂別研各半兩 雄黃別研一兩一分 醋一斤半 松脂四兩 豬肪不中水者，去筋膜別煉五斤。

右一十五味，除二味研者，并地黃汁、豬肪、松脂、醋等相次入外，余剉切如豆粒，先將地黃汁與醋拌勻，浸一宿。取豬肪、松脂同於凈器中煎，常令小沸，候白芷色黃，停溫用厚綿濾去滓，瓷合盛。入雄黃丹砂末，熟攪至凝止。每用塗摩病處。凡修合，無令小兒、婦人及鷄犬見。

治風濕痹，肌肉瘰痹，四肢攣急，疼痛。日久不差，令機關縱緩，不能維持身體，手足不隨，塗摩膏方：

牛膝去苗　芍藥　芎藭　當歸　白朮　白芷　蜀椒去目并合口　厚樸去粗皮　雷丸　半夏湯浸七遍去滑　桔梗炒　細辛去苗葉　吳茱萸　桂去粗皮　附子炮裂去皮臍　木香　大腹　檳榔各一兩　酥二兩　駝脂三兩　臘月豬脂三斤

右二十一味，除后三味外，并細切，量藥多少，以酒漬一宿。先煉豬脂成膏去滓，后盡入衆藥，以慢火從旦煎至晚。其膏成以綿裹濾去滓，再入鐺中。投酥并駝脂，候稍攪勻，以瓷器盛。每不拘多少，以藥摩之。摩經七日，即歇三兩日，再摩之。

《聖濟總録・虚勞門・虚勞盜汗・虚勞腰痛》治五勞七傷，腰膝疼痛，鬢發早白，百色萎黃，水藏久冷，疝氣下墜，耳聾眼暗，痔漏腸風，凡百疾病，悉能療除。兼治女人子藏久冷，頭鬢疏薄，面生皯黷，風勞血氣，產后諸疾，赤白帶下，大補益摩膏方：

木香　丁香　零陵香　附子炮裂　沉香　吳茱萸　干姜炮　舶上硫黃研　桂去粗皮　白礬燒灰研各一兩　麝香研　膩粉研各一分

右一十二味，搗羅八味爲末，與四味研者和勻煉蜜。丸如鷄頭實大。每先取生姜自然汁一合煎沸，投水一盞，藥一丸同煎，良久化破，以指研之。就溫室中蘸藥摩腰上，藥盡爲度。仍加綿裹肚繫之，有頃腰上如火。久用之，血脈舒暢，容顔悅澤。

《聖濟總録・大小便門・大便秘澀》治大便不通、腹脹摩臍方：

杏仁湯浸，去皮尖雙仁，三七枚生用。　葱白三莖去須葉，細切。　鹽一分

右三味，同研如膏。每取如酸棗大許，塗手心，摩臍上三百轉，須臾即利。如利不止，以冷水洗手即定。

《聖濟總録・諸風門・風不仁》治皮膚瘰痹，不知痛癢，去風毒，摩風膏方：

龍骨二兩　虎骨酒炙三兩　當歸切焙　桂去粗皮，各一兩，四味同爲末。　苦酒二升　皂莢去黑皮，炙爲末，八兩。

右六味，除酒外，搗羅爲末。先將酒別取皂莢十挺，挼取汁，去滓，入鐺中。煎減半，即入皂莢末熬，次入前四味，候如稀餳，入瓷盒盛。患者旋取指摩身體。

《聖濟總録・諸風門・風瘙癮疹》治風癮胗、癢痛難任芎藭粉摩方：

芎藭　白芷　麻黃根各二兩　藿香一兩　米粉二升

右五味，搗羅爲粉，摩病上。

《聖濟總録・脚氣門・脚氣大小便不通》治腳氣風痹，手足疼弱，鼠漏惡瘡，風毒所中，腹中疞痛，百病摩之，皆愈。牡丹膏方：

牡丹皮　芫花生用　皂莢去皮，炙，各半兩。　藜蘆生　附子炮裂，去皮臍。　莽草葉各三分　大黃剉炒　蜀椒去目，并閉口，炒，出汗，各一兩。

右八味，搗羅，以新綿裹。內淨器中，苦酒三升浸，經一宿。取臘月豬膏三升，內鍋中煉去筋膜后，同藥裹入前酒中，慢火煎之。候變色，稀稠得所，即濾去藥裹，頻攪成膏，傾入通油瓷器中，密封。旋取指摩患處。合此藥，勿令婦人、鷄犬等見。

治腳氣，內須服藥攻擊，外須以膏摩火灸發泄等，此治腳氣之要術。若有攣急，及有不仁處，常用此膏摩之，兼治江南風毒，先從手腳上腫痹，及上頸痹面部，卻入腹，即殺人者，野葛膏方：

野葛剉　蛇銜剉　防風去叉各三兩　犀角鎊　烏頭炮裂去皮臍　桔梗去蘆頭　茵芋葉　蜀椒去目并閉口，炒，出汗。　干姜炮　巴豆去皮心膜，研如膏。　升麻　細辛揀淨各二兩　雄黃研一兩　鼈甲醋炙，去裙襴，一兩。

右一十四味，搗研爲末，用酒四升浸，經一宿。先取臘月豬膏五斤，內淨鍋中煉成油，濾去筋膜。將前酒浸藥末，以新綿裹，內豬膏鍋中，慢火煎之，候變色，去藥裹，頻攪，勿令焦黑，量稀稠得所。絞濾去滓，傾入通油瓷器中盛，密封頭。旋取塗摩患處，合藥勿令婦人、鷄犬見。

治腳根痛，不問左右，但覺隱隱疼痛，并是風毒氣。此皆凝寒之月，人多忍冷，血聚不散。宜先用暖水淋洗后，干拭，遂以火灸。覺痛處，令人點藥指摩，直候藥氣透熱，揉紙拭去藥，如常蓋復。麥皮膏方：

麥皮　熊白

右二味，等分相和，以微火炒。更入甲煎口脂少許，調勻如膏。(旋)旋取摩痛處，即差。

治風濕腳氣，腫疼無力。芥子膏方：

白芥子　蕓薹子　蓖麻子　木鱉子去殼　白膠香各一兩　胡桃五個去殼

右六味，一處搗三千杵成膏。每用皂子大，摩疼處。

《傳信適用方・治瘡疥丹毒一切雜瘡》又方：

柿樹皮燒烟欲盡，以碗蓋滅火，研一兩。荷葉如前法燒灰，取一兩。草烏去皮，尖半兩 硫黄半兩 黄連半兩，去鬚 黄蘗半兩，去皮 胡椒半兩 白蕪荑半兩研 細辛半兩
苦參半兩 白礬生研，三錢 雄黄細研，半兩 輕粉一錢
右件一十三味，搗爲細末和令匀。濕瘡乾摻，乾瘡用烏臼油或酥或油蠟調塗。夜間以手掌多擦藥，有痒處即以手掌拂之。

《聖濟總録纂要・眼目門・赤脈衝貫黑睛》摩頂明目膏方 治風熱衝目，赤脈胬肉。
生麻油二升 眞酥五兩 車前葉 淡竹葉洗各半兩 吴藍 大青 黄連去鬚 山梔子仁 麥門冬 槐白皮 甘草炙 柳白皮 黄芩 馬牙莧實 生犀角鎊 馬牙硝別研 樸硝別研各一兩 鹽花研半兩
右十八味，除硝鹽、油酥外，細通油瓷瓶中，綿罩口。重湯煎三復時，捩去滓，更新綿濾過，置生鐵器中。每日飯後及卧時，開髮滴頂心，以生鐵熨斗子摩頂一二千下。兼去目中熱毒，昏障痛澀。

《醫説・趺撲打傷・打撲損》 自然銅，有人飼折翅雁後遂飛去。今人打撲損，研極細，水飛過，同當歸、沒藥各半錢，酒調頓服。仍以手摩痛處。

《和劑局方・治瘡腫傷折・吴直閣增諸家名方》烏蛇膏 治風邪毒氣外客皮膚，熏發成腫，所起不定，遊走往來，時發癢痛，或風毒勢盛，攻注成瘡，焮赤多膿，瘡邊緊急，但是風腫，並皆治之。
吴茱萸 藁本 獨活 細辛 白僵蠶去絲嘴，炒 半夏 蜀椒去目炒 防風 赤芍藥 當歸 桂心 川芎 香白芷各半兩 烏蛇 黄蠟各二兩 乾蝎 附子去皮尖，各一兩
右件細剉，以煉臘月豬脂二斤文火煎，候白芷赤黑色爲度，綿濾去渣，下蠟，入瓷器內盛。每用，取少許摩之令熱，日三服。

《蘭室秘藏・自汗門》 面油摩風膏
麻黄 升麻去黑皮 防風已上各貳錢 羌活去皮 當歸身 白芨 白檀已上各壹錢
右用小油半斤，以銀器中熬，綿包定前藥，於油中熬之得所，澄凈去粗，入黄蠟一兩，再熬之爲度。

《世醫得效方・風科・通治》 奇方 治中風牙已緊，無門下藥。天南星末半錢，白龍腦一字，頻擦令熱，牙自開。

《丹溪心法・腰痛》 摩腰膏 治老人虚人腰痛并婦人白帶。
附子尖 烏頭尖 南星各二錢半 雄黄一錢 樟腦 丁香 乾姜 吴萸各一錢半 朱砂一錢 麝香五六。
右爲末，蜜丸如龍眼大。每用一丸。姜汁化開如粥，厚火上頓熱，置掌中摩腰上，候藥盡粘腰上，烘綿衣包縛定，隨即覺熱如火，日易一次。

《普濟方・身體門・腰痛》 摩腰膏：治老壯一切腰痛痼冷，腿腳寒濕。此治之大壯筋骨，助元陽，極有補益，用之自見。
陳皮一兩去白 陽起石五錢 乾薑 沉香 官桂去粗皮 舶上硫黄 吴茱萸 雄黄 蛇床子以上各五錢 枯白礬一兩 杏仁一兩去皮尖 輕粉一錢 麝香一錢半 附子一個須一兩者，炮去皮臍 母丁香一兩 硃砂一錢二分
右除輕粉、硃砂、麝香另研外，餘藥併爲細末，後入上三味和匀，煉蜜丸如彈子大。臨用時，取生薑自然汁煎濃，後入藥一丸，良久浸化研之，令人手蘸藥，塗於腰肚上摩之，以盡爲度。須用綿裹肚腰上，其熱如火。每日一次，用之極有奇功。

《普濟方・身體門・治五種腰痛》 摩腰丸：治五種腰痛，腎臟久冷。
丁香末 麝香半兩細碎 蕓薹子末一兩 硫黄半兩細研 龍腦二錢細研 膃肭臍末二兩
右熬野駝脂，和丸如鷄頭實大。每用兩丸，熱炙手於腰間摩，令熱徹爲度。偏壯益腎氣。若摩兩腳，覺漸輕健。
摩腰散：治五種腰痛，腎氣衰冷，陽憊腰痛。
野狐頭及尾骨各一兩，炙令焦黄 硫黄半兩細研 硇砂半兩細研 黄狗陰莖一具炙微黄 針砂一兩
右爲末，取莨菪子半升，酒二升，浸一宿後，漉去莨菪子，取酒和前藥末令匀，入於瓷瓶中。以油單密封。又坐於大瓶中，以蠶沙埋卻，坐於飯上蒸之，以飯熟爲度，取出暴乾，擣細羅爲散。以黄狗膽及脂，入少許麝香同摩腰，須臾即效。

《普濟方・諸痹門・芥草膏》 芥草膏： 治風痺不仁風毒，摩野葛膏。內有巴豆，若用多，恐損皮肉。
芥草用葉 當歸 白芷 防己 蜀艽出汗去目者合口，各三兩 吴茱萸湯洗

焙乾炒　丹參　芎窮　商陸根切各四兩　沉香　木香　零稜草　鷄舌香　犀角屑各三兩　附子去皮乾炒

右剉，以新綿裹，内淨器，苦酒三升，浸經一宿。取出，用酥二斤，同入鍋内，以文武火煎，上三下三，使變色，稀稠得所。濾去滓，裹攪匀，傾瓷瓶中，密封頭。每有患，旋以手摩傳之，指令入皮肉。

《普濟方·膏藥門》　滅瘢膏　治諸色癰疽惡瘡腫，瘥後有瘢痕。

安息香　礬石　狼毒　羊躑躅　烏頭　附子　野葛　白芷　烏賊骨　皂莢　天雄　芍藥　川芎　赤石脂　大黄　當歸　莽草　石膏　乾地黄　地榆　白朮　續斷　鬼臼　蜀椒　巴豆　細辛各一兩

右爲末，用煎成豬脂四斤和，以此爲準，煎三上三下，以鹽一大匙下之，膏成。須服者與服，摩之。忌產婦及妊娠婦人。若滅瘢者，以布指令傷，傅之。鼻中息肉者，取如大豆許，内鼻中。如瘀血者，酒服棗核大。痔瘻者，綿裹梅子大，内下部。中風者，摩患上。崩中者，亦取滅瘢。以少許，和鷹屎白傅之。修合宜用臘日。

摩風膏　止癢、消腫、定疼，治頭面唇鼻諸瘡，肌肉裂破。

黄蓍去粗皮一兩一錢　白芍藥　茅香　甘草　防風各二錢半　當歸去蘆　白芷　杏仁湯去皮尖　桃仁　藿香葉　零陵香　檀香　川芎各三錢　白附子　沉香　白芷　白斂　天麻　獨活　木香各一錢半　木通二兩　龍腦研四錢　木瓜蔞瓤剉一兩　黄蠟夏用十二兩半冬用九兩半

右藥剉，用清油二斤三兩。浸七日，淨石磁銀器中慢火煎，候白芷微黄，綿濾去滓，於淨瓷罐内密封。澄一宿，再濾過，於磁碗中慢火再輕溫，熬數次，下黄蠟攪匀，放溫。次下研細龍腦末，於磁盒内盛。每用少許，摩搽患處。

擦磨膏　用廣中番打馬，並包吃檳榔歐葉，二物各五錢，碾爲細末。瘡初起時，將末子擦摩手心腳心，須不住擦之，三五日後，瘡焦隱去，妙不可述。

《推求師意·疝》　疝一人病後飲水，病左丸痛甚，灸大敦，以摩腰膏摩囊上，上抵横骨，灸溫帛覆之，痛即止。一宿，腫亦消。

《推求師意·外科理例·楊梅瘡》　又捷法治楊梅瘡，不問新舊並效，不過旬日。每日用膽礬、白礬末並水銀各三錢五分，入香油津吐各少許和匀。坐無風處，取藥少許塗兩腳心，以兩手心對兩腳心，擦磨良久，再塗藥少許，仍前再擦，用藥盡即卧，汗出或大便去垢，口出穢涎爲驗。連擦三日，煎通聖散四十。澡洗，更服内疏黄連湯，敗毒散，愈後服萆薢湯。有熱加芩連，氣虚參耆，血虚四物之類。

《古今醫統大全·腰痛門·腎着候》　摩腰膏　治寒濕腰痛。

附子　烏頭尖　南星各二錢半　乾薑一錢　雄黄　朝腦　丁香錢半　麝香五分

右爲細末，煉蜜丸，如彈子大。每用一丸，生薑汁化開，如厚粥樣，烘熱置掌中，摩腰上，令盡粘肉，烘綿衣縛定，腰熱如火。間三日用一丸，或加吳茱萸、桂皮。

《古今醫統大全·不换金摩娑囊》　不换金摩娑囊：治遍身風毒燥癢爬不暇隨手，熱瘰癧癮疹，或臟頭小瘡，服一切藥不能卒效者。余入思多年，偶製此法，雖非起死之方，實救災疾之窘，世間妙法。衰老、壯年、風燥，皆可用。

烏頭　附子　南星各去皮臍

右爲末，用米飲漬絲瓜穰，裹外俱透，就於葉末中滚展，令人更揉搦匀遍，暴乾收用。凡有燥癢，但以此穰隨意輕重揩擦一過，應手即效。他日再癢仍前用之，神妙無比。

《古今醫統大全·摩風膏》　治風牽眼目，喎偏外障。

木香　當歸　白芷　黑附子　防風　細辛　稿本　骨碎補各一兩　烏頭　芍藥　肉桂各兩半　豬脂六兩

右爲細末，以麻油半斤浸一日夜，文武火熬如膏爲度，塗摩之。專治赤目腫痛，白姜爲水調，貼腳掌心。

《證治準繩·雜病·行痹》　外貼方：

牛皮膠一兩　水鎔成膏　蕓薹子　安息香　川椒　附子各半兩，爲細末，入膠中和成膏，塗紙上，隨痛處貼之。　萆麻子一兩去皮　草烏頭半兩　乳香一錢，另研。

右以豬肚脂煉，去沫成膏方，入藥攪匀，塗摩攻注之處。以手心摩娑如火之熱，卻塗摩患處妙。

《外科正宗·鈕叩風》　鈕扣風，皆原風溼凝聚生瘡。久則搔癢如癬，不治則沿漫項背，當以冰硫散擦之，甚者服消風散亦妙。

冰硫散：冰硫散內用川椒，朝腦生礬豈可饒，羅蔔內藏煨熟藥，還將豬脂共相調。

硫黄一兩　獐水　川椒　生礬各二錢

共爲末。先用白羅蔔一個，摳空其內，將藥填滿，復將原皮蓋之，溼紙包三四層灰，火內煨半時許，待冷取開，用藥同熟豬油調稠，搽患上自愈。

《外科正宗·體氣》　體氣，一名胡氣。此因父母有所傳染者，又有胡胎而受生者，故不脫本來氣質。凡此腋下多有棕紋數孔，出此氣味常以五香散擦之。內用蒜肚時常作饌食之，亦可解其氣味，可漸而退，此法常取效也。

五香散：五香散內用沉檀，還有零陵併木香，加上麝香功更捷，敢教體氣不相妨。

沉香　檀香　木香　零陵香各三錢　麝香三分

共爲細末。每用五釐津調搽擦兩腋下，三日一次，或用香末二錢，絹袋盛貯，挂於腋下亦效。

蒜肚方：用公豬肚一具，入大蒜囊四十九枚，去殼入肚內，以線扎口，水煮極爛，用鹽醋蘸肚隨便食之。氣味甚者用癩蝦蟆一個，入內同煮，肚爛去蝦蟆、大蒜，用熱酒食之。洗浴發汗，避風三日，其氣頓改。

《外科正宗·腠痛》　腠者，皆起於手足。乃風寒氣鬱於皮毛，致血不榮於肌表，謂皮槁。則多痛似無皮之狀，是腠苦生焉。將患上葱湯浸洗良久，隨以潤肌膏擦之。就暖勿見風冷，自愈。又每久逢冬即發者，須三伏時曬搗爛大蒜，間擦三次，不再發。謂寒因熱治，其理甚明矣。

《金匱玉函經二注·中風歷節病脈證治》　頭風摩散方：

大附子一枚炮　鹽等分

右二味，爲散，沐了，以方寸匕，摩上，令藥力行。（衍義）頭者，諸陽之所會。太陽爲之長，若風寒濕客之，諸陽不得流通，與邪壅塞於巔而作痛，故用附子性之走者。於疾處散其邪，以鹽味之潤下，從太陽膀胱水性者佐之，用以引諸藥下降，則壅通而病愈矣。

《雜病源流犀燭·前陰後陰病源流》　助陽散：　乾姜、牡蠣各一兩，爲末，火酒調稠。搽手上，用雙手揉外腎，婦人揉兩乳。

《金匱翼方選按·偏風》　又有無故而口眼喎斜者，余會值此種病多次，仔細考察，僅面肌神經一側緊張，其餘都無病證，此種不可謂之中風。故古

法只用鱔血黏頭髮牽引，或用萆蔴子摩擦其緊張之一側，其病即能自愈，不必多服風藥。

熨法

《馬王堆漢墓帛書·五十二病方》　睢〔疽〕始起，取商〔商〕牢漬醯中，以熨其種〔腫〕處。

《馬王堆漢墓帛書·五十二病方》　傷痓　痓者，傷，風入傷，身信〔伸〕而不能詘〔屈〕。治之，爊〔熬〕鹽令黄，取一斗，裹以布，卒〔淬〕醇酒中，入即出，蔽以市，以熨頭。熱則舉，適下。爲□裹更【熨，熨】寒，更爊〔熬〕鹽以熨，熨勿絕。一熨寒汗出，汗出多，能詘〔屈〕信〔伸〕，止。熨時及已熨四日內，□□衣，毋見風，過四日自適。熨先食後食次〔恣〕。毋禁，毋時。令。

《素問·玉機真藏論》　今風寒客於人，使人毫毛畢直，皮膚閉而爲熱，客，謂客止於人形也。風擊皮膚，寒勝腠理，故毫毛畢直，玄府閉密而熱生也。當是之時，可汗而發也；邪在皮毛，故可汗泄也。《陰陽應象大論》曰：善治者治皮毛，此之謂也。或痺不仁腫痛，病生而變故如是也。熱中血氣則瘰痺不仁，寒氣傷形故爲腫痛，《陰陽應象大論》云：寒傷形，熱傷氣，氣傷痛，形傷腫。當是之時，可湯熨及火灸刺而去之。皆謂釋散寒邪，宣揚正氣。

《靈樞經·壽夭剛柔》　黄帝曰：刺寒痹內熱奈何？伯高答曰：刺布衣者，以火焠之；刺大人者，以藥熨之。黄帝曰：藥熨奈何？伯高答曰：用淳酒二十斤，蜀椒一斤，乾薑一斤，桂心一斤，凡四種皆㕮咀，漬酒中，用綿絮一斤，細白布四丈，并內酒中。置酒馬矢煴中，蓋封塗，勿使泄。五日五夜，出布綿絮曝乾之，乾復漬，以盡其汁。每漬必晬其日，乃出乾。乾，并用滓與綿絮，複布爲複巾，長六七尺，爲六七巾則用之。生桑炭炙巾，以熨寒痹，所刺之處，令熱入至於病所。寒，復炙巾以熨之，三十遍而止。汗出以巾拭身，亦三十遍，止。起步內中，無見風，每刺必熨，如此病已矣。此所謂內熱也。

《太平聖惠方·治白虎風諸方》　治白虎風，疼痛徹骨髓，不可忍者，宜用葱白熨方：

右取釅醋五升，煎三五沸，切葱白二升，煮一兩沸，即濾出，以布帛裹，熱熨痛處，極效。

《蘇沈良方·治氣虛陽脫體冷無脈氣息欲絕不省人及傷寒陰厥百藥不效者葱熨法》 葱以索纏，如盞許大，切去根及葉，惟存白，長二寸許，如大餅餤。先以火協一面令通熱，又勿令灼人，及以熱處搭病人臍，連臍下。其上以熨斗滿貯火熨之，令葱餅中熱氣鬱入肌肉中，須預作三四餅。一餅壞不可熨，又易一餅，良久，病人當漸醒，手足溫，有汗即瘥。便服四逆湯輩，溫其體，萬萬無憂。予伯兄忽病傷寒，瞑寂不知人八日，四體堅冷如石，藥不可復入，用此遂瘥。集賢校理胡完夫用此方拯人之危，不可勝數。

《儒門事親·諸腰脚疼痛第六·治腰脚疼痛方》 治腰腳疼痛方：

天麻　細辛　半夏以上各二兩

右用絹袋二個，各盛藥三兩，煮熟。交互熨痛處，汗出則愈。

《世醫得效方·大方脈雜醫科·傷寒撮要》 葱熨法：以葱一束，以索纏如餅餡大，去根、葉，惟存白三寸許。先以火協一面，令通熱，勿至灼人，乃以熱處著病人臍下。上經熨斗盛火熨之，令葱餅熱氣透入腹中。更作三四餅，遇一餅壞不可熨，則易一餅。候病人醒，手足溫，有汗乃止。

《古今醫統大全·疝氣門·敷熨法》 牡厲粉炒　良姜剉各一兩　爲末，津調敷偏處，須臾如火痛，即安。淋洗方　治陰疝腫痛不能忍，及陰腫大。

《古今醫統大全·疝氣門·鹽熨法》 雄黃研　甘草各一兩　白礬研二兩　爲細末，每用一兩，熱湯五升，通手洗腫處，良久，再煖洗之，候汗出瘥。

鹽熨法：用食鹽半斤炒極熱，以故帛包熨痛處。

一法：用布帛圈置臍上，用鹽填入一寸厚，用熨斗熨之，或上鋪艾灼之妙。

《仁術便覽·中風》 一方：治中風口眼歪斜，用巴豆七枚，去皮爛研。左喎塗右手心，右喎塗左手心，仍將熱水一碗安手心中，須臾，便正洗去，頻頻抽扯手中指，好。

《仁術便覽·中寒》 葱熨法　治陰寒證，腹痛至死。用葱白一大握，如茶中大紙擲緊，卻以快刀切齊，一指厚片，安於臍上，以熱熨斗熨之，待汗出爲度。一片未效，再換一片，後服藥。或將葱搗成餅掩臍，以艾灸亦好，吾用之得生。

《仁術便覽·火門·中暑》 治暑風卒倒法　凡人中暑，先着於心，一時昏迷，切不可飲冷水，并卧濕地。其法先以熱湯或童便灌，及用布蘸熱湯熨臍并氣海，緒緒令煖氣透徹臍腹，俟其甦省，然後進藥。若在途中卒然暈倒，急扶在陰涼處，掬路中熱土作窩於臍中，令人尿其內即甦。卻灌以人尿，或掘地攪土漿飲之。

一方：治寒濕、痰積、瘀血、氣滯腰痛，炒胡鹽二升，布包，乘熱熨之數遍，愈。

《仁術便覽·燥結》 連根葱二根，生姜一塊，淡豆豉二十一粒，鹽二匙，同搗爛，捏作餅，烘熱掩臍中，以帛扎定。良久，氣透自通。不然再換一餅上用熱磚熨，尤快。

《蘭臺軌範·痹歷節·痹歷節方》 寒痹熨法　用醇酒二十斤，蜀椒一斤，乾薑一斤，桂心一斤，凡四種皆㕮咀，漬酒中，用綿絮一斤，細白布四丈，并內酒中。置酒馬矢煴中，馬乖煴中者，馬屎而煨之也。蓋封塗勿使泄。五日五夜出布綿絮，曝乾之，乾後復漬，以盡其汁。每漬必晬晬，周日也。其日，乃出乾。并用滓與綿絮，復布爲複巾，重布爲巾，如今之夾袋，所以盛貯綿絮藥滓也。長六七尺，爲六七巾，則用生桑炭炙巾，以熨寒痹所刺之處，令熱入至於病所。熨寒痹所刺，則知先已刺過，然後熨之，右不刺而徒熨，恐藥性不易入，則刺法亦當考明。寒，復炙巾以熨之，三十遍而止。汗出以巾拭身，亦三十遍而止。

痹證方　治之以馬膏，膏其急者，以白酒和桂以塗。其緩者，以桑鈎鈎之，即以生桑炭置之坎中，高下以坐等，以膏熨急頰，且飲美酒，噉美炙肉。不飲酒者自強也，爲之三拊而已。

馬膏，馬脂也，其性味甘平柔潤，能養筋治痹，故可以膏其急者。白酒辣桂性味辛溫，能通經絡行血脈，故可以塗其緩者。桑之性平，能利關節，除風寒溼痹諸痛，故以桑鈎鈎之者，鈎正其口也。復以生桑火炭置之地坎之中，高下以坐等者，欲其淺深適中，便於坐而得其暖也。然後以前膏熨其急頰，且飲之美酒，噉之美肉，皆助血舒筋之法也。雖不善飲，亦自強之。三拊而已，言再三拊摩其患處，則病亦已矣。筋骨之病，總在軀殼，古法多用外治，今人不能知矣。

《蘭臺軌範·積聚癥瘕·積聚癥瘕方》 療十年痃癖方：

桃仁去皮尖雙仁，煮熟。　豉乾泡，去皮熬搗篩，各六升。　蜀椒去口閉口者，生搗篩，三升。　乾薑搗篩，三升。

右四味，先搗桃仁如膏，合搗千杵，如乾可入少蜜和搗，令可丸，如酸棗大，空腹酒服三丸，日三，仍用熨法。

椒熨方　取新盆一口受一斗者，鑽底上作三十餘孔，孔上布椒三合，椒上布鹽，鹽上安紙兩重，上布冷灰一升，冷灰上安熱灰一升，熱灰上安熱炭火如雞子大，常令益熱。底安薄毯，其口以板蓋上，以手捉勿令落，仰卧安於腹上，逐病上及痛處，自捉遣移熨之。冷氣及癥結皆從下部中作氣出，七日一易椒鹽，滿三七日，百病差乃止。

備急熨癥方　吴茱萸三升　以酒和煮，熱布裹熨之。

《蘭臺軌範·諸痛門·療胸痹心痛方》　熨背法：治胸痹、心背疼痛、氣悶。

烏頭　細辛　附子　羌活　蜀椒　桂心各一兩

右共爲散，以少醋拌綿裹，微火炙令煖，以熨背上。

《理瀹駢文·續增略言》　治傷寒食積、寒熱不調者，用一寒一熱之藥爲餅，置臍上，以熨斗盛炭火熨之，或空中運之。治陰證者，用炮薑、附子、肉桂、麝香、吴萸末，綿裹放臍内，上蓋生薑片，以葱切成碗粗一大束，扎好放薑上，熨斗熨之，或鐵烙烙之，葱爛再易。此是加一倍法，皆所以偪藥氣入肚也。治風痛者，敷藥後以桑枝燃火偪之。治乳癰者，搗葱鋪乳上，以瓦罐盛炭火偪之，汗出而愈。亦是此意。畏炭火者，用瓦罐盛熱湯，或糠火熨，或手摩之，皆可治。大熱證，不用火，以冷水偪之。治寒熱交混者，冷熱互熨之，此在臨證制宜矣。至背後脾俞、胃俞有須兼治者，又有熏臍、蒸臍、填臍法，太乙熏臍法、附子填臍法。及布包輪熨等法。如脾實者，用枳殼、陳皮炒熨。脾虛者，用糯米炒熨，能助脾運。陰寒證用吴萸、蛇床子炒熨之類。俱見文中可隨證酌用。

推拿總部

小兒推拿部

題解

《保赤推拿法·凡例》 推者，醫者按兒經穴，擠而上下之也。凡云拿者，總言以醫手在兒經穴，以用諸法也。

論說

《小兒推拿廣意·總論》 夫人之藉以爲生者，陰陽二氣也。陰陽順行，則消長自然，神清氣爽；陰陽逆行，則往來失序，百病生焉。而襁褓童稚尤難調攝。蓋其饑飽寒熱不能自知，全恃慈母爲之鞠育，苟或乳食不節，調理失常，致成寒熱，顚倒昏沉。旣已受病，而爲父母者不思所以得病之由，卻病之理，乃反疑鬼疑神，師巫祈禱，此義理之甚謬者矣。幸仙師深憫赤子之夭折，多緣調御之未良，醫治之無術，秘授是書，神功莫測。沉離浮坎，而使水火旣濟；瀉實補虛，而使五行無尅，誠育嬰之秘旨，保赤之宏功也。乃有迂視斯術，以爲鮮當，譬如急慢驚風，牙關緊閉，雖有丹藥，無可如何，先視其病之所在，徐徐推醒，然後進藥，不致小兒受苦。則推拿一道，眞能操造化、奪天功矣，豈不神歟。然治當分六陰六陽，男左女右，外呼內應。三關取熱，六腑取涼。男子推上三關爲熱、爲補，退下六腑爲涼、爲瀉；女子推下三關爲涼，推上六腑爲熱。男順女逆，進退之方，須要熟審。凡沉迷霍亂，口眼歪斜，手足掣跳，驚風嘔吐，種種雜證，要而言之，止有四證，四證分爲八候，八候變爲二十四驚。陽掌十八穴，陰掌九穴，筋看三關，功效十二。驚有緩急生死之證，法有揑推拿做之功。先須尋筋推察，次用燈火按穴而行，審病針灸，對證投湯，無不隨手而應。毋偏己見，毋作聰明，因證次第，分別而施，此爲不傳之秘訣也。留心救世者，曷愼勉旃。

《幼科鐵鏡·推拿代藥賦》 前人忽略推拿，卓溪今來一賦。寒熱溫平，藥之四性。推拿揉掐，性與藥同。用推即是用藥，不明何可亂推。推上三關，代卻麻黃肉桂。退下六腑，替來滑石羚羊。水底撈月，便是黃連犀角。天河引水，還同芩柏連翹。大指脾面旋推，味似人參白朮；瀉之，則爲竈土石膏。大腸側推虎口，何殊訶子炮姜；反之，則爲大黃枳實。湧泉右轉不揉，朴硝何異？一推一揉右轉，參朮無差。食指瀉肺，功並桑皮桔梗。旋推止咳，效爭五味冬花。精威拿緊，豈羨牛黃貝母。肺俞重揉，漫誇半夏南星。黃蜂入洞，超出防風羌活。捧耳搖頭，遠過生地木香。五指節上輪揉，乃祛風之蒼朮。足拿大敦鞋帶，實定掣之鈎藤。后谿推上，不減豬苓澤瀉。小指補腎，焉差杜仲地黃？湧泉左揉，類夫砂仁藿葉。重揉手背，同乎白芍川芎。臍風燈火十三，恩符再造。定驚元宵十五，不啻仙丹。病知表裏虛實，推合重證能生。不諳推拿揉掐，亂用便添一死。代藥五十八言，自古無人道及，雖無格致之功，卻是透宗之賦。

《幼科推拿秘書·賦歌論訣秘旨·保嬰賦》 人稟天地，全而最靈。原無夭折，善養則存。始生爲幼，三四爲小，七齠八齔，九童十稚。驚癇疳癖，傷食中寒，湯劑爲難，推拿較易。以其手足，聯絡臟腑，內應外通，察識詳備。男左女右，爲主看之。先辨形色，次觀虛實。認定標本，手法祛之。寒熱溫涼，取效指掌。四十餘穴，有陰有陽。十三手法，至微至妙。審證欲明，認穴欲確。百治百靈，萬不失一。

《針灸穴法》 大小初生曰嬰兒，五六歲曰小兒，十二歲曰童子，皆用推拿，輕小者二三次，重大者十數次。感重而人大，非多不愈，重大者尤宜燈火、丸散以佐之。

手法分部

論說

《幼科闡歧·退熱手法》　釋推拿諸手法：凡治小兒應用穴道，悉依形圖指掌所載，毫髮不浹。凡看虎口食指脈紋，並用推法，男子取左手右足，女子取右手左足，雙穴推同。一推法用醫人左手，拿住小兒四指，托住手腕掌後，以右手大拇指向淡熱生姜浸和照式推之。如三關則自陽位推上約三寸許，如六腑則退下陰位止；女子反是推上六腑，退下三關。如運八卦，男子自乾起旋轉至坤止爲一次，非發汗須跳過離宮，必按八宮，輕重不可，如挨磨㨾；女子反是自坤位逆行至乾宮止。一掐法浸軟指甲掐之，旋起復揉，量大小輕重，推亦如之。一開二扇門，則以兩手四指合向小兒手掌內，以兩大拇指向手背穴上開之。如分陰陽，但擒手頸，分法亦然。至於清天河水、清腎水，亦必旋轉往下清之。補瀉之法又當別，男左補右瀉，子前爲補，午後爲瀉，女子反是。

《幼科推拿秘書·分補泄左右細詳秘旨歌》　補泄分明寒與熱，左轉補兮右轉泄。男女不同上下推，子前午後要分別。寒者溫之熱者涼，虛者補之實者泄。手足溫和順可言，冷厥四肢兇莫測。十二經中看病源，穴眞去病湯澆雪。

《幼科推拿秘書·用湯時宜秘旨歌》　春夏湯宜薄荷，秋冬又用木香。咳嗽痰吼加葱薑，麝尤通竅爲良。加油少許皮潤，四六分做留餘。手法一歲，雖云三百，然必輕者四分，重者六分，以待加減。試病加減不難知，如此見功尤易。四季俱用葱薑煎湯，加以油麝少許推之。

《小兒科推拿直録·推拿面部次第》　其推擦之時，無論頭面手足等穴，必用葱姜煎水一碗，候溫，醫者以手用水蘸濕，然後推擦諸穴，無有不效也。

《小兒科推拿直録·補瀉法歌并圖訣》　男人補法式，◎；瀉法式，◎。女人補法式，◎；瀉法式，◎。此推拿不易之法也。

補瀉須分寒與熱，左施爲補右爲瀉。男左女右上下推，子前午後有分別。十二經中看病源，穴對證眞無差失。寒者溫之熱者涼，虛者補之實者瀉。不偏不倚謂之中，察其寒熱而爲也。

《推拿總訣仿歌·推拿總訣》　凡用手推拿小兒之時，總要看明證候，然後按法推拿，但必須知明補瀉之宜。凡補時向裏推送，同時推者之氣亦須向外放之，氣至多不過五次。瀉時向裏吸氣，數目亦同。不然終日推拿，不見功效也。

綜述

一、推法

《保赤推拿法·凡例》　推者，醫指按兒經穴，擠而上下之也。

《小兒推拿廣意·雜證門》　一、凡推法必似線行，毋得斜曲，恐動別經而招患也。

《幼科推拿秘書·掐運推拿辨》　推者，一指推去而不返，返則向外爲泄。或用大指，或用三指。穴道不同，惟心經無推。

《小兒科推拿直録·穴道字釋》　推，用手朝上推之爲推。

《小兒推拿輯要·掐運推拿揉辨》　推者，以指推去，不可帶回，或用大指，或用食中指，補則向内推，清則向外推。肝經只宜向外推，必不可向内推，以肝屬木無風且自動也。清之而名曰平，平則自安，以清爲補者也。心經亦不可向内推，火無須補也。亦不可多清，惟口瘡重舌是心火太盛者，或清五十，或清一百至二百極矣。故欲清心火者，當設法以清之，多平肝以治其本，清天河水，更有以澄其源而心火自熄矣。餘者皆可清可補。

《針灸穴法·字義解》　推者，向前推也。

《釐正按摩要術·推法》　《廣意》曰：凡推而向前者，必期如綫之直，毋得斜曲，恐傷動別經而招患也。古人有推三迴一之法，謂推去三次，帶迴一次。若驚風用推，不可拘成數，但推中略帶幾迴便是。其手法，手內四指握

定，以大指側着力直推之，推向前去三次，或帶迴一次。如乾推則恐傷皮膚。《廣意》：春夏用熱水，秋冬用葱薑水。以手指蘸水推之，水多須以手拭之。過於乾則有傷皮膚，過於濕則難於着實，以乾濕得宜爲妙。夏禹鑄曰：往上推爲清，往下推爲補。周於蕃曰：推有直其指者，則主瀉，取消食之義。推有曲其指者，則主補，取進食之義。內傷用香麝少許和水推之，外感用葱薑煎水推之，抑或葱薑香麝並用入水推之，是摩中之手法最重者。凡用推必蘸湯以施之。

一、推天河水。天河水在總經之上、曲池之下。蘸水，由橫紋推至天河，爲清天河水。蘸水，由內勞宮推至曲池，爲大推天河水。蘸水，由曲池推至內勞宮，爲取天河水。均是以水濟火，取清凉退熱之義。周於蕃。

一、推骨節。由項下大椎直推至龜尾，須蘸葱薑湯推之。治傷寒骨節疼痛。周於蕃。

一、推肺俞。肺俞在第三椎下，兩旁相去脊各一寸五分，對乳引繩取之。須蘸葱薑湯，左旋推◎屬補，右旋推◎屬泄，但補泄須分四六數用之。治風寒。周於蕃。

一、推由版門至大橫紋。蘸湯推之，能吐，能止瀉。周於蕃。

一、推由大橫紋至版門。蘸湯推之，能瀉，能止嘔。周於蕃。

一、推三關。蘸葱薑湯，由陽池推至曲池。主溫性，病寒者多推之。周於蕃。若以三關在一窩風外間使處，推上至曲池，夏禹鑄主之，其說甚是。

一、推六府。蘸沸湯，由曲池推至至陰池，主凉性，病熱者多推之。周於蕃。若以六府在掌面內間使處，由曲池推下至總經，夏禹鑄主之，其說亦是。

一、推肝木。肝木即食指端。蘸湯，側推之直入虎口，能和氣生血。周於蕃。

一、推分陽池。由小兒陽掌根中間向左蘸葱薑湯推之，治唇乾頭低，肢冷項強，目直視，口出冷氣。周於蕃。

一、推分陰池。由小兒陽掌根中間向右蘸葱薑湯推之，須用手大指，一分陽，一分陰。治法同上條。周於蕃。

一、推四橫紋。四橫紋在陽掌四指中節。蘸葱薑湯推之，和上下之氣血，治人事瘦弱、手足抽掣、頭偏左右、腸胃濕熱、不食嬭、眼翻白者。《按摩經》。

一、推外關間使。其穴在陰掌根一窩風之後。蘸葱薑湯推之，治吐瀉轉筋。《按摩經》。

一、推後谿。後谿在手掌四指後。先用掐法，後蘸湯推上爲瀉，推下爲補，治小便赤澀，益腎經虛弱。《按摩經》。

一、推版門。蘸湯，往外推之，能退熱。往內推之，治四肢抽搐。《按摩經》。

一、推指三關。三關在食指三節，分寅卯辰三關。蘸葱薑湯推之，能通血氣，能發汗。《廣意》。

一、推脾土。脾土在大指端。蘸湯，屈兒指推之爲補，能醒人事。直其指推之爲清，能進飲食。周於蕃。

一、推五經。五經即五指尖也。蘸湯逐一往上直推，往右運爲補，往左運爲瀉。總期辨寒熱虛實以施之。《廣意》。

一、推三陰交。蘸湯從上往下推之，治急驚。從下往上推之，治慢驚。《廣意》。

一、推心火。心火即中指端。蘸湯推之，能發汗退熱。若掐之，亦能利小便。《廣意》。

一、推肺金。肺金即無名指端。蘸湯推之，性主溫通，能止咳化痰。《廣意》。

一、推腎水。腎水即小指端。蘸湯推之，退臟腑熱，利小便。小便短數，又宜補之。《廣意》。

一、推中指節。蘸湯推內則熱，推外則瀉。《廣意》。

一、推坎宮。坎宮在兩眉上。蘸湯由小兒眉心分推兩旁，能治外感風寒。《廣意》。

一、推攢竹。攢竹在天庭下。蘸湯，由眉心交互往上直推。《廣意》。

一、推胃脘。由喉往下推，止吐。由中脘往上推，則吐。均須蘸湯。周於蕃。

一、推肚臍。須蘸湯往小腹下推，則泄。由小腹往肚臍上推，則補。周於蕃。

案：掐由甲入，用以代針。掐之則生痛，而氣血一止，隨以揉繼之，氣血行而經絡舒也。推須着力，故推必蘸湯，否則有傷肌膚。掐從按法出，推從

摩法出，搓搖揉運，是較推法之從輕者，亦無不從摩而出。按少而摩多者，均以宣通爲得其法也。惕厲子。

二、拿法

《保赤推拿法·凡例》 凡云拿者，總言以醫手在兒經穴，以用諸法也。

《小兒科推拿直録·穴道字釋》 拿，與截同，不用指甲掐穴爲拿也。

《萬育仙書·拿法》 醫用右手大指從兒總位上，而以中指於一窩風處對拿，大指儘力拿之。

或用右手食、中二指夾兒左手中指甲尖，用大指當指上一折拿之。

或用大指甲掐入兒中指内，尤爲得力。

又有將兒兩手背，醫以兩手托著，緊緊連指掌一把拿住，扯傍兩膀一總儘力夾住，不拘急慢驚風，或發狂，用手抓人，手足揚舞，抽搐者用之。

又小兒口緊不開，將大、中二指着力拿其牙關穴，自開。要用指入口，按病者舌根，取吐與灌湯藥，俱用此法。此穴在牙腮盡處近耳者是也。

《小兒推拿輯要·掐運推拿揉辨》 拿者，則以一手之食指、大指拿之，如拿合骨穴，拿内外牢宫之類是。亦有以兩手拿之者，如面部之太陽、風池，須兩手雙拿天門斗肘，用一手拿天門虎口，一手拿曲尺之類是也。

三、按法

《釐正按摩要術·按法》 《爾雅·釋詁》：按，止也。《廣韻》：按，抑也。周於蕃：謂按而留之者，以按之不動也。按字從手從安，以手探穴而安於其上也，俗稱推拿，拿持也，按即拿之説也，前人所謂拿者，兹則以按易之。以言手法，則以右手大指面直按之，或用大指背屈而按之，或兩指對過合按之，其於胸腹則又以掌心按之。宜輕宜重，以當時相機行之。

《素問·陰陽應象大論》：慓悍者，按而收之。王太僕注：慓，疾也；悍，利也。氣候疾利，按之以收斂也。《玉機眞臟論》脾風發癉曰可按，疝瘕少腹冤熱而痛出白，又曰可按。《舉痛論》：按之則熱氣至，熱氣至則痛止。《調經論》岐伯曰：按摩勿釋，又曰按摩勿釋。《異法方宜論》：痿厥寒熱，其治宜導引按蹻。故導引按蹻者，亦從中央出也。王注：濕氣在下，故多病痿弱氣逆及寒熱也。導引，謂搖筋骨，動支節。按，謂抑按皮肉。蹻，謂捷舉手足。《生氣通天論》：冬不按蹻，春不鼽衄。王注：按，謂按摩。蹻，謂如蹻捷者之舉動手足，是所謂導引也。然擾動筋骨則陽氣不藏，春陽上升，重熱熏肺，肺通於鼻。病鼽，謂鼻中水出。病衄，謂鼻中血出也。《離合眞邪論》：按而止之。《血氣形志論》：形數驚恐，經絡不通，病生於不仁，治之以按摩醪藥。王注：驚則脈氣併，恐則神不收，脈併神游，故經絡不通而病不仁。按摩者，開通閉塞，導引陰陽。醪藥謂酒藥也，養正祛邪，調中理氣也。《内經》載按法者多，其中有不可按者，按則增病。有不可不按者，按則療病，故首先辨證。總之古人用按摩法，與人不治，不拘嬰孩也。【略】

一、按風門。風門即耳門，在耳前起肉當耳缺陷中，將兩大指背跪按兩耳門，所謂黄蜂入洞法也。此温法亦汗法也，最能通氣。周於蕃。

一、按牙關。牙關在兩牙腮盡近耳處。用大中二指，對過着力合按之，治牙關閉者即開。周於蕃。

一、按肩井。肩井在缺盆上大骨前寸半，以三指按，當中指下陷中是。用右手大指按之，治嘔吐發汗。周於蕃。

一、按嬭旁。嬭旁即乳旁。用右手大指按之，治咳嗽止嘔吐。左右同。周於蕃。

一、按肚角。肚角在臍之旁。用右手掌心按之，治腹痛，亦止泄瀉。周於蕃。

一、按琵琶。琵琶在肩井下。以大指按之，能益精神。《廣意》。

一、按走馬。走馬在琵琶下、斗肘之上。以大指按之，發汗。《廣意》。

一、按交骨。交骨在手掌後，上下高骨間。以中大指合按之，治急慢驚風。周於蕃。

一、按總經。總經在掌根横紋之後。用右手大指背屈按其上，復以中指按手背，與横紋對過一窩風，治急驚暴亡等證。周於蕃。

一、按百蟲。百蟲在膝上。以大指背屈按之，止抽搐。周於蕃。

一、按三陰交。三陰交在内踝踝尖上三寸。以右手大指按之能通血脈，治驚風。《廣意》。

一、按僕參。僕參即鞋帶，在足跟上。按之治昏迷不醒者。《廣意》。

一、按二人上馬。二人上馬在小指無名指骨界空處。以大中指對過按之，治腹痛。周於蕃。

四、摩　法

《釐正按摩要術·摩法》 周於蕃曰：按而留之，摩以去之。又曰：急摩爲瀉，緩摩爲補。摩法較推則從輕，較運則從重，或用大指或用掌心。

《釐正按摩要術·摩法》《素問·病能篇》：摩之切之。《至眞要大論》：摩之浴之。《調經論》言按摩勿釋者，再《離合眞神論》治之以按摩醪藥。前漢《藝文志》、《黃帝岐伯按摩十卷》、《小兒按摩經》（四明陳氏著，集載《針灸大成》）、周於蕃曰：按而留之，摩以去之。又曰：急摩爲瀉，緩摩爲補。摩法較推則從輕，較運則從重，或用大指，或用掌心。宜遵《石室秘錄》摩法，不宜急，不宜緩，不宜輕，不宜重，以中和之義施之。其後掐法屬按，揉法推運搓搖等法，均從摩法出也。

一、摩腹。用掌心，團摩滿腹上，治傷乳食。周於蕃。

一、摩左右脇。左右脇在胸腹兩旁肋膊處。以掌心橫摩兩邊，得八十一次，治食積痰滯。周於蕃。

一、摩丹田。丹田在臍下。以掌心由胸口直摩之，得八十一次，治食積氣滯。周於蕃。

一、摩神闕。神闕即肚臍。以掌心按臍並小腹，或往上，或往下，或而左或而右，按而摩之，或數十次數百次，治腹痛，並治便結。周於蕃。

一、摩總經、天河、曲池三穴。以右手大指側直摩之，自能開胸退熱。《按摩經》。

案：摩法，前人以藥物摩者多，而以手法摩者祇此數條。其後推揉運搓搖等法，皆從摩法體會出之。摩之名雖易，摩之義則一也，習按摩者其知之。惕厲子。

五、掐　法

《幼科推拿秘書·掐運推拿辨》 掐者，用大指甲將病處掐之，其掐數亦如推數。

《釐正按摩要術·掐法》 掐，《說文》：爪刺也。《玉篇》：爪按曰掐。周於蕃曰：掐由甲入也。夏禹鑄曰：以掐代針也。

《保赤推拿法·凡例》 掐者，醫指頭在兒經穴，輕入而後出也。

《小兒推拿輯要·掐運推拿揉辨》 掐者，用大指甲將應掐之數，亦如推數。如有驚，則掐五指節二十遍。汗不出，掐二扇門五十遍。肚痛，掐一窩風五十遍。人事不省，掐中指巔之類是也。

《釐正按摩要術·掐法》 小兒久病且重者，先將人中一掐以試之，當即有哭聲，或連哭數聲者生，否則哭如鴉聲，或絕無聲者，難治。但醫者仍勿輕棄，以期生機於萬一，是亦好生之德也。掐法以大指甲按主治之穴，或經或重，相機行之。

一、掐大橫紋。大橫紋即總心經、小天心，在掌根處，爲諸經之祖。以指甲掐之，衆經皆動，百病皆效，其嗽甚，再掐中指一節。痰多再掐手背一節。指甲爲筋之餘，掐內止吐，掐外止瀉。《按摩經》。

一、掐大指端。大指端即肝記穴，又名皮罷。掐之治吼喘，並治昏迷不醒者。周於蕃。

一、掐心經。心經在中指第一節。掐之治咳嗽發熱出汗。《按摩經》。

一、掐內勞宮。內勞宮即掌心。掐之亦治發熱出汗。《按摩經》。

一、掐脾土。脾土在大指第一節，曲指左轉爲補，直推爲瀉，治飲食不進，瘦弱面黃，四肢無力，肚起青筋。《按摩經》。

一、掐大腸側。大腸側在食指二節側。倒推入虎口，治水瀉痢疾，肚腹膨脹。紅痢，補腎水。白痢，推三關。《按摩經》。

一、掐肺經。肺經在無名指第一節。又掐離宮起，至乾宮止，當中輕，兩頭重。治咳嗽化痰，昏迷嘔吐。《按摩經》。

一、掐腎經。腎經在小指第一節。又掐小橫紋，退六府，治大便不通，小便赤色澀滯不利，腹脹氣急，人事昏迷。《按摩經》。

一、掐總筋。總筋在掌後。由總筋掐過天河水，能清心火，治口內生瘡，遍身潮熱，夜間啼哭，四肢抽掣。《按摩經》。

一、掐二扇門。二扇門在中指骨兩邊空處。掐後以揉法繼之，治肚熱多汗，並治急驚，口眼歪斜，偏左則右掐揉，偏右則左掐揉，均宜重。《按摩經》。

一、掐二人上馬。主和溫之性，能補腎，清神順氣，甦醒沈疴。《按摩經》 掐後以揉法繼之。周於蕃。

一、掐外勞宮。外勞宮在掌背中間，與内勞宮相對。能清臟腑熱，以及午後潮熱，腹見青筋，皆可用。《按摩經》 掐後以揉法繼之。周於蕃。

一、掐一窩風。一窩風在掌背盡根處。治肚痛，唇白，眼翻白，一哭一死，並除風去熱。《按摩經》 掐後以揉法繼之。周於蕃。

一、掐外間使。外間使在掌背一窩風陽池外關之後，與内間使相對。掐主溫和，治吐瀉轉筋。周於蕃。

一、掐五指節。五指節在手背指節高紋處。治傷風被水驚嚇，四肢抽掣，面青並一切驚證。《按摩經》 掐後以揉法繼之，治口眼歪斜，咳嗽風痰。周於蕃。

一、掐精寧。精寧在手背合谷後，一窩風之上。治痰喘氣吼，乾嘔痞積。《按摩經》 掐後以揉法繼之。周於蕃。

一、掐威靈。威靈在手背二人上馬後，一窩風之下。治急驚暴死，掐此處有聲可治，無聲難治。《按摩經》 掐後以揉法繼之，並按合谷穴。周於蕃。

一、掐陽池。陽池在手背一窩風之後。清補腎水，治大小便閉，眼翻白。《按摩經》 掐後以揉法繼之，治頭痛風寒無汗，爲表散之法。周於蕃。

一、掐四横紋。四横紋在陽掌面，二節横紋處。治口眼歪斜，止腹痛，退臟腑熱。《廣意》

一、掐小横紋。小横紋在四横紋之上，指節横紋處。治口唇破爛，能退熱除煩。《廣意》

一、掐十王。十王在五指甲側，能退熱。《廣意》

一、掐端正。端正在左者，中指端左側，掐之止瀉。端正在右者，中指端右側，掐之止吐。《廣意》

一、掐委中。委中在膝後彎中有紋處。治往前跌悶。《廣意》

一、掐内廷。内廷在足大指次指外間陷中。治往後跌悶。《廣意》

一、掐太沖。太沖在足大指本節後動脈中。治危急之證。舌吐者不治。《廣意》

一、掐甘載。甘載在掌背合谷後。能救危險，能祛鬼祟。《廣意》

一、掐大敦。大敦在足大指端，去爪甲韭葉許毛中。屈大指掐之，治鷹爪驚握拳咬牙者。《廣意》

一、掐前承山。前承山在足三里下，與後承山相對。掐之治驚來急速者。《廣意》

一、掐後承山。後承山在足後跟去地一尺。掐之治氣吼發汗，消痰食痞積。《廣意》

一、凡掐筋之法，何證何穴，先將主病穴起手掐三遍，後將諸穴掐三遍，掐後揉之，每日掐三四次，其病自退，不可忽視。《按摩經》

一、掐老龍。老龍在男左女右無名指巔。掐之治急驚風，無聲者方可治。《廣意》

一、掐中指甲。醫者以大指入兒中指甲内，着力掐之，治急慢驚。周於蕃。

六、運　法

《小兒科推拿直録·穴道字釋》 運，推摩轉之爲運。

《保赤推拿法·凡例》 運者，醫以指於兒經穴，由此往彼也。

《幼科推拿秘書·掐運推拿辨》 運者，運五經八卦也。五經用食、將指平行，八卦用大指肉側行。惟離宮屬火，不可運，醫者拿小兒手，即自以大指覆按之。

《小兒推拿輯要·掐運推拿揉辨》 運者，運五經八卦是也。五經用大指或中指平行於五指根紋之間，一往一來爲一運。八卦用大指側行，法以我大指按於離宮之上，不使其推動離火，以右手大指自坤推向乾，留兑不推。自乾再推至坤，亦以往來爲一運。

《針灸穴法·字義解》 運者，運八卦，自乾至兑止。運水入土，自腎至脾土。運土入水，自脾土至腎水。

《釐正按摩要術·運法》 周於蕃曰：運則行之，謂四面旋繞而運動之也。宜輕不宜重，宜緩不宜急，俾血脈流動，筋絡宣通，則氣機有衡和之致，而病自痊矣。

一、運太陽。用兩大指運兒兩太陽，往耳運轉爲瀉，往眼運轉爲補。《廣意》。

一、運耳背高骨。用兩手中指、無名指揉運耳後高骨二十四下畢，再掐三下，治風熱。《廣意》。

一、運五經。五經即五指端也。運之治肚脹腸鳴，上下氣血不和，寒熱往來，四肢抽掣。《按摩經》。

一、運內八卦。以大指面自乾起，運至兌止。到離宜輕運，恐推動心火，餘俱從重。能開胸化痰。《按摩經》。

一、運外八卦。外八卦在掌背。運之能通一身之氣血，開臟腑之秘結，穴絡平和而蕩蕩也。《按摩經》。

一、運水入土，治水旺土衰，食穀不化者。運土入水，治水火不濟者。《按摩經》。

一、運內勞宮。醫者屈中指運之，右運涼，左運汗。《按摩經》。

七、搓　法

《保赤推拿法·凡例》 搓者，醫指在兒經穴往來摩之也。

《釐正按摩要術·搓法》 周於蕃曰：搓以轉之，謂兩手相合，而交轉以相搓也。

一、搓五經。五經即五指端也。以大指食指合搓之，能動臟腑之氣。《按摩經》。

一、搓食指。按關上爲風關，關中爲氣關，關下爲命關。大指中指合而直搓之，能化痰。《按摩經》。

一、搓湧泉。左手搓向大指，則止吐，右手搓向小指，則止瀉。《按摩經》。

一、搓臍下丹田等處。以右手周圍搓摩之，一往一來，治膨脹腹痛。《按摩經》。

八、揉　法

《保赤推拿法·凡例》 揉者，醫以指按兒經穴，不離其處而旋轉之也。

《幼科推拿秘書·掐運推拿辨》 揉者，揉天樞，用大、將二指雙揉齊揉。中脘，全掌揉。曲池、陽池，將指揉。臍與龜尾，皆搓掌心，用三指揉之，或用二指，視小兒大小。

《釐正按摩要術·揉法》 周於蕃曰：揉以和之。揉法以手宛轉迴環，宜輕宜緩，繞於其上也，是從摩法生出者。可以和氣血，可以活筋絡，而臟腑無閉塞之虞矣。

一、揉精甯。治噎氣、喘氣以二三百遍，氣平爲止。周於蕃。

一、揉版門。版門在大指魚際上。揉之除氣促氣攻，氣吼氣痛，並治嘔脹。《按摩經》。

一、揉內勞宮。揉之動心中之火，惟發汗用之，切不可以輕動。《按摩經》。

一、揉湧泉。湧泉在足心。揉之左轉止吐，右轉止瀉。若女用，反之。《按摩經》。

一、揉僕參。揉之，左轉，於吐則治之。右轉，於瀉則治之。皆補法也。《按摩經》。

一、揉腳大指，掐腳中指甲少許，治驚。《按摩經》。

一、揉小天心。能清腎水。《按摩經》。

一、揉外勞宮。和五臟，治潮熱，左轉清涼，右轉溫熱。《廣意》。

一、揉外八卦。主涼，除臟腑秘結，通血脈。《廣意》。

一、揉臍上。治肚脹氣響。《廣意》。

一、揉龜尾。龜尾在臀尖。揉之，治赤白痢泄瀉。《廣意》。

一、揉三里。三里在膝頭下三寸。揉之，治痲木。《廣意》。

一、揉中廉。中廉在前膝鬼眼之下、解谿之上。先掐後揉，治驚來急者。《按摩經》。

一、揉中指第一節內紋。先掐三次，後揉之，治泄瀉。《按摩經》。

一、揉後承山。治氣吼發汗。《廣意》。

一、揉威靈。治卒亡。周於蕃。

九、摇法

《保赤推拿法·凡例》 搖者，或於兒頭，或於兒手，使之動也。

《釐正按摩要術・搖法》 周於蕃曰：搖則動之。又曰：寒證往裏搖，熱證往外搖，是法也。搖動宜輕，可以活經絡，可以和氣血，亦摩法中之變化而出者。

一、搖頭。兩手托兒頭，於耳前少上處，輕輕搖之，所謂赤鳳搖頭也。治驚風。《按摩經》。

一、搖斗肘。左手托兒斗肘運轉，右手持兒手搖動。能治痞。《按摩經》。

一、搖左右手。醫者以一手掐勞宮，一手掐心經，兩各搖之，所謂丹鳳搖尾也。治驚風。《按摩經》。

一、掐威靈、精甯二穴，搖擺之，所謂鳳凰轉翅也。治黃腫。《按摩經》。

一、將小兒手從輕從緩搖之，男左女右，能化痰。《按摩經》。

案：按摩以下六法，由按摩變化而出者，其立法之名雖異，而立法之義則同。各篇所載主治各穴，是一病而施一法，恐有未盡之處。周氏所著，後人秘爲家傳，不知皆古人所傳之法，具在簡編。以治各證，或合數法，或合十餘穴分而治之，而主治之法宜多，非一證僅用一法已也。每日治法，或一次，或三次，病輕者或三次五次即愈。病重者或十數次，或數十次。手法有輕重，治數有多寡，胥得其宜，按摩自無不效。其餘所附諸法，亦以佐按摩之不逮者爾。惕厲子。

十、分法與和法

《保赤推拿法・凡例》 分者，醫以兩手之指，由兒經穴劃向兩邊也；和者，醫以兩手之指，由兒兩處經穴合於中間一處也。

《小兒科推拿直録・穴道字釋》 和，一上一下，一分一合爲和。

《針灸穴法・字義解》 分者，兩手分平也。

十一、其它手法

《幼科推拿秘書・又補泄辨》 補者，往指根裏推也。如推脾土，須屈小兒大指，從指之外邊，側推到板門，此爲補。伸兒指者非也。泄者，向指根往外推也，推脾不宜，惟推肝、腎、肺以泄火如此。

《小兒科推拿直録・穴道字釋》 截，用手截住穴道，不使血之往來爲截。補，手掌往手推上爲補。瀉，手腕往手掌推之爲瀉。擦，我指一上一下擦小兒穴。退，往下推之爲退。轉，推摩而轉爲之轉。清，用手向上推之爲清。

《針灸穴法・字義解》 補者，屈指而補也。大指直推，取消化飲食，屈補，取進納乳食。

《保赤推拿法・凡例》 刮者，醫指挨兒皮膚，略加力而下也。捻者，醫以兩指攝兒皮，微用力而略動也。扯者，於兒皮輕輕頻攝之而頻棄之。

十二、復式手法

《針灸大成・按摩經・手法治病訣》 水底撈月最爲良，止熱清心此是強。飛經走氣能通氣，赤鳳搖頭助氣長。黃蜂出洞最爲熱，陰證白痢並水瀉。發汗不出後用之，頓教孔竅皆通泄。按弦走搓摩，動氣化痰多。二龍戲珠法，溫和可用他。鳳凰單展翅，虚浮熱能除。猿猴摘果勢，化痰能動氣。

《針灸大成・按摩經・手訣》 黃蜂出洞　大熱。做法：先掐心經，次掐勞宮，先開三關，後以左右二大指從陰陽處起，一撮一上，至關中離坎上掐穴。發汗用之。

水底撈月　大熱。做法：先清天河水，後五指皆跪，中指向前跪，四指隨後，右運勞宮，以涼氣呵之，退熱可用。若先取天河水至勞宮，左運呵煖氣，主發汗，亦屬熱。

鳳單展翅　溫熱。用右手大指掐總筋，四指翻在大指下，大指又起又翻，如此做至關中，五指取穴掐之。

打馬過河　溫涼。右運勞宮畢，屈指向上，彈內關、陽池、間使、天河邊，生涼退熱用之。

飛經走氣　先運五經，後五指開張一滾，住關中用手打拍，乃運氣行氣也，治氣可用。又以一手推心經，至橫紋住，以一手揉氣關，通竅也。

按弦搓摩　先運八卦，復用指搓病人手，關上一搓，關中一搓，關下一搓，拿病人手，輕輕慢慢而搖，化痰可用。

天門入虎口　用右手大指掐兒虎口，中指掐住天門，食指掐住總位，以

左手五指聚住揉斗肘，輕輕慢慢而搖，生氣順氣也。又法：自乾宫經坎艮，入虎口，按之消脾。

猿猴摘果　以兩手攝兒螺螄上皮，摘之，消食可用。

赤鳳搖頭　以兩手捉耳頭而搖之，其處在耳前少上，治驚也。

二龍戲珠　以兩手攝兒兩耳輪戲之，治驚。眼向左吊則右重，右吊則左重。如初受驚，眼不吊，兩邊輕重如一。如眼上則下重，下則上重。

丹鳳搖尾　以一手掐勞宫，以一手掐心經搖之，治驚。

黄蜂入洞　屈兒小指，揉兒勞宫，去風寒也。

鳳凰鼓翅　掐精寧、威靈二穴，前後搖擺之，治黄腫也。

孤雁遊飛　以大指自脾土外邊推去，經三關、六腑、天門、勞宫邊，還止脾土，亦治黄腫也。

老漢扳繒　以一指掐大指根骨，一手掐脾經搖之，治痞塊也。

斗肘走氣　以一手托兒斗肘運轉，男左女右，一手捉兒手搖動，治痞。

《小兒推拿方脉全書·十二手法主病賦》　黄蜂入洞治冷痰，陰證第一；水底撈明月主化痰，潮熱無雙。鳳凰單展翅同雙龍擺尾之功，老翁絞罾合猿猴摘果之用。打馬過天河止嘔，兼乎瀉痢；按弦走搓磨動氣，最化痰涎。赤鳳搖頭治木麻，烏龍擺尾開閉結。二龍戲珠，利結止搐之猛將；猿猴摘果，祛痰截瘧之先鋒。飛經走氣，專傳送之。天門入虎口之能血也。

《小兒推拿方脉全書·十三手法訣》　打馬過天河　溫涼。以三指在上馬穴邊，從手指推到天河頭上，與撈明月相似。俗以指甲彈響過天河者，非也。

黄蜂入洞法　大熱。一掐心經，二掐勞宫。先開三關，後做此法。將左右二大指先分陰陽，二大指並向前，衆小指隨後，一撮一上，發汗可用。

水底撈明月法　大涼。做此法，先掐總筋，清天河水，後以三指皆跪，中指向前，衆指隨後，如撈物之狀，以口吹之。

飛經走氣法　化痰動氣。先運五經紋，後做此法。用五指開張，一滾一篤，做至關中，用手打拍乃行也。

二龍戲珠法　用二大指，二將指並向前，小指在兩傍，徐徐向前，一進一退，小指兩傍掐穴，半表裏也。

烏龍擺尾法　用手拿小兒小指，五指攢住斗肘，將小指搖動，如擺尾之狀，能開閉結也。小指屬腎水，色黑故也。

猿猴摘果法　左手大指、食指交動，慢動，右手大指食指快上至關中，轉至總筋左邊，右上至關上。

揉龜尾並揉臍治水泄，烏紗膨脹，臍風，急慢等證。

赤鳳搖頭　此法，將一手拿小兒中指，一手五指攢住小兒斗肘，將中指擺搖，補脾和血也。中指屬心，色赤故也。

鳳凰單展翅法　熱。用大指掐總筋，四指皆伸在下，大指又起又翻，四指如一翅之狀。

《濟世全書·動功按摩秘訣·掐手背十二穴》　又一掐龜尾穴並揉臍，治小兒水瀉痢疾，又治烏沙脹、臍風、盤腸、急慢等驚之證。

《濟世全書·動功按摩秘訣·手法》　一名老漢扳繒。凡痞塊，無論新久大小，以一手托兒斗肘運轉，男左轉，女右轉，再以一手捉手搖動。

《小兒推拿廣意·陽掌十八穴部位療病訣》　天門入虎口。推之和氣，生血生氣。

《小兒推拿廣意·雜證門》　一、生血順氣，天門入虎口，揉斗肘。

《小兒推拿廣意·雙鳳展翅》　醫用兩手中食二指捏兒兩耳，往上三提畢，次捏承漿，又次捏頰車及聽會、太陰、太陽、眉心、人中，完。

《小兒推拿廣意·黄蜂入洞》　以兒左手掌向上，醫用二手中名小三指托住，將二大指在三關六腑之中，左食指靠腑，右食指靠關中，掐傍揉。自總經起，循環轉動至曲池邊，横空三指，自下而復上三四轉爲妙。

《小兒推拿廣意·蒼龍擺尾》　醫右手一把拿小兒左食、中、名三指，掌向上，醫左手側掌從總經起，搓磨天河，及至斗肘，略重些。自斗肘又搓磨至總經，如此一上一下三四次。醫又將左大、食、中三指捏斗肘，醫右手前拿搖動九次。此法能退熱開胸。

《小兒推拿廣意·二龍戲珠》　此法性溫。醫將右大、食、中三指捏兒肝肺二指，左大、食、中三指捏兒陰陽二穴，往上一捏一捏，捏至曲池五次。熱證，陰捏重而陽捏輕；寒證，陽重而陰輕。再捏陰陽，將肝肺二指搖擺二九、三九是也。

《小兒推拿廣意·赤鳳搖頭》　法曰：將兒左掌向上，醫左手一食、中指輕輕捏兒斗肘，醫大中食指先掐兒心指即中指。朝上向外順搖二十四下，次掐肝指即食指。仍搖二十四下，再捏脾指即大指。二十四，又捏肺指即無名指。

二十四，末後捏腎指即小指。二十四。男左女右，手向右外，即男順女逆也。再此即是運斗肘，先做各法完，後做此法。能通開順氣，不拘寒熱，必用之法也。

《小兒推拿廣意·猿猴摘果》 此法性溫，能治痰氣，除寒退熱。醫用左食中指捏兒陽穴，大指捏陰穴。寒證，醫將右大指從陽穴往上揉至曲池，轉下揉至陰穴，名轉陽遇陰。熱證，從陰穴揉上至曲池，轉下揉至陽穴，名轉陰過陽，俱揉九次。陽穴即三關，陰穴即六腑也。揉畢，再將右大指掐兒心、肝、脾三指，各掐一下，各搖二十四下，寒證往裏搖，熱證往外搖。

《小兒推拿廣意·鳳凰展翅》 此法性溫，治涼。醫用兩手托兒手掌向上，於總上些。又用兩手上四指在下兩邊爬開，二大指在上陰陽穴往兩邊爬開，兩大指在陰陽二穴，往兩邊向外搖二十四下，掐住捏緊一刻，醫左、大、食中三指側拿兒肘，手向下輕擺三四下，復用左手托兒斗肘上，右手托兒手背，大指掐住虎口，往上向外順搖二十四下。

《小兒推拿廣意·飛經走氣》 此法性溫。醫用右手捧拿兒手四指不動，左手四指從腕曲池邊起，輪流跳至經上九次，復拿兒陰陽二穴，醫用右手向上往外一伸一縮，傳逆其氣，徐徐過關是也。

《小兒推拿廣意·按弦搓摩法》 醫用左手拿兒手掌向上，右手大食二指自陽穴上輕輕按摩至曲池，又經輕按摩至陰穴止，如此一上一下九次爲止。陽證，關輕腑重。陰證，關重腑輕。再用兩手從曲池搓摩至關腑三四次，醫又將右大食中掐兒脾指，左大食中掐兒斗肘，往外搖二十四下，化痰是也。

《小兒推拿廣意·水裡撈明月》 法曰：以小兒掌向上，醫左手拿住右手，滴水一點於兒內勞宮，醫即用右手四指扇七下。再滴水於總經中，即是心經。又滴水天河，即關腑居中，醫口吹上四五口，將兒中指屈之，醫左大指掐住，醫右手捏卷將中指節，自總上按摩到曲池，橫空二指，如此四五次。在關踢涼行背上，在腑踢涼入心肌。此大涼之法，不可亂用。

《小兒推拿廣意·打馬過天河》 此法性涼去熱。醫用左大指掐兒總筋，右大中指如彈琴，當河彈過曲池，彈九次。再將右大指掐兒肩井、琵琶、走馬三穴，掐下五次是也。

《幼科推拿秘書·十三手法歌》 齊拿天門虎口，重揉斗肘並做。麻木關節要通活，打馬須過天河。黃蜂入洞熱汗，水底撈月涼寒。飛金走氣化風痰，按弦搓摩積散。積氣積痰搓走，二龍戲珠溫和。雙龍擺尾解結疴，截瘧猿猴摘果。欲止小兒痢瀉，揉臍並及龜尾。赤鳳搖頭喘脹爲，消噎展翅單飛。拿兒無名食指，伸搖盡力用功。左食先掐肩井中，總收久病宜用。永除小兒慣病，要將百穴全拿。若有一二法少差，未及年逾又發。十三手法卻病，仙傳留救兒童。醫者深思神會通，浮氣粗心休用。

《幼科推拿秘書·天門入虎口重操斗肘穴》 此順氣生血之法也。天門即神門，乃乾宮也。斗肘，膀膊下肘後一團骨也。其法以我左手托小兒斗肘，復以我右手大指叉入虎口，又以我將指管定天門，是一手拿兩穴，兩手三穴並做也。然必曲小兒手揉之，庶斗肘處得力，天門虎口處又省力也。

《幼科推拿秘書·打馬過天門》 此能活麻木，通關節脈竅之法也。馬者，二人上馬穴也，在天門下。其法以我食、將二指，自小兒上馬處打起，擺至天河，去四回三，至曲池內一彈，如兒輩嘻戲打破之狀。此法退涼去熱。

《幼科推拿秘書·黃蜂入洞》 此寒重取汗之奇法也。洞在小兒兩鼻孔，我食、將二指頭，一對黃蜂也。其法屈我大指伸我食、將二指，入小兒兩鼻孔揉之，如黃蜂入洞之狀。用此法汗必至，若非重寒陰證，不宜用，蓋有清天河撈明月之法在。

《幼科推拿秘書·水底撈明月》 此退熱必用之法也。水底者，小指邊也。明月者，手心內牢宮也。其法以我手拿住小兒手指，將我大指自小兒小指旁尖推至坎宮，入內牢輕拂起，如撈明月之狀。再一法，或用涼水點入內牢，其熱即止。蓋涼入心肌，行背上，往臟腑。大涼之法，不可亂用。

《幼科推拿秘書·飛金走氣》 此法去肺火，清內熱，消膨脹，救失聲音之妙法也。金者，能生水也。走氣者，氣行動也。其法性溫。以我將指蘸涼水置內牢宮，仍以將指引牢宮水上天河去，前行三次，後轉一次，以口吹氣微噓。跟水行，如氣走也。

《幼科推拿秘書·按弦走搓摩》 此運開積痰、積氣、痞疾之要法也。弦者，勒肘骨也，在兩脇上。其法着一人抱小兒坐在懷中，將小兒兩手抄搭小兒兩肩上，以我兩手對小兒兩脇上搓摩至肚角下，積痰積氣自然運化。若久痞，則非一日之功，須久搓摩方效。

《幼科推拿秘書·二龍戲珠》 此止小兒四肢掣跳之良法也，其法性溫。其以我食將二指自兒總經上，參差以指頭按之，戰行直至曲池陷中，重揉。其

頭如圓珠亂落，故名戲珠。半表半裏。

《幼科推拿秘書·雙龍擺尾》 此解大小便結之妙法也。其法以我右手拿小兒食、小二指，將左手托小兒斗肘穴，扯搖如數，似雙龍擺尾之狀。又或以右手拿兒食指，以我左手拿兒小指，往下搖拽，亦似之。

《幼科推拿秘書·猿猴摘果》 此勦瘧疾，並除犬吠人喝之證之良法也，亦能治寒氣，除痰退熱。其法以我兩手大、食二指提孩兒兩耳尖，上往若干數，又扯兩耳墜，下垂若干數，如猿猴摘果之狀。

《幼科推拿秘書·揉臍及龜尾并擦七節骨》 此治瀉痢之良法也。龜尾者，脊骨盡頭閭尾穴也。七節骨者，從頭骨數第七節也。其法以我一手用三指揉臍，又以我一手託揉龜尾，揉訖，自龜尾擦上七節骨爲補，水瀉專用補。若赤白痢，必自上七節骨擦下龜尾，爲泄，推第二次再用補。蓋先去大腸熱毒，然後可補也。若傷寒後，骨節痛，專擦七節骨至龜尾。

《幼科推拿秘書·赤鳳摇頭》 此消膨脹舒喘之良法也，通關順氣，不拘寒熱，必用之功。其法以我左手食將二指掐按小兒曲池內，作鳳二眼，以我右手仰拿兒小、食無名四指搖之，似鳳凰搖頭之狀。

《幼科推拿秘書·鳳凰單展翅》 此打噎能消之良法也，亦能舒喘脹，其性溫，治涼。法用我右手單拿兒中指，以我左手按掐兒斗肘穴圓骨，慢搖如數，似鳳凰單展翅之象，除虛氣虛熱俱妙。

《幼科推拿秘書·總收法》 諸證推畢，以此法收之，久病更宜用此，永不犯。其法以我左手食指掐按兒肩井陷中，乃肩髆眼也，又以我右手緊拿小兒食指無名指，伸搖如數，病不復發矣。

《小兒科推拿直録·黄蜂入洞圖》 此法治冷痰、冷氣、冷食傷，一切可用。

《小兒科推拿直録·飛經走氣圖》 此法亦能降火清痰。

《小兒科推拿直録·按弦搓摩圖》 亦能治諸驚。

《萬育仙書·諸名色手法治病訣》 水底撈明月最涼，清心止熱實爲強。飛經走氣能行氣，赤鳳搖頭助氣長。黄蜂出洞最爲熱，陰證白痢水瀉良。按弦走搓磨，動氣化痰多。二龍戲珠法，溫和可用他。鳳凰單展翅，浮虛熱能除。猿猴摘果勢，化痰消食多。

《萬育仙書·鳳凰單展翅》 鳳凰單展翅，化痰順氣，虛熱能除。此法用手拿兒脾、腎二經，待手肘活動搖之。

《萬育仙書·打馬過天河》 打馬過天河，溫和法，通經行氣。先右運勞宮，後以左手拿兒大小二指，向後用食、中、無名三指從天河打至手彎止。

《萬育仙書·手訣》 天門入虎口五法。 生血順氣。用大指自兒命關推至虎口，或從大指巔推入虎口，虎口處，攢掐之。又自兒小指根起推掌背弦入虎口處止，又自乾宮經坎艮入虎口，按之清脾。又用右手大指掐兒虎口，中指掐住天門，食指掐住總位，以左手五指聚住揉斗肘，輕輕慢慢而搖。

飛經走氣四法。 先運五經，從五指開張一滚，從關中用手打拍。又以一手推心經至横紋止，以一手揉氣關，乃行氣之法。又法，用身靠兒背，將兩手從脇下奶傍下揉之。又以食、中二指自兒寸口中起，兩指點行，如人打拍，至曲池上。

按弦走搓磨二法。【略】又將右大指，自寸口邊起推上三關，至曲池，轉至六腑下手脛止。

二龍戲珠二法。 治驚。以兩手攝兒兩耳輪戲之，兒眼吊向左，則右重；吊向右，則左重；，眼不吊，兩邊如一。眼吊上，則下重；，吊下，則上重。又用兩手指在人中兩邊，對鼻孔揉之。

蒼龍擺尾三法。 治驚。以一手掐勞宮，一手掐心經，搖之。又身向兒背，用兩手拿兒兩手虎口，擺之。又用手撚兒□指。

猿猴摘果二法。 消食化痰。以兩手攝兒螺螄骨上皮摘之。又用兩手拿兒，雙手虎口朝面耳揉之。

赤鳳摇頭三法。 和氣血，主治驚。醫將右大、食二指，拿兒大指頭搖擺之。向胸内擺爲補，向外爲泄。又法，將一手拿兒手曲尺穴，將一手拿總心處，搖擺之，名搖斗肘。向胸内爲補，向外爲瀉。又法，兩手捉兒頭搖之。

《小兒推拿輯要·十三大手法推拿注釋》 拿天門入虎口重揉斗肘 此順氣生血之法也。天門即神門，乃乾宮也。斗肘，膀髆下肘後一團骨，即拐柱頂也。法以我左手托兒斗肘穴，以大指按住曲尺穴，復以右手大指叉入虎口，以將指管定天門，慢慢搖之。向内搖爲補，向外搖爲清。是一手拿兩穴，兩手四穴並作也。然必曲小兒手揉之，庶斗肘處得力，天門虎口處省力也。須用二百遍。

黄蜂入洞 此寒重取熱之奇法也。洞即兩鼻孔，以我食指、將指二頭，

作一對黃蜂也。法先以葱姜湯，用食指、將指蘸之，擦鼻兩邊，上至印堂下至口角，往來擦洗十數次，名爲洗井竈。再屈我大指，伸食指、中指入兩鼻孔內揉之，如黃蜂入洞之狀，則汗必至矣。若非重寒陰證，不可輕用。

水底撈明月　此退熱必用之良方也。水底者，小指下邊也。明月者，即小天心也。法以我手拿住小兒手指，用指蘸涼水，自小指下邊推至坎宮入內牢，輕輕拂起，如撈月之狀。一法或用涼水點入內牢，其熱即止。蓋涼入心肌，行背上，往臟腑。大涼之劑，不可亂用。推以七八十遍，或一二百遍，看其熱之輕重耳。

《針灸穴法·諸手法論》　黃蜂入洞　屬火。將二大指跪入病人兩耳數十次，能通氣。如手板掩耳門俱是，餘皆非也。

飛經走鳳　將大指於兒總心經上立住，卻將食、中、名三指一站，彼此遞過前去，至於彎止，如此數次。

鳳凰單展翅　將右手食指拿兒大指，屈壓內勞宮，大指拿外勞宮，將右手大指跪頂一窩風。並食中二指拿住一窩風，右手搖擺之。

《釐正按摩要術·按法》　一、按風門。風門即耳門，在耳前起肉當耳缺陷中，將兩大指背跪按兩耳門，所謂黃蜂入洞法也。此溫法亦汗法也，最能通氣。周於蕃。

《釐正按摩要術·水中撈月法》　一法將兒手掌心，用冷水旋推旋吹，如運八卦法，四面環繞，爲水底撈月。夏禹鑄主之。

《釐正按摩要術·按弦搓摩法》　法治痰滯。醫用左手拿兒掌向上，以右大食二指自陽穴上輕輕按摩至曲池，又輕輕按摩至陰穴止，如此一上一下，凡九次。屬陽證者，關輕腑重。屬陰證者，關重腑輕。再用兩手，從曲池搓摩至關腑三四次，又將右大、食中，指捏兒脾指，左大、食、中指捏兒斗肘，往外搖二十四下。

《釐正按摩要術·猿猴摘果法》　法主溫，治痰氣，除寒退熱。醫用左手食中兩指捏兒陽穴，大指捏陰穴。屬寒證者，將右大指從陽穴往上揉至曲池，轉下揉至陰穴，名轉陽過陰。屬熱證者，從陰穴揉上至曲池，轉下揉至陽穴，名轉陰過陽，俱揉九次。陽穴即三關，陰穴即六腑也。揉畢，再將右大指掐兒心肝脾三指，各掐一下，各搖二十四下，寒證往裏搖，熱證往外搖。

《釐正按摩要術·鳳凰展翅法》　法主溫。醫用兩手托兒手於總經上，將兩手上四指在下邊兩面爬開，二大指在上陰陽二穴兩面爬開，再以兩大指捏陰陽二穴向外搖二十四下，捏緊一刻，又將左大食中指側拿兒手肘，向下輕擺三四下，復用左手托兒斗肘，右手托兒手背，大指掐住虎口，往上向外順搖二十四下。

《釐正按摩要術·飛經走氣法》　法主溫。醫用右手拿兒手，四指不動，左手四指從兒曲池邊起，輪流跳至總經上九次，復拿兒陰陽二穴，將右手向上往外，一伸一縮，傳送其氣，徐徐過關也。

《釐正按摩要術·天門入虎口法》　法主健脾消食。將兒手掌向上，蘸葱薑湯，自食指尖寅卯辰三關，側推至大指根。

《釐正按摩要術·十大手法》　法治乳滯感寒。將兒左手掌向上，醫用兩手中名小三指托住，將二大指輕按三關六腑之中，左食指靠腑，右食指靠關中掐旁揉，自總經起循環轉動至曲池邊，橫空三指，自下復上，三四轉爲妙。

《保赤推拿法·孤雁游飛法》　從兒大指尖脾經外邊推上去，經肱面左邊至肱下節大半處，轉至右邊，經手心仍到兒大指頭，止治黃腫虛脹。

《保赤推拿法·按弦搓摩法》　用二大指搓兒手與肱之背面各數下，再拿兒手掌輕輕慢慢而搖，順氣化痰。

《保赤推拿法·水底撈月法》　先掐總筋、清天河水，醫人以四指皆屈，隨以中指背第二節、第三節骨凸起，澆新汲涼水於兒掌心，往右運勞宮，醫人以口氣吹之，隨吹隨推。大涼，一切熱證最效。

《保赤推拿法·老漢扳罾法》　一手掐兒大指根骨，一手掐兒大指尖脾經，能消食，治痞塊。

《保赤推拿法·鳳凰鼓翅法》　用兩手掐兒精靈、威靈二穴，前後擺搖之，治黃腫，又治暴死，降喉內痰響。

《保赤推拿法·鳳凰單展翅法》　用大指掐總筋，四指皆伸在下，大指又起又翻，四指如一翅之狀，掐至內關。大熱，治一切寒證。

部位分部

綜　述

《針灸大成·按摩經·要訣》三關出汗行經絡，發汗行氣此爲先。倒推大腸到虎口，止瀉止痢斷根源。脾土曲補直爲推，飲食不進此爲魁。瘧痢疲羸並水瀉，心胸痞痛也能祛。掐肺一節與離經，推離往乾中間輕。冒風咳嗽並吐逆，此經神效抵千金。腎水一紋是後谿，推下爲補上清之。小便秘澀清之妙，腎虚便補爲經奇。六筋專治脾肺熱，遍身潮熱大便結，人事昏沉總可推，去病渾如湯潑雪。總筋天河水除熱，口中熱氣並拉舌。心經積熱火眼攻，推之方知眞妙訣。四横紋和上下氣，吼氣腹疼皆可止。五經紋動臟腑氣，八卦開胸化痰最。陰陽能除寒與熱，二便不通並水瀉。人事昏沉痢疾攻，救人要訣須當竭。天門虎口揉斗肘，生血順氣皆妙手。一掐五指爪節時，有風被嚇宜須究。小天心能生腎水，腎水虚少須用意。板門專治氣促攻，扇門發熱汗宣通。一窩風能除肚痛，陽池專一止頭疼。精寧穴能治氣吼，小腸諸病快如風。

《小兒推拿方脈全書·掌背穴治病歌》掌背三節驅風水，靠山勦瘧少商回。内外間使兼三穴，一窩風止頭疼功。頭疼肚痛外勞宜，潮熱孩啼不出聲。單掐陽池頭痛止，威靈穴掐死還生。一掐精寧穴便甦，口歪氣喘疾皆除。内間外使平吐瀉，外揉八卦遍身疏。

《小兒推拿方脈全書·掌面推法歌》一掐心經二勞宮，推推三關汗即通，如若不來加二扇，黄蜂入洞助其功。側掐大腸推虎口，螺螄穴用助生功，内傷泄痢兼寒瘧，肚脹痰吼氣可攻。一掐脾經屈指補，艮震重揉肚脹宜。肌瘦面若帶黄色，飲食隨時而進之。腎經一掐二横紋，推上爲清下補益。上馬穴清同此看，雙龍擺尾助其功。肺經一掐二爲離，離乾二穴重按之。中風咳嗽兼痰積，起死回生便響時。一掐腎水下一節，便須二指小横紋。退之六腑涼將至，肚膨閉塞一時寧。總筋一掐天河水，潮熱周身退似水。再加水底撈明月，終夜孩啼即住聲。運行八卦開胸膈，氣喘痰多即便輕。板門重揉君記取，即時飲食進安寧。眼翻即掐小天心，望上須當掐下平。望下即宜將上掐，左邊掐右左當明。運土入水身羸瘦，土衰水盛肚青筋。運水入土膨脹止，水衰土盛眼將睜。陰陽二穴分輕重，寒熱相攻瘧痢生。痰熱氣喘陰重解，無吼無熱用陽輕。運動五經驅臟腑，隨時急用四横紋。

《小兒推拿廣意·雜證門》論穴有分寸者，以小兒中指，屈中節度之爲寸，折半爲五分，非尺之謂。

《小兒推拿廣意·拿法》太陽二穴屬陽明，起手拿之定醒神。耳背穴原從腎管，驚風痰吐一齊行。肩井肺經能發汗，脱肛痔漏總能遵。及至奶旁尤屬胃，去風止吐力非輕。曲池脾經能定搐，有風有積也相應。肚痛太陰脾胃絡，肚疼泄瀉任拿停。下部四肢百蟲穴，調和手足止諸驚。肩上琵琶肝臟絡，本宫肚熱又清神。合谷穴原連虎口，開關開竅解昏沉。魚肚腳脛抽骨處，醒神上瀉少陽經。莫道膀胱無大助，兩般閉結要他清。十二三陰交穴盡，流通血脈自均匀。記得急驚從上起，慢驚從下上而行。此是神仙眞妙訣，須教配合要知音。天吊眼唇都向上，琵琶穴上配三陰。先是百蟲穴走馬，通關之後降痰行。角弓反張人驚怕，十二驚中急早針。肩井頰車施莫奪，荆湯調水服千金。此後男人從左刺，女人反此右邊針。生死入門何處一，指頭中甲掐知音。此是小兒眞妙訣，更於三部看何驚。

又

究其發汗如何説，要在三關用手訣。只掐心經與内勞，大汗立至何愁些，不然重掐二扇門，大如霖雨無休歇。右治彌盛並水瀉，重掐大腸經一節。側推虎口見工夫，再推陰陽分寒熱。若問男女咳嗽多，要知肺經多推説。離宫推起乾宫止，中間只許輕輕捏。一運八卦開胸膈，四推横紋和氣血。五臟六腑氣來閉，運動五經開其塞。飲食不進人著嚇，推動脾土即喫得。飲食若減人瘦弱，該補脾土何須説。若還小便兼赤白，小横紋與腎水節。往上而推爲之涼，往下而推爲之熱。小兒如著風水嚇，推動五經手指節。先運八卦後揉之，自然平息風關脈。大便閉塞久不通，皆因六腑多受熱。小横紋上用手工，揉掐腎水下一節。口吐熱氣心經熱，只要天河水清澈。總上掐到往下推，萬病之中都用得。若還遍身不退熱，外勞宫揉掐多些。不問大熱與大潮，只消水裡撈明月。天河虎口斗肘穴，重揉順氣又生血。黄蜂入洞寒陰

證，冷痰冷咳都治得。陽池穴上止頭疼，一窩風治肚疼疾。威靈穴救卒暴死，精靈穴治咳嗽逆。男女眼若睜上去，重揉大小天心穴。二人上馬補腎水，管教甦醒在頃刻。飲食不進並咳嗽，九轉三迴有定穴。運動八卦分陰陽，離坎乾震有分別。腎水一紋是後溪，推上爲補下爲泄。小便閉塞清之妙，腎經虛便補爲捷。六腑專治臟腑熱，遍身寒熱大便結。人事昏沉總可推，去病渾如湯潑雪。總筋天河水除熱，口中熱氣並弄舌。心經績熱眼赤紅，推之即好眞口訣。四横紋和上下氣，吼氣肚痛皆可止。五經能通臟腑熱，八卦開胸化痰逆。胸膈痞滿最爲先，不是知音莫與訣。陰陽能除寒與熱，二便不通並水泄，人爲昏沉痢疾攻。足見神功在頃刻。板門專治氣促攻，小腸諸氣快如風。男左三關推發汗，退下六腑冷如鐵。女右六腑推上涼，退下三關謂之熱。仙師留下救孩童，後學之人休輕洩。

《幼科推拿秘書·穴道圖象》 潛菴曰：推拿一書，其法最靈，或有不靈，認穴之不眞耳。即如頭爲諸陽之首，面爲五臟之精華，十指聯絡於周身之血脈。穴不眞則竅不通，竅不通則法不靈。故予於斯書，首著訣法總綱，次詳全身經穴，而圖象昭焉，手法明焉，百病除焉。

《幼科推拿秘書·手法治病歌》 水底明月最爲涼，清心止熱此爲強。飛金走氣能行氣，赤鳳搖頭助氣良。黄蜂入洞最爲熱，陰證白痢並水瀉。發汗不出後用之，頓教孔竅皆通洩。大腸側推到虎口，止吐止瀉斷根源。瘧痢羸瘦並水瀉，心胸痞滿也能痊。掐肺經絡節與離，推離往乾中要輕。冒風咳嗽並吐逆，此筋推掐抵千金。腎水一紋是後谿，推下爲補上爲清。小便閉塞清之妙，腎經虛損補爲能。六腑專治臟腑熱，遍身潮熱大便結。人事昏沉總可推，去火渾如湯潑雪。總筋天水皆除熱，口中熱氣並刮舌。心驚積熱火眼攻，推之即好眞妙訣。五經運通臟腑塞，八卦開通化痰逆。胸膈痞滿最爲先，不是知音莫與洩。四横紋和上下氣，吼氣肚痛掐可止。二人上馬清補腎，小腸諸病俱能理。陰陽能除寒與熱，二便不通並水瀉。諸病醫家先下手，帶遶天心坎水訣。人事昏迷痢疾攻，疾忙急救要口訣。天門雙掐到虎口，斗肘重揉又生血。一掐五指節與離，有風被喝要須知。小天心能生腎水，腎水虛少推莫遲。板門專治氣促攻，扇門發熱汗宜通。一窩風能治肚痛，陽池穴上治頭疼。外牢治瀉亦可用，拿此又可止頭疼。精寧穴能醫吼氣，威靈促死能回生。

《小兒科推拿直録·大拿歌訣》 太陽二穴屬陽明，起手拿之是醒神。耳後穴原從腎管，驚風痰吐一徐行。肩井肺金能出汗，脱肛痔漏亦能醫。及至奶旁尤屬胃，去風止吐力非輕。曲池脾經能定搐，有風有熱便相應。肚角大腸脾胃經，腹痛泄瀉任拿行。下部四肢百蟲穴，調和手足止諸經。肩上琵琶肝臟絡，本宮脈熱又清神。合谷穴相連虎口，通關開竅解昏沉。魚肚腳控抽骨處，醒神止泄少陰經。莫道旁光無大助，兩關秘結要他清。十二三陰交穴內，疏通氣血自均匀。記得急驚從上取，慢驚必從下面行，此是神仙眞妙訣，須教配合要知音。天吊眼唇都望上，琵琶穴去配三陰。先是百蟲穴走馬，通關之後降痰行。角弓反張人驚怕，十二經中急早針。肩井頰車旋莫奪，荆湯調水服千金。此法男人從左刺，女人反此從右針。生死入門何處斷，指頭中甲掐知音。此是小兒眞秘訣，更將三部看何驚。

《小兒科推拿直録·馬郎捷徑手法歌訣》 若問發汗如何説，只在三關用手訣。一掐心經與勞宮，大汗立至何愁結。不則又掐二扇門，大如淋雨無休歇。若治痢疾並水瀉，重掐大腸經一節。倒推虎口見工夫，再推陰陽分寒熱。若問男女咳嗽訣，須推肺經眞妙法。離上推起至乾宮，中間只宜輕輕捻。一運八卦開胸膈，四推横紋和氣血。五藏六腑氣候秘，運動五經開其塞。飲食不進人着嚇，惟動脾土便吃得。飲食若減身體瘦，應補脾土何須説。若還小水赤與濇，小横紋與腎水節。往上推而爲之補，往下推而爲之瀉。若見小兒小風嚇，恰要當運五指節。口出熱氣心經熱，只要天河水清澈。總上掐倒往下推，萬病之中多用得。若是遍身不退熱，外勞宮上多揉些。不問大熱與大炎，只消水裡撈明月。天河虎口斗肘穴，重揉和氣又生血。黄蜂入洞醫陰證，冷氣冷痰多治得。陽池穴上治頭痛，一窩風愈肚痛絶。威靈穴治卒暴死，精寧穴治飽脹疾。二人上馬補腎經，合谷能醫眼翻白。飲食不進兼咳嗽，九輕三重有口訣。推動八卦分陰陽，離乾艮震有分别。男左三關推上熱，退下六腑冷如鐵。女右三關退下涼，推上六腑卻爲熱。馬郎留下救孩童，後學殷勤休要洩。

《推拿三字經·序》 分陰陽，爲水火兩治湯。推三關，爲參附湯。退六腑，爲清涼散。天河水，爲安心丹。運八卦，爲調中益氣湯。内勞宫，爲高麗清心丸。補脾土，爲六君子湯。平肝，爲逍遙散。瀉大腸，爲承氣湯。清補大腸，爲五苓散。清補心，爲天王補心丹。清肝，爲養肺救燥湯。補腎水，爲

六味地黄丸。清小腸，爲導赤散。揉二馬，爲八味地黄丸。外勞宫，爲逐寒返魂湯。拿列缺，爲回生散。天門入虎口，爲順氣丸。陽池穴，爲四補丸。五經穴，爲大聖散。四横紋，爲順氣和中湯。後谿穴，爲人參利腸丸。男左六腑，爲八味順氣散。女三關，爲蘇合香丸。

一、頭面部推拿

《小兒推拿方脈全書·正面部位歌》中庭與天庭，司空及印堂。額角方廣處，有病定存亡。青黑驚風急，休和滑澤光。不可陷兼損，唇黑敢難當。青甚須憂恐，昏睛亦堪傷。此是命門地，醫師要較量。

額上屬心，鼻準屬土，左腮屬肝，右腮屬肺，下頦屬腎。

天吊驚，眼向上不下，將兩耳珠望下一扯一掐即轉。

肝驚起髮際，肝積在食倉，肝冷面青白，肝熱正眉端。

脾驚正髮際，腳積唇應黄，脾冷眉中岳，脾熱太陽侵。

《幼科推拿秘書·穴道圖象》穴在頭腦者，百會穴，在頭頂毛髮中，以線牵向髮前後左右重。囟門穴，在百會前，即泥丸也。中庭穴，在髮際上邊些。天庭穴，即天門，又名三門。天心穴，在額正中，略下於天庭。兩額，在太陽之上。印堂，在兩眉心中，名二門。額角，左爲太陽，右爲太陰。風府，在腦後枕骨下，俗名腦窩。天柱，即頸骨也。

穴在面者 山根，在兩眼中間鼻梁骨，名二門。三陽，左眼胞。三陰，右眼胞。準頭，名年壽，即鼻也。龍角，一名文臺，在左鬢毛。虎角，名武臺，在右耳鬢毛。風門，在兩耳門外。風池，在目上胞，一名坎上。氣池，在目下胞，名坎下。左頰、右頰，在顴之旁。兩頤，在上口唇兩旁，即腮也。水溝，在準頭下，人中是也。食倉穴，在兩頤下。承漿穴，在人中下地角。

《幼科推拿秘書·揉上天心》上天心者，大天心也，在天庭中。小兒病目，揉此甚效。以我大指按揉之，眼珠上視，往下揉；眼珠下視，往上揉。兩目不開，左右分揉。口眼歪斜，亦必揉此。

《針灸逢源·推拿雜病要穴》印堂，治一切驚風不語。　頰車，治牙關緊。

瞳子髎，治眼閉。　迎香，治口眼俱閉。

《小兒推拿輯要·身上諸穴秘訣》太陽穴，在兩眉梢頭，屬陽明經。風池穴，在耳後骨下凹處，屬腎。此二穴，用兩手大指、食指並拿，能令人醒，並發汗去風。

三陽穴，左眼胞處。三陰穴，右眼胞處。拿之能通血脈。

《釐正按摩要術·運法》一、運耳背高骨，用兩手中指、無名指揉運耳後高骨二十四下畢，再掐三下，治風熱。《廣意》

《釐正按摩要術·按法》一、按牙關。牙關在兩牙顋盡近耳處，用大中二指對過着力合按之，治牙關閉者即開。周於蕃。

《釐正按摩要術·推法》攢竹，在天庭下。坎宫，在兩眉上。

《釐正按摩要術·推攢竹法》法治外感内傷均宜。醫用兩大指，春夏蘸水，秋冬蘸葱薑和眞麻油，由兒眉心交互往上直推。

《釐正按摩要術·推坎宫法》法治外感内傷均宜。醫用兩大指，春夏蘸水，秋冬蘸葱薑和眞麻油，由小兒眉心上分推兩旁。

《保赤推拿法·開天門法》凡推，皆用葱薑水浸醫人大指，若兒病重者，須以麝香末黏醫人指上用之。先從眉心向額上推二十四數，謂之開天門。

《保赤推拿法·分推太陰穴太陽穴法》於開天門後，從眉心分推至兩眉外梢太陰、太陽二穴九數。太陰穴在右眉，太陽穴在左眉外梢。

《保赤推拿法·掐天庭穴至承漿穴法》於分太陰、太陽二穴後，再於天庭、眉心、山風、延年、準頭、人中、承漿各穴皆用大指甲一掐。天庭在額上，眉心在兩眉夾界，山風在鼻窪，延年在鼻高骨，準頭在鼻尖，人中在鼻下口上，承漿在口下低處。

《保赤推拿法·掐耳搖頭法》於掐天庭各穴後，將兩手捻兒兩耳下垂，揉之，再將兩手捧兒頭搖之。

凡推皆先用此四法以開關竅，然後擇用諸法。

《保赤推拿法·揉太陽穴法》治男，揉太陽穴發汗。若發汗太過，揉太陰穴數下以止之。治女，揉太陽穴反止汗。

《保赤推拿法·揉太陰穴法》治女，揉太陰穴發汗。若發汗太過，揉太陽穴數下以止之。治男，揉太陰穴反止汗。

二、軀幹部推拿

《針灸大成·按摩經·手訣》 掐龜尾　掐龜尾並揉臍，治兒水瀉、烏痧、膨脹、臍風、月家、盤腸等驚。

揉臍法　掐斗肘畢，又以左大指按兒臍下丹田不動，以右大指周圍搓摩之，一往一來。

《小兒推拿方脈全書·足上諸穴》 揉龜尾幷揉臍，治水泄、烏紗、膨脹、臍風、急慢等證。

《小兒推拿廣意·足部十三穴部位療病訣》 臍上。運之，治肚脹氣響。如證重，則週迴用燈火四燋。

龜尾。揉之，止赤白痢、泄瀉之證。

《幼科推拿秘書·穴道圖象》 穴在前身者　迎人穴，喉之左右。膻中穴，在迎人下正中，與背後風門相對，皆肺家華蓋之系。天樞穴，在膻中穴下兩旁，兩乳之上。乳穴，在兩乳下。鳩尾穴，掩心骨盡處。肚臍穴，一名神闕。丹田穴，即氣海也。肚角穴，腰下兩旁往丹田處也。中脘穴，胃藏飲食處。期門穴，在兩脅下軟處，吸氣之所。關元穴，臍下寬平處，與下氣海相連。腎囊，卵胞。

穴在脊背者　風門穴，在脊骨二節下。中樞穴，在脊骨七節之上。七節骨穴，與心窩相對。心俞穴，在七節骨左寸許。肺俞穴，在七節骨右寸許。腰俞穴，對前腰旁。膀胱穴，在左股上。命門穴，在右股上。龜尾穴，一名闆尾，脊背盡頭處。

《幼科推拿秘書·推拿手法》 揉膻中風門　膻中，在胸前堂骨窪處。風門，在脊背上，與膻中相對。揉者，以我兩手按小兒前後兩穴，齊揉之。以除肺家風寒邪熱，氣喘咳嗽之證。

揉中脘　中脘，在心窩下，胃腑也，積食滯在此。揉者，放小兒卧倒仰睡，以我手掌按而揉之。左右揉，則積滯食悶即消化矣。

揉天樞　天樞穴，在膻中兩旁兩乳之上。揉此以化痰止嗽。其揉法以我大、食兩指八字分開，按而揉之。

揉臍及鳩尾　鳩尾在心窩上，掩心骨是也。臍乃肚臍，一名神闕。揉者，以我右掌從小兒關元，右拂上至鳩尾，左旋而下，如數週迴。蓋小兒天一眞水在此，取水來尅火之故也。身熱重者，必用此法。須用三指方着力，若手心則不着力矣。寒掌熱指，乃搓熱手心揉臍也。

《小兒科推拿直録·前身諸穴治證法》 期門穴，在乳下。治上膈板悶傷食，泄之。

臍俞穴，在肚臍四圍。治傷食肚痛，瀉痢腫脹，男左女右重揉之。

氣海穴，在腿內側內陷中。治小腸疝氣，往上括之。

中脘穴，在心窩。治肚痛揉之，泄瀉痢疾泄之。

肩井穴，在肩頭中。治喉閉纏喉吐痰，掐而揉之。

《小兒推拿輯要·身上諸穴秘訣》 肩井穴，在肩膊眼窩內，屬胃。掐拿十五遍，能令人出汗。

奶旁穴，在兩奶之旁，屬胃。拿之能止吐，且能開痰除脹。

琵琶穴，在胸前左右凹處，肩井骨之下，屬肝經。拿之能精神。

膻中穴，在心窩上，胸正中。揉二十遍，開胸化痰，且除肺家風寒邪熱。

肚角穴，屬太陽經。拿之止瀉，且止肚痛。

脊骨穴，逐節掐七八回，能治風。重些不妨。

《釐正按摩要術·按法》 肩井，在缺盆上大骨前寸半，以三指按，當中指下陷中是。

肚角，在臍之旁。

琵琶，在肩井下。

走馬，在琵琶下，斗肘之上。

《釐正按摩要術·正身圖注》 正身各穴，已載於《銅人》圖者不復注。第井竈在兩鼻孔，琵琶在肩井下，走馬在琵琶下，斗肘在肘彎背後尖處，肚角在臍下左右，虛里在左乳下三寸，嬭旁在兩乳旁。

《保赤推拿法·掐井肩穴法》 此穴在頸兩旁靠肩膀骨窩處。不拘何證，推拿各穴畢，掐此能週通一身之血。

《保赤推拿法·搓臍法》 以左大指按兒臍下丹田不動，以右大指在兒臍旁周圍搓之，治水瀉膨脹、臍風等證。

三、上肢部推拿

《針灸大成·按摩經·陽掌圖各穴手法仙訣》 一掐心經，二掐勞宮，推上三關，發熱出汗用之。如汗不來，再將二扇門揉之，手心微汗出乃止。

一掐脾土，曲指左轉爲補，直推之爲瀉。飲食不進，人瘦弱，肚起青筋面黄，四肢無力用之。

一掐大腸側，倒推入虎口，止水瀉痢疾，肚膨脹用之。紅痢補腎水，白多推三關。

一掐肺經，二掐離宮起至乾宮止，當中輕，兩頭重。咳嗽化痰，昏迷嘔吐用之。

一掐腎經，二掐小横紋，退六府，治大便不通，小便赤色澀滯，肚作膨脹，氣急人事昏迷，糞黄者，退涼用之。

一推四横紋，和上下之氣血。人事瘦弱，奶乳不思，手足常掣，頭偏左右，腸胃濕熱，眼目翻白者用之。

一掐總筋，過天河水，能清心經。口内生瘡，遍身潮熱，夜間啼哭，四肢常掣，去三焦六腑五心潮熱病。

一運水入土，因水盛土枯，五穀不化用之。運土入水，脾土太旺，水火不能既濟用之。如兒眼紅能食，則是火燥土也，宜運水入土，土潤而火自尅矣。

一掐小天心，天吊驚風，眼翻白，偏左右，及腎水不通用之。若口乾眼翻白，小便赤澀，則是土盛水枯，運土入水，以使之平也。

一分陰陽，止泄瀉痢疾，遍身寒熱往來，肚膨嘔逆用之。

一運八卦，除胸肚膨悶，嘔逆氣吼噫，飲食不進用之。

一運五經，動五臟之氣，肚脹，上下氣血不和，四肢掣，寒熱往來，去風，除腹響。

一揉板門，除氣促氣攻，氣吼氣痛，嘔脹用之。

一揉勞宮，動心中之火熱，發汗用之。不可輕動。

一推横門向板門，止嘔吐。板門推向横門，止瀉。如喉中響，大指掐之。

一總位者，諸經之祖，諸證掐效。嗽甚，掐中指一節。痰多，掐手背一節。手指甲，筋之餘，掐内止吐，掐外止瀉。

《針灸大成·按摩經·陰掌圖各穴手法仙訣》 一掐兩扇門，發臟腑之汗兩手揉掐，平中指爲界，壯熱汗多者揉之即止。又治急驚，口眼歪斜，左向右重，右向左重。

一掐二人上馬，能補腎，清神順氣，甦惺沉疴，性温和。

一掐外勞宮，和臟腑之熱氣，遍身潮熱，肚起青筋揉之效。

一掐一窩風，治肚疼，唇白眼白，一哭一死者，除風去熱。

一掐五指節，傷風被水嚇，四肢常掣，面帶青色用之。

一掐精寧穴，氣吼痰喘，乾嘔痞積用之。

一掐威靈穴，治急驚暴死者。此處有聲可治，無聲難治。

一掐陽池，止頭痛，清補腎水，大小便閉塞或赤黄，眼翻白。又能發汗。

一推外關間使穴，能止轉筋吐瀉。外八卦，通一身之氣血，開臟腑之秘結，穴絡平和而蕩蕩也。

《針灸大成·按摩經·手訣》 三關 凡做此法，先掐心經，點勞宮。男推上三關，退寒加暖，屬熱。女反此，退下爲熱也。

六腑 凡做此法，先掐心經，點勞宮。退下六腑，退熱加涼，屬涼。女反此，推上爲涼也。【略】

運水入土 以一手從腎經推去，經兑、乾、坎、艮至脾土，按之，脾土太旺，水火不能既濟用之，蓋治脾土虚弱。

運土入水 照前法反回是也。腎水頻數無度用之，又治小便赤澀。

【略】

運勞宮 屈中指運兒勞宮也，右運涼，左運汗。

運八卦 以大指運之，男左女右，開胸化痰。

運五經 以大指往來搓五經紋，能動臟腑之氣。

推四横 以大指往來推四横紋，能利上下之氣，氣喘腹痛可用。

和陰陽 從兩下合之，理氣血用之。

分陰陽 屈兒拳於手背上，四指節從中往兩下分之，分利氣血。

天河水 推者，自下而上也。按住間使，退天河水也。

掐後谿 推上爲瀉，推下爲補，小便赤澀宜瀉，腎經虚弱宜補。

《針灸大成·按摩經·手六筋》 手六筋，從大指邊，向裡數也。

第一、赤筋。乃浮陽屬火，以應心與小腸。主霍亂，外通舌。反則燥熱，

卻向乾位掐之，則陽自然即散也。又於橫門下本筋掐之，下五筋仿此。

第二、青筋。乃純陽屬木，以應肝與膽。主溫和，外通兩目。反則赤澀多淚，卻向坎位掐之，則兩目自然明矣。

第三、總筋。位居陽屬土，總五行，以應脾與胃。主溫暖，外通四大板門。反則主腸鳴霍亂，吐瀉痢證，卻在中界掐之，四肢舒暢矣。

第四、赤淡黃筋。居中分界，火土兼備，以應三焦。主半寒半熱，外通四大板門，周流一身。反則主壅塞之證，卻向中宮掐之，則元氣流通，除其壅塞之患矣。

第五、白筋。乃濁陰屬金，以應肺與大腸。主微涼，外通兩鼻孔。反則胸膈脹滿，腦昏生痰，卻在界後掐之。

第六、黑筋。乃重濁純陰，以應腎與膀胱。主冷氣，外通兩耳。反則主尪羸昏沉，卻在坎位掐之。

內熱外寒，掐浮筋止。作冷，掐陽筋即出汗。

諸驚風，掐總筋可止。作寒，掐心筋即轉熱。

作熱，掐陰筋即轉涼。內寒外熱，掐腎筋止。

《小兒推拿方脈全書·掌面諸穴》 掐心一節及勞宮，推三關能出汗，後做黃蜂入洞。心在中指。

內勞宮，屬中指盡處是穴，發汗用。

天河水在總筋下三指，掐總筋清天河水，水底撈明月治心經有熱。橫紋掐至中指尖，主吐。橫紋在掌盡處。

無名屬肺。掐肺一節及離宮節，止咳嗽。離至乾中要輕。

小指屬腎。掐腎一節、小橫紋、大橫紋，退六腑，治小便赤澀。

運五經紋，治五藏六腑氣不和。

運四橫和上下不足之氣，氣急氣喘，腹肚疼痛。

大指屬脾。掐脾一節，屈指爲補。小兒虛弱，乳食不進。

板門在大指節下五分，治氣促氣攻。板門推向橫紋主吐。橫紋推向板門，主瀉。

橫紋兩傍乃陰陽二穴。就橫紋上以兩大指中分，望兩傍抹，爲分陰陽，肚脹腹膨泄瀉，二便不通，臟腑虛並治。

運八卦開胸膈之痰結。左轉止吐，右轉止瀉。

天心穴乾八寸許，止天吊驚風。口眼歪斜，運之效。

虎口對天門，推之名天門入虎口。推後二指拿定二穴，一指掐住總筋，以手搖斗肘是也。

清天河，分陰陽，赤鳳搖頭，止夜啼。掐中指一節及指背一節，止咳嗽。

《小兒推拿方脈全書·掌背諸穴》 掐五指背一節，專治驚嚇，醒人事，百病離身。

掐大指少商穴，治濕痰瘧痢。

靠山穴在大指下，掌根尺處腕中，能治瘧疾痰壅。

威靈穴在虎口下，兩傍岐有圓骨處。遇卒死證，搖掐即醒。有聲則生，無聲則死。

一扇門、二扇門在中指兩傍夾界下半寸是穴。治熱不退，汗不來，掐此即汗如雨，不宜大多。

精靈穴，在四指、五指夾界下半寸，治痰壅、氣促氣攻。

二人上馬，在小指下裏側對外邊是穴。治小便赤澀，清補腎水。

外勞宮，在指下正對掌心是穴。治糞白不變，五穀不消，肚腹泄瀉。

一窩風，在掌背根盡處腕中。治肚痛極效，急慢驚風。又一窩風掐住中指尖，主瀉。

陽池穴，在掌根三寸。是治風痰頭痛。

外運八卦，能令渾身酥通。

《濟世全書·動功按摩秘訣·掐手面九穴》 又一掐脾土，曲屈左轉爲補，直指推之爲泄，治兒虛弱之證，乳食少進。【略】

又一掐心經，二掐勞宮，推上爲熱，諸臟有疾，引孔間竅。【略】

又一掐肺經，二掐離宮，離上缺乾上，正中間輕，兩起上處重，治肺家嗽。

又一掐腎經，二掐小橫紋，退六腑，治小兒便赤澀滯。

又一掐腎水下節，二掐腎水、大橫紋，退六腑，爲涼退潮。

又一掐總筋，清天河水，退熱。

又一推板門，治小兒氣促氣攻。

又一掐大腸，側推到虎口，推上爲補。小兒泄瀉，退下主泄瀉也。

《濟世全書·動功按摩秘訣·掐手背十二穴》 又一掐一窩風，治小兒久病，腹痛或慢驚。

又一掐斗肘下曲筋，池上總筋，治急驚風。

又一掐後谿穴，推上爲清，推下爲補，小便赤能清，腎經虧能補。

又一掐精靈穴，治痰湧氣促，氣急不退。

又一掐二人上馬穴，治小兒便赤澀，清熱補腎水。

又一掐陽池穴，治風痰之證。

又一掐外勞宮，治糞白不變，五穀不消，肚疼泄瀉。內外齊掐，止瘧疾。

又一掐兩扇門，治小兒急驚，口眼歪斜，左向右重，右向左重。又治熱不退，汗不來。

又一掐五指節，治小兒被嚇，掐之可甦人事不省。

又一掐小天心，治天吊驚風，又能生腎水。

《小兒推拿廣意·陽掌十八穴部位療病訣》脾土，補之省人事，清之進飲食。

肝木，推側虎口，止赤白痢、水泄，退肝膽之火。

心火，推之退熱發汗，掐之通利小便。

肺金，推之止咳化痰，性主溫利。

腎水，推之退臟腑之熱，清小便之赤。如小便短，又宜補之。

運五經，運動五臟之氣，開咽喉，治肚響氣吼、泄瀉之證。

運八卦，開胸化痰，除氣悶吐乳食，有九重三輕之法。

四横紋，掐之退臟腑之熱，止肚痛，退口眼歪斜。

小横紋，掐之退熱除煩，治口唇破爛。

運水入土，身弱，肚起青筋，爲水盛土枯，推以潤之。

運土入水，丹田作脹，眼睁，爲土盛水枯，推以滋之。

內勞宮，屬火，揉之發汗。

小天心，揉之，清腎水。

板門穴，揉之，除氣吼肚脹。

天門入虎口，推之和氣生血生氣。

指上三關，推之通血氣，發汗。

中指節，推內則熱，推外則瀉。

十王穴，掐之則能退熱。

五指節，掐之去風化痰，甦醒人事，通關膈閉塞。

窩風，掐之止肚疼，發汗，去風熱。

威寧，掐之能救急驚卒死，揉之即能甦醒。

二扇門，掐之屬火，發臟腑之熱，能出汗。

外勞宮，揉之和五臟潮熱，左轉清涼，右轉溫熱。

二人上馬，掐之甦胃氣，起沉疴，左轉生涼，右轉生熱。

外八卦，性涼，除臟腑秘結，通血脈。

甘載，掐之能拯危證，能祛鬼祟。

精寧，掐之能治風哮，消痰食痞積。

《小兒推拿廣意·附臂上五穴部位療病訣》大陵，掐之主吐。

陽池，掐之主瀉。

分陰陽，除寒熱泄瀉。

天河水，推之清心經煩熱。如吐，宜多運。

三關，男左三關推發汗，退下六腑謂之涼。女右六腑推上涼，退下三關謂之熱。

《小兒推拿廣意·運八卦法》醫用右手拿兒左手，四指掌心朝上，右手四指略托住小兒手背，以大指自乾起至震四卦，略重，又輕運七次，此爲定魄。自巽起推兑四卦，略重，又輕轉運七次，此爲安魂。自坤推至坎四卦，略重，又輕轉運七次，能退熱。自艮推起至離四卦，略重，又輕運七次，能發汗。若咳嗽者，自離宮推起至乾四卦，略重，又輕運七次，再坎離二宮直七次，爲水火既濟也。

《小兒推拿廣意·分陰陽法》此法治寒熱不均，作寒作熱。將兒手掌向上，醫用兩手托住，將兩大指往外陰陽二穴分之。陽穴宜重分，陰穴宜輕分。但凡推病，此法不可少也。

《小兒推拿廣意·推五經法》五經者，即五指尖也，心、肝、脾、肺、腎也。如二、三節即爲六腑。醫用左手四指托兒手背，大指掐兒掌心，右手食指曲兒指尖下，大指蓋兒指尖，逐指推運。往上直爲推，往右順運爲補，往右逆運爲瀉。先須往上直推過，次看兒之寒熱、虛實，心肝肺指，或瀉或補。大指脾胃只宜多補，如熱甚可略瀉。如腎經，或補或瀉，或宜清。如清腎水，在指節上往下直退是也。

《幼科推拿秘書·穴道圖象》穴在手指者　少商穴，在大拇指尖。商陽

穴，在食指尖。指根下一節橫紋是風關，從掌上巽宮來。二橫紋是氣關，三橫紋是命關。中衝穴，在中將指尖。關衝穴，在無名指尖。少衝穴，在小拇指尖。大腸穴，在食指外邊。小腸穴，在小拇指外邊。四橫紋，在食、將、無名、小指，中四道小橫紋，除去大指，故名四。

穴在陽掌者　內牢宮，在手心正中，屬涼。八卦，將指根下是離宮，屬心火。運八卦必用大指掩掌，不可運，恐動心火。坎宮，緊與離宮相對，在小天心之上，屬腎水。乾宮，名天門，一名神門。在坎宮之右。小天心，在坎宮下中門。陽池穴、陰池穴，在小天心兩旁。板門穴，在大指下，一塊平肉如板。大橫紋，在手掌下一道橫紋。浮心穴，在大橫紋左邊。腎經穴，在大橫紋右邊。二人上馬，在小指旁三四橫紋及掌乾宮旁。水底穴，在小指旁，從指尖到乾宮外邊皆是。虎口穴，大、食二指丫叉處，筋通三關處。

穴在陽膊者　總筋穴，在大橫紋下，指之脈絡皆總於此，中四指脈總於此。內間史穴，在總筋下寸許，一名內關候。天河穴，在內間史下，自總筋直往曲池。曲池穴，在手彎處，一名洪池。經渠穴，在浮心一邊，內間史旁。列缺穴，在經渠下，天河旁。魚脊穴，陽池旁邊一小窩處，乃大指散脈處。三關穴，在手膊上旁邊。六腑穴，在手膊下旁邊。

穴在陰掌者　外牢宮，在手背正中，屬煖。合骨穴，在手背大指，食指兩骨丫叉相合之間。威靈穴，在外牢右邊骨縫處。精靈穴，在外牢左邊骨縫處。一扇門，在食、將二指下夾縫處，威靈穴之上。二扇門，在無名指根兩夾縫處。大陵穴，外牢下，手背骨節處。

穴在陰膊者　一窩風穴，大陵位下，手膊上，與陽膊總筋下對。陽池穴，在外間史下。外間史穴，在一窩風下，與內間史相對。一名外關候。肩井穴，在肩膊眼窩內。斗肘穴，在手肘曲處，高起圓骨處。

《幼科推拿秘書·詳觀筋急屬五行生克色法秘旨》　赤筋，乃浮陽屬火，應心與小腸，主霍亂。外通赤龍燥熱，乾宮掐之，則陽火即散。青筋，乃青陽屬木，應肝與膽，主溫和。外通眼目，赤濫多淚，坎位掐之，則目自明。黃筋屬土，居中五行，應脾胃，主溫煖。腸鳴霍亂，吐瀉痢疾，皆中界總筋處掐之。淡黃筋，居中屬火土，應三焦，主半寒半熱，生壅塞之證。宜中宮內牢掐之。白筋，乃濁陰屬金，應肺與大腸，外通鼻，主腹滿腦昏生痰，宜界外指臂掐之，立效。黑筋純陰屬水，應腎與膀胱，外通兩耳。主冷氣昏沉，宜向邊位小指側掐之。

《幼科推拿秘書·三關六腑秘旨歌》　小兒元氣勝三關，推動三關眞火然。眞火薰蒸來五臟，小兒百脈皆和暢。元氣既足邪氣退，熱極不退六腑推。若非極熱退愈寒，不如不退較爲安。六腑愈寒疾愈盛，水火相交方吉慶。

解曰：推三關取熱，退六腑取涼，猶醫家大寒大熱之劑，若非大寒大熱，必二法交用，取水火相濟之義也。

《幼科推拿秘書·推拿手法》　分陰陽　陰陽者，手掌下，右陰池穴，左陽池穴也。其穴屈小兒四指拳過處，即坎宮小天心處，以我兩手大拇指從小天心處兩分推之。蓋小兒之病，多因氣血不和，故一切推法，必先從陰陽分起。諸證之要領，衆法之先聲，推此不特能和氣血。凡一切膨脹泄瀉，如五臟六腑有虛，或大小便不通，或驚風痰喘等疾，皆可治之。至於乍寒乍熱，尤爲對證。熱多則分陽從重，寒多則分陰從重，推者必審其輕重而用之。凡證必先用此法，用時醫者正好察色審音，探問因由而斟酌其對證之手法也。

合陰陽　合者，以我兩大指從陰陽處合來。蓋因痰涎湧甚，先掐腎經取熱，當作涼。然後合陰陽照天河極力推去，而痰即散也。

小天心　因額上有大天心，故此陰陽中間名小天心，臨坎水。小水赤黃，揉此以清腎水之火。眼翻上下，掐之甚妙。若繞天心，則已在分陰陽之內矣。

運八卦　八卦在手掌上。中指根下是離宮，屬心火，此宮不可運動，恐運動心火。運法必用我大指按覆之，然後以我食指頭從乾宮向兌坤小指邊左旋到坎，歸乾，爲一運。其運至離宮則從大指甲上過去。此法開胸化痰，除氣悶滿脹。至於吐乳食，有九重三輕之法。醫者分陰陽之後，必次及於此。

運五經　五經者，五指頭之經絡也。心經在將指，肝經在食指，脾經在大拇指，肺經在無名指，腎經在小指。運者，以我食指運小兒五指頭肉上。此法能治大小便結，開咽喉胸膈中悶塞，以及肚響腹脹，氣吼泄瀉諸證。蓋五臟之氣，運動即能開利。

運水入土泄　土者，胃土也，在板門穴上，屬艮宮。水者，腎水也，在小指外邊些。運者，以我大指從小兒小指側巔，推往乾坎艮也。此法能治大小

便結，身弱肚起青筋，痢瀉諸病。蓋水盛土枯，運以潤之，小水勤動甚效。

運土入水補　土者，脾土也，在大指。水者，坎水也，在小天心穴上。運者，從大指上推至坎宮。蓋因丹田作脹，眼睁，爲土盛水枯。運以滋之，大便結甚效。

側推大腸到虎口　大腸穴，在小兒食指外邊。虎口在大、食二指掌了處。側推者，以我大指從兒食指旁尖推往虎口。蓋因赤白痢水瀉，皆屬大腸之病，必推此以止而補之，且退肝膽之火。推者必多用工夫。若大腸火結，退六腑足矣，不必推。

推脾土　脾土，在大拇指上羅紋，男左旋，女右旋。而程公權云不如屈小兒大指內推爲補，直指外推爲清。蓋因小兒虛弱，乳食少進，必推此有效。至痰食諸證，又必先泄後補。總之，人一身以脾土爲主，推脾土以補爲主，清之省人事，補之進飲食。萬物土中生，乃一身之根本，治病之要着也。

推腎水　腎水在小拇指外旁，從指尖一直到陰池部位，屬小腸腎水。裏推爲補，外推爲清。清者，因小兒小水赤黄。補者，因腎水虛弱。清退臟腑熱，補因小便短少。

推肝木　肝木在食指，肝屬木，木生火，肝火動，人眼目昏閉，法宜清。諸病從火起，人最平者肝也，肝火盛則傷脾，退肝家之熱，又必以補脾土爲要。

推心火宜清不宜補，補則於人不利，宜切記。　心屬中指，指根下離，屬火。凡心火動，口瘡弄舌，眼大小眥赤紅，小水不通，皆宜推而清之。至於驚搐，又宜清此。心經內一節，掐之止吐。

推肺金　肺金在無名指，屬氣，止咳化痰，性主溫和。風寒入肺固嗽，傷熱亦嗽，熱宜清，寒亦宜清，惟虛宜補，而清之後亦宜補。凡小兒咳嗽痰喘，必推此。驚亦必推此。

推離往乾　離在將指根下，乾在二人上馬之左旁。以我大指從兒離宮推至乾宮，打個圓圈。離乾從重，中要虛，男左女右。蓋因冒風咳嗽，或吐逆，掐肺經指節之後，必用此法爲主。

二人上馬　二人者，我之大食，二指也。上馬者，以我大指尖按兒神門外旁，又以我食指尖按兒小指根横紋旁，掐之。清補腎水，治小腸諸氣最效。若單掐腎水一節横紋，退潮熱立效。又甦冒氣，起沉疴。左轉生凉，右轉生熱。

掐四横紋　四横紋，在食、將、無名、小指指根下横紋。一名小横紋。小者，對下大横紋而言也。四者，四指也。掐者，以我大指掐之，按穴不起，手微動，卻有數，其數如推運之數。蓋因臟腑有熱，口眼歪斜，嘴唇破爛，掐此退熱除煩，且止肚痛。

點內牢　內牢在手心處，屬凉，撈明月在此。點者，輕輕拂起，如蜻蜓之點水，退心熱甚效。

揉外牢　外牢在手背居中，緊與內牢對，故亦名牢宮也，屬熱。揉之取汗，能治糞白不變、五穀不化、肚腹泄瀉諸病。又大熱不退，揉此退之，是以火攻火之道也。一云：左轉生凉，右轉生熱。

外牢推至大陵位　大陵位在外牢下，手背末骨節處，在一窩風之上。從外牢推至大陵位者，取小兒吐痰。又大陵反轉至外牢，以泄心熱。然以我手大指左轉三來，又必向右轉一摩，左從重，右從輕，以取吐泄神效。但此九重三輕手法，最易忽忘，須用心切記，方不錯亂。若錯亂，即不能吐矣。

板門直推到横紋。止吐止瀉，此爲要着，神效有謂。取吐取瀉者，則謬妄可恨矣。板門穴，在大指下，高起一塊平肉如板處，屬胃脘。横紋者，大横紋也，手掌下一道大横紋。板門直推到横紋，止吐神效，横紋轉推到板門，止瀉神效。若吐泄並作，先推止吐一半，然後合推，板門推去重，止吐。若横紋推轉輕。止泄。治氣促氣攻之證，推此即通快。吼脹亦揉板門。

拿總經　總經在小天心下，內間史上。五指諸筋經絡，總由此散去，故名總經。小兒驚風，手足掣跳，横拿一個時辰。如不止，再掐大敦穴。大敦在足大指，男掐右足，女掐左足。若鷹爪驚，本穴掐後就揉。

掐心經　心經在將指尖中衝穴。小兒驚死，先掐此以試之，叫一聲可治。如不叫，再掐威靈穴以試之。

雙手掐威靈　威靈穴，在外牢右邊，與上一扇門相對。雙手以我兩大指甲與甲合，一齊着力。如小兒手嫩，以細絹隔之，掐雖重而不傷兒手。此治小兒急驚，一搐一死。有聲治，無聲不治。

掐精寧　精寧穴，在外牢左邊，與二扇門相對。掐此穴揉之，治小兒痰湧、氣促、氣急，用此法即散。

揉扇門　一扇穴，在食將兩指根夾縫中。二扇門，在無名小指夾縫處。

以我兩大指肉掐揉之，治小兒汗不出，熱不退。

側推大三關　大三關者，對風氣命食指上小三關而言也，屬眞火元氣也。其穴從魚際穴，往膀上邊，到手彎曲池，故曰側。其推法，以我二指或三指從容用力，自魚際推到曲池，培補元氣，第一有功。薰蒸取汗，此爲要着。男子左手，從魚際推到曲池，女子從曲池推往魚際，在右手，皆大補之劑，大熱之藥也。

退六腑　六腑穴，在膀之下，上對三關。退者，從斗肘處向外推至大橫紋頭。屬涼，專治臟腑熱。大便結，遍身潮熱，人事昏沉，三焦火病，此爲要着。若女子，則從大橫紋頭向裏推至曲池以取涼，在右手。醫家須小心記之，不可誤用，男女惟此不同耳。

合上二法，大寒大熱偏用，若補元氣，必相劑而用，未可偏也，但推數多寡之不同耳。

揉上天心　上天心者，大天心也，在天庭中。小兒病目，揉此甚效。以我大指按揉之，眼珠上視，往下揉；眼珠下視，往上揉。兩目不開，左右分揉。口眼歪斜，亦必揉此。

清天河　天河穴，在膀膊中，從坎宮小天心處，一直到手彎曲池。清者，以我手三指或二指自大橫紋推到曲池，以取涼退熱，並治淋疴昏睡，一切火證俱妙。【略】

揉一窩風　一窩風，在大陵下些。掐此能止肚痛，或久病慢驚皆可。

掐揉陽池　陽池穴，在一窩風之下，掐此專治頭痛。

掐內間史　內間史，在總經下寸許，天河路上。掐此勦瘧。

掐五指節　掌背後五指節，掐之，去風化痰，甦醒人事，通關隔閉塞。

《小兒科推拿直録·推五經圖》　此法能治急慢驚風。

《小兒科推拿直録·拿捏六經法》　筋者，即經絡脈紋也。此六筋之秘法，驗嬰兒之準繩。凡行是法，以男左女右手，掌內紅白肉際橫紋中驗之。醫者用手握住小兒手，再以手握攝小兒手勁皮，分三陰三陽之處，仔細詳辨，有毒紋紅筋者是也。法能內外相應，以通五臟之氣。拿捏之法，男左轉，女右轉，各九九之數，完即揉之。如有小兒皮膚黑厚，難辨其六筋顏色者，有病即依次捏之，則病無不愈矣。

《小兒科推拿直録·手掌諸穴治法》　天河水，治急慢驚，括之。大人中風亦用。

內總筋，治諸驚風，兩手搖動，揉按取汗。捏之乃過氣之法。其汗立至。

大陵，治吐，并捏拳不開。捏而揉之。

陽池，捏之，行痰發汗，止瀉。

分陰陽，治或寒或熱，發戰，泄瀉之證。熱多陽重，寒多陰重。法將兒掌向邊分開。

和陰陽，治同上。法將兒掌陰陽兩處向內和而揉之。

小天心，揉之，清腎水。治法：從坎卦位上推至橫紋止瀉，從橫紋推至坎卦止吐。

板門穴，捏而揉之，治氣脹、胸膈滿悶。板門推至橫紋，吐法。

運八卦，開胸化痰，除氣悶、吐乳食。有九重三輕之法。

內勞宮，捏而揉之，能發汗。

天門入虎口，推之清心明目，調和氣血，止五心潮熱、口疳氣吼。

四橫紋，捏之退臟腑之熱，止腹中之痛，退口眼歪邪。橫紋推至板門，瀉法。

心，推之能退熱發汗，捏之能通利小便。

肝，側推至虎口，能止痢疾水瀉，退肝膽之火。

脾，推之能進飲食，醒人事。

肺，推之止嗽化痰，能和氣血。

腎，推之退臟腑之熱，清小便之赤。如赤而短少者，又宜補之。

小腸，治尿白色。白色者如米泔色也。

大腸，推之，退大腸之火，止泄瀉痢疾。法宜倒推至虎口。

胃，揉之運動藏府之氣血。

胞絡，推至指尖，能瀉心火。

三焦，捏而揉之，能清三焦之火。

膀光，捏而揉之，清腎火。

補脾土，推之能進飲食。

瀉脾土，推之止泄瀉痢疾。

運水入土，治火炎土燥之證。用法反行轉即是。脾土二穴並用，推以潤之。

運土入水，治土盛水枯之證，推以滋之。

三關，推之去風發汗。在掌左高骨下推上曲池至。亦治寒戰咬牙。

六腑，推之止熱瀉赤痢。在掌右曲澤上退下腕骨至。亦治潮熱驚風。

指上三關，推之通氣血、發汗。

《小兒科推拿直錄·手背諸穴治法》 曲池，捏而揉之，止吐痰喉病。

洪池，捏之，治喉脹痰盛。

曲澤，捏之，止急驚，瀉心火。

外天河，推至洪池，一二百下。治熱悶昏沉，不醒人事。

乙窩風，捏之治肢痛眼反白，一哭即死唇白者。

外勞宮，捏而揉之，和五藏潮熱，左轉清涼，右轉溫熱。

威寧，捏而揉之，治急驚、天吊驚、暴中風、肚痛頭疼、肚起青筋。

精靈，捏而揉之，消痰痞積、胸膈氣喘。

二扇門，捏之發汗。

二人上馬，清補腎水，順精神，醒沉疴，左轉生涼，右轉生熱。

合谷，捏之，治四肢搐搦、狂叫、眼反白，一哭即死。

腕骨，捏之，治諸驚取汗，在手背後外側骨即腕骨是也。

推拿手掌手背總法 凡小兒，男以推上三關爲熱，去風寒。退下六腑爲涼，去熱。女以推上六腑爲熱，退下三關爲涼。如見男女身與手心發熱，取天河水退之，用水裡撈明月之法，揉三次，推三次，其熱自退也。

運八卦者，從震宮推至本位一二百下，再於勞宮捏之，清心退熱。急驚先捏總筋，次捏勞宮，後運八卦，推補脾土。凡捏驚，以男左女右手，先捏坎位，次捏離兌畢就揉之。

一推大指二節，用左手推之，和胃補脾，止嘔吐，進乳食，望下推二三百下。二推食指三節，用左手向天門入虎口推之，瀉膽肝，治諸驚，降火清肝、明目鎮驚。次捏精靈穴。三推中指三節，用左手推，瀉心火，治發熱急驚、煩糝欠寧。次捏威寧穴。四推無名指三節，用左手推之，瀉肺與大腸之火。一補一瀉，治痰嗽喘急、傷風。望上推一百爲補。五推小指三節，用右手推，瀉腎火，治小便赤秘，分氣利小水。如痢疾水瀉，望上推二三百下補之。

四橫紋推之者，消脹寬胸化氣，瀉三焦火。男左女右，望下橫推一百下，男左轉，女右轉。

運掌心八卦者，能和五藏之氣，定魂魄，通血脈，男左轉，女右轉，運二百下。

水火既濟者，從坎推至離，能除驚發汗，養脾土。

拿曲池，揉斗肘大轉，能使小兒氣血通和，定搐。

從手背括至中指尖，捏之止瀉。

從食指尖推入虎口橫門，即艮位上至，止吐。

從橫紋括至中指尖捏之，亦止吐。

從板門推至無名指尖住，止瀉。

從乾位推過艮位曰橫門，從震位推過兌位曰板門，俱主潮熱吐瀉。

捏手背五指一節，名曰運五經，能通一身之氣血，治肚嚮、泄瀉之疾。

《小兒科推拿直錄·拿掐六筋訣》 第一赤筋，浮陽屬火，以應心與小腸，外通兩顴，主清涼。反則主霍亂煩熱，卻向中界括之，則陽火自散矣。

第二青筋，純陽屬木，以應肝膽，外通兩目，主清涼。反則主赤澀生眵多淚，向坎位掐之，則目自明矣。陽火若旺，肝火若重，則將陰筋掐之自涼，此爲以陰入木也。

第三總筋，黃色屬土，以應脾胃，外通唇口四大板門，主溫和。反則主霍亂吐瀉，腸鳴痢疾之證，向中界掐之，則脾胃自和，四肢舒暢矣。凡諸驚風，在此筋掐之。如小兒眼望上者，將筋望下掐之；眼望下者，將筋望上掐之。

第四淡紅筋，屬陰火，以應三焦，外通兩太陽額角，主平和。反則主痰壅氣塞之患，向中界捏之，則氣通塞除矣。

第五白筋，純陰屬金，以應肺與大腸，外通鼻竅，主清涼。反則主胸膈脹滿，昏沉痰壅，向中界掐之自安矣。

第六黑筋，純陰屬水，以應腎與旁光，外通兩耳，主溫暖。反則主冷氣，尪羸昏迷，向坎位掐之，則病自痊矣。

《針灸逢源·推拿雜病要穴》 少海，治驚風。俱宜以掐代針。推外關間使，止轉筋吐瀉。

掐陽池止頭痛，清補腎水開大小便閉塞，又能發汗。

掐總筋過天河水，清心經治口瘡潮熱、夜啼、四肢常掣。

掐外勞宮，治遍身潮熱，肚起青筋揉之效。

揉勞宮動心火發汗，不可輕用。

後谿推上爲瀉，主利小便。推下爲補腎。

腕骨穴止瀉，往下推拂。

合骨穴在虎口上兩骨合縫處。定驚，兩手各一燋。

《萬育仙書·掌面穴道主治》 掐脾土。醫用大、食二指拿兒大指尖，直其指而推，曰推。可消乳食。屈其指而推，曰補，可進乳食。【略】

掐腎經　小指根推至中指根止，清小便赤澀。從六腑下推至小指尖曲處爲補，小便短少，眼白青色用之。一掐腎，二掐小横紋，退六腑，治小便赤澀。掐腎水下節並大横紋，退六腑，退潮熱。

運水入土　自腎經推去，從兌、乾、坎、艮至脾土止，治脾土虚弱，脾胃火旺，水火不能兼濟。水盛土枯，五穀不化用之。如小兒眼紅能食，則是火燥土也，若運水入土，土潤而火自剋矣。從坎推至艮，亦是運水入土。又法，用右手拿兒手指，左大指推兒小指背，從弦推轉至大指背止。

運土入水　自脾土推至腎水止，往反推之即是。脾土太旺，水火不能既濟用之。若口渴眼翻白，小便澀，並腎水頻數，則土盛水枯，運土入水使之和平。又法，用左手拿兒大指，將右手大指自兒大指背，隨背弦轉至小指根止。凡推俱要自指尖，推至指根方住。

運內勞宮　屈中指運之，能動五臟六腑之氣。左運汗，右轉涼。

《萬育仙書·掌背穴道主治》 掐二人上馬　上補腎水。屈兒小指，醫以左大指拿住屈處，右指從指側推至曲池止，治小便赤澀。

掐外勞宮　用右手拿兒手指，將左手大、食二指掐而揉之，治糞白不變、五穀不消、肚腹泄瀉。內外齊掐治瘧疾。

《萬育仙書·手訣》 推三關　先掐心經，點勞宮，次向手腕推之，乃大熱法。女反此用。此三關是寸關尺處。又法，於風氣命三關，醫將中指踢起兒無名指、食指，用大指掐拿食指尖命關並後谿穴，隨以大指推三關五六十，並掐二十餘下，推他青筋發紫，紫變紅，紅變白即止。若瀉，掐揉風關，括上虎口數十下。

清天河水二法　乃涼法。將左大指掐兒小天心穴，用右大指自總筋上起，推至曲池上，大兒推至肩井上，或用中指中背曲轉推亦得。

《小兒推拿輯要·穴道説》 穴在手指者　少商穴，大指尖。商陽穴，在食指尖。中衝穴，在中指尖。關衝穴，無名指尖。少衝穴，小拇指尖。小腸穴，在小拇指外邊。大腸穴，在食指外邊。四横紋，在食、將、無名、小指四道小横紋即指根處，除去大指故名四。心經，中指上節指面。肝經，食指上節指面。脾經，在大指上節中節。肺經，無名指上節指面。腎經，小指上節指面。胃，在大指根下高肉處。三焦，在中指根。包絡，在無名指根。膽，在食指根。膀胱，在小指根。以上四穴，皆居四指第一節。

穴在陽掌者　陽池，小天心左邊。陰池，小天心右邊。大横紋，在手掌下一道横紋動搖處，便是此穴。水底穴，在小指旁，從指尖經乾宮到坎位，皆是屬腎水。虎口穴，在大指食指分岔處，筋通三關處。坎宮，與離宮相對，在小天心之上，屬腎水。乾宮，名天門，一名神門，在坎宮之右。板門，在大指下一塊平肉如板，屬腎。淨心穴，在大横紋左邊。腎經穴，在大横紋右邊。八卦，將指根下是離宮，屬心火，運八卦必用大指掩蓋，不可運，恐動心火。二人上馬，在小指外根，與無名指分岔處，法以大食二指對穴雙捏，故名二人上馬。祕書手法。在小指旁，二四横紋及乾宮旁。二人者，我之大食二指也。上馬者，以我大指尖，按兒神門外旁，又以我食指尖，按小指根横紋旁，可細詳之。

穴在陰掌者　外牢宮，在手背正中，屬煖。合骨穴，即手腕兩旁骨節處，我用大食二指雙掐拿，去風。精寧穴，在外牢宮下兩邊骨縫處。威靈穴，在外牢宮上兩邊骨縫處。二扇門，在外牢宮兩旁骨縫，兩大指雙掐。大陵，在外牢宮之下，手背骨節處，太乙脈窩即是。五指節。即五指下節骨拐處，手伸之掐。

備考錄祕書手法。　合骨穴，在手背大指食指兩骨了叉相合之處。威靈穴，在外牢宮右邊骨縫處。精寧，在外牢宮左邊骨縫處。一扇門，在食指將指下夾縫處，威靈穴之上。二扇門。在無名指小指根，兩夾縫中。

穴在陽膊者　總心穴，即大横紋下正中間，指之脈絡皆總於此，又名總筋。內間史，在總心穴往上寸許，胳膊雙筋處。一名內關候。天河水，自總心直推往曲尺。曲尺穴，各胳膊彎處。一名洪池。魚際穴，在陽池旁邊一小窩處，乃大指散脈處。三關穴，左手膊上旁邊，即三關脈所。六腑穴，在手膊下旁邊，拐柱旁，三指一塊，與水底穴直對，俗名胳膊肚子。經渠穴，在浮心穴一邊，內間史旁。列缺穴。在經渠下，天河旁。

穴在陰膊者　一窩風，在大陵位下，手膊上，與總心穴相對，治肚痛。外間史，在一窩風往上寸許，與內間史相對。一名外關侯。陽池穴，在外間史上。肩井穴，在肩膊眼窩內。斗肘穴。在手肘曲處，高起圓骨處。

《小兒推拿輯要·陽掌諸穴祕訣》 大指上節中節屬脾土，下節屬胃土。屈其上節，向內推五百遍，大補脾胃，飲食不進、人事瘦弱、肚起青筋用之。伸其上節，向內推一百五十遍，主消化，爲清，通利大腸，飲食不消、大便不通、肚中飽脹，兼邪熱太盛者用之。

食指正面屬肝木。火動，人眼目昏閉，及一切急慢驚風，俱宜向外清五

百遍。肝火盛則傷脾，退肝家之熱，又必以補脾爲主也。

中指正面屬心火。凡心火動，口瘡重舌，大小眼角赤紅，小水不通，皆宜向外清。然尤不可多清，或四五十，或七八十而止耳。如果心火太盛，則宜設法以清之，先平肝以清其母，再直推脾以泄其子，更宜清天河水以清其源，而火尚有不熄者哉。

中指面顚，名中衝，凡人事不醒，掐之可以使醒若小兒病重，昏迷不省，掐之知痛啼哭者，可治；掐之尚知痛，而不能啼哭者，難治；掐之並不知痛者，是即不可治之證矣。

無名指正面屬肺金。風寒入肺固嗽，傷熱亦嗽，熱宜向外清二百遍，風寒宜清一百遍，惟虛宜先補而後清，清後又宜補。小兒咳嗽痰喘，必推此，驚也推此。若大便溏瀉，尤宜補。須知小兒長喘是肺中虛火，短喘是肺中實火也。

小指正面屬腎水。向內推二百爲補，向外推一百爲清，腎水虛弱可以補，小便赤黃可以清。須知天一生水，腎爲五臟之本，寧使其有餘，不使其不足，故清時少而補時多。

大指內側面，從天門推入虎口，能順氣生血，是謂溫補之劑。凡瘦弱而氣血不足者，俱宜推之。

大指面顚，名少商，凡迷悶、氣吼、作噦、乾嘔掐之可止。

食指外側面屬大腸。凡臍下痛，而大便悶結者，是大腸火盛，以及便血痔漏、腸風等證，俱向外清。水瀉、寒痢、肚脹、傷食，則尤宜補者矣。

小指側面屬小腸。凡小便頻數不禁，而白濁者，宜向內推二百遍，以補之。小水赤黃、臍下痛及小便不通與心火太盛者，尤宜清之。

四横紋，即食指、中指、無名指、小指四指之根紋也，或掐推皆能和氣血。凡上下之氣不通及人事瘦弱、不思乳食、手足常掣、頭偏左右用之。一說四横紋有大小之分，大四横紋即小指根紋。小四横紋，在大四横紋下邊，第一條大横紋。此二穴，從外邊用兩指雙掐之，和氣血，且能清熱，掐十五遍。二說可並從，亦皆效矣。

大横紋正中名總心，自總心至曲尺正中間，名天河水。自總心推向曲尺名取天河水，痰涎湧甚而喘嗽不止者用之。凡急驚風，痰喘聲重者，先合陰陽，再以中指自總心極力推至曲尺，無斜曲，用二百遍，則痰開而喘即止也。

自曲尺推至總心，而下入於掌，名清天河水，凡火盛，而口內生瘡、遍身潮熱、夜間啼哭、四肢常掣者，用二百遍。即凡心中發熱，口乾舌燥，眼痛牙疼，及一切火證，俱宜推此。故清天河水，而五臟之火皆清焉。此屢試屢驗，眞去火之聖劑也。然無火者，則尤不可輕用，醫者審之。

小天心在手心下，坎位前正中，掐之能生腎水，凡眼翻白尤在所必掐。眼上翻向下掐之，眼下翻則向上掐之，左斜向右掐之，右斜向左掐之。一說有急喘大實熱證，亦宜掐之，掐數不拘，或五十、或一百、或二三百，只看其證輕重耳。

內牢宮在手掌中心，左旋揉一百遍，寒厥者可以轉熱。外牢宮在手背正中，右旋揉一百遍，能退全身潮熱。用食指大指，內外雙拿，能定神止驚，凡心神不定，一睡即醒者用之。

天河水左，自三關脈高骨處向內推至曲尺穴上邊，名推上三關，大補元氣。凡四肢寒厥、氣虛瘦弱，或汗不出，推三百遍，乃溫補之劑也。補氣用之，以其能壯陽也。天河水右，自曲尺穴下邊，向外推至水底穴，名推下六腑，凡大小便悶結、人事昏迷、大便過黃、小便過赤以及便血痔漏、腸風等證，尤宜推之，以其能去五臟六腑之積熱也。此乃寒涼之劑，止血用之，補血亦用之，以血有宜涼生血，且能滋陰也。

推上三關屬陽，退下六腑屬陰，陰陽必不可偏廢。故欲補氣助陽，必多推三關，然亦不可不退六腑。推三關三百，退六腑一百。欲滋陰涼血，必多退六腑，然亦不可不推三關，退六腑三百、推三關一百，只在多少之間耳。若陰陽無甚偏盛，又只宜平推。

《小兒推拿輯要・陰掌諸穴秘訣》 精寧穴，在外牢宮下兩邊，食指、中指骨縫與無名指、小指骨縫處，掐二十遍，開氣安神，氣吼、乾嘔用之，打逆咽，尤宜用之。

威靈穴，在外牢宮上兩邊，食指、中指骨縫與無名指，小指骨縫處，掐二十遍，止驚。凡暴中風，不省人事如死者，掐之可活。急筋跳掣及吊頸者，尤宜用之。

掐五指節者，用大拇指甲，遍掐五指下節之骨拐，止驚、清肝、開氣、開痰、舒筋榮血，凡傷風、水嚇、驚證、四肢常掣、面部青色者用之。

二扇門，在外牢宮兩邊骨縫處，用兩手大指雙掐之，能發汗，通心氣，凡

汗不出者用之。

陽池穴，在一窩風後寸餘，與前天河水正中相對。掐五十遍，能止頭痛。

《小兒推拿輯要·身上諸穴秘訣》 合骨穴，即手腕，通十二經。拿之能開關，且能令人醒。

曲尺穴，屬腎，拿之止搐。

《針灸穴法·手背穴圖法》 一揉指五指節，治傷風，被水驚，四肢常掣，面青色，被嚇人不省人事。用燈火灸五指節更妙。一自一窩風推括至中指顛，大便閉結不通用之。

一揉掐威靈穴，暴中風死，急驚，跳水頸吊用之。並治痰喘氣急，又治瘧。瘧者，酷也。秋有瘧寒，秋時陽氣消，陰氣盛，兼寒、兼熱，似酷也。

《針灸穴法·分陰陽推三關退六腑》 男女有病，俱由於陰寒陽熱之失調，攻治之當，先分陰陽，次分三關，退六腑。寒者宜熱，多分陽邊，多推三關。熱者宜涼，多分陰邊，多退六腑。陰陽寒熱，必須相濟，不可偏熱偏寒。如不熱不寒，平分平推，燮理陰陽，此之謂歟。

《推拿總訣仿歌·陽掌諸穴》 大指上節中指，屬脾土，下節屬胃土。曲節向內推五百遍，大補脾胃，遍數宜多。伸節向內推一百五十遍，通利大腸，惟大便不通並邪熱太盛者，宜用此治，不可妄用。

食指外側面屬大腸，凡臍下疼者，是大腸火多生痔蟲，宜清大腸，向外推二百遍。泄瀉者，宜向內推三百遍，補大腸。【略】

中指正面屬心火，凡心火動，口瘡弄舌，大小眼角赤紅，小水不通，皆宜向外清。至於受驚，尤宜清各四十遍。【略】

小天心在手心下坎位正中，大急喘、大實熱證，掐五十遍。再用水底撈明月推法，自小指根向掌鈎至坎位二百遍，能清心火。

五經紋，即五指頭肉，來回橫推，各運五經十五遍，能開臟腑之滯塞。

運八卦者，用我食指從乾宮左旋，推至兌宮爲一運，每用十五遍。能開胸化痰，除飽脹。

《推拿總訣仿歌·陰掌諸穴》 掐五指節二十遍，能止驚、清肝、開氣、開痰、又開血。

一窩風，在掌背下腕中心橫紋處，掐十五遍，能止肚痛。

威靈穴在食指、中指間下寸許，無名指、小指間下寸許。

精寧穴，在威靈下各寸許，掐十五遍，亦能止驚。

二人上馬，在乾宮側旁，與小指根小横紋二處，掐十五遍。

二扇門，在外勞宮兩旁，用兩大指對掐十五遍，能補腎經，通心氣，亦能出汗。

《釐正按摩要術·陽掌圖注》 陽掌，掌正面也。掌心爲內勞宮，前離後坎，左震右兌，乾艮巽坤，寄四隅，內八卦也。大指端脾，二節胃，食指端肝，三節大腸，中指端心，三節小腸，無名指端肺，三節包絡，小指端腎，三節膀胱。各指二節紋，爲四橫紋。三節根爲小橫紋，大指次指叉爲虎口，食指三節爲三關，魚際爲板門，掌根爲小天心。大橫紋、總心經，統名大陵。以後爲天河水、內間使，掌根上爲陽池，下爲陰池，二池旁爲交骨，四指後握拳縫處爲後谿，十指尖爲十王穴，中指左右爲兩端正，皆補《銅人》所未載也。

《釐正按摩要術·陰掌圖注》 陰掌者，掌背也。掌背心爲外勞宮，與陽掌八卦相同，爲外八卦。大指、次指叉後爲合谷，合谷後爲甘載，掌根盡處爲一窩風，一窩風上爲精寧，下爲威靈，一窩風後爲陽池，再後爲外關，再後爲外間使。手彎處爲曲池，手彎尖處爲斗肘，大指外廉爪甲角韭葉許爲少商，食指中指骨界空處爲二扇門，中指無名指骨界空處亦爲二扇門，四指後爲二人上馬，五指中節有橫紋爲五指節，種種穴名，亦補《銅人》所未載也。

《釐正按摩要術·按法》 總經，在掌根橫紋之後。

二人上馬，在小指、無名指骨界空處。

交骨，在手掌後上下高骨間。

《釐正按摩要術·掐法》 脾土，在大指第一節。

心經，在中指第一節。

肺經，在無名指第一節。

腎經，在小指第一節。

十王，在五指甲側。

大腸側，在食指二節側。

四橫紋，在陽掌面二節橫紋處。

總筋，在掌後。

小橫紋，在四橫紋之上指節橫紋處。

五指節，在手背指節高紋處。

老龍，在男左女右無名指顛。
端正，在左者，中指端左側。【略】端正在右者，中指端右側。
外勞宮，在掌背中間，與內勞宮相對。
二扇門，在中指骨兩邊空處。
一窩風，在掌背盡根處。
威靈，在手背二人上馬後，一窩風之下。
精甯，在手背合谷後，一窩風之上。
甘載，在掌背合谷後。
陽池，在手背一窩風之後。
大橫紋，即總心經。小天心，在掌根處，爲諸經之祖。
外間使，在掌背一窩風、陽池、外關之後，與內間使相對。

《釐正按摩要術·推法》 脾土，在大指端。
肝木，即食指端。
心火，即中指端。
肺金，即無名指端。
腎水，即小指端。
五經，即五指尖也。
三關，在食指三節，分寅卯辰三關。
四橫紋，在陽掌四指中節。
後谿，在手掌四指後。
外關間使，其穴在陰掌根一窩風之後。

《釐正按摩要術·分陰陽法》 法治寒熱往來。將兒手掌向上，醫用兩手托住，將兩大指於掌後中間往外陰陽二穴分之，陽穴宜重分，陰穴宜輕分。無論何法，均須用此，但寒證宜多分陽，熱證宜多分陰，又不可不講也。

《釐正按摩要術·推三關法》 法主溫，病寒者用之。將兒手掌向上，蘸葱薑湯，由陽池推至曲池上面，須推三五百次，量人虛實施之。
一法蘸葱薑湯，由大橫紋中間直推至曲池，溫法也。夏禹鑄主之。

《釐正按摩要術·退六腑法》 法主涼，病熱者用之。將兒手掌向上，蘸開水，由陰池推至曲池下面，須推三五百次，量人虛實施之。
一法，蘸開水，由手背一窩風中間，直推至斗肘，涼法也。夏禹鑄主之。

《釐正按摩要術·補脾土法》 法主健補脾虛。醫用左手將兒大指面屈拿之，以右手蘸葱薑湯推之，又將兒大指面直拿之，仍以右手蘸葱薑湯推之，互相爲用，在人之活法耳。

《釐正按摩要術·推中指法》 法治寒熱往來。醫用左手大指、無名指拿兒中指，以中指、食指托兒中指背，蘸湯以右大指推之。

《釐正按摩要術·運外八卦法》 法主通氣血，開秘結。將兒手背向上，醫以右大指從乾運起，至離宮略輕，過離如餘宮運法。

《保赤推拿法·運內八卦法》 從坎到艮，左旋推，治熱，亦止吐。從坎到艮，右旋推，治涼，亦止瀉。掌中離南、坎北、震東、兌西、乾西北、艮東北、巽東南、坤西南，男女皆左手。

《保赤推拿法·乾坎艮入虎口穴法》 虎口穴即大指與食指手叉處。自乾由坎艮入虎口穴，揉之能去食積。

《保赤推拿法·揉艮宮穴法》 重揉艮宮，治飲食不入。

《保赤推拿法·掐小天心穴法》 小天心穴在兒手掌盡處。兒有驚證，眼翻上者，將此穴向掌下掐。眼翻下者，將此穴向總筋上掐即平。

《保赤推拿法·推掐心經穴法》 心經即中指尖。向上推至中指盡處小橫紋，行氣通竅，向下掐之能發汗。

《保赤推拿法·掐揉肺經穴法》 肺經即無名指尖。向下掐之，去肺火，左旋揉之補虛。

《保赤推拿法·中指尖推至橫門穴法》 從中指尖推到橫門穴，止小兒吐。

《保赤推拿法·橫門穴刮到中指尖法》 從橫門穴刮到中指尖，掐之，使小兒吐。

《保赤推拿法·掐橫門穴法》 在兒橫門穴掐之，治喉中痰響。

《保赤推拿法·運五經紋法》 五經紋，即五指第二節下之紋。用大指在兒五經紋往來搓之，治氣血不和、肚脹、四肢抽掣、寒熱往來，去風，除腹響。

《保赤推拿法·掐離宮至乾宮法》 從離宮掐起，至乾宮止，中間輕掐，兩頭重掐，化痰，治咳嗽、昏迷、嘔吐。

《保赤推拿法·揉氣關法》 氣關在食指正面第二節。揉之，行氣通竅。

《保赤推拿法·掐二扇門穴法》 二扇門穴在手背中指上兩旁，離中指半

寸許。如欲發汗，掐心經，掐內勞宮，推三關。汗猶不出，則掐此穴，至兒手心微汗乃止。

《保赤推拿法·揉大指甲法》 大指甲爲外脾，揉之補虛止瀉。

《保赤推拿法·掐中指甲法》 將兒中指甲上面輕輕掐之，止兒瀉。

《保赤推拿法·刮手背法》 從兒手背刮到中指梢，能使兒瀉。

《保赤推拿法·捻五指背皮法》 將五指背面夾縫上皮輕輕捻之，治驚嚇，又燥濕。

《保赤推拿法·掐老龍穴法》 此穴在中指背靠指甲處，相離如韮葉許。若兒急驚暴死，對拿精靈、威靈二穴不醒，即於此穴掐之。不知疼痛，難救。

《保赤推拿法·掐五指爪甲法》 掐五指爪甲，治驚嚇。若不醒，再拿精靈、威靈二穴。

《保赤推拿法·揉手背穴法》 重揉手背，能平肝和血。

《保赤推拿法·掐少商穴法》 此穴在手背大指甲向上內側，離指甲如韭葉許。掐之治濕痰瘧痢。

《保赤推拿法·清天河水法》 天河水穴在內間使穴上。先掐總筋，用新汲水以手澆之，從此穴隨澆隨推至洪池止，洪池穴在肱彎，爲清天河水，又名引水上天河。治一切熱證。

《保赤推拿法·分陰陽法》 正面掌腕交界之橫紋兩頭，即陰陽二穴，小指邊爲陰穴，大指邊爲陽穴。就橫紋上兩指中分，向兩邊抹，爲分陰陽。治寒熱往來，臌脹，泄瀉嘔逆，臟腑結。

《保赤推拿法·掐赤筋法》 掌腕交界之橫紋上，靠大指邊第一赤筋，屬火，以應心與小腸。掐之治內熱外寒，霍亂。

《保赤推拿法·掐青筋法》 靠赤筋裏邊第二青筋，屬木，以應肝與膽，外通兩目。掐之治眼赤澀多淚。

《保赤推拿法·掐總黃筋法》 總筋即黃筋，乃五筋正中一筋，屬土，總五行以應脾與胃。掐之治腸鳴、霍亂吐瀉。

《保赤推拿法·掐白筋法》 靠總筋邊第四白筋，屬金，以應肺與大腸，外通兩鼻孔。胸腹脹滿，腦昏生痰掐之。

《保赤推拿法·掐黑筋法》 靠小指邊第五黑筋，屬水，以應腎與膀胱，外通兩耳。尫瘦昏沉掐之。

《保赤推拿法·掐靠山穴法》 此穴在手背大指下掌根盡處。掐之治瘧疾痰壅。

《保赤推拿法·推下六腑法》 六腑在肱正面，男向下推之爲加涼，女向下推之反爲加熱，陰極陽生也。如推下六腑三下，亦必推上三關一下以應之。若止推不應，男恐過涼有滯，女恐發熱有火。

《保赤推拿法·推上三關法》 三關在肱背面，男向上推之爲加熱，女向上推之反爲加涼，陽極陰生也。如推上三關三下，亦必推下六腑一下以應之。若止推不應，男恐發熱有火，女恐過涼有滯。

《保赤推拿法·掐斗肘曲池穴法》 掐斗肘下筋，曲池上筋，曲池即肱彎處，掐之治急驚。

《保赤推拿法·揉肺俞穴法》 此穴在肩膀骨之夾縫處，兩邊兩穴。揉之化痰。

四、下肢部推拿

《針灸大成·按摩經·掐足訣》 凡掐，男左手右足，女右手左足。

大敦穴，治鷹爪驚，本穴掐之就揉。

解谿穴，治內吊驚往後仰，本穴掐之就揉。一名鞋帶穴。

中廉穴，治驚來急，掐之就揉。

湧泉穴，治吐瀉，男左轉揉之止吐，右轉揉之止瀉。女反之。

僕參穴，治腳掣跳口咬，左轉揉之補吐，任轉補瀉。又驚又瀉又吐，掐此穴及腳中指效。

承山穴，治氣吼發熱，掐之又揉。

委中穴，治望前撲，掐之。

《小兒推拿方脈全書·足上諸穴》 膝眼穴，小兒臉上驚來，急在此掐之。

前承山穴，小兒望後跌，將此穴久掐久揉有效。

解谿穴，又驚又吐又瀉掐此。

鞋帶穴，小兒望後仰掐此效。

若小兒驚急掐人，眼光掣跳，寒戰咬牙，將大指一節久揉久掐即止，掐左足右手。又將手中指一節掐二下。

委中穴，小兒望前撲掐此，諸證皆能甦醒。
後承山穴，小兒手足掣跳，驚風緊急，人將口咬之，要久，令大哭方止。
僕參穴，治小兒吼喘。將此上推下掐，必然甦醒。如小兒急死，將口咬之則回生，名曰老虎吞食。

《幼科鐵鏡·足圖》 湧泉穴，男左轉揉之，吐即止。右轉揉之，瀉即止。左轉不揉，主吐。右轉不揉，主瀉。女反是。

《小兒推拿廣意·足部十三穴部位療病訣》 三里，揉之，治麻木頑痹。
〇行澗穴同功。
委中，掐之，治往前跌撲昏悶。
內廷，掐之，治往後跌撲昏悶。
太衝，掐之，治危急之證。舌吐者不治。
大敦，掐之。爪驚不止，將大指屈而掐之。
湧泉，揉之，左轉止吐，右轉止瀉。
崑崙，灸之，治急慢驚風危急等證。咬之，叫則治，不叫不治。
前承山，掐之，治驚來急速者。〇子母穴同功。
後承山，揉之，治氣吼發汗。

《幼科推拿秘書·穴道圖象》 穴在腿足者　鬼眼穴，在膝頭、膝眼。委中穴，在膝彎陷處。前承山穴，一名子母穴，在下腿之前，與承山相對。一名中廉穴。後承山穴，一名後水穴，如魚肚一般，在腿肚上。一名魚肚穴。百蟲穴，在大腿之上外邊。三里穴，在膝頭之下。外鬼眼穴，在膝外眼陷處。鬼眼穴，在後腿肚旁。解谿穴，在腳面上灣處，與下中指相對。僕參穴，在腳後根上。一名鞋帶穴。大敦穴，在足大指上。湧泉穴。在腳板心中處。

《幼科推拿秘書·推拿手法》 拿承山　承山穴在腿肚中，一名魚肚穴，一把拿之。拿此穴，小兒即睡。又治喘，掐之即揉，男右女左。
拿蹼參穴　一名鞋帶穴，在腳後根上。驚死重拿即醒，久拿必活。
掐蟹谿　蟹谿穴，在腳面上彎處，小兒內吊驚往後仰，掐之即揉。
拿委中　委中穴，在腿彎處。小兒腳不縮，重拿之，向前蹼，掐之。
揉湧泉。久揉亦能治眼病。　湧泉穴，在腳心不着地處。左揉止吐，右揉止瀉。男依此，女反之，男右腳。女左腳。退煩熱亦妙，引熱下行。

《小兒科推拿直録·左右脚外踝圖》 陰市穴，治大人小兒痰，掐之。
承山穴，治氣吼痰喘，大小人通用，掐之。
三里穴，治截瘧，掐而揉之。
血海穴，治小腸疝氣，胃上風瘡毒癀不可當，望下掐之。
鬼眼穴，治痢疾，鶴膝風，掐而揉之。
中廉穴，治急驚風，掐而揉之。
公孫穴，治小兒寒戰咬牙，掐之。
僕參穴，治驚風掐拳，用口咬本穴，揉之。
大敦穴，治鷹爪驚，掐之。其勢兩手亂舞，如鷹爪之勾物也。
湧泉穴，治法，左轉止吐，右轉止瀉，掐而揉之。

《針灸逢源·推拿雜病要穴》 中廉治筋抽，掐之即揉。解谿，內吊驚往後仰，揉掐之。
膝上鬼眼穴，若身後仰，掐住身即正。此即膝眼其四穴。
委中治驚時往前仆，向下掐住便直。
僕參治腳掣跳、口咬。左轉揉之止吐，右轉揉之止瀉。又驚又吐又瀉，掐此穴及腳中趾效。
大敦，驚來若急拿之，或鞋帶穴對拿。鞋帶穴，一作僕參，夏氏曰即崑崙穴。灸三壯，治小兒發癇瘈瘲。
湧泉治驚吐瀉，掐之。男左轉揉之，止吐右轉揉之，止瀉。左轉不揉主吐，右轉不揉主瀉。女反此。

《小兒推拿輯要·身上諸穴秘訣》 百蟲穴，在大腿上外旁，屬四肢，拿之止驚。
膀胱穴，在股上，拿之能通利小便。
魚肚穴，在腿上，屬小腸，拿之能止泄，省人事。
湧泉穴，在兩足心，揉二十遍，能引心火下行。左旋揉之止吐，右旋揉之止瀉。

《釐正按摩要術·掐法》 前承山，在足三里下，與後承山相對。
委中，在膝後彎中有紋處。
後承山，在足後跟去地一尺。
內廷，在足大指，次指外間陷中。
大敦，在足大指端，去爪甲韭葉許毛中。

僕參，即鞋帶，在足跟上。

三陰交，在内踝踝尖上三寸。

《釐正按摩要術・揉法》 龜尾，在臀尖。

三里，在膝頭下三寸。

中廉，在前膝鬼眼之下，解谿之上。

《釐正按摩要術・正身圖注》 外鬼眼在膝前，百蟲在鬼眼上，膀胱在百蟲上。

《釐正按摩要術・足部圖注》 足部各穴載於《銅人》圖者，兹不復注。第老龍穴在足二指巔，鞋帶即僕參，在足後跟上。内外鬼眼，外在膝前，内在膝後。皆以補銅人之未載也。

《保赤推拿法・掐膝眼穴法》 此穴在膝蓋裏旁，一名鬼眼穴。小兒臉上驚來，急在此穴掐之，若兒身後仰即正。

《保赤推拿法・掐後承山穴法》 此穴在腿後，與前承山穴對處。兒手足跳掣驚急，使人隔布輕咬之，至兒哭方止。

《保赤推拿法・掐前承山穴法》 此穴在腿下節前面膝下，亦名中廉穴。兒驚風望後跌，在此穴久掐最效。

《保赤推拿法・掐解谿穴法》 此穴在足上腿下之彎，結鞋帶處。兒驚風吐瀉，往後仰，在此穴掐之。

《保赤推拿法・掐僕參穴法》 此穴在足跟外側微上處。掐之治腳掣，口咬，吼喘。左轉揉之補吐，右轉揉之補瀉。又驚、又吐、又瀉，急掐此穴必止。如兒忽死，將此穴上推下掐必醒。

諸病分部

論説

《幼科發揮・急驚風有三因》 推法者，乃針灸按摩之遺意也。經曰：無刺大虚人。推搖之法，壯實者可用之，如怯弱者其氣不行，推則有汗，反傷元氣也。

《小兒推拿廣意・雜證門》 一、日間病重者，宜抑陽。

一、夜間病重者，宜抑陰。

一、子後火盛者，是陽火，宜瀉之。午後火盛者，是陰火，宜補之。

一、先熱後寒者，陰干陽。宜先瀉後補。

一、先寒後熱者，陽干陰。宜先補後瀉。

《幼科推拿秘書・按穴却病手法論》 潛菴曰：仙女傳救嬰兒妙法，實諳先天機微。左旋右揉，推拿掐運，諸穴手法，至妙至精。苟缺一穴，而衆穴不靈。稍少一法，而妙法不眞。醫家必深思其義藴，而詳究其指歸，乃爲有濟。然法雖有定，變通在人標本先後輕重多寡之間。用手法而不泥乎法，神乎法而不離乎法。神而明之，存乎一心，所當兢兢致意者爾。

《幼科推拿秘書・手法秘旨》 凡觀小兒病證，男觀左手右腳，女觀右手左腳。必察何經絡，得其證候，方知道推某筋，掐某處。久揉驗，總要先觀兒虚實，而手法推之數目，即一定之。一歲三百，不可拘也。此二句所謂用法而不泥乎法也，可證諸家某穴推若干數之謬。又要審定主穴。某病證以某穴爲主，則衆手該用者在前，而此主穴在後，多用工夫，從其重也。蓋穴有君臣，推有緩急，用數穴中有一穴爲主者，而一穴君也，衆穴臣也，相爲表裏而相濟者也。故赤子之病，有一視而愈者，亦有推數穴而不愈者，是不明於察形辨證之主穴也。有一穴而治數病者，有數穴而治一病者。有一手而拿兩穴者，有兩手而拿一穴者。有病輕而推數穴不愈者，有重病而推一二穴即愈者，總待人神明其源而精乎其極也。故云：病輕一時鬆，病重費日功。若平日有慣者，病推畢後，必用總收手法，其病方永久不犯。用手法者慎思之。

《小兒推拿輯要・推拿須知》 凡小兒多畏生人，病不至不省人事，多不肯教人推拿，推之勢必叫號。若任其哭號而施以手法，亦必不能見效。莫如候其睡時，從而推之，效可立見。蓋小兒皮膚嬌嫩，不堪重推，惟以指蘸湯輕輕推之，即醒亦不能覺也。其必須重掐之穴，亦不過一二穴，候其醒時再拿，即叫號幾聲，亦無傷也。且推拿既畢，萬不可即時與以乳食暨生冷涼水堅硬等物。蓋推之則脈絡流通，關竅方開，若即以乳食生冷等物與之，脈復塞，關竅仍閉，欲其病之愈也，不綦難乎。且掐之即發汗者，尤當避風一二日，不然則外感立至，病仍如舊，醫者慎之。

《小兒推拿輯要·認病總論》推拿之法，認證爲先，認不確則法無從施。故看小兒之病，入門則先視其情形，再觀其頭面各部之色，更詳審於二目之間。次聽其聲音，並問其嗜好，以及得病之源，然後察其虎口三關之筋色，按其人迎氣口之脈息，則病受之某腑，受之某臟，而爲虛爲實、爲寒爲熱，無不盡知。從而施以手法，沉疴豈有不立除者哉？余故博獵廣採，凡認病之條，無不備列，誠以認證之非易也。有志斯道者，詎可忽諸。周松齡謹識。

小兒病證，非止一端。大約初生之際，驚風爲多。及其稍長，而飲食傷之，因而爲瀉、爲嘔、爲疳、爲癖，不一其證。古人既分別各門病證，而兼以治法，蓋欲後之學者有所標榜而從事焉，庶不至有誤也。今將臟腑受病之驗，以及各病情形治法，條而列之，庶不負古人之遺意歟。

心屬火，火中有水，即是心血，這便是肝的根子。而肝即心血之苗，即主乎血。腎屬水，水之中有火，即是元氣，這便是肺的根子。而肺即元氣之苗，即主乎氣。脾爲心火中之己土，己土原生肝木。胃爲腎水中之戊土，戊土本生肺金。心中之血屬水，能生腎中元氣。腎中元氣屬火，能生心中之血，萬事勞心，七情搖心，血那有不傷之理。且心只宜清而不宜補，卻又不可多清，必須設法以補心。即如退下六腑，便能補心血，再推上三關，大補元氣，亦能壯心血。肝爲血主，只宜清而不宜補，且肝火太盛，必尅脾土，亦即下耗腎水，所以要平肝木，必先補脾土，再補腎水以潤肝木，而肝火漸退，逐火清肝木，而驚氣怒氣自消。腎是身之根本，根本受傷，心肝脾肺也就漸漸衰了，而病即生焉。所以凡治病，必須大補腎水，腎水既足，元氣自盛，心肝脾肺也就有反正之機。再將心肝脾肺清補得宜，百病即可退除。肺主氣，既虛，風寒熱毒自然乘虛而入，那有不咳嗽生痰之理。要知肺中受了風寒，嗽的是自然，當先補後清。受了熱毒，也是要嗽的，當先清後補。且肺中有痰之嗽是濕熱，當先清後補。無痰之嗽是燥熱，當先補後清。脾土論正理，自然是生肺金。須知脾居中宮，果能清補得宜，壯起脾土，而心肝腎肺即能兼而生之。所以凡治病，必須大補脾土。

《小兒推拿輯要·五臟虛實補瀉論》腎以肺爲母，以肝爲子，以脾爲賊。虛則補其母，故補腎必先以肺爲主。而土盛水枯，尤必以運水入土者，逐脾土之賊。實則瀉其子，必先以平肝爲主。而水盛土枯，尤必以運土入水者，制腎水之溢。腎且與膀胱相表裏，實則必熱，熱則小便赤黃，耳焦面黑，手指青黑。虛則多寒，小便白濁而淋，面色虛白。

心以肝爲母，以脾爲子。虛則補其母，而肝則以清爲補，故先以平肝爲主，再以退六腑、推上三關以佐之。實則瀉其子，故必先以直推脾土，清小腸爲主，而以清天河水、水底撈明月以佐之。且心與小腸相表裏，實則必熱，主面赤鼻衄，口乾舌燥，重舌口瘡，心驚不寐，見燈愈啼。虛則心怯，不欲見人。

肝以腎爲母，以心爲子。惟肝無虛，而平肝即所以補肝，補腎正所以潤肝。實則瀉其子，肝火太盛，尤當以清心火爲主，而設法以清心，故清天河水、撈明月等法，在所必用。且肝與膽相表裏，實則肝膽皆熱，必主眼黑面青，發驚搐，口苦甲焦。

肺以脾爲母，以腎爲子。虛則補其母，故補肺以建脾爲主。實則瀉其子，故肺火太盛，腎亦可微清，然清後又宜補，腎水不可虧也。且肺與大腸相表裏，又當知肺虛則大腸可補，大腸虛則肺亦不可不補。故肺實者必主皮膚焦熱，鼻乾，毛焦，舌白。大腸實者必便結。肺虛多主寒戰，善嚏，鼻流清涕。大腸虛者溏瀉。

脾以心爲母，以肺爲子。虛則補其母，而心火必不可補，則尤當設法以補之，若推三關、退六腑等法，即所以補心也。實則瀉其子，故清脾，又宜清肺。且脾與胃相表裏，脾熱者鼻先赤，上下唇俱焦，面黃舌硬，腸鳴足腫。胃熱者，乾嘔而煩躁不安。脾胃俱虛者，羸瘦，飲食不消。

《小兒推拿輯要·治各門病證總論》古人立法，後人則之，而其中之變通損益，則非在古人也。余於各門病證推拿之法，雜採一卷，不過略備推拿之式而已。蓋病非一病，易治亦難治。如謹守其法，而病或他出，無以益其法，則其病不愈。病或宜減，無以損其法，則其證難瘥。變通之權，在人心之活法耳。如此集所載治牙疼之法，古無此方，余正當彙輯群書之際，偶然牙疼甚劇，因見藥書所載何牙屬何臟，何牙屬何經，隨按法推之，而其痛立止，故因以附焉。有志斯道者，舉一隅即能三隅反，則庶乎進之矣。周松齡謹誌。

或問於余曰：太乙仙人傳授推拿秘法，以五指分爲五臟，六腑附焉，其理似涉於杳冥。且以脈訣考之，左手之寸關尺，則爲心肝腎焉，右手之寸關尺，則爲肺脾命焉。而推拿之法，則男推左手，皆以五臟屬諸左手，女推右手，則又以五臟屬諸右手，不更於脈訣相背乎？余應之曰：人稟天地陰陽五行之氣以生，陰陽既分，男女自別，五臟既具，五行寓焉。且有一陰即有一

陽，有一臟即有一腑，故天一生水主乎腎，地六成之而爲膀胱；地二生火主乎心，天七成之而爲小腸；天三生木主乎肝，地八成之而爲膽；地四生金主乎肺，天九成之而爲大腸；天五生土主乎脾，地十成之而爲胃。此五臟六腑皆天生之而地成之者也。手既分乎五指，則即象乎五臟。故大指屬土，而脾胃儷焉；食指屬木，而肝膽儷焉；中指屬火，而心與三焦儷焉；無名指屬金，而肺與包絡儷焉；小指屬水，而腎與膀胱儷焉。大腸儷於食指側面，以金胎於卯位也。小腸儷於小指側面，以火生於酉，且通乎命門之相火也。五指之筋絡，各通乎五臟，而五臟之氣血，即貫乎五指。諺曰：十指朝心，有由然也。若男子生也，稟乎陽。左手屬陽，故以左手爲主。女子生也，稟乎陰。右手屬陰，故以右手爲主，又何疑焉。客唯唯而退，余正輯穴道指法，因書之以冠篇首云。周松齡謹誌。

《保赤推拿法·凡例》一、凡爲推拿法醫者，己之大指、食指皆不可修留爪甲，但以指頭肉用力，有爪甲則傷兒皮膚矣。醫手最宜輕穩，莫致兒皮膚疼痛。

一、兒病重者，醫人以麝香黏己指；兒病輕者，醫人以葱姜水浸己指，則用一切法始可開兒關竅。

一、推拿法須在下半日爲之。蓋上半日陽氣正盛，在兒關竅上拿，多不能入。

一、指頭箕斗旋紋處有火。若治兒熱證，醫者止可用大指頭尖，勿將指箕斗紋處推拿。

一、是書未注明推拿之數，以兒有大小强弱之異，病有輕重之殊。總之，兒之大者强者、病之重者，用數多；兒之小者弱者、病之輕者，用數少。多則用幾百數，少則用幾十數，不能預定。

一、是書原指明某臟某腑寒則用某法，熱則用某法，實則用某法。若素全不明醫理，何能辨寒熱虛實。倘或錯用，亦能爲害，故認證宜確。

綜　述

《續醫說·摩脊法》小兒初見發熱，痘瘡未出之時，預先用芝麻油蘸手研熱按兒背，摩數遍，能令輕者不出，重者雖出稀少，此亦古人按摩之法。蓋所以散寒水逆流之毒，背爲太陽膀胱經也，正與東垣論相合，須令謹慎。婦人按之，恐手重則傷小兒肌膚也。又一小兒驚風發搐，兩眼反視，藥至口即吐出，余遂用竹茹燈心剉碎，磨成粉末，入生薑自然汁少許，和以芝麻油調勻，按摩小兒，自額上起，直至背心，兩手、足心數十遍，仍以薄荷煎湯漸漸與之，飲逾時，驚搐遂平，熱退而愈。

《針灸大成·按摩經·手法歌》心經有熱作痰迷，天河水過作洪池。肝經有病兒多悶，推動脾土病即除。脾經有病食不進，推動脾土效必應。肺經受風咳嗽多，即在肺經久按摩。腎經有病小便澀，推動腎水即救得。小腸有病氣來攻，板門横門推可通。用心記此精寧穴，看來危證快如風。膽經有病口作苦，好將妙法推脾土。大腸有病泄瀉多，脾土大腸久搓摩。膀胱有病作淋疴，腎水八卦運天河。胃經有病嘔逆多，脾土肺經推即和。三焦有病寒熱魔，天河過水莫蹉跎。命門有病元氣虧，脾土大腸八卦推。仙師授我眞口訣，願把嬰兒壽命培。五臟六腑受病源，須憑手法推即痊。俱有下數不可亂，肺經病掐肺經邊。心經病掐天河水，瀉掐大腸脾土全。嘔掐肺經推三關，目昏須掐腎水添。再有横紋數十次，天河兼之功必完。頭痛推取三關穴，再掐横紋天河連。又將天心揉數次，其功效在片時間。齒痛須揉腎水穴，頰車推之自然安。鼻塞傷風天心穴，總筋脾土推七百。耳聾多因腎水虧，掐取腎水天河穴。陽池兼行九百功，後掐耳珠旁下側。咳嗽頻頻受風寒，先要汗出沾手邊。次掐肺經横紋內，乾位須要運周環。心經有熱運天河，六腑有熱推本科。飲食不進推脾土，小水短少掐腎多。大腸作瀉運多移，大腸脾土病即除。次取天門入虎口，揉臍龜尾七百奇。肚痛多因寒氣攻，多推三關運横紋。臍中可揉數十下，天門虎口法皆同。一去火眼推三關，一百二十數相連。六腑退之四百下，再推腎水四百完。兼取天河五百遍，終補脾土一百全。口傳筆記推摩訣，付與人間用意參。

《針灸大成·按摩經·病證生死歌》手足皆符脾胃氣，眼精卻與腎通神。兩耳均勻牽得勻，要知上下理分明。孩兒立醒方無事，中指將來掌內尋。悠悠青氣人依舊，口關眼光命難當。口眼歪斜人易救，四肢無應不須忙。天心一點掣膀胱，膀胱氣餒痛難當。丹田斯若絕腎氣，閉澀其童命不長。天河水過清水好，眼下休交黑白衝。掌內如寒難救兆，四肢麻冷定人亡。陰硬氣冷決昏沉，紫上筋紋指上尋。陰硬氣粗或大小，眼黃指冷要調停。腎經肝膽腎

相連，寒暑交加作楚煎。臍輪上下全憑火，眼翻手掣霎時安。口中氣出熱難當，嚇得旁人歎可傷。筋過橫紋人易救，若居坎離定人亡。吐瀉皆因筋上轉，橫門四板火來提。天心穴上分高下，再把螺螄骨上煨。鼻連肺經不知多，驚死孩兒臉上過。火盛傷經心上刺，牙黃口白命門疴。口嗌心拽並氣喘，故知死兆探人緣。鼻水口黑筋無脈，命在南柯大夢邊。

《針灸大成·按摩經·止吐瀉法》 橫門刮至中指一節掐之，主吐。中指一節內推上，止吐。板門推向橫門，掐，止瀉。橫門推向板門，掐，止吐。提手背四指內頂橫紋，主吐。還上，主止吐。手背刮至中指一節處，主瀉。中指外一節掐，止瀉。如被水驚，板門大冷。如被風驚，板門大熱。如被驚嚇，又熱又跳，先搯五指，要辯冷熱。如泄黃尿，熱；泄清尿，冷。推外脾補虛，止瀉。

《小兒推拿方脈全書·治病手法訣》 肚痛三關推一十，補脾二十掐窩風。運卦分陰並補腎，揉臍入虎口中心。各加五十掐指節，斗肘當揉二十工。艾敷小肚須臾止，虎口推完忌乳風。

火眼三關把肺清，五經入土撈明月。各加二十斗肘十，清河退腑陰陽穴。五十橫紋十戲珠，兩次天河五指節。

氣腫天門是本宗，橫紋水腫次詳關。虛腫肚膨用補脾，此是神仙眞妙訣。

氣腫三關並走磨，補降皆將二十加。補土橫紋皆五十，精寧一掐服山查。推時須用蔥薑水，殷勤臍上麝香搽。

走馬證從關上推，赤鳳陰陽一十歸。清河運心兼撈月，各加五十麝香推。燒過焙子同爐底，等分黃連作一堆。

頭痛一十回三關，清上分陰並運卦。橫紋及腎天河水，太陽各安五十下。陽池一掐用蔥薑，取汗艾葉敷他頂。

痰瘧來時多戰盛，不知人事極昏沉。陰陽清腎並脾土，五十麝香水可章。走磨橫紋安二十，桃葉將來敷腳心。

食瘧原因人瘦弱，不思飲食後門開。一十三關兼走磨，補土橫紋五十回。斗肘一十威靈掐，上馬天門數次歸。

邪瘧無時早晚間，不調飲食致脾寒。上馬三關歸一十，補脾補腎掐橫紋。五十推之加斗肘，威靈三次勸君看。陰陽三關須詳審，走氣天門數次

攢。

白痢推關兼補脾，各加五十掌揉臍。陰陽虎口仍揉肘，二十清腸取汗微。蔥薑少用揉龜尾，肚痛軍薑貼肚皮。

赤痢三關推一十，分陰退腑及天河。橫紋五十皆相等，揉掌清腸龜尾摩。半百各加姜水抹，黃連甘草起沉疴。

痢兼赤白抹三關，陰陽八卦四橫紋。龜尾大腸揉掌正，揉臍五十各相安。蔥姜推罷忌生冷，起死回生力不難。

痞痢推關補脾土，五節橫紋二十連。退腑一百鹽揉否，螺螄艾葉及車前。細研敷向丹田上，白芨將同牛肉煎。

熱瀉推腸退六腑，八卦橫紋及掌心。揉臍五十同清腎，薑水推之立便輕。

冷瀉推關及大腸，運卦分陰補腎鄉。各加五十推薑水，走磨指節並臍旁。掌心數次同龜尾，此是先資治瀉方。

傷寒潮熱抹三關，六腑陰陽八卦看。清腎天河加五十，數次天門八虎鑽。五指節當施五次，蔥薑推罷立時安。

泄法天河推明月，數番六腑五指節。螺螄芣苢貼丹田，大瀉小腸眞妙訣。

小便不通用蜜蔥，作餅敷囊淋有泄。若將搗爛貼丹田，此法能通大便絡。

《小兒推拿方脈全書·五臟主病歌》 心經熱盛定痴迷，天河推過到陽池。肝經有病人多痹，推動脾土病能除。脾經有病食不進，推動脾土病必應。肺受風寒咳嗽多，可把肺經久按摩。腎經有病小便塞，推動腎水即救得。大腸有病泄瀉多，大腸推抹待如何。小腸有病小便閉，橫門板門推可記。命門有疾原氣虧，脾土太陽八卦爲。三焦主病多寒熱，天河六腑神仙訣。膀胱有病作淋疴，腎水八卦運天河。膽經有病口作苦，只從妙法推脾土。胃經有病寒氣攻，涼土肺金能去風。

《小兒推拿廣意·臟腑歌》 心經有熱作痴迷，天河水過作洪池。心若有病補上膈，三關離火莫推遲。

退心經熱病，掐總筋，以天河水爲主。推腎經，退六腑，推脾土，推肺經，運八卦，分陰陽，揉小天心，二人上馬，掐五指節。

肝經有病人閉目，推動脾土效最速。脾若熱時食不進，再加六腑病除

速。

退肝之病，以脾土爲主。運八卦，坎重。推大陽，運五經，清天河水，飛經走氣，鳳凰單展翅，按弦走搓摩。

脾經有病食不進，推動脾土效必應。心嘰還應胃口涼，略推溫熱即相稱。

退脾土之病，以脾土爲主。推三關，運八卦，艮宮宜重。推肺經，分陰陽，推四橫紋，天門入虎口，揉斗肘。

腎經有病小便澀，推動腎水即淸徹。腎脈經傳小指尖，依方推掐無差忒。

退腎經之病，以腎經爲主。推三關，退六腑，二人上馬，運八卦，兌重。分陰陽，運水入土，打馬過天河，猿猴摘果，赤鳳搖頭，天門入虎口，揉斗肘。

胃經有病食不消，脾土大腸八卦調。妙訣神仙傳世上，千金手段不饒消。

退胃經之病，以脾土、肺經爲主。其法與脾經法同，加運八卦。艮巽重。

大腸有病泄瀉多，可把大腸久按摩。調理陰陽皆順息，此身何處着沉疴。

退大腸之病，以大腸爲主。運土入水，推脾土，運八卦，艮乾重，離輕。揉龜尾、臍，推肺經，推外間使，分陰陽，按弦走搓摩。

小腸有病氣來攻，橫紋板門推可通。用心記取精靈穴，管教卻病快如風。

退小腸之病，以橫紋、板門爲主。揉精靈穴，推肺經，推脾土。

命門有病元氣虧，脾土大腸八卦推。再推命門何所止，推臨乾位免災危。

退命門之病，以脾土、大腸、八卦爲主。推三關，分陰陽，推肺經，運土入水，天門入虎口，揉斗肘，飛經走氣。

三焦有病生寒熱，天河六腑神仙說。能知氣水解炎蒸，分別陰陽眞妙訣。

退三焦之病，以天河、六腑爲主。揉小天心，推脾土，運八卦，運五經，掐五指節，按弦走搓摩，天門入虎口，揉斗肘。

《小兒推拿廣意·推法》一推坎宮，自眉心分過兩傍。二推攢竹，自眉心交互直上。三運太陽，往耳轉爲瀉，往眼轉爲補。四運耳背高骨，推後掐之，大指並掐一聽會，二風門，三太陽，四在額。五以一指獨掐天心下，而後高骨，耳珠，人中，承漿，俱不必太重。此面部常用不易者，舉諸般驚證，傷寒，瘧痢，俱不可少。如遇久病，瘦弱多汗，痢疾，推而不掐爲是。由是推手先從三關推，悉從指尖上起也，而亦重虎口並合谷，而不知補脾胃培一身之根本，分陰陽分一身之寒熱亦不可緩焉。運八卦，涼則多補，熱則多瀉。分陰陽，陽則宜重，陰則宜輕。若夫五臟六腑，如咳嗽推肺，煩躁推心之類，豈可一概而混施哉？總在人心，因病舉指，用舍變通耳。由是推腳宜運崑崙，以四指圍而掐之。倘熱急吼喘，即諸穴未推之先，在承山推下數遍爲妙。其餘亦在人心證不悉。

《小兒推拿廣意·推拿手部次第》一推虎口三關，二推五指尖，三撚五指尖，四運掌心八卦，五分陰陽，六看寒熱推三關六腑，七看寒熱用十大手法而行，八運斗肘。

《小兒推拿廣意·推拿面部次第》一推坎宮，二推攢竹穴，三運太陽，四運耳背高骨，廿四下畢，掐一下。五掐承漿一下，六掐兩頰車一下，七掐兩聽會一下，八掐兩太陽一下，九掐眉心一下，十掐人中一下，再用兩手提兒兩耳三下，此乃推拿不易之訣也。

《幼科鐵鏡·卓溪家傳秘訣》卓溪家傳秘訣前輩相傳不效者，刪之；兩代經驗過者，補之；亦有秘傳不明者，出己見以闡發之。

嬰兒十指冷如冰，便是驚風體不安。十指梢頭熱似火，定是夾食又傷寒。捱之恐不眞，再以兒手指貼吾面試之不爽。

以吾三指按兒額，感受風邪三指熱。三指安兮三指冷，內傷飲食風邪感。

一年之氣二十四，開額天門亦此義。自古陰陽數有九，額上分推義無異。天庭逐掐至承漿，以掐代針行血氣。此乃開首推法。

傷寒推法上三關，臟熱轉推六腑間。六腑推三關應一，三關推十腑推三。推多應少爲調變，血氣之中始不偏。

啼哭聲從肺裏來，無聲肺絕實哀哉。若因痰蔽聲難出，此在醫家用妙裁。病在膏肓不可攻，我知肺俞穴能通。不愁痰築無聲息，艾灸神通勝化工。百會由來在頂心，此中一穴管通身。撲前仰後歪斜癇，艾灸三丸抵萬

金。腹痛難禁還瀉血，亦將灸法此中尋。張口搖頭并反折，速將艾灸鬼眼穴。更把臍中壯一艾，卻是神仙最妙訣。井肩穴是大關津，掐此開通氣血行。各處推完將此掐，不愁氣血不周身。病在脾家食不進，重揉艮宮妙似聖。再加大指面旋推，脾若初傷推即應。頭疼肚痛外勞宮，揉外勞宮即見功。疼痛醫家何處識，眉頭蹙蹙哭聲雄。心經熱盛作痴迷，天河引水上洪池。掌中水底撈明月，六腑生涼那怕痴。嬰兒臟腑有寒風，試問醫人何處攻？揉動外勞將指屈，此曰黃蜂入洞中。揉掐五指爪節時，有風驚嚇必須知。若還人事難甦醒，精威二穴對拿之。膽經有病口作苦，只將妙法推脾土。口苦醫人何處知，合口頻頻左右扭。大腸側推到虎口，止瀉止痢斷根由。不從指面斜推入，任教骨碎與皮穿。揉臍兼要揉龜尾，更用推揉到湧泉。腎水小指與後溪，推上爲清下補之。小便閉赤清之妙，腎虛便少補爲宜。小兒初誕月中啼，氣滯盤腸不用疑。臍輪胸口宜燈火，木香用下勿遲遲。白睛青色有肝風，鼻破生瘡肺熱攻。祛風卻用祛風散，指頭瀉肺效相同。鼻準微黃紫庶幾，奇紅帶燥熱居脾。大指面將脾土瀉，竈土煎湯卻相宜。太陽發汗來如雨，身弱兼揉太陰止。太陰發汗女兒家，太陽止汗單屬女。眼翻即掐小天心，望上須將下掐平。若是雙眸低看地，天心上掐即回睛。口眼相邀扯右邊，肝風動極趁風牽。若還口眼頻牽左，定是脾家動卻痰。腎水居唇之上下，風來焉不作波瀾。雙眸原屬肝家木，枝動因風理必然。右扯將兒左耳墜，左去撦回右耳邊。將耳垂扯下。三朝七日眼邊黃，便是肝風肝受傷。急將燈火十三點，此是醫仙第一方。效見推拿是病輕，重時莫道藥無靈。療驚定要元宵火，非火何能定得驚。若用推拿須下午，推拿切莫在侵晨。任君能火還能藥，燒熱常多退五更。叮嚀寄語無他意，恐笑先生訣不眞。

《幼科鐵鏡·面各穴圖》 推法，用葱姜煎汁浸染醫人大指，先從眉心向額上推至二十四數，次從眉心分推至太陽、太陰九數，再自天庭至承漿各穴掐一下，以代針法。

再於太陽、太陰，或發汗或止汗。

再將兩耳下垂尖撚而揉之。

又將兩手捧頭面搖之，以順其氣。再看寒熱，向手推三關六腑及運八卦。

隨分推胸口及揉臍，推委中畢，再揉井肩。至於別穴，看證再加揉法。

《幼科闡岐·汗法手法》 一掐心經內勞宮，次掐總經二人上馬，推三關三百，運八卦一百度，掐肺經，次推二百餘，推肝經一百餘，飛筋走氣三十五，開二扇門二百，久掐久揉，其汗如雨，隨嚥以淡生姜湯安之令睡，以汗乾爲度。

《幼科闡岐》卷三十八 按摩部分歌：按摩之法有玄微，八法五按要精習。先梳頭髮周天數，次分部位用心機。頭五側部面七部，側面側頭肩膊隨。手上六經分十二，膺腹七行脅肋知。背脊五行中督脈，足上六經十二椎。按摩推敲依法用，蹻搖循運任心爲。應針八九詳穴運，導引六六照工施。四妙再交逐部遍，一玄且勿漏天機。七損八益如眞授，許君天地壽年齊。

泄風邪號大度關。凡人稍覺身體有不快，即須按摩揉擦，令百節通利，泄其邪氣。無問有事無事，須要日行一度，令人自頭至足，但係關節之處，即用手按擦各數十次妙。

拿雜證法：頭痛腦如斧劈，晝夜疼痛，名混腦沙。上星穴，初拿痛，至不痛麻木爲度。初拿麻木，拿至痛爲度，大抵以氣覺變動爲度，效。取穴以左手橫紋加鼻準上，至髮內中指盡處。雷頭風，頭腫昏痛，兩目難開，穴同前拿

之。夾腦風並兩目疼痛，昏暗矇遮及髮中毒瘡，太陽穴。頭虛眩暈如千斤之重，拿眼角魚尾穴，即瞳子窌。混腦風，頭目疼痛，炎熱如火，難忍難當，印堂穴。黑眼風，羊見風，混腦痛，睛明穴。內障氣火眼，赤腫爛眼，頰車穴。風牙痛，外迎香、頰車、太谿。喉中熱悶或瘡，飲食難進，人中、合谷。中風不語，一切諸風，合谷、承漿。口眼喎斜歪吊，人迎、承漿。落枕項根疼痛及積食，玉枕。諸瘡傷食，肩井。諸瘡傷寒，肩井。露肩風，兩臂膊疼癢麻瘡，肩井，小海，即肘尖後麻骨頂。半身不遂，兩腰眼痛，拿兩肩尖下三寸鼠眼穴，未詳。男婦手掌戰慄疼痛，小海。半身不遂，手足頑麻，小海。諸痛百痛，內關。又用猿猴摘果法，拿左手穴麻木，使痛至右手，左手亦同。又乳中亦妙。腕勞手指節痛，合谷。勞疾並腳氣及氣眼風，肩井。治心痛，男左手，女右手掌後三寸內關穴。醫人居前，以一手覆執其拳令仰，以右手覆拿其穴，將拳折腕，使之令跪，久久忍之，汗脈乃通，心痛即止。又居側，一手掐內關穴，一手掐小海穴，令患人一拳柱之擠之。乳蛾拿耳後髮際內高骨處完骨穴。腦鬚瘡，頰車。喉內惡瘡倒心瘡一切諸證，上脘。五勞七傷，遍身疼痛，痰涎咯血如泉，飲食難進，膏肓。傷刀口中咯血並痢疾，懸樞。腰痛咳嗽，腰眼。老年力衰，陽弱無力，兩腿痠麻沉困，行步艱難，乃腎虛，長強。下元虛弱，小便勤數，腰間痛，行動難忍，拿氣眼穴窩兩邊氣管穴。纏喉風，上焦火盛，痰涎壅塞並發背瘡，拿乳內一寸乳房穴，效。乳內作痛並小兒吹乳，化爲膿血，幽門。淋瀝證，章門。久積，傷食傷氣，一切痼疾，陰交。諸般積氣痃癖，陰交。心氣痛，脊背上，七椎下傍一寸名小心穴，掐之立止。霍亂轉筋不止，男子以手挽其陰，女子以手牽其乳近兩邊，即止。心痛胃脘痛，用雙手拿腹，以八指着外脅，以兩大指着內近臍處，一並用力大拿則安，須要患人閉氣一口，良久方妙。凡臟毒，肚內若痛，號叫不止，承山。久心氣痛，以兩手拿足後跟向前，腕中結帶處萬勞穴，效。一切氣寒食寒，拿膝下馬面穴。冷痺腿痛及遍身疼痛，拿湧泉穴，候氣至頂方止，名交關過度。下元虛痿，虧損其陽，脾土弱不能制伏腎水，行間。婦人胎前產後血暈血積，百骨節痛，胎衣不下，經脈不調，小便淋閉，行間。癱瘓不能動覆，骨痿之證，中風不語，頭暈痰盛，腰膝疼痛，大便成壅，膝冷腿痠，心下痞塞，盜汗反胃，照海。

《幼幼集成・神奇外治法》 疏表法 小兒發熱，不拘風寒食飲，時疫痘疹，並宜用之。以葱一握，搗爛取汁，少加麻油在內和勻，指蘸葱油，摩運兒之五心、頭面、項背諸處，每處摩擦十數下，運完，以厚衣裹之，蒙其頭，略疏微汗，但不可令其大汗。此法最能疏通腠理，宣行經絡，使邪氣外出，不致久羈榮衛，而又不傷正氣，誠良法也。

清裏法 小兒發熱至二三日，邪已入裏，或乳食停滯，內成鬱熱。其候五心煩熱，睡卧不寧，口渴多啼，胸滿氣急，面赤唇焦，大小便秘。此爲內熱。以鷄蛋一枚去黃取清，以碗盛之，入麻油約與蛋清等，再加雄黃細末一錢，攪極勻；復以婦女亂髮一團蘸染蛋清於小兒胸口拍之，寒天以火烘暖，不可冷用，自胸口拍至臍輪止，須拍半時之久，仍以頭髮敷於胸口，以布紮之，一柱香久取下不用。一切諸熱皆能退去。蓋蛋清能滋陰退熱，麻油、雄黃拔毒涼肌故也。此身有熱者用之，倘身無熱，惟啼哭焦煩，神志不安者，不必蛋清，專以麻油、雄黃，亂髮拍之，仍敷胸口，即時安卧。此法多救危險之證，功難殫述。

解煩法 凡小兒實熱之證及麻疹毒盛熱極，其候面赤口渴，五心煩熱，啼哭焦擾，身熱如火，上氣喘急，揚手擲足。一時藥不能及，用水粉一兩，以鷄蛋清調勻，略稀，塗兒胃口及兩手掌心；復以釀酒小麴十數枚，研爛，熱酒和作二餅，貼兩足心，布紮之。少頃，其熱散於四肢，心內清涼，不復啼擾。

開閉法 凡小兒風痰閉塞，昏沉不醒，藥不能入，甚至用艾火灸之亦不知痛者，蓋因痰塞其脾之大絡，截其陰陽升降之隧道也。原非死證，用生菖蒲、生艾葉、生薑、生葱各一握，共入石臼內搗如泥，以麻油、好醋同前四味炒熱，布包之，從頭項背胸四肢，乘熱往下熨之。其痰一豁，倏然而醒。此方不特小兒，凡閉證皆效。

暖痰法 凡小兒胸有寒痰，不時昏絕，醒則吐出如菉豆粉，濃厚而帶青色，此寒極之痰。前法皆不能化，惟以生附子一枚，生薑一兩，同搗爛，炒熱，布包，熨背心及胸前，熨完，將薑、附子捻成一餅，貼於胃口。良久，其痰自開。

引痰法 凡小兒痰嗽，上氣喘急，有升無降，喉中牽鋸之聲，須引而下行。用生白礬一兩研末，少入麵粉，米粉亦可，蓋生礬見醋即化成水，入麵粉取其膠黏故也，好醋和作二小餅，貼兩足心，布包之。一宿，其痰自下。

通脈法 凡小兒忽爾手足厥冷，此蓋表邪閉其經絡，或風痰阻其榮衛，又或大病之後，陽不布散於四肢。速用生薑煨熱，搗汁半小杯，略入麻油調

匀，以指蘸薑油，摩兒手足，往下搓挪揉捩，以通其經絡，俟其熱回，以紙拭去之。凡小兒指紋滯澀，推之不動，急以此法推豁之。蓋此法不論陰陽虛實，用之皆效。

納氣法　凡小兒虛脱大證，上氣喘急，真氣浮散，不得歸元，諸藥莫效。用吳茱萸五分、胡椒七粒、五倍子一錢，研極細末，酒和作餅，封肚臍，以帶紮之。其氣自順。

定痛法　凡小兒胸中飽悶，臍腹疼痛，一時不能得藥，用食鹽一碗，鍋內炒極熱，布包之，向胸腹從上熨下。蓋鹽走血分，最能軟堅，所以止痛，冷則又炒又熨，痛定乃止。男婦氣痛，皆用此法。

《幼科推拿秘書·手法同異多寡宜忌辨明秘旨歌》　小兒週身穴道，推拿左右相同。三關六腑要通融，上下男女變通。男左手，女右手，男從左手外往裏推爲補，從裏往外推爲清。推女相反在右手。

脾土男左爲補，女補右轉爲功。陰陽各別見天工，除此俱該同用。急驚推拿宜泄，痰火一時相攻。自內而外莫從容，攻去痰火有用。慢驚推拿須補，自外而內相從。一切補泄法皆同，男女關腑異弄。法雖一定不易，變通總在人心。本緩標急重與輕，虛實參乎病證。初生輕指點穴，二三用力方憑。五七十歲推漸深，醫家次第神明。一歲定須三百，二週六百何疑。月家赤子輕爲之，寒火多寡再議。年逾二八長大，推拿費力支持。七日十日病方離，虛誑醫家誰治。禁用三關手法：足熱二便難通，渴甚腮赤眼珠紅，脈數氣喘舌弄。忌用六腑手法：泄青面晄白容，脈微吐嘔腹膨空，足冷眼青休用。小兒可下病證：下者，六腑也。實熱面赤眼紅，腹膨脅滿積難通，浮腫痄腮疼痛。小便赤黃壯熱，氣喘食積宜攻。遍身瘡疥血淋灕，腹硬肚痛合用。不可下有數證：囟陷肢冷無神，不時自汗泄頻頻，氣虛乾嘔難忍，面白食不消化，虛疾潮熱腸鳴，毛焦神困脈微沉，煩躁鼻塞咳甚。

《幼科推拿秘書·各穴用法總歌》　心經一掐外牢宮，三關之上慢從容。從容者，慢緩則周到有力，取汗要法。汗若不來揉二扇，黄蜂入洞有奇功。肝經有病人多痺，痺者，昏睡，眼昏沉迷，以補脾土運八卦爲主。推補脾土病即除。八卦大腸應有用，飛金走氣亦相隨。咳嗽痰涎嘔吐時，咳者，肺管有風。久咳肺係四垂不收，推肺腎爲主。一經清肺次掐離。離宮推至乾宮至，兩頭重實中輕虛。以補脾爲主。飲食不進補脾土，人事瘦弱可爲之。屈爲補兮清直泄，妙中之妙有玄機。以腎水爲主。小水赤黃亦可清，但推腎水掐橫紋。短少之時宜用補，赤熱清之得安寧。大腸有病泄瀉多，側推大腸久按摩。分理陰陽皆順息，補脾方得遠沉疴。小腸有病氣來攻，橫紋板門推可通。用心記取精靈穴，管教祛病快如風。命門有病元氣虧，脾土大腸八卦爲。側推三關真火足，天門斗肘免災危。三焦有病生寒熱，天河六腑神仙訣。能知取水解炎蒸，分別陰陽掐指節。膀胱有病作淋疴，補水八卦運天河。膽經有病口作苦，重推脾土莫蹉跎。腎經有病小便澀，推動腎水即清澈。腎脈經傳小指尖，依方推掐無差忒。胃經有病食不消，脾土大腸八卦調。胃口涼時心作噦，板門溫熱始爲高。心經有熱發迷痴，天河水過作洪池。心若有病補上膈，三關離火莫推遲。肝經有病人閉目，推動脾土效即速。脾若熱時食不進，再加六腑病除速。

《幼科推拿秘書·推拿小兒總訣歌》　推拿小兒如何說，只在三關用手訣。掐在心經與勞宮，熱汗立至何愁雪。不然重掐二扇門，大汗如雨便休歇。若治痢疾並水瀉，重推大腸經一節。側推虎口見工夫，再推陰陽分寒熱。若問男女咳嗽訣，多推肺經是法則。八卦離起到乾宮，中間宜手輕些些。凡運八卦開胸膈，四橫紋掐和氣血。五臟六腑氣候閉，運動五經開其塞。飲食不進兒着嚇，推動脾土就吃得。飲食若進人事瘦，曲指補脾何須歇。直指推之便爲清，曲指推之爲補訣。小兒若作風火嚇，多推五指指之節。大便閉塞久不通，蓋因六腑有積熱。小橫肚角要施工，更掐腎水下一節。口出臭氣心經熱，只要天河水清澈。上入洪池下入掌，萬病之中都去得。若是遍身不退熱，外牢宮上多揉些。不問大熱與小炎，更有水底撈明月。天門虎口斗肘訣，重揉順氣又生血。黄蜂入洞醫陰病，冷氣冷痰俱治得。陽池穴掐心頭痛，一窩風掐肚痛絕。威靈總心救暴亡，精寧穴治打逆噎。男女眼若往上翻，重掐小天心一穴。二人上馬補腎經，治得下來就醒些。男左女右三關推，上熱退下冷如鐵。寒者溫之熱者清，虛者補之實者泄。仙人留下救兒訣，後學殷勤謹慎些。

《幼科推拿秘書·推五臟虛實病源治法歌》　心實叫哭兼發熱，飲水驚搐唇破裂。天河六腑並陰陽，飛金水底撈明月。虛則困卧睡不安，補脾便是神仙訣。左轉心經與牢宮，再分陰陽三五百。肝實頓悶並呵欠，目直項急叫多驚。右轉心經推六腑，天河明月兩相親。虛則咬牙迷多欠，補腎三關掐大

陵，揉按中指單展翅，再把陰陽着力分。脾實困睡頻頻飲，身中有熱覺沉疴。推脾推肺推六腑，運水入土並天河。虚則有傷多吐瀉，左轉心經熱氣疴。赤鳳搖頭並運卦，陰陽外間便宜多。肺實悶亂兼喘促，或飲不飲或啼哭。泄肺陰陽六腑河，八卦飛金與合骨。虚則氣短喘必多，哽氣長出氣來速。補脾運卦分陰陽，離輕乾重三百足。腎主瞳人目畏明，又無光彩少精神。解顱死證頭下竄，白精多過黑瞳睛。面皮晄白宜推肺，腎脾兼補要均停。重耳中諸揉百次，尿黃清腎卻通淋。

《幼科推拿秘書・取温凉汗吐瀉秘旨》凡身熱重者，但撈明月，或揉湧泉，引熱下行，或揉臍及鳩尾。方用芽茶嚼爛，貼内間史穴上，又方用靛搽手足四心，又用水粉乳，調搽太陽四心，即熱退矣。

凡身涼重者，揉外牢宫板門穴，揉二扇門，推三關，揉陽位，方用蘄艾揉細，火烘敷臍，立熱。

凡要取汗，推三關，揉二扇門，黄蜂入洞爲妙。

凡要止汗者，退六腑，補肺經。如不止，方用浮小麥煎湯灌之，立效。至無疾自汗，乃小兒常事，不可過疑。

凡取吐泄者，外牢推至大陵位，取吐方知爲第一。大陵反轉至牢宫，泄下心火無止息。左轉三來右一摩，此是神仙眞妙訣。

凡止吐泄者，嘔吐乳食眞可憐，板門來至横紋中，横紋若轉板門去，吐泄童子得平安。其間口訣無多記，往者俱重過者輕。

此合上外牢二法，俱圓推，男左轉，女右轉，去重回輕，此一節須詳究。

《小兒科推拿直録・推拿面部次第》一推坎宫，自眉心分過兩傍。二推攢竹，自眉心交互直上。三運太陽，往耳轉爲瀉，往眼轉爲補。四運耳背高骨。二十四下，掐一下。推後掐之，大指並掐。五掐承漿一下，六掐兩頰車一下，七掐兩聽會一下，八掐兩太陽一下，九掐眉心一下，十掐人中一下，再用兩手提小兒兩耳三下，此推拿不易之法也。

《小兒科推拿直録・推拿手掌手背總法》一推大指二節，用左手推之，和胃補脾，止嘔吐，進乳食，望下推二三百下。用一補一瀉之法。二推食指三節，用左手向天門入虎口推之，瀉膽肝，治諸驚，降火清肝，明目鎮驚。用一補一瀉法。次掐精靈穴。三推中指三節，用左手推，瀉心火，治發熱急驚，煩躁欠寧。次掐威寧穴。四推無名指三節，用左手推之，瀉肺與大腸之火，一補一瀉，治痰嗽喘急，傷風，望上推一百爲補。五推小指三節，用右手推，瀉腎火，治小便赤秘，分氣利小水。如痢疾水瀉，望上推二三百下補之。

《小兒科推拿直録・太乙仙傳十二大拿法》一拿太陽，屬陽明經，能醒神。二拿耳後，屬腎經，能去風。

三拿肩井穴，屬肺經，能出汗。四拿奶旁穴，屬胃經，能止吐。

五拿曲池穴，屬脾經，能祛風。六拿肚角穴，屬大腸，能止瀉。

七拿百蟲穴，屬四肢，能止驚。八拿琵琶穴，屬肝經，能清神。

九拿合谷穴，屬十二經，能開關節。十拿魚肚穴，屬小腸，能止瀉，更醒人事。

十一拿旁光穴，屬小腸。十二拿陰交穴，屬血脈，以上疏通氣血。

《萬育仙書・五臟六腑病證》心經有熱作痴迷，天河水過入洪池。

退心經熱病，以天河水爲主。推腎水，退六腑，推脾土，推肺經，運八卦，按離兑二宫，分陰陽，揉小天心及二人上馬，掐五指節，水裏撈明月，打馬過天河，入虎口，揉斗肘。

肝經有病人多痺，推動脾土病即除。

退肝經病，以脾土爲主。運八卦，艮重。推大腸，運五經，清天河水，飛經走氣，鳳凰單展翅，按弦走搓摩。

脾經有病食不進，推動脾土效必應。

退脾經病，以脾土爲主。推三關，運八卦，艮重。推肺經，分陰陽，推四横紋，天門入虎口，揉斗肘。

肺經有病咳嗽多，可把肺經久搓摩。

退肺經病，以肺經爲主。補腎水，分陰陽，運八卦，鳳凰單展翅，二龍戲珠，天門入虎口，揉斗肘。

腎經有病小便澀，推動腎水即救得。

退腎經病，以腎經爲主。推三關，退六腑，推脾土，揉二人上馬，運土入水，運八卦，清天河水，猿猴摘果，赤鳳搖頭，天門入虎口，揉斗肘。

大腸有病泄瀉多，可把大腸久按摩。

退大腸病，以大腸爲主。推脾土，運八卦，離輕乾重。揉臍及龜尾，運土入水，推肺經，推外間使，分陰陽，天門入虎口，按弦搓摩。

小腸有病氣相攻，横紋板門推可通。

退小腸病，以橫紋板門爲主。掐精寧穴，推三關，推肺經脾土，運八卦，按弦搓摩，天門入虎口。

命門有病元氣虧，脾土大腸八卦爲。

退命門病，以脾土、大腸、八卦爲主。分陰陽，推三關，推肺經，運土入水，天門入虎口，飛經走氣。

三焦有病生寒熱，天河六腑除陽訣。

退三焦病，以天河水六腑爲主。揉小天心，推脾土，運八卦，運五經，掐五指節，按弦搓摩，天門入虎口，揉斗肘。

膀胱有病作淋疴，腎水八卦運天河。

退膀胱病，以腎水天河爲主。揉小天心，二人上馬，清心經，水裏撈月，天門入虎口，揉斗肘。

膽經有病口作苦，只從妙法推脾土。

退膽經病，以脾土爲主。推三關，分陰陽，二龍戲珠，雙龍擺尾，按弦搓磨，天門入虎口，揉斗肘。

胃經有病食不進，脾土大腸八卦應。

《萬育仙書·按摩證候訣》 頭向上時運八卦，多補脾土痰即化。兩眼翻白何時歇，即推三關五指節。四肢亂舞兒着驚，五指節完再清心。口渴飲熱元氣虛，大推天河水即除。肚響氣虛分陰陽，再推脾土身自強。不言如啞是痰迷，吐法脾經不等閑。四肢掣跳遍寒熱，分陰陽掐五指節。眼睛不開氣血虛，正是醫家補腎時。小兒眼白推腎經，八卦運來即時輕。眼偏左右頻翻白，二人上馬天心穴。頭偏左右是有風，陰陽五指節加工。肚脹氣虛亦血弱，補脾莫把陰陽錯。青筋裹肚屬有風，補脾土掐五指同。吐乳之兒胃有寒，陰陽脾土最相干。飲食瘦弱緣火盛，六腑天河兩相應。眼向上時分陰陽，運水入土推腎強。哭聲不止兒號叫，推通心經陰陽妙。鼻流清涕肺經推，到晚昏迷亦可治。四肢向後推脾土，再按肺經兼擺尾。眼黃有痰清肺經，脾土推來最有靈。大小便少退六腑，清卻腎經兒不苦。口歪不正是風邪，肺經五指兩相請。咬牙補腎分陰陽，臉青三關推肺良。遍身俱掣因風至，五節補脾展鳳翅。或然兒手扒人苦，快推心經退六腑。兒身寒掣法何便，急按三關揉湧泉。一聲叫死三關訣，合骨天河撈明月。肚痛揉擦一窩風，更有單拿肚角穴。夜啼心熱天河清，乾嘔妙法掐精寧。鼻流鮮血五心熱，六腑天河與明月。一掣一跳推心經，五節補脾加精寧。兩眼看地補脾法，腎水推分四橫擦。急筋吊頸卒中風，拿合骨掐威靈同。

《萬育仙書·面上穴道》 太陽、髮際、頰車、客主、人迎、承漿、山根。

以上穴道，自太陽掐起，至承漿。又從承漿至太陽，輪流掐之。

《萬育仙書·脚上穴道》 三毛、內庭、蹈管膈、解谿、三里。

以上穴道，自足大指掐起至鞋帶處，腳脛膝下，至尾莊骨，輪流掐之。此專掐足牽縮。

《萬育仙書·汗法》 小兒作寒熱，或鼻流清涕，或昏悶，一應急慢驚風等證，用葱姜湯，醫以左手大指面蘸湯，於鼻兩孔着實擦洗數十次，謂之洗井竈，以通臟腑之氣。更擦鼻兩邊數十下，由鼻梁山根推上印堂數十，再用兩手中名小六指將兒兩耳扳轉向前，掩其耳門，以兩大指更迭上推，從印堂而上，左右分抹，眉額眼胞各數十下，至兩太陽，揉掐之數十下，隨將全指摩擦其囟門頭腦亦數十下。後將兩大指拿住兩太陽，兩中指拿住腦後兩風池穴，四指一齊着實拿搖一會，令其大哭，即有汗出。

風池穴：後腦下頭項之上，兩邊軟處是也。

又或擦其肺俞穴，揉一窩風，內勞宮，掐二扇門。推後須用手掌摩其頭面令乾，恐濕反招風。若自汗者，復用此法，以取正汗，但汗後須多推脾土以收之。

《萬育仙書·吐法》 醫將左手托兒後腦，令頭向前，用右手中指，掐插入喉間按住舌根，令其嘔噦。兒有齒並牙關緊者，用前拿牙關穴法，牙開，隨用筆管塡其齒齦，然後入指，庶不被咬。此法較汗下尤效之速，身虛弱者忌用。

《萬育仙書·吐法》 橫門刮至中指尖，掐之。板門推向橫紋，掐之。

《萬育仙書·止吐法》 止吐法。中指一節推上，掐之。橫紋推向板門，掐之。

向手膊推爲上，向手指推爲下。

欲吐往下推，欲止往上推。

《萬育仙書·瀉法》 手背刮至中指尖。橫門推向板門。

《萬育仙書·止瀉法》 中指背第一節掐之。板門推向橫門。

《萬育仙書·下法》 兒不能言者，偶然惡哭，即是肚疼。令一人抱兒置膝間，醫將兩手摟抱其肚腹，着力以久揉之，如搓衣服狀。又用兩手摩揉其

臍，左右旋轉數百餘回，每轉三十六，愈多愈效。隨用兩手於肚兩邊推下膀胱，並從心口推下小肚。

《小兒推拿輯要·汗吐下說》 凡小兒無他病，惟有風寒、水濕、傷乳、傷食之證。故風寒急宜令其出汗，傷乳食急宜令其吐出，或使其瀉下。然被風裹傷乳食者，多則汗下，又不如吐之爲速也。

《小兒推拿輯要·汗吐下說·汗法》 凡遇小兒作寒作熱，或鼻流清涕，或昏悶，一應急慢驚風等證，用葱薑湯，醫者以右手大指、食指，蘸湯於兩鼻孔，着實搽洗數十次，謂之洗井竈，以通其臟腑之氣。更蘸湯搽於兩鼻孔數十下，由鼻梁、山根，推上印堂數十下，用兩手中指、無名指、小指將兒兩耳扳轉向前，掩其耳門，卻以兩大指更迭從印堂而上，左右分抹眉額、眼胞各數十下，至兩太陽揉掐之數十下，即將其全指摩搽其囟門、額腦亦數十下。後將兩大指拿住兩太陽，兩中指拿住兩風池，四指一齊着力，拿捻一會，小者令其大哭，即有汗出。當時雖無汗，以後自然有汗。又或手搽其肺俞穴，俱要帶湯搽，恐傷其皮膚，勿太重。又揉一窩風，揉內牢宮，掐二扇門，汗即出者。若病勢不重，只掐二扇門亦可以得汗。風寒之證，頭汗出，即好大半矣，且祛病之通術也。但汗後須摩其頭面令乾，恐招風也。若自汗，亦用汗法止之，但汗後須多補脾土好收之。

行前法而汗終不出者，用葱數棵、薑一二兩，煎水一大盆，勿令太滿，上覆竹篦一具，鋪棉單於其上，令病者坐於其上，用綿被圍繞，只留其口以通氣，他處不可使其透風，坐一二時，汗必大出。然亦不可使其出太過，恐氣脫也。須加小心保護，恐陷入水中，則爲害矣。

以上三法，皆古人所傳。第一法，若四五歲以後者可用。如兒未及週歲者，只可採其洗井竈之法，餘皆未甚可用。第二法、第三法皆可通用。

《小兒推拿輯要·汗吐下說·吐法》 凡遇小兒外感風寒，內傷乳食，或痰悶不爽，胸中飽滿，不進飲食，或咳嗽多痰，並嘔吐者，一切急慢驚風，不論久暫，即先用汗法完，隨將左手托住後腦，令頭向前，用右手中指插入喉間，按住舌根，令其嘔吐，或有乳即吐乳，有食即吐食，有痰即吐痰。若初感一吐之後，必豁然大減矣，遂照證推之，無不立愈者。若有齒或牙關緊閉者，須用拿牙關法，隨用硬物以塡之，然後入指，庶不被咬。又須入指從容，恐指甲傷其咽喉。此吐法乃除病第一捷徑，較汗下之法，取效尤速。蓋小兒之病，不過風寒、水濕、傷乳、傷食，久則停積胃脘之間，隨成他證，誠一吐而病自愈耳。就是胃間無停積，用此法亦能通臟腑之滯。又有板門推下橫紋則吐者，然不若按舌根吐之爲快也。附錄夏禹鑄取痰法

痰壅喉內，不吐又不下，於眼翻氣築時，在氣海穴以手指曲節抵之，一放即下，再將兒中指將至尖數下，推湧泉穴，左轉不揉，以指對抵頰車穴，以耳挖爬舌上即吐。

《小兒推拿輯要·汗吐下說·下法》 下法何？即使其下瀉也。凡遇小兒之不能言者，偶然惡哭不止，眉頭皺皺者，是肚痛。即着一人抱小兒置膝間，醫者對面將兩手摟抱其肚腹，着力久揉之，如搓衣服狀。又用手掌摩揉其臍，左右旋轉數百餘回，每轉三十六，愈多愈效。隨用兩手於肚兩邊，推下兩膀胱數十或百下，並心口推下小肚，此下瀉之法也。又有橫紋推向板門，則瀉之法可並用之。又或用按弦走搓摩法，與揉肚揉臍，日久自然消化，但要揉之如法耳。

《針灸穴法·看五臟六腑定治》 心經有熱作痴迷，天河水過入洪池。肝經有病眼多閉，推動脾土病即退。脾土有病食不進，推動脾土效必應。胃經有病食不消，脾土大腸八卦調。肺經有風咳嗽多，可把肺經久按摩。腎經有病小腸澀，推動腎水必救得。大腸有病泄瀉多，可把大腸用心搓。小便有病氣來攻，橫紋板門精寧通。命門有病元氣虛，脾土大腸八卦取。三焦有病生寒熱，天河六腑神仙訣。膀胱有病作淋疴，腎水八卦運天河。膽經有病舌作苦，只有妙法推脾土。五臟六腑各有推，千金秘訣傳千古。

《針灸穴法·推拿次第》 先推手指三關天門入虎口、退筋，次分陰陽，次三關，次六腑。次照病應推之指，飲食先脾土，泄瀉先大腸，傷風先肺經，隨次及八卦、橫紋、板門、天河之類。應推指宜多，且病有輕重，人有辨男女。

《針灸穴法·汗吐下說》 汗法。小兒作寒作熱，或鼻流清涕，或昏悶，一切驚風等證，用姜葱湯於兩鼻孔，着實擦洗數十次，謂之洗井竈，以通臟腑之氣。隨用擦鼻兩邊，數十下。隨用中名小三指兩手扳掩耳門，而以大指從山根更迭推上印堂，左右抹眉額眼胞，各數下。至兩太陽揉掐之。數十下。將全指擦摩其腮門、頭腦，數十下。又將兩大指拿太陽穴下，兩中指拿風池穴，四指着力拿。搖一會，大哭，即時有汗，或當時或過一刻。或擦肺腧穴，揉一窩風或內勞宮，二人上馬掐，皆汗法也。風寒之證，汗出減半，不拘何證，俱用

之。但大虛者不宜多從，多推脾土以收之，如分陰陽，寒則陽重，熱則陰重，又掐二扇門後做如此。

《針灸穴法・汗吐下説》下法，即瀉也。小兒不能言者，偶然惡哭不止，即是肚痛。將兩手摟抱其腰，着力久久揉之，如搓衣服狀，又手掌摩揉其臍，左右旋轉數百回，旋轉各三十六，愈多愈效。隨用兩手於肚兩邊推下兩膀胱，數十下，或百下。並從心口推下小肚，此瀉法也。又有横紋推向板門，一窩風到至中指尖，又多運水入土，亦能通利大小二便。

《釐正按摩要術・推法》一、推面部手部次第也。推坎宮二十四次，推攢竹二十四次，運太陽二十四次，運耳背高骨二十四次，掐承漿一下，掐兩頰一下，掐兩聽會一下，掐兩太陽一下，掐眉心一下，掐人中一下，提兩耳尖三下，推虎口、三關，推五指尖，焠五指尖，運八卦，分陰陽，推三關、六腑，用十大手法，運斗肘，爲按摩不易之法。《廣意》。

一、推面部次第也。右大指蘸葱薑湯，由眉心推至囟門三十六次，隨用兩大指蘸湯，由天庭分推兩額，並太陽太陰各三十六次，又以大指掐印堂五下，囟門三十六下，隨用大指面左右揉轉各三十六次，掐百會穴三十六下，山根、鼻準、人中、承漿各三十六下，隨於各穴亦各揉三十六次。再於主治之穴從而按摩之，自能除風痰，去寒熱，其妙在通臟腑，行氣血，治經絡，庶無塞而不通之病。周於蕃。

《釐正按摩要術・汗法》周於蕃曰：凡小兒寒熱互作，鼻流清涕，或昏迷不醒，一切急慢驚風等證，須用葱薑煎湯，以左手托病者頭後，用右手大指面蘸湯摩洗兩鼻孔三十六次，謂之洗井竈，以通臟腑之氣。隨用兩大指蘸湯摩洗鼻兩邊二十四次，後又蘸湯，由鼻梁山根推至印堂、囟門三十六次；再用兩手食指、中指、無名指、小指將病者兩耳攀轉向前，掩兩耳門，即以兩大指自天庭左右分推兩額各三十六次。又以大指掐兩太陽並印堂二十四次，掐後又將全指揉二十四次，再用兩大指按兩太陽，兩中指按腦後兩風池穴，一齊着力按搖三十六次，令小兒大哭出汗，即當時無汗，隨後亦自有汗。或蘸葱薑湯推肺俞穴、一窩風、内勞宮、二人上馬等處，皆取汗法也。總之面部通臟腑，無論何證，以取汗諸法爲最。但蘸湯推摩後，須用手掌揞之，令頭面皆乾，恐水濕反招風也。即有病自汗者，亦用以取正汗，汗後須推脾土以收之，是法於風寒外感最宜，若内傷則又宜參酌也。

案：周氏汗法，求其來歷不可得，豈周氏獨出心裁歟，抑本之異人傳授歟？余用以治外感諸邪，靈妙異常。惕厲子。

《釐正按摩要術・吐法》周於蕃曰：小兒外感風寒，内傷乳食，致咳嗽嘔吐，痰涎積聚，宜先用汗法。隨將左手托病者腦後，令頭向前，用右手中食兩指插入喉間捺舌根，令吐。有乳吐乳，有食吐食，有痰吐痰，如初感於一吐之後，病即告退，再按證以手法施治，則愈矣。但孩兒已生牙齒，按牙關穴，牙關立開，須用竹箸、筆桿之類塡牙齦，再入手指，庶免咬傷。須從容入口，恐傷喉腭。即或胃無積滯，用此一吐，亦舒通臟腑之氣。若由板門推下横紋令吐者，不若按舌之快也。

案：仲師梔豉湯、瓜蒂散，吐法也。丹溪以吐中有發散之意，張戴人三聖散等，吐法甚多。經曰：高者越之。又曰：上者涌之。先賢用此法，不可勝數。其吐時，宜閉目，以帛束胸腹。吐不已，則飲以葱湯，皆吐中法也。余於暴感停滯，喉閉痰厥等證，以鹽少許糝沸湯，用竹箸敲二三百次，連飲數口，以鷄毛鵝翎蘸湯入喉，隨探隨吐，將痰涎宿食因而越之，所感外邪，失所憑依，實治法捷徑也。較周氏以手按舌，並先賢用藥吐者，不如此欲吐則探，欲不吐則已，權自我操，可行可止，須量其人體質爲之。若氣虛體弱，吐宜愼。惕厲子。

《釐正按摩要術・下法》周於蕃曰：凡小兒未能語者，忽大哭不止，多是腹痛。須令人抱小兒置膝上，醫者對面將兩手於胸腹着力久揉，如搓揉衣服狀。又將兩手摩神闕，左右旋轉數百次，每轉三十六，愈多愈效。再煎葱薑湯加香麝少許，將兩手蘸湯於胸腹兩邊，分推數十次，至百餘次，亦爲分陰陽之法。然後從胸口蘸湯，推至臍下小腹並肚角等處數十次。其餘蘸湯，由横紋推向板門，皆下法也。總之胸腹上下，或摩，或揉，或搓，或推等法，往來輕重緩急得宜，自然消化。切勿偏用，庶臟腑不致有反復不寧之患。即有痰滯食積，在迴腸曲折之間，藥力所不能到者，此則妙在運動，因之消化而解矣。

案：汗、吐、下周於蕃所傳之法，張氏秘之，其於家中有病者，婦孺皆悉此法，除病極速。自余將周法闡明宣著，並於其文義不順者從而竄易之，更令讀者易習也。雖仲師有温下、寒下法，而此則別有神妙之處，用是法者自能知之，不待贅言。惕厲子。

《釐正按摩要術・疏表法》陳飛霞曰：凡小兒無論風寒食積，將出痘疹，於發熱時，宜用葱一握搗爛取汁，少加麻油和勻，以指蘸葱油摩運兩手心、兩足心，並前心頭面項背諸處，每處二十四下。隨以厚衣裹之，並蒙其首，取微汗，不可大汗。此等汗法，最能疏通腠理，宣通經絡，使邪氣外出，不致久羈營衛，而又不傷正氣，可以佐周於蓄用汗法也。

《釐正按摩要術・定痛法》陳飛霞曰：小兒胸腹飽悶，時覺疼痛，用食鹽一盅，鍋內炒熱布包之，由胸腹從上運下，冷則又炒又運。鹽走血分，最能軟堅，所以止痛，即以治男婦氣痛皆能取效。由疏表至此九法，皆古書不載，實由異人傳授，經驗既久，神效無匹，筆之以公諸天下後世者。

案：陳飛霞九法，外治確精，實有神效，乃措詞殊多未洽。余不辭僭妄，取其義，易其辭，以求明顯，務期讀者一目了然，方能愜心貴當。是卷二十八法，以之治小兒可，以之治大人亦可，切勿視爲泛常也。惕厲子。

《推拿三字經》徐謙光，奉萱堂。藥無緣，推拿恙。自推手，辨諸恙。定眞穴，畫圖彰。上療親，下救郎。推求速，惟重良。獨穴治，有良方。大三萬，小三千。嬰三百，加減良。分歲數，輕重當。縱吾學，立驗方。宜熟讀，勿心慌。治急病，一穴良。大數萬，立愈恙。幼嬰者，加減量。治緩證，各穴量。虛冷補，熱清當。大察脈，理宜詳。浮沉者，表裏恙。遲數者，冷熱傷。辨內外，推無恙。虛與實，仔細詳。字廿七，脈訣講。明四字，治諸恙。小嬰兒，看印堂。五色紋，細心詳。色紅者，心肺恙。俱熱證，清則良。清何處，心肺當。退六腑，即去恙。色青者，肝風張。清則補，自無恙。平肝木，補腎臟。色黑者，風腎寒。揉二馬，清補良。列缺穴，亦相當。色白者，肺有疾，揉二馬，合陰陽。天河水，立愈恙。色黃者，脾胃傷。若瀉肚，推大腸。一穴愈，來往忙。言五色，兼脾良。曲大指，補脾方。內推補，外瀉詳。大便閉，外瀉良。瀉大腸，立去恙。兼補腎，愈無恙。若腹痛，窩風良。數在萬，立無恙。流清涕，風感傷。峰入洞，鼻孔強。若洗皂，鼻兩旁。向下推，和五臟。女不用，八卦良。若瀉痢，推大腸。食指側，上節上。來回推，數萬良。牙痛者，骨髓傷。揉二馬，補腎水，推二穴，數萬良。治傷寒，拿列缺，出大汗，立無恙。受驚嚇，拿此良。不醒事，亦此方。或感冒，急慢恙。非此穴，不能食。凡出汗，忌風揚。霍亂病，暑秋傷。若上吐，清胃良。大指根，震艮連，黃白皮，眞穴詳。凡吐者，俱此方。向外推，立愈恙。進飲食，亦稱良。瘟疫者，腫脖項。上午重，六腑當。下午重，二馬良。兼六腑，立消亡。分男女，右左手。男六腑，女三關，此二穴，俱屬涼。男女逆，左右詳。脫肛者，肺虛恙。補脾土，二馬良。補腎水，推大腸。來回推，久去恙。或疹痘，腫脖項。仍照上，午別恙。諸瘡腫，照此詳。虛喘嗽，二馬良。兼清肺，兼脾良。小便閉，清膀胱，補腎水，清小腸。食指側，推大腸。尤來回，輕重當。倘生瘡，辨陰陽。陰者補，陽清當。紫陷陰，紅高陽。虛歉者，先補強。諸瘡證，兼清良。瘡初起，揉患上。左右旋，立消亡。胸膈悶，八卦詳。男女逆，左右手。運八卦，離宮輕。痰壅喘，横紋上。左右揉，久去恙。治歉證，並癆傷。歉弱者，氣血傷。辨此證，在衣裳。人着袷，伊着棉，亦咳嗽，名七傷。補要多，清少良。人穿袷，他穿單，名五癆，腎水傷。分何臟，清補良，在學者，細心詳。眼翻者，上下僵。揉二馬，搗天心。翻上者，搗下良。翻下者，搗上強。左搗右，右搗左。陽池穴，頭痛良。風頭痛，蜂入洞。左右旋，立無恙。天河水，口生瘡。遍身熱，多推良。左三關，女用強。獨穴療，數三萬。多穴推，約三萬。遵此法，無不良。遍身潮，分陰陽。拿列缺，汗出良。五經穴，肚脹良。水入土，不化谷。土入水，肝木旺。小腹寒，外勞宮。左右旋，久揉良。嘴唇裂，脾火傷。眼泡腫，脾胃恙。清補脾，俱去恙。向內補，向外清。來回推，清補雙。天門口，順氣血，五指節，驚嚇傷。不計次，揉必良。腹痞積，時攝良。一百日，即去恙。上有火，下有寒。外勞宮，下寒良。六腑穴，去火良。左三關，去寒恙。右六腑，亦去恙。虛補母，實瀉子，曰五行，生克當。生我母，我生子，穴不誤，治無恙。古推書，身首足，執治嬰，無老方。皆氣血，何兩樣。數多寡，輕重當。吾戴穴，不相商。老少女，無不當。遵古推，男女分，俱左手，男女同。予嘗試，並去恙。凡學者，意會方。加減推，身歉壯。病新久，細思詳。推應證，無苦恙。

一、咳　嗽

《針灸大成・按摩經・嬰童雜證》小兒咳嗽，掐中指第一節三下。若眼垂，掐四心。

《小兒推拿廣意・咳嗽門》咳嗽雖然分冷熱，連聲因肺感風寒，眼浮痰盛喉中響，戲水多因汗未乾。

夫咳嗽者，未有不因感冒而成也。經曰：肺之令人咳，何也？岐伯曰：皮毛者，肺之合也。皮毛先受邪氣，邪氣得從其合，則傷於肺，是令嗽也。乍暖脱衣，暴熱遇風，汗出未乾，遽爾戲水，致令傷風咳嗽。初得時面赤唇紅，氣粗發熱，此是傷風痰壅作嗽。若嗽日久，津液枯耗，肺經虛矣。肺爲諸臟華蓋，卧開而坐合，所以卧則氣促，坐則稍寬，乃因攻肺下痰之過，名曰虛嗽，又當補脾而益肺，藉土氣以生金，則自愈矣。

治宜推三關、六腑、肺經，往上一百二十。二扇門、二人上馬、五經，六轉、六掐。多揉肺俞穴，掐五指節、合谷，運八卦，多揉大指根，掐精寧穴、湧泉，天門入虎口、板門。

痰壅氣喘掐精寧穴，再掐板門。痰結壅塞多運八卦，乾咳退六腑。痰咳推肺經，推脾，清腎，運八卦。氣喘掐飛經走氣並四橫紋。

《幼科推拿秘書·咳嗽門》 咳嗽歌 咳嗽連聲風入肺，重則喘急熱不退。肺傷於寒咳嗽多，肺經受熱聲壅滯。寒宜取汗熱宜清，實當泄之虛當補。嗽而不止便成癇，痰盛不已驚風至。眼眶紫黑必傷損，嗽而有血難調治。總法宜分陰陽，運八卦。肺經熱清寒補，揉二扇門，運五經、二人上馬，掐五指節，掐精寧穴，揉天樞，前揉膻中，後揉風門，兩手一齊揉，補脾土，側推三關。心經熱清寒補，按弦走搓摩，離上推至乾上止、中虛清，揉肺俞穴，拿後承山穴。面青發喘，清肺經。發熱清天河，撈明月小許。痰喘推法盡此矣。方用麥門冬煎汁，入洋糖晚煎，次早熱服，五次即愈。

《釐正按摩要術·咳嗽》 肺爲華蓋，職司肅清。自氣逆而爲咳，痰動而爲嗽，其證之寒熱虛實，外因内因，宜審辨也。肺寒則嗽必痰稀，面白，畏風多涕，宜溫肺固衛。肺熱則嗽必痰稠，面紅身熱，喘滿，宜降火清痰。肺虛則嗽必氣逆，汗出，顔白，飧泄，宜補脾斂肺。肺實則嗽必頓咳，抱首，面赤，反食，宜利膈化痰。外因在六淫，内因在臟腑，亦各有治法，而外治諸法，要不可緩。

分陰陽，二百遍。推三關，一百遍。退六腑，一百遍。推肺經，二百遍。掐二扇門，二十四遍。掐二人上馬，二十四遍。揉肺俞穴，二百遍。掐五指節，二十四遍。掐合谷，二十四遍。運八卦，一百遍。揉大指根，一百遍。掐精寧，二十四遍。天門入虎口。五十遍。痰壅氣喘，加掐精靈，三十六遍。掐板門，二十四遍。痰結壅塞，加運八卦。一百遍。乾咳加退六腑，一百遍。痰咳加推肺經，加推脾經。加清腎水，加運八卦。各一百遍。氣喘，加飛經走氣。五十遍。凡推用葱水。

案：先賢言諸病易治，咳嗽難醫。以咳嗽病因，頭緒紛煩也。徐洄溪歷三十年而後能治咳嗽，其治咳嗽之難有如此者。司命者，應如何辨證，如何施治，必求百治百效，庶不愧爲良工。惕厲子。

二、喘　證

《幼科推拿秘書·痰喘門》 小兒痰喘，痰或作喘，彼不知吐，須用法取之。若不取吐，痰老難治。肺虛喘聲短，實則喘聲長。虛補實泄，法用分陰陽，運八卦，運五經，掐四横紋，乾離重推，補脾土。小便赤，清天河，退六腑，飛金走氣。嘴唇紅，按弦走搓摩，揉臍及肩井、曲池。氣喘，合陰陽，又總筋，清天河立止。氣吼發熱，揉承山，天門入虎口，揉斗肘，赤鳳搖頭，飛金走氣。痰盛，眼欲上竄，頭往上昂，掐兩乳下一指期門穴，即止。痰迷心，清心經，清肺經，揉外牢宫，揉精靈，掐五指節，天門虎口斗肘。

《推拿總訣仿歌·發喘》 無名指正面向内推三百遍，補肺火。再向外推三百遍，清肺火。小天心掐十五遍，清心火。水底撈明月三百遍，清心火。運八卦、五經各五十遍，清天河水一百遍，威靈、精寧二穴各掐十五遍，精神、琵琶二穴掐拾餘遍。掐用大指甲將處掐之，用食指將指平行。

三、發　熱

《針灸大成·按摩經·嬰童雜證》 潮熱方。不拘口内生瘡，五心煩熱，將吳茱萸八分、燈心一束，和水搗爛成一餅，貼在男左女右脚心裏，裹住，退藥後，推三關十下。

《幼科闡岐·退熱手法》 即經汗後，熱尚未除，旋退六腑二百，清天河水一百，清腎水一百，分陰陽二百，水裏撈月三十度，其熱自退，隨噍以燈心湯，小便自然清利。

批泄中府補少商各二穴雙用，泄大包補隱白與法同此。其法令兒正面仰定，以兩手食、中、名、小各四指抱兒脅肋，以兩拇指各按中府二穴向外轉泄之，次補少商，以二大拇指内側少商穴，左旋向上推之。

《小兒推拿廣意·諸熱門》諸熱元初各有因，對時發者是潮名。乍來乍止爲虛證，乍作無寒屬骨蒸。

夫胎熱者，兒生三朝旬月之間，目閉而赤，眼胞浮腫，常作呻吟，或啼叫不已，時復驚煩，遍體壯熱，小便黄色。此因在胎之時，母受時氣熱毒，或誤服溫劑，過食五辛，致令熱蘊於內，熏蒸胎氣，生下因有此證，名曰胎熱。若經久不治，則成鵝口、重舌、木舌、赤紫丹瘤等證，又不宜以大寒之劑攻之，熱退則寒起，傳作他證，切宜慎之。

治法：推三關，退六腑，分陰陽，天河、三焦，揉外勞，運八卦，自坤至坎宜多二次。掐腎水、五經、十王穴，運斗肘，水底撈明月，虎口、曲池各用燈火一燋。

潮熱者，時熱時退，來日依時而發，如潮水之應不差，故曰潮熱。大抵氣血壅盛五臟，驚熱薰發於外，或夾伏熱，或葷宿寒。伏熱者，大便黄而氣臭。宿寒者，大便白而酸臭是也。

治法：推三關，補心經，運八卦，分陰陽，瀉五經，掐十王，掐中指，六腑，撈明月，斗肘。

驚熱者，或遇異物而觸目忤心，或金石之聲而駭聞悚懼，是以心既受驚，而氣則不順，身發微熱而夢寐虛驚，面光而汗，脈數煩躁，治當與急驚同法也。

治法：推三關、肺經，分陽陰，推扇門，清心經、天河、五經，掐總經，運斗肘，撈明月，飛經走氣。

風熱者，身熱面青，口中亦熱，煩叫不時，宜疏風解熱。若熱甚而大便秘者，下之可也。

治法：推三關，瀉大腸，掐心經，瀉腎水，運八卦，掐總經，清天河，二龍戲珠，運斗肘。

煩熱者，血氣兩盛，臟腑實熱，表裏俱熱，煩躁不安，皮膚壯熱是也。如手足心熱甚者，五心煩也。

治法：推三關，掐中指，瀉五經，掐十王，運八卦，揉外勞，分陰陽，退六腑，撈明月，打馬過天河，運斗肘。

脾熱者，舌絡微縮，時時弄舌，因脾臟積熱，不可妄用涼劑。

治法：同推三關，脾土，瀉心火，腎水，運八卦，分陰陽，掐總經，推上三關，二十四。退下六腑，八十。撈明月，運斗肘。

虛熱者，因病後血氣未定，四體瘦弱，時多發熱，一日三五次者，此客熱乘虛而作，宜調氣補虛，其熱自退。

治法：推三關，補五經，撚五指，運八卦，撈明月，掐總經，推上三關，二十四。退下六腑，八十。分陰陽，飛經走氣，運斗肘。

實熱者，頭昏頰赤，口內熱，小便赤澀，大便秘結，肚腹結脹，此實熱之證也。宜下之，泄去臟腑之熱即安。

治法：推三關，瀉五經，推大腸，清腎水，運八卦，推膀胱，分陰陽，撈明月，退六腑，打馬過天河，飛經走氣，運斗肘。

積熱者，眼胞浮腫，面黄足冷，發熱從頭至肚愈甚，或惡聞飲食之氣，嘔吐惡心，肚腹疼痛。

治法：三關，五經，脾土、大腸、心經、三焦、腎水，運八卦，掐總筋，分陰陽，撈明月，退六腑，飛經走氣，揉斗肘。

疳熱者，皆因過餐飲食，積滯於中，鬱過成熱。脾家一臟，有積不治，傳之別臟而成五疳之疾。若脾家病去，則餘臟皆安矣。

治法：推三關，補脾土，推大、小腸，三焦，運八卦，掐總筋，分陰陽，撈明月，推上三關，二十四。退下六腑，八十。飛經走氣，運斗肘。

血熱者，每日辰巳時發，遇夜則涼，世人不知，多謂虛勞，或謂疳熱，殊不知此乃血熱證也。

治法：推三關，推上三關，退下六腑，分陰陽，運八卦、五經，掐十王，掐總筋，腎水，撈明月，揉斗肘，按弦搓摩，飛經走氣。

骨蒸熱者，乃骨熱而蒸，有熱無寒，醒後渴汗方止，非皮膚之外燒也。皆因小兒食肉太早，或素喜炙煿麵食之類，或好食桃、李、楊梅、瓜果之類，或至冬月衣綿太厚，致耗津液而成。或疳病之餘毒，傳作骨蒸。或腹內痞癖，有時作痛。

治法：三關、六腑，運五經，分陰陽，清天河，撈明月，腎水，掐總筋、大橫紋，打馬過天河。

壯熱者，一向不止，皆因血氣壅實，五臟生熱，蒸熨於內，故身體壯熱，眠臥不安，精神恍惚。薰發於外則表裏俱熱，甚則發驚也。

治法：三關，六腑，肺經，分陰陽，推扇門，清心經，天河，五經，總經，運

斗肘，撈明月，飛經走氣。

溫壯熱，與壯熱相類，而有小異，但溫不甚盛，是溫壯熱也。由胃氣不和，氣滯壅塞，故蘊積體熱，名曰溫壯熱。大便黃臭，此腹內伏熱；糞白酸臭，則宿食停滯，宜微利之。

治法：三關，六腑，五經，大腸，腎水，運八卦，膀胱，分陰陽，撈明月，打馬過天河。

變蒸熱者，陰陽水火蒸干血氣，而使形體成就也。所以變者，變生五臟，蒸者，蒸養六腑。小兒初生三十二日，爲之一變，六十四日爲之一蒸，十變五蒸，計三百二十日，變蒸俱畢，兒乃成人也。嬰兒之有變蒸，譬如蠶之有眠，龍之脱骨，虎之轉爪，皆同類變生而長也。先看兒身熱如蒸，上氣虛驚，耳冷微汗，上唇有白泡如珠，或微腫如卧蠶者，是其證也。重者身熱所亂，腹痛啼叫，不能吃乳，即少與乳食，切不可妄投藥餌及推拿火灸。若悮治之，必致殺人，故不立治法，特書以告之。

《幼科推拿秘書·諸熱門》 諸熱各有其因，要辨虛實寒冷。如胎熱，法宜分陰陽，運八卦，清天河，水底撈明月，掐腎水，揉外牢，宜服延壽丹。

風熱 法宜分陰陽，運八卦，掐心經，清肺經，清天河，二人上馬，運水入土，撈明月。四肢掣跳，用二龍戲珠。便結，用雙龍擺尾，退六腑。宜服延壽丹。

潮熱往來 大抵因飲食不調，中有積滯，以致血氣壅盛，熱發於外。法宜分陰陽，運八卦，運水入土，撈明月。宿寒，加推三關。氣湊，則天門虎口斗肘。

煩熱 法宜分陰陽，運八卦，運五經，揉外牢，退六腑，清心經，清肺經，清天河，撈明月，以指掐湧泉爲主。

脾熱 治法宜分陰陽，運八卦，清心火，清脾經，掐總經，推三關，退六腑，二人上馬，撈明月，合上俱宜服延壽丹。

虛熱 法宜分陰陽，運八卦，運五經，推三關，天門入虎口，揉斗肘，飛金走氣，撈明月。

實熱 法宜分陰陽，運八卦，清大腸，清腎水，二人上馬，撈明月，退六腑爲主。

積熱 眼胞浮腫，面黃足冷，發熱從頭至肚愈盛，或惡聞飲食氣，嘔吐惡心，肚腹疼痛。治法宜分陰陽，運八卦，推大腸，運五經，清心經，運土入水，撈明月，退六腑，天門虎口斗肘，飛金走氣，宜服延壽丹。

疳熱 法宜分陰陽，運八卦，推大腸，運土入水，推脾土，揉中脘，撈明月，虎口斗肘，掐總經，少推三關，多退六腑，揉湧泉。

血熱 法宜分陰陽，運八卦，運五經，清腎水，二人上馬，撈明月，揉斗肘，揉湧泉，推三關少，退六腑多。

骨蒸熱 法宜分陰陽，運八卦，運五經，清天河，掐横紋，撈明月，打馬過天河，運土入水，宜服延壽丹。

壯熱 法宜分陰陽，清天河，水底撈月，退六腑，服延壽丹。

溫壯熱 法宜分陰陽，運八卦，運五經，清大腸，清腎水，撈明月，退六腑，虎口斗肘。熱重不退，法宜清宜泄，水底撈月，揉湧泉引熱下行，揉臍及鳩尾。小兒口吐熱氣，身子不熱，此心經熱也，法宜分陰陽，運八卦，清心經，清天河，掐總經，補腎水。小兒諸熱不退，法宜將水濕紙團，放在小兒手心内，再用水底撈明月法，立效。以上諸熱皆可推，惟小兒變蒸熱，乃初生時陰陽火水，蒸於氣血，而使形體漸長成就也，切不可推，推則受害。醫者照前總論變蒸，按小兒生日計算之，則不差誤矣。

《幼科推拿秘書·手法三陰三陽秘旨兼刺法》 早辰發熱曰潮熱，寅卯辰時爲壯熱。手足動搐目上視，頭悶項急口内熱。此是肝家病由，推拿同前用手訣。刺手大端處，韭葉邊許，刺出血，泄心肝愈。日午發搐爲潮熱，巳午未時不堪掣，心驚神悸目上視，白精赤色心家熱。牙關緊閉口内痰，少衝刺血兒救得。刺小兒手内端少衝穴，血出即愈。

日晚發搐潮熱足，申酉戌時不堪搐，目斜微喘身稍熱，清腎泄肺刺指側。睡露睛時手足冷，推法同前不可缺。刺手少商穴，血出即愈。

夜間發搐因潮熱，亥子丑時不堪搐，身體溫和卧不穩，眼睛緊而斜視側，喉中痰湧銀褐色，泄肺湧泉二三百。須灸足中指節下三壯，刺正衝穴羅紋出血即愈。

《理瀹駢文》 痘證發熱，胡言亂語，以冷水拍其手足心，更用吴萸末熱醋調敷兩足心，引熱下行。如點稠密者，以水調吴萸末敷足心一時許，小兒覺足心熱即去之。又痘毒狂熱由腳底至小腹而死，或由頭底至心口而死，一日死幾次者，亦用醋調吴萸敷足心。又發熱不退者，生蘿卜搗和鉛粉敷足

心，熱極者，燕窩泥搗，以鷄子清調敷臍，熱退去之，不可過分。

《釐正按摩要術·熱證》 小兒發熱，有表裏虛實之異，何謂表熱？外感寒邪，脈浮緊，苔微白，頭疼，發熱，身痛無汗，惡風惡寒者是也。何謂裏熱？小兒肥甘過度，致生内熱，面赤，唇焦舌燥，小溲赤澀，脈實有力者是也。何謂虛熱？小兒氣質虛弱，營衛不和，其證神倦氣乏。又有陰盛格陽，外浮發熱者，其面色雖赤，煩躁不寧，然小溲必清白，四肢必厥逆，方爲眞寒假熱。何謂實熱？小兒午後潮熱，蒸蒸有汗，肚腹脹滿，面唇紅赤，口舌乾燥，溲赤，便難，煩渴不止，啼哭不已，脈洪數有力者是也。辨證確，則施治不難矣。

胎熱。分陰陽，二百遍。推三關，一百遍。退六腑，一百遍。推三焦，三十六遍。清天河水，五十遍。揉外勞宮，一百遍。運内八卦，一百遍，自坤至坎宜多二次。掐腎水，三十六遍。掐十王穴，三十六遍。運斗肘三十六遍。水底撈明月。三十六遍。凡推用葱水，焠法焠虎口、曲池。

驚熱。分陰陽，二百遍。推三關，一百遍。退六腑，一百遍。清心經，一百遍。推二扇門，一百遍。推肺經，一百遍。掐中指顛，五十遍。掐合谷，五十遍。掐總經，五十遍。清天河水，三十六遍。掐揉威靈，五十遍。運斗肘，五十遍。撈明月。三十六遍。凡推，用葱湯。

疳熱。分陰陽，二百遍。推三關，一百遍。退六腑，二百遍。推補脾土，二百遍。天門入虎口，一百遍。推大小腸，一百遍。運内八卦，一百遍。掐揉總經，五十遍。運斗肘，五十遍。摩運肚臍左右旋轉，各二三百遍。分胸腹陰陽。二百遍。凡推，用葱薑水。

案：諸病屬熱者多，病機十九條大半皆言熱，此熱證所宜辨也。其中眞熱假寒，眞寒假熱，一經差誤，生死攸關，然必辨之於平時，而施之於當境。庸工不讀書，不辨證，即至病者就診，既無主見，有何把握，隨意疏方，草菅人命，良可慨也。噫，病者不死於病而死於醫，並不死於醫而死於病家之延醫者。惕厲子。

四、嘔 吐

《小兒推拿廣意·嘔吐門》 面青唇白胃曾驚，吐哯黄痰冷熱並。乳食不通乾嘔逆，調和脾胃立惺惺。

有物有聲名曰嘔，乾嘔則無物，有物無聲名曰吐，嘔者有痰，吐則無聲，嘔吐出物也。胃氣不和，足陽明經胃脈絡而兼之，氣下行則順。今逆上行作嘔吐，有胃寒、胃熱之不同，傷食、胃虛之各異，病既不一，治亦不同。諸吐不思食要節乳。凡吐不問冷熱，久吐不止，胃虛生風恐成慢驚之侯，最宜預防。如已成慢脾風證，常嘔腥臭者，胃氣將絶之兆也。

熱吐者，夏天小兒遊戲日中，伏熱在胃，或乳母感冒暑氣，承熱乳兒，或過食辛熱之物，多成熱吐。其侯面赤唇紅，五心煩熱，吐次少而出多，乳片消而色黄是也。

治法：推三關、脾胃、肺經、十王穴，掐右端正，運水入土，八卦，分陰陽，赤鳳搖頭，揉總經、六腑，揉斗肘。

冷吐者，冬月感冒風寒，或乳母受寒，承寒乳兒，冷氣入腹，或食生冷，或傷宿乳，胃虛不納，乳片不化，喜熱惡寒，四肢逆冷，脈息沉微，吐次多而出少者是也。

治法：推三關，補脾胃，肺經，掐右端正，八卦，分陰陽，黄蜂入洞，赤鳳搖頭，三關，八十。六腑，二十四。斗肘。

傷食吐者，夾食而出，吐必酸臭，惡食胃痛，身發潮熱是也。

治法：推三關，五指尖，掐右端正，推脾土，八卦，分陰陽，撈明月，打馬過天河，六腑，斗肘。

虛吐者，胃氣虛弱，不能停留乳食而作吐也。

治法：推三關，補五經，多補脾胃，掐右端正，運土入水，八卦，分陰陽，赤鳳搖頭，三關，二十四。六腑，補大腸，斗肘。

《幼科推拿秘書·嘔吐門》 熱吐 法宜分陰陽，運八卦，清肺經，板門至横紋，補脾土，揉外牢，乾離重揉，赤鳳搖頭，撈明月。

冷吐 法用分陰陽，運八卦，推三關，推肺經，推脾土，推板門至横紋，乾離重揉。

寒食吐 法宜分陰陽，運八卦，揉中脘，按弦走搓摩，揉臍及龜尾，補脾土。

虛吐 法宜分陰陽，運八卦，推三關，多補脾土，運五經，運土入水，板門推至横紋。

止吐推法總秘旨 掐心經，左轉揉之，掐外牢宮，推三關，補脾土，運八

卦，乾離重揉，掐四橫紋，推板門至橫紋，清肺紋，其吐即止。

《小兒科推拿直録·傷食嘔吐胃虛嘔吐寒瀉》 傷食嘔吐 推三關、五指尖，掐右端正，推脾土，運八卦，分陰陽，揉六府、斗肘，水裏撈明月，打馬過天河。

胃虛嘔吐 推三關八十，補五經、大腸、脾胃，掐右端正，運八卦，運土入水，分陰陽，揉斗肘，赤鳳搖頭。

伏暑嘔吐 推三關、脾胃、肺經、十王穴，掐右端正，運八卦，運水入土，分陰陽，揉總筋、斗肘、六腑，赤鳳搖頭。

風寒冷吐 推三關，補脾土、肺經，掐右端正，運八卦，分陰陽，揉斗肘、六府，黃蜂入洞。

《推拿總訣仿歌·嘔吐》 自橫紋推向板門一百五十遍，止嘔吐。兩足心左旋揉二十遍，引心火下行。大指伸節向內推二百遍，通利大腸。無名指正面向內推二百遍，補肺虛火。小指正面向內推二百遍，爲補。推上三關百五十遍，大補腎中元氣。天門入虎口二百遍。順氣生血。

《釐正按摩要術·嘔吐》 吐證有三：曰嘔，曰吐，曰噦。噦即乾嘔也。先賢謂嘔屬陽明，有聲有物，氣血俱病也。吐屬太陽，有物無聲，血病也。噦屬少陽，有聲無物，氣病也。獨李東垣謂嘔吐噦俱屬脾胃虛弱，潔古老人又從三焦以分氣、積、寒之三因，然皆不外諸逆上衝也。宜分虛實別寒熱以治之。

熱吐 小兒爲稚陽之體，邪熱易感，或則乳母過食厚味，以致熱積胃中，將熱乳吮兒，或則小兒過食煎煿之物，以及辛熱諸品，遂令食入即吐。其證面赤唇紅，口渴飲冷，身熱便赤，吐次雖少而所出甚多，乳汁化而色黃也。內治以溫膽加黃連麥冬主之。

分陰陽，二百遍。推三關，一百遍。退六腑，一百遍。推肺經，一百遍。推脾經，一百遍。運水入土，一百遍。運八卦，一百遍。赤鳳搖頭，五十遍。掐十王穴，二十四遍。掐右端正，二十四遍。揉總經，八十遍。揉斗肘。八十遍。

寒吐 因小兒過食生冷，或乳母當風取涼，使寒氣入乳，將寒乳吮兒，以致胃虛不納，乳汁不化。其證喜熱惡寒，面唇色白，四肢逆冷，朝食暮吐，吐出之物，不臭不酸，吐次多而所出少也。內治以溫中主之。

分陰陽，二百遍。推三關，一百遍。退六腑，一百遍。推補脾土，一百遍。推肺經，八十遍。運八卦，一百遍。掐右端正，三十六遍。黃蜂入洞，二十四遍。赤鳳搖頭，二十四遍。搖斗肘。五十遍。

實吐 內傷食滯，胃不能納，每吐必有酸臭之味，身發潮熱，見食則惡，胸腹脹滿，二便秘澀，痞硬疼痛，口渴思飲寒涼也。內治以下法主之。

分陰陽，二百遍。推三關，一百遍。退六腑，一百遍。推脾土，一百遍。運八卦，八十遍。掐五指尖，二十四遍。掐右端正，二十四遍。撈明月，三十六遍。打馬過天河，三十六遍。搖斗肘。五十遍。

虛吐 胃氣虛弱，不能消納乳食，其證精神困倦，囟門煽動，睡卧露睛，自利不渴，時常嘔吐者是也。內治以四君加丁香沉香主之。

分陰陽，三百遍。推三關，一百遍。退六腑，一百遍。運八卦，八十遍。推補脾土，二百遍掐右端正，二十四遍。運土入水，八十遍。赤鳳搖頭，二十四遍。推補大腸，五十遍。揉斗肘，八十遍。推補五經。八十遍。

案：《靈樞》：足厥陰所生病者，胸滿嘔逆。嘔吐證雖屬胃氣失降，而多由肝逆衝胃致之，故湯藥治法，宜泄肝安胃，以苦降辛通，佐以酸泄主之。甚至嘔而絕粒者，取生鵝血熱飲。每食必吐者，煮羊血熟食之，皆立止。則雖有按摩外治之法，特其一端耳。司命者，當博採旁搜，於每證必須有審證之法，極效之方，庶幾無媿。惕厲子。

五、食 積

《小兒推拿廣意·積證門》 頭疼身熱腹微脹，足冷神昏只愛眠。因食所傷脾氣弱，下宜遲緩表宜先。

兒所患積證，皆因乳哺不節，過餐生冷堅硬之物，脾胃不能剋化，積滯中脘。外爲風寒所襲，或因夜卧失蓋，致頭疼面黃，身熱，眼胞微腫，肚腹膨脹，足冷肚熱，喜睡神昏，飲食不思，或嘔或噦，口噫酸氣，大便酸臭。此爲陳積所傷，先宜發表，後宜攻積。

治宜推三關，六腑，多補脾土，掐四橫紋，補腎水，分陰陽，掐大腸，揉板門，小橫紋，運八卦，退艮重。二扇門，天門入虎口。

發熱腹痛加水底撈明月。大便秘結多推六腑、小橫紋，揉掐腎水。腹痛泄瀉掐一窩風，揉臍及龜尾。

《幼科推拿秘書·積滯門》　小兒乳食不節，或過食生冷堅硬之物，致令脾胃不能剋化，積滯中脘，壯熱，足冷腹脹，昏睡不思飲食者，宜攻其積。法宜分陰陽，運八卦，運五經，掐小橫紋，揉板門，推大腸，推三關，退六腑，天門虎口斗肘，重補脾土，揉中脘。發熱，加撈明月，揉臍及龜尾。腹痛，掐一窩風，揉中脘。膨脹，加按弦走搓摩。不化飲食，揉外牢宮。

《推拿總訣仿歌·飽脹》　大指屈節向內推五百遍，大補脾胃。伸節推二百遍，通利大腸。推上三關，退下六腑各一百五十遍，自橫紋推向板門二百遍，止吐嘔。運五經五十遍，開臟腑之滯塞。掐五節背面二十遍，止驚。小肚橫搓五六十遍，開胸、化痰、除肺家風寒邪熱。膻中穴揉二十遍，膻中穴宜在開胸化痰上位。運八卦五十遍，開胸，化痰，除脹。天門推入虎口三百遍，小指正面、側面各向外推二百遍。清者退。

《釐正按摩要術·食積》　食積，由乳食積滯，胸悶腸鳴，噯氣酸腐，見食則惡，或脹或痛，大便臭穢，矢氣有傷食之味。夾寒則面色晄白，舌胎白膩，口吐清水，食物不化，手足時冷。夾熱則面赤，唇乾口渴，舌胎黃膩，積久脾傷，延成疳疾。內治以健脾扶陽主之。

分陰陽，二百遍。推三關，一百遍。退六腑，一百遍。運八卦，一百遍。分腹陰陽，二百遍。揉臍，二百遍。推補脾土。一百遍。凡推，用葱薑水。用熨法。灸法，灸神闕、鳩尾、氣海各穴七壯。吐法，下法，通脈法。

六、腹　痛

《肘後備急方·治卒腹痛方第九》　又方：使病人伏臥，一人跨上，兩手抄舉其腹，令病人自縱重輕舉，抄之令去床三尺許便放之，如此二七度止，拈取其脊骨皮，深取痛引之，從龜尾至頂乃止，未愈更爲之。

《針灸大成·按摩經·嬰童雜證》　八、肚痛。推三關、分陰陽、推脾土各一百，揉臍五十。腹脹，推大腸。不止，掐承山。

《小兒推拿廣意·腹痛》　大凡腹痛初非一，不特癥瘕與痃癖。分條析類證多端，看取論中最詳悉。

蓋小兒腹痛，有寒有熱，有食積癥瘕，偏墜寒疝，及疣蟲動痛。諸痛不同，其名亦異，故不可一概而論之。

熱腹痛者，乃時痛時止是也，暑月最多。

治法：三關，六腑，推脾土，分陰重陽輕，黃蜂入洞，四橫紋。

寒腹痛者，常痛而無增減也。

治法：三關，運五經，二扇門，一窩風，按弦走搓摩，八卦，揉臍及龜尾。

氣滯食積而痛者，卒痛便秘，心胸高起，手不可按是也。

治法：推三關，分陰陽，推脾土，揉臍及龜尾，掐威靈。若腹內膨脹，推大腸。

冷氣心痛者，手足厥逆，偏身冷汗，甚則手足甲青黑，脈沉細微是也。

治法：推三關，八卦，分陰重陽輕，補腎，二扇門，黃蜂入洞，鳩尾前後重揉，要葱姜推之發汗。

《幼科推拿秘書·腹痛門》　小兒腹痛有三：或冷，或熱，或食積。臍上者熱，臍中者食，臍下者冷。小兒不能言，須察面色。熱痛面赤腹脹，時痛時止，暑月最多，法宜分陰陽，陰重陽輕。運八卦，運五經，推三關少六腑多，揉一窩風，大陵推上外牢訖，補脾土，虎口斗肘。傷食痛，面如常，心胸高起，手不可按，腸結而痛，食生冷硬物所傷，其氣亦滯，法宜分陰陽，運八卦，運五經，側推虎口，補脾土，揉一窩風，揉中脘，揉板門，天門虎口斗肘，揉臍及龜尾，大陵推上外牢宮訖，運土入水。冷痛，面青肚響，唇白，痛無增減，法宜分陰陽，陽重陰輕。運八卦，運五經，掐一窩風，按弦走搓摩，推三關，推肚角穴，揉臍，推補脾土，天門虎口，揉斗肘，大陵推上外牢泄訖，補脾土。冷氣攻心痛者，手足冷，遍身冷汗，甚之手足甲青黑，脈沉細微是也，法宜分陰陽，運八卦，推三關，補腎水，揉二扇門，黃蜂入洞。

《萬育仙書·肚疼》　肚疼，三關，陰陽，脾土，揉臍，大腸，掐承山。

《釐正按摩要術·腹痛》　腹有寒痛、熱痛、食痛、氣不和痛、脾虛痛、肝木乘脾痛、蛔動痛者，不可以不辨。

寒痛者，氣滯陽衰，面色白，口氣冷，大便青色，小便清利。痛之來也，遷緩不速，綿綿不已，痛時喜以熱手按之，其痛稍止，肚皮冰冷者是也。內治以香砂理中湯去白朮主之。

分陰，二百遍，重。分陽，二百遍，輕。推三關，二百遍。退六腑，五十遍。由胸腹分推左右，二百遍。揉肚臍，二百遍。推補脾土，一百遍。天門入虎口，二十遍。掐揉一窩風。五十遍。凡推，用葱薑水，用定痛法。艾灸神闕、氣海各穴，各

七壯。

熱痛，面赤，口氣熱，唇紅煩渴，大便秘，小便赤，時痛時止，痛來迅厲，腹形如常，不腫不飽，彈之不響，以熱手按之，其痛愈甚，肚皮熱如火灼，此眞熱也。內治以清熱泄火主之。

分陰，二百遍。分陽，一百遍。推三關，五十遍。退六腑，一百遍。水底撈明月，二百遍。清天河水，三十六遍。分腹陰陽，二百遍。揉肚臍，一百遍。推脾土，一百遍。用清裏法。

食痛，由飲食不節，積滯不化，食入即痛，眼胞浄腫，瀉必醜臭，腹必飽脹，彈如鼓響，面黃噯酸，便後痛減，不饑不食者是也。內治香砂平胃散主之。

分陰陽，二百遍。推三關，一百遍。退六腑，一百遍。推脾土，一百遍。天門入虎口，一百遍。分腹陰陽，二百遍。揉臍。二百遍。凡推，用葱水、香麝水，用艾灸神闕、氣海各穴七壯，熨法，定痛法。

氣不和痛，小兒初生後，束臍過緊，不知兒體漸長，束帶未鬆，上下氣不流通也。

分陰陽，二百遍。推三關，一百遍。退六腑，一百遍。推脾土，一百遍。分腹陰陽，二百遍。揉臍，二百遍。運土入水，三十六遍。運八卦。三十六遍。凡推，用葱湯，用艾灸神闕三壯，焠臍輪一燋，氣海一燋，心窩一燋。脾虛痛，面色萎黃，大便少而色白，中有虛寒也。內治以香砂六君湯主之。

分陰陽，一百遍。推三關，一百遍。退六腑，一百遍。推補脾土，三百遍。運水入土，一百遍。分腹陰陽，二百遍。揉臍。一百遍。凡推，用葱湯，用艾灸神闕、氣海各穴三壯。

肝木乘脾痛，肝木剋脾，肝氣無所泄，乘脾衰而痛也。其證唇白口淡，面色時青，痛則腹連兩脅，重按之則痛止，手起又痛也。內治以四君加柴芍主之。

分陰陽，一百遍。推三關，一百遍。退六腑，一百遍。推補脾土，二百遍。天門入虎口，二百遍。揉臍，二百遍。分腹陰陽，二百遍。運水入土，一百遍。運八卦坎重，一百遍。推大腸，六十遍。運五經。二百遍。凡推，用葱薑湯。

蛔痛，口吐青水，痛久不歇，或一時或二時而止，或歇半日又痛，面黃唇白，或有紅點脈乍大乍小，此其候也。內治理中安蛔散或烏梅丸加減主之。

分陰陽，一百遍。推三關，一百遍。退六腑，一百遍。推脾土，一百遍。揉肚臍。一百遍。凡推，用葱、薑、香麝水，用艾灸神闕、氣海各穴五壯。

史君子去殼火煨，或食十餘粒，或少頃又食，以痛止則停。苦楝根皮一兩，水煎濃服，蟲即下，但體弱者酌之。

案：腹痛一證，寒淫爲多，熱淫爲少，以寒則易於阻塞陽氣也。氣滯者多，血滯者少，理氣滯不宜動血，理血滯則必兼行氣也。先哲以痛則不通，通則不痛，故治痛大法，不外溫散辛通。而其要則初用通腑，久必通絡，宜審虛實治之。惕厲子。

七、泄瀉

《針灸大成・按摩經・嬰童雜證》 九、濕瀉，不響。退六府、揉臍及龜尾各三百，分陰陽、推脾土各一百，水底撈月三十。十、冷瀉，響。推三關二百，分陰陽一百，推脾土五十，黃蜂入洞、揉臍及龜尾各三百，天門入虎口、揉斗肘各三十。

《小兒推拿廣意・泄滯》 肝冷傳脾臭綠青，焦黃脾土熱之形，肺傷寒色膿粘白，赤熱因心腎熱成。

胃爲水穀之海，其精英流布以養五臟，糟粕傳送以歸大腸。內由生冷乳食所傷，外因風寒暑濕所感，饑飽失時，脾不能消，冷熱相干，遂成瀉利。若脾胃合氣，以消水穀，水穀既分，安有瀉也？蓋脾虛則吐，胃虛則瀉。脾胃俱虛，吐瀉並作。久瀉不止，元氣不脫，必傳慢驚，宜大補之。

治法：推三關、心經，清腎水，補脾胃，掐左端正，側推大腸、外勞宮、陰陽、八卦，揉臍及龜尾，掐肚角兩傍，補湧泉，掐承山。

寒證加黃蜂入洞，三關，六腑，斗肘。

熱證加撈明月，打馬過天河，三關，六腑，斗肘。

霍亂者，揮霍撩亂也。外有所感，內有所傷，陰陽乖隔，上吐下痢，腸擾悶痛是也。

治法：三關、肺經、八卦，補脾土，大腸、四橫紋、陰陽，二人上馬，清，雙龍擺尾。

《幼科推拿秘書・泄瀉門》 法宜分陽陰，運八卦，側推大腸到虎口，補脾

土，推三關，運水入土，揉臍及龜尾訖，推補七節骨。如熱加撈明月，打馬過天河。詩云：肝冷傳脾臭綠青，焦黄脾土熱之形。肺傷寒色膿黏白，赤熱因心腎熱成。霍亂者，揮霍撩亂也，外感内傷，陰陽乖隔，上吐下瀉，心煩氣悶之證也。法宜分陽陰，運八卦，運五經，側推大腸，補脾土，掐四横紋，運水入土，推三關，退六腑，板門推至大横紋，横紋推轉至板門。

《小兒科推拿直録·寒瀉熱瀉霍亂吐瀉》　寒瀉　推三關，心經，清腎水，補脾胃，掐右端正，側推大腸，外勞宫，陰陽，八卦，揉臍，龜尾，掐肚角兩旁，補湧泉，掐承山，三關，六腑，斗肘，黄蜂入洞。

熱瀉　加水裏撈明月，打馬過天河，餘同寒瀉法。

霍亂吐瀉　推三關，肺經，八卦，補脾土，四横紋，大腸，分陰陽，二人上馬，清，雙龍擺尾。

《萬育仙書·熱瀉》　肚不響，糞黄。退六腑三百，分陰陽，撈明月五十，脾土一百，揉臍，龜尾各三百。

《萬育仙書·冷瀉》　肚響，糞白。推三關，三百。分陰陽，一百。推脾土，五十。黄蜂入洞，揉臍及龜尾，各三百。天門入虎口，揉斗肘，三十。後用燈火斷之。不止，補湧泉，大腸經，五指節，外勞宫。

《小兒推拿輯要·泄瀉》　瀉黄紅赤黑者，皆係熱毒，治法以清利爲先，然後再止。青緑屬驚風，治當以驚瀉論。惟變白色與完穀不化，係胃冷。治法：每次分陰陽一百，推三關退六腑各一百，天門入虎口五十，補大腸二百，運土入水五十，板門推向横紋五十，推後承山五十，即腿肚。用姜湯推之。

《推拿總訣仿歌·泄瀉》　食指側面向内推三百遍，補大腸。自板門推向横紋百五十遍，能止痢疾。推上三關，大補腎中元氣。退下六腑，大補。元精即心血各百五十遍，一窩風掐十五遍，止肚疼。龜尾穴左旋揉十五遍，能止瀉肚疼。兩足心右旋揉二十遍，止瀉。分陰陽二十遍，分寒熱，平氣血。天門推入虎口二百遍，順氣生血。

《釐正按摩要術·泄瀉》　泄瀉者，胃中水穀不分，並入大腸，多因脾濕不運，《内經》所謂濕多成五泄也。小兒致病之原，或内由生冷乳食所傷，或外因風寒暑濕所感，抑或饑飽失時，脾不能運，冷熱相干，遂成泄瀉。甚至久瀉不止，元氣漸衰，必成慢驚重證。内治宜分消，宜溫補。

分陰陽，二百遍。推三關，一百遍。退六腑，一百遍。推補脾土，二百遍。推心經，八十遍。推清腎水，一百遍。掐左端正，二十四遍。側推大腸，八十遍。揉外勞宫，四十九遍。運八卦，一百遍。揉臍及龜尾，二百遍。掐承山，三十遍。打馬過天河，八十遍。搖斗肘。八十遍。屬寒者，加黄蜂入洞。二十四遍。屬熱者，加撈明月。二十四遍。

案：泄瀉證皆兼濕，初宜分理中焦，滲利下焦，久則升舉，必至脱滑不禁，方以濇藥固之。李士材治泄有九法：淡滲，升提，清涼，疏利，甘緩，酸收，燥脾，溫腎，固濇。然有因痰而泄者，又宜以痰泄之法治之。若僅以按摩施之，則拘矣。惕厲子。

八、積聚

《小兒推拿廣意·痞證》　本因積久成頑結，男左傍骨如痛脅。俗云龜癆不須聽，化癖調脾自安結。

夫痞與否同，不通一也。小兒乳哺不節，久停於脾，不能剋化，結成痞癖，突於脅下，或左或右，俗云龜癆。其疾皆因積滯蘊作，致有寒熱，肚腹疼痛，晝涼夜熱。氣實者先攻其痞，後投補益。氣虚者先與調固脾胃，神色稍正，飲食進多，後宜攻之。若面黄唇白，髮豎肌瘦，乃爲虚極，不可輕下，但徐徐調理爲上。

治宜：推三關，脾土，大腸，肺經，四横紋，板門，精寧，二扇門，清腎水，運五經，小横紋，運八卦，小天心，黄蜂入洞，赤鳳搖頭，久揉脾土。

《幼科推拿秘書·痞疾門》　食積既久，頑結成痞。左積爲痰，痰從食起；右積爲氣，氣與痰結。宜速除之，久者七日十日方消。法宜分陰陽，運八卦，運五經，掐四横紋，推三關，補脾土久揉，按弦走搓摩，側推大腸到虎口，清肝火，清肺經，天門虎口揉斗肘。方用田螺螄，車前草擣敷丹田。

《小兒推拿輯要·癖痞病》　小兒癖痞，二者不外傷食而已。癖者，食不消，腹中結爲積聚，始如錢大，發熱漸長，如龜，如蛇，如豬肚之形，在兩脅之下。在左者爲痰積，痰從食起；在右者爲氣積，氣與痰結，有形可捫，故名之爲癖。痞者，腹内脹滿，結於中脘，氣隔不通，乃痰飲食鬱，濕熱成病也。若不早治，必成勞疳等證，俗名龜勞者是也。其爲證，則或喘，或嗽，或潮熱，腹中虚鳴疼痛，晝涼夜熱，又或作瀉作痢，唇臉皆白，髮豎肌瘦，見爲極虚之

證。氣實者，宜先攻後補，虛者宜先固胃氣爲主，徐徐調治爲上。治法每次分陰陽一百，推三關、退六腑各一百，天門入虎口、揉斗肘一百，直推脾二百，補脾三百，取天河水五十，運八卦五十，補肺五十，平肝三百，運五經五十，左手摹臍，右手按腰眼，對揉三五百，再兩手按肚，搓摩三五百，如搓衣樣三，每次揉搓後，將兩大指自臍往下，推至胯五七十。然治此病，非一日之功，必須百日方能痊愈。

《釐正按摩要術·積聚》 諸有形而堅着不移者爲積，諸無形而留止不定者爲聚。積在五臟，主陰，病屬血分。聚在六腑，主陽，病屬氣分。《難經》既以積聚分屬臟腑。巢氏《病源》別立癥瘕之名，以不動者爲癥，動者爲瘕，亦猶是《難經》積聚之説也。第無形之瘕聚，其散易；有形之癥積，其破難。治之者，辨有形無形，在氣在血，可得其概矣。

分陰陽，二百遍。推三關，一百遍。退六腑，一百遍。推補脾土，二百遍。掐四横紋，三十遍。運八卦，八十遍。掐大腸，二十四遍。揉板門，八十遍。推補腎水，一百遍。天門入虎口，一百遍。掐小横紋，二十遍。發熱腹痛，加水底撈明月，五十遍。大便秘結，加推六腑，一百遍。掐小横紋，二十四遍。揉掐腎水，各五十遍。腹痛泄瀉，加揉掐一窩風，三十六遍。揉臍及龜尾，各二百遍。凡推，用葱椒水，用灸法。

案：《難經》：肺之積在右脅下，爲息賁；肝之積在左脅下，爲肥氣；心之積在臍上，上至心下，爲伏梁；脾之積在胃脘，爲痞氣；腎之積發於少腹，上至心，上下無時，爲奔豚。其見於臍下爲癥瘕，癥者按之不移，有血癥、食癥之別；瘕者，假物成形，如血鼈、石瘕之類。見於胸脅爲痞癖，痞爲結塊，在肌肉而可見；癖由內着，結隱僻而難求。既分其部，必原所起。其初由外感風寒，內傷氣鬱血瘀，食積痰滯，凝結於肓膜。久而盤踞堅牢，以至元氣日衰，攻補爲難。如徒以按摩諸法治之，恐難奏效。所貴理其氣，氣行則脈絡通，尤宜調其中，脾運則積滯化。其藥宜辛散溫通，乃能入陰出陽，解散凝聚。李士材有陰陽攻積丸在，然搜逐之中，酌補元氣，務令脾胃氣旺，乃可消磨堅結。但堅頑之積聚，多在腸胃以外、募原之間，非藥力所能猝及，宜薄貼以攻其外，針法以攻其內，艾灸以消散固結，佐其所不逮也。惕厲子。

九、疳　疾

《小兒推拿廣意·疳疾》 五疳五臟五般看，治法詳推事不難。若見面黃肌肉瘦，齒焦髮豎即爲疳。

大抵疳之爲病，皆因過餐飲食，於脾家一臟有積，不治傳之餘臟而成五疳之疾。若脾家病去，則餘臟皆安。苟失其治，日久必有傳變，而成無辜之疾，多致不救，可不慎哉？

治宜推三關、六腑、脾土，運八卦、大腸、五經、心經，清天河水、板門，運水入土。

《幼科推拿秘書·疳疾門》 五臟俱能成疳，先從脾傷而起。其兒面黃口白，肌瘦肚大，髮稀豎，必脾家病去，諸臟方安，故以補脾爲主。法宜分陰陽，運八卦，少推三關，多推六腑，側推大腸到虎口，清天河，清腎水，按弦走搓摩，重補脾土。方用延壽丹、決明良方，其效如神，救活甚易。

《小兒推拿廣意·疳積黃疸》 疳積黃疸。脈單細爲疳勞，虎口紋白色爲疳。五臟俱能成疳，先從脾傷而起。五疳諸積，腹大筋青，面黃肌瘦，齒焦髮豎。疸者，黃病也，目黃、溺黃、赤大便，水谷不分，治法：每次分陰陽二百，推三關、退六腑各二百，推脾三百，補脾五百，清腎水一百，側推大腸到虎口一百，按弦走搓摩一百，手心揉臍腰左右旋各一百。字典載治疳之方，以葱椒煮蝦蟆，食之大效。又説去頭皮腸。

《釐正按摩要術·疳疾》 疳者，乾而瘦也。由小兒稟賦氣血虛弱，臟腑柔脆，或乳食過飽，或肥甘無節，停滯中脘，傳化遲滯，腸胃漸傷，則生積熱，熱盛成疳，則消耗氣血，煎灼津液。凡疳疾初起，尿如米泔，午後潮熱，或因吐瀉瘧痢，日久失治，以及久熱、久汗、久咳、久瘡，致令青筋暴露，肚大堅硬，面色青黃，肌肉消瘦，皮毛憔悴，而疳證成矣。然當分其所屬而治之。心疳則面紅便赤，壯熱煩渴，咬牙弄舌。肝疳則面目爪甲皆青，目胞赤腫，翳生淚多，白膜遮睛，糞青如苔。脾疳則黃瘦，頭大脛細，或喜喫米、喫茶葉、喫泥土，或吐瀉煩渴，大便腥黏。肺疳則面白咳逆，毛髮焦枯，肌膚乾燥，憎寒發熱，常流清涕，鼻頰生瘡也。腎疳則面色黧黑，齒齦出血，口臭足冷，骨瘦腹痛，泄瀉，啼哭不已。湯藥宜分經治之。

分陰陽，二百遍。推三關，一百遍。退六腑，一百遍。推脾土補清，各二百遍。推腎水，一百遍。揉肚，一百遍。摩臍左右旋。各一百遍。

案：疳疾一證，身多發熱，宜分別輕重虛實治之。《醫宗金鑑》於疳證分列各名，方法具在，勿拘拘外治也。惕厲子。

十、痢　疾

《針灸大成·按摩經·嬰童雜證》五、痢赤白相兼，寒熱不調。感成此疾，用薑汁、車前草汁，略推三關，退六腑，清天河水，水底撈月，分陰陽。

六、禁口痢。運八卦，開胸，陰陽，揉臍，爲之推三關，退六腑、大腸經各一百，清天河水四十，推脾土五十，水底撈月一十，鳳凰展翅。瀉用蒜推，補脾土用薑推。

《小兒推拿廣意·痢疾門》小兒下痢細尋推，不獨成疳積所爲。冷熱數般雖各異，寬腸調胃在明醫。

赤白之痢，世人莫不曰赤爲陽爲熱，白爲陰爲冷，或曰無積不成痢。若以冷熱之法互治，必難取效，不究其原，何由可療？且四時八風之中人，五運六氣之相勝，夏秋人多痢疾。《内經》曰：春傷於風，夏生飧泄。其可拘於無積不成痢之説？豈一歲之中，獨於夏秋，人皆有積乎？蓋風邪入胃，木能勝土，不爲暴下，則成痢疾，赤白交雜，此爲陰陽不分，法當分陰陽爲主。

夾熱而痢者，則痢下紅色，此風能動血也。

治法：推三關、六腑，清心經，和陰陽，推大腸，脾土、八卦、腎水，揉臍及龜尾。

夾冷而痢者，則下純白凍，或白上有粉紅色，或似豬肝瘀血，皆爲陰證，蓋血得寒則凝故也。

治法：推三關、八卦，脾土、大腸，和陰陽，天門虎口，揉臍及龜尾。

《幼科推拿秘書·痢疾門》小兒痢疾有三，不獨積疳所成，亦且冷熱各異。宜調和氣血爲主，以分陰陽爲要。赤白痢，因血氣兩傷，有熱有寒，宜調和爲主，法宜分陰陽，運八卦，側推大腸到虎口，補脾土，補腎水，揉臍及龜尾，擦七節骨，先泄後補。天門入虎口，重揉斗肘。赤痢，濕熱傷血，宜調血爲主，宜分陰陽，陰重陽輕。運八卦，坎重。若以紅少白多，止側推三關，不退六腑，側推大腸，掐大腸，撈明月，天門虎口斗肘訣，揉臍及龜尾，擦七節骨，先泄後補。白痢，濕熱傷氣，以和氣爲主，法宜分陰陽，陽重陰輕。運八卦，離宮重，補脾土，側推大腸到虎口，天門斗肘，揉臍及龜尾，擦七節骨，先泄後補。噤口痢，因內熱不清，不投以良法，遂成噤滑，法宜分陰陽，運八卦，運五經，推三關，退六腑，清天河，揉板門，補脾土，鳳凰單展翅，天門虎口斗肘訣，撈明月，揉臍及龜尾，擦七節骨，先泄後補。方用延壽丹神效。

《小兒科推拿直録·痢疾》治下痢紅色夾熱而痢者，推三關六府，清心經，和陰陽，推大腸、脾土、八卦、腎水，揉臍及龜尾。治下痢色白夾冷而痢者，和陰陽，推大腸、脾土、八卦，天門入虎口。

《萬育仙書·痢疾》熱多推六腑，寒多推三關。推三關，退六腑，分陰陽，運八卦，推大腸，揉臍及龜尾，推脾土，赤鳳搖頭，二龍戲珠。噤口痢是熱甚，要清，取微汗。葱姜湯推，艾椒末敷臍。

《小兒推拿輯要·痢疾》紅痢　治法：每次分陰陽二百。須陰重陽輕。推三關八十。退六腑二百，清大腸二百，運水入土一百，板門推向横紋一十，揉臍及龜尾各一百二十，擦七節骨，先泄後補。推委中、後承山穴各五七十，用葱水推之。方用大黃二錢、黃芩、當歸各七分，檳榔、黃連、枳殼各五分，水姜煎服。

白痢　治法：每次分陰陽二百，陽重陰輕。推三關二百，退六腑八十，推脾土三百，推大腸二百，運水入土三百，板門推向横紋五十，揉臍及龜尾各二百，擦七節骨，先泄後補。推委中、後承山各五七十。用葱姜湯推之。方用大黃二錢，黃芩、枳殼、蒼朮、青皮各八分，厚樸、檳榔、木香各五分，水煎服。忌生冷。

禁口痢　治法：每次分陰陽二百，推三關、退六腑各一百，推大腸一百，板門推向横紋五十，揉斗肘、天門虎口各五十，運五經五十，揉臍及龜尾各一百二十，擦七節骨，先泄後補。推委中、後承山各五七十。方用人參一錢、老蓮肉二錢去皮心、黃連七分、木香五分爲末，陳米湯化下。

赤白痢　治法：每次分陰陽三百，推三關、退六腑各二百，紅少白多者，止側推三關，不退六腑。推脾土三百，運八卦五十，坎重。推大腸二百，板門推向横紋五十，揉臍及龜尾各一百二十，擦七節骨，先泄後補。推委中、後承山各五七十。忌生冷。方用艾葉花椒爲餅，敷臍內，服黃連五分吳萸炒、木香、厚樸

姜汁炒、陳皮枳殼各三分麩炒，山查二錢去子，白芍五分酒炒，水煎服。

血痢　治法：每次分陰陽二百，運八卦六十四，坎重。推三關六十，退六腑二百，撈明月五十，側推大腸到虎口一百二十，天門虎口斗肘各一百，清天河水五十，揉臍及龜尾各一百二十，擦七節骨，先泄後補。方用白芍二錢，當歸、黃連、厚樸、黃芩各一錢，枳殼、木香各五分，生地、地榆各一錢，水煎服。

《釐正按摩要術·痢疾》痢疾，古名滯下，多因外受暑濕，內傷生冷。而傷於氣者色多白，以肺與大腸相表裏也。傷於血者色多赤，以心與小腸相表裏也。裏急者，腹窘痛也。後重者，頻下墜也。總之，無積不成痢，內治以宜通之法主之。

熱痢　濕熱熏蒸，凝結腸胃，以致腹痛，肛墜，溲短，舌赤唇焦，煩渴迸迫，下痢鮮紅，脈象洪滑。總由暑濕積滯。內治宜清火導滯法。

推三關二百遍。退六腑一百遍。清心經一百遍。分陰陽二百遍。推大腸八十遍。推脾土二百遍。運八卦八十遍。推腎水八十遍。揉臍及龜尾各一百遍。

寒痢者，生冷不節，脾失轉輸，下痢白膿，腸鳴切痛，面唇青白，渴喜熱飲，脈象弦弱。內治宜溫理脾胃，佐以行氣法。

分陰陽二百遍。推三關二百遍。退六腑八十遍。運八卦八十遍。推脾土二百遍。推大腸一百遍。天門入虎口八十遍。揉臍及龜尾各一百遍。運水入土一百遍。板門推向橫門五十遍。推委中、後承山各五十遍。凡推，用薑葱水，用灸法灸神闕。

赤白痢　由冷熱不調，內治以駐車丸、連理湯主之。

分陰陽二百遍。推三關一百遍。退六腑一百遍。推脾土一百遍。運八卦五十遍。推大腸二百遍。板門推向橫紋五十遍。摩臍腰眼並龜尾各一百二十遍。推委中、後承山各五十遍。凡推，用薑葱水。

噤口痢　熱毒衝胃，腸中傳導皆逆阻似閉，身熱，舌赤，唇紅。內治以清解熱毒主之。

分陰陽二百遍。推三關一百遍。退六腑一百遍。推脾土一百遍。推大腸二百遍。板門推向橫門五十遍。摩臍腰眼並龜尾各一百二十遍。推委中並後承山各五十遍。

案：痢疾必兼濕熱停滯，氣機阻逆，不得宣通，致令裏急後重，小溲赤濇，宜苦寒之藥，燥濕滌熱，佐以辛溫便能開鬱行氣，故行血則便膿自愈，調氣則後重自除。然必分初、中、末治之，初痢則形氣尚強，脹實堅痛者，亟宜去積，積去則痢止，此通因通用之法也。其或有煩熱，喜冷脈實，腹滿，純下鮮紅血者，濕熱內盛，亟宜清利。迨經久已傷，或傷陰，或傷陽。傷陰者，精血脂液悉從痢去，多煩躁熱渴之候，宜清潤養陰。傷陽者，脾腎元陽，因痢而衰，多滑脫厥逆之候，宜溫補回陽。總之，暴病多實，久病多虛。滑脫多寒，濇滯多熱。參之脈證，合之新久，庶幾近之，勿徒以按摩爲也。惕厲子。

十一、腫脹

《針灸大成·按摩經·嬰童雜證》小兒遍身腫，用胡椒、糯米、綠豆各七粒，黃土七錢，醋一鍾，通炒過，袱包遍身拭之，即消。

《小兒推拿廣意·腫脹》古今議腫是脾虛，大抵多從濕熱爲。十種根因各調治，詳分補瀉在臨機。

古方有十腫論證，然脈浮爲風虛，沉伏爲水病，沉則脈絡虛，伏則小便難，即爲正水。脾脈虛，大多作脾腫，因循不治，乃致水腫。蓋脾屬土，喜燥而惡濕，土敗不能制水，則停蓄不行，留滯皮膚，故作浮腫。初得病時，是眼胞早晨浮突，至午後稍消。然此證，夏與秋冬治之頗易，惟春不然。蓋四時之水，無如春水泛溢，兼肝木旺而脾土受剋，不能制水，所以難療，進退不常，須徐徐調理取效。大凡小兒浮腫，先用發散，然後行泄法。

治宜推三關一百，推脾土一百，黃蜂入洞十下，運五經五十，二扇門二十。掐威靈二十、天門入虎口二十、斗肘二十。以上瀉法。瀉後補法：推脾土一百，分陰陽一百，補腎一百，運土入水四十，天門入虎口、斗肘各二十。

春夏用水，秋冬用姜葱，真麻油推之，再用酒一盞，飛鹽少許，皂角一片，爲末，黃土一鍾同炒，布包倒合掌心，掐大指節即消。

《幼科推拿秘書·腫脹門》法宜分陰陽，運八卦，推三關，推脾土，黃蜂入洞，運五經，揉二扇門以止泄，補腎水，虎口斗肘，補脾土，運土入水。氣腫專是脾虛不能生金，以致肺家虛氣作脹，宜分陰陽，運八卦，推三關，補脾土，運水入土，天門虎口斗肘，按弦走搓摩。此推用淡醋亦可。又有浮腫，因小兒多食傷，濕氣不行故腫，非水非氣，食散而腫自消，宜分陰陽，運八卦，揉中

脘，按弦走搓摩，揉板門，天門虎口斗肘，補脾土，灸龜尾，男左女右。

《小兒推拿輯要·水腫·氣腫·黄證腫》 水腫　治法：每次分陰陽二百，推三關一百，退六腑二百，推脾三五百，運水入土一百。用葱姜湯推之。忌鹽並生冷，食亦宜少用爲佳。

氣腫　治法：每次分陰陽一百，推三關二百，退六腑一百，直推脾三百，運水入土一百，天門入虎口斗肘五十，右用滚水或淡醋推之。

黄證腫　治法：每次分陰陽二百，推三關一百，退六腑一百，推腎一百，推脾五百，運土入水一百，用葱姜推。方用山查煎湯，時時服之。

《釐正按摩要術·腫脹》 腫在外屬水，脹在内屬氣。腫分陽水陰水，脹分氣實氣虚。因濕熱濁滯，致水腫者爲陽水。因肺脾腎虚，致水溢者爲陰水。濁氣在上爲實脹，中氣不運爲虚脹。辨其位，則臟腑、脈絡、皮膚、上下、表裏皆有之。辨其因，則寒、熱、濕、痰、氣血鬱滯、蟲積皆致之。以論治法，則宜内外兼盡爲要。

氣腫　皮厚色蒼，一身盡腫，自上而下，按之窅而不起，由寒氣客於皮膚也。

分陰陽，二百遍。推三關，二百遍。退六腑，二百遍。推脾土，三百遍。運水入土，一百遍。天門入虎口，五十遍。摩肚臍左右旋轉。各二百遍。凡推，用滚水，忌鹽醬生冷。

水腫　先喘後腫，皮薄色澤，自下而上，按之隨手而起，因煩渴喜飲，脾虚不能制水，水反侮土，上衝肺，皮膚腫如裹水之狀。

分陰陽，二百遍。推三關，二百遍。退六腑，二百遍。推脾土，三百遍。運水入土，一百遍。摩肚臍左右旋轉。各二百遍。凡推，用葱薑湯，忌鹽醬生冷。

案：經言：諸濕腫滿，皆屬於脾。謂水爲至陰，其標在肺，其本在腎，其制在脾。腎何以聚水？腎者，胃之關也，腎虚則關閉，其水必逆而上泛，脾不能制，而反爲水所漬，故肌肉浮腫。肺不能化，而反爲水所凌，故氣息喘急，皆陰勝之害也。是知腫脹無不由肺、脾、腎者，以肺主氣化，脾主運輸，腎主藏液也。經言：膀胱藏津液，氣化則能出。氣化者，即右腎命門眞火也，火衰則不能蒸動腎之關門而水聚焉。須以桂附腎氣丸，蒸動其關，積水始下，以陽主開也。此不獨治水腫，即治脹之要，亦在通陽。腫脹病在水分，以治水爲主，兼理氣，氣化水自化也。在氣分，以理氣爲主，兼利水，水行氣亦行也。必辨陰陽虚實，濕熱壅滯屬陽，濁氣凝滯屬陰。陽證按之痛，陰證按之不痛。陽證起於中焦，陰證起於下焦。凡陽證必熱，熱者多實。陰證必寒，寒者多虚。溺赤便秘，脈數有力，爲熱爲實。溺清便瀉，脈微無力，爲虚爲寒。陽證治在腑，法宜清。陰證治在臟，法宜溫，此匯脹之大概也。徐洄溪言：脹滿證即使正虚，終屬邪實。古人愼用補法。總之腫證易治，脹證難治。脹證頭緒甚多，宜辨有形無形，無形宜宣通，有形可攻伐。如食入脹加，治在通腑。二便通調，則脹又在臟，其大概治法，宜汗、宜利、宜分消、宜辛泄、宜清肅、宜溫通、宜升舉、宜疏利、宜補攝、宜開鬱、宜緩攻、宜軟堅化痞、宜理瘀導滯，總要在宣通，勿用守補，如是而已。惕厲子。

十二、傷寒

《幼科闡岐·退熱手法》 治小兒感風感寒，兒初感淺，其病隨手而愈，若兒一週週半稍長，感深，須行三五次手法，方得痊愈，惟初次用發汗手法，餘月不可用，但用八卦三關，脾土四横紋肺經與退熱手法酌用。

《小兒推拿廣意·傷寒門》 傷寒之病有多般，一概推詳便覺難，面目俱紅時噴嚏，氣粗身熱是傷寒。

傷寒一日，遍身發熱，頭疼腦痛，人事昏沉，胡言亂語。

治法：推三關、六腑、天河，撈明月，分陰陽，運八卦，五指尖，斗肘。無汗掐心經、内勞宫、肩井。有汗不用。

傷寒二日，結胸腹脹，咀食沉迷，内熱外寒，遍體骨節疼痛。

治法：推三關、六腑、心經，分陰陽，運八卦，開胸。胸痛加肺經，飲食不進加脾土、曲池、陽池。

傷寒三日，遍身骨節疼痛，大小便不通，肚腹作脹。

治法：推三關、肺經，和陰陽，運八卦，開胸，揉斗肘，天河入虎口，四横紋，撈明月，赤鳳搖頭，揉太陽，揉五指節、攢竹、曲池、肩井。

傷寒四日，腳疼腰痛，眼紅口渴，飲水不進，人事顛亂。

治法：推三關、六腑、曲池、虎口，二人上馬，掐五指節，撈明月，飛經走氣，打馬過天河。

傷寒五日，傳遍經絡，或大便不通，小便自利，或噎氣霍亂。

治法：推三關、天河、脾土、八卦、腎水、勞宮、肺經，打馬過天河。

傷寒六日，血氣虛弱，飲食不進，腰痛氣喘，心疼頭痛。

治法：推三關、肺經、横紋、八卦、天河水，撈明月，赤鳳搖頭，按弦搓摩，飛經走氣，曲池，肩井，合谷，陰陽。

傷寒七日，傳變六經，發散四肢，各傳經絡，或痢或瘧，加減推之。

治法：推三關、六腑、天河、肺經、横紋、腎水、八卦，和陰陽，天門虎口，揉斗肘，曲池、肩井、太陽，推脾土。若瘴瘧，揉五指中節與節根。凡推瘧疾，必以常用不易者推之，而後用此法即效。

《幼科推拿秘書·傷寒門》 小兒面目俱紅，不時噴嚏，氣粗身熱，此是傷寒。或四肢冷，開口大叫，閉口痰聲。傷寒一日，【略】法宜分陰陽，運八卦，運五經，掐心經，揉外牢宮，掐陽池，推三關，揉二扇門，黄蜂入洞。傷寒二日，【略】法宜分陰陽，運八卦，運五經，清心經，推三關，側推虎口，補脾土，飛金走氣。傷寒三日，【略】法宜分陰陽，運八卦，運五經，清心肺，飛金走氣，雙龍擺尾，赤鳳搖頭，水底撈明月，運土入水。傷寒四日，【略】法宜分陰陽，運八卦，揉上天心，清心肝，二人上馬，撈明月，推脾土，打馬過天河。傷寒五日，【略】法宜分陰陽，運八卦，運五經，退六腑，水底撈明月，鳳凰單展翅。傷寒六日，【略】法宜分陰陽，運八卦，天門入虎口斗肘，推三關，補脾土，掐陽池，赤鳳搖頭。傷寒七日，【略】法宜分陰陽，運八卦，清天河，二龍戲珠，合陰陽，掐四横紋，推脾土，推三關，側推大腸。

治小兒風寒感冒頭疼，以取汗爲主，蓋風與寒，皆隨汗散也。法宜分陰陽，運八卦，推三關，揉二扇門，掐陽池，黄蜂入洞。

治小兒陰寒，尤宜取汗爲主，汗出必深藏，勿會見風，恐因汗又入，法同前。治小兒咬牙，法宜分陰陽，運八卦，推三關，補腎水。

《推拿總訣仿歌·傷寒》 傷寒，三關筋色藏紅，或兩足皆冷，渾身皆熱，或中指熱，用我大指對掐二扇門十五遍，能出汗。兩眉梢頭合耳後骨後凹處，用四指重拿，令人出汗。眉膊正中大節上掐十五遍，令人出汗。甚重者，以食指中指入小兒鼻孔揉之，名黄蜂入洞，十五遍。

《釐正按摩要術·寒證》 風、寒、暑、濕、燥、火，謂之六淫。仲師有《傷寒論》，其中分六經見證，列三百九十七法，一百一十三方，精矣備矣。小兒感寒證，憎寒，畏風，身熱，頭疼，項強，肢節痛，胸滿痞。內治以疏表主之。分陰陽，二百遍。推三關，一百遍。退六腑，一百遍。運內八卦，五十遍。掐五指尖，五十遍。搖斗肘。五十遍。無汗，掐二扇門，五十遍。掐心經，五十遍。揉內勞宮，一百遍。推脾土，一百遍。天門入虎口，一百遍。推肺俞穴，一百遍。推由大椎至龜尾。一百遍。凡推法，用葱薑水，用疏表法、汗法、通脈法。

案：寒證，感冒則輕，傷寒則重，中寒則尤重。仲師《傷寒論》其中有云：若汗之者，是不當汗而汗，爲誤汗也。有云：若下之者，是不當下而下，爲誤下也。《傷寒》一書，爲後世救誤之書，不然，六經證候，祇立數方，足以盡之，何以著一百十三方之多耶？吁，仲師慮人之誤也，而設方以救之，凡爲司命者，可不揭其所以誤，而體仲聖救世之心哉。惕厲子。

十三、瘧疾

《針灸大成·按摩經·嬰童雜證》 一、虛瘧。補脾土四百，推三關、運八卦，推腎經、肺經，清天河水各三百。

二、食瘧。推三關、運八卦各一百，清天河水二百，推脾土三百，肺經四百。

三、痰瘧。推肺經四百，推三關，運八卦，補脾土，清天河水各二百。

四、邪瘧。推脾經四百，推三關、六府各三百，運八卦、補脾土、清天河各二百，各隨證加減，五臟四指，六腑一截二指。

《小兒推拿廣意·瘧疾》 夏傷於暑秋成瘧，間日連朝不少差，解表去邪須次弟，再宜養胃固脾家。

夏傷於暑，秋必病瘧。謂腠理開而汗出遇風，或得於澡浴，水氣舍於皮膚，因衛氣不守，邪氣並居，其疾始作。伸欠寒慄，腰背俱痛，骨節煩疼。寒去則內外皆熱，頭疼而渴，乃陰陽二氣交爭，虛實更作而然。陰氣獨勝則陽虛，故先寒戰慄。陽氣獨勝則陰虛，故先熱。陰盛陽虛則內外皆寒，陽盛陰虛則內外俱熱。陰陽各衰，衛氣與病氣相離，則病愈。陰陽相搏，衛氣與病氣再集，則病復。各隨其衛氣之所在，與所中邪氣相合而然也。

瘧疾兼嘔吐肚疼者，治法：推三關、脾土，分陰陽，揉臍，運八卦。

痰瘧一日一發者，治法：推三關、肺經，分陰陽，八卦，按弦搓摩。

久瘧不退而脾氣虛弱者，治宜補脾土，二百。分陰陽，一百。運八卦。二

百。

邪瘧至晚發者，治宜推三關，五十。脾土，二百。分陰陽，三百。八卦、六腑，二百。天門入虎口。

癉瘧，但熱無寒者，治宜推三關、脾土，分陰陽，八卦，肺經，六腑，間使內關，各一截。天門入虎口，斗肘。

《幼科推拿秘書·瘧痢總論秘旨》 瘧痢二證，世人常病之，大約著論多而確論少，立方多而取效殊。不知瘧痢二證，多在夏秋之交，以夏季之月，專屬脾土，子時陽氣散極，伏陰在內，人苦皮膚之熱，而昧其內之涼也，乃納涼風，飲涼水以勝之。夫上本懼寒，而以寒投之，於是食膠於脾而不能化，痰結於脾而不能解。痰乃五味之涎，風火轉成，纔交涼而瘧病矣。脈弦而實是食，一日一發，輕難好。脈弦而滑是痰，三日一發，重易好。至於痢，多言赤屬熱，白屬寒，不知此亦內傷生冷，故暑濕之氣承之。傷血分多則赤，傷氣分多則白，氣血兩傷，則赤白兼雜。經云：調血則便濃自愈，血歸經不妄行。提風氣則後重自除，氣下陷故後重。此乃不易之實論也。若投以涼劑，必致禁口滑腸，趨之於死。小兒藥愈者十之一，推愈者十之九，蓋瘧者殘瘧之證，痢者流利之證，根深而勢篤，非精於此，未易愈也。

《幼科推拿秘書·瘧疾門》 小兒瘧疾有四：一、瘧疾。二三日一發，則昏昧，原因脾土痰結，脈弦而滑。宜吐之，法宜推肺經，推三關，運八卦，分陰陽，掐四橫紋，揉天樞，掐內間史，猿猴摘果，拿列缺，走搓摩。二、食瘧。一日一發，腹脹作嘔，原因脾土結食。宜下之，法宜推三關，推脾土，補腎水，運八卦，分陰陽，天門虎口斗肘，揉中脘，按弦走搓摩。三、痎瘧。夜間則發，即邪瘧也，原因水邊戲要，感露風雨寒。宜取汗，法宜推三關，推肺經，掐手背指節，掐橫紋，威靈穴一截。方用獨蒜研，並貼內間史，累灸一壯。四、虛瘧。前證至一二月後，便成虛瘧，原因血氣兩虛。以補中益氣爲主，法宜推三關，補腎水，虎口斗肘，二人上馬一截，威靈穴一截。止瘧推法秘旨：初起只在前汗方，加少商穴，愈。如久，法宜推三關，推肺經，分陰陽，運八卦，補脾土，天門虎口斗肘，方用祝由科，神妙。

《萬育仙書·瘧疾》 治瘧　先寒後熱者，須先湧泉穴，黃蜂入洞，飛經走氣，以汗爲度。後掐大指、中指心經、勞宮、肝經，天門入虎口，又掐腎經，六腑，天河。若病久心虛，須補外關，多推艮土。

先熱後寒，須先退六腑，清天河，飛經走氣，掐中指、大指，心經、勞宮、肝經、合骨，天門入虎口，黃蜂入洞，以汗爲度。不拘寒熱瘧，俱在中封、三里穴截之。久掐不起指爲截。

食瘧　先冷後熱。推三關二百，推肺經二百，運八卦一百，推脾土三百，推橫紋二百，天門入虎口十下，清天河水二百，腎水一百，分陰陽一百，揉臍二百，五經紋五十，斗肘、撈明月三十。

痰瘧　喘咳不止。推三關二百，推脾土二百，推肺經二百，運八卦一百，天河水二百，退六腑三百，橫紋二百，分陰陽五十，按弦二十，展翅二十，外勞宮、威靈穴皆截瘧。桃葉搗敷足心。

邪瘧　其來無時。推三關、天河水各一百，脾土五十，運八卦、橫紋、虎口、斗肘各五十，撈明月十下，威靈、二扇門各五十，桃葉葱根湯推之。用蒜隔紙敷內間使，桃葉敷足心。

虛瘧　先頭痛後發熱。三關、脾土、八卦、腎水、肺經、天河水各三百，自腳灣推至膝一百，陰陽一百，四橫紋五十，飛經二十，二人上馬十下，入虎口斗肘各五十，葱姜湯推。用砂仁、香附末敷臍及足心，蛤粉擦手心。

《小兒推拿輯要·瘧疾》 食瘧　治法：每次分陰陽二百，推三關退六腑各二百，直推脾二百，推腎水一百，天門入虎口五十，運八卦四十，揉內牢宮三十。用薑葱水推之，宜用汗法。忌生冷，乳食少用。

痰瘧　治法：每次分陰陽三四百，推肺一百，補脾二百，退六腑一百，運八卦五十，掐四橫紋三十，揉臍一百二十，揉內牢宮三百。用薑水推之，宜用汗法。忌生冷。方用桃葉研作餅，敷湧泉穴。

虛瘧　治法：每次分陰陽二百，清天河水、推三關各二百，退六腑一百，推脾三百，運八卦五十，二人上馬三十，用薑水推之。忌風並生冷。方用桃葉餅敷足心湧泉穴。

邪瘧　夫瘧者，或寒或熱，每日發有定時。若往來不時，則爲邪瘧。治法：每次分陰陽二百，清天河水一百，推三關、退六腑各一百，掐五指節二十，推四橫紋二十，運水入土五十，掐二扇門三十，揉內牢宮二十，用葱薑湯推之，宜用汗法。忌生冷。用獨頭蒜一枚，搗爛，隔火紙敷內間使，大者久敷，小者少敷；或桃葉餅敷湧泉穴。

《釐正按摩要術·瘧疾》 《內經》：夏傷於暑，秋必病瘧。謂瘧疾由傷暑

而汗出腠開，當風浴水受凄涼之水寒，及秋遇涼風束之，裏邪不能外越，則隨經絡以內薄，舍於臟腑募原之間，與日行之衛氣相值而瘧作焉。當其邪正交爭，並於陰，則中外皆寒，並於陽，則外內皆熱。極則陰陽俱衰，衛氣相離，故病得休，衛氣集則復作。治者於瘧將發時與正發之際，切勿施治，治之則病愈甚。須在未發前二三時，迎而奪之，方爲合法。小兒胎瘧，不能服藥，用黄丹五錢，生明礬三錢，胡椒二錢五分，麝香少許，共研末，以好醋調敷手心。男左女右以絹包手掌，藥發自汗而愈。如小兒未進穀食者，患瘧久不止，用冰糖濃煎湯喂之，最驗。

食瘧　飲食不節，復感風暑，寒熱交作，腹脹痞悶，面黄惡食。內治以養胃湯減參朮主之。

分陰陽，二百遍。推三關，一百遍。退六腑，一百遍。清天河水，二百遍。推脾土，二百遍。推腎水補清，各一百遍。揉臍，一百遍。運八卦。二十遍。用熨法。

痰瘧　小兒素有痰飲，復因外邪凝結脾胃，胸悶欲嘔，其證面黄目腫。內治以豁痰之藥主之。

分陰陽，二百遍。推三關，一百遍。退六腑，一百遍。推清肺經，二百遍。推四横紋，三十遍。推脾土，二百遍。揉臍，一百二十遍。揉內勞宮，三十遍。運八卦，五十遍。按弦搓摩。二十四遍。汗吐法先之。凡推法，用薑湯，或桃葉汁亦可。另用桃葉研餅敷湧泉穴。用開閉法、引痰法。

久瘧　邪結血絡，左脅脹痞，牽連少腹，或腎虛脾虛皆有之。

分陰陽，二百遍。推三關，二百遍。退六腑，一百遍。清天河水，二百遍。推補脾土，二百遍。運八卦，一百遍。掐二人上馬。二十遍。凡推，用薑水，桃葉搥爛敷足心。

癉瘧　但熱不寒，由陰氣先傷，陽氣獨發，壯熱，少氣，煩冤，手足熱，欲嘔。邪內藏於心，外舍肌肉，令人消爍肌肉。內治以甘寒生津法。

分陰陽，二百遍。推三關，二百遍。推脾土，二百遍。運八卦，五十遍。推肺經，五十遍。退六腑，一百遍。推間使內關，一百遍。天門入虎口，五十遍。搖斗肘。五十遍。清裏法。

案：瘧證，內傷痰食積滯，外感風寒暑濕。但感有淺深，故病有輕重。所期寒則溫之，熱則清之，食則消之，風痰則疏導之，務須緩以圖治，不可期以速效。逐日行按摩等法三五次，至三五日、五七日均可。嬰兒如此，大人則次數加多，日期更久，方爲合法。毋欲速以圖功，致生他證，是爲至要，勿謂徒恃手法而不求方藥也。惕厲子。

十四、夜　啼

《小兒推拿廣意·夜啼》　夜啼四證驚爲一，無淚見燈心熱煩。面容夾青臍下痛，睡中頓哭是神干。

凡夜啼有四：有驚熱，有心熱，有寒疝，有誤觸神祇而成夜啼。驚熱者，爲衣衾太厚，過於溫煖，邪熱攻心，心與小腸爲表裏，夜啼而遺溺者是也。心熱者，見燈愈啼是也。寒疝者，遇寒即啼是也。誤觸神祇者，面色紫黑，氣鬱如怒，若有恐懼，睡中驚跳是也。

治法：推三關五十，六腑一百二十，清心經一百，撈明月，分陰陽，掐膽經。

如寒疝痛啼，宜運動四横紋，揉臍並一窩風。

《幼科推拿秘書·夜啼》法宜分陰陽，運八卦，運五經，撈明月，清天河。心經如寒，推三陽。方用燈心燒灰，擦母乳頭，與兒飲之即止。

十五、目　疾

《小兒推拿廣意·目疾門》　小兒兩目忽然紅，蓋因肝臟熱兼風。散風清火斯爲妙，痘後須知宜別攻。

火眼之證，治宜補腎五百，推天河五百，六腑五百，分陰陽三百，運八卦二百，推脾土一百，水底撈明月一百，合骨、曲池、肩井各一截。

風眼之證，治宜推三關三百，揉腎三百，掐五指節一百，分陰陽三百，八卦一百，推天河二百，六腑一百，水底撈明月一百，合骨、曲池、肩井各一截。

《幼科推拿秘書·目疾門》火眼之證有三：有上視，有下視，有兩目齊閉不開。總因肝臟熱，又兼有風，以散風清火爲妙。宜分陰陽，運八卦，清天河，撈明月，掐合骨，補腎水，二人上馬，掐陽池，退六腑，揉上天心，上視往下揉，下視往上揉，不開從中間兩分揉抹。若風眼，治法同前，但彼退六腑，此

推三關。眼脹頭痛，宜風池一截。上視泄心經，掐中衝橫紋。右視掐右端正，左視掐左端正。方總服延壽丹，以燈心湯送下即愈。

《小兒推拿輯要·火眼》 治法：每次退六腑一二百，清天河水一百，運八卦五十，推腎一百，揉上天心一二百，用滾水或茶水推。

《推拿總訣仿歌·翻眼》 重掐小天心十五遍，清心火。食指正面向外推五百遍，退肝火。掐二人上馬十五遍，能補腎經。推上三關、退下六腑各一百五十遍，揉大天心十五遍，小兒眼疾。胸前後左右兩凹處掐十餘遍，威靈、精寧二穴掐十五遍，止驚。清天河水一百遍，能清火。精神、琵琶二穴掐十餘遍。生精神。

《釐正按摩要術·火眼》 小兒兩目紅腫，由肝經有熱內蘊，風邪外襲，是爲風火眼。內治以疏散主之，經云火鬱發之是也。

分陰陽，三百遍。推補腎水，五百遍。退六腑，五百遍。推脾土，一百遍。推天河水，五百遍。運八卦，二百遍。水底撈明月，一百遍。掐合骨穴，二十四遍。推曲池。三十六遍。凡推，用葱水。

案：眼病有專科，證治甚繁。大約以內障外障爲兩門，火眼持外障中之一證耳。余於海濱，遇有患風火眼者，以至於盲，就余診，詢之，則初患時有醫者令服大黃，爲苦寒所逼，於經訓火鬱發之大相違悖，是以至此也。司命者，宜辨證，始知爲何病，宜立法，方與病針鋒相對。所惜庸工不求往訓，率爾操觸，俾天下不死於病而死於醫者不可勝數。醫術之壞，將不知伊於胡底也，可慨也夫。惕厲子。

十六、口咽疾

《針灸大成·按摩經·嬰童雜證》 十一、治口內走馬疳。牙上有白泡，退六府，分陰陽各一百，水底撈月、清天河水各三十，鳳凰展翅。先推，後用黃連、五倍子煎水，雞毛口中洗。

《小兒推拿廣意·重舌鵝口》 孩兒胎受諸邪熱，熱壅三焦作重口，或成鵝口證堪憂，推掐還須針刺裂。

凡重舌生於舌下，挺露如舌，故曰重舌。然脾之絡脈繫舌旁，肝之絡脈繫舌本，心之脈絡繫舌根，此三經或爲濕熱、風寒所中，則舌卷縮，或舒長，或腫滿。木舌者，舌腫硬而妨乳食，此爲風熱盛也。蓋舌者，心之苗，心熱則生瘡破裂，肝壅則血出如湧，脾閉則白胎如雲，熱則腫滿，風則強木，口合不開，四肢壯熱，氣喘語澀，即其候也。

治法：推三關，心經、脾經各一百，六腑、八卦、運水入土五十，分陰陽二十四，天河水。

凡鵝口者，始生嬰孩，自一月內外至半歲已，上忽口內白屑滿舌，則上腭戴礙狀如鵝口，開而不合，語聲不出，乳食多艱，或生於牙齦上下，名曰馬牙。皆由熱毒上攻，名雖異，治則一也。

治法：推三關、退六腑各一百，分陰陽，撈明月，打馬過天河。再用扁銀簪腳將牙齦刮破出血，以軟絹拭淨，古墨塗之。

《幼科推拿秘書·重舌木舌》 法宜分陰陽，運八卦，清心經，清脾經，清肝經，撈明月，清天河，宜服延壽丹。

《幼科推拿秘書·鵝口》 治法，宜分陰陽，運八卦，清心經，撈明月，宜服延壽丹。

《小兒推拿輯要·走馬牙疳》 治法：每次分陰陽二百，推三關、退六腑各一百，清天河水二百，撈明月五十，搖頭二十，用葱薑湯加入麝香推之。方用五倍子燒灰存性，黃連等分爲末搽之。但搽藥須於夜間及日間睡着時，用物枕其頸，令仰卧張口，方便用藥。若醒時用藥，則爲涎所流，終無益矣。

《小兒推拿輯要·牙痛》 門牙上四齒疼屬心，以清心火爲主。下四齒屬腎，以清腎火爲主。上左右邊牙疼，屬胃，以清胃火爲主。下左右邊牙疼，屬脾，以清脾爲主。上左大牙屬膽，下左大牙屬肝，皆以平肝爲主。上右大牙屬大腸，以清大腸火爲主。下右大牙屬肺，以清肺爲主。先以何牙疼爲主穴，推三百，再退六腑二百，清天河水二百。惟清心火，必以撈明月一百，清小腸二百爲主。

《推拿總訣仿歌·口瘡》 中指正面向外推四十遍，清心火。清天河水一百遍，清火。推上三關、退下六腑各一百五十遍，小指正面向外推二百遍，內外勞宮各推一百遍，清心火。水底撈明月二百遍，清心火。分陰陽各五十遍，分寒熱，平氣血。

《釐正按摩要術·牙疳》 牙疳，由內蘊胎毒，外感熱毒，毒氣上攻，牙根潰爛，隨變黑腐，臭穢難聞，變證最速，名爲走馬牙疳。內治以瀉毒清熱主

之。

分陰陽，二百遍。推三關，一百遍。退六腑，二百遍。清天河水，二百遍。水裏撈明月，五十遍。搖頭。三十遍。凡推，用香麝、葱湯水，金棗砒一枚，用紅棗一個去核，以紅砒黃豆大一粒入棗內，濕紙重重包裹，慢火上煅至煙盡爲度，研細末，穿腸骨一錢，即狗屎中未化骨，於白色屎內尋之即得。眞珠、牛黃各五分，冰片八分，廣木香一錢二分，銅綠二錢五分，人中白煅三錢，共八味，各研細末，秤準和勻，先用防風二錢，馬兜鈴三錢，甘草一錢，煎湯洗患處，以舊青布拭淨毒血，用前藥末一分，磨陳京墨調藥搽之，大有神功。韭根、松蘿茶各二錢，煎成濃汁，乘熱以雞翎蘸洗患處，去淨腐肉。

案：牙疳一證，因熱毒攻胃上發，齦肉赤爛腫痛，口臭血出，牙齒脫落，穿腮蝕唇，病勢危急。外用前藥敷之，內治如芩、連、硝、黃、蘆薈、蕪荑、雄黃之屬，或加犀、羚、白虎之品，以清火解毒爲先，方期有濟。然此證專恃胃強能食，堪勝峻藥，否則終無生機也。惕厲子。

《釐正按摩要術·喉痛》 喉以納氣而通於天，咽以納食而通於地，會厭筦乎其上以司開闔，惟其爲心、肺、肝、腎呼吸之間，飲食聲音吐納之道，關係死生，爲害速矣。經云：一陰一陽結，謂之喉痺。其證，喉痺爲總名，而風溫喉痛爲多，亦宜內外兼治。

分陰陽，二百遍。推三關，一百遍。退六腑，一百遍。掐心經，五十遍。掐總經，五十遍。清天河水，五十遍。水底撈明月，五十遍。瀉腎水，五十遍。二龍戲珠，三十六遍。運斗肘。五十遍。凡推，用葱薑水。

案：程鍾齡外科十法，喉腫不刺血，喉風不吐痰，喉癰不放膿，喉蛾不針破，皆非法也。凡使刀針，切勿傷蒂丁，以及舌根等處。尤氏以喉痺屬痰，喉風屬火，總因火鬱熱毒，致生乳蛾等證，治宜去風豁痰，解熱開鬱，其證自痊。初病寒熱者，須疏散。迨二便秘結，係有實火者，以下奪之法主之，不可驟用寒涼，以痰實結胸，遇寒不運，漸至喘塞不治也。其氣急閉塞欲死者，亟用吹法、吐法、針法。其吹也，硼砂膽礬末，或皂角末少許吹鼻，噴嚏即開。其吐也，搗皂角浸水，以水灌入即吐；或新汲水，靡雄黃灌入亦吐；或雞鵝翎蘸桐油一二滴，入百沸水，以箸敲水，即用雞鵝翎入喉探吐。其針也，用三稜針於喉腫處刺血出。若口噤針不能入，如手足冷，以水溫之，刺少商穴，左右皆刺二分，出血，口即開，喉即寬；或針照海、然谷四穴，使血出如珠，皆可求愈也。若刺少商穴，血出散而不收者爲無治。近時有爛喉痧者，最爲險惡之證，初起憎寒壯熱，咽痛渴煩，宜辛涼清散。若驟服寒涼，外邪益閉，內火益焰，咽痛愈劇，潰腐日甚矣。至丹痧透發，已無惡寒等證，則宜寒涼泄熱，不宜雜進辛散，煽動風火，致增腫腐，必致滴水下咽，痛如刀割，此證由感風火濕熱而發，治法因風熱者，主清透，以普濟消毒去升柴主之。因濕熱者，主清滲。痰火凝結者，主消降。邪達則痧透，痧透則爛止。所慮者毒氣深伏，鬱不能發，爲悶痧之證。感上患此者甚多，一由疫毒內陷，一由庸醫誤治，用柴葛升麻一切辛溫風燥之品，升提熱毒，入於咽喉。市醫坐蹈是弊，俾病者即歸冥路。噫，此誤治也。醫者不自知，病家不能知，而病而死者或有知，死者能甘心哉？余有《痧喉正義》續出問世，海內諸君子，有以匡正之，則幸甚矣。惕厲子。

《釐正按摩要術·重舌》 脾之脈絡繫舌旁，肝之脈絡繫舌本，心之脈絡繫舌根。心脾蘊熱，則氣血俱盛，腫附舌根，其形狀似舌，如舌下又一小舌，故曰重舌也。宜針刺出血，向旁挑之，不可深刺正中主筋之上也。內治以清心泄熱主之。

分陰陽，二十四遍。推食指三關，三十六遍。推心經，三十六遍。推脾經，一百遍。推六腑，三十六遍。運八卦，三十六遍。運水入土，五十遍。清天河水。三十六遍。凡推，用葱湯。

案：《醫宗金鑑·幼科心法》所列吐舌、弄舌、木舌以及重舌等證，僅列重舌，有舉一漏萬之弊。吐舌則面紅，尿赤，口渴，煩躁不安，宜導赤，瀉心火也。弄舌以兒舌在口內搖動者，脣焦舌乾，煩熱便穢，治以瀉黃湯，藿、防、山梔、石膏、甘草之屬。木舌者，舌硬如木，不能轉動，內治以瀉心熱，外以紫雪丹塗舌上，是將心法所列者補其闕也。然是書祇列二十四證，遺漏甚多，亦以仍周氏之舊爾。惕厲子。

《釐正按摩要術·鵝口》 鵝口，起於初生之小兒，口內白屑，拭去復生，重則滿舌上腭壘壘腫起，狀如鵝口，開而不合，哭聲不出，乳食爲難。或生牙齦上下，名曰馬牙，皆由心脾胎熱上攻所致也。藥以清熱瀉脾主之。

推食指三關，一百遍。退六腑，一百遍。分陰陽，三十六遍。撈明月，三十六遍。打馬過天河。三十六遍。

扁銀簪腳將牙齦刮破出血，以軟絹拭淨，磨陳墨汁塗之，頭髮蘸井水拭

口，再以白礬燒灰二錢，硃砂水飛二錢，馬牙硝五錢，研末，用白鵝糞水攪取汁，塗舌與口角上即愈。

案：鵝口一證，在胎時受其母飲食熱毒之氣，蘊結心脾，因之甫生，後即發於口舌之間。內治以清熱瀉脾爲主，外治如所列諸法足矣。倘不急於求治，必將口舌糜爛，不能吮乳，則命難痊也。惕厲子。

十七、癇證

《小兒推拿廣意・癇證》 驚傳三搐後成癇，嚼沫牙關目上翻，明辨陰陽參色脈，不拘輕重總風痰。

古人議癇最多，大抵胎內受驚及聞大聲大驚而得。蓋小兒神氣尚弱，驚則神不守舍，舍空則痰涎歸之，而昏亂旋暈顛倒，口眼相引，目直上視，手足搐搦，背脊強直，或發時作牛馬豬羊鷄犬之聲，便致僵仆，口吐涎沫，不省人事。凡得此證，大屬風痰鬱結，上迷心包，宜多投疏風、化痰、順氣、鎮驚之劑，更須臨證參詳，乃無失也。

治宜推三關、六腑、肺經，補脾土，天門入虎口，揉斗肘，掐板門、精寧、窩風，運天心，掐五指節，分陰陽，運八卦，赤鳳搖頭，按弦搓摩，威靈穴，揉中指，掐總筋，灸崑崙。

《釐正按摩要術・癇證》 經言：二陰急爲癇厥。謂少陰氣逆於經而上行，則喉塞音瘖而癇發矣。證由心腎虛怯，肝風膽火倏逆，痰涎上壅，心胞經脈閉阻，猝然暈仆，口眼牵掣，腰背反張，手足抽搐，喊作畜聲。因其相似，分爲五癇，以內應五臟也。癇證幼小爲多，大人亦有之。經久失調，遂成痼疾，一觸厥氣鼓風，涎沫升逆無制。痰在膈間則眩微不仆，痰溢膈上，則眩甚而倒，必待其氣反，吐去驚涎宿沫而後甦。內治以清痰火主之。

分陰陽，二百遍。推三關，一百遍。退六腑，一百遍。推肺經，一百遍。推補脾土，二百遍。天門入虎口，八十遍。運八卦，一百遍。赤鳳搖頭，五十遍。按弦搓摩，二十四遍。掐威靈穴，二十四遍。揉中指，一百遍。掐總筋，二十四遍。灸崑崙七壯，汗吐法先之。凡推，用葱薑湯，用引痰法、通脈法、開閉法、灸法，晝發灸陽蹻，夜發灸陰蹻。

案：石頑謂癇，以補腎爲本，豁痰爲標，其由來不外肝腎龍雷上衝所致。丹溪以癇主痰熱，治以星、半、芩、連主之。熱多者，涼膈散加川連、麥冬之屬。痰多者，以戴人三聖散吐之。由驚而病者，東垣安神丸平之。總之，癇有陰陽，以先體熱、瘈瘲、驚啼而後發，脈浮洪者爲陽癇，病在腑則易治。以先身冷不驚掣啼叫而病發，脈沈微者爲陰癇，病在臟爲難治，目瞪如呆者不治，脈沈實、弦急及虛散者皆不治，皆醫者所宜深悉也。惕厲子。

十八、驚風

《蘇沈內翰良方・治褓中小兒臍風撮口法》 右視小兒上下斷及當口中心處若有白色如紅豆大，此病發之候也。急以指爪正當中掐之，自外達內，令斷，微血出亦不妨。又與白處兩畫頭亦依此掐，令內外斷，只掐令氣脈斷，不必破肉，指爪勿令大銛，恐傷兒甚。予爲河北察訪使，日到趙郡，有老人來獻此法云：篤老惜此法將不傳，願以濟人。詢之，趙人云：此翁平生手救千餘兒矣，此翁治兒應手皆效。

《針灸大成・按摩經》 夫小兒之疾，並無七情所干，不在肝經，則在脾經，不在脾經，則在肝經，其疾多在肝、脾二臟，此要訣也。急驚風屬肝木風邪有餘之證，治宜清涼苦寒，瀉氣化痰。其候或聞木聲而驚，或遇禽獸驢馬之吼，以致面青口噤，或聲嘶啼哭而厥，發過則容色如常。良久復作，其身熱面赤，因引口鼻中氣熱，大便赤黄色，惺惺不睡。蓋熱甚則生痰，痰盛則生風，偶因驚而發耳。內服鎮驚清痰之劑，外用掐揉按穴之法，無有不愈之理。至於慢驚，屬脾土中氣不足之證，治宜中和，用甘溫補中之劑。其候多因飲食不節，損傷脾胃，以瀉泄日久，中氣太虛，而致發搐，發則無休止，其身冷面黄，不渴，口鼻中氣寒，大小便青白，昏睡露睛，目上視，手足瘈瘲，筋脈拘攣。蓋脾虛則生風，風盛則筋急，俗名天吊風者，即此候也。宜補中爲主，仍以掐揉按穴之法，細心運用，可保十全矣。又有吐瀉未成慢驚者，急用健脾養胃之劑，外以手法按掐對證經穴，脈絡調和，庶不致變慢驚風也。如有他證，穴法詳開於後，臨期選擇焉。

《針灸大成・按摩經・治小兒諸驚推揉等法》 第一、蛇絲驚。因飲食無度，勞鬱傷神，拉舌，四肢冷，口含母乳，一噴一道青煙，肚上起青筋，氣急。心經有熱。推天河水二百，退六府、運八卦各一百，推三關、運水入土、運五

經、水底撈月各五十，用火於胸前煆四燋，於小便頭上輕掐一爪，用蛇蜕四足纏之便好。

第二、馬蹄驚。因食葷毒，熱於脾胃，四肢亂舞是也。因風受熱。推三關、肺經、脾土各一百，運八卦五十，運五經七十，推天河水三百，水底撈月、飛經走氣各二十，掐天心穴及總心二筋，煆手心、肩髆上、臍下、喉下各一壯。其氣不進不退，浮筋掐之。

第三、水瀉驚。因生冷過度，乳食所傷，臟腑大寒，肚響身軟，唇白眼翻。推三關一百，分陰陽、推大陽各二百，黃蜂入洞十二，將手心揉臍及龜尾各五十，男左女右手。後煆頰車各一壯，更推摩背、心演、總筋、腳上。

第四、潮熱驚。因失饑傷飽，飲食不納，脾胃虛弱，五心煩熱，遍身熱，氣吼口渴，手足常掣，眼紅。推三關一十，推肺經二百，推脾土、運八卦、分陰陽各一百，二扇門二十。要汗，後再加退六府、水底撈月各二十。

第五、烏痧驚。因生冷太過，或迎風食物，血變成痧，遍身烏黑是了。青筋過臉，肚腹膨脹，唇黑，五臟寒。推三關、脾土各二百，運八卦一百，四橫紋五十，黃蜂出洞二十，二扇門、分陰陽各三十，將手心揉臍五十，主吐瀉。肚上起青筋，於青筋縫上煆七壯，背上亦煆之，青筋紋頭上一壯，又將黃土一碗，研末和醋一鍾，銚內炒過，袱包在遍身拭摩，從頭往下，推引烏痧入腳，用針刺破，將火四心煆之。

第六、老鴉驚。因喫乳食受嚇，心經有熱，大叫一聲即死是也。推三關三十，清天河水、補脾土、運八卦各一百，清腎水五十，天門入虎口，揉斗肘，煆囟門、口角上下、肩髆、掌心、腳跟、眉心、心演、鼻梁各一壯。若惺氣急，掐百勞穴。吐乳，掐手足心。或腳來手來，用散麻纏之，將老鴉蒜曬乾，爲末，用車前草擂水調，在兒心窩貼之，或令兒服之。

第七、鯽魚驚。因寒受驚，風痰結壅，乳氣不絕，口吐白沫，四肢擺，眼翻，即肺經有病。推三關、肺經各一百，推天河五十，按弦搓摩、運五經各三十，掐五指節三次，煆虎口、囟門上、口角上下各四壯，心演、臍下各一壯。小兒半歲，用撈魚網溫水洗魚涎，與吞。一二歲者，用鯽魚爲末，燒灰乳調或酒調吞下。

第八、肚膨驚。因食傷脾土，夜間飲食太過，胃不尅化，氣吼，肚起青筋膨脹，眼翻白，五臟寒。推三關一百，推肺經一十，推脾土二百，運八卦、分陰陽各五十，將手揉臍五十，按弦搓摩精寧穴一十，青筋縫上煆四壯。如瀉，龜尾骨上一壯。若吐，心窩上下四壯。腳軟，鬼眼穴一壯。手軟，曲池側拐各一壯。頭軟，天心、臍上下各一壯。若不開口，心窩一壯。

第九、夜啼驚。因喫甜辣之物，耗散榮衛，臨啼四肢掣跳，哭不出，即是被嚇，心經有熱。一推三關二十，清天河二百，退六腑一百，分陰陽、清腎水、水底撈月各五十。

第十、宿痧驚。到晚昏沉不知人事，口眼歪斜，手足掣跳，寒熱不均。推三關、退六腑、補脾土各五十，掐五手指、分陰陽各一十，按弦搓摩。

第十一、急驚。因食生冷積毒以傷胃，肺中有風，痰裹心經、心絡之間，手揑拳，四肢掣跳，口眼歪斜，一驚便死是也。推三關、脾土、運五經、猿猴摘果各二十，推肺經、運八卦、推四橫紋各五十，掐五手指節三次，煆鼻梁、眉心、心演、總筋、鞋帶，以生薑熱油拭之，或在腕上陰陽掐之。

第十二、慢驚。因乳食之間，受其驚搐，脾經有痰，咬牙，口眼歪斜，眼閉，四肢掣跳，心間迷悶，即是脾腎虧敗，久瘧被嚇。推三關一百，補脾土、推肺經各二百，運八卦五十，掐手五指節、赤鳳搖頭各二十，天門入虎口、揉斗肘一十，運五經三十。若人事不省，於總筋、心穴掐之。或鼻大小，於手青筋上掐之。若心間迷悶，掐住眉心良久便好，兩太陽、心演用潮粉熱油拭之，煆心窩上下三壯，手足心各四壯。其氣不進不出，煆兩掌心、肩轉上、喉下各一壯。

第十三、臍風驚。因產下剪臍，入風毒於臍內，口吐白沫，四肢掣動，手撚拳，眼偏左右，此證三朝一七便發，兩眼角起黃丹，夜啼，口內喉演有白泡，針挑破出血，即愈。推三關、肺經各十下，煆囟門、遶臍各四壯，喉下、心中各一壯。

第十四、彎弓驚。因飲食或冷或熱，傷於脾胃，冷痰壅於肺經，四肢向後仰，哭聲不出。推三關、補腎水。運八卦各一百，赤鳳搖頭、推四橫紋、分陰陽各二十，推脾土二百。腳往後伸，煆膝上下四壯，青筋縫上七壯，喉下二壯。手往後挽，將內關掐之。

第十五、天吊驚。因母在風處乳食所傷，風痰絡於胃口，頭望後仰，腳望後伸，手望後稱，肺經有熱。推三關、補腎水各五十，推脾土、分陰陽各一百，推脾經二百，飛經走氣一十，煆總筋、鞋帶、喉下各一壯，遶臍四壯，大陵穴掐

一下，總穴掐三下。若眼翻不下，煆囟門四壯，兩眉二壯，耳珠下掐之。又總心穴往下掐搵之，仍用雨傘一柄撑起，將鵝一隻吊在傘下，札鵝嘴，取涎水與兒喫之便好。

第十六、內吊驚。因當風而卧，風雨而眠，風痰太盛，哭聲不止，遍身戰動，臉青黄，眼回前內掣，脾經受病，其心不下是也。推三關、腎水各五十，推脾經、脾土、分陰陽各一百，運土入水二百，按弦搓摩五十，用竹瀝小兒吞之。手縮，用細茶、飛鹽各二錢，研爲末，皂角末五分，黄蠟二錢，酒醋各半小鍾，銚內化成餅，貼心窩，一時去藥。筋倒，用膠棗三枚，杏仁三十箇，銀磨水爲餅，貼手足心即安。

第十七、胎驚。因母得孕，食葷毒，受勞鬱，兒落地，或軟或硬，口不開，如啞形，即是在母腹中中胎毒也。推三關三十，分陰陽一百，退六腑五十，飛經走氣、運五經、天門入虎口、揉斗肘各二十，掐五指頭。不醒，煆遶臍四壯。若醒，口不開，用母乳將兒後心窩揉之。若肚起青筋，煆青筋縫上七壯，喉下三壯。

第十八、月家驚。因母當風而卧，或因多眠，或兒月內受風，痰壅心口，落地眼紅撮口，手捏拳，頭偏左右，哭不出聲，肚起青筋，半月即發，肚腹氣急，母食煎炒過多所致。推三關、肺經各一百，運八卦、推四横紋各五十，雙龍擺尾二十，掐中指頭、勞宫、板門。若不效，煆青筋縫上、胸前各七壯，遶臍四壯，百勞穴二壯即安。

第十九、盤腸驚。因乳食生冷葷物，傷於臟腑，肚腹冷痛，乳食不進，人事軟弱，肚起青筋，眼黄手軟，六腑有寒。推三關、脾土、大腸、肺、腎經各一百，運土入水五十，揉臍，火煆。

第二十、鎖心驚。因食生冷過度，耗傷榮衛，鼻如鮮血，口紅眼白，四肢軟弱，好食生冷，皆因火盛。推三關二十，清心經三百，退六腑、分陰陽、清腎水各一百，運八卦、水底撈月、飛經走氣各五十即安。

第二十一、鷹爪驚。因乳食受驚，夜眠受嚇，兩手亂抓，撚拳不開，仰上啼號，身寒戰，手爪望下來，口望上來，是肺經有熱，心經有風。推三關二十，清天河水二百，推肺經、清腎水各一百，打馬過河、二龍戲珠各一十，天門入虎口，揉斗肘，將手足二彎掐之。煆頂心、手心各一壯，太陽、心演、眉心俱煆，將潮粉圍臍一週，大敦穴揉或火煆。

第二十二、嘔逆驚。因夜睡多寒，食多生冷，胃寒腹脹，四肢冷，肚疼響，眼翻白，吐乳嘔逆。推三關、肺經各一百，推四横紋五十，鳳凰展翅一十，心窩、中脘各煆七壯。

第二十三、撒手驚。因乳食不和，冷熱不均，有傷臟腑，先寒後熱，足一掣一跳，咬牙，眼翻白，兩手一撒一死是也。推三關、脾土各一百，運土入水、運八卦、赤鳳摇頭各五十，將兩手相合，横紋側掐之。若不醒，大指頭掐之，上下氣關、二扇門、人中穴掐之。鼻氣不進不出，吼氣，寒熱，承山穴掐之。若瀉，隨證治之。先掐承山、眉心，後煆總筋，兩手背上各二壯。

第二十四、擔手驚。因濕氣多眠，或食毒物，乃傷脾土，眼黄口黑，人事昏迷，掐不知痛，雙手往後一擔而死是也。於太陰、太陽掐之，推三關、脾土、肺經、分陰陽各一百，黄蜂入洞一十，飛經走氣、天門入虎口、揉斗肘各二十，煆眉心、囟門各四壯，心窩七壯，曲池一壯。

第二十五、看地驚。因乳食受驚，或夜眠受嚇，或飲食冷熱，兩眼看地，一驚便死，口歪，手撚拳，頭垂不起是也。推三關三十，天河水二百，赤鳳摇頭一十，推脾土八下，按弦搓摩，煆遶臍、囟門各四壯，喉下二壯，用皂角燒灰爲末，入童便及尿碱，用火焙乾，將囟門貼之即醒。

第二十六、丫竟驚。兩手如丫竟坐樣。推三關一百，二扇門，飛經走氣各一十，分陰陽，運八卦各五十，煆曲池、虎口各四壯。若子時起，可救，只宜溫拭之，煆大口紋即安。

第二十七、坐地驚。如坐地樣。推三關、揉委中、揉臍、鞋帶各一百，二扇門一十，用桃皮、生薑、飛鹽、香油、散韶粉和拭即安，兩膝、兩關、龜尾，用火煆之。

第二十八、軟腳驚。軟腳向後亂舞。揉臍，煆螺螄骨上側縫各二壯，遶臍四壯，喉下三壯。

第二十九、直手驚。雙手一撒便死，直手垂下。先推眉心，用火煆四壯，推三關、運曲池各五十，揉一窩風一百，後煆總筋、手背上各四壯。

第三十、迷魂驚。昏沉不知人事，不識四方。推三關、運八卦、推肺經、清天河水各一百，補脾土五百，鳳凰展翅一十，掐天心、眉心、人中、頰車，後煆心演、總筋、鞋帶各一壯。

第三十一、兩手驚。兩手丫向前。先將兩手掐之，後煆心演，總筋，囟門

即愈。

第三十二、肚痛驚。哭聲不止，手抱腹，身展轉。推三關、補脾土、二扇門、黃蜂入洞、推大腸經、揉臍、揉龜尾各一百。一月便發，肚腹氣急，臍中燒一炷香，即愈。不愈，遶臍四壯。

臍風驚　將太陰、太陽掐之。太陽日起而紅，釅醋一鍾，韶粉煉之，紅脈各處治之。太陰日起而紅，將龜尾骨煆之，天心穴一壯。吐則橫門掐之，瀉則中指掐之。初一爲太陽日，初二爲太陰日，餘倣此。用黃麻燒灰，吹鼻，掐中指。

肚脹驚　夜啼，肚上起青筋，肚脹如膨。將生薑、韶粉、桃皮、飛鹽和，同拭眉梁心，煆眉心、太陽、囟門各四壯，喉下一壯，心中三壯，遶臍四壯。

孩兒驚　手足縮住，先笑後哭，眼光，筋紅白難治，紫黃不妨。於太陰、太陽穴掐之，用黃麻一束，燒灰，吹鼻中。不醒，中指掐之。

水驚　眼翻白睛，眼角起黃丹者，將韶粉、飛鹽、清油煎乾，五心揉之，眼角、天心、太陽、太陰掐摳三五次，即愈。

凡看驚、掐筋之法，看在何穴，先將主病穴，起手掐三遍，後將諸穴俱做三遍，掐揉之，每日掐三四次，其病即退。

驚，揉大腳指，掐中腳指爪甲少許。

《小兒推拿方脈全書·二十四驚推法歌》　蛇絲驚主口括舌，四肢冷軟心家熱。推上三關二十通，清腎天河五十歇。運卦分陰亦三十，二十水底撈明月。葱水推之蛤粉擦，手足中心太陽穴。洗口米泔仍忌乳，頃刻其驚潛咸滅。

馬蹄驚主肢向上，四肢亂舞感風嚇。推上三關五十通，三次掐手五指節。補脾運卦四橫紋，各加五十無差迭。走磨搖頭三十遭，天門入虎神仙訣。姜水推之生冷忌，上馬揉之汗不歇。

水瀉驚主肚中響，遍身軟弱嘴唇白。眼翻寒熱不調勻，推上三關加半百。補脾運卦五十遭，天門入虎一次訣。橫紋四十斗揉十，大蒜細研重紙隔。敷臍大久小片時，風乳飲食皆忌得。

鯽魚驚主吐白沫，肢搖眼白因寒唬。十三關上好追求，肺經走磨五十歇。八卦四十橫紋二，四次掐手五指節。上馬三遭茶洗口，蛤粉塗頂驚自滅。

烏紗驚主唇肢黑，面有青筋肚作膨。食後感寒風裏唬，三關五十逞奇能。運卦補脾並補腎，半百還揉二扇門。分陰二十橫四十，二十黃蜂入洞增。麝香推罷忌乳風，虛汗來多清上行。

烏鴉驚大聲即死，眼閉口開手足舞。此是痰多被唬驚，三關二十應無苦。推肺運卦分陰陽，補腎橫紋五十主。按弦走磨只三次，天心一掐葱姜補。細茶洗口取微汗，蛤粉塗頂忌乳風。

肚脹驚氣喘不寧，青筋裏肚眼翻睛。此子只緣傷乳食，二十三關即效靈。大腸陰陽並八卦，補脾補腎半百勻。天門虎口只三次，五十橫紋最有情。二十水底撈明月，葱姜推取汗頻頻。搗葱用紙重包裹，敷向胸前忌乳風。

潮熱驚多正氣喘，口渴昏迷食感寒。推關六腑各六十，河水陰陽四十完。八卦橫紋須半百，三次天門入虎看。薑葱推汗泔洗口，菜苗燈草脾心安。

一哭一死驚夜啼，四肢掣跳起登時。有痰傷食仍傷熱，八卦三關二十施。分陰陽清天河水，六腑清涼半百奇。橫紋四十推鹽水，薄荷煎湯口洗之。生冷乳時須禁忌，搽胸用蛤更敷臍。

縮沙驚至晚昏沉，人事不知左眼掣。痰證三關四十推，八卦三十腎二百。虎口陰陽五十勻，指節一百爲眞訣。揉臍一十麝香推，蛤搽手足風忌得。研茶作餅內間敷，洗口還須湯滾白。

臍風驚主口吐沫，四肢掣跳手拿拳。眼翻偏視哭不止，三關一十問根原。運卦清金並補腎，龍戲珠首五十圓。指節數番薑水抹，米泔須用洗丹田。

慢驚咬牙眼不開，四肢掣跳脾虛是。八卦三關五十通，天關指節數番治。補腎五十十走磨，天心揉之風乳忌。

急驚捏拳四肢掣，口歪驚主感風寒。一十三關五十腑，補腎推橫五十完。運卦走磨加二十，威靈掐穴汗漫漫。推時更用葱薑水，洗口燈心忌乳寒。

彎弓驚主肢向後，肚仰上哭不出聲。痰積三關推二十，五十須當把肺清。入水走磨加數次，一十天門入虎眞。麝香水推荷洗口，百草霜敷治禁聲。

眼睛向上天吊驚，哭聲大叫鼻流清。清肺推關並運卦，推横補土又分陰。各加五十無差別，走磨二十掐天心。推用葱薑尤忌乳，宗因水唬致驚深。

内吊咬牙苦寒戰，掐不知疼食後寒。推關清腎仍清肺，補土五十一般般。天門虎口加二十，摘果猿猴半百完。推用麝香甘草洗，忌風生冷乳兼寒。

胎驚落地或頭軟，口禁無聲啞子形。胎毒推關兼補腎，補土清金半百勤。横紋二十威靈掐，虎口天門數次靈。燈火頂頭燒一燋，湧泉一燋便安寧。葱薑推後應須退，不退應知是死形。

月家驚撮口拿拳，眼紅不響抹三關。横紋陰陽皆二十，運卦清金半百玄。取土入水運數次，指節數次二人連。葱薑推後燈心洗，蛤粉敷兩太陽邊。

盤腸氣喘作膨脹，人形瘦弱肚筋青。臟寒運卦推關上，指節横紋及補腎。補脾五十天心掐，外勞揉之立便輕。艾餅敷臍葱水抹，麝香搽向脚中心。

鎖心驚主鼻流血，四肢冷軟火相侵。推關補腎天河水，運卦天門五十眞。清肺分陰各二十，米泔洗口麝香淋。蛤粉細研搽兩額，還敷手足兩中心。

鷹爪掐人眼向上，哭時寒戰眼時光。肺風被嚇仍傷食，二十三關分陰陽。清金補土横紋等，各推五十用生薑。走磨入土皆數次，取肝燈心洗口湯。

吐逆四肢冷肚響，吐乳須知胃有寒。三關水火各二十，清金清腎四横紋。八卦各皆加半百，數次天門虎口完。十揉斗肘椒葱汗，茱萸蛤粉脚心安。

撮手驚主手足掣，咬牙不肯被風赫。心熱推關二十通，運卦腎脾如半百。横紋指節及天門，各加數次爲準則。走磨一十葱薑推，取汗微微驚自歇。仍將蛤粉搽手心，洗口茱萸須記得。

祖手驚主手袒下，眼黄口面黑紫青。舌動只因寒水唬，五十三關把肺清。補腎横紋入虎口，八卦天河半百經。入水數次薑推汗，麝香敷回湧泉眞。洗口細茶忌風乳，卻能起死致安寧。

看地驚主眼看地，手捏拳時心熱眞。八卦横紋皆五十，三關一十掐天心。虎口板門皆數次，葱薑洗口用燈芯。

《小兒推拿方脈全書·脚上諸穴圖》 若小兒驚急，掐人，眼光掣跳，寒戰，咬牙，將大指一節久揉，久掐即止。掐左足，右手又將手中指一節掐三下。

《幼科闡岐·治小兒諸驚推揉等法》 小兒驚風說。驚有二十四名，惟急慢二驚爲最險。急驚之狀，忽然大叫一聲死去，兩眼翻上，牙關緊閉，雙手撚拳，四肢掣跳，驚自熱來，搐由痰致，治法須清熱墜痰爲主。急驚由於積熱之深，涼瀉便宜故也。先掐心經，試其掣動知痛否。次掐人中穴，如仍不省人事，急以單衣裹兒右足踝跟陷中，用口咬住良久，輕重適宜，令軟氣透入，其兒漸漸甦醒。兩眼翻上，頭仰後，掐前承山子母二穴，其眼即下，頭即順。牙關緊閉，雙掐風池、頰車二穴，揉之即開，旋咽以生薑湯，後以薄荷湯洗口，稍息半時，略推三關，推心經一百，運八卦一百，清腎水一百，退六腑三百，清天河水三百，分陰陽二百。如熱不退，水底撈月三五十度，以金銀燈心煎湯服之，兼服蘇青丸，淡生薑湯磨化下，或薄荷湯亦可。 蘇青丸即蘇合丸與青州白丸子同研化服。

慢驚之狀，兩目直，四肢微冷，搐搦乍作乍止，人事昏沉，似睡非睡，喉中痰響，聲音不出，大便青色，潮熱往來。此證非卒然暫起，蓋因病久荏苒而成，患瀉泄或患瘧痢，或患咳嗽，日久元氣虛備，脾胃衰弱，心血不足，腎水有虧，遂見前證。經云：心膽怯而卒犯則驚，神氣衰而客忤則變，淹延失治，竟成慢脾風，故曰驚。本心生風由脾致，治法須和中氣扶脾土，養心血滋化源。慢驚得於大病之後，溫補爲貴，信夫倣此而調，百全四五，徒以疏風墜痰鎮驚等方治之，十無一效，殆不可不慎也。略推三關、運八卦、補脾土四百，補腎水三百，分陰陽一百，泄中府三百，補少商三百，泄大包、補隱白各三百，此和平手法，猶夫溫補之劑。其患每作，於四仲時見前發搐等證，加用兩手拿住百蟲窠二穴，如不轉，即掐奶旁二穴。昏迷不省，掐揉臨泣二穴，任意兼服蘇青丸、養正氣等劑，日一二舉，或暫輕，間或不舉，猶不可忽，直待調至四十九日滿，方保無虞。當此之際，愈加隄防，保過百日即全愈矣。

《小兒推拿廣意·臍風》 風邪早受入臍中，七日之間驗吉凶。若見腹疼臍濕爛，噤聲口撮是爲風。

凡嬰孩始生一七之內，腹肚脹硬，臍畔四圍浮腫，口撮眉攢，牙關不開，名臍風證。乃因剪臍帶短，或結縛不緊，致水濕侵臍，客風乘虛而入，傳之於心，蘊蓄其邪，復傳脾絡，致舌強唇青，手足微搐，口噤不乳，啼聲似啞，喉中痰涎，潮響是其候也。

治法：推三關、肺經，各一百二十。運八卦、脾土，各一百。分陰陽。如撮，只用燈火口角兩邊各一燋，左右虎口各一燋，兩小指四節各一燋，腦門四燋。如肚上青筋脹硬，臍周圍七燋，每筋上一燋，青筋開了處一燋，湧泉穴一燋。臍腫翻出，神脫氣冷者不治。

《小兒推拿廣意·驚風門》 胎驚潮熱與月家，臍風撮口對風拿。泄瀉嘔逆肚膨脹，盤腸乳食感風邪。馬啼鯽魚風寒唬，擔手原來是水邪。寒熱不均宿沙證，急慢內吊心脾邪。天吊彎弓肝腑病，蛇絲鷹爪及烏沙。烏鴉夜啼有他證，鎖心撒手火爲邪。驚風證候須當識，妙手輕輕推散他。

夫小兒有熱，熱盛生驚，驚盛發搐，又盛則牙關緊急，而八候生焉。八候者，搐、搦、掣、顫、反、引、竄、視是也。搐者，兩手伸縮。搦者，十指開合。掣者，勢如相撲。顫者，頭偏不正。反者，身仰後向。引者，臂若開口。竄者，目直似怒。視者，露睛不活。是謂八候也。其四證，即驚、風、痰、熱是也。

胎驚 小兒初生下地，或軟或硬，目不開光，全不啼哭，人事不知，乃胎中受驚，名曰胎驚。

治法：三關，八十。分陰陽，一百。六腑，一百。脾土，一百。運五經，二十四。飛經走氣，天門入虎口，二十。揉斗肘。

月家驚 小兒落地，眼紅口撮，頭偏左右，手掐拳，哭聲不出。是胎中熱毒，或月內受風，痰湧心口，名曰月家驚。

治法：三關，二十四。運八卦、四橫紋，五十。雙龍擺尾，揉臍及龜尾，五十。中指節、內勞宮、板門掐之。青筋縫上燈火七燋。氣急，臍上七燋。

嘔逆驚 肚響食嘔，四肢逆，人事昏。是胃經傷食受寒，名曰嘔逆驚。

治法：三關，一百。肺經，一百。脾土，一百。分陰陽、運八卦、四橫紋，各五十。飛經走氣，鳳凰單展翅。

泄瀉驚 面青唇白，肚響作瀉，眼翻作渴，人事昏迷。是六腑有寒，乳食所傷，名曰泄瀉驚。

治法：推三關，一百。分陰陽，一百。大腸，一百二十。脾土，二百。二扇門，二十。黃蜂入洞，揉臍及龜尾，臍圍七燋。

盤腸驚 氣吼肚膨，飲食不進，人瘦體弱，肚起青筋，眼黃手軟，大小便不通，肚腹疼痛，名曰盤腸驚。此乃六腑有寒也。

治法：三關，一百。脾土，一百。大腸，二百。運土入水，一百二十。肺經，一百。補腎水，一百。揉臍及龜尾。

臍週圍燈火七燋，再用艾茸灸熱一團扎臍上。

馬蹄驚 四肢亂舞，頭向上，名曰馬蹄驚。此因受風熱，被嚇之證也。

治法：三關，二百。肺經，一百。運八卦、脾土，一百。天河水、大腸，十五。飛經走氣。以燈火爆四肢、肩膊、喉下、臍下各一燋。

鯽魚驚 口吐白沫，四肢擺動，嘴歪常搭眼番白，名曰鯽魚驚。此肺經有風，脾經有寒。

治法：三關，三百。脾土，二百。肺經，一百。八卦、清天河、運水入土，五十。五經，五十。補腎水，二十。掐五指節三次，按弦搓摩，口角上下燈火四燋。

擺手驚 兩眼向上，四肢反後，或兩手垂下，眼黃口黑，人事昏沉，此因水唬。掐之覺痛者，治。掐之不痛，不治。

治法：三關、肺經，各二百。橫紋，天門，虎口，揉斗肘運水入土，飛經走氣。

宿沙驚 日輕夜重，到晚昏迷，口眼歪斜，四肢掣跳，口鼻氣冷，名曰宿沙驚。乃脾腎有寒之證也。

治法：三關、六腑，各一百。四橫紋，運八卦，分陰陽，掐五指節，掐腎水，打馬過天河。

急驚 口眼歪斜，四肢搐掣，痰壅心迷，人事不省，其狀如死，名曰急驚。乃肝經積熱，風火之證也。

治法：三關、六腑、腎水、天河、脾土，二百。肺經，運五經，掐五指節，猿猴摘果，咬崑崙穴，推三陰穴。急驚從上往下。

慢驚 面青唇白，四肢厥冷，人事昏迷，手足搐掣，眼慢痰壅，名曰慢驚。由大病之餘，吐瀉之後，脾土虛敗，肝木無風而自動也。

治法：先掐老龍穴，有聲可治，無聲不可治。次用艾灸崑崙穴，推三關、肺經、腎水、八卦、脾土，掐五指節，運五經，運八卦，赤鳳搖頭，二龍戲珠，天

門入虎口，用燈火手足心四燋，心上下三燋，三陰穴。慢驚從下往上。

內吊驚　兩眼迷閉，哭聲不正，面清眼黃，手眼望內掣者，名曰內吊驚。乃肺經受寒證。

治法：三關、肺經、脾土、腎水，各一百。雙鳳展翅，按穴推摩，再以竹瀝灌之，又以細茶、飛鹽、皂角各五分，水一鍾，黃蠟二分，鍋內溶化，入前末爲餅，貼心窩即效。

天吊驚　眼向上，哭聲號，四肢掣，口眼歪斜，鼻流清水或衄血，此乃肺經受風，或食後感寒而成，名曰天吊驚。

治法：三關、脾土、陰陽，各一百。天河、六腑、肺經、八卦，揉五指，重揉大小天心。

又云：總筋、青筋，耳珠掐之，又將燈火臍上下提之。

彎弓驚　頭仰後，四肢向後，眼翻或閉，腹脹，哭聲不止，此乃肺經受風，積痰致也，名曰彎弓驚。

治法：三關、肺經、脾經、八卦、天河，重揉手腳彎內關中界，掐臍上下，青筋縫上喉下各三燋，又須重揉委中。書曰：手足後伸頭後仰，灸臍上下即安康。

蛇絲驚　口中拉舌肢冷而掣，哭聲不出，乃心經有熱，睡中食乳，口角入風，名曰蛇絲驚。

治法：三關、六腑、陰陽、八卦、天河，略推三關。多推腎水，如舌拉不止，燈火胸前六燋。

鷹爪驚　兩手爬人，撚拳咬牙，手望下，口望上，身寒戰，名曰鷹爪驚。此因被嚇，傷乳，心有風熱也。

治法：三關、脾土、陰陽、八卦。又在大指左右手足三彎掐之，再用燈火爆手心、太陽眉心、腳心各一燋。

烏沙驚　四肢掣跳，口唇青黑，肚脹青筋，名曰烏沙驚，此乃臟腑受寒之證也。

治法：三關、肺經、八卦，宜多推運。六腑、脾土，少推。內勞宮，二扇門。再用燈火四心提之，肚上青筋縫上七燋。

烏鴉驚　手足掣跳，口眼俱閉，大叫一聲，形如死狀，名曰烏鴉驚。乃心有熱有痰證，類急驚是也。

治法：三關、肺經、六腑、天河水、撈明月、飛經走氣、脾土。若吐，四心用燈火各一燋。

鎖心驚　口吐沫，鼻流血，四肢軟，好喫冷物，眼白不哭，名曰鎖心驚。心、肝經有熱，火盛痰壅之證也。

治法：三關、六腑、天河水、撈明月、分陰陽、運八卦、腎水、赤鳳搖頭。

撒手驚　眼翻咬牙，手足一掣一死，名曰撒手驚。乃心經被風嚇，先寒後熱，有痰之證也。

治法：三關、六腑、肺經，各二百。天河、脾土、八卦、赤鳳搖頭。將兩手相合，共掐橫紋。若不醒，大指頭上掐之。上下氣閉，人中掐之。鼻氣無出入，吼氣，寒熱作渴，隨證治之。先承山，推眉心，再用燈火手上、手背各二燋。若咬牙，將兩手撚耳珠，屈中指揉頰車穴，又運土入水。

驚風二十四證，惟以急慢二證爲先，急驚屬陽，皆由心經受熱，積驚，肝經生風發搐，風火交爭，血亂氣併，痰涎壅盛，百脈凝滯，關竅不通。內則不能升降，外則無所發泄，以致齧齒咬乳，頰赤唇紅，鼻額有汗，氣促痰喘，忽爾悶絶，目直上視，牙關緊急，口噤不開，手足搐掣，此熱甚而然。慢驚屬陰，皆由大病之餘，吐瀉之後，目慢神昏，手足偏動，口角流涎，身體微溫，眼目上視，兩手握拳而搐。如口鼻氣冷，囟門下陷，此虛極也。脈沉無力，睡則揚睛，此眞陽衰耗而陰邪獨盛，此虛寒之極也。急驚屬實熱，宜於清涼。慢驚屬虛寒，宜於溫補。對證施治，斯爲得當。

《小兒推拿廣意·雜證門》　一、驚之義，驚之爲言筋也，筋見是也。

一、推驚不可拘推三迴一之說，但推中迴幾下便是。

《幼科推拿秘書·驚風定生死秘旨歌》　急驚父母惶恐，慢驚醫家擔心。不語口閉眼翻睁，下手便掐威靈。兩手大指齊掐，手嫩隔絹方輕。一聲顯叫得歡忻，不醒還須法應。囟陷不跳必死，開而跳者還生。再掐中衝要知音，知痛聲音動聽。大谿眼可掐動，腎頭掐亦甦醒。兩乳穴下探生死，舍此何須又論。

《幼科推拿秘書·急慢驚風歌》　急驚推拿宜泄，痰火一時相攻。自上而下莫從容，攻去痰火有用。推拿慢驚須補，自下而上相從。一切補泄法皆同，男女關腑異弄。急驚父母惶恐，慢驚醫者擔心。不語口閉眼翻睛，下手便掐威靈。大指兩手齊掐，兒嫩隔絹爲輕。一聲叫醒得懽忻，不醒還須法

應。口鼻業已無氣，心窩尚覺微溫。人中一燭四肢心，后燭承山有準。囟陷不跳必死，開而跳者還生。再掐中衝要知音，知痛聲音動聽。大谿眼可掐動，腎頭掐亦甦醒。兩乳穴下探生死，舍此何須又論。慢因吐瀉已久，食積脾傷而成。先止吐泄 補脾經，莫使慢驚成證。脾虛飲食不消，胃冷飲食難進。眼轉氣虛吐弱甚，慢脾驚候一定。面上已無氣色，痰又滿在咽喉。慢驚風證使人愁，補脾清痰速救。慢驚諸法無救，用艾米粒爲形。百會三壯燭醒，久咳又燭乳根。

《幼科推拿秘書·二十四驚辨證秘旨》 胎驚　兒初生柔軟，眼閉不開，其原因在母腹中受氣不全，即胎受傷。宜掐威靈爲主，如掐之不叫，用燈心燭上天心一燋，湧泉各一燋，宜推三關，補肺經爲主。

月家驚　小兒月內，搖拳頭偏，口撮不食乳，其原因母胎辛熱遺毒。退六腑，二人上馬爲主。如撮口，用天南星去皮臍爲末，獐腦少許和勻，搽牙齦即開口。若落地眼紅撮口，手撚拳，頭偏左右，驚聲不出，母食煎炒所致，加用二龍戲珠，天門虎口斗肘。

臍風驚　口撮吐沫，腹硬頭偏，搐掣，手捻拳，臍翻，哭無聲，其原因剪臍受風。小肚下有一筋直上臍來，此筋到臍，不可救。若未到，急須先用燈火攔頭，燭百會穴三下，攔回可救。臍門上用火七燋，大指四燋，湧泉七燋。臍未翻，神門一燋，宜推三關，取汗爲主。臍翻不治。

鎖心驚　鼻流鮮血，口紅眼白，身軟，好食冷物，其原因心火太盛。宜明月天河爲主，退六腑，清心經，推腎水，分陰陽，飛金走氣，掐五指節，天門虎口斗肘諸法，方用延壽丹三分。

急驚風　手足撚拳，四肢亂抓，掣跳，口斜眼偏，其原因喧響受喝。宜安神，掐威靈爲主，又掐心經中衝穴，掐四横紋，清肺經，分陰陽，運八卦，運五經，撈明月，清天河，猿猴摘果，清心經。方用大田螺，撥開眼蓋，放冰片三釐，少刻成水，茶匙挑入兒臍內，雖一叫而死，即刻醒活，立愈。

慢驚風　眼翻白不食乳，四肢癱軟，拽氣無時，其原因內傷已久，胃氣漸脫。宜補脾土爲主，分陰陽，運八卦，補肺經，推三關，揉小天心，走搓摩，赤鳳搖頭。若手法不能，又必推三關，以補元氣爲主。

夜啼驚　遇晚悲啼，哭聲不止，其原因心火上炎，邪火入心，面紅。宜安神清心爲主，分陰陽，運八卦，清肺經，撈明月，清天河，退六腑。方用延壽丹，燈心火灰，水調服，擦乳上，兒食乳下之亦可。

嘔吐驚　四肢冷，肚響腹翻，嘔吐乳食，其原因胃腑受寒。宜運八卦，取汗爲主，分陰陽，推三關，推肺經，揉天心，二人上馬，運五經，運八卦，揉天樞，推板門横紋，又用後止吐推法總祕旨。凡推主穴，如兒年數，餘法少減可也。

潮熱驚　遍身不時發熱，口渴氣喘，其原因乳食傷風，乃諸病之萌芽。宜清天河爲主，又分陰陽，運八卦，揉二扇門取微汗，撈明月，掐五指節。

宿沙驚　至晚申酉時，人事昏沉，口眼俱歪邪，人事不醒，其原因睡含乳，口角感風。推三關，分陰陽爲主，又掌心揉臍。如不應，將燈火燭四心各一燋。

擔手驚　兩手擔下，眼黄翻下，口黑面紫，人事昏迷，其原因肺經受風，掐不知痛。宜補脾經、推三關，黄蜂入洞，取汗爲主。又運水入土，天門虎口斗肘。方用麝香擦腳心。細茶洗口，忌風乳食，多時可愈。

盤脹驚　【略】宜推三關，黄蜂入洞，取汗爲主。又推大腸，揉臍及龜尾，補腎水，運水入土。如眼黄，筋滿肚，難治。

撒手驚　手足一掣一跳，忽一撒竟死，其原因肺經受風寒。宜清肺爲主，又分陰陽，運八卦，清心經，赤鳳搖頭，二龍戲珠，運土入水，推三關，退六腑，拿總經，推脾土。方用吳茱萸付兒掌心上，捏之必愈。忌生冷。

水瀉驚　肚鳴身軟，眼唇俱白，其原因傷乳食所致。宜補脾土爲主，又推三關，分陰陽，推大腸，天門虎口，揉斗肘，揉臍及龜尾，一日推兩次。待泄後，下午補一次，補脾後，從龜尾擦上七節骨。方用抱龍丸，凡驚，此丸俱治，如痲痘首尾並時疾，亦可服。

天吊驚　頭向上，手向上，哭聲嚎叫，鼻流清水，四肢掣，口眼歪邪，其原因心火剋肺，肺家有熱上炎。宜清心肺爲主法，又分陰陽，推三關，運八卦，清天河，揉小天心，補腎水，清肺經，清心經，二人上馬，飛金走氣。如不應，用燈火燭神闕一燋。方用傘一把，倒吊鵝一隻，將碗接鵝口中涎，與兒服之，即愈。

內吊驚　咬牙寒戰，哭聲不止，臉黄，口眼歪邪，掐不知痛，其原因脾肺受病，小兒或弄水，或雨露冷氣衝之，寒於內，遂成驚。宜推三關，取汗爲主。又推脾土，補腎水，分陰陽，走搓摩，補肝經，運水入土。方用乳香丸。

彎弓驚　四肢向後，頭昂肚仰，哭不成聲，其原因肺受寒。宜推三關，取汗爲主。又推肺經，補腎，運八卦，分陰陽，掐四橫紋，赤鳳搖頭，掐解谿左右，重揉委中。方用百草霜，蕲艾揉烘縛膻中心坎上。

馬啼驚　兒頭向上，四肢亂舞，其原因被風嚇。宜二龍戲珠爲主，推三關，運八卦，推脾土，分陰陽，黄蜂入洞。方用葱白研并敷臍，再輕輕把二人上馬一揉，少與乳食即愈。

鯽魚驚　口吐白沫，四肢動搖，眼掣口斜，其原因五臟有寒受嚇。宜安神取汗爲主，法用推三關，推肺經，運八卦，推天河，運水入土，走搓摩。方用細茶蛤粉搓囟門。忌乳食。

肚脹驚　氣喘，青筋裹肚，腹脹，眼翻，作瀉，其原因乳多傷脾，外受風寒。宜推三關取汗，揉臍爲主，又分陰陽，運八卦，補腎經，揉神闕，推大腸，走搓摩。方用葱白研細作餅，隔火紙七層，敷臍，將蠶絲繫之，即愈。

蛇絲驚　口中舌撩，吐青煙，四肢寒冷，其原因心經蘊熱。宜退心火爲主，又分陰陽，運八卦，退六腑，清天河，撈明月，清心經，運水入土。方用薄荷煎湯，洗口數次，米疳水又洗口數次，蛤粉擦湧泉穴即愈。

鷹爪驚　撒手亂抓，腳掣，頭搖身戰，眼光，哭聲不止，其原因肺受風，心經煩躁。宜分陰陽，退心熱爲主，又分陰陽，運八卦，清心經，清肺經，推天河，飛金走氣，按弦走搓摩。

急沙驚　口唇青，四肢冷，筋青，四掌心有黑氣，其原因五臟受寒邪。推肺經，取汗爲主，此證一汗即愈。推三關，推肺經，運八卦，黄蜂入洞。如不應，用雞翎蘸香油，探喉吐痰。若不吐，外牢推大陵，或用滌痰神咒，以吐汗爲主。推訖，仍補脾土，運八卦，後見風不畏。凡推驚，不可拘推三迴一之說，但推到其中，迴幾下便是。驚者，筋也，驚見便是。驚風不省人事。治法，灸上天心、湧泉、大指甲側。

驚熱　心既受驚，氣則不順，身發微熱，而夢寐虛驚，面光自汗，脈數煩躁，治當與急驚同。法宜分陰陽，運八卦，清心經，清肺經，清天河，撈明月，二人上馬。

《幼科鐵鏡・足圖》　驚來若急，大敦穴拿之，或鞋帶穴對拿。如嬰兒溺死，在大敦穴按之無脈，又在解溪穴再按又無脈，溺到十二分地位，不必醫。如兩處有脈，即用人參一二分服之自轉，不可多用，恐弱不能受，反而速死，醫者知之。

驚時，若身往前撲，即將委中穴向上掐住，身便直。若身後仰，即將膝上鬼眼向下掐住，身即正。

《針灸逢源・推驚總法》　推法：開天門二十四下，從眉心推上髮際。分陰陽九下。用兩大指推從眉心分推至太陽太陰。此不論寒熱虛實皆用。如感寒，在太陽上重揉發汗，體弱感寒亦揉太陽發汗，並揉太陰以留汗，使發汗在皮裏膜外之間，庶免汗失亡陽，更加虛弱之弊。女則揉太陰發汗，揉太陽止汗。隨向天庭、眉心、山根準頭、人中、承漿各穴掐一下，以代針法。男在左手三關推上三十，退六府五六十以應之。又將我兩手握兒左手掌向上，於總筋穴分推六七下，又在左手掌上運八卦，從艮宫推往坎宫二三十迴。曲兒左手小指重揉外勞宫，名曰黄蜂入洞，三十下。即於五指節逐一揉兩次，在左腳委中穴往下捋三十下。以上男女各推左手左腳，即用元宵燈火定之。○定驚元宵燈火：囟門、眉心、臍心、臍輪、臍周圍六燋如※樣。少商、合骨、鞋帶各穴，共十五燋。用澄心蘸清油點火依次焠之。

以上推法，用葱薑煎汁浸染醫人大指，依次推之。至於別穴，看證再加揉法。

《針灸逢源・幼科雜病》　胎驚風　驚與風，名異而證同。小兒初生，面青口噤，手足抽掣，身熱背強，是胎驚風證也。若目直竄視，最爲難治。宜先拿精威二穴，並崑崙穴，少頃即曲兒小指，重揉外勞宫，隨用元宵燈火定之。

臍風　嬰兒出世，剪落臍帶時，風由臍入腹，風性急速，三朝之內便見，七朝之外則非是矣。臍風初發，吸乳必較前稍鬆，兩眼角挨眉心處忽有黄色，宜急治之，治之最易。黄色到鼻，治之仍易。到人中、承漿，治之稍難。口不撮而微有吹噓，猶可治也。至唇口收束鎖緊，舌頭強直，不治矣。一見眼角及人中有黄色，而唇不撮緊者，曲兒小指揉外勞宫，即用燈火於囟門、眉心、人中、承漿、兩手少商各穴一燋，臍輪六燋，未落帶，於帶口火燃，即落帶，於落處一燋。其十三燋，風便止而黄即退矣。

急驚風　小兒急驚，因聞大聲，或驚而發搐，搐止如故。此熱生於心，身熱，面赤，引飲，口中氣熱，二便黄赤，甚則發搐。蓋熱甚生風，陽盛而陰虛也，宜利驚丸。

身熱而不抽，昏迷無知，是心熱也。治宜用半夏、陳皮、桔梗、甘草、連

翹、木通各等分，煎服。

利驚丸

天竹黃、二錢。輕粉、青黛、各一錢。黑牽牛炒五錢。爲末，蜜丸豌豆大，每歲服一丸，薄荷湯下。

慢驚一名慢證。小兒慢驚，或因病後藥餌傷損脾胃，或由汗久亡陰，吐久傷胃，瀉久絶脾而成，故曰慢脾之證。其候昏睡露睛，兩目無神而多漂泥，咽喉有牽踞之聲，四肢厥冷瘛瘲，大便瀉青而小便清利，此脾虛也。有見兒眼翻手掣握拳，形狀似驚，以驚名之，即或推或拿、或火，亦無驚可療，無風可祛，無痰可除，無熱可解。其實惟脾間枯痰、虛熱往來耳，治宜六君子湯之類。

發搐　驚癇發搐，男則目左視無聲，右視有聲。女則右視無聲，左視有聲，相勝故也。男則握拳，拇指叉入食指中爲順，於外爲逆。女則叉入食指中爲逆，於外爲順。

傷風發搐，口中氣熱呵欠，煩悶，手足動搖。

傷食發搐，身溫多睡，或吐不思食。百日內發搐，眞者不過二三次必死，假者頻發不死。眞者內生驚癇，假者外傷風冷，血氣未實，不能勝任，故發搐。

驚癇生死　如驚，痰築不省人事，手不抽掣時，把精威二穴對拿緊，不咬齒，不搖頭，不直視，亦無掙聲之狀，將兒向我，以我兩手騎兒背，大指握前，以第二兩指並狠狠揉肺俞二穴，聲雖不出，一掙一掙，恰似有聲無音之狀，此乃肺被痰築。如鐘磬中塞實，即重扣亦不響，定是活證，急灸肺俞穴各三壯。若發驚，拿醒便知人事。如兒身體不肥，痰不甚盛，不省人事，張目視人者，在精威二穴對拿緊，不知痛，竟無掙聲之狀，惟咬齒搖頭，此肺經已絶，治之無益。

《小兒推拿揖要·二十四驚證候並推法》　蛇絲驚陽證。　口中舌常吐，四肢冷，乃心經熱，因睡中食乳，口角入風之所致也。治法：每次分陰陽、推三關各一二百，退六腑三百，清天河水二百，運八卦一百，撈明月五十。或加用清心經、運水入土手法亦好。方用薄荷煎湯洗口數次，先用米泔水洗口數次，以蛤粉擦太陽並湧泉穴二處即愈。推用葱薑湯，加入麝香少許。

水瀉驚寒證。　肚響身軟，唇白口渴，眼翻白，此因乳食所傷。治法：以脾土、大腸爲主，每次分陰陽二百，陽邊多分三五十，推三關二百，退六腑一百，補大腸二百，直推脾一百，補脾三百，補肺一百，板門推向大橫紋五七十，揉臍及龜尾二三百，用右掌心輕輕於臍腰二處摩盪、左右旋轉各五十，男左旋多些，女右旋多些，四六分用，推委中、後承山各五十，用薑水推之。再將獨頭蒜一枚，搗爛，隔火紙敷臍上，量兒之大小，大者敷兩點鐘，小者敷一點鐘，忌食乳三四點鐘。又一指法：補脾土爲主，推三關、分陰陽、推大腸、天門、虎口、斗肘，揉臍及龜尾，一日推兩次，待泄後下午補一次，補脾後從龜尾擦上七節骨。

烏鴉驚熱證。　忽大叫一聲即死，手足掣跳，口開聲變，眼閉四肢涼，此因被嚇，心經有熱有痰，外寒內熱之證。治法：每次分陰陽二三百，推三關、退六腑各二百，推肺、清心各一百，清天河水一百，平肝三百，推補脾土各二百，補腎一百，運八卦五十，揉內牢宮一百，取微汗。如不醒，拿合骨穴，或掐中指稍即醒，用薑湯推之。再以蛤粉擦腦頂，及湧泉穴。又云：清心經、清天河，撈明月爲主，服延壽丹。

鯽魚驚寒證。　口吐白沫，嘴歪眼掣，四肢擺動，此肺經有風，脾經有寒，被嚇而然也。治法：每次分陰陽一二百，推三關三百，退六腑一百，運八卦五六十，推脾補脾各一百，清天河水一百，運土入水五十，補腎一百，平肝三百，斗肘五十，掐五指節二十，二人上馬數次，或加入推肺經、走搓摩法亦可。方用細茶蛤粉搽腦頂，揉母乳汁，捏去陳積，方與之食，不可令其太飽。推後宜禁風，過一兩時乃可與之食。

夜啼驚熱證。　遇晚悲啼，哭聲不止，其原因心火上炎，邪火入心，面紅。治法：每次分陰陽一百，推三關一百，退六腑二百，清天河水二百，平肝三百，撈明月一百，運八卦五十，鳳凰單展翅五十，或加用清心經、清肺經指法更妙。用鹽薑湯推之，少與乳食。方用延壽丹、燈心燒灰、水調服，或擦乳上，令兒吮之。夜啼有四，胎驚夜啼，邪火入心，啼而遺溺者是也。見燈煩愈啼者，心熱甚也，宜安神清火爲主。遇寒即啼者，寒疝也，此證不恆見。面色紫黑，氣鬱若怒，似有恐懼，睡中驚跳者，是誤觸神祇而夜啼也。如寒多推三關，運五經。

宿沙驚。　至晚昏沉，人事不醒，口眼歪斜，咬牙，口鼻氣冷，此因睡含乳，口角感風寒，乃心經有火也。治法：每次分陰陽二百，推三關、退六腑各二百，撈明月二百，補脾土二百，運八卦五十，推肺經一百，搖頭二十，搽四橫

紋五十，清天河水一百，用葱水推之，取微汗。又用掌心揉臍，如不應，用燈心火焠四心各一燋，節乳食。

急驚風熱證。 手撚拳，四肢搐掣，口眼歪斜，痰壅心迷，人事不省，其狀如死。乃肝經積熱，風火之所致也。治法：先拿合骨穴、掐中指巔令醒。如不醒，雙手掐威靈。治用分陰陽三百，清肺經一百，清心經五十，掐五指節二十遍，清天河水二百，或加用掐四横紋、運八卦、運五經、撈明月、猿猴摘果。方用大田螺撥開眼蓋，放冰片三釐，少刻成水，茶匙挑入兒臍內，總一叫而死，即刻醒活立愈。又方，以蛤粉敷頭頂心、太陽穴及手足四心。禁風，忌食乳一時。宜用汗法。

慢驚風虚寒證。 眼翻白而不食乳，面青唇白，四肢厥冷，人事昏迷，口眼歪斜，手足瘦軟，痰壅咽喉，皆因大病之餘，吐瀉脾虚，胃氣漸脱，肝木無風而自動也。此非一時之疾，不可治之太過。治法：先掐老龍穴，有聲可治，無聲不可治。每次分陰陽二百，推三關二百，退六腑六十，平肝三百，直推脾一百，補脾二三百，補肺一百，運八卦五十，搖頭三十六，補腎二百，小天心多揉掐。或加用走搓摩、赤鳳搖頭二指法。用葱薑湯少入麝香推之，或用蓖麻子研作餅，敷兩太陽穴及湧泉。此係難治之證，必多須時日，或一月、或二十日方能奏效。若手法不能時，又必以推三關，以補元氣爲主。

臍風驚 小兒初生一二日，因斷臍爲風溼所侵，浸入心脾，以致口撮不乳，或舌硬脱乳，眼閉聲啞，口吐白沫，肚脹唇青，左右牙齦並口上腭俱有硬梗帶藍色，如雞魚脆骨樣，或白點粟初粒。大生但見此證，宜急速治之。然此證初起，人多不覺，在一二日間，就要留心。兒受此證，在三日內，治即可愈。若至四日，便費手緒，越五日，斷不治矣。近日此證極多，亦多誤認爲別證，以致失事。治法：先尋雞溏糞，同好香墨，磨之候用。以大針將腭間硬梗一一劃破，重些不妨。即用青絹布片，打溼扭乾，纏食指頭蘸糞墨搽於劃破處，輕者一次，重者二次，無不愈矣。兒口不開，拿牙關穴即開，便於用針。若拿不開，則重矣。端在四日外，宜趁早防之。推法：每次分陰陽五七十，推三關一百二十，退六腑六十，運八卦、推肺經各五十遍，用葱薑湯推之。又看小肚下有一筋直上臍來，此筋到臍不可救。若未到臍，急須用燈心火攔頭焠之，百會穴三下，臍門上七燋，大指四燋，湧泉穴七燋。臍未翻，神門一燋，宜推三關，取汗爲主。臍翻者不治。又云於天心穴、臍上、兩大指稍各用燈心焠一壯，唯臍上三壯。

鷹爪驚證熱。 兩手抓人，撚拳咬牙，手望下，口望上，身寒戰，叫哭無時。此因被嚇傷乳，肺經受風，心經煩熱也。治法：每次分陰陽一百，推三關一百，退六腑二百，直推脾一百，補脾三百，平肝五百，運八卦五十，清天河水一百，推腎一百，打馬過天河五十，手足兩彎處揉拿之，揉外牢宮一百，用椒湯推之。如甚，用麻絲扎兩中指，用針刺指出血，以瀉心火。

胎驚 小兒落地，或軟或硬，眼閉不開，啼哭無聲，是胎中受驚。治法：每次分陰陽五七十，推三關五七十，退六腑五七十，推脾土五七十。用熱水推醒，如再不醒，不治。〇又掐威靈穴爲主，如掐之不叫，用燈心火於腦頂、並二湧泉穴各一燋，或再於上天心一燋，再不醒者不治。〇又俗傳：使其父立窗外，内呼其乳名，而外應之即醒者，試之可也。

《針灸穴法·諸驚並二十四驚治法》 鎖心驚名可惡，發來證候匪輕。鼻流鮮血唇眼紅，舌黑神昏可痛。四肢厥冷氣促，貪眠默默無聲。證本内火鬱盛，治以天河水清。又冥清心退腑、三百。腎水、補一百。調停撈明月，分陰陽八卦，犀角地黄湯靈。

水瀉驚或時發，久則虧指脾經。爲傷乳食冷物，合生寒熱不調之證。關腑脾土各一百。八卦，大腸横紋板門，各五十。揉臍腰腸龜尾頻，運土入水神應。揉臍左右旋轉，各一百。男左旋多，女右旋多。用大蒜一片搗爛，火紙包敷，臍大者一飯時，臍小者一茶時。起遲生泡，雞子清搽之。此惟寒泄可用。若夏月水泄，慎之。用車前子煎湯，調六一散服，爲妙。

烏鴉驚起頃刻，卒死大哭一聲，掣跳口喳開合，閉目撩舌搭唇。大似急驚。因臨乳食受嚇，心火旺而痰生，風邪中於臟腑，生冷傷於胃榮。三關、一百。腑、一百。脾土、補一百。八卦、五十。心腎，各一百。兼清天河水入洪池，再掐撲氽、威靈、内勞，揉拿交骨，如法治自輕。

夜啼驚可厭，剛臨暮晚號聲。手足掣跳掩舌，蓋爲邪熱蓄心。導赤散加燈心灰服。煩熱干哭無淚，喜燈見亮則寧。導赤散加麥冬炒枝子。神不安眼自哭，燈草灰服安寧。丸也，燈火細研服之。關、二十。腑、一百。八卦、五十。肺腎清，各一百。撈明月、五十。天河一百。要緊。

急驚發來證陡然，牙緊閉愴惶。壯熱竄視及反張，搐搦掣跳死狀。唇口眉目歪引，肺風心火爲殃。卒死心頭尚熱，燈火爆爲良方。急紋樸氽鞋帶，

忙掐中廉威靈。三關、五十。六腑脾土，各一百。八卦五指四横。各五十。天河兼撈明月，掐足中指天心。截風定搐炒手，緣屬陽證之分。用燈火於鼻梁，眉心、心腕、二手總筋、二谿帶爆之，内用養肺補脾，不可純用清風化痰之藥，以虚火補肝而成慢證。

慢驚證陰難治，蓋因久患延成。瘧、痢、吐、泄、風寒、乳食失於調養，改延日久所致。兩手半開半合，手足或厥或溫，四肢搐掣時發，口鼻氣微昏沉。治之不冥大過，從下推上方靈。掐揉中指足節，次掐巨指大敦。蹼糸委中魚肚，漸向推上酌尋。各穴少用脾多補，差之毛釐誤殺人。此屬脾病腎敗陰證，巴惟補脾最宜多。次三關腎水、肺經、八卦，餘俱少推。推之不愈，漸兩目閉而四肢厥冷，成慢痺，愈難治矣。藥用理中溫補，切忌寒涼腦、麝、硃砂之類。

彎弓驚身仰后，曲腰婉似弓形，仰面手足亂不停，憶哭聲不定，不出也。熱冷傷於胃脾，寒痰壅肺經。此證多屬難治，但審虚實重輕。關、一百。腑、三十。心肺、各一百。脾土推，補二百。八卦、一百。腎水、二十。横紋，内勞雙龍擺尾，解谿急施莫停。如此施之不應，數已付之冥冥。

天吊驚，奚識壯熱，眼目翻睛，手足掣搐是極因，喜怒非常不定，或啼或笑，祟壯清涕，青爪寒形，痰鬱挾風氣滯，鈎藤引子有靈。三關六腑八卦，肺經腎水四横，各一百。眼翻不下掐耳珠，此法斷不可紊。

内吊驚夜間多啼哭，理中丸可驅除，寒者溫之是理。三關、二百。腑、一百。八卦，五十。肺經，三百。腎水二百。均施。推取微汗不須叔，管叫今宵穩睡。

胎驚即是胎生落地，兩目不睜，其身或軟或硬，不啼哭，恰是死形。足月與未足月，丹田氣不得升，急令含兒口疾吸，挨氣回春，又於腦頂及湧泉各灸一燋，不醒則難救矣。

月家驚起月内，發時口撮頭偏，肚有青筋。氣急，眼紅兩手撚拳。因娠當風睡卧，或兼辛辣炒煎，燈爆臍之四旁四花筋上，藥用神砂薑蠶。

嘔逆驚屬胃弱，而其證易生四肢厥冷，氣促嘔來腹響腸鳴，風邪感於寝食，上焦寒熱不均。寒推三關，熱退六腑，補脾、二百。運八卦一百。效爲神。再揉奶膀下穴，横紋推向板門。用姜湯推。時以煨姜喂之。

迷魂驚爲啞證，發時人事昏沉。捏掐不知痛癢，如木如石呻吟。因母過食熱物，正生痰迷心。脾土虧而少食，榮衛弱而乏神。三關六腑部，各一百。急掐人中四横。補脾三百。以健人事，天心肩骨，掐天河水清熱，五十。僕糸威靈可先行。不醒人事者，天心、人中、心脘、顋位灸之。

軟腳驚可畏，上停宛是好人。皆因多受風濕，忽然兩腳難行。先分陰五十。陽腑，各一百。多推脾土爲君。兩膝鬼眼久按，螺螄骨揉均停。再將燈火施行，足指煅遍妙甚。鬼眼、四花、螺螄、側縫各一燋。

肚痛驚額冷汗，手足時溫，抱腹展轉，拘哭眉皺，眼起青紋。黄色輕，紅色重。因傷生冷積滯，或爲風寒所浸。三關六腑八卦，大腸脾土各一百。飛經。掐爲揉臍龜尾，扇門四花各一燋。

《理瀹駢文》　小兒初生三日内，以手指蘸雞蛋清，自腦後風門骨節即頸窩處高拱骨是。至尾閭節，即脊骨盡處是。男左旋©，女右旋◎，按背脊骨，逐節輕揉，周而復始，不可由下擦上。有黑毛出如髮，愈揉愈出，務令揉盡，可以稀痘，且免驚風。六七日再揉，並揉前心、手足心、肩頭有窩處，以手平抬，窩即見。按稀痘方甚多，驗者甚少，且恐因此以爲不出誤事，故不錄。此方預免驚風卻妙。

《釐正按摩要術·驚風》　驚風者，驚生於心，風生於肝。小兒熱盛生風，風盛生痰，痰盛生驚，驚盛則肘臂伸縮爲搐，十指開合爲搦，肩頭相撲爲掣，手足動搖爲顫，身仰後向爲反，手若開弓爲引，目直似怒爲竄，露睛不活爲視，是爲八候也。療驚必先豁痰，豁痰必先祛風，祛風必先解熱，而解熱又必辨風、寒、暑、溼、燥、火外感之邪，必先辨之而後去之。其驚風有急有慢，分爲兩門，其證異，其法亦異。

急驚證多暴發，壯熱煩急，面赤脣紅，痰壅氣促，牙關緊急，二便秘濇，或由風寒鬱閉，或由熱邪阻塞，痰滯經絡所致。

掐揉合谷穴，三十六遍。掐揉中指巔，二十四遍。掐揉威靈穴，五十遍。分陰陽，三百遍。推三關，二百遍。退六腑，二百遍。推腎水，一百遍。推天河水，二百遍。推脾土，補清各一百遍。推補肺經，二百遍。運五經，二十遍。掐五指節，三十六遍。猿猴摘果，二十遍。咬崑崙穴，三次。推三陰穴，急驚由上至下二十四遍。清天河水，二百遍。揉内勞宮，二百遍。運八卦。一百遍。凡推法，用葱椒水，再以水調蛤粉，敷頭頂心、手足心、並太陽等處，暫禁乳食。用汗法、通脈法。寒用疏表法，熱用清裏法，痰用開閉法。

慢驚，面青脣白，四肢厥冷，人事昏迷，手足搐掣，兩目無神，睡則露睛，

神色悽慘，大便色青，總由誤汗誤下，脾土虛敗所致。

掐老龍穴，三次。灸崑崙穴，三壯。分陰陽，二百遍。推三關，二百遍。推肺經，二百遍。推腎水，二百遍。推補脾土，二百遍。掐五指節，二十遍。運五經，三十遍。運八卦，一百遍。赤鳳搖頭，二十遍。二龍戲珠，三十遍。天門入虎口，三十遍。推三陰穴，慢驚從下往上。揉小天心。二百遍。凡推法，用葱薑加香麝水，用焠法，用納氣法，用灸法。

案：驚風原小兒應有之證，第近來各家言驚風者，沿爲二十四種，後增四種，後又增數種，至三十餘種，列名既多，愈覺誕妄。治法應豁痰以療驚，驅風以止掣，一以祛邪爲主。奈庸夫村婦，用針挑筋以治驚，不知驚之爲驚，而誤認爲筋骨之筋也。舌吐如蛇舌，故驚名蛇絲。手足亂舞如馬蹄，故驚名馬蹄。口動如魚吮水，故驚名鯽魚。倘因病形以立名，則將來驚風名目，有不可勝數者矣。夏禹鑄闢謬甚是。余以急驚慢驚爲兩門，急驚屬陽，古稱陽癇。慢驚屬陰，古稱陰癇。蓋是證中土已虛，風木始動，延久即見驚駭之狀耳。實則非因驚而起，也奈世俗不知，一詢醫者不識驚名，即以醫爲無技，以故種種驚名，不可不知，亦以免俗眼揶揄爾。惕厲子。

《釐正按摩要術・臍風》 臍者，小兒之根蒂也，名曰神闕。穴近三陰，喜溫惡涼，喜乾惡溼。如斷臍有法，臍風何自而起。惟有水溼風冷之氣入於臍中，兒必腹脹臍腫，日夜啼叫，此臍風之初發也。眼角眉心忽見黃色，即是臍風見證，宜急治。若黃色到鼻，治猶易。到人中、承漿則難。甚至口鎖、脣緊、頭強者不治。但臍風初見，總在初生三日之內，舌硬眼閉，口吐白沫，哭不出聲，左右牙齦上腭有硬梗，藍黃白色如雞魚脆骨形狀，或白點如粟米大，亟用銀針，將齦腭硬梗處，以及黃白點顆刺破，以青布蘸溼扭乾，塗以墨汁。內治用防風一錢煎服。

分陰陽，七十遍。推三關，五十遍。退六腑，七十遍。運八卦，五十遍。推肺經，五十遍。揉外勞宮。二百遍。凡推用葱薑湯。鐙火焠法，於兒囟門、眉心、人中、承漿、兩大指少商諸穴各一燋，臍輪六燋。未落臍帶，於帶口一燋。既落，於落處一燋，共十三燋。其腹有青筋叉縫處均宜燋。

案：臍風證，每起於斷臍不愼。夏禹鑄以爲風入腹，附於肝，肝竅在目，眼角黃也，肝木乘土，鼻準黃也。以致入腎入心，口撮舌強也。及早治之，以焠法爲要，猶可告痊。惕厲子。

十九、雜　證

《馬王堆漢墓帛書肆・五十二病方・嬰兒索痙》 索痙者，如產時居濕地久，其（肎）〔肎〕直而口釦，筋（㚆）〔攣〕難以信。取封殖土冶之，□□二，鹽一，合撓而烝，以扁熨直（肎）〔肎〕攣筋所。道頭始，稍□手足而已。熨寒□□復烝，熨乾更爲。令□□。

《針灸大成・按摩經・嬰童雜證》 小兒四肢冷。將明礬錢半，炒鹽三錢，黃蠟二錢，貼臍上。若氣急，取竹瀝服之。

小兒膀胱氣，將黃土一塊，皂角七箇，焙爲末，用醋和黃土炒過爲餅，貼尾閭好。

小兒身跳，推腎筋，後四心揉之。

小兒不開口，將硃砂一錢研末，吹入鼻中，即安。一錢太多，疑是一分。

小兒眼光指冷，將醋一鍾，皂角一片，燒灰爲末，貼心窩。若吐，即去藥，用菉豆七粒，水浸研細，和尿鹼爲餅，貼囟門。

頭疼，推三關，分陰陽，補脾土，揉大腸經各一百，煆七壯，揉陰池一百。不止，掐陽池。

小兒肚脹作渴，眼光，用生薑、葱白一根，酒半鍾，擂爛吞下，則眼不光。又將雄黃，不拘多少，燒熱放在臍上，揉之即安。腳麻，用散麻煎水，四心揉之。

《小兒推拿廣意・雜證門》 小兒頭瘡，治宜推三關，一百。推肺，一百。分陰陽，一百。推脾，一百。揉太陽，一百。揉陽池。一百。

小兒口內生瘡，治宜退六腑，一百。分陰陽，一百。撈明月，二十。清天河，二百。清腎水，二十。鳳凰單展翅。十下。

小兒偏墜，治宜推三關，五十。推腎，四百。揉板門，二百。分陰陽，二百。八卦，二百。天河，二百。三陰交，一截。承山穴。一百。外用艾茸爲囊，將腎子兜之甚效。

小兒聤耳流膿，治宜推三關，一百。六腑，一百。推脾，十五。將耳珠揉，行前補後瀉法。二十。

小便黃赤可清之，治宜清腎水，自腎指尖推往根下爲清也。掐二人上馬，運

水入土。如大小便俱閉，只宜分陰陽爲主。

小兒眉目不開，治宜掐陽池穴，宜久揉久掐。再推五横紋。

小兒口渴咽乾者，氣虚火動也，清天河爲主。

小兒四肢厥冷，治宜推三關，補脾土爲主。

小兒口啞不能語言，乃痰迷心竅也，清肺經爲主。

小兒手不能伸屈者，風也，宜威靈穴揉之。四肢軟者，血氣弱也，宜補脾土，掐四横紋。手捏拳者，心經熱也，急掐撈明月，仍運八卦。

小兒頭痛，揉臍及陽池，外勞宫。頭向上者，宜補脾土，運八卦爲主。

一、驚風不省人事，灸上星、湧泉、大指甲側。

一、發熱，目上視，宜瀉心經，掐中平穴、横門、中指，俟眼正起指。

一、眼左視，掐右端正穴。右視掐左端正穴。中指中節外邊是。

一、吐血，兩大指甲後一韭葉，即母腮穴。許平掐。

一、汗多是腎虚，多推補腎水，汗即止。

【略】

一、推浮腫者，脾上宜補，陰陽宜分，腎水宜先補後瀉，用燈火太陽、五心、脊骨上各灸，愈。

【略】

一、泄，龜尾骨上一燋，大便多而穢者，不可止。

一、吐，心窩上下四燋。

一、口水多，推脾土。

一、脚軟，鬼眼一燋。

一、手軟倒蹭，後拐節彎上一燋。

一、内熱外寒者，掐腎水即止。

一、外熱内寒者，掐陽筋，汗出爲度。

一、頭軟，心臍上下一燋。

一、作寒，掐心經轉熱。

一、作熱，掐腎經轉涼。

一、口不開，多揉脾，心口一燋。亦有心窩揉者，又有研硃砂一分吹鼻即開。

一、上吐下瀉，多推胃與陰陽，燈火五心提之，肚上五火，背上五火效。

一、無門有紋，如針人眼，五色皆主死。

【略】

一、治鼻乾，年壽推下兩寶瓶效，或日多推肺經，以鼻乃肺竅故也。

一、久揉脾土、後心，以肚響應之，謂之内消。

一、脊骨自下緩緩推上，雖大人可吐也。

一、小兒望後跌，承山掐之。

一、三里屬胃，久揉止肚疼，大人胃氣痛者通用。

一、小兒望前撲者，委中掐之，亦能止大人腰背疼。

一、便秘者，燒酒在腎俞推上龜尾，推膀胱，推下承山，但脚裡邊在承山傍抽骨處，亦要推下，而推此順氣之法，無急脹之患。若泄瀉，亦要逆推，使氣升而泄可止。

一、兩手抄停，食指盡處爲列缺，止頭疼。中指盡處爲外關，止腰背痛，大人通用。

一、危證先劈面吹氣一口，若眼皮連動，睛活轉可救。若魚目，脾絶不治。

【略】

一、當時被嚇，補童子竅，以兩手提耳三四次，效。

《幼科推拿秘書·雜病門》治頭瘡，推三關，推肺經，分陰陽，揉太陽，推脾土，清心火，揉陽池。治口内生瘡，退六腑，清心經，撈明月，清天河，補腎水。治偏墜，推三關，補腎水，多用工推板門，清天河，掐承山，分陰陽，方用艾草爲囊，爲腎子兜之爲妙。治聤耳流膿，宜推三關，退六腑，推脾土，補腎水，清天河，揉耳珠。先泄後補。小便赤黄，宜掐小指尖，清腎水，掐小横紋，二人上馬，分陰陽，撈明月。治眉眼不開，宜揉上天心，掐陽池，掐横紋。治口渴咽乾，氣虚火動，宜清天河，撈明月，天門虎口斗肘。治四肢厥冷，宜推三關，補脾土。治口啞不語，乃痰迷心竅也，宜清肺經，推板門，揉天樞。治手不屈伸，乃風也，宜揉威靈穴。治四肢軟，乃氣血虚也，宜補脾土，掐四横紋，天門虎口斗肘。治手撚拳，乃心經熱也，宜清心經，撈明月。治頭痛，亦掐陽池，揉外牢。若頭向上，又宜補脾土，運八卦。治吐血，掐母腮穴，在兩大指甲後一韭菜。宜手掐。治汗多，乃腎虚也，宜補腎水，汗即止。治心氣冷痛，宜揉三焦。治腰痛，下元虚也，推三關，推命門。治上下氣不和通，宜掐四横

紋，天門斗肘，運五經。治小腸寒氣，宜推板門，推三關，補腎水。治身麻木，宜打馬過天河，天門虎口斗肘。治通肺腑氣血，宜曲池一截。治吐，揉心窩。治口水多，補脾土，揉板門。治內熱外寒，掐腎水即止。外熱內寒，掐陽池，推三關，汗出爲度。治頭軟，上天心一燋，臍上下各一燋。治作寒，掐心經。作熱，掐腎經。治口不開，多揉脾土，掐頰車，揉心窩。治鼻作乾，清肺經，推年壽兩分下至寶瓶，效。治內消，久揉脾土後心，以肚響爲度。治胃氣疼，久揉三里穴，以此屬胃，肚痛亦用之。方用蒼朮面、釐半。五倍子面釐半。共三釐，酒衝服之，立愈。治前撲，掐委中穴，亦能止大人腰背痛。治氣喘口歪眼偏，口不出聲，口渴等證，掐精寧，久拿承山。治口瘡在內，掐總經，推天河。治危證，先劈面吹一口氣，若眼皮連動，睛活轉可救；若魚目，脾絕不治。

《幼科推拿秘書·淋澀門》 小兒淋澀，火也，宜清之。法宜分陰陽，運八卦，運五經，清腎水，清天河，撈明月，向丹田擦，下多上少。如小水不止，十數遍以至百遍，乃眞火少，不能尅水，補元氣爲妙。法宜分陰陽，運八卦，補脾土，補腎水，運水入土，重推三關。大小便結，法宜分陰陽，運八卦，補脾土，清腎水，運水入土。小便結，用運土入水。大便結，用退六腑，雙龍擺尾。方用葱白加蜂蜜搗成膏，攤布上，小便結，貼腎囊，大便結，貼肚臍，立愈。腎水枯短，法宜揉小天心，補腎水，補肺經。

《幼科推拿秘書·齁疾門》 小兒齁疾，如種上相沿，遇天陰發者，不必治。或食生鹽，或傷風寒者，一推即愈。宜分陰陽，運八卦，推三關，推肺經，掐橫紋，掐指尖，重揉二扇門，黃蜂入洞，揉腎水，取汗。輕者合陰陽，照天河從總經，極力一推至曲池。方用六味地黃丸，加肉桂附子爲丸食之，可保無虞，然而根難除也，大人如此。

《萬育仙書·痰迷心竅》 三關，按弦走搓磨，四橫紋，運八卦，入虎口，揉斗肘，掐五指節，揉臍，酒洗口，吐痰。

《萬育仙書·頭痛》 推三關，分陰陽，補脾土，揉大腸、太陽，掐陽池、斗肘、印堂、肺經、承漿，葱敷臍，艾敷頭項。

《萬育仙書·主病經絡拿法》 一小兒口眼歪邪。左，醫從右手穴道逐一掐之，並掐面上穴道，口眼隨轉右。至右掐左，並面上亦然。

又有閉目不言，於面上穴道掐之，隨笑語。

又有手足牽縮者，醫從足大指至鞋帶穴、腳脛、腳股、腳膝跨周迴掐之，隨即起步，何妙至此。凡患急慢驚風，皆由胃經及肝、膽、三焦經之所至也，尋本經穴道，掐之即愈。

凡兒遍身掣跳，即推腎經一節。照後四心揉之。

喉中氣響，先掐大指第一節。

有痰，掐中指背後第一節。

眼光直視，中指第一節掐三下。

垂視，是肺不安，掐手足四心。

又云，掐驚先從手足十指頭、指甲根裡外掐遍，後依前穴道掐之，何也？經絡之脈，六陽六陰，手足指各三陰三陽，其陰脈在手足指甲根裏面，其陽脈在手足指甲根外面，每一指裏外管二經一脈絡。凡患傷風閉結急證，須輪掐十指，疏通氣脈，然掐須將兩指夾兒指頭，裡外指甲根一搖一放，又放又掐，一輕一重爲妙。

《小兒推拿輯要·頭腫》 治法：每次分陰陽二百，推三關、退六腑各二百，推脾土二百，揉兩太陽五十，運八卦四十，揉內牢宮五十。汗法要用，用薑水推之，將葱搗亂爲餅敷臍心，忌乳食一時，或用艾葉爲餅敷頭頂。

《小兒推拿輯要·痰迷心竅》 治法：每次分陰陽一百，推三關、退六腑各一百，清肺一二百，清心經五十，運五經一百，掐四橫紋五十，運八卦一百，揉內牢宮五十，天門入虎口揉斗肘五十，掐五指節二十。吐法要急用，用葱薑湯推，加入麝香少許。用吐痰之法吐之，如重用燈窩油，雞翎探喉中即吐。

《小兒推拿輯要·痔瘡》 治法：每次直推脾土二百，清大腸二百，清肺一百，平肝三百，推三關五十，退六腑三百，清天河水一百。

《小兒推拿輯要·治男女諸般證候主穴》 口中插舌，乃心經有火，退六腑，撈明月，清天河水爲主。

四肢冷弱，推三關，補脾，推四橫紋爲主。

頭向上，運八卦，補脾，掐脊骨節爲主。

眼翻白，推三關，掐五指節，掐小天心爲主。

四肢亂舞，掐五指節，清心經，撈明月，退六腑，清天河水爲主。

口渴，是氣虛，清天河水爲主。

肚響，是氣虛，分陰陽、補脾爲主。

口吐白沫，是有痰，推脾爲主。

四肢掣跳，寒熱不均，掐五指節，分陰陽爲主。

眼不開，乃氣血兩虛。推腎水，推三關，退六腑爲主。

啞不能言，是痰迷心竅。清肺爲主，吐法急用。

眼翻白偏左右，拿二人上馬，掐小天心爲主，左偏向右掐，右偏向左掐。眼白，推腎水，運八卦爲主。

頭偏左右有風，分陰陽，掐五指節爲主。

面虛白唇紅，補脾，腎水爲主。

哭聲叫號，清心經，分陰陽爲主。

遍身潮熱，乃乳食所傷。推脾土，補腎水爲主。

氣吼虛熱，補脾土爲主，及補腎水。

口唇白，氣血虛，補脾爲主。

肚脹，氣虛血弱。補脾，分陰陽，推三關，退六腑爲主。

青筋裹肚有風，補脾，掐五指節爲主。

吐乳，胃口有寒，推脾土爲主。

飲食俱進，人體瘦弱，有盛火。退六腑，清天河水爲主。

眼向上，分陰陽，補腎水，運土入水爲主。

鼻流清水，推肺經爲主。

四肢向後，推肺，推脾，掐五指節，雙龍擺尾爲主。

口歪有風，推肺經，掐五指節爲主。

小便短縮，退六腑，清小腸爲主。

眼黄有痰，清肺直推脾爲主。

掐不知痛，有風痲木，推脾，掐五指節爲主。

到晚昏迷，推肺經爲主。

咬牙，推腎水，分陰陽爲主。

中風，哭聲不出，清心經，分陰陽，掐威靈穴爲主。或推肺經，揉四横紋。臉青，推三關，推肺經爲主。

遍身掣有風，掐五指節，補脾，鳳凰單展翅爲主。

手抓人，清心經爲主。

身寒戰掣動，推三關，揉湧泉穴爲主。

大叫一聲即死，推三關，拿合骨穴，清天河水，撈明月爲主。

乾嘔，掐精寧穴爲主。

臨晚啼哭，心經有熱。清天河水爲主。

肚痛，掐一窩風，並拿肚角穴爲主，揉外牢宫更妙。

鼻流鮮血，乃五臟有熱，退六腑，清天河水，撈明月爲主。

一掣一跳，清心經，掐五指節，補脾爲主。

兩眼看地，補脾，推腎經，揉四横紋爲主。

猝中風，急驚吊頸，拿合骨穴，掐威靈穴，掐心經，中衝穴，拿總經穴爲主。

頭上生瘡，推三關，推肺經，揉太陽，陽池穴爲主。

口内生瘡，退六腑，撈明月，清天河水爲主。

耳膿，推三關，退六腑，推脾揉耳珠爲主，尤宜清腎。

小便赤黄，清小腸，分陰陽爲主。

眉目不開，掐陽池穴，運五經爲主。

頭疼，掐陽池穴，揉外牢宫爲主。【略】

晝間病重者，宜抑陽，即多分陽邊。

夜間病重者，宜抑陰，即多分陰邊。

浮腫，補脾，分陰陽爲主，用燈火灸五心、太陽脊骨各一壯。揉五指節，化痰用之。

推完，拿内外二牢宫，以定氣安神。

凡推法必似線行，毋得斜曲，恐其動别經而招患也。以上治法，各有主穴，然一穴爲主，須衆穴以輔之。如清心火，則必先清肝木，再清脾土，更當補腎水以制火。清肝木，則尤當清心火，清肺火，則必先清脾土，兼清肺與大腸。即如用藥者之必有君臣佐使也，補法亦可以類推。

《理瀹駢文》 至上焦之病，尚有塗頂，頂爲百會穴，此一穴與腿上三里穴、背後膏肓穴、腳底湧泉穴，百病皆治。 覆額，額屬天庭，主百病。病人黑氣出天庭者，凶。故急證多用生薑擦天庭。 罨眉心，眉心屬肺，主咽喉。呂祖有一枝梅試法。小兒多治此。 點眼，眼主五藏，肝病尤宜治此。 塞耳，耳屬肝、肺、腎，又鼻目相通，故鼻衄、齒衄、牙痛及瘧疾者，每治耳。 擦項，項爲太陽經，風門、天柱所屬，風常從此入腦，又截衄有塗項方。 及肩。 又有扎指，中指屬心。 鼻衄，分男左女右扎此，產婦鼻衄，非此不救。 瘧疾亦有扎指法。 又大指外側一韭葉許，名少商穴，治喉證，用三棱針刺之即散。 握掌，掌亦屬心，心主汗，故握藥

能發汗，治積聚及老人虛寒、便秘，握藥又能下積。中風，用萆麻仁半粒搗爛，塗掌上，攤掌於紙薄，掌上置碗，以熱水衝入碗中，靜坐片時，亦汗。敷手腕，大指、二指手背微窩處，爲經渠穴，治牙痛久而不愈。用蒜泥敷之，過夜起一小泡，挑破，愈。并治喉痺。塗臂黃疸，有塗臂大肉方。又內關穴，在腕上積三個中指長即是。曲澤穴，在臂膊彎上三寸是。瘧疾治此。又曲池穴，即臂彎，爲手三陰所匯之處，乃治手經要穴也。之法。膻中，即心口，爲上焦諸病之所生也。此病皆宜治此，其皮最薄，易透，或連下胃脘穴貼。背心前後心相應，病多從兪入，故有擦背法及心背兩面夾貼之法。兩處，尤爲上焦要穴，治病握總之處。

《**理瀹駢文**》無論風寒外感及痘疹皆可用。大人以指蘸溫水擦兒兩鼻孔上推二十四下，印堂分開二十四下，食指、中指下擦各三十六下，擦上十二下，掌上運八卦周旋擦一百二十下，於虎口及手足接骨處，其穴有窩用力各捏一下，臍下丹田、背後兩飯匙骨下及背脊骨節間各捏一下，任其啼叫，汗出肌鬆自愈，避風爲要。此亦推拿之一端，但得其意勿用重力。

《**推拿總訣仿歌·傷風**》耳冷，心口熱，面不跳，無名指正面向外推二百遍，清熱。掐五指節背面二十遍，止驚。心窩上、胸正中揉二十遍，二扇門對掐十五遍，通心氣，亦能出汗。兩眉梢頭合耳後骨後凹處，用四指重拿出汗。

《**推拿總訣仿歌·發涼**》推上三關一百五十遍，大補腎中元氣。分陰陽二十遍，分寒熱，平氣血。搖二人上馬十五遍，能補腎經。合陰陽二十遍，能散痰。黃蜂入洞十五遍，能出汗。掐五指背面二十遍，止驚。精寧、威靈二穴各掐十五遍。能止驚。

《**推拿總訣仿歌·小便病**》不通者，中指正面向外推四十遍。赤黃者，小指正面、側面各向外推二百遍，退下六腑百五十遍，清天河水五十遍，掐小天心十五遍，水底撈明月二百遍，小指根至下橫紋掐十五遍，二人上馬掐十五遍。

《**推拿總訣仿歌·推疹法**》分陰陽五十遍，曲指補脾三百遍，清天河水三百遍，水底撈月三百遍，天門入虎口一百遍，運八卦二百遍，清肝三百遍，掐一窩風二十遍，掐五指節二十遍。惟隔山與疹紫黑二色俱犯不治。

《**推拿總訣仿歌·推風法**》補脾五百遍，小指正面向內推二百遍，掐二人上馬十五遍，食指正面向外推五百遍，掐脊梁骨紋七八回，掐五指節背面二十遍，合陰陽、向天河水極力推至曲池十五遍。

《**推拿總訣仿歌·頭疼**》陽池穴掐十五遍，止頭疼。太陽穴合風池穴用四指重拿，肩井穴掐十五遍，能出汗。無名指正面向外推二百遍，掐五指節背面二十遍。

《**推拿總訣仿歌·大便閉**》大指屈節向內推三百遍，伸節向外推二百遍，小肚上下橫搓五六十遍，食指側面向外推二百遍。

小指正面向外推一百遍，爲清。退下六腑一百五十遍，大補元氣，即心血。自橫紋推向板門二百遍，止吐嘔。掐小指天心十五遍，清心火。運五經五十遍，能開臟腑。自小指根至下第一條橫紋掐十五遍，和氣血，能清熱。二人上馬掐十五遍。補腎經。

《**釐正按摩要術·頭腫**》頭腫，由風溫內伏，熱毒壅遏，或發於兩頤則爲痄顋，或發於頭面則爲大頭瘟。內治以普濟消毒飲，去升、柴、芩、連主之。

分陰陽，二百遍。推三關，二百遍。退六腑，一百遍。推脾土，一百遍。揉兩太陽，五十遍。運八卦，二十遍。揉內勞宮。三十遍。汗吐法先之。凡推，用葱湯，用清裏法、解煩法。

案：頭腫爲溫毒疫邪，疫爲燥熱毒癘，從無辛溫升散之例，一切柴葛風燥辛熱諸品，皆不可犯。外解如葱、豉、翹、荷之屬，內清如芩、連、滑、梔之屬，下奪如芒硝、大黃之屬。且疫爲穢濁之邪，熏蒸熱痰，蒙蔽心包，神昏語譫，宜芳香宣逐，清血絡以防結閉，如犀、葛、鬱佩、銀花之屬。煩渴多汗，如石膏、知母之屬。疹發咽痛，如犀角、牛蒡、生地之屬。天行疫癘之氣，亟宜解毒爲先。大瘟溼熱傷巔，腫大如斗，不速治，十死八九，豈徒以按摩已哉。惕厲子。

《**釐正按摩要術·黃疸**》黃疸，由脾胃溼熱鬱蒸，漸致身目如金，汗溺皆黃，經謂溼熱相交，民病癉也。丹溪云：此如盦麴醬相似，溼熱久盦，其黃乃成。海藏云：凡病當汗不汗，當利小便不利，皆生黃。內治以清熱泄溼主之。

分陰陽，兩百遍。推三關，一百遍。退六腑，一百遍。推補脾土，三百遍。抱肚揉，二百遍。揉臍左右旋。各一百遍。凡推用葱湯、香麝水。

案：黃疸宜辨陰陽，溼熱發陽黃，寒溼發陰黃，此陽黃陰黃之由也。陽黃多瘀熱，煩渴頭汗，脈必滑數，係胃腑溼熱熏蒸，與膽液泄越，上而侵肺，則發黃，其色明如橘子，治在胃，且有表實，裏實之分。表實則無汗，治宜疏表，使黃從表解。裏實則二便必秘，腹必滿，治宜下奪，使黃從裏解。若表裏無

證，則不可汗下，惟利小便而已。陰黃，身冷汗出，脈必沈微，係脾臟寒溼不運，與膽液浸淫，外漬肌肉則發黃，其色晦如煙熏，治在脾，或宜溫脾，以理中加茵陳主之。或宜溫腎，以四逆加茵陳主之。且陰黃亦有體痛發熱者，但身如熏黃終不似陽黃如橘子色也。海藏治陰黃小便不利，煩躁而渴者，茵陳茯苓湯主之。疸，黃病也。疸有五，身目皆黃，寒熱體倦者爲黃疸。食已如饑，頭眩煩熱身黃者爲穀疸。大醉當風入水，心中懊憹，不食欲嘔，面黃赤斑者，爲酒疸。房勞，小腹滿急，額上黑，手足心熱，薄暮發者爲女勞疸。汗出染衣，色如蘗汁，因身熱汗出澡浴，水入毛孔而成者，爲黃汗。方書治法具在，則無庸贅述，若徒以按摩諸法施之，則拘矣。惕厲子。

《釐正按摩要術·痰迷》 小兒痰壅氣塞，呀呷作聲，甚至痰漫竅閉，如癡如迷，甚至痰塞喉間，吐之不出，嚥之不入。在小兒爲尤多，內治宜豁痰化痰主之。

分陰陽，一百遍。推三關，一百遍。退六腑，一百遍。推肺經，一百遍。推心經，五十遍。推四横紋，五十遍。運八卦，五十遍。揉內勞宮，五十遍。天門入虎口，五十遍。掐五指節。二十四遍。吐法應先用之，抑或用雞毛蘸鐙窩油，掃喉中即吐。引痰法，通脈法，開閉法。

小兒氣海穴，醫者以手指曲節抵之，旋又放之，以是法取痰，痰即下。此在下者引而竭之法也。

小兒中指由根掐至尖數下，再推湧泉穴左轉不揉，以中指對按頰車穴，用耳挖爬舌上，即吐痰。此在上者因而越之法也。

案：痰由腎陽虛，火不制水，水泛爲痰，爲飲逆上攻，故痰清而澈，治宜通陽洩溼，忌用膩品助陰。痰由腎陰虛，火必爍金，火結爲痰，爲痰火上升，故痰稠而濁，治宜滋陰清潤，忌用溫燥之品。龐氏云：天下無逆流之水，因乎風也；人身無倒上之痰，因乎氣也。痰能隨氣升降，周身無處不到。在肺則欬，在胃則嘔，在心則悸，在頭則眩，在背則冷，在胸則痞，在脇則脹，在腸則瀉，在經絡則腫，在四肢則痺，甚至痰入心竅則迷，癲癇抽掣，則各有治法在，不徒按摩已也。惕厲子。

引用书目表

书名	作者时代	版本	备注
易經		阮刻十三經注疏本	周易
書經		同右	尙書
毛詩		同右	詩經
周官、周官經		同右	周禮
小戴禮		同右	禮記
道德經		四部叢刊影宋刻本	老子
春秋經		阮刻十三經注疏本	春秋
春秋左傳		同右	左傳
孟子		同右	
韓非子		淸嘉慶二十三年吳鼒影宋刻本	韓子
莊子		續古逸叢書影宋大字本	南華眞經
管子		科學出版社一九五六年郭沫若等集校本	文始眞經
呂氏春秋		經訓堂叢書本	呂子、呂覽
陰陽十一脈灸經甲本		馬王堆漢墓帛書第四本	
陰陽十一脈灸經乙本		同右	
足臂十一脈灸經		同右	
脈書		張家山漢簡	
黃帝內經素問		明嘉靖二十九年武陵顧從德影宋刻本	素問
黃帝內經靈樞		明嘉靖間趙康王朱厚煜居敬堂刻本	靈樞
黃帝內經太素		東洋善本醫學叢書影印仁和寺本	太素
黃帝八十一難經		佚存叢書本（或人民衛生出版社一九五六年影印本）	難經
神農本草經		問經堂叢書本	
急就章	史游	明抄本	

鹽鐵論	桓寬		明弘治間徐禎重刻本	
淮南鴻烈	劉安	前一七九	四部叢刊影印陳碩甫影宋抄本	淮南子
春秋蕃露	董仲舒	前一七九	光緒五年王氏謙德堂《畿輔叢書》本	春秋繁露
史記	司馬遷	前九一	中華書局一九五九年點校本	太史公記
說文解字	許慎	五八	中華書局影印同治十二年陳昌治刻本	
漢書	班固	一〇二	中華書局一九六二年點校本	前漢書
逸雅	劉熙		經訓堂叢書畢沅疏證本	釋名
傷寒論	張機		明萬曆二十七年趙開美影宋刻本	
金匱要略	張機		明萬曆二十七年趙開美影宋刻本	金匱玉函要略方論
黃帝蝦蟆經			中醫古籍出版社影印日本文正六年敬業樂群衛生匯編第一集本	
中藏經	原題華佗	二三四	清嘉慶十三年孫星衍校刻平津館叢書本	
針灸甲乙經	皇甫謐	二八二	人民衛生出版社一九五六年影印明萬曆二十九年吳勉學校刻本	甲乙經
脈經	王熙	二八五	東洋善本醫學叢書本	
三國志	陳壽		中華書局一九五九年點校本	
宋書	沈約		中華書局一九七四年點校本	
抱樸子(內篇)	葛洪	三一五	中華書局一九八〇年王明校釋本	
肘後備急方	葛洪	三一五	人民衛生出版社一九五六年影印明萬曆二年劍江李栻刻岳冊知府劉自化校刊本	
後漢書	范曄	四四五	中華書局一九六五年點校本	
小品方	范汪		日本北里研究所附屬東洋醫學總合研究所一九九二年據尊經閣藏殘卷本影印本	
褚氏遺書	褚澄	四八三	清乾隆五十九年修敬堂刻六醴齋醫書十種本	
明堂五臟論	佚名		敦煌古醫籍考釋本	
劉涓子鬼遺方	龍共慶宣	四九九	人民衛生出版社一九八六年點校本	
南齊書	蕭子顯		中華書局一九七二年點校本	
魏書	魏收		中華書局一九七四年點校本	
黃帝內經明堂	楊上善		日本北里研究所附屬東洋醫學總合研究所一九九二年據尊經閣藏殘本影印本	
養性延命錄	陶弘景	五三六	上海函芬樓影印正統道藏本	
諸病源候論	巢元方	六一〇	人民衛生出版社一九五五年影印周氏醫學叢書本（或東洋善本醫學叢書本）	
備急千金要方	孫思邈	六五一	人民衛生出版社一九五五年影印江戶醫學影刻北宋本	千金要方
隋書	魏徵等	六五六	中華書局一九七三年點校本	
南史	李延壽	六五九	中華書局一九七五年點校本	

千金翼方	孫思邈	六八二	人民衛生出版社一九五五年影印日本文政十二年影刻元大德十一年梅溪書院刻本	
敦煌卷子灸法(殘)			《文物》一九六九年第六期	
黃帝明堂灸經			日本延寶三年刻元至大四年(一三一一)刻本	
銀海精微	原題孫思邈	六八二	明嘉靖刻本	
唐六典	原題唐玄宗	七三八	明正德十年刻本	
外臺秘要	王　燾	七五二	東洋善本醫學叢書(第五冊)本	
白氏長慶集	白居易	七七二	上海古籍出版社一九八八年朱金城箋校本	
易筋經	山保岳鵬			
梁　書	姚思廉		中華書局一九七三年點校本	
北　史	李延壽		中華書局一九七四年點校本	
一切經音義	慧　琳	八二〇	上海古籍出版社一九八六年影印本	
仙授理傷續斷方	藺道人	八四六	明洪武刻本	理傷續斷秘方
舊唐書	劉　昫	九五四	中華書局一九七五年點校本	
醫心方	日·丹波康賴	九八四	人民衛生出版社影印日本淺倉屋藏本	
太平御覽	李昉等	九八五	四部叢刊三編影印日本藏宋慶元間蜀刻本	
太平聖惠方	王懷隱等	九九二	人民衛生出版社一九五七年排印本	
雲笈七籤	張君房	一〇二〇	四部叢刊初編本	
新刊補注銅人腧穴針灸圖經	王惟一等	一〇二六	上海科學技術出版社二〇〇〇年版中國醫學大成續集本(第四十二冊針灸)	補注銅人腧穴針灸圖經
新唐書	歐陽修等	一〇六〇	中華書局一九七五年點校本	
蘇沈內翰良方	蘇軾、沈括	一〇七五	清乾隆五十九年修敬堂刻六體齋醫書十種本	蘇沈良方
史載之方	史　堪	一〇八五	清光緒二年陸心源刻本	
夢溪筆談	沈　括	一〇九四	中華書局一九五七年胡道靜校注本	
傷寒類證活人書	朱　肱	一一〇七	明萬曆二十九年(一六〇一)吳勉學校刻《古今醫統正脈全書》本	類證活人書
聖濟總錄	宋徽宗趙佶敕修	一一一七	清乾隆五〇年至五四年震澤汪鳴珂燕遠堂刻本	
小兒藥證直訣	錢　乙	一一一九	清康熙間起秀堂照宋文刻本	
陸游集	陸　游	一一二五	中華書局一九七七年點校本	
類證普濟本事方	許叔微	一一三二	臺灣新文豐出版公司一九八七年影印日本享保廿一年刻本	
扁鵲心書	竇　材	一一四六	清乾隆三十二年竇翁樓刻醫林指月十二種本	
幼幼新書	劉　昉	一一五〇	明萬曆十四年(一五八六)古吳陳氏刻本	
洗冤集錄	宋　慈		上海科技出版社一九八一年點校本	

衛濟寶書	東軒居士	一一七〇	人民衛生出版社一九五六年影印本	
素問玄機原病式	劉完素	一一八六	人民衛生出版社一九五六年影印《古今醫統正脈全書》本	原病式
宣明論方	劉完素	一一八六	同右	
醫學啓源	張元素	一一八六	明刻本	
西方子明堂灸經	佚名	一一九四	明正德十年山西平陽府刻本	
醫說	張杲	一二二四	明嘉靖二十三年顧定芳刻本	
針灸資生經	王執中	一二二六	元廣勤書堂刻本	
備急灸法	聞人耆年	一二二六	人民衛生出版社一九五六年影印十瓣同心藍室仿宋本	
儒門事親	張從正	一二二八	昳旭齋藏版本	
婦人大全良方	陳自明	一二三七	人民衛生出版社一九八五年點校本	
保生要錄	蒲虔貫	宋代	上海古籍出版社一九八九年影印正統道藏本	
傳信適用方	吳彥夔	宋代	人民衛生出版社一九五六年影印本	
太平惠民和劑局方	陳師文等校正	一二四一	元建安宗文書堂鄭天澤刻本	和劑局方
脾胃論	李杲	一二四九	古今醫統正脈全書本	
蘭室秘藏	李杲	一二五一	人民衛生出版社影印明新安吳勉學校本	
醫學發明	李杲	一二五一	東垣十書十種本	
濟生方	嚴用和	一二五三	人民衛生出版社一九五六年影印清乾隆五十年四庫全書輯本	
竇太師流注指要賦	竇傑	一二六〇	叢書集成初編	流注指要賦
外科精要	陳自明	一二六三	清嘉慶十四年(一八〇九)書業堂刻《薛氏醫案二十四種》本	
新刊(仁齋)直指附遺方論	楊士瀛	一二六四	臺灣新文豐公司一九八二年影印明嘉靖二十九年新安朱刊本	直指方
齊東野語	周密		明正德十年胡文璧刊本	
子午流注針經	何若愚		日本延寶三年刻元至大四年刻本	
衛生寶鑑	羅天益	一二八一	明永樂十五年吳郡韓氏刻本	
學醫隨筆	魏了翁	一二九三	叢書集成初編(一三八三冊)	
針經指南	竇傑	一二九五	日本延寶三年刻元至大四年刻本	
壽親養老新書	陳直	一三〇七	上海古籍出版社一九九〇年影印同治九年刻本	
三元延壽參贊書	李鵬飛		上海古籍出版社明萬曆三十年虎林胡氏文會堂刻梓《壽養叢書》本	
修齡要旨	冷謙		上海古籍出版社一九九〇年版《頤身集》	
此事難知	王好古	一三〇八	醫統正脈全書本	
雲岐子論經絡迎隨補瀉法	張璧	一三一五	上海涵芬樓影印元刻《濟生拔粹》本	

針經節要	杜思敬	一三一五	人民衛生出版社一九五六年影印元刻《濟生拔粹》本	
針經摘集	杜思敬	一三一五	同右	
扁鵲神應針灸玉龍經	王國瑞	一三二九	四庫全書本	玉龍經
外科精義	齊德之	一三三五	明初刻本	
世醫得效方	危亦林	一三三七	明初書林魏家刻本	
十四經發揮	滑　壽	一三四一	薛氏醫案二十四種本	
格致餘論	朱震亨	一三四七	東垣十書十種本	
局方發揮	朱震亨	一三四七	同右	
脈因證治	朱震亨	一三五八	清乾隆四十年頤生堂刻本	
遼　史	脫　脫	一三四四	中華書局一九七四年點校本	
癰疽神秘灸經	胡元慶	一三五一	天津古籍書店一九八〇年影印日本亨保十三年鐵研齋刻本	
宋　史	脫　脫	一三五四	中華書局一九七七年點校本	
丹溪手鏡	原題朱震亨	一三五八	明天啓元年辛酉吳尙默等刻本	
難經本義	滑　壽	一三六六	古今醫統正脈全書本	
醫經溯洄集	王　履	一三六八	古今醫統正脈全書本	
瓊瑤神書	原題瓊瑤眞人		清道光二十八年刻本	
心印紺珠經	李湯卿	一三六八	中醫古籍出版社一九八五年影印明嘉靖二十六年趙瀛刻本	
原機啓微	倪維德	一三七〇	臺灣新文豐公司影印本	
醫經小學	劉　純	一三八八	明正統三年陳有戒刻本	
普濟方	朱橚等	一三九〇	文淵閣四庫全書本	
玉機微義	劉　純	一三九六	明正統三年陳有戒刻本	
神應經	陳　會	一四二五	日本昭和四十九年盛文堂漢方醫書頒布會版	
勿聽子俗解八十一難經	熊宗立	一四三八	中醫古籍出版社影印日本翻刻明成化八年熊氏中和堂本	
針灸大全	徐　鳳	一四三九	明正統己未年三多齋刻本	
推求師意	戴思恭	一四四三	明嘉靖十一年程鐄序刻本	
奇效良方	董　宿	一四四九	明正統刻本	
丹溪先生心法	朱震亨 程充校補	一四八一	古今醫統正脈全書本	丹溪心法
圖注八十一難經辨眞	張世賢		明刻本	
靈樞經脈翼	夏　英	一四九七	中醫古籍出版社影印原稿本	
格致叢書	胡文煥		清人據萬年間林文會堂版抄本	

明醫雜著	王　綸	一五〇二	明刻本
醫　史	宋　濂	一五一三	明正德刻本
醫學正傳	虞　摶	一五一五	明萬曆五年金陵三山書舍吳江刻本
針灸集書	楊　珣	一五一五	朝鮮刻本
韓氏醫通	韓　悫	一五二二	六醴齋醫書十種本
續醫說	俞　弁	一五二二	明吳中珩校刻醫說本附
跌損妙方	异眞道人	一五二三	上海科技出版社一九五八年新一版
尊生要旨	蔣學成		
養生類要	炎正信		中醫古籍出版社
外科發揮	薛　己	一五二八	薛氏醫案二十四種本
外科心法	薛　己	一五二八	同右
針灸聚英	高　武	一五二九	明嘉靖十六年陶師文刻本
內科摘要	薛　己	一五二九	清嘉慶十四年（一八〇九）書業堂刻《薛氏醫案二十四種》本
針灸問對	汪　機	一五三〇	明嘉靖十一年刻本
外科理例	汪　機	一五三一	明嘉靖祁門樸墅汪宅刻本
幼科發揮	萬　全	一五四九	萬密齋醫學全書本
名醫類案	江　瓘	一五四九	明萬曆刻本
攝生衆妙方	張時徹	一五五〇	江蘇廣陵古籍刻印社一九八〇年復印浙江張壽鏞刻本
醫　先	王文禄	一五五〇	叢書集成初編（一三九八冊）
保嬰撮要	薛　鎧	一五五五	明嘉靖三十五年薛氏自刻本
古今醫統大全	徐春甫	一五五六	明嘉靖二十六年古吳陳辰卿刻本
明醫指掌	皇甫中、王肯堂	一五五六	明嘉靖三十五年自刻明醫指掌圖前後集本
產　鑒	王化貞	一五五八	清康熙四十五年馬志光重訂特危堂藏版
醫學綱目	樓　英	一五六五	明嘉靖四十四年曹灼刻本
外科樞要	薛　己	一五七一	薛氏醫案二十四種本
醫旨緒餘	孫一奎	一五七三	明萬曆二十四年刻赤水玄珠全集本
醫學入門	李　梴	一五七五	明萬曆刻本
秘傳眼科龍木論總論	原題葆光道人等	一五七五	明萬曆三年大業堂刻本
古今醫鑒	龔信、龔廷賢	一五七六	明萬曆刻王宇泰先生訂補古今醫鑒十六卷本
奇經八脈考	李時珍	一五七七	清刻本

本草綱目	李時珍	一五七八	明萬曆三十一年夏良心等江西刻本	
醫林繩墨	方隅	一五八四	明萬曆十二年方谷校刻本	
仁術便覽	張浩	一五八五	明萬曆十三年冀州刻本	
黃帝內經素問注證發微	馬蒔	一五八六	明萬曆十四年天寶堂刻本	素問注證發微
黃帝內經靈樞注證發微	馬蒔	一五八六	明萬曆十四年天寶堂刻本	靈樞注證發微
萬病回春	龔廷賢	一五八七	明萬曆十六年蘇州葉龍溪刻「新刊八卷」本	
秘傳常山楊敬齋針灸全書	陳言	一五九一	明萬曆余碧家原刊本	楊敬齋針灸全書
遵生八箋	高濂	一五九一	明萬歷十年雅尙齋刊本、人民衛生出版社一九九四年校注本	
養生膚語	陳繼儒	一五九八	上海古籍出版社一九九〇年影印民國間排印本《道藏精華錄百種》	
攝生三要	袁黃		上海古籍出版社一九九〇年版	
針灸大成	楊繼洲	一六〇一	清康熙十九年江西李月桂刻本	
雜病證治準繩	王肯堂	一六〇二	上海科學技術出版社一九五九年影印明萬曆三十年初刻本	
小兒推拿方脈全書	龔廷賢	一六〇四	恆言堂本	
外科啓玄	申拱宸	一六〇四	明萬曆三十二年聚錦堂刻本	
醫學六要	張三錫	一六〇九	明崇禎十七年張維翰補刻本	
東醫寶鑒	許浚等	一六一一	人民衛生出版社一九五五年影印明萬曆四十一年朝鮮內醫院刻本	
赤鳳髓	周履靖		叢書集成初編本	
小兒推拿仙術秘訣	周宇藩	一六一二	南匯楊李藩先生鈔本	
壽世保元	龔廷賢	一六一五	明清間經綸堂刻本	
濟世全書	龔廷賢	一六一六	臺灣新文本出版公司一九八七年影印日本寬永十三年村上平樂寺刊本	
醫貫	趙獻可	一六一七	明崇禎元年刻本	
外科正宗	陳實功	一六一七	明萬曆四十五年刻本	
針方六集	吳崑	一六一八	明萬曆四十六年程標刻本	
循經考穴編	佚名	一六一九	上海科技出版社一九五九年第一版	
吳注素問	吳崑	一六二〇	明萬曆三十七年刻本	
幼科類粹	王鑾	一六二〇	中醫古籍出版社一九八四年《中醫珍本叢書》影印天津衛生職工醫學院藏本	
類經	張介賓	一六二四	明天啓四年會稽刻本	
類經圖翼	張介賓	一六二四	明天啓四年會稽刻本	
類經附翼	張介賓	一六二四	明天啓四年會稽刻本	
質疑錄	張介賓	一六二四	《醫林指月十二種》本	

神農本草經疏	繆希雍	一六二五	明天啓五年毛氏綠君亭刻本	
經絡匯編	瞿　良	一六二八	清康熙刻本	
紅爐點雪	龔居中	一六三〇	清嘉慶九年鄞江書林星聚樓新刻《痰火點雪》本	
折肱漫錄	黄承昊	一六三五	《六體齋醫書十種》本	
醫宗必讀	李中梓	一六三七	明崇禎十年刻《詳校醫宗必讀十卷》本	
景岳全書	張介賓	一六三九	人民衛生出版社一九九一年點校本	
頤生微論	李中梓	一六四二	明崇禎十五年傳萬堂刻本	
審視瑤函	傅仁宇	一六四二	清康熙六年尊古堂刻本	
經學會宗	凌　雲	一六四四	鈔本	
學古診則	盧子頤	一六四四	《醫林指月》本	
醫門法律	喻　昌	一六五八	清順治十五年蔡錦堂刻本	
十四經絡歌訣圖			西北大學出版社一九八五年第一版	
病機沙篆	李中梓	一六六七	清光緒三十一年士材三書本	
採艾編	葉廣祚	一六六八	清康熙七年刻本	
經絡全書	沈子祿等	一六六八	清康熙二十七年刻本	
折骨分經	甯一玉		《說郛》本	
針灸闡歧	岳含珍		人民衛生出版社一九九〇年點校本	
經穴解	岳含珍		人民衛生出版社一九九〇年點校本	
黄帝內經靈樞集注	張志聰等	一六七二	清康熙十一年刻本	靈樞集注
黄帝內經素問集注	張志聰等	一六七二	清唐熙十一年刻本	素問集注
身經通考	李　潆	一六七五	中醫古籍出版社據清康熙刻本排印	
痧脹玉衡	郭志邃	一六七五	清康熙十四年揚州有義堂刻本	
石室秘錄	陳士鐸	一六八七	清康熙隆文堂刻本	
經絡圖說	汪　昂	一六九四	清光緒十四年三儀堂刻本	
張氏醫通	張　璐	一六九五	清康熙三十八年寶翰樓刻本	
黄帝素問直解	高世栻	一六九五	清光緒十三年浙江書局刻本	素問直解
幼科鐵鏡	夏　鼎	一六九五	清康熙味經堂刊本	
採艾編翼	葉茶山	一七一一	中醫古籍出版社一九八五年影印清嘉慶十年六藝堂刻本	
太乙神針心法	韓貽豐	一七一七	清康熙五十六年刻本	
古今圖書集成	陳夢雷	一七二六	巴蜀書社、中華書局一九八五年影印本	

難經經釋	徐大椿	一七二七	徐大椿醫書全集本
太乙神針	范毓馪	一七二七	清光緒二十三年梓文齋刻本
醫學心悟	程國彭	一七三三	清雍正十年愼德堂刻本
明　史	張廷玉	一七三五	中華書局一九七四年點校本
延年九轉法	方　開	一七三五	人民衛生出版社一九八二年出版《頤身集》本
御纂醫宗金鑑	吳謙等	一七四二	人民衛生出版社一九五七年影印清乾隆七年武英殿聚珍版本
葉氏醫案	葉　桂	一七四六	上海科學技術出版社一九六三年排印葉氏門人周仲升抄本
小兒推拿廣意	熊應雄	一七四九	清光緒十四年重刊本
臨證指南醫案	葉桂、華岫雲	一七四六	清乾隆二十九年聚錦堂刻本
幼幼集成	陳復正	一七五〇	清乾隆十六年廣州登雲閣刻本
醫　碥	何夢瑤	一七五一	清乾隆十六年刻本
素靈微蘊	黃元御	一七五四	清道光十二年張琦宛鄰書屋刻本
醫學源流論	徐大椿	一七五七	清乾隆二十二年半松齋刻本
醫貫砭	徐大椿	一七五七	清乾隆二十二年半松齋刻本
洄溪醫案	徐大椿	一七五九	清乾隆二十二年半松齋刻本
串雅內編	趙學敏	一七五九	人民衛生出版社一九五六年影印清光緒十四年榆園刻本
串雅外編	趙學敏	一七五九	清光緒十四年榆園刻《串雅內外編》本
瘍醫大全	顧世澄	一七六〇	清乾隆四部樓刻本
羅遺編	陳延銓	一七六三	中醫古籍出版社一九八四年影印清乾隆二十八年刊本
蘭臺軌範	徐大椿	一七六四	清乾隆二十二年洄溪草堂刻本
醫經讀	沈又彭	一七六四	清乾隆三十年乙酉寧儉堂刻本
金匱翼	尤　怡	一七六八	清嘉慶十八年忠恕堂刻本
續名醫類案	魏之琇	一七七〇	人民衛生出版社一九五七年影印清光緒十一年乙酉信述堂刻本
壽世傳眞	徐文弼	一七七一	清刻八卷本
雜病源流犀燭	沈金鰲	一七七三	清乾隆三十八年刻本
古今醫案按	俞　震	一七七八	清乾隆四十三年戊戌酉古堂刻本
四庫全書總目	紀昀等	一七八二	中華書局一九六五年影印校勘本
幼科推拿秘書	駱如龍	一七八五	清乾隆五十年金陵四教堂刊本
羅氏會約醫鏡	羅國綱	一七八九	清乾隆五十四年大成堂刻本
吳醫匯講	唐大烈	一七九二	清乾隆五十七年吳門唐代問心草堂刻本

醫略十三篇	蔣寶素	一八四〇	清道光二十八年快志堂刻本	
醫學指歸	趙術堂	一八四八	江蘇廣陵古籍刻印社一九八四年影印松風書屋藏板《廣陵醫籍叢刊第一集九種》本	
柳州醫話	魏之琇	一八五〇	一九一六年集古閣石印《潛齋醫學叢書十四種》本	
釋骨	沈彤	一八五〇	清咸豐兩廣督署刊漢陽葉氏叢刊本	
針灸便覽	王錫鑫	一八五〇	清道光三十年魏良久刻存存匯集醫學易讀本	
攝身消息論	葉志詵	一八五二	清咸豐二年壬子廣東撫署刊本	
神灸經綸	吳亦鼎	一八五三	中醫古籍出版社一九八三年影印清咸豐三年古歙吳氏刊本	
針灸便用	張希純	一八五六	清咸豐六年永怡堂刊本	
研經言	莫文泉	一八五六	清光緒五年月河莫氏刻本	
太乙神針方		一八六〇	清咸豐十年武昌陳文魁刊本	
醫原	石壽棠	一八六一	清咸豐十一年留耕書屋刻本	
醫醇賸義	費伯雄	一八六三	清同治二年耕心堂刻本	
理瀹駢文	吳師機	一八六四	清同治刻本	
傳悟靈濟錄	張衍思	一八六九	清同治八年張氏手稿本	
太乙神針集解	孔廣培	一八七四	鈔本	
勉學堂針灸集成	廖潤鴻	一八七四	清同治十三年刻本	針灸集成
扁鵲針灸纂要	金松亭等		鈔本	
醫法圓通	鄭壽全	一八七四	清同治十三年成都文林齋劉氏刻本	
疫喉淺論	夏雲	一八七五	清光緒五年存吾齋刻本	
針灸穴法	馮文軒	一八七五	清光緒元年鈔本	
針灸要法		一八七五	鈔本	
刺疔捷訣	張鏡	一八七六	清光緒五年長州王鋆校刻本	刺疔捷法
經脈圖考	陳惠疇	一八七八	清光緒四年刊貴州巡撫部院版	
內外功圖說攝要	潘霨	一八八一		
時病論	雷豐	一八八二	北京市中國書店一九八六年影印清愼修堂刻本	
蠢子醫	龍之章	一八八二	珍本醫書集成(第一四冊)	
醫門補要	趙濂	一八八三	清光緒九年刻本	
灸法秘傳	雷豐	一八八三	清光緒九年劉氏樂善堂刊本	
灸法心傳	徐寶謙	一八八三	清光緒十年潮州樂善堂刊本	
醫家四要	程曦、江誠等	一八八四	清光緒無錫日昇房刻本	

中西彙通醫經精義	唐宗海	一八八四	清光緒二十五年成都正字山房刻中外醫書八種本
血證論	唐宗海	一八八四	清光緒十九年湖北鄖縣署刻本
保赤推拿	夏雲集	一八八五	清光緒十六年刊本
釐正按摩要術	張振鋆	一八八八	清光緒十五年江者韓氏原刻本
針灸要略	兪明鑒	一八九〇	鈔本
傷科大成	趙竹泉	一八九一	上海中醫書局一九五四年重一版
讀醫隨筆	周學海	一八九一	清宣統三年池陽周氏福慧雙修館刻周氏醫學叢書本
醫易通說	唐宗海	一八九二	中西匯通醫書六種
針家要旨	薛夜來	一八九二	清光緒十八年鈔本
醫悟	馬冠群	一八九三	清光緒二十三年寄廉活字本
西溪書屋夜話錄	王泰林	一八九七	上海千頃堂書局石印王旭高醫書六種本
王旭高臨證醫案	王泰林	一八九七	清光緒二十四年琴川方氏倚雲館刻本
張聿青醫案	張筆青	一八九七	一九一八年江陰吳氏鉛印本
中西彙參銅人圖說	劉鍾衡	一八九七	清光緒十五年江南機器制造總局石印本
脈度運行考	李盛卿	一八九八	清光緒二十四年雲南刻本
經歷雜論	劉恆瑞	一八九八	秘本醫學叢書(第四冊)
針灸靈法	程興陽	一九〇〇	鈔本
醫醫小草	寶輝	一九〇一	珍本醫書集成本
中西彙參醫學圖說	王有宗	一九〇六	清光緒二十三年廣益書局石印本
考證穴法	王鋆	一九〇七	一九一六年廣益書局石印本
秘本眼科針灸		一九〇八	鈔本
醫醫醫	孟今氏	一九〇九	秘本醫學叢書
歷代名醫列傳	丁福保	一九〇九	上海文明書局清宣統元年鉛印丁氏醫學叢書本
醫學衷中參西錄	張錫純	一九〇九	一九四四年重慶醫藥圖書供應社鉛印本
十二經絡奇經八脈		一九一〇	鈔本
針法圖說	竹賢氏	一九一〇	鈔本
針灸摘要		一九一〇	清務本堂鈔本
歷代醫家傳略		一九一一	鈔本
痧驚合璧	陳汝銈	一九一一	上海千頃堂書局一九一七年印本
針灸學	王春園	一九一三	中華書局一九一三年鉛印本

十二經動脈表	廖平	一九一三	六譯館醫學叢書
經脈考證	廖平	一九一三	六譯館醫學叢書
診筋篇	廖平	一九一四	同右
診絡篇補證	廖平	一九一四	同右
營衛運行楊注補證	廖平	一九一四	同右
鄒氏針灸		一九一四	鈔本
中國醫學史	陳邦賢	一九一九	一九二九年商務印書館鉛印本
清史稿	趙爾巽等		中華書局一九七六年標點本
推拿易知	佚名	一九一九	中華書局一九二六年鉛印本

圖書在版編目（CIP）數據

中華大典·醫藥衛生典·醫學分典·針灸推拿總部＼《中華大典》編纂委員會編——成都：巴蜀書社，2002．3

ISBN7－80659－326－8

Ⅰ．中…　Ⅱ．中…　Ⅲ．①百科全書—中國—現代②針灸療法—百科全書③按摩療法（中醫）—百科全書Ⅳ．Z227

中國版本圖書館 CIP 數據核字（2002）第 009203 號

ISBN 7-80659-326-8

9 787806 593264 >

中華大典·醫藥衛生典·醫學分典

針灸推拿總部

編　纂：《中華大典》工作委員會
《中華大典》編纂委員會
責任編輯：馮　杰　黄雲生　黄　葵　卿三祥
出版發行：巴蜀書社
成都市鹽道街三號　郵政編碼　六一〇〇一二
總編室電話：八六六五六八一六　發行一科：八六六六〇四八三
發行二科：八六六五八二七五　發行三科：八六六六二〇一九
印　刷：四川新華彩印廠
四川省都江堰市建設路四〇二號　電話：八七一三二五五八
經　銷：新華書店
版本記録：
開　本：七八七×一〇九二毫米　十六開
印　張：一二〇·五　字數：四〇〇〇千字
二〇〇二年九月第一版　二〇〇二年九月第一次印刷
定　價：陸佰捌拾圓

書號：ISBN7－80659－326－8/R·2